Vom Gewerbe- und Industrie-Kommentar als Gesamtwerk in Einzelbänden brachte der erste Band aus der Feder des Reichsgerichtsrat Dr. h. c. Erich Brodmann das Gesetz betr. die Gesellschaften mit beschränkter Haftung, der zweite Band das Scheckgesetz von Reichsgerichtsrat Rich. Michaelis, der dritte Band das Warenzeichenrecht von Senatspräsident am RG. Dr. Alfred Hagens. Der hohe Schatz des Wissens und die große praktische Erfahrung, die in den Senaten des höchsten deutschen Gerichtshofes im Laufe der Jahrzehnte zu einem *Κτῆμα εἰς ἀεί* geworden sind, haben sich schon Geltung und Anerkennung in Buchform verschafft, so bei dem BGB-Kommentar der Reichsgerichtsräte und bei dem Ebermayerschen Strafgesetz-Kommentar. An diese Werke knüpft der G. u. J. K. in Idee und Plan an; sein Inhalt geht mehr in die Einzelheiten des wirtschaftlichen Lebens hinein und will also ein Reichsgerichtsräte-Kommentar nicht nur über gewerbliches und industrielles Recht, sondern auch für das Gewerbe und die Industrie sein.

Die Kommentare der einzelnen in diesem Gesamtwerk erläuterten Gesetze erscheinen insoweit als selbständige Bücher, als sie in sich abgeschlossene Bände bilden und ohne Bezugnahme auf Nachbarbände brauchbar sind. Trotz des Erscheinens in selbständig käuflichen Einzelbänden bleibt aber das ganze Unternehmen ein Werk von enger Zusammengehörigkeit — nicht nur, weil sein Verfasserkreis auf Herren vom Reichsgericht beschränkt ist, sondern auch weil die Themata der einzelnen Bände einander ergänzen werden.

Gewerbe- und Industrie-Kommentar
(GIK.)

Unter besonderer Berücksichtigung der Rechtsprechung des Reichsgerichts

herausgegeben von

Senatspräsidenten und Räten des Reichsgerichts

unter Führung des

Senatspräsidenten Dr. h. c. H. Koenige

Band IV.

Aktienrecht

Kommentar

von

Dr. jur. Erich Brodmann

Reichsgerichtsrat i. R.

Berlin und Leipzig 1928

Walter de Gruyter & Co.

vormals G. J. Göschen'sche Verlagshandlung — J. Guttentag, Verlagsbuchhandlung — Georg Reimer — Karl J. Trübner — Veit & Comp.

Druck von Walter de Gruyter & Co., Berlin W 10

Vorwort.

Der Kommentar, welcher hier geboten wird, will nicht ein Nachschlagewerk sein, kein Wegweiser durch Rechtsprechung und Schrifttum. Die Zitate erheben nicht den Anspruch auf Vollständigkeit. Auch ist — wenigstens grundsätzlich — Kasuistik vermieden. Auf bemerkenswerte Entscheidungen über Einzelfragen ist hingewiesen, um ein allgemeines Bild vom Stand der Rechtsprechung zu geben, und auf Einzelfälle ist eingegangen, um möglichst deutlich die eigene Auffassung zum Ausdruck zu bringen. Meine Absicht war, aus der Idee und dem Wesen der Gesellschaftsform heraus, so wie der Gesetzgeber sie gestaltet hat, wissenschaftlich, d. h. einheitlich das Gesetz im ganzen und in allen Einzelheiten zu verstehen, es mir und anderen zu erläutern.

Es könnte scheinen, als sei der Zeitpunkt, mit einer solchen Arbeit hervorzutreten, nicht gut gewählt. Weit verbreitet, fast allgemein geteilt ist die Meinung, daß das Gesetz veraltet und von der tatsächlichen Entwicklung der Dinge überholt sei. Dem Ruf nach einer Reform wird kaum noch widersprochen und namhafteste Kenner der Materie sind mit den Vorarbeiten dazu bereits am Werk. Es wäre ja auch nur natürlich, wenn dem so ist. Seit der Zeit, als das Gesetz verfaßt worden ist, haben wir unerhörte Dinge erlebt, den stürmischen Aufschwung von Industrie, Handel und Verkehr, der im letzten Viertel des vergangenen Jahrhunderts einsetzte, die jähe Unterbrechung durch den Krieg und den anschließenden Frieden, der einstweilen noch nicht viel anderes ist als die Fortsetzung des Krieges mit anderen Mitteln, mitten in das alles obendrein hineinfallend den Zusammenbruch unserer Währung. Das hat nicht umhin gekonnt, auch die Aktiengesellschaft in Mitleidenschaft zu ziehen, nicht nur in ihrer finanziellen Lage die bestehenden Gesellschaften, sondern auch die Gesellschaftsform überhaupt in ihrer juristischen Struktur. Es sind im Aktienwesen Gebilde und Gestaltungen aufgekommen, an welche, als das Gesetz gemacht wurde, niemand hat denken können und für welche man denn auch im Gesetz nach einer ausreichenden Grundlage, nach einer Einkleidung, welche wirklich passen möchte, vergeblich sucht. Schon hat man denn auch die Behauptung gehört, daß das Gesetz durch die Ereignisse bereits gesprengt sei.

Ich halte das für eine Übertreibung. Das Bild, welches diese Entwicklung dem Beschauer bietet, ist freilich einigermaßen fremdartig, dabei verwirrend vielgestaltig, wie es denn auch bis jetzt jedes Versuchs, eine systematische Ordnung da hineinzubringen, gespottet hat. Aber was hier den Blick trübt, ist nicht so sehr die rechtliche, als vielmehr die wirtschaftliche Seite der Sache. Es sind, was insbesondere die Konzernbewegung angeht, welche vor allem den Blick auf sich lenkt, die produktions- und verwaltungstechnischen, die kommerziellen Vorteile und die Finanzierungsmöglichkeiten, in welchen die Bewegung ihren Antrieb besitzt und ihre Rechtfertigung suchen muß. Das sind Probleme der Wirtschaftswissenschaft und dann wieder der Volkswirtschaft und schließlich der Staatenpolitik. Für den Juristen des Privatrechts klärt sich das Bild und konzentrieren sich die Fragen, wenn er sich vergegenwärtigt, daß diese Fülle fremdartig anmutender Rechtsgestaltungen auf wenige — ich zähle drei — bestimmte Momente oder Motive zurückgeht. Damit gewinnt er den Standpunkt, die Erscheinungen einerseits kritisch zu würdigen, andererseits sie — soviel an ihm liegt — zu gestalten. Denn darauf läuft schließlich alle Juristerei hinaus, daß sie aus dem Verständnis des Lebens heraus dessen Formen erfaßt und faßt, damit der Staat mit seiner Macht in sie wiederum hinein das Leben zwingt, mitunter wohl auch zwängt.

Diese drei Momente sind unter sich verschieden und gegeneinander ganz selbständig. Das eine ist die Inflation. Finanziell hat sie natürlich alle Unternehmungen getroffen, gleichviel in welcher Form sie betrieben wurden. Rechtlich hatte sie für die Aktiengesellschaft (und Gesellschaft mbH) die spezifische Wirkung, daß in dem Maß, wie die Mark fiel, bis sie schließlich gar nichts mehr galt, die für die finanzielle Lage und das finanzielle Gebaren der Gesellschaft so wichtige Funktion der Grundkapitalziffer versagte. Hätte man sich an den Wortlaut des Gesetzes gehalten, dann wäre in kurzer Zeit das ganze Kapital der Gesellschaft als Dividende davongegangen. Das einfachste und sachlich richtige wäre gewesen, man hätte in dem Maß, in welchem die Mark im Kurse fiel, oder richtiger, in welchem sie an Kaufkraft im Inland verlor, die Ziffer des Grundkapitals (nebst Reservekonten) erhöht, wobei man ja auch, um den Schönheitsfehler zu vermeiden, den Nennbetrag der Aktien hätte entsprechend hinaufsetzen können. Aber dazu hätte der Gesetzgeber eingreifen müssen und der hatte an anderes zu denken. Freilich war, wollte man im Rahmen des Gesetzes bleiben, überhaupt nicht zu helfen. Aber handgreiflich mochte man sich mit dem Gesetz denn doch nicht in Widerspruch setzen. Geschehen mußte etwas und so griff man zum Scheingeschäft. Man schuf Aktien, welche in Wahrheit Aktien — so wie das Gesetz es meint — nicht waren. Mit richtigen neuen Aktien hätte man nur wieder das damit hereinkommende Kapital gedeckt, während es darauf ankam, das vorhandene zu schützen. — Damit kam man zugleich einem anderen, ebenfalls aus der Inflation geborenen Bedürfnis entgegen. Man mußte sich gegen die Gefahr schützen, nicht etwa, daß ausländisches Kapital sich eindrängte, wohl aber daß Ausländer ohne Kapitalaufwand die Herrschaft an sich brächten, gegen die Gefahr der Überfremdung.

Die dunkeln Zeiten der Inflation sind vorüber. Es ist wieder Tag geworden und dieser ganze Spuk könnte verschwinden, wenn nicht das zweite Moment wäre, mit dem man nicht so schnell fertig wird, die Konzernbewegung. Denknotwendig hängt sie mit dem Aktienwesen nicht zusammen. Man könnte sich alles, was da geschehen ist und geschieht, was sachlich an Vorteilen erstrebt und erreicht wird, auch so als geschehen vorstellen, daß nur Einzelunternehmer und gar keine korporativen Gesellschaften, keine Aktiengesellschaft und keine Gesellschaft mbH. die Beteiligten wären. Aber dann wäre man mit der Verbandsbildung ausschließlich angewiesen auf den schuldrechtlichen Vertrag und das hat seine

Mängel. Schon deshalb, weil niemand gezwungen werden kann, den Vertrag einzuhalten. Mit Gewalt kommt man immer erst nachträglich und auch dann nur in Gestalt einer Ersatzleistung zum Ziel. Aber das ist nicht die Hauptsache. An sich und in sich birgt der Vertrag natürliche Schwächen. Man kann den Gegner nicht auf immer binden, und wenn man es auch auf lange Zeit tun kann, so läßt sich doch die Kündigung aus wichtigem Grunde nicht fortbedingen. Und inhaltlich hat die Bindung da ein Ende, wo sie — kurz gesagt — zur Knebelung wird. Alles das verschwindet, wenn man den Vertrag überhaupt nicht braucht, und man braucht ihn nicht, wenn der Gegner eine korporative Gesellschaft ist und es gelingt, in ihr Fuß zu fassen. Meist schon, wenn man nur ein Viertel oder ein Drittel, ganz sicher, wenn man eben über die Hälfte aller Aktien verfügt, ist erreicht, daß ganz freiwillig, ganz von selbst und totsicher der eine so will, wie der andere, und von einem Zwang ist keine Rede. Man hat das als dingliche Bindung bezeichnet. Als kurze Bezeichnung mag das gelten, wenn man sich durch den Ausdruck nicht irreführen läßt. Von Dinglichkeit liegt nichts in dem Verhältnis und Bindung ist gerade das, was man nicht braucht. Aber bei diesem einfachen Schema bleibt es nicht, weil so die Sache zu teuer ist. Es kommt darauf an, durch Staffelung und Schachtelung mit möglichst geringem, am liebsten mit gar keinem eigenen Geldaufwand den denkbar größten Einfluß in der Gesellschaft zu erlangen. Die Methoden, die angewendet werden, sind oft geschildert worden und sind vermutlich selbst dem Finanzmann oft in ihrer ganzen Tragweite nicht unmittelbar anschaulich. Diese juristischen Künsteleien aber sind es, denen wiederum jene Mißbildungen willkommene Handhaben bieten, welche wie Aktien aussehen, ohne es in Wahrheit zu sein.

Damit erfährt die Aufgabe der Rechtsanwendung den Wandel von Grund auf. Es gilt nicht mehr den Ausgleich zwischen den Interessen zweier als Vertragsparteien in Streit geratener Gegner, wofür man das Rüstzeug einer auf tausendjähriger Wissenschaft beruhenden durchgearbeiteten Doktrin zur Verfügung hat, es gilt, den Kampf einer Minderheit gegen die Mehrheit innerhalb einer und derselben kollektiven Persönlichkeit zu schlichten, wofür wir nichts Positives an der Hand haben, als nur den einen — in Wahrheit nicht einmal direkt, sondern nur entsprechend und als Notbehelf anwendbaren — § 826 BGB. Das Recht der korporativen Gesellschaft erscheint hier in einem seiner Grundprinzipien, dem Prinzip des Mehrheitswillens erschüttert, das ganz nur auf dem Gedanken beruht, daß in jedem gesellschaftlichen Unternehmen die Interessen des Ganzen mit denen der Mitglieder gleichgerichtet sind, d. h. gerichtet auf den im Gesellschaftsvertrag vereinbarten Zweck, so verschieden auch von Fall zu Fall die Ansichten über den besseren oder den besten Weg zum Ziele sein mögen. Damit, daß an einer Gesellschaft ganze Gruppen von Aktionären beteiligt sind, deren Interessen nach außen und von außen orientiert und dann auch leicht einmal geradezu gegen den Gesellschaftszweck gerichtet sind, hat der Gesetzgeber nicht gerechnet und noch weniger mit der den Übelstand auf die Spitze treibenden Möglichkeit, daß in einer Gesellschaft diejenigen Mitglieder am meisten zu sagen haben, welche am wenigsten, oft gar nichts, zum Gesellschaftsvermögen beigetragen und von ihm zu erwarten haben und daher am Gedeihen der Gesellschaft vielleicht überhaupt nicht interessiert sind.

Die Frage, wie man sich zu dieser ganzen Bewegung überhaupt zu stellen hat, ob man ihr freien Lauf lassen soll oder ihr entgegentreten, ist eine Angelegenheit der Politik. Wie die Dinge heute liegen, ist bei uns der Staat, selbst wenn er es wollte, kaum in der Lage, irgend welchen anderen Rücksichten das Interesse daran hintanzusetzen, daß wir auf das denkbar rationellste produzieren und wirtschaften. Und so fragt sich für den Juristen nur, ob die Konzernbewegung jener Möglichkeiten entraten kann, in der Generalversammlung ohne die entsprechende Beteiligung an der Aufbringung des Gesellschaftsvermögens das entscheidende Wort zu sprechen, und ob, wenn das zu verneinen ist, es nicht andere Mittel gibt, das zu ermöglichen, ohne darum unser Aktienrecht in seinen Grundlagen zu erschüttern. Nicht alle Aktiengesellschaften sind an der Konzernbildung beteiligt. Es mag nicht mehr viel Gesellschaften geben, welche sich nicht irgendwie kartellmäßig zusammengetan haben. Von der Konzernbewegung und der damit zusammenhängenden Verschachtelung sind — wenn man nur zählt — sicherlich bei weitem die meisten ganz frei, und denke ich an diese zahlreichen selbständigen und in ihrem rechtlichen Gefüge gesunden Gesellschaften, so wüßte ich nicht, weshalb unser Gesetz — von Einzelheiten, die gebessert werden können, abgesehen — nicht auch heute noch die schlechthin passende, dabei von allen Aktiengesetzen, welche es gibt, beste Formung der Gesellschaftsart sein sollte. Will man aber oder muß man der Konzernbewegung Rechnung tragen, so vermeide man wenigstens alles Scheinwesen und nenne die Dinge beim richtigen Namen. Man lasse dann die Freiheit, im Gesellschaftsvertrag zu vereinbaren, daß nicht nur die Aktionäre, sondern auch Vorstand und Aufsichtsrat und schließlich auch Dritte in irgendwie abgestuftem Maße in der Generalversammlung Stimmrecht haben. Dann mag das Publikum entscheiden. Nach meiner Vermutung werden jedenfalls die breiten Massen derer, die lediglich ihr Geld vorteilhaft anlegen wollen, sich durch solche Bestimmungen nicht beeinträchtigt fühlen und nicht abschrecken lassen.

Das dritte der Motive, von denen ich sagte, ist das Bedürfnis nach Schutz gegen die sogenannte innere Überfremdung. Auch ihm kann nicht jede Berechtigung abgesprochen werden. Aber das Übel scheint mir an einer anderen Stelle zu liegen als da, wo man Heilung sucht. Man bekämpft die — wie man sich ausausdrückt — demokratische Verfassung der Aktiengesellschaft. Aber man schießt über das Ziel, wenn man um dieser Sache willen gleich der Verfassung zu Leibe gehen will. Das Verhältnis des Vorstandes oder des Vorstandes und Aufsichtsrats zur Gesamtheit der Aktionäre und Geldgeber ist in unserem Gesetz so geregelt, daß die gesamte Geschäftsführung und damit namentlich alle Initiative in der kaufmännischen und technischen Leitung des Unternehmens in der Hand der Verwaltung liegt. Gewiß, sie untersteht der Generalversammlung, dem obersten Willensorgan der Gesellschaft. Aber dieses oberste Organ funktioniert schwerfällig und kommt nur stoßweise zu Wort, regelmäßig einmal im Jahr, um ganz bestimmte wichtige Punkte zu erledigen, außer der Regel, wenn außergewöhnliche Lagen dazu Veranlassung geben. Will man das demokratisch nennen, so wüßte ich doch nicht, wie man abstrakt — und darauf ist das Gesetz doch angewiesen — das Verhältnis glücklicher sollte gestalten können. Nach meinem Empfinden kann man den Einfluß derer, die das Geld geben, nicht noch mehr abschwächen, und man wird anders helfen müssen, soweit als man überhaupt helfen kann. Denn worum handelt es sich? Ob die Gesellschaft gedeiht, hängt davon ab, ob der Gegenstand des Unternehmens glücklich gewählt ist und ob zur Verwaltung die geeigneten Persönlichkeiten berufen sind. Wo das eintrifft, bleibt nicht aus, daß sich — hier ebenso wie in anderer Weise an anderen Stellen — das Bestreben Dritter geltend macht, sich die Früchte fremder Arbeit anzueignen und da zu ernten, wo andere gesät haben. Nicht das ist das Übel, daß die Aktien der Gesellschaft gesucht und aufgekauft werden. Denn einerseits beruht es, wo es gelingt, auf dem freien Willen der ihre Aktien Verkaufenden, und andererseits ist es — jedenfalls der Idee nach — gleichgültig, wer die Eigentümer sind, nach Meinung des Statuts wenigstens dann, wenn die Aktien auf den Inhaber lauten. Und auch, wenn es nicht gleichgültig sein sollte, wäre doch niemand imstande, abstrakt zu entscheiden, in wessen Händen die Aktien besser aufgehoben wären, bei den Verkäufern oder bei den Käufern. In Wahrheit richtet sich denn auch die Tendenz der inneren Überfremdung gar nicht gegen die Aktionäre, sondern gegen die Verwaltung, gegen Vorstand und Aufsichtsrat. Die Mitglieder der Verwaltung sind es, welche sich — in ihrer persönlichen Stellung und in ihrem Werk — bedroht fühlen, und das Übel ist nicht schlechthin die Macht der Generalversammlung, deren Stimmung umzuschlagen droht, ist vielmehr die prekäre Stellung der Mitglieder der Verwaltung. Man braucht nicht die Macht der Generalversammlung allgemein abzuschwächen, man braucht ihr nur das Recht zu versagen, gegen die Mitglieder der Verwaltung nach Willkür zu verfahren. Ist, wie nach gemeinem Recht, die Befugnis zur Entlassung an die Voraussetzung geknüpft, daß ein wichtiger Grund dazu vorliegt, dann liegt die letzte Entscheidung bei den Gerichten. Denn auch darin, daß die Verwaltung sich einem Mehrheitsbeschluß der Generalversammlung nicht fügt, wird man einen wichtigen Grund der Kündigung dann nicht erblicken, wenn in dem Beschluß eine rechtswidrige Vergewaltigung der Minderheit liegt.

Nach allem halte ich die Darstellung des Aktienrechts, wie es nach dem positiven Gesetz gilt, auch heute noch für zeitgemäß. Oder vielmehr heute erst recht. Die Nöte der Zeit haben wie anderwärts so auch in dieser Materie an den Konturen des Rechts genagt. Es zeigt sich in Praxis und Theorie eine Lässigkeit und gegenüber den Neubildungen des Verkehrs eine Willfährigkeit der Gesetzesanwendung und Gesetzesauslegung, die zu einem nachdrücklichen Hinweis darauf herausfordern, was in unserem Gesetze steht und wie es zu verstehen ist. Es erscheint mir ein verdienstliches Werk, ehe wir an die Reform gehen, erst einmal die verwischten Linien der Zeichnung wieder kräftig zu ziehen. Nur so werden wir richtig sehen, was und wie an dem Bilde zu ändern ist. Dazu nach Kräften beizutragen, ist der Zweck des Buches.

Leipzig, Ostern 1928.

Inhaltsverzeichnis.

Seite

Aktiengesellschaft.

Erster Titel.

Allgemeine Vorschriften.

Zweiter Titel.

Rechtsverhältnisse der Gesellschaft und der Gesellschafter.

Dritter Titel.

Verfassung und Geschäftsführung.

Seite

Vierter Titel.

Abänderungen des Gesellschaftsvertrages.

Fünfter Titel.

Auflösung und Nichtigkeit der Gesellschaft.

Sechster Titel.

Strafvorschriften.

Aktiengesellschaft.

Handelsgesetzbuch.

Zweites Buch. Dritter Abschnitt.

Erster Titel[1, 4]

Allgemeine Vorschriften[2].

§ 178.

Die sämtlichen Gesellschafter der Aktiengesellschaft[3] sind mit Einlagen auf das in Aktien zerlegte Grundkapital der Gesellschaft beteiligt, ohne persönlich für deren Verbindlichkeiten zu haften[5].

1. Die Aktiengesellschaft hat sich gewohnheitsrechtlich als Form einer Handelsgesellschaft herausgebildet. Ihre Anfänge sind nicht deutlich. Mit Beginn des 17. Jahrhunderts treten in den großen Handelskompanien jener Zeit Vergesellschaftungen in die Erscheinung, in welchen man den Urtypus und den Ursprung der A-Gesellschaft erblicken kann. Allmählich nimmt die Form in der Richtung auf das, was wir heute unter einer A-Gesellschaft verstehen, bestimmtere Gestalt an. In dieser Entwicklung kann man drei Epochen erkennen, wenn man nach dem unterscheidet, was die Grundlage der Entstehung der Gesellschaft und ihrer Anerkennung in der Rechtsordnung ist. Es folgen sich das Oktroi-System, das Konzessionssystem, das System der Normativbestimmungen. Lange Zeit hindurch bedurfte es zur Entstehung der Kompanie eines Aktes der Gesetzgebung von Fall zu Fall, durch welchen zugleich die Verfassung der Gesellschaft bestimmt und bestätigt wurde, des Oktroi. Es folgte das Konzessionssystem, als 1808 der code de commerce unternahm, das Recht der A-Gesellschaft in allgemeingültige Normen zu fassen, ohne daß indessen von dem Erfordernis staatlicher Genehmigungen in jedem Einzelfall Abstand genommen wurde. Nur trat an die Stelle des gesetzlichen Privilegs der Verwaltungsakt der Konzession. Auch das erste in Deutschland zum Aktienrecht ergangene Gesetz, das preußische Gesetz vom 8. 11. 1843 hat hieran festgehalten. Und als im Jahre 1861 das Allgemeine Deutsche Handelsgesetzbuch im Vorschlag vollendet war und den Bundesstaaten zwecks Einführung zur Verfügung gestellt wurde, haben nur erst die Hansestädte, Sachsen und Oldenburg von dem Erfordernis der staatlichen Genehmigung Abstand genommen. Erst mit der Novelle zum ADHGB vom 11. Juni 1870 ging man allgemein zum System der Normativbestimmungen über. Auch bei ihm fehlt es nicht an der Prüfung jeder einzelnen Gesellschaftsgründung durch die staatliche Behörde. Aber die Entscheidung liegt nicht mehr in deren Ermessen. Allgemein stellt das Gesetz an den Inhalt des Gesellschaftsvertrages und an den Hergang der Gründung bestimmte Anforderungen und, wenn die Prüfung durch den Richter ergibt, daß ihnen genügt ist, haben die Beteiligten den Anspruch darauf, daß die Gesellschaft in das Handelsregister eingetragen wird, wodurch sie dann entsteht.

2. Das Recht der A-Gesellschaft ist im Handelsgesetzbuch im wesentlichen erschöpfend geregelt. Das ADHGB, aus welchem das heutige Gesetzbuch erwachsen ist, hatte in wenig glücklicher Anordnung des Stoffes in dem Abschnitt über die Handelsgesellschaften erst die offene Handelsgesellschaft und die Kommanditgesellschaft, im Anschluß an die Kommanditgesellschaft zunächst in den Artt. 173—206 das Recht der Kommanditgesellschaft auf Aktien und erst im Anschluß daran in Artt. 207—249 das der Aktiengesellschaft geregelt. Diese Bestimmungen haben im Laufe der Zeit mehrfach Ergänzungen erhalten und schließlich eine vollständige Umarbeitung. Die erste Abänderung brachte das Gesetz vom 11. Juni 1870. Mit ihm wurde das Konzessionssystem gänzlich aufgegeben, es wurde die Bestellung eines Aufsichtsrates obligatorisch gemacht, die Sukzessivgründung, die qualifizierte Gründung zum Gegenstand besonderer Vorschriften gemacht, besondere Bilanzabschriften gegeben, hier allererst die Verteilung von Dividende vor Ausgleich einer bestehenden Unterbilanz ausdrücklich verboten, schlechthin verboten der Erwerb eigener Aktien durch die Gesellschaft, hier auch erst strafrechtliche Sondervorschriften aufgestellt u. a. — Eine sehr umfangreiche Ergänzung fanden die Vorschriften durch das Gesetz, betr. die Kommanditgesellschaften auf Aktien und die Aktiengesellschaften vom 18. 7. 1884, das auf Grund der in der Gründerzeit der 70er Jahre gemachten Erfahrungen nach langen Vorberatungen ergangen ist. Die Tendenzen der Novelle gingen im wesentlichen dahin: die Aufbringung und Erhaltung des Grundkapitals zu sichern (Verbot der Ausgabe nicht voll eingezahlter Aktien, Verbot, die auf die Einlage ausstehenden Raten zu erlassen, Verbot der Aufrechnung und Zurückbehaltung), den Gründungsvorgang schärfer zu gestalten (Begriff und Verantwortlichkeit des Gründers, Verlautbarung aller Vereinbarungen über Gründungsaufwand, über besondere Vorzugsrechte, Bezugsrechte, Verlautbarung ferner aller Einzelheiten bezüglich Sacheinlagen im Gesellschaftsvertrag), Erhöhung der Mindestbeträge der ersten Einzahlung von 10% auf 25%, Verantwortlichkeit der Emissionshäuser, strafrechtliche Verantwortlichkeit; Ausgestaltung sogenannter Individualrechte, Anfechtung von Beschlüssen der Generalversammlung, Recht auf Geltendmachung von Ersatzansprüchen (§ 268), auf Untersuchung der Gründung und Geschäftsführung (§ 266); weiterer Ausbau der Sondervorschriften über den Inhalt der Bilanz. — Als es dann galt, aus Anlaß der bevorstehenden Einführung des Bürgerlichen Gesetzbuchs die Vorschriften des HGB dem neuen gemeinen Recht anzupassen, hat man zugleich Gelegenheit genommen, in dem Gesetz vom 10. 5. 1897 die Anordnung des Stoffes umzugestalten, das Recht der eigentlichen A-Gesellschaft voranzustellen und anschließend unter allgemeiner Bezugnahme auf das Voraufgehende die Kommanditgesellschaft auf Aktien zu regeln. Die sachlichen Änderungen sind — mit Ausnahme vielleicht des § 212 (Nebenleistungs-A-Gesellschaft) — nicht grundsätzlicher Natur; als neu sind namentlich hervorzuheben die Vorschriften über die Nichtigkeit der Gesellschaft; eingehender geregelt sind Abänderung des Gesellschaftsvertrages, Herauf- und Herabsetzung des Grundkapitals, Fusion.

Einzelne Änderungen haben sodann die gesetzlichen Vorschriften erfahren durch:

1. Vdg. vom 8. 8. 1914 (RGBl 365), wonach unter Umständen die Verpflichtung des Vorstandes entfällt, wegen Zahlungsunfähigkeit den Antrag auf Eröffnung des Konkurses zu stellen (§ 240 II),
2. Bekanntmachung vom 24. 5. 1917 (RGBl. 431), betreffend Einzahlung auf das Grundkapital durch bestätigte Schecks auf die Reichsbank,
3. Vdg. vom 2. 11. 1917 (RGBl 987), wonach die Gründung einer A-Gesellschaft mit mehr als 300000 M Grundkapital sowie die Erhöhung des Grundkapitals um diesen Betrag der staatlichen Genehmigung bedarf (gilt nicht mehr seit 15. 10. 1920, s. Vdg. vom 9. 10. 1920, RGBl 1718),
4. Gesetz vom 4. 2. 1920 (Betriebsrätegesetz) § 70 und dazu Gesetz vom 15. 2. 1922 über die Entsendung von Betriebsratsmitgliedern in den Aufsichtsrat, nebst Wahlordnung vom 23. 3. 27 (RGBl I 307),
5. Vdg. vom 28. 4. 1920 (RGBl 696), wonach die Verpflichtung des Vorstands wegen Überschuldung den Antrag auf Eröffnung des Konkurses zu stellen (§ 240) entfällt; vgl. auch Gesetz vom 24. 12. 1922 (RGBl 1923. 21). Diese Vorschriften sind obsolet,
6. Vdg. über die Goldbilanzen vom 28. 12. 1923 (RGBl I 1253); Zweite Durchführungsverordnung dazu vom 28. 3. 24 (RGBl. I, 385); Fünfte DVdg. vom 23. 10. 24 (RGBl I, 717),
7. In Abänderung von Bilanzvorschriften sind während der Kriegs- und Inflationszeit mehrere Verordnungen und Gesetze ergangen, deren Bestimmungen inzwischen gegenstandslos geworden sind, so Bekanntmachung, betr. die Bilanzen von Gesellschaften, welche Vermögen im Ausland haben, vom 25. 2. 15 (RGBl. 123); Vdg. über Bilanzierung von Kriegsanleihen vom 24. 3. 20 (RGBl. 33); Gesetz über Bilanzierung wertbeständiger Schulden vom 17. 2. 23 (RGBl. I 1233); Vdg. über Verlängerung der Bilanzfristen vom 23. 12. 23 (RGBl. I 1248).

3. a) Das Gesetzbuch stellt keine Definition des Begriffs der Aktiengesellschaft auf. Es ist das absichtlich vermieden worden. Aber doch führt der § 178 die Momente an, die mit den wesentlichen Merkmalen des Begriffs zusammenhängen. Das eine Merkmal ist die selbständige Persönlichkeit der Gesellschaft, vermöge welcher sie selbständig Rechte und Pflichten hat (§ 210), die Rechtsverhältnisse zu Dritten ausschließlich Rechtsverhältnisse der Gesellschaft und in keiner Weise Rechtsverhältnisse der Gesellschafter zu den Dritten sind. Zwischen die Gläubiger sowie Schuldner des Geschäfts und die Gesellschafter schiebt sich, beide gänzlich voneinander trennend, diese Persönlichkeit der Gesellschaft ein. Dieser Sachverhalt kommt grundsätzlich erst im § 210 zum Ausdruck, erwähnt wird er hier mit dem Satze, daß die Gesellschafter für die Verbindlichkeiten der Gesellschaft nicht haften. Nicht persönlich haften, sagt das Gesetz mit einem überflüssigen und daher unrichtigen Zusatz. Allgemein gesprochen haften die Gesellschafter überhaupt nicht, weder persönlich noch dinglich, weder unbeschränkt, noch beschränkt, während sie auf Grund besonderen Titels allerdings haften können, persönlich z. B. wenn sie für eine Schuld der Gesellschaft Bürgschaft übernehmen, dinglich, wenn sie dafür eine Hypothek bestellen, beschränkt auf den Betrag des Empfangenen, wenn sie unrechtmäßig von der Gesellschaft Zahlungen erhalten (§ 217).

b) Das zweite charakteristische Merkmal der A-Gesellschaft ist die eigenartige Objektivierung der Beteiligung an ihr, die Zersplitterung in eine Masse unter sich — quantitativ und qualitativ — gleicher und daher gegeneinander fungibler Anteilrechte. Daß die A-Gesellschaft Kapitalgesellschaft ist, d. h. eine Vereinigung nicht so sehr der Personen, ihrer Arbeit und Kräfte, als vielmehr Vereinigung von Geld und Geldeswert zum Zwecke der Verwaltung und Verwertung durch fremde Kräfte, ist noch nicht das letzte entscheidende Moment. Es muß diese eigenartige Beteiligung in Form der Aktie hinzukommen, die eine jede ein Gegenstand ist für sich, nicht fähig, mit anderen zusammenzufließen zu einem größeren Ganzen, noch auch fähig, sich zu spalten in mehrere kleinere Ganze. Diese differentia specifica findet sich im Gesetz, könnte es scheinen, nirgend ausgesprochen und nur stillschweigend vorausgesetzt. Tatsächlich beruht es ganz und gar auf der historischen Entwicklung der Gesellschaftsform. Es ist das objektivierte Anteilrecht in dieser Form, zu welchem gewohnheitsrechtlich die Aktie bereits geworden war, als das Gesetz erging, und insofern kann man allerdings behaupten, daß das Gesetz mit der Wendung „auf das in Aktien zerlegte Grundkapital" dieses Begriffsmoment ausdrücklich aufstellt. Die Wendung entspricht auch allen Anforderungen an Richtigkeit des Ausdrucks. Es kann nicht zugegeben werden, daß sie „geradezu irreführend" sei (so Staub-Pinner § 178 1 a). Denn es ist nicht gesagt, daß sämtliche Gesellschafter nur mit Einlagen auf das in Aktien zerlegte Grundkapital beteiligt sind. Es ist nicht ausgeschlossen, daß ein Agio gezahlt wird. Wohl aber ist gesagt, und das ist auch richtig und wesentlich, daß wenn ein Agio vereinbart war, das nicht Einlage auf das Grundkapital ist und wie es die Summe des Grundkapitals nicht beeinflußt, so auch nicht — weder im Quantum noch im Quale — die Quote der Beteiligung am Ganzen, die eben dem Verhältnis entspricht, in welchem die einzelne Aktie zur Anzahl aller Aktien oder — im Geldbetrag ausgedrückt — der Nennbetrag der Aktie zum Grundkapital steht.

c) Man muß zwischen Summen- und Quoten-Aktien unterscheiden, weil es Rechte gibt, welche die Quoten-Aktien zulassen. Das deutsche Recht kennt nur die Summenaktie, d. h. die Aktie, welche auf eine bestimmte Summe lautet. Die Bezeichnungen sind nicht scharf und daher irreführend. Denn Quoten-Aktie ist ihrem Wesen nach die Summenaktie auch, nur bezeichnet sie mit ihrem Nennbetrag zugleich die Summe, welche auf das Grundkapital für sie entweder schon eingezahlt worden ist oder im ganzen eingezahlt werden muß. Es ist nicht richtig, daß die Quotenaktie irgendeinen Vorzug vor der Summenaktie hätte. Im Gegenteil. Irgendwelche Handhaben zur Bewertung der Aktie gibt die eine Art so wenig wie die andere. Dafür enthält aber die Summenaktie wenigstens eine tatsächliche Angabe, welche sich mit voller Bestimmtheit machen läßt, die Angabe des Betrags der effektiv geleisteten oder zu leistenden Einlage auf sie. Daß dies ein Moment der Täuschung sein könnte, ist ein rein theoretisches Bedenken. Auch Hypotheken lauten oft genug auf Beträge, welche sie nicht wert sind. Das ist gefährlicher als der Nennbetrag der Aktie; und doch wird das niemand beanstanden. Dafür ist denn doch im heutigen Leben das Wesen der Aktie zu bekannt, Tag für Tag der Kurszettel zu sehr in jedermanns Hand, als daß der Nennbetrag als etwas anderes aufgefaßt werden könnte, als was er in diesem Zusammenhang ist, die Grundlage für eine genaue Wertbezeichnung. Man muß sich nur einmal den Kurszettel unter der Annahme vorstellen, wir besäßen Quotenaktien, was zur Folge hätte, daß die Kurse nicht nach Prozenten des Nennbetrags, sondern per Stück notiert werden müßten. Ein solcher Kurszettel wäre eine Zusammenstellung nutzloser Zahlen, ganz unverständlich, außer jedesmal gerade für denjenigen, der bezüglich eines bestimmten Papieres die notwendigen Daten im Kopfe und gegenwärtig hätte, während der Kurs der Summenaktien jedem Leser unmittelbar sagt, wie hoch die Börse den Wert der Unternehmen im Verhältnis zu ihrem Grundkapital einschätzt. Daß möglicherweise der Wert der Aktie nicht mit ihrem Nennbetrage übereinstimmt, ist ein Schicksal, welches sie mit jedem Wertpapier teilt. Wenn heute, bei der Verwahrlosung unseres Aktienwesens infolge der Kriegs- und Nachkriegsereignisse, Summenaktien und oft in Händen Einzelner ganze Pakete von solchen liegen und die maßgeblichste Rolle spielen, von welchen man nicht nur vermuten muß, sondern oft auch ganz genau weiß, daß der Gesellschaft auf sie hin kein Pfennig Kapital zugeflossen ist, so sind das pathologische Erscheinungen, welche hoffentlich mit der Gesundung unseres Wirtschaftslebens wieder verschwinden werden. Einstweilen ist nicht nur hierdurch, sondern in viel größerem Umfang durch Inflation und nachfolgende Umstellung auf Goldbilanz der Nennbetrag der Aktie im Sinne einer tatsächlichen Angabe allerdings illusorisch geworden. Für die Zukunft wird die Summenaktie hoffentlich die alte Bedeutung wieder gewinnen und ihren Vorzug für die Technik der prozentualen Berechnung im Kurse hat sie nie verloren. Zur Frage, ob sich die Einführung der Quotenaktie empfiehlt, s. Solmssen im BankArch. 26 S. 26 u. 291, Siegel das. S. 289, Kalisch in JW. 1927, 650.

d) Ob die „beschränkte Haftung" des Aktionärs nach unserem Recht der A-Gesellschaft wesentlich ist, kann zweifelhaft erscheinen. Die beschränkte Haftung ist nur im wirtschaftlichen Sinne ein einheitlicher Begriff. Juristisch setzt sich der Begriff, wie er hier zu verstehen ist, aus zwei Momenten zusammen. Das eine Moment ist die oben erwähnte Einschiebung der Gesellschaft als selbständiger Persönlichkeit, welche den Gesellschafter vor jedem unmittelbaren Zugriff der Gläubiger schützt. Das andere Moment ist die Einschränkung der Verbindlichkeit des Gesellschafters der Gesellschaft gegenüber auf den vertragsmäßig festgesetzten Beitrag zum Gesellschaftsvermögen. Jenes erste Moment gilt bei uns auch heute noch. Das zweite hat bis 1900 ebenfalls ausnahmslos bei uns gegolten, und in RG. 21, 149, unter 156 f. ist treffend ausgeführt, weshalb das Wesen der A-Gesellschaft fordert, daß es so ist. Trotzdem ist es durch Zulassung der Nebenleistungs-A-Gesellschaft im Prinzip aufgegeben, und wenn das auch mit der beschränkten Haftung wegen der Schulden der Gesellschaft unmittelbar nichts zu tun hat, so haben wir uns doch damit des Rechts begeben, ausländischen Gesellschaften die Eigenschaft einer A-Gesellschaft deshalb abzusprechen, weil bei ihnen die beschränkte Haftung der Gesellschafter nicht streng durchgeführt ist.

4. a) Das Recht der A-Gesellschaft ist in dem gegenwärtigen Abschnitt des HGB. (II. Buch 3. Abschnitt §§ 178—319) erschöpfend geregelt. Das schließt nicht aus, daß neben diesen Vorschriften die allgemeinen Sätze des bürgerlichen Rechts gelten, und da die A-Gesellschaft juristische Persönlichkeit besitzt, gehören zu diesen allgemeinen Rechtssätzen auch die Vorschriften des BGB über den rechtsfähigen Verein, soweit für sie neben den aktienrechtlichen Bestimmungen des HGB Raum ist. Das ist nicht unbestritten, wird aber heute in Rechtslehre und Rechtsprechung ganz überwiegend anerkannt. Es trifft allerdings nicht zu, wenn Makower 178 I b (vgl. auch das. vor § 178 II) sagt: Da die A-Gesellschaft ein Verein im Sinne des BGB und rechtsfähig ist (§ 210 I), ist sie eine juristische Person. Faßt man den Vorgang der Gründung einer A-Gesellschaft in der heute fast allein noch üblichen Form der Simultangründung ins Auge, unterstellt man dabei, daß sich die Anzahl der Gründer auf die vorgeschriebenen fünf beschränkt, so hat man in dem Gründungsvertrag durchaus den Typus eines echten Gesellschaftsvertrages im Sinne des § 705 BGB vor sich. Nicht weil die A-Gesellschaft nach ihrem Wesen ein Verein ist, ist sie juristische Person, sondern umgekehrt, weil das Gesetz ihr juristische Persönlichkeit beigelegt hat, ist die subsidiäre Anwendung der Vorschriften des BGB über die Gesellschaft ausgeschlossen, an deren Stelle die Vorschriften über die juristische Person treten, wie sie das BGB in den Vorschriften im I. Buch 1. Abschnitt 2. Titel unter I Vereine statuiert hat (RJA 3, 25). Im ganzen sind es nur wenige Bestimmungen des BGB, die dabei in Frage kommen, in erster Linie der allerdings sehr bedeutsame § 31, wonach die A-Gesellschaft für den Schaden verantwortlich ist, welchen der Vorstand, ein Mitglied des Vorstandes oder ein anderer verfassungsmäßig berufener Vertreter der Gesellschaft durch eine in Ausführung der ihm zustehenden Verrichtungen begangene, zum Schadensersatz verpflichtende Handlung einem Dritten zufügt. JW 1903 Beil. 81; 04, 167[5]. Wertvoll kann unter Umständen einmal der § 29 BGB sein, wonach im Notfall zur Vertretung der Gesellschaft vom Amtsgericht Vorstandsmitglieder bestellt werden können. Vgl. RJA 3, 25 (KG); KGJ 34, 54, 170; RJA 17, 82 (KG); RG 57, 93. — Was § 35 besagt, würde auch gelten, wenn es nicht positiv ausgesprochen wäre. — Nach § 43 I BGB kann einem Verein die Rechtsfähigkeit entzogen werden, wenn er durch einen gesetzwidrigen Beschluß der Mitgliederversammlung und durch gesetzwidriges Verhalten des Vorstandes das Gemeinwohl gefährdet, und in § 44 sind für diesen Fall Vorschriften wegen des Verfahrens gegeben. Das, auf die A-Gesellschaft angewendet, bedeutet, daß diese in solchem Falle aufgelöst werden kann. Es ist kein Grund, die Anwendbarkeit dieser Vorschriften zu bezweifeln, zumal HGB § 292 II sich ausdrücklich dagegen verwahrt, als wolle es die Auflösungsgründe erschöpfend bestimmen. Auffallend ist, daß bei Einführung der Novelle von 1900 mehrere Bundesstaaten (Preußen, Sachsen, Hessen, Sachsen-Meiningen, Anhalt, Reuß, Waldeck) landesgesetzlich dem Staat dieses Auflösungsrecht noch einmal beizulegen für nötig befunden haben. Indessen dürfte die Absicht gewesen sein, die reichsgesetzliche Vorschrift lediglich aufzugreifen, um daran landesgesetzliche Bestimmungen über das Verfahren anzuknüpfen. Vgl. hierzu Makower HGB III S. 439.

Abzulehnen ist die Anwendbarkeit des § 28 BGB, wonach für die Beschlüsse des Vorstandes die Bestimmungen in §§ 32, 34 gelten würden, also der Vorstand nach den Vorschriften seine Beschlüsse zu fassen hätte, nach welchen eine Vereinsversammlung es tut. So Makower im Anhang nach § 319 S. 878. Die Organisation der A-Gesellschaft und die Art, wie ihre einzelnen Organe funktionieren, sind im HGB selbständig und vollständig geregelt. Zur Ergänzung können nur die allgemeinen Vorschriften des BGB über die allgemeine Rechtsstellung der juristischen Person als solcher in Frage kommen. — So kann auch die Frage, inwiefern neben den Vorstand besondere Vertreter der Gesellschaft bestellt werden können (BGB § 30), nur aus den handelsgesetzlichen Bestimmungen entschieden werden. Ebensowenig ist für Anwendung des § 48 Raum (a. A. Brand Vorb. zu § 178[3]). Daß das von Abs I und II gilt, ist ohne weiteres ersichtlich und wenn in Abs III gesagt wird, daß für die Beschlüsse der Liquidatoren etwas anderes gelten soll wie für die Beschlüsse der Mitglieder des Vorstandes, so bestimmt für die A-Gesellschaft § 298 II ausdrücklich das Gegenteil. Der Umweg über § 48 BGB, den RJA 3, 28 (KG) macht, um auf Grund § 29 BGB auch in dem Liquidationsstadium einen Vertreter zu bestellen, ist doch wohl überflüssig.

b) Die dem Wortlaut der §§ 21, 22 BGB gegenüber schlüssige Behauptung Simons in GZ 49, 8, daß für Zwecke, welche nicht auf einen wirtschaftlichen Geschäftsbetrieb gerichtet sind, hinfort A-Gesellschaften nicht begründet werden können, weil es solche ohne Rechtsfähigkeit nicht geben kann, Rechtsfähigkeit nur durch Eintragung in das Vereinsregister erlangt werden könnte, in dieses Register aber A-Gesellschaften wiederum nicht eingetragen werden können, ist fast allgemein abgelehnt, aber nicht widerlegt worden (zustimmend Lehmann-Ring vor § 178[3]; Ritter Vorb 2 vor § 178). Die Behauptung ist unrichtig, weil der § 21 seines Inhalts wegen auf A-Gesellschaften nicht anwendbar ist, was vom § 22 ebenfalls selbst dann gelten würde, wenn er den ausdrücklichen Vorbehalt besonderer reichsgesetzlicher Vorschriften nicht machte. Denn beide Paragraphen handeln von den Voraussetzungen, unter welchen ein nicht rechtsfähiger Verein Rechtsfähigkeit erlangt. Nicht rechtsfähiger Verein ist aber die A-Gesellschaft in keinem Stadium ihrer Entstehung. Richtig ist nur, daß die §§ 21, 22 BGB ungleichmäßig gefaßt sind. Der Vorbehalt zugunsten besonderer Bestimmungen der Reichsgesetze hätte entweder in beiden Paragraphen oder in keinem gemacht werden sollen. Vgl. OLG 8, 12 (Hamburg).

c) Auf ausländische A-Gesellschaften finden die aktienrechtlichen Bestimmungen des HGB, überhaupt des deutschen Aktienrechts nicht Anwendung. Wie nach anerkanntem Satz des internationalen Privatrechts für die Persönlichkeitsrechte des natürlichen Menschen das Recht seines Heimatsstaates maßgebend ist (EG BGB Art 7), so ist für die A-Gesellschaft das Personalstatut das Recht des Ortes, an welchem die Gesellschaft ihren Sitz hat, OLG 5, 101 (Kiel); zu Art 10 EG BGB s. OLG 8, 12 (Hamburg). Es ist bestritten, ob man juristischen Personen Staatsangehörigkeit zusprechen kann. Daran ist aber nur richtig, daß in der Staatsangehörigkeit auch Rechte liegen, welche nur natürlichen Menschen zustehen können. Nach den Grundsätzen des internationalen Privatrechts — aber vorbehaltlich abweichender landesgesetzlicher Bestimmungen — kommt es daher nicht darauf an, welcher Nationalität die Aktionäre, die Mitglieder des Vorstandes, des Aufsichtsrats oder andere Organe überhaupt oder vorwiegend angehören, was schon deswegen unannehmbar wäre, weil bei der leichten Begebbarkeit der Aktien die Mehrheit täglich wechseln kann. Anders die Rechtsprechung der gemischten Schiedsgerichte (JW 1921, 1645[1]; 1922, 1097, 1157[c] u. a.), welche aber in der Stimmung der Kriegs- und Nachkriegszeit ergangen keinen Anspruch auf wissenschaftlichen Wert erhebt; a. A. Mamelok, Staatsangehörigkeit d. jur. Person. — Das Recht am Ort des Sitzes ist maßgebend nicht nur für die Frage der Rechts- und Handlungsfähigkeit der Gesellschaft überhaupt, sondern auch für die der Verfassung und Geschäftsführung, für den Gesellschaftsvertrag und dessen Abänderungen, sowie die rechtlichen Folgen einer Abänderung; dazu gehören auch die Bestimmungen über die Herabsetzung des Grundkapitals und die in dieser Beziehung zur Sicherheit der Gläubiger gegebenen Vorschriften. RG 73, 366, wo der Anspruch des Gläubigers einer holländischen A-Gesellschaft, welche ihr Grundkapital herabgesetzt hatte, auf Befriedigung oder Sicherung (§ 289 III) ungeachtet auch des Umstandes zurückgewiesen worden ist, daß die Gesellschaft in Deutschland eine Zweigniederlassung besaß und die Forderung des Gläubigers in deren Betrieb entstanden war. Vgl. auch RG in DJZ 04, 555[50], wonach Zeichnungen auf Aktien einer ausländischen A-Gesellschaft wegen Betruges angefochten werden können (vgl. Erl. 4 zu § 189); der Bericht ist undeutlich insofern, als man nicht erfährt, an welcher Stelle des hamburgischen Handelsregisters die Vollmacht des Hamburger Bevollmächtigten eingetragen worden sein mag. — Eine andere Frage ist, ob die ausländische A-Gesellschaft sich im Inland gewerblich betätigen, ob sie als solche vor Gericht klagen und verklagt werden kann. Das pflegt Gegenstand gegenseitigen Zugeständnisses in den Handels- und Freundschaftsverträgen zu sein, welche die Staaten miteinander abschließen. Doch dürfte auch ohne einen solchen Vertrag die Zulassung die der comitas gentium entsprechende Regel sein. Vgl. BauersZ 11, 58 f. (Hamburg), wo aber die Abweichungen ausländischer Aktiengesetze übertrieben stark betont werden. — Und wieder etwas anderes ist es, ob die ausländische Gesellschaft sich im Inland mit einer Filiale niederlassen kann, was zunächst ebenfalls davon abhängt, ob die Gesellschaft zur Betätigung ihres Gewerbebetriebes in Deutschland zugelassen ist, und sodann — privatrechtlich — gemäß § 13 III HGB — ob es sich um eine „Aktiengesellschaft" handelt. Es darf nicht verlangt werden, daß sie in ihrer Verfassung einer deutschen A-Gesellschaft völlig gleicht, wohl aber, daß sie den Merkmalen des allgemeinen Begriffs einer solchen Gesellschaft (s. oben Erl 3) entspricht. — Art 10 EG BGB trifft den Fall nicht, RG 83, 367. Vgl. Brodmann GGmbH § 12[3].

5. Die Steuern, welchen Gründung und Geschäftsbetrieb der A-Gesellschaften unterliegen, sind in kurzer Übersicht die folgenden:

1. Kapitalverkehrssteuergesetz vom 8. 4. 1922 (RGBl. 354) in der Fassung des Gesetzes vom 10. 8. 1925 (RGBl I 241). Durch § 89 II das. sind die Vorschriften des Reichsstempelgesetzes vom 26. 7. 1918 und des Gesetzes vom 7. 11. 1921, die sich auf die Tarifnummern 1—4 und 9 beziehen, aufgehoben. An ihre Stelle treten die Bestimmungen dieses Gesetzes. Danach wird Steuer erhoben:

a) für Rechtsvorgänge, die Gesellschaften betreffen (Gesellschaftssteuer),
b) für den ersten Erwerb von Wertpapieren und sonstigen Vermögensrechten des Kapitalverkehrs (Wertpapiersteuer),
c) für Anschaffungsgeschäfte des Börsenverkehrs (Börsenumsatzsteuer).

I. Gesellschaftsteuer. Der Steuer unterliegen bei Kapitalgesellschaften — zu denen vor allem die A-Gesellschaften und Kommanditgesellschaften auf Aktien gehören:

a) Zahlungen und Leistungen, die zum Erwerb von Gesellschaftsrechten (Aktien, Genußscheine, am Gewinn beteiligte Forderungen) einer inländischen Gesellschaft durch den ersten Erwerber erforderlich sind oder zu deren Bewirkung die Gesellschafter einer inländischen Gesellschaft auf Grund des Gesellschaftsverhältnisses verpflichtet sind (weitere Einzahlungen, Zubußen, Nachschüsse usw.);
b) freiwillige Zahlungen und Leistungen an eine inländische Gesellschaft, die nicht als Schenkungen im Sinne des Erbschaftssteuergesetzes anzusehen sind, falls das Entgelt in Gewährung erhöhter Gesellschaftsrechte besteht, oder falls die Zahlungen oder Leistungen geeignet sind, den Wert der Gesellschaftsrechte zu erhöhen, insbesondere die Umwandlung von Aktien in Vorzugsaktien und Erhöhung der Einlagen der Gesellschafter, die Überlassung von Gegenständen an die Gesellschaft zu einer hinter dem Werte zurückbleibenden Gegenleistung, die Übernahme von Gegenständen der Gesellschaft durch die Gesellschafter zu einer den Wert übersteigenden Gegenleistung und der Verzicht auf Forderungen oder andere Rechte, RFH 15, 194.
c) die Gewährung von Darlehen an eine inländische Gesellschaft, der Erwerb von Forderungen gegen sie, bei denen die Zahlungsfrist hinausgeschoben ist, oder die Stundung von Forderungen gegen sie (vgl. RFH 7, 251), falls Gläubiger der Darlehnsforderungen oder sonstiger Forderungen Gesellschaften sind und:
   entweder die Ansprüche aus den Darlehen oder Forderungen nur gleichzeitig mit den Gesellschaftsrechten abgetreten werden können,
   oder während der Beteiligung an der Gesellschaft die Rückzahlung des Darlehens oder die Erfüllung der Forderungen nicht beansprucht werden kann,
   oder die Gewährung der Darlehen oder die Hinausschiebung der Zahlungsfrist oder die Stundung der Forderungen eine wesentliche Voraussetzung des Beginns oder der Fortführung der Gesellschaft ist und sich sachlich als Beteiligung an der Gesellschaft darstellt.
d) der Erwerb von Gesellschaftsrechten einer inländischen Gesellschaft durch den ersten Erwerber in den Fällen, in denen eine Zahlung oder Leistung im Sinne der Vorschrift zu a zum Erwerb der Gesellschaftsrechte nicht erforderlich ist,
e) die Zuwendung von Anlage- und Betriebskapital seitens einer ausländischen Gesellschaft an ihre inländische Niederlassung.

Es kommt nicht darauf an, ob die Vereinbarung, auf welche die Zahlung oder Leistung erfolgt, im Statut enthalten ist, überhaupt nicht darauf, ob sie schriftlich niedergelegt ist. Es handelt sich nicht um Urkundenstempel, der vielmehr, soweit das Gesetz reicht, fortgefallen ist. Versteuert wird das Zahlungs-, Leistungsgeschäft usw., und in dieser Beziehung bestimmt § 9, daß die Steuerschuld entsteht, sobald die Zahlungen oder Leistungen fällig werden, spätestens aber, sobald sie bewirkt werden, und binnen einer Woche (seit der 2. StNotVdg vom 19. 12. 23, früher zwei Wochen) nach Entstehung der Steuerschuld ist die Steuer zu zahlen (§ 68). Doch kann die Frist verlängert werden. Es wird also nicht immer sofort die ganze Einlage versteuert, sondern nur die angeforderte oder eingezahlte Rate. Fällig wird die Schuld nur, wenn sie gültig begründet worden ist. Aber grundsätzlich entsteht die Steuerschuld durch die Tatsache der Leistung und in dieser Beziehung bestimmt § 14, daß die entrichtete Steuer auf Antrag zu erstatten ist, wenn die Leistung zurückgewährt wird, weil das ihr zugrunde liegende Geschäft aus tatsächlichen oder rechtlichen Gründen nicht zur Ausführung gebracht werden konnte oder in der vollständigen Ausführung rückgängig gemacht worden ist. Das ist der Fall, wenn endgültig feststeht, daß es zur Eintragung der Gesellschaft in das Handelsregister nicht kommt. Der Umstand, daß bereits Einzahlungen auf die Einlage gemacht sind, steht nicht entgegen, RFH 7, 255. Hat die Eintragung in das Handelsregister stattgefunden, so kommt die Erstattung der Steuer nicht in Frage; vgl. RFH 4, 31, RFH in JW 1923, 727[3]. — Kann die Leistung nicht zurückgewährt werden, weil das Geld schon verbraucht ist, so wird auch die Steuer nicht ersetzt, RFH 18, 70.

Steuerpflichtig sind nicht nur die auf Statut und überhaupt auf Vertrag beruhenden, sondern auch die freiwilligen Beiträge der Gesellschafter zum Gesellschaftsvermögen, sofern sie nicht reine Schenkungen sind und der Schenkungssteuer unterliegen. Was in dieser Beziehung oben unter b bestimmt wird, ist in der Hauptsache nur eine nähere Ausführung zu Zusatz 4 Tarifstelle I A a b des Reichsstempelgesetzes. Die Abgabe ist auch zu erheben, wenn ein Gesellschafter Gegenstände unentgeltlich auf die Gesellschaft überträgt (wenn er ihr die Gegenstände zwar nicht unentgeltlich überläßt, ihr aber den Kaufpreis stundet, RFH 7, 251; vgl. auch RFH 6, 9), ihr Schulden erläßt oder ihr Gegenstände zu einem hinter ihrem Wert zurückbleibenden Preis veräußert, oder wenn der Gesellschaft bei der Umwandlung von Stammaktien in Vorzugsaktien weiteres Kapital zugeführt ist. — Werden einer A-Gesellschaft eigene Aktien oder eigene Genußscheine übertragen, so wird die Steuer erst erhoben, wenn die Gesellschaft sie wieder veräußert, und zwar zu dem dabei erzielten Preis abzüglich des Entgelts, welches die Gesellschaft für den Erwerb entrichtet hatte (§§ 9 unter b, 11 II c). — Zur Bestimmung unter c hat die Beobachtung Veranlassung gegeben, daß häufig der Versuch gemacht worden ist, an der Steuer dadurch zu sparen, daß nur ein kleiner Teil des für das beabsichtigte Unternehmen erforderlichen Betriebskapitals in Form des Grundkapitals, der Rest in anderer, namentlich in Darlehnsform, von den Gesellschaftern zusammengebracht worden ist. Aber darum soll nicht schlechthin jedes Darlehen, das ein Gesellschafter der Gesellschaft gewährt, steuerpflichtig sein. Voraussetzung ist vielmehr entweder, daß Gesellschaftsrecht (Aktie) und Darlehnsforderung bis zu einem gewissen Grade unlöslich miteinander verbunden sind; es muß während der Dauer der Beteiligung die Rückforderung des Geldes ausgeschlossen oder es muß bedungen sein, daß die Darlehnsforderung nur zusammen mit der Aktie übertragen werden kann, oder es muß die Hingabe des Darlehens sich als Beteiligung an der Gesellschaft darstellen (RFH 18, 203; s. auch RFH 14, 202) und zugleich der Betrag so erheblich sein, daß er sich als ein Teil des erforderlichen Betriebskapitals darstellt, ein Betrag, ohne welchen das Unternehmen nicht wohl hätte begonnen oder fortgeführt werden können, RFH 12, 125. Vgl. die Fälle RFH 5, 55 (Stammkapital der GmbH 20 000 M, Darlehen 110 000 M), RFH 5, 244 (Stammkapital 20 000 M, Darlehen 55 000 M), RFH 3, 96 (Stammkapital 20 000 M, Darlehen 265 000 M). Solchen Zahlen gegenüber hatte sich die Steuerpflicht schon ohne die Grundlage einer positiven Vorschrift durchgesetzt. Vgl. RFH 1, 69; 1, 71; 1, 77. — Ein zur Einleitung eines Kontokorrentverkehrs eröffneter Kredit wird in der Regel nicht hierher gehören, namentlich wenn es sich um einen Bankkredit handelt, während anderseits ein hierher gehörendes Darlehn auch dann steuerpflichtig ist, wenn es in ein Kontokorrent eingestellt wird. Nicht hierher gehören Bürgschaften und andere Sicherheiten (Wechsel), welche ein Gesellschafter für ein der Gesellschaft gewährtes Darlehen leistet. RFH 18, 96. — Partiarische Darlehen sind ohne weiteres steuerpflichtig, wie Gesellschaftseinlagen (§ 5 I c). — Gleichgültig ist, ob sich alle Gesellschafter an dem Darlehen beteiligen oder nur einzelne, RFH 5, 46. — Darlehen, welche der Gesellschaft durch Dritte gegeben werden, scheiden hier aus, auch wenn sie wesentlich Voraussetzung des Geschäftsbetriebs sind, RFH in JW 22, 1549[1]. Doch darf der Dritte nicht vorgeschobene Person sein, auch nicht Mitglied einer Gesellschaft, die ihrerseits wieder Mitglied der A-Gesellschaft ist, RFH 18, 203.

Die Gründungskosten der A-Gesellschaft gehen nach richtiger, aber keineswegs allgemein geteilter Ansicht die Gesellschaft nichts an, und daher besagt eine Bestimmung im Statut, wonach diese Kosten die Gesellschafter übernehmen, nichts, was nicht ohnehin Rechtens wäre. Es kann daher auch darin nicht eine (steuerpflichtige) Leistung gegen die Gewährung der Gesellschaftsrechte liegen RFH 2, 90; 7, 20; 11, 196; 12, 60. A. A. RG. 73, 185; 78, 169; 80, 115; s. aber auch RG 55, 43. Doch ist ein „Eintrittsgeld" zur Bestreitung der Kosten der Gründung nur soweit steuerfrei, als es diese Kosten nicht übersteigt RFH 9, 198. — Bei einer Erhöhung des Grundkapitals und auf die durch sie verursachten Kosten trifft dieser Gesichtspunkt nicht zu. Hier ist es die Gesellschaft, welche die Kosten angehen, und die Übernahme sowie die Zahlung dieser Kosten ist steuerpflichtig. So RFH in JW 1921, 1115[12]. Anders RFH 7, 20; vgl. auch die Übersicht über die Rechtsprechung das. S. 13. — Auch Vorschußzahlungen für die Gesellschaft sind nicht steuerpflichtig RFH 10, 211. — Über Kosten der Einführung der Aktien an der Börse RFH 11, 236.

Steuerschuldner ist die Gesellschaft; soweit Zahlungen oder Leistungen vor ihrer Entstehung fällig oder bewirkt werden (Zahlung der Einlagen), ist Steuerschuldner, wer Geschäfte für die Gesellschaft führt oder durch einen Beauftragten führen läßt. Daneben haftet, wer durch den steuerpflichtigen Vorgang Rechte oder Pflichten erwirbt.

Der Steuersatz ist 4% vom Werte des Gegenstandes (Ges. vom 10. 8. 25 Art. I RGBl I 241). Von der Steuer befreit sind Gesellschaften, deren Erträgnisse ausschließlich dem Reich usw. zufließen, unter bestimmten Voraussetzungen die gemischtwirtschaftlichen Unternehmungen, gemeinnützige Gesellschaften usw. nach näherer Bestimmung des § 4. Bei Fusionen ermäßigt sich die Steuer auf 2% (vorübergehend bis 30. 9. 1927 — Ges. vom 31. 3. 1926 RGBl I 185 — auf 1%, was in gleicher Weise von Gründungen und Kapitalerhöhungen aus Anlaß von Zusammenfassungen mehrerer gleichartiger oder wirtschaftlich zusammengehöriger Betriebe gilt). — Ferner ermäßigt sich die Steuer auf 2% (Vdg v. 14. 9. 24; vorübergehend, bis 30. 9. 1927 auf 1%, Ges. v. 31. 3. 1926 RGBl I 185), wenn es sich um Zahlungen oder Leistungen handelt, die zur Deckung einer Überschuldung oder eines Verlustes am Grundkapital erforderlich sind.

Die Eintragung einer Kapitalgesellschaft oder der Erhöhung ihres Kapitals in das Handelsregister ist ohne Genehmigung des Finanzamtes nur zulässig, wenn der Nachweis erbracht ist, daß die vor der Eintragung erfolgten Zahlungen oder Leistungen versteuert sind. § 75 III. — Die Registerbehörden haben dem Finanzamt von allen Eintragungen, die sich auf einen steuerpflichtigen Rechtsvorgang beziehen, Mitteilung zu machen; die Eintragung darf ohne Genehmigung des Finanzamtes nur erfolgen, wenn der Nachweis erbracht ist, daß die Steuer entrichtet ist, § 74 I. II.

II. Der Wertpapiersteuer unterliegen verzinsliche Schuldverschreibungen und Rentenverschreibungen, wenn sie auf den Inhaber lauten oder indossabel sind oder in Teilabschnitten ausgefertigt oder endlich, wenn sie mit Zinsscheinen u. ä., welche den Schuldner berechtigen, an den Inhaber zu zahlen, versehen sind; ferner Aktien und Genußscheine ausländischer Gesellschaften. Versteuert wird die erstmalige Ausgabe, d. h. die erstmalige Verfügung, Übereignung, Verpfändung usw. Der Steuersatz ist gestaffelt und beträgt 5—40 Pfennige für je 10 M. des Nennbetrages oder bei Zwischenscheinen der bescheinigten Einzahlung (KVStGes §§ 25—34).

III. Der Börsenumsatzsteuer unterliegen auch die Aktien und Aktienanteile, Genußscheine inländischer und ausländischer A-Gesellschaften. Sie wird erhoben von jedem Anschaffungsgeschäft, aber nicht von der Zuteilung von Aktien und Aktienanteilen an den ersten Erwerber. Als Anschaffungsgeschäft ist es nicht anzusehen, wenn verschiedene Abschnitte oder Stücke von Wertpapieren derselben Gattung ohne anderweitige Gegenleistung Zug um Zug ausgetauscht werden, auch wenn die ausgetauschten Wertpapiere verschiedene Zinstermine haben. Der Steuersatz ist gestaffelt und differenziert, je nachdem es sich um ein Händlergeschäft handelt oder nicht. Er beträgt 2—15 Pf. für je 100 M., mindestens 10 Pf. (Vdg vom 29. 4. 26 RGBl I. 215 Art I).

Soweit das Kapitalverkehrsteuergesetz Rechtsvorgänge der Versteuerung unterwirft, ist auch die Versteuerung der über sie errichteten Urkunden durch die Länder und Gemeinden ausgeschlossen (§ 84 KapVStGes.).

2. Den Verkehr in Grundstücken, d. h. den Übergang des Eigentums an inländischen Grundstücken — unter Umständen auch das obligatorische Veräußerungsgeschäft (§ 5 des Ges) — besteuert das Grunderwerbsteuergesetz, das insoweit an die Stelle des Reichsstempelgesetzes getreten ist (§ 37). Die Steuerpflicht wird durch die Eintragung der Rechtsänderung in das Grundbuch oder, wo es deren nicht bedarf, durch den Vorgang der Rechtsänderung begründet. Das obligatorische Veräußerungsgeschäft wird steuerpflichtig, wenn der Übergang des Eigentums nach Ablauf eines Jahres nicht erfolgt ist. Besonderes bestimmt § 3: Werden alle Anteile einer Personenvereinigung (Aktiengesellschaft usw.), zu deren Vermögen Grundstücke gehören, in der Hand eines Teilhabers vereinigt oder nachdem sie in der Hand eines Teilhabers vereinigt sind, auf einen anderen übertragen, so wird die Vereinigung oder Übertragung dem Übergange des Eigentums an dem Grundstücke gleichgeachtet. Ehegatten sowie Eltern und Kinder gelten im Sinne dieser Vorschrift als eine Person. — Die Vorschrift gilt namentlich auch den sogenannten Grundstücksgesellschaften, wo durch das Einschieben der juristischen Person erreicht wird, daß das Grundstück statt durch Auflassung durch Übertragung aller Gesellschaftsanteile übereignet werden kann. Der Satz 2 des § 3, wonach Ehegatten u. a. als eine Person gelten, hat nur die Tendenz, die Steuerpflicht zu erweitern, nicht sie einzuengen, und ist nicht anwendbar auf den Fall, daß ein Ehegatte seine Gesellschaftsanteile auf den anderen überträgt; auch in diesem Falle ist vielmehr die Steuer, und zwar Trotz des § 15, vom ganzen Wert des Grundstücks zu berechnen RFH 11, 231. — Nach § 8 Z. 5 wird die Steuer nicht erhoben beim Einbringen des Grundstücks in eine ausschließlich aus dem Veräußerer und dessen Abkömmlingen oder aus diesen allein bestehende Vereinigung (Familiengründung); die Steuerpflicht tritt aber ein, wenn nachträglich ein Gesellschafter aufgenommen wird, der nicht zu den Abkömmlingen der Veräußerers gehört. Diese Befreiung tritt auch ein, wenn das Grundstück an eine ausschließlich von den Abkömmlingen des Veräußerers gegründete Gesellschaft veräußert wird RFH 10, 22. Vgl. auch RFH 17, 40. Sie wird nicht ohne weiteres dadurch ausgeschlossen, daß zu den Mitgründern auch die Ehefrau und der Schwiegersohn des Veräußerers gehören. RFH in DJZ 1925, 1193. — Sind Mehrere die Veräußerer, so ist der Fall nur gegeben, wenn diese sämtlich Verwandte aufsteigender Linie, der anderen Gesellschafter sind RFH 8, 115.

Die Steuer wird von dem vollen Wert des Grundstücks berechnet. Der § 15, wonach beim Übergang eines Grundstückes aus der gesamten Hand auf einen der Mitberechtigten der rechnungsmäßige Bruchteil des Erwerbes nicht mitgerechnet wird, findet hier nicht Anwendung RFH 7, 145; 11, 231. — Steuerschuldner ist nicht die Gesellschaft, sondern der Gesellschafter RFH 11, 233. — Der Steuersatz ist 3%, unter bestimmten Voraussetzungen vorübergehend 1½% (Ges vom 10. 8. 1925 RGBl I 241 und vom 31. 3. 1926 RGBl I 185).

In § 10 werden die Grundstücke im Eigentum von Personenvereinigungen, Anstalten oder Stiftungen aller Art mit einer Abgabe von 2% des Wertes belegt, wenn seit ihrem Erwerbe 20 Jahre verstrichen sind (Besteuerung der toten Hand). Die Steuerpflicht tritt zum ersten Male mit dem 1. Januar 1929 oder nach Ablauf von 10 Jahren nach Erwerb des Grundstücks, wenn dieser Tag später liegt, ein. Die Steuer wird das erste Mal in Höhe von 1% erhoben.

3. Eine laufende Steuer, welche die A-Gesellschaft trifft, ist die Körperschaftsteuer (Ges v. 10. 8. 1925 RGBl I 208). Sie ist die Einkommensteuer der juristischen Person und wird allgemein gesprochen vom Jahresgewinn erhoben. Welche Einkünfte der Steuer unterliegen, bestimmt sich grundsätzlich nach dem Einkommensteuergesetz (§§ 6—8, 11). Keinen Unterschied macht es, ob der Gewinn verteilt wird oder nicht. Mindestens ist als Einkommen zu versteuern, was als Tantieme an die Mitglieder des Aufsichtsrats, sowie, was — ohne daß es vertraglich zugesichert ist — als Tantieme an Mitglieder des Vorstandes oder Angestellte in leitender Stellung gewährt wird. — Außer Ansatz bleibt der Gewinn aus der Beteiligung an anderen Erwerbsgesellschaften (Tochtergesellschaften), wenn die Beteiligung mindestens 25% des Grund- oder Stammkapitals beträgt (Schachtelprivileg). Nach dem Ges. vom 31. 3. 26 (RGBl I 185) kann auch bei geringerer Beteiligung das Privileg bewilligt werden. — Abzugsfähig sind satzungsmäßig bestimmte Beiträge zu gemeinnützigen oder mildtätigen Zwecken, Beiträge an Unterstützungs-, Pensions- usw. Kassen, wenn ihre Verwendung für die Zwecke der Kasse dauernd gesichert ist. Tantiemen, welche an geschäftsführende Vorstandsmitglieder, Angestellte und Arbeiter auf Grund des Jahresabschlusses gewährt werden, die zur Beseitigung einer Unterbilanz erforderlichen Beträge, die Kosten der Ausgabe von Aktien, soweit sie nicht aus dem Agio gedeckt werden können. — Nicht abzugsfähig sind Aufwendungen zur Verbesserung und Vermehrung des Vermögens, zur Geschäftsbegründung und zu Geschäftserweiterungen, zu Kapitalanlagen, zur Schuldentilgung, zu Ersatzbeschaffungen, Körperschafts- und andere Personalsteuern, Tantieme des Aufsichtsrats usw. — Im Fall der Auflösung der Gesellschaft gilt als Gewinn der Zeit vom Ende des letzten Geschäftsjahres bis Ende des Liquidation der Überschuß des zur Verteilung kommenden Vermögens über den Stand am Schluß des letzten Geschäftsjahres, unter Abzug der steuerfreien Vermögenszugänge und Hinzurechnung der letzten Dividende, soweit sie zur Auszahlung gekommen ist, vgl. RFH 10, 23.

Über die Veranlagung bestimmt das Einkommensteuergesetz vom 10. 8. 1925 (RGBl I 189) §§ 105—108. Bei Aktiengesellschaften ist für den Ansatz der Gegenstände des Betriebsvermögens die handelsrechtliche Bilanz als Grundlage zu verwenden.

Der Steuerabschnitt ist jeweils das Geschäftsjahr. Der Steuersatz 20% des Einkommens. Bis zum Empfang eines Steuerbescheides hat der Steuerpflichtige auf die Steuerschuld am 10. jedes ersten Quartalsmonats ein Viertel der zuletzt festgestellten Steuerschuld vorauszuzahlen.

4. Nach § 83 Einkommensteuer-Gesetz wird von den inländischen Kapitalerträgen, insbesondere auch von den zur Verteilung kommenden Dividenden die Einkommensteuer durch Einbehaltung von 10% erhoben (Steuerabzug vom Kapitalertrag). Das geht die A-Gesellschaft insofern an, als nach § 85 EStG dieser Steuerabzug vom Schuldner — also hier von der A-Gesellschaft — zu bewirken ist, der die Steuer nach § 86 des Gesetzes bei Fälligkeit des Kapitalertrages für Rechnung der Gläubiger einzubehalten und innerhalb einer Woche an das für den Schuldner zuständige Finanzamt abzuführen hat, was auch dann geschehen muß, wenn der Gläubiger das Geld nicht abhebt. Bei Dividenden gilt als Zeitpunkt der Fälligkeit der Tag, für welchen die Ausschüttung ausdrücklich beschlossen wird, und in Ermangelung eines solchen Beschlusses der auf die Generalversammlung folgende Tag (Ausf.-Bestimmungen über den Steuerabzug vom Kapitalertrag vom 8. 5. 26 § 7).

5. Der Vermögensteuer unterliegen auch die A-Gesellschaften, Vermögensteuergesetz vom 10. 8. 1925 (RGBl I 233), in der Fassung gemäß Ges. vom 31. 3. 1926 (RGBl I 185). Befreit von ihr sind unter gewissen Voraussetzungen die A-Gesellschaften, deren Hauptzweck in der Verwaltung des Vermögens für einen nicht rechtsfähigen Berufsverband ist, der einen wirtschaftlichen Geschäftsbetrieb nicht bezweckt. Die Steuer wird vom gesamten beweglichen und unbeweglichen Vermögen, abzüglich der Schulden erhoben. Der Steuersatz ist gestaffelt. Die Steuer wird nicht erhoben, wenn das Vermögen 5000 M. nicht übersteigt. Sie beträgt 1—4‰ bei Vermögen bis 50000 M., von 50000—250000 M. 5‰ und sodann wieder progressiv von 5,5—7,5‰ (diese letzteren Erhöhungen kommen für 1925 und 1926 nicht zur Anwendung). Sie ist nach Maßgabe der letzten Veranlagung vierteljährlich voraus zu zahlen, Mitte Februar, Mai, August und November. — Nach RFH JW 1923, 635[2] dauert die Steuerpflicht der Gesellschaft bis zur Beendigung der Liquidation und jedenfalls bis zum Ablauf des Sperrjahres. Die Wertfestsetzung des Vermögens findet in der Regel alljährlich statt. Es kann aber durch Verordnung bei land-

und forstwirtschaftlichen Vermögen-, Grund- und Betriebsvermögen bestimmt werden, daß die Hauptfeststellungen in größeren als Jahresabständen vorgenommen werden. Reichsbewertungsgesetz vom 10. 8. 1925 (RGBl I 213).

§ 179.

Die Aktien[1] sind unteilbar[2].

Sie können auf den Inhaber oder auf Namen lauten[3].

Aktien, die vor der vollen Leistung des Nennbetrags oder, falls der Ausgabepreis höher ist, vor der vollen Leistung dieses Betrags ausgegeben werden, dürfen nicht auf den Inhaber lauten[4]. Das gleiche[6] gilt von Anteilscheinen, die den Aktionären vor der Ausgabe der Aktien ausgestellt werden (Interimsscheine)[5 7].

Werden auf Namen lautende Aktien vor der vollen Leistung der Einzahlungen ausgegeben, so ist der Betrag der geleisteten Einzahlungen in den Urkunden anzugeben[8 9].

1. Das Wort Aktie bedeutet sowohl den Inbegriff der dem Aktionär zustehenden gesellschaftlichen Rechte und Verbindlichkeiten, als auch die darüber ausgestellte Urkunde. Das ist kein fehlerhafter Sprachgebrauch. Weil in der Urkunde das Recht verkörpert wird, bedeutet das Wort zugleich das Recht, und spricht man von der Aktienurkunde als solcher, also abgesehen vom Aktienrecht, so liegt im Ausdruck Aktie gegenüber der Wirklichkeit eine Abstraktion, m. a. W. das Wort Aktie hat einen doppelten Sinn, einmal bedeutet es die Urkunde als solche, sodann die Urkunde und das in ihr verkörperte Recht. Dagegen bedeutet es nicht dieses Recht, losgelöst von der Urkunde, RG in LZ 1917, 1261.[15]. Solange Urkunden noch nicht ausgefertigt worden sind, gibt es auch keine Aktien, sondern nur Aktienrechte. Vgl. die Ausdrucksweise in §§ 180 IV, 200 II. Es hat in Beziehung auf diese Rechte, losgelöst gedacht von der Urkunde, keinen Sinn, zu unterscheiden, ob sie auf den Namen lauten oder auf den Inhaber. Anders Makower § 179 I. — Daß das Recht des Aktionärs unabhängig davon zur Entstehung gelangt, ob es schon zur Ausfertigung der Urkunde gekommen ist und die Aktie begeben wird, ist allgemein anerkannt. RG 34, 115; 49, 25; 52, 423; 85, 330. Zweifelhaft dagegen ist, ob bestimmt werden kann, daß „Aktien" überhaupt nicht, also auch nicht Interimsscheine ausgestellt werden sollen. Es ist wohl nicht zu bestreiten, daß eine solche Bestimmung einer festgewurzelten Verkehrsanschauung nicht minder wie einer durch alle Bestimmungen des HGB hindurchgehenden stillschweigenden Voraussetzung zuwiderlaufen würde; Staub-Pinner § 179[10]. Gleichwohl hält die herrschende Lehre es für zulässig, weil es nirgend verboten ist. So auch RJA 9, 45 (KG): auf Ausfertigung von Aktienurkunden kann verzichtet werden; aber durch die Mehrheit, also auch durch Statutenänderung kann nicht bestimmt werden, daß Urkunden nicht ausgefertigt werden sollen. Nach RG in BauersZ 25, 7 ist es dagegen zwingendes Recht, daß Aktien ausgegeben werden, so daß auch im ursprünglichen Gesellschaftsvertrag nicht das Gegenteil bestimmt werden kann. Jedenfalls hat der Aktionär, wo eine solche Bestimmung wirksam nicht getroffen ist, Anspruch auf die Aktienurkunde, aber doch nur bei oder nach Leistung der ganzen Einlage. Die Ausgabe nicht voll eingezahlter Namenaktien oder Interimsscheine ist ein Recht, nicht eine Verbindlichkeit der Gesellschaft, RG. 2, 264; 79, 175. Unbedenklich ist der Beschluß (gelegentlich einer Familiengründung), daß Aktien zwar ausgefertigt werden, aber drei Jahre lang in Verwahrung des Vorstandes bleiben sollen. Eine Begebung der Aktien liegt darin nicht, RGSt. 31, 401. Schon vor Ausgabe der Urkunde kann (nach Eintragung der Gesellschaft in das Handelsregister, § 200 II) das Aktienrecht rechtsgeschäftlich übertragen werden, RG 86, 155. S. aber auch RG 52, 423: Ist schon das Aktienrecht nicht von der Errichtung der Urkunde abhängig, so ist doch der Vertrag auf eine unmögliche Leistung gerichtet und nichtig, wenn „Aktien" verkauft werden und die Herstellung der Aktien noch in weiter Ferne liegt. Lehmann-Ring § 179[3] wirft die Frage mit der Frage zusammen, wie sich der Inhaber des Aktienrechts der Gesellschaft gegenüber legitimieren kann, was nicht zur Klärung beiträgt. Die Verpflichtung, Aktien zu liefern, kann auch schon vor der Entstehung der Gesellschaft gültig eingegangen werden, RG in LZ 1917, 1261[15].

2. Die Gesellschaft hat freie Hand, wie weit sie in der Stückelung der Anteilrechte gehen will, hinunter (was den Nennbetrag angeht) bis zum gesetzlichen Mindestbetrag (§ 180) oder — was die Anzahl angeht — hinauf bis dahin. Je kleiner der Nennbetrag ist, desto größer ist die Anzahl der Anteilsrechte, in welche das Grundkapital zerfällt. Darüber muß im Gesellschaftsvertrag bestimmt werden (§ 182 II Z 2) und damit ist zugleich jeder weiteren Teilung unüberschreitbare Grenze gesetzt, die Aktien sind unteilbar. Das gilt zunächst von der Aktienurkunde. Es können nicht ohne weiteres Aktien, welche auf 2000 M lauten, in je 2 Aktien über 1000 M umgewandelt werden. Bei aller Fungibilität ist doch zugleich jede der vielen

Aktien ein individuelles Wertpapier und nach Nummer oder nach Buchstaben (Serie) und Nummer als solches gekennzeichnet. Dagegen steht nichts im Wege, wenigstens nicht, wenn alle Aktien voll eingezahlt sind, daß unter Statutenänderung die Stückelung des Grundkapitals z. B. durch Umwandlung der 2000 M-Aktien in die doppelte Anzahl von 1000 M-Aktien, geändert wird. OLG 4, 253. Wohl aber würde die Zusammenlegung von 2 Aktien zu 1000 M in 1 Aktie zu 2000 M am Widerstande des Einzelnen scheitern. Die Unteilbarkeit der Aktie gilt aber vor allen Dingen auch vom Anteilsrecht, das wohl als Ganzes Mehreren ungeteilt zustehen (§ 225), unter ihnen aber in keiner Weise aufgeteilt werden kann (BGB § 753). Die Unteilbarkeit besteht schlechthin, nicht nur der Gesellschaft gegenüber (a. A. Makower 179 IIIb). Die einem Dritten eingeräumte „Unterbeteiligung" schafft lediglich schuldrechtliche Verbindlichkeiten und Rechte zwischen Aktionär und dem dritten Nichtaktionär. In der Abtretung der aus dem Aktienrecht fließenden konkreten Ansprüche, auch künftiger Ansprüche liegt keine Teilung der Mitgliedschaft. Wohl aber würde eine solche darin liegen, daß allgemein Mitgliedsrechte, z. B. das Recht auf Teilnahme am Jahresgewinn — im ganzen oder zu einer Quote — auf Dritte übertragen oder als ein solches übertragbares Recht von vornherein bestimmt wird. Es erscheint bedenklich, wenn in HoldhMS 6, 279 (Dresden) gebilligt wird, daß bei der Emission neuer Aktien, um dem Aktionär die Verwertung der Vorteile aus dem Aktienrecht zu erleichtern, über die ersten Prozente seiner Dividende und eine Quote seiner Liquidationsrate Genußscheine ausgegeben werden. Wenn RFH 7, 213 von solchem Fall sagt, daß die Scheine, die nicht ohne die Aktien ausgegeben würden, im Augenblicke des Erwerbes einen Teil der mit der Aktie erworbenen Rechte darstellten, dann ist das geradezu Anerkennung der Teilbarkeit des Aktienrechts. Auch RG in BankA 11, 207 hat das Verfahren nicht beanstandet. Genußscheine heißen entweder nur so und sind in Wahrheit Aktien, oder aber sie gewähren unmittelbar gegen die Gesellschaft Gläubigerrechte, die weit entfernt sind, Ausfluß eines — eigenen oder fremden — Aktienrechts zu sein. Wenn man hier von Absplitterung aus dem Aktienrecht spricht, so ist das rein wirtschaftlich gedacht. Gewöhnlich liegt eine ganz äußerliche Kombination von Aktie und Genußschein vor, und es ist lediglich eine Frage der Zweckmäßigkeit, wenn an einer Börse diese Genußscheine nur in Verbindung mit den Aktien gehandelt werden, an der anderen getrennt. S. auch unter Erl. 9 b, k. Es ist ausgeschlossen, das Recht auf den Gewinnbezug vom Aktienrecht dauernd zu trennen, sowohl in bezug auf die ganze, auf die Aktie entfallende Dividende als auch in bezug auf eine Quote davon. Das läßt sich mit dem Recht auf die Dividende ebensowenig machen wie mit dem Stimmrecht. A. A. Staub-Pinner § 179[25]. S. Erl 1 zu § 251.

3. Der Abs 2 handelt von der Aktienurkunde. Für den Inhalt des Aktienrechts macht es keinen Unterschied, ob die Urkunde auf den Namen lautet oder auf den Inhaber. Das hat nur für die Ausübung des Rechtes Bedeutung. Die Aktienurkunde ist Wertpapier auch wenn sie auf den Namen lautet. Denn richtiger Ansicht nach (vgl. Erl. 1 a zu § 222) ist auch in diesem Fall die Übertragung der Aktie (nicht selbstverständlich die Übernahme der Verpflichtung zur Übertragung) an die Übergabe der Urkunde geknüpft. Die Namenaktie ist kraft Gesetzes Orderpapier (§ 222 III). Zweifelhaft kann sein, ob die negative Orderklausel überhaupt zulässig ist. Aber selbst wenn man das annimmt, dürfte in der Klausel nur eine Ausschließung dieser Übertragungsform, nicht aber eine rechtsgeschäftliche Umgestaltung des Wesens der Aktienurkunde zu erblicken sein. M. a. W. man wird auch die Zession nur für wirksam erklären, wenn sie mit Übergabe der Urkunde verbunden ist, RG 36. 159 und die dortigen Zitate. Gegen die herrschende Lehre Makower 179 IV b. Ohne Bedeutung hierfür ist der Umstand, daß die Übertragung der Aktie auch an weitere Voraussetzungen, an die Genehmigung der Gesellschaft geknüpft sein kann, RG 36, 38. — Das Gesagte gilt auch von ausländischen Aktien, wie, wenigstens in englischen Certificates of shares RG 36, 154; 37, 114 anerkannt hat. Vgl. hierzu Schuster Festgabe für Koch S. 327 ff. A. A. Lehmann, A-Recht II 90. — Die Aktien einer und derselben Gesellschaft sowie einer und derselben Emission können auch zum Teil auf den Namen zum Teil auf den Inhaber lauten. Es kann auch eine Umwandlung von Inhaber- in Namenaktie und umgekehrt vorgenommen werden. Aber Bestimmungen über alles dieses können durchaus nur im Statut oder durch Statutenänderung getroffen werden. Ist im Statut darüber nichts gesagt, so müssen die Aktien auf Namen lauten, § 183. Daß mit Zustimmung des Aktionärs oder überhaupt nach dem Statut über mehrere Aktienrechte eine Aktienurkunde ausgestellt werden könne, muß bestritten werden. Solche Urkunden können wohl ausgestellt werden, würden aber keine „Aktien" sein. Anders Staub-Pinner § 179[10] (gegen Staub), Makower 179 IV d, Ritter 179[3], überhaupt wohl — aber sehr entschieden gegen die herrschende Auffassung — das herrschende Leben. Wenn Makower auf RG 42, 42 verweist, so ist dort gerade das Gegenteil gesagt. Übrigens soll das hier Gesagte allerdings nur von inländischen Aktien gesagt sein. Wenn — wie es vorkommt — bei einer Emission mehrere, z. B. je vier Aktien unter einer Nummer zusammengefaßt und als erstes, zweites usw. Viertel bezeichnet werden, so ist das nur eine ganz äußerliche Art der Individualisierung. Jedes solches Viertel ist eine ganz selbständige ganze Aktie.

Eine Ausnahme von der Unteilbarkeit der Aktie kann man darin erblicken, daß durch § 17 2. DVdg. zur GBV Anteilscheine auf den Bruchteil einer Aktie eingeführt sind:

Soweit Aktien eingereicht werden, die die zum Ersatz durch neue Aktien erforderliche Zahl nicht erreichen, hat die Gesellschaft dem Aktionär auf seinen Antrag für jede eingereichte Aktie einen auf den Inhaber lautenden Anteilschein über einen Nennbetrag auszuhändigen, der dem Verhältnis seines Anteils an der neuen Aktie zu dem ermäßigten Grundkapital entspricht. Auf die Anteilscheine finden die Vorschriften des HGB über Aktien entsprechende Anwendung, soweit nicht in dieser Verordnung etwas anderes bestimmt ist. Die auf die eingereichten Aktien entfallenden neuen Aktien sind in Verwahrung zu nehmen.

Die dem Betrage einer neuen Aktie entsprechende Zahl von Anteilscheinen gewährt das mit einer Aktie verbundene Stimmrecht sowie ein auf die Aktie entfallendes Bezugsrecht.

Die Anteilscheine gewähren einen Anspruch auf entsprechende Beteiligung am Reingewinn und im Falle der Auflösung der Gesellschaft einen Anspruch in bezug auf das zu verteilende Gesellschaftsvermögen. Die Auszahlung des Reingewinns braucht nicht früher zu erfolgen, als der Erlös aus der Verwertung des Anteilscheins auszuzahlen oder die neue Aktie zu gewähren ist.

Innerhalb zweier Jahre müssen diese Anteilscheine durch Umtausch in Aktien gemäß § 290 aus der Welt kommen.

Die Namenaktie muß auf den Namen einer bestimmten existierenden Persönlichkeit, natürlichen oder juristischen, lauten. Sie kann nicht für mehrere Berechtigte ausgestellt werden (a. A. Staub-Pinner § 179[2]), wohl aber für die Firma einer offenen Handelsgesellschaft. Positive Vorschriften über den Inhalt der Aktienurkunde bestehen — abgesehen von den Sonderbestimmungen § 180 IV, die aber nur Ordnungsvorschrift ist — nicht. Aus allgemeinen Grundsätzen folgt, daß sie alles Wesentliche enthalten muß, um rechtswirksam zu sein, und als wesentlich wird zu verstehen sein, was unerläßlich zur Individualisierung ist, also neben Kennzeichnung des Papieres als Aktie die A-Gesellschaft, von welcher sie ausgestellt worden ist, die Quote ihrer Beteiligung am Ganzen, d. h. da das deutsche Recht nur Summenaktien, nicht Quotenaktien kennt, den Nennbetrag. Als wesentlich muß auch bei Aktien auf den Inhaber die (meist durch Numerierung, durch Serie und Nummer erfolgende) Kennzeichnung des einzelnen Stückes angesprochen werden (a. A. Lehmann, Aktienrecht I, 201). Lautet die Urkunde weder auf einen Namen noch ausdrücklich auf den Inhaber, so kann sie gleichwohl und muß sie als Inhaberaktie verstanden werden. Das Schweigen des Statuts (§ 183 I) hat eine ganz andere Bedeutung als das Schweigen der Aktie. Stehen aber Aktie und Statut miteinander in Widerspruch, so entscheidet im Verhältnis zur Gesellschaft das Statut. — Ist das Aktienrecht nicht entstanden, so ist auch die darüber ausgestellte Urkunde nichtig, während Nichtigkeit der Urkunde nicht notwendig zugleich Nichtigkeit des Rechts nach sich zieht. Werden nichtige Aktien ausgegeben, so hat der Ausgeber den daraus entstehenden Schaden jedenfalls dann zu ersetzen, wenn ihn Verschulden trifft. Weiter gehend § 209 I, 2 und BGB § 795 III. — Aktienurkunden, welche vor Eintragung der Gesellschaft in das Handelsregister ausgestellt werden, sind nichtig (§ 200), werden aber gültig, wenn es zur Eintragung kommt, RG 10, 72.

Über Umwandlung von Namen- in Inhaberaktien und umgekehrt s. § 183 II. — Zur Außerkurssetzung von Inhaberaktien s. RG 4, 138. Sie hat nach heutigem Recht keine unmittelbare Rechtswirkung mehr, EG HGB Art 26. S. auch EG BGB Art 176. Wohl aber kann sie unter Umständen geeignet erscheinen, den Erwerber stutzig zu machen und seinen guten Glauben in Frage zu stellen. Andererseits dürfte angesichts des geltenden Rechts der Eigentümer der Aktie das Recht haben, einen derartigen Vermerk zu durchstreichen.

4. Inhaberaktien kann die Gesellschaft nur ausgeben:

a) wenn sie auf mindestens 100 M lauten (vgl. Erl 1 zu § 180);
b) nachdem der Betrag, auf den sie lauten oder der höhere Betrag, für den sie ausgegeben werden sollen, eingezahlt worden ist.

Namenaktien müssen in der Regel ebenfalls auf 100 M oder ein Mehrfaches davon lauten. Sie dürfen auf 20 M lauten:

a) wenn sie vinkuliert sind, d. h. wenn sie nur mit Zustimmung der Gesellschaft übertragen werden können,
b) unter den in § 180 II näher bestimmten Voraussetzungen, wenn es sich um ein gemeinnütziges Unternehmen handelt oder wenn vom Staat, Gemeinde, oder überhaupt einer öffentlichen Körperschaft eine Ertragsgarantie übernommen wird.

Die Frage, ob auf eine Aktie der Nennbetrag oder der etwa bestimmte höhere Betrag voll geleistet worden ist, hat nur gegenüber Geldeinlagen einen Sinn. Die Frage, ob dem Sacheinleger vor Beschaffung der Einlage Aktien ausgehändigt werden dürfen, steht auf einem ganz anderen Blatt. Vgl. § 195 III Satz 1. — Die vor Vollzahlung ausgegebenen Aktien sind nicht nichtig. Sie dürfen nicht ausgegeben werden heißt, sie sollen es nicht. S. hierzu Art 215 c Abs III ADHG und RG 40. 147. — S. auch §§ 209, 241 III Z 4, 249 III, Strafbestimmung § 314

1 Z 2. Die Begebung der einzelnen Aktie hat je nach Einzahlung der betreffenden Einlage zu erfolgen. Sie kann nicht davon abhängig gemacht werden, daß und wieviel auf die anderen Aktien eingezahlt worden ist.

Nach früherem Recht (Art 215c) sollten Aktien überhaupt nicht vor Vollzahlung ausgegeben werden, auch Namenaktien nicht.

In steuerrechtlicher Beziehung ist vom RG 39, 130, JW 09, 60 entschieden, daß auch bei nicht voll eingezahlter Aktie der Schlußnotenstempel nicht nach dem eingezahlten, sondern nach dem vollen Betrag der Einlage zu berechnen sei. Anders und wohl zutreffender, aber mit bedenklicher Begründung RFH 2, 132: Die Gegenleistung des Übernehmers der Aktie bestehe nicht in den 100%, nämlich 25% bar und 75% in Wechseln; vielmehr in 25%, indem gegen diese Leistung das mit der Verpflichtung 75% zu zahlen belastete Aktienrecht erworben werde. Die Frage ist jetzt gegenstandslos, weil nach KVerkStGes die Einlagen so zu versteuern sind wie sie eingezahlt bzw. eingefordert werden.

5. Interimscheine. Die Definition des Art 207 V ADHG: Anteilscheine, in welchen der Bezug der Aktien zugesichert wird oder welche sonst über das Anteilsrecht des Aktionärs vor Ausgabe der Aktien ausgestellt werden, ist vom HGB nicht übernommen worden. Sie war auch nicht ganz richtig. Nicht oder muß es heißen, sondern und, und richtig wird die Definition, wenn man sagt: Interimschein ist eine Urkunde, welche über das Anteilrecht des Aktionärs ausgestellt wird und in welcher der Bezug der Aktie zugesichert wird. Nicht jede Urkunde, in welcher der Bezug einer Aktie zugesichert wird, ist Interimschein. Die Urkunde muß vielmehr erkennbar sich einerseits als Verkörperung des Aktienrechts, andererseits als ein einstweiliger Ersatz der ordentlichen Verkörperung geben. Das liegt in der Wendung des Gesetzes „Anteilschein", ausgestellt vor Ausgabe der Aktie. Dabei steht nichts im Wege, daß für mehrere Aktien ein Interimschein gegeben wird, RG 22, 118; vgl. RG 36, 159f. — Ist in dem Schein der Betrag der geleisteten Einzahlung angegeben, so liegt darin zugleich eine Quittung über diesen Empfang. Aber keineswegs sind Quittungen über die geleisteten Zahlungen Interimsscheine, RG 22, 118; 30, 18; 31, 31; 49, 23, JW 93, 205[38]; 01, 657[21]; RGSt. 8, 35; 17, 432. Andererseits ist die Bezeichnung Anteil- oder Interimschein allein nicht immer entscheidend. Darin hat BauersZ 5, 177 allerdings recht. Die als Interimschein bezeichnete Urkunde konnte trotzdem Aktie sein. Aber das konnte nicht daraus gefolgert werden, daß es in ihr lautete: alle statutenmäßigen Rechte und Verbindlichkeiten werden durch das Dokument begründet. Das paßt, so weit es überhaupt richtig ist, auch auf Interimscheine. Darin liegt gerade der springende Punkt in der Lehre vom Interimschein. Dagegen sprach gegen Aktieneigenschaft, daß die Einlage noch nicht voll gezahlt war; die Hingabe eines Wechsels ist weder Geld- noch Sacheinlage, sondern nur eine Sicherung der Einlageschuld. — Die Frage hat durch Änderung der Steuergesetze (Wegfall des Urkundenstempels) wesentlich an Bedeutung verloren.

Interimscheine werden ausgestellt, wenn die Aktie noch nicht begeben werden soll oder aus rechtlichen oder tatsächlichen Gründen noch nicht begeben werden kann, also insbesondere, wenn Inhaberaktien ausgegeben werden sollen und die Einlage noch nicht voll gezahlt worden ist. Es kommt nicht darauf an, auf welchem Grunde der Aufschub beruht, auch darauf nicht, ob er von vornherein auf lange Zeit beabsichtigt ist, RG in HoldhMS 01, 260. — Nur die Gesellschaft selbst kann Interimscheine ausstellen und ausgeben, letzteres selbstverständlich erst dann, wenn sie in das Handelsregister eingetragen worden ist, § 200 II, und bei Ausgabe aus Anlaß einer Erhöhung des Grundkapitals erst, nachdem diese Erhöhung zur Eintragung gekommen ist, § 287 I.

In ihrer Funktion als Verkörperung des Aktienrechts stehen Interimschein und Aktie sich gleich. Sie repräsentieren — wie RG 5, 193 sich ausdrückt — materiell dieselbe Obligation, so daß bei Umwandlung oder Austausch des Interimscheins mit der Aktie Stempelgebühr usw. stets nur einmal in Ansatz kommt, was auch dann gilt, wenn nach Ausgabe des Interimscheins eine Kapitalreduktion stattgefunden hat und dementsprechend der Umtausch in Aktien sich abweichend gestaltet, JW. 09, 60[33]. S. auch RG 36, 35; 49, 23. (Steuerrechtlich sind diese Urteile durch die neuere Gesetzgebung überholt.) — Wie in der Aktie, so ist auch im Interimschein das ganze ungeteilte Anteilrecht verkörpert, JW 1916, 1411[3]. Auch der vinkulierte Interimschein ist Wertpapier, RG 36, 40. Immerhin sind beide, Aktie und Interimschein, nicht völlig gleichwertig, auch nicht nach Vollzahlung der Einlage. Wer zur Lieferung einer Aktie verurteilt worden ist, genügt dem Urteil nicht durch Lieferung eines Interimscheins, Bolze 1, 1188. (Wenigstens nicht immer, wird man vorsichtiger sagen müssen.) Daher ist auch anzunehmen, daß der Aktionär nach Zahlung der vollen Einlage den Anspruch hat, daß ihm eine Aktienurkunde an Stelle des Interimscheines geliefert werde, selbstverständlich, wenn Inhaberaktien bereits ausgegeben sind, aber auch sonst. — Wenn bei der Verteilung des Vermögens der AGes. in der Liquidation Interimscheine mit voll eingezahlten Aktien zusammentreffen, ist das Vermögen nicht im Verhältnis der geleisteten Einzahlungen zu verteilen, vielmehr den voll eingezahlten Aktien das Mehrgeleistete vorweg zuzuweisen, RG 33, 16. So jetzt ausdrücklich § 300 III. Nach Hans GZ 1921 Nr. 117 ist es üblich, daß Interimscheine gegen Kassenquittungen über geleistete Einzahlungen ausgegeben werden, ohne Rücksicht darauf, ob die Einzahlungen auf individuell bezeichnete Aktienrechte oder auf welche sie geleistet worden sind.

6. Das Gesetz drückt sich mißverständlich aus. Es ist nicht ausgeschlossen, daß auch nach Leistung der vollen Einlage vorerst nur Interimscheine ausgegeben werden, und nicht nur dann nicht, wenn die Einlage noch nicht voll beschafft ist, sondern überhaupt dürfen Interimscheine nicht auf den Inhaber lauten, widrigenfalls sie nichtig sind. So bestimmt § 209 II.

7. Über Interimsobligationen, Obligationspromessen, Emittentenscheine s. Heinrich Veit Simon, Die Interimscheine 238 ff., 269 ff.

8. Abs. IV gilt nur von Aktien, nicht von Interimscheinen.

9. a. In verschiedenen Gestalten und aus verschiedenen Anlässen geben A-Gesellschaften sogenannte Genußscheine aus. Meist wird behauptet, daß das ein ausgeprägtes Rechtsinstitut nicht sei und daß man für ihre Beurteilung ganz nur auf das angewiesen sei, was die Parteien im einzelnen Fall bedungen haben, RG 30, 16; in HoldMS 1901, 278. In Wahrheit gilt das nur vom Inhalt der im Genußschein verbrieften Rechte und auch da nur bis zu einem gewissen Grade. Dagegen ist es sehr wohl möglich und auch recht nötig, den Begriff allgemeingültig zu bestimmen. In Wahrheit handelt es sich um ein Rechtsinstitut von ganz bestimmt ausgeprägtem Charakter, oder richtiger vielleicht, es gibt ein solches Rechtsinstitut, für welches man mit Recht und mit gutem Grund die Bezeichnung Genußschein im eigentlichen Sinne des Wortes in Anspruch nehmen kann. Um zunächst zu beschreiben, so ist der Genußschein ein Wertpapier, das entweder auf den Inhaber lautet oder auf den Namen und letzteren Falles an Order gestellt werden kann, und in welchem dem Eigentümer das Recht verbrieft wird, als Dritter oder — wenn er Aktionär ist — wie als Dritter am Jahresgewinn, meist auch bei Auflösung der Gesellschaft am Liquidationsergebnis in bestimmter Weise teilzunehmen, oder aber auch bei bestehender Gesellschaft unter bestimmten Voraussetzungen Auszahlung des Betrages, auf welchen es lautet, zu fordern. Die Bestimmungen sind sehr mannigfaltig, oft stark verklausuliert; es gibt Genußscheine, welche den Eigentümer auf die Realisierung bestimmter Aktiven, auf das Ergebnis eines Prozesses u. ä. beschränken, Fälle, wo der Genußschein ohne scharfe Grenze übergeht in eine einfache Vertragsurkunde. — Das Merkwürdige ist, daß die Bezeichnung Genußschein an einem Rechtsgebilde aufgekommen ist, welches gerade das nicht ist, was jetzt allgemein spezifisch als Genußschein gilt. Als der Bau von Eisenbahnen aufkam und vielfach zu diesem Zweck A-Gesellschaften gegründet wurden, wurde in Österreich und im Ausland vielfach die staatliche Genehmigung an die Bedingung geknüpft, daß nach einer Anzahl von Jahrzehnten die gesamte Anlage unentgeltlich an den Staat fiel. Es mußte deshalb so gewirtschaftet werden, daß außer einer angemessenen Dividende aus den Erträgnissen das Anlagekapital zurückgestellt werden konnte. Das Nächstliegende wäre gewesen, entsprechend nach und nach die Aktien zu amortisieren. Aber das wäre, da man große Erwartungen hegte, ungerecht gewesen gegen diejenigen Aktionäre, welche das Los traf. Das Geld als Reserve zurückstellen wäre eine überflüssige und verlustbringende Thesaurierung gewesen. Und so kam man, ohne sich über die wahre Natur der Maßregel klar zu sein, daher auch unrichtig bezeichnend, auf den Ausweg, daß man die Aktien nicht amortisierte, vielmehr demjenigen Aktionär, den das Los traf, den Nennbetrag seiner Aktie vorschußweise auf die Liquidationsquote sofort auszahlte, was einigermaßen unbedenklich war, weil die Zahlungen immer nur aus dem Jahresergebnis geleistet wurden. Es wurde also nicht die Einlage zurückgezahlt, die Aktie blieb, mit veränderter Bezeichnung bestehen. Nur äußerlich sah es anders aus. Man wußte ganz genau, was man wollte und erreichte das auch. Nur subsumierte man rechtlich unrichtig und zog deshalb die Aktienurkunde ein und gab „Genußscheine" dafür, mit allem ausgestattet, was einer Aktie und nur einer solchen gebührt, mit Stimmrecht, mit Recht auf den jährlichen Reingewinn, nur insofern gekürzt, als auf die nicht ausgelosten Aktien vorweg eine angemessene Verzinsung des Nennbetrags entfiel, mit Anrecht auf den Rest der Liquidationsquote, soweit die verteilbare Masse den Nennbetrag der letzten noch nicht ausgelosten Aktien überstieg. Holdh MS 3, 98; **Klemperer**, Die rechtliche Natur des Genußscheines §§ 9 ff.; **Fuhrmann**, Die rechtliche Natur des Genußscheines 14 ff., OVGSt 10, 278 insbes. 290; unentschieden JW 1889, 47[20]. S. auch österr. Aktienregulativ vom 20. 9. 1899 §§ 33, 43, 48. Die Annahme, daß die Auszahlung des Nennbetrages der ausgelosten Aktie die Zahlung einer Extra-Dividende bedeute (so OVGSt 10, 293), ist abzulehnen. Es ist von großer Tragweite, daß es sich für den Eigentümer der ausgelosten Aktie nicht um Ertrag, Einkommen handelt, sondern um Auszahlung angelegten Kapitals. Womit sollte auch eine solche Extradividende sich rechtfertigen lassen. Das wäre Lotterie, woran kein Mensch bei der Sache denkt. Und woher käme die 4% oder 5% Vordividende der nicht ausgelosten Aktien, und schließlich die Anrechnung der Ausgezahlten auf die Liquidationsquote? — Genußscheine dieser Art sind gelegentlich auch bei uns vorgekommen. Vgl. OVGSt 10, 281. So hat die Bazar A.-G. aus besonderem Anlaß einen Teil ihres Aktienkapitals in dieser Form „zurückgestellt“, indem sie für die Aktie einen Genußschein gab, mit Stimmrecht, das bezeichnenderweise nicht ausgeübt werden durfte, wenn es sich um Beschluß der Auflösung der Gesellschaft handelte, mit Gewinnbeteiligung nach 5% Vordividende der anderen Aktionäre, mit Anrechnung des Empfangenen auf die Liquidationsquote. Vor allem ist entscheidend das Stimmrecht. Ohne Aktie kein Stimmrecht, RG 30, 16, BauersZ 13, 10. Vgl. auch RG 97, 199, RG in HoldhMS 10, 227, LZ 1918, 454[1] (OVG) Holdh MS 1, 206 (Hamburg), Fuisting-Strutz, Einkommensteuergesetz I 715. A. A. Hachenburg LZ 1917, 777, der diesen Genußscheinen entschieden die Kennzeichnung als Aktie versagt, ohne indessen ihre wahre Natur zu bestimmen.

b) Der echte Genußschein ist niemals Aktie, sondern die Verkörperung einer Schuldverbindlichkeit, von anderen Schuldverbindlichkeiten der Gesellschaft dadurch unterschieden, daß der Gläubiger die verbrieften Ansprüche nur soweit hat, als die Gesellschaft sie von dem Gewinn sowie schließlich aus der Liquidationsmasse nach Tilgung aller übrigen Schulden zahlen kann. Man gibt Genußscheine aus für geleistete Einzahlungen oder als Ersatz für geschuldete oder auch nicht geschuldete Auszahlungen. In letzterem Fall trägt die Sache ihren Zweck in sich. Man hat das erforderliche Geld nicht oder man will es behalten. In ersterem Fall lassen sich verschiedene Motive denken. Aber immer ist der Umstand, welcher zur Ausgabe veranlaßt, der, daß es sich um eine Schuldverbindlichkeit handelt, welche die Bilanz nicht belastet. Sie bildet kein bilanzpflichtiges oder bilanzfähiges Passivum. Das ist das wesentlichste und charakteristische Moment. Kommt irgendeine Zahlung aus dem Stamm des Vermögens in Frage, dann handelt es sich — gleichviel wie verklausuliert — um ein gewöhnliches Passivum, das in der Bilanz unter den Kreditoren erscheint. Das ist, was den Genußschein so außerordentlich verwendbar macht für allerlei Zwecke der Finanzierung, namentlich der Sanierung. Er bringt Geld herein, ohne die Bilanz zu belasten. Was die Gesellschaft dafür bietet, geht ausschließlich zu Lasten des Aktionärs, ist nichts, was sie nicht ohnehin zahlen muß. Will, oder richtiger vielleicht gesagt, soll die A-Gesellschaft die ausgegebenen Genußscheine auch aus der Bilanz ersichtlich machen, so darf der Geldbetrag doch nur vor der Linie ausgeworfen werden (anders aber unrichtig, wenigstens handelsrechtlich unrichtig OVGSt 13, 274). Gleichgültig ist, ob an dem, was Aktionären und Genußscheininhabern gemeinschaftlich zur Verfügung steht, die Aktionäre den Genußscheininhabern vorgehen — was auch vorkommt — oder umgekehrt. So eignet sich der Genußschein, um Gelder aufnehmen zu können, ohne das Grundkapital zu erhöhen, Unterbilanzen beseitigen zu können, ohne das Grundkapital herabzusetzen. Ein Vorteil bestand darin, daß man Genußscheine ausgeben konnte, ohne wie bei der Aktie an die 1000 M.-Grenze gebunden zu sein. Es kommt vor, daß nur an die Aktionäre Genußscheine ausgegeben werden, oder nur in Verbindung mit Aktien, und die Börse macht dann wohl den Unterschied, daß die Papiere nur verbunden oder getrennt gehandelt werden. Rechtlich macht das keine Besonderung aus, RG in BankArch. 11, 9. Davon, daß das Eine Zubehör des Anderen sei, kann keine Rede sein. Und selbst wenn es rechtsgeschäftlich bestimmt wird, wird dadurch die rechtliche Natur des Genußscheines keine andere; bedenklich in einzelnen Wendungen Bauers Z 13, 10. Es kommt vor, daß bei Aufnahme von Geldern zugleich mit den Obligationen Genußscheine ausgegeben werden, RG 49, 10, wie bei der Erhöhung des Grundkapitals Genußscheine zugleich mit den Aktien RFH 2, 354. Auch das bietet nichts Besonderes, namentlich ist die Auffassung in HoldhMS 97, 281 (Dresden) abzulehnen, als träten damit die Aktionäre einen Teil ihrer Rechte ab. Vgl. Wertheimer in JW 1923, 573. Die Inhaber der Genußscheine leiten ihre Rechte nicht von den Aktionären, sondern unmittelbar aus ihrem Vertrage mit der Gesellschaft ab. S. oben Erl 2. Anders Staub-Pinner 179[25]. S. auch unten unter k.

c) Die Rechte der Genußscheininhaber sind nicht gesellschaftsrechtliche Mitglieder-, sondern Gläubigerrechte, Drittgläubigerrechte, gesellschaftsrechtlich nur insofern, als man ihr Rechtsverhältnis zur Gesellschaft ähnlich wie das partiarische Darlehen als gesellschaftsartiges aufzufassen hat, HoldhMS 04, 170 (Hamburg). Sie sind, sofern sie auf eine bestimmte Summe lauten, steuerrechtlich Schuldscheine ungeachtet, daß nur Zahlung aus dem Gewinn geschuldet wird, RG 54, 24; 70, 52 (in letzterem Urteil ist der Bericht nicht ganz deutlich; aber soviel wird doch gesagt, daß die Genußscheine für erloschene Aktien gegeben waren; also hatte doch die Klägerin recht?). — Im allgemeinen sind die steuerrechtlichen Fragen jetzt durch die Gesetzgebung in der Weise geklärt, daß die Beteiligung an der Aufbringung des Gesellschaftsvermögens in Gestalt von Genußscheinen ebenso versteuert wird, wie die Einlage gegen Aktie. S. § 178 Erl 5. Eine andere Frage ist, wie es mit der Wiedereinlösung steht. Werden gegen die Genußscheine (unter Zuzahlung) neue Aktien ausgegeben, so soll nach JW. 1915, 794, 11 steuerrechtlich der Wert der Genußscheine in die Leistung einzurechnen sein; es werde die Gesellschaft von der Schuld befreit, und daß es sich nur um nicht bilanzfähige Schuld handle, sei ohne Bedeutung. Vielleicht aber doch. Zweifellos ist es der Ausdruck dessen, daß die Schuld auf Genußscheine wirtschaftlich und im Ergebnis auch juristisch nicht die Gesellschaft, sondern nur die Aktionäre angeht, daß mit dem Rückerwerb der Genußscheine die Gesellschaft gar nichts, alles nur die Aktionäre gewinnen. Vgl. Seyffert BankArch 14, 383. S. auch Meili, Rechtstellung der Genußscheine (Gutachten in S. der Jura-Simplon-Eisenbahn) S. 22.

d) Wenn nach dem Gesagten der Rückerwerb der ausgegebenen Genußscheine nur den Aktionären zugute kommt, so geht auch die Ausgabe von solchen nur auf Kosten der Aktionäre. Hieraus, im übrigen auch schon daraus, daß den Genußscheininhabern der Anspruch auf Beteiligung am Jahresgewinn bedungen wird, ergibt sich, daß die Vertretungsmacht des Vorstandes nicht ausreicht, um ohne Zustimmung der Generalversammlung rechtswirksam Genußscheine auszugeben. Und es ergibt sich weiter, daß der betreffende Beschluß der Generalversammlung eine Statutenänderung einschließt. A. A. Wertheimer JW 1923, 573.

e) Ebenso, wie das Aktienrecht entsteht, ohne daß es der Ausfertigung und Begebung einer Aktienurkunde bedarf, könnten auch die Genußscheinrechte ohne Ausstellung von Genußscheinen bedungen werden. Doch ist das niemals die Absicht. Durchgängig kommen diese Rechte nur in der Gestalt eines Wertpapiers zustande, welches entweder auf den Inhaber lautet oder auf Namen und letzteren Falles an Order gestellt werden kann. Beim schlichten Namenpapier kann die Veräußerung an die Genehmigung der Gesellschaft oder eines ihrer Organe geknüpft werden, die Gesellschaft könnte auch eine Liste führen und die Übertragung von der Bedingung abhängig machen, daß sie zur Liste angemeldet wird. So läßt sich wohl auch eine praktisch so gut wie unlösliche Verbindung von Aktie und Genußschein erreichen. Nur müßten alle Beschränkungen dieser Art aus der Urkunde ersichtlich sein.

f) Eine Frage für sich ist, inwiefern die Gesellschaft sich durch Ausgabe von Genußscheinen in Beziehung auf ihren Betrieb bindet, ob sie ganz allgemein ausgedrückt verpflichtet ist, Gewinn zu erzielen, ob sie z. B. den Gegenstand ihres Unternehmens ändern, ganz oder teilweise den Betrieb stillegen (vgl. BankArch 11, 207), ihn überhaupt einstellen darf. Vgl. RG 105, 236. Man wird das dort Gesagte dahin verallgemeinern dürfen, daß die Gesellschaft nicht gehindert ist, das zu tun, was nach vernünftigem Ermessen und kaufmännischer Einsicht im Interesse des Unternehmens geboten erscheint. Geschieht es entgeltlich, dann muß die Gesellschaft, also der Vorstand, mit Kräften darauf bedacht sein, auch die Interessen der Genußscheininhaber zu wahren. — Durch Fusion gehen die Rechte der Inhaber nicht verloren.

g) Die Ansprüche der Genußscheininhaber, insbesondere deren Gewinnansprüche sind insofern prekär, als sie nicht nur rein tatsächlich davon abhängen, mit welchem Erfolg das Unternehmen arbeitet, sondern auch rechtlich davon, wie innerhalb der — ziemlich weit gesteckten — Grenzen die Bilanz aufgemacht und beschlossen wird. Sie haben hierauf gar keinen Einfluß. Sie haben nicht einmal das Recht, den Generalversammlungen beizuwohnen, und was in dieser Beziehung der einzelne Aktionär über sich ergehen lassen muß, müssen auch sie hinnehmen, RG in BankArch 11, 207; RG 105, 236. Wohl aber ist die Gesellschaft auf Grund des mit ihnen geschlossenen Vertrages verpflichtet, denjenigen Gewinn zu zahlen, welcher sich aus einer dem Gesetz und dem Statut entsprechenden Bilanz ergibt. Soweit der einzelne oder mehrere Aktionäre die Bilanz anfechten können, kann der Genußscheinberechtigte seinen Anteil am Gewinn beanspruchen, mag auch die Bilanz unbeanstandet bleiben, RG. 49, 10; 83, 295; BauersZ 19, 33. Vorausgesetzt ist freilich immer, daß es sich um Fehler handelt, welche sich in einer irgendwie feststellbaren zahlenmäßigen Größe geltend machen. S. ferner RG in HoldhMS 1902, 259: Die Genußscheininhaber brauchen sich nicht darauf einzulassen, daß die Gewinnquote dadurch gekürzt wird, daß ein Teil des Gewinnes zur Amortisation der Genußscheine verwendet wird; sind Rechtsgeschäfte geschlossen, welche die Rechte der Genußscheininhaber verletzen, so können diese verlangen, daß ihnen der Gewinn ausgezahlt wird, wie wenn die Geschäfte nicht geschlossen wären.

h) In gleichem Sinne bindet sich den Genußscheininhabern gegenüber die Gesellschaft — sofern sie nicht in dieser Richtung Vorbehalte macht — in Beziehung auf künftige Statutänderungen. Diese können beanspruchen, daß die Bilanz in Übereinstimmung mit dem Gesetz und dem Statut, unter welchem der Vertrag geschlossen ist, aufgestellt und dementsprechend der Gewinn — soweit er auf sie entfällt — verteilt wird. Auf alle Fälle sind sie dagegen geschützt, daß ohne ihre Einwilligung direkt an den einschlägigen Bestimmungen des Gesellschaftsvertrages geändert wird. Sie können zwar die Änderung nicht hindern. Sie können aber die Dividende beanspruchen, welche sich bei Anwendung der bisherigen Bestimmungen ergibt, BadRpr 4, 281. Vgl. auch OLG. 11, 31 (KG): Statutenänderung betr. Verteilung des Gewinns (Interessengemeinschaft) sind unbedenklich, wenn die Rechte der Genußscheininhaber dadurch nicht berührt werden. — Eine andere Frage ist, ob die Gesellschaft auf dieses Hindernis auch da stößt, wo die Statutenänderung nur mittelbar auf die Genußquote der Genußscheininhaber von Einfluß ist oder werden kann. In Beziehung auf die Erhöhung des Grundkapitals hat RG 83, 298 es verneint (dagegen Fischer in Ehrenbergs HH III 1 § 56 Note 6). Vgl. aber auch HoldhMS 11, 97 (Dresden): es verstößt gegen das Recht der Genußscheininhaber, wenn die Gesellschaft das Grundkapital erhöht, ohne daß ihr entsprechende Werte zufließen, und hierzu noch allgemeiner RG das. 1902, 259: die Gesellschaft handelt vertragswidrig, wenn sie lediglich im Interesse des Aktionärs unter Ausschließung der Genußscheininhaber Mittel aufwendet. S. auch GZ 35, 244 (Dresden): Für die A-Gesellschaft, welche Genußscheine ausgestellt hat, ist jede Möglichkeit ausgeschlossen, über den Reingewinn in einer Weise zu verfügen, durch welche die Festsetzung der Prozente zum Nachteil der Genußscheininhaber beeinflußt würde; sie ist auch gehindert, wenn Anspruch auf Teilnahme an der Liquidationsmasse besteht, von demjenigen Teil des Reingewinns, welcher statutenmäßig zu Abschreibungen und Rückstellungen, mithin zur Erhaltung und Sicherstellung des Kapitalwertes des Unternehmens dienen soll, dieses in anderer Weise, insbesondere zur Herabsetzung des Aktienkapitals zu verwenden.

i) Aus dem Gesagten ergibt sich, daß es zweckmäßig ist, im Statut zu bestimmen und gegebenenfalls in geeigneter Weise auch mit den Nehmern der Genußscheine zu vereinbaren, daß letztere zu einer Gemeinschaft oder Gesellschaft zusammentreten, in welcher über gemeinschaftliche Angelegenheiten durch Mehrheitsbeschluß entschieden werden kann nach Art des Ges., betr. die gemeinsamen Rechte des Besitzes von Schuldverschreibungen vom 14. 5. 1914. Vgl. auch BGB § 709. HoldhMS 97, 279 (Dresden); BadRpr 4, 281 (Mannheim). Vgl. auch den Fall RG 97, 197. — Die Gesellschaft kann sich rechtsgeschäftlich mehr oder weniger freie Hand vorbehalten. Sie wird gut daran tun, in solchem Falle in der Urkunde auf die statutarische Bestimmung hinzuweisen.

k) Veräußert der Inhaber den Genußschein, so gibt er damit alle Rechte an ihm fort, auch das Recht, gegen Beschlüsse der Gesellschaft oder deren Ergebnisse mit Klage vorzugehen. Anders, aber nicht überzeugend HoldhMS 1902, 108 (Dresden), wo die Klage fälschlich als Anfechtung bezeichnet wird. — Verwirrend ist es, wenn Brand § 179 α b β von Genußscheinen spricht, welche auf Beteiligung am Gewinn gerichtet, in funktionellem Zusammenhang mit der Aktie bleiben und mit der Aktie stehen und fallen. Solche Scheine würden gar nichts anderes sein als Dividendenscheine, wie ja auch RG 14, 170 und 15, 100, auf welche verwiesen wird, von Dividendenscheinen und ihrer Bedeutung für das Nachbezugsrecht der Vorzugsaktien handeln. Es steckt in dieser, auch sonst wohl vertretenen Auffassung eine Unklarheit. Der Aktionär kann den Anspruch auf die Dividende oder auf mehrere oder — bis auf weiteres — überhaupt auf die künftigen Dividenden abtreten, was namentlich erleichtert ist, wenn Dividendenscheine ausgegeben worden sind. Aber er kann nicht das Recht auf Beteiligung am Gewinn von der Aktie lösen und auf einen anderen übertragen, weder im Ganzen noch zu einem Bruchteil. So mit Recht Wertheim JW 1923, 573. Vgl. auch oben Erl 2.

l) Eine besondere Art von Genußscheinen hat die GBV § 12 geschaffen. Bei der Umstellung auf Goldbilanz kann es infolge von Einziehung von Schutz- und Vorratsaktien und infolge von Verwertung von Aktien für Rechnung der Eigentümer von Spitzen zur Auszahlung von Geldbeträgen an die Aktionäre kommen. In solchem Fall hat die Gesellschaft dem Aktionär auf seinen Antrag statt dessen auf den Inhaber lautende Genußscheine in Höhe des Zahlungsanspruchs auszuhändigen. Sie gewähren kein Stimmrecht, aber einen Anspruch auf entsprechende Beteiligung am Reingewinn, der durch Kapitalerhöhung nicht verkürzt werden darf, sowie Anspruch auf Beteiligung am Liquidationserlös.

§ 180.

Die Aktien müssen auf einen Betrag von mindestens eintausend (jetzt 100) Mark gestellt werden[1].

Für ein gemeinnütziges Unternehmen[2] kann im Falle eines besonderen örtlichen Bedürfnisses der Bundesrat die Ausgabe von Aktien, die auf Namen lauten, zu einem geringeren, jedoch mindestens zweihundert (jetzt 20) Mark erreichenden Betrage zulassen. Die gleiche Genehmigung kann erteilt werden, wenn für ein Unternehmen das Reich, ein Bundesstaat oder ein Kommunalverband oder eine sonstige öffentliche Körperschaft auf die Aktien einen bestimmten Ertrag bedingungslos und ohne Zeitbeschränkung gewährleistet hat[3] [4].

Auf Namen lautende Aktien, deren Übertragung an die Zustimmung der Gesellschaft gebunden ist, dürfen auf einen Betrag von weniger als eintausend (100), jedoch nicht von weniger als zweihundert (20) Mark gestellt werden.

Im Falle des Abs. 2 soll die erteilte Genehmigung, im Falle des Abs. 3 sollen die Beschränkungen, denen nach § 222 Abs. 4 die Aktionäre in Ansehung der Übertragung ihrer Rechte unterliegen, in den Aktien ersichtlich gemacht werden[5].

Diese Vorschriften gelten auch für Interimsscheine[6] [7].

1. Der § 180 bestimmt über den **Nennbetrag** der Aktie, m. a. W. über die Stückelung, d. h. über die Anzahl der Aktien, wenn man vom Grundkapital als der gegebenen Größe ausgeht. Die Zahlen haben im Laufe der Zeit mehrfach gewechselt. Ursprünglich enthielt das Gesetz hierüber Vorschriften überhaupt nicht. Durch die Novelle von 1870 wurde Art 207 a eingefügt, wonach Namenaktien auf 50 Taler, Inhaberaktien auf mindestens 100 Taler gestellt werden mußten. Die Novelle von 1884 brachte die Unterscheidung zwischen der normalen Aktie und der unter bestimmten Voraussetzungen zulässigen Kleinaktie. Dort wurde als Mindestbetrag 1000 M, hier 200 M bestimmt. Das hat die Novelle von 1900 beibehalten. Noch heute ist der Wortlaut des Gesetzes derselbe, aber durch die Goldbilanzverordnung und die dazu ergangenen Durchführungsverordnungen praktisch außer Geltung gesetzt. Jetzt muß — soweit Neugründungen oder Erhöhung des Grundkapitals in Frage kommen — die normale Aktie auf 100 RM oder ein Vielfaches von 100 RM lauten, die Kleinaktie auf 20 RM (nicht auch auf ein Vielfaches davon). Außerdem ist nunmehr auch für das Grundkapital eine untere Grenze — 50 000 RM — bestimmt. — Grundkapital und Aktie können nur auf deutsche Währung gestellt werden. Die gegenteilige Meinung **Makowers** § 180 I a, **Rosendorf** in DJZ 1901, 411, **Simon** Bilanzen 202 war auch schon unter dem früheren Recht zu beanstanden, wenigstens für A-Gesellschaften, welche ihren Sitz in Deutschland hatten. Vgl. Ges vom 23. 12. 1911 betr. die Ausgabe von Kleinaktien in China und Kiautschou.

Neugründungen sind Gründungen in der Zeit nach dem 30. Dezember 1923, d. h. Gründungen, für welche bis zu diesem Tage der Gesellschaftsvertrag noch nicht festgestellt war oder zwar dieser festgestellt war, aber die Aktien noch nicht übernommen waren. Ferner 2. DVdg zur GBV § 42 I in der Fassung der Vdg vom 14. 7. 26:

> Eine Neugründung im Sinne der Verordnung über Goldbilanzen etc. liegt auch dann vor, wenn bestehende A-Gesellschaften, Kommanditgesellschaften auf Aktien und Gesellschaften mbH ihre Verhältnisse wesentlich ändern, insbesondere wenn sie eine wesentliche Änderung des Gegenstandes des Unternehmens, ihrer Verfassung, der Zusammensetzung ihrer Organe oder der Art ihres Geschäftsbetriebes vornehmen.

Letztere Vorschrift soll den sogenannten **Mantelkauf** treffen. Ein Unternehmer kann seinem Geschäft die Rechtsform einer A-Gesellschaft geben, ohne zur Gründung einer solchen zu schreiten, wenn er Gelegenheit hat, sämtliche Aktien einer bestehenden A-Gesellschaft zu erwerben — es wird sich immer um eine notleidende oder gegenstandslos gewordene A-Gesellschaft handeln —, und alsdann durch Statutenänderung den Betrieb des eigenen Unternehmens zum Gegenstand der Gesellschaft macht. Es ist klar, daß damit alle Kautelen des Gesetzes zum Schutz gegen unsolide Aktienunternehmungen ausgeschaltet werden, und mit Recht hat RG in JW 1924, 1535 das Verfahren beanstandet und gegen den Widerspruch von **Byk** und **Hachenburg** das. in JW. 1925, 635 an seinem Standpunkt festgehalten.

Mantelgründung bedeutet die Gründung einer Gesellschaft, welche nicht einen bestimmten Geschäftsbetrieb im Auge hat, namentlich nicht den im Statut angegebenen Zweck verfolgen will. Die Gründung soll nur die Hülle für ein noch unbestimmtes Unternehmen abgeben, das später in Form einer Aktiengesellschaft in den Verkehr treten soll. Der Registerrichter hat das Recht und die Pflicht, bei Kenntnis der Sachlage die Eintragung der Gesellschaft abzulehnen; er darf aber die Eintragung nicht deshalb ablehnen, weil die Gesellschaft der Handelskammer Aufklärung zu verschaffen ablehnt, er muß vielmehr selbständig nach § 12 FGG Ermittlungen anstellen, OLG 43, 296 (RG); Recht 23, 1029.

Ähnlich wie bei der Neugründung einer A-Gesellschaft liegt es bei der Erhöhung des Grundkapitals einer bestehenden Gesellschaft. Auch hier sollte und müßte nach diesseitiger Auffassung der Registerrichter die Eintragung ablehnen, wenn er erkennt, daß es nicht auf Beschaffung eines gegenwärtigen Bedarfs neuen Kapitals abgesehen ist, sondern auf Herstellung von Aktien auf Vorrat.

Infolge der **Umstellung** der Bilanz auf Goldmark (Vdg vom 28. 12. 1923, RGBl. I 1253; 2. Durchführungsvdg dazu vom 28. 3. 24, RGBl I 385; 5. Durchführungsvdg dazu vom 23. 10. 24, RGBl I 717) können bei Gesellschaften, welche die Umstellung vorgenommen haben, eine Aktie über 20 und 50 M oder ein Mehrfaches von beidem (jedoch nicht über 250 M) vorkommen. Schuldverschreibungsähnliche und Mehrstimmenrechtsaktien können bis auf 1 M herabgesetzt sein. Aktien, welche auf mehr als 100 M, aber nicht auf einen durch 100 teilbaren Betrag lauten, müssen innerhalb 2 Jahren durch Zusammenlegung gemäß § 290 verschwinden. S. auch 7. Durchführungsvdg vom 7. 7. 27 (RGBl I 176), wonach die auf 40, 50, 60 oder 80 M lautenden Aktien bis 31. 12. 1929 in solche auf 100 M zusammengelegt und umgetauscht werden sollen, sofern nicht 10% der Besitzer gleichlautender Aktien Widerspruch erheben.

2. Die Fälle, in welchen **Kleinaktien** zulässig sind, sind die folgenden:

1. Ohne weiteres kann die Gesellschaft — ganz oder teilweise — das Grundkapital in Kleinaktien einteilen, wenn im Statut bestimmt ist, daß die Aktien nur mit Zustimmung der Gesellschaft übertragen werden können, was zugleich voraussetzt, daß die Aktien auf den Namen lauten.

Vinkulierte (Namen-)Aktien. Der Art 215 VII HGB in der Fassung von 1884 bestimmte, daß die Statutenbestimmung, wonach die auf weniger als 1000 M gestellten Aktien nur mit Einwilligung der Gesellschaft übertragen werden können, nicht abgeändert werden kann. Die Novelle von 1900 hat das als selbstverständlich gestrichen.

Wegen der Form, in welcher Namenaktien übertragen werden, s. § 222, bezüglich Kleinaktien insbesondere Abs IV das.

2. Mit Genehmigung des Bundesrats (jetzt Reichsrats) können Kleinaktien ausgegeben werden:

a) Wenn die Gesellschaft ein gemeinnütziges Unternehmen ist, das einem örtlichen Bedürfnis entgegenkommt. Ein örtliches Bedürfnis sagt das Gesetz, worunter wohl ein Bedürfnis zu verstehen ist, das innerhalb eines bestimmten Bezirks die Allgemeinheit empfindet. Die Mot. S. 35 führen als Beispiele an den Bau von lokalen Eisenbahnen, von Kanälen, Straßen, überhaupt Verkehrsverbindungen, von Gas- und Wasserleitungen, von Bade- und Waschanstalten oder sonstige industrielle oder landwirtschaftliche Unternehmungen gemeinnützigen Charakters, für welche trotz eines geringeren Kapitals die Form der A-Gesellschaft erforderlich erscheint. Der nachträglich bestimmte Mindestbetrag des Grundkapitals von 50 000 RM gilt aber auch hier. Der Raum, über welchen das Bedürfnis sich erstrecken muß, kann ziemlich weit gesteckt, muß aber doch begrenzt sein, Gemeinde, Kreis, Provinz oder was dem gleich kommt, aber nicht weiter. Übrigens ist letzteres zu entscheiden ausschließlich Sache des Reichsrats.

b) Wenn Reich, Staat, Gemeinde, überhaupt eine öffentliche Körperschaft einen bestimmten Ertrag gewährleistet haben. Das heißt, es muß den Aktionären eine bestimmte jährliche Mindestdividende gesichert sein. In welcher Form das im einzelnen geschieht, darüber ist im Gesetz nichts bestimmt. Darüber hat die Verwaltungsbehörde zu entscheiden, ebenso wie es ihre Sache ist zu prüfen, ob die gewährleistende Korporation auch wirklich Gewähr leistet. Nach § 195 II Z. 6 wird die Gesellschaft und nach § 28 II Z 4 wird die Erhöhung des Grundkapitals erst eingetragen, wenn die Genehmigungsurkunde vorliegt und dem Registergericht eingereicht worden ist. Dem Registerrichter steht nicht zu, nachzuprüfen, ob die für die Genehmigung erforderlichen Voraussetzungen vorliegen. Wenn Makower § 195 I f 13 sagt, daß es für das erkennende Gericht anders liege, so kann man sich schwer vorstellen, in welchem Zusammenhang das Prozeßgericht vor die Frage gestellt werden könnte. Jedenfalls sind die ausgegebenen Kleinaktien rechtswirksam zustande gekommen, auch wenn die gesetzlichen Voraussetzungen nicht gegeben waren. Darüber, ob die Genehmigung zu erteilen ist, hat die Verwaltungsbehörde nach freiem Ermessen zu entscheiden.

Ohne Zeitbeschränkung ist die Dividendengarantie geleistet, wenn sie für die ganze Zeit zugesagt ist, während welcher das Unternehmen fortgeführt wird und die A-Gesellschaft besteht, d. h. nicht aufgelöst ist.

In beiden Fällen a und b müssen die Kleinaktien auf den Namen lauten, brauchen aber nicht vinkuliert zu sein. Sie müssen auf 20 M lauten (s. oben Erl. 1).

3. Auch die Anzahl der auszugebenden Kleinaktien ist Gegenstand der staatlichen Genehmigung. Der Registerrichter hat die Anmeldung zu beanstanden, wenn die Genehmigungsurkunde nicht deutlich das Angemeldete deckt. An und für sich ist nicht ausgeschlossen, daß die Gesellschaft neben den Kleinaktien normale Aktien ausgibt, ohne daß eine Genehmigung hierzu erteilt ist. Die staatliche Genehmigung kann aber sehr wohl auch anders gemeint sein. Unter allen Umständen sind aber die in Übereinstimmung mit der Anmeldung und Eintragung der Gesellschaft oder der Kapitalserhöhung ausgegebenen Aktien gültig.

4. Hat die Gesellschaft auf Grund der staatlichen Genehmigung Kleinaktien ausgegeben, so kann sie ihr Statut wirksam nicht in der Weise ändern, daß eine der für die Genehmigung erforderlichen Voraussetzungen fortfällt. Der Registerrichter hat die Eintragung der Statutenänderung abzulehnen, es sei denn, daß die Gesellschaft die staatliche Genehmigung auch der Abänderung der Statuten beibringt. Er hat in diesem Falle zu prüfen, ob eine nochmalige Genehmigung erforderlich ist oder nicht, und er kann, wenn er die Statutenänderung eingetragen hat, diese gemäß § 144 FGG wieder löschen, wenn er nachträglich erkennt, daß die Genehmigung hätte nachgesucht werden müssen.

5. Abs 4 ist Ordnungsvorschrift. Ist der hier vorgeschriebene Hinweis in die Urkunde nicht aufgenommen worden, so ist darum die Aktie noch nicht nichtig. Aber dem gutgläubigen Erwerber einer solchen Aktie können die Beschränkungen nach § 222 IV nicht entgegengehalten werden, RG 82. 72. — Strafvorschrift § 314 I Z. 5. Dagegen sind Aktien, welche auf einen geringeren als den vorgeschriebenen Betrag lauten, nichtig, § 209 I. — Für vinkulierte Normalaktien ist nicht vorgeschrieben, daß die Beschränkung aus der Urkunde hervorgehen soll. A. A. anscheinend Staub-Pinner § 280[13], dem zuzugeben ist, daß die Fassung des Abs IV ungeschickt und undeutlich ist.

6. Die Vorschriften gelten auch für Interimscheine. Das heißt: auch Interimscheine dürfen nur für Aktien ausgegeben werden, welche den Vorschriften der Abs 1—4 entsprechen. Dagegen steht nichts im Wege, im Interimschein den Betrag anzugeben, der auf die Aktie eingezahlt worden ist, gleichviel wie hoch er ist. Gesetzlich vorgeschrieben ist das nicht.

7. Mitglieder des Vorstandes und Aufsichtsrats, welche den Vorschriften des § 180 zuwider Aktien ausgeben, haften nach §§ 241, 249 der Gesellschaft für den ihr daraus entstehenden Schaden. Sie sind strafbar, wenn sie außer im Falle der Abs 2 und 3 Aktien unter 100 M ausgeben oder wenn sie Aktien ausgeben, welche den in Abs 4 vorgeschriebenen Vermerk nicht enthalten. Auch sind sie nach § 823 II BGB in diesen Fällen Dritten zum Ersatz des Schadens verpflichtet, den diese durch den Verstoß erleiden, § 314 I Z. 4 und 5.

Wegen älterer Gesellschaften s. EG HGB v. 10. 5. 97 Art 24:

„Sind die Aktien einer bestehenden A-Gesellschaft oder Kommanditgesellschaft a. A. gemäß den vor dem Inkrafttreten des Gesetzes vom 18. 7. 1884 in Geltung gewesenen Vorschriften auf einen geringeren Betrag als 1000 M gestellt, so bleiben im Falle einer Zusammenlegung oder sonstigen Umwandlung dieser Aktien die Vorschriften des § 180 I HGB außer Anwendung. Der Nennbetrag der Aktie darf jedoch nicht herabgesetzt werden.

Wird das Grundkapital einer A-Gesellschaft usw. durch Ausgabe neuer Aktien erhöht, so finden die Vorschriften des § 180 I HGB auf die neuen Aktien Anwendung, auch wenn die Ausgabe mittels Umwandlung von Aktien der in Abs I bezeichneten Art geschieht.

Diese Vorschriften gelten auch für Interimscheine."

§ 181.

Zur Unterzeichnung[2] von Aktien und Interimsscheinen[1] genügt eine im Wege der mechanischen Vervielfältigung hergestellte Namensunterschrift[3]. Die Gültigkeit der Unterzeichnung kann durch eine in die Urkunde aufgenommene Bestimmung von der Beobachtung einer besonderen Form abhängig gemacht werden[4].

1. Bestimmungen des Gesetzes über den Inhalt der Aktienurkunde finden sich in §§ 179 III, 180 IV, 212 I, 2. Aus allgemeinen Gründen ist wesentlich, daß die Urkunde die A-Gesellschaft bezeichnet, von welcher sie ausgeht, den Nennbetrag angibt und, sofern es sich um Namenaktien handelt, den Namen des Berechtigten. Die Bezeichnung als Aktie (oder Interimschein) ist nicht unerläßlich, aber immer muß ersichtlich sein, daß es sich um die das Aktienrecht verkörpernde Urkunde handelt, und das muß unter allen Umständen unzweideutig zum Ausdruck kommen. — Ort und Datum der Ausstellung sind nicht unerläßlich. Ist die Urkunde von einem bestimmten Tage datiert, so ist es unschädlich, wenn der Tag vor der Eintragung der A-Gesellschaft in das Handelsregister liegt. Nicht die Ausfertigung, sondern die Ausgabe von Aktien vor Eintragung der Gesellschaft in das Handelsregister ist untersagt § 209 II.

2. Aussteller der Urkunde ist die A-Gesellschaft, m. a. W. ist in ihrer Vertretung der Vorstand. Soll die Ausfertigung nur unter Mitwirkung des Aufsichtsrats erfolgen, so muß das im Statut bestimmt und, um dem Erwerber gegenüber zu gelten, in der Urkunde selbst erwähnt sein. Auch das wird man unter die Vorschrift des Satz 2 zu bringen haben. A. A. Staub-Pinner § 181[2]. Aber wenn, wie anerkannt wird, das Erfordernis der Zeichnung eines Kontrollorgans dahin gehört, warum nicht dieser Fall? Es können bei der Ausfertigung für einzelne Mitglieder des Vorstandes (und Aufsichtsrats) gegebenenfalls deren Stellvertreter mitwirken.

Daß allgemein der Vorstand die Urkunden durch Bevollmächtigte ausstellen läßt, dafür liegt weder ein Bedürfnis vor, noch kann es für zulässig gehalten werden. Will man mit der herrschenden Lehre das Gegenteil annehmen, so müßte doch darauf bestanden werden, daß die Zulässigkeit in der Urkunde selbst hervorgehoben wird. Wenn die herrschende Lehre zutreffend dahin geht, daß ein Prokurist als solcher zur Ausstellung nicht ermächtigt sei, so ist das von ihrem Standpunkt aus jedenfalls für den Fall nicht richtig, daß es sich um Erhöhung des Grundkapitals und Ausgabe der entsprechenden neuen Aktien handelt. Die Ausgabe von Aktien in diesem Falle kann gar nicht umhin, zum Betrieb des Handelsgewerbes der Gesellschaft zu gehören.

3. Der § 181 überträgt die in § 793 II BGB für Schuldverschreibungen auf den Inhaber gegebene Vorschrift auf die Aktie. Es soll statt der in § 126 BGB vorgeschriebenen eigenhändigen Unterschrift des Ausstellers des Faksimile seines Namenzuges in mechanischer Vervielfältigung genügen (nicht etwa der Name in Druckschrift). Dem Bedürfnis, eine derartige Massenausgabe von Urkunden durch Wahrung einer weiteren besonderen Form zu kontrollieren, kommt die Bestimmung Satz 2 entgegen, indem sie zugleich vorschreibt, daß aus der Urkunde zu ersehen sein muß, wann hiervon Gebrauch gemacht wird. Statutarische Bestimmungen sind dazu nicht erforderlich.

4. In § 149 StGB werden in Beziehung auf Münzverbrechen neben anderem auch Aktien und Interimscheine dem Papiergeld gleichgestellt. Vgl. auch § 151 das. Nach § 360 Z 4 wird wegen Übertretung bestraft, wer Formen usw. für Herstellung von Papiergeld und was dem gleichsteht ohne schriftlichen Auftrag einer Behörde anfertigt oder einem anderen als der Behörde verabfolgt, und nach Z 5 wer ohne schriftlichen Auftrag einer Behörde von solchen Formen Drucke herstellt oder einem anderen als der Behörde verabfolgt. Die Regel in allen diesen Fällen ist, daß eine Behörde Auftraggeber oder berechtigter Empfänger ist. Die Ausdehnung der für Papiergeld gegebenen Vorschriften auf Aktien usw. bedingt die entsprechende, nicht die wörtliche Anwendung, und dem was gegenüber dem Papiergeld usw. die Behörde ist, entspricht gegenüber der Aktie die Aktiengesellschaft. Im Ergebnis übereinstimmend Staub-Pinner § 181[4].

§ 182[1].

Der Inhalt[2] des Gesellschaftsvertrags muß von mindestens fünf Personen[3], welche Aktien übernehmen[6], in gerichtlicher oder notarieller Verhandlung[4] festgestellt werden[5]. In der Verhandlung ist der Betrag und, wenn verschiedene Gattungen von Aktien ausgegeben werden, die Gattung der von jedem übernommenen Aktien anzugeben.

Der Gesellschaftsvertrag muß bestimmen[7]:

1. die Firma[8] und den Sitz[9] der Gesellschaft;

2. den Gegenstand des Unternehmens[10];

3. die Höhe des Grundkapitals und der einzelnen Aktien[11];

4. die Art der Bestellung und Zusammensetzung des Vorstandes[12];

5. die Form, in der die Berufung der Generalversammlung der Aktionäre geschieht[13];

6. die Form, in der die von der Gesellschaft ausgehenden Bekanntmachungen erfolgen[14].

Bekanntmachungen, die durch öffentliche Blätter erfolgen sollen, sind in den Deutschen Reichsanzeiger einzurücken. Andere Blätter außer diesem bestimmt der Gesellschaftsvertrag[15].

1. a) Die §§ 182—202 enthalten die Vorschriften über die Gründung der A-Gesellschaft. Sie gehen zurück auf die Vorschriften der Aktiennovelle von 1884. Es soll erreicht werden

1. daß deutlich und bestimmt hervortrit:
   a) worin das Vermögen, mit dem die Gesellschaft in das Leben tritt, besteht und wie es zusammengebracht ist;
   b) wer die Gründer und damit die für die Vorgänge der Gründung verantwortlichen Personen sein wollen und sein sollen;
2. daß schon im Gründungsstadium für selbständige Wahrnehmung der Interessen der Gesellschaft gegenüber den Gründern und Hintermännern von ihnen gesorgt ist.

Die Mot. der Aktiennovelle S. 46 ff. sagten hierzu: „Der Gründungsvorgang blieb — nach der Novelle von 1870 — im Verborgenen; ein Hervortreten der Gründer war nach dem Gesetz nicht erforderlich, die treibenden Persönlichkeiten handelten ohne Verantwortlichkeit und entzogen sich jeder Kontrolle. Niemand war da und keine Vorkehrung bestand, um das Interesse der Gesellschaft wahrzunehmen: ohne jede Selbständigkeit befand die zu bildende Gesellschaft sich schutzlos für lange Zeit über die Gründung hinaus in den Händen jener lediglich ihren Gründergewinn verfolgenden Personen, und gleichermaßen fehlten dem Publikum, welches man ohne Gefahr der Verantwortlichkeit auf jegliche Weise zur Beteiligung heranzog, die zuverlässigen Grundlagen für eine richtige Beurteilung des Unternehmens. Zu erzielen ist eine bessere Erkennbarkeit der wesentlichen Momente, die möglichste Selbständigkeit der Gesellschaft gegenüber den Gründern und eine erhöhte Verantwortlichkeit der betreibenden Teile; das Publikum muß sehen können, ob das vorgegebene Grundkapital in Wirklichkeit vorhanden ist oder sich nur aus Scheinwerten zusammensetzt und inwieweit dasselbe oder die Gesellschaft mit Verbindlichkeiten oder mit Sondervorteilen zugunsten der Gründer oder anderer belastet ist. Ferner muß schon im Gründungsstadium auf die Unabhängigkeit der Gesellschaft von den Gründern Bedacht genommen werden. Die Eintragung der Gesellschaft in das Handelsregister kann nur für die Selbständigkeit der Gesellschaft nach außen entscheidend sein; im Innern und tatsächlich aber besteht schon vor dessen Eintragung ein von den die Gründung Betreibenden verschiedenes Rechtssubjekt; deshalb bedarf es daher schon für die Hergänge der Gründung der ordnungsmäßigen Organe, welche für dieselben die Verantwortung übernehmen."

b) Nach dem Gesetz baut sich die Gründung der A-Gesellschaft in drei begrifflich scharf geschiedenen Stufen auf:

a) Der Inhalt des Gesellschaftsvertrages wird festgestellt,

b) der so gestaltete Vertrag wird geschlossen. An den Vertragsschluß müssen naturgemäß alle Teilnehmer, alle (ersten) Aktionäre beteiligt sein; das liegt ohne weiteres vor, wenn bei der Gründung der Gesellschaft zugleich auch alle Aktionäre vertreten und zugegen sind oder (§ 188 Satz 2) zugegen gewesen sind (Simultangründung). Andernfalls bedarf es noch weiterer Schritte (Sukzessivgründung); das Besondere in diesem Fall ist, daß für den Abschluß des Vertrages nicht Einstimmigkeit erforderlich ist, sondern — mit bestimmten Ausnahmen (§ 196 V) — bereits — in besonderer Gestaltung § 196 IV — das Mehrheitsprinzip gilt. Die Sukzessivgründung ist umständlich, wenig beliebt und kommt nur noch selten vor. Vielleicht könnte daher das ganze Rechtsinstitut fortfallen. Dagegen wäre es bedenklich, es bei der Zulässigkeit des Verfahrens zu belassen, aber die Schutzvorschriften, mit denen es umgeben ist, zu streichen. So Bauer Z 31, 24. — Diesen Vertragsschluß nennt das Gericht Errichtung der Gesellschaft.

c) Entstehung der Gesellschaft durch ihre Eintragung in das Handelsregister.

Hierzu sagen die Mot. S. 47: Begrifflich deckt sich die Aufstellung des Statuts nie mit der Errichtung des Gesellschaftsvertrages (sic) ... und vielfach hat der Umstand, daß gesetzlich der Inhalt des Gesellschaftsvertrages (das Statut) von dem Vertrage selbst nicht streng auseinandergehalten wurde, in der Praxis mannigfache Übelstände zur Folge gehabt. Zum Teil ist gezeichnet worden, ehe ein förmliches Statut festgestellt war, und man hat die Feststellung den Projektanten überlassen, ohne sich Genehmigung vorzubehalten; oder es ist auf ein Statut hin gezeichnet, zugleich aber dessen Änderung dem Mehrheitsbeschluß der ersten Zeichnerversammlung überlassen worden. In allen solchen Fällen haben später Zeichner gegen ihre Verbindlichkeit oder gegen die Rechtsbeständigkeit der Gesellschaft Einwendungen erhoben und zum Teil auch damit Erfolg gehabt; vgl. ROHG 7, 266; 10, 326; 11, 371, 375; 18, 354; 20, 270; 22, 197."

So steht in allen Fällen, mag es sich um Simultan- oder um Sukzessivgründung handeln - als Unerläßliches, worin erst alles andere sich anschließen kann, die Einigung darüber da, wie — bis in alle Einzelheiten hinein — das Statut der künftigen A-Gesellschaft lauten soll. Diese Einigung muß geschehen in gerichtlicher oder notarieller Verhandlung. Was in dieser Verhandlung bezüglich der Festsetzung des Statuts erstrebt und erreicht wird, ist Willenseinigung, aber nicht Vertragsschluß. Man einigt sich darüber, wie der Gesellschaftsvertrag, wenn er zustande kommt, lauten soll. Über das Wesen dieser „Feststellung", wie das Gesetz es nennt, wird gestritten. Dabei ist es eine uns ganz bekannte und geläufige Sache, nämlich eine Punktation, der, auch wenn sie in alle Einzelheiten hinein vollständig ist, am Vertragsschluß immer noch das Wichtigste fehlt, der Entschluß. Es handelt sich um eine Willenseinigung, mit der man sich noch nicht verpflichtet.

Nunmehr trennen sich die Wege, je nachdem, ob die Gründer alle Aktien übernehmen, womit der Gesellschaftsvertrag geschlossen, die Gesellschaft errichtet ist (Simultangründung), oder ob sie nur einen Teil der Aktien übernehmen, die übrigen Dritten zum Erwerb anbieten (Sukzessivgründung). Die einzelnen Etappen, kurz zusammengestellt, sind folgende:

A. Simultangründung.
1. Bestellung eines Vorstandes und Wahl des Aufsichtsrats (§ 190 I, III).
2. Abgabe der in § 191 vorgeschriebenen Gründererklärung und gegebenen Falles Prüfung durch Revisoren (§§ 192 ff.).
3. Anmeldung der Gesellschaft zum Handelsregister (§ 195).
4. Eintragung der Gesellschaft §§ 198 ff.

B. Sukzessivgründung.
1. Zeichnung und Zuteilung der von den Gründern nicht übernommenen Aktien § 189.
2. Einberufung der (1.) Generalversammlung zum Zweck der Anstellung eines Vorstandes und der Wahl des Aufsichtsrats (§ 190).
3. Abgabe der Gründererklärung usw. wie unten A 2.
4. Anmeldung der Gesellschaft wie unten A 3.
5. Einberufung der (2.) Generalversammlung zum Zwecke der Errichtung der A-Gesellschaft (§ 196).
6. Eintragung der Gesellschaft (§§ 198 ff.).

Vor der Anmeldung der Gesellschaft (A 3, B 4) muß die vorgeschriebene Einzahlung auf die übernommenen oder gezeichneten Aktien erfolgen (§ 195 III).

2. Die Theorie der Gründung der Aktiengesellschaft ist sehr bestritten. Auf die einzelnen Meinungen einzugehen, ist im Rahmen des Kommentars nicht möglich. Eine straff zusammengefaßte Übersicht s. bei Haußmann, Die Gründung der A-Gesellschaft, Diss. 1911 S. 46 ff., etwas ausführlicher bei Seckel, Die Rechtsnatur des Beteiligungsakts bei der Gründung einer A-Ges., Diss. 1914 S. 14, ferner auch Nübell, Aktienübernahme und Aktienzeichnung in ArchBR 43. 104. Unter den Schlagworten Vertrag oder körperschaftlicher Akt stehen die Meinungen sich gegenüber. Es ist wohl richtig, daß namentlich Gierkes Genossenschaftstheorie starke Stimmung gegen die Vertragstheorie gemacht hat. Wenn aber Staub-Pinner § 189[20] sagt, daß auch das Reichsgericht zwar ursprünglich auf dem Standpunkt der Vertragstheorie gestanden habe, jetzt in ständiger Praxis den Vertragscharakter der Aktienzeichnung und -übernahme verneine, so ist das ein offenbares Mißverständnis. Staub-Pinner spricht hier nicht allgemein von der Gründung der A-Ges., sondern im besonderen von der Konstruktion der Aktienzeichnung. Wenn bei dieser Frage RG 2, 264 auf dem Standpunkt der Vertragstheorie gestanden hat, so hat sich zwar RG 79, 177 ausgesprochenermaßen gegen erstgenanntes Urteil, ein Urteil desselben Senats aus lang zurückliegender Zeit, gewendet, aber nicht *in diesem Punkt*. In beiden Fällen handelt es sich um die Frage, ob im Falle des Konkurses des Aktionärs oder Aktienzeichners § 17 KO (bzw. § 16 PrKonkOrd) Anwendung findet. Und der Gegensatz war nicht Vertrag oder einseitiger Akt, sondern Vertrag wohl, aber Vertrag welcher Art, synallagmatisch oder nicht. Ersteres war in der älteren Entscheidung angenommen, und davon ist die neuere abgewichen. Das und nicht mehr sagt auch JW 1918, 177[15]. Und dementsprechend bieten auch die in RG 79, 177 zitierten früheren Entscheidungen RG 31, 20; 34, 115; 41, 13; 52, 423; 55, 67 keinen Anhalt dafür, daß das Reichsgericht sich von der Vertragstheorie abgewendet hätte, während RG 57, 299 ausdrücklich das Gegenteil bezeugt. Auch in RG 2, 307 und 45, 104, auf welche verwiesen wird, findet sich nicht die Behauptung, daß die Übernahme oder Zeichnung von Aktien kein Vertrag sei. Im erstgenannten Urteil heißt es vielmehr, daß es sich nicht um einen Vertrag mit *der Gesellschaft* handelt, während in letzterer Entscheidung gesagt wird, daß *steuerrechtlich* Abschluß des Gesellschaftsvertrages und Übernahme von Aktien zwei verschiedene Verträge seien. Damit, daß im Falle der Simultangründung nach § 188 Satz 1 beides tatsächlich zusammenfällt, setzt sich die Entscheidung nicht auseinander. Ausdrücklich anerkannt wird die Vertragsnatur der Übernahme usw. in RG 41, 282. Wenn RG 9, 37 und 28, 75 die Doppelnatur der Aktienzeichnung betonen, so wird doch damit anerkannt, daß sie auch Vertrag sei und auch in RG 18, 66 wird letzteres noch nicht dadurch verneint, daß die Sonderart des körperschaftlichen Aktes betont wird. Anders allerdings JW 1901, 142[9], aber in einem für die Entscheidung bedeutungslosen Satz, der obendrein, wie oben ausgeführt wurde, durch RG 31, 17 und 45, 99, auf welche zurückverwiesen wird, keineswegs Bestätigung findet. — In der Tat trägt ja auch der Tatbestand der Aktienzeichnung oder -übernahme innerlich und äußerlich so offenbar die Merkmale eines Vertragsschlusses an sich, daß es unmöglich ist, darum herumzukommen, ohne in Künstlichkeiten zu geraten. Am ausführlichsten findet sich die gegnerische Theorie dargestellt wohl bei *Lehmann* I S 344—358. Aber was dort vorgetragen wird, ist nichts als eine Summe reiner Willkürlichkeiten, und hält man sich nur beim Lesen immer die zweifelhaften Einzelfragen, die hier einschlagen, gegenwärtig, dann sieht man unschwer, daß diese Theorie uns ihrer Lösung auch nicht einen Schritt näherbringt. Eher das Gegenteil. Kürzer, aber ebenso unfruchtbar *R. Fischer* EhrenbergsHH III 1, 221[22]: Aktienübernahme und Aktienzeichnung unterscheiden sich in diesem Punkte nicht. Es ist ein Vertrag, gerichtet auf Beteiligung an der Gesellschaft, die entstehen soll angesichts und nach Maßgabe des abgeschlossen vorliegenden Statuts. So im wesentlichen auch *v. Tuhr* Allgemeiner Teil S. 476 ff., *Rehme* KrVSchr 43. 295. Vgl. auch Planck BGB § 25 Note 1, RG 31, 20 unter 3. An und für sich hat dieser „Gesellschaftsvertrag" nichts Besonderes an sich. Das Besondere ist, daß er nicht isoliert dasteht wie ein gewöhnlicher Kauf- oder Miet- oder Dienstvertrag. Wesensnotwendig ist er ein Stück des zusammengesetzten Gründungsvorgangs, mit dem er untrennbar, wenn man so will, organisch zusammenhängt. Von daher — von außen her — kommen die Besonderheiten, welche an dem Verhältnis zu beobachten sind. Auch *Gierke*, auf den die Gegner sich nur berufen können, wenn sie ihn mißverstehen, bestreitet das gar nicht. Nur zwei Sätze zum Nachweis dessen (Genossenschaftstheorie S. 132): Alle diese grundlegenden *Verträge* gehören nur mit der einen Seite ihres Wesens dem Vertragsrecht an; gleichzeitig sind sie Elemente des schöpferischen Aktes, welcher einen sozialen Willensträger ins Dasein ruft; der Komplex hat ein doppeltes Ansehen, nach rückwärts erscheint er als eine Vielheit für sich dastehender Rechtsgeschäfte zwischen freien Individuen, nach vorwärts stellt er sich als eine einheitliche Handlung einer sich konstituierenden Gesamtheit dar; und S. 135: überall werden zwar die erforderlichen Kräfte und Mittel durch *Vertragsschlüsse* gewonnen, die Konstituierung aber erfolgt in den Formen des korporativen Lebens (s. auch S. 133 Text bei Note 2). Zweifelhaft könnte erscheinen, wer die Persönlichkeiten der Vertragschließenden sind. Rein tatsächlich freilich ist das nicht im geringsten zweifelhaft. Es sind bei der Zeichnung von Aktien einerseits die Zeichner, andererseits wer zur Zeichnung aufgefordert hat, d. h. die Gründer, bei der Übernahme jeweils der Übernehmende gegenüber den übrigen Gründern. Aber rechtlich ist nicht ohne weiteres zu sagen, wie die Stellung der Gründer als der Vertragspartei zu denken ist. Es findet sich die Behauptung, daß sie hierbei — gleichsam wie ein Organ der werdenden Gesellschaft — diese vertreten. *Fruth*, Aktienzeichnung 13 f., *Kraft* JW 1913, 178. S. auch die nach diesseitiger Auffassung freilich schiefe Darstellung von *Lehmann* AR I S. 356, und einigermaßen würde das auch mit der Absicht des Gesetzgebers in Einklang stehen, der werdenden Gesellschaft schon eine gewisse Selbständigkeit beizulegen. Aber andererseits soll diese Selbständigkeit dazu dienen, gerade den Gründern gegenüber die Interessen der künftigen Gesellschaft zu wahren, und seinen positiven Ausdruck dürfte jener legislative Gedanke vielmehr darin gefunden haben, daß Organe, Vorstand und Aufsichtsrat bestellt werden müssen, so früh, als es nach dem Gang der Ereignisse nur möglich ist. Vgl. auch RG 5. 21 (anders R. Fischer, EhrenbergsHH III 1, 221[7], der den Gedanken des Gesetzgebers in sein Gegenteil umwandelt). Daher ist anzunehmen, daß die Gründer in allem, was sie tun, im eigenen Namen handeln. Dabei ist der einzelne nicht ohne weiteres ermächtigt, zugleich im Namen der übrigen aufzutreten. — Vor allem liegt diesen die Zuteilung der Aktien auf die eingegangenen Zeichnungen ob. Hierzu ist aber Einstimmigkeit erforderlich, wofern nicht ausdrücklich oder stillschweigend die Gründer übereingekommen sind, daß nach Stimmenmehrheit entschieden werden soll (vgl. BGB § 709) oder sofern nicht einem oder mehreren von ihnen Vollmacht und Ermächtigung von den übrigen erteilt ist, zu entscheiden. Die juristische Natur dieses Vertragsschlusses oder neutraler dieses Vorganges ist natürlich auch bestritten. Nach der hier vertretenen Auffassung kann es sich nur um einen Vertrag zugunsten der künftigen Gesellschaft nach BGB §§ 328 ff. handeln. Der Einwand Hellwigs, Verträge auf Leistung an Dritte 251 f., wiegt nicht schwer. Daß bis zur Eintragung der Gesellschaft in das Handelsregister der Zeichner der Gesellschaft gegenüber alle Einwendungen aus dem Vertrage geltend machen kann, welche ihm gegen die Gründer zustehen, ist nur in der Ordnung. Nach der Eintragung der Gesellschaft fallen diese Einwendungen aus demselben Grunde fort wie die Anfechtung wegen Arglist usw.

Nach Vorschrift des Gesetzes muß die erste Rate der Einlage bezahlt werden, bevor es zur Entstehung der Gesellschaft gekommen ist. Allgemein wird angenommen, daß zur Entgegennahme dieser Zahlungen die Gründer berechtigt seien. Damit treten Schwierigkeiten der Konstruktion auf. Am nächsten läge wohl die Annahme, daß das Eigentum an dem Gezahlten, welches die Gründer „für Rechnung, wen es angeht" entgegennehmen, einstweilen überhaupt noch nicht übergeht. Indessen beruhen diese Schwierigkeiten doch nur darauf, daß man von unrichtiger Auffassung ausgeht. Ehe die Notwendigkeit zu zahlen eintritt, muß es, wenn nach Vorschrift des Gesetzes verfahren wird, zur Anstellung des Vorstandes und Aufsichtsrats gekommen sein (§ 190), und von diesem Moment an ist niemand mehr befugt, das Geld in Empfang zu nehmen als der Vorstand. Oder richtiger, weder nachher noch auch vorher ist ein anderer dazu befugt, Renaud A-G[2] 242.

3. a) Das Gesetz bestimmt, daß zur Gründung einer A-Gesellschaft mindestens fünf Personen zusammentreten müssen, welche die volle zivilrechtliche und strafrechtliche Verantwortung dafür übernehmen, daß es bei der Gründung ehrlich und gesetzmäßig zugeht. (Die eingetragene Genossenschaft muß aus mindestens 7 Personen bestehen, GenGes §§ 4, 80; der eingetragene Verein aus 7 Mitgliedern, deren Zahl nicht unter 3 herabsinken darf, BGB §§ 56, 73.) Gründer der Gesellschaft sind zunächst alle Übernehmer von Aktien, welche sich als solche an der Entstehung des Gesellschaftsvertrages beteiligen. Gleichgültig ist, ob sie sich mit Geldeinlagen beteiligen oder mit Sacheinlagen. Wenn KG in RJA 16, 90 entschieden hat, daß außer den mindestens 5 Teilnehmern, welche Aktien übernehmen, weitere Personen sich als Gründer beteiligen können, so beruht das auf einer wörtlichen Auslegung des § 182 I, die an sich möglich ist. Aber die Auslegung, welche bis dahin die Vorschrift in dieser Beziehung erfahren hatte, liegt mindestens ebenso nahe und vor allem wird damit die Struktur des Vorganges verkannt, die darin besteht, daß der Vertrag dadurch zustande kommt (§ 188 I), daß die Gründer sich durch Übernahme von Aktien nach Maßgabe des festgestellten Statuts nunmehr vertraglich binden. Nur durch Übernahme von Aktien kann man sich an dem Vertragsschluß als Vertragspartei beteiligen und Gründer sein. Daß andere Personen zur Hilfeleistung niederer oder höherer Art (Schreiber, Rechtsbeistände und andere Berater) hinzugezogen werden können (Makower § 182 III b) ist selbstverständlich, und zutreffend ist obige Entscheidung, insofern sie sagt, daß die Mitwirkung Dritter bei der „Feststellung" des Statuts unschädlich ist und keinen Anlaß bietet, die Eintragung der Gesellschaft abzulehnen. Muß doch sogar der Dritte als Vertragspartei teilnehmen, von welchem die Gesellschaft Sachen nicht gegen Aktien, sondern gegen eine andere Vergütung — also käuflich übernehmen soll, § 186 II.

Außerdem ist „Gründer" und trägt die volle Verantwortlichkeit eines solchen, wer sich, ohne an der Feststellung des Statuts mitzuwirken oder mitgewirkt zu haben, mit einer Sacheinlage beteiligt, § 187.

Nach Entstehung der A-Gesellschaft, d. h. nach ihrer Eintragung in das Handelsregister, können die Gründer ihre Aktien veräußern (§ 200 II), verlieren aber dadurch nicht ihre Eigenschaft und ihre Verantwortlichkeit als solche.

b) Die zugespitzte Art, in welcher aus Anlaß der Erfahrungen der Gründerperiode nach 1870 die Novelle von 1884 den Begriff des Gründers scharf bestimmt hat, um ihn mit der vollen zivil- und strafrechtlichen Verantwortlichkeit zu belasten, läßt deutlich genug erkennen, daß der Gesetzgeber als Gründer sich ausschließlich natürliche und voll geschäftsfähige Personen gedacht hat (ZBlFG 2, 516 [Jena]). Es handelt sich bei diesen Vorschriften, namentlich betreffend die Rechtfertigung des Gründungsvorganges § 191 I und die vor dem Registerrichter zum Zweck der Eintragung der Gesellschaft in das Handelsregister abzugebenden Erklärungen, § 195 III, um Kautelen gegen unehrliche Gründungen, welche zu den wichtigsten gehören, welche das Gesetz überhaupt hat aufstellen können und die ihre volle Wirkung nur gegenüber der natürlichen Einzelperson ausüben können, mehr oder weniger aber versagen werden gegenüber juristischen Personen, namentlich dann, wenn sie durch mehrere gesetzliche Vertreter neben- und nacheinander in beliebigem, gewolltem oder ungewolltem Wechsel vertreten werden. Es besteht auch kein gebieterisches Bedürfnis, juristische Personen als Gründer zuzulassen, weil wirtschaftlich sich, was damit bezweckt wird, unschwer auf anderem Wege erreichen läßt. Es ist anerkanntes Recht, daß als voll verantwortlicher Gründer auch anzusehen ist, wer sich in eigenem Namen aber für fremde Rechnung an der Gründung beteiligt, gleichviel, ob er dieses innere Verhältnis verschweigt oder offen zugibt. RG 28, 75, 84, 20; RGSt 30, 312. Vgl. auch Staub-Pinner § 182[5]. — Wenigstens sollte darauf bestanden werden, daß die vom Gesetz als das mindeste geforderten 5 Gründer natürliche Personen sind. Es stünde dann auch nichts im Wege, daß der gemäß § 187 durch Sacheinlagen hinzutretende „Gründer" auch juristische Personen sein können. — Läßt man eine Gesellschaft mbH als Gründer zu, so gelten die mehreren Geschäftsführer als eine Person. Muß man sie in der Mehrzahl rechnen, um auf die Fünfzahl zu kommen, so ist der Vertrag nicht gültig, wird aber geheilt, wenn die mehreren Geschäftsführer in der Generalversammlung zur Wahl des Aufsichtsrats sich ein jeder als Gründer bekennen, OLG 43, 292 (KG).

Indessen sind Rechtslehre und Rechtsprechung sich darin einig, juristische Personen als Gründer ohne jedes Bedenken zuzulassen. S. den Fall OLG 27, 340, wenn der Staat sich mit Städten und Gemeinden zusammentut, um eine Lokaleisenbahn ins Leben zu rufen, und wenn sie das in der Form einer A-Gesellschaft tun wollen, müssen sie sich ganz auf den Boden des Privatrechts stellen und nach den Bestimmungen des HGB verfahren.

c) Nach der unverkennbaren Absicht des Gesetzes ist die Beteiligung an der Gründung einer A-Gesellschaft ein mit weitgehender persönlicher Verantwortlichkeit verbundenes, man kann sagen gewissermaßen höchst persönliches und individuelles Rechtsgeschäft. Jedenfalls ist es ausgeschlossen, daß zwei Persönlichkeiten gemeinschaftlich in der Rolle eines Gründers sollten auftreten können und die eine oder die mehreren Aktien, die übernommen werden müssen, einheitlich für gemeinschaftliche Rechnung übernehmen. Wohl können zwei Eigentümer eine Sache einbringen. Aber sie können nicht die Aktien, welche dafür bedungen werden, gemeinschaftlich übernehmen, sondern nur geteilt. So ist denn auch allgemein anerkannt, daß eine Gesellschaft nach bürgerlichem Recht nicht Gründer sein kann. Sehr zweifelhaft erscheint dagegen, was ebenfalls allgemein angenommen wird, ob eine offene Handelsgesellschaft (und Kommanditgesellschaft) Gründer sein kann. Entgegen der herrschenden Lehre muß darauf bestanden werden, daß das ganz davon abhängt, ob man in der offenen Handelsgesellschaft eine juristische Person erblickt (und eine solche als Gründer zuläßt) oder nicht. Verneint man die juristische Persönlichkeit — wie es ja überwiegend und nach diesseitiger Auffassung mit Recht geschieht — so kommt man mit der Gesellschaft als Gründerin nicht aus Halbheit und Unsicherheit heraus. So ist es unverständlich, wenn Staub 6./7. Aufl. § 182[4] Fußnote lehrt, neben der Gesellschaft könnten die Gesellschafter selbst als besondere Gründer figurieren, die Gesellschaft gelte aber bei Berechnung der Fünfzahl als eine Person; neben ihr könnten nicht mehr alle Gesellschafter selbständig Gründer sein, wohl aber könne neben der Gesellschaft A und B noch der Gesellschafter A (nicht auch B?) als selbständiger Gründer auftreten. Etwas deutlicher wird, was Staub vermutlich gemeint hat, bei Lehmann-Ring § 182[2], wo auch gesagt wird, daß neben der offenen Handelsgesellschaft der einzelne Gesellschafter Gründer sein könne, aber dabei nicht zugleich die Rolle des vertretenden Gesellschafters spielen könne, weil sonst die Zahl der strafrechtlich verantwortlichen Gründer eingeschränkt werden würde. Aber dem wäre doch damit abgeholfen, daß man noch einen weiteren Gründer hinzuzieht, wofern nicht ohnehin schon ein solcher vorhanden ist. Sind, wenn das nicht der Fall ist, wenn neben der Gesellschaft alle ihre 4 Gesellschafter als Gründer auftreten und der Richter, das übersehend oder Staubs Ansicht nicht teilend, die Gesellschaft einträgt, sind dann alle Gesellschafter als Gründer verantwortlich oder keiner oder wer nicht? Und wenn es alle sind, dann können sie also doch Gründer sein. — Der Versuch Staub-Pinners § 182[7], das Verhältnis methodisch zu begründen, ist mißglückt. Auch er nimmt an, daß die offene Handelsgesellschaft kein selbständiges Rechtssubjekt ist, Subjekt ihrer Rechte (und Verbindlichkeiten, wird man hinzusetzen müssen) sind die Gesellschafter, und doch: gründet die offene Handelsgesellschaft, so ist sie Gründerin und nicht statt ihrer oder ohne weiteres mit ihr ihre Gesellschafter. Aber wie soll man, wenn man nicht Subjekt von Rechten und Pflichten sein kann, die Verantwortlichkeit eines Gründers auf sich nehmen. Das können doch immer nur die Gesellschafter und müssen sie, soll nicht die Verantwortlichkeit, auf welche das Gesetz so großen Wert legt, verschwinden. Und doch ist es wiederum „natürlich nicht verboten, daß neben der Gesellschaft die Gesellschafter Gründer sind." Also zweimal Gründer? (Soll das Geschäft einer offenen Handelsgesellschaft eingebracht werden, so läßt sich das unschwer in der

Weise machen, daß die Gesellschafter gemeinschaftlich handeln, wie auch sonst mehrere Miteigentümer eine gemeinschaftliche Sache einbringen können, ein jeder als selbständiger Gründer seine Quote). Überall stößt man auf Schwierigkeiten, wenn man der Sache nachgeht. Soll die Haftung aus Gründerverschulden oder -Vorsatz Gesellschaftsschuld sein? Auch dann, wenn nur einen der Gesellschafter ein Vorwurf trifft, oder auch dann, wenn ein neuer Gesellschafter in die Gesellschaft eintritt. Soll auch der Ausgeschiedene haften? Und wo ist der Gründer zu finden, wenn die Gesellschaft aufgelöst und verschwunden ist und doch die Gesellschafter nicht die Gründer sind. S. hierzu durchweg abweichend OLG Dresden in GZ 37, 548[87]; Staub-Pinner § 182[7]; Makower § 182 III b; Lehmann-Ring § 182[3]; Goldmann § 182[2]; Kreß in LZ. 1911, 346 ff, 422 ff.

d) Ähnliche Schwierigkeiten, wie die letztbehandelten, treten auf, wenn man zuläßt, daß ein Einzelkaufmann unter seiner Firma als Gründer auftritt. Man wird dies um so mehr als unzulässig bezeichnen müssen, als gar kein Interesse daran besteht, daß es geschehen kann. So auch Staub 6./7. Aufl § 182[4], anders die herrschende Lehre und jetzt auch Hachenburg GGmbH § 2[28] mit der Begründung, daß, wenn ein Kaufmann Schwarz das unter der Firma Weiß geführte Geschäft in die Gesellschaft mbH einbringt, die Gesellschaft die Firma Weiß muß fortführen können. Das kann die Gesellschaft mit Zustimmung Schwarz' auch dann, wenn dieser sich überhaupt nicht an der Gründung beteiligt, GGmbH § 2 I letzter Satz. Dazu muß er nicht unter seiner Firma als Gründer auftreten.

e) Am Geist des Gesetzes versündigt sich die herrschende Lehre auch durch die Annahme, daß Geschäftsunfähige und in der Geschäftsfähigkeit Beschränkte Gründer sein können. Daß sie persönlich die Verantwortung nicht tragen können, ist klar. Dafür soll ihr gesetzlicher Vertreter aufkommen. Indessen steht nichts im Wege, daß dieser, wenn er überhaupt verantworten kann, daß die Mittel seines Pflegebefohlenen eingesetzt werden, für dessen Rechnung aber im eigenen Namen an der Gründung sich beteiligt. Dann allein trifft unmittelbar und voll den die Verantwortung, der gehandelt hat. Das Gesetz will, daß mindestens fünf Personen die Verantwortung tragen. Die Zahl könnte auch anders bestimmt sein. Aber so wie sie bestimmt ist, ist die Vorschrift wohlbedacht und zwingend. Dabei ist gar nicht gesagt, daß jedes beteiligte Kind einen Vormund für sich hat. Es könnten alle fünf Kinder einen und denselben Vormund haben und an die Stelle von fünf Verantwortlichen wäre einer getreten. Freilich würden auf Schadenersatz gegebenenfalls die fünf Vermögen haften. Aber Schadenersatz kommt immer erst in letzter Linie und wenn es nach Absicht des Gesetzes geht, überhaupt nicht in Frage. An erster Stelle soll Gewissenhaftigkeit und Ehrlichkeit von fünf Personen stehen. Während also bei der Zulassung von juristischen Personen als Gründer da, wo der gesetzliche Vertreter aus einem Kollegium besteht, das obendrein dem Personenwechsel unterworfen ist, die Verantwortlichkeit zerflattert, wird sie hier auf unzulässig wenige konzentriert.

In der zweifelhaften Frage, inwiefern der Vormund der Genehmigung des Vormundschaftsgerichts bedarf, gelangt man zu einem ganz irrationalen Ergebnis. Unverständlich ist die Annahme Makowers § 187 II d 2γ, daß zur Übernahme der Aktien die Genehmigung des Gerichts nach § 1822 Z 10 BGB jedenfalls dann nötig sei, wenn es sich nicht um die Gründung, sondern um Kapitalerhöhung handelt. Die Z 10 spricht von Interzession, insbesondere von Bürgschaft. Das ist doch hier nicht in Frage. Die Z 3 würde, wörtlich verstanden, auf den Fall passen. Denn bei der Gründung einer Aktiengesellschaft wird in der Tat ein Gesellschaftsvertrag zum Betrieb eines Erwerbgeschäfts geschlossen. Aber wohl mit Recht wird allgemein angenommen, daß gemeint ist ein Erwerbsgeschäft, welches die Vertragschließenden selbst betreiben wollen. Gleichwohl hat der Vormund nicht schlechthin freie Hand. Denn soll das Mündel Gründer sein, so muß es Aktien übernehmen. Dazu muß in der Regel Geld zur Verfügung stehen. Und wenn das der Fall ist, denn soll dieses in der Regel, wie § 1807 BGB näher bestimmt, verzinslich angelegt werden. Es müßte also doch gemäß § 1811 das Vormundschaftsgericht gefragt werden. Aber doch wiederum nur, wenn Geldeinlage beabsichtigt ist, nicht bei Sacheinlagen, die eher noch bedenklicher, aber keineswegs unbedenklicher sind, als Geldeinlagen. Auch diese Unstimmigkeit weist deutlich darauf hin, daß man auf falschem Wege ist, wenn man annimmt, daß Kinder Gründer sein können. S. auch Ring I 78 (Ausübung des Bezugsrechts durch den Vormund).

f) Der Testamentsvollstrecker ist nicht ermächtigt, sich namens der Erbmasse an der Gründung zu beteiligen, weil er angesichts der beschränkten Haftung der Erben die erforderliche unbeschränkte Haftung für die Kapitaleinlage nicht nur, sondern auch für die den Gründer treffende Verantwortlichkeit nicht eingehen kann RJA 8, 127 Recht 1920, 1387. Staub-Pinner § 182[11a]. — Eheleute, wenn sie im gesetzlichen Güterstande leben, können ein jeder für sich als Gründer sich beteiligen. Jeder verpflichtet nur sich selbst. Die Frau bedarf nicht der Zustimmung des Mannes. Leben sie in Gütergemeinschaft, so erwirbt der Ehemann die Aktien, welche er als Gründer übernimmt für das Gesamtgut, was nichts daran ändert, daß nur er allein Gründer ist. Die Ehefrau bedarf nicht der Zustimmung des Mannes. Aber ohne sie haftet für ihre Verbindlichkeiten nicht das Gesamtgut. —

g) Daß der Gründer sich durch rechtsgeschäftlich bestellten Bevollmächtigten vertreten läßt, ist im allgemeinen zulässig. Einer Form bedarf die Vollmacht nicht BGB § 167 II. Bei der Gesellschaft mbH ist für den gleichen Fall vorgeschrieben, daß die Vollmacht gerichtlich oder notariell aufgenommen oder beglaubigt sein muß GmbH § 2 II. Eine solche Vorschrift wäre auch hier angebracht, fehlt aber. Immerhin ist der Notar im Recht, wenn er darauf besteht, daß ihm die Bevollmächtigung durch öffentlich beglaubigte Vollmacht nachgewiesen wird. Auch wird er zu prüfen haben, ob eine Generalvollmacht genügt oder nicht. — Es kann auch einem der übrigen Gründer Vollmacht erteilt werden. Es ist bestritten, ob in solchem Fall der Bevollmächtigte mit sich selbst kontrahiert. Ritter § 182[2a] hat darin recht, daß das „Feststellen" des Inhalts des Gesellschaftsvertrages kein Rechtsgeschäft ist. Es hat aber nicht bei diesem Feststellen sein Bewenden. Es muß der Vertragsschluß (in Gestalt der Übernahme der Aktien) hinzukommen, und dabei handelt es sich allerdings um Willenserklärungen, welche jeder der Gründer jedem andern gegenüber abgibt, also auch der Bevollmächtigte sich selbst gegenüber. Unrichtig an Hand der unverstandenen Theorie Gierkes Kreß in LZ 1911, 422 ff. Aber es kann gar nicht anders sein, als daß in der Vollmachtserteilung zugleich auch die Ermächtigung zu dieser Vertretung sich selbst gegenüber liegt. Weng in LZ 1908, 367, Brand § 182[3a]. Es unterliegt daher auch keinem Bedenken, daß einer, von allen anderen bevollmächtigt, allein vor dem Notar auftritt und die betreffenden Erklärungen rechtswirksam abgibt. Wie hier Staub-Pinner § 182[11], BayObLGZ 23, 146. Auch kann der Mangel der Vertretungsmacht durch nachträgliche Genehmigung geheilt werden RG 102, 21 (GmbH). — Alles Gesagte gilt aber nicht von der den Gründern obliegenden Anmeldung zum Handelsregister und den hierbei abzugebenden Erklärungen. Hierbei ist Stellvertretung durch rechtsgeschäftlich bestellte Bevollmächtigte ausgeschlossen. Nimmt also der betreffende Gründer persönlich an der Anmeldung teil, so werden dadurch alle etwaigen Mängel der Vollmacht usw. geheilt.

h) Der Prokurist soll nach allgemeiner Ansicht besonderer Vollmacht nicht bedürfen, weil er zu allen Arten von Geschäften befugt ist, die der Betrieb eines Handelsgewerbes mit sich bringt. RJA 15, 56, Staub-Pinner § 182[10], Brand § 182[3a]. Aber diese Wendung paßt nicht auf die Gründung einer A-Gesellschaft. Es gibt, soweit bekannt ist, kein Handelsgewerbe, das auf Gründung von A-Gesellschaften gerichtet ist. Wenn auch in einem gegebenen Fall die Beteiligung eines Kaufmanns an der Gründung — konkret gesprochen — im Betriebe seines Handelsgewerbes erfolgt, so ist es doch nichts, was — abstrakt gesprochen — der Betrieb eines Handelsgewerbes mit sich bringt. Soll zugleich das Geschäft des Kaufmanns in die Gesellschaft eingebracht werden, so ist es Veräußerung des Geschäfts. Anderen Falles ist es Beteiligung an der Gründung eines neuen Unternehmens. Zum einen ist der Prokurist ebensowenig ermächtigt, wie zum anderen.

4. Über gerichtliche und notarielle Verhandlung s. §§ 167 ff. FGG. Unter gerichtlicher usw. Verhandlung ist nichts anderes zu verstehen, als was anderwärts und namentlich auch im FGG als Beurkundung des Rechtsgeschäfts bezeichnet wird. A. A. Staub-Pinner § 182[13], welcher in Beurkundung, Errichtung und Verhandlung drei verschiedene Dinge sieht. Ritter § 182[2a] will zweierlei unterscheiden, Beurkundung und Verhandlung. Es ist richtig, daß, wie Ritter sagt, Verhandlung nicht dasselbe ist, wie Beurkundung. Aber ebenso richtig ist, daß jede Beurkundung eines Geschäftsabschlusses Beurkundung der betreffenden Verhandlung ist. Man braucht nur die §§ 174 und 175 FGG zu lesen, um zu sehen, daß das auch die Meinung und der Sprachgebrauch des Gesetzes ist. Daher ist es auch unbegründet, wenn Ritter behauptet, es fände auf den Akt nicht Reichsrecht sondern Landesrecht Anwendung. Es ist auch nicht richtig, daß es sich hier nicht um die Beurkundung eines Rechtsgeschäfts, eines Vertragsschlusses handelt (so Ritter a. a. O. Brand § 182[3c]). In § 182 I sind zwei Dinge auseinander gehalten, die Feststellung des Vertragsinhalts und der Abschluß des festgestellten Vertrages durch Übernahme von Aktien. In der Frage, ob und inwiefern es sich dabei um einen einheitlichen Akt handelt, stecken zwei verschiedene Fragen. Es ist denkbar, daß es zunächst nur zur Feststellung des Vertragsinhalts kommt, nicht zur Übernahme von Aktien durch alle Gründer. Dann ist die Verhandlung einstweilen noch unfertig, und man hätte genau dasselbe erreicht, wenn man den Vertragsinhalt ohne Gericht und Notar festgestellt hätte. Es bedarf immer noch einer dem § 182 I entsprechenden Verhandlung § 188 I RJA 1, 60 (Dresden). Vgl. auch OLG 5, 281 (München). Dagegen ist nicht erforderlich, daß alle Gründer gleichzeitig zugegen sind, auch nicht, daß sie vor demselben Notar die Erklärungen abgeben. Da es sich um die Beurkundung eines Vertragsschlusses handelt, findet § 128 BGB Anwendung. A. A. Makower § 182 III c, der mit Unrecht Staub-Pinner als mit ihm übereinstimmend zitiert. Es ist auch nicht, wie Makower a. a. O. annimmt, nötig, daß der Vertragsinhalt in Gegenwart der Urkundsperson beraten und verhandelt wird. Es steht nichts entgegen, daß die Parteien schon einig sind und einen fertigen Vertragsentwurf mitbringen und erklären, daß sie sich auf ihn geeinigt hätten. FGG § 176 II JW 1897, 269, 8.

5. Wird die gesetzlich vorgeschriebene Form nicht gewahrt, so ist der Gesellschaftsvertrag nichtig. BGB § 125. Auch durch Eintragung der Gesellschaft in das Handelsregister wird die Nichtigkeit nicht geheilt (s. §§ 309, 310). — Nachträgliche Änderungen aus Anlaß einer Beanstan-

dung des Registerrichters erlangen, auch wenn sie nicht gerichtlich oder notariell beurkundet sind, Wirksamkeit, wenn auf sie hin die Eintragung der Gesellschaft in das Handelsregister erfolgt; in § 189 IV Satz 2 kommt in Anwendung auf den besonderen Fall ein allgemeineres Prinzip zum Ausdruck RG 26, 72 f.

6. a) Das Statut kommt durch einen Vertrag zustande, welchen — bei der Simultangründung — die Gründer miteinander abschließen und zu welchem — bei der Sukzessivgründung — die übrigen Aktionäre sich durch Zeichnung von Aktien nach § 189 und durch den Beschluß der Generalversammlung nach § 196 bekennen. Insofern unterliegt das Statut den allgemeinen Grundsätzen über Vertragsauslegung. Aber das Statut ist nicht nur Vertrag, seine Festsetzung ist auch ein Teil des Errichtungsaktes. Sein Inhalt ist nicht nur für die Vertragschließenden maßgebend auch nicht nur für ihre Rechtsnachfolger, die späteren Aktionäre, gleichviel auf welche Weise sie ihre Aktien erworben haben, sondern auch für Dritte, Tantiemeberechtigte u. ä., und schließlich insofern für alle, als das Statut von Gesetzes wegen für jedermann zur Einsicht zugänglich ist. Daraus ist — wenigstens grundsätzlich — zu folgern, daß für die Auslegung die Umstände beim Vertragsschluß, namentlich auch die mündlichen Verhandlungen der Vertragschließenden nicht verwertet werden dürfen RG 101, 246. Streng wird daran aber nicht festgehalten. So JW 1901, 142, 9.: „Bei der Auslegung ist nicht der Wortlaut allein entscheidend; es können auch Verhandlungen der Parteien herangezogen werden und es können auch bei der Gründung gefallene Erklärungen, die eine Rechtseinräumung an die Gesellschaft enthalten, berücksichtigt werden." Das soll daraus folgen, daß der Vertrag kein synallagmatischer Vertrag zwischen den Gründern oder zwischen ihnen und der A-Gesellschaft sei, sondern das unter den Gründern vereinbarte Grundgesetz der A-Gesellschaft. Während RG 81, 409 (in bezug auf eine gemäß § 186 II getroffene Vereinbarung) ausspricht, es sei allerdings nicht erforderlich, daß die den Festsetzungen zugrunde liegenden Abmachungen in allen Einzelheiten in den formellen Gesellschaftsvertrag aufgenommen werden, immerhin müßten jedoch die einem einzelnen Aktionär zugesicherten besonderen Vorteile usw. mit hinreichender Deutlichkeit angegeben werden, wird in JW 1916, 1413[4] wieder gesagt: das Statut unterliege, auch insoweit § 186 II in Betracht komme, den allgemeinen Auslegungsvorschriften der §§ 133, 157 BGB, so daß zur Auslegung unklarer und zweideutiger Bestimmungen auch die Vertragsverhandlungen herangezogen werden dürften. Das Gericht lehnt aber Beweiserhebung über die Auslegung, über welche f. Z. alle Beteiligten einig gewesen sein sollten, ab, weil das angeblich Gemeinte im Statut nicht klar genug zum Ausdruck gekommen sei; es genüge nicht, daß es nicht schlechthin ausgeschlossen sei. — In der Tat ist es unerläßlich, gegenüber Wendungen, welche dem unbeteiligten Leser schwer oder garnicht verständlich sind, auf die Verhandlungen der Beteiligten zurückzugreifen, Flechtheim JW weist in einer Bemerkung zu dieser Entscheidung auf die Urteile JW 01, 142, 9; 05, 214, 23, RG 81, 404 hin, um ihnen den Gedanken zu entnehmen, daß die Heranziehung der Verhandlungen gerechtfertigt sei, wenn sie zugunsten der Gesellschaft ausschlage. Vgl. auch RG 18, 67; OLG 27, 364 (Hamburg), s. ferner RG in HoldhMS 1906, 231, in Recht 1916, 1772. Eher dürfte anzunehmen sein, daß grundsätzlich das Statut nur aus sich ausgelegt werden darf, daß aber andere Momente herangezogen werden dürfen, wenn es sich um die Deutung von Unklarheiten handelt, welche als solche jedem Leser auffallen müssen und unverständlich sind, oder wenn es gilt, Lücken auszufüllen, welche jeder Leser sehen muß.

Die Auslegung des Statuts durch das Berufungsgericht unterliegt der Nachprüfung in der Revisionsinstanz RG 83, 321, ferner RG 83, 295 (Genußschein) 97, 242. Vgl. auch RG. 81, 117 (Versicherungsbedingungen) ferner, RG 70, 331; 79, 422.

b) Es fragt sich, in welchem Zeitpunkt die rechtliche Gebundenheit der Gründer aus dem Vertrag eintritt, insbesondere, ob und unter welchen Voraussetzungen ein auf Gründung der A-Gesellschaft gerichteter Vorvertrag bindend ist. Es kreuzen sich hier zwei Fragen. Bedarf der Vorvertrag der gerichtlichen oder notariellen Beurkundung, ist die eine. Die andere ist, wie weit in das Einzelne hinein der Vorvertrag — mag er formlos geschlossen werden können oder formgerecht abgeschlossen sein — das Rechtsverhältnis regeln muß, um verbindlich zu sein. Was zunächst letztere Frage angeht, so ist der klare und methodisch allein richtige Standpunkt des Reichsoberhandelsgerichts von der weiteren Rechtsprechung der Folgezeit nicht eingehalten worden. Was ROHG 9, 39 ganz allgemein in Beziehung auf den Gesellschaftsvertrag gleichviel welcher Art ausführt, trifft auch auf die A-Gesellschaft zu. Es müssen die einzelnen Bestimmungen des abzuschließenden Vertrages — also ausnahmslos alle — festgestellt sein, entweder durch besondere Verabredung, im übrigen durch das Übereinkommen, daß die subsidiären Rechtssätze über Handelsgesellschaften maßgeblich sein sollen. Vgl. hierzu in Beziehung auf die A-Gesellschaft ROHG 7, 273, ferner ROHG 11, 378; 18, 362; 23, 293. Es ist nicht der vielleicht naheliegende Gedanke, daß die Essentialien des Vertrages festgelegt sein müßten (§ 182 II Z 1—6) und mehr nicht. Es kann so liegen, daß Naturalien des Vertrages für die Beteiligten ebenso so bedeutsam und bedeutsamer sind als mancher der in Ziffer 1—6 aufgezählten Punkte. Ganz ausgeschlossen sollte sein, offenbare Lücken, Punkte, über welche es zu einer Einigung noch nicht gekommen ist, über die Köpfe der Parteien hinweg oder unter Zustimmung der einen Partei über den Kopf der anderen hinweg nach billigem Ermessen eines verständigen Mannes zu ergänzen, d. h. der Partei zu oktroyieren. Die §§ 133, 157, 242, 315 BGB, oder woran man dabei denken mag, setzen durchweg das, um was es sich hier handelt, die Perfektion des Vortrages als feststehend voraus. Das Reichsgericht ist von der Bahn, welches die ROHG vorgezeichnet hatte, abgewichen. RG 30, 95 und RG 41, 282 JW 1913, 29, 17, in LZ 1912, 542[15] geben noch kein Bild, weil in diesen Fällen die Abmachungen so unfertig waren, daß von vornherein Bindung ausgeschlossen war. Wohl aber RG 66, 116 (in Anwendung auf die Gesellschaft mbH und auf einen Fall, wo die Form gewahrt war): Die vorgeschriebene Form hat einen doppelten Zweck; sie soll einmal den Beteiligten die Bedeutsamkeit ihrer Willenserklärungen zum Bewußtsein bringen; sie soll ferner die Grundlage der Gesellschaftsverhältnisse für Dritte erkennbar machen (in welcher Beziehung namentlich die Feststellung der Höhe des Stammkapitals und der Einlage wichtig sei); den ersteren Zweck würde die vorgeschriebene Form schon bei einer solchen Genauigkeit des Vertragsinhalts hinsichtlich des Stammkapitals und der Stammeinlagen erreichen, die zur Bildung eines Urteils über die Tragweite der einzugehenden Verpflichtung genügt; eine größere Genauigkeit als diese braucht daher der Inhalt des Vorvertrages nicht zu haben. Ferner RG in LZ 2, 866[5]: es müsse namentlich nicht unbedingt alles im § 5 GGmbH (der damit § 182 II entspricht) Vorgeschriebene endgültig feststehen; unter Umständen könnten Höhe des Stammkapitals, Höhe, Stückelung in Stammeinlagen offengelassen sein; Namen und Sitz könne schließlich auch der Richter bestimmen!

Die zweite Frage ist, ob der inhaltlich ausreichend bestimmte Vorvertrag, um bindend zu sein, der für den Hauptvertrag vorgeschriebenen Form bedarf. Das ist bestritten. Das Reichsgericht hat es in Beziehung auf die Gesellschaft mbH in wiederholten Entscheidungen bejaht, RG 43, 136; 50, 47, JW 03, 248[34]; 1913, 29[17] und hat in Warn 13[84] ausgesprochen, es bedürfe keiner Ausführung, daß bei der A-Gesellschaft dasselbe gelten müsse; ebenso Urt. vom 19. 12. 19 II 263/19. Zustimmend Makower § 182 II b 1 β, Ritter § 182[1], Brand § 182[7]. A. A. im Anschluß an Hachenburg GGmbH § 2[14] Staub-Pinner § 182[34]; dagegen RG 66, 120; 106, 175. Man braucht nicht erst den — ausgesprochenen oder unausgesprochenen, wirklichen oder unterstellten — Motiven des Gesetzgebers nachzugehen, um zu erkennen, daß hier die Formvorschrift illusorisch wäre, würden die Gründer durch den formlosen Vertrag verpflichtet sein und gezwungen werden können, die Form nachzuholen, und man müßte sich fragen, welchen Zweck diese Nachholung der Form eigentlich noch hätte. Beim Wechsel und bei der Hypothek, worauf Hachenburg verweist, ist die Rechtslage ganz anders. Selbstverständlich ist das Versprechen, einen Wechsel zu geben, auch formlos abgegeben verbindlich. Trotzdem ist die Einhaltung der Form und also die Klage auf Ausstellung des Wechsels unentbehrlich, weil der Wechsel ein Wertpapier ist und als solches nur zustande kommt, wenn er formgerecht abgefaßt ist. Um sich den Unterschied klarzumachen, stelle man sich folgendes vor. Heute ist jedermann wechselfähig, auch der rusticus. Es wäre denkbar, daß die Gesetzgebung nicht so radikal vorgegangen wäre und dem rusticus nur nachgelassen hätte, sich wechselmäßig zu verpflichten, wenn er den Wechsel in notarieller Form ausstelle. Sollte alsdann auch dann, wenn es an dieser Form fehlt, eine Klage auf Ausstellung des Wechsels in notarieller Form zulässig sein? Daß das formlose Versprechen auf Bestellung einer Hypothek bindend ist, beruht darauf, daß nur das Verfügungsgeschäft (nicht Erfüllungsgeschäft, wie Hachenburg sich ausdrückt) formbedürftig ist, nicht das Kausalgeschäft. Kausalgeschäft und Verfügungsgeschäft ist nicht dasselbe wie Vorvertrag und Hauptvertrag. Es spielt auch die unrichtige Theorie von dem körperschaftsrechtlichen Kreationsakt hier hinein. Hachenburg sagt selbst: Nur in den Fällen, in welchen ein obligatorischer Vertrag an eine Form gebunden ist, gilt das Prinzip, daß es keine formlose Verpflichtung zur Eingehung dieses Vertrages gibt. Aber erstens ist auch die Ausstellung eines Wechsels ein obligatorischer Vertrag, und zweitens ändert der Umstand, daß der hier im § 182 geregelte Vertrag eine der Voraussetzungen für die Entstehung der A-Gesellschaft ist, daran nichts, daß es sich auch bei ihm um einen obligatorischen, d. h. schuldrechtlichen Vertrag handelt.

Darin, daß der Gegner sich auf den Mangel der vorgeschriebenen Form beruft, liegt kein gegen die guten Sitten verstoßendes Verhalten, RG 58, 218; 72, 343; RG in LZ 1912, 310[8].

c) **Begrifflich vom Vorvertrag unterschieden, tatsächlich ohne scharfe Grenze in ihn übergehend, ist der Konsortialvertrag.** Die Gründungsverhandlung vor Gericht oder Notar setzt naturgemäß mehr oder weniger umfangreiche Vorverhandlungen zwischen den Gründern und zwischen diesen und Dritten, namentlich mit Banken voraus. Im Zweifel wohnt diesen keinerlei bindende Kraft bei. Es ist aber auch nicht selten, daß die Beteiligten vertragsmäßig sich verpflichten und damit eine Gesellschaft nach §§ 705 ff. BGB eingehen, deren Zweck die Gründung der A-Gesellschaft ist. Die Gesellschafter sind einander verpflichtet, mitzuwirken an allem, was zur Erreichung des Zieles nötig ist. Die praktische Bedeutung dieser Vertragspflicht ist nicht erheblich. Denn wie auch immer das Statut schließlich festgestellt wird, der einzelne behält darin, ob er durch Übernahme von Aktien dem Gründungsvertrag beitreten will, bis zum letzten Augenblick freie Hand. Denn die in § 182 vorgeschriebene gerichtliche oder notarielle Verhandlung ist eine einheitliche. Die Feststellung des Vertragsinhalts ist etwas rein theoretisches, schließt noch keine Bindung der Beteiligten ein, deren jeder einzelne vielmehr, solange er sich noch nicht durch Übernahme von Aktien gebunden hat, welche ihrerseits wiederum verbindlich nur erfolgen kann, nachdem der Vertragsinhalt festgestellt ist, d. h. also solange die Verhandlung noch nicht vollkommen zum Abschluß gekommen ist, gegenüber dem Inhalt des Statuts andern Sinnes werden, überhaupt abspringen kann. Ein Zwang zum Beitritt zur Gründung erscheint ausgeschlossen. Höchstens können Schadensersatzansprüche in Frage kommen. Verfehlt daher OLG 10, 245 (Hamburg), wo der Gründungsvertrag selbst als Vorvertrag, als Vertrag über Errichtung einer Gelegenheitsgesellschaft bezeichnet wird, weil nicht durch ihn schon, sondern erst durch Eintragung in das Handelsregister die A-Gesellschaft entsteht. Richtig ist, daß aus diesem Vertrag der Gründer verpflichtet wird, sich an der Anmeldung der A-Gesellschaft zum Handelsregister zu beteiligen. Aber Zwangsvollstreckung gemäß § 894 ZPO (Verurteilung zur Abgabe einer Willenserklärung) ist auch hier ausgeschlossen, aus formalem Grunde, weil die Anmeldung nicht Willenserklärung ist, aus materiellem, weil die Anmeldung und die notwendig damit verbundenen Erklärungen eine Fülle von Verantwortlichkeit Dritten gegenüber mit sich bringen, die auf sich zu nehmen, niemand gegen seinen ausgesprochenen Willen durch Dritte gezwungen werden kann. Denn die — auch für den Registerrichter — ersichtlich erzwungene Erklärung kann eben die Verantwortung für sie nicht begründen.

7. In Abs II werden unter 6 Ziffern die Punkte genannt, über welche unter allen Umständen das Statut die erforderlichen Bestimmungen enthalten muß, die Essentialien des Gesellschaftsvertrags. Fehlt es an einer dieser Bestimmungen oder ist eine von ihnen nichtig, so ist auf erhobene Klage eines Aktionärs oder eines Mitgliedes des Vorstandes oder des Aufsichtsrats die Gesellschaft für nichtig zu erklären (§ 309), sofern nicht gemäß § 310 Heilung eintritt. — Andererseits muß alles, was nach Absicht und Bestimmung der Gründer für die A-Gesellschaft und gegen sie gelten soll, in das Statut aufgenommen werden. Vereinbarungen oder Verhandlungen, welche nicht Aufnahme in das Statut gefunden haben, können zwischen den Gründern und überhaupt zwischen den Vertragschließenden Rechte und Verbindlichkeiten begründen, haben aber der Gesellschaft gegenüber keine Bedeutung.

8. a) Die Aktiengesellschaft hat kraft Gesetzes Kaufmannseigenschaft und muß eine Firma haben, welche der Gesellschaftsvertrag zu bestimmen hat. Wegen der Form der Firma schreibt § 20 HGB vor:

> Die Firma einer A-Gesellschaft sowie die Firma einer Kommanditgesellschaft auf Aktien ist in der Regel aus dem Gegenstande des Unternehmens zu entlehnen; die erstere Firma hat außerdem die Bezeichnung „Aktiengesellschaft", die letztere Firma die Bezeichnung „Kommanditgesellschaft auf Aktien" zu enthalten.

Daneben gelten die allgemeinen Vorschriften über die Handelsfirmen §§ 17, 22, 25, 26, 29–31, 37, HGB.

In der Firma der A-Gesellschaft ist danach zu unterscheiden der Hauptbestandteil und der Zusatz: Aktiengesellschaft. — Was jene angeht, so sind Namenfirmen, auch Phantasienamen, nicht schlechthin ausgeschlossen. Aber in der Regel soll die Firma Sachfirma und zwar kennzeichnende Sachfirma sein. In der Regel heißt, der Registerrichter hat Namenfirmen zu beanstanden, wenn nicht ein besonderer Anlaß die Wahl rechtfertigt. Nach früherem, vor 1900 geltendem Recht war die Bezeichnung Aktiengesellschaft nicht vorgeschrieben, während andererseits schlechthin untersagt war, Namen von Gesellschaften oder anderen Personen in die Firma aufzunehmen. Die Bestimmung des § 20 wird durch den auch für A-Gesellschaften geltenden § 22 ergänzt, wonach die A-Gesellschaft, wenn sie ein bestehendes Handelsgeschäft erwirbt, mit Zustimmung des bisherigen Inhabers dessen Firma annehmen und fortführen darf, nur muß sie die Bezeichnung Aktiengesellschaft hinzusetzen.

b) In der Regel muß die Firma Sachfirma sein, und wenn sie das ist, muß sie von dem Gegenstand des Unternehmens entlehnt sein. Sie muß diesen Gegenstand erkennen lassen, nicht mit der Genauigkeit, mit welcher er im Statut bestimmt worden ist und bestimmt werden muß, namentlich auch nicht in vollem Umfange, aber doch verständlich und nicht zu allgemein. Vom Gegenstande des Unternehmens ist die Firma auch dann entlehnt, wenn sie nur von einem der mehreren Gegenstände des Unternehmens entlehnt ist. Anders OLG 9, 268 (KG), in Anwendung auf die Genossenschaft: es sei davon auszugehen, daß wenn die Genossenschaft mehrere wirtschaftliche Zwecke verfolgt, das auch in der Firma zum Ausdruck gebracht werden müsse; anders nur, wenn nach dem Statut ein Zweck derartig überwiegt, daß er der Genossenschaft das charakteristische Gepräge verleiht. Der Wortlaut der mit § 20 HGB übereinstimmenden Vorschrift des § 31 GenG nötigt hierzu nicht und auch wohl nicht ihr Sinn und ihr Grund. — „Normalzeit" für ein Uhrengeschäft entspricht dem Gesetz (GmbH), RG 78, 265; dagegen nicht Haus Nazareth für ein Genesungsheim (BlfFG 3, 629 [Köln]), oder Hejmdal für ein Verlags- und Druckereigeschäft, SeuffA. 56, 8. Dagegen dürfte „Handelsgesellschaft" zu beanstanden sein (anders RJA 8, 114, vgl. auch RG 62, 96), nicht sosehr, weil damit der Gegenstand zu allgemein bestimmt wird, was die Vorschrift unter Z 2 des Abs II angehen würde, als vielmehr, weil die Firma ein Name sein soll und der Ausdruck dafür nicht genügend individualisiert; jedenfalls sollte auf einen kennzeichnenden Zusatz: Berliner Handelsgesellschaft, Vogtländische Maschinenfabrik u. ä. bestanden werden. Ebenso liegt es mit Bezeichnungen wie Wäscherei, Gasthaus u. ä. — Andererseits kann aber auch in dem kennzeichnenden Beiwort etwas Unlauteres liegen und zur Beanstandung führen, KGJ 52, 94: eine an und für sich nicht zu beanstandende Sachfirma darf nicht geführt werden, wenn darin unlauterer Wettbewerb liegt, RG in LZ 1914, 933, 25. Vgl. RG 75, 370; 77, 27, 78, 265. — Phantasienamen sind als Sachfirmen nur ausreichend, wenn die darin liegende Kennzeichnung allgemein verstanden wird. Das dürfte auf die Firma „Orlow, Gesellschaft für elektrische Beleuchtung" kaum zutreffen. A. A. KGJ 19, 16. Gegen JW 1925, 639[6] (Acriola GmbH) mit Recht Hachenburg das 802.

c) Den Zusatz „Aktiengesellschaft" müssen unterschiedslos alle A-Gesellschaften führen, mag die Firma Sachfirma sein oder gemäß § 22 erworbene Personenfirma (wegen der Firmen der A-Gesellschaften aus der Zeit vor 1900 s. unten). In letzterem Falle müssen widersprechende Zusätze wie Kommanditgesellschaft, Gesellschaft mbH, welche die überkommene Firma trägt, gestrichen werden. — Der Zusatz muß nicht unbedingt am Ende stehen, HoldhMS 7, 90. Wenn die Gesellschaft den Wunsch hat, ihn einzuklammern, steht dem nichts entgegen, KGJ 19, 15. Er kann auch in den Text des Hauptbestandteils eingefügt werden, RJA 11, 25 (Hamburg). Doch nimmt die herrschende Lehre an, daß Firmen wie Aktien-Bierbrauerei, Aktienhotel nicht zulässig sind; sie seien zwar nicht mißzuverstehen, aber nach dem Wortlaut des Gesetzes dürfe das Wort Gesellschaft nicht fehlen.

d) Ebenso besteht — einigermaßen in Widerspruch mit Verkehrsanschauung und tatsächlicher Übung — die herrschende Lehre darauf, daß der Zusatz nicht in abgekürzter Gestalt (A.-G. oder A.-Ges.) wiedergegeben werden darf. Das gilt aber nur von der solennen Form der Firma, wie sie im Statut und im Handelsregister angegeben ist. Würde man auch nur den einen Schritt weiter gehen und auch nur für formale Erklärungen in gerichtlichen oder notariell aufgenommenen Beurkundungen die Abkürzung für unzulässig, die so unterzeichnete Erklärung für nichtig erklären, würde man mit natürlicher Auffassung und gesundem Rechtsempfinden in Widerspruch geraten und für den allgemeinen täglichen Geschäftsverkehr wäre diese Strenge einfach unerträglich. Die Frage ist hier dieselbe wie bei der Gesellschaft mit beschränkter Haftung, wo selbst im mündlichen Ausdruck das GmbH sich sieghaft durchgesetzt hat, RJA 9, 232; 10, 184; OLG 19, 366; 21, 322; KGJ 39, 302; BauersZ 18, 228 (Firmenschild). Hat doch KG in RJA 16, 82 selbst eine Fassung wie W.Hotelgesellschaft mbH u. Co. als die authentische für einwandfrei erklärt. Auch in Wechselunterschriften ist nach richtiger Ansicht die Abkürzung unschädlich, DJZ 09, 1212; a. A. OLG 19, 366.

e) Nimmt eine A-Gesellschaft, welche ein bestehendes Handelsgeschäft übernimmt, zugleich dessen Firma an, so findet trotz des vorgeschriebenen Zusatzes A-Gesellschaft der § 25 HGB Anwendung, wonach der Rechtsnachfolger für die Verbindlichkeiten des Vorbesitzers des Geschäfts haftet. Nur der Hauptbestandteil der Firma ist nomen proprium, der Zusatz hat das Wesen des nomen appellativum. Die Identität des Namens ist durch den Zusatz nicht in Frage gestellt. Vgl. DJZ 7, 202, RG in LZ 1913, 846, KGJ 44, 149, BauersZ 23, 64 (anders BauersZ 15, 118). Trotzdem ist z. B. die Reihe der Indossamente auf einem Wechsel unterbrochen, wenn auf die Firma ohne Zusatz die Firma mit Zusatz folgt oder umgekehrt, weil nicht ausgeschlossen ist, daß es sich tatsächlich doch um zwei verschiedene Geschäfte handelt, zumal dann nicht, wenn der Sitz der Geschäfte nicht angegeben ist und daher vielleicht nicht bei beiden der gleiche ist. Vgl. RG 35, 38. — In der Frage, ob der Zusatz genügend Unterscheidungskraft besitzt, um die Gefahr einer Verwechslung mit der gleichen Firma ohne Zusatz ausreichend auszuschließen, schwankt die Praxis, DJZ 7, 212; KGJ 26, 215; 51, 116; RJA 10, 20; 15, 262. Doch muß es wohl — namentlich auch im Hinblick auf die Gepflogenheiten im mündlichen Verkehr — bestimmt verneint werden. Selbst wo diese Zusätze gegensätzlich auftreten (Automat, A-G und Automat, GmbH) ist die Gefahr der Verwechslung nicht wohl zu verkennen. Anders OLG 7, 344. Dagegen ist der Zusatz geeignet, in Verbindung mit anderen Abänderungen deren Unterscheidungskraft in dem erforderlichen Maße zu verstärken, Recht 09, 1395. So etwa, wenn zugleich in der Namenfirma der Vorname gestrichen wird.

f) Wenn ein Einzelkaufmann Geschäft und Firma einer A-Gesellschaft erwirbt, so muß der Zusatz A-Gesellschaft fortfallen. Vgl. RG 15, 105, wo dann die Fragen nach Identität und Verwechslungsgefahr die gleichen sind.

g) Erwirbt eine schon bestehende A-Gesellschaft ein Geschäft mit seiner Firma, so kann sie diese nicht zugleich mit ihrer bisherigen Firma führen, OLG 27, 395; KGJ 20, 36. Wohl aber kann sie — unter Statutenänderung — beide Firmen miteinander kombinieren,

RG in LZ 1912, 316; anders OLG 19, 297; vgl. auch RJA 15, 136. — Nimmt die A-Gesellschaft die erworbene Firma an, um sie fortzuführen, so erlöscht die Firma nicht, geht vielmehr auf den neuen Inhaber über. Im Handelsregister ist (nach Eintragung der A-Gesellschaft) nicht die Firma des bisherigen Inhabers, sondern von Amts wegen der bisherige Inhaber als solcher zu streichen, KGG 44, 149. Einer Bekanntmachung dessen bedarf es nicht, KGG 44, 382. — Werden bei der Übernahme des Geschäfts einzelne Verbindlichkeiten nicht mit übernommen, so müssen diese speziell bezeichnet werden und es muß im Handelsregister sowie in der öffentlichen Bekanntmachung darauf verwiesen werden, RG in HoldhMS 11, 73.

h) Die A-Gesellschaft kann immer nur eine Firma haben, mag sie auch mehrere, tatsächlich voneinander ganz getrennt gehaltene Unternehmungen gleichzeitig betreiben. Die abweichende Ansicht Makowers § 17 III c 3 β steht ganz vereinzelt da. Die Firma ist der Name der Gesellschaft und einen anderen Namen als ihre Firma hat sie nicht, RG 1, 27; JW 1905, 721[13]; OLG 41, 193. Ein Einzelkaufmann kann unter Umständen sein Geschäft unter einem fremden Namen führen und daher kann er auch zwei und mehr Geschäfte unter zwei oder mehreren verschiedenen Firmen führen. Das stellt die Identität des Geschäftsinhabers aller Geschäfte nicht in Frage. Ganz anders bei der Gesellschaft, jeder Art von Handelsgesellschaft. Für sie ist die Firma zugleich notwendig ihr Name, ihr einziger Name und damit zugleich das principium individuationis. Zwei Kaufleute können in Gemeinschaft zwei Geschäfte nebeneinander betreiben und dabei doch eine Gesellschaft bilden. Führen sie aber für jedes Geschäft eine besondere Firma, so bilden sie denknotwendig nicht eine, sondern zwei Gesellschaften. Noch schärfer tritt das dank ihrer durchgebildeten Organisation bei der A-Gesellschaft heraus. Weder können zwei A-Gesellschaften — mag auch volle Identität der Mitglieder usw. bestehen — dieselbe Firma führen, noch kann einer A-Gesellschaft das Recht zustehen, sich zweier Namen zu bedienen. Wenn Makower a. a. O. ganz zutreffend sagt, daß dieselben Personen zwei verschiedene Gesellschaften bilden können, woraus dann folgt, daß sie auch entsprechend verschiedene Firmen führen können, so ist es ja gerade der Unterschied, daß die eine A-Gesellschaft eben immer nur eine sein kann und nicht zwei. Vgl. Brodmann JW 1922, 1656. S. RG 85, 399: Die Firma einer Handelsgesellschaft ist nicht bloß, wie die eines Einzelkaufmanns, der Name, unter dem sie ihre Geschäfte betreibt, sondern zugleich ihr gesetzliches Unterscheidungsmerkmal. Sie bildet einen wesentlichen Bestandteil des Rechtsgebildes, von dem sie geführt wird, ohne den es in seiner Eigenart weder zur Entstehung gelangen, noch fortbestehen kann; das heißt nicht, daß die Firma nicht geändert oder mit dem Handlungsgeschäft veräußert werden könnte; die Folge ist vielmehr, daß eine Handelsgesellschaft nicht gleichzeitig mehrere Firmen haben kann, wie es denn auch die herrschende Meinung als rechtlich unmöglich bezeichnet, daß eine Handelsgesellschaft an ihrem Sitz ein mit der Firma erworbenes Geschäft unter dieser Firma fortführt, ohne die bisherige Firma aufzugeben usw. Ferner KGJ 20, 36 (KG), RJA 7, 114 (München) und die dortigen Zitate, RJA 12, 222 (KG).

Dasselbe, nur von einer anderen Seite betrachtet, ist, daß die A-Gesellschaft immer nur ein einziges, rechtlich einheitliches Vermögen haben kann, nicht wie der Einzelkaufmann und namentlich auch nicht wie die offenen Handelsgesellschafter Vermögen außer dem Geschäftsvermögen, dem Gesellschaftsvermögen. Wenn Lion JW 1921, 1576, 2 behauptet, daß die A-Gesellschaft außer ihrem „Betriebsvermögen" Vermögen haben könne, so ist das zivilistisch jedenfalls nicht richtig und auch steuerrechtlich wohl nur in dem Sinne gemeint, daß die Erträge der Gesellschaft aus verschiedenen „Quellen" fließen können: Grundbesitz, Kapitalsbesitz, Gewerbebetrieb OVGSt 10, 242.

i) Nach dem Gesagten kann auch die A-Gesellschaft weder ihre gesamten Unternehmen, noch abgetrennte Teile davon unter fremdem Namen betreiben. Insbesondere kann sie auch Zweigniederlassungen nur unter ihrer eigenen Firma führen. Nur ein auf die Zweigniederlassung als solche hinweisender Zusatz ist gestattet RJA 7, 114 OLG 12, 409. Die Form des Zusatzes ist beliebig. Nur darf er nicht zum Hauptstück werden und die Firma zum Zusatz. So mit Recht DJZ 07, 1328; OLG 41, 125; weniger streng Staub-Pinner § 201[8]. — Besitzt die Gesellschaft mehrere Niederlassungen oder mehrere Unternehmungen an verschiedenen Plätzen, so muß eine unter diesen die Hauptniederlassung sein und als solche gekennzeichnet werden KGG 14, 34; OLG 27, 395; RJA 11, 22. Für die übrigen können Zusätze zur Firma angebracht werden, aber immer nur solche, welche die Zweigniederlassung als solche kennzeichnen KGG 12, 35: Mitteldeutsche Kreditbank, Filiale Meiningen; KGG 40, 64 und die dortigen Zitate. Auch im Falle RG 62, 8 war die Identität der Firmen noch ausreichend erkennbar, offenbar weil sie ohnehin notorisch war. Unbedenklich ist der Zusatz der früheren Firma mit der Kennzeichnung: vormals, RJA 7, 114. — Die Wahl des Zusatzes ist Sache der allgemeinen Geschäftsführung und bedarf weder einer Statutenänderung noch überhaupt eines Beschlusses der Generalversammlung, OLG 2, 516 N. 27 Urt. d. RG vom 8. 6. 1915 II 23/15. S. auch § 201.

k) Die Firma muß im Gesellschaftsvertrag bestimmt werden. Ist das nicht geschehen oder verstößt die bestimmte Firma gegen §§ 20, 25 HGB, so ist der Gesellschaftsvertrag nichtig § 309, doch kann die Nichtigkeit gemäß § 310 geheilt werden. Jede Änderung der Firma ist Statutenänderung nach § 274 RJA 12, 37. Daß die Sachfirma geändert werden muß, wenn die Gesellschaft den Gegenstand ihres Unternehmens ändert, ist nicht vorgeschrieben. Es kann aber die Beibehaltung der Firma unzulässig sein, weil sie nunmehr geeignet ist, das Publikum zu täuschen.

l) Die Schranken, welche durch das Namen- oder Firmenrecht Dritter oder durch das Verbot unlauteren Wettbewerbes allgemein gezogen sind, gelten auch für die A-Gesellschaft. Es ist aber nicht die Aufgabe des Registerrichters die im Gesellschaftsvertrag bestimmte Firma darauf hin zu prüfen, ob eine Verwechslungsgefahr mit anderen bestehenden Firmen vorliegt. Ist die Eintragung der Gesellschaft erfolgt, so kann sie aus Gründen dieser Art nicht von Amts wegen wieder gelöscht werden, Recht 09, 1395, KGG 41, 114; OLG 27, 314; RJA 10, 13 (KG); anders OLG 19, 381, wonach die Löschung der eingetragenen Firma auf Grund § 142 FGG zulässig sein soll, wenn ein klarer Verstoß gegen § 18 II HGB vorliegt. — Bei einem Verstoß gegen § 30 HGB kann nach § 37 I HGB verfahren werden. Nach Recht 1920, 3481 kann die Firma von Amts wegen gelöscht werden, wenn sie geeignet ist, das Publikum zu täuschen. — Auf Grund § 8 UnlWG kann der Gebrauch der Firma allgemein untersagt werden RG 68, 138. Ist das geschehen, so ist die Firma zu löschen. — Ist eine Firma in das Handelsregister eingetragen worden, dann hat der Grundbuchrichter keinen Anlaß und wohl auch kaum das Recht, Eintragungen auf diesen Namen deshalb abzulehnen, weil Dritte berechtigt wären, dem Gebrauch der Firma zu widersprechen. Anders ZBlfG 3, 629.

m) Firmen in fremder Sprache sind als solche nicht ausgeschlossen. Nur gilt auch hier, daß die Sachfirma für die Allgemeinheit kennzeichnend sein muß. Der Zusatz Aktiengesellschaft ist aber unerläßlich. Ausdrücke wie limited, société anonyme ersetzen den Zusatz nicht. Das gilt aber, wie alles hier Gesagte, nur von deutschen A-Gesellschaften, nicht von ausländischen und auch nicht von Zweigniederlassungen ausländischer Gesellschaften im Inland.

n) Die A-Gesellschaft kann sich mit einer Einlage als stiller Gesellschafter an einem fremden Unternehmen beteiligen, wie auch Dritte sich in gleicher Weise an dem Unternehmen der A-Gesellschaft beteiligen können, JW 1921, 1914, z. B. auch in der Form des Erwerbes von Genußscheinen. Die A-Gesellschaft kann Aktien, Geschäftsanteile anderer Gesellschaften erwerben, sie kann aber nicht mit Dritten eine offene Handelsgesellschaft oder eine Kommanditgesellschaft eingehen; sie kann wohl Aktien einer Aktienkommanditgesellschaft erwerben, sie kann aber nicht Komplementar einer solchen sein. Das scheitert, abgesehen von anderem und wichtigerem, schon daran, daß sie das nicht tun kann, ohne im Verkehr unter einer ihr nicht zustehenden Firma aufzutreten. Brodmann JW 1922, 1656; 1923, 683. Anders RG 105, 102 und die herrschende Lehre, Flechtheim in JW 1923, 227.

o) Die A-Gesellschaft kann sich ihrer Firma ebensowenig entäußern, wie der Mensch seines Namens. Nur wechseln kann sie ihren Namen durch Statutenänderung. Soll — in der Liquidation oder im Konkurs — ihr Unternehmen mit der Firma veräußert werden, so kann das nur so geschehen, daß sie gleichzeitig für sich eine andere Firma annimmt. Nach OLG Stuttgart (Bauers Z 24, 179) ist es ausführbar, daß die A-Gesellschaft ihr Unternehmen mit der Firma verpachtet, aber nur, wenn sie gleichzeitig für sich eine andere Firma annimmt.

p) Der § 20 HGB findet auf die A-Gesellschaften, welche vor 1900 bereits bestanden haben, im allgemeinen keine Anwendung, solange sie ihre Firma unverändert beibehalten. In dieser Beziehung bestimmt Art. 22 EG HGB:

Die zur Zeit des Inkrafttretens des HGBs im Handelsregister eingetragenen Firmen können weitergeführt werden, soweit sie nach den bisherigen Vorschriften geführt werden durften.

Die Vorschriften des § 20 HGB über die in die Firma der A-Gesellschaften und der Kommanditgesellschaften auf Aktien aufzunehmenden Bezeichnungen finden jedoch auf die bei dem Inkrafttreten des HGB für eine solche Gesellschaft in das Handelsregister eingetragene Firma Anwendung, wenn die Firma aus Personennamen zusammengesetzt ist und nicht erkennen läßt, daß eine A-Ges. oder eine Komm.-Ges. a. A. die Inhaberin ist.

So haben Firmen wie: Deutsche Bank, A.-Schaaffhausenscher Bankverein, Nähmaschinenfabrik vorm. Frister u. Roßmann ohne weiteren Zusatz unverändert fortbestehen können.

9. a) Der Sitz der A-Gesellschaft, überhaupt der juristischen Person entspricht dem Wohnsitz des natürlichen Menschen RG 59, 107 (auch steuerrechtlich RG 50, 100). Nach ihm bestimmt sich das Personalstatut der Gesellschaft (so daß es widersinnig und nichtig ist, wenn man als Sitz einer deutschen A-Gesellschaft einen Ort im Ausland bestimmt). Nach ihm richtet sich ferner der allgemeine Gerichtsstand der Gesellschaft ZPO §§ 17 I 22. Es ist der Ort, an welchem die Verwaltung geführt wird. BGB § 24, und wenn sich die Verwaltung über mehrere Orte erstreckt, so ist es der Ort, von welchem aus die oberste Leitung des Unternehmens stattfindet. Namentlich können bei industriellen Unternehmungen Betrieb und Verwaltung räumlich getrennt sein, geleitet wird das Unternehmen von der Stadt aus, während die Fabrik draußen auf dem Lande liegt. — Der § 24 BGB macht aber die Einschränkung: „wenn nicht ein anderes bestimmt ist", und dem entnimmt die herrschende Lehre den Rechtssatz, nicht nur daß etwas anderes bestimmt sein kann, sondern auch gleich, daß die Gesellschaft ganz frei bestimmen kann, was sie will. Es hätte danach die A-Gesellschaft die Möglichkeit, ohne alle Rücksicht auf die tatsächlichen Verhältnisse nach Willkür einen Platz als Sitz zu wählen, wo weder ein Betrieb noch eine Verwaltung stattfindet, und es könnten, wenn man konsequent sein will, Ausländer vom Ausland aus, d. h. ohne sich auch nur nach Deutschland zu begeben, eine deutsche A-Gesellschaft gründen, der es an jeder örtlichen Beziehung zum Inland fehlt. Das steht ganz gewiß nicht im § 24, und man kann sich leicht überzeugen, daß der Gesetzgeber mit der freilich unglücklich gewählten Wendung etwas anderes hat sagen wollen. Die Vorschrift ist dem früheren § 19, jetzt § 17 ZPO nachgebildet, wo die Einschränkung wesentlich abweichend lautet: „wenn nicht ein anderes erhellt". Das ist ein bei der weit über alle denkbaren juristischen Personen ausgreifenden Vorschrift sehr verständlicher Vorbehalt, nicht zugunsten der Willkür und Nichtachtung der tatsächlichen Verhältnisse, sondern gerade umgekehrt zugunsten der Möglichkeit ihrer Berücksichtigung im einzelnen Fall. Ganz dasselbe haben ausgesprochenermaßen die Verfasser des BGB mit dem § 24 BGB sagen wollen. Der Entw I wollte überhaupt keine Bestimmung bringen. Mot. I S. 77: Wie der Mensch nicht durch bloße Erklärung einen Ort zu seinem Wohnsitz machen kann, so kann der Sitz nicht durch Statut völlig willkürlich bestimmt werden; die Bezeichnung des Sitzes darf den tatsächlichen Verhältnissen nicht widersprechen; so sei § 17 ZPO zu verstehen; durch den Vorbehalt sei nur die Berücksichtigung tatsächlich abweichender Verhältnisse offen gelassen; für das BGB sei eine entsprechende Bestimmung entbehrlich. Später hat man sich doch entschlossen, auch in das BGB eine Bestimmung aufzunehmen. Wie es zu der Änderung der Fassung gekommen ist, erhellt nicht. Aber es liegt auch nicht der geringste Anhalt für die Annahme vor, daß man zwei verschiedene Begriffe des Wohnsitzes hätte aufstellen wollen, einen bürgerlich-rechtlichen und einen prozeßrechtlichen. Man hat also sich zu entscheiden, wozu man sich bekennen soll, zum völlig klaren § 17 ZPO oder zu dem, wie oben schon hervorgehoben, noch sehr der Auslegung zugängigen § 24 BGB. Nach diesseitiger Auffassung ist die herrschende Lehre auf die falsche Seite gefallen. Vgl. Planck-Knoke BGB § 24 Erl 1 und die dortigen Zitate. Die herrschende Lehre ist denn auch nicht konsequent, kann es gar nicht sein. Vgl. Oertmann § 24, 2 b: Die Satzung ist daher grundsätzlich unbeschränkt; das mag freilich Bedenken erregen; doch ist das kein Grund für die gegenteilige Entscheidung; nur wenn die Bestimmung des Sitzes einen rein fiktiven Charakter trägt, sich auf einen Ort bezieht, der mit der Lebenstätigkeit des sozialen Organismus gar nicht zusammenhängt, wird sie unwirksam zu erachten sein. Warum? Dann ist die Wahl also doch nicht unbeschränkt. S. ferner den Fall JW 1904, 231[1]: Der Sitz der Gesellschaft ist nominell Washington, der Geschäftsbetrieb findet in Mexiko statt, aber durch die Hamburg agency in Hamburg; hier ist der Verwaltungssitz, hier werden die Generalversammlungen abgehalten, hier sitzt das Organ der Gesellschaft, der Verwaltungsrat, der nur aus Personen besteht, die in Hamburg wohnen, also ist es ein Gebilde nach deutschem Recht, nicht A-Gesellschaft, nicht offene Handelsgesellschaft, es bleibt nichts als ein nicht rechtsfähiger Verein. Und wenn eine Gewerkschaft in Gotha sich an die herrschende Lehre hält und ihren Sitz nach Preußen verlegt (um nach preußischem Recht zu leben), dann erklärt dieselbe herrschende Lehre, das sei ein Handeln in fraudem legis, LZ 1918, 408[6] (Dresden). S. auch RG in LZ 1918, 611[6]; RG 88, 53. — Soll es bei der herrschenden Lehre bleiben, daß der Ausdruck Sitz einen doppelten Sinn hat, den der Prozeßordnung, wonach es der Ort der Verwaltung, unter Umständen auch des Betriebes ist, und den des BGB., wonach es ein nach freier Wahl bestimmter Platz sein kann, so muß man annehmen, daß hier in § 182 der Ausdruck in beiden Bedeutungen gemeint ist; m. a. W. ist einfach nur ein Ort als der Sitz bezeichnet, so ist damit zugleich statutarisch festgelegt, daß dort auch die Verwaltung stattfinden soll. Ist es anders gemeint, soll erkennbar der genannte Ort nicht zugleich der Ort der Verwaltung sein, so ist die in § 182 Z 1 vorgeschriebene Bestimmung noch nicht vollständig und bedarf der Ergänzung.

b) Ob eine juristische Person mehr als einen Sitz haben kann, ist bestritten. Planck-Knoke § 24 Erl 1. Von der Handels-, insbesondere der A-Gesellschaft wird es allgemein verneint, RG 59, 107; SeuffArch. 54 Nr. 36; OVGSt 3, 57; RG in LZ 1918, 611[6]; JW 1905, 25[29]; RGJ 20, 39; 39, 118. Besitzt die Gesellschaft mehrere Niederlassungen, so muß eine von ihnen als die Hauptniederlassung hervortreten oder bezeichnet werden, nach der sich denn auch — im Zweifel — der Sitz der Gesellschaft bestimmt, OLG 27, 395. Der Registerrichter kann die Eintragung einer Zweigniederlassung nicht deshalb ablehnen, weil diese Niederlassung die Hauptniederlassung sei, KGJ 13, 42. Liegt der einzige Betrieb der Gesellschaft in demselben Gerichtsbezirk wie der Sitz, aber an einem anderen Ort, so ist er beim Handelsregister als Zweigniederlassung anzumelden. So wenigstens Recht 1910, 1828. — Beim gewillkürten Sitz sollen nach KGJ 39, 117 alle Niederlassungen als Zweigniederlassungen gelten und am „Sitz" der Gesellschaft eine Hauptniederlassung fingiert werden, in welchem Falle also die Gesellschaft nie in die Lage käme, ihre eigentliche Firma zu führen, sondern ausschließlich Filialfirmen führen würde. Vgl RJA 14, 145 (München). Jedenfalls ist am Ort der Niederlassung ein Gerichtsstand, wenn nicht nach § 17, so nach § 21 begründet. RG in HoldhMS 11, 125; 23, 103; JW 1905, 25[29].

c) Auch steuerrechtlich liegt die Bestimmung des Sitzes der Gesellschaft in ihrer Wahl. S. aber auch KVStG 22 II: Gesellschaften gelten als inländische, wenn sie ihren Sitz im Inland haben oder der Ort der Leitung sich im Inland befindet. Ein Agiogewinn bei Emission von Aktien wird am gewillkürten Sitz gemacht, mag auch das gesamte Unternehmen anderwärts betrieben und geleitet werden, RG 50, 105; 95, 171; BankArch. 7, 267.

d) Zu den besonderen Verhältnissen im Bezirk der Berliner Gerichtsorganisation s. RG in Breslauer AK 08, 37; KGBl 07, 90; OLG 20, 287; RG 59, 108.

e) Zur Verlegung des Sitzes einer bestehenden A-Gesellschaft bedarf es der Statutenänderung. Die Entschließung darüber kann im Statut nicht dem Aufsichtsrat übertragen werden, RG 44, 10. Der Beschluß wird rechtswirksam, sobald er in das Handelsregister eingetragen worden ist. Damit ist dann rechtlich der Sitz verlegt und es tritt der Fall ein, daß eine A-Gesellschaft besteht, ohne in das Handelsregister eingetragen zu sein. Ist die Sitzverlegung im bisherigen Handelsregister eingetragen, so kommt dieses für den Sitz nicht weiter in Betracht; die Gesellschaft ist für dieses Register erloschen. So wenigstens KGJ 21, 269. Die Gesellschaft hat selbst das dringende Interesse, ins Handelsregister des neuen Sitzes eingetragen zu werden. Sie kann aber auch, wenn sie die Anmeldung verzögert, nach § 14 HGB dazu durch Ordnungsstrafen vom Registerrichter angehalten werden. Es handelt sich nicht um Anmeldung gemäß § 195, sondern um eine im Gesetz ausdrücklich nicht vorgesehene Ummeldung. Vgl RG 20, 171. Es ist nicht nötig, daß alle Mitglieder des Vorstandes und daß der Aufsichtsrat sich an der Anmeldung beteiligen. Es genügt die Vorlegung des Statuts in der Gestalt, wie es jetzt gilt, und der Nachweis, daß die A-Gesellschaft im Handelsregister des früheren Sitzes eingetragen gewesen ist und dort nicht mehr geführt wird. Ist dem Registerrichter dieser Nachweis erbracht, so liegt ihm eine weitere Prüfung der Unterlagen, insbesondere also des Gesellschaftsvertrages nicht ob, KGJ 21, 269. Stößt er auf Verletzung von Bestimmungen zwingenden Rechts, so hat er gleichwohl zunächst die Gesellschaft einzutragen und kann dann nach § 144 FGG verfahren, wenn es ihm wegen der Erheblichkeit des Verstoßes oder aus anderen Gründen geboten erscheint, KGJ 44, 152. Anders anscheinend Recht 1910, 1829 (München). — Ist der Verlegungsbeschluß nichtig, so wird er durch die Eintragung in das Handelsregister nicht geheilt, RG in HoldhMS 23, 103.

Daß die Mitglieder des Vorstandes ihre Namensunterschrift zur Aufbewahrung bei dem Gerichte des neuen Sitzes zu zeichnen haben, ist allerdings nicht vorgeschrieben, wie überhaupt dieses ganzen Verfahrens im Gesetz nicht Erwähnung geschieht. Trotzdem dürfte der Registerrichter im Recht sein, wenn er darauf besteht. Glücksmann in HoldhMS 1910, 157, Staub-Pinner § 182[17].

f) Der Beschluß, den Sitz der Gesellschaft nach dem Ausland zu verlegen, hat die Bedeutung des Beschlusses, die A-Gesellschaft aufzulösen, und nach Vorschrift des Gesetzes muß die Liquidation eintreten, RG 7, 68; OLG 16, 121. So, wie er lautet, darf der Beschluß überhaupt nicht in das Handelsregister eingetragen, kann er also gar nicht rechtswirksam werden. Das ist auch nicht anders, wenn die Gesellschaft im Inlande eine Zweigniederlassung besitzt und diese beibehält. A. A. Glücksmann, HoldhMS 10, 157. Sie kann aber ihren Sitz nach dem Ort der Zweigniederlassung verlegen und mag dann im Ausland tun, was ihr dort unverwehrt ist. Für eine ausländische A-Gesellschaft, welche im Inlande eine Zweigniederlassung hat, bleibt diese selbst dann Zweigniederlassung, wenn sie keinen weiteren Geschäftsbetrieb hat, KGJ 35, 354 (München).

10. a) Der Gegenstand des Unternehmens oder, wie es in § 705 BGB lautet, der Zweck der Gesellschaft, muß im Statut mit der erforderlichen Bestimmtheit angegeben werden. Das ist von Bedeutung für das Rechtsverhältnis der Gesellschaft zu den Aktionären und zu dem Vorstand, weniger für das Rechtsverhältnis der Gesellschaft zu Dritten. Die A-Gesellschaft hat gegen den Vorstand den Anspruch, daß dieser nichts unternimmt, was nicht zum Gegenstande der Gesellschaft gehört, der Aktionär hat das Recht, daß ohne Statutänderung die Geschäftsführung nicht über den Rahmen des Zwecks der Gesellschaft ausgedehnt wird. Dagegen ist Dritten gegenüber die Vertretungsmacht des Vorstandes nicht durch den im Statut angegebenen Gegenstand der Gesellschaft und nicht auf ihn beschränkt, RG 115, 249.

b) Der Zweck der Gesellschaft braucht nicht ein eng begrenzter zu sein. Die Gesellschaft mag auch mehrere Zwecke zugleich verfolgen. Aber immer müssen bestimmte und faßbare Angaben gemacht werden, feste Grenzen gezogen sein. Die Praxis der Gerichte ist in diesem Punkt zu lässig, Staub-Pinner § 182[18]. So RG 62, 96 (in Anwendung auf die Gesellschaft mbH, bei welcher die Frage ebenso liegt), wo „Betrieb von Handelsgeschäften" für ausreichend erklärt wird. Wenn RG in HoldhMS 26, 153 unter Berufung auf jenes Urteil sagt, das Gesetz fordere nur eine allgemeine Andeutung dessen, was Gegenstand des Unternehmens sein soll; irgendeine Spezialisierung werde nicht gefordert, so ist das richtig, wenn es sich darum handelt, ob anzunehmen ist, daß die Firma dem Gegenstand entlehnt ist (§ 20 HGB). Die Bestimmung des Gegenstandes im Statut kann nicht in der Gestalt einer allgemeinen Andeutung geschehen. A. A. JW 1916, 745[10]: Es stimmt mit dem Gesetz überein, daß für den Gegenstand im Statut nur ein Rahmen entworfen wird, der seine Ausfüllung in anderen Festsetzungen empfängt. Zustimmend Hachenburg das. Zutreffend dagegen RJA 15, 208 (Dresden), wo die Bestimmung Bierbrauerei sowie Betrieb von Fabrikations- und kaufmännischen Geschäften jeder Art, die unter § 1 II HGB fallen, beanstandet wird. S. ferner KGJ 52, 95 (Betrieb von Staubsaugeapparaten und anderen Gebrauchsgegenständen); OLG. 36, 286 (Handel mit Waren aller Art); RJA 8, 114 läßt unter Umständen „Betrieb von Kaufmannsgeschäften" gelten, z. B. bei einem ländlichen Gemischtwarengeschäft. — Die Bestimmung des Gegenstandes kann die erforderliche Umschreibung durch den übrigen Inhalt des Statuts erfahren, RG. in HoldhMS 25, 90; auch aus der gewählten Firma, JW 1916, 745[10] (a. A. Staub-Pinner § 182[18]), und ergibt das Statut mit genügender Deutlichkeit, worauf es abgesehen ist, so kann unter Umständen eine ausdrückliche Bestimmung auch ganz fehlen. — Andererseits muß die Bezeichnung des Gegenstandes im Statut mit dem übrigen Inhalt im Einklang stehen; andernfalls kann die in das Handelsregister eingetragene Bezeichnung (§ 198 I) von Amts wegen gelöscht werden, KGJ 27, 233.

c) Es ist bei dieser Frage zu unterscheiden, ob es sich um die Eintragung der Gesellschaft in das Handelsregister handelt oder um die Beanstandung des Statuts, nachdem die Eintragung der Gesellschaft erfolgt ist. Der Gesellschaftsvertrag und folgeweise die A-Gesellschaft ist nichtig, wenn das Statut eine Bestimmung des Gegenstandes nicht enthält oder wenn die Bestimmung, die es enthält, nichtig ist, § 309 (und die Nichtigkeit nicht nach § 318 geheilt wird). So, wenn der Zweck ein verbotener, BGB §§ 134, 138, wenn er unmöglich ist, RG in ZAktW 23, 10. Aber nicht in allen Fällen, in welchen die Anmeldung wegen ungenügender Bestimmung des Gegenstandes unbedingt hätte beanstandet werden müssen, erscheint es geboten, die entstandene Gesellschaft für nichtig zu erklären. Vgl. RJA 8, 115/116; 9, 187.

d) Es kann so liegen, daß der angegebene Zweck von den Gründern vorgeschützt wird, um einen verbotenen Zweck zu verfolgen. Dann ist das Statut nicht nichtig. Vielmehr ist der vorgeschützte Zweck der statutenmäßig bestimmte, auf dessen Einhaltung die Aktionäre bestehen können. S. aber auch RJA 10, 181; OLG 24, 133; 12, 438; 11, 393; 9, 371.

e) Nach RFH 5, 38 soll Gegenstand des Unternehmens auch die Führung des Geschäfts eins anderen für dessen Rechnung gegen feste Vergütung sein können. Diese Form war gewähet, um Steuern zu sparen. Vgl. auch den Fall RFH 5, 91, wo das Unternehmen nur noch darin bestand, daß die Gesellschaft sich jeden geschäftlichen Betriebes entschlug und dafür von einer Konkurrenzgesellschaft eine feste Vergütung bezog, die als Geschäftsgewinn verteilt wurde. Zu dem Fall, daß die Tochtergesellschaft ihr gesamtes Unternehmen an die Muttergesellschaft „verpachtet", die alle ihre Aktien besitzt, s. Ackermann in ZBH 2, 368 und die dort zitierten Entsch. RFH 14, 309.

Der Ankauf eines Handelsgeschäfts durch die A-Gesellschaft bedeutet (unter Umständen) eine Erweiterung und Änderung ihres Gegenstandes und setzt Statutenänderung voraus, OLG 27, 395. — Es ist keine Änderung des Gegenstandes des Unternehmens, wenn die Gesellschaft ihren Fabrikbetrieb unter Übertragung aller Aktiva und Passiva gegen bestimmte Beteiligung am Gewinn einem anderen Fabrikunternehmen überläßt, Bolze 6[644].

f) Der Zweck des Unternehmens muß nicht auf Erzielung von Gewinn gerichtet sein. Das gilt nicht nur von gemeinnützigen Gesellschaften. Auch bei einem wirtschaftlichen und kaufmännischen Betrieb kann im Statut jeder Gewinnbezug der Gesellschafter ausgeschlossen, der Zweck der Gesellschaft überhaupt nicht auf Gewinn, sondern auf indirekte Vorteile für die Aktionäre gerichtet sein. Vgl. den Fall JW 1921, 916[2]. — Namentlich bei Kartellen und Syndikaten kommt das vor.

Schließlich steht auch nichts im Wege, zu einem Zwecke eine A-Gesellschaft zu gründen, die auch einen wirtschaftlichen Geschäftsbetrieb nicht bedingt. S. § 178 Erl 4 b.

g) Über sog. Mantel- oder Fassongründung s. § 180 Erl. 1.

11. a) Das **Grundkapital** ist der in Aktien zerlegte Wertbetrag des von den Aktionären eingelegten Grundvermögens der Gesellschaft. Es ist nicht dieses Grundvermögen selbst, wiewohl in lässigem Sprachgebrauch auch dieses zuweilen so genannt wird, sondern sein in Geld ausgedrückter Wert, so wie dieser im Gesellschaftsvertrag bestimmt worden ist. Soweit auf die Aktien Geldeinlagen gemacht werden, ist Wert und Betrag identisch. Bei Sacheinlagen wird deren Wert durch den Betrag der Aktien vertragsmäßig bestimmt, welche der Aktionär auf seine Einlage erhält. Das Grundvermögen unterliegt von Anfang an dem Wechsel. Die Gelder werden ausgegeben, die eingebrachten Sachen verbraucht oder benutzt und abgenutzt, das Vermögen als Ganzes vermehrt oder vermindert sich, alles ist in Bewegung, im Wechsel und im Fluß. Das Grundkapital bleibt als feste Größe unverändert und tritt nur noch als Buchposten in die Erscheinung. Will man es dem Kapitalkonto des Einzelkaufmanns vergleichen, so paßt dieser Vergleich höchstens für den einen Zeitpunkt des Beginns des Geschäftsbetriebes. Und wie mit dem Grundkapital, dem Ganzen, so verhält es sich mit den einzelnen Aktien, in welche es zerlegt ist. Auch hier stehen sich der unveränderliche Nennbetrag und der innere Wert der Aktie gegenüber, der auf- oder niedergeht. — Während also das Kapitalkonto im Geschäft eines Einzelkaufmanns oder der offenen Handelsgesellschaft von Abschluß zu Abschluß wechselt, bleibt die Ziffer des Grundkapitals in der Bilanz der A-Gesellschaft stets dieselbe. An ihr soll sich messen ob das ursprüngliche Gesellschaftsvermögen noch vorhanden ist oder nicht, wieviel gewonnen worden ist oder verloren. Decken die Aktiven abzüglich der Schulden den Betrag des Grundkapitals nicht mehr, dann ist Unterbilanz eingetreten und solange dieser Zustand herrscht, jede Gewinnverteilung an die Aktionäre ausgeschlossen, mag auch das Jahr einen Betriebsgewinn gebracht haben, der dann verwendet werden muß, die Unterbilanz zu beseitigen oder zu vermindern. Überschuldung liegt vor, wenn die Aktiven auch die Schulden nicht mehr decken, m. a. W. das gesamte Anfangsvermögen — dem Werte nach — verlorengegangen ist.

b) Im Statut muß bestimmt werden, wie hoch das Grundkapital sein und wie es in Aktien zerlegt sein soll. Es ist bei den Aktien auf negotiable Wertpapiere abgesehen, was mit sich bringt, daß die einzelnen Stücke gleichartig und gleichwertig sein müssen. Aber partieweise sind Unterschiede zulässig und im Verkehr gebräuchlich. Es können Aktien von verschiedenem Nennwert und mehrere Gattungen von Aktien ausgegeben werden. — Auf jeden Fall muß die Rechnung stimmen. Es muß die Summe aller Nennbeträge dem Betrage des Grundkapitals gleich sein. Fehlt es an der Bestimmung ganz oder stimmt die Rechnung nicht, dann ist der Gesellschaftsvertrag nichtig (§ 309), und zwar unheilbar nichtig (§ 310). — Wenn im Falle RJA 9, 187, wo nur bestimmt war, daß 600 Aktien zu je 1000 M ausgegeben werden sollen, die Anmeldung beanstandet worden ist, weil es an der Bestimmung des Grundkapitals fehle, so ist das vom Standpunkt des um die Eintragung der Gesellschaft in das Handelsregister angegangenen Richters aus nicht unberechtigt, der auch weniger bedeutende Verstöße zu beachten und auf ihre Abstellung zu drängen hat. Denn eine ausdrückliche Bestimmung der Höhe des Grundkapitals lag nicht vor. Aber wäre es zur Eintragung der Gesellschaft gekommen, dann könnte nicht mehr die Gesellschaft deshalb für unheilbar nichtig erklärt werden, weil man das überaus einfache und deutliche Rechenexempel ausrechnen muß. Insofern war zweifellos die Höhe des Grundkapitals doch bestimmt. A. A. Staub-Pinner § 182[20]. — Es handelt sich — wie das RG a. a. O. sagt — um eine materiellrechtliche und zugleich um eine Ordnungsvorschrift. — Bei mehreren Gattungen von Aktien muß im Statut auch bestimmt werden, wieviel Stück von jeder Gattung. So Bondi in GZ 77, 444, der aber den Beschluß RJA 9, 185 (s. oben), der von einer Kapitalserhöhung handelt, nicht richtig gelesen hat.

Die Höhe des Grundkapitals ist insofern unabänderlich, als sie nur unter Abänderung des Statuts gemäß §§ 274 ff. und der Sondervorschriften von §§ 278 ff. und 288 ff. hinauf- oder herabgesetzt werden kann.

c) Die Regel ist, daß die Aktien auf den Betrag lauten, welchen der Aktionär einlegt oder einzulegen sich verpflichtet. Es kann aber auch bestimmt werden, was namentlich bei der Ausgabe aus Anlaß einer Erhöhung des Grundkapitals häufig geschieht, daß mehr als der Nennbetrag einzuzahlen ist, Überpari-Emission. Aber auch so ist die Höhe der Aktie ihr Nennbetrag und die Höhe des Grundkapitals die Summe aller Aktien nach Nennbetrag. Soll bei der Gründung ein Aufgeld gezahlt werden, so muß das ausdrücklich im Gesellschaftsvertrag als zulässig bedungen sein, § 184 II. Das Aufgeld (Agio) fließt zum gesetzlichen Reservefonds (§ 262 Z 2). Geringer als der Nennbetrag darf die Einlage nicht sein. Unterpari-Emission ist durch § 184 I untersagt.

d) Über den Zeitpunkt, in welchem die Einlage zu zahlen ist, braucht im Statut nichts vereinbart zu werden. Es sind dann kraft Gesetzes 25% des Betrages fällig bei der Simultangründung, sobald die Gesellschaft errichtet worden ist (§ 188), bei der Sukzessivgründung, sobald den Zeichnern die Aktien zugestellt worden sind, der Rest bei der Simultangründung sofort nach Eintragung der Gesellschaft in das Handelsregister, bei der Sukzessivgründung so, wie es im Zeichnungsschein vorgesehen sein muß, § 189 III 73. — Auch in Beziehung auf die Einzahlungen können die Aktien gruppenweise verschieden behandelt werden, aber nur im Statut.

e) Wegen des Mindestbetrages, auf welchen Grundkapital und Aktien lauten müssen, s. § 180 und Erl dazu.

12. a) Das Statut muß Bestimmungen über die Art der Bestellung und Zusammensetzung des Vorstandes enthalten, weil das Gesetz hierin den Vertragschließenden im allgemeinen ganz freie Hand läßt. Über die Art der Zusammensetzung ist im § 231 II nur gesagt, daß der Vorstand aus einer oder mehreren Personen bestehen kann, und was die Art der Bestellung angeht, so trifft der § 190 III ausschließlich subsidiär Vorschriften wegen Bestellung des ersten Vorstandes. Im Statut ist ganz allgemein zu bestimmen, wie der Vorstand zusammengesetzt sein soll und wer die Mitglieder zu bestimmen und anzustellen hat. In beiden Beziehungen ist die Generalversammlung für die Aufgabe wenig geeignet, so daß in der Regel der

Aufsichtsrat oder der Vorsitzende des Aufsichtsrats oder ein dafür zu bildender Ausschuß u. ä. damit betraut wird. In Beziehung auf Lücken in der Zusammensetzung des Vorstandes kann diesen das Recht der Kooptation gegeben werden. Allgemein wird behauptet, daß im Statut auch Dritten, z. B. einer Behörde die Auswahl und Anstellung von Vorstandsmitgliedern eingeräumt werden könne. Doch kommt darauf an, wie das zu verstehen ist. Es mag der Dritte, die Behörde, sich dieser Aufgabe als einer ihr zugewiesenen Obliegenheit unterziehen. Dagegen kann einem Dritten ein Recht darauf, zu bestimmen, wer Vorstand sein soll, nicht bedungen werden, weil das Recht der Gesellschaft, den Bestellten wieder abzurufen, nicht wegbedungen werden kann § 231 III, wie denn auch, wo der Aufsichtsrat mit Auswahl und Bestellung betraut ist, das für ihn nicht ein Recht, sondern eine Obliegenheit ist. Im Grunde nicht anders Staub-Pinner § 231[20], Makower § 231 II a 2.

b) Das Statut muß sich bestimmt darüber aussprechen, ob der Vorstand aus einem Kollegium bestehen soll oder aus einer Person oder ob er auch aus mehreren Personen bestehen kann. Das Statut kann ferner die Anzahl der Mitglieder oder die Mindestanzahl festlegen. In letzterer Beziehung kann auch dem Aufsichtsrat die Bestimmung übertragen werden, der dann in der Lage ist, je nach Bedarf und Umständen in der Anzahl einen Wechsel eintreten zu lassen KGJ 10, 35. A. A. Makower § 231 II a 4, Ritter § 182, 3 Z. 4. Ebenso hat KGJ 24, 197 die Statutenbestimmung gebilligt, daß der Vorstand nach Beschluß des Aufsichtsrats aus 2 oder mehr Mitgliedern bestehe und daß die Ernennung vom Aufsichtsrat zu gerichtlichem oder notariellem Protokoll nach Abschluß eines schriftlichen Dienstvertrages zu bewirken sei. Der Hinweis Makowers darauf, daß auch die Bestimmung des Sitzes und der Firma usw. im Statut unmittelbar getroffen werden müsse und nicht dem Aufsichtsrat übertragen werden könne, beweist deshalb nichts, weil nach Z 4 im Statut nur die Art der Zusammensetzung des Vorstandes bestimmt werden muß, also ob Kollegium oder nicht. Ob der Vorstand aus 3 oder aus 4 Mitgliedern besteht, bedeutet keinen Artunterschied. — Ist im Statut eine bestimmte Anzahl von Mitgliedern vorgeschrieben, so kann davon nur unter Statutenänderung abgewichen werden, RG in LZ 1908, 602[35].

c) Wegen des Aufsichtsrats hat das Gesetz unmittelbar durch die zwingenden Vorschriften §§ 190, 243 Vorsorge getroffen. Das Statut muß hierüber nur dann eine Bestimmung enthalten, wenn der Aufsichtsrat soll aus mehr als 3 Mitgliedern bestehen dürfen.

13. Die Vorschriften des Gesetzes über die Generalversammlung der Aktionäre enthalten in den §§ 253 ff. auch Bestimmungen über die Form der Berufung. Was nach der gegenwärtigen Vorschrift Z 5 im Statut festgestellt werden muß, ist die Form, in welcher den Aktionären Ort, Tag und Stunde der Generalversammlung bekanntgegeben und die weiter vorgeschriebenen Mitteilungen erfolgen müssen. Lauten die Aktien auf den Inhaber, so kann das naturgemäß nur durch öffentliche Bekanntmachung und diese wiederum nur durch öffentliche Blätter erfolgen. Sind nur Namenaktien ausgegeben, handelt es sich insbesondere nur um einen wenig zahlreichen Kreis von Aktionären, so kann persönliche Mitteilung durch Brief oder eingeschriebenen Brief, oder auch beides zugleich, individuelle Ladung und öffentliche Bekanntmachung, bestimmt werden, was im Zweifel dahin zu verstehen sein dürfte, daß die öffentliche Bekanntmachung nur denjenigen Aktionären gilt, bei welchen die direkte Mitteilung aus irgendeinem Grunde nicht tunlich ist. Soll es anders gemeint sein, er muß es deutlich erhellen. So wenn die öffentliche Bekanntmachung allseitig entscheidend sein soll, was aber verkehrt wäre, weil naturgemäß jeder sich darauf verläßt, persönliche Einladung zu erhalten.

Von der Berufung in Form der Bekanntmachung durch öffentliche Blätter gilt das nach Z 6 im Statut sowie das in Abs III Bestimmte. Sie muß unter allen Umständen im Reichsanzeiger erfolgen.

14. Unter Form der Bekanntmachung ist hier nicht die Form der Erklärung, welche bekanntzumachen ist, zu verstehen (vgl. z. B. § 233), sondern die Art, wie die Erklärung bekanntzumachen ist. Dabei sind mit Bekanntmachungen nur solche Mitteilungen oder Erklärungen, Aufforderungen usw. gemeint, welche überhaupt an die Allgemeinheit oder allgemein an die Aktionäre, an einen bestimmten Kreis Aktionären, an Unbekannte zu richten sind. Die Form der Bekanntmachung kann Brief, überhaupt individuelle Übermittlung sein. In der Regel aber wird es sich um öffentliche Bekanmachung handeln, und in dieser Beziehung müssen im Statut die Zeitung usw. oder die mehreren Zeitungen bestimmt werden, in welchen die Anzeigen zu erfolgen haben. Vgl. Abs III.

Bekanntmachung durch öffentliche Blätter ist in einer Reihe von Fällen gesetzlich vorgeschrieben. S. §§ 219 II, III, 265 I, 272 IV, 289 II, 290 II, 297 I, 303 III.

15. a) In Abs III wird das bestimmt, was das Gesetz in einer Reihe von Vorschriften kurz als die „Gesellschaftsblätter" bezeichnet. Die Meinung des Gesetzgebers ist so zu verstehen, daß im Statut ein oder mehrere Blätter bestimmt werden sollen, welche nach den obwaltenden Verhältnissen als für die betreffende Gesellschaft geeignete Publikationsorgane erscheinen. Daneben soll aber unter allen Umständen die Bekanntmachung im Deutschen Reichsanzeiger erscheinen. Es soll ein Zentralorgan vorhanden sein, in welchem man lückenlos alle Bekanntmachungen sämtlicher Aktiengesellschaften, von denen in Z 6 gehandelt wird, findet, soweit es sich um Bekanntmachung durch öffentliche Blätter handelt, d. h. alle Bekanntmachungen, welche die Gesellschaft oder der Vorstand auf Grund gesetzlicher oder statutarischer Vorschriften zu erlassen hat. — Es ist nicht ausgeschlossen, zu bestimmen, daß die Bekanntmachungen nur im Reichsanzeiger erfolgen. Aber das muß ausdrücklich gesagt werden. — Stillschweigend vorausgesetzt ist immer, daß die Anzeige in dem bestimmten Blatt auch tatsächlich erscheinen kann, und es tut der Gültigkeit einer Bekanntmachung keinen Abbruch, wenn von mehreren bestimmten Blättern das eine oder das andere sein Erscheinen einstellt, KGJ 4, 44. Der Vorstand und der Aufsichtsrat sind nicht ermächtigt, an Stelle eines aus irgendeinem Grunde ausfallenden Blattes ein anderes zu bestimmen. Auch durch das Statut können sie nicht dazu ermächtigt werden. Muß die Bezeichnung der Blätter unbedingt im Statut erfolgen, so kann auch der Ersatz eines Blattes durch ein anderes nur durch Änderung des Statuts erfolgen.

b) Es ist nicht ausdrücklich gesagt, aber wohl selbstverständlich, daß die Bekanntmachungen einer deutschen A-Gesellschaft, soweit es sich um ihre „Gesellschaftsblätter" handelt, in deutschen Blättern und in deutscher Sprache erscheinen müssen. Vgl. RJA 2, 177. Will die Gesellschaft außerdem in fremder Sprache anzeigen, so ist ihr das unbenommen. Aber der authentische Text und die maßgeblichen Bekanntmachungen sind die deutschen. Ist im Statut eine deutsche, aber in fremder Sprache erscheinende Zeitung als Gesellschaftsblatt bestimmt, so ist damit noch nicht gesagt, daß die Bekanntmachungen in der fremden Sprache erscheinen sollen. Das erscheint schon deswegen ausgeschlossen, weil dieselbe Bekanntmachung auch im Deutschen Reichsanzeiger erscheinen muß. Der Registerrichter mag eine solche Bestimmung beanstanden und eine Änderung anregen. Aber er ist nicht berechtigt, deswegen die Eintragung der Gesellschaft abzulehnen. Vielmehr muß sich von Fall zu Fall entscheiden, ob die fremdsprachige Bekanntmachung rechtswirksam ist, SeuffArch 56, 7. Die Verhältnisse können im einzelnen Fall so liegen, daß eine Veröffentlichung in fremder Sprache und selbst die Bestimmung einer fremdsprachigen und ausländischen Zeitung als Gesellschaftsblatt oder jedenfalls als eines der Gesellschaftsblätter gerechtfertigt erscheint.

§ 183.

Ist im Gesellschaftsvertrage nichts darüber bestimmt, ob die Aktien auf den Inhaber oder auf Namen lauten sollen, so sind sie auf Namen zu stellen[1].

Im Gesellschaftsvertrage[2] kann bestimmt werden[3], daß auf Verlangen des Aktionärs die Umwandlung seiner auf Namen lautenden Aktie in eine Inhaberaktie oder umgekehrt stattzufinden hat[4, 5]

1. In § 179 ist allgemein gesagt, daß die Aktien auf den Inhaber oder auf den Namen lauten können. Nach dem früheren Art 209 mußte die Bestimmung, was in dieser Beziehung im einzelnen Fall gelten soll, im Gesellschaftsvertrag getroffen werden: Das Statut muß bestimmen: die Art der Aktien, ab sie auf Inhaber oder auf Namen lauten, und im Falle der Ausgabe beider Arten die Zahl der Aktien jeder Art. Dabei war die Umwandlung der ausgegebenen Namenaktien in Inhaberaktien und umgekehrt nach Art 209 a Z 3 nur zulässig, wenn es im Gesellschaftsvertrag vorgesehen war. Das waren Bestimmungen, welche mit der Verkehrsanschauung, auch mit der jetzt noch herrschenden, in Einklang standen. Man könnte die Frage aufwerfen, ob es sich bei dem Unterschied nicht mehr um einen Gattungs- als um einen Artenunterschied handelt. Jedenfalls ist es angesichts der erheblichen Bedeutung, welche die Verkehrs- und Umsatzfähigkeit einer Aktie für ihre Verwendbarkeit, für ihr gesamtes Erscheinen auf dem Markt hat, ein sehr bedeutsamer Artunterschied, und wenn schon — nach früherem wie nach jetzigem Recht — eine und dieselbe Gesellschaft nebeneinander sowohl Namen- als auch Inhaberaktien ausgeben konnte und kann, so konnte das nach Art 209 doch nur so geschehen, daß es sich dabei um zwei voneinander gesonderte und der Anzahl der Stücke nach fest bestimmte Gruppen handelte, woraus weiter geschlossen werden muß, daß mit der Umwandlung, von welcher Art 209a Z 3 handelt, auch nur eine gruppenweise Umwandlung gemeint war. — Die Neuerung, welche demgegenüber die Novelle von 1900 durch den § 183 gebracht hat, ist insofern als Verbesserung anzuerkennen, als nunmehr eine Gründung nicht aus dem Grunde an der Nichtigkeit des Gesellschaftsvertrages scheitern kann, weil dieser über die Frage, ob Namen- oder Inhaberaktie, keine Bestimmung enthält. In solchem Falle müssen jetzt die Aktien auf den Namen gestellt werden. Man kann nur die Frage aufwerfen, ob es der Verkehrsanschauung nicht viel mehr entsprochen hätte, beim Schweigen des Gesellschaftsvertrages Inhaberaktien als das Gewollte zu unterstellen.

2. Weniger zu rühmen ist — gesetzestechnisch, aber auch sachlich — der Abs II. Was er positiv sagt, ist, daß der Aktionär Umwandlung seiner Aktie von Namenaktie in Inhaberaktie oder umgekehrt verlangen kann, wenn es im Gesellschaftsvertrage bestimmt ist. Damit ist der Rechtszustand geschaffen, daß Aktien derselben Gattung und einer und derselben Serie Namen- und Inhaberaktien sein können, die durcheinander und nebeneinander, außerdem möglicherweise auch im einzelnen Stück wieder wechselnd im Umlauf sind, eine Möglichkeit, welche nur erträglich ist, weil der Verkehr, soviel bekannt, von ihr keinen Gebrauch macht. — Sodann ist die Vorschrift zu eng ausgefallen, jedenfalls undeutlich. Denn es fragt sich, ob auch die Gesellschaft das Recht hat, von dem Aktionär zu verlangen, daß er einer Umwandlung zustimmt. Es ist kein Grund, es zu verneinen, wenn es im Gesellschaftsvertrag vorgesehen ist. A. A. Ritter § 183², Brand § 183² d. Nur wird, wenn es sich um Umwandlung von Inhaberaktien in Namenaktien handelt, die Sache daran scheitern, daß die Gesellschaft kein Mittel in der Hand hat, die Inhaber der Aktien zu der unbedingt erforderlichen Einreichung ihrer Aktienurkunden zu nötigen. Die Meinung Lehmann-Rings, die Gesellschaft könne die Einreichung der Urkunden durch Vorenthalten der Dividende erzwingen, ist theoretisch wohl nicht zu bestreiten. Das Mittel sieht aber sehr weitschichtig aus und muß praktisch in allen Fällen versagen, wo Dividendenscheine auf den Inhaber ausgegeben sind.

3. Zweifellos können Bestimungen über diese Umwandlung von Aktien auch durch Statutenänderung nachträglich eingeführt werden. Es fragt sich aber, ob solche nachträglichen Bestimmngen auch für die Inhaber der Aktien gelten, welche zur Zeit der Statutenänderung schon ausgegeben waren. Hier gehen die Ansichten ganz auseinander. Staub-Pinner § 183⁴ hat das früher verneint, hat in der 12./13. Auflage aber die Ansicht gewechselt; der letzteren Ansicht ist auch Lehmann-Ring § 183²; ersterer Ansicht Goldmann § 183¹⁰. Auch Brand § 183² legt der Statutenänderung rückwirkende Kraft bei; aber er steht auf dem Standpunkt, daß der Gesellschaft das Recht, die Umwandlung zu verlangen, überhaupt nicht bedungen werden könne. Makower § 183 II hält die Umwandlung einer Inhaberaktie in eine Namenaktie für einen Eingriff in das Sonderrecht des Aktionärs, nicht aber auch umgekehrt. Das ist wohl kaum zu billigen. Ein Aktionär kann ebensowohl an der Erschwerung der Umsatzfähigkeit der Aktie ein Interesse haben wie ein anderer an ihrer Erleichterung, zumal er nicht mehr in der Lage ist, die Urkunde außer Kurs zu setzen, EG BGB Art 176, EG HGB Art 26. Die Wahrheit ist, daß nach beiden Richtungen ein Sonderrecht des Aktionärs vorliegt und zwar ein keineswegs so gering einzuschätzendes, OLG 43, 298 (Stuttgart) hat die Umwandlung von Namenaktien in Inhaberaktien durch Statutenänderung gebilligt, mit einer Begründung, wonach auch die Umwandlung in umgekehrter Richtung nicht zu beanstanden wäre: die Generalversammlung hatte ohne ausdrückliche Statutenänderung die allgemeine Umwandlung selbst direkt beschlossen; auf das Bedenken, ob überhaupt ohne Zustimmung des Einzelnen dessen Aktie umgewandelt werden kann, ist das Gericht nicht eingegangen; allerdings war auch kein Widerspruch laut geworden.

4. Die Regel ist, daß bei der Gründung der Gesellschaft im Gesellschaftsvertrag, bei Erhöhung des Grundkapitals im Erhöhungsbeschluß zugleich bestimmt wird, ob Namen- oder Inhaberaktien. Es muß aber nach § 183 II angenommen werden, daß schon bei der Emission dem ersten Nehmer der Aktie zur Wahl gestellt werden kann, ob er die eine oder die andere Art Aktie haben will. Angesichts dieses Rechtszustandes wird man Staub-Pinner § 183³ darin recht geben müssen, daß die Bestimmung im Gesellschaftsvertrage auch so getroffen werden kann, daß der Vorstand soll zu entscheiden haben, ob er und wann er Namen- oder Inhaberaktien ausgeben will. — Die Umwandlung selbst ist ein Verwaltungsakt, zu welchem der Vorstand berufen ist, sobald der Aktionär sie fordert.

5. a) Aktien, welche unter Verletzung des § 183 ausgegeben werden, sind nicht deshalb nichtig, wie auch eine tatsächlich vorgenommene Umwandlung rechtswirksam ist, auch wenn sie nach § 183 nicht hätte erfolgen dürfen. Erleidet in solchen Fällen der Aktionär infolge des Versehens einen Schaden, so hat ihn die Gesellschaft zu ersetzen, wenn den Vorstand ein Verschulden trifft, während die Gesellschaft sich alsdann auf Grund § 241 II an das schuldige Vorstandsmitglied halten kann.

b) Nach Brand § 183² ᵃ, Ritter § 183² hätte die Kosten der Umwandlung die Gesellschaft zu tragen. Worauf das in dem Falle beruhen soll, daß der Aktionär die Umwandlung verlangt, ist nicht ersichtlich.

c) Der § 183 handelt ganz ausschließlich von dieser einen Umänderung Namenaktie—Inhaberaktie oder umgekehrt. Irgendwelche Änderung in dem Inhalt des Aktenrechts darf damit nicht verbunden sein oder verbunden werden. Daher liegt denn auch steuerrechtlich in dem erforderlichen Umdruck oder der Umstempelung nicht die Ausgabe einer neuen Urkunde, RG 40, 126; JW 1900, 474, 20 (noch weitergehend RG 45, 87). Vgl. aber jetzt KVStG § 39 und Ausf-Bestimmungen dazu § 180. S. § 185 Erl 1c.

§ 184.

Für einen geringeren als den Nennbetrag dürfen Aktien nicht ausgegeben werden[2]. Die Ausgabe für einen höheren Betrag[1] ist statthaft, wenn sie im Gesellschaftsvertrage zugelassen ist[3].

1. a) Der § 184 handelt von der Unterpari- und der Überpari-Emission der Aktien, d. h. von dem Verhältnis der auf die Aktie geleisteten oder zu leistenden Einlage zu dem Nennbetrag der Aktie. Das Natürliche und Nächstliegende ist, daß beides sich deckt. Denn das ist überhaupt der Sinn des Nennbetrages. Besteht das gesamte Vermögen, mit dem die A-Gesellschaft zur Entstehung kommt, in der Summe der Einlagen ihrer Mitglieder, ist, wie das der Begriff der A-Gesellschaft mit sich bringt, dieses Vermögen oder die Beteiligung an ihm in die Aktien zerlegt zu denken, so heißt das zugleich, da die Summe aller Nennbeträge dem Gesellschaftsvermögen gleich sein soll, daß Einzahlung auf die Aktie und ihr Nennbetrag gleich sein müssen. Ganz anders als bei der Entstehung der Gesellschaft liegt es, wenn die bestehende Gesellschaft aus Anlaß einer Erhöhung ihres Grundkapitals neue Aktien ausgibt. Denn nunmehr deckt sich der Nennbetrag der alten Aktie nicht mehr mit dem Werte der in ihr verkörperten Quote am Gesellschaftsvermögen und bleibt doch der Index für das Verhältnis, nach welchem alle Aktionäre sich in das Ganze teilen. Stehen die Aktien im Kurse — das ist der Wert, welchen nach der Börsenmeinung jene Quote hat — z. B. auf 150%, so können die jungen Aktien, will man den Beziehern nicht ein Geschenk machen, nur mit einem entsprechenden Aufschlag (Agio) auf den Nennbetrag begeben werden. Oder anders ausgedrückt, es muß der Nennbetrag der für die Einlage gewährten Aktie notwendig hinter der Einlage entsprechend zurückbleiben, weil in dem Nennbetrag zugleich die Quote zum ziffernmäßigen Ausdruck kommt, in welcher die neuen Aktien zusammen mit den alten am Ganzen beteiligt sind. Eine Überhöhung des Nennbetrages auf den Betrag der Einlage wäre eine entsprechende Benachteiligung der alten Aktien, die eben nicht eintreten soll. Entsprechend dasselbe gilt, wenn die Aktien der Gesellschaft im Zeitpunkt der Kapitalserhöhung im Kurse unter pari stehen. Hier müßte man, um gerecht zu bleiben, die Aktien gegen eine entsprechend geringere Einlage gegenüber dem Nennbetrag ausgeben, Unterpari-Emission mit bestimmtem Disagio. Nach allem läge nahe, anders zu unterscheiden als das Gesetz es tut, nämlich bei der Gründung der Gesellschaft beides zu untersagen, Über- und Unterpari-Emission, und bei der Kapitalerhöhung beides zuzulassen. Aus guten Gründen hat der Gesetzgeber sich anders entschieden. Wenigstens ist unter allen Umständen zu billigen, daß er die Unterpari-Emission in beiden Fällen — bei Gründung der Gesellschaft und bei Kapitalerhöhung — verboten hat, während zweifelhafter ist, ob er daran recht getan hat, daß er Überpari-Emission nicht nur bei Kapitalerhöhung, sondern auch bei der Gründung zugelassen hat. Vgl. hierzu die Mot zu Novelle von 1884, auf welche diese Bestimmung zurückgeht, S. 69: „Im Augenblick der Errichtung kann die Gesellschaft außer dem Grundkapital anderes Vermögen überhaupt nicht haben; in Gemäßheit dessen wird die Verpflichtung des Aktionärs durch den Nominalbetrag der Aktie begrenzt; eine weitergehende Verpflichtung würde juristisch kaum gerechtfertigt werden können und es wäre fraglich, ob ein Mehrbetrag überhaupt eingeklagt werden könnte; vom legislativen Standpunkt aus müssen solche juristischen Bedenken gegenüber den wirtschaftlichen Vorteilen zurücktreten; es wird in vielen Fällen wünschenswert sein, daß die Gesellschaft schon mit dem Augenblick ihrer Entstehung in einem neben dem Grundkapital bestehenden Reservekapital einen Rückhalt für nicht vorgesehene Verluste empfängt." Darauf, daß es in vielen Fällen wünschenswert ist, hätte kein Gewicht gelegt werden dürfen. Nur darauf konnte es ankommen, ob ein unabweisliches Bedürfnis nachweisbar ist, denn: „freilich kann nicht geleugnet werden, daß mit den Vorteilen auch Gefahren verbunden sind, daß durch Zahlung eines Agio für die erste Emission die Agiotage gefördert und daß namentlich der Mehrbetrag zur Verteilung fiktiver Dividende benutzt werden kann. Dem suche — wird weiter gesagt — der Entw. durch verschiedene Vorschriften zu begegnen:

a) durch die Anforderung, daß der ganze Vorgang mit möglichster Offenheit klar zur Erscheinung tritt; deshalb müsse schon der Gesellschaftsvertrag, wenn bei der Errichtung der Gesellschaft eine Überpari-Emission in Aussicht genommen werde, über ihre Zulassung und ihre Ausführung die nötigen Bestimmungen enthalten, wenn er gleich nicht den Betrag der Ausgabe zu bezeichnen habe,

b) im Zeichnungsschein müsse der Betrag angegeben sein (§ 189 III [3]),

c) der gesamte Mehrbetrag müsse außer der gesetzlichen oder statutarischen Quote des Nennbetrages vor Eintragung der Gesellschaft voll eingezahlt werden, so daß der ganze Vorgang unter der Kontrolle des Registerrichters stehe (§ 195 III),

d) das gesamte Agio sei dem gesetzlichen Reservefonds zuzuführen (§ 262 Z 2).

„Im Falle der Erhöhung des Grundkapitals bedarf dagegen die Zulassung der Überpari-Emission keiner Rechtfertigung; die juristischen Zweifel, welche bei Errichtung der Gesellschaft gegen eine solche Zulassung obwalten, liegen hier nicht vor, und wirtschaftlich ist hier die Sachlage noch günstiger; sie ist daher bei Anwendung der bereits für den ersten Fall gerechtfertigten Vorschriften ohne Bedenken."

b) Das wesentliche was Abs II bestimmt ist, daß bei der Gründung der Gesellschaft die Aktien für einen höheren Betrag ausgegeben werden können. Das verstand sich keineswegs von selbst, vielmehr würde aus der Begriffsbestimmung des § 178 das Gegenteil zu folgern sein. Es ist durchaus zutreffend, wenn die Mot. von 1884 an der oben zitierten Stelle sagen, daß ohne ausdrückliche Bestimmung zweifelhaft sei, ob die Gesellschaft ein bedungenes Agio auch nur einklagen könnte (wenn auch die herrschende Lehre von der Gesellschaft mbH, wo eine dem § 184 II entsprechende Vorschrift nicht besteht, das Gegenteil annimmt. Vgl. Brodmann GGmbH § 3 Erl. 7). Dagegen muß die Form, in welcher die Vorschrift gegeben ist, als mißglückt bezeichnet werden. Die Bestimmung, daß es für Vereinbarung eines Aufgeldes einer Ermächtigung durch den Gesellschaftsvertrag bedarf, hätte allenfalls einen Sinn, wenn der § 184 II sich auch auf den Fall der Kapitalerhöhung bezöge. Es ist aber heute kaum noch bestritten, daß sie das nicht tut, OLG 11, 391 (KG), Marderssteig in HoldhMS 27, 75, Lehmann-Ring § 278[10], Esser in HoldhMS 1900, 34. Bei der Gründung der Gesellschaft kann es zu einer Überpari-Emission gar nicht kommen, ohne daß ausnahmslos jeder einzelne Aktionär — Gründer oder Nichtgründer — sich in freiwilliger Vereinbarung zur Zahlung des Agios verpflichtet. Weswegen es dazu noch einer Ermächtigung im Statut bedarf, die doch auch ihre Rechtsgrundlage nur in dem Vertragschluß besäße, ist unerfindlich. Auch für Publizität, wenn es darauf ankäme — Dritte, welche nicht Aktien übernehmen, interessiert es gar nicht — wäre auch ohne das gesorgt. — Daher ist denn auch die Frage, ob eine solche Bestimmung auch durch Statutenänderung nachgefügt werden könne (Staub-Pinner § 184[5]), gegenstandslos. Ziemlich rätselhaft ist denn auch die Bestimmung in § 196 V, wonach in der konstituierenden Generalversammlung dieser Punkt des Statuts nur mit Zustimmung aller Erschienenen soll geändert werden können. Wenn es zu dieser Generalversammlung kommt, muß längst entschieden sein, zu welchem Kurse die Aktien ausgegeben werden. Daran kann, wenn überhaupt, nur mit Zustimmung aller Aktionäre, auch der nicht erschienenen, geändert werden.

c) Die Frage, ob bei der einzelnen Emission der Ausgabekurs durchweg derselbe sein müsse, wird von der herrschenden Lehre verneint, Staub-Pinner § 184[6], Brand § 184[2 b], der die Frage als streitig bezeichnet, während Lehmann-Ring differente Behandlung sehr bedenklich findet. An und für sich läßt sich nicht das geringste dagegen einwenden, weil es kein Agio gibt, das nicht auf freier Vereinbarung beruhte. Auch dagegen wäre nichts einzuwenden, daß bei der Aufforderung zu zeichnen der Ausgabekurs so bestimmt wird, daß er z. B. von Woche zu Woche steigt. Man könnte dem Unternehmen nur Glück wünschen, das in der Lage ist, das zu tun. Dagegen wäre es unzulässig, die angekündigten Ausgabekurse zu senken, nachdem eine Anzahl Zeichnungen, aber noch nicht genügend, erfolgt sind.

d) Bei Sacheinlagen liegt Überpari-Emission vor, wenn der vertragsmäßig bestimmte Wert des eingebrachten Gegenstandes den Nennwert der dafür gewährten Aktien übersteigt, offene Überpari-Emission, wenn die Einigung über den Wert des Gegenstandes im Vertrage wahrheitsgemäß zum Ausdruck gekommen ist, sonst verschleierte. Auch auf diesen Fall bezieht sich der § 184 II. Es ist zu eng, wenn RG 61, 302 das nur in Beschränkung auf das Steuerrecht ausspricht. Vgl. auch RG 67, 327, ferner RG 76, 139; es kommt nicht sowohl auf den Wert an, welchen die Aktien für den Erwerber haben, als auf den Wert oder den Preis, zu dem die Gesellschaft die Papiere dem Erwerber überläßt; es ist zu prüfen, ob aus dem gesamten Inhalt des Emissionsgeschäfts sicher zu schließen ist, daß für die Bemessung der in der Hingabe der Aktien bestehenden Leistung nicht schlechthin der Ausgabepreis, sondern ein größerer oder geringerer Mehrwert maßgebend gewesen ist. Klar zutage liegt die Überpari-Emission, wenn gleichzeitig auch gegen Bareinlagen Aktien ausgegeben werden und diese mit einem Agio. Vgl. RG 69, 199.

2. a) Schlechthin verboten ist die Ausgabe der Aktien unter ihrem Nennwert. Bei Gründung der Gesellschaft hätte sie überhaupt keinen angebbaren Sinn, und unbedingt nötig wäre es nicht einmal gewesen, sie ausdrücklich zu verbieten. Dagegen wird das Verbot mit einer gewissen Berechtigung bei Erhöhung des Gesellschaftskapitals einer bestehenden A-Gesellschaft als beschwerlich empfunden (s. oben Erl 1 a). Bei Kursstand der Aktien unter pari wird die reguläre Erhöhung des Grundkapitals unmöglich, wenn man die neuen Aktien nicht auch unter pari ausgeben darf. Man muß dann schon die letzteren mit Vorrechten ausstatten, welche sie zum Parikurs annehmbar machen. Oder man setzt vorher oder gleichzeitig das Grundkapital herab, was unbequem und zeitraubend ist. Der Entw. des Gesetzes von 1884 wollte in dieser Frage die Unterpari-Emission zulassen. Vgl. hierzu den Konflikt zwischen dem Handels- und dem Justizminister in Preußen, von welchem Nissen in GZ 21, 115 ff. berichtet. In den Mot. S. 70 f. sind die Gründe für und wider gegeneinander abgewogen. Die Reichstagskommission und ihr folgend der Reichstag haben anders entschieden. In Bericht S. 15 wird gesagt: zugunsten der

Zulassung ist geltend gemacht, daß gerade für A-Gesellschaften, welche das Verdiente als Dividende herauszahlen müßten, Zeiten der Geldknappheit besonders kritisch seien, und daß es nicht ratsam sei, diesen für solche Zeiten ein Mittel zu entziehen, das nach den gesetzlichen Bilanzbestimmungen nicht weniger solide sei, als die Aufnahme von Prioritäten, welche verzinst werden müßten, ohne daß man vielleicht darauf rechnen könne, in den ersten Jahren auch Zinsen zu verdienen, und das sich auch vor der Ausgabe von bevorzugten Aktien empfehlen könne; darauf wurde entgegnet, gerade mit unter pari emittierten Aktien sei ein besonders schwindelhaftes Börsenspiel getrieben worden, die Unterpari-Emission sei mehrfach benutzt worden, um den Kurs an sich guter Aktien künstlich niederzuhalten, vor allem verleite sie zu laxer Bilanzaufstellung, denn es ist das natürliche Bestreben, möglichst bald wieder zur Verteilung von Dividenden zu kommen und das Emissions-Disagio früher als gedeckt erscheinen zu lassen, als es wirklich der Fall ist. Niemand wird behaupten, daß die inzwischen gemachten Erfahrungen der Inflationszeit danach angetan sind, diese letzteren Gründe abzuschwächen. Auch ist für Sanierungen die Unterpari-Emission deswegen besonders ungeeignet, weil sie nicht umhin kann, die Unterbilanz nur noch zu vergrößern, während anderseits die inzwischen eingetretene Herabsetzung des Mindestbetrages der Aktien auf 100 M. wenigstens den alten A-Gesellschaften mit ihren 1000 M.-Aktien, die Möglichkeit bedeutend erweitert, sich durch weitgehende Herabsetzung des Grundkapitals und Ausgabe gleichberechtigter junger Aktien von geringerem Nennbetrag zu helfen.

b) Bestritten ist die Rechtslage, wenn die Aktien **trotz des Verbotes** unter pari **ausgegeben** werden. Nach **Brand** § 184[1, 4], **Goldmann** § 184[4], **Lehmann-Ring** § 184[1], **Ritter** § 184[1] ist die Übernahme der Aktie nichtig, nach **Makower** wird sie durch Eintragung der Gesellschaft oder des Kapitalerhöhungsbeschlusses in das Handelsregister so wie sie vereinbart ist, gültig, während nach **Staub-Pinner** § 184[2] die Vereinbarung zwar die Beanstandung der Eintragung in das Handelsregister rechtfertigt aber nicht nichtig, vielmehr in dem Sinne giltig ist, daß der Übernehmer zur Einzahlung des vollen Nennbetrages verpflichtet ist. Es wird zu unterscheiden sein, ob der Verstoß offen begangen wird oder versteckt. Auch die versteckte Unterpari-Emission, z. B. durch Bewilligung von Rabatt, ist verboten. Hier ist lediglich die Sonderabrede nichtig, die Emission zum Nennbetrag gültig. Ist aber im Vertrage ganz offen vereinbart worden, daß weniger als der Nennbetrag eingezahlt werden soll, dann ist das schlechthin nichtig. Es ist nicht ersichtlich, woher in solchem Fall die Verpflichtung kommen soll, den ganzen Betrag einzuzahlen, und es wäre ja auch, wenn es so wäre, gar kein Grund, deshalb die Eintragung der Gesellschaft oder des Kapitalerhöhungsbeschlusses in das Handelsregister abzulehnen. — Wohl aber kann, wenn die Übernahme der Aktien durch Zeichnung erfolgt, die Nichtigkeit gemäß § 189 IV geheilt werden, **Lehmann-Ring** a. a. O.

c) Kann die A-Gesellschaft schon Aktien nicht unter dem Nennbetrag ausgeben, so ist vollends ausgeschlossen, daß sie sie für nichts ausgibt. Was im Verkehr **Gratisaktie** genannt wird, verdient diese Bezeichnung ganz und garnicht, die nur geeignet ist, Verwirrung anzustiften und auch bereits genug Verwirrung angerichtet hat. Vgl. RG 107, 168: „Die Bezeichnung Gratisaktie ist irreführend; Freiaktien im Sinne von Mitgliedschaften ohne Leistungspflicht sind mit dem Wesen des Aktienrechts unvereinbar (§ 278 HGB); will man von Gratisaktien in solchen Fällen sprechen, wo die A-Gesellschaft bei einer Kapitalerhöhung den Aktionären die zur Einzahlung auf die neuen Aktien erforderlichen Beträge aus freier Reserve zur Verfügung stellt, so sei ein solches Verfahren nur zulässig, wenn die den Aktionären von der A-Gesellschaft zur Verfügung gestellten Summen bereits durch die Bilanz der früheren Jahre als Reingewinn festgestellt und ausgeschieden und nur die Verteilung verschoben war". Das letztere ist wohl zu eng. Die Ausgabe von Gratisaktien kann nur im Zusammenhang mit dem Abschluß der Jahresrechnung vorkommen. Verfügt die Gesellschaft über soviel Jahresgewinn einschließlich des Gewinnvortrages aus dem vorhergehenden Jahr, daß bei Erhöhung des Grundkapitals um diesen Betrag auf jeden Aktionär eine seinem Aktienbesitz entsprechende Anzahl der jungen Aktien entfällt, ohne daß Spitzen bleiben, so kann die Generalversammlung mit einfacher Mehrheit beschließen, daß den Aktionären, einem jeden nach seiner Wahl, entweder die Dividende gezahlt oder die entsprechende Anzahl von Aktien gewährt wird. Dagegen kann sie dasselbe, unter Verwendung (anderer) freier Reserven nur beschließen, wenn von keinem Aktionär Widerspruch erhoben wird. S. Erl. zu § 213. Vgl. auch **Holländer** in HoldhMS 23, 88, dem nur darin widersprochen werden muß, als hätte die Mehrheit in Beziehung auf offene Reserven freiere Hand als in Beziehung auf stille. Darüber, daß in der Ausgabe von Gratisaktien Verteilung des Jahresgewinnes liegt s. RFH 11, 157 gegen **Fürnrohr**, Deutsche Steuer-Zeitung 1921, 291, ZAW 1921, 284 und **Bernicken** BankArch 20, 219; 21, 287; **Karger** in ZAW 22, 259; **Erlinghaagen** das 305. So ferner **Brodmann** ZBH II 54, 265, 376. — In OLG 19, 333 (München) wird gelegentlich einer ähnlichen Transaktion (Verwendung freier Reserven zur Erhöhung des Nennbetrages der Aktien) gesagt, es handle sich nicht um Bar-, sondern um Sacheinlagen, weil der Betrag der Reserven nicht bar vorhanden wäre. Das ist kaum der richtige Gesichtspunkt. Von Sacheinlagen kann man nur von dem gekünstelten Gesichtspunkt aus sprechen, daß nicht lediglich das Hin- und Herschieben des Geldes vermieden worden ist, sondern die Aktionäre ihren Anspruch gegen die Gesellschaft einbringen. — In einem gewissen Sinne könnte man auch von Gratisaktie sprechen, wenn bei Übernahme der Aktie bedungen wird, daß die Gesellschaft verpflichtet sein soll, sie auf Verlangen zum Nennwert zurückzunehmen, was ebenso unzulässig ist, wie die Ausgabe echter Gratisaktien. Anders anscheinend die infolge mangelhafter Berichterstattung freilich dunkle, aber in höchst auffallenden Wendungen sich bewegende Entscheidung des RG in Recht 1913, 2165. — Vgl. auch Rosendorff, Bilanzpolitik der A-Gesellschaften während des Krieges 93; ferner in HoldhMS 1917 Nr. 11, 12; 1918 Nr. 1. — Zur Streitfrage, ob der Vorstand, ohne die Generalversammlung zu fragen, Vorratsaktien, über welche er verfügt, zu mäßigem Kurs den Aktionären zur Verfügung stellen darf (Baum in BankArch 20, 344, 21 Nr. 1 und Bernicken BankArch 20, 304, 21, 355), könne man sagen, daß er von den Aktien gar keinen besseren Gebrauch machen kann als diesen, vorausgesetzt, daß allen Aktionären gleichmäßig und ohne Spitzen der Anspruch auf Bezug der Aktien gewährt wird. Indessen können auch solche Aktien den Aktionären nicht andern zufließen als in Gestalt von Dividenden, § 213 (oder unter Herabsetzung des Grundkapitals verschwinden, Rosendorff, Organisation der Konzerne 66). Ein Bezugsrecht im Sinne der §§ 282, 283 liegt darin nicht. Die Aktien sind bereits ausgegeben und begeben.

§ 185.

Im Gesellschaftsvertrage können für einzelne Gattungen[1] von Aktien verschiedene Rechte, insbesondere in betreff der Verteilung des Gewinns[2] oder des Gesellschaftsvermögens, festgesetzt werden[3, 4, 5, 6].

1. a) Im Begriff der A-Gesellschaft liegt, daß das Grundkapital in eine Menge untereinander gleicher und daher gegeneinander vertretbarer Aktien eingeteilt ist. Jedoch können auch von derselben Gesellschaft untereinander verschiedene Gruppen von Aktien ausgegeben werden. Im Anschluß an die Ausdrucksweise der Novelle von 1884 unterscheidet man zwischen verschiedenen Arten und verschiedenen Gattungen von Aktien, und man spricht von verschiedenen Arten, wenn die Gruppen sich in äußeren Merkmalen unterscheiden, nicht aber im Inhalt der Berechtigung, während Gattungen durch Verschiedenheit des in der Aktie verkörperten Rechts geschaffen werden. Als verschiedene Arten bezeichnet ausdrücklich das frühere Gesetz die Inhaber- und die Namenaktie (Art 209 II Z 4). Ebenfalls sind Aktien verschiedener Emissionen, alte und junge Stammaktien als solche nur verschiedene Arten von Aktien. Wenn RG in Recht 1916, 1120 in Beziehung auf einen Kauf junger Aktien sagt, alte Aktien seien etwas ganz anderes als der Kaufgegenstand, so war damit nur gemeint, daß, wer junge Aktien gekauft hat, alte Aktien nicht braucht als Leistungsgegenstand gelten zu lassen, wenn es zur Erhöhung des Grundkapitals und Ausgabe der jungen Aktien nicht gekommen ist. In diesem Fall hätte der Käufer, auch wenn er alte Aktien gekauft hatte, diese dann zurückweisen können, wenn hier ausdrücklich, wie dort implizite zur Voraussetzung gemacht worden wäre, daß die Gesellschaft ihr Grundkapital erhöht. — Aktien mit Verpflichtung zu Nebenleistungen sind eine andere Gattung als solche ohne Nebenverpflichtungen, Bolze 5, 757; zu vorsichtig RG 80, 95. — Als verschiedene Gattungen erscheinen die Stammaktie und die Prioritäts- oder Vorrechtsaktie (Art 209 a I Z 4, woraus ziemlich wörtlich übereinstimmend der § 185 entstanden ist). Der § 185 bestimmt, daß es zulässig ist, im Statut die Ausgabe verschiedener Gattungen, also im Inhalt des Rechts verschieden ausgestattete Anteilrechte zu schaffen, auch entsprechend Aktien auszugeben. Seitdem hat sich auch die Terminologie geklärt, die vordem verworren und verwirrend gewesen ist. So sprach man von Stammprioritäts- oder Prioritätsstammaktien und meinte damit Vorrechtsaktien, welche gleich bei der Gründung zugleich mit den Stammaktien ausgegeben werden. Andererseits nannte man auch die Schuldverschreibungen der A-Gesellschaften Prioritäten oder Prioritätsobligationen oder gar — Schuldverschreibungen und Aktien auch sachlich nicht klar voneinander scheidend — Prioritätsaktien, während heute nach festem Sprachgebrauch Prioritätsaktien dasselbe bedeutet wie Vorrechtsaktien.

b) Der § 185 bestimmt, daß es zulässig ist, im Statut die auszugebenden Aktien mit verschiedenen Rechten, insbesondere betreffs der Verteilung des Gewinnes oder des Gesellschaftsvermögens, auszustatten. Die frühere Fassung: „insbesondere betreffs der Zinsen oder Dividenden, oder des Anteils am Gesellschaftsvermögen", ist geändert worden, weil Zinsen überhaupt nicht in Frage kommen können und weil das Gesetz von 1900 ziemlich überflüssigerweise den Ausdruck in Art 216 I: „jeder Aktionär hat einen verhältnismäßigen Anteil am Vermögen der Gesellschaft" als dem Mißverständnis ausgesetzt hat fallen lassen und daher auch hier am Ausdruck korrigieren mußte. — Rein sprachlich ist die Vorschrift mißglückt. Hervorgehoben zu werden verdient, daß in der Vorschrift in § 252 I Satz 4 die gleiche Wendung wiederkehrt und dort, anders wie hier, von der herrschenden Lehre nicht verbessert, sondern wörtlich verstanden wird. Hier ist man sich darin einig, daß das Gesetz sagen will, nicht daß verschiedene Gattungen mit verschiedenen Rechten ausgestattet werden können, sondern daß Aktien zu verschiedenen Gattungen werden, wenn man, und dadurch, daß man sie mit Rechten verschieden ausstattet.

Steuerrechtlich ist § 180 der Ausführungsbestimmungen zum Kapitalverkehrsteuergesetz (C. Bl. f. das Deutsche Reich 1922, 1043 ff.) maßgeblich:

Wertpapiere gehören nur dann zu derselben Gattung, wenn sie von demselben Aussteller ausgegeben sind und in ihnen eine dem Inhalte nach gleiche Berechtigung verbrieft ist. Dabei macht es keinen Unterschied, wenn Stückelung und Zinstermine der ausgetauschten Wertpapiere verschieden sind.

Unter den von demselben Aussteller ausgegebenen Wertpapieren gehören insbesondere nicht zu derselben Gattung

a) Wertpapiere verschiedener Währung,

b) Aktien, Kuxe, Genußscheine und verzinsliche Wertpapiere,

c) Aktien, für die verschiedenen Rechte in betreff der Verteilung des Gewinnes oder des Gesellschaftsvermögens (Stammaktien, Vorzugsaktien) oder des Stimmrechts festgesetzt sind oder für die eine verschiedene Art der Einziehung vorgeschrieben ist (§§ 185, 227, 292 HGB). Inhaberaktien und Namenaktien gehören nicht zu derselben Gattung,

d) verzinsliche Wertpapiere usw. . . .

e) Genußscheine, die verschiedene Rechte gewähren.

Sind die Wertpapiere zu verschiedenen Zeiten ausgegeben, so sind sie als zur selben Gattung gehörig anzusehen, falls die übrigen Voraussetzungen für die Zugehörigkeit zur selben Gattung vorliegen, z. B. Stammaktien verschiedener Ausgabe, die einander gleichgestellt sind . . .

c) Im allgemeinen hat man keine Veranlassung, und jedenfalls liegt kein dringendes Bedürfnis dafür vor, bei der Gründung der A-Gesellschaft neben den Stammaktien Vorrechtsaktien auszugeben. Im einzelnen Fall kann es verständlich sein und gerechtfertigt erscheinen, z. B. wenn einer der Gründer einen besonders wichtigen Gegenstand, etwa ein aussichtsvolles Patent einbringt und ihm dafür Vorrechte in Beziehung auf die Dividende u. ä. eingeräumt werden.

Praktisch ungleich häufiger und wichtiger ist die Maßregel bei der Erhöhung des Grundkapitals und damit tritt die Frage auf, ob und inwiefern auch nachträglich durch Statutenänderung Vorrechtsaktien geschaffen werden können. Auch hier wird die Unterbringung der jungen Aktien in Gestalt von Stammaktien keine Schwierigkeit bieten, wenn das Unternehmen finanziell gut, die Aktien hoch im Kurse stehen. Anders im entgegengesetzten Fall und namentlich, wenn es geradezu die Sanierung der Gesellschaft gilt.

Grundsätzlich gesprochen, kann man behaupten, daß schon an und für sich die Erhöhung des Grundkapitals, m. a. W. die Aufnahme neuer Mitglieder oder die Schaffung neuer Mitgliedsrechte das Sonderrecht des einzelnen Aktionärs auf seine Quote an der Beteiligung berührt. Das wird allerdings, wenigstens der Möglichkeit nach, dadurch ausgeglichen, daß neues Geld hereinkommt. Mit dem Divisor vermehrt sich auch der Dividendus. Es kommt nur darauf an, daß beides in gleichem Maße geschieht, und was etwa daran verfehlt wird, findet am Bezugsrecht des Aktionärs (§ 282) seine Korrektur. Dadurch, daß es erlaubt ist, das Bezugsrecht durch Mehrheitsbeschluß auszuschließen, ist die Möglichkeit einer Hintansetzung der Stammaktien durch positive Vorschrift legitimiert. Von der schlichten Kapitalerhöhung ist in dieser Beziehung die Kapitalerhöhung unter Ausgabe von Vorrechtsaktien grundsätzlich nicht unterschieden. Denn auch hier steht dem Nachteil, mag er auch erheblicher sein, der Vorteil der Vermögensvermehrung gegenüber, und der Unterschied ist nur, daß die Balanzierung beider schwieriger, ziffernmäßig ausgerechnet überhaupt nicht mehr ausführbar ist. Da es hierbei (wenn das Bezugsrecht ausgeschlossen ist) keinen Unterschied macht, ob Dritte die neuen Aktien übernehmen oder Aktionäre, so ist es auch kaum etwas anderes, jedenfalls nichts Bedenklicheres, wenn ohne Kapitalerhöhung den Aktionären angeboten wird, gegen Zahlung eines bestimmten Betrages ihre Aktien mit besonderem Vorrecht auszustatten. Denn ist das auch für diejenigen Aktionäre empfindlich, welche nicht gewillt oder nicht in der Lage sind, die Zuzahlung zu leisten, so steht dem auch wieder darin ein Vorteil gegenüber, daß wenigstens die Anzahl der Aktien nicht vermehrt wird, und praktisch kommt es immer nur darauf an, wie hoch die Zuzahlungen sind und welcher Art die gebotenen Vorrechte, und schließlich auch, wie die gesamte Lage des Unternehmens ist und wie groß das Bedürfnis nach neuem Geld. Andererseits ist nicht zu bestreiten, daß darin eine, wenn auch indirekte, trotzdem gegen § 211 verstoßende Nötigung zur Zahlung von Nachschüssen liegt. Und so ist in der Theorie bis auf den heutigen Tag die Frage, ob es überhaupt zulässig ist, streitig. Vgl. hierzu Lehmann ArchBR 9, 363, Pinner HoldhMS 02, 153, DJZ 02, 358, Lazarus das. 03, 78, Schweizer das. 03, 220. Die Rechtsprechung hatte sich schon vor der Novelle von 1900 mit der Zulässigkeit der Maßregel abgefunden, OLG 37, 550, KGJ 16, 14; 24, 68, HoldhMS 92, 26, und durch den § 262 Z 3, wonach die Zuzahlungen, welche in diesem Falle von Aktionären geleistet werden, in der Regel in den gesetzlichen Reservefonds fließen müssen, ist die Maßregel, wenn nicht direkt, so doch mittelbar auch positiv für zulässig erklärt, RG 52, 287; JW 1910, 623[22].

A. A. Laband DJZ 02, 229, der an sich zutreffend darauf hinweist, daß die Bestimmung des § 262 Z 3 einen guten Sinn für die Fälle hat, wo die Generalversammlung diese Gewährung von Vorzugsrechten gegen Zuzahlung beschließt, ohne daß ein Aktionär Widerspruch erhebt, während mit ihr noch nicht entschieden sei, daß ein solcher Widerspruch unbeachtlich wäre. Indessen ist nicht zu verkennen, daß der Gesetzgeber sich hier auf den Standpunkt der Rechtsprechung hat stellen wollen, in der die Zulässigkeit sich bereits durchgesetzt hatte. Vgl. D 147 f. und Heinemann, Das Grundprinzip der Aktienform S. 29 ff.

d) Mit der letzterwähnten Maßregel berührt sich sachlich eine andere Methode der Sanierung, die darin besteht, daß man das Grundkapital unter Zusammenlegung der Aktien herabsetzt und dabei diejenigen Aktien, auf welche Zahlungen geleistet werden, von der Zusammenlegung ausschließt oder bei der Zusammenlegung durch ein günstigeres Verhältnis bevorzugt. Damit werden nicht verschiedene Aktiengattungen, nicht der Form nach Vorrechtsaktien geschaffen, aber der Sache nach doch die Aktien, auf welche die Zuzahlungen erfolgen, in ihrem Beteiligungsverhältnis dauernd bessergestellt. Es finden sich auch beide Methoden kombiniert angewendet. Den mit der Zusammenlegung verschonten Aktien werden auch ausdrücklich noch Vorzugsrechte eingeräumt. In die Sonderrechte des Einzelnen greift die eine Methode ebensosehr oder ebensowenig ein wie die andere.

e) Während im allgemeinen die Schaffung solcher Vorrechtsaktien durch (qualifizierten) Mehrheitsbeschluß zulässig ist und nur generell die Schranke gilt, daß der Beschluß nach Inhalt und Umständen nicht auf einem gegen die guten Sitten verstoßenden Mißbrauch der Mehrheitsgewalt beruhen darf, hat in Beziehung auf die differente Zusammenlegung von Aktien das Reichsgericht eine weitere positive und exakte Grenze gezogen: es muß das Opfer, welches der Zuzahlende mit seinem Zuschuß bringt, mit dem Verlust äquivalent sein, den die anderen durch die Zusammenlegung erleiden. Wollte man — lautet es in RG 80, 81 — den Zuschlagszwang nur durch die allgemeine Vorschrift des § 138 BGB (Verstoß gegen die guten Sitten) begrenzen, so würde das praktisch auf die Preisgabe des aktienrechtlichen Grundsatzes der Gleichbehandlung hinauslaufen. Im Falle RG 52, 287 ging der angefochtene Beschluß dahin, die (auf 600 M lautenden) Aktien werden im Verhältnis von 4 : 1 zusammengelegt, den Inhabern von 5 Stammaktien werden, wenn sie 800 M draufzahlen, 2 Vorzugsaktien über 2000 M gegeben. Das RG rechnet, es hätte die Zuzahlung nicht 800 M, sondern 1250 M betragen müssen, und so verstoße der Beschluß gegen das Gesetz. Im Falle RG 80, 81 war beabsichtigt, daß die auf 1000 M lautenden Aktien im Verhältnis von 2 : 1 zusammengelegt werden, diejenigen Aktien aber, auf welche 400 M gezeichnet würden, sollten der Zusammenlegung nicht unterliegen. Das Reichsgericht rechnet hier, die Zuzahlung hätte 500 M betragen müssen. Ganz übel sieht der Fall DJZ 02, 153 aus: Auf jede Aktie sind 5% des Nennwerts zuzuzahlen, anderenfalls werden die Aktien im Verhältnis von 6 : 1 zusammengelegt. S. auch LZ 1918, 1155[5] (Dresden). — In allen diesen Rechnungen steckt der Fehler, daß ihnen ohne weiteres der Nennbetrag der Aktie zugrunde gelegt wird. Will man das obige Prinzip der Äquivalenz der beiderseitigen Opfer richtig zur Geltung bringen, so müssen die Zahlen der Rechnung den wirklichen Verhältnissen entsprechen, und es kann das nur so geschehen, daß man von dem Wert ausgeht, welchen die Aktien haben. Andernfalls beruht die Äquivalenz einfach auf einem Rechenfehler, ist also gerade nicht vorhanden. So war im obigen ersteren Falle die Äquivalenz vollständig gewahrt, wenn die Aktien 16% des Nennbetrages wert gewesen sein sollten. Im zweiten Falle war das Verhältnis ganz richtig getroffen, wenn der Wert der Aktie 40% des Nennbetrags gewesen wäre. Und selbst der dritte Fall ist nicht zu beanstanden, wenn der Wert der Aktien 1% betragen haben sollte. Vgl. hierzu Schmalenbach Z.f.handelsw.Forschung II 43 ff. und Dalberg JW 1913, 519, der so formuliert: Es wird ein unstatthafter Zwang nur dann anzunehmen sein, wenn vernünftige wirtschaftliche Erwägung dem Aktionär sagt: Du mußt zuzahlen, wenn du dich nicht sicherer Benachteiligung aussetzen willst; wenn dagegen die Gesellschaft vermutlich auch mit der Zuzahlung es nicht wieder zur Rentabilität bringen wird, wird kein Zwang und keine Benachteiligung vorliegen, mögen auch noch so große Vorteile an die Zuzahlung geknüpft sein; es stehen dann eben die Vorteile mit dem Risiko in Einklang. Vgl. hierzu die Kontroverse zwischen Lazarus DJZ 03, 77 und Schweizer das. 220.

Gegen die Auffassung des Reichsgerichts hat man auch eingewendet, daß das von ihm Beanstandete sich ohne Schwierigkeit auf einwandfreiem Wege dadurch erreichen ließe, daß man zunächst das Grundkapital herabsetzt und im Betrag der erforderlichen Zubuße unter Erhöhung des Grundkapitals neue (Vorzugs-)Aktien zum Nennwert ausgibt (Heinemann, Das Grundprinzip der Aktienform und der Nachschußzwang 64; Tecklenborg HoldhMS 03, 117 f.). Was Leist, Sanierung 47 ff. dagegen vorbringt, widerlegt diesen Einwand nicht. Es läuft auf den richtig gesehenen Zusammenhang hinaus, daß, wenn man das Grundkapital über das Bedürfnis herabsetzt, die alten Aktien, soviel ihrer geblieben sind, mehr wert sind, als ihr Nennbetrag, so daß die neuen Aktien für den Nennbetrag zu billig fortgegeben werden und daß es umgekehrt sich verhält, wenn die Herabsetzung des Grundkapitals nicht ausreicht, die Unterbilanz gänzlich zu beseitigen. In dem, worauf es ankommt, weicht auch Leist vom Standpunkt des Reichsgerichts ab. Auch er stellt den irgendwie zu ermittelnden Wert des vorhandenen Gesellschaftsvermögens in die Rechnung ein. Übrigens sind seine Rechnungen für die von ihm erörterte Frage insofern unverwendbar, als er mit der Anzahl der Aktionäre, welche sich zu Zuzahlungen entschließen, wie mit gegebener Größe rechnet. Gerade das aber läßt sich im voraus nicht erkennen. Das viel einschneidendere Verhältnis ist, daß die Benachteiligung des nichtzahlenden Aktionärs um so empfindlicher wird, je mehr Aktionäre sich mit Nachschüssen beteiligen. Endlich sind die Rechenbeispiele Leists nur zutreffend, wenn — entgegen der Annahme — die neuen Aktien mit den alten Aktien gleichberechtigt sind. Werden Vorzugsaktien ausgegeben, dann hört jede exakte Rechnung auf. — Das Reichsgericht hat in RG 80, 81 schon Gelegenheit gehabt, zu obigem Einwand (Abs I) Stellung zu nehmen, tut das aber in einer Weise, die ihn gar nicht trifft (S. 86). Nicht auf den zukünftigen Wert der Aktie nach der Sanierung kommt es an, sondern auf den gegenwärtigen Wert vor der Sanierung. Und wenn das Reichsgericht sagt, es sei unmöglich, einen anderen Maßstab aufzufinden als den Nennwert, von dem Ergebnis späterer im Prozesse vorgenommener Schätzungen des Wertes ließe sich die Entscheidung nicht abhängig machen, so ist es doch bekannt genug, daß die Gerichte oft darauf angewiesen sind, derartiges doch zu tun. S. auch BauersZ 28, 21.

Übrigens steckt in diesen Rechnungen auch noch ein anderer Fehler, und das trifft allerdings den Punkt, auf den die obigen Worte des Reichsgerichts hindeuten. Man kann den Vorteil nicht unbeachtet lassen, der auch für die nicht zuzahlenden Aktionäre darin liegt, daß neues Geld hereinkommt, womit man denn auf einen Faktor der Rechnung stößt, der sich überhaupt nicht in bestimmten Zahlen einstellen läßt (Heinemann in HoldhMS 1909, 259).

Schließlich aber und vor allem gerät man mit dieser Heranziehung des Grundsatzes gleichmäßiger Behandlung der Gesellschafter in Widerspruch mit sich selbst, wenn man diese Methode der Sanierung nicht überhaupt verwirft. Denn das Ganze hat doch nur den Zweck, die Aktionäre zu bestimmen, daß sie sich statt für Nichtzahlung für Zuzahlung entscheiden, und woher soll der Anreiz dazu kommen, wenn dieses gar keinen Vorteil vor jenem bietet.

f) Das Bedenken des Registerrichters gegen den Beschluß, daß bei Vermeidung einer Zusammenlegung der Aktien im Verhältnis von 4 : 1 30% des Nennbetrages einzuzahlen seien, hat OLG Dresden in HoldhMS 02, 111 unter b für unbegründet erklärt, weil die Frage, ob Vorteil und Nachteil in angemessenem Verhältnis zueinander stehen, nur unter Berücksichtigung aller Umstände und, wenn streitig, nur im Prozeßwege ausgetragen werden könne. In Wahrheit kann es in diesen Fällen für den Registerrichter immer nur darauf ankommen, ob der Beschluß angefochten worden ist oder nicht. —

g) Läßt man die Einräumung von Vorzugsrechten bei Zuzahlungen zu, so muß dasselbe gelten, wenn nicht Zuzahlung, sondern darlehnsweise Hergabe von Geld verlangt wird. So lag es im Falle RG 41, 97, der aber in anderer Richtung das Besondere bietet, daß man hier gewissermaßen den umgekehrten Weg eingeschlagen, den Zuzahlenden nicht Vorzugsrechte in Aussicht gestellt hat, sondern den Nichtzahlenden Entziehung ihrer Vorzugsrechte. Das Reichsgericht erklärte es für bedenklich (die gesonderten Abstimmungen beider Aktiengattungen hatten stattgefunden), sah sich aber einer Entscheidung überhoben, weil zugleich den nichtzahlenden Vorzugsaktien Zusammenlegung in Aussicht gestellt war und aus § 275 III die Befugnis nicht hergeleitet werden könne, den Vorrechtsaktien außer ihren Vorrechten obendrein auch noch allgemeine Mitgliedsrechte zu schmälern, welche den anderen Aktiengattungen verbleiben sollen, so daß schon aus diesem Grunde der Anfechtungsklage stattzugeben war. RG 76, 155 hat (nebenbei) den Beschluß für unbedenklich erklärt, daß bei Erhöhung des Grundkapitals gegen Vorrechtsaktien die alten Aktionäre, welche junge Aktien beziehen, ihre alten Aktien darauf in Zahlung geben dürfen, dagegen — in Anwendung auf die Gesellschaft mbH — den Beschluß als gesetzwidrig verworfen, daß die Geschäftsanteile derjenigen Gesellschafter mit Vorrechten ausgestattet werden, welche einen neuen Geschäftsanteil übernehmen. Vgl. auch den Fall RGJ 24, 61, wo dem Zuzahlenden außer Vorrechten ein Schuldschein geboten wurde, der aus dem Gewinn zu verzinsen und aus der Liquidationsmasse zu tilgen war, m. a. W. ein Genußschein. — Angesichts dieser Fülle verschiedenartiger Fälle und Methoden dürfte es kaum möglich, jedenfalls noch nicht gelungen sein, objektiv eine Grenze des Zulässigen zu ziehen, und man wird darauf zurückgreifen müssen, von Fall zu Fall zu entscheiden, ob in der Höhe des angedrohten Verlustes und der darin liegenden Nötigung zu weiteren Opfern eine gegen die guten Sitten verstoßende Vergewaltigung der in der Minderheit gebliebenen Einzelnen liegt. Vgl. hierzu Staub-Pinner § 290[13-15] und die dortigen Literaturnachweise. — Übrigens geht in den oft sehr verwickelten Finanzoperationen manches durch, was geradezu gegen das Gesetz verstößt. Es ist nichts dagegen einzuwenden, wenn das Grundkapital auf dem Wege erhöht wird, daß den Inhabern von Stammaktien über 1200 M gegen Zuzahlung von 800 M Umwandlung ihrer Aktien in Vorrechtsaktien über 2000 M gewährt werden. Die Erhöhung des Grundkapitals beträgt dann nicht x mal 2000, sondern x mal 800 M. Sehr bedenklich und nach diesseitiger Auffassung unzulässig wäre aber der entsprechende Beschluß in der Fassung, daß das Grundkapital x mal 2000 M oder bis zu x mal 2000 M erhöht und den Stammaktionären das Recht eingeräumt werden soll, auf den Nennbetrag von 2000 M eine Stammaktie zum Nennbetrage in Zahlung zu geben (vgl. das oben genannte Urteil RG 76, 155). Man ziehe nur die Konsequenz. Die Gesellschaft könnte auf diesem Wege, wenn er überhaupt zulässig sein soll, ihr Grundkapital verdoppeln, ohne daß ihr Vermögen auch nur um einen Pfennig Vermehrung erführe, was sich dann beliebig wiederholen ließe, freilich nur so lange ihre Aktien noch ihren Nennbetrag wert sind.

2. a) An erster Stelle steht der vom Gesetz erwähnte Fall, daß das Vorrecht der Aktie sich auf die Verteilung des Gewinnes oder des Gesellschaftsvermögens (im Fall der Liquidation der Gesellschaft) bezieht. Beides pflegt Hand in Hand zu gehen. Inhaltlich kann das Vorrecht verschieden gestaltet sein. So kann die Quote am Gewinn größer für die Vorrechtsaktie sein als für die Stammaktie. Wichtiger ist die Priorität in Beziehung auf die Verteilung des zur Verfügung stehenden Reingewinnes. Gehen die Vorrechtsaktien mit einem bestimmten Prozentsatz den Stammaktien vor, so müssen sie oft dafür diesen, wenn der Jahresgewinn ausreichend groß ausgefallen ist, einen erheblicheren Prozentsatz Beteiligung zugestehen. Oder es wird, wenn nach Verrechnung eines gleichen — oder auch eines anderen bestimmten — Prozentsatzes auf die Stammaktien ein Überschuß verfügbar bleibt, dieser gleichmäßig auf alle Aktien verteilt usw. Ebenso ist es in Beziehung auf die Liquidationsquote oft wichtiger, daß die Vorrechtsaktien mit ihrer Einlage oder einem Prozentsatz der Einlage, 105%, 110% usw. den Vorrang haben, als daß die Beteiligungsquote erhöht ist. Überhaupt ist es nicht ausgeschlossen, daß mit den Vorrechten Zurücksetzungen Hand in Hand gehen, ihnen die Wage halten so, daß es schließlich zweifelhaft wird, was eigentlich überwiegt. Wenn der Anspruch auf die Dividende und auf die Liquidationsquote zwar mit dem Vorrecht ausgestattet, im übrigen aber genau auf den Betrag des üblichen Zinsfußes, dieser auf den Betrag der Einlage — mit oder ohne ein mäßiges Aufgeld — beschränkt ist, hat man immer noch eine Vorrechtsaktie vor sich, die schuldverschreibungsähnliche Aktie, die wirtschaftlich kaum noch vom Darlehn sich unterscheidet und dem Zweck dient, sich mit einer mäßig aber fest rentierenden, dabei entsprechend stabilen Einlage ein Stimmrecht zu erkaufen.

b) Unsicher ist die Rechtsnatur des sogenannten Nachbezugsrechts, wonach in dem Falle, daß der Jahresgewinn nicht ausreicht, auch nur die auf die Vorrechtsaktien entfallende Vorzugsrate auszuzahlen, dem Aktionär der Anspruch auf Nachzahlung verbleibt für den Fall, daß der Reingewinn des oder der folgenden Jahre die Auszahlung gestattet. Daß auch ein solches Vorrecht mit der erforderlichen Mehrheit beschlossen werden kann, ist in JW 1908, 462[34] ausdrücklich entschieden. Es sind an und für sich zwei Auffassungen möglich. Entweder entsteht mit Ablauf des gewinnlosen Jahres (oder mit Feststellung der betreffenden Jahresbilanz) eine Verbindlichkeit der Gesellschaft, den Inhabern der Vorrechtsaktien den Ausfall nachzuzahlen, sobald eines der folgenden Jahresergebnisse den dazu erforderlichen Überschuß aufweist. Oder aber es geht zunächst den Prioritätsaktien nicht anders als den Stammaktien. Das Jahr ist für sie ohne Ertrag. Aber bei dem nächstfolgenden Jahresabschluß, und wenn bei diesem noch nicht, bei dem folgenden, wo Gewinn gemacht wird, ändert sich der Verteilungsschlüssel. Am Jahresgewinn nehmen an erster Stelle die Prioritätsaktien mit Einschluß des oder der Ausfälle teil. Der Unterschied ist bedeutsam und dabei der Gegensatz scharf. Es kann — wenn nicht allgemein so von Fall zu Fall — immer nur das eine oder das andere gelten. Man darf nicht wie die Rechtsprechung es tut, zwischen beiden Konstruktionen hin und her pendeln. In letzterem Fall hat man einen Gewinnanspruch vor sich, dessen Besonderheit nur im Quantitativen liegt. Auch die Ausfalldividende ist Dividende des eben abgelaufenen Jahres. Im andern Fall handelt es sich um einen Anspruch an die Gesellschaft, welcher ganz die Natur des Anspruchs aus einem Genußschein an sich hat. An und für sich wird auch die auf das Nachbezugsrecht entfallende Quote auf den Dividendenschein des Gewinnjahres geschuldet und gezahlt. Wird aber ausbedungen, daß der Ausfall eintretenden Falles auf den Schein des Ausfalljahres zu zahlen ist, dann ist dieser Schein insofern überhaupt nicht mehr Dividendenschein, sondern ein Genußschein. Es könnte fraglich sein, ob es überhaupt zulässig ist, ein Rechtsverhältnis dieser letzteren Art rechtsgeschäftlich zu begründen. Fischer i. Ehrenberg HH III 160 verneint es, aber mit Gründen, welche doch nicht recht durchschlagend sind. Vorrechtsaktien lassen sich nicht schaffen ohne Statutenänderung, und wie die Gesellschaft Genußscheine jedenfalls dann ausgeben kann, wenn es von der Generalversammlung mit der für Statutenänderung erforderlichen Mehrheit beschlossen wird, so kann man auch hier der Gesellschaft diese Möglichkeit nicht versagen. Nur muß darauf bestanden werden, daß im Beschluß der Generalversammlung deutlichst zum Ausdruck kommt, daß es sich um ein Nachbezugsrecht in diesem Sinn, um ein selbständiges Nachbezugsrecht handeln soll.

c) So liegt es doch wohl handelsrechtlich. Eine andere Frage ist, ob der Steuerfiskus damit einverstanden ist. Denn wenn auch in letzterem Fall die Schuld der Gesellschaft ebenso wie die Schuld aus einem Genußschein, kein bilanzfähiges Passivum darstellt, so bleibt sie doch Schuld und muß vom Jahresergebnis abgezogen werden, ehe es zu verteilbarem Reingewinn kommt. Anderseits ist klar, daß bei diesem selbständigen Nachbezugsrecht die Inhaber der Vorrechtsaktien mit dem Anspruch auf die Jahresdividende zurücktreten müssen hinter ihren Anspruch auf den Ausfall, was praktisch sich geltend macht, wenn sie diesen abgetreten haben. Gerade auch in diesem Punkt ist die Rechtsprechung nicht folgerichtig.

Im Zweifel ist anzunehmen, daß der nachzuzahlende Ausfall eine Quote des Gewinnes des eben abgelaufenen Jahres ist, also auch auf den Dividendenschein dieses Jahres geschuldet wird. Reicht der Gewinn nicht aus, um sowohl den Ausfall als die Vordividende zu zahlen, so dürfte das natürlichste und auch dem in § 366 BGB zum Ausdruck gekommenen Grundsatz allein entsprechende sein, daß zunächst das zur Verfügung Stehende auf den Ausfall gezahlt wird. — Wie sehr diese Konstruktion allein dem Wesen der Sache entspricht, ergibt sich auch daraus, daß hier in Feststellung der Bilanz durch das Nachbezugsrecht die Generalversammlung keinen andern Schranken unterworfen wird, als überhaupt der Anspruch der Aktionäre auf den Jahresgewinn sie ihr zieht. Das Nachbezugsrecht ist denn auch gegen Statutenänderungen nicht mehr geschützt als dieses. Denn immer handelt es sich um die Beteiligung am Jahresgewinn und dieser kann nur einheitlich und nach Maßgabe des Statuts so, wie es jeweils gilt, festgestellt werden. Handelt es sich um ein Gläubigerrecht, so können ihm Statutenänderungen nach seiner Entstehung keinen Abbruch mehr tun. Es fragt sich dann nur, wann dieses Gläubigerrecht entsteht, mit Ablauf des Ausfalljahres oder erst mit Feststellung der Bilanz für dasselbe. Das Entscheidende dürfte der Zeitpunkt des tatsächlichen Ergebnisses sein, nicht der Zeitpunkt, wo es endgültig festgestellt wird.

Vgl. hierzu RG 82, 138; ferner ROHG 22, 365; RG 9, 32; 14, 168; 75, 95; 83, 419. Wiener in GZ 23, 335; Staub-Pinner § 185[7]; Makower § 185 II a läßt in Anschluß an ROHG 22, 368 nur die eine Gestaltung gelten: Das Nachbezugsrecht ist, nachdem es durch Gewinnausfall einmal zur Entstehung gelangt ist, eine Gläubigerforderung, beruhend auf der von der Gesellschaft übernommenen Gewähr gegen Gewinnausfall, aufschiebend bedingt durch das Eintreten von Überschüssen über den gewährleisteten Gewinn des folgenden Jahres. Das letztere ist reine Willkür und im übrigen betont diese Konstruktion so recht gerade die Betrachtungsweise, welche die ganze Sache bedenklich erscheinen läßt. Denn auch der Inhaber der Vorrechtsaktie ist Aktionär, und jede ihm gegenüber von der Gesellschaft geleistete Gewinngarantie wäre nichtig. Auch Lehmann-Ring § 185[2] folgt lediglich dem Urteil ROHG 22, 365, und ferner: Nach der historischen Entwicklung des Nachbezugsrechts ist anzunehmen, daß das laufende Dividendenrecht der Vorzugsaktien dem Nachbezugsrecht vorgeht und daß bei Konkurrenz mehrerer Ausfälle der ältere vor dem jüngeren zur Hebung kommt. Ebenso Brand § 185[1] d.

3. Wie durch Statutenänderung Vorrechtsaktien geschaffen werden können, so können auf demselben Wege die Vorrechtsaktien auch wieder gleichgestellt werden mit den Stammaktien (Konsolidation). Nur bedarf es hierzu der Annahme des Beschlusses mit qualifizierter Mehrheit in getrennten Abstimmungen gemäß § 275 III RG 82, 138. In solchem Falle geht das Nachbezugsrecht auch dann mit den übrigen Vorrechten der Aktien unter, wenn schon Jahresausfälle stattgefunden hatten, RG 83, 418, was aber nur gilt, wo das Nachbezugsrecht nicht als Gläubigerrecht gestaltet ist. Genügt nach dem Statut für Erhöhung des Grundkapitals Beschluß mit einfacher Mehrheit, so gilt das nicht ohne weiteres auch von der Kapitalserhöhung unter Ausgabe von Vorrechtsaktien RG a. a. O. — In demselben Urteil taucht auch die Frage auf, ob Vorrechtsaktien, welche sich dadurch unterscheiden, daß das Nachbezugsrecht der einen weiter zurückreicht als das der andern, Aktien verschiedener Gattung seien, was das OLG wohl mit Recht bejaht hat, vom RG aber nicht entschieden worden ist. Werden alle Aktien mit den bisherigen Rechten der Vorrechtsaktien ausgestattet, so wird auf diesem Wege einer Konsolidation alles wieder zu Stammaktien, RG a. a. O. — Theoretisch ist nicht ausgeschlossen, daß eine Gattung nur aus einem Exemplar besteht. — Im Statut selbst oder bei Kapitalerhöhung im Erhöhungsbeschluß muß deutlich und erschöpfend enthalten sein, worin die besonderen Rechte der Vorrechtsaktien bestehen sollen. Ein Beispiel freier Auslegung s. in RG 14, 128.

Dadurch, daß die Gesellschaft Vorrechtsaktien mit Nachbezugsrecht auf ausgefallene Dividende ausgibt, begibt sie sich des Rechts, ihren Betrieb einzustellen, das Unternehmen zu verkaufen (Verstaatlichung), auch dann nicht, wenn das Nachbezugsrecht als Gläubigerrecht (selbständiges Nachbezugsrecht auf Grund des Dividendenscheines des Ausfalljahres) ausgebildet ist, RG 14, 168.

4. In der Katastrophe, welche Wirtschaft und Währung nach dem Krieg erlebten, hat sich eine Art von Aktien gebildet, welche mit dem, was das HGB unter Aktie versteht, nur den Namen gemein hat. Der allen diesen im einzelnen verschieden gestalteten Gebilden gemeinsame Zweck ist, die letzte Entscheidung in allen Angelegenheiten der Gesellschaft, die nach den zwingenden Vorschriften des Gesetzbuches bei der Versammlung der an der Gesellschaft Beteiligten liegt, diesen zu nehmen und in die Hände der Verwaltung, Vorstand oder Aufsichtsrat oder beider zusammen, zu verlegen. Man kann deshalb generell von Verwaltungsaktien sprechen und unter diesem Oberbegriff zwischen Stimmrechtsaktien und Vorratsaktien unterscheiden. Der Ausdruck Schutzaktie deutet auf den entfernteren Zweck hin, welchem diese Stabilisierung der

Omnipotenz der Verwaltung — nicht ausschließlich aber zu einem großen Teil — als Mittel dienen soll: dem Schutz vor einer — wirklichen oder vermeintlichen — Gefahr der Überfremdung. Es war die Befürchtung, es könnten Ausländer den Verfall unserer Währung ausnutzen, um sich durch massenhaften Ankauf der sie so gut wie nichts kostenden Aktien des überwiegenden Einflusses oder gar der Alleinherrschaft in der Gesellschaft zu bemächtigen, welcher diese absonderliche Art von Aktien vielleicht ihren Ursprung, jedenfalls ihre schnelle und große Verbreitung, ihre Zulassung vor dem Forum des Registerrichters und schließlich auch die zwar nicht ausdrückliche, aber mittelbare Anerkennung in der Gesetzgebung oder doch in der Verordnungsgewalt der Reichsbehörden verdankt. — Der Begriff der schuldverschreibungsähnlichen Aktie deckt sich nicht durchaus mit dem der Verwaltungsaktie. Die Bezeichnung ist von dem eigentümlichen, gegen das typische Recht an der Aktie stark abstechenden Inhalt der Rechte hergenommen, welche in ihr investiert sind. Von der Stimmrechtsaktie ist die Mehrstimmrechtsaktie zu unterscheiden. Die Vorschrift des § 252 I, daß jede Aktie das Stimmrecht gewährt, welches nach Aktienbeträgen ausgeübt wird, ist in letzterem Punkt nicht zwingend, und es gibt ganz normale (Vorrechts-)Aktien mit erhöhter Stimmkraft. Das ist die Mehrstimmrechtsaktie. Die Stimmrechtsaktie pflegt ebenfalls mit erhöhter, nicht selten stark, 100- auch 1000-fach überhöhter Stimmkraft ausgestattet zu sein (Geiler in JW 1921, 303, Giesecke in Gruch. 66, 1 ff.). Aber sie unterscheidet sich von der Vorrechtsaktie mit mehrfachem Stimmrecht dadurch, daß sie nur des Stimmrechts wegen geschaffen ist, während eine Beteiligung an der Gesellschaft und ihren Erfolgen oft in Wahrheit überhaupt nicht mit ihr verbunden ist, jedenfalls aber nur in tunlichst abgeschwächter Weise als unvermeidliches Anhängsel in den Kauf genommen wird. Also Stimmrechtsaktie deshalb, weil sie nur des Stimmrechts wegen da ist. — Die Vorratsaktie und die Erhöhung des Grundkapitals, auf der sie beruht, dienen nicht einem Kapitalbedürfnis der Gesellschaft und überhaupt nicht dem Zweck, Geld hereinzubekommen, wenigstens nicht zur Zeit. Sie sollen nur die Verwaltung für künftige Fälle von den zwingenden Vorschriften über die Kapitalerhöhung emanzipieren. Daher deutet der ebenfalls übliche Ausdruck: Verwertungsaktie gerade auf die bedenkliche Seite der Erscheinung hin. Die Verwaltung bekommt mit ihnen die Macht in die Hand, über das Beteiligungsverhältnis der Aktionäre selbstherrlich zu verfügen. — Daneben können Vorratsaktien auch als Stimmrechtsaktien funktionieren. Vgl. die Begriffsbestimmungen RFH 18, 230.

Alle diese Gebilde sind über uns gekommen, wie der Dieb über Nacht. Freiwillige und streitige Gerichtsbarkeit haben sich den Tatsachen gefügt. (S. die Zusammenstellung bei Giesecke in Gruch. 66, 2 f.) Vom rechtswissenschaftlichen Standpunkte aus sind alle diese Aktien, sofern es sich tatsächlich um Verwaltungsaktien in diesem Sinne handelt, mit zwingenden Vorschriften des Gesetzes in Widerspruch und nichtig. Wenn nach § 178 die Aktie das auf der entsprechenden Einlage zum Gesellschaftsvermögen beruhende Recht der Beteiligung an der Gesellschaft bedeutet, dann kann man von einer Aktie nur reden, wenn die Rechte aus ihr auf jenem Beitrag zum Gesellschaftsvermögen beruhen, aus ihm als ihrer Quelle fließen, wenn also ein solcher Eintritt in die Gesellschaft, eine solche Beteiligung an der Bildung des Grundvermögens der Gesellschaft wirklich gewollt ist. Es ist freilich nicht wohl zu bezweifeln, daß in allen Fällen, welche vorgekommen sind, die erforderliche Kapitalerhöhung und die entsprechende Übernahme und Zuteilung der Aktien der Form nach sich vollzogen haben. Auf diesen äußerlichen Tatbestand wenigstens werden wohl die Registerrichter ihr Augenmerk gerichtet und ohne ihn die unerläßliche Eintragung in das Handelsregister nicht vorgenommen haben. Aber diese Formen sind hier ohne Inhalt. Alle diese Geschäfte sind simulierte Rechtsgeschäfte, weil es, oder jedenfalls dann, wenn es in Wahrheit auf eine Beteiligung der Übernehmer der Aktien an der Gesellschaft gar nicht abgesehen ist. Freilich handelt es sich zugleich um Akte des Körperschaftsrechts, und dem an dem Rechtsgeschäft nicht beteiligten Dritten gegenüber ist die Simulation rechtlich ohne Bedeutung. In der Hand eines solchen Dritten sind auch Verwaltungsaktien, wenn sie dahin gelangen, nicht nichtig. Aber bei der Verwaltungsaktie sollen Dritte garnicht in Frage kommen, kommen es auch nicht, jedenfalls zunächst nicht und sehr oft überhaupt nicht. Im Verhältnis der Übernehmer, Bank oder Bankkonsortium, zur Verwaltung und im Verhältnis beider wiederum zu den Mitgliedern der Gesellschaft, den wahren Aktionären, wenn in der Generalversammlung und vollends wenn unmittelbar und ausdrücklich in dem betreffenden Beschluß der Zweck der Kapitalerhöhung und der Verbleib der neuen Aktien offen ausgesprochen wird, kann der Tatbestand der Simulation gar nicht außer acht gelassen werden. Im einzelnen liegen die Fälle sehr verschieden. Aber schon die schuldverschreibungsähnliche Aktie ist eigentlich keine Aktie, jedenfalls keine typische, sondern Darlehen, allenfalls partiarisches Darlehen. Immerhin wird bei ihr wenigstens noch ein einigermaßen entsprechender Beitrag zum Betriebsvermögen der Gesellschaft geleistet. Wenn aber, um gleich auf einen extremen Gegenfall einzugehen, eine A-Gesellschaft ihr Grundkapital von 100 Millionen um 50 Millionen erhöht, indem die übernehmende Bank während der Tage der Anmeldung zum Handelsregister einen Scheck über 12½ Millionen ausstellt, aber nicht aus der Hand gibt und nach der Anmeldung dadurch „einlöst", daß sie die 12½ Millionen der Gesellschaft mit der Vereinbarung gutschreibt, daß weder die Bank Dividende noch die Gesellschaft Zinsen erhält, wenn auf diese Weise aus dem reinen Nichts und auf dem reinen Nichts 50000 Stimmen der Verwaltung zur Verfügung stehen, dann macht sich, wer das ernst nimmt, lächerlich. So arg liegt es nicht in allen Fällen, namentlich nicht bei den schuldverschreibungsähnlichen Aktien. Aber im Prinzip ist es nichts anderes, namentlich wenn, was nicht selten ist, die Überhöhung der Stimmkraft unnatürlich, zuweilen bis in das Groteske gesteigert ist. Es soll nicht behauptet werden, daß alle diese Emissionen, nachdem es zur Eintragung in das Handelsregister gekommen ist, nichtig seien. Das kann schon deshalb nicht sein, weil die Fälle zu verschieden liegen und jeder einzelne geprüft werden müßte. Aber jedenfalls sollte in Zukunft der Registerrichter die Eintragung in das Handelsregister ablehnen, wenn unverkennbar hervortritt, daß eine auf den Genuß der Dividende abzielende Beteiligung nicht beabsichtigt wird, es vielmehr nur darauf ankommt, mit denkbar geringem Geldaufwand übertrieben großen Einfluß auf die Entschließungen der Generalversammlung zu gewinnen. Vgl. RG 107, 72; 112, 18. Horrwitz, Schutz- und Vorrechtsaktien. Zu optimistisch beurteilt die Wirkung dieser Aktien wohl Solmssen in BankArch 26 S. 42f. Auch Rosendorff, Organisation der Konzerne, verteidigt die Verwaltungsaktie. Die vorstehenden Ausführungen stehen auf dem Standpunkt des HGB, wonach die Generalversammlung die letzte entscheidende Instanz ist. Eine ganz andere Frage ist, ob das Wohl des Unternehmens bei ihr besser aufgehoben ist oder bei der Verwaltung. Juristisch muß es doch wohl dabei bleiben, daß das letzte Wort spricht, wer das Geld gibt und daß, wer allein Herr im Hause sein will, nicht mit fremdem Geld arbeiten soll. Wenn Solmssen S. 50 der Verwaltungsaktie aus dem Gesichtspunkt das Wort redet, daß nur bei oligarchischer Organisation ein Großbetrieb moderner Struktur, wie er uns not tut, errichtet und geführt werden könne, so wird man gegenüber dieser Äußerung aus so berufenem Munde doch skeptisch angesichts der Tatsache, daß alle diese Erscheinungen nicht in den Zeiten unserer Hochkonjunktur aufgetreten sind, sondern im Zusammenhang mit unserem tiefsten Tiefstand. Gegen Solmssen s. auch Kalisch in JW 1927, 635. — Das Reichsgericht hatte sich mit dieser Art von Aktien zuerst im Urteil RG 105, 373 zu befassen, als dank der lässigen Praxis der Registergerichte diese Aktien bereits in einem Umfang eingeführt waren, daß man wohl Bedenken tragen mochte, dagegen einzuschreiten, wie das Gesetz es streng genommen erfordert hätte. Das Gericht hat sich auf den Standpunkt gestellt, daß gegen die künstliche Verschiebung des Machtverhältnisses zugunsten der Verwaltungsorgane grundsätzlich nichts einzuwenden sei, nur dürfe es nicht zugleich mit einer Zuwendung pekuniärer Vorteile an Einzelne verbunden sein, welche wider die guten Sitten verstoßen. So namentlich RG 108, 327. S. ferner RG 107, 70; RG 107, 72; 108, 43; 112, 14; 113, 188; JW 1925, 1297 (Danzig) und dazu die Ausführungen Pinners das. — Zum Rechtsverhältnis des sogenannten Verwaltungskonsortiums, welches die Vorratsaktien formell übernommen hat, zur Gesellschaft s. JW 1926, 1813 und Netter in ZBH I 415ff. Vgl. auch Erlaß des preußischen Handelsministers in BankArch 22, 40, wonach die Zulassung zum Börsenhandel in den Fällen zu versagen ist, wo das Recht zur Ausgabe von Vorrats- und ähnlichen Aktien offensichtlich lediglich mißbraucht wird, um eine Minderheit, deren Stimmrecht häufig in umgekehrtem Verhältnis zur Höhe dieses Aktienbesitzes (richtiger ihrer Einlage) gegenüber dem Gesamtkapital steht, ohne Rücksicht auf den Gegenstand der Beschlußfassung in die Lage zu versetzen, die übrigen Aktionäre zu überstimmen. Das ist der Standpunkt des Reichsgerichts. Der ganze oder vielmehr der einzige Schwerpunkt liegt, wenn man aufmerksam liest, auf dem Ausdruck Mißbrauch, auf der Frage, was man darunter zu verstehen hat, und darüber wird nichts gesagt. Wenn LG Bremen in HansGZ. 1922 Hptbl. 143 sagt: eine Gesetzesverletzung ist „nur" dann anzunehmen, wenn die Stimmen der Vorzugsaktien die der Stammaktien übersteigen und alle Vorzugsaktien sich im Besitz des Vorstandes und Aufsichtsrats befinden, so ist das nur deshalb unrichtig, weil es zu eng ist; setzt man an die Stelle des obigen „nur" ein „stets", dann erscheint es zutreffend.

5. Zur Ausgabe von „Prioritäts-Obligationen", d. h. Schuldverschreibungen auf den Inhaber, bedarf es der staatlichen Genehmigung, BGB § 795. In der Genehmigung liegt zugleich die Genehmigung zur Ausgabe der dazugehörigen Zinsscheine (während Dividendenscheine ohne Genehmigung ausgegeben werden können, weil sie nicht auf eine bestimmte Summe lauten). S. in Preußen, Vdg. v. 16. Nov. 1899 Art. 8, in Bayern, Vdg. v. 24. Dez. 1899 § 9, in Württemberg, AG z. BGB Art 176, Baden, Vdg. v. 11. Nov. 1899 § 14, Sachsen Vdg. 6. Juli 1899 § 11; ferner die AVdg. zum BGB für Hessen Art 67, Mecklenburg-Schwerin § 43, M.-Strelitz § 42, Braunschweig § 25, Sachsen-Altenburg § 12, S.-Koburg-Gotha § 4, Schwarzburg-Rudolstadt Art 44, S.-Sondershausen Art 17, Waldeck Art 8, Reuß ä. L. § 47, Hamburg § 27, Lübeck § 45, Elsaß-Lothringen Bek. 3. 12. 1900. — Die ohne Genehmigung ausgegebene Schuldverschreibung ist nichtig, die Ausgabe strafbar (StGB § 145 a), der Aussteller ist dem Inhaber schadensersatzpflichtig. Handelt es sich um Teilschuldverschreibungen einer inländischen A.-Gesellschaft, so findet das Ges., betr. die gemeinsamen Rechte der Besitzer von Schuldverschreibungen v. 4. Dez. 1899 (RGBl 691) Anwendung, wenn mindestens 300 Stück im Gesamtbetrag von 300 000 M ausgegeben werden. S. insbes. § 15 des genannten Ges:

Ist der Schuldner eine Gesellschaft oder juristische Person, deren Mitglieder in Versammlungen Beschlüsse fassen, so ist jeder nach Maßgabe dieses Gesetzes bestellte Vertreter der Gläubiger befugt, den Mitgliederversammlungen beizuwohnen und sich an den Beratungen zu beteiligen. Soweit nach den Gesetzen Schriftstücke, die sich auf die Verhandlungen in der Mitgliederversammlung oder auf die Vermögenslage oder den Geschäftsbetrieb der Gesellschaft beziehen, den Gesellschaftern mitzuteilen sind, hat die Mitteilung in gleicher Weise auch an den Vertreter der Gläubiger zu erfolgen.

Das Gesetz ist gleichzeitig mit dem BGB in Kraft getreten und findet auch auf vorher ausgegebene Schuldverschreibungen Anwendung.

Über Bestellung einer Hypothek für Schuldverschreibungen auf den Inhaber i. BGB §§ 1187—1189 und über das Verhältnis des Vertreters nach § 1189 I zu dem gemeinsamen Vertreter der Inhaber von Teilschuldverschreibungen s. § 16 des Ges vom 4. 12. 1899.

Auch Teilschuldverschreibungen, welche an Order lauten, kommen im Verkehr vor. Soll für sie eine Hypothek im Grundbuch bestellt werden, so ist das zulässig und muß in der Weise geschehen, daß als Gläubiger, ohne Nennung eines Namens, „der erste Nehmer oder der durch Indossament legitimierte Inhaber" eingetragen wird, RJA 2, 147 (Dresden).

6. Das Gesetz handelt außerdem von Aktiengattungen in §§ 182 I, 2, 189 II, III Z 1, 196 V, 199 I Z 1, 201 IV, 275 III, 278 II, 281 I Z. 3, 288 III.

§ 186.

Jeder zugunsten einzelner Aktionäre bedungene besondere Vorteil[1] muß im Gesellschaftsvertrag unter Bezeichnung des Berechtigten festgesetzt werden.

Werden[3] auf das Grundkapital von Aktionären Einlagen gemacht, die nicht durch Barzahlung zu leisten sind[4], oder werden vorhandene oder herzustellende Anlagen oder sonstige Vermögensgegenstände von der zu errichtenden Gesellschaft übernommen[5], so müssen der Gegenstand der Einlage oder der Übernahme, die Person, von welcher die Gesellschaft den Gegenstand erwirbt, und der Betrag der für die Einlage zu gewährenden Aktien oder die für den übernommenen Gegenstand zu gewährende Vergütung im Gesellschaftsvertrage festgesetzt werden.

Von diesen Festsetzungen gesondert ist der Gesamtaufwand, welcher zu Lasten der Gesellschaft an Aktionäre oder Andere als Entschädigung oder Belohnung für die Gründung oder deren Vorbereitung gewährt wird, im Gesellschaftsvertrage festzusetzen[2].

Jedes Abkommen über die vorbezeichneten Gegenstände, welches nicht die vorgeschriebene Festsetzung im Gesellschaftsvertrage gefunden hat, ist der Gesellschaft gegenüber unwirksam[6].

1. a) Der § 186 handelt in

Abs. I von dem Fall, daß einzelnen Aktionären besondere Vorteile bedungen werden,

Abs. II von dem Fall der Sacheinlage und Sachübernahme,

Abs. III von Belohnung und Schadloshaltung der Gründer, sofern diese zu Lasten der Gesellschaft gehen sollen,

und von allen drei Fällen wird bestimmt, daß alles, was etwa in dieser Beziehung vereinbart worden ist, für und gegen die Gesellschaft rechtlich nur Bedeutung hat, wenn die Bestimmung in der erforderlichen Weise im Statut selbst getroffen ist. Es ist nicht außer Zweifel, wie im einzelnen die Fälle auseinanderzuhalten sind. Tatsächlich gehen sie auch zum Teil ineinander über, JW 1893, 227[3], RG in LZ 1908, 297[5]. Deutlich scheiden sich der bestimmt umgrenzte Tatbestand der Sacheinlage und Sachübernahme nach Abs. II von dem Sondervorteil des Abs. I. Unsicher ist dagegen die Abgrenzung der Fälle unter Abs. I einerseits gegenüber den Fällen des Abs. III, andrerseits von dem Tatbestand der Vorrechtsaktie nach § 185. Was das erstere angeht, so stammt die Vorschrift von der Novelle von 1884. Die Verfasser des Entwurfs haben in den Mot S. 49 gesagt, wie es gemeint ist, und nach dem weiteren Verlauf ist kein Grund zu zweifeln, daß die Vorschrift auch in diesem Sinn hat Gesetz werden sollen: Gewisse Aktionäre pflegen sich besondere Vorteile auszubedingen, die doppelter Art sein können; einerseits kann es sich um bloße gesellschaftliche Vorzugsrechte handeln, welche, wie die Vorauserhebung von Dividenden oder die Bezugsrechte von Aktien, den Gründern und anderen Aktionären eingeräumt werden; andererseits kann es sich um eine Abgeltung für die bei der Gründung geleisteten Dienste zu Lasten der Gesellschaft handeln; beide Fälle sind an sich voneinander verschieden; der ersterwähnte berührt unmittelbar nur die Interessen der übrigen einzelnen Aktionäre; das Vermögen der Gesellschaft wird an sich bei Festsetzung der Teilnahmerechte durch die Bevorzugung des einen Aktionärs nicht geschädigt. . . der zweite Fall trifft das Grundkapital selbst oder belastet unmittelbar die Gesellschaft, indem die Entschädigung und Belohnung für die Gründung bei der Errichtung der Gesellschaft vorweggegeben wird usw." Das ist ganz deutlich. Es ist das ein ganz ausgeprägter Gegensatz, der aber allgemein verkannt wird. Es fallen unter Abs. I nur solche Vorteile, welche nur auf Kosten der Aktionäre gehen und gar nicht auf Kosten der Gesellschaft. Vornehmlich kommt hier in Betracht der Anspruch auf Bevorzugung bei der Verteilung der Jahresdividende und der Liquidationsmasse. Auch Leistungen anderer Art, vermögensrechtliche oder andere, welche die Gesellschaft nichts kosten, wie die Benutzung ihrer Anlagen, kann man zur Not ebenfalls hierher rechnen, sofern der einzelne Aktionär vor anderen bevorzugt werden soll. Ein Fall, der hierher gehört, ist das seit 1884 nicht mehr zulässige, aber bei älteren Gesellschaften noch mögliche, jetzt wohl gänzlich verschwundene Bezugsrecht des sogenannten Primordialzeichners, d. h. das Recht, welches sich ein Gründer ausbedang, bei jeder künftigen Erhöhung des Grundkapitals eine bestimmte Anzahl Aktien zu bestimmtem Kurs zu beziehen (vgl. Erl. 1 a zu § 283). Dagegen gehören Leistungen auf Kosten des Gesellschaftsvermögens nicht hierher; nicht hierher gehören feste Zahlungen, Umsatzprovision, freie Naturallieferungen. Vgl. Staub-Pinner § 186² (der dort angezogene Fall RG 81, 404 gehört nach Abs. II). Von dem Fall der Vorrechtsaktie unterscheidet sich der gegenwärtige äußerlich dadurch, daß es sich dort um generelle Ausstattung einer Anzahl von Aktien mit Vorrechten handelt, hier um individuelle. Da aber begrifflich nicht ausgeschlossen, wohl aber ganz ungewöhnlich ist, daß eine Gattung aus wenigen und schließlich auch aus einem Exemplar besteht, so ergibt sich, daß die Absicht, eine besondere Aktiengattung zu schaffen, nur angenommen werden darf, wo dies ganz unzweideutig zum Ausdruck gekommen ist, zumal vermöge der Vorschrift von § 275 III, 278 III der Inhaber aller Aktien einer Gattung unverhältnismäßig großen Einfluß besitzt, und daß, wo einem einzelnen Aktionär ein Sonderrecht eingeräumt ist, es ihm in seiner Person und unabhängig davon eingeräumt sein soll, ob er im Besitz seiner Aktien bleibt oder nicht. So auch grundsätzlich Staub-Pinner § 186¹; Makower § 186 I a 1; Ritter § 186¹; Brand § 186²ᵇ; RG in HoldhMS 1904, 165; JW 1904, 182²⁹: jede einem Aktionär außer seinen Mitgliedsansprüchen eingeräumte Begünstigung, während RG in LZ 1907, 345 nur gesellschaftliche, mitgliedschaftliche Vorrechte hierher rechnen will, was im Ausdruck nicht deutlich, aber richtig ist, wenn es heißen soll, daß es Vorrechte sein müssen, welche ausschließlich auf Kosten der Aktionäre gehen. S. auch § 200 Erl 1 b.

b) Eine andere Frage ist, inwiefern die Gesellschaft von Anfang an mit Verbindlichkeiten belastet werden kann durch Vereinbarungen, welche die Gründer (oder die Mitglieder des Vorstandes) mit einem Dritten treffen, gleichviel, ob dieser Dritte zugleich einer der Gründer oder Aktienzeichner ist. Sieht man von den im Zusammenhang mit Sacheinlagen und Sachübernahme denkbaren Abmachungen ab, so handelt von dieser Art von Fällen im § 186 nur der Abs III, und zwar dieser nur von dem einen Fall der Gründerentschädigung und Gründerbelohnung. Die herrschende Ansicht ist das nicht. Nach ihr kann ein Vorteil im Sinne des Abs I auch in dem Abschluß eines Vertrages auf Leistung gegen Gegenleistung liegen, R. Fischer in EhrenbergsH III 1, 120. So wenn die A-Gesellschaft verpflichtet wird, ihre gesamte Produktion zum Tagespreis an einen Aktionär zu verkaufen, was dann für diesen ein „besonderer Vorteil" wäre, RG in HoldhMS 1904, 165; s. auch RG in LZ 1908, 297⁵, — oder von dem Aktionär das Rohprodukt zu beziehen ZAW 14, 77; ElsLothrZ 33, 354; dagegen soll wieder nicht hierher gehören der Fall, daß die Gesellschaft ein Darlehn aufnimmt, das nur aus dem Reingewinn zurückzuzahlen ist, JW 1915, 1430⁷; RG 81, 17; es könnte die einem einzelnen Aktionär gegenüber eingegangene Verpflichtung der AGesellschaft, ihm nicht Konkurrenz zu machen, einen besonderen Vorteil nach Abs I darstellen; gehen aber bei der Einbringung eines von mehreren Geschäften des Aktionärs dieser und die Gesellschaft gegenseitig Konkurrenzklauseln ein, so liegt darin eine Modalität der Einlage (Abs II), deren ausdrückliche Erwähnung im Statut nach RG in LZ 1907, 345 soll ohne Schaden unterbleiben können. Nach der herrschenden Lehre gehört auch der Fall hierher, daß ein Aktionär sich die Stellung als eines Mitgliedes des Vorstandes oder des Aufsichtsrats ausbedingt. Ob und unter welchen Voraussetzungen Verträge dieser Art in Verträgen für die A-Gesellschaft bindend sind, darüber s. Erl 1 zu § 200. Hier gilt es nur, sich klarzumachen, daß sie nicht unter Abs I fallen. Es macht bei dieser Art von Verträgen für die Rechtslage der Gesellschaft und auch der Aktionäre nichts aus, ob der Dritte, mit welchem die Gesellschaft in dieses Verhältnis tritt, Aktionär ist. Die Beschränkung auf diesen Fall in Abs. I wäre schlechthin unverständlich. Anders freilich BauersZ 31, 18. Es leuchtet ein, wird dort gesagt, daß die Gesellschaft einen Anstellungsvertrag auf 10 Jahre mit einem Nicht-Aktionär nie geschlossen hätte. Das leuchtet aber gar nicht ein; wenn die langjährige Anstellung hat ein Teil des Entgelts sein sollen für das eingebrachte Geschäft, dann hätte der Vertrag denselben guten

Sinn gehabt, wenn es sich nicht um Sacheinlage sondern um Sachübernahme gehandelt hätte. Die Eigenschaft des Anzustellenden als Aktionär braucht dabei keine Rolle zu spielen. Richtig ist vielmehr, daß die Gründer überhaupt nicht in der Lage sind, der künftigen Gesellschaft in dieser Weise vorzugreifen, die freilich jederzeit den Vorstand wieder entlassen kann, aber doch verpflichtet bliebe, ihm das Gehalt fortzuzahlen. — Verträge dieser Art stehen denn auch im Gesellschaftsvertrag an einer Stelle, wohin sie sachlich nicht gehören, und wenn sie darin aufgenommen werden, so ist das eine ganz äußerliche Verbindung, aus welcher sachliche Folgen nicht fließen können.

c) Der Verzicht auf einen bedungenen Vorteil kann formlos erklärt werden, JW 1917, 408.

d) Nicht hierher gehört der Fall, daß gewisse Nebenrechte, z. B. das Recht auf Benutzung der Einrichtungen, Anstalten, Veranstaltungen der Gesellschaft sämtlichen Aktionären zusteht. So mit Recht Makower in 186 I a 4; vgl. aber auch das. I c 1. — Sollen allen Aktionären gleiche Vorteile als gesellschaftsrechtlich bedungen werden, so muß natürlich auch das im Gesellschaftsvertrag geschehen. Aber von diesem Fall handelt Abs I nicht. A. A. Lehmann-Ring § 186².

e) Es ist wohl ausgeschlossen, daß nach Entstehung der Gesellschaft einzelnen Aktionären besondere Vorteile im Sinne des Abs I anders bedungen werden können, als durch Statutenänderung unter Zustimmung ausnahmslos aller Aktionäre. A. A. Lehmann-Ring § 186²; Goldmann § 186⁶; Brand § 186² f.; JW 1904, 182²⁹, ³⁰; 1909, 167, Entscheidungen, welche sich darauf beschränken, den Gedanken abzuwehren, als bedürfe es nach Entstehung der Gesellschaft für Vereinbarungen gemäß § 186 nicht einmal einer Statutenänderung! S. auch unten Erl 6 b.

2. a) Zu den im Vorhergehenden besprochenen Vereinbarungen, welche vor Entstehung der Gesellschaft auf ihre Kosten zugunsten Dritter getroffen werden, mögen die Dritten Aktionäre sein oder nicht, gehören die Vereinbarungen über den Gründungsaufwand, von welchen der Abs III handelt, um von ihnen etwas Besonderes zu bestimmen. Man muß diese Vorschrift zusammenhalten mit dem, was in § 195 II Z 2 bestimmt ist. Daraus ergibt sich, daß diese Vereinbarungen, wenn nach der genannten Vorschrift verfahren wird, für die Gesellschaft unbedingt bindend sind, daß es nicht erforderlich ist, die Vereinbarungen selbst mit allen Einzelheiten im Gesellschaftsvertrag zu treffen, wohin sie auch rechtlich nicht gehören, soweit Dritten ein Anspruch auf Ersatz der Auslagen und Vergütung bedungen wird, daß sie aber ausdrücklich und soweit als möglich auf Heller und Pfennig festgesetzt werden müssen, wodurch namentlich auch versteckter Gründergewinn, wie er z. B. in der übermäßigen Bewertung und Vergütung einer Sacheinlage liegen kann u. ä., ausgeschlossen sein soll, daß diese Verträge bei der Anmeldung der Gesellschaft zum Handelsregister einzureichen sind, wo sie von jedermann eingesehen werden können, also schriftlich geschlossen werden müssen, während im Gesellschaftsvertrag nicht das Einzelne aufgenommen werden muß, sondern nur der Gesamtbetrag, RGSt 18, 106: Die Vereinbarungen, welche einen Gründerlohn betreffen, sollen so getroffen werden, daß der Sachverhalt in jeder Beziehung klar und deutlich in die Erscheinung tritt; hat der Aktionär einem Dritten Beteiligung am Vorteil zugesagt, so muß auch das ersichtlich gemacht werden, wenn nicht im Statut selbst, in dem Gründerbericht nach § 191." Mit letzterem ist ausgesprochen, daß — was an sich zweifelhaft sein kann — in dem Falle, wo in der Vergütung für einen übernommenen Gegenstand eine Belohnung für die Gründung liegt, dem Gesetz Genüge geschieht, wenn es im Gründerbericht gesagt wird. Es muß aber der zahlenmäßige Betrag genannt und in den vom Gesellschaftsvertrag festzusetzenden Gesamtbetrag aufgenommen werden. Wenn es nicht geschieht, schuldet die Gesellschaft ihn nicht. RG in LZ 1912, 393¹. Vgl. auch RG das. 1916, 1475, 13. — Kosten, deren Höhe sich noch nicht feststellen läßt, sind nach Schätzung einzustellen, Makower § 186 I c.

b) Die Höhe des Gründerlohnes ist keinen gesetzlichen Schranken unterworfen. Das Gesetz fordert nur rückhaltlose vollständige Offenheit.

c) Die Bestimmungen des Gesellschaftsvertrages über die Kosten der Gründung, über die Emissionskosten, sei es der ersten Aktien bei Entstehung der Gesellschaft, sei es der neuen Aktien bei Gelegenheit einer Erhöhung des Grundkapitals, haben die Gerichte lebhaft beschäftigt aus Anlaß der steuerrechtlichen Fragen, welche sich daran knüpfen. So ist die Frage, ob der Betrag, wenn die Gründer im Gesellschaftsvertrag seine Zahlung übernehmen, steuerpflichtig ist oder richtiger damals steuerpflichtig war, vom RLHG und anfangs auch vom Reichsgericht verneint, von letzterem später dagegen in ständiger Rechtsprechung bejaht worden. In JW 1918, 177, 13 wird gesagt, daß allerdings in solchem Fall das Vermögen der Gesellschaft nicht um den Betrag der Kosten vermehrt werde, sie aber den Vorteil davontrage, daß sie nicht selbst den Betrag zu zahlen brauche, wogegen Heinitz das. treffend hervorhebt, daß sichere steuerrechtliche Behandlung solcher Vereinbarungen unbedingt voraussetze, daß man sich zunächst darüber klar wird, wen die Kosten an und für sich, also dann treffen, wenn nichts darüber vereinbart ist. Hieran anschließend hat in JW 1920, 458, 2 der RFH mit dieser Rechtsprechung gebrochen. Das Gericht schließt aus der Vorschrift in Abs III, daß die Gesellschaft diese Kosten nur treffen, wenn es in der dort bestimmten Weise vereinbart wird, woraus dann weiter folgt, daß die Übernahme dieser Kosten durch die Gründer keine Leistung für Gewährung des gesellschaftlichen Rechts und daher auch nicht steuerpflichtig sei. Richtig ist an dieser Begründung jedenfalls der Satz, daß an und für sich die A-Gesellschaft nicht verpflichtet ist, die Kosten ihrer Entstehung zu zahlen oder zu erstatten. Die gegenteilige Meinung, so verbreitet sie sein mag, ist Vorurteil. Woher soll eine solche Verpflichtung kommen. Völlig zutreffend führt Fischer in JW a. a. O. aus, daß wenn überhaupt die Gesellschaft aus nützlicher Geschäftsführung der Gründer für sie nach ihrer Entstehung hafte, das sich nur auf Rechtsgeschäfte beziehen könne, welche auf den Betrieb des künftigen Unternehmens abzielen, wie Anstellung von Gehilfen, Ankauf von Rohmaterial u. ä. Dagegen ist die Gründung einer A-Gesellschaft für den Gründer ein absolutes Propregeschäft, und wenn er dafür Kosten aufwendet, dann kann er darauf, daß die Gesellschaft sie ihm ersetzen wird, nur rechnen, wenn das in zulässiger Weise und in der vorgeschriebenen Form ausdrücklich bedungen wird. Und daher bewertet denn auch Fischer a. a. O. die Bedeutung des § 189 III für diese Frage nicht ganz richtig. Es liegt nicht so, daß wenn diese Vorschrift nicht bestünde, die Gesellschaft formlos verpflichtet werden könnte, die Kosten zu tragen und zu erstatten, sondern dann ließe sich überhaupt nicht erreichen, daß die Gesellschaft mit dieser Verpflichtung belastet in das Leben tritt. Daß der Reichsfinanzhof nicht weiter gegangen ist und überhaupt die Aufwendungen für steuerfrei erklärt hat, welche nicht bestimmt sind, im Gesellschaftsvermögen investiert zu werden (RFH 8, 86; 11, 196; 12, 338), interessiert hier nicht, und daher interessiert hier auch nicht die Polemik Keßlers KV StGes § 6 Anm 10, soweit sie sich gegen diese Begründung richtet. In dem hier zur Rede stehenden Punkt geht sie fehl, weil auch Keßler ohne weiteres wie selbstverständlich unterstellt, daß an und für sich die Gesellschaft, nachdem sie entstanden ist, ihren Vätern alle die Kosten bezahlt, welche diese (angemessener Weise natürlich) aufgewendet haben, damit sie entsteht. — Für die Körperschaftssteuer ist die viel behandelte Frage jetzt durch § 15 Z 4 RStG erledigt, wonach bei Ermittlung des Einkommens abgezogen werden können . . bei Erwerbsgesellschaften die Kosten der Ausgabe von Aktien, soweit sie nicht aus dem Emissionsagio gedeckt werden können. Zum früheren Recht s. Dreyer in BankArch 21, 299; Fischer in JW 1920, 458; Flechtheim das. 636.

Das nachträgliche Versprechen der Aktionäre, die im Statut der Gesellschaft überbürdeten Kosten der Gründung nach Verhältnis ihres Aktienbesitzes zu übernehmen, ist nicht Schenkung, überhaupt nicht unentgeltliche Zuwendung und bedarf keiner Form RG 59, 423.

d) Bestritten ist, ob der Fall, daß einem Aktionär fortlaufend Bezüge vor den anderen Aktionären bedungen ist, unter Abs III fällt, wenn darin eine Belohnung für Gründertätigkeit liegt. Nicht zu bestreiten ist, daß ein solches besonderes Recht als Gründerlohn bedungen sein kann, und wenn keine andere causa für die Bevorzugung ersichtlich ist, muß das angenommen werden, auch wenn es nirgend zum Ausdruck gekommen ist. Aber es kann gar kein Zweifel sein, daß der Fall nach Abs I, jedenfalls auch nach Abs I gehört, daß m. a. W. die Vereinbarung in aller Ausführlichkeit im Gesellschaftsvertrag festgesetzt werden muß, weil die Bevorzugung im Effekt ausschließlich auf Kosten der Aktionäre, nicht der Gesellschaft geht, während es insofern unausführbar ist, mit einer solchen Vereinbarung nach Abs III zu verfahren, als es nicht möglich ist, dafür einen bezifferten Betrag auszuwerfen. Wie hier Makower § 186 V b, anders anscheinend Staub-Pinner § 186[11].

e) Gratisaktien können nicht als Gründerlohn gewährt werden, wenigstens nicht auf Kosten der Gesellschaft. Geschieht es in der Weise, daß ein anderer Gründer übernimmt, die Einlage zu zahlen, so bleibt doch der Übernehmer der Aktie der Gesellschaft zur Zahlung der Einlage verpflichtet, wenn jener nur eine Scheinzahlung leistet; RG 26, 69. S. auch § 184 Erl 2c.

3. Während das Grundkapital und die Aktien stets auf einen bestimmten Geldbetrag lauten müssen, können auf die Aktien auch Sachen und Rechte eingebracht werden, und es kann ferner schon im Gründungsstadium bestimmt werden, daß die Gesellschaft Sachen oder Rechte gegen Vergütung übernimmt. Von diesem Fall oder von diesen Fällen handelt der Abs II. Man spricht in ihnen von „qualifizierter“ Gründung (ein anderer, weniger empfehlenswerter Sprachgebrauch geht dahin, auch da, wo Abmachungen nach Abs I oder Abs III vorkommen, von qualifizierter Gründung zu sprechen). Die hierfür gegebenen Vorschriften zielen darauf ab, daß die getroffenen Vereinbarungen offengelegt und allen Beteiligten nicht nur, sondern überhaupt dem Publikum jederzeit zugänglich sind. Sie müssen, um wirksam zu sein, im Gesellschaftsvertrag stehen. Während die Novelle von 1870 sich noch mit einer mehr nur summarischen Aufnahme in das Statut (Wert der Einlage, Anzahl der dafür gewährten Aktien, Betrag der Vergütung) begnügt hatte, muß jetzt genannt sein der Gegenstand der Einlage, der Betrag der Aktien, oder der Vergütung, die Persönlichkeit des Einlegers oder Veräußerers des Gegenstandes. Dasselbe muß im Zeichnungsschein stehen, § 189 III Z 1; in der Gründererklärung (§ 191) muß die Vereinbarung in ihren Einzelheiten, namentlich was die Vergütung angeht, gerechtfertigt, es muß der Gründungsvorgang vom Vorstand und Aufsichtsrat, ferner aber auch durch besondere Revisoren geprüft werden (letzteres auch in den Fällen nach Abs I und III) § 192; die zugrunde liegenden Verträge usw. sind der Anmeldung der Gesellschaft zum Handelsregister beizufügen § 195 II Z 2. Bei der Sukzessivgründung muß in der konstituierenden Generalversammlung die

Mehrheit der nicht beteiligten Aktionäre ihre Zustimmung erteilen, § 196 IV; mit der Eintragung der Gesellschaft in das Handelsregister sind auch diese Abmachungen öffentlich bekanntzumachen, § 199 I Z. 1; die Gründer haften der Gesellschaft für die Richtigkeit ihrer Angaben, § 202 I; die Prospekthaftung nach § 203 erstreckt sich auch hierauf (alles das gilt ebenfalls zugleich von den Abmachungen nach Abs I und Abs III). Umgehungen des Abs II beugt § 207 vor.

4. a) Das Gesetz unterscheidet zwischen Sacheinlage und Übernahme von Anlagen oder sonstigen Vermögensgegenständen. Begrifflich ist der Unterschied scharf und deutlich, tatsächlich können die Fälle schwer unterscheidbar ineinander übergehen. Der Unterschied besteht nicht darin, daß bei der Übernahme ein Vertrag (Kauf-, Werkvertrag u. ä.) geschlossen wird, bei der Einbringung nicht. In beiden Fällen schließen die Gründer — unter sich oder mit einem Dritten zugleich mit und in dem Gründungsvertrag den Vertrag zugunsten (und Lasten) der künftigen Gesellschaft, im Zweifel mit der Wirkung, daß bei der Übernahme der Anspruch auf die Sache bei der Einbringung das Recht an ihr die A-Gesellschaft im Moment ihrer Entstehung erwirbt RGSt 36, 73: Die Bedeutung der Vorschrift ist die, daß bei Beobachtung der vorgeschriebenen Formen, aber auch nur unter dieser Voraussetzung bereits vor der Entstehung der A-Gesellschaft als solcher mit bindender Wirkung für sie Verträge über Erwerb von Gegenständen gegen Entgelt mit irgendwelchen Personen, seien es Gründer oder Fremde, geschlossen werden können." RG 18, 65; 24, 21; JW 1900, 414, 12. Der Unterschied ist vielmehr, daß in dem einen Fall der Aktionär als solcher, der damit in die Reihe der Gründer eintritt, wenn er es nicht ohnehin ist (§ 187), mit den übrigen Gründern den Vertrag schließt, während im anderen Fall der Vertrag zwischen den Gründern und einem Dritten zustande kommt. Damit ist im ersten Fall zugleich gegeben, daß die Einbringung der Sache gegen Gewährung von Gesellschaftsrechten erfolgt, gegen Aktien, und daß — es liegt immer eines in dem anderen beschlossen — der Vertrag ein integrierendes Stück des Gesellschaftsvertrages ist, als welcher der Gründungsvertrag sich darstellt, RG 2, 307; 24, 22; 45, 100; KGJ 20, D 23 (Dresden); JW 1898, 574[46]; 1899, 596[57], während im anderen Fall ein im Gesellschaftsvertrag zwar zu beurkundender, aber nur tatsächlich mit ihm zusammenhängender Kauf-, Werk- oder ähnlicher Vertrag geschlossen wird; RG 26, 37; 51, 389; 53, 319; 73, 122. Vgl. auch RG 68, 169. Es ist nicht ausgeschlossen, daß auch einer der Aktionäre mit den übrigen Gründern einen Vertrag der letzteren Art, also nicht als Aktionär, sondern wie ein Dritter abschließt, RG 21, 245. Es können auch mehrere Aktionäre, es können alle Gründer einzelne Sachen oder gemeinschaftlich eine ihnen zusammen gehörende Sache, ein Geschäft, eine Fabrik in dieser Weise an die Gesellschaft veräußern. Dann tritt der Fall ein, wo die Unterscheidung, ob Einlage gemeint ist oder Übernahme, schwierig wird. Es kann in solchem Falle stillschweigend vorausgesetzt, es kann besprochen und schließlich wohl auch vereinbart sein, daß mit dem Anspruch gegen die A-Gesellschaft aufgerechnet wird oder aufgerechnet werden soll gegen deren Anspruch auf die Einlage. Das sieht dann überhaupt nicht mehr anders aus wie Einlage gegen Gewährung der entsprechenden Aktien. Dabei ist der Unterschied von erheblicher praktischer Bedeutung. Der Anspruch der Gesellschaft geht im einem Fall auf die Sache, im anderen auf das Geld, im letzteren Fall kann nach Entstehung der Gesellschaft der Vertrag nicht mehr wegen Täuschung usw. angefochten werden, im anderen Falle stehen beiden Teilen die Ansprüche und Einreden aus und gegen den Kaufvertrag unbeschränkt zu Gebote, Anfechtung, Wandlungsklage, Minderungsklage usw., im einen Fall müssen 25% des übernommenen Aktienbetrages unter allen Umständen eingezahlt werden, im anderen nicht. Bei der Sacheinlage ist der Aktionär Gründer, bei der Übernahme nicht, jedenfalls nicht notwendig. Von besonderer Bedeutung ist oder war wenigstens früher der Unterschied auch in steuer- und stempelrechtlicher Beziehung. In allen diesen Fällen ist grundsätzlich davon auszugehen, daß es sich, wenn ein Aktionär es ist, von dem die Sache kommt, nicht um Übernahme, sondern um Sacheinlage handelt, es sei denn unzweideutig das Gegenteil vereinbart. So lag es im Fall RG 21, 245, wo nur auf S 251 die Wendung zu beanstanden ist, daß die — als Kauf zu beurteilende — Übernahme der Fabrik nicht als Bestandteil des Gesellschaftsvertrags angesehen werden könne. Das steht ja gerade im Gesetz, daß auch ein solches Geschäft Bestandteil des Statuts sein müsse, und das gilt selbst dann, wenn ein Dritter es ist, von welchem die A-Gesellschaft die Sache gegen bares Geld übernimmt. S. auch RG 42, 4, RG in LeipzZ 07, 345. Vgl. auch RG 36, 111; JW 1900, 414, 12.

b) Nach Makower § 186 II b läge in beiden Fällen gleicherweise Sacheinlage vor. Ebenso im Fall, daß die Aufrechnung vereinbart wird, Staub-Pinner § 186[9]. Allein das von Makower angezogene Urteil RG 42, 1 erkennt den Unterschied und dessen praktische Bedeutsamkeit an — hätte es sich nicht um eine Sacheinlage gehandelt, dann wären 25% der Geldeinlage zur Konkursmasse zu zahlen gewesen —, und sah sich nur der tatsächlichen Feststellung gegenübergestellt, daß die Parteien Sacheinlage (nämlich Einlage einer dem Aktionär gegen die A-Gesellschaft zustehenden Forderung!) gewollt hatten.

Es ist möglich und wird tatsächlich oft der Fall sein, daß bereits vor der Gründungsverhandlung die Gründer untereinander oder mit dem Dritten sich — unverbindlich oder auch in bindender Weise — über die Einbringung oder die Übernahme der Sache geeinigt haben. Aber mit Wirkung gegen (und für) die Gesellschaft kommt der Vertrag, der kraft zwingenden Rechts ein Stück des Gesellschaftsvertrages sein muß, erst mit der Perfektion dieses letzteren Vertrages zustande. Oder vielmehr erst mit der Eintragung der A-Gesellschaft in das Handelsregister. Bis dahin ist nicht ausgeschlossen, daß die Gründer untereinander oder mit dem Dritten eine Änderung, eine Ergänzung usw. vereinbaren, wofern nur auch das unter gerichtlicher oder notarieller Beurkundung geschieht. A. A. Makower § 186 II e: ein Nachtragsvertrag, wonach ein Aktionär statt Geldeinlage eine Sache einbringen soll, sei unwirksam gegenüber der A-Gesellschaft, weil die Gründer nicht die Gesellschaft vertreten könnten und die Gesellschaft bereits gleichzeitig mit der Errichtung das Recht auf die vereinbarte Einlage erworben hätte, auch nach § 221 nachträglich Änderung der Barzahlungspflicht nicht zulässig sei. Das ist wohl nicht richtig. Da die Gründer bis zur Eintragung der A-Gesellschaft — selbst wenn schon Vorstand und Aufsichtsrat bestellt sein sollten — der Gesellschaft gegenüber freie Hand haben, ob die A-Gesellschaft überhaupt entstehen soll (es kann sogar jeder einzelne Gründer, wenn auch unter Umständen auf die Gefahr von Schadensersatzansprüchen —aber nicht der Gesellschaft, sondern der Mitgründer— die Entstehung der A-Gesellschaft vereiteln), so haben sie auch — wofern sie sich einig sind — völlig freie Hand in Gestaltung oder Umgestaltung des bereits festgestellten Statuts. RG 21, 245, worauf Makower verweist, stellt nicht die Gültigkeit des Nachtrages in Zweifel, will ihn vielmehr nur steuerrechtlich selbständig behandelt wissen. — Nach Eintragung der A-Gesellschaft ist eine Änderung, wenn überhaupt, nur unter förmlicher Statutenänderung möglich (RG in JW 09, 167[18].

c) Es ist denkbar, daß die Übernahme nur unter einer Bedingung oder mit einer Befristung vereinbart wird. KGJ 10, 29. Handelt es sich um einen Werkvertrag, z. B. um den Bau der Eisenbahn, deren Betrieb der Gegenstand des Unternehmens ist, so ist Befristung eigentlich selbstverständlich. Dagegen kann die Sacheinlage wohl auch befristet, nicht aber bedingt sein.

d) Der Vorschrift des Gesetzes ist genügt, wenn im Gesellschaftsvertrag in Beziehung auf Sacheinlage oder Sachübernahme das Kausalgeschäft zum Abschluß kommt. Es gehört dann zu den Aufgaben des Vorstandes, den Anspruch auf Lieferung der Sache geltend zu machen, RG 18, 64. Daß es vor der Eintragung der Gesellschaft in das Handelsregister geschehen müsse, ist nicht vorgeschrieben. Es hängt das von dem Inhalt des Vertrages ab. Es steht aber auch nichts im Wege, im Statut das Verfügungsgeschäft abzuschließen, das alsdann unter der condicio juris steht, daß die A-Gesellschaft zur Entstehung kommt. Das Eigentum erwirbt dann die Gesellschaft im Zeitpunkt ihrer Entstehung, ohne daß es noch einer besonderen Übereignung bedarf, JW 1900, 414[12]; RG 24, 21.

e) Die Übernahme ist Kaufvertrag, wenn die Vergütung in Geld besteht, anderen Falles kaufartiges Rechtsgeschäft gemäß §§ 445, 493 BGB. Es finden, was die Haftung der Parteien aus dem Vertrag angeht, Haftung des Veräußerers wegen Mängel der Sache oder Mangel im Recht, Wandlung, Minderung, Anfechtung wegen Irrtums uneingeschränkt die Rechtssätze vom Kauf Anwendung. Etwas anders liegt es bei der Sacheinlage. Es vollzieht sich dann in einem und demselben Geschehen die Eingehung der Verpflichtung zur Lieferung der Sache, die entsprechende Übernahme der Aktien und der Abschluß des Gesellschaftsvertrages. Hier handelt es sich nicht um Leistung der Sache gegen Gegenleistung, sondern um Leistung auf Beteiligung. Aber noch weniger handelt es sich um unentgeltliche Leistung und so finden auch hier die §§ 445, 493 BGB Anwendung. Vgl. RG 86, 211; ferner RG 2, 303 und die dortigen Zitate; 31, 20; 45, 100. So die allgemeine Auffassung. Der Sachlage entspräche mehr die Annahme, daß der Einbringende ebenso haftet, wie bei der Gesellschaft nach bürgerlichem Recht der Gesellschafter, welcher eine Sache einlegt. Auf jeden Fall aber kommt zur Geltung, daß es sich um Einlage auf das Grundkapital einer A-Gesellschaft handelt, so daß auch da, wo nach Kaufrecht der Veräußerer Rückgabe der veräußerten Sache oder an Stelle dessen Schadensersatz fordern könnte, hier solche Ansprüche gegen die Gesellschaft ausgeschlossen sind, nachdem diese in das Handelsregister eingetragen worden ist. S. Erl 3 zu § 213. Staub-Pinner § 186[19], teilweise abw. das. Erl 20. Das Urteil RG 26, 37 geht in der Ausführung auf S 40 deshalb fehl, weil es sich nicht um Einbringung, sondern um Sachübernahme handelte. Wäre es Einbringung gewesen, dann wäre die Anfechtung durch die Gesellschaft überhaupt ausgeschlossen gewesen, nicht deshalb, weil die Gesellschaft damit die wesentlichen Grundlagen ihrer eigenen Existenz zerstört hätte — was eine rein wirtschaftliche Erwägung ist, die der Gesellschaft selbst überlassen bleiben mußte — sondern weil die Rückgabe der Einlage durch § 213 verboten ist.

f) Es ist nicht nötig, daß die Vereinbarungen bis in alle Einzelheiten hinein in den Gesellschaftsvertrag aufgenommen werden, wie ja auch in § 195 I Z 2 die Ergänzung der Anmeldung durch Verträge vorgeschrieben ist, welche den Festsetzungen des Statuts zugrunde liegen oder zu ihrer Ausführung geschlossen worden sind. Vgl. in HoldhMS 13, 59 den ersten Entscheidungsgrund, während der zweite auf einer am Wortlaut haftenden Auslegung beruht. Ferner OLG 27, 364 (Hamburg). Immerhin muß alles schriftlich vereinbart oder beurkundet sein. Ferner ist auch die Heranziehung des nach § 191 zu erstattenden Gründerberichts hier am Platz; RG

18, 66 weist geradezu darauf hin, daß dieser Bericht die geeignete Stelle sei, um unter den Gründern gewechselte Erklärungen dahin zu kennzeichnen, daß sie als vertragsmäßige Zusicherungen über Eigenschaften der einzubringenden Sache gemeint waren. Vgl. auch Erl 1 zu § 191.— Jedenfalls müssen die einem einzelnen Aktionär zugesicherten besonderen Vorteile ebenso wie der Gegenstand der Einlage oder der Übernahme und der Betrag der Aktien oder der sonstigen Gegenleistung im Gesellschaftsvertrage selbst mit hinreichender Deutlichkeit angegeben werden. So genügt es, wenn dem Einbringenden ein Wiederkaufsrecht hat eingeräumt werden sollen — was zwar bei der Sacheinlage nicht zulässig wäre, bei der Übernahme aber unbedenklich ist — nicht, daß dieses in einer dem Vertrag angelegten „Beschreibung" erwähnt ist, mag auch auf diese im Vertrag verwiesen sein, RG 81, 409. S. auch JW 1901, 142[9]; 1916, 1413[4]; KGJ 44, 146; LZ 1919, 60. — Darin, daß mündliche Zusagen des Einbringenden nicht in den Gesellschaftsvertrag aufgenommen worden sind, liegt nicht ohne weiteres ein Verstoß gegen § 202; SeuffArch 64 Nr. 76 (München).

g) Der Sacheinleger muß nicht Eigentümer der einzubringenden Sache sein. Ohne selbst das Eigentum erwerben zu müssen, was bei Grundstücken erhebliche Mehrkosten verursachen würde, erfüllt er seine Verpflichtung gegen die A-Gesellschaft dadurch, daß der Eigentümer die Sache der Gesellschaft übereignet; RJA 1, 147; JW 1889, 596[57]. Liefert der Einleger selbst die Sache, so kann der Eigentümer von der Gesellschaft die Herausgabe verlangen, sofern nicht diese auf Grund guten Glaubens (der Gründer) das Eigentum an ihr erworben hat, RG 24, 23. — Der Registerrichter hat der Frage, ob der Einbringende berechtigt ist, über die Sache zu verfügen, nicht nachzugeben, es sei denn, daß ein Dritter Einspruch erhebt, HoldhMS 22, 136, oder daß Rechte Dritter, welche der Einbringung entgegenstehen, erkennbar hervortreten, KGJ 36, 133.

h) Bedingt sich ein Aktionär für seine Sacheinlage außer Aktien einen Geldbetrag aus, so liegt ein gemischtes Rechtsgeschäft vor, zu einer Quote Sacheinlage, zur anderen Sachübernahme. Auch das muß im Statut mit aller Deutlichkeit zum Ausdruck kommen, OLG 32, 135 (München): „Wer sich bei der Gründung eine Vergütung für den Mehrwert seiner Sacheinlage sichern will, kann das nur durch Erwähnung des Mehrwerts im Gesellschaftsvertrag erreichen, und wer eine Einlage macht, die sich äußerlich als Sachgesamtheit darstellt, muß, wenn einzelne an sich zu diesem Inbegriff gehörige Vermögensbestandteile nicht zur Einlage gehören sollen, es notwendig im Gesellschaftsvertrag deutlich ausdrücken." Die steuerrechtlichen Fragen, welche sich an diese Form der Einlage knüpfen, haben die Rechtsprechung lebhaft beschäftigt (JW 1895, 332[39]; 1898, 514[46]; Bolze 11, 582; RG 51, 389; 53, 319; 73, 125; KGJ 39, B 83), sind aber durch die Vorschriften des Kapitalverkehrsteuergesetzes gegenstandslos geworden.

Unter demselben Gesichtspunkt ließe sich der Fall betrachten, daß ein mit einer Hypothek beschwertes Grundstück eingebracht wird. Die Gesellschaft erwirbt das Grundstück als Einlage, soweit dafür Aktien gegeben werden, im übrigen bezahlt sie es durch Anrechnung der Hypothek auf den Preis. Der Standpunkt des KVStG ist das nicht, das vielmehr nur den um die Hypothekenschuld geminderten Wert der Einlage mit Steuern belegt. So übrigens schon für das frühere Recht RFH 4, 312 in Anwendung auf den in diesem Punkt ähnlich liegenden Fall, daß ein Geschäft mit den Passiven eingebracht wird.

i) Wegen Übernahme von Anlagen oder unbeweglichen Gegenständen nach Entstehung der A-Gesellschaft s. § 207; ferner § 208. — Wird die A-Gesellschaft zum Zweck der Herstellung und des Betriebes einer Anlage (Eisenbahn) gegründet, so entspricht es nicht dem Gesetz, die Gesellschaft einstweilen ohne Rücksicht auf die geplante Übernahme als Bargründung zu errichten und die Übernahme lediglich den Vorschriften über die sogenannte Nachgründung zu unterwerfen, KGJ 10, 29. Das gilt auch, wenn feste Verträge mit dem Unternehmer noch nicht geschlossen sind. So wenigstens KGJ 25, 86.

k) Die gemäß § 186 in das Statut aufgenommenen Bestimmungen müssen — auch bei einer Neufassung der Statuten und nach Ablauf der in § 206 bestimmten Verjährungsfrist — in dem Statut verbleiben, wofern nicht das Bestimmte rückgängig gemacht ist KGJ 20, D 23 (Dresden); KGJ 27, 226; HoldhMS 2, 289; BauersZ 25, 123; Staub-Pinner § 186, [23].

5. a) Die Sacheinlage kann aus den verschiedensten Gegenständen bestehen. Ob der Gegenstand dazu geeignet ist, hat der Registerrichter zu prüfen, OLG 27, 363 (KG). Es können mehrere Gründer zusammen, ein jeder zu seinem Teil auf die für ihn bedungene Anzahl von Aktien, einen Gegenstand einbringen. Es kann eine Sache so eingebracht werden, daß dem Einbringenden ein Überschuß über den Gesamtbetrag der ihm zufallenden Aktien bar ausgezahlt wird. Auch eine nur der Gattung nach bestimmte Sache kann Gegenstand der Einlageschuld sein (vgl. RG in HoldhMS 21, 193). Die Sache muß bereits existieren oder doch spätestens bis zur Eintragung der Gesellschaft in das Handelsregister zur Existenz gelangen. Das gilt auch von Rechten, die unter der Bedingung begründet werden können, daß die A-Gesellschaft zur Entstehung gelangt (OLG 22, 26; KGJ 38, 167). — Sachen, welche auf das Grundkapital eingebracht werden sollen, müssen im allgemeinen zu Eigentum übertragen werden. Gebrauchsüberlassung kann nicht selbständig Gegenstand einer Sacheinlage sein (bestr., a. A. OLG 22, 26; KGJ 38, 161).

Das verbietet sich schon deshalb, weil eine solche Einlage sich bei der Ungewißheit der Dauer auch nicht annähernd bewerten ließe. Von ihr muß dasselbe gelten wie von Dienstleistungen (s. unten). Anders KGJ 38, 161; vgl. auch RG in HoldhMS 23, 50. Dagegen ist es nicht selten, daß ein Geschäft, etwa eine Fabrik, so eingebracht wird, daß das Fabrikgrundstück oder die Maschinen nur gebrauchsweise überlassen werden, namentlich auch, wenn dem Einbringenden selbst Grundstück oder Maschinen nur mietweise zur Verfügung stehen. — Überhaupt können auch rein obligatorische Rechte des Gründers gegen Dritte eingebracht werden, bei einer Erhöhung des Grundkapitals auch Forderungen gegen die A-Gesellschaft selbst (RG 42, 1; LZ 07, 606). Nur müssen solche Rechte übertragbar sein. So persönliche Lizenzen, die der Lizenzträger befugt ist, weiterzugeben (RG in LZ 1908, 297[5]. RG in HoldhMS 23, 50) eine Generalvertretung (OLG 24, 163), Inseratenvertretung (KGJ 44, 146); anders HoldhMS 22, 106. Ferner dingliche Rechte, Servituten, z. B. Wasserkraft (BauersZ 18, 226); sodann Immaterialrechte, besonders häufig Patente (KGJ 38, 168; s. aber auch RJA 12, 238); ferner Gebrauchsmuster, Verlagsrechte, auch Warenzeichen, diese nach Warenzeichenrecht nicht selbständig, aber in Verbindung mit dem Geschäft, für welches sie bestehen (JW 00, 857; DJZ 1921, 37). Diese Art von Rechten kann, wenn die A-Gesellschaft in Konkurs gerät, der Konkursverwalter zwecks Verwertung der Masse veräußern, vorausgesetzt, daß sich aus dem Gesellschaftsvertrag nicht etwas anderes ergibt. Vgl. RG in HoldhMS 23, 50, wo ausgesprochen wird, daß auch die rein obligatorische Befugnis zur Benutzung eines Warenzeichens Gegenstand einer Sacheinlage sein könne, wenigstens in Verbindung mit Patent und Gebrauchsmuster. Man müßte danach auch bei eingebrachten Rechten unterscheiden, ob es gewissermaßen nur leihweise zum Gebrauch eingebracht wird oder zu vollem Recht (Eigentum) (s. unten). — Auch nicht patentierte Erfindungen, wie Geheimverfahren können Sacheinlagen bilden (KGJ 45, 175), und wenn ein eingebrachtes Patent sich als nichtig herausstellt, so ist darum noch nicht der Gesellschaftsvertrag oder die einzelne Aktienübernahme wegen Unmöglichkeit der Leistung nach § 306 BGB nichtig. Es steht daher auch nichts im Wege, daß der Einbringende die Gewähr für den rechtlichen Bestand der Patente ausschließt (RG in HoldhMS 22, 247; OLG 27, 367). Auch wenn die Gewähr nicht ausgeschlossen ist, wandelt sich bei Vernichtung des Patents nicht etwa die Sacheinlage in die entsprechende Geldeinlage um (RG a. a. O.; vgl. auch RG 68, 271; 86, 210). — Auch ein schuldrechtlicher Anspruch des Gründers gegen einen Dritten kann Sacheinlage sein. So denn auch ein Wechsel, welchen der Gründer von dem Dritten erhalten hat und an die Gesellschaft weiterbegibt. Dagegen bedeutet ein eigenes Akzept des Gründers, das er der A-Gesellschaft gibt, nichts weiter als die wechselmäßig gegebene Zusage des Geldes und also Geld-, nicht Sacheinlage (RG 49, 26; Fischer in Ehrenberg HR III 1 173 und die Zitate in Note 16. Bedenklich die Bemerkung RGSt 36, 186.) Merkwürdigerweise ist das nicht unbestritten. S. Makower in GZ 36, 446; anders HGB 186 II a 2. Ob Cosack HH § 213 II, 2 als Gegner zu bezeichnen wäre, ist zweifelhaft. Wenn er Ansprüche gegen die eigene Person des Einlegenden als Sacheinlage für zulässig hält, so können hierunter Wechselansprüche nur gerechnet werden, wenn das Gesagte auch von Geldansprüchen gelten soll; das erscheint aber ausgeschlossen; Cosack kann unmöglich verkannt haben, daß er damit den ganzen Unterschied zwischen Geld- und Sacheinlage verwischt. Übrigens ist in der 8. Aufl. die Lehre nicht mehr vorgetragen. Ein besonders häufiger Fall ist die Einbringung eines Handelsgeschäfts mit den Aktiven oder mit Aktiven und Passiven. Vgl. hierzu RG 63, 57; 70, 224. Hier ist, wie immer im Fall einer solchen Veräußerung, zu unterscheiden die Rechtslage im Verhältnis der Vertragschließenden zueinander und zu Dritten. Was ersteres angeht, so ist die Frage, was im einzelnen eingebracht worden ist oder werden soll, ob die Passiva mit übernommen worden sind oder nicht, ob ersteren Falles sämtliche oder nur die ausdrücklich genannten, immer nur aus dem Gesellschaftsvertrage zu entscheiden (RG in Recht 09, 2528; 1918, 1414; JW 05, 214; RG in LZ 1916, 742[15]; WarnRspr 11, 80; BauersZ 12, 186; vgl. auch das. 19, 84; LeipzZ 1919, 60). Was nebenher die Gründer besprochen haben, kann der A-Gesellschaft gegenüber auch dann nicht berücksichtigt werden, wenn alle Gründer und alle Aktionäre beteiligt waren. Wohl aber unterliegt auch in dieser Beziehung der Gesellschaftsvertrag der Auslegung gemäß §§ 133, 157 BGB. Namentlich aus der Bewertung der Sacheinlage wird sich ein Anhalt für die Entscheidung bieten (vgl. RG in LZ 1916, 742[15]). Im allgemeinen kann die A-Gesellschaft daraus noch keinen Anspruch gegen den Einlegenden herleiten, daß sich ihr unbekannt gebliebene Gläubiger melden RG eod. Ist aber als Betrag der Einlage der Überschuß der Aktiva über die Passiva vereinbart worden und ergeben sich weitere Verbindlichkeiten, für welche die A-Gesellschaft aufkommen muß, so erwächst ihr ein Gewährleistungsanspruch, und nach RG in DJZ 02, 288 gilt in der Höhe des Anspruchs die Einlage als nicht eingezahlt, die dann also eine gemischte werden würde, wenn sie es nicht ohnehin schon ist (vgl. aber dasselbe Urteil im Bericht JW 02, 259). — Übernimmt andrerseits der Einbringende für Eingang der Außenstände die Gewähr, so fragt sich, ob die A-Gesellschaft ihm die Verbindlichkeit erlassen kann (§ 213). RG 79, 271 hat das in Anwendung auf die Gesellschaft mbH für zulässig erklärt, wenn es sich um einen sachlich gerechtfertigten Vergleich handelt. — Zulässig ist, daß, wer ein Geschäft einbringt, zugleich eine bestimmte Zinsgarantie leistet. Vgl. OLG 5, 281 (München).

Im Verhältnis zu Dritten haftet die A-Gesellschaft für die Passiven des übernommenen Geschäfts nach Maßgabe des § 25 HGB, wenn sie zugleich die Firma annimmt. Der Zusatz „Aktiengesellschaft" macht die Firma nicht zu einer anderen. S. Erl 8 c zu § 182.

b) Ähnliche Fragen wie die eben erwähnten treten auf, wenn die einzubringende Sache mit Rechten Dritter belastet ist, ein Grundstück mit einer Hypothek. Auch hier wird man meist aus der Bewertung der Einlage ersehen können, wie es gemeint ist. Das ist dann auch für Dritte, für Gläubiger der Gesellschaft maßgeblich, auch wenn sie keinen Einblick in die Belastung des Grundstücks haben. Es kann auch so liegen, daß der eine Gründer das Grundstück einbringt, ein anderer die ihm am Grundstück zustehende Hypothek löschen läßt. Letzteres wäre dann Sacheinlage in Gestalt des Verzichts auf ein Recht. Die Hypothek könnte ebensogut als Eigentümerhypothek auf die A-Gesellschaft übertragen werden, was sich ohnehin gebietet, wenn weitere Hypotheken folgen. Oder einer der Gründer bringt sein Geschäft ein mit den Passiven, ein anderer seinen gegen den ersteren bestehenden Anspruch, HoldhMS 2, 100. Der in diesem Fall bereits mögliche Zweifel, ob es sich um Sach- und nicht vielmehr um Geldeinlage handelt, macht sich noch dringender geltend, wenn, was bei Erhöhung des Grundkapitals vorkommen kann, die Einlage in dem Verzicht auf einen dem Aktienübernehmer gegen die A-Gesellschaft selbst zustehenden Anspruch besteht, RG 42, 1. Auch hier ist im Zweifel anzunehmen, daß es sich um das einfache Rechtsgeschäft der Sacheinlage, nicht um Kombinierung von Geldeinlage mit Aufrechnung handelt. (S. oben Erl. 4 a.)

c) Ganz allgemein läßt sich sagen, daß alles Gegenstand einer Sacheinlage sein kann, was als Aktivum in die Bilanz eingestellt werden darf (RJA 12, 58; KGJ 44, 146; 45, 175), ein Kriterium mehr kaufmännisch-technischer Art, als juristischer. — Ausgeschlossen sind Dienstleistungen, dauernde nicht minder wie einmalige, OLG 32, 140, RG in LZ 1914, 1396[4], namentlich also auch die Geschäftsführung für die A-Gesellschaft. Diese Unverwendbarkeit kann auch nicht damit umgangen werden, daß man sich ausdrückt, der Gründer bedinge sich Lohn und bringe die Lohnforderung ein, RG in HoldhMS 24, 224. — Das wird ziemlich allgemein anerkannt (a. A. Cosack HH § 213 II 2, nicht aufrechterhalten in 8. Aufl.; Brand § 186[3] c, Goldmann 186[10]; Rehm, Bilanzen 2. Aufl. § 5; Lehmann I, 375, der in unmittelbarem Zusammenhang sagt, Dienstmiete sei als Einlage zulässig, und stets müsse es sich um Übernahme eines bestimmten einzelnen Vermögensstückes, um einen Gegenstand handeln, dagegen nicht — genau besehen — Makower § 186 II, 2), ist zugleich aber auch die einzige Schranke, vor welcher Gerichtsgebrauch und Rechtsleben schließlich wirklich haltgemacht haben. Schon die nächste, man sollte meinen, zwingende Folgerung, daß was von Dienstmiete gilt, auch von Sachmiete und Sachleihe gelten müsse, wird nicht gezogen. Wohl aber kann ein Anspruch auf Dienste, welcher dem Gründer gegen Dritte zusteht, als Einlage in Frage kommen. Nur muß es sich hierbei, wie auch sonst, wenn eine Forderung eingebracht wird, um einen rechtlich begründeten, bereits entstandenen (oder mit der Eintragung der A-Gesellschaft spätestens entstehenden) Anspruch handeln, KGJ 38, 168, OLG 27, 363 (KG). Ein Vertragsangebot wäre höchstens dann geeignet, wenn es dem Einbringenden fest an die Hand gegeben war, RJA 12, 58; Recht 1913, 263. Anders wie mit der Dienst- und Sachmiete steht es mit dem Werkvertrag. Ein solcher könnte sehr wohl Gegenstand einer Sacheinlage sein, wenn das herzustellende Werk sich dazu eignet (ohne Grund zurückhaltend JW 1901, 146, 19; ob und wie ein solcher Apport steuerpflichtig ist, ist eine Frage für sich). Aber natürlicher und richtiger ist, daß man dann das Werk selbst unmittelbar als den Gegenstand der Sacheinlage betrachtet. — Wie nur bereits begründete Rechte, nicht die Aussicht auf solche, Einlage sein können, so kann auch eine „Kundschaft" zwar als Moment für Bewertung eines Geschäfts sehr wohl in Frage kommen (RG 74, 382), ist aber zum selbständigen Gegenstand einer Einlage nicht geeignet (RG in FrankfRundsch 1915, 13, Rundschau GmbH 1914, 179, 349). Wird ein Geschäft im ganzen eingebracht, so ist die Kundschaft eingeschlossen (RundschGmbH 1913, 25), restlos jedenfalls dann, wenn zugleich ein Konkurrenzverbot bedungen wird. Damit stößt man auf eine Schwierigkeit, die in Rechtsprechung und Rechtslehre eine methodische Lösung bisher nicht gefunden hat. S. RG 70, 220; 74, 378; JW 1911, 495[28]. Ein im Gang befindliches Geschäft hat schon als solches einen Vorsprung vor einem neu entstehenden, pflegt mehr wert zu sein bei sonst gleichen Verhältnissen. Die Kundschaft, die erworbenen und bestehenden Beziehungen des Geschäfts, sein Ruf erhöhen den Wert und machen insbesondere auch den Wert der Firma aus. Sie werden daher oft zu einem erheblichen Faktor der Bewertung der Sacheinlage, der nun aber verschwindet, wenn man das Ganze in seine greifbaren Teile zerlegt, wie es geschehen muß, wenn es gilt, die Bilanz, hier die Eröffnungsbilanz aufzustellen. Die A-Gesellschaft kann nicht das Geschäft als Ganzes in die Bilanz als Aktivum einstellen. Sie muß das Vorhandene auf die einzelnen Konten verteilen, und so bleibt, um die Balance zu erreichen, kein anderes Mittel, wenigstens kein anderes einwandfreies Mittel, als Aktivposten wie Firma, Kundschaft, Fasson, good will, Organisation einzustellen. So schlechthin einwandfrei ist freilich auch das noch nicht. Nach dem Gesetz müßte in einem solchen Falle das Unternehmen mit einer Unterbilanz beginnen, und bevor diese ausgeglichen ist, dürfte kein Gewinn zur Verteilung kommen. Theorie und Praxis drücken ein Auge zu und lassen einen Aktivposten zu, der eigentlich ganz unerhört, jedenfalls im sonstigen Geschäftsleben, wo doch auch oft genug das Geschäft von Jahr zu Jahr an Wert gewinnt, keinem Kaufmann gestattet ist (RG in FrankfRundsch 1915, 13). Mit der allgemein akzeptierten Formel (so auch RG in LZ 1915, 231), wonach Imponderabilien dieser Art insoweit bilanzfähig sein sollen, als sie für einen Gegenwert erworben worden sind, dreht man sich im Kreis. Erst heißt es: Einlage kann sein, was in die Bilanz als Aktivum eingestellt werden darf (s. oben), und nun hört man, daß, was verkehrsfähig ist, was Gegenstand entgeltlichen Erwerbs sein kann, muß auch Aktivum der Bilanz sein können. Über die wahre Natur dieser Art von Aktivposten s. Erl. 5 i zu § 261.

6. a) Abkommen der in Abs. I—III bezeichneten Art können giltig nur im Gesellschaftsvertrag geschlossen werden. Außerhalb des Gesellschaftsvertrages getroffene Vereinbarungen sind nichtig. Vgl. RG 36, 108. Das Gesetz drückt sich vorsichtig dahin aus, daß sie der Gesellschaft gegenüber unwirksam sind. Im ursprünglichen Art 180 III lautete es: Ein gegen den Inhalt dieser Bestimmungen geschlossener Vertrag hat keine rechtliche Wirkung. Das glaubte die Novelle von 1884 vorsichtiger ausdrücken zu sollen mit der Begründung (Mot 52): Inwieweit ein für die Gesellschaft nicht verbindliches Abkommen zwischen den Gründern und deren Kontrahenten eine rechtliche Wirkung äußert, mag sich nach den Grundsätzen des bürgerlichen Rechts entscheiden; in dieser Richtung nach dem Vorbild des Art 180 III der bisherigen Fassung weiterzugehen und dem Abkommen jede rechtliche Wirkung zu versagen, ist auch vom Standpunkt einer Fürsorge für die Interessen der Gesellschaft nicht zu rechtfertigen." In Wahrheit sagt die eine Fassung nichts anderes als die andere. Der Ausführung der Motive liegt eine Verwechslung zugrunde. Damit, daß das Gesetz einen Vertrag für nichtig erklärt, sagt es nicht zugleich, daß die Tatsache dieses Vertragschlusses jeder rechtlichen Wirkung entbehre. Es ist bekannt genug, daß der Abschluß eines nichtigen Vertrages unter Umständen den Anspruch auf Schadensersatz zur Folge haben kann. Es ist ausgeschlossen, daß wenn außerhalb des Gesellschaftsvertrages eine Sachübernahme im Sinne des Abs. II bedungen wird, die Gründer dem Gegner sich dadurch verpflichten, ihrerseits den Gegenstand abzunehmen und zu bezahlen. Aber es ist nicht ausgeschlossen, daß sie dem Gegner ersatzpflichtig sind. Ist es einer der Gründer selbst, welcher die Sache einlegen sollte, so ist das — auch bei Simultangründung — schlechthin nichtig und es können die anderen Gründer nicht wie aus einem nebenbei geschlossenen Gesellschaftsvertrag verlangen, daß die Sache doch der A-Gesellschaft zur Verfügung gestellt wird. Und gar nicht anders liegt es, wenn die Vereinbarung dahin ging, daß einer der Gründer vom Jahresgewinn die doppelte Portion beziehen solle oder wenn einem der Gründer eine von der Gesellschaft zu zahlende Belohnung in dieser Form bedungen worden ist. — Insbesondere darf die Wendung nicht zu der Auffassung verleiten, daß es sich um eine Unwirksamkeit handle, welche durch — ausdrückliche oder stillschweigende — Genehmigung der Gesellschaft, also des Vorstandes geheilt würde, RG in HoldhMS 1904, 165; anders auf Grund einer Auslegung, die nicht überzeugend ist, JW 1910, 800[6]. — Auch der Gedanke ist abzulehnen, daß es sich um eine Unwirksamkeit handle, auf welche sich nur die Gesellschaft, nicht aber der Gegner berufen könne. — Eher könnte man in der Wendung etwas anderes ausgedrückt finden, was zwar der Gesetzgeber vielleicht nicht hat damit sagen wollen, aber zweifellos gelten muß und auch in seinem Sinne liegt, nämlich daß die Nichtigkeit solcher Abmachungen die Gültigkeit des Vertrages im Ganzen nicht in Frage stellt. So RG 81, 410; 114, 81. Der § 139 BGB ist hier überhaupt nicht anwendbar. A. A. Staub-Pinner § 186, 17 a. — Eine andere Frage ist, inwiefern in dem Falle, daß die Vereinbarung mit dem erforderlichen Grad von Ausführlichkeit im Gesellschaftsvertrag getroffen worden ist, Nebenberedungen außerhalb des Gesellschaftsvertrages gültig sind oder wenigstens zur Auslegung herangezogen werden können. S. oben Erl 4 f.

b) Nicht zutreffend erscheint der Gedanke, daß Vereinbarungen, welche entgegen den Vorschriften des § 186 nicht im Gesellschaftsvertrag getroffen worden sind, durch einen statutenändernden Beschluß „geheilt" werden. Die A-Gesellschaft tritt in solchem Fall in das Leben, ohne an die Vereinbarung irgendwie gebunden zu sein. Soll oder will sie nunmehr darauf eingehen, so kommen einfach die Grundsätze über Vertretungsmacht und Vertretungsbefugnis des Vorstandes zur Anwendung, JW 1910, 800[6]. Verkauft jetzt der Vorstand an einen Gründer, um ihn zu entschädigen, Waren zu einem Preis unter ihrem Wert, so verletzt er seine Pflicht gegen die Gesellschaft. Will er sich den Rücken decken, indem er die Generalversammlung fragt, so kann nur zweierlei in Frage kommen Nach diesseitiger Auffassung kann nachträglich eine Gründerbelohnung — versteckt oder offen, das macht keinen Unterschied — nur bewilligt werden, wenn ausnahmslos alle Aktionäre zustimmen. Oder aber es genügt ein mit einfacher Mehrheit gefaßter Beschluß der Generalversammlung. Statutenänderung kommt garnicht in Frage. Anders JW 1909, 167[18]; anders auch RG in HoldhMS 1904, 165, wo es sich nicht um einen besonderen

Vorteil eines Aktionärs nach Abs I, sondern um eine Gründerbelohnung nach Abs. III gehandelt hat. Ganz ausgeschlossen ist, daß eine Bargründung, nachdem die Gesellschaft entstanden ist, in eine Sachgründung durch Statutenänderung umgewandelt werden könnte, und umgekehrt. Nur bei Bewilligung besonderer Vorteile zugunsten einzelner Aktionäre (Abs I) käme Statutenänderung in Frage JW 1904, 182[39] (daher wäre die Entscheidung RG in HoldhMS 1904, 165 richtig, wenn es sich wirklich um einen Fall nach Abs. I gehandelt hätte). Anders RG in HoldhMS 1909, 219; in Ring II 200 (Dresden); JW 1910, 800[6]; LZ 08, 297[5]; 09, 309[3]; Staub-Pinner § 186[18]; Brand § 186[60]. Gegenstandslos sind auch die Erwägungen Makowers § 186 II c darüber, ob nach Errichtung der Gesellschaft eine Bareinlage in Sacheinlage unter Abänderung der Satzung umgewandelt werden könne. Selbstverständlich haben die Gründer bis zur Anmeldung der Gesellschaft, und wenn sie die Anmeldung noch rechtzeitig zurückziehen, bis zu ihrer Eintragung freie Hand, den Gründungsvertrag noch anders zu fassen, was natürlich nur im Einverständnis Aller geschehen kann. Nur bei der Sukzessivgründung muß unbedingt die konstituierende Generalversammlung auch den Vertrag in der Gestalt beschließen, wie er der Aktienzeichnung und -zuteilung zugrunde gelegen hat. Undeutlich Lehmann-Ring § 186[6].

§ 187.

Die Aktionäre, welche den Gesellschaftsvertrag festgestellt haben oder andere als durch Barzahlung zu leistende Einlagen machen, gelten als die Gründer der Gesellschaft[1].

1. a) Der Sinn der Vorschrift ist viel erörtert und umstritten, ist aber doch ganz deutlich. Es kam dem Gesetzgeber (es handelt sich um einen in der Reichstagskommission beschlossenen Zusatz der Novelle von 1884) darauf an, in den Kreis der Personen, welche der späteren A-Gesellschaft für die Vorgänge während der Gründung verantwortlich sein sollen, auch alle Aktionäre einzubeziehen, welche sich in irgendeiner Form mit Sacheinlagen beteiligen. Auf Sacheinlage also kommt es an, nicht auf Sachübernahme. Versteht man a priori unter Gründer jeden, welcher als Vertragspartei den Gründungsvertrag mit abschließt, dann sagt die Vorschrift etwas Selbstverständliches und wäre überflüssig. Denn die Sacheinlage muß mit den Gründern vereinbart werden, und diese Vereinbarung kann endgültig nur im Gesellschaftsvertrag, also in und mit diesem abgeschlossen werden (a. A. Lehmann-Ring § 187[1], der behauptet, im Fall des § 187 müsse auch der Sacheinleger die Aktien, welche er übernimmt, zeichnen). Es wäre denkbar, daß der eine oder andere, welcher an der gerichtlichen oder notariellen Verhandlung teilnimmt, zwar mit einer Sacheinlage sich beteiligen will, aber nicht an der Festsetzung des Gesellschaftsvertrages, an der Bestimmung seines Inhalts. Eher noch wird der Fall vorkommen, daß in der betreffenden Verhandlung nicht alle Aktien übernommen worden sind und nun ein Dritter seine Beteiligung mit einer Sacheinlage anbietet. Es ist zuzugeben, daß auf diesen Fall § 188 II nicht genau zutrifft, der vielmehr davon handelt, daß einer der an dem Gründungsvertrag Beteiligten außer schon übernommenen Aktien „noch" weitere Aktien gegen Sacheinlage übernehmen will; Makower § 188 III b 3. Aber es bedarf dieser Vorschrift garnicht. Es ist selbstverständlich, daß re integra, d. h. so lange noch nicht angemeldet ist oder so lange noch keine Zeichnungen auf Aktien eingegangen sind, die Gründer — in erneuter gerichtlicher oder notarieller Verhandlung — am Vereinbarten modeln können, wenn alle einig sind. Das unterstellt z. B. auch RG 26, 69, wo die nachträgliche Vereinbarung nur an dem — vom RG für heilbar erklärten — Mangel der vorgeschriebenen Form litt. S. auch OLG 5, 281 (München). Es steht nichts im Wege, daß die Vertragschließenden von neuem und nun mit einem Dritten zusammentreten, mit diesem auf der Grundlage des festgestellten — unveränderten oder auch veränderten — Gesellschaftsvertrages die Sacheinlage vereinbaren. Nur muß auch das, weil es ein Bestandteil jenes Gesellschaftsvertrages sein muß, unter allseitiger Beteiligung in gerichtlicher und notarieller Verhandlung geschehen. Auch in solchem Falle liegt nicht Zeichnung, sondern Übernahme von Aktien vor, und wenn mit der Übernahme durch den Sacheinleger alle Aktien untergebracht sind, Simultangründung.

b) Es können die Gründer auch Aktien zeichnen, aber nur, wenn sie außer mit den Aktien, welche sie in einer der oben erwähnten Verhandlungen übernommen haben, sich mit Bareinlagen beteiligen wollen. Das ist bestritten. Wie hier im wesentlichen Makower § 187 I, § 189 III a 2. Der von ihm konstruierte Fall, daß jemand eine Sacheinlage nachträglich „zeichnet", welche nach Gegenstand und Betrag im Statut bestimmt ist, kann nicht vorkommen, weil nach § 186 II auch die Person der Einbringenden im Statut vertraglich festgestellt werden muß.

c) Wegen der Obliegenheiten der „Gründer" und ihrer Verantwortlichkeit s. §§ 190 (Bestellung von Vorstand und Aufsichtsrat), 191 (Gründerbericht), 195 (Anmeldung der Gesellschaft zum Handelsregister), 202, 208 (Haftung der Gesellschaft gegenüber für Richtigkeit und

Vollständigkeit der vorgeschriebenen Angaben, wegen böslicher Schädigung), 313 (Strafbestimmung). — Alle diese Vorschriften gelten zugleich für jeden, der sich mit einer Sacheinlage beteiligt. Im übrigen besteht aber doch ein Unterschied. Wie in Erl 3 b zu § 182 ausgeführt worden ist, müssen die in § 182 erwähnten „Gründer", deren mindestens fünf sein müssen, natürliche Personen sein, fähig, die Verantwortung der Sache zu tragen. Das auf den Sacheinleger als solchen zu übertragen, weil er auch als Gründer gilt, wäre nicht gerechtfertigt. Es kann nicht wohl die Absicht des Gesetzgebers gewesen sein, juristische Personen von der Beteiligung mit Sacheinlage auszuschließen. — Auch wer für fremde Rechnung sich in der einen oder der anderen der angegebenen Weisen bei der Gründung (in eigenem Namen) beteiligt, ist Gründer und übernimmt die volle persönliche Verantwortung eines solchen RG 41, 13; RGSt 30, 311. Vgl. RG 28, 76.

§ 188.

Übernehmen die Gründer alle Aktien, so gilt mit der Übernahme der Aktien die Gesellschaft als errichtet[1].

Soweit die Übernahme nicht schon bei der Feststellung des Gesellschaftsvertrags erfolgt, kann sie in einer besonderen gerichtlichen oder notariellen Verhandlung unter Angabe der Beträge, welche die einzelnen Gründer noch übernehmen, bewirkt werden[2].

1. a) Die Gesellschaft ist errichtet, wenn der Gründungsvertrag oder die mehreren Verträge, welche erforderlich sind, dergestalt geschlossen worden sind, daß es nur noch der Anmeldung und der darauf hin erfolgenden Eintragung der Gesellschaft in das Handelsregister bedarf, um die A-Gesellschaft in das Leben zu rufen. Dabei sind zu unterscheiden Simultan- und Sukzessivgründung (oder Einheits- und Stufengründung). Der Unterschied besteht nicht darin, daß erstere sich in einem einzigen und einheitlichen Akt vollzieht, was zwar geschehen kann, aber nicht geschehen muß, sondern darin, ob die Gründung sich ausschließlich innerhalb des Kreises der Gründer vollzieht oder ob diese auf Grund des von ihnen aufgestellten Statuts Dritte heranziehen, welche sich mit Bareinlagen beteiligen oder, wie das Gesetz es technisch ausdrückt, Aktien zeichnen. Im Fall der Sukzessivgründung, der auch vorliegt, wenn es wiederum nur Gründer sind, welche Aktien zeichnen (Makower § 188 III a), ist die Gesellschaft nicht schon mit Abschluß aller erforderlichen Verträge errichtet. Es bedarf vielmehr noch eines die Sache erst endgültig zum Abschluß bringenden Beschlusses einer Generalversammlung der künftigen Aktionäre unter Leitung des Gerichts. Erst durch diesen Beschluß wird in diesem Fall die A-Gesellschaft errichtet.

b) Bis zu ihrer Eintragung in das Handelsregister ist die errichtete Gesellschaft juristisch nicht als Verein zu charakterisieren, wie viele annehmen (Makower 188 II b, Lehmann-Ring § 200 [1]; Goldmann § 200 [2]; Heymann JheringsJ 75, 417), sondern als Gesellschaft nach §§ 705 ff. BGB. So mit Recht die herrschende Lehre. Staub-Pinner § 188 [4] (RG in Gruch. 46, 854 sagt nichts anderes), RGSt 36, 73, ferner — in Anwendung auf die Gesellschaft mbH RG 58, 55; 82, 291; 83, 373; 87, 249; DJZ 02, 571 (OLG). Wenn fünf oder mehr Personen zusammentreten, um auf gemeinschaftliche Kosten und auf gemeinschaftliche Rechnung beispielsweise eine Fabrik zu errichten und zu betreiben, so ist das angesichts des klar umschriebenen Zweckes und der genau begrenzten und markanten Mittel ein typischer Gesellschaftsvertrag, und daran kann auch der Umstand nichts ändern, daß, wie oft bei der Sukzessivgründung eine erhebliche Anzahl von Gesellschaftern sich beteiligt. Erst mit der Eintragung der Gesellschaft in das Handelsregister entsteht die A-Gesellschaft und damit ein Verein, weil das Gesetz andere juristische Personen des Privatrechts nicht kennt als Vereine und Stiftungen, oder wenn man es lieber will, unter Bezeichnung Verein die Rechtsverhältnisse der juristischen Personen regelt. Im Ergebnis ebenso, aber mit abweichender Begründung Geiler in LZ 1911, 505. Wichtig ist das nicht. Auf alle Fälle finden §§ 705 ff. BGB auf dieses Stadium Anwendung (§ 54 BGB), und wichtiger ist, daß man bei Anwendung dieser Vorschriften der Besonderheit dieses Rechtsverhältnisses Rechnung trägt. So wird diese Gesellschaft aufgelöst, wenn vor ihrer Eintragung einer der Gründer stirbt, oder genauer, wenn es vor der Anmeldung der Gesellschaft geschieht. Vgl. LZ 1910, 872 (Bamberg); OLG 4, 222 (Dresden); anders Lehmann-Ring § 195 [1]. Dagegen liegt kein Grund vor, dasselbe anzunehmen, wenn einer der Gründer in Konkurs gerät. Rein tatsächlich kann in solchem Fall die Gründung allerdings scheitern, wenn überhaupt nur fünf Gründer vorhanden sind und der Konkursverwalter nicht bereit und imstande ist, die gesetzlich oder statutarisch vorgeschriebene erste Einzahlung zu leisten. Es kann darin auch, namentlich wenn der in Konkurs Geratene erheblich beteiligt ist, für die anderen Gründer, für einen jeden von ihnen ein gerechtfertigter Anlaß liegen, das Verhältnis zu kündigen. Im allgemeinen aber erscheint nicht geboten, daran die Gründung scheitern zu lassen. (Vgl. RG 82, 290, wo aber — wenig befriedigend — die

Entscheidung aus einem unausgesprochen gebliebenen Parteiwillen abgeleitet wird.) — In Beziehung auf die Gesellschaft mbH hat das Reichsgericht ausgesprochen, daß im Zweifel als Wille der Parteien anzunehmen sei, daß auf die werdende Gesellschaft die für die fertige Gesellschaft geltenden Vorschriften anzuwenden seien (RG 58, 55; 82, 290; JW 1899, 344[3], ferner OLG 27, 383; KGJ 51, 131. Auf die A-Gesellschaft läßt sich das nicht übertragen Staub-Pinner § 188, Erl 4. — Beschlüsse können im Zweifel nur einstimmig gefaßt werden. Wenn die Mehrheit zu entscheiden hat (BGB § 709), so ist — im Zweifel — nach Köpfen abzustimmen. Vgl. RG 58, 55. A. A. Staub-Pinner § 188 Erl 4.

c) Die Gründer sind gegenseitig verpflichtet, der einzelne, soviel an ihm liegt, die erforderlichen Schritte zu tun, daß es zur Errichtung und Eintragung der Gesellschaft in das Handelsregister kommt. Recht 1901, 413, 1677 (Dresden): Die Errichtung der Gesellschaft hat die Bedeutung, daß die Gesellschaft für die Organisation als bestehend anzusehen ist und daß die Gründer einander zur Mitwirkung bei der Anmeldung der Gesellschaft verpflichtet sind. Vgl. RG 46, 30; Lehmann-Ring § 195[1]; Goldmann § 195[4]; Staub-Pinner § 195[24]. — Nach Fischer in EhrenbergsHH. III 1, 118 wäre das nicht Ausfluß aus dem Gesellschaftsvertrage, sondern ergäbe sich aus der Stellung der Gründer als Organe der werdenden A-Gesellschaft. Organe besitzt allerdings auch die werdende Gesellschaft schon, nämlich Vorstand und Aufsichtsrat, aber kraft positiver Vorschrift des Gesetzes § 190. Jedenfalls gibt es von dem Zeitpunkte an, wo diese bestellt sind, keine anderen Verwaltungsorgane neben ihnen, und überhaupt ist nicht erfindlich, aus welcher Bestimmung des Gesetzes sich ergeben sollte, daß die Gründer in irgendeinem Stadium der Gründung die Stellung eines gesetzlichen Vertreters der oder einer Gesellschaft hätten.

d) Dadurch, daß mit dem Abschluß des Gründungsvertrages durch Übernahme aller Aktien die Gesellschaft errichtet wird, ist die Anfechtung des Vertrages wegen Irrtum und Täuschung usw. nicht ausgeschlossen. Das ist erst der Fall, wenn die Gesellschaft entstanden, d. h. in das Handelsregister eingetragen worden ist, OLG 10, 245 (Hamburg).

2. Der Absatz II ist eine der nicht seltenen Bestimmungen, welche etwas ausdrücklich sagen, was selbstverständlich ist, und dadurch nun erst Verwirrung anrichten. Man wollte vermeiden, daß die Gründer, wenn nicht alle Aktien übernommen waren, auch dann zur Sukzessivgründung schreiten müssen, wenn sie sich nachträglich zur Übernahme auch des Restes entschließen. Das war eine überflüssige Sorge. Wenn § 186 II bestimmt, daß Sacheinlagen und -übernahmen im Statut festzusetzen sind, so ist die Meinung nicht, daß im Statut über diese Vereinbarungen berichtet werden müsse, vielmehr muß gerade auch diese Vereinbarung in der gerichtlichen oder notariellen Verhandlung getroffen werden. Es muß z. B. auch derjenige, welcher der A-Gesellschaft nicht gegen Aktien, sondern gegen Geld eine Sache überlassen will und soll, an der Verhandlung als Vertragspartei teilnehmen. Es ist nur selbstverständlich, daß, um — schrittweise vorzugehen — die Gründer nach Abschluß des Vertrages, am folgenden Tage oder nach einer Woche, wenn sie einig sind und wiederum alle an der Verhandlung teilnehmen, einen Zusatz vereinbaren, z. B. daß die Generalversammlung über Verwendung des Gewinnes soll frei beschließen können, Wiener in GZ 24, 31 f. Dazu braucht nicht der ganze Vertrag von neuem verhandelt und geschlossen zu werden. Vgl. RG in Recht 1910, 3695. (Nach OLG 43, 299 könnte sogar, wer nach Errichtung der Gesellschaft Aktien zeichnet, als Gründer angesehen werden, weil er als künftiges Aufsichtsratsmitglied an der Entstehung des Gesellschaftsvertrages teilgenommen hat.) Es ist nicht einzusehen, weshalb es anders sein sollte, wenn einer der Gründer sich nachträglich entschließt, im Einverständnis mit den übrigen statt Geld eine Sache einzubringen, natürlich nur, solange als man noch freie Hand hat, also jedenfalls nicht mehr, wenn die Gesellschaft eingetragen worden ist, oder im Fall der Sukzessivgründung, wenn Aktien gezeichnet und zugeteilt worden sind, auch wohl nicht mehr, nachdem Aktien gezeichnet worden sind. Das alles würde gelten, auch wenn Abs II nicht existierte. Es wäre nicht nötig gewesen, es im Gesetz ausdrücklich zu sagen. Es war fehlerhaft, wenn man es sogar wollte, es auf den Fall zu beschränken, wo der Übernehmer weiterer Aktien einer der Gründer ist. Es gilt auch, wenn der Übernehmer ein Dritter ist und nunmehr in die Reihe der Gründer eintritt. Es gilt ferner auch, wenn der Dritte überhaupt nicht Aktien übernehmen, sondern gegen Geld eine Sache an die künftige A-Gesellschaft liefern will und soll. Es ist daher auch nicht verständlich, wie die Meinung hat aufkommen können, daß der in Rede stehende Vorgang überall nur einmal vorkommen dürfe (Staub HGB 7. Aufl. 188[2]; Lehmann-Ring § 188[2]). Schon sprachlich ist es eine willkürliche Betonung des „in einer" besonderen Verhandlung. Einer kann in der deutschen Sprache sowohl Artikel als Zahlwort sein. Und sachlich wäre eine solche Einschränkung ohne jeden angebbaren Grund. Nach Makower (§ 188 III b 2, § 189 II c) wäre das Verfahren nach Abs. II nur zulässig, wenn die Gründer den gesamten Rest der Aktien zu übernehmen sich entschließen. Worauf soll das beruhen?

Die gerichtliche oder notarielle Verhandlung muß selbstverständlich alle Einzelheiten der getroffenen Vereinbarungen enthalten, wenn anders sie der A-Gesellschaft gegenüber wirksam sein sollen (§ 186 IV). Sollen mehrere Aktiengattungen ausgegeben werden, so muß auch gesagt sein, in welcher Gattung Aktien übernommen werden.

§ 189.

Übernehmen die Gründer nicht alle Aktien[1], so hat der Errichtung der Gesellschaft die Zeichnung[2] der übrigen Aktien vorherzugehen.

Die Zeichnung erfolgt durch schriftliche Erklärung[3], aus der die Beteiligung nach der Anzahl und, falls verschiedene Aktien ausgegeben werden, nach dem Betrag oder der Gattung der Aktien hervorgehen muß[4].

Die Erklärung (Zeichnungsschein) soll doppelt ausgestellt werden; sie hat zu enthalten[5]:

1. den Tag der Feststellung des Gesellschaftsvertrags, die im § 182 Abs. 2 und im § 186 vorgesehenen Festsetzungen und, wenn mehrere Gattungen von Aktien mit verschiedener Berechtigung ausgegeben werden, den Gesamtbetrag einer jeden;

2. den Namen, Stand und Wohnort der Gründer;

3. den Betrag, für welchen die Ausgabe der Aktie stattfindet, und den Betrag der festgesetzten Einzahlungen;

4. den Zeitpunkt, in welchem die Zeichnung unverbindlich wird, sofern nicht bis dahin die Errichtung der Gesellschaft beschlossen ist.

Zeichnungsscheine, welche diesen Inhalt nicht vollständig haben oder außer dem unter Nr. 4 bezeichneten Vorbehalte Beschränkungen in der Verpflichtung des Zeichners enthalten[6], sind nichtig[7]. Erfolgt ungeachtet eines hiernach nichtigen oder wegen verspäteter Errichtung der Gesellschaft unverbindlichen Zeichnungsscheins die Eintragung der Gesellschaft in das Handelsregister[8], so ist der Zeichner, wenn er auf Grund einer dem Abs. 2 entsprechenden Erklärung in der Generalversammlung, die zur Beschlußfassung über die Errichtung der Gesellschaft berufen wird, stimmt oder später als Aktionär Rechte ausübt oder Verpflichtungen erfüllt, der Gesellschaft wie aus einem gültigen Zeichnungsscheine verpflichtet[9].

Jede nicht in dem Zeichnungsschein enthaltene Beschränkung ist der Gesellschaft gegenüber unwirksam[10].

1. a) Übernehmen die Gründer nicht alle Aktien, so müssen sie für die übrigen Aktien Abnehmer suchen, welche bereit sind, sich auf Grund des festgestellten Inhalts des Gesellschaftsvertrages (§ 182) mit Geldeinlagen zu beteiligen: Sukzessivgründung. Ob das durch öffentliche Bekanntmachung eines Prospektes geschehen soll, liegt im Ermessen der Gründer. Vorgeschrieben ist ein Prospekt, welcher die zur Beurteilung der Aktien wesentlichen Angaben enthält, wenn deren Zulassung zum Börsenhandel beantragt wird, also nach Entstehung der A-Gesellschaft, BörsG §§ 38 II, 45—48. — Sukzessivgründungen sind wenig beliebt und verhältnismäßig selten. Seine Hauptrolle spielt der Zeichnungsschein bei Erhöhung des Grundkapitals. S. § 281. — Der Grundgedanke dieser Form einer Gründung ist, daß der Gesellschaftsvertrag bindend erst zustande kommt, m. a. W. die Gesellschaft erst errichtet ist, wenn in einer Generalversammlung, die unter Leitung des Gerichts stattfindet, die Aktionäre, Gründer und Zeichner von Aktien, sich mit qualifizierter Mehrheit für die Errichtung endgültig entschieden haben. Während aber der Gründer bei Simultangründung bis zur „Errichtung" der Gesellschaft freie Hand behält, unterwirft sich bei der Sukzessivgründung der Gründer und der Zeichner von Aktien im voraus dem Mehrheitsbeschluß, nicht nur darin, ob es überhaupt zur Gründung kommen soll, sondern auch — abgesehen von ganz bestimmten wesentlichen Punkten, welche nur einstimmig geändert werden können — darin, wie der Gesellschaftsvertrag lauten soll.

b) Diese Übernahme von Aktien durch Dritte, welche nicht zu den Gründern gehören, kann wirksam nur in dem Formalakt der Zeichnung der Aktie geschehen. Der Beitritt muß schriftlich erfolgen durch Ausstellung oder Unterschreibung eines Zeichnungsscheines, welcher den im Gesetz vorgeschriebenen Inhalt haben muß. Über die rechtliche Natur der Aktienzeichnung herrscht entsprechend derselbe Streit wie über die Natur des Gündungsaktes überhaupt. Aber sie kann gar nichts anderes sein, als Vertrags-Erklärung, in der Regel oder wohl ohne Ausnahme eine Vertragsofferte, gerichtet auf Beteiligung an der beabsichtigten Gesellschaft, auf Beteiligung mit einer oder mehreren Aktien, eine Offerte, welche dadurch zum Vertrag führt, daß die Gründer oder der Vorstand, sobald ein solcher bestellt ist (§ 190 III), sie durch Zuteilung der Aktie annehmen, RG 52, 324. Vgl. RG 56, 299; nicht dagegen RG 79, 175; s. aber auch BauersZ 25, 164. Es handelt sich durchaus um einen schuldrechtlichen Vertrag, der nur das Besondere an sich hat, daß er in seiner Existenz auch inhaltlich ein Teil des Gründungsaktes ist, was gewisse

Folgerungen mit sich bringt. Nach RG 28, 74 soll in der Zeichnung ein Doppeltes liegen, der Beitritt zum Gesellschaftsvertrag und die der zukünftigen Gesellschaft gegenüber abgegebene Erklärung, sich an der Aufbringung des Grundkapitals zu beteiligen. Ebenso JW 1910, 484[7]. Indessen ist das ein Spiel mit Worten. Man kann nicht eine gegenwärtige Erklärung einer künftigen Persönlichkeit gegenüber abgeben. Wohl aber kann man einer gegenwärtigen Persönlichkeit gegenüber eine Erklärung zugunsten einer künftigen abgeben. Es ist diese uns so geläufige Rechtsfigur des Vertrages zugunsten eines Dritten, und das Besondere ist, daß hier die Erklärung zugleich abgegeben wird zwecks Verwertung zunächst vor der Behörde, dem Registerrichter und weiter dann vor der breiten Öffentlichkeit. Das letztere ist es, was in RG 79, 115 betont und verwertet wird. Aber mit keinem Wort wird dabei die Vertragsnatur der Aktienzeichnung verneint und in RG 100, 3 wird zutreffend entschieden, daß der Beitritt zu einem eingetragenen Verein kein synallagmatischer Vertrag ist, nur sieht sich das Gericht vermöge seiner unrichtigen Theorie, daß der Gesellschaftsvertrag gemäß § 705 BGB synallagmatischer Vertrag sei — die vom Reichsgericht und der herrschenden Lehre beharrlich festgehaltene Verwechslung von zweiseitigem und gegenseitigem Vertrag —, genötigt, einen Gegensatz gegen den Gesellschaftsvertrag zu finden, der als solcher gar nicht besteht. Vgl. Staub-Pinner § 189[7a] und die dortigen Literaturnachweise.

2. a) Der irrtümlichen Auffassung, daß die Aktienzeichnung ein einseitiger Akt sei, hat das Gesetz einigermaßen dadurch Vorschub geleistet, daß die vorgeschriebene Form der Schriftlichkeit nicht für den Abschluß des Vertrages, sondern nur für die Vertragserklärung der einen Partei, des Aktienzeichners, gilt. Aber das kommt auch bei anderen Verträgen vor, z. B. bei der Bürgschaft, und daran zweifelt auch die herrschende Lehre nicht, daß die Bindung der Parteien nicht etwa durch die Zeichnung, sondern erst durch die Zuteilung der Aktie erfolgt. — Es ist nicht nötig, daß wegen jeder einzelnen Aktie ein besonderer Schein gezeichnet wird. Man kann mit einem Schein mehrere Aktien zeichnen, auch können mehrere Zeichner sich einer Urkunde bedienen. Es ist daher auch dagegen nichts einzuwenden, daß dem vorgeschriebenen Text des Scheins eine Liste angehängt wird, in welcher die Einzelnen mit Namensunterschrift angeben, wieviel Aktien ein jeder übernehmen will, Lehmann-Ring § 189[3]; Makower § 189 III a 1; Goldmann § 189[8]; Brand § 189 7 Ac. A. A. Staub-Pinner § 189[1], der aber ebendort Erl 3 für zulässig erklärt, daß mehrere Personen Aktien in einem Schein zeichnen und daran die kaum zutreffende Bemerkung knüpft, daß in einem solchen Fall nicht nötig sei, das Teilungsverhältnis zwischen ihnen anzugeben. Das wäre mehrdeutig und entspräche nicht der Vorschrift in Abs II, daß aus der Zeichnung die Beteiligung des Zeichnenden nach Anzahl der Aktien hervorgehen muß. Anders aber bedenklich LZ 1916, 1059 (Düsseldorf), um so bedenklicher, als dort 6 Konsortialen 29 Aktien übernommen hatten, die Division also nicht aufging.

b) Erfolgt öffentliche Aufforderung zur Beteiligung, so kann das nicht wohl geschehen, ohne daß zugleich eine oder mehrere Zeichnungsstellen bezeichnet werden. Das Rechtsverhältnis einer solchen Stelle kann verschieden sein. In der Regel sind es Banken. Gehört diese zu den Gründern, so erscheint sie durch die im Einverständnis mit den anderen Gründern erfolgte Bekanntmachung legitimiert, zugleich in deren Namen die Erklärung unmittelbar entgegenzunehmen. Im anderen Fall ist im Zweifel anzunehmen, daß die Stelle Vollmacht hat, die Zeichnungserklärung in Vertretung der Gründer entgegenzunehmen, RG 56, 297. Dagegen spricht keine Vermutung dafür, daß sie auch Vollmacht hat, die Zuteilung der Aktie zu erklären oder Einzahlungen auf sie entgegenzunehmen. JW 1908, 480[13], wo hervorgehoben wird, daß sie auch ermächtigt sei, die zuerteilten Aktien dem Zeichner auszuhändigen, was richtig ist, wenn ihr zu diesem Zweck die Aktie geliefert worden ist. S. ferner ROHG 17, 46; 18, 183; 20, 250. Nach Makower § 203 IV handelt die Zeichnungsstelle im Zweifel im eigenen Namen, doch ist nicht deutlich, was damit gemeint ist. Im eigenen Namen die Aktien zu liefern, würde die Bank, wenn sie nicht zu den Gründern gehört, nur dann imstande sein, wenn sie selbst die Aktien zeichnet, um sie käuflich weiterzugeben. Aber insofern handelt sie allerdings in eigenem Namen, als sie, wenn bei ihr der Tatbestand nach § 203 vorliegt, auch dann verantwortlich ist, wenn sie nur vertretungsweise zur Zeichnung von Aktien aufgefordert und Zeichnungen entgegengenommen hat.

c) Der Zeichner muß nicht den Schein persönlich ausstellen. Stellvertretung ist zulässig. Für die Form der Vollmacht besteht keine Vorschrift. Sie kann an und für sich auch mündlich erteilt werden, RG 4, 307. Aber bei der Anmeldung der Gesellschaft zur Eintragung in das Handelsregister muß dem Richter die Zeichnung des Grundkapitals nachgewiesen werden, dessen Pflicht oder jedenfalls dessen Recht es also ist, in solchem Fall auch den Nachweis der Vertretungsmacht zu verlangen. — Auch nachträgliche Genehmigung ist ausreichend. — Andrerseits kann, wer nicht als offener Stellvertreter gezeichnet hat, sich nicht darauf berufen, daß er für Rechnung eines anderen gehandelt habe RG 28, 77. Vgl. auch RG 50, 49; JW 1901, 484[7].

d) Zeichner im eigenen Namen ist auch, wer sich verpflichtet hat, die Aktien zur Verfügung der Gesellschaft oder der Verwaltung zu halten, RG 85, 331; ferner selbstverständlich, wer sich verpflichtet, die Aktien auf eine bestimmte Zeit bis auf weiteres nicht auf den Markt zu bringen, Zeichnung unter Sperre. S. hierzu Herz in HoldhMS 12, 33; Müller, BankArch 2, 349; RG in Recht 1910, 9. Der Erwerber der gesperrten Aktie genügt seiner Verpflichtung aber nicht damit, daß er seinem Abnehmern die gleiche Sperrverpflichtung auferlegt; er muß dafür aufkommen, wenn dieser oder sein Rechtsnachfolger die Aktie trotzdem auf den Markt bringt; anders dagegen, wenn diesem das Papier ohne Verschulden abhanden kommt, RG in Recht 1910, 17. — Vereinbarungen der hier genannten Art stehen außerhalb der Zeichnung der Aktie und sind für das gesellschaftsrechtliche Innenverhältnis, für das Recht des Aktionärs zueinander, für Betätigung des Aktionärs in Ausübung seiner Rechte als Mitglied der Gesellschaft ohne Bedeutung. Sie gehören daher auch nicht in den Zeichnungsschein.

3. a) Aus dem einzelnen Schein muß unzweideutig hervorgehen, wer der Übernehmer oder die einzelnen Übernehmer sind und bezüglich eines jeden von ihnen, wieviel Aktien und gegebenenfalls Aktien welcher Gattung er übernimmt (so seit 1900, früher mußte die Beteiligung nach Anzahl, und im Falle einer Verschiedenheit der Aktien nach Betrag, Art oder Gattung derselben aus der Zeichnung hervorgehen; aus welchem Grund das geändert ist, läßt sich nicht erkennen). Der Vorschrift ist z. B. mit der Angabe des Zeichners, er nehme 50 000 M, genügt, wenn aus dem Schein zugleich hervorgeht, daß nur Aktien zu 1000 M zur Ausgabe gelangen sollen; nach RG 85, 24 soll es auch dann genügen, wenn der Nennbetrag der Aktien aus dem Schein nicht zu ersehen ist (gegen OLG 28, 349). Das ist beanstandet worden (Fischer in EhrenbergsHH III, 1. 114; Note; Staub-Pinner § 189[3]). Aber nicht ohne Grund weist das Gericht darauf hin, daß, wenn dem Gesetz die Angabe der Anzahl auch dann genügt, wenn man erst mit Hilfe des Statuts daraus den Betrag in Geld erkennen kann, auch umgekehrt von der Angabe der Summe allein dasselbe entsprechend gelten könne.

b) Daß der Zeichnende an seine in der Zeichnung liegende Offerte einstweilen gebunden bleibt, bis die Entscheidung über die Zuteilung ohne Verzögerung erfolgt, ergibt sich daraus, daß es sich in der Regel um ein generelles Angebot handelt, die Entschließung über die Zuteilung längere Zeit in Anspruch nimmt, wie denn meist wohl auch ein Termin für die Zeichnungen gesetzt wird, und eine Durchführung der Zuteilung ohne Gebundenheit des Offerenten auf Schwierigkeiten aller Art und Unzuträglichkeiten stoßen würde. So setzt es denn auch das Gesetz als selbstverständlich voraus, wenn es unter Z 4 in Abs III bestimmt, daß ein Zeitpunkt festgesetzt werden muß, an welchem diese Bindung aufhört, Brand § 189[3]. Wenn Makower § 189 II a 2 lehrt, daß im allgemeinen auf die Zeichnung und ihre verpflichtende Wirkung §§ 145 ff. BGB anzuwenden seien (ähnlich Ritter § 189[1]) und daß Z 4 in Abs. III nicht von der Bindung an die Offerte, sondern von der Bindung an den durch Zuteilung der Aktie zum Abschluß gelangten Vertrag gelte, so ist letzteres zwar auch richtig, aber in erster Linie — mit ausgesprochenen Worten sogar allein — ist dort von der Zeichnung die Rede. Wie hier — wenn nicht mit Worten, so doch in der Sache — Staub-Pinner § 189[22]. S. auch unten Erl 5 c. Die Zeichnung ist nicht einseitiger Akt, sondern Willenserklärung und wird, wie jede Willenserklärung, erst dadurch wirksam, daß sie dem Gegner — hier den Gründern — oder seinem Stellvertreter zugeht. — Erfolgt die Zeichnung in der bei einer Zeichnungsstelle aufliegenden Liste, so ist entscheidend im Zweifel der Zeitpunkt, wo der Zeichnende sich einschreibt. Ebenso, wenn er an der Zeichnungsstelle ein ihm vorgelegtes Formular ausfüllt und vollzieht. In letzterem Fall kann es anders liegen, wenn die Zeichnungsstelle zugleich der Bankier des Zeichnenden ist; es wird dann auf den inneren Geschäftsgang der Bank ankommen, ob der Zeichnungsschein noch zurückgezogen werden kann. — Wegen der Dauer der Gebundenheit s. unten Erl 5 c.

c) Der Vertrag kommt dadurch zustande, daß die Gründer oder ihr Beauftragter die gezeichneten Aktien — ganz oder teilweise — zuteilt, d. h. dem Zeichnenden das erklärt, RG 52, 324. Die Gründer haben freie Hand, ob sie die Offerte annehmen wollen oder nicht, namentlich sind sie bei Überzeichnung nicht gehalten, nach Verhältnis zu repartieren. — Nach Staub 6./7. Aufl. 189[21] wäre entscheidend noch nicht die Zuteilung, sondern erst die Anmeldung der A-Gesellschaft beim Registergericht; das sei der Akt, durch welchen die Gründer in öffentlicher und feierlicher Form der Gesamtheit der Zeichner gegenüber erklären, welche Offerten sie akzeptieren. Auch das ist von der unrichtigen Theorie diktiert, daß die Aktienübernahme kein Vertrag sei. Es kann schon deswegen nicht richtig sein, weil es zur Anmeldung erst kommen kann, wenn ein Vorstand und Aufsichtsrat bestellt sind, wozu es einer Generalversammlung der Aktionäre bedarf. Richtig ist, daß der Gesellschaft gegenüber nur diejenigen Aktienrechte gelten, welche zur Anmeldung beim Handelsregister gekommen sind (§ 195 II Z 3). Bestritten ist die Rechtslage, wenn ein Irrtum unterlaufen ist und mehr Aktien zugeteilt worden sind als nach dem Gesellschaftsvertrag ausgegeben werden sollen. Allgemein läßt sich darüber nichts sagen. Es kommt darauf an, was im gegebenen Fall geschehen ist. Aber daran ist allgemein festgehalten, daß nicht mehr Aktienrechte ins Leben treten können, als im Statut vorgesehen sind. Läßt sich unter einer bestimmten Anzahl von zugeteilten Aktien nicht feststellen, welcher oder welchen von ihnen die Priorität zuzuerkennen ist, so sind alle nichtig.

d) Es ist nicht ausgeschlossen, daß ein Gründer außer den Aktien, welche er im Gründungsvertrag übernimmt, weiter Aktien im Wege der Zeichnung erwirbt. Wenn Brand § 189[1] von dem Fall, daß die Gründer alle Aktien zeichnen, sagt, daß das auch Sukzessivgründung sei, so ist dabei offenbar an alle Aktien gedacht, welche nicht schon im Gründungsvertrag übernommen worden sind. — Ein Handelsgeschäft ist auf seiten des Zeichnenden die Aktienzeichnung, wenn er Kaufmann ist und die Zeichnung im Betrieb seines Handelsgewerbes erfolgt, welches letztere anzunehmen ist, sofern nicht das Gegenteil bewiesen wird, RG 4, 311.

e) Zur Aktienzeichnung vom Ausland aus sagt LZ 1914, 693[2] (Frankfurt): eine dem französischen Recht entsprechende Erklärung (vgl. EG HGB § 11 I Satz 2) genüge nicht, weil die französische A-Gesellschaft kein mit der deutschen so übereinstimmendes Rechtsgebilde sei, daß die französische Form der Zeichnung ausreichend sein könnte. Richtiger ist wohl, zu sagen, daß § 189 hauptsächlich Vorschriften nicht über die Form, sondern über den Inhalt der Erklärung gibt. Die vorgeschriebene Form ist Schriftlichkeit, allenfalls Ausstellung eines eigenen Scheines, und diese Form ist wohl nach französischem Recht keine andere wie nach deutschem. Entspricht der von Frankreich aus eingesandte Schein inhaltlich dem § 189, sodann ist selbst dann kein Grund, ihm Rechtswirksamkeit zu versagen, wenn er in französischer Sprache abgefaßt ist.

4. a) Wie die Aktienzeichnung (im Zusammenhang mit der entsprechenden Zuteilung der Aktien) alle Momente des schuldrechtlichen Vertrages in sich trägt, so untersteht sie auch den allgemeinen Rechtsgrundsätzen über den Vertragsschluß. Sie ist nichtig, unwirksam, anfechtbar, wenn der Zeichner geschäftsunfähig ist, wenn er in der Geschäftsfähigkeit beschränkt ist und der gesetzliche Vertreter die Genehmigung ablehnt, wenn ein Bevollmächtigter als solcher gezeichnet hat, der Vollmacht nicht besaß, und der Vertretene die Genehmigung versagt, vgl. Recht 1915, 938 (Hamburg); GZ 37, 548 Nr. 88, wenn der Zeichner irrtümlich den Zeichnungsschein unterschrieben hat in der Meinung, er unterzeichne eine Willenserklärung anderen Inhalts oder eine rechtlich indifferente Erklärung. Ferner kann der Zeichner den Vertrag wegen arglistiger Täuschung oder Drohung anfechten, also namentlich auch, wenn er von den Gründern oder einzelnen von ihnen — mittelbar oder unmittelbar — über den Wert des Unternehmens oder einer Sacheinlage arglistig getäuscht worden ist. In Beziehung auf diese Anfechtung kommt aber der Umstand zur Geltung, daß die Aktienzeichnung zugleich ein Akt der Gesellschaftsgründung ist. Sobald diese vollendet ist, d. h. sobald es zur Eintragung der Gesellschaft in das Handelsregister gekommen ist, kann der Aktionär seine Beteiligung wegen Täuschung (oder Drohung) nicht mehr anfechten. Er kann sich nur mit Schadensersatzansprüchen an die Schuldigen persönlich halten. Das steht nicht im Gesetz, ist aber von der Rechtsprechung aus dem Wesen des Rechtsverhältnisses zutreffend erschlossen. So nach Vorgang von ROHG 5, 415; 7, 412; 20, 270, RG 9, 37 (aus dem Jahre 1883, als die ausführlichen Vorschriften des Art 209e, jetzt § 189, noch nicht bestanden und jede schriftliche Erklärung genügte): „Es kann dahingestellt bleiben, welche Wirkung im allgemeinen bei Differenz zwischen Wille und Erklärung dem ersteren gegenüber der letzteren beizumessen ist. „Der Satz von der Geltung des wahren Willens entgegen der Erklärung erscheint jedenfalls auf dem Gebiet solcher Erklärungen nur in äußerst beschränkten Grenzen anwendbar, welche bestimmt sind, über den Kreis der Parteien hinaus Dritten das Vorhandensein des erklärten Verhältnisses kundzugeben und damit auf ihre Entschließungen zu wirken, wie Ermächtigungs- und zur öffentlichen Kenntnis bestimmte Beteiligungserklärungen. Der Prinzipal muß in seinen Beziehungen zu Dritten das Verhältnis zu seinen Leuten und Bevollmächtigten so gelten lassen, wie es den Dritten bei sorgfältiger Erkundigung zur Erscheinung kommt, auch wenn erweislich sein Wille mit dieser Erscheinung sich nicht decken sollte. In noch höherem Maße muß die Maßgeblichkeit der Erklärung gelten, wenn es sich um eine Beteiligungserklärung handelt, welche der Behörde abgegeben wird und an deren Prüfung durch die Behörde das Gesetz im rechtspolizeilichen Interesse bestimmte, das öffentliche Interesse berührende und nicht wieder zurückzunehmende Wirkungen knüpft. Die Behörde kann die Erklärung nur nach ihrem Inhalt prüfen, und die von ihr registrierte Gesellschaft kann nur mit dem aus der Summe der Beteiligungen, wie sie erklärt sind, sich ergebenden Inhalt von Satzungen zur Existenz kommen. Sollte hier, nachdem die Gesellschaft zur Eintragung gelangt ist, der einzelne Beteiligte auch mit der Behauptung gehört werden, daß er etwas anderes gewollt als erklärt habe, so liefe das auf gänzliche Wirkungslosigkeit der Aufstellung von Normativbestimmungen für die Errichtung solcher Gesellschaften hinaus. Gewiß wird es . . . gewisse Schranken geben; wer infolge betrüglicher Unterschiebung eines Schriftstücks einen Zeichnungsschein unterzeichnet hat, . . . wird nicht ohne weiteres . . . aus ihm haftbar sein; diese Schranken näher zu bestimmen, liegt hier kein Anlaß vor . . .". Mit dieser Begründung wurde der Einwand des Aktionärs zurückgewiesen, er sei durch betrügerische Täuschung über den Inhalt des Scheines zu dessen Unterschreibung veranlaßt worden. RG 19, 124 weist den Einwand des Irrtums zurück und sagt: Nicht die besondere zivilrechtliche Konstruktion des durch die Zeichnung begründeten Rechtsverhältnisses, sondern der sich aus der Bedeutung der Vorschriften über die Errichtung der A-Gesellschaft als rechtspolizeilicher Normativbestimmungen notwendig ergebende Satz, daß die A-Gesellschaft mit den Rechten zustande kommt, deren Vorhandensein dem Registerrichter nachgewiesen wird, so daß, wer bewußt zu diesem Zwecke seinen Verpflichtungsschein von sich gibt, entsprechend diesem verpflichtet wird, ist das Entscheidende. In Anwendung auf die Genossenschaft sagt die Entscheidung der vereinigten Zivilsenate RG 57, 242: Durch die Rechtsprechung ist der Rechtssatz zur Anerkennung gelangt, daß die Zeichnung von Aktien, wenn die durch die Zeichnung erfolgte Erklärung der Beteiligung bewußt abgegeben und so, wie sie vorliegt, gewollt war, bindend ist, und zwar dergestalt, daß die Berufung auf einen geheimen Vorbehalt ebensowenig wie die Behauptung, daß die Erklärung nur zum Schein abgegeben, nicht ernstlich gemeint oder durch Irrtum, durch Betrug oder durch Drohung veranlaßt sei, Beachtung finden kann. Vgl. auch RG 68, 271, 344; 88, 188.

b) In allen Fällen ist Voraussetzung für diesen Ausschluß der Anfechtung, daß die A-Gesellschaft zur Entstehung gelangt ist. Staub-Pinner § 189[25] will der gegenteiligen Auffassung den Vorzug geben, worin ihm indessen nicht gefolgt werden kann. Es ist doch offenbar nicht zutreffend, daß schon die Übernahmeerklärung, also die Ausstellung und Abgabe des Zeichnungsscheines der Allgemeinheit gegenüber erfolgt. Bis zur Eintragung der Gesellschaft in das Handelsregister bleibt alles im Kreise der Vertragsparteien. Alle angezogenen Entscheidungen handeln nur von dem Fall der Anfechtung nach erfolgter Eintragung der Gesellschaft. Für alle ist diese Eintragung das ausschlaggebende Moment. So sagt denn auch in Anwendung auf die Gesellschaft mbH RG 83, 264, in ständiger Rechtsprechung sei an dem Grundsatz festgehalten, daß die Anfechtung keine rechtliche Wirkung hat, wenn die Gesellschaft eingetragen worden ist. Auch auf RG 82, 375 beruft Staub-Pinner sich mit Unrecht. Auch im dortigen Fall war es zur Eintragung der Gesellschaft gekommen, und die zu entscheidende Frage war, ob dann die Anfechtung auch in dem Fall versagen muß, wenn sie schon vor der Eintragung vorgenommen worden war. Diese Frage auch nur aufzuwerfen, hätte keinen Sinn, wenn die Anfechtung von vornherein ausgeschlossen wäre. Das Gericht entscheidet sich für die Unzulässigkeit: Es kann dem Übernehmer nicht verwehrt werden, seine Erklärung anzufechten; diese Anfechtung kann aber, wenn nachher die Eintragung erfolgt, keine rechtliche Wirkung haben; ist einmal die Eintragung erfolgt, so hat die Allgemeinheit das gleiche Interesse an der sicheren Erhaltung der Kapitalgrundlagen, mag die Eintragung vor oder nach der Anfechtung bewirkt worden sein. Und ganz folgerichtig hat das Gericht anschließend ausgesprochen, daß daran auch der Umstand nichts ändert, daß die Gesellschaft in Kenntnis der Anfechtung (es handelte sich um Erhöhung des Kapitals, nicht um die Gründung der Gesellschaft, wie denn auch bei der Seltenheit der Sukzessivgründung diese Fragen überhaupt mehr nur in Beziehung auf Kapitalserhöhungen von erheblichem Interesse sind) die Eintragung betrieben hat, um der Anfechtung zu begegnen. Das alles ist gewiß zutreffend. Aber ebenso unzweifelhaft dürfte dann auch sein, daß die Anmeldenden, wenn sie wissentlich verschweigen, daß eine solche Anfechtung erfolgt ist, sich nach § 313 I Z 1 strafbar machen, daß der Registerrichter verpflichtet, jedenfalls aber befugt ist, die Anmeldung zu beanstanden, wenn er von der Anfechtung Kenntnis erhält, und daß der Anfechtende befugt sein muß, durch Erwirken einer einstweiligen Verfügung die Eintragung der Gesellschaft bis auf weiteres zu verhindern. Daran kann auch die Erwägung nichts ändern, daß die Gültigkeit des Gesellschaftsvertrages und der Gründung der Gesellschaft dadurch noch nicht in Frage gestellt wird, daß einzelne Aktienzeichnungen ausfallen. Denn nichtsdestoweniger darf die Gesellschaft so lange nicht eingetragen werden, als auch nur zweifelhaft ist, ob alle Aktien übernommen worden sind.

c) Dieser Ausschluß der Anfechtbarkeit der Aktienzeichnung und überhaupt der Übernahme von Aktien würde in den Fällen, wo nach allgemeinen Rechtssätzen mit der Anfechtbarkeit Anspruch auf Schadensersatz zusammentrifft, also namentlich, wenn es sich um Anfechtung wegen arglistiger Täuschung handelt, ein Schlag ins Wasser sein, wenn nicht zugleich auch der Anspruch auf Schadensersatz versagt wird. So RG 54, 129: „Die sowohl zum Schutze des Publikums als im Interesse der Gesamtheit der Aktionäre getroffenen Vorschriften (insbesondere § 213) können nicht dadurch außer Wirksamkeit gesetzt werden, daß im Einzelfall ein Aktionär durch schuldhaftes Verhalten der Gesellschaftsorgane zu seiner Beteiligung veranlaßt worden ist; vielmehr wird durch die handelsrechtlichen Vorschriften die Anwendung der allgemeinen Grundsätze des BGB ausgeschlossen; hieraus ergibt sich, daß der einzelne Aktionär den Schaden, welcher ihm gerade durch seine Beteiligung an der Gesellschaft erwächst, niemals von der Gesellschaft selbst ersetzt verlangen kann; es ist ausgeschlossen, daß er durch seine Beteiligung an der Gesellschaft zugleich Gläubigerrechte gegen dieselbe erlangt, welche mit den gesetzlichen Bestimmungen über die Rechte der Aktionäre in Widerspruch ständen; es bleibt ihm nur übrig, die Rechte, welche ihm in Angelegenheit der Gesellschaft zustehen, nach Maßgabe der §§ 250, 254 ff., 266 f., 286 f., 271 f. HGB zu verfolgen oder die Mitglieder der Gesellschaftsorgane persönlich in Anspruch zu nehmen. S. ferner RG 68, 273, 344; 72, 293; JW 1904, 563[33]; 1908, 464[35]; 1915, 514[13]; SeuffArch 60 Nr. 215.

Ebensowenig kann der Aktionär aus Gründen dieser Art Einwendungen gegen den Anspruch auf Zahlung der Einlage herleiten. Vgl. RG 45, 106. Im vorstehenden handelt es sich durchweg nur um das Rechtsverhältnis des ersten Nehmers der Aktie zur Gesellschaft, und praktisch bedeutsam sind diese Grundsätze weniger in Beziehung auf die Gründung der Gesellschaft als vielmehr in Beziehung auf Kapitalserhöhungen und der damit verbundenen Ausgabe junger Aktien bei bestehender Gesellschaft. Wegen der entsprechenden Rechtsfragen in Beziehung auf den Erwerb bereits ausgegebener Aktien s. Erl 3 zu § 213.

5. a) Der Übernehmer von Aktien soll den Zeichnungsschein zweimal vollziehen. Das eine Exemplar bleibt in den Händen der Gesellschaft, das andere ist zum Handelsregister einzureichen, wo es niedergelegt wird und von Interessenten eingesehen werden kann. Es handelt sich um eine Ordnungsvorschrift. Der Registerrichter, welchem eine Originalurkunde eingereicht wird, hat keine Veranlassung, zu prüfen, ob ein zweites Original existiert.

b) Unter 4 Ziffern wird bestimmt, was — außer dem in Abs II Vorgeschriebenen — unter allen Umständen der Zeichnungsschein enthalten muß. Es soll dem Zeichner zum Bewußtsein und gegenüber der Gesellschaft zum Ausdruck gebracht werden, welche Verbindlichkeiten er gegen diese eingeht; es soll mit dem Schein behufs Eintragung der Gesellschaft in das Handelsregister der Nachweis der erfolgten Zeichnung des Grundkapitals erbracht werden. Nicht vorgesehen ist eine ausdrückliche Unterwerfung des Zeichners unter das Statut, weil es einerseits entbehrlich sei, andererseits auch insofern unkorrekt wäre, als das Statut endgültig noch nicht feststehe. — Es ist nicht ausgeschlossen, daß noch weitere Angaben in den Schein aufgenommen werden. Nur ist in dieser Beziehung auf die Vorschriften in Abs IV zu achten. Überhaupt soll der Schein nicht weitläufiger gefaßt sein, als die Vorschriften des Gesetzes es erfordern. Alles muß im Schein selbst gesagt sein. Bezugnahme auf das Statut kann das nicht ersetzen und ist nutzlos. Das Statut kann auch nicht durch Beifügung zum Bestandteil des Zeichnungsscheines gemacht werden. A. A. Staub-Pinner § 189 [3]. Die Bezugnahme auf das Statut kann jedenfalls die vorgeschriebenen Erklärungen nicht ersetzen ZBlFG. 1, 659. Es ist an sich klar, daß die in der Ausstellung des Zeichnungsscheins liegende Vertragsofferte mit der erforderlichen Bestimmtheit erst gemacht werden kann, nachdem die Gründer den Gesellschaftsvertrag festgestellt und den Gründungsvertrag ihrerseits gemäß § 182 abgeschlossen haben. Der Schein muß den Hinweis auf den durch die Datierung genau gekennzeichneten Vertrag enthalten. Haben eine oder mehrere Nachverhandlungen stattgefunden, so müssen auch insofern die Tage angegeben werden. — Die Essentialien des Gesellschaftsvertrages und die für die finanzielle Seite der Gründung bedeutsamen Abmachungen über Sacheinlagen, Gründerlohn, besondere Vorteile für einzelne Aktionäre sollen dem Zeichner rechtsgeschäftlich mitgeteilt werden und dieser soll bestätigen, daß es geschehen ist. Die allgemeine Bezugnahme auf das Statut soll aber nicht genügen; noch weniger, daß man dem Schein ein Statut beifügt, dem Zeichner überlassend, was er ihm entnehmen mag. Sämtliche Gründer sollen bekanntgegeben und genau bezeichnet werden. — Der Betrag, zu welchem die Aktie ausgegeben wird, ist, wenn nicht ein Agio vorgesehen ist (§ 184), der Nennbetrag, welcher sich aus Z 1 in Verbindung mit § 182 II [3] ergibt. Es soll aber überhaupt und also auch in diesem Fall ausdrücklich der Betrag genannt sein, zu welchem der Zeichner sich verpflichtet. Außerdem soll ausdrücklich — soweit das nach dem Inhalt des Statuts möglich ist — vereinbart werden, wie und wann die Einlage einzuzahlen ist. Die erste Rate ist, wenn nichts darüber bestimmt ist, nach Zuteilung der Aktie fällig. Sie muß 25% des Nennbetrages (zuzüglich des Agios, wenn ein solches zu zahlen ist) betragen, kann aber im Statut auch höher bestimmt werden. Der Schein muß ausdrücklich besagen, was gelten soll. Sind im Statut für spätere Raten bestimmte Termine festgesetzt, so muß auch das, wenn es den Aktionären gegenüber gelten soll, erklärt und also vereinbart werden. Viele bestreiten das und wollen die Vorschrift des Gesetzes nur auf die erste Einzahlung, welche nach dem Gesetz mindestens 25% betragen muß, beziehen Staub-Pinner § 189 [6], Makower § 189 III b 5, Brand § 189, 7 Bbgg Fischer in EhrenbHH III 1 114, Lehmann-Ring § 189 [4]. Diesem — gegenüber dem Wortlaut des Gesetzes, welches von den mehreren Einzahlungen auf die eine Aktie spricht, ohnehin schwer verständlichen — Mißverständnis haben schon die Motive zur Novelle von 1884 S. 54 vorgebeugt, indem sie erläuternd das Partizipium „festgesetzt" in den Relativsatz: der Betrag der Einzahlungen, „welche bereits festgesetzt sind" auflösen. Übrigens ist das nicht wichtig. Sind die (späteren) Termine nicht angegeben, so können gleichwohl die Raten nur nach dem Statut eingefordert werden. Und sind sie angegeben, so sind die Aktionäre nach richtiger Ansicht doch nicht davor geschützt, daß sie früher zahlen müssen. Vgl. § 218 Erl 6 b, 221 [1] d.

c) Die Vorschrift unter Z 4 ist verschiedener Auslegung fähig, Makower § 189 III b 6 und Ritter § 189 [3] verstehen den Ausdruck Zeichnung im Sinn eines freilich üblichen aber lässigen Sprachgebrauchs, als sei damit der durch Zeichnung und Zuteilung der gezeichneten Aktie perfekt gewordene Vertragsschluß gemeint, und richtig ist ja auch, daß der Aktienzeichner nicht gehalten sein kann, ungemessene Zeit darauf warten zu müssen, bis es zur Errichtung der Gesellschaft kommt. Das Gesetz will, daß in dieser Beziehung volle Klarheit geschaffen werden muß durch ausdrückliche Festsetzung des Zeitpunktes. Aber es ist willkürlich, die Vorschrift hierauf beschränken zu wollen. Denn in erster Linie bedeutet Zeichnung nicht den abgeschlossenen Vertrag, sondern das Vertragsangebot, und hierüber hinwegsehen zu wollen, wäre um so grundloser, als die allgemeinen Rechtsgrundsätze über Geltung und Erlöschen von Vertragsanträgen (§§ 145 ff. BGB) auf diesen Fall nicht passen. So gibt denn auch wenigstens Makower 189 II a 2 zu, daß sie nicht unmittelbar, sondern entsprechend anzuwenden seien. Was darunter zu verstehen ist, ist nicht deutlich. Jedenfalls sind die §§ 147—149 schlechthin unanwendbar. Richtig ist nur, daß es Fälle geben kann, wo es zur Zuteilung von Aktien bis zu einem Zeitpunkt noch nicht gekommen ist, in dem man mit Sicherheit voraussehen kann, daß es bis zur bestimmten Zeit zur Errichtung der Gesellschaft oder zur Kapitalerhöhung nicht kommen wird. Aber gerade dann beschwert es auch den Zeichner nicht, daß er bis zum Ablauf der Frist noch an sein Angebot gebunden bleibt. Wie hier Brand § 189 [3], anscheinend auch JW 1911, 223 [36].

Innerhalb der bestimmten Frist muß es bis zur Errichtung der Gesellschaft gekommen sein (§ 196), nicht zu ihrer Entstehung (§ 200). Anders bei der Kapitalerhöhung (§ 281 I Z. 4).

d) Daß die Frist für alle Zeichner einheitlich sein müsse, erklären die Mot 54 zur Novelle von 1884 für selbstverständlich. Ebenso Staub-Pinner § 189 [7], Lehmann-Ring § 189 [4]. A. A. Makower § 189 III b 6, und mehr, als daß das äußerst zweckmäßig ist, wird man in der Tat nicht wohl sagen können. War die Frist schon abgelaufen, als es zur Errichtung der Gesellschaft kam, so muß der Registerrichter die Eintragung ablehnen, wenn nicht alle Zeichner ihre Unterschrift erneuern oder in anderer gleich authentischer Weise sich einverstanden erklären, OLG 43, 316 (KG), Staub-Pinner § 189 [7]. — Es ist Inhalt des Rechtsgeschäfts, daß die Verbindlichkeiten und Rechte aus ihnen nur entstehen, wenn es zur Entstehung der Gesellschaft kommt. Ist das nicht der Fall, so müssen die geleisteten Einzahlungen zurückgegeben werden; so namentlich auch, wenn das Gezahlte verbraucht worden ist, so daß die in § 195 III vorgeschriebene Erklärung nicht abgegeben werden kann, LZ 1914, 693 [8], (Frankfurt) OLG 5, 283 (Braunschweig). Vgl. auch ROHG 22, 214 und (bedenklich) 22, 219. — Gibt das Konsortium, welches die Aktien zeichnet, Unterbeteiligung an Abnehmer von Aktien aus, so hat es dafür aufzukommen, daß es in der Lage ist, die gesamten Einlagen aufzubringen; gelingt das nicht, so sind die Unterbeteiligten berechtigt, vom Vertrage zurückzutreten RG 7, 100.

6. a) Die Übernahme von Aktien ist als Deckung des entsprechenden Teiles des Grundkapitals und damit als Voraussetzung für die Eintragung und Entstehung der A-Gesellschaft nur tauglich, wenn der Übernehmer der Aktie sich unbeschränkt und vorbehaltlos verpflichtet, diese Einlage zu zahlen. Und so sind denn auch Zeichnungsscheine als solche nur tauglich, wenn sie keinen Vorbehalt und keine Beschränkung dieser Verpflichtung enthalten. So ist namentlich auch die Unterzeichnung unter Vorbehalt der Genehmigung eines Dritten, etwa des gesetzlichen Vertreters unzulässig. Vgl. OLG 3, 259; s. aber auch GZ. 37, 548 [38]. In Abs IV wird bestimmt, daß derartige Beschränkungen den Zeichnungsschein nichtig machen und daß, wenn die Nichtigkeit nach Maßgabe der weiteren Bestimmungen des Abs IV geheilt wird, die Beschränkung für nicht geschrieben gilt, RG in LZ 1908, 535 [6]. Der Abs V sieht den naheliegenden Fall vor, daß der Übernehmer von Aktien mit den Gründern oder bei Kapitalerhöhung mit dem Vorstand der Gesellschaft außerhalb des Gesellschaftsvertrages dergleichen Beschränkungen vereinbart oder ihnen gegenüber Vorbehalte macht, und bestimmt, daß das der Gesellschaft gegenüber rechtsunwirksam ist. Es versteht sich, daß die Vorschrift in Abs IV nicht von solchen Beschränkungen gilt, welche aktenrechtlich zulässig, im Gesellschaftsvertrag verlautbart sind. So nicht von zulässigen Modalitäten der Zahlung. Da es, wenn nicht bei der Gründung der Gesellschaft, so doch bei der Erhöhung des Grundkapitals unter bestimmter Voraussetzung zulässig ist, zu vereinbaren, daß die Einlage durch Aufrechnung mit einer Forderung gegen die Gesellschaft gezahlt werden soll, so findet Abs IV auch auf eine solche Vereinbarung nicht Anwendung, zumal es naheliegt, in der Vereinbarung eine Sacheinlage, Einlage einer Forderung zu erblicken. S. RG 42, 4. Es gilt ferner nicht von Beschränkungen, welche sich nach dem Gesetz von selbst verstehen. An eine Bedingung kann die Aktienzeichnung nicht geknüpft werden, RG in HoldhMS. 15, 200. Wohl aber ist ihr die Voraussetzung immanent, daß das ganze statutenmäßige Grundkapital, bei Kapitalerhöhung, daß der ganze Betrag, oder gegebenen Falles der Mindestbetrag gezeichnet wird. Würde das in den Zwischenschein aufgenommen, so wäre dieser nicht deshalb nichtig und es würde an dem nichts ändern, was auch ohne das gilt, nämlich, daß wenn der Kapitalbetrag nicht voll gedeckt ist, die A-Gesellschaft und die Erhöhung des Grundkapitals nicht in das Handelsregister eingetragen werden darf, daß aber, wenn es geschieht, die Übernehmer von Aktien die Zahlung der Einlage nicht verweigern können, ROHG 7, 241; 16, 357; 20, 278; RG 2, 131 (anders mit Recht RG 55, 68, weil dort die Eintragung der Kapitalerhöhung auf einen anderen Beschluß erfolgt war, als die Zeichnung der Aktien). — Nach Abs IV muß angenommen werden, daß die unzulässige Aufnahme einer Beschränkung in den Zeichnungsschein diesen auch dann nichtig macht, wenn sie wegen ihres Inhalts ohnehin nichtig wäre. Eine Vereinbarung, daß die Gesellschaft sich verpflichtet, nach bestimmter Zeit oder unter bestimmten Voraussetzungen dem Zeichner die

Aktien entgeltlich wieder abzunehmen, ist schlechthin unzulässig, weil damit die Verpflichtung zur Rückgewähr der Einlage übernommen wäre, RG 77, 71; JW 1915, 514. Anders, aber nicht überzeugend RG 87, 339. Wird sie im Zeichnungsschein erwähnt, so gilt sie nicht etwa als nicht geschrieben, macht vielmehr den ganzen Schein nichtig. Nur wenn diese Nichtigkeit gemäß Abs IV Satz 2 geheilt wird, bleibt es bei der Nichtigkeit der Verpflichtung zur Rücknahme der Aktie. A. A. Staub-Pinner § 189[13]; Beschränkungen und Bedingungen, welche die Beteiligten unter sich und also auch nur für sich feststellen, gehören nicht in den Zeichnungsschein und sind dort mindestens gefährlich. S. auch § 213 Erl 2 b.

b) Unter Beschränkungen im Sinne des Abs IV fallen nicht Verbindlichkeiten der A-Gesellschaft, wie solche bei Nebenleistungs-A-Gesellschaften nach § 212 in Zusammenhang mit den von den Aktionären zu übernehmenden Verpflichtungen, namentlich als Gegenleistung vereinbart werden können. Darin liegt keine Beschränkung des Anspruchs der Gesellschaft auf die Einlage. Im übrigen klafft hier im Gesetz eine Lücke. Als die Vorschriften über den Zeichenschein in dieser Ausführlichkeit in das Gesetz aufgenommen wurden, kannte man die Nebenleistungsgesellschaft nicht, und als die Novelle von 1900 sie einführte, wurde versäumt, den § 189 entsprechend zu ergänzen. Es dürfte nicht unzulässig, vielmehr zu empfehlen sein, im Zeichenschein die Nebenleistungen und dann auch die Gegenleistungen ausführlich oder gedrängt zu erwähnen. Geschieht das nicht, so ist die Frage, ob die Verpflichtung zu den Nebenleistungen usw. wirksam übernommen ist, auf Grund des konkreten Sachverhalts nach dem allgemeinen Recht zu entscheiden, Lehmann-Ring § 189[4]; Brand § 189, 7 Bbgg. A. A. Staub-Pinner § 189[6]; Makower § 189 III b 9.

7. a) Diese Form der Schriftlichkeit in Gestalt des Zeichnungsscheines ist bei der Übernahme von Aktien im Fall der Sukzessivgründung und der Kapitalerhöhung unerläßlich. Der Entwurf zum Gesetz von 1884 wollte in dem Zeichnungsschein nur eine Beweisurkunde vorschreiben, welche dem Registerrichter den Nachweis, daß das Grundkapital gedeckt ist, authentisch erbringen sollte. Das Gesetz hat aber an Stelle der Beweisurkunde den Verpflichtungsschein gesetzt. Ein mündliches Versprechen ebenso wie ein formlos schriftliches, etwa briefliches, Aktien übernehmen zu wollen, ist durchaus rechtsunwirksam. Das ergibt sich nicht aus Abs IV, sondern aus Abs I, II in Verbindung mit § 125 BGB. Der Abs IV handelt nur vom vorgeschriebenen Inhalt des Scheines, so daß auch dessen Bestimmungen über die Heilung von Mängeln auf den Mangel der förmlichen Schriftlichkeit nicht anwendbar sind. Daher ist denn auch eine Klage auf Ausstellung eines Zahlungsscheines undenkbar. Das ist allgemein anerkannt (während die entsprechende Rechtslage bei der Gesellschaft mbH bestritten ist) RG 14, 93; 30, 95. — Eine andere Frage ist, ob, wenn ein Zeichnungsschein verlorengeht, oder wenn er an wesentlichen Stellen unleserlich wird, der Zeichner verpflichtet ist, einen neuen Schein auszustellen. Es liegt kein Grund vor, es zu verneinen, wenn feststeht, wie der Schein gelautet hat.

b) Zeichnungsscheine, welche den hier vorgeschriebenen Inhalt nicht haben, sind nichtig, unheilbar nichtig, wenn der Schein nicht ausweist, um welche Gesellschaft es sich handelt, wer der Übernehmer der Aktie oder der Aktien ist, wieviel Aktien er übernimmt oder — gegebenenfalls — Aktien welcher Gattung (ob die Aktien auf den Namen lauten sollen oder auf den Inhaber, braucht im Schein überhaupt nicht ersichtlich gemacht zu werden). Es handelt sich hierbei um die in Abs II aufgestellten Erfordernisse. Liegt der Mangel auf dem vom Abs III geregelten Gebiet, so kann er unter Umständen geheilt werden, RG in HoldhMS 13, 137.

8. a) Im allgemeinen kann ein Vertrag, der wegen Mangels der im Gesetz vorgeschriebenen Form nichtig ist, nicht dadurch rechtswirksam werden, daß die Vertragschließenden oder der Verpflichtete ihn formlos genehmigt, BGB § 141. Eine Ausnahme hierin bestimmt der Abs IV für den Fall, daß trotz des Mangels die A-Gesellschaft in das Handelsregister eingetragen worden ist. Dadurch kommt die A-Gesellschaft auch dann zustande, wenn der eine oder der andere Zeichnungsschein nichtig ist. Diese Nichtigkeit wird durch die Eintragung der Gesellschaft nicht geheilt, wohl aber kann sie nunmehr dadurch geheilt erscheinen oder geheilt werden, daß der Zeichner in den vom Gesetz bestimmten Formen die Übernahme der Aktien bestätigt, nämlich wenn er in der gemäß § 196 vom Gericht einberufenen konstituierenden Generalversammlung erscheint und sich an der Abstimmung beteiligt. Sein Erscheinen allein genügt nicht. Er muß, sagt das Gesetz, gestimmt haben. Warum das sein muß, hat der Gesetzgeber nicht zu verstehen gegeben (es handelt sich um einen in der Reichstagskommission beschlossenen Zusatz der Novelle von 1884). Unverkennbar ist dabei, wenn nicht ausschließlich, so doch in erster Linie an die entscheidende Abstimmung über die Errichtung der Gesellschaft zu denken. Solange es zu dieser noch nicht gekommen ist, wird der Aktionär die Nichtigkeit des Scheines auch dann noch geltend machen können; wenn es vorher schon zu einer Abstimmung über einzelne Punkte gekommen ist, an der er teilgenommen hat. Gleichgültig ist dagegen, ob er für die Errichtung der Gesellschaft stimmt oder dagegen. Diese Abstimmung muß stattgefunden haben, ehe es zur Eintragung der Gesellschaft kommen kann, und einigermaßen zweifelhaft ist die Stellung des Registerrichters

dieser Sachlage gegenüber. Sieht er den Mangel bei Leitung der konstituierenden Generalversammlung, so muß er darauf hinweisen. Entsprechend wird man annehmen müssen, daß er die Eintragung der Gesellschaft dann beanstanden muß, wenn ihm der Fehler erst nach der Abstimmung, aber vor der Eintragung der Gesellschaft auffällt.

b) Die Nichtigkeit des Scheines wird ferner geheilt, wenn der Übernehmer nach der Errichtung der Gesellschaft in irgendeiner Weise als Aktionär Rechte ausübt oder Verpflichtungen erfüllt. Was nach dieser Richtung etwa vor der Errichtung der Gesellschaft — diese ist entscheidend, nicht ihre Eintragung in das Handelsregister — geschieht, ist ohne Bedeutung. Wirkungslos ist die formale Genehmigung, mag sie auch schriftlich erfolgt sein (ROHG 23, 289), wirkungslos ist auch die erste Einzahlung auf die Einlage, welche nach Vorschrift des Gesetzes vor der Errichtung der Gesellschaft stattfinden muß. Dagegen ist nach Errichtung der Gesellschaft ausreichend, wenn der Übernehmer in einer Generalversammlung auch nur erscheint (RG 63, 98; in HoldhMS 15, 200: an der Diskussion sich beteiligt), es sei denn, daß erkennbar der Erschienene Rechte eines Aktionärs damit nicht ausüben will; genügend ist das Verlangen einer Abschrift der Bilanz usw. (§ 263), die Lieferung von Pflichtrüben, BauersZ 22, 5. — Die Annahme der Aktienurkunde genügt an sich noch nicht. Hat der Übernehmer die Aktien veräußert, so kann von diesem Zeitpunkt an der Rechtsnachfolger — und zwar nur er — durch Betätigung als Aktionär die Heilung der Nichtigkeit, soweit sie sich auf die von ihn erworbenen Aktien bezieht, herbeiführen.

c) Nach dem Gesagten handelt es sich beim Abs. IV um eine positive, dabei bestimmt umschriebene Ausnahmebestimmung und es ist kaum zutreffend, wenn RG 26, 78 sagt, es sei die in Art 209e III, 2 (§ 189 IV, 2) enthaltene Bestimmung nur die ausdrückliche Sanktion eines für die Sicherheit des Publikums notwendigen Prinzips für Fälle, in welchen die Möglichkeit von Regelwidrigkeiten besonders zu gewärtigen war.

9. a) Die Heilung bedeutet, daß der Zeichner wie aus einem gültigen Schein verpflichtet wird, d. h., es wird angenommen, daß der Schein die in Abs III unter 1—3 genannten Punkte so enthalten hätte, wie sie den Tatsachen und dem Gesellschaftsvertrag entsprechen, und daß, was den Punkt unter 4 angeht, der Zeichner des Scheins noch gebunden war, als die Errichtung der Gesellschaft beschlossen wurde. — Übrigens ist der Zeichner des Scheines nicht nur so verpflichtet, sondern auch so berechtigt, wie wenn der Schein gültig wäre. — Das Gesagte gilt auch von Zeichnungsscheinen, welche vor Feststellung des Gesellschaftsvertrages ausgestellt worden sind; entsprechen nur die Angaben dem in Abs II Angeführten, so wird im übrigen der Schein nach Inhalt des Gesellschaftsvertrages, wie er schließlich festgestellt worden ist, gelesen.

Noch weniger wie von Mängeln des Zeichnungsscheines nach Abs II handelt Abs IV Satz 2 von Mängeln in den allgemeinen Voraussetzungen des Rechtsgeschäfts. Geschäftsunfähigkeit, Beschränkung der Geschäftsfähigkeit, Mangel der Vertretungsmacht, sind nach den in dieser Beziehung geltenden Bestimmungen zu beurteilen. Die Zeichnung des Scheines durch einen Minderjährigen wird gültig durch mündliche Genehmigung des Vormundes (nur muß sie dem Registerrichter authentisch erwiesen werden). Hat nur einer von zwei Kollektivvertretern den Schein gezeichnet, so ist das gültig, wenn der andere — gleichviel wie — eingewilligt oder es nachträglich genehmigt hat RG 63, 97. Vgl. Brodmann GGmbH § 35[3].

b) Wenn einer oder mehrere Zeichnungsscheine dem Gesetz nicht entsprechen, so muß der Registerrichter die Eintragung der Gesellschaft oder der Kapitalerhöhung in das Handelsregister ablehnen. Denn es erweist sich, daß das Grundkapital nicht voll gedeckt erscheint. Nimmt er versehentlich die Eintragung vor, so kann er sie nicht auf Grund der §§ 142, 144 FGG wieder löschen, weder von Amts wegen noch auf Antrag, weder selbstverständlich die Gesellschaft, die deshalb nicht nichtig ist, noch den Kapitalerhöhungsbeschluß. Die Erhöhung des Grundkapitals ist in dem beschlossenen Maß rechtswirksam, und wenn die Gesellschaft den Ausfall an der Balance nicht hinnehmen will oder kann, muß sie zu der entsprechenden Herabsetzung des Grundkapitals schreiten. — Das Kammergericht in RJA 3, 126 will auf das Rechtsverhältnis des Ausstellers eines nichtigen Zeichnungsscheines die Bestimmungen in § 311 II, III entsprechend anwenden; er könne zwar die gezahlte Einlage zurückfordern, bleibe aber den Gläubigern gegenüber zur Einzahlung verpflichtet. Das ließe sich allenfalls durchführen, wenn es, wie im Falle des § 311, sofort, nachdem der Sachverhalt erkannt ist, zur Auflösung der Gesellschaft und zur Liquidation kommt, erscheint aber überhaupt nicht ausreichend begründet.

10. Abs V sagt nichts, was sich nicht schon aus dem Vorhergehenden ergäbe, ROHG 5, 415. Nur der Eindringlichkeit halber hat der Gesetzgeber es ausdrücklich gesagt. Mot 1884 S. 54: Einschränkungen, welche außerhalb des Scheines durch Nebenberedungen mit den Gründern getroffen werden, würden die Gesellschaft nicht berühren; denn der Zeichnungsschein ist es, auf Grund dessen die Erklärung gegenüber der Gesellschaft und die Errichtung der letzteren erfolgt, und er erzeugt Verpflichtungen nach Maßgabe seines gesetzlichen Inhalts; bei der Wichtigkeit des Gegenstandes empfiehlt es sich, diese Fragen, wie dies von sachverständiger Seite, auch z. B. von den Ältesten der Berliner Kaufmannschaft gewünscht ist, durch das Gesetz auszusprechen.

§ 190.

Übernehmen die Gründer alle Aktien, so haben sie gleichzeitig mit der Errichtung der Gesellschaft oder in einer besonderen gerichtlichen oder notariellen Verhandlung den ersten Aufsichtsrat der Gesellschaft zu bestellen[1].

Übernehmen die Gründer nicht alle Aktien, so haben sie nach der Zeichnung des Grundkapitals eine Generalversammlung zur Wahl des Aufsichtsrats zu berufen.

Diese Vorschriften finden auch auf die Bestellung des ersten Vorstandes Anwendung[2], sofern nicht nach dem Gesellschaftsvertrage die Bestellung in anderer Weise als durch Wahl der Generalversammlung zu geschehen hat[3].

1. a) Die Interessen der künftigen A-Gesellschaft und die ihrer Gründer sind nicht immer gleich gerichtet, nicht selten vielmehr geradezu entgegengesetzt. Deshalb bestimmt das Gesetz, daß schon vor der Entstehung der Gesellschaft und sobald die Dinge soweit gediehen sind, daß es ausführbar ist, ein Vorstand und ein Aufsichtsrat in das Leben tritt, die selbständig die Interessen der künftigen Gesellschaft überhaupt und namentlich auch den Gründern gegenüber wahrzunehmen haben. Daß jede A-Gesellschaft einen Vorstand und einen Aufsichtsrat haben muß, wird nirgends ausdrücklich gesagt, aber als selbstverständlich vorausgesetzt und behandelt. Im Statut muß bestimmt sein, aus wieviel Personen der Vorstand bestehen soll. Daß der Aufsichtsrat aus mindestens 3 Personen bestehen muß, schreibt § 243 vor.

b) Bei der Simultangründung haben die Gründer den Aufsichtsrat sofort in der Gründungsverhandlung oder, wenn das unterblieben ist, in einer besonderen gerichtlichen oder notariellen Verhandlung zu bestellen. Die Bestimmung der Persönlichkeiten findet, wenn die Gründer sich nicht ohne das einig sind, durch Wahl statt. Wenigstens setzt das § 243 II voraus, wo bestimmt ist, daß diese Wahl des ersten Aufsichtsrats für die Zeit bis zur nächstjährigen ordentlichen Generalversammlung gilt. Vgl. auch JW 1897, 269[9]. Ganz allgemein erklärt Heymann in JheringsJ 75, 417 die Vereinigung der Gründer für einen nicht rechtsfähigen Verein, der also alle Beschlüsse mit einfacher Mehrheit zu fassen hätte, BGB § 32. Näher begründet ist das nicht, und in Wahrheit trägt vielmehr die Vereinigung der Gründer alle Merkmale der typischen „Gesellschaft" an sich, in welcher es an und für sich nicht nach dem Willen der Mehrheit geht. — Unter der „Bestellung" des Aufsichtsrats kann man hier nicht wohl etwas anderes verstehen, als die Auswahl der Persönlichkeiten und ihre Anstellung. Muß diese Bestellung in notarieller Verhandlung erfolgen, so dürfen die anzustellenden Persönlichkeiten nicht fehlen. A. A. Brand § 190, 2a; Lehmann-Ring § 190[2], anscheinend auch Staub-Pinner § 190[1].

c) Bei der Sukzessivgründung müssen die Mitglieder des Aufsichtsrats durch die Aktionäre gewählt werden. Zu diesem Zweck haben die Gründer die Aktionäre, genauer die künftigen Aktionäre, zu einer Generalversammlung, zur überhaupt ersten Generalversammlung einzuberufen. Das kann nach der Natur der Sache erst geschehen, wenn rechtsgeschäftlich festgestellt ist, wer künftig Aktionär sein wird, m. a. W. nachdem die gezeichneten Aktien zuerteilt worden sind. Undeutlich Staub-Pinner § 190. 1: „Einzuladen sind die Zeichner, die als solche angenommen worden sind". Die Zeichner werden nicht als solche angenommen; angenommen wird ihre Zeichnung, nämlich durch Zuteilung der gezeichneten Aktie. Deutlicher aber unrichtig sagt Lehmann-Ring § 190[2]: „Teilnehmer der Generalversammlung sind diejenigen, welche von den Gründern als zukünftige Aktionäre in Aussicht genommen werden." Wie hier Makower § 190 I b. — Sind die Gewählten in der Generalversammlung zugegen, so kommt durch ihre Annahme der Wahl der Anstellungsvertrag zustande. Im anderen Fall gelten im Zweifel die Gründer ermächtigt, insgesamt oder durch einen gemeinsamen Stellvertreter den Anstellungsvertrag zu schließen.

Die Generalversammlung ist so einzuberufen und in der Form abzuhalten, wie wenn die Gesellschaft schon bestände; der Registerrichter darf nicht damit rechnen, daß die Generalversammlung über Mängel der Einberufung hinwegsehen werde, RJA 6, 180 (KG).

2. Die geschraubte, übrigens auch fehlerhafte Ausdrucksweise des Abs III ist auf die leidige Art zurückzuführen, beim Gesetzemachen alles gleich auf den abstraktesten Nenner zu bringen. Man sollte meinen, daß es vor allen Dingen auch darauf ankommt, der werdenden Gesellschaft einen Vorstand zu bestellen, wenn nicht eher, so doch gleichzeitig mit dem Aufsichtsrat. Tatsächlich liegt es aber so, daß aus naheliegenden und verständlichen Gründen im Gesellschaftsvertrag meist vorgesehen wird, daß die Besetzung des Vorstandes nicht der Wahl in der Generalversammlung anvertraut ist, sondern dem Aufsichtsrat. Was der Abs III zunächst nicht sagt, aber meint, ist, daß was in dieser Beziehung das Statut bestimmen soll, schon vor Entstehung der Gesellschaft und von der Bestellung des ersten Vorstandes gilt. Was er sodann sagt ist, daß, im ersteren seltneren Fall der Vorstand ebenso wie der Aufsichtsrat bei der Simultangründung zugleich mit der Errichtung der Gesellschaft oder in besonderer gerichtlicher oder notarieller Verhandlung zu bestellen ist, bei der Sukzessivgründung die noch vor der konstituierenden Versammlung zur Wahl des Aufsichtsrats einzuberufende Generalversammlung zugleich auch den Vorstand zu wählen hat. Für den viel häufigeren und viel wichtigeren Fall, daß der Aufsichtsrat den Vorstand zu bestellen hat, fehlt es, wenn man die Vorschrift auf ihren Wortlaut beschränkt, an jeder Bestimmung. Es ist aber doch unverkennbar gewollt, daß in diesem Fall der Aufsichtsrat nach seiner Konstituierung ohne Verzug zur Bestellung des Vorstandes schreitet. Sollte ein erfinderischer Kopf noch auf eine dritte oder vierte Art, den Vorstand zu bestimmen, kommen, dann wird entsprechende Anwendung des § 190 nicht allzu schwer sein, zumal jede Methode, nach der es erst nach Entstehung der Gesellschaft zur Bestellung des Vorstandes kommen könnte, gesetzlich unzulässig wäre.

3. Nach Bestellung des Vorstandes ist dieser — und zwar nur dieser — berechtigt, soweit das überhaupt in Frage kommen kann, die A-Gesellschaft zu vertreten. Ebenso Makower § 190 II. Dagegen spricht nicht JW 1903, 343[4], wo entschieden ist, daß dem Vorstand der zur Entstehung gelangten A-Gesellschaft über Handlungen (Rechtsgeschäfte) der Gründer ein Eid zugeschoben werden kann. Denn es erhellt nicht, daß, als jenes Rechtsgeschäft vorgenommen wurde, bereits ein Vorstand bestellt war. Hier interessieren denn auch nicht die Bedenken, welche sich gegen das Urteil geltend machen.

§ 191.

Die Gründer[3] haben im Falle des § 186 Abs. 2 in einer schriftlichen Erklärung die wesentlichen Umstände darzulegen, von welchen die Angemessenheit der für die eingelegten oder übernommenen Gegenstände gewährten Beträge abhängt[1].

Sie haben hierbei die vorausgegangenen Rechtsgeschäfte, die auf den Erwerb durch die Gesellschaft hingezielt haben, ferner die Erwerbs- und Herstellungspreise aus den letzten beiden Jahren und im Falle des Überganges eines Unternehmens auf die Gesellschaft die Betriebserträgnisse aus den letzten beiden Geschäftsjahren anzugeben[2] [4].

1. Der § 191 legt im Fall der qualifizierten Gründung den Gründern die Verpflichtung auf, die finanzielle Seite der Sache in durchsichtiger Weise darzulegen. Das muß in schriftlicher Erklärung, dem sogenannten Gründerbericht (oder nach der D Gründererklärung) geschehen. Nur für den Fall des § 186 II ist das vorgeschrieben, nicht für die Fälle nach Abs I und III daselbst (Sondervorteile und Gründerlohn und -entschädigung), also für den Fall sowohl, daß Sachen eingelegt werden statt baren Geldes, als auch für den Fall, daß Vermögensgegenstände von Dritten entgeltlich, also in der Regel käuflich erworben werden. Der Sinn der Bestimmung ist, wie es in dem Bericht der Kommission von 1884 lautet, welche sie in der Fassung eingefügt hat, daß die Gründer sich wegen der für die eingebrachten Gegenstände bewilligten Preise rechtfertigen sollen. Sie müssen die Umstände darlegen, „mit Rücksicht auf welche ihnen die Höhe der für die eingelegten oder übernommenen Gegenstände gewährten Beträge gerechtfertigt erscheint". Die Novelle von 1900 hat das geändert. Es sei das — sagt die D 123 — zuweilen dahin verstanden worden, daß die für die Wertbemessung der eingelegten oder überlassenen Gegenstände wesentlichen Tatsachen nur insoweit angegeben werden müßten, als sie für die subjektive Auffassung der Gründer tatsächlich maßgebend gewesen sind; hieraus würden dann Folgerungen gezogen, welche die Verpflichtung der Gründer zur Offenlegung der objektiv wesentlichen Umstände in einer zweckwidrigen Weise beschränken; aber selbstverständlich bezöge sich auch nach der neuen Fassung die Darlegungspflicht immer nur auf diejenigen Umstände, welche die Gründer bei pflichtmäßiger Sorgfalt nach Maßgabe der in dem fraglichen Zeitpunkt bestehenden Verhältnisse als wesentlich für die Wertbemessung ansehen müßten. — Der Bericht soll die Grundlage bieten für die in § 192 dem Vorstand und dem Aufsichtsrat zur Pflicht gemachten und von den Revisoren vorzunehmenden Prüfung des Herganges der Gründung. In RG 18, 66 ist nicht gesagt (wie Lehmann-Ring § 191[1], Staub-Pinner § 191[7] es verstehen), daß der Gründerbericht die rechte Stelle für Zusagen der Sacheinleger gegenüber der A-Gesellschaft über Eigenschaften der Sache sei. Es wäre das ja auch ganz unverständlich. In dem Bericht liegt überhaupt nicht rechtsgeschäftliche Willenserklärung, geschweige denn gegenüber der A-Gesellschaft. Es wird in obigem Urteil vielmehr zunächst hervorgehoben, daß es nicht nötig sei, den Vertrag bis in alle Einzelheiten hinein in das Statut aufzunehmen: „Es wird durch die Nichtaufnahme in diese Urkunde das anderweite rechtswirksame Vorhandensein von Erklärungen, welche die Rechte der A-Gesellschaft nicht vermindern sondern vermehren sollen, noch nicht ausgeschlossen, besonders, wenn bei der Dürftigkeit des auf die umfangreiche Einlage bezüglichen Inhalts des Statuts auf darüber hinausgehende Verhältnisse zurückgegangen werden muß", und anschließend: „Durch die vorgeschriebene Gründererklärung usw. ist Sorge dafür getragen, daß die Beschaffenheit der Einlage an das Licht gezogen und eine vorhandene Ungewißheit in

betreff derselben durch eine Zusage des Einbringenden gedeckt werden kann; insbesondere ist die Gründererklärung eine zur Kennzeichnung der Erklärungen über die Beschaffenheit der Einlage als Zusagen gegenüber der A-Gesellschaft bestimmte Stelle". Also nicht zur rechtsgeschichtlichen Erklärung einer solchen Zusage, sondern zur Kennzeichnung einer entsprechenden, früher abgegebenen Erklärung als rechtsgeschäftlicher Zusage ist der Gründerbericht geeignet. So mit Recht Makower § 191 II d i.

2. Welche Angaben und Mitteilungen erforderlich und ausreichend sind, läßt sich nur am einzelnen Vorgang ermessen. Ausdrücklich und allgemein ist vorgeschrieben:

a) Angabe der vorausgegangenen Rechtsgeschäfte, die auf den Erwerb durch die Gesellschaft hingezielt haben. Es müssen die Gründer im Einzelfall erwägen und wissen, welche Rechtsgeschäfte das sind und namentlich auch, wie weit man auf Vergangenes zurückgehen muß. Allgemein läßt sich das nicht bestimmen, während im Einzelfall, nachdem man den Sachverhalt kennt, nicht schwer sein kann, ein Urteil darüber zu gewinnen, ob der Gründer, als er Geschehenes unerwähnt ließ, in gutem Glauben gewesen ist oder nicht. So ist streitig geworden, ob hierher auch Verträge zu rechnen sind, die der Einbringende über Verwertung der ihm zu liefernden Aktien schließt, oder die vorausgegangenen unter den Gründern oder mit Dritten geschlossenen Konsortialverträge (vgl. Staub-Pinner § 191[1]; Brand § 191 4 b; anders Makower § 191 II d 2). Auch das läßt sich nicht schlechthin bejahen oder verneinen, wird sich aber, wenn man den Einzelfall vor sich hat, meist ohne weiteres ergeben.

b) Angabe des Erwerbs- und Herstellungspreises der letzten beiden Jahre, Mot von 1884 S. 58: Eine sorgfältige Prüfung wird auch stets eine Vergleichung der jetzigen Preise mit den früheren Erwerbs- oder Herstellungspreisen bedingen, und zwar für einen Zeitraum, welcher weit genug zurückliegt, um die Annahme auszuschließen, daß auch diese Besitzveränderungen und Preise von der jetzt in Frage stehenden Spekulation ergriffen und von der Bildung der Gesellschaft beeinflußt gewesen sind. Aber wenn der Erwerb des Einbringenden oder die Herstellung weiter als 2 Jahre (wohl von dem Tage des Gründungsvertrages gerechnet, Staub-Pinner § 191[3]) zurückliegt, braucht in dieser Beziehung nichts mitgeteilt zu werden, nur wird in solchem Fall der Registerrichter mit Fug auf eine Vakat-Anzeige bestehen, Staub-Pinner § 191[4]. Dagegen müssen bei mehrmaligem Besitzwechsel innerhalb der 2 Jahre die mehrmaligen Preise, soweit bekannt, angegeben werden. Das geltend gemachte Bedenken, daß das zur Preisgabe der Geschäftsgeheimnisse nötigen könne, haben Kommission und Reichstag nicht gelten lassen. Gerade Geheimnisse soll es in diesem Punkt an dieser Stelle nicht geben. Wird bei Einbringung eines Geschäfts oder Unternehmens nicht nur ein Gesamtpreis vereinbart, sondern auch der Wert der einzelnen Vermögensgegenstände ausgeworfen, so müssen auch diese Zahlen mitgeteilt werden. So wenigstens OLG 2, 435 (Jena) in einem Fall, wo das Unternehmen bei einem Bestand an Waren und Vorräten von 180 000 M auf eine Million bewertet war.

c) (Zusatz des Gesetzgebers von 1900.) Angabe der Betriebsergebnisse aus den letzten beiden Geschäftsjahren, wenn ein Unternehmen Gegenstand der Sacheinlage oder Sachübernahme bildet. Das muß auch beobachtet werden, wenn ein abgeteilter Zweig des Unternehmens die Einlage bildet, OLG 2, 435.

d) Nach der herrschenden Lehre sind die Gründer verpflichtet, im Fall, daß die Absicht besteht, alsbald nach Entstehung der Gesellschaft Betriebsanlagen oder Grundstücke für das Unternehmen anzuschaffen, hiervon im Bericht schlechthin oder doch jedenfalls dann Mitteilung zu machen, wenn nach dieser Richtung schon feste Abmachungen getroffen worden sind. SächsAnn 34, 467 (wo allerdings der Vertrag nicht nur verschwiegen, sondern unwahrer Weise behauptet war, daß ein Vertrag dieser Art nicht vorliege). Danach wären die Gründer, wenn sie es darauf abgesehen haben, den Schutzvorschriften des § 186 II usw. aus dem Wege zu gehen, gehalten, das im Gründerbericht hervorzuheben, damit der Registerrichter es sieht und die Anmeldung der Gesellschaft beanstandet. Es hängt das mit der Frage nach der Bedeutung des § 207 (Nachgründung) zusammen. S. darüber Erl 7 zu § 207.

Die Vorschrift des § 191 gilt für beide Arten von Gründung Simultan- und Sukzessivgründung. Steckt in dem für den Gegenstand bedungenen Preis zugleich Gründerlohn, so muß das auch in diesem Gründerbericht zum Ausdruck kommen. Anderenfalls sind die Gründer ohne weiteres verpflichtet, den Betrag desselben der A-Gesellschaft zu erstatten, RG 26, 37.

3. Sämtliche Gründer haben gemeinsam und einheitlich die Erklärung abzugeben. Es müssen alle sie unterschreiben, was nicht ausschließt, daß einzelne Erklärungen und Mitteilungen nur von denjenigen ausgehen, welche allein von dem Mitgeteilten aus eigener Wahrnehmung Kenntnis haben. Nur muß das kenntlich gemacht werden. Stellvertretung des einzelnen Gründers durch rechtsgeschäftlich bestellten Bevollmächtigten ist ausgeschlossen. Das ist nicht allgemein anerkannt (a. A. Brand § 191[3], Goldmann § 191[3], Bondi in LZ 1915, 1282), wird aber mit Recht von der herrschenden Lehre angenommen, KGJ 28, 236. Es muß hier dasselbe gelten wie bei der Anmeldung der Gesellschaft zum Handelsregister. Gegenüber der stark betonten persönlichen Verantwortlichkeit eines jeden Gründers ist dem Gesetz mit einem Stellvertreter nicht ge-

dient. Dagegen wird die Anmeldung nicht dadurch hinfällig, daß der Anmeldende nach ihrer Einreichung verstirbt, und wenn in solchem Falle die Gründererklärung noch einer Ergänzung bedarf, steht nichts im Wege, daß sich der Erbe an der ergänzenden Erklärung beteiligt, OLG 4, 23 (Dresden).

4. Wegen der zivilrechtlichen Verantwortlichkeit der Gründer s. § 202 I. Die Angaben des Gründerberichts gehören zu denjenigen Angaben, welche zum Zweck der Eintragung der Gesellschaft in das Handelsregister gemacht werden. Der Registerrichter muß die Eintragung der Gesellschaft ablehnen, wenn der Gründerbericht fehlt; Strafvorschrift s. § 313 I Z 1; dazu RGSt 18, 105.

§ 192.

Die Mitglieder des Vorstandes und des Aufsichtsrats haben den Hergang der Gründung zu prüfen[1].

Gehört ein Mitglied des Vorstandes oder des Aufsichtsrats zu den Gründern oder hat sich ein Mitglied einen besonderen Vorteil oder für die Gründung oder deren Vorbereitung eine Entschädigung oder Belohnung ausbedungen oder liegt ein Fall des § 186 Abs. 2 vor[2], so hat außerdem eine Prüfung durch besondere Revisoren[3] stattzufinden.

Die Revisoren werden durch das für die Vertretung des Handelsstandes berufene Organ, in Ermangelung eines solchen durch das Gericht bestellt, in dessen Bezirke die Gesellschaft ihren Sitz hat[4].

1. An die nach § 191 vorgeschriebene Erklärung der Gründer schließt sich an
1. die Prüfung des Herganges der Gründung durch die Mitglieder des Vorstandes und des Aufsichtsrats;
2. unter besonderen Umständen Prüfung des Gründerherganges durch besondere Revisoren.

In beiden Fällen ist über die Prüfung schriftlich Bericht zu erstatten. In beiden Fällen muß den Prüfenden die in § 191 vorgeschriebene Gründererklärung vorliegen, während die hier unter 1 und 2 erörterten Prüfungen unabhängig voneinander stattfinden.

Es muß danach, um mit der Gründung voranzukommen, an erster Stelle dafür gesorgt werden, daß Vorstand und Aufsichtsrat bestellt werden, und zwar müssen beide Organe in der vom Gesetz bestimmten oder im Gesellschaftsvertrag vorgesehenen Mindestanzahl voll besetzt sein. Die Prüfung ist nicht dem Organ als solchem zur Pflicht gemacht, sondern den Mitgliedern, also einem jedem persönlich mit selbständiger eigener Verantwortlichkeit. Stellvertretung durch rechtsgeschäftlich bestellte Bevollmächtigte ist hier durchaus unzulässig. Anzunehmen ist, daß die Gründer verpflichtet sind, nicht nur, wo es erforderlich ist, die Gründererklärung näher zu erläutern, sondern überhaupt auf sachgemäßes Erfordern Auskunft zu erteilen. Doch ist wohl anzunehmen, daß diese Verpflichtung nur der Gesamtheit der Mitglieder des Vorstandes und des Aufsichtsrats gegenüber besteht. — So lange Vorstand und Aufsichtsrat nicht voll — d. h. in der vorgeschriebenen geringsten Anzahl — besetzt sind, kann die Gründung nicht fortschreiten, RJA 3, 124. Und ebenso liegt es, solange einzelne Mitglieder mit der Prüfung im Rückstande sind, unbeschadet des etwa den Gründern zustehenden Anspruchs auf Schadensersatz. Der künftigen Gesellschaft haften die Mitglieder gemäß § 204, wenn sie bei der Prüfung die Sorgfalt eines ordentlichen Geschäftsmannes außer acht lassen.

Diese Prüfung des Gründungsherganges durch Vorstand und Aufsichtsrat muß bei jeder Art von Gründung stattfinden, Simultan- und Sukzessivgründung, Bargründung oder qualifizierte Gründung.

2. a) Eine Prüfung des Gründungsherganges durch besondere Revisoren muß hinzukommen
1. wenn ein Gründer (§ 181) im Vorstand oder Aufsichtsrat sitzt,
2. wenn einem Mitglied des Vorstandes oder des Aufsichtsrats ein besonderer Vorteil ausbedungen ist,
3. wenn einem Mitglied des Vorstandes oder des Aufsichtsrats für die Gründung oder deren Vorbereitung eine Entschädigung oder Belohnung bedungen ist (§ 186 III),
4. wenn es sich nicht um eine reine Bargründung handelt (§ 186 II). Nach früherem Recht war in diesem Fall eine besondere Prüfung vorgeschrieben, wenn der Sacheinleger im Vorstand oder Aufsichtsrat sitzt; seit 1900 muß die besondere Prüfung immer stattfinden, mag es sich um Sacheinlage oder um Sachübernahme handeln und gleichviel, von wem die Sache herrührt.

b) Vom Fall unter 2 ist zweifelhaft, ob dabei ausschließlich an den in § 186 I geregelten Fall zu denken ist. Dann wäre die Vorschrift nur in dem Fall praktisch, daß das betreffende Mitglied des Vorstandes oder Aufsichtsrats zugleich Aktionär ist. So nahe auch die Auslegung liegt, daß der Gesetzgeber hier an die 3 auf die 3 Absätze des § 186 verteilten Fälle gedacht hat (Lehmann-Ring § 192[2]), so sehr muß man doch Makower § 192 II a darin recht geben, daß die damit gegebene Beschränkung sachlich keinen Sinn hätte und daß daher die wörtliche Auslegung vorzuziehen ist, wonach immer auch dann die besondere Prüfung stattfinden muß, wenn dem Vorstand oder Aufsichtsrat jemand angehört, dem ein besonderer Vorteil zu Lasten der Gesellschaft oder der übrigen Aktionäre bedungen worden ist, gleichviel auch, ob das der Gesellschaft gegenüber schlechthin rechtswirksam ist oder nicht. — Dagegen wird man Makower a. a. O. darin nicht zustimmen können, daß ein Fall unter 3 auch dann vorliegt, wenn die Entschädigung oder Belohnung nicht zu Lasten der Gesellschaft, sondern zu Lasten eines Dritten gehen soll.

c) Ist unter den Gründern eine juristische Person — der Fall kann auch nach der hier vertretenen Auffassung (s. Erl 3 c zu § 182 Erl 1 c zu § 187) eintreten, wenn die juristische Person sich nicht bei der Feststellung des Gesellschaftsvertrages, aber doch durch eine Sacheinlage beteiligt — oder ist es eine juristische Person, die sich einen besonderen Vorteil oder eine Gründerbelohnung oder Entschädigung zu Lasten der Gesellschaft ausbedungen hat, so erscheinen die Fälle unter 1—3 auch dann gegeben, wenn einer ihrer gesetzlichen Vertreter im Vorstand oder Aufsichtsrat sitzt; GZ 40, 471; OLG 24, 172; 27, 34[b]; KGJ 41, 123. — Diese Art von Personeneinheit muß denn auch für die offene Handelsgesellschaft und ihre Mitglieder gelten. Ist in einem solchen Fall die Unterlassung übersehen worden, so hat der Registerrichter alle Gründer zur Nachholung anzuhalten, für die juristischen Personen diejenigen Vertreter, welche sich an der Anmeldung der Gesellschaft beteiligt haben KGJ 41, 123.

3. Wenn das Gesetz von Revisoren in der Mehrzahl spricht, so beugt es damit nur dem bei dem Gebrauch der Einzahl durchaus naheliegenden Mißverständnis vor, daß es immer nur einer sein solle. Es zwingt aber damit nicht, immer mindestens zwei zu bestellen. Anders die herrschende Lehre. Wie hier Makower § 192 II b, Ritter § 192[3], welche mit Recht auf Vorschriften wie § 146 II, 295, 298 verweisen, wo niemand den Plural mißversteht. Steht man aber auf dem Boden der herrschenden Lehre, dann kann man nicht zugleich behaupten, daß die mehreren Revisoren sich dergestalt in die Arbeit teilen dürfen, daß jeder seinen Anteil unter Ausschluß des anderen durchführt (Staub-Pinner § 192[4], Goldmann § 192[14]). Denn dann will doch das Gesetz, daß jeder der mehreren hinter dem Ganzen steht und für das Ganze aufzukommen hat. So folgerecht Staub 6./7. Aufl. § 192[4], Brand § 192[3], HoldhMS 1898, 313 (Dresden). Jedenfalls ist richtig, daß die mehreren Revisoren so bestellt werden können, daß jedem ein besonderes Teilgebiet, für das er vielleicht besonders sachverständig ist, zugewiesen wird.

Die Gründer oder der Vorstand können sich die Revisoren nicht frei wählen. Sie müssen sich an die zuständige Handelskammer oder wie das für die Vertretung des Handelsstandes berufene Organ heißt, wenden, die die Revisoren bestellt. Vgl. Riesenfeld in BauersZ 5, 127 ff. Die Zuständigkeit richtet sich nach dem im Gesellschaftsvertrag vorgesehenen Sitz der künftigen Gesellschaft. Gesetzliche Vorschriften über das Verfahren bestehen für diese Organe nicht. Sie verfahren nach Maßgabe ihrer Geschäftsordnungen. Nach OLG 24, 171 (KG) ist die Handelskammer in der ihr hier zugewiesenen Funktion lediglich als Hilfsorgan des Registerrichters tätig; sie hat nur durch Maßregeln tatsächlicher Art das Gericht zu unterstützen; sie kann auch nicht auf Grund § 126 FGG beim Gericht ihrerseits den Antrag stellen, die Einreichung eines Prüfungsberichts anzuordnen; wohl aber kann der Registerrichter, wenn bei der Eintragung der A-Gesellschaft in das Handelsregister das Fehlen des Berichts übersehen wird, von Amts wegen die nachträgliche Beibringung eines solchen durch Androhung von Ordnungsstrafen erzwingen.

Fehlt es an einem den Handelsstand vertretenden Organ in dem Bezirk, in welchem der Sitz der Gesellschaft liegen soll, so erfolgt die Bestellung von Revisoren durch das Gericht. Nach § 145 FGG ist das das örtlich zuständige Amtsgericht, d. h. der Registerrichter, welcher nach § 146 das. auf Antrag zu verfahren hat. Antragsberechtigt dürfte jeder Gründer, ferner vor allem der Vorstand sein. Ein Gegner, der zu hören wäre, dürfte nur vorhanden sein, wenn erkennbare Meinungsverschiedenheit zwischen den verschiedenen Antragsberechtigten besteht.

§ 193.

Die Prüfung[1] hat sich insbesondere auf die Richtigkeit und Vollständigkeit der Angaben zu erstrecken, die in Ansehung der Zeichnung und Einzahlung des Grundkapitals sowie in Ansehung der im § 186 vorgesehenen Festsetzungen von den Gründern gemacht sind. Der Inhalt der im § 191 bestimmten Erklärung ist auch in der Richtung zu prüfen, ob bezüglich der Angemessenheit der für die eingelegten oder übernommenen Gegenstände gewährten Beträge Bedenken obwalten[2].

Über die Prüfung ist unter Darlegung der im Abs. 1 bezeichneten Umstände schriftlich Bericht zu erstatten.

Sind die Revisoren durch das für die Vertretung des Handelsstandes berufene Organ bestellt, so haben sie diesem ein Exemplar des Berichts einzureichen. Die Einsicht des eingereichten Berichts ist jedem gestattet[3].

1. Der § 193 gilt von der Prüfung sowohl der Organe der Gesellschaft (Vorstand und Aufsichtsrat) § 192 I wie auch der Revisoren § 192 II. Gegenstand der Prüfung ist nach § 192 I „der Hergang der Gründung". Der § 193 I hebt einige Punkte hervor, welche insbesondere Berücksichtigung und Erwähnung finden sollen. Richtung und Umfang, welche die Prüfung einzunehmen hat, sagen die Mot von 1884 S. 57, „sind durch die Natur der Sache gegeben; sie muß, wenn sie wirksam sein soll, die Gründung der Gesellschaft von dem ersten Keim, wie er in den Statuten vorhanden ist, bis zu der konstituierenden Generalversammlung begleiten. Vorzugsweise wird die Prüfung festzustellen haben, ob das Grundkapital ernstlich zustande gebracht und gehörig gesichert sei". Ferner: „Die Prüfung hat den ganzen Hergang der Gründung zu umfassen, ihn klarzulegen oder aber festzustellen, welche Punkte zu einer Aufklärung nicht haben gelangen können. Sie gipfelt bei Einbringung und Überlassung von Gegenständen darin, ob die Höhe der für dieselben gewährten Beträge unter den gegebenen Verhältnissen angemessen sind und daher gerechtfertigt erscheinen (sic)". Diesen Gipfelpunkt hatte damals Kommission und Reichstag gestrichen. Die Gesetzgebung von 1900 hat ihn wieder aufgegriffen. Vgl. D 124: „Keine der neuen Einrichtungen von 1884 hat zu so vielfachen Erörterungen Anlaß gegeben, wie die Prüfung der Gründung durch Revisoren und die Gesellschaftsorgane; es unterliegt keinem Zweifel, daß die Vorschriften in der Praxis sehr verschieden gehandhabt werden, sowohl was das Verhalten der Handelskammern gegenüber den Revisoren betrifft, als was die Art und Weise anlangt, wie die Revisoren selbst ihre Aufgabe auffassen. Während einzelne Handelskammern keinen Anstand nehmen, die Tätigkeit der Revisoren in gewissem Umfange zu überwachen und ihnen Anweisungen über die Ausführung der Revision zu erteilen, lehnt die Mehrzahl unter Berufung auf die Vorschriften des Gesetzes jedes Eingreifen in die Revision ab. Die Revisoren beschränken sich zum großen Teil auf eine mehr oder weniger formelle Prüfung der ihnen von den Gründern vorgelegten Urkunden und enthalten sich häufig jeder sachlichen Untersuchung in betreff der Angemessenheit des Wertansatzes für die von der Gesellschaft zu erwerbenden Anlagen und sonstigen Gegenstände; andere Revisoren lassen sich auch in dieser Beziehung eine eingehendere Prüfung angelegen sein." S. auch Goldschmit A. R. S. 258 ff.

2. a) Nach allem haben die Revisoren — worunter hier und im folgenden nicht nur die besonderen Revisoren nach § 192 II, sondern auch die Mitglieder des Vorstandes und Aufsichtsrats (§ 192 I) zu verstehen sind — die Satzung selbst durchzuprüfen, ob sie in allen Punkten den zwingenden Vorschriften des Gesetzes inhaltlich entspricht und ob sie formgerecht zustande gekommen ist. Was die Zeichnung des Grundkapitals angeht, so wird in der Regel genügen, daß ihnen die Zeichnungsscheine im Original vorgelegt werden. Mit zu diesem Zwecke ist in § 195 II Z 3 die Aufstellung eines Verzeichnisses aller Aktionäre und der auf sie entfallenden Aktien vorgeschrieben, das der Anmeldung beizufügen, aber auch schon vorher zur Vornahme der Prüfung durch die Gesellschaftsorgane und Revisoren bereitzuhalten ist. — Es ist bestritten, ob auch zu prüfen ist, ob die Zeichner (und Gründer) zahlungsfähig sind. Man hat sich dafür auf die Mot von 1884 berufen (Makower § 193 II b 2; Lehmann-Ring § 193[3]), die das aber nicht in so bestimmter Weise sagen. Zwar heißt es (S. 58) zunächst, bisher habe eine ausreichende Kontrolle über die Person und Zahlungsfähigkeit der Zeichner gefehlt. Dann aber wird das Vorgeschlagene dahin erläutert: „Hiernach haben Vorstand und Aufsichtsrat (die Revisoren kannte der Entwurf noch nicht, vgl. Erl 6 c zu § 207) festzustellen, ob die Zeichnungsscheine mit dem Verzeichnis übereinstimmen, und sich, soweit es geht, auch über die Persönlichkeit der Zeichner ein Urteil zu bilden." Es liegt in der Natur der Sache, daß es einen Unterschied macht, ob ein Zeichner nur eine oder einige wenige Aktien übernommen hat oder ob es eine große Partie ist. Aber auch in letzterem Falle werden die Revisoren und Gesellschaftsorgane Bedenken nur geltend machen können, wo bereits in der Öffentlichkeit Zweifel laut geworden oder positive Grundlagen für Zweifel unter der Hand bekannt geworden sind. Noch enger Küntzel, Der Aufsichtsrat S. 35. Schlechthin verneinend Goldschmidt, Aufsichtsrat § 246 Abs 124. Was von der Liste der Zeichner gesagt ist, gilt entsprechend von den ersten, gesetzlich oder darüber hinaus statutarisch vorgeschriebenen Einzahlungen auf die übernommene Einlage. Von beiden ist, was den Zeitpunkt angeht, nur vorgeschrieben, daß sie vor der Anmeldung erfolgen müsse, was also erst unmittelbar vorher zu geschehen braucht. Aber gerade auch die Einzahlungen zu prüfen, ist Aufgabe der Revisoren, in welcher Beziehung sie nicht nur das Recht, sondern auch die Pflicht haben, den Bestand zu revidieren. So mit Recht Brand § 193 1 b. Jedenfalls müßten sie also

über den ihnen vorliegenden Stand der Einzahlungen berichten, und der Registerrichter, dem wegen des Restes der Einzahlungen nur ungeprüfte Angaben des Anmeldenden vorlägen, hätte die Eintragung zu beanstanden. A. A. Makower § 193 II b 2; Ritter § 193[1] (auf Grund zu spitzer Wortauslegung. Haben die Gründer keine Angaben gemacht, dann müssen die Revisoren solche fordern). Sind über das vorgeschriebene Maß hinaus Einzahlungen gemacht worden, so muß auch das berichtet werden, weil ohne das der Kassenbestand kein Bild von dem Stand der vorgeschriebenen Einzahlungen gewährt.

b) Bei qualifizierter Gründung — Sacheinlagen und Sachübernahmen — erstreckt sich die Prüfung auf alles, was der in § 191 vorgeschriebene Gründerbericht enthält oder nicht enthält aber enthalten sollte, RGSt 18, 113. Wo die Revisoren in dieser Beziehung eine Lücke sehen oder vermuten, müssen sie der Sache durch Nachfrage bei den Gründern und auf andere geeignete Weise nachgehen, wobei die Gründer, wenn sie Auskunft erteilen, sich vergegenwärtigen müssen, daß was sie erklären, von Bedeutung werden kann für die Auslegung des Statuts und der ihm zugrunde liegenden Abmachungen, RG 18, 68. — Namentlich wird den Revisoren jetzt — was die Gesetzgebung von 1884 noch Bedenken getragen hatte, ihnen zuzumuten — aufgegeben, sich bei Sachgründungen ein vollständiges Bild und ein Urteil über die finanzielle Seite der Gründung zu verschaffen, allerdings zu verschaffen ausschließlich aus eigenem Urteil, oder aber, wenn sie aus tatsächlichen Gründen hierzu nicht imstande sind, das zu erklären. Daß die Revisoren ihrerseits nun wieder zur Vernehmung von Sachverständigen schreiten, wie Lehmann-Ring § 193[5] als unter Umständen für geboten erklärt, ist doch wohl ausgeschlossen. Es ist ihnen unbenommen, sich umzusehen und sich zu unterrichten. Aber was sie berichten, müssen sie persönlich verantworten. Besitzen sie so ganz und gar nicht die erforderliche Sachkunde, dann müssen sie ihr Amt ablehnen oder niederlegen.

c) Vor allem auch sollen die Revisoren, wenn einzelnen Aktionären Sondervorteile ausbedungen sind, oder wenn der A-Gesellschaft Gründungskosten oder Gründerbelohnung in irgendeiner Form auferlegt werden, ihr Augenmerk darauf richten. Namentlich, wo sich Anhaltspunkte oder Verdachtsmomente ergeben, daß letzteres in versteckter Weise geschehen sei, haben sie dem nachzugehen und wenn sie den Lohn unangemessen hoch finden, ist es — wenn es auch im Gesetz nicht ausdrücklich gesagt ist — ihre Aufgabe und ihre Pflicht, das auszusprechen, Staub-Pinner § 193[3].

d) Wenn den Revisoren, was Gründungskosten angeht, mit welchen die Gesellschaft überbürdet werden soll, der in Rechnung gestellte Betrag, der im Statut nur in einer Summe genannt zu werden braucht (§ 186 III), wegen seiner Höhe auffällt, müssen sie auf Spezifizierung dringen, die ohnehin für die Anmeldung der Gesellschaft zum Handelsregister erfolgen muß, § 195 II Z 2. — Vgl. die Vorschriften der Berliner Handelskammer für die Prüfung des Gründungsherganges von A-Gesellschaften vom 26. Juli 1907 in HoldhMS 1916, 234.

3. Über die Prüfungen ist schriftlich Bericht zu erstatten. Es handelt sich um zwei gegeneinander unabhängige Prüfungen, jede einzelne vorzunehmen gemeinschaftlich von den dazu berufenen Personen, den Mitgliedern von Vorstand und Aufsichtsrat hier, den Revisoren dort. Es liegt daher am nächsten, daß dementsprechend auch zwei Berichte aufgesetzt werden. Es steht aber nichts im Wege, daß bei völligem Einverständnis alle zusammen gemeinschaftlich berichten. Es kann sich endlich auch ein Einzelner absondern und selbständig berichten. — Sind die Revisoren nicht vom Gericht, sondern von der Handelskammer bestellt worden, was die überwiegende Regel sein wird, weil es wenige Orte geben wird, wo nicht eine Vertretung des Handelsstandes existiert, muß der Bericht der Revisoren in zwei Exemplaren ausgefertigt werden. Das eine ist bei der Handelskammer — und zwar unmittelbar durch die Revisoren —, das andere bei der Anmeldung der Gesellschaft zum Handelsregister beim Gericht, hier zugleich mit einer Empfangsbestätigung der Handelskammer, einzureichen (§ 195 II Z 5). An beiden Stellen hat jedermann das Recht, den Bericht einzusehen. Vgl. auch § 199 II. — Einen weiteren Ein- Einfluß auf das Verfahren hat die Handelskammer nicht. Stellt sie bei Gericht den Antrag, daß nachträglich eine Prüfung durch Revisoren und die Einreichung eines Berichts darüber veranlaßt werde, so kann das nur als eine Anregung zum Einschreiten des Gerichts von Einfluß sein; Beschwerde gegen dessen Verfügung steht ihr nicht zu, OLG 24, 171 (KG).

§ 194.

Ergeben sich zwischen den im § 192 Abs. 2, 3 bezeichneten Revisoren und den Gründern Meinungsverschiedenheiten über den Umfang der von den Gründern zu gewährenden Aufklärungen und Nachweise, so entscheidet endgültig diejenige Stelle, von welcher die Revisoren ernannt sind[1]. Solange sich die Gründer weigern, der Entscheidung nachzukommen, unterbleibt die Erstattung des Prüfungsberichts[2].

Die Revisoren haben Anspruch[3] auf Ersatz angemessener barer Auslagen und auf Vergütung für ihre Tätigkeit. Die Auslagen und die Vergütung[4] werden durch die im Abs. 1 bezeichnete Stelle festgesetzt[5].

1. Der § 194 ist Zusatz der Gesetzgebung von 1900. Dazu vgl. D 126: „Gegenwärtig ist es zweifelhaft, wie sich die Revisoren zu verhalten haben, wenn die von diesen für nötig gehaltenen Aufklärungen und Nachweise von den Gründern nicht gegeben werden. Da es an einer zuständigen Stelle für die Entscheidung solcher Streitfälle fehlt, so kann zurzeit nur in Frage kommen, ob die Revisoren in einem solchen Falle befugt sind, die Erstattung des Berichtes zu verweigern, oder ob sie lediglich das Verhalten der Gründer in dem Bericht darzulegen haben. Das erstere ist bedenklich, da hierdurch das Zustandekommen einer A=Gesellschaft von dem alleinigen Ermessen der Revisoren abhängig gemacht wird; das letztere dagegen ist ungenügend und mit dem Zwecke der Revision nicht vereinbar. Am besten wird die Entscheidung von Meinungsverschiedenheiten der gedachten Art der Handelskammer bzw. der Gerichtsbehörde überlassen, von welcher die Revisoren bestellt sind. Schon jetzt haben sich einzelne Handelskammern der Entscheidung solcher Streitpunkte unterzogen, und es kann sich nur als nützlich erweisen, wenn von dieser Seite ein gewisser Einfluß auf die Ausführung der Revisionen geübt wird. Zugleich erhalten die Revisoren durch die Möglichkeit einer Anrufung der Handelskammer den Gründern gegenüber eine selbständigere und geschütztere Stellung. Eine Verantwortlichkeit der Handelskammer für die Gründung kommt dabei ebensowenig wie bisher in Frage. Für den Fall, daß die Gründer auch der Entscheidung der Handelskammer oder des Gerichts keine Folge leisten, kann unbedenklich bestimmt werden, daß die Erstattung des Berichts zu unterbleiben hat."

2. Die rechtliche Stellung der Revisoren in ihrem Verhältnis zu den Gründern, dem Vorstand und Aufsichtsrat und zur künftigen Gesellschaft selbst ist nicht deutlich. Aber deutlich ist, daß die zuständige Behörde, Handelskammer oder Gericht, nicht etwa nur die Persönlichkeit der Revisoren zu bestimmen hat, daß sie es vielmehr ist, die die Revisoren unmittelbar bestellt, also anstellt und daß irgendein Vertragsschluß zwischen den Gründern usw. und den Revisoren nicht stattfindet, weder ausdrücklich noch stillschweigend (anders die ältere Doktrin Ring HGB Art 209 h[3]). Es handelt sich vielmehr um einen der mehreren Fälle, wo aus rechtspolizeilichen Gründen einer öffentlichen Behörde die Macht verliehen ist, durch ihr einem Verkehrsbedürfnis entsprechendes Eingreifen ein privatrechtliches Dienstverhältnis zu schaffen, das eine Geschäftsbesorgung zum Gegenstande hat. Wer zum Revisor bestellt werden soll, hat die Wahl, ob er die Stellung annehmen will oder nicht. Aber wenn er ersteres wählt, verpflichtet er sich schuldrechtlich, die damit zugesagte Tätigkeit mit der erforderlichen Sorgfalt wahrzunehmen. A. A. Goldmann § 192[12], wonach wegen der Verantwortlichkeit der Revisoren § 202 IV Z 1 und 2 und ferner die allgemeinen Vorschriften des BGB über die Schadenshaftung, insbes. auch § 830 BGB in Betracht kommen, während es das. Note 14 allerdings wiederum lautet, es müsse ein Dienstvertrag angenommen werden, gerichtet auf Dienste höherer Art, so daß der Bestellte gemäß § 627 BGB (von der anstellenden Behörde!) wieder entlassen werden könne. Der Gedankengang, welcher zur Einfügung des § 194 in das Gesetz geführt hat, ist deutlich. Daran ist nicht zu zweifeln, daß der Revisor, wenn er den Auftrag angenommen hat, schuldrechtlich verpflichtet ist, ihn auszuführen. Dann berechtigt ihn auch eine Meinungsverschiedenheit mit den Gründern nicht, sein Amt niederzulegen. Aber sie sollen auch nicht ihre Tätigkeit deshalb einstellen oder vorzeitig abbrechen. Vielmehr soll die Handelskammer oder der Registerrichter durch eine Anordnung freiwilliger Gerichtsbarkeit sachlich entscheiden (a. A. Makower § 194 I). Wer die Entscheidung anruft, ist gleichgültig. Aber die Revisoren können sich wegen einer Verzögerung der Prüfung nicht damit rechtfertigen, daß die Gründer unterlassen haben, die Handelskammer anzugehen und umgekehrt. — Eine Meinungsverschiedenheit über den Umfang der von den Gründern zu gewährenden Aufklärungen und Nachweise kann nicht auftreten, braucht jedenfalls nicht entschieden zu werden, wenn die Revisoren die erforderlichen Aufklärungen und Nachweise anderwärts erhalten haben. Und es ist denn auch gar nichts dagegen einzuwenden wenn die Revisoren, statt sich an die Handelskammer zu wenden, unternehmen, sich auf anderem Wege die nötige Aufklärung zu verschaffen, womit nicht gesagt ist, daß es Mittel und Wege geben mag, die nicht gewählt werden dürfen. Und unbenommen ist ihnen das auch noch, nachdem die Handelskammer entschieden hat, mag das nun zu ihren Gunsten ausgefallen sein oder gegen sie, Staub 6./7. Aufl. § 194[1]; Makower § 194 I. A. A. Staub=Pinner § 194[1]; Brand § 194 I d. Dagegen ist Lehmann=Ring § 194[1] darin beizutreten, daß die Revisoren, wenn die Gründer trotz der Entscheidung der Handelskammer auf ihrer Weigerung beharren, mangels anderweiter Aufklärung einen Prüfungsbericht nicht erstatten dürfen. Die Erstattung des Prüfungsberichts unterbleibt, sagt kategorisch das Gesetz, d. h. sie soll in diesem Fall unterbleiben. Das allein führt sicher zu dem Ziel, daß bei einem solchen Verhalten der Gründer die Gesellschaft nicht zur Eintragung in das Handelsregister gelangt. Ebenso Makower § 194 I, mit Einschränkung auch Goldmann § 194[4]; Brand § 194[1] d. — Ist die A=Gesellschaft eingetragen

worden, ohne daß der vorgeschriebene Bericht vorgelegen hat, so ist die Aufforderung des Gerichts zur Nachlieferung ausschließlich an den Vorstand der Gesellschaft zu richten, OLG 40, 27.

Die Entscheidung der angerufenen Behörde ist endgültig. Eine Beschwerde findet auch in dem Fall nicht statt, daß das Gericht entschieden hat. Das ist nicht deshalb so, weil keine der in § 145 FGG dem Amtsgericht, und zwar dem Registerrichter, zugewiesenen Angelegenheiten vorliegt. Das würde nicht hindern, daß gemäß 19 § FGG Beschwerde erhoben werden könnte. Vielmehr ist in § 194 ausdrücklich und allgemein bestimmt, daß die erste Entscheidung gleich auch endgültig ist.

3. Der Abs. II bestimmt, daß die Revisoren Anspruch auf Ersatz ihrer Auslagen und auf Vergütung ihrer Tätigkeit haben, er sagt aber nichts darüber, wer der Schuldner ist. Die Aufwendungen gehören zu den notwendigen Gründungskosten, welche schließlich allerdings die A-Gesellschaft nach ihrer Entstehung zahlen muß, wenn es in gültiger Weise im Gesellschaftsvertrage bestimmt worden ist (§ 186 III). Davon, daß nach allgemeinen Rechtssätzen die Gesellschaft aus dem Gesichtspunkt der Geschäftsführung ohne Auftrag oder wie sonst etwa diese Kosten zu tragen hätte, kann wohl nicht die Rede sein. Es ist Sache der Gründer, die Angelegenheit zu betreiben, und daher sind im Verhältnis zu den Revisoren sie die Schuldner. Es kommt nicht darauf an, wer bei der Behörde den Antrag gestellt hat. Da es sich um eine vom Gesetz vorgeschriebene Maßregel handelt, haften alle Gründer als Gesamtschuldner. Der etwa schon bestellte Vorstand hat keine Veranlassung, hier einzugreifen, und wird gut tun, es jedenfalls dann zu unterlassen wenn im Gesellschaftsvertrag eine Bestimmung nach § 186 III nicht enthalten ist. Wie hier Goldmann § 194[6]. A. A. Lehmann-Ring § 194[2]; Brand § 194 2 d; Staub-Pinner § 194[2].

4. Die Auslagen und die Vergütung werden durch die angegangene Stelle, Handelskammer oder Gericht, festgesetzt. Staub-Pinner § 194[2] versteht das so, daß diese Festsetzung Anspruchsbedingung sei; freiwillige Abmachungen seien ungültig, vorherige Klage unbegründet. Ebenso Lehmann-Ring § 194[2]. Es ließe sich das aus einer Absicht des Gesetzgebers erklären, die Revisoren tunlichst unabhängig von den Gründern zu machen. Aber jedenfalls D 125/6 drückt sich so entschieden nicht aus: „Auch die Festsetzung der Vergütung wird zweckmäßig der Handelskammer, gegebenenfalls dem Gericht übertragen; gegenwärtig ist die Höhe der Vergütung lediglich der Vereinbarung zwischen den Revisoren und den Gründern überlassen, was der Unabhängigkeit der ersteren jedenfalls nicht förderlich sein kann". Man wird mit Goldmann § 194[7] annehmen, daß solche Vereinbarungen an sich nicht ungültig sind, daß sie aber weder die Partei hindern, die Handelskammer usw. um Festsetzung anzugehen, noch für die Entschließung der angegangenen Behörde irgendwelche Bedeutung haben.

5. Das Verfahren vor der Handelskammer ist gesetzlich nicht geregelt, und für das Verfahren vor dem Gericht, wenn dieses angegangen werden muß, kommen nur die allgemeinen Vorschriften über das Verfahren in Angelegenheiten der freiwilligen Gerichtsbarkeit, nicht die besonderen Vorschriften der §§ 145 ff. FGG zur Anwendung. Mehr läßt sich also nicht sagen, als daß Handelskammer sowohl wie Gericht gut tun werden, vor der Entscheidung den Gegner zu hören. Die Entscheidung der Handelskammer ist endgültig, weil es keine übergeordnete Instanz gibt. Doch steht darum auch nichts im Wege, daß sie auf Vorstellung hin ihre Entscheidung ändert. Gegen die Festsetzung des Gerichts ist hier — anders wie im Fall des Abs. I, Beschwerde, und zwar die einfache Beschwerde nach §§ 19 ff. FGG gegeben. Daß die sofortige Beschwerde hier besser am Platze wäre, kann daran nichts ändern. A. A. Staub-Pinner § 194[2], der auch hier die Beschwerde überhaupt versagt; Ritter § 194[3] der sich für die sofortige Beschwerde entscheidet; wie hier Brand § 194[2b], Goldmann § 194[8]; unsicher Makower § 194 II. Vgl. auch die in § 193 Erl 2 d erwähnten Vorschriften der Berliner Handelskammer vom 26. 7. 1907 a. E.

Die Festsetzung der Handelskammer oder des Gerichts ist kein zur Zwangsvollstreckung geeigneter Titel. Zahlt auf sie hin der Schuldner nicht, so müssen die Revisoren beim ordentlichen Gericht Klage erheben. Der festgesetzte Betrag bleibt auch dann maßgeblich.

§ 195.

Die Gesellschaft[1] ist[2] bei dem Gericht, in dessen Bezirke sie ihren Sitz hat, von sämtlichen Gründern[3] und Mitgliedern des Vorstandes und des Aufsichtsrats zur Eintragung in das Handelsregister anzumelden[4].

Der Anmeldung sind beizufügen[5]:

1. der Gesellschaftsvertrag und die im § 182 Abs. 1 und im § 188 Abs. 2 bezeichneten Verhandlungen;

2. im Falle des § 186 die Verträge, welche den dort bezeichneten Festsetzungen zugrunde liegen oder zu ihrer Ausführung geschlossen sind, die im § 191 vor-

gesehene Erklärung und eine Berechnung des der Gesellschaft zur Last fallenden Gründungsaufwandes, in der die Vergütungen nach Art und Höhe und die Empfänger einzeln aufzuführen sind;

3. wenn nicht alle Aktien von den Gründern übernommen sind, zum Nachweise der Zeichnung des Grundkapitals die Duplikate der Zeichnungsscheine und ein von den Gründern unterschriebenes Verzeichnis aller Aktionäre, welches die auf jeden entfallenden Aktien sowie die auf die letzteren geschehenen Einzahlungen angibt;

4. die Urkunden über die Bestellung des Vorstandes und des Aufsichtsrats;

5. die gemäß § 193 Abs. 2 erstatteten Berichte nebst ihren urkundlichen Grundlagen sowie im Falle des § 193 Abs. 3 die Bescheinigung, daß der Prüfungsbericht der Revisoren bei dem zur Vertretung des Handelsstandes berufenen Organ eingereicht ist;

6. wenn der Gegenstand des Unternehmens der staatlichen Genehmigung bedarf, sowie in den Fällen des § 180 Abs. 2 die Genehmigungsurkunde.

In der Anmeldung ist die Erklärung abzugeben, daß auf jede Aktie, soweit nicht andere als durch Barzahlung zu leistende Einlagen bedungen sind, der eingeforderte Betrag bar eingezahlt und im Besitze des Vorstandes ist. Der Betrag, zu welchem die Aktien ausgegeben werden, und der hierauf bar eingezahlte Betrag sind anzugeben; dieser muß mindestens ein Viertel des Nennbetrags und im Falle der Ausgabe von Aktien für einen höheren als den Nennbetrag auch den Mehrbetrag umfassen. Als Barzahlung gilt nur die Zahlung in deutschem Gelde, in Reichskassenscheinen sowie in gesetzlich zugelassenen Noten deutscher Banken[6].

Die Mitglieder des Vorstandes haben ihre Namensunterschrift zur Aufbewahrung bei dem Gerichte zu zeichnen[7].

Die zur Anmeldung beigefügten Schriftstücke werden bei dem Gericht in Urschrift oder in beglaubigter Abschrift aufbewahrt.

1. Nach früherem Recht war der Gesellschaftsvertrag zum Handelsregister anzumelden und in das Register einzutragen. Seit 1900 gilt beides der Gesellschaft. Eine sachliche Änderung bedeutet das nicht. Tatsächlich wurde bereits unter der Herrschaft des älteren Rechts in das Handelsregister nicht so sehr der Gesellschaftsvertrag als vielmehr nur ein Auszug daraus eingetragen. Anders ließ sich praktisch die Sache nicht handhaben, und um jedem Bedenken gegen die Zulässigkeit des Verfahrens zu begegnen, hat man den Wortlaut des Gesetzes geändert (und in § 198 das Schema für den Auszug aus dem Gesellschaftsvertrag aufgestellt). — Für das Eintragungsverfahren gelten die allgemeinen Bestimmungen §§ 8—16 HGB, §§ 128—144, 194 19 ff. FGG und die gegenwärtigen besonderen Bestimmungen des §§ 195—199.

2. Ist anzumelden. Eine Verpflichtung zur Anmeldung im Sinne des § 14 HGB und folgeweise ein Zwang zur Anmeldung der Gesellschaft besteht nicht. A. A. Makower im Fall daß die errichtete Gesellschaft vor Eintragung ein Handelsgewerbe betreibt. Erst durch die Eintragung kommt die A-Gesellschaft zur Entstehung, und ob es überhaupt dazu kommen soll, liegt selbstverständlich in der freien Entschließung der Gründer. In § 319 II wird es übrigens auch ausdrücklich gesagt. — Zuständig ist das Amtsgericht desjenigen Bezirks, in welchem die A-Gesellschaft nach dem Statut ihren Sitz haben soll. Darüber, daß das nicht zugleich der Bezirk der Niederlassung oder der Geschäftsführung sein muß, s. Erl 9a zu § 182.

3. a) An der Anmeldung müssen sich ausnahmslos alle Gründer (§ 187) und alle Mitglieder des Vorstandes und Aufsichtsrats beteiligen. Dabei müssen Vorstand und Aufsichtsrat voll besetzt sein, d. h. mit soviel Mitgliedern, als im Statut und Gesetz (§ 243 I) vorgeschrieben oder als Mindestzahl vorgeschrieben sind RJA 3, 125. Auch die stellvertretenden Mitglieder, wo solche vorgesehen und bestellt sind, müssen nach der herrschenden Lehre mit anmelden. Stellvertretung des Einzelnen auf Grund einer rechtsgeschäftlich erteilten Vollmacht ist ausgeschlossen. A. A. Lehmann-Ring § 195 1; Brand § 195, 2a (anders § 284 1b); RG 26, 69 hat eine Nachtragserklärung durch Bevollmächtigte für gültig erklärt. Es ist richtig, daß die Anmeldung insofern Willenserklärung und Rechtsgeschäft ist, als sie erforderlich und darauf gerichtet ist, die A-Gesellschaft zur Entstehung zu bringen. Denn wenn auch die Gesellschaft erst durch die Eintragung in das Handelsregister entsteht, so findet doch ohne den auf die Entstehung gerichteten Entschluß der Anmeldenden die Eintragung nicht statt. Es bleibt

dabei, daß die Gesellschaft dadurch zur Entstehung gelangt, daß die dazu Berufenen es wollen und das in der Form der Anmeldung erklären. Das ist aber, was man Rechtsgeschäft nennt. Es liegt hier ebenso wie bei der Auflassung, die auch nicht unmittelbar den Übergang des Grundstückseigentums bewirkt, aber darum nicht aufhört, Verfügung und Rechtsgeschäft zu sein. Insofern stünde nach allgemeinen Grundsätzen einer Stellvertretung nichts entgegen. Aber die Anmeldung erschöpft sich nicht darin, Willenserklärung zu sein, sie ist zugleich Mitteilung (vgl. Manigk, Willenserklärung und Willensgeschäft 701 ff.). Sie muß zugleich Erklärungen über Tatsachen von größter Wichtigkeit enthalten, für deren Richtigkeit die Anmeldenden persönlich einzustehen haben. Man kann sich nicht, wenn man Zeugnis ablegen soll, vertreten lassen. So treffend RJA 5, 176 (KG). Wenn Staub-Pinner § 195[5] und Makower HGB § 12 II b 1 das nur einschränkend zugeben wollen und nur für diese Erklärungen, nicht aber für die Anmeldung im übrigen Stellvertretung ausschließen, so ist das theoretisch richtig, aber ganz unpraktisch. Denn die Erklärungen sollen in der Anmeldung enthalten sein, und wer in der Lage ist, die Erklärung persönlich abzugeben, bedarf für die Anmeldung keines Vertreters.

b) Nach § 12 HGB ist die Anmeldung von allen dazu Verpflichteten entweder persönlich (vor dem Gerichtsschreiber des zuständigen Registergerichts) zu bewirken oder in öffentlich begaubigter Form dem Gericht einzureichen. Es ist das natürlichste und vermutlich auch das üblichste, daß alle in einer gemeinschaftlichen Eingabe anmelden. Vgl. die Ausdrucksweise in § 196 III Satz 2. Notwendig ist das nicht, JW 1899, 232[25]. Nur muß jede Anmeldung einzelner den vorgeschriebenen Inhalt vollständig enthalten. — Nach § 129 FGG gilt der Notar, welcher die zur Eintragung erforderliche Erklärung beurkundet oder beglaubigt hat, als ermächtigt, die Eintragung im Namen der Verpflichteten zu beantragen; nach § 124 bedarf es dann nicht der Zuziehung eines Rechtsanwalts, wenn der Notar das Rechtsmittel der weiteren Beschwerde einlegt. Staub-Pinner § 195[6] bestreitet die Anwendbarkeit dieser Vorschriften auf die Anmeldung einer A-Gesellschaft mit einem Grunde, der nicht einleuchtet; der in Vertretung die Eintragung der Gesellschaft beantragende Notar meldet nicht an, sondern übermittelt zur Begründung seines Antrages die Anmeldung. Wie hier Dorner FGG § 129[3a]; Rausnitz § 129[1].

c) Die Anmeldung der Gesellschaft steht im Belieben der Gründer, d. h. sie unterbleibt, wenn alle Gründer sich darin einig sind, daß sie unterbleiben soll. Auch Vorstand und Aufsichtsrat sind dagegen machtlos. Schwierigkeiten können entstehen, wenn man sich im Kreise der Anmeldepflichtigen nicht einig ist. Einfach liegt die Frage, wenn bei einer Sukzessivgründung es ein Mitglied des Vorstandes oder Aufsichtsrats ist, welches abspringt. Ihm steht, selbst nach geschehener Anmeldung, bis es zur Errichtung der Gesellschaft gekommen ist, das Recht zu, die Unterzeichnung der Anmeldung zurückzuziehen, § 196 III Satz 2. Die Auffassung, daß das nur unbeschadet der gegenüber der Gesellschaft eingegangenen Verpflichtung und daraus entspringender Ersatzverbindlichkeit gelte, dürfte nicht vereinbar mit der Absicht des Gesetzes sein, den Mitgliedern von Vorstand und Aufsichtsrat ohne Einschränkung und bis zuletzt freie Entschließung zu sichern. Gegen ein widerstrebendes Mitglied bleibt kein anderer Weg, als es durch eine andere Persönlichkeit zu ersetzen. — Anders, wenn die Gesellschaft bereits errichtet ist, oder wenn einer der Gründer die Beteiligung an der Anmeldung weigert. Die Gründer sind einander zu dieser Beteiligung verpflichtet, sobald der Gründungsvertrag wirksam zustande gekommen ist (§§ 182, 188). Gegen den widerstrebenden Gründer sowie gegen widerstrebende Mitglieder von Vorstand und Aufsichtsrat kann Klage auf Mitwirkung bei der Anmeldung erhoben werden; aber doch wohl nur unbeschadet der Rechte des Beklagten, wegen begründeter Bedenken gegen den Hergang der Gründung oder den Inhalt des Gesellschaftsvertrages Einwendungen zu erheben, Staub-Pinner § 195[24]. Anders Brand § 195[4] a, welcher Vorstands- und Aufsichtsratsmitglieder mit etwaigen Bedenken auf den nach §§ 192 I, 193 zu erstattenden Bericht verweist. Aber mit einer solchen Klage ist in der Hauptsache nicht zu einem Ziel zu gelangen. Die herrschende Lehre nimmt an, daß es nach § 16 HGB nur der rechtskräftigen Verurteilung des Beklagten bedürfe. Indessen trifft die allgemeine Vorschrift des § 16 nicht den besonderen gegenwärtigen Fall, in welchem es sich nicht nur um Willens-, sondern auch um Wissenserklärungen handelt (s. oben unter a), wo das Gesetz nicht nur den Antrag des Anmeldenden haben will, sondern auch seine Versicherung. Es ist sicher, daß aus einer solchen Verurteilung des Beklagten und anschließender Eintragung der Gesellschaft weder seine Haftung gemäß § 202, noch seine strafrechtliche Verantwortlichkeit nach § 313 I Z 1 sich ergibt, schon deshalb nicht, weil diese letztgenannten Vorschriften voraussetzen, daß sich der Schuldige an der Anmeldung beteiligt hat, nach § 16 aber die Verurteilung vielmehr die Wirkung hat, daß es dieser Beteiligung nicht bedarf. Auf diese Beteiligung legt nun aber der § 195 das Gewicht. Das Gesetz will, daß ausnahmslos jeder der Genannten mit seinem Vermögen und seiner Person, seinem Zeugnis sich für die Richtigkeit dessen einsetzt, was erklärt werden muß und erklärt wird. Wie es daher mit einer Erklärung durch Stellvertreter nicht getan ist, so denn auch nicht mit einer Erklärung, die sich selber als unfreiwillige und nur erzwungene gibt. Daher ist denn auch mit Anwendung des § 894 ZPO nicht weiterzukommen, ganz abgesehen davon, daß es sich bei dieser Anmeldung nicht nur um eine Willenserklärung handelt, und daß soweit eine solche in Frage kommt, im Gebiet der Anmeldungen zum Handelsregister die allgemeine Vorschrift des § 894 ZPO durch die speziellere des § 16 HGB ausgeschaltet wird.

d) Bestritten ist, ob die Zeichner von Aktien gegen die Gründer den Anspruch darauf haben, daß sie die Gesellschaft anmelden. Das dürfte zu verneinen sein. Es ist anzunehmen, daß das Gesetz den Zeichner dadurch für ausreichend geschützt erachtet hat, daß er nach Ablauf der bestimmten Frist (§ 189 III Z 4) frei wird. Insofern wird der Schein nicht nur unverbindlich, wie das Gesetz sagt, sondern erlischt auch das Recht aus ihm. Es wäre auch grundlos, anzunehmen, daß die dem Vertrag immanente condicio juris, daß die Gesellschaft zustande kommt, nur zugunsten der einen Partei gilt. Lehmann-Ring § 195[1]; Staub- 7./8. Aufl. 195[19] (mit der unzutreffenden Begründung, daß erst durch die Anmeldung der Gesellschaft die in der Zeichnung der Aktie liegende Vertragsofferte angenommen werde). A. A. Staub-Pinner § 195[25]; Ritter § 195[1]; Brand § 195[4 b].

e) Auch nachdem die Anmeldung beim Gericht erfolgt ist, kann jeder der Beteiligten seine Anmeldung mit der Wirkung widerrufen, daß der Richter die Eintragung der Gesellschaft nicht verfügen darf. Staub-Pinner § 195[4]; Makower § 195 I c 2; Brand § 195 2 a; Goldschmit A. R § 246[129] S. 265; HoldhMS 33; 303 (Hamburg). Ist die Eintragung erfolgt, so ist der Widerruf ohne Bedeutung. Der Widerruf kann formlos erfolgen; wird aber der Widerruf zurückgenommen, so muß das förmlich gemäß § 12 I HGB erklärt werden, OLG 43, 300 (KG). Dagegen wird die Anmeldung nicht dadurch hinfällig, daß der Anmeldende nach ihrem Eingang beim Gericht, aber ehe es zur Eintragung der Gesellschaft gekommen ist, mit Tode abgeht. OLG 4, 22 (Dresden) und die herrschende Lehre. A. A. Staub-Pinner § 195[5], wonach auch der Tod, der nach der Anmeldung, aber vor der Eintragung der Gesellschaft eintrat, letztere ausschließt. Die Gründe sind nicht überzeugend. Allerdings ist die Anmeldung eine dem Gericht abzugebende Willenserklärung (s. oben unter a), und insofern trifft § 130 BGB, auch Abs II daselbst zu. Aber sie ist auch wesentlich Wissenserklärung, die — wenn man nicht auch auf sie § 130 I entsprechend anwenden will — jedenfalls dann vollendet ist, wenn der, an den sie zu richten ist, sie vernommen hat, und die auch dann abgegeben bleibt, wenn der Erklärende stirbt oder geschäftsunfähig wird.

f) Verstirbt einer der Gründer vor der Anmeldung der Gesellschaft zum Handelsregister und auch vor der Errichtung der Gesellschaft (§§ 182 I, 188), so hat das die Auflösung der etwa bestehenden Gründergesellschaft zur Folge, BGB § 727 I (s. auch § 54 BGB). Unsicher ist die Rechtslage, wenn der Tod nach Errichtung der Gesellschaft eintritt. Nach Brand § 195[2] a muß dann die Gründung wiederholt werden. Ebenso Staub 7./8. Aufl. § 195[3], anscheinend auch Staub-Pinner § 195[5]. Das Reichsgericht hat in Beziehung auf die Gesellschaft mbH sich dahin ausgesprochen, daß es dem mutmaßlichen Willen der Parteien entspricht, daß die Vorgesellschaft im allgemeinen gemäß den Rechtssätzen von der fertigen Gesellschaft behandelt wird. In RG 82, 289 ist dementsprechend entschieden, daß der Konkurs einer der Vertragschließenden die Gesellschaft nicht gemäß § 728 BGB zur Auflösung bringe, wohl aber einen wichtigen Grund zur Kündigung bilden könne. Dementsprechend wird denn auch bei der A-Gesellschaft überwiegend angenommen, daß, wenn einer der Gründer nach der Errichtung der Gesellschaft stirbt, dessen Erben an seine Stelle treten und die Anmeldung gültig vornehmen können. Ob sie auch dazu verpflichtet sind, läßt sich allgemein nicht sagen, LZ 1910, 872, 1. Jedenfalls können sie aber im Wege der Klage dazu ebensowenig gezwungen werden, wie der Erblasser, wenn er noch am Leben wäre. OLG 4, 22 (Dresden) und GZ 53, 213 und dazu Keyßner und Staub das. Lehmann-Ring § 195[1]. Der Erbe ist nicht gehalten, einer durch Beanstandung des Registerrichters notwendig gewordenen Änderung des Gesellschaftsvertrages zuzustimmen. So mit Recht LZ 1910, 872 (Bamberg); denn dazu würde auch der Erblasser, wenn er noch lebte, nicht gezwungen werden können. — Abzulehnen ist die Meinung von Makower § 195 I b; Goldmann § 195[7], wonach es genügt, daß der Erblasser die Anmeldung noch unterschrieben hat.

4. a) Der Richter hat die bei ihm einlaufenden Anmeldungen zum Handelsregister auf ihre Gesetzmäßigkeit zu prüfen, ehe er zur beantragten Eintragung schreitet. Ist das bei jeder Eintragung der Fall, so gilt es doch ganz besonders, wenn es sich um Eintragungen von rechtserzeugender Wirkung handelt, um die Eintragung der Gesellschaft und um die Eintragung von Statutenänderungen (§§ 200 I, 277 III); KGJ 30, 113; 39, 122; RJA 11, 223 (KG). Die Prüfung erstreckt sich auf die Form der Anmeldung und auf deren Inhalt. Die Anmeldung der Gesellschaft muß in der vorgeschriebenen Form, d. h. also — sofern nicht alle Anmeldenden in Person vor Gericht erscheinen — schriftlich und in öffentlich beglaubigter Form (§ 12) eingesandt werden (KGJ 31, 160) und muß mit allen in § 195 vorgeschriebenen Anlagen versehen sein. Diese selbst müssen formgerecht gefaßt sein. So ist z. B. zu beachten, ob für Einberufung der Generalversammlung zur Wahl des Aufsichtsrats die vorgeschriebene Frist gewahrt worden ist, RJA 6, 180 (KG); 14, 298 (Hamburg). Soweit notarielle Protokolle vorliegen, sind die vom Notar getroffenen Feststellungen ohne weiteres maßgeblich, was namentlich auch die Legitimation der Teilnehmer an der Generalversammlung angeht; bezeugt er, daß ihm Postscheine über eingeschrieben gesandte Briefe, Vollmachten oder andere Urkunden vorgelegen haben, so wird der Richter im allgemeinen keinen Anlaß haben, zu verlangen, daß auch ihm diese Urkunden vorgelegt werden, KGJ 39, 122. Nur dürfen die Angaben nicht widerspruchsvoll sein. Die Urkunde über Bestellung des Vorstandes hat er daraufhin zu prüfen, ob durch ihren Inhalt die Eintragung gerechtfertigt erscheint; einen weiteren, strengeren Nachweis als eine an sich ordnungsmäßige Urkunde kann er regelmäßig nicht verlangen, KGJ 41, 160 (KG); RJA 8, 191; 6, 180. Ist beispielsweise die Annahme eines Beschlusses bekundet, während richtige Rechnung Ablehnung ergibt, so ist der Richter im allgemeinen zwar nicht gehalten, nachzurechnen, aber wenn er den Fehler sieht, muß er die Anmeldung beanstanden. Ebenso, wenn sich ergibt, daß Zustimmung aller erforderlich gewesen wäre und nicht vorliegt, KGJ 27, 229 (KG). Im Fall KGJ 40, 78 waren es die besonderen Umstände, welche den Richter veranlaßten, die beurkundete Abberufung des Geschäftsführers zu beanstanden. Der Frage, ob alle Gesellschafter mitstimmen durften, nachzugehen, hat er keine Veranlassung, RJA 4, 214. Er kann die Eintragung nur ablehnen, wenn feststeht, daß von dem Anfechtungsrecht Gebrauch gemacht wird, KGJ 34, 136.

Diesen Formalien gegenüber und überhaupt ist die Stellung des Richters grundsätzlich verschieden, je nachdem, ob es sich darum handelt, die Gesellschaft oder einen Gesellschafterbeschluß einzutragen, oder darum, ihn nach der Eintragung als nichtig zu beanstanden, mag es sich dabei um die Löschung der Eintragung handeln, um einen Akt freiwilliger Gerichtsbarkeit, oder um eine im Prozeß zu treffende Entscheidung. Gegenüber der Anmeldung ist das Feld noch frei, und keine Rücksicht bindet den Richter, streng auf die Einhaltung des gesetzlich Vorgeschriebenen zu halten. Ganz anders, wenn die Gesellschaft eingetragen und tatsächlich ins Leben getreten, der eingetragene Beschluß zur Ausführung gekommen ist, vieles geschehen ist, was nicht ohne mehr oder weniger empfindliche Schädigungen rückgängig gemacht werden kann, RJA 8, 115; KGJ 37, 155.

b) Die Prüfung muß sich ferner auf den Inhalt des Gesellschaftsvertrages oder des Beschlusses und der übrigen Anlagen der Anmeldung richten. Mit Recht hebt Brand § 196[7b] hervor, daß der Richter, soll er die konstituierende Generalversammlung (§ 196) ersprießlich leiten, sich mit dem gesamten Material vertraut machen muß. Vor allem und unbedingt hat er jeden Verstoß gegen Vorschriften zwingenden Rechts zu rügen. So hat KGJ 8, 12 den Beschluß, einen Zuschuß einzuzahlen, einzutragen abgelehnt, weil es sich in Wahrheit um Erhöhung des Grundkapitals gehandelt habe. Im übrigen mag er sachlich Bedenkliches oder Ungeeignetes, undeutliche Fassung zur Sprache bringen. Er kann dem aber keinen Grund entnehmen, die Eintragung abzulehnen, KGJ 3, 14; 4, 32 (KG). Er hat das Recht und die Pflicht, bei konstitutiven Eintragungen die Wahrheit der angegebenen Tatsachen und die Rechtswirksamkeit der beizufügenden Urkunden zu prüfen; ergeben sich ihm in diesen Richtungen Bedenken, so muß er Aufklärung versuchen; aber er ist nicht befugt, ohne besondere Veranlassung, nur auf Vermutung hin eine Anmeldung zu beanstanden. Er kann auch, soweit sein Prüfungsrecht geht, gemäß § 12 FGG Ermittlungen veranstalten. Aber regelmäßig wird er die Wahrheit der Erklärungen, die Rechtswirksamkeit der Urkunden und des Beurkundeten anzunehmen haben, KGJ 30, 114; 39, 124; RJA 11, 222 (KG). Er hat der Frage nicht nachzugehen, ob die Übernahme einer im Ausland gelegenen Fabrik nach dem ausländischen Recht wirksam vereinbart ist, RJA a. a. O. — Auch die den Sacheinlagen und Sachübernahmen zugrunde liegenden Verträge (§ 195 II Z 2) sind auf ihren Inhalt durchzusehen und zu prüfen; dagegen berührt die Frage, ob die Sachen bereits geliefert sind, oder ob sich der Lieferung voraussichtlich Schwierigkeiten bieten werden, den Richter nicht. RJA eod. Wohl aber die Frage, ob eine Sacheinlage als solche geeignet und zulässig ist, vgl. KGJ 44, 146; 45, 175 (KG), ob der Vorstand rite bestellt worden ist, RJA 8, 191 (KG). Auch in Beziehung auf die vorgeschriebenen Bar-Einzahlungen hat der Richter sich mit den Erklärungen der Anmeldenden genügen zu lassen. Die Entstehung der Gesellschaft durch die Eintragung hängt nicht von der Wahrheit der Erklärungen ab, RJA 3, 126 (KG); Vern. RG 54, 390.

Allgemein läßt sich sagen, daß der Richter nicht gehalten sein kann, einen als rechtswidrig erkannten Beschluß einzutragen, KGJ 8, 15; 30, 114; RJA 11, 223, d. h. als in sich rechtswidrig; darauf, ob durch den Beschluß in Rechte Dritter eingegriffen wird, hat der Richter keine Veranlassung sein Augenmerk zu richten; nur wenn Rechte in Frage stehen, welche durch die Eintragung ersichtlich untergehen würden, muß dem Rechnung getragen werden, KGJ 30, 115. — Der Richter, der eine einzelne Bestimmung beanstandet, muß stets die Eintragung überhaupt ablehnen. Auch mit Zustimmung von Vorstand und Aufsichtsrat kann er nicht unter Ausscheidung der beanstandeten Bestimmung die Gesellschaft eintragen, SächsAnn 21, 331 (Dresden).

Nach § 127 FGG kann der Richter die Eintragung bis zur Erledigung des anhängigen oder anhängig zu machenden Rechtsstreits aussetzen; hiervon soll er aber nur Gebrauch machen, wenn nach der Sachlage Aussetzung gerechtfertigt ist, und namentlich dann nicht, wenn sofortige Entscheidung geboten erscheint. Mit seiner Entscheidung greift er dem Prozeßrichter nicht vor, KGJ 21, 240.

c) Den Registereintragungen kommt grundsätzlich heilende Wirkung nicht zu. Zunächst gilt das ganz allgemein von den Verfügungen des Richters in den Angelegenheiten der freiwilligen Gerichtsbarkeit und kommt grundsätzlich im § 18 FGG zum Ausdruck, der bestimmt, daß das Gericht berechtigt ist, die von ihm erlassene Verfügung zu ändern, wenn er sie nachträglich für ungerechtfertigt erachtet. Nun ist freilich die Eintragung in das Handelsregister keine Verfügung, und überhaupt lehnt die Praxis die Anwendung des § 18 auf die Entragungen in das Handelsregister ab, für welche vielmehr ausschließlich die §§ 142—144 gelten. Aber auch hier ist — wenn auch gegenüber den konstitutiven Eintragungen mit Einschränkungen, die aber nicht auf dem Gedanken einer heilenden Wirkung beruhen — dem Richter das Recht zuzusprechen, die Eintragung wieder zu löschen, wenn sie wegen Mangels einer wesentlichen Voraussetzung unzulässig war. Es liegt auch darin keine heilende Wirkung, daß vom Augenblick der Eintragung an der Aktionär seine Beteiligung an der Aktiengesellschaft nicht mehr nach den allgemeinen Rechtssätzen über Irrtum, Täuschung und Drohung anfechten kann (s. Erl 4a zu § 189). Das ist Wirkung der Entstehung der A-Gesellschaft, nicht der Eintragung als solcher. Es würde auch gelten, wenn A-Gesellschaften ohne Eintragung entstehen könnten. Nur in einer Richtung übt kraft positiver Vorschrift die Eintragung als solche eine, wenn auch beschränkte Heilwirkung aus. Das ist der Fall des § 309. Ist der Gesellschaftsvertrag wegen inhaltlicher Mängel nichtig, so wird er zwar nicht gültig durch die Eintragung. Wohl aber wird die Nichtigkeit ex tunc abgeschwächt zur Auflösung der Gesellschaft ex nunc. Vgl. hierzu Brodmann GGmbH § 10 Erl 2. — Über das Verfahren nach §§ 142, 144 FGG, über Auslegung und Verhältnis dieser beiden Paragraphen zueinander, über Beschwerde, gegen Eintragungen oder gegen die Ablehnung einer Eintragung s. Brodmann eod.

d) Über die Rechtsmittel gegen die Verfügungen des Registerrichters s. Brodmann GGmbH § 10a S. 51 ff.

5. Die vorgeschriebenen Anlagen sind:

1. Der Gesellschaftsvertrag. Der Zusatz: und die im § 182 Abs 1 und im § 188 Abs. 2 bezeichneten Verhandlungen, ist Pleonasmus. Diese Verhandlungen sind der Gesellschaftsvertrag.
2. Im Falle des § 186:
   Bestimmung von Sondervorteilen für einzelne Aktionäre,
   Sacheinlagen und Sachübernahmen,
   Belastung der Gesellschaft mit Gründungsaufwand,
   die etwaigen Verträge, welche der betreffenden Satzungsbestimmung zugrunde liegen,
   der Gründerbericht,
   Spezifikation des Gründungsaufwandes. Sie braucht nicht bis in die letzten Einzelheiten zu gehen, muß aber die verkehrsübliche sein. Im Gesellschaftsvertrag erscheint nur der Gesamtaufwand. Die Beibringung von Belegen ist nicht erforderlich, Staub-Pinner § 195[10].
3. Im Falle der Sukzessivgründung: die Duplikate des Zeichnungsscheins (§ 189 III) und ein Verzeichnis aller Aktionäre; bei jedem Aktionär müssen die auf ihn entfallenden Aktien, auch — soweit Bareinlagen in Frage kommen — die auf sie geschehenen Einzahlungen ausgeworfen, das Verzeichnis muß von den Gründern unterschrieben werden. Beglaubigung der Unterschriften ist nicht erforderlich.
4. Die Urkunden über die Bestellung des Vorstandes und des Aufsichtsrats, also bei Wahl das betreffende Notariatsprotokoll der Generalversammlung. Für den Anstellungsvertrag ist an und für sich keine Form vorgeschrieben; gegenwärtige Vorschrift bedingt schriftliche Beurkundung. Ist die Anstellung in den unter 1 erörterten Verhandlungen geschehen, so bedarf es weiterer Urkunden nicht. Eine Bestellung durch Wahl nehmen die Vorstands- und Aufsichtsratsmitglieder, wenn nicht früher, jedenfalls dadurch an, daß sie sich als solche an der Anmeldung beteiligen.
5. Folgende Berichte:
   a) gegebenenfalls die Gründererklärung zur Rechtfertigung der für Sacheinlagen oder wegen Sachübernahmen bewilligten Beträge, § 191. S. oben unter 2.
   b) der Prüfungsbericht des Vorstandes und der Aufsichtsratsmitglieder, nebst ihren urkundlichen Grundlagen
   c) gegebenenfalls der Prüfungsbericht der Revisoren nebst ihren urkundlichen Grundlagen (einschließlich der Bescheinigung über die Einreichung des einen Exemplars bei der Handelskammer § 193 III).

Fehlt einer der Berichte, so ist die Eintragung der Gesellschaft bis zur Beibringung des Fehlenden abzulehnen; wird aber das Fehlen übersehen und die Gesellschaft in das Handelsregister eingetragen, so hindert es nicht ihre Entstehung, OLG 43, 304 (KG). Der Registerrichter kann aber, in entsprechender Anwendung des § 14 HGB auf Nachlieferung des Berichts bestehen, OLG 27, 340.

6. Die staatliche Genehmigungsurkunde

a) wenn Kleinaktien gemäß § 180 II ausgegeben werden sollen,

b) wenn der Gegenstand des Unternehmens der staatlichen Genehmigung bedarf. In Frage kommen zunächst die in § 6 GewO von der allgemeinen Gewerbefreiheit ausgenommenen Unternehungen. Ferner unterscheidet die GewO zwischen **Anlagen**, welche einer besonderen Genehmigung bedürfen, und **Gewerbetreibenden**, bei welchen das der Fall ist. Nur an diese letztere, der Person des Unternehmers zu erteilende Konzession ist hier zu denken (HoldhMS 6, 219; 15, 263; vgl. auch RG 80, 428. A. A. **Lehmann-Ring** § 195[3]). Auch der Fall gehört nicht hierher, daß das Unternehmen auf Ausnutzung eines vom Staat übertragenen Nutzungsrechts gerichtet ist, auf Fischerei-, Zoll-, Schiffmühlen-, Fährgerechtigkeiten, Badekonzession usw. OLG 19, 381 (KG. — Unternehmen, welche einer persönlichen **Approbation**, Ablegung einer Prüfung bedürfen (GewO §§ 29, 30, 30 a, 31) sind der A-Gesellschaft unzugänglich, dagegen nicht die konzessionspflichtigen Gewerbe nach §§ 32—34 GewO. So die neuere Rechtsprechung des Pr OVG 56, 378 gegen OVG 9, 286; ebenso RG 80, 112 u. 427. Es kann aber auch Mitgliedern des Vorstandes die Konzession persönlich erteilt werden, was dann auch für die Gesellschaft genügt. Es kann dann auch gegebenen F.lles der A-Gesellschaft die Konzession entzogen werden, wobei in Beziehung auf die Frage der Unzuverlässigkeit die Person der Vorstandsmitglieder in Betracht zu ziehen ist (OVG in HoldhMS 16, 21; GewArch 8, 425; 10, 511, undeutlich 13, 256). — Der Registerrichter hat sein Augenmerk darauf zu richten, ob das Unternehmen der hier erwähnten staatlichen Genehmigung bedarf, wenn die Genehmigungsurkunde nicht vorliegt. Liegt aber die Genehmigungsurkunde vor oder die Ablehnung der Genehmigung oder die Erklärung der zuständigen Behörde, daß es keiner Genehmigung bedarf, dann ist für ihn die Sache erledigt, RJA 9, 181 **Staub-Pinner** § 195[14], überhaupt herrschende Lehre. Das gilt entsprechend auch von der unter a genannten Genehmigung des Bundesrats, **Makower** § 195 I f. 13. — Geht eine bestehende A-Gesellschaft zu einem genehmigungspflichtigen Unternehmen über, so bedarf es der Abänderung des Gesellschaftsvertrages, und es liegt nahe, auf die notwendige Anmeldung des Beschlusses zum Handelsregister (§ 277) die gegenwärtige Bestimmung anzuwenden, so KGJ 11, 28. Dagegen DJZ 1910, 1415 (Darmstadt). Hiergegen treffend **Hachenburg** DJZ 1911, 312 ff. Vgl. auch OLG 5, 34 ff. — Erfolgt die Eintragung ohne die erforderliche Genehmigung, so hindert das nicht die Entstehung der Gesellschaft und die Löschung der Eintragung von Amts wegen (§ 144 FGG) ist nur zulässig, wenn der Gesellschaftsvertrag nichtig ist, übrigens auch in diesem Falle nicht geboten. Vgl. OLG 19. 328 (KG).

c) Sonderbestimmungen zu HypBankGes. vom 13. 7. 99 § 1: Aktiengesellschaften und Kommanditgesellschaften auf Aktien, bei welchen der Gegenstand des Unternehmens in der hypothekarischen Beleihung von Grundstücken und der Ausgabe von Schuldverschreibungen auf Grund der erworbenen Hypotheken besteht, bedürfen zur Ausübung ihres Geschäftsbetriebs der Genehmigung des Bundesrats (jetzt Reichsrat, RVerf Art 179 in Verbindung mit Übergangsgesetz vom 4. 3. 19 (RGBl 285). — Ges über die privaten Versicherungsunternehmungen vom 12. 5. 01 § 4: Versicherungsunternehmungen bedürfen zum Geschäftsbetrieb der Erlaubnis der Aufsichtsbehörde. — Ges über das **Auswanderungswesen** §§ 1, 2: Wer die Beförderung von Auswanderern nach außerdeutschen Ländern betreiben will (Unternehmer), bedarf hierzu der Erlaubnis. Zur Erteilung oder Versagung der Erlaubnis ist der Reichskanzler unter Zustimmung des Bundesrats (jetzt Reichsrats, s. oben) zuständig. **Eisenbahnunternehmungen** s. Pr. Ges vom 3.11.38 und Kleinbahngesetz vom 28. 7. 92 (GS S. 225), ferner Bayer GewGes v. 30. 1. 68 Art 8 Z 1.

d) Die Vdg über die staatliche Genehmigung zur Errichtung von A-Gesellschaften vom 2. 11. 1917 (RGBl 987) in der Fassung der Vdg vom 12. 2. 1920 (RGBl 229) ist l. Vdg vom 9. 10. 20 (RGBl 1718) am 15. 10. 20 außer Kraft getreten.

Nach KGJ 11, 23 kann der Registerrichter ablehnen, ein Attest darüber auszustellen, daß der Eintragung der Gesellschaft nach Beibringung der Genehmigungsurkunde nichts entgegensteht, auch wenn die Verwaltungsstelle die Erteilung der Genehmigung von der Beibringung eines solchen Attestes abhängig macht.

e) S. auch **Kapitalverkehrsteuergesetz** § 75:

Die Behörden, die die Errichtung einer Kapitalgesellschaft, die Erhöhung ihres Kapitals oder Beschlüsse über die Einforderung von Zahlungen und Leistungen im Sinne des § 6 beurkundet haben, sind verpflichtet, eine beglaubigte Abschrift der Urkunde binnen einer Woche dem zuständigen Finanzamt zu übersenden.

Die Behörden dürfen den Beteiligten die Urschrift, eine Ausfertigung oder beglaubigte Abschrift der Urkunde erst aushändigen, wenn das zuständige Finanzamt den Eingang der Abschrift der Urkunde bestätigt hat.

Die Eintragung einer Kapitalgesellschaft oder die Erhöhung ihres Kapitals in das Handelsregister ist ohne Genehmigung des zuständigen Finanzamts nur zulässig, wenn der Nachweis erbracht wird, daß die vor der Eintragung erfolgten Zahlungen oder Leistungen versteuert sind.

Die gleichen Verpflichtungen gelten für Beamte und Notare.

Dazu Ausführungsbestimmungen § 23:

Ist die Steuer entrichtet oder der Rechtsvorgang steuerfrei, so hat das Finanzamt eine für das Handelsregister bestimmte Bescheinigung dahin auszustellen, daß der Eintragung in das Handelsregister steuerliche Bedenken nicht entgegenstehen.

Die Bescheinigung kann in anderen Fällen vom Finanzamt nach pflichtmäßigem Ermessen, in der Regel nur gegen Sicherheitsleistung, erteilt werden. Von der Sicherheitsleistung soll insbesondere dann abgesehen werden, wenn dem Finanzamt die Zahlungsfähigkeit wenigstens eines der Beteiligten bekannt ist.

6. a) Der Abs III handelt nur von Aktien, auf welche Bareinlagen gemacht werden. (Auffällig ist, daß § 305 für den dort behandelten Fall der Fusion, wo also nur Sacheinlage in Frage kommt, für nötig gehalten hat, über § 284 III den § 195 III für unanwendbar zu erklären; vgl. Makower § 195 IV a 1.) Es muß in der Anmeldung der Betrag angegeben werden, zu welchem die Aktien ausgegeben werden. Im Zweifel ist das der Betrag, auf welchen die Aktie lautet, Unter-pari-Emission ist unzulässig, zulässig dagegen die Ausgabe mit einem Aufschlag auf den Nennbetrag, Agio, § 184. Das muß, wenn es geschehen soll, im Gesellschaftsvertrag für zulässig erklärt werden (s. § 184 Erl 1 b). Dagegen ist der Betrag des Aufschlags aus dem Gesellschaftsvertrag nicht oder jedenfalls nicht mit Notwendigkeit zu ersehen. Auch wenn nur zum Nennbetrag ausgegeben werden darf und ausgegeben wird, muß letzteres in der Anmeldung ausdrücklich gesagt werden. Im Gesellschaftsvertrag braucht auch darüber nichts festgesetzt zu sein, wie und wann die Einlagen gezahlt werden sollen. Daß mindestens 25% des Nennbetrags und, wenn ein Agio zu zahlen ist, dieses ganz vor der Anmeldung eingezahlt werden muß, schreibt das Gesetz hier zwingend vor. Immer aber muß der — nicht selten höhere — Betrag angegeben werden, welcher tatsächlich eingefordert worden ist. — Alle diese Angaben müssen in der Anmeldung selbst enthalten sein, gleichviel, ob sie sich aus den Anlagen ergeben oder nicht.

b) Dieser Betrag muß „bar" gezahlt werden, und als Barzahlung gilt nur die Zahlung in deutschem Gelde, in Reichskassenscheinen sowie in gesetzlich zugelassenen Noten deutscher Banken. Es ist das eine Bestimmung, welche von jeher — soweit sie überhaupt befolgt worden ist — als unverständliche Unbequemlichkeit und gegenüber der Bedeutung, welche für das Verkehrsleben der bargeldlose Zahlungsverkehr immer mehr gewann, geradezu als unsinnig empfunden werden mußte. Man kann denn auch behaupten, daß in Wahrheit der Gesetzgeber mit dem Erfordernis der Barzahlung ganz etwas anderes hat treffen wollen, als der Ausdruck besagt. Die Vorschrift ist Zusatz des Gesetzes von 1884. Allerdings hatte dort schon der Entwurf „bare Zahlung" vorgesehen; es müsse der Betrag bar eingezahlt und dem Vorstande übergeben sein. Dabei entbehrte aber der Ausdruck jeder Betonung. Was mit der Bestimmung neu eingeführt wurde und worauf das Gewicht lag, war, daß die Anmeldenden für die Richtigkeit dieser ihrer Erklärungen vor dem Registerrichter zivilrechtlich und strafrechtlich verantwortlich sein sollten. Erst die Kommission nahm den Ausdruck für bare Münze. Sie hat (KB S. 9), entgegen der Meinung, daß eine freiere Auffassung der Barzahlung nach Maßgabe der Anschauungen des kaufmännischen Verkehrs verstattet werden könne und daß die allzustrenge Vorschrift nur zu unnützen, verkehrswidrigen Hin- und Herzahlungen führen werde, gemeint, auch im Interesse der Anmeldenden selbst, deren Verantwortlichkeit scharf zu umgrenzen sei, und insbesondere damit nicht eine bloße Gutschrift bei einem Bankier ohne Garantie für die dauernde Realisierbarkeit die Barzahlung ersetze, dabei stehen bleiben zu müssen, und sie hat abgelehnt, der Barzahlung die vollzogene Gutschrift bei der Reichsbank und den deutschen Staatsbanken gleichzustellen, damit nicht diesen Instituten das Privilegium eröffnet werde, die Bankiers aller neu gegründeten A-Gesellschaften zu werden. Als es im Jahre 1892 galt, für die Gesellschaft mbH die entsprechende Vorschrift zu formulieren, hatte man Erfahrungen gemacht. Aber wieder verfehlte man für das, was man wollte, den treffenden Ausdruck, oder wenigstens den hinreichend deutlichen Ausdruck. Das Erfordernis der „baren" Zahlung ließ man fallen und stellte statt dessen neben das Erfordernis, daß der Mindestbetrag eingezahlt sein muß, das weitere Erfordernis, daß der Gegenstand der Leistung, also das Geld, sich in der freien Verfügung der Geschäftsführer befinden müssen. Es kommt in der Tat nicht darauf an, ob bar oder in — verkehrsüblicher Weise — bargeldlos gezahlt wird. Worauf es ankommt ist, daß gezahlt wird, wirklich gezahlt, daß die Zahlung nicht eine Scheinzahlung ist. Es muß so gezahlt sein, daß das Gezahlte (oder Überwiesene) endgültig, d. h. frei von jeder Verbindlichkeit des Empfangenden gegenüber dem Zahlenden oder dessen Hintermann, wie mit dem Gelde zu verfahren sei, der Gesellschaft zugeführt wird, RG 72, 267; JW 1912, 951[15]. In dieser Richtung bildet das Erfordernis der Barzahlung keinen oder keinen nennenswerten Schutz. Für den reichen Mann gar nicht. Aber auch der Unbemittelte würde sich oft genug unschwer das nötige Geld verschaffen können, wenn er seines nur für eine alsbald vorzunehmende Schiebung bedarf. Im Fall RGSt 24, 286 hatte ein Gründer, der zugleich Mitglied des Vorstandes war, sich von einem Dritten das Geld geben lassen, es an einen vom Vorstand zum Empfang ermächtigten Rechtsanwalt gezahlt, der es dem Dritten, von dem es kam, zurückgab; nach Verlauf einer Stunde hatte dieser sein Geld wieder in Händen. Und doch war „bar" gezahlt. Auch im Fall RGSt 43, 182 kann es an „barer" Zahlung nicht gefehlt haben. Das geht aus der Betonung hervor, daß, wer einem Bankier Geld einzahlt, nicht (mittelbarer) Besitzer des Geldes bleibt. S. auch RGSt 30, 316. Im Fall RG 94, 61 zu Z 1 (die ersten beiden Absätze der Begründung) kann im Ernst die Entscheidung nicht darin liegen, daß man unterlassen hatte, das gegenwärtige Geld eine Zeitlang in den Geldschrank zu legen.

Die Fassung der entsprechenden Vorschrift in § 8 II GGmbH ist eine wesentliche Verbesserung. Aber auch in ihr mischt sich noch Richtiges mit Unrichtigem. Danach müssen die Geschäftsführer versichern, daß sich das Geld in ihrer freien Verfügung befindet. Unrichtig ist, daß das Geld am Tage der Anmeldung noch ungekürzt vorhanden sein muß. Es kommt nur darauf an, daß es nicht für andere als Zwecke der Gesellschaft ausgegeben wird. Richtig und treffend ist dagegen das Erfordernis, daß das Geld so gezahlt sein muß, daß es den Geschäftsführern zur freien Verfügung übereignet wird.

Erst der Weltkrieg und sein Einfluß auf die Geldverhältnisse haben den Anstoß gegeben, daß der Gesetzgeber die Forderung barer Zahlung hat fallen lassen. S. Vdg zur Erleichterung der Einzahlung auf Aktien vom 24. 5. 1917 (RGBl 431):

Bei der Errichtung einer A-Gesellschaft sowie bei der Erhöhung des Grundkapitals kann die Einzahlung des auf die Aktien eingeforderten Betrages (§ 195 Abs. 3, § 284 Abs. 3 HGB) auch durch einen von der Reichsbank bestätigten Scheck oder durch Gutschrift auf ein Konto bei der Reichsbank oder auf ein Postscheckkonto erfolgen; in einem solchen Falle ist statt der Erklärung über die bare Einzahlung die Erklärung abzugeben, daß der Betrag in der bezeichneten Weise durch Scheck oder Gutschrift eingezahlt ist.

Statt der Erklärung, daß der eingeforderte Betrag im Besitz des Vorstandes ist, genügt die Erklärung, daß er in einem von der Reichsbank bestätigten Scheck oder in einer Gutschrift auf einem Konto bei der Reichsbank oder auf einem Postscheckkonto zur freien Verfügung des Vorstandes steht, die Verfügung insbesondere nicht durch Gegenforderungen beeinträchtigt ist.

Die Verordnung ist am 1. 6. 1917 in Kraft getreten. Sie war seinerzeit als provisorische Maßregel gedacht. Die Wiederaufnahme des Erfordernisses barer Einzahlung dürfte aber ausgeschlossen sein.

Bemerkenswert ist, daß in ihr, wie, im Gegensatz zum HGB, im GGmbH derjenige Punkt herausgehoben wird, auf den es in Wahrheit ankommt, die Zahlung zur freien Verfügung des Empfängers des Geldes, nur — wenigstens dem Ausdruck nach — in einer den Gedanken fälschenden Verschiebung. Bei der Bank steht das Giroguthaben dem Gläubiger zur freien Verfügung, wenn die Bank keinen Anspruch darauf erhebt. Das ist es aber gar nicht, worauf es hier ankommt. So wäre — wenigstens bei der Erhöhung des Grundkapitals kann das leicht vorkommen — die Überweisung auf Konto bei der Bank auch dann vollständig in Ordnung, wenn der Bank eine gleich große oder höhere Forderung gegen die A-Gesellschaft zusteht. Freiheit zur Verwendung des Geldes dem Einzahlenden gegenüber ist es, worauf es auch bei der Überweisung auf Bankkonto ankommt. Und weiter macht die Vdg ebenso wie das GGmbH den Fehler, dem Vorstand unbedingt zur Pflicht zu machen, daß das Geld oder das Guthaben bis zur Anmeldung der Gesellschaft völlig unberührt bleibt (s. unten unter d).

c) Gegenüber diesen Vorschriften ist klar, daß Einzahlung durch Wechsel überhaupt nicht, (RG in HoldhMS 14, 246), durch Scheck und Giro-Überweisung nur in dem von der oben genannten Verordnung gestatteten Umfang zulässige Zahlungen sind. Auch Hingabe irgendwelcher Vermögensstücke an Zahlungsstatt ist nicht Zahlung. Gibt der Aktionär Wertpapiere, damit der Vorstand sich aus deren Erlös bezahlt mache, so ist erst mit dem Verkauf und Eingang des Erlöses Zahlung und Barzahlung erfolgt. — Gleichgültig ist dagegen, ob der Aktionär selbst zahlt oder für seine Rechnung ein Dritter, RG 26, 69, im Recht 1911, 3366, an und für sich auch, ob aus eigenen Mitteln oder mit geliehenem Geld. Nur darf es, wie in jenem so namentlich in diesem Fall nicht eine Scheinzahlung sein, RGSt 30, 314. Es muß das Geld übereignet oder auf Postscheck- oder Reichsbankkonto überwiesen werden, frei von jeglicher Verbindlichkeit, es dem Aktionär oder seinem Geldgeber oder Gläubiger in irgendeiner Form oder unter irgendeiner Bedingung wiederzugeben. Oder vielmehr nicht nur frei von solcher Verbindlichkeit sondern auch frei von jeglichem Versprechen oder Einverständnis dieses Inhalts. So RGSt 53, 151: „Ohne Rechtsirrtum verneint der Vorderrichter das Vorliegen einer freien ungehinderten Verfügungsgewalt des Vorstandes deshalb, weil er von vornherein den Betrag nicht als Einzahlung auf die neuen Aktien der Gesellschaft wirklich zuführen wollte, ihn vielmehr lediglich als Durchgangsfaktor ansah, um daraus das Darlehn wieder zu begleichen, aus dem der Betrag herrührte." Und ferner: „Entscheidend ist: daß nach der Absicht der Beteiligten die so eingeräumte Rechtsstellung der A-Gesellschaft nur eine vorläufige sein sollte und eine Rückübertragung der zur Verfügung gestellten Geldscheine von vornherein in Aussicht genommen war." Und daher ist auch Zahlung mit Geld, welches der Aktionär von der A-Gesellschaft selbst, von Mitgliedern des Vorstandes geliehen hatte, nicht Zahlung. Vgl. RG 47, 183; 98, 279; RG in BauersZ 18, 225. Ist Zahlung nicht erfolgt, so wird das dadurch nicht ersetzt, daß der Vorstand in der Zeit, wo die Anmeldung erfolgt, das Geld aus eigenen Mitteln in die Kasse gelegt hat. Vgl. RGSt 32, 82. Zahlung an einen Dritten für Rechnung der Gesellschaft kann genügen. Nur muß diese dadurch den mittelbaren Besitz an den Geldscheinen erlangen. So muß es im Fall JW 89, 501[6] gewesen sein, soll die Entscheidung nicht in Widerspruch mit dem Gesetz stehen. Zu lässig, mindestens in der Berichterstattung Bolze 9, 481. — Ganz ausgeschlossen ist — soweit Barzahlung vorgeschrieben ist — Zahlung durch Aufrechnung, die übrigens auch darüber hinaus nur zulässig ist bei Aktienemission aus Anlaß einer Erhöhung des Grundkapitals. Vgl. RG in LZ 07, 826[14]; OLG 32, 140; RG 54, 390, in HoldhMS 13, 258; RG in LZ 07, 603, 606. Immer aber ist Aufrechnung als Zahlung nur wirksam, wenn die Schuld der A-Gesellschaft vollwertig ist, RG 72, 266; 85, 354; JW 1901, 755[15]; 07, 845; RG HoldhMS 14, 142. Vgl. § 221 und Erl dazu. — Denkbar ist, daß beispielsweise der eine Gründer ein Grundstück einbringt, während ein anderer gegen Aktien auf seine Hypothek am Grundstück verzichtet. Aber auch hier findet nicht Aufrechnung statt. Der Verzicht auf die Hypothek ist Sacheinlage, Einlage der Forderung. Es muß in solchem Fall nach § 186 II verfahren werden. Vgl. RG 36, 112; 86, 291; OLG 22, 13. — Zu allgemein sagt HoldhMS 23. 269, daß die Umschreibung des Betrages vom Konto des Aktionärs auf das Konto der Gesellschaft bei demselben Bankier überhaupt keine gültige Zahlung sei, in HoldhMS 05, 142, worauf verwiesen wird, steht das nicht.

d) Ebenfalls eine unglückliche Verbesserung der Reichstagskommission von 1884 liegt in der Wendung, daß das Geld (zur Zeit der Anmeldung) im Besitz des Vorstandes sein muß. Im Entw. war vorgeschlagen, es müsse das Geld bar eingezahlt und dem Vorstande übergeben sein. Das war nicht Pleonasmus. Es kann so kommen, daß die Aktionäre nicht an den — möglicherweise noch gar nicht vorhandenen — Vorstand, sondern an die Gründer zahlen. Die nach dem früheren Recht beizubringende Bescheinigung des Vorstandes, daß die gesetzliche Rate eingezahlt sei, schien dem Gesetzgeber nicht zweckentsprechend und ausreichend. Zur Begründung der Änderung wird gesagt (Mot 59): Diese von sämtlichen Gründern und Mitgliedern des Vorstandes und Aufsichtsrats abzugebende Versicherung verbürgt eine sorgfältige Prüfung, ob das Grundkapital in der bezeichneten Höhe zur sofortigen Verfügung der Gesellschaft steht." Natürlich durfte das Geld — weder vor der Anmeldung noch überhaupt — dem Geber nicht wieder zurückgegeben werden. Gerade der Scheinzahlung wollte man den Weg verlegen. Vgl. Mot 9, 90: es genügt, auf die Fälle hinzuweisen, in denen die zum Nachweise der Bescheinigung nötige Summe geliehen und, nachdem sie dem Notar vorgezeigt war, sofort wieder den Leihenden zurückgegeben wurde, oder in denen die Einzahlungen lediglich in Buchoperationen der Gründer bestanden. Aber gar nichts von dem Gedanken lag in dem Vorschlag, daß der Vorstand bis zur Anmeldung nicht sollte befugt sein, für die Gesellschaft zur Bestreitung erforderlicher Ausgaben über das Geld zu verfügen. Im Gegenteil, gerade darin sollte der Vorstand, wie in den Mot gesagt ist, ganz frei sein. Die Änderung aus: „dem Vorstande übergeben" in „im Besitze des Vorstandes" machte — dem Wortlaut nach, aber sachlich offenbar ganz ungewollt oder jedenfalls unbedacht — daraus etwas wesentlich Verschiedenes. Nun klingt es so und wird von der herrschenden Lehre so aufgefaßt, als müßte der Vorstand die Zahlung aller, auch der dringendsten Verbindlichkeiten, die Vornahme sei es auch der zweckmäßigsten, ja notwendigen, aber mit sofortigen Auslagen verbundenen Maßregeln aufschieben, bis es gelungen ist, die Anmeldung auf den Weg zu bringen. Daß das die Kommission gemeint und gewollt hätte, dafür spricht nichts. Die Änderung ist vorgenommen (Komm.-Bericht 10): um auszudrücken, daß der Vorstand zur Zeit der Anmeldung zwar nicht den tatsächlichen Gewahrsam — er kann das Geld z. B. regulariter deponiert haben — aber doch die gegenwärtige Verfügungsgewalt über das Geld haben müsse. Also auch hier nur die Vorsorge, daß der Aktionär oder wer hinter ihm steht, sich endgültig und in jeder denkbaren Beziehung von dem Gelde losgemacht hat. War es aber auch darauf abgesehen, das Geld überhaupt der im Entstehen begriffenen Gesellschaft tunlichst zu sichern, so gibt es in der Tat keinen besseren Weg, auf welchem es endgültig für die Gesellschaft unverloren ist, als daß man damit Schulden, welche mit Fug für die Gesellschaft gemacht werden, bezahlt. Vgl. Liebmann in DJZ 1914, 560. — Die herrschende Lehre hält an der wörtlichen Auslegung des Gesetzes fest. Sie verlangt, daß das Geld bei der Anmeldung noch voll vorhanden, die Gutschrift bei der Bank noch unverwendet ist. Und zwar muß der Vorstand die Verfügung über das Geld haben, nicht die Gründer und auch nicht der Aufsichtsrat, BauersZ 21, 267. In RGSt 24, 291 wird z. B. zunächst ganz treffend gesagt, der Besitz des Geldes sei als ein mit der Zahlung untrennbar zusammenhängendes, das Wesen der Einzahlung sicherndes Moment zu denken; man habe dem vorbeugen wollen, daß der äußere Akt einer Tradition von Geld sich als leerer Formalakt ohne alle reale Basis ebenso leicht vollziehen und beurkunden lasse, wie sonstige Formalitäten. Es ist aber ein unvermittelter Sprung vom Zeitpunkt der Zahlung auf den Zeitpunkt der Anmeldung, wenn fortgefahren wird, man wolle die Gewähr haben, daß der Vorstand zur Zeit der Anmeldung die gegenwärtige Verfügung über das Geld haben müsse. Es ist ja richtig, wenn das Geld zur Zeit der Anmeldung da ist, kann es dem Einzahlenden nicht zurückgegeben sein. Aber deshalb jede Verwendung des Geldes verbieten, wäre nutzlos, weil Scheinzahlungen nicht deshalb aufhören das zu sein, weil die Zurückzahlung des Geldes bis nach der Anmeldung aufgeschoben wird. Man sieht ganz deutlich den mühseligen und doch vergeblichen Kampf gegen die Scheinzahlung, vergeblich, weil die angewandten Mittel ganz untauglich sind. S. ferner RGSt 43, 182; BauersZ. 21, 267; Staub-Pinner § 195[19]; Brand § 195[6] b dd; Ritter § 195, 3 c. Ganz ratlos Staub DJZ 1903, 76. Makower § 195 IV e erklärt für unbedenklich, daß der Vorstand das eben gezahlte Geld verpfändet und gleichwohl die hier geforderte Erklärung abgibt. Dagegen Goldmann § 195[29]. Nach Makower wäre dann auch unbedenklich, daß der Vorstand das Geld ausgegeben hat unter einstweiligem Vorbehalt des Eigentums an den Geldstücken. Es wird kaum mit rechten Dingen zugegangen sein, wenn der Vorstand, schon ehe es auch nur zur Anmeldung der Gesellschaft gekommen ist, in der Lage gewesen ist, Vermögensstücke der Gesellschaft zu verpfänden. Das liegt aber auf einem anderen Gebiet und hat gar nichts mit der Frage zu tun, ob die Gesellschaft das Geld von dem Aktionär wirklich bekommen hat, ob insoweit das Grundkapital gedeckt ist oder nicht. Bei Makower a. a. O. sieht man deutlich, wie sich die Erörterung in Fragen verliert, welche mit dem legislativen Gedanken der gegenwärtigen Vorschrift auch gar nichts mehr zu tun haben und die zum großen Teil dann auch die reinen Quisquilien sind. Lehrreich ist in dieser Beziehung auch der Bericht über die Rechtsprechung bei Staub-Pinner § 195, 19; das Verfahren aber, von welchem in Erl 19 a berichtet wird, erscheint doch unzulässig.

e) Der Abs III handelt ausschließlich von Bareinlagen RJA 11, 224. Gemischte Einlagen, d. h. teils Geld, teils Sache, welche bei der Gesellschaft mbH nicht selten sind, kommen bei der A-Gesellschaft nicht in Frage. Es müßte denn der Wert der eingebrachten Sache hinter dem Nennbetrag einer Aktie oder hinter einem Mehrfachen von ihm zurückbleiben. Jedenfalls müssen die 25% auf jede Aktie eingezahlt werden. Es geht nicht, eine höhere Einzahlung auf eine Aktie mit dem überschießenden Betrag auf eine andere zu verrechnen oder gar den Mehrwert einer Sacheinlage, RGSt 26, 66; vgl. auch RGSt 33, 252; 48, 153; RG in DJZ 07, 1324; RJA 12, 129.

Eine Vorschrift, wann oder wann spätestens die Sacheinlagen beschafft sein müssen, hat das Gesetz nicht aufgestellt (anders bei der Gesellschaft mbH, wo die herrschende Lehre den § 8 II dahin versteht, daß mit dem Gegenstand der Leistungen auch die Sacheinlagen gemeint sind). Unausführbar ist die Einbringung von Sachen vor der Entstehung der A-Gesellschaft nicht, Staub-Pinner § 195[20]. Wenigstens die herrschende Lehre nimmt an, daß die von der Gründergesellschaft in der hierauf gerichteten Absicht erworbenen Gegenstände mit der Eintragung der A-Gesellschaft in das Handelsregister ohne weiteres in deren Eigentum übergehen. S. Erl 1 b zu § 200.

f) Das Gesetz verlangt von dem Anmeldenden die in Abs III hervorgehobene Erklärung. Das Ges betr. GmbH verlangt an entsprechender Stelle in § 8 II vom Geschäftsführer nicht die Erklärung, sondern die Versicherung. Einen Unterschied bedeutet das nicht, aber der letztere Ausdruck ist bezeichnender. Keiner der Anmeldenden kann die Erklärung abgeben, ohne sich die nach seiner Stellung zum Sachverhalt mögliche persönliche Überzeugung von der Wahrheit seiner Erklärung verschafft zu haben. Selbstverständlich — sagt RG 5, 20 — ist die Anmeldungstätigkeit keine bloß äußerliche Überreichungshandlung, sondern die Versicherung des Richtigkeitsbefundes des Angemeldeten nach vorgenommener Prüfung. — Zur Frage, wer als Gründer die Erklärung abzugeben hat, wenn man als solchen eine juristische Person zugelassen hat (§ 182 Erl 3 b) s. OLG 27, 340 (KG). Die in Abs III vorgeschriebene Erklärung wird nicht durch die Hinweisung auf die Angaben des in Abs II Z 3 genannten Verzeichnisses ersetzt OLG 43, 316 (KG).

S. auch Strafvorschrift in § 313 I Z 1 und 3, sowie Erl dazu.

7. Die Zeichnung der Namensunterschrift oder, wie es in § 234 III lautet, der Unterschrift (nur des Namens, nicht der Firma; vgl. §§ 29, 53 II, 108, 148 III, 234 III, 296 IV 298 I; diesem Unterschied, Zeichnung des Namens mit der Firma oder ohne die Firma, dürfte besondere Absicht nicht zugrunde liegen) ist entweder bei dem Registergericht (vor dem Gerichtsschreiber des örtlich

zuständigen Gerichts, FGG § 128) persönlich zu bewirken oder sie ist in öffentlich beglaubigter Form dem Gericht einzureichen, § 12 HGB. In letzterer Beziehung ist vom beglaubigenden Beamten — Richter oder Notar — zu beachten, daß er sich von der eigenhändigen Herstellung des Namenszuges zu überzeugen und diese zu bestätigen hat, sich nicht damit genügen lassen darf, daß der Erschienene den vorgelegten Namenszug als eigenhändig hergestellt anerkennt RG 54, 168. Nach RJA 1, 126 soll die unter der Anmeldung stehende Unterschrift des Anmeldenden ausreichen, die nach § 12 HGB beglaubigt sein muß. Mit der Absicht des Gesetzes dürfte das nicht im Einklang stehen. Vgl. KGJ 37, 138. Ebensowenig mit obiger Entscheidung des Reichsgerichts. — Über die Zeichnung der Firma s. § 233. — Die Zeichnung der Namensunterschrift ist nicht Voraussetzung der Eintragung der Gesellschaft oder der Einberufung der konstituierenden GenVersammlung RJA 9, 245. Es darf daher auch die Eintragung der Gesellschaft in das Register nicht deshalb eine Verzögerung erleiden, weil die Namensunterschriften noch nicht beigebracht sind.

§ 196.

Haben die Gründer nicht alle Aktien übernommen[1], so beruft das im § 195 bezeichnete Gericht eine Generalversammlung[2] der in dem Verzeichnis aufgeführten Aktionäre zur Beschlußfassung über die Errichtung der Gesellschaft[3].

Die Versammlung findet unter der Leitung des Gerichts statt.

Der Vorstand und der Aufsichtsrat haben sich über die Ergebnisse der ihnen in Ansehung der Gründung obliegenden Prüfung auf Grund der im § 193 Abs. 2 bezeichneten Berichte und ihrer urkundlichen Grundlagen zu erklären. Jedes Mitglied des Vorstandes und des Aufsichtsrats kann bis zur Beschlußfassung die Unterzeichnung der Anmeldung zurückziehen[8].

Die der Errichtung der Gesellschaft zustimmende Mehrheit muß mindestens ein Vierteil aller in dem Verzeichnis aufgeführten Aktionäre umfassen; der Betrag ihrer Anteile muß mindestens ein Vierteil des gesamten Grundkapitals darstellen[6]. Auch wenn diese Mehrheit erreicht wird, gilt die Errichtung als abgelehnt, sofern hinsichtlich eines Teiles der Aktionäre die Voraussetzungen des § 186 vorliegen und sich die Mehrheit der von anderen Aktionären abgegebenen Stimmen gegen die Errichtung erklärt[5].

Die Zustimmung aller erschienenen Aktionäre ist erforderlich, wenn die im § 182 Abs. 2 Nr. 1 bis 4, im § 183, im § 184 Abs. 2 sowie die im § 185 bezeichneten Bestimmungen des Gesellschaftsvertrags abgeändert oder die im § 186 vorgesehenen Festsetzungen zu Lasten der Gesellschaft erweitert werden sollen. Dasselbe gilt, wenn die Dauer der Gesellschaft über die im Gesellschaftsvertrage bestimmte Zeit verlängert oder die im Gesellschaftsvertrage für Beschlüsse der Generalversammlung vorgesehenen erschwerenden Erfordernisse beseitigt werden sollen[4].

Die Beschlußfassung ist zu vertagen, wenn es von den Aktionären mit einfacher Stimmenmehrheit verlangt wird[7].

1. Bei der Sukzessivgründung hat auf die Anmeldung der Gesellschaft zum Handelsregister der Richter die konstituierende Generalversammlung der Aktionäre einzuberufen. Bestritten ist, ob er zunächst die Anmeldung geprüft und einwandfrei gefunden haben muß. Das ist indessen unbedingt zu bejahen. (A. A. Lehmann-Ring § 196[2], OLG Dresden in GZ 35, 240[85].) Zwar sagen Mot zur Novelle von 1884 (61): Die Konstituierungsverhandlung setzt den Richter in der kürzesten und sichersten Weise in den Stand, festzustellen, ob die gesetzlichen Voraussetzungen für die Eintragung vorhanden sind, und gibt die Möglichkeit, sofort etwaige Mängel ergänzen zu lassen. Und RJA 6, 180 (KG) hat sich denn auch dahin ausgesprochen, daß die Beseitigung von Mängeln des Gründungsvorganges der konstituierenden GenVersammlung überlassen bleiben könne. Aber vollkommen treffend setzt das Gericht hinzu, es müßten dazu alle Aktionäre erscheinen. M. a. W. der Richter würde den Beteiligten einen schlechten Dienst erweisen, wenn er Mängel, welche unbedingt gehoben werden müssen, um die A-Gesellschaft einzutragen, auf die Gefahr hin unbeanstandet läßt, daß in der GenVersammlung nicht restlos alle Aktionäre erscheinen. Der Verfasser der Mot zum Entw von 1884, auf welche Lehmann-Ring sich allerdings berufen kann, hat sich dieses Bedenken nicht vergegenwärtigt. In Wahrheit liegt dem Richter noch viel mehr ob, als die vorgängige Prüfung des Formalen. Mit Recht hebt Brand

§ 196⁷ ᵇ hervor: Nur vollständige Beherrschung des ganzen Materials wird ihm eine erfolgreiche Leitung der Versammlung ermöglichen. Auch die Unterscheidung Makowers § 196 I c zwischen heilbaren und nicht heilbaren Mängeln hilft über die oben hervorgehobenen Bedenken nicht hinweg.

Einberufung und Hergang der Versammlung finden nach den Regeln statt, welche nach dem Gesetz und dem Gesellschaftsvertrag für die künftige A-Gesellschaft gelten und gelten sollen § 197. Es wird daher meist auch diese erste Versammlung der Aktionäre durch öffentliche Bekanntmachung einzuberufen sein. Da in diesem Stadium alle Aktionäre der Persönlichkeit nach bekannt sind (§ 200 II), auch dann, wenn Inhaberaktien ausgegeben werden sollen, ist individuelle Einberufung ausführbar und dürfte als ein Mehr die öffentliche Bekanntmachung überflüssig machen. Das Gericht hat sich bei individueller Einberufung an das mit der Anmeldung nach § 195 II Z 3 einzureichende Verzeichnis zu halten.

2. Der Gedanke, die konstituierende Versammlung unter die Leitung der Richter zu stellen hat bei Abfassung des Gesetzes (der Novelle von 1884) viel Widerspruch gefunden. Die Mot 60, 61 rechtfertigen die Maßregel folgendermaßen: „Das natürliche Übergewicht der Gründer erfordert für die erste und konstituierende Versammlung ein Gegengewicht. Dasselbe wird in der Verhandlung vor Gericht gefunden werden. Anders als wenn die Versammlung in geschlossener Zusammenkunft unter der Leitung eines von der Versammlung unter dem Einfluß der Gründer gewählten Vorsitzenden stattfindet, wird vor Gericht und unter dessen Leitung die Selbständigkeit der zur Prüfung des Vorganges bestellten Gesellschaftsorgane sich entfalten und werden gegen sie selbst wie gegen die Gründer die einzelnen Zeichner auf den erforderlichen Schutz und eine freie Diskussion zu rechnen haben; unlautere Elemente und unwahre Angaben werden zurückgehalten werden, und indem alle schon von Anfang an gewärtigen müssen, daß ihr Verhalten einer Kritik unterworfen und leicht an das Licht gezogen werden kann, wird jeder von Anbeginn an Ausschreitungen vermeiden; das Gesetz sorgt dafür, daß der Bericht der Gesellschaftsorgane usw. zur Erörterung gelangt; alles urkundliche Material liegt zur unbehinderten Einsicht vor; so wird die gerichtliche Verhandlung wesentlich dazu beitragen, daß die konstituierende Versammlung sein wird, was sie sein soll, daß die Beteiligten in eigener Prüfung selbständig sich entschließen können." Und weiter: „Dem Registerrichter wird die Gelegenheit geboten, den Beteiligten eine Aufklärung über dunkle, unzureichende oder bedenkliche Momente zu verschaffen; indem das Gesetz dem Gericht die Leitung der Versammlung überträgt, gibt es demselben zugleich das Fragerecht und die Pflicht, eine klare und erschöpfende Diskussion und Abstimmung herbeizuführen." In der Kommission (10) ist gesagt worden, der Richter solle dazu helfen, daß das im Statut, in der Gründererklärung, in den Prüfungsberichten niedergelegte Material den Beteiligten zum Bewußtsein komme; er soll auf eine Klarstellung aller Verhältnisse hinwirken, aber nicht in eine materielle Würdigung der Dinge eingehen". Die Zuziehung der Revisoren ist nicht vorgesehen, kann aber stattfinden. Über ihre Erklärungen haben Vorstand und Aufsichtsrat zu berichten. Auch mit Einverständnis aller erschienenen Aktionäre kann von dem Bericht des Vorstands und Aufsichtsrats (Abs. III) nicht abgesehen werden. So mit Recht Staub-Pinner § 196⁶. Es ist gerade eine der Aufgaben des leitenden Richters, daß er sich durch den Augenschein davon überzeugt, daß den Aktionären die Ergebnisse der Prüfung mitgeteilt worden sind, ehe sie abgestimmt haben. Ebenso Lehmann-Ring § 196⁴, Brand § 196⁷ c, Makower § 196 II b.

3. Der Gedanke der konstituierenden Generalversammlung ist, daß alle bis dahin geschlossenen Verträge, so vollständig und bindend sie sind, noch nicht über die Errichtung der Gesellschaft entscheiden, vielmehr nur Bausteine bilden für die Grundlage, auf welcher nunmehr alle Gesellschafter, Gründer sowohl als Aktienzeichner, den Entschluß zu fassen haben, ob es und auf Grund welchen Statuts es zur Entstehung der A-Gesellschaft kommen soll. Das Besondere ist, daß hier bereits nicht mehr Zustimmung aller erforderlich, der Entschluß vielmehr durch Mehrheitsbeschluß, besonders qualifizierten Mehrheitsbeschluß gefaßt wird. Anders aber wenig befriedigend die Konstruktion von Lehmann-Ring § 196¹. Durch die Zuteilung der gezeichneten Aktien kommt der Vertrag zwischen dem Zeichner und den Gründern zustande. Die hieraus sich ergebende schuldrechtliche Bindung ist es, welche den Zeichner dem Mehrheitsbeschluß der Generalversammlung unterwirft. (Die Ausführungen Lehmanns zeigen an einem einzelnen Beispiel recht augenscheinlich, wie dem Verfasser seine Gegnerschaft gegen die Vertragstheorie nur Verlegenheit bereitet, vgl. § 182 Erl 2.) Es ist in dem Vorgang zu unterscheiden. Zunächst gilt es, den Inhalt des Statuts endgültig festzustellen. Daß der bereits festgestellte Gesellschaftsvertrag (§ 182) beliebig geändert werden kann, wenn ausnahmslos alle künftigen Aktionäre sich darin einig sind (soweit nicht dadurch neue Voraussetzungen rechtspolizeilicher Natur für die Eintragung der Gesellschaft geschaffen werden), ist selbstverständlich. Aber dabei hat es nicht sein Bewenden. Das Gesetz zählt eine Reihe von Punkten auf, in denen das Statut nur geändert werden kann mit Zustimmung nicht aller Aktionäre, wohl aber aller in der Generalversammlung erschienenen Aktionäre. Diese Einstimmigkeit ist erforderlich, wenn geändert werden soll

die Firma

der Sitz

der Gegenstand
die Höhe des Grundkapitals
der Nennbetrag der Aktien
die Art der Bestellung oder die Zusammensetzung des Vorstandes
die Bestimmungen darüber, ob die Aktien auf den Namen oder auf den Inhaber lauten sollen
die Bestimmung, betr. Zulässigkeit von Aktienemissionen über Pari (vgl. § 184 Erl 1 b)
Bestimmungen über Vorrechtsaktien
die Bestimmungen über qualifizierte und andere Gründungen gemäß § 186, wenn sie zu Lasten der Gesellschaft erweitert werden sollen (danach können also einzelnen Aktionären Sondervorteile zu Lasten der anderen Aktionäre durch Mehrheitsbeschluß nachgefügt werden. Vgl. aber Makower § 196 III b 3 sowie das unten in Erl 4 zum Sonderrecht Gesagte)
Verlängerung der im Statut vorgesehenen Gesellschaftsdauer
Beseitigung erschwerender Abstimmungsvorschriften.

Überhaupt ausgeschlossen ist, daß jetzt noch Bareinlagen in Sacheinlagen umgewandelt werden könnten. Dazu müßte von neuem neu gegründet werden. Dasselbe gilt von Sachübernahmen. Was hierzu — dem Wortlaut nach widersprechend — Makower § 196 III b 3 sagt, läuft auf dasselbe hinaus. Dagegen steht nichts im Wege, das Grundkapital durch Bareinlagen zu erhöhen wenn Anwesende bereit sind, als Gründer einzutreten und die betreffenden Aktien zu übernehmen, oder es herabzusetzen, wenn in entsprechender Anzahl Zeichner von Aktien auf ihren Anspruch auf Beteiligung verzichten. Es müssen sich alle Erschienenen an der Abstimmung beteiligen. Wer die Abstimmung ablehnt oder sich ihr entzieht, hat nicht zugestimmt und vereitelt damit die vorgeschlagene Änderung.

4. Im übrigen kann am Statut Veränderung mit derjenigen Mehrheit beschlossen werden, mit der schließlich auch über die Errichtung der Gesellschaft die Entscheidung fällt. Was nach dem Gesetz, also generell, als minder wesentlich erscheint, muß das im einzelnen Fall nicht auch sachlich sein. Es gehören hierher namentlich auch, und können daher durch Mehrheitsbeschluß geändert und ergänzt werden, Einzelheiten in den Rechten und Verbindlichkeiten der Aktionäre einer Nebenleistungs-A-Gesellschaft nach § 212. Die Gesellschaft selbst ist hier gegen Erschwerung ihrer Lage dadurch geschützt, daß Vorstand und Aufsichtsrat bis zuletzt freie Hand behalten, ihre Anmeldung zurückzuziehen (Abs III). Die Aktionäre dagegen erscheinen in jeder Beziehung, sowohl was die Abänderung an Rechten oder Verpflichtungen angeht, als auch in der Schlußfrage, ob überhaupt die Gesellschaft ins Leben treten soll, dem Mehrheitsbeschluß nach Abs IV unterworfen. So der Wortlaut des Gesetzes. Es dürfte aber doch anzunehmen sein, daß allem, was nach Entstehung der A-Gesellschaft Sonderrecht ist, bereits in diesem Stadium der Gründung in demselben Umfang wie bei bestehender Gesellschaft, Mehrheitsbeschlüsse keinen Abbruch tun können. Vgl. Lehmann-Ring § 196[10]; Makower § 196 III b.

5. Ist diese Auffassung von der Bedeutung und Aufgabe der konstituierenden Generalversammlung zutreffend, dann kann nicht richtig sein, daß, wie Behrend § 106[11], Staub-Pinner § 196[10] behaupten, jede Änderung des festgesetzten Gesellschaftsvertrages gemäß § 197, 256 II eines Antrages bedürfe, welcher im voraus auf die Tagesordnung gesetzt und angekündigt werden müßte, und daß auch im übrigen die Erfordernisse der Statutenänderung einer bestehenden Gesellschaft erfüllt sein müßten. In letzterem Punkt a. A. Brand § 196[10] e; Makower § 196 III b, während Lehmann-Ring § 196[9] die Vorschriften über Statutenänderung für anwendbar erklärt, mit Ausnahme derjenigen über das Stimmverhältnis. In Wahrheit steht das Statut endgültig aber noch gar nicht fest. Fest stehen nur die Grundzüge, auf welche hin die Beteiligten sich verpflichtet haben, sich dem Mehrheitsbeschluß zu unterwerfen. Und die unter Leitung des Gerichts stattfindenden Verhandlungen sind gerade dazu da, die Anregung für Änderungsvorschläge zu geben (Lehmann-Ring § 196[3]). Gerade hier soll ja unter dem Einfluß des Richters allseitige Aufklärung über die Bedeutung alles dessen, was nach dem Statut vorgesehen ist, geschaffen werden, und dem gegenüber kann doch ein infolgedessen auftretender Gedanke einer — wahren oder vermeintlichen — Verbesserung gerade daran am wenigsten scheitern, daß er nicht schon 8 Tage vorher aufgetaucht und angekündigt worden ist. Der Gefahr einer Überrumpelung beugt die im allgemeinen für Generalversammlungen nicht geltende Vorschrift des Abs VI vor, wonach die Beschlußfassung vertagt werden muß, wenn die Aktionäre es mit einfacher Stimmenmehrheit beschließen. Auch dürfte in den Befugnissen des leitenden Richters liegen, daß er von Amts wegen die Beschlußfassung vertagt, wenn es ihm geboten scheint. A. A. Brand § 196[11]; Lehmann-Ring § 196[11]. Gegen Makower § 196 III b insbesondere ist zu betonen, daß bis zur Anmeldung und Eintragung der Gesellschaft die Satzung unter mehr oder weniger schwierigen Voraussetzungen immer noch anders gefaßt werden kann, daß aber von einer Satzungsänderung im Sinne der §§ 274 ff. nur die Rede sein kann, nachdem die A-Gesellschaft entstanden ist.

6. Die Mehrheit, die erforderlich ist, um die Errichtung der Gesellschaft zu beschließen, ist an und für sich die einfache (nach Aktienbeträgen), aber im übrigen doppelt qualifiziert. Diese Mehrheit muß mindestens — nach Köpfen gezählt — ein Vierteil aller überhaupt existierenden Aktionäre umfassen und sie muß mindestens ein Vierteil des Grundkapitals der Gesellschaft hinter sich haben. Bevollmächtigte, welche mehrere Aktionäre vertreten, zählen entsprechend mehrfach; Legitimationszessionen sind ausgeschlossen, § 200 II. — Wenn Abmachungen der in § 186 geregelten Art getroffen sind (Sacheinlage, Sachübernahme [von einem der Aktionäre], Sondervorteile, Gründerlohn oder Gründerentschädigung), muß außerdem von den nicht dabei beteiligten Aktionären die (einfache) Mehrheit — nach Aktienbesitz gerechnet — für die Errichtung gestimmt haben. Wenn mehrere solche Bestimmungen getroffen sind, an denen verschiedene Aktionäre in verschiedener Weise beteiligt sind, müssen entsprechend viele Sonderabstimmungen vorgenommen werden.

Steht nur eine Abänderung in Frage, welche der Zustimmung aller Erschienenen bedarf, dann kann mit einer und derselben Abstimmung zugleich über die Änderung und die Errichtung der Gesellschaft abgestimmt werden, wenn es zur Annahme kommt. Dagegen ist mit der Ablehnung der Änderung und in den anderen Fällen auch mit der Annahme der Änderung noch nicht die Entscheidung über die Errichtung der Gesellschaft gefallen. Letzterenfalls ist denkbar, daß der eine oder der andere Aktionär die Errichtung überhaupt nicht wünscht, auf keinen Fall aber ohne die vorgeschlagene Änderung. — Mehrere Erben eines verstorbenen Aktionärs haben gemeinschaftlich die Stimme (wenn nach Köpfen gezählt wird) und die Stimmen (wenn nach Aktien gezählt wird) ihres Erblassers; das muß auch gelten, wenn noch vor Errichtung der Gesellschaft die Erbschaft geteilt worden ist (§ 225). — Sonderrechtsnachfolge kommt nicht in Frage (§ 200 II).

7. Bei der Abstimmung über Vertagung der Beschlußfassung wird die Mehrheit der Regel entsprechend nach Aktienbesitz berechnet, § 252. — Die Fortsetzung der Generalversammlung muß so anberaumt werden, daß die im Zeichnungsschein für die Bindung der Zeichnenden an den Vertrag bestimmte Frist eingehalten wird. — Daß der Richter auch von Amts wegen die Vertagung der Beschlußfassung anordnen kann, will — ohne ausreichende Begründung — die herrschende Lehre nicht gelten lassen. S. oben Erl 1.

8. Vorstand und Aufsichtsrat sind berufen, das Interesse der im Entstehen begriffenen A-Gesellschaft zu wahren, welche, bis sie entstanden ist, nicht Subjekt, sondern Objekt aller Vorgänge ist. Sie sollen nach Absicht des Gesetzes bis zum letzten Augenblick die durch keinerlei Verantwortlichkeit behinderte Freiheit des Entschlusses haben, ob es zur Errichtung der Gesellschaft kommen soll. Von den Gründern gilt das nicht. Sie sind, wie alle künftigen Aktionäre, durch den Vertrag an die Mehrheitsbeschlüsse der Generalversammlung gebunden. — Zieht auch nur ein Mitglied — sei es auch ein überzähliges — seine Anmeldung zurück, so ist — wenigstens für dieses Mal — die Errichtung gescheitert. Es ist nicht ausgeschlossen, daß in einer demnächstigen Generalversammlung der künftigen Aktionäre das widerstrebende Mitglied abberufen und — wenn erforderlich — ein neues Mitglied angestellt wird. Aber dann muß die Anmeldung erneuert werden, wobei es genügen dürfte, daß auf die dem Gericht bereits überreichten Anlagen, soweit sie noch nicht zurückgegeben sind, verwiesen wird. — Ob die Zeichner von Aktien (übrigens auch die Gründer) solange auch bis über die Frist hinaus warten wollen, innerhalb der sie gebunden sind (§ 189 III Z 4), ist ihre Sache. Der Richter kann daraus, daß die Frist verstrichen ist oder bis zum frühesten Tage der Generalversammlung verstrichen sein wird, keinen Grund ableiten, die Einberufung einer konstituierenden Generalversammlung abzulehnen. Es müssen aber alle Aktionäre erscheinen und sich — ausdrücklich oder stillschweigend — mit Vornahme der Errichtungsverhandlung einverstanden erklären. Daß sie noch einmal Zeichnungsscheine ausstellen, dürfte nicht erforderlich sein. A. A. Staub-Pinner § 196[7].

§ 197.

Soweit nicht in den §§ 190, 196 ein Anderes bestimmt ist, finden auf die Berufung und Beschlußfassung der vor der Eintragung der Gesellschaft stattfindenden Generalversammlungen die Vorschriften entsprechende Anwendung, welche für die Gesellschaft nach der Eintragung maßgebend sind[1].

1. a) Vor Entstehung der A-Gesellschaft kommen Generalversammlungen der künftigen Aktionäre nur bei der Sukzessivgründung vor. Die Versammlung der Gründer ist im Sprachgebrauch des Gesetzes, wie § 190 ergibt, nicht Generalversammlung (anders Brand § 197[1]). Gesetzlich vorgeschrieben sind bei der Sukzessivgründung Generalversammlungen vor Entstehung der Gesellschaft in zwei Fällen, zum Zweck der Wahl des Aufsichtsrats, und — gegebenenfalls — des Vorstandes, § 190, und zum Zweck der Errichtung der A-Gesellschaft, § 196.

b) Auf diese Generalversammlungen finden zunächst § 190 und § 196 Anwendung. Ferner sind bezüglich dieser und anderer etwa einzuberufender Generalversammlungen, auf ihre Einberufung und auf die Beschlußfassung die für die Gesellschaft nach ihrer Entstehung in dieser Richtung geltenden Vorschriften entsprechend anzuwenden. Die herrschende Lehre legt dieser Bestimmung zu große Tragweite bei. Sie ist auf den Art 209 c der Novelle von 1870 zurückzuführen, wo es lautete: Die Zusammenberufung der Generalversammlung erfolgt nach den Bestimmungen, welche der Gesellschaftsvertrag über die Zusammenberufung der Generalversammlungen enthält. Das übernahm die Novelle von 1884 im Entwurf mit der Erweiterung: Auf die Berufung und Beschlußfassung kommen, soweit nicht in Art 9 ein anderes bestimmt ist, die Regeln entsprechende Anwendung (sic), welche für die Gesellschaft nach der Eintragung maßgebend sind. Die Mot sind auf diesen Punkt nicht eingegangen. Die Kommission hat nur den Sprachfehler beseitigt, und im übrigen im Bericht bemerkt, die Vorschrift entspreche, soviel die Zusammenberufung anlangt, der bisherigen. Daraus geht hervor, daß man auch bei der Ausdehnung auf die Beschlußfassung an nichts anderes als an die Vorschriften gedacht hat, welche sich unmittelbar auf das Verfahren bei der Beschlußfassung in der Versammlung beziehen. Im einzelnen dürften hierher zu rechnen sein §§ 251, 252 Abs I Satz 1 u. 2 (nicht Satz 3 und 4), ferner Abs II und IV (dagegen wiederum Abs III Satz 1 nicht, weil Entlastung überhaupt nicht in Frage kommen kann, Satz 2 nicht, weil, soweit er in Frage kommen könnte, § 196 das Gegenteil bestimmt), § 253 Abs I (Abs II mag aus allgemeinem Gesichtspunkt anwendbar sein, aber nicht auf Grund § 197, der nur die Form der Einberufung im Auge hat; aus diesem Grunde ist auch § 254 nicht anwendbar (Nübell im ArchBR 43, 133), § 253 Abs I (nicht Abs II und III), § 256 (wegen der Tagesordnung der konstituierenden Generalversammlung s. Erl 5 zu § 196), §§ 258, 259 (wohl auch Abs V).

c) Bestritten ist, ob auf die Beschlüsse dieser Generalversammlungen die Vorschriften §§ 271—273 über die Anfechtung gesetz- oder statutenwidriger Beschlüsse anzuwenden sind. Dafür RJA 6, 181 (KG) und überhaupt die herrschende Lehre. Das wäre praktisch erwünscht, weil dann auch die Präklusivfrist des § 271 III hier liefe (allerdings soll es nach RJA 6, 181 gerade hierauf für den Registerrichter nicht ankommen). Jedenfalls ist die Anwendbarkeit auf den Errichtungsbeschluß, für welchen hauptsächlich die Frage von Bedeutung ist, nicht deshalb ausgeschlossen, weil § 309 die Materie besonders regle. Der § 309 handelt nur von der Nichtigkeit wegen Mängel des Inhalts des Gesellschaftsvertrages, nicht von der Nichtigkeit wegen eines Formmangels und auch nicht von der Nichtigkeit wegen eines Mangels in den allgemeinen Voraussetzungen des Vertragschlusses (vgl. Erl 1 zu § 309). Aber der § 197 hat die §§ 271—273 gar nicht im Auge (s. oben unter b), und damit fällt die einzige Vorschrift fort, aus welcher sich die Anwendbarkeit der §§ 271 ff. ergeben könnte. So Staub 6./7. Aufl § 197[6], der aber der Eintragung der Gesellschaft heilende Wirkung zuschreibt. Wie Staub Lehmann in IheringsJ 33, 414 ff. — Daß die §§ 309 ff. auf den Inhalt des Errichtungsbeschlusses anzuwenden sind, ergibt sich unmittelbar aus dem § 309. Denn in dem Errichtungsbeschluß vollzieht sich der Abschluß der Gesellschaft in seiner endgültigen Gestalt. A. A. Ritter § 197[2] RG 18, 70 handelt von der ganz anders zu beurteilenden Anfechtung des Beschlusses wegen Betruges.

d) Die Worte des § 197 lassen sich auch nicht von den Vorschriften über Statutenänderung verstehen. Sollen letztere, wie die herrschende Lehre annimmt, schon vor Entstehung der Gesellschaft anwendbar sein, so müßte das schon auf einer anderen Grundlage beruhen. Tatsächlich ist es ein Unding, von Satzungsänderung im Sinne des § 274 zu sprechen in einer Zeit, wo noch gar nicht feststeht, wie die Satzung lauten wird. Vgl. Erl 5 zu § 196.

e) Soweit nach § 197 entsprechende Anwendung von Vorschriften für die fertige Gesellschaft stattzufinden hat, gilt das nicht nur von gesetzlichen, sondern auch von statutarischen Bestimmungen KGJ 4, 29.

§ 198.

Bei der Eintragung[1] der Gesellschaft in das Handelsregister sind die Firma und der Sitz der Gesellschaft, der Gegenstand des Unternehmens, die Höhe des Grundkapitals, der Tag der Feststellung des Gesellschaftsvertrags und die Mitglieder des Vorstandes anzugeben.

Enthält der Gesellschaftsvertrag besondere Bestimmungen über die Zeitdauer der Gesellschaft oder über die Befugnis der Mitglieder des Vorstandes oder der Liquidatoren zur Vertretung der Gesellschaft, so sind auch diese Bestimmungen einzutragen.

1. Nach dem früheren Recht war der Gesellschaftsvertrag anzumelden und einzutragen. Das änderte die Gesetzgebung von 1900. Jetzt ist es die Gesellschaft, welche angemeldet und eingetragen wird. Das ist nur eine Angelegenheit der Form. Sachlich besteht kein Unterschied. Aus naheliegenden Gründen wurde auch früher schon nicht der ganze Gesellschaftsvertrag in das

Register eingetragen; die Ausführungsverordnungen sahen eine auszugsweise Eintragung vor. Die Zulässigkeit einer solchen Anordnung war mit Rücksicht auf den Wortlaut des Gesetzes bezweifelt worden, und die Änderung hat dieses Bedenken erledigt. Jetzt bestimmt das Gesetz im einzelnen, was einzutragen ist, und diese Eintragungen in ihrer Gesamtheit sind eben „die Eintragung der Gesellschaft". Die einzelnen Punkte sind:

1. Die Firma. Ohne Firma keine A-Gesellschaft. Während in andern Punkten versehentliche Auslassungen nachgetragen, Fehler verbessert werden können, ohne daß durch Mängel dieser Art die Wirksamkeit der Eintragung (§ 200) beeinträchtigt wird, ist die — im wesentlichen fehlerlose — Eintragung der Firma unerläßlich, um die A-Gesellschaft zur Entstehung zu bringen. So mit Recht Lehmann-Ring § 198[2]; Makower § 200 I b; Goldmann § 198[6]; Staub-Pinner § 198[4] (im Grunde auch nicht anders Staub 7./8. Aufl § 198[4], der nur zutreffend hervorhebt, daß unwesentliche Fehler unschädlich sind, dem aber nicht zugestimmt werden kann, wenn er ganz allgemein behauptet, daß bei fehlerhafter Eintragung deren Wirkung erst eintritt, nachdem der Fehler berichtigt ist). A. A. Brand § 198[3].
2. Sitz der Gesellschaft. Das wird meist auch der Ort der Niederlassung des Unternehmens sein (§ 182 Erl 9). — Besitzt die Gesellschaft mehrere Niederlassungen, so sind die außerhalb des Gerichtsbezirks befindlichen als Zweigniederlassungen nach § 13 HGB anzumelden. Eine in demselben Bezirk wie der Sitz befindliche Niederlassung ist dagegen nicht anzumelden. A. A. D. 28: Einer besonderen Vorschrift darüber, daß auch die Errichtung einer Zweigniederlassung, die sich im Bezirke des Registergerichts der Hauptniederlassung befindet, bei diesem Gericht zur Eintragung anzumelden sei, bedarf es nicht; die Verpflichtung zur Anmeldung ergibt sich aus § 12 (jetzt § 13) Abs I in Verbindung mit § 27 (jetzt § 29), wonach auch der Ort der Niederlassung angemeldet und eingetragen werden soll. Aber der „Ort der Handelsniederlassung" in § 29 ist dasselbe, was in § 198 der Sitz ist. Jedenfalls wird es einer mehrmaligen Anmeldung nicht bedürfen (Staub § 13), mag auch der Registerrichter darauf bestehen, daß der vom Ort der Sitze verschiedene Ort der Niederlassung oder Zweigniederlassung in der Anmeldung angegeben und sogar auch in das Register eingetragen wird. Dagegen ist, wenn die Gesellschaft außerhalb ihres Bezirks an mehreren Orten eines und desselben Bezirks Zweigniederlassungen hat, jede dieser Niederlassungen gesondert anzumelden. Die Meinungen hierüber gehen auseinander. Vgl. Makower § 13 II a 3; Brand § 13[2] d; Goldmann § 13 I 4.
3. Der Gegenstand des Unternehmens. Die Bezeichnung des Gegenstandes muß mit dem Inhalt des Vertrages in Einklang stehen. Anderenfalls kann die in das Handelsregister eingetragene Bezeichnung von Amts wegen gelöscht werden, KGJ 27, 233.
4. Die Höhe des Grundkapitals.
5. Der Tag der Feststellung des Gesellschaftsvertrages. Hier sind Zweifel nicht möglich in dem Fall der Simultangründung gemäß § 188 I. Im übrigen kann der Tag der Feststellung nicht wohl ein anderer als der Tag der endgültigen Feststellung sein. Also im Fall des § 188 II, wenn es zur Simultangründung kommt, der Tag der einen oder der letzten der mehreren Anschlußverhandlungen, bei der Sukzessivgründung der Tag der Errichtung nach § 196. Anders (ohne Begründung) Makower § 198 III f (Tag der ursprünglichen Feststellung).
6. Die Mitglieder des Vorstandes. Wenn auch streng genommen nur das in das Handelsregister eingetragen werden darf, was nach Vorschrift der Gesetze eingetragen werden muß (KGJ 29, 213; 35, 152; RJA 12, 118), steht wohl nichts entgegen, daß auch Wohnort und Wohnung der Mitglieder eingetragen werden, Recht 1910, 1830. Dagegen gehören Titel und Titelveränderungen nicht in das Handelsregister, OLG 1, 358 (KG). — Die Mitglieder des Aufsichtsrats sind aus den Registerakten zu ersehen (§ 244) und werden in das Handelsregister nicht eingetragen. — S. aber auch § 195 II Z 4 und § 199 I Z 4.

Eventuell:

7. Die besondere Bestimmung des Statuts über die Zeitdauer der Gesellschaft. Hierher würden wohl auch Bestimmungen gehören, wonach allgemein oder unter gewissen Voraussetzungen die Gesellschaft gekündigt werden kann.
8. Die besondere Bestimmung über die Vertretungsbefugnis des Vorstandes oder der Liquidatoren. Die Regel ist Kollektivvertretung durch sämtliche Vorstandsmitglieder oder sämtliche Liquidatoren. §§ 232, 298 III. Im Gesellschaftsvertrage kann das anders geordnet werden (§ 232), und die in dieser Beziehung etwa getroffene Bestimmung ist hier gemeint.

S. auch FGG § 130:

Jede Eintragung soll den Tag, an welchem sie erfolgt ist, angeben und mit der Unterschrift des zuständigen Beamten versehen werden.

Jede Eintragung soll demjenigen, welcher sie beantragt hat, bekanntgemacht werden. Auf die Bekanntmachung kann verzichtet werden.

Über die Anmeldung von Zweigniederlassungen s. § 201.

§ 199.

In die Veröffentlichung[1], durch welche die Eintragung bekanntgemacht wird, sind außer dem Inhalte der Eintragung aufzunehmen:

1. die sonstigen im § 182 Abs. 2, 3 und in den §§ 183, 185, 186 bezeichneten Festsetzungen;

2. der Betrag, zu welchem die Aktien ausgegeben werden;

3. der Name, Stand und Wohnort der Gründer und die Angabe, ob sie die sämtlichen Aktien übernommen haben;

4. der Name, Stand und Wohnort der Mitglieder des ersten Aufsichtsrats.

Zugleich ist bekannt zu machen, daß von den mit der Anmeldung der Gesellschaft eingereichten Schriftstücken, insbesondere von dem Prüfungsberichte des Vorstandes, des Aufsichtsrats und der Revisoren, bei dem Gericht Einsicht genommen werden kann. Im Falle des § 193 Abs. 3 ist ferner bekanntzumachen, daß von dem Prüfungsberichte der Revisoren auch bei dem zur Vertretung des Handelsstandes berufenen Organ Einsicht genommen werden kann.

1. Nach § 10 HGB sind alle Eintragungen in das Handelsregister im Deutschen Reichsanzeiger und in mindestens einem zweiten Blatt öffentlich bekanntzumachen, und zwar — soweit nicht das Gesetz etwas anderes vorschreibt — ihrem ganzen Inhalt nach. Das gilt auch von der Eintragung der A-Gesellschaft. Die Bekanntmachung erfolgt auch in diesem Fall gemäß § 10, nicht notwendig in den im Gesellschaftsvertrag vorgesehenen Gesellschaftsblättern (§ 182 III 2). Es sind — dem ganzen Inhalt der Eintragung nach — zu veröffentlichen: die Firma, der Sitz der Gesellschaft, der Gegenstand des Unternehmens, das Grundkapital, das Datum des Statuts, die Mitglieder des Vorstandes, gegebenen Falles die Bestimmung über die Dauer der Gesellschaft (§ 292 I Z 1, § 198 II), über die Form der Vertretung der Gesellschaft (Kollektivvertretung § 232 I 1). — Hinzu kommen die hier unter § 1—4 aufgezählten Punkte (nicht notwendig in voller Ausführlichkeit): Ausgabebetrag der Aktien (gemeint ist der Betrag, welchen der erste Nehmer der Aktien zu zahlen hat, § 195 III, 2; unrichtige Angabe ist strafbar; § 313 I Z 3), ob die Aktien auf den Inhaber lauten, ob in dieser Beziehung nach dem Statut Umwandlung zulässig ist; wenn Vorrechtsaktien ausgegeben worden sind, die hierauf bezüglichen Bestimmungen, die Bestimmungen über Zusammensetzung und Bestellung des Vorstandes, die Form, in welcher die Generalversammlungen berufen werden sollen, und die Form, in welcher die Bekanntmachungen der Gesellschaft erfolgen sollen, namentlich in welchen Zeitungen die öffentlichen Bekanntmachungen erscheinen sollen, die etwaigen Bestimmungen des Statuts über Sondervorteile zugunsten einzelner Aktionäre, über Sacheinlagen und Sachübernahmen, über Gründeraufwand und Gründerentschädigung, wenn sie der Gesellschaft zur Last fallen; Name, Stand, Wohnort der Gründer und ob sie sämtliche Aktien übernommen haben; Name, Stand, Wohnort der Mitglieder des ersten Aufsichtsrats (spätere Änderungen im Bestande hat die A-Gesellschaft selbst, d. h. der Vorstand, bekanntzumachen und die Bekanntmachung hat sie zum Handelsregister einzureichen § 244). — Endlich soll in der Bekanntmachung ausdrücklich darauf hingewiesen werden (§ 9), daß die mit der Anmeldung eingegangenen Anlagen, insbesondere — so soll die Bekanntmachung lauten — der Prüfungsbericht des Vorstandes, des Aufsichtsrats und der Revisoren beim Gericht, letzterer auch bei der Handelskammer eingesehen werden können. — Nicht erwähnt ist hier das Datum der Eintragung (Entstehung der A-Gesellschaft) FGG § 130. Daß es mit veröffentlicht werden muß, ergibt sich wohl daraus, daß die Eintragung nach § 10 ihrem ganzen Inhalt nach bekanntgemacht werden soll und hierzu auch das Datum gehört. Brand § 199 1 a; Makower § 199 II a; Lehmann-Ring § 199.

Die Bekanntmachung hat für die Entstehung der A-Gesellschaft keine Bedeutung, wohl aber für die Publizitätswirkung nach § 15.

§ 200.

Vor der Eintragung in das Handelsregister des Sitzes der Gesellschaft besteht die Aktiengesellschaft als solche nicht[1]. Wird vorher im Namen der Gesellschaft gehandelt, so haftet[2] der Handelnde persönlich; handeln Mehrere, so haften sie als Gesamtschuldner.

Die Anteilsrechte können[3] vor der Eintragung der Gesellschaft in das Handels-

register mit Wirksamkeit gegenüber der Gesellschaft nicht übertragen, Aktien oder Interimsscheine können vorher nicht ausgegeben werden.

1. a) Die A-Gesellschaft hat als solche selbständig ihre Rechte und Pflichten. So sagt § 210, der damit bestimmt, daß die A-Gesellschaft juristische Person ist. Der gegenwärtige Paragraph bestimmt, daß die juristische Person durch die Eintragung in das Handelsregister entsteht, genauer ausgedrückt, existent wird, in ihrer Entstehung sich vollendet, als solche ins Leben tritt oder wie man sich ausdrücken soll, um keiner Theorie vorzugreifen. Damit kommt das Normativsystem unseres Aktienrechts zum gesetzlichen Ausdruck, das an Stelle des Konzessionssystems getreten ist. Ist auch zur Entstehung einer A-Gesellschaft nicht mehr staatliche Genehmigung erforderlich, so kann doch keine solche Gesellschaft ins Leben treten, ehe nicht staatlich geprüft ist, ob ihr Statut und der Gründungsvorgang dem Gesetz entsprechen. Je nachdem wie diese Prüfung ausfällt, hat der Registerrichter zu entscheiden, und entspricht alles dem Gesetz, so hat er die A-Gesellschaft einzutragen und damit in das Leben zu rufen. Das ist deutlich. Dagegen ist nicht deutlich und daher bestritten, wie das Verhältnis in der Zeit, bis es zur Eintragung kommt, rechtlich zu qualifizieren ist. Man kann in dem Verlauf des Vorganges, wie er sich abzuspielen pflegt, drei Stadien unterscheiden, Konsortium, Vorgesellschaft, fertige A-Gesellschaft. Im Konsortium mögen die Teilnehmer ohne jede rechtliche Bindung zusammentreten und Hand in Hand arbeiten. Sie können sich aber auch gegenseitig verpflichten, ein jeder dazu das Seinige zu tun, um zum Ziele zu kommen. Wenn hierbei auch in Beziehung auf den endgültigen Beitritt zur künftigen Gesellschaft jeder freie Hand behält, so entbehrt doch eine solche Bindung nicht aller praktischen Bedeutung; es können z. B. Kosten entstehen und das nötige Geld muß beigetragen, ausgegebenes Geld muß erstattet werden. Offenbar liegt darin ein Gesellschaftsverhältnis. Von einem Verein kann doch wohl keine Rede sein. Nach Lehmann-Ring § 200[1] wäre es weder das eine noch das andere: die Beteiligten sind nicht rechtlich durch Gesellschaftsvertrag, sondern tatsächlich durch Gemeinschaft des Interesses verknüpft, nur hat das Gesetz wegen dieser Gemeinschaft die Beteiligten vorweg als Mehrheitsverband organisiert. Das hätte, um verständlich zu sein, weiterer Ausführung bedurft. Was für eine Organisierung zu einem Mehrheitsverband soll das sein und worauf anders, wenn eine solche da ist, könnte das beruhen, als auf dem gemeinschaftlichen rechtsgeschäftlich gegenseitig erklärten Willen der Verbundenen? In das zweite Stadium tritt das Rechtsverhältnis mit dem Abschluß des Vertrages gemäß § 182, mag darin schon die Errichtung der A-Gesellschaft liegen, wie das Gesetz es nennt, oder noch nicht. Jetzt hat das Konsortium ein Ziel erreicht, aber noch nicht das letzte. Jetzt sind die Konsortialen unter allen Umständen einander gesellschaftlich verpflichtet. Und war es früher schon Gesellschaft, so ist es auch jetzt noch dieselbe Gesellschaft, nur ihrem Ziel einen Schritt näher gekommen. Aber noch nicht an ihr Ziel. Von der A-Gesellschaft, welche geschaffen werden soll, ist noch nichts vorhanden. Die „errichtete Gesellschaft" des Gesetzes ist ein reiner Konstruktionsbegriff. Irgend etwas Reales, das etwas anderes wäre, als die Gesellschaft der Gründer, entspricht ihm nicht. Allerdings behauptet Hachenburg GGmbH § 11[1], daß letzteres von den juristischen Begriffen überhaupt gelte; er sagt: die sogenannte Vorgesellschaft und die Gesellschaft selbst sind lediglich Gestaltungen des Rechts, sie werden niemals physisch real. Aber das ist gegenüber der Tatsache, daß Tausende dieser Gesellschaften existieren und ihre Vorgesellschaften dann wohl auch einmal existiert haben, unverständlich. Als wenn die Dinge dadurch aufhörten, real zu sein, daß wir sie im Begriff erfassen. Aber der Unterschied zwischen realen Begriffen und reinen Gedankendingen besteht allerdings und die hier aufgestellte Behauptung geht dahin, daß es irrtümlich ist, wenn man hinter der errichteten Gesellschaft irgendeine Spur von Substanz, nicht der Gründergesellschaft, sondern der künftigen und beabsichtigten A-Gesellschaft sucht. Es ist so, daß erst mit der Eintragung der Gesellschaft in das Handelsregister die A-Gesellschaft da ist, nicht einen Augenblick früher, jetzt aber fertig und gerüstet, wie Athene aus Jupiters Haupt. Jetzt hat die Vorgesellschaft ihr Ziel erreicht und kann verschwinden, kann aber auch noch bleiben und pflegt das in Gestalt einer Liquidationsgesellschaft zu tun, wenn die Gründer sich noch auseinandersetzen müssen. Nichts zeigt deutlicher, daß die A-Gesellschaft als etwas ganz Neues auftritt, als diese Erscheinung der als Liquidationsgesellschaft nebenher laufenden Gesellschaft der Konsortialen. So scheiden sich denn auch in einem andern Punkte die Dinge ganz scharf. Die A-Gesellschaft ist ein Verein im Sinne des BGB, die Vorgesellschaft ist weder in diesem Stadium ihrer Liquidation noch jemals vorher Verein gewesen, sondern immer ganz typische Gesellschaft. Vgl. hierzu Brodmann GGmbH § 1[3] RG 58, 55; 82, 290, Recht 1910, 4076, LZ 1910, 872 (Bamberg). Nach Schreiber, Die Kommanditgesellschaft a. A. S. 64, wäre die Vorgesellschaft weder Gesellschaft noch Verein, als welche beide als in sich fertige und endgültige Rechtsformen gedacht seien, während das wichtigste Charakteristikum der Vorgesellschaft gerade ihre Unfertigkeit sei. Das zeigt nur, in welche Verlegenheit man gerät, wenn man die Vorgesellschaft sich als die werdende A-Gesellschaft denkt. Denn Schreiber ist nun in der Subsumtion dieses Begriffes der Vorgesellschaft ratlos. In Wahrheit ist die Vorgesellschaft ein ganz normales und typisches Gebilde, bestens auf dem Weg zu seinem Ziel, nahe vor seinem Ende freilich, das aber seine Bestimmung ist, wie jede Gesellschaft, welche auf die Erreichung eines ganz bestimmten Zweckes gerichtet ist, z. B. auf den Bau eines Hauses, ein Ende hat, wenn das Haus fertig ist. Zutreffend RFH 2, 197; zwiespältig dagegen RFH 11, 258.

Wenn in RG 82, 290 gesagt wird: Bei der Vorgesellschaft und der eingetragenen Gesellschaft handelt es sich nicht um verschiedene Vereinigungen, sondern um dieselbe Vergesellschaftung in verschiedenen Entwicklungsabschnitten, unterschieden nur im Punkt der Rechtsfähigkeit, so mag das als Beschreibung hingehen, obwohl nicht einzusehen ist, warum nicht auch von der Gesellschaft in der Zeit vor der „Errichtung" im Verhältnis zum nächsten und dann auch im Verhältnis zum letzten Stadium dasselbe gelten müßte. Aber wenn fortgefahren wird: die werdende Gesellschaft ist mit der eingetragenen das gleiche Rechtsgebilde, was sich namentlich daraus ergibt, daß die für die Vorgesellschaft im Zwischenstadium entstandenen Rechte und Pflichten ohne weiteres, ohne besonderen Übertragungsakt auf die eingetragene Gesellschaft übergehen, so erscheint der Vordersatz ebenso anfechtbar, wie der Nachsatz zweifellos nicht richtig ist. Forderungen und Schulden der Gründergesellschaft gehen nicht nur nicht ohne weiteres auf die A-Gesellschaft über, sondern gehen diese überhaupt nichts an. ROHG 20, 207; wie RG a. a. O. RG 87, 249; unscharf ROHG 4, 310; OLG 6, 486 (Colmar). Die Gründer müssen sich wohl hüten, Grundstücke, welche in die Gesellschaft eingebracht werden sollen, für ihre Gesellschaft, gleichviel in welchem Stadium ihrer Entwicklung, zu erwerben, wollen sie nicht die Abgaben zweimal zahlen JW 1900, 414[12]; vgl. auch JW 1906, 773[43]. Es ist noch etwas anderes, wenn ein organisierter, nicht rechtsfähiger Verein in das Vereinsregister eingetragen wird, wodurch er juristische Person wird; hier ist kein Grund, an der Identität als Prozeßpartei (§ 50 II ZPO) zu zweifeln, RG 85, 256 (daß materiellrechtliche Bedenken bestehen, wird im Urteil S. 260 angedeutet). Auch bei der Genossenschaft liegt es noch wesentlich anders RG 39, 25.

b) Das ist der springende Punkt. Wie kommt die A-Gesellschaft zu ihrem Vermögen, zu Rechten und zu Verbindlichkeiten, die sie mit auf die Welt bringt. Und da ist eines sicher. Auf keinen Fall dadurch, daß sie ohne weiteres in die Rechte und Verbindlichkeiten der Gründergesellschaft eintritt, gleichviel in welchem Stadium der letzteren deren Rechte oder Pflichten entstanden sind. Die Hauptquelle der Rechte und Verbindlichkeiten der Aktiengesellschaft ist der Gesellschaftsvertrag nach §§ 182 ff., in welchem die Parteien nichts für sich und ihre Gesellschaft sondern alles für die künftige, juristisch ihnen gegenüber stehende Gesellschaft bedingen, bedingen nicht für sich, weder für sich in Gegenwart noch für sich in Zukunft, sondern für einen Anderen. Was in dieser Beziehung die Gründer mit Wirksamkeit für und gegen die künftige A-Gesellschaft bestimmen können, richtet sich nach den aktienrechtlichen Vorschriften. Was insbesondere die Möglichkeit angeht, die Gesellschaft von vornherein mit Verbindlichkeiten zu belasten, so ergibt sich das aus § 186 und § 212. Nur in Verbindung mit Sacheinlagen und Sachübernahmen oder in Verbindung mit Nebenleistungspflichten kann die Gesellschaft mit Schuldverbindlichkeiten belastet werden. Der Abs II des § 186 darf nicht so verstanden werden, als bedeute er eine Einschränkung der Vertragsfreiheit durch die Vorschrift einer bestimmten einzuhaltenden Form. Er erweitert die Vertragsmacht der Gründer. Wenn er nicht bestünde, wäre auch Sacheinlage und Sachübernahme davon abhängig, ob die Gesellschaft nach ihrer Entstehung sie genehmigt oder nach Lage der Sache gehalten ist, sie gelten zu lassen. Nur weil es im § 186 III ausdrücklich zugelassen ist, daß der Gesellschaft Gründungskosten auferlegt werden, kann es geschehen, während die besonderen Vorteile des § 186 I nach richtiger Auslegung des Gesetzes nur das Verhältnis der Gesellschaften untereinander angeht, nicht die Gesellschaft (§ 186 Erl 1 a). Letzteres ist die allgemeine Auffassung allerdings nicht. Man rechnet hierher auch z. B. den Fall, daß ein Aktionär sich ausbedingt, daß er auf 10 Jahre alleiniger Lieferant des Rohmaterials sein soll, dessen das Unternehmen bedarf. Nähere Überlegung zeigt, daß das nicht richtig sein kann. Solcher Vertrag mag für die Gesellschaft günstig sein oder was wahrscheinlicher ist — ungünstig, auf alle Fälle ist es für die Gesellschaft gleichgültig, ob ein solcher Lieferant zugleich auch noch eine Aktie oder mehrere besitzt oder nicht. Es wäre unsinnig, wenn nach dem Gesetz nur in ersterem Falle die Gültigkeit des Vertrages davon abhinge, daß er im Gesellschaftsvertrag abgeschlossen ist, was darauf abzielt, daß alles unter vollkommener Offenheit, für jedermann erkennbar vor sich geht, während im anderen Fall der Abschluß ganz im stillen sollte erfolgen dürfen. Die Wahrheit ist, daß die Gründer überhaupt nicht die Macht haben, einen solchen Vertrag mit einem Dritten, mag er zugleich Aktien übernehmen oder nicht, mit der Wirkung abzuschließen, daß die Gesellschaft unmittelbar verpflichtet wird. Nur mittelbar kann es dazu kommen. Es kann das geschehen im Wege einer Geschäftsführung ohne Auftrag, wo dann die Frage, ob die A-Gesellschaft in die Rechte und Verbindlichkeiten eintritt, auf welche es abgesehen ist, davon abhängt, ob sie das Geschehene genehmigt, Recht 1914, 2748; Staub-Pinner § 200[7]; vgl. RG 105, 229, oder ob sie es nach den Grundsätzen über die Geschäftsführung ohne Auftrag gelten lassen muß. So schon ROHG 20, 210. Denn es besteht allerdings kein Rechtssatz, wonach: „jemand ohne weiteres alle Verträge erfüllen muß, welche ein anderer für ihn abschließt", RG in GZ 47, 104, 209; aber es gelten die Rechtssätze über Geschäftsführung ohne Auftrag auch für und gegen die Gesellschaft, mag sie auch, als das Geschäft unternommen wurde, noch nicht bestanden haben. Man darf mit dieser Frage auch nicht die andere vermengen, inwiefern in solchen Fällen der Handelnde gemäß Abs I Satz 2 persönlich haftet, Recht 1909, 147 (Frankfurt). Beides läuft ganz selbständig nebeneinander her, auch wenn es sich faktisch um einen und denselben Tatbestand handelt. — Forderungen können die Gründer für die Gesellschaft auch durch Vertrag zugunsten Dritter begründen, RG 24, 23. — Ein zweiter Weg ist dadurch eröffnet, daß schon vor der Entstehung der A-Gesellschaft für sie ein Vorstand bestellt werden kann und auch bestellt werden muß. Er ist berufen, die Interessen der künftigen Gesellschaft wahrzunehmen, und zweifellos befugt, innerhalb gewisser Grenzen für die Gesellschaft nicht nur Rechte zu erwerben, sondern auch Verpflichtungen einzugehen. Zweifelhaft ist nur, welchen Umfang diese Vertretungsmacht hat. Daß das nicht, wie bei bestehender A-Gesellschaft die unbeschränkte Vertretungsmacht gemäß §§ 231, 235 II sein kann, wird allgemein anerkannt und jedenfalls steht das Reichsgericht — sicherlich mit Recht — auf dem Standpunkt, daß in diesem Stadium das, was der Vorstand die Macht hat, Dritten gegenüber zu tun, nicht mehr sein kann, als was er der Gesellschaft gegenüber berechtigt und berufen ist zu tun. Nur darin versieht es das Reichsgericht, daß es in letzterem Punkt dem Vorstand — oder, was dasselbe bedeutet, dem Geschäftsführer der werdenden Gesellschaft mbH — die Hände zu sehr bindet, wenn es annimmt, der Vorstand sei nur zu den Rechtsgeschäften ermächtigt, welche erforderlich sind, damit der Gründungsvorgang zu Ende geführt werden kann, RG 32, 97; 83, 370; JW 1922, 94[7]; besonders eng JW 1905, 31[48], wo alle Rechtsgeschäfte ausgeschlossen werden, welche den künftigen Geschäftsbetrieb angehen. Ebenso RG in LZ 1912, 666, 50; Staub-Pinner § 200[5]; dagegen Hachenburg in JW 1924, 199, wonach alle Rechtsgeschäfte verbindlich sind, welche die künftige Geschäftstätigkeit vorbereiten. Aber daran hat die Rechtsprechung, auch die des Reichsgerichts nicht durchaus festgehalten, RG in JW 1903, 342[4]: „In den Kreis dieser Geschäfte fällt auch die Ausstattung der Zuckerfabrik, zu deren Betrieb die A-Gesellschaft ins Leben gerufen werden soll, mit den erforderlichen Ansprüchen auf Lieferung von Rüben, und im Verhältnis zur Gesellschaft können die Gründer sehr wohl in jenem Geschäftskreis als ihre Vertreter aufgefaßt werden" (sodaß über die mit den Gründern geschlossenen Verträge dem Vorstand der Eid zugeschoben werden kann). Ferner Recht 1907, 3212 (Frankfurt): „Es können vor Entstehung der Gesellschaft Bestellungen so erfolgen, daß nur diese für den Fall ihrer Eintragung in das Handelsregister berechtigt und verpflichtet sein soll und wird; ohne Bedeutung ist hierbei, ob der Gesellschaftsvertrag schon geschlossen war; entscheidend ist nur, ob der Handelnde sie erkennbarerweise namens der Gesellschaft bestellt hat und ob er hierzu von sämtlichen Gesellschaften oder den schon bestellten Organen der künftigen A-Gesellschaft beauftragt war." S. auch Recht 1909, 147 (Frankfurt). In RG 58, 55 wird als eine zur Entstehung der Gesellschaft notwendige Maßregel die Einforderung weiterer Einzahlungen anerkannt, weil das bisher eingezahlte Geld nahezu verbraucht war. Vgl. auch RG 85, 260; Makower § 200 II a, 2. Unzulänglich auch Behrend, Lehrbuch § 114: Die Versuche, den Eintritt (der A-Gesellschaft in Rechte und Verbindlichkeiten) auf der Grundlage der Stellvertretung, Geschäftsführung ohne Auftrag, Vertrages zugunsten Dritter festzusetzen, können nur als eine Verwertung mehr oder weniger zutreffender Analogien in Betracht kommen, bringen aber den entscheidenden Gesichtspunkt nicht zur Geltung (woran nur richtig ist, daß nicht alle Fälle auf eine einzige dieser Geschäftsformen zurückgeführt werden können (vgl. RG 32, 97 einerseits, ROHG 10, 202; 20, 210 anderseits; Recht 1907, 3421), dieser (entscheidende Gesichtspunkt) besteht darin, daß die juristische Person nicht anders als dem Gründungswillen entsprechend ins Leben treten kann; die Begründung besonderer Rechte und Pflichten bildet einen Bestandteil des Schöpfungsakts, eine Modalität ihrer Entstehung. So auch RG 24, 21 und die dortigen Zitate RG 2, 203; 5, 20; 21, 244; JW 1900, 414[12]. Das ist überhaupt keine Theorie, wofern man von einer solchen verlangt, daß sie die Erscheinung erklärt, d. h. auf anerkannte Rechtssätze und Rechtsbegriffe zurückführt. Was hilft aller Schöpfungswille, wenn die Schöpfungsmacht nicht da ist. Dazu, daß die Fabrik des B. Eigentum der A-Gesellschaft wird, oder daß die A-Gesellschaft mit der Verpflichtung entsteht, 10 Jahre lang ihre Kohlen von C. zu beziehen, verhilft kein Schöpfungswille, wenn nicht der betreffende Vertrag wirksam geschlossen werden kann und geschlossen wird. Was Behrend schildert, ist, soweit es überhaupt zutrifft, das Ergebnis, nicht der Weg zu ihm. — In Wahrheit entspricht auch der hier zum Ausdruck kommende Gedanke, daß die Gesellschaft von den Gründern, denen sie ihr Dasein verdankt, hinnehmen müsse, was diese belieben ihr auf den Weg zu geben, ganz und gar nicht dem Gesetz, das alles Vertrauen auf den Vorstand und den Aufsichtsrat setzt, den Gründern mit ausgesprochenem Mißtrauen begegnet.

Soweit die A-Gesellschaft mit Rechten ausgestattet werden soll, welche die Gründergesellschaft — sei es nun vor Errichtung der A-Gesellschaft oder nach ihr — für sich erworben hat, kann das nur auf rechtsgeschäftlichem Wege geschehen. Forderungen müssen übertragen, Sachen übereignet, bewegliche Sachen übergeben, Grundstücke aufgelassen werden. Nach früherem preußischem Recht, als noch die Auflassung erst zugelassen wurde, wenn unmittelbar im Anschluß daran die Umschreibung im Grundbuch sich anschließen konnte, war es ausgeschlossen, das Übereignungsgeschäft vor Entstehung der Gesellschaft zu tätigen. Jetzt steht nichts im Wege, im voraus und auf den Fall der Entstehung der Gesellschaft hin die Auflassungserklärung abzugeben, Staub-Pinner § 200[6]; OLG 6, 487 (Colmar); ZBlfG 2, 731. — In JW 1914, 591[18] ist ausgesprochen, daß in der Überbewertung von Sacheinlagen eine unerlaubte Handlung gemäß § 826 BGB liegen kann, aus welcher die Gesellschaft (GmbH) ohne weiteres mit ihrer Entstehung den entsprechenden Ersatzanspruch erwirbt. Anders SeuffArch 64, 161 (München).

Steuerrechtlich ist die Eintragung der Gesellschaft in das Handelsregister nicht schlechthin entscheidend; als wirtschaftlich entstanden muß man die Gesellschaft vielmehr dann ansehen, wenn der ihre Rechtsbeziehungen regelnde Vertrag abgeschlossen ist und auf Grund dieses Vertrages die geschäftliche Betätigung dieser Gesellschaft begonnen hat, RFH 12, 326 (wie ja auch umgekehrt der Steuerfiskus Auflösung und Liquidation der Gesellschaft nicht gelten läßt, wenn tatsächlich der gewerbliche Betrieb fortgesetzt wird). — Anderseits liegt in der Einzahlung der ersten Rate der Einlage noch nicht die „Ausführung" des Gesellschaftsvertrages, RFH 7, 255.

2. a) Ein schlagender Beweis, daß jedenfalls das Gesetz nicht auf dem Boden der in voriger Erl. bekämpften Lehre von der Identität von Vorgesellschaft und A-Gesellschaft steht, ist der Satz 2 des Abs I. Die Vorgesellschaft — vor wie nach „Errichtung" der Gesellschaft — kann gar nicht vermeiden, vielfach in Rechtsbeziehungen zu Dritten zu treten. Es entstehen Kosten für Reisen und Tagegelder, es gilt zu prüfen, zu untersuchen, zu korrespondieren, Sachverständige zu hören, einen Notar heranzuziehen, man verschafft sich eine Option, schließt vorbereitende und auch endgültige Verträge. Wer hier im einzelnen Fall Vertragspartei ist und haftet, ist nach den Sätzen des Schuldrechts, namentlich auch des Gesellschaftsrechts nach BGB zu entscheiden. Auf keinen Fall haftet persönlich, wer als Bevollmächtigter aller oder einiger der Gesellschafter auftritt, mag nun die Gesellschaft bereits errichtet sein oder nicht. Gerade weil er, wie es im Gesetz hier lautet, im Namen der Gesellschaft handelt, haftet er nicht persönlich, wenn er die Vollmacht dazu hatte. Es muß also die Gesellschaft, von welcher gegenwärtige Vorschrift spricht, eine andere sein als das Konsortium und die Vorgesellschaft. Es kann auch nicht an die Fälle gedacht sein, wo, wie bei Sacheinlage und Sachübernahme die Verträge so geschlossen werden, daß die künftige A-Gesellschaft unmittelbar daraus berechtigt und verpflichtet wird. Alle diese Verträge stehen unter der Rechtsbedingung, daß die Gesellschaft zur Entstehung kommt, und es ist nicht die Meinung des Gesetzes, daß, wenn es dazu nicht kommt, die Gründer, welche den Vertrag geschlossen haben, ihrerseits ihn erfüllen müssen. In diesen Fällen werden die Verträge eben nicht im Namen derjenigen Gesellschaft geschlossen, von welcher hier die Rede ist. Nur wenn also vor Eintragung der Gesellschaft in das Handelsregister im Namen dieser A-Gesellschaft gehandelt wird, ist der Tatbestand der Vorschrift gegeben. Es braucht das nicht ausdrücklich gesagt zu sein, aber es muß unzweideutig erhellen. Der Hauptfall wird immer sein, daß man vorschnell mit dem beabsichtigten Geschäftsbetrieb beginnt, Recht 07, 3212, sei es zusammenhängend oder mit einzelnen Geschäften, z. B. dem Ankauf von Rohmaterial, der Anschaffung eines Warenlagers, RG 39, 25. Im Grundgedanken übereinstimmend Behrend, Lehrbuch § 109, dem aber im übrigen Rechtsprechung und Rechtslehre mit Recht nicht gefolgt sind. So sind es hauptsächlich die Mitglieder des Vorstandes, welche die Sache angeht.

b) Es handelt sich um eine ganz positive Vorschrift rechtspolizeilicher Natur, nicht um einen aus dem Wesen der Stellvertretung gewonnenen Satz, namentlich nicht um eine Anwendung des § 179 BGB auf den Sonderfall (vgl. den entsprechenden positiven Rechtssatz in § 54 II BGB). Es kommt daher nicht darauf an, daß der Gegner wußte, daß die Eintragung noch nicht erfolgt war (vgl. § 179 III BGB), RG 47, 1; 55, 305; vgl. RG 39, 25; 70, 296; Gruch 46, 855 (heute kaum noch bestritten). Dagegen fällt die Haftung des Handelnden fort, wenn die Genehmigung der künftigen Gesellschaft vorbehalten bleibt, RG 32, 99, und es ist auch da, wo das nicht ausdrücklich gesagt worden ist, Frage der Auslegung, ob nicht der Vertrag von beiden Teilen so gemeint war, RG 47, 3; 116, 12; vgl. auch RG 72, 403; Recht 07, 3212. Zu weit gehend Staub-Pinner § 200[8]. Überhaupt kann der Gegner auf diese Haftung des Handelnden zichten, auch im voraus, entweder so, daß sie ganz in Fortfall kommen soll, oder dann, wenn die Gesellschaft nach ihrer Entstehung das Geschehene genehmigt, RG in Recht 1907, 90. — Es kommt darauf nicht an, ob, als das Rechtsgeschäft geschlossen wurde, die Gesellschaft schon errichtet, überhaupt ein Gesellschaftsvertrag schon fest geschlossen war. Vgl. SeuffA 65, 178; SächsAnnalen 38, 109 (Dresden), aber auch SeuffArch 66, 167; OLG 24, 135 (München); offen gelassen in RG 70, 296 (GmbH); a. A. Staub-Pinner § 200[10] a; OLG 24, 150 (Braunschweig). Es ist auch ohne Bedeutung, daß die A-Gesellschaft nach Entstehung sich bereit erklärt, in den Vertrag einzutreten und das tut (s. hiergegen Sieburg JW 1912, 115), oder überhaupt, daß sie aus einem andern Grunde ebenfalls haftet, RG in Recht 02, 270; 07, 96; Gruch 46, 855; OLG 24, 135; Staub-Pinner § 200[11] d. S. aber auch RG 116, 74. Sie und der

Handelnde haften dann als Gesamtschuldner. Die beiden Schuldverhältnisse bestehen selbständig nebeneinander. Der Gläubiger kann sich dem einen Schuldner gegenüber nicht auf das berufen, was in Realisierung des Vertrages dem anderen zur Last fällt oder ihm gegenüber geschehen ist (Verzug, Rücktritt vom Vertrage, Mängelrüge usw., vgl. RG 72, 405). — Wohl aber unterliegt z. B. der Anspruch aus Kaufgeschäft gegen den Handelnden nicht der kurzen Verjährung nach § 196 I BGB, wenn die Leitung für den Gewerbebetrieb der Gesellschaft bestimmt war. Vgl. RG 75, 203. Anders SeuffBl 73, 252 (München). Dagegen haben sich in solchem Fall die Kaufmannsgerichte für Klagen Angestellter gegen den Handelnden für unzuständig erklärt. — Anderseits haftet der Handelnde auch dann, und gerade dann erst recht, wenn die A-Gesellschaft nicht zustande kommt, RG 70, 297, es sei denn wiederum, daß die Entstehung der Gesellschaft zur Bedingung gemacht war — ausdrücklich oder hinreichend deutlich durch konkludentes Verhalten; namentlich liegt bei einer im Zusammenhang mit der geplanten Übernahme eines Geschäfts bedungenen Übernahme der Verbindlichkeiten die Annahme nahe, daß das unter der Bedingung hat gelten sollen, daß die Gründung der Gesellschaft zustande kommt, SächsAnn 38, 111; vgl. auch RG in LeipzZ 1911, 550[1]. — Das Recht an einem für die A-Gesellschaft angemeldeten Patent erwirbt, wenn die Gesellschaft nicht zustandekommt, der Anmeldende für seine Person, RPA in DJZ 1912, 1132. Allgemein gilt das aber nicht; der Satz 2 will nur Verbindlichkeiten des Handelnden begründen, nicht Ansprüche, BauerZ 32, 91. — Überall handelt es sich nur um Rechtsgeschäfte, welche namens der A-Gesellschaft mit **Dritten** abgeschlossen werden, nicht um Rechtsgeschäfte der A-Gesellschaft mit ihren Mitgliedern oder deren Rechtsnachfolgern. Vgl. RG 105, 154; JW 1901, 253[12]. — Eine Frage für sich ist, ob der Geschäftsgegner deshalb vom Vertrage zurücktreten kann, weil die A-Gesellschaft noch nicht bestanden hat (**Staub-Pinner** § 200[8]). Darüber besagt gegenwärtige Vorschrift nichts. — „**Handelnder**" ist nicht nur derjenige, welcher unmittelbar tätig wird, sondern auch sein Auftraggeber, mit dessen Wissen und Willen, mit dessen **Einwilligung** die Handlung vorgenommen wird, RG in DJZ 1914, 825; RG 55, 302. Dagegen begründet nachträgliche **Genehmigung** die Haftung nicht, RG 70, 296, insbesondere 302, RG in Recht 09, 110[8]; OLG 14, 362; ferner aber auch RG in LZ 1911, 550; ebensowenig eine **allgemeine** Bevollmächtigung JW 01, 253[12]. Mitglieder des Vorstandes aber, welche einen von ihnen unbesehen schalten und walten lassen, haften als Mittäter. So hat es wohl in OLG 10, 58 gelegen. Als Handelnde können nicht nur Mitglieder des Vorstandes und Aufsichtsrats, auch nicht nur Aktionäre, sondern auch Dritte sich haftbar machen, OLG 24, 135. Anders anscheinend **Brand** § 200, 2 B a. Was den Umfang der Haftung des Handelnden betrifft, so muß auch in dieser Beziehung die entsprechende Anwendung wie des Abs II und III, so auch des Abs I des § 179 ausgeschlossen erscheinen. Jedenfalls primär haftet der Handelnde nur auf Erfüllung, SeuffBl 73, 252; **Goldmann** § 200[9]. A. A. **Lehmann-Ring** § 200[2]; **Makower** § 200 II b 4; **Behrend** Lehrbuch § 109[5].

3. a) Die Anteilsrechte, d. h. die Aktien im Sinn des in der Urkunde verkörperten Rechtsverhältnisses können vor der Eintragung der Gesellschaft nicht wirksam übertragen werden (während Aktienurkunden vor der Eintragung der Gesellschaft überhaupt nicht wirksam ausgegeben werden können, § 209 II). Es entspricht das nur der Rechtslage. Die werdende A-Gesellschaft ist Gesellschaft nach bürgerlichem Recht, und was die gegenwärtige Vorschrift sagt, ist nichts anderes als was der § 719 BGB von der Gesellschaft überhaupt bestimmt: ein Gesellschafter kann nicht über seinen Anteil am Gesellschaftsvermögen verfügen. Der Gesetzgeber macht — ähnlich wie in § 186 IV — die Einschränkung: mit Wirksamkeit **gegenüber der Gesellschaft** sei die Übertragung ausgeschlossen. Das wird so verstanden, als sei die Veräußerung im Verhältnis der Vertragsparteien, namentlich auch im Verhältnis zu deren Gläubigern beiderseits, also im Verhältnis zu allen außer der Gesellschaft wirksam. Aber das ist eine undurchdachte Vorstellung. Es ist etwas ganz anderes, wenn z. B. nach § 223 der Fall eintreten kann, daß der Gesellschaft gegenüber ein anderer als Aktionär gilt, als derjenige, welcher Aktionär ist. Dort ist gar nicht zweifelhaft, wer der Aktionär ist, nur daß neben dem Aktienrecht eine eigentümliche, abgespaltete Legitimation zu ihm einhergeht, aktive und passive (s. Erl 2 zu § 223). Hier will man das Aktienrecht zugleich bejahen und verneinen. So **Makower** § 200 III c, **Ritter** § 200[3]. Dagegen **Staub-Pinner** § 200[15]. Vgl. Erl 6 a zu § 186. Man hat das Verfügungsgeschäft verbieten und zugleich vorsichtshalber ausdrücken wollen — hier mit mehr Recht als im Falle des § 186 IV —, daß der Kausalvertrag, die Zusage, demnächst das Aktienrecht zu übertragen, von dem Verbot nicht getroffen sein soll wie denn auch mit diesem Verbot darüber nichts gesagt ist, ob in dem unwirksamen Verfügungsgeschäft nicht wenigstens das unbedenkliche Kausalgeschäft eingeschlossen liegt. Zu weitgehend **Lehmann-Ring** § 200[3]; **Brand** § 200[3] d. Vgl. D. 128: „Solange die Eintragung nicht erfolgt ist, bilden die Beteiligungen an dem Unternehmen keinen zur Veräußerung geeigneten Gegenstand; übrigens wird die Gültigkeit eines Vertrages, durch welchen der eine Teil lediglich die **Verpflichtung** übernimmt, die von ihm gezeichneten Aktien dem anderen **zu übertragen**, durch die Vorschrift nicht berührt." Damit ist deutlich gesagt, daß das Verfügungsgeschäft selbst allerdings durch die Vorschrift berührt wird.

Unrichtig RG 85, 333 (steuerrechtlich mag es anders liegen, aber dann ist das Urteil nicht richtig begründet). Namentlich muß Makower widersprochen werden, wenn er eine Statutenbestimmung für zulässig erklärt, wonach der A Sachen gegen dem B zu gewährende Aktien einbringt. Das wäre allerdings, wie Makower richtig sagt, kein Verstoß gegen das gegenwärtige Veräußerungsverbot. Aber es wäre auch eine, wörtlich verstanden, undurchführbare Statutenbestimmung. Annehmbar wäre das nur, wenn man in der Lage ist, das Vereinbarte umzudeuten, so daß entweder A für Rechnung und im Namen von B oder umgekehrt B für A handelte. — Dagegen kann eine vor der Eintragung vorgenommene Übertragung gültig werden, wenn sie nach der Eintragung bestätigt wird, RG 86, 155. S. auch LZ 1917, 1261[15].

b) Das Gesetz spricht der Übertragung der Aktienrechte die Wirksamkeit ab. Entsprechend ist auch Verpfändung ausgeschlossen. Das folgt aber nicht aus § 1274 BGB. Vielmehr ergibt es sich daraus, daß das sogenannte Anteilsrecht nicht ein Recht ist, auch bis zur Eintragung der Gesellschaft nicht ein Rechtsgegenstand, sondern ein Rechtsverhältnis. Was die Pfändung von Anteilsrechten betrifft, so kann aus demselben Grunde nur in Frage kommen, ob und wie § 725 BGB anwendbar ist. Man wird den Gläubigern die Pfändung nicht versagen können, wohl aber die Kündigung. Er muß die Entwicklung der Dinge abwarten, ob es zur Eintragung der Gesellschaft kommt und damit zum Pfandrecht an der Aktie. Leistet der Pfandschuldner die vorgeschriebenen Einzahlungen nicht und ist auch der Pfandgläubiger hierzu nicht bereit, dann kann zur Ausschließung des Aktionärs geschritten werden. A. A. Staub-Pinner § 200[17]. — Auch Erwerb zum Gesamtgut BGB § 1438 ist ausgeschlossen, nicht kraft § 1439 das., sondern aus dem eben hervorgehobenen Grunde, weil die „Anteilsrechte" nicht ein Recht, auch nicht ein Vermögensgegenstand, sondern bis zur Entstehung der A-Gesellschaft ein Rechtsverhältnis sind. Im Ergebnis übereinstimmend Makower § 200 III a.

c) Erwerb durch Erbgang findet statt, sofern man annimmt, daß nach Errichtung der Gesellschaft oder auch nach Abschluß des Gründungsvertrages und Zuteilung der Aktie durch den Tod des Aktionärs das Rechtsverhältnis nicht aufgelöst, sondern durch den Erben fortgesetzt wird. Vgl. Erl 1 b zu § 188.

d) Die unwirksame Übertragung wird durch die Eintragung der Gesellschaft in das Handelsregister nicht ohne weiteres wirksam. Der Veräußerer, mag er Gründer oder Zeichner sein, ist und bleibt ersteren Falles Gründer, in beiden Fällen erster Nehmer der Aktie.

e) Unbedenklich ist, vor Entstehung der A-Gesellschaft ein Veräußerungsgeschäft, und zwar ein Verfügungsgeschäft über Aktien unter der Bedingung, daß die Gesellschaft zustande kommt, abzuschließen, RG 85, 333.

f) Aktien und Interimsscheine können vor der Eintragung der Gesellschaft nicht ausgegeben werden. S. hierzu §§ 209 II, 287 I.

§ 201.

Die Anmeldung der Gesellschaft zur Eintragung in das Handelsregister eines Gerichts, in dessen Bezirke sie eine Zweigniederlassung besitzt[1], ist durch sämtliche Mitglieder des Vorstandes zu bewirken[2].

Der Anmeldung ist der Gesellschaftsvertrag[3] in Urschrift oder in öffentlich beglaubigter Abschrift beizufügen; die Vorschriften des § 195 Abs. 2, 3 finden keine Anwendung.

Die Eintragung hat die im § 198 bezeichneten Angaben zu enthalten[4].

In die Veröffentlichung[5], durch welche die Eintragung bekanntgemacht wird, sind außer dem Inhalte der Eintragung auch die sonstigen im § 182 Abs. 2, 3 und in den §§ 183, 185 bezeichneten Festsetzungen aufzunehmen. Erfolgt die Eintragung innerhalb der ersten zwei Jahre, nachdem die Gesellschaft in das Handelsregister ihres Sitzes eingetragen worden ist, so sind alle im § 199 bezeichneten Angaben zu veröffentlichen; in diesem Falle ist der Anmeldung ein Exemplar der für den Sitz der Gesellschaft ergangenen gerichtlichen Bekanntmachung beizufügen.

Befindet sich der Sitz der Gesellschaft im Auslande[6], so ist das Bestehen der Aktiengesellschaft[7] als solcher und, sofern der Gegenstand des Unternehmens oder die Zulassung zum Gewerbebetrieb im Inlande der staatlichen Genehmigung bedarf, auch diese mit der Anmeldung nachzuweisen. Die Angaben, deren öffentliche Bekanntmachung nach Abs. 4 zu erfolgen hat, sind in die Anmeldung aufzunehmen[8].

1. a) Zweigniederlassung. Der Einzelkaufmann kann — an einem und demselben oder an verschiedenen Orten — mehrere Geschäfte selbständig nebeneinander betreiben. Die A-Gesellschaft kann das nicht. Sie kann wohl tatsächlich etwas Ähnliches durchführen, indem sie ihren Gesamtbetrieb in kaufmännisch selbständig gehaltene Zweige zerlegt. Aber rechtlich und in der Buchführung, wenigstens in der Aufstellung der vorgeschriebenen Bilanz auch tatsächlich, kann sie von der Einheitlichkeit des Ganzen nicht abgehen. Dagegen kann wie der Einzelkaufmann, so auch die A-Gesellschaft ein und dasselbe Geschäft zugleich an mehreren Stellen führen, in Gestalt von Haupt- und Zweigniederlassung. Die Hauptniederlassung ist diejenige, welche die übrigen Niederlassungen an Umfang und Bedeutung überragt. Es kann nach den tatsächlichen Verhältnissen beim Einzelkaufmann der Zweifel auftreten, welche der mehreren Niederlassungen das ist. Bei der A-Gesellschaft sind in dieser Beziehung Zweifel von vornherein ausgeschlossen. Sie muß im Gesellschaftsvertrag den Ort ihres Sitzes bestimmen, und damit ist denn auch die Hauptniederlassung deklariert. Von ihrem Standpunkt aus, daß die A-Gesellschaft den Ort ihres Sitzes frei bestimmen kann, kommt die herrschende Lehre notwendig zum Schluß, daß Hauptniederlassung der A-Gesellschaft die Niederlassung am Orte ihres Sitzes auch dann ist, wenn diese gegen die übrigen Niederlassungen an Bedeutung gleichviel wie weit zurücksteht, und daß die Gesellschaft, wenn sie am Ort ihres Sitzes überhaupt keine Niederlassung hat, ihre gesamtes Geschäft ausschließlich in Zweigniederlassungen betreibt, KGJ 39, 117; LeipzZ 1915, 147. Mag dann auch von einem dieser Plätze aus die Zentralverwaltung geführt werden, so begründet das doch für diesen Platz nicht einen allgemeinen Gerichtsstand der A-Gesellschaft nach § 17, sondern nur den nach § 21 ZPO. Praktisch wichtiger ist die begriffliche Abgrenzung der Zweigniederlassung gegen die bloßen Geschäftsstellen, örtliche Errichtungen, welche lediglich dazu dienen, rein tatsächlich den Geschäftsverkehr mit dem Publikum zu erleichtern, örtlich auszudehnen u. ä. m. Auslieferungslager, Depositenkassen der Banken, Annahmestellen u. ä. S. hierzu Silberschmidt in GZ 82, 271. Hierüber spricht sich ROHG 14, 402 aus: „Das Hauptkriterium für das Dasein einer Handelsniederlassung ist, daß in ihr Geschäfte abgeschlossen werden, und zwar nicht nur nebensächlich, den Abschluß oder die Ausführung der wesentlichen Geschäfte unterstützend und erleichternd, sondern wesentlich zu dem eigentlichen Geschäftsganzen der Hauptniederlassung gehörend, und zwar nicht lediglich nach den von der Hauptniederlassung genau gegebenen Anweisungen oder nach bestimmten Schematen des Vertragsinhalts, sondern mit einer gewissen Freiheit und Selbständigkeit der Entschließung." Oder kürzer ROHG 17, 315: „Es muß die Einrichtung eine dauernde und dazu bestimmt sein, daß unmittelbar von ihr aus und durch sie ein Teil derjenigen Rechtsgeschäfte abgeschlossen wird, welche den wesentlichen Inhalt der gewerblichen Tätigkeit der Gesellschaft ausmachen." Oder, um mit RG 42, 380; 50, 429 zu sprechen, „es genügt nicht die Vollmacht zu nebensächlichen oder nach genau gegebenen Anweisungen zu erledigenden Geschäften." S. ferner KGJ 18, 17; 28, 211. Dagegen kommt es auf den Umfang des Geschäftsbetriebes nicht an KGJ 27, 210. — Hat aber der Kaufmann eine Zweigniederlassung in das Handelsregister eintragen lassen, so kann er sich gutgläubigen Dritten gegenüber nicht darauf berufen, daß es sich nur um eine Geschäfts- oder Fabrikationsstelle handle, RG 50, 429.

b) Daß die Firma der Zweigniederlassung die gleiche sein muß, wie die der Hauptniederlassung, richtiger wie die des Geschäfts überhaupt, ist im Gesetz nicht ausdrücklich gesagt, aber selbstverständlich. Bei der A-Gesellschaft kann es darum nicht anders sein, weil diese überhaupt nur unter einer Firma im Geschäftsverkehr auftreten kann. Es steht aber nichts im Wege, daß die Betätigung innerhalb des Geschäftsbereichs der Zweigniederlassung durch einen entsprechenden Zusatz zur Firma (Filiale Leipzig) gekennzeichnet wird, JW 04, 297[27]; 05, 721[13]; RG 62, 8; OLG 12, 409; RJA 11, 22 (KG). Wird ein solcher Zusatz ständig geführt, so ändert das nichts an der Identität mit der zusatzlosen Firma, hat aber zur Folge, daß Prokura mit Einschränkung auf den Geschäftsbetrieb der Zweigniederlassung erteilt werden kann, § 50 III. Wenn KGJ 12, 34 einerseits diese Beschränkung der Prokura auch für A-Gesellschaften gelten läßt, anderseits die Forderung stellt, daß die Firmen verschieden sein müssen und jener Zusatz hierzu nicht genüge, so liegt darin ein Widerspruch. Die A-Gesellschaft kann immer nur eine Firma führen (so zutreffend KGJ 20, 39). Übrigens ist ja auch das Gegenteil im § 50 III letzter Satz ausdrücklich gesagt. — Eine andere Frage ist, ob die für die zusatzlose Firma erteilte Prokura sich ohne weiteres auf die für die Filiale geführte Firma, also auf den Geschäftsbetrieb der Filiale erstreckt. Auch wenn hierüber Unklarheit besteht, darf deshalb nicht die Eintragung der Filiale in das Handelsregister abgelehnt werden; die Anmeldung der Gesellschaft und die der Prokura sind unabhängig voneinander zu erledigen, OLG 6, 1 (KG). — Die Vertretungsmacht der Mitglieder des Vorstandes kann nicht auf den Betrieb einer von mehreren Niederlassungen beschränkt werden HoldhMS 1, 285; RG 22, 74; RG 21, 47, 410; KGJ 12, 34; 20, 69; OLG 1, 188. S. auch § 182 Erl 8i.

c) Daß der Ort oder die Orte der Zweigniederlassungen im Gesellschaftsvertrag bestimmt werden müssen, ist im Gesetz nicht vorgesehen, nach der herrschenden Lehre auch nicht in Beziehung auf die Hauptniederlassung; denn danach muß nicht der Sitz der Gesellschaft, die im Statut festgesetzt werden muß, der Ort irgendeiner Niederlassung der Gesellschaft sein. S.

§ 182 Erl 9 a. Jedenfalls liegt die Errichtung von Filialen nach dem Gesetz in den Händen des Vorstandes. Es bedarf hierzu nicht eines Beschlusses der Generalversammlung OLG 2, 516[27]; (nach KG in GZ 47, 105, 213 unter der Voraussetzung, daß Errichtung von Filialen im Statut vorgesehen ist; weitergehend ROHG 22, 283). — Eine andere Frage ist, ob der Vorstand nicht der Gesellschaft gegenüber verpflichtet ist (§ 235), nicht vorzugehen, ohne den Aufsichtsrat zu fragen. — Auch ist der Vorstand zur Errichtung von Zweigniederlassungen nicht befugt, wenn darin eine statutenwidrige Erweiterung des Gesellschaftszweckes liegt.

d) Die Zweigniederlassung begründet einen örtlichen Gerichtsstand der A-Gesellschaft nach § 21 ZPO. Das ist nicht davon abhängig, ob sie in das Handelsregister eingetragen worden ist.

2. a) Abs I und II bestimmen über die Form der Anmeldung. Abs III über den Inhalt der Eintragung, Abs IV über den Inhalt der öffentlichen Bekanntmachung gemäß § 10 HGB. — Für die Anmeldung zum Handelsregister gelten zunächst die allgemeinen Bestimmungen §§ 8—16 HGB, insbesondere § 13, §§ 125—144, 194, 19 ff. FGG, sodann die Sondervorschriften des § 201. Die Anmeldung der Gesellschaft beim Gericht der Zweigniederlassung muß erfolgen, sobald die Zweigniederlassung errichtet worden ist, und ist nötigenfalls durch Androhung von Ordnungsstrafen zu erzwingen, § 14 HGB. Sie ist Sache des Vorstandes. Anders als bei der Anmeldung der Gesellschaft beim Gericht ihres Sitzes haben hier die Gründer und Mitglieder des Aufsichtsrats nicht mitzuwirken. Wohl aber müssen ohne Ausnahme alle Mitglieder des Vorstandes — der voll besetzt sein muß — sich beteiligen. Dabei ist Stellvertretung auf Grund rechtsgeschäftlich erteilter Vollmacht hier (vgl. § 195 Erl 3 a) schon deshalb ausgeschlossen, weil diese Anmeldung überhaupt nicht rechtsgeschäftliche Willenserklärung ist. Denn im Gegensatz zur ersten Anmeldung der Gesellschaft wirkt diese Anmeldung nicht konstitutiv. Vgl. § 195 Erl 3 c. A. A. OLG 16, 103 (München); Brand § 201, 6 b. Das Ordnungsstrafverfahren nach § 14 HGB ist nicht gegen die Gesellschaft, auch nicht gegen den Vorstand als solchen, sondern gegen die einzelnen Mitglieder gerichtet. — Eingetragen (und angemeldet) wird nicht so sehr die Zweigniederlassung als vielmehr auch hier die Gesellschaft, KGJ 20, 41. Daher ist unerläßliche Voraussetzung, daß die A-Gesellschaft bereits besteht, d. h. beim Gericht des Sitzes der Gesellschaft bereits eingetragen worden ist. Anderseits kommt eine Eintragung auf Grund § 201 nur in Frage, wenn die Zweigniederlassung sich an einem Ort befindet, welcher nicht im Registerbezirk der Hauptniederlassung (des Sitzes) liegt. Denn anderen Falles ist die Gesellschaft bereits in das zuständige Handelsregister eingetragen, und eine nochmalige Anmeldung hätte keinen Sinn. A. A. Goldmann § 13, 7 c 4. Daß in einem solchen Fall die Zweigniederlassung zum Handelsregister angezeigt werden müßte, ist nirgend vorgeschrieben; der § 29 HGB trifft diesen Fall offenbar nicht; A. A. Staub-Pinner § 201[3]; D 26. Dasselbe gilt, wenn innerhalb eines und desselben Außenbezirks die A-Gesellschaft mehrere Zweigniederlassungen an verschiedenen Plätzen hat; BauersZ 7, 35. Anders LZ 1914, 273[2] (München). Nach § 131 FGG muß die Eintragung der Gesellschaft im Register der Zweigniederlassung (das Gesetz sagt dort die Eintragung der Zweigniederlassung) dem Registergericht der Hauptniederlassung von Amts wegen mitgeteilt werden, das sie in seinem Register „vermerkt". Daraus dürfte sich ergeben, daß auch bei einer Zweigniederlassung im Bezirk der Hauptniederlassung ein solcher — unter allen Umständen zweckmäßiger — „Vermerk" jedenfalls nicht unzulässig ist. Weiter geht KGG 39, 117, wonach — im Hinblick auf die preußische Justizministerial-Vfg vom 7. 11. 1899 — ein solcher Vermerk obligatorisch ist.

b) Wie die Eintragung im Register der Zweigniederlassung zum Register der Hauptniederlassung anzuzeigen ist, ebenso die Löschung, RJA 14, 153. Die Vorstandsmitglieder können durch Ordnungsstrafen angehalten werden, das Eingehen der Zweigniederlassung zum dortigen Register anzumelden, Recht 1915, 2335.

3. Der Anmeldung zum Register der Zweigniederlassung ist beizufügen lediglich:

1. ein Nachweis, daß die A-Gesellschaft bei dem für ihren Sitz zuständigen Registergericht (Gericht der Hauptniederlassung) eingetragen worden ist, also in der Regel eine (beglaubigte) Abschrift der Eintragung (§ 13 III);
2. der Gesellschaftsvertrag in Urschrift oder beglaubigter Abschrift, gegebenen Falles in seiner neuesten Gestalt, KGJ 26, 225. (Zur Beglaubigung eines Statuts in Gestalt eines gedruckten Exemplars s. KGJ eod.);
3. eventuell die in Abs IV letzter Satz bezeichnete Bekanntmachung.

Die eingereichten Urkunden bleiben bei den Akten, § 9 HGB. — Die in § 199 II genannten Urkunden sind nicht einzureichen, HoldhMS 1900, 175.

Sämtliche Mitglieder des Vorstandes müssen ihre Namensunterschrift zur Aufbewahrung auch beim Gericht der Zweigniederlassung zeichnen, § 13 I HGB. Vgl. Erl 7 zu § 195.

4. a) Was den Inhalt der Eintragung angeht, so ist wiederum zu beachten, daß nicht die Zweigniederlassung, sondern die Gesellschaft es ist, welche zur Eintragung gelangt. Eingetragen wird dasselbe wie im Register der Hauptniederlassung. S. hierzu Erl zu § 198. — Daß der Ort der Zweigniederlassung einzutragen wäre, ist nirgend vorgeschrieben, wird aber von Staub-Pinner § 201[7], Ritter 201[4] angenommen, wäre ja auch nur zweckmäßig und ist jedenfalls

wohl nicht unzulässig. — Aus § 13 HGB ist zu entnehmen, daß Prüfungsrecht und Prüfungspflicht des Registerrichters an und für sich hier die gleichen sind wie bei der Anmeldung der Gesellschaft zum Register ihres Sitzes, BayerZ 23, 213. Naturgemäß gilt das aber insoweit nicht, als die Eintragung am Sitze der Gesellschaft, die vorausgegangen sein muß, konstitutiv wirkt; insoweit hat die Anmeldung zum Register der Zweigniederlassung ihre Grundlage in jener Eintragung RGJ 23, 89; 27, 210, 212; 31, 175; 33, 118; 44, 137; OLG 14, 333; RJA 6, 198; 8, 109. Daher wird man, auch wenn nach HansGZ 20, Hauptbl 200 der Richter die Zulässigkeit der Firma der Zweigniederlassung selbständig zu prüfen hat, das bei der A-Gesellschaft nicht annehmen können, wo die Firma auf dem Statut beruht. Nur über einen wegen der örtlichen Verhältnisse etwa erforderlichen Zusatz hätte er zu entscheiden. — Wohl hat auch der Richter der Zweigniederlassung die Gründe der Nichtigkeit der Gesellschaft zu beachten; er braucht aber bei der Prüfung nicht so streng zu verfahren wie der Richter der Hauptniederlassung; er muß sich die Frage vorlegen, ob die Sachlage danach angetan ist, die Gesellschaft von Amts wegen zu löschen OLG 43, 292, 301 (KG). Weiter geht das Kammergericht in der neueren Entscheidung bei Ring I 218, wonach der Richter der Zweigniederlassung insofern ein selbständiges Prüfungsrecht hat, als es sich nicht um das Zustandekommen des Beschlusses (Statutenänderung) handelt, sondern um die inhaltliche Zulässigkeit desselben. — Ähnlich ist die Stellung des Richters, wenn die Gesellschaft ihren Sitz in einen anderen Gerichtsbezirk verlegt, RJA 12, 136. — Der Richter darf die Eintragung aus dem Grunde nicht ablehnen, weil es sich anscheinend um die Hauptniederlassung handelt, GKJ 13, 42; dagegen hat er die Frage, ob die Einrichtung eine Zweigniederlassung darstellt, zu entscheiden, wenn sie aufgeworfen wird, KGJ 22, 92. — Eintragungen, welche sich ausschließlich auf die Zweigniederlassung beziehen, sind auch nur hier, jedenfalls aber hier zuerst vorzunehmen, LeipzZ 1915, 147. — Soweit das Prüfungsrecht geht, kann der Registerrichter des Zweiggeschäfts gegebenen Falles unabhängig vom Register des Hauptgeschäfts eine als unzulässig erkannte Eintragung von Amts wegen löschen, KGJ 44, 137.

b) Auch alle weiteren, im Gesetz vorgeschriebenen Eintragungen in das Handelsregister wie **Veränderung in der Person** oder in der **Vertretungsbefugnis der Vorstandsmitglieder** und der **Mitglieder des Aufsichtsrats** (KGJ 28, 47), **Statutenänderung, Auflösung** und Liquidation sind in gleicher Weise wie zum Register der Hauptniederlassung, nachdem es hier zur Eintragung gekommen ist, zum Register der Zweigniederlassung anzumelden § 13 I, II; s. auch § 286. Im allgemeinen gilt das gleiche auch von den vorgeschriebenen Einreichungen; Ausnahmen s. in §§ 207 IV ², 234 II ², 265 II ², 267 II ², 286 Satz 2, 296 II ².

5. Was die **öffentliche Bekanntmachung** der Eintragung (§ 10) angeht, so ist zu unterscheiden, ob die Eintragung in das Register innerhalb der ersten 2 Jahre nach Eintragung der Gesellschaft in das Register ihres Sitzes (also nach ihrer Entstehung) erfolgt oder später. (Das Datum der Eintragung der Zweigniederlassung ist entscheidend, nicht das ihrer Entstehung und nicht das der Anmeldung.) Ersteren Falles muß die Bekanntmachung hier ebenso ausführlich sein wie dort. Ein Exemplar dieser dort ergangenen Bekanntmachung ist hier der Anmeldung beizufügen. Ob auch die in § 199 II vorgeschriebene Eröffnung betr. Gelegenheit zur Einsichtnahme des Gründungs- und anderer Berichte erfolgen muß, ist bestritten, aber doch wohl anzunehmen. Anders HoldhMS 1900, 176 (selbstverständlich ist bekanntzumachen, daß beim Gericht am Sitze der Gesellschaft die Einsicht genommen werden kann). Bei späteren Eintragungen fällt die Bekanntmachung der Satzungsbestimmungen über Sacheinlagen und überhaupt über qualifizierte Gründung usw. (§ 186 I-III), über den Emissionskurs der Aktien, die Bekanntmachung der Gründer und der Mitglieder des ersten Aufsichtsrats, sowie die Bekanntmachung der zur Einsichtnahme beim Gericht liegenden Berichte und sonstigen Schriftstücke fort.

Die Neuerungen des § 201 durch die Novelle von 1900 finden auch auf ältere A-Gesellschaften Anwendung, wenn es sich um Änderungen und deren Anmeldung aus der Zeit nach Inkrafttreten der Novelle handelt. Unrichtig HoldhMS 9, 239. Noch weiter geht SächsAnn 1887, 409 (Dresden), wo das Verlangen, die bereits erfolgten Eintragungen zum Register der Zweigniederlassung nach Maßgabe der neuen gesetzlichen Vorschriften nachträglich zu ergänzen, für gerechtfertigt erklärt wird.

6. a) **Ausländische A-Gesellschaft.** Während der natürliche Mensch seinen Wohnsitz im Ausland begründen und haben kann, fallen bei der juristischen Person und also auch bei der A-Gesellschaft Sitz — der nichts anderes ist, als was für den natürlichen Menschen sein Wohnsitz — und Staatsangehörigkeit notwendig zusammen. Es ist bestritten, ob einer juristischen Person überhaupt Staatsangehörigkeit zugelegt werden kann. Aber daran ist nur richtig, daß die Staatsangehörigkeit des natürlichen Menschen eine Anzahl von Rechten und Rechtsbeziehungen mit einschließt, welche der juristischen Person unzugänglich sind. Das schließt aber nicht aus, daß im übrigen die rechtliche Zugehörigkeit zu einem bestimmten Staat und die daraus sich ergebenden Rechtsfolgen für die juristische Person ebenso notwendig sind, wie für die natürliche. In der Frage, nach welchem Moment diese Staatsangehörigkeit einer juristischen Person, insbesondere einer korporativen Handelsgesellschaft sich entscheidet, sind an und für sich zwei gegensätzliche

Prinzipien denkbar. Es könnte sich das richten entweder nach dem Sitz der Gesellschaft oder nach der Staatsangehörigkeit ihrer Mitglieder. Die letztere Theorie scheitert daran, daß die Mitglieder verschiedener Nationalität sein können, und einigermaßen behoben, aber keineswegs beseitigt wird diese Schwierigkeit durch die Modifikation des Grundsatzes in der Gestalt der Kontrolltheorie, wonach es ankommen soll auf die Nationalität der Mehrheit der Mitglieder oder auf die Nationalität derjenigen Mitglieder der Gesellschaft oder ihrer Organe, welche die Macht über die Gesellschaft in Händen haben, was ein ganz unsicherer und wechselnder Faktor ist. Ganz überwiegend hat sich daher die Theorie den Satz zu eigen gemacht, daß das Entscheidende der Sitz der Gesellschaft ist. Und daran wird auch dadurch nichts geändert, daß in Kriegszeiten, wo es gilt Prisen zu machen nicht nur zur See, sondern nach neuestem Völkerrecht auch auf dem Festland die Kontrolltheorie da wieder zur Anerkennung kommt, wo sie zum Nachteil der feindlichen Staatsangehörigen ausschlägt. (Vgl. Haußmann Die Tochtergesellschaft 47 ff., der dieser Rechtsprechung ein Gewicht beilegt, das ihr nicht zukommt. S. auch Liquidationsschädengesetz vom 20. 11. 1923 § 13[IV], der sich aus dem Zweck des Gesetzes erklärt.) Soll aber der Sitz der Gesellschaft das entscheidende Moment sein, so kann das nur der Sitz im Sinne der Zivilprozeßordnung sein und nicht der Sitz im Sinne des Bürgerlichen Gesetzbuchs, wie die herrschende Lehre dieses auffaßt. (Vgl. Erl 9 zu § 182.) Nach der herrschenden Lehre würde eine Gesellschaft in England, welche dort ein Bergwerk betreibt, Berlin als ihren Sitz bestimmen können. Es würde eine westfälische Bergwerksgesellschaft, der das preußische Bergrecht unbequem ist, dem entgehen, wenn sie in ihr Statut hineinschreibt, daß Gotha ihr Sitz sei (anders und richtig, aber inkonsequent RG 88, 54). Daß der Sitz in diesem Sinne nicht das Prinzip der Staatsangehörigkeit sein kann, gibt auch die herrschende Lehre zu, RG 21, 1; 83, 367; 88, 54; DJZ 1904, 555; OLG 5, 101; Niemeyer ZIntR 1904, 69 ff., 163 ff., 476 ff.; Mamelok, Die Staatsangehörigkeit der juristischen Personen 35. So sagen denn auch die Worte des Gesetzes: Befindet sich der Sitz der Gesellschaft im Auslande, nichts anderes wie: Ist die Gesellschaft eine ausländische, Staub-Pinner § 178[13]; Quassowski, Zur Frage der Rückverlegung des Sitzes elsaß-lothringischer A-Gesellschaften ins deutsche Inland in Gruch 65, 403 ff.

b) Daraus ergibt sich, daß die Gesetzgebung des Deutschen Reichs nur Macht hat über die A-Gesellschaften, welche in Deutschland ihren Sitz haben. Der § 23 BGB, wonach der Bundesrat berufen ist, einem Verein, der seinen Sitz nicht in einem Bundesstaat hat, die Rechtsfähigkeit zu verleihen, setzt eine Machtvollkommenheit dazu voraus und hat daher oder vielmehr er hatte richtiger Ansicht nach nur für Schutzgebiete und Konsulargerichtsbezirke oder für Kapitulationen Bedeutung. Der Art 10 EG BGB: Ein einem fremden Staat angehörender, nach dessen Gesetzen rechtsfähiger Verein, der die Rechtsfähigkeit im Inlande nur nach den Vorschriften der §§ 21, 22 BGB erlangen könnte, gilt als rechtsfähig, wenn seine Rechtsfähigkeit durch Beschluß des Bundesrats anerkannt ist, trifft Handelsgesellschaften überall nicht, RG 83, 367; Niemeyer a. a. O.; OLG 5, 101 (Kiel); 8, 12 (Hamburg). — Eine nicht unbedenkliche Konzession an die Lehre vom gewillkürten Sitz bedeutet es, wenn in RJA 9, 40 (München) gesagt wird: eine ausländische A-Gesellschaft kann eine inländische Hauptniederlassung (richtiger wohl: ihre Hauptniederlassung im Inland) begrifflich nicht haben; die inländische Niederlassung ist Zweigniederlassung, auch wenn der den Gegenstand des Unternehmens bildende Geschäftsbetrieb ausschließlich im Inlande stattfindet. Man muß den Satz umkehren. Eine Gesellschaft, welche ihre Hauptniederlassung im Inland hat, kann keine ausländische Gesellschaft sein. — So kann denn auch die A-Gesellschaft ihren Sitz in Deutschland nicht aufgeben, ohne zugleich als deutsche A-Gesellschaft sich aufzulösen, RG 7, 69; 88, 54. Überhaupt trägt die Verleihung der Rechtsfähigkeit die zeitliche Begrenzung auf die Dauer ihrer Staatsangehörigkeit in sich.

c) Es versteht sich nicht von selbst, daß ausländische A-Gesellschaften im inländischen Verkehr als Rechtspersönlichkeit anerkannt und zugelassen werden. Wenn es allgemein geschieht, so beruht das auf der comitas gentium, und es ist daher nicht überflüssig, wenn — was häufig geschieht — in Handels- und Freundschaftsverträgen der Staaten es ausdrücklich ausbedungen wird. Vgl. auch GewO § 12. Es ist aber zu beachten, daß damit noch nicht über die Zulassung von Zweigniederlassungen ausländischer A-Gesellschaften im Inland entschieden ist. Es ist ein Unterschied, ob die A-Gesellschaft vom Ausland aus mit dem Inland Handel treibt usw., oder ob sie sich zu diesem Zweck — sozusagen — in das Inland begibt, d. h. sich dort nicht schlechthin, aber mit einer Filiale niederläßt. Nach unserem Recht können die Gesellschafter ihr Innenverhältnis bis zu einem gewissen Grade frei gestalten. Dagegen steht ihnen, was das Verhältnis zu Dritten angeht, nur eine geschlossene Zahl von Gesellschaftsformen zur Verfügung. Es ist ausgeschlossen, daß sie eine A-Gesellschaft nach englischem oder französischem Recht gründen. Und das gilt natürlich nicht nur für Deutsche, sondern auch für Engländer und Franzosen. Und es gilt für sie ohne Unterschied, ob sie im Heimatstaat schon eine Gesellschaft bilden oder nicht, m. a. W. ob die inländische Niederlassung der Ausländer eine Filiale sein soll oder ein selbständiges Unternehmen. (Vgl. Brodmann GGmbH § 12[3].) Streng genommen liegt darin, daß eine ausländische Gesellschaft im Inland eine Niederlassung führt, sei es auch nur eine Filiale, und doch ausländische Gesellschaft bleibt, ein Widerspruch, und es ist wiederum die comitas gentium, veranlaßt durch ein unabweisbares Verkehrsbedürfnis, was darüber hinwegsehen läßt. Man verlangt nicht vollständige Übereinstimmung der Gesellschaftsform, die ja auch kaum einmal vorkommt. Man begnügt sich mit der Übereinstimmung in den wesentlichen Punkten. Anders OLG Hamburg in BauersZ 11, 58; dagegen dasselbe Gericht in NiemeyersZIntR 1904, 69; GZ 37, 549, 91 und 92 (Dresden). Vgl. auch BadRpr 80, 75 (zu § 244 KO); OLG 5, 101 (Kiel). Dabei fehlt es aber an einem sicheren Kriterium dafür, was hier wesentlich ist. Die ganze Frage ist eine Frage der Rechtssicherheit. Es gilt den Schutz des Publikums, nicht desjenigen, welches geneigt wäre, sich als Gesellschafter zu beteiligen. Wer das beabsichtigt, muß sich dem ausländischen Recht fügen. Es handelt sich um diejenigen, welche mit der Filiale in Geschäftsverkehr treten und Kredit gewähren. Sie dürfen der ausländischen Gesellschaft nicht schlechter gegenüberstehen, wie einer deutschen. So würde es nichts ausmachen, wenn das ausländische Recht eine Nachschußpflicht der Aktionäre kennt wie es solche Gesellschaften in England gibt. Daran braucht die Eintragung einer Filiale in Deutschland nicht zu scheitern. Zustimmend Lehmann AR. I 120, wo aber der entscheidende Gesichtspunkt nicht genügend hervorgekehrt wird, was sich dann auch daran rächt, daß die französische société à capital variable der deutschen A-Gesellschaft gleich geachtet wird. Es kommt auf zwei Punkte an. Es muß in gleich wirkungsvoller Weise dafür gesorgt sein, daß das Gesellschaftsvermögen nicht unversehens in die Tasche der Aktionäre abfließt. Hier kommen alle Schutzvorschriften unseres Gesetzbuches in Betracht, z. B. auch das Verbot des Verzichts auf Ersatzansprüche der Gesellschaft gegen die Mitglieder des Vorstandes, die Bestimmungen über das Sperrjahr usw. (vgl. RG 73, 366, wonach bei Herabsetzung des Grundkapitals einer holländischen A-Gesellschaft das holländische Recht und daher inbesondere auch nicht § 289 III auf die Ansprüche deutscher Gläubiger anwendbar ist). Und zweitens muß für eine Vertretung der Gesellschaft gesorgt sein, welche ebenso unbeschränkte Vollmacht besitzt, wie bei uns der gesetzliche Vertreter. In letzterer Beziehung sieht es, da auch in dieser Richtung das Personalstatut der Gesellschaft maßgeblich ist, mit Filialen z. B. englischer A-Gesellschaften in Deutschland übel aus. Denn die Ultra-vires-Theorie des englischen Rechts (die übrigens nicht so sehr die Vertretungsmacht des Vorstandes als vielmehr die Handlungsfähigkeit der Gesellschaft betrifft und nicht unbestritten ist) ist gerade das, was unser Recht entschieden ablehnt. — Das Verkehrsbedürfnis drängt dazu, vor Bedenken dieser Art die Augen zu schließen, die Einsicht in die wahre Rechtslage lehrt aber, wie wichtig und erwünscht es ist, wenn hier die Gesetzgebung eingreift. So bestimmt das italienische HGBuch in Art 230:

Die im Ausland gesetzlich errichteten Gesellschaften, die im Königreich eine Zweigniederlassung oder eine Vertretung errichten, sind den Bestimmungen dieses Gesetzbuchs über die Hinterlegung und die Eintragung, den Aushang und die Veröffentlichung der Errichtungsurkunde, des Statuts, der Rechtsgeschäfte, welche Veränderungen in der einen oder dem anderen bewirken, und der Bilanzen unterworfen; sie müssen außerdem den Namen der Personen, welche solche Niederlassungen leiten oder verwalten oder sonst die Gesellschaft im Staate vertreten, öffentlich bekanntmachen.

Diese Personen haften Dritten gegenüber ebenso wie die Verwalter der inländischen Gesellschaften . . .

Art 231: Die Nichterfüllung der im vorhergehenden Artikel vorgeschriebenen Förmlichkeiten bewirkt für die oben bezeichneten Gesellschaften die für die einheimischen Gesellschaften festgestellten gesetzlichen Folgen und macht in allen Fällen die Verwalter und die Vertreter jeder Art persönlich und als Gesamtschuldner für alle Gesellschaftsverpflichtungen haftbar, jedoch beschränkt auf die Rechtsgeschäfte, welche aus der Ausübung ihrer Befugnisse herrühren.

Über die Eintragung der Filiale wird in dem gleichen Verfahren entschieden wie über die Eintragung inländischer Aktiengesellschaften.

d) Über den Begriff „ausländische Aktie" im Sinne der Stempel- und Steuergesetze s. RG 37, 118; 42, 40; 68, 83.

7. a) Über die Grenzen der Anwendbarkeit des Personalstatuts in Fällen von Statutenkollision s. die zusammenfassende Darstellung bei Lehmann I § 10 a (als Sonderaufsatz im wesentlichen übereinstimmend auch in HoldhMS 6, S. 2 ff.); Mamelok, Die juristische Person im internationalen Privatrecht § 21. v. Bar in Ehrenbergs HH I 345 ff. E. Wolff, Österr. Zentralblatt f. d. jur. Praxis IV 409—431, 473—493. Denzler, Die Stellung der Filiale im internen und internationalen Privatrecht 334 ff. Die Frage nach der Rechts-, Partei-, Prozeßfähigkeit einer ausländischen A-Gesellschaft ist nach dem Recht ihres Sitzes zu beurteilen, RG 83, 367, ZIntR 15, 293. Im deutschen Recht existiert keine Bestimmung, wonach ausländischen A-Gesellschaften verwehrt wäre, als Kläger aufzutreten, ROHG 22, 147. — Auch die Gestaltung der Firma in Anwendung auf die Zweigniederlassung unterliegt dem Personalstatut der Hauptniederlassung. Unentschieden RG 21, 1. Namentlich hat die Vorschrift des § 20 HGB, wonach die Bezeichnung Aktiengesellschaft obligatorisch ist, nur gegenüber deutschen A-Gesellschaften einen Sinn. Lehmann-Ring 201, 10. Gestattet das englische Recht reine Namenfirmen, so hat der deutsche Registerrichter keinen Anlaß, einen Zusatz wie limited zu fordern, und auch nicht das Recht dazu.

S. aber RG 35, 39. Wie hier Wolff a. a. O. 425. A. A. Staub-Pinner § 201[22]. Nur darf in anderer Beziehung die Firma nicht geeignet sein, das Publikum zu täuschen § 18 II HGB, KGJ 42, 160 (in der Tragweite nicht ganz deutlich, weil der Bericht zu dürftig ist). Deutlicher, aber nicht überzeugend KGJ 14, 10, welches den § 18 II auf ausländische Firmen auch insofern anwendet, als es den ein nicht bestehendes Gesellschaftsverhältnis andeutenden Zusatz beanstandet. Dagegen muß die Führung der Firma sich den örtlichen Verhältnissen anpassen. Besteht am Platz bereits eine gleiche oder annähernd gleiche Firma, so muß ein unterscheidender Zusatz beigefügt werden, es darf in der Führung der Firma nicht unlauterer Wettbewerb liegen. — Unterliegen auch die inneren Gesellschaftsrechte im allgemeinen dem Personalstatut, so verhält es sich mit dem Erwerb der Mitgliedschaft anders, wenn Aktien in Gestalt negotiabler Wertpapiere ausgegeben werden. Ankauf, Übereignung solcher Aktien unterliegen dem Recht des Orts, wo sie sich befinden, RG 11, 55. — Die Vorstandsmitglieder einer ausländischen Filiale machen sich gegenüber § 244 KO strafbar, wenn die Bücher der Filiale nicht ordnungsmäßig geführt werden. BadRpr 80 (1914), 75. — Daß die Bücher in Reichswährung geführt werden müssen, ist nirgend vorgeschrieben. Entsprechend wird man auch nicht verlangen können, daß die Bilanz der ausländischen Gesellschaft deshalb in Reichswährung aufgestellt werden muß, weil sie im Inland eine Zweigniederlassung besitzt. — Die ausländische Gesellschaft ist verpflichtet, die inländische Filiale zum Handelsregister anzumelden. Das Ordnungsstrafverfahren gemäß § 14 kann sich aber nur gegen Vorstandsmitglieder, nicht gegen einen Filialvorsteher richten, der nur Handlungsbevollmächtigter ist. So wenigstens OLG 16, 102 (München). — Nach RJA 3, 237 (KG) kann der Registerrichter bei Anmeldung der Filiale einer ausländischen A-Gesellschaft den Nachweis einer Statutenbestimmung über die Form der Bekanntmachungen der Gesellschaft fordern; hiervon sei nur abzusehen, wenn nach dem Personalstatut unausführbar ist, eine solche Statutenbestimmung zu treffen. Ist das zu billigen, so würde es ebenso liegen, wenn das ausländische Recht nicht unbedingt vorschreibt, aber zuläßt, daß ein Aufsichtsrat bestellt wird. D 129 steht wohl mit Recht auf diesem Standpunkt nicht. Ist die Gesellschaft nach ihrem Personalstatut nicht genötigt, einen Aufsichtsrat zu haben, so liegt kein Grund vor, sie dazu zu zwingen, wenn sie in Deutschland eine Filiale errichtet. So auch Wolff aaO S 427. — Die Filiale einer ausländischen A-Gesellschaft ist nicht Handelsniederlassung im Sinne des § 20 des Markenschutzgesetzes vom 30. 11. 74 (jetzt WZG § 23), RG 21, 1. — Die Zweigniederlassung als solche kann nicht im Prozeß auftreten. Partei ist die ausländische Gesellschaft, die den Ausländerkostenvorschuß auch dann leisten muß, wenn sie im Inland eine Filiale besitzt, RG 38, 405.

Allgemeine Einschränkung bestimmt Art. 30 EG BGB, wonach die Anwendung des ausländischen Rechts ausgeschlossen ist, wenn sie gegen die guten Sitten oder gegen den Zweck eines deutschen Gesetzes verstoßen würde, was aber nur vorliegt, wenn die Abweichung vom deutschen Recht so erheblich ist, daß die Anwendung die Grundlagen des deutschen staatlichen oder wirtschaftlichen Lebens angreifen würde, RG 60, 296; 73, 367. Unter diesem Gesichtspunkt hat OLG Frankfurt (BauersZ 15, 153) ausgesprochen, daß auch eine englische A-Gesellschaft nach Auflösung als Liquidationsgesellschaft so lange fortdauert, als noch Vermögen vorhanden ist, obwohl nach englischem Recht die Gesellschaft 3 Monate nach Beendigung der Liquidation verschwindet.

b) Das Bestehen der ausländischen A-Gesellschaft ist Voraussetzung für die Eintragung der Filiale. Es muß dem Gericht durch Vorlegung namentlich des Gesellschaftsvertrages dargetan werden, um welche Gesellschaftsform es sich handelt und daß alle Voraussetzungen erfüllt sind, an welche das ausländische Recht die Entstehung der Gesellschaft knüpft. Dabei kann, ähnlich wie nach § 293 ZPO im Prozeß der Richter von der Partei Nachweis des ausländischen Rechts verlangen. Die Frage, ob die Gesellschaftsform unserer A-Gesellschaft entspricht, hat der Richter zu entscheiden und ist nicht Gegenstand eines Parteibeweises. Wenn erhellt, daß die Gesellschaft als solche nach ihrem Personalstatut besteht, ist es nicht Sache des Registerrichters, den Errichtungsvorgang nachzuprüfen oder ihm Beanstandungen zu entnehmen. — Mit Genehmigung des Gegenstandes des Unternehmens ist hier dasselbe gemeint wie in § 195 II Z. 6. S. Erl 5 zu § 195. Bei Zulassung zum Gewerbebetrieb im Inland ist an die Fälle zu denken, daß inländische und ausländische A-Gesellschaften vom Gesetz differentiell behandelt werden, GewO § 12. Auf die etwa erforderliche gewerbepolizeiliche Genehmigung usw. hat der Registerrichter sein Augenmerk nicht zu richten.

8. In Beziehung auf Form und Inhalt der Anmeldung der Filiale einer ausländischen Gesellschaft gelten §§ 12, 13 I II und 201 I-IV. Die Anwendung dieser Vorschriften kann — wenn es auch im Gesetz nicht gesagt ist — nur eine entsprechende sein. Die vorgeschriebenen Angaben sind nur zu machen, die Beilagen beizubringen, soweit es nicht überhaupt unausführbar ist. Holdh MS 2, 30 (Bremen). Selbstverständlich darf die Eintragung nicht daran scheitern, daß im Heimatstaat eine Eintragung ins Handelsregister nicht vorgeschrieben ist, ZHR 34, 565, 16; ebensowenig daran, daß bei qualifizierter Gründung kein Revisorenbericht vorliegt, wenn das Personalstatut derartiges nicht vorschreibt KGJ 13, 47. Die Anmeldung muß in deutscher Sprache abgefaßt

sein, die Anlagen sind auf Verlangen in Übersetzung oder beglaubigter Übersetzung beizubringen. Alles, was nach Abs IV öffentlich bekanntzumachen ist, muß ausdrücklich angegeben werden ohne Rücksicht darauf, ob es den Anlagen entnommen werden kann. Der Richter soll der Aufgabe enthoben sein, sich das Nötige aus den Anlagen herauszusuchen D 129. Besteht der Vorstand aus mehreren Mitgliedern, so müssen alle an der Anmeldung mitwirken, Recht 1906, 2931.

Spätere Veränderungen und überhaupt Vorkommnisse müssen angemeldet und eingetragen werden, soweit solches überhaupt vorgeschrieben ist. Doch muß Eintragung in das Handelsregister einerseits durch das Personalstatut vorgeschrieben, andererseits nach unserem Recht zulässig sein. Etwas abweichend Staub-Pinner § 201[36]. Daß die in § 259 vorgeschriebene Einreichung der Generalversammlungsprotokolle auch zum Handelsregister der Filiale einer ausländischen A-Gesellschaft vorgeschrieben ist, ergibt sich zwar nicht aus § 13 III Satz 2, aber aus Satz 1 das. (anders KGBl 08, 58). Freilich gilt auch das nur, soweit im Personalstatut Protokolle vorgeschrieben oder darüber hinaus soweit solche tatsächlich geführt werden, und überhaupt führt entsprechende Anwendung wohl dahin, daß die Einreichung nur gefordert werden kann, wenn im Heimatstaat etwas Entsprechendes vorgeschrieben ist. Ähnlich wird man eine Veröffentlichung der Bilanzen nur verlangen können, wenn sie auch im Heimatstaat stattfindet oder stattfinden muß. Wird das als unbillig gegenüber den inländischen Gesellschaften oder gegenüber dem Publikum empfunden, muß Gesetzgebung eingreifen, wie es nach dem oben mitgeteilten Beispiel in Italien geschehen ist. — Alle vorgeschriebenen Bekanntmachungen der Gesellschaft müssen jedenfalls auch im Reichsanzeiger erfolgen. Lehmann-Ring § 201[10].

§ 202.

Der Gesellschaft[1] sind die Gründer für die Richtigkeit und Vollständigkeit der Angaben, welche sie in Ansehung der Zeichnung und Einzahlung des Grundkapitals sowie in Ansehung der im § 186 vorgesehenen Festsetzungen zum Zwecke der Eintragung der Gesellschaft in das Handelsregister machen[4], als Gesamtschuldner verhaftet[2]; sie haben, unbeschadet der Verpflichtung zum Ersatze des sonst etwa entstehenden Schadens, insbesondere einen an der Zeichnung des Grundkapitals fehlenden Betrag zu übernehmen, fehlende Einzahlungen zu leisten und eine Vergütung, die nicht unter den zu bezeichnenden Gründungsaufwand aufgenommen ist, zu ersetzen. Wird die Gesellschaft von Gründern durch Einlagen oder Übernahmen der im § 186 bezeichneten Art böslicherweise[6] geschädigt, so sind ihr alle Gründer für den Ersatz des entstehenden Schadens als Gesamtschuldner verpflichtet[3].

Von dieser Verbindlichkeit ist ein Gründer befreit, wenn er die Unrichtigkeit oder Unvollständigkeit der Angabe oder die bösliche Schädigung weder kannte noch bei Anwendung der Sorgfalt eines ordentlichen Geschäftsmanns kennen mußte[5].

Entsteht durch Zahlungsunfähigkeit eines Aktionärs der Gesellschaft ein Ausfall, so sind ihr die Gründer, welche die Beteiligung des Aktionärs in Kenntnis[8] seiner Zahlungsunfähigkeit angenommen haben, als Gesamtschuldner zum Ersatze verpflichtet[7].

Mit den Gründern[9] sind der Gesellschaft zum Schadensersatz als Gesamtschuldner verpflichtet:

1. **wenn eine Vergütung nicht unter den zu bezeichnenden Gründungsaufwand aufgenommen ist, der Empfänger, welcher zur Zeit des Empfanges wußte oder nach den Umständen annehmen mußte, daß die Verheimlichung beabsichtigt oder erfolgt war, und jeder Dritte, welcher zur Verheimlichung wissentlich mitgewirkt hat;**
2. **im Falle einer böslichen[6] Schädigung durch Einlagen oder Übernahmen jeder Dritte, welcher zu dieser Schädigung wissentlich mitgewirkt hat.**

1. Die §§ 202—206, 208 sind Sondervorschriften, welche die Haftung der Gründer und Gründergenossen wegen Verfehlungen bei der Gründung regeln. Es handelt § 202 von der Haftung der Gründer im besonderen, § 203 von der Haftung aus Prospekt, § 204 von der Haftung der Mitglieder des Vorstandes und Aufsichtsrats (deren Haftung im übrigen durch die §§ 241, 249 geregelt ist), § 205 von der Unverzichtbarkeit der Ersatzansprüche der Gesellschaft, § 206 von der

Verjährung, § 208 von der entsprechenden Anwendung dieser Vorschriften auf Vorgänge bei der sogenannten Nachgründung gemäß § 207.

2. a) Etwas anschaulicher zusammengestellt handelt es sich nach Abs I um folgende Einzelheiten:

I. Die Gründer haften für die Richtigkeit und Vollständigkeit der Angaben in Ansehung:

a) der Zeichnung des Grundkapitals, genauer: der Deckung des Grundkapitals, sei es durch Zeichnung, sei es durch Übernahme von Aktien,
b) der geschehenen Einzahlungen auf das Grundkapital,
c) der etwa bedungenen Sondervorteile einzelner Aktionäre,
d) der Sacheinlagen und Sachübernahmen,
e) des Gründungsaufwandes, der zu Lasten der Gesellschaft gehen soll.

II. Haftung für Zahlungsunfähigkeit von Aktionären.

III. Haftung für bösliche Schädigung der Gesellschaft durch Sacheinlagen oder Übernahme von Sachen.

Die besondere Sanktion ist in den Fällen unter I:

a) Übernahme des ungedeckt gebliebenen Teiles des Grundkapitals,
b) Zahlung der behaupteten, in Wahrheit nicht geleisteten Geldeinlagen. Vgl. RGSt 43, 323.
c) Erstattung des unter der Hand versprochenen und gezahlten Gründeraufwandes,

alles unbeschadet der auch im übrigen bestehenden Verpflichtung zum Schadensersatz.

Die Verpflichtung, Fehlbeträge zu übernehmen oder zu erstatten, kommt nur bei Bareinlagen in Betracht. Zweifelhaft ist die Rechtslage, wenn eine Sacheinlage wahrheitswidrig als vereinbart angegeben worden ist. Falls nicht daran überhaupt das Unternehmen scheitert, geschieht den Gründern jedenfalls nicht Unrecht, wenn sie genötigt werden, die betreffenden Aktien gegen Geldeinlagen zu übernehmen. Im Fall betrügerischer Überbewertung kommt nur Schadensersatz in Frage, die Gesellschaft kann nicht auf Wiederaufhebung des Vertrages bestehen, jedenfalls dann nicht, wenn es sich um einen Gegenstand handelt, welcher wesentliche Grundlage des Unternehmens bildet. Soweit wird dem Urteil RG 26, 46 zuzustimmen sein, wenn auch nicht in der Begründung. Denn darüber zu wachen, daß die Gesellschaft nicht ihr Unternehmen untergräbt, ist allein Sache der Gesellschaft selbst, nicht des Gerichts. Was dem Anspruch entgegensteht, ist das Verbot der Rückgewähr von Einlagen (§ 213). Und daher vermißt man eine Erwägung darüber, ob nicht im gegebenen Fall, wo die A-Gesellschaft in Konkurs geraten war, der klagende Konkursverwalter freie Hand hatte, über die eingebrachten Sachen, wie überhaupt zu verfügen, so denn auch in dieser Form des Verlangens, den Vertrag wieder aufzuheben. Die Fälle der Überbewertung von Sacheinlagen oder -Übernahmen und des versteckten Gründergewinnes gehen oft und leicht ineinander über, RGSt 18, 106; RG 26, 37; RG in LZ 1912, 393, 1. Zur Begründung des Anspruchs der Gesellschaft auf Erstattung der Vergütung genügt die Behauptung, daß die Vergütung gewährt und im Gesellschaftsvertrag nicht ersichtlich gemacht ist, RG 26, 42. — Bestand die Vergütung in Gewährung von Aktien der Gesellschaft, so ist es, wenn die Aktien wertlos geworden sind, nicht damit getan, daß der Empfänger sie zurückgibt. RG eod.

b) Die allgemeinen Vorschriften über die Verpflichtung zum Schadensersatz finden Anwendung. Der in juristischer Konstruktion mögliche Gedanke, daß der Verpflichtete sich gemäß § 254 BGB auf ein eigenes Verschulden der Gesellschaft berufen könnte, ist ausgeschlossen. Ein eigenes Verschulden der Gesellschaft wäre nur denkbar in Gestalt eines Verschuldens ihrer Vorstandsmitglieder, und gerade auch gegen deren Verschulden soll die Gesellschaft durch das Gesetz geschützt sein (§ 204). So mit Recht Lehmann-Ring § 202³; Staub-Pinner § 202¹², der aber die Berufung auf ein nach der Entstehung der Gesellschaft vorkommendes Verschulden für möglich hält, was wohl auch nur ein in Konstruktion konzipierter Gedanke ist. Ist ein Vorstand gegenüber den Gründern vor der Eintragung der Gesellschaft in das Handelsregister nicht zuverlässig, so ändert daran auch die Eintragung noch nichts.

3. Nach der herrschenden Lehre wird in § 202 die Haftung der Gründer aus der Gründung besonders und erschöpfend geregelt. So auch RG 39, 245; SeuffArch 64, Nr. 75 (München), ferner Mot zur Novelle von 1884, S. 62. Unsicher RG in Recht 1913, 2639. Jacobi in LZ 1909, 222 denkt an eine Ausschließlichkeit in einem ganz anderen Sinn; er meint, daß, wenn die Gesellschaft eine solche rechtswidrige Vereinbarung erfüllt hat, sie nicht ihre Leistung zurückfordern könne, sondern ausschließlich auf die Ersatzansprüche nach § 202 ff. angewiesen sei; das hat bisher keine Zustimmung erfahren. Dagegen wird von Staub-Pinner § 202 Erl 2 und 3 die Ausschließlichkeit der Sondervorschrift bestritten, dem jedenfalls teilweise beizutreten sein dürfte. Man wird unterscheiden müssen. Das Gesetz behandelt in Abs I deutlich zwei verschiedene Fälle. Im ersten Satz wird von der Haftung wegen unrichtiger und unvollständiger Angaben zum Zwecke der Eintragung der Gesellschaft in das Handelsregister gehandelt, im zweiten Satz

von der böswilligen Schädigung der Gesellschaft durch Sacheinlagen und Sachübernahmen. Ersteres ist ein besonderer Tatbestand, ein Delikt, das in seinem Tatbestand sowohl als auch in seinen Folgen ausschließlich kraft der positiven Satzung des Gesetzes und daher denn auch nur in dem dort bestimmten Umfang existiert. Nur Gründer (und die in Abs IV unter a genannten Gründergenossen) sind Schuldner, nur die Gesellschaft kann Gläubiger sein. Dagegen bedeutet — wenigstens nach heutigem Recht (§ 826 BGB) — der Tatbestand des Satz 2 nichts anderes als die Anwendung allgemeiner Rechtsgrundsätze auf den hier gegebenen Fall. Vgl. hierzu Mot 1884 S. 62: „Diese ausschließliche Unterwerfung besonders gearteter Verhältnisse unter die Regeln des allgemeinen Rechts hat sich als völlig unzureichend erwiesen . . . Der Entwurf führt den Ersatzanspruch in der Hauptsache auf die Gesellschaft zurück als die rechtlich individualisierte Gesamtheit der Aktionäre. Sie ist es, welche in ihren Grundlagen fehlerhaft in das Leben gerufen wird, sie ist die unmittelbar Geschädigte. Ein Ersatzanspruch einzelner Aktionäre könnte nur mittelbar aus der Verkürzung des Gesellschaftsvermögens, der darauf beruhenden Entwertung der Aktien hergeleitet werden und fiele mit der Beseitigung der ersteren. Es ist daher sachgemäß, wenn die Gesellschaft selbst als die Berechtigte gilt. Indem der Entwurf diesen Satz an die Spitze seiner Vorschriften stellt, sorgt er für die Aktionäre besser als das bisherige Recht, und gleichmäßig für sie alle und sichert zugleich die wirtschaftliche Existenz und die Unabhängigkeit der Gesellschaft von den einzelnen Aktionären. Die letzteren mögen dafür sorgen, daß der Gesellschaftsanspruch geltend gemacht wird, und hierbei schützt der Entwurf durch Gewährung von Individual- und Minderheitsrechten gegen eine unberechtigte Vergewaltigung (§ 268). Den Kreis der zu vertretenden Umstände zieht der Entwurf nach den materiell als notwendig erkannten und formell beurkundeten Grundlagen für Errichtung der Gesellschaft; im wesentlichen kann es hiernach sich nur um das Vorhandensein des Grundkapitals handeln, also darum, ob das letztere in der statutarisch festgestellten Weise richtig und vollständig aufgebracht, eingezahlt und entsprechendenfalls belegt ist . . . In diesen Grenzen aber kann fortan nicht außerdem den einzelnen Zeichnern oder Aktienerwerbern gegen die verantwortlichen Personen ein Schadenersatzanspruch zustehen, der auf einen doppelten Ersatz hinauslaufen würde; vielmehr kann das bürgerliche Recht nur noch darüber entscheiden, ob auf Grund des abgeschlossenen Vertrages, insbesondere wegen ausdrücklicher falscher Zusicherungen, dem Erwerber der Aktie gegen seinen Kontrahenten oder Vormann ein redhibitorischer Anspruch, Rücktritt vom Vertrage, Aufhebung desselben, zusteht."

Dagegen lautet es zum Fall des Satzes 2 (S. 63): „Für Vermögenseinbußen, welche die Gesellschaft durch Einlagen usw. erleidet, können die Gründer nicht nach den Grundsätzen des bürgerlichen Rechts über Führung fremder Geschäfte ohne Auftrag verantwortlich gemacht werden. . . jene Grundsätze erscheinen auf den vorliegenden Fall nicht ohne weiteres anwendbar; der Gründer, welcher Einlagen macht, führt hierbei sicher seine eigenen Geschäfte; aber auch für die Gründer, welche die Einlagen des Mitgründers oder Übernahmen namens der Gesellschaft annehmen, muß die Verantwortlichkeit nach den eigenartigen Verhältnissen bestimmt werden." Es folgen die Erwägungen, weshalb man Bedenken getragen hat, die Gründer hier bis zum Einstehen für die Anwendung der Sorgfalt eines ordentlichen Geschäftsmanns haftbar zu machen, die als unmittelbar Beteiligte hierzu nicht hinreichend unbefangen seien; es könne nicht mehr verlangt werden, müsse aber verlangt werden, daß die Gründer gegen die Gesellschaft nicht böslich handeln.

Nach allem liegt die Eigenart des Satzes 2 nicht in der Besonderheit des Tatbestandes, sondern darin, daß ganz unabhängig von jeder etwa möglichen Konstruktion aus allgemeinen Rechtssätzen der Gesellschaft Ansprüche aus Handlungen erwachsen, welche begangen wurden, als sie noch nicht existierte (vgl. hierzu RG 100, 177) und daß nicht schon jedes schuldhafte Verhalten, sondern nur böslich e Handlungsweise den Ersatzanspruch begründet. Bei den Verhandlungen und Vereinbarungen über Sacheinlagen und Sachübernahmen kann unter den dabei unmittelbar oder mittelbar Beteiligten vielerlei geschehen, und wenn etwas geschieht, was den Tatbestand einer Vertragsverletzung oder einer unerlaubten Handlung ausmacht, so ist gegenwärtige Bestimmung kein Hindernis, die allgemeinen Rechtssätze darauf anzuwenden (vgl. RG in HoldhMS 10, 142). Aber anderseits ist denn auch § 202 kein Schutzgesetz im Sinne des § 823 II BGB. Vgl. RG 73, 30; JW 1914, 591[8], ferner RG 10, 74. — Zu beachten ist aber, daß der einzelne Aktionär — Gründer oder Aktienzeichner — nicht Ersatz des Schadens fordern kann, der für ihn darin liegt, daß das Gesellschaftsvermögen geschädigt worden ist. Abzulehnen ist die Auffassung Makowers § 202 I b 1, daß der Gesellschaft außerdem und überhaupt gegen Gründer vertragsmäßige Ansprüche aus dem Einlage- oder Übernahmevertrag zuständen. Wäre dem so, dann wäre die Vorschrift des Satz 2 nicht nur überflüssig, sondern gänzlich verfehlt. Diese Verträge werden zwischen den Gründern oder mit ihnen geschlossen, aber nicht mit der noch nicht existierenden Gesellschaft. — Ganz aus dem Rahmen des § 202 fällt die Frage, inwiefern die Gründer demjenigen haften, an welchen einer von ihnen Aktien käuflich abgegeben hat, ROHG 18, 180.

4. a) Zum Zweck der Eintragung der Gesellschaft in das Handelsregister sind gemacht

zunächst die Angaben, welche in der Anmeldung gemacht worden sind. Die Verpflichtung zur Richtigkeit und Vollständigkeit erstreckt sich aber auch auf die Anlagen der Anmeldung, auf alles, was in dieser Beziehung in § 195 vorgeschrieben ist, namentlich also auch auf die Gründererklärung gemäß § 191. RGSt 18, 111; RG 26, 41; SächsAnn 34, 467, auf das Aktionärverzeichnis, § 195 II Z 3, mit seinen Angaben, auf die Erklärung, daß das Eingezahlte im Besitz des Vorstandes ist, RGSt 24, 291; 30, 318, auf die Berechnung des Gründeraufwandes, RGSt 18, 107; Ersatz von Beträgen, welche in der gemäß § 186 III im Gesellschaftsvertrag aufgeführten Gesamtsumme stecken, kann aber die Gesellschaft nicht mit der Begründung beanspruchen, daß sie in der Berechnung nach § 195 II Z 2 fehlen, Schmidt, Verantwortung der Gründer, 38. — Ferner müssen auch die Angaben richtig sein, welche gemacht werden, ohne daß es gesetzlich vorgeschrieben ist. A. A. Behrend Lehrbuch § 110[8], anscheinend auch Staub-Pinner § 202[6]. Vgl. RGSt 43, 324; JW 1911, 257[38].

b) Streitig ist, ob das Gesetz nur die Angaben im Auge hat, welche — ausdrücklich oder mit Überreichung der Anlagen zur Anmeldung — gegenüber dem Registerrichter gemacht werden. Sprachlich steht nichts entgegen, auch von Angaben, welche z. B. einer Behörde gegenüber gemacht werden, um die erforderliche Genehmigung zu erzielen, namentlich aber auch von Angaben, welche den Prüfern des Gründungsherganges, dem Vorstand und Aufsichtsrat, den Revisoren (§ 192) gemacht werden, zu sagen, daß sie gemacht werden, um die Eintragung der Gesellschaft zu erzielen. So denn auch Makower § 202 II a. Ebenso Mot S 63, wo die den prüfenden Gesellschaftsorganen und der konstituierenden Generalversammlung rücksichtlich der Zeichnung, Einzahlung des Grundkapitals usw. gemachten Angaben hervorgehoben werden. Anders Staub-Pinner § 202[6]; Brand § 202 A III 19; Lehmann-Ring § 202[62], denen nur zugegeben werden kann, daß nicht schlechthin jede gelegentlich gefallene Äußerung hierher gerechnet werden darf.

5. Das Gesetz geht davon aus, daß jeder Gründer alle Vorgänge der Gründung kennt, oder ihm bei Anwendung der von einem ordentlichen Geschäftsmann anzuwendenden Sorgfalt nicht unbekannt geblieben wären. Es macht den einzelnen Gründer nicht schlechthin verantwortlich für jede Unrichtigkeit oder Unvollständigkeit seiner Angaben, aber es legt ihm den Beweis auf, daß er guten Glaubens gewesen ist und hat sein dürfen. Die mehreren Gründer, welche danach haften, haften als Gesamtschuldner, gleichviel, ob der eine wissentlich, andere nur fahrlässig gehandelt haben. Ein Gründer, welcher eingezahltes Geld für eigene Zwecke verbraucht, kann sich nicht darauf berufen, daß der die Kasse verwaltende Gründer ihm zu diesem Zweck das Geld gegeben hat, ROHG 20, 213. — Die Gesamthaftung wird sich nicht durchführen lassen, wenn es gilt, fehlende Beträge auf das Grundkapital zu übernehmen und mehrere Gründer mehrere Aktien übernehmen müssen. Hier wird eine Aufteilung stattzufinden haben, wobei es aber wegen der fälligen Raten auf die Einlage bei der Gesamthaftung verbleibt.

6. Mehrfach findet sich in gesetzlichen Bestimmungen, namentlich des HGB, bösliche Handlungsweise als Tatbestandsmoment. Darüber, was darunter zu verstehen ist, herrscht Meinungsverschiedenheit, ROHG 17, 301 und die dortigen Zitate. Mit Definitionen, wie „Mutwillen, welcher zwar die Schädigung nicht beabsichtigt, sein Handeln aber trotz Bewußtsein der damit verbundenen Gefahr nicht ändert" (ROHG 10, 218) oder „frevelhafter Leichtsinn, der zwar die Schädigung nicht beabsichtigt, sich aber doch der mit dem Handeln verbundenen Gefahr bewußt ist" (Mot 1884 S. 64) u. a., ist wenig gewonnen, selbst wenn sie richtiger wären als sie sind. Das Richtige ist wohl, daß es überhaupt keinen einheitlichen Begriff gibt. Bei der Natur der gegenwärtigen Tatbestände liegt bösliche Schädigung vor, wenn die Überbewertung der eingebrachten Sache erheblich ist und die Beteiligten sich darüber vollständig klar sind. So denn auch Mot 1884, S. 64 nach längeren ziemlich nichtssagenden Ausführungen: „Eine Wertbemessung von Einlagen und Übernahmen, welche zweifellos als übermäßig gelten müßte, wird fast immer zugleich eine bösliche Handlungsweise enthalten." Dagegen ist mit der Unkenntnis einer Übervorteilung Böslichkeit auch dann nicht vereinbar, wenn sie auf frevelhaftem Leichtsinn beruht. Anders R. Schmidt Die privatrechtliche Gründerverantwortlichkeit S. 28 Note 53. Im Fall RG in LZ 1912, 393[1] wäre den Beteiligten mit dem Vorwurf böslicher Schädigung nicht unrecht geschehen. Vgl. Staub-Pinner 202[13]. — Es haften als Gesamtschuldner alle Gründer, auch diejenigen, welche nicht der Vorwurf einer böslichen Handlungsweise und nicht der Vorwurf einer Schädigung der Gesellschaft trifft, es sei denn, daß sie den Beweis führen, daß sie die bösliche Schädigung durch den oder durch die anderen trotz aller aufgewendeten Sorgfalt nicht gekannt haben.

7. Die Gründer haften der A-Gesellschaft unter den hier aufgestellten Voraussetzungen für Zahlungsunfähigkeit der ersten Nehmer der Aktien. Die Gesellschaft, will sie diese Haftung in Anspruch nehmen, muß beweisen, daß sie wegen Zahlungsunfähigkeit des Aktionärs einen Ausfall erlitten hat und daß der in Anspruch genommene Gründer bei Annahme seiner Beteiligung seine Zahlungsunfähigkeit gekannt hat. Nach früherem Recht kam es darauf an, ob diese Kenntnis im Zeitpunkt der Anmeldung der Gesellschaft zum Handelsregister bestanden hat. Das hat die Novelle von 1900 geändert. Entscheidend ist der Zeitpunkt, wo der oder die Gründer die

Beteiligung des Aktionärs angenommen haben. Darüber, daß das der Zeitpunkt des Gründungsvertrages bzw. der Zuteilung der gezeichneten Aktie ist, s. Erl 3 c zu § 189. — Die Haftung gilt anders wie bei der Ersatzhaftung nach Abs I ganz allgemein für die gesamte Einlage, auch für die später einzuzahlenden Raten. Gehaftet wird nur für die Zahlungsfähigkeit des ersten Nehmers, aber gleichviel ob es sich um einen der übrigen Gründer handelt oder um Übernahme von Aktien durch Aktienzeichnung. Der Beweis des Ausfalls erfordert nicht, daß Klage und Zwangsvollstreckung stattgefunden haben. So Mot von 1884, S. 64. Anderseits gilt hier aber auch nicht eine Vermutung nach Art der in § 220 I Satz 2 aufgestellten. Dagegen wird man, entgegen der herrschenden Lehre annehmen müssen, daß gegen den säumigen Aktionär das Kaduzierungsverfahren durchgeführt sein muß, sofern es sich um Einzahlungen handelt, welche nach Eintragung der Gesellschaft fällig werden. (Ebenso Lehmann-Ring § 207[6].) Anderenfalls würde dem säumigen Aktionär oder seiner Konkursmasse unverdientermaßen die voll eingezahlte Aktie in den Schoß fallen. Denn es ist wohl selbstverständlich, daß die Zahlung des auf Grund § 202 in Anspruch genommenen Gründers auf die Schuld des Aktionärs validiert, so daß der säumige Schuldner fortan der Gesellschaft nichts mehr, sondern nur noch dem zahlenden Gründer aus ungerechtfertigter Bereicherung schuldet. Nur deshalb kann auch, wenn die Haftung der Gründer gleich bei der ersten Einzahlung in Anspruch genommen werden muß, nach Zahlung durch die Gründer die in § 195 III vorgeschriebene Versicherung abgegeben werden, daß die Einzahlung erfolgt sei. — Hat der erste Nehmer die Aktie weiterverkauft, so kommt ohnehin seine Zahlungsverpflichtung und weiter seine Zahlungsunfähigkeit und die Haftung der Gründer nur in Frage, wenn der Fall des § 220 gegeben und also die Kaduzierung durchgeführt ist. Man wird ferner annehmen müssen, daß die Gesellschaft, wenn sie die nach der Kaduzierung neu ausgegebene Aktie verwertet, ehe sie die Gründer in Anspruch nimmt, den Erlös auf ihre Ersatzforderung anrechnen muß, und so gelangt man schließlich auch zu der Folgerung, daß der oder die zahlenden Gründer durch Zahlung den Anspruch auf die neue Aktie erwerben, so daß die Gesellschaft die Aktie nicht verwerten darf, ohne sie vorher schließlich auch den ersatzpflichtigen Gründern angeboten zu haben.

8. Es haften nur diejenigen Gründer — diese aber als Gesamtschuldner —, welche die Zahlungsunfähigkeit kannten, als — wenn einer der Gründer der Zahlungsunfähige ist — der Gründungsvertrag geschlossen wurde, anderenfalls als auf Zeichnung die Zuteilung der Aktie erfolgte. Lag die Zuteilung in der Hand eines einzelnen Gründers oder eines gemeinschaftlich Beauftragten, so ist es Tatfrage, ob der Gründer, der im maßgeblichen Zeitpunkt die Zahlungsunfähigkeit kannte, nach Lage der Sache hätte einschreiten und die Zuteilung verhindern müssen. — Die Zahlungsunfähigkeit aber muß der Gründer positiv gekannt haben, Kennen-müssen begründet die Haftung nicht. Daß der erste Nehmer in der Lage ist, die erste Rate zu zahlen, schließt nicht unbedingt aus, daß er gleichwohl schon jetzt als zahlungsunfähig in Beziehung auf die späteren Raten anzusehen ist.

Bleibt bei Geldeinlage die Zahlung wegen Zahlungsunfähigkeit aus, so ist das ein ganz bestimmter fest umschriebener Tatbestand. Dagegen kann es auf sehr verschiedenen, auch sehr verwickelten Ursachen beruhen, wenn der Aktionär mit seiner Sacheinlage in Verzug gerät. Es ist daher unzulässig, die Vorschrift des Abs III auf Sacheinlagen entsprechend anzuwenden. A. A. Staub-Pinner § 202[19], Makower § 202 II c 1.

9. In den Fällen des Abs IV spricht man von Gründergenossen und ihrer Haftung. Es sind zwei Fälle, in welchen Dritte in die Sache hineingezogen werden und sich haftbar machen können. Vorausgesetzt ist in beiden Fällen Haftung eines oder mehrerer Gründer.

b) Verheimlichung eines Gründungsaufwandes, unter Verstoß gegen Abs I;

b) bösliche Schädigung der Gesellschaft durch Einlagen oder Übernahmen, das heißt Schädigung durch die Gründer oder einen von diesen.

Es haftet im Falle a der Empfänger des Gründungsaufwandes und überhaupt jeder Dritte, welcher an der Verheimlichung d. h. der vorsätzlichen Verschweigung des Sachverhalts wissentlich mitgewirkt hat. Der Empfänger ist haftbar nicht nur, wenn er wußte, daß Verheimlichung beabsichtigt oder erfolgt war, sondern auch, wenn er es nach den Umständen annehmen mußte. Das letztere bedeutet nicht, wie die herrschende Lehre annimmt, daß nicht nur bei Vorsatz, sondern auch bei besonders gearteter Fahrlässigkeit gehaftet wird (Staub-Pinner § 202[21]): Es ist die Wendung auch nicht eine Beweisregel, die darauf stoßen will, daß man auch aus Indizien auf Vorsatz schließen kann, wie Goldmann § 202[37] annimmt. Vielmehr handelt es sich um die Verdeutschung des strafrechtlichen Begriffs des dolus eventualis. Übrigens ist die besondere Art der Fahrlässigkeit, vermöge deren der Dritte sich der Erwägung der ihm bekannten Umstände, nach welchem sich ihm die Überzeugung von der Rechtswidrigkeit seiner Handlung hätte aufdrängen müssen, absichtlich entzogen hat (Staub-Pinner a. a. O. RGSt 2, 143), kaum etwas anderes und jedenfalls nicht mehr Fahrlässigkeit. Es ist zum mindesten erforderlich, genügt aber, daß der Empfänger daran gedacht hat, daß die Gründer darauf ausgehen möchten, den Aufwand zu verheimlichen, und es nicht nur für möglich, sondern für wahrscheinlich gehalten hat, RGSt 36, 6. — Im Fall unter b kommt Anstiftung, Gehilfenschaft, bei Übernahme auch Mittäterschaft in Frage.

Immer ist hier Voraussetzung, daß der Täter die Tatumstände kannte, in denen bösliche Schädigung der Gesellschaft durch den Gründer zu befinden ist. Dann wird man übrigens auch kein Bedenken tragen, auch seine Handlungsweise als böslich zu bezeichnen.

Wegen Verzichts usw. s. § 205, wegen Verjährung s. § 206. Strafvorschrift § 313 I Z. 1. Im Fall der böslichen Schädigung der Gesellschaft Abs I Satz 2 kommen lediglich die allgemeinen Strafgesetze in Frage. — Wegen Geltendmachung des Anspruches im Prozeß s. § 268.

§ 203.

Wer[1] vor der Eintragung der Gesellschaft in das Handelsregister oder in den ersten zwei Jahren nach der Eintragung eine öffentliche[2] Ankündigung der Aktien erläßt, um sie in den Verkehr einzuführen, ist der Gesellschaft[3] im Falle der Unrichtigkeit oder Unvollständigkeit von Angaben, welche die Gründer in Ansehung der Zeichnung oder Einzahlung des Grundkapitals oder in Ansehung der im § 186 vorgesehenen Festsetzungen zum Zwecke der Eintragung der Gesellschaft in das Handelsregister machen, sowie im Falle einer böslichen Schädigung der Gesellschaft durch Einlagen oder Übernahmen für den Ersatz des ihr daraus entstehenden Schadens[5] mit den im § 202 bezeichneten Personen als Gesamtschuldner verhaftet, wenn er die Unrichtigkeit oder Unvollständigkeit der Angaben oder die bösliche Schädigung kannte oder bei Anwendung der Sorgfalt eines ordentlichen Geschäftsmanns kennen mußte[4], [6].

1. In § 203 wird unter bestimmten Voraussetzungen die in § 202 bestimmte Haftung der Gründer auf denjenigen ausgedehnt, der die Aktien, um sie in den Verkehr einzuführen, öffentlich ankündigt. Es sind die Emissionshäuser und ihre Prospekte, welche das Gesetz im Auge hat, wenn auch bei der abstrakten Fassung der Vorschrift auch andere als Täter in Frage kommen können Vgl. Mot 1884 S. 60: „Die Vorschrift zieht in den Kreis der verantwortlichen Personen diejenigen hinein, welche ohne bei der formalen Gründung mitzuwirken, die Aktien öffentlich in den Verkehr einführen. Oft haben die Emissionshäuser, welche den Vertrieb der Aktien übernommen, sich als die leitende und bewegende Kraft der Gründung erwiesen... Solchen Emissionshäusern vertraut das Publikum oft mehr als den Gründern; auf ihren Namen hin kauft es und beteiligt sich; Personen mit unbekanntem oder nicht geachtetem Namen können zu Emissionen nicht gebraucht werden; in der notwendigen Kette der Vorschriften würde ein wesentliches Glied fehlen, wenn die Emissionshäuser von jeder Verantwortlichkeit für die Legalität der Gründung freigelassen würden." Das Gesetz selbst spricht, wie gesagt, allgemeiner. Aber es ist nützlich, sich die Absicht, aus der es entstanden ist, gegenwärtig zu halten. Der Prospekt — um den technischen Ausdruck zu gebrauchen — muß nicht notwendig eine Unterschrift tragen. Aber es ist unerläßlich, daß die Persönlichkeit, von welcher er ausgeht, d. h. welche in ihm spricht, aus ihm selbst unverkennbar hervorgeht. Es muß z. B. bestritten werden, daß wegen eines redaktionellen Zeitungsberichts der Redakteur der Zeitung lediglich auf Grund seiner preßrechtlichen Verantwortlichkeit sollte in Anspruch genommen werden können. A. A. Makower § 203 I a 2. Wie hier Lehmann-Ring § 203[2], Staub-Pinner § 203[1]. So muß ferner auch die Ankündigung erkennbar darauf abzielen, die Aktien in den Verkehr einzuführen. Vgl. zu letzterem Mot 1884 S. 67: „Dieser Zweck entscheidet über den Zusammenhang des Angebots oder der Bekanntmachung mit der Gründung (s. hierzu unten Erl 3). Ein für den Nachweis dieses Zwecks wichtiges Moment wird die leicht festzustellende Tatsache darbieten, daß das Angebot schon bei der Gründung vorbereitet war oder im Einvernehmen mit einer an der letzteren formell beteiligten Person erfolgt ist; indessen kann dieser Tatsache eine andere Bedeutung als die eines Beweismomentes nicht beigelegt werden; das Angebot kann auch nach der Gründung sich als wünschenswert ergeben, auch von anderen Personen als den Gründern, von Primitivzeichnern, Konsortialbeteiligten usw. begehrt sein; auch in diesen Fällen bleibt die Stellung des Emittenten dieselbe; es ist tatsächlich im einzelnen Falle festzustelen, ob die Ankündigung darauf gerichtet war, für die Aktien ganz oder teilweise den Markt, ihre Unterbringung in weitere Kreise und den Handel mit ihnen zu erschließen. Danach wird es sich auch bestimmen, ob eine Zeichenstelle als Emittent anzusehen ist, anderseits bleiben danach Ankündigungen einfacher Verkäufe, welche nicht auf die wirtschaftliche Verwirklichung der Gründung abzielen, außer Betracht." — Eine solche Ankündigung kann also sowohl vor Eintragung erfolgen als nach ihr. Auch geraume Zeit nach der Entstehung der A-Gesellschaft kann eine Ankündigung zu solchem Zweck noch am Platze sein. Positiv zieht hier das Gesetz die Spanne von 2 Jahren als zeitliche Grenze. Es ist die gleiche Frist, wie sie für die sogenannte Nachgründung (§ 207) gesetzt ist. — Alles dies zusammengenommen spricht auch mit Entschiedenheit dagegen, die

Vorschrift entsprechend auf den Fall einer Erhöhung des Grundkapitals anzuwenden. Das Gemeinsame beschränkt sich darauf, daß in beiden Fällen Aktien ausgegeben werden. Das genügt nicht. A. A. Makower § 203 I a 3; Brand § 203 2 a δ; Staub-Pinner § 203 I c. Die ganze Vorschrift ist doch nur eine Ergänzung der Gründerhaftung, und auch für eine solche ist bei der Erhöhung des Grundkapitals kein Raum. Auch handelt der § 203 nur von Aktien (Interimsscheinen, überhaupt Aktienrechten), nicht auch von Obligationen der A-Gesellschaft.

2. Die Ankündigung muß öffentlich geschehen. Das muß nicht unbedingt Ankündigung durch Zeitung oder öffentlichen Anschlag usw. sein. Auch ein Zirkularschreiben — das ja in Wirklichkeit nicht zirkuliert, sondern gleichzeitig in gleichlautenden Exemplaren versandt wird, kann den Tatbestand ausmachen, wenn die Anzahl groß ist. A. A. Brand § 203 2 a β, Goldmann § 203[4]. Hat ein Bankgeschäft eine hinreichend ausgedehnte Kundschaft, so mag es sich bei der Versendung des Prospektes streng auf diese beschränken, und trotzdem kann es öffentliche Ankündigung sein. Namentlich, wenn das Schreiben gedruckt ist, sieht man, daß es sich nicht um eine individuelle, sondern um eine Massen- und damit öffentliche Ankündigung handelt.

3. Aus der öffentlichen Ankündigung haftet der Emittent ausschließlich der Gesellschaft auf Schadensersatz, nicht dem Aktionär, RG 39, 245. Dem einzelnen Käufer einer Aktie, welcher in individuellem Geschäfts- und Rechtsverkehr mit dem Emittenten von diesem die Aktie erwirbt, haftet dieser nach Maßgabe der einschlägigen Rechtsgrundsätze für die Folgen eigener unwahrer Angaben. Hier dagegen handelt es sich nicht um Haftung für Folgen des den Tatbestand erfüllenden Tuns. Vielmehr will das Gesetz dieses Tun, mag es nun vor der Entstehung der Gesellschaft liegen oder später, als ein — wenn auch nicht im juristischen, so doch im wirtschaftlich-sachlichen Sinn — bei und zu der Gründung mitwirkendes Moment bewertet sehen, das es in den Kreis seiner Schutzvorschriften hineinbezieht, weshalb es denn auch nicht darauf ankommt, ob die öffentliche Ankündigung irgendwelche Wirkung ausgeübt hat. Auch hier handelt es sich nicht um ein allgemeines Schutzgesetz. Die Vorschrift hat vielmehr nur den Schutz der Gesellschaft im Auge. Lehmann-Ring § 203[7].

4. Kannte oder kennen mußte. Hierzu Mot 1884 S. 66: „Der Entwurf legt den Emittenten die Pflicht auf, die Richtigkeit und Vollständigkeit der Angaben der Gründer nach den vorliegenden Verträgen, Berichten und sonstigen Urkunden zu prüfen und der Gesellschaft für einen ihr aus der Unrichtigkeit oder Unvollständigkeit der Angaben erwachsenden Schaden einzustehen, sofern sie von derselben Kenntnis hatten oder bei der Anwendung der Sorgfalt eines ordentlichen Geschäftsmannes Kenntnis haben mußten; in den Fällen der qualifizierten Gründung dehnt ferner der Entwurf ihre Prüfungspflicht zwar nicht auf die Untersuchung aus, ob durch die für Sacheinlagen und -Übernahmen festgesetzte Vergütung die Gesellschaft ungerechtfertigt übervorteilt ist, wohl aber hat ihre Prüfungspflicht sich wenigstens darauf zu erstrecken, ob nicht eine bösliche Schädigung für die Gesellschaft vorliegt." — Es kommt also nicht darauf an, ob die Ankündigung des Emittenten Unrichtigkeiten usw. enthält. Eine im übrigen ganz leere Ankündigung, sofern sie nur erfolgt, die Aktien einzuführen, kann den Tatbestand des § 203 erfüllen, während allerdings öffentlich Strafe (§ 313 I Z 2) dadurch bedingt ist, daß die Ankündigung selbst Unwahrheit enthält. — Der Emittent soll prüfen, ob er verantworten kann, überhaupt zur Beteiligung anzuregen. Daher wird er von der Ankündigung auch Abstand nehmen müssen, wenn er eine Unrichtigkeit und Unvollständigkeit sieht, gleichviel ob einen der Gründer ein vertretbares Verschulden trifft. Jedenfalls wird das in dem Falle gelten, wo die Eintragung der Gesellschaft noch nicht erfolgt und eine Berichtigung oder Ergänzung noch möglich ist. Nach Eintragung der Gesellschaft ist wohl entscheidend, welche Bedeutung dem betreffenden Punkt rechtlich beizumessen ist. Entscheidend ist der Zeitpunkt der Veröffentlichung der Ankündigung. Spätere Wahrnehmungen mögen den Emittenten verpflichten, irgendwelche Schritte zu tun, ein Verstoß gegen § 203 kommt aber nicht in Frage. Anders R. Schmidt S. 58. Zeichnungsstellen (s. Erl 2 b zu § 189) als solche haften aus § 203 selbstverständlich nicht. Sie haften auch nicht, wenn sie in erklärter Stellvertretung des (inländischen, vgl. ROHG 20, 250) Emittenten handeln. Dagegen liegt der Tatbestand des § 203 vor, wenn sie selbst die öffentliche Ankündigung erlassen, gleichviel in welchem Rechtsverhältnis die Stelle zum Emittenten steht und das für Dritte erkennbar ist.

5. Den Beweis, daß Ursache oder Fahrlässigkeit vorliegt, muß die Gesellschaft führen, welche Ersatzanspruch erhebt. Die klagende Gesellschaft muß auch beweisen, welchen Schaden sie durch die betreffenden Verfehlungen der Gründe erlitten hat. Sie kann hier nicht ohne weiteres Übernahme oder Zahlung der Fehlbeträge usw. fordern. A. A. Makower § 203 II, Brand § 203[4], Lehmann-Ring § 203[6], R. Schmidt S. 59, weniger bestimmt Staub-Pinner § 203[7]. Wie hier Mot 1884 S. 66.

Wegen Verzichts usw. s. § 205, wegen Verjährung s. § 206, Strafvorschrift § 313 I Z. 2; auch BörsG § 88 III.

6. Wesentlich verschieden von der Haftung nach § 203 ist die Prospekthaftung gemäß §§ 45 ff. BörsG. Der Antrag auf Zulassung von Wertpapieren (nicht nur Aktien) zum Börsenhandel kann nur von einer an der Börse vertretenen öffentlichen Bankanstalt, Privatbank oder Bankfirma gestellt werden (Ausnahmen können die Landesregierungen bestimmen, ebenso von Fall zu Fall die Zulassungsstelle, Bekanntmachung des Bundesrats vom 4. 7. 1910). Vor der Einführung an der Börse ist ein Prospekt zu veröffentlichen, der die für die Beurteilung der einzuführenden Wertpapiere wesentlichen Angaben enthält (gilt auch von Kapitalserhöhungen) § 38 II BörsG.

BörsG § 45: Sind in einem Prospekt, auf Grund dessen Wertpapiere zum Börsenhandel zugelassen sind, Angaben, welche für die Beurteilung des Wertes erheblich sind, unrichtig, so haften diejenigen, welche den Prospekt erlassen haben, sowie diejenigen, von denen der Erlaß des Prospekts ausgeht, wenn sie die Unrichtigkeit gekannt haben oder ohne grobes Verschulden hätten kennen müssen, als Gesamtschuldner jedem Besitzer eines solchen Wertpapieres für den Schaden, welcher demselben aus der von den gemachten Angaben abweichenden Sachlage erwächst. Das gleiche gilt, wenn der Prospekt infolge der Fortlassung wesentlicher Tatsachen unvollständig ist und diese Unvollständigkeit auf böslichem Verschweigen oder auf der böslichen Unterlassung einer ausreichenden Prüfung seitens derjenigen, welche den Prospekt erlassen haben, oder derjenigen, von denen der Erlaß des Prospekts ausgeht, beruht.

Die Ersatzpflicht wird dadurch nicht ausgeschlossen, daß der Prospekt die Angaben als von einem Dritten herrührend bezeichnet.

§ 46. Die Ersatzpflicht erstreckt sich nur auf diejenigen Stücke, welche auf Grund des Prospektes zugelassen und von dem Besitzer auf Grund eines im Inlande abgeschlossenen Geschäfts erworben sind.

Der Ersatzpflichtige kann der Ersatzpflicht dadurch genügen, daß er das Wertpapier gegen Erstattung des von dem Besitzer nachgewiesenen Erwerbspreises oder desjenigen Kurswerts übernimmt, den die Wertpapiere zur Zeit der Einführung hatten.

Die Ersatzpflicht ist ausgeschlossen, wenn der Besitzer des Papiers die Unrichtigkeit oder Unvollständigkeit der Angaben des Prospektes bei dem Erwerbe kannte. Gleiches gilt, wenn der Besitzer des Papiers bei dem Erwerbe die Unrichtigkeit der Angaben des Prospektes bei Anwendung derjenigen Sorgfalt, welche er in eigenen Angelegenheiten beobachtet, kennen mußte, es sei denn, daß die Ersatzpflicht durch bösliches Verhalten begründet ist.

§ 47. Der Ersatzanspruch verjährt in fünf Jahren seit der Zulassung der Wertpapiere.

§ 48. Eine Vereinbarung, durch welche die nach den §§ 45—47 begründete Haftung ermäßigt oder erlassen wird, ist unwirksam.

Weitergehende Ansprüche, welche nach den Vorschriften des bürgerlichen Rechts auf Grund von Verträgen erhoben werden können, bleiben unberührt.

In § 49 ist bestimmt, daß für die Entscheidung der auf Grund der §§ 45—48 erhobenen Ansprüche das Landgericht (Kammer für Handelssachen) zuständig ist, ohne Rücksicht auf den Wert des Streitgegenstandes. S. hierzu RG in HoldhMS 9, 255; RG 80, 198; Ritter in DJZ 1912, 536.

Es ist klar, daß, wer einen Prospekt dieser Art veröffentlicht, damit eine öffentliche Ankündigung der Aktien erläßt, um sie in den Verkehr einzuführen, so daß sich insofern die Tatbestände nach § 203 und BörsG decken, wenn die Veröffentlichung in den ersten 2 Jahren nach der Eintragung der A-Gesellschaft in das Handelsregister erfolgt. (In der Zulassung zum Börsenhandel dürfte Einführung in den Verkehr im Sinne des § 203 auch dann liegen, wenn die Aktien im freien Verkehr bereits gehandelt wurden.) Dagegen unterscheiden die Tatbestände sich dadurch, daß es nach dem Börsengesetz ausschließlich auf den Inhalt des veröffentlichten Prospektes ankommt, nach § 203 dagegen auf diesen gar nicht. M. a. W., wer einen Prospekt zum Zweck der Zulassung von Aktien zum Börsenhandel veröffentlicht, hat nicht nur zu bedenken, daß er nichts Unwahres erklärt, nichts Wichtiges verschweigt, so wie es nach § 45 BörsG zu verstehen ist, sondern er hat auch seinerseits zu prüfen, ob nicht im Gründungsvorgang Verfehlungen der Gründer im Sinne des § 202 vorgekommen sind. Denn wenn das geschehen ist, darf er den Prospekt überhaupt nicht veröffentlichen, mag dieser selbst auch gar nichts Unrichtiges enthalten, wenn anders er sich nicht — und zwar der Gesellschaft gegenüber — haftbar nach § 203 machen will. Abw. Staub-Pinner § 203[14], Brand § 203[5] c; wie hier Makower § 203 I. Die Ersatzansprüche nach beiden Richtungen hin sind vollständig unabhängig voneinander (a. A. Baer in HoldhMS 6, 101). Es wäre denkbar, daß durch Entschädigung der Gesellschaft auch der Schaden ausgeglichen wird, welchen der Aktionär durch Erwerb der Aktie erlitten hat, und wenn es dem auf Schadensersatz in Anspruch Genommenen gelingt, im gegebenen Fall das zu beweisen, dann entfällt natürlich der Anspruch des Aktionärs. Dagegen wäre mit der Entschädigung selbst sämtlicher Aktionäre immer noch nicht der A-Gesellschaft und ihren Gläubigern gedient. Ferner setzt die Haftung nach BörsenG „mindestens die Möglichkeit eines Kausalzusammenhanges zwischen den unrichtigen Angaben und dem Aktienerwerb voraus, die aber schon gegeben ist, wenn sich unter Mitwirkung der offenkundigen allgemeinen Verhältnisse eine den Inhalt des

Prospektes entsprechende Stimmung im Publikum gebildet hat und der Erwerber dadurch zum Ankauf bestimmt worden ist; er braucht dann den Prospekt nicht gelesen, ihn überhaupt nicht gekannt zu haben." Die Prospekthaftung nach dem BörsG gilt — anders wie die Haftung nach § 203 — auch in Beziehung auf die Ausgabe neuer Aktien aus Anlaß einer Kapitalserhöhung. Wer vor Erlaß des Prospektes junge Aktien erworben hat, kann daraus nicht Ersatzansprüche herleiten, daß zur Einführung der Stammaktien ein in gleicher Weise unrichtiger Prospekt ergangen war. RG 80, 196, insbes. 204 und die dortigen Zitate; RG in HoldhMS 13, 253; LZ 1911, 155, 6; ZRpfl Bayern I, 304.

§ 204.

Mitglieder des Vorstandes und des Aufsichtsrats[1], die bei der ihnen durch die §§ 192, 193 auferlegten Prüfung die Sorgfalt eines ordentlichen Geschäftsmanns außer acht lassen[2], haften der Gesellschaft[3] als Gesamtschuldner für den ihr daraus entstehenden Schaden[4], soweit der Ersatz des Schadens von den nach den §§ 202, 203 verpflichteten Personen nicht zu erlangen ist[5].

1. Zu den Personen, welche der A-Gesellschaft, nachdem sie entstanden ist, dafür aufzukommen haben, daß bei ihrer Entstehung alles nach Recht und Gesetz zugegangen ist, gehören auch die Mitglieder des Vorstandes und des Aufsichtsrats. Das ist nicht, was der § 204 bestimmt. Es würde auch gelten, wenn der § 204 nicht wäre, welcher vielmehr nur in einem Sonderfall Besonderes vorschreibt. Das Gesetz sorgt dafür, daß der A-Gesellschaft ein Vorstand und ein Aufsichtsrat schon vor ihrer Entstehung und so früh bestellt wird, als das überhaupt sich machen läßt, nämlich, sobald der Kreis der Personen feststeht, welche die Mitglieder der Gesellschaft im Zeitpunkt ihrer Entstehung sein werden. Dadurch, daß das von den Gründern oder bei Sukzessivgründung von der Generalversammlung nach § 190 bestimmte Mitglied die auf es gefallene Wahl annimmt, entsteht ein Vertragsverhältnis, kraft welches der Gewählte sich nicht nur dem Vertragsgegner, sondern vor allem auch der in Aussicht genommenen Gesellschaft verpflichtet (§ 328 BGB), dieser seine Dienste zu leisten, nicht nur und nicht erst für die Zeit nach Entstehung der A-Gesellschaft und nach Beginn ihrer Geschäftstätigkeit, sondern sehr entschieden gerade auch während der Gründung, RG 5, 20. Es ist das ein typischer Vertrag zugunsten eines (zukünftigen) Dritten, nur inhaltlich insofern eigenartig, als die dem Vertragsgegner, d. h. den Gründern, zugesagte Interessenwahrnehmung sich ihrer Tendenz nach gegen die Gründer richtet. Es sind durchaus Akte von Vertragserfüllung, was in Beziehung auf die Gründung der Gesellschaft in den §§ 192, 193 den Mitgliedern von Vorstand und Aufsichtsrat zur Pflicht gemacht wird. Im Art 213 c der früheren Fassung des Gesetzes war bestimmt, daß die Mitglieder haften, welchen nachgewiesen wird, daß sie bei der ihnen auferlegten Prüfung die Sorgfalt eines ordentlichen Geschäftsmannes verletzt haben. Das war zum mindesten nicht deutlich und ist durch die Novelle von 1900 beseitigt worden, weil, was an der Bestimmung richtig war, ohnehin gilt. Steht objektiv fest — und das muß nötigenfalls die Gesellschaft, welche Ersatzansprüche erhebt, beweisen —, daß bei der Gründung etwas geschehen ist, was nicht hätte geschehen dürfen, so haftet in der hier bestimmten Weise jedes Mitglied von Vorstand oder Aufsichtsrat für den daraus nachgewiesenermaßen entstandenen Schaden, es sei denn, der einzelne könnte sich rechtfertigen, er könnte nachweisen, daß ihn ein Verschulden nicht trifft. A. A. Lehmann-Ring § 204[4]; Makower § 204 II; Goldmann § 204[5]. Wie hier Staub-Pinner § 204[4]; Brand § 204[4] a; Goldschmit AG. § 204[3].

2. Es ergibt sich aus dem Rechtsverhältnis ohne weiteres, daß das Vorstands- oder Aufsichtsratsmitglied, wenn es die ihm angebotene Stellung angenommen hat, vertraglich verpflichtet ist, alle damit verbundenen Obliegenheiten zu erfüllen, mit der Sorgfalt eines ordentlichen Geschäftsmannes. Die in §§ 192 und 193 den Vorstands- und Aufsichtsratsmitgliedern besonders zur Pflicht gemachte Prüfung des Gründungsherganges ist nicht die einzige dieser Obliegenheiten. und das Besondere was § 204, der nur von dieser Obliegenheit handelt, bestimmt, ist, daß die Haftung der Mitglieder wegen nicht ordnungsmäßiger Erfüllung dieser Verbindlichkeit, wenn sie auf Fahrlässigkeit beruht, nur subsidiarisch eintritt. Vorausgesetzt ist immer, daß Verstöße gegen das Gesetz und Recht überhaupt vorgekommen sind, durch welche die Gesellschaft benachteiligt erscheint und vorausgesetzt ist ferner, daß dafür die Gründer oder jedenfalls einer von ihnen aufzukommen haben. A. A. Brand § 204[4] c, aber mehr nur dem Ausdruck nach, als in der Sache, vermöge seiner grundsätzlich abweichenden Auffassung der Bedeutung der Vorschrift (die aber nicht frei von Widerspruch ist, s. § 204 Erl 6 b).

Die Gesellschaft ist nicht genötigt, gegen die Erstschuldner mit Klage und Zwangsvollstreckung vorzugehen. Es genügt, wenn sie auf andere Weise den Nachweis zu erbringen vermag, daß von den schuldigen Gründern Ersatz des Schadens nicht zu erlangen ist, Staub-Pinner § 204[7], Lehmann-Ring § 204[3]; auch Behrend § 112[6] nicht anders. Steht Zahlungsunfähigkeit nicht fest, und droht Verjährung, so ist für die Gesellschaft, falls von den Mitgliedern des Vorstandes oder des Aufsichtsrats, welche sie in Anspruch nehmen will, keine Anerkenntnis zu erzielen ist, Anlaß zu einer Feststellungsklage gegeben.

3. Schuldner sind nicht die Organe, Vorstand und Aufsichtsrat als solche, sondern persönlich die einzelnen Mitglieder, so daß der Fall nicht ausgeschlossen ist, daß nicht alle Mitglieder, sondern nur einzelne von ihnen ersatzpflichtig sind. Soweit letzteres der Fall ist, haften die Mitglieder als Gesamtschuldner. — Gläubiger kann auch hier immer nur die Gesellschaft sein. Ist die hier vertretene Auffassung des § 204 [1] richtig, so ist die Frage, ob nicht in § 204 ein Schutzgesetz im Sinne des § 823 II BGB liege und dabei der Verstoß gegen ihn Schadensersatzansprüche Dritter begründen könne, von vornherein falsch gestellt. Denn der § 204 stellt überhaupt kein Gebot oder Verbot auf; er hat keine selbständige Bedeutung, ergänzt vielmehr nur die §§ 192 I, 193, und die Frage könnte nur sein, ob § 192 I ein Schutzgesetz im genannten Sinn ist, was auch niemand behauptet hat. Wie hier Makower § 204 III; a. A. Staub-Pinner § 204[2], Goldschmit AG. § 204[6].

4. Gegenstand des Anspruchs ist Schadensersatz gemäß § 249 BGB. Die Gesellschaft muß ihren Schaden nachweisen. Soweit es darauf ankommt (vgl. § 202 I), einen an der Deckung des Grundkapitals fehlenden Betrag zu übernehmen, fehlende Einzahlungen zu leisten, eine Gründervergütung zu ersetzen, liegt der Schaden klar zutage. Auch insofern tritt subsidiarische Haftung ein. A. A. Makower § 204 II b, Brand § 204[5]. Es ist wohl selbstverständlich, daß weder die Gründer noch die Mitglieder von Vorstand und Aufsichtsrat verpflichtet sind, eine fehlende Einzahlung oder den Betrag einer Gründervergütung noch einmal zu zahlen, wenn dort der Aktionär die Einzahlung nachträglich geleistet, hier der Gründer freiwillig die Vergütung zurückgegeben hat. — Die Frage, inwiefern die Gesellschaft ihren Anspruch gegen Vorstands- und Aufsichtsratsmitglieder dadurch verwirkt, daß sie in der Rechtsverfolgung gegen den Hauptschuldner etwas versieht, ist nach den allgemeinen Rechtsgrundsätzen über die subsidiarische Haftung zu entscheiden. So kurz zusammengefaßt Lehmann-Ring § 204[3]: „Erläßt die Gesellschaft dem Vorverpflichteten durch Vertrag die Schuld (vgl. aber § 205), so ergreift diese Verfügung auch die Nachverpflichtung, gleichviel ob von dem Vorverpflichteten nichts zu erlangen gewesen wäre; vergleicht die Gesellschaft sich mit dem Vorverpflichteten, so bleibt es bei der Nachverpflichtung, wenn nach Lage der Sache von dem Vorverpflichteten nicht mehr zu erlangen war; verjährt der Anspruch gegen den Vorverpflichteten, so bleibt es bei der Nachverpflichtung, falls trotz Unterbrechung der Verjährung von dem Vorverpflichteten nichts zu erlangen gewesen wäre."

5. Wegen Verzichts s. § 205; wegen Verjährung § 206; wegen Geltendmachung des Ersatzanspruchs und Vertretung der Gesellschaft im Prozeß s. § 268.

§ 205.

Vergleiche[1] oder Verzichtleistungen, welche die der Gesellschaft aus der Gründung zustehenden Ansprüche gegen die nach den §§ 202 bis 204 verpflichteten Personen betreffen, sind erst nach dem Ablaufe von fünf Jahren seit der Eintragung der Gesellschaft in das Handelsregister und nur mit Zustimmung der Generalversammlung[3] zulässig[4]; sie sind unzulässig, soweit in der Versammlung eine Minderheit, deren Anteile den fünften Teil des Grundkapitals darstellen, Widerspruch erhebt[5]. Die zeitliche Beschränkung findet keine Anwendung[2], sofern sich der Verpflichtete im Falle der Zahlungsunfähigkeit zur Abwendung oder Beseitigung des Konkursverfahrens mit seinen Gläubigern vergleicht.

1. Es liegt in der Natur der Verhältnisse begründet, daß die A-Gesellschaft auch nach ihrer Entstehung mehr oder weniger lange Zeit noch unter dem überwiegenden Einfluß der Gründer steht, daß namentlich auch die Mitglieder des Vorstandes mehr oder weniger diesem Einfluß unterliegen, dabei aber vermöge ihrer Vertretungsmacht unbeschränkt über die Rechte und Ansprüche der Gesellschaft verfügen können. Aus diesem Grunde bestimmt das Gesetz, daß die Gesellschaft auf die in §§ 202—204 geregelten Ersatzansprüche während der ersten 5 Jahre ihres Daseins überhaupt nicht wirksam verzichten kann, und daß nach Ablauf der 5 Jahre es nur mit Genehmigung der Generalversammlung geschehen kann.

Nach früherem Recht betrug diese Sperrfrist 3 Jahre. Das hat die Novelle von 1900 geändert indem sie die Frist mit der in § 206 bestimmten Verjährungsfrist gleichsetzte. Die Gesellschaft kann auf den Anspruch weder ganz noch teilweise verzichten, auch nicht im Wege eines, wenn auch nach Lage der Sache wohlverständlichen Vergleichs.

2. a) Nur in dem Fall soll diese Sperre kein Hindernis bilden müssen, wo es für den Ersatzpflichtigen sich darum handelt, sich wegen Zahlungsunfähigkeit zur Abwendung oder Beseitigung des Konkursverfahrens mit seinen Gläubigern zu vergleichen. Abgesehen hiervon kann die Gesellschaft nicht vergleichsweise auf den Anspruch verzichten. Wohl aber kann der Anspruch Gegenstand eines Vergleiches in positivem Sinn, nämlich in der Weise sein, daß der Schuldner ihn gegen anderweiten Vorteil, z. B. gegen Verzicht der Gesellschaft auf eine andere ihr gegen den Schuldner zustehende Forderung in voller Höhe, anerkennt. Nur darf darin nicht eine Umgehung des Gesetzes liegen. Man wird annehmen müssen, daß die Gesellschaft auch nicht in anderer Weise über den Anspruch verfügen kann. Andernfalls wäre der Vorstand in der Lage, den Anspruch abzutreten, ohne auch nur die Generalversammlung zu fragen, und wenn dagegen auch für den Fall nichts einzuwenden wäre, daß die Übertragung gegen ein vollwertiges Äquivalent geschieht, so fehlt es doch an jeglicher gesetzlicher Gewähr, daß es nicht anders geschieht. Entsprechend ist dann auch Verpfändung und Pfändung des Anspruchs unzulässig und unwirksam.

b) Handelt es sich um einen Vergleich zur Abwendung des Konkurses, so ist die Wirksamkeit nicht davon abhängig, daß schlechthin alle Gläubiger sich an dem Vergleich beteiligen oder daß Bevorzugung einzelner nicht stattfindet (Mot S. 68). Vermöge der Ausnahme, welche das Gesetz macht, ist die Gesellschaft daran auch nicht gehindert, im Konkurse des Schuldners einem Zwangsvergleich zuzustimmen. Es ist aber zu beachten, daß in diesem Ausnahmefall nur die zeitliche Beschränkung der Verfügungsfreiheit der Gesellschaft fortfällt. Dabei daß der Vorstand nicht die Vertretungsmacht hat, den Vergleich ohne Zustimmung der Generalversammlung zu schließen, bleibt es. Darauf haben Konkursverwalter und Konkursgericht zu achten. Es ist aber, wenn das nicht geschieht, die rechtskräftige Bestätigung des Zwangsvergleichs nicht deshalb unwirksam, weil die Generalversammlung nicht gefragt worden ist. Behrend, Lehrbuch § 113[20]; R. Schmidt, Gründerverantwortlichkeit 98 f.

3. a) Die Gesellschaft kann nur mit Zustimmung der Generalversammlung auf Ansprüche aus §§ 202—204 verzichten. Diese beschließt darüber mit einfacher Stimmenmehrheit. Ist der Ersatzpflichtige zugleich Aktionär, so hat er nach § 252 III kein Stimmrecht. Besteht der Anspruch gegen mehrere in dieser Lage, so sind sie alle von der Ausübung des Stimmrechts auch dann ausgeschlossen, wenn getrennt abgestimmt wird. Es werden hier immer ähnliche Gesichtspunkte sich geltend machen, wie sie RG 55, 75 veranlaßt haben, bei der Entlastung des Aufsichtsrats getrennte Abstimmung für unzulässig zu erklären. Streitig ist, ob Mitglieder des Vorstandes und Aufsichtsrats, welche Aktien besitzen, ihr Stimmrecht deshalb nicht ausüben dürfen, weil sie nach § 204 ersatzweise in Anspruch genommen werden könnten; Staub-Pinner § 205[2] erklärt die Ausschließung vom Stimmrecht für unbegründet, weil § 252 III nicht weit, sondern im Gegenteil eng ausgelegt werden müsse. Indessen ist letzteres nicht anzuerkennen. Es gibt Fälle, wo Anwendung des § 252 III über seinen Wortlaut hinaus unvermeidlich ist, und dahin wird man denn auch den Fall rechnen müssen, wo — wie hier — mit dem Entschluß, auf den Anspruch zu verzichten, zugleich der Anspruch gegen den Zweitschuldner hinfällig wird, der Sache nach also zugleich auf diesen verzichtet wird. Wie Staub-Pinner auch Lehmann-Ring § 205[1], Makower § 252 V b 2. A. A. Behrend § 113[18], Brand § 205[3] b, Ritter § 205[1]; vermittelnd Goldschmit AG. § 205[4]. Die Entscheidung RG 55, 75 hat mit dieser Frage nichts zu tun.

b) Auch wenn die Mehrheit für Verzicht auf den Anspruch gestimmt hat, ist er gleichwohl unzulässig, wenn eine Minderheit Widerspruch erhebt, welche 20% oder mehr des Grundkapitals hinter sich hat. Es genügt nicht, daß bei der Abstimmung über den Verzicht die überstimmte Minderheit diese Stärke erreicht. Sie muß auf Grund ihres Minderheitsrechtes Widerspruch erheben. Das wird nicht allgemein anerkannt. Aber zunächst steht es doch so im Gesetz, und es ist willkürlich, den Gesetzgeber so zu verstehen, als wäre dort gesagt, der Verzicht ist unzulässig, wenn Aktionäre, deren Anteile den fünften Teil des Grundkapitals darstellen, dagegen stimmen. Aber auch sachliche Gründe sprechen gegen eine solche Korrektur des Gesetzes. Es handelt sich um verschiedene Entschließungen. Wer gegen den Verzicht stimmt, vermeint damit in der Mehrheit zu bleiben und mit ihr zu gehen. Daß er auch gegen die Mehrheit vorgehen will, ist damit noch nicht gesagt. Dabei läßt sich auch praktisch der Standpunkt der Gegner nicht durchführen. Wenn der Vorsitzende der Generalversammlung in solchem Fall erklärt, die Zustimmung zum Verzicht sei angenommen und die Minderheit protestiert dagegen, dann ist ja der Widerspruch erhoben. Er kann aber unmöglich als erhoben und der Antrag als abgelehnt gelten, wenn von keiner Seite widersprochen wird. Das kann nur heißen, daß man sich der Mehrheit fügt. Wenn die Minderheit ihr Recht nicht kennt und deshalb schweigt, dann verwirkt sie es eben, was nichts Besonderes geschweige denn Unerträgliches ist. A. A. Makower § 205 IV b, Lehmann-Ring § 205[1], Brand § 205[3] c β; wie hier Goldmann § 205[7]; Goldschmit AG. § 205 I c.

c) Etwas anders liegt es — offenbar nur infolge eines Versehens des Gesetzgebers —, wenn, ehe es zu einem solchen Verzicht gekommen ist, die Gesellschaft gemäß § 268 den Ersatzanspruch geltend gemacht hat auf Verlangen der Minderheit (es muß nicht schon Klage erhoben sein). Dann kann auf den Anspruch so lange nicht verzichtet werden, als auch nur 10% des Grundkapitals dem widerspricht, § 270. Wenn nach wirksam beschlossener Zustimmung ein solches Verlangen einer geringeren Mehrheit auf Grund § 268 hervortritt, wird dadurch der Zustimmungsbeschluß an und für sich nicht hinfällig. Der Vorstand mag der Gesellschaft gegenüber verpflichtet erscheinen, von ihm bis auf weiteres keinen Gebrauch zu machen. Vereinbart er aber den Verzicht mit dem Schuldner, dann ist das rechtswirksam. In der Kommission war vergeblich auf den Widerspruch zwischen §§ 205 und 270 hingewiesen worden.

4. In der Vorschrift, daß die Gesellschaft auf ihren Anspruch wirksam nur mit Zustimmung der Generalversammlung verzichten kann, liegt eine, auch nach außen wirksame Beschränkung der Vertretungsmacht des Vorstandes. Doch gilt diese Beschränkung nur im Verkehr mit der Geschäftswelt, überhaupt mit dem Publikum. Sie gilt nicht im Prozeß, wenn der Anspruch in irgendeinem Zusammenhang rechtshängig wird. Den auf öffentlichem Prozeßrecht beruhenden Bestimmungen über die Vertretung der Partei im Prozeß vermag die für das Privatrecht getroffene Vorschrift nicht vorzugreifen, Behrend § 113 Anm. 21. Wird die Klage der Gesellschaft rechtskräftig abgewiesen, so ist die Klägerin ihres Anspruchs verlustig, gleichviel, ob das Gericht zu Unrecht den Verzicht auf die Forderung für wirksam erklärt hat, und gleichviel auch, ob der Vorstand — absichtlich oder unabsichtlich — durch mangelhafte Führung des Prozesses die Abweisung der Klage verschuldet hat. Wollen die Parteien sich unter gänzlichem oder teilweisem Verzicht auf den Anspruch vor Gericht vergleichen, so hat das Gericht die Aufnahme des Vergleichs abzulehnen, wenn die 5 Jahre noch nicht verstrichen sind. Denn, auch gerichtlich geschlossen, würde der Vergleich unwirksam sein, Staub-Pinner § 205[4]. Vgl. RG 19, 362. Dagegen ist nach Ablauf der 5 Jahre ein solcher alsdann geschlossener Vergleich auch dann gültig, wenn die Generalversammlung nicht zugestimmt hat. Dasselbe würde von einer gerichtlichen Anerkenntnis des Vorstandes, daß die Schuld nicht oder nicht mehr besteht, gelten. — Die Gründer können nicht auf Entlastung klagen. Wohl aber kann es so liegen, daß eine Klage auf Feststellung, daß der Anspruch nicht mehr besteht, weil auf ihn verzichtet worden ist, zulässig erscheint. Im Versäumnisverfahren wäre die Klage abzuweisen, wenn die fünf Jahre noch nicht verstrichen waren, oder wenn sie verstrichen waren, der Kläger aber nicht behauptet hat, daß die Generalversammlung zugestimmt habe. Erscheint aber für die Gesellschaft ein Prozeßvertreter, der den Klageanspruch anerkennt, dann muß nach den Regeln des Prozeßrechts, denen § 205 weder vorgreifen kann noch will, der Klage stattgegeben werden. Nur im Falle nachgewiesener Kollusion würde die Gesellschaft ihres Anspruches nicht verlustig gegangen sein. Wie hier Staub-Pinner § 205[4-6], Brand § 205[4]. Undeutlich Lehmann-Ring § 205[3]. Ritter § 205[3] will durch Zulassung der Nichtigkeits- und Restitutionsklage Abhilfe schaffen. Von der Nichtigkeitsklage nach § 579 I Z. 4 ZPO ist das sicher nicht richtig, wohl aber kann unter Umständen die Restitutionsklage nach § 580 Z. 4 ZPO in Verbindung mit § 312 HGB in Frage kommen.

5. Ein im Laufe der fünfjährigen Frist vereinbarter Erlaß ist wirkungslos, und wird auch nicht mit Ablauf der Frist rechtswirksam, auch dann nicht, wenn die Generalversammlung ihn genehmigt, gleichviel, ob die Genehmigung vor Ablauf der Frist beschlossen wird oder nach ihm. Vgl. Staub-Pinner § 205[3]; der Vertrag kann nur bestätigt, d. h. neu vorgenommen werden (§ 141 BGB). Dagegen muß Staub-Pinner widersprochen werden, wenn er a. a. O. behauptet, es könne ein Vergleich schon vor Ablauf der Frist vereinbart werden, wenn er unter dem Vorbehalt geschieht, daß nach Ablauf der Frist die Generalversammlung ihn genehmigt; es sei dann der Ersatzpflichtige an den Vergleich gebunden. Ein solcher Vertrag könnte doch nur den Sinn haben, daß auch die Gesellschaft den aufgegebenen Teil des Anspruchs nicht soll geltend machen dürfen, so lange das Geschäft noch in der Schwebe ist, und das wäre nicht minder ein nichtiges pactum de non petendo. Die Gesellschaft kann dem Schuldner tatsächlich eine Frist lassen; aber die vertragsmäßige Vereinbarung auch nur einer Stundung würde vor dem Verlangen der Generalversammlung oder einer Minderheit nach § 268, daß der Anspruch geltend gemacht wird, zurücktreten müssen. Ein Vergleich aber, welcher den Schuldner allein bindet, kann als gewollt nur angenommen werden, wenn es deutlich zum Ausdruck gekommen ist.

§ 206.

Die Ansprüche der Gesellschaft[1] gegen die nach den §§ 202 bis 204 verpflichteten Personen verjähren in fünf Jahren von der Eintragung der Gesellschaft in das Handelsregister an.

1. Gegen sämtliche Ansprüche der Gesellschaft auf Grund der §§ 202—204 läuft die fünfjährige Verjährung vom Tage der Eintragung der Gesellschaft, gleichviel wann die Ansprüche entstanden sind. Auch soweit es sich zugleich um Tatbestände einer zum Nachteil der Gesellschaft begangenen unerlaubten Handlung handelt,. kommt gegenwärtige fünfjährige, nicht die dreijährige Verjährung nach § 832 BGB zur Anwendung, Lehmann-Ring § 206, Staub-Pinner § 206[3]. Darüber, daß ein dem Schuldner bewilligter Zahlungsaufschub den Lauf der Verjährung

nicht hindert, s. § 205 Erl 5. Insofern findet auch § 202 BGB keine Anwendung. Im übrigen gelten aber die allgemeinen Vorschriften des BGB über die Verjährung, insbesondere also die Vorschriften über Hemmung und Unterbrechung der Verjährung.

§ 207.

Verträge der Gesellschaft[1], nach denen sie vorhandene oder herzustellende Anlagen, die dauernd zu ihrem Geschäftsbetriebe bestimmt sind, oder unbewegliche Gegenstände für eine den zehnten Teil des Grundkapitals übersteigende Vergütung erwerben soll[3], bedürfen zu ihrer Wirksamkeit[2] der Zustimmung der Generalversammlung[4], falls sie vor dem Ablaufe von zwei Jahren seit der Eintragung der Gesellschaft in das Handelsregister geschlossen werden.

Vor der Beschlußfassung hat der Aufsichtsrat den Vertrag zu prüfen und über die Ergebnisse seiner Prüfung schriftlich Bericht zu erstatten.

Der Beschluß, durch welchen dem Vertrage die Zustimmung erteilt wird, bedarf einer Mehrheit, die mindestens drei Vierteile des bei der Beschlußfassung vertretenen Grundkapitals umfaßt. Wird der Vertrag im ersten Jahre nach der Eintragung der Gesellschaft in das Handelsregister geschlossen, so müssen außerdem die Anteile der zustimmenden Mehrheit mindestens ein Viertel des gesamten Grundkapitals darstellen.

Nach erfolgter Zustimmung der Generalversammlung hat der Vorstand den Vertrag in Urschrift oder in öffentlich beglaubigter Abschrift mit dem Berichte des Aufsichtsrats nebst dessen urkundlichen Grundlagen zum Handelsregister einzureichen. Zum Handelsregister einer Zweigniederlassung findet die Einreichung nicht statt[5].

Bildet der Erwerb von Grundstücken den Gegenstand des Unternehmens[6], so finden auf einen solchen Erwerb die Vorschriften der Abs. 1 bis 4 keine Anwendung. Das gleiche gilt für den Erwerb von Grundstücken im Wege der Zwangsversteigerung[7].

1. Die Vorschriften der §§ 207, 208 handeln von der sogenannten Nachgründung. Die qualifizierte Gründung gemäß § 186 II (Sacheinlagen und Sachübernahmen) ist an Schutzvorschriften geknüpft, deren Befolgung auch bei gewissenhaften Gründungen als kostspielig und zeitraubend, dabei auch wohl als sachlich überflüssig, bei gewissenlosen Gründungen als hinderlich und gefährlich empfunden wird, dabei aber vermieden werden kann, wenn man bei Vornahme einer reinen Bargründung darauf rechnen kann, daß nach ihrer Entstehung die A-Gesellschaft den Gegenstand, auf dessen Einlage oder Übernahme es abgesehen ist, käuflich erwerben kann. Diese Gefahr einer Vermeidung oder — wenn man so will — Umgehung jener Schutzvorschriften ist um so dringlicher, als in der Regel die Gründer darauf rechnen können, daß sie nach Entstehung der A-Gesellschaft zunächst noch in ihr den entscheidenden Einfluß besitzen. Um dieser Gefahr generell zu begegnen, hat der Gesetzgeber auch für solche Erwerbungen von Gegenständen durch die Gesellschaft nach ihrer Entstehung Schutzvorschriften in dem gegeben, was die §§ 207, 208 bestimmen.

2. Der Schutz der Gesellschaft besteht erstens darin, daß der Aufsichtsrat den betreffenden Vertrag prüfen und über das Ergebnis seiner Prüfung schriftlich Bericht erstatten muß (ganz wie im Fall nach §§ 192 II, 193), und zweitens darin, daß die Generalversammlung dem Abschluß des Vertrages mit qualifizierter Stimmenmehrheit zustimmen muß.

Es gilt das nicht für immer, sondern nur auf die Dauer von 2 Jahren nach Entstehung der Gesellschaft.

Es gilt das ferner — naturgemäß — nicht in allen Fällen, wo die Gesellschaft Sachen kauft oder sie sonst erwirbt. Es gilt vielmehr nur von der Anschaffung von Betriebsanlagen und von Grundstücken, in beiden Fällen ferner nur, wenn die für den angeschafften Gegenstand zu zahlende Vergütung 10% des Grundkapitals übersteigt.

Es gilt das ohne Unterschied, ob die Anschaffung bei Gründung der Gesellschaft bereits in das Auge gefaßt war oder nicht. In der Zeit zwischen Errichtung und Eintragung kann die A-Gesellschaft als solche Betriebsanlagen und Grundstücke überhaupt nicht erwerben, § 200 I; dagegen liegt ein Fall nach §§ 207, 208 vor, wenn der Vorstand einen vor der Entstehung der A-Gesellschaft vorgenommenen Grundstücksankauf nach der Eintragung der Gesellschaft — notariell — genehmigt, JW 1910, 800[6].

3. a) Unter Anlagen, welche dauernd zum Geschäftsbetriebe der Gesellschaft bestimmt

sind (Betriebsanlagen), sind Bauten, Aufbauten, überhaupt körperliche Gegenstände zu verstehen, welche — wenn auch nicht notwendig geradezu untrennbar — mit dem Grund und Boden verbunden sind. Dahin gehören auch an und für sich bewegliche Maschinen, sofern sie irgendwie — durch das Fundament, auf dem sie stehen müssen, durch die Führung von Transmissionen oder andere Verbindungen — an bestimmtem Platze aufgestellt sind, wo sie dauernd zu funktionieren haben. Lokomobilen, Kraftwagen, Flugzeuge (a. A. Staub-Pinner § 207³) sind keine Anlagen. Wohl aber können bewegliche Sachen Zubehörstück der Anlage sein, wobei dann die auf sie entfallende Vergütung in Beziehung auf die Frage, ob die gesetzliche Grenze (10% des Grundkapitals) überschritten ist, eingerechnet werden muß. So ist z. B. eine Fähre zweifellos eine Anlage, einschließlich des oder der Fahrzeuge. A. A. Behrend Lehrbuch § 134⁴, Lehmann-Ring § 207², Makower § 207 I b¹. Auch wo also eine „Anlage" nicht als Ganzes, sondern in Teilstücken und von verschiedenen Lieferanten erworben wird, ist der Gesamtpreis entscheidend. — Es macht auch keinen Unterschied, ob die Anlage schon fertig ist oder erst noch hergestellt werden muß, m. a. W., ob Kauf vorliegt oder Werkvertrag, und entscheidend in betreff der zweijährigen Frist ist nicht der Moment, wo mit der Herstellung der Anlage begonnen wird, noch weniger wo sie fertiggestellt ist oder bezahlt wird, sondern wo der Vertrag geschlossen wird. Nicht hierher gehört der Fall, daß die Gesellschaft selbst die Anlage herstellt, mag sie auch Einzelarbeiten an selbständige Unternehmer verdingen, z. B. der Fall, daß eine A-Gesellschaft die Eisenbahn, zu deren Betrieb sie gegründet wird, selbst baut. Nur darf die eigene Regie nicht reiner Schein sein, KGJ 25, 85.

b) Unbewegliche Gegenstände sind Grundstücke, bebaute oder unbebaute. Allenfalls auch noch das Erbbaurecht (gemäß § 1017 BGB). Dagegen sind Schiffe bewegliche Gegenstände, einschließlich der Seeschiffe, welche nur in bestimmten Einzelheiten kraft positiver Vorschriften unbeweglichen Sachen gleichgeachtet werden.

Rechte sind weder Anlagen noch unbewegliche Sachen. So fallen z. B. Patente hier ganz aus. Ebenso Aktien und Geschäftsanteile einer Gesellschaft mbH. Nur wo der Erwerb solcher Gesellschaftsanteile sachlich nichts anderes ist als Erwerb des Gesellschaftsvermögens, der Erwerb des ganzen Unternehmens mit Betriebsanlagen und etwaigen Grundstücken, liegt es anders. Naturgemäß tritt auch hier, wie in anderen Fällen eines solchen Erwerbs von Gesellschaftsanteilen durch die Gesellschaft, die immer wiederkehrende Frage auf, ob das auch dann gilt, wenn die A-Gesellschaft nicht ausnahmslos alle Gesellschaftsanteile erwirbt, sondern — geflissentlich oder nicht — einzelne Anteile vom Erwerb ausgeschlossen bleiben, worauf keine andere als die immer wiederkehrende Antwort möglich ist, daß das nur von Fall zu Fall in freier vernünftiger Erwägung der ratio derjenigen Gesetzesbestimmungen entschieden werden kann, auf deren Auswirkung jeweils es ankommt. — Wenn in Beziehung auf die Vorschrift § 261 Z. 3 von Wertpapieren behauptet wird, daß sie Betriebsanlagen seien, wenn ihre Anschaffung auf die Dauer berechnet ist, so mag das dort der ratio des Gesetzes entsprechen (oder vielleicht auch nicht), hier ist dieser Gesichtspunkt doch wohl nicht entscheidend. A. A. Staub-Pinner § 207³. Vgl. auch Herz in HoldhMS S. 1 III.

4. a) Der Vertrag bedarf zu seiner Wirksamkeit der Zustimmung der Generalversammlung. Damit schränkt das Gesetz die an und für sich unbegrenzte Vertretungsmacht des Vorstandes ein. Das Rechtsgeschäft ist keineswegs gesetzlich verboten (§ 134 BGB). Es ist ohne rechtliche Wirkung, weil es außerhalb des Machtbereichs dessen liegt, der es abschließt. Es ist wie wenn jemand eine Forderung überträgt, welche einem anderen zusteht. Keiner von beiden Teilen, weder der Veräußerer noch die Gesellschaft, vertreten durch den Vorstand, kann auf Erfüllung bestehen. Jeder kann das etwa Geleistete zurückfordern. Ein Fall nach § 817 BGB liegt überhaupt nicht vor, und daher kann auch Satz 2 das. der Forderung auf Rückgewähr des Geleisteten nicht entgegenstehen. Alles hängt davon ab, ob die Generalversammlung in der erforderlichen Weise ihre Zustimmung zum Vertrag erklärt hat oder ihn nachträglich genehmigt. Anders JW 1899, 324²⁴; Staub-Pinner § 207³; Lehmann-Ring § 207⁹; wie hier JW 1925, 1646⁴ (München); Goldmann § 207⁹·¹⁰. S. auch Goldschmit JW. 1925, 1646 Note; Güldenagel JW 1925, 629 Note. — Wenn die gleichzeitig mit dem BGB in kraft getretene Novelle von 1900 den Ausdruck Zustimmung des Art 213 f. des früheren Gesetzes beibehalten hat, so ist damit zugleich ausgesprochen, daß die Generalversammlung sowohl vor Abschluß des Vertrages die Einwilligung beschließen kann (BGB § 183), als auch nach ihm die Genehmigung (BGB § 184). Der Vertrag ist nicht nichtig, sondern unwirksam. Verstreichen nach Abschluß des Vertrages die 2 Jahre, ohne daß die Generalversammlung zu ihm Stellung genommen hat, so wird er dadurch nicht wirksam. Wohl aber kann nunmehr der Vorstand den Vertrag aus eigener Machtvollkommenheit wirksam bestätigen — und zwar auch formlos —, sofern der Gegner noch an ihm festhält oder noch an ihn gebunden ist. Ob und wie lange er gebunden ist, läßt sich allgemein nicht sagen. Die §§ 108 und 177 BGB sind von einer immanenten Vernunft getragen und können entsprechend angewendet werden.

Gerät die Gesellschaft, bevor es zu einem Beschluß über die Genehmigung der Anschaffung gekommen ist, in Konkurs, so haben über die Genehmigung Konkursverwalter und Generalversammlung zu entscheiden. So mit einleuchtender Begründung JW 1925, 1646[4] (zustimmend Goldschmit das.). S. auch JW 1925, 628[1]; Ring II, 214.

b) Bestritten ist, ob der Grundbuchrichter von Amts wegen zu beachten hat, ob die Genehmigung der Generalversammlung vorliegt. Nach Makower § 207 II b, Lehmann-Ring § 207[9]; Behrend Lehrbuch § 134[7] ist das nicht der Fall, weil nur das Kausalgeschäft, nicht der dingliche Vertrag unwirksam sei. Aber das ist eine hier nicht angebrachte Unterscheidung. Überschreitet das Kausalgeschäft die Machtbefugnis des Vorstandes, so gilt das von dem Verfügungsgeschäft, man wäre versucht zu sagen erst recht. So zutreffend Goldschmit in JW 1925, 1646, Note gegen OLG 43, 307 (KG). Nach Staub-Pinner § 207[5]; Goldmann § 207[25] (unter Hinweis auf OLG 6, 473); Brand § 207[3] bβ kann der Grundbuchrichter die Auflassung entgegennehmen, hat aber die Eintragung in das Grundbuch auszusetzen. Auch das kann nicht gebilligt werden. Die Auflassung ist doch gerade der Vertrag, den zu schließen der Vorstand ohne Genehmigung der Generalversammlung nicht die Macht besitzt. Hat überhaupt der Grundbuchrichter wie die Vollmacht eines Stellvertreters, so auch die Vertretungsmacht des gesetzlichen Vertreters zu prüfen, so darf er auch dessen Entgegennahme der Auflassungserklärung usw. nicht oder im vorliegenden Fall jedenfalls nicht vorbehaltlos beurkunden. Es wird dagegen nichts einzuwenden sein, daß die Beurkundung unter dem Vorbehalt geschieht, daß die Genehmigung der Generalversammlung nachgeliefert wird. Beachtet der Grundbuchrichter den Mangel der Vertretungsmacht nicht und nimmt er infolgedessen die Umschreibung vor, so wird das Grundbuch unrichtig, JW 1925, 1646[4]. Undeutlich OLG 6, 473 (Stuttgart).

c) Der zur Beschlußfassung einberufenen Generalversammlung muß der Bericht des Aufsichtsrats vorliegen. Der Aufsichtsrat, d. h. seine Mitglieder, ausnahmslos alle, müssen den Vertrag prüfen, über das Ergebnis ihrer Prüfung schriftlich Bericht erstatten und für ihn die Verantwortung übernehmen, § 249. A. A. Makower § 207 II[9]; Lehmann-Ring § 207[6]; Brand § 207[3] a, die aber wohl zu eng am Wortlaut des Gesetzes haften. Da wegen ihrer Haftung nicht § 204, sondern § 249 in Anwendung kommt, haften sie nicht subsidiär. Gemeint ist eine Prüfung und Berichterstattung ganz in der Weise, als handle es sich um eine Sacheinlage oder Sachübernahme und wie es in § 192 I, 193 vorgeschrieben ist. Vom Vorstand ist hier nicht die Rede. Er schließt den Vertrag und hat ihn nach jeder Richtung hin — auch vor der Generalversammlung — zu vertreten.

d) Für die Beschlußfassung ist eigenartig qualifizierte Mehrheit erforderlich, unterschieden noch danach, ob der Vertrag noch innerhalb des ersten Jahres nach der Eintragung der Gesellschaft in das Handelsregister geschlossen wird, oder später.

Erforderlich ist $^3/_4$-Mehrheit (der Ausdruck: $^3/_4$ des bei der Beschlußfassung vertretenen Grundkapitals sollte unmißverständlich sein, ist es aber nicht; gemeint ist $^3/_4$ des an der Abstimmung sich beteiligenden Grundkapitals, s. auch §§ 243 IV, 275 II, 288 I, 292 I[2], 303 I und Erl 1[b] zu § 275), ferner, wenn der Vertrag im ersten Jahre nach der Eintragung der Gesellschaft geschlossen wird oder geschlossen worden ist, muß diese Mehrheit zugleich $^1/_4$ des gesamten Grundkapitals darstellen, weil im ersten Jahr die Vermutung einer Umgehungsabsicht näher liegt als später und deshalb die Entscheidung nicht einer zu schwach besuchten Generalversammlung anheimfallen soll. (Nach dem Recht von 1900 genügte in letzterem Fall einfache Mehrheit, sofern diese $^1/_4$ des Grundkapitals vertrat). Ist ein Aktionär der Veräußerer der Sache, dann ist er von der Teilnahme an der Abstimmung ausgeschlossen.

Die Zustimmung ist nur wirksam, wenn sie in rechtsgültiger Weise beschlossen wird. Der Beschluß darf nicht nichtig sein. Ist er anfechtbar, und das ist namentlich der Fall, wenn ein Bericht des Aufsichtsrats nicht vorgelegen hat, so kommt es darauf an, ob er angefochten wird, und das kann seitens eines Aktionärs, welcher anwesend war, nur geschehen, wenn in der Versammlung Widerspruch zu Protokoll erklärt worden ist. Überhaupt findet auf diese Anfechtung § 271 ff., insbesondere § 271 III Satz 1 Anwendung. In dem Anfechtungsprozeß kann der Veräußerer als Nebenintervenient der A-Gesellschaft beitreten, Behrend § 134[8].

5. Abs IV ist eine Ordnungsvorschrift, von deren Befolgung die Gültigkeit des Beschlusses nicht abhängt. Zu ihrer Befolgung ist der Vorstand durch Androhung von Ordnungsstrafen nach § 14 angehalten. — Einzureichen sind 1. der Vertrag, in Urschrift oder beglaubigter Abschrift, 2. der Bericht des Aufsichtsrats, 3. dessen urkundliche Grundlagen. Alles das weist deutlich darauf hin, daß an eine Prüfung nach §§ 192, 193 zu denken ist. — Öffentliche Bekanntmachung findet nicht statt.

6. Bildet der Erwerb von Grundstücken den Gegenstand des Unternehmens der Gesellschaft, oder — wie es im Kommissionsbericht von 1884 noch schärfer ausgedrückt wird, gehört der Erwerb von Immobilien zu ihrem Gewerbebetrieb, so finden die Vorschriften über Nachgründung überhaupt nicht Anwendung (wohl aber § 208). Gedacht ist hierbei an Baugesellschaften, Hypothekenbanken u. ä., JW 1910, 800[6]. Der Erwerb und die Herstellung von Anlagen steht auch bei Gesellschaften dieser Art unter dem Gebot des Gesetzes. — Immer muß es bei dem Gegenstand des Unternehmens auf Erwerb von Grundstücken in der

Mehrzahl abgesehen sein. Wird eine A-Gesellschaft gegründet, um lediglich ein bestimmtes Areal zu parzellieren, so fällt das nicht unter die Ausnahme, noch weniger, wenn das Grundstück angeschafft wird, um auf ihm Ziegelei oder was es ist, zu betreiben, HoldhMS 5, 201. Es ist verständlich, daß ferner die Vorschriften der Abs I—IV keine Anwendung finden sollen, wenn die Gesellschaft sich veranlaßt sieht, ein Grundstück, an welchem ihr ein Pfändungspfandrecht, eine Hypothek, eine Grundschuld zusteht, in der Zwangsvollstreckung zu erwerben, sei es, daß sie selbst die Zwangsvollstreckung betreibt oder ein Dritter. Daß der zu allgemein geratene Satz so zu verstehen ist, wird allgemein angenommen. Zwangsversteigerung, sagt die Novelle von 1900, statt, wie es früher lautete, Zwangsvollstreckung. Es gilt jetzt also die Ausnahme auch beispielsweise bei der Zwangsversteigerung zum Zwecke einer Auseinandersetzung, ZwVG § 180. Nur kommt es auch hier darauf an, daß die A-Gesellschaft ein Recht am Grundstück hat, Brand § 207[5] b; Staub-Pinner § 207[10] b.

7. Über die Bedeutung und die Tragweite der §§ 207, 208 besteht ein Streit, der sich kaum anders wird schlichten lassen, als durch ein Eingreifen der Gesetzgebung, was längst hätte geschehen können und hätte geschehen müssen. Es ist oben in Erl 1 schon darauf hingewiesen, daß der Gesetzgeber, in Voraussicht eines unschwer gangbaren Weges, die für qualifizierte Gründungen aufgerichteten Kautelen zu vermeiden, diesen Weg ebenfalls mit Schutzvorschriften umgeben hat, ohne deren Erfüllung er nicht zum Ziele führt. Es ist klar, daß er damit diesen Weg einerseits zwar erschwert, anderseits aber damit gerade auch eröffnet hat. Wenn eine Forstverwaltung in der Befürchtung, die Fußgänger möchten durch Abkürzung einer Wegebiegung Böschung und Wald zertreten, in der Richtung dieser Abkürzung einen Fußpfad anlegt, dann heißt das nicht, daß dieser Pfad trotzdem verboten sein soll. Es kann das nichts anderes bedeuten, als daß er erlaubt ist. Indem das Gesetz die betreffenden Anschaffungen von Anlagen und Grundstücken an die hier bestimmten Voraussetzungen knüpfte, ohne Unterschied, ob sie schon bei der Gründung der Gesellschaft geplant waren oder nicht, bahnte es ihnen ebenso unterschiedlos auch diesen Weg. Das steht im § 207. Es bedurfte hierzu nicht erst der Bestimmung in § 208, die von dem besonderen Fall handelt, daß die Anschaffung im voraus vereinbart war. Der § 208 könnte fehlen, und § 207 würde doch nichts anderes bedeuten. Daß auch er für den Fall der geplanten Nachgründung gelten soll, und nicht nur für den des unvorhergesehenen Entschlusses, ergibt der Wortlaut des Gesetzes und wird durch seine Entstehungsgeschichte bestätigt. Gerade die vorbedachte Nachgründung ist es gewesen, die man hat treffen wollen. Daß man zugleich die unvorhergesehenen Anschaffungen mit erfaßte, wurde — als für diese nicht allzu beschwerlich — aus rechtspolitischem Grunde in den Kauf genommen. Vgl. Mot von 1884 S. 68: „Es bleibt der Erwerb von Anlagen usw. in der Form des Kaufs oder der datio in solutum auf Bareinlagen oder in andrer Weise nach Eintragung der Gesellschaft möglich, selbst wenn der Erwerb zur Erreichung des Gesellschaftszweckes von Anfang an unabweislich war; hier besteht die Gefahr, daß der Erwerb schon vor der Errichtung der Gesellschaft von den Gründern geplant, der Abschluß des Vertrages aber nur hinausgeschoben war, um ihn später durch die von ihnen beherrschten Gesellschaftsorgane bewirken zu lassen und dadurch den strengen Erfordernissen des Art 209 b und die sich daran knüpfende Prüfung und Verantwortung zu umgehen; für den Entwurf lag deshalb die Notwendigkeit vor, einer solchen Umgehung der Vorschriften in geeigneter Weise zu begegnen; er hat deshalb auch hier das tempus clausum von 2 Jahren als entsprechende Zeitgrenze angenommen und sieht vor, daß auf Erwerbungen, soweit sie innerhalb dieses Zeitraums stattfinden, die Vorschriften entsprechende Anwendung finden, welche beim Abschluß solcher Verträge im Stadium der Gründung gegeben sind." Damit steht schlecht in Einklang, wenn RG in LZ 1913, 938 sagt: ein Geschäft, das darauf abzielt, die §§ 186, 187, 191—193, 195, 204, 313 zu umgehen, ist verboten und nichtig. Auch in sich erscheint das wenig durchdacht. Welches Geschäft soll denn das verbotene und nichtige sein. Die ursprüngliche, vor Entstehung der Gesellschaft getroffene Vereinbarung? Sie ist an sich ganz einwandfrei und dürfte überhaupt bei Sachgründungen die bei weitem überwiegende Regel bilden. Oder die Gründung der Gesellschaft selbst, auch nachdem diese in das Handelsregister eingetragen worden ist? Doch sicher nicht. Es müßte also die nachträgliche Anschaffung sein, die nichtig sein soll, auch wenn sie noch so dringlich wäre. So in der Tat BankArch 6, 150[4] (Dresden). Die Vorschrift hat doch den Vorteil der Gesellschaft im Auge, nicht ihren Nachteil. Es ist nicht anders. Gerade diesen Weg, den hier das Gericht mit etwas gesuchtem Nachdruck verpönt, hat das Gesetz gewiesen, und zwar auf Grund eines an und für sich durchaus verständigen Gedankens. Zutreffend KG bei Ring I, 210. Und das ist nicht, wie Fischer in EhrenbergHH III 1 S. 135 behauptet, durch den § 208, sondern durch den § 207 geschehen. S. auch Fischer in Gruch 64, 657 ff. Aber darin hat Fischer recht, daß der Gesetzgeber einen schlimmen Fehler gemacht hat, nur eben an einer anderen Stelle.

Die Vorschriften gehen zurück auf Art 213 des Gesetzes von 1884 und dieser stammt aus dem Art 213 e des Entwurfs. Hier im Entwurf war alles in bester Ordnung. Die Nachgründung sollte danach ganz denselben Erschwernissen unterliegen, wie die qualifizierte Gründung unter Sacheinlage oder Sachübernahme. Namentlich war eine Prüfung durch besondere Revisoren weder in dem einen Fall vorgesehen, noch in dem anderen. Als dann die Kommission und der Reichstag sich zu der einschneidenden Kautel der Prüfung durch besondere Revisoren entschied, hat man die Nachgründung vergessen, und es in bezug auf sie bei den Vorschriften des Entwurfs belassen. Es ist alles sehr natürlich und sehr menschlich zugegangen. Nichts hat dem Gesetzgeber ferner gelegen, als mit dem § 207 einen „Notbehelf" zu schaffen, wie KGJ 10, 34 den Zusammenhang zurechtzulegen sucht, und es wäre ein leichtes, durch einen Federstrich der Gesetzgebung die Sache einzurenken. Auch als sich bei Neufassung des Gesetzes von 1900 die beste Gelegenheit hierzu bot, hatte man offenbar den Fehler noch nicht entdeckt. Das Ergebnis ist freilich merkwürdig genug. Es ist klar, daß die Vorschrift die Umgehung oder, richtiger ausgedrückt, die Vermeidung der strengeren Bestimmungen, der sie hat die Spitze abbrechen wollen, eher fördert als verhindert, und es ist verständlich, daß die Gerichtspraxis nach einem Ausweg sucht. Dabei muß es bleiben, daß die Gesellschaft, wenn sie in das Handelsregister eingetragen worden ist, nicht deshalb nichtig ist, weil die Schutzvorschriften nicht eingehalten worden sind. A. A. Staub-Pinner § 186[17] a und [17] b. S. auch ThürBl 65, 25. Gilt das schon von der offenen Sachgründung, so muß es von der versteckten erst recht gelten. Ein guter Ausweg wäre, wenn der Registerrichter darauf dringen könnte, daß, wie bei der regelrechten qualifizierten Gründung, wenn es dort übersehen ist, so auch bei der Nachgründung die vorgeschriebenen Maßregeln, hier also Prüfung durch den Aufsichtsrat und Beschluß der Generalversammlung, nachgeholt werden. So OLG 43, 306 (KG); Ring II, 203 (Dresden); s. aber auch RJA 16, 80 (Dresden). Indessen wäre die Hauptsache doch die Prüfung durch besondere Revisoren, und eine solche zu fordern, dafür würde es dem Registerrichter doch an jeder gesetzlichen Handhabe fehlen. Zweifelnd KG bei Ring I, 204. Das einzige, was ziemlich allgemeine Anerkennung gefunden hat, ist, daß der Registerrichter wenigstens in den Fällen die Eintragung der Gesellschaft ablehnen kann, wo er erkennt, daß eine Nachgründung in der Luft liegt. KG bei Ring I, 204 in JW 1924, 199[1] (dagegen Hachenburg das. Note), oder auch die Eintragung der Statutenänderung, sofern aus Anlaß der Anschaffung zugleich auch eine solche beschlossen ist oder geboten erscheint, KGJ 33, 313; einschränkend OLG 43, 305 (KG). Gegenüber dem Gesetz, wie es nun einmal gilt, ist das auch einigermaßen gewaltsam. Will man aber so weit gehen, dann hat sicherlich das Kammergericht darin recht getan, daß es dem Umstand entscheidende Bedeutung versagt, ob es bei der Anmeldung der Gesellschaft schon bis zu festen, bindenden Abmachungen über die Anschaffung des Gegenstandes gediehen ist. S. aber auch OLG 43, 295 (Braunschweig); Ring II, 203 (Dresden); ThürBl 65, 24 (Jena). Macht man sich überhaupt vom strengen Rechtsstandpunkt frei, so wäre es nicht angebracht, ihn in den Einzelheiten wieder herauszukehren. Es ist doch noch etwas anderes, wenn in § 208 die Verantwortlichkeit der Schuldigen allerdings an die Voraussetzung geknüpft ist, daß eine Vereinbarung getroffen war. Daran muß dort natürlich festgehalten werden. Der richtige Kern in der Auffassung der Gegner dürfte sein, daß es der Registerrichter nicht leicht nehmen darf mit der Annahme und Feststellung, daß eine Nachgründung beabsichtigt ist. S. hierzu ferner KGJ 25, 85; HoldhMS 5, 201 (München); RJA 7, 248 (Dresden); SächsOLG 40, 50 (Dresden); Ring II 195 (Dresden).

Ganz ausgeschlossen ist, daß der Registerrichter, wenn es zur Eintragung der Gesellschaft gekommen ist, diese wegen verheimlichter Absicht einer Nachgründung von Amts wegen wieder löscht, Ring I, 204 (KG). — Daraus, daß aus Anlaß der beabsichtigten Übernahme eines Geschäfts im Gesellschaftsvertrag die Firma schon im voraus dementsprechend gewählt worden ist, kann Nichtigkeit der Gesellschaft jedenfalls dann nicht hergeleitet werden, wenn es zum Ankauf des Unternehmens nach Entstehung der Gesellschaft kommt, KG eod.

§ 208.

Erwirbt[1] die Gesellschaft vor dem Ablaufe der im § 207 Abs. 1 bezeichneten Frist Vermögensgegenstände in Ausführung einer vor ihrer Eintragung in das Handelsregister von Gründern getroffenen Vereinbarung[3], so kommen in betreff der Rechte der Gesellschaft auf Entschädigung und in betreff der ersatzpflichtigen Personen die Vorschriften der §§ 202, 205, 206 zur Anwendung[2].

1. Der Tatbestand, von welchem § 208 handelt, ist teils weiter, teils enger als der Tatbestand des § 207. Er ist weiter, weil er von allen Fällen handelt, wo die A-Gesellschaft innerhalb der ersten 2 Jahre Vermögensgegenstände erwirbt, gleichviel welcher Art und zu welchem Preise. Er ist enger, weil er nur die Fälle betrifft, welche eigentlich allein die Bezeichnung der Nachgründung verdienen, die Fälle, wo die Gründer schon vor der Eintragung der Gesellschaft die Vereinbarung getroffen hatten, in deren Ausführung dann der Erwerb stattfindet. — Unter den so bestimmten Voraussetzungen sollen in betreff der Ersatzansprüche der Gesellschaft sowie in betreff der ersatzpflichtigen Personen die §§ 202, 205, 206 zur Anwendung kommen. Die §§ 205,

206 sind lediglich Ergänzungen in Beziehung auf die in § 202 bestimmten Verbindlichkeiten: Unverzichtbarkeit und Verjährung. Für Bestimmung der Ersatzansprüche und der Ersatzpflichtigen kommt nur § 202 in Frage, und in ersterer Beziehung nur das in Abs I Satz 2 des § 202 Bestimmte. Wenn durch den nachträglichen Erwerb von irgendwelchen Vermögensgegenständen die Gesellschaft geschädigt wird, dann haften ihr nicht nur auf Grund §§ 241, 249 die Mitglieder des Vorstandes und Aufsichtsrats, welche ein Verschulden trifft, sondern auch die Gründer, welche in Beziehung auf den Erwerb böslich zum Nachteil der Gesellschaft gehandelt haben. Sie haften sämtlich als Gesamtschuldner. Nur wer nachweisen kann, daß er die bösliche Schädigung weder gekannt hat noch habe kennen müssen, ist von der Haftung frei (§ 202 Abs II). Außer den Gründern haften diejenigen, welche zu dieser Schädigung wissentlich mitgewirkt haben (§ 202 Abs IV Z 2).

2. Vom Standpunkt der herrschenden Gerichtspraxis aus (s. Erl 7 zu § 207), wonach der Registerrichter die Eintragung der A-Gesellschaft in das Handelsregister abzulehnen hat, wenn er erkennt, daß eine Nachgründung im Umfang des § 207 in der Absicht liegt, läßt sich die Auffassung vertreten, daß in dem Verschweigen einer solchen Absicht bei der Anmeldung der Gesellschaft, wenn nicht Unrichtigkeit, so doch Unvollständigkeit der zum Zwecke der Eintragung gemachten Angaben liegt. Auch dann würden der Gesellschaft Ansprüche nur erwachsen, wenn sie durch die Anschaffung der Vermögensstücke geschädigt worden ist, was sie im Falle eines Prozesses beweisen müßte (a. A. Fischer in EhrenbergsHH III, 1, S. 136), aber die Gründer würden, diesen Beweis vorausgesetzt, unter allen Umständen wegen ihrer vorsätzlichen Verschweigung für diesen Schaden aufzukommen haben. Nicht ganz so, aber ähnlich Fischer a. a. O. S. 137; Brand § 208, 3 c. Indessen wird das überwiegend abgelehnt, Staub-Pinner § 208[4]; Lehmann-Ring § 208[2]; Makower § 208 III (von seinem Standpunkt aus, daß eine Umgehung der Schutzvorschriften nur vorliege, wenn nach Absicht der Gründer die A-Gesellschaft den Vermögensgegenstand unmittelbar mit und durch ihre Entstehung erwerben soll, was indessen nicht anders ausführbar ist, als durch Sacheinlage oder Sachübernahme im Gesellschaftsvertrag; vgl. Erl 1 b zu § 200 Erl 4 a zu § 186). — Die Voraussetzung, daß die Gesellschaft Schaden gelitten hat, liegt nicht vor, wenn der Erwerbspreis durch unzulässige Aufrechnung mit der Einlageschuld des Aktionärs gezahlt worden ist, RG in LZ 1907, 284[3].

3. Voraussetzung für die Haftung der Gründer ist hier, daß es zu einer förmlichen Vereinbarung gediehen war (vgl. Erl 7 zu § 207). Es genügt, wenn auch nur einer der Gründer eine solche Vereinbarung getroffen hat. Die anderen Gründer haften dann ebenfalls, wenn sie nicht den in § 202 II bestimmten Entlastungsbeweis führen können. Nach dem früheren Wortlaut der Vorschrift (Art 213 f. Abs V) sollte es darauf ankommen, ob die Vereinbarung vor der Errichtung der Gesellschaft getroffen war. Die Novelle hat das — ohne sonderlichen Nachdruck, ohne in der D. der Änderung auch nur Erwähnung zu tun — dahin geändert, daß es auf den Zeitpunkt der Entstehung der Gesellschaft ankommen soll. Man wird indessen, wenn die Gründung in einwandsfreier Weise bis zur Errichtung der Gesellschaft in Gestalt der Bargründung gediehen ist, schwerlich etwas darin finden können, daß nunmehr schon der künftige Erwerb von Gegenständen zum Gegenstande einer Vereinbarung gemacht wird, während die Haftung der Gründer allermaßen gerechtfertigt erscheint, wenn die die Nachgründung betreffenden Pläne, die schon vor der Errichtung der Gesellschaft bestanden, erst nach ihrer Errichtung, aber vor ihrer Eintragung zu einer bestimmten Vereinbarung gediehen.

§ 209.

Aktien oder Interimsscheine, die auf einen geringeren als den nach § 180 zulässigen Betrag gestellt werden, sind nichtig[1]. Die Ausgeber[2] haften den Besitzern für den durch die Ausgabe verursachten Schaden als Gesamtschuldner.

Das gleiche gilt im Falle der Ausgabe von Interimsscheinen, die auf den Inhaber lauten, sowie im Falle der Ausgabe von Aktien oder Interimsscheinen vor der Eintragung der Gesellschaft in das Handelsregister.[3]

1. Der § 209 enthält die Sanktion einer Reihe von gesetzlichen Verboten in Beziehung auf Ausgabe von Aktien und Interimsscheinen. Danach sind nichtig:

1. Interimsscheine,
a) welche auf den Inhaber lauten (§ 179 III Satz 2),
b) welche auf einen geringeren Nennbetrag lauten, als gesetzlich zulässig ist (§ 180),
c) welche vor der Eintragung der Gesellschaft in das Handelsregister ausgegeben werden (§ 200 III);
2. Aktien,
a) welche auf einen geringeren Nennbetrag lauten, als gesetzlich zulässig ist (§ 180),

b) welche vor der Eintragung der Gesellschaft in das Handelsregister ausgegeben werden (§ 200 II).

Gemeint ist in allen Fällen die Urkunde, nicht das in ihnen verbriefte Recht. Von letzterem handelt die gegenwärtige Bestimmung nicht, wie ja auch von einem „Ausgeber" nur in Beziehung auf die Urkunde, nicht auch in Beziehung auf das Mitgliedrecht gesprochen werden kann.

Nichtig sind auch Inhaberaktien, welche ausgegeben werden, bevor sie voll eingezahlt sind (§ 179 III) RG 69, 336.

Ist das Grundkapital dergestalt fehlerhaft eingeteilt, daß die einzelnen Mitgliedsrechte unter dem Minimalbetrag bleiben, so ist der Gründungsvertrag und sind weiter dann auch die Anteilsrechte und folglich endlich die Urkunden darüber nichtig, § 309. Nach § 311 III ist trotzdem der Aktionär verpflichtet, die ausstehende Einlage so, wie sie lautet, zu zahlen, soweit die Gesellschaft ihrer zur Erfüllung ihrer Verbindlichkeiten bedarf. Diese Verpflichtung dürfte trotz Nichtigkeit der Aktie, wenn es zur Eintragung der Gesellschaft gekommen ist, nicht nur den ersten Nehmer treffen, sondern auch, und zwar in erster Linie den Rechtsnachfolger und gegenwärtigen Besitzer. Auf das Rechtsverhältnis zwischen dem Käufer der Aktie und dem Verkäufer findet § 437 I BGB entsprechende Anwendung, RG in DJZ 1914, 825; Staub-Pinner § 209[2]. — Der § 209 handelt von der Nichtigkeit der Urkunde, gleichviel ob das Aktienrecht nichtig ist oder, weil auf gesetzlich zulässigen Nennbetrag gestellt, gültig. In letzterem Falle erleidet der erste Nehmer der Aktie durch deren Ausgabe an und für sich keinen Schaden. Er hat Anspruch auf die seiner Beteiligung entsprechende Urkunde. Wie sich das Rechtsverhältnis gestaltet, wenn er die Aktie weiterbegibt, läßt sich nur an Hand des gegebenen Falles beurteilen. Wer eine Aktie veräußert oder erwirbt, will das Aktienrecht veräußern oder erwerben (s. aber auch RG 52, 421 ff.). Denn wenn es auch an sich ganz richtig ist, daß auf Grund einer nichtigen Aktienurkunde das Aktienrecht nicht übertragen werden kann (so Lehmann-Ring § 209[3]), so kann doch der wirklich Berechtigte da, wo eine gültige Aktienurkunde nicht existiert, sein Recht formlos übertragen, und diese Übertragung kann nicht wohl deshalb nichtig sein, weil gleichzeitig die vermeintlich gültige Urkunde übergeben wird. Jedenfalls aber, wenn der Inhaber seine einzige Aktie oder alles was er besitzt an Aktien veräußert, veräußert er damit auch sein gültiges Aktienrecht, und insofern leidet der Erwerber keinen Schaden, der vielmehr nun seinerseits gegen die Gesellschaft den Anspruch auf Ausfertigung einer gesetzmäßigen Urkunde hat. (Die Meinung Brands § 209[2] a, daß bis Ausgabe einer gültigen Urkunde das Stimmrecht des Aktionärs ruhe, trifft nicht zu, auch da nicht, wo zur Teilnahme an der Generalversammlung die Hinterlegung der Aktie erforderlich ist; denn damit ist die Urkunde gemeint, die tatsächlich ausgegeben ist.) Der Veräußerer kann Schaden erlitten haben, z. B. wenn er, in Irrtum versetzt, die Aktie zu billig veräußert hat. Er hat alsdann gegen den Ausgeber der Aktien den ihm im § 209 gegebenen Ersatzanspruch, obwohl er nicht mehr Besitzer der Aktie ist. Der Gesetzgeber hat sich sehr allgemein ausgedrückt und konnte auch gegenüber der Mannigfaltigkeit denkbarer Gestaltung der Verhältnisse sich nur allgemein ausdrücken, als er den Ersatzanspruch „den Besitzern" verlieh. Gemeint ist damit jeder, der auf irgendeine Weise rechtmäßiger Erwerber der Aktie zu eigenem Recht geworden und dadurch zu Schaden gekommen ist. Vgl. Makower § 209 II b; nicht viel anders Staub-Pinner § 209[4]; a. A. Lehmann-Ring § 209[6]; Brand § 209[3] b. Vgl. auch ROHG 22, 214. Jedenfalls aber bedeutet Besitzer hier Inhaber im Sinne des § 793 BGB; a. A. Goldmann 209[11]; Lehmann-Ring a. a. O.

2. a) Der Ausgeber der Aktie ist nicht die Persönlichkeit, von welcher nach Inhalt der Urkunde diese ausgestellt worden ist. Letzteres kann immer nur die A-Gesellschaft sein. Gemeint ist vielmehr derjenige, welcher rein tatsächlich die Urkunde in den Verkehr bringt. Es kann das auch von mehreren als Mittätern geschehen. Auch Gehilfenschaft kann in Frage kommen. Auch hier hängt alles von der Gestaltung der Dinge im einzelnen Fall ab. Leute, die ohne irgendwie zu einer sachlichen Prüfung berufen zu sein, bei der Ausgabe rein mechanische Dienste leisten, wird man nicht mit verantwortlich machen. Es kann auch nicht ohne weiteres der strafrechtliche Begriff der Gehilfenschaft hier maßgeblich sein. Im wesentlichen übereinstimmend Makower § 209 II a. Anders Staub-Pinner § 209[3], Brand § 209[3] a. Ob im Falle, daß der Vorstand der bereits eingetragenen A-Gesellschaft die Aktien ausgibt, die A-Gesellschaft haftet, ist streitig. Jedenfalls liegt es so, daß Dritten entweder nur die Gesellschaft haftet oder nur die schuldigen Mitglieder des Vorstandes. Haftet die Gesellschaft, so kann eine Haftung des Vorstandes nur der Gesellschaft gegenüber in Frage kommen. Im Sinne des Gesetzes dürfte allein die Haftung der Vorstandsmitglieder liegen. — Erstreckt sich die Ausgabe auf eine Gesamtheit von Aktien, so sind alle, welche sich an ihr beteiligen, Ausgeber, ohne daß es darauf ankommt, von wem die einzelne Aktie ausgegeben worden ist, RG in DJZ 1914, 825, Behrend Lehrbuch § 109 III. Überhaupt haften mehrere Ausgeber als Gesamtschuldner.

b) Die Aktie gibt aus, wer sie als Erster in Verkehr bringt. Es kann daher keinen Unterschied machen, ob das zu Eigentum geschieht oder zu Pfandrecht. Wenn der Vorstand oder die Gründer Aktien der Gesellschaft vor ihrer Entstehung einer Bank verpfänden, so haften sie für den Schaden ebenso als wenn sie sie der Bank verkaufen. A. A. Staub-Pinner § 209[3]; Brand 209[3] a.—

Die Ausgabe der Aktie muß als solche vorsätzlich erfolgt sein. Entsprechende Anwendung des § 794 BGB steht außer Frage. Im übrigen kommt es auf ein Verschulden des Ausgebers nicht an.

3. Vor Entstehung der A-Gesellschaft besteht wohl das Recht der Gründer und Aktienzeichner auf Beteiligung an der künftigen Gesellschaft, aber kein Aktienrecht. Daher kann auch eine vor diesem Zeitpunkt ausgegebene Aktienurkunde kein Wertpapier sein. Sie ist nichts als ein leeres Stück Papier. Es lassen sich wohl Verträge über das künftige Aktienrecht wirksam schließen, RG 10, 72. Ein Verfügungsgeschäft ist aber unausführbar (§ 200 II). Da die Ausgabe notwendig im Namen der noch nicht bestehenden A-Gesellschaft erfolgt, würde schon aus § 200 I Satz 2 die Haftung der Ausgebenden als Gesamtschuldner folgen. An dieser Haftung ändert die nachträgliche Eintragung der Gesellschaft in das Handelsregister nichts und ebensowenig die nachträgliche Genehmigung der A-Gesellschaft. Vgl. § 200 Erl 2 b. Dasselbe muß von der in § 209 bestimmten Haftung gelten. Eine andere Frage ist, ob die ausgegebenen Aktien durch die Eintragung der A-Gesellschaft gültig werden. Dazu wird in RG 10, 71 ausgeführt: „Die Bestimmung, daß die vor Eintragung der A-Gesellschaft ausgegebenen Aktien nichtig seien, kann vernünftigerweise nur dahin verstanden werden, daß solche Aktien eben nur solange nichtig sein sollen, als die A-Gesellschaft noch nicht ins Handelsregister eingetragen ist und daher als solche noch nicht besteht; es hätte keinen Sinn, wenn das Gesetz darauf Wert legen wollte, daß verfrüht ausgegebene Aktien nach geschehener Eintragung nur zu dem Zweck wieder eingezogen würden, um entweder sofort selbst wieder zurückgegeben oder durch andere Stücke Papier sofort ersetzt zu werden." Zustimmend Cosack HR 6. Aufl. S. 587. In dieser Allgemeinheit ausgesprochen ist der Gedanke doch nicht richtig. Vorsichtiger JW 1896, 189[11]. Schon von vornherein ist es fehlsam, von einer betagten Nichtigkeit, von Nichtigkeit auf Zeit zu sprechen. Sodann kann nicht wohl die Eintragung der Gesellschaft eine heilende Wirkung ausüben. Es kann nur in Frage kommen, ob nicht der Mangel dadurch geheilt wird, daß die A-Gesellschaft nach ihrer Entstehung das Geschehene genehmigt, die in ihrem Namen ausgestellte Urkunde anerkennt. Aber es liegt hier so, daß auch das nicht ohne weiteres wirksam sein kann, weder selbstverständlich wirksam ex tunc noch auch ohne weiteres wirksam ex nunc. Denn die Anerkennung soll doch zugleich die Wirkung haben, daß der Inhaber der Urkunde mit ihr auch das Aktienrecht in Händen hat. Über dieses kann aber die A-Gesellschaft nicht verfügen. Im Moment ihrer Entstehung erwerben es die Gründer und die Zeichner der Aktien, gleichviel in wessen Händen in diesem Augenblick die Urkunden sich befinden. Es ist also keineswegs unvernünftige Formalität, wenn man verlangt, daß die nichtigen Urkunden eingezogen werden, welche die Gesellschaft alsdann anderen als den ersten Nehmern nur mit deren Zustimmung zurückgeben kann. Im Schrifttum wird die Entscheidung des RG allgemein abgelehnt, die übrigens nur zu weit ausholt, um zu dem ganz richtigen Ergebnis zu gelangen, daß der Ausgeber solcher Aktien nicht jeden Schaden ersetzen muß, der überhaupt durch ihre Ausgabe erfolgt ist, sondern nur für den Schaden haftet, der durch verfrühte Ausgabe angerichtet ist.

Zweiter Titel.

Rechtsverhältnisse der Gesellschaft und der Gesellschafter.

§ 210.

Die Aktiengesellschaft als solche[1] hat selbständig[2] ihre Rechte und Pflichten; sie kann Eigentum und andere dingliche Rechte an Grundstücken erwerben[2], vor Gericht klagen und verklagt werden[3].

Die Aktiengesellschaft gilt als Handelsgesellschaft, auch wenn der Gegenstand des Unternehmens nicht in dem Betrieb eines Handelsgewerbes besteht[4].

1. Die A-Gesellschaft als solche hat ihre Rechte und Pflichten selbständig, d. h. als eigene und nicht als Rechte und Pflichten ihrer Mitglieder. M. a. W. sie ist juristische Person. Zutreffend hebt Makower § 210 I a hervor, daß die Worte „als solche" in § 200 I den Gegensatz zu der Vorgesellschaft, hier in § 210 den Gegensatz zu ihren Mitgliedern bezeichnen. Nicht ganz zutreffend im Ausdruck RG 63, 207. — Es ist hier nicht die Stelle, über das Wesen der juristischen Person ausführlich zu sprechen. Es sei nur kurz darauf eingegangen, daß sich in neuerer Zeit nach und nach eine skeptische Auffassung gegenüber dem Begriff geltend macht. So versagt Schreiber, Die Kommanditgesellschaft a. A. S. 15 ff. dem Begriff jede Bedeutung für die Rechtsanwendung, jede Eignung, im Syllogismus als Mittelbegriff zu dienen. Er verwirft nicht den Begriff. Aber was er ihm läßt, ist wertlos. Er soll bestehen bleiben als Idealbegriff des privatrechtlichen Denkens; er enthalte in sich alle Rechtssätze, welche dazu dienen können, einen Verband

gegenüber seinen Mitgliedern rechtlich zu individualisieren; er bleibe bestehen als Gattungsbezeichnung für solche Verbände, in denen die Individualisierung überwiegt. Schreibers Standpunkt ist ein radikaler Positivismus. Der Verfasser sucht restlos zusammen, was von den einzelnen Gesellschaftsformen gesetzlich bestimmt ist, und gruppiert diese danach. Damit, meint er, sei auszukommen. Aber das bedeutet keinen Fortschritt. Der Gegensatz von societas und Körperschaft besteht doch nun einmal, ganz unabhängig von positiver Satzung. In der societas haben wir eine Summe rein schuldrechtlicher Verhältnisse zwischen individuell bestimmten Personen, im Verhältnis der Gesellschafter untereinander und — auf Grund irgendeines rechtsgeschäftlichen Tatbestandes — im Verhältnis der Gesellschafter zu einigen oder vielen, aber immer ganz bestimmten Dritten. Die Körperschaft hat ein absolutes Dasein, ähnlich wie die dinglichen, die Immaterialgüterrechte, das Namenrecht absolute, gegenüber jedermann wirkende Rechte sind. Darauf beruht es z. B., daß der Aktionär seine Beteiligung an der Gründung nicht wegen Arglist anfechten kann. Die Begründung, es sei das deshalb so, weil er die Beteiligung mit seiner Einlage öffentlich proklamiert habe, ist im Grunde nicht mehr als ein glückliches argumentum ad hominem, das jedenfalls allein noch nicht entscheiden würde. Wer mit einem anderen einen Gesellschaftsvertrag schließt, mag mit allen erdenklichen Mitteln der Reklame in der breitesten Öffentlichkeit aller Welt erklärt haben, daß er mit 100 000 M. beteiligt sei, so hindert ihn doch nichts, den Gesellschaftsvertrag anzufechten, wenn der andere ihn betrogen hat. Aber die Gründung ist nicht nur Vertrag, nicht eine Angelegenheit, welche rechtlich nur die Vertragsparteien angeht. Sie ist zugleich Körperschaftsvertrag, und an diesem prallt die Anfechtung des Vertrages ab. Des weiteren hängt an diesem Gegensatz z. B. die Frage, ob der Vertreter der Gesellschaft als rechtsgeschäftlich bevollmächtigter Stellvertreter oder als gesetzlicher Vertreter anzusehen ist. Das ist doch nicht unwichtig. Also richtig ist nur, daß wir bei Verwendung des Begriffs der juristischen Person als Mittelglied im Schlußverfahren mit aller Umsicht vorgehen müssen, was nicht immer geschieht und nicht immer geschehen ist. Aber es muß auch erkannt werden, daß das eigentlich erst der Punkt ist, wo das Problem der juristischen Person liegt, das zu fördern der Positivismus am wenigsten geeignet erscheint.

Wieland, Handelsrecht § 35, zersetzt den Begriff der juristischen Person, um zu dem — wenn er damit recht hätte, ganz überflüssigen — Ergebnis gelangen zu können, daß ausnahmslos alle handelsrechtlichen Gesellschaften juristische Personen seien, die offene Handelsgesellschaft ebensogut oder fast ebensogut, wie die A-Gesellschaft. Auf seine philosophischen Erörterungen kann hier nicht näher eingegangen werden (vgl. hierzu Brodmann, Recht und Gewalt, insbesondere S. 90 ff.). Nur eines soll gesagt sein. Das Problem der juristischen Person liegt allerdings in dem Verhältnis von Einheit und Vielheit (S. 428). Aber wenn der Verfasser ausführt (S. 429), die Einheitsvorstellung entspringe der inneren Ökonomie unseres Denkens, welche uns unbewußt dazu führe, vom Ganzen auszusagen, was für die Teile gilt, sofern es uns auf die Teile als solche nicht ankomme, wir negierten damit nicht die Teile, sondern schöben sie nur in den Hintergrund und vereinfachten und veranschaulichten dadurch den Inhalt und Verlauf unserer Vorstellungen; wenn es weiter lautet: statt zu sagen, der Gesellschafter schulde die Einlage allen Gesellschaftern zusammengefaßt, ihn selbst eingeschlossen als Gläubiger zugleich und Schuldner, veranschaulichten und vereinfachten wir diese abstrakte und ungewohnte Vorstellung, indem wir sagen, die Gesellschaft fordert oder schuldet, und wenn wir uns dann überzeugen, daß diese Stelle der Schlüssel in der Beweisführung Wielands ist, dann muß man erwidern, nicht sowohl, daß diese Sätze in sich fragwürdig sind, als vielmehr, daß sie zur Beweisführung nicht ausreichen. Das ist nicht, wie der Verfasser behauptet, Erkenntnistheorie, sondern formale Logik, während in Wahrheit das Problem, inwiefern ein einzelnes ein einheitliches sein kann, ohne zugleich ein schlechthin einfaches zu sein, noch über Erkenntnistheorie hinausführt in Metaphysik. Für den Juristen bleibt hier weiter nichts als ein eitel gläubig Herz. Eins muß freilich zugegeben werden. So gewiß die juristische Person nichts ist, was von Menschenhand willkürlich geschaffen wäre oder in freier Phantasie oder Ideologie erfunden, so gewiß ist, daß der Gesetzgeber innerhalb gewisser Grenzen bestimmen kann, ob die ihm gegebene und bekannte Struktur einer solchen bestimmten Vereinigungen und Verbänden zustehen soll oder nicht. Damit wird dann bis zu einem gewissen Grade Künstliches geschaffen. Aber damit soll den Dingen nicht Gewalt angetan werden. Es müssen nicht und es sollen auch nicht darüber alle Verschiedenheiten beseitigt werden, welche sachlich zwischen den verschiedenen Arten menschlicher Vereinigungen bestehen. Was insbesondere die A-Gesellschaft angeht, so muß und soll nicht übersehen werden, daß die Vereinigung im letzten Grunde darauf hinausläuft, daß die Mitglieder ihr Geld zu dem Zweck hingeben, damit für sich Erträge zu erzielen. Darum darf hier das Einheitliche nicht blindlings wie ein Einfaches behandelt und es dürfen nicht rückhaltlos alle Folgerungen gezogen werden, welche aus der Einheitlichkeit fließen möchten. Das ist die Schwierigkeit, zu bestimmen, wie weit hier gegangen werden soll oder darf. Und offenbar ist diese Schwierigkeit für jede Theorie der juristischen Person, die absolute Negation eingeschlossen, die gleiche. Wenn ein Kaufmann eine Reederei wie den Norddeutschen Lloyd wegen eines verlorengegangenen Kollos in Anspruch nimmt, wäre es pedantisch, wollte der Richter sich für befangen erklären, weil er eine oder einige wenige Aktien der Gesellschaft besitzt. Er wäre inhabil, wenn es sich um eine kleine Reederei handelte, deren Aktien sich zum größten, vielleicht auch wenn sie sich zum größeren Teil in seinem Besitz befinden. Es ist diese Schwierigkeit immer eine und dieselbe, welche immer wieder in den allerverschiedensten Gestaltungen auftritt und jeder exakten, grundsätzlichen Lösung unzugänglich ist. Auch das Problem der Mutter- und Tochtergesellschaft u. ä. ist im Grunde kein anderes. Vgl. RFH 11, 219; 12, 241. Hier muß jede Entscheidung im einzelnen Fall darauf gefaßt sein, auf ebensoviel Lob als Tadel zu stoßen.

2. a) Die A-Gesellschaft hat ihre Rechte und Pflichten selbständig. Das Gesetz sagt darüber nichts, welcher Rechte und Pflichten die A-Gesellschaft fähig ist. In dieser Beziehung wird nur die Fähigkeit zum Erwerb dinglicher Rechte an Grundstücken hervorgehoben. Es sagt nur, daß ihre Rechte und Pflichten ihr und in keiner Weise den Aktionären zukommen. Naturgemäß ist die Rechtsfähigkeit der Gesellschaft auf den Bereich des Vermögensrechts angewiesen. Wenigstens privatrechtlich kommt ihre Persönlichkeit nur als Träger von Vermögens-Rechten und -Pflichten und deren Geltendmachung vor Gericht in Frage. Sie kann in ihrer Person Urheberrechte nicht erwerben, Erfindungen nicht machen. Aber sie kann solche Rechte, nachdem sie entstanden sind, erwerben, sie kann Erfindungen und Gebrauchsmuster in eigenem Namen zum Patent usw. anmelden und in der Gestalt des Auftrages, namentlich der Etablissementserfindung kann auch das Recht in ihrer Person entstehen. Sie kann nicht beerbt werden, wohl aber kann sie — wenn auch mit Einschränkungen (unentgeltlicher Erwerb ist landesrechtlich vielfach an staatliche Genehmigung geknüpft, wenn der Gegenstand des Erwerbes mehr als 5000 M. wert ist, EG BGB Art 86) zum Erben eingesetzt und mit Vermächtnis bedacht werden. S. auch § 2101 II BGB. — Die Vormundschaft ist zwar oft mit Vermögensverwaltung verbunden, aber auch wo sie das ist, hat sie ihre Grundlage im familienrechtlichen Verhältnis, und schon deshalb (s. unten) kann eine A-Gesellschaft nicht Vormund sein (bestr.). — Sie kann Träger einer rechtsgeschäftlich erteilten Vollmacht sein. A. A. Ritter § 210 1 d; dagegen Staub-Pinner § 210[4] (die A-Gesellschaft ist weder geschäftsunfähig, noch in der Geschäftsfähigkeit beschränkt). Wenn in solchem Fall naturgemäß die Ausführung der Stellvertretung in den Händen des Vorstandes liegt, so ist doch weder der Vorstand als solcher — was überhaupt sinnwidrig wäre — noch sind die Mitglieder des Vorstandes die Bevollmächtigten. Vielmehr ist das die Gesellschaft, so daß, wo Kollektivvertretung bestimmt ist, auch die Stellvertretung rechtsgültig nur in dieser kollektiven Form wahrgenommen werden kann. Dagegen erscheint es ausgeschlossen, daß eine Persönlichkeit, die selbst nur durch gesetzliche Vertreter am Verkehr sich beteiligen kann, gesetzlicher Vertreter eines Dritten ist (bestr.). Daß eine A-Gesellschaft nicht Konkursverwalter sein kann, wird allgemein anerkannt, LeipzZ 08, 245. Sie kann aber — was bestritten wird, Staub-Pinner § 210[4] — ebensowenig Testamentsvollstrecker sein, und Vormund kann sie auch aus diesem Grunde nicht sein (s. oben). — Nach SeuffArch 60[22] (Dresden) stünde nichts entgegen, eine A-Gesellschaft in den Gläubiger-Ausschuß zu wählen, was dem Zweck des Institutes wenig entspricht. Es hat zur Folge, daß bald diese, bald wieder andere Mitglieder des Vorstandes im Gläubigerausschuß auftreten können. Es steht aber nichts im Wege, ein Mitglied des Vorstandes oder Aufsichtsrats persönlich in den Gläubigerausschuß zu wählen, KO § 87 I. — Wohl aber kann eine A-Gesellschaft Treuhänder gemäß § 1189 BGB sein. Im Fall einer Fusion geht diese Funktion nicht von selbst auf die aufnehmende Gesellschaft über, SächsOLG 37, 197. — Die A-Gesellschaft kann auch mit anderen — physischen oder juristischen Personen — Gesellschaftsverträge aller Art eingehen. Sie kann stiller Gesellschafter sein und stille Gesellschafter aufnehmen. Sie kann sich mit anderen zu einer Interessengemeinschaft in Gestalt einer Gesellschaft nach bürgerlichem Recht verbinden. Sie kann Mitglied einer Gesellschaft mbH und einer A-Gesellschaft sein, indem sie einen Geschäftsanteil, eine oder mehrere Aktien erwirbt. Sie kann aber richtiger Ansicht nach nicht Gesellschaftsverträge schließen, deren Bestimmungen mit für sie geltenden, zwingenden Gesetzesvorschriften in Widerspruch stehen. Daher kann sie eine offene Handelsgesellschaft und eine Kommanditgesellschaft als Komplementar nicht eingehen. Das hat, als zum ersten Male die Frage auftrat, SeuffArch 55[85] (Dresden) mit treffenden Gründen verneint. Zustimmend Lehmann-Ring § 210[1]. Später wurde die Frage in Anwendung auf die Kommanditgesellschaft aufgeworfen; die Entscheidungen gingen gegeneinander, und schließlich hat in höchster Instanz das Reichsgericht sich für die Zulässigkeit entschieden, RJA 12, 28; LZ 1914, 1919[4]; RJA 16, 82; KGJ 51, 123; RG 105, 102. Vgl. hierzu Brodmann in JW 1922, 1656; dagegen Flechtheim JW 1923, 227 und wiederum Brodmann JW 1923, 682.

b) Vielfach ist unentgeltlicher Erwerb der juristischen Personen durch Schenkung, Erbschaft, Vermächtnis landesgesetzlich an staatiche Genehmigung geknüpft (s. hierzu Plotke in BöhmsZIPR 10, 211). Der Art 86 EG BGB bestimmt, daß die landesgesetzlichen Vorschriften, welche den Erwerb von Rechten durch juristische Personen beschränken oder von staatlicher Genehmigung abhängig machen, unberührt bleiben, soweit sie Gegenstände im Werte von mehr als 5000 M betreffen, soll heißen, soweit der oder die Gegenstände des Erwerbs im einzelnen Fall mehr als 5000 M betragen.

Vgl. hierzu die Ausführungsgesetze oder -Verordnungen in Bayern Artt 7—10, Württemberg Art 140, Baden Art 8, Mecklenburg-Schwerin §§ 26—30, Mecklenburg-Strelitz §§ 25—29, Sachsen-Weimar § 18, Sachsen-Altenburg §§ 11, 12, Schwarzburg-Rudolstadt Art 30, Schwarzburg-Sondershausen Art 15, Hessen §§ 12—14, Lübeck §§ 13—15. In Preußen sind Schenkungen und letztwillige Zuwendungen an juristische Personen genehmigungsbedürftig, wenn der Gegenstand der Zuwendung mehr wert ist als 5000 M; ferner bedürfen A-Gesellschaften, welche außerhalb Preußens ihren Sitz haben, zum Erwerb von Grundstücken in Preußen der staatlichen Genehmigung, wenn ihr Wert 5000 M übersteigt, AG BGB Artt 6, 7. Die Genehmigung erfolgt durch den Minister, VO 16. 11. 99 § 6; dagegen ist für preußische A-Gesellschaften der entgeltliche Erwerb von Grundstücken an keine Beschränkung geknüpft. Wie Preußen Waldeck-Pyrmont, AG BGB Art 4. Zur Frage, ob diese unterschiedliche Behandlung außerpreußischer juristischer Personen mit der Reichsverfassung in Einklang steht, s. Lehmann, Lehrbuch I 262; KGJ 16, 72, dagegen Makower § 6 I b; RG 6, 142.

c) Eine andere Frage ist, inwiefern ausländische A-Gesellschaften Grundbesitz im Inland erwerben können. Voraussetzung ist zunächst, daß der Gesellschaft nach ihrem Personalstatut Rechtspersönlichkeit zukommt. Die weitere Frage, ob Ausländer Grundbesitz erwerben können, richtet sich nicht nach Reichsrecht, sondern nach dem Recht des Landes, in welchem das Grundstück liegt, Art 88 EG BGB: „unberührt bleiben die landesgesetzlichen Vorschriften, welche den Erwerb von Grundstücken durch Ausländer von staatlicher Genehmigung abhängig machen". Wo es zum Abschluß eines Handels- oder Freundschaftsvertrages kommt, pflegt auch bedungen zu werden, daß in dieser Beziehung die Angehörigen des betreffenden Staates die gleichen Rechte wie die eigenen Staatsangehörigen genießen sollen. Im Zweifel gilt das von den juristischen Personen ebenso wie von den natürlichen.

d) Was den strafrechtlichen Schutz angeht, welchen die A-Gesellschaft genießt, so kommt zur Geltung, daß sie nur vermögensrechtliche Persönlichkeit besitzt. So kann sie wohl durch üble Nachrede an ihrem Kredit und an ihrem Vermögen beschädigt (§ 187 StGB; § 824 BGB; PrOTr. 79, 343), sie kann aber nicht beleidigt (§§ 185, 186 StGB) werden, wie sie denn auch wegen Beleidigung nicht wirksam Strafantrag stellen kann, RG 83, 362. Wohl aber kann in einer gegen die Firma der Gesellschaft gerichteten Äußerung eine Beleidigung der Vorstandsmitglieder liegen, BauersZ 215. Vgl. auch RG 60, 4 und die dortigen Zitate. RG in Recht 1912, 579; SeuffBl 73, 292. Soweit ihr strafrechtlicher Schutz reicht, kann sie gegebenenfalls mit Privatklage vorgehen. Vgl. PrOTr 76, 346. Der Aktionär ist weder zum Strafantrag noch zur Klage legitimiert, mag er auch im Besitz aller Aktien sein.

e) Zivilrechtlich ist die A-Gesellschaft wie überhaupt die juristische Person nach Maßgabe § 31 BGB deliktsfähig. Sie ist für den Schaden verantwortlich, den der Vorstand, ein Mitglied des Vorstandes oder ein anderer, verfassungsmäßig berufener Vertreter durch eine in Ausführung der ihm zustehenden Verrichtungen begangene, zum Schadensersatz verpflichtende Handlung einem Dritten zufügt. Vgl. RG 83, 362; 117, 63; RG in LeipzZ 1915, 1302[4]. Dritter ist hier auch jeder Aktionär. Für Verschulden eines einzelnen Vorstandsmitgliedes hat die Gesellschaft auch dann aufzukommen, wenn Kollektivvertretung bestand, JW 1904, 167[5]. Neben der Gesellschaft haftet dem Verletzten auch das Vorstandsmitglied persönlich, wenn ihn ein Verschulden trifft, Bolze 10, 151; BauersZ 19 S. 73, 74. — In Schuldverhältnissen hat die A-Gesellschaft das Verschulden ihrer Vorstandsmitglieder wie eigenes Verschulden zu vertreten, BGB § 278.

f) Strafrechtlich kann immer nur die natürliche Persönlichkeit verantwortlich gemacht werden, ROHG 8, 204; 13, 290; 21, 360. Dabei muß der Tatbestand eben auch in der Person des Täters gegeben sein; der § 288 StGB (Vereitelung der Zwangsvollstreckung) ist nicht anwendbar, wenn die Tat des Vorstandsmitgliedes sich auf das Vermögen der A-Gesellschaft bezieht, RGSt 16, 121; 49, 348. Vgl. aber auch RG 34, 376. Der persönlich haftende Gesellschafter einer Kommanditgesellschaft auf Aktien macht sich der Unterschlagung schuldig, auch wenn er im Namen der Gesellschaft handelt; ferner RGSt 5, 182. S. auch RGSt 34, 448; 36, 124 (unerlaubte Lotterie); RG in Recht 1910, 3115 (Spielautomat); ferner RG in Recht 1911, 2683; JW 1918, 98[22]; BauersZ 23, 202. — Wegen Konkursvergehen und -Verbrechen s. KO § 244. Auch bei Vergehen gegen Steuergesetze trifft die Strafe nur den Täter persönlich (vgl. Reichsabgabenordnung § 84), und zwar nur dasjenige Vorstandsmitglied, dem ein Verschulden zur Last fällt, BauersZ 8, 171. Vgl. RGSt 24, 226 (Wechselstempelsteuer) ferner auch DJZ 08, 141 (Baupolizeiübertretung). Vgl. hierzu RFH 9, 323: Für die Gesellschaft besteht nicht ohne weiteres die Verpflichtung, dem Geschäftsführer die Steuerstrafe zu ersetzen; die Übernahme der Erstattungspflicht verstößt aber auch nicht ohne weiteres gegen die guten Sitten, namentlich in der Regel dann nicht, wenn nur ein Formaldelikt oder bloße Fahrlässigkeit vorliegt, anderseits der Gesellschaft ein hoher Gewinn zugeflossen ist; den bezahlten Betrag zu Steuerzwecken dem Jahresgewinn zuzurechnen, wäre ohne Rechtsgrund. — Dagegen trifft die Verpflichtung zur Zahlung des hinterzogenen Betrages nicht den Täter, sondern die Gesellschaft. Vgl. RG 66, 32. —

Bei Vergehen gegen Stempelgesetze sind die mehreren Vorstandsmitglieder strafbar, aber die Strafe ist im ganzen nur einmal zu erlegen; die mehreren haften solidarisch. Vgl. RGSt 42, 307; JW 07, 396[19]; diese Haftung tritt auch dann ein, wenn der im Gesetz nachgelassene Nachweis, daß Hinterziehung nicht beabsichtigt war, auch nur bei einem Vorstandsmitglied nicht zu erbringen ist. Vgl. RGSt 44, 122. S. jetzt Reichsabgabenordnung §§ 84, 92, 357, 359, 366 II. — Auch bei Gewerbepolizeivergehen trifft die Strafe das Vorstandsmitglied persönlich, GewArch 9, 21; 12, 425. Der § 151 GewO Abs I Satz 1 handelt nicht von dem gesetzlichen Vertreter, sondern von Angestellten, dem Stellvertreter; wohl aber ist bei Anwendung von Satz 2 und Abs II das. das Vorwissen usw. von Vorstandsmitgliedern das, worauf es ankommt. RGSt 29, 28; s. aber auch RGSt 33, 261. Sind die Geschäfte unter mehrere Vorstandsmitglieder mit bestimmter Abgrenzung sachlich verteilt, so ist jeder nur für das verantwortlich, was in seinem Geschäftsbereich geschieht, der andere nur, wenn auch ihn ein Verschulden trifft, wenn beispielsweise der kaufmännische Leiter, was geschehen ist, gewußt und geduldet hat. Anders KGJ 7, 214. — Unternehmen, welche einer persönlichen Approbation, Ablegung einer Prüfung usw. bedürfen (GewO §§ 29, 30, 30a, 31), sind der A-Gesellschaft unzugänglich, dagegen nicht die konzessionspflichtigen Gewerbe nach §§ 32—34 GewO. So die neuere Rechtsprechung des PrOVG 56, 378 gegen OVG 9, 286; ebenso RG 80, 111, 427. Es kann daher gegebenenfalls der Gesellschaft die Konzession entzogen werden, wobei in Beziehung auf die Frage nach der Unzuverlässigkeit die Persönlichkeit der Vorstandsmitglieder in Betracht kommt, GewArch 10, 591; aber auch wohl die des Aktionärs, wenn dieser alle Aktien oder einen großen Teil von ihnen besitzt. Vgl. OVG in HoldhMS 16, 21; GewArch 8, 425; undeutlich GewArch 13, 256.

Zur Frage, inwiefern ein Vorstandsmitglied sich durch unrichtige Buchung einer Urkundenfälschung schuldig machen kann, RG in BauersZ 23, 202.

g) Auch Rechte öffentlichen Rechts können der A-Gesellschaft zustehen, so das Wahlrecht in Kommunalverbänden, PrOVG 30, 1; 56, 72; vgl. auch das. 54, 5, zur Handelskammer PrOVG 23, 281. Bei Ausübung solcher Rechte kann die A-Gesellschaft nur durch eine Persönlichkeit vertreten werden, auch wenn Kollektivvertretung besteht, PrOVG in HoldhMS 1904, 51.

3. a) Als juristische Person ist die A-Gesellschaft parteifähig, aber vertretungsbedürftig. Sie als solche kann vor Gericht klagen und verklagt werden. Sie ist die Partei, nicht die Aktionäre sind es. Den Parteieid haben für die Gesellschaft die Vorstandsmitglieder zu leisten (ZPO §§ 473, 474), die also nicht als Zeugen auftreten können (vgl. RG 46, 318), während die Aktionäre als Zeugen vernommen werden können, und zwar nach § 393 I[4] ZPO uneidlich, eidlich nur auf Grund besonderen Beschlusses gemäß § 393 II ZPO. Die Entscheidungen RG in SeuffA 55, 119; JW 02, 394[15]; LZ 1910, 218 sind durch die Prozeßnovelle von 1910 überholt. Wie überhaupt den juristischen Personen, so ist auch der A-Gesellschaft der Anspruch auf Bewilligung des Armenrechts versagt, RG 33, 367; 50, 394; JW 1926, 1556 und Sonnen in Fußnote das. — Die Frage, ob der Aktionär kraft Gesetzes vom Richteramt ausgeschlossen ist, wenn die A-Gesellschaft Partei oder (im Strafprozeß) der Verletzte ist, muß nach der Lage des einzelnen Falles entschieden werden. Wenn es in dem Fall in RGSt 23, 361 verneint worden ist, so ist das nicht nur formal konsequent, sondern auch sachlich befriedigend (weniger befriedigend RG in Recht 09, 1640). Es ist ein Unterschied, ob der Aktionär nur eine oder wenige Aktien in Händen hat, oder ob er sie alle oder die meisten besitzt. In letzterem Falle erscheint er doch wohl kraft Gesetzes ausgeschlossen. Vgl. auch RG 7, 311. — Das Interesse, welches ein Aktionär am Ausgang eines Prozesses der A-Gesellschaft lediglich insofern hat, als er eine oder mehrere Aktien besitzt, reicht auch nicht aus, um ihm das Recht zu verleihen, sich als Nebenintervenient am Rechtsstreit zu beteiligen. Anders im Fall der Anfechtungsklage nach § 271 OLG 11, 33. Vgl. auch BauersZ 9, 63 (Hamburg).

b) Der allgemeine Gerichtsstand der A-Gesellschaft wird durch ihren verfassungsmäßigen Sitz bestimmt. S. ZPO § 17, der in Abs III ferner vorschreibt: Neben dem durch die Vorschriften dieses Paragraphen bestimmten Gerichtsstand ist ein durch Statut oder in anderer Weise besonders geregelter Gerichtsstand zulässig. Also nur neben dem allgemeinen Gerichtsstand, nicht an Stelle desselben kann ein besonderer bestimmt werden. Vgl. RG 32, 384. Ferner gelten die besonderen Gerichtsstände, wie nach §§ 21, 23, 24 ZPO, gegebenenfalls auch für die A-Gesellschaft.

4. Die Aktiengesellschaft muß nicht den Betrieb eines Handelsgewerbes zum Gegenstand haben. Sie kann z. B. auch auf einen landwirtschaftlichen Betrieb, auf Ausbeutung eines Steinbruchs gerichtet sein. Doch wird auch in diesen Fällen regelmäßig das Unternehmen nach Umfang einen in kaufmännischer Weise eingerichteten Geschäftsbetrieb erfordern und schon darum nach § 2 HGB sich als Handelsgewerbe im Sinne des Handelsgesetzbuchs darstellen. Es kann schließlich auch eine A-Gesellschaft gegründet werden, welche überhaupt keinen Gewerbebetrieb bezweckt. Es kann z. B. ein Verein, um sich ein Vereinshaus anzuschaffen, das erforderliche Gesellschaftsvermögen in der Form aufbringen, daß alle Mitglieder oder ein Teil von ihnen oder auch Dritte aus Liberalität eine A-Gesellschaft gründen. Aber auch in solchen Fällen gilt die A-Gesellschaft als Handelsgesellschaft und infolgedessen gemäß § 6 als Kaufmann im Sinne des Handelsgesetzbuches, und zwar — ohne Rücksicht auf Umfang des Betriebes — als Vollkaufmann. Die Auffassung, daß in den Fällen eine Ausnahme hiervon zumachen sei, wo kein Handelsgewerbe — so Brand § 210[3] b — oder doch da, wo überhaupt kein gewerblicher Betrieb stattfinde — so Staub-Pinner § 210[17]; Makower § 210 III —, beruht auf einer nicht zu billigenden Auslegung des § 5: weil dort von dem unter der Firma betriebenen Gewerbe gesprochen werde, könne derjenige, dessen Betrieb überhaupt kein Gewerbe darstelle, trotz eingetragener Firma sich hierauf allerdings berufen. Aber dieser § 5 ist für die Frage nicht entscheidend. Er ist nicht sedes materiae. Er handelt] von dem hier nicht vorliegenden Fall, daß eine Firma in Widerspruch mit der Rechtslage eingetragen worden ist. Die A-Gesellschaft ist nach dem Gesetz unter allen Umständen nicht nur berechtigt, sondern verpflichtet, eine Firma zu führen, und im Sinne des Handelsgesetzbuches kann, was eine Firma zu führen verpflichtet ist, gar nichts anderes sein als ein Handelsgewerbe. Kraft Gesetzes gilt es als Handelsgewerbe, mag es auch in Wahrheit ein Betrieb anderer Art sein. Das ist auch sachlich nur begründet. Denn selbstverständlich fällt z. B. in den Rahmen des Betriebes der A-Gesellschaft eines Korpshauses nur, was mit der Vermögensverwaltung zusammenhängt. Wenn die Mitglieder des Korps sich zur Kneipe versammeln, so ist das keine Generalversammlung, auch dann nicht, wenn alle alten Herren sich dazu einfinden. Daher finden auch ohne Ausnahme §§ 348—350 HGB auf jede A-Gesellschaft Anwendung. Jede Art von A-Gesellschaft kann zwar nicht Prokuristen bestellen, wohl aber Handlungsvollmacht erteilen, kann Zinsen nach § 353 HGB fordern und schuldet Zinsen nach § 352 HGB. Doch gilt das nur, soweit Vorschriften des HGB in Frage stehen. Es gilt namentlich nicht gegenüber den gewerbepolizeilichen Vorschriften. Auch für Bemessung der Verjährungsfrist nach §§ 196 Z 1, 197 BGB kommt es darauf an, ob die Leistung für den Gewerbebetrieb der Gesellschaft (vgl. RG in DJZ 1913, 233), ob sie überhaupt für einen „Gewerbebetrieb" OLG 28, 42) erfolgt ist. — Die A-Gesellschaft kann aus diesem Gesichtspunkte auch zu einer besonderen Art von Buchführung verpflichtet sein. BauersZ 23, 39; SächsOLG 34, 37. — Abzulehnen ist auch der Gedanke Ritters § 210[3], als könne die A-Gesellschaft wie jeder andere Kaufmann Geschäfte betreiben, die nicht zu ihrem Handelsgewerbe gehören §§ 343, 344 HGB. Sie kann wohl Geschäfte betreiben, welche aus dem Rahmen ihres Unternehmens, ihres statutarischen Gegenstandes fallen. Aber wie sie immer nur ein Vermögen haben kann, so kann sie sich auch geschäftlich schlechterdings nicht anders betätigen, als eben in ihrem Betriebe, Handelsbetrieb oder was es sonst sein mag. Zutreffend Lehmann-Ring § 210[5], Goldmann § 210[24].

§ 211.

Die Verpflichtung des Aktionärs zur Leistung von Kapitaleinlagen[1] wird durch den Nennbetrag der Aktie und, falls der Ausgabepreis höher ist, durch diesen begrenzt[2].

1. a) Die A-Gesellschaft ist nach ihrem Grundgedanken reine Kapitalvereinigung unter strenger Begrenzung der Beitragspflicht der Mitglieder auf bezifferte Geld- oder ziffermäßig bewertete Sacheinlagen. (S. hierzu insbesondere RG 21, 156/7.) Das kam in dem früheren Art 219 mit den Worten zum Ausdruck, daß die Verpflichtung des Aktionärs, zu den Zwecken der Gesellschaft und zur Erfüllung ihrer Verbindlichkeiten beizutragen, durch den Nominalbetrag der Aktie, in den Fällen einer Über-pari-Emission durch den Betrag, für welchen die Aktie ausgegeben ist, begrenzt wird. In Deutschland drängte die Entwicklung der Zuckerindustrie die Zuckerrüben bauenden Landwirte zu gemeinschaftlicher Verarbeitung der Rüben in einer Gesellschaftsform, welche ihrem Wesen nach eine Produktivgenossenschaft ist, dabei aber dem auf so große Verhältnisse nicht zugeschnittenen Genossenschaftsgesetz sich nicht wohl einfügen ließ. So waren die — streng genommen mit dem HGB unvereinbaren — Zuckerfabriken auf Aktien in großer Zahl entstanden, deren in sich widerspruchsvolle Gestaltung nur künstlich vor dem geltenden Recht sich aufrechterhalten ließ. (S. hierzu RG 48, 102 und den Rückblick daselbst auf die voraufgegangene Rechtsprechung, und weiter zurück ROHG 23, 100, 273.) Dieser Entwicklung Rechnung tragend, hat die Novelle von 1900 den Begriff der A-Gesellschaft gesetzlich durch die Zulassung von Verpflichtungen der Aktionäre zu gewissen Nebenleistungen erweitert. Was früher in Art 219 I bestimmt war, erscheint nunmehr in veränderter Gestalt verteilt auf die im Zusammenhang zu lesenden §§ 211 und 212 I, II, während § 212 III nur eine nicht grundlegende, durch die Erweiterung veranlaßte Schutzbestimmung enthält. — Danach ist der Gegensatz, welchen das Gesetz im Auge hat, Kapitaleinlage und wiederkehrende, nicht in Geld bestehende Leistungen. Dabei ist es also geblieben, daß kraft zwingenden Rechts die Aktionäre zu andern Beiträgen zum Gesellschaftsvermögen als diesen beiden Arten nicht verpflichtet werden können und daß die Kapitaleinlagen sich beschränken auf den Nennbetrag der Aktie und gegebenen Falles das verfassungsmäßig bestimmte Agio. So treffend RG 21, 156 ff. Anders, aber zweifellos unrichtig Makower § 211 IV. Die Vorschrift des § 211 steht dem nicht entgegen, daß die Einlageverbind-

lichkeit der Aktionäre sich infolge von vertragswidrigem Verhalten um die Verbindlichkeit, Schadensersatz (Verzugszinsen, Vertragsstrafe) zu leisten, erweitert § 218. S. auch OLG 43, 309: es können den Aktionären Hilfspflichten auferlegt werden, so die Pflicht, ihren jeweiligen Wohnsitz aufzugeben, einen Wechsel in der Person der Aktionäre anzuzeigen; es kann ihnen im Falle finanzieller Unsicherheit, bei Erbfolge Sicherungspflicht auferlegt werden. Weitergehend, aber nicht überzeugend Makower § 212 III b. — Was die Terminologie angeht, so bezeichnet, was in Beziehung auf die bürgerliche Gesellschaft das BGB Beitrag nennt (§§ 705 ff. BGB), das HGB in Beziehung auf die Handelsgesellschaften als Einlage (§§ 111, 121, 161, 171, 172, 174, 175, 178, 186 II, 213, 241, 279, 335). Sie ist die notwendige Grundlage der Beteiligung des Einzelnen an der Gesellschaft, grundsätzlich auch maßgeblich für den Umfang seiner Beteiligung. Seine Einlage kann Geld sein oder in Gegenständen bestehen, Geld- oder Sacheinlage. Ihr Betrag oder Wert kann höher sein als der Nennbetrag der Aktie, aber nicht geringer (§ 184). Juristisch ist der Gesellschaftsvertrag, die vertragsmäßige Beteiligung an der Gesellschaft, nicht auf Leistung gegen Gegenleistung gerichtet. Aber wirtschaftlich validiert die Einlage auf die dafür gewährte Aktie, RG 21, 149, insbes. 153 ff. Wenigstens ist das die Regel. Es ist nicht ausgeschlossen, daß ein Aktionär mehr an die Gesellschaft zahlt; wenn sich die Gesellschaft in irgendeiner Weise zu einer Zurückzahlung verpflichtet, so ist das nicht Einlage, sondern Darlehen. Ausgeschlossen ist aber auch nicht, daß ein Aktionär oder mehrere oder alle freiwillig, à fonds perdu mehr zahlen. Auch das ist Einlage. Jedenfalls findet auch auf solche Zahlungen § 213 Anwendung; Rückzahlung ist unzulässig, auch wenn sie aus dem Gewinn erfolgt. Und so kann denn auch einem Aktionär, welcher als solcher der Gesellschaft gegenüber eine Garantie übernommen hat, was wirksam (wenn überhaupt, JW 1895, 602[28]) nur im Statut oder durch Statutenänderung geschehen kann, die Verpflichtung hieraus nicht erlassen werden. (Etwas anderes ist es, wenn der Aktionär wie ein Dritter für die Gesellschaft Bürgschaft leistet, Bolze 21, 566.) Dagegen steht nichts im Wege, daß die Gesellschaft beim Aktionär ein Darlehen unter der Bedingung aufnimmt, daß es nur zurückgezahlt zu werden braucht, wenn sie über die dafür erforderlichen Überschüsse verfügt. Aber der Vertrag muß unzweideutig ergeben, daß er so gemeint ist. Der Ausdruck Kapitaleinlage in § 211 beruht nicht auf dem Gedanken, daß es Einlagen auf das Kapital der Gesellschaft gebe, unterschieden von anderen Arten von Einlagen. Es gibt nur Einlagen auf das Vermögen der Gesellschaft. Gemeint ist vielmehr nur der wegen des in § 212 Bestimmten bedeutsam gewordene Gegensatz zwischen einmaliger und wiederkehrender Leistung.

b) Durch die Einführung der Nebenleistungs-Aktiengesellschaft schiebt sich sozusagen ein Fremdkörper ein in das Gefüge des Gesellschaftsvermögens, und jedenfalls wäre es nicht zutreffend, den Gegenstand dieser Nebenleistungen ebenfalls als Gesellschaftseinlage zu bezeichnen. In der Regel wenigstens erfolgen diese Leistungen nicht unentgeltlich, und so erscheint mit dem gesellschaftlichen Verhältnis verknüpft ein synallagmatisches Schuldverhältnis, eine Anomalie, die denn auch bei der Rechtsanwendung mancherlei Zweifel und Unsicherheit zur Folge hat. Als Einlage könnte man also höchstens dieses bezeichnen, daß der Aktionär das betreffende Schuldverhältnis eingeht. Das wäre aber nicht mehr, als eine — durchaus sprachwidrige — Nomenklatur, aus welcher nicht ohne weiteres sachliche Schlüsse gezogen werden dürfen. Vgl. hierzu Fischer in EhrenbergsHH III, 1 §§ 11, 54, dessen Methode aber wirtschaftliche und juristische Gesichtspunkte nicht genügend auseinanderhält. Es ist — juristisch gesprochen — doch nicht richtig, daß die Zuckerfabrik auf Aktien nicht auf Erzielung von Gewinn angelegt ist, oder daß die Höhe des Gewinnes abhängt von den Produktionskosten des Rüben bauenden Aktionärs. Auch erklärt sich § 216 z. B. doch wohl aus etwas anderem als daraus, daß solche A-Gesellschaften überhaupt keine wirklichen Gewinne erzielen und deshalb auch nicht verteilen können. — Nach Bolze 12, 500 kann die Aktiengesellschaft sich verpflichten, voll bezahlte eigene Aktien dem Aktionär wieder abzunehmen, aber die statutarische Bestimmung, daß in solchem Fall die übrigen Aktionäre die hierfür erforderlichen Beträge zu zahlen haben, ist nichtig. S. aber § 213 Erl 2 a. — Nicht in Widerspruch mit der gesetzlichen Vorschrift steht die mittelbare Nötigung, weitere Einzahlungen zu machen, welche darin liegt, daß die Gesellschaft — durch Statutenänderung — beschließt, ohne Erhöhung des Grundkapitals denjenigen Aktien Vorrechte zu gewähren, auf welche Zuzahlungen gemacht werden, RG 52, 287. S. Erl 1 c zu § 185.

2. Ausgeschlossen ist, daß die Aktionäre sich verpflichten, auf Erfordern Nachschüsse einzuzahlen. Aber doch ist eine Gestaltung möglich und tatsächlich in Übung, welche, wirtschaftlich betrachtet, einer begrenzten Nachschußpflicht gleichkommt. Wenn Versicherungs-A-Gesellschaften zunächst eine Einzahlung der ersten 25% der Einlage fordern, so rechnen sie darauf — wie die Erfahrung gelehrt hat, oft mit Recht — daß eine weitere Einzahlung überhaupt nicht nötig sein wird, sind aber in der Lage, im Notfall jederzeit weitere Raten einzufordern, RG 92, 316. Zu der dort auftauchenden Frage, ob die A-Gesellschaft solche „Nachschüsse" aus dem Gewinn späterer Jahre zurückzahlen darf, hatte das Gericht keinen Anlaß, Stellung zu nehmen. Offenbar muß das verneint werden. Läßt man es zu, dann fehlt nichts mehr an der A-Gesellschaft mit beschränkter Nachschußpflicht; a. A. Staub-Pinner § 211[5].

§ 212[1].

Neben den Kapitaleinlagen kann im Gesellschaftsvertrage[6] den Aktionären die Verpflichtung zu wiederkehrenden, nicht in Geld bestehenden Leistungen[2] auferlegt werden[3], sofern die Übertragung der Anteilsrechte an die Zustimmung der Gesellschaft gebunden ist[4]. Die Verpflichtung und der Umfang der Leistungen müssen aus den Aktien oder Interimsscheinen zu ersehen sein[5].

Im Gesellschaftsvertrage können für den Fall, daß die Verpflichtung nicht oder nicht gehörig erfüllt wird, Vertragsstrafen festgesetzt werden[7].

Im Gesellschaftsvertrage kann bestimmt werden, daß die Gesellschaft die Zustimmung zur Übertragung der Anteilsrechte nur aus wichtigen Gründen verweigern darf.

1. Der § 212 ist durch die Novelle von 1900 dem Gesetz eingefügt worden. In Erl 1 a zu § 211 ist gesagt, was hierzu veranlaßt hat. Man meinte ganz allgemein einem Bedürfnis entgegenkommen zu sollen, welches sich ganz ausschließlich im Gebiete der Rübenzuckerindustrie gezeigt hatte. Eine Großtat der Gesetzgebung ist das nicht gewesen. Wollte man einen solchen Schritt tun, dann hätte es in anderer Weise geschehen müssen. Es ist nicht doktrinäre Schwerfälligkeit gewesen, was die Rechtsprechung veranlaßt hatte, die A-Gesellschaft mit Nebenleistungsverpflichtungen der Aktionäre als solcher abzulehnen und dem Bedürfnis der Zuckerindustrie mit der Konstruktion des Nebenvertrages tunlichst entgegenzukommen. Es war vielmehr die klare Einsicht, daß die Nebenleistungspflicht der Aktionäre mit dem Wesen der Gesellschaftsform in Widerspruch steht. Das ist denn auch s. Z. im Reichstag von den Juristen mit allem Nachdruck betont worden: „Damit zerschlagen Sie die alte Form der A-Gesellschaft; wenn Sie diese konservieren wollen, können Sie unmöglich dieser Bestimmung zustimmen." So der Abgeordnete Traeger. Dem hat der Abgeordnete Frese zugestimmt: „Mir ist unerfindlich, warum hier durch die §§ 210 und 214 (§§ 212, 216 des Gesetzes) das Prinzip des ganzen Aktienwesens auf den Kopf gestellt werden soll". „Es ist das vollständige Durchbrechen des Prinzips des Aktienrechts; darüber ist ein Zweifel gar nicht möglich." So Bassermann. Der Widerspruch ist vergeblich gewesen. Vielleicht hätte die Opposition taktisch richtiger verfahren, wenn sie mehr das Wie bekämpft hätte, als das Daß. Denn es ist leicht gesagt, es kann den Aktionären die Verpflichtung zu weiteren Leistungen auferlegt werden, um dann der Rechtsprechung zu überlassen, was sie damit anfangen und wie sie damit fertig werden will. Es hätte der Gesetzgeber sich klarmachen und dann wenigstens einigermaßen wenn auch nur in den Grundzügen bestimmen müssen, wie er sich diese Verschmelzung von Gegensätzlichem denkt.

So sind Wissenschaft und Rechtsprechung vor eine Aufgabe gestellt worden, die auch heute noch einer befriedigenden Lösung entgegensieht und in Wahrheit denn einer solchen auch gar nicht fähig sein dürfte.

Aus dem Gesagten geht hervor, daß es sich um eine positive Durchbrechung des Prinzips handelt, welches — ganz im Gegensatz zu dem, was tatsächlich geschieht — schon von vornherein eng ausgelegt werden muß. Hinzukommt aber, daß es ein ganz bestimmter Typus gewesen ist, welcher dem Gesetzgeber als das vorgeschwebt hat, dem in Anerkennung eines Verkehrsbedürfnisses der Weg hat freigemacht werden sollen. So sagt auch Goldmann § 212[3] treffend, daß es sich um eine Ausnahmebestimmung handle, welche nicht über den Wortlaut ausgedehnt werden dürfe, um dann doch in § 212[5] zu sagen, es dürfe der Begriff der wiederkehrenden Leistung nicht zu eng gefaßt werden.

2. a) Nur wiederkehrende — nicht in Geld bestehende Leistungen können Gegenstand einer so erweiterten Beitragspflicht oder Beteiligung sein. Die Hingabe von Wechseln zur Sicherstellung des Anspruchs auf die Geldeinlage ist allerdings nicht Geldleistung, fällt aber überhaupt nicht unter § 212. Auch die Bestellung eines Pfandrechts wäre zwar ganz ungewöhnlich, aber nicht in Widerspruch mit dem Haftungsprinzip des Aktienrechts. — Der Ausdruck Leistungen ist allerdings ganz farblos. Nach § 241 BGB sind sogar Unterlassungen Leistungen oder können es wenigstens sein. Dagegen kann darin, daß jemand eine bestimmte Eigenschaft hat oder nicht hat, eine bestimmte Gesinnung, daß er einem bestimmten Verein angehört oder nicht angehört, nicht wohl auch eine Leistung erblickt werden, RG 49, 78 (Verpflichtung, dem Bunde der Landwirte anzugehören), OLG 2, 232 (Zugehörigkeit zu einem Verein). Enger, aber dafür zugleich unpräziser ist der Begriff der wiederkehrenden Leistung, s. den Fall OLG 27, 345. (Verfehlt ist das argumentum a fortiori Makowers § 212 III 3, der mit leerer Dialektik die differentia specifica, das vom Gesetz doch gewollte „wiederkehrend" einfach streicht.) Der Gegensatz ist nicht nur, was allgemein anerkannt wird, die einmalige, sondern auch — was vielfach, aber mit Unrecht bestritten wird, so von Goldmann § 212[35] — die kontinuierliche Leistung. Unter einer pflichtmäßigen Unterlassung eine wiederkehrende Leistung zu erblicken, wäre an sich höchst sprachwidrig, wäre ferner eine nach dem oben Gesagten schon an und für sich nicht zu rechtfertigende ausdehnende Auslegung, die schließlich auch aus sachlichem Grunde daran scheitern muß, daß der Gesetzgeber an so etwas auch entfernt nicht gedacht hat, als er der Zuckerfabrik auf Aktien und dann freilich auch anderen wirtschaftlichen Unternehmungen ähnlicher Art den gesetzlichen Weg eröffnen wollte. — Mit dem Begriff der wiederkehrenden Leistungen ist nicht unvereinbar, daß von vornherein die Verpflichtung auf eine bestimmte Dauer, also unter Umständen auch auf eine bestimmte Anzahl von Fällen, eingegangen wird; a. A. Brand § 212, 2 b. — Noch viel weiter geht Silberberg in JW 1912, 281, der die Verpflichtung des Aktionärs, nicht über ein bestimmtes Quantum hinaus zu produzieren, für Verpflichtung zu wiederkehrenden Leistungen erklärt! — Wenn Kartelle sich der Form der A-Gesellschaft bedienen, so mögen sie das tun, wenn sie meinen, damit ihrem sachlichen Zweck am besten näherzukommen. Aber es ist durchaus fehlsam zu meinen, daß sie damit eine nach § 212 zulässige Nebenleistungs-Aktiengesellschaft ins Leben gerufen haben. Wohl ausnahmslos geht das, wozu die Kartellmitglieder sich über die — meist ganz belanglose — Kapitaleinlage hinaus verpflichten, weit darüber hinaus, in „wiederkehrenden Leistungen" zu bestehen. Außerdem ist ein Kartell ohne gegenseitige schuldrechtliche Bindung der Mitglieder nicht wohl denkbar, während in den Fällen nach § 212 ein Schuldverhältnis zwischen den Aktionären nicht besteht. Hier muß es bei der Doppelgesellschaft bleiben. — Ob man in der Verpflichtung zu Dienstleistungen die Verpflichtung zu wiederkehrenden Leistungen erblicken kann, hängt von der Art der Dienste ab. Die Tätigkeit eines Angestellten, welcher seine Arbeitskraft ganz oder doch im wesentlichen dem übernommenen Dienst zu widmen hat, besteht nicht in wiederkehrenden Leistungen, sondern in Dauerleistung. A. A. Lehmann-Ring § 212[3] (vgl. aber auch § 212[10]), Brand § 212[2] d, Lehmann I § 13 Z. 4, Staub-Pinner § 212[4], Makower § 212 I c, VI 3; nur ganz beiläufig RG 21, 155. — Auch die Verpflichtung des Aktionärs, sich bei seinen Geschäften der Vermittlung der Gesellschaft (einer Bank) zu bedienen, kann nicht unter § 212 begriffen werden, JW 1910, 18[30]. Aus mehr als einem Grunde gilt letzteres auch von der Verpflichtung, der Gesellschaft Waren abzunehmen, in einem Gebäude der Gesellschaft zu wohnen, bei ihr Versicherung zu nehmen (anders Silberberg in JW 1912, 281; dagegen Wolff das. 517). Das sind keine Leistungen des Aktionärs an die Gesellschaft, sondern umgekehrt. Und wenn es entgeltlich geschehen soll, kommt es zwar auch zu Leistungen an die Gesellschaft, aber zu Leistungen in Geld, und die nimmt ja § 212 gerade aus. Soll der Rüben bauende Landwirt verpflichtet werden, seinen künstlichen Dünger von der A-Gesellschaft entgeltlich zu erwerben, so kann das nur in einem Nebenvertrag bedungen werden, OLG 19, 323.

b) Daran ist nicht zu zweifeln, daß die wiederkehrenden Leistungen des Aktionärs auch als entgeltliche bedungen werden können. Zwar verstößt das gegen die Bestimmungen in § 213 und § 215 I, und die Ausnahmebestimmung des § 212 spricht nur von Leistung des Aktionärs an die Gesellschaft und nicht auch umgekehrt. Aber das ist nur Lässigkeit des Ausdrucks. Daß der Gesetzgeber gerade auch an entgeltliche Leistungen des Aktionärs gedacht hat, wäre selbst dann unverkennbar, wenn es nicht in § 216 noch zu einer besonderen Bestimmung über diesen Fall gekommen wäre. Aber damit ganz besonders kommt in das gesellschaftsrechtliche Verhältnis ein ihm fremdes und hier sprödes Element hinein. Künstlich und nur ganz äußerlich kraft Machtspruchs der positiven Satzung wird damit einem Einschiebsel gesellschaftsrechtliche Natur beigelegt, das die Natur der synallagmatischen Schuldverhältnisse besitzt und nicht ablegen kann. (Vgl. Roth, Das individualistische und das kollektivistische Organisationsprinzip im Recht der A-Gesellschaft.) So trifft denn auch heute noch völlig zu, was in RG 26, 86 ausgeführt worden ist: „Es kann nicht angenommen werden, daß die Rübenlieferungspflicht wenigstens dann von der Aktienbeteiligung umfaßt werden könne, wenn die Lieferung der Rüben nur gegen eine ihrem Wert entsprechende Vergütung zu erfolgen hätte; auch in solchem Falle wirklicher Austauschleistungen können Rechte und Pflichten aus dem Rübenlieferungsverhältnis und Rechte und Pflichten aus der Kapitalsbeteiligung, wenn man sie als aus einem und demselben einheitlichen Verhältnis hervorgehend erachtet, bei jeder irgendwie erheblichen Abweichung von der normalen Erledigung der Verpflichtungen derartig aufeinander stoßen, daß sich gar nicht ersehen läßt, wie die Ausgleichung bei gleichzeitiger Wahrung der durch die Eigenart des Verhältnisses begründeten schutzbedürftigen Interessen einerseits und die aktienrechtlichen Grundsätze anderseits erfolgen soll; es handelt sich um eine dem Gesetz unbekannte Mischform, wenn man das Rübenlieferungsverhältnis der Beteiligung als Aktionär einverleiben will; man verkennt die Bedeutung des ersteren und das Wesen der Aktie, wenn man ersteres als bloßes annexum der Aktie bezeichnet." Heute liegt es so, daß was hier das RG aus sachlichen und unwiderleglichen Gründen für undurchführbar erklärt, inzwischen das Gesetz positiv für zulässig erklärt hat, dabei aber — abgesehen von einem Punkte (§ 216) — keinen Fingerzeig gibt, wie die Durchführung geschehen soll. Schlechthin zwingend drängt das synallagmatische Moment dazu, auf das einzelne Lieferungsgeschäft, namentlich auf die Folgen vertragswidrigen oder richtiger nun statutenwidrigen Verhaltens die Vorschriften über gegenseitige Verträge (es muß immer wieder betont werden, daß der Gesellschaftsvertrag zweiseitiger, aber durchaus nicht gegenseitiger Vertrag ist), namentlich also die §§ 320 ff. BGB und bei Warenlieferungen gegen entsprechendes Entgelt gemäß § 445 BGB die §§ 423—444 das. und gemäß § 493 das. die §§ 459 ff. das. entsprechend anzuwenden. Entsprechend d. h. immer unter Berücksichtigung, daß es sich um gesellschaftliche Leistung von Aktionären und an Aktionäre handelt. Flechtheim, Die rechtliche Organisation der Kartelle, 2. Aufl S. 25 ff., 250 ff. — Der Preis, welchen die Gesellschaft zahlt, kann im Statut ein für allemal festgelegt sein. Oft wird das nicht tunlich und jeweilige Festsetzung durch Organe der Gesellschaft, Vorstand, Aufsichtsrat, Generalversammlung (Mehrheitsbeschluß) im Statut vorgesehen sein. Nach D 133 war es bei der Neuerung gerade auch darauf abgesehen, daß der Generalversammlung durch das Statut die Befugnis beigelegt werden könne, den Rübenpreis alljährlich durch Mehrheitsbeschluß festzustellen; in solchem Fall hat dann die Mehrheit frei zu bestimmen. Wird etwa die Bestimmung dem Vorstand oder Aufsichtsrat übertragen, so muß diese Stelle sich innerhalb der Grenze des objektiv Angemessenen halten und § 315 BGB wäre entsprechend anzuwenden. Vgl. RG 104, 256. — Immer aber liegt zwingend die letzte Entscheidung bei der Generalversammlung, welche mit einfacher Stimmenmehrheit entscheidet (nur darf nicht eine gegen die guten Sitten verstoßende Vergewaltigung der Minderheit vorliegen). Für sie ist nicht § 315, sondern § 826 die Schranke. RG 17, 19; 26, 92; JW 1903, 343[5]; RG in LZ 1907, 284[3]; RG in HoldhMS 1914, 204. Vgl. auch RG 47, 148, 181; 87, 265; JW 1897 469[13]; Rieß in LZ 1916, 587.

c) Es handelt sich dabei nicht um einen Kaufpreis. Auch seitens der Gesellschaft ist es eine gesellschaftliche Leistung, deren Zulässigkeit an und für sich im einzelnen Fall davon abhängig sein würde, daß sie aus dem Reingewinn beschafft werden kann (§ 213). Vgl. hierzu JW 1895, 386[39]. Hier hat das Gesetz in § 216 Fürsorge getroffen. Soweit der Preis nicht über den Wert der Leistung hinausgeht, kann er ohne Rücksicht darauf gezahlt werden, ob die jährliche Bilanz einen Reingewinn ergibt. Vgl. RG 21, 149. Ein Mindestpreis darf statutarisch nicht zugesichert werden, RG 48, 102. Übrigens kann auch in Beziehung auf die Leistungen der Aktionäre im Statut eine gewisse Beweglichkeit vorgesehen sein, JW 1893, 203[38].

d) Die Vorschriften des HGB über Mängelrüge handeln nur vom Handelskauf und sind nicht anwendbar. Ob Wandlung gefordert werden kann, hängt von den Umständen des Falles ab. Oft wird die Gesellschaft gar kein Interesse an einer Wandlung haben. Dagegen wird man die entsprechende Anwendung der Vorschriften über Minderung des Preises allgemein für angebracht erklären können. Die Bestimmungen über Haftung wegen vorsätzlicher oder fahrlässiger Vertragsverletzung finden unmittelbare Anwendung, und zwar in Beziehung auf Vertragsverletzung nicht nur der Aktionäre, sondern auch der Gesellschaft. Die Beschränkung der Haftung auf die Sorgfalt in eigenen Angelegenheiten (§ 708 BGB) findet hier schon darum nicht statt, weil es sich nicht um ein Gesellschaftsverhältnis nach BGB handelt.

e) Unter dem früheren Rechtszustand konnte der auf die Nebenleistungen gerichtete Vertrag ohne Beschränkung wegen Irrtum, Arglist, Drohung angefochten werden. Ist aber gemäß § 212 die Verpflichtung zum Bestandteil des Mitgliedrechts geworden, dann ist eine selbständige Anfechtung nicht möglich, und es machen sich die Beschränkungen geltend, denen überhaupt die Anfechtung der Beteiligung an der Gesellschaft unterliegt. Vgl. OLG 22, 12 (Rostock). Dagegen Roth in LZ 1912, 272. — Auch dadurch kann sich der Aktionär der Leistungspflicht nicht entziehen, daß er auf sein Aktienrecht verzichtet, RG 17, 3. Nur dadurch, daß ihm eine Veräußerung der Aktie gelingt, welcher die Gesellschaft ihre Zustimmung nicht versagen kann oder nicht versagt, befreit er sich von der Verbindlichkeit für weitere Leistungen. — Auch dadurch wird der Aktionär seiner Verpflichtung, Rüben zu bauen und zu liefern, nicht ledig, daß er seinen Grundbesitz veräußert. Veräußert er zugleich seine Aktie oder seine Aktien, so muß, wenn der Nachfolger eine geeignete Persönlichkeit ist, die Gesellschaft es jedenfalls dann genehmigen, wenn sie die Zustimmung nur aus wichtigem Grunde verweigern kann. Aber auch wo letzteres im Statut nicht bestimmt ist, darf die Zustimmung nicht aus reiner Schikane versagt werden. Ausgeschlossen ist, daß der Erwerber des Grundstücks die Nebenleistungen übernimmt, ohne die Aktien zu erwerben. Anderseits ist nicht erforderlich, daß er ausdrücklich sich zu den Nebenleistungen verpflichtet, wenn er zugleich die Aktie erwirbt, aus der die Verpflichtung zu ersehen ist. Etwas anderes und zulässig ist, daß der Veräußerer des Grundstücks die Aktie behält und in seinem Namen der Erwerber die Rüben der Gesellschaft liefert.

f) Wird die Gesellschaft aufgelöst, so werden weitere Leistungen nicht geschuldet. RG in Recht 1910, 183. Doch ist das nur die Regel. Unter Umständen kann auch noch im Stadium der Liquidation eine gewisse Fortsetzung des Betriebes und damit dann wie ein Bedürfnis nach, so auch eine Verpflichtung zu weiteren Lieferungen vorliegen. Vgl. RG 72, 237. Auch im Konkurse wird unter Umständen der Verwalter Weiterlieferung gegen angemessene Vergütung für Rechnung der Masse fordern können. Vgl. RG 22, 107. Dadurch, daß die Gesellschaft die Rüben nicht verarbeitet, sondern anderweit verwertet, wird an der Lieferungspflicht der Aktionäre nichts geändert, RG in LZ 1907, 284[3]. — Gibt die A-Gesellschaft Aktien mit Nebenleistungsverpflichtung und schlichte Aktien aus, so sind das Aktien verschiedener Gattung im Sinne des § 275 III; RG 80, 95.

3. Ist durch § 212 die Möglichkeit geschaffen, eine mit der Verpflichtung zu Nebenleistungen verknüpfte A-Gesellschaft ins Leben zu rufen, so sind die Beteiligten doch nicht genötigt, sich gegebenenfalls dieser Form zu bedienen. Sie können auch die alte Form der Nebengesellschaft nach bürgerlichem Recht neben der A-Gesellschaft wählen (so zutreffend Makower § 212 III a), und in weitem Umfange geschieht das ja auch tatsächlich insofern, als Kartelle sich unter Vereinbarungen, welche sich nicht unter § 212 bringen lassen, sich der Form der A-Gesellschaft bedienen; wobei die Frage, ob es sich um eine einheitliche A-Gesellschaft oder um eine Doppelgesellschaft handelt, nach dem Inhalt der Vereinbarungen, nicht danach zu entscheiden ist, ob die Kartellverbindlichkeiten und -Rechte gesondert oder in und mit dem Statut der A-Gesellschaft bestimmt worden sind. Insofern hat auch heute noch die frühere Rechtsprechung Bedeutung. S. Flechtheim, Organisation der Kartelle, 2. Aufl. S. 19—59, 99; Brodmann, GGmbH. § 2[8]; und in EhrenbergsHH IV, 2 S. 187 ff., insbes. S. 191 ff. — Die A-Gesellschaften der älteren Form sind nicht durch die Gesetzgebung ohne weiteres in die neue Form nach § 212 übergeleitet. Dazu bedarf es eines besonderen Beschlusses durch Statutenänderung, die nach RG 48, 102 nur unter Zustimmung aller verpflichteten Aktionäre beschlossen werden kann; § 276. Ebenso RG 68, 263; JW 1913, 647[11]; RG in HoldhMS 14, 139; 23, 205. Die Zustimmung muß nicht in der beschließenden Generalversammlung erklärt werden und kann auch nachträglich erfolgen; RG 68, 263; auch durch konkludente Handlung, HoldhMS 23, 205, Note. — Ist im Statut eine Verpflichtung zu einer Nebenleistung bestimmt, welche nach § 212 nicht zulässig ist, so ist darum noch nicht die Gesellschaft und auch nicht unbedingt diese Bestimmung nichtig. Es fragt sich vielmehr, ob es nicht dem Willen der Beteiligten zur Zeit der Gründung der Gesellschaft entspricht, wenn man das Vereinbarte im Sinne einer Nebenleistungsgesellschaft nach früherem Muster auslegt, Makower § 212 III a.

Es ist schließlich denkbar und kommt vor, daß Aktionäre mit Übernahme von Aktien in der Weise sich zu Leistungen verpflichten, daß — wenigstens juristisch — nur ein zeitlicher, also sachlich überhaupt kein Zusammenhang besteht, RG 84, 329. Vgl. Flechtheim, Organisation der Kartelle, 2. Aufl. S. 30 ff., 99 ff.

4. Unerläßliche Voraussetzung ist, daß die Aktie, auf welcher die Verpflichtung zu Nebenleistungen ruht, vinkulierte Namenaktie ist. Das ist der Punkt, an welchem die ältere Form der Nebenleistungsgesellschaft vornehmlich laborierte. Beruht die Verpflichtung zur Nebenleistung auf besonderem Vertragsverhältnis, so ist es nicht leicht, Aktienrecht und Nebenverpflichtung sicher auf die Dauer miteinander zu verbinden. Durch Veräußerung der Aktie entledigt sich der Aktionär nicht der Verpflichtung zur Nebenleistung, RG 37, 140, wie auch der Erwerber der Aktie mangels besonderer Vereinbarung, zu der auch die Zustimmung der Gesellschaft hinzukommen müßte, Schuldner der Nebenleistungen selbst dann nicht wird, wenn in der Aktie die Verpflichtung erwähnt wird. Das ist jetzt anders. Aber, da selbstverständlich ein solcher Schuldnerwechsel nicht ohne Einwilligung des Gläubigers eintreten kann, nur dann, wenn die Veräußerung der Aktie an die Zustimmung der Gesellschaft gebunden ist und diese erfolgt. Im Statut kann bestimmt werden, daß die Zustimmung nicht willkürlich versagt werden darf (Abs III. Makower § 212 II b meint, auch auf andere Weise wie im Statut könne das bestimmt werden; er sagt aber nicht, wie). Es kann also der Aktionär, wenn die Zustimmung verweigert wird, was auch der Fall ist, wenn trotz Aufforderung der Vorstand untätig bleibt, und es aus diesem Grunde nicht in angemessener Frist zu einer Entschließung der Gesellschaft kommt, auf Erklärung der Zustimmung gegen die Gesellschaft klagen, so daß mit rechtskräftiger Verurteilung der Gesellschaft die Zustimmung gemäß § 894 ZPO als erteilt gilt. Der Gesellschaft liegt ob, darzutun, aus welchem Grunde sie die Zustimmung verweigert, und die zur Begründung vorgebrachten Behauptungen zu beweisen, wenn sie bestritten werden, RG in HoldhMS 23, 207. Auch in dem Fall, daß die Gesellschaft oder der Vorstand sich passiv verhalten hat, wird der Gesellschaft unbenommen sein, im Prozeß sich auf die Gründe ihrer ablehnenden Haltung zu berufen. —

5. Die Verpflichtung und der Umfang der Leistungen müssen aus der Aktienurkunde zu ersehen sein. Da es sich um eine gesellschaftsrechtliche Verpflichtung handelt, geht sie bei einer Veräußerung der Aktie ohne weiteres auf den Erwerber über. Das Gesetz schützt den Erwerber vor Irrtum und Schaden, indem es vorschreibt, daß die Verpflichtung in der Urkunde verlautbart werden muß. Die Rechtsfolge ist nicht, daß — wie E. Wolff in Festgabe für Wilke 348 annimmt — Aktie und Aktienrecht nichtig sind, sondern, daß der Erwerber einer solchen Aktie (der Nehmer aus zweiter Hand) ausschließlich nach Inhalt der Urkunde verpflichtet wird, also überhaupt nicht, wenn entgegen der Vorschrift des Gesetzes die Verpflichtung aus der Urkunde nicht zu ersehen ist, vorausgesetzt, daß er die Aktie in gutem Glauben erworben hat, RG 82, 72 (in letzterem Punkt a. A. Brand 212 3 e). Nach Staub-Pinner § 212[25] bliebe letzterenfalls der Veräußerer weiter verpflichtet, die Leistungen zu beschaffen. Es ist nicht ersichtlich, worauf das beruhen soll. Veräußern kann der Aktionär nur mit Zustimmung der

Gesellschaft. Liegt diese vor, dann hat der Veräußerer aufgehört, Aktionär zu sein, und es fehlt an jedem Rechtsgrund für eine auch nur teilweise Fortdauer der Mitgliedschaft. Anders nur, wenn die Verpflichtung auf einem Nebenvertrag beruht, RG 37, 139.

6. „Im Gesellschaftsvertrage." Nur im Gesellschaftsvertrage kann eine Verpflichtung, wie § 212 sie im Auge hat, bestimmt werden. Damit kommt zum Ausdruck, daß es sich um eine Erweiterung des Aktienrechts, um eine mit diesem untrennbar verbundene Verpflichtung handelt. Geht man von letzterem aus, von der abnorm erweiterten Beteiligung des Gesellschafters an der A-Gesellschaft, dann ist es selbstverständlich, daß die Bestimmung einer solchen Leistungsverpflichtung wirksam nur im Gesellschaftsvertrag getroffen werden kann. Unbenommen ist aber den Beteiligten, statt dessen in alter Weise eine Nebengesellschaft zu vereinbaren, RG 79, 333; 83, 216. Ob das eine oder das andere gemeint ist, dafür ist nicht schlechthin entscheidend, daß die Bestimmung im Statut getroffen ist, JW 1903, 343[5]. — Verpflichtet sich der Übernehmer von Aktien gleichzeitig zu bestimmten Vertragsabschlüssen, so kann das auch so gemeint sein, daß diese Verpflichtung von der Beteiligung an der Gesellschaft ganz unabhängig sein soll, RG 84, 329. — Die Frage, ob eine Verpflichtung dieser Art nachträglich durch Statutenänderung eingeführt werden kann, ist in § 276 positiv so entschieden, wie es sich aus allgemeinen Rechtsgrundsätzen ergibt. Einführung durch Statutenänderung — also in der Regel durch qualifizierten Mehrheitsbeschluß — ist zulässig, nur müssen alle Aktionäre, welchen die Verpflichtung auferlegt werden soll — immer muß es sich um vinkulierte Namenaktien handeln —, zustimmen, alle ohne Ausnahme, auch diejenigen, welche an der Generalversammlung nicht teilgenommen haben. Wer für den Antrag stimmt, willigt damit zugleich für seine Person in die Übernahme der Verpflichtung ein, JW 1893, 488[14]. Die Zustimmung kann auch nachträglich erfolgen, auch formlos und also auch stillschweigend, RG 48, 102; 68, 265, RG in JW 1913, 647[11]. So ist denn auch der ohne diese Zustimmung oder gegen ausdrücklichen Widerspruch gefaßte Beschluß nicht etwa anfechtbar nach § 271, er ist auch nicht nichtig, er ist einfach wirkungslos, weil das Beschlossene außerhalb des Machtbereichs eigener Entschließung der Gesellschaft liegt, RG 17, 16; 48, 107. Was von der Neueinführung solcher Verpflichtungen gilt, gilt entsprechend von der Erhöhung oder Erschwerung bereits eingeführter, gilt aber nicht von den Fällen variabler Verbindlichkeit, von den Fällen, wo das Statut in zulässiger Weise den Umfang oder etwa auch den Gegenstand der Leistungen nicht ein für allemal fest bestimmt, sondern der jeweiligen Bestimmung nach Lage der Dinge vorbehält. Vgl. Erl 2 b. Eine ohne Zustimmung jedes Einzelnen unzulässige Erschwerung würde auch in der Beseitigung der Bestimmung liegen, daß die Zustimmung zu einer Übertragung der Aktie nur aus wichtigem Grunde verweigert werden dürfe. Anders, aber nicht überzeugend Kaufmann in HoldhMS 23, 133.

Statutenänderung wäre auch die allgemeine Aufhebung einer Bestimmung der hier in Rede stehenden Art. Dagegen steht nichts im Wege, daß im einzelnen Fall der Vorstand der A-Gesellschaft einem Aktionär seine Lieferungspflicht erläßt. So für den Fall eines im Prozeß geschlossenen Vergleichs, RG 17, 1. Ebenso Lehmann-Ring § 212[9], der darauf hinweist, daß in § 221 der § 212 nicht mitgenannt ist.

7. Die Vorschrift beseitigt jeden Zweifel, ob nicht die Vereinbarung einer Vertragsstrafe deshalb unzulässig ist, weil diese (in der Regel) in einer Geldleistung besteht. Was sie bestimmt, müßte nach Abs I ohnehin gelten. Besteht doch auch der Schadensersatz, zu welchem zweifellos der Aktionär verpflichtet ist, wenn er schuldhaft die Lieferung nicht beschafft, der Regel nach in Geld. Auf eine Vereinbarung dieses Inhalts finden §§ 339 ff. insbes. auch § 343 BGB Anwendung. Auch § 348 HGB ist anwendbar, wenn der Aktionär die Aktie im Betrieb seines Handelsgewerbes erworben hat. Streitig ist, ob als Vertragsstrafe die Kaduzierung der Aktie vereinbart werden kann. Offenbar muß es verneint werden, Ring I 213 (Karlsruhe). OLG 2, 233 (KG). Vgl. auch OLG 19, 364 (Kiel). A. A. Goldmann § 212[24]; KGJ 35, 178 (in Beziehung auf die Gesellschaft mbH). Die Kaduzierung ist ein singulärer Rechtsbehelf, durchaus positiver Natur, der größere Gewähr für den Eingang des Grundkapitals schaffen soll. Zudem sind im Gesetz die Formen des Austritts eines Aktionärs aus der Gesellschaft erschöpfend geregelt: Veräußerung der Aktie, Amortisation, Kaduzierung. Nur die beiden ersteren sind dem rechtsgeschäftlichen Verkehr zugänglich gemacht, die Kaduzierung dagegen nicht; § 219 Erl 11. Vgl. auch Brodmann GGmbH § 21[8]. Ebenso Lehmann-Ring § 212[7]. Nach Fischer in EhrenbergsHH III 1, S. 385 wäre Kaduzierung aus wichtigem Grunde auch ohne Anordnung im Statut zulässig.

§ 213.

Die Aktionäre[1] können ihre Einlagen nicht zurückfordern[2]; sie haben, solange die Gesellschaft besteht, nur[3, 4] Anspruch auf den Reingewinn[5, 6], soweit dieser nicht nach dem Gesetz oder dem Gesellschaftsvertrage von der Verteilung ausgeschlossen ist[7].

1. a) Sollen bei der A-Gesellschaft die Aktionäre für die Verbindlichkeiten der Gesellschaft nicht haften, sollen die Gläubiger der Gesellschaft vielmehr ausschließlich auf das Gesellschaftsvermögen angewiesen sein, so müssen diese gegen eine spezifische Gefahr, welche die Gesellschaftsform mit sich bringt, geschützt werden, gegen die Gefahr, daß die Aktionäre unter irgend einem Rechtsgrund oder auch ohne einen solchen ihre Einlagen wieder herausziehen und überhaupt, daß das Gesellschaftsvermögen ganz oder teilweise, auf einmal oder allmählich an die Aktionäre abfließt und dem Zugriff der Gläubiger entzogen wird. Es handelt sich hier um einen Eckpfeiler des ganzen Systems der A-Gesellschaft, aufgebaut auf dem grundlegenden Gegensatz von Stamm des Vermögens und Ertrag. Die Regelung, welche dieser Punkt im Gesetzbuch gefunden hat, ist in der Sache ganz deutlich, in der Formulierung aber wenig glücklich ausgefallen, Sievers im Recht 1906, 975. Man muß das Ganze aus Einzelnem zusammensuchen. Die beiden Halbsätze des § 213 explizieren einen und denselben Gedanken nach den zwei Richtungen hin. Man kann sie auch umstellen, um ganz deutlich zu sehen. Solange die Gesellschaft besteht, können die Aktionäre nur Auszahlung der Jahresdividende verlangen und auf Grund ihrer Mitgliedschaft können sie weitere Zahlungen nicht fordern. An dieser Stelle drückt das Gesetz sich scheinbar enger aus, indem es nur den Anspruch auf die Einlage versagt. Aber abgesehen davon, daß wenn hier noch etwas fehlen sollte, das in § 215 nachgeholt wird, wo es schlechthin heißt, daß an die Aktionäre nichts als die Dividende verteilt werden darf, ferner in § 241 III Z. 1, wonach der Vorstand, wenn er Einlagen zurückzahlt, das Gezahlte erstatten muß, so fehlt im § 213 auch garnichts von dem, was gemeint ist. Denn ein Drittes außer Zahlung von Dividende und Rückzahlung auf Einlage gibt es nicht, auch dann nicht, wenn die Gesellschaft inzwischen zu Reserven gelangt ist. Denn nur im Moment der Einzahlung ist die „Einlage" etwas konkretes, ein existierender Gegenstand, der dann sofort verschwindet. „Die Einlage" wird zurückgezahlt, heißt nicht, daß etwas Bestimmtes das sich im Gesellschaftsvermögen befindet, herausgegeben wird, es heißt vielmehr, daß Geld auf die Einlage gezahlt wird und bezeichnet, daß es nicht Gewinn ist, was damit gezahlt wird. Es gibt kein Drittes außer Auszahlung des Gewinnes und Auszahlung aus dem Stamm des Gesellschaftsvermögens und für letzteres ist keine andere Kausa denkbar, als auf Rechnung der Beteiligung an der Gesellschaft, d. h. konkret bezeichnet auf Rechnung der Einlage; RG 107, 168; JW 1918, 503[3], wo aber — offenbar unrichtig — für zulässig erklärt wird, die Einlage nur erst einstweilen zu zahlen und das so Gezahlte zurückzuzahlen. (Vgl. auch Hachenburg das. Fußnote). A. Wieland in GZ 67, 40; Moos in GZ 70, 211; Sievers im Recht 1906, 977.

Daß die Aktionäre von der Gesellschaft nichts anderes fordern dürfen als die Dividende, steht hier in § 213. Das ebenso wichtige, daß auch die Gesellschaft ihnen nichts anderes zahlen darf, findet man erst im § 215 I.

b) An und für sich könnte man den mit diesen Vorschriften beabsichtigten Schutz des Gesellschaftsvermögens auch auf einem anderen Wege erreichen, den denn auch das Gesetz, betr. die Gesellschaft mbH gegangen ist. Es ist nützlich, auf das Gegensätzliche beider Methoden mit Nachdruck hinzuweisen. Der § 30 der GGmbH bestimmt:

> Das zur Erhaltung des Stammkapitals erforderliche Vermögen darf an die Gesellschafter nicht ausgezahlt werden

woran sich § 31 I mit der Bestimmung anschließt:

> Zahlungen, welche den Vorschriften in § 30 zuwider geleistet sind, müssen der Gesellschaft erstattet werden.

Man sieht, hier sind die Zahlungen an Gesellschafter nicht auf den Jahresgewinn beschränkt, mit ausdrücklichen Worten ist auch nicht verboten, Stammeinlage zurückzuzahlen. Nur in Höhe der Ziffer des Stammkapitals, nicht auch in Höhe der Reserven ist das Gesellschaftsvermögen geschützt. Praktisch ist der Unterschied schließlich nicht so groß, wie es auf den ersten Blick erscheint, weil auch der Verteilung von Reserven doch allerlei Schranken gezogen sind. Aber in der rechtlichen Struktur und deren Konsequenzen ist der Unterschied erheblich. Welchem System der Vorzug gebührt, darüber gehen die Ansichten auseinander. In Österreich ist man bei Einführung der Gesellschaft mbH in diesem Punkt dem deutschen Beispiel nicht gefolgt, ist vielmehr bei dem System des Aktienrechts verblieben. Nach diesseitiger Auffassung hat auch das System der GmbH seine Vorzüge und wenn man es auch auf die A-Gesellschaft nicht übertragen kann, ist es doch bei der Verschiedenheit beider Gesellschaftsformen für die Gesellschaft mbH durchaus geeignet.

c) Die Bestimmungen der §§ 213 und 215 finden dann weitere Bestätigung und Ergänzung in § 241 III Z. 3, wonach die Mitglieder des Vorstandes der Gesellschaft das Gezahlte erstatten müssen, wenn Einlagen zurückgezahlt werden, und in § 261 Z. 5, wonach in die Jahresbilanz der Betrag des Grundkapitals und der offenen Reserven als Passiven eingestellt werden müssen, woraus sich ergibt, daß, solange Unterbilanz besteht, auch Gewinn nicht an die Aktionäre gezahlt werden darf. Alle diese Vorschriften sind zwingendes Recht, an dem auch die Generalversammlung nicht achtlos vorübergehen kann. Der Vorstand, welcher eine verbotene Auszahlung macht, kann sich nicht, und zwar auch nicht der Gesellschaft selbst gegenüber darauf berufen, daß er auf Beschluß der Generalversammlung gehandelt habe. Nach RG 27, 7 ist es eine verbotene

Zurückzahlung auf Einlage, wenn die Aktionäre zum Zwecke der Beseitigung einer Unterbilanz sich einverstanden erklären, daß eine eingezahlte Rate als geschenkt und in entsprechender Höhe die Einlage als noch nicht gezahlt gelten soll. (Die Unterbilanz wäre auch beseitigt worden, wenn die Aktionäre sich statt dessen zu einem Nachschuß in gleicher Höhe verpflichtet hätten, was für alle Teile auf dasselbe hinausgekommen wäre.)

d) Das Verbot gilt dem Sacheinleger gegenüber ebenso wie gegenüber dem Geldeinleger. Ersterem darf weder die eingebrachte Sache zurückgegeben noch Geld ausgezahlt werden. Er kann sich die Rückgewähr der Einlage auch nicht für den Fall der Auflösung der Gesellschaft und der Liquidation bedingen. Höchstens kann das unter der Bedingung geschehen, daß seine Liquidationsquote den Wert der eingebrachten Sache erreicht. Im Konkurse der Gesellschaft kommt das nicht in Frage RG 81, 411. Es steht aber nichts im Wege, daß die Gesellschaft die eingebrachte Sache verkauft und so kann denn auch der Aktionär, welcher die Sache eingelegt hat, sie der Gesellschaft wieder abkaufen. Nur muß es ein ernstlich gemeinter Kauf sein.

e) Ganz ohne Ausnahme ist dieses Zahlungsverbot nicht. Immerhin können gegenüber der zwingenden Natur des Verbots nur solche Ausnahmen zugelassen werden, welche das Gesetz positiv bestimmt. Eine Ausnahme sind die sogenannten Bauzinsen § 215 II. Eine Ausnahme bestimmt ferner § 216 in Beziehung auf Nebenleistungs-A-Gesellschaften, bei welchen die Aktionäre sich zu wiederkehrenden Leistungen gegen Gegenleistungen der Gesellschaft verpflichtet haben. Letzteres sind Leistungen der Gesellschaft an die Aktionäre und doch nicht Zahlung vom Gewinne. Sie dürfen, sofern sie nicht den Wert der Leistung der Aktionäre überschreiten, ohne Rücksicht darauf gemacht werden, ob die Bilanz einen Reingewinn aufweist. Die Regel gilt ferner nicht bei der Herabsetzung des Grundkapitals zum Zweck der Verminderung der Betriebsmittel der Gesellschaft, der Abstoßung überflüssigen Kapitals § 288 II. Sie gilt insofern nicht, als auf Grund § 227 Amortisation von Aktien gegen Entgelt erfolgen kann. — Keine Ausnahme von der Regel ist, daß die A-Gesellschaft in Beziehung auf Benutzung ihrer Anstalten und Veranstaltungen Vergünstigungen gewährt; wenigstens dann ist das unbedenklich, wenn in der Vergünstigung keine Leistung aus dem Vermögen der Gesellschaft liegt. Die damit vielleicht verbundene „Abnutzung" läßt sich unter keines der gegenwärtigen Verbotsgesetze bringen. Dagegen ergibt sich eine an gegebenem Ort noch näher zu bestimmende Ausnahme aus § 226: Erwerb eigener Aktien durch die Gesellschaft. S. hierüber unter Erl 3 f.

Etwas ganz anderes ist es, daß der Aktionär ebenso wie ein Dritter mit seiner Gesellschaft in Geschäftsverbindung treten und dann von ihr Bezahlung dessen fordern kann, was sie ihm daraus schuldig geworden ist, und daß er im allgemeinen von ihr auch Schadenersatz fordern kann, wenn Mitglieder des Vorstandes ihn durch unerlaubte Handlung unter Voraussetzungen schädigen, welche die Haftung der A-Gesellschaft nach § 31 BGB begründen. Das Rechtsverhältnis bietet hier, wo die Gesellschaft juristische Person ist, keine Schwierigkeit.

2. a) Wie die Einlage, wenn sie gezahlt ist, nicht zurückgezahlt werden darf, so kann auch die Gesellschaft, wenn die Einlage noch aussteht, nicht rechtswirksam auf sie verzichten. Das versteht sich von selbst, sagt RG 72, 294. Es ist aber auch in § 221 ausdrücklich bestimmt. Ein vom Vorstand mit dem Aktionär vereinbarter Verzicht würde durch dessen Vertretungsmacht nicht gedeckt sein. Etwas anders verhält es sich mit Sicherheiten, welche der Aktionär der Gesellschaft bestellt. Verkehrsüblich sind in dieser Beziehung Sichtwechsel, welche der Aktionär mit der Vereinbarung der Gesellschaft gibt, daß sie nicht weiterbegeben werden dürfen. Der Vorstand ist nicht befugt, sie dem Aktionär zurückzugeben und macht sich der Gesellschaft gegenüber ersatzpflichtig, wenn er es tut. Aber die wechselmäßige Verpflichtung des Aktionärs erlischt damit, solange er nicht entsprechende Wechsel von neuem ausstellt.

b) Da der Gesellschaft die Zurückzahlung der Einlage verwehrt ist, kann sie sich zur Zurückzahlung auch nicht rechtswirksam verpflichten. Daher kann sie sich namentlich auch nicht verpflichten, dem Zeichner der Aktie unter bestimmten Voraussetzungen oder nach Ablauf gewisser Zeit sie für den Nennwert oder für wieviel sonst wieder abzunehmen. Nicht selten macht die A-Gesellschaft bei Anstellung eines Vorstandsmitgliedes zur Bedingung, daß er eine Anzahl ihrer Aktien besitzt oder erwirbt. Auch in solchem Fall kann sie sich nicht wirksam verpflichten, sie ihm bei Beendigung des Dienstverhältnisses wieder (entgeltlich) abzunehmen ROHG 5, 415; RG 77, 73; JW 1912, 876[13]; LZ 1912, 406 (Jena, wo ausgesprochen wird, daß wegen der Nichtigkeit der Abnahmeverpflichtung nicht etwa der Erwerb der Aktie nichtig ist). Anders ROHG 17, 386: Ist der Wiedererwerb nur zum Gegenstand eines dem Verkauf beigefügten Nebenvertrages zum Zweck der eventuellen Wiederherstellung des früheren Zustandes gemacht worden, so ist die Vereinbarung nicht zu beanstanden. (So liegt es in solchen Fällen doch immer.) Vgl. hierzu Bolze in LZ 1907, 7. Hagens das. 248. (In anderer Form ist der gleiche Gedanke gegenüber dem Reportgeschäft verwertet in ROHG 22, 191, das jetzt durch § 226 gedeckt erscheint.) Anders auch RG 87, 339 in einem Fall von Sacheinlage, wo dem Einbringenden zugesagt worden war, ihm nach Verlauf von 3 Jahren auf Verlangen die Aktie zum gleichen Kurse wieder abzunehmen. Der Bericht ist nicht deutlich genug, weil zwischen A-Gesellschaft und Aktienübernehmer ein Bankhaus und ein Konsortium eingeschoben auftreten, über deren Rechtsstellung nichts erhellt. Aber wenn das Gericht den Vertrag so deutet, daß die „Garantie-Klausel" lediglich eine alternative Belegung des Kaufpreises sei, daß die Verpflichtung der Gesellschaft, die Aktien zu liefern (es handelt sich um eine Erhöhung des Grundkapitals) durch das dem Kläger eingeräumte Optionsrecht auf baren Kaufpreis auflösend bedingt gewesen sei, so bleibt es doch dabei, daß die Aktien „begeben" wurden und daß eine auflösend bedingte Übernahme von Aktien ein Unding ist. Vgl. hierzu Hachenburg JW 1916, 490 in Breit eod. Aus dem gleichen Grund ist auch der Versuch Hagens', das Urteil ROHG 17, 386 mit der späteren Rechtsprechung in Einklang zu bringen, als mißlungen zu bezeichnen. — In dieser Unsicherheit der Rechtsprechung rächt sich der Mangel an Methode. Vom Standpunkt der herrschenden Lehre gegenüber der Frage, inwiefern ein Aktionär der Gesellschaft gegenüber den Ankauf der Aktie anfechten kann (s. unter Erl 3 a), den auch das Reichsgericht teilt, müßte mindestens doch unterschieden werden, ob es der erste Nehmer der Aktie ist, welchem gegenüber die Gesellschaft sich verpflichtet, sie ihm wieder abzunehmen, oder ein Erwerber aus zweiter Hand. Wenn unter der letzteren Voraussetzung der Anfechtung des Kaufs der Aktie wegen Betruges nichts entgegensteht, dann ist unter der gleichen Voraussetzung auch gegen die Vereinbarung der Zurücknahme der Aktien gegen Zurückzahlung der Einlage nichts einzuwenden.

c) Ausgeschlossen ist auch, daß die Gesellschaft einem Aktionär gegenüber die Garantie dafür übernimmt, daß ein Gewinn, ein Mindestgewinn zur Verteilung kommt, daß er einen Verlust an der Einlage nicht erleidet usw. ROHG 17, 388, JW 06, 33[42].

d) Vorausgesetzt ist immer, daß eine Einzahlung auf eine Einlage erfolgt ist, zu welcher der Einzahlende verpflichtet war. Es kann vorkommen, daß für einen Aktionär aus Versehen zweimal gezahlt wird oder daß ein Aktionär eine Rate einzahlt, welche noch nicht eingefordert war. Oder die Zeichnung der Aktie ist nichtig gewesen. Vgl. Recht 1915, 938. In allen solchen Fällen steht dem Anspruch auf Rückzahlung der vermeintlichen Einlage § 213 nicht entgegen. RG 9, 39; ROHG 22, 195. Daß die Zeichnungserklärung nicht auf Grund § 123 BGB wegen arglistiger Täuschung oder Drohung angefochten werden kann (vgl. § 189 Erl 4), beruht nicht auf § 213. Vielmehr findet umgekehrt § 213 auf den Zeichnenden Anwendung, weil er Aktionär geworden ist und seinen Beitritt zur Gesellschaft nicht anfechten kann.

3. a) Das Verbot, an den Aktionär abgesehen von der Dividende etwas aus dem Gesellschaftsvermögen zu zahlen, ist eine Sondervorschrift, durch welche die Anwendung allgemeiner Rechtssätze da ausgeschlossen wird, wo diese zu einem Anspruch der Aktionäre auf eine solche Zahlung der Gesellschaft führen würde. Gerade auch in diesem Punkt unterscheiden sich Recht der Gesellschaft mbH und Aktienrecht. Dort sind solche Ansprüche der Gesellschafter gegen die Gesellschaft an und für sich voll wirksam und werden dann auch rechtswirksam erfüllt, wenn das dazu erforderliche freie Vermögen, d. h. der entsprechende Überschuß des Gesellschaftsvermögens über das Stammkapital vorhanden ist. Nur wo und insoweit als das nicht der Fall ist, darf nicht gezahlt werden. Bei der A-Gesellschaft dagegen versagt das Gesetz von vornherein den Anspruch. Das kommt zur Geltung im rechtsgeschäftlichen Verkehr nicht mit den Rechten aus der Beteiligung an der Gesellschaft, sondern mit dem Rechte auf diese Beteiligung, m. a. W. im rechtsgeschäftlichen Verkehr mit der Aktie selbst, namentlich in Kauf und Verkauf der Aktie. Im Verkehr zwischen dem Eigentümer der Aktie und einem Dritten ist die Aktie Gegenstand des Verkehrs nicht anders wie jedes Recht. Namentlich ist der Käufer in dem Recht der Anfechtung des Kaufs nicht beschränkt. In der Regel handelt es sich um voll bezahlte Aktien und da ist es für die Gesellschaft und ihr Vermögen ohne Einfluß, wer von beiden die Aktie besitzt und wieviel der eine dem anderen dafür zahlt oder nicht zahlt. Es könnte aber der Käufer durch unwahre Angaben der Gesellschaft, ihrer Organe, zum Ankauf bestimmt worden sein und nach allgemeinen Grundsätzen ein Anspruch auf Schadensersatz gegen sie begründet erscheinen. Es kann hier namentlich auch die Prospekthaftung gemäß § 45 BörsG in Frage kommen. Und zweitens kann es die A-Gesellschaft selbst gewesen sein, die ihre eigene (bereits begebene) Aktie verkauft hat (insbesondere wird bei einer Bank in Gestalt der A-Gesellschaft der Fall nicht selten sein, daß diese als Kommissionärin eigene Aktien zu beschaffen hat, § 226). Dann kann nach allgemeinen Rechtsgrundsätzen beides begründet sein, Anfechtung und Anspruch auf Schadensersatz. Daß dann, wirtschaftlich betrachtet, alle diese Rechtsbehelfe darauf hinauslaufen, daß die Gesellschaft die Einlage wieder herausgeben soll, ist nicht zu bestreiten. Es fragt sich, ob es auch rechtlich so ist. In RG 62, 29 ist das bejaht worden. Es waren zwei Ansprüche erhoben, einer aus unerlaubter Handlung, der andere aus dem Kaufvertrag. Einen Teil der Aktien hatte der Kläger aus dritter Hand erworben, den Rest von der A-Gesellschaft selbst, und nach beiden Richtungen wurde der erhobene Anspruch abgewiesen. Ebenso schon RG 54, 128, wo ganz allgemein gesagt wird, daß der einzelne Aktionär den Schaden, welcher ihm durch Beteiligung an der Gesellschaft erwächst, niemals von der Gesellschaft selbst ersetzt verlangen kann; es sei ausgeschlossen, daß er durch seine Beteiligung an der Gesellschaft zugleich Gläubigerrechte gegen die Gesellschaft erlangt, welche mit den gesetzlichen Bestimmungen über die Rechte der Aktionäre im Widerspruch ständen. Dem lebhaften Widerspruch, auf welchen diese Entscheidungen stießen, hat derselbe Senat in RG 71, 97 nachgegeben (vgl. auch RG 68, 311). In diesem Falle handelte es sich um die Prospekthaftung aus § 45 BörsG. Daran, wird gesagt, müsse festgehalten werden, daß der erste Zeichner der Aktie seine Beteiligung nicht wegen Betruges usw. anfechten, auch nicht Schadensersatzanspruch geltend machen könne, der im Erfolge der Rückzahlung seiner Einlage gleichkomme; es müsse aber die Ausdehnung des Grundsatzes auf Fälle abgelehnt werden, wo die Beteiligung an der Gesellschaft in anderer Weise bewirkt werde; es könne der Gesetzgeber weder im allgemeinen noch im besonderen dagegen Vorsorge treffen, daß die A-Gesellschaft bei ihrer Betätigung im Verkehrsleben keine Einbuße an ihrem Grundkapitale erleide; sie müsse genau so behandelt werden, wie jedes andere Rechtssubjekt; sie genieße keine Privilegien, auch nicht gegenüber ihren eigenen Aktionären; trete sie mit ihnen in rechtsgeschäftlichen Verkehr, so sei sie zur Erfüllung ihrer Verbindlichkeiten ihnen wie jedem Dritten gegenüber verpflichtet; der Aktionär stehe in diesen Fällen der Gesellschaft in seiner Eigenschaft als Gläubiger gegenüber; der Aktionär, welcher eigene Aktien der Gesellschaft von ihr erworben habe und durch unrichtige Angaben ihrer Vorstandsmitglieder dazu veranlaßt worden sei, mache seine Ansprüche in seiner Eigenschaft nicht als Gesellschafter, sondern als Käufer der Aktien geltend; der beanspruchte Schadensersatz sei nicht nur rechtlich, sondern auch wirtschaftlich etwas anderes als die Einlage. Vgl. hierzu Staub in HoldhMS 1901, 133; Sievers in DJZ 1903, 88; derselbe in Recht 06, 974; Bolze in LZ 07, 1; Hagens das. S. 241; Hachenburg, Recht 07, 225; Heck LZ 08, 917; K. Lehmann in HoldhMS 1912, 195.

b) Das ist nicht überzeugend und der Senat wäre besser bei seiner ursprünglichen Rechtsprechung verblieben.

Hachenburg a. a. O. hat recht, wenn er sagt, das Problem, das sich hier auftut, steckt in dem Rechtsgebilde der eigenen Aktie, in der Gesellschaft, die nicht nur Mitglieder hat, sondern auch selbst Mitglied ihrer selbst sein will. Wissenschaft und Praxis erkennen das Gebilde bei uns an. Aber mit der positiven Zulassung und Anerkennung ist noch nicht der innere Widerspruch beseitigt, der in ihm liegt. Er läßt sich auch logisch nicht überwinden und deshalb muß man sich, wenn man es mit dieser eigenen Aktie der Gesellschaft selbst zu tun hat, in erster Linie darüber klar sein, daß es in der Deduktion mit dem fehlerlosen Syllogismus noch nicht getan ist. Man darf nie das Gekünstelte, was in dem Gebilde liegt, aus den Augen verlieren, muß vielmehr stets den wahren sachlichen, d. h. wirtschaftlichen Zusammenhang im Auge behalten, will man nicht die Stelle verpassen, wo der logische Schluß auf den Irrweg führt. Es ist richtig, daß die ihre eigene Aktie verkaufende A-Gesellschaft mit dem Entgelt Kaufpreis erhält, der Käufer Kaufpreis zahlt. Aber darum ist es doch nicht ebenso, wie wenn ein Aktionär seiner Gesellschaft Waren abkauft oder wie wenn er von der Deutschen Bank eine Aktie des Norddeutschen Lloyd kauft. Es ist ein ganz eigentümlicher Gegenstand, der hier gehandelt wird, eigentümlich nicht in sich, sondern wegen der Persönlichkeit des Verkaufenden. Denn die Aktie in der eigenen Hand der Gesellschaft ist, so lange dieser Zustand dauert, sozusagen tot. Sie führt nur in der Konstruktion ein Dasein, und kommt erst wieder zum Leben, wenn der Zustand endet. Die Gesellschaft, wenn sie die Aktie verkauft, veräußert nicht ein Recht, wie sie es besitzt, sondern ein solches, das sie nun wieder schafft. Die eigene Aktie der Gesellschaft entspricht vollkommen der Eigentümerhypothek. Es darf also nicht übersehen oder für unbeachtlich erklärt werden, daß die Gesellschaft, wenn sie eine von ihr selbst ausgegebene Aktie kauft, dem Verkäufer mit dem Gelde nicht nur den Kaufpreis zahlt, sondern auch die Einlage zurückzahlt, daß sie, wenn sie verkauft, nicht nur den Kaufpreis erhält, sondern mit ihm zugleich die Einlage. Vgl. RG 68, 311; 76 310, wo das in Beziehung auf die Gesellschaft mbH verkannt wird; völlig zutreffend dagegen das im Urteil RG 2, 40 auf S. 42 Gesagte. Deshalb, allein deshalb ist die Gesellschaft auch nicht in der Lage, eine eigene Aktie zu verschenken. Wenn der Vorstand eine solche Aktie verkauft, ist das unter allen Umständen gültig, weil er hierzu die Vertretungsmacht besitzt. Rechtswirksam verschenken könnte er die Aktie selbst dann nicht, wenn die Generalversammlung zustimmt. Die Gesellschaft selbst kann nicht wirksam auf die Einlage verzichten und das täte sie damit, gleichviel auf welchem Wege sie zu der Aktie gekommen ist. Das Reichsgericht muß das Gegenteil annehmen. Die Gesellschaft könnte alle ihre Mittel zusammennehmen, um mit ihnen ihre Aktien aufzukaufen und brauchte sie nicht einmal noch zu verschenken, um ihren Gläubigern das Nachsehen zu lassen. — Daher hat Simon Recht, wenn er in LZ 1913, 16 behauptet, daß man mit diesem blinden Syllogismus aus der Stellung des die eigene Aktie der Gesellschaft kaufenden oder verkaufenden Aktionärs als Drittgläubiger das Verhältnis der Gesellschaftsmitglieder zu den Gesellschaftsgläubigern, wie das Gesetz es meint, im innersten Gefüge trifft. Es muß dabei bleiben, daß es keinen Weg geben darf, auf welchem der Aktionär in die Reihe der Gesellschaftsgläubiger eintritt mit einem Anspruch, welcher Anspruch auf Erstattung der Einlage wenn auch nicht durchaus ist, so doch ihn einschließt.

c) Daher macht es auch keinen Unterschied, ob die Aktie voll eingezahlt ist oder nicht und vor allem kommt auch darauf nichts an, ob die Gesellschaft die eigene Aktie entgeltlich oder unentgeltlich erworben hatte. Im ersteren Falle ist freilich auf die Aktie Einlage schon einmal bezahlt worden. Aber darum nur bedeutet die unentgeltliche Übereignung der Aktie an die Gesellschaft eine Schenkung, d. h. eine Vermehrung ihres Vermögens, weil sie dadurch in die Lage kommt, die Aktie zu verwerten, d. h. die Einlage noch einmal zu erzielen. Wenn es überhaupt richtig ist, daß der Käufer der Aktie mit dem Kaufpreis an die Gesellschaft die Einlage zahlt, dann kann es für das Rechtsverhältnis der Gesellschaft zum Käufer nichts bedeuten, wieviel und ob überhaupt etwas die Gesellschaft für die Aktie hat zahlen müssen, Sievers im Recht 1906, 977. Daher kann auch in diesem Fall der Käufer den Kauf nicht anfechten. Es wäre ja auch ganz unverständlich, wenn von zwei Käufern solcher Aktien nur der eine das Rechtsgeschäft sollte anfechten können, weil ihm gerade diejenige Aktie geliefert worden ist, welche man der Gesellschaft geschenkt hatte. In diesem Punkt abweichend A. Wieland in GZ 67, 1 ff., insbes. 39 ff. — Nur konsequent vom Standpunkt der Rechtsprechung des Reichsgerichts ist es, wenn Staub-Pinner § 215[1] behauptet, es stehe nichts im Wege, daß die Gesellschaft, welche eigene Aktien verkaufe, dem Käufer Gewinne von bestimmter Höhe garantiere. Es muß aber bezweifelt werden, daß die Rechtsprechung so konsequent sein wird. In Wahrheit ist es nur ein Argument mehr gegen die Lehre.

d) Das Reichsgericht hat an dieser Wendung seiner Rechtsprechung seither festgehalten. Die Entscheidung RG 72, 291 steht mit RG 71, 97 nicht in Widerspruch. Nicht deshalb, weil — wie in RG 88, 271 gesagt wird — es sich hier um nicht voll eingezahlte Aktien gehandelt hat. Es ist nicht einzusehen, weshalb das einen Unterschied machen sollte. Sondern darum, weil der Erwerber der Aktien nicht nur diese von einem Dritten gekauft, sondern auch der A-Gesellschaft sich persönlich verpflichtet hatte, die fehlenden 75% der Einlage zu zahlen. Eine Anfechtung des Kaufs der A-Gesellschaft gegenüber kam daher nicht in Frage. Vielleicht hätte der Käufer dem Verkäufer gegenüber anfechten können und vielleicht (s. unten) hätte er, nachdem es geschehen, der an dem Betrug mitschuldigen A-Gesellschaft gegenüber mit Schadensersatzforderungen aufrechnen können. Da er aber noch Aktionär war, kam allerdings nach § 220 Aufrechnung nicht in Frage. Es ist nur die der Rechtslage nicht voll gerecht werdende Begründung, welche mit dem von demselben Senat in RG 71, 97 Ausgesprochenen nicht im Einklang steht. In RG 88, 271 ist dem Aktionär, welcher durch den zwecks Zulassung zum Börsenhandel ausgegebenen Prospekt getäuscht, von der Gesellschaft selbst die Aktien gekauft hatte, der Anspruch auf Schadensersatz zugesprochen. Ausdrücklich ist erkannt, daß das auch dann gelten soll, wenn die A-Gesellschaft sich im Konkurs befindet. Es könnte also dahin kommen, daß annähernd die ganze Zahl der Aktionäre als Konkursgläubiger zu gleichen Rechten mit den Gläubigern der A-Gesellschaft zum Zuge kommt, was man nur als unerträglich empfinden kann.

Breit bekämpft in GZ 76, 415 ff. ebenfalls die Rechtsprechung des Reichsgerichts, aber mit anderen Gründen und daher auch mit anderem Ergebnis. Nach ihm ergebe sich im Gesetz nur, daß im Interesse der Gläubiger der Gesellschaft das Grundkapital nicht angegriffen werden dürfe; dabei, daß die Zeichnung von Aktien unanfechtbar ist, müsse es bleiben. Ansprüche auf Schadensersatz wegen arglistiger Täuschung usw. stünden dagegen sowohl dem ersten Nehmer der Aktie als auch dem Rechtsnachfolger im Besitz der Aktie zu; nur dürfe das Grundkapital nicht darum gemindert werden. Vgl. hierzu Flechtheim in JW 1916, 937. Das hat RG 88, 189 mit einer Begründung abgelehnt, die auffällt: es müsse das an der Undurchführbarkeit des Gedankens scheitern. Aber warum sollte bei der A-Gesellschaft unausführbar sein, was bei der Gesellschaft mbH das Gesetz selbst bestimmt hat. Denn was Breit vorschlägt, ist ja gerade der Schutz, wie er im GGmbH geregelt worden ist. Breits Gedanke scheitert einfach daran, daß er das Gegenteil von dem ist, was das Gesetz positiv bestimmt hat.

e) Stehen dem Aktionär Anfechtung und Ersatzanspruch nicht zu, so wird daran auch dadurch nichts geändert, daß die Gesellschaft in Liquidation tritt. Nach Wieland a. a. O. S. 37 f. käme er mit seinem Anspruch nach Befriedigung der Gläubiger vorab zur Befriedigung. So ist es bei der Gesellschaft mbH, vorausgesetzt, daß nach Befriedigung aller Gläubiger noch ein Überschuß über das Stammkapital da ist. Bei der A-Gesellschaft müßte letztere Voraussetzung fortfallen und es wäre grundlos, nach Befriedigung der Gläubiger den einen Aktionär vor den übrigen zu bevorzugen, welche an dem schadenstiftenden Vorkommnis nicht im geringsten beteiligt gewesen sind.

f) Zuzugeben ist, daß ein erhebliches Bedenken gegen die hier vertretene Auffassung aus dem § 226 erwächst, wo der Ankauf eigener Aktien durch die Gesellschaft, also nach dem Gesagten die Auszahlung der Einlage, zwar im allgemeinen untersagt wird, aber in einer Weise, welche ergibt, daß an und für sich das Rechtsgeschäft wirksam sein soll. Das Verbot ist als Sollvorschrift gefaßt. Man stößt hier auf denselben Widerspruch, der im Gesetz GmbH zwischen den §§ 30 I und 35 II besteht und Schwierigkeit bereitet. Die Gesellschaft mbH darf an Mitglieder aus dem Stammkapital Geld nicht zahlen und doch soll der Ankauf eines eigenen Geschäftsanteils aus Mitteln des Stammkapitals zwar untersagt, aber keineswegs nichtig sein. Es ist eine unausgetragene Frage, wie dort der Widerspruch aufzulösen ist; Brodmann GGmbH § 33 Erl 3. Hier bei der A-Gesellschaft lautet die Vorschrift doch wesentlich enger und man sieht leicht, daß es sich hier um eine ziemlich scharf begrenzte, aus Opportunitätsgründen zugelassene Ausnahme handelt. Man hat das Kommissionsgeschäft der Banken freigeben wollen und im übrigen die Mußvorschrift, die am Platze gewesen wäre oder vielmehr aus dem Gesetz sich ergab, nur aus rechtspolitischem Grunde in eine Sollvorschrift gewandelt. Man sieht hier — nebenbei gesagt — wie doppelt kurzsichtig es gewesen ist, als man in § 33 II GGmbH — offenbar ein Anhalt an § 226 HGB (Art 215 d) — das Verbot ebenfalls als Sollvorschrift gefaßt hat. Das Motiv, den Verkehr, also namentlich den Börsenhandel mit Aktien zu erleichtern, hätte bei der bekannten Tendenz der GGmbH dort in die entgegengesetzte Richtung führen müssen. Man hätte gut getan, bei der Gesellschaft mbH den entgeltlichen Erwerb eines eigenen Geschäftsanteils schlechthin zu verbieten, bei der A-Gesellschaft die Ausnahme von dem gleichen Verbot auf den Ankauf für fremde Rechnung zu beschränken. Auf keinen Fall aber darf man aus diesem § 226 Folgerung über das Gebiet dessen, was er bestimmt, hinaus ziehen. S. Erl zu § 226. In den obigen Erörterungen handelt es sich nicht um den Ankauf eigener Aktien sondern um den Verkauf solcher und dessen Anfechtung.

g) Alles bisher Gesagte hat nur das Verhältnis der A-Gesellschaft zum Aktionär im Auge. Ansprüche Dritter gegen die Gesellschaft unterliegen keiner Beschränkung. Hat der Käufer der Aktien sich mit Wissen der A-Gesellschaft das zur Bezahlung erforderliche Geld von einer Bank unter Verpfändung dieser Aktien geliehen, so hat die Bank gegen die Gesellschaft Anspruch auf Schadensersatz, wenn diese betrügerisch über den Wert der Aktien getäuscht hat RG 18, 116. — Man wird auch annehmen dürfen, daß der Aktionär selbst der Gesellschaft gegenüber so lange den Kauf anfechten kann, als es von beiden Seiten noch nicht zu einer Leistung gekommen ist. Ist aber der Käufer nicht Aktionär geworden, m. a. W. ist der Kauf nicht nur anfechtbar, sondern von Anfang an nichtig, dann komme § 213, § 221 überhaupt nicht zur Anwendung. A. A. Sievers im Recht 1906, 974. Dagegen Hagens in LZ 1907, 249, dessen Widerspruch aber wiederum zu weit geht. Das Gesagte gilt eben nur von der Nichtigkeit, nicht von der Anfechtbarkeit. In dem von Sievers berichteten Fall war die Annahme des Gerichts verfehlt, daß wegen Nichtigkeit der Gewinngarantie das Rechtsgeschäft im ganzen nichtig sei. Vgl. RG 73, 431; muß man das aber gelten lassen, dann ist nicht einzusehen, warum der Käufer der Aktien den gezahlten Preis nicht sollte kondizieren können. Vgl. hierzu auch A. Wieland a. a. O. 48 ff.

4. Etwas anderes ist es, daß ein Gläubiger des Aktionärs, der eine Sache in die Gesellschaft eingebracht hat, der A-Gesellschaft gegenüber dieses Rechtsgeschäft als zum Nachteil der Gläubiger des Aktionärs geschlossen anficht. Dem stehen aktienrechtliche Bestimmungen nicht im Wege, RG 24, 21. Auch die Frage nach der conscientia fraudis auf Seiten der A-Gesellschaft bietet der Konstruktion keine spezifische Schwierigkeit, wenn es sich um Sacheinlage gelegentlich einer Erhöhung des Grundkapitals handelt. Anders aber bei der Gründung der A-Gesellschaft, wo also das beanstandete Rechtsgeschäft zu einer Zeit geschlossen wird, wo die A-Gesellschaft noch nicht besteht. Kann man die conscientia der Gründer der A-Gesellschaft zurechnen? Es befriedigt nicht, wenn RG a. a. O. es mit der Begründung bejaht, daß die Gesellschaft das Vermögensstück erhält, belastet mit den Verpflichtungen, welche darauf beim Vertragsschluß lagen. Hier wird übersehen, daß der Anfechtungsanspruch, der gegen den Rechtsnachfolger gerichtet wird, seine selbständigen Voraussetzungen hat. AnfGes § 11 II. Bestünde keine Rechtsnachfolge, sondern Identität zwischen A-Gesellschaft und voraufgegangener Gründergesellschaft, wie das das Reichsgericht mehrfach ausgesprochen hat (vgl. Erl 1 a zu § 200), dann läge diese spezifische Schwierigkeit überhaupt nicht vor. In Wahrheit liegt es wohl so, daß auch beim Vertrag zu Gunsten eines Dritten die conscientia der den Vertrag zu Gunsten des Dritten abschließenden Partei das Entscheidende ist. Vgl. auch RG 74, 16; JW 1910, 762[35].

5. a) Was den Anspruch des Gesellschafters auf den Reingewinn angeht, so ist zu unterscheiden zwischen dem allgemeinen Recht des Aktionärs auf Beteiligung am Gewinn des Unternehmens und dem alljährlich erwachsenden Anspruch auf die festgesetzte Dividende. Dieser Anspruch ist Ausfluß jener allgemeinen Berechtigung. Letztere ist unlöslich mit der Aktie verbunden, der Anspruch auf die Dividende kann abgetreten werden, auch schon im voraus als künftig entstehender, und die Abtretung künftiger Dividenden kann bestimmt bezeichnete Jahresgewinne zum Gegenstand haben, kann aber auch so gemeint sein, daß bis auf weiteres die kommenden Ansprüche abgetreten sein sollen. Vgl. RG 98, 319.

Die rechtliche Natur des Anspruchs auf die Dividende ist bestritten. Unzweifelhaft entsteht mit dem Verteilungsbeschluß der Generalversammlung (§ 260) ein selbständiges Gläubigerrecht des Aktionärs gegen die A-Gesellschaft, RG 22, 113. Der Anspruch auf die Dividende entsteht als obligatorischer Anspruch gegen die Gesellschaft, wenn die Dividende statutenmäßig festgestellt ist; dann sind mit dem Anspruch auf den Betrag auch die Modalitäten der Zahlung (Ort, Zeit, Währung) unantastbares Gläubigerrecht geworden. Einem dieses Recht verletzenden Beschluß der Generalversammlung gegenüber ist der Aktionär nicht auf die Anfechtungsklage angewiesen mit ihren Formalien, er kann vielmehr auf Zahlung der Dividende klagen, RG 37, 64; 87, 186. Damit ist aber noch nicht gesagt, daß der Anspruch auf die festgestellte Dividende nicht nur Gläubigerrecht, sondern — wie ziemlich allgemein angenommen wird — Drittgläubigerrecht sei.

Die hiergegen geltend gemachten Bedenken sind nicht unberechtigt. Der Geschäftsbetrieb der Gesellschaft setzt sich zusammen aus einer großen Zahl von mannigfaltigen bald erheblichen, bald unerheblichen oder minder erheblichen Einzelunternehmungen und Geschäften, nebeneinander und nacheinander, welche jedes für sich oder auch wieder in Zusammenhang mit anderen entweder Kosten und Verlust verursachen oder Ersatz und Gewinn einbringen. Ob das Ganze Gewinn bringt und wieviel, oder Verlust, läßt sich eigentlich erst sagen, wenn das Unternehmen überhaupt beendet und abgewickelt ist. Darauf will man und kann man nicht warten und deshalb werden — eigentlich gegen die Natur der Sache, jedenfalls aber willkürlich, konventionell und rein rechnungsmäßig — Einschnitte gemacht, es werden Perioden eingeführt, an deren Ende jedesmal in Gedanken Halt gemacht wird. Regelmäßig nach Ablauf eines Jahres wird der Status aufgenommen, die Bilanz gezogen. Es werden, soweit die Einzelgeschäfte zu einem Abschluß gekommen sind und je nachdem Gewinn oder Verlust gebracht haben, das eine gegen das andere verrechnet und so ein Jahresergebnis festgestellt, indem das Unerledigte dem folgenden Jahr überliefert bleibt. Für den Einzelkaufmann hat das keine materielle Bedeutung. Er erfährt gleichermaßen Gewinn oder Verlust, gleichviel, wann und ob er einen Abschluß macht. Desto bedeutsamer, auch in materieller Beziehung, ist es für Gesellschaften, namentlich für solche von juristischer Persönlichkeit. Hier erwirbt mit dem Jahresschluß der einzelne Gesellschafter das unentziehbare Recht auf das in der geschilderten Weise festgestellte Jahresergebnis, das durch die Ergebnisse im folgenden Jahre in keiner Weise mehr berührt wird. Mit dem Ablauf des Jahres und mit der anschließenden Feststellung jenes Ergebnisses, mit der Genehmigung der Jahresbilanz usw. wird der erzielte Gewinn gefeit gegen spätere Verluste und der Anspruch auf ihn trennt sich vom weiteren Schicksal der Gesellschaft. Er ist gefeit namentlich auch gegen fernere Beschlüsse der Generalversammlung. Er ist ein selbständiges Gläubigerrecht geworden.

Daher hat es eine wesentliche sachliche Bedeutung, daß nach allgemeiner Übung, nach Gewohnheits- und mannigfach zum Ausdruck gekommenem Gesetzesrecht diese Periode ein Jahr, das Geschäftsjahr ist. Auszahlungen von Abschlagsdividenden nach Ablauf des ersten Semesters des Jahres auf Grund summarischer Aufstellung oder Schätzung kommen vor, können aber immer nur als vorläufige Zahlungen gelten, welche unter Umständen ganz oder teilweise rückgängig gemacht werden müssen (RG 85, 43; 107, 168; Karger in ZAktW 1925, 222; a. A. Hachenburg und Flechtheim in BankArch 24, 28; Goldschmit AG § 215[4]; etwas anderes ist es, wenn die Jahresdividende zur Hälfte erst nach Ablauf des Semesters zur Auszahlung kommt, worauf der einzelne Aktionär sich nur einlassen muß, wenn es im Statut bestimmt ist. Vgl. auch Solmssen in BankArch 26, 29). Auf guten Glauben des Empfängers (§ 217 Satz 2) kommt hierbei nichts an. Die herrschende Lehre erklärt Abschlagdividende schlechthin für unzulässig, Staub-Pinner § 215[2]. — Im Beginn des Unternehmens kann die Periode einmal verkürzt werden, um auf das Kalenderjahr oder welches das Geschäftsjahr werden soll, zu kommen und dabei mit dem in § 39 II HGB Bestimmten in Einklang zu bleiben, OLG 7, 7; 4, 463; KGJ 53, 99. Aber auch dann ist vor Ablauf von mindestens einem Jahre ein Abschluß zum Zweck der Gewinnverteilung oder Feststellung eines endgültigen Gewinnes gesetzlich unzulässig (anders RG in Recht 09, 3283; GZ 37, 551[100], (Hamburg); vgl. Staub-Pinner § 215[3] und die dortigen Zitate). Nicht recht verständlich ist die Entscheidung Ring II, 230 Nr. 51; was der Registerrichter verfügt hat und OLG Hamburg billigt, wird nicht berichtet; eine Bilanz auf den Schluß des bisherigen Geschäftsjahres hätte auch dann aufgestellt werden müssen, wenn der Beschluß der Generalversammlung, das Geschäftsjahr zu verlegen, vor Ende des laufenden Geschäftsjahres in das Handelsregister eingetragen und damit rechtswirksam geworden wäre. Nur eine scheinbare Ausnahme ist es, wenn die Gesellschaft, indem sie in das Leben tritt, ein in Gang befindliches Geschäft übernimmt und dessen Geschäftsjahr beibehält. Auch hier ist das Ergebnis des ersten Abschlusses, wenn auch seit Gründung der Gesellschaft noch kein volles Jahr verstrichen ist, das Ergebnis eines vollen — von der Gesellschaft auf ihre Rechnung übernommenen und zu Ende geführten Jahresbetriebes. Die Gesellschaft ist nicht genötigt, so zu rechnen. Ohnehin muß auf den Tag des Beginnes ihres Betriebes die Eröffnungsbilanz aufgestellt werden und daher kann ein im bisherigen Teil des laufenden Jahres erzielter Gewinn zum Betriebskapital geschlagen werden. — Der Ausgangspunkt dieser Ausführungen dürfte nicht zu beanstanden sein. Dagegen sind die hier daraus gezogenen Folgerungen nichts weniger als allgemein anerkannt. Überwiegend wird bei dieser Frage nur der eine Gesichtspunkt beachtet, daß die Frist zwischen Bilanz und Bilanz aus allgemeinem rechtspolizeilichem Grunde auf keinen Fall länger als ein Jahr sein darf und zwar trifft dieser Grund genau besehen nur den Bücherabschluß. Gewinnverteilung und -auszahlung könnte von Rechtspolizei wegen gern auch in 2-jährigen und längeren Perioden erfolgen. Der mindestens ebenso wichtige Grund gegen eine Verkürzung wird teils übersehen, teils geradezu verkannt, Lehmann-Ring 215[3], § 260[2], Makower § 260 II; Goldmann § 260[4]; Brand § 215[2c]; Ritter § 215[4]; GZ 37, 551 (Hamburg). Wie hier Behrend § 133[24], Staub-Pinner § 215[3]. — Verschieden von der handels- und zivilrechtlichen Seite der Sache ist die steuerrechtliche ,RFH 2 197; 4, 113; 6 210; jetzt KörpSteuerGes vom 10. 8. 25

(RGBl S. 206) § 12 III. IV, § 18. S. auch § 260 Erl 3 c. Zutreffend Ring II 321 (Hamburg): Durch Statutenänderung kann das Geschäftsjahr verlegt werden, aber nicht mit rückwirkender Kraft.

b) Wichtiger als dieses ist nun aber die Frage nach der rechtlichen Natur des Anspruchs auf die festgestellte Dividende. Daß er ein selbständiges Gläubigerrecht ist, wurde schon gesagt. Wenn Rechtsprechung und Doktrin weiter gehen und — fast ohne Widerspruch — sich darin einig sind, daß es sich um ein Drittgläubigerrecht handle, so ist das sicherlich nicht richtig. Denn was heißt Drittgläubigerrecht? Der Aktionär steht mit seiner Gesellschaft in einem dauernden Verhältnisse, in dem gesellschaftsrechtlichen, genauer gesprochen, in dem aktienrechtlichen Verhältnis. Als Drittgläubiger, wenn man mit dem Wort einen klaren Begriff verbinden will, kann er nur auf Grund eines anderen, hierzu hinzutretenden Verhältnisses, auf Grund eines Kaufvertrages etwa, eines Darlehens, Mietvertrages, bezeichnet werden. Der Anspruch auf die Dividende ist auch nach ihrer Feststellung kein abstrakter. Er hat und behält seinen Rechtsgrund in dem Gesellschaftsverhältnis (widerspruchsvoll Behrend § 188 Text und Note 16). Das hindert nicht, daß er durch rechtsgültigen Verteilungsbeschluß zu einem unentziehbaren Gläubigerrecht wird, namentlich also weiteren Beschlüssen der Generalversammlung nicht mehr ausgesetzt ist; ROHG 9, 275; 19, 141; vgl. ROHG 23, 172. Wenn aber ROHG 18, 153 angenommen hat, daß der Aktionär mit diesem Anspruch im Konkurs der A-Gesellschaft Konkursgläubiger sei, so ist das mit Recht von Neukamp und Aronius bekämpft worden. Denn die Zahlung der Dividende ist und bleibt Zahlung aus dem Gesellschaftsvermögen an den Gesellschafter als solchen (oder seinen Rechtsnachfolger), die im Konkurs erst zulässig wäre, nachdem die Gläubiger der Gesellschaft befriedigt worden sind. Der Anspruch müßte an einer Stelle zum Zuge kommen, welche es nach der KonkO garnicht gibt, welche man in §§ 61 ff. KO vergeblich sucht. Die A-Gesellschaft kann die Zahlung der Dividende nicht deshalb ablehnen, weil das folgende (laufende) Jahr Verluste gebracht hat. Aber darum muß der Anspruch nicht Drittgläubigerrecht sein. Es folgt das aus dem — vom positiven Recht anerkannten, oben gekennzeichneten — Rechtsinstitute des Jahresgewinnes (es ist irrig, es daraus ableiten zu wollen, daß der Aktionär zu weiteren als der zugesagten Einlage nicht verpflichtet sei). Vgl. auch ROHG 19, 141 a. E. Wie hier Aronius in GZ 40, 128[12]. Aus dem von ROHG a. a. O. 155 betonten Moment, daß festgestellte Dividende ihre rechtliche Natur nicht dadurch ändert, daß sie nicht erhoben wird, folgt gerade, daß der Anspruch auf sie mit Konkursgläubigern nicht konkurrieren kann. Man stelle sich nur einmal den — in Gedanken jedenfalls möglichen — Fall vor, daß andere Schulden nicht existieren und die A-Gesellschaft wegen der Ansprüche auf die Dividende ihre Zahlungen einstellen muß. Dagegen kann außerhalb des Konkurses die A-Gesellschaft die Auszahlung der Dividende nicht damit ablehnen, daß die Zahlung nur auf Kosten des Grundkapitals geschehen könnte, wie Aronius (a. a. O. S. 123) meint (ein Fall, der eintreten kann, wenn die Gesellschaft nach Jahresschluß oder Jahresabschluß und vor Auszahlung der Dividende erhebliche Verluste erleidet). So ist es bei der Gesellschaft mbH, aber nicht hier. Eine Vorschrift wie § 31 GGmbH besteht hier nicht, und die Auszahlung von Dividende, also geschuldeten Gewinnes ist niemals Rückzahlung von Einlage. Wie hier Neukamp-Becker GGmbH § 29² b. Weiter noch geht Sievers DJZ 03, 88, der auch Ersatzansprüche, welche Aktionären aus unerlaubter Handlung von Vorstandsmitgliedern gemäß § 314 I Z. 1, BGB § 31 gegen die A-Gesellschaft zustehen, von der Teilnahme an der Konkursmasse ausschließen will. Solche Ansprüche, soweit sie überhaupt bestehen (vgl. oben Erl 3 a, RG 77, 13) sind Drittgläubigerrechte. Das von der Dividende Gesagte muß auch von Bauzinsen gelten, soweit solche bis zur Eröffnung des Konkurses aufgelaufen waren. Auch der Anspruch auf sie soll nach der herrschenden Ansicht Drittgläubigerrecht sein Staub-Pinner § 215[7]. Dagegen sind Genußscheininhaber nicht Gesellschafter und können daher rückständige Gewinnquoten zum Konkurse der Gesellschaft anmelden. In Übereinstimmung mit der herrschenden Lehre Jaeger KO § 207, 208[18]; Behrend § 142[14]. — Der Aktionär hat Anspruch auf den Betrag, welcher sich auf Grund einer dem Gesetz und dem Statut entsprechenden Bilanz ergibt; die Generalversammlung verletzt diesen Anspruch nicht dadurch, daß sie einen auf Irrtum zurückzuführenden Fehler der Bilanz richtig zu stellen beschließt. Hiergegen ist der Aktionär nur insoweit tatsächlich geschützt, als die Dividende ihm bereits ausgezahlt worden ist und er sie in gutem Glauben entgegengenommen hat, Horrwitz, Generalversammlung § 81; RH 18, 156. Vgl. auch ROHG 23, 172; RG 13, 25; 32, 91. — Eine Klage eines oder mehrerer Aktionäre gegen die Gesellschaft, daß Bilanz und Dividende festgestellt werden, ist undenkbar (a. A. Makower § 264 I, Fischer in Ehrenbergs HH III 1, S. 292; Alexander, Sonderrechte S. 133 ff; Lehmann-Ring, §§ 213[4], 260[3]). Das ist garnicht Verpflichtung der „A-Gesellschaft". Ersteres ist Aufgabe des Vorstandes, des Aufsichtsrats, der Generalversammlung, letzteres Aufgabe der Generalversammlung. Der Aktionär müßte also seine Klage schon gegen die Organe der Gesellschaft richten, die garnicht parteifähig sind. Ganz wilden Gedankengängen begegnet man hier. So soll es sich um die nach § 894 ZPO vollstreckbare Verurteilung zur Abgabe einer Willenserklärung handeln. Wie hier Staub-Pinner § 260[3].

c) Besondere Rechtsfragen treten auf, wenn, was die Regel bildet, mit der Aktienurkunde Dividendenscheine ausgegeben werden. So üblich das auch ist, so besteht doch ein Anspruch des Aktionärs, daß es geschieht, nicht, auch nicht, wenn früher solche Scheine ausgegeben waren; LZ 1917, 1103 (Hamburg). Wo es nicht geschehen ist, ist zur Erhebung der Dividende legitimiert, wer sich als Aktionär ausweisen kann, also bei Inhaberaktien der Inhaber, bei Namenaktien der im Aktienbuch eingetragene Berechtigte. Die Dividendenscheine pflegen auf den Inhaber ausgestellt zu werden, im voraus in Reihen, ein jeder lautend auf die Gewinnrate eines Jahres; RG 77, 335: „Der Gewinnanteilschein ist in der Regel ein Inhaberpapier in weiterem Sinn, derart, daß das Recht auf den in ihm verbrieften Gewinnanteil durch Übergabe des Scheins übertragen wird; er ist selbständig, auch ohne die Aktie veräußerlich; er gilt bei Verpfändung der Aktie nicht ohne weiteres als mitverpfändet, sondern nur, wenn er mit übergeben wird (§ 1296 BGB); er ist der Träger des Gewinnanteilrechts." RG 4, 141; Sänger in HoldhMS 18, 179; Behrend Lehrbuch § 117[29]. Anders Simon in HoldhMS 11, 218 ff. Der staatlichen Genehmigung (§ 795 BGB) bedarf die Ausgabe nicht, weil er nicht auf eine bestimmte Geldsumme lautet. Gesellschaftliche Rechte außer dem Gewinnanspruch erwirbt der Dividendenscheininhaber nicht; ROHG 9, 273. Er hat in keiner Weise das Recht, sich in die Geschäfte der Gesellschaft einzumischen RG 14, 170; 15, 99; Bolze 2, 1118; vgl. auch RG 98, 320. Er ist auf den Anspruch angewiesen, wie die Gesellschaft ihn feststellt. RG 22, 113: Der Dividendenschein begründet kein weiteres Recht als dem Aktionär selbst zusteht, sodaß eine Statutenänderung gegenüber dem Recht aus dem Schein auch dann maßgeblich ist, wenn dieser zur Zeit der Änderung sich nicht mehr in der Hand des Aktionärs befand. Wird bei der Genehmigung der Bilanz gegen Gesetz oder Statut verfahren, so steht ein Anfechtungsrecht dem Inhaber des Dividendenscheins nicht zu, wohl aber, trotz Abtretung des Anspruches dem Aktionär, ROHG 9, 273; RG 15, 97; Bauer 20, 108 (Hamburg). Ist der Beschluß nichtig, so ist der Inhaber des Dividendenscheines vollends hilflos. Die Gesellschaft hat ihm gegenüber ebenso wie dem Aktionär gegenüber freie Hand, den Beschluß, sofern er auf einem Rechtsverstoß beruht, zu korrigieren. Sie kann die aktienrechtlichen Einwendungen, welche ihr gegen den Aktionär zustehen, auch gegen den Inhaber des Dividendenscheines geltend machen. Auf solche muß dieser nach dem Inhalt des Scheins gefaßt sein. Sie kann daher auch mit einem Anspruch gegen den Aktionär aufrechnen, es sei denn, daß dieser erst entstanden ist, nachdem sie Kenntnis von der Veräußerung des Dividendenscheines erlangt hatte, oder daß er zwar vorher entstanden, aber erst nachher und auch später als der Anspruch auf die Dividende fällig geworden ist, ROHG 18, 156.

Die mit der Aktie ausgegebenen Dividendenscheine sind deren Zubehör, wenn auch nicht im Sinne des § 97 BGB (wo ein räumliches Verhältnis für erforderlich erklärt wird), so doch im Sinn von § 314 BGB. Die vom Inhaber der Aktie eingegangene Verpflichtung zu deren Übereignung erstreckt sich im Zweifel auch auf die Dividendenscheine und den Talon; ob auch auf den einen laufenden Dividendenschein, hängt von den Umständen, namentlich auch von den Börsenusancen ab; Staub-Pinner § 213[15]. S. auch § 1296 BGB. Die Verfügung erfordert die Übergabe des Papiers. Zu dem Fall, daß bei Übergabe von Aktien nebst Gewinnanteilscheinen Verwechslungen stattfinden, die Gewinnanteilscheine nicht zu den Aktien passen, s. RG 77, 333. Es ist nicht ausgeschlossen, daß Veräußerung, namentlich aber auch Verpfändung sich nur auf das eine oder das andere, die Aktie oder die Dividendenscheine oder auf die Aktie und eine beschränkte Zahl von Dividendenscheinen erstrecken soll, RG 23, 268. Wegen abhanden gekommener und vernichteter Dividendenscheine s. § 228 II, ferner BGB §§ 799 I 2, 804. Sperre der Ausgabe neuer Scheine ZPO § 1019 — Verjährung und Vorlegungsfrist BGB § 801 II. Sind Dividendenscheine nicht ausgegeben worden, so verjährt der Gewinnanspruch in 30 Jahren, § 197 BGB ist nicht anwendbar.

Die rechtliche Natur des Gewinnanteilscheines auf den Inhaber ist die gleiche, mag die Aktie auf den Inhaber lauten oder auf den Namen. A. A. Makower § 213 II c 4. — Der Besitz eines Dividendenscheines begründet gegen den Besitzer nicht einen Gerichtsstand des Vermögens am Sitz der Gesellschaft. Inhaberpapiere überhaupt begründen diesen Gerichtsstand nur da, wo sie sich befinden, JW 1904, 64[27].

d) Der Talon, wenn auch auf den Inhaber lautend, ist weder Träger einer von der Hauptschuld abgelösten Obligation noch ein zum Umlauf bestimmtes Wertpapier, dient vielmehr nur dazu, beim Bezuge von neu ausgegebenen Dividendenscheinen die Vorlegung der Aktie selbst zu ersparen; er ist Legitimationspapier, dessen Bedeutung lediglich in der vorläufigen Annahme besteht, daß sein Inhaber auch zugleich der Inhaber des Hauptpapiers selbst oder doch von diesem zur Erhebung des Dividendenbogens ermächtigt ist, RG 3, 154; die Gesellschaft kann dem Inhaber die neuen Gewinnanteilscheine nebst neuem Talon aushändigen, sie kann aber auch vom Inhaber weitere Nachweise seiner Berechtigung fordern. S. § 230. Der Talon kann nicht (selbständig) Gegenstand einer Verpfändung sein; ROHG 10, 318; 17, 31; RG 4, 141; 74, 341. Er verleiht dem Aktionär nicht das unentziehbare Recht, Zins- oder Gewinnanteilscheine des gleichen Inhalts wie die früheren zu fordern; RG 14, 162; 31, 147. Lehnt die Gesellschaft die Ausgabe neuer Gewinnanteilscheine rechtswidrig ab, so kann ohne Vorlegung eines Scheines Auszahlung des Gewinns gefordert werden; RG eod. — Der Talon ist in demselben Sinne Zubehör der Aktie, wie die Gewinnanteilscheine (s. oben) es sind; Staub-Pinner § 213[14].

6. a) Die Aktionäre haben Anspruch auf den Reingewinn. Das heißt nicht (vgl. Makower § 213 II a), daß den Aktionären insgesamt der Anspruch auf den Reingewinn als Ganzes zusteht. Es heißt vielmehr (und ist auch niemals mißverstanden worden), daß jeder einzelne Aktionär Anspruch auf den Reingewinn, d. h. auf die auf ihn entfallende Quote desselben hat. Die Fassung des Gesetzes erklärt sich daraus, daß der Gesetzgeber an dieser Stelle darüber nichts hat sagen wollen, wie die Verteilung unter die Aktionäre sich gestaltet. Es ist nicht ausgeschlossen, daß die A-Gesellschaft überhaupt nicht auf Gewinnbezug oder auf Gewinnbezug der Aktionäre angelegt ist. Ferner kann im Verteilungsschlüssel ein Teil der Aktionäre vor den anderen bevorzugt sein, auch so, daß bei unzureichendem Ergebnis die zurückgesetzte Gattung leer ausgeht. Aber es kann nicht bestimmt werden, daß gewisse Aktien im Gegensatz zu den anderen überhaupt nicht am Gewinn beteiligt sein sollen (bestr.). Wer so Geld gibt, übt eine Liberalität aus oder er gibt ein unverzinsliches Darlehen oder dgl. Aber er ist nicht Aktionär, auch nicht, wenn er fälschlich so bezeichnet wird, Stimmrecht könnte ihm rechtswirksam nicht beigelegt werden. Daher kann richtiger Ansicht nach die Vereinbarung zweier A-Gesellschaften, wonach sie gegenseitig mit 25% eingezahlte dividendenlose, aber stimmberechtigte Aktien austauschen, was bei gleicher Anzahl ihnen nicht einmal etwas kostet, nicht zum Ziele führen; Bauer 29, 67.

b) Dagegen können am Reingewinn sehr wohl auch andere Personen als die Aktionäre teilhaben. Ganz regelmäßig haben die Mitglieder des Aufsichtsrat, oft die Mitglieder des Vorstandes den Anspruch auf einen Teil des Reingewinns (Tantieme), OLG 28, 181. Auch in anderer Weise kann die Gesellschaft Dritte an ihrem Reingewinn beteiligen, z. B. den Staat oder die Gemeinde LZ 1912, 781[3] (Düsseldorf). Es kann ein Dritter sich als stiller Gesellschafter an dem Unternehmen der A-Gesellschaft beteiligen. Aber alles das kann nicht geschehen, ohne daß es im Statut — dem ursprünglichen oder nachträglich geänderten — bestimmt ist. Trotz seiner uneingeschränkten Vertretungsmacht kann der Vorstand einem Dritten ein Recht auf solche Beteiligung nicht ausbedingen. Damit verhält es sich auch nicht etwa deswegen anders, weil, nachdem der Vertrag gültig zustande gekommen ist, die Gewinnquote des Außenseiters nicht als Gewinn der Gesellschaft zu versteuern ist. Vgl. RFH in JW 1921, 914[1], wo ausgesprochen wird, daß steuerrechtlich die auf den stillen Gesellschafter entfallende Gewinnquote den steuerpflichtigen Gewinn der Gesellschaft mbH entsprechend mindert, weil ebenso wie bezüglich der Tantieme des Vorstandes am Bilanzstichtage ein Rechtsanspruch auf die Quote am Gewinn der Gesellschaft besteht, dessen Einstellung unter die Passiva nur deshalb unterbleiben müsse, weil seine Höhe vom Ergebnis der Bilanz abhänge (richtiger wohl, weil er überhaupt nur besteht, wenn ein Gewinn erzielt wird RG 81, 22). S. ferner den Fall RFH 3, 59, wo in der juristischen Einkleidung der Sachverhalt auf den Kopf gestellt erscheint, der Dritte, der stille Gesellschafter zum Unternehmer, die Gesellschaft mbH zum Bezieher der festen Rente von 5% des Stammkapitals wird. Der ganze Vertrag war nichtig, weil es an der unbedingt erforderlichen Statutenänderung fehlte, und es ist ganz ausgeschlossen, daß bei einer A-Gesellschaft der Vorstand ihn hätte kraft seiner gesetzlichen Vertretungsmacht schließen können. — Auch vom partiarischen Darlehen muß das gelten. Denn auch bei ihm wird über eine Quote des Reingewinns verfügt; Bondi in DJZ 1914, 912. In RG 99, 233 wird über die in dieser Richtung sich geltend machenden Bedenken stillschweigend hinweggegangen. — Tantiemen nachgeordneter Angestellter, zumal, wenn sie sich in bescheidenen Grenzen halten, sind wie die Gehälter als Geschäftsunkosten anzusehen; a. A. RG 91, 319 (s. Erl 1[e] zu § 237). — Eine verwandte Frage ist, ob der Vorstand namens der Gesellschaft gegenüber einem Dritten die Verpflichtung eingehen kann, vom Reingewinn nicht über einen bestimmten Satz, z. B. nicht über 6% des Grundkapitals zu verteilen. Was RG 83, 378 hierzu ausführt, erscheint nicht durchweg annehmbar. S. auch § 235 Erl 2 a. Man kann hier nicht zwischen Innen- und Außenverhältnis unterscheiden und das Bedenken, daß dem Dritten kein Mittel zur Verfügung steht, die Generalversammlung zu der entsprechenden Beschlußfassung zu zwingen, damit erledigen, daß ihm das Recht auf Schadensersatz oder Kündigung (Zurückziehung der Konzession) verbleibt. Vorweg steht doch zur Entscheidung, ob der Vertrag nicht wegen seines rechtlich undurchführbaren Inhalts nichtig ist. Kraft zwingenden Rechts ist die Verteilung des Gewinnes in die Hand des einen Organes der A-Gesellschaft gelegt. Dem kann nicht das andere Organ durch Vertrag mit einem Dritten vorgreifen. Es mag sein, obwohl auch das zweifelhaft ist, daß Mitglieder des Vorstandes sich persönlich verpflichten können, in bestimmter Weise nach innen tätig zu werden, ihren Einfluß dort auszuüben. S. RG a. a. O. S. 382 und die dortigen Zitate. Aber schon das Organ, den Vorstand als solchen verpflichten sie damit nicht (man denke an einen Wechsel der Personen), und noch weniger ein anderes Organ. Sie können auch mit ihrer Vertretungsmacht nicht fertig bringen, die A-Gesellschaft zu einem Akt zu verpflichten, der nach zwingendem Recht eben in der Hand der A-Gesellschaft garnicht liegt, sondern ausschließlich in der Hand eines ihrer Organe. Oder anders ausgedrückt: Will man in dieser Beziehung etwas erreichen, so müßte man diejenigen binden, welche darüber zu bestimmen haben, die Aktionäre. So weit reicht aber die Macht des Vorstandes nicht, das kann nur durch das Statut und Statutenänderung geschehen. So mit Recht Bondi a. a. O.; a. A. Staub-Pinner § 213[8]. Vgl. LZ 1912, 781[2] (Düsseldorf). Richtig ist, daß der Vorstand durch gute oder schlechte Geschäftsführung die Höhe des Jahresgewinnes beeinflußt (vgl. Staub-Pinner a. a. O.). Aber darum handelt es sich hier nicht. Die Vereinbarung setzt Gewinn als gegeben voraus und hat dessen Verteilung oder Nichtverteilung zum Gegenstand. Es liegt in dieser Beziehung mit der Gewinnverteilung nicht anders wie mit der Verteilung der Liquidationsquote und hier dürfte nicht leicht Jemand behaupten, daß darüber der Vorstand kraft seiner Vertretungsmacht durch Rechtsgeschäft mit Dritten auch nur zum geringsten Bruchteil verfügen könne.

c) Daher hat auch der Vorstand nicht die Macht, namens der Gesellschaft mit anderen Unternehmern eine Interessengemeinschaft einzugehen, sofern man darunter gegenseitige Beteiligung am Gewinn zu verstehen oder mit zu verstehen hat; a. A. Düringer-Hachenburg IV, 34, 411; Geiler Gesellschaftliche Organisationsformen S. 75 ff.; RG in DJZ 24, 317, vgl. auch RG 115, 249. Dazu genügt auch nicht die Zustimmung der Generalversammlung. Vielmehr bedarf es einer Statutenänderung. Denn es liegt darin eine generelle Verfügung über den Reingewinn. Es mag sein, daß die Parteien für die Berechnung der beiderseitigen Gewinne andere Grundsätze vereinbaren können, als nach welchen die Bilanz der A-Gesellschaft aufzustellen ist, oder daß sie den „Rohgewinn" zugrunde legen können usw. Aber dann ist dieser „Gewinn" nur eine Rechnungsgröße, welche nach Abzug des vom gegnerischen Gewinn in Anschlag kommenden Betrages die Summe darstellt, welche die A-Gesellschaft aus dem Reingewinn ihrer Bilanz an den Gegner abzuführen hat. Indessen ist das alles nur Ausgestaltung. Der Kern der Sache bleibt Vereinbarung über denjenigen Gewinn (oder über Teile davon), über welchen nach dem Gesetz und nach dem Statut, wie es vorerst noch lautet, der Vorstand keine Macht hat, die Generalversammlung nur eine beschränkte; KGJ 29, 222. Wie Geiler, wenn auch nicht ganz so sicher Staub-Pinner § 306[25]. Auch seine Ausführungen sind nicht überzeugend. Es mag sein, daß der Vorstand einer A-Gesellschaft sich von einem Anderen die Beteiligung an dessen Geschäftsgewinn versprechen lassen kann. Aber er soll doch vor allem auch dem Anderen die Beteiligung am Gewinn seiner Gesellschaft versprechen. Daß zwischen beidem, versprechen und sich versprechen lassen, kein begrifflicher Unterschied bestehe, kann man doch wirklich nicht behaupten. Auch die Beweisführung Rosendorffs, Organisation der Konzerne 53 f. ist nicht überzeugend: es handle sich nicht um eine Regelung der Gewinnverteilung, sondern um eine bestimmte Art der Gewinnerzielung. Das wäre richtig, wenn das Ergebnis stets nur in Erzielung eines Zuschlags auf den Eigengewinn bestehen könnte, und zwar auf beiden Seiten, was ein Ding der Unmöglichkeit ist. Über die Frage, ob der Abschluß eines solchen Vertrages durch die Vertretungsmacht des Vorstandes gedeckt ist, s. auch Erl 3 zu § 235. — Mit der Bestimmungim Statut, daß die Gesellschaft sich an Interessengemeinschaften beteiligen kann, ist nur dem Bedenken vorgebeugt, daß darin eine Änderung des Gegenstandes (§ 182 II Z. 2) liegt; Horrwitz, Recht der Generalversammlungen 398. Die Festsetzung der Dividende kann durch eine so abstrakte Bestimmung der Generalversammlung nicht aus der Hand genommen werden. — S. auch JW 1920, 458 (Stempelpflicht) und dazu Rosendorff das. und Flechtheim das. S. 635; ferner H. Friedländer, Die Interessengemeinschaft als Rechtsform der Konzernbildung und in BankArch 22, 284; Kaufmann in Festgabe für Heinitz; Lucas in ZBH II 241 ff. — Was insbesondere die bei diesen Vereinbarungen nicht seltene Dividendengarantie (s. unten unter e) angeht, so ist diese unbedenklich, wenn sie so zu verstehen ist, daß die Verpflichtung der garantierenden Gesellschaft auf das Höchstmaß ihres Jahresgewinnes beschränkt, also insofern bedingt sein soll. Im anderen Falle erscheint sie unzulässig, wenn sie gegenseitig geleistet wird oder einseitig aber zwischen Gesellschaften, welche durch Aktienbesitz mehr oder weniger erheblich verschachtelt sind, weil alsdann das Verhältnis leicht dazu führt, daß nicht Ertrag, sondern Kapital an die Gesellschafter ausgezahlt wird.

d) Dagegen ist der Vorstand nicht gehindert, kraft seiner Vertretungsmacht ein Darlehen in der Form aufzunehmen, daß es nur aus dem Gewinn zurückgezahlt zu werden braucht. So wenigstens RG 81, 18. Vgl. auch JW 1915, 1430[7]. Aus dem „Gewinn", nicht aus dem „Reingewinn" muß es heißen und bedeutet es auch dann, wenn unkorrekterweise der Ausdruck Reingewinn gebraucht ist. Denn über den Reingewinn im strengen Sinn des Wortes kann der Vorstand nicht verfügen. Der Sinn einer solchen Vereinbarung ist immer: wenn das Jahr keinen Überschuß erbringt, hat der Darlehnsgläubiger auch nicht Anspruch auf Rückzahlung. Wohl aber hat er diesen Anspruch, wenn und soweit als Überschuß erzielt ist, und dann mindert die Darlehnsschuld den Reingewinn. Das muß auch buchmäßig so zum Ausdruck kommen, daß der Darlehnsbetrag, soweit der Überschuß es gestattet, als Schuld auf der Passivseite eingestellt oder zurückgestellt wird. Anders RG a. a. O. (unverständlich ist im Urteil die Betonung des Umstandes, daß vereinbarungsgemäß die Dividende vorab aus dem Reingewinn zu entnehmen war; das ändert doch nichts daran, daß die Dividende entsprechend zu kurz kommt).

e) Es kommt vor, daß Dritte, z. B. die Gemeinde, welche im Interesse der Bevölkerung die

Gründung des Unternehmens ermöglichen oder erleichtern will, Gewähr dafür übernimmt, daß das investierte Kapital sich verzinst. Man unterscheidet hier (im Anschluß an OVGSt 11, 233; etwas anders Behrend, Lehrbuch § 133, Noten 27, 28) Rentabilitäts- und Dividendengarantie. Im ersteren Fall verpflichtet sich der Dritte, der Gesellschaft zum Gesellschaftsvermögen je nach Ausfall der Jahresbilanz denjenigen etwa fehlenden Betrag zu zahlen, der erforderlich ist, daß sie an die Gesellschafter in der vereinbarten Höhe Dividende verteilen kann. Im zweiten Fall verspricht er bei ungünstigem Ausfall der Jahresbilanz den an der Dividende in der vereinbarten Höhe ausfallenden Betrag zu zahlen. Im ersteren Fall deckt der Garant nicht nur den Betrag der Dividende, sondern gegebenen Falles darüber hinaus noch einen Bilanzverlust; ROHG 22, 225. Vgl. OVGSt 11, 233 (GZ 56, 250); 15, 256. Was von beiden gemeint ist und wie das Gemeinte juristisch Gestalt gewonnen hat, läßt sich nur von Fall zu Fall an Hand der getroffenen Vereinbarungen sagen; OLG 28, 358 (KG). Bei der Dividendengarantie wird man wenigstens dann, wenn sie öffentlich bekannt gemacht wird, oder in der Aktie und auf dem Dividendenschein verlautbart ist (Behrend, Lehrbuch § 133[29]) anzunehmen haben, daß es sich um einen Vertrag der A-Gesellschaft, wenn auch nicht zugunsten Dritter, im Sinn des § 328 BGB (Behrend a. a. O.), so doch dergestalt zugunsten ihrer Aktionäre handelt, daß diese nicht gegen den Garanten aber gegen die A-Gesellschaft und die Majorität der Generalversammlung einen unentziehbaren Anspruch auf die Ergänzung erwerben, ein Drittgläubigerrecht gegen die A-Gesellschaft, das entsteht, sobald der Garant das Geld an diese abgeführt hat. Die A-Gesellschaft nimmt hier zwischen dem Garanten und den Aktionären eine Stellung ein, welche vollkommen der Stellung des Kommissionärs im Warenhandel entspricht; Makower § 215 IV. Daher ist die A-Gesellschaft die Dividende auszuzahlen auch dann befugt und verpflichtet, wenn der Jahresabschluß Unterbilanz aufweist und selbstverständlich hat der Betrag nicht zum gesetzlichen Reservefonds beizutragen OLG 6, 28 (KG). Vgl. Staub-Pinner § 215[4]; Simon Bilanzen § 70; Lehmann-Ring § 215[2] und die dortigen Zitate.

7. a) Der Aktionär hat Anspruch auf seine Quote am jährlichen Reingewinn. Die Regel ist, daß die Aktien gleichmäßig nach Maßgabe ihres Nennbetrages beteiligt sind. Auf eine Aktie über 2000 M. entfällt doppelt so viel wie auf eine solche über 1000 M. Im Statut kann bestimmt werden, daß Gewinn überhaupt nicht zur Verteilung kommen soll. Das sind seltene Ausnahmefälle, wo die Form der A-Gesellschaft für einen Zweck verwendet wird, für den die Gesellschaftsform nicht bestimmt ist. Im Statut kann aber auch das Verteilungsverhältnis anders geregelt sein. Es kann für eine Aktie oder für eine Klasse von Aktien eine höhere Quote bedungen werden, es kann für bestimmte Aktionäre ein irgendwie zu berechnendes Voraus oder z. B. auch der gesondert zu berechnende Gewinn aus bestimmt bezeichneten Einzelgeschäften bedungen werden. Aber so, wie es im Statut bestimmt worden ist, ist das Recht auf Teilnahme am Gewinn unentziehbar mit der Aktie verbunden. Insofern ist dieses Recht ein Sonderrecht. Ohne Zustimmung der Berechtigten kann es nicht durch Mehrheitsbeschluß der Generalversammlung, auch nicht unter Statutenänderung, der Aktie ganz entzogen oder irgendwie gemindert werden. Doch gilt das nur von Beschlüssen, welche unmittelbar die Entziehung oder Herabsetzung der Beteiligungsquote zum Gegenstand haben. Beschlüsse der Generalversammlung und Statutenänderungen, die an sich nicht zu beanstanden sind, sind nicht deshalb unrechtmäßig, weil das Beschlossene mittelbar das Beteiligungsverhältnis beeinflußt. So kann sich der Einzelne nicht einer Erhöhung des Grundkapitals widersetzen, obwohl damit seine Beteiligungsquote auch dann verringert wird, wenn die jungen Aktien den Stammaktien gleichgestellt sind. Das gilt aber auch dann, wenn die neuen Aktien als Vorrechtsaktien mit einer höheren Quote der Beteiligung am Gewinn ausgestattet werden und die Rechtsprechung hat sogar zugelassen, daß ohne Erhöhung des Grundkapitals bereits ausgegebene Aktien, auf welche Zuzahlung geleistet wird, zu Vorrechtsaktien umgestaltet werden (s. jetzt § 262 Z. 3), was freilich einer unmittelbaren Verschiebung des Beteiligungsverhältnisses zum mindesten außerordentlich nahe kommt. Hier reduziert sich der Schutz des Einzelnen auf den gesellschaftsrechtlichen Grundsatz der Gleichmäßigkeit, der gleichmäßigen Heranziehung Aller. Es muß, damit der Beschluß einwandfrei ist, jedem einzelnen Aktionär in gleicher Weise die Möglichkeit geboten sein, das Vorzugsrecht auch für sich zu erwerben. Vgl. hierzu die Zusammenstellung der verschiedenen Ansichten bei Lehmann II 421.

b) Eine andere Frage ist, was man unter dem Ganzen zu verstehen hat, an welchem die Aktionäre, ein jeder zu seiner Quote kraft unentziehbaren Rechts beteiligt sind. Das Gesetz nennt es den Reingewinn. Was heißt das? Wenn man statt vom Gewinn vom Reingewinn spricht, so denkt man an einen irgendwie in die Erscheinung tretenden Bruttogewinn, von dem noch Abzüge zu machen sind, um auf den Reingewinn zu kommen. Das hat in manchen Verhältnissen einen guten Sinn, nur gerade hier nicht. Indem das Gesetz die zur Verfügung stehende Masse als Reingewinn bezeichnet, von welchem nach Gesetz und möglicherweise auch nach Statut noch Abzüge zu machen sind, käme man auf eine dreifache Abstufung: Bruttogewinn, Reingewinn und schließlich der an den Aktionär zu verteilende, so zu sagen reinste Gewinn, das wäre dann der Betrag, auf welchen der einzelne Aktionär nicht nur den Anspruch hätte, daß er ihm gezahlt wird, wenn die Dividende beschlossen worden ist, sondern auch vor allem den Anspruch darauf, daß er je nach dem tatsächlichen Erfolge des Geschäftsbetriebes in Gemäßheit der gesetzlichen und vielleicht auch statutarischen Vorschriften der Höhe nach festgesetzt wird. So kann es nicht gemeint sein. Denn es wäre gegenüber der der A-Gesellschaft vorgeschriebenen Art der Buchführung und Bilanzaufstellung unmöglich zu sagen, was man hier unter jenem Bruttogewinn sich denken sollte, wo schon durch den Abschluß der Konten und die Übertragung der Saldi über Gewinn- oder Nichtgewinn entschieden werden muß. Von Bruttogewinn kann man sprechen, so lange man sich noch nicht klar geworden ist, welche Abzüge noch gemacht werden müssen oder so lange man aus irgend einem anderen Grunde von diesen Abzügen in Gedanken absieht. Zum Bücherabschluß kann man aber nicht kommen, ohne sich über die Abzüge entschieden zu haben und danach zu verfahren. Es bleiben daher nur zwei Auslegungen denkbar. Entweder ist der Ausdruck ohne Nachdruck gemeint und soll nichts anderes bedeuten als eben den Gewinn. Oder er ist proleptisch gemeint. Zieht man ab, was nach Gesetz oder Statut von der Verteilung ausgeschlossen ist, so ist das, worauf man damit kommt, das zu Verteilende, d. h. der Reingewinn. Richtiger dürfte die erstgenannte Auslegung sein, wonach mit Reingewinn nichts anderes gemeint ist, als eben der Jahresgewinn des Unternehmens, an dem meist noch Andere teilnehmen als die Aktionäre. — Was heißt nun aber genauer Jahresgewinn. Namentlich im Zusammenhang mit Fragen des Steuerrechts wird allgemein behauptet, es sei hier ein Unterschied zu machen zwischen Kaufmann und Nichtkaufmann. Beim Nichtkaufmann bestehe das Jahreseinkommen in der Summe der Einnahme, abzüglich der Aufwendungen, wobei einmalige Kapitalzugänge außer Betracht bleiben. Beim Kaufmann dagegen, der Bücher führe und die Bilanz ziehe, sei es der Gewinn und das heiße der Überschuß des Vermögens am Ende des Jahres über das am Anfang vorhanden gewesene. Diesen Überschuß zeige die Jahresbilanz auf, die keine Vermögensbilanz sei, sondern eben Gewinnermittlungsbilanz. Steuerrechtlich kommt man mit diesem Begriff zu unannehmbaren Ergebnissen (vgl. OVGSt 10, 245 ff.) und so meint man, dem handelsrechtlichen Begriff des Gewinnes einen anderen steuerrechtlichen gegenüberstellen zu müssen. Aber so gewiß auch von der handelsrechtlichen Bilanz die Steuerbilanz noch unterschieden werden muß, an dieser Stelle liegt der Gegensatz nicht. Auch handelsrechtlich ist nicht jeder Vermögenszuwachs, den das Jahr gebracht hat, Gewinn. Für den Kaufmann gilt so gut wie für den Nichtkaufmann der Unterschied zwischen Kapital und Zins, zwischen Vermögen und seinem Ertrag, zwischen dem Stamm des Vermögens und seinen jährlichen Früchten, zwischen dem Einkommen und seiner Quelle. Nur bringt das Gewerbe des Kaufmanns mit sich, daß sein Betriebskapital oder ein Teil davon sich im Fluß befindet und damit als solches seine sinnfällige Form des Daseins verliert. Ein gesondertes Dasein als solches hat es dann nur noch in der Idee. In der Wirklichkeit wandert es hinaus, um bereichert zurückzukehren, was freilich hin und wieder auch nicht glückt. Aber wenn es glückt, dann gilt es, zunächst wieder in der Idee und in reinen Rechnungsgrößen, im weiteren Fortgang aber auch in sinnfälliger Verwirklichung festzustellen und auszusondern, was davon „Gewinn" ist, die Frucht zu trennen vom Stamm, vom Vermögen den Ertrag. Das ist eine der wesentlichen Funktionen von Buchführung und Bücherabschluß. Aber wenn nun auch jeder Gewinn Vermehrung des Vermögens ist, welche die Bilanz aufweist, so ist doch keineswegs jede aufgewiesene Vermehrung des Vermögens Gewinn. Um ein sehr bekanntes, erst spät erkanntes Beispiel anzuführen, so bedeutet die Vermehrung des Vermögens durch Kapitalerhöhung keineswegs Gewinn, weder, was freilich nie verkannt worden ist, in Höhe des Nennbetrages der neuen Aktien noch, worüber man sich erst allmählich klar geworden ist, in Höhe des Agio; RG 32, 244; 46, 262; 50, 97 und die Übersicht über die Rechtsprechung in OVGSt 10, 215. — Es wird nicht leicht Jemand eine A-Gesellschaft zum Erben einsetzen. Aber möglich ist es und wenn es geschieht, so tritt eine Vermögensvermehrung ein, welche auch in der Bilanz in die Erscheinung treten muß und doch nicht Gewinn ist, es jedenfalls nicht sein muß. Daß eine A-Gesellschaft unentgeltlich Zuwendungen erhält, ist in anderer Form nicht so selten. So kommt es vor, daß einer A-Gesellschaft für eine gemeinnützige Erweiterung ihrer Betätigung vom Staat oder von der Gemeinde unentgeltlich Grund und Boden überlassen wird. Auch das ist eine Vermögensvermehrung, welche in der Bilanz erscheinen muß, und doch nicht Gewinn. Oder es verzichten zwecks Sanierung Gläubiger der Gesellschaft auf ihre Forderung, ZBH II 328 mit anderer Begründung. Etwas anderes, in der Auswirkung aber, von der hier die Rede ist, dasselbe ist es, wenn die A-Gesellschaft sich gegen Entschädigung zur Stillegung eines ihrer Betriebe verpflichtet, zur Unterlassung der Konkurrenz in bestimmten Bezirken OVGSt 13, 242 (anders bei vorübergehender Stillegung des Betriebes gegen Entschädigung Steuer-Arch 1921, 311); a. A. Lion, Bilanzsteuerrecht § 139 Note 314. Vgl. hierzu Passow Bilanzen II 37 ff. und 123. Ders., Betrieb, Unternehmung, Konzern 53 Note 1. Im allgemeinen läßt auch Lion a. a. O. S. 86 und S. 88/89 das gelten, vermag es aber vom Standpunkt der herrschenden Ansicht, die er akzeptiert, nicht zu erklären. Was er anführt, ist immer nur wieder Behauptung, keine Erklärung. Treffend lautet es in OVGSt 10, 261, es müsse der Vermögenszuwachs „um Einkommen darzustellen, entweder auf der gewerblichen Tätigkeit des Unternehmers beruhen oder sich mittelbar als Frucht des in dem Unternehmen werbenden Kapitals darstellen". S. auch OVGSt das. S. 250; RFH 15, 210. Wenn Lion a. a. O. das als für die Handhabung der Steuergesetze zu vage erklärt, so mag ja sein, daß Bestimmteres erwünscht wäre und vielleicht auch nötig ist. Aber richtig ist doch, daß heute — nach kurzer Unterbrechung — die Steuergesetzgebung — was ja auch garnicht anders sein konnte — zur Quellentheorie zurückgekehrt ist, und jedenfalls gilt das Gesagte von dem kaufmännischen Ertragsbegriff. Wenn daher allgemein gelehrt wird, Gewinn sei, was die Bilanz als solchen erweise, so ist das zwar richtig, darf aber nicht in dem Sinn einer Offenbarung über den Begriff verstanden werden. Daß die Bilanz den Gewinn erweist, setzt voraus, daß sie richtig aufgestellt ist, und das setzt wieder voraus, daß die Bücher richtig geführt werden. Und das alles setzt schließlich voraus, daß man weiß, was Gewinn ist, und danach die Bücher richtig führt und richtig abschließt. Bei Erhöhung des Grundkapitals hilft das Gesetz. Denn da ist geschrieben, daß der gesamte eingehende Betrag als Passivum zu verbuchen ist, Nennbetrag und Agio. Bei unentgeltlichen Zuwendungen ist es nicht vorgeschrieben und, ob es Gewinn ist, hängt nicht davon ab, wie die Bilanz aussieht, sondern umgekehrt das Aussehen der Bilanz hängt davon ab, ob man den Zugang als Gewinn verbucht oder nicht. Nicht die Bilanz bestimmt den Reingewinn, sondern der Gewinn die Bilanz.

Über Einkommen von Körperschaften im Sinn des Steuerrechts siehe jetzt Körperschaftssteuergesetz vom 10. 8. 25 (RGBl 208) § 13, wonach grundlegend die §§ 12—17, 19—21, 25, 26—48 des Einkommensteuergesetzes vom gleichen Tage (RGBl 189) sinngemäß anzuwenden sind, wo es zunächst in § 12 lautet: Gewinn (d. h. das steuerpflichtige Einkommen § 7 II Z. 1) ist der Überschuß der Einnahmen über die Ausgaben zuzüglich des Mehrwerts oder abzüglich des Minderwerts der Erzeugnisse, Waren und Vorräte des Betriebes sowie des beweglichen Anlagekapitals am Schlusse des Steuerabschnittes gegenüber dem Stande am Schlusse des vorangegangenen Steuerabschnittes usw., dann aber: § 13: bei Steuerpflichtigen, welche nach den Vorschriften des HGB Handelsbücher zu führen verpflichtet sind, ist der Gewinn der nach den Grundsätzen ordnungsmäßiger Buchführung für den Schluß des Steuerabschnittes ermittelte Überschuß des Betriebsvermögens über das Betriebsvermögen, das am Schlusse des vorangegangenen Steuerabschnittes der Veranlagung zugrunde gelegen hat.

c) Ist die herrschende Lehre in diesem Punkt mindestens nicht deutlich, so gerät sie an einem anderen Punkt mit sich in Widerspruch. Es soll Gewinn sein der Unterschied des Reinvermögens am Anfang und am Ende des Jahres. Dann muß man also als Anfangsvermögen unverändert das in die Rechnung stellen, das in der vorausgegangenen Jahresbilanz das Endvermögen gewesen ist, nicht nur das Kapitalkonto, sondern auch alle Reservekonten, gesetzliche und freie. Das nimmt natürlich auch die herrschende Lehre an. Und doch behauptet sie ebenso bestimmt, daß es einen Rechtssatz von der Kontinuität der Bilanz nicht gebe. S. unten letzter Absatz.

Richtig ist, daß man bei Aufstellung der Bilanz innerhalb ziemlich weit gesteckter Grenzen freie Hand hat zu bestimmen, was Gewinn sein soll oder nicht. Bei der A-Gesellschaft liegt das in der Hand der Generalversammlung. Aber anderseits muß sich der Bilanzierende an die Vorschriften des Gesetzes halten, unbedingt insoweit, als diese zwingendes Recht sind. Darüber kann auch die Generalversammlung sich nicht hinwegsetzen. Soweit es sich aber um dispositives Recht handelt oder soweit statutarische Bestimmungen in Frage kommen, hat zwar die Generalversammlung Dritten gegenüber freie Hand; aber die einzelnen Aktionäre haben der Generalversammlung gegenüber den Anspruch darauf, daß diese Bestimmungen eingehalten werden. So muß man unterscheiden zwischen der bilanzrechtlichen Seite der Sache und der gesellschaftsrechtlichen.

Bilanzrechtlich ist die Gesellschaft nicht gehindert, den Wert unentgeltlicher Zuwendungen alsbald als Gewinn zu verteilen (sofern nicht Unterbilanz vorhanden ist oder durch die Verteilung eintreten würde), gesellschaftsrechtlich kann die Majorität es nur beschließen, wenn Niemand widerspricht. Ebenso liegt es mit der Verwendung freier Reserven zum Zweck, die Dividende zu verbessern (mit einem Vorbehalt, auf den gleich eingegangen werden soll). RG 103, 367. Das Gegenstück zur Verwendung des Reservefonds ist die Einstellung von solchen. Zwingend vorgeschrieben ist die im § 262 Z. 1 geregelte Zurückstellung aus dem Ertrag. Bilanzrechtlich ist die Gesellschaft befugt, darüber hinaus beliebig Rückstellungen zu beschließen. Gesellschaftsrechtlich dagegen soll nach herrschender Lehre der gesetzliche Rechtszustand sein, daß zwar nicht ohne weiteres jeder Aktionär, aber doch die in § 271 III bestimmte Minderheit (5% des Grundkapitals) sich jeder freiwilligen Rückstellung mit Erfolg widersetzen könne. In Wahrheit wäre das ein unerträglicher Rechtszustand, der denn auch tatsächlich garnicht in Übung ist. Vgl. das Urteil RG 94, 214. Es liegt in dem Wesen, den Bedingungen, man könnte sagen in der Aufgabe eines jeden gesunden Unternehmens, beizutragen und hinzuzuführen zur Kapitalbildung. Es soll sich aus seinem Anfangszustand heraus entwickeln, wachsen, jedenfalls sich festigen. Ein Kaufmann, welcher Jahr für Jahr verbraucht, was er verdient, welcher nicht im guten Jahre Vorsorge trifft für künftige Jahre, gegen Rückschläge und Verluste, handelt unverantwortlich, um so unverantwortlicher, je bedeutender für ihn und Andere sein Unternehmen ist; insbesondere bei der A-Gesellschaft ist auch Stetigkeit des Jahresgewinns ein unbedingt anzuerkennendes Bedürfnis und kann doch nur durch Rückstellung freier Reserven erreicht werden. In Wahrheit steht denn auch garnicht im Gesetz, was man in ihm liest. In § 215 schon garnicht. Aber auch in § 213 ist man nicht genötigt, das Wort von dem nach dem Gesetz von der Verteilung ausgeschlossenen Reingewinn ausschließlich von dem in § 262 Z. 1 vorgeschriebenen Reservefonds zu verstehen. Wenn die Generalversammlung eine nach anerkannten kaufmännischen Grundsätzen gerechtfertigte Rückstellung oder jedenfalls wenn sie eine danach gebotene Rückstellung beschließt, ist die Ausschließung des Betrages von der Verteilung durchaus nicht gegen das Gesetz sondern ihm gemäß (§ 242 BGB). Entscheidungen wie RG 94, 214 und in LZ 1917, 394[16] in JW 1919, 312[14]; OLG 38, 189 (KG) stehen mit kaufmännischer Anschauung und kaufmännischer Rechtsauffassung — wenigstens was di· Begründung angeht — in Widerspruch; wenn es im Interesse des Unternehmens notwendig war, die 110 000 M. zurückzustellen, dann durfte es von Rechts wegen nicht an dem Widerspruch Einzelner scheitern. Gibt es doch auch Fälle, wo Niemand bezweifelt, daß die Minderheit Rückstellungen hinnehmen muß, obwohl eine positive Gesetzesbestimmung nicht besteht. So z. B. der oben besprochene Fall, daß der Gesellschaft unentgeltlich Grundstücke überlassen werden. Nur liegt es hier umgekehrt so, daß die Mehrheit den Beschluß, einen solchen außerordentlichen Kapitalanfall nicht zurückzustellen, ihn also als Gewinn zu verteilen, nur fassen kann, wenn Niemand widerspricht, wobei dann der Widerspruch auch nur eines Aktionärs ausreicht. Ebenso kann dem Beschluß, bestehende Reservefonds zu verwenden, der Einzelne widersprechen, es sei denn, daß die Verwendung nach kaufmännischer Beurteilung in der ganzen Sachlage begründet erscheint.

Wie hier RG 116, 119, aber in Beschränkung auf die Umstellungsbilanz; sodann — mit anderer Begründung — Staub-Pinner § 261[6]; vgl. auch Pinner Beiträge 21 und dazu Flechtheim in JW 1918, 488 und 1919, 312[11] Note; ferner Alterthum in ArchBR 23, 117. Vgl. auch Entw. des Schweizerischen Obligationenrechts Art. 691: „Die Dividende darf erst festgesetzt werden, nachdem die dem Gesetz oder den Statuten entsprechenden Einlagen in die gesetzlichen oder statutarischen Reserve- und anderen Fonds vom Reingewinn in Abzug gebracht sind. Der Generalversammlung bleibt vorbehalten, bei Anlaß der Festsetzung der Dividende auch solche Reserveanlagen zu beschließen, die nicht in dem Gesetz oder den Statuten vorgesehen sind, soweit die Rücksicht auf die dauernde Sicherstellung des Unternehmens oder auf die Verteilung einer möglichst gleichmäßigen Dividende es als angezeigt erscheinen lassen.“ Ein dritter Absatz ermächtigt die Generalversammlung zu Rückstellungen für Wohlfahrtszwecke. Nach diesseitiger Auffassung unterscheidet sich unser Gesetzbuch hiervon nur dadurch, daß es diese Ermächtigung nicht ausdrücklich bestimmt. Treffend OLG 10, 240 (Hamburg): „Daß feste Grundsätze, nach welchen die Werte einzustellen und Abschreibungen vorzunehmen sind, nicht bestehen, vielmehr die kaufmännische Übung und das vernünftige Ermessen maßgebend sein soll, ist auch in der Denkschrift hervorgehoben; das gilt auch von angesammelten freiwilligen Reserven; derartige Maßnahmen haben in der Regel den vernünftigen Zweck, bei den schwankenden jährlichen Einnahmen dennoch möglichst gleichmäßig Überschüsse zu erzielen (richtiger zu verteilen); werden die Rücklagen zu den angegebenen Zwecken nicht verbraucht, so müssen sie in den nächsten Jahren als Aktiva wieder erscheinen, so daß eine nachhaltige Schädigung kaum zu befürchten ist.“ Damit wurde die Abschreibung des Inventarkontos von restlich 2000 M. auf 1 M., Bildung einer Spezialreserve, weitere Rückstellungen und 1100 M. Gewinnvortrag aufs neue Jahr gebilligt. Zu den Ausführungen Staub-Pinners a. a. O. ist zu sagen, daß man — abgesehen von der ethischen Seite der Sache — schon rein quantitativ dem kaufmännischen Bedürfnis nach Reserven auch annähernd nicht dadurch genügen kann, daß man gegenüber Unterschätzungen mehr oder weniger ein Auge zudrückt. Übrigens darf man hier zwei ganz verschiedene Fragen nicht durcheinander bringen. Die eine hier behandelte Frage ist, inwieweit die Generalversammlung befugt ist, trotz Widerspruchs einer Minorität Rückstellungen und wiederum Verwendung freier Reserven zu beschließen. Von dieser reinen Rechtsfrage ist hier die Rede. Eine andere Frage ist, soll die Rückstellung offen geschehen oder in der Form einer stillen Reserve. So gerechtfertigt die Ansammlung von Reserven auf Kosten der Jahresdividende erscheint, wenn sie sich in angemessenen Grenzen hält, so fragwürdig sind stille Reserven deswegen, weil sie zugleich versteckte Reserven zu sein pflegen. Sie sind auf der einen Seite beliebt, nicht so sehr weil sie dem geschäftlichen Unternehmen Festigkeit gewähren, was sie auch tun würden, wenn sie offen in die Erscheinung träten, sondern weil sie der Verwaltung freie Hand schaffen in ihrer Finanzierungs- und überhaupt in ihrer Geschäftspolitik. Man kann damit Geschäftsgewinne so gut verheimlichen wie Geschäftsverluste. Bilanzrechtlich ist dagegen nichts einzuwenden, weil die kaufmännische Auffassung und das Gesetz nicht unbedingt auf Bilanzwahrheit bestehen. Anders liegt es gesellschaftsrechtlich. Denn auch für die Aktionäre pflegen die stillen Reserven zum großen Teil zugleich versteckte zu sein. Und daran ändert auch der Umstand nichts, daß dem Steuerfiskus diese Rückstellungen — im allgemeinen wenigstens — nicht entgehen. Denn von dem, was zwischen A-Gesellschaft und Finanzamt verhandelt wird, erfährt der Aktionär ebenfalls nichts. Es läßt sich wohl nicht bestreiten, daß im Verhältnis der Verwaltung zum Aktionär oder zur Generalversammlung versteckte Reserven rechtswidrig sind. Im übrigen gilt von ihnen und überhaupt von den stillen Reserven so gut wie von den offenen der Grundsatz der Bilanzkontinuität, d. h. die Bilanz muß an die Ansätze der vorjährigen Bilanz anknüpfen und auch von stillen Reserven gilt, daß die Generalversammlung mit Mehrheit Rückstellungen und wiederum Verwendung von Reserven nur beschließen kann, wenn die Minderheit nicht widerspricht oder Rückstellung oder Verwendung kaufmännisch geboten oder gerechtfertigt erscheint; RG 103, 40. Ähnlich wie Staub-Pinner Quassowski in Gruch 67, 392. Bezeichnend Handelskammer Duisburg HoldhMS 25, 5: „Sähen solche dividendenlüsterne Aktionäre in der Bilanz alle im Laufe eines Jahres buchmäßig erzielten Gewinne (gemeint zu sein scheint: sähen sie alle erzielten Gewinne buchmäßig), so würden sie ihre Ansprüche hinsichtlich der Höhe der Dividende nur steigern!" Vgl. Rathenau, Vom Aktienwesen und gegen ihn Rosendorff, Die stillen Reserven der A-Gesellschaften, und die anschließende Literatur bei Staub-Pinner a. a. O. unter b.

In dieser Unterscheidung der bilanzrechtlichen und gesellschaftsrechtlichen Seite der Sache liegt denn auch der Schlüssel zur Frage nach der Bilanzkontinuität. Soweit nicht zwingende Vorschriften des Gesetzes entgegenstehen, wie § 261 Z. 1—3, § 262, ist die Generalversammlung bilanzrechtlich nicht genötigt, bei Aufstellung der Bilanz an den Wertansätzen und den Rückstellungen der voraufgegangenen Bilanz festzuhalten, wohl aber gesellschaftsrechtlich insofern, als jeder Aktionär oder doch im gegebenen Fall die in § 271 III 2 bestimmte Minderheit das Recht darauf hat, daß von diesen Sätzen nur abgegangen wird, wenn es in dem oben näher dargelegten Sinne sachlich gerechtfertigt erscheint.

d) Alle Ansätze der Bilanz müssen mit bestimmt bezifferten Geldbeträgen ausgeworfen werden, während dabei zahlreiche auf mehr oder weniger unsicherer Schätzung beruhen. Hier sind dem Ermessen nach Billigkeit, nach kaufmännischer Gepflogenheit auch nach subjektivem Temperament oft weite Grenzen gesteckt. Vgl. RFH 1, 54: Von den hier in Betracht kommenden Schätzungen ist im allgemeinen zu sagen, daß sie niemals ein völlig einwandfreies Ergebnis haben; es wird nur verlangt werden können, daß alles, was das Ergebnis zu beeinflussen imstande ist, eine Berücksichtigung und Würdigung erfährt, welche nicht ohne weiteres als unzutreffend bezeichnet werden muß". — Aktiven und Passiven, welche in Wahrheit überhaupt nicht bestehen, dürfen selbstverständlich nicht eingestellt werden; RG 101, 160; dagegen ist unrichtige Bezeichnung unschädlich. Bezüglich der Posten, wo eine Abschätzung nötig ist, namentlich also bei der Bewertung von Aktiven — Sachen, Forderungen, Rechte — können Aktionäre die Bilanz nicht schon deshalb anfechten, weil die Schätzung unrichtig, nachweisbar unrichtig gewesen ist. Es muß vielmehr eine bewußte und willkürliche, eine nicht zu rechtfertigende (vgl. unten unter e) Minderbewertung (oder auch Mehrbewertung, RG 72, 33) vorliegen; RG 43, 128; 94, 214; Bauer 24, 189; RG in HoldhMS 1917, 394; einzelne Entscheidungen sprechen von arglistiger oder böswilliger Handlungsweise, was vollends die Anfechtung (§ 171) begründet, aber nicht unerläßlich ist; RG 40, 86; 72, 34, vgl. aber auch S. 38.

e) Werden Aktien mit einem geringeren Wert in die Bilanz eingestellt, als sie bisher zu Buch standen, namentlich zu Buch standen in der voraufgegangenen Jahresbilanz, so spricht man von Abschreibungen. Namentlich die während des abgelaufenen Jahres eingetretene Abnutzung von Vermögensgegenständen, Anlagen, Maschinen usw. muß abgeschätzt und durch Abschreibung zum Ausdruck gebracht werden. S. § 261 Erl 6. Es ist reine Formsache, ob diese Minderung unmittelbar an dem betreffenden Bilanzposten vorgenommen wird, oder ob der bisherige Wert auf Aktivseite beibehalten und auf Passivseite der Betrag der Abnutzung als Korrekturposten eingestellt wird. Wird in einem Jahr mehr abgeschrieben als der Abnutzung entspricht, was unverboten ist und oft geschieht, so entsteht — wie bei jeder planmäßigen Unterbewertung — stille Reserve. Auch die stillen Reserven sind Rücklagen aus dem Reingewinn (§§ 213, 271 III), von welchem das zu b Gesagte gilt. Sie können in der Bilanz, wie gesagt, sowohl in den Aktiven als auch in den Passiven stecken und was den Tatbestand vollends zu verdunkeln geeignet ist, ist, daß nicht nur buchmäßig wahre Abschreibungen und diese Rückstellung ungetrennt in einem Posten erscheinen, sondern oft auch sachlich beides in Einem ohne gedankenmäßig scharfe Trennung in Bausch und Bogen angesetzt wird. Das ist eine weitere reichlich fließende Quelle von Dunkelheit und Unsicherheit, wozu noch beiträgt, daß es eine von Willkür freie Entscheidung oft garnicht gibt, ob es sich um einen mit mehr oder weniger Sicherheit voraussehbaren künftigen Verlust oder um eine um dieses Sachverhalts willen schon jetzt eingetretene Wertverringerung handelt. Steuerrechtlich sind jedenfalls diese Rückstellungen auszusondern und dem aufgewiesenen Jahresgewinn hinzuzurechnen, während dann der Buchgewinn, der sich später etwa aus der Verwertung eines solchen, übermäßig abgeschriebenen Aktivums ergibt, steuerfrei bleibt, handelsrechtlich dagegen da, wo eine solche Rücklage ohne Widerspruch von Aktionären vorgenommen ist, der spätere Buchgewinn seinem vollen Betrage nach auf den Reingewinn des betreffenden Jahres fällt. Vgl. OVGSt 11, 199. Das hindert — nebenbei gesagt — die Verwaltung nicht, den erzielten Preis zu Neuanschaffungen zu verwenden. Es ändert das am Ergebnis nichts, weil diese

Neuanschaffungen mit dem Anschaffungspreis als Aktivum eingestellt werden müssen (es sei denn, daß auch hier wiederum die Aktionäre keinen Widerspruch gegen übermäßige Abschreibung erheben). Überhaupt sind Neuanschaffungen, Hauptreparaturen ohne Einfluß auf den Reingewinn. (Nur die Liquidität des Geschäftes können sie in Frage stellen.) Freilich müssen sie aus den vorhandenen Mitteln bezahlt werden und das mindert den Kassenbestand oder das Bankguthaben. Aber entsprechend erhöht sich das Konto der Anlagen. Die Gesamtsumme der Aktiven bleibt dieselbe. Anders nur, wenn ein Reservekonto zur Verfügung steht und zur Verwendung kommt. Denn diese Verwendung besteht aus gar nichts anderem, als daß man den Posten um den betreffenden Betrag mindert. Durch diese Verminderung des Passivpostens erhöht sich entsprechend der Aktivsaldo und damit der Gewinn. Es ist streitig geworden, ob eine solche Verwendung eines Reservekontos nur am Schluß des Geschäftsjahrs stattfinden darf oder auch im Laufe des Jahres; Staub-Pinner § 262[35]. Macht man sich den Sachverhalt klar, dann ist kein Streit möglich. Selbstverständlich muß die Neuanschaffung usw. im Laufe des Jahres bezahlt werden, sofern nicht ein darüber hinausliegendes Ziel vereinbart ist. Dafür kann man nicht das Reservekonto, fälschlich Reservefonds genannt, verwenden. Dazu ist Geld nötig. Das Reservekonto existiert überhaupt nur in Gedanken und auf dem Papier. Seine Verwendung kommt erst in Frage, wenn es gilt, eine in irgend einer Weise maßgebliche Bilanz aufzustellen, also am Jahresschluß und im Laufe des Jahres, wenn sich fragt, ob eine Generalversammlung zu berufen oder ob Antrag auf Konkurseröffnung zu stellen ist (§ 240). In ersterem Falle liegt die Entscheidung bei der Generalversammlung, in letzterem ist die Verwendung nicht nur zulässig, sondern, wenn nötig, auch geboten und zwar die Verwendung aller Reservekonten, schließlich auch des gesetzlichen Reservefonds. Den Ausführungen Staub-Pinner a. a. O. muß von dem hier vertretenen Standpunkt aus in jeder Beziehung widersprochen werden. Die freien Reserven stammen aus zurückgestelltem Reingewinn, aber sie sind nicht zurückgestellter Reingewinn, bis etwa auf eine, nämlich bis auf den Gewinnvortrag aus dem voraufgegangenen Jahre.

f) Schwierigkeiten anderer Art ergeben sich daraus, daß die Einteilung in Jahresabschnitte ein künstlicher Eingriff in den natürlichen Fluß des Geschehens ist. Zwar ist die Frage der sogenannten transitorischen Konten verhältnismäßig sicher zu entscheiden. Ist am Jahresschluß Miete für ein weiteres Vierteljahr (oder Zinsen usw.) schon vorausgezahlt, so muß der Betrag dem abgelaufenen Jahre gutgeschrieben werden. Denn sie darf erst das folgende Jahr belasten. Wird umgekehrt bei Zahlung postnumerando die laufende Miete noch geschuldet, so muß wegen der bereits verstrichenen Zeit der entsprechende Betrag der Miete zurückgestellt, d. h. als Passivum gebucht werden. Unsicher dagegen ist oft die Entscheidung, ob die Ergebnisse eines Geschäfts oder eines Komplexes von Geschäften schon derart feststehen, daß sie verbucht werden dürfen oder können. Vgl. den Fall RG 11, 160, wo unzulässigerweise ein noch nicht erzielter Gewinn in das abgelaufene Jahr hineingerechnet wird. Staub-Pinner § 213[11]; Behrend Lehrbuch § 133[19]; Staub in HoldhMS 1, 72; Hergenhahn das. 85; Alexander Die Sonderrechte der Aktionäre 125 ff.

g) Die Dividende ist im Zweifel fällig, sobald der Verteilungsbeschluß ergangen ist. Es steht aber nichts im Wege, einen nicht zu fern liegenden Fälligkeitstag zu beschließen. Wird der Beschluß der Generalversammlung angefochten, so kann es gerechtfertigt erscheinen, daß der Vorstand die Auszahlung der Gewinne einstweilen ablehnt RG 37, 64. Geht das Bankguthaben, aus welchem die Gesellschaft die Dividende zahlen konnte und zahlen wollte, verloren, so ist das ein Verlust der Gesellschaft für Rechnung des laufenden Jahres. Der Anspruch der Aktionäre auf die Dividende des abgelaufenen Jahres wird dadurch nicht berührt. — Die Dividende besteht immer in einem Geldbetrag und ihre Höhe ist unabhängig davon, ob die Gesellschaft das erforderliche Geld flüssig machen kann. So wenigstens RG 11, 162 gegenüber einer eigentümlichen und bedenklichen Feststellung der Dividende. Immerhin wird anzunehmen sein, daß die Aktionäre nach Treu und Glauben verpflichtet sind, in Fällen, wie dieser, sich auf ein der Sachlage entsprechendes billiges Arrangement einzulassen. Man wird sogar noch weiter gehen dürfen und der Generalversammlung die Befugnis zuerkennen, daß sie bei gefährlicher Illiquidität des Unternehmens beschließt, die Dividende überhaupt nicht oder nur zum Teil zu verteilen. — Auf Gewährung der Dividende in Gestalt sogenannter Gratisaktien braucht der Aktionär sich nicht einzulassen. — Unter Bonus ist nichts anderes als Dividende zu verstehen. Man bezeichnet so zur Verteilung kommenden Gewinn, um in Fällen eines ungewöhnlich hohen (oder während der Inflation unverhältnismäßig hoch scheinenden) Gewinnes diesen nicht in der „Jahresdividende" erscheinen zu lassen.

h) Der Anspruch auf den Jahresgewinn unterliegt an und für sich der ordentlichen Verjährung von 30 Jahren. Er ist kein Anspruch auf regelmäßig wiederkehrende Leistung im Sinne des § 197 BGB (wohl aber im Sinne von § 101 BGB; vgl. Staub-Pinner § 213[16]). Sind Dividendenscheine ausgegeben, so kommt § 801 II BGB in Anwendung. (Vorlegungsfrist 4 Jahre, Verjährungsfrist weitere 2 Jahre. Während des Krieges — Vdg vom 18. 3. 1918 RGBl S. 153 — ist die Vorlegungsfrist wiederholt verlängert worden, zuletzt durch Vdg vom 26. 12. 1919 (RGBl

S. 1918) bis 31. 12. 1920. — Im Statut kann eine Präklusivfrist bestimmt werden, wobei es nicht darauf ankommt, ob dieser Ausdruck gebraucht ist; RG in HoldhMS 1904, 171. Ob sie auch dann ausschließend wirkt, wenn sie ohne Verschulden versäumt ist, ist Auslegungsfrage RG eod.

§ 214.

Die Anteile am Gewinne bestimmen sich nach dem Verhältnisse der Aktienbeträge[1]. Sind die Einzahlungen nicht auf alle Aktien in demselben Verhältnisse geleistet, so erhalten die Aktionäre aus dem verteilbaren Gewinne vorweg einen Betrag von vier vom Hundert der geleisteten Einzahlungen; reicht der Jahresgewinn hierzu nicht aus, so bestimmt sich der Betrag nach einem entsprechend niedrigeren Satze. Einzahlungen, die im Laufe des Geschäftsjahrs zu leisten waren, werden nach dem Verhältnisse der Zeit berücksichtigt, welche seit dem für die Leistung bestimmten Zeitpunkte verstrichen ist[2].

Im Gesellschaftsvertrage kann eine andere Art der Gewinnverteilung vorgesehen werden[3].

1. Der § 214 trifft Bestimmungen über den Verteilungsschlüssel. Die Verteilung des bilanzmäßigen Reingewinnes auf die Aktien, auch wenn sie nach Lage der Sache nur Rechenaufgabe ist, muß durch Beschluß der Generalversammlnug erfolgen. Die Regel ist Verteilung im Verhältnis der Nennbeträge der Aktien. Darauf, ob diese voll eingezahlt sind oder nicht und wieviel auf sie eingefordert worden ist, kommt es nicht an. Selbstverständlich. Denn vorausgesetzt nur, daß die Einforderung und Einzahlungen auf alle Aktien gleichmäßig erfolgt sind, bleibt das Resultat der Rechnung dasselbe. Agiobeträge kommen hierbei nicht in Rechnung, was wiederum als allgemeine Regel selbstverständlich ist. Einmal insofern, als das bei Erhöhung des Grundkapitals auf die neuen Aktien zu zahlende Aufgeld dazu dient, die neuen Aktien mit den alten nach dem Nennbetrag auf das gleiche Verhältnis zu bringen — wie in allen anderen Richtungen, so auch in Beziehung auf die Beteiligung am Gewinn. Sodann, weil das Agio stets sofort und zum vollen Betrag einzuzahlen ist (§ 195 III, 284 III). Daß der Verzug eines Aktionärs mit der Zahlung des Agio auf die Gewinnverteilung keinen Einfluß hat, ist nicht bestritten. Bestritten ist es aber in Beziehung auf den Verzug des Aktionärs mit der Zahlung auf Einlage, was daher kommt, daß der Abs II mangelhaft gefaßt ist.

2. a) In Abs II bedeutet der Ausdruck: Einzahlungen da, wo er an erster Stelle gebraucht wird, nur Einzahlungen auf Bareinlagen. Kommt ein Aktionär mit einer Sacheinlage in Verzug, so hat das auf den Verteilungsschlüssel und die Verteilung des Gewinnes keinen Einfluß. Nur wird die Gesellschaft die auf die Aktien des Sacheinlegers entfallende Dividende unter Umständen zurückbehalten können. Dagegen sind unter den „geleisteten Einzahlungen", sofern sie Grundlage für die Zinsberechnung sind, die Sacheinlagen mitzuverstehen (und zwar offenbar ohne Rücksicht darauf, ob sie beschafft worden sind oder nicht; die darauf gewährten Aktien müssen ja unter allen Umständen begeben sein). — Undeutlich ist, ob nur an den Fall zu denken ist, daß die Einzahlungen ungleichmäßig eingefordert worden sind, in welchem Fall die mit der Einforderung begünstigten Aktien mit dem Dividendenanspruch entsprechend zurückstehen müssen, oder auch an den Fall, daß ein oder mehrere Aktionäre mit Zahlung der eingeforderten Rate im Rückstand sind. Offenbar ist ersteres gemeint. Schon deshalb, weil der Verzug oder Rückstand des Einzelnen gemäß § 218 ausgeglichen wird. Es ist nicht anzunehmen, daß zu den Verzugszinsen (die ein Aktivum in der Bilanz darstellen) noch ganz allgemein und ohne weitere Voraussetzung der Verlust von 4% am Gewinn hinzutreten soll. Ferner kann es wohl die Aufgabe der Generalversammlung sein, dem authentisch vorliegenden Sachverhalt in Beziehung auf den Stand der Einforderung von Ratenzahlungen Rechnung zu tragen. Die Frage dagegen, ob dieser oder jener Aktionär gezahlt hat oder nicht, wenn er nicht gezahlt hat, ob er in Verzug ist oder nicht, kann außerordentlich zweifelhaft sein und tatsächlich und rechtlich dunkel liegen. Die Generalversammlung kann weder eine Entscheidung treffen, noch auf eine solche warten. Wenn Dividendenscheine ausgegeben worden sind, kann man wohl nach ganzen Serien differenzieren, aber nicht wohl die einzelnen Stücke individuell behandeln. Endlich ist es doch wohl deutlich genug, wenn in Satz 2 des Abs II von dem Fall, wo die Einforderung der Rate auf einen Zeitpunkt während des Geschäftsjahrs erfolgt ist, so gut wie ausdrücklich gesagt wird, es soll alles auf diesen für die Einzahlung bestimmten Zeitpunkt ankommen, nichts darauf, ob und wann auf die Einforderung gezahlt worden ist. Wenn in diesem Falle die Zinsen nach § 218 den Verzug ausgleichen, dann ist nicht zu verstehen, daß und weshalb in jenem Fall zur Zinsschuld noch der Verlust am Gewinn hinzukommen soll. Wie hier Ritter § 214[2]; Goldmann § 214[6]; Lehmann-Ring § 214[3]; a. A. Staub-Pinner § 214[2]; Makower § 214 I b; Brand § 214, 2 c.

b) Zu beachten ist, daß darüber in § 214 nichts bestimmt wird, wie es mit der Gewinnverteilung zu halten ist, wenn im Laufe des Geschäftsjahres neue Aktien ausgegeben werden. Sind darüber Bestimmungen nicht getroffen, was kaum vorkommen wird, dann nehmen die jungen Aktien am gesamten Reingewinn pro rata temporis teil; Lehmann-Ring § 214[4]. Vgl. auch § 300 III und 121 HGB. — Der § 214 ist Zusatz der Novelle von 1900. Ob die Regelung, welche er bestimmt, der Sachlage gerecht wird, läßt sich bezweifeln. Der Entwurf ist auch nicht ohne Widerspruch geblieben. Man hat ihm das Beispiel vorgehalten, daß, gesetzt es bliebe nach den ersten 4% auf das Gezahlte noch eine Dividende 6%, so würden die voll gezahlten Aktien in Höhe von 1000 M. 100 M. = 10% Dividende erhalten, die mit 200 M. eingezahlten 68 M. = 34%. Was gegen diesen Einwand in der Kommission vorgebracht wurde, ist schwach: es entspreche der Vorschlag der Billigkeit; wenn beispielsweise von Aktionären mit zweifelhafter Kreditwürdigkeit höhere Einzahlungen eingefordert seien (!) so erscheine es seltsam, daß sie bei der Gewinnverteilung als Folge ihrer mangelnden Kreditwürdigkeit einen Vorteil ziehen sollten; oder wenn einzelnen Aktionären gestattet worden sei, über den eingeforderten Betrag hinaus Einzahlungen zu machen, sollten sie deshalb bei der Gewinnverteilung bevorzugt werden? auch die Börse schließe sich dem hier akzeptierten Grundsatz an; voll einbezahlte Aktien und nicht voll einbezahlte unterscheiden sich in ihrer Wertbemessung nur durch die Differenz der rückständigen Einzahlung. — Es handelt sich nicht um Verzug oder um Bevorzugung Einzelner und die gesetzliche Bestimmung läßt sich nur damit rechtfertigen, daß Gesellschafter, welche sich verpflichtet haben, mit der vollen Einlage sich zu beteiligen, nicht deshalb zurückgesetzt werden dürfen, weil die Verwaltung vorgezogen hat, von ihnen die Einlage noch nicht einzufordern.

3. Der Abs III bezieht sich auf beide voraufgegangenen Absätze. In jeder Beziehung kann im Statut abweichendes bestimmt werden. Dagegen ist eine Statutenänderung, welche unmittelbar darauf geht, den Verteilungsschlüssel zu ändern, nur mit Zustimmung aller dadurch benachteiligten Aktionäre möglich. Noch weniger läßt sich durch Statutenänderung einführen, daß Gewinn überhaupt nicht verteilt werden solle, es sei denn, daß ausnahmslos alle Aktionäre zustimmen. — Wenn die im Statut für einen abweichenden Verteilungsmaßstab aufgestellten Voraussetzungen fortfallen, tritt der gesetzliche Verteilungsfuß in Kraft, ohne daß es erst einer Statutenänderung bedürfte; RG 104, 349.

§ 215.

Zinsen von bestimmter Höhe[1] dürfen für die Aktionäre weder bedungen noch ausbezahlt werden; es darf nur dasjenige unter sie verteilt werden, was sich nach der jährlichen Bilanz als Reingewinn ergibt[2].

Für den Zeitraum, welchen die Vorbereitung des Unternehmens bis zum Anfange des vollen Betriebs erfordert, können den Aktionären Zinsen von bestimmter Höhe bedungen werden[3]; der Gesellschaftsvertrag muß den Zeitpunkt bezeichnen, in welchem die Entrichtung von Zinsen spätestens aufhört.

1. a) Das in § 215 I Bestimmte tritt deutlicher in die Erscheinung, wenn man die Sätze umstellt: an die Aktionäre darf nur das verteilt werden, was sich nach der jährlichen Bilanz als Reingewinn ergibt, Zinsen dürfen für die Aktionäre weder bedungen noch ausbezahlt werden. Die Hauptsache ist, was der § 215 in Ergänzung des § 213 bestimmt, dort, die Aktionäre haben keinen Anspruch auf mehr als den Gewinn; hier, die Gesellschaft darf auch freiwillig nicht mehr an sie abführen. Erst in der Verbindung beider Bestimmungen vollendet sich dieser Grundpfeiler in der Struktur der Gesellschaftsform der A-Gesellschaft. Über das, was sich nach der jährlichen Bilanz als Reingewinn ergibt s. Erl 7 b zu § 213. Es ist selbstverständlich, daß die A-Gesellschaft, wenn sie mehr nicht auszahlen darf, auch nicht wirksam versprechen kann, es zu tun. Daher kann sie vor allem auch nicht einen Mindestgewinn den Aktionären garantieren. Unter keiner Gestaltung der Verhältnisse kann sie das, weder im Augenblick, wo die Aktie gezeichnet und ausgegeben wird, noch auch nach ihrer Ausgabe gegenüber dem jeweiligen Eigentümer oder Inhaber der Aktie. Daher namentlich auch nicht demjenigen gegenüber, dem sie eigene Aktien käuflich oder sonstwie überläßt, mag sie hierbei als Eigenhänderin auftreten oder als Kommissionärin; ROHG 17, 388; RG 72, 30; OLG 12, 429; Brand § 215[1] b; a. A. Rehm GZ 55, 460; Staub-Pinner § 215[1]; Hachenburg in Recht 07, 225; Makower § 215 I; Ritter § 215[2]. Der Grund der Gegner, daß der Käufer der Aktie der A-Gesellschaft wie ein Dritter gegenüberstehe, erscheint hier ebenso verfehlt (wenn nicht noch verfehlter s. Fischer in Ehrenbergs HH III, S. 387, vgl. auch S. 103 f.), wie gegenüber der Frage, ob der Käufer den Kauf wegen Arglist usw. anfechten kann. Vgl. Erl 3 a zu § 213.

b) Der Ausdruck „Zinsen von bestimmter Höhe" ist ein Pleonasmus, der aber nicht überflüssig ist. Die Gesellschaft kann Zinsen nicht versprechen, weil sie nicht wissen kann, ob ihr gestattet sein wird, sie zu zahlen. Denn sie darf eben an die Aktionäre nicht mehr zahlen, als sie im Jahr verdient. Daher ist es unverfänglich, wenn sie nach dem Statut „Zinsen“ unter der Bedingung zusagt, daß das Jahresergebnis die Auszahlung gestattet oder wenn sie, was dasselbe ist, zwar von Zinsen spricht, unverkennbar aber Dividende meint. Vgl. Just in HoldhMS 17, 113 ff. So können schließlich auch Zinsen von bestimmter Höhe versprochen werden. Das heißt dann, daß Dividende nur bis zu dieser Höhe zur Auszahlung kommen soll. Daß zur Zahlung solcher „Zinsen“ freie Reserven zur Verwendung kommen, ändert daran nichts, daß es sich um Verteilung von Reingewinn handelt. Handelsrechtlich ist es jedenfalls so. Nach OVGSt 2, 189 f. gilt das auch steuerrechtlich. Vgl. auch OVGSt 7, 318. Daß die Bestimmung eines Nachbezugsrechts in bestimmtem Prozentsatz des Nennbetrages der Aktie nicht gegen § 215 I verstößt, ist klar; RG 68, 238. Das Verbot, Zinseszinsen zu nehmen, trifft nicht den Anspruch auf die Dividende SeuffArch 38[219]; OLG 12, 429.

2. Reingewinn des Jahres ist nicht, was in dem Jahr verdient worden ist, sondern was in der dem Gesetze entsprechend aufgestellten und im übrigen unanfechtbaren oder unangefochten gebliebenen Bilanz als (verteilbarer § 213) Reingewinn erscheint. Erl 5 zu § 213. Daher kann ein ungenügendes Jahresergebnis unbedenklich ergänzt werden, wenn hierzu ein Dividendenergänzungsfonds zur Verfügung steht. Vgl. OVGSt 2, 189. Doch muß selbstverständlich eine etwa bestehende Unterbilanz zunächst ausgeglichen werden. Solange das nicht geschehen ist, steht überhaupt kein Reservekonto zur Verfügung. Nach Recht 1906, 228 (Hamm) ist eine Zins- oder Dividendengarantie der Gesellschaft unbedenklich, wenn diese in der Lage ist, den erforderlichen Betrag durch Zuschläge auf die Vergütung für geleistete Dienste (Frachtverträge) aufzubringen.

3. a) Bauzinsen. Wenn das Unternehmen der A-Gesellschaft einer längeren Vorbereitung bedarf, wenn z. B. die A-Gesellschaft gegründet wird, um eine Eisenbahn zu betreiben, welche erst noch gebaut werden soll, so können Jahre vergehen, ehe der Betrieb, welcher den Gewinn bringen soll, beginnen kann. Es müßte danach, wer sich beteiligt, sein Geld hergeben, ohne vorerst auf einen Ertrag rechnen zu können, obendrein ohne Gewähr, wie lange Zeit die Vorbereitung, der Bau in Anspruch nehmen wird. Das könnte nicht umhin, abschreckend zu wirken, und deshalb gestattet das Gesetz „Bauzinsen“ zu versprechen und zu bezahlen. Es handelt sich nicht eigentlich um Zinsen. Wenn das Gesetz den Ausdruck gebraucht, so ist damit gesagt, daß es sich um eine Zahlung an die Aktionäre handelt, ganz in der Art, als würde ihnen ihr Geld in der bestimmten Höhe verzinst. Es soll damit der Inhalt des Anspruchs, nicht der Rechtsgrund bestimmt werden. Es muß also der Prozentsatz bestimmt angegeben werden. Irgend eine Schranke ist hier ausdrücklich nicht gesetzt. Aber naturgemäß darf die Höhe die Grenze des Angemessenen nicht überschreiten (das würde gegen das zwingende Gesetz verstoßen, daß Einlage nicht zurückgezahlt werden darf), und daher ist auch stets nur zu „verzinsen“ nicht der übernommene Betrag, der Nennbetrag der Aktie, sondern der eingezahlte Betrag. Endlich muß der Zeitpunkt kalendermäßig fest bestimmt werden, bis zu welchem längstens diese Verzinsung stattfinden soll. (Nachträgliche Verlängerung ist gänzlich ausgeschlossen, WürttJ 13, 47.) Letzteres ist in der Neufassung des Gesetzes von 1900 zum wörtlichen Ausdruck gekommen, wurde aber auch schon vorher als aus der Natur der Sache sich ergebend angenommen; ROHG 22, 12 (Plenarentscheidung). Fehlt es an einer dieser Bestimmungen, dann ist die ganze Vereinbarung ungültig. Die Frist ist eine Höchstfrist. Sobald etwa schon vorher der Bau fertiggestellt ist, hört die Verzinsung auf. Alle diese Bestimmungen müssen, um gültig zu sein, im Gesellschaftsvertrag getroffen werden; Bauer 7, 67. Nach RG 77, 258 können auch bei einer Kapitalerhöhung zum Zweck eines weiteren Ausbaus des Unternehmens auf das neu hereinkommende Kapital Bauzinsen bedungen werden. Anders noch Dernburg BR I § 87[19]; KGJ 20, 42; Bauer 7, 67; jetzt auch wieder Fischer in Ehrenbergs HH III. 1, S. 264 mit unzulänglicher Begründung, dagegen aber Keyßner in GZ 51, 239. Daraus darf nicht gefolgert werden, daß überhaupt durch Statutenänderung die Zahlung von Bauzinsen nachträglich beschlossen werden könne. Vgl. Staub-Pinner § 215[7,8].

b) Der statutenmäßige Anspruch auf die Bauzinsen ist ein vertragsmäßig bedungenes Gläubigerrecht, aber nicht ein Drittgläubigerrecht; Makower § 215 II b[2]. Es hat dieselbe Natur, wie der Anspruch auf die von der Generalversammlung festgesetzte Dividende und es besteht hier also dieselbe Meinungsverschiedenheit, wie dort. Vgl. Erl 5 b zu § 213. Selbst hier scheut die herrschende Lehre vor dem Gedanken nicht zurück, daß wenn die Gesellschaft vor Beendigung des Baues oder vor Auszahlung der Bauzinsen in Konkurs gerät, die Zinsforderung in gleichem Rang mit den Konkursgläubigern zum Zuge kommt; Staub-Pinner § 215[7].

c) Läßt man die notwendigen oder angemessenen Kosten der Geldbeschaffung allgemein als einen Teil der Herstellungskosten im Sinn des § 261 Z. 3 gelten, dann gehören hierzu auch die Bauzinsen; S. Keyßner in GZ 51, 532 ff. Doch ist das nicht unbestritten Staub-Pinner § 215[7]; Brand § 215[3], der sich auf Wendungen der Mot zur Nov. von 1884 bezieht, die nicht unbedenklich sind; wenn das vollendete Ganze auch einen höheren Wert hat, als die darauf gemachten Verwendungen, so verbietet doch § 261 Z. 3 gerade die Einstellung des Mehrwerts in die Bilanz; auch ist die Behauptung, daß zu den Herstellungskosten auch Zinsen vom verwendeten Geld gehören, in dieser Allgemeinheit nicht richtig.

d) Auf Bauzinsen dürfte auch § 289 BGB (Verbot des Anatozismus) anwendbar sein; Brand § 215, 3 c; Ritter § 215[6].

e) Die Behauptung Staub-Pinners § 213[12], daß die Bauzinsen im Zweifel dem Aktionär und nicht dem Dividendenscheininhaber zukommen, leuchtet nicht ein. Wenn für die Baujahre Dividendenscheine ausgegeben worden sind, sind vielmehr im Zweifel auf sie oder auch auf sie die Bauzinsen zu erheben. Das Wort: Aktionär im Absatz II besagt hierüber nichts. Auch der Abs I spricht von den Aktionären und gilt dabei doch auch von dem Dividendenscheininhaber.

§ 216.

Für wiederkehrende Leistungen, zu denen die Aktionäre nach dem Gesellschaftsvertrage neben den Kapitaleinlagen verpflichtet sind, darf eine den Wert der Leistungen nicht übersteigende Vergütung ohne Rücksicht darauf bezahlt werden, ob die jährliche Bilanz einen Reingewinn ergibt[1].

1. a) Die Nebenleistungs-A-Gesellschaften (§ 212) pflegen für die Nebenleistungen der Gesellschafter Vergütung zu zahlen, welche sofort bei der Lieferung oder wenn nicht sofort, so doch im Laufe des Geschäftsjahres fällig wird und zur Auszahlung kommt. Ob das mit den Vorschriften in §§ 213, 215 vereinbar ist, kann zweifelhaft erscheinen. Denn die Vergütung ist gesellschaftliche Leistung der A-Gesellschaft an den Aktionär als solchen und doch nicht Dividende, als welche allein gezahlt werden dürfte. Anderseits erfolgt sie nur gegen Leistung des Aktionärs, so daß das Vermögen der Gesellschaft keine Einbuße erleidet, sondern nur eine sachliche Verschiebung. Anders, wenn Leistung und Gegenleistung nicht gleichwertig sind. Anders auch, wenn die gelieferte Ware, bevor die Gesellschaft sie verwerten konnte, im Werte fällt, wenn sie verdirbt, verloren geht. Alle Zweifel beseitigt die positive Vorschrift des § 216: Es darf eine Vergütung gezahlt werden, aber nur eine den Wert der Leistung des Aktionärs nicht übersteigende und sie verbleibt dem Aktionär ohne Rücksicht darauf, ob und welchen Reingewinn die Bilanz des laufenden Jahres ergibt. Die Zahlung wird verbucht wie jede Zahlung an Dritte, welche der Gesellschaft Waren liefern oder Dienste usw. leisten. Es steht auch nichts im Wege, daß die Vereinbarung des Preises dem Vorstand überlassen bleibt. Nach RG 48, 104 ist es unzulässig, eine ziffermäßig einfürallemal festgesetzte Mindestvergütung zuzusichern. Zulässig ist es also, wenn es geschieht vorbehaltlich, daß der Wert der Leistung nicht tiefer sinkt oder wenn die Vergütung so bemessen ist, daß sie unter allen Umständen den Wert nicht übersteigt. Nicht ganz zutreffend Brand § 216, 2 b.

b) Es ist nicht ausgeschlossen, daß eine höhere Vergütung bestimmt wird. Doch liegt hierin eine Verfügung über Reingewinn. Es kann das daher nur durch das Statut oder zwar durch den Vorstand oder Aufsichtsrat, aber nur auf Grund einer hinreichend umschriebenen Ermächtigung im Statut, nicht dagegen durch einfachen Mehrheitsbeschluß der Generalversammlung geschehen; Ritter § 216. Auch ist die Auszahlung des den Wert überschießenden Betrages erst nach Jahresabschluß und Bilanzfeststellung zulässig. Werden dem Aktionär Rückstände aus der Produktion zurückgeliefert, von Rüben die Schlempe, bei Molkereien die Magermilch, so ist das von dem Wert der Lieferung abzusetzen; RG 48, 104. Zutreffend sagt Ebert, Die Nebenleistungs-A-Gesellschaft 84, daß der Vorstand durch Zahlung übermäßiger Vergütung gegen § 241 III verstößt, nur dürfte das nicht unter Z. 1 und noch weniger unter Z. 3 fallen, sondern unter Z. 2.

c) Entscheidend ist der Wert zur Zeit der Lieferung. Auch wenn die Gegenleistung im Voraus und auf längere Zeit hin bestimmt worden ist, darf sie nicht mehr voll gezahlt werden, wenn eine unverkennbare und entschiedene Konjunkturverschlechterung Tatsache geworden ist. — Durch Statutenänderung kann ein Überpreis bestimmt werden, wenn alle Aktionäre im Verhältnis ihres Aktienbesitzes gleichmäßig in der Lage sind, sich an den Leistungen zu beteiligen (vorbehaltlich der Reduktion nach Maßgabe des Jahresergebnisses).

d) Die herrschende Lehre nimmt an, daß der Anspruch des Aktionärs auf die Vergütung für beschaffte Leistungen Drittgläubigerrecht sei; Sievers DJZ 03, 88; Staub-Pinner § 216[6]; Brand § 216[3] d; Ritter § 216. Dafür spricht aus wirtschaftlichem Gesichtspunkt die Billigkeit, weil sie den Gegenwert darstellt für eine zum Gesellschaftsvermögen beschaffte Sonderleistung. Aber juristisch liegt es anders. In der A-Gesellschaft nach § 212 steht der Aktionär der A-Gesellschaft nicht wie in der früheren Form der Nebenleistungsgesellschaft als Dritter gegenüber. Das ist die Bedeutung und die Tragweite des § 212, daß es sich bei Leistung und Gegenleistung um die Abwicklung innerer gesellschaftlicher Rechtsverhältnisse handelt, welche die Gläubiger der Gesellschaft und ihre Ansprüche unberührt lassen. Nach Makower 216 III b hat der Anspruch dieselbe juristische Natur wie der Anspruch auf die festgestellte Dividende. Das ist richtig, wenn man diesen letzteren Anspruch richtig bestimmt (Erl 5 b zu § 213).

e) Auf Zahlung eines Mehrpreises während des Geschäftsjahrs oder allgemeiner, anders als auf Grund der festgestellten Jahresbilanz finden §§ 217, 241 III Z. 2, 249 Anwendung. Was an den Aktionär in dieser Weise während des laufenden Jahres ohne Rücksicht auf die Jahresbilanz gezahlt wird, muß er nach § 217 erstatten, gleich viel, ob er im guten Glauben gewesen ist.

§ 217.

Die Aktionäre haften für die Verbindlichkeiten der Gesellschaft[1], soweit sie den Vorschriften dieses Gesetzbuchs entgegen[2] Zahlungen von der Gesellschaft empfangen haben[3]. Was ein Aktionär in gutem Glauben als Gewinnanteil oder als Zinsen bezogen hat, ist er in keinem Falle zurückzuzahlen verpflichtet[4].

Ist über das Vermögen der Gesellschaft der Konkurs eröffnet, so wird während der Dauer des Verfahrens das den Gesellschaftsgläubigern gegen die Aktionäre zustehende Recht durch den Konkursverwalter ausgeübt[5].

Die nach diesen Vorschriften begründeten Ansprüche verjähren in fünf Jahren vom Empfange der Zahlung an[6].

1. Der § 217 ergänzt die in §§ 213—216 voraufgegangenen Schutzvorschriften, indem er den Gläubigern der A-Gesellschaft einen unmittelbaren Anspruch gegen die Aktionäre verleiht, welche den genannten Vorschriften und überhaupt Vorschriften des Handelsgesetzbuches zuwider Zahlungen von der Gesellschaft empfangen haben. Es ist das nicht ein Bereicherungsanspruch, sondern ein eigenartiger, lediglich auf positiver Satzung beruhender (quasi kontraktlicher) Anspruch auf Zahlung des gesetzwidrig empfangenen Betrages, gleichviel ob der Aktionär bereichert oder nicht bereichert ist. Dieser haftet nicht subsidiär nur für den Fall, daß von der Gesellschaft Zahlung nicht zu erhalten ist. Der Anspruch ist nicht dadurch bedingt, daß auch der Gesellschaft ein Anspruch auf Rückzahlung zusteht. Wo aber ein solcher besteht, haftet der Aktionär beiden Gläubigern nach § 428 BGB. Der Aktionär ist nur einmal schuldig zu zahlen. Zahlt er an die Gesellschaft oder an einen der Gläubiger, so ist er auch im übrigen befreit. Durch die Zahlung an einen Gläubiger kommt der volle Betrag auch der Gesellschaft zugute. Irgend eine Rangordnung unter den mehreren Gläubigern besteht nicht. Es ist auch gleichgültig, ob die Forderung des Gläubigers bereits bestand, als der Aktionär die unrechtmäßige Zahlung der Gesellschaft erhielt. Sind mehrere Gesellschaftsgläubiger vorhanden, was ja stets der Fall sein wird, so wird man auch hier die Vorschriften des BGB über die Gesamtforderung unmittelbar oder jedenfalls entsprechend anzuwenden haben. Durch Zahlung an einen der Gläubiger befreit sich der Aktionär auch den übrigen Gläubigern gegenüber. Auch durch Klageerhebung schützt ein Gläubiger sich nicht gegen die Gefahr, daß der Aktionär sich durch Zahlung an einen andern Gläubiger befreit, wie das nach gemeinem Recht der Fall war, nach § 428 Satz 2 BGB aber nicht mehr gilt. Darüber, wie der Schuldner sich gegen mehrfache Verurteilung schützen, bei mehrfacher Verurteilung helfen kann s. Planck BGB § 428[1]; Oertmann § 428[2] a. — Voraussetzung alles bisher Gesagten ist, daß dem klagenden oder überhaupt mit einem Anspruch gegen den Aktionär auftretenden Gläubiger eine Forderung gegen die A-Gesellschaft wirklich zusteht. Auch darüber muß gegebenen Falles im Prozeß zwischen Gläubiger und Aktionär entschieden werden. Selbst wenn im Verhältnis des Gläubigers zur A-Gesellschaft oder zwischen dem Gläubiger und einem andern in derselben Lage sich befindenden Aktionär — es wäre z. B. denkbar, daß das an einen Aktionär unrechtmäßig Gezahlte zur Befriedigung des Gläubigers nicht ausreicht — die Forderung des Gläubigers rechtskräftig festgestellt worden ist, würde darüber von neuem entschieden werden müssen.

2. Unrechtmäßig ist die Zahlung an den Aktionär gewesen, wenn sie unmittelbar gegen zwingende Vorschriften des Gesetzes verstößt, wohin namentlich auch der Fall gehört, daß die Gesellschaft im Verstoß gegen § 226 eigene Aktien erwirbt. S. §§ 213, 215, 216, 226, 241 III Z. 6, 289 IV, 301. Beruhte die Zahlung auf einem Beschluß der Generalversammlung, so gilt das gleiche, wenn dieser Beschluß nichtig war oder anfechtbar war und wirksam angefochten worden ist. Dagegen in letzterem Falle nicht, wenn die Anfechtung unterblieben ist. Denn indem das Gesetz die Anfechtung von Beschlüssen der Generalversammlung so, wie geschehen, geregelt hat, hat es die Entscheidung über Rechtmäßigkeit und Unrechtmäßigkeit der beschlossenen Maßregel in die Hände des Aktionärs gelegt; Staub-Pinner § 217[5, 7]. Anders aber nicht überzeugend Goldmann § 217[8]. Es ist richtig, daß die Generalversammlung nicht über einen Anspruch eines Gläubigers — sofern ein solcher besteht — verfügen kann und daß sie eine zu Unrecht erfolgte Auszahlung nicht durch einen Beschluß zu einer rechtmäßigen machen kann. Aber darum handelt es sich ja gerade, ob die Gläubiger einen Anspruch haben und ob die Auszahlung unrechtmäßig gewesen ist. Ist Einlage oder ohne jeden Rechtsgrund Geld an die Aktionäre zurückgezahlt, so kann das natürlich durch keinen Generalversammlungsbeschluß geheilt werden. Denn es ist gegen zwin-

gendes Recht und der Beschluß ist nichtig. Ist aber Gewinn ausgezahlt, so kann das unrechtmäßig gewesen sein nur entweder aus bilanzrechtlichen Gründen oder aus gesellschaftsrechtlichen. (S. Erl 7c zu § 213.) Auch auf einen Mangel ersterer Art haben die Aktionäre und ihre Beschlüsse keinen Einfluß, wohl aber auf Mängel der letztgenannten Art; hier ist das Beschlossene, wenn es nicht angefochten wird, rechtmäßig auch dann, wenn es hätte angefochten werden können. Mit Recht tritt Staub-Pinner § 217[19] der in RG 32, 96 gelegentlich getanen Äußerung entgegen, daß es für den Anspruch der Gesellschaft (und dann doch wohl auch der Gläubiger) nicht darauf ankommen könne, ob Anfechtung stattgefunden hat oder nicht.

3. a) Schuldner ist der Aktionär, welcher die unrechtmäßige Zahlung entgegengenommen hat, persönlich oder durch einen Beauftragten oder durch Jemanden, an welchen zu zahlen er die A-Gesellschaft oder deren Beauftragten angewiesen hat. Dabei ist es gleichgültig, ob der Aktionär die Aktie nach Empfang der Zahlung veräußert hat. Die Verpflichtung zur Rückzahlung des Empfangenen geht in diesem Fall auch dann nicht auf den Erwerber der Aktie über, wenn es sich um eine Namenaktie handelt und der Erwerb in das Aktienbuch eingetragen ist. Dagegen erfaßt der Wortlaut des Gesetzes den Fall nicht, wo an einen Zessionar des Aktionärs, also namentlich an einen dritten Inhaber des Dividendenscheines Dividende unrechtmäßig gezahlt worden ist. Hier haftet nicht der Aktionär, der keine Zahlung erhalten hat. Die Dinge liegen hier wesentlich anders als bei der Gesellschaft mbH. Vgl. Brodmann GGmbH § 31[1]. Des Empfängers der Zahlung habhaft zu werden, wird dem Gläubiger der Gesellschaft nicht leicht sein. Wenn es ihm aber gelingt und wenn der Empfänger des Geldes nicht in gutem Glauben gewesen ist, wird dieser den Betrag erstatten müssen. So die herrschende Lehre; Staub-Pinner § 271[1]; Makower 217[1] I c; Brand § 217[3] a; nicht so entschieden Lehmann-Ring § 215[3]. Daß das Gesetz nur vom Aktionär spricht, steht dem nicht entgegen; vgl. ROHG 18, 159. Dagegen kann auf Inhaber von Genußscheinen § 217 I Satz 1 keine Anwendung finden (vorausgesetzt, daß es sich nicht um nur eine falsche Bezeichnung von Aktionären handelt; s. Erl 9 a zu § 179). S. auch § 172 HGB. Die Haftung des Kommanditisten ist mit der gegenwärtigen Haftung eines Aktionärs nicht gleichartig; der Kommanditist haftet ohne weiteres für alle Verbindlichkeiten der Gesellschaft, wie ein offener Handelsgesellschafter, nur mit der Beschränkung auf seine Einlage.

b) Es handelt sich im § 217 I Satz 1 um eine Sondervorschrift, die daher nicht ausdehnend ausgelegt werden darf. Sie spricht nur von Zahlungen, d. h. Zahlungen von Geld. Auf Rückgewähr von Sacheinlagen und überhaupt auf Leistungen anderer Art an einen Aktionär findet die Bestimmung ebensowenig Anwendung, wie auf Verzichte der Gesellschaft; a. A. Makower § 217 I a 1; Brand § 217[3] a.

4. Der Satz 2 des Abs I ist ganz allgemein zu verstehen. Seine Stellung im Gesetz darf nicht zu der Annahme verleiten, daß das Gesagte nur gegenüber dem Anspruch eines Gesellschaftsgläubigers gelten solle: in keinem Fall ist der gutgläubige Aktionär zur Zurückzahlung empfangener Dividenden oder Zinsen verpflichtet; RG 77, 91. Es ist ein rein technisches, ziemlich übles Versehen, daß der alte Art. 218 bei der Redaktion von 1900 an diese Stelle gerückt worden ist; a. A. Lehmann-Ring § 217[4]. Das Gesetz spricht von Gewinnanteil und Zinsen. Im eigentlichen Sinn des Wortes können hier nur Bauzinsen in Frage kommen. Aber oft wird im Verkehr auch Zins genannt, was in Wahrheit Dividende sein soll. Es ist auch denkbar, daß tatsächlich, wenn auch unzulässiger und daher unwirksamer Weise einem Aktionär Zinsen zugesagt und gezahlt werden. Von allen diesen Fällen handelt die Vorschrift, RG 77, 91; a. A. Staub-Pinner § 217[10], dem nur insofern zuzustimmen sein dürfte, als geschäftserfahrene Personen nicht leicht in gutem Glauben sein werden, wenn sie sich auf ihre Einlagen wirkliche Zinsen ausbedingen oder zahlen lassen. — Dagegen darf die allgemeine Ausdrucksweise des Gesetzes nicht nach einer anderen Richtung verwertet werden. Gemeint ist immer nur der Fall, daß eine Dividende (oder Zinsen) an den Aktionär gezahlt wird, welche überhaupt nicht oder nicht in der Höhe wie geschehen, gezahlt werden durfte. Wird einem Aktionär Dividende gezahlt, obwohl sie ihm nicht geschuldet wurde, z. B. weil sie durch Aufrechnung bereits getilgt war oder weil er den Gewinnanspruch abgetreten hatte oder weil einem Anderen an der Aktie der Nießbrauch zustand, so muß er das Gezahlte auch zurückzahlen, wenn er gutgläubig gewesen ist. Auch der Fall gehört hierher, daß über die Natur der Zahlung Dissens bestand, der Aktionär meinte, Dividende zu erhalten, die Gesellschaft es dagegen anders meinte; a. A. Brand § 217, 3 d α. — Unter gutem Glauben ist daher hier zu verstehen, daß der Aktionär nicht wußte, daß die Auszahlung von Gewinn oder von Gewinn in der betreffenden Höhe gegen gesetzliche Vorschriften verstieß, und zwar es nicht wußte, als er die Zahlung empfing. Auch ein Rechtsirrtum kann Grundlage guten Glaubens sein; RG 77, 92. Grobe Fahrlässigkeit schließt den guten Glauben aus. — Bestritten ist, welche Partei in Beziehung auf den guten Glauben des Aktionärs die Beweislast trifft. Derselbe Streit herrscht gegenüber dem § 32 GGmbH. Hier wie dort wird anzunehmen sein, daß bei Auszahlungen von Gewinn oder Zinsen zur Grundlage des Anspruchs auf Rückzahlung die Behauptung und der Beweis gehören, daß der Aktionär nicht gutgläubig gewesen ist. So auch die herrschende Lehre; a. A. Makower § 217 I d; Hachenburg GGmbH § 32[5]. — Ist die Dividende nicht dem Aktionär, sondern

seinem Zessionar gezahlt worden, dann soll es nach Lehmann-Ring § 217[3] auf guten Glauben überhaupt nicht ankommen, weil das Gesetz nur den Aktionär schütze. Anders ROHG 18, 157 und die herrschende Lehre Staub-Pinner § 217[11].

5. Von dem Zeitpunkt, wo über das Vermögen der A-Gesellschaft der Konkurs eröffnet wird, gehört der Anspruch sämtlicher Gläubiger gegen den Aktionär auch dann zur Konkursmasse, wenn der Gesellschaft selbst ein Rückforderungsanspruch nicht zusteht. Vgl. RG 39, 62; Hagen in Gruch 42, 353 ff. Die Rechtsverfolgung steht nunmehr ausschließlich dem Konkursverwalter zu. Vgl. KO § 117. Ein Gläubiger, welcher gegen den Aktionär Klage erheben wollte, wäre mit ihr abzuweisen; RG 74, 429. Sind solche Klagen bereits im Gange, dann ist die Rechtslage nicht deutlich. Man steht vor einer singulären Bestimmung, über deren weitere Durchführung jede Vorschrift fehlt. Es handelt sich freilich um die Klage eines Konkursgläubigers, die aber nicht gegen den Gemeinschuldner, sondern gegen einen Dritten erhoben ist, etwa wie wenn ein Konkursgläubiger gegen einen Bürgen des Gemeinschuldners Klage erhoben hätte. Keine der Vorschriften der ZPO über Unterbrechung des Verfahrens trifft den Fall. Aber es gibt eine analoge Rechtslage. Das ist, wenn nach Erhebung einer Anfechtungsklage gegen einen Dritten über das Vermögen des Schuldners, dessen Rechtshandlung angefochten wird, der Konkurs eröffnet wird, § 13 des Ges v. 20. 5. 18. Dann wird das Verfahren unterbrochen. Das und die weiteren Vorschriften des § 13 cit. wird man auch hier anzuwenden haben; Jaeger KO §§ 207, 208[30].

6. Der Abs III handelt streng genommen nur von den Ansprüchen der Gesellschaftsgläubiger, nicht von dem Anspruch der Gesellschaft. Die Gesellschaft kann einen Anspruch auf Erstattung des Gezahlten niemals aus § 217 herleiten. Man wird aber mit Staub-Pinner § 217[23] annehmen, daß die Absicht, überhaupt die Verbindlichkeit des Aktionärs, von der hier die Rede ist, der kurzen Verjährung zu unterwerfen, nur schlecht zum Ausdruck gekommen ist. — Die Verjährung beginnt mit dem Zeitpunkt des Empfanges der Zahlung, gleichviel, wann die Forderung des Gläubigers entstanden ist. Die Ansicht Makowers § 217 III d, daß entsprechend dem in § 159 III HGB Bestimmten die Verjährung eines erst nach dem Empfang der Zahlung fällig werdenden Anspruchs mit dem Zeitpunkt seiner Fälligkeit beginne, ist abzulehnen. Jede Analogie zu dem Fall nach § 159 ist schon deshalb ausgeschlossen, weil der offene Handelsgesellschafter für Verbindlichkeiten, die nach seinem Ausscheiden begründet worden sind, nicht haftet. Hier würde der Aktionär, so lange die A-Gesellschaft besteht und noch 5 Jahre oder mehr darüber hinaus, nicht aufhören zu haften. Die Unterscheidung zwischen Gläubigern, deren Forderung zur Zeit der gesetzwidrigen Zahlung schon begründet war, und anderen, wäre ganz willkürlich. Ist der Anspruch des Gläubigers gegen die Gesellschaft verjährt, so kann der Aktionär, der nur haftet, wenn der Gläubiger einen Anspruch gegen die Gesellschaft hat, sich darauf jederzeit berufen. Das wird auch dann anzunehmen sein, wenn die zugunsten der Gesellschaft laufende Verjährung sich erst vollendet, nachdem der Gläubiger gegen den Aktionär Klage erhoben hat.

§ 218.

Ein Aktionär[1], der den auf die Aktie eingeforderten[2] Betrag nicht zur rechten Zeit einzahlt, hat Zinsen[3] von dem Tage an zu entrichten, an welchem die Zahlung hätte geschehen sollen. Die Geltendmachung eines weiteren Schadens ist nicht ausgeschlossen.

Im Gesellschaftsvertrage können für den Fall, daß die Einzahlung nicht rechtzeitig erfolgt, Vertragsstrafen[4] festgesetzt werden[5].

Ist im Gesellschaftsvertrage nicht ein Anderes bestimmt, so hat die Aufforderung zur Einzahlung in der Weise zu geschehen, in welcher die Bekanntmachungen der Gesellschaft nach dem Gesellschaftsvertrag erfolgen[6, 7].

1. a) Der § 218 (ebenso wie die anschließenden §§ 219—220) handelt ausschließlich von Aktien und Aktienrechten, auf welche Bareinlagen zu leisten sind. Es ist bei der Gründung der Gesellschaft und überhaupt bei der Ausgabe von Aktien nicht nötig, und auch nicht üblich, daß der ganze Betrag der Einlage sofort eingezahlt wird. Nur müssen nach der zwingenden Vorschrift des Gesetzes mindestens 25% eingezahlt werden, bevor es zur Anmeldung der Gesellschaft zum Handelsregister kommt, § 195 (entsprechend gilt dasselbe bei der Erhöhung des Grundkapitals § 284 III). Aus dem Wortlaut des § 218 und der Stelle, an welcher er im Gesetz steht, ist zu ersehen, daß, was er bestimmt, von dieser ersten Einzahlung nicht handelt. Er hat vielmehr nur den Fall im Auge, daß nach Entstehung der Gesellschaft Zahlungen auf die Einlage eingefordert werden und ein Aktionär der Zahlungsaufforderung nicht nachkommt; aber das schließt nicht aus, daß er auch auf die Einforderung der ersten Rate von 25% angewendet wird, wenn es versehentlich zur Eintragung der Gesellschaft gekommen ist, obwohl diese Rate nicht bezahlt war. S. unten Erl 7. Immer ist vorausgesetzt, daß die A-Gesellschaft als solche bereits besteht. Dagegen ist

nicht Voraussetzung, daß Aktien oder Interimsscheine ausgegeben worden sind; Lehmann-Ring § 218[1]; Makower § 218 I a; a. A. Staub-Pinner § 218[1]. Solange Aktienurkunden nicht ausgegeben worden sind, sind die Aktionäre und Schuldner der Gesellschaft individuell bekannt. Vor Eintragung der Gesellschaft in das Handelsregister können die Aktienrechte überhaupt nicht auf andere übertragen werden. Später können sie das. Aber solange nicht Aktienurkunden, und zwar solche, welche auf den Inhaber lauten, ausgegeben sind, stehen sie so zu sagen auf den Namen und eine Veräußerung ist wirksam nur mit Zustimmung der Gesellschaft möglich. Zum mindesten befreit sie nicht den Veräußerer von der Einlageschuld. Aber auch wenn Urkunden ausgegeben worden sind, ist für die Gesellschaft der Schuldner immer greifbar. Inhaberaktien kommen nicht in Frage, da solche erst nach Zahlung der ganzen Einlage ausgegeben werden dürfen. Bei Interimsscheinen aber und Namenaktien sind ebenfalls die rechtmäßigen Inhaber der Gesellschaft bekannt, sie sowohl als auch im Fall der Veräußerung ihre Rechtsnachfolger. Zweifelhaft ist die Rechtslage, wenn zu Unrecht Inhaberaktien ausgegeben worden sind, obwohl die Einlage noch nicht voll gezahlt war. Da solche Aktien nicht nichtig sind, kann der Eigentümer durch ihre Übertragung sich seiner Beteiligung an der Gesellschaft, seines Aktienrechts wirksam entäußern, wodurch dann die Gesellschaft ihres Anspruchs auf die ausstehende Einlage verlustig geht.

Diese Haftung der Aktionäre für die ausstehende Einlage wird in den §§ 218 ff. verschärft, zunächst in § 218 durch Bestimmung einer Zinsverpflichtung kraft Gesetzes und die Zulässigkeit von Vertragsstrafen für nicht rechtzeitige Erfüllung.

b) Schießt ein Aktionär Geld ein in die Gesellschaftskasse, so muß mangels ausdrücklicher Erklärung den Umständen entnommen werden, wie das gemeint ist. Eine Vermutung spricht weder dafür, daß es ein Darlehen sein soll, noch dafür, daß es für Rechnung noch ausstehender Einlage geschieht. Vgl. Recht 1914, 252. Hat aber der Aktionär in der Meinung, daß die Einlage gezahlt sei, freiwillig Zuschüsse geleistet, so sind diese, wenn jene Meinung sich als irrig erweist, auf die Einlage zu verrechnen; RG 105, 299. — Auf Zahlung des Einlagebetrages unter Vorbehalt braucht die Gesellschaft sich nicht einzulassen. Tut sie es, so nimmt der Vorbehalt der Zahlung die Bedeutung der Anerkennung der Schuld, nicht aber die tilgende Wirkung im Falle, daß die Einlage in Wahrheit geschuldet wurde.

2. Die einzuzahlende Rate muß „eingefordert" worden sein; RG 94, 64. Im Gesellschaftsvertrag (und entsprechend im Zeichnungsschein § 189 III Z. 3) können bestimmte kalendermäßig bezeichnete Termine vorgesehen sein. Es kann auch, wenn das nicht geschieht, im Gesellschaftsvertrag der Aufsichtsrat oder es kann der Vorstand ermächtigt werden, die Raten einzufordern (richtiger der Aufsichtsrat hat die Einforderung zu beschließen, die Erklärung muß immer vom Vorstand ausgehen). Ist auch das nicht geschehen, dann ist der ganze Betrag ohne Frist fällig und es ist Sache pflichtmäßigen Ermessens des Vorstandes, wann und wieviel jedesmal einzufordern ist. Unter allen Umständen, auch da, wo die Termine kalendermäßig bezeichnet sind, ist Einforderung durch den Vorstand erforderlich, damit der Zinsenlauf beginnt und die Gesellschaft nötigenfalls nach §§ 219 ff. weiter verfahren kann. Es kommt also die Regel: dies interpellat pro homme hier nicht zur Anwendung. Die Einforderung muß sich gleichmäßig gegen alle Inhaber von Aktien gleicher Emission und gleicher Gattung richten. Auch im Gesellschaftsvertrage kann nur gattungs- oder emissionsweise differenziert werden; a. A. RG 85, 367. Dagegen mit Recht Staub-Pinner § 218[11]; Makower § 218 II a, der mit Unrecht auch Differenzierung nach Gattung für unzulässig erklärt. Anders und wie hier Lehmann-Ring § 218, 3. Vgl. auch RG 65, 434. Das Recht auf gleichmäßige Behandlung kann nicht zu „bedenklichen und für die Gesellschaft möglicherweise gefährlichen Verwicklungen führen (RG a. a. O. 368), wenn der Vorstand, was ohne Schwierigkeit geschehen kann, sich mit dem Nachweis allgemeiner Einforderung versieht. Meist wird es sich um die ergangene öffentliche Bekanntmachung handeln (Abs III). Darum, ob die anderen Gesellschafter auch „schon gezahlt" haben, handelt es sich selbstverständlich nicht. Denn dann brauchte keiner von ihnen den Anfang zu machen. Übrigens gilt dieser Widerspruch gegen das RG nur den Gründen, nicht der Entscheidung. Sind in der öffentlichen Bekanntmachung die Aktien einzeln bezeichnet, auf welche Einlagen noch rückständig sind, so ist es Sache der Schuldner zu behaupten und zu beweisen, daß die Aufzählung nicht vollständig ist, wenn er hieraus einen Einwand herleiten will. Daß die Kaduzierung nach §§ 219 ff. nur generell gleichmäßig erfolgen kann, sagt RG a. a. O. ausdrücklich. Auch RG bei Bolze 22, 516 geht grundsätzlich hiervon aus; bezweifeln läßt sich, ob die Entscheidung richtig ist, daß der Aktionär daraus, daß anderen Aktionären vergleichsweise die Haftung erlassen worden ist, keinen Einwand herleiten kann, wenn es nach dem Stande der Dinge seiner Einlage auch ohne jenen Erlaß bedurft hätte. — Schon wegen dieses Erfordernisses gleichmäßiger Einforderung ist es ausgeschlossen, daß die Gesellschaft den Anspruch auf die Einlage an Dritte überträgt. Anders RG 102, 388; dagegen Oertmann zu JW 1921, 1456[5]. S. hierzu Brodmann GGmbH § 19[6] und unten Erl [6a]. Die Einforderung ist in demselben Sinn Willenserklärung und Rechtsgeschäft, wie die Mahnung. Nach allgemeinen Rechtsgrundsätzen müßte sie, um wirksam zu sein, jedem einzelnen Aktionär gegen-

über erklärt werden, wenn sie schriftlich erfolgt, ihm zugegangen sein; BGB § 130. Es ist das auch nicht unausführbar, weil es sich um Interimsscheine oder um Aktien handelt, welche auf den Namen lauten und die Aktionäre der Gesellschaft bekannt und für sie erreichbar sind. Es kann derartiges denn auch im Statut bestimmt sein. Ist das nicht der Fall, so kann nach der positiven Bestimmung des Gesetzes und soll nach ihr die Erklärung durch öffentliche Bekanntmachung in der Art, in welcher überhaupt die Bekanntmachungen der Gesellschaft geschehen, abgegeben werden.

Die Bekanntmachung muß nicht die Unterschrift der A-Gesellschaft aufweisen, wofern nur ersichtlich ist, daß sie vom Vorstand ausgeht; Bolze 5, 755. Aber sie muß doch die Gesellschaft erkennen lassen, daß sie von der Gesellschaft ausgeht, ferner die Aktien oder Aktionäre, auf welche sie sich bezieht. Sie ist Willenserklärung und unterliegt der Auslegung wie jede andere Willenserklärung.

3. Die Zinsen sind nicht Verzugszinsen, sondern gesetzliche (vgl. § 353 HGB). M. a. W. es kommt nicht darauf an, ob den Aktionär, der mit der Zahlung ausbleibt, ein Verschulden trifft. Das wurde auch schon nach früherem Recht angenommen, obwohl der Art. 184 den Ausdruck Verzugszinsen gebrauchte. Der Zinsfuß ist der gesetzliche, d. h. nach § 352 II HGB 5%. Der Anspruch auf Ersatz eines über den Zinsbetrag hinausgehenden Schadens ist dagegen nur begründet, wenn das Ausbleiben der Einzahlung auf einem Umstand beruht, den der Aktionär zu vertreten hat.

4. Ist eine Vertragsstrafe im Statut bestimmt, so kommen auf diese die §§ 339—345 BGB und § 348 HGB zur Anwendung. Sie ist nur verwirkt, wenn der Aktionär mit der Einzahlung in Verzug kommt. Der § 340 BGB, wonach der Gläubiger statt der Erfüllung die verwirkte Strafe verlangen kann, ist nicht anwendbar. Denn das würde das Recht der Gesellschaft bedeuten, auf Einforderung der Einlage zu verzichten und mit § 221 in Widerspruch stehen. Kommt es wegen Nichterfüllung zur Kaduzierung der Aktie, so schließt das nicht aus, daß der Aktionär die Vertragsstrafe wegen Verspätung der Erfüllung verwirkt. Im allgemeinen findet auch § 343 BGB Anwendung: die Strafe kann, wenn die dort bestimmten Voraussetzungen vorliegen, herabgesetzt werden; a. A. mit unzulänglicher Begründung Marcus in SeuffBl 70, 83. Ausgeschlossen ist das aber, wenn die Zeichnung der Aktie oder ihr Erwerb aus zweiter Hand durch einen Vollkaufmann im Betrieb seines Handelsgewerbes erfolgt ist (HGB § 348). Dabei kommt es immer auf die Persönlichkeit und das Anschaffungsgeschäft des jeweiligen Aktionärs an; Lehmann-Ring § 218[5]; Staub-Pinner § 218[7]; Brand § 218[3b]; a. A. Makower § 218 IV c. Ob ein Vorbesitzer Herabsetzung hätte fordern oder nicht fordern können, ist ohne Bedeutung. — Auch § 341 III BGB findet Anwendung: nimmt die Gesellschaft den Einlagebetrag an, so kann sie die Strafe nur verlangen, wenn sie sich das Recht dazu bei der Annahme vorbehält. Es steht auch nichts im Wege, daß die A-Gesellschaft auf die verwirkte Strafe verzichtet § 221. Nimmt sie den Einlagebetrag unter Vorbehalt entgegen, so kann sie trotzdem nicht unter Verrechnung des Gezahlten oder eines Teiles davon auf die Vertragstrafe wegen Ausbleibens des Restes zur Kaduzierung der Aktie schreiten, BGB § 366 II. — Hat die Gesellschaft einen den Betrag der Strafe übersteigenden Schaden erlitten, so kann sie Ersatz auch dieses Mehrbetrages fordern. Ebenso können neben der Vertragsstrafe Zinsen gefordert werden, aber nur soweit der Betrag die Strafe übersteigt; RG 9, 44. — Nur im ursprünglichen Gesellschaftsvertrag kann die Androhung von Vertragsstrafe bestimmt werden, durch Statutenänderung höchstens unter der Voraussetzung, daß ausnahmslos alle Aktionäre zustimmen.

5. Nach Fischer in EhrenbergsHH III. 1. S. 368 müssen Zinsen und Vertragsstrafe einem Reservefonds zugeführt werden. Das ist doch wohl nicht richtig. Es handelt sich — wenn auch generell geregelt — um Ausgleich des Schadens, welchen die Gesellschaft dadurch erlitten hat, daß sie das Geld nicht rechtzeitig bekommen hat. Das muß doch wohl über Gewinn- und Verlustkonto gehen. Zum mindesten gilt das von den Zinsen.

6. a) Kann der Anspruch der A-Gesellschaft auf die Einlage abgetreten werden? Die Frage ist hier dieselbe beim Anspruch der Gesellschaft mbH auf den Rest der Stammeinlage und hat vorwiegend in dieser Gestalt die Rechtsprechung beschäftigt. Das Reichsgericht hat sie schlechthin bejaht, zunächst RG 36, 113 ohne Angabe von Gründen; RG 76, 434 mit ausführlicher Begründung, ferner RG 85, 351 und dem hat sich die übrige Rechtsprechung widerspruchslos angeschlossen; OLG 24, 151; 27, 137; LZ 1914, 1401[4]; SeuffArch 69, 221. Es ist das denn auch herrschende Lehre. Daraus ergibt sich dann weiter, daß der Anspruch auch von der Gesellschaft verpfändet, gegen sie gepfändet werden kann, in welchem Fall der pfändende Gläubiger den Anspruch unabhängig davon soll geltend machen können, ob der Vorstand die Rate eingefordert hat; vgl. RG in LZ 1918, 857; DJZ 1911, 708; OLG 27, 137. Aber weder ist die Begründung überzeugend, noch das Ergebnis auch nur wünschenswert. Allerdings findet § 717 BGB nicht Anwendung, in welchem die charakteristische Gebundenheit der innern gesellschaftsrechtlichen Verhältnisse im Verkehr mit der Außenwelt bezüglich der bürgerlichen Gesellschaft zum Ausdruck kommt. Aber dieser Vorschrift liegt eben ein allgemeiner, mit dem Gesellschaftsverhältnis gegebener

Gedanke von sachlicher Bedeutung zu Grunde und es ist formalistisch, wenn dieser Gedanke unter dem Umstand verkümmern soll, daß die A-Gesellschaft juristische Persönlichkeit besitzt. Das natürliche Empfinden sträubt sich — und zwar ohne Unterschied, welche Form man für die Gesellschaft gewählt hat — gegen dieses Herausreißen des Anspruchs aus seinem gesellschaftlichen Zusammenhange, der ihm sein eigentümliches Gepräge gibt, und die juristische Deduktion widerlegt nicht dieses Gefühl, sondern bestätigt es. Es ist der § 399 BGB. der, genau betrachtet, der Abtretbarkeit positiv entgegensteht: eine Forderung kann nicht abgetreten werden, wenn die Leistung an den Zessionar nur unter Veränderung ihres Inhalts erfolgen kann. Ihres Inhalts, nicht ihres Gegenstandes. Das Reichsgericht bestreitet das. Aber mit Unrecht. Es ist doch ein ganz deutlicher und dabei sachlich bedeutsamer Unterschied, ob ich einem Unternehmer ein kleines Kapital gebe oder — mit anderen zusammen (der Zusammenhang mit dem Ganzen ist wie überhaupt bei der Gesellschaft, so auch bei der A-Gesellschaft ein wesentliches Moment des Schuldinhalts) — ein großes. Es ist ein deutlicher, dabei sachlich bedeutsamer Unterschied, ob ich das Geld einem Dritten gebe, oder einer Gesellschaft, *an der ich selbst beteiligt bin*. Durch die Abtretung begibt die Gesellschaft sich des Rechts, über die Einforderung zu beschließen, ein Beschluß, auf den der Schuldner mehr oder weniger Einfluß hat. Weiter und sachlich wichtiger: auch der Anspruch des Schuldners, nur gleichmäßig mit den übrigen Gesellschaftern herangezogen zu werden, wird ausgeschaltet. Und wie stünde es mit dem Recht der A-Gesellschaft, im Falle der Nichtzahlung das Kaduzierungsverfahrens einzuleiten, und dann ferner mit ihrem Anspruch gegen Rechtsvorgänger des Aktionärs. Der Zessionar kann diesen Weg nicht gehen, Ansprüche gegen die Regreßpflichtigen stehen ihm nicht zu (vgl. RG 86, 419, Bauer 22, 10), und von der Gesellschaft gilt dasselbe, da sie Gläubigerin nicht mehr ist (anders ohne Begründung SeuffArch 69, 221 München). Aber sie soll ja nicht verzichten können auf irgendwelche Ansprüche dieser Art. Man sieht deutlich, wie unlöslich der Zusammenhang der Ansprüche der Gesellschaft gegen die mehreren Aktionäre ist. Man wendet vielleicht ein, daß die Gesellschaft dieser Rechtsbehelfe und des Regreßanspruchs nicht bedarf, weil sie durch die Zessionsvaluta befriedigt ist. Gewiß, *wenn* sie das ist. Aber damit kommt man auf den Punkt, der allein schon unbedingt verbieten müßte, die Abtretung für zulässig zu erklären. Die Zession ist abstrakte Verfügung und kann ganz farblos in den verschiedensten juristischen Funktionen auftreten, entgeltlich und unentgeltlich, wenn entgeltlich, solvendi causa, credendi causa usw. Mit einem Schlage wird der A-Gesellschaft und zwar dem Vorstand in eigener Machtbefugnis, die ganze Skala dieser Möglichkeiten zugänglich gemacht, wird ihr ohne Grenzen die Freiheit eingeräumt, über eine Forderung zu verfügen, über die sie nach zwingender Vorschrift des Gesetzes eben nicht frei verfügen kann. Zum mindesten müßte also darauf bestanden werden, daß Zession nur gegen vollwertige Valuta zulässig wäre, während Pfändung unter allen Umständen ausgeschlossen bliebe. Denn wenn auch die Zwangsvollstreckung schließlich zur Tilgung der Schuld der Gesellschaft führen sollte, so wäre doch klar, daß in diesem Fall die Schuld der Gesellschaft nicht vollwertig gewesen ist. Sonst hätte sie es nicht zur Zwangsvollstreckung kommen lassen. Der einzige Beweisgrund des Reichsgerichts, der nicht ohne weiteres hinfällig erscheint, ist der Hinweis auf § 1 KO. Kann die Forderung nicht abgetreten werden, so kann sie auch nicht gepfändet werden und so würde sie dann auch nicht zur Konkursmasse gehören. Das letztere ist ausgeschlossen. Aber das Bedenken erledigt sich dadurch, daß die Gründe, auf welchen die Unübertragbarkeit des Anspruchs beruht, in dem Moment fortfallen, wo das Konkursverfahren über das Vermögen der Gesellschaft eröffnet ist. Alle jene Gründe beruhen auf dem Gedanken, daß es nicht angeht, den einzelnen Gesellschafter herauszugreifen und heranzuziehen, und fallen fort, wo das nicht in Frage kommt, wie es denn z. B. auch unbedenklich ist, daß die Gesellschaft bei einer Fusion mit ihrem ganzen Vermögen auch alle diese Ansprüche überträgt. Der Konkursverwalter ist ohne weiteres in der Lage, sämtliche Aktionäre heranzuziehen und kann auch nur so verfahren. Ist eine A-Gesellschaft in dem Zustand, daß sie sich nur noch durch Abtretung ihres Anspruchs auf die Einlage dieses oder jenes, eines oder mehrerer Aktionäre helfen kann, dann ist der Rechtszustand allein wünschenswert, der sie nötigt, auf dem hierfür gebotenen Wege zur gemeinsamen Befriedigung aller Gläubiger nach Verhältnis des Vorhandenen zu schreiten.

b) Gerät die *A-Gesellschaft in Konkurs*, dann liegt die Einforderung ausstehender Einlagen in den Händen des Konkursverwalters; JW 1896, 189, der gegen alle Aktionäre in gleicher Lage nur gleichmäßig vorgehen kann und nicht mehr einzufordern berechtigt ist, als — reichlich bemessen — zur Befriedigung der Gläubiger und Bestreitung der Kosten des Verfahrens erforderlich ist; RG 79, 175. Vgl. JW 1899, 305[15]; ZAktW 26, 68. Das gleiche gilt von den Liquidatoren, wenn die Gesellschaft aufgelöst wird. Vgl. OLG 13, 25; RG 45, 153; anders ROHG 22, 135. Zur Begründung der Klage gehört nicht, daß der Konkursverwalter die Rechnung aufmacht, die Unzulänglichkeit des Vermögens der A-Gesellschaft wird durch die Konkurseröffnung dargetan. Anderseits ist der Aktionär völlig außer Stande, auch nur bestimmte Behauptungen aufzustellen, geschweige denn Beweis zu erbringen, während der Konkursverwalter das Material in Händen hat und nur zu sprechen braucht. Dazu ist er denn auch verpflichtet. Er muß, wenn auch nur summarisch, den Stand der Masse darlegen, wenn der Einwand, daß mehr als nötig gefordert werde, erhoben wird. Anders JW a. a. O.; OLG 13, 25 (Köln); ZAktW 26, 68 (Celle). Vgl. hierzu die treffenden Worte Baum's in JW 1924, 545 Fußnote zu 3. S. ferner RG 45 Nr. 37a E. Vgl. auch RG 51, 38. Der Konkursverwalter ist bei der Einforderung der Einlage von Beschlüssen der Generalversammlung oder anderer Organe der Gesellschaft unabhängig; RG 45, 153. Er ist — was freilich allgemein nicht anerkannt wird — auch nicht gehalten, die im voraus bestimmten Termine einzuhalten, wenn das ohne Verzögerung des Konkursverfahrens nicht geschehen kann. Denn die in derartigen Bestimmungen des Statuts liegende Befristung der Aktionäre mit ihrem Gesellschaftsbeitrag setzt den ungestörten finanziellen Fortgang des Unternehmens, die Möglichkeit seiner Fortführung voraus. Dem macht, wie jede Auflösung der Gesellschaft, so auch die durch Konkurseröffnung ein Ende. Vom Moment der Auflösung an hat jeder Aktionär nur noch so viel zu zahlen, als zum Zweck der Liquidation erforderlich ist, das aber sofort oder doch alsbald. Vgl. RG 76, 438. — Der Aktionär, welcher vom Konkursverwalter in Anspruch genommen wird, braucht nur gegen Aushändigung der Aktienurkunde zu zahlen, wenn eine solche bereits ausgefertigt ist. Er hat aber keinen Anspruch darauf, daß eine Aktienurkunde ausgefertigt wird; RG 94, 64 (es darf aber mit dem Anspruch auf die A-Urkunde nicht das Recht auf die Beteiligung an der Gesellschaft verwechselt werden). Vgl. hierzu Jaeger in JW 1919, 190[11], der gegenüber der Wendung, daß der Aktionär an der bereits ausgefertigten, aber noch nicht begebenen Aktienurkunde Aussonderungsrecht nach § 43 KO habe, wohl mit Recht danach fragt, wieso die A-Gesellschaft nicht mehr Eigentum am Papier habe. S. auch RG 79, 175.

c) Bestritten ist die Rechtslage, wenn der Aktionär in Konkurs gerät. Eins sollte freilich nicht bestritten sein, nämlich, daß sich in der KO keine Bestimmung findet, welche den Fall trifft. Ist auch das Verhältnis ein gesellschaftsrechtliches, so ist es doch keine Gesellschaft nach bürgerlichem Recht, so daß § 28 KO nicht zutrifft. Noch weniger handelt es sich um einen zweiseitigen Vertrag im Sinn des § 17 KO, worunter der synallagmatische Vertrag auf Leistung gegen Gegenleistung zu verstehen ist. Mit diesem Irrtum (ROHG 19, 233; 25, 292; RG 2, 264; Lehmann-Ring § 218[8]; Brand § 218[5]) hat nunmehr auch die oberste Rechtsprechung in RG 79, 175 aufgeräumt. Vgl. auch RG 31, 21. Man ist also darauf angewiesen, die Frage aus dem Wesen der Sache zu entscheiden. Und das kann nur zur entsprechenden Anwendung des § 17 KO führen. Daß der Konkursverwalter die Aktie dadurch für die Masse retten kann, daß er die Einlage voll zahlt, wird allgemein anerkannt. Die A-Gesellschaft hat nicht das geringste Interesse daran, die Zahlung zurückzuweisen. Denn allerdings gilt das Gesagte nur, wenn die eingeforderte Rate die letzte ist. Andernfalls würde der Konkursverwalter wegen der weiteren Raten nach § 67 KO Sicherheit leisten müssen (anders mit nicht überzeugender Begründung Fischer in Ehrenbergs HH III 1, 372, anscheinend auch Staub-Pinner § 219[9]), wozu er sich wenigstens in den Fällen schwerlich entschließen wird, wo, wie bei den Aktien mancher Versicherungsgesellschaften, die Einforderung der restlichen Raten in weiter Ferne, oft überhaupt im Ungewissen liegt. Ist der Konkursverwalter nicht bereit, den vollen Betrag zu zahlen, dann würde es nach § 219 so liegen, daß die Gesellschaft zur Kaduzierung schreiten kann, aber nicht muß. (So RG 79, 178 und jetzt auch — was Goldschmit AG § 218[23] übersieht — Jaeger KO 5. Aufl. § 17[5]). Die Gesellschaft könnte also, wenn sie (einstweilen) von der Kaduzierung absieht, mit dem vollen Anspruch auf den eingeforderten Betrag oder den ganzen Rest als Konkursgläubiger auftreten. Aber das ist mit konkursrechtlichen Grundsätzen nicht vereinbar. Das Rechtsverhältnis ist ein gesellschaftsrechtliches, das fortdauernd Ansprüche und Verpflichtungen erzeugt, und kann als solches die Eröffnung des Konkurses nicht überleben, wenn die Konkursmasse nicht eintritt. In dieser Beziehung treffend RG 2, 264; auch Th. Wolff in LZ 1911, 881 ff. kommt über diesen Punkt nicht hinweg. Das zeigt sich, wenn man an den Fall denkt, daß es zum Zwangsvergleich kommt, ohne daß die Gesellschaft zur Kaduzierung geschritten ist. Staub-Pinner § 219[9] sagt, auch in diesem Falle brauche die Gesellschaft sich nicht mit der Akkordquote zu begnügen und dagegen die Aktie auszuhändigen, sie behalte vielmehr das Recht der Kaduzierung. Das ist doch nicht richtig. Mit der Akkordquote ist die Einlageschuld getilgt. Der § 221 steht selbstverständlich nicht entgegen, der nur den rechtsgeschäftlichen Verzicht verbietet. Die Folgerung wäre unabweislich, daß der Gemeinschuldner die Aktie zu vollem Recht behält, obwohl er die Einlage nicht voll gezahlt hat. Dieser Folgerung im Sonderfall, die unannehmbar ist, kann man nicht anders entgehen, als daß man allgemein gelten läßt, daß die Gesellschaft zur Kaduzierung schreiten muß und dann nur mit der Ausfallforderung an der Dividende teilnehmen kann. So im wesentlichen Behrend Lehrbuch § 120[19], auch Jaeger in den früheren Auflagen, geändert in 5. Aufl., während umgekehrt Th. Wolff in LZ 1911, 881 ff. der Gesellschaft die Kaduzierung versagt. Vgl. auch Fischer a. a. O. S. 373 Note 37 und die dortigen Zitate. Im Fall ROHG 25, 293 bleibt das Rechtsverhältnis ganz ungeklärt.

d) Ähnlich liegt es, wenn nach dem Ableben des Aktionärs die Erben sich auf die beschränkte Haftung berufen. Bleibt infolgedessen ein Teil der Einlage unbezahlt, dann muß die Gesellschaft zur Kaduzierung schreiten. Sie kann nicht die Zahlung der Quote verlangen, um gleichwohl dem

Erben das Aktienrecht auf die Dauer zu versagen. Auch kann das betreffende Aktienrecht nicht endgültig in der Luft schweben; a. A. anscheinend Makower § 221 II b.

7. Auf die im Gesetz vorgeschriebene Einzahlung der ersten 25% der Einlage finden die Vorschriften der §§ 218 ff. nicht Anwendung. Das wird allgemein anerkannt. RG 58, 55 hat in einem Fall, wo eine werdende Gesellschaft mbH vor ihrer Eintragung die Einzahlung einer weiteren Rate wirksam beschlossen hatte, entschieden, daß das Kaduzierungsverfahren zwar durch Mahnung hätte eingeleitet werden können, daß aber vor Eintragung der Gesellschaft weder die Kaduzierung ausgesprochen, noch auch nur die erneute Aufforderung und Androhung des Ausschlusses gemäß § 21 wirksam hätte geschehen können. Etwas entsprechendes kann bei der A-Gesellschaft nicht vorkommen. Auf jeden Fall bleibt es dabei, daß wegen der gesetzlich oder statutarisch vor der Eintragung der Gesellschaft zu zahlenden Einlage die Gründer oder der Vorstand ausschließlich auf die Leistungsklage angewiesen sind. Es steht aber nichts im Wege, daß nach Zeichnung der Aktien die Zuteilung unter der Bedingung erfolgt, daß bis zu einem bestimmten Zeitpunkt die Einzahlung erfolgt. Es müssen dann dieser Termin einerseits und die Geltungsdauer des Zeichnungsscheines (§ 189 III 2, 4) anderseits so gelegt werden, daß für anderweite Unterbringung der Aktien die Möglichkeit gewährt ist. Sind auch Sukzessivgründungen kaum noch praktisch, so doch nicht Erhöhungen des Grundkapitals, und auch hier liegt es so, daß auf die nach § 284 III erforderliche Einzahlung die §§ 218 ff. nicht anwendbar sind. Dagegen dürfte dann, wenn es zur Eintragung der Gesellschaft oder der Erhöhung des Grundkapitals kommt, ohne daß auf alle Aktien die erste Rate eingezahlt worden ist, der Kaduzierung der betreffenden Aktien nichts im Wege stehen.

§ 219.

Erfolgt die Einzahlung nicht rechtzeitig[1], so kann den säumigen Aktionären[2] für die Zahlung eine Frist mit der Androhung bestimmt werden, daß sie nach dem Ablaufe der Frist ihres Anteilsrechts und der geleisteten Einzahlungen verlustig erklärt werden.[3]

Die Aufforderung muß dreimal in den im § 182 Abs. 3 bezeichneten Blättern (Gesellschaftsblättern) bekanntgemacht werden[4]; die erste Bekanntmachung muß mindestens drei Monate, die letzte Bekanntmachung mindestens einen Monat vor dem Ablaufe der für die Einzahlung gesetzten Nachfrist erfolgen. Sind die Anteilsrechte nicht ohne Zustimmung der Gesellschaft übertragbar, so genügt an Stelle der öffentlichen Bekanntmachungen der einmalige Erlaß besonderer Aufforderungen an die säumigen Aktionäre; in diesen Aufforderungen muß eine Nachfrist gewährt werden, die mindestens einen Monat von dem Empfange der Aufforderung an beträgt.

Zahlt ein Aktionär den auf die Aktie zu leistenden Betrag ungeachtet der Aufforderung nicht ein, so ist er seines Anteilsrechts und der geleisteten Einzahlungen[6] zugunsten der Gesellschaft[7] verlustig zu erklären[5]. Die Erklärung erfolgt mittels Bekanntmachung in den Gesellschaftsblättern.

An Stelle der bisherigen Urkunde ist eine neue auszugeben, die außer den früher geleisteten Teilzahlungen den eingeforderten Betrag zu umfassen hat[9]. Wegen des Ausfalls, den die Gesellschaft an diesem Betrag oder an den später eingeforderten Beträgen erleidet, bleibt ihr der ausgeschlossene Aktionär verhaftet[8. 10. 11].

1. a) Wenn ein Aktionär die eingeforderte Einlage nicht zahlt, stehen der A-Gesellschaft zwei Wege offen. Sie kann mit Klage gegen ihn vorgehen. In dieser Beziehung gilt nichts besonderes. Sie kann aber auch zur Kaduzierung der Aktie schreiten, d. h. sie kann — in bestimmt vorgeschriebenem Verfahren — den säumigen Aktionär seines Anteilsrechts und der bereits geleisteten Einzahlungen für verlustig erklären. Das Aktienrecht bleibt bestehen, wird aber dem Aktionär entzogen. Die Gesellschaft „kann", so sagt das Gesetz, zur Kaduzierung schreiten, aber sie muß es nicht, RG 79, 178; 27, 53. Hat sie das Verfahren eingeleitet, so hat sie keine Veranlassung, die säumigen Aktionäre oder einzelne von ihnen auf Zahlung zu verklagen. Aber rechtlich wäre sie daran nicht gehindert. Denn nach wie vor schuldet der Aktionär den Betrag; erst mit der Erklärung der Kaduzierung wird seine Haftung zur Ausfallhaftung und jedenfalls eine Verurteilung zur Zahlung wäre erst möglich, nachdem sich herausgestellt hat, wie groß der Ausfall ist, den die Gesellschaft erleidet. Ebenso kann die Gesellschaft, nachdem sie einen oder mehrere Aktionäre verklagt hat, sich noch immer zur Kaduzierung entschließen, was dann zur Folge hat, daß die Klage, wenn es nicht gelingt, das Prozeßverfahren auszusetzen, bis sich der Ausfall ergeben hat, abge-

wiesen wird. Es kann auch die Gesellschaft guten Grund haben, gegen einen einzelnen Aktionär zunächst mit Klage vorzugehen, nämlich wenn Streit besteht, wer der Schuldner ist oder ob nicht schon gezahlt ist usw. — Anderseits wird in der Regel für den Aktionär Anlaß zu einer Feststellungsklage gegeben sein, wenn gegen ihn zu Unrecht das Kaduzierungsverfahren eingeleitet worden ist; Staub-Pinner § 219[6].

b) Die Kaduzierung findet nur wegen rückständiger Geldeinlagen, nicht auch wegen Sacheinlagen statt, bei diesen auch dann nicht, wenn sich der Anspruch der Gesellschaft auf die einzubringende Sache in einen Geldanspruch verwandelt hat; vgl. RG 68, 273; ferner nur wegen der Einlage selbst, nicht auch wegen Nebenforderungen, Zinsen, Vertragsstrafe, auch nicht wegen etwaiger Nebenverpflichtungen gemäß § 212, nicht wegen Ansprüche auf Rückzahlung zu Unrecht ausgezahlten Geldes (vgl. § 217). Dagegen ist der Anspruch der Gesellschaft auf das Agio Anspruch auf einen Teil der Einlage. Zwar muß das Agio bezahlt sein, bevor die Aktie entstehen kann. Aber es kann vorkommen, daß das unterbleibt und gleichwohl die Gesellschaft oder die Kapitalerhöhung in das Handelsregister eingetragen wird; Goldschmit § 219[1]; a. A. Hachenburg GGmbH § 21[1].

2. In der Regel wird es sich bei Einforderung von Stammeinlage um eine Mehrzahl, meist um eine große Anzahl von Aktien handeln, und wenn die Gesellschaft sich zur Kaduzierung entschließt, muß sie damit gleichmäßig gegen alle säumigen Aktionäre vorgehen; RG 85, 368. Mit Unrecht bestritten von Ritter § 219[2]; der gesellschaftsrechtliche Grundsatz der gleichmäßigen Heranziehung erfordert doch wohl, daß, wenn mit Kaduzierung vorgegangen wird, einzelne nicht damit verschont werden. Anders nur, wie schon gesagt, wenn besondere Veranlassung gegeben ist, gegen einen Aktionär auf Zahlung zu klagen.

3. Erste Voraussetzung ist, daß dem säumigen Aktionär eine Nachfrist gesetzt wird. Säumig ist er, wenn er auf Einforderung der Einlage nicht zahlt. Es ist dieselbe Voraussetzung, unter welcher nach § 218 der Aktionär zur Verzinsung des Betrages verpflichtet ist. Es kommt also namentlich auch darauf nicht an, ob den Aktionär ein Verschulden trifft. Mit der Setzung der Frist muß die Androhung der Kaduzierung verbunden sein. Diese Erklärungen können nicht mit der Einforderung der Einlage, von welcher § 218 handelt, verbunden werden, setzen vielmehr voraus, daß die Einforderung stattgefunden hat. Vgl. OLG 19, 370 und 371. Sie abzugeben ist unter allen Umständen ausschließlich Sache des Vorstandes. Es wäre denkbar, daß im Innenverhältnis der Vorstand an eine Entschließung des Aufsichtsrats oder der Generalversammlung gebunden wäre. Im allgemeinen aber ist es Sache pflichtmäßigen Ermessens des Vorstandes (§ 241), wie er sich entschließen will. Gerät die Gesellschaft in Konkurs, so steht die Entscheidung beim Konkursverwalter, wird die Gesellschaft in anderer Weise aufgelöst, beim Liquidator. Vgl. Erl 6b zu § 218.)

4. a) Nachfristsetzung und Androhung des Rechtsverlustes müssen — abgesehen von einer Ausnahme — durch öffentliche Bekanntmachung geschehen. Die Bekanntmachung muß drei Mal in den Gesellschaftsblättern, also unbedingt auch drei Mal im Deutschen Reichsanzeiger erfolgen. Die Frist muß zugleich mindestens 3 Monate von der ersten und 1 Monat von der letzten Bekanntmachung an betragen. Es muß also ein nach dem Kalender bezeichneter Tag sein, bis zu welchem die Frist läuft. Eine Frist ist mit der Aufforderung, „prompt" zu zahlen, nicht gesetzt; OLG 19, 369 (Cöln). Handelt es sich um vinkulierte Namenaktien, so kann an Stelle der öffentlichen Bekanntmachungen die Erklärung persönlich den einzelnen Aktionären gegenüber abgegeben werden; es kann das geschehen, aber es muß es nicht; hier beträgt die Nachfrist mindestens einen Monat nach dem Zugang der Erklärung. Es liegt in der Natur der Sache, daß die Erklärung schriftlich abgegeben wird. Einfacher Brief genügt. Doch wird die Gesellschaft darauf bedacht sein müssen, den Nachweis der ergangenen Aufforderung in Händen zu haben.

b) Der Inhalt der Bekanntmachung oder individuellen Aufforderung muß so gehalten sein, daß der lesende Aktionär mit Sicherheit erkennen kann, um was es sich handelt und wen es angeht. Solenne Worte sind nicht vorgeschrieben. Wohl aber müssen einmal die Aktien, welche in Frage kommen, in einer für die Aktionäre unmißverständlichen Weise bezeichnet sein, also wenn es sich nicht um komplette Serien handelt, stückweis nach Nummern, sodann muß der drohende Rechtsverlust mit aller Deutlichkeit zum Ausdruck kommen. Am besten gebraucht man die Worte des Gesetzes: Verlust des Anteilrechts und der geleisteten Einzahlungen. Jedenfalls ist der Ausdruck Kaduzierung im Verkehr so allgemeingebräuchlich nicht, daß er ohne die Gefahr, nicht verstanden zu werden, verwendet werden könnte. Die Angabe der Nummern kann nichts nützen, wenn die Aktionäre selbst die Nummern noch nicht kennen; Bolze 5, 755. Dann muß generelle Bezeichnung genügen, obwohl sie zu Mißverständnissen führen kann. Vgl. die Ausführungen in OLG 1, 435 (KG), die wohl mit Unrecht von Staub-Pinner § 219[3] bekämpft, von Goldmann § 219[8] nicht beachtet werden.

5. a) Der Rechtsverlust tritt nicht mit Ablauf der Frist kraft Gesetzes ein, es bedarf vielmehr der hierauf gerichteten Willenserklärung der Gesellschaft, welche, für jeden Dritten ersichtlich, die Aktien kennzeichnen muß, auf welche sie sich beziehen; OLG 1, 435 (KG). Es handelt sich um

ein Gestaltungsrecht des Gläubigers. So lange die Erklärung nicht abgegeben worden ist, tritt Rechtsverlust nicht ein, der Aktionär bleibt zur Einzahlung verpflichtet, primär verpflichtet und wendet auch durch verspätete Einzahlung die Kaduzierung ab. — Die herrschende Lehre nimmt an, daß die Kaduzierung, nachdem sie eingeleitet worden ist, auch durchgeführt werden müsse; RG 27, 53; Staub-Pinner § 219²; Brand 219² B; Fischer in EhrenbergsHH III, 1, 371; Goldmann 219⁴; Lehmann-Ring § 219³; OLG 6, 191 (Celle); Goldschmit AG § 219⁴; a. A. Makower § 219 I a; Ritter § 219². Vgl. hierzu Mot. c. 1884 S. 44: „Ist aber die förmliche Ausschreibung zum Zweck der Kaduzierung beschlossen und erfolgt, und bleiben trotzdem Aktionäre mit der Zahlung säumig, so darf es nicht mehr vom Belieben der Gesellschaft abhängen, den einen Aktionär seiner Rechte zu entsetzen, den andern im Besitz derselben zu belassen." Das heißt also, die Gesellschaft hat die Wahl, ob sie mit Kaduzierung vorgehen will. Tut sie es, so darf sie nicht einzelne Aktionäre damit verschonen; OLG 1, 435 (KG). Vgl. auch OLG 6, 191 (Celle). Das ist also etwas anderes als die herrschende Lehre behauptet. Die Gesellschaft ist weder genötigt, das eingeleitete Verfahren bis zu Ende durchzuführen, sofern sie nur ohne Ausnahme von der Durchführung absieht, noch ist sie gehindert gegen einzelne, die sie für zahlungsfähig hält, auf Leistung zu klagen; RG 85, 367. Das Urteil RG 51, 416 ist nicht ohne weiteres maßgeblich, weil die Rechtslage bei der Gesellschaft mbH nicht die gleiche ist. S. Brodmann GGmbH § 21⁴; OLG 22, 15. Eine andere Frage ist, inwiefern der Vorstand der Gesellschaft gegenüber verpflichtet ist, das Kaduzierungsverfahren wie einzuleiten so auch bis zu Ende durchzuführen.

b) Der Aktionär kann auch nach Ablauf der Nachfrist, solange die Ausschließung noch nicht öffentlich bekannt gemacht worden ist, diese durch Zahlung des eingeforderten Betrages abwenden. Vgl. RG in Holdh 12, 154 (unrichtig BauersZ 18, 207); auch durch Aufrechnung, soweit eine solche überhaupt zulässig ist; RG in DJZ 1903, 345. Hier, wo die Kaduzierung durch öffentliche Bekanntmachung erfolgt, wird anzunehmen sein, daß das nach Ablauf der Frist gezahlte Geld so zeitig bei der Gesellschaft eintreffen muß, daß diese die Bekanntmachung noch zurückziehen oder — was meist in Frage kommen wird — die entsprechende Änderung der Bekanntmachung veranlassen kann.

c) Durch Teilzahlung kann die Kaduzierung nicht abgewendet werden. Es ist aber nicht Teilzahlung, wenn der Aktionär nur die Einlage und nicht zugleich die aufgelaufenen Zinsen zahlt. Die Leistung kann nur so verstanden werden, daß damit die Hauptschuld getilgt werden soll; BGB § 367 Abs II. — Trifft das Geld zu spät ein, so kann die Gesellschaft es nicht behalten, weil sie es auf die Ausfallschuld noch nicht verrechnen kann; a. A. Brand § 220, 2 A α β. — Die Erklärung des mit der Kaduzierung eintretenden Rechtsverlustes ist eine Willenserklärung, die wie ihre Androhung in der Form einer öffentlichen Bekanntmachung wirksam abgegeben wird. Stets und in erster Linie erforderlich ist Bekanntmachung im Reichsanzeiger (s. den Wortlaut in § 182 II) und der Zeitpunkt, in welchem dort die Bekanntmachung erscheint, dürfte der entscheidende auch dann sein, wenn noch andere Gesellschaftsblätter existieren, vorausgesetzt nur, daß auch in ihnen die Bekanntmachung erfolgt. Eine Frist, innerhalb welcher nach Ablauf der Nachfrist die Kaduzierung auszusprechen ist, hat das Gesetz nicht bestimmt. Es ist das eine Sache pflichtmäßigen Ermessens des Vorstandes. Da die Gesellschaft auf ihren Anspruch nicht verzichten kann und ihn in der gewählten Form der Kaduzierung geltend machen muß, kann darin kein wirksamer Verzicht liegen, daß die Erklärung ungebührlich lange verzögert wird; OLG 6, 191 (Celle); a. A. Makower § 219 III; OLG 1, 435; Staub-Pinner § 219⁴; Goldschmit § 219, 9.

d) Ist die Kaduzierung ausgesprochen, so kann sie nicht daraufhin rückgängig gemacht werden, daß der Aktionär nachträglich die Zahlung anbietet; Staub-Pinner § 220¹⁰.

6. a) Der Aktionär ist seines Anteilsrechts für verlustig zu erklären, seines Anteilsrechts und der geleisteten Einzahlungen, wie das Gesetz der Deutlichkeit halber hinzusetzt. Es handelt sich nicht etwa um ein Ausscheiden des Gesellschafters unter anschließender vermögensrechtlicher Auseinandersetzung, sondern um vollständigen Rechtsverlust. Der Ausgeschlossene hört von jetzt an auf, Aktionär zu sein. Alle seine Rechte erlöschen, nicht auch seine Verpflichtungen gegen die Gesellschaft. Im allgemeinen erschöpft sich, was an Verpflichtung des Aktionärs denkbar ist, in der Verpflichtung, den an der Einlage noch fehlenden Betrag sowie etwaige Erweiterungen, Zinsen, verwirkte Vertragsstrafe zu zahlen. Dagegen ist bei Nebenleistungsaktiengesellschaften anzunehmen, daß die Verpflichtung zu Leistungen, welche zur Zeit der Kaduzierung noch nicht fällig waren, ebenfalls erlöschen. Der Anspruch auf den Gewinn des laufenden Jahres geht dem Kaduzierten verloren. Ebenso aber auch der Gewinn des verflossenen Jahres, wenn zur Zeit der Kaduzierung die Gewinnverteilung noch nicht beschlossen war. Ob auch dann, wenn das Gegenteil der Fall ist, hängt davon ab, ob man den Anspruch des Aktionärs für ein Drittgläubigerrecht ansieht oder nicht (s. Erl 5 b zu § 213). Nimmt man mit der herrschenden Lehre ersteres an, dann bleibt der Dividendenanspruch von der Kaduzierung unberührt. Anders aber und zutreffend Hachenburg GGmbH § 21²⁴. — Diese Folgen treten ein, gleichviel ob Dividendenscheine ausgegeben sind, welche auf den Inhaber lauten. Vgl. § 228 II. Jedenfalls kann auch in diesem Fall die Gesellschaft gegen den Dividendenschein alle Einwendungen aus dem gesellschaftsrechtlichen

Verhältnis, also auch Aufrechnung geltend machen. — Auch Rechte Dritter an der Aktie, namentlich also vertragsmäßige oder Pfändungspfandrechte gehen unter, nicht weil das Aktienrecht untergeht, was nicht der Fall ist, sondern weil das Pfandrecht an einem Gesellschaftsanteil die Entwicklung und Abwicklung des gesellschaftsrechtlichen Verhältnisses über sich ergehen lassen muß. So hindert denn auch die Eröffnung des Konkurses über das Vermögen des Aktionärs die Kaduzierung nicht. S. Erl 6 c zu § 218. Dagegen werden neben dem Gesellschaftsverhältnis hergehende Rechtsverhältnisse (Kauf, Miete, Gesellschaft nach bürgerlichem Recht usw.) durch die Kaduzierung nicht betroffen, können aber mittelbar durch sie berührt werden; es kann Rücktritt, Kündigung begründet erscheinen u. ä. Steht dem Aktionär ein Geldanspruch dieser Art zu, dann kann die Gesellschaft, wenn ihre Schuld vollwertig ist, aufrechnen. Vgl. OLG 27, 137; und daran wird sie auch dadurch nicht gehindert sein, daß nach der Kaduzierung der Aktionär nur noch für den Ausfall haftet.

b) Solange als die Kaduzierung der Aktie nicht erklärt worden ist, ist ihr Eigentümer vollberechtigtes Mitglied der Gesellschaft. Namentlich kann ihm deshalb, weil er mit einer Rate der Einlage im Rückstand ist, nicht die Teilnahme an der Generalversammlung und an den Abstimmungen versagt werden; GZ 43, 323, 190 (Karlsruhe); Lehmann-Ring § 219[3].

7. Der ausgeschlossene Aktionär geht seines Rechtes verlustig zugunsten der Gesellschaft. Die juristische Konstruktion des Rechtsvorganges macht Schwierigkeit. Die Frage ist hier dieselbe, wie bei der Gesellschaft mbH GGmbH § 21 II. Die Theorie Hachenburgs § 21[25] ff., wonach mit der Kaduzierung der Geschäftsanteil aufgehoben und, wenn die Gesellschaft nach § 23 das. zum Verkauf schreitet, ein Geschäftsanteil von neuem geschaffen wird, ist abzulehnen. Geschäftsanteile, wie auch Aktien können nicht wohl anders zur Entstehung kommen, als auf dem vom Gesetz bestimmten Weg der Gründung der Gesellschaft oder der Erhöhung von Grund- oder Stammkapital. Auch praktisch ist es unannehmbar. Es müßte z. B., wenn zwischen Kaduzierung und Verkauf der Jahresabschluß und die Genehmigung der Bilanz fällt, der Gewinn, der auf den kaduzierten Geschäftsanteil, hier auf die Aktie entfällt, auf die übrigen Gesellschafter verteilt werden, was sachlich ganz grundlos wäre. Unannehmbar ist auch der Gedanke, daß im Falle, daß der in Anspruch genommene Rechtsvorgänger des Ausgeschlossenen nach § 220 I das Aktienrecht erwirbt, der Zwischenbesitz des Ausgeschlossenen vernichtet wird, so daß es so anzusehen wäre, als hätte der Rechtsvorgänger überhaupt nicht aufgehört, der Berechtigte zu sein. Das wäre reine Fiktion, die obendrein mit dem was gilt, z. B. der fortdauernden Haftung des Ausgeschlossenen in Widerspruch stünde. Vielmehr geht tatsächlich, ganz wie das Gesetz es sagt, die Aktie auf die Gesellschaft über. Nur ist das Recht an ihr, welches die Gesellschaft erwirbt, besonderer Art. Es ist nicht an dem, daß wie es in Recht 1914, 684 lautet, nur die passive Seite des Rechtsverhältnisses fortdauert. Es nimmt die Aktie auch in der Hand der Gesellschaft am Gewinn teil. Aber die Aktie führt zeitweilig allerdings nur ein Dasein aus Bedürfnis der Konstruktion, durchaus verschieden von einem Rechtserwerb nach § 226. Die Gesellschaft kann sie weder als Aktivum buchen noch den auf sie entfallenden Gewinn für sich beziehen, solange noch ein Übergang auf Dritte nach § 220 I Satz 3 III in Frage kommt. Die mit der Aktie verbundenen Rechte und Pflichten gehen auf den Erwerber über, wie wenn er unmittelbar in Anschluß an den Ausgeschlossenen Aktionär geworden wäre. Er ist an den Geschäftsergebnissen des verflossenen Jahres genau so weit beteiligt, wie der Vorbesitzer durch die Kaduzierung davon ausgeschlossen ist; daran kann auch durch die Versteigerungsbedingungen nichts geändert werden, die Gesellschaft kann sich nicht den Jahresgewinn vorbehalten, weil damit zum Nachteil der Haftenden der Verkaufserlös beeinträchtigt würde.

8. Während die Rechte des Aktionärs mit seiner Ausschließung erlöschen, bleibt seine Haftung auf die Einlage im vollen Umfang, auch soweit sie noch nicht eingefordert ist, bestehen. Doch wandelt sich diese Haftung um zur subsidiären, sodaß also, wenn er um die Kaduzierung abzuwenden, aber zu spät zahlt (s. oben Erl 5 b), ihm das Gezahlte zurückgegeben werden muß. Die Verzinsung nach § 218 und wegen Verzuges hört mit der Ausschlußerklärung auf. So die herrschende Lehre; Behrend § 120[24]; Staub-Pinner § 220[14]. Seine Haftung erstreckt sich nur auf den Ausfall, welchen die Gesellschaft an der Einlage erleidet. Ist die Aktie durch mehrere Hände gegangen, so haften zunächst der oder die Rechtsvorgänger auf die eingeforderte Rate; wenn das nicht zum Ziele führt oder wenn Rechtsvorgänger, welche in Anspruch genommen werden können, d. h. welche in das Aktienbuch (§ 222) eingetragen sind, nicht vorhanden sind, ist zur öffentlichen Versteigerung der Aktie zu schreiten und erst nach dieser oder wenn die Versteigerung als aussichtslos unterbleiben darf, kann der Ausgeschlossene in Anspruch genommen werden. Vgl. RG 85, 240. Es ist zu beachten, daß die in § 220 I Satz 2 aufgestellte Vermutung hier im Verhältnis zum ausgeschlossenen Aktionär nicht gilt. — Der Einwand, daß ein Rechtsvorgänger zahlungsfähig sei, kann bis zur letzten, mündlichen Verhandlung vorgebracht werden. Vgl. SeuffArch 72, 198. Doch wird das — vorausgesetzt, daß die Gesellschaft nach dem Gesetz vorgegangen ist — nur gelten können, wenn sie den Rechtsvorgänger noch belangen kann, namentlich also, wenn sie die Aktie noch nicht versteigert hat. Begibt die Gesellschaft sich des Rück-

griffs auf einen Rechtsvorgänger dadurch, daß sie die Aktie versteigert, bevor sie diesen in der vorgeschriebenen Weise herangezogen und ihm so die Gelegenheit geboten hat, die Aktie zu erwerben, so ist sie auch des Anspruchs gegen den Ausgeschlossenen verlustig. Zwar hat letzterer keinen Anspruch darauf, daß ihm gegen Zahlung der Einlage die Aktie zurückgewährt wird. Aber er haftet erst nach Heranziehung seines Rechtsvorgängers und diese hat die Gesellschaft verpaßt. Der § 221 hat nur rechtsgeschäftliche Verfügungen zum Gegenstand und schließt einen Rechtsverlust kraft Gesetzes nicht aus. Zum mindesten muß der Anspruch der Gesellschaft davon abhängig sein, daß sie den Nachweis führt, daß der Rechtsvorgänger tatsächlich außer Stande gewesen wäre, zu zahlen. — Die Ausfallschuld des Ausgeschlossenen behält den Charakter der Schuld auf Einlage, so daß dieser gegen sie nicht mit einer Gegenforderung aufrechnen kann (§ 221). Vgl. RG 98, 276. Ist die kaduzierte Aktie anderweit untergebracht und tritt der Fall ein, daß wegen einer späteren Rate abermals Kaduzierung stattfindet, so hat wegen dieser und der folgenden Raten die Gesellschaft nunmehr zwei Ausfallschuldner, welche nebeneinander auf das Ganze, also solidarisch haften. Bleibt der Versteigerungserlös hinter dem eingeforderten Betrag zurück, so gilt dieser dem Erwerber der Aktie gegenüber gleichwohl als voll bezahlt. Ergibt die Versteigerung einen Überschuß, so verbleibt dieser der Gesellschaft. Auch der Käufer der Aktie hat nicht den Anspruch darauf, daß der Überschuß auf einen etwa noch ausstehenden, noch nicht eingeforderten Rest der Stammeinlage verrechnet wird. Und ebensowenig der Ausgeschlossene. Denn der Preis, welchen der Erwerber der Aktie zahlt, ist der Gegenwert für die nicht voll eingezahlte Aktie.

9. Da durch die Kaduzierung das Aktienrecht an sich nicht berührt, vielmehr nur dem in der Zahlung säumigen Aktionär entzogen wird, müßte nach allgemeinen Rechtsgrundsätzen angenommen werden, daß auch die ausgegebene Aktienurkunde zu Recht bestehen bleibt und nur auf den Namen des Erwerbers umgeschrieben werden muß. Das positive Gesetz bestimmt, nicht ausdrücklich aber unmißverständlich, daß die ausgegebene Aktienurkunde kraftlos wird. Es ist an ihrer Stelle eine neue Aktie auszugeben. Daß sie dieselbe Nummer trägt wie die alte, ist nicht vorgeschrieben, wäre auch wenig zweckmäßig, weil die Aktie unter dieser Nummer mit dem Stigma der öffentlichen bekannt gemachten Kaduzierung behaftet ist und die Unterscheidung, welche darin liegt, daß die neue Urkunde den höheren Betrag der erfolgten Einzahlungen aufweist, wenig sinnfällig ist. Daher erscheint es auch mindestens bedenklich, daß die Gesellschaft die alte Urkunde, wenn der Ausgeschlossene sie herausgibt, zur Herstellung der neuen Aktie verwendet. — Der Ausgeschlossene ist verpflichtet, die Urkunde zurückzugeben, und es ist Pflicht der Gesellschaft, was in ihren Kräften steht, zu tun, um die kaduzierten Aktien aus dem Verkehr zu ziehen. Anderenfalls läuft sie Gefahr, daß sie von demjenigen, welcher durch Vertrauen darauf, daß die Urkunde noch gültig sei, Schaden erleidet, auf Ersatz in Anspruch genommen wird. Der § 794 BGB findet auf Aktien weder unmittelbar noch entsprechend Anwendung (bestr.). Aber es kann in dem Verhalten der Gesellschaft eine gegen die guten Sitten verstoßende und zum Vorsatz ausreichende Rücksichtslosigkeit gegenüber dem Interesse der Allgemeinheit in der Gefährdung des Publikums liegen, § 826 BGB. So mit anderer Begründung und daher noch weitergehend Jacobi Wertpapiere 1. Aufl. 360. Vgl. dazu Bretting, Die Kaduzierung von Aktien S. 43 f.; a. A. Staub-Pinner § 219[8]. Der Abs IV spricht allgemein von der Urkunde, gilt also von Interimscheinen so gut wie von Aktien. Wenn es sich um die letzte Rate handelt, ist statt des kraftlos gewordenen Interimscheines eine neue Aktie auszugeben, sofern allgemein nunmehr Aktien ausgegeben werden.

10. Wird die Kaduzierung ausgesprochen, ohne daß die gesetzlichen Voraussetzungen dafür vorgelegen haben, hatte z. B. der Aktionär die eingeforderte Rate gezahlt, war die Zahlungsaufforderung, die Nachfristsetzung so undeutlich, daß der Aktionär annehmen konnte, daß sie sich auf seine Aktie nicht bezöge, war eine der erforderlichen Bekanntmachungen nicht in allen Gesellschaftsblättern veröffentlicht und ist anzunehmen, daß sie infolgedessen dem Aktionär entgangen ist, war die Bekanntmachung nur einmal statt dreimal erfolgt, ist die Kaduzierung vom Aufsichtsrat ausgesprochen RG 9, 41 u. ä., so ist sie wirkungslos, der Rechtsverlust tritt nicht ein. Einer Anfechtung der Ausschließungserklärung durch den Aktionär bedarf es nicht. Sie wäre gegenstandslos. Wohl aber wird in der Regel die Zulässigkeit einer Feststellungsklage anzuerkennen sein; RG in Recht 1902 S. 79 Nr. 386. Auch die Gesellschaft kann sich auf die Nichtigkeit der Kaduzierung berufen, auch dann, wenn sie in (verschuldeten) Mängeln ihres eigenen Verfahrens ihre Ursache hat; RG 9, 41. — Über die Rechtslage in dem Fall, daß bei nichtiger Kaduzierung eine neue Aktie ausgegeben worden ist s. Erl 7 zu § 220. Darüber, ob Verstöße gegen nicht wesentliche Vorschriften über das Verfahren die Kaduzierung in Frage stellen, vgl. OLG 22, 15 (München); OLG 19, 369 (Köln), 370 (KG).

11. Die Frage, ob im Gesellschaftsvertrage die Ausschließung eines Aktionärs als Strafe für Vertragsverletzungen anderer Art bedungen werden kann, ist bestritten, muß aber verneint werden. Es widerstrebt das dem Geist des ganzen Rechtsinstituts, das durchweg auf zwingendem Recht eigener Art beruht. Der eigentümliche, mit § 226 in Widerspruch stehende Rechtserwerb der Gesellschaft an der eigenen Aktie, das ebenso eigentümliche Recht der Gesellschaft an dieser

Aktie von der Ausschließung der bisherigen Aktionäre an bis zur Begebung der neuen Aktie, die Richtigkeit der ausgegebenen Aktienurkunde sind Dinge, welche sich weder durch Parteiwillkür beseitigen noch durch Rechtsgeschäft auf Fälle ausdehnen lassen, für die das Gesetz sie nicht vorgesehen hat. Ganz unzugänglich der rechtsgeschäftlichen Vereinbarung ist die in § 220 bestimmte Regreßhaftung; RG 49, 78. Vgl. OLG 19, 364 (Kiel); anders RJA 9, 150 (KG).

§ 220.

Soweit der ausgeschlossene Aktionär den eingeforderten Betrag nicht zahlt, ist dafür der Gesellschaft der letzte und jeder frühere in dem Aktienbuche verzeichnete Rechtsvorgänger verhaftet[1], ein früherer Rechtsvorgänger, soweit die Zahlung von dessen Rechtsnachfolger nicht zu erlangen ist[3]. Dies wird vermutet, wenn von dem letzteren die Zahlung nicht bis zum Ablaufe von einem Monate geleistet wird, nachdem an ihn die Zahlungsaufforderung und an den Rechtsvorgänger die Benachrichtigung von dieser erfolgt ist[2]. Der Rechtsvorgänger erhält gegen Zahlung des rückständigen Betrags die neu auszugebende Urkunde[5].

Die Haftpflicht des Rechtsvorgängers ist auf die innerhalb der Frist von zwei Jahren auf die Aktien eingeforderten Beträge beschränkt[4]. Die Frist beginnt mit dem Tage, an welchem die Übertragung des Anteilsrechts zum Aktienbuche der Gesellschaft angemeldet wird.

Ist die Zahlung des rückständigen Betrags von Rechtsvorgängern nicht zu erlangen, so kann die Gesellschaft das Anteilsrecht zum Börsenpreis und in Ermangelung eines solchen durch öffentliche Versteigerung verkaufen[6, 7].

1. Durch Veräußerung einer nicht voll eingezahlten Aktie wird der Veräußerer der Gesellschaft gegenüber nicht von der Verpflichtung frei, den noch ausstehenden (noch nicht eingeforderten) Teil der Einlage zu zahlen. Nur verwandelt sich seine unmittelbare Haftung in subsidiäre. Er haftet nur, soweit die A-Gesellschaft von seinem Nachmann Zahlung nicht erhält und deswegen zur Kaduzierung der Aktie geschritten ist. Dabei haftet er aber nur wegen des eingeforderten Betrages, nicht auch auf Zinsen und Kosten, welche der Nachmann schuldig geworden ist ;a. A. Ritter § 220[2], teilweise auch Staub-Pinner § 220[5]. Modifiziert wird das durch die nach positiver Vorschrift hier eingreifende Bestimmung, daß bei Namenaktien der A-Gesellschaft gegenüber nur derjenige als Aktionär gilt, welcher als solcher im Aktienbuche verzeichnet ist. Der erste Nehmer der Aktie geht unter allen Umständen aus dem Aktienbuch hervor. Hat ein zweiter oder dritter usw. die Aktie erworben, ohne in das Aktienbuch eingetragen zu sein, so richtet sich das Kaduzierungsverfahren nicht gegen ihn, sondern gegen den an letzter Stelle verzeichneten Aktionär, und hat ein Erwerber der Aktie, ohne eingetragen zu sein, sie an Jemanden weiter gegeben, der eingetragen worden ist, so haftet er überhaupt nicht. Das gilt auch dann, wenn er der A-Gesellschaft rechtsgeschäftlich sich als Zwischenbesitzer bekannt hat. Ist ein im Aktienbuch eingetragener Rechtsvorgänger verstorben, so haften seine Erben, so wie sie überhaupt für Nachlaßschulden haften. Es muß aber wohl angenommen werden, daß, wo die Rechtsverfolgung gegen den oder die Erben auf erhebliche Schwierigkeit stößt, dieser Zwischenbesitzer ebenso übersprungen werden kann, wie wenn z. B. der Eingetragene verschollen ist. Zwar kann auch durch öffentliche Zustellung nach § 132 BGB die Gesellschaft sich helfen (Staub-Pinner § 220[3]), wodurch aber das Verfahren nicht unerheblich verzögert wird. Hat der erste Nehmer der Aktie wegen der ausstehenden Raten der Gesellschaft Sichtwechsel gegeben, so kann er, bei Einforderung der Einlage aus dem Wechsel in Anspruch genommen, sich nicht auf die subsidiäre Haftung berufen. Insofern erleidet die den Mot. 1884 entnommene Behauptung, daß die in §§ 219, 220 bestimmte Haftung rechtsgeschäftlich nicht verschärft werden könne, eine Einschränkung.

Ob der in Anspruch genommene Rechtsvorgänger seinerseits Regreßanspruch gegen seinen Rechtsnachfolger hat, hängt von dem Rechtsverhältnis ab, auf Grund dessen die Übereignung der Aktie stattgefunden hat. Doch gilt sicherlich auch heute noch, was ROHG 22, 231 sagt: Es ist davon auszugehen, daß mangels besonderer, einen anderen Willen erkennbar machender Umstände der Käufer einer nicht voll eingezahlten Namenaktie sich durch den Kauf dem Verkäufer verpflichtet, die ausstehenden Einlagen zu leisten.

2. Der Satz 2 des Abs. I handelt nicht von dem unmittelbaren Rechtsvorgänger des Ausgeschlossenen, sondern nur von den weiteren Vormännern. Auch jener haftet nur subsidiär. Aber ihm gegenüber steht, da der Nachmann bereits ausgeschlossen sein muß, ehe die Gesellschaft zum Regreß schreiten kann, der Haftungsfall nicht nur vermutungsweise, sondern tatsächlich fest. —

Die hier gesetzlich bestimmte Vermutung kann durch Gegenbeweis widerlegt, der Einwand bis zum Schluß der Verhandlung erhoben werden. — Voraussetzung der Haftung ist, daß der Rechtsnachfolger zur Zahlung aufgefordert und alsdann (oder gleichzeitig) sein Rechtsvorgänger hiervon benachrichtigt worden ist. Die ihm (zur Abwendung der Vermutung seiner Zahlungsunfähigkeit und des Rückgriffs auf seinen Vormann) gelassene Frist beträgt einen Monat. Sie braucht nicht ausdrücklich gesetzt zu werden. Sie beginnt, sobald sowohl dem Rechtsnachfolger (und Regreßvormann) die Zahlungsaufforderung und ihm selbst die Nachricht von dieser erklärt worden ist. Diese Erklärungen der Gesellschaft sind durchweg individuell, nicht durch öffentliche Bekanntmachungen abzugeben. Eine Form ist für sie nicht vorgeschrieben. Doch dürfte mündliche Erklärung sich durch Natur der Sache und Verkehrsgebrauch verbieten und bei Erklärung unter Abwesenden Übersendung durch eingeschriebenen Brief sich empfehlen. Der Lauf der Frist beginnt, sobald der Brief dem Empfänger zugegangen ist. Nimmt man das Gesetz beim Wort, dann bedeutet der Ablauf des Monats nichts und eine Vermutung der Zahlungsunfähigkeit besteht nicht gegenüber dem letzten Schuldner in der Reihe der Regreßpflichtigen, also wenn es gilt, nunmehr zur Versteigerung der Aktie zu schreiten. Die Annahme liegt nahe, daß das nur ein Versehen im sprachlichen Ausdruck ist, das sich durch Auslegung gutmachen läßt. Jedenfalls tut aber die Gesellschaft gut, sich von der Zahlungsunfähigkeit des letzten Schuldners zu überzeugen und sich mit den erforderlichen Nachweisen zu versehen, ehe sie zum Verkauf schreitet. Ist diesem letzten Schuldner gegenüber ihr Verfahren nicht zu beanstanden, so hat die Gesellschaft den Nachweis, daß einer der voraufgehenden Regreßschuldner zahlungsfähig ist oder s. Zt. gewesen ist, nicht zu fürchten. Vgl. RG 85, 240.

3. Der Rückgriff auf die Rechtsvorgänger des zahlungspflichtigen und nicht zahlenden Aktionärs setzt dessen Ausschließung voraus (vgl. RG 85, 237; 86, 419; OLG 19, 368 (KG). Auch muß die Reihenfolge der Regreßpflichtigen eingehalten werden, Sprungregreß ist ausgeschlossen, weil der zahlende Rechtsvorgänger das Recht darauf hat, durch die Zahlung die Aktie zu erwerben, was nicht eintritt, wenn sein Rechtsnachfolger, welcher das gleiche Recht hat, übergangen worden ist. Doch wird man der Gesellschaft, wenn sie die Zahlung angenommen hat, den Beweis nachlassen, daß der Rechtsnachfolger nicht hätte zahlen können. So auch Staub-Pinner § 220[3]. — Alle diese Zahlungen sind Zahlungen auf die Stammeinlage. Die Gesellschaft kann auf den Anspruch nicht verzichten, die Schuldner können gegen ihn nicht Ansprüche an die Gesellschaft aufrechnen (§ 221). — Der Rechtsnachfolger, welcher zahlt, wird kraft Gesetzes Aktionär. Verzicht auf den Erwerb ist nicht rechtswirksam. Das gilt sowohl, wenn er freiwillig zahlt, als auch wenn er durch Urteil und Zwangsvollstreckung dazu angehalten wird. — Anderseits hat der Rechtsvorgänger den Anspruch auf das Aktienrecht, wenn nach seiner Benachrichtigung der Monat verflossen ist und sein Vormann nicht zahlt. A. A. Behrend § 120 bei Note 28. Überhaupt wird man annehmen müssen, daß die A-Gesellschaft die kaduzierte Aktie für ihre Rechnung erst verwerten darf, nachdem allen Vormännern des Ausgeschlossenen Gelegenheit gegeben war, durch Zahlung der Einlage die Aktie zu erwerben. Staub-Pinner § 220[9]. So steht es im Gesetz. Damit ist aber die Ansicht nicht vereinbar, daß die Gesellschaft die Aktie jederzeit an einen Dritten verkaufen darf, der die ganze restliche Einlage bezahlt, Brand § 220[1].

4. Scheidet der Eigentümer einer nicht voll eingezahlten Aktie durch ihre Veräußerung aus, so bleibt er für die noch ausstehende Einlage haftbar. Aber diese Haftung darf nicht unbegrenzt lange dauern. Der gesetzgeberische Gedanke ist, daß er für diejenigen Raten nicht weiter haftet welche erst nach Ablauf von 2 Jahren nach seinem Ausscheiden eingefordert werden. Nur muß dieser Gedanke zugleich eingefügt werden in die Vorschrift, daß im Verhältnis zur Gesellschaft nur der als Aktionär gilt, welcher als solcher im Aktienbuch verzeichnet ist (§ 223 III). Das ergibt die Gesetzesvorschrift, daß einerseits überhaupt nicht haftet, wer im Aktienbuch nicht eingetragen ist, anderseits, wer eingetragen ist, für Raten nicht mehr in Anspruch genommen werden kann, welche erst eingefordert werden, nach Ablauf von 2 Jahren, nachdem sein Rechtsnachfolger (der unmittelbare oder wenn dieser nicht zur Eintragung gelangt, der mittelbare) in das Aktienbuch eingetragen worden ist. Es liegt daher im dringenden Interesse des Veräußerers, daß die Veräußerung alsbald nicht nur der Gesellschaft angezeigt wird, sondern dort auch zur Eintragung in das Aktienbuch gelangt. — Innerhalb der 2 Jahre muß die Einlage eingefordert sein. Es genügt nicht der etwa erforderliche Beschluß der Generalversammlung oder des Aufsichtsrates. Es muß die individuelle Einforderung (§ 219 II Satz 2) an alle Aktionäre ergangen, sämtliche vorgeschriebenen Bekanntmachungen müssen erschienen sein. Soweit danach die Haftung begründet ist, ist die Verjährung die ordentliche, 30jährige.

5. a) Indem das Gesetz nur vorschreibt, daß der Rechtsvorgänger gegen Zahlung des rückständigen Betrages die neu auszugebende Urkunde erhält, gleitet es mit Stillschweigen über die Hauptsache hinweg. In der Tat ist es bei der A-Gesellschaft in dieser Beziehung nicht anders wie bei der Gesellschaft mbH, wo es in § 22 IV lautet: Der Rechtsvorgänger erwirbt gegen Zahlung des rückständigen Betrages den Geschäftsanteil des ausgeschlossenen Gesellschafters. Das heißt, wie dort der Geschäftsanteil, so geht hier die Aktie kraft Gesetzes auf den zahlenden Vor-

besitzer der Aktie über. Daß ihm die neue Urkunde gebührt, ist eine Folgeerscheinung dessen. Es kann der Rechtsübergang daher auch nicht durch Vereinbarung zwischen der Gesellschaft und dem Aktionär ausgeschlossen werden. Will der Zahlende auf sein Aktienrecht verzichten, so kann das nicht schlechthin, sondern nur zugunsten eines zur Annahme Bereiten, jedenfalls aber nicht zugunsten der Gesellschaft geschehen; § 226 II Satz 2. Der in Anspruch Genommene kann daraus keinen Einwand herleiten, daß inzwischen das Statut geändert worden ist. Doch wird man das von der Nebenleistungsaktiengesellschaft so allgemein nicht behaupten können. — Der Erwerb der Aktie setzt restlose Zahlung des eingeforderten Betrages voraus. Ist von einem der voraufgehenden Schuldner nur ein Teil der Summe zu erlangen gewesen, so erwibt der Rechtsvorgänger durch Zahlung des Restes die Aktie, ohne daß deshalb seinem Rechtsnachfolger ein Erstattungsanspruch zusteht. Ebenso, wenn es schließlich zur Versteigerung der Aktie kommt. Wollen mehrere Regreßschuldner gemeinschaftlich das Ganze zahlen und die Aktie zu Miteigentum erwerben (vgl. Goldschmit AG § 220[4]), so müssen sie das unter sich ausmachen. Der Gesellschaft gegenüber wird die Schuld erst durch die Zahlung des letzten Regreßpflichtigen getilgt, auf den dann auch kraft Gesetzes das Eigentum an der Aktie übergeht. — Der Zahlende erwirbt das Aktienrecht mit allen darin liegenden Rechten und Verbindlichkeiten gegen die Gesellschaft, namentlich also auch mit dem Anspruch auf den Jahresgewinn so, als ob sich sein Erwerb unmittelbar an den Rechtsverlust des Ausgeschlossenen angeschlossen hätte. — Ist durch die Kaduzierung ein an der Aktie bestehendes Pfandrecht untergegangen, so lebt es auch dann nicht wieder auf, wenn der Erwerber der ursprüngliche Verpfänder ist. Daß für das Gegenteil die Billigkeit spräche, wie behauptet wird, kann nicht zugegeben werden. Naturgemäß hatte seinerzeit das bestehende und vom Erwerber der Aktie mit übernommene Pfandrecht den dafür gewährten Gegenwert gemindert. — Ob der zahlende Vormann gegen seinen Rechtsnachfolger Anspruch auf Ersatz des Gezahlten hat, hängt von dem zwischen ihnen bestehenden Rechtsverhältnis, insbesondere von den Vereinbarungen ab, auf Grund deren seinerzeit die Aktie übertragen wurde; Lehmann-Ring § 220[8]. Ganz allgemein erkennt RG 3, 162 (auf Grund ALR) den Anspruch auf Erstattung an. S. auch ROHG 22, 230. Besteht ein solcher Anspruch nicht, dann auch nicht in dem Fall, daß der Rechtsnachfolger, wenn er gezahlt hätte, von seinem Nachmann Erstattung fordern könnte. — Die Meinung, daß der Regreßpflichtige nur Zug um Zug gegen Aushändigung der neuen Urkunde zu zahlen hat (Brand § 220, 2 C) beruht wohl auf einem Haften am Wortlaut des Gesetzes. Die Anfertigung einer Aktienurkunde ist oft nicht so schnell zu beschaffen. Vor allem aber kann sie, da es sich um Namenaktien handelt, überhaupt erst erfolgen, nachdem man weiß, wer schließlich nicht der Zahlungsbereite, sondern der wirkliche Zahlende ist. Geht doch auch überhaupt jedenfalls die Zahlung der ersten Rate, oft genug auch die Zahlung späterer Raten der Ausgabe der Aktienurkunde voraus. Nur wenn die Urkunde bereits fertig vorliegt, wird man sagen müssen, daß nur gegen deren Aushändigung gezahlt zu werden braucht. Jedenfalls hängt auch die Nichtigkeit der kaduzierten Aktienurkunde nicht von der Ausstellung der Ersatzurkunde ab. Es darf nie übersehen werden, daß Aktienrecht und Aktienurkunde zwei verschiedene Dinge sind.

b) Hatte die Gesellschaft nur einen Teilbetrag der Resteinlage eingefordert, so kann nach durchgeführtem Verfahren bei Einforderung weiterer Einlage der Fall sich wiederholen, daß die Gesellschaft zur Kaduzierung zu schreiten sich veranlaßt sieht. Daß der Ausgeschlossene auch wegen des Restes der Einlage haftbar bleibt, bestimmt § 219 IV ausdrücklich. Dagegen fehlt es bezüglich seiner Rechtsvorgänger an einer Vorschrift und die herrschende Lehre nimmt — nahezu einhellig — an, daß mit der Versteigerung der Aktie in jenem ersten Kaduzierungsverfahren (oder mit ihrem Übergang auf einen regreßpflichtigen und zahlenden Rechtsvorgänger) zwar die Haftung des Ausgeschlossenen fortdauert, dagegen die subsidiäre Haftung aller seiner Rechtsvorgänger endgültig und gänzlich erledigt ist; OLG 14, 355 (München); a. A. Makower § 220 IV und Bretting, Die Kaduzierung von Aktien S. 77 ff. Zuzugeben ist, daß diese Haftbefreiung lediglich in der juristischen Folgerichtigkeit begründet erscheint und sachlich nicht gerade befriedigt. Vgl. Hachenburg GGmbH § 22[20]; Brodmann GGmbH § 22[8]. Aber auch Makower läßt den Grundgedanken der herrschenden Lehre gelten, daß nämlich die Gesellschaft Eigentümerin der kaduzierten Aktie wird und durch Übergang der Aktie auf den Neuerwerber selbst in die Reihe der nach dem Gesetz haftenden Rechtsvorgänger tritt. Er widerspricht der herrschenden Lehre für den Fall nicht, daß die Gesellschaft zahlungsfähig ist, will anderen Falles dagegen dieser den Regreß gegen ihre eigenen Rechtsvorgänger gewähren. Indessen ist doch wohl nicht denkbar, daß jemand zur Begründung eines subsidiären Anspruchs sich sollte auf die eigene Unzulänglichkeit berufen können. Bretting bekämpft die herrschende Lehre mit zwei selbständigen Gründen. Er meint, daß im Zuge der Regreßpflichtigen überhaupt nur diejenigen Aktionäre stünden, welche im Aktienbuch verzeichnet seien, und das träfe auf die Gesellschaft nicht zu. Aber das heißt ein sachlich erwünschtes Ergebnis auf dem Wege rein formaler Gesetzesanwendung erschleichen. Denn offenbar ist § 223 III auf den Fall der eigenen Aktie gar nicht anwendbar und daher kann man die entsprechende Beschränkung auf den eingetragenen Aktionär von dem Fall nicht gelten lassen, wo die Gesellschaft selbst es ist, welche die Aktie erworben hat. Sein zweiter Grund ist nicht richtig. Der Erwerber der kaduzierten Aktie ist nicht unmittelbarer Rechtsnachfolger des Ausgeschlossenen. Sein Rechtserwerb wird nur so angesehen, als schlösse er sich zeitlich unmittelbar an. Daran kann nicht gerüttelt werden, daß unmittelbarer Rechtsvorgänger die Gesellschaft ist, § 219 Erl 7. Vgl. auch Brodman GGmbH § 22[8].

6. a) Die Gesellschaft kann das Anteilsrecht öffentlich versteigern lassen, wenn von den regreßpflichtigen Rechtsvorgängern des Ausgeschlossenen Zahlung nicht zu erlangen ist. Mit diesem Verkauf gibt die Gesellschaft den Rückgriff auf die Rechtsvorgänger auf, nicht aber den Rückgriff gegen den Ausgeschlossenen selbst (§ 219 IV Satz 2). Vgl. in RG 85, 242 den sehr beachtlichen Hinweis darauf, daß die Gesellschaft (es handelt sich um eine Ges. mbH) nicht nötig hat, sich mit der bloßen Zahlungsverweigerung des Zahlungspflichtigen zu begnügen, es vielmehr ihre Sache ist, sich zu vergewissern, ob die Zahlung nicht zu erhalten ist und dann erst zum Verkauf des Geschäftsanteils zu schreiten. Vgl. auch JW 1914, 984[10]. Ist der eingeforderte Betrag nicht die letzte Rate der Einlage, m. a. W. handelt es sich um eine noch nicht voll eingeforderte Aktie, so geht die Gesellschaft schon durch die Kaduzierung aller Regreßansprüche gegen die Rechtsvorgänger des Ausgeschlossenen in Beziehung auf den noch nicht eingeforderten Rest der Einlage verlustig (s. oben Erl 5[6]). — Die Versteigerung kann erst nach erfolgter Ausschließung des Aktionärs erfolgen. Für die Gesellschaft mbH hat RG 85, 238 anerkannt, daß unter Umständen die Ausschließung nach erfolgter Versteigerung des Geschäftsanteils nachgeholt werden kann. — Die Wendung: ist Zahlung von den Rechtsvorgängern nicht zu erlangen, ist hier ebenso zu verstehen, wie in Abs I. Zahlt der Regreßpflichtige nicht, so gilt er als zahlungsunfähig und diese Vermutung, wenn niemand Schritte getan hat, sie zu widerlegen, reicht aus, den Verkauf der Aktie zu rechtfertigen. Nur gegenüber dem letzten Regreßpflichtigen gilt jene Vermutung nicht, wenigstens dann nicht, wenn man sich an die Worte des Gesetzes hält. Vgl. RG 85, 241.

b) An die Wendung, die Gesellschaft „kann" verkaufen, knüpfen sich Zweifel und Streit. Die Ausdrucksweise klingt so, als stünde trotz erfolgter Kaduzierung im Belieben der Gesellschaft, ob sie die Aktie verkaufen oder behalten will. Gemeint ist aber, daß die Gesellschaft „erst" dann verkaufen „kann", wenn die Rechtsvorgänger vergeblich angegangen sind; a. A. Lehmann-Ring § 220[6]; Staub-Pinner § 220[12]; Ritter § 220[7]; Brand § 222[3] b. Aus sachlichem Grunde kann es nicht anders gemeint sein. Der Verkauf ist der gebotene Abschluß des Verfahrens in Beziehung auf die Aktie. So lange er nicht stattgefunden hat (und die Einlage nicht bezahlt ist), besteht ein Schwebezustand, der auf Beendigung drängt. Erwerb der Aktie durch die Gesellschaft zu endgültigem Recht ist nach § 226 III Satz 2 ausgeschlossen (vgl. RG 98, 278). Die Unterlassung des Verkaufs hieße auf die Einlage verzichten, wozu die Gesellschaft gar nicht in der Lage ist. Sie kann sich gar nicht des Rechts auf den Verkauf begeben. Es ist wohl nicht unzulässig, daß sie den Verkauf aufschiebt; das mag ihr zweckmäßig erscheinen. Nur insofern ist der herrschenden Lehre beizupflichten. Aber darüber wird sie Rechenschaft ablegen müssen, wenn der Ausgeschlossene auf den Ausfall in Anspruch genommen einwendet, daß sie in unverantwortlicher Weise den günstigen Zeitpunkt des Verkaufs hat verstreichen lassen (anders aber nicht richtig Brodman GGmbH § 23[2]). Auch der Gesellschaft gegenüber ist der Vorstand nach § 241 gehalten, in Beziehung sowohl auf den Zeitpunkt des Verkaufs als wie überhaupt in Beziehung auf die Entschließung zum Verkauf mit der gebotenen Sorgfalt vorzugehen. Schließlich werden unter Umständen auch die Gläubiger der Gesellschaft Ansprüche gegen die Mitglieder des Vorstandes auf § 241 III Z. 3 gründen können. In dem endgültigen Verzicht auf den Verkauf liegt ein gegen das Gesetz verstoßender — endgültiger — Erwerb der nicht voll eingezahlten Aktie. Nur wenn der Verkauf vergeblich versucht worden ist oder wenn der Versuch von vornherein aussichtslos erscheint, kann der Verkauf endgültig aufgegeben werden. Vgl. RG 98, 276 a. E.

c) Die Gesellschaft ist es, welche verkauft. Sie handelt dabei im eigenen Namen und für eigene Rechnung. Der Erlös gebührt ihr. Verkauft sie einen in Wahrheit nicht kaduzierten oder einen zwar kaduzierten aber nichtigen Anteil, so haftet sie nach § 437 BGB. (S. auch unten unter e.) Der Erlös validiert auf den rückständigen Betrag der Einlage. Übersteigt er diesen, so fließt der Überschuß der Gesellschaft zu und ist auch nicht etwa auf einen noch nicht eingeforderten Teil der Einlage zu verrechnen, noch auch dem Ausgeschlossenen irgendwie gutzubringen. Unwichtig Ritter § 220[7]. Bleibt der Erlös hinter dem eingeforderten Betrag zurück, so gilt gleichwohl in Höhe dieses eingeforderten Betrages die Einlage als eingezahlt. Die Regreßhaftung der Rechtsnachfolger ist erloschen. Vgl. JW 1914, 984[10]. Der Verlust trifft die Gesellschaft, sofern ihr nicht die Haftung des Kaduzierten noch zu ihrem Gelde verhilft.

d) Der Verkauf der Aktie erfolgt freihändig, wenn die betreffenden Aktien einen Börsenpreis haben. Es ist zweifelhaft, was darunter zu verstehen ist. Wenn in RG 34, 121 ausgeführt wird, daß als Börsen- und Marktpreis zunächst derjenige Preis zu verstehen sei, welcher nach den örtlichen Einrichtungen des betreffenden Platzes als solcher festgestellt wird, wobei nicht bloß amtliche, sondern auch außeramtliche Feststellungen in Betracht kämen, wenn sie nur auf einer festen anerkannten Einrichtung beruhten, wobei dann aber bloß Geld- (und vermutlich dann auch bloße Brief-) Notizen nicht maßgeblich seien, so betrifft das nicht so sehr die Frage, ob die Ware einen Börsenpreis hat, als vielmehr wie hoch er ist. Auch beziehen sich diese Ausführungen auf eine der mehreren Vorschriften des HGB, wo ununterschieden von Markt- oder Börsenpreis gesprochen wird, eine Zusammenstellung, durch welche der Begriff und sogar die Rechtsanwendung im einzelnen Fall noch unsicherer wird. Hier ist nur von Börsenpreis die Rede und in einem Zusammenhange, wo damit eine Voraussetzung aufgestellt wird, deren Vorhandensein die Gesellschaft mit Sicherheit muß feststellen können. Man wird so auf den § 400 HGB (übernommen aus dem Börsengesetz vom 22. 6. 96 § 71) hingewiesen, wo das Gesetz das Recht des Kommissionärs zum Selbsteintritt bei Waren zwar davon abhängig macht, daß sie einen Börsen- oder Marktpreis haben, bei Wertpapieren dagegen davon, ob ein Börsen- oder Marktpreis amtlich festgestellt wird. So ist auch hier anzunehmen, daß die Gesellschaft von der öffentlichen Versteigerung nur Abstand nehmen kann, wenn an dem für ihren Sitz maßgeblichen Börsenplatz das Papier gehandelt und der Kurs amtlich festgestellt wird. Auch in diesem Fall muß sie nicht freihändig verkaufen (Brand § 220, 2 B, 3 c). Aber wenn sie versteigert, darf sie nur den Zuschlag auf ein Gebot erteilen, welches den Tageskurs erreicht oder übersteigt.

e) Haben die Aktien keinen Börsenpreis, so muß zur öffentlichen Versteigerung geschritten werden. Der geeignete und in der Regel gebotene Ort wird die Börse sein und zwar die für den Sitz der Gesellschaft maßgebliche. Da die Gesellschaft die Aktie nach § 226 III zu endgültigem Recht nicht erwerben kann, kann sie nicht mitbieten, auch nicht, wenn es nur geschieht, den Preis in die Höhe zu treiben. Vgl. RG 98, 278. Aber wenn sie es tut und den Zuschlag erhält, kann daraus der Ausgeschlossene, auf den Ausfall in Anspruch genommen, keinen Einwand herleiten; RG eod (wo nach Lage der Sache eine anderweite Versteigerung offenbar keinen Erfolg versprach). — Sie kann versuchen, die Aktie unter der Bedingung zu verkaufen, daß der Ersteher den Rückstand restlos zahlt. Gelingt aber ein solcher Verkauf nicht, so muß sie die Versteigerung ohne die Bedingung wiederholen. Auch wenn es sich um eine vinkulierte Aktie handelt, bedürfen Versteigerung und Zuschlag nicht der Zustimmung der Generalversammlung. Vom Standpunkt der herrschenden Lehre ergibt sich das schon daraus, daß der Vorstand es ist, der den Zuschlag erteilt und er selbst dann die Zustimmung wirksam erteilt, wenn er keinen Beschluß der Generalversammlung hinter sich hat. — Der Käufer erwirbt das Aktienrecht, wie es nach dem Statut gestaltet ist, also namentlich auch bei einer Nebenleistungsaktiengesellschaft mit den Verpflichtungen zur Nebenleistung, jedenfalls soweit solche nach dem Zuschlag fällig werden. Wenigstens grundsätzlich ist es so. Bei der Verschiedenheit der denkbaren Fälle kommt viel auf den Umstand des Einzelfalles an. Es wird meist geboten sein, in den Versteigerungsbedingungen Vorsorge zu treffen. — Der Verkauf muß gegen bare Zahlung erfolgen. Gibt die Gesellschaft Kredit, so tut sie das nicht ausschließlich auf ihre, sondern auch auf Gefahr des Ausgeschlossenen. Auch von der Zahlung des Kaufpreises wird man annehmen müssen, daß sie Zahlung auf Stammeinlage ist, so daß der Käufer nicht durch einseitige Aufrechnung zahlen kann (§ 221 Satz 2).

f) Die Versteigerung muß eine öffentliche sein, d. h. sie muß durch einen für den Versteigerungsort zuständigen Gerichtsvollzieher oder anderen zur Versteigerung befugten Beamten oder öffentlich angestellten Versteigerer erfolgen., und zwar öffentlich, wozu vor allem auch gehört, daß sie öffentlich angekündigt worden ist (§§ 383 III, 156 BGB). Näheres ist in dieser Beziehung nicht bestimmt und richtet sich nach den jeweiligen Umständen. Vgl. LZ 1912, 483[3] (Colmar). Die Regel wird Versteigerung an der Börse sein. Durch den Zuschlag wird der Ersteigerer Aktionär, vorausgesetzt, daß die Kaduzierung rechtswirksam erfolgt ist, wozu namentlich auch gehört, daß der frühere Inhaber nach § 219 I unter Nachfristsetzung wiederholt zur Zahlung aufgefordert worden ist. Dagegen ist die Wirkung des Zuschlages nicht davon abhängig, ob Zahlung von Rechtsvorgängern des Ausgeschlossenen nicht zu erlangen gewesen ist, ob überhaupt gegen sie vorgegangen ist. Auch Ordnungswidrigkeiten im Verfahren stellen den Verkauf selbst nicht in Frage, wofern nur öffentliche Versteigerung gewesen ist. In dieser Beziehung hat die durchdachte Bestimmung in § 1243 I BGB Vorschriften von allgemeinerer Bedeutung geschaffen.

g) Da die kaduzierte Aktie eigene Aktie der Gesellschaft geworden ist, ist diese rechtlich in der Lage, sie auf jede ihr zweckmäßig erscheinende Weise zu verwerten. Nur begibt sie sich, wenn sie nicht nach Abs IV verfährt, ihres Anspruchs gegen den ausgeschlossenen Aktionär wegen eines etwaigen Ausfalles an der Einlage; Staub-Pinner § 220[12].

7. Die nach § 219 IV auszugebende neue Aktienurkunde gebührt dem Käufer oder dem in Anspruch genommenen Rechtsvorgänger, wenn er zahlt. Es handelt sich um Interimsschein oder um Aktie, die auf Namen lautet. Die Gesellschaft hat den Erwerber ohne Verzug in das Aktienbuch einzutragen; Lehmann-Ring § 220[6]. Bestritten ist die Rechtslage, wenn die Ausgabe einer neuen Aktie erfolgt, die Kaduzierung aber nicht rechtswirksam gewesen ist, so daß nunmehr über das eine Aktienrecht zwei Aktien im Verkehr sind. In solchem Fall hat der vermeintlich Ausgeschlossene nicht aufgehört, Aktionär zu sein, jedenfalls so lange nicht, als bis es zur Ausgabe der neuen Aktie gekommen ist. Versteigerung der Aktie, über welche der

Versteigerer in Wirklichkeit gar nicht verfügen kann, und Zuschlag begründen kein Aktienrecht des Ersteigerers. Dagegen sind die Meinungen geteilt darüber, was Rechtens ist, wenn es zur Ausgabe der neuen Aktienurkunde kommt. Nach Staub-Pinner § 219[5]; Ritter § 219[7]; Brand § 219, 2 C, 2 a; Behrend Lehrbuch § 120[19]; Fischer in Ehrenberg HH III, 1, 371; Jacobi Wertpapiere 1. Aufl. 361, OLG 1, 435 (KG) ist die neue Urkunde wirkungslos; nach RG 27, 54; Goldmann § 219[24]; Lehmann-Ring § 219[5] dagegen die alte; nach Cosack § 213[10] (in 8. Aufl. nicht widerholt); Rudorff § 219 zu Abs III sind beide Aktien gültig. Offenbar muß man der erstgenannten Ansicht beipflichten. Man darf sich hier durch den Blick auf das Recht der negotiabeln Schuldverschreibung nicht irre machen lassen. Namentlich ist die Verwertung des dem § 794 BGB zugrunde liegenden Gedankens hier ausgeschlossen. Zwischen Schuldverschreibung und Korporationspapier besteht ein prinzipieller Unterschied. Während durch Ausstellung erstgenannter Urkunde die verbriefte Schuld auch dann zur Entstehung gelangt, wenn sie noch nicht bestand, setzt die Ausstellung eines Korporationspapiers das betreffende Korporationsrecht voraus. Ein Aktienrecht aber schaffen kann der Vorstand der Gesellschaft überhaupt nicht und auch Vorstand und Aufsichtsrat und Generalversammlung zusammengenommen, können es nicht außer auf dem vom Gesetz in §§ 278 ff. vorgeschriebenen Wege der Erhöhung des Grundkapitals. Bei diesem absoluten Mangel jeglicher Legitimation zur Sache liegt es hier gar nicht anders, als wenn ein beliebiger Dritter Aktien der Gesellschaft anfertigte und in den Verkehr brächte oder als wenn Mitglieder des Vorstandes sich in betrügerischer Absicht daran machten, Duplikate von Aktienurkunden anzufertigen und zu verwerten. Übrigens ist den Gegnern zuzugeben, daß durch Anerkennung der Gültigkeit beider Aktien das Grundkapital nicht erhöht wird. Vielmehr würde nur der Quotient der Beteiligung aller Aktionäre am Gesellschaftsvermögen dadurch herabgesetzt, wiederum ein deutlicher Hinweis, daß es etwas wäre, das völlig außerhalb des Machtbereichs des Vorstandes liegt. Der Standpunkt der RG 27, 54 ist ganz unhaltbar und der Sache nach auch bereits aufgegeben in RG 54, 394.

§ 221.

Die Aktionäre und deren Rechtsvorgänger können von den in den §§ 211, 220 bezeichneten Leistungen nicht befreit werden¹. Sie können gegen diese Leistungen eine Forderung an die Gesellschaft nicht aufrechnen². ³.

1. a) Anders, wie §§ 218—220 gilt § 221 wiederum von Kapitaleinlagen aller Art, Geld- und Sacheinlagen und was Geldeinlagen angeht, so gelten die beiden Verbote des § 221 auch für die Regreßverpflichtung des Rechtsvorgängers eines Aktionärs gemäß § 220. Vgl. RG 98, 277; 92, 365. Aber immer ist dabei nur an den eigentlichen Einlagegegenstand, an den Einlagebetrag selbst zu denken, nicht an Erweiterungen der Schuld durch Verzugszinsen, durch Vertragsstrafen; auch nicht an Nebenleistungen gemäß § 212; wohl aber wiederum an die Ansprüche auf Schadensersatz, wenn bei Sacheinlagen aus irgend einem Grunde die Gesellschaft gegen den Einleger Ansprüche wegen Nichterfüllung oder wegen nicht gehöriger Erfüllung erwachsen; daher namentlich auch, wenn bei einem eingebrachten Geschäft die Passiva sich höher erweisen oder die Aktiva geringer als der Vereinbarung entspricht, wenn ein einzubringendes Grundstück, bevor es zur Auflassung kommt, mit einer Hypothek belastet wird. Vgl. JW 1902, 259[39].

Zu den in § 211 bezeichneten Leistungen gehört auch das Agio, wenn die Aktien über pari ausgegeben werden, überhaupt jede Kapitaleinlage, zu welcher die Aktionäre sich verpflichten.

b) Auf diese Ansprüche kann die Gesellschaft nicht rechtswirksam verzichten, weder ganz noch teilweise, weder unmittelbar noch mittelbar (vgl. GGmbH § 19 II; GenG § 22). Das gilt nicht nur im Interesse der Gläubiger der Gesellschaft, überhaupt Dritter, sondern auch im Interesse der Gesellschaft selbst. Mag der Vorstand den Erlaß des Anspruchs auch in Übereinstimmung mit der Generalversammlung vereinbart haben, so kann die Gesellschaft sich doch auf die Nichtigkeit des Vertrages berufen, ohne daß dem der Einwand der Arglist entgegenstünde und gleichviel auch, in welcher finanziellen Lage die Gesellschaft sich befindet. Anderseits kann der Aktionär sich nicht darauf berufen, daß er das gesetzliche Verbot nicht gekannt habe. — Diesem strikten Verbot gegenüber erscheint die Entscheidung OLG 14, 355 (München) bedenklich, wo ganz zutreffend anerkannt wird, daß die A-Gesellschaft, welche die Schenkung einer nicht voll eingezahlten eigenen Aktie annimmt, damit den Anspruch auf den Rest der Einlage, auch den Regreßanspruch gegen den Rechtsvorgänger des Schenkers verliert, aber doch die Schenkung für wirksam erklärt wird, wenn sie diese Befreiung des Aktionärs nicht bezweckt. Es kommt gar nichts darauf an, ob die Befreiung bezweckt wird, nicht einmal darauf, ob an sie überhaupt gedacht wird, sondern nur darauf, ob sie im Rechtsgeschäft liegt. (Übrigens verhindert auch § 226 II jeden Rechtserwerb, nicht voll gezahlter eigener Aktien durch die Gesellschaft, gleichviel ob er entgeltlich erfolgt oder unentgeltlich; so auch sicher nach dem Recht vor 1884, RG 2, 41.) — Unvereinbar mit dem Verbot erscheint auch, wenn RG 7, 83 erklärt, daß der Verkauf von acht mit 25% eingezahlten

Interimsscheinen durch die A-Gesellschaft mit der Zusage, auf Verlangen dafür zwei vollbezahlte Aktien einzutauschen, nicht zu beanstanden sei. Daran ist nicht zu rütteln, daß wer einen mit 25% eingezahlten Interimsschein erwirbt, gleichviel auf welche Weise, wenn es nur der Gesellschaft gegenüber wirksam geschieht, sich damit zur Einzahlung der restlichen 75% verpflichtet. (Die Entscheidung wird allein durch den letzten Absatz der Begründung getragen.)

c) Das Verbot der Befreiung von der Leistung ist nicht ohne Ausnahme. So kann bei Herabsetzung des Grundkapitals nicht nur die gezahlte Einlage zurückgezahlt, sondern auch die noch nicht gezahlte erlassen werden. Ferner können Aktien amortisiert werden, welche noch nicht voll eingezahlt sind. Sodann wird man auf Grund allgemeiner Erwägungen annehmen dürfen, daß es der Gesellschaft unbenommen ist, auf den Anspruch teilweise oder auch ganz zu verzichten, wenn es im Wege eines durch zweifelhafte Rechtslage veranlaßten, nach Lage der Sache auch inhaltlich gerechtfertigten Vergleichs geschieht. Das Reichsgericht hat im Urteil Bolze 22, 516 einen solchen Verzicht nicht beanstandet. Vgl. RG 79, 271. — Im Konkurse des Aktionärs (vgl. Erl 6 c zu § 218) ist die Gesellschaft durch § 221 nicht gehindert, einem Zwangsvergleich zuzustimmen.

d) Wie der vollständige Schulderlaß nichtig ist, so ist es auch jede für den Gläubiger verbindliche Stundung der Schuld. Treffend Makower § 221 II a. Jedenfalls gilt das, wenn die Zahlung der Einlage eingefordert worden und damit die betreffende Rate fällig geworden ist. Es muß aber ferner behauptet werden, daß alle für die einzelnen Raten im voraus bestimmten Termine nur für den Fall gelten, daß die Gesellschaft das Geld so lange entbehren kann. Die Gesellschaft kann nicht wohl wegen Zahlungsunfähigkeit in Konkurs geraten, so lange ihr noch ausreichende Ansprüche auf Kapitaleinzahlungen zustehen. S. auch § 218[6] Erl 6 b.

2. a) Die Einlageschuld ist eine Schuld besonderer Art. Nach zwingender Vorschrift des Gesetzes müssen die ersten 25% derselben (und das Agio) schon vor Entstehung der Gesellschaft und bar eingezahlt werden. Hier ist schon aus diesem Grunde Aufrechnung überhaupt ausgeschlossen. Bei späteren Einzahlungen kann Aufrechnung in Frage kommen. Der Gesellschaft ist sie auch grundsätzlich unverwehrt; JW 1901, 755[15]; und so kann denn auch der Aktionär aufrechnen, wenn die Gesellschaft damit einverstanden ist. Wenn man in diesem Fall von einem Aufrechnungsvertrag spricht, so ist das kein guter Sprachgebrauch. Denn wenn auch hier eine vertragsartige Willensübereinstimmung im Spiele ist, so bleibt der Ausdruck doch besser dem Vertrage, künftig und im gegebenen Zeitpunkt aufrechnen zu wollen, vorbehalten. Dieser ist hier nicht — wie Lehmann-Ring § 221[2] sagt — regelmäßig, er ist insofern stets unverbindlich, als über die Zulässigkeit der Aufrechnung, auch wenn sie von der Gesellschaft ausgeht, erst im Zeitpunkt entschieden werden kann, wo aufgerechnet werden soll; RG 18 3; 72, 266; 85, 354; in Holdh MS 23, 252; JW 1905, 700[27]; Staub 6./7. Aufl. 221[4] mit der Begründung daß in einer solchen Kompensationsabrede nichts liege als eine Sacheinlage, die gültig nur im Gesellschaftsvertrag bedungen werden könne. In Wahrheit sind das zwei verschiedene Fälle. In Verbindung mit einer Sachübernahme (§ 186 II) ist die Vereinbarung einer Aufrechnung ganz unverfänglich, nur muß sie im Gesellschaftsvertrag getroffen werden. Vgl. RG 62, 426; s. aber auch RG 68, 121; dagegen wieder RG 86, 291; ferner RG in Recht 1903, 2335. Vgl. Hachenburg GGmbH § 19[15]; Brodmann GGmbH § 5[6] und § 19[5] a. E.

b) Dagegen ist dem Aktionär die einseitige Aufrechnung mit Gegenforderungen versagt. Er muß die eingeforderte Einlage zahlen, auch wenn ihm als Drittgläubiger oder auch als Gesellschafter (Dividende) ein fälliger Anspruch gegen die Gesellschaft zusteht. Auch mit einem Anspruch auf Schadensersatz — gleichviel aus welchem Rechtsverhältnis — kann er nicht aufrechnen. Vgl. RG 83 330. So schon nach älterem Recht (der § 221 ist Zusatz der Novelle von 1884) RG 6, 69; 18, 3; 19, 128 (anders noch ROHG 25, 282). Er kann es auch nicht mit einer ihm abgetretenen Forderung eines Dritten gegen die Gesellschaft. Das alles gilt gleichviel, ob die Gesellschaft des Geldes bedarf, um ihre Gläubiger zu befriedigen oder nicht.

c) Auch das Recht der Gesellschaft, aufzurechnen oder in die Aufrechnung des Aktionärs zu willigen, besteht nicht ohne Schranken, deren Bestimmung indessen unsicher ist. In typischer Wendung lautet die Voraussetzung, es müsse die Gegenforderung des Aktionärs gegen die Gesellschaft vollwertig sein; JW 05, 92[44], 700[27]; RG 54, 392; 72, 267, 85, 351. Doch fragt sich gerade, was das bedeutet. Zu sehr in die Weite geht Makower § 221 III b, wenn er verlangt, der Aktionär müsse dartun, daß im gegebenen Fall durch die Aufrechnung weder ein Interesse gleich verpflichteter Aktionäre noch ein solches der Gesellschaftsgläubiger noch ein solches der A-Gesellschaft verletzt sei; so wenn die Aufrechnung nach Verkehrsanschauung der Barzahlung gleichstehe, wenn dem Gegenanspruch Einwendungen nicht entgegenstehen, wenn er gültig ist und vollwertig, die A-Gesellschaft also voll zahlungsfähig war. Das sind teils selbstverständliche, weil allgemeine Voraussetzungen jeder Aufrechnung, teils in ihrer Allgemeinheit unfruchtbare Wendungen. Einzig in Betracht kommt als spezifische Voraussetzung: vollwertig heiße, die Gesellschaft müsse voll zahlungsfähig sein, was aber auch nicht unbedingt präzis aber jedenfalls zu eng ist. Noch unbestimmter, dabei unzutreffend ist die Formel Brands § 221[3] c der Aufrechnungsvertrag — womit offenbar die Aufrechnung in gegenseitigem Einverständnis gemeint ist — sei in allen Fällen unwirksam, wo er dem Aktionär Erleichterungen und Vorteile verschafft, die ihm ohne die Aufrechnung nicht zugekommen wären. Ist nur seine Gegenforderung vollwertig, so ist gegen die Aufrechnung auch dann nichts einzuwenden, wenn er schlechterdings außerstande ist, das bare Geld aufzubringen, und ohne die Aufrechnung die Kaduzierung über sich ergehen lassen müßte. Daher ist auch nicht richtig, daß die Aufrechnung nur zulässig sei, wenn es sich lediglich darum handle, das Hin- und Herschieben des Geldes zu vermeiden (so Staub-Pinner § 221[4]), wie es auch nicht richtig ist, daß in allen anderen Fällen die Aufrechnung ein Schulderlaß im Sinne des Satz 1 des § 221, eine „Befreiung" sei; es kann auch darauf nicht ankommen, ob Forderung und Gegenforderung gleichwertig sind (so allerdings RG in Recht 1920, 1657). Einzig auf die Qualität der Gesellschaftsschuld kommt es an und diese ist nicht vollwertig, wenn entweder die Gesellschaft überschuldet oder wenn sie zahlungsunfähig ist, d. h. wenn außer der Schuld an den Aktionär noch fällige Schulden bestehen, welche die Gesellschaft nicht bezahlen kann. Dabei ist das Entscheidende der objektive Sachverhalt. Ob der Aktionär von ihm Kenntnis hat, ist ohne Bedeutung (anders — beiläufig — Volze 3, 803). Überschuldung ist als Voraussetzung anerkannt in RG 54, 391; 72, 266; JW 05, 700[27]. In RG 94, 63 wird die Feststellung für hinreichend erklärt daß die Gesellschaft bei der Kapitalerhöhung überschuldet gewesen und bis zur Konkurseröffnung nicht aus diesem Zustand herausgekommen sei (s. aber auch RG in BauersZ 23, 64), und es wird der Einwand für unbeachtlich erklärt, es habe der Grad der Überschuldung festgestellt werden müssen, weil die Aufrechnung nicht völlig sondern nur im Verhältnis des Grades der Überschuldung ungültig sei; die Aufrechnung sei schlechthin unzulässig, wenn die Vollwertigkeit der Gegenforderung nicht außer jedem Zweifel steht. — Daß auch Zahlungsunfähigkeit der Gesellschaft die Aufrechnung verbietet, wird vom RG in JW 1914 983, 9 a.E. ausgesprochen. — Selbstverständlich sind diese beiden Momente, Überschuldung und Zahlungsfähigkeit ohne Bedeutung, wenn die Forderung des Aktionärs dadurch vollwertig ist, daß für sie rechtsgültige ausreichende Sicherheit besteht. — Ein weiteres Erfordernis ist, daß die Forderung des Aktionärs nicht nur überhaupt, sondern auch der Höhe nach feststeht; RG 85, 354. Vgl. ferner RG in Holdh 23, 252, 269; 14, 142. — In LZ 1907, 605 (Dresden) wird die Aufrechnung nicht beanstandet, obwohl die Schuld der Gesellschaft nicht vollwertig war, (wobei das Gericht die Tilgung der Schuld der Gesellschaft als Sacheinlage auffaßt). Auch in RG in SeuffArch 57[42] vermißt man die Erledigung der dort besonders nahegelegten Frage, ob die Schuld der Gesellschaft an ihre Gläubiger, welchen die Aktien an Zahlungs statt gegeben wurden, vollwertig gewesen ist. Ebenso im Urteil Volze 23[576]. — Nach RG in Holdh MS 14, 142 kann der ständige Bankier der (zahlungsfähigen) Gesellschaft seine Einlageschuld dadurch berichtigen, daß er sich in der laufenden Rechnung mit ihr belastet, vorausgesetzt, daß die Rechnung nicht mit einem Guthaben der Gesellschaft abschließt. S. dagegen RG in Holdh MS 23 269.

d) Im Prozeß trifft für die Behauptung, daß die Schuld der Gesellschaft vollwertig gewesen ist, die Beweislast den Aktionär, der sich auf die Tilgung seiner Einlageschuld durch Aufrechnung beruft. Doch ist der Richter in der Lage, unter Umständen den Beweis für geführt zu erachten, soweit die Gesellschaft gegen Treu und Glauben mit Mitteilungen und Nachweisen zurückhält, welche sie ohne Schädigung anderweiter Interessen beibringen könnte.

e) Wenn nach dem Vorstehenden sich sagen läßt, daß die Gesellschaft da wirksam aufrechnen kann, wo mit der Aufrechnung nur ein zweckloses Hin- und Herzahlen des Geldes vermieden wird, so muß man umgekehrt da, wo Vollwertigkeit der Schuld der Gesellschaft nicht gegeben ist, sagen, daß auch das tatsächliche Hin- und Herschieben des zur Stelle geschafften baren Geldes die Einlageforderung nicht tilgt. — Da man eine Schuld auch dadurch unmittelbar berichtigt, daß man mit Zustimmung oder auf Ersuchen des Gläubigers das Geld einem Dritten zahlt, so ist in einem solchen Fall einer Zahlung des Aktionärs zu unterscheiden, ob auf diese Weise lediglich die Einlageschuld bezahlt worden ist oder ob ein selbständiger Zahlungsauftrag vorgelegen hat und nunmehr der Aktionär mit seiner Ersatzforderung aufrechnen will. Vgl. RG in Holdh MS 23, 252. Aber auch in ersterem Fall ist jedenfalls dann, wenn es sich um Zahlung an einen Gläubiger der Gesellschaft handelt, die Einlageschuld mit Sicherheit nur getilgt, wenn die Forderung jenes Gläubigers fällig, liquide und vollwertig war; RG in Holdh MS 15, 19; JW 1907, 845[27]; 1914, 983[9]. — Auch wer die nicht voll eingezahlte Aktie in zweiter Hand besitzt, kann mit Zustimmung der Gesellschaft mit seiner Forderung auch dann aufrechnen, wenn diese schon bestand, als er die Aktie erwarb; JW 1901, 755[15]. Anderseits braucht die Forderung, mit welcher der Aktionär aufrechnen will, nicht in seiner Person entstanden zu sein, nur darf die ihm übertragene Forderung nicht ein Anspruch auf die Gegenleistung für Gegenstände sein, welche die Gesellschaft übernommen hat (§ 186 II); RG in LZ 07, 603[13]; in Holdh MS 13, 255.

f) Läßt man mit der herrschenden Lehre gelten, daß die Gesellschaft ihre Ansprüche auf die Einlage gegen die einzelnen Aktionäre auf Dritte übertragen kann (s. Erl 6 a zu § 218), so ist dem davon betroffenen Aktionär auch dem Zessionar gegenüber die Aufrechnung mit Ansprüchen gegen die Gesellschaft unter allen Umständen versagt; RG 85, 351. Wohl aber kann er mit Ansprüchen gegen den Zessionar aufrechnen.

g) Die Natur der Einlageschuld schließt aus, daß sie, wenn der Aktionär mit der A-Gesellschaft in einem Kontokorrentverhältnis steht, in dieses eingestellt wird. Das heißt nicht, daß die Beteiligten gehindert wären, die Schuld oder den Anspruch so zu verbuchen, einer von ihnen oder beide, einseitig oder im gegenseitigen Einverständnis, wie es denn auch vermutlich nicht selten geschehen mag. Es wäre auch nicht ausgeschlossen, daß nach allgemeinen Rechtsgrundsätzen in einer solchen Verbuchung unter Umständen eine Anerkenntnis zu erblicken ist. Aber die besonderen Wirkungen des Kontokorrents, die Gebundenheit des eingestellten Anspruchs der Gesellschaft, seine Verbundenheit mit den anderen Schuldverhältnissen der Beteiligten ist gerade das, was der § 221 zwingend versagt. So mit Recht OLG 14, 364; auch RG in Holdh MS 14 142, in BauersZ 23, 64 nicht dagegen. Was Hachenburg GGmbH § 19[30—31] anführt (s. auch LZ 09, 260 ff.), läuft auf das hier Gesagte hinaus mit einer Ausnahme: es sei die in der Einstellung in das Kontokorrent liegende Abrede der (künftigen) Aufrechnung wirksam. Keineswegs liegt ohne weiteres in jeder Einstellung eines Postens in das Kontokorrent die Abrede der Aufrechnung, und wo sie darin liegt, ist gerade sie schon an und für sich nicht schlechthin bindend. S. oben Erl 1 d. Kommt es zum Abschluß der Rechnung, so ist die Frage die, ob in diesem Zeitpunkt die Gesellschaft in der Lage ist, aufzurechnen oder in Aufrechnung einzuwilligen, wobei es dann keinen Unterschied macht, ob der Posten im Kontokorrent steht oder nicht.

h) Ganz ausgeschlossen erscheint Erfüllung durch Hingabe an Zahlungsstatt, ausgeschlossen nach beiden Seiten, es kann rechtsgeschäftlich weder eine Bareinlage durch eine Sacheinlage ersetzt werden, noch eine Sacheinlage durch Bareinlage; OLG 31, 289 (KG). Das ist auch nicht darum weniger wahr, weil man unter Umständen auf erlaubtem Wege dasselbe erreichen kann; vgl. Fischer in Ehrenbergs HH III, 364; der Aktionär mag mit der Gesellschaft einen Kauf des betreffenden Gegenstandes und Aufrechnung des Preises mit der Einlageschuld vereinbaren und dann ist entscheidend, ob die Aufrechnung nach Lage der Umstände befreiend wirkt. Anders aber nur beiläufig RG 86, 294. Vereinbart der Vorstand mit dem Aktionär in übler Absicht einen übermäßigen Preis, dann liegt unerlaubte Handlung vor (§ 312 und BGB § 826), welche den Aktionär ersatzpflichtig macht. Es steht auch nichts im Wege, daß die Gesellschaft die Sache, z. B. Wertpapiere entgegennimmt, um sich aus ihrem Erlös bezahlt zu machen; die Einlageschuld wird dann aber erst durch Eingang des Kaufpreises und in dessen Höhe getilgt. Nur soweit im Wege eines Vergleichs die Gesellschaft teilweise auf die Einlageforderung rechtswirksam verzichten kann, stünde der Vereinbarung einer Hingabe an Zahlungsstatt vollends nichts entgegen.

3. Die Frage, ob dem Aktionär, der die Einlage schuldet, wegen eines fälligen Gegenanspruches das Zurückbehaltungsrecht zusteht, ist nach den allgemeinen Rechtssätzen über das Zurückbehaltungsrecht zu entscheiden. Anerkanntes Recht ist (oder sollte sein), daß, wo das Gesetz positiv Aufrechnung versagt, dem Schuldner auch nicht wegen der nicht aufrechnungsfähigen Forderung ein Zurückbehaltungsrecht zusteht (Planck-Siber § 273[2] a S. 174). Viel zu umständlich in der Begründung RG 83, 267. Denn das Verbot der Aufrechnung will den Schuldner verpflichten, daß er trotz der Gegenforderung zahlt. Soll sogar die peremptorische Einrede, obwohl sie materiell begründet ist, nicht zulässig sein, dann die dilatorische doch erst recht nicht; OLG 22, 13; 27, 138. Ansprüche auf andere Gegenleistungen als Geld können auf Grund des gesellschaftsrechtlichen Verhältnisses nicht entstehen und würden, aus einem anderen Schuldverhältnis erwachsen, des nach § 273 BGB erforderlichen Zusammenhanges mit der Einlageschuld entbehren. Anders und weitergehend SeuffArch 66, 74. Der einzige Anspruch, der hier in Frage kommt, ist der Anspruch auf Gewährung des Aktienrechts und auf Lieferung der Aktienurkunde. Ist die Gesellschaft nicht gewillt oder nicht imstande, das Aktienrecht zu gewähren, hat sie z. B. die Aktienurkunde, auf welche es im gegebenen Fall ankommt, rechtswirksam anderweit begeben, hat sie die kaduzierte Aktie verwertet, ehe sie die regreßpflichtigen Rechtsvorgänger des Aktionärs in Anspruch nimmt, u. ä., dann ist der in Anspruch Genommene berechtigt, Zahlung zu weigern. Handelt es sich dagegen um die Aktienurkunde, dann ist ein Zurückbehaltungsrecht des Aktionärs begründet, wenn die Urkunde bereits ausgefertigt ist, unter Umständen auch, wenn die Ausfertigung beabsichtigt ist. Dagegen besteht kein Anspruch auf Lieferung der Urkunde und dann auch kein Zurückbehaltungsrecht, wenn die Herstellung von Urkunden oder die Ausgabe der herzustellenden oder hergestellten Urkunden zwecklos ist oder gar im öffentlichen Interesse bedenklich wäre. So, wenn die Gesellschaft in Konkurs geraten ist RG 94, 64; in BankArch 19, 63. Vgl. auch DJZ 07, 246 (Braunschweig); Staub-Pinner § 218[15]; Makower § 221 II c.

In Beziehung auf Sacheinlagen lautete es früher in Art. 184 c Satz 2: Ebensowenig (wie Aufrechnung) findet an dem Gegenstande einer zu leistenden Einlage wegen Forderungen, welche sich nicht auf dieselbe beziehen, ein Zurückbehaltungsrecht statt (vgl. auch GGmbH § 19 II). Das ist bei der Durchsicht von 1900 gestrichen worden, nicht weil man daran hat ändern wollen, sondern weil es nur bestimmt, was nach § 273 BGB ohnehin gilt; D 135.

§ 222.

Auf Namen lautende Aktien[1] sind mit genauer Bezeichnung des Inhabers nach Namen, Wohnort und Stand in das Aktienbuch der Gesellschaft einzutragen[5].

Sie können, soweit nicht der Gesellschaftsvertrag ein Anderes bestimmt, ohne Zustimmung der Gesellschaft auf Andere übertragen werden[4].

Die Übertragung kann durch Indossament geschehen[2]. In betreff der Form des Indossaments, in betreff der Legitimation des Inhabers und in betreff seiner Verpflichtung zur Herausgabe finden die Vorschriften der Artikel 11 bis 13, des Artikels 36 Satz 1 bis 4 und des Artikels 74 der Wechselordnung entsprechende Anwendung[3].

Zur Übertragung von Aktien, die gemäß § 180 Abs. 3 auf einen Betrag von weniger als eintausend Mark (jetzt: auf zwanzig M) gestellt sind, ist die Zustimmung des Aufsichtsrats und der Generalversammlung erforderlich. Die Übertragung dieser Aktien kann nur mittels einer die Person des Erwerbers bezeichnenden, gerichtlich oder notariell beglaubigten Erklärung erfolgen[6].

1. a) Die Aktie ist veräußerlich und vererblich. Das Gesetz, betr. die GmbH hat in § 15 I die Vorsicht besessen, es ausdrücklich zu sagen. Als bei uns das Aktienrecht kodifiziert wurde, war diese Gesellschaftsform bereits so ausgebildet, daß das selbstverständlich war und nicht ausdrücklich gesagt zu werden brauchte. Der Gedanke dieser Veräußerlichkeit ist, daß in der A-Gesellschaft die Persönlichkeit der einzelnen Gesellschafter wechseln kann, ohne daß dadurch das juristische Gefüge der Gesellschaft berührt wird, daß es geschieht auf Grund von Rechtsgeschäften zwischen dem alten und dem neuen Gläubiger, ohne daß die Gesellschaft als Partei beteiligt ist, auf Grund von Rechtsgeschäften, in welchen sie dann auch, wenn sie etwa tatsächlich hineingezogen wird, juristisch keine Rolle spielt. Das gilt auch von der Aktie, welche auf den Namen lautet. Auch bei ihr vollzieht sich die Übertragung in dem, was zwischen Veräußerer und Erwerber geschieht. Die Mitteilung an die Gesellschaft (§ 223) betrifft nur den bereits vollendeten Rechtsübergang. Auch da, wo die Übertragung der Namenaktie an die Zustimmung der Gesellschaft gebunden ist, mag in der Eintragung des Erwerbers in das Aktienbuch oder in Stillschweigen auf die Mitteilung der Übertragung eine Genehmigung und damit ein Rechtsgeschäft liegen, aber jedenfalls ist in keiner Form die Genehmigung der Gesellschaft ein Bestandteil des Veräußerungsgeschäfts.

b) Es darf ferner nie aus den Augen verloren werden, daß die Übertragung einer Aktie nicht Übereignung einer Sache oder Abtretung von Forderung ist. Gegenstand des Rechtsgeschäfts ist Austritt und entsprechend Eintritt in die Gesellschaft. Die Wirkung dieser Übereignung der Aktie müßte nach allgemeinen Rechtsgrundsätzen sein, daß von nun an der neue Gesellschafter in alle Rechte und Pflichten eines solchen eintritt, in Forderungen und in Verbindlichkeiten, wie sie von jetzt an entstehen oder fällig werden, während der Veräußerer für alles haftbar bleibt (und alles zu fordern hat), was in dem gleichen Zeitpunkt rückständig war und fällig wird. Wenn hier der Erwerber der Gesellschaft gegenüber Schuldner der noch ausstehenden Einlage schlechthin wird, während der Veräußerer neben ihm haftbar bleibt, darf man nicht an eine Schuldübernahme nach §§ 414 ff. BGB denken, bei welcher die Genehmigung der Gesellschaft hier sondergesetzlich insofern beschränkt wäre, als die Haftung des bisherigen Schuldners (als Ausfallhaftung) bestehen bleibt (so Lehmann AR II S. 384 ff.), vielmehr beruht die Wirkung ganz nur auf der positiven Sonderbestimmung und unmittelbar auf dem Gesetz, nicht auf Rechtsgeschäft.

Die Verordnung vom 20. 1. 1918 (RGBl S. 42), wonach die Veräußerung von Aktien deutscher Schiffahrtsgesellschaften an Ausländer verboten war, ist durch die Vdg vom 14. 2. 25 (RGBl II 66) und vom 31. 5. 25 (RGBl II 286) aufgehoben.

2. a) Die Veräußerung der Aktie, wenn sie auf den Inhaber lautet, geschieht durch Übereignung des Papiers. Für die Übertragung der Namenaktie steht den Beteiligten wahlweise die Zession und das Indossament zur Verfügung, wobei der Ausdruck Zession in einem weiteren Sinn zu verstehen ist, weil es sich nicht um die Übertragung einer Forderung handelt, sondern eines Rechtsverhältnisses. Die Namenaktie ist auch ohne Orderklausel indossabel Sie ist kraft zwingenden Rechts Orderpapier (Abs III). Daher verträgt sie auch nicht die negative Orderklausel. Die Wendung „nicht an Order", auf das Papier gesetzt, entbehrt der rechtlichen Wirkung. Der Unterschied zwischen Zession und Indossement in der Wirkung besteht darin, daß bei letzterem der gutgläubige Erwerber der Aktie Eigentümer wird, auch wenn der Veräußerer nicht Eigentümer war oder zur Verfügung über die als fremde veräußerte Aktie nicht befugt war (§ 366 HGB), während das bei der Zession nicht der Fall ist. Bei Schuldforderungen besteht zwischen Zession und Indossament — sofern sie überhaupt indossabel sind — ferner der Unterschied, daß der Schuldner wohl dem Zessionar, aber nicht dem Indossatar seine Einreden gegen den Rechtsvorgänger entgegenhalten kann. Das hat für das Körperschaftspapier wie die Aktie,

keine Bedeutung. Bei diesem kommt es nur darauf an, daß die Urkunde echt ist und ihre Übertragung auf den Erwerber stattgefunden hat. Im übrigen ergibt sich, auch bei der Zession das Rechtsverhältnis zwischen ihm und der Gesellschaft überhaupt nicht aus dem Rechtsverhältnis des Rechtsvorgängers zur Gesellschaft, sondern aus dem Gesellschaftsvertrag. So Cosack Lehrbuch des Handelsrechts § 266 III [4] mit der grundlosen Beschränkung auf die Inhaberaktie. Von der Namenaktie gilt nichts anderes. — Eine Form ist für die Zession im Gesetz nicht ausdrücklich vorgeschrieben, wie es ja auch die Zession überhaupt nicht erwähnt. Aber aus allgemeinen Rechtsgründen ergeben sich Formerfordernisse. Da die Aktie auch als Namenaktie Wertpapier ist, kann eine wirksame Übertragung des in ihr verkörperten Rechts nur unter gleichzeitiger Übereignung der Urkunde stattfinden. Das wird ziemlich allgemein anerkannt. Vgl. ROHG 11, 250; RG 26, 99; Staub-Pinner § 222 [7]; a. A. Makower § 222 IV a [1], dessen Ausführungen durchweg auf der Verkennung der Tatsache beruhen, daß die Namenaktie Wertpapier ist. Auch von der vinkulierten Namenaktie gilt das; RG 36, 38. Anderseits genügt die Tatsache der Besitzübertragung allein nicht; es muß die Zession hinzukommen; JW 1896, 6 [22]. Die Frage ist dieselbe, wie bei der Zession eines Wechselanspruchs. Auch die in § 1006 BGB bestimmte Vermutung sowie der Herausgabeanspruch nach § 1007 BGB gilt wohl von der Inhaberaktie, aber nicht von der Namenaktie (von dieser höchstens, wenn sie in blanco indossiert ist). Es muß auch behauptet werden, daß die Zession nicht eher vollendet ist, als bis sie auf der Aktie selbst beurkundet ist, daß die Übertragung endgültig erst stattgefunden hat, wenn die Aktie nicht mehr auf einen fremden Namen lautet. Anders ROHG 11, 252 und überhaupt wohl die herrschende Lehre. Läßt man dieses nicht gelten, aber jenes — nämlich daß es der Übereignung der Urkunde bedarf, dann macht man praktisch die Namenaktie zum Inhaberpapier. Die Aktie, d. h. das Beteiligungsrecht kann Gegenstand des rechtsgeschäftlichen Verkehrs sein, schon ehe die Urkunde ausgegeben worden ist. Ist letzteres aber geschehen, dann können Recht und Urkunde sich nicht mehr trennen und soll die Aktie Namenaktie sein, so hat der Aktionär so lange sein Recht nicht fortgegeben, als die Aktie und also auch das Aktienrecht noch auf seinen Namen lautet. Es kann vorkommen und ist zulässig, daß das Papier durch mehrere Hände geht, ohne daß es auf die einzelnen Erwerber umgeschrieben wird und daß die Umschreibung schließlich unter Übergehung der Zwischenbesitzer erfolgt. Aber dann handelt es sich um rein schuldrechtliche Verträge. Das Verfügungsgeschäft erfolgt ausschließlich zwischen dem ersten Veräußerer und dem letzten Erwerber des Papiers, wie ja auch die Zwischenmänner im Verhältnis zur Gesellschaft vollständig verschwinden. Es ist daher auch Blanko-Abtretung, welche nicht Indossament sein will, nicht möglich. (Veit Simon in Festgabe für Wilke 292). Und so eignet sich denn auch die Blankozession nicht zur Verpfändung, wofür auch kein Bedürfnis besteht, weil das Blankoindossament zur Verfügung steht. Da die Namenaktie kraft Gesetzes Orderpapier ist, kann sogar zweifelhaft sein, ob überhaupt Verpfändung ohne Indossament möglich ist (Planck § 1292 [5]). Anzeige des Verpfänders an die A-Gesellschaft (BGB § 1280) ist in keinem Fall erforderlich, dagegen in beiden Fällen Übertragung des unmittelbaren Besitzes am Papier Planck a. a. O. — Zur Umschreibung im Aktienbuch bedarf es jedenfalls der Vorlegung der Aktie und ist es dann Sache der Gesellschaft, auf Umschreibung auch der Urkunde selbst zu bestehen oder sie selbst vorzunehmen, wenn sie sich für befugt dazu erachten kann.

b) Auf die Übertragung der Namenaktie durch Indossament finden auf 11—13, 36 Satz 1—4, 70 W. O. Anwendung:

Art. 11. Das Indossament muß auf den Wechsel, eine Kopie desselben oder ein mit dem Wechsel oder der Kopie verbundenes Blatt (Allonge) geschrieben werden.

Art. 12. Ein Indossament ist gültig, wenn der Indossant auch nur seinen Namen oder seine Firma auf die Rückseite des Wechsels oder der Kopie oder auf die Allonge schreibt (Blanko-Indossament).

Art. 13. Jeder Inhaber eines Wechsels ist befugt, die auf demselben befindlichen Blanko-indossamente auszufüllen; er kann den Wechsel aber auch ohne diese Ausfüllung weiter indossieren.

Art. 36 (Satz 1—4). Der Inhaber eines indossierten Wechsels wird durch eine zusammenhängende, bis auf ihn hinuntergehende Reihe von Indossamenten als Eigentümer des Wechsels legitimiert. Das erste Indossament muß demnach mit dem Namen des Remittenten, jedes folgende Indossament mit dem Namen desjenigen unterzeichnet sein, welchen das unmittelbar vorhergehende Indossament als Indossatar benennt. Wenn auf ein Blanko-Indossament ein weiteres Indossament folgt, so wird angenommen, daß der Aussteller des letzteren den Wechsel durch das Blanko-Indossament erworben hat. Ausgestrichene Indossamente werden bei Prüfung der Legitimation als nicht geschrieben angesehen.

Art. 74. Der nach den Bestimmungen des Art. **36** legitimierte Besitzer eines Wechsels kann nur dann zur Herausgabe desselben angehalten werden, wenn er den Wechsel in bösem Glauben erworben hat oder ihm bei der Erwerbung des Wechsels eine grobe Fahrlässigkeit zur Last fällt.

Etwas der in Art 11 genannten Wechselkopie entsprechendes gibt es bei der Namenaktie nicht; insofern ist denn auch entsprechende Anwendung nicht möglich. Wohl aber geht entsprechende Anwendung des Art 12 dahin, daß auch auf der Namenaktie das Indossament auf die Rückseite gesetzt werden muß, wenn es ausschließlich aus dem Namenszug (ohne Text) besteht. Zwar kommt die beim Wechsel bestehende Gefahr, daß die Unterschrift auf der Vorderseite des Papiers als Bürgschaft aufgefaßt werden kann, bei der Aktie nicht in Frage. Aber nach der Verkehrsgepflogenheit ist der Namenszug überhaupt als Indossament nur unmißverständlich, wenn er auf der Rückseite der Urkunde steht. — Art 13 ist unmittelbar anwendbar.

Der Art 36 WO regelt die Legitimation des Inhabers einer durch mehrere Hände gegangenen Aktie durch ununterbrochene Reihenfolge der Indossamente. Das hat Bedeutung sowohl gegenüber dem Erwerber einer solchen Aktie als auch gegenüber der Gesellschaft. Während aber der Inhaber eines Wechsels den Wechselanspruch überhaupt nicht geltend machen kann, wenn die Reihenfolge des Indossaments eine Lücke aufweist, kann der Aktionär die Lücke durch den Nachweis ergänzen, daß sie durch eine Zession ausgefüllt wird. Wer die Aktie durch Zession erwirbt, ist nicht gehindert, sie durch Indossament weiterzugeben. Das Gesetz schließt den Satz 5 des Art 36: Die Echtheit des Indossaments zu prüfen, ist der Zahlende nicht verpflichtet, von entsprechender Anwendung aus. An seine Stelle tritt die unmittelbare Vorschrift des § 223 II.

Während bei der Übereignung einer auf den Namen lautenden Aktie in Gestalt der Abtretung der Erwerber gemäß §§ 932 ff. BGB, bei Verpfändung der Pfandgläubiger gemäß § 1208 BGB geschützt wird, wenn er gutgläubig ist, verleiht das Gesetz dem Erwerber einer Namenaktie auf Grund Indossaments Schutz gemäß § 74 WO, der mittelbar ausdrückt, was unmittelbar ausgesprochen die Hauptsache ist, daß wer auf dem genannten Wege die Urkunde, dort den Wechsel, hier die Aktie erwirbt, Eigentümer der Urkunde und damit dort der Wechselgläubiger, hier Aktionär wird. Der Schutz des guten Glaubens reicht hier weiter, als bei dem Sacherwerb nach BGB; RG 45, 262. Während § 932 BGB ein an und für sich rechtsgültiges Veräußerungsgeschäft voraussetzt und nur gegen den Mangel im Recht des Veräußerers schützt, so daß, wer z. B. von einem Minderjährigen eine bewegliche Sache kauft, Eigentum an ihr weder dann erwirbt, wenn der Minderjährige Eigentümer war, noch dann, wenn er es nicht war, wird beim Indossament der Erwerber auch gegen Mängel des Indossierungsgeschäfts selbst geschützt. Wenigstens ist das herrschende Lehre. Ferner erwirbt ausnahmslos das Eigentum an der Urkunde auch der, welcher sie zwar von einem Dritten erwirbt, aber im guten Glauben, daß der Dritte berechtigt sei, im Namen des Eigentümers zu veräußern, was im allgemeinen nach § 366 HGB nur dann gilt, wenn Veräußerer ein Kaufmann ist. — Daß der Schutz des guten Glaubens versagt, wenn die Aktie dem wahren Eigentümer abhanden gekommen war (BGB § 935), gilt nur bei dem Erwerb der Aktie durch Abtretung. Bei Inhaberaktien gilt es gemäß Abs II des § 935 nicht; bei Namenaktien, wenn sie durch Indossament übertragen werden, kommt § 935 BGB überhaupt nicht zur Anwendung.

Dagegen ist Art 82 WO nicht entsprechend anwendbar. Der Inhalt der Aktienurkunde gibt nicht den Inhalt des Rechtsverhältnisses wieder, das sich ausschließlich aus dem Statut ergibt. Wenigstens ist das die Regel, welche nur in einzelnen Punkten Ausnahmen kennt. — Auch gegen Nichtigkeit der Aktienurkunde schützt der gute Glaube nicht.

Anders als bei den in § 363 HGB genannten Urkunden, ist es bei der Namenaktie, um indossabel zu sein, nicht erforderlich, daß sie die Orderklausel trägt. Die Namenaktie ist kraft Gesetzes indossabel, und anders wiederum wie nach § 9 II WO beim Wechsel kann hier die Übertragbarkeit durch Indossament nicht ausgeschlossen werden. Nach Lehmann-Ring § 222[3] wäre die Übertragung durch Indossament notwendig, d. h. die Übertragung durch Zession ausgeschlossen, wenn es im Gesellschaftsvertrag bestimmt wird und ebenso dürfte der Gesellschaftsvertrag das Indossament ausschließen. Beides muß bestritten werden. Die Bestimmungen des Gesetzes lauten schlechthin und daher zwingend. Auch besteht kein anzuerkennendes Bedürfnis, hier die Möglichkeit einer bunten Mannigfaltigkeit die Bahn zu eröffnen, welche nur Unsicherheit und Gefahr mit sich bringen würde. Es kann eine solche Bestimmung auch nicht in der Form wirksam sein, daß nur auf Indossament oder daß auf Indossament nicht der Erwerber in das Aktienbuch eingetragen wird. Wie Lehmann-Ring auch Brand § 222[3] e 8.

3. Alles bisher Erörterte setzt voraus, daß Aktienurkunden (oder Interimscheine) ausgegeben worden sind. Es kann Aktienrecht aber auch ohne das übertragen werden, sofern nur die A-Gesellschaft schon entstanden ist; RG 52, 423; 86, 155. Hier fallen alle jene besonderen, gleichsam sachenrechtlichen Formen der Übertragung fort. Die Übertragung muß nach den allgemeinen schuldrechtlichen Grundsätzen geschehen. Es ließe sich die Frage aufwerfen, ob nicht, weil es sich um einen Personenwechsel in der Gesellschaft handelt, hierzu die Gesellschaft selbst als Vertragspartei zugezogen werden müßte. Indessen wäre das doch wohl wiederum mit dem Grundgefüge der Gesellschaftsform in Widerspruch. Aber auf keinen Fall kann die Gesellschaft hier dem Vorgang noch ferner gerückt sein, als nach Ausgabe von Aktienurkunden. Und da die Rechte jedenfalls auch da, wo beabsichtigt wird, Inhaberaktien auszugeben, einstweilen sozu-

sagen auch auf den Namen lauten, kann die in den Formen schuldrechtlichen Vertrages geschehene Übertragung der Gesellschaft gegenüber nur gelten, wenn sie ihr unter Nachweis des Überganges angemeldet worden ist. Man wird daher auch annehmen müssen, daß auch, wenn die Aktien auf den Inhaber lauten sollen, die Gesellschaft, falls die Ausgabe von Aktienurkunden nicht alsbald erfolgt, ein „Aktienbuch" jedenfalls von dem Zeitpunkt an führen muß, wo solche Übertragungen stattfinden. (Nach KGJ 14, 32 wäre die Anlegung eines Aktienbuchs erst nach Ausgabe von Aktienurkunden möglich.) — Vollends muß das Gesagte gelten, wenn Interimsscheine ausgegeben werden. Nicht so weit gehend Makower § 222 II; a. A. Lehmann-Ring § 223[5]. Vgl. RG 34 III; 86, 155; RGSt 31, 402; KGJ 14, 27. Nach Staub-Pinner § 223[1] kann die Umschreibung im Aktienbuch geschehen.

4. a) Daß die Aktie veräußerlich und vererblich ist, ist zwingendes Recht, was allerdings allgemein nicht anerkannt wird. Vgl. Lehmann-Ring § 222[4]; Brand § 222[3] c; Ritter § 222[2]. Jedenfalls kann, was Vererblichkeit angeht, nicht bestimmt werden, daß mit dem Tode des Eigentümers das Aktienrecht verschwindet. Höchstens kann bestimmt werden und es gibt gemeinnützige Vereine, welche sich in Form einer A-Gesellschaft konstituieren, und bei denen eine solche Bestimmung einen Sinn haben kann, daß mit dem Ableben des Eigentümers die Aktie unentgeltlich eingezogen wird. Es kann ferner auch der Übergang auf die Erben dergestalt von der Genehmigung der Gesellschaft abhängig gemacht werden, daß wenn die Genehmigung nicht erteilt wird, die Gesellschaft verpflichtet ist, die Aktie dem Erben (entgeltlich) abzunehmen. Wenigstens hat RG in Holdh MS 1902, 268 die Bestimmung nicht beanstandet und entschieden, daß die Gesellschaft das Recht auf die Aktie nur geltend machen kann, wenn es alsbald nach dem Erbfall geschieht. Die Veräußerlichkeit ist das notwendige Korrelat des aktienrechtlichen Grundsatzes, daß dem einzelnen Aktionär jede Möglichkeit genommen ist, die Auflösung der Gesellschaft zu erzwingen oder wenigstens für seine Person aus der Gesellschaft auszutreten. Zudem geht aus der Fassung des Abs II deutlich genug hervor, daß das Gesetz es so meint. Daß die auf den Inhaber lautende Aktie frei veräußerlich ist, folgt aus dem Wesen des Inhaberpapiers. Daß die Namenaktie frei veräußerlich ist, bildet die Regel, welche aber Ausnahmen insofern erleiden kann, als im Statut die Veräußerung von der Zustimmung der Gesellschaft abhängig gemacht werden kann (vinkulierte Namenaktie). Es kann das auch so geschehen, daß innerhalb eines bestimmten Bereichs dem Einzelnen die Freiheit der Veräußerung gewahrt bleibt. So müßten, wenn man das Gesetz beim Wort nimmt, Bestimmungen verstanden werden, wonach die Aktie zwar frei veräußert werden kann, aber nur innerhalb eines bestimmten Kreises von Persönlichkeiten, nur an Personen bestimmter Konfession, Profession (BankArch 14, 4: nur an Tischler), bestimmter Staatsangehörigkeit, an Angehörige einer politischen Partei, nur an Ortsansässige usw., so daß eine Veräußerung darüber hinaus der Genehmigung der Gesellschaft bedürfe. Ganz allgemein werden Bestimmungen dieser Art aber so aufgefaßt, daß auch mit (einfacher) Genehmigung der Gesellschaft an Personen außerhalb des betreffenden Kreises nicht veräußert werden kann, sondern nur nach Statutenänderung oder doch nur, wenn die Genehmigung mit der für Statutenänderung erforderlichen Mehrheit beschlossen wird.

Ist die Gesellschaft selbst Veräußerer oder Erwerber der Aktie, so kommt eine weitere Einwilligung der Gesellschaft nicht in Frage, mag der Erwerb der eigenen Aktie im gegebenen Fall zulässig sein oder nicht und gleichviel auch, welchem Organ die Entscheidung über die Genehmigung obliegt. Letzteres gilt beim Erwerb schon deshalb, weil mit ihm eine Erweiterung des Kreises der Aktionäre nicht verbunden ist, ersteres muß wenigstens vom Standpunkt der herrschenden Lehre angenommen werden, wonach die Vertretungsmacht des Vorstandes das Rechtsgeschäft unter allen Umständen deckt (s. unten unter d). —

b) Ist im Statut bestimmt, daß die Aktien nicht ohne Genehmigung der Gesellschaft „verkauft" werden dürfen, so fallen Veräußerungen anderer Art, namentlich Schenkung, nicht darunter. Vgl. RG 101, 246. — Die Zustimmung kann auch im voraus erklärt werden, aber immer nur in Beziehung auf ein bestimmtes, in Aussicht genommenes Rechtsgeschäft. Vgl. JW 1906, 777[46]; OLG 3, 67; BauersZ 24, 174; auch eine auf einen umschriebenen Kreis von Personen gerichtete Einwilligung ist zu allgemein. Unrichtig Holdh MS 22, 136; undeutlich RG 64, 152. — Übergang einer Aktie aus dem Eigentum des Einzelnen in ein Gesamthandverhältnis (Gütergemeinschaft, offene Handelsgesellschaft) sowie Wechsel im Personenbestand eines solchen bedeutet nicht rechtsgeschäftliche Veräußerung, wenn die Veränderung kraft Gesetzes eintritt. Aber der Gesellschaft gegenüber gilt auch in einem solchen Fall immer nur die im Aktienbuch bezeichnete Persönlichkeit als Aktionär (§ 223).

c) Das Gesetz spricht von Zustimmung der Gesellschaft. Im Statut kann bestimmt werden, wem die Entschließung hierüber zukommt. Ist das die Generalversammlung, so beschließt diese darüber mit einfacher Stimmenmehrheit, der Veräußerer ist hierbei von der Ausübung des Stimmrechts nicht ausgeschlossen. Dabei ist er in seiner Entschließung der Gesellschaft gegenüber völlig frei, nicht so dem Erwerber gegenüber, dem er sich in der Regel schadensersatzpflichtig macht, wenn er gegen die Genehmigung stimmt und es dadurch zur Ablehnung kommt; RG in DJZ

1906, 710; trifft ihn ein Verschulden daran, daß die Beschlußfassung der Generalversammlung sich verzögert, so kann der Erwerber nach § 326 BGB verfahren und vom Vertrage zurücktreten. Vgl. RG in Recht 09, 1282; RG 88, 323. — Es kann auch Lagen geben, wo die Versagung der Genehmigung gegen die guten Sitten und damit gegen § 826 BGB verstößt oder sich als ein Akt von Schikane darstellt (§ 226 BGB). — Auch dem Aufsichtsrat kann im Statut die Entscheidung übertragen werden; RG 72, 291. Ist im Statut hierüber nichts gesagt, so hat der Vorstand zu entscheiden; Staub-Pinner § 212[13]; Lehmann-Ring § 212[5]. — Aber die Zustimmung, mag sie der Veräußerung voraufgehen (Einwilligung) oder ihr folgen (Genehmigung), ist rechtsgeschäftliche Willenserklärung, welche den Beteiligten oder einem von ihnen abgegeben werden muß, und das ist in allen Fällen Sache des Vorstandes. Vgl. RG 85, 47; Staub-Pinner § 212[13]; Lehmann-Ring § 212[5]. Eine Form ist nicht vorgeschrieben. Sie kann daher auch mündlich und namentlich durch konkludente Handlung, durch Zulassung des Erwerbers zu den Generalversammlungen, durch Einforderung von Einlage vom Erwerber u. ä. geschehen. Einer weiteren Erklärung bedarf es nicht, wenn die Generalversammlung zu beschließen hat und in Gegenwart des Veräußerers oder Erwerbers beschließt. Vgl. RG in LZ 1915, 1150[20]. — Auch wenn im Gesellschaftsvertrag bestimmt ist, daß die Erklärung schriftlich abgegeben werden soll, hat das im Zweifel nur die Bedeutung einer Ordnungsvorschrift.

d) Bestritten ist die Rechtslage, wenn der Vorstand die Zustimmung erklärt, ohne den nach dem Statut erforderlichen Beschluß der Generalversammlung oder des Aufsichtsrats hinter sich zu haben. Bei der Gesellschaft mbH, wo ebenfalls bestimmt werden kann, daß die Veräußerung von Geschäftsanteilen der Zustimmung der Gesellschaft bedarf, (§ 15 V GGmbH) tritt dieselbe Frage auf. Dort wie hier nimmt die Rechtsprechung an, daß eine solche Erklärung des Geschäftsführers oder des Vorstandes durch deren unbeschränkbare Vertretungsmacht (§§ 231, 235 II) gedeckt werde und wirksam sei. Vgl. JW 1904, 123[48]; 1906, 777[16]; RG Holdh MS 15, 202; 24, 154; RG 64, 151; Warneyer 1915, 179; RG in Recht 1918, 1582; RG 104, 414; OLG 14, 367; 16, 116; offen gelassen in RG 85, 46; s. ferner auch RG in Holdh MS 19, 278. Aber Entlassung und Aufnahme von Mitgliedern ist eine innere Gesellschaftsangelegenheit, während die Vertretungsmacht des Vorstandes nach § 231, 235 nur nach außen nicht beschränkt werden kann. Zweifelhaft mag sein, ob der Erwerber der Aktie eben im Moment der Genehmigung schon als Aktionär anzusehen ist oder noch als Dritter. Aber es handelt sich nicht nur um den Eintritt des neuen, sondern auch um das Ausscheiden des bisherigen Aktionärs, die eine Seite der Sache, welche in der gesamten Rechtsprechung beharrlich übersehen wird. Im Statut ist durch die Bestimmung der Gesellschaft auch das Recht vorbehalten, den bisherigen Aktionär festzuhalten. Sie ist unbestreitbar rein innere Angelegenheit der Gesellschaft und die Entscheidung darüber kann ihr der Vorstand durch keine, wie auch und an wen gerichtete Willenserklärung übern Kopf wegnehmen. Wie hier Lehmann-Ring § 222[5]; Makower § 222 V b 1. —

e) Im Konkurs der A-Gesellschaft liegt die Entscheidung und Erklärung der Genehmigung beim Konkursverwalter nur, wenn es sich um eine Aktie handelt, mit welcher noch Verpflichtungen gegen die Gesellschaft, wie ausstehende Einlageschuld, verbunden sind; RG 72, 292; anders BauersZ 18, 133 (Dresden), (in RG in LZ 1913, 765[2] wird unterstellt, daß die Genehmigung auch nach Eröffnung des Konkurses Sache der berufenen Organe der Gemeinschuldnerin sei; es erhellt nicht, ob im dortigen Fall die Aktien — vinkulierte Kleinaktien — voll eingezahlt waren). S. auch § 292 Erl 5 d.

f) In der Verpfändung der Aktie, wie in der Bestellung eines Nießbrauchs an ihr, liegt ebenfalls eine Veräußerung, eine Verfügung über das Recht. Auch sie sind bei der vinkulierten Namenaktie rechtswirksam nur, wenn die Gesellschaft zustimmt; OLG 26, 206 (Hamburg). Das Urteil RG 37, 139 war vielleicht schon unter den damals geltendem Recht bedenklich, ist aber jedenfalls jetzt nicht mehr maßgeblich. Vgl. RG 53, 110; 58, 224. Anders liegt es dagegen mit der Pfändung (a. A. Staub-Pinner § 212[16]; Brand § 212[3] d; Lehmann-Ring § 222[4]). Sie kann geschehen und die Zwangsvollstreckung kann durchgeführt werden, ohne daß die Gesellschaft dagegen auftreten kann. Vgl. RG in SeuffArch 64, 145; RG 70, 64; SächsArch 1915, 108; OLG 17, 340 (Cöln). In dem Sinne unübertragbar wie § 851 ZPO (857) es meint, ist die vinkulierte Namenaktie nicht. Vgl. auch RG in LZ 1909, 35. — So hat denn auch im Konkurse des Aktionärs der Konkursverwalter freie Hand, die Aktie zu verwerten. Vorausgesetzt ist hier nur, daß die Einlage voll bezahlt ist. Über die Rechtslage im entgegengesetzten Fall s. Erl 6 c zu § 218.

Auch die Verpfändung des Aktienrechts ist ausführbar, ohne daß es bereits zur Ausgabe von Aktienurkunden gekommen ist; BauerZ 25,7. — Verpfändung der Aktienurkunde ohne das Aktienrecht ist nicht ausführbar; BauerZ eod. Wenn sich an einem Schuldschein nach § 952 BGB zwar ebenfalls ein Faustpfandrecht nicht bestellen läßt, wohl aber ein obligatorisches Zurückbehaltungsrecht (RG 51, 85; vgl. auch RG in SeuffArch 58[77]; RG 66, 26), so kann von der Aktienurkunde auch das nicht gelten, weil sie mehr und etwas anderes ist als Beweisurkunde. Die zwei Seiten, daß sie Urkunde ist und zugleich das Aktienrecht verkörpert, lassen sich in der Abstraktion, aber nicht in Wirklichkeit und im Verkehr von einander scheiden. — Nach JW 1899, 7, 23 hat die

Gesellschaft die Dividende, welche auf eine verpfändete Namenaktie entfällt, an den Pfandgläubiger zu zahlen. Der Bericht ist dürftig. Offenbar waren Dividendenscheine nicht ausgegeben. Diese unterliegen selbständig der Pfändung und werden nicht ohne weiteres von der Pfändung oder Verpfändung der Aktie mit ergriffen.

g) Die Genehmigung hat rückwirkende Kraft, wie § 184 BGB es vorschreibt. Sie kann wirksam noch erteilt werden, nachdem der Erwerber sich auf ihren Mangel berufen hat oder nachdem die Gesellschaft in Konkurs geraten ist. So in Beziehung auf die Gesellschaft mbH; RG 64, 153. Bei der A-Gesellschaft kommt der Erwerber als Aktionär erst in Frage, nachdem er in das Aktienbuch eingetragen worden ist, und in dieser Eintragung dürfte die Genehmigung jedenfalls immer dann liegen, wenn der Vorstand über die Erteilung der Genehmigung zu entscheiden hat, und auch, wo letzteres nicht der Fall ist, dürfte vom Standpunkt der herrschenden Lehre aus (s. oben unter d) in der Eintragung in der Regel die dem Erwerber gegenüber entscheidende Genehmigungserklärung des Vorstandes liegen. Diese Eintragung ist ein rechtsgeschäftlicher Akt von großer Bedeutung und darf nicht mit der bei der Gesellschaft mbH vorgeschriebenen Einreichung der Liste bei Gericht (GGmbH § 40) auf eine Stufe gestellt werden; vgl. RG 64, 149; 85, 48; JW 1910, 843; aber auch JW 1904, 123[28]. — Die Erklärung ist unwiderruflich. Ebenso die Verweigerung der Genehmigung; nach einer solchen ist nachträgliche Genehmigung nur wirksam, wenn die Vertragsparteien noch am Vertrag festhalten. Vgl. RG 64, 153; in Recht 1910, 1003. Ist die Genehmigung verweigert, so ist die Abtretung unmögliche Leistung und es kann nicht auf sie geklagt werden; JW 1896, 323[20]. Die Einwilligung kann auch schon vor Eintragung der Gesellschaft in das Handelsregister erteilt werden; RG in Holdh MS 20, 187.

h) Daß die Übertragung der Aktien nur mit Zustimmung der Gesellschaft erfolgen kann, muß im Gesellschaftsvertrag bestimmt werden; Bolze 3, 801 (aber nach Errichtung der Gesellschaft steht nichts im Wege, daß ein Aktionär der Gesellschaft gegenüber sich verpflichtet, seine Aktien ohne deren Einwilligung nicht zu veräußern). Nachträgliche Einführung der Bestimmung unter Statutenänderung kann nur mit Zustimmung aller Gesellschafter geschehen. Vgl. RG 68, 211; RG in Holdh MS 24, 124; Staub-Pinner § 222[2]; Lehmann-Ring § 222[4]. Dagegen kann die Beseitigung der Bestimmung durch Statutenänderung mit der für diese erforderlichen Stimmenmehrheit beschlossen werden. Die Bestimmung, daß die Aktie nur mit Zustimmung der Gesellschaft übertragen werden kann, braucht nicht aus der Aktienurkunde hervorzugehen, wofern es sich nicht um Kleinaktien nach § 180 III handelt. Vgl. RG 88, 72, Erl 5 zu § 180.

Die Aktien der Nebenleistungsaktiengesellschaften müssen vinkulierte Namenaktien sein § 212.

5. a) Auf Namen lautende Aktien sind in das Aktienbuch der Gesellschaft einzutragen. Die damit aufgestellte Verpflichtung, ein Aktienbuch zu führen, trifft danach die Gesellschaft, wenn sie Namenaktien ausgibt, ferner aber auch wenn sie Interimscheine ausgibt, die nach § 209 II nicht auf den Inhaber lauten dürfen, § 224; KGJ 14, 31; OLG 11, 384, sowie endlich — s. oben Erl 3 — wenn vor Ausgabe von Aktien oder Interimscheinen Anteilrechte übertragen werden. Die Bezeichnung Aktienbuch ist nicht zwingend vorgeschrieben, die Gesellschaft kann eine andere Bezeichnung wählen. Aber anderseits wird die Gesellschaft, welche nur oder auch Inhaberaktien ausgibt, ein Verzeichnis dieser Aktien führen und wenn sie dieses als Aktienbuch bezeichnet, so ist das unrichtig; RG 41, 19. — Es ist Streitfrage, ob dieses Aktienbuch zu den Handelsbüchern im Sinn des § 38 I HGB gehört. Begrifflich muß das verneint werden, wenn auch nicht ausgeschlossen ist, daß das Buch so geführt wird, daß es zugleich als Handelsbuch dient, z. B. dann, wenn in ihm zugleich der Stand der Einzahlungen verbucht wird. Wo diese Konten, wie füglich, besonders geführt werden, bedarf es für die Übersicht über das Vermögen der Gesellschaft nicht des Aktienbuchs. Vgl. RG 72, 292. Dazu kommt vor allem, daß sich die Eintragungen in das Buch von allen anderen Buchungen durch ihre ganz eigenartige Wirkung spezifisch unterscheiden. Vermöge der Vorschrift in § 223 III sind diese Eintragungen Rechtsgeschäfte, Ausübung eines Gestaltungsrechts, oder richtiger wohl einer Gestaltungsmacht und Gestaltungspflicht, nichtempfangsbedürftige Willenserklärungen, durch welche dem Erwerber der Aktie erst die ihm unentbehrliche Legitimation zur Ausübung seiner Rechte gegenüber der Gesellschaft verliehen und dem Veräußerer genommen wird. (S. § 223 Erl 2.) So haben denn auch die Beteiligten — Veräußerer und auch der Erwerber der Aktie — gegen die Gesellschaft den Anspruch darauf, nicht nur, daß die Eintragung des Erwerbers geschieht, sondern auch darauf, daß wo ein Aktienbuch noch nicht besteht, ein solches angelegt wird. Sie können darauf Klage erheben; OLG 11, 384 (Köln). Wie hier Staub-Pinner § 222[1]; Ritter § 222[1]; Makower § 222 II c; Lehmann-Ring § 222[1]. — Über den Anspruch auf Einsicht in das Aktienbuch ist nach § 810 BGB zu entscheiden.

b) Es sind in das Aktienbuch einzutragen die auf Namen lautenden Aktien oder Interimscheine mit genauer Bezeichnung des Inhabers (richtiger Eigentümers) nach Namen, Wohnort und Stand, eine Vorschrift, in welcher zugleich liegt, daß in Beziehung auf Veränderungen, welche in diesen Verhältnissen der einzelnen Aktionäre eintreten und zur Kenntnis der Gesellschaft kommen, das Buch immer auf dem laufenden gehalten werden muß. — Bei genauer

Befolgung der Vorschrift sind an erster Stelle die ersten Nehmer des Anteilrechtes (Gründer und Aktienzeichner) eingetragen; a. A. Makower § 222 II a. Unbedingt erforderlich ist das aber nicht; RG 41, 16; 86, 155; JW 06, 177[26].

c) Wenn das oben unter a Gesagte richtig ist, wenn — was allgemein freilich nicht beachtet wird — die Eintragung des Erwerbers in das Aktienbuch ein Rechtsgeschäft darstellt, welches in dem Akt zugleich seine Beurkundung findet, dann kann nicht richtig sein (Staub-Pinner § 222[7]), daß der Vorstand eine solche Eintragung ohne weiteres wieder beseitigen kann, wenn sich ergibt, daß sie ohne die erforderlichen Unterlagen erfolgt ist. Ganz zweifellos ist der Vorstand dazu dann nicht berechtigt, wenn die Eintragung auf übereinstimmenden Antrag des Veräußerers und des Erwerbers oder auf die mit Zustimmung des einen Teils vom anderen Teil gemachte Anmeldung erfolgt RG 41, 16. Aber überhaupt darf die Eintragung nur mit — freiwilliger oder durch Klage erzwungener — Zustimmung der Betroffenen geändert werden.

6. a) Der Abs IV bezieht sich nicht auf Kleinaktien gemeinnütziger Unternehmen oder vom Reich als mit Ertragsgarantie ausgestatteter Gesellschaften, welchen die Ausgabe der Aktien von geringerem Nennbetrag staatlich genehmigt worden ist (§ 180 II). Solche Aktien können frei gehandelt werden, wofern nicht im Statut die Genehmigung der Gesellschaft für erforderlich erklärt worden ist. Aber auch wenn das im Statut geschehen ist, findet gegenwärtiger Abs IV auf sie nicht Anwendung; a. A. Makower § 222 V b. Dagegen ist der Verkehr mit vinkulierten Kleinaktien nach § 180 III erheblicher Erschwerung unterworfen worden. Hier ist nicht nur unter allen Umständen über die Genehmigung durch Aufsichtsrat und Generalversammlung zu beschließen, sondern es bedarf auch die Übertragung der in Satz 2 bestimmten Form, d. h. nicht der Vertrag, wohl aber die Erklärung des Veräußerers muß schriftlich abgefaßt, die Unterschrift muß gerichtlich oder notariell beglaubigt sein und der Erwerber muß namhaft gemacht werden. Die Bezeichnung des gesetzlichen Vertreters des Erwerbers ist, wenn mißverständlich, unzulänglich; RG in Holdh MS 24, 59. Blanko-Indossament ist also ausgeschlossen, und zwar darf nicht nur das letzte Indossament nicht Blankoindossament sein, sondern überhaupt keines. Dagegen steht sicherlich auch hier nichts im Wege, eine Lücke in der Reihe der Indossaments durch Vorlegung der entsprechenden Zessionserklärung zu schließen. Nur muß auch diese beglaubigt sein. — Diese Vorschriften gelten ebenso wie das auf Statut beruhende Erfordernis der Genehmigung der Übertragung auch von der Verpfändung und Bestellung eines Nießbrauchs, aber nicht von der Pfändung und von der Verwertung der Aktie durch den Konkursverwalter. Anders RG 36, 35, s. oben 4 f. — Daß die Genehmigungserklärung des Vorstandes wirkungslos ist, wenn auch nur eine der beiden Instanzen, Generalversammlung und Aufsichtsrat, übergangen worden ist, wird hier allgemein anerkannt. RG 41, 6: Daran ändert auch der Umstand nichts, daß der Erwerber tatsächlich als Aktionär sich führt und anerkannt wird. Anderseits gilt es nur unbeschadet der Vorschrift des § 223 III. — Der gerichtlich oder notariell beglaubigten Erklärung steht gleich die gerichtliche Beurkundung des vor Gericht geschlossenen Vergleichs; OLG 43, 310 (Hamburg). Die Vollstreckung eines solchen Vergleichs ist nicht davon abhängig, daß Aufsichtsrat und Generalversammlung restlos die Zustimmung erteilt haben; OLG das.

b) Was die vom Gesetz für das Rechtsgeschäft selbst vorgeschriebene Form angeht (beglaubigte Erklärung des Veräußerers), so kann nach dem vom Gesetz mit der Vorschrift verfolgten Zweck, der offenbar auf eine Versteifung der Umsatzfähigkeit und des Umsatzes dieser Papiere gerichtet ist, nicht wohl bezweifelt werden, daß nicht nur das Verfügungsgeschäft, sondern auch der schuldrechtliche Vertrag, das Versprechen der Übertragung, um bindend zu sein, der Form bedarf; RG 43, 136; 50, 47; Brand § 222[4] c; Ritter § 222[9] b; a. A. RG in LZ 1913, 765[2]; 1919, 534[3]; OLG 28, 351 (Köln); Staub-Pinner § 222[11]; Fischer in Ehrenbergs HH III 1; S. 157. Vgl. auch RG 75, 79. — Auf den Auftrag, die Aktie zu verkaufen, findet die Formvorschrift nicht Anwendung; RG in LZ 1913, 795[2]. Vgl. RG 50, 43. Daraus folgt aber nicht, daß, wenn der Kommissionär selbst in das Geschäft eintritt, die Übertragung formlos geschehen kann.

§ 223.

Geht eine auf Namen lautende Aktie auf einen anderen über[1], so ist dies, unter Vorlegung der Aktie und des Nachweises des Überganges[3], bei der Gesellschaft anzumelden[4] und im Aktienbuche zu vermerken[2].

Die Echtheit der auf der Aktie befindlichen Indossamente oder der Abtretungserklärungen zu prüfen, ist die Gesellschaft nicht verpflichtet.

Im Verhältnisse zu der Gesellschaft gilt nur derjenige als Aktionär, welcher als solcher im Aktienbuche verzeichnet ist.

1. Aus den Vorschriften § 222 I und § 223 I zusammengehalten ergibt sich, daß bei der Ausgabe von Namenaktien (und bei Ausgabe von Interimscheinen) die A-Gesellschaft verpflichtet ist, ein

Aktienbuch anzulegen, in welches die Gründer und bei Sukzessivgründung die Zeichner von Aktien — die ersten Nehmer — unter Angabe der von den Einzelnen übernommenen Aktien eingetragen sind und jede spätere Änderung im Aktienbesitz — gleichviel ob auf Rechtsgeschäft oder auf Gesetz beruhend, ob auf Kauf oder Erbschaft usw., auf Anmeldung zu vermerken ist. Die Aktionäre sind nach Namen, Wohnort und Stand zu bezeichnen (§ 222 I). Die Gesellschaft soll in der Lage sein, jederzeit mit jedem Inhaber einer Namenaktie in Verbindung treten zu können. Daher sind auch Änderungen in den persönlichen Verhältnissen in den angegebenen Richtungen — Name, Stand, Wohnort — zu verzeichnen, wenn sie der Gesellschaft mitgeteilt oder auf andere sichere Weise zu ihrer Kenntnis gekommen sind. Ist die erste Eintragung ordnungswidrig unterlassen worden (vgl. Erl 5 b zu § 222) und weist der Erwerber der Aktie bei Anmeldung den unmittelbaren oder mittelbaren Erwerb vom ersten Nehmer der Aktie nach, so bedarf es keiner Nachholung des Versäumten. Vgl. RG 41, 14; 86, 155; JW 1906, 177[26]. Nach KGJ 14, 31 sollen vor Ausgabe von Aktien oder Interimscheinen Eintragungen in das Aktienbuch mit der in Abs III bestimmten Wirkung nicht möglich sein. S. § 222 Erl. 3.

2. a) Über die rechtliche Bedeutung der in Abs I vorgeschriebenen Eintragung in das Aktienbuch herrscht keine Klarheit. Daß sie nur auf Anmeldung erfolgt, ist im Gesetz nicht ausdrücklich gesagt, geht aber aus seiner Fassung unverkennbar hervor und ergibt sich aus der Natur der Sache. Aber darüber, wer anzumelden hat, ist aus dem Wortlaut der Vorschrift nichts zu entnehmen. In RG 3, 163 — wo der Erwerber der Aktie angemeldet hatte — ist angenommen worden, daß durch Anmeldung und entsprechende Eintragung in das Aktienbuch ein Vertrag zwischen der Gesellschaft und dem neuen Aktionär zustande komme. Dem ist lange Zeit die Rechtsprechung gefolgt; RG 41, 17; JW 1898, 396[36]; 1906, 433[23], ohne zu beachten, daß an dem Vorgang nicht nur der Erwerber der Aktie und die Gesellschaft, sondern auch der Veräußerer beteiligt ist, der zu dem Vertrage zugezogen werden müßte. Mit Recht hat RG 79, 163 diese Konstruktion aufgegeben: „Die Eintragung in das Aktienbuch entbehrt jeder rechtsbegründenden Wirkung; vielmehr vollzieht sich der Eintritt des neuen Aktionärs in den gesellschaftlichen Verband durch den Verkauf und den Übergang des Papiers; das gilt, gleichviel ob die Aktie auf den Inhaber lautet oder auf Namen". Dem hat sich RG 86, 157 angeschlossen: „Der Erwerb des Aktienrechts geschieht — bei Namenaktien — durch Indossament oder Abtretung, verbunden mit der Übergabe der etwa ausgestellten Aktienurkunde; die Eintragung in das Aktienbuch hat nur Bedeutung für die Legitimation des Erwerbers gegenüber der A-Gesellschaft". Und wieder lautet es: „Die Eintragung in das Aktienbuch entbehrt jeder rechtsbegründenden Wirkung". Das ist richtiger als die frühere Rechtsprechung. Ganz richtig ist es aber auch noch nicht. Man kann die Bedeutung der Eintragung und des ganzen Verfahrens nicht ermessen, ohne sich über die Vorschrift des Abs III klar geworden zu sein: Im Verhältnis zu der Gesellschaft gilt als Aktionär nur der als solcher in das Buch Eingetragene. Es ist nötig, ganz bestimmt zu erfassen, was das bedeutet. Und das tut das genannte Urteil RG 86, 150 allerdings nicht, wenn es — vielleicht im Anschluß an v. Tuhr Allg. Teil I, 70 — sagt, es liege einer der Ausnahmefälle vor, in denen eine Duplizität des Rechtssubjektes angenommen werden müsse; die Rechtslage sei verwandt mit der Gestaltung, die durch ein relatives Veräußerungsverbot (BGB § 135) oder durch die Bestimmung des §§ 25 I Satz 2, 392 II HGB herbeigeführt werde; während Dritten gegenüber Aktionär sei, wer die Aktie erworben habe, werde im Verhältnis zur Gesellschaft der im Aktienbuch eingetragene als Aktionär behandelt. Mit diesem Schlußsatz gelangt man wieder beim Anfang an und ist nicht einen Schritt weiter gekommen. Was als erläuternde Analogie herangezogen wird, sind drei ganz verschiedene Dinge, von denen zwei nicht passen. Auf das relative Veräußerungsverbot hinweisen, heißt eine dunkle Sache durch eine noch dunklere erklären wollen (vgl. Planck BGB § 135 II 1). Wenn der Kommittent im Verhältnis zum Kommissionär und dessen Gläubigern als der Forderungsberechtigte gilt (§ 392 II HGB), so wird damit positiv vorgeschrieben, daß in der bestimmten Weise der wirtschaftiche Sachverhalt dem juristischen vorgehen soll, eine hier ganz unbrauchbare Analogie. Wirklich passend ist dagegen der Hinweis auf § 25 I 2 HGB. Wenn bei der Übernahme eines Handelsgeschäfts die darin begründeten Forderungen unter gewissen Voraussetzungen auch in dem Fall, wo sie nicht mit übertragen worden sind, als auf den Erwerber des Geschäfts übergegangen gelten, so daß er — und er ausschließlich — sie geltend machen kann, so ist das ein uns gar nicht so ungeläufiges Rechtsgebilde. Es ist ungefähr der Zustand, über welchen hinaus im römischen Recht die Zession einer Forderung es überhaupt nicht gebracht hat. Den Römern war die Trennung der Forderung von der Person des Gläubigers undenkbar. Der Gläubiger war darauf angewiesen, den Zessionar zu ermächtigen, für eigene Rechnung und kraft eigenen Rechts, also in eigenem Namen die fremde Forderung geltend zu machen. Ähnlich so liegt es im Fall des § 25 cit, ähnlich auch hier. Dort erwirbt der Übernehmer des Geschäftes, hier der zur Eintragung gelangte Erwerber der Aktie, ein eigenes, selbständiges, unentziehbares Recht, dessen Inhalt ist, dort die fremde Forderung, hier das fremde Aktienrecht, zu tragen und zu vertreten, dort nur aktiv, hier aktiv und passiv. So trennt sich vom Recht selbst das Recht seiner Trägerschaft. Man kann sich diese beiden Momente begrifflich gesondert auch da denken, wo sie in einer

und derselben Persönlichkeit vereinigt gegeben sind, was der Regelfall ist, wie denn auch in der Mehrzahl der Fälle der im Aktienbuch verzeichnete Aktionär auch der Eigentümer der Aktie ist. Aber es gibt eben Fälle, wo sich beides trennt, wofür dann der Ausdruck Duplizität des Rechtssubjekts ganz treffend gewählt ist. Es ist also nicht eine Vermutung, welche der Abs III statuiert, weder eine widerlegliche noch eine unwiderlegliche, sondern eine wenn auch eigenartige, so doch ganz bestimmte Rechtsposition wird dem Eingetragenen verliehen.

b) So zeigt sich, daß die Eintragung in das Aktienbuch doch nicht „jeder rechtsbegründenden Wirkung entbehrt". Für den Erwerb des Eigentums an der Aktie hat sie freilich keine Bedeutung, wohl aber für Erwerb und Verlust jener eigenartigen Rechtsträgerschaft, welche auch Rechtserwerb und Rechtsverlust sind. Daher kann denn auch der eingetragene Aktionär, wenn das Eintragungsgeschäft in sich mangelfrei ist (s. unten Erl 4 f.), der Gesellschaft nicht einwenden, er sei wegen eines Mangels im Erwerbsgeschäft nicht Eigentümer geworden. Allein folgerichtig ist, daß in solchem Fall auch umgekehrt der Gesellschaft dem Eingetragenen gegenüber Einwände aus dem zugrunde liegenden Erwerbsgeschäft versagt sind. Das Reichsgericht nimmt das aber nicht an. RG 86, 160 f. kommt von einem, an sich richtigen Gedanken aus zur grundsätzlich entgegengesetzten Entscheidung. Es sei, so wird argumentiert, die Vorschrift des Abs III ganz nur im Interesse der Gesellschaft gemeint und daher habe sie allerdings das Recht, den Eingetragenen unbedingt als Aktionär in Anspruch zu nehmen und den Nicht-Eingetragenen ebenso unbedingt abzulehnen, dagegen sei sie nicht verpflichtet, den Eingetragenen als Aktionär gelten zu lassen, wenn er es in Wahrheit nicht ist. Vgl. auch ROHG 23, 100; GZ 35, 237[77] (Dresden). Und so könnte sie sowohl dem Eingetragenen die Aktionärstellung versagen, wenn er in Wahrheit nicht Eigentümer der Aktie sei, als auch dem wahren Eigentümer das Stimmrecht einräumen, obwohl im Aktienbuch ein anderer als Aktionär stehe. Ebenso Behrend Lehrbuch § 119 IV, anders OLG 11, 384. Indessen dürfte das auf der oben (Erl 2 a) hervorgehobenen Verkennung des Umstandes beruhen, daß diese Eintragung in das Aktienbuch in der oben bestimmten Weise rechtsbegründend wirkt. Daß die Bestimmung im Interesse der Gesellschaft gemeint ist, schließt nicht aus, daß sie so, wie sie nun einmal getroffen worden ist und verstanden werden muß, unter Umständen der Gesellschaft auch einmal unbequem werden und für sie nachteilig wirken kann. Der Entstehungsgeschichte des Gesetzes, auf welche die Entscheidung hinweist, ist für diese Frage nichts zu entnehmen. Das Gericht versteht die Vorschrift so, als wenn sie lautete: die Gesellschaft braucht nur den Eingetragenen als den Aktionär gelten zu lassen. Daß das die Meinung der Verfasser des Gesetzes gewesen wäre, ist nirgend zu ersehen. Es liegt so, daß auch die Gesellschaft grundsätzlich den Eingetragenen, so lange er eingetragen ist (s. unten Erl 4 g), als Aktionär gelten lassen muß, daß aber da, wo das Recht des Eingetragenen darin besteht, ein fremdes Recht auszuüben, die Gesellschaft das geltend machen kann, wenn der Umstand, daß wahrer Eigentümer der Aktie ein bestimmter Dritter ist, für die Rechtslage von Bedeutung ist. So sagt RG 40, 81 richtig, aber noch zu farblos, daß die Gesellschaft die Legitimation des Eingetragenen nur bestreiten kann, wenn sie ein rechtliches Interesse daran nachweist. Vgl. auch Lehmann-Ring § 223[1]. Die Gesellschaft kann (und muß) dem Eingetragenen das Stimmrecht versagen, wenn der wahre Aktionär von der Ausübung des Stimmrechts ausgeschlossen ist, (während ihm das Stimmrecht auch dann versagt werden muß, wenn das Hindernis in seiner Person liegt). Ist ein Vielbesitzer von Aktien nach statutarischer Bestimmung in der Anzahl der Stimmen beschränkt, so darf das nicht auf dem Wege vereitelt werden, daß er andere für einzelne Aktien als Aktionäre in das Aktienbuch hat eintragen lassen.

c) Damit ist man in den Fragenkomplex hineingelangt, welcher sich um die Legitimationsübertragung (Legitimations-tradition, -indossament, -zession) gebildet hat. S. RG 30, 51; 40, 81; SeuffArch 65[43] (Braunschweig); Bolze 12, 510 (auf Grund der ihm verpfändeten Inhaberaktie kann der Pfandgläubiger an Generalversammlung und Abstimmung teilnehmen, wenn der Aktionär und Pfandschuldner damit einverstanden ist). Gegen diese vielumstrittene Einrichtung läßt sich vom Standpunkt des bei uns nach Rechtsprechung und Doktrin geltenden Rechts nichts einwenden. Auszugehen ist vom allgemeinsten, der Legitimationszession von Forderungen. Das soll nicht Veräußerung der Forderung sein, auch nicht fiduziarische Veräußerung, sondern Behalten der Forderung unter Übertragung des Rechts, sie in eigenem Namen geltend zu machen. Läßt man mit RG 24, 163; 25, 207; 37, 106; 39, 166; in Gruch 34, 104; 36, 390; 37, 115 diese Rechtsfigur gelten, so ist nicht einzusehen, weshalb sie nur bei Schuldforderungen und nicht auch bei anderen Rechte, weshalb sie nicht auch statt in Gestalt einer Zession in Gestalt des Indossaments und bei Inhaberpapieren in Gestalt der Tradition sollte zulässig sein. Und gegen das Rechtsgeschäft wird man sich vollends nicht sträuben können, wenn man sieht, wie hier in § 223 das Gesetz selbst sich derselben Gestaltung bedient. Von der Legitimationsübertragung unterscheidet sich die Eintragung des Nicht-Eigentümers (und das Eingetragenbleiben des Eigentümers trotz der Veräußerung der Aktie) nur dadurch, daß das Rechtsverhältnis gesetzlich sanktioniert ist und rechtsgeschäftlich auf festerem Boden steht. Die Legitimationsübertragung der Inhaberaktie kann der Gesellschaft gegenüber jederzeit ohne weiteres widerrufen werden. (S. unten unter 3.)

3. Die Umschreibung einer Aktie dürfte eigentlich nur auf übereinstimmenden Antrag beider Teile, des Veräußerers und des Erwerbers, oder bei einseitigem Antrag nur unter Zustimmung des anderne Teiles erfolgen. Hier bestimmt aber das Gesetz, wenn auch nur mittelbar, so doch ganz deutlich das Gegenteil. Die Vorschrift, daß die Aktie vorgelegt und der Übergang der Aktie durch Nachweis belegt werden muß, zeigt, daß ein einseitiger Antrag genügt. Bei übereinstimmendem Antrag beider Parteien hätte es wohl einen Sinn, die Legitimation des Veräußerers zu prüfen, der Nachweis aber des Überganges auf den Erwerber läge in dem Einverständnis des Antragstellers. Es ist eine starke Singularität, welche das Gesetz hier schafft. Nach der Vorschrift in Abs III greift die Eintragung des Erwerbers in die Rechtssphäre beider, des Erwerbers und des Veräußerers, ein. Es mutet wie ein Akt von freiwilliger Gerichtsbarkeit an, wenn da der Gesellschaft anvertraut wird, ihrerseits und auf einseitigen Antrag vorzugehen, die Nachweise zu prüfen, nach Ergebnis der Prüfung zu entscheiden, zu entscheiden obendrein in eigener Sache. Denn auch ihre Rechtstellung wird, wenn auch mehr nur formell, so doch von der Eintragung berührt. Freilich ist diese ihre Entscheidung nicht endgültig. Aber Abhilfe ist, wenn nicht beide Parteien einverstanden sind, nur im Prozeßwege erzwingbar und bis dort entschieden ist, regiert die Eintragung. — Anders RG 86, 161.

4. a) Das Gesetz bestimmt darüber nichts, wer berechtigt ist, den Wechsel in der Person des Aktionärs anzumelden. Da beide Teile, Veräußerer und Erwerber der Aktie, ein jeder von seinem Standpunkt aus, Interesse an der Eintragung haben, wird jeder selbständig anmelden können. Allerdings muß mit der Anmeldung die Aktie vorgelegt werden und die wird in der Regel der Erwerber in Händen haben. Ist aber der Veräußerer zur Vorlegung der Aktie und des Nachweises des Übergangs imstande, so steht nichts im Wege, seiner Anmeldung Folge zu geben; a. A. JW 1906, 433[23], wo gesagt wird, daß die Gesellschaft, wenn sie sich auf die Eintragung berufen will, zugleich nachweisen muß, daß sie mit Einwilligung des Erwerbers erfolgt sei; Lehmann-Ring § 223[3]; Goldmann § 223[2]; Brand § 223[2]c; Fischer in Ehrenbergs HH III § 155; Goldschmit AG § 223[2]. Immer wird dann aber die Aktie auf den Namen des Erwerbers indossiert (oder zediert) sein müssen. Die Vorlegung einer in blanco indossierten Aktie in der Hand des Veräußerers ist kein Nachweis, daß der in der Anmeldung genannte Erwerber durch das Giro die Aktie erworben hat. In der Regel wird aber die Anmeldung durch den Erwerber erfolgen, der dann durch Besitz der indossierten Aktie auch dann legitimiert erscheint, wenn in blanco indossiert ist; a. A. Veit Simon in Festgabe für Wilke 292. Dritte sind gänzlich ausgeschlossen. Anzumelden ist auch der Erwerb durch Erbschaft und Erbteilung, durch Auseinandersetzung; Staub-Pinner § 223[1]. Auch der Erbe hat freie Hand, ob er seinen Erwerb anmelden will. Solange er nicht eingetragen ist, kann er das Recht eines Aktionärs nicht geltend machen, während er auf die Einlage haftet, nicht weil er Aktionär ist, wofür er der Gesellschaft gegenüber eben nicht gilt, sondern als Erbe des Aktionärs, wie er auch, wenn sein Erblasser in das Aktienbuch eingetragen worden ist, wegen des Ausfalles bei einem Rechtsnachfolger haftet, auch wenn er nicht eingetragen worden ist. A. A. RG 79, 164; Brand § 223[2b]; Fischer a. a. O. Wer in dieser Weise, ohne eingetragen zu sein, in Anspruch genommen werden kann, kann sich auf die Beschränkung seiner Haftung als Erbe berufen. Ist er in das Aktienbuch eingetragen worden, dann haftet er unbeschränkt. A. A. Makower § 223 IV d.

b) Der Nachweis des Überganges der Aktie muß zurückgehen bis auf den im Aktienbuch als gegenwärtiger Inhaber eingetragenen Aktionär oder, wenn noch keiner eingetragen worden ist, bis auf den ersten Nehmer der Aktie; RG 86, 155. Beim indossierten Papier muß sich die Gesellschaft bei dem gemäß Art 36 WO geführten Nachweis genügen lassen (Abs II, § 222 III). Eine Lücke in der Reihe der Indossaments muß durch nachgewiesene Zession ausgefüllt sein. Zessionen lassen sich hier nur nachweisen, wenn sie schriftlich erklärt sind. Jedenfalls sind Zeugenvernehmungen gänzlich ausgeschlossen. Die Echtheit der Indossaments oder Zessionsurkunden braucht die Gesellschaft nicht zu prüfen. Aber sie ist berechtigt es zu tun, und sie handelt unter Umständen schuldhaft, wenn sie trotz dringender Verdachtsmomente die Eintragung vornimmt. Vgl. RG 53, 207. Darauf, ob alle Zwischeneigentümer in das Aktienbuch eingetragen worden sind, kommt nichts an. Eine nachträgliche Eintragung eines solchen Zwischenmanns ist im Aktienbuch weder erforderlich noch auch nur zulässig ohne Zustimmung des Einzutragenden. A. A. Staub-Pinner § 223[2].

c) So lange Aktien-Urkunden noch nicht ausgefertigt sind (vgl. § 222 Erl 3), muß der Nachweis des Überganges des Aktienrechts auch ohne Vorlegung einer Aktie zulässig sein; RG 34, 115; 86, 155. A. A. KGJ 14, 31; Lehmann-Ring § 223[5]. — S. auch JW 1906, 177[26] und unten unter i.

d) Die Vertragsparteien, Erwerber und Veräußerer der Aktie, haben der Gesellschaft gegenüber darin freie Hand, ob der Erwerber eingetragen werden soll oder nicht (s. unten unter e), während die Frage, ob der eine vom anderen verlangen kann, daß es geschieht, vom Inhalt ihres Vertrages abhängt, im Zweifel aber zu bejahen ist; RG 86, 159; vgl. auch RG 7, 87. Aber sie haben der Gesellschaft gegenüber den, nötigenfalls mit Klage zu verfolgenden Anspruch darauf, daß die Eintragung erfolgt und daß zu diesem Zweck, wenn es noch nicht geschehen ist, ein Aktienbuch angelegt wird; OLG 11, 384; Staub-Pinner § 223[7]. Dagegen kann der Eingetragene dem Anspruch der Gesellschaft auf die Einlage nicht den Einwand entgegenhalten, daß die Gesellschaft schuldhaft die Umschreibung unterlassen habe; JW 1906, 177[26]. — Abwegig erscheint der Gedanke, daß die Eintragung in das Aktienbuch durch Zwangsvollstreckung gegen die Gesellschaft gemäß § 822 ZPO erreicht werden könnte; Makower § 223 I a. Diese Vorschrift ist anwendbar auf die Umschreibung der Aktie, aber nicht auf die Eintragung in das Aktienbuch. Das sind doch verschiedene Dinge. Allenfalls ließe sich Zwangsvollstreckung nach § 894 ZPO in der Form denken, daß die Gesellschaft nach Eintritt der Rechtskraft des Urteils den Kläger als Aktionär gelten lassen muß.

e) Nach RG 79, 164 soll die Gesellschaft den Anspruch darauf haben, daß der Erwerber der Aktie in das Aktienbuch eingetragen wird. Das erscheint indessen nicht ausreichend begründet. Es ist nur der Wortlaut des Gesetzes, welcher allerdings einigermaßen dafür spricht, wenn es in Abs I lautet, die Übertragung der Aktie ist anzumelden. Aber das kann auch anders verstanden werden und der innere Zusammenhang spricht dagegen, s. oben Erl 2. Im allgemeinen hat die Gesellschaft kein Interesse daran, in wessen Händen ihre Aktien sich befinden. Anders nur, so lange sie noch nicht voll eingezahlt sind. Und auch hier legt das Gesetz der Übertragung der Aktie nichts in den Weg, sorgt vielmehr für den Schutz der Gesellschaft durch die Ausfallhaftung des Veräußerers. Die Gesellschaft erhält statt des einen Gläubigers deren zwei und erscheint nicht gefährdet. Haben aber die Aktionäre freie Hand, über ihr Aktienrecht zu verfügen, so ist nicht zu sehen, warum nicht auch jenes eigentümliche Vertretungsrecht Gegenstand einer rechtsgeschäftlichen Vereinbarung der Parteien ohne Zuziehung der Gesellschaft sollte sein können. Nirgend tritt hervor, daß das Gesetz den Zustand dieser Trennung beider Momente im Rechte, dessen Möglichkeit es geflissentlich im Interesse der Gesellschaft bestimmt hat, zugleich irgendwie mißbilligte. Hat selbstverständlich die Gesellschaft keinen Anspruch darauf, daß ihr der Aktionär durch Veräußerung einen zweiten Schuldner verschafft, so verliert sie auch nicht in ihrem Recht dadurch, daß es durch Nichtanmeldung bei dem einen bisherigen Schuldner verbleibt. Es erscheint schließlich auch wenig durchdacht, daß die Gesellschaft Anspruch haben soll auf eine Anmeldung, die sie zurückweisen muß, wenn der Anmeldende unterläßt, die erforderlichen Nachweise beizubringen. Wie hier RG 86, 159.

f) Von dem hier vertretenen Standpunkt zeigt sich deutlich, daß weil die Anmeldung zur Eintragung rechtsgeschäftliche Willenserklärung ist, gerichtet auf den in Abs III bestimmten Rechtserfolg, die Eintragung bei Geschäftsunfähigkeit des Anmeldenden u. ä. nichtig ist, wegen Irrtum nach § 119 BGB usw. angefochten werden kann; RG 86, 159; 92, 317; JW 1918, 503[3]; vgl. OLG 24, 134 (GenG); während sie gegen Mängel des zwischen Veräußerer und Erwerber der Aktie geschlossenen Vertrages unempfindlich ist; RG 72, 295 (Mängel des Kausalvertrages), 77, 276 (Mangel der Form des Vertrages), ferner JW 1910, 154[23]; LZ 1915, 1150[20]; Recht 1910, 775. Diese beiden Rechtsgeschäfte — Übertragung der Aktie und Anmeldung des Überganges zur Eintragung in das Aktienbuch, ihre Mängel, ihre Anfechtbarkeit sind auseinander zuhalten. So hat es keinen Sinn, hier im Rechtsverhältnis des Anmeldenden zur Gesellschaft nach der Bedeutung des guten Glaubens der letzteren zu fragen, und ob hier § 364 HGB Anwendung finden könne. Das könnte höchstens im Verhältnis zwischen Veräußerer und Erwerber in Frage kommen. Im Verhältnis zur Gesellschaft hat in diesem Verfahren die Aktie lediglich die Bedeutung eines Beweismittels. Sie ist die Grundlage für die Legitimation des Anmeldenden zu seinem Antrag. Lautet sie oder das letzte Indossament auf einen anderen Namen oder bleibt in der Reihe der Indossamente eine Lücke, so ist die Eintragung abzulehnen. Ist aber die Eintragung geschehen, dann kann und muß (s. oben Erl 2 b) die Gesellschaft den Eingetragenen zur Ausübung der Aktionärrechte zulassen, zur Erfüllung der Aktionärverpflichtungen nur ihn heranziehen, selbst wenn weder der Veräußerer noch der Erwerber der Aktionär ist und gewesen ist. Bei einem Mangel im Eintragungsverfahren kann nur derjenige anfechten, kann die Gesellschaft nur gegen denjenigen anfechten, der das Verfahren beantragt hat. Der andere Teil oder ein Dritter muß die Sache mit dem Eingetragenen zum Austrag bringen; RG 41, 16. Es muß auch angenommen werden, daß mit der Löschung der angefochtenen Eintragung die voraufgehende Eintragung wieder auflebt. Denn die Eintragungen im Aktienbuch dürfen überhaupt nicht verschwinden, schon wegen des etwa eintretenden Falles eines Regresses bleiben sie von — immer noch gegenwärtiger — rechtlicher Bedeutung. Das gilt auch, wenn der Eingetragene nicht der unmittelbare Rechtsvorgänger des fälschlich Eingetragenen gewesen ist, der aber im Verhältnis zur Gesellschaft gleichwohl als unmittelbarer Rechtsvorgänger gilt. Gilt das Gesagte ohne Zweifel, wenn die Eintragung sich als nichtig erweist, so muß es auch von der wirksam angefochtenen gelten (BGB § 142). Etwaiger Streit, der daraus entsteht, muß auch hier zwischen dem vermeintlichen und dem wahren Aktionär, kann jedenfalls mit der Gesellschaft nicht ohne Zuziehung beider ausgefochten werden. Dagegen besteht zwischen Nichtigkeit und Anfechtbarkeit der Unterschied, daß, wer auf Grund einer nichtigen Eintragung zur Abstimmung zugelassen wird, eine nichtige

Stimme abgibt, bei Anfechtbarkeit dagegen der Eingetragene so lange gültig abstimmt, als es zur Anfechtung noch nicht gekommen ist; D 136; offen gelassen in RG 53, 105.

g) Von dem hier vertretenen Standpunkt aus ist es ausgeschlossen, daß die Gesellschaft von sich aus — sozusagen von Amts wegen — Änderungen an den Eintragungen vornehmen kann. Weder kann sie spontan einen Übergang eintragen, noch eine erfolgte Eintragung wieder löschen. Nur wenn im inneren Geschäftsbetrieb ein Versehen unterläuft, z. B. wenn die Gesellschaft verstanden hat, ein Peter Kühn ist der Erwerber der Aktie, während Paul Kühne es ist, wenn sie den richtigen Namen bei der unrichtigen Aktie verzeichnet u. ä., kann sie das verbessern. Sie kann aber nicht ohne weiteres die Eintragung löschen, weil sie irrtümlich, z. B. auf Grund unzureichender Belege den Übergang der Aktie für nachgewiesen angesehen hat; RG in LZ 1918, 893[11]. Anders RG 86, 161. Das kann nur mit — nötigenfalls durch Klage zu erzwingender Zustimmung der Beteiligten geschehen. S. oben Erl 3. Muß die Gesellschaft zur Klage schreiten, so kann sie das in Verbindung mit der in der Sache selbst erforderlichen Klage tun; RG 79, 163 a. E.

h) Es macht keinen Unterschied, ob es sich um normale Aktien handelt oder um Kleinaktien RG 41, 16, auch nicht ob um typische Aktien oder um solche einer Nebenleistungs-A-Gesellschaft. Daher stehen RG 79, 165 und RG 86, 153 doch miteinander in Widerspruch.

i) Die aus dem Stande der Eintragungen nach Abs III sich ergebende Rechtslage erleidet dadurch keine Änderung, daß eine Eintragung oder eine Löschung von der Gesellschaft schuldhaft verzögert wird. Wer dadurch geschädigt wird, ist auf den Ersatzanspruch angewiesen, welcher ihm nach allgemeinen Rechtsgrundsätzen gegen den Vorstand oder wer der Schuldige ist, zusteht. Vgl. RG 53, 106. Hat der erste Nehmer der Aktie den Interimschein veräußert, so muß er, wenn versäumt worden ist, ein Aktienbuch anzulegen, die Einlage zahlen und kann aus jener Unterlassung keinen Einwand herleiten; JW 1906, 177[26]. Nimmt eine Nebenleistungs-A-Gesellschaft die Leistungen eines Aktionärs entgegen, welcher nicht in das Aktienbuch eingetragen worden ist, so kann sie sich auf letzteres nicht berufen, wenn der Aktionär die Gegenleistung für seine Leistung fordert; OLG 23, 98.

§ 224.

Die Vorschriften der §§ 222, 223 finden auch auf die Eintragung der Interimsscheine[1] und deren Übergang auf andere Anwendung.

1. Über Interimscheine s. § 179 Erl 5. Sie dürfen nicht auf den Inhaber lauten, § 209. Daher ist bei Ausgabe von solchen ein Aktienbuch auch dann zu führen, wenn die Einlage voll eingezahlt ist und die Absicht besteht, Inhaberaktien auszugeben, KGJ 14, 27. Die Interimscheine sollen einstweiliger Ersatz der Aktienurkunde sein. Sie sind Wertpapiere. Statutarische Bestimmungen, welche die Übertragung von Aktien betreffen, gelten dem in der Aktie verkörperten Aktienrecht und sind daher nicht nur im Zweifel, wie Lehmann-Ring § 224 sagt, sondern schlechthin wenn überhaupt auf die Aktienurkunde, dann auch auf den Interimschein anzuwenden.

§ 225.

Steht eine Aktie[1] mehreren Mitberechtigten zu[2], so können sie die Rechte aus der Aktie nur durch einen gemeinschaftlichen Vertreter ausüben[3].

Für die auf die Aktie zu bewirkenden Leistungen haften sie als Gesamtschuldner[4].

Hat die Gesellschaft eine Willenserklärung dem Aktionär gegenüber abzugeben, so genügt, falls ein gemeinschaftlicher Vertreter der Mitberechtigten nicht vorhanden ist, die Abgabe der Erklärung gegenüber einem Mitberechtigten. Auf mehrere Erben eines Aktionärs findet diese Vorschrift nur in Ansehung von Willenserklärungen Anwendung, die nach dem Ablauf eines Monats seit dem Anfalle der Erbschaft abgegeben werden[5]. [6].

1. Das einzelne Aktienrecht und die einzelne Aktie sind unteilbar. Das hindert nicht, daß eine Aktie mehreren nach ideellen Anteilen gehört. Allerdings kann das der anfängliche Zustand nicht sein. Es ist ausgeschlossen, daß zwei Gründer sich gemeinschaftlich mit einer Aktie beteiligen. Mindestens eine ganze Aktie muß jeder Gründer übernehmen und wenn zwei Gründer sich mit mehr als je einer Aktie beteiligen wollen, so können sie das nicht gemeinschaftlich tun. Vielmehr muß jeder für sich soviel Aktien übernehmen, als dem beabsichtigten Verhältnis der Beteiligung entspricht. Dasselbe gilt — bei Sukzessivgründung und bei Kapitalerhöhung — von dem Zeichner von Aktien. Das entspricht nicht nur der zweifellos ohne Ausnahme herrschenden Übung, sondern ergibt sich auch aus den Vorschriften über den gesetzlich zulässigen Mindestbetrag einer Aktie. Denn damit soll vermieden werden, daß jemand sich mit einem geringeren Betrag als dem Nenn-

betrag einer Aktie an der Gesellschaft beteiligt. Daß der Zeichner einer Aktie einen oder mehrere Dritte unterbeteiligt, läßt sich nicht gesetzlich verbieten. Aber der Gesellschaft gegenüber kann immer nur einer als Zeichner der einzelnen Aktie auftreten (vgl. § 179 Erl 2; § 189 Erl 2 a). Das gilt ohne Unterschied, ob Inhaber- oder Namenaktien ausgegeben werden sollen. Nachdem aber die Aktien begeben sind, kann sich das ändern. Es kann zu Miteigentum mehrerer an einer Aktie oder an einer Anzahl von Aktien durch Vererbung kommen. Als zwei weitere Fälle nennt Makower § 225 I die Vermischung von Inhaberaktien mehrerer Eigentümer (BGB § 948), die Überweisung von Aktien in Anrechnung auf Spitzen bei Ausübung des Bezugsrechts. Zweifelhaft erscheint, ob auch durch rechtsgeschäftliche Übereignung der Aktie Miteigentum mehrerer begründet werden kann. Dagegen Makower a. a. O., dafür wohl mit Recht die herrschende Lehre. Für Inhaberaktien hat die Frage insofern keine praktische Bedeutung, als der Gesellschaft gegenüber immer nur der eine Inhaber der Aktie durch ihren Besitz als Aktionär legitimiert ist. Es ist und war auch schon vor Einführung des § 225 ausgeschlossen, daß in der Generalversammlung auf Grund einer Aktie zwei Personen auftreten und abstimmen. Nicht so deutlich lag es bei Namenaktien. Hier ist nicht ausgeschlossen, daß im Aktienbuch mehrere als Miteigentümer verzeichnet werden, die Aktie selbst auf den Namen mehrerer umgeschrieben wird. Wollte man selbst mit Makower die rechtsgeschäftliche Übertragung wie überhaupt der Aktie, so auch der Namenaktie für unzulässig erklären, so bliebe doch immer die Möglichkeit eines Überganges auf mehrere kraft Gesetzes. — Um die Rechtslage in einer den Interessen der Gesellschaft genügenden Weise zu klären, wurde bei der Durchsicht des Gesetzes von 1900 die Bestimmung des § 18 des GGmbH hier herüber genommen.

2. Unter den mehreren Berechtigten besteht entweder vertragslose Gemeinschaft nach §§ 741 ff. BGB oder Gesellschaft nach §§ 705 ff. BGB. Dagegen fallen die Formen organisierter Gesellschaften mit gesetzlich geregelter Vertretung, offene Handelsgesellschaft, Kommanditgesellschaft, nicht unter die Vorschrift (anders die herrschende Lehre), vollends nicht die Gesellschaften mit juristischer Persönlichkeit. Auch der Fall der ehelichen Gütergemeinschaft gehört nicht hierher. Hier wird kraft Gesetzes (§ 1443 BGB) das Aktienrecht durch den Ehemann vertreten. Der gemeinschaftliche Vertreter, von dem Abs I spricht, ist hier schon vorhanden, an ihn und nur an ihn kann die Gesellschaft sich wenden, wenn sie Einlage fordert oder eine andere Willenserklärung abgeben will, wie er allein denn auch die Aktienrechte wahrnimmt. Das Rechtsverhältnis ist wesentlich verschieden von dem des nach § 225 bestellten gemeinschaftlichen Vertreters.

3. Ist die eine Aktie oder von mehreren Aktien jede auf mehrere übergegangen, hat der Eigentümer der Aktie bei seinem Ableben mehrere Erben hinterlassen, so können diese die Rechte als Aktionär, die Teilnahme an Generalversammlung und Abstimmung, den Anspruch auf die Liquidationsquote und — sofern nicht Dividendenscheine auf den Inhaber ausgegeben worden sind — den Anspruch auf den Gewinn nur durch einen gemeinschaftlichen Vertreter wahrnehmen. So lange es zur Bestellung eines solchen nicht gekommen ist, ruhen diese Rechte. Es handelt sich um rechtsgeschäftliche Vollmachterteilung nach den allgemeinen Rechtsgrundsätzen §§ 164 ff. BGB. Es bedarf zu ihrer Gültigkeit nicht der Erklärung gegenüber der Gesellschaft (a. A. Staub-Pinner § 225[6]), aber die Gesellschaft kann den Vertreter zurückweisen, wenn sie von der Bevollmächtigung nicht durch die Aktionäre in Kenntnis gesetzt worden ist oder der Vertreter sich nicht durch schriftliche Vollmacht ausweisen kann; BGB § 174.

4. a) Für die auf die Aktie zu bewirkenden Leistungen — Einlage oder Nebenleistung nach § 212 — haften die Mehreren als Gesamtschuldner. Handelt es sich um Erben, so können diese, wenn sie überhaupt nur beschränkt haften, auch der A-Gesellschaft gegenüber die Beschränkung der Haftung geltend machen. Ohne Grund wird behauptet (Brand § 225[5] b; Makower § 225 III), daß diese Beschränkung nur gegenüber der Einlage, welche noch bei Lebzeiten des Erblassers eingefordert sei, gelte, was, wenn es richtig wäre. dann auch von Nebenleistungen gelten müßte. (Vgl. hierzu E. Wolff in Festgabe für Wilke 337 ff.) Aber die Einlageschuld, auch die noch nicht eingeforderte, ist Nachlaßschuld, wie jede andere betagte oder bedingte, vom Erblasser eingegangene Verbindlichkeit. Die Erben können zur Zahlung über die Kräfte der Erbschaft hinaus nicht in Anspruch genommen werden, wenn sie und so lange als sie nur beschränkt haften. Der Grund Makowers, § 225 III, daß damit das Recht der andern Aktionäre auf gleiche Behandlung aller Mitglieder verletzt würde, träfe, wenn es richtig wäre, auch die schon bei Lebzeiten des Erblassers eingeforderte aber unbezahlt gebliebene Einlage. Aber es ist auch gar nicht richtig. Denn einmal gilt jener gesellschaftsrechtliche Grundsatz nur von Beschlüssen und Verfügungen der Gesellschaft, nicht gegenüber gesetzlichen Vorschriften und zweitens liegt eine Ungleichmäßigkeit der Behandlung gar nicht vor. Denn die Gesellschaft kann auch Erben gegenüber auf volle Zahlung gar nicht verzichten und diese laufen, wenn sie nicht freiwillig voll zahlen, Gefahr, daß ihre Aktie kaduziert wird. So ist es natürlich gemeint. Vgl. § 216 Erl 6 c.

b) Das gilt in gleicher Weise, mag es sich um Inhaber oder um Namenaktien handeln. Die Gesellschaft kann bei Namenaktien die Erben des Eingetragenen trotz § 223 III in Anspruch nehmen, auch wenn sie nicht in das Aktienbuch eingetragen worden sind, wie sie auch im Falle eines Regresses nach § 220 einen eingetragenen Vorgänger des ausgeschlossenen Aktionärs nicht deshalb überspringen darf, weil er verstorben ist, vielmehr auf dessen Erben zurückgreifen muß. Die Bestimmungen des § 225 finden auf diese auch dann Anwendung, wenn sie in das Aktienbuch nicht eingetragen worden sind. — Dagegen hört die Beschränkung der Haftung auf, wenn der oder die Erben (regelrecht, s. Erl 4 a zu § 223) in das Aktienbuch eingetragen worden sind. Denn nunmehr gilt der Gesellschaft gegenüber der Eingetragene als Aktionär, gleichviel auf welchem Rechtstitel sein Aktienerwerb beruht. Auch hier gilt, daß der Eingetragene gegenüber der Gesellschaft und ihren Ansprüchen Einwendungen aus dem Erwerbstitel nicht geltend machen kann. Daher kann wohl die Gesellschaft, wenn sie sich darauf einlassen will, den Erben als solchen in das Aktienbuch eintragen. Aber vorsichtiger handelt sie, wenn sie eine solche Eintragung ablehnt, zu welcher sie nicht genötigt werden kann. Staub-Pinner § 225[9]; Lehmann-Ring § 225[3]; Brand § 225[5] b; Goldschmit § 225[7]. Anders Makower § 225 III.

5. a) Es steht nichts im Wege und ist zweckmäßig den gemeinschaftlichen Vertreter im Aktienbuch als solchen zu verzeichnen. Rechtliche Konsequenzen ergeben sich daraus nicht. Staub-Pinner § 225[12].

b) Daß die mehreren Miteigentümer die Rechte aus der Aktie nur durch den Vertreter ausüben können, gilt schlechthin von allen Rechten aus der Mitgliedschaft. So nicht nur von der Ausübung des Stimmrechts, sondern auch von der Teilnahme an der Generalversammlung. Die Versammlung kann die Anwesenheit der Aktionäre selbst gestatten, aber sie muß es nicht. Auch die Dividende kann, sofern sie überhaupt rechtswirksam nur an die Aktionäre gezahlt werden kann, nur an den Vertreter abgeführt werden. Ebenso die Liquidationsquote.

6. Nach Makower § 225 I wäre der § 225 entsprechend anwendbar, wenn mehrere gesamtvertretungsberechtigte gesetzliche Vertreter eines Berechtigten vohanden sind, sowie wenn von mehreren einzelvertretungsberechtigten gesetzlichen Vertretern mehrere das Recht auszuüben unternehmen. Ebenso Ritter § 225 [1]. Dagegen mit Recht Veit Simon in Festgabe für Wilke 270 f.; Goldschmit AG § 225[1]. Ist eine Gesellschaft Eigentümer der Aktie, deren Vertreter nur Kollektivvollmacht haben, so liegt der Fall des § 225 schon in der Voraussetzung nicht vor und es fehlt an jeder Berechtigung zu analoger Anwendung. Die Rechtslage richtet sich nach den Rechtssätzen über die Kollektivvertretung und von Fall zu Fall. Abstimmen kann immer nur einer und wenn sich in dieser Beziehung die mehreren Vertreter nicht einigen, keiner. Zu weit geht Ritter a. a. O. mit der Behauptung, daß immer nur einer das Aktienrecht ausüben könne. Vom Stimmrecht gilt das, aber warum sollen nicht die mehreren gesetzlichen Vertreter berechtigt sein, an der Generalversammlung (und der Diskussion) teilzunehmen? Ist aber der Fall des § 225 gegeben, gehört eine Aktie mehreren, so ist es ausgeschlossen, daß diese mehr als einen Vertreter bestellen. Damit würde die Lage wieder geschaffen, mit der das Gesetz die Gesellschaft gerade verschonen will. In solchem Fall kann die Gesellschaft beide Vertreter ablehnen.

§ 226.

Die Aktiengesellschaft soll[2] eigene Aktien[1] im regelmäßigen Geschäftsbetriebe[3], sofern nicht eine Kommission[4] zum Einkauf ausgeführt wird, weder erwerben noch zum Pfande nehmen[5].

Eigene Interimsscheine[7] kann[8] sie im regelmäßigen Geschäftsbetrieb auch in Ausführung einer Einkaufskommission weder erwerben noch zum Pfande nehmen. Das Gleiche gilt von eigenen Aktien, auf welche der Nennbetrag oder, falls der Ausgabepreis höher ist, dieser noch nicht voll geleistet ist.

1. a) Daß die Aktiengesellschaft eigene Aktien erwerben kann, beruht auf zwei Momenten. Sie ist als Gesellschaft unempfindlich gegen Wechsel in der Person ihrer Mitglieder, und sie ist juristische Person. Vgl. RG 93, 247/8. Der einzelne Aktionär kann, ohne daß es die Gesellschaft in ihrem Bestande berührt, ausscheiden und zwar entweder so, daß ein anderer an seine Stelle tritt, oder so, daß er ersatzlos fortfällt; letzteres wiederum entweder so, daß auch die Aktie verschwindet (Amortisation § 227), oder so, daß diese dadurch erhalten bleibt, daß die Gesellschaft selbst sie übernimmt. Eine Zwischenbildung tritt ein, wenn die Gesellschaft im Laufe des Kaduzierungsverfahrens die Aktie erwirbt, wo dann bis zum Eintritt des neuen Gesellschafters notwendig Zeit verstreicht und während dieser die Gesellschaft rein konstruktiv die Aktie zu eigen besitzt (ähnlich so, wie das römische Recht den Fortbestand einer erloschenen Schuld als naturalis obligatio substruierte, um so ein bestehendes Pfandrecht vor dem Untergang zu retten). S. § 219 Erl 7. In der eigenen Aktie der Aktiengesellschaft steckt eine Antinomie, eines der Probleme, welche sich daraus ergeben, daß die Folgerungen aus zwei an sich richtigen und gleichberechtigten Grundgedanken aufeinanderstoßen. Daß eine Gesellschaft aus Mitgliedern besteht, aber nicht

Mitglied ihrer selbst sein kann, daß sie, wenn sie juristische Persönlichkeit besitzt, auf der einen Seite, auf der anderen Seite und ihr gegenüber ihre Mitglieder, sie selbst aber nicht zugleich auf beiden Seiten stehen kann, ist ebenso richtig, wie daß sie als juristische Persönlichkeit im Verkehr stehend, wie überhaupt negotiable Wertpapiere so denn auch die von ihr selbst ausgegebenen Aktien zu Eigentum erwerben kann, wenn sie ihr im Verkehr angeboten werden. An und für sich wäre wohl der erstere Gedanke der stärkere, das Verkehrsbedürfnis erheischt bis zu einem gewissen Grade Anerkennung des letzteren. Aber es ist nicht Sieg die Grundlage seiner Geltung, sondern Duldung und es darf der Erwerb einer eigenen Aktie durch die Gesellschaft nicht ohne weiteres wie der Erwerb einer beliebigen anderen Aktie angesehen werden, namentlich darf nicht übersehen werden, daß ein Mitglied der Gesellschaft selbst und nicht ein „Dritter" der Veräußerer ist und zwar der Veräußerer nicht überhaupt eines Beteiligungsrechts, sondern seines Rechts der Beteiligung an der Erwerberin. Daher wäre völlig unbedenklich nur der unentgeltliche Erwerb einer voll eingezahlten Aktie durch die Gesellschaft. Ist noch Einlage rückständig, dann liegt in der Annahme der Schenkung einer solchen Aktie der Verzicht auf den Rest der Einlage, der nach § 221 wirkungslos sein soll (anders, wenn die Schenkung der Aktie erfolgt, um entsprechend das Grundkapital herabzusetzen; OLG 14, 353, München). Entgeltlicher Erwerb vollends bedeutet nicht nur Verzicht auf etwa noch ausstehende Einlage, sondern Auszahlung der bereits eingezahlten, was ebenso unerlaubt ist. — Dazu kommt ein Bedenken, das im allgemeinen ganz übersehen wird. Erwirbt die Gesellschaft eigene Aktien zu einem Preise, welcher ihrem Wert entspricht, so sieht das so aus, als tausche sie lediglich Wert um Wert. In Wahrheit gibt sie den Preis aus, um dafür nur etwas zu erhalten, was sie schon besitzt. Ihr Vermögen wird um das Geld gemindert und was sie dafür erwirbt, ist nichts als die Beteiligung an Werten, die ihr bereits voll gehören. Der Vorteil, der in einem solchen Erwerb liegt, kommt überhaupt nicht der Gesellschaft, sondern nur den Aktionären zu gut. Erst wenn die Gesellschaft in die Lage kommt und sich entschließt, die Aktie wieder zu verkaufen, fließt der aufgewendete Preis — ganz oder zum Teil — in ihr Vermögen zurück und nun zwar auf Kosten der Aktionäre. Und so ergibt sich schließlich auch noch die sehr bedeutsame Regelwidrigkeit aus diesem Handel mit eigenen Aktien, daß er dem Vorstand die Möglichkeit gewährt, über die Beteiligungsrechte und Beteiligungsquoten der Aktionäre in einer Weise zu verfügen, welche ganz aus dem Rahmen seiner Befugnisse, seiner Aufgabe, seiner Vertretungsmacht herausfällt, wie das Gesetz diese sich denkt und ausgestaltet hat.

b) Wenn trotz alle dem der Gesetzgeber sich entschlossen hat, aus Gründen des Verkehrsbedürfnisses den Erwerb eigener Aktien durch die Gesellschaft für möglich und unter Umständen für erlaubt zu erklären, so liegt darin eine starke Singularität und die Vorschrift muß auf das engste ausgelegt werden. Das Gesetz spricht nur von dem Erwerb der Aktie, dem vollendeten Verfügungsgeschäft. Dabei soll es bleiben, wenn es dazu gekommen ist. Daraus darf aber nicht gefolgert werden, daß sich die Gesellschaft — außer da, wo der Erwerb geradezu erlaubt ist — sich gültig verpflichten kann, zu erwerben. Anders Fischer in EhrenbergHH III 1, 165. Sie kann sich, wenn sie Aktien verkauft, oder irgendwo bezieht, nicht wirksam verpflichten, sie dem Erwerber unter irgend welchen Voraussetzungen entgeltlich wieder abzunehmen (RG 77, 72, nicht so unbedingt Bolze 12[507]; vgl. auch ROHG 17, 381); hat ein Vorstandsmitglied, um gewählt zu werden, Aktien der Gesellschaft erwerben müssen, so kann sie sich nicht verpflichten, sie ihm, wenn er ausscheidet, wieder abzunehmen u. ä.; JW 1912, 876[3] und dazu Hachenburg in Festschrift für Cohn 78, dessen Versuch, hier noch zu unterscheiden, nicht gelungen sein dürfte. S. auch § 213 Erl 2 b. — Ganz ausgeschlossen ist, daß die Gesellschaft als erster Nehmer eigener Aktien auftritt. Bei der Gründung der Gesellschaft ergibt sich das schon daraus, daß die Gesellschaft noch nicht existiert, wenn es gilt, Aktien zu übernehmen. Dagegen stünde das bei einer Erhöhung des Grundkapitals nicht entgegen. Aber auch bei einer solchen ist es nicht möglich, was niemand bestreitet.

2. a) In Schema zusammengestellt bestimmt § 226:

A. Erwerb außerhalb des regelmäßigen Geschäftsbetriebes ist zulässig, sowohl bei voll gezahlten Aktien als auch bei nicht voll gezahlten Aktien und bei Interimscheinen.

B. Erwerb in Ausführung einer Einkauf-Kommission in regelmäßigem Geschäftsbetrieb ist unzulässig und nichtig bei nicht voll gezahlten Aktien und bei Interimscheinen. Zulässig bei voll gezahlten Aktien.

C. Erwerb in regelmäßigem Geschäftsbetrieb anderer Art als Einkaufskommission ist unzulässig und nichtig bei nicht voll gezahlten Aktien und bei Interimscheinen. Unzulässig (soll nicht sein), aber rechtswirksam bei vollgezahlten Aktien (vgl. RG 71, 403; Bolze 8[551]; vgl. auch das. 12[507].

2. b Der § 226 geht zurück auf Art 215 III der Novelle vom 11. Juni 1870, wo es schlechthin lautet: „Die A-Gesellschaft darf eigene Aktien nicht erwerben", was nach den Entscheidungen ROHG 17, 381 dahin zu verstehen war, daß mit gewissen Ausnahmen, der Ankauf nichtig sei. Das Verbot wurde als zu weitgehend lebhaft bekämpft und das Reichsoberlandesgericht kam dem

Verkehrsbedürfnis insoweit entgegen, als es den Ankauf eigener Aktien zum Zweck der Amortisation für zulässig erklärte; ROHG 18, 423. Vgl. Goldschmidt in GZ 21, 9 ff. Aus dem unbedingten Verbot ist dann im Gesetz vom 18. Juli 1884 geworden: Die A-Gesellschaft soll eigene Aktien im geschäftlichen Betriebe, sofern nicht eine Kommission zum Einkauf ausgeführt wird, weder erwerben noch zum Pfande nehmen. In der Begründung ist ausgeführt, das unbedingte Verbot habe man als zu weitgehend erachtet, weil es der Gesellschaft verwehre, eigene Aktien solutionis causa im Wege der Zwangsvollstreckung oder im Wege der Schenkung zu erwerben und insofern als es den A-Gesellschaften, welche Bankgeschäfte betreiben, den Kommissionsverkehr in eigenen Aktien versage; es könne nicht in der Absicht des Gesetzes liegen, an sich legitime Geschäfte von dem Betriebe der Gesellschaften auszuschließen, es müßte daher die Einkaufskommission ausdrücklich von dem Verbote ausgenommen werden; abgesehen hiervon bleibe der Erwerb eigener Aktien verboten, nur könne man dem Verkäufer nicht zumuten, sich jedesmal zu vergewissern, wer sein Käufer sei oder ob die Gesellschaft für sich gekauft habe oder als Kommissionärin; auch sei es bedenklich, dem Gegenkontrahenten das Recht zu verleihen, seinerseits die Ungültigkeit des Geschäfts geltend zu machen, welche Befugnis bei steigenden Kursen leicht Unzuträglichkeiten mit sich führen würde ...; übrigens beschränke der Entwurf gegenüber dem Wortlaut der bisherigen Vorschrift, aber in ihrem Sinne das Verbot auf den geschäftlichen Betrieb, so daß unter dasselbe weder der schenkungsweise Erwerb eigener Aktien noch ein im Wege der Zwangsvollstreckung erfolgter falle; endlich sei, um Umgehung des Gesetzes zu verhindern, dem Erwerb ausdrücklich die Pfandnahme gleichgestellt worden; selbstverständlich bringe das Verbot es mit sich, daß der Reservefonds der Gesellschaft weder ganz noch teilweise in eigenen Aktien angelegt werden dürfe (Mot. 115/116). Die Änderung endlich „im regelmäßigen Geschäftsbetriebe" ist im Anschluß an § 8 IV GenGes vorgenommen worden. Sachlich hat damit nichts anderes gesagt werden sollen (D 137).

c) Es ist deutlich, daß der Verfasser der Mot. und vermutlich denn auch die Verfasser des Gesetzes sich nicht darüber klar gewesen sind, daß es sich nicht darum handelt, wie weit man den Erwerb eigener Aktien verbieten solle, daß ein solcher Erwerb, sofern er entgeltlich erfolgt, im Gesetz schon durch das Verbot der Rückzahlung ausgeschlossen war, daß es vielmehr darauf ankam, inwiefern man Ausnahmen vom Verbot bestimmen könne. Aber ganz deutlich ist doch, daß man an diese drei Dinge gedacht hat: im geschäftlichen Betrieb Einkaufskommission, außerhalb des geschäftlichen Betriebes Schenkung und endlich Zwangsvollstreckung. Es ist zu bedauern, daß der Gesetzgeber statt diese konkreten Dinge zu nennen, seine Gedanken in einem Begriff ausgedrückt hat, der dasselbe sagen soll, aber weit entfernt ist, es zu tun,. Mit der Änderung im regelmäßigen Geschäftsbetrieb statt im geschäftlichen Betriebe, welche die Novelle gebracht hat, ist die Sache um nichts gebessert. Die neue Fassung ist dem § 8 IV GenGes entnommen. Man hat sachlich nichts ändern, nur den Begriff schärfer fassen wollen. In Wahrheit hat man den Begriff nur verengert, aber dabei nur noch unschärfer gemacht.

3. a) Nicht leicht zu sagen ist, was man sich unter dem regelmäßigen Geschäftsbetrieb zu denken hat, in welchem ein Erwerb eigener Aktien nicht stattfinden soll; Behrend Lehrbuch § 137[9] nahm an, daß die Geschäfte aus ihm herausfallen, welche die Gesellschaft vereinzelt im Betrieb ihrer gewöhnlich auf andere Geschäfte gerichteten Tätigkeit abschließt. So wohl auch RG 85, 330 (wo aber auch verwertet wird, daß es nicht auf Gewinn abgesehen war und auch nur — worauf es nun gar nicht ankommen kann — auf ganz vorübergehenden Rechtserwerb). Vielleicht ist dasselbe gemeint, aber vielleicht auch nicht, wenn Ritter § 226[3] sagt: nur der geschäftliche Erwerb ist verboten und nur der im normalen Geschäftsgange vorfallende. Ähnlich, aber doch auch wieder anders Lehmann-Ring § 226[3]: gestattet ist der Erwerb in Folge von Verhältnissen, die mit der normalen Tätigkeit einer derartigen Gesellschaft nichts zu schaffen haben. Ganz anders faßt dagegen Staub-Pinner den Begriff § 226[3]: entscheidend ist, ob der nächste und eigentliche Zweck der war, durch den Erwerb ein gewinnbringendes Geschäft zu machen, so daß alle Geschäfte ausfielen, welche nur Schaden abwenden sollen, Zwangsvollstreckung und Vergleich, während Erbfall und Schenkung überhaupt keine geschäftliche Maßnahmen seien. Wer da Recht hat, ist schwer zu sagen, nach diesseitiger Auffassung keiner. So würde der spekulative Ankauf eigener Aktien nach Staub-Pinner schlechthin verboten sein, nach Behrend erlaubt, wenn er vereinzelt dasteht. Der Interventionsankauf eigener Aktien zur Stützung ihres Kurses wäre nach Behrend und Lehmann-Ring unverfänglich, nach Staub-Pinner verboten. Wenn Moos, i. GZ 70, 214 behauptet, der Gesetzgeber habe der Gesellschaft die Möglichkeit zu Interventionskäufen verschaffen wollen, so hätte er das belegen sollen. In den allgemein zugänglichen Materialien des Gesetzes findet sich davon nichts. — Makower § 226 I c sieht von begrifflicher Umschreibung ab und beschränkt sich auf die Aufzählung der Einzelfälle. Er schließt aus vom regelmäßigen Geschäftsbetrieb Schenkung, Zwangsvollstreckung, Hingabe an Zahlungsstatt bei Zahlungsunfähigkeit des Schuldners, Vergleich, Erbfall, Kaduzierung und Amortisation. Ebenso Lehmann-Ring a. a. O., der noch den Fall der Fusion hinzufügt, wenn die übernehmende Gesellschaft Aktien der übertragenden besaß, welche um-

getauscht werden. Der Fall der Fusion gehört wohl nicht hierher; wie man sich auch die Konstruktion vorstellen mag, so erwirbt doch die Gesellschaft durch die Ausgabe und den Umtausch der eigenen Aktien nichts, was sie nicht schon hat. (S. aber auch den Fall in RG 85, 328.) Ebenso müssen ausscheiden Kaduzierung und Amortisation, die durch positives Gesetz gesondert geregelt sind; über sie entscheiden ausschließlich § 219 und § 227. Im übrigen erschöpft die Aufzählung wohl alle Fälle, welche im Schrifttum genannt worden sind und man wird gut tun, sich an sie zu halten, statt an abstrakte und zugleich unscharfe Wendungen und Begriffe.

b) Unter dem Fall der Zwangsvollstreckung ist nicht gemeint, daß die Gesellschaft auf jede Zwangsversteigerung ihrer Aktien mitbieten darf. Es ist vielmehr nur an den Fall zu denken, daß die Gesellschaft sich veranlaßt sieht, gegen ihren Aktionär mit Zwangsvollstreckung vorzugehen.

c) Erbfall und Schenkung sind ganz unbedenklich, wenn die Aktie voll eingezahlt ist. Im anderen Fall ist die Gesellschaft kraft zwingenden Rechtes gehindert, auf den Anspruch auf die noch ausstehende Einlage zu verzichten; RG 2, 41. Beruht der Erwerb von Todes wegen auf Vermächtnis, so bleiben die Erben verpflichtet, die Einlage zu zahlen, ebenso, wenn er auf Erbeinsetzung beruht und noch andere Erben vorhanden sind, diese und endlich auch im Falle einer Schenkung der Schenker.

4. a) Der Erwerb zur Ausführung einer Einkaufskommission, wo also der Erwerb der Gesellschaft von vornherein als ganz vorübergehender gedacht ist, ist in regelmäßigem Geschäftsbetrieb gleichwohl untersagt, wenn es sich um Interimscheine oder um noch nicht voll gezahlte Aktien handelt, schlechthin gestattet dagegen bei voll gezahlten Aktien. Es ist hier nur von dem Fall die Rede, daß die Gesellschaft aus Anlaß des Auftrages die Aktie anschafft. Aktien, welche die Gesellschaft auf irgend eine Weise erworben hat, kann sie wirksam veräußern. Nur macht der Vorstand sich ersatzpflichtig, wenn es unentgeltlich geschieht oder zu einem Preise, der einen Verlust bedeutet, der sich hätte vermeiden lassen; Bolze 8, 551. Tritt also bei der Einkaufskommission die Gesellschaft gemäß § 400 HGB selbst ein, so fällt an und für sich das überhaupt nicht unter § 226; anders Staub-Pinner § 226[7]. Dadurch, daß es zur Lieferung der Aktie an den Kommittenten schließlich nicht kommt, wird die Gültigkeit der Anschaffung nicht in Frage gestellt; Staub-Pinner § 226[7]. Tritt die Gesellschaft bei dem eigene Aktien betreffenden Verkaufs-Auftrag gemäß § 400 HGB selbst in das Geschäft ein, so verstößt das gegen § 226 I, ist also dem Kommittenten gegenüber wirksam, nur macht der Vorstand sich gegenüber der Gesellschaft verantwortlich (a. A. Makower § 226 I a, Ritter § § 226[3]), der auch dadurch nicht entlastet erscheint, daß er sich auf einen Beschluß des Aufsichtsrats berufen kann; OLG 12, 435. Ob er sich auf einen Beschluß der Generalversammlung berufen kann, läßt sich in dieser Allgemeinheit nicht verneinen, hängt vielmehr von den Umständen des Falles ab. — Hat er die Gesellschaft durch den Ankauf eigener Aktien geschädigt, so kann er ohne weiteres darauf in Anspruch genommen werden, daß er den gezahlten Preis (gegen Lieferung der Aktie) erstattet; OLG 12, 435. S. auch RG 71, 101: wenn es eine Erscheinung des täglichen Lebens ist und dem Verkehrsbedürfnis entspricht, daß Aktienbanken mit ihren eigenen Aktien handeln, sie kaufen und verkaufen, so bleibt es doch dabei, daß der Vorstand damit gegen das Gesetz verstößt, es sei denn, daß es sich um Ausführung von Kommissionsaufträgen handelt.

b) Es macht keinen Unterschied, ob der Erwerb der eigenen Aktie von vornherein als nur vorübergehend gedacht ist. Der unerlaubte Ankauf wird nicht dadurch zum erlaubten, daß der Veräußerer sich verpflichtet, die Aktie der Gesellschaft wieder abzunehmen (Reportgeschäft); vgl. RG 19, 149—151. Auch das Deportgeschäft gehört hierher, wenn man darunter das Geschäft versteht, daß die A-Gesellschaft eigene Aktien verkauft mit der Zusage, sie auf Verlangen wieder käuflich abzunehmen. So die herrschende Lehre Staub-Pinner § 226[3]; Makower § 226 I a; Lehmann-Ring § 226[3]. Anders ROHG 22, 193 in einem Fall, wo die von der Bank verkauften Stücke aus ihrem Depot überhaupt nicht herausgekommen waren, mit der Begründung, daß es sich beim Reportgeschäft nur um eine Modifikation oder um eine handelsübliche Prolongation des ursprünglichen Kaufvertrages handle. Richtiger dürfte das entscheidende Gewicht darauf zu legen sein, ob die Bank und A-Gesellschaft nach Inhalt der getroffenen Vereinbarungen den Anspruch darauf hat, daß Schluß gemacht wird, und zwar mit Abnahme der Stücke durch den Gegner.

5. a) Denselben Vorschriften wie der Ankauf eigener Aktien durch die Gesellschaft unterliegt ihre Beleihung durch sie. Soweit der Ankauf eigener Aktien verboten oder nichtig ist, gilt dasselbe von dem Pfandrecht, welches der Gesellschaft an eigenen Aktien bestellt wird. Das ist im Gesetz ausdrücklich hervorgehoben, um einer Umgehung der Vorschriften über den Erwerb eigener Aktien vorzubeugen. Sachlich liegt aber in dieser Erstreckung des § 226 mehr eine Einschränkung als eine Ausdehnung. Denn so bedenklich der Erwerb eigener Aktien zu Eigentum erscheint, so lange sie nicht voll eingezahlt sind, so unbedenklich ist ihre Beleihung insofern, als sie die Einlageforderung der Gesellschaft nicht berührt. Im Fall Holdh MS 1, 107 handelt es sich um eine sehr durchsichtige Umgehung des § 213. Vielfach wird angenommen, daß nichts im Wege steht, daß Angestellte der Gesellschaft, welche ihr kontraktlich Kaution zu stellen haben, das in Aktien der Gesellschaft tun, weil es ein Geschäft sei, welches nicht im Rahmen des regelmäßigen Geschäfts-

betriebes liegt; Staub-Pinner § 226[5]; Lehmann-Ring § 226[3]; Ritter § 226[3]; Brand § 226, 2 c. Nach diesseitiger Auffassung unterscheidet sich diese Verpfändung nicht von anderen. Der Vorstand ist verantwortlich, wenn er ohne Not sich darauf einläßt und daraus Schaden entsteht. Welche Sicherheit ein solches Pfand bietet, ist eine Frage für sich.

b) Auf gesetzliche Pfandrechte und auf das Zurückbehaltungsrecht findet § 226 nicht Anwendung RG 22, 1; 36., 38; das gilt wie von Aktien, auch von Interimscheinen, RG in SächsArch 1895, 814.

Läßt das Gesetz schon eigene Aktien in der Hand der Gesellschaft bei Bestand, so muß dasselbe vollends gelten von eigenen Schuldverschreibungen in Gestalt von Wertpapieren, von eigenen Genußscheinen, auch von eigenen Bezugsrechten, welche auch anders als durch Bezug von Aktien, der der Gesellschaft allerdings verwehrt ist, nutzbar gemacht werden können. Hier steht dem Erwerb keinerlei Verbot entgegen; HoldhMS 1902, 259 (Dresden).

§ 227.

Die Einziehung (Amortisation) von Aktien[1] kann nur erfolgen[2], wenn sie im Gesellschaftsvertrag angeordnet oder gestattet ist. Die Bestimmung muß in dem ursprünglichen Gesellschaftsvertrag oder durch eine vor der Zeichnung der Aktien bewirkte Änderung des Gesellschaftsvertrags getroffen sein, es sei denn, daß die Einziehung nicht mittels Auslosung, Kündigung oder in ähnlicher Weise, sondern mittels Ankaufs der Aktien geschehen soll[3].

Jede Art der Einziehung darf, sofern sie nicht nach den für die Herabsetzung des Grundkapitals maßgebenden Vorschriften stattfindet, nur aus dem nach der jährlichen Bilanz verfügbaren Gewinn erfolgen[4].

1. Einziehung (Amortisation) der Aktie bedeutet Vernichtung des in der Aktie verkörperten (oder auch in der Urkunde noch nicht verkörperten) Aktienrechts. Während die Kaduzierung (§ 219 III) der Aktie das Aktienrecht bestehen läßt, und es nur dem Berechtigten entzieht (so daß es zunächst auf die Gesellschaft, dann auf den neuen Erwerber übergeht), verschwindet hier das Aktienrecht. Jenes ist Verwirkung, dieses Vernichtung der Aktie. Wieder etwas anderes ist die Kraftloserklärung der Aktie gemäß § 228, welche die Aktienurkunde vernichtet, während rend das Aktienrecht bestehen bleibt, und zwar unverändert in der Person des bisherigen Berechtigten. — Bei der Amortisation wachsen die mit der betroffenen Aktie verbundenen Rechte den übrigen Aktien an, deren Verhältnis zum Ganzen sich dadurch verschiebt. Das Gesellschaftsvermögen erfährt, wenn die Amortisation unentgeltlich erfolgt, keine Veränderung. Der Vermögensstand der Gesellschaft, ihre Kreditwürdigkeit wird durch sie in keiner Weise berührt und es liegt weder ein Anlaß noch auch nur die Berechtigung vor, um ihretwillen an der Ziffer des Grundkapitals etwas zu ändern. Wer sich daran stößt, daß dann diese Ziffer nicht mehr mit der Summe des Nennbetrages aller Aktien übereinstimmt, beachtet nicht, daß jene Ziffer von Anfang an ihre ursprüngliche Beziehung auf ihre reale Grundlage, wonach sie das Vermögen darstellt, mit welchem die A-Gesellschaft in das Leben tritt, zu verlieren bestimmt ist. Sie ist, wenn es zur Amortisation von Aktien kommt, schon längst nicht mehr und soll nicht mehr sein, als eine abstrakte Summe, ein Rechnungsposten von bestimmter Funktion (s. Erl 11[a] zu § 182), eine Ziffer, welche nach der ausdrücklichen zwingenden Vorschrift von § 261 Z. 5 gar nicht verändert werden darf, auch nicht, wenn einzelne Aktien fortfallen und das Rechenexempel nicht mehr stimmt. Nur durch die eine ganz bestimmte, vom Gesetz zugelassene und von ihm zugleich mit den erforderlichen Kautelen versehene Maßregel, durch die Herabsetzung des Grundkapitals gemäß §§ 288 ff. läßt sich eine entsprechende Änderung erreichen; ROHG 18, 44; JW 1886, 446[18]; OVGSt 10, 281; vgl. auch KGJ 43, 110; Holdh MS 21, 268; a. A. Staub-Pinner § 227[7]; Ritter § 227[3].

2. a) Die Amortisation der Aktie ist ein einseitiges Rechtsgeschäft der A-Gesellschaft, zu welchem diese unter bestimmten Voraussetzungen berechtigt ist.

1. Der Gesellschaftsvertrag muß die Einziehung für zulässig erklärt haben. Das erscheint, wörtlich verstanden, auffällig und nicht verständlich. Wenn die Gesellschaft in der Lage ist, eigene Aktien zu erwerben, welche ihr käuflich angeboten werden, und wenn dann die Generalversammlung beschließt, aus dem Jahresgewinn oder auch nicht aus dem Jahresgewinn sondern unter Herabsetzung des Grundkapitals diese Aktien zu erwerben, um sie zu amortisieren, dann ist eigentlich unerfindlich, weshalb es hier noch einer Statutenbestimmung bedürfen soll, wonach Amortisation von Aktien zulässig sein soll. Ebenso liegt es, wenn der Gesellschaft zum Zweck der Amortisation Aktien unentgeltlich zur Verfügung gestellt werden; OLG 14, 356 (München); RJA 9, 26 (Braunschweig). Der Grund kann nicht — wie Wieland in GZ 67, 60 meint — in der Rücksicht auf Interessen der Gläubiger der Gesellschaft liegen. Ihre Interessen werden nach

der Art, wie die Amortisation im Gesetz geregelt ist, anderweit geschützt. Vielleicht liegt es so, daß der Gesetzgeber mit Worten mehr gesagt hat, als er hat sagen wollen. Die oben genannten Möglichkeiten einer Amortisation von Aktien sind weder die einzigen noch die wichtigsten, welche das Gesetz hat zulassen wollen. Nur soll eine Amortisation von Aktien, die nicht auf die Zustimmung des betroffenen Aktionärs angewiesen ist, nur dann von der Generalversammlung beschlossen oder auch ohne einen solchen Beschluß vorgenommen werden dürfen, wenn das im Statut für zulässig erklärt ist; KGJ 45, 172; Staub-Pinner § 227[8]; Lehmann-Ring § 227[3]; Geiler in JW 1926, 671. — Indessen ist doch über den Wortlaut des Gesetzes nicht hinwegzukommen und man muß gelten lassen, daß, wo das Statut schweigt, eine Amortisation von Aktien, welche der Gesellschaft zu diesem Zweck zur Verfügung stehen, jedenfalls dann nicht vorgenommen werden kann, wenn dagegen Widerspruch erhoben wird, sei es auch nur von einem Aktionär. Vgl. die unter b wiedergegebene Äußerung der D 137.

2. Damit allein, daß der Gesellschaftsvertrag nur allgemein die Amortisation von Aktien für zulässig erklärt, ist nicht viel erreicht. Es muß ein Titel gegeben sein, welcher im vorkommenden Fall der Gesellschaft gegenüber dem betreffenden Aktionär das Recht verleiht, ihm sein Aktienrecht zu vernichten. Das ist der Fall:

a) wenn die Gesellschaft selbst der Aktionär ist, oder

b) wenn der Aktionär sich einverstanden erklärt, oder

c) wenn im Gesellschaftsvertrag die Voraussetzung der Einziehung derartig im voraus vereinbart worden ist, daß bei ihrem Eintritt sich unter Ausschluß jeglicher Willkür in der Auswahl feststellen läßt, welche Aktien die Einziehung über sich ergehen lassen müssen. Es muß sich jeder Aktionär in freiem Entschluß vertragsmäßig oder gewissermaßen vertragsmäßig dieser Bestimmung unterworfen haben, sei es bei Übernahme oder Zeichnung der Aktie gelegentlich der Gründung der Gesellschaft, sei es beim Erwerb der im Verkehr befindlichen Aktie nach Maßgabe des Statuts, wie es zur Zeit dieses Erwerbes lautete. So liegt es zweifellos, wenn von vornherein im Statut ein vollständiger, alles festlegender Amortisationsplan aufgestellt wird. Aber KGJ 5, 29 geht, wie in der Rechtslehre allgemein anerkannt wird, zu weit, wenn es das als unerläßlich bezeichnet. Man vermißt auch eine ausreichende Begründung für das Gesagte, wenn KG in RJA 7, 40 ausführt, es müsse die Statutenbestimmung erkennen lassen, ob die Amortisation aus dem Reingewinn bewirkt werden soll, ferner in welcher anderen Weise als mittels Ankaufs, Kündigung oder Auslosung die Amortisation stattfinden könne und endlich in welcher Höhe, in welchen Zeiträumen und nach welchen Normen sie zu erfolgen habe; es könne nicht in der Absicht des Gesetzgebers gelegen haben, die jeweilige Höhe des Grundkapitals von der Willkür der Gesellschaftsorgane abhängig zu machen (offensichtlich hat das doch in der Absicht des Gesetzgebers gelegen, der in §§ 278 ff., 288 ausführlich die Förmlichkeiten vorschreibt, welche die Organe der Gesellschaft bei Erhöhung oder Herabminderung des Grundkapitals wahren müssen). Die Bestimmung des Statuts, von welcher die Entscheidung handelt: „Die Amortisation von Aktien kann sowohl mittels Ankaufs als auch durch Auslosung, Kündigung oder in ähnlicher Weise erfolgen", genügte freilich nicht zur Begründung einseitiger Amortisation durch die Gesellschaft.

Das Gesetz spricht von Einziehung mittels Auslosung, Kündigung oder in ähnlicher Weise. So würde eine Bestimmung des Inhalts: Amortisation kann geschehen und wenn sie beschlossen wird, soll das Los bestimmen, welche Aktien sie trifft, noch ausreichen. Amortisation durch Kündigung ist nur so zu denken, daß gleichmäßig alle Aktien einer bestimmten Art oder Gattung aufgekündigt werden. Unzulässig wäre eine Bestimmung, wonach die Gesellschaft das Recht hätte, die Aktie oder die Aktien eines einzelnen Aktionärs zu amortisieren, etwa wegen Mangels seines Wohlverhaltens, wegen Nichterfüllung von Verbindlichkeiten (Nebenleistungsaktiengesellschaft) u. ä. Vgl. Staub-Pinner § 227[5]; Makower § 227 II a; Lehmann-Ring § 227[8]; Brand § 227[4 a]; OLG 32, 136 (Hamm). Nach KG in OLG 27, 233 soll es zwar ausgeschlossen sein, als Vertragsstrafe die Kaduzierung der Aktie zu bestimmen, nicht aber die Amortisation; dagegen OLG 43, 309 (Karlsruhe).

b) Es ist nicht ausgeschlossen, statutarische Bestimmungen dieser Art dem Gesellschaftsvertrag nachträglich einzufügen. So ohne Zweifel durch Mehrheitsbeschluß in Gestalt einer Statutenänderung gelegentlich einer Erhöhung des Grundkapitals, sofern sich die betreffende Bestimmung ausschließlich auf die neuen Aktien beziehen soll. Sodann auch, wenn die bisher fehlende, ganz allgemein gehaltene Bestimmung, daß Amortisation überhaupt zulässig sei, nachgeholt werden soll. Dagegen kann eine Bestimmung, welche dazu führen könnte, daß ein Aktionär wider Willen die Einziehung über sich ergehen lassen muß, nur mit Zustimmung aller Aktionäre, welche nach Inhalt der Änderung davon betroffen werden könnten, nachgefügt werden; Staub-Pinner § 227[10]. Vgl. RJA 3, 234 (KG). Letzteres geht deutlich genug aus dem Wortlaut des Satzes 2 in Abs I hervor und ersteres hat jedenfalls in der Absicht der Verfasser des Entwurfs gelegen. Vgl. D I 137: Anderseits verlangt das HGB (in bisheriger Gestalt) für eine Amortisation, die aus dem Reingewinn geschieht, unter allen Umständen, daß ihre Zulässigkeit durch den ursprünglichen Gesellschaftsvertrag oder durch eine vor Ausgabe der betreffenden Aktien bewirkte Änderung desselben vorgesehen sei; dies geht jedoch zu weit; denn soweit die Einziehung der Aktie nicht durch Auslosung oder Kündigung, sondern durch Ankauf ausgeführt wird, fehlt es an einem Grunde, weshalb nicht auch eine erst nach Zeichnung der Aktien zustande gekommene Statutenänderung des fraglichen Inhalts genügen sollte; auf diesen Erwägungen beruhen die Vorschriften des § 210 (im Gesetz § 227)".

3. a) In der Unterscheidung der verschiedenen Arten der Amortisation kreuzen sich drei Gegensätze. Die Amortisation erfolgt:

1. entweder auf Grund der Einwilligung des Aktionärs oder unabhängig von ihr und zwangsweise,
2. sie erfolgt entweder entgeltlich oder unentgeltlich,
3. erfolgt sie entgeltlich, dann entweder so, daß das Entgelt aus dem verfügbaren Jahresgewinn gezahlt wird oder aus dem Stamm des Vermögens.

b) Das Gesetz spricht nicht von freiwilliger und von Zwangsamortisation. Es bezeichnet den Gegensatz als Einziehung mittels Auslosung, Kündigung oder in ähnlicher Weise einerseits und mittels Ankaufs anderseits. Hier ist nicht nur, wie es scheinen könnte, die erste, sondern auch die letztere Art nur nach dem typischen Fall genannt. Die Einziehung kraft freier Übereinkunft muß nicht auf Kauf, sie kann auch auf Liberalität beruhen und unentgeltlich erfolgen und wenn sie entgeltlich erfolgt, muß keineswegs immer Kauf im Spiele sein. Das Gesetz bedient sich hier einer Bezeichnung a potiori, wobei aber der bezeichnende Begriff keineswegs das potius ist. Denn weder ist es erforderlich, daß die Gesellschaft, um amortisieren zu können, zunächst die Aktie (käuflich) erwirbt, noch ist auch nur im Zweifel anzunehmen, daß das die Absicht der Parteien gewesen ist. Was die Gesellschaft nach dem Statut dem Aktionär zu zahlen hat, ist nicht notwendig Kaufpreis, öfter vielmehr Entschädigung, Rückzahlung der Einlage, je nachdem mit Agio oder Disagio und es müssen besondere Umstände dafür vorliegen, wenn bei der Amortisation auf Grund freier Übereinkunft das Verhältnis anders, namentlich als Ankauf aufzufassen sein soll. So nahe auch oft die beiden Rechtsgeschäfte bei einander liegen, Einziehung der fremden Aktie einerseits und Ankauf und Einziehung der nunmehr eigenen Aktie, so sind sie doch auseinanderzuhalten; Recht 1913, 2640. Vgl. Goldschmidt in GZ 21, 1 ff.

c) Was die Amortisation gegen Entgelt angeht, so ist sehr bedeutsam der Unterschied, ob sie aus dem Jahresgewinn erfolgt oder aus dem Stamm des Vermögens. Ist letzteres die Absicht, so muß sie, wie Abs II sich ausdrückt, nach den für die Herabsetzung des Grundkapitals maßgebenden Vorschriften, d. h. also nach §§ 288—291 erfolgen. Darüber, was dieser Gegensatz: aus Gewinn und aus dem Stamm des Vermögens bedeutet, wie das eine und das andere praktisch durchgeführt wird und wie es sich auswirkt, herrscht lebhafter Streit. Unvermeidlich spielen hier Fragen der Buchführung und der Bilanzgestaltung hinein und wie immer, wo das der Fall ist, muß auch hier davor gewarnt werden, daß man mit den einschlägigen abstrakten Rechnungsbegriffen wie mit wirklichen Dingen umgeht. So selbstverständlich es klingt, so nötig ist es doch zu betonen, daß „aus dem Gewinn zahlen oder amortisieren" nicht bedeutet, daß da ein bestimmter Kassenbestand oder ein bestimmtes Bankguthaben existiert, welches aus Gewinn stammt und „Gewinn" ist. Wird das Geld in bar gezahlt, so wird es aus eben derselben Kasse gezahlt, aus der jede Schuld der Gesellschaft gezahlt wird, und es macht an dieser Stelle nicht den geringsten Unterschied, ob die Amortisation aus dem Gewinn erfolgt oder aus dem Vermögensstamm. Dieser Unterschied tritt einzig in der Buchführung und in der Bilanzaufstellung nicht nur in die Erscheinung, sondern überhaupt in seine Verwirklichung. Es wird lebhaft darüber gestritten, ob bei der Amortisation aus dem Gewinn die Ziffer des Grundkapitals entsprechend herabzusetzen ist oder nicht. Die Wahrheit ist, daß beides, Amortisation aus dem Gewinn und Herabsetzung der Grundkapitalziffer schlechthin unvereinbar miteinander ist. Soll aus dem Stamm das Vermögen gezahlt werden, so ist das nur so zu machen und zu erreichen, daß das Grundkapital entsprechend herabgesetzt wird. Beides sind identische Begriffe. Und soll aus dem Gewinn gezahlt werden, so ist das nur so zu machen und zu erreichen, daß das Grundkapital nicht herabgesetzt wird. Beides sind identische Begriffe. Schließt eine Bilanz bei einem Grundkapital von 1 Million mit einem Reingewinn von 80 000 M. ab, sollen hiervon 40 000 M. zur Amortisation verwendet und 4% Dividende verteilt werden, und wollte man nun mit dem entsprechend herabgesetzten Grundkapital von 960 000 M. in das neue Geschäftsjahr hineingehen, so gehen zwar auf Konto Dividende und auf Konto Amortisation 80 000 M., soviel als der Reingewinn betrug, hinaus, aber es bleibt infolge des geminderten Kapitalkontos ein Aktivsaldo, den man natürlich ebenso gut falsch verbuchen kann wie richtig, der aber in Wahrheit gar nichts anderes sein kann als auf neue Rechnung vorgetragener Gewinn. Denn woher anders sollte der Saldo und der dadurch bedingte Vortrag auf neue Rechnung, wie immer man ihn auch benennen mag, kommen. Aus dem Kapitalkonto kann man nicht Rückstellungen herausnehmen. Wenigstens die A-Gesellschaft kann es nicht. Mit anderen Worten, man hat vom Gewinn eben 40 000 M. nicht ausgezahlt und das Geld für die amortisierten Aktien aus dem Stamm des Vermögens genommen. Es wird niemand imstande sein, zu sagen, wie anders die Gesellschaft es machen kann, daß sie

„aus dem Gewinn" zahlt, als daß sie an der Grundkapitalziffer nichts ändert. Das in Verbindung mit der ganz farblosen Auszahlung des Betrages aus dem Kassenbestand oder der ebenso farblosen Überweisung auf Bankkonto ist der allein denkbare Tatbestand dieses „aus dem Gewinn Zahlens". In der Sache ebenso Heinrich Veit Simon in BankArch 25, 448.

In diesen Sachverhalt wird nur dadurch Verwirrung gebracht, daß man hier eine ganz andere, ziemlich belanglose Streitfrage hineinwirft, indem man zugibt, daß das Grundkapital um die Summe der Aktien, welche verschwinden, herabgesetzt werden müsse, aber behauptet, es müsse dann gleichzeitig ein gleich hoher Posten als Reserve auf Passivseite eingestellt werden; Lehmann-Ring § 227[5]; Goldmann § 227[10]; RJA 9, 26. Vgl. hierzu Geiler in JW 1926, 673 und 1793. Flechtheim das. 936; Pinner das. 938 und gegen die letztgenannten zutreffend Heinrich Veit Simon in BankArch 25, 448; Fritz, BankArch 26, 136. Damit erreicht man allerdings das gleiche Ergebnis, aber hat auch in der Sache schon nachgegeben. Es ist ziemlich gleichgültig, ob man so oder so verfährt. Aber ganz ohne Rechtsfolgen ist es doch nicht und daher muß darauf eingegangen werden, warum auch in dieser Form die gegnerische Ansicht abzulehnen ist.

Angenommen selbst, die Rückstellung hätte die Natur des gesetzlichen Reservefonds, so würde sie zwar auch gebunden, aber doch freier sein, wie wenn der Betrag auf Kapitalkonto bleibt. Es ist aber willkürlich, diese Gebundenheit des gesetzlichen Reservefonds hier anzunehmen, die nur auf positiver Vorschrift beruhen könnte, an der es fehlt und zu der die Gegner nur aus dem zwingenden Gefühl für das unbedingt Gebotene gedrängt werden, dem sie damit einigermaßen nahe kommen. Denn läßt man die Reserve als freie gelten, dann kann man, wenn man die Sache von Jahr zu Jahr wiederholt, ohne irgend eine gesetzliche Vorschrift zu verletzen, das ganze Grundkapitalkonto beseitigen und in freie Reserve umwandeln. S. hierzu Simon Bilanzen 220; Hachenburg GGmbH § 34[18]. Mag das auch praktisch nicht bis zu Ende sich durchführen lassen, so ist es doch theoretisch denkbar und nichts wie das, als bis zu Ende durchgeführt vorgestellt, beweist besser, daß man eben nicht aus dem Gewinn, sondern ohne es zu merken, aus dem Kapital, schließlich das ganze Kapital zurückgezahlt hat. Es geht nicht an, dies mit Staub-Pinner § 227[7] für richtig aber rechtlich bedeutungslos zu erklären. Ebenso Ritter § 227[6]. Denn es ist durchaus nicht an dem, daß der Gesetzgeber, als er Amortisation aus dem Gewinn gestattete, mit der Möglichkeit hat rechnen müssen, daß dann auf Kosten des Grundkapitals zurückgezahlt werden würde. Es ist aber interessant das Zugeständnis zu lesen, das dann aus dem Gewinn das Grundkapitals zurückgezahlt ist! — Unrichtig auch D. 138: „namentlich versteht sich von selbst, daß im Fall der Amortisation aus dem Jahresgewinn entweder das unveränderte Grundkapital oder neben dem verminderten Grundkapital ein dem Nennbetrag der amortisierten Aktien entsprechender besonderer Posten unter die Passiven aufzunehmen ist". Vgl. auch RJA 9, 26 (Braunschweig). Richtig ist vielmehr nur, daß es allerdings sich empfiehlt, in der Bilanz durch Zahlen vor der Linie kenntlich zu machen, welcher Teil des Grundkapitalbuches auf amortisierte Aktien entfällt. — Treffend weist Flechtheim JW 1926, 936 auf den sachlichen Unterschied der Buchungsarten hin. Wirft man den Betrag der amortisierten Aktien als selbständiges Passivum aus, dann hat man eine Rückstellung gemacht, welche man frei, mindestens aber zur Beseitigung einer Unterbilanz verwenden kann; anderseits begibt man sich — was freilich nur Bedeutung hat, wenn man diese Rückstellung dem gesetzlichen Reservefonds zurechnen zu müssen meint. — der Möglichkeit, den Betrag durch Herabsetzung des Grundkapitals aus der Welt zu schaffen. Die Auffassung der Gegner, daß in jedem Fall der Betrag der amortisierten Aktie vom Grundkapital abgesetzt werden müsse, so entschieden an ihr festgehalten wird, steht in Wahrheit auf schwachen Füßen. Es ist einzig das Vorurteil, daß das Grundkapital unter allen Umständen mit der Summe der Nennbeträge aller Aktien übereinstimmen müsse, Das ist die Regel. Aber notwendig ist es nicht. Vielmehr kann gar nicht ausbleiben, daß es einmal auch anders ist. So, wenn bei Erhöhung des Grundkapitals die eine oder die andere Zeichnung einer Aktie sich als nichtig erweist. Wenn man sagt, daß das Grundkapital die für das Beteiligungsverhältnis der einzelnen Aktien maßgebliche Ziffer sei, die sich dann also mit Änderung dieses Verhältnisses selbst ändern müsse, so ist das ungenau. Es ist nur richtig, weil und so lange als das Grundkapital die Summe des Nennbetrages aller Aktien ausmacht. Die maßgebliche Ziffer ist unter allen Umständen diese letztgenannte Summe, und deren Verminderung ist es dann, welche bei der Amortisation von Aktien das Beteiligungsverhältnis ändert, mag man die Ziffer des Grundkapitals ändern oder stehen lassen.

Verwirrend wirkt ferner, daß man in diese Betrachtung einen Fall von Aktienamortisation heranzieht, der das nur dem äußeren Anschein nach ist, den Fall, wo nach einer Reihe von Jahrzehnten das Unternehmen ohne Entschädigung an den Staat oder die Gemeinde fällt und es daher gilt, nicht nur eine jährliche Dividende zu erzielen, sondern aus dem Ertrag vor allem auch die der Auslieferung geweihten Vermögensgegenstände restlos obzuschreiben. S. hierüber § 179 Erl 9 a. Die Konstruktion dieses Vorganges ist bestritten. Aber sicher ist, daß es sich um ein eigenartiges Verfahren handelt, aus welchem man für den regelmäßigen Fall keine Schlüsse ziehen darf.

d) Ist der dem Aktionär für die zu amortisierende Aktie aus dem Gewinn zu zahlende Entgelt geringer als der Nennbetrag der Atkie oder gelingt es der Gesellschaft, die zu amortisierende Aktie unter pari zu kaufen, so kann darin ein effektiver Gewinn liegen, der aber nicht der Gesellschaft, sondern nur ihren Mitgliedern zugute kommt. Für die Gesellschaft tritt immer ein Buchgewinn auf, welcher den verteilbaren Jahresgewinn vergrößert, wie bei einem Erwerb zu einem Preise über pari, der aus dem verfügbaren Jahresgewinn zu bestreitende Aufwand sich entsprechend erhöht. Im ersteren Falle kann die Generalversammlung die Rückstellung des Gewinnes beschließen, wenn kein Aktionär Widerspruch erhebt; nach richtiger Ansicht (vgl. Erl 7 c zu § 213) auch, wenn zwar Widerspruch erfolgt, aber die Rückstellung nach Lage des Geschäfts kaufmännisch geboten erscheint. — Das ist nicht unbestritten. Nach Staub-Pinner § 227[9]; Simon Bilanzen 216; Leist in Holdh MS 15, 66 wäre § 262 Z. 2 entsprechend anzuwenden und also der Agiogewinn dem gesetzlichen Reservefonds zuzuweisen. Indessen ist doch wohl die Analogie zu fernliegend oder richtiger überhaupt nicht angebracht. Ob überhaupt ein effektiver Gewinn gemacht wird, hängt von anderen Faktoren ab. Es kann der Preis trotz des Disagio immer noch den wahren Wert der Aktie übersteigen. Was als Gewinn hier in die Erscheinung tritt, ist nur eine Minderung des Opfers, welches die Aktionäre auf Kosten ihrer Dividende bringen. —

e) Die Amortisation von Aktien, welche bereits Eigentum der Gesellschaft sind, setzt nicht mehr voraus, als die allgemeine Statutenbestimmung, daß Amortisation von Aktien zulässig sein soll. Wie überhaupt Amortisation von Aktien nicht vom Vorstand selbständig vorgenommen werden kann, sondern — sofern nicht im Statut auch hierüber schon im voraus Bestimmung getroffen ist — nur auf Beschluß der Generalversammlung, wie sie nur entweder aus dem Gewinn erfolgen kann oder unter Herabsetzung des Grundkapitals und über beides ausschließlich die Generalversammlung entscheidet, so ist auch die Amortisation eigener Aktien nicht reine Verwaltungssache, muß vielmehr von der Generalversammlung und kann von ihr nur in Verbindung mit Jahresabschluß und Bilanzfeststellung beschlossen werden. Denn für die Frage, ob sie schlicht erfolgen kann oder nur in Verbindung mit einer Herabsetzung des Grundkapitals ist nicht entscheidend, ob die Aktien seiner Zeit aus dem Gewinn erworben worden sind oder auf Kosten des Kapitalvermögens. Anders Staub-Pinner § 227[12] und JW 1926, 938: habe die Gesellschaft die Aktien erworben, ohne daß ein Bilanzgewinn vorhanden war, dann könne die Amortisation nur im Wege der Kapitalherabsetzung erfolgen. Nach diesseitiger Auffassung ist das nicht richtig gedacht. Man kann bei der Amortisation von Aktien unterscheiden, ob sie aus dem Gewinn erfolgt oder aus dem Stamm des Vermögens. Bei dem Erwerb von Aktien hat diese Unterscheidung keinen Sinn. Bezahlen kann die Gesellschaft die Aktien nur aus der Kasse, welche weder Gewinn noch Kapital enthält oder — wenn man so lieber will — in welchen beides ununterschieden durcheinander liegt. Erwirbt die Gesellschaft die Aktien unentgeltlich, dann macht sie (möglicherweise) einen Gewinn. Kauft sie sie zu teuer, so erleidet sie einen Verlust, genau so, wie sie Verlust erleidet, wenn sie Rohstoffe zu teuer einkauft. Bezahlt sie den richtigen Preis, dann wechselt der Betrag auf der Seite der Aktiven von einem Konto auf das andere. Wenn sie zu teuer kauft, so mindert das das Schlußergebnis, den Jahresgewinn, nicht um den ganzen gezahlten Preis, sondern nur um den Betrag des Überpreises. Trotzdem kann Jahresgewinn herauskommen und wenn sich Unterbilanz ergibt, so läßt sich nicht behaupten, daß das gerade auf Rechnung des Aktienkaufs geht, es müßte dieser denn schon der einzige Verlustposten der ganzen Rechnung sein. Das alles entscheidet aber nicht über gegenwärtige Frage. Mögen die Aktien auch mit Verlust gekauft sein, so können sie doch aus dem Jahresgewinn amortisiert werden, wenn dieser trotz jenes Verlustes groß genug dazu ist. Und können die Aktien nicht auf Seite der Aktiven verschwinden, ohne daß es zu einer Unterbilanz kommt, dann können sie nur aus dem Stamm des Vermögens, d. h. unter Herabsetzung des Grundkapitals amortisiert werden, mag die Gesellschaft sie auch unentgeltlich erworben haben.

f) Hat die Gesellschaft Aktien zum Zweck der Amortisation angekauft, so ist sie dem Veräußerer gegenüber nicht gehindert, sich nach dem Erwerb eines anderen zu besinnen und von der Amortisation Abstand zu nehmen. Wohl aber kann der Beschluß, Aktien zum Zweck der Amortisation anzukaufen, als rechtswidrig angefochten werden (§ 271), wenn die in Aussicht genommene Amortisation gegen das Statut verstoßen würde; JW 1886, 446[11].

g) Es macht keinen Unterschied, ob die Aktie voll eingezahlt ist oder nicht, und so lassen sich denn auch Interimscheine amortisieren. Nur ist zu beachten, daß bei der Amortisation solcher Aktien zum Zwecke der Herabsetzung des Grundkapitals mit der Aktie auf der Passivseite, auf der Aktivseite der Anspruch auf die Resteinlage verschwindet und also trotz der Minderung des Grundkapitals nur die Differenz zur Verfügung steht. Bei der Amortisation aus verfügbarem Gewinn vergrößert sich der aus dem Gewinn zu entnehmende Betrag um die noch nicht gezahlte Einlage. Es muß daher, wenn eine solche Amortisation im Werke ist, bereits bei Abschluß der Bücher und Aufstellung der Bilanz auf der Aktivseite dieser Posten Einlagerest verschwinden.

h) Der nach der jährlichen Bilanz verfügbare Gewinn ist der Gewinn, welchen die nach Gesetz und Statut festgestellte Bilanz aufweist, nach Abzug der gesetzlich vorgeschriebenen Rückstellungen, ferner aber auch nach Abzug aller Tantiemen usw. und Steuern. Der Reingewinn hört dadurch nicht auf, Reingewinn zu sein, daß er verwendet wird, Aktien zu amortisieren. Dieser Aufwand geht durchaus und ausschließlich auf Kosten der Jahresdividende. (S. oben unter c.) Aber nicht etwa auf Kosten des Betriebsgewinnes. Es steht nichts im Wege, daß die Generalversammlung, um die erforderlichen Mittel aufzubringen, freie Reserven heranzieht oder mit heranzieht. Bilanzrechtlich sind ihr darin keine Schranken gezogen, während gesellschaftsrechtlich die Verwendung des Reingewinnes (einschließlich der Mitverwendung freier Reserven) nur rechtmäßig und daher trotz Widerspruchs einzelner durchführbar ist, wenn es auf Grundlage einer die Amortisation in diesem Fall rechtfertigenden Statutenbestimmung geschieht oder nach kaufmännischen Grundsätzen nach Lage der Sache geboten oder gerechtfertigt erscheint (s § 213 Erl 7 c).

Die Annahme Simons, Bilanzen S. 220, daß die entgeltliche Amortisation voraussetzt, daß die zur Auszahlung des Entgelts erforderlichen flüssigen Mittel zur Verfügung stehen, hat allgemeinen Widerspruch gefunden. Indessen ist es unmöglich, ohne das nötige Geld die Amortisation durchzuführen, und man wird es dem Vorstand nicht ohne weiteres zum Verschulden anrechnen, wenn er ablehnt, zu allzu unvorteilhafter Versilberung von Vermögensgegenständen zu schreiten. Es liegt hier ähnlich, wie bei der Frage, ob Verteilung von Dividende zulässig ist, obwohl die dann erforderlichen flüssigen Mittel fehlen. S. § 213 Erl 7 g.

i) Die Einziehung der Aktie ist niemals Vertrag, auch da nicht, wo sie nur mit Zustimmung des Aktionärs erfolgen kann und erfolgt. Sie ist in der Regel, nämlich nur da nicht, wo es sich um Einziehung von Aktien handelt, welche der Gesellschaft selbst gehören — einseitiges Rechtsgeschäft, Willenserklärung, welche dem betroffenen Aktionär gegenüber abgegeben werden muß. Die Einziehung eigener Aktien ist nicht Willenserklärung, wohl aber Rechtshandlung, d. h. der Entschluß der Einziehung muß irgendwie sinnfällig geäußert werden. — Auch in dieser Beziehung darf die Ausdrucksweise des Gesetzes nicht irreführen, wenn es von Einziehung mittels Auslosung, Kündigung, mittels Ankaufs redet. Auslosung usw. sind allerdings Mittel, aber nicht der Einziehung, sondern der Bestimmung der Aktien, welche von ihr getroffen werden sollen. Die Verhältnisse bringen es mit sich, daß die Einziehung in der Regel nicht individuell den einzelnen Aktionären erklärt werden kann, daß vielmehr die Erklärung durch öffentliche Bekanntmachung genügen muß. So dürfte die Bekanntmachung des Ergebnisses einer Auslosung im Zweifel zugleich auch die Erklärung darstellen, durch welche die Verfügung erfolgt. Ebenso die öffentliche Bekanntmachung der Kündigung auf einen bestimmten Tag da, wo nach dem Statut eine solche Kündigung für zulässig erklärt ist. — Voraussetzung ist nicht, daß die Aktienurkunde beigebracht wird, wenigstens ist das nicht allgemein der Fall. Sie wird mit der Amortisation des Aktienrechts auch ohne das nichtig, oder nach der herrschenden Lehre inhaltlich gewandelt, welche annimmt, daß die amortisierte Aktie insofern Wertpapier bleibt, als die Gesellschaft die Entschädigung nur gegen ihre Vorlegung (und Auslieferung) zu zahlen braucht und bei Inhaberaktien unbesehen jedem auszahlen darf, der die Urkunde vorlegt. Die Annahme eines solchen relativen Wertpapiers erscheint bedenklich. Das Zurückbehaltungsrecht der Gesellschaft ergibt sich aus allgemeinschuldrechtlichen Grundsätzen. — Dagegen kann die Amortisation auf Grund Einwilligung nur so erfolgen, daß der Aktionär die Urkunde einliefert. Hier muß man ebenso wie bei der Einziehung eigener Aktien eine ausdrückliche Kundgebung des Verfügungswillens verlangen, Vernichtung der Urkunde, Kennzeichnung durch Abstempelung, öffentliche Bekanntmachung u. ä..

k) Der Zeitpunkt, in welchem das stattfindet, bestimmt sich danach, um was es sich im einzelnen Fall handelt. Die Einziehung ist im allgemeinen Willenserklärung, die Einziehung eigener Aktien Willenshandlung (s. oben unter i). Sie ist, wenn sie im übrigen zu Recht erfolgt, wirksam, gleichviel in wessen Händen sich im Augenblick die Aktienurkunde befindet. Im übrigen ist zu unterscheiden, ob es sich um einseitiges Vorgehen der Gesellschaft handelt oder um Einziehung auf Grund Einwilligung des Aktionärs. Findet Auslosung statt, so tritt die Einziehung in dem Zeitpunkt ein, wo das Ergebnis der Auslosung öffentlich bekannt gemacht wird. Wird auf einen bestimmten Tag in der vorgeschriebenen Form, meist also durch öffentliche Bekanntmachung gekündigt, so tritt mit dem bestimmten Tag die Wirkung ohne weiteres ein. Bei der Amortisation auf Grund der Einwilligung der Aktionäre muß, wenn es sich um Namenaktien handelt, der in das Aktienbuch eingetragene zugestimmt haben. Bei Inhaberaktien muß die Gesellschaft beachten, daß sie der Zustimmung des wirklich Berechtigten nur sicher ist, wenn dieser die Aktienurkunde besitzt und der Gesellschaft ausliefert. JW 1899, 284[33] nimmt an, daß die Amortisation in dem Zeitpunkt eintritt, wo die Aktie an die Gesellschaft abgeliefert wird, doch läßt sich das so allgemein nicht behaupten. Die Amortisation ist auch in diesem Fall nicht Vertrag, sondern einseitiges Rechtsgeschäft der Gesellschaft, das in einen sinnfälligen Vorgang deutlich erklärt werden muß. Ob ein solches in der Entgegennahme der Urkunde liegt, hängt von den Umständen ab. Richtig ist aber, daß weder der Amortisationsbeschluß noch die Vernichtung der Aktienurkunde (als solche) entscheidend seien. — Da der Aktionär die Aktie nicht anders herauszugeben braucht, als gegen Zahlung der Entschädigung und diese nicht immer gleich zu erfolgen braucht, oft nicht erfolgen kann, so kann in solchem Fall die Gesellschaft nur darauf bestehen, daß die Urkunde zur Kennzeichnung vorgelegt wird, die dann mit dem Stempel versehen, daß sie amortisiert sei, als nunmehr vernichtete in Händen des Aktionärs bleibt. Die herrschende Lehre nimmt an, daß auch in dieser Gestalt die Aktie noch Wertpapier ist (s. oben unter i). Häufig wird so verfahren, daß die Gesellschaft die Aktie käuflich erwirbt, um sie dann als eigene zu amortisieren. Dann tritt Amortisation auf keinen Fall schon mit der Lieferung der verkauften Aktie ein. Es muß noch der Akt der Amortisation nachfolgen, wie die Gesellschaft ja auch nicht gehindert ist, sich noch anders zu entschließen und von der Amortisation abzusehen (Fischer in Ehrenbergs HH III 1,182), während andererseits der Ankauf in Geltung bleibt, auch wenn die anschließende Amortisation rechtsunwirksam sein sollte; Makower § 227 II a. Die beiden Fälle — Amortisation der gekauften eigenen und Amortisation der fremden Aktie auf Grund Einwilligung — unterscheiden sich also nicht unwesentlich, während sie in der tatsächlichen Erscheinung ineinander übergehen und oft nicht leicht sein wird, zu erkennen, wie die Parteien es gemeint haben. Im Zweifel wird anzunehmen sein, daß Ankauf der Aktie gemeint war.

Mit dem Aktienrecht gehen alle an ihm bestehenden dinglichen Rechte, Nießbrauch, Pfandrecht unter. Diese Wirkung tritt — vorausgesetzt, daß die Einziehung gültig erfolgt — auch ein, wenn die Aktie sich im Besitz des Nießbrauchers oder Pfandgläubigers befindet. Für Inhaberaktien ist das weniger praktisch, weil die Gesellschaft sich auf Zustimmung des Aktionärs nur berufen kann, wenn dieser sich zugleich durch den Besitz der Urkunde ausweisen kann. Bei Namenaktien muß bei freiwilliger Amortisation außer dem Aktionär der dinglich Berechtigte zustimmen, wenn der Gesellschaft von der Berechtigung des Dritten rechtsgeschäftlich Mitteilung gemacht worden ist. Die einseitige Amortisation durch die Gesellschaft, wenn sie zulässig ist, muß der Pfandgläubiger usw. ebenso über sich ergehen lassen wie der Eigentümer. — Mit der Aktie erlischt das Recht auf weitere Beteiligung am Gewinn, was auch gilt, wenn Dividendenscheine ausgegeben worden sind, mögen diese auch auf den Inhaber lauten. Soweit im Zeitpunkt der Vernichtung die Dividende, welche zur Auszahlung kommen soll, schon beschlossen war, bleibt der Anspruch auf sie unberührt.

l) Es steht nichts im Wege, daß die Gesellschaft die in ihrem Besitz befindliche Aktienurkunde bei Ausgabe neuer Aktien (unter gehöriger Kennzeichnung) wieder benutzt. Das ist rechtlich, namentlich auch stempelrechtlich eine Neuausgabe von Aktienurkunden; RG 70, 237; HoldhMS 3, 80; Bolze 18, 631. Vgl. auch RG 18, 51.

m) Die Ansicht Staub-Pinners § 227[15], daß in entsprechender Anwendung des § 291 die Amortisation von Aktien auch dann zum Handelsregister anzumelden sei, wenn es sich nicht um Herabsetzung des Grundkapitals handle, erscheint nicht ausreichend begründet; Lehmann-Ring § 127[7].

4. Abs II sagt, daß die Einziehung, wenn sie nicht aus dem nach der jährlichen Bilanz verfügbaren Reingewinne erfolgt, nach den für die Herabsetzung des Grundkapitals maßgebenden Vorschriften stattfinden muß. Über die Auslegung dieser Vorschrift wird ein lebhafter, dabei ziemlich unklarer, jedenfalls in einzelnen Ausführungen schwer verständlicher Streit geführt. Vorweg ist zu bemerken, daß offensichtlich die Vorschrift nur entgeltliche Amortisation im Auge hat. Der Gegensatz ist lediglich Entgelt aus dem Bilanzgewinn und Entgelt aus dem Stamm des Vermögens. Staub-Pinner § 227[14], der annimmt, daß in beiden Fällen in Folge des Verschwindens der amortisierten Aktien die Ziffer des Grundkapitals entsprechend herabgesetzt werden muß, sieht sich genötigt, drei Fälle zu unterscheiden, Amortisation aus dem Gewinn, Amortisation aus dem Grundkapital und drittens Herabsetzung des Grundkapitals unter entsprechender Amortisation. Im letzteren Fall sollen die §§ 288—291 unmittelbar Anwendung finden, im zweiten Fall nur mittelbar oder entsprechend. Und es soll dann also auch den Fall geben, daß die §§ 288 ff. anzuwenden sind, ohne daß das Grundkapital „herabgesetzt" wird. Ebenso Lehmann-Ring § 227[6]. Man kann nicht sagen, daß es gelungen wäre, zu zeigen, worin eigentlich der sachliche Unterschied zwischen dem zweiten und dritten Fall besteht. Zutreffender unterscheidet Goldschmit, Aktiengesellschaft § 227[10] nur die zwei Fälle und wendet die Vorschriften zu §§ 288 ff. — er sagt nicht, ob unmittelbar oder entsprechend — auf den zweiten Fall ohne jede Unterscheidung an. Nur steht damit wieder nicht im Einklang, daß auch nach ihm bei beiden Arten von Amortisation die Grundkapitalziffer gemindert werden muß. Dieses Tasten und Streiten ist gegenstandslos, wenn das oben in Erl 3 c Gesagte richtig ist. Wenn die Amortisation aus dem Stamm des Vermögens bezahlt wird und nicht aus dem Ertrag, dann handelt es sich um diesen der mehreren möglichen Wege, auf welchem eine Herabsetzung des Grundkapitals stattfinden kann, um einen der möglichen Zwecke der Herabsetzung. Nur über diese kann man zur Amortisation gelangen und es muß also nach §§ 288 ff. verfahren werden. Oder umgekehrt ausgedrückt — und so drückt das Gesetz sich aus — wenn nicht nach diesen Vorschriften §§ 288 ff. verfahren werden soll, also wenn nicht das Grundkapital herabgesetzt werden soll, dann darf nur aus dem Ertrag amortisiert werden, vorausgesetzt, natürlich — um das zu wiederholen — daß überhaupt gegen Entgelt amortisiert wird. Im Ergebnis wie hier Makower § 227 II b 2 letzter Absatz; ferner Weiß ZBH II 396.

Es könnte in einem ganz anderen Sinn ein Drittes in Frage kommen und vor diesem Irrtum muß noch gewarnt werden. Man könnte versucht sein, an der Amortisation aus dem Stamm des Vermögens noch zu unterscheiden, ob das Entgelt auf Kosten des Grundkapitals gezahlt wird oder aus (freien) Reserven. Aber das wäre falsch. Es handelt sich hier immer um den Schutz der Gläubiger der Gesellschaft gegen Auszahlung von Gesellschaftsvermögen an Aktionäre. Bei der Gesellschaft mbH ist es so, daß solche Zahlungen an die Mitglieder der Gesellschaft nur insoweit untersagt sind, als sie auf Kosten des Stammkapitals erfolgen würden. Darin unterscheidet sich die A-Gesellschaft grundsätzlich von jener. Hier darf außer dem Jahresgewinn nichts an die Aktionäre gezahlt werden, weder darf es geschehen auf Kosten des Grundkapitals noch auf Kosten der Reserven. Nur gilt das vom Grundkapital unbedingter wie von den Reserven. Auszahlung aus diesen ist nicht schlechthin unausführbar. Es kann geschehen aber nur auf dem Wege, daß die Reserven herangezogen werden zur Erhöhung des Bilanzgewinnes und also nur insoweit, die Generalversammlung in der Lage ist, das letztere rechtswirksam zu beschließen. Vergl. Erl 7c zu § 213. Soll also aus Reserven amortisiert, d. h. Gesellschaftern die Einlage ausgezahlt werden, so ist das nur auf dem Wege über den nach der Jahresbilanz verfügbaren Gewinn zu machen. Es bleibt also bei der Zweiteilung.

§ 228.

Ist eine Aktie oder ein Interimsschein abhanden gekommen oder vernichtet, so kann die Urkunde, wenn nicht das Gegenteil darin bestimmt ist, im Wege des Aufgebotsverfahrens[1] für kraftlos erklärt werden[2], [3]. Die Vorschriften des § 799 Abs. 2 und des § 800 des Bürgerlichen Gesetzbuchs finden entsprechende Anwendung.

Sind Gewinnanteilscheine auf den Inhaber ausgegeben, so erlischt mit der Kraftloserklärung der Aktie oder des Interimsscheins auch der Anspruch aus den noch nicht fälligen Gewinnanteilscheinen[4].

1. a) Ist eine Aktie abhanden gekommen, d. h. verloren gegangen, unauffindbar gestohlen oder ist sie vernichtet worden, z. B. verbrannt, so kann sie im Wege des Aufgebotsverfahrens für kraftlos erklärt werden. Dasselbe gilt vom Interimschein. Das ist in § 228 ausdrücklich bestimmt. Nach § 946 ZPO findet ein Aufgebotsverfahren nur in den durch das Gesetz bestimmten Fällen statt. Die Vorschrift des § 228 deckt sich nicht völlig mit dem § 1004 ZPO. Nach § 228 kann auch eine nicht in blanco indossierte Namenaktie, also ein Rektapapier aufgeboten werden, was auch von der vinkulierten Namenaktie gilt. Anderseits kann die Gesellschaft das Aufgebotsverfahren bei Aktien und Interimscheinen ausschließen, wofern das in der Urkunde selbst verlautbart wird, während im bürgerlichen Recht das gleiche nur von der Schuldverschreibung auf den Inhaber bestimmt ist; BGB § 799 I. — Gewinnanteilscheine können nicht für kraftlos erklärt werden; BGB § 799 I Satz 2. Das ist deshalb, weil bei den verhältnismäßig geringen Beträgen, um die es sich dabei handelt, das umständliche, mit Kosten verbundene Aufgebotsverfahren sich nicht lohnen würde. Für sie gilt die Vorschrift in § 804 BGB; (s. unten Erl 4 a).

b) Die Kraftloserklärung erfolgt auf Antrag durch das gerichtliche Ausschlußurteil. Das Verfahren ist in §§ 947—959, 1004—1009, 1014—1017 ZPO geregelt. In der Frage, wer berechtigt ist, den Antrag zu stellen, sind die Meinungen geteilt. Handelt es sich um eine Namenaktie, so ist der in der Urkunde bezeichnete Eigentümer zum Antrage berechtigt; a. A. Staub-Pinner § 228[1]; Goldschmit A-Gesellschaft § 228[2], wonach der im Aktienbuch verzeichnete Aktionär den Antrag stellen müsse. Aber das Aktienbuch hat nur für das Verhältnis zwischen Gesellschaft und Aktionär Bedeutung, während es sich hier um ein Verfahren handelt, welches die Gesellschaft, wenn überhaupt, so doch nicht ausschließlich und jedenfalls erst in zweiter Linie interessiert. Zweifelhafter ist die Frage bei der Inhaberaktie, und der in blanco indossierten Namenaktie. Der § 228 spricht sich darüber gar nicht aus. Nach § 1004 ZPO ist es der bisherige Inhaber der Urkunde, welcher zu dem Antrage berechtigt ist. Das ist nicht deutlich. Bisheriger Inhaber der Aktie kann auch der Verwahrer, der Pfandgläubiger, ein Besitzdiener gewesen sein und doch wird man darum den Eigentümer hier nicht ausschließen. Man wird vielmehr anzunehmen haben, daß antragsberechtigt ist sowohl der bisherige unmittelbare Besitzer als auch der bisherige mittelbare Eigenbesitzer. Wer dem anderen zuvorkommt, schließt ihn vom Verfahren aus. Der Ausgeschlossene, der ja in dem hier angenommenen Fall die Urkunde ebenfalls nicht besitzt und nicht herbeischaffen kann, kann dem Aufgebot nicht widersprechen und muß sein angeblich besseres Recht gegen den Antragsteller, zu dessen Gunsten das Ausschlußurteil ergangen ist oder in Aussicht steht, im Wege der Klage geltend machen. — Der Antragsteller muß seine Berechtigung zum Antrag glaubhaft machen, bei Inhaberaktien also glaubhaft machen entweder, daß er der bisherige unmittelbare Besitzer oder wenn mittelbarer, dann Eigenbesitzer gewesen ist.

c) Zuständig ist das Amtsgericht des Ortes, wo die A-Gesellschaft ihren Sitz hat; ZPO § 1005; GVG § 23 II a E. Der Antrag kann schriftlich eingereicht oder zu Protokoll des Gerichtsschreibers erklärt werden. Zur Begründung des Antrages ist entweder eine Abschrift der Urkunde beizubringen oder der wesentliche Inhalt und alles anzugeben, was zur vollständigen Erkennbarkeit erforderlich ist, also namentlich das Kennzeichen der Individualisierung der Aktie nach Serie und Nummer. Ohne letzteres ist ein Aufgebot der Aktie ausgeschlossen. Es muß ferner die Berechtigung des Antragstellers zum Antrage, d. h. das Recht am Papier und der Verlust der Aktie glaubhaft gemacht werden und der Antragsteller sich erbieten, die Wahrheit seiner Angaben an Eides statt zu versichern ZPO § 1007.

d) Das Gericht erläßt das Aufgebot und macht es öffentlich bekannt durch Anheftung an die Gerichtstafel, durch Anheftung in der Börse, wenn am Sitz des Gerichts eine solche existiert, durch dreimalige Einrückung im Reichsanzeiger (wegen Bedeutung dieser Bekanntmachung s. HGB § 367) und im amtlichen Publikationsblatt des Gerichts. Diese Bekanntmachungen müssen unter allen Umständen erfolgen. Sind auf der Inhaberaktie als Publikationsorgan der Gesellschaft andere oder noch andere Blätter bezeichnet, so muß die dreimalige Bekanntmachung in ihnen hinzukommen. Auch das Gericht kann anordnen, daß die Bekanntmachung noch in anderen Blättern oder noch öfter erfolgt, ZPO § 1009 III.

e) Das Aufgebot enthält die Bezeichnung des Antragstellers, die Bestimmung des Aufgebottermines, die Aufforderung an den Inhaber der Urkunde, spätestens im Aufgebottermin seine Rechte beim Gericht anzumelden und die Urkunde vorzulegen, widrigenfalls diese für kraftlos erklärt werden würde §§ 947 II, 1008 ZPO. — Die Aufgebotsfrist, d. h. der Teil, welcher zwischen dem Tag der ersten Bekanntmachung des Aufgebots im Reichsanzeiger und dem Aufgebotstermin liegen muß, beträgt mindestens 6 Monate; ZPO §§ 1015, 950. Die Frist verlängert sich, wenn es sich um Aktien handelt, für welche von Zeit zu Zeit Gewinnanteilscheine ausgegeben werden. Ist seit dem Verlust der Aktie eine neue Reihe von Dividendenscheinen ausgegeben worden, dann muß der Termin so angesetzt werden, daß an dem Terminstage der erste Schein fällig geworden ist und seitdem 6 Monate verstrichen sind. Anderen Falles muß hinausgeschoben werden, bis seit Verlust vier Dividendenscheine fällig geworden und dann noch weitere 6 Monate verstrichen sind; ZPO §§ 1010, 1011. Unter Fälligkeit der Dividendenscheine muß der Zeitpunkt verstanden werden, in welchem die von der Generalversammlung beschlossene Dividende fällig wird. Jahre, in welchen Dividende nicht verteilt wird, zählen nicht mit. — Anderseits darf zwischen der Bekanntmachung des Aufgebots und dem Aufgebotstermin nicht mehr liegen als ein Jahr. Es muß also gegebenen Falles mit dem Verfahren einstweilen gewartet werden. Wohl aber ist in solchem Falle auf Antrag sofort die Zahlungssperre, d. h. das Verbot zu erlassen, an den Inhaber des Papiers eine Leistung zu bewirken, insbesondere neue Dividendenscheine oder einen Talon auszugeben. Auch in anderen Fällen ist auf Antrag die Zahlungssperre zu erlassen, wenn es sich um Inhaberaktien handelt; §§ 1019, 1020 ZPO. — Wenn der Antragsteller in der Lage ist, die Dividendenscheine vorzulegen, verbleibt es bei der ordentlichen Frist von mindestens 6 Monaten.

f) Der nach Abs I entsprechend anzuwendende § 799 II handelt von Inhaberschuldverschreibungen und lautet:

> **Der Aussteller (hier also die A-Gesellschaft) ist verpflichtet, dem bisherigen Inhaber auf Verlangen die zur Erwirkung des Aufgebots oder der Zahlungssperre erforderliche Auskunft zu erteilen und die erforderlichen Zeugnisse (vgl. ZPO §§ 1010 II,, 1011 II, 1012 Satz 2) auszustellen. Die Kosten der Zeugnisse hat der bisherige Inhaber zu tragen und vorzuschießen.**

2. a) Das Ausschlußurteil geht dahin, daß die Urkunde für kraftlos erklärt wird. Es ist sofort rechtskräftig und seinem wesentlichen Inhalt nach im Reichsanzeiger, unter Umständen auch noch in anderen Blättern (ZPO § 1017 II) bekannt zu machen. Die Aktie wird nichtig, auch wenn sie sich in Händen eines gutgläubigen Erwerbers befindet. Soweit die Ausübung der Rechte eines Aktionärs an den Besitz der Aktie geknüpft ist, kann der Antragsteller sich nunmehr auf das Urteil berufen; ZPO § 1018 I. Er hat aber vor allem auch Anspruch auf eine neue Aktienurkunde. Der Ansicht Staub-Pinners § 228[2], daß der Aktionär vorher sein Aktienrecht nicht übertragen könne, läßt sich nicht zustimmen. Vom Erlaß des Ausschlußurteils an, handelt es sich um ein Aktienrecht, für welches eine Urkunde (nicht mehr und) noch nicht ausgestellt ist. Ein solches Recht läßt sich sehr wohl übertragen. Wie Staub-Pinner, Brand § 228[4]. Vorsichtiger und richtig sagt Goldman § 228[5], daß bei der Übertragung des Aktienrechts das Ausschlußurteil die Aktie nicht ersetzt.

b) Der hier entsprechend anzuwendende § 800 BGB handelt von Schuldverschreibungen auf den Inhaber und lautet:

> **Ist eine Schuldverschreibung auf den Inhaber für kraftlos erklärt, so kann derjenige, welcher das Ausschlußurteil erwirkt hat, von dem Aussteller, unbeschadet der Befugnis, den Anspruch aus der Urkunde geltend zu machen, die Erteilung einer neuen Schuldver-**

schreibung auf den Inhaber an Stelle der für kraftlos erklärten verlangen. Die Kosten hat er zu tragen und vorzuschießen.

Auf Aktien entsprechend angewendet gilt es sowohl von Inhaber- als auch von Namenaktien. — Es steht nichts im Wege, erscheint eher sogar geboten, daß die neue Aktie in der individualisierenden Bezeichnung (Serie, Nummer) mit der alten übereinstimmt; es muß aber erkenntlich gemacht werden, daß es sich um eine Neu-Ausfertigung handelt.

3. a) Wird die Aktie dem Gericht vor Erlaß des Urteils vorgelegt, so erledigt sich das weitere Verfahren. Dagegen steht der Umstand, daß ein Dritter mit dem Anspruch, der wahre Aktionär zu sein, auftritt, ohne die Urkunde vorlegen zu können, dem Erlaß des Urteils nicht entgegen. Das Aufgebot richtet sich lediglich gegen den Inhaber der Aktie; ZPO § 1008: „In dem Aufgebot ist der Inhaber der Urkunde aufzufordern, spätestens im Aufgebotstermin seine Rechte bei dem Gericht anzumelden und die Urkunde vorzulegen". Wer ein besseres Recht an der verloren gegangenen und dem entsprechend den Anspruch auf Herausgabe der etwa nach § 800 BGB neu ausgestellten Aktie zu haben meint, muß das im Wege der Klage gegen den Antragsteller geltend machen. — Was für kraftlos erklärt wird, ist lediglich die Aktienurkunde, nicht das Aktienrecht. Da letzteres bestehen bleibt, ändert sich bei Namenaktien durch Verlust der Urkunde und ihre Kraftloserklärung daran nichts, daß nach § 223 III nur wer in das Aktienbuch eingetragen ist, der Gesellschaft gegenüber legitimiert ist, die Rechte aus dem Aktionärverhältnis geltend zu machen. Daher kann zwar derjenige, welcher, ohne im Aktienbuch verzeichnet zu sein, das Verfahren beantragt hat, auf Grund des Ausschlußurteils und gegebenenfalls auf Grund der neuen Aktie seine Eintragung in das Aktienbuch erreichen, muß aber gemäß § 226 I den Nachweis erbringen, daß die verloren gegangene Aktie, oder nach ihrem Verlust das Aktienrecht auf ihn übergegangen ist. Wie das Ausschlußurteil das Aktienrecht gar nicht zum Gegenstand hat, so entscheidet es auch nicht darüber, wem es in Wahrheit zusteht. Der § 1018 I ZPO will dem Antragsteller nur die Rechtstellung verleihen, als wäre er noch „Inhaber" der Aktie. Vgl. RJA 8, 158 (Rostock). Aber mittelbar kann durch das Verfahren das bessere Recht des wahren Aktionärs auf dem Wege zugrunde gehen, daß eine neue Aktie ausgestellt und an den Antragsteller gegeben und von diesem auf einen gutgläubigen Erwerber übertragen wird.

b) Das Ausschlußurteil kann aus den in § 957 ZPO genannten Gründen im Wege der Klage angefochten werden. Ein Grund ist nicht der Umstand, daß der Antragsteller zum Antrag in Wahrheit nicht legitimiert gewesen ist. Wird das Urteil aufgehoben, so bleiben die auf Grund desselben erfolgten Leistungen wirksam, es sei denn, daß der Verpflichtete zur Zeit der Leistung die Aufhebung des Urteils gekannt hat; ZPO § 1018 II.

4. a) Die Bestimmung in § 799 I BGB, wonach Zins-, Renten- und Gewinnanteilscheine nicht aufgeboten werden können, lautet ganz allgemein und trifft daher ohne weiteres auf Dividendenscheine für Aktien zu. Wohl aber werden diese Scheine, wenn sie auf den Inhaber lauten, durch das Ausschlußurteil ungültig, soweit sie im Zeitpunkt, wo das Urteil ergeht, noch nicht fällig geworden sind, also soweit in diesem Zeitpunkt die Generalversammlung noch nicht Verteilung von Gewinn beschlossen hat. Dividendenscheine, welche auf den Namen lauten, bleiben also in vollem Umfang gültig; a. A. Makower § 228 II; Lehmann-Ring § 228[3]. Es ist wohl anzunehmen, daß die Gesellschaft, soweit hiernach Dividendenscheine ungültig werden, berechtigt und verpflichtet ist, mit der Aktie zugleich die Dividendenscheine von neuem auszugeben; Staub-Pinner § 228[4]. — Dagegen findet auf Dividendenscheine von A-Gesellschaften § 804 BGB Anwendung:

Ist ein Zins-, Renten- oder Gewinnanteilschein abhanden gekommen oder vernichtet und hat der bisherige Inhaber den Verlust dem Aussteller vor dem Ablaufe der Vorlegungsfrist (4 Jahre nach Ablauf des Jahres, in welchem die Dividende festgestellt wird) angezeigt, so kann der bisherige Inhaber nach dem Ablaufe der Frist die Leistung von dem Aussteller verlangen. Der Anspruch ist ausgeschlossen, wenn der abhanden gekommene Schein dem Aussteller zur Einlösung vorgelegt oder der Anspruch aus dem Schein gerichtlich geltend gemacht worden ist, es sei denn, daß die Vorlegung oder die gerichtliche Geltendmachung nach dem Ablaufe der Frist erfolgt ist. Der Anspruch verjährt in 4 Jahren.

In dem Zins-, Renten- oder Gewinnanteilscheine kann der im Abs 1 bestimmte Anspruch ausgeschlossen werden.

Durch Bekanntmachung vom 18. 3. 1918 und später wiederholt ist die Vorlegungsfrist verlängert worden. Zuletzt durch Vdg vom 26. 12. 1919 bis zum 31. 12. 1920. Vgl. auch HGB § 367 III.

b) Talons können nicht aufgeboten werden; a. A. Ritter § 228[6], dessen Hinweis auf § 808 BGB den Fall nicht trifft, s. dagegen § 230.

c) Willkürlich erscheint die Annahme Makowers § 228 II, daß Abs II entsprechend anzuwenden sei auf die Kaduzierung, Amortisation der Aktie nach § 227, Zusammenlegung von Aktien nach 290. Selbst wenn in allen genannten Fällen und allgemein das Ergebnis das gleiche wäre, was nicht angenommen werden kann, würde das doch nicht auf § 228 II beruhen.

d) Die Vorschriften in § 228 wie §§ 799 I, 800 BGB und der Abschnitt der ZPO über das Aufgebotsverfahren sind teils öffentlichen, teils zwingenden Rechts. Es muß daher bestritten werden, daß im Statut der Gesellschaft erleichternde Bestimmungen getroffen werden könnten. A. A. Staub-Pinner § 228[5]; Goldschmit § 228[7]. Auch Riesenfeld, Einfluß des neuen Aktienrechts S. 50 hält eine solche statutarische Erleichterung für zulässig, nur müsse die Bestimmung auch aus der Aktie ersichtlich sein.

e) S. auch EG HGB Art 25, EG BGB Art 175; ferner Vdg vom 15. Nov. 1917 (RGBl S. 1051) über Kraftloserklärung von Aktien bei der Liquidation feindlichen Vermögens.

§ 229.

Ist eine Aktie oder ein Interimsschein infolge einer Beschädigung oder einer Verunstaltung zum Umlaufe nicht mehr geeignet, so kann der Berechtigte, sofern der wesentliche Inhalt und die Unterscheidungsmerkmale der Urkunde noch mit Sicherheit erkennbar sind, von der Gesellschaft die Erteilung einer neuen Urkunde gegen Aushändigung der beschädigten oder verunstalteten verlangen. Die Kosten hat er zu tragen und vorzuschießen[1].

1. Der § 229 gilt von Namenaktien so gut wie von Inhaberaktien. Er bestimmt für Aktien dasselbe, was § 798 BGB für Schuldverschreibungen auf den Inhaber bestimmt. Während § 228 von vernichteten Aktien handelt, ist hier von beschädigten die Rede. Ob eine Aktie noch zum Umlauf geeignet ist, ist Tatfrage. Doch hat die Gesellschaft kein Interesse, sich einem einigermaßen begründeten Verlangen des Aktionärs zu widersetzen, da diesen die Kosten treffen, die er auf Verlangen im voraus bezahlen muß. Umtausch ist ausgeschlossen und an dessen Stelle bleibt nur Amortisation der Urkunde nach § 228, wenn die Identität der beschädigten Aktie, also in der Regel die Kennzeichnung nach Serie und Nummer sich nicht mehr erkennen läßt. Sind diese Kennzeichen noch feststellbar, dann wird es nur noch darauf ankommen, von welcher Gesellschaft die Aktie herrührt. Die Feststellung des wesentlichen Inhalts im übrigen kann dann keine Schwierigkeit mehr machen. Wichtiger ist, daß auch gegen die Echtheit des beigebrachten Papiers begründete Zweifel nicht bestehen dürfen. — Nach § 798 BGB ist der „Inhaber" der Schuldverschreibung berechtigt, den Umtausch zu verlangen. Die herrschende Lehre nimmt bezüglich der Inhaberaktie dasselbe an, erklärt aber bezüglich der Namenaktie als den Berechtigten den in das Aktienbuch eingetragenen Aktionär; Makower § 229; Ritter § 229; Brand § 229[2]; Goldmann § 229 I. Das erscheint unbegründet. Der eingetragene Aktionär, der die Aktie nicht besitzt, ist gar nicht in der Lage, den Umtausch zu verlangen, und wenn der nicht eingetragene Besitzer die Aktie zum Umtausch vorlegt, ist die Gesellschaft nicht in der Lage, ohne dessen Zustimmung die neue Aktie dem Eingetragenen auszuliefern. Denn selbstverständlich hat die Gesellschaft nicht nur das Recht, sondern auch die Pflicht, die neue Urkunde nur gegen Aushändigung der alten aus den Händen zu geben. Der „Berechtigte" ist der Natur der Sache nach derjenige, welcher die beschädigte Urkunde in Händen (unmittelbarem Besitz) hat. Entsteht Streit zwischen ihm und einem Dritten über das Recht am Papier, dann muß der Umtausch einstweilen unterbleiben und den beiden überlassen bleiben, die Sache unter sich zum Austrag zu bringen. — Was Art 174 EG zum BGB von den Schuldverschreibungen bestimmt, dürfte auch von Aktien gelten, welche vor 1900 ausgegeben worden sind.

§ 230.

Neue Gewinnanteilscheine dürfen an den Inhaber des Erneuerungsscheins nicht ausgegeben werden, wenn der Besitzer der Aktie oder des Interimsscheins der Ausgabe widersprochen hat[1]. Die Scheine sind in diesem Falle dem Besitzer der Aktie oder des Interimsscheins auszuhändigen, wenn er die Haupturkunde vorlegt[2].

1. Der § 230 ist ein von der Reichstagskommission herrührendes Einschiebsel der Gesetzgebung von 1900, das hier an etwas verlorener Stelle steht. Er handelt weder von Amortisation noch von Vernichtung verlorener, noch von dem Umtausch beschädigter Aktien, sondern von dem Erneuerungsschein, dem Talon und überträgt das im § 805 bezüglich der Schuldverschreibung Bestimmte auf die Aktie. Über die rechtliche Natur des Talons herrscht in der Rechtslehre Streit, der auch heute noch nicht völlig zur Ruhe gekommen ist. Vgl. Oertmann BGB § 805 Erl 1. In RG 3, 145 lautet es: „der Talon erscheint, obwohl er auf den Inhaber lautet, weder als Träger einer auf Aushändigung neuer Zinsscheine gerichteten, von der Hauptschuld abgelösten Obligation noch als ein zum Umlauf bestimmtes Wertpapier, sondern lediglich als zu dem Zwecke ausgestellt, dem Inhaber der Hauptobligation die ihm gefährdende Vorlegung der Schuldverschreibung selber

zu ersparen; er ist nur ein Legitimationspapier, dessen Bedeutung lediglich auf der vorläufigen Annahme beruht, daß sein Inhaber auch zugleich Inhaber der Schuldverschreibung selbst oder doch von diesem zur Erhebung der Zinsbogen ermächtigt sei." Das ist in Beziehung auf preußische Staatspapiere ausgesprochen und wird aus dem betreffenden Gesetz gefolgert, wo bestimmt ist, daß die neuen Zinsbogen an den Inhaber des Talons, im Falle des Widerspruchs aber an den Inhaber der betreffenden Schuldverschreibung ausgereicht werden. Aber wohl schon damals hatte die Verkehrsanschauung sich dahin geklärt, daß der Talon an sich diese Natur hat, daß er Legitimationspapier mit der Funktion ist, dem Bezieher neuer Zins- oder Dividendenbogen die Vorlegung der Urkunde selbst, Obligation oder Aktie, zu ersparen, so daß es einer besonderen gesetzlichen oder rechtsgeschäftlichen Bestimmung nicht bedarf, vielmehr schon aus dem Wesen der Sache folgt, daß bei einem Widerspruch des Aktionärs die Dividendenscheine an den Inhaber des Talons nicht ausgeliefert werden dürfen, und daß bei einem Streit zwischen dem Besitzer des Talons und dem Besitzer der Aktie der letztere das Vorrecht hat. Schon in RG 4, 141 heißt es in Beziehung auf den zu einer Aktie ausgegebenen Talon schlechthin und ohne Anlehnung an gesetzliche und vertragliche Bestimmungen: der Talon eines Wertpapiers ist bestimmt, die Legitimation des Besitzers zum Bezuge neuer Dividenden- oder Zinsscheine zu erleichtern und die Vorlage des Papiers selbst zu diesem Zwecke unnötig zu machen; er soll keineswegs für sich selbst ein Inhaberpapier sein, kommt vielmehr nur als Zubehör des betreffenden Inhaberpapiers in Betracht und er wird daher von der Außerkurssetzung desselben notwendig mit betroffen. Und nicht anders fassen dann auch RG 31, 147; 74, 34; 77, 336 die Sache auf. Es ist nicht zu bestreiten, daß die Parteien, wenn sie es darauf anlegen, den Talon auch als wahres Inhaberpapier gestalten können. Da aber schwer einzusehen ist, welches Interesse sie dazu drängen könnte, kann man es als gewollt nur gelten lassen, wenn es zwingend aus dem Inhalt der Urkunde hervorgeht. Vgl. Enneccerus, Lehrbuch II, § 434 III. Für Aktien erscheint letzteres aber ausgeschlossen. Da in § 230 irgend ein Vorbehalt nicht gemacht ist, muß was er vorschreibt, als zwingend gewollt verstanden werden. Das Gesetz hat im Auge den Konflikt des Besitzers des Talons nicht mit dem Aktionär, sondern mit dem Besitzer der Aktie. Besitzer der Aktie ist auch hier (s. Erl 1 b zu § 228) sowohl derjenige, welcher sie im unmittelbaren Besitz hat als auch der mittelbare Eigenbesitzer. Die Gesellschaft muß den Widerspruch des einen so gut beachten wie den des anderen. Dagegen kann Aushändigung der neuen Dividendenscheine nur derjenige von beiden verlangen, welcher in der Lage ist, die Urkunde vorzulegen, also bei einem Streit zwischen ihnen nur der unmittelbare Besitzer. — Etwas anderes ist es, daß wenn der Verpfänder der Aktie sich den Gewinnbezug vorbehält, er im Verhältnis zum Pfandgläubiger das Recht auf den Besitz wie des Dividendenscheines, so auch des Talons hat; RG 23, 268. — Daraus, daß das Gesetz unterscheidet und in Satz 2 nur die Aushändigung der neuen Dividendenscheine von der Vorlegung der Aktie abhängig macht, geht hervor, daß der Widerspruch, von welchem Satz 1 handelt, auch dann zu beachten ist, wenn die Aktie nicht vorgelegt wird. Gleichwohl wird der Widersprechende sich irgendwie als Berechtigter ausweisen müssen.

2. Die herrschende Lehre nimmt an, daß alles das auch von der Namenaktie gilt. Indessen muß doch gefragt werden, welche Bedeutung in diesem Fall der Besitz der Aktie für den Anspruch auf die neuen Dividendenscheine hat. Nach § 223 III offenbar gar keine. Denn die Scheine gebühren dem Aktionär und die Gesellschaft ist weder berechtigt noch verpflichtet, sie ohne Zustimmung des eingetragenen Aktionärs einem anderen auszuliefern. Daran ändert auch der Umstand nichts, daß der andere unter Vorlegung der Aktie den Nachweis führen kann, daß er sie erworben hat. Denn trotzdem gilt er, so lange er nicht in das Aktienbuch eingetragen ist, im Verhältnis zur Gesellschaft als Nicht-Aktionär. Nur wenn im gegebenen einzelnen Fall der Eingetragene ausdrücklich zustimmt, kann die Gesellschaft dem Verlangen nachkommen. Denn dann liefert sie an eine Empfangsstelle des Gläubigers, also an diesen selbst.

Dritter Titel.

Verfassung und Geschäftsführung.

§ 231.

Die Aktiengesellschaft wird durch den Vorstand[1] gerichtlich[3] und außergerichtlich vertreten.

Der Vorstand kann aus einer oder mehreren[4] Personen bestehen[2].

Die Bestellung[5] zum Mitgliede des Vorstandes ist jederzeit widerruflich[6], unbeschadet des Anspruchs auf die vertragsmäßige Vergütung[7, 8, 9].

1. a) Die A-Gesellschaft ist juristische Person (Erl 1 zu § 210). Daher kann sie und muß sie einen gesetzlichen Vertreter haben. Ihn nennt das Gesetzbuch den Vorstand der A-Gesellschaft, welcher aus einer oder aus mehreren Personen bestehen kann. Nur ausnahmsweise und aus besonderer Veranlassung, zu einem bestimmten Zweck kann die Vertretung dem Aufsichtsrat, der Generalversammlung oder auch einem Dritten obliegen. Die Gesellschaft kann ohne Vorstand nicht zur Entstehung gelangen und wenn sie entstanden ist, kann wohl zeitweise der Zustand eintreten, daß ein Vorstand oder eine zur Vertretung erforderliche Mitgliederanzahl des Vorstandes nicht vorhanden ist. Das berührt nicht die rechtliche Existenz der Gesellschaft, wohl aber die Möglichkeit rechtsgeschäftlicher Betätigung im Verkehr und es muß für die Gesellschaft selbst sowohl als auch für Dritte, welche ein Interesse daran haben, die Möglichkeit gegeben sein, sofortige Beseitigung dieses Zustandes zu erreichen. Daran wird auch dadurch nichts geändert, daß Handlungsbevollmächtigte, namentlich Prokuristen vorhanden sind, deren Vollmacht nicht dadurch erlischt, daß der Vorstand, der sie bestellt hat, fortfällt, und welche daher in den Grenzen ihrer Vollmacht den Geschäftsbetrieb und den rechtsgeschäftlichen Verkehr mit der Außenwelt einstweilen aufrecht erhalten können. Vgl. BayOLG 14, 312. Dagegen kann die Gesellschaft weder als Kläger noch als Beklagter im Prozeß auftreten, so lange sie ohne gesetzlichen Vertreter ist. Das gilt auch, wenn Prokuristen mit unbeschränkter Kollektivvollmacht da sind. Vgl. JW 07, 516[19].

b) Der Vorstand ist, obwohl rechtsgeschäftlich — in der Regel durch Dienstvertrag — bestellt, nicht bevollmächtigter Stellvertreter. Auf dem Vertrage beruht die Bestimmung der Persönlichkeiten und ihr Rechtsverhältnis zur Gesellschaft. Seine Stellung als Vertreter, im besondern seine Vertretungsmacht beruht nach Umfang und Inhalt auf dem Gesetz. Er ist ein Willensorgan der Gesellschaft. Wenn das Gesetz sich darauf beschränkt zu sagen, daß der Vorstand die Gesellschaft gerichtlich und außergerichtlich zu vertreten hat, geht es über die eine Seite der Sache die mindestens ebenso wichtig ist, mit Stillschweigen hinweg. Der gesetzliche Vertreter ist nicht der Träger der Vermögensrechte und -pflichten des Vertretenen. Aber er ist die natürliche Person, in welcher diese Rechte und Pflichten praktisch ins Leben treten, im Verkehr leben. In seiner Hand liegt das Vermögen und durch seine Hand wird es, je nach dem, erhalten, vermehrt, vermindert, m. a. W. verwaltet. Dem Bevollmächtigten, d. h. dem rechtsgeschäftlich bestellten Stellvertreter kann auch Geschäftsführung übertragen sein, aber muß es nicht. Für den gesetzlichen Vertreter dagegen ist gerade die Geschäftsführung, vor allem also auch die gesamte rein tatsächliche Handtierung mit den ihm anvertrauten Vermögensstücken das Kernstück seiner Aufgabe, zu welchem die Vertretung der Gesellschaft im rechtsgeschäftlichen Verkehr mit Dritten nur erst das unentbehrliche Korollar darstellt. Das liegt im Begriff des gesetzlichen Vertreters. Nicht nur, was er mit Dritten spricht oder schreibt und diese mit ihm, geht auf Rechnung des Vertretenen, sondern vor allem auch, was er tut, was er mit dem Vermögen, mit seinen einzelnen Bestandteilen macht, tut und macht vor dem Gesetz der Vertretene. Sonst wäre ja auch der § 31 BGB und ein gutes Stück des § 278 BGB unbegreiflich. Vgl. hierzu RG 15, 130, dessen Ausführungen auch hier und auch dann zutreffen, wenn man Bedenken trägt, den offenen Handelsgesellschafter geradezu als den gesetzlichen Vertreter der Gesellschaft zu bezeichnen. Unzutreffend ist nur, wenn dort gesagt wird, daß unerlaubtes Handeln eines offenen Handelsgesellschafters die Gesellschaft dann nicht verpflichte, wenn der Handelnde von der Vertretung ausgeschlossen ist (§ 125). Nicht hierauf kommt es an, sondern darauf, ob er nach § 114 von der Geschäftsführung ausgeschlossen war (und das auch tatsächlich allseitig durchgeführt worden ist). Man darf sich nicht durch das Schillernde im Ausdruck Vertretung irre führen lassen. Der Vorstand der A-Gesellschaft „vertritt" diese sowohl, wenn er Rohstoff heute ankauft, als auch, wenn er sich entschließt, es noch aufzuschieben, sowohl, wenn er Ware, die eingetroffen ist, durch seine Leute vom Bahnhof abholen läßt, als auch wenn er einen Frachtführer damit beauftragt. In jedem Akt der Vertretung, wie der Ausdruck im Abs I zu verstehen ist, liegt zugleich ein Akt der Geschäftsführung des Vorstandes, aber nicht auch umgekehrt in jeder Geschäftsführung ein Akt der Vertretung in diesem engeren Sinn des Worts. Daher erscheint es verfehlt, wenn JW 1907, 516[19] dem Komplementar einer A-Kommanditgesellschaft durch einstweilige Verfügung die Geschäftsführung, aber nicht die Vertretung der Gesellschaft untersagt. Man kann auch nicht sagen, (Makower § 114 I), daß die Geschäftsführung das innere Verhältnis des Sachverhalts bezeichne, Vertretung das Verhältnis nach außen. Diese Unterscheidung zwischen Innen- und Außenverhältnis bezieht sich ausschließlich auf die Vertretung im Sinn der Vertretung der Gesellschaft gegenüber Dritten. Hier besteht der Gegensatz zwischen Vertretungsbefugnis (Verhältnis des Vertreters zum Vertretenen) und Vertretungsmacht (Verhältnis des Vertretenen zum Dritten), oder wie es bei der rechtsgeschäftlichen Stellvertretung kurz bezeichnet wird, zwischen Auftrag und Vollmacht. — Die Unklarheit über das Verhältnis von Geschäftsführung und Vertretung ist auch für das BGB verhängnisvoll geworden. In der Sache vielleicht anfechtbar, in der Form ganz korrekt bestimmte § 44 V E I, daß wenn der Vorstand eines Vereins aus mehreren Mitgliedern besteht, zu einer gültigen Willenserklärung die Zustimmung aller Mitglieder gehört. Wollte man die Kollektivvertretung, so hätte man den Gedanken gar nicht richtiger, vielleicht nur noch deutlicher ausdrücken können. Ganz unklar aber ist, was die Verfasser des BGB gewollt haben. Der § 44 über Vertretung ist fortgefallen, statt dessen findet sich der § 28 über Beschlußfassung des Vorstandes nach Stimmenmehrheit, zwei ganz verschiedene Dinge. Daher ist denn auch die für das Vereinsrecht äußerst wichtige Frage äußerst streitig; Planck BGB § 28 Erl 2. Da es an jeder Bestimmung über die Vertretung fehlt, muß angenommen werden, daß, wenn nicht im Statut etwas anderes bestimmt ist, alle Mitglieder zusammenwirken müssen. S. hierzu Erl 2c zu § 232.

c) Dem Vorstand als dem gesetzlichen Vertreter liegt wie der Abschluß der Verträge der Gesellschaft, so auch ihre Erfüllung ob. Bei Nichterfüllung oder bei nichtgehöriger Erfüllung hat die Gesellschaft das Handeln und Unterlassen des Vorstandes zu verantworten. So verwirkt sie den Anspruch auf die Versicherungssumme, wenn den schadenstiftenden Brand ihr Direktor vorsätzlich angelegt hat, ohne daß es hier, wo ein Vertragsverhältnis vorliegt, darauf ankommen kann, ob dieser dabei in Ausführung der ihm zustehenden Verrichtungen gehandelt hat; RG 66, 183. Dabei haftet die Gesellschaft für das Tun eines einzelnen Vorstandsmitgliedes auch dann, wenn Kollektivvertretung besteht; RG 110, 145. Vgl. RG 57, 93; JW 1899, 305[14]; Bolze 16, 231. — Wegen Schaden aus unerlaubter Handlung eines Vorstandsmitgliedes haftet die Gesellschaft, wenn der Täter in Ausführung der ihm zustehenden Verrichtungen gehandelt hat, §§ 31, 823 BGB; JW 1903, Beil 39, 81; ebenso schon RG 41, 96. Die Gesellschaft kann sich nicht wie bei der Haftung für unerlaubtes Handeln eines Angestellten darauf berufen, daß sie in Auswahl der Person des Vorstandsmitgliedes die erforderliche Sorgfalt beobachtet habe usw. § 831 BGB. Auch hier ist es gleichgültig, ob nach dem Statut Kollektivvertretung vorgesehen ist; JW 1904, 167; RG in JW 1917, 593, in LZ 1913, 140[5]. — Im Einzelfall ist oft nicht leicht zu sagen, ob eine unerlaubte Handlung in Ausführung der dem Täter zustehenden Verrichtung begangen worden ist. Diese in § 31 BGB gebrauchte Wendung kehrt in § 831 das. wieder. Als nächster Gegensatz ist der Fall zu denken, daß die Tat nur bei Gelegenheit der Dienstverrichtung begangen worden ist. Das Schulbeispiel ist der Unterschied, ob der mit der Reparatur der Gasleitung befaßte Klempnergeselle dabei den Kronleuchter beschädigt oder aber einen im Zimmer liegenden Gegenstand stiehlt. Vgl. hierzu den in ZAktW 1909 S. 1, 25, 49 erörterten Fall, daß ein Mitglied des Vorstandes, dem Unterzeichnung und Ausgabe von Aktienurkunden nicht zustand, Blankette solcher Urkunden, die in seinen Besitz gekommen waren, mit den erforderlichen Faksimilestempeln, zu denen er Zugang hatte, versehen und für sich verwertet hatte. Unverkennbar war dem Täter nur durch seine Stellung als Vorstandsmitglied die Ausführung möglich geworden. Aber das dürfte nicht ausreichend sein. Entscheidend ist vielmehr, daß dem Täter in Beziehung auf das Geschehene irgendeine Verrichtung gerade nicht zustand. So Mühsam a. a. O. S. 49. Es ist in dieser Beziehung nicht anders, als wenn ein Handlungsgehilfe der Gesellschaft, ein Prokurist die Tat begangen hätte. Vgl. RG 94, 318; 104, 144 ff. Auch ein Unterlassen, ein Geschehenlassen kann als in Ausführung einer obliegenden Verrichtung erfolgt in Frage kommen; JW 1903, Beil. 81.

Steht fest, daß durch das schuldhafte Verhalten eines Vertreters der Schaden entstanden ist, so bedarf es keines Nachweises, welcher der mehreren Vertreter der Schuldige ist; RG in Recht 1907, 206[5].

Aus unerlaubter Handlung haften neben der Gesellschaft die Mitglieder des Vorstandes persönlich, welche ein Verschulden trifft; Bauer 19, 73. Vgl. RG 53, 27. Auch als Anstifter Gehilfen können sie sich strafbar machen; Bauer 19, 74.

Strafrechtlich können immer nur natürliche Personen verantwortlich gemacht werden. Vgl. Erl 2f. zu § 210.

d) Die Stellung des Vorstandes in Beziehung auf die Geschäftsführung läßt sich nicht allgemein mit Sicherheit umschreiben. Er ist Angestellter der Gesellschaft. Aber doch steht er und — wenigstens grundsätzlich — er allein an der leitenden Stelle. Den übrigen Angestellten gegenüber ist er der Prinzipal. Vgl. RG in SeuffArch 63[258]; ORHG 13, 181; 19, 58; 19, 61; 21, 375; OLG 27, 379; Behrend Lehrbuch § 124 bei Note 3; RG 7, 77. S. aber auch RFH in JW 1922, 1739[1] (Lohnlisten). Anders im Verhältnis zur Gesellschaft. Er ist nicht ihr einziges Organ. Nachdem zunächst die Novelle von 1870 durch die Bestimmung, daß jede A-Gesellschaft einen Aufsichtsrat bestellen muß, entschiedener dann die Novelle von 1884 ausdrücklich den Verwaltungsrat, ein in unklarer Vermengung zugleich geschäftsführendes und kontrollierendes Organ, beseitigt hat, bestehen kraft zwingenden Rechts als ordentliche Organe die drei: Generalversammlung, Aufsichtsrat, Vorstand. Die Mot. von 1884 bezeichnen (S. 72) die Generalversammlung als das Willensorgan, den Vorstand als das Ausführungsorgan, den Aufsichtsrat als das Kontrollorgan und in unmittelbarem Anschluß daran wird gesagt: An sich betrachtet stehen alle drei Organe, durch deren Zusammenwirken die Gesellschaft erst zum Handeln befähigt wird, als gleichberechtigt neben einander. Nimmt man den letzten Satz beim Wort, dann kommt man zu dem Ergebnis, daß die Beschlüsse der Generalversammlung keineswegs unbedingt maßgebend wären für Akte der Geschäftsführung, daß der Vorstand zwar vielleicht unter der A-Gesellschaft, aber nicht unter einem ihrer Organe stünde, so daß bei Meinungsverschiedenheit zwischen den drei Organen eine oberste Instanz, welche entscheiden könnte, nicht bestünde. So ist es nun aber nicht. Es steht in Widerspruch mit den Lebensbedingungen der Gesellschaftsform, es steht in Widerspruch mit den eigenen Worten des Mot., wenn sie die Generalversammlung als das Willensorgan der Gesellschaft bezeichnen, es steht auch in Widerspruch mit Einzelvorschriften des Gesetzes. Wenn § 235 I vorschreibt, daß der Vorstand der Gesellschaft gegenüber verpflichtet ist, sich in Ausübung seiner Vertretungsmacht an die Beschlüsse der Generalversammlung zu halten, so setzt das unverkennbar als Meinung und Willen des Gesetzes voraus, daß überhaupt in Beziehung auf die Geschäftsführung die Beschlüsse der Generalversammlung für den Vorstand maßgeblich sind. Man muß daher das Gesetz so verstehen, daß in der ordnungsmäßig berufenen Generalversammlung, wo dann auch Vorstand und Aufsichtsrat vertreten sind, jedenfalls Gelegenheit haben, sich zu beteiligen, die Gesellschaft selbst verkörpert ist, daß im allgemeinen die Geschäfte ohne Mitwirkung der Generalversammlung und insofern ganz selbständig geführt werden, daß aber, wenn ein Beschluß der Generalversammlung vorliegt, dieser befolgt werden muß, es sei denn, daß dabei die vom Gesetz bestimmte strafrechtliche Verantwortlichkeit des Vorstandes oder seine zivilrechtliche Verantwortlichkeit Dritten gegenüber in Frage steht. Jenes ist die Regel, dieses die Ausnahme. Vgl. OLG 12, 435 (Dresden): „Wenn der Vorstand in dem Statut angewiesen wird, die Beschlüsse des Aufsichtsrats zu befolgen, so soll selbstverständlich damit Gehorsam nur gegen die dem Gesetz entsprechenden Anordnungen vorgeschrieben werden, nicht aber der Vorstand seiner Haftung für den Fall enthoben werden, daß er auf Grund einer Anordnung des Aufsichtsrats bei einer der in § 241 III aufgeführten Maßnahmen mitwirkt". Wie der Vorstand durch die Anordnung des Aufsichtsrats, weder der Gesellschaft, noch deren Gläubigern gegenüber, so wird er durch den Beschluß der Generalversammlung nicht den Gläubigern gegenüber von der Verantwortlichkeit entlastet. In dieser Beschränkung ist es richtig, wenn die Generalversammlung als das oberste Willensorgan der Gesellschaft bezeichnet wird; RG 46, 64. Vgl. § 235 Erl. 4.

e) Weniger sicher ist die Abgrenzung der Zuständigkeit von Vorstand und Aufsichtsrat gegeneinander. Die Novelle von 1884 hatte sich nach den Mot. 74 zum Ziel gesetzt, unter Beseitigung des überkommenen unklaren Gebildes des Verwaltungsrats die Funktionen des Aufsichtsrats und des Vorstandes sicherer gegeneinander abzugrenzen, ohne doch schließlich etwas nennenswertes in dieser Beziehung erreicht zu haben. Vgl. Erl 5 zu § 246. Nur das ist deutlich, daß die Aufgabe des Aufsichtsrats die Kontrolle ist und in Beziehung auf den Personalbestand beider Kollegien die schärfste Trennung herrscht. Kein Mitglied des Vorstandes kann zugleich Mitglied des Aufsichtsrats sein. Im übrigen aber hat nicht nur das Gesetz selbst schon dem Aufsichtsrat eine Reihe bestimmter Verwaltungsmaßregeln zugewiesen (vgl. die Zusammenstellung bei Makower § 246 III a 2), sondern es hat auch der Vertragsfreiheit in diesem Punkt die Bahn offen gehalten. Es müsse, so heißt es in den Mot. von 1884, 75, die Hauptaufgabe des Aufsichtsrats in die Beaufsichtigung der gesamten Geschäftsführung des Vorstandes gesetzt werden, es sei aber nicht nötig, ihm jede Beteiligung an der Verwaltung zu untersagen, das wäre doktrinär; ein Organ, welches dem Geschäftsbetriebe völlig fern stehe, würde einen Einblick nur schwer gewinnen und kaum in der Lage sein, Mißgriffen oder betrüglichen Handlungen des Vorstandes vorzubeugen; es würde auch nicht ausreichen, zuzulassen, die Vornahme gewisser Handlungen des Vorstandes von der Zustimmung des Aufsichtsrats abhängig zu machen; das Gesetz sei überhaupt nicht in der Lage, die Funktion des Aufsichtsrats vollständig abzugrenzen; was dazu dienlich und notwendig erscheine, damit derselbe die ihm vom Gesetz zugewiesene Aufgabe einer wirksamen Kontrolle erfülle, müsse im einzelnen Falle von der Gesellschaft je nach der Art und dem Betriebe des Unternehmens bestimmt werden; das Gesetz vermöge nur die Grundzüge aufzustellen; im übrigen seien die weiteren Obliegenheiten des Aufsichtsrats durch den Gesellschaftsvertrag festzusetzen. Man sieht, schließlich läuft doch alles wieder auf den Gedanken der Kontrolle, einer wirksamen, einer durch Beteiligung an der Verwaltung meritorischen Kontrolle hinaus, was nur so gemeint sein kann, daß, soweit der Aufsichtsrat zuständig ist, er über dem Vorstand steht. Sind hier der Vertragsfreiheit bestimmte Grenzen nicht gesteckt, so geht es doch zu weit, wenn Staub-Pinner § 246[10] sagt, es könne sogar bestimmt werden, daß der Aufsichtsrat über alles, was geschehen soll, Beschluß zu fassen habe und der Vorstand nichts tun dürfe, als was der Aufsichtsrat anordnet oder zuvor genehmigt; es könne ihm somit die ganze Geschäftsführung übertragen sein, vorbehaltlich der Rechte der Generalversammlung und der dem Vorstand vom Gesetz unentziehbar übertragenen Geschäftsführungsakte (§§ 253, 239, 260 II, 240 I. II). (Ebenso Brand § 231[4]; GZ 35, 247, 102 (Hamburg); anders RG in Holdh MS 7, 86.) Damit wäre die vom Gesetz zwingende vorgeschriebene Anordnung eines die Geschäftsführung überwachenden Organes beseitigt. Man wird vielmehr annehmen müssen, daß, wenn schon dem Aufsichtsrat irgendwelche Geschäftsführung im Statut vorbehalten werden soll, daß nur in bestimmt artikulierter Weise geschehen darf und nur so, daß gleichwohl die Geschäftsführung im wesentlichen Aufgabe des Vorstandes bleibt. Vgl. die Bestimmung in RG in DJZ 1910, 827. Ähnlich, aber doch noch zu weit gehend Lehmann-Ring § 231[6]. Unbedenklich ist die ganz allgemein gehaltene

Statutenbestimmung, daß der Vorstand den Weisungen des Aufsichtsrats nachzukommen hat; OLG 12, 435 (Dresden). Denn das heißt nicht, daß der Vorstand nur auf Weisung des Aufsichtsrats tätig werden darf. Anders war auch wohl die Bestimmung nicht zu verstehen, welche RG in Holdh MS 1898, 86 nur wegen der dem Aufsichtsrat zugleich übertragenen Vollmacht zu Vertragsabschlüssen beanstandet hat. S. ferner ROHG 19, 60; 21, 375; JW 1900, 186[15]; Bolze 5, 761; RG in Holdh MS 08, 213. — Unzulässig und unwirksam ist es, Mitgliedern des Vorstandes die Stellung anzuweisen, daß sie in Beziehung auf die Geschäftsführung den Weisungen Dritter Folge zu leisten haben; RG 3, 129.

Auf die Stellung des Vorstandes (wie auch des Aufsichtsrats), auf seine Rechte und Pflichten ist es ohne Einfluß, daß die A-Gesellschaft nach ihrer Eintragung in das Handelsregister sich als nichtig erweist; RGSt 43, 413.

2. a) Besteht der Vorstand aus mehreren Personen, so ist schlechthin unvermeidlich, daß unter ihnen, sei es durch das Statut oder durch Anordnung des Aufsichtsrats, dem die Vorstandsmitglieder sich fügen, oder durch sie selbst, die Aufgaben der Geschäftsführung verteilt werden. Auch hierin tritt der Gegensatz von Vertretung und Geschäftsführung deutlich zutage. Die Vertretung, soweit sie dem einzelnen Mitglied überhaupt zusteht (Einzel- oder Kollektivvertretung)., steht ihm notwendig ganz uneingeschränkt zu. So kann wohl ein einzelnes Vorstandsmitglied speziell mit der Geschäftsführung einer Zweigniederlassung betraut sein. Eine Beschränkung seiner Vertretungsmacht auf sie ist nicht möglich. Und so kann auch nicht für Zweigniederlassungen ein besonderer Vorstand bestellt werden. Die A-Gesellschaft kann immer nur einen Vorstand haben; RGH 47, 42; RJA 1, 67 (Hamburg); KGJ 53, 97; GZ 51, 244[16] (KG). — Der Gedanke, daß, wo Kollektivvertretung besteht, ihr im Zweifel Kollektivgeschäftsführung entsprechen müssen (vgl. Behrend Lehrbuch § 126 II; D 139), ist ganz abwegig. Steht schon die Kollektivvertretung oft ganz nur auf dem Papier, ist sie jedenfalls durchführbar nur, weil sie ein gleichzeitiges Handeln der mehreren Vertreter begrifflich nicht erfordert, so zeigt ein kurzer Blick auf die Wirklichkeiten des Lebens, daß der Gedanke einer Kollektivgeschäftsführung überhaupt ein Unding ist. Zur Geschäftsführung gehören nicht nur die wichtigen und markanten Entschließungen. Sie ist vielmehr das ständige Tun und Lassen, Überlegen und Entschließen, Sehen und Hören, das ununterbrochene Eingreifen in das Getriebe von früh bis spät. Es ist Geschäftsführung, wenn der Kaufmann die eingegangenen Briefe liest und sortiert, wenn der Fabrikant anordnet, daß heute dieses und nicht jenes gearbeitet, daß es nicht so, sondern anders gemacht werden soll. Sieht er, daß an einer Maschine gearbeitet wird, ohne Benutzung einer vorhandenen Schußvorrichtung, so ist es Geschäftsführung sowohl, wenn er dagegen einschreitet, als auch, wenn er es nicht tut. Zwingend verteilen sich von selbst die einzelnen Momente notwendigen oder gebotenen Handelns auf die mehreren Mitglieder. Da darf es gerade nicht sein, daß der Eine auf den Anderen wartet, und bei umfangreichen Betrieben, wie sie regelmäßig bei A-Gesellschaften angetroffen werden, dient es nur dem Nutzen des Ganzen, wenn eine geordnete und klare Geschäftsverteilung vorgenommen wird. Nur bleibt es dabei, daß für das ganze wiederum der Vorstand in Gesamtheit verantwortlich ist, und dem kann nur Genüge geschehen, wenn der einzelne von seinem Gebiet aus auch das Ganze im Auge behält. Sieht er Dinge, welche nicht geschehen dürfen, ohne einzuschreiten, oder sieht er sie nicht, weil er es an der ihm obliegenden Aufmerksamkeit fehlen läßt, so macht auch er sich verantwortlich. RGSt 13, 237; JW 1900, 664[19]; RG 98, 100. Es geht zu weit, wenn RG 12, 76 (in Anwendung auf die Genossenschaft) sagt, daß eine von den Vorstandsmitgliedern beschlossene Teilung der Verwaltung der Gesellschaft gegenüber in Ansehung ihrer gesetzlichen Haftung ohne rechtliche Wirkung sei. Es liegt hiermit nicht anders wie mit der Verantwortlichkeit mehrerer Geschäftsführer einer Gesellschaft mbH. Vgl. RG 91, 77: „Die Geschäftsführer sind nebeneinander für die Beachtung des Gesetzes verantwortlich. Keiner kann sich damit entlasten, daß er sich darum nicht gekümmert und dem anderen diese Geschäfte überlassen habe; gerade das ist ihm schon als Fahrlässigkeit anzurechnen; freilich ist es zulässig, daß sie eine Arbeitsteilung vereinbaren und ein Geschäftsführer ist von der Verantwortung frei, wenn er der Überlassung der Verwaltung von Baugeldern an den anderen ohne Verschulden zustimmen konnte, d. h. wenn er den anderen für eine vertrauenswürdige Person hielt und halten durfte". S. auch JW 1920, 1032.

b) Streitig ist, ob, wenn der Vorstand aus mehreren Personen besteht, § 28 I BGB Anwendung findet, welcher durch die Verweisung auf § 32 BGB bestimmt, daß für einen Beschluß des Vorstandes, wenn die Mitglieder zu einem solchen zusammentreten, Stimmenmehrheit erforderlich ist, sonst schriftliche Abstimmung und Einstimmigkeit. Es ist kein Grund, den § 28 cit. nicht anzuwenden (a. A. Staub-Pinner § 231[3] D. 139). Nur muß man ihn richtig verstehen. Nach Oertmann § 28[1] a wäre die Vorschrift nicht anwendbar, wenn die Geschäfte unter die mehreren Mitglieder verteilt sind und einem jeden sein Gebiet zur ausschließlichen Bearbeitung überwiesen, welchen Fall er — ebenso wie Staub-Pinner a. a. O. verkennend, daß Geschäftsführung und Vertretung zwei verschiedene Dinge sind (s. oben Erl 1 b) — den Fall gegenübertstellt, daß die Mehreren nebeneinander zu gleichartiger Vertretung berufen sind. Das ist zweifellos nicht richtig. Wohl aber kann davon keine Rede sein, daß alles, was die Geschäftsführung erfordert, nur auf Beschluß hin geschehen kann, und der § 28 spricht nur von dem Fall, daß ein Beschluß nötig ist. Das ist er nur, wenn ein Vorstandsmitglied Bedenken trägt, die Verantwortung allein zu übernehmen oder wenn der eine auf den Widerspruch des anderen stößt. Dann soll nach § 28 die Mehrheit entscheiden. — Daß bei der Aktiengesellschaft bei Meinungsverschiedenheiten der Aufsichtsrat zu entscheiden hätte, läßt sich allgemein nicht behaupten. Wohl aber kann in Frage kommen, ob nicht nach dem Statut und der Stellung, welche dieses dem Aufsichtsrat gibt, bei dem Gegenstand, um welchen es sich handelt, diesem die oberste Entscheidung — auch gegen die Mehrheit des Vorstandes — zukommt. In allen Fällen bleibt es dabei, daß ein Mehrheitsbeschluß oder eine Anweisung des Aufsichtsrats das Vorstandsmitglied da nicht deckt, wo eine persönliche zivilrechtliche oder strafrechtliche Verantwortlichkeit in Frage kommt.

3. a) Im Prozeß der A-Gesellschaft steht der Vorstand an der Stelle der Partei, und zwar sämtliche Mitglieder, aus denen er besteht, mag auch die Prozeßvollmacht nur von einem oder nur von einem Teil der Mitglieder ausgestellt worden sein, stellvertretende Mitglieder dagegen nur, wenn der Vertretungsfall gegeben ist. Doch ist es nicht erforderlich, daß die Mitglieder in der Klageschrift namentlich aufgeführt werden. Die Vorschrift in § 130 I ZPO, wonach die Bezeichnung der gesetzlichen Vertreter in den Schriftsätzen enthalten sein soll, ist nur Ordnungsvorschrift; JW 1988, 424[4]; 1894, 214[76]; 1913, 210[24]; anders RG in Recht 1907, 791; unrichtige Bezeichnung ist unschädlich; JW 1894, 360[6]; OLG 37, 127; OLG Köln in JW 1922, 1414[35]. — Durch Fortfall eines von mehreren Vorstandsmitgliedern wird der Prozeß nur dann unterbrochen (ZPO § 241), wenn Kollektivvertretung besteht und die hierfür erforderliche Anzahl von Mitgliedern nicht mehr vorhanden ist. Vgl. JW 1898, 280. — Beschwerden, welche nur von einem von zwei Kollektivvertretern eingelegt werden, sind unzulässig; HessRpr 7, 107 (Darmstadt). — Die Zustellung der Klage geschieht wirksam an ein Mitglied des Vorstandes, auch wenn Kollektivvertretung besteht; ZPO § 171 III. Will ein Vorstandsmitglied gegen die Gesellschaft klagen, dann kann dieses die Klageschrift nicht sich selbst zustellen lassen. Vgl. RG 7, 404, wohl aber wiederum dem einzigen anderen Mitglied, auch wenn sie nur Kollektivvertretungsmacht haben. Vgl. auch JW 1907, 516[19]. — Der Parteieid muß allen Mitgliedern des Vorstands zugeschoben werden, auch wenn der Eid eigene Handlungen oder Wahrnehmungen nur eines oder einiger von ihnen betrifft. Es ist Sache des Gerichts zu entscheiden, wer von ihnen den Eid zu leisten hat; § 474 ZPO. Darauf, ob Kollektivvertretung besteht, kommt hier nichts an; a. A. Lehmann-Ring § 231[8]. Wird der dieselbe Tatsache betreffende Eid, z. B. der Eid über eine Tatsache, welche für den einen Gegenstand eigener Handlung, für den anderen Gegenstand eigener Wahrnehmung gewesen ist, von dem einen Teil verweigert, von dem anderen geleistet, so ist nach § 472 II ZPO zu verfahren; RG in DJZ 1902, 581[71]. Der Eid ist denjenigen Vorstandsmitgliedern zuzuschieben und aufzuerlegen, welche sich zur Zeit der Eideszuschiebung und der Urteilsfällung in dieser Stellung befinden. Vgl. RG 14, 20; JW 1909, 405[31]; LZ 1908, 856[20]. Bei einem nachträglich eintretenden Wechsel findet § 471 ZPO Anwendung. Seltsamer Weise sagt RG in JW 1902, 419[16], es sei aus diesem Grunde richtiger, die schwurpflichtigen Persönlichkeiten im bedingten Endurteil nicht zu bezeichnen. Man sollte vielmehr gerade das Gegenteil daraus entnehmen. Stein-Jonas ZPO § 473 II u. Note 6. Tritt in der Zwischenzeit ein neues Mitglied in den Vorstand ein, so ist nicht erforderlich, daß auch dieses den Eid leistet; JW 1900, 440[11]. — Zur Rechtsprechung des Reichsgerichts in dieser Frage s. Goldschmit A-Gesellschaft § 231[10]. Handlungen und Wahrnehmungen von Mitgliedern des Aufsichtsrats, der Generalversammlung, von anderen — inzwischen ausgeschiedenen Mitgliedern des Vorstandes sind Handlungen und Wahrnehmungen der Partei (§ 445). Unter Umständen kann dem Vorstand auch über Handlungen und Wahrnehmungen der Gründer der Eid zugeschoben werden; JW 1903, 342[4]. — In welcher Form in Fällen dieser Art der Eid zu leisten ist, entscheidet sich nach § 459 ZPO Warn 5, 506. — Dem entsprechend können Mitglieder des Vorstandes, so lange sie sich in dieser Stellung befinden, nicht als Zeugen vernommen werden; RG 2, 400. Vgl. auch RG 46, 318 (identisch mit RG 45, 427). RG in SeuffArch 40[252]. Bei dieser Rechtslage erscheint es kaum gerechtfertigt, daß KG in JW 1921, 1251[3] den Antrag ablehnt, einen Prokuristen deshalb zur Sicherung des Beweises als Zeugen zu vernehmen, weil sein Eintritt in den Vorstand bevorsteht. — Der „stellvertretende" Direktor kann nicht als Zeuge vernommen werden, jedenfalls dann nicht, wenn es sich um Dinge handelt, wo gerade er auch tätig geworden ist; JW 1910, 622[3]. Dagegen steht nichts im Wege, Mitglieder des Aufsichtsrats als Zeugen zu vernehmen; RG in SeuffArch 49[285]. Nach Eröffnung des Konkurses über das Vermögen der Gesellschaft können die Mitglieder des Vorstandes als Zeugen vernommen werden. Vgl. RG in LZ 1914, 775[19]. Der Offenbarungseid ist für die Gesellschaft von denjenigen zu leisten, welche im Zeitpunkt der Eidesleistung den Vorstand bilden; vgl. SeuffArch 58[25] (Dresden), mögen auch im Handelsregister noch andere Persönlichkeiten eingetragen stehen; OLG 24, 157; Bauer 11, 101; 22, 50; anders HansGZ 1926 Beibl S. 11 (Hamburg). — Zu dem Fall, daß der Geschäftsführer einer GmbH die Stellung niederlegt, um sich der Eidesleistung zu entziehen, s.

JW 1926, 2114 (Frankfurt). — Die Prozeßvollmacht muß nicht von allen, aber von so viel Vorstandsmitgliedern ausgestellt werden, als zur Vertretung der Gesellschaft erforderlich sind. Doch gilt das so unbedingt nur da, wo Vorlegung der schriftlichen Vollmacht erforderlich ist. Im übrigen gelten auch, was den Auftrag und die Vollmacht zur Prozeßführung angeht, bei Kollektivvertretung die für diese geltenden Bestimmungen (s. Erl. 2 zu § 232). Der Aufsichtsrat kann in dem Regelfall, daß der Vorstand die Gesellschaft im Prozeß vertritt, Prozeßvollmacht nicht ausstellen, auch nicht die Generalversammlung. Vgl OLG 24, 153. Auf den Lauf des Prozeßverfahrens hat ein Wechsel in der Zusammensetzung so lange keinen Einfluß, als der Vorstand in so viel Persönlichkeiten unverändert bleibt, wie zur Vertretung der Gesellschaft erforderlich sind. Vgl. ZPO §§ 241, 246.

b) Der Aufsichtsrat ist zur Vertretung der Gesellschaft vor Gericht berufen, wenn es gilt, gemäß § 247 I, II für die Gesellschaft einen Prozeß mit den Vorstandsmitgliedern als solchen zu führen.

c) Ein besonderer Vertreter zur Prozeßführung kann von der Generalversammlung gewählt, auf Verlangen einer Minderheit vom Gericht bestellt werden, wenn es gilt, Ansprüche der Gesellschaft aus der Gründung gemäß §§ 202—204, 208 oder gegen Mitglieder des Vorstandes oder des Aufsichtsrats aus ihrer Geschäftsführung (§§ 241, 249) geltend zu machen, § 268 II.

d) Will jemand eine A-Gesellschaft verklagen, welche einen Vorstand überhaupt nicht oder nicht in der zur Vertretung erforderlichen Anzahl von Mitgliedern besitzt, so hat, falls Gefahr im Verzuge ist, auf seinen Antrag der Vorsitzende des Prozeßgerichts für die Zeit bis zum Eintritt eines gesetzlichen Vertreters einen besonderen Vertreter zu bestellen; ZPO § 57. Es tritt dann eine einzelne Persönlichkeit ganz unabhängig von etwa vorhandenen Vorstandsmitgliedern in die Stelle des Vorstandes ein, aber nur einstweilen und nur in dem Umfange der Vertretungsmacht, als es zur Führung des Rechtsstreits erforderlich ist.

e) Fehlt es an einem vertretungsfähigen Vorstand, so kann auf Antrag eines Beteiligten, sofern für diesen kein Weg sich bietet, die Bestellung eines solchen durch die Gesellschaft zu erreichen, das Gericht nach § 29 BGB einschreiten, d. h. es hat in dringenden Fällen auf Antrag eines Beteiligten so viel provisorische Vorstandsmitglieder einzusetzen, als an der zur Vertretung erforderlichen Anzahl fehlen. Das ist nicht unbestritten (vgl. Staub-Pinner § 178 6a, 8), wird aber in Rechtsprechung und Rechtslehre weitaus überwiegend anerkannt; KGJ 23, 105; 34, 50, 170; OLG 27, 374 (München). Als Beteiligter kann hier auch der einzelne Aktionär, ferner ein früheres Vorstandsmitglied usw. in Frage kommen. Vgl. OLG 14, 366; RJA 12, 233. In der Auswahl der Persönlichkeit ist das Gericht ganz frei; RJA 12, 39.

f) Vom Gesetz ist nicht verboten, daß die Vorstandsmitglieder sich im Verkehr als Direktoren u. ä. bezeichnen; (a. A. Brand § 231[2] d; Lehmann-Ring 231[5]). Wichtig ist nur und darauf muß der Registerrichter dringen, daß im Statut usw. das Organ unmißverständlich bezeichnet wird und im Registereintrag ist die Bezeichnung Vorstand unerläßlich; LZ 1908, 871[3] (Colmar). Staub-Pinner 231[13]. Der Titel ist überhaupt nicht in das Handelsregister einzutragen; KGG 20, 269. — Anderseits besagt der Titel Direktor noch nicht, daß der so Bezeichnete Mitglied des Vorstandes ist; ROHG 13, 179. — Die Rechtshandlungen eines durch einstweilige Verfügung berufenen Vorstandsmitgliedes werden nicht dadurch hinfällig, daß die einstweilige Verfügung auf Grund §§ 936, 929 III, 2 ZPO wieder aufgehoben wird. Vgl. RG 102, 200.

g) Darüber, ob der Vorstand aus einer oder aus mehreren Personen und letzteren Falles aus wieviel Personen bestehen soll, muß im Gesellschaftsvertrag Bestimmung getroffen werden; § 182 II Z. 4. Doch steht nichts im Wege, im Statut nur die Mindestzahl zu bestimmen; a. A. Makower § 231 II a 4. Über eine Besetzung über diese Zahl hinaus beschließt dann die Generalversammlung mit einfacher Mehrheit. Vgl. RG 24, 56. Die im Gesellschaftsvertrag enthaltene Bestimmung kann mit der für Statutenänderung erforderlichen qualifizierten Mehrheit abgeändert werden; RG a. a. O. Vgl. auch RJA 5, 66 f. (KG). Die Wahl des oder der neuen Mitglieder kann gültig schon vor Eintragung der Statutenänderung in das Handelsregister erfolgen. Im Statut kann eine solche Mehrbesetzung auch der Entschließung des Aufsichtsrats zugewiesen werden; KGJ 10, 35. In solchem Fall steht auch die Entscheidung, ob Kollektivvertretung oder nicht, beim Aufsichtsrat; KGJ eod. Auch stellvertretende Mitglieder kann der Aufsichtsrat bestellen, ohne hierzu ausdrücklich im Statut ermächtigt zu sein; KGJ 24, 195.

4. a) Nur natürliche Personen können Vorstandsmitglieder sein. Anders JW 1925, 2017[5] (Karlsruhe) in Anwendung auf den Liquidator. Das Urteil ist insofern lehrreich, als es den inneren Widerspruch aufdeckt, in dem sich die herrschende Lehre befindet. Es folgert aus der gänzlich verfehlten Entscheidung, daß die A-Gesellschaft Mitglied einer offenen Handelsgesellschaft sein kann (s. Erl 2 a zu § 210), daß sie dann auch nach § 146 HGB muß Liquidator sein können, woraus sich dann der weitere Schluß ergäbe, daß wer Liquidator sein kann, auch Vorstandsmitglied muß sein können; § 295. — Es muß dabei bleiben, daß zum Mitglied des Vorstandes einer A-Gesellschaft nur bestellt werden kann, wer persönlich voll geschäftsfähig ist. Von Geschäftsunfähigen wird das ausnahmslos anerkannt. Ebenso einstimmig wird aber von Minderjährigen, überhaupt von Beschränkt-Geschäftsfähigen das Gegenteil behauptet. Indessen wird es wohl nicht nur kaum vorkommen, daß eine A-Gesellschaft einen Minderjährigen, z. B. ein 8-jähriges Kind zum Vorstand bestellt oder auch einen jungen Mann von 20 Jahren, sondern es muß auch als rechtlich unzulässig erachtet werden. Es ist das eine Sache, die keineswegs nur die Gesellschaft angeht. Im Interesse der Allgemeinheit legt das Gesetz den Vorstandsmitgliedern Obliegenheiten auf, für deren Erfüllung es diese auch Dritten gegenüber mehrfach verantwortlich macht. Offenbar ist es Pflicht jedes Vorstandsmitgliedes, daß er diese Bestimmungen des Gesetzes kennt. Wenn der Vorstand nicht Einlagen an die Aktionäre zurückzahlen darf, keine Zahlungen leisten darf, nachdem Überschuldung der Gesellschaft eingetreten ist, wenn er statt dessen den Konkurs anmelden muß usw., so setzt das Beherrschung der kaufmännischen Buchführung, Fähigkeit, die Bilanz aufzustellen, überhaupt Kenntnis der kaufmännischen Dinge voraus, Fähigkeiten, welche ein 8-jähriges Kind garnicht besitzen kann. Läßt man aber den 20-jährigen zu, der allenfalls von diesen Dingen etwas versteht, dann ist kein Halt hin bis zum 7-jährigen. Oder soll etwa alles der Vater oder Vormund tun? Das scheint doch auch die herrschende Lehre nicht anzunehmen. Wenigstens findet sich keine dahingehende Behauptung. Wäre es so gemeint, dann stünde auch nichts im Wege, daß Geschäftsunfähige Vorstandsmitglieder werden. Wenn der Verkehr sich darein finden muß, daß die Bestellung eines Geschäftsunfähigen, den man für geschäftsfähig halten konnte, nichtig ist, dann liegt kein Grund vor, den Verkehr vor der entsprechenden Gefahr zu schützen, wenn es sich um einen Minderjährigen, um einen entmündigten Verschwender u. ä. handelt. — Daß die Bestellung eines als minderjährig bekannten Geschäftsführers tatsächlich vorkommt — s. JW 1925, 261[5] — ist nur einer der mancherlei Auswüchse an der Verwendung der Gesellschaftsform mehr, denen die Rechtswissenschaft entgegentreten sollte, statt sie zu hegen. Zu Hachenburgs Polemik gegen die Entscheidung ebendort in der Fußnote ist zu sagen, daß die Verpflichtung, für die Buchführung zu sorgen, auch aus rechtspolizeilichen Gründen dem Vorstand obliegt und nicht mit dem Anstellungsvertrag steht und fällt. Gerade in diesem Punkt dürfte dem Urteil vielmehr zuzustimmen sein.

Unannehmbar ist die Auffassung Fischers in Ehrenbergs HH III 1 S. 216, der den Vertrag, welchen die Gesellschaft mit dem Vorstandsmitglied in individualrechtlichen Anstellungsvertrag und sozialrechtliche „Bestellung" zerlegt und die Bestellung des Minderjährigen für wirksam, dagegen den Anstellungsvertrag in seiner Wirksamkeit für abhängig davon erklärt, daß Vater oder Vormund ihre Zustimmung erteilen. Diese Unterscheidung hat einen guten Sinn, wenn es sich darum handelt, ob ein Aktionär, dessen Wahl zum Vorstandsmitglied auf der Tagesordnung steht, Stimmrecht hat, was anzuerkennen ist in Beziehung auf die „Bestellung", während — entgegen der herrschenden Lehre — ihm nicht zukommt, ein oder das entscheidende Wort mitzusprechen, wenn es sich um die Gestaltung des Dienstvertrages, namentlich des Gehalts handelt. Vgl. Brodmann GGmbH § 38[2]. Im vorliegenden Fall ist ja die Stellung des Minderjährigen als gesetzlicher Vertreter gerade das Bedenklichste, während der Dienstvertrag nur die Vertragsparteien und ihre Interessen berührt. — In anderer Weise ist zwischen der Stellung des Vorstandes als gesetzlicher Vertreter und dem Dienstvertrag, auf welchem diese beruht, zu unterscheiden, wenn die A-Gesellschaft in Konkurs gerät. Trotzdem der Konkursverwalter den Dienstvertrag kündigt, bleiben die Vorstandsmitglieder in ihrer Stellung als Vertreter des Gemeinschuldners.

b) Beamte als Mitglieder. Nach § 16 des Reichsbeamtengesetzes vom 18. 5. 1907 bedürfen Reichsbeamte zum Eintritt in den Vorstand oder Aufsichtsrat einer auf Erwerb gerichteten Gesellschaft der Genehmigung der obersten Reichsbehörde, welche nicht erteilt werden darf, sofern die Stelle mittelbar oder unmittelbar mit einer Remuneration verbunden ist; auf Wahlkonsuln und einstweilen in den Ruhestand versetzte Beamte findet das keine Anwendung, auch nicht auf die nichtständigen Mitglieder des Pantentamtes und des Reichsversicherungsamtes (PatGes § 13 II, UnfVG § 91). Bei A-Gesellschaften, die nicht auf Erwerb gerichtet sind, ist die Genehmigung der obersten Reichsbehörde nur erforderlich, übrigens aber zulässig, wenn die Stelle mit einer fortlaufenden Remuneration verbunden ist; § 16 I Satz 1 cit. — Ähnliche Bestimmungen enthält für Preußen das Ges vom 10. 6. 74 (GS 244): Unmittelbare Staatsbeamte dürfen ohne Genehmigung des Ministers nicht Mitglieder des Vorstandes oder Aufsichtsrats von Aktiengesellschaften (Kommandit- und Bergwerksgesellschaften) sein und nicht in Komitees zur Gründung solcher Gesellschaften eintreten; gänzlich verboten ist es, wenn die Stelle mittelbar oder unmittelbar mit einer Remuneration, überhaupt mit einem Vermögensvorteil verbunden ist; nur solchen unmittelbaren Staatsbeamten kann auch in diesem Falle die Genehmigung erteilt werden, welche aus der Staatskasse eine fortlaufende Remuneration nicht beziehen oder nach der Natur ihres Amtes auf Nebenerwerb angewiesen sind. Auf Rechtsanwälte, Notare und in den Ruhestand versetzte Beamte findet das Gesetz keine Anwendung. — Wird ein Beamter ohne die erforderliche Genehmigung der zuständigen Behörde als Vorstandsmitglied eingestellt, so ist die Anstellung nicht deshalb nichtig. Die Bestellung ist vielmehr so lange in kraft, bis der Angestellte zurücktritt oder von der Gesellschaft entlassen wird. In Bayern bestimmt Art 18 des Beamtengesetzes vom 16. 8. 08: Die Erlaubnis der zuständigen Dienstbehörde ist erforderlich ... 3. zur Beteiligung an der Errichtung einer auf Gewinn gerichteten Gesellschaft als Gründer oder zum Eintritt in den Vorstand, Aufsichtsrat oder Verwaltungsrat einer solchen Gesellschaft ... 4. In den Fällen des Abs III Z. 3 darf die Erlaubnis nur erteilt werden, wenn mit der Tätigkeit weder unmittelbar noch mittelbar ein Gewinn oder eine Entlohnung verbunden ist.

Es fragt sich, ob der Registerrichter, wenn die Bestellung eines Beamten zum Handelsregale angemeldet wird, die Pflicht oder das Recht hat, die Anmeldung zu beanstanden, wenn ihm nicht die Genehmigung nachgewiesen wird. Die herrschende Lehre verneint es, weil die Bestellung nicht deshalb nichtig ist, weil die Genehmigung fehlt.

c) Ein gesetzliches Hindernis und damit ein Nichtigkeitsgrund liegt darin, daß nach § 248 die Mitglieder des Aufsichtsrats nicht zugleich Mitglieder des Vorstandes sein können.

d) Im Statut können besondere Voraussetzungen bestimmt werden, z. B. daß nur Aktionäre Vorstandsmitglieder sein können oder nur, wer im Besitz der bürgerlichen Ehrenrechte ist, oder nur Männer oder nur Frauen, nicht Ausländer usw. In solchem Fall hat die Nichtbeachtung der Bestimmung bei Bestellung eines Vorstandsmitglieds nicht die Nichtigkeit der Bestellung zur Folge (a. A. Ritter § 231[3]; Goldmann § 231[13]). Beruht sie auf einen Beschluß der Generalversammlung, so erscheint der Mangel geheilt, wenn der Beschluß nicht nach § 271 angefochten wird. Auch erlöscht in diesen Fällen das Amt nicht dadurch, daß die bestimmte Voraussetzung fortfällt. A. A. (in Beziehung auf den Aufsichtsrat, wo aber die Frage ebenso liegt) Behrend Lehrbuch § 127[22]; Ritter § 231[3]; Goldmann a. a. O. Wie hier Staub-Pinner § 231[12]; Lehmann-Ring § 231[3].

e) Von der Stellung des Vorstandes zur Gesellschaft als ihr gesetzlicher Vertreter ist das Rechtsverhältnis der Gesellschaft zu den einzelnen Vorstandsmitgliedern zu unterscheiden. Es beruht auf dem Anstellungsvertrag. Bezieht das Vorstandsmitglied für seine Tätigkeit die entsprechende Vergütung, so handelt es sich um Dienstvertrag nach §§ 611 ff., 675 BGB, sonst um Auftrag gemäß §§ 662 ff. Immer handelt es sich um einen Vertrag, zwischen dem Vorstandsmitglied und der Gesellschaft. Daß Dritten das Recht bedungen wird, den Vorstand anzustellen, erscheint ausgeschlossen. A. A. Lehmann-Ring § 231[2]; Makower § 231 II a 2; Goldmann § 231[9] Goldschmit AG § 231[23]. Aber auf das Recht, den Angestellten jeder Zeit zu entlassen, kann die Gesellschaft nicht verzichten (unrichtig Bondi in Festgabe für Liebmann 283). S. auch § 182 Erl 12[a]. Und welchen Sinn hätte da das Recht eines Dritten, das Mitglied anzustellen? RG 3, 129. — Es mag vorkommen, daß bereits im Gesellschaftsvertrag unter Beteiligung des anzustellenden Vorstandsmitgliedes, das vielleicht als Gründer oder Aktienzeichner ohnehin beteiligt ist, der Anstellungsvertrag vereinbart wird. Aber auch dann handelt es sich immer nur um äußerliche Verbindung, Kumulierung von Gesellschafts- und Dienstvertrag. Wie es mit den aktienrechtlichen Grundsätzen unvereinbar ist, daß ein Aktionär als solcher die Verpflichtung zur Geschäftsführung und Vertretung übernimmt, namentlich auch § 212 den Fall nicht trifft (s. Erl 2 a zu § 212), so kann entsprechend auch nicht ein aktienrechtlicher Anspruch des Aktionärs auf die Stellung bedungen werden. Die Rechtslage ist hier anders als bei der Gesellschaft mbH; RG 44, 95; KGJ 21, 262; RG in Holdh MS 17, 252.

5. a) Über die Art der Bestellung und Zusammensetzung muß das Statut das Nötige bestimmen; § 182 II Z. 4. Ist das übersehen und trotzdem die Gesellschaft in das Handelsregister eingetragen worden, so kann und muß es im Wege der Statutenänderung nachgeholt werden, widrigenfalls auf Nichtigkeit der Gesellschaft geklagt werden kann; OLG 2, 462 (Hamburg). — Was den Akt der Bestellung angeht, so ist, zu unterscheiden zwischen der Bestimmung der anzustellenden Persönlichkeit und dem Abschluß des Vertrages mit ihr. (Entsprechend gilt dasselbe von der Entlassung, die erst wirksam wird, wenn der Vertreter der Gesellschaft sie dem Mitglied erklärt hat; LZ 08, 701[35].) Letzteres ist Aufgabe des Aufsichtsrats. Handelt es sich darum, den vorhandenen und vertretungsfähigen Vorstand zu ergänzen, so kann dieser den Vertrag abschließen. Es ist aber auch in diesem Fall daneben der Aufsichtsrat befugt, es zu tun. Insoweit ergibt sich alles aus dem Gesetz und bedarf keiner Bestimmung im Statut. Wohl aber muß die Bestimmung der Persönlichkeiten das Statut regeln. Sie kann der Wahl in der Generalversammlung überlassen werden. In der Regel wird sie in die Hand des Aufsichtsrats gelegt. Ergänzung des vorhandenen, aber nicht vollzähligen Vorstandes kann der Kooptation überlassen werden.

Unzulässig ist zu bestimmen, daß Dritte das Recht haben sollen, Vorstandsmitglieder zu bestimmen, was nach Staub-Pinner § 231[20] nur mit Einschränkung gelten soll. Anders in Anwendung auf die Gesellschaft mbH OLG 34, 359 (Rostock).

Nicht deutlich ist die Stellung des Aufsichtsrats zur Generalversammlung. Wenn nach dem Statut der Aufsichtsrat berufen ist, den Vorstand zu bestellen, so kann die Generalversammlung nicht über dessen Kopf hinweg es tun, auch nicht, wenn ein Aufsichtsrat oder ein beschlußfähiger z. Z. nicht vorhanden ist; JW 1926, 614 (Stuttgart) und dazu Fischer das. Anders liegt es mit dem Recht zur Abberufung, welches auch dann, wenn es dem Aufsichtsrat im Statut zugesprochen wird, neben ihm der Generalversammlung zusteht, der es überhaupt nicht wegbedungen werden kann. So mit Recht gegen die herrschende Lehre (und Ring I 223; KG) Staub-Pinner § 231[16]. Anderseits muß man auch da, wo die Bestellung durch Wahl in der Generalversammlung zu erfolgen hat, dem Aufsichtsrat das Recht beilegen, in dringenden Fällen einzuschreiten und das Mitglied, wenn nicht zu entlassen, so doch zu suspendieren (GenG § 40). Vgl. den Fall ROHG 14, 82; ferner das. 21, 375; SeuffBl 75, 585. In RG 82, 349 ist gesagt, daß das Recht der Kontrolle der Geschäftsführung nicht das Recht zur Entlassung einschließt. Das mag streng genommen nicht zu bestreiten sein, aber wer, wie der Aufsichtsrat das Recht und die Pflicht hat, nach dem rechten zu sehen, ist nicht nur berechtigt, sondern auch verpflichtet, einzuschreiten, wenn er sieht, daß Ungesetzliches geschieht oder zu geschehen droht. Noch weiter gehend Fischer in Ehrenbergs HH III 1, 215; Ritter § 231[6]; Makower § 231 V c. Daher befriedigt auch die Entscheidung RG in LZ 1918, 995[4] nicht, wonach die Entlassung durch den an sich nicht zuständigen Aufsichtsrat auch dadurch nicht (ex tunc) rechtswirksam wird, daß die Generalversammlung sie genehmigt. — Anderseits bleibt es auch da, wo dem Aufsichtsrat wie die Bestellung so auch — ausdrücklich oder implizite — die Abberufung übertragen worden ist, dabei, daß die Generalversammlung die letzte und höchste Instanz ist. Sie kann nicht eine vom Aufsichtsrat rechtswirksam erklärte Entlassung rückgängig machen. Wohl aber müssen dem ordnungsmäßig gefaßten Beschluß der Generalversammlung, ein bestimmtes Mitglied des Vorstandes zu entlassen, die übrigen Organe in allen Fällen nachkommen. Die Ansichten über diesen Punkt sind sehr geteilt, .Nach HansGZ 1910 Hptbl 219 steht dem Aufsichtsrat das Recht, ein Vorstandsmitglied wegen erheblicher Pflichtverletzung zu entlassen auch dann zu, wenn nach dem Statut die Entlassung Sache der Generalversammlung ist, während in SeuffArch 57, 177 gesagt wird, daß wo im Statut die Anstellung und Entlassung der Vorstandsmitglieder dem Aufsichtsrat übertragen ist, der Generalversammlung in diesem Punkt überhaupt keine Entscheidung zustehe. Ebenso, mit nicht überzeugender Begründung RG 117, 203. Die Widerruflichkeit der Bestellung ist zwingendes Recht und nur die Art der Bestellung, nicht die Art ihres Widerrufs muß nach § 182 II Z 4 im Statut geregelt werden. Soll nach dem Inhalt des Statuts die Ausübung des Widerrufs bei der Generalversammlung verbleiben, dann ist wiederum zwingendes Recht, daß diese darüber mit einfacher Stimmenmehrheit entscheidet. Denn wäre zulässig, $^3/_4$-Mehrheit zu bestimmen, dann könnte auch eine solche von $^7/_8$ oder $^9/_{10}$ bestimmt und damit praktisch das Widerrufsrecht ausgeschaltet werden. In diesem Sinne wäre aber auch jede Übertragung des Widerrufsrechts auf den Aufsichtsrat, die etwas anderes sein will als eine Delegation, eine unzulässige Erschwerung. Die in der Begründung verwertete Erschwerung der Abänderung der betreffenden Statutenbestimmung (S. 209) behält guten Sinn auch dann noch, wenn ihre Auswirkung sich auf das Recht zur Bestellung des Vorstandes beschränkt. — Hat der Vorstand die Befugnis, sich durch Kooptation zu ergänzen, so liegt darin nicht zugleich das Recht, das zugewählte Mitglied zu entlassen; a. A. Planck BGB § 27, Note 4. Nach OLG 24, 157 (KG) soll nur die Stelle die Anstellung widerrufen können, welche nach dem Statut berufen ist, die Stelle zu besetzen. Ebenso Bauer 17, 10. Wie hier Staub-Pinner § 231[16]. S. Lehmann-Ring § 231[13]. Anders Ritter § 231[6]; Goldmann § 231[27]; Makower § 231 V c; Fischer in Ehrenbergs HH III 1, 8 Z. 15 b. Note 24.

b) Der Aufsichtsrat muß über Anstellung und Entlassung unter Zuziehung aller Mitglieder beschließen; JW 1904, 100[30]. Der Vorsitzende kann damit nicht betraut werden; Ring I, 224 (KG). Nach OLG 12, 431 (KG) müssen auch alle Mitglieder dem Entlassenen die Entlassung erklären, sofern sie nicht einen von ihnen mit dieser Erklärung beauftragen. Die Bestellung usw. kann im Statut auch einem Ausschuß des Aufsichtsrats übertragen werden. RG in JW 1924. 1144[11] Staub-Pinner § 246[13].

6. a) Das Rechtsverhältnis des angestellten Vorstandsmitgliedes zur Gesellschaft wird weder im gegenwärtigen 3. Abschnitt des II. Buchs noch überhaupt im HGB behandelt. Namentlich finden auch nicht die Vorschriften in §§ 59 ff. HGB über Handlungsgehilfen Anwendung. Das Vorstandsmitglied ist nicht Handlungsgehilfe, sondern steht zu den angestellten Handlungsgehilfen der Gesellschaft in einem gewissen Gegensatz als deren Prinzipal. S. oben Erl 1 d. Das Rechtsverhältnis richtet sich nach den Vorschriften des BGB über den Dienstvertrag nach § 675, wenn die Dienste entgeltlich geleistet werden, und anderen Falles nach den Vorschriften über den Auftrag §§ 662 ff. Soweit diese Vorschriften nicht zwingenden Rechts sind, entscheiden in erster Linie die Bestimmungen des Anstellungsvertrages, bei dessen Auslegung davon auszugehen ist, daß dem Anzustellenden die Bestimmungen des Statuts bekannt gewesen sind. Vgl. GZ 35, 247[101] (Hamburg). Die Regelung, welche der Dienstvertrag ganz allgemein im BGB gefunden hat, wird nicht in jedem Punkt den besonderen Verhältnissen des Vorstandsmitgliedes einer A-Gesellschaft gerecht. Insofern erscheint es geboten, durch vertragliche Vereinbarungen Vorsorge zu treffen. Im Fall der Erkrankung besteht Anspruch auf Fortbezug der Vergütung nach § 616 BGB nur für eine verhältnismäßig nicht erhebliche Zeit. So lange aber das erkrankte Mitglied nicht entlassen worden ist, steht ihm der Anspruch auf sein Gehalt zu; ROHG 19, 61. — Was die Vereinbarung einer Konkurrenzklausel für die Zeit nach Beendi-

gung des Dienstverhältnisses angeht (vgl. § 236 und Erl dazu), so kommen dem Vorstandsmitglied nicht die Vorschriften in §§ 74, 75 HGB zu gute. Anderseits findet auf vereinbarte Vertragsstrafen gegenüber dem Vorstand nicht § 348 HGB, sondern § 343 BGB Anwendung.

Was die Verpflichtung zur Rechnungslegung angeht (BGB § 666), so kommt ihr der Vorstand als solcher durch Vorlegung der jährlichen Bilanz nebst allem, was dem anhängt (§ 260 II) nach; RG 44, 67. Er wird ferner Rechnung zu legen haben, wenn er insgesamt im Laufe des Geschäftsjahrs entlassen wird; ROHG 24, 365. Wie weit das einzelne Mitglied, wenn es entlassen wird, Rechnung legen muß, läßt sich nur von Fall zu Fall entscheiden. Im allgemeinen wird das nur insoweit geschehen müssen, als es selbständig Geschäfte geführt hat, über welches die anderen Mitglieder nicht oder nicht genügend unterrichtet sind. Die Rechnung entgegenzunehmen hat jenachdem der Rest des Vorstandes oder der Aufsichtsrat (§ 247). Anspruch des Vorstandsmitgliedes auf Entlastung besteht nur gemäß § 260 in Beziehung auf den Jahresabschluß und die Bilanzaufstellung. — Der im Lauf des Geschäftsjahres entlassene Vorstand hat weder die Verpflichtung noch das Recht darauf, sich an der Aufstellung der Jahresbilanz zu beteiligen; BauersZ 21, 49.

b) Das Recht zur Kündigung ergibt sich zunächst allgemein aus den Vorschriften des § 622 BGB in allen Regelfällen, wo das Vorstandsmitglied gegen Vergütung angestellt ist. Jeder Teil kann nach Einhaltung einer Frist von 6 Wochen auf den Schluß der nächsten oder eines der folgenden Kalendervierteljahre kündigen. (S. jetzt auch Gesetz über die Fristen für die Kündigung von Angestellten vom 9. Juli 1926 RGBl I 399.) Ohne Einhaltung einer Kündigungsfrist kann jeder Teil kündigen, wenn ein wichtiger Grund vorliegt. Dann hat das Vorstandsmitglied nur Anspruch auf die Vergütung bis zu seinem Ausscheiden und auch das nicht, wenn er kündigt, ohne durch vertragswidriges Verhalten der Gesellschaft dazu veranlaßt worden zu sein, sowie wenn die Gesellschaft kündigt, weil sie durch sein vertragswidriges Verhalten dazu veranlaßt worden ist, und in Folge seines Ausscheidens seine bisherigen Leistungen für die Gesellschaft kein Interesse haben. Außerdem besteht auf der einen wie auf der anderen Seite Anspruch auf Schadensersatz, wenn die Kündigung durch vertragswidriges Verhalten des anderne Teils veranlaßt worden ist. — Ein Fall nach § 627 BGB wird kaum jemals vorkommen; wenn das Vorstandsmitglied nur auf Tantieme angestellt ist, bedeutet das im Sinn des § 627 feste Bezüge jedenfalls dann, wenn ein Mindestbetrag garantiert ist; RG 80, 29; OLG 27, 378 (KG).

c) Hier greift in einer Weise, welche nicht ohne weiteres deutlich ist, die Vorschrift des gegenwärtigen Abs III ein, wonach die Bestellung zum Mitgliede des Vorstandes jederzeit widerruflich ist; RG in LZ 1912, 309[3].

Was heißt, daß die Bestellung zum Mitgliede des Vorstandes jederzeit widerrufen werden kann? Nach allgemeinem Recht läge es so, daß das Mitglied den Anspruch auf die Vergütung hat und verpflichtet ist, die Geschäfte zu führen, einschließlich der hierzu erforderlichen Vertretung der Gesellschaft Dritten gegenüber. Einen Anspruch darauf, beschäftigt zu werden, hat der Bedienstete nur, wenn er sich das als ein Recht bedungen hat. Die Gesellschaft ist danach jederzeit in der Lage, auf die Geschäftsführung des Mitgliedes zu verzichten unbeschadet selbstverständlich ihrer Verpflichtung, die Vergütung zu zahlen. So faßt in der Tat (in Anwendung auf die gleiche Rechtslage im Verhältnis der Gesellschaft mbH und ihres Geschäftsführers) das RG in JW 1915, 653[5] das Rechtsverhältnis auf, das durch den mit dem gegenwärtigen Abs III übereinstimmenden § 38 III GGmbH geschaffen ist (vgl JW 01, 542[11]; OLG 27, 380). Wäre das richtig, dann wäre die handelsrechtliche Vorschrift überflüssig oder ziemlich überflüssig. Auch Staub-Pinner § 231[14. 19] nimmt an, daß die Gesellschaft zwar jederzeit dem Mitglied Geschäftsführungs- und Vertretungsbefugnis entziehen kann, dagegen den Dienstvertrag kündigen und damit auflösen nur nach den allgemeinen Vorschriften des bürgerlichen Rechts. Auch Brand §§ 231, 591 meint, es könne der Widerruf auf die Vertretung und Geschäftsführung beschränkt werden, das Dienstverhältnis bestehen bleiben. Aber das sind ganz unmögliche Dinge. Man kann einem gesetzlichen Vertreter nicht die Vertretungsmacht entziehen, ohne daß er aufhört, gesetzlicher Vertreter zu sein. Allerdings kann einem offenen Handelsgesellschafter die Geschäftsführung belassen und die Vertretung genommen sein. Aber dann ist er nicht mehr gesetzlicher Vertreter, während das Vorstandsmitglied, dem man die Vertretungsmacht nimmt, überhaupt aus dem Vorstand heraus und in das Leere fällt. Man könnte ihn allerdings noch in der Geschäftsführung beschäftigen, aber nicht als gesetzlichen Vertreter, m. a. W., als Handlungsgehilfen, also in einer ganz anderen Stellung, auf die man sich erst vertraglich mit ihm einigen müßte. Man kann ihm auch nicht die Geschäftsführung entziehen und die Vertretungsmacht lassen. Denn diese läßt sich nicht beschränken und jeder Akt der Vertretung gegen Dritte ist notwendig zugleich ein Akt der Geschäftsführung. Vgl. oben Erl 1b (anders RG in Recht 08, 864). Nimmt man ihm aber Vertretung und Geschäftsführung, dann bleibt für ihn überhaupt keine Tätigkeit mehr. Dabei gibt der Wortlaut des Gesetzes ganz treffend den Sinn wieder. „Die Bestellung" kann widerrufen werden. Diese erfolgt durch den Abschluß des Dienstvertrages. Dieser Abschluß ist die Bestellung. Verfährt die Gesellschaft nach Abs III, so tut sie nichts anderes und kann nichts anderes tun, als das Vertragsverhältnis fristlos kündigen. Zutreffend OLG 32, 142 (Hamburg). — So ist denn auch da, wo durch einstweilige Verfügung des Prozeßgerichts dem Vorstand die Vertretungsbefugnis bis auf weiteres entzogen wird (OLG 42, 208 Note 6), die Verfügung so zu verstehen, daß damit auch Geschäftsführung untersagt ist. Und so ist es denn etwas besonderes, daß die Kündigung geschieht „unbeschadet des Anspruchs auf die vertragsmäßige Vergütung“. Das heißt, der Anspruch bleibt bestehen, soweit nicht nach den für den Dienstvertrag geltenden Vorschriften etwas anderes anzunehmen ist; JW 1901, 542[11]. Lag kein Grund zur fristlosen Kündigung vor, dann ist die Vergütung, wenn eine bestimmte Vertragsdauer vereinbart war, für diese Zeit, sonst für die Dauer der gesetzlichen oder vereinbarten Kündigungsfrist zu zahlen. Es handelt sich nicht um Schadensersatz, sondern um den Anspruch auf die vertragliche Gegenleistung. So schon RG 22, 36 gegenüber dem früheren, im Wortlaut verfängliche Art 227 III: unbeschadet der Entschädigungsansprüche aus bestehenden Verträgen. Lag ein wichtiger Grund zur Kündigung vor, dann ist nur der verdiente Lohn zu zahlen; § 628 I BGB. Dagegen erfährt der Abs II des § 628 BGB eine Einschränkung. Ist die Kündigung durch vertragswidriges Verhalten des Vorstandsmitgliedes veranlaßt, so ist dieses der Gesellschaft zum Ersatz des durch die Aufhebung des Dienstverhältnisses entstehenden Schadens verpflichtet. Dagegen hat das Vorstandsmitglied, welches sich durch vertragswidriges Verhalten der Gesellschaft veranlaßt sieht, seinerseits zu kündigen, nur den Anspruch auf Fortzahlung der Vergütung im oben bezeichneten Umfang, Anspruch auf Ersatz eines darüber hinausgehenden Schadens besteht nicht. Denn es ist das Recht der Gesellschaft, das Verhältnis jederzeit zu lösen. Nur aus besonderer Veranlassung, so wenn die Entlassung unrichtig und verletzend begründet wird, obendrein in auffallender schroffer Form, besteht Anspruch auf Schadensersatz; RG in BauersZ 20, 27. — Undeutlich ist, ob § 615 Satz 2 BGB entsprechend anwendbar ist, wonach der Bedienstete, wenn der Dienstherr mit Annahme der Dienste in Verzug kommt, auf seinen Dienstlohn sich das anrechnen lassen muß, was er durch anderweite Verwertung seiner Dienste erwirbt oder zu erwerben böswillig unterläßt. Gegenüber dem Anspruch auf Ersatz weiteren Schadens ergibt sich aus allgemeinen Rechtsgrundsätzen (vgl. § 254 II BGB) dasselbe. Gegenüber dem Anspruch auf die Vergütung wird es zu verneinen sein. Anders RG in Bauer 11, 2, wonach der Entlassene sich anderweiten Verdienst nur dann nicht muß anrechnen lassen, wenn er auch beim Verbleib in seiner Stellung den Verdienst hätte haben können. Wie hier RG in Bauer 22, 105. Das entlassene Vorstandsmitglied geht seines Gehaltsanspruchs nicht dadurch verlustig, daß es der Aufforderung der Gesellschaft, seine Tätigkeit wieder aufzunehmen, nicht nachkommt; RG in Bauer (22.25). Die Vergütung, welche trotz Widerrufs der Bestellung geleistet werden muß, ist nicht nur das feste Gehalt, sondern auch die jeweilige Tantieme und alle sonstigen etwa vereinbarten Nebenleistungen, Provisionen (OLG 19, 215) namentlich auch freie Kost und freie Wohnung. (Vgl. wegen der Kosten der Instandhaltung Bolze 11, 345.) In letzterem Fall wird jeder Teil verlangen können, daß an Stelle der Naturalleistung Geldleistung tritt, wenn er ein berechtigtes, das Interesse des Gegners überwiegendes Interesse daran hat; RG 22, 39. — Darin, daß der Entlassene die Dienstwohnung räumt, liegt nicht die Anerkenntnis, daß die Entlassung berechtigt war; Bolze 15, 322. — Einen vom Gericht nach § 57 ZPO oder nach § 29 BGB bestellten Vertreter kann die Gesellschaft jederzeit, aber nur so beseitigen, daß sie in rechtsgültiger Weise einen Vorstand bestellt.

d) Wird die Kündigung der Stellung im Einverständnis mit dem Gegner zurückgenommen, so liegt darin nicht Abschluß eines neuen Vertrages, vielmehr fällt die Wirkung der Kündigung lediglich fort. Ist der Aufsichtsrat befugt, die Kündigung des Vorstandes entgegenzunehmen, so kann er auch in die Zurücknahme der Kündigung wirksam einwilligen; RG 107, 166. Vgl. aber auch OLG 14, 366; KGJ 29, 98.

e) Nach § 234 ist die Entlassung des Vorstandsmitgliedes in das Handelsregister einzutragen. So lange das unterblieben ist, kommt § 15 I HGB zur Geltung. Die Aktionäre sind als solche aber nicht Dritte im Sinne dieser Vorschrift; jedenfalls kann der entlassene Vorstand nicht mit Rechtswirksamkeit eine Generalversammlung einberufen; KGJ 3, 19. — Wird eine Kündigung wieder rückgängig gemacht, so bedarf es keiner Eintragung in das Handelsregister, wenn die Entlassung noch nicht eingetragen war; RG 68, 381.

Vom Widerruf der Bestellung und der fristlosen Kündigung ist die Anfechtung des Dienstvertrages wegen Irrtums usw. nach §§ 119 ff. BGB zu unterscheiden; RG 7, 77; RG in SeuffArch 61, 42.

f) Der Widerruf der Bestellung muß entweder vom Aufsichtsrat ausgehen oder von der Generalversammlung. Soll nach dem Statut der Aufsichtsrat die Mitgliederstellen besetzen, so ist ihm damit noch nicht zugleich die Befugnis übertragen, die Bestellung zu widerrufen. So mit Recht KGJ 30, 133, doch wird überwiegend das Gegenteil behauptet. S. auch oben Erl 5 a. An dem Beschluß müssen sämtliche Mitglieder teilnehmen, jedenfalls muß ihnen Gelegenheit dazu gegeben werden. Zu unterscheiden von dem Beschluß des Widerrufs ist seine Erklärung gegenüber dem Entlassenen. Sie ist Willenserklärung, die dem Vorstandsmitglied gegenüber abzugeben ist. Daß diese Erklärung der Vorsitzende des Aufsichtsrats abgibt, liegt, wenn nicht etwas anderes bestimmt ist, so sehr in der Natur der Sache, daß man in der Beschlußfassung bereits die entsprechende stillschweigende Bevollmächtigung des Vorsitzenden erblicken kann. Vgl. JW 1904, 100[30]. Beschließt die Generalversammlung den Widerruf — was mit einfacher Stimmenmehrheit auch dann geschieht, wenn die Bestellung im Statut vereinbart worden ist (s. oben Erl 5 a) —, so muß das, wenn ein vertretungsfähiger Vorstand noch vorhanden ist, von diesem oder von dem Aufsichtsrat, anderenfalls vom Aufsichtsrat dem Entlassenen erklärt werden (§ 247). Für den Vorsitzenden des Aufsichtsrats besteht auch hier präsumptiv die Vollmacht, die Erklärung abzugeben. Beschließt die Generalversammlung den Widerruf in Gegenwart der Vorstandsmitglieder, so bedarf es keiner weiteren förmlichen Erklärung durch Vorstand oder Aufsichtsrat. Es genügt, wenn in Gegenwart des Betreffenden die Annahme des Beschlusses festgestellt wird. Bei der Abstimmung ist das Vorstandsmitglied, wenn es zugleich Aktionär ist, von der Teilnahme nicht ausgeschlossen, wenn es sich um willkürlichen Widerruf handelt, wohl aber, wenn zur Entscheidung steht, ob ein wichtiger Grund zur Entlassung vorliegt. Vgl. RG 75, 236, wo die erstere Frage offen gelassen ist; HansGZ 1910, Hptbl. 217. Steht die Entlassung mehrerer Mitglieder des Vorstandes aus wesentlich gleicher Veranlassung zur Abstimmung, so kann keiner von ihnen mitstimmen, auch wenn getrennt abgestimmt wird; HansGZ eod, auch Seuff Bl 75, 583. — Beruht der Beschluß auf Verletzung des Gesetzes oder des Statuts, so ist er, wie jeder Generalversammlungsbeschluß nichtig oder anfechtbar. Letzteren Falles kann er auch vom Vorstand angefochten werden (§ 271 IV), nicht dagegen von dem einzelnen Mitglied, welches entlassen worden ist. Es muß sich also der Gesamtvorstand (mit Stimmenmehrheit) zur Anfechtung entschließen, wobei man auch dem Entlassenen ein Stimmrecht wird einzuräumen haben. Denn jedenfalls kann, wenn der ganze Vorstand entlassen ist, dieser trotzdem noch immer in seiner Eigenschaft als Vorstand die Anfechtungsklage erheben; RG 34, 112. Übrigens ist fraglich, was mit der Anfechtung erreicht wird. Den Widerruf hat ein gesetzlicher Vertreter der Gesellschaft im Rahmen seiner Vertretungsmacht dem Entlassenen erklärt und das wird nicht dadurch aus der Welt geschafft, daß der Vertreter die Erklärung in einer irrigen Voraussetzung abgegeben hat. — Auch dadurch wird an der Entlassung nichts geändert, daß man bei der Abstimmung in der Generalversammlung von unrichtigen Voraussetzungen ausgegangen ist. Vgl. OLG 27, 380 (Braunschweig).

g) Die **Gesellschaft kann sich dieses Rechts**, die Bestellung der Vorstandsmitglieder jederzeit zu widerrufen, **nicht begeben**, weder im Statut noch im Anstellungsvertrag; ROHG 14, 85; 23, 327; OLG 8, 254. Das Gesetz will, daß die A-Gesellschaft jeder Zeit ein Vorstandsmitglied, dem sie ihr Vertrauen nicht mehr schenkt, soll abberufen können. Nach § 38 GGmbH kann im Statut einer Gesellschaft mbH bestimmt werden, daß der Geschäftsführer nur beim Vorliegen eines wichtigen Grundes entlassen werden kann. Vgl. auch § 27 II BGB. Das gilt hier nicht. Weder unmittelbar noch mittelbar kann das Widerrufsrecht ausgeschlossen oder wesentlich eingeschränkt werden. Namentlich nicht durch Ausbedingung einer Geldstrafe für den Fall unbegründeten Widerrufs, auch nicht so, daß das Mitglied überhaupt sich für den Fall des Widerrufs Leistungen versprechen läßt, welche das nach dem Gesetz Geschuldete wesentlich übersteigen. Insbesondere wäre daher auch unwirksam die Zusage, dem Mitgliede auch bei Entlassung aus wichtigem Grunde die Vergütung fortzuzahlen (RG im Recht 1911, 1502); sie ihm dann fortzuzahlen, wenn die Entlassung zwar aus wichtigem Grunde, aber nicht wegen einer mit Verlust der bürgerlichen Ehrenrechte bedrohten Handlung erfolgt, HansGZ 1910, 220; RG 75, 237. Unbedenklich ist dagegen die Statutenbestimmung, daß eine Entlassung, welche den Verlust weiterer Vergütung zur Folge haben soll, wirksam nur von der Generalversammlung beschlossen werden kann; RG 82, 347.

h) Der Anspruch des entlassenen Vorstandsmitgliedes auf Fortzahlung des Gehalts usw. und auf Schadensersatz besteht nicht, wenn für die Gesellschaft **ein wichtiger Grund zur Entlassung vorlag**. Was ein wichtiger Grund ist, ist eine Frage tatsächlicher Beurteilung, die als solche der Nachprüfung in der Revisionsinstanz nicht unterliegt; JW 1906, 813[9]; 1915, 653[5]. Die Entscheidung ist nicht an Hand von § 70 HGB, sondern nach wesentlich davon verschiedenen Gesichtspunkten aus § 626 BGB zu treffen; es ist zu beachten, daß das Vorstandsmitglied nicht Handlungsgehilfe ist, sondern an der Stelle des Prinzipals steht, was je nachdem eine strengere oder auch eine mildere Beurteilung erheischt; ROHG 13, 179; RG in Holdh 20, 120; Bolze 18, 407; OLG 27, 379. Vgl. **Staub-Pinner** § 231[31].

Es müssen sehr triftige Gründe zur Entlassung vorliegen, so daß sie als eine im Interesse der Gesellschaft notwendige Maßregel erscheint; RG in LZ 1912, 309, 2; Bolze 18, 407; OLG 27, 379 (Braunschweig). — Es kommt darauf an, ob tatsächlich ein wichtiger Grund vorgelegen hat, mag auch bei der Entlassung ein anderer unwichtiger oder nicht triftiger Grund angegeben worden sein; RG 66, 372. — Auch Vorfälle aus der Zeit nach der Entlassung können von Bedeutung sein; JW 1915, 653[5] (mit anfechtbarer Begründung); s. aber auch OLG 32, 142 (Hamburg). — Ein Verhalten, welches von der Generalversammlung geprüft und gebilligt worden ist, kann wichtiger Grund nicht sein; LZ 1915, 1401 (München). — Hat die Gesellschaft auf den gesetzlichen

Termin gekündigt, so kann sie das Mitglied nicht mehr aus demselben Grund fristlos entlassen; RG in Bauer 20, 171.

Als wichtiger Grund finden sich in der Rechtsprechung anerkannt: Unrichtige Buchführung Bolze 2, 1125; Unterlassung der Führung einer Kreditfähigkeitsliste Bauer 25, 83; Verwendung der Arbeitskraft für eigene Zwecke; Vorbereitung künftiger Konkurrenz Bolze 18, 407; OLG 27, 379; Verschuldung JW 1905, 365[1]; Börsenspiel RG 53, 266 (wer gegen Ansprüche aus Börsenspiel den Differenzeinwand vorbringt, tut nur, wozu das Gesetz ausdrücklich ihm das Recht verleiht und kann damit nicht gerechten Anlaß zu seiner Entlassung geben); Eigenmächtigkeit (Selbstbeurlaubung) RG in Holdh MS 15, 51; KG in BauersZ 20, 170; Unbotmäßigkeit gegenüber dem Aufsichtsrat Bolze 5, 761; RG in Holdh MS 1908, 213; ROHG 21, 376; Unverträglichkeit der Vorstandsmitglieder untereinander BauersZ 17, 122; Vertrauensbruch, Indiskretion ROHG 21, 376; Bolze 18, 407; Bauer 22, 50; Trunksucht RG in Bauers Z 20, 171; Akzeptieren von Wechseln im Namen der Gesellschaft zur Deckung eigener Verbindlichkeiten RG in Holdh MS 1906, 18; Annahme von Schmiergeldern ROHG 21, 375; von nachträglich gezahlten Provisionen ROHG 13, 179; RG in LZ 1919, 212[3]; Spekulieren gegen die Gesellschaft RG 75, 239; Unwahre Angaben in Beziehung auf Abschreibungen in der Generalversammlung RG in Holdh MS 20, 280; Bestechlichkeit, Eigennutz ROHG 13, 184.

i) Ein wichtiger Grund zur Entlassung setzt aber nicht immer ein Verschulden des Vorstandsmitgliedes voraus. So kann lange Krankheit die Entlassung rechtfertigen, ROZHG 19, 61. Vgl. RG in LZ 09, 75 (Reduktion der Zahl der Geschäftsführer einer Gesellschaft mbH).

Das Mitglied, welches durch schuldhaftes Verhalten einen wichtigen Grund zur Entlassung gegeben hat, kann sich nicht darauf berufen, daß die übrigen Mitglieder des Vorstands oder auch des Aufsichtsrats von seinem Tun Kenntnis gehabt und es gebilligt haben, wenn dieses Verhalten der anderen ebenfalls zu mißbilligen ist. — Darin, daß die Gesellschaft sich auflöst und in Liquidation tritt, liegt im allgemeinen kein Grund, welcher die Kündigung rechtfertigt; RG 24, 70. Das Dienstverhältnis leidet überhaupt keine Unterbrechung, wenn das Vorstandsmitglied zum Liquidator oder Mitliquidator bestellt wird; RG eod.

k) Nicht gerechtfertigt erscheint, wenn LZ 1910, 166 dem entlassenen Geschäftsführer einer Gesellschaft mbH wegen seiner Ansprüche das Zurückbehaltungsrecht an den in seinen Händen befindlichen Geschäftsbüchern, Skripturen, Patenturkunden, Modellen, Schlüsseln (!) der Gesellschaft zuerkennt. Diese Dinge befinden sich während seiner Geschäftsführung — mag es sich um den Geschäftsführer einer Gesellschaft mbH oder um den Vorstand einer A-Gesellschaft handeln — nicht in seinem Besitz, weder mittelbarem noch unmittelbarem, sondern im unmittelbaren Besitz der A-Gesellschaft, den für diese stellvertretend der gesetzliche Vertreter ausübt (Planck BGB § 854[5]; M. Wolff Sachenrecht § 5 I). Er begeht, wenn er sie bei seiner Entlassung an sich nimmt oder nicht herausgibt, verbotene Eigenmacht; nach § 273 II BGB steht ihm kein Zurückbehaltungsrecht an den Sachen zu, die er vielmehr nach § 861 BGB unter Ausschluß aller petitorischen Einreden herausgeben muß.

l) Im Statut kann darüber ausdrücklich bestimmt werden, was als wichtiger Grund gelten soll. Das bedeutet nicht, daß nur in solchen Fällen Entlassung zulässig sei, es bedeutet vielmehr nur, daß in den genannten Fällen der Entlassene keinen Anspruch auf weitere Vergütung hat. Dagegen kann es wiederum nicht bedeuten, daß in allen nicht genannten Fällen der Anspruch auf weitere Vergütung begründet sein soll. Weil § 626 BGB zwingendes Recht ist, kann eine solche Statutenbestimmung nicht den Sinn erschöpfender Aufzählung haben.

7. a) Die Frage, ob und wie das Vorstandsmitglied die Stellung kündigen, sein Amt niederlegen oder was dasselbe bedeutet (seltsam verkannt in OLG 27, 381, Braunschweig), fristlos kündigen kann, richtet sich durchweg nach den Vorschriften des bürgerlichen Rechts. Aus wichtigem Grunde kann fristlos gekündigt werden, ohne ihn muß die vereinbarte Zeit eingehalten werden (BGB § 620). Es darf aber nicht zur Unzeit gekündigt werden, es sei denn, daß auch hierfür ein wichtiger Grund vorliegt; BGB § 675, 671 II. Vgl. RG 13, 50. Ist eine feste Zeit nicht vereinbart, oder ist das Verhältnis über die vereinbarte Zeit hinaus fortgesetzt worden, so kann jeder Zeit unter Einhaltung einer Kündigungsfrist von 6 Wochen auf den Schluß des laufenden oder eines späteren Kalendervierteljahres gekündigt werden (BGB § 621 IV). Im Fall des § 624 BGB (vertragsmäßige Dauer von mehr als 5 Jahren) ist nach 5 Jahren Kündigung mit 6 Monate Frist zulässig. — Leistet das Vorstandsmitglied die Dienste unentgeltlich, so kann es jederzeit kündigen, aber nur so, daß die Gesellschaft wegen anderweiter Besorgung der Geschäfte Fürsorge treffen kann (BGB § 671 II). — Wichtiger Grund zur Kündigung kann für ein Vorstandsmitglied insbesondere darin liegen, daß die Gesellschaft ihm nicht die einem Leiter des Unternehmens, dem Prinzipal, gebührende Stellung einräumt, ihm mit entwürdigendem Mißtrauen begegnet u. a.; RG in Holdh MS 20, 118; LZ 1911, 302[36]; OLG 16, 118; 32, 111; Bauer 15, 16; 22, 98. — Nach OLG 27, 380 (Braunschweig) wäre das Vorstandsmitglied, welches aus triftigem Grund das Amt niedergelegt hat, dagegen machtlos, daß die Generalversammlung mit unrichtiger Begründung seine Entlassung beschließt. Auf Verlegung des Sitzes der Gesellschaft

brauchen die Vorstandsmitglieder sich nicht einzulassen, wenn mit dem Wechsel des Wohnsitzes für sie Mehrkosten verbunden sind. So wenigstens RG in Bauer 22, 104 in Beziehung auf den Geschäftsführer einer Gesellschaft mbH.

b) Die Kündigung muß einem der anderen Vorstandsmitglieder erklärt werden, was auch dann genügt, wenn Kollektivvertretung besteht; OLG 14, 366. Sind weitere Vorstandsmitglieder nicht vorhanden, so ist die Erklärung dem Aufsichtsrat gegenüber abzugeben. Es muß genügen, wenn es dem Vorsitzenden des Aufsichtsrats gegenüber geschieht. Wenn alle Mitglieder des Vorstandes gemeinsam oder gleichzeitig kündigen, ist das ebenfalls dem Aufsichtsrat zu erklären.

Das ausscheidende Vorstandsmitglied hat Anspruch auf ein Zeugnis gemäß § 630 BGB, das nicht vom Aufsichtsrat, sondern vom Vorstand der A-Gesellschaft auszustellen ist; OLG 27, 379 (Braunschweig). — Durch die Kündigung enden das Amt des Vorstandsmitgliedes und seine Verbindlichkeiten nur, wenn die Kündigung sich als begründet erweist.

8. Durch die Auflösung der Gesellschaft wird an und für sich der mit den Vorstandsmitgliedern geschlossene Dienstvertrag nicht berührt; RG 5, 7; 9, 14; 24, 70; namentlich also auch dadurch nicht, daß das Vorstandsmitglied Liquidator wird. Im Konkurs der A-Gesellschaft kommt auf ihr Verhältnis zu den Vorstandsmitgliedern der § 22 KO zur Anwendung, nicht etwa § 23 II KO; RG in LZ 1909, 689[9]; anders SeuffArch 62[221] (Breslau); Makower § 231 II b 1. Bei § 23 II ist an Fälle, wie die in § 362 HGB behandelten zu denken. Der Vorstand einer A-Gesellschaft besorgt ihre Geschäfte, nicht Geschäfte für sie. Die Geschäfte der Gesellschaft sind nicht — wie es in § 362 HGB lautet — Geschäfte eines anderen, sondern die eigenen Geschäfte der Gesellschaft, als deren Organ der Vorstand handelt. Vgl. Brodmann in EhrenbergsHH IV, 2 S. 33 f.; Jaeger in LZ 1913, 355 ff. und KO § 22[10]. — Sehr bestritten ist, ob das Vorstandsmitglied wegen seines Gehaltsanspruchs usw. den Vorrang gemäß § 61 Z. 1 (Lidlohn) genießt. Dafür (mit Ausnahme von zugesagten Provisionen) OLG 19, 215 (Frankfurt); dagegen mit überzeugender Begründung LZ 1912, 718 (Frankfurt). Ebenso, nur mit einer wenig glücklichen Einschränkung JW 1926, 2103[9] (Celle) und dazu Fußnote von Pick (zustimmend). Nach der Auffassung der Gegner müßten auch die Mitglieder des Aufsichtsrats wegen ihrer Tantieme den Vorrang des Lidlohnes beanspruchen können. Wie hier Jaeger KO § 61[14] a. E.; a. A. Staub-Pinner § 231[34]; Brand S. 593. — Eigentümlich ist die Rechtslage, wenn der Konkursverwalter das Dienstverhältnis kündigt. Damit endet der Dienstvertrag, während die Gesellschaft auch während des Konkurses nicht ohne gesetzliche Vertretung sein kann. Vgl. KGJ 48, 134; Ring II 213 (München); OLG 27, 380 und oben Erl 5 c. Die Gesellschaft hat aber kein Geld, um die Vorstandsmitglieder zu entlohnen. Da auch im Interesse der Abwicklung des Konkursverfahrens liegt, daß der Gemeinschuldner vertreten ist, dürfte in entsprechender Anwendung des § 132 KO liegen, daß der Gesellschaft aus der Konkursmasse die Mittel gewährt werden, um eine dem Maß der noch verbleibenden Tätigkeit des Vorstandes entsprechende Vergütung zu zahlen.

9. Wegen Verjährung der Ansprüche des Vorstandsmitgliedes s. BGB § 196 Z. 8.

§ 232[1].

Zu Willenserklärungen, insbesondere zur Zeichnung des Vorstandes für die Gesellschaft, bedarf es der Mitwirkung[3] sämtlicher Mitglieder des Vorstandes, sofern nicht im Gesellschaftsvertrag ein Anderes bestimmt ist[2]. Der Vorstand kann jedoch einzelne Mitglieder zur Vornahme bestimmter Geschäfte oder bestimmter Arten von Geschäften ermächtigen[4]. Ist eine Willenserklärung der Gesellschaft gegenüber abzugeben, so genügt die Abgabe gegenüber einem Mitgliede des Vorstandes[5].

Steht nicht jedem einzelnen Vorstandsmitgliede die selbständige Vertretung der Gesellschaft nach dem Gesellschaftsvertrage zu, so kann durch diesen bestimmt werden, daß die Vorstandsmitglieder, wenn nicht mehrere zusammen handeln, in Gemeinschaft mit einem Prokuristen zur Vertretung der Gesellschaft befugt sein sollen[2]. Auch kann durch den Gesellschaftsvertrag der Aufsichtsrat ermächtigt werden, einzelnen Mitgliedern des Vorstandes die Befugnis zu erteilen, die Gesellschaft allein oder in Gemeinschaft mit einem Prokuristen zu vertreten[6]. Die Vorschriften des Abs. 1 Satz 2, 3 finden in diesen Fällen entsprechende Anwendung.

1. Vgl. hierzu § 125 HGB, ferner GGmbH § 35, GenG § 25; undeutlich §§ 26, 28 BGB (s. Erl 2 a zu § 231).

2. a) Der § 232 bestimmt einzeln folgendes:

a) Wenn der Vorstand aus mehr als einem Mitglied besteht, so ist die Regel, daß er namens der Gesellschaft wirksam Willenserklärungen nur so abgeben kann, daß alle Mitglieder mitwirken;
b) im Gesellschaftsvertrag kann ein Anderes bestimmt werden;
c) wo im Gesellschaftsvertrag nicht Einzelvertretung bestimmt ist, kann bestimmt werden, daß Willenserklärungen durch einzelne Vorstandsmitglieder in Gemeinschaft mit einem Prokuristen wirksam abgegeben werden.
d) im Gesellschaftsvertrag kann der Aufsichtsrat ermächtigt werden, einzelnen Mitgliedern des Vorstandes die Befugnis zu erteilen, die Gesellschaft allein oder in Gemeinschaft mit einem Prokuristen zu vertreten.
e) Der Vorstand kann, ohne daß es im Gesellschaftsvertrag ausdrücklich gesagt ist, einzelne Mitglieder im Fall c und d auch den oder die Prokuristen zur Vornahme bestimmter Geschäfte ermächtigen.
f) Zur Entgegennahme von Willenserklärungen, welche an die Gesellschaft gerichtet sind, ist in allen vorgenannten Fällen jedes einzelne Vorstandsmitglied und jeder einzelne Prokurist ermächtigt.

Rein begrifflich ist es richtig, daß, wo der Vorstand aus mehreren Mitgliedern besteht, diese nur in Gemeinschaft die Gesellschaft vertreten können (Kollektivvertretung), während die Einzelvertretung sowohl als auch die beschränkte Kollektivvertretung, wonach von drei Mitgliedern immer je zwei Mitglieder, von vieren je zwei oder je drei usw. die Gesellschaft vertreten können, eine aus praktischem Gesichtspunkt zugelassene Ausnahme bildet. Die gesetzliche Vertretung kann ihrem Umfang nach nicht rechtsgeschäftlich eingeschränkt werden (§ 235 II) und darin, daß die Gesellschaft nicht eine einzelne Persönlichkeit zum Vorstand bestellt, sondern ein Kollegium, liegt keine Einschränkung des Umfanges der Vertretungsmacht, sondern die Beschränkung des einzelnen Migtliedes des Vorstandes in Ausübung der Vertretung. Nicht die Regel der Kollektivvertretung durch alle Mitglieder bedarf der Rechtfertigung, sondern die Ausnahme, die Fülle der Macht in der Hand einzelner von Mehreren und ihre Rechtfertigung liegt, wie gesagt, im praktischen Bedürfnis. — Das Gesetz spricht im ersten Absatz von Abgabe von Willenserklärungen für die Gesellschaft, im zweiten Absatz allgemein von der Vertretung der Gesellschaft. Offenbar ist mit beiden Ausdrücken dasselbe gemeint.

b Der Gesellschaftsvertrag muß notwendig (§§ 182 II Z. 4, 309, 310) darüber bestimmen, wie der Vorstand zusammengesetzt sein soll, ob aus einem oder aus mehreren Mitgliedern; er braucht aber letzteren Falles darüber nichts zu sagen, in welcher Form, d. h. in welcher der mehreren nach gegenwärtigem Paragraphen zugelassenen Kombinationen die Vertretung stattfinden muß. Es gilt, wenn darüber nichts gesagt ist, was die Doktrin fordert. Es müssen ausnahmslos alle mitwirken. Soll es anders sein, dann muß das Statut entweder selbst bestimmen, wie es sein soll, oder es muß in ihm dem Aufsichtsrat die Ermächtigung erteilt werden, es zu tun. Es dürfte nichts im Wege stehen, beides zu kumulieren, d. h. den Aufsichtsrat zu ermächtigen, im Falle eines auftretenden Bedürfnisses eine von der statutarischen Bestimmung abweichende Regelung zu treffen.

So stehen für die Gestaltung, welche man der Handhabung der gesetzlichen Vertretung geben will, die verschiedensten Kombinationen zur Verfügung und tatsächlich herrscht denn auch eine bunte und keineswegs erfreuliche Mannigfaltigkeit. Aber nicht alles ist zulässig; OLG 11, 36; KGJ 52, 98.

Zunächst ist unzulässig — weil nach ganz anderer Richtung gehend — die Beschränkung der Vertretungsmacht des einzelnen auf einen bestimmten Geschäftsbereich, z. B. auf den Betrieb einer Zweigniederlassung; OLG 1, 188; KGJ 20, 77; RJA 17, 105, oder die Beschränkung der Kollektivvertretung auf bestimmte Gegenstände, z. B. auf den Grundstücksverkehr KGJ 42, 170; 44, 137, auf den Wechselverkehr; auf Anstellung von Prokuristen RJA 17, 93 (KG). — Nach RG 24, 27 wäre es zulässig, neben allgemeiner Kollektivvertretung einem Vorstandsmitglied in Beziehung auf Quittungen über eingehende Postsendungen Einzelvertretung zu verleihen. Streng genommen ist das nicht richtig und wird auch durch kein Bedürfnis gerechtfertigt, da zu diesem Zweck rechtsgeschäftliche Vollmacht erteilt werden kann, Abs I Satz 2; RJA 12, 32. S. auch unten Erl 4 a. Unzulässig (und unwirksam) ist auch, aus einem etwas anderen Gesichtspunkt die Bestimmung, daß alle Verpflichtungen über einen bestimmten Geldbetrag hinaus durch ein Mitglied des Aufsichtsrats mit unterschrieben werden müssen, um für die Gesellschaft verbindlich zu sein; der Registerrichter ist im Recht, wenn er ablehnt, in dieser Gestalt des Gesellschaftsvertrages die Gesellschaft einzutragen; KGJ 3, 14. Die Statutenbestimmung, daß das einzige Vorstandsmitglied gegenüber der Gesellschaft gehalten sei, alle sie verpflichtenden Urkunden von einem Prokuristen gegenzeichnen zu lassen (BauersZ 16, 193) enthält zwar keine Beschränkung der Vertretungsmacht, dürfte aber der dem Vorstand vom Gesetz verliehenen Stellung widersprechen und muß beanstandet werden.

Was sodann die Gestaltung der Kollektivvertretung angeht, so lassen sich die hier einzuhaltenden Schranken dahin bestimmen, erstens, daß die Vertretungsmacht des einzigen Vorstandsmitgliedes und bei Kollektivvertretung die der mehreren zusammengenommen an eine weitere Mitwirkung nicht gebunden werden kann. (RJA 1, 50; 5, 242 (KG); nicht deutlich, aber jedenfalls unzulässig die in KGJ 15, 97 gebilligte Bestimmung; unzulässig auch die Bestimmung in OLG 6, 467: Alle Erklärungen müssen von zwei Mitgliedern des Vorstandes in Gemeinschaft mit einem Prokuristen abgegeben werden); zweitens, daß wer selbständig zur Vertretung befugt ist, nicht zugleich berufen sein kann, die Vertretungsmacht eines anderen zu ergänzen. Ersterer Satz ist nicht bestritten, letzterer dagegen durchaus. Anders z. B. KGJ 15, 97, anscheinend auch KGJ 2, 20; ferner OLG 27, 375 (KG); vgl. auch den Fall RG 66, 241, in welchem das Gericht keine Veranlassung hatte, auf die Unzulässigkeit der Regelung der Vertretung einzugehen. Aber es ist doch ein natürlicher Gedanke, daß eine Vertretungsmacht gar keinen Sinn mehr hat, die nur da anerkannt wird, wo sie überflüssig ist. Vgl. RG 40, 17, wo der entscheidende Gesichtspunkt nicht berührt wird, ebensowenig in RG 90, 21, wo nur eine unrichtige Begründung des Richtigen mit zutreffenden Gründen zurückgewiesen wird; RJA 13, 222, wo der richtige Gesichtspunkt hervorgehoben, aber mit nichtssagenden Wendungen erledigt wird; RJA 11, 213. Vgl. die Ausführungen bei Brand § 232, 4 b. Sehr bezeichnend dagegen OLG 28, 352 (Hamburg), wo der richtige Gedanke ganz schlicht, wie etwas selbstverständliches ausgesprochen wird; das Gericht billigt die Zurückweisung einer Anmeldung zum Handelsregister, die von einem Vorstandsmitglied und einem Prokuristen beschafft war: „In der Feststellung, daß ein Vorstandsmitglied zur Vertretung der Gesellschaft in Gemeinschaft mit einem Prokuristen befugt ist, ist auch die Feststellung enthalten, daß ein Vorstandsmitglied allein eben nicht zur Vertretung befugt ist." — Es ist wohl richtig, daß im Verkehr das Überflüssige der Anordnung oft nicht in die Erscheinung treten wird, weil die Rechtsgeschäfte des Beschränkten dadurch gültig sind oder gültig werden, daß der Unbeschränkte vorher oder nachher seine Zustimmung erteilt. Aber das ändert nichts am Grundsätzlichen und rückt nur in das volle Licht, daß mit solcher Anordnung das Vorstandsmitglied zum Handlungsgehilfen gemacht wird. Um auf diesem Wege mit Wirksamkeit für die Gesellschaft Rechtsgeschäfte abzuschließen, bedarf es überhaupt keiner Vertretungsmacht des Handelnden. — Völlig verkannt wird der Zusammenhang der Dinge in CBlFG 1, 974 (letzter Absatz auf S. 975), wonach bei Kollektivvertretung des einzigen Vorstandsmitgliedes mit einem Prokuristen überhaupt nur noch Vertretung der Gesellschaft durch Prokura stattfände. Dagegen entspricht es dem hier Gesagten oder vielmehr es setzt das hier Gesagte stillschweigend als selbstverständlich voraus, wenn OLG 27, 352 (Hamburg) erklärt, daß aus der Anordnung der Kollektivvertretung durch Vorstandsmitglied und Prokurist deutlich hervorgehe, daß das Vorstandsmitglied nicht Alleinvertretung habe. Übrigens soll das hier Gesagte nur bedeuten, daß der Registerrichter eine solche Bestimmung beanstanden muß. Ist sie unbeanstandet geblieben, so muß nach ihr gelebt werden; insofern hatte RG 40, 17 keine Veranlassung, auf die Frage einzugehen.

Die Ergänzung durch Mitwirkung eines Prokuristen ist nur unter bestimmten Voraussetzungen zulässig. Die Worte des Gesetzes sind nicht ganz deutlich. Aber gemeint ist offenbar, daß wo und insoweit als Kollektivvertretung mehrerer Vorstandsmitglieder besteht, an Stelle eines Mitglieds auch ein Prokurist soll eintreten können und zwar von Fall zu Fall, je nach Bedarf. Geht man streng nach dem Wortlaut des Gesetzes, dann gelangt man zu einem etwas anderen Ergebnis. Dann würde z. B. neben der Bestimmung, daß immer nur je drei Vorstandsmitglieder die Gesellschaft vertreten können, zulässig sein, zu bestimmen, daß es auch genügt, wenn mit einem Prokuristen nicht zwei, sondern nur ein Vorstandsmitglied zusammenwirkt. Es könnte auch bestimmt werden, daß der Prokurist nur den einen der mehreren Kollektivvertreter ersetzen kann, die andern nicht. Dagegen wäre unzulässig zu bestimmen, daß das eine Vorstandsmitglied allein, das andere nur zusammen mit einem Prokuristen oder zusammen entweder mit dem anderen Mitglied oder mit einem Prokuristen Vertretungsmacht haben. Es ist auch nicht zulässig, „den Prokuristen dahin zu beschränken, daß er nur mit einem Vorstandsmitglied, dieser aber allein zeichnen darf", noch weniger „dem Prokuristen Einzelvertretungsbefugnis zu verleihen (soweit damit etwas anderes gemeint ist als Prokura) und allen oder einzelnen Vorstandsmitgliedern Vertretung nur mit einander oder mit einem Prokuristen zu gestatten". Goldschmit AG § 232[13]. Es handelt sich um eine äußerst singuläre Vorschrift (s. das Folgende), in deren Auslegung die herrschende Lehre, z. B. auch Staub-Pinner § 232[17], viel zu weit geht.

Durch die Vereinigung von Vorstandsmitglied und Prokurist zu kollektiver Vertretung wird nicht die Vertretungsmacht der Vorstandsmitglieder entsprechend eingeengt, sondern die Vertretungsmacht des Prokuristen entsprechend erweitert. A. A. ZBlFG 1, 974; OLG 27, 375 (KG); ROHG 8, 340; Goldmann § 125[30]; Makower § 232 III a; wie hier derselbe § 125 IV d; Lehmann-Ring § 232[6] a. E.; Brand §§ 125[4] d, 232[4]; KGJ 15, 97; 43, 162; Recht 1907, 2817 (München). — Es sollte daher auch ausgeschlossen erscheinen, daß ein solcher Prokurist daneben noch die Vertretungsmacht der Einzelprokura behält. Anders OLG 43, 282 (KG). Man kann die Vollmacht des Prokuristen unter bestimmten Voraussetzungen auf den Betrieb eines Zweiggeschäfts beschränken. Eine solche Beschränkung bleibt aber wirkungslos, wenn man ihm nur Vertretungsmacht in Verbindung mit einem Vorstandsmitglied gibt. A. A. Makower § 235

III b 2 auf Grund seiner überwiegend abgelehnten Auffassung, daß die A-Gesellschaft mehrere Firmen führen kann. Überhaupt ist der Fall, daß ein Vorstandsmitglied nur zusammen mit einem Prokuristen die Gesellschaft vertreten kann, immer so zu denken, daß der Prokurist ebenfalls nicht allein, sondern mit einem Vorstandsmitglied oder einem anderen Prokuristen zusammen handeln kann. Ferner kann denn auch an zwei Prokuristen zwar Gesamtprokura (§ 48 II HGB) erteilt werden, aber nicht die kollektive Vertretungsmacht im Sinn des gegenwärtigen Paragraphen; RG 66, 241; KGJ 52, 98; anders und nicht zutreffend BauersZ 19, 130; ferner mit nicht überzeugender Bergündung D. 92: „daß der Umfang der gemeinsamen Vertretungsmacht des Gesellschafters und des Prokuristen sich nach dem Umfange der Vollmacht des letzteren richtet, bedarf keiner besonderen Hervorhebung (?); mit der Unbeschränkbarkeit der Vertretungsbefugnis des Gesellschafters steht dies nicht in Widerspruch; denn die Beschränkung hat nicht in der Vertretungsmacht des Gesellschafters, sondern in derjenigen des Prokuristen ihren Grund". Die Stelle spricht von der offenen Handelsgesellschaft im Hinblick auf die entsprechende Vorschrift in § 125; auf die A-Gesellschaft trifft das Gesagte jedenfalls nicht zu. Man kann die Vertretungsmacht des Vorstandsmitgliedes in ihrer Handhabung (ob allein, oder mit einem anderen zusammen) dagegen nicht in ihrem Umfang beschränken. In der Reduktion seiner Vertretungsmacht — gleichviel ob kollektiv oder nicht — auf den Umfang der Prokura läge aber eine Beschränkung des Umfanges der Vertretungsmacht und es ist gleichgültig, worin diese ihren Grund hat; sie ist überhaupt unzulässig. Dagegen steht nichts im Wege, die Prokura — hier in Gestalt der Kollektivvertretung — rechtsgeschäftlich zu erweitern. Beachtet man, was der Gesetzgeber allerdings nicht beachtet zu haben scheint, daß gesetzliche Vertretung und rechtsgeschäftliche Bevollmächtigung im Grunde verschieden sind, und wird man ferner annehmen müssen, daß die Kollektivvertretung nach § 232, wie auch immer sie gestaltet sein mag, gesetzliche Vertretung ist, so ist klar, daß die hier in Rede stehende, durch die Novelle von 1900 eingeführte Form der Kollektivvertretung eine Singularität ist, die nur der positiven Vorschrift ihre Existenz verdankt. Ganz anders die herrschende Lehre, wie sie bei Staub-Pinner § 232[17] und [27] zur Darstellung kommt. — Eine Ausdehnung der Vorschrift auf Handlungsbevollmächtigte, die nicht Prokura haben, ist daher ausgeschlossen. A. A. Makower § 125 IV b. Wie hier Goldmann § 125[31]; Staub-Pinner § 232[18]. — Die Kollektivvertretung ist der natürliche Ausfluß der Zulässigkeit gesetzlicher Vertretung durch ein Kollegium. Sie ist eine Singularität, welche über diesen Rahmen hinaus, d. h. bei rechtsgeschäftlicher Stellvertretung nur auf Grund positiver Vorschrift zulässig erscheint. Das Letztere ist der Fall bei der Prokura. Die Musterkarte zulässiger Kombinationen und damit die Unsicherheit im Verkehr wird dadurch auf die Spitze getrieben, daß die Rechtslehre schrankenlos auch für die Stellvertretung, also namentlich auch bei Handlungsbevollmächtigten und Handlungsbevollmächtigten in Verbindung mit Prokuristen Kollektivvertretung zuläßt, letzteres obendrein mit der Einschränkung auf bestimmte Geschäfte oder bestimmte Arten von Geschäften, wodurch dann entsprechend wiederum der Zweifel auftaucht, was dabei herauskommt, Handlungsvollmacht oder Prokura, ob der Handlungsbevollmächtigte Prokurist wird oder der Prokurist Handlungsbevollmächtigter. Für letzteres RJA 17, 102, Titze in EhrenbergsHH II 961. Dabei steht hier der Dritte vor einer Komplikation, über welche ihm nicht einmal das Handelsregister, wenn er es einsehen wollte, Aufschluß geben würde! Im Fall RJA 17, 102 hätte das OLG dem Registerrichter wenigstens insofern nicht in den Arm fallen sollen, als dieser eine bestimmte und deutliche Formulierung dessen gefordert hatte, was angemeldet sein und eingetragen werden solle. Aber überhaupt kann unmöglich Rechtens sein, daß jemand zugleich Prokurist und einfacher Handlungsbevollmächtigter und dann wieder gesetzlicher Vertreter ist, je nachdem ob er mit A oder B oder C zusammen handelt oder ihrer Zustimmung sich erfreut!

c) Die Bestimmung, daß wo das Statut schweigt, die Mitglieder des Vorstandes die Gesellschaft wirksam nur in ihrer Gesamtheit vertreten können, ist doktrinär und erscheint vom praktischen Standpunkt aus verfehlt. Dem Mann der Praxis und des Verkehrs liegt die Vorstellung von der Kollektivvertretung ferner und die wenigsten werden, wenn sie im Handelsregister oder in der öffentlichen Bekanntmachung (§ 198, 199 I) lesen, daß der Vorstand aus drei Mitgliedern besteht, das so verstehen, daß die Gesellschaft zu nichts verpflichtet ist, wenn sie nur mit einem oder zweien von diesen verhandeln und abschließen. — Wird im Statut etwas anderes bestimmt, so muß das deutlich und unmißverständlich geschehen; RJA 9, 112. Mißverständlich, jedenfalls sprachlich verfehlt wäre die Bestimmung, daß zur Zeichnung der Firma die Unterschrift zweier Mitglieder erforderlich sei. In § 25 GenG hat freilich der Gesetzgeber selbst sich dieser ungeschickten Ausdrucksform bedient. Die Form der Vertretung kann für mündliche Erklärungen keine andere sein, wie für schriftliche. Entweder ist also die Bestimmung nichtig oder es ist der richtige und einwandfreie Gedanke nur sprachlich zu eng zum Ausdruck gekommen. Die Rechtsprechung hat durchweg das letztere angenommen; ROHG 3, 183; 16, 35; RG 24, 28; 34, 56; KGJ 15, 98. Gleichwohl ist es Sache des Registerrichters, vorkommenden Falles eine solche Fassung zu beanstanden. — Die Eintragung in das Handelsregister (§ 198 II) und entsprechend die öffentliche Bekanntmachung müssen durchaus der Bestimmung des Statuts entsprechen, so wie dieses zur

Anmeldung gekommen ist. Tun sie das nicht, so kann ein Dritter der Gesellschaft gegenüber sich nicht auf die abweichende Fassung des Handelsregisters berufen. — Es ist verfehlt, wenn in Bauer 19, 130 für zulässig erklärt wird, auf Antrag Abweichungen vom Statut in das Handelsregister einzutragen, wenn es sich nicht um Erweiterung, sondern um Einschränkung der statutarischen Bestimmung handelt, verfehlt zumal auch deswegen, weil es sich hier überhaupt nicht um einen eindeutigen Gegensatz handelt. Daß zwei Prokuristen Kollektivprokura haben, ist nicht mehr oder weniger, sondern etwas anderes als daß ein Vorstandsmitglied mit einem Prokuristen Kollektivvertretung hat. Vgl. KGJ 52, 98, wo obendrein die Meinung obgewaltet zu haben scheint, daß die Kollektivprokuristen als gesetzliche Vertreter fungieren sollten. Die Eintragung der Vertretungsverhältnisse in das Handelsregister wirkt an sich nicht konstitutiv. Die Anordnung, welche ohne Statutenänderung in zulässiger Weise, etwa vom Aufsichtsrat getroffen wird, ist bereits vor der Eintragung der Änderung in das Handelsregister (§ 234) rechtswirksam, so daß jedenfalls die Gesellschaft sie gegen sich gelten lassen muß, der Dritte dagegen nur gemäß § 15 I HGB. Vgl. RG 9, 90.

Im Prozeß ist die Frage, ob Kollektivvertretung besteht oder nicht, in Beziehung auf die materielle Rechtsfrage von Amts wegen zu berücksichtigen; RG in LZ 1912, 846[22].

3. In der Kollektivvertretung liegt ein — wie es scheint unentbehrlicher oder doch als unentbehrlich empfundener — Schutz der Gesellschaft, allgemeiner gesprochen des Unternehmers und Geschäftsinhabers gegen ungeschickte und namentlich gegen unehrliche Vertretung. Sie ist — als vertragliche oder statutarische Bestimmung — ganz außerordentlich beliebt und in den verschiedensten Kombinationen vertreten, die durch die Aufzählung bei Makower 125 IV c noch lange nicht erschöpft sind. Für das Publikum dagegen ist sie gefährlich. Denn einerseits ist jede Form der Kollektivvertretung viel zu schwerfällig, als daß sie praktisch gegenüber den Forderungen von Handel und Verkehr restlos eingehalten werden könnte, anderseits ist es nun einmal so und wird immer so bleiben, daß im großen und ganzen das Publikum, welches mit der Gesellschaft in Verbindung tritt, sich die statutarischen Bestimmungen über die Form der Vertretung nicht gegenwärtig hält. Um das Übel voll zu machen, haben Rechtsprechung und Rechtslehre lange Zeit das Wesen des Rechtsinstituts verkannt, wodurch es gekommen ist, daß man der Einrede der mangelnden Kollektivvertretung viel zu breiten Raum gewährte.

Zunächst ist schon die Bestimmung des Gesetzes rechtspolitisch verfehlt, daß keine Bestimmung Kollektivvertretung bedeutet. Schweigt das Statut und schweigen entsprechend Handelsregister und Bekanntmachung, so sind die wenigsten darauf geeicht, zu erkennen, daß die Gesellschaft nur verpflichtet wird, wenn ausnahmslos alle Vorstandsmitglieder mitwirken oder zustimmen. In der Rechtsprechung sodann wurde von Anfang an freilich anerkannt, daß gleichzeitiges Handeln der Vertreter wie nicht durchführbar, so auch nicht erforderlich sei; RG 106, 268; 81, 325. Es genügte, daß der eine handelt, der andere zustimmt (einwilligt, genehmigt, BGB §§ 183, 184). Aber man verlangte, daß diese Zustimmung, weil — was an sich ganz richtig ist — ein Fall des § 182 BGB nicht vorliege, dem Geschäftsgegner, dem Dritten erklärt werden müsse; eine dem handelnden Mitvertreter gegenüber abgegebene Erklärung sei ein interner und bedeutungsloser Vorgang JW 1889, 164[33]; 1905, 527[6]; RG in Recht 1907, 1783; RG 40, 18; die richtige Auffassung taucht in JW 1901, 308[13], auf, verschwindet aber wieder in RG 61, 223. Um hierbei mit dem Rechtsempfinden in Einklang zu bleiben, sah man sich gedrängt, mit der Annahme stillschweigender Erklärung weit zu gehen; RG 75, 419; Recht 1913, 511; JW 1887, 115[12]; 1911, 491[20]. Dabei geriet man auf den verfehlten Gedanken, daß es sich bei dieser Genehmigung um eine, nun wieder von dem Vertretenen, von der A-Gesellschaft abgegebene Willenserklärung handle, zu der wiederum der einzelne, also der zur Komplettierung der Vertretungsmacht noch Fehlende allein nicht ermächtigt sei und meinte dann auch, daß bei nur zwei Vertretern der Wirksamkeit der von dem einen dem anderen erklärten Zustimmung der § 181 BGB (Kontrahieren mit sich selbst) entgegenstehe; RG 80, 180; vgl. auch KGJ 21, 106: bei zwei Kollektivvertretern könnte wohl der eine dem anderen begrenzte Handlungsvollmacht erteilen (ebenso Recht 1905, 1629, Karlsruhe), bei drei Vertretern müsse aber der Dritte mitwirken". Erst die Fassung der Novelle von 1900 (§§ 125 II, 232 I 2, Bestimmungen, welche in Wahrheit mit der Frage nichts zu tun haben) hat die Bresche gelegt, welche der Entscheidung RG 81, 325 die Wege bahnte. S. auch RG 101, 343. Aber den einen durchschlagenden Gedanken, der die ganze voraufgegangene Rechtsprechung ins Unrecht setzt, spricht auch das Reichsgericht nicht aus. Die Kollektivvertretung soll Schutz gewähren gegen Ungeschick und Unehrlichkeit des Einzelvertreters. Aber der Schutz geht naturgemäß nicht weiter, als das Mittel reicht. Er soll auch gar nicht weiter gehen. Das Publikum und seine Interessen sind auch noch da. Sind beide Vertreter ungeschickt oder unehrlich, dann versagt der Schutz und muß er versagen. Hierfür kann es nicht darauf ankommen, ob nach außen beide handeln oder nur einer. Entscheidend ist allein, ob untereinander die beiden von einander wissen und mit einander einverstanden sind. Das ist, was für die Gesellschaft präjudizierlich ist, mögen Kenntnis und Zustimmung, Einverständnis im voraus Tatsache geworden sein, oder gleichzeitig oder nachträglich, gleichviel auch, ob dem Dritten und wie ihm Kenntnis davon gegeben ist. S. hierzu Titze in EhrenbergsHH II S. 942[9]. Zutreffend macht aber RG 81, 329 zwei Einschränkungen. Die interne Genehmigung hat keine Bedeutung, wenn inzwischen der Vertreter, welcher das Rechtsgeschäft getätigt hat, nicht mehr das Geschehene will, und zweitens, die interne Erklärung überhaupt setzt voraus, daß die Erklärung des handelnden Vertreters sich nach außen als fertige Vertragserklärung darstellt: „Ist z. B. die Urkunde von einem der beiden Vertreter unterschrieben, so darf dieser das so gezeichnete Schriftstück nicht erkennbar als bloßen Entwurf behandelt haben". Nimmt der Gegner eine in diesem Sinne unfertige Willenserklärung entgegen, so finden §§ 177, 178 BGB entsprechende Anwendung. Ebenso § 180; die Entscheidung JW 1898, 164 wäre nur richtig, wenn der Gekündigte die Kündigung durch einen Vertreter beanstandet hätte, wovon nichts verlautet. — Bei der Allgemeingültigkeit des Prinzips liegt kein Grund vor, formbedürftige Willenserklärungen hier anders als formlose zu beurteilen; JW 1901, 578[9] (Wechselunterschrift); RG 63, 96 (Aktienzeichnung). Im Grunde auch RG 106, 269. Aber der Gegner hat den Anspruch, daß die korrekte Form gewahrt wird, und die Erklärung wird, wenn das geltend gemacht wird, anders nicht wirksam. — In Akten der freiwilligen Gerichtsbarkeit hat der Richter auf korrekter Form der Erklärung zu bestehen. Die Entscheidung KGJ 20, 75 ist in diesem Punkt sicherlich zutreffend.

Aus dem Gesagten ergibt sich, daß die ergänzende Genehmigung des Kollektivvertreters auch stillschweigend, richtiger durch konkludente Handlung erklärt werden kann und daß die Erklärung nicht der für das Rechtsgeschäft selbst vorgeschriebenen Form bedarf; RG 101, 342; JW 1901, 518[9]. Vgl. auch RG 85, 261 (Bürgschaft). — Es kommt nichts darauf an, ob der genehmigende Kollektivvertreter bereits Mitglied des Vorstandes war, als das Rechtsgeschäft getätigt wurde; JW 08, 151[26]. Offen gelassen wird hier die Frage, ob die Genehmigung auch noch erteilt werden kann, nachdem das Mitglied, welches das Rechtsgeschäft vorgenommen hat, ausgeschieden ist. In solchem Fall wird viel auf die begleitenden Vorgänge ankommen. Das Ausscheiden allein ist aber kein Grund, der nachträglichen Genehmigung ohne weiteres die Wirksamkeit zu versagen.

Die dem Dritten gegenüber erklärte Zustimmung ist rechtsgeschäftliche Willenserklärung und wenn sie irrtümlich abgegeben wird (BGB § 119), kann sie und muß sie, um aus der Welt geschafft zu werden, angefochten werden, und zwar von der Gesellschaft, nicht von dem Vertreter. Anders liegt es bei der internen Mitwirkung in Gestalt der Zustimmung zu dem, was der andere tut oder getan hat. Sie ist nicht Willenserklärung und wirkt immer nur so, wie sie nachweisbar gemeint war. Es ist für ihre Gültigkeit aber nicht durchaus Voraussetzung, daß der Zustimmende genau weiß, was geschehen ist oder geschehen soll. Man kann auch mit Eventualvorsatz handeln, die Genehmigung in blanco erteilen. In dieser Beziehung liegt es bei dieser Erklärung wie bei Willenserklärungen; RG 101, 342; JW 1908, 151[26]; RG in Recht 1913, 1571. Doch darf das nicht dazu führen, daß der eine Kollektivvertreter dem anderen schlechthin Generalvollmacht erteilt und völlig selbständig gewähren läßt; JW 1912, 5263; s. auch Erl 4 a.

4. a) Aus dem in Erl 3 Gesagten ergibt sich, daß aus Rechtsgeschäften, welche einer der Kollektivvertreter allein abschließt, die Gesellschaft verpflichtet (und berechtigt) wird, wenn der andere Kollektivvertreter mit dem, was geschehen ist, einverstanden war, und zwar kann der Dritte sich auf dieses Einverständnis auch dann berufen, wenn es allgemein gehalten war. Daher ergibt sich schon aus dem Wesen der Sache, daß bei Kollektivvertretung der Vorstand einzelne Mitglieder zur Vornahme bestimmter Geschäfte oder bestimmter Arten von Geschäften ermächtigen kann. Wenn der Satz 2 des Abs I das ausdrücklich hervorhebt, so bestimmt er nicht nur nichts neues gegenüber dem, was ohnehin gilt, sondern weniger als das. Dem Vorstand verleiht er die Befugnis zu der in Rede stehenden Ermächtigung, während schon die Ermächtigung des anderen Kollektivvertreters genügt, und nur in Beziehung auf mehr oder weniger genau umschriebene Rechtsgeschäfte soll der Vorstand die Ermächtigung erteilen können, während durch die Zustimmung des anderen Vertreters jedes Rechtsgeschäft gültig wird, das durch die im wesentlichen schrankenlose Vertretungsmacht des gesetzlichen Vertreters gedeckt wird. So ist die Tragweite der Vorschrift nicht deutlich. Vgl. Makower § 125 III b 1, welcher sie im Sinne einer Beschränkung des an sich Geltenden auffaßt (s. aber auch die folgende Note 2 das.). Zu erklären ist sie daraus, daß sie zu einer Zeit entstanden ist, als man unter der obigen, heute als unrichtig erkannten Doktrin der Kollektivvertretung lebte. Offenbar wollte man die Möglichkeit einer Einzelvertretung trotz Kollektivvertretung erweitern und es läßt sich deshalb und auch aus allgemeinen Gründen nicht annehmen, daß man weitergehende Möglichkeiten, wie sie sich aus dem Wesen der Kollektivvertretung ergeben, mit der Vorschrift hätte verbieten wollen oder ungewollt verboten hätte. Nicht ausgesprochen, aber als selbstverständlich vorausgesetzt wird zugleich, daß weder der Vorstand als Ganzes noch die einzelnen Mitglieder einen Dritten mit der Gesamtheit ihrer Obliegenheiten betrauen dürfen; RG 86, 265; JW 1912, 526[3]. Vgl. auch JW 1923, 121[5]. Nur muß diesem Gedanken gegenüber darauf hingewiesen werden, daß er nur für das Innenverhältnis Bedeutung beanspruchen kann. Eine vom Vorstand erteilte Handlungsvollmacht verliert nicht darum irgendetwas an ihrem gesetzlich umschriebenen Umfang

(§ 54 HGB), daß der Vorstand den Stellvertreter zugleich die Gesamtheit seiner Obliegenheiten wahrnehmen läßt. Vgl. Brodmann GGmbH § 36[3].

b) Rechtsprechung und Rechtslehre gehen so weit einstweilen noch nicht. (S. aber kurz und treffend Bolze 8, 548.) Man betrachtet die Fälle, wo ein Kollektivvertreter allein gehandelt hat, ausschließlich aus dem Gesichtspunkt, ob er in gehöriger Weise hierzu Vollmacht erhalten hat, und in dieser Beziehung bestimmt nach RG 48, 57 der Satz 2 des Abs I nur, was bereits vor 1900 aus allgemeinen Rechtsgründen gegolten hat; RG 24, 27; ROHG 6, 392; KGJ 2, 20; JW 1900, 663[18]: „es sei bei Kollektivvertretung unzulässig (also wirkungslos), daß der eine Vertreter ganz allgemein die Vertretungsbefugnis auf den andern überträgt, zulässig dagegen, daß einem einzelnen Vorstandsmitglied Handlungsvollmacht erteilt wird; die Vollmacht könne nur vom Vorstand erteilt werden (also doch wohl nur vom Vorstand in seiner Gesamtheit); aber es könne das formlos und auch durch konkludente Handlung erfolgen". Wenn das RG offen läßt: „ob nicht die neue Fassung des § 232 I 2 eine Erweiterung des geltenden Rechtszustandes darstelle, so liegt es offenbar umgekehrt. Denn nach früherem Recht, wie im allgemeinen auch nach heutigem, bedurfte und bedarf es zur Ausstellung einer Handlungsvollmacht nicht des Zusammenwirkens aller Vorstandsmitglieder und es lag früher gar kein Grund vor, zu bezweifeln, daß auch dem einzelnen Vorstandsmitglied, sofern es nicht schon als einzelner zur Vertretung befugt war, Handlungsvollmacht erteilt werden konnte. Und sodann ist der in § 232 I 2 zugelassene Umfang der Handlungsvollmacht enger als der nach § 54 I HGB allgemein zulässige. So denn auch RG 48, 57: Durch die Kollektivvertretung wird begriffsmäßig nur die Möglichkeit ausgeschlossen, daß die Vorstandsmitglieder einem von ihnen die volle Vertretungsbefugnis übertragen, nicht aber auch, daß sie einem von ihnen zu gewissen Geschäften, seien dieselben auch generell bezeichnet, Vollmacht erteilen. Ebenso RG 86, 269; JW 1912, 527[8]; Recht 05, 1629 (Karlsruhe); vgl. auch KGJ 40, 67; 48, 130.

Danach wäre die Rechtslage, daß der Vorstand in der Zusammensetzung, in welcher er die Gesellschaft vertritt, Handlungsbevollmächtigte nach § 54 anstellen kann, daß aber, wo Kollektivvertretung besteht, regelmäßige Kollektivvertretung nach Abs I oder eine solche in Verbindung mit Prokuristen nach Abs II, ein einzelnes Vorstandsmitglied und auch ein einzelner Prokurist überhaupt nicht mit allgemeiner Vollmacht versehen werden kann, sondern nur in dem in Abs I umschriebenen Umfang und nur von der Gesamtheit der Vorstandsmitglieder (einschließlich des Ermächtigten selbst KGJ 20, 75). Das ist aber weit entfernt, allgemein anerkannt zu sein. Vielfach wird angenommen, daß daneben die Möglichkeit bei Bestand geblieben sei, das einzelne Mitglied in der allgemein zulässigen Weise mit Handlungsvollmacht nach § 54 zu versehen, wodurch dann die ohnehin nicht einfachen Vertretungsverhältnisse für das Publikum noch undurchsichtiger, die Abstufungen bis zur Unerträglichkeit differenziert würden. Im Urteil JW 1900, 663[18] wird betont, daß wenn der eine Kollektivvertreter dem anderen Vollmacht erteilt, letzterer den ersteren persönlich, nicht die Gesellschaft vertrete und nicht als gesetzlicher Vertreter handle. Richtig ist, daß wie Lehmann-Ring § 232[4] hervorhebt, das Vorstandsmitglied als Handlungsbevollmächtigter die Gesellschaft nur im Umfang der erteilten Vollmacht verpflichten kann. Aber das gilt auch von der Ermächtigung, von welcher hier die Rede ist, die nicht eine — rechtlich unmögliche — Beschränkung im Umfange der Vertretungsmacht des gesetzlichen Vertreters bedeutet, sondern eine vom positiven Gesetz zugelassene beschränkte Emanzipation von der Kollektivvertretung. Ist aber der Gedanke des Gesetzgebers gewesen, daß man einem Vorstandsmitglied nicht obendrein eine Handlungsvollmacht nach § 54 HGB erteilen kann — was bei dem Prokuristen ohnehin geradezu widersinnig wäre —, so muß man ferner annehmen, worauf ja auch der Ausdruck ermächtigen hinweist, daß es sich überhaupt nicht um eine Vollmacht zur Vertretung der anderen Vorstandsmitglieder, sondern um die — eben durch positives Gesetz für zulässig erklärte — Erweiterung der Befugnis, die gesetzliche Vertretungsmacht zu handhaben, handelt. Offen gelassen in JW 1900, 663[18]; entgegengesetzt entschieden in RG 48, 57. Wie hier Fischer in Ehrenbergs HH III 1, S. 227 f. Es ist das keine Doktorfrage. Es kann praktisch bedeutsam werden, ob der Ermächtigte das, was er tat und wahrnimmt, als gesetzlicher Vertreter getan oder wahrgenommen hat und nicht als Dritter.

Aber dabei muß es verbleiben, daß die ganze Vorschrift den Rechtsfolgen nicht vorgreifen kann, welche sich aus der richtigen Handhabung der Grundsätze über die Kollektivvertretung und aus ihrem Wesen ergeben.

c) Oft spielt in den Sachverhalt noch eine andere Frage hinein, die von der eben erörterten noch zu unterscheiden ist; das ist die Frage, inwiefern eine solche Ermächtigung stillschweigend erklärt werden kann. Und dazu tritt als Drittes der anerkannte Rechtsgedanke hinzu, daß wie überhaupt der Kaufmann, so auch die A-Gesellschaft das Handeln eines Stellvertreters als für sie verbindlich anerkennen muß, dem sie zwar Vollmacht nicht erteilt hat, den sie aber nicht gehindert hat, als ihr Bevollmächtigter aufzutreten; RG 22, 71; 100, 48; JW 1897, 245[62]. Dieser Gedanke, soweit er überhaupt berechtigt ist, muß auch im Bereich der gesetzlichen Vertretung, wenn sie Kollektivvertretung ist, gelten. Über diese Fragen spricht JW 1900, 363[18] sich grundsätzlich aus

„Auch fortgesetzte Duldung kann sich als kollektive Willensäußerung darstellen; wenn der Vorstand nur aus zwei Mitgliedern besteht und die Bevollmächtigung nicht auf eine ausdrückliche Willenserklärung zurückgeführt werden kann, mag es unter Umständen schwierig sein zu erkennen, ob ein vom Vorstand einheitlich gefaßter Beschluß vorliegt oder vielmehr zunächst nur ein tatsächliches Handeln des einzelnen; wird aber das Handeln des einen durch den andern ausdrücklich oder durch konkludente Handlung genehmigt, so läßt dies unter Umständen zugleich nicht bloß einen Rückschluß auf ein anfängliches Einverständnis, sondern auch die Annahme einer Bevollmächtigung zum Alleinhandel in Besorgung desselben oder eines gleichartigen Geschäfts für die Zukunft zu; ob es berechtigt ist, das anzunehmen, muß nach der konkreten Sachlage geprüft werden. S. ferner RG 48, 58: vorstehendes Urteil erkenne mit Recht an, daß eine Bevollmächtigung eines Vorstandsmitgliedes unter Umständen auch aus fortgesetzter Duldung der Geschäftsführung desselben geschlossen werden könne: „Immer wird hierbei aber vorausgesetzt, daß aus solcher Geschäftsführung die Grenzen der von den Vorstandsmitgliedern dem einen erteilten Handlungsvollmacht ersichtlich sind; es müssen die aufgestellten Behauptungen geeignet sein, zu der Feststellung zu führen, zu welcherlei Geschäften durch stillschweigende Vereinbarung Handlungsvollmacht erteilt worden sei. S. auch RG 48, Nr. 16 a. E.; JW 1901, 308[13]; ferner JW 1915, 998[6], wo erkannt worden ist, daß wenn ein „Direktor", der Vollmacht zum Alleinhandeln hatte, ausscheidet, für einen Nachfolger in der Stellung die Vollmacht bestehen bleibt, bis sie in irgend einer wirksamen Weise widerrufen worden ist. Vgl. auch RG 5, 16. Wenn OLG Hamburg in SeuffArch 44, 120 (s. auch GZ 35, 246[99]) entschieden hat, daß es bei Kollektivvertretung genügt, daß der Einzelne unter solchen Umständen handelnd auftritt, welche den Dritten zu der Annahme berechtigten, daß aus seinem Munde der Vorstand spreche, so hat das allerdings mit Recht „lebhaften Widerspruch gefunden"; SeuffArch 58[176]. Es kann nicht auf das ankommen, was der Dritte nach dem Verhalten des Vertreters anzunehmen berechtigt war, sondern nur auf das, was tatsächlich der Fall gewesen ist. In SeuffArch 58 a. a. O. läßt übrigens das Gericht die Erkennbarkeit eines bestimmten Umfanges der durch Duldung erklärten Ermächtigung — unter den Umständen des Falles gewiß mit Recht — als Voraussetzung fallen. Vgl. auch OLG 5, 47; ferner aber auch RG in Holdh 1905, 22.

d) Wenn von zwei Kollektivvertretern der eine ausscheidet — durch Niederlegung der Stelle, Entlassung, Tod usw. — so wird dadurch der andere nicht ermächtigt, die Gesellschaft allein zu vertreten, es sei denn, daß es im Statut bestimmt worden ist; RG 103, 417. Dasselbe gilt, wenn ein Kollektivvertreter deshalb ausscheiden muß, weil ein Vertrag zwischen ihm und der Gesellschaft geschlossen werden soll. Aber während im ersteren Falle zunächst die erledigte Stelle wieder besetzt werden muß, steht in letzterem Fall nichts entgegen, daß die beiden Vertreter einen Bevollmächtigten bestellen, mit dem dann als dem Vertreter der Gesellschaft der Betreffende den Vertrag abschließen kann; nur darf nicht Kollusion im Spiele sein; RG 103, 417. S. hierzu unten unter g. — Es kann auch nicht der eine Kollektivvertreter persönlich gegen den anderen in Vertretung der Gesellschaft gegen letztere Klage erheben. Vgl. OLG 7, 151. In solchem Fall vertritt die Gesellschaft der Aufsichtsrat gemäß § 247. — Das hier gesagte gilt allgemein in allen Fällen, wo der Vorstand nur aus soviel Mitgliedern besteht, als zur Vertretung erforderlich sind.

e) Auf den Fall, daß nur der eine der mehreren Kollektivvertreter ein Rechtsgeschäft namens der Gesellschaft tätigt, finden §§ 179, 180 BGB zwar nicht unmittelbar — der betreffende Abschnitt des BGB handelt von der rechtsgeschäftlichen Stellvertretung —, aber entsprechend Anwendung. Der Kollektivvertreter ist, wenn das Rechtsgeschäft ein Vertrag ist, dem anderen Teile nach dessen Wahl zur Erfüllung oder zum Schadensersatz verpflichtet, wenn der andere Kollektivvertreter oder der Vorstand die Genehmigung verweigert. So schon nach früherem Recht JW 1894, 86[22]. Der Fall des § 179 II (hat der Vertreter den Mangel der Vertretungsmacht nicht gekannt) wird in diesem Verhältnis kaum vorkommen können. Der Vertreter haftet nicht (§ 179 III), wenn der andere Teil den Mangel der Vertretungsmacht kannte oder kennen mußte; ob letztere Ausnahme (fahrlässiges Nichtwissen) hier zuzulassen ist, wo der Vertreter sich über seine Vertretungsmacht nicht im Unklaren befinden kann, erscheint mindestens zweifelhaft. Aber auf keinen Fall liegt darin schon Fahrlässigkeit, daß der Dritte sich über die Vertretungsbefugnis nicht unterrichtet. Vgl. RG 104, 192. — Ein einseitiges Rechtsgeschäft des einen Kollektivvertreters kann der Gegner ablehnen (§ 180 BGB); tut er das nicht, so kann der andere Vertreter oder der Vorstand das Geschäft genehmigen. Wird das verweigert, dann haftet der Handelnde dem Gegner auf Schadensersatz.

f) Der Vorstand kann Handlungsgehilfen anstellen und angestellten Handlungsgehilfen oder Dritten nach Maßgabe § 54 HGB Handlungsvollmacht erteilen. Prokuristen in der Regel (§ 238) nur mit Zustimmung des Aufsichtsrats. Solche Handlungsbevollmächtigte vertreten nicht den Vorstand, sondern unmittelbar die Gesellschaft. Vgl. RG 108, 406. Auch das Vorstandsmitglied, welches bei Kollektivvertretung der Vorstand zur Vornahme bestimmter Geschäfte oder bestimmter Arten von Geschäften ermächtigt hat, vertritt nicht den Vorstand, sondern die Gesellschaft. Fraglich erscheint nur, ob er als Handlungsbevollmächtigter oder als gesetzlicher Vertreter handelt. S. hierzu oben Erl 2 b.

g) Unsicherheit herrscht in der Anwendung des § 181 BGB auf Rechtsgeschäfte des Vorstandes. An und für sich kann man ein Rechtsgeschäft mit sich selbst nicht vornehmen. Die Frage, ob das nicht dann möglich ist, wenn man zugleich Vertretungsmacht, für einen andern zu handeln, besitzt, hat §181 BGB dahin entschieden, daß auch das nur ausnahmsweise geschehen kann, nämlich nur, wenn der Vertretene es gestattet hat oder wenn das Rechtsgeschäft in Erfüllung einer Verbindlichkeit besteht; RG 68, 175. Bei Anwendung dieser Bestimmungen auf Rechtsgeschäfte des Vorstandes kommen lediglich die allgemeinen, auch sonst maßgeblichen Gesichtspunkte zur Geltung, wenn der Vorstand aus einer Person besteht. Es liegt dann nicht anders, wie bei der Gesellschaft mbH, die nur einen Geschäftsführer hat, so daß die zu dieser Frage dort ergangene Rechtsprechung auch hier unmittelbar Bedeutung hat. Liegt keiner der Ausnahmefälle vor, so ist das Rechtsgeschäft wirkungslos, aber nicht nichtig; RG 67, 54; es kann durch Genehmigung der Gesellschaft gültig werden; nur ist der Vorstand selbst wiederum nicht in der Lage, diese Genehmigung wirksam zu erklären; RG 68, 178; 109, 79 (s. hierzu Hachenburg in JW 1925, 247 Fußnote und Brodmann das. 596); vgl. auch RG 85, 383 (während nach RG 108, 405 dagegen grundsätzlich nichts einzuwenden ist, daß der Vorstand, um mit der Genossenschaft einen Kaufvertrag zu schließen, einen Unterbevollmächtigten bestellt, mit dem er den Vertrag schließt; dagegen Kiehl in LZ 1925, 807). Der Vorstand kann nicht auf die Gesellschaft einen Wechsel indossieren, auch nicht, wenn er ihr die Wechselsumme schuldet; RG in LZ 09, 850[2]; vgl. auch RG in LZ 07, 218[1]; RG in LZ 1913, 542[12] (Scheck). Anders, wenn er gerade auch Hingabe eines Wechsels in diesem Betrage schuldet (alles unbeschadet der vielleicht anzuerkennenden formalen Legitimationskraft der Wechselerklärung, wenn sie der äußeren Form nach nicht zu beanstanden ist). (Dagegen steht nichts im Wege, daß von zwei Liquidatoren der eine einen Wechsel auf die Gesellschaft zieht, den er zusammen mit dem anderen Liquidator akzeptiert. Vgl. RG 7, 119.) Der Geschäftsführer einer Gesellschaft mbH kann nicht die Löschung einer auf seinem Grundstück ruhenden Hypothek der Gesellschaft wirksam bewilligen; Ring I 377. — Hingabe an Zahlungsstatt ist der Erfüllung hier nicht gleichgestellt; Bauer 23, 60. — Der Vorstand kann die Gesellschaft nicht dadurch verpflichten, daß er seine persönliche Schuld gegen einen Dritten namens der Gesellschaft für diese übernimmt; RG in Holdh MS 18, 267, jedenfalls nicht, wenn es sich um privative Schuldübernahme handelt; RG 51, 423; vgl. auch RG in Recht 1909, 2360; Bauer 18, 4. Ein solches Rechtsgeschäft ist ohne Rücksicht darauf unwirksam, daß es der Dritte in gutem Glauben für wirksam halten konnte; RG 51, 426. Daran, daß der Vertreter, um ein solches Rechtsgeschäft vornehmen zu können, einen Dritten bevollmächtigt, mit dem er dann kontrahiert, nimmt die herrschende Lehre keinen Anstoß (RG 108, 405 s. oben), obwohl es der Vereitelung der Gesetzesabsicht Tür und Tor öffnet und nur unter besonderen Umständen nicht eine handgreifliche Umgehung des Gesetzes ist; KGJ 26, 100; vgl. auch das. 30, 158; BauersZ 18, 181; DJZ 1908, 543 (München) s. aber auch JW 1916, 575[3] a. E.: DJZ 1903, 4 (Kolmar), wieder abgeschwächt DJZ 1909, 1335 (Kolmar). Alles das gilt auch, wenn von einem mehrgliedrigen Vorstand ein einzelnes, zur Alleinvertretung berechtigtes Mitglied allein mit sich selbst zu kontrahieren unternimmt. — In allen Fällen, wo das Rechtsgeschäft, welches der Vertreter mit sich selbst vornimmt, wirksam sein soll, muß die Vornahme in einer äußerlichen, sinnlich wahrnehmbaren Tätigung erfolgen. Es ist nicht erforderlich, daß es vor Zeugen geschieht. Wo das aber nicht der Fall ist, genügt nur ein Geschehen, das dauernd wahrnehmbare Spuren zurückläßt.

Besteht der Vorstand aus mehreren Personen, so bietet der § 181 keine weitere Schwierigkeit (ebenso Makower § 48 IV c, 125 III b 1 mit unverständlicher Begründung). Soviel ist unter allen Umständen klar und wird denn auch von keiner Seite bestritten, daß der einzelne sich in Betätigung seiner eigenen Persönlichkeit den übrigen Vorstandsmitgliedern wie einem Dritten gegenüberstellen und mit ihnen kontrahieren kann, wofern soviel Vorstandsmitglieder ihm dabei gegenüberstehen, als zur Vertretung der Gesellschaft erforderlich ist. Aber auch in dem Fall, daß nur zwei Vorstandsmitglieder vorhanden sind und diese nur kollektive Vertretungsmacht haben, führt die Einsicht in das Wesen der Kollektivvertretung zu dem Ergebnis, daß ein Fall nach § 181 darin gar nicht liegt, daß der eine für seine Person mit dem anderen als Vertreter der Gesellschaft einen Vertrag schließt. Wenn zwischen den beiden Kollektivvertretern einer Gesellschaft eine Vereinbarung getroffen wird, laut welcher die Gesellschaft dem einen von ihnen eine Hypothek an ihrem Grundstück bestellt (s. den Rechtsfall RG 89, 367, vgl. zu diesem Urteil Brodmann GGmbH § 35[2] Note 2 Abs 3), so drängt sich wohl die Vermutung einer Kollusion auf, aber ein Fall von Kontrahieren mit sich selbst liegt nicht vor. Das RG a. a. O. S. 373 sagt, es stehe in einem solchen Falle dieselbe Person als Vertreter auf beiden Seiten, auf der einen Seite allein, auf der anderen Seite als eine der mehreren Personen, deren Mitwirkung zum Zustandekommen einer für die Gesellschaft rechtsverbindlichen Willenserklärung erforderlich sei. Das ist ein Rückfall in die alte Theorie (s. oben Erl 3). Es wäre richtig, wenn die beiden Vertreter am Rechtsgeschäft handelnd beteiligt sein müßten. Das Rechtsgeschäft litt an keinem Mangel. Es wurde abgeschlossen zwischen dem einen Geschäftsführer persönlich und dem anderen Geschäftsführer als Vertreter der Gesellschaft. Daß dieser, obwohl Kollektivvertreter allein wirksam abschloß, beruht darauf, daß der andere Geschäftsführer darum wußte und damit einverstanden sich erklärte, nämlich erklärte nicht sich selbst, sondern dem anderen. Das war der Tatbestand, an welchem dadurch nichts geändert wurde, daß vielleicht die beiden Geschäftsführer sich den juristischen Zusammenhang anders vorgestellt haben. Treffend RG 103, 418; ferner schon RG 7, 119; verfehlt — nach dem Bericht zu schließen — wiederum RG in LZ 1926, 438[3]; ebenso KGJ 47, 147; KG (GenGes.). Wie hier Makower § 125 III b 3. — Darin, daß der Geschäftsführer einer Gesellschaft mbH eine persönliche Schuld durch Aufrechnung mit einer Forderung der Gesellschaft tilgt, liegt nicht ein Kontrahieren mit sich selbst; BayZ f. Rpfl. 1926, 213.

5. Man kann wie an der Stellvertretung, so auch an der gesetzlichen Vertretung eine aktive und eine passive Seite unterscheiden. Jene ist die Macht, in der Rechtssphäre des Vertretenen rechtsgeschäftlich handelnd aufzutreten. Aber der Stellvertreter so gut wie der gesetzliche Vertreter, ein jeder im Bereiche seiner Vertretungsmacht vertritt den Geschäftsherrn nicht nur im Willen, sondern auch im Wissen. Was der Vorstand weiß, weiß die Gesellschaft, was er nicht weiß, weiß auch die Gesellschaft nicht. In diesem Gebiet passiver Vertretung kann bei einem aus mehreren Mitgliedern bestehenden Vorstand nicht zwischen Kollektivvertretung und Einzelvertretung unterschieden werden. Es gibt vielleicht ein gemeinschaftliches Wahrnehmen mehrerer, eine gemeinschaftliche Arglist, aber es gibt kein Wissen des Einzelnen, das erst dadurch ein Wissen wird, daß auch ein anderer weiß. Soll überhaupt das Wissen von Vertretern und Stellvertretern ein Tatbestandsmoment sein, so kann das nur das Wissen eines jeden einzelnen von ihnen sein; JW 1926, 2117 (Dresden); es wäre denn, daß positive Vorschrift etwas anderes bestimmt; RG in Gruchot 29, 703. Willenserklärungen, Mitteilungen usw., welche an die Gesellschaft gerichtet werden, sind wirksam und vollendet, sobald sie auch nur an einen der mehreren Vertreter gerichtet worden sind. Das Gesetz bestimmt hier nichts, was nicht auch ohne das angenommen werden müßte (JW 1887, 191[9]; Bolze 1, 1186; 4, 807), und wenn es nur von Willenserklärungen spricht, so gilt das Bestimmte auch von Aufforderungen, Ladungen, Vorbehalten, Mängelrügen, Wechselprotesten (RG 24, 82; 53, 227), kurz von allen Arten von Äußerungen und Mitteilungen. Vgl. HGB § 125 II 3; BGB § 28 II; GGmbH § 35 II 3; ZPO § 171 III; auch vom Vorstand der eingetragenen Genossenschaft gilt es, obwohl es dort vom Gesetz nicht gesagt wird (Crüger-Crecelius GenG § 25[6, 11]). Es gilt das Gesagte überhaupt von inneren Bewußtseinstatsachen, wenn solche als Tatbestandsmomente in Frage kommen, von Wissen, Wissenmüssen (gutem Glauben, RG in Gruchot 29, 703), Irrtum, Arglist, Drohung. Es genügt, daß der Tatbestand im Bewußtsein auch nur eines — aktiv oder durch Zustimmung oder passiv durch Hören und Verstehen beteiligten — Vertreters gegeben ist. Vgl. RG 53, 230; 57, 93; 59, 407; JW 1899, 46; 1914, 399; Warn 6, 49; RG in LZ 1913, 140[5]; Bolze 16, 231; OLG 24, 144; ferner in Steuersachen JW 1926, 2117 (Dresden). Nach RG 81, 433 kann Arglist, die der Gesellschaft zuzurechnen ist, vorliegen, wenn der handelnde Vertreter gutgläubig die Unwahrheit sagt, während die Gesellschaft in der Person des anderen Vertreters die Wahrheit kennt (wobei aber zu beachten ist, daß in diesem Fall der wissende Vertreter der das Geschäft betreibende Teil war). — Nach RGBl 47, 338 soll das Gesagte nur im Privatrecht gelten, nicht im öffentlichen Recht, daher nicht in Beziehung auf die Frage, ob die für den Strafantrag der Gesellschaft geltende Frist in Lauf gesetzt worden ist. Anders, wohl mit Recht DJZ 08, 432 (München). Der Kollektivvertreter ist Bevollmächtigter im Sinn des § 266 Z. 2 StGB; Bauer 19, 36.

Das Gesetz spricht von Willenserklärungen, welche gegenüber einem Vorstandsmitglied abgegeben werden. Der daran sich knüpfende Zweifel, ob das auch vom Prokuristen gilt, welcher zur Kollektivvertretung nach Abs II berufen ist (s. Brand § 232[6] b; Goldmann § 232[16]) ist schon insofern gegenstandslos, als das hier bestimmte überhaupt auch von Prokuristen innerhalb der ihm zustehenden Wirkungssphäre gilt. Überdies aber ist in Abs II Satz 3 die entsprechende Anwendung des Abs I Satz 3 ausdrücklich bestimmt.

6. Grundsätzlich müssen die Bestimmungen nicht nur über Art der Bestellung und Zusammensetzung, sondern auch über die Form der Vertretung, ob Einzel- oder Kollektivvertretung, sowie letzteren Falles Kollektivvertretung welcher Art im Statut nieder- und festgelegt sein, dergestalt, daß wenn das Statut schweigt, nur alle Vorstandsmitglieder gemeinschaftlich vertreten können. Es läßt das Gesetz aber, um etwas mehr Bewegungsfreiheit zu ermöglichen zu, daß — wiederum nur im Statut — dem Aufsichtsrat in dieser Richtung Befugnisse beigelegt werden. Hat das Statut vorgeschrieben, daß jedes Mitglied des Vorstandes selbständig vertreten kann, so hat es dabei sein Bewenden. Der Aufsichtsrat kann in solchem Falle nicht ermächtigt werden, die Vertretungsmacht des einzelnen an die Mitvertretung durch ein anderes Vorstandsmitglied oder einen Prokuristen zu binden. Wo aber Kollektivvertretung besteht, soll der Aufsichtsrat ermächtigt werden können, das umzugestalten, die Kollektivvertretung in Einzelvertretung, die eine Form der Kollektivvertretung in eine andere, auch in Kollektivvertretung mit einem Prokuristen,

Wenn in solchem Fall der Aufsichtsrat einzelnen Mitgliedern die Alleinvertretung erteilen kann, so hat er dieses Recht doch wohl gegenüber jedem der mehreren Vorstandsmitglieder, also auch allen zusammen zugleich gegenüber, was sich übrigens da, wo nur zwei Mitglieder existieren schon daraus ergibt, daß dann dem zweiten Mitglied gegenüber die Kollektivvertretung und damit seine Vertretungsmacht überhaupt, keinen verständigen Sinn mehr hätte. Vgl. oben Erl 2 b; a. A. Brand § 232[5] c; Goldmann § 232[15]. — Unzulässig ist es, dem Vorsitzenden des Aufsichtsrats die Ermächtigung zu erteilen; Ring I 224 (KG). Die Frage, ob die Mitglieder des Aufsichtsrats dem Vorsitzenden die Sache überlassen können, ist dort offen gehalten. — Nach Ring I 227 (Dresden) ist es auch unzulässig, die Entscheidung in die Hände eines vom Aufsichtsrat gebildeten Personalausschusses zu legen. Vgl. JW. 1924. 1144[11]. — Es steht nichts im Wege, im Statut diese Ermächtigung statt dem Aufsichtsrat oder auch neben dem Aufsichtsrat der Generalversammlung zu erteilen; Ring I, 218 (KG).

Auch in den Fällen der Kollektivvertretung durch Vorstandsmitglied und Prokurist, mag das unmittelbar auf dem Statut beruhen oder auf Anordnung des Aufsichtsrats, bleibt es dabei, daß der Vorstand einzelne Mitglieder zur Vornahme bestimmter Geschäfte usw. ermächtigen kann, und daß jeder der mehreren Kollektivvertreter Willenserklärungen, welche an die Gesellschaft gerichtet sind, wirksam allein entgegennimmt. Das Verständnis des Satz 3 in Abs II hat dadurch gelitten, daß der Satz ursprünglich unmittelbar an den Satz 1 anschloß, und erst nachträglich der Satz 2 dazwischen geschoben worden ist. Auf den Kollektivprokuristen (Satz 1) kann dieser Satz 3 sich nicht beziehen. Er ist schon kraft Gesetzes und uneinschränkbar ermächtigt, allein alle Arten von Geschäften und Rechtshandlungen vorzunehmen, welche der Betrieb eines Handelsgewerbes mit sich bringt. — Anderseits ist es ausgeschlossen, daß ein Prokurist auf diesem Wege gesetzlicher Vertreter wird. (S. Erl 2 b.)

§ 233.

Der Vorstand hat in der Weise zu zeichnen[1], daß die Zeichnenden zu der Firma der Gesellschaft oder zu der Benennung des Vorstandes ihre Namensunterschrift hinzufügen[2].

1. Vgl. HGB §§ 51, 57, 108, 148 III, 296 III; GGmbH § 35 III GenG § 25.

2. a) Eine Urkunde zeichnen heißt, die in der Urkunde niedergeschriebene Erklärung als eigene sich aneignen und von sich geben. Auch wenn man selbst den Text geschrieben hat, ist erst die Unterschrift das sinnlich wahrnehmbare bleibende Merkmal, daß die Erklärung, wie sie lautet, abgeschlossen und vom Unterschreibenden abgegeben worden ist. Auch der Kaufmann zeichnet so, mit seinem Namen, dem bürgerlichen, wenn er unter seinem eigenen Namen das Geschäft führt, mit der Firma, wenn das sein für den Bereich seines Handelsgewerbes angenommener Name ist. Etwas anders liegt es beim offenen Handelsgesellschafter. Auch er schreibt seinen, nämlich seinen Kaufmannsnamen, wenn er die Firma schreibt. Aber doch auch wieder nicht, insofern das nicht nur sein Name ist, sondern auch der des Kompagnons. Daher ist mit dieser seiner Unterschrift die Rechtslage nur einfach, wenn der Gesellschafter berechtigt ist, allein die Gesellschaft zu vertreten. Hat er nur Kollektivvertretungsmacht in Gemeinschaft mit dem anderen (§ 125 II), dann ist die Frage zweifelhaft. Seine Zeichnung der Firma allein genügt nicht. Es befriedigt auch nicht, daß der eine nur die Firma zeichnet und der andere seinen Namen hinzusetzt. Das macht nicht den Eindruck einer Unterschrift von zweien. Es müßte also unter dem Text entweder die Firma zweimal stehen, was wie eine überflüssige Verdoppelung aussieht und sicherlich nicht verkehrsüblich ist. Oder es muß, und hierfür wird man sich zu entscheiden haben, zur Firma ein jeder von ihnen seinen Namen hinzusetzen. Für die A-Gesellschaft alle Zweifel zu beseitigen, ist der gegenwärtige Paragraph bestimmt. Hier genügt die Firma allein überhaupt nicht. Sie bedeutet nur erst den Anfang der Unterschrift. Es muß der Namenszug von mindestens einem Mitglied des Vorstandes hinzukommen und unter Umständen genügt auch das nicht. Die hier auftauchenden Fragen, so kleinlich sie an und für sich scheinen, können praktisch von erheblicher Bedeutung sein.

b) Nach der allgemeinen Annahme ist die Formvorschrift des § 233 (ebenso wie die entsprechenden Vorschriften §§ 51, 57, 153 HGB) nur Ordnungsvorschrift; ROHG 18, 340 und die dortigen Zitate; RG 75, 4; 83, 124 (in Beziehung auf § 35 III GGmbH); RG 50, 60 (in Beziehung auf § 51 HGB), JW 1904 431[34] (in Beziehung auf § 57 HGB); KGJ 21, 104 (Grundbuchverkehr). Das heißt, wer den Anspruch auf eine schriftliche Erklärung der Gesellschaft hat, kann fordern, daß er eine der Vorschrift entsprechende Erklärung erhält. Es ist auch anzunehmen, daß derjenige, an den eine schriftliche Erklärung gerichtet wird, diese zurückweisen kann, wenn sie nicht der hier vorgeschriebenen Form genügt. Geschieht das aber nicht, so ist die Erklärung gültig und wirksam, auch wenn sie der Vorschrift des § 233 nicht entspricht. In dieser Allgemeinheit ist das indessen offenbar nicht richtig. Vielmehr wird man unterscheiden müssen, ob es sich um formfreie Erklärungen handelt oder um solche, für welche Schriftlichkeit vorgeschrieben ist.

In ersterem Falle allerdings kann an die Form der Erklärung, insbesondere der Unterschrift überhaupt keine Anforderung gestellt werden. Mängel der Form können die Beweiskraft der Urkunde beeinträchtigen. Wird aber eine hier etwa klaffende Lücke durch anderweiten Beweis geschlossen, so bindet die Erklärung den Erklärenden; OLG 20, 66. Wer einen Brief ohne Unterschrift erhält, wird das in ihm Erklärte gelten lassen müssen, wenn er nach Inhalt und Umständen nicht verkennen kann, von wem er kommt. Jedenfalls kann er ihn gelten lassen und den Gegner an den darin enthaltenen Erklärungen festhalten. Kann also die Unterschrift unter Umständen ganz fehlen, so können vollends Mängel der vorhandenen Unterschrift nur ins Gewicht fallen, wenn sie Zweifel in der Persönlichkeit des Erklärenden begründen; ROHG 18, 337, 418; DJZ 1909, 1212; KGJ 13, 170; 33, 157; OLG 20, 65. Anders liegt es bei Erklärungen, welche um gültig zu sein, schriftlich abgegeben werden müssen. Auch hier freilich sind Abweichungen in der Unterschrift unschädlich, wenn sie keinen Zweifel an der Persönlichkeit des Schreibenden aufkommen lassen; RG 34, 111. Vgl. DJZ 09, 1212 einerseits, ROHG 9, 328 anderseits. Wird ein auf Gebrüder A in X gezogener Wechsel von „Gebr. A in X" akzeptiert, so ist das nicht zu beanstanden, weil es ausgeschlossen erscheint, daß an einem und demselben Ort zwei Firmen, nur so unterschieden nebeneinander bestehen; ROHG 16, 208 hat so in Anwendung auf ein formfreies Rechtsgeschäft erkannt; es liegt aber kein Grund vor, einer solchen Unterschrift auf einem Wechsel die verpflichtende Kraft abzusprechen (anders im Fall ROHG 9, 328). Höchstens in der Reihenfolge der Indossamente würde der Sprung von der einen auf die andere Form der Schreibweise eine Lücke bedeuten. Aber auch dafür liegt ausreichender Grund nicht vor, weil die obige Schlußfolgerung sich für jeden Leser der Urkunde ohne weiteres gebietet. Wenn aber die Firma lautet Internationales Auskunftsbüro K. u. L., dann genügt das Akzept: K. u. L. nicht, ROHG 12, 173 (wohl aber verpflichtet das Akzept mit voller Firmenbezeichnung, trotzdem der Akzeptant als Bezogener nur mit K. u. L. bezeichnet worden ist; ROHG 14, 173). Ebensowenig genügt das Akzept Conrad G, wenn der Wechsel auf Conrad G. u. Co. gezogen ist, mochte auch nachweisbar die Absicht bestanden haben, die Gesellschaft zu verpflichten; ROHG 20, 262, während anderseits sachliche Zusätze zur Firma unschädlich sein können; StrArch 70, 362. In diesem Sinn hört denn bei formellen Rechtsgeschäften (Bürgschaft, Wechsel u. a.) auch der § 233 auf, lediglich Ordnungsvorschrift zu sein. Fehlt in einer Bürgschaftserklärung oder in einer Wechselerklärung unter der Firma der A-Gesellschaft die Namensunterschrift von Vorstandsmitgliedern, dann ist die Zeichnung der Urkunde unfertig und unwirksam. Es ist schon ein Bruch in der Folgerichtigkeit, wenn das Reichsgericht entschieden hat, daß bei Kollektivvertretung die Wechselunterschrift durch nur einen der Vertreter gültig ist oder gültig wird, wenn der andere eingewilligt hat oder genehmigt; JW 1901, 518[9]; RG 47, 165. Streng genommen war die Unterschrift noch nicht fertig, als der Wechsel begeben wurde. Es ist, wie wenn der Einzelkaufmann, als er den Wechsel akzeptieren wollte, nur erst seinen Vornamen geschrieben hätte. Die Rechtsprechung zu diesen Fragen läßt eine deutliche, prinzipielle Stellungnahme vermissen. Wenn RG 28, 118 in Beziehung auf die Bürgschaftserklärung einer offenen Handelsgesellschaft B. u. M. die Unterschrift F. B. u. M. für verbindlich erklärt, so handelt es sich um einen typischen Fall jener kleinen Inkorrektheiten, welche wohl rein formal auf einem Wechsel die Reihe der Indossamente unterbricht (übrigens auch das nicht unbedingt, vgl. RG 47, 156), die verbindliche Kraft der Erklärung selbst aber nicht in Frage stellt. Wenn aber gesagt wird, daß die Erklärung für die Gesellschaft auch dann verbindlich geworden wäre, wenn der Gesellschafter in dieser Absicht die Urkunde mit seinem persönlichen Namen B. gezeichnet hätte, so war das damals wohl richtig, als die Bürgschaftserklärung noch keiner Form bedurfte, würde aber heute nicht mehr zutreffen. In einer, allerdings von Staub WO[4] Art 95[8] b bekämpften, aber im Grunde verständigen Konzession (Strantz WO Art 95[8] d) sind ROHG und RG sich bis zu einem gewissen Grade einig. Es ist nun doch einmal so, daß die Hauptsache an der Unterschrift der persönliche Zug des eigenen Namens ist. Es geht hier ein merkwürdiger Riß durch den Rechtszustand, wie er bei uns herrscht. In Theorie und Praxis findet man dieses wichtigste Moment kaum einmal erwähnt und das gegenüber einer Gesetzgebung, welche streng darauf sieht, daß jedermann jederzeit sich davon überzeugen kann, wie bei einem Kaufmann und bei den Vertretern einer Handelsgesellschaft dieser persönliche Namenszug aussieht. Mag also, wie der Text der Urkunde von anderer Hand geschrieben sein kann, so auch die Firma oder ein Teil der Firma von fremder Hand herrühren oder auch gedruckt, gestempelt sein, wenn nur der eigenhändige Namenszug des Ausstellers nicht fehlt; ROHG 14, 317; RG 47, 165 (allerdings mit Beschränkung auf eine Sachfirma und auch in der Begründung zu eng). Vgl. auch KGJ 33, 157; ferner KGJ 13, 170; nicht anders KGJ 11, 38, wo mit Recht darauf bestanden wird, daß die zum Handelsregister einzureichende „Zeichnung" im ganzen Text handschriftlich hergestellt sein muß; ebenso RJA 6, 47 (KG). Im Fall RG in Holdh 1903, 47 hat der Sachteil der Firma ganz gefehlt. Vgl. auch ROHG 18, 337 (anders ROHG 12, 173).

Übrigens muß man unterscheiden, ob die Schriftform gesetzlich vorgeschrieben ist (BGB § 126) oder vertraglich bedungen (BGB § 127). Nur in ersterem Fall ist unbedingt eigenhändige Unterschrift erforderlich (vgl. auch JW 1906, 469[3], Kostenfestsetzungsgesuch), im zweiten Fall kann die Vereinbarung der Form auch anders gemeint sein. Während im ersten Fall die Wiedergabe des Namenszuges durch mechanische Vervielfältigung ausgeschlossen ist (vgl. die Ausnahmen § 793 II), kann sich in Fällen nach § 127 BGB aus den Umständen die Zulässigkeit faksimilierter Unterschriften ergeben, wie denn auch eine Erklärung an und für sich noch nicht deshalb aufhört, eine schriftliche zu sein, weil sie überhaupt keine Unterschrift trägt. Im Fall RG 106, 330 hätte die Entscheidung auch dann ebenso ausfallen müssen, wenn der Name F. Sch. ganz gefehlt hätte.

c) Anders, wie der gesetzliche Vertreter einer juristischen Person hat der Bevollmächtigte nicht das Recht, Urkunden mit dem Namen seines Vollmachtgebers zu zeichnen. Wenn er das tut, begeht er nicht damit allein schon eine Urkundenfälschung, aber er fertigt eine falsche Urkunde an, insofern auch gefälscht, als die Urkunde nicht von demjenigen ausgestellt ist, der nach ihrem Wortlaut sich zum Ausstellen bekennt. Nur dem Prokuristen und Handlungsbevollmächtigten geben §§ 51, 57 HGB das Recht, den Namen des Prinzipals, d. h. seine Firma zu zeichnen, aber das doch nur so, daß sie zugleich das Vertretungsverhältnis verlautbaren. Ganz deutlich sind diese Vorschriften nicht. Sie sind überhaupt nicht glücklich gefaßt. Aber jedenfalls darf auch hier der persönliche Namenszug des Ausstellers, d. h. des Prokuristen oder Handlungsbevollmächtigten nicht fehlen (anders ROHG 10, 56). Der § 51 sagt das ausdrücklich, der § 57 unterstellt es. Insofern sind auch diese Vorschriften keineswegs nur Ordnungsvorschriften, wie allgemein angenommen wird. Der Prokurist A. der Firma E. u. T. darf nicht schlank: E. u. T. zeichnen; er zeichnet E. u. T. in procura A. oder ähnlich (vgl. KGJ 41, 175). Im Fall ROHG 18, 99 hatte er gezeichnet: pp. E. u. T. und das Gericht hat das für ausreichend erklärt, aber mit einer Begründung, welche die Sache auf den Kopf stellt. Während die zu entscheidende Frage war, ob an der Unterschrift nicht etwas wesentliches fehlt, nämlich der persönliche Namenszug des Ausstellers, meint das Gericht, der Prokurist habe schon zu viel geschrieben, und der überflüssige Zusatz pp. könne nicht wohl Schaden tun. Als das Urteil erging, zweifelte niemand daran, daß ein Bevollmächtigter — zum mindesten, wenn der Auftraggeber es ausdrücklich gestattet hatte — ohne weiteres diesen Namen „zeichnen" dürfe; ROHG 5, 263 (auch wenn die Zeichnung mit fremdem Namen nicht ausdrücklich gestattet war, ebenso RG 30, 405; ROHG 5, 271; 10, 56. Diesem Unfug, den Rechtslehre und Rechtsprechung billigten, hat das BGB § 126 ein Ende machen wollen (so treffend JW 1904, 468[4]), ist damit aber bei den Vereinigten Zivilsenaten des Reichsgerichts gescheitert, einstweilen wenigstens und bis auf weiteres. Im Fall des § 126 BGB muß die Urkunde von dem Aussteller eigenhändig durch Namensunterschrift unterzeichnet sein. Deutlicher, als es dort geschieht, kann man nicht sagen, daß wenn Schriftlichkeit gesetzlich vorgeschrieben ist, der sich Verpflichtende, wenn nicht die ganze Urkunde, so doch seinen Namen selbst schreiben muß. RG 50, 52 und sodann die vereinigten Zivilsenate RG 74, 69 haben entgegengesetzt entschieden, mit einer Begründung, die nicht überzeugt. Danach stünde in § 126, kurz gesagt, weiter nichts, als daß, wenn gesetzlich schriftliche Form vorgeschrieben ist, die Urkunde nicht eher fertig sei, als bis der Aussteller einen Namen darunter gesetzt habe. Diese Auslegung höhlt nicht etwa nur die Vorschrifte aus. Sie ist unmöglich. Denn sprachlich bezieht sich das „eigenhändig" nicht nur und nicht einmal in erster Linie auf das Handzeichen, sondern vor allem auf die im Satzgefüge unmittelbar herangerückte „Namensunterschrift". „Eigenhändige Namensunterschrift" bringt keine Dialektik aus dem Satz heraus und eigenhändige Namensunterschrift kann nichts anderes sein als das Unterschreiben des eigenen Namens, oder um mit dem Verfasser der Gründe zu reden: das Erfordernis der Eigenhändigkeit hat allerdings doch für die Unterschrift welche vorgeschrieben wird, inhaltbestimmende Bedeutung. Denkt man nur an die Tätigkeit des Schreibens — gleichviel welches Namens, eigenen oder fremden —, im Gegensatz zum Drucken, Stempeln usw., dann spricht man nicht von eigenhändiger, sondern von händiger, besser deutsch von handschriftlicher Unterzeichnung der Urkunde. Übrigens ist aber das Entscheidende gar nicht diese positive Vorschrift. Was sie sagt, gilt von jeder, auch von der formfreien Willenserklärung, soll anders sie in einer echten Urkunde verbrieft werden. Die herrschende Lehre sieht nicht, daß sie sich mit ihrer Auffassung den Weg zu einer befriedigenden Bestimmung des Begriffs der Echtheit verlegt. S. Brodmann, Die Urkunde S. 19, 43 ff. — Hier interessiert diese Frage insofern, als nach dem Urteil des Reichsgerichts und der herrschenden Lehre, wenn sie konsequent sein wollen, auch bei Kollektivvertretung das eine Vorstandsmitglied getrost die beiden notwendigen Namen hinschreiben kann, wenn der Andere einverstanden ist, oder in der Voraussicht, daß er, einverstanden sein wird. Wie wenig durchdacht diese Doktrin war (und noch ist), zeigt ROHG 12, 33, wo — an sich treffend — gesagt wird, daß Kollektivvertreter wohl einem von ihnen die Ausführung von Beschlüssen übertragen, ihn aber nicht wirksam ermächtigen können, Urkunden allein zu zeichnen. Aber mit ihrem Namen zu zeichnen, können sie ihn ermächtigen? Es wäre zu begrüßen, wenn das Reichsgericht einmal Veranlassung hätte, sich hierüber zu entscheiden.

d) In öffentlichen Bekanntmachungen der Gesellschaft können die Namen von Vorstandsmitgliedern ganz fehlen, Bolze 5, 755. Einerseits ist hier der Eindruck ausgeschlossen, daß die Urkunde noch unfertig sei, und sodann würde hier der gedruckte Namen das wesentliche Moment der individuellen Schriftzüge doch nicht besitzen. Ähnlich liegt es mit in Masse hergestellten und als solche erkennbaren Zirkularschreiben. Vgl. RG 106, 330. Aber ordnungswidrig ist ein solches Verfahren trotzdem. Es könnte z. B. der Leser ein Interesse daran haben zu wissen, wer die Vorstandsmitglieder sind, von denen die Bekanntmachung ausgeht.

e) Satzungsbestimmungen darüber, wie der Vorstand die Firma zeichnen soll (nicht zu verwechseln mit der Bestimmung der Schriftform für gewisse Erklärungen), haben eigentlich gar keinen Sinn. Dritten gegenüber haben sie keine Bedeutung, wenn sie von dem abweichen, was aus dem Gesetz und aus allgemeinen Rechtsgrundsätzen sich ergibt; KGJ 33, 158. Im Verhältnis zur Gesellschaft kann eine solche Bestimmung als Beschränkung des Vorstandes im Sinne des § 235 gemeint sein und wirken.

f) Übernimmt ein Vorstandsmitglied in der Urkunde, welche er für die Gesellschaft zeichnet oder mitzeichnet, zugleich persönlich eine Verpflichtung oder ist er es, der mit der Gesellschaft den Vertrag schließt, so ist nicht erforderlich, daß er seinen Namen zweimal unterschreibt, auch nicht, wenn für seine Erklärung Schriftform vorgeschrieben ist; RG 78, 1; JW 1914, 32[1]; SeuffArch 62[52]. —

g) Für Erklärungen vor dem Registerrichter genügt es, daß die Zeichnung der Firma in der vorgeschriebenen Form erfolgt ist; den Nachweis, daß der Träger des der Firma zugefügten Namens das zur Vertretung der Gesellschaft berechtigte Mitglied ist, kann das Gericht nicht verlangen; OLG 10, 244.

§ 234.

Jede Änderung des Vorstandes oder der Vertretungsbefugnis eines Vorstandsmitgliedes sowie eine auf Grund des § 232 Abs. 2 Satz 2 von dem Aufsichtsrate getroffene Anordnung[1] ist durch den Vorstand zur Eintragung in das Handelsregister anzumelden[2].

Der Anmeldung ist eine öffentlich beglaubigte Abschrift der Urkunden über die Änderung oder Anordnung beizufügen[3]. Diese Vorschrift findet auf die Anmeldung zum Handelsregister einer Zweigniederlassung keine Anwendung[4].

Die Vorstandsmitglieder haben ihre Unterschrift zur Aufbewahrung bei dem Gerichte zu zeichnen[5 6].

1. Die Mitglieder des Vorstandes und ihre Vertretungsbefugnis, ob Einzel- oder Kollektivvertretung und letzteren Falles Kollektivvertretung welcher Art, sollen jederzeit aus dem Handelsregister zu ersehen sein. Die Mitglieder des ersten Vorstandes, der bereits vor Anmeldung und Eintragung der Gesellschaft bestellt werden muß (§ 190 III), sind auf Grund § 195 II Z. 4 zum Handelsregister anzumelden, auf Grund § 198 I II in das Register einzutragen, auf Grund § 199 I öffentlich bekannt zu machen. Hier ist weiter vorgeschrieben, daß jede Änderung in diesen Verhältnissen zum Handelsregister anzumelden ist. Hierher gehört auch der Fall, daß ein Vorstandsmitglied Kollektivvertretungsmacht mit einem Prokuristen hat, und daß in diesem Verhältnis eine Änderung eintritt.

2. a) Die Anmeldung braucht nicht vom gesamten Vorstand auszugehen. Es genügen so viel Mitglieder, als zur Vertretung der Gesellschaft erforderlich sind; RJA 10, 262; 12, 233; KGJ 37, 320; anders (nach früherem Recht) KGJ 17, 12. Unsicher ist, ob sie auch von Vorstandsmitglied und Prokuristen ausgehen kann, wenn diesen Kollektivvertretung zusteht. Nach der hier vertretenen Auffassung (s. Erl 2 b zu § 232) liegt auch in solchem Fall gesetzliche Vertretung der Gesellschaft, was zur Bejahung der Frage führt. A. A. OLG 29, 301 (München), weil nicht die Gesellschaft, sondern der Vorstand zur Anmeldung verpflichtet sei, wogegen aber zu fragen ist, wieso denn die Anmeldung gerade nur durch soviel Mitglieder erfolgen muß, als die Gesellschaft vertreten können. Dagegen genügt Anmeldung durch Prokuristen allein nicht. Der Aufsichtsrat ist zur Anmeldung nicht berufen. Auch selbstverständlich nicht das ausgeschiedene Mitglied selbst, wenn es sich um die Anmeldung seines Ausscheidens handelt; KGJ 14, 27; 16, 25; 18, 33. Wird durch sein Ausscheiden der Vorstand zur Vertretung unfähig, oder scheidet der gesamte Vorstand aus, so muß zunächst zur Bestellung der erforderlichen Mitgliederzahl geschritten werden; KGJ 37, 320.

b) Die Eintragung in das Handelsregister hat nicht konstitutive Wirkung. Die Änderung, Abberufung, Neubesetzung tritt unabhängig von ihr in Wirksamkeit. Auch von Änderungen in der Form der Vertretung, ob Einzel- oder Kollektivvertretung usw., gilt das, wenn solche Änderung gemäß § 232 II 2 vom Aufsichtsrat bestimmt wird, während Änderungen der in dieser Beziehung geltenden Statutenbestimmung erst wirksam werden durch Eintragen des die Statutenänderung betreffenden Beschlusses; § 277 III. — Es kann also der neue Vorstand sich selbst anmelden, wie er auch berufen ist, das Ausscheiden des früheren Vorstandes anzumelden; KGJ 45, 329; OLG 27, 374. Die nichtige Anstellung eines Vorstandsmitgliedes wird nicht Dritten gegenüber dadurch wirksam, daß sie in das Handelsregister eingetragen wird; a. A. Bauer 16, 217; anscheinend auch Staub-Pinner § 234[8]; ob trotzdem auf eine solche Eintragung die Gesellschaft oder ein Dritter gegenüber der Gesellschaft sich berufen kann, hängt davon ab, ob die betreffende Anmeldung zum Handelsregister von Persönlichkeiten ausgegangen ist, welche berechtigt waren, die Gesellschaft zu vertreten. Ist der Beschluß, auf Grund dessen die Anstellung des Mitgliedes erfolgt ist, anfechtbar, dann ist die Eintragung (bis auf weiteres) rechtswirksam; ROHG 20, 208; Makower § 234 I e.

c) Der ausgeschiedene Vorstand hat ebenso wie jedes einzelne Mitglied ein anzuerkennendes Interesse daran, daß die Veränderung in das Handelsregister eingetragen wird. Er hat gegen die Gesellschaft den Anspruch darauf, daß die Anmeldung geschieht, und kann darauf Klage erheben; RJA 10, 254. Kommt es zur Verurteilung der Gesellschaft, so findet die Zwangsvollstreckung nach § 888 ZPO statt. Gegenstand der Verurteilung ist eine Handlung, welche nicht durch einen Dritten vorgenommen werden kann. Ein Fall nach § 16 HGB — der Fall, wo von mehreren zur Anmeldung Verpflichteten einer sich weigert, mitzuwirken — liegt nicht vor. Eher käme § 894 ZPO in Frage. Aber die Anmeldung ist nicht Willenserklärung und entsprechende Anwendung erscheint nicht gerechtfertigt RJA 10, 254; Staub-Pinner § 234[2]; Ritter § 16[2]. Ist ein vertretungsfähiger Vorstand nicht vorhanden, so kann der Ausgeschiedene in dringenden Fällen auf Grund § 29 BGB beim Amtsgericht die Bestellung eines gesetzlichen Vertreters beantragen; RJA 12, 233 (Hamburg).

d) Die Anmeldung durch die Vorstandsmitglieder muß entweder persönlich vor Gericht (Gerichtsschreiber) erfolgen oder, wenn sie schriftlich erfolgt, in öffentlich beglaubigter Form (HGB § 12). Besteht eine Zweigniederlassung, so muß die Veränderung auch dort in einer dieser Formen angemeldet werden (HGB § 13). — Nach § 14 HGB ist, wenn eine Anmeldung gesetzlich vorgeschrieben ist, der Verpflichtete vom Registerrichter gegebenenfalls hierzu durch Ordnungsstrafen anzuhalten. Das trifft auch hier zu, und zwar sowohl bei Veränderung des Personalbestandes als auch bei Veränderung an der Form der Vertretung. A. A. auf Grund einer unzutreffenden Auslegung des § 319 Makower § 319 IV. Das Verfahren richtet sich nicht eigentlich gegen die Gesellschaft, sondern gegen die einzelnen Vorstandsmitglieder; KGJ 21, 271; 26, 232; 45, 178. Die Kosten treffen die Gesellschaft, das Vorstandsmitglied auch dann nicht, wenn die Gesellschaft nicht zahlt; KGJ 34, B 9. S. aber auch KGJ 30, 125.

e) Im allgemeinen gilt der Satz, daß in das Handelsregister nur eingetragen werden darf, was nach dem Gesetz eingetragen werden muß; aus dem guten Grunde, weil sonst Unklarheit entsteht, wie weit der öffentliche Glaube des Registers reicht. Es ist daher wohl ganz praktisch, aber nicht unbedenklich, wenn (wie in Preußen und Bayern KGJ 29, 213; Recht 1910, 1830) angeordnet wird, daß außer dem Namen des Mitgliedes die näheren Angaben über seine Persönlichkeit, Stand, Wohnort und Wohnung eingetragen werden. Wo es aber geschieht, darf der Registerrichter nun nicht wieder ablehnen, Veränderungen in diesen Verhältnissen einzutragen; KGJ 30 B 33; anders 29, 213. Vgl. auch LZ 1908, 710[2] (Hamburg). Tritt eine Namensänderung ein, z. B. durch Verheiratung eines weiblichen Vorstandsmitgliedes, so muß der Handelsregistereintrag entsprechend geändert werden, und kann dann auch der Registerrichter darauf halten, daß es geschieht. — Titel, welche das Vorstandsmitglied als solches führt, (Direktor, Generaldirektor) gehören nicht in das Handelsregister; KGJ 20, 269.

Ermächtigungen gemäß § 232 I 2 sind nicht eintragungsfähig.

f) Ist eine Veränderung richtig angemeldet, aber unrichtig eingetragen worden, so kann sich ein Dritter der Gesellschaft gegenüber auf die Eintragung nicht berufen; OLG 19, 293. Dagegen geht der Umstand, daß aus Versehen eine angemeldete Veränderung überhaupt nicht eingetragen wird (HGB § 15 I), auf Gefahr der Gesellschaft.

g) Ist ein Vorstandsmitglied auf bestimmte Zeit angestellt worden, so endet, weil die Vertretungsmacht gegenüber Dritten überhaupt nicht und daher auch nicht der Zeit nach rechtsgeschäftlich im voraus beschränkt werden kann, mit dem Ablauf der Zeit zwar vielleicht das Vertrags- und Anstellungsverhältnis, aber nicht von selbst auch die Vertretungsmacht. Daher ist die zeitliche Beschränkung auch nicht in das Handelsregister einzutragen, und wenn es geschehen ist, gilt trotzdem das in § 15 Bestimmte über den genannten Zeitpunkt hinaus. Insbesondere gilt das auch von der Eintragung von Stellvertretern. Vgl. hierzu Holdheim in Holdh MS 3, 20. Auch in diesem Fall muß die Veränderung gemäß § 234 angemeldet werden. Daher bedarf es, wenn die Eintragung der Änderung nicht erfolgt ist, keiner erneuten Eintragung, wenn die Abberufung der Mitglider nachträglich wieder rückgängig gemacht wird. Vgl. RG 68, 384; OLG 14, 366.

3. Der Anmeldung ist eine öffentlich beglaubigte Abschrift der Urkunde über die Änderung oder über die Anordnung des Aufsichtsrats im Fall des § 232 II 2 beizufügen. Die Vorschrift beruht auf der Novelle von 1900. Mit ihr wird dem Registerrichter zur Pflicht gemacht, zu prüfen, ob die Urkunde nach Form und Inhalt geeignet ist, die angemeldete Änderung zu erweisen.

Er hat die Urkunden darauf zu prüfen, ob sie die nachgesuchte Eintragung rechtfertigen, z. B. auch darauf, ob der zum Vorstandsmitglied Gewählte sich an der Abstimmung beteiligen durfte, ob der die Anmeldung begründende Beschluß mit der erforderlichen Stimmenmehrheit angenommen worden ist; RJA 3, 189 (KG); KGJ 31, 197; RJA 10, 266 (KG); 16, 84 (KG); ob ein gültiger Aufsichtsratsbeschluß vorliegt; ZBlFG 6, 709 (KG); die Erklärung des Vorsitzenden des Aufsichtsrats genügt nicht; OLG 42, 215 Note 1 b (KG). — Die Abschrift muß öffentlich beglaubigt sein. Darum muß aber die Urkunde selbst nicht unbedingt eine öffentliche oder öffentlich beglaubigte sein; RJA 9, 96 (KG). Wegen Bedenken gegen die Persönlichkeit des angemeldeten Mitgliedes kann der Registerrichter die Anmeldung nicht beanstanden; JW 1916, 1593[4]. Der Umstand, daß für Abberufung und Anstellung eines Vorstandsmitgliedes schriftliche Form nicht vorgeschrieben ist, ist kein Grund, von der Vorschrift des Abs II 1 Abstand zu nehmen. Es handelt sich hier nur um Beweisurkunden, und die lassen sich immer beschaffen; RJA 16, 84 (KG); SächsArch 39, 38. Nach RJA 9, 96 bedarf es, wenn nicht eine Abschrift eingereicht wird, sondern die Originalurkunde (Protokoll der Aufsichtsratssitzung), keiner Beglaubigung; OLG 19, 324; aber eine beglaubigte Abschrift ist doch insofern nicht zu entbehren, als das nach gegenwärtiger Vorschrift beizufügende Schriftstück bei den Registerakten verbleibt. —

4. In gleicher Weise wie zum Register der Hauptniederlassung (des Sitzes) der Gesellschaft müssen die Veränderungen des Vorstandes usw. zum Register der Zweigniederlassungen angemeldet werden, § 213. Die Eintragung findet hier erst statt, wenn die der Veränderung beim Handelsregister der Hauptniederlassung erfolgt ist, und auf Grund dieser Eintragung. Daher bedarf es hier einer Vorlegung von die Veränderung nachweisenden Urkunden nicht.

5. Das neue Vorstandsmitglied muß seine Unterschrift, d. h. die Firma der Gesellschaft und seinen Namen zeichnen, auch dann, wenn er sie in seiner Eigenschaft als Prokurist der Gesellschaft bereits dem Gericht eingereicht hatte; KGJ 37, 138. Nach RJA 10, 125 (KG) soll für die hier vorgeschriebene „Zeichnung" genügen, daß das Vorstandsmitglied die Anmeldung in der vorgeschriebenen Form unterschrieben hat. Mit der Absicht des Gesetzes dürfte das nicht in Einklang sein. — Von der Einreichung der Unterschrift darf die Eintragung der Änderung nicht abhängig gemacht werden; RJA 9, 244; KGJ 37, 138. —

Nicht nur der Namenszug, sondern die Firma nebst Namen sind beim Handelsregister zu hinterlegen: vom Prokuristen HGB § 53, vom offenen Handelgesellschafter § 108, vom Liquidator der offenen Handelsgesellschaft, Kommanditgesellschaft, Aktiengesellschaft und Aktienkommanditgesellschaft §§ 148 III, 161 II, 296 IV, 320 III. In § 195 IV lautet es dagegen von den Mitgliedern des ersten Vorstandes, sie hätten ihre „Namensunterschrift" zur Aufbewahrung beim Gericht zu zeichnen. Hier (wie in GmbH §§ 8 III, 39 III) lautet es: ihre Unterschrift. Das dürften auf Unachtsamkeit beruhende Differenzen sein, und weil der Schriftzug vorkommenden Falles Vergleichsobjekt sein soll und dieses als solches um so tauglicher ist, je umfangreicher es ist, dürfte gerechtfertigt erscheinen, wenn der Registerrichter in allen Fällen die Niederschrift auch der Firma verlangt. Weiter würde dann hier auch anwendbar sein, was RJA 6, 47 (KG) von der Zeichnung des Prokuristen sagt, daß wenn auch bei Kollektivprokura immer nur einer der mehreren die Firma zu schreiben brauche, doch ein jeder von ihnen seinen Schriftzug der Firma beim Handelsregister niederzulegen hat. Die herrschende Lehre hält sich an den Wortlaut und versteht unter „seine Unterschrift" „Unterschrift seines Namens".

6. Die Vorschriften in § 234 gelten auch für das Stadium der Liquidation und des Konkurses der Gesellschaft; OLG 37, 9.

§ 235.

Der Vorstand[1] ist der Gesellschaft gegenüber verpflichtet[4], die Beschränkungen einzuhalten, welche im Gesellschaftsvertrag oder durch Beschlüsse der Generalversammlung für den Umfang seiner Befugnis, die Gesellschaft zu vertreten, festgesetzt sind[2].

Dritten[5] gegenüber ist eine Beschränkung der Vertretungsbefugnis des Vorstandes unwirksam[3]. Dies gilt insbesondere für den Fall, daß die Vertretung sich nur auf gewisse Geschäfte oder Arten von Geschäften erstrecken oder nur unter gewissen Umständen oder für eine gewisse Zeit oder an einzelnen Orten stattfinden soll oder daß für einzelne Geschäfte die Zustimmung der Generalversammlung, des Aufsichtsrats oder eines anderen Organs der Gesellschaft erfordert wird.

1. Es ist zu unterscheiden zwischen Vertretungsmacht und Vertretungsbefugnis, zwischen dem, was der Vorstand, d. h. die Vorstandsmitglieder in der zur Vertretung der Gesellschaft erforderlichen Anzahl rechtsgeschäftlich mit Wirkung für oder gegen die Gesellschaft tun kann, und dem, was er tun darf. Ersteres geht das Publikum an, letzteres die Gesellschaft. Über-

schreitet der Vorstand seine Vertretungsmacht, so haftet dem Dritten nicht die Gesellschaft, wohl aber unter Umständen das oder die Vorstandsmitglieder. Überschreitet er seine Vertretungsbefugnis, so haftet die Gesellschaft, während ihr wegen des ihr daraus entstehenden Schadens die schuldigen Vorstandsmitglieder aufkommen müssen. So muß man zwischen dem Außen- und dem Innenverhältnis unterscheiden.

2. a) Die Vertretungsmacht des Vorstandes ist gesetzlich festgelegt und kann rechtsgeschäftlich nicht beschränkt werden. Sie erfaßt grundsätzlich das gesamte Vermögen der Gesellschaft. Der Vorstand kann wirksam über alle Vermögensbestandteile der Gesellschaft verfügen und durch Rechtsgeschäfte alle Arten vermögensrechtlicher Verpflichtungen für sie eingehen. Doch gelten einige Ausnahmen auf Grund rechtspolizeilicher Vorschriften, welche dem Schutze nicht nur der Gesellschaft, sondern auch des Publikums dienen. §§ 205, 207, 270, 279, 303—306. In bestimmten Fällen wird die Vertretung der Gesellschaft dem Vorstand genommen und auf ein anderes Organ übertragen; §§ 247, 268 II; s. auch § 272 I. — Auch die nach § 222 IV vom Vorstand erklärte Zustimmung ist wirkungslos ohne die betreffenden Beschlüsse von Aufsichtsrat und Generalversammlung. Anderseits ist es eine Selbstverständlichkeit, die aber verdient hervorgehoben zu werden, daß die Vertretungsmacht des Vorstandes auf die Vermögenssphäre der Gesellschaft beschränkt ist. Ebensowenig wie der Vorstand wirksam ein Grundstück übereignen kann, das der Gesellschaft nicht gehört, kann er Rechtsgeschäfte mit der Wirkung vornehmen, daß dadurch Sonderrechte der Aktionäre beeinträchtigt werden. Darin versieht es die herrschende Lehre, wenn sie z. B. behauptet, daß der Vorstand, ohne einen entsprechenden Beschluß der Generalversammlung Schuldverschreibungen unter Zusicherung von Beteiligung am Gewinn wirksam ausgeben könne; RG 81, 17. Das ist eine Verfügung über den Reingewinn, die nur auf Grund von Gesetz, Statut oder gültigem Gesellschaftsbeschluß erfolgen kann. — Daß dem so ist, zeigt sich auch darin, daß die den Darlehnsgläubigern zu zahlende Vergütung körperschaftssteuerpflichtig ist, soweit sie den üblichen Zinssatz übersteigt. Den in RG 83, 377 behandelten Vertrag hätte der Vorstand nicht, wie S. 381 das. gesagt wird, auch dann abschließen können, wenn er nicht die Zustimmung der Generalversammlung hinter sich gehabt hätte. Vgl. hierzu Bondi in DJZ 1914, 912. Rosendorff, Konzerne 68ff. S. § 213 Erl 6b. Daher kann der Vorstand auch nicht ohne Ermächtigung Aufsichtsratsmitgliedern oder eigenen Mitgliedern rechtswirksam Tantiemeansprüche einräumen (während die vielfach üblichen Tantiemen von Handlungsgehilfen, namentlich Prokuristen, soweit sie sich in angemessenen Grenzen halten, vom Gewinn berechnet, aber nicht aus dem Reingewinn bezahlt werden und Handlungsunkosten darstellen). — Bei Kapitalerhöhung ist es Sache des Vorstandes, Zeichnungen auf die neuen Aktien entgegenzunehmen, die Zuteilungen vorzunehmen, die Aktienurkunden (sofern nicht im Statut etwas anderes bestimmt ist) auszufertigen und auszugeben, alles in Vertretung der Gesellschaft. Trotzdem entstehen keine Aktienrechte, überhaupt keine Erfüllungsansprüche gegen die Gesellschaft, wenn der Vorstand das tut, ohne daß ein Kapitalerhöhungsbeschluß ergangen ist. Es sind nicht die Rechte der Gesellschaft, jedenfalls nicht nur und nicht in erster Reihe ihre Rechte, sondern es sind die Rechte der Aktionäre, der Quotient ihrer Beteiligung am Gewinn, welche dadurch beeinträchtigt oder jedenfalls verändert würden, in welche damit eingegriffen wird.

Dann überhaupt entzieht sich der Macht des Vorstandes der gesamte Komplex von Rechtsverhältnissen, welche sich wie bei jeder Gesellschaft mit juristischer Persönlichkeit und daher mit selbständigem Vermögen so auch bei der A-Gesellschaft in eigenartiger Duplizität in der Gestalt der gesellschaftsrechtlichen Teilhaberschaft an diesem Vermögen naturgemäß und notwendig einstellen. Soweit in diesem Gebiet der Rechtsverhältnisse der Gesellschafter zueinander und zu der Gesellschaft, letztere überhaupt eine Bestimmungsgewalt hat, liegt sie nicht beim Vorstand, sondern ausschließlich bei der Generalversammlung. (S. hierüber und ferner darüber, inwiefern dem Vorstand doch unversehens dadurch ein Verfügungsrecht verliehen wird, daß die Gesellschaft eigene Aktien erwerben und veräußern kann; Brodmann in ZBH II, 147.)

b) In allen diesen Fällen handelt es sich nicht um Schranken der Vertretungsmacht des Vorstandes, sondern um die Grenzen der Vermögensmacht der Gesellschaft, um Übergriffe in ein fremdes Vermögen. Zu der Frage, ob der Vorstand kraft seiner Vertretungsmacht eine Zweigniederlassung errichten kann, heißt es in OLG 47, 125, 213 (KG), das sei keine Frage nach dem Umfange der Vertretungsmacht, sondern nach dem Umfang seiner Befugnisse der Gesellschaft gegenüber, was völlig richtig ist. Aber die Fragestellung ist falsch. Die Errichtung einer Filiale ist überhaupt kein Rechtsgeschäft, aber allerdings ist sie unvermeidlich mit zahlreichen Rechtsgeschäften verbunden, zu denen in der Regel der Vorstand legitimiert sein wird. Die Frage, ob der Vorstand der Gesellschaft gegenüber die Errichtung rechtfertigen kann, wird vom Kammergericht für den Fall bejaht, daß im Statut die Errichtung von Filialen vorgesehen ist.

3. Die Gesellschaft kann die Vertretungsmacht des Vorstandes nicht beschränken, weder durch allgemeine Instruktionen, noch durch Bestimmung im einzelnen Fall, weder ausdrücklich noch stillschweigend (namentlich bildet der statutenmäßige Zweck der Gesellschaft wohl eine Schranke

der Geschäftsbefugnisse des Vorstandes, aber nicht seiner Vertretungsmacht). Auch nicht im Statut. Die Einschränkung gilt auch dann nicht, wenn sie auf diesem Wege in das Handelsregister eingetragen wird; ROHG 6, 139. Das mit dem Dritten abgeschlossene Rechtsgeschäft ist rechtswirksam, auch wenn der Abschluß gegen die Instruktion verstößt. Dabei kommt es grundsätzlich nicht darauf an, ob der Dritte Kenntnis von der Instruktion usw. hatte; RG 73, 345; 22, 75; ROHG 6, 139; 19, 335; Bolze 10, 297. Vgl. auch Bolze 17, 521; 21, 552. Nur liegt in solchem Falle immer die Frage nahe, ob nicht der Dritte dadurch, daß er sich trotz Kenntnis des entgegenstehenden Willens der Gesellschaft, insbesondere des Aufsichtsrats auf das Geschäft einließ, gegen die guten Sitten verstoßen und der Gesellschaft vorsätzlich Schaden zugefügt hat (§ 826 BGB); RG 58, 356. Vgl. RG 9, 148 und die dortigen Zitate aus der Rechtsprechung des ROHG; RG 57, 389. Vgl. auch Bolze 6, 634, 635. In solchen Fällen erscheint die Gesellschaft dadurch schon geschädigt, daß ihr ein Geschäft aufgedrängt wird, das sie nicht abschließen will, und was sie unter allen Umständen verlangen kann, ist, daß der Gegner Ansprüche aus dem Rechtsgeschäft nicht erhebt, sich auf das Rechtsgeschäft überhaupt nicht beruft. Vgl. JW 1904, 482[2]. Auch ganz ungewöhnliche Geschäfte werden durch die Vertretungsmacht des Vorstandes gedeckt. Nach der herrschenden Lehre könnte der Vorstand eigenmächtig das gesamte Unternehmen wirksam veräußern. Aber selbst wenn zuzugeben wäre, daß ein solches Vorgehen nicht unter allen Umständen ein Fall nach § 303 und danach einer der Fälle wäre, wo schon gesetzlich die Vertretungsmacht nicht ausreicht, würde dem Gegner bei der Sorgfalt und Aufmerksamkeit, welche ein so auffallendes, dabei pekuniär bedeutsames Geschäft auch auf seiner Seite erfordert, es gar nicht entgehen können, wenn der Vorstand es hinter dem Rücken von Aufsichtsrat und Generalversammlung abzuschließen unternähme. Und nicht nur die Veräußerung des ganzen Geschäfts, sondern überhaupt gibt es Transaktionen, die durch den Vorstand durchzuführen sind, aber wegen ihres Umfanges und ihrer Bedeutung gar nicht umhin können, in allen Beteiligten Erwartung und Spannung zu wecken, wie sich der Aufsichtsrat und die Generalversammlung der Aktionäre dazu stellen werden, und das Verlangen es zu wissen, wenn es schon geschehen sein sollte. Man denke z. B. an die Vereinbarung einer Interessengemeinschaft. Es ist doch wohl reine Theorie, daß ein solches Rechtsgeschäft vom Vorstand auch dann wirksam abgeschlossen wird, wenn der Gegner weiß, daß eine Generalversammlung gar nicht stattgefunden hat. Vielmehr wird die Gesellschaft das Geschäft auch dann ablehnen können, wenn der Gegner sich darum gar nicht gekümmert hat. Anders liegt es, wenn der Beschluß zwar ergangen, aber nichtig oder anfechtbar ist. — Unter ähnlichen Gesichtspunkten wird man Schenkungen, welche der Vorstand vornimmt, zu beurteilen haben, d. h. auch Schenkungen können trotz unbeschränkter Vertretungsmacht des Vorstandes unter Umständen nichtig sein, während eine ganz andere Frage ist, inwiefern der Vorstand der Gesellschaft gegenüber Schenkungen rechtfertigen kann, die er gemacht hat, ohne die Generalversammlung zu befragen, was im Grundsatz zu verneinen ist und nur aus besonderen Gründen zulässig erscheinen kann.

4. a) Der Vorstand steht mit der Gesellschaft in einem Dienstverhältnis nach § 675 BGB, also in einem Vertragsverhältnis, in welchem er den Weisungen der Gesellschaft Folge zu leisten hat, von ihnen nur abweichen darf, wenn er den Umständen nach annehmen darf, daß die Gesellschaft bei Kenntnis der Sachlage die Abweichung billigen würde. So wenigstens lautet es in § 665 BGB. Indessen erleidet diese allgemeine Vorschrift Einschränkungen durch Sondervorschriften des HGB und auch abgesehen hiervon kann aus mehr als einem Grunde nicht von direkter, sondern nur von entsprechender Anwendung des § 665 cit. die Rede sein. Gesetzliche Vorschriften, an denen auch Weisungen der Gesellschaft nichts ändern, sind § 192 (Prüfung des Gründungsherganges); § 239 (Buchführung); § 260 II (Aufstellung der Bilanz und Berufung der ordentlichen Generalversammlung); § 265 (Bekanntmachung der Bilanz); § 240 II (Anmeldung des Konkurses); §§ 240 I, 253 II (Berufung einer Generalversammlung); § 272 IV (Bekanntmachung, daß Anfechtungsklage nach § 271 erhoben ist), ferner alle Vorschriften, welche eine Anmeldung zum Handelsregister zur Pflicht machen, sodann die Fälle des § 241 III Z. 1—6, in denen jedenfalls den Gläubigern der Gesellschaft gegenüber der Vorstand sich nicht auf einen Beschluß der Generalversammlung berufen kann. Aber auch hierüber hinaus statten Recht und Gesetz die Stellung des Vorstandes mit einer gewissen Selbständigkeit gegenüber seinem Auftraggeber aus. Ihn allein trifft die strafrechtliche Verantwortung, ihn neben der Gesellschaft die zivilrechtliche für alles, was rechtswidrig und schuldhaft geschieht, und in ersterer Beziehung hat er überhaupt nicht, in letzterer Beziehung jedenfalls insoweit nicht den Weisungen des Auftraggebers Folge zu leisten, als ihn diese Weisungen nicht vor der Verantwortlichkeit schützen; RG 7, 107 f.; OLG 12, 435.

Es fragt sich aber weiter, was damit gesagt ist, daß der Dienstherr oder der Auftraggeber im Sinn des § 665 BGB die A-Gesellschaft ist. Hierin birgt sich eine Unklarheit, der näher getreten werden muß. Zweifellos besteht die A-Gesellschaft nicht nur in der Summe aller Aktionäre. Zum Ganzen eines lebendigen Wesens gehören auch ihre Organe, hier die Vorstands- sowie die Aufsichtsratsmitglieder. Und ebenso unbestritten dürfte sein, daß die A-Gesellschaft als wirksames Ganzes nicht anders in die konkrete Erscheinung tritt, als in der Generalversammlung. Mit anderen Worten, die Generalversammlung ist mit nichten begrifflich nur eine Versammlung der Aktionäre. Vorstand und Aufsichtsrat gehören mit dazu. Freilich hat das Gesetz das nirgends ausgesprochen. Aber unverkennbar nur, weil es selbstverständlich — zu selbstverständlich möchte man sagen — ist, so selbstverständlich, daß es nicht einmal in dem Falle, wo auf Grund einer gerichtlichen Ermächtigung Aktionäre die Versammlung einberufen, ausdrücklich die Zuziehung der Verwaltungsmitglieder vorgeschrieben hat, während ihnen das Recht zur Teilnahme wie überhaupt, so auch in diesem Falle nach diesseitiger Auffassung überhaupt nicht, aber jedenfalls höchstens bestimmten Mitgliedern dann versagt werden kann, wenn besonderer Anlaß es rechtfertigt. Mangels gesetzlicher Vorschrist ist nicht ausgeschlossen, daß die ordnungsmäßig berufene Generalversammlung auch dann stattfinden kann, wenn Vorstands- und Aufsichtsratsmitglieder nicht erschienen sind. Aber wenn sie erscheinen, kann ihnen die Beteiligung nicht versagt werden, jedenfalls nicht anders als aus wichtigem Grunde. Die Einberufung — in welcher Weise sie auch geschehen mag — gilt unter allen Umständen auch ihnen. Allerdings steht ihnen Stimmrecht nicht zu. Aber das hindert nicht, daß ihre Teilnahme an der Beratung, ihr Einfluß auf die Entschließungen der Aktionäre von großer Bedeutung sind oder sein können. Dagegen kommt darin allerdings zum Ausdruck, daß sich in der Generalversammlung diese Gruppen gegenüberstehen, einerseits der Vorstand sowie der Aufsichtsrat, anderseits die erschienenen Aktionäre. Insofern, nur insofern rechtfertigt sich die Auffassung, daß neben dem Vorstand und dem Aufsichtsrat ein drittes Organ der Gesellschaft die Generalversammlung ist. Dabei hat man die Gesamtheit der erscheinenden Aktionäre im Auge, aber die Gesamtheit, wie sie nach den dafür geltenden Vorschriften funktioniert. Keineswegs aber ist die Generalversammlung ein — etwa nur durch die größere Anzahl der Mitglieder unterschiedenes — Kollegium der Aktionäre wie Vorstand und Aufsichtsrat Kollegien ihrer Mitglieder sind. Oder genauer, man bezeichnet mit dem Ausdruck Generalversammlung zwei verschiedene Begriffe. Nennt man sie ein Organ der A-Gesellschaft, so denkt man im Gegensatz von Vorstand und Aufsichtsrat an das Korpus der stimmberechtigten Aktionäre, was aber nur eine Abstraktion ist. In der Wirklichkeit ihrer Erscheinung ist die Generalversammlung das Ganze, Aktionäre **und** Verwaltungsmitglieder, und damit die Verkörperung der Gesellschaft selbst in ihrer Totalität; s. auch § 243 Erl 8. Eine wichtige Folgerung hieraus ist, daß auch bei Anwesenheit aller Aktionäre eine Universalversammlung (**Mangold** in JW 1927, 1338; J. **Fuchs** ZBH II, 401) gültige Beschlüsse nur fassen kann, wenn den Mitgliedern des Vorstandes und Aufsichtsrats Gelegenheit zur Teilnahme geboten war. Wenn man also sagt, daß der Dienstherr des Vorstandes die A-Gesellschaft ist, so ist dabei zu beachten, daß dieser Dienstherr sich als solcher nicht anders betätigen kann als in den vom Gesetz bestimmten schwerfälligen Formen der unter der Anwesenheit und dem Einfluß wiederum des Vorstandes selbst stattfindenden Gesellschafterversammlung. Das bedeutet eine Selbständigkeit der Geschäftsführung und wiederum eine Art der Verantwortlichkeit des Beauftragten, wie sie dem typischen Auftragsverhältnis des bürgerlichen Rechts fremd sind. Aber dabei bleibt es, daß wenn der Vorstand, sei es auch in bester Absicht und aus besserer Einsicht einem Beschluß der Generalversammlung zuwiderhandelt, er das auf die Gefahr hin tat, daß etwa eine spätere Generalversammlung die Entlastung versagt; **Hueck** Anfechtbarkeit 10[2]; **Staub-Pinner** §§ 235[7] ff.

b) Dagegen steht nach dem Gesetz der **Aufsichtsrat** nicht über dem Vorstand. Aber im Statut — auch im Anstellungsvertrag — kann vereinbart werden, daß für bestimmte Rechtsgeschäfte oder für bestimmte Arten von Rechtsgeschäften die Zustimmung des Aufsichtsrats eingeholt werden muß, oder auch allgemeiner, daß, wo der Aufsichtsrat sich zu Anordnungen veranlaßt sieht, der Vorstand ihnen Folge zu leisten hat, oder daß überhaupt der Vorstand dem Aufsichtsrat untergeordnet sei u. ä.; ROHG 21, 375; RG in Holdh MS 1898, 86; GZ 35, 247, 102 (Hamburg). — Etwas anderes ist die **tatsächlich** sich daraus ergebende Stellung des Vorstandsmitgliedes zum Aufsichtsrat, daß dieser nach dem Statut die Mitgliedsstellen zu besetzen hat. — Das Gesetz läßt vorsorglich und ausdrücklich die Möglichkeit offen, für Aufgaben dieser Art neben dem Aufsichtsrat den jede A-Gesellschaft haben muß, auch **andere Organe** zu schaffen.

c) Es denkt das Gesetz ferner an den Fall, daß im Statut, in Beschlüssen der Generalversammlung, im Anstellungsvertrag unter die mehreren Mitglieder die Geschäfte verteilt werden nach bestimmt abgegrenzten Geschäftszweigen, nach den mehreren Handelsniederlassungen der Gesellschaft; KGJ 53, 97; OLG 1, 487[41], nach Zeitabschnitten usw. Alle solche Beschränkungen der Geschäftsführung bedeuten zugleich Beschränkungen der Vertretungsbefugnis oder können es bedeuten. Und schließlich wäre auch denkbar, daß, ohne Beschränkung in der Geschäftsführung im übrigen dem einzelnen Mitglied Vertretung im Rechtsverkehr mit Dritten ganz oder teilweise untersagt wird. Nichts dergleichen kann daran etwas ändern, daß dem Vorstandsmitglied — allein oder in Verbindung mit dem Kollektivvertreter — die volle Vertretungs**macht** beiwohnt.

d) Nicht nur die Gesellschaft kann sich gegenüber dem Dritten nicht darauf berufen, daß der Vorstand ihre Weisungen überschritten habe, sondern **auch der Dritte kann** gegen die Gesellschaft **nicht** mit Erfolg **geltend** machen, daß das Rechtsgeschäft wegen Überschreitung der Vertretungsbefugnis des Vorstandes ungültig sei. Vgl. RG 45, 150 (wo gegen die Klage der Genossenschaft eingewendet worden war, daß die Generalversammlung beschlossen habe, den Prozeß nicht fortzusetzen).

5. a) Dritten gegenüber ist eine Beschränkung der Vertretungsbefugnis des Vorstandes unwirksam. Dritter im Verhältnis zur Gesellschaft ist jeder, der nicht Aktionär ist, also auch, wer es zwar werden will aber es noch nicht ist, wer auf Aktien zeichnet und erst mit der vollendeten Zuteilung Aktionär wird. Vgl. RG 60, 412, noch weiter gehend ROHG 7, 416; 9, 69. Auch die Mitglieder des Vorstandes und Aufsichtsrats, sofern sie nicht Aktien besitzen und als Aktionär in Betracht kommen, sind Dritte, nicht in und bei Ausübung ihrer Organfunktionen, wohl aber im rechtsgeschäftlichen Verkehr mit der Gesellschaft, nicht in ihrer Tätigkeit in der Gesellschaft, wohl aber im Rechtsverkehr mit ihr; ROHG 6, 140; anders Bolze 5, 761. So ist der Vorstand berufen, die Anstellungsverträge mit dem einzelnen Mitglied zu schließen, Mitgliedern die Entlassung zu erklären; ROHG 14, 90; SchlHolstAnz 1907, 311. Richtig ist, daß in diesem Verhältnis manches sich unmittelbar zwischen Mitglied und Gesellschaft, d. h. hier Generalversammlung vollzieht, vor allem die Entlastung, unter Umständen auch Anstellung und Entlassung. Das ändert aber daran nichts, daß wo letzteres rechtsgeschäftlich vom Vorstand ausgeht, der Vertragsgegner ein Dritter im Sinn gegenwärtiger Vorschrift ist.

b) Der Aktionär ist nicht Dritter, aber nur der Aktionär als solcher, z. B. dann nicht, wenn er Einlage zahlen soll; RG 24, 59; anders ROHG 7, 416; 9, 69; anscheinend auch JW 1900, 133[18]. Dann kann er sich darauf berufen, daß das Verlangen des Vorstandes mit einer Weisung der Generalversammlung, mit einer statutarischen Anordnung, mit einer maßgeblichen Verfügung des Aufsichtsrats in Widerspruch steht. Er ist auch nicht Dritter in seiner Verpflichtung zu Nebenleistungen nach § 212. Die Entscheidung RG 17, 1 beruht auf dem Rechtszustand vor Geltung des § 212. Dagegen ist auch der Aktionär Dritter, wenn er der Gesellschaft Waren liefert und umgekehrt, wenn er Sachen ihr vermietet oder von ihr mietet, Geld leiht oder geliehen nimmt usw. Auch die Mitglieder einer eingetragenen Genossenschaft z. B., welche Bankgeschäfte betreibt, sind insofern als ihnen von der Genossenschaft Kredit eingeräumt wird, Dritte; RG 4, 72; 22, 77. Auch Geld, welches die Aktionäre zum Zweck einer Sanierung freiwillig gegeben haben, wird nicht den Aktionären als solchen, sondern ihnen wie Dritten geschuldet; RG 81, 21. Was hier von den Aktionären gesagt ist, gilt vollends von den Mitgliedern des Vorstandes und des Aufsichtsrats, vom Liquidator RG 7, 119; 73, 343. Etwas anderes ist, daß ein Mitglied des Aufsichtsrats sich auf die Vertretungsmacht des Vorstandes nicht berufen kann, wenn es sich um ein Geschäft handelt, welches der Vorstand nicht hätte ohne Zustimmung des Aufsichtsrat abschließen dürfen und welches der Aufsichtsrat nicht würde genehmigt haben; ROHG 19, 335; oder nicht hätte genehmigen dürfen; RG 73, 343. Die Frage nach der Legitimation der Vorstandsmitglieder für Anmeldungen zum Handelsregister gehört nicht in diesen Zusammenhang. Die Anmeldung ist nicht ein mit einem Dritten oder gegenüber einem Dritten vorzunehmendes Rechtsgeschäft; RJA 2, 77.

§ 236.

Die Mitglieder des Vorstandes dürfen ohne Einwilligung der Gesellschaft weder ein Handelsgewerbe betreiben noch in dem Handelszweige der Gesellschaft für eigene oder fremde Rechnung Geschäfte machen, auch nicht an einer anderen Handelsgesellschaft als persönlich haftende Gesellschafter Teil nehmen[1]. Die Einwilligung wird durch dasjenige Organ der Gesellschaft erteilt, welchem die Bestellung des Vorstandes obliegt[2].

Verletzt ein Vorstandsmitglied die ihm nach Abs. 1 obliegende Verpflichtung, so kann die Gesellschaft Schadensersatz fordern; sie kann statt dessen von dem Mitgliede verlangen, daß es die für eigene Rechnung gemachten Geschäfte als für Rechnung der Gesellschaft eingegangen gelten lasse und die aus Geschäften für fremde Rechnung bezogene Vergütung herausgebe oder seinen Anspruch auf die Vergütung abtrete[3].

Die Ansprüche der Gesellschaft verjähren in drei Monaten von dem Zeitpunkt an, in welchem die übrigen Vorstandsmitglieder und der Aufsichtsrat von dem Abschlusse des Geschäfts oder von der Teilnahme des Vorstandsmitgliedes an der anderen Gesellschaft Kenntnis erlangen; sie verjähren ohne Rücksicht auf diese Kenntnis in fünf Jahren von ihrer Entstehung an[4].

1. a) Die Tätigkeit und der Pflichtenkreis des Vorstandsmitgliedes ist so gedacht, daß sie seine Arbeitskraft voll in Anspruch nehmen. Er darf nicht nebenher ein anderes Handelsgewerbe

betreiben, und wenn auch nicht ausgeschlossen ist, daß er für sich einzelne Geschäfte abschließt, so darf das doch nicht in der Branche der A-Gesellschaft sein; an einer anderen Handelsgesellschaft, — gleichviel welcher Branche — darf er teilnehmen, aber nicht als persönlich haftendes Mitglied, also nicht an einer offenen Handelsgesellschaft und an einer Kommanditgesellschaft und Kommanditgesellschaft auf Aktien nicht als Komplementar. Ähnliche Konkurrenzverbote finden sich in § 60, den Handlungsgehilfen, in § 112 den offenen Handelsgesellschafter und in § 326 den Komplementar der Kommanditgesellschaft betreffend. Das Verbot gegen den Handlungsgehilfen stimmt mit dem gegenwärtigen überein, nur ist diesem die (passive) Teilnahme an einer Handelsgesellschaft nicht untersagt (wenigstens nicht ausdrücklich; die Frage ist bestritten). Er kann offener Handelsgesellschafter sein, wenn er als solcher von der Vertretung und Geschäftsführung ausgeschlossen ist. Dem offenen Handelsgesellschafter und dem Komplementar der Kommanditgesellschaft, gleichviel welcher Art, ist verboten, im Handelszweig seiner Gesellschaft ein (weiteres) Handelsgewerbe zu betreiben oder in diesem Zweige auch nur vereinzelte Geschäfte zu machen, ferner als persönlich haftendes Mitglied an einer Handelsgesellschaft sich zu beteiligen. Ihnen ist nur die Konkurrenz untersagt, ihre volle Arbeitskraft ist gesetzlich nicht in Anspruch genommen. Außerhalb des Handelszweiges ihrer Gesellschaft sind sie frei und als stille Gesellschafter oder Kommanditist können sie sich auch im Handelszweige ihrer Gesellschaft anderweit beteiligen. — Das alles ist nicht zwingendes Recht. Die Nebentätigkeit ist insoweit zulässig, als die Gesellschaft, beim Handlungsgehilfen der Prinzipal, einwilligt. — Keinen Unterschied macht es, ob das Vorstandsmitglied das Verbotene offen tut oder in versteckter Weise durch eine vorgeschobene Person; RG 45, 32; in welchem letzteren Fall auch Geschäfte der Vorstandsmitglieder mit der eigenen Gesellschaft unter das Verbot fallen können; RG 75, 239.

b) Im einzelnen ist hier manches streitig. Mit der wörtlichen Anwendung der Vorschrift kommt man zu sachlich unannehmbaren Ergebnissen. Bedenkt man einerseits, daß der Vorstand einer A-Gesellschaft und der Geschäftsführer einer Gesellschaft mbH nicht ein eigenes Handelsgewerbe und daher — wie allgemein angenommen wird — überhaupt nicht ein Handelsgewerbe betreibt, beachtet man anderseits, daß es bei dem Verbot, „Geschäfte zu machen", zwar keinen Unterschied macht, ob das für eigene oder für fremde Rechnung geschieht, wohl aber nur an Geschäfte zu denken ist, welche in eigenem Namen gemacht werden, so gelangt man dazu, daß das Vorstandsmitglied einer A-Gesellschaft ohne deren Einwilligung Vorstandsmitglied einer anderen A-Gesellschaft und Geschäftsführer einer Gesellschaft mbH sein kann. So in der Tat Brand § 236, 3 a. Wenn Brand die Einschränkung macht, daß es sich nicht um denselben Handelszweig handeln dürfe, so ist dabei offenbar an das fernere Verbot einzelner Geschäfte gedacht, welches in dieser Weise eingeschränkt ist, und daran ist auch richtig, daß wenn schon einzelne Geschäfte verboten sind, eine Menge zusammenhängender Geschäfte es erst recht sein muß. Aber nicht bedacht ist, daß dieses zweite Verbot sich nur auf Geschäfte bezieht, welche in eigenem Namen gemacht werden. Wie Brand auch Staub-Pinner § 236[4]; Goldmann § 236[5]; Ritter § 236 1 b. Die Auslegung hält sich zu ängstlich an den Wortlaut und wird denn auch von Lehmann-Ring § 236[3] a; Makower § 236 I b 1; Goldschmit AG § 236, 4 a abgelehnt. Dagegen kann man Lehmann-Ring a. a. O. nicht darin folgen, daß unter Umständen auch die Beteiligung an einer Gesellschaft mbH oder als Kommanditist hierunter fallen kann. Selbst wenn der Gesellschafter alle Geschäftsanteile besitzt, würde der Fall hierher nur gehören, wenn der Betreffende zugleich Geschäftsführer ist, und aus dem gleichen Grunde ist es unerheblich, wie bedeutend die Beteiligung des Kommanditisten an der Gesellschaft ist.

Aufsichtsrat in einer anderen Gesellschaft zu werden, ist dem Vorstandsmitglied durch § 236 nicht verwehrt.

c) Bei dem Verbot des Geschäftemachens ist sprachlich nur der Fall getroffen, daß das Geschäft in eigenem Namen gemacht wird, wenn auch, wie im Fall des Kommissionsgeschäfts, für fremde Rechnung; a. A. Lehmann-Ring § 236[4]. Das Gesetz hat nicht für nötig gehalten, von sich aus dem Vorstandsmitglied einer A-Gesellschaft zu verbieten, ohne Einwilligung der Gesellschaft in ein anderes Geschäft als Handlungsgehilfe einzutreten. Wollte man das Gesetz anders auslegen, dann wäre das Verbot zu eng. Es kommt bei diesen Vorschriften nicht nur die Gefahr der Konkurrenz in Betracht, sondern auch die der Zersplitterung der Kräfte. Das Vorstandsmitglied, welches in einem anderen umfangreichen Geschäft Buchhalter ist, macht kein Geschäft für den Prinzipal, aber es wird mit seiner Arbeitszeit oft mehr in Anspruch genommen sein als der Geschäftsinhaber selbst. Offenbar paßt auch die Sanktion der Vorschrift in Abs II nicht auf diesen Fall. Es wird aus allgemeinen Gesichtspunkten des Vertragsrechts zu entscheiden sein, wie weit dem Vorstandsmitglied gestattet ist, bezahlte oder unbezahlte Nebenbeschäftigung aufzusuchen. Vgl. RG 67, 3. Dafür ist § 236 nicht sedes materiae. — Gedacht ist hier ferner nur an gewerbsmäßiges oder erwerbsmäßiges Geschäftemachen. Daß der Vorstand einer Kohlenhandlung auf Aktien die Kohlen für seinen Privatgebrauch kaufen darf, wo ihm beliebt, wird niemand bezweifeln. Anders anscheinend Recht 01, 532 (Hamburg). Freilich wird nicht immer die Grenze so leicht zu ziehen sein, z. B. nicht, wenn das Vorstandsmitglied einer Bank

Aktien kauft oder verkauft. Vgl. Makower § 236 I b²; JW 1889, 344⁴. Auch insofern dehnt Lehmann-Ring § 236⁴ das Verbot über Gebühr aus, als er behauptet, daß auch die Beteiligung als Kommanditist, Aktionär, stiller Gesellschafter, Mitglied einer Gesellschaft mbH darunter fallen könne, wenn Konkurrenzhandel beabsichtigt sei. Derartiges kann ein wichtiger Grund zu fristloser Kündigung der Stellung sein. Aber den § 236, namentlich auch den Abs II kann man darauf nicht wohl anwenden. — Lediglich vorbereitende Handlungen zu einer Zeit, wo das Ausscheiden des Vorstandsmitgliedes bevorsteht, fallen nicht unter das Verbot; OLG 3, 80 (Dresden). — Es ist zu unterscheiden zwischen dem hier in Rede stehenden Konkurrenzverbot und der sogenannten Konkurrenzklausel, worunter die Vereinbarungen zu verstehen sind, welche sich auf die Zeit nach dem Ausscheiden des Vorstandsmitgliedes beziehen. Sie sind hier nach allgemeinen Grundsätzen, nicht nach §§ 74, 75 HGB zu beurteilen; RG in LZ 1908, 297⁴; OLG 34, 359¹. — Nach Bolze 11, 337 ist der Nachweis, daß das Vorstandsmitglied für eigene oder fremde Rechnung Geschäfte macht, schon dadurch erbracht, daß ein Dritter den Namen des Vorstandsmitgliedes in seine Firma aufnimmt.

d) Das Konkurrenzverbot endet mit dem Ausscheiden des Vorstandsmitgliedes aus seiner Stellung (BayZRpfl 1926, 11), in einem Falle nach § 231 III auch dann, wenn — wie die herrschende Lehre als möglich annimmt (s. Erl 6 c zu § 231) — das Dienstvertragsverhältnis noch fortdauert. Die Annahme, daß dann der § 61 HGB Anwendung finde (Staub-Pinner § 236¹), erscheint nicht ausreichend begründet. Nach ROHG 16, 169 erlischt das Konkurrenzverbot mit Niederlegung der Stelle auch dann, wenn diese rechtswidrig erfolgt; ähnlich OLG 32, 142/3 (Hamburg). Mit Eintritt der Liquidation der Gesellschaft wird das Konkurrenzverbot gegenstandslos; ROHG 21, 144.

e) Was unter Handelszweig zu verstehen ist und wie er sich im einzelnen Fall abgrenzt, muß nach den Verkehrsanschauungen entschieden werden, und zwar mit der Tendenz, die Grenzen eher weiter zu ziehen als zu eng. Zu vorsichtig in der Begründung RG 109, 355. Streitig ist, ob maßgeblich ist der im Statut als Handelszweig angegebene Zweck der Gesellschaft oder der von der Gesellschaft tatsächlich eingehaltene. Mit Staub-Pinner § 236³ dürfte anzunehmen sein, daß das Vorstandsmitglied im Anstellungsvertrag sich nach Maßgabe der Angaben des Statuts, und wenn die Gesellschaft tatsächlich ihren Handelsbetrieb darüber hinaus erweitert hat und das anzustellende Mitglied das weiß, in diesem Umfang sich verpflichtet, daß dagegen Erweiterungen welche nach seiner Anstellung vorgenommen werden, ihn nicht ohne weiteres beschränken; a. A. Brand § 236, 3 b; Lehmann-Ring § 236⁴. Im wesentlichen wie hier Makower § 236 I b 2.

f) Die sozusagen passive Beteiligung an fremder Gesellschaft ist den Vorstandsmitgliedern durch § 236 nicht untersagt. Nur als persönlich haftende Gesellschafter sollen sie sich nicht beteiligen. In Frage kommt die offene Handelsgesellschaft und bei der Kommanditgesellschaft die Beteiligung als Komplementar. Zwar haften auch die Kommanditisten persönlich (§ 171 I HGB), aber der Ausdruck „persönlich haftender Gesellschafter" ist nach § 161 I HGB dem Gesetz die (verdeutschte, aber unrichtig verdeutschte) technische Bezeichnung für den Komplementar und man muß annehmen, daß auch hier der Ausdruck in diesem Sinn gemeint ist.

2. Einwilligung der Gesellschaft bedeutet Einwilligung des Organes, welches die Vorstandsmitglieder anzustellen berufen ist. Ist sie vertragsmäßig erteilt, was im Zweifel jedenfalls dann anzunehmen ist, wenn sie ausdrücklich erklärt wird, so kann sie nicht willkürlich widerrufen werden (undeutlich Lehmann-Ring § 236⁵.) Die Gesellschaft ist zwar jeder Zeit in der Lage, die Bestellung des Vorstandsmitgliedes zu widerrufen, aber vorbehaltlich seines Gehaltsanspruches usw. — Einwilligung ist voraufgehende Zustimmung. Aber auch nachfolgende Zustimmung, Genehmigung dürfte der Übertretung die Rechtswidrigkeit nehmen, obwohl sie von demselben Organ ausgeht, welches für die Einwilligung zuständig ist, und dieses möglicherweise, z. B. wenn es der Aufsichtsrat ist, nicht befugt ist, über erwachsene Ansprüche der Gesellschaft zu verfügen. — Da die Einwilligung und Genehmigung an eine Form nicht gebunden ist, kann sie auch stillschweigend erklärt werden (a. A. Lehmann-Ring § 236⁵). Aber man kann stillschweigende Zustimmung der Generalversammlung nicht schon darin erblicken, daß einige oder viele Aktionäre oder auch alle (Staub-Pinner § 236⁷) um die Sache wissen, ohne sie zur Sprache zu bringen, und dasselbe gilt vom Aufsichtsrat, so lange als nicht alle Mitglieder eingeweiht sind; Makower § 236 II; ist letzteres aber der Fall, und läßt der Aufsichtsrat die Sache gehen, so liegt darin Einwilligung. Anders RG 109, 357. Es steht nichts im Wege, die Einwilligung statutenmäßig festzulegen; SeuffArch 55, 216 (Rostock).

Übergangsvorschrift Art 27 EG HGB.

3. Die Sanktion des Verbotes ist:

Verpflichtung zu Schadensersatz, oder nach Wahl der Gesellschaft

a) bei Propergeschäften Verrechnung der Geschäfte zugunsten der Gesellschaft,

b) bei Kommissions- usw. Geschäften Herausgabe bezogener Vergütung oder Abtretung des Anspruchs auf die noch ausstehende Vergütung.

Vgl. die gleichlautende Bestimmung in § 61 HGB. In erster Linie wird Schadensersatz geschuldet. Es handelt sich nicht um Wahlschuld nach § 262 (a. A. Ritter § 61[3]). Verlangt die Gesellschaft Herausgabe des Geschäftsgewinnes oder der Provision, so kann sie nicht außerdem Schadensersatz fordern. Nach der herrschenden Lehre muß sie sich für das eine oder das andere entscheiden und kann die getroffene Wahl nicht ändern. So OLG 7, 149 (Hamburg) im Fall, daß ein Zahlungsbefehl auf Ersatz des Schadens erwirkt worden ist; ferner Brand § 61[1]; Ritter § 61[3]; Staub-Pinner § 61[1] a. Es ist nicht zu ersehen, worauf das beruhen soll. Wenn der Gesellschaft der Beweis eines Schadens nicht gelingt, wenn beispielsweise sich ergibt, daß der Dritte das Geschäft mit der Gesellschaft nicht abgeschlossen hätte, so geschieht dem Beklagten damit, daß die Gesellschaft zum Anspruch auf den Gewinn übergeht, jedenfalls dann nicht Unrecht, wenn sie es tut, bevor die Klage auf Schadensersatz abgewiesen wird. Der Ansicht Ritters § 236[1], daß die Gesellschaft den Gewinn nicht verlangen kann, wenn sie selbst das Geschäft nicht gemacht hätte, kann nicht zugestimmt werden. Es steht auch nichts im Wege, daß von vornherein neben dem Ersatz des Schadens mit einem Eventualantrag der Gewinn oder die Provision gefordert wird. Umgekehrt, wenn das Geschäft keinen Gewinn abgeworfen hat, dürfte auch ein Schaden nicht nachweisbar sein. Wie hier im wesentlichen Makower § 61 I. Vgl. Planck-Siber BGB § 249 Note 3 a. E. zu der nicht gleichen, aber ähnlichen Rechtslage in § 249 Satz 2. — Die Gesellschaft ist auch nicht gehalten, sich ohne Verzug zu entscheiden; RG 45, 32. Den Geschäftsgegner gehen diese Dinge nichts an. Er ist und bleibt Gläubiger oder Schuldner seines Gegenkontrahenten. Zwischen ihnen ist das Geschäft abzuwickeln, mag auch die Gesellschaft mit ihren Ansprüchen bereits aufgetreten sein. Die Gesellschaft hat auch kein Recht, die Leistung des Dritten an das Vorstandsmitglied zu hindern. Es ist ein rein schuldrechtliches Verhältnis zwischen der Gesellschaft und ihrem Vorstandsmitglied, das durch die Übertretung des Verbotes begründet wird. — Die Gesellschaft kann nur das Ergebnis der Geschäfte abzüglich der erforderlichen Aufwendungen beanspruchen; RG 45, 32; sie ist aber nicht verpflichtet, die betreffenden, etwa noch ausstehenden Verbindlichkeiten auf sich zu nehmen oder, wenn sich wider Erwarten schließlich ein Verlust ergibt, diesen auf sich zu nehmen. Wenn der Zuwiderhandelnde verpflichtet ist, gelten zu lassen, als sei das Geschäft für Rechnung der Gesellschaft geschlossen, so muß er auch gelten lassen, daß er wie ein Beauftragter verpflichtet ist, gemäß § 666 BGB Auskunft zu erteilen; JW 1889, 3, 44[4]. Ritter § 236[2] a. Vgl. Bolze 8, 543.

Unberrt bleibt der Anspruch der Gesellschaft auf Erfüllung, d. h. der Anspruch auf Unterlassung JW 1906, 398[30].

4. Die Ansprüche der Gesellschaft nach Abs II verjähren in 3 Monaten, wenn die übrigen Vorstandsmitglieder und der Aufsichtsrat von der Zuwiderhandlung Kenntnis erlangen, sonst in 5 Jahren. Der Lauf der fünfjährigen Frist beginnt mit der Entstehung des Anspruchs der Gesellschaft. Das kann nur bedeuten, wenn es sich um einzelne Geschäfte handelt, mit deren Abschluß, wenn es sich um ein Handelsgewerbe oder um die Teilnahme an einer Gesellschaft handelt mit dem Beginn des Unternehmens (vgl. JW 1906, 398[30]; a. A. Lehmann-Ring 236[7], der annimmt, daß auch in solchem Fall von Geschäft zu Geschäft gerechnet werden müsse, mit dem Eintritt in die Gesellschaft). Damit ist der Anspruch entstanden, nicht erst mit dem Eintritt eines Schadens für die Gesellschaft oder eines Gewinnes für das Vorstandsmitglied. Nach Ablauf dieser 5 Jahre kann also weder Schadensersatz noch Herausgabe des Gewinnes verlangt werden. Das Recht zur fristlosen Kündigung bleibt aber unberührt. Nach JW 1906, 398[30] unterliegt auch der Unterlassungsanspruch dieser Verjährung (dort ausgesprochen in Beziehung auf HGB § 61 IV).

Die kurze Verjährung von 3 Monaten tritt erst in Lauf, wenn alle übrigen Vorstandsmitglieder und Aufsichtsratsmitglieder Kenntnis von der Übertretung erlangt haben. So muß die Vorschrift ihrem Wortlaut nach verstanden werden. Der Satz, daß das Wissen auch nur eines Vertreters Wissen der Gesellschaft ist, ist hier — aus verständlichen Gründen — in das Gegenteil verkehrt. So lange auch nur einer der maßgeblichen Persönlichkeiten die Sache verborgen geblieben ist, soll der Lauf der kurzen Verjährung nicht beginnen. Die Meinungen sind geteilt. Nach Makower § 236 IV müssen zwar alle übrigen Vorstandsmitglieder Kenntnis erlangt haben, auf seiten des Aufsichtsrats genüge Kenntnis auch nur eines Mitgliedes, ebenso Lehmann-Ring § 236[7]; Ritter § 236[4] b; Staub-Pinner § 236[10] meint, es müsse dem Aufsichtsrat als solchem (etwa durch ausdrückliche Mitteilung an den Vorsitzenden) zur Kenntnis gekommen sein. Ebenso Behrend § 126[11] unter Berufung auf die Mot. zur Novelle von 1884. Wie hier Goldmann § 236[16]. Kenntnis der Aktionäre ist ohne Bedeutung. Nach Staub-Pinner § 236[10] wäre deshalb auch eine Mitteilung in der Generalversammlung an sich noch nicht entscheidend. Man wird aber angesichts dessen, was die Generalversammlung rechtlich bedeutet (s. Erl 4 a zu § 235), anzunehmen haben, daß das eine Mitteilung unmittelbar an die Gesellschaft selbst ist und nur noch mehr bedeutet und nicht weniger als das, was das Gesetz hier als Voraussetzung aufstellt. — Dagegen kann es keinen Unterschied machen, auf welchem Wege die Vorstands- und Aufsichtsratsmitglieder von der Sache gehört haben. Auch eine unsichere Mitteilung kann immer noch bestimmt genug lauten, dem Mitglied zur Pflicht zu machen, daß er der Sache nachgeht.

§ 237.

Wird den Mitgliedern des Vorstandes ein Anteil am Jahresgewinn[1] gewährt[2], so ist der Anteil von dem nach Vornahme sämtlicher Abschreibungen und Rücklagen verbleibenden Reingewinne zu berechnen[3] [4].

1. a) Es ist üblich, daß den Mitgliedern des Vorstandes neben dem festen Gehalt ein bestimmter Anteil am Jahresgewinn, Tantieme, vertraglich zugesichert wird. Nicht selten wird auch nachgeordneten Angestellten eine — meist sehr viel bescheidenere — Tantieme, sei es von Fall zu Fall bewilligt, sei es ein für allemal fest bedungen. Doch ist das Rechtsverhältnis nicht in beiden Fällen das gleiche. Dort liegt der Tantieme der Gedanke zugrunde, daß der Vorstand zwar nicht der Unternehmer selbst ist, aber doch, was die erwerbende Tätigkeit, Erfolg oder Mißerfolg angeht, als solcher fungiert und daher zugleich mit den Geldgebern am Ergebnis teilnehmen, einen bestimmten Bruchteil des Gewinnes beziehen soll. Der juristischen Struktur nach richtet sein Anspruch auf die Tantieme sich gegen die Gesellschaft. Der Sache nach sind es die Aktionäre, auf deren Kosten er geht. Für das Gesellschaftsvermögen ist es ohne Bedeutung, ob Tantieme zu zahlen ist und wie hoch der Prozentsatz gegriffen wird. Daher kann der Vorstand (oder der Aufsichtsrat) einem Vorstandsmitglied eine bestimmte Tantieme rechtswirksam nur zusagen, soweit die Aktionäre gehalten sind, den darin liegenden Eingriff in ihren Anspruch auf den Jahresgewinn zu dulden (s. § 213 Erl 6 b; anders die herrschende Lehre). Das ist der Fall, wenn es im Gesellschaftsvertrag vorgesehen ist. Ohne das wird man, wenn nicht geradezu Statutenänderung, so doch einen mit der für eine solche vorgesehenen qualifizierten Mehrheit gefaßten Beschluß der Generalversammlung fordern müssen; a. A. Brand § 237² c, der offenbar einfache Mehrheit für ausreichend hält; ebenso wohl Staub-Pinner § 237²¹; Makower § 237 I. S. auch KG bei Bauer 21, 108; unrichtig Bauer 21, 218. Anders verhält es sich, wenn es sich nicht um eine allgemeine Vertragsbedingung handelt, sondern um einmalige Bewilligungen von Fall zu Fall. Das geschieht nach den Grundsätzen über die Feststellung der Bilanz und die Verteilung des Gewinnes.

b) Anders ist das Rechtsverhältnis in den Fällen, wo nachgeordneten Angestellten Tantiemen allgemein ausbedungen werden. Auch diese Tantieme wird, wie das Wort besagt, nach dem Jahresgewinn berechnet, aber nicht aus dem Jahresgewinn gezahlt. Es ist eine Erweiterung des Gehalts und zählt wie dieses zu den Geschäftsunkosten. So sieht der Verkehr den Sachverhalt an und es ist kein Grund, warum es nicht auch rechtlich so sein soll. Anders die herrschende Lehre, Brand § 237³ b β; Goldschmit AufsRat § 245²²; vgl. Bauer 17, 49. — Darin, daß ein Passivum der Bilanz von der Höhe des Gewinnsaldo abhängt, während der Gewinnsaldo wiederum abhängt von der Höhe der Passiven, liegt kein Widerspruch, weil das Verhältnis bekannt ist, in welchem die gesuchten Zahlen zu einander stehen sollen. Würde z. B. der Reingewinn ohne die Tantieme 150 000 M. betragen und die Tantieme 1%, so wäre die Gleichung 100 × = 150 000 — ×, wenn × die Tantieme bedeutet und die Ausrechnung ergibt 1484, 15 M. Es ist auch nicht nötig, auf Heller und Pfennig zu rechnen. Man stellt den Betrag schätzungsweise ein und nimmt die Differenz, die bei einem geübten Rechner immer nur minimal sein wird, auf Rechnung des nächsten Jahres. Vgl. Weill in Holdh MS 22, 55. Der Fall eines solchen Passivpostens steht keineswegs allein da. Er ist z. B. auch gegeben, wenn die Gesellschaft ein partiarisches Darlehen aufnimmt.

Dagegen bildet der Tantiemeanspruch des Vorstandes (und des Aufsichtsrats) niemals ein Passivum der Bilanz. Erst im anschließenden Jahr erscheint er, bis er zur Auszahlung kommt, unter den Kreditoren; OVGSt 19, 97. Daran wird auch nichts dadurch geändert, daß steuerrechtlich auch die Vorstandstantieme zu den Werbekosten gerechnet wird. Vgl. RFH in JW 1922, 929⁸.

2. a) Der Fall, daß dem Vorstand allgemein im voraus eine Tantieme in Gestalt eines bestimmten Anteiles am Jahresgewinn bedungen wird, ist es, von welchem der § 237 handelt, und zwar er ausschließlich. Man könnte auf den Wortlaut des Gesetzes pochen, der auch auf den Fall paßt, daß eine Vergütung in Gestalt eines Prozentsatzes von dem Gewinn eines oder mehrerer verflossener Jahre nachträglich bewilligt wird (Makower § 237 I⁶; Ritter § 237¹). Aber ganz abgesehen davon, daß man das nicht wohl einen Anteil an jenem Jahresgewinn bezeichnen könnte, wäre in einem solchen Fall die Vorschrift gegenstandslos. Man muß ja nicht laut rechnen und braucht die dem Vertrag zugrunde liegende Kalkulation nicht in den Vertrag hinein zu nehmen. Allenfalls könnte man in solchem Fall, wo das doch geschieht, für die Vorschrift des Gesetzes die nicht gerade erhebliche Bedeutung einer Auslegungsregel retten, wobei nur zu bedenken bliebe, daß sie zu einer solchen sich am allerwenigsten eignen würde, in die die Kaufmannswelt sich ohnehin schwer findet (s. unter Erl 4).

Wird dem Vorstand zugleich ein Mindestbetrag der Tantieme gewährleistet, so ist das nur eine schiefe Ausdrucksweise. Der Sache nach handelt es sich dann um ein festes Gehalt mit der

Maßgabe, daß es auf die Tantieme, sofern solche verdient wird, in Anrechnung kommt. Auf die Berechnung der Tantieme findet auch in diesem Fall § 237 Anwendung. Eine solche Tantieme ist auch in Jahren zu zahlen, welche Verluste gebracht haben. Vgl. Bauer 21, 108. — Es ist denkbar, daß Vorstandsmitglieder sich in ähnlicher Weise regelmäßig wiederkehrende Vergütungen anderer Art ausbedingen, so einen Prozentsatz am Umsatz in bestimmten Artikeln, vom Gewinn einer einzelnen der mehreren Niederlassungen u. ä. Häufiger findet man das bei Gesellschaften mbH, etwa wenn ein Gesellschafter ein Patent einbringt und sich eine Quote der eingehenden Lizenzgebühren vorbehält. Denkbar ist das aber auch im Verhältnis von Vorstandsmitgliedern zur A-Gesellschaft. Hier ist kein Raum für Anwendung des § 237, mag der ausbedungene Vorteil auch noch so erheblich sein. — Dagegen bildet die Vereinbarung einer Tantieme vom „Bruttogewinn" einfach einen Fall nach § 237, zumal der Ausdruck Bruttogewinn in Beziehung auf das Gesamtergebnis eines vielseitigen Geschäftsbetriebes ein ganz vager Begriff ist. Vgl. hierzu Weill in HoldhMS 22, 26; Staub-Pinner § 237[5]; Brand § 237[2b]; Goldmann § 237[1]. Treffend sagt Scheller, Die Berechnung der Tantieme S. 22: Der Gesetzgeber will mit dem Begriff Jahresgewinn alles umfassen, was im praktischen Leben so genannt wird, also sowohl den Betriebsgewinn als auch den Roh- oder Bruttogewinn, den Rein- oder Nettogewinn und schließlich auch den „Jahres"gewinn in dem Sinn, daß ein Gewinn- oder Verlustvortrag aus dem voraufgegangenen Jahre unberücksichtigt bleibt (d. h. die Rechnung nicht ändert). Der Begriff Jahresgewinn steht in dem Bedingungssatz und je weiter man den faßt, um so breiter ist daher der Wirkungskreis der Vorschrift, was nur mit ihrer Tendenz in Einklang steht.

b) Dagegen sind, da der § 237 zwingendes Recht ist (JW 1902, 255[22]; RG 83, 322), Vereinbarungen nichtig, welche unverkennbar darauf hinauslaufen, die Vorschrift zu umgehen; HansGZ 1904, Hptbl S. 266. Eine Statutenbestimmung, daß Vorstand (oder Aufsichtsrat) eine Tantieme von 10% bezieht, die sich auf 15% erhöht, wenn die Generalversammlung außerordentliche Abschreibungen oder Rücklagen beschließt (vgl. BauerZ 21, 218), dürfte auf eine Umgehung der zwingenden Gesetzesvorschrift hinauslaufen, auch wenn bestimmt würde, daß die Tantieme 10% vom Gewinn plus Rücklagen nicht überschreiten dürfe. Ebenso wäre eine Statutenbestimmung, daß der Aufsichtsrat dem Vorstand den durch Rücklagen an der Tantieme eintretenden Ausfall als besondere Sondervergütung aus den Betriebsmitteln des laufenden Jahres zu bewilligen habe oder bewilligen könne, durchaus nicht geeignet, einen Anspruch des Vorstandes zu begründen. Vgl. auch Hachenburg in JW 1917, 738 Fußnote. Die Bestimmung, daß die 10%ige Tantieme sich bei einer Rücklage von mehr als 30 000 M. um ½% für jede volle 10 000 M. des Mehrbetrages bis zu 17½% erhöht, ist vom Amtsgericht Frankfurt mit Recht beanstandet, vom Landgericht mit Unrecht zugelassen worden; HoldhMS 9, 118. — Auch die Bestimmung, daß die Quote sich nicht nach dem Ergebnis des abgelaufenen Jahres, sondern nach dem Gewinn jeweils des voraufgegangenen Jahres, diesen berechnet ohne freiwillige Rücklagen, richten solle, wäre nur eine Umgehung des Gesetzes; Makower § 237 I b. — Eine an und für sich zulässige Bestimmung muß aber nicht deshalb nichtig sein, weil Zusatzbestimmungen getroffen sind, um auf indirektem Wege zu erreichen, daß Rücklagen die Tantieme nicht schmälern. Vgl. hierzu Staub-Pinner § 237[9a]; a. A. Makower § 237 II a[3]. Das Bedenkliche und Unzulässige ist, daß die Tantieme progressiv gestaltet wird im Verhältnis zur Höhe der Rückstellungen. Progressiv im Verhältnis zur Höhe der Dividende ist in allen Formen dem § 237 gegenüber unverboten.

c) Der § 237 ist (ebenso wie die entsprechende Vorschrift über die Aufsichtsratstantieme in § 245 I) ein Zusatz der Novelle von 1900 und beruht auf einem Beschluß der Reichstagskommission, von dem man bezweifeln kann, ob er wohl überlegt war. Vgl. hierzu Pinner in Gruchot 44, 646 ff.; aber auch Sintenis in BankArch 17, 129. Allerdings dürfte der Vorwurf, daß schon in ihrer Fassung die Vorschrift dunkel und deshalb unzulänglich sei, kaum berechtigt sein. Es ist doch deutlich, was gesagt sein soll. Man stand vor der Tatsache, daß in der Frage nach der Berechnung von Vorstands- und Aufsichtsratstantieme vollendete Ratlosigkeit und Willkür herrschte. Zwar war man sich darüber im allgemeinen wohl klar, daß nicht ein irgendwie gedachter Bruttogewinn, daß vielmehr der Reingewinn des Jahres das Maßgebliche sei. Vereinzelt mag vorgekommen sein, daß man nicht den Bilanzgewinn zugrunde legte, sondern aus den Zahlen der Abschlüsse den Jahresbetriebsgewinn berechnete. Übung von auch nur einiger Verbreitung ist das aber sicher nicht gewesen. Daran zweifelte man im allgemeinen nicht, daß die Bilanz und was sie als Gewinn aufweist, zugrunde gelegt werden müsse. Schließlich konnte im Ernst auch daran gar nicht gezweifelt werden, mochten auch Verstöße dagegen nicht selten gewesen sein, daß die gebotenen Abschreibungen — mochten sie als solche in die Erscheinung treten oder als Korrektivposten, die wie Rückstellungen aussehen — nicht tantiemepflichtig seien. An jedem Anhalt aber fehlte es für die Frage, ob wirkliche Rückstellungen, die freiwilligen oder wenigstens doch die im Statut gesetzlich vorgeschriebenen, nicht tantiemepflichtig seien. Hier wollte der Gesetzgeber eingreifen und Klarheit schaffen. Und tatsächlich hat er auch, soviel an ihm an dieser Stelle lag, Klarheit geschaffen, indem er radikal bestimmte, daß schlechthin keine Rücklage tantiemepflichtig sein dürfe. Was bei der Anwendung der Vorschrift Schwierigkeit macht, liegt auf dem Gebiet des Bilanzrechts und ist die Unsicherheit in der Frage, was Rücklage ist. Der Vorwurf, der hier dem Gesetzgeber gemacht werden kann, ist ein anderer. Einmal ist es nur eine halbe Maßregel, weil mit der Höhe des Prozentsatzes ebenso gut gesündigt werden kann, wie mit der Einrechnung von Rücklagen und dagegen Schutzvorschriften nicht bestehen. Anderseits muß man für die insofern unzulängliche Kautel, was der Gesetzgeber anscheinend gar nicht bedacht hat, das Übel in den Kauf nehmen, daß mit der Vorschrift gerade die einflußreichsten Persönlichkeiten in das Lager derer gedrängt werden, die kein anderes Interesse haben, als möglichst hohe Dividenden.

d) Die Vorstandsmitglieder haben wegen ihrer Tantiemeforderung ebenso wie jeder Aktionär den Anspruch darauf, daß die Bilanz nach Gesetz und Statut festgestellt wird. Nicht das einzelne Mitglied, wohl aber der Vorstand als Ganzes kann, wenn die Generalversammlung einen Beschluß faßt, der gegen Gesetz oder Statut verstößt, diesen anfechten (§ 271 IV). Auch wenn der Beschluß unangefochten bleibt oder wenn er zwar nicht Gesetz oder Statut verletzt, aber doch den mit dem Vorstandsmitglied geschlossenen Vertrag (s. aber unten Erl 4 e), kann jedes Mitglied selbständig den Betrag von der Gesellschaft fordern, der bei richtig und vertragsmäßig aufgestellter Bilanz sich für das Mitglied ergeben würde. Anders aber, wenn es sich um Rückstellungen handelt, welche im Statut nicht vorgesehen sind. Bleibt das seitens der Aktionäre unangefochten, dann kann zwar auch der Vorstand anfechten, aber nur im Interesse der Gesellschaft und aus dem Gesichtspunkt dieses Interesses. Wegen des Tantiemeanspruchs kann hier weder das einzelne Mitglied noch der gesamte Vorstand zur Anfechtung greifen. Bleibt der Beschluß unangefochten, dann ist es zwingendes, also auch durch den Anstellungsvertrag nicht zu beseitigendes Recht, daß von der Rücklage Tantieme nicht gezahlt wird; RG 83, 322.

3. Bestritten ist die Art der Berechnung. Das Gesetz sagt deutlich, daß die Prozente zu rechnen sind vom Reingewinn, welcher nach den Abschreibungen und Rücklagen verbleibt. Also wenn bei einem Grundkapital von 1 Million ein Reingewinn von 40000 M. erzielt worden ist und dem Vorstand 10% Tantieme zukommt, beträgt diese 4000 M., die Aktionäre erhalten 36000 M. Dividende. Die Meinung, daß die 10% von dem Gewinn abzüglich des Tantiemebetrages zu rechnen seien, ist willkürlich und unbegründet. Sie wäre auch dann nicht richtig, wenn irgendwo stünde, daß der verteilbare Reingewinn maßgeblich sei. Denn in der Tat ist dem so. Die Zahlung von 4000 M. an den Vorstand ist auch Verteilung von Gewinn. Es müßte schon im Gesetz stehen, daß nur die Prozente des Betrags gezahlt werden dürfen, welcher unter die Aktionäre verteilt wird. Wie hier in ständiger Rechtsprechung das RG: S. JW 1902, 255, 22; RG 91, 316; 101, 279. Es ist auch nicht zwischen der Tantieme des Vorstandes und der des Aufsichtsrats in dieser Beziehung ein Unterschied zu machen, wie JW 1917, 739 (Cöln) es will. Dagegen JW 1924, 1519[14]. Übrigens ist dieser Punkt allerdings dispositiven Rechts und kann im Anstellungsvertrag auch im entgegengesetzten Sinn geregelt werden; Hachenburg JW a. a. O. — Die Tantiemen nachgeordneter Angestellter (s. Erl 1) gehören nicht hierher. Sie sind Passiva und bei richtiger Rechnung sind sie schon verrechnet, wenn es zur Berechnung der Vorstandstantiemen kommt. Wieso man damit zu sinnwidrigen Ergebnissen kommt, wie Fischer in Ehrenbergs HH III 1 S. 315 Not. 69 behauptet, ist ohne nähere Ausführung nicht zu ersehen.

4. a) In Beziehung auf die Durchführung der Vorschrift des § 237 ist vieles bestritten. Es ist von folgendem auszugehen:

1. Daß die erforderlichen Abschreibungen auch dann nicht tantiemepflichtig sind, wenn sie als Korrektivposten wie Rücklagen verbucht werden, ist allgemein anerkannt.
2. Es gibt Verpflichtungen der Gesellschaft, welche überhaupt oder der Höhe nach vom Ausfall des Jahresergebnisses abhängen und in dieser Höhe mit der Feststellung der Jahresbilanz fällig werden. Das sind z. B. die Zinsen eines von der Gesellschaft aufgenommenen partiarischen Darlehens ferner die Tantiemen nachgeordneter Angestellter (s. Erl 1). Es handelt sich bei ihnen um bilanzfähige und bilanzpflichtige Passiva, die gedeckt sein müssen, ehe Gewinn herauskommt.
3. Der Gewinn muß oder kann nach verschiedenen Richtungen zur Verwendung kommen. Es kommt in Frage:
   a) Bildung der im Gesetz oder Statut vorgeschriebenen Reservefonds oder Zuführung zu den bestehenden;
   b) Bildung oder Verstärkung jeweilig beschlossener Reserven; in beiden Fällen ist Tantiemefreiheit außer Zweifel. (Vgl. wegen Fall b unten unter 4e.)
   c) Verteilung des Gewinnes. Anspruch auf die Teilnahme am Gewinn haben nicht immer nur die Aktionäre. Es können Genußscheininhaber vorhanden sein. Namentlich aber hat in der Regel außer dem Vorstand auch der Aufsichtsrat einen Teil zu beanspruchen. Es kann ferner die Gemeinde oder der Staat (RG 101, 383; Kriegssteuer) oder eine Körperschaft, eine Stiftung den Anspruch darauf haben, daß ein Teil des Gewinnes an sie abgeführt wird (oder zurückgestellt; RG 93, 141). — Auch in Fällen der letzteren Art handelt es sich nicht um bilanzfähige Passiven. Alle diese Beträge werden mit der Feststellung

der Bilanz fällig. Da sie naturgemäß nicht zugleich auch abgehoben werden, müssen sie nunmehr in den Büchern als Kreditoren geführt werden; ebenso wie wegen der nicht abgehobenen Dividenden ein (Kreditoren-)Konto geführt wird. Das bedeutet aber nicht Rückstellung. Diese Beträge sind durchweg tantiemepflichtig. Es ist daher auch kein Grund, bei der Berechnung der Vorstandstantieme die Aufsichtsratstantieme auszunehmen und umgekehrt.

d) Die Gesellschaft nimmt Teile des Gewinnes von der Dividendenverteilung aus, um für bestimmte Zwecke außerhalb ihres gewerblichen Betriebes, für Unterstützungs- und Wohlfahrtseinrichtungen, für Ruhegehälter usw. im jeweilig auftretenden Fall oder Termin das nötige Geld in Bereitschaft zu haben. Das kann freiwillig geschehen oder auf Grund bestehender Verpflichtungen, es kann sich um selbständige Kassen oder andere Einrichtungen von selbständiger Persönlichkeit handeln, durch welche das Geld hindurchgeht oder um eigene — getrennt verwaltete — Einrichtungen der Gesellschaft selbst. Diese Beträge sind tantiemepflichtig, soweit das Geld sofort an die betreffende selbständige Anstalt abgeführt, d. h. zur sofortigen Abführung geschuldet, also mit Feststellung der Bilanz fällig wird, sonst sind sie tantiemefrei. Vgl. RG 93, 147.

e) Der gesamte zur Verteilung an die Aktionäre kommende Betrag ist zur Vorstandtantieme voll, zur Tantieme des Aufsichtsrats mit dem Überschuß über 4% des eingezahlten Grundkapitals tantiemepflichtig.

b) Namentlich im Fall unter 3 c, aber auch sonst tritt das Irrationelle der Vorschrift stark hervor und es ist verständlich, wenn z. B. SächsAnz 21, 328; OLG 1, 487[42] (Dresden) unternommen hat, die Tantiemefreiheit auf solche Rückstellungen zu beschränken, welche die Gesellschaft in ihrer wirtschaftlichen Grundlage kräftigen und in schlechten Zeiten zur Ausgleichung ihrer ungünstigen Bilanz, insbesondere zur Beseitigung einer Unterbilanz dienen sollen. Das Reichsgericht hat diesen Schritt nicht getan; Bauer 19, 151; RG 91, 314; 93, 147. S. unten Erl 4 f.

c) Man muß sich ferner ganz von dem Gedanken frei machen, als stehe die Tantieme in unmittelbarer Beziehung zum Betriebsgewinn. Denn an und für sich liegt dieser Gedanke außerordentlich nahe und spielt denn auch immer wieder störend in die Erörterung hinein. Ist der Betriebsgewinn doch gerade das Ergebnis der Jahresarbeit des Vorstandes (und Aufsichtsrats). Besonders verständlich ist, daß man sich dagegen sträubt, daß wo mit Unterbilanz in das Geschäftsjahr eingetreten wird, der Gewinn des Jahres tantiemefrei sein soll, soweit er erforderlich ist, die Balanze wieder herzustellen. Aber auch hier kommt zur Geltung, daß die Tantieme nicht Gehalt, sondern Unternehmergewinn ist, Teilnahme an diesem, Teilnahme am Unternehmergewinn einer A-Gesellschaft, aus der niemand Gewinn ziehen darf, so lange es noch gilt, Verlust am Grundkapital einzubringen. Es kann daher keine Rede davon sein, daß ein Verlustsaldo des vorausgegangenen Abschlusses bei Festsetzung der Grundzahl unberücksichtigt bleibt, m. a. W. dem ausgewiesenen Bilanzgewinn hinzugerechnet werden muß; Bauer 10, 49. Darein muß sich selbst der Steuerfiskus finden; KStG § 15[3]. — Es steht übrigens auch in Jahren, die Verlust gebracht haben, nichts entgegen, daß die Generalversammlung eine einmalige Vergütung dem Vorstand bewilligt; ROHG 22, 281.

d) Steht am Beginn des Geschäftsjahres ein Gewinnvortrag aus dem Jahre vorher, so darf dieser aus demselben Grunde nicht abgezogen werden. Nur darauf kommt es an, ob die Gewinn- und Verlustrechnung richtig ist, gar nicht darauf, worauf die einzelnen Ansätze beruhen. Ob beispielsweise eine große Reparatur aus den laufenden Betriebsmitteln bezahlt werden soll oder aus einem vorhandenen Erneuerungsfonds, ob der durch den Verkauf stark abgeschriebener Maschinen erzielte Buchgewinn, ob ein Lotteriegewinn in Reserve gestellt werden soll oder muß, das und ähnliches sind Fragen für sich. Für die Berechnung der Tantieme ist entscheidend, was in dieser Beziehung tatsächlich geschieht; JW 1904, 418[37].

Der Teil des Gewinnes, welcher auf neue Rechnung vorgetragen wird, bleibt dagegen außer Ansatz. Nicht deshalb, weil von diesem Betrage nach dem eben Gesagten im folgenden Jahre Tantieme berechnet wird und derselbe Gewinn nicht wohl zwei mal Tantieme bringen darf, was allerdings auch richtig ist, sondern aus dem einfachen Grunde, daß der Betrag zur Verfügung der Gesellschaft bleibt; RG 91, 317; JW 1905, 344[23]; 1917, 395 (Cöln); LZ 1911, 711; 1914, 1817[4]; DJZ 1905, 871; Bauer 12, 182; 19, 151; OLG 44, 202; a. A. LZ 1914, 789[4] (Kiel). Es ist nur der Gedanke an den Betriebsgewinn, welcher Claasen in HoldhMS 28, 65 (s. oben unter c) verleitet, nach beiden Richtungen: Gewinnvortrag aus dem alten und Gewinnübertrag auf das neue Jahr entgegengesetzt zu entscheiden. Auch ist die Berechnung der Tantieme unter Abzug des Gewinnübertrages so schwierig nicht, wie Claasen sagt. Gibt er doch selbst die Gleichung an, leider nur durch Druckfehler stark entstellt. Nur muß man sich bei Aufstellung der Rechnung nach einer der beiden Richtungen für eine bestimmte Summe entscheiden, entweder wie groß der Gewinnübertrag sein soll, oder wie hoch die Dividende. Vgl. Flechtheim JW 1918, 299; Oswalt, das. S. 501; Weill in HoldhMS 22, 55; Goldschmit, Das Recht des Aufsichtsrats § 245[24] setzt in seinen Beispielen den Betrag der Dividende als gegeben voraus, welche zur Verteilung kommen soll, ebenso Preische, Gewinnvortrag und Tantiemeberechnung S. 27 ff. Soll bei einem Gewinn von 150 000 M. als Dividende nur 100 000 M. verteilt werden, so kann die 10%-Tantieme des Vorstandes nicht 15 000 M. betragen, weil von den 150 000 M. der Gewinnübertrag noch abgezogen werden muß, aber auch nicht 10 000, weil dann für den Gewinnübertrag nur 40 000 M. bleiben und also der Vorstand 10% nicht von 100 000, sondern von 110 000 M. zu beanspruchen hätte. Die Gleichung lautet, wenn × der gesuchte Gewinnübertrag ist 150 000 = 10 000 + × + 15 000 − $^1/_{10}$ und die Rechnung ergibt: 9 × = 350 000 also × = 38888,89. Soll nur zur Abrundung und möglichst wenig auf neue Rechnung vorgetragen werden, so muß man schätzen, wieviel zur Verteilung an Dividende zur Verfügung steht. Es handelt sich, da es entweder auf volle Prozente des Grundkapitals oder bei einem überschießenden Bruchteil immer nur um ein Bruch mit niedrigem Nenner, $^1/_2$ oder $^1/_3$, allenfalls $^1/_4$ ankommt, um eine runde Summe, die ein geübter Rechner mit annähernd genauem Ergebnis schätzen kann, wobei dann dieses Ergebnis ohne weiteres zeigt, ob noch ein weiteres Prozent oder der Bruchteil eines Prozents zur Verfügung steht, welcher eine Verteilung lohnt. — Das üble an der Sache ist lediglich das Zwingende der Vorschrift. Wenn die Generalversammlung beschließt, den ganzen Gewinn auf neue Rechnung vorzutragen, so können die Aktionäre das wohl anfechten; Bauer 19, 151 (Dresden). Der Vorstand aber (und Aufsichtsrat) sind wegen der Tantieme machtlos dagegen, es sei denn, daß es lediglich aus dem Grund und zu dem Zweck geschieht, den Tantiemeanspruch zu beseitigen, was aber auch erst bewiesen werden muß; RG 83, 322.

e) Das eben Gesagte gilt von jeder Art freiwilliger Reservefonds, Erneuerungsfonds, Dividendenergänzungsfonds usw. Und wie die Bildung dieser Fonds, liegt auch ihre Verwendung ganz in der freien Entschließung der Generalversammlung. Zieht diese der nach Lage der Sache gebotenen Verwendung eines solchen Fonds die Deckung einer Ersatzbeschaffung oder was es ist, aus laufenden Betriebsmitteln vor, so muß der Vorstand die damit gegebene Einbuße an Tantieme hinnehmen. Dagegen kann sich der Vorstand auch nicht durch Vereinbarungen im Anstellungsvertrag schützen, die an der zwingenden Natur des § 237 scheitern. Anderseits ist aber auch die Gesellschaft dem Vorstand gegenüber nach Maßgabe der festgestellten Bilanz verpflichtet. Sie kann zwar immer einen Fehler der Bilanz richtig stellen, so lange es noch nicht zur Auszahlung von Gewinn gekommen ist; ROHG 18, 158. Aber sie kann nicht die Bilanz im allgemeinen als maßgebend aufrecht erhalten und zugleich gegenüber dem Tantiemebeteiligten ihre Ansätze verleugnen; RG 11, 62. — Vom Gewinn, welcher gegen gesetzliches Verbot verteilt worden ist, kann aber der Vorstand Tantieme nicht beanspruchen, noch weniger von Kapitalauszahlungen an die Aktionäre, gleichviel, ob erlaubt oder unerlaubt; JW 1904, 418[37]. Vgl. auch RG 83, 319.

Werden Reserven herangezogen, um die Dividende zu erhöhen, so liegt auch insoweit Jahresgewinn vor, der tantiemepflichtig ist.

Bilanzrechtlich ist die Generalversammlung nicht gehindert zu beschließen, daß Buchgewinne nicht zurückgestellt, sondern zur Verstärkung der Dividende herangezogen werden, in welchem Falle diese denn auch tantiemepflichtig sind; HansGZ 1903, Hptbl Nr. 122. Steckt aber in dem, was Gewinnverteilung genannt wird, verschleierte Kapitalrückzahlung, so ist der Betrag tantiemefrei, so z. B. wenn eine Reederei, ohne sich aufzulösen, ihren gesamten Schiffspark verkauft und den Erlös durch Aufkauf eigener Aktien an die Aktionäre abführt; RG in HansGZ 1904, Hptbl N. 122.

f) Mit dem Aktienamortisationsfonds liegt es nicht anders wie mit den übrigen Reservefonds. Hier hat das oben Erl 4 b erwähnte Urteil des OLG Dresden (SächsAnn 21, 328; HoldhMS 9, 282; ebenso Brand § 237[3] b δ; vgl. auch Weill in HoldhMS 22, 53) die Tantiemepflicht angenommen, aber mit jener Begründung, welche von der herrschenden Lehre und dem Reichsgericht abgelehnt wird. Das Irrationelle der Gesetzesvorschrift tritt hier wieder stark heraus. Sind die zur Verfügung stehenden Mittel ausreichend, um unverzüglich zur Durchführung der gesamten Amortisation zu schreiten, so liegt kein Grund vor, den Betrag von der Tantiemeberechnung auszuschließen; Staub-Pinner § 237[16]. Muß der Betrag aber einstweilen zurückgestellt werden, so ist er tantiemefrei, und zwar endgültig; Makower § 237 II b[3e]; Ritter § 237[1]. Übrigens ist hier der Abzug der Rückstellung vom Gewinn in den Fällen auch sachlich begründet, wo es sich um planmäßige Amortisation aus Anlaß dessen handelt, daß am Ende der Konzessionszeit das Unternehmen an den Staat, die Gemeinde usw. fällt (s. Erl 9 a zu § 179) oder nach der Natur des Unternehmens der Grundstock des Vermögens allmählich verbraucht wird (Bergwerk, Steinbruch). Denn dann steckt in den Rücklagen nicht Gewinn, sondern Kapitalverbrauch, richtiger Ersatz für verzehrtes Kapital, für natürliche Verzehrung in den Fällen der letzteren Art, für begriffliche in den erstgenannten. Von der Einziehung von Genußscheinen und der Verwendung oder Rückstellung des Gewinnes zu diesem Zweck gilt das gleiche. Daß diese Beträge körperschaftssteuerpflichtig sind (OVGSt 13, 269; RFH 2, 354), gleichviel ob sie sofort zur Verwendung kommen oder zurückgestellt werden, ist eine Sache für sich.

g) Das hier gesagte ist es wohl hauptsächlich, was denn auch den Rechtszustand in Beziehung auf Zuwendungen zu Unterstützungen oder allgemeiner zu Wohlfahrtszwecken so unerfreulich erscheinen läßt. Es kommt hier nicht darauf an, ob die Zuwendung freiwillig geschieht oder auf Grund einer verpflichtenden Zusage, und auch das ist noch nicht entscheidend, daß das Geld an eine selbständige Kasse abzuführen ist. Einzig allein ist entscheidend, ob es sofort gezahlt oder die Zahlung fällig wird, oder einstweilen zurückgestellt wird. (S. oben unter a). Diese Zuwendungen spielen auch im Steuerrecht eine vielerörterte Rolle. Nach § 14 KStG sind von der Körperschaftssteuer frei die Beträge, welche nach der Satzung ausschließlich gemeinnützigen oder mildtätigen Zwecken zugeführt werden, sowie Zuwendungen an Unterstützungs-, Wohlfahrts- und Pensionskassen des Betriebes, wenn die dauernde Verwendung für die Zwecke der Kasse gesichert ist. Man sieht, es handelt sich hier wie um eine andere Frage, so auch um andere Voraussetzungen für den Abzug. Wenn hierzu Rosendorff KStG S. 413 sagt, daß wenn der Steuerpflichtige rechtsverbindliche Verpflichtungen zur Zahlung von Ruhegehältern usw. übernommen hat, so müßte ein der finanziellen Belastung für ein Jahr gleichkommender Betrag als Passivposten eingestellt werden und es handle sich nicht um Rückstellung aus dem Gewinn, und wenn er sich hierfür auf OVGSt 3, 185; 8, 181; RFH 4, 208; 5, 96 beruft, so ist das wenigstens handelsrechtlich doch wohl nicht zutreffend. Die Grenze zwischen aktuellen Passiven und vorsichtiger Rückstellung für mehr oder weniger bestimmt voraussehbare Fälle ist mit Schärfe allerdings nicht zu ziehen. Aber was gerade Ruhegehälter oder allgemeiner gesprochen, Gehälter angeht, so wird kein Kaufmann die Verpflichtung zu ihrer Zahlung als Passivum anders in die Bilanz einbeziehen als in Gestalt eines transitorischen Postens, also insoweit, als das Gehalt bei Ablauf des Jahres schon verdient, aber noch nicht fällig geworden ist (in der Regel wird es ein Aktivum wegen schon bezahlten, aber noch nicht verdienten Gehalts sein). Die Auffassung Rosendorffs muß für das Handelsrecht schon daran scheitern, daß wenn schon ein bilanzfähiges Passivum vorliegen sollte, die Beschränkung auf das eine bevorstehende, richtiger zur Zeit der Bilanzaufstellung laufende Jahr willkürlich wäre. Das Urteil RG 91, 314 hat entsprechend dem hier Gesagten Beträge für Kriegsfürsorge, für den Arbeiterdispositionsfonds, die Arbeiterpensionskasse, den Unterstützungsfonds für Beamte, für Kriegswohlfahrt und gemeinnützige Zwecke für tantiemefrei erklärt. Mit Ausführungen, die nicht überzeugend sind, bekämpft Staub-Pinner § 237[17] die Entscheidung. Es ist ganz richtig, wenn er sagt, es liege tantiemefreie Rücklage vor, wenn die Zuwendung nicht nur freier Wille der Gesellschaft ist, sondern auch ihr freier Wille bleibt, so daß sie schließlich auch wieder anders verfügen kann. Wenn es aber weiter lautet, das Gegenteil sei der Fall, wenn die Zuwendung zu einer selbständigen Kasse erfolge und aus dem Vermögen der Gesellschaft ausscheide, so ist diese Antithese weit entfernt, erschöpfend zu sein und es ist nicht richtig, daß das zuletzt Gesagte auch gelte, wenn die Zuwendung zwar nicht zu einer selbständigen Kasse (was ein sehr diffiziler Begriff des Steuerrechts ist und hier besser ganz fortbleibt) erfolgt, aber so daß ein Anspruch dritter Personen in Höhe des zugewendeten Betrages entsteht. Etwas ähnliches, dem aber ebenfalls widersprochen werden muß, findet sich im angezogenen Urteil des Reichsgerichts wenigstens angedeutet, wenn dort entscheidendes Gewicht darauf gelegt wird, daß durch den Beschluß der Zuwendnug nicht eine schuldrechtliche, vertragsmäßige Bindung der Gesellschaft geschaffen sei. Das ist nicht das Entscheidende. Das Kriterium ist, wie gesagt, die Feststellung, wem an den überwiesenen Beträgen das Eigentum oder Gläubigerrecht auf sie zusteht; Rosendorff a. a. O. S. 417; OVGSt 4, 191; 5, 362; RFH 1, 57; 7, 177. Wie Staub-Pinner Lehmann-Ring § 237[4]. Nach Brand § 237[36] γ ist nicht selbständige Kasse erforderlich, sondern schon getrennte Kasse ausreichend, aber vorausgesetzt, daß die Gesellschaft keinen Anspruch mehr auf das Geld hat. Wie das zu denken ist, wird nicht gesagt.

h) Die vom Gesetz vorgeschriebene Kriegssteuerrücklage war wie jede Rücklage tantiemefrei. Den Gesichtspunkt, daß es sich hier um eine Beteiligung des Reichs an dem Gewinn der Gesellschaft handelt, also um den Fall 3 c (Erl 4 a), hat das Reichsgericht abgelehnt; RG 93, 147; 101, 383. Mit Recht: War es überhaupt gerechtfertigt, daß die A-Gesellschaft usw. den aus der Kriegskonjunktur erwachsenen Mehrgewinn z. T. an den Staat abliefert, so gilt das nicht minder von der Tantieme des Vorstandes und des Aufsichtsrats, die ja auch Unternehmergewinn ist (Erl 1). Ähnlich Hallbauer in BankArch 17, 104. S. ferner Hachenburg in JW 1916, 21.

i) Gläubiger des Tantiemeanspruchs sind die einzelnen Vorstandsmitglieder, nicht der Vorstand als solcher. Scheiden im Laufe des Geschäftsjahres Mitglieder aus, so haben sie Anspruch auf einen Teilbetrag vom ganzen Jahresgewinn berechnet entsprechend der Zeit, in welcher sie Mitglied gewesen sind; BauersZ 26, 184. — Die Gesellschaft kann sich dem einzelnen Mitglied gegenüber nicht darauf berufen, daß sie den ganzen Betrag bereits an den Vorstand abgeführt hat; OLG 24, 141. Anders (auf Grund statutarischer Bestimmung) ROHG 24, 354.

k) Der Beschluß der Generalversammlung, dem Vorstand für das abgelaufene Jahr eine bestimmte Tantieme zu gewähren, kann nicht wegen Verstoßes gegen § 237 nichtig sein, der sich auf diesen Fall nicht bezieht. Er kann aber an anderen Mängeln leiden und deshalb entweder nichtig oder nach Maßgabe § 271 anfechtbar sein. Vgl. Oertmann in DJZ 1916, 160; Bauer 19, 151. — Der Vorstand hat die zu Unrecht empfangene Tantieme zurückzugeben, auch wenn er sie in gutem Glauben entgegengenommen hat; § 217 I[2] findet hier nicht Anwendung.

l) Der Anspruch auf die Tantieme entsteht mit Ablauf des Geschäftsjahres. Fällig wird er durch die Genehmigung der Bilanz. Dieser Zeitpunkt ist auch wegen der Veranlagung zur Einkommensteuer der maßgebliche; RFH 13, 166. Die Verjährung bestimmt sich nach § 196 Z. 8 BGB. Die Frist beträgt zwei Jahre und beginnt mit dem Schluß des Jahres, in welchem die Bilanz festgestellt worden ist; BauersZ 25, 130. — Beschließt die Gesellschaft, die Bilanz zu genehmigen, die Auszahlung der Dividende aber auf einen gelegeneren Zeitpunkt zu verschieben, so hat das auf den Anspruch auf die Tantieme keinen Einfluß; RG 11, 160.

§ 238.

Sofern nicht durch den Gesellschaftsvertrag oder durch Beschluß der Generalversammlung ein anderes bestimmt ist, darf der Vorstand einen Prokuristen[1] nur mit Zustimmung des Aufsichtsrats bestellen[2]. Diese Beschränkung hat Dritten gegenüber keine Wirkung[3].

1. a) Die A-Gesellschaft ist nicht auf die Vertretung durch den Vorstand beschränkt. Wie jede Rechtspersönlichkeit kann sie sich durch rechtsgeschäftlich bestellte Bevollmächtigte vertreten lassen, in der Regel — oder ausnahmslos, darüber besteht Streit (s. unten unter c) — auch durch Handlungsbevollmächtigte und Prokuristen. In der Nürnberger Kommission war die Ansicht durchgedrungen, daß Bestellung eines Prokuristen nur als Akttribut einer natürlichen Person betrachtet werden kann. Nachdem ROHG 8, 339 gegenteilig entschieden hatte, hat die Novelle von 1884 das Bedenken, daß die Ernennung eines Prokuristen dahin führen könne, die Vorschriften über die Kollektivvertretung der Vorstandsmitglieder zu vereiteln, mit ziemlich nichtssagenden, teilweise unrichtigen Erwägungen (Mot. 119) bei Seite gesetzt und — in etwas anderer Fassung des sprachlichen Ausdrucks — die gegenwärtige Vorschrift eingefügt.

b) Die Bestellung von Bevollmächtigten, Handlungsvbeollmächtigten, Prokuristen ist Sache des Vorstandes kraft seiner Vertretungsmacht. Dem Aufsichtsrat kann das Statut die Stellung verleihen, daß der Vorstand seinen Anordnungen nachzukommen hat, kann ihm aber nicht in dem Sinn die Bestellung vorbehalten, daß er die Gesellschaft dabei rechtsgeschäftlich zu vertreten hat. Vgl. LZ 1915, 1088. Wenn hier das Gesetz vorschreibt, daß es zur Bestellung von Prokuristen der Zustimmung des Aufsichtsrats bedarf, so hat es nicht unterlassen, zugleich auszusprechen, daß das nicht im Sinn einer Beschränkung der Vertretungsmacht des Vorstandes zu verstehen ist. Die Beschränkung hat Dritten gegenüber keine Wirkung. Die vom Vorstand erteilte Prokura ist auch ohne Zustimmung des Aufsichtsrats gültig und Dritte können sich auf sie auch dann berufen, wenn sie gewußt haben, daß jene Zustimmung nicht vorliegt oder verweigert worden ist. Nur ist nach allgemeinen Rechtsgrundsätzen das Gegenteil anzunehmen, wenn es sich bei den Dritten um bewußte Teilnahme an unredlichem Verfahren des Vorstandes handelt. Vgl. Erl 3 zu § 235. —

c) Rechtsstellung und Vollmacht des Prokuristen richten sich nach den allgemeinen Vorschriften in §§ 48—53 HGB. Zweifelhaft ist, ob eine A-Gesellschaft, die kein Handelsgewerbe betreibt, Prokuristen haben kann. Wenn man es mit der herrschenden Lehre bejaht, wird man in entsprechender Anwendung des § 49 annehmen, daß der Prokurist zu allen Arten von gerichtlichen und außergerichtlichen Geschäften und Rechtshandlungen ermächtigt ist, die der Betrieb eines Unternehmens der vorliegenden Art mit sich bringt. In Wahrheit ist Prokura ein spezifisch handelsgewerblicher Begriff; mit der Vorschrift des § 238 ist nicht bestimmt, daß jede A-Gesellschaft Prokuristen haben kann, und der Registerrichter ist im Recht, wenn er in einem solchen Fall die Eintragung der Prokura ablehnt. — Auf ähnlicher Erwägung beruht es, daß im Stadium der Liquidation der Gesellschaft ein Prokurist für sie nicht bestellt werden kann; ROHG 13, 223 und daß mit der Auflösung der Gesellschaft die bestehende Prokura erlischt; RG 72, 122. Die allgemeine Ermächtigung, auch in Veräußerung und Belastung von Grundstücken die Gesellschaft zu vertreten, bedeutet keine selbständige Vollmacht, sondern Erweiterung der Prokura und kann in das Handelsregister eingetragen werden; KG in Bauer 10, 201.

d) Nach § 53 HGB muß die Prokura zur Eintragung in das Handelsregister angemeldet werden, und zwar von dem Inhaber des Handelsgeschäfts, d. h. hier vom Vorstand, von soviel Mitgliedern des Vorstandes, als zur Vertretung der Gesellschaft berechtigt sind. Weder vom Aufsichtsrat noch von einem Prokuristen, noch endlich von einem Prokuristen in Verbindung mit Mitgliedern des Vorstandes kann die Anmeldung ausgehen; LZ 1914, 1398[2] (München) D. Not. Z. 14, 740 (Hamburg); OLG 27, 352 (Hamburg). Die Eintragung wirkt nicht konstitutiv. Die Prokura-Erteilung ist wirksam unabhängig davon, ob und wann sie in das Handelsregister eingetragen wird. Der Registerrichter hat die Anmeldung durch Androhung von Ordnungsstrafen zu erzwingen. Die Frage, ob der Registerrichter darauf zu bestehen hat, daß die erforderliche Zustimmung des Aufsichtsrats nachgewiesen wird, oder ob er wenigstens die Anmeldung zu beanstanden hat, wenn er sieht, daß die Zustimmung nicht vorliegt (so Brand § 238[4]), ist bestritten. Nach Lehmann-Ring § 238[3] hätte der Registerrichter keinen Anlaß, die Eintragung abzulehnen, weil Dritten gegenüber die Bestellung wirksam sei. Er hätte ganz im Gegenteil auch dann die Pflicht, die Anmeldung der Bestellung, wenn sie nicht freiwillig erfolgt, durch Ordnungsstrafen zu erzwingen. Ob das auch gegenüber demjenigen Mitglied des Vorstandes gelten soll, das gerade deswegen sich weigert, die Anmeldung zu beschaffen, weil die Zustimmung des Aufsichtsrats fehlt, wird nicht gesagt. Wie Lehmann-Ring auch Staub-Pinner § 238[8] und überhaupt wohl die herrschende Lehre; HoldhMS 3, 325. Jetzt auch KG in JW 1925, 268[4] gegen die eigene frühere Rechtsprechung KGJ 22, 111; 40, 67; 41, 132; OLG 22, 35. Die eigenmächtige Bestellung des Prokuristen durch den Vorstand ist doch rechtswidrig und es entspricht nur der Stellung des Registerrichters, daß er den Mangel beachtet und auf Abstellung dringt. Das gilt auch von Eintragungen, welche nicht konstitutive Wirkung haben, z. B. von der Eintragung einer bedenklichen Firma. Wie hier Mot. 1884, 120. — Dagegen kann der Registerrichter die Eintragung nicht mit der Begründung ablehnen, daß im Vorstand der Beschluß, die Prokura zu erteilen, nicht ordnungsmäßig zustande gekommen sei; KGJ 41, 131.

c) Das Erlöschen der Prokura ist ebenso zum Handelsregister anzumelden wie ihre Erteilung, § 53 III HGB.

2. a) Der Prokurist vertritt die Gesellschaft und nicht den Vorstand oder Vorstandsmitglieder. Für das, was er tut, hat wenn überhaupt die Gesellschaft, nicht der Vorstand aufzukommen, während der Gesellschaft wiederum die Vorstandsmitglieder — und zwar schlechthin — regreßpflichtig sind, wenn sie ohne die erforderliche Zustimmung des Aufsichtsrats den Prokuristen bestellt haben. Vgl. hierzu Staub-Pinner § 238[13]. — Eine Beschränkung der Prokura ist nur nach Maßgabe des § 50 HGB zulässig. Es kann also die Vollmacht des Prokuristen auf den Geschäftsbetrieb einer Zweigniederlassung beschränkt werden, wenn für diese die Firma der Gesellschaft mit einem auf die Zweigniederlassung bezüglichen Zusatz geführt wird. Auch Kollektivprokura mehrerer Prokuristen oder des einzelnen in Verbindung mit einem Mitglied des Vorstandes ist zulässig, womit dann aber die Beschränkung der Prokura auf den Geschäftsbetrieb einer Zweigniederlassung nicht vereinbar ist. Auch hier ist darauf hinzuweisen, daß die Kombination von Vorstandsmitglied und Prokurist nur einen Zweck hat und nur zulässig erscheint, wenn auch das Vorstandsmitglied selbst nicht berechtigt ist, die Gesellschaft allein zu vertreten (vgl. Erl 2 b zu § 232). Anders OLG 28, 343. — Auch von der Gesamtprokura muß gelten, daß für Willenserklärungen, welche der Gesellschaft gegenüber abzugeben sind, Abgabe gegen einen der mehreren Vertreter genügt. Es steht nichts im Wege, daß der Vorstand einem Kollektivprokuristen Handlungsvollmacht nach § 54 erteilt; RG in Bauer 8, 123. Vgl. auch OLG 27, 396 (München).

b) Die Fragen, inwiefern der Prokurist auch den Aktionären gegenüber Vertretungsmacht hat, ob Beschränkungen, welche ihm auferlegt sind, nicht wenigstens den Aktionären gegenüber wirksam sind und ob diesen gegenüber die Prokura nur wirksam ist, wenn es seiner Bestellung an der Zustimmung des Aufsichtsrats nicht fehlt, sind aus dem Gesichtspunkt zu entscheiden, daß der Prokurist eben nicht den Vorstand, sondern die Gesellschaft vertritt (verkannt auch in ROHG 7, 416, A-Kommanditgesellschaft). Soweit nach Gesetz und Statut der Vorstand berufen ist, im inneren Leben der Gesellschaft, den Aktionären sowie dem Aufsichtsrat gegenüber als Organ tätig zu sein, kann von einer Stellvertretung überhaupt nicht und also auch von Eintreten des Prokuristen nicht die Rede sein. So kann die Einberufung einer Generalversammlung nicht von einem Prokuristen ausgehen; OLG 24, 158 (KG). Im übrigen aber ist es die Gesellschaft, welche dem einzelnen Aktionär gegenübersteht, und sie kann denn auch wie immer, so auch hier der Prokurist im gesetzlichen Umfang seiner Vertretungsmacht vertreten. Es ist denn auch kein Grund, in solchem Fall eine Ausnahme von der gesetzlichen Regel zu machen, daß Beschränkungen der Vollmacht, Mangel der Zustimmung des Aufsichtsrats gegenüber dem Geschäftsgegner ohne Bedeutung sind. Wie hier Staub-Pinner § 238[6]. Anders Lehmann-Ring § 238 Note 6, Abs II.

c) Was den Widerruf der Prokura angeht (HGB § 52), so ist hierzu der Vorstand und (dem Prokuristen gegenüber) nur er allein berechtigt. Der Gesellschaft gegenüber kann er in Ausübung dieses Rechts beschränkt sein. Aber darin, daß er die Bestellung eines Prokuristen nur mit Zustimmung des Aufsichtsrats vornehmen soll, liegt noch nicht die Beschränkung, daß auch die Abberufung an diese Zustimmung gebunden sein soll; Staub-Pinnner § 238[14]. Es ist auch zu beachten, daß, wenn der Vorstand nur mit Zustimmung des Aufsichtsrats einen Prokuristen bestellen darf, er deshalb noch nicht genötigt ist, einen Prokuristen zu bestellen, wenn der Aufsichtsrat es verlangt. Wohl aber liegt in diesem Erfordernis der Zustimmung des Aufsichtsrats zur Bestellung eingeschlossen, daß die mit seiner Zustimmung erfolgte Bestellung widerrufen werden muß, wenn er es verlangt; a. A. Brand § 238, 6 b; Goldmann § 238[19].

Der Widerruf muß von soviel Mitgliedern des Vorstandes ausgehen, als zur Vertretung der Gesellschaft erforderlich ist. Aber auch der Widerruf eines einzelnen Kollektivvertrters ist wirksam, wenn infolge seiner Erklärung erhellt, daß die Vollmacht nicht mehr von dem Willen so vieler Mitglieder getragen wird, als zur Vertretung der Gesellschaft erforderlich sind. Daher muß denn auch der Geschäftsgegner mit der Wirksamkeit des Widerrufs rechnen, wenn er auch nur von einem Vorstandsmitglied ausgeht; a. A. Makower § 238 III a und überhaupt die herrschende Lehre.

3. Im Statut oder auch — sofern nicht statutarische Bestimmungen entgegenstehen — durch einfachen Beschluß der Generalversammlung kann die Geltung des § 238 ausgeschlossen werden; es kann auch auf diesem Wege bestimmt werden, daß Prokuristen nicht bestellt werden sollen oder nur mit Zustimmung der Generalversammlung oder nur in Gestalt der Gesamtprokura mehrerer Prokuristen, (während Gesamtvertretung durch Prokurist und Vorstandsmitglied nur gemäß § 232 — im Statut oder durch den Aufsichtsrat — bestimmt werden kann); alles unbeschadet der uneingeschränkten Vertretungsmacht des Vorstandes nach außen.

§ 239.

Der Vorstand hat Sorge dafür zu tragen, daß die erforderlichen Bücher der Gesellschaft geführt werden[1].

1. a) Nach § 6 HGB gelten die inbetreff der Kaufleute gegebenen Vorschriften auch für die Handelsgesellschaften und nach §§ 38 ff. HGB hat jeder Kaufmann die Verpflichtung, Bücher zu führen und in diesen seine Handelsgeschäfte und die Lage seines Vermögens nach den Grundsätzen ordnungsmäßiger Buchführung ersichtlich zu machen. Daß es die doppelte Buchführung sein müsse, ist unmittelbar nicht vorgeschrieben. Aber immer handelt es sich, wenn es ein Handelsgewerbe ist, welches die A-Gesellschaft betreibt, um größere Unternehmungen, bei welchen nach kaufmännischen Grundsätzen doppelte Buchführung geboten erscheint. Auf diese Verhältnisse zielen denn auch die Vorschrift in § 260, 261, 265 ab, wonach mit der Bilanz zugleich eine Gewinn- und Verlustrechnung aufzustellen ist. Man ist nicht genötigt, daraus zu schließen, daß auch in ganz einfachen, durchaus unkaufmännischen Verhältnissen die ganz zwecklose doppelte Buchführung gesetzlich unerläßlich sei. Behrend Lehrbuch § 129 I; Zimmermann Verhandlungen des Schweizerischen Juristenvereins 1926 S. 12a. A. A. die herrschende Lehre.

b) Der Vorstand hat dafür Sorge zu tragen, daß die Bücher in der gehörigen Weise geführt werden. Die Mitglieder müssen nicht selbst die Bücher führen, aber sie sind es, welche verantwortlich sind, daß und wie es geschieht; RGSt 13, 236. S. auch ROHG 18, 394: Der Direktor einer A-Gesellschaft braucht nicht ein guter „Buchhalter" zu sein.; JW 1901, 821[6]; RGSt 1, 49. Welche Bücher und Konten geführt werden müssen, richtet sich nach der Art des Betriebes (OLG 9, 266) und ist Sache der kaufmännischen Technik. Das müssen Vorstandsmitglieder verstehen und wenn sie es nicht verstehen, sind sie dafür verantwortlich; RG in Recht 1911, 3889. Auch wenn unter den mehreren die Geschäfte verteilt werden und einem insbesondere die Buchführung oder die Aufsicht über die Buchführung obliegt, sind die anderen nicht jeder Verantwortlichkeit überhoben; RG 13, 354: Sind auch alle Mitglieder des Vorstandes verpflichtet, für die erforderliche Buchführung Sorge zu tragen, so ist doch die Möglichkeit vorhanden, daß der unordentliche Zustand der Bücher lediglich auf dem Verschulden eines einzelnen beruht, bei den anderen jede schuldhafte Vernachlässigung ihrer Pflichten ausgeschlossen ist. Vgl. auch RGSt 12, 81. Alle sind verpflichtet, ein Auge auf die Buchführung zu halten und bei Mängeln, die hervortreten, auf Abstellung zu bestehen; RGSt 13, 236; JW 08, 604; RG in Recht 1911, 3889. Auch das stellvertretende Mitglied (§ 242) trifft diese Verantwortlichkeit, aber auch dieses doch nur, soweit ihm ein Verschulden zur Last fällt (vgl. RGSt 12, 83; 13, 236), und nur, sofern er überhaupt zu einer Geschäftstätigkeit hat eintreten müssen. Läßt man mit der herrschenden Lehre gelten, daß ein Minderjähriger Vorstandsmitglied sein kann, dann trifft ihn auch die Verpflichtung für die Buchführung zu sorgen, und die Strafbarkeit aus § 240 KO hängt dann nur davon ab, ob er strafmündig ist. So RG in JW 1925, 261[6]; a. A. Hachenburg das. Fußnote. — Die Grundbuchungen müssen stets auf dem laufenden sein, die Übertragungen sich entsprechend anschließen. Nachfügungen sind nicht ausgeschlossen. Von solchen unterscheidet sich aber die nachträgliche Anfertigung einer unterlassenen Buchführung; RGSt 39, 217. Auch durch Unterlassung der rechtzeitigen Übertragungen kann die Buchführung zu einer im Sinn des Strafgesetzes unordentlichen werden; RGSt 47, 311. S. aber auch RGSt 29, 224.

c) Auf die Buchführung der A-Gesellschaft finden die allgemeinen Vorschriften in §§ 38—47 HGB Anwendung.

Werden die Bücher nicht ordentlich geführt, so haften die Mitglieder des Vorstandes der Gesellschaft für den daraus entstehenden Schaden gemäß § 241 I, II. Die Haftung besteht nur gegenüber der Gesellschaft. Der § 239 bezweckt nicht, jedenfalls nicht unmittelbar den Schutz Dritter. Er ist kein Schutzgesetz, aus dessen Verletzung Dritte Ersatzansprüche nach § 823 II BGB herleiten könnten; RG 73, 30; vgl. auch RG das. 392. — Auch strafrechtlich können die Mitglieder des Vorstandes verantwortlich gemacht werden nach Maßgabe der §§ 239 I Z. 3 und 4, 240 I Z. 3, 244 KO, wenn die Gesellschaft in Konkurs gerät oder ihre Zahlungen einstellt. — Urkundenfälschung kann darin liegen, daß der Vorstand eine vom Aufsichtsrat geprüfte Rechnung nachträglich ändert; RG in BauersZ 23, 202.

d) Darüber, in welcher Währung die Bücher geführt werden müssen, bestimmt das HGB nichts.

Erst die Inflationsverhältnisse haben zu der, wohl wesentlich aus Gründen des Steuerrechts ergangenen Verordnung über Buchführung auf wertbeständiger Grundlage nach Art V, 32 der 2. Steuernotverordnung vom 25. 1. 1924 (RGBl 36) geführt. Ein mittelbarer Zwang liegt darin, daß nach der GBV vom 18. 12. 23 Inventar und Bilanz in Goldmark, also in deutscher Währung aufzustellen sind.

§ 240.

Erreicht der Verlust, der sich bei der Aufstellung der Jahresbilanz oder einer Zwischenbilanz ergibt, die Hälfte des Grundkapitals, so hat der Vorstand unverzüglich die Generalversammlung zu berufen und dieser davon Anzeige zu machen[3].

Sobald Zahlungsunfähigkeit der Gesellschaft eintritt, hat der Vorstand die Eröffnung des Konkurses zu beantragen; dasselbe gilt, wenn sich bei der Aufstellung der Jahresbilanz oder einer Zwischenbilanz ergibt, daß das Vermögen nicht mehr die Schulden deckt[1 3].

1. a) Anders, wie nach heutigem Recht im allgemeinen der Kaufmann, ist die A-Gesellschaft — ebenso wie die Gesellschaft mbH, § 64 GGmbH — verpflichtet, die Eröffnung des Konkursverfahrens zu beantragen, wenn die gesetzlichen Voraussetzungen eingetreten sind. Der Vorstand — nach Eintritt der Liquidation die Liquidatoren §§ 294 II, 298 II — sind bei Vermeidung öffentlicher Strafe (§ 315 I Z. 2) gehalten, den Antrag zu stellen. Die Verpflichtung trifft jedes einzelne Mitglied des Vorstandes (KO § 208). Aber der einzelne tut das nicht, wenn er den Antrag stellt, für sich persönlich, sondern in seiner Eigenschaft als Vorstandsmitglied und als Vertreter der Gesellschaft. Auch wenn es sich um Kollektivvertretung handelt, ist hier die Vertretungsmacht des Einzelnen durch § 208 KO. bestimmt. Daher ist Schuldner der entstehenden Kosten nicht er, sondern die Gesellschaft (vgl. KrGJ 34 B 9; anders LZ 08, 879, es sei denn, daß der Antrag ausdrücklich im Namen der Gesellschaft gestellt werde), die sich aber an ihm erholen kann, wenn er schuldhaft gehandelt hat. Damit steht nicht in Widerspruch, daß, wenn nicht alle Mitglieder des Vorstandes den Konkursantrag stellen, nach § 208 II KO der Konkursgrund glaubhaft zu machen ist und die übrigen Mitglieder vor der Entscheidung gehört werden müssen. Das gilt auch, wenn die anmeldenden Mitglieder ohne die übrigen Vertretungsmacht haben. — Von dem Augenblick an, wo die Gesellschaft aus einem anderen Grunde aufgelöst ist, trifft die Verpflichtung nicht mehr den Vorstand, sondern die Liquidatoren.

b) An die Einhaltung der Vorschrift knüpfen sich die verschiedensten Interessen der Aktionäre, der Gläubiger, des Publikum, aber nicht durchweg eindeutig. Einerseits wird durch die Eröffnung des Konkurses größerem Übel und weiteren Schäden vorgebeugt. Anderseits wird aber auch ohne Rücksicht auf die Lage des Falles jede Möglichkeit abgeschnitten, das Verlorene durch geschickte Geschäftsführung, bei besserer Konjunktur usw. wieder einzubringen. Mit anderen Worten, es handelt sich um eine Vorschrift von allgemeiner rechtspolizeilicher Tendenz, nicht um ein Schutzgesetz im Sinne des § 823 II BGB, aus dessen Verletzung jeder Geschädigte Schadensersatzansprüche wegen unerlaubter Handlung herleiten könnte; RG 73, 35. (Anders in Beziehung auf §§ 99, 140, 148 GenG RG in LZ 1914, 864.) — Daher wird auch der Vorstand seiner Verpflichtung nicht dadurch enthoben, daß er mit Einwilligung der Generalversammlung handelt, auch nicht dadurch, daß die Gläubiger der Gesellschaft sich mit Unterlassung des Antrages einverstanden erklären, noch weniger dadurch, daß nicht die Gläubiger, aber deren Bürgen einverstanden sind oder auch geradezu darauf gedrängt haben; RG 72, 286, nach JW 1905, 551 (unzulänglich im Bericht) nicht einmal dadurch, daß von anderer Seite, von einem Gläubiger Antrag auf Eröffnung des Konkurses gestellt worden ist, was doch wohl nur zutrifft, wenn der Vorstand den Antrag schon früher hätte stellen müssen. Das einzelne Mitglied kann sich der Verpflichtung auch nicht durch Niederlegung der Stelle entziehen. — Was insbesondere den Fall der Überschuldung angeht, so können Stundungen, auch ein allgemeines Moratorium an der Sachlage nichts ändern, wie ja auch die Schulden unverkürzt als Passiva auch dann in die Bilanz eingestellt werden müssen, wenn sie noch nicht fällig sind. Auch ist darin kein Ausweg zu finden, daß der Gesellschaft (auf Kredit) neue Betriebsmittel zur Verfügung gestellt werden. Dadurch wird ihre Zahlungsunfähigkeit gehoben, nicht aber die Überschuldung; RGSt 44, 50. — Für Erwägungen, ob die Fortführung des Unternehmens Aussicht auf Besserung der Vermögensverhältnisse bietet, ist im Fall der Überschuldung kein Raum. — Der Antrag auf Eröffnung des Konkurses muß ohne Verzug gestellt werden; eine Frist läuft nicht JW 1910, 120[30]; RG in Recht 1914, 565, 2193; in LZ 1914, 864[10]; immerhin muß dem Vorstand eine nach den Umständen zu bemessende Überlegungszeit zu Gebote stehen, insbesondere im Fall von Zahlungsunfähigkeit und Zahlungseinstellung; WürttZ 27, 221; Goldschmit AG § 240[12]; vgl. aber auch RGSt 37, 26, 325; RG in LZ 1917, 126[18].

c) Die Verpflichtung sowohl aus Abs II wie aus Abs I trifft nicht den Vorstand in seiner Gesamtheit, sondern jedes Mitglied; Makower § 240 III (s. aber auch das. II b 1); anders wohl auch nicht Staub-Pinner § 240[4]. Eine andere Frage ist, inwiefern das einzelne Mitglied ein Verschulden daran trifft, daß die Anmeldung unterbleibt. — Werden nach Eintritt der Zahlungsunfähigkeit oder nach Feststellung der Überschuldung Zahlungen für die Gesellschaft geleistet, so sind die Vorstandsmitglieder der Gesellschaft und ihren Gläubigern zum Ersatz des Gezahlten verpflichtet: § 241 III Z. 6 IV; Makower § 240 III b 2.

d) Nach § 207 KO findet über das Vermögen einer A-Gesellschaft das Konkursverfahren außer dem Falle der Zahlungsunfähigkeit in dem Falle der Überschuldung statt. Es sind zu unterscheiden Unterbilanz und Überschuldung. Erstere liegt vor, wenn am Grundkapital verloren ist, so daß der Überschuß der Aktiva über die Passiva, das Reinvermögen, nicht mehr die Ziffer des Grundkapitals erreicht; dabei ist die volle Grundkapitalziffer auch dann in die Rechnung zu setzen, wenn die Aktien noch nicht voll eingezahlt sind; die Differenz wird dadurch ausgeglichen, daß sie als Anspruch der Gesellschaft gegen die Aktionäre einen Vermögensgegenstand darstellt und auf der Seite der Aktiva in der Bilanz erscheint. — Überschuldung liegt vor, wenn die vorhandenen Aktiven die Schulden nicht mehr decken, also das ganze Grundkapital und mehr in Verlust geraten ist.

e) Für die Frage, ob Überschuldung vorliegt, ist grundsätzlich maßgeblich zunächst einmal „die" Jahresbilanz, also eine nach § 261 aufgestellte Bilanz, und dasselbe, nämlich daß die Bilanz nach § 261 aufzustellen ist, muß grundsätzlich dann auch von der etwa in Frage kommenden Zwischenbilanz gelten. Aber es liegt in der Natur der Sache, daß diese Bilanzen hier doch nicht nur mit andern Augen angesehen werden, sondern auch geradezu manche Änderungen in den Zahlen erfahren müssen. Zunächst kann von einer Überschuldung keine Rede sein, solange noch (echte) Reserven vorhanden sind. Ganz abzusehen ist von dem Passivposten Grundkapital (§ 261 Z. 5); LZ 1907, 606[3]. Dagegen sind Ansprüche der Aktionäre auf bereits festgesetzte Dividende wahre Passiva und müssen in der Bilanz als Kreditoren stehen bleiben. Daß sie erst nach Befriedigung der andren Gläubiger gezahlt werden können (Erl 5 b zu § 213) ändert nichts an der Finanzlage der Gesellschaft. Ebenso muß es auf der Passivseite bei den Reserven bleiben, in welchen nur die gebotenen Abschreibungen zum Ausdruck kommen. Dagegen können ungebotene Abschreibungen rückgängig gemacht werden.

f) Bestritten ist die Anwendbarkeit der Vorschrift in § 261 Z. 3, die indessen zu bejahen ist; a. A. Makower § 240 I a; Kaufmann in LZ 1919, 623. Es kann trotz gegenwärtigen geringeren Wertes der Anlagen usw. beim Buchwert, d. h. beim Anschaffungspreis abzüglich der auf der Basis dieses Preises vorgenommenen Abschreibungen verbleiben, und es darf ein höherer Wert als der Anschaffungspreis nicht eingestellt werden. Im Falle RG 80, 106 handelt es sich um die Liquidationseröffnungsbilanz (§ 299), und wenn für diese dort gefordert wird, daß in sie höchstens der Verkaufswert eingestellt werden darf, so ergibt sich das aus der Aufgabe und dem Zweck der Liquidation, welche darauf gerichtet ist, die Vermögensstücke in Geld umzusetzen (Schmelzwert), und dabei muß es denn auch bei Anwendung des § 240 verbleiben, wenn die Gesellschaft bereits in Liquidation getreten ist. Ist aber der geschäftliche Betrieb noch im Gange, so berechtigt und nötigt nichts, von der Vorschrift des § 261 Z. 3 abzusehen. Verschwindet aber die in solcher Bilanz auftretende Überschuldung, wenn man die wahren Gegenwartswerte einstellt, dann liegt die Verpflichtung, Eröffnung des Konkurses zu beantragen, nicht vor; Zimmermann in Verh. des schweiz. Juristenvereins 1926, 110a. — Dagegen sind Waren, Wertpapiere usw. (§ 261 Z. 1 und 2) ohne Rücksicht auf den Anschaffungswert mit dem Gegenwartswert einzustellen. Es herrscht darüber Einverständnis (die abweichende Meinung Brodmann GGmbH § 64[3] muß aufgegeben werden), daß § 261 Z. 1 und 2 hier nicht anwendbar sind, sodaß § 40 II maßgeblich ist; RGSt 46, 100; Staub-Pinner § 240[2]; Brand § 240 2 A. b. — Ganz verschwinden müssen gewisse übliche Konten auf der Aktivseite, welche keine greifbaren Werte darstellen., wie Kundschaft, Fasson, good will, Firma. Eigene Aktien der Gesellschaft müssen ebenfalls abgesetzt werden. Befindet sich die Gesellschaft in Liquidation, so kommen die Sätze der Liquidationsbilanz in Ansatz. — Verbindlichkeiten der Gesellschaft dürfen deshalb nicht außer Ansatz bleiben, weil der Gläubiger ein Vorstandsmitglied ist; LZ 1919, 498[11].

g) Das Gesetz spricht in erster Linie von der Jahresbilanz und es könnte an und für sich in Frage kommen, ob nicht überhaupt nur dieser regelmäßige Rechnungsabschluß hier maßgeblich sein kann. Denn das ist die rechtliche Bedeutung des Geschäftsjahres und seines in der Bilanz zur Darstellung kommenden Abschlusses, daß jetzt erst sich ergibt, ob mit Gewinn oder Verlust gearbeitet worden ist (s. Erl 5 a zu § 213). Die Gewinne und namentlich auch — was hier von Bedeutung ist — die Verluste, welche im Laufe des Jahres an den einzelnen Geschäften gemacht und erlitten werden, entscheiden noch nicht, weil sie sich unter einander und während des ganzen Jahres nacheinander gegenseitig verrechnen. Man kann gewissermaßen überhaupt erst am Schluß des Jahres sagen, ob am Geschäftsvermögen „Gewinn" gemacht oder „Verlust" erlitten worden ist und wie groß der eine und der andere ist. Hieran hält nun aber das Gesetz selbst nicht fest, indem es die Anmeldung zum Konkurs auch dann zur Pflicht macht, wenn eine Zwischenbilanz Überschuldung ergibt. Damit wird eine Voraussetzung aufgestellt, von der man nicht deutlich sieht, wie sie gemeint ist. Es kann nicht wohl die Meinung sein, daß die Pflicht des Vorstandes, Haftung und Strafbarkeit von dem ganz zufälligen Umstand abhängen sollen, ob es im Laufe des Jahres aus irgend einer Veranlassung zur Aufstellung einer Zwischenbilanz kommt, zumal man ja auch, selbst wenn sich eine solche Veranlassung einstellt, es absichtlich und wohlweislich unterlassen kann (anders RGSt 50, 151, wo das — in Anwendung auf das GenG — allerdings angenommen wird). Es ist auch nicht anzunehmen, daß man mit der Vorschrift nur diejenigen Unternehmungen, namentlich Banken hat treffen wollen, bei welchen üblich ist, in regelmäßigen Abständen Zwischen- und Rohbilanzen aufzustellen. Vielmehr liegt in der Vorschrift des § 240 ein Moment, das unter Umständen die Aufstellung einer Zwischenbilanz zur Pflicht macht, deren Verabsäumung den weiteren Verstoß gegen § 240 einschließt. Wenn z. B. bei ohnehin schwacher Lage der Gesellschaft erhebliche, unverhältnismäßige Verluste eintreten, erscheint der Vorstand verpflichtet, eine Bilanz, wenn vielleicht auch vorerst oder überhaupt nur eine Rohbilanz aufzumachen, und wenn er es unterläßt, verfehlt er sich gegen § 240, wenn Überschuldung eingetreten war; RG in Recht 1916, 605; a. A. Staub-Pinner § 240[14]; Makower § 240 I b, III a 2. Wie hier Brand § 240 II A c; Goldschmit AG § 240[7] und [11] läßt es für die Fälle nach Abs I gelten, nicht aber für die nach Abs II. — Daher ist es, wenn eine Aufstellung des Vermögens vorliegt, gleichgültig, ob es sich um eine förmliche, allen Anforderungen kaufmännischer Gepflogenheit entsprechende Bilanz handelt, auch gleichgültig, ob sie vom Vorstand selbst herrührt oder von dritter Hand angefertigt worden (und dem Vorstand zur Kenntnis gekommen) ist. Entscheidend ist, ob sie inhaltlich geeignet ist, das Bedenken, ob Überschuldung vorliegen möchte, derart zu zerstreuen, daß die Anfertigung einer förmlichen Bilanz nicht erforderlich erscheint; RG 80, 108; RGSt 44, 50; RG in LZ 1913, 700[9] a. E.; SeuffBl 72, 787. — Es ist auch kein Grund, hier zwischen strafrechtlicher und zivilrechtlicher Verantwortlichkeit einen Unterschied zu machen. Nach § 315 I Z. 2 ist strafbar, wer gegen das in § 240 II Bestimmte verstößt. Der Vorstand, welcher geflissentlich die Aufstellung der (Zwischen-)Bilanz unterläßt, um der Notwendigkeit der Konkursanmeldung zu entgehen, verstößt vielleicht gegen § 241, vielleicht auch nicht, jedenfalls aber gegen § 240 II.

h) Anderseits sind die Ziffern der Bilanz, das Ergebnis, welches sie zahlenmäßig aufweist, nicht unbedingt entscheidend. Es handelt sich nicht um eine Formalvorschrift. Allenfalls läßt sich die Verpflichtung selbst zur Anmeldung des Konkurses als formale bezeichnen. Die Voraussetzungen sind materiell gemeint. Ist die Bilanz inhaltlich unrichtig, sind z. B. vorhandene Aktiva fortgelassen oder Passiva eingestellt, welche nicht bestehen, und weiß der Vorstand das, so hat er, wenn dadurch eine Überschuldung in die Erscheinung tritt, gleichwohl nicht die Verpflichtung, die Konkurseröffnung zu beantragen. — Anderseits kann er sich zu seiner Entlastung nicht darauf berufen, daß der Konkursverwalter Passiven, die in die Bilanz eingestellt waren, bestritten hat; RGSt 51, 21.

i) Durch Vdg vom 8. August 1914 ist die Vorschrift des § 240 Abs II erster Halbsatz, also die gesetzliche Verpflichtung des Vorstandes, im Falle der Zahlungsunfähigkeit den Antrag auf Eröffnung des Konkurses zu stellen, außer Kraft gesetzt; LZ 1919, 498[11] (Dresden). — Zeitweilig war auch durch Verordnung vom 28. April 1920 und Gesetz vom 24. Dezember 1922 unter bestimmten Voraussetzungen der Vorstand von der Verpflichtung entbunden, wegen Überschuldung den Konkursantrag zu stellen. Das ist gegenstandslos geworden durch GBV vom 28. 12. 23, § 14. Wegen einer Überschuldung, die sich bei der Aufstellung der Eröffnungsbilanz ergibt, die Eröffnung des Konkurses zu beantragen, ist der Vorstand einer A-Gesellschaft nicht verpflichtet, so lange die Frist für die Umstellung läuft; während dieser Frist findet auch § 240 I keine Anwendung.

Der Verpflichtung aus § 240 II kommt der Vorstand auch dadurch nach, daß er bei dem zuständigen Konkursgericht den Antrag auf Eröffnung eines gerichtlichen Vergleichsverfahrens stellt; Ges vom 5. Juli 1927 (RGBl I, 139). Wird vom Gericht die Eröffnung des Vergleichsverfahrens abgelehnt, so ist zugleich über die Eröffnung des Konkursverfahrens zu entscheiden. Für diese Entscheidung gilt der Antrag auf Eröffnung des Vergleichsverfahrens als Antrag auf Eröffnung des Konkursverfahrens, der nicht zurückgenommen werden kann. Gegen die Entscheidung über die Eröffnung der Konkursverfahren steht dem Schuldner die sofortige Beschwerde zu. Mit ihr kann auch geltend gemacht werden, daß die Eröffnung des Vergleichsverfahrens zu Unrecht abgelehnt worden sei, § 24. Es ist anzunehmen, daß der Antrag auf Eröffnung des Vergleichsverfahrens von soviel Vorstandsmitgliedern gestellt werden kann, als zur Vertretung der Gesellschaft befugt sind, daß er aber nur gestellt werden darf, wenn alle Vorstandsmitglieder einig sind, also abgelehnt werden muß, wenn auch nur ein Mitglied Widerspruch erhebt. Können sich die Vorstandsmitglieder nicht einigen, so muß Antrag auf Konkurseröffnung gestellt werden. Nach Auflösung der A-Gesellschaft ist die Einleitung des Vergleichsverfahrens unzulässig, § 88. — Die Verordnung vom 14. Dezember 1916 (RGBl 1363) über die Geschäftsaufsicht zur Abwendung des Konkurses nebst Abänderungen ist mit 1. Oktober 1927 außer Kraft gesetzt, § 101.

2. a) Ist die Hälfte des Grundkapitals verloren, m. a. W. übersteigt der Wert des Reinvermögens nicht mehr die Hälfte der Grundkapitalziffer, so ist die Gesellschaft weder überschuldet, noch muß sie deshalb zahlungsunfähig sein. Aber ihre Lage erweist sich als unproduktiv, jedenfalls als gefährdet und die Aktionäre sollen einberufen werden, um über die Sache und Geschäftslage unterrichtet zu werden und Gelegenheit zu haben, geeignete Maßregeln, namentlich auch über die Frage der Fortführung des Unternehmens zu beraten und zu beschließen. Dafür ist unerläßlich, mit der Einberufung der Generalversammlung den Gegenstand, um welchen es sich handelt, hinreichend deutlich öffentlich bekannt zu machen. Jedenfalls können, wenn das nicht geschieht, Beschlüsse zur Sache nicht gefaßt werden; Staub-Pinner § 240[8]; Makower II b 2. (Ist bekannt gemacht: Erstattung der Anzeige vom Verlust, so können sachliche Beschlüsse nicht gefaßt werden.) Nach Brand § 240 2 Bd müßte geradezu bekannt gemacht werden, daß die Hälfte des Grundkapitals verloren ist.

Von den Grundsätzen, nach welchen die Bilanz aufzustellen ist, ferner von der Verpflichtung, eine Zwischenbilanz aufzustellen, gilt nach der herrschenden Lehre (Staub-Pinner § 240[2]; Goldschmit AG § 240[5]) das oben in Erl 1 e f Gesagte hier in gleicher Weise. Doch erscheint das nicht gerechtfertigt. In Abs I und II sind Dinge zusammengestellt, die nur ganz äußerlich etwas Gemeinsames haben. Im Gesetz, betr. GmbH sind die entsprechenden Vorschriften systematisch besser auf die §§ 49 und 64 verteilt und auseinandergerückt. Der § 49 III läßt kaum eine andere Deutung zu, als daß die Jahresbilanz selbst und dementsprechend dann auch eine in gleicher Weise aufgestellte Zwischenbilanz das Maßgebliche sein soll (Hachenburg § 49[11]; Brodmann § 49[3]). Diese Unterscheidung in der Voraussetzung ist sachlich wohl begründet und sollte auch hier Platz greifen.

b) Die Bestimmungen des § 240 sind zwingenden Rechts. Die Meinung, daß im Statut das in Abs I Bestimmte fortbedungen werden könne, ist unannehmbar. Die Vorschrift will schützen, daß hinter dem Rücken der Aktionäre, vielleicht gar unter dem Schein einer vermeintlichen Prosperität das gesamte Grundkapital verwirtschaftet wird. Die Grenze ist schematisch gezogen und hätte ja auch anders bestimmt werden können. Aber das Gesetz will, daß wenn die vorgeschriebene Grenze erreicht worden ist, die Aktionäre gewahrschaut werden sollen. Es ist das eine der ohnehin schwachen Kautelen zum Schutze der der Geschäftsgebahrung des Vorstandes und Aufsichtsrats fernstehenden Aktionäre gegen unsolide Geschäftsführung und es erscheint von vornherein unsolide, daß die Aktionäre in der den Gesellschaftsvertrag bestimmenden Zusammensetzung auf diesen Schutz verzichten. Auch dient die Vorschrift zum Schutz nicht nur der Aktionäre, sondern auch der Gläubiger der Gesellschaft. Wenn es erst zur Überschuldung oder Zahlungsunfähigkeit gekommen ist, haben sie Schaden bereits gelitten; Staub-Pinner § 240[5].

c) Ergibt sich der Verlust des halben Grundkapitals aus der Jahresbilanz, so genügt es, daß unverzüglich die ordentliche Generalversammlung einberufen wird. Aber auch in diesem Fall muß dieser Gegenstand auf die Tagesordnung gesetzt und mit ihr bekannt gemacht werden.

d) Mit öffentlicher Strafe ist der Verstoß gegen § 240 I nicht bedroht. Im übrigen trifft die Verpflichtung, auf die Einberufung der Generalversammlung zu dringen, jedes einzelne Mitglied des Vorstandes wie denn auch jedes einzelne Mitglied von dem Registerrichter gemäß § 319 I zur Befolgung der Vorschrift durch Ordnungsstrafen angehalten werden kann. Wenn der Einzelne auch nicht eine Generalversammlung berufen kann, so kann er doch darauf dringen, daß es geschieht.

e) Die Vorschrift des Abs I gilt aus verständlichen Gründen nicht im Stadium der Liquidation; ferner nicht während der Umstellungsfrist und so lange ein Kapitalentwertungskonto zu Recht besteht; GBV § 14; 2. DurchfVdg § 41 II, III.

3. Nach Rosendorff, Organisation der Konzerne 155, wäre der Vorstand im gegebenen Fall zur Einberufung einer Generalversammlung nicht verpflichtet, wenn für die Gesellschaft eine Rentabilitätsgarantie besteht (Interessengemeinschaft). Indessen wird an dem geschäftlichen Mißerfolg, der der Grund der gesetzlichen Vorschrift ist, durch die von dritter Seite geleistete Garantie nichts geändert. — Ebenso wird an der Verpflichtung, die Eröffnung des Konkurses zu beantragen, wenn das ganze Grundkapital verloren ist, dadurch nichts geändert, daß eine Dividendengarantie geleistet ist, während bei einer Rentabilitätsgarantie eine Überschuldung insofern nicht eintreten kann, als ein sich ergebendes Passivsaldo durch den Anspruch gegen den Garanten gedeckt erscheint.

§ 241.

Die Mitglieder des Vorstandes haben bei ihrer Geschäftsführung die Sorgfalt eines ordentlichen Geschäftsmannes anzuwenden[1].

Mitglieder, die ihre Obliegenheiten verletzen, haften der Gesellschaft als Gesamtschuldner für den daraus entstehenden Schaden[2].

Insbesondere sind sie zum Ersatze verpflichtet, wenn entgegen den Vorschriften dieses Gesetzbuchs[3]:

1. Einlagen an die Aktionäre zurückgezahlt,

2. den Aktionären Zinsen oder Gewinnanteile gezahlt,

3. eigene Aktien oder Interimscheine der Gesellschaft erworben, zum Pfande genommen oder eingezogen,

4. Aktien vor der vollen Leistung des Nennbetrags oder, falls der Ausgabepreis höher ist, vor der vollen Leistung dieses Betrages ausgegeben werden,

5. die Verteilung des Gesellschaftsvermögens oder eine teilweise Zurückzahlung des Grundkapitals erfolgt,

6. Zahlungen geleistet werden, nachdem die Zahlungsunfähigkeit der Gesellschaft eingetreten ist oder ihre Überschuldung sich ergeben hat.

In den Fällen des Abs. 3 kann der Ersatzanspruch auch von den Gläubigern der Gesellschaft[4], soweit sie von dieser ihre Befriedigung nicht erlangen können, geltend gemacht werden. Die Ersatzpflicht wird ihnen gegenüber weder durch einen Verzicht der Gesellschaft noch dadurch aufgehoben, daß die Handlung auf einem Beschlusse der Generalversammlung beruht.

Die Ansprüche auf Grund dieser Vorschriften verjähren in fünf Jahren[5 6].

1. a) Das Rechtsverhältnis zwischen dem Vorstandsmitglied und der Gesellschaft beruht auf dem gegenseitigen Anstellungsvertrag, der mit wenigen Ausnahmen entgeltlicher, d. h. Dienstvertrag ist und Geschäftsbesorgung zum Gegenstand hat; BGB § 675. Es ist aber, was die Haftung gemäß § 241 angeht, ohne Bedeutung, ob das Vorstandsmitglied entgeltlich tätig ist oder unentgeltlich. Vgl. LZ 1920, 388[7]. Der Schuldner hat nach § 276 BGB Vorsatz und Fahrlässigkeit zu vertreten, und fahrlässig handelt, wer die im Verkehr erforderliche Sorgfalt außer acht läßt. Das ist durchgängig allgemeine Voraussetzung. Auch wo das Gesetz durch positive Vorschrift dem Vorstand Bestimmtes zur Pflicht macht, gereicht es dem Mitglied zwar zum Vorwurf der Fahrlässigkeit, wenn es sich mit dem Gesetz nicht bekannt gemacht hat, aber darum muß noch nicht ein Verstoß dagegen unbedingt auf Verschulden beruhen. So Makower § 241 II a. Undeutlich Brand § 241, 3 a. Maßstab ist dabei die Sorgfalt eines ordentlichen Geschäftsmannes. Das ist kein einheitlicher absoluter Maßstab. Die Anforderungen sind verschieden, je nach der Art des Betriebes, um welchen es sich handelt. Vgl. OLG 9, 266 (Hamburg); ferner RG in Gruch 58, 1126. Die Regel ist aber kaufmännischer Betrieb oder unter allen Umständen auch kaufmännischer Betrieb und insofern haftet das Vorstandsmitglied stets für die Sorgfalt eines ordentlichen Kaufmannes. Wie jeweilig die Anforderungen sind, muß der Betreffende ihnen gewachsen sein. Sonst darf er die Stelle nicht übernehmen. Recht 1913, 18; RG in Gruch 56, 1129; Holdh MS 13, 132 a. E. Die Haftung besteht — abgesehen von den Fällen unter Abs III — nur gegenüber der Gesellschaft, nicht gegenüber ihren Gläubigern und nicht gegenüber den Aktionären. Vgl. RG 39, 247; ROHG 19, 178; 22, 239; OLG 12, 433. Wenn in RG 10, 76; 29, 3 dem einzelnen Aktionär in dem Falle ein Anspruch zugebilligt wird, daß die Liquidation beendet ist, so besteht heute kein Streit mehr, daß auch in solchem Fall Gläubiger nur die zu diesem Zweck wieder auflebende A-Gesellschaft ist. Nur auf Grund einer Abtretung oder Pfändung des Anspruchs der Gesellschaft kann ein Gläubiger der Gesellschaft das Vorstandsmitglied in Anspruch nehmen. Nur wenn in der Handlung des Vorstandsmitgliedes zugleich eine unerlaubte Handlung liegt, durch welche der Dritte Schaden erleidet, haftet es auch dem Dritten nach den allgemeinen Grundsätzen in §§ 823 ff. BGB; RG in Recht 1907, 2241. Die Vorschrift des § 241 ist kein Schutzgesetz im Sinn des § 823 II BGB, jedenfalls ist es nicht auf den Schutz der Interessen Dritter abgesehen; RG 73, 30; 63, 325; 115, 296; OLG 12, 434 (Hamburg); KGBl 08, 77 (KG); RG in Holdh MS 08, 234.

b) Die Haftung der Vorstandsmitglieder erstreckt sich auch auf das, was vor der Eintragung der Gesellschaft in das Handelsregister, also vor der Entstehung der Gesellschaft hätte geschehen oder unterbleiben müssen; RG 5, 19; RG in Recht 1915, 362. S. aber auch § 204. Dagegen ist der Vorstand nicht ohne weiteres verpflichtet, die Vorgänge der Gründung daraufhin zu prüfen, ob daraus Ansprüche der Gesellschaft oder Einwendungen gegen Ansprüche an die Gesellschaft herzuleiten sind; RG 18, 74.

c) In der unrichtigen Beurteilung der wahrscheinlichen Folgen einer geschäftlichen Maßnahme liegt in der Regel keine Fahrlässigkeit; im geschäftlichen Leben muß manches mit dem Bewußtsein unternommen werden, daß es vielleicht auch nachteilig ausschlägt. Es kann auch einmal gerechtfertigt erscheinen, von der Verfolgung bestehender Ansprüche abzusehen; es kann gerechtfertigt sein, in dieser Beziehung auch auf den geschäftlichen Anstand Rücksicht zu nehmen; JW 1911, 223[36]. Vgl. auch RG 36, 27. — Der Fall eines Rechtsgeschäfts, welches ohne Befragung der Generalversammlung der Vorstand nicht hätte abschließen dürfen, hat in RG 35, 83 der richterlichen Beurteilung unterlegen (unentgeltliche Überlassung einer Grubenbahn im Wert von 300 000 M. an den Staat für den Fall des Ausbaus einer bestimmten Eisenbahnstrecke): In solchem Fall sind die Vorstandsmitglieder für den entstandenen Schaden ersatzpflichtig, es sei denn etwa, daß sie zu erweisen vermöchten, auch die Generalversammlung würde, wenn befragt, die Vornahme des Geschäfts beschlossen haben. S. hierzu Staub-Pinner § 241[4] und § 253 Erl 2. Dagegen hat RG in Holdh MS 1902, 266, wo Vorstand und Aufsichtsrat einer Zuckerfabrik, ohne die Generalversammlung zu fragen, für Einführung der Melasseentzuckerung 80 000 M. ausgegeben hatten, den Beklagten den Einwand, daß die Generalversammlung die Zustimmung erteilt haben würde, schlechthin versagt. Wie RG 35, 83; LZ 1917, 828[9] (Hamburg; ziemlich unklar). — Vgl. auch RG 83, 354. S. hierzu Erl 2 § 253. — Über einen Fall ungenügender Kontrolle s. Warn 1908, 431. Vgl. auch JW 1900, 664[19]. — Auch wer wegen nichtigen Anstellungsvertrages rechtlich nicht Vorstandsmitglied geworden ist, haftet nach § 241, sofern er tatsächlich die Stellung wahrgenommen hat. Vgl. Warn 9, 485; ferner OLG 9, 266 (Hamburg; unordentliche Buchführung).

d) Wegen Geltendmachung der Ansprüche an § 241 durch die Gesellschaft s. die Sonderbestimmungen in §§ 268—270.

e) Nach § 276 BGB kann im Vertrage dem Schuldner die Haftung wegen Fahrlässigkeit im voraus erlassen werden. Das ist hier ausgeschlossen. Der § 241 ist zwingendes Recht. Vgl. RG 46, 61; 95, 92; a. A. Makower § 241 II b 3. Dagegen steht nichts m Wege, daß die Gesellschaft auf den entstandenen Anspruch verzichtet. Das liegt aber nicht im Rahmen der Vertretungsmacht des Vorstandes, kann vielmehr nur durch die Generalversammlung oder mit ihrer Zustimmung geschehen. Ein solcher Verzicht liegt namentlich auch darin, daß die Generalversammlung in Kenntnis des Anspruchs Entlastung erteilt; RG in SeuffArch 61, 89. An und für sich ist hierin die Generalversammlung Herrin ihrer Entschließungen und beschließt mit einfacher Mehrheit. Der Beschluß ist aber zu beanstanden, wenn die Mehrheit in einer gegen die guten Sitten verstoßenden Weise vorsätzlich zum Nachteil der Gesellschaft oder zum Nachteil der Minderheit gehandelt hat. Dazu genügt aber noch nicht, daß der Verzicht „willkürlich und ohne jeden gerechtfertigten Grund beschlossen worden ist; RG 68, 314. (Alles unbeschadet des Rechts der Minderheit gemäß § 268). — Den Gläubigern der Gesellschaft gegenüber hat der Verzicht keine Wirkung (Abs IV). — Nach allgemeinen Rechtsgrundsätzen kann die Gesellschaft den Vorstand nicht für Dinge verantwortlich machen, die mit ihrer Zustimmung geschehen sind. In diesem Sinn ist es richtig, daß der Vorstand, der nur einen Beschluß der Generalversammlung zur Ausführung gebracht hat, durch diesen Beschluß gedeckt wird; LZ 1917, 823 (Hamburg). Das gilt auch dann, wenn der Beschluß gegen das Statut verstößt und deshalb hätte angefochten werden können. Zweifelhaft ist, ob es auch von einem nichtigen Beschluß gilt. Makower § 241 II b 2 verneint es, indem er auf RG 7, 108; 46, 64 hinweist. Erstere Entscheidung schießt zweifellos über das Ziel, wenn dort gesagt wird, daß ein Generalversammlungsbeschluß nur insoweit eine Anordnung der Gesellschaft darstelle, als derselbe sich innerhalb der für die Gesellschaft durch Gesetz und Statut gegebenen Normen bewegt. Im Ausdruck ist das überhaupt verfehlt und in der Sache gilt es — nämlich, daß der Beschluß den Vorstand nicht deckt — höchstens, wenn es sich um Verletzung zwingender Rechtsvorschriften handelt. Die Entscheidung in RG 46, 61 sagt ganz etwas anderes, nämlich daß der Vorstand sich nicht auf einen gültigen Beschluß der Generalversammlung berufen könne, zu dem er sie selbst schuldhafterweise veranlaßt habe. Der nichtige Beschluß ist allerdings insofern ohne Bedeutung, als der Vorstand sich nicht auf die darin liegende rechtsgeschäftliche Zustimmung berufen kann. Er kann aber für die Frage von Bedeutung sein, ob den Vorstand ein Verschulden trifft, wozu freilich in erster Linie gehört, daß er ohne Verschulden den Beschluß für erlaubt gehalten hat. — Anderseits können gültige Beschlüsse der Generalversammlung unter Umständen unbefolgt bleiben; JW 1911, 223[36]: Ist auch der Vorstand im allgemeinen verpflichtet, die Beschlüsse der Generalversammlung auszuführen, so ist er doch auch berechtigt und verpflichtet, die Ausführung einzustellen, wenn es wegen veränderter Umstände im Interesse der Gesellschaft geboten erscheint. — Es kann auch so liegen, daß der Vorstand besser unterrichtet gewesen ist oder hätte besser unterrichtet gewesen sein sollen als die Generalversammlung, daß er mehr von der Sache versteht als die Aktionäre; er verletzt seine Obliegenheiten, wenn er nicht auf Dinge aufmerksam macht, die er hätte sehen müssen, auf Bestimmungen des Gesetzes, die den Beschluß verbieten. Ferner wird man wenigstens in den Fällen, wo der Vorstand wegen seiner zivilrechtlichen und strafrechtlichen persönlichen Verantwortlichkeit berechtigt erscheint, den Beschluß nicht auszuführen, zu beachten haben, daß die Generalversammlung von heute, wo der Anspruch gegen den Vorstand geltend gemacht wird, nicht die Generalversammlung von gestern ist, welche den Beschluß gefaßt hat, so daß trotz Identität der Gesellschaft bei wechselndem Mitgliederbestand darin nicht ohne weiteres Arglist liegt, daß die Gesellschaft in ihrem heutigen

Bestande dem Vorstand die Berufung auf einen Beschluß versagt, den vordem eine nur persönliche Interessen zum Nachteil der Gesellschaft verfolgende Mehrheit gefaßt hat. — Zu weit geht es wohl, wenn Goldschmit AG § 241[4] (s. auch Aufsichtsrat S. 202 und 363) nicht nur die Pflicht, sondern auch das Recht des Vorstandes zu bedingungslosem Gehorsam gegenüber der Generalversammlung verneint, wenigstens ist die Begründung, daß der Vorstand nicht Organ der Generalversammlung, sondern der Gesellschaft sei, zu beanstanden. Die in ordentlicher Generalversammlung unter Beteiligung aller Organe der Gesellschaft (s. Erl 1 d zu § 232) ordnungsmäßig zustande gekommenen Beschlüsse stellen Entschlüsse der Gesellschaft selbst dar. Anderseits erscheint es zu eng, wenn Staub-Pinner § 241[4] dem Vorstand die Deckung durch den Beschluß der Generalversammlung nur versagt, wenn er arglistig gehandelt hat. — Will das Vorstandsmitglied sich auf Entlastung der Generalversammlung berufen, so hängt das auch davon ab, ob diese ausreichend über die Vorgänge unterrichtet war. Vgl. RG in Gruch 50, 1153; auch ob sie ordnungsmäßig einberufen war; LZ 1917, 823[9] (Hamburg).

f) Die Genehmigung des Aufsichtsrats entlastet den Vorstand der Gesellschaft und den Gläubigern gegenüber nicht; JW 00, 186[15]; OLG 12, 435; auch das Urteil OLG 6, 190, das für die Gegenmeinung angezogen wird, sagt es nicht. Eine solche Genehmigung kann aber für die Frage von Bedeutung sein, ob dem Vorstand sein Verhalten zum Verschulden gereicht. Im übrigen ist gegebenen Falles auch der Aufsichtsrat ebenso wie der Vorstand der Gesellschaft und ihren Gläubigern verantwortlich; § 249. S. auch unten Erl 2 b.

2. a) Ist dadurch, daß der Vorstand vorsätzlich oder fahrlässig seine Obliegenheiten verletzt, der Gesellschaft ein Schaden entstanden, so haften die schuldigen Mitglieder auf Ersatz. Die Gesellschaft, welche klagt, muß behaupten und beweisen, daß und welcher Schaden entstanden ist. Wenigstens die Möglichkeit, daß der Schaden mit der Handhabung der Geschäfte durch den Vorstand zusammenhängt, muß sich aus dem Klagevortrag ergeben. In Beziehung auf Vorsatz oder Verschulden von Vorstandsmitgliedern trifft die Gesellschaft die Beweislast nicht; a. A. Makower § 241 II c 2. Vielmehr muß der in Anspruch Genommene sich rechtfertigen und für den Schaden aufkommen, wenn er es nicht vermag; RG 13, 46; 35, 85; LZ 1910, 247[3] (Colmar). Ist dargetan, daß durch Gewährung eines ungedeckten Kredits Schaden entstanden ist, so hat der Vorstand sich zu entlasten d. h. den Beweis zu führen, daß ihn kein Verschulden trifft; JW 1920, 1032[10]. Zu weit geht (wenigstens in Worten) RG 98, 100: Der Gesellschaft darf eine vorgängige Beweis- oder Darlegungspflicht überhaupt nicht angesonnen werden; da der Geschäftsführer kraft seines Dienstvertrages der Gesellschaft Auskunft zu erteilen und Rechnung zu legen hat, liegt die Beweislast im vollen Umfange ihm selbst ob. Vermutlich hat damit nicht mehr als das obige gesagt werden sollen. Zur Beweislast bei Aufstellung unrichtiger Bilanzen s. RG in Holdh 17, 235. — Das entlassene und von der Gesellschaft in Anspruch genommene Mitglied kann verlangen, daß ihm — nötigenfalls unter Zuziehung eines Sachverständigen Einsicht in die Bücher der Gesellschaft gewährt wird, wenn er zu seiner Verteidigung daran Interesse hat; RG in Holdh MS 17, 251; in LZ 1908, 448[22].

b) Nicht der Vorstand, sondern die Mitglieder des Vorstandes sind es, welche der Gesellschaft haften. Die Gesellschaft muß sich mit ihrem Anspruch an den oder an die einzelnen halten, wie denn auch jedem einzelnen gegenüber die Schuldfrage selbständig geprüft werden muß. Sind mehrere schuldig, so haften diese als Gesamtschuldner, ein jeder auf das Ganze. Es kommt nicht darauf an, ob sie gemeinschaftlich gehandelt haben oder ob sie den Schaden in gleichartiger Weise verschuldet haben, ob das Verschulden des einen mehr oder weniger überwiegt. Mögen die mehreren Vorstandsmitglieder die Geschäfte unter sich verteilt haben oder nicht, immer bleibt jeder von ihnen verpflichtet, die Geschäftsführung im ganzen im Auge zu behalten. Aber er kann nicht alles sehen und wenn er etwas nicht gesehen hat, so muß ihm das zum Verschulden gereichen, wenn er haften soll; JW 1900, 664[19]. So sagt RG 91, 77 (von den mehreren Geschäftsführern einer Gesellschaft mbH) in Beziehung auf eine gesetzwidrige Verwendung von Baugeldern: Die Geschäftsführer sind neben einander für die Beachtung der Gesetze verantwortlich; keiner kann sich damit entlasten, daß er sich darum nicht gekümmert und dem anderen diese Geschäfte überlassen habe; gerade das ist ihm schon als Fahrlässigkeit anzurechnen; freilich ist es zulässig, daß sie eine Arbeitsteilung vereinbaren, und ein Geschäftsführer ist von der Verantwortung frei, wenn er der Überlassung der Verwaltung der Baugelder an den anderen ohne Verschulden zustimmen konnte, d. h. wenn er den andern für eine vertrauenswürdige Person hielt und halten durfte." Das gilt nicht nur von diesem besonderen Fall, sondern hat allgemeine Bedeutung und gilt von den Vorstandsmitgliedern einer A-Gesellschaft ebenso wie von mehreren Geschäftsführern einer Gesellschaft mbH. Hat in zulässiger Weise eine Teilung der Geschäfte stattgefunden, so kann und braucht sich der eine nicht um die Einzelheiten im Geschäftsbereich des anderen zu kümmern. Was er sieht, muß er natürlich beachten. Aber bei weitem nicht alles muß er sehen; OLG 32, 128 (Kiel). — Das eine in Anspruch genommene Mitglied kann sich auf ein Verschulden des anderen wohl in dem Sinn berufen, daß dadurch sein eigenes Verschulden ausgeschlossen sei, nicht aber in dem Sinn, daß die Gesellschaft das Verschulden des anderen nach § 31 BGB zu vertreten habe; JW 1920, 1032[10]. Entsprechend gilt dasselbe im Verhältnis von Aufsichtsrats- zu Vorstandsmitgliedern. Vgl. RG in SeuffArch 61[89]; und JW 1900, 186[15]: Durch Zustimmung des Aufsichtsrats wird der Vorstand höchstens dann entlastet, wenn er nach dem Statut im gegebenen Fall verpflichtet war, den Anordnungen des Aufsichtsrats Folge zu leisten.

c) Als Gesamtschuldner sind die mehreren Vorstandsmitglieder im Verhältnis zueinander zu gleichen Teilen und dementsprechend einander zum Ausgleich verpflichtet. Nimmt man das Gesetz — § 426 BGB — beim Wort, so wäre dieses Verhältnis unabänderlich. Denn es findet sich nicht, daß irgendwo vom Gesetz „ein Anderes bestimmt" wäre. Es müßte das Mitglied, welches es an der gehörigen Aufsicht hat fehlen lassen, dem anderen, der entwendetes Geld hat ersetzen müssen, die Hälfte erstatten. Das erscheint ausgeschlossen. Es muß vielmehr hier, wie auch sonst in ähnlichen Fällen angenommen werden, daß der in § 254 BGB positiv zum Ausdruck gekommene Gedanke allgemeine Bedeutung hat und daher auch hier anzuwenden ist. Der gegenseitige Ausgleich richtet sich nach dem Maß der Beteiligung der einzelnen an der Verursachung des Schadens und — wie man gut tut, gleich auch diesen § 254 zu korrigieren oder zu ergänzen — nach dem Maß des Verschuldens; OLG 18, 8 (Braunschweig) lehnt den Gesichtspunkt des § 254 BGB ab, kommt aber zu dem gleichen Ergebnis mit der Begründung, daß eine Abweichung von der Regel des § 426 I auch aus dem Inhalt und dem Zweck des zugrunde liegenden Rechtsverhältnisses folgen könne (Dernburg BR II § 163 IV).

3. a) Im Absatz III sind Sonderfälle hervorgehoben, in denen es sich um Verstöße gegen positive Vorschriften des Gesetzes handelt. Sie haben das Gemeinsame, daß es sich um bezifferte Geldbeträge handelt, welche aus dem Gesellschaftsvermögen zu Unrecht ausgezahlt worden sind. Zugleich sind es die Fälle, in welchen im Abs IV unter gewissen Voraussetzungen auch den Gläubigern der Gesellschaft das Recht beigelegt wird, zu ihrer Befriedigung den Anspruch der Gesellschaft geltend zu machen. Daß es sich in allen Fällen um bestimmte Geldbeträge handelt, welche aus dem Gesellschaftsvermögen fortgegeben worden sind, wird nicht allgemein zugegeben. (Vgl. Makower § 241 III b 2.) In Z. 1 und 2 liegt es klar zutage. Es handelt sich um Verstöße gegen §§ 213, 215; OLG 41, 203 (Rostock); der Fall, daß der richtige Zinsbetrag einem anderen als dem wahren Gläubiger (irrtümlich) gezahlt wird, gehört nicht hierher (a. A. Goldschmit Aufsichtsrat § 249[21]); ungerechtfertigte Zahlung von Tantiemen fällt unter Abs II Staub-Pinner § 241[10]; Z. 3 hat Verstöße gegen §§ 226, 227 im Auge; dabei ist an den Preis zu denken, für welchen die Aktie erworben worden ist (einschließlich des Anspruchs auf die Einlage, wenn die Aktie nicht voll eingezahlt war); Verpfändung ist genannt, um der Umgehung der Vorschrift vorzubeugen; es gilt auch hier nichts anderes, als die Erstattung des Betrages, welcher gegen die Verpfändung dem Aktionär kreditiert oder weiter kreditiert worden ist. — In Z. 4 kann nichts anderes in Frage kommen, als der noch unbezahlte Rest der Einlage. Makower a. a. O. sagt, hier sei weder unmittelbar Geld aus dem Gesellschaftsvermögen fortgegeben, noch ohne weiteres der Gesellschaft ein Schaden entstanden. Das ist richtig aber beweist gerade (s. unten), daß das Gesetz, wenn es trotzdem den Vorstand für schuldig erklärt, Ersatz zu leisten, nur an reinen Geldersatz, hier Ersatz des an der Einlage fehlenden Betrages, vor dessen Zahlung die Aktie nicht hätte herausgegeben werden dürfen, und vor allem, daß es nicht an Schadensersatz gedacht hat. — Z. 5 hat offenbar die Möglichkeit im Auge, daß nach Auflösung der Gesellschaft bei Verteilung des Vermögens unter die Aktionäre nicht nach dem Gesetz verfahren wird, oder daß bei bestehender Gesellschaft der durch gesetzwidrige Herabsetzung des Grundkapitals frei werdende Betrag an die Aktionäre ausgezahlt wird. Geschieht derartiges in verschleierter Form als Auszahlung von Dividende, so fällt es unter Z. 2. Der Fall, daß Nebenleistungen der Aktionäre (§§ 212, 216) übermäßig hoch vergütet werden, kann wohl überhaupt nicht, jedenfalls nicht unter Z. 5 fallend hierhergerechnet werden, ohne den Worten Gewalt anzutun; a. A. Staub-Pinner § 241[10]. Bezeichnend ist wiederum Z. 6, indem hier der Vorstand zur Erstattung des hingegebenen Geldbetrages verpflichtet wird, ohne jede Rücksicht darauf, ob durch die Zahlung eine Verpflichtung der Gesellschaft getilgt worden ist und überhaupt die Zahlung der Gesellschaft zum Nachteil gereicht hat. Gesetzestechnisch ist die Vorschrift etwas mißglückt. Eine Vorschrift des Gesetzes, welche dem Vorstand verbietet, nach Eintritt der Zahlungsunfähigkeit der Gesellschaft usw. Zahlungen zu leisten, findet sich nirgend und wird daher in Wahrheit erst hier aufgestellt.

b) Hält man diesen die Vorschrift durchziehenden Gedanken mit dem sprachlichen Ausdruck der Vorschrift zusammen, so ist unverkennbar die Meinung, daß in allen diesen Fällen der Schuldige verpflichtet sein soll, die dem Gesellschaftsvermögen entgangene oder vorenthaltene Summe zu erstatten, daß der Anspruch auf diesen Betrag ohne weiteres der Höhe nach liquide ist, ohne daß es auf den Nachweis ankommt, ob der Gesellschaft ein weiterer Schaden oder überhaupt ein Schaden entstanden ist. Das ist bestritten. Aber die Entstehungsgeschichte des Gesetzes bestätigt es. Die Vorschrift geht zurück auf den Art 204 des ursprünglichen Gesetzes, wo von der Haftung des Aufsichtsrats einer Kommanditgesellschaft auf Aktien die Rede ist und in den Fällen, daß gegen das Gesetz Einlagen an die Kommanditisten zurückgezahlt, Dividende, Gesellschaftsvermögen verteilt wird, den Mitgliedern des Aufsichtsrats die Erstattung der geleisteten

Zahlung auferlegt wird. In der Novelle von 1870 hat man die entsprechende Vorschrift als selbständige in den Titel über die A-Gesellschaft aufgenommen und hier in Art 225 b allerdings — anscheinend ohne besondere Absichtlichkeit — nicht von Erstattung der Zahlungen, sondern von Schadensersatz gesprochen. Jedenfalls ließ man in Art 204 jene Wendung stehen und es wäre unerfindlich, weshalb man diesen Punkt bei der A-K-Gesellschaft hätte anders regeln wollen, wie bei der A-Gesellschaft. Dementsprechend wurde auch in Art 245 IV dem Liquidator, welcher vorzeitig Gesellschaftsvermögen verteilt, Erstattung der geleisteten Zahlung auferlegt. Im Aktiengesetz von 1884 hat man denn auch diese Verschiedenheit wieder beseitigt und sowohl in Art 204 wie in Art 226 nun zwar nicht den Ausdruck Erstattung der Zahlung beibehalten, aber auch nicht Schadensersatz, sondern einfach Ersatz gesagt. Auch hier sieht man nichts von einer Absicht einer sachlichen Änderung. Offen gelassen in RG 19, 113. Auch RG 22, 133 hatte diese Frage zwar nicht zu entscheiden, hat sich aber nebenbei in diesem Sinne ausgesprochen. So spricht denn auch D. 141 ganz unbefangen, in Abs III seien die besonderen Fälle aufgeführt, in denen eine Ersatzpflicht auch ohne den Nachweis eines der Gesellschaft entstandenen Schadens eintritt — Wie hier RG 5, 24 Lehmann-Ring § 241[5]; Makower § 241 III b[2]; Goldmann § 241[10]; Ritter § 241[3]; Goldschmit AG 241[11]; Hagen in Gruchow 42, 346, 353; a. A. Brand § 241[3] c; Staub-Pinner § 241[9]; RG in Recht 1909, 576. Anderseits kommt man auch von der hier vertretenen Auffassung und gerade von ihr aus dazu, daß ein Ersatzanspruch nicht mehr besteht, wenn nachweisbar ein Schaden nicht entstanden ist (RG in Recht 1920, 2927), nämlich, wenn, bevor ein weiterer Schaden erwachsen ist, der Empfänger der rechtswidrigen Auszahlung das Erhaltene zurückgibt, im Falle Z. 4 der Aktionär den Rest der Einlage einzahlt, im Falle Z. 3 die verkaufte Aktie zurückgekauft, die verpfändete wieder eingelöst worden ist. Ebenso Lehmann-Ring a. a. O. Allgemein verkannt wird dagegen, daß wenn Abs III Erstattung des Gezahlten dem Schuldner auferlegt, er nur das tut. Ein Anspruch der Gesellschaft auf Erstattung eines weiteren Schadens mag sich aus Abs II ergeben. Aus Abs III kann mehr als Erstattung des Gezahlten nicht verlangt werden und folgeweise können die Gläubiger der Gesellschaft überhaupt nichts anderes fordern. So mit Recht JW 1904, 43[13].

4. a) In den Fällen des Abs III kann der Ersatzanspruch der Gesellschaft auch von ihren Gläubigern geltend gemacht werden. Es ist der Anspruch der Gesellschaft, welchen hiernach der Gläubiger zu dem Zweck geltend macht, sich mit dem, was er vom Belangten erhält, für seinen Anspruch gegen die Gesellschaft bezahlt zu machen. Es muß also ein Anspruch des Gläubigers sein, welcher entweder überhaupt auf Geld gerichtet oder in einen Geldanspruch übergegangen ist. Nach Staub-Pinner § 241[14] handelt es sich um eine Haftung des Vorstandsmitgliedes gegenüber dem Gläubiger in der Beschränkung auf seine Ersatzpflicht gegenüber der Gesellschaft, vergleichbar der Haftung des Kommanditisten für die Schulden der Kommanditgesellschaft oder der des Aktionärs nach § 217. Näher liegt nach diesseitiger Auffassung der Vergleich mit der Legitimationszession (dem procurator in rem suam des römischen Rechts), nur daß hier Gesellschaft und der Gläubiger und nicht nur ein Gläubiger, sondern alle nebeneinander zugleich den Anspruch gegen das Vorstandsmitglied geltend machen können. Auch in der Hand des Gläubigers ist es der Anspruch der Gesellschaft, welchen zum Zweck eigener Befriedigung geltend zu machen, das Gesetz den Gläubiger legitimiert. Es ist also dreierlei vom Gläubiger zu behaupten und zu beweisen. Es muß der Anspruch des Gläubigers gegen die Gesellschaft dargetan werden, es muß der Anspruch der Gesellschaft gegen den Vorstand dargetan werden und endlich muß vorliegen, daß der Gläubiger seine Befriedigung von der Gesellschaft nicht erlangen kann. Was die Voraussetzung, Anspruch der Gesellschaft gegen das Vorstandsmitglied angeht, so schreibt das Gesetz positiv vor, daß weder ein Beschluß der Generalversammlung, noch ein Verzicht der Gesellschaft auf ihren Anspruch dem Gläubiger gegenüber geltend gemacht werden kann. Im übrigen ist der Gesellschaft die Verfügung über ihren Anspruch jedenfalls insoweit nicht genommen, als sie wirksam die Leistung der Zahlung entgegennehmen kann, gleichviel, ob der Gläubiger seinerseits sich bereits gerührt hat. Zweifelhaft erscheint, ob die Gesellschaft über den Anspruch auch durch Zession verfügen kann, durch Verpfändung. Man kann das, mangels positiver Vorschrift höchstens in Fällen verneinen, wo die Zession auf einen Verzicht hinausläuft. Wenn also die Gesellschaft ihren Anspruch an einen von mehreren Gläubigern zu dessen Befriedigung abtritt, haben die anderen Gläubiger das Nachsehen. So lange aber die Forderung besteht und der Gesellschaft noch zusteht, sind Gesellschaft und ihre sämtlichen Gläubiger, ein jeder in Höhe seines Anspruchs, soweit er nicht den Anspruch der Gesellschaft übersteigt, Gesamtgläubiger. So RG 74, 429. Es ist aber zu beachten, daß es sich um ein singuläres Rechtsverhältnis handelt. Es ist nicht so, daß mehreren Gläubigern Ansprüche zustehen, die nur darin zusammentreffen, daß sie auf dieselbe Leistung gerichtet sind. Es liegt vielmehr nur eine Schuld des Vorstandsmitgliedes vor, welche die mehreren Gläubiger selbständig neben einander geltend zu machen berechtigt sind. Daraus ergibt sich, daß wenn einer der Gläubiger (oder die Gesellschaft) Klage erhoben hat, der Anspruch der Gesellschaft rechtshängig geworden ist und daß jedem weiteren Gläubiger die Einrede der Rechtshängigkeit insoweit entgegensteht, als der Anspruch des ihm

zuvor gekommenen Gläubigers reicht. Nach Staub-Pinner § 241[15]; Goldschmit Aufsichtsrat § 249[32] wäre der Prozeß auf Grund § 148 ZPO — der den Fall doch wohl nicht trifft — auszusetzen. Auch die Rechtskraft des Urteils wirkt im gleichen Umfang gegen alle Gläubiger jedenfalls dann, wenn der Klage stattgegeben ist. Die Gesellschaft und der Gläubiger haben daher allen Anlaß, sich durch Nebenintervention Einfluß auf die Prozeßführung zu sichern. — Der Anspruch jedes Gläubigers ist der Höhe nach doppelt begrenzt durch seinen eigenen Anspruch gegen die Gesellschaft und durch den Anspruch gegen das Vorstandsmitglied. Die Auffassung Goldschmit's Aufsichtsrat § 249[29] und AG § 241[17], daß der Anspruch des Gläubigers auf den Betrag beschränkt sei, welcher auf ihn aus dem Vermögen der Gesellschaft entfallen würde, wenn die unrechtmäßige Auszahlung überhaupt nicht erfolgt wäre, oder wenn — deutlich sieht man nicht, wie es gemeint ist — das Geld in die Gesellschaftskasse zurückgelegt wird, beruht auf der hier abgelehnten Auffassung, daß es sich bei der Klage des Gläubigers um einen eigenen Anspruch auf Schadensersatz handle. Die Wendungen im Urteil RG 19, 113 besagen nichts Entscheidendes, weil dort von vornherein die Kläger selbst den Anspruch auf den entgangenen Betrag der Konkursdividende beschränkt hatte. — Das Vorstandsmitglied kann an die Gesellschaft oder an einen anderen Gläubiger der Gesellschaft auch dann noch wirksam zahlen, wenn ein Gläubiger bereits mit seinem Anspruch aufgetreten ist, selbst wenn er bereits Klage erhoben hat; RG 39, 64. — Das Vorstandsmitglied kann auch dem Gläubiger gegenüber mit einem Anspruch gegen die Gesellschaft insoweit aufrechnen, als es dieser gegenüber dazu berechtigt wäre.

b) Das Recht, den Anspruch der Gesellschaft gegen das Vorstandsmitglied geltend zu machen, steht jedem Gläubiger der Gesellschaft zu, auch demjenigen, welcher es erst geworden ist, als der Anspruch der Gesellschaft schon entstanden war, und gleichviel, ob er von dem Ersatzanspruch der Gesellschaft oder der Tatsache, auf welcher dieser beruht, Kenntnis hatte, als er Gläubiger wurde; RG 5, 24; 19, 113; a. A. Staub-Pinner § 241[13]; Brand § 241[4] b; Hagen in Gruch 42, 354. Es handelt sich eben nicht um einen Anspruch des Gläubigers auf Schadensersatz, sondern um die Geltendmachung eines im Vermögen der Gesellschaft liegenden Aktivums. Welchen Anlaß hätte wohl derjenige, der der Gesellschaft Kredit gibt, auf das Recht zu dieser Geltendmachung zu verzichten. Es bestand doch, als er Gläubiger wurde; RG 19, 111 erschwert sich die Begründung ganz unnötig. — Über die verschiedenen Theorien des Rechtsverhältnisses Hagen in Gruchot 42, 354, dessen eigene Konstruktion nicht befriedigt, ihn selbst auch bei der Frage im Stich läßt, ob der Gläubiger den Anspruch gegen den Vorstand auch dann noch geltend machen kann, nachdem die Gesellschaft in Konkurs geraten ist, a. a. O. S. 355 (s. unten).

c) Der Anspruch des Gläubigers besteht nur, wenn und insoweit als er von der Gesellschaft Befriedigung nicht erlangen kann. Es bedarf nicht der vorgängigen Klage und des Versuchs der Zwangsvollstreckung gegen die Gesellschaft, wohl aber muß der Kläger behaupten und beweisen, daß keine Aussicht besteht, von der Gesellschaft Zahlung zu erhalten.

d) Da der Gläubiger den Anspruch der Gesellschaft einklagt, ist für die Klage dasselbe Gericht zuständig, welches für die Klage der Gesellschaft zuständig sein würde; ZPO § 31.

e) Nach Vorstehendem nimmt der Gläubiger, welcher auf Grund Abs IV Vorstandsmitglieder belangt, wenn auch nicht der Form, so doch der Sache nach einen Vermögensgegenstand der Gesellschaft zu seiner Befriedigung in Anspruch. Daraus ergibt sich, daß er das Recht aus Abs IV nicht mehr geltend machen kann, sobald über das Vermögen der A-Gesellschaft der Konkurs eröffnet worden ist. Dabei macht es keinen Unterschied, daß er bereits Klage erhoben hat; Makower § 241 III f. Jede weitere Verfolgung des Anspruchs liefe auf Aussonderung hinaus; Jaeger KO § 208[30], ferner in LZ 1910, 247 (Colmar); OLG 11, 388 (Dresden); GZ 43, 327, 205 a (LG Frankfurt); a. A. Wieland GZ 56, 469. Nunmehr liegt der Anspruch ausschließlich in der Hand des Konkursverwalters, der kraft seiner Stellung sowohl die Rechte der Gesellschaft als auch die der Konkursgläubiger verfolgt. M. a. W. so lange er des Geldes zur Befriedigung der Konkursgläubiger nach Zahlung aller Kosten des Verfahrens bedarf, kann der Beklagte auch dem Konkursverwalter gegenüber nicht einwenden, daß er auf einen Beschluß der Generalversammlung hin gehandelt habe, oder daß die Gesellschaft auf den Anspruch verzichtet habe. Ebenso im Grunde Staub-Pinner § 241[16]; a. A. Goldschmit AG § 241[23] (der Konkursverwalter, welcher einen Anspruch aus § 241 IV geltend macht, kann gar nicht umhin, damit zugleich die Ansprüche aller Gläubiger aus § 241 IV geltend zu machen). Anders bei der Genossenschaft RG 46, 61; vgl. auch LZ 1917, 823[9] (Hamburg). In § 217 II mußte diese ausschließliche Zuständigkeit des Konkursverwalters positiv bestimmt werden, weil die Aktionäre unmittelbar für die Verbindlichkeiten der Gesellschaft haften, d. h. ohne Vermittlung eines Anspruchs der Gesellschaft gegen den Aktionär. Das ist ein Rechtsverhältnis, welches an und für sich vom Konkurs der Gesellschaft nicht berührt wird; RG 76, 249; 39, 62; 74, 429 (durchweg mit abweichender Begründung); überhaupt die herrschende Lehre; Lehmann-Ring § 241[9]; a. A. Wieland in GZ 55, S. 469 ff.; Cahn Aufsichtsrat 233 f. Auch wenn ein Gläubiger bereits ein rechtskräftiges Urteil erzielt hatte, kann der Konkursverwalter und muß er den Anspruch der Gesellschaft zur Masse ziehen. Daß er das nicht mehr tun kann, wenn der Beklagte bereits gezahlt hat, ist selbstverständlich. Auch, wenn der Gläubiger nur erst beim Schuldner hat pfänden lassen, kann der Konkursverwalter der Durchführung der Zwangsvollstreckung nicht widersprechen und wird insofern die Masse zurücktreten müssen. Entsprechende Anwendung des § 127 KO. ist wohl ausgeschlossen.

Die Rechtsverfolgung liegt formell und materiell in der Hand des Konkursverwalters. Er allein hat zu entscheiden, ob der Anspruch verfolgt werden soll oder nicht. Er ist berechtigt, in für alle Beteiligte maßgeblicher Weise sich mit dem Beklagten zu vergleichen; Bolze 7[645]; RG 39, 63; 63, 204; GZ 37, 552[101] (Hamburg); OLG 14, 352 (Dresden). — Während des Konkurses können die Gläubiger den Anspruch auch dann nicht verfolgen, wenn der Konkursverwalter die Verfolgung ablehnt; RG 74, 430. Ist bei Eröffnung des Konkurses bereits von einem Gläubiger Klage erhoben, so muß der Beklagte sich darauf einlassen, daß nunmehr der Konkursverwalter in den Prozeß als Kläger eintritt. Der § 10 KO trifft den Fall wörtlich allerdings nicht; der Anspruch ist nicht für die Gesellschaft anhängig.

f) Das in Abs IV bestimmte Recht der Gläubiger, Ansprüche der Gesellschaft ohne weiteres für sich in Anspruch zu nehmen und im Rechtsweg zu verfolgen, ist singulärer Natur und kann nicht auf andere Fälle außer den genannten ausgedehnt werden. So schon JW 1900, 755[21] gegenüber der früheren Fassung des Gesetzes, nach welcher die Frage allenfalls zweifelhaft erscheinen konnte. A. A. Makower § 241 IV b, der aber wie sein Hinweis auf RG 36, 37 beweist, ganz verschiedene Fälle durcheinanderwirft.

5. a) Die kurze Verjährungsfrist von 5 Jahren gilt allen Ansprüchen gegen Vorstandsmitglieder, sei es aus Abs II oder aus Abs III, seien es Ansprüche der Gesellschaft oder der Gläubiger der Gesellschaft. Auch wegen vorsätzlicher oder böswilliger Schädigung ist keine Ausnahme bestimmt; RG in Holdh MS 25, 43. So verjährt auch der Anspruch auf Herausgabe empfangener Schmiergelder in dieser Frist; OLG 38, 182; anders RG 96, 53, wonach der ganze § 241 überhaupt nur Schadensersatzansprüche, nicht Erfüllungsansprüche im Auge habe. Nach § 198 BGB beginnt der Lauf der Frist mit Entstehung des Anspruchs; RG 39, 49. Das ist eindeutig in den Fällen des Abs III. Der Anspruch entsteht sofort mit dem Rechtsgeschäft der unerlaubten Auszahlung oder Aufwendung usw. aus dem Gesellschaftsvermögen. Dagegen kann bei Ansprüchen nach Abs II die Bestimmung des Beginnes der Frist in den Fällen Schwierigkeit machen, wo die pflichtwidrige Handlung nicht unmittelbar, sondern erst im Laufe der Zeit schadenstiftend wirkt und in Folge dessen erst mit Eintritt des Schadens der Ersatzanspruch entsteht. Eine weitere Schwierigkeit stellt sich ein, wenn der Schaden nicht in einem bestimmten Zeitpunkt sich vollendet, sondern sich weiter fortentwickelt. Vgl. hierzu RG 83, 354: Die Ungewißheit über die Höhe des Schadens schließt den Beginn der Verjährung nicht aus. Ist der Gläubiger wegen dieser Ungewißheit einstweilen nicht imstande, auf Zahlung einer bezifferten Summe zu klagen, so kann er den Lauf der Frist durch Erhebung einer Feststellungsklage unterbrechen. S. auch RG in Holdh MS 25, 43. Wegen weiter sich einstellender Schäden beginnt eine neue Verjährungsfrist nur, wenn es sich um neue Folgen des schädigenden Ereignisses handelt, welche sich zuvor nicht voraussehen oder erwarten ließen.

Da für alle Beteiligten der Lauf der Verjährungsfrist zu gleicher Zeit beginnt, so vollendet sich auch in den Fällen Abs III und IV die Verjährung der Ansprüche der Gesellschaft und aller Gläubiger zu gleicher Zeit. Es kann auch ein Gläubiger nicht daraus etwas anderes herleiten, daß er erst nach der Entstehung des Anspruchs der Gesellschaft Gläubiger geworden ist. Denn immer ist es der Anspruch der Gesellschaft, den er geltend macht, und der verjährt eben in den 5 Jahren. Dagegen wird man in dem Falle, daß gegenüber einzelnen der mehreren Berechtigten, Gesellschaft oder Gesellschaftsgläubiger, die Verjährung unterbrochen wird, gegen die anderen dagegen erst später oder gar nicht, die Rechtsätze von der Gesamtforderung (BGB §§ 429 III, 425) entsprechend anzuwenden haben. Hat ein Gläubiger vor Ablauf der Frist Klage erhoben, so kann der Beklagte sich nicht darauf berufen, daß inzwischen im Laufe des Prozesses der Anspruch der Gesellschaft selbst verjährt sei. Noch weniger kann der Gläubiger, der die Verjährungszeit hat verstreichen lassen, für sich geltend machen, daß die Gesellschaft oder ein anderer Gläubiger die Verjährung unterbrochen hat. Denn diese Unterbrechung — wenigstens wenn es sich um Unterbrechung durch Klage usw. handelt — wirkt nur, wenn der eingeklagte Anspruch begründet ist, in welchem Fall ein anderer Gläubiger eine Forderung nur in Höhe eines etwaigen Überschusses geltend machen könnte, insoweit aber durch jene Klage die Verjährung nicht unterbrochen worden wäre. A. A. Staub-Pinner § 241[19], wonach die Unterbrechung der Verjährung durch die Gesellschaft den Gläubigern zugute kommt, dagegen die Unterbrechung durch einen Gläubiger nicht der Gesellschaft und den anderen Gläubigern, dem Konkursverwalter schließlich jede Unterbrechung, von welcher Seite sie auch ausgegangen ist. Mit der Annahme (s. § 241[14]), daß es sich um ein Gesamtschuldverhältnis nach § 428 BGB handle, ist das nicht vereinbar. Aber auch dann kommt man zu diesem Ergebnis nicht, wenn man ein Forderungsrecht der Gesellschaft annimmt, zu welchem noch andere als Gläubiger legitimiert sind (s. oben Erl 4 a). Denn dann kommt allerdings die Unterbrechung durch die Gesellschaft zugleich den Gläubigern zugute. Aber dasselbe müßte dann auch von der Unterbrechung durch einen Gläubiger gelten. Denn wenn dieses Recht, eine fremde Forderung geltend zu machen, überhaupt das Recht einschließt, durch Klage die Verjährung zu unterbrechen, dann ist nicht einzusehen, weshalb von dieser Unterbrechung etwas anderes gelten sollte, wie von der durch Klage der Gesellschaft. — Nur in der Höhe des Anspruchs wirkt die Klage des Gläubigers unterbrechend, also nicht weiter, als seine Forderung (gegen die Gesellschaft) reicht.

Auch die Vorschriften des BGB über Hemmung der Verjährung gelten hier. Vgl. RG 29, 28.

b) Es kann in ein und demselben Tatbestand Vertragsverletzung und unerlaubte Handlung liegen und dann neben der Verjährung nach § 241 V die in § 852 BGB bestimmte Verjährung laufen, welche einerseits schon in 3 Jahren sich vollendet, anderseits aber erst beginnt, nachdem der Verletzte von dem Schaden und der Person des Ersatzpflichtigen Kenntnis erlangt hat. Diese letztere Verjährung läuft aber nicht in jedem Fall eines solchen Zusammentreffens, namentlich auch nicht in einem Falle nach § 314[2]. Es muß vielmehr der Tatbestand einer Handlung vorliegen, welche eine unerlaubte auch dann sein würde, wenn der Täter nicht durch ein vertragliches Schuldverhältnis gebunden, wenn er nicht Vorstandsmitglied gewesen wäre; RG 87, 307; richtiger vielleicht, wenn die Handlung aus dem Rahmen der dem Vorstand obliegenden Tätigkeit herausfällt, was auf die Fälle nach Abs III unter allen Umständen nicht zutrifft.

6. Für die Frage, inwiefern — abgesehen von den Fällen nach Abs IV — Dritten aus Handlungen oder Unterlassungen von Vorstandsmitgliedern gegen diese Ansprüche erwachsen, hat § 241 keine Bedeutung, der nur von Ansprüchen aus dem Vertragsverhältnis handelt. Für Dritte, welche in keinem Vertragsverhältnis mit dem Vorstand stehen, kommen nur Ansprüche aus unerlaubter Handlung in Frage. In dieser Beziehung kommen lediglich die Grundsätze des allgemeinen bürgerlichen Rechts zur Anwendung; OLG 12, 433; 14, 352. Es ist zu beachten, daß sich seit 1900 mit Einführung des BGB der Rechtszustand geändert hat. Bis dahin war das jeweilig in Betracht kommende Landesrecht anzuwenden. Seit 1900 gilt einheitlich das BGB, so daß die vor 1900 liegende Rechtsprechung nur noch historisches Interesse besitzt. Vgl. RG in Holdh MS 17, 234, ein Urteil das, wenn auch im Jahre 1908 ergangen, einem Fall nach früherem Recht zum Gegenstand hatte, ferner RG 35, 332 (code civil); 39, 245 (preußisches Recht) 22, 133; 28, 71; 41, 93; 36, 27 (gemeines Recht; die Polemik Staub-Pinner's § 241[20] — vgl. auch Goldschmit Aufsichtsrat § 249[29] — gegen letztgenanntes Urteil ist gegenstandlos; es handelt sich um einen eigenen Anspruch des Gläubigers aus unerlaubter Handlung, nicht um einen vom Gläubiger geltend gemachten Anspruch der Gesellschaft, nicht um einen dem Gesellschaftsvermögen angetanen Schaden, sondern um direkten Vermögensschaden des Gläubigers); Gruchot 52, 695 (badisches Landrecht).

Eine allgemeine Verantwortlichkeit für vorsätzliche oder fahrlässige Vermögensbeschädigung besteht nach dem BGB nicht. Nach § 823 I haftet der Täter für vorsätzliche und fahrlässige Schädigung an den dort aufgeführten konkreten Rechtsgütern, Leben, Körper, Gesundheit, Eigentum usw. Wenn nach § 823 II die gleiche Verpflichtung denjenigen trifft, welcher gegen ein den Schutz eines anderen bezweckendes Verbot verstößt, so hat das Reichsgericht die Frage, ob der gegenwärtige § 241 ein solches Gesetz zum Schutz der Allgemeinheit, zum Schutz Dritter, welche mit der Gesellschaft nicht bereits in einem Rechtsverhältnis stehen, darstelle, mit guten Gründen verneint. RG 63, 325; 73, 30, 392 (die Urteile handeln nicht von der Haftung des Vorstandes, sondern von der des Aufsichtsrats und des Geschäftsführers einer Gesellschaft mbH, treffen aber damit zugleich die in dieser Beziehung gleiche Rechtslage des Vorstandes einer A-Gesellschaft). Es bleibt die Haftung nach § 826 BGB, der aber nur vorsätzliche Vermögensbeschädigung zum Gegenstande hat: Wer in einer gegen die guten Sitten verstoßenden Weise einem anderen vorsätzlich Schaden zufügt, ist diesem zum Ersatz verpflichtet. Vgl. LZ 1910, 249[36]; OLG 12, 433 (Hamburg).

Als Dritte kommen hier auch die Aktionäre in Betracht. Aber von ihnen gilt, daß sie wegen des Schadens, welchen sie am Werte ihrer Aktien dadurch erleiden, daß durch das Tun des Vorstandes das Gesellschaftsvermögen geschädigt wird, selbständige Ersatzansprüche nicht geltend machen können; RG 115, 295; OLG 12, 433 (Hamburg); Lehmann-Ring § 241[10]; a. A. Staub-Pinner § 241[29]. — Anderseits ist der Umstand, daß wegen einer unerlaubten Handlung, welche ein Vorstandsmitglied in Ausführung ihm zustehender Verrichtungen begeht, die Gesellschaft haftet (§ 31 BGB), kein Grund, daß nicht das Vorstandsmitglied persönlich dem Verletzten ebenfalls aufzukommen hat (s. Erl 2e zu § 210 und Erl 1c zu § 231).

Ein viel behandelter Fall dieser Art ist, daß ein Aktionär einer notleidenden A-Gesellschaft mit der Behauptung auftritt, er sei durch unrichtige Bilanz, falsche Berichterstattung des Vorstandes, betrügerische Bekanntmachungen der Gesellschaft und also des Vorstandes zum Erwerb der Aktien veranlaßt worden. Darüber, inwiefern daraus dem Aktionär auf Grund des § 31 BGB ein Anspruch gegen die Gesellschaft erwächst, ist in Erl 3 zu § 213 gehandelt worden. Hier steht die persönliche Haftung der Vorstandsmitglieder in Frage, die nichts besonderes bietet, wenn es sich um einen in persönlicher Verhandlung des Aktienkäufers mit dem Vorstandsmitglied erregten Irrtum handelt; RG in BauersZ 15, 170 (wo aber der Tatbericht nicht erkennen läßt, daß ein von Person zu Person begangener Betrug nach § 263 StGB vorgelegen hat). Abgesehen hiervon erscheint fraglich, inwiefern § 826 BGB Fälle dieser Art trifft. RG 63, 325 hatte nicht nötig, die Frage aufzuwerfen. Im Falle RG 73, 30 hätte eher Veranlassung dazu vorgelegen, ist es aber nicht geschehen. In vielen Fällen, namentlich da, wo es offenbar auf Lug und Trug abgesehen ist, wird man feststellen können, daß ein Verstoß gegen die guten Sitten vorliegt, und meist wird dann auch nicht zu bestreiten sein, daß der Vorstand sich dabei ganz allgemein bewußt gewesen ist, daß sein Verfahren nicht nur und nicht so sehr der Gesellschaft als vielmehr ihren Mitgliedern und allen, welche Aktien erwerben und welche mit der Gesellschaft in Geschäftsverbindung treten werden, zum Schaden gereichen wird. Aber von einer vorsätzlichen Schädigung im Sinn des § 826 BGB kann in diesen Verhältnissen nicht gesprochen werden, wenn der Vorstand, als er die finanzielle Lage des Unternehmens nicht schonungslos aufdeckte, sich mit Recht der Hoffnung hingeben konnte, daß die Verhältnisse sich bessern und die sonst sichere Katastrophe sich werde vermeiden lassen. Vgl. RG 36, 27; KGBl 1908, 77; ferner auch OLG 12, 433 (Hamburg); 14, 351 (Dresden). Ferner aber setzt § 826 BGB doch wohl voraus, daß der Vorsatz des Täters, wenn auch nicht notwendig geradezu auf eine ganz bestimmte Person und deren Schädigung, so doch wenigstens auf einen konkret vorgestellten Kreis von Persönlichkeiten gerichtet ist, von welchen es diesen oder jenen treffen mag. — Bei dieser Sachlage ist von entscheidender Bedeutung, ob nicht, wenn auch nicht § 241, so doch der § 314 Z. 1 mit seinem engeren Tatbestand ein Schutzgesetz im Sinn des § 823 II BGB ist, wonach Vorstandsmitglieder usw. sich strafbar machen, wenn sie wissentlich in ihren Darstellungen, in ihren Übersichten über den Vermögensstand der Gesellschaft oder in den in der Generalversammlung gehaltenen Vorträgen den Stand der Verhältnisse der Gesellschaft unwahr darstellen oder verschleiern. Die Strafsenate des Reichsgerichts nehmen das an, RGSt 41, 298, 301; RG in LZ 1909, 661. Vgl. auch RGSt 43, 415. Die Beweisführung ist nicht schlechthin zwingend und der II. Zivilsenat hat noch in RG 73, 30 (insbesondere S. 35) sowie in JW 1910, 617[9] den Gedanken, auf dem sie beruht, abgelehnt. S. auch RG in LZ 1908, 448[23]; ferner KG bei Bauer 16, 26. Dagegen hat in LZ 1908, 853[4] der I. Zivilsenat in unmittelbarer Anwendung auf § 314 Z. 1 und in RG 81, 269 der VI. Zivilsenat sich der Auffassung der Strafsenate angeschlossen. — Danach bliebe es dabei, daß Fahrlässigkeit, auch grobe Fahrlässigkeit nicht ausreicht, Ersatzansprüche Dritter zu begründen, daß aber, wenn es sich um unwahre oder verschleiernde Darstellungen, Übersichten, Vorträge handelt, der Tatbestand des § 314 Z. 1 für denjenigen Anspruch auf Schadensersatz begründet, welcher durch Vertrauen auf die Richtigkeit der Darstellung usw. Schaden erleidet, Schaden insbesondere dadurch, daß er Aktien zu einem Preise erwirbt, den sie nicht wert sind. Daran wird festzuhalten sein, daß Anspruch auf Schadensersatz nur hat, wer vor Ankauf der Aktien von der unwahren Darstellung Kenntnis erhalten und seine Vorstellung vom Wert der Aktie, wenn nicht allein so doch auch aus ihr sich gebildet hat. S. aber auch RG in LZ 1908, 448[23]. Die Wirkung auf den Kurs der Aktie an der Börse dürfte nicht genügen, den ursächlichen Zusammenhang herzustellen.

Der Gedanke, daß auch derjenige, welcher bei Entgegennahme der unrichtigen Darstellung usw. bereits Aktien besitzt, aus dem Gesichtspunkt Ersatzansprüche geltend machen könne, daß er bei Mitteilung der wahren Sachlage seinen Aktienbesitz hätte abstoßen können (RG 62, 29; Fischer in Ehrenbergs HH III 1, 242[29]), ist abzulehnen. Denn der Schaden, den in solchem Falle der Aktionär effektiv erlitten hat, beruht nicht auf der unwahren Darstellung, sondern auf dem wahren Sachverhalt. Entgangen ist ihm durch die unwahre Darstellung nur die Gelegenheit, den Schaden auf einen anderen abzuwälzen. Was er vom Täter ersetzt verlangt, ist nicht so sehr Schaden als vielmehr entgangener, aber ungerechter Gewinn.

Eine besondere Haftung bestimmt das Börsengesetz in §§ 45—49 (Prospekthaftung) s. hierüber § 203 Erl 6.

§ 242.

Die für die Mitglieder des Vorstandes geltenden Vorschriften finden auch auf die Stellvertreter von Mitgliedern Anwendung[1].

1. a) Der Stellvertreter von Mitgliedern des Vorstandes, von welchem § 242 spricht, ist selbst Mitglied des Vorstandes, ein Mitglied, das im normalen Lauf der Dinge unbeschäftigt ist und nur eintritt, wenn ein ordentliches Mitglied verhindert ist, oder wenn nach Vorschrift des Gesetzes der Vorstand in seiner Gesamtheit tätig werden muß; KG in OLG 6, 467. Vgl. auch RG in BauersZ 21, 160; unrichtig OLG 22, 34 (KG). Daß es so gemeint ist, geht aus der Entstehungsgeschichte des Gesetzes hervor. Der § 242 steht in Zusammenhang mit der Bestimmung in § 248, daß Mitglieder des Aufsichtsrats zur Stellvertretung von Vorstandsmitgliedern nur auf einen im voraus bestimmten Zeitraum bestellt werden können und für diese Zeit, praktisch ausgedrückt, aus dem Aufsichtsrat ausscheiden müssen. Beide Bestimmungen sind Zusatz des Aktiengesetzes von 1884 und beruhen auf Beschlüssen der Reichstagskommission, welcher vor allem darauf ankam, daß die grundsätzliche Scheidung von Vorstand und Aufsichtsrat nicht wieder verwischt werde, und in Kommissionsbericht Seite 22 zu Art 225 a (§ 248) lautet es: „Die ganze

Bestimmung wurzelt in dem Bedürfnis insbesondere kleinerer A-Gesellschaften, denen es innerhalb des Vorstandes an dem geeigneten Personal für eine Vertretung behinderter Mitglieder mangelt." — Also, wo ein solches ständiges stellvertretendes Mitglied nicht bestellt worden ist, kann im Einzelfall, wenn ein Bedürfnis dazu eintritt, dem entweder durch Vollmachterteilung nach § 232 I Satz 2 (RG 24, 84) oder durch Abordnung eines Mitgliedes des Aufsichtsrats nach § 248 II abgeholfen werden. Von solchen Vertretern ist in § 242 nicht die Rede. Ebenso Brand § 242[7].

b) Auf das stellvertretende Vorstandsmitglied finden die gesetzlichen Vorschriften ebenso wie auf die ordentlichen Mitglieder Anwendung. Das gilt vor allem von der Bestimmung in § 182 II Z. 4: Die Frage, ob ein stellvertretendes Mitglied des Vorstandes sein soll, ist eine Frage der Zusammensetzung des Vorstandes. Zum mindesten muß im Statut zum Ausdruck gekommen sein, daß stellvertretende Mitglieder bestellt werden können und von wem sie zu bestellen sind. Im Zweifel sind sie von derselben Stelle zu bestimmen, wie die ordentlichen Mitglieder. —

c) Es ist wohl selbstverständlich, daß solche Stellvertreter nicht für Dinge verantwortlich gemacht werden können, welche in der Zeit geschehen, wo sie zur Stellvertretung nicht herangezogen sind. Insofern ist es nicht richtig, daß der Begriff des stellvertretenden Mitgliedes jeder Bedeutung nach außen entbehre (Staub-Pinner § 242[5]). Es kann das von großer praktischer Bedeutung werden und es kommt darin eine Sonderstellung eines solchen Mitgliedes des Vorstandes zur Geltung, welche einem ordentlichen Vorstandsmitglied durch einen Akt der Verwaltung gar nicht beigelegt werden kann, auch nicht unter Zustimmung von Generalversammlung oder Aufsichtsrat. A. A. KG in OLG 6, 467 und überhaupt die herrschende Lehre. Ganz abweichend Makower § 242 I.

d) Es finden sodann die §§ 231—241 auf das stellvertretende Mitglied Anwendung. Nach außen ist der Stellvertreter in dem gleichen Umfang zur Vertretung der Gesellschaft ermächtigt, wie jedes ordentliche Mitglied. Er ist Stellvertreter des verhinderten Mitgliedes, aber unmittelbarer und zwar gesetzlicher Vertreter der Gesellschaft (§§ 231—233). Er kann namentlich auch eintreten, wenn es gilt, namens der Gesellschaft mit einem ordentlichen Vorstandsmitglied einen Vertrag zu schließen; KG in OLG 11, 395. Er ist zum Handelsregister anzumelden, wie auch jede Änderung in der Person des Stellvertreters anzumelden ist (§ 234). Der Gesellschaft gegenüber hat er weder die Verpflichtung, noch die Befugnis, tätig zu werden, so lange das Bedürfnis zu einer Vertretung nicht vorliegt. Dritten gegenüber hängt seine Vertretungsmacht hiervon nicht ab (§ 235); RG 24, 83. Dem kann die Gesellschaft auch dadurch nicht begegnen, daß sie den Stellvertreter unter der Bedingung als Vorstandsmitglied anstellt, daß der Vertretungsfall eintritt; a. A. Makower § 242 II III; Brand § 242[8]. Nur daher kann der Vertreter auch unbedenklich in das Handelsregister als stellvertretendes Mitglied eingetragen werden; KG in OLG 6, 467. Besteht Kollektivvertretung und sind nur zwei Vorstandsmitglieder vorhanden, so verschlägt es nicht, wenn das eine von ihnen als stellvertretendes bezeichnet ist; KG in OLG 22, 34. (Der Sachbericht ist lückenhaft. Er läßt nicht erkennen, ob im Statut bestimmt war, daß der Vorstand auch aus einem Mitglied bestehen könne, bei zwei Mitgliedern aber Kollektivvertretung bestehe; unter diesen Umständen erscheint die Kritik Krauses in Holdh 22, 59 nicht unberechtigt; die Bezeichnung des zweiten Mitgliedes als stellvertretendes kann doch kaum anders verstanden werden, als daß in der Regel das ordentliche Mitglied die Geschäftsführung und die Vertretung der Gesellschaft allein zu versehen habe.) — Wofern nicht etwas anderes bestimmt ist, hat der Vertreter die Stellung des Mitgliedes, das er jeweils vertritt. Er ist Alleinvertreter oder Kollektivvertreter, je nachdem das verhinderte Mitglied das ist. — Wenn nicht etwas anderes bestimmt wird, darf er kein Handelsgewerbe betreiben und der Gesellschaft nicht Konkurrenz machen, wie das in § 236 näher umschrieben ist. Freilich hat dem Stellvertreter gegenüber, dessen Arbeitskraft doch im regelmäßigen Lauf der Dinge überhaupt nicht in Anspruch genommen wird, das allgemeine Verbot eines Gewerbebetriebes keinen rechten Sinn. Aber der Wortlaut des Gesetzes ist so, nur mag hier die Annahme einer stillschweigenden Einwilligung der Gesellschaft besonders nahe liegen.

Das Mitglied hat im Zweifel auch Anteil an der Vorstandstantieme und zwar — wie auch hier angenommen werden muß — im Zweifel zu gleichen Rechten mit den übrigen Mitgliedern (§ 237). Auch das ist irrational und so liegt auch hier die Annahme einer stillschweigend vereinbarten Abänderung immer nahe.

e) Was die §§ 239—241 angeht, so ergibt sich aus der Natur der Sache, daß der Stellvertreter, für nichts verantwortlich gemacht werden kann, was zu einer Zeit geschehen ist, wo er nicht verpflichtet, auch keineswegs immer ohne weiteres berechtigt war, seinerseits einzugreifen. Das schließt aber nicht aus, daß er, wenn er zur Vertretung berufen wird, geschehene Dinge sieht oder sehen muß, die ihm ein Einschreiten in irgend einer Form zur Pflicht machen. Nach diesen Gesichtspunkten dürfte auch die Streitfrage zu entscheiden sein, ob das stellvertretende Mitglied im Prozeß der Gesellschaft als Zeuge vernommen werden kann. Es kommt darauf an, wie tatsächlich im gegebenen Fall die Dinge liegen. Wenn er überhaupt nicht hat als Stellvertreter eintreten müssen, dürfte unbedenklich sein, ihn als Zeugen zu hören. Über Vorkommnisse, welche außerhalb der Zeit seiner Tätigkeit vorgekommen sind, dürfte ebensowenig seiner Vernehmung als Zeuge etwas entgegenstehen, es sei denn, daß die betreffende Angelegenheit auch in die Zeit hineinfällt, in welcher er tätig gewesen ist. In JW 1900, 622[3] wird ein Fall entschieden, wo der Stellvertreter eingetreten war. Anderseits ist dementsprechend anzunehmen, daß Eide, welche nach §§ 474, 472 ZPO allen Vorstandsmitgliedern zuzuschieben sind, auch den Stellvertretern da zugeschoben werden müssen, wo ihre Vernehmung als Zeuge nicht in Frage kommt.

f) Auch die Strafvorschriften in §§ 312 ff. finden gegebenen Falles auf stellvertretende Mitglieder ebenfalls Anwendung. Vgl. RG in LZ 1914, 398[17].

§ 243.

Der Aufsichtsrat[1] besteht, sofern nicht der Gesellschaftsvertrag eine höhere Zahl festsetzt[4], aus drei von der Generalversammlung zu wählenden Mitgliedern[2].

Die Wahl[3] des ersten Aufsichtsrats gilt für die Zeit bis zur Beendigung der ersten Generalversammlung, welche nach dem Ablauf eines Jahres seit der Eintragung der Gesellschaft in das Handelsregister zur Beschlußfassung über die Jahresbilanz abgehalten wird[5].

Später kann der Aufsichtsrat nicht für eine längere Zeit als bis zur Beendigung derjenigen Generalversammlung gewählt werden, welche über die Bilanz für das vierte Geschäftsjahr nach der Ernennung beschließt; das Geschäftsjahr, in welchem die Ernennung erfolgt, wird hierbei nicht mitgerechnet.

Die Bestellung zum Mitgliede des Aufsichtsrats kann auch vor dem Ablaufe des Zeitraums, für den das Mitglied gewählt ist, durch die Generalversammlung widerrufen werden[6]. Sofern nicht der Gesellschaftsvertrag ein Anderes bestimmt, bedarf der Beschluß einer Mehrheit, die mindestens drei Viertelle des bei der Beschlußfassung vertretenen Grundkapitals umfaßt[7 8].

1. a) Jede Aktiengesellschaft muß außer dem Vorstande einen Aufsichtsrat haben. So lautete es in Art 209 f. des A-Gesetzes von 1884. Die Vorschrift ist in der Novelle von 1900 gestrichen, weil sich, was sie bestimmt, aus den sachlichen Vorschriften über den Aufsichtsrat als selbstverständlich ergibt. Aus §§ 192 I, 195 I ergibt sich, daß die Gesellschaft ohne Aufsichtsrat nicht entstehen kann. Sie geht, nachdem sie entstanden ist, nicht dadurch unter, daß der Aufsichtsrat zurücktritt oder aus irgend einem anderen Grunde verschwindet; KG in OLG 34, 348; RJA 15, 124. Aber der Vorstand ist bei Vermeidung öffentlicher Strafe (§ 315[1]) gehalten, die Wahl eines neuen Aufsichtsrats binnen 3 Monaten durchzusetzen.

Nach Art 209 in der Fassung der Novelle vom 11. Juni 1870 mußte der Gesellschaftsvertrag bestimmen: „... 6. die Bestellung eines Aufsichtsrats von mindestens drei aus der Zahl der Aktionäre zu wählenden Mitgliedern." Das ist bereits in dem Gesetz von 1884 gestrichen. Es bedarf seitdem einer solchen Statutenbestimmung nicht, weil das Gesetz selbst das Erforderliche zwingend vorschreibt; RG 48, 44. Daraus ergibt sich einerseits, daß Statutenbestimmungen, welche mit jenen Vorschriften des Gesetzes in Widerspruch stehen, nichtig sind, anderseits, daß solche Nichtigkeit die Nichtigkeit des ganzen Gesellschaftsvertrages nicht zur Folge hat; Lehmann in IherJ 33, 412 f.; Cahn, Der Aufsichtsrat der A-Gesellschaft 39 f. Nichtsdestoweniger hat der Registerrichter die Eintragung der Gesellschaft abzulehnen, so lange das Statut nichtige Bestimmungen dieser Art enthält.

b) Das Gesetz gliedert deutlich und scharf die Organisation der Aktiengesellschaft, indem es diese drei Organe schafft: Vorstand, Aufsichtsrat, Generalversammlung. Es schließt nicht aus, daß das Statut noch andere Organe bestimmt. Aber diese sind unerläßlich sowohl in ihrem Dasein an sich, als auch in den ihnen vom Gesetz zugedachten Funktionen. Es wird behauptet, daß es auf die Bezeichnung Aufsichtsrat nicht ankomme, sondern nur auf die Sache; Behrend § 127[3]; Makower § 243 I a. Aber aus guten Gründen lehnt die herrschende Lehre das ab. Ist die Trennung der Aufgaben der drei Organe nicht scharf durchzuführen, wird sie jedenfalls in der Praxis nicht durchgeführt, so würde die Wahl einer anderen Bezeichnung nur ein weiteres Moment der Unsicherheit hineintragen, während zugleich unerfindlich ist, welches Bedürfnis dafür bestehen könnte, einen Aufsichtsrat zwar zu haben, ihn aber nicht so zu nennen. Im Grunde wie hier BayrOLG in Holdh MS 4, 356[2]. Im Falle RG 45, 153 ist die „Revisions- und Kontrollkommission" nicht eine unrichtige Bezeichnung für Aufsichtsrat, sondern — wenigstens soweit der Bericht erkennen läßt — die Ersetzung des Aufsichtsrats durch ein anderes, vielleicht nicht einmal als ein „Organ" der Gesellschaft zu kennzeichnendes Kollegium, die als solche zweifellos gegen das Gesetz verstieß.

2. a) Bei Simultangründung wird der erste Aufsichtsrat gemäß § 190 I in gerichtlicher oder notarieller Verhandlung durch die Gründer der A-Gesellschaft bestellt. Im übrigen ist es zwingende Vorschrift, daß die Mitglieder des Aufsichtsrats durch Wahl der Aktionäre in der Generalversammlung bestimmt werden. Namentlich ist Kooptation durch den Aufsichtsrat ausgeschlossen; JW 1886, 416; 1921, 580[1]. A. A. noch ROHG 14, 311. Eine auf andere Art erfolgte Bestellung wird auch nicht durch stillschweigende Genehmigung der Generalversammlung gültig; Bolze 3, 808; RG in SeuffArch 42, 237. Weder im Statut noch durch Beschluß der Generalversammlung, weder allgemein noch in einem einzelnen Fall kann eine andere Art, Persönlichkeiten für den Aufsichtsrat zu bestimmen, eingeführt werden. Es gilt das von allen Mitgliedern, nicht nur von den drei, aus welchen mindestens der Aufsichtsrat bestehen muß; JW 1921, 580[1]. Vgl. hierzu Junck in LZ 1914, 1642 f. Es ist vielfach üblich, aber mit dem Gesetz in Widerspruch, Dritten, namentlich dem Staat oder der Gemeinde, aber auch einer Bank usw. das Recht zu gewähren, eine oder mehrere Stellen im Aufsichtsrat zu besetzen, oder ihnen einen Anspruch auf Besetzung mit bestimmten Persönlichkeiten einzuräumen. Vgl. hierzu Prenzel in Gruch 63, 55, der die Zulässigkeit nicht beanstandet. Wie hier KGJ 32, 136 (gegenüber der Statutenbestimmung, daß für den Staat zwei Vertreter als Aufsichtsratsmitglieder zu wählen seien). Jede Bestimmung dieser Art stünde in Widerspruch mit dem Grundgedanken des Instituts des Aufsichtsrats, wonach das Kollegium aus Persönlichkeiten zusammengesetzt sein soll, welchen die Aktionäre — und nur diese — in ihrer Mehrheit ihr Vertrauen schenken. S. hierzu Junck in LZ 1914, 1642; Obermeyer in LZ 1917, 946. Treffend sagt KGJ 32, 136, daß es namentlich auch unzulässig sei, daß von irgend welcher dritten Seite Personen in den Aufsichtsrat delegiert werden, weil sie möglicherweise nicht die Interessen der Aktionäre — und auch nicht, wie man hinzusetzen muß, die Interessen des Unternehmens und der Gläubiger desselben, sondern die Interessen ihres Auftraggebers wahrnehmen würden. Vgl. im Gegensatz hierzu RG 105, 392 und das darüber unten unter c Gesagte. Es ist diese Art, Stellen zu besetzen, unvereinbar mit der zwingenden Vorschrift des Gesetzes, daß die Generalversammlung jeder Zeit und ohne Angabe von Gründen die Mitglieder des Aufsichtsrats entlassen kann (Abs IV). Es kann daher auch die Gesellschaft Dritten gegenüber in dieser Richtung keine wirksame Verpflichtung eingehen. Sie kann sich z. B. nicht verpflichten, einen Vertreter des Kreisausschusses zu wählen; die Vereinbarung einer Vertragstrafe für den Fall, daß es nicht geschieht, würde nichtig sein; OLG 43, 311 (Dresden). — Auch auf dem Umweg läßt sich nichts erreichen, daß die Aktionäre sich persönlich verpflichten, in bestimmter Weise in der Generalversammlung zu stimmen. A. A. Cahn, Aufsichtsrat 63[3]. Hachenburg in LZ 1908, 645 meint, eine solche Zusage könne im Wege der Klage durchgesetzt werden; Abstimmung sei Abgabe einer einseitigen empfangsbedürftigen Willenserklärung des Gesellschaftsrechts, mit der rechtskräftigen Verurteilung zu ihrer Abgabe gelte sie nach § 894 ZPO als abgegeben. Aber das ist in den Grundbegriffen nicht richtig. Die Abstimmung ist juristische Handlung, Willensmitteilung, vielleicht auch Willensgeschäft, aber auf keinen Fall Willenserklärung im juristisch-technischen Sinn. Sie ist ein innerer Gesellschaftsvorgang und gilt innerhalb und gegenüber der Gesellschaft nur so, wie sie tatsächlich erfolgt, ganz gleichgültig, ob der Abstimmende damit Verpflichtungen gegen Dritte erfüllt oder nicht erfüllt. Ob er dem Dritten gegenüber schuldig ist, mit ja zu stimmen, ist für den Abstimmungsvorgang auch dann bedeutungslos, wenn er auf Klage des Dritten — angenommen einmal eine solche Klage wäre möglich — rechtskräftig dazu verurteilt wäre. Es kann auch niemand sich verpflichten, eine Wahl nicht anzunehmen, wenigstens nicht mit der Wirkung, daß die trotzdem erfolgte Annahme ungültig wäre; RG 57, 205; 60, 172. S. auch RG 107, 70, aber auch RG 69, 134. Teilweis a. A. Staub-Pinner § 243[2]; Makower § 243 II b[1]; OLG 27, 349. Nach Hachenburg a. a. O. wäre von Fall zu Fall zu entscheiden, ob die Vereinbarung gegen die guten Sitten verstößt; s. ferner Hachenburg GGmbH § 52[16]. Dagegen Goldschmit AR § 243[44]. — Es muß daher behauptet werden, daß die Anstellung eines Aufsichtsratsmitgliedes durch einen Dritten nichtig ist. Deshalb müssen nicht die Akte eines so besetzten Aufsichtsrates nichtig sein. Sie sind vielmehr nicht zu beanstanden, wenn der Aufsichtsrat in der vorgeschriebenen Mindestzahl durch einwandfrei bestellte Personen besetzt ist. Wohl aber ist es das Recht und die Pflicht des Registerrichters, Statutenbestimmungen dieser Art und Anmeldungen der auf diese Weise bestellten Mitglieder zu beanstanden; RG 83, 382; JW 1921, 580; OLG 43, 311. So ist es nach dem Gesetz. Wenn praktisch die Sache vielfach anders gehandhabt wird und der Aufsichtsrat das Gremium bildet, von welchem aus Dritte oder auch einseitig interessierte Aktionäre in ihrem Interesse Einfluß auf die Geschäftsführung und Finanzierung üben, so ist das nur so lange nicht gegen das Gesetz, als die Generalversammlung in ihren Wahlen und Beschlüssen derartigen Bestrebungen entgegen kommt. Das wird auch dadurch nicht anders, daß der Staat selbst — in seiner Verwaltungspraxis — dagegen verstößt.

b) Es ist nicht vorgeschrieben, wie die Wahl zu erfolgen hat. Während Beschlüsse der Generalversammlung nach einfacher oder qualifizierter Stimmenmehrheit gefaßt werden müssen, ist hiervon in § 251 II für Wahlen die Möglichkeit einer Ausnahme vorgesehen. Insofern steht nichts im Wege, im Statut für die Mitglieder die Proportionalwahl zu bestimmen, was denn auch im Ausland mehrfach gesetzlich vorgeschrieben ist und wofür auch bei uns Stimmen laut geworden sind. (Vgl. Sontag Die A-Gesellschaften im Kampfe zwischen Recht und Macht 113 ff., der aber nur de lege ferenda spricht.) Das österreichische Aktienregulativ vom 20. September 1895 lautet in § 37 V und VI:

„Wenn in dem Statut die Bestellung eines Aufsichtsrats vorgesehen ist, so sind für den Fall, als wenigstens drei Mitglieder von derselben Generalversammlung zu wählen sind, folgende Bestimmungen betreffend die Wahl der Mitglieder in das Statut aufzunehmen:

Von einem Drittel der in der Generalversammlung vertretenen Stimmen kann verlangt werden, daß die Wahl für jede zu besetzende Stelle des Aufsichtsrats abgesondert erfolge. Ergibt sich, bevor zur Wahl der letzten Stelle geschritten wird, daß wenigstens der dritte Teil aller abgegebenen Stimmen bei allen vorangegangenen Wahlen zugunsten derselben Person, aber ohne Erfolg abgegeben worden ist, so muß diese Person ohne weitere Abstimmung als für die letzte Stelle gewählt erklärt werden."

Vgl. hierzu Tecklenburg, Die Proportionalwahl in Aktiengesellschaften in HoldhMS 1905, 117 ff.; 1909, 273 ff.; 1918, 51 ff., der zutreffend darauf hinweist, daß, wenn schon ein solches Wahlsystem gelten soll, diese Gestaltung unvollkommen ist, indem es der Minderheit nur ein Mitglied sichert, gleichviel wie stark das Kolleg besetzt ist. Es muß aber behauptet werden, daß die ganze Wahlform in ihrer Tendenz dem Geiste unseres Gesetzes zuwiderläuft, wonach der Aufsichtsrat in jedem einzelnen seiner Mitglieder berufen ist, das Gesamtinteresse der Gesellschaft, der Aktionäre und der Gesellschaftsgläubiger (RG 48, 44) zu vertreten. Nur unter der Voraussetzung der Verwirklichung dieses Gedankens reichen die gesetzlichen Vorschriften aus. Soll der Aufsichtsrat in der Weise eines Parlaments im kleinen die Vertreter gegeneinander gerichteter Interessen in sich vereinigen, dann ist eine ersprießliche oder wenigstens reibungslose Zusammenarbeit des Kollegiums, wenn überhaupt, nur möglich unter einer straffen Geschäftsordnung und rückhaltlosen Bekennung vor allem zu einem, gleichviel wie ausgestalteten Majoritätsprinzip. Dafür müßte, wenn nicht das Gesetz, so doch mindestens die Satzung sorgen. Ferner müßte mit dieser Form der Berufung der Mitglieder die Voraussetzung für das Recht, die Bestellung zu widerrufen, in Einklang gebracht werden und damit stößt man gegen die bis jetzt noch geltende zwingende Vorschrift in Abs IV. — Freilich ist der Staat selbst mit Bestimmungen vorangegangen, in denen das Institut des Aufsichtsrats in seinem Wesen verkannt und zu Zwecken verwendet wird, für die es nicht geschaffen und nicht geeignet ist. Wenn nach § 48 Reichshaushaltsordnung vom 31. 12. 1922 (RGBl 1923 II, 17) das Reich, falls es sich an einem privaten Unternehmen beteiligt, sich einen oder mehrere Aufsichtsratssitze ausbedingen soll, so ist nichts dagegen einzuwenden, daß danach auch tatsächlich verfahren wird, wie es ja auch nicht nur im Reich, sondern auch in den Ländern, in Städten und anderen Gemeinden schon üblich geworden ist. Einstweilen ist aber der Rechtszustand noch der, daß ein solches „Ausbedingen" niemanden bindet und daß eine Statutenbestimmung, die eine solche Bindung ausspricht, vom Registerrichter beanstandet werden muß. Und wenn das nicht geschieht, so bleibt es doch auch angesichts der Statutenbestimmung dabei, daß die Generalversammlung auch solche Mitglieder des Aufsichtsrats stets abberufen und die Stelle, wenn es zur vollen Besetzung des Organes nötig ist, durch freie Wahl anders besetzen kann. Vgl. Freund, Über die gemischt wirtschaftliche Unternehmung JW 1911, 1133. S. auch Junck in LZ 1914, 1642; Obermeyer in LZ 1917, 946. — Die Mitglieder, welche vom Betriebsrat in den Aufsichtsrat gesandt werden, bilden dort einen spröden Fremdkörper. Aber hier spricht das positive Gesetz das maßgebliche Wort, das es gilt, tunlichst wahr zu machen. S. Erl 8.

c) Eine andere, aber mit dem obigen in Zusammenhang stehende Frage ist, inwiefern durch das Statut die Auswahl dadurch beschränkt werden kann, daß für die Wählbarkeit bestimmte Voraussetzungen aufgestellt werden. Gesetzlich gilt die positive Vorschrift, daß kein Mitglied des Vorstandes zugleich Mitglied des Aufsichtsrats sein kann, § 248. Aus allgemeinen Gründen ergibt sich, daß nur natürliche Personen Mitglieder sein können. Das ist herrschende Lehre. Simon in LZ 1908, 1 ff. hat sich lebhaft dafür eingesetzt, daß auch juristische Personen sollen bestellt werden können (zustimmend Düringer das. S. 367), und ihm hat sich so Goldschmit, Das Recht des Aufsichtsrats 52 ff. angeschlossen, wesentlich mit derselben Begründung, die auf den Syllogismus hinausläuft, der Aufsichtsrat besteht aus Personen, die Körperschaft ist Person, also usw.? Aber auch der tadellose Syllogismus geht leicht irre, wenn er blind ist. Die Gegner sehen nicht, daß die juristische Person zwar Vermögen haben kann und Schulden, daß sie aber gar keine moralischen Qualitäten besitzt. Sie ist natürlich nicht unmoralisch, aber sie ist ethisch ganz indifferent. Wenigstens von den mehr oder weniger künstlichen juristischen Personen des Privatrechts gilt das. Sie ist in sich ethisch absolut farblos und für das Recht da unbrauchbar, wo es diesem gerade auf das Ethische in der Person ankommt, wie das beim Aufsichtsrat und seinen Funktionen der Fall ist (vgl. Fürst in LZ 1908, 365; Dietrich, Juristische Personen als Mitglieder des Aufsichtsrats S. 15 f.). Daß strafrechtliche Verantwortlichkeit eine Körperschaft nicht treffen kann, ist allerdings kein gutes Argument. Aber bedenklich wird doch auch Goldschmit S. 56 bei dem Gedanken, daß eine A-Gesellschaft als Aufsichtsratsmitglied heute das eine, morgen das andere seiner Vorstandsmitglieder schicken könnte, daß sie zwei schicken müßte, wenn Kollektivvertretung besteht, vielleicht auch einmal ein Vorstandsmitglied und einen Prokuristen. Und immer wäre es das eine und dasselbe der mindestens 3 Mitglieder, welche das Gesetz verlangt. Und immer müßten sie sich absolut einig sein, wenn sie sich nicht gegenseitig paralysieren und damit ganz ausschalten wollen. Goldschmit sucht dem damit zu begegnen, daß der Vorstand also eines seiner Mitglieder (und immer dasselbe?) in den Aufsichtsrat sendet. Aber einmal kann das zwar geschehen, aber muß es nicht und sodann stößt man darin auf einen neuen mehr als bedenklichen Punkt. Nach diesseitiger Auffassung sind die Aufgaben der Aufsichtsratsmitglieder derart, daß diese sich in ihrer Erfüllung vielleicht nicht einmal in beschränkter Weise, aber keinesfalls ganz allgemein durch Bevollmächtigte vertreten lassen können. Schließlich könnte man auf diesem Wege sogar die gesetzliche Dreizahl illusorisch machen, denn man kann auch die Vorstandsmitglieder für ihre Person in den Aufsichtsrat wählen und damit erreichen, daß der Aufsichtsrat aus der juristischen Person und ihren beiden Vorstandsmitgliedern besteht. — Simon in LZ 1908, 6 empfindet es als einen Übelstand, daß eine Bank, wenn sie der A-Gesellschaft auf drei Jahre einen Kredit zugesagt hat und dann ihr in den Aufsichtsrat gewähltes Vorstandsmitglied stirbt, vielleicht auf lange Zeit im Aufsichtsrat nicht mehr vertreten ist. Aber dazu braucht das Vorstandsmitglied nicht zu sterben. Die A-Gesellschaft ist jederzeit in der Lage, es zu entlassen. Außerdem aber und vor allem: Der Aufsichtsrat — sowohl im ganzen wie auch in jedem seiner Mitglieder — soll eben nicht, darf nicht die Interessen eines einzelnen Gläubigers der Gesellschaft wahrnehmen. Simon zieht nicht ausdrücklich die Konsequenz, daß dann eine A-Gesellschaft auch Vorstand und Vorstandsmitglied einer anderen A-Gesellschaft muß sein können. Aber seine Anhänger sind selbst vor dieser Verstiegenheit nicht zurückgeschreckt. Willecke, Die A-Gesellschaft als Mitglied des Aufsichtsrats 106. Die sogenannte Organtheorie ist eine Konstruktion des Steuerrechts und mag dort ihre Berechtigung haben. Handelsrechtlich ist sie abzulehnen. Die A-Gesellschaft kann in mehr oder weniger großem Umfang als Beauftragter eines Anderen auf Grund Dienstvertrages tätig sein. Daß sie ihre gesamte Tätigkeit, den Gegenstand ihres Unternehmens, darauf beschränkt, als Angestellte eines anderen Kaufmanns für diesen tätig zu sein, ist mit der ihr vom Gesetz beigelegten Stellung als Kaufmann nicht zu vereinen. — Und schließlich, aber nicht zuletzt muß man doch auch fragen, wie sich die Sache vom Standpunkt der anderen A-Gesellschaft aus ansieht. Wird sie Mitglied des Aufsichtsrats, so trägt sie auch die volle zivilrechtliche Verantwortlichkeit, ein Risiko, das nicht oft, aber dann um so wuchtiger trifft und dabei völlig herausfällt aus dem Rahmen des satzungsmäßigen Gegenstandes ihres Unternehmens. Im Falle RG 105, 392 war einwandfrei nicht die verklagte A-Gesellschaft sondern der Kläger persönlich in den Aufsichtsrat gewählt worden. Aber wenn dort vom Kläger festgestellt worden ist, daß er die Stellung nicht als Privatmann sondern als Vorstandsmitglied seiner Gesellschaft, also in deren Interesse und Auftrag übernommen habe, so bestehen gegen die rechtliche Zulässigkeit eines derartigen Auftrages nicht, wie das Gericht sagt, keine, sondern in Wahrheit die erheblichsten Bedenken. Wenn bei der heute so hoch getriebenen Verschachtelung von Gesellschaften das Bedürfnis nach gegenseitiger Kontrolle besteht, so hat man freie Hand, dafür Einrichtungen zu treffen, welche sich offen als das bekennen, was sie sind. Die Gerichte sollten aber aufhören zu verkennen, daß die Verwendung des Aufsichtsrats hierzu ein Mißbrauch dieser Institution ist, unvereinbar mit unserem Gesetz. In obigem Fall war übrigens der beanstandete Satz für die Begründung der zweifellos zutreffenden Entscheidung gar nicht nötig. Wählt die Generalversammlung das Vorstandsmitglied einer anderen A-Gesellschaft als solches in ihren Aufsichtsrat und übernimmt der Gewählte in dieser Eigenschaft das Amt, alles rein tatsächlich verstanden, so kann es sehr wohl so liegen, daß die hieraus erwachsenen Briefe, Papiere usw. nicht persönliches Eigentum des Mitgliedes sind. — Nach Goldschmit AR § 243[24] könnten sogar offene Handelsgesellschaften gewählt werden. Richtiger ist in OLG 22, 335 entschieden, daß ein offener Handelsgesellschafter nicht in seiner Eigenschaft als solcher, nicht als Mitinhaber der Firma Mitglied eines Aufsichtsrats sein kann. Vgl. auch das in der folgenden Erl Gesagte.

d) Daß Geschäftsunfähige nicht Mitglieder des Aufsichtsrats sein können, bestreitet niemand. Fast ebenso ausnahmslos wird umgekehrt angenommen, daß Beschränkung in der Geschäftsfähigkeit kein Hinderungsgrund sei. Daß eine Generalversammlung ein Kind oder einen jungen Burschen von 20 Jahren in den Aufsichtsrat wählt, wird wohl noch nicht vorgekommen sein. Die Frage ist praktisch kaum von Bedeutung. Aber es lohnt doch, es ausdrücklich abzulehnen und darauf hinzuweisen, daß Aufgabe und Verantwortlichkeit des Aufsichtsrats so gestaltet sind, daß das Gesetz bei einen Bestimmungen nur erwachsene, voll verantwortliche Persönlichkeiten im Auge gehabt haben kann. Auch von Geschäftsunfähigen sagt das Gesetz nirgends, daß sie nicht Aufsichtsratsmitglieder sein können. Wenn es trotzdem dort so ist, warum nicht auch hier? Wie hier Isay, Berggesetz § 117[9]. Es gilt hier dasselbe, wie vom Vorstand. S. Erl 4a zu § 231.

e) Verwandtschaftliche Beziehungen zu Mitgliedern des Vorstandes oder zu andern Mitgliedern des Aufsichtsrats bilden keinen Hinderungsgrund. Es steht auch an und für sich nichts im Wege, daß von zwei offenen Handelsgesellschaftern der eine im Vorstand (s. aber § 236), der andere im Aufsichtsrat sitzt, Völderndorff in BuschsArch 47, 1 ff.

f) Werden Beamte gewählt, so steht der rechtlichen Gültigkeit ihrer Wahl und ihrer Betätigung im Aufsichtsrat der Umstand nicht entgegen, daß sie damit gegen ihre Amtspflichten verstoßen, gegen die Vorschriften des Beamtenrechts, wonach sie entweder überhaupt nicht oder nur mit Genehmigung der Aufsichtsbehörde die Wahl annehmen dürfen. Vgl. Erl 4b zu § 231.

g) Im Statut können Voraussetzungen für die Wählbarkeit zum Aufsichtsrat aufgestellt werden. Aber diese Voraussetzungen dürfen nicht den Kreis der wählbaren Persönlichkeiten so einschränken, daß von einer freien Auswahl nicht mehr geredet werden kann. So kann wohl von einem Präsentationsrecht überhaupt nicht die Rede sein. Im übrigen hängt vieles von den Umständen ab, JW 1921 580[1]; KGJ 32, 139; Staub-Pinner § 243[2d]. Wenn eine große A-Bank bestimmt, daß mindestens fünf Mitglieder am Sitze der Gesellschaft ihren Wohnsitz haben müssen, so ist das unbedenklich, wenn dieser Sitz eine Großstadt ist, wo an geeigneten Personen kein Mangel ist. Bei Familiengründungen kann die Beschränkung auf bestimmte Familienkreise unbedenklich sein, welche unter anderen Verhältnissen beanstandet werden müßte, vgl. RG 57, 205. — Es kann bestimmt werden, daß Frauen, daß Ausländer nicht gewählt werden können, daß nur Aktionäre wählbar sind, JW 1903, 294[20] (ist in einem Fall der letzteren Art bestimmt, daß die Aktie hinterlegt werden muß, so ist die Hinterlegung ein Handelsgeschäft, wenn der Gewählte Kaufmann ist, RG 19, 123). Die Beschränkung auf Aktionäre kann Schwierigkeiten schaffen, wenn die Aktien in Händen weniger sind (s. Simon zu LZ 1908, 14). Dann geht die zwingende Vorschrift des Gesetzes dem Statut vor. Es muß ein Aufsichtsrat von drei Mitgliedern bestellt werden, mögen sie auch Aktien nicht besitzen. — Bestimmungen dieser Art dürfen aber nicht so gefaßt sein, daß die Aufsichtsratsmitglieder zugleich als Aktionäre in der Generalversammlung eine ausschlaggebende Rolle spielen, etwa durch den Besitz von Mehrstimmrechtsaktien (vgl. den von Goldschmit AR S. 59 mitgeteilten Fall). Dann hört die vom Gesetz gewollte Sonderung und unter Umständen gebotene Gegensätzlichkeit zwischen Aufsichtsrat und Generalversammlung auf.

3. a) Die Bestimmung der Persönlichkeiten, aus welchen der Aufsichtsrat bestehen soll, beruht auf der Wahl der Generalversammlung. Zur Anstellung bedarf es eines Vertrages der Gesellschaft mit dem Gewählten, Vertragsangebot und Annahme des Angebots. Es ist Sache des Vorstandes, namens der Gesellschaft den Vertrag zu schließen, der sich je nachdem, ob eine Vergütung vereinbart wird oder nicht, als Dienstvertrag nach § 675 BGB oder als Auftrag nach §§ 662 ff. BGB darstellt, RG 81, 335; KGJ 29, 98. Auch der Vertrag mit den Mitgliedern des ersten Aufsichtsrats, welchen die Gründer abschließen (§ 190 I), ist nur dann Auftrag, wenn Uentgeltlichkeit ausdrücklich bedungen ist (§ 245 III). So mit Recht Lehmann-Ring 243[8]; a. A. Cahn 56. — Ist die Wahl in Gegenwart des Gewählten erfolgt und nimmt dieser im Anschluß daran die Wahl an, so liegt einer der Ausnahmefälle vor, wo ohne Eintreten des Vorstandes das Rechtsgeschäft unmittelbar von der Gesellschaft selbst geschlossen wird, RG 63, 203, insbes. S. 206 ff. S. auch RG 43, 286. Nach der allgemeinen Auffassung ist das einer der Fälle, wo neben Vorstand und Aufsichtsrat als ein drittes Organ der A-Gesellschaft die Generalversammlung in Funktion tritt. Richtiger dürfte die Annahme sein, daß hier nicht ein einzelnes Organ der Gesellschaft sondern diese selbst in Person in Tätigkeit tritt. S. Erl 4a zu § 235.

b) Der Wahlakt untersteht den für Beschlüsse der Generalversammlung geltenden Vorschriften. Verstößt der Beschluß gegen zwingende Vorschriften des Gesetzes, wird z. B. eine A-Gesellschaft gewählt, so ist die Wahl nichtig. Verstößt er gegen das Statut, so liegt Anfechtbarkeit vor, die durch Ablauf der Anfechtungsfrist (§ 271) geheilt wird, Brand § 243[3c.cc]; Lehmann-Ring § 243[4]; Goldschmit A. R. § 243[48. 49]. Der Aktionär, der zur Wahl steht, ist von der Ausübung des Stimmrechts nicht ausgeschlossen, oder anders ausgedrückt, kein Aktionär ist bei der Wahl gehindert, sich selbst die Stimme zu geben, RG 60, 172; vgl. auch RG 81, 37 (Abberufung) und dazu § 252, Erl 5c.

c) Wahl und Vertrag bilden zusammen den körperschaftlichen Akt der Organbestellung. Wird die Wahl wirksam angefochten, so ist auch der Vertrag hinfällig. Wird der Vertrag mit Erfolg angefochten, so ist die Wahl gegenstandslos geworden. In der Konstruktion abweichend, im Ergebnis im wesentlichen übereinstimmend Goldschmit A.-R. § 243 Note 57. — Ausgeschlossen ist, daß der Vorstand, ohne den erforderlichen Beschluß der Generalversammlung hinter sich zu haben, ein Aufsichtsratsmitglied rechtswirksam anstellt. Auch die Zusicherung einer Vergütung, sei es allgemein, sei es für ein einzelnes Jahr oder den einzelnen Fall wird nicht durch die Vertretungsmacht des Vorstandes gedeckt, Staub-Pinner § 245[3]; A. A. Cahn 55.

d) Niemand, auch nicht der Aktionär, ist verpflichtet, die Wahl anzunehmen. Ob den Aktionären im Statut eine solche Verpflichtung auferlegt werden kann, ist bestritten. Und doch ist angesichts der §§ 178, 211, 212 die Rechtslage denkbar klar. Von wiederkehrender Leistung im Sinne des § 212 könnte hier doch nur die Rede sein, wenn man die Aufgaben des Aufsichtsrats darin beschlossen fände, daß er regelmäßig wiederkehrend die Jahresbilanz prüft und etwa noch seine Tantieme abhebt. Die Verpflichtung zur ständigen Aufsicht über die gesamte Geschäftsführung darf nicht unter den Tisch fallen.

4. Ist über die Anzahl der Mitglieder im Statut nichts bestimmt, so muß der Aufsichtsrat aus drei Mitgliedern bestehen, nicht mehr und nicht weniger. Im Statut kann eine höhere Zahl festgesetzt werden. Versteht man das wörtlich, so müßte auch diese höhere Zahl eine feste sein. (so Ritter § 243[3]; Makower § 243 II a). Das wäre aus praktischem Grunde sehr unerwünscht, weil mit jedem Ausfall auch nur eines Mitgliedes der Aufsichtsrat unvollständig und leicht überhaupt aktionsunfähig würde. Es ist daher nur zu begrüßen, daß die Praxis zuläßt, daß diese höhere Zahl im Sinne einer Höchstzahl festgesetzt wird, GZ 35, 238[81] (Dresden). Aber natürlich kann auch die Mindestzahl im Statut erhöht werden und im übrigen dem Beschluß der Generalversammlung die Bestimmung der Zahl überlassen bleiben, KGJ 34, 175. Dagegen hätte es keinen Sinn, dem Aufsichtsrat die Bestimmung zu überlassen, wie groß die Zahl sein soll (Bauer 28, 261), weil über Auswahl und Anstellung doch nur die Generalversammlung beschließen kann. — Bedarf es zur Erhöhung der Mitgliederzahl einer Statutenänderung, so kann der Hinzugewählte nicht eher in Funktion treten, als der Beschluß in das Handelsregister eingetragen worden ist, RG 24, 54; RGJ 28, 224. Innerhalb der im Statut gezogenen Grenzen kann die Generalversammlung die Anzahl festsetzen. Ist das geschehen, so muß da, wo nach dem Gesetz alle Mitglieder des Aufsichtsrats mitzuwirken haben, die Besetzung in dieser Anzahl vollzählig sein, RJA 3, 124 (KG). Man wird aber eine solche Bestimmung der erforderlichen Anzahl nicht schon darin zu erblicken haben, daß eine bestimmte Anzahl gewählt wird. Sollen nach dem Statut 5—7 Mitglieder vorhanden sein, so wird der Aufsichtsrat noch nicht deshalb unvollständig, weil von den gewählten 7 Mitgliedern eines fortfällt oder zwei. Offenbar zu weit geht die Behauptung, daß der Aufsichtsrat, wenn sein Bestand unter die bestimmte Mindestzahl sinkt, seine Eigenschaft als Gesellschaftsorgan verliert (Goldschmit § 243[70]). Wo er nach außen handelnd auftritt, also wenn er namens der Gesellschaft einen Vertrag schließt, einen Prozeß führt, wenn es die gesetzlich vorgeschriebene Mitwirkung zu einer Anmeldung zum Handelsregister gilt, vielleicht auch — obwohl das schon zweifelhaft ist — in seiner Tätigkeit bei Jahresabschluß und Bilanzfeststellung muß er vollzählig sein. JW 1891, 14[87]; ROHG 14, 312. Dagegen nicht, wo er berufen ist, die Gesellschaft passiv zu vertreten, bei Entgegennahme von Willenserklärungen, bei Zustellung einer Anfechtungsklage (§ 272). Ferner aber leidet vor allem seine Verpflichtung zur Kontrolle der Geschäftsführung nicht den geringsten Abbruch eher noch eine Steigerung dadurch, daß er nicht vollzählig ist.

Ebensowenig läßt sich andererseits behaupten, daß die Wahl und Anstellung eines überzähligen Mitglieds nichtig wäre. Ihn treffen die Obliegenheiten der Stellung ebenso wie jedes andere Mitglied. Das muß schon deshalb so sein, weil man bei der gleichzeitigen Anstellung mehrerer Mitglieder nicht bestimmen kann, welches Mitglied das überzählige ist. Soll durch Statutenänderung die Zahl der Mitglieder erhöht werden, so kann der Wahlakt schon vor Eintragung der Statutenänderung in das Handelsregister vorgenommen werden, RJA 5, 66 (KG).

5. Was die Amtsdauer des jeweiligen Aufsichtsrats angeht, so ist der Grundgedanke des Gesetzes, daß der erste — unter dem ausschließlichen oder überwiegenden Einfluß der Gründer bestellte — Aufsichtsrat nur auf ein Jahr, die späteren auf nicht mehr als 4 Jahre bestellt werden dürfen. Aus praktischem Gesichtspunkt hat die Novelle von 1900 die Fristen im einzelnen etwas anders bestimmt. Sie sollen nicht mit Ablauf des Kalenderjahres, oder des Geschäftsjahres, sondern erst mit der nach Ablauf des Geschäftsjahres stattfindenden ordentlichen Generalversammlung ablaufen, weil dann zugleich die Aktionäre versammelt sind und die erforderlichen Neuwahlen vornehmen können. Der erste Aufsichtsrat scheidet aus, wenn es nach Ablauf eines Jahres seit Eintragung der Gesellschaft in das Handelsregister zu einem Jahresabschluß und der betreffenden ordentlichen Generalversammlung gekommen ist (also mit dem zweiten Geschäftsabschluß, wenn das erste Geschäftsjahr kein volles Jahr gedauert hat). Das gilt von allen Mitgliedern. Es ist nicht ausgeschlossen, daß bereits in diesem ersten Jahr ein Personenwechsel eintritt, auch nicht, daß unter Statutenänderung ein weiteres Mitglied eintritt, RG 24, 54. Aber auch diese später eingetretenen Mitglieder scheiden mit den übrigen gleichzeitig aus (alles das vorbehaltlich einer Wiederwahl, die zulässig ist). In der Folgezeit gilt die Frist dem einzelnen Mitglied, Bauer 28, 130, so daß man vermeiden kann, daß jeweilig das gesamte Kollegium von neuem gewählt werden muß. Spätestens wenn das Mitglied zum 5. Mal an Jahresabschluß und Bilanzfeststellung teilgenommen hat, läuft seine Amtszeit ab. Das Gesetz spricht vom 4. Geschäftsjahr. Aber das Jahr der Bestellung wird nicht mitgerechnet, so daß das Mitglied, wenn es nach Ablauf des Geschäftsjahres, aber vor Feststellung der betreffenden Bilanz bestellt wird,

6 Mal zur Bilanzfeststellung kommen kann, ehe seine Zeit abläuft. Wird ein Mitglied auf kürzere Zeit gewählt, so ist es zweckmäßig, aber nicht notwendig, den Ablauf der Frist in gleicher Weise auf die ordentliche Generalversammlung zu legen. Für die Zeit seiner Tätigkeit, welche notwendig vom Ende des Geschäftsjahres bis zur ordentlichen Generalversammlung verstreichen muß, bezieht das ausscheidende Mitglied keine besondere Vergütung. Die Tantieme für das laufende Geschäftsjahr kommt unverkürzt seinem Nachfolger zu.

Die ordentliche Generalversammlung muß nicht nur stattgefunden haben sondern auch zum Beschluß über die Bilanz gekommen sein, namentlich kommt es bei einer Vertagung auf Grund § 264 auf die zweite Generalversammlung an. So mit Recht Staub-Pinner § 243[11]; Goldschmit AG § 243[19]; a. A. Makower § 243 II d; Lehmann-Ring § 243[5] a.

Mit dem Schluß der Generalversammlung scheidet das Mitglied von selbst aus, RG 73, 237.

6. a) Das Verhältnis zwischen der Gesellschaft und dem Aufsichtsrat soll getragen sein von dem Vertrauen der Aktionäre in die Persönlichkeiten, aus denen er besteht, nicht nur in dem Sinn, daß der Generalversammlung von außen niemand aufgedrängt werden kann, sondern auch in dem Sinn, daß die Gesellschaft das Verhältnis lösen kann, sobald das Vertrauen nicht mehr besteht. In die Worte des Gesetzes gekleidet lautet das, die Gesellschaft kann die Bestellung jederzeit widerrufen, wenn die Generalversammlung es in geordnetem Verfahren beschließt. Die Worte des Gesetzes sind ganz eindeutig. Richtig ist, daß die Bestellung eines Aufsichtsratsmitglieds nicht nur schuldrechtlicher (Dienst-)Vertrag ist. Sie ist körperrechtlicher Akt, zusammengesetzt aus der Wahl und dem Vertrag. Aber gerade weil es so ist, weil die „Bestellung" beides umfaßt, kann die Bestimmung des Gesetzes gar nicht anders verstanden werden, als daß der Widerruf auch das Vertragsverhältnis beendet. Trotzdem ist das bestritten und die Meinung vertreten, daß durch den Widerruf der Anspruch des Mitgliedes auf die Vergütung nicht berührt werde oder daß dem Entlassenen Anspruch auf Schadensersatz zustehe, wenn der Widerruf grundlos erfolgt. Wenn das die Meinung des Gesetzgebers gewesen wäre, hätte es gesagt werden müssen, wie es in HGB §§ 52 I 231 III gesagt worden ist. Es hat auch sachlich einen triftigen Grund, daß dem so ist. Die Tantieme pflegt nicht gering zu sein, und die Aussicht, den Betrag vielleicht noch auf Jahre hinaus für nichts aufwenden zu müssen, kann nicht umhin, die Freiheit der Entschließung der Generalversammlung zu beeinträchtigen. Das Urteil RG 68, 223, das in diesem Sinne ergangen ist, kommt den Gegnern noch zu weit entgegen, wenn es zugibt, daß etwas anderes gelten müsse, wenn mit dem Entlassenen besondere Vereinbarungen getroffen seien. Der Abs IV Satz 1 ist so wie er richtig zu verstehen ist, zwingendes Recht (ebenso Fischer in EhrenbergsHH III, S. 242). Die Worte der Mot. von 1884 S. 74: den Entschädigungsansprüchen abgerufener Mitglieder aus bestehenden Verträgen wird selbstverständlich nicht präjudiziert, beziehen sich nicht nur auf den Aufsichtsrat sondern auch auf den Vorstand. In letzterer Beziehung sind sie richtig. In ersterer sind sie nicht zu retten. Der Gedanke ist im Gesetz eben nur in Beziehung auf den Vorstand zum Ausdruck gekommen. So auch RG 81, 153; OLG 16, 93 (Celle); a. A. Brand § 243[6] d; Goldmann § 243[28]; Makower § 243 IV d; Goldschmit AR § 243[30. 31].

b) Der Beschluß des Widerrufs erfordert — sofern nicht im Statut etwas anderes bestimmt ist — die Mehrheit von $^3/_4$ des an der Abstimmung sich beteiligenden Grundkapitals (s. Erl 1b zu § 275). Die Erschwerung ist getroffen „um eine mißbräuchliche Anwendung des Widerrufsrechts zum Schaden der Gesellschaft durch eine zufällige Mehrheit oder durch eine die Generalversammlung beherrschende Koterie zu verhüten" (Mot. von 1884 S. 74). Wenn im Gesetz zugelassen wird, im Statut eine abweichende Bestimmung zu treffen, so kann das nur heißen, daß nichts entgegensteht, in den Anforderungen an die Beschlußfassung bis auf die einfache Mehrheit zurückzugehen, vielleicht auch geradezu ein Minderheitsrecht auf Abberufung zu statuieren. Dagegen würde eine Erschwerung bis zum Erfordernis die Einstimmigkeit oder auch — was praktisch ziemlich dasselbe bedeutet — über die $^3/_4$-Mehrheit hinaus, der Beseitigung des im ersten Satz des Absatzes zwingend Bestimmten gleich- oder ziemlich gleichkommen; Cahn, Der Aufsichtsrat S. 98 ist gerade entgegengesetzter Meinung. Die erforderliche Mehrheit könne gesteigert, aber nicht verringert werden. Sein Argument, daß anderen Falles das dem Aufsichtsrat oder dem Mitglied in §§ 247 II, 271 IV gewährte Recht zu klagen illusorisch sei, ist nicht überzeugend. Wenn ein Mitglied dadurch an der Klage verhindert wird, daß die Gesellschaft es entläßt, dann trifft den Betreffenden auch keine Verantwortlichkeit für das, was er nicht hindern kann. Noch fragwürdiger ist das Argument aus dem Wort „mindestens" in der Fassung der Bestimmung. Es ist doch eine ganz willkürliche Annahme — darauf läuft das Argument hinaus — daß, wenn auch alles andere dispositiv sei, so doch dieses mindestens zwingend, während das Wort einfach einer gewissen Pedanterie des Ausdrucks sein Dasein verdankt und ohne Gefahr des Mißverständnisses, daß es genau $^3/_4$ Mehrheit sein müsse, nicht weniger, aber auch nicht mehr, fehlen dürfte. Staub-Pinner § 243[8]; Brand § 243[6] c, überhaupt die herrschende Lehre halten Abänderung nach beiden Richtungen für zulässig. — Auch in einem anderen Punkt muß Cahn widersprochen werden. Der § 243 IV regelt die Entlassung erschöpfend. Daß stets die Bestellung des Aufsichtsratsmitgliedes mit einfacher Mehrheit widerrufen werden könne, wenn ein wichtiger Grund vorliegt §§ 626 ff. BGB (S. 101), dürfte kaum die Meinung des Gesetzgebers gewesen sein.

c) Der Abs IV gilt auch von den Mitgliedern des ersten Aufsichtsrats RG 24, 54.

d) Der Widerruf der Bestellung des Aufsichtsratsmitgliedes steht ausschließlich der Generalversammlung zu. Delegation an den Vorstand oder an den Aufsichtsrat, d. h. das Kollegium der verbleibenden Mitglieder, überhaupt an einen Dritten ist ausgeschlossen. Vgl. § 231 Erl 6 f. Daran ändert auch das Bedenken nichts, daß der Apparat eines Generalversammlungsbeschlusses schwerfällig funktioniert. Die Statutenbestimmung, daß ein Mitglied durch einstimmigen Beschluß der übrigen Mitglieder seines Amtes enthoben werden kann, sobald es sich eines mit der Ehre und den Gesellschaftsinteressen nicht verträglichen Verhaltens schuldig macht oder in Konkurs verfällt (Bauer 27, 146), wäre ungültig. Das gleiche gilt von der Bestimmung, daß eine Neuwahl des ganzen Aufsichtsrats stattzufinden hat, wenn es von $^3/_4$ seiner Mitglieder beschlossen wird; Bauer 24, 185. Dagegen ist gegen die Bestimmung nichts einzuwenden, daß Aufsichtsratsmitglieder ihrer Stellung verlustig gehen, wenn sie sich ohne Genehmigung des Aufsichtsrats an Konkurrenzunternehmungen beteiligen. So Bauer 15, 123, wo zugleich ausgesprochen ist, daß die Genehmigung auch stillschweigend erklärt werden kann.

e) Auch der Konkursverwalter im Konkurse der Gesellschaft ist nicht in der Lage, Mitglieder des Aufsichtsrats zu entlassen, wozu er auch keine Veranlassung hat, weil die Mitglieder von der Eröffnung des Konkurses an keinen Anspruch auf Vergütung mehr haben; RG 81, 335; a. A. OLG 6, 500 (KG); Brand § 243[3]. — Das Amt des Aufsichtsrats endet nicht dadurch, daß die Gesellschaft aufgelöst wird und in Liquidation tritt oder in Konkurs gerät, wohl aber, wenn sie durch Fusion (§ 306) untergeht; RG 81, 153, 333.

f) Wird der Beschluß der Generalversammlung, die Bestellung zu widerrufen, in Gegenwart des Aufsichtsratsmitgliedes gefaßt, so bedarf es keiner weiteren dem Mitglied gegenüber abzugebenden rechtsgeschäftlichen Erklärung. Andernfalls kommt die Abberufung erst dadurch zustande, daß sie namens der Gesellschaft dem Mitglied erklärt wird, was in der Regel Sache des Vorstandes ist. S. oben Erl 3 a. So lange das nicht geschehen ist, kann der Beschluß zurückgenommen werden. Anderenfalls bedarf es eines erneuten Wahlaktes; KGJ 29, 98.

7. a) Die Frage, ob und unter welchen Voraussetzungen das Aufsichtsratmitglied seine Stelle niederlegen kann, richtet sich nach den Bestimmungen des BGB. S. hierzu F. E. Zitelmann in GZ 52, 31 ff.; Bernauer in JherJ 44, 225; RJA 12, 40 (KG). Entweder handelt es sich um Auftrag, wenn der Aufsichtsrat bestimmungsgemäß unentgeltlich tätig ist. (Gegen die Unterscheidung zwischen entgeltlich und unentgeltlich Weisbecker in ZBH 1, 369.) Dann kommt § 671 BGB zur Anwendung. Die Stelle darf jederzeit niedergelegt werden. Nur darf es nicht zur Unzeit geschehen, es sei denn, daß ein wichtiger Grund für Kündigung vorliegt. Daß der Kündigende so lange noch in seiner Stellung verbleibt, bis ein Ersatzmann gewählt worden ist, wird man annehmen müssen, wenn eine Generalversammlung in naher Zeit bevorsteht, auf deren Tagesordnung die Wahl noch gesetzt werden kann. Es macht keinen Unterschied, daß der Aufsichtsrat auf bestimmte Zeit gewählt worden ist; a. A. Hagen in Gruchot 42, 365. Es wäre unberechtigt, in der Annahme einer solchen Wahl ohne weiteres den Verzicht auf das Kündigungsrecht zu erblicken. In der Regel liegt Dienstvertrag vor, der — ausgesprochen oder unausgesprochen — auf bestimmte Zeit geschlossen ist (BGB § 620 I). Dann kann die Stelle nach § 626 BGB nur niedergelegt werden, wenn ein wichtiger Grund vorliegt; RJA 12, 40 (KG). Vgl. hierzu RG 13, 51: Es kann unentschieden bleiben, ob ein Geschäftsmann seinen Austritt aus dem Aufsichtsrat aus dem Grunde erklären darf, weil seine Kräfte zur pflichtmäßigen Erfüllung seiner Aufgabe neben der Bevorzugung seines eigenen Geschäfts nicht mehr ausreichen, denn der Beklagte beruft sich nur auf die schweren Sorgen für die Gesellschaft und hält diese für unvereinbar mit seinen anderen Sorgen und Funktionen; der Sache nach ist er nur wegen der Befürchtungen für die Gesellschaft ausgetreten; mit Recht bezeichnet der Berufungsrichter das als Fahnenflucht; die damalige Notlage der Bank hätte ihn selbst dann in seiner Stellung festhalten müssen, wenn in der Tat zu jener Zeit seine Gesundheit gewankt haben sollte. Die Entscheidung erklärt sich wohl aus den besonderen Umständen des Falles. Zu einer Verallgemeinerung dürften sich die hier ausgesprochenen Sätze kaum eignen. — Der § 626 BGB, wonach Kündigung nur bei wichtigem Grunde zulässig ist, gilt auch dann, wenn der Aufsichtsrat lediglich Tantieme bezieht, aber unter Zusicherung eines Mindestbetrages. Fehlt es an letzterer, was überwiegend der Fall sein dürfte, dann soll nach der herrschenden Lehre das Mitglied gemäß § 627 BGB jederzeit fristlos seine Stelle niederlegen können. Denn zwar handle es sich auch dann um ein dauerndes Dienstverhältnis, aber nicht um ein solches mit festen Bezügen. Indessen dürfte die Begriffsbestimmung des § 627 anders zu verstehen sein. Der Gegensatz von festen Bezügen ist der Stücklohn, die Vergütung von Fall zu Fall. Dahin gehört der Akkordlohn oder z. B. die Art, wie eine Versicherungsgesellschaft ihrem Vertrauensarzt für jede Untersuchung den vereinbarten Betrag zahlt. Eine für die Gesamtleistung nach Zeit, d. h. ganz unabhängig von dem Maß der Einzelleistungen bestimmt zugesagte Vergütung hört nicht dadurch auf, fester Bezug zu sein, daß die Vergütung

der Höhe nach von anderen Bedingungen abhängt. Was hätte es auch sachlich für eine Berechtigung, daß das auf Tantieme gestellte Mitglied jeder Zeit seine Stelle niederlegen kann, dieses Recht aber nicht haben soll, wenn ihm eine Mindesttantieme zugesagt ist. Das hieße über den Wortlaut der Vorschrift ihren Sinn vergewaltigen. Vgl. auch Cahn S. 54: ob, wenn Tantieme vereinbart ist, auch tatsächlich eine Tantieme an die Aufsichtsratsmitglieder verteilt werden kann, oder ob das Anrecht auf einen Teil des Gewinnes eine bloße Aussicht blieb, kann den Charakter des Vertrages nicht mehr ändern. Wie hier, aber ohne auf den entscheidenden Gesichtspunkt einzugehen Küntzel, Der Aufsichtsrat der A-Gesellschaft S 24. — Wenn nach § 628 II BGB der aus wichtigem Grunde Kündigende Schadensersatz verlangen kann im Falle, daß die Kündigung durch vertragswidriges Verhalten des anderen Teiles veranlaßt worden ist, so kann das hier keine Anwendung finden, wo die Gesellschaft das Recht zu jederzeitigem Widerruf der Bestellung hat. Vgl. Staub-Pinner § 245[16].

b) In JW 1891, 14[37] ist die Frage aufgeworfen, aber nicht entschieden worden, ob eine Kündigung deshalb zur Unzeit erfolgt, weil durch Ausscheiden des Kündigenden der Aufsichtsrat beschlußunfähig wird. Die Frage ist so überhaupt nicht richtig gestellt. Ob der Kündigende im Amt bleiben muß, bis eine Ersatzwahl hat stattfinden können, hängt vielleicht auch noch von anderen Umständen, jedenfalls aber davon ab, wieviel Zeit darüber hingehen kann. Kann dem Kündigenden nicht zugemutet werden, so lange zu bleiben, so macht es keinen Unterschied, ob der Aufsichtsrat beschlußfähig bleibt oder nicht.

c) Die Kündigung hat das Ausscheiden des Mitgliedes auch dann zur Folge, wenn sie zur Unzeit erfolgt; JW 1891, 14[37]. Dagegen erscheint die Ansicht unrichtig, daß auch die unberechtigte Kündigung das Ausscheiden zur Folge habe und lediglich Ersatzansprüche begründe. So Marcus in HoldhMS 3, 124; Weisbecker in ZBH 1, 369; Bauer 16, 123; RJA 12, 40 (KG).

d) Die Niederlegung der Stelle ist Rechtsgeschäft und Willenserklärung. Sie muß, um wirksam zu erfolgen, dem Vorstand gegenüber abgegeben werden. Nach RG 13, 50 kann sie auch dem Vorsitzenden des Aufsichtsrats gegenüber erfolgen, was in KGJ 29, 98 unentschieden gelassen ist. Jedenfalls ist die Kündigung wirksam, wenn der Vorsitzende die Erklärung an den Vorstand weitergibt. Ebenso wie bei der Bestellung zum Amt die Annahme, so kann auch die Niederlegung der Stelle wirksam in der Generalversammlung dieser gegenüber erklärt werden. — Ist die Kündigungserklärung abgegeben worden, so kann das Ausscheiden des Mitgliedes nicht mehr ohne weiteres rückgängig gemacht werden. Dazu ist eine Neuwahl unerläßlich; KGJ 29, 98. Man darf das aber nicht auf die Spitze treiben. Schließen sich unmittelbar an die vielleicht im Affekt getane Äußerung die Verhandlungen an, welche zur Zurücknahme der Erklärung führen, so ist es eben zu keiner ernstlichen Kündigung gekommen.

8. Außer den in gegenwärtigem Gesetz oder durch das Statut der Gesellschaft vorgeschriebenen Mitgliedern sind ein oder zwei Betriebsratsmitglieder in den Aufsichtsrat zu senden. Es beruht das auf § 70 des Betriebsrätegesetzes vom 4. 2. 1920 (RGBl) 147, welcher lautet:

In Unternehmungen, für die ein Aufsichtsrat besteht . . ., werden nach Maßgabe eines besonderen hierüber zu erlassenden Gesetzes ein oder zwei Betriebsratsmitglieder in den Aufsichtsrat entsandt, um die Interessen und Forderungen der Arbeitnehmer sowie deren Ansichten und Wünsche hinsichtlich der Organisation des Betriebs zu vertreten. Die Vertreter haben in allen Sitzungen des Aufsichtsrats Sitz und Stimme, erhalten jedoch keine andere Vergütung als eine Aufwandsentschädigung. Sie sind verpflichtet, über die ihnen gemachten vertraulichen Angaben Stillschweigen zu bewahren.

Der § 70 findet keine Anwendung auf Betriebe, die politischen, gewerkschaftlichen, militärischen, konfessionellen, wissenschaftlichen, künstlerischen und ähnlichen Bestrebungen dienen.

Dazu das Gesetz über die Entsendung von Betriebsratsmitgliedern in den Aufsichtsrat vom 15. 2. 1922 (RGBl 209), aus welchem hier hervorzuheben sind:

§ 3. Soweit nicht im Betriebsrätegesetz und im folgenden etwas anderes bestimmt ist, finden auf die in den Aufsichtsrat entsandten Betriebsratsmitglieder die gesetzlichen Bestimmungen Anwendung, welche für die übrigen Aufsichtsratsmitglieder gelten.

§ 4. Zwei Betriebsratsmitglieder sind zu entsenden, wenn nach dem zur Zeit der Anberaumung der Wahl geltenden Gesellschaftsvertrage (Statut, Satzung) mehr als drei Aufsichtsratsmitglieder gewählt werden können oder beide Arbeitnehmergruppen (Arbeiter und Angestellte) im Wahlkörper (§ 5) vertreten sind. In allen übrigen Fällen ist eines zu entsenden.

§ 7. Die Mitgliedschaft im Aufsichtsrat endet ausschließlich durch Rücktritt oder durch Verlust der Zugehörigkeit zum Betriebsrat, dem das Mitglied angehört.

§ 9. Soweit die gegründete aber noch nicht eingetragene Körperschaft bereits einen Aufsichtsrat hat, finden die §§ 1—8 Anwendung. (Vgl. HGB §§ 188, 196, 190.)

Das Rechtsverhältnis dieser Mitglieder im Aufsichtsrat ist in mehreren Beziehungen nicht deutlich. Das gilt zunächst von der Frage, welche Aufgaben ihnen obliegen. Darüber spricht das Gesetz selbst sich aus. Sie sollen die Interessen und Forderungen der Arbeitnehmer, deren Ansichten und Wünsche hinsichtlich der Organisation des Betriebes vertreten. Das ist ganz eindeutig. Wie sie Aufsichtsratsmitglieder eigener Art sind, so fällt ihnen auch ein neuer und gegenüber den im HGB geregelten Aufgaben des Aufsichtsrats ein anderer Aufgabenkreis zu. Wenn nach § 3 des ARG die für die ordentlichen Mitglieder des Aufsichtsrats geltenden gesetzlichen Bestimmungen auch für diese außerordentlichen Mitglieder gelten sollen, so ist das doch nur mit dem Vorbehalt gesagt, daß nicht im Betriebsrätegesetz etwas anderes bestimmt ist, und das ist in Beziehung auf die Aufgaben dieser Mitglieder geschehen. Die weitaus überwiegende Meinung geht im Gegensatz hierzu dahin, daß den außerordentlichen Mitgliedern außer jener speziellen Aufgabe auch die allgemeinen Aufgaben, wie sie namentlich der § 246 umschreibt, mit den übrigen Mitgliedern zufallen. Sie kann sich dafür auf die Mot. zum Aufsichtsratsgesetz berufen, wo gesagt wird: Der § 70 BRG stimmt in dem für das vorliegende Ausführungsgesetz entscheidenden Punkt der gleichen Rechtstellung der Betriebsratsmitglieder im Aufsichtsrat mit den übrigen Aufsichtsratsmitgliedern der Sache nach mit dem Entwurf überein ... Aus Satz 2 des § 70, der den entsandten Betriebsratsmitgliedern in allen Aufsichtsratssitzungen Sitz und Stimme verleiht, folgt mit völliger Klarheit (!), daß der mit „um" beginnende Satz nur den Grund für die Entsendung von Betriebsratsmitgliedern in den Aufsichtsrat und die damit bezweckte Vertretung des Produktionsfaktors Arbeit in der obersten Leitung (sic) der mit Aufsichtsräten ausgestatteten Unternehmungen angibt. Irgend ein Anhalt dafür, daß der fragliche Satz die Arbeitnehmervertreter im Aufsichtsrat auf die Wahrnehmung des rein sozialpolitischen, d. h. aus dem Arbeitsverhältnis im engeren Sinn entspringenden Arbeitnehmerinteressen habe beschränken wollen, ist nicht gegeben ... Eine Scheidung beider Interessenkreise wäre in der Praxis unmöglich. ... Die jetzige Fassung hat keineswegs die Wirkung, daß die Arbeitnehmer minderen Rechts im Aufsichtsrat sind; sie haben, wenn man so sagen will, sogar ein Mehr an Vertretung gegenüber dem Arbeitgebervertreter."

Diese Ausführungen sind auffallend. Einmal um ihres Inhaltes willen. Es handelt sich nicht um Mehrung und Minderung der Rechte der vom Betriebsrat entsandten Mitglieder, sondern um ihre Aufgabe, nach der dann die Pflichten und in einem gewissen Umfang auch die Rechte dieser Mitglieder sich bestimmen. Es handelt sich darum, ob diesen Mitgliedern eine Aufgabe hat gestellt werden sollen, der sie gewachsen sind, oder daneben auch noch eine, für die sie nach Herkunft, Vorbildung und Beruf wenn überhaupt, dann nur ganz ausnahmsweise einmal das unerläßliche Rüstzeug mitbringen. Und wenn zu dieser nahe und nächstliegenden Frage das Gesetz ausdrücklich sagt, das erstere sei ihre Aufgabe, so läßt sich das nicht damit aus der Welt schaffen, daß damit nur das Motiv des Gesetzgebers habe ausgedrückt werden sollen. Jedenfalls aber war, als das ARG in Angriff genommen wurde, der Zweifel schon aufgetreten und man hätte die beste Gelegenheit gehabt, ihn mit einer eindeutigen Vorschrift im Gesetz aus der Welt zu schaffen. Weit entfernt davon wird vielmehr in § 3 des Gesetzes mit allen anderen Vorschriften des BRG auch die des § 70 ausdrücklich aufrecht erhalten. Es ist offenbar so, daß man den Mut, mit welchem der Verfasser der Motive sagt, was er meint, in den Vorschlägen zum Wortlaut des Gesetzes, die man dem Parlament unterbreitete, nicht aufgebracht hat., um deren Annahme im Reichstag nicht zu gefährden. Die Verwendung der Materialien zur Auslegung eines Gesetzes ist keineswegs so unerlaubt, wie es oft behauptet wird. Aber wenn es überhaupt Fälle gibt, wo das Bedenken dagegen zutrifft, so ist es ein Zusammenhang der Dinge, wie er hier vorliegt. — Indem die herrschende Lehre den Motiven folgt und nicht dem Gesetz, sieht sie sich zu einer Auffassung gedrängt, die als ungeheuerlich zurückgewiesen werden muß; die Mitglieder des Betriebsrats sollen wie dieselben Rechte, so auch dieselben Pflichten wie die ordentlichen Mitglieder haben. Sie sollen eine Verantwortlichkeit tragen, der sie, wie ganz offen zutage liegt, in der Regel nicht gewachsen sind. Sie sollen nach Zivilrecht mit ihrem Vermögen, d. h. hier wenn überhaupt, mit ihren Ersparnissen, vor dem Strafrichter mit Ehre und Freiheit einstehen — was freilich weniger ins Gewicht fällt, weil fast ausschließlich nur Vorsatz strafbar macht —, für Dinge, für welche ein vernünftiger Mensch sie niemals verantwortlich machen wird und daher, wie man vertrauen darf, auch der Richter nicht. Schreiber in R u. W 1922,337; Königsberger in DJZ. 1922, 378. — Daß Beamte der Gesellschaft nicht Mitglieder des Aufsichtsrats sein können (§ 248 I), kann hier nicht gelten. Dagegen müssen sich die Betriebsratsmitglieder bei allen für sämtliche Mitglieder des Aufsichtsrats vorgeschriebenen Anmeldungen zum Handelsregister beteiligen (§§ 195, 280, 284). Hier kann die Gesellschaft auf Schwierigkeiten stoßen, wenn das Mitglied die Beteiligung ablehnt. Mit Klage und Urteil ist nicht zum Ziel zu kommen (§ 195 Erl 3 c) und die Gesellschaft ist nicht in der Lage, das Mitglied zu entlassen. — Die außerordentlichen Mitglieder sind durch das Gericht (§ 199 I Z. 4) oder durch den Vorstand (§ 244) öffentlich bekannt zu machen. Anders BauersZ 28, 83, weil die Öffentlichkeit kein Interesse an diesen Persönlichkeiten habe; das kann dahingestellt bleiben, jedenfalls muß der Registerrichter unterrichtet sein, um zu prüfen, ob alle angemeldet haben. — Statutenbestimmungen darüber, aus wieviel Mitgliedern der Aufsichtsrat bestehen muß, aus wie vielen mindestens, darüber, wie viel zur Beschlußfassung erforderlich sind, kann man, soweit die Statutenbestimmung schon galt, als das Gesetz erging, nur von den ordentlichen Mitgliedern verstehen, während von späteren Statutenbestimmungen im Zweifel das Gegenteil anzunehmen ist. In die gesetzliche Mindestzahl des § 243 können die außerordentlichen Mitglieder nicht eingerechnet werden. — Fallen ordentliche Mitglieder aus, so hört darum der Aufsichtsrat nicht auf, zu bestehen, wie sehr sich auch das Verhältnis der ordentlichen zu den außerordentlichen Mitgliedern verschieben mag. Das Gegenteil wird man aber annehmen müssen, wenn alle ordentlichen Mitglieder ohne unverzüglich anschließenden Ersatz ausscheiden. Daß das einzelne Mitglied Beschlüsse der Generalversammlung anfechten und die Nichtigkeitsklage nach § 309 erheben kann, gilt auch von den außerordentlichen Mitgliedern. — In JW 1924, 1183[15] (Braunschweig) ist den Mitgliedern des Aufsichtsrats der Anspruch, an den Generalversammlungen teilzunehmen, abgesprochen worden, weil ein solcher Anspruch den Aufsichtsratsmitgliedern überhaupt nicht zustehe. (Zustimmend mit eingehender Besprechung der Literatur J. Fuchs das. Fußnote.) Das beruht auf einer Verkennung des Wesens der Generalversammlung, die nicht eine Versammlung der Aktionäre ist, sondern die verkörperte Gesellschaft selbst; Erl 4 a zu § 235. Zu ihr gehören auch Vorstand und Aufsichtsrat. Die Versammlung kann stattfinden, auch wenn einzelne oder alle Mitglieder der beiden Organe nicht erscheinen, wie ja auch in der Regel alle Aktionäre bis auf einen ausbleiben können. Aber sie müssen erscheinen, wenn es verlangt wird, und vor allem hat jedes Mitglied den Anspruch darauf, daß es zugelassen wird. Das steht im Gesetz nur deshalb nicht, weil es zu selbstverständlich ist, wie denn auch bis vor kurzem niemals der geringste Zweifel daran aufgetreten ist. Erst das BRG hat mit dem Wunsche den Gedanken geweckt. Es kann nicht zugegeben werden, daß die Generalversammlung unter Umständen ein berechtigtes Interesse daran haben könnte, die Mitglieder des Aufsichtsrats oder einzelne von ihnen auszuschließen; die Beratungen über Einzelheiten des Anstellungsvertrages können sehr wohl auch in Gegenwart des Mitgliedes stattfinden und über die Abberufung eines Mitgliedes sollte gerade nicht entschieden werden, ohne es gehört zu haben. — Übrigens können gerade diese Fälle bei den Mitgliedern des Betriebsrats nicht vorkommen. Wie hier Gundlach in JW 1924, 156; Dersch ARG § 14 b II; a. A. Goldschmit JW 1924, 1121; Güldenagel in ZGW 1924, 44; Friedländer ARG S. 101 unter c.

Wenn der Aufsichtsrat in seinen Sitzungen gültige Beschlüsse nur fassen kann, wenn allen Mitgliedern die Gelegenheit geboten war, zu erscheinen, so gilt das auch von den Betriebsratsmitgliedern.

Nach § 3 ARG finden die für die ordentlichen Mitglieder geltenden gesetzlichen Bestimmungen auf die außerordentlichen Mitglieder Anwendung. Es ist nicht sicher, ob und inwieweit das auch von statutarischen Bestimmungen gilt. Soweit im Statut der Aufgabenkreis des Aufsichtsrats erweitert wird, muß die herrschende Lehre die Ausdehnung auch für die außerordentlichen Mitglieder in Anspruch nehmen, für ihre Rechte und für ihre Pflichten. Dagegen können Verpflichtungen anderer Art nicht schlechthin auch die Ratsmitglieder treffen. Vgl. Jacusiel, Die Rechtstellung der Betriebsratsmitglieder S. 67 ff., der als Beispiele von Fällen letzterer Art anführt die Verpflichtung, Aktien zu hinterlegen, Sicherheit zu leisten, Konkurrenz zu unterlassen, an einem bestimmten Ort zu wohnen; BauersZ 28, 83. Übrigens haben die Gesellschaften in Beziehung auf statutarische Bestimmungen und deren Änderung nach wie vor freie Hand. Vgl. RG 107, 222 (JW 1924, 1144[11] und 1145[12]): Die Gesellschaft ist nicht genötigt, diese Bestimmungen so zu schaffen, zu belassen oder zu ändern, daß sie anderen als den aktienrechtlichen Bestimmungen Genüge leisten; sie ist namentlich nicht verpflichtet, dem Aufsichtsrat solche Aufgabe zuzuweisen, welche die Interessen und Forderungen der Arbeitnehmer, deren Ansichten und Wünsche hinsichtlich der Organisation des Betriebes betreffen; sie ist nicht gehindert, dem Aufsichtsrat bestimmte Gegenstände wieder zu entziehen und anderen Organen zuzuweisen, auch wenn es in der Absicht geschieht, eine Mitwirkung der Betriebsratsmitglieder zu unterbinden." Und ferner: „Zurückzuweisen ist das Verlangen der Betriebsratsmitglieder nach fortgesetzter Beteiligung an den Arbeiten des Aufsichtsrats und die Auffassung, der Aufsichtsrat habe seine Geschäfte ausnahmslos in Sitzungen zu erledigen, weil damit letzten Endes die Bildung von Ausschüssen unmöglich gemacht würde."

Dem letzteren Ausspruch gegenüber kann man sehr wohl die Frage aufwerfen, ob nicht dem Gesetze allein entspricht, daß, wenn schon Ausschüsse gebildet werden sollen, jedenfalls insofern, als deren Zuständigkeit im Rahmen der gesetzlich vorgeschriebenen Aufgaben des Aufsichtsrats liegt, zu jedem Ausschuß ein Ratsmitglied zugezogen wird. S. auch RG in JW 1924, 1144, 11.

In BauersZ 29, 146 wird darauf hingewiesen, daß die Entsendung von Betriebsratsmitgliedern fortfällt, wenn die A-Gesellschaft ihr gesamtes Unternehmen an einen Einzelunternehmer (oder offene Handelsgesellschaft usw.) verpachtet. Das ist richtig, wenn die Pachtung ernsthaft gemeint ist.

§ 244.

Jede Änderung in den Personen der Mitglieder des Aufsichtsrats ist von dem Vorstand unverzüglich in den Gesellschaftsblättern bekanntzumachen[1]. Der Vorstand hat die Bekanntmachung zum Handelsregister einzureichen[2].

1. Die Persönlichkeiten, aus welchen der Aufsichtsrat besteht, müssen öffentlich bekannt gemacht werden. In Beziehung auf die Mitglieder des ersten Aufsichtsrats geschieht das durch die in § 199 vorgeschriebene Bekanntmachung des Gerichts (Abs I Z. 4). Im Fortgang der Ereignisse ist dann jede Änderung in den Personen (nicht aber Änderungen in den Personalien, § 199 I Z. 4) durch den Vorstand in den Gesellschaftsblättern (§ 182 II Z. 6 III) unverzüglich bekannt zu machen. Findet nach Ablauf der bestimmten Zeit Wiederwahl statt, so bedarf es keiner Bekanntmachung. Es soll ferner jedermann in der Lage sein, sich Kenntnis von der Zusammensetzung des Aufsichtsrats zu verschaffen. Dafür ist — wie in Beziehung auf die jährliche Bilanz § 265 II — durch die Vorschrift gesorgt, daß die veröffentlichte Bekanntmachung — offenbar also in je einem Exemplar jeder der Zeitungen, in welcher sie erfolgen mußte — zum Handelsregister einzureichen ist. Die Einreichung ist nötigenfalls durch Androhung von Ordnungsstrafen zu erzwingen, § 14; und zwar nicht nur nachdem die Bekanntmachung erfolgt ist, sondern vor allem, sobald sie erfolgen soll. Makower § 244 III. Solange Zweifel bestehen, ob das Mitglied wirksam die Stelle niedergelegt hat, muß die Bekanntmachung unterbleiben. RJA 12, 40 (KG).

Gesetzliche Publizitätswirkungen sind mit der Bekanntmachung und deren Einreichung zum Handelsregister nicht verbunden. A. A. Staub-Pinner § 244[3]; Brand § 244[3] d, einigermaßen unsicher Lehmann-Ring § 244[2], wie hier Goldschmit AR § 244[2] f.

2. Zweifelhaft ist, ob die Bekanntmachung auch zum Handelsregister der Zweigniederlassung, wo eine solche besteht, einzureichen ist. Da hier die Mitglieder des Aufsichtsrats nicht angemeldet werden, es sei denn, daß die Zweigniederlassung innerhalb der ersten zwei Jahre und nach Entstehung der Gesellschaft angemeldet und eingetragen wird (§§ 201 IV, 199 Z. 4), so hat, wenigstens in den übrigen Fällen, die Einreichung der Bekanntmachung eigentlich keinen Zweck. Lehmann-Ring § 244[3] nimmt daher an, daß die Bekanntmachung nicht eingereicht zu werden braucht. Nach Goldmann § 244[4] wäre zu unterscheiden und die Bekanntmachung einzureichen, wenn der erste Aufsichtsrat bei der Zweigniederlassung angemeldet worden ist. OLG 9, 243 (KG) wendet das Gesetz an, wie es lautet, was wohl das Richtigste ist. Nach § 13 HGB sind auch die vorgeschriebenen Einreichungen beim Handelsregister der Zweigniederlassung zu bewirken. Das ist unterschiedslos zu befolgen. Ebenso Staub-Pinner § 244[4]; Goldschmit AR § 244[9].

§ 245.

Erhalten die Mitglieder des Aufsichtsrats für ihre Tätigkeit eine Vergütung[1], die in einem Anteil am Jahresgewinne besteht[2], so ist der Anteil von dem Reingewinne zu berechnen, welcher nach Vornahme sämtlicher Abschreibungen und Rücklagen sowie nach Abzug eines für die Aktionäre bestimmten Betrags von mindestens vier vom Hundert des eingezahlten Grundkapitals verbleibt[3].

Ist die den Mitgliedern des Aufsichtsrats zukommende Vergütung im Gesellschaftsvertrage festgesetzt, so kann eine Abänderung des Gesellschaftsvertrags, durch welche die Vergütung herabgesetzt wird, von der Generalversammlung mit einfacher Stimmenmehrheit beschlossen werden[4].

Den Mitgliedern des ersten Aufsichtsrats kann eine Vergütung für ihre Tätigkeit nur durch einen Beschluß der Generalversammlung bewilligt werden. Der Beschluß kann nicht früher als in derjenigen Generalversammlung gefaßt werden, mit deren Beendigung die Zeit, für welche der erste Aufsichtsrat gewählt ist, abläuft[5].

1. a) Die Mitglieder des Aufsichtsrats erhalten für ihre Tätigkeit eine Vergütung, wenn es im Anstellungsvertrage vereinbart worden oder wenn es im Gesellschaftsvertrag bestimmt und im Anstellungsvertrag nicht etwas davon abweichendes bedungen worden ist, Lehmann-Ring § 245[1]. Die Vergütung kann in einem festen Gehalt bestehen, oder in Teilnahme am Jahresgewinn (Tantieme); es kann auch beides verbunden sein, auch so, daß ein Mindestbetrag der Tantieme gewährleistet wird. Ein solcher Mindestbetrag ist rechtlich festes Gehalt, das auch zu zahlen ist, wenn das Jahr Verlust bringt, RG in LZ 1911, 66[2]. Es kommt auch vor, daß einzelnen Mitgliedern für besondere Art der Betätigung Sondervergütung bedungen wird,

BankArch 14, 107. Kommen sie in die Lage, für die Gesellschaft Aufwendungen zu machen, so ist im Zweifel anzunehmen, daß sie deren Erstattung nach § 670 BGB beanspruchen können. Vgl. Bauer 25, 98 (Auftrag, Betriebe, deren Erwerb ins Auge gefaßt war, zu prüfen); OLG 19, 327 (Hamburg). Das Mitglied geht des Rechts, Ersatz für Aufwendungen zu fordern, nicht dadurch verlustig, daß es nicht darauf bestanden hat, daß der Posten in die Jahresrechnung aufgenommen wird, mag das auch darauf zurückzuführen sein, daß es erst später, als das Verhältnis gespannt wurde, den Entschluß faßte, den Anspruch zu erheben. — Der Tantiemesteuer unterliegen auch Sondervergütungen, welche Mitglieder des Aufsichtsrats für besonders übernommene Leistungen beziehen, sofern sie sie in dieser ihrer Eigenschaft zu beschaffen haben (Beaufsichtigen von Gebäuden und Grundstücken, Hypothekenverwertung, Abfassung von Verträgen, Erledigung von Steuer-, Gebühren-, Finanzfragen), RFH in JW 1922, 1609[7]. Vgl. auch JW 1910, 660[28]; RG 73, 356. S. aber auch RG in BankArch 14, 107. — Die Steuer ist durch § 32 II KörpStGes aufgehoben. S. aber das. § 17 Z. 4; ferner § 10 II.

Die Frage, ob die Aufsichtsratsmitglieder Vergütung beanspruchen können, wenn weder im Statut noch bei der Bestellung darüber eine Bestimmung getroffen worden ist, ist bestritten. Es ist zu unterscheiden. In den verhältnismäßig seltenen Fällen, daß das Unternehmen nicht auf Erwerb, überhaupt nicht auf einen wirtschaftlichen, sondern auf einen idealen oder humanen Zweck gerichtet ist, spricht keine Vermutung dafür, daß eine Vergütung in der Absicht der Parteien liege. In dem Regelfalle dagegen muß ausdrücklich gesagt werden oder es muß aus den Umständen deutlich hervorgehen, daß die Aufsichtsratmitglieder keine Vergütung zu beanspruchen haben. Haben z. B. die bisherigen Mitglieder keine Vergütung bekommen, so muß auch das neu eintretende Mitglied das gegen sich gelten lassen. Die herrschende Lehre geht dahin, daß ohne Unterschied im Zweifel Unentgeltlichkeit anzunehmen sei. Staub-Pinner § 245[3]; Brand § 245 2b. Wie hier Goldschmit AR § 245[2]

Im Zweifel ist anzunehmen, daß die Vergütung für alle Mitglieder die gleiche ist. Wird die Vergütung in ihrem Gesamtbetrage festgesetzt, so wird sie unter die Mitglieder nach Köpfen verteilt, ohne Rücksicht darauf, welches Maß von Arbeit der einzelne geleistet hat. Wenn vielfach üblich ist, daß der Vorsitzende des Aufsichtsrates einen größeren Anteil erhält, so versteht sich das doch nicht von selbst, muß vielmehr ausbedungen oder freiwillig zugestanden sein.

b) Der Vorstand kann, wenn er den Anstellungsvertrag mit dem Aufsichtsratmitglied abschließt, wirksam eine Vergütung nur insoweit zusagen, als er das Statut oder einen Beschluß der Generalversammlung hinter sich hat. Staub-Pinner § 245[3]. Vereinbart er ohne diese Ermächtigung einen Betrag, so ist das auch nicht aus dem Gesichtspunkt als wirksam anzuerkennen, daß der Betrag der angemessene sei. Denn wenn auch der Fall so liegt, daß unentgeltliche Tätigkeit nicht in der Absicht der Parteien gelegen hat, so ist es doch nicht Sache des Vorstandes, darüber zu bestimmen, welcher Satz angemessen ist, oder den Satz vertragsmäßig festzulegen, den er für angemessen hält. — Die Generalversammlung kann die Zahlung von angemessener Vergütung auch dann beschließen, wenn das Statut darüber nichts bestimmt. Und wenn das Statut bestimmt, daß Vergütung nicht gezahlt werden soll, so kann die Generalversammlung gleichwohl von Fall zu Fall d. h. von Jahr zu Jahr nachträglich eine Vergütung bewilligen, wenn es nach gehöriger Ankündigung des betreffenden Antrages beschlossen wird und niemand es beanstandet, JW 02, 255[22]; ROHG 22, 281. In gleicher Weise kann auch im einzelnen Fall der im Statut etwa bestimmte Satz oder Höchstsatz überschritten werden. Vgl. Goldschmit AR § 245[30].

c) Der Anspruch auf die Vergütung steht nicht dem Aufsichtsrat als solchem zu sondern den einzelnen Mitgliedern, einem jeden nach seinem Anteil, JW 1911, 400[10]. Anders ROHG 24, 354. Die Gesellschaft handelt auf ihre Gefahr, wenn sie den ganzen Betrag dem Vorsitzenden auszahlt, ihm überlassend, das Gezahlte unter den Mitgliedern zu verteilen. RG 75, 308. — Die Gesellschaft kann gegenüber dem Anspruch auf die Tantieme nicht einwenden, daß der Kläger sich um nichts gekümmert, überhaupt nichts geleistet habe, es sei denn, daß ihm als Mitglied des Aufsichtsrats ganz bestimmte Obliegenheiten zugewiesen waren, die von ihm nicht erfüllt worden sind, und auch das nicht, wenn gleichwohl die statutmäßige Gesamtvergütung unterschiedslos festgesetzt worden ist, RG eod. — Ist im Statut bestimmt, daß die Verteilung der Vergütung der Beschlußfassung des Aufsichtsrats unterliegt, so muß das nicht gleichmäßige Verteilung sein, vielmehr hat der Aufsichtsrat nach billigem Ermessen die Verteilung vorzunehmen, BGB § 315; OLG 22, 2 (KG). Nach OLG 24, 141 (Dresden) wäre dagegen eine andere Verteilung als nach Kopfteilen (unter einem Voraus für den Vorsitzenden) nur in allseitigem Einverständnis aller Mitglieder zulässig. Durch eine Statutenbestimmung dieser Art werden die Mitglieder nicht an den Aufsichtsrat als ihren Schuldner verwiesen, vielmehr muß die Gesellschaft den Betrag nach Anweisung des Aufsichtsrats verteilen, OLG Z 4, 141 (Dresden); LZ 1911, 438.

2. a) Der Anspruch auf die Tantieme wird fällig durch und mit der Genehmigung der Bilanz in Verbindung mit dem Beschluß über die Verwendung des Gewinnes, RFH 7, 115.

Scheidet ein Mitglied im Laufe des Geschäftsjahres aus, so nimmt es gleichwohl teil am Gewinn des ganzen Jahres, aber nur nach Verhältnis der Zeit, in welcher er in der Stellung war, zum ganzen Jahr, RG in Recht 21, 865; LZ 1920, 838[3] (Jena), wobei es also keinen Unterschied macht, daß die gewinnbringenden Geschäfte erst nach seinem Ausscheiden gemacht worden sind, Bauer 26, 185; OLG 24, 141 (Dresden). Dabei ist die Verschiebung zu beachten, welche durch die Neuerung von 1900 dadurch eingetreten ist, daß im regelmäßigen Turnus die Mitglieder nicht mit dem Ende des Geschäftsjahres, sondern erst mehrere Monate später ausscheiden (S. § 243 Erl 5). Ein Mitglied, das am 1. April eintritt (gesetzt, daß das Geschäftsjahr das Kalenderjahr ist), erhält, wenn es am 1. Oktober ausscheidet, nicht $^1/_2$ sondern $^3/_4$ der vollen Tantieme, während es, wenn es am 1. Januar ausscheidet, die volle Tantieme erhält, und mehr als das auch nicht, wenn es bis in den April hinein, bis zur ordentlichen Generalversammlung in seiner Stellung verbleibt.

b) Dieser Teilanspruch steht dem ausscheidenden Mitglied zu, gleichviel auf welchem Grunde sein Ausscheiden beruht. Wenn der Betreffende ohne ausreichenden Grund sein Amt niederlegt, so bleibt er Mitglied und der Fall des Ausscheidens liegt überhaupt nicht vor. S. § 243 Erl 7 c. Der Umstand, daß er vertragswidrig seine Tätigkeit eingestellt hat, ist nach den in RG 75, 308 (s. oben) entwickelten Grundsätzen zu beurteilen. Gibt ihm die Gesellschaft rechtswidrig Anlaß zur Kündigung, so hat er gleichwohl nicht Anspruch auf Fortbezug der Vergütung (s. Erl 6 a zu § 243). Ist im Statut oder Vertrag bestimmt, daß die Verteilung der Gesamt-Tantieme unter die Mitglieder dem Aufsichtsrat selbst überlassen bleibt, so darf dem ausgeschiedenen Mitglied nicht darum jede Beteiligung abgesprochen werden. Der Ausgeschiedene hat den Betrag, der unter Berücksichtigung aller Umstände als angemessen erscheint, zu fordern. Auch eine solche Bestimmung ändert daran nichts, daß dem einzelnen Mitglied gegenüber Schuldner die Gesellschaft ist, die aber erfüllt hat, wenn sie mit seiner Einwilligung den ganzen Betrag an den Vorsitzenden des Aufsichtsrats gezahlt hat. Anders KGBl 3, 14 in einem Fall, wo das Statut die Bestimmung enthielt, daß die Verteilung unter die Mitglieder Gegenstand der Beschlußfassung des Aufsichtsrats sei; in solchem Fall sei der Vorsitzende des Aufsichtsrats verpflichtet, für die unter seiner Geschäftsführung vorgenommene Verteilung einzutreten und nötigenfalls darüber Rechenschaft zu geben. Wie hier OLG 24, 141 (Dresden). Kommen mit einem Mitglied die übrigen Aufsichtsratmitglieder überein, daß es ausscheidet, so können sie ihm den Fortbezug der Vergütung nur in dem Sinne zusichern, daß sie ihm von der ihnen zukommenden Tantieme den angemessenen Betrag abgeben, Bauer 24, 129. — Verzichtet ein Mitglied auf die Tantieme, so ist das eine der Steuer unterliegende Schenkung, RG 98, 323.

c) Tritt die Gesellschaft in Liquidation, so bleibt der Aufsichtsrat in Tätigkeit und wenn die Vergütung in festen Bezügen besteht, so haben die Mitglieder Anspruch auf ihren Fortbezug a. A. Lehmann-Ring § 245[1]. (Im Fall KG Bl. 3, 14 ist die Tantieme von dem Liquidationserlös gezahlt worden; das kann nur auf einer Statutenbestimmung beruht haben, von der aber nichts mitgeteilt wird.) Dagegen wird der Anspruch auf Tantieme wertlos. Denn Jahresgewinn wird nicht erzielt. Das gilt auch von den Ergebnissen des Geschäftsjahres, in dessen Verlauf die Auflösung der Gesellschaft erfolgt. A. A. Cahn 178 f. (ziemlich willkürlich). Man wird aber anzunehmen haben, daß dem Aufsichtsrat Anspruch auf eine angemessene Vergütung zusteht, die aber im Zweifel erst mit Beendigung der Liquidation fällig wird, Goldschmit AR § 245[35].

d) Auch durch Eröffnung des Konkurses über das Vermögen der Gesellschaft hört die Tätigkeit des Aufsichtsrats nicht völlig auf. Der Konkursverwalter hat weder das Recht noch eine Veranlassung, die Bestellung zu widerrufen oder den Anstellungsvertrag zu lösen. Dagegen fällt auf seiten des Aufsichtsrats der Anspruch auf eine Vergütung für die Folgezeit fort, während der Anspruch wegen des bis zur Konkurseröffnung abgelaufenen Teiles des Jahres Konkursforderung ist, wenn es sich um feste Vergütung handelt. So RG 81, 338. Nach Staub-Pinner § 245[18] wäre zwar nicht die volle Vergütung fortzuzahlen, wohl aber in allen Fällen — und zwar offenbar als Masseschuld — ein der verminderten Tätigkeit des Aufsichtsrats entsprechender Betrag. Ähnlich, aber mit der unhaltbaren Unterscheidung zwischen Widerruf der Bestellung, für welchen der Konkursverwalter nicht zuständig wäre, und Kündigung des Dienstvertrages Goldschmit AR § 245[37]. Nach diesseitiger Auffassung muß man mit dem Reichsgericht annehmen, daß einerseits der Konkursverwalter nicht in der Lage ist, den Aufsichtsrat zu entlassen, anderseits eine Vergütung aus der Konkursmasse nicht beansprucht werden kann. Vgl. § 231 Erl 6 c und Erl 8.

e) Bei Nichtigkeit der Gesellschaft nach § 309 ist die Rechtslage des Aufsichtsrats dieselbe, wie bei jedem anderen Fall von Liquidation.

f) Der Anspruch auf Tantieme verjährt nach § 196 Z. 8 BGB in zwei Jahren. Der Lauf der Frist beginnt mit Schluß des Jahres, in welchem die Bilanz von der Generalversammlung genehmigt worden ist.

3. a) Abs. I und II sind — ebenso wie der von der Tantieme des Vorstandes handelnde § 237

— Zusatz der Novelle von 1900 und beruhen auf Beschlüssen der Reichstagskommission und des Reichstags selbst, die namentlich auch in der Vollversammlung erst nach lebhaften Auseinandersetzungen zustande gekommen sind. Hauptsächlich drehten sich die Erörterungen um den Antrag, zu bestimmen, daß es überhaupt unzulässig sei, die Vergütung des Aufsichtsrats allgemein und im voraus zu vereinbaren, daß sie vielmehr immer erst nachträglich von Jahr zu Jahr sollte beschlossen werden dürfen. Der Vorschlag scheiterte — wohl mit Recht — an dem Bedenken, daß es der Stellung der Aufsichtsratsmitglieder nicht würdig sei und peinlich wirken müsse, wenn die Frage der Vergütung immer wieder von neuem aufgerollt und entschieden werden müsse. Gilt danach auch in dieser Beziehung von der Tantieme des Aufsichtsrats nichts anderes wie von der des Vorstandes, so unterscheidet sich jene von dieser dadurch, daß der Anspruch des Aufsichtsrats erst zum Zug kommt, nachdem den Aktionären eine Vordividende von 4% (mindestens 4%) des einzelnen Grundkapitals zugeteilt ist.

b) Der Abs I stimmt — abgesehen von der Bestimmung über die 4%ige Vordividende — mit dem überein, was § 237 über die Berechnung der Tantieme vorschreibt. Das dort in Erl 2—4 über Jahresgewinn, Reingewinn, Abschreibungen und Rückstellungen Gesagte gilt auch hier. Ebenso wie der Vorstand ist der Aufsichtsrat mit seinen Prozenten Partizipant an der Gewinn-„Masse", und für den Aufsichtsrat kommt von dem zugrunde zu legenden Betrag weder selbstverständlich seine Tantieme in Abzug, noch auch die Tantieme des Vorstandes. Beträgt das eingezahlte Grundkapital 1 Million M., der Reingewinn 80 000 M. und haben Vorstand und Aufsichtsrat je 10% Tantieme zu beanspruchen, so fallen auf ersteren 8000 M., auf letzteren 4 000 M. (10% von 80 000 M. — 40 000 M. Vordividende) und nicht etwa nur 3200, nämlich 10% von 80 000 — (40 000 + 8000) = 32 000 M. So auch JW 1924, 1519; RG 91, 319. Wenn hier gesagt wird, daß eine Reihe angesehener Gesellschaften, namentlich in neuerer Zeit so verfahren, daß sie die Vorstandstantieme vorab kürzen, so ist das kein unzulässiges Verfahren, weil die gesetzliche Vorschrift nur in dem Sinne zwingend ist, daß sie nicht zugunsten des Aufsichtsrats geändert werden kann. Zu bedenken ist nur, daß Statutenbestimmungen dieser Art zu äußerst komplizierten Rechenexempeln nötigen können. Zwar läßt sich die Vorstandstantieme vom Betrag der 4% Vordividende leicht berechnen. Dagegen kann man die Vorstandstantieme vom Überschuß nur berechnen, wenn man den Gewinnvortrag auf neue Rechnung kennt, was erst der Fall ist, wenn man weiß, wie hoch die Aufsichtsratstantieme ist, die man wiederum nicht berechnen kann, so lange man nicht weiß, wie hoch die Vorstandstantieme ist. Und noch komplizierter wird die Aufgabe, wenn im Statut etwa bestimmt wird, daß nicht nur der Aufsichtsrat nicht von der Tantieme des Vorstandes, sondern auch der Vorstand nicht von der Tantieme des Aufsichtsrates Tantieme erhalten soll.

c) Die Bestimmung über die Vordividende kann zur Folge haben, daß der erzielte Gewinn nicht ausreicht, um alle Ansprüche, die sich rechnungsmäßig ergeben, zu befriedigen. Dann bringt es der Zusammenhang mit sich, daß nicht nur, wie es im Gesetz steht, die Vordividende Vorrang hat vor der Tantieme des Aufsichtsrats, sondern auch die Vorstandstantieme. Beträgt in obigem Beispiel der Gewinn 42 000 M., dann erhält der Vorstand 4200 M., auf die Aktionäre kommen 37 800 M., der Aufsichtsrat hätte rechnungsmäßig Anspruch auf 200 M., erhält aber nichts. Es ist klar, daß dieser Sachverhalt nur im Verhältnis des Aufsichtsrats zur Gesamtheit der Aktionäre eintreten kann. Wenn im Fall RG 91, 316 behauptet worden ist, daß der Vorstandstantieme der Vorrang vor der Vordividende gebühre, und wenn das Gericht darauf erwidert: als allgemeiner Rechtssatz treffe das nicht zu, aber nach dem Statut oder nach Herkommen könne es so sein, es könne aber auch die Tantieme der Dividende nachgesetzt werden, das Gesetz ordne keines von beiden an, vielmehr habe, wenn auch im Statut nichts stehe, die Generalversammlung frei zu bestimmen, wie ein Gewinn, der für beide Zwecke zusammen nicht ausreiche, verwendet werden soll, so ist das sichtlich falsch gedacht und wird von Claasen in HoldhMS 28, 68 mit Recht beanstandet. Die Vorstandstantieme ist die eine Quote des Gewinnes, von der die Dividende die andere Quote ist. Die Frage eines Rangstreites zwischen ihnen kann gar nicht aufgeworfen werden. So lange es überhaupt Dividende zu verteilen gibt, so lange muß auch notwendig die entsprechende Vorstandstantieme zur Hand sein, wie mit dem Dasein einer Summe notwendig zugleich jeder ihrer Bruchteile da ist. Aber auch die richtige Entscheidung, daß mit der Dividende die Vorstandstantieme gegebenenfalls, nämlich wenn der Gewinn nicht ausreicht, den Vorrang vor dem Aufsichtsrat hat, wird unrichtig begründet (a. a. O. S. 320). Nicht deshalb ist es so, daß der Aufsichtsrat leer ausgeht, weil er zwar Anspruch auf die Tantieme habe, sie aber wegen Mangels verfügbarer Masse nicht erlangen könne, wie das Reichsgericht sagt, auch nicht, wie dagegen Claasen behauptet, weil die 4200 M. Vorstandstantieme ein Bilanzpassivum sei, so daß in obigem Beispiel der Gewinn überhaupt nur 37 800 M. betragen habe (was, wenn es richtig wäre, von den 200 M. Aufsichtsratstantieme ebenfalls gelten müßte), sondern einfach weil der Tantiemeanspruch ein bedingter Anspruch ist und hier die Bedingung sich nicht erfüllt hat. Die Tantieme des Vorstandes ist bedingt dadurch, daß überhaupt ein Gewinn herauskommt, die des Aufsichtsrats dadurch, daß der Gewinn, welcher herauskommt, — wie das Gesetz ausdrücklich sagt, 4% des Grundkapitals, plus — wie daraus folgt — Tantieme des Vorstandes übersteigt. Denn die Meinung des Gesetzes ist doch unverkennbar, daß diese 4% der Einlage die Aktionäre erhalten sollen, sie sollen nicht nur eine Rechnungsgröße sein, und dafür steht eben nur der um die Vorstandstantieme gekürzte Betrag zur Verfügung. Es liegt also so, daß bei der Berechnung der Prozente die Vorstandstantieme nicht abgezogen wird, daß dagegen, wenn der Gewinn nicht ausreicht, alle Ansprüche zu befriedigen, dem Aufsichtsrat nicht nur die Vordividende, sondern auch die Vorstandstantieme vorgeht. Verfehlt ist die Entscheidung JW 1917, 739 (Köln), wonach die Vorstandstantieme nach ihrer Festsetzung zu einem Bilanzpassivum werde. Das wird sie allerdings, aber erst für das anschließende Jahr, wo es dann nicht nur von ihr, sondern auch von der Aufsichtsratstantieme und der Dividende gilt, bis sie abgehoben werden.

Die Vordividende beträgt auch dann nicht mehr als 4% des Grundkapitals, wenn Vorrechtsaktien angegeben worden sind, welche mit ihrem Dividenden-Anspruch den Stammaktien vorgehen, also auch dann, wenn bei der Verteilung der Vordividende auf die Stammaktien weniger als die 4% oder nichts entfällt.

4. Abs II ist in seiner Tragweite undeutlich. An sich handelt er nur von dem Fall, wo die Vergütung — gleichviel ob als fester Betrag oder in Gestalt von Tantieme — im Statut festgesetzt ist, und schreibt für diesen Fall vor, daß eine Änderung des Statuts mit einfacher Mehrheit beschlossen werden kann, wenn es sich um Herabsetzung der Vergütung handelt. Damit wäre jedenfalls bestimmt, daß nach Eintragung des Beschlusses in das Handelsregister keinem Aufsichtsratsmitgliede mehr höhere Bezüge versprochen werden können, während an den bestehenden Verträgen nichts geändert wird. (So Hachenburg in HoldhMS 1906, 145 ff., insbesondere 149; Goldschmit AG § 245[21] und die dort zitierte Entscheidung.) Man geht aber wohl nicht fehl, wenn man annimmt, daß es dem Gesetzgeber nicht nur auf diesen bescheidenen Effekt angekommen ist, daß er vielmehr hat sagen wollen, daß von Rechtswirksamkeit des Beschlusses an die höhere Vergütung auch nicht mehr gezahlt werden soll, wobei es denn keinen Unterschied macht, ob das Mitglied lediglich auf das Statut hin angestellt worden ist, oder ob im Anstellungsvertrag der Vergütung ausdrücklich Erwähnung geschehen ist. Aber rückwirkende Kraft wird man einem solchen Beschluß nicht beimessen können, so daß, wenn er mitten im Laufe des Geschäftsjahres gefaßt wird, die Herabsetzung erst für das folgende Jahr in Kraft tritt (a. A. Lehmann-Ring § 245[3]; Makower § 245 II c, die aber unterlassen zu sagen, wie sie sich die Berechnung nach Verhältnis der abgelaufenen Zeit denken). Im Geist der Vorschrift liegt endlich auch, sie auch dann entsprechend anzuwenden, wenn im Statut über die Höhe der Vergütung nichts gesagt ist, und durch Statutenänderung ein Satz eingeführt wird, welcher hinter dem vereinbarten Satz zurückbleibt; Lehmann-Ring § 243[3]; Makower § 245 II b. Für die Mitglieder des Aufsichtsrats ist ein solcher Beschluß ein wichtiger Grund, ihre Stelle mit dem Zeitpunkt niederzulegen, wo die Minderung der Vergütung in Wirkung tritt. Lehmann-Ring § 243[3], im Ergebnis auch Makower § 245 II c. Nach Staub-Pinner § 245[4] wäre die ganze Vorschrift unanwendbar, wenn die Vergütung im Anstellungsvertrag ausdrücklich festgesetzt worden ist. Richtig ist, daß, worauf Staub-Pinner hinweist, die Generalversammlung jederzeit in der Lage ist, die Bestellung überhaupt zu widerrufen. Indessen kann das nur mit qualifizierter Mehrheit beschlossen werden.

5. a) Den Mitgliedern des ersten Aufsichtsrats kann im voraus eine bindende Zusage, ob und wieviel Vergütung sie erhalten, nicht gemacht werden. Es kann wohl im Statut bestimmt werden, wie hoch die Vergütung des Aufsichtsrats sein soll. Aber das gilt nicht von dem ersten Aufsichtsrat. Die herrschende Lehre folgert daraus, daß das Vertragsverhältnis zwischen ihm und der Gesellschaft niemals Dienstverhältnis, sondern Auftrag sei, was insofern namentlich praktisch von Bedeutung ist, als die Mitglieder dann jederzeit, nur nicht zur Unzeit, die Stelle niederlegen könnten. Dem psychologischen Tatbestand dürfte das kaum gerecht werden. Es wird doch — und zwar mit vollem Recht — von vornherein und von beiden Seiten mit größter Bestimmtheit darauf und damit gerechnet, daß, wenn nicht ganz besondere Klagen laut werden, eine Vergütung beschlossen werden wird. Es kann garnicht daran gezweifelt werden, daß die Mitglieder des Aufsichtsrats gewillt sind, sich im Sinne eines entgeltlichen Vertrages zu verpflichten, die Gesellschaft in diesem Sinne den Vertrag versteht. Vergütung ist ja nicht verboten. Sie soll nur nicht im voraus versprochen werden. Es wird ja auch niemandem einfallen, die Vergütung, die schließlich beschlossen wird, für eine Schenkung zu erklären.

b) Die Generalversammlung, welche allererst rechtswirksam eine Vergütung beschließen kann, ist dieselbe, mit deren Ablauf das Amt aller Mitglieder ein Ende nimmt (sofern sie nicht wiedergewählt werden). Es ist also, wenn das erste Geschäftsjahr nicht ein volles Jahr dauert, nicht die erste, sondern die zweite ordentliche Generalversammlung nach Entstehung der Gesellschaft, was übrigens, wenigstens soweit Tantieme in Frage kommt, auch schon deshalb nicht anders sein kann, weil in diesem Fall nach richtiger Ansicht überhaupt erst mit dem zweiten Jahresabschluß Gewinn verteilt werden darf (s. Erl 5 a zu § 213).

Verfehlt erscheint die Auffassung, daß auf diesen Beschluß der Abs I als zwingende Norm Anwendung finde, wenn die bewilligte Vergütung in Tantieme besteht (Staub-Pinner § 245[1]; Goldschmit AR § 245[43]). Denn überhaupt hat hier, wie immer bei einmaligen Bewilligungen für den konkreten Fall, die Generalversammlung ganz freie Hand. Höchstens könnte in Frage kommen, ob in solchem Fall dem Abs I nicht wenigstens die Bedeutung einer Auslegungsvorschrift zukommt. Vgl. hierzu Erl 2a zu § 237.

c) Wird entgegen der Vorschrift des Abs III die Vergütung berechnet und gezahlt, so kann die Gesellschaft Zurückzahlung des Betrages verlangen. Davon, daß nach § 817 Satz 2 BGB die Rückforderung ausgeschlossen wäre, kann keine Rede sein. Denn überhaupt liegen die Voraussetzungen des § 817 Satz 1 nicht vor. Das Verbot des Abs III richtet sich gegen die Gesellschaft, nicht gegen den Aufsichtsrat und das Mitglied, welches die Vergütung annimmt, verstößt damit nicht gegen ein gesetzliches Verbot. Der Anspruch der Gesellschaft gründet sich ausschließlich auf § 812 BGB. Sind nach dem Gesetz unverbindliche Vereinbarungen getroffen, oder ist auch ohne das in die zur Beschlußfassung vorgelegte Bilanz ein Posten als Vergütung des Aufsichtsrats eingestellt, so kommt es zu einem dem Abs III entsprechenden Beschluß der Generalversammlung nur, wenn in Form eines ausdrücklich auf die Festsetzung der Vergütung gestellten Antrages darüber besonders abgestimmt wird.

§ 246.

Der Aufsichtsrat[2] hat die Geschäftsführung der Gesellschaft in allen Zweigen der Verwaltung zu überwachen und sich zu dem Zwecke von dem Gange der Angelegenheiten der Gesellschaft zu unterrichten[1]. Er kann jederzeit über diese Angelegenheiten Berichterstattung von dem Vorstande verlangen und selbst oder durch einzelne von ihm zu bestimmende Mitglieder die Bücher und Schriften der Gesellschaft einsehen sowie den Bestand der Gesellschaftskasse und die Bestände an Wertpapieren und Waren untersuchen. Er hat die Jahresrechnungen, die Bilanzen und die Vorschläge zur Gewinnverteilung zu prüfen und darüber der Generalversammlung Bericht zu erstatten[3].

Er hat eine Generalversammlung zu berufen, wenn dies im Interesse der Gesellschaft erforderlich ist[4].

Weitere Obliegenheiten des Aufsichtsrats werden durch den Gesellschaftsvertrag bestimmt[5].

Die Mitglieder des Aufsichtsrats können die Ausübung ihrer Obliegenheiten nicht anderen übertragen[6].

1. a) Der § 246 I bestimmt allgemein und grundsätzlich die Aufgabe und die Obliegenheiten des Aufsichtsrats. Ergänzt wird er durch eine Anzahl von Einzelbestimmungen: §§ 192, 193, 196 III (Mitwirkung beim Gründerbericht); § 267 II (Bericht bei sogenannter Nachgründung); § 260 II (Prüfung der Jahresbilanz und Äußerung dazu); §§ 195, 280, 284 (Mitwirkung bei Anmeldungen zum Handelsregister); §§ 247 I, 272, 236 III (Vertretung der Gesellschaft); §§ 271 IV, 247 II, 268 II, 309 (Anfechtungs- und andere Klagen); §§ 254 III, 246 II (Berufung einer Generalversammlung); § 238 (Bestellung von Prokuristen); § 266 (Bestellung von Revisoren); § 222 IV (Genehmigung der Veräußerung von Kleinaktien); § 248 (Vertretung von Vorstandsmitgliedern); § 274 I (Redaktion von Statutenänderungen); § 295 II, III (Ernennung und Abberufung von Liquidatoren); § 246 IV (keine Delegation); § 246 III (statutenmäßige Erweiterung der Obliegenheiten); §§ 249, 204, 268 (Haftung).

b) Die allgemeine und wesentliche Aufgabe des Organes ist die Überwachung der Geschäftsführung der Gesellschaft in allen Zweigen der Verwaltung. Ursprünglich lautete die Vorschrift, daß der Aufsichtsrat den Vorstand zu überwachen habe bei seiner Geschäftsführung in allen Zweigen der Verwaltung. Die jetzige Fassung beruht auf der Novelle von 1900. Die Änderung will wohl besagen, daß die Überwachung sich nicht auf das beschränkt, was unmittelbar von den Vorstandsmitgliedern selbst ausgeht. Daß der Aufsichtsrat oder das einzelne Mitglied befugt seien, den Angestellten unter Übergehung des Vorstandes Weisungen zu erteilen, kann darin nicht gefunden werden. Nach RG 48, 44 ist der Aufsichtsrat berufen, möglichst unabhängig von den Gründern und demnächst von dem Vorstand die Gerechtsame nicht nur der Aktionäre, sondern auch der Gläubiger der Gesellschaft wahrzunehmen.

c) Weiter macht das Gesetz dem Aufsichtsrat zur Pflicht:
sich zu dem Zweck der Kontrolle von dem Gang der Angelegenheiten der Gesellschaft zu unterrichten.

Es verleiht ihm das Recht
auf Berichterstattung des Vorstandes,
auf Einsicht in die Bücher und Schriften der Gesellschaft,
auf Untersuchung der Bestände von Geld, Wertpapieren, Waren.

Dazu sagen die Mot. von 1884 S. 76: Lassen sich auch die Pflichten des Aufsichtsrats nicht in ausreichender Weise gesetzlich spezialisieren, so darf doch nicht dem Ermessen des Aufsichtsrats überlassen bleiben, ob und wie er eine Revision der Geschäftstätigkeit des Vorstandes eintreten lassen will; es muß ihm vielmehr als Pflicht auferlegt werden, sich von dem Gange der Angelegenheiten der Gesellschaft zu unterrichten, und zu dem Zwecke müssen auch seine Befugnisse dahin erweitert oder präzisiert werden, daß er jederzeit von dem Vorstand in allen Dingen soll Berichterstattung verlangen, Revisionen nicht bloß selbst, sondern durch einzelne Mitglieder soll vornehmen und die Revisionen außer der Kasse auf die Bestände an Waren und sonstigen Werten soll erstrecken dürfen. Also zu Kassen- und anderen Bestandsrevisionen ist der Aufsichtsrat nicht schlechhin verpflichtet, aber er ist dazu befugt, wenn ihm die Umstände dazu Veranlassung geben. Die Verwaltung von Wohlfahrtskassen des Unternehmens ist vom Aufsichtsrat auch dann zu überwachen, wenn sie völlig getrennt geführt wird; Bauer 24, 149.

Weiter ist Vorschrift, daß der Aufsichtsrat den jährlichen Rechnungsabschluß der Bilanz und die Gewinnverteilungsvorschläge zu prüfen und darüber der Generalversammlung Bericht zu erstatten hat, daß er befugt und verpflichtet ist, erforderlichen Falles eine Generalversammlung zu berufen, und schließlich die allgemeine Bestimmung, daß die Mitglieder die Obliegenheiten persönlich wahrnehmen müssen, sich darin nicht durch ein anderes Mitglied des Aufsichtsrats und noch weniger durch Dritte vertreten lassen können.

2. a) Alle in § 246 aufgezählten Obliegenheiten treffen nach dem Ausdruck des Gesetzes den Aufsichtsrat als solchen; RJA 6, 191 (KG); JW 1904, 100[30]; RG 93, 340. Nur in Beziehung auf Büchereinsicht und Kassen- sowie andere Bestandsrevision sieht das Gesetz die Ausführung durch einzeln delegierte Mitglieder vor. Daraus darf man nicht schließen, daß in jeder anderen Beziehung der Aufsichtsrat nur als Kollegium tätig werden kann. Allerdings lautet es in den Mot von 1884, es müsse bedenklich erscheinen, den einzelnen Mitgliedern das Kontrollrecht usw. einzuräumen; es lasse sich nicht verkennen, daß ein beständiges Eingreifen der einzelnen Mitglieder des Aufsichtsrats die Gefahr in sich bergen würde, daß eine tatkräftige Geschäftsleitung des Vorstandes gelähmt werde, auch daß einzelne Aufsichtsratsmitglieder die erlangte Kenntnis der inneren Verhältnisse der Gesellschaft, der Bezugsquellen und Geschäftsverbindungen im eigenen Interesse ausbeuteten. Das letztere ist ganz unverständlich. Von den inneren Angelegenheiten soll doch gerade der Aufsichtsrat Kenntnis nehmen und ob dann das Mitglied allein oder mit den anderen zusammen die Dinge erfährt, macht keinen Unterschied. Und was das „beständige Eingreifen" des Einzelnen angeht, so ist wohl klar, daß man darunter ein übermäßiges, die Geschäftsleitung unangemessen belästigendes Eingreifen zu verstehen hat, das dem Aufsichtsrat im ganzen ebenso zu versagen ist, wie seinen einzelnen Mitgliedern. Tatsächlich ist die Vorschrift — so verstanden — gar nicht einzuhalten. Gerade der Hauptaufgabe der Kontrolle würden damit Fesseln angelegt sein, die eine wirksame Durchführung nur verhindern würden. Es kann gar nicht ausbleiben, daß nicht nur die Bestandrevisionen — die übrigens gerade wegen ihrer Umständlichkeit am ehesten noch ebensogut wie durch eine Persönlichkeit durch ein Kollegium, wenn auch nicht gerade von 20 Mitgliedern oder mehr, vorgenommen werden können — Einzelnen übertragen werden, sondern auch überhaupt die Mitglieder sich in die dem Aufsichtsrat obliegenden Aufgaben teilen, teilen nicht nur nach Gegenständen oder nach Zweigen der geschäftlichen Verwaltung, sondern auch nach Intensität der Betätigung. Es kann gar nicht ausbleiben, daß nach Persönlichkeit der Mitglieder und nach anderen Umständen, Ortsanwesenheit u. ä., einzelne Mitglieder näher als andere Fühlung nehmen mit dem laufenden Geschäftsgang, Einsicht gewinnen in die tatsächlichen Verhältnisse, z. B. in Quantität, Qualität, Wert der Bestände, Wert der Anlagen, und wenn auch keinem von ihnen von Rechts wegen erlaubt sein kann, sich um nichts zu kümmern, und als Grundsatz gelten muß, daß das einzelne Mitglied sich auch nicht damit begnügen darf, daß er das ihm Zugewiesene tut, sondern auch zugleich ein Auge auf die Tätigkeit der andern zu werfen hat, so darf auch wiederum nicht verkannt werden, daß dem Einzelnen — wofern nicht besonderer Anlaß zu Mißtrauen gegeben ist — kaum mehr zur Verfügung steht, als daß er sich von den Kollegen berichten läßt, was ihrerseits gesehen, geschehen und etwa angeordnet worden ist. RG in Recht 1919, 128. Vgl. auch RG 93, 338 und dazu Pinner in JW 1918, 817 Fußnote. Das Gesetz sagt nicht, daß es den Mitgliedern des Aufsichtsrats gestattet sei, sich in ihre Aufgaben nach sachlich deutlich geschiedenen Ressorts zu teilen. Aber es verbietet es auch nicht und die Rechtsprechung ist nicht gehindert, ein Verfahren gelten zu lassen, das allein den Anforderungen des Lebens entspricht und nur nützlich wirken kann. Wo der Vorwurf einer Fahrlässigkeit das Mitglied nach freier, natürlich-menschlicher Beurteilung nicht trifft, da darf es auch nicht haftbar gemacht werden. Man kann dagegen nicht darauf hinweisen, daß die Aktionäre durch die vielleicht klangvollen Namen der Aufsichtsratsmitglieder sich haben ver-

leiten lassen. Denn es ist doch nun einmal der Rechtszustand, daß auch das potente Mitglied nicht haftet, wenn es nicht schuldig ist, und will man jener Erwägung, die ja keineswegs grundlos ist, Rechnung tragen, so darf das doch nicht durch eine Rechtsprechung geschehen, welche nicht umhin kann, als ungerecht empfunden zu werden. Soll es anders sein, dann lasse man das Gesetz sprechen: einer für alle und alle für einen. Dann weiß wenigstens jedermann, wessen er sich zu versehen hat. — Es ist beachtenswert, daß von sachverständiger Seite gesetzlich eine ressortmäßige Arbeitsteilung innerhalb des Kollegiums, die Schaffung von Dezernaten und nach diesen gesonderter Haftpflicht vorgeschlagen worden ist, Steinitzer, Ökonomische Theorie der A-Gesellschaft S. 160. — Über Bildung von Ausschüssen im Aufsichtsrat vgl. RG 107, 222; RG in JW 1924, 1144[11]; Ring I, 227. S. auch § 231 Erl 5 b.

Immer wird auch darauf etwas ankommen, um was es sich im gegebenen Fall handelt. Wenn ein einzelnes Mitglied mit dem Anspruch auftritt, die Kasse oder andere Bestände zu revidieren oder eine ähnliche lästige und zugleich vielleicht auch auffällige Maßregel zu ergreifen, braucht sich der Vorstand darauf allerdings nur einzulassen, wenn es im Auftrag des ganzen Kollegiums geschieht. — Die Rechtsprechung hält sich, wenigstens mit Worten, an den Wortlaut des Gesetzes OLG 4, 469 (Hamburg).

b) Mehrere Vorschriften des Gesetzes treffen ausdrücklich nicht den Aufsichtsrat als Ganzes sondern die einzelnen Mitglieder: §§ 192, 271 IV, 309. An den in §§ 195, 280, 284 vorgeschriebenen Anmeldungen müssen sich alle Mitglieder beteiligen.

c) Anders wie mit der laufenden Überwachung der Verwaltung verhält es sich mit der Prüfung der Jahresrechnung und Bilanz und der Berichterstattung hierüber. An ihnen muß sich jedes Mitglied beteiligen. Mag auch naturgemäß der Bericht nur von einem von ihnen verfaßt sein, so übernimmt doch jeder die Verantwortung für alles, was ohne seinen Widerspruch berichtet wird, RG 90, 208; JW 1900, 664[19]. Wenn auch die Prüfung von dem Vorsitzenden und einem fachmännisch gebildeten Mitglied vorgenommen worden ist, dürfen die anderen Mitglieder sich nicht hierbei schlechtweg beruhigen, RG 93, 339. — Vorgeschrieben ist nur die Prüfung der Jahresbilanz (a. A. Staub-Pinner § 246[8]; Makower § 246 III a 1). Ob Zwischenbilanzen dem Aufsichtsrat zur Einsicht oder zur Prüfung vorzulegen sind, hängt davon ab, aus welchem Anlaß oder zu welchem Zweck sie aufgestellt werden.

Ganz ungeklärt ist die Frage, wie weit der Aufsichtsrat oder ein vom Kollegium beauftragtes Mitglied bei Prüfung der Bilanz die Bücher einsehen muß, um sich von der Richtigkeit der Ansätze in der Bilanz zu überzeugen. Auf alle Fälle muß doch wohl genügen, daß eine gewisse Anzahl von Stichproben gemacht worden sind. Die Bestände zu revidieren, hat nach dem Gesetz der Aufsichtsrat die Befugnis aber nicht die Verpflichtung. Wenigstens ausdrücklich ist es nicht gesagt. So wird man auch in Beziehung auf die Prüfung der Bilanz annehmen müssen, daß es im allgemeinen nicht in der Aufgabe des Aufsichtsrats liegt, daß er die zugrunde liegende Inventur nach Menge und namentlich nach den ausgeworfenen Werten nachprüft, RG in HoldhMS 13, 132. S. aber auch RG 93, 338. Soll das geschehen, so müßte er schon zur Inventuraufnahme hinzugezogen werden. Allenfalls ließe sich die Anforderung rechtfertigen, daß auch insofern Stichproben genommen werden. Vgl. hierzu einerseits Cahn, Aufsichtsrat 81 f., andererseits Goldschmit, Aufsichtsrat § 246[11, 31—71]. Überhaupt aber dürfte eine Nachprüfung der Inventur und dann freilich auch unter Umständen eine ganz eingehende, nur geboten sein, wenn ein besonderer Anlaß dazu gegeben erscheint, Staub-Pinner § 246[8]. Im Falle RG 93, 338 kann man sich gegenüber dem Tatbericht des Eindrucks nicht erwehren, daß die Unterinstanz in ihrer tatsächlichen Feststellung über das Ziel hinausgeschossen hatte. Beachtenswert ist, wie aus einer reichen praktischen Erfahrung Riesser (in Festgabe für Koch 303) die Sache darstellt: Der Aufsichtsrat wird, namentlich in Großbetrieben, im allgemeinen und in erster Linie, auf von ihm selbst oder von einzelnen Mitgliedern periodisch vorzunehmende Revisionen und hier wieder auf Stichproben angewiesen sein; er wird ferner im wesentlichen nur darauf halten können, einen ordnungsmäßigen Geschäftsgang durch angemessene Geschäftsanweisungen zu sichern; er wird endlich über die Durchführung der letzteren, sowie über alle wesentlichen Geschäftsvorgänge und die vom Vorstand selbst vorgenommenen oder angeordneten Revisionen und sonstigen Maßregeln sich durch möglichst häufige mündliche und schriftliche Berichterstattungen des Vorstandes zu unterrichten haben; wenn ihm aber das alles ein tunlichst vollständiges Bild nicht gewährt oder wenn er Grund zu der Annahme hat, daß Unregelmäßigkeiten, Unterlassungen, Pflichtwidrigkeiten vorliegen, oder daß Lücken in den Berichterstattungen des Vorstandes oder in den vom Vorstande angeordneten Maßnahmen vorhanden sind, wird er weitere Untersuchungen und Revisionen vornehmen, fernere Maßnahmen anordnen oder den Vorstand zur Prüfung geeigneter Abhilfen und demnächstiger Berichterstattung aufzufordern haben. Vgl. auch Fischer in EhrenbergsHH III 1. § 44 IV und die Literaturnachweise daselbst in Note 22, 24.

3. a) Über die Formen, in welchen der Aufsichtsrat als solcher funktioniert, enthält das Gesetz keine Bestimmungen. Es bleibt den Gründern oder auch der Generalversammlung

überlassen, im Statut oder durch Statutenänderung so etwas wie eine Geschäftsordnung aufzustellen, der sich dann die einzelnen Mitglieder des Aufsichtsrats im Anstellungsvertrag unterwerfen (ein einfacher Beschluß der Generalversammlung dürfte nicht genügen. A. A. Fischer[2] a. a O. § 44 III 2). Wo das versäumt wird, läßt sich nur aus der Natur der Sache eine Entscheidung gewinnen. Es sind vor allem zwei Punkte, deren ausdrückliche Regelung wünschenswert ist wie kommen Beschlüsse des Aufsichtsrats zustande und welche Stellung hat, nach innen und vor allem nach außen, der Vorsitzende des Aufsichtsrats, wo ein solcher bestellt worden ist. Der Meinung, daß in ersterer Beziehung die §§ 28, 32, 34 BGB anzuwenden seien (so Fischer in EhrenbergsHH III 1, § 44 II, der mit Unrecht behauptet, daß RG 82, 388 dieser Auffassung beigetreten sei), muß widersprochen werden (auch in RG 66, 370, worauf Goldschmit, Aufsichtsrat § 246[199] sich beruft, ist es nicht gesagt). Der Aufsichtsrat ist eben nicht der Vorstand. Und er ist auch nicht ein Verein, JW 1911, 400[10]; RG 55, 75; anders KGJ 42, 164, wo daraus, daß die A-Gesellschaft ein Verein ist, geschlossen wird, daß der Aufsichtsrat es auch ist. Die eigenartige Natur des Aufsichtsrats als eines kollegialen Organs innerhalb des (Aktien-)Vereins bietet auch so wenig Ähnlichkeit mit dem Verein, daß auch entsprechende Anwendung der §§ 32, 34 BGB willkürlich wäre. Nur soweit auch die gesetzlichen Vorschriften auf Abstraktionen aus der Natur der Sache gewonnen sind, würde man zu dem gleichen Ergebnis gelangen. Das gilt nun aber gerade von dem nicht, worauf es vor allem ankommt, vom Mehrheitsprinzip. Wenn im Verein und Vereinsvorstand die Minderheit sich der Mehrheit fügen muß, so ist das gerade das, was mit der positiven Vorschrift erreicht wird. Wenn im Aufsichtsrat die Minderheit sich fügt, welche überstimmt worden ist, so ist das mangels statutarischer Bestimmung freier Entschluß, infolgedessen denn auch der mit der Ausführung des Beschlusses betraute Vorsitzende Vollmacht auch der überstimmten Mitglieder hat (Fischer in EhrenbergHH III § 44 III 1). Man kann ein bindendes Einverständnis des Mitgliedes darin erblicken, daß es sich auf Abstimmung oder Wahl widerspruchslos einläßt. Für eine weitere Bindung an den Willen der Mehrheit, als für diese Bindung von Fall zu Fall fehlt es an der rechtlichen Grundlage. In OLG 12, 431 nimmt das Kammergericht ebenfalls an, daß der Aufsichtsrat nicht einheitlich auftreten kann (Entlassung des Vorstandes), so lange ein einzelner widerspricht, meint aber, daß der Widerspruch durch Klage überwunden werden könne.

b) Nicht nötig ist, daß alle Mitglieder an der Beschlußfassung teilnehmen. Es genügt, daß einem jeden die Gelegenheit dazu geboten wird. Letzteres ist unbedingt erforderlich und wird namentlich auch nicht durch den Nachweis ersetzt, daß auch bei Mitwirkung des Mitgliedes das Ergebnis kein anderes gewesen wäre, LZ 1911, 232 (Cöln); RG 66, 370. Das nicht geladene Mitglied kann nachträglich seine Zustimmung erteilen. Damit wird der Beschluß gültig, aber erst von diesem Zeitpunkt an. Eine vorher auf Grund des Beschlusses erklärte Kündigung eines Vorstandsmitgliedes wird dadurch noch nicht wirksam, RG a. a. O. S. 372; keinesfalls hat der Vorstand einen Anspruch darauf, daß der Aufsichtsrat zusammentritt, um ihm so Gelegenheit zu geben, an der Erörterung teilzunehmen, BauersZ 24, 128. In gewissem Umfang kann ein Mitglied des Aufsichtsrats im voraus und allgemein sich mit dem einverstanden erklären, was die anderen beschließen; das gilt aber nicht von Beschlüssen, welche eine nach außen gerichtete rechtsgeschäftliche Willenserklärung zum Gegenstande haben, RG 66, 374.

Sind alle Mitglieder eingeladen, so entscheiden die Erschienenen, mag das auch nur einer sein, Fischer in EhrenbergsHH III 1 S. 246, anders auch nicht Brodmann GGmbH § 52[3] (vgl. Goldschmit AG § 426[28]). Die Ansicht, daß mindestens drei Mitglieder erscheinen müssen, beruht auf einem Mißverständnis. Daraus, daß nach dem Gesetz oder nach dem Statut der Aufsichtsrat aus einer bestimmten Anzahl oder Mindestanzahl von Mitgliedern bestehen muß, folgt nicht, daß das Organ nur Entschließungen fassen kann, wenn ausnahmslos diese Anzahl von Mitgliedern bereit und imstande ist, sich zu beteiligen. Wohl aber kann im Statut bestimmt werden, daß Beschlüsse gültig nur gefaßt werden können, wenn mindestens eine bestimmte Zahl von Mitgliedern erscheint, KGJ 42, 164. Ein ähnliches Mißverständnis ist, wenn ROHG 14, 311 sagt, es fehle überhaupt an einem Aufsichtsrat, wenn dieser von vornherein nicht in der vorgeschriebenen Mitgliederzahl rechtsgültig besetzt ist (eins von den vorgeschriebenen 5 Mitgliedern war unzulässigerweise durch Kooptation zugezogen). Ist eine Zahl von Mitgliedern über die gesetzlichen drei bestimmt, so wird der Aufsichtsrat dadurch noch nicht beschlußunfähig, daß einer von den Mitgliedern ausscheidet, und zwar auch dann nicht, wenn die bestimmte Zahl als Mindestzahl gemeint ist. Nur wenn für die Beschlußfähigkeit eine Mindestzahl im Statut festgesetzt ist, gilt das natürlich. Aber auch dann hört durch Lücken, die entstehen, der Aufsichtsrat keineswegs auf zu existieren, wie denn auch die verbleibenden Mitglieder unverändert ihren Obliegenheiten, vielleicht nur noch in höherem Grade, nachkommen müssen, BauersZ 24, 185; KGJ 24, 198; vgl. RG 24, 54. Daß der Aufsichtsrat aus mindestens 3 Mitgliedern bestehen muß, hindert nicht, im Statut zu bestimmen, daß zur Beschlußfähigkeit die Anwesenheit von 2 Mitgliedern genügt, OLG 24, 173. Denn wenn eine solche Bestimmung fehlt, ist der Aufsichtsrat beschlußfähig, wenn auch nur ein Mitglied erscheint. — Auch der Umstand steht einer Beschlußfassung nicht entgegen, daß Mitglieder die Versammlung vorzeitig verlassen. Anders, wenn ein Mitglied durch plötzliche Erkrankung oder ähnliches dazu genötigt wird, RG 82, 386. — Im Schoße des Gesamtkollegiums können Ausschüsse gebildet werden; das darf nicht in der Tendenz geschehen, ein mißliebiges Mitglied auszuschalten, RG in Recht 1918, 1231. S. auch RG 107, 222 und oben Erl 2a. — Daß ein gültiger Beschluß nur gefaßt werden kann, wenn der betreffende Gegenstand im voraus auf die Tagesordnung gestellt war, läßt sich mangels gesetzlicher oder statutarischer Bestimmungen nicht behaupten, wenn es auch Fälle gibt, wo wegen der Bedeutung oder Eigenart der Sache ein Hinweis auf sie geboten erscheint, LZ 1911, 232 (Cöln); 1913, 789[1] (Düsseldorf). — Wenn wegen Stimmengleichheit ein Beschluß nicht zustandekommt und auch nicht etwa nach dem Statut die Stimme des Vorsitzenden den Ausschlag gibt, liegt die Entscheidung bei der Generalversammlung, RG 73, 236. — Es ist nicht erforderlich, daß die Mitglieder persönlich zusammentreten. Schriftliche Verständigung ist zulässig. So mit Recht Bauer 24, 128. — Dagegen ist Beteiligung durch bevollmächtigte Stellvertreter ausgeschlossen, RG in LZ 1917, 1126[9].

c) Daß in den Aufsichtsratssitzungen ein Protokoll geführt wird, ist im Gesetz nicht vorgeschrieben. Geschieht es, so hat jedes Mitglied jederzeit Anspruch auf Einsicht.

d) Es kann nicht angenommen werden, daß die Mitglieder des Aufsichtsrats durch irgendein schuldrechtliches Verhältnis untereinander verknüpft wären. Sie stehen lediglich — ein jeder für sich — mit der Gesellschaft im Vertragsverhältnis (anders Fürst in LZ 1912, 10 ff., der sich zu Unrecht auf RG in Warn 08, 465 beruft, wo die A-Gesellschaft auf Gewährung von Einsicht in die Bücher verklagt war). Daher ist auch nicht denkbar, daß der Vorsitzende des Aufsichtsrats gegen ein Mitglied, oder daß ein Teil der Mitglieder gegen die übrigen darauf Klage erhebt, daß der oder die Beklagten ihren Obliegenheiten nachkommen. Die Klage des einzelnen, daß er beispielsweise zur Büchereinsicht mit zugelassen werde, oder daß der Vorsitzende ihm bestimmte Schriftstücke, Berichte zugängig mache, erscheint von vornherein verfehlt. Derartiges kann dem Mitglied nur die Handhabe bieten, sich gegen den Vorwurf mangelnder Pflichterfüllung zu verteidigen, Ersatzansprüche abzulehnen, seine Stellung niederzulegen. Vgl. Striethorsts Archiv 67, 176. Im Urteil ROHG 17, 107, wo zwar nicht gegen den Aufsichtsrat, wohl aber gegen den Verwaltungsrat (im Gegensatz zur A-Gesellschaft) Klage erhoben war, wird der Entscheidung aus dem Weg gegangen.

e) Soweit der Aufsichtsrat berufen ist, die Gesellschaft gegenüber Dritten zu vertreten, verpflichtet er die Gesellschaft durch die Rechtsgeschäfte, welche er in ihrem Namen mit Dritten abschließt, und die Gesellschaft hat nach § 278 BGB ein Verschulden der Aufsichtsratsmitglieder wie eigenes Verschulden zu vertreten. Soweit er als kontrollierendes Organ tätig wird, findet weder § 278 noch § 31 BGB auf ihn und die Gesellschaft Anwendung OLG 36, 275; LeipzZ 1910, 90[8] (KG); anders anscheinend (Bericht unzulänglich) JW 1890, 422[37]. Wie hier Makower § 247 IV, dem aber darin nicht zugestimmt werden kann, daß eine Haftung auf Grund § 831 BGB in Frage kommen könne. Ein Kaufmann z. B., welcher einem Bücherrevisor Auftrag gibt, seine Bücher in Ordnung zu bringen, kann nicht haftbar gemacht werden, wenn der Revisor einen der Angestellten fälschlich und fahrlässig der Unterschlagung beschuldigt oder gar dafür, daß er unvorsichtigerweise an dem gemieteten Geschäftshaus einen Schaden anrichtet. Die Wendung zu einer Verrichtung bestellen, paßt gar nicht auf die dem Aufsichtsrat gestellten Aufgaben.

f) Nach KGJ 31, 197 müssen zur Vertretung dem Dritten gegenüber (Entlassung des Geschäftsführers einer GmbH) alle Mitglieder des Aufsichtsrats mitwirken, auch wenn zur Beschlußfassung die Mitwirkung aller nicht erforderlich ist. In dieser Allgemeinheit ist das wohl nicht richtig. Der Beschluß ist rechtswirksam, wenn die zur Beschlußfähigkeit erforderliche Mindestzahl vertreten ist, und wenn in dieser Zusammensetzung der Aufsichtsrat zugleich seinen Vorsitzenden oder ein anderes Mitglied damit beauftragt, dem Geschäftsführer die Entlassung zu erklären, so genügt das zur Rechtswirksamkeit der Erklärung. Geschieht das nicht, dann müssen alle Mitglieder die Erklärung abgeben, entweder persönlich oder indem sie einen gemeinschaftlichen Bevollmächtigten dazu beauftragen. Das zu tun, sind alle verpflichtet, auch wer überstimmt worden, oder nicht erschienen war.

g) Was die Stellung eines Vorsitzenden des Aufsichtsrats angeht, so liegt es doch wohl in der Natur der Sache begründet, daß die Mitglieder, wenn sie einen solchen wählen, ihm damit zugleich Vollmacht erteilen, sie in ihrer Gesamtheit und Eigenschaft als Aufsichtsratsmitglieder zu vertreten, nicht im Sinne einer gesetzlichen Vertretung mit unbeschränkbarer Vertretungsmacht, wohl aber als rechtsgeschäftlich bestelltem Stellvertreter im Umfang der jeweils gefaßten Beschlüsse. Vgl. RG 66, 374, wo allerdings vermieden wird, das auszusprechen. Wegen der Schranken der Befugnisse des Vorsitzenden s. auch RG 90, 208. Gar keinem Bedenken unterliegt, erscheint vielmehr geboten, ihm passive Vertretungsmacht uneingeschränkt beizulegen, RG 13, 50; BauersZ 18, 243 (KG). Daß eine dem Aufsichtsrat gegenüber abzugebende Erklärung wirksam dem Vorsitzenden abgegeben werden kann, vor allem aber, daß von einer dem Aufsichtsrat zuzustellenden Klage dasselbe gelten muß, ist zwar nicht allgemein anerkannt, sollte es aber sein. S. hierzu KGJ 40, 83: In der Wahl eines Vorsitzenden liegt mindestens die Übertragung der Befugnisse, deren Ausübung dem Vorsitzenden eines Kollegiums gewöhnlich zusteht; dazu gehört vornehmlich der mit Dritten zu führende Geschäftsverkehr, Mitteilungen an Dritte und Entgegennahme von Mitteilungen und von Schriftstücken; das gilt auch von der Bekanntmachung, durch welche eine Generalversammlung einberufen wird, es gilt von der Bilanz nebst Bericht, welche der Vorstand nach § 266 II dem Aufsichtsrat vorzulegen hat; ist ein stellvertretender Vorsitzender vorhanden, so nimmt dieser Dritten gegenüber dieselbe Stellung ein; den Dritten berührt es nicht, daß ein Fall der Stellvertretung nicht vorliegt; nur darf es nicht auf unlautere Umgehung des Vorsitzenden abgesehen sein. — S. ferner KGBl 3, 14 (KG): Dem Vorsitzenden liegt vermöge seiner Stellung die Leitung und Beaufsichtigung der Geschäftsführung dieses Organs ob und hieraus, wie aus der solidarischen Haftung, welche die einzelnen Mitglieder zum Eintreten für die Handlungen der übrigen verpflichtet, folgt seine Verbindlichkeit, für diese gesamte Geschäftsführung einzustehen. — Läuft die Periode, für welche der Vorsitzende gewählt worden ist, ab, so erlischt seine Funktion auch dann, wenn es zur Neuwahl eines Vorsitzenden noch nicht gekommen ist, RG 73, 237; anders OLG 19, 325 (Hamburg). — Ist ein Vorsitzender nicht vorhanden, so müssen bei Rechtsgeschäften die mehreren Mitglieder zusammen handeln, wenn sie es nicht vorziehen, einem ihrer Mitglieder Vollmacht zu erteilen, JW 1904, 100[30]. — Hat nach dem Statut der Aufsichtsrat selbst den Vorsitzenden zu wählen, so ist nicht ausgeschlossen, daß die Generalversammlung es tut, wenn eine Wahl durch den Aufsichtsrat nicht zustandekommt, OLG 19, 325 (Hamburg).

h) Die Mitglieder des Vorstandes (sowie die Liquidatoren) sind zur Befolgung der in § 246 I enthaltenen Vorschriften vom Registerrichter durch Ordnungsstrafen anzuhalten, § 319.

4. Zu Abs II s. RG 35, 83. Die Kosten, welche durch die Hinzuziehung des Notars erwachsen, hat die Gesellschaft zu tragen, Recht 1904, 2558 (Köln). S. aber auch Erl 6. Die Befugnis, eine außerordentliche Generalversammlung zu berufen, kann im Statut nicht beschränkt werden. Der Aufsichtsrat kann zunächst den Vorstand auffordern, binnen bestimmter Frist die Versammlung zu berufen. Eine Verpflichtung hierzu kann ihm aber nicht auferlegt werden, Kahn in HoldhMS 8, 133. S. im übrigen Erl 2 zu § 253.

5. Im Statut können die Aufgaben und Befugnisse des Aufsichtsrats nicht beschränkt, wohl aber erweitert werden. Hierzu bringen die Mot. von 1884 S. 74 ff. eine Paraphrase, welche in mehr als einer Beziehung auffällt. Im Eingang wird ausgeführt, es sei gebräuchlich geworden, dem Vorstande ein Organ beizuordnen, welches ihn nicht nur zu beaufsichtigen, sondern vorzugsweise in Gemeinschaft mit ihm über allgemeine Maßregeln der Geschäftsführung und wichtige Unternehmungen zu beschließen hatte, ein Organ, das bald als Aufsichts- bald als Verwaltungsrat bezeichnet worden sei, und es wird gesagt, es müsse das Gesetz die Funktionen des Vorstandes und des Aufsichtsrats sicherer gegeneinander abzugrenzen; es stünden sich zwei Ansichten gegenüber; die einen verteidigten die Umgestaltung des Aufsichtsrats zum Verwaltungsrat, die anderen sähen in einer solchen Verschmelzung von Aufsichtsrat und Vorstand die wesentlichste Gefahr für die Gesellschaftsinteressen, weil ein mit der Verwaltung befaßtes Kontrollorgan der nötigen Unparteilichkeit und Selbständigkeit entbehre. Sieht man hierauf das Gesetz an, so kann kaum ein Zweifel daran aufkommen, daß es der letzteren Ansicht den Vorzug gegeben hat. Die Mot. fahren fort: Allerdings sei Beaufsichtigung der Geschäftsführung die Hauptaufgabe, daraus folge aber nicht die Notwendigkeit, dem Aufsichtsrat jede Beteiligung an der Verwaltung zu untersagen; das würde doktrinär sein; ohne Beteiligung an der Verwaltung bliebe der Aufsichtsrat dem Geschäftsbetriebe zu fern; mindestens müßten gewisse Handlungen des Vorstands von der Zustimmung des Aufsichtsrats abhängig gemacht werden können; so daß dieser den ersteren zwar zur Vornahme derselben nicht zwingen, an deren Vornahme aber hindern könnte; eine solche Begrenzung der Mitwirkung erweise sich aber oft als undurchführbar und illusorisch(?); teils könne das Veto des Aufsichtsrats hemmend wirken und die Frage, wer verantwortlich sei, verwischen, teils namentlich würde das negative Veto doch auch positiv nach der Richtung der Wünsche des Aufsichtsrats wirken; das Gesetz selbst habe denn auch bereits dem Aufsichtsrat bestimmte Befugnisse über den Kreis der Aufsicht hinaus beigelegt; es sei aber nicht in der Lage, die Funktion vollständig abzugrenzen; es könne nur die Grundzüge aufstellen; das übrige könne nur nach der Art und nach dem Betriebe des jeweiligen Unternehmens geschehen: „Ebenso wie der Entwurf es zuläßt, daß die Gesellschaft den Vorstand aus verwaltenden und beratenden Mitgliedern zusammensetzt, so überläßt er ihr auch die Bildung des Aufsichtsrats in der Weise, wie die Umstände es als zweckmäßig erscheinen lassen. Danach kann der Aufsichtsrat zugleich mit den Funktionen eines Verwaltungsrats ausgestattet oder er kann auch in 2 Abteilungen zerlegt werden, von denen die eine als Verwaltungsrat dem Vorstande in der Verwaltung mitwirkend zur Seite steht, die andere dagegen nur die Geschäftsführung des Vorstandes beaufsichtigt und diese Abteilungen können in ihrer Tätigkeit mehr oder weniger ineinander greifen. Dagegen darf der Entwurf eines Verwaltungsrats neben dem Aufsichtsrate als rechtlich selbständiges Organ

nicht zulassen. Wo es überhaupt um die Kontrolle über den Vorstand wirksam auszuüben, für diese einer verwaltenden Mitwirkung bedarf, da muß sie dem Aufsichtsrat zugeteilt sein; sonst würde das Schwergewicht in den Verwaltungsrat verlegt werden; die tüchtigeren Elemente würden wegen der einflußreichen Stellung in diesen eintreten und der Aufsichtsrat müßte notwendig an Einfluß und Ansehen verlieren."

Damit also, meint der Verfasser der Mot., habe das Gesetz Fürsorge getroffen, daß die Funktionen der beiden Organe, die bisher so verwischt gewesen seien, in Zukunft gegeneinander abgegrenzt sein werden. Es ist nicht leicht, aus diesem Hin und Her klug zu werden. Erst wird Sturm gelaufen gegen den Mangel an Trennung zwischen Geschäftsführung und Aufsicht über sie, es wird ganz säuberlich das eine in die Hand des Vorstandes, das andere in die des Aufsichtsrats gelegt, und dann wird mit ebenso beredten Worten ausgeführt, wie wenig ersprießlich man ein Geschäftsführung kontrollieren könne, wenn man nicht zugleich mit ihr selbst auch befaßt sei. Und letzterem entsprechend hat denn auch das Gesetz selbst in der Vorschrift des Abs III den gesetzlichen Boden geschaffen, auf dem — wenigstens in der Sache — alles beim alten hat bleiben können. Um so mehr muß man an dem festhalten, was die Novelle von 1884 hier wirklich geschaffen hat. Das ist einmal die bestimmte, feste Terminologie. Die Vorstandsmitglieder mögen sich Direktoren nennen und der Vorstand Direktorium. Im Gesellschaftsvertrag ist die Bezeichnung des Organes kraft zwingenden Rechts Vorstand. Und dasselbe gilt entsprechend vom Aufsichtsrat. Wenn die Organe im Gesellschaftsvertrag nicht mit diesen Ausdrücken bezeichnet sind, hat der Registerrichter die Eintragung abzulehnen. Das zweite, was die Novelle zur Klärung des Verhältnisses getan hat, ist die scharfe Trennung der beiden Organe nach dem Personalbestand. Kein Mitglied des einen kann zugleich Mitglied des anderen Organes sein. Und drittens kann — von ganz wenigen bestimmten Ausnahmen abgesehen — die gesetzliche Vertretung der Gesellschaft nur beim Vorstand sein und nicht beim Aufsichtsrat. Es trifft daher nicht den Sachverhalt, wenn Steinitzer, Ökonomische Theorie der A-Gesellschaft 147 sagt, der Inhalt der juristischen Form möge sehr verschieden sein; das Kollegium des Aufsichtsrats könne eine energische Generaldirektion, es könne eine harmlose Versammlung von Tantieme-Empfängern bilden; überall werde es als Verwaltungsrat bezeichnet, nur in Deutschland sei es seit 1870 als Aufsichtsrat sachlich nicht ganz richtig etikettiert. Nicht das Gesetz hat unrichtig etikettiert, sondern die Geschäftspraxis mag sich nicht immer an die Etikette gehalten haben. Dabei muß es rechtlich doch bleiben, daß der Aufsichtsrat das den Vorstand kontrollierende Organ ist und daß, wenn ihm auch weitere Befugnisse eingeräumt werden können, dem Vorstand nicht nur die Vertretung, sondern auch die Geschäftsführung nicht genommen werden kann. Vgl. hierzu auch Solmssen in BankArch 26, 44 ff. Das letztere ist nun freilich nicht unbestritten. Aber wenn Rießer in Festgabe für Koch S. 296 sagt, daß der Aufsichtsrat sich in der Praxis aus einem bloßen Kontrollorgan zu einem beratenden Organ entwickelt und sich gerade in dieser Funktion außerordentlich bewährt habe, so ist das noch ganz etwas anderes, als wenn man lehrt (Staub-Pinner § 246[10]; Goldschmit AR § 246[107]; Brand § 246[4]; GZ 35, 247 (Hamburg), es könne dem Aufsichtsrat die ganze Geschäftsführung übertragen werden vorbehaltlich gewisser dem Vorstande vom Gesetz unentziehbar übertragener Geschäftsführungsakte. Das mag sich tatsächlich so gestalten können, rechtlich ist es unzulässig und eine dahingehende Bestimmung des Gesellschaftsvertrages wäre selbst dann nichtig, wenn der Registerrichter unterlassen hätte, sie zu beanstanden. Das ist gewiß nicht das, was der Gesetzgeber mit dem Abs III hat zulassen wollen. Gemeint ist vielmehr, daß wie schon das Gesetz in mehreren Fällen dem Aufsichtsrat bestimmte Akte der Geschäftsführung oder Mitwirkung der Geschäftsführung zuweist, so im Statut noch andere Obliegenheiten den konkreten Umständen und dem Bedürfnis im einzelnen Fall entsprechend hinzugefügt werden können. Es ist keine Zuweisung weiterer Obliegenheiten in diesem Sinn, wenn bestimmt wird, daß der Vorstand den Weisungen des Aufsichtsrats zu folgen hat. Das mag im Anstellungsvertrag vereinbart werden; JW 1897, 348[34], hat aber keine Stelle im Statut und wenn es dort steht, ändert es gar nichts an der vollen selbständigen Verantwortlichkeit des Vorstandes für alles, was geschieht, Dritten und den zwingenden Vorschriften des Gesetzes gegenüber; Makower § 235 II. Eine Statutenbestimmung, daß der Vorstand nichts tun darf, als was der Aufsichtsrat anordnet, und daß er alles tun muß, was dieser bestimmt, macht den Vorstand zum Handlungsgehilfen, wäre unzulässig und nichtig. — Wenn der Aufsichtsrat dem Vorstand aufgäbe, ihm täglich Bericht zu erstatten, so ist das für die Mitglieder ein wichtiger Grund, die Stelle niederzulegen. So mit Recht BauersZ 32, 65 gegen die dort genannte Entscheidung des OLG Kiel. — Es kann bestimmt werden und wird sehr oft bestimmt, daß der Aufsichtsrat die Vorstandsmitglieder anzustellen hat. S. auch § 232 II, 2. Ferner kann bestimmt werden, daß die Aktien der Gesellschaft vom Aufsichtsrat oder von ihm in Gemeinschaft mit dem Vorstand zu zeichnen sind. Es kann ihm die Einforderung von Einzahlungen auf die Einlage oder besser wohl die Verfügung, daß die Einlage vom Vorstand eingefordert wird, übertragen werden. Alles das greift in das Gebiet der dem Vorstand obliegenden Geschäftsführung über. Und daran allein ist bei Abs III zu denken. — Daher sind denn auch Statutenbestimmungen dieser Art immer, oder wenigstens im Zweifel so zu verstehen, daß sie der Zuständigkeit der Generalversammlung als oberster Instanz nicht vorgreifen wollen. Erweiterungen, welche in den vom Gesetz der Generalversammlung vorbehaltenen Bereich eingreifen, sind unzulässig. So kann namentlich dem Aufsichtsrat nicht die endgültige Bestimmung über Abschreibungen und Rücklagen in der Jahresbilanz zugewiesen werden. Eine solche Bestimmung des Statuts, die nicht selten vorkommt, kann nur die Tragweite haben, daß in diesem Punkt nicht der Vorstand, sondern der Aufsichtsrat über die Vorlage an die Generalversammlung zu entscheiden habe, allenfalls die Tragweite, daß solche Rückstellungen rechtmäßig sind, wenn Aufsichtsrat und Generalversammlung in der Mehrheit sich einig sind. Die herrschende Lehre läßt sich zur gegenteiligen Meinung drängen, weil sie darin eine Korrektur erblickt gegen die vermeintliche Überspannung des im Gesetz dem einzelnen Aktionär zugesprochenen Anspruchs auf den Reingewinn. Aber das Korrektiv wäre unzulänglich, wenn es an dieser Stelle einsetzen müßte, und in Wahrhei tliegt es denn auch nicht hier, sondern bei der richtigen Bestimmung jenes Anspruchs des Aktionärs auf den Reingewinn. S. Erl 7 c zu § 213. — So kann denn auch die Entlastung des Vorstandes nicht der Generalversammlung aus der Hand genommen werden. D. 144.

Diese Erweiterung der Obliegenheiten des Aufsichtsrats kann wirksam nur im Gesellschaftsvertrag geschehen; Makower § 246 III b. A. A. Fischer in EhrenbergHH III. 1. § 44 III. Daher genügen auch nicht und sind unzulässig Mantelbestimmungen. Die Bestimmung im Statut einer Genossenschaft, weitere Obliegenheiten des Aufsichtsrats werden durch eine von der Generalversammlung festzusetzende Dienstanweisung geregelt, hätte von KGJ 75, 55 beanstandet werden müssen. Die Generalversammlung mag wohl, ohne die Obliegenheiten des Aufsichtsrats zu erweitern, eine Geschäftsordnung beschließen, welche die Zusammenarbeit des Kollegiums regelt, und der Aufsichtsrat mag sich dem unterwerfen. Eine Verpflichtung, das zu tun, besteht an und für sich für den Aufsichtsrat nicht.

6. Die Aufsichtsratsmitglieder können die Ausübung ihrer Obliegenheiten nicht anderen übertragen. Insbesondere, aber nicht ausschließlich gilt das von der Teilnahme an den Beratungen und Abstimmungen im Aufsichtsrat RG in LZ 1917, 1126[9]. Vgl. hierzu Mot. von 1884, S. 78: „Damit soll den Mitgliedern nicht untersagt sein, sich in geeigneten Fällen sachverständiger Hilfe, beispielsweise bei Prüfung der Bilanz sich eines Bücherrevisors zu bedienen oder die Verrichtung der einzelnen, dem Aufsichtsrat zugewiesenen Obliegenheiten unter die Mitglieder verschieden zu verteilen, wohl aber muß es für unzulässig erachtet werden, daß dieselben sich in Erfüllung der ihnen obliegenden Pflichten, namentlich bei Beratungen und Beschlußfassungen durch andere Personen, seien es auch Mitglieder des Aufsichtsrats vertreten lassen und letztere zu diesem Zweck von ihnen mit Instruktionen versehen werden." Es gilt ferner von den vorgeschriebenen Anmeldungen zum Handelsregister; KGJ 28, 235. — Dagegen steht nichts im Wege, daß der Aufsichtsrat eine Treuhandgesellschaft mit Revisionen betraut. Vgl. auch RG 73, 406, Recht 1920, 717. Die Frage, ob die dadurch entstandenen Kosten die Gesellschaft treffen, ist in RG 91, 332 gestreift, aber nicht entschieden worden. Bei Erörterung des Kostenpunktes wird nicht immer genügend unterschieden. Vgl. SeuffArch 47, 214 (Hamburg); unrichtig ZBlFG 4, 728 (Köln); HoldhMS 1892, 57 (Karlsruhe); 1894, 83 (Berlin); Goldschmit Aufsichtsrat § 246, 7. Treffend Cahn Aufsichtsrat 119; Makower § 247 IV. Es ist außer Frage, daß bei der Annahme von Hilfskräften dieser Art der Aufsichtsrat nicht legitimiert ist, die Gesellschaft in Abschluß des Vertrages zu vertreten und unmittelbar zu verpflichten (§ 247). Die Frage ist immer nur, ob die Gesellschaft verpflichtet ist, dem Aufsichtsrat die Kosten zu erstatten oder ihn von den Kosten frei zu halten. Das hängt davon ab, wie schwierig oder zeitraubend die betreffende Leistung ist und kann nur von Fall zu Fall entschieden werden; RG in LZ 1910, 90[a]; SeuffArch 47, 214 (Hamburg); RG in LZ 1920, 567. Es liegt auch nicht anders mit den Kosten einer Generalversammlung, welche der Aufsichtsrat sich veranlaßt sieht, einzuberufen. Selbstverständlich treffen diese schließlich immer die Gesellschaft. An wen als seinen Schuldner der Notar sich wegen seiner Gebühren halten kann, hängt davon ab, wer ihn bestellt hat.

Die Gesellschaft haftet für unerlaubte Handlungen des Aufsichtsrats Dritten gegenüber höchstens, soweit einer der Fälle vorlag, wo dieser die Gesellschaft zu vertreten hat (§ 247) oder wenn das Aufsichtsratsmitglied von der Gesellschaft zu einer Verrichtung bestellt worden war. Die dem Aufsichtsrat obliegende Überwachung der Geschäftsführung ist nicht eine solche Verrichtung; OLG 36, 275. Anders anscheinend JW 1890, 422[37] (Bericht unzulänglich).

§ 247.

Der Aufsichtsrat ist befugt, die Gesellschaft bei der Vornahme von Rechtsgeschäften mit den Vorstandsmitgliedern zu vertreten[1] und gegen die letzteren die von der Generalversammlung beschlossenen Rechtsstreitigkeiten zu führen[2].

Handelt es sich um die Verantwortlichkeit der Mitglieder des Aufsichtsrats, so

kann dieser ohne und selbst gegen den Beschluß der Generalversammlung gegen die Mitglieder des Vorstandes klagen[3].

1. a) Ausnahmsweise und nur für die im Gesetz bestimmten Fälle ist der Aufsichtsrat gesetzlicher Vertreter der Gesellschaft. Darüber bestimmt der § 247. Ein weiterer Fall, wo der Aufsichtsrat — hier in Verbindung mit dem Vorstand — die Gesellschaft vertritt, ist in § 272 I bestimmt. — Wenn der Aufsichtsrat einem Angestellten zusichert, daß seine Stellung auf mehrere Jahre unkündbar sein soll, so ist das für die Gesellschaft ohne Bedeutung; RG in LZ 1915, 52[16]. — Wenn es für die Gesellschaft gilt, ein Rechtsgeschäft mit dem Vorstand vorzunehmen, so kann das oder können die betreffenden Mitglieder das nicht mit sich selbst tun, es sei denn, daß es sich ausschließlich um die Erfüllung einer Verbindlichkeit handelt; § 181 BGB. Wenn Staub-Pinner § 247[1] es auch dann für zulässig erklärt, wenn das Kontrahieren mit sich selbst nach Lage der Sache als gestattet gelten müsse, so ist nicht deutlich, was man sich darunter denken soll. Der § 181 BGB verlangt die Erlaubnis des Vertretenen, also der Gesellschaft und anerkannt ist, daß diese Erlaubnis zwar auch wiederum von einem bevollmächtigten Stellvertreter oder von dem gesetzlichen Vertreter ausgehen kann, nur gerade von demjenigen Vertreter nicht, welchem die Erlaubnis erteilt werden soll. Daher kann wohl der Vorstand als Vertreter der Gesellschaft mit einem seiner Mitglieder ein Rechtsgeschäft vornehmen, wenn er auch ohne dieses Mitglied Vertretungsmacht besitzt, d. h. wenn Alleinvertretung gilt, oder bei Kollektivvertretung noch die erforderliche Anzahl von Vorstandsmitgliedern vorhanden ist. Für die Vertretungsmacht des Aufsichtsrats macht es keinen Unterschied, ob der Vorstand noch in der Lage ist, die Gesellschaft gegenüber dem einen seiner Mitglieder zu vertreten oder nicht. Je nachdem ist der Aufsichtsrat allein der in Frage kommende Vertreter oder er ist es neben dem Vorstand. A. A. Lehmann-Ring § 247[1], der annimmt, daß hier ausschließlich dem Aufsichtsrat die Vertretung der Gesellschaft zusteht, was sachlich durchaus zu billigen wäre, aber angesichts der Worte des Gesetzes keine Aussicht hat, allgemein anerkannt zu werden. Er ist „befugt", kann rein sprachlich nicht wohl bedeuten, daß er allein berechtigt ist. Wie Lehmann-Ring auch Goldmann § 247[12]. — Zu den Rechtsgeschäften, die hier in Frage kommen, gehört namentlich auch der mit einem neu eintretenden Vorstandsmitglied abzuschließende Anstellungsvertrag, wenn auch durch diesen Vertrag erst der andere Teil Vorstandsmitglied wird. (Ebenso, aber nicht zutreffend in der Begründung Goldschmit AR § 247, 1 c an Hand der abzulehnenden Theorie, daß schon mit der Wahl der Persönlichkeit der Gewählte Vorstandsmitglied werde. A. A. Cahn Aufsichtsrat 121.) In der Regel wird im Statut dem Aufsichtsrat auch die Auswahl der Persönlichkeit zugewiesen sein. Wo aber die Generalversammlung zu bestimmen hat, kann der Aufsichtsrat kein Vorstandsmitglied rechtswirksam anstellen, das nicht von der Generalversammlung gewählt worden ist. Im allgemeinen gilt aber von der Vertretungsmacht des Aufsichtsrats dasselbe wie von der des Vorstandes. Extensiv ist sie freilich beschränkt auf den Gegenstand, um welchen es sich im gegebenen Fall handelt. In den Grenzen aber dieses Gebietes haben Beschränkungen durch Beschlüsse der Generalversammlung Dritten gegenüber keine Bedeutung; Makower § 247 I a; RG 82, 347; anders Recht 08, 898 (Oldenburg).

b) Die Ausnahmefälle, wo die Generalversammlung unmittelbar ein Rechtsgeschäft mit einem Dritten vornehmen kann — im wesentlichen ist es die Bestellung und Abberufung von Vorstands- und Aufsichtsratsmitgliedern — treffen auch da zu, wo nicht der Vorstand, sondern der Aufsichtsrat zur gesetzlichen Vertretung der Gesellschaft berufen ist (wobei zu beachten ist, daß wo nach dem Statut der Aufsichtsrat die Vorstandsmitglieder zu bestimmen hat, die Generalversammlung überhaupt nicht dazu befugt erscheint). Im übrigen ist aber die Vertretung der Gesellschaft durch das Gesetz geregelt und es kann die Generalversammlung nicht beschließen, daß das Rechtsgeschäft mit dem Vorstandsmitglied nicht durch den Aufsichtsrat, sondern durch einen besonderen Vertreter vorgenommen werden soll. Vgl. RG 85, 46; Makower § 247 II. Eine vom Aufsichtsrat außerhalb seiner Machtbefugnis ausgesprochene Kündigung des Vorstandes wird noch nicht dadurch rechtswirksam, daß die Generalversammlung sie gutheißt; RG in LZ 1918, 995[6]. — Eine dem Aufsichtsrat oder dem Vorsitzenden erklärte Kündigung einer Hypothek ist wirkungslos, wenn der Empfänger den Brief nicht an den Vorstand weitergibt. Keineswegs trifft in solchem Fall den Vorsitzenden ohne weiteres der Vorwurf eines Verschuldens; BauersZ 28, 17.

c) Über die Form der Vertretung durch den Vorstand, ob Einzel- oder Kollektivvertretung, bestimmt nicht der Aufsichtsrat, sondern das Statut, abgesehen nur von dem in § 232 II Satz 2 vorgesehenen Fall.

2. a) Der Aufsichtsrat ist befugt, die von der Generalversammlung beschlossenen Prozesse gegen den Vorstand zu führen §§ 268—270. Hier tritt dieselbe Frage auf, was dieses „befugt" bedeutet (s. oben Erl 1 a). Denn der Fall nach § 268 kann auch so liegen, daß nur gegen einen oder gegen einzelne von mehreren Vorstandsmitgliedern Klage erhoben werden soll, und in solchem Fall wäre denkbar, daß die übrigen Vorstandsmitglieder, wie sie überhaupt die Gesellschaft vertreten können, so auch in diesem Prozeß. Indessen ergibt sich ohne weiteres, daß wenn es, um den Vorstand zum Einschreiten zu bewegen, erst eines Beschlusses der Generalversammlung oder des Verlangens einer Minderheit bedarf, um gegen das Vorstandsmitglied mit Klage vorzugehen, die übrigen Vorstandsmitglieder wenig geeignet erscheinen, die Prozeßführung in die Hand zu nehmen. (S. aber auch RG 45, 150: gegen ein ausgeschiedenes Vorstandsmitglied zu klagen, ist Aufgabe des Vorstandes.) Und daß das auch nach dem Gesetz nicht sein soll, bestätigt mittelbar der § 268 Abs II, der unverkennbar nur die drei Möglichkeiten vorsieht: Wahl eines besonderen Vertreters durch die Generalversammlung, Bestellung eines besonderen Vertreters durch das Gericht und endlich das, was der § 247 bestimmt, also Vertretung durch den Aufsichtsrat. Ausgeschlossen ist, daß beide Organe neben einander Klage erheben. Die Meinung Goldschmits AR § 247[6], daß wenn das geschieht, das Gericht die Prozesse nach § 147 ZPO verbinden könne, erscheint in der Voraussetzung verfehlt. Werden in dieser Weise zwei selbständige Klagen erhoben, so ist doch in beiden Prozessen der Kläger eine und dieselbe Persönlichkeit, nämlich die Gesellschaft und auch der Anspruch ist einer und derselbe. Der an zweiter Stelle erhobenen Klage stünde die Rechtshängigkeit entgegen; Makower § 247 I c. Es liegt doch so, daß wenn der Vorstand die Klage schon erhoben hat, die Generalversammlung keine Veranlassung mehr hat, die Klageerhebung zu beschließen, die Minderheit keine Veranlassung mehr, die Klageerhebung zu verlangen. In Frage kann nur kommen, ob in solchem Fall Generalversammlung oder Minderheit noch in der Lage sind, auf Grund entsprechender Anwendung des § 268 dem Vorstand die Prozeßführung aus der Hand zu nehmen, was unbedingt bejaht werden muß.

Von dem hier vertretenen Standpunkt aus besteht kein Zweifel, daß wenn der Aufsichtsrat es ist, welcher den Prozeß gegen einzelne Mitglieder des Vorstandes führt, die übrigen Vorstandsmitglieder als Zeugen vernommen werden können; Staub-Pinner § 231[4]; Ritter § 231[2] a.

b) Wie § 268 auch Anwendung findet, wenn der in Anspruch zu Nehmende aus dem Vorstand inzwischen schon ausgeschieden ist, so kann es auch bei Anwendung des § 247 nicht darauf ankommen, ob der Beklagte noch Mitglied ist, sofern es sich um Vorgänge aus der Zeit seiner Mitgliedschaft handelt. Die oben hervorgehobenen Gesichtspunkte, welche dazu führen, dem Aufsichtsrat die ausschließliche Vertretungsmacht zuzusprechen, führen auch hier dahin, den Vorstand für mindergeeignet zu halten. Anders die herrschende Lehre. Jedenfalls erscheint die Behauptung unbegründet, (Goldschmit AR § 247[2] d; Cahn 122[3]), daß die bei Erhebung der Klage gegebene Vertretungsmacht des Aufsichtsrats erlösche, wenn der Beklagte im Laufe des Prozesses aus dem Vorstand ausscheidet.

c) Der Aufsichtsrat in der Gesamtheit seiner Mitglieder ist wie überhaupt, so auch hier das Organ der Gesellschaft und ihr gesetzlicher Vertreter. Es handelt sich um einen Fall der Kollektivvertretung. Vgl. hierzu Erl 2 a zu § 232; OLG 12, 431; JW 1904, 100[30]. Die Prozeßvollmacht muß von allen Mitgliedern oder von einem von den übrigen Mitgliedern hierzu bevollmächtigten Mitglied ausgestellt werden. Dagegen macht es nichts aus, wenn während des Prozesses ein Wechsel in dem Personalbestand des Aufsichtsrats eintritt und das Ausscheiden eines Mitgliedes hat höchstens dann eine Unterbrechung des Verfahrens nach § 241 ZPO zur Folge, wenn dadurch die Mitgliederzahl unter die Mindestzahl sinkt. Anders anscheinend Cahn Aufsichtsrat 123.

d) Erhebt ein Vorstandsmitglied Klage gegen die Gesellschaft, so bleibt es bei der Regel, daß der Vorstand und nicht der Aufsichtsrat die Gesellschaft vertritt, auch dann, wenn durch den Fortfall des klagenden Mitgliedes der Vorstand nicht mehr vertretungsfähig ist. Es muß dann eine Ergänzung des Vorstandes eintreten. Vgl. auch JW 1907, 516[19]. Es kann auch nach § 57 ZPO oder äußersten Falles nach § 29 BGB Abhilfe geschaffen werden. Wegen der Zustellung der Klage in diesem Fall s. § 185 ZPO. Diesem Rechtszustand gegenüber muß angenommen werden, daß das Vorstandsmitglied, das von der Gesellschaft, vertreten durch den Aufsichtsrat, verklagt wird, nicht in der Lage ist, Widerklage zu erheben.

3. Wenn es sich bei dem gegen Vorstandsmitglieder zu erhebenden Anspruch um die Verantwortlichkeit der Mitglieder des Aufsichtsrats handelt, kann dieser aus eigener Entschließung gegen Mitglieder des Vorstandes Klage erheben. Auch hier handelt es sich um eine Klage, die der Aufsichtsrat in Vertretung der Gesellschaft erhebt; (a. A. Lehmann-Ring § 247[3]). Nicht das einzelne Mitglied, sondern nur der Aufsichtsrat als solcher kann klagen. Es besteht auch hier Kollektivvertretung. Daß es sich um die Verantwortlichkeit von Mitgliedern des Aufsichtsrats handelt, ist Voraussetzung seiner Vertretungsmacht und muß von Amts wegen beachtet werden. Es muß die Verantwortlichkeit nicht alle Mitglieder ohne Ausnahme treffen. Wohl aber müssen alle Mitglieder ohne Ausnahme sich an der Erhebung der Klage beteiligen. Das einzelne Mitglied ist machtlos, wenn die anderen Mitglieder ihm nicht zur Seite stehen. Wegen Verantwortlichkeit des Aufsichtsrats s. §§ 249, 204, 306 VI, 312 ff. — Soweit der Aufsichtsrat unterliegt, sind im Prozeß die Kosten der Gesellschaft auch dann aufzuerlegen, wenn der Prozeß gegen den Beschluß der Generalversammlung geführt wird. Ob die Gesellschaft von den Mitgliedern des Aufsichtsrats Erstattung der Kosten beanspruchen kann, ist nach allgemeinen Rechtsgrundsätzen zu entscheiden.

Als Bevollmächtigter im Sinn des § 263 I Z. 2 StGB (Untreue) kann das Aufsichtsratsmitglied auch außerhalb des Rahmens seiner Vertretungsmacht erscheinen; RGSt 7, 280.

§ 248.

Die Mitglieder des Aufsichtsrats können nicht zugleich Mitglieder des Vorstandes oder dauernd Stellvertreter von Vorstandsmitgliedern sein, auch nicht als Beamte die Geschäfte der Gesellschaft führen[1].

Nur für einen im voraus begrenzten Zeitraum kann der Aufsichtsrat einzelne seiner Mitglieder zu Stellvertretern von behinderten Mitgliedern des Vorstandes bestellen; während dieses Zeitraums und bis zur Entlastung des Vertreters darf der letztere eine Tätigkeit als Mitglied des Aufsichtsrats nicht ausüben. Auf die in solcher Weise bestellten Vertreter finden die Vorschriften des § 236 keine Anwendung[2].

Scheiden aus dem Vorstande Mitglieder aus, so können sie nicht vor der Entlastung in den Aufsichtsrat gewählt werden[3].

1. a) In § 248 kommt der Satz, daß Aufsichtsrat und Vorstand in ihrer Zusammensetzung streng gegen einander geschieden sind (s. § 246 Erl 5), zum Ausdruck. Das ist zwingendes Recht; RG 48, 47. Wenn tatsächlich, nach Gepflogenheit oder infolge des Einflusses der in Frage kommenden Persönlichkeiten das eine oder das andere Mitglied, namentlich der Vorsitzende des Aufsichtsrats dauernd und ständig die Geschäftsführung maßgeblich beeinflußt, so ist das Gesetz dagegen machtlos, vielleicht auch indifferent. Ein rechtlicher Anspruch darauf besteht nicht und kann auch durch statutarische Bestimmungen nicht begründet werden. Vgl. Erl 5 zu § 246.

b) Niemand kann zugleich Mitglied des Aufsichtsrats und ständiges Mitglied — sei es auch nur stellvertretendes Mitglied — des Vorstandes sein. Über die Wirkung einer Übertretung des Verbots sind die Meinungen geteilt. Wenn nach Staub-Pinner § 248[1] das Mitglied des Aufsichtsrats, welches die Stellung eines Vorstandsmitgliedes oder eines stellvertretenden Vorstandsmitgliedes oder die als Beamter der Gesellschaft übernimmt, damit aus dem Aufsichtsrat ausscheidet (ebenso Brand § 248[2]; Goldschmit AG § 248[1]), so ist das richtig, wenn die Beteiligten es so gemeint haben. Hat man aber in Unkenntnis oder in Nichtachtung des Gesetzes die Bestellung zum Vorstandsmitglied so gemeint, daß das Mitglied im Aufsichtsrat bleiben soll, dann ist die Bestellung zum Vorstandsmitglied nichtig (Makower § 248 I b), und wenn man etwa Jemanden zugleich in beide Organe einzusetzen unternimmt, dann ist beides nichtig.

c) Ein Aufsichtsratsmitglied darf nicht „dauernd als Beamter die Geschäfte der Gesellschaft führen". Darunter ist nicht nur die selbständige Geschäftsführung in leitender Stellung zu verstehen. Auch liegt in dem Ausdruck nicht, daß, wie Makower § 248 I a annimmt, der Beamte „namens der Gesellschaft nach außen auftritt, nicht vorwiegend eigene Leistungen als solche vorführt". Auch der Handlungsgehilfe führt im Rahmen seiner Obliegenheiten die Geschäfte der Gesellschaft, wie denn auch Makower a. a. O. selbst ausdrücklich hervorhebt, daß Aufsichtsratsmitglieder nicht dauernd zugleich Handlungsgehilfe, Betriebsbeamter, Werkmeister sein können. Zulässig ist, daß ein Rechtsanwalt, der im Aufsichtsrat sitzt, mit der Führung eines Prozesses für die Gesellschaft beauftragt wird. Es steht auch nichts im Wege, daß das ganz ständig in jedem vorkommenden Fall geschieht. Auch kann z. B. der Vertrauensarzt einer Versicherungsgesellschaft zugleich Mitglied des Aufsichtsrats sein. Dagegen dürfte die Stellung eines Justitiars, der laufend damit beauftragt ist, den Vorstand als Jurist zu beraten, mit der Bestellung zum Aufsichtsratsmitglied nicht vereinbar sein; a. A. Behrend § 127[17]. Wie hier Lehmann-Ring § 248[2]: Personen, die als Glieder des Gesellschaftsorganismus in abhängiger, eine gewisse Ständigkeit in sich schließender Stellung mit der Verwaltung der Geschäftsangelegenheiten der Gesellschaft nach innen befaßt sind, während „ärztliche, juristische, technische Berater gemeinhin weder Beamte der Gesellschaft sind, noch deren Geschäftsangelegenheiten verwalten".

2. a) Der Abs II ist Zusatz der Gesetzgebung von 1884 und beruht auf einem Beschluß der Reichstagskommission. Die Bestimmung wurzelt, wie es im Bericht lautet, in dem Bedürfnis, insbesondere kleinerer A-Gesellschaften, denen es innerhalb des Vorstandes an dem geeigneten Personal für eine Vertretung behinderter Mitglieder mangelt (richtiger wohl an der hinreichenden Anzahl von Mitgliedern), und bei welchen auch die Aufsichtsratsmitglieder Bedenken tragen würden, in den Vorstand aushilfsweise einzutreten, wenn sie sich nach der Beendigung der Vertretung erst einer Neuwahl in den Aufsichtsrat unterwerfen müßten. Wenn diese Bestellung zum Stellvertreter eines Vorstandsmitgliedes vielfach als Delegation bezeichnet wird, so ist nicht überflüssig, hervorzuheben, daß das ein unrichtiger Sprachgebrauch ist. Unter Delegation versteht man den Auftrag zu einer an und für sich dem Auftraggeber obliegenden Funktion. Hier läge eine Delegation nur vor, wenn der zum Stellvertreter des Vorstandsmitgliedes Bestellte innerhalb des Vorstandes Aufsichtsratsaufgaben zu erfüllen hätte. Gerade das soll er am wenigsten tun.

b) Die Vorschrift ist ganz nur so anzuwenden, wie sie lautet. Es muß ein ganz bestimmter Verhinderungsfall vorliegen, Krankheit, Abwesenheit, und auch dann, wenn die Dauer der Verhinderung ungewiß ist, muß doch die Vertretung auf kalendermäßig festgesetzte Zeit beschränkt werden. Nicht ausgeschlossen ist, daß nach Ablauf dieser Zeit erforderlichenfalls die Stellvertretung — wiederum auf bestimmte Dauer — verlängert wird. Fällt vor Ablauf dieser Zeit das Hindernis fort, so hört auch die Stellvertretung auf. Vgl. KGJ 15, 31: Unzulässig ist es, Stellvertretung für alle möglichen, in der Zukunft liegenden Fälle zu bestimmen; der Aufsichtsrat hat in jedem Fall zu prüfen, ob das Bedürfnis einer Stellvertretung vorliegt, und er muß nach Maßgabe des Bedürfnisses die Zeit kalendermäßig bestimmen; HoldhMS 1895, 358. Daß der Fall der Behinderung schon eingetreten sein muß, ehe ein Stellvertreter aus dem Aufsichtsrat ernannt werden kann, wird vielfach behauptet; KGJ 15, 30; Makower § 248 II b, 4; Brand § 248[3] d. Krankheit kann man nicht voraussehen, wohl aber eine bevorstehende Abreise und Abwesenheit. Es ist nicht einzusehen, weshalb hier nicht im voraus für die Vertretung sollte gesorgt werden können. Richtig ist nur, daß nicht schon auf die Möglichkeit einer Verhinderung hin die Bestellung erfolgen kann. Ganz unbedenklich ist, daß im Voraus ein Mitglied des Aufsichtsrats sich bereit erklärt und bestimmt wird, eintretenden Falles die Vertretung zu übernehmen. — Die Wortfassung der Vorschrift ist zu eng ausgefallen. Auch wenn ein Vorstandsmitglied ganz ausscheidet, stirbt oder die Stelle niederlegt, entlassen wird, kann das Bedürfnis eines sofort einzustellenden Mitgliedes auftreten und dann gemäß § 248 ein Aufsichtsratsmitglied einspringen. Anders HoldhMS 5, 371; dagegen aber KGJ 20, 164 (KG) und RJA 9, 106 (KG). In der Reichstagskommission (Bericht S. 80) ist dieser Fall ausdrücklich genannt worden. — Immer aber muß es sich um eine durch die Zeit sich erstreckende Behinderung handeln; der Fall, daß ein Mitglied des Vorstandes behindert ist, bei einem bestimmten Rechtsgeschäft die Gesellschaft zu vertreten, gehört nicht hierher.

c) Darauf, ob durch die Behinderung des Mitgliedes der Vorstand außer Stand gesetzt wird, die Gesellschaft zu vertreten, kommt nichts an. Dagegen liegt der Fall des Abs II nicht vor, wenn ein stellvertretendes Mitglied des Vorstandes vorhanden ist, das einspringen kann. So mit Recht Goldschmit AR § 248[2] gegen Cahn 165. Ob der Aufsichtsrat ein Mitglied auch dann vertretungsweise in den Vorstand einsetzen darf, wenn er selbst dadurch beschlußunfähig wird, ist bestritten (dagegen Staub-Pinner § 248[3]; Lehmann-Ring § 248[4]; Brand § 248[3] e). Doch dürfte das mit der unrichtigen Auffassung zusammenhängen, daß der Aufsichtsrat, der nicht mehr beschlußfähig ist, damit aufhört, aktionsfähig zu sein; Erl 3 b zu § 246. Sehr beachtlich ist, daß in der Reichstagskommission beantragt worden ist und auch schon beschlossen war, es zu bestimmen, daß man aber die Bestimmung absichtlich wieder gestrichen hat, weil das Gegenteil gelten sollte. K.-Bericht S. 79, 80. Auf keinen Fall ist die Bestellung, wenn sie trotzdem geschieht, nichtig; KGJ 20, 164.

d) Der in den Vorstand Abkommandierte bleibt Mitglied des Aufsichtsrats, hat daher Anspruch auf Tantieme, im Zweifel auch dann, wenn ihm für seine Tätigkeit im Vorstand eine Vergütung bewilligt wird, worauf er aber keinen Anspruch hat; a. A. Goldschmit AG § 248[12]. Er darf aber keine Tätigkeit als Aufsichtsratsmitglied entfalten, d. h. er darf nicht an den Sitzungen, Beratungen, Entschließungen des Aufsichtsrats teilnehmen, an Anmeldungen zum Handelsregister nur in seiner Eigenschaft als Vorstandsmitglied (doch wird man eine Lücke nicht anzunehmen genötigt sein, wenn durch seinen Fortfall der Aufsichtsrat nicht beschlußunfähig geworden ist). Daran, daß er trotz seiner Absendung in den Vorstand forfährt, sein Augenmerk auf alle Zweige der Geschäftsführung der Gesellschaft zu richten und daß er aufstoßende Bedenken zur Sprache bringt, kann ihn niemand, auch das Gesetz nicht hindern. — Diese Entfernung aus dem Aufsichtsrat dauert, bis er wegen seiner Tätigkeit im Vorstand entlastet worden ist, d. h. jedenfalls bis zur nächsten ordentlichen oder außerordentlichen Generalversammlung. Dieser tatsächliche Ausschluß aus dem Aufsichtsrat ist unbedingt durchzuführen. Das Urteil in LZ 1911, 232[1] (Köln) geht unbequemen Konsequenzen durch eine unhaltbare Unterscheidung aus dem Wege: es liege keine Stellvertretung im Sinn des § 248 vor, wenn nur eine Vertretung des Vorstandsmitgliedes im innern Geschäftsbetrieb stattfinde und namentlich dem Vertreter untersagt sei, Unterschriften zu geben.

e) Die Ernennung des Stellvertreters ist zum Handelsregister anzumelden § 234. Bestritten ist, wie weit die Pflicht des Registerrichters geht, die Anmeldung zu prüfen; Staub-Pinner § 248[4]; Makower § 242 III, 248 II d; Goldschmit AG § 248[10]. Zweifellos muß er beachten, ob der Aufsichtsrat als solcher die Bestellung beschlossen hat. Mindestens muß in ordnungsmäßig berufener Versammlung des Aufsichtsrats die Mehrheit den Beschluß gefaßt und das bestellte Mitglied sich mit seiner Absendung einverstanden erklärt haben.

Es muß ferner der Inhalt des Beschlusses darauf hin geprüft werden, ob er dem Gesetz entspricht. Dagegen liegt eine Nachforschung, ob der angebliche Behinderungsfall vorliegt, wohl kaum in der Aufgabe des Richters (offen gelassen in KGJ 15, 30), wenn auch zuzugeben ist, daß der Richter die Anmeldung zu beanstanden hat, wenn ein Beteiligter Einwendungen erhebt. Während also der Registerrichter auch darauf achten muß, ob die Zeit, für welche die Stellvertretung stattfinden soll, dem Gesetz entsprechend bestimmt worden ist, darf doch nach der herrschenden Lehre diese Zeitbestimmung nicht in das Handelsregister eingetragen werden. Vgl. Holdh MS 3, 201 ff. Es ist das eine Übertragung dessen, was von den Mitgliedern des Vorstandes und deren ständigen Stellvertretern gilt und dort einen guten Sinn hat, weil nichts entgegensteht, das Anstellungsverhältnis stillschweigend zu verlängern. Das ist hier ausgeschlossen und praktisch kann es nur wünschenswert erscheinen, wenn die Eintragung in das Handelsregister von vornherein die Rechtslage richtig wiedergibt. Die Anstellung auf eine bestimmte Zeit bedeutet überhaupt keine Beschränkung der Vertretungsmacht im Sinn des § 235 II oder wenn es eine solche Beschränkung bedeutet, so ist es eine, welche hier das Gesetz nicht nur gestattet, sondern zwingend gebietet.

f) Der vom Aufsichtsrat abgeordnete Stellvertreter ist ebenso gesetzlicher Vertreter der Gesellschaft, wie das ordentliche oder ein stellvertretendes Mitglied des Vorstandes. Seine Vertretungsmacht beginnt mit seiner Bestellung oder mit dem in der Bestellung ausdrücklich bestimmten Zeitpunkt, und endet mit der bestimmten Zeit ohne weiteres. Die entsprechenden Eintragungen in das Handelsregister haben nur deklarative, nicht konstitutive Bedeutung. Wenn nach § 231 III die Bestellung zum Vorstandsmitglied jederzeit widerrufen werden kann und wenn das auch dann durch die Generalversammlung geschehen kann, wenn im Statut Anstellung und Abberufung der Vorstandsmitglieder dem Aufsichtsrat zugewiesen ist, so ist kein Grund anzunehmen, daß das von dem vom Aufsichtsrat entsendeten Stellvertreter nicht gilt, zumal ja auch die Aufsichtsratsmitglieder selbst jederzeit von der Generalversammlung abberufen werden können; a. A. Goldschmit AR § 248[6]. — Mit Ablauf der Amtszeit des zur Vertretung abgeordneten Aufsichtsratsmitgliedes hat auch sein Mandat ein Ende; Bauer 27, 2.

3. Mitglieder des Vorstandes, welche aus diesem ausscheiden, können vor ihrer Entlastung nicht in den Aufsichtsrat gewählt werden. Es muß also in der ordentlichen oder zwecks Entlastung des Vorstandes einberufenen außerordentlichen Generalversammlung zunächst über die Entlastung Beschluß gefaßt werden. So lange ein die Entlastung erteilender Beschluß nicht ergangen ist, darf die Aufsichtsratswahl entweder überhaupt nicht stattfinden oder jedenfalls darf das Vorstandsmitglied nicht auf die Wahl gestellt werden und können für ihn gültige Stimmen nicht abgegeben werden. — Auf Liquidatoren findet Abs I und Abs III Anwendung, dagegen Abs II nicht; Goldschmit AG § 248[3].

§ 249.

Die Mitglieder des Aufsichtsrats haben bei der Erfüllung ihrer Obliegenheiten die Sorgfalt eines ordentlichen Geschäftsmanns anzuwenden.

Mitglieder, die ihre Obliegenheiten verletzen, haften der Gesellschaft mit den Vorstandsmitgliedern als Gesamtschuldner für den daraus entstehenden Schaden.

Insbesondere sind sie zum Ersatze verpflichtet, wenn mit ihrem Wissen und ohne ihr Einschreiten die im § 241 Abs. 3 bezeichneten Handlungen vorgenommen werden. Auf die Geltendmachung des Ersatzanspruchs finden die Vorschriften des § 241 Abs. 4 Anwendung.

Die Ansprüche auf Grund der Vorschriften der Abs. 1 bis 3 verjähren in fünf Jahren[1].

1. Vgl. Erl zu § 241. Bis auf die Abweichung in Abs III lauten die Vorschriften in § 249 mit denen in § 241 wörtlich überein. — In Abs III ist bei Regelung der Haftung in den in § 241 III aufgezählten Sonderfällen der Tatsache Rechnung getragen, daß die Aufsichtsratsmitglieder der laufenden Geschäftsführung ferner stehen. Während das einzelne Vorstandsmitglied in diesen Fällen auch dann mit haftet, wenn es nur der Vorwurf einer Fahrlässigkeit trifft, haften die Mitglieder des Aufsichtsrats nur, wenn die Gesetzeswidrigkeit mit ihrem Wissen geschieht und sie nicht einschreiten. Sie müssen namentlich auch gerade die Gesetzeswidrigkeit der Auszahlung oder der Ausgabe der Aktien erkannt haben. Grobe Fahrlässigkeit steht dem Wissen nicht gleich. Es ist aber nicht ausgeschlossen, daß der Tatbestand zugleich unter Abs II fällt und zwar nicht ohne weiteres Ersatz des gezahlten, wohl aber Ersatz nachgewiesenen Schadens auf Grund von Fahrlässigkeit gefordert werden kann; JW 1904, 43[13]. — Die Mitglieder des Aufsichtsrats müssen tun, was in ihren Kräften liegt, um den Verstoß gegen das Gesetz zu hindern. Daß sie, wenn ihnen das ohne vertretbares Verschulden nicht gelingt oder wenn sie das Geschehene nicht rückgängig machen können, ihr Amt niederlegen müßten, um sich der Haftung zu entziehen,

läßt sich in dieser Allgemeinheit nicht behaupten. Gemäß §§ 247 II kann der Aufsichtsrat, gemäß § 271 IV kann jedes Mitglied des Aufsichtsrats unter Umständen durch Klageerhebung einschreiten. Damit, daß das Mitglied nur mit Worten Widerspruch erhebt, ist es nicht getan; RG 13, 47. — Zwar haftet jedes Mitglied nur für die Folgen seines eigenen Verschuldens, aber soweit durch unrichtige Berichterstattung Schäden herbeigeführt werden, liegt ein gemeinschaftliches Handeln vor; dabei steht die Säumnis eines jeden von ihnen in ursächlichem Zusammenhang mit dem ganzen Schaden; hätte nur einer seine Schuldigkeit getan, so würde der Schaden vermieden worden sein; JW 1900, 664[10]. — Der Aufsichtsrat ist dafür verantwortlich, daß nicht übermäßig hoher ungedeckter Kredit gegeben wird; Bolze 1, 1218. — In der unrichtigen Beurteilung der wahrscheinlichen Folgen einer geschäftlichen Maßnahme liegt in der Regel noch keine Fahrlässigkeit. — Der Aufsichtsrat ist befugt, eine beschlossene Erhöhung des Grundkapitals zu sistieren, wenn es ihm wegen veränderter Umstände geboten erscheinen durfte, selbst unter Verzicht auf die schon erwachsenen Ansprüche gegen Zeichner von Aktien; auch wenn nur Rücksicht auf den geschäftlichen Anstand ihn hierzu veranlaßt; LZ 1911, 305[4]. — Ein Konkurrenzverbot, wie in § 236 I, besteht für die Mitglieder des Aufsichtsrats nicht. — Die Stellung der Mitglieder ist unvereinbar mit der Annahme eines von außen her an ihn herantretenden (entgeltlichen) Auftrages zur Vermittlung eines Geschäfts der Gesellschaft mit einem Dritten; LZ 09, 949[2] (Zweibrücken).

Auch die Aufsichtsratsmitglieder haften in der Regel nur der Gesellschaft, Gläubigern der Gesellschaft nur in den besonderen in § 241 III 1—6 aufgezählten Fällen.

Weitere Haftungsvorschrift in § 204.

§ 250.

Die Rechte, welche den Aktionären in den Angelegenheiten der Gesellschaft, insbesondere in bezug auf die Führung der Geschäfte, zustehen[2], werden durch Beschlußfassung in der Generalversammlung[1] ausgeübt[3].

1. a) Neben den Vorstand, welcher das Unternehmen leitet (§§ 231—242), und den Aufsichtsrat, welcher den Vorstand überwacht (§§ 243—249), tritt als Drittes die Generalversammlung (§§ 250—259). Es ist das die Stelle, an welcher innerhalb der Gesellschaft die Aktionäre ihren Willen zur Geltung bringen. Soweit sie durch das Gesetz oder durch den Gesellschaftsvertrag zur Entscheidung berufen ist, ferner soweit sie im einzelnen Fall um Entscheidung angegangen oder auch ohne das nach der Gestaltung der Dinge in der Lage ist, eine Entscheidung zu treffen, haben sich ihr die anderen Organe, Vorstand und Aufsichtsrat — vorbehaltlich ihrer selbständigen Verantwortlichkeit für Befolgung der Gesetze und des Statuts — zu fügen. So ist es gemeint, wenn die allgemein geteilte Auffassung dahin geht, daß die Generalversammlung das oberste Willensorgan der Gesellschaft ist, RG 43, 286; 46, 64; 68, 245; 73, 236. Das ist nicht unbeanstandet geblieben aus dem Gesichtspunkt, daß darüber die Selbständigkeit der Verwaltung — Vorstand und Aufsichtsrat — zu kurz komme. So sagt Veit-Simon in DJZ 1904, 778, die Annahme, daß ein Organ allein die Verbandspersönlichkeit verkörpere, sei irrig; jedes Organ habe seine verfassungsmäßigen Rechte und Pflichten und im allgemeinen lasse sich auch behaupten, daß der Vorstand seine Rechte nicht von der Generalversammlung ableite sondern von der Verfassung der Gesellschaft. Und so drückt sich denn auch das RG in JW 1909, 509[44] vorsichtiger aus: die Generalversammlung kann man insofern als oberstes Organ bezeichnen, als sie durch ihre Beschlüsse, soweit nicht die Satzung entgegensteht, die Geschäftsführung der anderen Organe (Vorstand und Aufsichtsrat) in weitestem Umfange zu beeinflussen und ihr die Richtung, die einzuhalten ist, zu geben vermag. Das ist, wie gesagt, vorsichtiger, dafür aber auch ganz unbrauchbar. S. auch Ring in BankArch 24, 323. In Wahrheit geht das Bedenken gegen die herrschende Auffassung in anderer Richtung. Daß es unter den Bestimmungen über Aufgaben und Pflichten von Vorstand und Aufsichtsrat eine Anzahl rechtspolizeilicher Natur gibt, von deren Befolgung die Generalversammlung sie nicht befreien kann, bezweifelt niemand; vielleicht ist die Abgrenzung nicht immer ganz sicher. Aber der Entscheidung wird dadurch nicht vorgegriffen, daß man im allgemeinen die Generalversammlung als das oberste Willensorgan gelten läßt, wie sie andererseits dadurch nicht gefördert wird, daß man es nicht tut. Die Wahrheit ist, daß man mit dieser Kennzeichnung der Generalversammlung nicht zu viel, sondern zu wenig gibt. Als ein drittes Organ der Gesellschaft neben Vorstand und Aufsichtsrat kann man die Generalversammlung insofern bezeichnen, als in ihren Beschlüssen die Entschlüsse der Gesamtheit der Aktionäre, d. h. der Geldgeber, im Gegensatz zu den Männern der Verwaltung zum Ausdruck und zur Geltung kommt. Aber die Generalversammlung ist mehr als das. Sie ist die Gesellschaft selbst in lebendiger Verkörperung, und was in den Formen des gesetzlich geordneten Verfahrens unter der — wenigstens der Möglichkeit nach immer gewährleisteten Mitwirkung von Vorstand und Aufsichtsrat, Mitwirkung durch Stellung von Anträgen, durch Teilnahme an der Verhandlung

durch Rede und Gegenrede, durch Ausführung und Überredung — beschlossen wird, ist nicht der Wille nur eines der drei Organe, sondern der ausgesprochene Wille der Gesellschaft selbst. S. hierzu § 235 Erl 4 a.

Auch so bleibt es dabei, daß Vorstand und Aufsichtsrat — unbeschadet ihrer selbständigen Verantwortlichkeit vor dem bürgerlichen und Strafrecht — nicht über oder neben der Generalversammlung sondern als ein Stück von ihr unter ihr stehen.

b) Gesetzliche Vorschriften, wonach die Generalversammlung einberufen und gefragt werden muß s. in §§ 190 II, 196, 205, 207, 208, 222 III, 238, 240, 245, 254, 260 I, 268, 274, 292 I Z 2, 295, 299 II, 303—305, 307, 310; ferner die vielberufene Generalklausel in § 253 II.

2. a) Die Rechte, welche dem Aktionär in den Angelegenheiten der Gesellschaft zustehen, bilden, namentlich, wenn man dabei nur an diejenigen Rechte denkt, welche auf die Führung der Geschäfte Bezug haben, einen Ausschnitt aus der Gesamtheit seiner gesellschaftlichen Rechte. In dieser Gesamtheit hat man Rechte verschiedener Art zu unterscheiden. Nicht dazu gehören die Rechte, welche dem Aktionär gegen seine Gesellschaft aus einem anderen Rechtsverhältnis als dem Gesellschaftsverhältnis, aus Kauf, Miete usw. zustehen können, Fremdrechte, wie Lehmann-Ring § 250[5] sie bezeichnet. Auch von denjenigen Rechten ist hier abzusehen, welche sich als aus dem Gesellschaftsverhältnis erwachsene, ihm aber auch bereits entwachsene Einzelansprüche auf gegenständlich fest umschriebene Leistungen darstellen, das Gläubigerrecht auf die beschlossene Dividende, auf die nach Beendigung der Liquidation auf die einzelne Aktie entfallende Quote aus dem Vermögen der Gesellschaft. Aus dem, was bleibt, heben sich heraus die vielbesprochenen Individualrechte und Sonderrechte. Hier herrscht unausgetragener Streit. Schon die Terminologie ist völlig in Unordnung. An und für sich ist Terminologie nicht wichtig. Wichtig ist aber, daß hinter den Bezeichnungen, wie auch immer sie gewählt werden, klar gefaßte Begriffe stehen, an denen dann im Ausdruck bei den Erörterungen festgehalten wird. Hat — wie die Dinge hier liegen — jedermann freie Hand, welcher Bezeichnungen er sich bedienen will, so muß er doch bestimmt angeben, was er mit der Bezeichnung meint. Hier soll unterschieden werden zwischen den Rechten der Aktionäre, welche zum Gegenstand haben die Teilnahme einerseits an der Verwaltung (die Rechte, von welchen gegenwärtiger § 250 handelt), anderseits an dem Ergebnis der Verwaltung oder besser und allgemeiner am Vermögen der Gesellschaft. Was hier Individualrechte genannt werden soll, ist ein Teil jener Verwaltungsberechtigungen, als deren anderer Teil ihnen die Samtrechte des einzelnen gegenüberstehen. Vgl. hierzu die klaren Ausführungen Behrends Lehrbuch § 118 S. 798 f. Er nennt die Bezeichnung Individualrecht unglücklich. Aber das ist sie nur, weil sich ein fester Sprachgebrauch nicht gebildet hat. Dafür kann das Wort nichts. Es ist nicht ersichtlich, auf welchen Begriff die Bezeichnung besser passen würde oder welche Bezeichnung besser auf den Begriff. Es ist grundlose Resignation, wenn RG 104, 253 den Begriff des Individualrechts als unfruchtbar ablehnt. Es handelt sich vielmehr um einen richtigen und wichtigen Begriff. Nur darf man nicht mit den Mot. von 1884 unterscheiden: Mitgliedschaftsrechte und Individualrechte. Ersteres ist der ganz allgemeine und umfassendste Oberbegriff, der in die oben genannten Verwaltungsrechte und Vermögensbeteiligung zerfällt, und erst im Gebiet der erstgenannten stehen sich Individualrechte und Samtrechte als die beiden Alternativen gegenüber. Das Samtrecht ist das Gebiet, innerhalb dessen der einzelne nur in Gemeinschaft mit den anderen und hier dann in der Richtung des Mehrheitswillens etwas ausrichtet. Das bildet die Regel. Im Individualrecht greift der einzelne selbständig in die Geschäftsführung ein, unabhängig von den übrigen Aktionären, ohne und selbst gegen die Mehrheit. Dabei gibt es starke Rechte dieser Art und abgeschwächte, je nachdem, ob jede einzelne Aktie, d. h. deren Eigentümer, die betreffende Macht besitzt oder ob mehrere Aktien zusammengenommen, die einen bestimmten Quotient des Grundkapitals darstellen, vereint vorgehen müssen. Kraft Gesetzes ist starkes Individualrecht — mit einer gleich zu erwähnenden Ausnahme — das Recht, gesetz- oder statutenwidrige Beschlüsse der Generalversammlung anzufechten (§ 271), das Recht, die Nichtigkeit der Gesellschaft nach § 309 geltend zu machen. Abgeschwächte Individualrechte, d. h. vom Standpunkt der einzelnen Aktie aus abgeschwächt, nämlich von einem ausgeübt, zu schwach — ist das Recht, die Bilanzgenehmigung wegen übermäßiger Abschreibungen oder Rücklagen anzufechten (§ 271 III[2]; 5% des Grundkapitals; es ist das die eben erwähnte Ausnahme), Berufung einer Generalversammlung (5% des Grundkapitals § 254 I) Revision des Gründungsvorganges oder der Geschäftsführung (10% des Grundkapitals § 266), Geltendmachung von Ersatzansprüchen aus der Gründung oder der Geschäftsführung (10% des Grundkapitals § 268), Vertagung der Bilanzgenehmigung (10% des Grundkapitals § 264), Ernennung von Liquidatoren durch das Gericht (5% des Grundkapitals § 295 II). Es sind das die mit einer sehr unglücklichen Bezeichnung Minderheitsrechte genannten Machtvollkommenheiten der einzelnen Aktie oder mehreren vereinter Aktien. Die Bezeichnung ist unglücklich gewählt. Denn es heißt die Struktur des rechtlichen Zusammenhanges verkennen, wenn z. B. Makower § 250 I a diese Fälle für gleichgeartet mit den Fällen erklärt, wo ein Beschluß qualifizierter Mehrheit bedarf. Selbst wenn einmal ein Statut so weit ginge, für bestimmte Beschlüsse

eine Mehrheit von 80% oder mehr zu bestimmen, bestände immer noch der Unterschied: in letzterem Fall Temperierung der Mehrheitsgewalt, im gegenwärtigen ihre grundsätzliche Ablehnung, dort negative Auswirkung, Hemmung, hier positiver Eingriff durch eine Aktie oder durch die zusammengenommene Kraft mehrerer, weniger Aktien. Daher sind nicht Individual-, sondern in Wirklichkeit Minderheitsrechte die in §§ 205 (208) und 270 bestimmten. — Auf derselben Verkennung beruht es, daß darüber gestritten werden kann, ob der einzelne oder die mehreren Aktionäre, wenn sie kraft ihrer Machtbefugnis eingreifen, im eigenen Namen handeln oder in Vertretung der Gesellschaft, so daß man sogar auf die Behauptung stößt, daß der einen Generalversammlungsbeschluß anfechtende Aktionär die Gesellschaft vertritt, mithin die Gesellschaft beides zugleich ist, Kläger und Beklagter (Bachmann, Die Sonderrechte des Aktionärs S. 113 ff.). Hier, wie überhaupt bei jedem Individualrecht handelt der einzelne nicht anders persönlich und in eigenem Namen, wie wenn er in der Generalversammlung seine Stimme abgibt, nur daß er dort über selbständige Machtvollkommenheit verfügt, hier nur im Zusammenwirken mit den anderen. Diese Individualrechte beruhen sicherlich insofern auf zwingendem Recht, als die erforderliche Anzahl der Aktien wohl herabgesetzt, aber nicht erhöht werden kann. Anders, aber nicht überzeugend RG 68, 211 (in Beziehung auf die Gesellschaft mbH).

b) Ganz etwas anderes ist das Sonderrecht, von welchem § 35 BGB bestimmt: Sonderrechte eines Vereinsmitgliedes können nicht ohne dessen Zustimmung durch Beschluß der Mitgliederversammlung beeinträchtigt werden. Das ist nur eine Worterklärung. Erreicht ist damit nur insofern viel, als gegenüber einer heute sich ausbreitenden Skepsis das positive Gesetz ausspricht, daß es Sonderrechte gibt. Sachlich ist damit nichts gewonnen. Denn darum handelt es sich, welches die Rechte des einzelnen sind, an welchen das das Vereinsrecht und auch das Recht der A-Gesellschaft durchziehende Mehrheitsprinzip seine Schranke findet. Hauptsächlich zwei Meinungen stehen sich gegenüber. Nach der einen ist Sonderrecht jedes dem einzelnen vor dem anderen bedungene Vorrecht; RG 49, 151. Andere unterscheiden zwischen gemeinnützigen und selbstnützigen Rechten des einzelnen und sehen in letzteren die Sonderrechte; RG 68, 211; RG in SeuffArch 69, 129. In Wahrheit dürfte es so liegen, daß nicht das eine oder das andere, daß vielmehr — richtig verstanden — sowohl das eine als auch das andere richtig ist.

c) Die Vorrechte einzelner vor anderen haben bei der A-Gesellschaft praktisch geringere Bedeutung wie im allgemeinen Vereinsrecht oder bei der Gesellschaft mbH. Vornehmlich treten sie hier in der Gestalt der sogenannten Gruppenrechte auf (s. unten). Es gilt, die den Begriff des Vorrechts immanente Voraussetzung im Auge behalten. Es ist das der, das gesamte Gesellschaftsrecht durchziehende Gedanke, daß an den aus dem Gesellschaftsverhältnis fließenden Rechten und Pflichten die Gesellschafter gleichmäßig beteiligt sind, gleichmäßig beteiligt an dem nicht nur, was ist, sondern auch an dem, was geschieht, gleichmäßig nicht nach Köpfen, sondern nach Verhältnis dessen, was jeder zum Gesellschaftsvermögen beiträgt oder beigetragen hat. RG 38, 16; 41, 99; 57, 173; 68, 213; 73, 191; 80, 389; 104, 253; KGJ 25, 259. Dieses letztere Verhältnis ist nicht zwingend vorgeschrieben. Es kann auch anders bestimmt werden. Aber wie es bestimmt ist, so steht es fest und bildet den unbedingt einzuhaltenden Maßstab und Verteilungsschlüssel im guten wie im üblen, in Verteilung der Rechte wie der Lasten. Hier tritt die eine große Schwierigkeit auf, die aber außerhalb der Fragen um das Sonderrecht liegt. Die in diesem Sinne gleichmäßige Beteiligung oder Heranziehung kann bei einer Maßregel, einem Beschluß, einer Änderung des Statuts die einzelnen wegen ihrer persönlichen Verhältnisse ungleich, sehr ungleich treffen. Der Beschluß, daß künftig kein Gesellschafter mehr der Gesellschaft soll Konkurrenz machen dürfen, trifft vielleicht nur einen von ihnen fühlbar, berührt vielleicht die anderen gar nicht (RG 80, 385; vgl. auch RG 88, 220). Die Ausgabe von Vorzugsgeschäftsanteilen einer Gesellschaft mbH kann allgemein an Bedingungen geknüpft sein, welche für einzelne unerschwinglich sind (RG 76, 155; vgl. auch den Fall KGJ 25, 258, der ganz richtig entschieden sein dürfte, ferner RG 47, 150; RG in DLZ 1914, 630; RG 68, 213; 104, 253). Aber grundsätzlich ist immer daran festzuhalten, daß die individuellen Verhältnisse des einzelnen ohne Bedeutung sind, nur daß nach ganz allgemeinem Rechtsgrundsatz ein Mehrheitsbeschluß, um gültig zu sein, nicht wegen offenbarer Unbilligkeit gegenüber der Minderheit gegen die guten Sitten verstoßen darf. RG 80, 390; 88, 220; RG in LZ 1908, 445[7]; ferner wenig befriedigend LZ 1914, 273 und dazu RG in HoldhMS 23, 66 (vgl. Pinner in JW 1916, 989). — S. auch anderseits RG 62, 21: Die Frage nach der gleichmäßigen Verteilung der Liquidationsquote darf nicht mechanisch nach dem Gesichtspunkt absolut gleicher Objekte, sondern sie muß auf Grund wirtschaftlicher Gesichtspunkte und in Hinblick auf die Verkehrssitte beantwortet werden. S. auch RG 104, 253. In diesem Zusammenhang interessiert auch das Urteil RG 14, 128 und dazu Lehmann in ArchBR 9, 323 ff. — Das alles hat mit der Frage nach dem Sonderrecht noch nichts zu tun. Erst wenn sich aus dieser allgemeinen — im Effekt oft ungleich wirkenden — Gleichberechtigung und Gleichunterworfenheit das Vorrecht einzelner heraushebt, tritt die Frage nach dieser Sonderrechtsnatur auf, und wo ein solches Vorrecht eines oder mehrerer einzelner deutlich als gewollt bedungen worden ist, muß es im Zweifel als Sonderrecht anerkannt werden, das einem Mehrheitsbeschluß, auch dem Mehrheitsbeschluß in Gestalt einer Statutenänderung entrückt sein soll; RG in SeuffArch 69, 129; RG 104, 255; 108, 29. Als Vorrechte kommen hierbei nicht nur Rechte in Beziehung auf das Vermögen, sondern auch solche in Beziehung auf die Geschäftsführung, Mitgliedschaft im Vorstand und Aufsichtsrat in Frage; Alfred Schultze in JherJahrb 75, 455 ff. Wie schon gesagt, sind diese Sonderrechte einzelner bei der A-Gesellschaft nicht häufig. Wohl aber treten sie häufig in der Gestalt des Gruppenrechts auf. Nicht ein einzelner, aber ganze Gruppen von Aktien sind in der einen oder ader anderen Richtung — Dividende, Liquidationsquote, Stimmrecht — vor den anderen Aktien, den Stammaktien bevorzugt. Auch das hat ganz zweifellos die Natur des Sonderrechts, aber nicht des einzelnen, sondern der Gruppe. Es kann nicht beeinträchtigt werden ohne Einwilligung der Berechtigten. Aber über diese Einwilligung entscheidet innerhalb der Gruppe doch wieder die Mehrheit, ein Sonderrecht, aber ein abgeschwächtes. Vgl. hierzu Lehmann in ArchBR 9, 371 ff., 385 ff.

d) Schwieriger ist die Bestimmung der aus dem Begriff der selbstnützigen Rechte sich ergebenden Sonderrechte. Man geht eine Gesellschaft ein mit anderen, um für sich daraus Vorteile zu gewinnen. Das gilt von der A-Gesellschaft nicht darum weniger, weil diese juristische Person mit eigenem Vermögen ist und den Gewinn zunächst für sich erzielt. Die individuellen Interessen der Gesellschafter stehen unmittelbar dahinter. Sie sind es, welche in Wahrheit das Ganze bewegen, ihm das Leben geben und selbst in ihm leben. Wirtschaftlich ist das gar nicht zu trennen. Juristisch muß es getrennt werden und darf doch auch wieder den Zusammenhang nicht verlieren. Es läuft denn auch ganz deutlich die Grenze, wo eines in das andere übergeht, das Gemeinschaftsinteresse in die individuelle Interessen- und Rechtssphäre und an der dementsprechend auch die Macht der Majorität ihre Grenze findet. Die Übergänge kennzeichnet der Anspruch auf Beteiligung am Jahresgewinn, der Anspruch auf die Liquidationsquote und vor allem — Grund und Quelle alles übrigen — das Recht der Mitgliedschaft überhaupt, das Recht Mitglied zu sein, lauter Sonderrechte und dabei durchaus nicht Vorrechte einzelner vor anderen. Im Grundgedanken hiermit übereinstimmend Behrend § 118 S. 799 f. Nur mit Worten, nicht der Sache nach spricht RG in Gruch 62, 769 (Vereinsrecht) der Mitgliedschaft die Natur eines Sonderrechts ab, wenn dort gesagt wird, die Mitgliedschaft sei nicht Sonderrecht, wohl aber Grundlage aller Sonderrechte. Wenn die Sonderrechte der Verfügung durch Mehrheitsbeschluß entrückt sind, dann muß es doch ihre Grundlage auch sein. Richtig ist nur, daß wenn die Mitgliedschaft als solche Sonderrecht ist, bei weitem nicht dasselbe von allen seinen Ausflüssen ohne Unterschied gilt. Zu vorsichtig auch RG 33, 177. Durch Statut kann selbstverständlich das Sonderrecht abgeschwächt werden; RG 49, 175.

e) Was den Jahresgewinn angeht, so hat der Anspruch der einzelnen Aktie auf Beteiligung an dem jährlichen Reingewinn in dem im Gesellschaftsvertrag bestimmten Verhältnis, oder wenn im Gesellschaftsvertrag nichts darüber bestimmt ist, nach dem Verhältnis der Aktienbeträge (§ 214 I) durchaus die Natur des Sonderrechts. Nur machen hier Rechtsprechung und Rechtslehre und nicht zuletzt die Gesetzgebung selbst den Bedürfnissen des praktischen Lebens oder richtiger vielleicht den wahren Lebensbedingungen der in der Form der A-Gesellschaft betriebenen Unternehmen Zugeständnisse, mit denen sie am Sonderrecht abbröckeln. Wenn es nach dem Gesetz zulässig ist, daß durch Mehrheitsbeschluß zum Zweck der Erhöhung des Grundkapitals der Kreis der Gesellschafter erweitert und damit das Beteiligungsverhältnis der Stammaktien verschoben wird, wenn das ferner geschehen kann unter Bewilligung von Vorrechten, namentlich auch von Vorrechten in Beziehung auf die Beteiligung am Gewinn für die neuen Aktien, wenn zunächst die Rechtsprechung und dem folgend auch die Gesetzgebung für zulässig erklärt haben, daß ohne Kapitalerhöhung einzelnen Aktien vor den anderen gegen Zahlung von Zuschüssen Vorzugsrechte eingeräumt werden, so sind das ebensoviel Beeinträchtigungen des Sonderrechts der Aktionäre auf den Gewinn. Man darf das nicht vertuschen und muß daraus die Folgerung ziehen, daß dieses Sonderrecht zwar nach wie vor geschützt ist gegen unmittelbare Eingriffe durch Mehrheitsbeschlüsse, daß aber Statutenänderungen, welche die qualifizierte Mehrheit will, nicht daran scheitern müssen und dürfen, daß sie mittelbaren Einfluß auf das Verhältnis haben, in welchem die Aktionäre am Gewinn beteiligt sind. RG 52, 288 und die dort zitierten Urteile; RG 76, 157; 80, 81. Anders RG in Gruch 62, 769 (Vereinsrecht), wonach mittelbare Beeinträchtigung eines Sonderrechts dann unwirksam ist, wenn die Rückwirkung als eine notwendige ohne weiteres auf der Hand liegt, eine Voraussetzung, welche in den oben genannten und als zulässig anerkannten Fällen doch auch gegeben ist.

Dagegen ist der Anspruch auf die Höhe der Jahresdividende kein Sonderrecht. Darüber hat vielmehr, wie das Gesetz ausdrücklich vorschreibt (§ 260 I), die Generalversammlung mit einfacher Stimmenmehrheit das entscheidende Wort. Die Generalversammlung muß sich in den Grenzen halten, welche Gesetz und der Gesellschaftsvertrag bestimmen. Aber Verstöße hiergegen sind nicht nichtig oder wirkungslos, wie sie es sein würden, wenn der Gewinnanspruch der Aktionäre auch dem Betrage nach Sonderrecht wäre. Sie sind aber doch widerrechtlich und setzen die Genehmigung der Bilanz usw. der Anfechtung aus. Hier kommt das Individualrecht des einzelnen

Aktionärs, im Fall des § 271 III 2 in der dort bestimmten abgeschwächten Gestalt zur Geltung. Ferner ergibt sich, daß Grundsätze über die Aufstellung der Bilanz und Berechnung der Reingewinne, über Rückstellungen und ihre Verwendung durch Statutenänderung eingeführt, die im Gesellschaftsvertrag etwa bestehenden auf demselben Weg beseitigt oder geändert werden können.

f) Von dem Sonderrecht auf die Liquidationsquote gilt entsprechend das von dem Recht auf den Jahresgewinn Gesagte. Daß ein Mehrheitsbeschluß der Generalversammlung nicht die Quote einzelner im Unterschied von den übrigen Quoten herunter- oder hinaufsetzen kann, folgt aus dem Anspruch aller einzelnen auf Gleichmäßigkeit. Dagegen würde ein Beschluß der Generalversammlung, nach Auflösung der Gesellschaft das Vermögen oder einen Teil davon einer Stiftung, der Gemeinde usw. zuzuwenden, an dem Sonderrecht jedes einzelnen scheitern. Selbst einstimmiger Beschluß würde als solcher noch nichts ausrichten. Nur mit Zustimmung aller könnte es geschehen. Auch der einstimmig gefaßte Beschluß ist gewissermaßen noch Mehrheitsbeschluß, nämlich der äußerste Grenzfall. Einstimmigkeit und Zustimmung aller sind zwei wesentlich verschiedene Erfordernisse. — Dagegen ist das Sonderrecht auf die bestimmte Quote gegenüber der mittelbaren Beeinträchtigung durch rechtswirksame Veränderungen des inneren Baues der Gesellschaft schutzlos.

g) Die Mitgliedschaft, d. h. das Recht an der Aktie und aus ihr gegenüber der Gesellschaft ist Sonderrecht RG 73, 187; anders (in Beziehung auf Vereinsrecht) RG 49, 151; etwas zaghaft JW 1908, 350[41] (GenGes.): Die Mitgliedschaft ist kein Individualrecht, sondern hat sonderrechtlichen Charakter. Die Bestimmung, daß der Generalversammlung das Recht zusteht, den Ausschluß einzelner Aktionäre zu beschließen, kann auch im Urstatut nicht wirksam getroffen werden RG 49, 77. Nur in den gesetzlich zugelassenen und geregelten Fällen kann durch Beschluß der Generalversammlung und überhaupt gegen den Willen des einzelnen seinem Aktienrecht ein Ende gemacht werden. Es ist das die Kaduzierung, die Amortisation (KGJ 25, 259), die Zusammenlegung von Aktien usw. nach § 290 (RG 36, 135; 37, 131; 38, 95; 52, 290), die Auflösung der Gesellschaft §§ 292 Z. 2, 303, 307 (vgl. aber auch RG in SeuffArch 69, 129). — Ebenso, wie dem einzelnen die Mitgliedschaft nicht genommen werden kann, so kann sie ihm auch nicht durch Mehrheitsbeschluß, auch nicht im Wege der Statutenänderung aufgenötigt werden, m. a. W., wenn im Gesellschaftsvertrag für die Dauer der Gesellschaft eine bestimmte Zeit bedungen worden ist, kann die Fortsetzung über diese Zeit hinaus nur mit Zustimmung aller beschlossen, werden. (Ausnahmen bilden die Fälle des § 307). Ferner JW 1904, 44[11]: Ist im Statut einem Aktionär ein Kündigungsrecht bedungen, so erwerben durch die Kündigung die anderen Sonderrecht auf Auflösung der Gesellschaft. Vgl. OLG 8, 260; 34, 363; KGJ 50, 115; zu eng OLG 27, 385 (Rostock), wonach es nur bei Nebenleistungs-A-Gesellschaften gelten soll; zu eng auch RG in Recht 1908, 2498; anders RG 6, 120, RG in Holdh 04, 136.

Ob die Aktien auf den Inhaber oder auf den Namen lauten, hat mit der Mitgliedschaft an sich nichts zu tun. Vgl. OLG 43, 298 (Stuttgart). A. A. Lehmann in Arch BR 9, 358. Dagegen würde die Umwandlung von Inhaberaktien in vinkulierte Namenaktien ohne Zustimmung des einzelnen unausführbar sein. Das in der unbeschränkten Veräußerlichkeit liegende Recht, die Mitgliedschaft aufzugeben, ist der Mitgliedschaft immanent und mit ihr ein Sonderrecht. Vgl. RG 68, 211.

h) Dagegen ist es methodisch verfehlt und auch sachlich nicht richtig, wenn man ohne weiteres auch die einzelnen in der Mitgliedschaft liegenden Rechte und Machtbefugnisse in die Reihe der Sonderrechte stellt. Nur die Mitgliedschaft als solche, nicht ihr Inhalt ist gemeint, wenn man sie als Sonderrecht bezeichnet. So finden sich als Sonderrechte bezeichnet das Recht auf Teilnahme an der Generalversammlung, das Recht zur Anfechtung von Beschlüssen der Generalversammlung, das Recht auf Bescheinigung der Mitgliedschaft (Eintragung in das Aktienbuch), das Recht auf Einsicht und auf Abschrift nach § 263, das Recht auf Mitwirkung bei Ausübung von Gesamtrechten, bei Feststellung des Reingewinnes, das Recht auf Einhaltung der Satzungsbestimmungen und noch mehr. Alle diese Rechte haben in der Mitgliedschaft ihren Rechtsgrund, aber sie sind weit entfernt, deshalb deren Natur als Sonderrecht zu teilen. Denn schließlich steckt alles und jedes in der Mitgliedschaft und folgt aus ihr. Was davon Sonderrecht ist, muß nach besonderen Gesichtspunkten ausgeschieden werden. Und nicht nur methodisch verfehlt, sondern auch sachlich ist es unrichtig. In allen Fällen, welche mit scheinbarem Recht hier genannt werden können, handelt es sich um Rechte und Befugnisse, welche auf positiver Vorschrift zwingenden Rechts beruhen. Sie haben daher mit dem Sonderrecht allerdings gemein, daß sie gegenüber Generalversammlungsbeschlüssen und Statutenänderung unantastbar sind, sie unterscheiden sich aber von ihnen darin, daß sie auch mit Zustimmung der einzelnen und also auch im Urstatut nicht wegbedungen werden können. Man verfälscht den Begriff der Sonderrechte, wenn man alle diese Dinge hier mit hineinträgt, bloß deshalb, weil auch diese Rechte, Befugnisse und Möglichkeiten dem einzelnen nicht genommen, auch durch Mehrheitsbeschluß nicht genommen werden können. So ist auch der Satz von dem Recht auf gleichmäßige Beteiligung aller ein allgemeiner Grundsatz zwingenden Rechts, nicht Ausdruck eines — der allgemeinen Wegbedingung durch das

Urstatut zugänglichen — Sonderrechts. Und dasselbe muß auch vom Stimmrecht gelten. Ganz kann es dem einzelnen nicht genommen werden, auch nicht im Urstatut, und so wie es im Statut bestimmt ist, ist es gegen jeden Gesellschafterbeschluß durch den Satz der gleichmäßigen Heranziehung geschützt. So RG 80, 389, wo aber aus diesem Grunde das Stimmrecht als Sonderrecht bezeichnet wird. Dagegen ist es in seiner Bedeutung, in der Stimmkraft schutzlos gegen die vielfach möglichen mittelbaren Veränderungen infolge von Veränderungen im inneren Bau der Gesellschaft, Veränderungen des Grundkapitals, Schaffung von Vorrechtsaktien, Amortisation, Übergang eigener Aktien in das Eigentum der Gesellschaft selbst. Jedenfalls aber liegt es in dem Regelfall so, daß das Stimmrecht der Aktie eine Funktion ihres Beteiligungsverhältnisses überhaupt ist.

i) Überblickt man das Gesagte, so zeigt sich, daß im ganzen die Bedeutung des Sonderrechts für die Aktiengesellschaft nicht erheblich ist, zumal Rechtsprechung und Gesetzgebung sich in der Neigung begegnen, dem Sonderrecht, wo es unbequem wird, die Anerkennung zu versagen. Wie sich in dieser Beziehung die Anschauungen gewandelt haben, erkennt man, wenn man das Gutachten des Reichsoberhandelsgerichts in GZ 21, S. 444 unter III liest. Dieser Entwicklung kann nur Einhalt geboten werden, wenn schließlich doch noch einmal gelingen sollte, eine Theorie vom Sonderrecht aufzustellen, welche die allgemeine Anerkennung findet.

k) Auch vor dem Registerrichter kann grundsätzlich der einzelne Aktionär in den die A-Gesellschaft betreffenden Angelegenheiten nichts ausrichten; RJA 4, 147 (KG): Gegen die Bestellung eines Liquidators durch das Gericht (§ 295) kann der Aktionär Beschwerde nicht einlegen. Von dem Gesellschafter einer Gesellschaft mbH sagt KG in RJA 8, 200, es sei in der Regel so, daß er in Angelegenheiten der Gesellschaft Anträge nicht stellen, Beschwerde nicht einlegen könne, und in RJA 8, 210 ist eine Ausnahme hiervon anerkannt in einem Fall, wo es sich um Bestellung eines Vertreters durch das Gericht auf Grund § 29 BGB handelte. Auch vom Aktionär ist daher wohl anzunehmen, daß er ausnahmsweise als Beteiligter nach § 20 FGG anzusehen ist. KGJ 28, 228 läßt die Beschwerde eines Aktionärs gegen die Eintragung der Erhöhung des Grundkapitals zu, OLG 8, 260 desgleichen gegen die Eintragung einer Statutenänderung; nach KGJ 37, 153 ist die Beschwerde des einzelnen Aktionärs zulässig, wenn es sich um Beeinträchtigung eines Individualrechtes handelt (gemeint ist Sonderrecht in dem Sinn, wie der Ausdruck oben bestimmt ist, Beschluß der Fusion mit einer anderen A-Gesellschaft). Vgl. auch KGJ 41, 158. S. aber auch ZBlFG 11, 109 (unzulässig ist die Beschwerde gegen Ablehnung der Eintragung einer Kapitalserhöhung seitens dessen, welcher die Stammeinlage übernommen hatte).

3. a) Ausnahmsweise kann die Generalversammlung Dritten gegenüber die Gesellschaft im rechtsgeschäftlichen Verkehr vertreten, nämlich dann, wenn es gilt, Vorstands- oder Aufsichtsratsmitglieder anzustellen oder abzuberufen. Vgl. hierzu Marcuse in LZ 1913, 111, dem aber nicht durchweg zugestimmt werden kann. Die Wahl der Persönlichkeit ist an sich kein Rechtsgeschäft und also auch kein im Namen der Gesellschaft vorgenommenes. Und dasselbe gilt von dem Beschluß des Widerrufs. Sind in diesen Fällen Vertreter vorhanden (Vorstandsmitglieder oder Aufsichtsrat), so ist es ihre Aufgabe, entsprechend der stattgehabten Wahl mit dem Betreffenden das Rechtsgeschäft vorzunehmen. Wenn aber die Wahl oder der Beschluß in Gegenwart des Betreffenden stattfindet, so kann der Vertrag auch dadurch zustande kommen, daß der Gewählte noch in der Versammlung die Annahme erklärt und ebenso kann die Feststellung, daß der Widerruf beschlossen sei, dem Gegenwärtigen gegenüber zugleich die Erklärung des Widerrufs bedeuten. Ferner kann es in einem Fall nach § 266 oder 268 (Bestellung von Revisoren und Führung von Prozessen gegen Vorstand usw.) an geeigneten Mitgliedern des Vorstandes fehlen, wo dann entweder unmittelbar in der Generalversammlung oder durch einen von dieser beauftragten Stellvertreter mit den Revisoren oder dem Rechtsanwalt zu verhandeln ist; RG 63, 208. S. ferner JW 1893, 488[14]: Greift ein zur Beratung stehender Vorschlag in besondere Vertragsverhältnisse der Aktionäre zur Gesellschaft ein, so erscheint es zulässig, daß der einzelne Aktionär zur Willenserklärung (besser wohl: Willensbildung, Entschluß) der Gesellschaft mitwirken, sich für seine Person als Mitkontrahent aber nur unter Vorbehalt binden will; es muß dann verlangt werden, daß er diesem Vorbehalt Ausdruck gibt; anderenfalls bindet ihn die erteilte Zustimmung auch für seine Person; wenn eine Vorlage die Änderung des Vertragsverhältnisses herbeiführen will und die Abstimmung unmittelbar auf diese Änderung gerichtet ist, nicht etwa zunächst nur auf Herbeiführung einer einseitigen Willenserklärung der Gesellschaft (richtiger wiederum eines internen Entschlusses der Gesellschaft), so hat das Ja und Nein des abstimmenden Aktionärs die entsprechende zweifache Bedeutung. — Die Generalversammlung kann nicht wirksam Aktienzeichnungen entgegennehmen; RG 43, 283. — Ausgeschlossen ist, daß die Mehrheit und die Minderheit der Generalversammlung miteinander einen Vergleich oder einen Schiedsvertrag schließen; LZ 1910 167 (Bamberg). — Ein Beschluß der Gesellschafter wird nicht dadurch zu einem Vertrag des einzelnen mit der Gesellschaft, daß er sich so bezeichnet; RFH 9, 232.

b) Was den Umfang der Machtbefugnis der Generalversammlung angeht, so ist klar, daß diese ihre Grenze hat an entgegenstehenden Rechten Dritter und ferner auch an den anzuerkennenden Sonderrechten des oder der Aktionäre selbst. A. A. Wimpfheimer Gesellschaften in Liqu. S. 187. Es gibt ferner Vorschriften zwingenden Rechts und sie dienen dem Schutze der Gläubiger oder wenn zum Schutze der Aktionäre, doch nicht nur der gegenwärtigen sondern auch der künftigen Aktionäre. Aber abgesehen hiervon ist die Generalversammlung in der Verfügung über das Vermögen der Gesellschaft an keine Schranken gebunden. Daß das bestritten wird, beruht auf der Verwechslung von verschiedenem. Von der Frage, wieweit die Generalversammlung in ihren sachlichen Entschließungen gehen kann, ist die Frage zu unterscheiden, was zu einem gültigen Beschluß hierüber erforderlich ist. Es kann keinem Zweifel unterliegen, daß die Generalversammlung gültige Schenkungen irgendwelcher Art, Bürgschaften, Pfandbestellungen, überhaupt Interzession für fremde Schuld, beschließen kann, wenn es nach gehöriger Ankündigung der Tagesordnung einstimmig geschieht. Vgl. RG 108, 328. Zweifelhaft ist vielmehr die Frage, ob ein solcher Beschluß durch die Mehrheit, einfache oder qualifizierte, gültig gefaßt werden kann, RG 3, 134. Und das hängt von der oben Erl 2e erörterten Frage ab, inwiefern der einzelne Aktionär in seinem Anspruch auf die Dividende (der durch Liberalitäten der in Rede stehenden Art unmittelbar geschmälert oder bedroht wird) geschützt ist. Es handelt sich um eine Frage der Höhe des Gewinnes und also nach obigem nicht um ein Sonderrecht. Die herrschende Lehre (vgl. Erl 7 c zu 213) wird annehmen, daß Schenkungen nur beschlossen werden können, wenn niemand widerspricht. Nach diesseitiger Auffassung ist ein Widerspruch unbeachtlich, wenn die Schenkung aus sachlichen Gründen geboten oder auch nur wohlberechtigt erscheint. Ebenso ist die Lage zu beurteilen, wenn der einzelne sich dagegen durch Anfechtung sträubt, daß dem Vorstand, welcher eigenmächtig das Rechtsgeschäft vorgenommen hat, durch die Mehrheit Entlastung erteilt wird. — Im Fall ROHG 24, 229 wäre nach jetzigem Recht die Entscheidung schon damit gegeben, daß niemand den Beschluß angefochten hatte.

c) Die Generalversammlung kann nicht Schiedsrichter in einem Streit zwischen der Gesellschaft und einem Aktionär sein, RG 55, 326; 93, 288. — Die Statutenbestimmung einer Gesellschaft mbH, daß über die Rechtmäßigkeit des Ausschlusses von Mitgliedern die Generalversammlung unter Ausschluß des Rechtsweges entscheidet, hat RG in DJZ 1904, 505[43] für nichtig erklärt. So können auch in einem Streit zwischen zwei Gesellschaften nicht die beiderseitigen Vorstandsmitglieder zu einem Schiedsgericht zusammentreten, RG in LeipzZ 1919, 803[23].

§ 251.

Die Beschlüsse der Generalversammlung bedürfen der Mehrheit der abgegebenen Stimmen (einfache Stimmenmehrheit)[1], soweit nicht durch das Gesetz oder den Gesellschaftsvertrag[4] eine größere Mehrheit oder sonstige Erfordernisse vorgeschrieben sind.[2]

Für Wahlen können im Gesellschaftsvertrag andere Bestimmungen getroffen werden.[3]

1. a) In § 251 kommt das Majoritätsprinzip gesetzlich zum Ausdruck. Im Gesetz an dieser Stelle nicht ausgesprochene Voraussetzung ist, daß ausnahmslos allen Aktionären Gelegenheit geboten ist, sich an Beratung und Abstimmung zu beteiligen. Alsdann entscheidet die Mehrheit der Stimmen, welche sich an der Abstimmung beteiligen, und zwar die einfache Mehrheit, wofern nicht im Gesetz oder Statut für den gegebenen Fall eine größere Mehrheit oder sonstige Erfordernisse vorgeschrieben sind. Das Erfordernis der einfachen Mehrheit kann also erschwert, aber nicht gemindert werden. Eine Minderheit kann (in den im Gesetz oder im Statut vorgesehenen Fällen) den zur Abstimmung gestellten Antrag zu Fall, aber positive Beschlüsse der Generalversammlung nicht zustandebringen.

b) Wird die erforderliche Mehrheit nicht erreicht, so ist der Antrag abgelehnt. Auch das ist eine Entscheidung und eine Entschließung der Generalversammlung, aber eine negative, die Ablehnung des beantragten Beschlusses. Wenn Makower § 251 I 9; Staub-Pinner § 251[1]; Horrwitz 77 u. A. den Fall der Stimmengleichheit in dem Sinn als besonderen auffassen, daß weder Annahme noch Ablehnung des Antrages vorliege, so ist nicht ersichtlich, welche praktische Bedeutung die Unterscheidung haben soll. Noch weiter geht Goldschmit AG. § 251[2]: vereinigt ein Antrag nicht die einfache Mehrheit, so ist er nicht angenommen, aber auch nicht abgelehnt. Die Behauptung Makowers, daß anderenfalls bei einander entgegengesetzten Anträgen das Ergebnis davon abhänge, welcher Antrag zuerst zur Abstimmung komme, hätte näherer Erklärung bedurft. So wie Horrwitz es versteht, der das Argument auch ablehnt, kann es nicht gemeint sein. Die Anträge, den Kauf eines Grundstücks zu beschließen und vom Kauf des Grundstücks Abstand zu nehmen, sind nur im sprachlichen Ausdruck verschieden. Sachlich sind sie identisch. Wird für den erstgenannten Antrag die Mehrheit nicht erzielt, dann ist er abgelehnt, auch wenn sich gerade nur die Hälfte der Stimmen dagegen entschieden hat, und es hätte keinen Sinn, den Antrag noch einmal in sprachlich geänderter Fassung zur Abstimmung zu bringen. Denn auch der Antrag, die Ablehnung zu erklären, kommt nur zustande, wenn er eine Mehrheit erreicht. Keineswegs wäre aber mit der Ablehnung des Antrags in dieser Form positiv die Genehmigung des Kaufs beschlossen. Das wäre selbst dann nicht der Fall, wenn alle Stimmen gegen den Antrag ausfielen. Das ist durchaus nicht logische Spitzfindigkeit. Es können einige oder viele oder alle Aktionäre mit nein gestimmt haben, weil sie es noch nicht an der Zeit hielten, überhaupt sich bereits zu entschließen. Die einzige praktische Folgerung aber, welche Horrwitz daraus zieht, daß bei Stimmengleichheit überhaupt ein Beschluß nicht zustande gekommen ist, nämlich, daß dann das Stimmenergebnis nicht protokolliert zu werden braucht, wäre so unerfreulich wie möglich. — Wird in einer Genossenschaft der Antrag, einen Genossen auszuschließen (vgl. RG 51, 89) durch Stimmengleichheit abgelehnt, so ist keineswegs nichts geschehen, sondern es ist in maßgeblicher Weise entschieden, daß die Tatsachen nicht ausreichen, die Ausschließung zu rechtfertigen, und es ist ausgeschlossen, daß auf Grund desselben Tatbestandes noch einmal abgestimmt wird. Würde in einem solchen Falle der Antrag in der Form gestellt, die Ausschließung des Genossen abzulehnen und würde das von der Mehrheit abgelehnt, so könnte das allerdings kaum anders verstanden werden, als daß die Ausschließung beschlossen ist. Aber das zeigt denn auch, daß diese Formulierung des Antrags nicht nur logisch gekünstelt sondern auch rechtlich unzulässig ist. Er verletzt das Recht des Genossen, der dadurch Gefahr läuft, bei Stimmengleichheit ausgeschlossen zu werden, obwohl dafür keine Mehrheit vorhanden ist. — Ähnlich lag es in einem Fall, wo der Vorstand den Kauf eines Grundstücks nicht unter der Suspensivbedingung, daß die Generalversammlung es genehmige, abschloß, sondern unter der Resolutivbedingung, daß sie innerhalb 6 Monaten den Ankauf ablehne. Es durfte zum endgültigen Erwerb des Grundstücks nur kommen, wenn sich eine Mehrheit dafür aussprach. Deshalb mußte der Antrag, um vor dem Recht zu bestehen, dahin gehen, das Geschäft gutzuheißen und nicht dahin, den Ankauf abzulehnen. Auch hier würde die Ablehnung des Antrages, mochte sie auch nur durch Stimmengleichheit erfolgen, nur bedeuten können, daß es bei dem Ankauf bleibe. Tatsächlich hatte die Mehrheit den Vertrag genehmigt und zur Entscheidung stand vielmehr die Frage, ob der Beschluß angefochten werden und welche Tragweite die durchgeführte Anfechtung haben könne; aber auch das kam nicht zum Austrag, weil die Anfechtung sich als unbegründet ergab; der Fall zeigt aber, daß es der dem Vorstand obliegenden Sorgfalt nicht entspricht, wenn er statt des suspensiven die resolutive Bedingung vereinbart. — Abzulehnen ist der Gedanke Tecklenborgs, ArchBR 23, 390, wonach bei Stimmengleichheit nach Aktienbeträgen die Mehrheit nach Köpfen den Ausschlag geben soll: Im Fall RG 107, 161 (insbes. S. 170) hätte der Antrag, den Vertrag für nichtig zu erklären — was ohnehin gar nicht Gegenstand einer Entschließung der Generalversammlung ist — neben und vor dem Antrag, den Vertrag zu genehmigen, nicht zugelassen werden dürfen. Auch das kann unter Umständen ein die Anfechtung begründender Mangel sein.

c) Anders liegt es, wenn Gegenstand des Antrages und des Gegenantrages sich nur teilweise decken. Dann kann die Fassung der Anträge und die richtige Reihenfolge der Abstimmungen Aufbietung alles Scharfsinnes erfordern. Wenn beantragt wird, das Grundkapital um 2 Millionen zu erhöhen, dann kann es Aktionäre geben, welche höchstens 1 Million sonst lieber gar nichts wollen, und wiederum solche, welche 2 Millionen für unerläßlich halten und wenn nicht das, lieber nichts, und endlich solche, welche überhaupt die Erhöhung ablehnen. Dann muß es zur Ablehnung der Kapitalerhöhung kommen, wenn jede der 3 Parteien stark genug ist, um mit einer oder der anderen der übrigen mehr als ein Viertel der Stimmen aufzubringen. Aber dabei bleibt es, daß wenn von 1000 Stimmen 251 gegen die Erhöhung ausfallen, der Antrag abgelehnt worden ist. Hätten die Gegner Recht, dann könnte, wenn der Antrag auf Genehmigung der Bilanz Stimmengleichheit erzielt, der Vorstand die Hände in den Schoß legen. Denn was in seiner Macht liegt, hätte er getan. In Wahrheit ist die Genehmigung der Bilanz abgelehnt und es ist die Obliegenheit des Vorstandes, eine abgeänderte Bilanz aufzustellen. Und wenn der Antrag auf Entlastung von Vorstand oder Aufsichtsrat Stimmengleichheit erzielt, dann ist nicht etwa nichts geschehen, sondern dem Vorstand oder Aufsichtsrat ist rechtsgeschäftlich die Erklärung abgegeben, daß die Entlastung verweigert werde. Zu der kurzen Bemerkung RG 76, 248 ist zu sagen, daß es zwei verschiedene Dinge sind, ob der Antrag auf Entlastung die Mehrheit nicht findet oder ob die Generalversammlung beschließt, den Punkt Entlastung von der Tagesordnung abzusetzen. Man kann bezweifeln, ob eine Abstimmung, welche ablehnend ausfällt, überhaupt angefochten werden kann, weil die Anfechtung kein rechtes Ziel hätte. S. Erl 6e zu § 259. Aber läßt man sie zu, dann ist nicht zu ersehen, weshalb es einen Unterschied machen soll, ob die Hälfte aller Stimmen nein gesagt hat, oder eine Stimme mehr. Etwas ganz anderes sagt das Urteil OLG 16, 93 (KG), auf welches die Gegner hinweisen, nämlich, daß ein Beschluß, welcher die nach dem Gegenstand erforderliche Mehrheit nicht gefunden hatte und gleichwohl für angenommen erklärt wurde, von dem Registerrichter beanstandet werden müsse, weil der Akt der Beschlußfassung ein positives Ergebnis nicht gehabt habe und ein juristisches Nichts sei. Das gilt, soweit es überhaupt richtig ist, nicht nur von dem Fall, daß an der erforderlichen Mehrheit nur eine Stimme fehlt. Zutreffend RJA 10, 264 (KG).

d) Einfache Mehrheit der abgegebenen Stimmen. Nicht nur wer nicht in der Generalversammlung erscheint oder vor der Abstimmung sich entfernt, und nicht nur, wer von der Teilnahme an der Abstimmung ausgeschlossen ist (§ 252 III), sondern auch wer sich der Stimme freiwillig enthält, wird nicht mitgezählt. Das gleiche gilt von Stimmen, die aus irgendeinem Grunde nicht gültig sind. — Auch wenn nur ein Aktionär erscheint, ist die Generalversammlung beschlußfähig, RG 34, 111, wie anderseits die Förmlichkeiten des Verfahrens auch dann eingehalten werden müssen, wenn alle Aktien sich in einer Hand befinden. So mit einleuchtender Begründung das Landgericht in RJA 7, 40; anders KG das., das sich mit Unrecht auf RG 22, 116 und auf Gierke DPR I 559[14] beruft. Eine Kapitalerhöhung kann auch dann steuerpflichtig sein, wenn die sie beschließende Generalversammlung nicht fehlerfrei berufen war, und Gierke bestreitet von seinem bekannten Standpunkt aus überhaupt die Möglichkeit einer Ein-Mann-Gesellschaft und damit auch einer Generalversammlung einer solchen. — Im Statut kann nicht bestimmt werden, daß bei Stimmengleichheit das Los entscheidet oder die Stimme des Vorsitzenden oder eines Dritten (außer bei Wahlen) HoldhMS 9, 231 (Dresden). Anders bei der Gesellschaft mbH, RG 49, 146.

2. a) In einer Reihe von Fällen erklärt das Gesetz eine größere Mehrheit (qualifizierte Mehrheit) für erforderlich; §§ 196 IV V (Errichtung der Gesellschaft durch Sukzessivgründung), 207 III (sogenannte Nachgründung), 243 IV (Abberufung von Aufsichtsratsmitgliedern), 275 (Statutenänderungen aller Art), 288 (Herabsetzung des Grundkapitals), 292 I Z. 2 (Beschluß, die Gesellschaft aufzulösen), 303 I (Verwertung des gesamten Gesellschaftsvermögens), 304 II (Verstaatlichung), 306 I (Fusion), 310 (Heilung der Nichtigkeit der Gesellschaft). An anderen Qualifizierungen als Erhöhung der erforderlichen Mehrheit an Stimmen kennt das Gesetz bestimmte Quote der zustimmenden Aktionäre, § 196 IV, 207 III, eine bestimmte Quote der Kopfzahl, § 196 IV, auch in einem Falle Einstimmigkeit (§ 196 V).

b) Solche und andere Erschwerungen können auch im Statut bestimmt werden (aber nicht in den Fällen §§ 196 VI, 266 I, 268 I). Die gesetzlichen Qualifizierungen können zu einem Teil im Statut auch abgeschwächt werden. S. § 243 IV, § 275 I (s. aber auch Abs II das.), § 310. Es kann auch für bestimmte Materien wiederholte Abstimmung in verschiedenen Generalversammlungen vorgesehen sein. Ferner das Erfordernis, daß ein bestimmter Bruchteil der Aktionäre erschienen, ein bestimmter Bruchteil des Grundkapitals vertreten sein muß. Die in solchen Fällen übliche Bestimmung, daß beim Nichterscheinen der erforderlichen Anzahl von Aktionären in einer zweiten Generalversammlung ohne Rücksicht auf die Anzahl der erschienenen Aktionäre gültig Beschluß gefaßt werden kann, versteht sich nicht von selbst, KGJ 26, 230. Zweifelhaft ist, ob die zweite Generalversammlung fürsorglich im voraus für den Fall anberaumt und zu ihr eingerufen werden kann, daß in der ersten Generalversammlung die erforderliche Anzahl von Mitgliedern nicht erscheint. Dagegen mit Recht Staub-Pinner § 251[5], auch Bauer 25, 101 insofern, als die 2. Generalversammlung jedenfalls nicht unmittelbar im Anschluß an die erste stattfinden darf. — Ist in der ersten Versammlung die erforderliche Anzahl nicht erschienen, so kann der betreffende Punkt der Tagesordnung überhaupt nicht zur Entscheidung gebracht werden. A. A. Staub-Pinner § 251[5] (es könne der Beschluß nicht angenommen, wohl aber mit einfacher Mehrheit abgelehnt werden), HoldhMS 15, 242; 14, 303; Rehm in DJZ 1904, 955, an dessen Ausführungen nur richtig ist, daß die Verwaltung, wenn die erforderliche Anzahl nicht erreicht ist, nicht gehalten ist, eine zweite Generalversammlung einzurufen, vielmehr von ihrem Vorhaben Abstand nehmen kann. S. auch Staub-Pinner § 275[1].

c) In den Fällen, wo ein bestimmter Bruchteil des Grundkapitals in der Generalversammlung vertreten sein oder dem Antrag zugestimmt haben muß, soll nach Staub-Pinner § 251[4] beim Vorhandensein von Aktien mit mehrfachem Stimmrecht in die Rechnung der Nennbetrag der Stimmrechtsaktie und ebenso denn auch das Grundkapital entsprechend dem Mehrstimmrecht erhöht eingestellt werden (bei dreifachem Stimmrecht die Aktie von 1000 M. mit 3000 M.). Ebenso Goldschmit AG § 251[4]. Das erscheint willkürlich und der Tendenz der betreffenden Erschwerung dürfte es vielmehr gerade zuwiderlaufen, dergestalt, daß es in den gesetzlichen Fällen dieser Art nicht einmal durch das Statut wirksam bestimmt werden kann. Anderseits wird man in dem Fall, daß von einer bestimmten Anzahl von Aktien in einer Hand an die Zahl der Stimmen nicht mehr zunimmt, annehmen müssen, daß der überschießende Betrag und damit insofern das Grundkapital nicht vertreten ist, auch überhaupt gleichsam nicht vorhanden ist; a. A. RG 20, 246; Lehmann-Ring § 275[1]; Goldmann § 275[3]; wie hier Staub-Pinner § 251[4] (der aber Lehmann-Ring mißversteht).

3. Bei Wahlen kommen andere Gesichtspunkte zur Geltung als bei Verwaltungsbeschlüssen und überhaupt bei Abstimmung über bestimmt formulierte sachliche Anträge. Namentlich will das Gesetz die Möglichkeit offen lassen, bei Wahlen die relative Mehrheit für ausreichend zu erklären. Bei Stimmengleichheit kann das Los entscheiden, die Stimme des Vorsitzenden den Aus-

schlag geben u. ä. Lebhaft erörtert wird die Frage der Proportionalwahl für die Wahl der Aufsichtsratsmitglieder. S. hierüber Erl 2 b zu § 243.

§ 252.

Jede Aktie gewährt das Stimmrecht[1]. Das Stimmrecht wird nach den Aktienbeträgen ausgeübt[2]. Der Gesellschaftsvertrag kann für den Fall, daß ein Aktionär mehrere Aktien besitzt, die Ausübung des Stimmrechts durch Festsetzung eines Höchstbetrags oder von Abstufungen beschränken. Werden mehrere Gattungen von Aktien ausgegeben, so kann der Gesellschaftsvertrag den Aktien der einen Gattung ein höheres Stimmrecht beilegen als den Aktien einer anderen Gattung.

Das Stimmrecht kann durch einen Bevollmächtigten ausgeübt werden. Für die Vollmacht ist die schriftliche Form erforderlich und genügend; die Vollmacht bleibt in der Verwahrung der Gesellschaft[3] [4].

Wer durch die Beschlußfassung entlastet oder von einer Verpflichtung befreit werden soll, hat hierbei kein Stimmrecht und darf ein solches auch nicht für andere ausüben. Dasselbe gilt von einer Beschlußfassung, welche die Vornahme eines Rechtsgeschäfts mit einem Aktionär oder die Einleitung oder Erledigung eines Rechtsstreits zwischen ihm und der Gesellschaft betrifft[5].

Im übrigen richten sich die Bedingungen und die Form der Ausübung des Stimmrechts nach dem Gesellschaftsvertrage[6].

1. a) Jede Aktie gewährt das Stimmrecht. Das ist zwingendes Recht. Aktionäre ohne Stimmrecht gibt es nicht; RG 65, 91; JW 1893, 310[18]. Jede Aktie gewährt das Stimmrecht, nicht ein Stimmrecht. Das Stimmrecht ist das Recht des Mitgliedes, in den Angelegenheiten der Gesellschaft, nach Maßgabe seines Einflusses, d. h. in der Regel nach Maßgabe seiner pekuniären Beteiligung entscheidend mitzusprechen. Die Abgabe der Stimme ist der Ausdruck dessen, wozu das Mitglied sich entschlossen hat. Daraus ergibt sich, daß die Stimme nicht zwiespältig ausfallen kann. Nicht die Aktie stimmt, sondern der Aktionär, mag er nun eine Aktie besitzen oder mehrere. Er kann nicht mit der einen Aktie mit Ja stimmen und mit der anderen mit Nein. Die Anzahl der Aktien, die er besitzt, ist nur das Moment, wonach sich die Bedeutung seiner Stimme entscheidet; a. A. Horrwitz Recht der Generalversammlung § 38. Das Abstimmen ist ein ernstes Geschäft, mit dem nicht Spiel getrieben werden soll. Der einzelne soll sich nach Pflicht und Gewissen entscheiden. Kommt er zu keinem Entschluß, muß er sich der Abstimmung enthalten. Er darf aber nicht durch Stimmen, die nichts erreichen sollen, den Tatbestand der Beteiligung an der Abstimmung fälschen. Dagegen kann er wohl, wenn er einen Grund dafür besitzt, nur mit einem Teil seiner Aktien in der Versammlung auftreten, er kann aber wiederum nicht willkürlich das Gewicht seiner Stimme abschwächen, indem er erklärt, nur mit einem Teil seiner Aktien stimmen zu wollen. Das hat nur einen Sinn und ist zulässig, wenn ihm das Recht an den anderen Aktien bestritten wird. Es ist allgemein üblich, vom Aktionär zu sagen, daß er soviel Stimmen hat, wie er Aktien besitzt. Das ist ein bequemer Sprachgebrauch, den zu bekämpfen pedantisch wäre. Aber es ist nicht unwichtig darauf hinzuweisen, daß es genau genommen, unrichtig ist. — Dagegen kann der Aktionär, der zugleich für einen anderen Aktionär als Bevollmächtigter auftritt, für diesen anders abstimmen als für sich selbst.

b) Nicht die Aktienurkunde, sondern das Aktienrecht verleiht die Stimme. Daher macht es keinen Unterschied, ob schon Aktien oder nur erst Interimsscheine oder überhaupt schon Urkunden ausgegeben worden sind. Das gilt auch dann, wenn nach dem Statut die Ausübung des Stimmrechts von der Hinterlegung der Aktie abhängen soll; RG 34, 115; RGSt 31, 403. Vollends kommt nichts darauf an, ob die Aktie voll eingezahlt ist, ob ein Aktionär mit einer Leistung auf die Einlage oder überhaupt — bei Nebenleistungsgesellschaften — mit einer geschuldeten Leistung in Verzug ist. Der Aktionär hat das Recht, mitzustimmen, solange die Kaduzierung noch nicht erfolgt ist. S. § 219 Erl 6 b.

c) Wegen persönlicher Eigenschaften kann dem Aktionär das Stimmrecht nicht versagt werden. Eine Statutenbestimmung, daß nur großjährige männliche Aktionäre persönliches Stimmrecht haben, wäre nichtig. Auch kann nicht bestimmt werden, daß der Aktionär sich aus irgend einem Grunde, z. B. Witwen durch einen Bevollmächtigten vertreten lassen müssen; RG 55, 41; JW 1904, 73[47]. Nichts besonderes ist es, daß geschäftsunfähige oder in der Geschäftsfähigkeit beschränkte Aktionäre durch ihren gesetzlichen Vertreter an der Generalversammlung und Abstimmung teilnehmen. Auch nur auf Anwesenheit steht ihnen selbst Anspruch nicht zu.

d) Die Abstimmung ist kein Rechtsgeschäft, keine Willenserklärung im Sinn §§ 116 ff. BGB. Allgemein wird das Gegenteil angenommen. Auch v. Tuhr, Allgemeiner Teil I S. 516 lehrt so, ist aber nicht imstande, den Satz folgerichtig durchzuführen. Wenn die Abstimmung eines Geschäftsunfähigen wirkungslos ist, dann ist nicht einzusehen, wieso die Beschränkung der Geschäftsfähigkeit nicht schaden soll. Die Abstimmung ist nicht etwas, wodurch der Aktionär überhaupt oder lediglich einen Vorteil erlangt, und nicht nur § 165 BGB, sondern auch § 107 BGB ist nicht anwendbar (vgl. Enneccerus, Lehrbuch § 104, Note 4). Und wenn die Erklärung des Abstimmenden (auch bei geheimer Abstimmung?) dem Leiter der Versammlung gegenüber abgegeben wird, dann müßte dieser doch gegebenen Falles auch der Anfechtungsgegner sein und nicht die Gesellschaft. Allerdings ist die Abstimmung die Erklärung eines Wollens, aber eine Erklärung ganz eigener Art, für welche in unseren Systemen der Rechtshandlungen (vgl. Manigk, Willenserklärung und Willensgeschäft insbes. S. 634 ff.) kein Raum ist. Sie bedeutet für sich nichts. Sie ist ein Teilstück eines körperschaftlichen Aktes. Die übliche und gebotene Methode, auf die juristische Person die Wahrheiten und Rechtssätze anzuwenden, welche an dem natürlichen Menschen gewonnen sind und von ihm gelten, läßt uns hier im Stich, weil mit dem, was der Abstimmung in der korporativen Gesellschaft beim natürlichen Menschen entspricht, mit der Innervation des werdenden Entschlusses, das Recht sich nicht befaßt, welches nur der fertige Entschluß und auch dieser meist erst interessiert, nachdem er irgendwie sinnfällig betätigt worden ist. Insofern befinden wir uns hier auf Neuland und sind auf das Wesen der Sache, im übrigen auf uns selbst angewiesen. So erscheint Anfechtung auf Grund § 119 BGB hier nicht am Platz. Der Aktionär, welcher sich geirrt hat, kann, so lange es noch Zeit ist, seine Abstimmung korrigieren. Aber das kann er auch, wenn er sich nicht geirrt hat, vielmehr nur sich anders besinnt. Ist das Abstimmungsgeschäft vollendet, dann kann er weder widerrufen noch anfechten, mag er sich auch im Irrtum befunden haben. Das Abstimmen ist nicht gegenseitiges Erklären, sondern gemeinschaftliches Tun, das sich, wie jedes Tun, wenn es einmal geschehen ist, nicht wieder aus der Welt schaffen läßt. Ist es zu dem Gesellschafterbeschluß gekommen, dann kann nur noch dieser auf Grund § 271 oder — wegen seines Inhalts — auf Grund § 826 BGB angefochten oder aber von der Gesellschaft in erneuter Abstimmung freiwillig aufgegeben werden. Und etwas anderes wiederum ist die Anfechtung des Rechtsgeschäftes, welches etwa auf Grund des Beschlusses Dritten gegenüber vorgenommen worden ist. Es kann der Aktionär auch nicht darauf verklagt werden, daß er in bestimmtem Sinne abstimme, auch nicht darauf, daß er an der Abstimmung, gleichviel wie, sich beteilige; RG 49, 144; 112, 279. — Dagegen ist nicht ausgeschlossen, daß die Gesellschaft durch einstweilige Verfügung angehalten wird, einem Mitglied die Teilnahme an Generalversammlung und Abstimmung zu gestatten; OLG 42, 50 (Jena); JW 1925, 628; BayOLG 23, 236.

e) Stimmberechtigt ist der Aktionär. Da, wo Aktienurkunden ausgegeben worden sind, der Eigentümer der Aktie. Das gilt von der Inhaberaktie so gut wie von der Namenaktie. Nur können Stimmrecht und Legitimation zu seiner Ausübung auseinanderfallen; hier vermöge der Vorschrift über die Führung des Aktienbuchs (§ 223 III), dort gemäß dem Recht der Inhaberpapiere. — Der Käufer einer Aktie kann das Stimmrecht nicht ausüben, wenn nach den Vereinbarungen das Eigentum an ihr erst nach der Generalversammlung übergehen soll; RG im Recht 1916, 1356.

f) Durch Verpfändung der Aktie geht der Aktionär seines Stimmrechts ebensowenig verlustig wie seines Aktienrechts überhaupt. Die Verpfändung einer vinkulierten Namenaktie bedarf der Zustimmung der Gesellschaft; OLG 26, 206; Recht 03, 3032; LZ 08, 871³. Vermerk im Aktienbuch ist nicht erforderlich, wohl auch gar nicht zu erreichen; jedenfalls braucht die Gesellschaft sich nicht darauf einzulassen. Die Verpfändung einer Inhaberaktie geschieht unter Übergabe der Urkunde (BGB § 1293). Mit dieser Übergabe geht formal zugleich die Legitimation zur Ausübung des Rechts und damit auch zur Ausübung des Stimmrechts auf den Pfandgläubiger über. (Abzulehnen ist die Auffassung von OLG 37, 8 (KG), wonach das Stimmrecht als Gegenstand der Verpfändung mit überlassen werden könne und daß dann der Pfandgläubiger Stimmrecht habe, aber nur soweit das zur Wahrnehmung und Durchführung des Pfandrechts notwendig sei.) Der Aktionär kann das Stimmrecht nicht ausüben, der Pfandgläubiger kann es, aber er darf es nicht. Der letztere kann auch nicht dem Aktionär zwecks Ausübung des Stimmrechts die Aktie zeitweilig zurückgeben. Denn damit ginge sein Pfandrecht unter (§ 1253 I BGB). Wohl aber kann er ihm die Ausübung dadurch ermöglichen, daß er ihm den gebundenen Mitbesitz gemäß § 1206 BGB in irgend einer Form einräumt; LZ 1908, 871³. Man wird auch annehmen müssen, vorbehaltlich besonderer Vereinbarungen, daß er verpflichtet ist, es zu tun, sofern es ihm nach Lage der Sache zugemutet werden kann. Benutzt der Pfandgläubiger den Besitz der Aktie, um an der Abstimmung teilzunehmen, so ist er zurückzuweisen, wenn der Sachverhalt dem Leiter der Verhandlung oder dem Notar bekannt ist. Anderenfalls steht seine Zulassung mit den geltenden Rechtsvorschriften in Einklang und der Beschluß kann wegen dieses Umstandes nicht angefochten werden. Bestehen Zweifel an der Berechtigung und beschließt die Versammlung, den Aktionär zurückzuweisen, so geschieht das auf die Gefahr, daß der Beschluß angefochten werden kann, wenn die Berechtigung an der Abstimmung teilzunehmen bestand. — Das Stimmrecht kann nicht Gegenstand einer Verpfändung sein, weder selbstverständlich für sich, noch in Verbindung mit der Aktie. Daraus folgt, daß wenn der Verpfänder den Pfandgläubiger ermächtigt, das Stimmrecht auszuüben, was er zweifellos tun kann, dieser nicht kraft eigenen Rechts, sondern als Stellvertreter des Aktionärs auftritt (anders OLG 37, 8; Staub-Pinner § 252[5]). Es muß also, wer offen als Pfandgläubiger auftritt, sich durch schriftliche Vollmacht ausweisen können. Anders RG in Bolze 12, 510, wo offenbar eine Legitimationsübertragung als selbstverständlich angenommen worden ist. Das kann z. B. praktisch werden, wenn im Statut bestimmt ist, daß als Bevollmächtigte zur Generalversammlung nur Aktionäre zugelassen sind. Das Gesagte ist nicht darum weniger wahr, weil der Pfandgläubiger, welcher die Aktie besitzt, in der Generalversammlung wie ein Aktionär auftreten kann.

Wird die Aktie nicht verpfändet, sondern fiduziarisch übereignet, so wird der Fiduziar Aktionär und ausschließlich er ist zur Ausübung des Stimmrechts berechtigt.

g) Was den Nießbrauch an einer Aktie angeht, so bestimmt § 1081 BGB von Inhaberpapieren, daß der Besitz des Papieres und des zu ihm gehörenden Talons dem Nießbraucher mit dem Eigentümer gemeinschaftlich zusteht. Eine Bestimmung darüber, wer bei Aktien das Stimmrecht auszuüben hat, ist im BGB nicht getroffen, „weil sich bei der wesentlich von den Gesellschaftsstatuten abhängenden verschiedenartigen Gestaltung der Fälle allgemeine Vorschriften nicht aufstellen lassen"; Mot. III, 556. Wo die Statuten nichts enthalten, bieten die allgemeinen Bestimmungen keine Handhabe, wegen des Nießbrauchs dem Aktionär, der der Gesellschafter ist und bleibt, die Ausübung dieses Gesellschaftsrechts im Verhältnis der übrigen Gesellschafter zu entziehen oder zu beschränken. Es ist nicht zu bestreiten, daß die Ausübung des Stimmrechts eine Nutzung des Rechts im Sinn des § 1030 nicht darstellt; Dernburg BR III, § 194, 4; Staub-Pinner § 252[6]. Aus § 1083 BGB — wie Horrwitz 130 will — folgt nicht, daß Eigentümer und Nießbraucher das Stimmrecht gemeinsam auszuüben haben. Dort ist vielmehr bestimmt, daß, wenn das der Fall ist, beide einander zur Mitwirkung verpflichtet sind. Auch § 1066 BGB (RGR Komm § 1068[3], auch Horrwitz a. a. O.) bietet nicht eigentlich eine Analogie. Aber faßt man die Ausübung des Stimmrechts — ebenso wie z. B. die Anfechtung eines Beschlusses der Generalversammlung, den Antrag auf Ernennung von Revisoren — überhaupt als einen Akt der Verwaltung auf, dann ersieht man — wenn es nicht ohne weiteres selbstverständlich ist — aus § 1066, daß die Verwaltung des Nießbrauchgegenstandes nicht dem Eigentümer, sondern dem Nießbraucher zukommt, der dann aber dem Eigentümer verpflichtet ist, auch dessen Interessen wahrzunehmen, soweit es mit den eigenen Interessen vereinbar ist. So im wesentlichen Hachenburg GGmbH § 15, Erl 20; Jacobi in EhrenbergsHH IV 1, 472. Wie hier Staub-Pinner § 252[6]; Brand § 252 2 c; Lehmann-Ring § 252[1]. Auch Simon, Festgabe f. Wilke 272 erklärt die Abstimmung für Ausübung der Verwaltungsbefugnis des Nachlaßpflegers, Testamentvollstreckers, Konkursverwalters. Will man dieser Auffassung sich anschließen, welche zweifellos viel für sich hat (Brodmann GGmbH § 47[1]), so ist doch eines zu beachten. Wie Staub-Pinner a. a. O. treffend hervorhebt, stehen bei der Abstimmung leicht auch Fragen zur Entscheidung, welche nicht mehr im Rahmen der „Verwaltung" des Aktienrechts liegen. Aber man kann dem nicht mit Staub-Pinner dadurch begegnen, daß in solchen Fragen der Aktionär nur mit Zustimmung des Nießbrauchers stimmen dürfe. Der Gesellschaft gegenüber kann die Stimme immer nur so gelten, wie sie abgegeben worden ist, nicht wie der Aktionär den Nießbraucher verpflichtet gewesen wäre, sie abzugeben. Dabei würde dieser Schutz auch nicht genügen. Das Entscheidende ist gar nicht die einzelne Stimme und insofern liegt auch in der Abstimmung des einzelnen noch keineswegs eine Verfügung über sein Recht. Worauf es ankommt oder jedenfalls auch ankommt, ist der Schutz des Aktionärs gegen rechtswidrige Mehrheitsbeschlüsse. Ergibt sich, daß die Stimme des Aktionärs entscheidend gewirkt hat, dann bleibt dem Nießbraucher immer noch der Ersatzanspruch gegen diesen. Im anderen Fall wäre er bei rechtswidrigen Beschlüssen darauf angewiesen, ob der Aktionär zum Widerspruch und zur Anfechtung schreiten will, der aber vielleicht daran gar nicht interessiert ist und auch nicht dazu verpflichtet. So wird man der Sachlage nur dadurch gerecht, daß man — mag nun der Eigentümer oder der Nießbraucher das Stimmrecht auszuüben haben — dem anderen Teil das Recht zuspricht, an der Generalversammlung teilzunehmen, Widerspruch zu erheben und anzufechten. S. hierzu Mirre in ZHR II 131 und dagegen Brodmann das. S. 265.

h) Aus Aktien der Ehefrau übt kraft seiner ehelichen Nutznießung der Ehemann das Stimmrecht aus. Schief ist der Gedanke, daß er in Ausübung des Stimmrechts entsprechend ebenso beschränkt sei, wie in der Verfügung über die Aktie. Der Mann hat nicht das Recht, die Aktie der Frau zu verschenken (Horrwitz S. 131). Aber wenn die Generalversammlung eine Schenkung beschließt, macht die Gesellschaft sie und nicht die Aktionäre, weder diejenigen die dagegen stimmen noch die anderen und dadurch, daß der Aktionär für einen Antrag stimmt, verfügt er über seine Aktie auch dann nicht, wenn der Antrag angenommen wird und der Gesellschaft nachteilig ist. Bedarf es zur Amortisation der Aktie der Zustimmung des Aktionärs (Staub-Pinner § 252[7]), so darf der Mann diese nicht ohne Zustimmung der Frau erteilen. Aber etwas anderes ist, ob er in der Generalversammlung bei der Abstimmung über die Amortisation das Stimmrecht ausüben kann. Dagegen ist gewiß dann nichts einzuwenden, wenn er dagegen stimmt. Man müßte also unterscheiden, je nachdem wie der Mann stimmt. In Wahrheit bedeutet weder in dem einen Fall noch im anderen die Beteiligung an der Abstimmung eine Verfügung über die Aktie. Wie hier Jacobi in Ehrenbergs HH IV 1, 472 Note 34; Simon a. a. O. 272.

i) Das Stimmrecht aus der Aktie seines minderjährigen Kindes übt der Vater aus, ebenfalls ohne jede Beschränkung. Das ergibt sich hier daraus, daß er kraft seiner elterlichen Gewalt des Kindes gesetzlicher Vertreter ist.

k) Von der Frage, wer berechtigt ist, das Stimmrecht für die Aktie auszuüben, ist die Frage zu unterscheiden, wie sich der Aktionär, welcher in der Generalversammlung das Stimmrecht ausüben will, als der Berechtigte zu legitimieren hat. Dafür ist durch das Gesetz gesorgt, wenn die Aktien auf den Namen lauten. Hier ist nach § 223 III das Aktienbuch maßgeblich. Nur der hier Eingetragene kann an der Generalversammlung und der Abstimmung teilnehmen, gleichviel, ob er der Eigentümer der Aktie ist oder nicht. Die Gesellschaft kann dem Eingetragenen das Stimmrecht nicht deshalb versagen, weil er in Wahrheit nicht der Eigentümer sei, wie RG 40, 81 entschieden hat, jedenfalls dann nicht, wenn sie an der Versagung des Stimmrechts kein Interesse hat. Sie kann es aber grundsätzlich überhaupt nicht. Sie kann unter Umständen gegenüber dem Enigetragenen — nötigenfalls im Wege der Klage — darauf dringen, daß seine Eintragung wieder gelöscht wird (s. Erl 4 zu § 223). Aber so lange das nicht geschehen ist, gilt der Eingetragene für die Gesellschaft als Aktionär. Etwas anderes ist es, daß die Beteiligung des Eingetragenen an der Abstimmung rechtswidrig ist, beanstandet und angefochten werden kann, wenn die Eintragung vorgenommen worden ist, um gesetzliche Vorschriften zu umgehen, z. B. den Abs III zu umgehen, wonach derjenige Aktionär über die Vornahme eines Rechtsgeschäfts nicht mitstimmen darf, mit dem das Rechtsgeschäft vorgenommen werden soll. Das gilt aber auch dann, wenn der Eingetragene durch fiduziarische Übertragung rechtlich Eigentümer der Aktie geworden ist.

So lange Aktienurkunden nicht ausgegeben worden sind, ist nur der erste Nehmer der Aktie oder derjenige zur Ausübung des Stimmrechts befugt und zuzulassen, der nachweist, daß er vom ersten Nehmer — unmittelbar oder mittelbar — das Aktienrecht erworben hat.

Lauten die Aktien auf den Inhaber, so handelt es sich zugleich um Wertpapiere und daraus ergibt sich zweierlei. Erstens kann der Eigentümer der Aktie das Stimmrecht nur ausüben, wenn er die Urkunde besitzt. Im Statut kann bestimmt werden, daß an die Stelle der Vorlegung der Aktie ihre Niederlegung bei einer Bank oder an anderer Stelle tritt, wodurch dem Eigentümer die Möglichkeit gewährt wird, sich auch dann wie ein Inhaber der Aktie zu legitimieren, wenn er diese verpfändet hat und daher unmittelbaren Besitz an ihr nicht hat und nicht haben kann (BGB § 1253 I, s. oben unter f). Zweitens ergibt sich aber auch umgekehrt, daß wer die Urkunde besitzt und vorlegen kann, legitimiert erscheint, das Stimmrecht auszuüben. Die Gesellschaft kann den Inhaber, wenn er nicht der Eigentümer ist, zurückweisen und der Umstand, daß der Erschienene die Aktie besitzt, ist in dem Moment unerheblich, in welchem er einräumen muß, daß er sie nur als Verwahrer besitzt; RG 63, 405. Aber die Gesellschaft ist nicht gehalten, die Berechtigung des Inhabers zu prüfen, und wenn sie an seinem Eigentum und an seiner Berechtigung, das Stimmrecht auszuüben, zweifelt und ihn deshalb zurückweist, so tut sie das auf die Gefahr hin, daß die Beschlüsse, welche gefaßt werden, mit Erfolg angefochten werden; Simon, Festgabe für Wilke 265, Note 21; in GZ 49, 21 ff.; anders Bauer 10, 229 (Dresden) unter Berufung auf Entscheidungen, die in Wahrheit das nicht sagen; auch RG 30, 51 will wohl nur sagen, daß die Generalversammlung Inhaber der Aktie mit Fug auch dann zuläßt, wenn Widerspruch dagegen erhoben wird. Sie kann ihn zulassen, mag ihn aber auch zurückweisen, wenn sie ihrer Sache gewiß ist.

l) Eine andere Frage ist, ob und unter welchen Umständen jemand auch ohne Eigentümer der Aktie zu sein, berechtigt ist, für sie das Stimmrecht auszuüben. Grundsätzlich hängt das von seinem Rechtsverhältnis zum Eigentümer ab. Nicht eigentlich hierher gehört der Fall, daß der Eigentümer die Aktie einem anderen fiduziarisch überträgt. Denn dann ist eben der andere Eigentümer geworden. Will der Eigentäger, daß, ohne daß er die Aktie veräußert, ein anderer für ihn abstimmt, so ist der normale Weg, daß er dem Betreffenden (schriftlich) Vollmacht erteilt. Er kann ihn aber auch unter Übergabe der Aktie ermächtigen, wie der Eigentümer an der Generalversammlung teilzunehmen und aus eigenem Recht, in eigenem Namen abzustimmen. Es ist das die sogenannte Legitimationsübertragung, viel bekämpft und doch wohl — so lange Inhaberaktien bestehen — unausrottbar. Es ist das nicht Übertragung des Rechts selbst, auch nicht Übertragung zu treuen Händen (fiducia), sondern eine Abspaltung vom Recht, die Einräumung der Rechtsposition, Eigenträger des fremden Rechts zu sein; RG 30, 51; 40, 80; Warneyer 20, 65, 217; BankArch 20, 213; 26, 357; RG in LZ 1920, 567[6]; vgl. Bolze 12, 510. Nach Makower § 252 II a läge denknotwendig in der Legitimationsübertragung die Übereignung zu treuen Händen, was aber nicht richtig ist. Sie ist die getreue rechtsgeschäftliche Nachbildung dessen, was das Gesetz seblst in Beziehung auf die Namenaktie durch die Eintragung in das Aktienbuch und deren rechtliche Bedeutung wenn nicht geschaffen, so doch sanktioniert hat.

Vgl. Erl 2 c zu § 223. Dagegen wäre es verfehlt, von der Legitimationsübertragung noch den Fall zu unterscheiden, daß der Eigentümer nur rein tatsächlich einem anderen die Aktie überläßt, damit dieser die Natur der Aktien als Inhaberpapiere ausnutzend in der Generalversammlung rein formal sich legitimiere. Vgl. RG 30, 51; 40, 80. In solchem Tun liegt eben mit psychologischer Notwendigkeit die Legitimationsübertragung. Im Wesen dieser Übertragung liegt, daß der Eigentümer — gleichviel welches Rechtsverhältnis dem Rechtsgeschäft zugrunde liegt — jeder Zeit die Übertragung zurücknehmen kann. Nur wird es der Gesellschaft gegenüber erst dadurch wirksam, daß es ihr erklärt wird; RG in SeuffArch 47, 131; Bolze 12, 11; anders OLG 40, 468, 80 (Hamburg). Es ist ferner anzunehmen, daß dem Legitimationsaktionär die Beteiligung an der Abstimmung zu versagen ist, wenn die Übertragung geschehen ist, um ein Stimmverbot zu umgehen. Auch RG 85, 170 steht grundsätzlich auf dem Standpunkt, daß die Übereignung von Aktien, die nur zu dem Zweck geschieht, die Stimmen zu retten, nicht zum Ziele führen darf, zeigt aber auch, daß mit diesem Grundsatz noch nicht alles erreicht ist, vielmehr der Schwerpunkt der Rechtsprechung in freier, den tatsächlichen Vorgängen zugewandter Beurteilung des Falles liegt; man kann das Urteil nicht ohne den Eindruck lesen, daß die Banken bar jedes eigenen Interesses am Erwerb der Aktien nur einer Schiebung hilfreiche Hand geliehen haben.

Im Statut kann die Zulassung von Legitimationsaktionären ausgeschlossen werden; RG in LZ 1920, 567[6] (mit welchem Erfolg, ist eine Frage für sich).

Der Legitimationsaktionär übt das Stimmrecht als Eigenberechtigter (für eigene Rechnung, wie RG in LZ 1913, 378[9] sich ausdrückt), nicht als Stellvertreter aus; darin, daß die Bank, **bei welcher die Aktie liegt**, sie für den Kunden zwecks Ausübung des Stimmrechts an der erforderlichen Stelle hinterlegt, liegt auch dann nicht Übereignung der Aktie an den Kunden, wenn dieser Anspruch auf Übereignung hat, RG eod. — Das **Reportgeschäft** führt zur Übereignung der Aktie und berechtigt die hereinnehmende Bank, das Stimmrecht auszuüben, so lange es zur Rückübertragung nicht gekommen ist, kann aber auch wie jede andere Veräußerung der Aktie, zur Umgehung einer Stimmrechtsverbotes mißbraucht werden; RG in LZ 1917, 139[6]; HoldhMS 1905, 309.

Es ist daran festzuhalten, daß die Legitimationsübertragung nicht das Recht an der Aktie und aus der Aktie überträgt, daß Gegenstand der Übertragung nur die Berechtigung ist, das fremde Recht auszuüben. Meist wird es nicht in die Erscheinung treten, ob es sich um Übereignung handelt oder um diese Legitimationsübertragung. Aber auch, wo letzteres offen erklärt wird oder sonst zutage tritt, wird dadurch die Rechtslage der Gesellschaft gegenüber nicht geändert, weil es für die Frage, ob der Legitimierte ein Strohmann ist und aus der Person seines Rechtsurhebers gegen Ausübung des Stimmrechts Einwände bestehen, keinen Unterschied macht, ob es sich um Legitimationszession handelt oder (fiduziarische) Übereignung. Man wird auch annehmen müssen (**Staub-Pinner** § 222[22]), daß die Gesellschaft, wie sie gehalten ist, den Legitimationsaktionär als den Berechtigten gelten zu lassen, auch berechtigt ist, ihn wie den Aktionär in Anspruch zu nehmen. Dagegen ist dieser wohl tatsächlich in der Lage, die Aktie an einen gutgläubigen Erwerber zu übereignen, aber keineswegs besitzt er die Rechtsmacht dazu. Anders **Staub-Pinner** § 222[21].

m) Viel erörtert — bekämpft und verteidigt — ist der Gebrauch, welchen die **Banken** von der Legitimationsübertragung machen, die sich **in ihren Geschäftsbedingungen** von ihren Kunden das Recht ausbedingen, für ihre bei ihnen hinterlegten Aktien das Stimmrecht auszuüben. Die Klausel, daß die Bank „ermächtigt werde, in allen Generalversammlungen nach bestem Ermessen die bei ihr in Verwahrung gegebenen Aktien vertreten und das Stimmrecht ausüben zu lassen, berechtigt nach RG 105, 290 die Bank, nach Wahl als Stellvertreter des Aktionärs oder als Legitimationszessionar in eigenem Namen aufzutreten, ist aber als Vollmacht unzulänglich, wenn der Kunde nur die gedruckten Geschäftsbedingungen durch eine allgemeine Wendung schriftlich bestätigt hat, weil damit die in Abs II Satz 2 vorgeschriebene Form nicht gewahrt ist. Nach diesseitiger Auffassung ist die Erklärung in ihrer Zweideutigkeit zu unbestimmt, um überhaupt rechtswirksam zu sein. Dagegen ist das Bedenken, daß in der Klausel eine Verfügung im Sinne des § 2 I des Bankdepotgesetzes liegt, für welche eine allgemeine Ermächtigung nicht ausreicht (so **Horrwitz** S. 133) wohl hinfällig, **Staub-Pinner** § 252[3], **Sontag** 41 f. Und überhaupt zur Frage nach der Legitimationsübertragung **Planitz**, die Stimmrechtsaktie 10 ff., der die Legitimationsübertragung verwirft, **Giesecke**, Aktienstimmrecht der Banken. Dagegen als Verteidiger **Hartmann** in BankArch 24, 486; **Solmssen**, BankArch 26, 36; hiergegen **Kalisch** in JW 1927, 635.

Für den Juristen und de lege lata ist der Streit um die Legitimationsübertragung unfruchtbar. Man müßte schon die Inhaberaktie aufgeben, wenn man die Legitimationsübertragung mit Erfolg untersagen will.

n) **Für Aktien, welche der Gesellschaft selbst gehören** (§ 226), ruht, so lange dieses Verhältnis dauert, die Ausübung des Stimmrechts. So — in Anwendung auf den eigenen Geschäftsanteil einer Gesellschaft mbH — RG 103, 64 (zweifelnd RG in Recht 1914, 1169). Vgl. **Brodmann** GGmbH § 33[3]. Dagegen **Hachenburg** GGmbH § 33[16], dessen Beweisführung nicht überzeugend ist. Er gibt zu, daß der Geschäftsführer mit dem ihm fremden Geschäftsanteil abstimmt, wie wenn es ein eigener wäre. Das auf die A-Gesellschaft übertragen würde bedeuten, daß in der Generalversammlung nicht nur der Aktionär sondern auch die Verwaltung Stimmrecht hat, was ausgeschlossen ist, jedenfalls auf diesem Weg ausgeschlossen ist und auch auf Umwegen nicht zu erreichen sein sollte. Gegen Hachenburg auch Liebmann-Sänger GGmbH § 33[6], Flechtheim, Wirtschaft und Recht 1922, 381.

2. a) Aktien ohne Stimmrecht gibt es nicht. Eine dahingehende Bestimmung des Gesellschaftsvertrages würde nichtig sein. Dagegen kann das Stimmrecht einzelnen Aktionären oder einer Gruppe von solchen gegenüber den anderen abgestuft werden. Das kann sowohl im Urstatut geschehen als auch, wenn nicht unmittelbar so doch mittelbar durch Statutenänderung (s. Erl 2 h. zu § 250). Es findet sich die Bestimmung, daß der einzelne Aktionär nur eine Höchstzahl von Stimmen hat, auch wenn er mehr als die entsprechende Anzahl von Aktien besitzt. Nichts zeigt deutlicher, daß, genau gesprochen, jeder Aktionär nur eine Stimme hat und daß die Anzahl seiner Aktien nur das Moment für die Stärke seiner Stimme ist. Anderenfalls wären die überschießenden Aktien stimmlos, was gegen den Grundsatz des Gesetzes verstieße. S. oben Erl 1 a. So kann denn auch eine progressiv abnehmende Stimmkraft festgesetzt werden, z. B. die Bestimmung, daß über einen bestimmten Besitz hinaus nur noch je 2 oder je 5 Aktien eine weitere Stimme verleihen. Es kann auch beides vereint bestimmt werden. A. A. Franck-Fahle, Stimmrechtsaktie, S. 54 der nur die letzterwähnte Art der Bestimmung für zulässig hält, nicht die Festsetzung einer absoluten Höchstzahl. Die Auslegung der Gesetzesvorschrift in diesem Sinne ist nicht zwingend. — Über die Frage, wieviel Grundkapital in solchen Fällen der Aktionär vertritt s. Erl 1 b zu § 275, vgl. auch Erl 2 c zu § 251. — Die Bestimmungen dieser Art sollen Schutz gewähren gegen die Übermacht von Großaktionären in der Generalversammlung, haben aber als solchen nur geringen Wert, weil sie durch leihweise oder andere Abgabe der stimmtoten Aktien leicht umgangen werden können und nach dem, was Möser, Die Generalversammlung der A-Ges. S. 46 über die Geschäftsgepflogenheiten eines unserer ersten Bankinstitute mitteilt, ganz unverhüllt umgangen werden.

Ob bestimmt werden kann, daß schon mit dem Besitz noch einer zweiten Aktie die Stimmkraft nicht zunimmt, ist bestritten. Nach der herrschenden Lehre wäre es unzulässig, weil das einfach auf Abstimmung nach Köpfen hinausliefe. Vgl. Staub-Pinner § 252[12]. Vergegenwärtigt man sich, daß es nicht die Aktie sondern der Aktionär ist, welcher abstimmt, während die Aktie nur die Stimmkraft bestimmt, dann ergibt die den Satz 1 modifizierende Vorschrift des Satzes 3, daß es nach dem Gesetz gar nicht unzulässig ist, Abstimmung nach Köpfen festzusetzen. Wie hier Behrend, Lehrbuch § 122[1]; Horrwitz 216; Fischer in EhrenbergsHH III 1, 187[12].

b) Wichtiger ist, daß es zulässig ist, einer Gattung von Aktien ein höheres Stimmrecht beizulegen. als der anderen, wobei es denn auch nicht nur bei einer Gattung von Vorzugsaktien zu verbleiben braucht. Die Worte des Gesetzes: Werden mehrere Gattungen von Aktien ausgegeben, so . . ., können verschieden verstanden werden. Es liegt nahe, anzunehmen, daß es sich um eine — stilistisch allerdings nicht glückliche — Prolepsis handelt aus dem Gedanken heraus, daß durch das verschiedene Stimmrecht eben verschiedene Gattungen von Aktien geschaffen werden; es liegt das um so näher, als sich für die Vorschrift im Sinne der wörtlichen Auslegung ein einleuchtender Grund nicht recht finden läßt. Indessen wird dieser wörtlichen Auslegung allgemein der Vorzug gegeben, wonach einer Aktiengruppe verstärktes Stimmrecht nur beigelegt werden kann, wenn sie sich auch noch in einer anderen Beziehung im Inhalt des Rechts von den übrigen Aktien, den Stammaktien, unterscheidet. Ein sachlicher Grund dafür ist nicht erfindlich, es sei denn, daß man mit Fischer a. a. O. 187 anzunehmen hätte, daß ein mehrfaches Stimmrecht unzulässig sei, wenn die betreffenden Aktien mit besseren Vermögensrechten ausgestattet sind, was aber nicht, wie Fischer behauptet, der herrschenden Lehre entspricht, vielmehr ihr sowohl wie der tatsächlichen Übung durchaus zuwiderläuft. Gerade sind heute Aktien mit mehrfachem Stimmrecht an der Tagesordnung, welche im Hinblick auf Dividendenbezug und Liquidationsquote hinter den Stammaktien zurückbleiben (RG 107, 68); oder auch sind die Gattungsunterschiede so, daß man im voraus nicht sagen kann, ob sie zum Vorteil ausschlagen werden oder zum Nachteil. Gegen die herrschende Lehre mit guten Gründen Horrwitz 218 ff.; ferner Goldschmit AG § 252[11] b.

c) Über die sogenannte Stimmrechtsaktie, bei welcher es nicht auf die Einlage und die Vermehrung des Gesellschaftsvermögens abgesehen ist sondern darauf, Stimmen zu schaffen, welche nicht Aktionären, sondern den Organen der Verwaltung, Vorstand und Aufsichtsrat zur Verfügung stehen s. § 185 Erl 4. — Gegen das Stimmrecht solcher Aktien mit guten Gründen Kalisch in FrankfZ v. 26. 9. 26, Nr. 718, S. 4.

3. a) Der Abs II spricht von der Ausübung des Stimmrechts durch Bevollmächtigte. Damit ist zugleich gesagt, daß überhaupt zur Teilnahme an der Generalversammlung Bevollmächtigte zuzulassen sind. Das ist zwingendes Recht. Im Statut kann wirksam weder vorgeschrieben werden, daß Aktionäre bestimmter Art, Ausländer, Frauen sich durch Bevollmächtigte vertreten

lassen müssen, RG 55, 41 (gegen OLG 6, 190 b; Hamburg); JW 1904, 73[47], noch daß Stellvertretung unzulässig sei. Wohl aber können im Statut Bedingungen in Beziehung auf die Persönlichkeit des Bevollmächtigten aufgestellt werden. So ist es nach JW 1904, 73[47]; RG 80, 385 (vgl. auch RJA 3, 234; dagegen Sieveking in Gruch 48, 516) unbedenklich zu bestimmen, daß nur Aktionäre als Stellvertreter auftreten können, eine Bestimmung, welche bei der Leichtigkeit, die Legitimation zur Ausübung des Stimmrechts zu erbringen (s. Erl 1 l), freilich nur Wert hat, wenn die Aktien auf den Namen lauten. Auch Ausländer, Frauen können von der Befugnis zur Stellvertretung ausgeschlossen werden, wie auch bestimmt werden könnte, daß Mitglieder des Vorstandes und Aufsichtsrats nicht Bevollmächtigte sein können (Horowitz 211). Nur dürfen die Verhältnisse nicht so liegen, daß durch die Beschränkung dem Aktionär eine eigentliche Freiheit in der Wahl eines Vertrauensmannes nicht mehr bleibt, RG 88, 220; RJA 3, 234 (KG). Alle gegen Beschränkungen dieser Art geäußerten Bedenken (Lehmann-Ring § 252[6]; Goldmann § 252 b) dürften sich erledigen, wenn man zugibt, daß eine in abstracto zulässige Bestimmung ihre Schranke da findet, wo sie in concreto zu einer ungerechten Härte gegen den Aktionär führt.

b) Schriftliche — nicht beglaubigte — Vollmacht ist vorgeschrieben. Auch das ist zwingend. Das Statut kann weder mündliche Vollmacht für ausreichend noch beglaubigte für erforderlich erklären. Die schriftliche Form muß den Vorschriften in § 126 BGB entsprechen. Telegraphische Bevollmächtigung genügt demnach nicht (BGB §§ 126, 127). Es genügt nicht, daß die gedruckten, die Vollmacht enthaltenden Geschäftsbedingungen der Bank vom Kunden schriftlich anerkannt werden, RG 105, 290. Die Vorschrift gilt nur von der rechtsgeschäftlich erteilten Vollmacht, nicht von der gesetzlichen Vertretung, nicht von der Vertretung juristischer Personen, Minderjähriger, nicht vom Testamentsvollstrecker, Konkursverwalter, auch nicht vom Komplementär einer Kommanditgesellschaft, vom offenen Handelsgesellschafter. Das heißt, sie gilt nicht, wenn diese Persönlichkeiten selbst erscheinen, wohl aber wiederum, wenn sie sich durch einen Bevollmächtigten vertreten lassen. Ist Aktionär eine andere Aktiengesellschaft, bei welcher Kollektivvertretung besteht, so müssen die Vertreter einen gemeinschaftlichen Bevollmächtigten, als welcher auch einer von ihnen selbst auftreten kann, bestellen. Zur Generalversammlung und Verhandlung werden für die eine Aktie oder wieviele es sind, die beiden Vertreter zuzulassen sein, abstimmen kann aber immer nur einer (vgl. § 225 Erl 6). Aus diesem Gesichtspunkt ist es auch verkehrt und unzulässig, daß ein Aktionär mehrere Stellvertreter zugleich bestellt, Lehmann-Ring 252[6]; Staub-Pinner § 252[20]; Makower § 252 IV a; A. A. Simon, Festgabe für Wilke 271; Goldschmit § 252[13]. — Der Ehemann stimmt namens der Aktie seiner Frau, wenn sie zum eingebrachten Gut gehört, kraft eigenen Rechts (s. oben Erl 1 h). Wird seine Berechtigung bestritten, so muß er sich, wie auf Verlangen jeder Erschienene, als Berechtigter legitimieren; die gegenwärtige Vorschrift handelt nicht hiervon. — Die Vollmacht kann Generalvollmacht sein (es ist aber zu beachten, daß die Vollmacht nicht bloß vorzulegen ist, sondern in der Verwahrung der Gesellschaft bleibt); anderenfalls muß aus ihr hervorgehen, daß sie sich oder daß sie sich auch auf die Teilnahme an der Generalversammlung (und dann also auch auf die Abstimmung) bezieht. Sie muß nicht auf die bestimmte Sitzung oder auf eine bestimmte Tagesordnung lauten, OLG 3, 66. Aber die für eine bestimmte Sitzung erteilte Vollmacht geht im Zweifel nicht über den Umfang der Tagesordnung hinaus. Andererseits müssen Vollmachten als unzulänglich zurückgewiesen werden, wenn sie innerhalb dieses Umfanges den Bevollmächtigten beschränken, etwa an bestimmte Weisungen binden. Denn die Bedeutung der Abstimmung wie sie erfolgt, kann nicht davon abhängen, ob der Vertreter die ihm erteilten Weisungen befolgt hat. — Prokuristen verfügen über eine Vertretungsmacht von unbeschränkbarem Umfang. Ist ihre Stellung als solche bekannt oder auf irgendeine Weise nachgewiesen, so bedarf es keiner weiteren Vollmachtsurkunde. A. A. Lehmann-Ring § 252[6].

c) Die Vorschrift bedeutet nicht, daß die nur mündlich erteilte Vollmacht ungültig sei. Sie sagt nur, daß der Bevollmächtigte in der Lage sein müsse, sich durch schriftliche Vollmacht auszuweisen, und daß die die Verhandlung leitenden Persönlichkeiten, auch der Notar auf Vorlegung der Urkunde zu bestehen haben. Bestand Vollmacht überhaupt nicht, so ist die Beteiligung des Vertreters wirkungslos, die ergangenen Beschlüsse sind mangelhaft und unter Umständen anfechtbar. War eine mündliche Vollmacht erteilt (oder ist, was dem gleichsteht, die Abstimmung des Stellvertreters nachträglich genehmigt worden), so kann der Beschluß nur angefochten werden, wenn die Zulassung des Stellvertreters beanstandet und gleichwohl der Vertreter zugelassen worden ist (BGB § 180). Die Abstimmung ist allerdings nicht Rechtsgeschäft, nicht „Willenserklärung", aber sie ist doch die den Teilnehmern der Versammlung abzugebende Erklärung eines Entschlusses, auf welche § 180 BGB entsprechend anzuwenden ist. Die Behauptung, daß die nachträgliche Genehmigung nur schriftlich oder nur unter Nachlieferung einer schriftlichen Vollmacht erfolgen könne (Staub-Pinner § 152[19]), erscheint nicht begründet. Der Satz Behrends § 122 Note 11, durch nachträgliche Genehmigung wird der Mangel einer schriftlichen Vollmacht nicht ersetzt, ist in dieser Allgemeinheit unrichtig. Eine etwas andere Frage behandelt RG 106,

258. Dort war schriftliche Vollmacht erteilt, hatte aber gegenüber dem Widerspruch eines Aktionärs nicht vorgelegt werden können; der Anfechtungsgrund ist zurückgewiesen worden, weil die Generalversammlung beschlossen hatte, den Stellvertreter ohne Vollmacht zuzulassen. Darin liegt schon an sich eine Verkümmerung eines Individualrechts des Aktionärs, mutet hier aber vollends befremdend an, weil bei dem Zulassungsbeschluß der Generalversammlung der nicht nach dem Gesetz legitimierte Stellvertreter mitgestimmt und zwar ausschlaggebend mitgestimmt hatte. — Wenn das Gericht sagt, daß der Abs II eine Formvorschrift sei, die nicht ausdehnend dahin ausgelegt werden dürfe, daß die Vollmachtsurkunde auch in der Versammlung vorgelegt werden müsse, so liegt es nach diesseitiger Auffassung gerade umgekehrt. Ob die Vertretungsmacht besteht, hängt nicht von der Form der Vollmachterteilung ab, und wenn das Gesetz die schriftliche Vollmacht vorschreibt, so kann das nur den Sinn haben, daß im maßgebenden Zeitpunkt die Urkunde auf Verlangen vorgelegt werden muß. Vgl. auch Hachenburg JW 1924, 1143[10] Fußnote. Goldschmit das. 1509 Fußnote.

d) Bestehen Bedenken gegen die Echtheit und Gültigkeit der äußerlich unverdächtigen Vollmachtsurkunde, so geschieht die Zurückweisung des Stellvertreters auf die Gefahr hin, daß die Beschlüsse, welche gefaßt werden, der Anfechtung unterliegen, RG 40, 84; JW 1903, 234[20].

e) Die schriftliche Vollmacht kann mündlich widerrufen werden, durch einen Bevollmächtigten aber nur, wenn dieser schriftliche Vollmacht besitzt, OLG 3, 66; anders RG in SeuffArch 47, 131.

f) Es empfiehlt sich, das hier und in Erl 1 Gesagte noch einmal kurz zusammenzufassen: Der in der Generalversammlung Erscheinende tritt entweder in eigenem Namen auf oder als Stellvertreter des Aktionärs.

A. Legitimation des Eigenberechtigten.

1. Er ist Eigentümer der Aktie, Fiduziar oder Legitimationszessionar; die Beschlüsse sind fehlerfrei.

2. Er ist weder das eine noch das andere.
   a) Seiner Beteiligung ist widersprochen worden. Die Beschlüsse unterliegen der Anfechtung.
   b) Seiner Beteiligung ist nicht widersprochen worden. Es ist zu unterscheiden, ob er sich formgerecht dem Gesetz und dem Statut entsprechend legitimiert hat, oder ob das nicht geschehen ist. Ersteren Falles sind die gefaßten Beschlüsse fehlerfrei, im anderen Fall unterliegen sie der Anfechtung.

B. Legitimation des Stellvertreters.

1. Schriftliche Vollmacht lag vor. Alles ist in Ordnung.

2. Sie hat nicht vorgelegen.
   a) Der Bevollmächtigte ist ohne Widerspruch zugelassen worden. Die Beschlüsse sind mangelfrei, wenn er tatsächlich — mündlich oder schriftlich — bevollmächtigt war oder wenn der Aktionär sein Auftreten nachträglich genehmigt hat.
   b) Es ist Widerspruch erhoben worden. Die Beschlüsse sind auch dann mangelhaft und anfechtbar, wenn die Vertretungsmacht bestand.

4. a) Die Generalversammlungen sind nicht öffentlich und niemand als die Aktionäre oder ihre Bevollmächtigten, die Mitglieder des Vorstandes und des Aufsichtsrats hat Anspruch auf Anwesenheit oder gar auf Teilnahme an den Verhandlungen. Namentlich hat auch niemand das Recht, in Begleitung eines Rechtsbeistandes zu erscheinen. Darüber, ob einem Rechtsbeistand oder anderen Dritten, z. B. Vertretern der Presse Zutritt oder Teilnahme an der Verhandlung gestattet sein soll, entscheidet in letzter Instanz die Generalversammlung mit einfacher Stimmenmehrheit. LZ 1925, 1166 (KG).

b) Dagegen, daß ein Aktionär sich einem anderen oder auch der Gesellschaft gegenüber verpflichtet, in einem bestimmten Sinn abzustimmen oder an der Abstimmung nicht teilzunehmen, ist rechtlich nichts einzuwenden, nur darf es nicht gegen Entgelt im Sinn des § 317 geschehen; RG 107, 68. Aber der Gesellschaft gegenüber ist wirksam stets nur die Stimmabgabe so, wie sie geschieht. S. oben Erl 1d. S. aber auch RG 49, 144; 57, 205; 69, 134; Simon in BankArch 22, 39.

5. a) Es sind vier Fälle, in welchen ein Aktionär von der Ausübung des Stimmrechts ausgeschlossen ist, Fälle, in denen er zugleich als Dritter oder gleichsam wie ein Dritter der Gesellschaft gegenübersteht. Es darf der Aktionär nicht mitstimmen, wenn es sich handelt:

1. um seine Entlastung (als Vorstands- oder Aufsichtsratsmitglied);
2. um seine Befreiung von einer Verbindlichkeit;
3. um Eingehung eines Rechtsgeschäfts der Gesellschaft mit ihm;
4. um Einleitung oder Erledigung eines Rechtsstreits mit ihm.

Die Fälle scheiden sich nicht scharf von einander. Die Entlastung ist immer, die Befreiung von einer Verbindlichkeit ist in der Regel ein mit dem Aktionär vorzunehmendes Rechtsgeschäft. In bezug auf Z. 3, Rechtsgeschäft der Gesellschaft mit einem Aktionär, ist es unausgetragene Frage, ob dabei nur an die besonderen Fälle zu denken ist, wo der Aktionär außerhalb des Gesellschaftsverhältnisses mit der Gesellschaft in Geschäftsverbindung tritt, Aufnahme eines Darlehns, Übernahme von Diensten, Übernahme z. B. einer Agentur, der Beförderung von Gütern, Vermietung von Räumen, Finanzierung einer Kapitalerhöhung usw., oder auch an Abmachungen innerhalb des gesellschaftlichen Verhältnisses, Einforderung von Nachschüssen (GmbH), Übernahme eines Geschäftsanteils oder einer Aktie, Amortisation und dergleichen. Vgl. JW 1915, 195[7]; DJZ 1919, 757 einerseits, RG 109, 78 anderseits (S. unten). — Unter Rechtsstreitigkeiten zwischen dem Aktionär und der Gesellschaft (oben Z. 4) sind aber wiederum Rechtsstreitigkeiten jeder Art zu verstehen. Es kommt, was die Einleitung und Erledigung eines Rechtsstreits, was namentlich die Vornahme eines Rechtsgeschäfts angeht, nicht darauf an, daß unmittelbar mit dem Beschluß der Generalversammlung das Rechtsgeschäft zustande kommen soll. Bei Prozeßhandlungen ist das überhaupt nicht möglich, bei Rechtsgeschäften nur unter bestimmten Umständen (s. Erl 3 a zu § 250). Es kann aber die Vorschrift auch nicht auf den Fall beschränkt sein, wo die betreffende Maßregel in dem Sinn zur Entscheidung steht, daß mit Annahme des Antrages die Weisung an den Vorstand ergeht, die Klage zu erheben, den Vertrag zu schließen. Das Gesetz drückt sich viel allgemeiner aus und versagt das Stimmrecht bei jedem Beschluß, der eine der genannten Angelegenheiten eben „betrifft".

Sind die aufgezählten vier Fälle gegeneinander nicht streng geschieden, so ist doch die Abgrenzung nach außen völlig bestimmt gemeint. Der Abs III regelt die Frage, in welchen Fällen ein Aktionär von der Ausübung des Stimmrechts ausgeschlossen ist, erschöpfend. Ausdehnende Auslegung ist unzulässig; RG in Holdh 15, 246. Den Gedanken, aus allgemeinem Rechtsgrundsatz dem Aktionär im einzelnen Falle die Ausübung des Stimmrechts zu versagen, wenn in ihr ein Mißbrauch des Stimmrechts zu befinden sei, wenn sie darauf abziele, ein Recht der Gesellschaft unausführbar zu machen oder auf Kosten der Gesellschaft sich unzulässige Vorteile zu verschaffen (Hachenburg GGmbH § 47[21]; für eine weitherzige Auslegung, aber ohne bestimmte Leitgedanken auch Sontag, Die Aktiengesellschaften im Kampf usw. 51 ff.), hat RG 81, 39 abgelehnt und auch die Rechtslehre hat überwiegend an dieser Ablehnung festgehalten. Als Korrektiv bleibt nur der auch hier zur Geltung kommende Gesichtspunkt, daß ein Beschluß anfechtbar ist, wenn er auf eine gegen die guten Sitten verstoßende Vergewaltigung der Minderheit durch die Mehrheit hinausläuft. Denn naturgemäß verursacht die Beteiligung an der Abstimmung Beschwerde nur, wenn sie in der Richtung, in welcher sie erfolgt, ausschlaggebend wirkt und also auf die Seite der Mehrheit fällt.

b) Aber noch aus anderen Gründen ist die Abgrenzung nicht überall sicher und einfach. Was die Vornahme von Rechtsgeschäften gegenüber einem Aktionär angeht, so ist die Rechtslage klar, wenn der Antrag, über welchen Beschluß gefaßt werden soll, das mit dem Aktionär einzugehende Rechtsgeschäft unmittelbar zum Gegenstande hat. Dabei macht es keinen Unterschied, wie viel Aktien der Aktionär besitzt, mit welchem der Vertrag geschlossen werden soll; a. A. Haußmann, Tochtergesellschaft 65. Nicht anders liegt es aber auch in dem Falle, wo nur allgemein das betreffende Geschäft vorzunehmen beantragt wird, dem Aktionär aber bereits fest zugesagt worden ist, daß ihm das Geschäft zugeführt werden soll. Zweifelhaft wird dagegen die Rechtslage und muß von Fall zu Fall entschieden werden, wenn eine verbindliche Zusage nicht vorliegt, der Aktionär aber mit mehr oder minder großer Sicherheit darauf rechnen kann, daß ihm das Geschäft zufallen wird.

Das Reichsgericht hat in den Hibernia-Urteilen (HoldhMS 1915, 246 und RG 68, 241) gegenüber einem Tatbestand, wo kein Zweifel bestehen konnte, daß die neuen Aktien von den Banken übernommen werden würden, welche als Aktionäre mitstimmten, das mit der Begründung gebilligt, daß der Abs III nicht ausdehnend ausgelegt werden dürfe und daher den Fall nicht treffe. Man kann sich die Begründung auch anders denken und die Entscheidung mag richtig sein. Diese Begründung ist es nicht. Gerade das Gericht ist es, welche die Vorschrift nicht unbefangen liest, sondern auslegt und sprachlich jedenfalls zu eng. Ein Beschluß „betrifft" einen Vertrag mit A., gleichviel ob dieser Vertrag mit A. schon abgeschlossen worden ist (und nur noch seine Genehmigung durch die Generalversammlung in Frage steht, um ihn zur Vollendung zu bringen; RG 89, 382), oder ob er erst mit A. abgeschlossen werden soll, gleichviel auch, ob A. dabei ausdrücklich genannt wird oder geflissentlich ungenannt bleibt. Auch Sontag, Die A-Gesellschaft S. 57 bekämpft die Urteile, gibt aber — grundlos — zu, daß er damit das Gesetz ausdehnend auslege. — Noch weniger kann es einen Unterschied machen, ob der Vorstand „ermächtigt" werden soll oder „beauftragt", den Vertrag mit dem Aktionär abzuschließen. A. A. die herrschende Lehre, Horrwitz, S. 176 und die Zitate das. in Note 34; wie hier Pinner JW 1916, 990 und RG 104, 131; anders dagegen RG 108, 326 (nicht gerade beiläufig, aber doch für die Entscheidung überflüssig). Wenn Flechtheim JW 1925, 567 f. letzteres billigt und unter Hinweis auf die Hibernia-Urteile behauptet, daß das Urteil im 104. Band einen Abfall des Gerichts von seiner Rechtsprechung bedeute, zu der es im Urteil 108, 316 wieder zurückgekehrt sei, so ist es vielmehr dieses letztere Urteil, welches aus der Bahn gewichen ist. In den Hibernia-Urteilen hat der Unterschied Auftrag oder Ermächtigung keine Rolle gespielt. Es ist auffällig, daß in diesem Punkt ganz allgemein die Urteile falsch gelesen werden (Staub-Pinner § 252[25]; auch von Haußmann, Tochtergesellschaft 65; Rosendorff, Organisation der Konzerne 79). Die betreffenden Stellen sind nicht mißzuverstehen. Zunächst Holdh 1915, 246: „Keinen Zweifel läßt der Inhalt des Beschlusses, daß es sich keineswegs um Vornahme eines Rechtsgeschäfts mit der B-Handelsgesellschaft und S. Bleichröder gehandelt hat, sondern um die allgemeine Ermächtigung des Vorstandes zu künftigen Abschlüssen mit Banken, in deren Auswahl dem Vorstand und Aufsichtsrat ein weitgehendes freies Ermessen eingeräumt war und unter Bedingungen, welche im einzelnen noch nicht feststanden". Und RG 68, 241: „Die Generalversammlung hat keine Bestimmung darüber getroffen, an wen das Bezugsrecht vergeben werden soll; sie hat vielmehr dem Vorstand nur die allgemeine Ermächtigung erteilt, die Aktien zu begeben, wobei es dem Ermessen des Vorstandes überlassen blieb, mit wem er das Geschäft abschließen wolle". Man sieht, mehr als eine Ermächtigung hat überhaupt nicht vorgelegen. Von Auftrag ist gar keine Rede. Dieser Gegensatz Auftrag oder Ermächtigung spielt hier gar keine Rolle. Nicht er ist das entscheidende, sondern daß in Beziehung auf die Persönlichkeit des Vertragsgegners dem Vorstand freie Hand blieb. Fast immer handelt es sich in diesen Fällen um Verträge, welche nicht unmittelbar durch den Beschluß der Generalversammlung zustande kommen, sondern in Ausführung des Beschlusses vom Vorstand geschlossen werden müssen. Wenn man da die Klippe des Abs III dadurch umschiffen kann, daß man den Vorstand nicht beauftragt, sondern ermächtigt, dann kann die Vorschrift ebenso gut oder besser fallen. Sie ist dann nur noch eine Fußangel für Unvorsichtige. Der Versuch Haußmanns, Die Tochtergesellschaft S. 65, der herrschenden Auffassung einen rationellen Hintergrund zu geben, spricht mehr gegen als für sie.

Im Falle RG 108, 326 hätte die Anfechtung des Beschlusses unter Nr. 7 ohne weiteres zurückgewiesen werden können, weil der Beschluß Begebung von Aktien nicht nur an Vorstand und Aufsichtsrat, sondern an alle Aktionäre zum Gegenstand hatte. Wären die Mitglieder von Vorstand und Aufsichtsrat von der Ausübung des Stimmrechts ausgeschlossen gewesen, so müßte das von den Aktionären auch gelten. M. a. W. wenn es sich um einen Vertrag mit allen Aktionären handelt, ist keiner vom Stimmrecht ausgeschlossen. Aus diesem Grunde und nicht, weil es sich bei Kapitalerhöhung, Bezugsrecht usw. um innere Rechtsverhältnisse der Gesellschaft handelt (so Makower § 252 V[3] d), oder um einen sozialrechtlichen Akt (Lehmann-Ring § 252[8]), ist die Ausübung des Stimmrechts nicht ausgeschlossen. Die Frage, welche hier auftritt, ist vielmehr die, ob alle Aktionäre gleichmäßig betroffen werden.

c) Es wird behauptet, daß das Stimmverbot sich überhaupt nur auf Rechtsgeschäfte beziehe, welche mit dem Aktionär nicht in dieser Eigenschaft, sondern wie mit einem Dritten abgeschlossen werden sollen, oder wie Fischer in EhrenbergsHH III 1, S. 188 es ausdrückt, nur auf individualrechtliche, nicht auf sozialrechtliche Geschäfte, auch nicht, wo beides zusammentrifft, wie bei Sachübernahmen, Kapitalerhöhung u. ä. So RG 81, 38 unter Hinweis auf RG 60, 172 und 74, 176, gleichsam als handle es sich um eine feste Rechtsprechung. S. auch JW 1915, 195[7]; DJZ 1919, 757; ferner Ring I, 236 (wo die interessante Rechtsfrage nach diesseitiger Auffassung unrichtig entschieden ist). Aber in dieser Allgemeinheit ist das nicht richtig. Es ist doch wohl ausgeschlossen, daß wenn es eine Erhöhung des Grundkapitals gilt, um das Geschäft eines der Aktionäre zu übernehmen, sei es in Gestalt der Sacheinlage oder der Sachübernahme, dieser Aktionär bei der Festsetzung des Übernahmepreises die ausschlaggebende Stimme soll abgeben können, weil — wie Fischer a. a. O. behaupet — das sozialrechtliche Geschäft das vorwiegende sei. Davon findet sich auch in der Rechtsprechung des Reichsgerichts nichts. S. RG 108, 326; vgl. auch RG in DJZ 1919, 757. In RG 115, 301 dürfte die richtige Entscheidung unrichtig begründet sein. Die ganze Auffassung ist wohl nur eine unberechtigte Verallgemeinerung von dem Fall von welchem die genannten Urteile des Reichsgerichts handeln, der Wahl zum Mitglied von Vorstand oder Aufsichtsrat. Aber auch in diesem Fall ist es nicht leicht, sich darein zu finden, daß der Aktionär, welcher zum Mitglied bestellt wird, mitsprechen und — darum handelt es sich, anderen Falles kann er gern mitstimmen — das entscheidende Wort haben soll, wenn es gilt, seine Vergütung usw. zu bestimmen. Und in der Tat ist es auch gar nicht an dem. Man versteht nur nicht, hier zu unterscheiden. Eines ist die Auswahl der Persönlichkeit, ein anderes die Anstellung des Gewählten. Das sind zwei verschiedene Dinge; auch wo sie in einem Akte geschehen können und geschehen. Wenig befriedigend ist es, wenn RG 74, 279 über Auswahl der Persönlichkeit und Anstellungsvertrag getrennte Abstimmung unter Umständen für zulässig erklärt, aber für den Fall, daß die Vereinbarungen über die Anstellung und über die Besoldung eine rechtliche Einheit darstellen, dem Betroffenen nach beiden Richtungen das Stimmrecht zuerkennt. Was soll man sich unter jener rechtlichen Einheit anderes vorstellen, als eben den sachlichen Zusammenhang, der immer vorliegt. Übrigens steht es auch ganz vereinzelt da; RG in Holdh 1911, 120 hat dem Gesellschafter einer GmbH Stimmrecht zuerkannt, wo es sich um nichts als um Erhöhung des Gehaltes handelte; ebenso RG in Recht 1919, 662; RG in LZ 1917, 394, Rundschau GmbH 1914, 337 (Festsetzung der Tantieme); JW 1915, 195 (Einforderung von Einlagen, GmbH); RG in DJZ 1919, 757 (Einziehung von Geschäftsanteilen); RG 115, 296 (Ablösung von Genußscheinen). In LZ 1909, 409[5] (Köln) wird gesagt: Das Stimmrecht des Gesellschafters findet seine Grenze darin, daß das Mitstimmen des geschäftsführenden Gesellschafters sich nicht nach der ganzen Sachlage als Mißbrauch seines Stimmrechts und danach als Handeln wider Treu und Glauben und als unsittliches Handeln darstellen darf, so wenn er sein Stimmrecht dazu benutzt, sich ein ganz unverhältnismäßig hohes Gehalt zusprechen oder grundlos erhöhen zu lassen. Damit wäre wenigstens in schlimmsten Fällen Abhilfe zu schaffen. Aber auch das ist eine vereinzelte Stimme geblieben. Vgl. RG 81, 39 (s. oben). Es bedarf dieser Abhilfen auch gar nicht, wenn man in dem was geschieht, richtig unterscheidet. Bei der Wahl den einzelnen zu verbieten, sich selbst die Stimme zu geben, dafür fehlt es an jeder Berechtigung. Wohl aber verbietet Abs III dem Gewählten, mitzuwirken, wenn es gilt, die Vergütung und die anderen Einzelheiten des Vertrages festzusetzen. Hier stehen tatsächlich er und die Gesamtheit der übrigen als die vertragschließenden Parteien sich gegenüber. Wollte man das ablehnen, weil das Recht mitzuwählen illusorisch sei, wenn die übrigen Aktionäre freie Hand darin haben, was sie dem Gewählten bewilligen und zubilligen wollen, so wäre das nicht zutreffend. Die Gesellschaft hat durchaus nicht freie Wahl, wenn sie die Persönlichkeit gewählt und der Gewählte angenommen hat. Damit hat er den Anspruch auf die Stelle und damit den Anspruch auf das Angemessene. Kann man sich hierüber nicht verständigen, dann entscheidet der Richter nach §§ 316, 315 BGB. — So können denn auch die Mitglieder als Aktionäre nicht mitstimmen, wenn es gilt, dem Aufsichtsrat eine außerordentliche Tantieme zu bewilligen (anders RG 108, 326 ohne Begründung; Flechtheim a. a. O. 566), wohl aber, wenn es sich um einen Beschluß handelt, welcher mittelbar für die Höhe der Tantieme Bedeutung hat, wie Genehmigung der Bilanz. Den hier vertretenen Gedanken wirft schon Liebmann in Holdh MS 13, 9 auf, lehnt ihn aber ab, ohne zu sagen, was ihn dazu bestimmt.

Ähnlich wie mit der Wahl zum Vorstand und Aufsichtsrat liegt es mit der Abberufung des Mitgliedes, wenn es sich um willkürliche Abberufung handelt; LZ 1908, 633[11] (Dresden). Dagegen erscheint es ausgeschlossen, daß der Aktionär darüber mitstimmt, ob ein wichtiger Grund zu seiner Abberufung aus Vorstand oder Aufsichtsrat vorliegt, und er also aus wichtigem Grunde abgerufen werden soll. Vgl. RG 75, 236; Bauer 18, 25. Dagegen Bauer 16, 180 (Frankfurt), ferner RG 81, 39, wo freilich zugleich entschieden wird, daß ein wichtiger Grund nicht vorgelegen habe; ferner JW 1926, 2107[15] (Köln). Der Widerspruch läßt sich nicht durch den Hinweis beseitigen, daß in dem erstgenannten Fall zugleich über den schon anhängigen Rechtsstreit mit dem Entlassenen abgestimmt worden sei. Die Gründe heben nicht nur das hervor, sondern verallgemeinern: in einem solchen Falle, wo das berechtigte Interesse des Aktionärs an der Bildung der Gesellschaftsordnung mitzuwirken, weit zurücktritt hinter dem Interesse der Gesellschaft, ihre Beschlüsse nicht durch unsachliche und gegnerische Beweggründe bestimmt zu sehen, findet § 252 Abs 3 Anwendung. Das muß freilich als nicht greifbar genug abgelehnt werden. Wohl aber muß jedes Bedenken die Erwägung beseitigen, daß hier die Ausschließung vom Stimmrecht insofern ungefährlich und unbedenklich ist, als der Aktionär es in der Hand hat, das Gericht anzurufen, das dann die maßgebliche Entscheidung trifft. — Ganz allgemein wird man sagen, müssen, daß auch im inneren Gesellschaftsverhältnis da, wo die Interessen der Gesellschaft zu den Interessen eines einzelnen Aktionärs aufeinanderstoßen, bei der Entscheidung der Gesellschaft die gegnerische Stimme nicht mitsprechen, geschweige denn den Ausschlag geben kann. Es braucht nicht schon zum Prozeß gekommen zu sein. Es genügt, daß ein solcher im Hintergrund steht, m. a. W., daß es sich um ein streitiges Rechtsverhältnis des einzelnen zum ganzen handelt.

Die Erteilung einer Vollmacht an den Vorstand ist nicht ein Rechtsgeschäft, welches die Gesellschaft mit ihm abschließt; RG in Holdh 15, 248.

d) Sind die bisher erörterten Schwierigkeiten nur selbstgemachte, die durch richtige Auslegung des Gesetzes zu überwinden sind, so liegt es anders mit der Frage nach der Identität von Aktionär und Geschäftsgegner. Selbstverständlich ist, daß ein offener Stellvertreter des Aktionärs nicht mitstimmen kann, wenn es dem Aktionär selbst versagt ist. Ist der Stellvertreter selbst zugleich Aktionär, so ist er nicht gehindert, mit seinen Aktien abzustimmen. Ist er umgekehrt verhindert, mit seinen Aktien zu stimmen, so kann er überhaupt nicht abstimmen, auch nicht als Bevollmächtigter. Denn der Grund des Verbotes liegt in dem Mißtrauen gegen die richtige Einstellung des Aktionärs zu den Interessen der Gesellschaft und zu den gemeinsamen Interessen ihrer Mitglieder, und das würde gegen die Bevollmächtigten höchstens dann schwinden, wenn er nach gebundener Weisung des Auftraggebers dessen Stimme abgibt, worüber man nichts wissen kann; RG in Recht 1916, 1357; JW 1898, 609[40]; nach RG 106, 263 kann in solchem Fall, wenn nicht der Bevollmächtigte, doch sein Unterbevollmächtigter mitstimmen, vorausgesetzt, daß es sich um eine „wirkliche Übertragung der Vollmacht" handelt. Dagegen wohl mit Recht Goldschmit in JW 1924, 1510, Fußnote. — Anerkannt ist ferner, daß der Strohmann, die vorgeschobene, aber durch den Besitz der Aktie wie ein Aktionär legitimierte Persönlichkeit dem Stimmverbot ebenso unterliegt, wie der Eigentümer der Aktie. Aber das ist ebenso leicht gesagt, wie schwer durchgeführt, weil sich hinter dem Besitzverhältnis das Rechtsverhältnis bis zur Unkenntlichkeit verbirgt, und man auf die vollendete Verkehrsfähigkeit der Inhaberaktie nicht verzichten kann. Zu dieser Frage hatte RG 85, 170 Veranlassung, Stellung zu nehmen. Das Urteil hat allgemeinen Widerspruch gefunden und wohl mit Recht; Flechtheim JW 1925, 570; Pinner in JW 1916, 990; Bondi in DJZ 1914, 908 (zum Urteil II. Instanz). Es handelte sich nicht eigentlich um das Stimmrecht, sondern um die Frage, ob die Entsendung eines Strohmannes zur Umgehung des Verbots im Sinne des § 826 BGB als unsittlich zu beanstanden ist. Aber wenn man es, wie allgemein auch geschehen ist, so versteht, daß mit der Verneinung jener Frage zugleich die Teilnahme des Strohmannes an der Abstimmung hat gebilligt werden sollen, dann muß man sagen, daß das Gericht die Frage so angefaßt hat, wie sie gerade nicht angefaßt werden darf. Es gibt der Mittel viele, um hier zum Ziele zu gelangen. Man kann die Aktie schlechthin veräußern und sich den Rückkauf vorbehalten; vielleicht vermeidet man ein rechtlich bindendes Versprechen und begnügt sich mit einem moralischen, man kann die Aktie fiduziarisch übereignen, man überträgt nur den Besitz und das Recht zur Legitimation aus ihm, man kommt mit dem Strohmann überein, daß das Ganze nur zum Schein geschehen soll. Was in Wahrheit gewählt wird, wird wesentlich davon abhängen, welches Vertrauen man in die Persönlichkeit setzt, die bereit ist, auf die Sache einzugehen. M. a. W. mit der Feststellung, was von allem wirklich geschehen ist, ist man für die Lösung unserer Frage noch nicht einen Schritt weitergekommen. Nicht darauf kommt es an, was geschehen ist, sondern darauf, warum es geschehen ist. Es ist doch klar, daß es keinem Aktionär in dem Moment, wo eine wichtige Entscheidung bevorsteht, einfallen wird, sich seiner Aktien zu entledigen; höchstens wird er bestrebt sein, noch weitere dazu zu kaufen; das gilt auch, wenn es sich um ein Rechtsgeschäft der Gesellschaft mit ihm selbst handelt. Denn wenn er auch nicht mitstimmen kann, so können seine Aktien nicht dagegen stimmen. Das ist so zwingend, daß in der Weggabe der Aktien der prima-facie Beweis liegt, daß es auf Umgehung des Stimmverbotes abgesehen ist, der zwar widerlegt werden kann, aber nur durch den Nachweis, daß es sich um eine aus wirtschaftlichen oder finanziellen Gründen einleuchtende endgültige Abstoßung des Aktienbesitzes gehandelt hat. Der vom Reichsgericht behandelte Vorfall sieht nicht schön aus. Aber im allgemeinen ist zuzugeben — und darauf gehen doch nur die Ausführungen des Urteils — daß die Vorschiebung des Strohmanns an und für sich den Tadel einer Unsittlichkeit noch nicht verdient. Das sollte man anerkennen, um dann aber um so rückhaltloser die rechtliche Unzulässigkeit der Gesetzesumgehung zu stabilieren; Flechtheim a. a. O. 569 erklärt den Gedanken der Umgehung als Entscheidungsgrund für unfruchtbar, kommt aber auf anderem Wege zu wesentlich übereinstimmendem Ergebnis; wie hier kurz und bündig — wenigstens im Bericht — RG in LZ 1907, 139[6]. — Die Umgehung wird so offen betrieben, daß ganz Unbeteiligte imstande sind, aus den jedermann zugänglichen Registerakten und Protokollen Statistiken aufzustellen, die den Anspruch machen, zuverlässig zu sein. Vgl. Möser, Die Generalversammlung der Aktiengesellschaft S. 36 ff., insbes. S. 45 ff. (Hauptsächlich handelt es sich dort um Umgehung anderer Art; ist die Höchstzahl der Stimmen auf 60 festgesetzt, so dividiert man seinen Aktienbesitz durch 60 und vergibt die Lose an Angestellte usw.).

e) Auch auf der Seite der Vertragsgegner kann ein Strohmann vorgeschoben werden, der das Rechtsgeschäft mit der Gesellschaft im eigenen Namen, aber für Rechnung eines Aktionärs abschließt. Auch hier ist letzterer vom Stimmrecht ausgeschlossen. Aber auch wo keine Schiebung vorliegt, treten Schwierigkeiten und Unsicherheit auf, wenn der Vertragsgegner eine Gesellschaft ist. Besitzen mehrere eine Aktie — in Gemeinschaft oder in Gesellschaft nach bürgerlichem Recht — so sind sie sämtlich vom Stimmrecht ausgeschlossen, wenn das Geschäft mit einem von ihnen gemacht werden soll. Zu dem Fall, daß das Gesellschaftsverhältnis nicht nach außen in Erscheinung tritt, s. RG 104, 128. Dasselbe gilt von der offenen Handelsgesellschaft und Kommanditgesellschaft. A. A. Horrwitz 136. (Anders, wenn der offene Handelsgesellschafter Vorstandsmitglied ist, und es sich um seine Entlastung handelt; RG 64, 14; 112, 382.) Nach Lehmann-Ring § 252[3] soll das nicht gelten vom Kommanditisten. Soll das Rechtsgeschäft mit der Firma abgeschlossen werden, so kann ein Mitinhaber auch dann nicht mitstimmen, wenn seine Aktie nicht zum Gesellschaftsvermögen gehört, und soll mit ihm abgeschlossen werden, so kann die Firma, wenn sie der Aktionär ist, nicht mitstimmen. Anders liegt es, wenn die Gesellschaft juristische Person ist. Im allgemeinen ist der Aktionär nicht gehindert, mitzustimmen, wenn das Rechtsgeschäft mit einer A-Gesellschaft abgeschlossen werden soll, von welcher er ebenfalls Aktien besitzt. Eine andere Frage ist, ob die Tochtergesellschaft, welche Aktien der Muttergesellschaft besitzt, in deren Generalversammlungen das Stimmrecht ausüben kann, oder ob es ihr nicht wenigstens dann zu versagen ist, wenn die Muttergesellschaft alle Aktien der Tochtergesellschaft oder fast alle ihr Eigen nennt. Es hängt das davon ab, um was es im einzelnen Fall sich handelt. Vgl. RG 115, 252. Grundsätzlich und allgemein kann der Tochtergesellschaft das Stimmrecht nicht abgesprochen werden; RG 103, 67. Aus formalem Grunde nicht, weil auch so die Tochtergesellschaft vor dem Recht selbständige Persönlichkeit besitzt, während die sachlichen Bedenken gegen die Erwägung zurücktreten, daß die Tochtergesellschaft ihren eigenen Vorstand und Aufsichtsrat besitzt, deren Mitglieder strafrechtlich und zivilrechtlich der Gesellschaft auch dann für Abstimmungen zum Nachteil ihrer Gesellschaft aufkommen müssen, wenn sie auf Weisung ihrer Generalversammlung, etwa auf Grund eines Mehrheitsbeschlusses handeln. — Daß mit RG 103, 67; RG 108, 41 in Widerspruch steht (vgl. Rosendorff, Organisation der Kartelle 76), ist doch nicht richtig. Die Begründung des letzteren Urteils mag in einzelnen Wendungen zu beanstanden sein, und nur auf diese Wendungen kann man den Schlußsatz in RG 115, 246 beziehen. Entschieden ist hier etwas ganz anderes, nämlich daß nach dem Gesetz eine Kapitalerhöhung unzulässig und nichtig ist, wenn ihr nur scheinbar die entsprechende Kapitalvermehrung zur Seite steht. In diesem Punkt dürfte trotz allen Widerspruchs das Urteil zu billigen sein; Pinner ZBH II, 198 ff.

Wegen dieser Unsicherheit in Anwendung des Abs III will Egger (ZschweizR 451 ff.) das Stimmverbot ganz aufgegeben wissen und den Schutz der Gesellschaft und der Minderheit ausschließlich in das Anfechtungsrecht verlegen. Aber abgesehen davon, daß damit die Schwierigkeiten nicht aus der Welt geschafft werden, sondern nur an eine andere Stelle gerückt, dürfte es auch auf einen Widerspruch hinauslaufen. Denn soll die Anfechtung Erfolg haben, so doch deshalb, weil der interessierte Aktionär nicht hätte mitstimmen oder seiner Stimme nicht hätte die ausschlaggebende Wirkung beigemessen werden dürfen, und damit ist man doch wieder beim Stimmverbot angelangt, nur daß es nicht positiv ausgesprochen ist. Daß in einem Falle, wo es sich um einen Vertrag der einen Aktiengesellschaft mit einer anderen handelt und jene Gesellschaft Aktien der letzteren besitzt, in der Generalversammlung der letzteren jene erstere kein Stimmrecht hat, entspricht wieder ganz der Regel des Abs III.

f) Ist das Rechtsgeschäft mit dem Aktionär durch den Vorstand bereits abgeschlossen worden und wird nunmehr in der Generalversammlung beantragt, dem die Genehmigung zu erteilen, so bedeutet das etwas wesentlich verschiedenes, je nachdem, ob der Vertrag mit der Gesellschaft, um perfekt zu werden, der Genehmigung noch bedarf, oder ob er bereits perfekt ist. Ersteren Falles ist der Aktionär von Ausübung des Stimmrechts ausgeschlossen; RG 89, 382; DJZ 1924, 317; RG 115, 246; letzteren Falles dagegen nicht, wohl aber die Mitglieder des Vorstandes und Aufsichtsrats, soweit sie zugleich Aktionär sind. Denn in diesem Fall hat der Beschluß nur im Verhältnis der Gesellschaft zum Vorstand und Aufsichtsrat noch Bedeutung und besagt nichts anderes als Entlastung, Flechtheim JW 1925, 568 f.; a. A. Rosendorff, Organisation der Konzerne 74; Krämer in ZAW 1922, 170 (dem gegenüber hervorzuheben ist, daß der Vorstand nicht die Macht besitzt, ohne entsprechende Statutenänderung einen Interessengemeinschaftsvertrag zu schließen; § 213 Erl 6 c); Goldschmit AG § 252[26]. Nach Staub-Pinner § 252[25] kann weder der Aktionär noch können die Vorstandsmitglieder sich an der Abstimmung beteiligen.

g) Entlastung und Befreiung von einer Verbindlichkeit sind zusammengefaßt. Der Fall der Entlastung kommt nur gegenüber Aktionären in Frage, welche Mitglieder des Vorstandes oder des Aufsichtsrates sind. Sie kann eine allgemeine sein (§ 260 I) oder eine spezielle. Wird ein vom Vorstand vorgenommenes Rechtsgeschäft von der Generalversammlung genehmigt, so schließt das im Zweifel die Entlastung von der Verantwortlichkeit für nachteilige Folgen des Rechtsgeschäfts ein, RG 106, 262; 115, 299. Die Befreiung von einer Verpflichtung ist der allgemeinere Begriff. Hier können auch andere Aktionäre als Vorstands- und Aufsichtsratsmitglieder in Frage kommen. Die Befreiung kann sich als Eingehung eines Rechtsgeschäfts mit dem Schuldner kennzeichnen. Aber auch wo es zur Befreiung von der Verpflichtung eines Rechtsgeschäfts nicht erst noch bedarf, gilt das Stimmverbot. Es können auch hier alle oben unter c—e behandelten Zweifel auftreten. — Genehmigung der Bilanz und Entlastung von Vorstand und Aufsichtsrat sind zwei verschiedene Dinge. Es kann die Bilanz den Beifall der Mehrheit finden und doch dem Vorstand oder Aufsichtsrat die Entlastung versagt werden und umgekehrt. Soll in der Genehmigung der Bilanz die Entlastung gefunden werden, so müssen besondere Momente dafür sprechen. Immer bezieht sich das Stimmverbot nur auf die Entlastung, nicht auf die Bilanzgenehmigung, RG 49, 147; undeutlich JW 1897, 113[29]. Auch gilt das Verbot nur der individuellen Persönlichkeit, deren Entlastung in Frage steht. Ist ein offener Handelsgesellschafter Aufsichtsratsmitglied, so kann die Gesellschaft als Aktionär mitstimmen, RG 64, 14. — Die Regel ist, daß dem Vorstand und ebenso dem Aufsichtsrat als ganzem Entlastung erteilt wird, so daß dort alle Mitglieder des Vorstandes, hier alle Aufsichtsratsmitglieder vom Stimmrecht ausgeschlossen sind. Es kann aber auch die Entlastung einem einzelnen Mitgliede vorenthalten und nur den übrigen erteilt werden. Auch dann können in der Regel die übrigen Mitglieder des Kollegiums nicht mitstimmen. Es kann aber auch so liegen, daß das Mitglied für einen Vorgang verantwortlich gemacht werden soll, an welchem die anderen Mitglieder gänzlich unbeteiligt sind. Dann liegt kein Grund vor, diese von der Ausübung des Stimmrechts auszuschließen. Wird aber ganz allgemein die Geschäftsführung beanstandet, dann sind die Mitglieder beider Organe nicht stimmberechtigt, RG 55, 75; 62, 241; 65, 241; JW 1898, 609[40]; RG in Holdh MS 03, 279. Im Ergebnis nicht anders Staub-Pinner § 260[10]. — Auch hier erstreckt sich das Stimmverbot auf denjenigen, welcher auf Grund einer Legitimationsübertragung usw. des Aufsichtsrats- oder Vorstandsmitgliedes auftritt. Vertritt er außerdem als Eigentümer Aktien, so ist er nicht gehindert, auf Grund dieser Aktien mitzustimmen (Staub-Pinner § 252[34]). Auch hier wird man annehmen müssen, daß umgekehrt Mitglieder des Vorstandes und Aufsichtsrats auch auf Grund fremder Aktien, als Bevollmächtigte ihrer Eigentümer nicht mitstimmen können (s. oben unter d).

h) Ein Beschluß, welcher unter Verstoß gegen Abs III ergeht — sei es, daß Aktionäre zur Beteiligung an der Abstimmung zugelassen werden, welche sich der Stimme hätten enthalten müssen, sei es, daß Aktionäre unrechtmäßig von der Abstimmung ausgeschlossen oder ihre Stimmen nicht mitgezählt werden, ist nicht nichtig sondern nur anfechtbar. So in fester Rechtsprechung das Reichsgericht, RG 89, 383 (GmbH); 91, 324; 115, 299; in Recht 1913, 264; vgl. RG 60, 409; 75, 240; ferner Erl. 2 zu § 259: es liegt in dieser Beziehung hier nicht anders wie in dem Falle, daß ein Beschluß bei Erzielung einfacher Mehrheit für angenommen erklärt wird, obwohl er qualifizierter Mehrheit bedurft hätte oder umgekehrt. Daher hat der Registerrichter in solchen Fällen keinen Anlaß, die Eintragung des Beschlusses zu beanstanden, sobald eine Anfechtung nicht mehr in Frage kommen kann (was aber nicht schon deshalb der Fall ist, weil in der Generalversammlung kein Widerspruch laut geworden ist, wie andererseits die Tatsache, daß Widerspruch erhoben und die Klagefrist noch nicht verstrichen ist, der Eintragung des Beschlusses nicht durchaus entgegensteht, GZ 42, 541, 184). Anders KGJ 34, 197 (GenG; s. auch KGJ 16, 17), wo in Verkennung der Bedeutung des Vorganges und seiner Auswirkung im Leben eine solche vermeintliche Annahme des Antrages für ein juristisches Nichts erklärt wird. Vgl. Erl 2a zu § 259. Auch RJA 4, 214 (Rostock) nimmt an, daß ein solcher Beschluß ungültig ist, erklärt aber für unzulässig, aus diesem Grund den Beschluß, wenn er eingetragen worden ist, von Amts wegen zu löschen (FGG §§ 144 II, 147 III). Aber auch die Anfechtung führt nur zur Aufhebung des Beschlusses, wenn das berichtigte Stimmverhältnis die Ablehnung des Antrages ergibt, RG 65, 242; 92, 241; RG in Holdh MS 6, 121, oder auch, wenn das nicht der Fall ist, aber die Möglichkeit nicht ausgeschlossen erscheint, daß bei richtigem Verfahren andere Aktionäre anders gestimmt hätten. — Über die Anfechtung des Beschlusses, wenn der Antrag aus gleichem Grunde mit Unrecht für abgelehnt erklärt wird, s. Erl 6e zu § 259. — Die ungerechtfertigte Ausschließung eines Aktionärs von der Ausübung des Stimmrechts verletzt auch die Rechte der übrigen Aktionäre, RG 40, 83. Es kann ein aus diesem Grunde fehlerhafter Beschluß von jedem Aktionär angefochten werden.

6. Im Statut kann die Ausübung des Stimmrechts oder allgemeiner gesprochen, die Teilnahme an der Generalversammlung an gewisse Bedingungen geknüpft werden, vorherige Anmeldung, Einlaßkarte, Hinterlegung der Aktien usw. S. hierzu § 255 II. III und Erl dazu. — Allgemein üblich sind die in § 255 II erwähnten Bedingungen der Ausübung des Stimmrechts (und überhaupt der Teilnahme an der Generalversammlung, Staub-Pinner § 252[35]): Vorgängige Anmeldung, Hinterlegung der Aktien, sei es bei der Gesellschaft selbst, sei es an einer bestimmten andern Stelle oder auch bei einer Bank usw. nach Wahl des Aktionärs: LZ 1919, 881[30]. Vornehmlich bei der Inhaberaktie hat die Hinterlegung einen guten Sinn, die Anordnung der Hinterlegung ist aber auch bei Namenaktien zulässig. Davon, daß der Aktionär die Aktie eine bestimmte Zeit besessen hat, kann die Ausübung des Stimmrechts in anderer Form als der oben genannten nicht abhängig gemacht werden. Hat der Aktionär durch Hinterlegung seiner Aktie die Voraussetzung der Ausübung des Stimmrechts erfüllt, so kann er nicht deshalb davon ausgeschlossen werden, weil er nachträglich die Aktie veräußert hat. Wohl aber kann mit seiner Einwilligung der Erwerber als Aktionär auftreten, wenn dieser imstande ist, die Einwilligung seines Rechtsvorgängers nachzuweisen.

§ 253.

Die Generalversammlung wird durch den Vorstand berufen, soweit nicht nach dem Gesetz oder dem Gesellschaftsvertrag auch andere Personen dazu befugt sind[1].

Die Generalversammlung ist, außer den im Gesetz oder im Gesellschaftsvertrag ausdrücklich bestimmten Fällen, zu berufen, wenn das Interesse der Gesellschaft es erfordert[2].

1. a) Können nach § 250 die Aktionäre die Rechte, welche ihnen in bezug auf die Geschäftsführung zustehen, nur durch Beschlußfassung in der Generalversammlung ausüben, so können sie nach § 253 zu diesem Zweck nur zusammenkommen, wenn eine nach dem Gesetz oder nach dem Gesellschaftsvertrag zuständige Stelle sie zu einer Generalversammlung einberuft. Das ist eine Schwerfälligkeit, welche im Wesen der ganzen Organisation liegt und gewollt ist. Der allgemeinen Regel nach ist diese Stelle der Vorstand. Neben dem Vorstand können nach Gesetz oder Statut auch andere Organe zuständig sein. Aber es kann nicht bestimmt werden — weder allgemein noch für einzelne Fälle —, daß der Vorstand nicht das Recht haben soll, die Generalversammlung zu berufen. — Die Berufung muß von dem Vorstand als Ganzem aus gehen, von allen Mitgliedern oder von einem von den anderen beauftragten Mitglied. Es hat für diese Frage keine Bedeutung, ob Kollektivvertretung besteht und wie sie geregelt ist, weil es sich nicht um einen Akt der Vertretung der Gesellschaft nach außen handelt. A. A. Horrwitz, Generalversammlung S. 171; Makower § 253 I. Daher ist auch die Rechtslage hier nicht dieselbe wie bei der Gesellschaft mbH, wo mehrere Geschäftsführer zwar oft die Gesellschaft nur gemeinschaftlich vertreten können, die mehreren Geschäftsführer aber auch in diesen Fällen nicht in dem Sinne wie bei der A-Gesellschaft der Vorstand ein Kollegium bilden, Brodmann GGmbH § 49[1]. — Kann dort jeder Geschäftsführer die Gesellschafter zusammenrufen, weil die Beschränkung seiner Vertretungsmacht nur nach außen gilt, oder richtiger, weil die Einberufung nicht im Namen der Gesellschaft erfolgt sondern ein rein persönlicher Akt der Geschäftsführung ist, so ist das eben bei der A-Gesellschaft anders, wo das Gesetz den Vorstand als solchen mit der Aufgabe betraut, der erforderlichenfalls förmlichen Beschluß nach Stimmenmehrheit fassen muß. Vgl. Erl 2 b zu § 231.

b) Der Aufsichtsrat ist kraft Gesetzes ganz allgemein berechtigt (und verpflichtet) die Generalversammlung einzuberufen, wenn im Interesse der Gesellschaft erforderlich ist, daß es geschieht, § 246 II. S. hierzu unter Erl 2. Daneben kann ihm für besondere Fälle Recht und Pflicht dazu vom Statut beigelegt werden. Es kann bestimmt werden, daß die Einberufung zur jährlichen ordentlichen Generalversammlung von Vorstand und Aufsichtsrat gemeinschaftlich ausgehen soll. Aber das würde der Wirksamkeit einer Einberufung durch den Vorstand allein nicht entgegenstehen. Befugt zur Einberufung ist auch der Aufsichtsrat nur als Ganzes. Die Berufung durch den Vorsitzenden ist fehlerhaft, wenn es mangels anderweiter statutarischer Bestimmung eines Beschlusses des Kollegiums bedurft hätte und ein solcher nicht gefaßt worden ist. Es liegt darin aber nicht die Berufung durch eine unzuständige Stelle, sondern ordnungswidrige Berufung durch das zuständige Organ; die Versammlung, wenn sie darauf hin stattgefunden hat, ist aus diesem Grunde nicht als rechtlich unwirksam anzusehen, JW 1897, 12[32].

c) Es ist nicht erforderlich, daß in der Bekanntmachung alle Mitglieder des Vorstandes oder des Aufsichtsrats namentlich aufgeführt werden. Es ist überhaupt nicht unbedingtes Erfordernis, daß die Bekanntmachung Namensunterzeichnung von Mitgliedern trägt. Vgl. RG in HoldhMS 18, 251; § 233 Erl 2 d.

d) Den Aktionären kann im Statut das Recht, die Generalversammlung zu berufen, nicht beigelegt werden. Die Rechte, welche ihnen in dieser Beziehung zukommen, das Maß von Initiative, welches ihnen zustehen soll, ist in § 254 geregelt. So mit Recht Staub 7. Aufl. § 253[2] gegen die herrschende Lehre; Staub-Pinner § 253[2]; Lehmann-Ring § 253[1]; Goldmann § 253[6]; Ritter § 253[1]; Goldschmit AG § 253[4].

e) Nach der herrschenden Lehre kann im Statut auch Prokuristen der Gesellschaft das Recht beigelegt werden, Generalversammlungen einzuberufen. Wenn das richtig ist, dann ist nicht einzusehen, weshalb zu diesem Zweck der Handlungsbevollmächtigte gerade Prokurist sein muß. Jedenfalls kann eine solche Bestimmung nur so gemeint sein, ist höchstens in dem Sinn zulässig, daß im Falle einer Verhinderung des Vorstandes vertretungsweise der Prokurist soll vorgehen können, und auch das könnte sich immer nur auf Einberufung außerordentlicher Versammlungen beziehen. Undenkbar ist, daß aus eigener Machtbefugnis und im Widerspruch mit dem Vorstand ein Handlungsbevollmächtigter — gleichviel, wieweit seine Vollmacht geht — die Einberufung rechtswirksam vornimmt. — Daß die Prokura nicht ohne weiteres zur Einberufung ermächtigt, ist selbstverständlich. OLG 24, 158 (KG). Aber die Einberufung durch einen Prokuristen wird auch dadurch nicht rechtswirksam, daß der Vorstand oder der Aufsichtsrat sie nachträglich genehmigt, OLG a. a. O. Auch im Konkurse der Gesellschaft steht die Einberufung der Generalversammlung den dafür berufenen Stellen und nicht dem Konkursverwalter zu.

f) Auch Dritten, welche außerhalb des gesellschaftlichen Organismus stehen, kann im Statut das Recht der Einberufung nicht bedungen werden, jedenfalls nicht das Recht unmittelbarer Einberufung. Allenfalls könnte man ihnen, ebenso oder ähnlich wie der § 254 den Aktionären, einen Anspruch darauf einräumen, daß die Generalversammlung einberufen wird. Anders auch hier die herrschende Lehre.

g) Eine von unzuständiger Stelle berufene Versammlung kann gültige Beschlüsse nicht fassen, RG 75, 242, es sei denn, daß alle Aktionäre erschienen sind und sich auf die Abhaltung der Tagung einlassen. Vgl. RG 92, 409. S. Erl. 4 zu § 256. In solchem Fall bedarf es einer Einberufung überhaupt nicht, RGSt 29, 383; RJA 7, 40.

h) Für die Rechtswirksamkeit der Berufung der Versammlung kommt es darauf an, daß die einberufenden Vorstandsmitglieder diese ihre Stellung tatsächlich ein-, ihr Amt tatsächlich wahrnehmen. Daß die Anstellung des einen oder des anderen oder auch aller Mitglieder fehlerhaft ist, hat an sich noch nicht zur Folge, daß die von der Versammlung gefaßten Beschlüsse nicht rechtswirksam sind, JW 1911, 330[31]; Staub-Pinner § 253[29]. Anders liegt es, wenn dem Mitglied, dessen Anstellung fehlerhaft ist, die Rechtstellung bereits strittig gemacht worden ist. So erledigt sich wohl der Widerspruch Hueck, Anfechtbarkeit 34 Anm. 9 gegen das Reichsgericht. Unwesentliche Verstöße, z. B. ungenaue Bezeichnung der Firma der A-Gesellschaft sind ohne Bedeutung, RG 34, 113. Ohne Bedeutung ist, ob die Vorstandsmitglieder vorschriftsmäßig zum Handelsregister angemeldet und dort eingetragen worden sind. Diese Eintragungen in das Handelsregister haben für den inneren Geschäftsverkehr der Gesellschaft keine Bedeutung. So wenigstens die herrschende Lehre, die vielleicht etwas zu doktrinär ist, wenigstens insofern, als sie nicht Ausnahmen nach den Umständen des Falles zuläßt. Im allgemeinen stehen — wie die Dinge tatsächlich liegen — die Aktionäre im Laufe des Jahres den inneren Vorgängen in der Gesellschaft ebenso fern wie jeder Dritte. Vgl. Hueck a. a. O.

i) Das Organ, welches die Einberufung der Generalversammlung erlassen hat, kann sie auch wieder abbestellen. Aber doch wohl nur so lange, als der Tag, auf welchen sie einberufen war, noch nicht herbeigekommen ist. Geschieht die Abberufung durch ein anderes, an und für sich zur Einberufung ebenfalls zuständiges Organ, so ist es Tatfrage, ob anzunehmen ist, daß Aktionäre sich dadurch haben bestimmen lassen, fernzubleiben, in welchem Fall die Versammlung nicht gültige Beschlüsse fassen kann.

2. Im Gesetz ist die Einberufung einer Generalversammlung vorgeschrieben: durch die Gründer in § 190 II, durch das Gericht in § 196, durch den Vorstand (oder den Liquidator) in §§ 240, 260; auf Veranlassung von Aktionären in § 254; Bestimmungen, welche die Mitwirkung der Generalversammlung vorschreiben oder voraussetzen in §§ 205 (208), 207, 222 IV, 238, 243, 245, 274, 292 II, Z 2, 295, 299 II, 303—305, 307, 310.

Dazu kommt die generalis clausula in § 246 II und hier in Abs II, wonach dort der Aufsichtsrat, hier der Vorstand die Generalversammlung einberufen soll, wenn das Interesse der Gesellschaft es erfordert. Es wäre erwünscht, daß die Gesetzesmaterialien zu dieser Vorschrift Aufklärung darüber brächten, was der Gesetzgeber sich darunter vorgestellt hat. Das Reichsgericht hatte nur einmal im Urteil RG 35, 83, das wenig auffiel, zu dieser Vorschrift Stellung zu nehmen Veranlassung gehabt, als es im Urteil Holdh MS 11, 266, ausführlicher das. 12, 197 sich darüber in einer Weise äußerte, welche lebhaften und allgemeinen Widerspruch gefunden hat. Danach sollen Vorstand und Aufsichtsrat verpflichtet sein, die Generalversammlung allemal zu fragen, wenn es ein wichtiges, kostspieliges, riskantes und deshalb das Interesse der Aktionäre in besonderem Maße berührendes Unternehmen gilt. Vgl. hierzu BauersZ 12, 201 (Braunschweig). Daß das zu weit geht und daß bei solcher Anforderung geradezu unmöglich wäre, ein großes Unternehmen ersprießlich zu leiten, wurde sofort allgemein eingewendet. Aber der Fehler des Gedankens liegt nicht nur in dieser Überspannung, gegen die Einspruch erhoben wird. Er ist — auch abgeschwächt — überhaupt verfehlt. Daher befriedigen auch alle Versuche einer solchen Abschwächung so wenig. Die Formel des 27. Juristentages sagt eigentlich gar nichts:

> Die Einberufung der Generalversammlung gehört zu den in erster Linie dem Vorstand obliegenden Handlungen der Geschäftsleitung. Demgemäß hat, wie über alle anderen Fragen der Geschäftsführung so auch über die Frage, ob und wann die Einberufung einer Generalversammlung im Interesse der Gesellschaft erforderlich ist, der Vorstand, ev. der Aufsichtsrat nach seinem pflichtmäßigen Ermessen im Rahmen der Sorgfalt eines ordentlichen Geschäftsmannes je nach Lage des einzelnen Falles und unter Berücksichtigung aller Interessen der Gesellschaft zu entscheiden.

Greifbareres brachte die Formulierung Staubs (27. DJTag I S. 85 V):

> Die Befragung der Generalversammlung ist erforderlich
> 1. wenn das Interesse der Gesellschaft eine Maßregel erfordert, die der Vorstand aus eigener Machtvollkommenheit nicht zu ergreifen vermag.
> 2. wenn es sich um ein außergewöhnliches Geschäft handelt (HGB § 116) und dasselbe entweder den ganzen Bestand der Gesellschaft berührt oder so beschaffen ist, daß der Vorstand Anlaß hat oder haben muß zu zweifeln, ob die Generalversammlung es genehmigen wird.

Der erste Satz ist zweifellos richtig, namentlich wenn man ihn dadurch noch mehr verdeutlicht, daß man an die Stelle des Wortes „ergreifen" den Ausdruck „ausführen" setzt. Erfordert die Lage der Dinge bei pflichtmäßigem Ermessen des Vorstandes eine Erhöhung oder eine Herabsetzung des Grundkapitals, eine Sanierung, Eingehung einer Interessengemeinschaft, Auflösung der Gesellschaft oder Fusion, so erfordert das Interesse der Gesellschaft die Einberufung einer Generalversammlung. Aber in solchen Fällen bedarf es der Vorschrift des gegenwärtigen Abs II nicht. Ist hier der Vorstand schuldhaft säumig, so daß er der Gesellschaft dafür aufkommen muß, so würde ganz dasselbe gelten, auch wenn die gegenwärtige Vorschrift gar nicht bestünde.

Der Satz unter 2 schwächt den Standpunkt des Reichsgerichts ab, teilt aber sein Hauptgebrechen. Denn in beiden Formulierungen wird mit der Behauptung, daß die Generalversammlung im Interesse der Gesellschaft hätte gefragt werden müssen, vorausgesetzt, daß diese in der Lage ist, die Sachlage zutreffender zu beurteilen, was — von ganz seltenen Ausnahmen vielleicht abgesehen — nicht der Fall ist. So auch Staub a. a. O., der aber die Konsequenz hieraus nicht gezogen hat, OLG 10, 337. Selbstverständlich liegt in solchen Fällen für den Vorstand dringend nahe, die Generalversammlung entscheiden zu lassen. Aber doch nicht, weil diese es besser versteht, sondern um sich selbst den Rücken zu decken. Es ist also nicht das Interesse der Gesellschaft, welches hier die Einberufung der Generalversammlung erfordert, sondern das der Mitglieder des Vorstandes. Richtiger ist der in der zweiten Alternative der Formel unter 2 zum Ausdruck kommende Gedanke, ob der Vorstand Anlaß hatte, zu bezweifeln, ob die Generalversammlung das Beabsichtigte genehmigen würde. Aber auch in dieser Beziehung erweist sich zugleich die gegenwärtige Vorschrift als nichtssagend und überflüssig. Es kann so liegen, daß dem Vorstand in der Geschäftsführung bestimmte Grenzen gezogen sind, und insofern muß es stets so liegen, als der im Statut bestimmte Zweck des ganzen Unternehmens dem Kreis der darunter fallenden Geschäfte die Schranken zieht, Liebmann in Holdh MS 13, 9. Hier übernimmt der Vorstand für alle Folgen die Verantwortlichkeit, mögen sie auch an sich zufällig sein, wenn er die Grenze überschreitet, ohne die Generalversammlung befragt zu haben. Aber dann haftet er eben, weil er schuldhaft seinen Auftrag überschritten hat, vorausgesetzt daß ihm nicht der § 665 BGB zur Seite steht. Auch hier wäre die Haftung dieselbe, wenn gegenwärtiger Abs II gar nicht bestünde. Im Fall RG 35, 83 stand zur Frage, ob es noch im Rahmen der dem Vorstand obliegenliegenden Leitung der Geschäfte lag, über ein sehr erhebliches Vermögensstück der Gesellschaft unentgeltlich zu verfügen (um eines vielleicht bedeutenden aber nicht faßbaren Vorteils willen). War das zu verneinen, dann mußte der Auftraggeber, hier die Generalversammlung, allerdings befragt werden, aber nicht, weil das „im Interesse der Gesellschaft lag", sondern weil die Gesellschaft nach dem geltenden Recht den Anspruch darauf hatte, weil ohne das die Handlung des Vorstands vertrags- und rechtswidrig war. Im Fall Holdh 12, 197 hatten Vorstand und Aufsichtsrat sich über eine ganz bestimmte Weisung des Statutes ständig hinweggesetzt. Das war das positive Tun, wofür sie in Anspruch zu nehmen waren, nicht irgendwelche Unterlassung. Immer und immer wieder könnte die Vorschrift des Abs II ebensogut fehlen.

Gleichwohl ist die Vorschrift so ganz gegenstandslos nicht, wie sie es nach der Auffassung Simons in DJZ 1904, 778 sein würde. Man muß sich nur von dem Gedanken frei machen, sie auf Fälle anwenden zu wollen, wo es für die Generalversammlung darauf ankommen würde, eine geschäftliche Maßregel zu beschließen. Im Gegensatz dazu gibt es Lagen genug, wenn sie auch nicht allzu häufig vorkommen mögen, wo es allerdings im Interesse der Gesellschaft liegt, daß die Aktionäre zusammenkommen. So wenn es wünschenswert ist, den Aktionären in dieser Form Mitteilungen zu machen, Gerüchten, übler Nachrede entgegenzutreten oder auf zweckmäßige Weise zuvorzukommen, es können allgemeine Erörterungen der Geschäftslage, der ganzen Verhältnisse geboten erscheinen, vor allem auch kann es einmal gelten, Meinungsverschiedenheiten zwischen Vorstand und Aufsichtsrat, zwischen einzelnen ihrer Mitglieder, zwischen Aufsichtsrat und Aktionären zu schlichten. Vgl. Recht 1915, 1616. Wenn eine außerordentliche Revision nach §§ 266 ff. stattgefunden hat und der Bericht der Revisoren eingegangen ist, kann es sich fragen, ob unverzüglich eine Generalversammlung einzuberufen ist, um sich wegen der Geltendmachung von Ersatzansprüchen zu entscheiden. — Allenfalls ließe sich darüber hinaus noch der Fall ausdenken, daß der Vorstand vor einem Geschäft steht, das er unter keinen Umständen auf eigene Verantwortung anfassen will, und dann ohne weiteres von ihm abläßt anstatt die Generalversammlung zu befragen. Dafür könnte er unter Umständen verantwortlich gemacht werden.

§ 254.

Die Generalversammlung ist zu berufen, wenn Aktionäre, deren Anteile zusammen den zwanzigsten Teil des Grundkapitals erreichen, die Berufung schriftlich unter Angabe des Zweckes und der Gründe verlangen. Ist in dem Gesellschaftsvertrage das Recht, die Berufung der Generalversammlung zu verlangen, an den Besitz eines geringeren Anteils am Grundkapitale geknüpft, so hat es hierbei sein Bewenden[1].

In gleicher Weise haben die Aktionäre das Recht, zu verlangen, daß Gegenstände zur Beschlußfassung einer Generalversammlung angekündigt werden[4].

Wird dem Verlangen weder durch den Vorstand noch durch den Aufsichtsrat entsprochen, so kann das Gericht des Sitzes der Gesellschaft die Aktionäre, welche das Verlangen gestellt haben, zur Berufung der Generalversammlung oder zur Ankündigung des Gegenstandes ermächtigen. Zugleich kann das Gericht über die Führung des Vorsitzes in der Versammlung Bestimmung treffen. Auf die Ermächtigung muß bei der Berufung oder Ankündigung bezug genommen werden[2].

Die Generalversammlung beschließt darüber, ob die entstandenen Kosten von der Gesellschaft getragen werden sollen[3].

1. a) Der § 254 regelt die Frage, wie der Aktionär die Einberufung der Generalversammlung veranlassen kann, und zwar regelt er sie erschöpfend und zwingend, letzteres, soweit er nicht selbst etwas anderes bestimmt. S. Erl 1 d zu 253. Vgl. § 37 BGB. Da nach § 250 nicht der einzelne Aktionär sondern nur die Generalversammlung, der einzelne Aktionär nur mit den anderen Aktionären in der Generalversammlung in die Angelegenheiten der Gesellschaft, namentlich in die Geschäftsführung eingreifen, in ihnen mitsprechen kann, darf die Einberufung der Versammlung nicht ausschießlich von der Entscheidung des Vorstandes oder des Aufsichtsrats abhängig sein, muß vielmehr auch den Aktionären möglich sein, die Einberufung der Versammlung zu erreichen. Es handelt sich um ein typisches Individualrecht, das seiner Idee nach jedem einzelnen Aktionär zustehen müßte, das aber durch positive Bestimmung aus rechtspolitischen Grunde dahin abgeschwächt ist, daß nicht schlechthin jeder Aktionär es hat, sondern nur derjenige oder diejenigen, welche allein oder in Verbindung mit den anderen Aktionären, die sich anschließen, 5% des Grundkapitals vertritt. S. § 250 Erl 2 a. Wenn die herrschende Lehre hier von einem Minderheitsrecht spricht und wenn Staub-Pinner § 254[1] die Mot. von 1884 tadelt, weil sie das Recht als Individualrecht bezeichnen, so ist das nicht nur Terminologie sondern beruht auch auf sachlichem Gegensatz der Auffassung. Statt von Minderheitsrecht könnte man eher umgekehrt von Mehrheitsrecht sprechen, insofern als dieses Recht in der Regel nur geltend gemacht werden kann, wenn sich mehrere dazu zusammenfinden. Deshalb darf denn auch im Statut die Grenze nach oben nicht überschritten werden, wohl aber nach unten, und letzteres kann denn auch durch Statutenänderung geschehen. Vgl. RG 68, 212 und dazu Brodmann GGmbH § 50[4]. — So stünde dem auch nichts im Wege, im Statut zu bestimmen, daß der Besitz einer Aktie genügt. Etwas anderes aber wäre (und kann nicht bestimmt werden), daß jeder Aktionär berechtigt sein soll, selbst die Generalversammlung zusammenzurufen. A. A. Makower § 254 I c. — Zweifel können unter Umständen darüber auftreten, wie dieser Bruchteil zu berechnen ist. In der Regel und namentlich im Anfangsstadium der Gesellschaft ist das Grundkapital gleich der Summe aller Aktien nach Nennbetrag. Im Laufe der Zeit können aber Aktien amortisiert worden sein, die Gesellschaft kann eigene Aktien erworben haben. Dort fallen Aktien ganz aus, hier ruht das Stimmrecht und überhaupt die Beteiligung an den Angelegenheiten der Gesellschaft. Bei der Befassung mit diesen Angelegenheiten, soweit sie in der Hand des Aktionärs liegt, ist in allen diesen Fällen nur noch ein Teil des Grundkapitals vertreten. Damit verschiebt sich auch der Stärkegrad der einzelnen Stimme. Er drückt sich nicht mehr in dem Bruchteil des ganzen Grundkapitals aus und insofern auch nicht mehr im Nennbetrag der Aktie, sondern in dem Verhältnis der einen Aktie zur Summe der noch vorhandenen Aktien. Auf dieses Verhältnis ist es offensichtlich dem Gesetzgeber auch beim § 254 angekommen. Das Gesetz verbietet, einen höheren Bruchteil zu bestimmen. Dazu würde es aber kommen, wenn man die ausgefallenen und ausfallenden Aktien mitzählt. Müssen bei 1000 Aktien 50 sich zusammenfinden, so genügen bei 500 25 Aktien, mag auch das Grundkapital von einer Million unverändert geblieben sein. A. A. Staub-Pinner § 254[7], § 226[10]; Goldschmit AG § 254[1].

Darauf, ob die Aktien voll eingezahlt sind oder nicht, ob es Aktien sind oder Interimsscheine, ob überhaupt Aktienurkunden ausgegeben worden sind, kommt nichts an.

b) Das Verlangen des oder der Aktionäre muß schriftlich gestellt werden. Es muß also von allen Aktionären, die sich an der Sache beteiligen und soviel ihrer nötig sind zur Vertretung der 5% des Grundkapitals, oder von einem gemeinschaftlichen Bevollmächtigten, der seine Vollmacht auf Verlangen beizubringen hat, unterschrieben sein. Auch einzelne Aktionäre können sich durch Bevollmächtigte vertreten lassen. Es ist — wie alle rechtsgeschäftlichen Erklärungen der Gesellschaft gegenüber — dem Vorstand einzureichen. Wird es dem Aufsichtsrat eingereicht, so kann dieser das weitere veranlassen, muß es aber nicht; OLG 41, 206 (Hamburg). So auch Staub-Pinner § 254[11] gegen Lehmann-Ring § 254[4]; Horrwitz S. 294 (wonach das Verlangen an den Vorstand und den Aufsichtsrat gerichtet werden müsse); Wenck, Die Einberufung der Generalversammlung, mit der Begründung, das Minderheitsrecht müsse als höchst subsidiär angesehen werden. Was heißt das und wo steht es? — Der Vorsitzende des Aufsichtsrats, wenn an ihn das Verlangen gelangt, kann die Berufung der Versammlung in die Wege leiten, ohne daß ein Beschluß des Aufsichtsrats ergehen muß; OLG 38, 180 (KG). — Im Gesuch müssen Zweck und Gründe des Verlangens angegeben sein, d. h. der Gegenstand, welcher von der Generalversammlung behandelt werden soll, und die Darlegung, weshalb das geschehen soll. Daß bestimmte Anträge, über welche Beschluß gefaßt werden soll, mitgeteilt werden, ist nicht erforderlich. Sowohl der Vorstand und Aufsichtsrat als auch das Gericht — wenn das Gesuch an dieses kommt (Abs III) — brauchen auf das Verlangen nur einzugehen, wenn das Gesuch diesen Erfordernissen genügt. Hierzu spricht sich KGJ 32, 141 folgendermaßen aus: Der Antrag auf Ermächtigung (gemäß Abs III) dürfe nicht abgelehnt werden, weil das Verlangen auf Aufklärung gewisser Punkte in außerordentlicher Generalversammlung sachlich nicht gerechtfertigt sei, weil der Antragsteller teilweise bereits eingeweiht sei, teilweise aber ebenso gut in der nächsten ordentlichen — etwa in drei Monaten stattfindenden — Generalversammlung Auskunft erteilt werden könne; aber von vornherein seien unzulässig Anträge, welche einem mißbräuchlichen rechtswidrigen Zwecke dienen und gegen Schikaneverbot verstoßen; es sei ferner zu prüfen, ob der Antrag wirklich dem Schutz eines Aktionärrechts diene, das vor die Generalversammlung gehört; dagegen sei nicht zu prüfen, ob die Gründe Aussicht auf Erreichung des Zweckes versprächen; es sei auch nicht Aufgabe des Richters, die Gesellschaft vor rechtlich unzutreffenden und sachlich schädlichen Beschlüssen zu bewahren, sondern höchstens sie vor Behelligung mit unzulässigen Gegenständen zu schützen; auch wenn der Aktionär schon Bescheid wisse, könne ihm daran liegen, die Sache vor der Generalversammlung zur Sprache zu bringen; welche Aussicht er hat, mit seinen Anträgen durchzudringen, sei nicht zu prüfen, ebensowenig, ob sein Verlangen auf Aufklärung berechtigt ist. S. auch Ring I, 248 (München); II 220 (KG). — Ferner: Unter Umständen könne das Bevorstehen der ordentlichen Generalversammlung das Verlangen als unbegründet erscheinen lassen; aber dann könne im Antrag das Verlangen liegen (Abs II), die Angelegenheit auf die Tagesordnung der ordentlichen Generalversammlung zu bringen; in der Regel dürfe man in dem Antrag einen solchen Eventualantrag erblicken. — Und weiter: es genüge, was die Angabe des Zwecks betreffe, die kurze Bezeichnung des Gegenstandes der beabsichtigten Verhandlung (s. auch OLG 43, 313 KG); die Angabe dürfe aber nichts enthalten, was für Beteiligte kränkend sei oder die Gesellschaft schädigen könne, keine unverblümten und auch keine verblümten Angriffe gegen Vorstand oder Aufsichtsrat; es könne das Gericht in dieser Beziehung Unzulässiges von Amts wegen ausmerzen, gegebenenfalls nach Anhörung der Beteiligten; der Antrag brauche deshalb nicht abgelehnt zu werden. — Glaubhaftmachung der vorgetragenen Tatsachen kann nicht verlangt werden, Ring I, 249 (München). Die Generalversammlung muß nach dem Ort einberufen werden, wo die Gesellschaft ihren Sitz hat; OLG 38, 180.

c) Die Aktionäre, welche das Verlangen stellen, müssen sich als solche zugleich legitimieren. Bei Inhaberaktien müssen sie nachweisen, daß sie im Besitz der Aktien sind. Hinterlegung der Aktien bei der Gesellschaft oder überhaupt, bei einer Bank u. ä. kann nicht verlangt, auch nicht im Statut bestimmt werden; RJA 9, 44 (KG); OLG 43, 205 (Karlsruhe). Daß die Aktien verpfändet sind, ist kein Hinderungsgrund; ZBlFG 9, 419 (Colmar). Willkürlich und grundlos erscheint die Annahme in OLG 41, 206 (Hamburg), daß der Gegner mit dem Einwand, daß der Antragsteller nicht rechtmäßiger Besitzer der Aktie sei, überhaupt nicht gehört werden könne. Dagegen Josef in HansGZ 1922, 260.

d) Zweifelhaft ist die Frage, welchen Einfluß es hat, wenn durch Ausscheiden einzelner Aktionäre die Mindestquote des Grundkapitals nicht mehr hinter dem Antrag steht. Bis zu dem Zeitpunkt, wo die Entscheidung fällt und beschlossen wird, die Versammlung einzuberufen, muß die Quote vertreten sein. Wird vorher eine der Aktien veräußert, so macht das nichts aus, wenn der Erwerber sich dem Verlangen anschließt. Ist die Generalversammlung einberufen, so kann sie auch dann stattfinden und gültige Beschlüsse fassen, wenn Absplitterungen stattgefunden haben. Bestellt aber in solchem Fall Vorstand oder Aufsichtsrat die Versammlung wieder rechtzeitig ab, dann kann sie nicht stattfinden und es besteht keine Handhabe, den Vorstand zur Anberaumung einer neuen Versammlung anzuhalten. A. A. Staub-Pinner § 254[8]; Ritter § 254[1] Goldschmit AG § 254[1] (es müsse die fortdauernde Inhaberschaft bis zur Generalversammlung und Beschlußfassung nachgewiesen werden). Haben die Aktionäre auf Ermächtigung des Gerichts die Generalversammlung einberufen, obwohl sie nicht mehr vollzählig waren, so ist die Einberufung fehlerhaft. Bleibt aber der Mangel unbemerkt, oder die Abhaltung der Versammlung unwidersprochen, so können die gefaßten Beschlüsse nicht wegen diesen Mangels angefochten werden. A. A. Wenck S. 144.

2. a) Wenn dem Verlangen der Aktionäre weder Vorstand noch Aufsichtsrat nachkommen, können diese selbst die Generalversammlung einberufen, aber nur auf Grund einer Ermächtigung des Gerichts, welche nicht nur davon abhängig ist, ob die formalen Voraussetzungen erfüllt sind, sondern auf Grund einer sachlichen Prüfung ergeht; Ring II, 220. Das Verlangen der Aktionäre ist auch dann „abgelehnt", wenn die Generalversammlung zwar einberufen wird, aber mit einer Angabe des Zwecks, welcher sich mit dem von den Aktionären angegebenen sachlich nicht mehr deckt; Ring cod. Das Gericht kann die Ermächtigung erteilen, das heißt, es hat hierzu die Machtvollkommenheit. Wenn es nach pflichtmäßigem Ermessen das Gesuch als berechtigt erkennt, muß es die Ermächtigung erteilen. Es liegt in dieser Regelung der Materie eine zweite Kautel gegen mißbräuchliche Geltendmachung des Individualrechts. Mit Recht nimmt daher die herrschende Lehre an, daß es sich auch in diesem Punkt um zwingendes Recht handelt. Auch im Statut könnte zwar die Mindestquote herabgesetzt werden bis auf eine Aktie, aber es kann dem oder den Aktionären, wie viele es auch sein mögen, nicht das Recht verliehen werden, Generalversammlungen ohne die Ermächtigung des Richters einzuberufen. Aus § 253, wonach auch anderen Personen das Recht, Generalversammlungen zu berufen, eingeräumt werden kann, also ohne vorgängige Ermächtigung eines Gerichts, kann nicht gefolgert werden, daß diese dritten Personen auch die Aktionäre sein könnten. In dieser Beziehung ist § 254 die lex specialis, welche der lex generalis in § 253 vorgeht. Auch geht, daß im allgemeinen die Bestimmungen des § 254 als zwingend gemeint sind, daraus hervor, daß in Abs I ausdrücklich eine Ausnahme davon gemacht wird. A. A. Ritter § 284[1]; Makower § 254 I c.

b) Aus dem Wortlaut des Gesetzes wird geschlossen, daß die Aktionäre ihr Verlangen sowohl an den Vorstand als auch an den Aufsichtsrat gerichtet haben müssen, ehe der angegangene Richter sie zur Einberufung ermächtigen kann. Zwingend ist diese Auslegung keineswegs, wohl aber läuft sie auf eine überflüssige Erschwerung und Verzögerung des Verfahrens hinaus. Man kann behaupten, daß es Pflicht des Vorstandes ist, dem Aufsichtsrat von dem bei ihm eingegangenen Verlangen Mitteilung zu machen, wenn er seinerseits die Versammlung nicht einberufen will. Aber jedenfalls liegt es so, daß wenn die Antragsteller die nach den Umständen angemessene Frist gewartet haben, ohne daß die Einberufung geschehen ist, dann die Voraussetzung des Gesetzes erfüllt ist, daß ihrem Verlangen „weder durch den Vorstand noch durch den Aufsichtsrat entsprochen worden ist". Ebenso Staub-Pinner § 254[11]; Brand § 254[3] A d; OLG 41, 206 (Hamburg).

c) Der Antrag auf Ermächtigung muß schriftlich eingereicht oder zu Protokoll des Gerichtsschreibers erklärt werden. Er muß sich, was Zweck und Gründe des Verlangens angeht, wenn auch nicht dem Wortlaut, so doch der Sache nach mit der Eingabe an den Vorstand decken. Es wird daher unerläßlich sein, daß dem Richter Abschrift dieser Eingabe unterbreitet wird. Das Verfahren richtet sich nach den FGG (§ 145 FGG). Die Antragsteller müssen sich als Aktionäre legitimieren und den Nachweis erbringen, daß sie den vorgeschriebenen Bruchteil des Grundkapitals vertreten. Der Gegner ist, wenn tunlich, zu hören; FGG § 146; OLG 43, 205. Es sind das nicht die Mitglieder des Vorstands und Aufsichtsrats, sondern die Gesellschaft. Es ist eigene innere Angelegenheit dieser zu entscheiden, wer von den Mitgliedern von Vorstand oder Aufsichtsrat sich zur Sache erklären soll. Gegen die Entscheidung findet die sofortige Beschwerde statt; FGG § 146 II. — Der Registerrichter hat den Antrag zu prüfen und nach pflichtgemäßem Ermessen darüber zu entscheiden. S. hierüber oben unter a. Ist als Zweck Aufklärung über bestimmte Prunkte angegeben, so ist mit der Erteilung der Ermächtigung noch nicht darüber entschieden, ob der Vorstand zu der verlangten Aufklärung verpflichtet ist; KGJ 32, 141. Nach § 12 FGG kann der Richter Ermittlungen veranstalten und Beweise erheben; doch kann das hier nur wegen der formalen Voraussetzungen des Antrages stattfinden; der angegebene Zweck und die angegebenen Gründe müssen aus sich selbst heraus das Gesuch rechtfertigen.

Hat das Gericht die Ermächtigung erteilt und ist das unangefochten geblieben oder ohne Erfolg angefochten worden, dann kann die Ordnungsmäßigkeit der einberufenen Generalversammlung nicht mehr beanstandet werden; LZ 08, 871[3] (Colmar).

d) Aus naheliegenden Gründen soll das Gericht, wenn es die Ermächtigung erteilt, zugleich über die Führung des Vorsitzes in der Versammlung Bestimmung treffen können. Es wird das in der Regel beantragt werden, kann aber auch von Amts wegen geschehen. Es kann bestimmt werden, wer den Vorsitz führen soll, oder auch kann die Bestimmung sich darauf beschränken, daß bestimmte Personen, der Vorsitzende des Aufsichtsrats, die Mitglieder von Vorstand oder Aufsichtsrat den Vorsitz nicht führen sollen. Daraus, daß das Gericht diese Bestimmung „zugleich" treffen kann, darf nicht herausgelesen werden, daß es nicht auch geschehen könne, wenn es nachträglich beantragt wird.

e) Auch nach Eröffnung des Konkurses über das Vermögen der Gesellschaft kann die Ermächtigung noch erteilt werden; JW 1925, 628[1]. — Der Konkursverwalter kann eine Generalversammlung nicht berufen.

f) Wenn in Folge beanstandeter Wahlen zweifelhaft ist, welches von mehreren Kollegien mit Recht die Stellung des Vorstandes oder Aufsichtsrats in Anspruch nimmt, kann das Gericht Aktionäre auf ihr Verlangen zur Einberufung einer Generalversammlung ermächtigen, ohne daß es eines vergeblichen Verlangens an Vorstand oder Aufsichtsrats bedarf. So mit Recht Staub-Pinner § 273[14a].

g) Ist die Ermächtigung erteilt, so können die Antragsteller selbständig die Generalversammlung einberufen. Sie sind nicht gehalten, die Rechtskraft der Entscheidung abzuwarten. Die Bekanntmachung muß auf die richterliche Ermächtigung Bezug nehmen. Anderen Falles sind die Aktionäre nicht gehalten, ihr Beachtung zu schenken. Die Generalversammlung und die von ihr gefaßten Beschlüsse würden nichtig sein, es sei denn, daß alle Aktionäre erschienen sind. Anders die herrschende Lehre, welche nur Anfechtbarkeit annimmt. Wie hier Makower § 254. IV d. Vgl. auch RG 92, 409. Die Tagesordnung muß sich mit derjenigen decken, für welche die Ermächtigung erteilt worden ist. Anderen Falles kann die Ermächtigung zurückgenommen werden; Marcus in Holdh 15, 16. Die Aktionäre sind auch nicht befugt, sie zu erweitern. Dagegen dürfte nichts im Wege stehen, daß der Vorstand weitere Gegenstände auf die Tagesordnung setzt, wofern dazu noch Zeit ist. — Im übrigen muß die Berufung in der im Gesetz und Statut bestimmten Weise erfolgen. Wird bei der Einberufung ein Fehler gemacht, sodaß eine Generalversammlung nicht zustande kommt oder gültige Beschlüsse nicht gefaßt werden können, so muß nach den Umständen des Falles entschieden werden, ob auf Grund der Ermächtigung eine nochmalige Einberufung erfolgen kann; OLG 41, 206. — Die Gültigkeit der von der Generalversammlung gefaßten Beschlüsse wird dadurch nicht in Frage gestellt, daß das Gericht die Ermächtigung nicht hätte erteilen dürfen; das muß im Beschwerdewege geltend gemacht werden; LZ 1908, 871[3] (Colmar).

b) Nach § 50 III GGmbH können die Gesellschafter einer GmbH eine Gesellschafterversammlung auch in dem Fall selbst berufen, daß Geschäftsführer überhaupt nicht vorhanden sind. Eine gleiche Lage, nämlich daß weder ein Vorstand noch ein Aufsichtsrat vorhanden ist, wird bei der A-Gesellschaft nicht leicht vorkommen und wohl daher erklärt sich, daß sich hier eine entsprechende ausdrückliche Bestimmung nicht findet. Gleichwohl wird man unbedenklich annehmen können, daß wenn der Fall einmal eintritt, auf Ersuchen der erforderlichen Anzahl von Aktionären das Gericht die Ermächtigung nach Abs III erteilen kann.

3. Die Generalversammlung kann beschließen, daß die entstandenen Kosten von der Gesellschaft getragen werden sollen. Lehnt sie es ab, so ist das endgültig; die Einberufenden können Erstattung ihrer Kosten in diesem Fall auch dann nicht beanspruchen, wenn sich die Einberufung als sachlich gerechtfertigt erwiesen hat. A. A. Ritter 254[4]; Makower § 254 V. Wird die Übernahme der Kosten auf die Gesellschaft beschlossen, so liegt eingeschlossen, daß die Gesellschaft den Einberufenden die notwendigen Kosten erstatten, sie von den eingegangenen notwendigen Verbindlichkeiten frei halten muß. Die Generalversammlung kann aber den Antrag nur entweder annehmen oder ablehnen. Sie kann nicht den Einberufenden die Kosten in dem Sinn auferlegen, daß diese der Gesellschaft die aufgewendeten Kosten zu erstatten haben. — Im Fall der Ablehnung muß jeder die Kosten tragen, die er sich gemacht hat. KG in Holdh 12, 52; a. A. Lehmann-Ring § 254[7]; Ritter § 254[4]. — Mit sehr beachtlicher Begründung hat KG das. angenommen, daß trotz äußerlicher Anordnung des Gesetzestextes der Abs IV sich nur auf den Fall nach Abs III bezieht; a. A. Lehmann-Ring § 254[7]; Ritter § 254[4]; Brand § 254[6] b; Makower § 254 V. Vgl. die Fassung des entsprechenden § 50 GGmbH. Geht Vorstand oder Aufsichtsrat auf das Verlangen der Aktionäre ein, so treffen die Kosten einer solchen Generalversammlung die Gesellschaft ebenso wie die der Generalversammlungen überhaupt; KG in BauersZ 18, 161. Dadurch, daß die Gesellschafter beschließen, daß die Generalversammlung auf Kosten der Gesellschaft gehen soll, kommt kein Rechtsgeschäft mit den Antragstellern zustande; überhaupt betrifft der Beschluß nicht ein solches Rechtsgeschäft; die Antragsteller sind daher nicht von der Ausübung des Stimmrechts ausgeschlossen; a. A. Horrwitz 297 bei Note 11. — Weist der Richter den Antrag auf Ermächtigung ab, so kann er den Antragstellern auf Antrag des Gegners die Kosten des gerichtlichen Verfahrens auferlegen; das kann auch in der Beschwerdeinstanz nachgeholt werden; KGJ 31, 171.

4. Auch in Beziehung auf die Tagesordnung einer von den ordentlichen Instanzen einberufenen Generalversammlung steht den Aktionären Initiative zu. Sie haben ein Individualrecht darauf, daß von ihnen genannte Gegenstände auf die Tagesordnung gesetzt werden, das ebenso wie der Anspruch auf Einberufung einer Versammlung gestaltet ist. Sie können vom Vorstand oder wenn die Einberufung zur Versammlung dem Aufsichtsrat oder dem Vorsitzenden des Aufsichtsrats obliegt, von diesem verlangen, daß er die Tagesordnung entsprechend ergänzt. Entgegen dem Wortlaut des Gesetzes dürfte anzunehmen sein, daß die Ermächtigung des Gerichts, das selbst zu tun, nicht davon abhängt, daß „weder durch den Vorstand noch durch den Aufsichtsrat" dem Verlangen entsprochen worden ist. Es hat doch keinen Sinn, daß die Aktionäre sich mit ihrem Verlangen an eine Instanz wenden müßten, welche mit der Festsetzung der Tagesordnung überhaupt nicht befaßt ist. Liegt beispielsweise die Einberufung zur Versammlung ausschließlich in der Hand des Vorsitzenden des Aufsichtsrats, so genügt, daß dieser angegangen ist und dem Verlangen nicht entsprochen hat. — Es ist ferner anzunehmen, daß auch hier das Gericht den Antrag auf Ermächtigung abzulehnen hat, wenn es sich um ungehörige, anstößige, dem Gegenstand des Gesellschaftsunternehmens ganz fernliegende Anträge handelt, daß aber das Verlangen, einen an sich einwandfreien Gegenstand zur Erörterung zu bringen, einer weiteren „Begründung" nicht bedarf.

§ 255.

Die Berufung der Generalversammlung hat in der durch den Gesellschaftsvertrag bestimmten Weise mindestens zwei Wochen vor dem Tage der Versammlung zu erfolgen. Der Tag der Berufung und der Tag der Generalversammlung sind hierbei nicht mitzurechnen[1].

Ist im Gesellschaftsvertrage die Ausübung des Stimmrechts davon abhängig gemacht, daß die Aktien bis zu einem bestimmten Zeitpunkte vor der Generalversammlung hinterlegt werden, so ist die Frist derart zu bemessen, daß für die Hinterlegung mindestens zwei Wochen frei bleiben. In diesem Falle genügt auch die Hinterlegung bei einem Notar[2].

Ist im Gesellschaftsvertrag eine Bestimmung der im Abs. 2 bezeichneten Art nicht getroffen, so müssen die Anmeldungen zur Teilnahme an der Generalversammlung zugelassen werden, wenn sie nicht später als am dritten Tage vor der Versammlung erfolgen[3].

1. a) Über die Form der Berufung der Generalversammlung muß das Statut die erforderlichen Bestimmungen enthalten; § 182 II Z. 5. Falls es das nicht tut, sind, so lange es nicht nachgeholt wird, Vertrag und Gesellschaft nichtig §§ 309, 310. Es liegt in der Natur der Sache, daß die Berufung meist durch öffentliche Bekanntmachung in den Gesellschaftsblättern erfolgt. S. Erl 13 zu § 182. — Der gegenwärtige Paragraph betrifft die bei der Einberufung zu beachtenden Fristen, welche den Aktionären zur Verfügung stehen sollen, um sich für den Tag frei zu machen, sich auf die Verhandlungen vorzubereiten und wenn die Aktien hinterlegt werden müssen, diese Hinterlegung zu besorgen.

b) Die Bestimmungen des § 255 sind an und für sich ganz klar. Trotzdem herrscht Unsicherheit in der Anwendung; hauptsächlich auch deshalb, weil vielfach statutarische Bestimmungen eingreifen (Abs II) und es offenbar nicht leicht ist, sich in diesen Dingen mit der nötigen Umsicht ganz deutlich auszudrücken. Es sind bei der Betrachtung Abs I und Abs II zusammenzufassen. Zwischen dem Tag, an welchem die entscheidende Bekanntmachung in der Zeitung erscheint, und dem Tag der Versammlung müssen mindestens 14 freie Tage liegen. Muß die Bekanntmachung in mehreren Zeitungen erscheinen und erscheinen diese nicht gleichzeitig, so ist die späteste Bekanntmachung maßgeblich. Muß die Bekanntmachung mehrere Male wiederholt werden, so ist die letzte Bekanntmachung entscheidend; GZ 35, 248, 105 (Dresden). Ist aber nur einmalige Bekanntmachung erforderlich, so ist die erste auch dann die maßgebliche, wenn eine Wiederholung der Bekanntmachung beliebt wird. So wohl auch Lehmann-Ring § 255[3]. Jedenfalls muß doch wohl die erste Bekanntmachung maßgeblich sein, wenn das Statut es ausdrücklich bestimmt. A. A. GZ 35, 248, 103 (Dresden). — Auf Sonn- und Feiertage kommt es hierbei nicht an. Die Versammlung kann an einem Montag auch dann stattfinden, wenn der vorhergehende Sonntag der letzte Tag der Frist ist. Es kommt vor, daß eine Zeitung schon am Abend vor dem Tage ausgegeben wird, dessen Datum sie trägt, allgemein oder so, daß sich die Vorausgabe auf den Straßenverkauf am Abend und in der Nacht beschränkt. Nach der herrschenden Lehre soll es auf diesen tatsächlichen Zeitpunkt der Ausgabe ankommen; KGJ 2, 23; Lehmann-Ring § 255[3]. Der Verkehrsanschauung dürfte das entschieden widersprechen. — Ist im Statut die Ausübung des Stimmrechts davon abhängig gemacht, daß die Aktie bis zu einem bestimmten Zeitpunkt vor der Generalversammlung hinterlegt wird, so muß die Anberaumung des Termins so geschehen, daß die vierzehn Tage für Beschaffung dieser Hinterlegung dem Aktionär zur Verfügung stehen, m. a. W. es müssen bei der Berechnung den 14 Tagen noch diejenigen Tage hinzugerechnet werden, welche nach dem Statut zwischen Hinterlegung und Generalversammlung liegen müssen. Kein Streit besteht, daß auch hier nur nach vollen Tagen gerechnet wird. Ist Hinterlegung bis spätestens zur Mittagstunde des betreffenden Tages vorgeschrieben, so läuft die Frist gleichwohl nicht von Stunde zu Stunde, beginnt vielmehr erst mit dem folgenden Tage. Streitig ist dagegen, ob die Frist von 2 Wochen, welche dem Aktionär für Besorgung der Hinterlegung zur Verfügung stehen soll, sich dadurch verlängert, daß der 14. (und zugleich letzte) Tag ein Sonn- oder Feiertag ist. Der § 193 BGB, wonach wenn innerhalb einer Frist eine Leistung zu bewirken ist, in einem solchen Fall an Stelle des Sonntages der folgende Werktag tritt, trifft unmittelbar nicht zu, weil die Hinterlegung keine Leistung im Sinn des § 193 ist. Entsprechende Anwendung dürfte aber bei der Ähnlichkeit des zugrunde liegenden Rechtsgedankens geboten sein; Riesenfeld, Der Einfluß des neuen Aktienrechts 55; Horrwitz 144; Ritter § 255[3]; a. A. Staub-Pinner § 255[4]; Goldschmit ZAktW 1924, 223; Lehmann-Ring § 255[5]. (Es handelt sich hierbei nicht um die statutarische Frist der 3 oder 5, sondern um die gesetzliche Frist der 14 Tage!) Brand § 255[2c]. — Bestimmt das Gesetz zwingend, wieviel Tage dem Aktionär zur Verfügung stehen sollen, um die Hinterlegung zu besorgen, so wollen die Statutenbestimmungen, von welchen der Abs II handelt, festsetzen, wieviel Tage der Gesellschaft zur Verfügung stehen sollen, um zu prüfen, zu ordnen und sich ein Bild davon zu machen, wer und wieviel erscheinen werden. Die Unsicherheiten, die hier auftreten, liegen darin, daß oft nicht deutlich ist, wie die statutarische Bestimmung gemeint ist. Im Fall Bauer 8, 51 kann bei aufmerksamem Lesen kein Zweifel sein: „Die Hinterlegung muß spätestens 5 Tage vor der Generalversammlung stattfinden“, würde an und für sich nur heißen können, daß der Gesellschaft 4 Tage zur Verfügung stehen, sodaß im ganzen 18 Tage (oder wenn der 14. Tag ein Sonntag sein sollte, 19 Tage) zwischen Bekanntmachung und Versammlung hätten liegen müssen; aber im Statut war außerdem gesagt, daß in die 5 Tage der Tag der Hinterlegung nicht einzurechnen sei, so daß ohne Zweifel 19 Tage herauskamen. Trotzdem hatten Amts- und Landgericht falsch gerechnet und erst das Kammergericht hat die Sache richtig gestellt. Lautet es im Statut nicht, die Hinterlegung muß spätestens 5 Tage vorher stattfinden, sondern sie muß am 5. Tage vorher stattfinden, so ist noch deutlicher, daß 4 freie Tage bleiben sollen. Undeutlich wird der Ausdruck aber — und zwar in beiden Fällen, der Kardinalzahl sowohl als auch der Ordinalzahl. — wenn es heißt, die Hinterlegung muß an dem betreffenden Tage stattgefunden haben. Das Perfektum ist zweideutig, weil nicht erkenntlich ist, im Gegensatz zu welchem Präsens es gedacht ist. Es kann meinen, daß an dem betreffenden Tage die Hinterlegung müsse bereits zur Tatsache geworden sein, aber auch daß spätestens an dem Tage die Hinterlegung Tatsache werden müsse. Unrichtig — wenigstens in einem Punkt — rechnet auch Goldschmit ZAktW 1914, 222 und AG § 255[3]; wenn die Versammlung am 17. d. M. stattfinden soll, erscheint die Bekanntmachung am 2. d. M. noch rechtzeitig. Unverständlich ist, weshalb Goldschmit AG § 255[6] bei der Rückwärtsrechnung außer dem Tag der Generalversammlung (22. Januar) noch einen weiteren Tag, den 21. vorweg abrechnet; dieser Tag muß nach Abs I Satz 2 mitgerechnet werden. Wie Goldschmit Staub-Pinner § 254[1] a. Eines ist die Länge der Frist, ein anderes der Beginn ihres Laufes. Von der Bekanntmachung an und nicht erst von einem Ereignis am folgenden Tag an läuft die Frist. Der Tag der Bekanntmachung, nicht erst der folgende Tag ist der Tag, welcher nach § 187 I BGB nicht mitgerechnet wird. S. Riesenfeld, Einfluß des neuen Aktienrechts 55 und vgl. dazu die zutreffende Korrektur von Fleck in Holdh 8, 215.

Ein Aktionär, welcher seine Aktie verspätet hinterlegt, kann zwar, aber er muß nicht von der Teilnahme an Versammlung und Abstimmung ausgeschlossen werden; RG in Holdh 1905, 19. — Erfolgt die Bekanntmachung zu spät oder — anders ausgedrückt — ist der Termin zu kurz angesetzt, so kann der Fehler auch nicht dadurch gut gemacht werden, daß man alle Aktionäre durch eingeschriebenen Brief benachrichtigt; RJA 6, 180 (KG).

c) Über den Ort, wohin die Generalversammlung zu berufen ist, kann das Statut Bestimmungen treffen. Ist das nicht geschehen, so ist die Versammlung nach dem Sitz der Gesellschaft zu berufen, RG 44, 8; JW 1911, 414[43]; Recht 1919, 130; DJZ 1899, 468 (Karlsruhe). Nur wenn besondere Umstände es rechtfertigen, kann ein anderer Ort gewählt werden. Zweckmäßigkeit reicht allein dazu nicht aus, RG. eod.; Bauer 15, 173. Über die Bedeutung einer eingetretenen Verkehrssperre (Eisenbahnerstreik) Rosendorff in ZAW 1922, 44, dem man nur für den Fall wird zustimmen können, daß eine nicht unerhebliche Anzahl von Aktionären am Erscheinen verhindert worden ist. — Das Recht, die Beschlüsse der Generalversammlung wegen der Wahl des ungesetzlichen Ortes anzufechten, geht dem Aktionär nicht dadurch verloren, daß er seinerseits erscheint, Holdh MS 198, 231. — Eine Berufung in das Ausland ist ausgeschlossen, es sei denn im Statut vorgesehen. Vgl. hierzu Wenck 190 ff. — Aus der Bekanntmachung muß unmißverständlich hervorgehen, um welche Gesellschaft es sich handelt und von wem die Einberufung ausgeht. Eine inkorrekte Bezeichnung der Firma der Gesellschaft ist unschädlich, wenn nicht zweifelhaft ist, welche Gesellschaft gemeint ist, RG 34, 113. — S. auch § 254 III Satz 3. — Entspricht die Bekanntmachung den gesetzlichen Anforderungen, so können die in der Versammlung gefaßten Beschlüsse nicht deswegen beanstandet werden, weil der Einberufende damit rechnete, daß ein bestimmter Aktionär an dem bestimmten Tage nicht werde erscheinen können. RG. eod.

2. a) Im Statut kann die Ausübung des Stimmrechts davon abhängig gemacht werden, daß die Aktie vor der Generalversammlung hinterlegt wird, hinterlegt bei der Gesellschaft selbst oder auch an bestimmter anderer Stelle, bei bestimmten Banken oder überhaupt bei irgendeiner Bank. Aber wie auch die Bestimmung getroffen worden ist, immer steht statt dessen die Hinterlegung bei einem Notar im Belieben des Aktionärs, bei einem Notar nach seiner Wahl, Hammer JW 1909, 244. — Über den Gebühren-Anspruch des Notars s. KGJ 33, B 22. Der Satz 2 des Abs II ist zwingendes Recht. Daß es ein deutscher Notar sein müsse, ist nicht gesagt, muß aber als die Meinung des Gesetzes angesehen werden. Die Hinterlegung bei einem ausländischen Notar kann von der Generalversammlung für ausreichend erachtet werden, aber muß es nicht, Horrwitz 145; Staub-Pinner § 255[5], nicht so bestimmt Lehmann-Ring § 255[5]. Die Hinterlegung der Aktie bei einer Bank des Aktionärs genügt auch dann nicht, wenn diese der Gesellschaft oder ihrer Hinterlegungsstelle die Erklärung abgibt, daß sie bis nach der Generalversammlung die Aktie für sie zu treuen Händen in Verwahrung halte. Auch dann, wenn ein solches Verfahren bisher stillschweigend geübt und geduldet worden ist, kann die Generalversammlung, wenn der Mangel zur Sprache kommt, den Aktionär vom Stimmrecht ausschließen und es kann nur in Frage kommen, ob das nicht unter Umständen dazu führen muß, die Generalversammlung zu vertagen, RG 112, 109. Vgl. JW 1925, 545 und unten unter 3c. — Die Anwendung der Vorschrift des Abs II verbietet sich, solange es noch nicht zur Ausgabe von Urkunden — Aktien oder Interimsscheinen — gekommen ist, RG 34, 115.

b) Was nicht im Gesetz steht, aber aus dem Grund der Bestimmung geschlossen werden muß, ist, daß wer bei einem Notar nach seiner Wahl, oder überhaupt, wenn es zulässig ist, an einer anderen als der von der Gesellschaft aufgegebenen Stelle seine Aktie hinterlegt, das zugleich der Gesellschaft anzeigen muß. Anders die herrschende Lehre, wonach genügt, daß der Hinterlegungsschein des Notars in der Generalversammlung vorgelegt wird. Aber es wäre unverständlich, weshalb dann eine Frist für die Hinterlegung gestellt wäre, weshalb dann der

Hinterlegungsschein nicht auch dann, und dann erst recht ausreichen müßte, wenn er vom gleichen Tage oder vom Tage vorher datiert. — Über den Zweck der Hinterlegung s. RG 112, 113.

3. a) Den Abs III muß man genau lesen, um zu verstehen, was mit ihm der Gesetzgeber hat bestimmen wollen. Die herrschende Lehre nimmt an, daß, was er vorschreibe, nur bedingt zur Anwendung komme, nämlich nur, wenn im Statut zwar nicht die in Abs II erwähnte Bestimmung, wohl aber die Bestimmung getroffen ist, daß der Aktionär, welcher an der Generalversammlung teilnehmen will, das vorher anmelden müsse. Das wäre zweifellos richtig, wenn es im Gesetz lautete etwa: „so müssen die im Statut vorgeschriebenen Anmeldungen usw.", allenfalls auch dann, wenn es lautete: „so müssen Anmeldungen usw.". Indem der Verfasser des Gesetzes sich aber ausdrückte: es müssen „die" Anmeldungen zugelassen werden, wenn sie nicht später als am dritten Tage vor der Versammlung erfolgen, setzte er unverkennbar und deutlich genug voraus, daß eine solche vorgängige Anmeldung unerläßlich sei. Es hat also auch dann, wenn im Statut in dieser Beziehung nichts bestimmt worden ist, der Aktionär den Anspruch darauf, zur Generalversammlung zugelassen zu werden, nur wenn er sich vorher und rechtzeitig angemeldet hat, und zwar auch dann, wenn er seine Aktie vorlegt. Er kann auch ohne das zugelassen werden, vorausgesetzt, daß niemand widerspricht. So mit Recht Staub-Pinner § 255[3]. — Unmißverständlich ist auch die Fristbestimmung. Es heißt: „wenn die Anmeldungen erfolgen", nicht „wenn sie erfolgt sind". Es müssen also zwischen dem Tage der Anmeldung, d. h. dem Tage, an welchem die Anmeldung der Gesellschaft zugeht und dem Tage der Generalversammlung zwei volle Tage liegen.

b) Was die Legitimation der Erschienenen zur Teilnahme an der Generalversammlung und zur Ausübung ihrer Aktionärrechte in ihr angeht, so ist davon auszugehen, daß zur Wahrnehmung dieser Rechte legitimiert ist der Eigentümer der Aktie oder derjenige, welchem der Eigentümer das Recht dazu übertragen hat, nämlich entweder das Recht, im eigenen Namen wie der Aktionär aufzutreten (Legitimationsübertragung), oder das Recht, als bevollmächtigter Stellvertreter des Eigentümers dieses Recht auszuüben. Um diese materielle Legitimation zur Ausübung des Aktionärrechts handelt es sich hier nicht. Was die Vorschriften in Abs II und III im Auge haben, ist die davon verschiedene formale Legitimation desjenigen, der in der Generalversammlung mit dem Anspruch auf Teilnahme an ihr erscheint. Es handelt sich um die im § 252 IV genannten Bedingungen der Ausübung des Stimmrechts, deren Festsetzung dort dem Statut zugewiesen wird. — Wenn im Abs II des § 255 (ebenso wie in § 252 IV) von der Ausübung des Stimmrechts, im Abs III dagegen von der Teilnahme an der Generalversammlung gesprochen wird, so liegt dem nur ungenaue Ausdrucksweise, keineswegs eine gewollte scharfe Unterscheidung zugrunde. Denn nicht nur ist denknotwendig mit der Legitimation zur Beteiligung am Stimmrecht die Legitimation zur Teilnahme an der Generalversammlung gegeben, sondern es kann auch — wie entgegen der allgemein herrschenden Auffassung behauptet werden muß — nach zwingender Vorschrift (§ 252 I) dem in der Generalversammlung Erschienenen, der sich als Aktionär statutenmäßig legitimiert hat, die Teilnahme an der Abstimmung gar nicht verwehrt werden (falls nicht ein Fall nach § 252 Abs III vorliegt). Es ist natürlich, daß bei dem lässigen Sprachgebrauch des Gesetzes auch die Statuten oft genug sich promiscue ausdrücken und also entsprechend zu verstehen sind. Theoretisch wäre wohl denkbar, daß eine Gesellschaft für die Teilnahme an ihren Generalversammlungen gar keine Legitimation erfordert sondern nur für die Beteiligung an der Abstimmung. Das hieße, die Generalversammlungen der Gesellschaft statutenmäßig zu öffentlichen Versammlungen machen, was niemandem einfallen wird. (Die Ausführungen in BauersZ 13, 102 über Öffentlichkeit der Generalversammlungen dürften kaum das Richtige treffen.) Anders kann man aber nicht differenzieren. Wer sich dem Statut entsprechend als Aktionär ausgewiesen hat, dem kann durch keine Statutenbestimmung das Recht, abzustimmen, versagt sein. Anders, in Übereinstimmung mit der allgemeinen Auffassung RG 112, 109; RG in LZ 1919, 881[30]. Übrigens ist der Gegensatz Teilnahme an der Versammlung und Teilnahme an der Abstimmung nicht erschöpfend, wäre also auch — im Statut aufgenommen — ganz unklar. Wo bleibt das Recht, Anträge zu stellen, überhaupt auch nur das Wort zu ergreifen, Proteste zu erheben, sich dem „Verlangen" einer Minderheit anzuschließen? Vgl. hierzu Klausing in ZBH I, 271 ff. und in JW 1926, 545 Note. Etwas ganz anderes ist es, daß die Generalversammlung nicht gehindert ist, von Fall zu Fall einem nicht ausreichend Legitimierten gleichwohl die Anwesenheit in der Versammlung zu gestatten. Dadurch wird niemand in seinem Recht verletzt.

c) Ist im Statut die Hinterlegung der Aktie überhaupt oder an bestimmter Stelle vorgeschrieben, so muß bei der Hinterlegung zum Ausdruck kommen, zu welchem Zweck sie geschieht. Damit ist gegeben, daß die Hinterlegungsstelle, die Bank, der Notar usw. berechtigt und verpflichtet ist, die Aktie bis nach Beendigung der Generalversammlung zurückzuhalten. Daher muß auch, wenn die Aktie aus anderem Grund bereits an der betreffenden Stelle lag, ausdrücklich erklärt werden, daß es sich nunmehr auch um Hinterlegung zum Zweck der Legitimierung handle, GZ 47, 114, Makower § 255 III b; Brand § 255 2 b; Lehmann-Ring

§ 255[5]. — Wird aber der Depotschein einer Bank vorgelegt, in welchem zum Ausdruck gebracht worden ist, daß die Aktie nur gegen Rückgabe des Scheines ausgeliefert wird, so dürfte damit genügend erwiesen sein, daß die Aktie noch an der betreffenden Stelle liegt. — Über den Fall, daß die Aktie wo anders als bei der vorgeschriebenen Stelle hinterlegt ist und letztere auf die entsprechende Bescheinigung hin die Einlaßkarte ausstellt, s. RG 112, 113 und Klausing in ZBH 1, 271, dem darin beizupflichten sein dürfte, daß der Zulassung in solchem Fall jedenfalls dann nichts entgegensteht, wenn ein solches Verfahren sich bei der Gesellschaft bereits eingebürgert hatte. — Ist Hinterlegung der Aktie nicht im Statut zur Bedingung gemacht, so legitimiert der Erschienene sich durch Vorlegung der Aktie (nach vorgängiger Anmeldung, s. oben unter a). Liegt die Aktie bei einer Bank, so dürfte auch hier die Bescheinigung der betreffenden Bank ausreichen, jedenfalls dann, wenn in ihr zugleich erklärt ist, daß sie zum Zweck der Legitimation des Aktionärs ausgestellt worden ist. Vgl. hierzu die Kontroverse zwischen Bertram HansRZ 1921, 478 und Wulff das. 376, 893, ferner RG 106, 258. —

d) Die Prüfung der Legitimation der Erschienenen kann in die Hände des Vorstandes oder des Aufsichtsrats, auch des instrumentierenden Notars gelegt werden. Die letzte Entscheidung liegt aber, wenn Widerspruch erhoben wird, immer bei der Generalversammlung, Staub-Pinner § 255 3 a; 2 A a, welche mit einfacher Stimmenmehrheit darüber beschließt. Gemeint ist damit aber nur die für das Verfahren in der Generalversammlung maßgebliche Entscheidung. Auch die Generalversammlung kann sich hierbei nicht über Gesetz und Statut hinwegsetzen. Wird ein nicht statutenmäßig Legitimierter zugelassen, so begründet das, wenn Widerspruch erhoben wird, Anfechtbarkeit der gefaßten Beschlüsse. Ebenso, wenn ein statutengemäß Legitimierter ausgeschlossen wird. Es ist wohl nicht richtig, wenn Staub-Pinner § 255[3] a unter B behauptet, daß in RG 106, 260 das Gegenteil erkannt sei. Jedenfalls, soweit im Urteil von der Legitimation gehandelt wird (im Gegensatz zum Mangel der Vollmacht), wird nur gesagt, daß die Generalversammlung innerhalb der gezogenen Grenzen strenger oder weniger streng verfahren kann. Es sei, wird gesagt, zunächst Sache der Generalversammlung, über die Zulassung zu entscheiden, und der Nachweis, daß hierbei gegen Statut oder Gesetz verstoßen sei, sei noch nicht damit erbracht, daß die Legitimation zu Unrecht (also materiell zu Unrecht) bejaht sei. Vgl. auch Hachenburg, JW 1924, 1143 Note (Über die Stellung des Urteils zur Vollmachtfrage s. Erl 3 c zu § 252). — Ist ein Erschienener ohne Widerspruch als Aktionär zugelassen worden, so kann seinetwegen der Beschluß nur durch den Nachweis angefochten werden, daß er materiell nicht berechtigt war, das Aktionärrecht auszuüben, RG in Holdh 1905, 19.

e) Die Bedingungen für die Teilnahme an Generalversammlung und Abstimmung müssen in der Bekanntmachung, durch welche die Versammlung einberufen wird, angegeben werden. Im Gesetz ist es freilich nicht vorgeschrieben. Aber angesichts der notorischen Tatsache, daß von allen Aktionären nur die wenigsten das Statut ihrer Gesellschaft je zu Gesicht bekommen und auch wer es einmal eingesehen hat, unmöglich alle Einzelheiten behalten kann, kann nicht wohl der Aktionär von der Teilnahme ausgeschlossen werden, ohne auf das Präjudiz bei der Einladung hingewiesen worden zu sein. Nach RG 112, 114 wären die statutarischen Bedingungen auch dann allein maßgeblich, wenn die Bekanntmachung sie unrichtig wiedergibt. Daran ist richtig, daß die Verwaltung sich nicht einfach über die Statutenbestimmungen hinwegsetzen darf. Hat sie es aber getan, so darf nicht einfach nach dem Statut zum Nachteil der Aktionäre verfahren werden, vielmehr muß das Fehlen durch erneute Einberufung gutgemacht werden. Vgl. RG das. S. 116. Nach RG in SeuffArch 42[311] müssen die Bedingungen der Zulassung nicht bekannt gemacht werden. Geschieht es aber in unrichtiger Weise, so können daraus auch nicht erscheinende Aktionäre einen Anfechtungsgrund herleiten.

f) Wird bei der Einberufung der Generalversammlung gegen eine der in § 255 enthaltene Vorschrift verstoßen, so hat das die Anfechtbarkeit der in der Versammlung gefaßten Beschlüsse zur Folge, anders wohl auch nicht RJA 6, 181 (KG); es ist nicht erforderlich, daß der Aktionär in der Versammlung erscheint und Widerspruch zu Protokoll erklärt. § 271 III, 1. — Die Anfechtung ist unbegründet, wenn klar erhellt, daß der Verstoß ohne Einfluß auf das Ergebnis gewesen ist, RG in LZ 1916, 327[21]. — Über „flagrante"-Verstöße s. Erl 6[a] zu § 259. Als flagranter Verstoß dürfte die Berufung nach einem Ort im Ausland erscheinen.

§ 256.

Der Zweck der Generalversammlung soll bei der Berufung bekannt gemacht werden. Jedem Aktionär ist auf Verlangen eine Abschrift der Anträge zu erteilen[3].

Über Gegenstände, deren Verhandlung nicht ordnungsmäßig mindestens eine Woche vor dem Tage der Generalversammlung angekündigt ist, können Beschlüsse nicht gefaßt werden; ist für die Beschlußfassung nach den Vorschriften dieses Gesetzbuchs

oder des Gesellschaftsvertrags die einfache Stimmenmehrheit nicht ausreichend, so muß die Ankündigung mindestens zwei Wochen vor dem Tage der Generalversammlung erfolgen[1]. An die Stelle des Tages der Generalversammlung tritt, falls die Ausübung des Stimmrechts von der Hinterlegung der Aktien abhängig ist, der Tag, bis zu dessen Ablaufe die Hinterlegung zu geschehen hat.

Zur Beschlußfassung über den in der Generalversammlung gestellten Antrag auf Berufung einer außerordentlichen Generalversammlung sowie zur Stellung von Anträgen und zu Verhandlungen ohne Beschlußfassung bedarf es der Ankündigung nicht[2 4 5].

1. a) Die Regel ist, daß die Generalversammlung gültige Beschlüsse nur im Rahmen desjenigen fassen kann, was als der Gegenstand oder als die Gegenstände, oder, wie das Gesetz sich ausdrückt, als der Zweck der Versammlung vorher bekannt gemacht worden ist. Es ist das die Tagesordnung, welche nach Abs I zugleich mit der Einberufung der Generalversammlung bekanntgegeben werden soll. Unbedingt nötig ist letzteres nicht. Der Abs I Satz 1 ist insofern nur Ordnungsvorschrift. Aber wenn oder soweit als es nicht geschehen ist, muß die Bekanntmachung rechtzeitig nachgeholt werden. Darüber bestimmt des einzelnen der Abs II, und das ist nicht nur Ordnungsvorschrift. Anders faßt das Verhältnis zwischen Abs I und Abs II RG in Holdh MS 14, 15 auf. Die Fristen sind so bemessen, daß sie eingehalten werden, soweit die Tagesordnung gleich mit der Einberufung bekanntgemacht wird und letztere rechtzeitig geschieht. Die Fristen sind verschieden: zwei Wochen mindestens, wenn Anträge in Frage kommen, die nur mit qualifizierter Mehrheit angenommen werden können, sonst eine Woche. Auch der Beginn dieser Fristen bestimmt sich verschieden. Ist zur Teilnahme an der Generalversammlung Hinterlegung der Aktie vorgeschrieben, so ist vom letzten für die Hinterlegung zur Verfügung stehenden Tage an rückwärts zu rechnen. Anderenfalls — also auch dann, wenn vorgängige rechtzeitige Anmeldung oder irgendeine andere vor dem Tage der Generalversammlung zu beschaffende Voraussetzung erfüllt sein muß — vom Tag der Generalversammlung an. — Eine Woche vor dem Tage der Generalversammlung bedeutet hier nicht, daß zwischen beiden Zeitpunkten 7 volle Tage liegen müssen. Findet die Generalversammlung an einem Dienstag statt, so ist die Bekanntmachung am vorausgehenden Dienstag rechtzeitig, Goldschmit AG § 256[8]; a. A. Lehmann-Ring § 256[2] (aber läßt das „angekündigt ist" im ersten Halbsatz noch Zweifel zu, so spricht doch im zweiten Halbsatz das Präsens „muß erfolgen" ganz deutlich). — Ist ein Gegenstand zu rechter Zeit auf die Tagesordnung gesetzt worden, so kann darüber Beschluß gefaßt werden, gleichviel von welcher Stelle die Anregung zur Tagesordnung gekommen ist und ob diese Stelle (Betriebsrat) zu einer solchen Anregung berufen war, RG 104, 183. Nimmt der Antragsteller einen solchen Antrag zurück, so kann jeder andere Teilnehmer ihn wieder aufnehmen.

b) Es muß, wie Abs I es ausdrückt, der Zweck der Generalversammlung oder es müssen — Abs II — die Gegenstände der Beschlußfassung bekanntgemacht oder angekündigt werden. Das kann in Kürze, muß aber so genau geschehen, daß die Gesellschafter erkennen können, um was es sich handelt. Erforderlich und genügend ist jede Angabe, die erkennen läßt, worüber Beschluß gefaßt und verhandelt werden soll,; es muß das so deutlich geschehen, daß die Beteiligten sich entsprechend vorbereiten können, JW 1901, 659,[26], 1908, 674[2]; RG 86, 22, GZ 37, 553, 104 (Köln). Was als allgemein bekannt vorausgesetzt werden kann, braucht nicht hervorgehoben zu werden, OLG 24, 159. Ausreichend ist: Bewilligung von Betriebsmitteln, RG 17, 172. „Interne Angelegenheit" genügt, wenn gleichzeitiger Hinweis auf eine Bestimmung des Statuts ersichtlich macht, daß es sich um Ausschließung eines Mitgliedes handelt, JW 1908, 674[2] (handelt von der Gesellschaft mbH unter Betonung besonderer Umstände des Falles). Bei einer Erhöhung des Grundkapitals kann die Ausschließung des Bezugsrechts auch dann wirksam beschlossen werden, wenn es nicht mit angekündigt worden ist, RG 67, 106 (anders Holdh 14, 306 [Hamm], dagegen RG in Holdh MS 15, 248. S. aber auch RG 107, 76). Nach RG 108, 322 bedarf der Beschluß, einen Teil der neuen Aktien den Mitgliedern des Vorstandes und Aufsichtsrats anzubieten, ebensowenig vorgängiger Ankündigung (doch wohl bedenklich, Brodmann in ZBH 2, 53 f.; Goldschmit AG § 256[2]; diese Art, die jungen Aktien zu begeben, verläßt denn doch die Bahnen des Üblichen erheblich; vgl. denselben Senat in RG 107, 76). JW 1897, 246[63]: „Abgabe weiterer Anteile" (einer Genossenschaft) soll genügen, auch wenn ganz ungewöhnliche Bedingungen beschlossen werden; die untere Instanz hatte entgegengesetzt entschieden, und es wäre wohl besser dabei geblieben. — Nicht ausreichend ist „Genehmigung der Geschäftsführung" wenn ungewöhnliche Geschäfte abgeschlossen worden sind, RG 89, 377 (es handelte sich um eine außerordentliche Gesellschafterversammlung); nicht ausreichend: Wahl des Direktors, wenn es sich um die Enthebung des bisherigen vom Amt handelt, JW 01, 659[26]; RG in LZ

1916, 327[21], Erhöhung des Grundkapitals um 1 Million, um Erhöhung um 5 Millionen zu beschließen, RG 87, 155; nicht ausreichend: „Verschiedenes", RJA 14, 286. — Wegen „Abänderung des Gesellschaftsvertrages" s. § 274 II und besondere Bestimmungen in § 275 III (§ 278 II, § 288 III). — Die Ankündigung: „Antrag des Vorstandes bezüglich der Verwertung der Rechte der Gesellschaft" ist zu unbestimmt, rechtfertigt jedenfalls nicht den Beschluß, den Vorstand zu ermächtigen, das Vermögen der Gesellschaft auf eine neu zu gründende A-Gesellschaft zu übertragen. — Es ist zwar das Recht aber nicht die Pflicht des Aktionärs, sich eine Abschrift der Anträge auszubitten, OLG 3, 430 (Celle).

2. In Abs III werden zwei verschiedene Dinge in einem Satz zusammengefaßt. Vorgängige Ankündigung des Gegenstandes ist, wie das schon in Abs II erschöpfend gesagt ist, Voraussetzung für eine wirksame Beschlußfassung. Dagegen können Dinge, welche für die Gesellschaft oder ihre Mitglieder Interesse haben oder haben möchten, zur Sprache gebracht, es können ferner bestimmte Anträge zum Zweck einer nicht abschließenden Erörterung vorgelegt werden, auch wenn sie nicht in Zusammenhang mit Gegenständen der Tagesordnung stehen. Namentlich können auch Beschwerden vorgebracht werden. Immer aber muß es sich um Angelegenheiten handeln, die, wenn auch nicht ausschließlich, so doch jedenfalls auch Angelegenheiten der Gesellschaft sind. Dinge, die gar nicht vor die Generalversammlung gehören, kann der Vorsitzende zurückweisen. Der Abs III bestimmt nur, daß er sie nicht aus dem Grunde zurückweisen kann, weil sie nicht vorher angekündigt seien.

Wenn ferner in Abs III vorsorglich bestimmt wird, daß die Generalversammlung die Einberufung einer außerordentlichen Generalversammlung beschließen könne, ohne daß es in der Tagesordnung angekündigt ist, so würde man das falsch verstehen, wenn man annähme, daß das der einzige Fall dieser Art sei, Beschlüsse, welche unmittelbar die Verhandlungen der Generalversammlung selbst betreffen, ohne Ankündigung zu fassen. Schluß der Debatte, Zulassung einzelner Aktionäre, Anerkennung, daß ihre Legitimation erbracht sei, Zulassung der Presse, Entziehung des Wortes usw. usw. sind Dinge, die nicht vorher angekündigt werden können und doch oft durch Beschluß der Versammlung erledigt werden müssen. Unter den Wortlaut der Vorschrift fällt auch nicht der Beschluß, die Verhandlung abzubrechen, um sie am folgenden oder einem der folgenden nächsten Tage fortzusetzen. Es ist das etwas ganz anderes, als die Anberaumung einer neuen Versammlung, was sich praktisch namentlich auch darin kund tut, daß in letzterem Fall, also auch, wenn in der Versammlung selbst eine außerordentliche Generalversammlung nicht nur beschlossen, sondern auch gleich auf einen bestimmten Tag festgesetzt wird, die förmliche Einberufung gemäß § 253 unerläßlich ist, die bei einer Unterbrechung und „Vertagung" der Verhandlungen nicht in Frage kommt. Vgl. RG 81, 334, das sich etwas unvorsichtig ausdrückt, wenn es von einer ordnungsmäßigen Berufung der Generalversammlung auf den folgenden Tag spricht; es ist nicht unerläßlich, daß ein solcher Vertagungsbeschluß in das Protokoll aufgenommen wird; RG eod. — Noch etwas anderes und also ein drittes ist die Vertagung der Verhandlung über einen bestimmten Gegenstand der Tagesordnung, namentlich die Vertagung über die Genehmigung der Bilanz, von der in § 264 die Rede ist. Hier liegt der Antrag auf Vertagung im Rahmen der Tagesordnung. Dagegen kann wiederum im Fall nach § 266 über Bestellung von Revisoren ganz unabhängig von der Tagesordnung Beschluß gefaßt werden.

3. Soweit nicht nur im allgemeinen der Gegenstand bestimmt ist, welcher auf die Tagesordnung kommen soll, sondern bereits formulierte Anträge vorliegen — sei es daß sie herrühren vom Vorstand oder vom Aufsichtsrat oder — z. B. im Falle des § 254 II — von einzelnen Aktionären —, hat der Vorstand jedem Aktionär, der es verlangt, diese Anträge in Abschrift mitzuteilen. Der Vorstand ist nicht berechtigt, die Mitteilung von Bedingungen, namentlich von der Erstattung der Kosten abhängig zu machen. Die Gesellschaft erfüllt damit nur eine ihr gesetzlich obliegende Verbindlichkeit und kann, da das Gesetz über den Kostenpunkt nichts sagt, von Niemand Ersatz der Kosten verlangen, die ihr dadurch erwachsen. An eine Frist ist das Verlangen einer Abschrift nicht gebunden. Es kann daher bis zuletzt, auch in der Versammlung selbst noch gestellt werden. M. a. W. es liegt in der Vorschrift eingeschlossen, daß der Vorstand sich für die Versammlung in den Stand setzen muß, von allen beabsichtigten und im voraus angekündigten formulierten Anträgen jedem Teilnehmer der Versammlung eine Abschrift oder einen Abdruck vorzulegen. — Wird dem Verlangen nicht entsprochen, so ist das unschädlich, wenn klar zutage liegt, daß das auf das Ergebnis der Abstimmung ohne Einfluß gewesen ist, was namentlich dann angenommen werden muß, wenn die Anträge nichts besagten, was nicht schon aus der Tagesordnung hervorging. Liegt es so, dann kann der Beschluß auch nicht mit der Begründung angefochten werden, daß zu anderen Gegenständen der Tagesordnung eingehendere Anträge angekündigt waren; RG 103, 6.

4. Eine Vollversammlung aller Aktionäre kann, wenn sämtlich damit einverstanden sind (vgl. RG 92, 409), Beschlüsse wirksam auch dann fassen, wenn die für die Einberufung in §§ 253, 255, 256, 274 II gegebenen Vorschriften nicht befolgt sind; RGSt 29, 383; Bauer 14, 197

(Dresden). In KGJ 41, 136 wird als entscheidend hervorgehoben, daß nach dem aufgenommenen Protokoll die Aktionäre auch auf die Beachtung der für die Ankündigung und Einberufung der Generalversammlung bestehenden Formen (richtiger wohl auf Rüge der Nichtbeachtung) verzichten zu wollen erklärt hatten. Im Beschluß OLG 43, 314 ist das vom KG ausdrücklich aufgegeben worden. Dagegen Staub-Pinner § 256[9] a, der von seinem Standpunkt aus Recht hätte, wonach entweder die Beschlüsse einstimmig angenommen werden müssen oder alle Aktionäre sich ausdrücklich einverstanden erklären, daß Beschluß gefaßt wird. Es dürfte indessen genügen, daß alle ohne Widerspruch auf Verhandlung und Abstimmung sich einlassen. Es ist nicht ausgeschlossen, daß der eine oder der andere Aktionär je nachdem, auf was die Rede kommt und was beantragt wird, seine Meinung ändert und der Beschlußfassung widerspricht. Vgl. OLG 42, 223. Es ist nur folgerichtig, daß nach KGJ 31, 167 der Aktionär, welcher alle Aktien besitzt, ohne Förmlichkeiten gültige Beschlüsse der Gesellschaft faßt, wenn er sie zu Protokoll des Notars erklärt. Nur muß in solchem Fall der Erklärende sich nicht nur als Besitzer aller Aktien formal legitimiert haben, sondern auch sachlich berechtigt gewesen sein, sämtliche Aktien aus eigenem Recht zu vertreten. — Unerläßlich ist auch bei der Universalversammlung, daß dem Vorstand und Aufsichtsrat Gelegenheit zur Anwesenheit gegeben war. S. § 235 Erl 4a.

5. Lebhaft umstritten ist die Frage, ob ein außerhalb der angekündigten Tagesordnung gefaßter Beschluß nichtig ist oder anfechtbar; RG 89, 378 unter b hat in Anwendung auf die Gesellschaft mbH sich für Anfechtbarkeit entschieden, hat aber zugleich betont, daß wegen der bei der Aktiengesellschaft gegen die Anfechtung laufenden Präklusivfrist von einem Monat dort die gleiche Annahme erheblichen Bedenken unterliegen würde. Die Fälle können sehr verschieden liegen, herzlich unbedeutend oder von großer und größter Tragweite, ganz herausfallend aus der angekündigten Tagesordnung oder mehr oder weniger doch noch mit ihr zusammenhängend. Nach dem in Erl 6 b zu § 259 Gesagten wird man von Fall zu Fall sich fragen müssen, ob darin daß die Generalversammlung den Antrag zuließ und über ihn abstimmte, ein handgreiflicher und zugleich gröblicher Verstoß gegen das Gesetz lag (oder gegen gute Sitte, vgl. RG 112, 115). Im Fall RG 89, 378 war der Verstoß so erheblich nicht, so daß auch, wenn es sich um eine A-Gesellschaft gehandelt hätte, der Beschluß wohl anfechtbar, aber nicht nichtig gewesen wäre. A. A. Staub-Pinner § 256[9], der in allen Fällen nur Anfechtbarkeit annimmt, ebenso Brand § 256[4]; Ritter § 256[3]; Makower § 256 IV; ebenso RG 110, 198; RJA 8, 214 (KG) mit der Rechtfertigung, daß auch der der Versammlung ferngebliebene Aktionär sich nach § 257 versichern kann, von dem Beschluß alsbald Kenntnis zu erhalten; RJA 14, 289 (KG); während Lehmann-Ring unverkennbar schlechthin Nichtigkeit annimmt, 256[2]: über nicht dergestalt angekündigte Gegenstände kann nicht beschlossen werden, ebenso Staub 6. 7. Aufl § 256[5]; HoldhMS 4, 188 (Dresden). War der Gegenstand der Beschlußfassung angekündigt, aber nicht rechtzeitig, so ist der Beschluß höchstens anfechtbar. In KGJ 34, 136 hat das KG entschieden, daß der Registerrichter deshalb, weil eine Statutenänderung ohne vorgängige Ankündigung beschlossen worden ist, deren Eintragung nicht ablehnen kann, wenn die Frist zur Anfechtung des Beschlusses verstrichen ist.

§ 257.

Jeder Aktionär, der eine Aktie bei der Gesellschaft hinterlegt, kann verlangen, daß ihm die Berufung der Generalversammlung und die Gegenstände der Verhandlung, sobald deren öffentliche Bekanntmachung erfolgt, durch eingeschriebenen Brief besonders mitgeteilt werden[1]. Die gleiche Mitteilung kann er über die in der Generalversammlung gefaßten Beschlüsse verlangen.

1. Die Vorschrift ist Zusatz der Novelle von 1900 und beruht auf einen Beschluß der Reichstagskommission. Sie will mit dem in Satz 1 bestimmten jedem Aktionär die Möglichkeit an die Hand geben, sich gegen die Gefahr zu schützen, daß er die öffentliche Bekanntmachung übersieht. Brauchbar ist die ganze Einrichtung nur, wenn man sie so versteht, daß mit der Hinterlegung der Aktie, so lange sie dauert, der Aktionär den Anspruch ein für alle Mal erwirbt, daß ihm die Generalversammlungen, sobald eine solche einberufen wird, durch eingeschriebenen Brief besonders mitgeteilt werden, die Anberaumung der Generalversammlung mit der Tagesordnung (§ 256 I) sowohl als auch etwaige spätere Ergänzungen der Tagesordnung. Das gilt auch von Generalversammlungen, welche gemäß § 254 einberufen worden sind. Die Vorschrift setzt voraus, daß Aktienurkunden ausgegeben worden sind. Die Annahme Staub-Pinners § 257[3], daß man sie entsprechend anzuwenden habe, wenn Aktien nicht ausgegeben worden sind, der Aktionär sich aber als solcher ausweist, erscheint nicht ausreichend begründet. Wie Staub-Pinner Goldschmit AG § 257[2]; undeutlich Lehmann-Ring § 257[1]. Wenn man aus der Vorschrift hat herauslesen wollen, daß ausnahmslos Generalversammlungen von Aktiengesellschaften durch öffentliche Bekanntmachung oder auch durch solche einberufen werden müßten, so ist das abzu-

lehnen (vgl. Staub-Pinner § 257[3]). Wohl aber ergibt sich aus dem Wortlaut des Satz 1, daß die Vorschrift überhaupt nur in den Fällen gilt, wo die Einberufung der Versammlung nach dem Statut durch öffentliche Bekanntmachung erfolgt. Die Mitteilung muß im Anschluß an die erste oder an die letzte Bekanntmachung spätestens erfolgen, je nachdem, welche von ihnen die für den Lauf der Frist nach § 255 entscheidende ist (Erl 1 a zu 255); a. A. Lehmann-Ring § 257[2]. — Die Mitteilung der in der Generalversammlung gefaßten Beschlüsse erfolgt durch Zusendung einer Abschrift. Sie muß auch erfolgen, wenn der Aktionär in der Versammlung anwesend gewesen ist. — Die Gesellschaft hat keinen Anspruch auf Ersatz, der ihr durch diese Mitteilungen erwachsenden Kosten. — Unterbleibt die Mitteilung der Einberufung zur Generalversammlung und der Tagesordnung, so ist die Einberufung fehlerhaft, was die Anfechtbarkeit der gefaßten Beschlüsse zur Folge haben kann. Wenigstens wird ein so grober Verstoß in der Beschlußfassung trotz unterbliebener Mitteilung kaum jemals liegen, daß Nichtigkeit des Beschlusses anzunehmen wäre. S. Erl 5 zu § 256. Dagegen kann die Unterlassung der Mitteilung, wenn daraus Schaden entsteht, zu dessen Ersatz verpflichten. Der Aktionär kann die Unterlassung der Mitteilung der Einberufung nicht rügen, wenn er auf anderem Wege rechtzeitig von der Einberufung Kenntnis erhalten hat. — Unterbleibt die Mitteilung der Beschlüsse, so hindert das nicht den Lauf der Präklusivfrist des § 271 III.

§ 258.

In der Generalversammlung ist ein Verzeichnis der erschienenen Aktionäre oder Vertreter von Aktionären mit Angabe ihres Namens und Wohnorts sowie des Betrags der von jedem vertretenen Aktien aufzustellen. Das Verzeichnis ist vor der ersten Abstimmung zur Einsicht auszulegen; es ist von dem Vorsitzenden zu unterzeichnen[1].

1. Der § 258 ist Zusatz der Novelle von 1900 und beruht auf einem Beschluß der Reichstagskommission. Das Verzeichnis ist dem notariellen Protokoll beizufügen und ersetzt die Präsenzliste in Ansehung der Aktionäre. Sämtliche Erschienenen, soweit es sich um Aktionäre oder Vertreter von solchen handelt, sind nach Namen und Wohnort anzuführen. Anzunehmen ist, daß das auch von denjenigen nicht erschienenen Aktien-Eigentümern gilt, welche durch Bevollmächtigte vertreten werden; Brand § 258[2] a; Lehmann-Ring § 258[2]; a. A. Makower § 258 I b. Es gilt auch von denjenigen, welche nachträglich erscheinen. Es muß aus dem Verzeichnis zu erkennen sein, an welchen Abstimmungen sie beteiligt waren; Staub-Pinner § 258[5]; Goldschmit AG § 258[2]. Bei einem jeden sind die Aktien, die er vertritt, dem Betrage nach zu verzeichnen, also nicht nach der individuellen Bezeichnung, nicht nach Serie und Nummer. Auch ohne Unterscheidung der Gattung. Verlassen Aktionäre die Versammlung vor dem Schluß, so mag Veranlassung gegeben sein, es im Protokoll zu vermerken; die Präsenzliste ist nicht die dafür bestimmte Stelle; a. A. Staub-Pinner § 258[5]. Daß die Anzahl der Stimmen, über welche er verfügt, bei jedem Aktionär ausgeworfen wird, ist zweckmäßig, aber nicht vorgeschrieben; a. A. Staub-Pinner § 258[3]; Lehmann-Ring § 258[2] für den Fall, daß Aktien und Stimmen sich nicht decken. Die Liste ist von dem Vorsitzenden zu unterschreiben. Das kann bis zum Schluß der Verhandlungen aufgeschoben bleiben. Erscheint anderenfalls ein Aktionär nachträglich, so muß wie die Liste ergänzt, so die Unterschrift wiederholt werden. Auch beim Wechsel im Vorsitz genügt die Unterschrift des jeweils den Vorsitz führenden; a. A. Ritter § 258 b. — Das Verzeichnis ist vor der ersten Abstimmung zur Einsicht auszulegen, das heißt es muß ausgelegt werden und während der ganzen Verhandlung ausgelegt bleiben. Nach § 259 ist das Verzeichnis dem Protokoll beizufügen und wenn das unterbleibt, so hat das die Nichtigkeit der gefaßten Beschlüsse zur Folge (Erl 6 b zu § 259). Ist das Verzeichnis aufgestellt, aber unrichtig, so kann sich daraus Anfechtbarkeit des Beschlusses ergeben; Makower § 258 IV; Staub-Pinner § 258[6]; Lehmann-Ring § 258[2]; a. A. Fischer in EhrenbergsHH III, 1 S. 203[5]; Horrwitz 213 unter b.

§ 259.

Jeder Beschluß der Generalversammlung bedarf zu seiner Gültigkeit der Beurkundung durch ein über die Verhandlung gerichtlich oder notariell aufgenommenes Protokoll[1].

In dem Protokolle sind der Ort und der Tag der Verhandlung, der Name des Richters oder Notars sowie die Art und das Ergebnis der Beschlußfassungen anzugeben[2].

Das nach § 258 aufgestellte Verzeichnis der Teilnehmer an der Generalversammlung sowie die Belege über die ordnungsmäßige Berufung sind dem Protokolle beizufügen. Die Beifügung der Belege über die Berufung der Generalversammlung kann unterbleiben, wenn die Belege unter Angabe ihres Inhalts in dem Protokoll aufgeführt werden[3].

Das Protokoll muß von dem Richter oder Notar vollzogen werden. Die Zuziehung von Zeugen ist nicht erforderlich[4].

Eine öffentlich beglaubigte Abschrift des Protokolls ist unverzüglich nach der Generalversammlung von dem Vorstande zum Handelsregister einzureichen[5 6].

1. a) Daß die Generalversammlung vor einem Gericht oder unter Zuziehung eines Notars abgehalten werden muß, bestimmt das Gesetz nicht. Wohl aber bestimmt es, daß nur unter der Voraussetzung, daß es geschieht, die Versammlung in der Lage ist, gültige Beschlüsse zu fassen. Da es keinen Zweck hat, eine Generalversammlung einzuberufen, die nicht imstande ist, zu einer Entschließung zu kommen, wird die Vorschrift allgemein so verstanden, jedenfalls praktisch so gehandhabt, daß ausnahmslos unter Zuziehung einer öffentlichen Urkundsperson — Richter oder Notar —, die das Protokoll aufzunehmen hat, verhandelt wird. Und so bleibt es denn nicht dabei, daß der öffentlichen Beurkundung nur die gefaßten Beschlüsse teilhaftig werden. Es muß ein Anspruch der Gesellschaft gegen die Gründer, gegen Vorstand und Aufsichtsrat geltend gemacht werden nicht nur, wenn die Mehrheit den in das Protokoll aufzunehmenden Beschluß faßt, sondern auch — und das soll ebenfalls zu Protokoll genommen werden — wenn die im Gesetz bestimmte Minderheit es „verlangt" (§ 268). Dasselbe gilt, wenn Vertagung der Verhandlung gemäß § 264 verlangt wird (etwas anders Lehmann-Ring § 259[2]; abwegig ist die weitverbreitete Meinung, so Fischer in EhrenbergsHH III, 1 S. 195; GZ 43, 325, 198 (Karlsruhe), daß das „Verlangen" der Minderheit auch einen Beschluß der Gesamtheit darstelle). Der Aktionär, welcher einen von der Versammlung gefaßten Beschluß anfechten will, muß noch in der Versammlung selbst Widerspruch erheben und zwar, wie hier das Gesetz selbst sagt, „zu Protokoll". Aber in allen diesen Fällen besteht gegenüber den „Beschlüssen" der Generalversammlung der Unterschied, daß die Rechtswirksamkeit des Vorganges nicht davon abhängig ist, daß er auch wirklich zu Protokoll genommen wird. Nur ist durch solche Unterlassung der Beweis erschwert; RG 53, 293. — Daß die Generalversammlung durch die Abstimmung Beschluß faßt, gilt unabhängig davon, wie die Abstimmung ausfällt. Auch die Ablehnung eines Antrages ist ein Beschluß, der in das Protokoll gehört. Vgl. unten Erl 6 e.

b) So setzt das Gesetz zwar voraus, daß ein Protokoll geführt wird. Aber der § 259 handelt in den Abs I—IV nicht allgemein vom Protokoll, sondern ausschließlich von der Beurkundung der Beschlüsse, genauer der Art und des Ergebnisses der Beschlußfassungen. Diese so begrenzte Materie regelt der § 259 in seiner jetzigen durch die Novelle von 1900 ergänzten Gestalt erschöpfend. Ergänzende Anwendung der §§ 167 ff. FGG würde schon deshalb nicht in Frage kommen, weil die Beschlußfassungen nicht Rechtsgeschäfte sind, RG 25, 198; 75, 266; KGJ 32, 148; Lehmann-Ring § 259[1]; Staub-Pinner § 259[2]; Josef in Holdh 23, 98. Aber auch die landesrechtlichen einschlägigen Vorschriften, so in Preußen die Artt 54, 55 PrFGG sind ausgeschaltet; KGJ 32, 148; 34, 142. Darauf gerade war es bei der Neufassung der Bestimmung abgesehen. Im übrigen finden auf die Aufnahme und Behandlung des Protokolls die allgemeinen Vorschriften über die Aufnahme öffentlicher, insbesondere notarieller Urkunden, in Preußen die betreffenden Vorschriften des PrFGG Anwendung. Namentlich sind für Aufbewahrung und Ausfertigung der Urkunden die landesrechtlichen Vorschriften maßgeblich; KGJ 32, 148; Oberneck, Notariatsrecht 6./7. Aufl 185 bezeichnet als anwendbar die Artt 61, 63—65; 84—86, 90, 95. Nicht ersichtlich ist, weshalb nicht auch Art 83 anwendbar sein soll: der Notar darf seine Dienste nicht ohne triftigen Grund verweigern. Danach steht namentlich auch fest, daß das Protokoll einer Unterschrift der Beteiligten nicht bedarf, daß auch eine Verlesung des Protokolls nach Beendignug der Verhandlung nicht erforderlich ist. Das Protokoll stellt sich lediglich als ein Bericht, ein Zeugnis des Notars über den von ihm wahrgenommenen Vorgang dar, Josef in Holdh MS 23, 97. — Es ist nicht ganz richtig, wenn Oberneck a. a. O. behauptet, daß wenn es in der Generalversammlung zur Abgabe von rechtsgeschäftlichen Willenserklärungen komme, §§ 167 ff. FGG anzuwenden seien, was namentlich bedeuten würde, daß das Protokoll vor seinem Abschluß verlesen und von den Beteiligten unterschrieben werden müßte. Das trifft nur auf Rechtsgeschäfte zu, für welche Schriftlichkeit vorgeschrieben ist. Oft wird ein solches Rechtsgeschäft nicht vorkommen. Ein Beispiel könnte unter Umständen die Aktienzeichnung gelegentlich einer Erhöhung des Grundkapitals sein. Häufiger wird der Fall vorkommen, daß nach Wahl von Vorstands- oder Aufsichtsratsmitgliedern in mittelbarem Anschluß daran auch der betreffende Anstellungsvertrag zustande kommt, was ganz formlos vor sich gehen kann.

Die Formvorschrift ist innerhalb ihres Geltungsbereichs zwingendes Recht. Die Statutenbestimmung, daß das Protokoll von drei Aktionären zu unterschreiben ist, ist nichtig; RG 65, 91; KGJ 32, 148. Vgl. auch RG 75, 266.

c) Zweifelhaft ist, ob ein Richter oder ein Notar hinzugezogen werden darf, welcher selbst Aktionär ist. PrFGG Art 84; FGG § 6. „Beteiligt" ist zweifellos jeder Aktionär, welcher an der Versammlung teilnimmt. Daher würde jedenfalls der hinzugezogene Notar darauf verzichten müssen, mit seiner Aktie — sei es persönlich, sei es durch einen Stellvertreter — in der Versammlung aufzutreten. So Staub-Pinner § 259[4]. Da aber der Mensch sich nicht zerreißen kann und der nicht erschienene Aktionär im allgemeinen mit seinen Interessen nicht minder beteiligt ist an dem was vorgeht als der erschienene, so ist anzunehmen, daß ein Richter und Notar, der selbst eine oder mehrere Aktien der Gesellschaft besitzt, von den Protokollaufnahmen der Verhandlung überhaupt ausgeschlossen ist. Ebenso kann es, wenn eine Ehefrau usw. der Aktionär ist (FGG § 9 I Z. 2, 3), keinen Unterschied machen, ob deren Aktie oder Aktien in der Versammlung vertreten sind oder fern bleiben (anders Staub-Pinner § 259[4]; Hueck, Anfechtbarkeit 57). Das mag eine Auswirkung der diesem Fall nicht mehr adäquaten Gesetzesbestimmung sein, welche hier über das Ziel schießt. Aber anderseits geht es doch wieder zu weit, wenn SächsAusfG vom 15. 6. 1900 § 56 ganz allgemein bestimmt, daß die Teilnehmer an der Versammlung nicht als „Beteiligte" gelten. Vgl. hierzu Altschul in SächsArch 1924, 12. — Die Mitglieder des Vorstandes und Aufsichtsrats sind nicht minder beteiligt, wie der an der Versammlung teilnehmende Aktionär. Noch weniger als ein Aktionär können sie diese ihre Mitgliedschaft beiseite setzen und ausschließlich als der instrumentierende Notar in die Erscheinung treten. — Dagegen hindert nichts, daß der instrumentierende Notar in eine dieser Stellen gewählt wird. Will man ganz korrekt verfahren, so muß in solchem Fall der Notar damit, daß er die Wahl annimmt, bis zum Schluß der Verhandlung warten. Er ist aber nicht gehindert, sich trotzdem sogleich darüber auszusprechen, ob er die Wahl anzunehmen gedenkt.

d) Im Protokoll darf das Datum — Ort und Tag — nicht fehlen und das angegebene Datum muß das richtige sein, sonst ist das Protokoll, sind also auch die gefaßten Beschlüsse nichtig; RG 109, 368. Wird die Verhandlung an dem bestimmten Tage nicht zu Ende geführt, zieht sie sich vielmehr über zwei oder noch mehr Tage hinaus, so braucht die Vertagung auf den nächsten oder einen der nächsten Tage nicht durch beurkundeten Beschluß zu erfolgen, und es genügt, wenn am folgenden Tage bei Beginn der Sitzung der Vorsitzende den Sachzusammenhang konstatiert; RG 81, 333.

2. a) Die Art und das Ergebnis der Beschlußfassungen sind im Protokoll anzugeben. Die Worte sind undeutlich und bereiten denn auch der Gesetzesanwendung Schwierigkeit. Es handelt sich um einen der Zusätze der Novelle von 1900, welche bestimmt sind, die ganze Vorschrift über Protokollierung der Beschlüsse auf eigene Füße zu stellen und die ergänzende Anwendung reichs- oder landesgesetzlicher Vorschriften auszuschließen. Die D. (144) sagt dazu nur dieses: „der Entwurf gibt zugleich über den Inhalt des Protokolles die nötigen Vorschriften". Man wird unter Protokollierung des Ergebnisses der Beschlußfassung die Protokollierung des Vorganges zu verstehen haben, wenn der Vorsitzende erklärt, daß der Antrag angenommen oder daß er abgelehnt sei. Altschul in SächsArch 9, 343 hat darin Recht, daß die Verkündigung des Ergebnisses durch den Vorsitzenden im Gesetz nirgend erwähnt wird und nicht Voraussetzung der Wirksamkeit des Beschlusses ist. Aber er mißversteht die Entscheidungen RG 75, 242; 82, 187, die derartiges gar nicht behaupten. In der Beurteilung des Ergebnisses einer Abstimmung kann ein Irrtum unterlaufen. Man meint, es genüge einfache Mehrheit, während es qualifizierter Mehrheit bedarf oder umgekehrt. Man läßt die Stimmen von Aktionären zu, die von der Ausübung des Stimmrechts ausgeschlossen sind. Auch Streit kann über diese Frage entstehen, der sich nicht ohne weiteres schlichten läßt. Es ist rein logisch nicht zu bestreiten, daß ein vermeintlich angenommener Antrag, der in Wahrheit die erforderliche Mehrheit nicht gefunden hat, nicht angenommen, sondern abgelehnt worden ist. Nicht fehlerhafter Beschluß der Annahme wäre das Ergebnis, sondern fehlerfreie Ablehnung. Und umgekehrt wäre fehlerhafte Ablehnung in Wahrheit Annahme des Antrages. So denn auch Hachenburg GGmbH § 45[15]; Staub-Pinner § 273[16], sehr folgerichtig nach strenger Logik, wie es scheinen könnte. Indessen wird hierbei eines übersehen. Es handelt sich nicht um Willenserklärungen, sondern um interne Entschließungen. Es genügt nicht, daß man einen Entschluß faßt, man muß sich seiner so, wie er gefaßt ist, auch bewußt sein. Es ist ein Moment des gegebenen Tatbestandes, das nicht übersehen werden darf, wenn die Gesellschaft meint, den Beschluß gefaßt zu haben, und der Vorstand ihn danach zur Ausführung bringt. Unerläßlich ist, daß das Ergebnis der Abstimmung in irgend einer Weise, ausdrücklich oder stillschweigend festgestellt wird. Nicht erforderlich ist, daß der Vorsitzende es verkündet (so Fürst in LZ 1912, 511). Aber wenn er es tut (oder auch der Notar) und niemand oder nur einzelne widersprechen, dann ist das für die Rechtslage entscheidend. Dann bedeutet die irrtümlich oder fälschlich festgestellte Annahme nicht fehlerfreie Ablehnung, ebensowenig wie die irrtümlich angenommene Ablehnung Annahme des Antrags bedeutet. Das Urteil RG 82, 183 gehört nicht in diesen Zusammenhang.

Die Worte S. 187: Beschluß der Generalversammlung und Gegenstand einer Anfechtung ist nur, was auf Grund der Abstimmung vom Vorsitzenden als Beschluß verkündet ist, dürfen nicht aus dem Zusammenhang gerissen werden. Sie wollen nur den Versuch abweisen, in den so gefaßten und verkündeten Beschluß mehr hineinzulegen, als er enthält. Wohl aber äußert sich RG 75, 242 grundsätzlich zur Frage: hat eine Abstimmung stattgefunden und ist als Ergebnis ein bestimmter Beschluß vom Vorsitzenden verkündet, so ist damit freilich, wenn eine höhere Mehrheit erforderlich war, kein gültiger, d. h. unanfechtbarer Beschluß erzeugt; aber die Tatsache, daß die zuständige Personen — Vorsitzender und Notar — das Ergebnis in gehöriger Form für einen gültigen Beschluß erklärt haben, darf nicht einfach beiseite gesetzt werden; erfolgt nicht Anfechtung, so bleibt der äußerlich gültige Beschluß bei Bestand. Ebenso RG 89, 379; vgl. auch RG 60, 413. S. Hueck, Anfechtbarkeit 50 f.; Ring in BankArch 24, 324. Bezeichnend ist die Unbefangenheit, mit welcher RG 60, 413 nicht Ablehnung sondern fehlerhafte Annahme der Erhöhung des Geschäftsanteiles unterstellt. S. auch RG 91, 323. Dagegen bezeichnet RG 104, 183 (es handelt sich um eine GmbH, wo also eine Präklusionsfrist nicht lief) als Ziel der Klage nicht Vernichtung des Beschlusses, sondern Feststellung, daß er in Wahrheit angenommen worden sei. Anders RG 89, 378. Ganz abwegig OLG 16, 93 (KG). — Ob es geboten ist, im Protokoll das Stimmenverhältnis zahlenmäßig anzugeben, kann nur nach Lage des einzelnen Falles beurteilt werden. Wo die Sachlage es erfordert — was der Notar nach pflichtmäßigem Ermessen entscheiden muß — wird die Angabe nicht dadurch überflüssig, daß der Vorsitzende das Ergebnis verkündet. Anders anscheinend Hueck, Anfechtbarkeit 53 ff. — Die Rechtslage ist auch in dem Fall keine andere, wo die Verkündung der Annahme des Beschlusses auf einem Rechenfehler beruht, den man aus den Angaben des Protokolls berichtigen kann. Das läßt sich nicht — wie Horrwitz 233 annimmt — kurzerhand korrigieren. Wohl kann eine Generalversammlung beschließen, den Sachverhalt richtigzustellen. Das kann auch nach Ablauf der Anfechtungsfrist geschehen. Läßt sich die Mehrheit darauf nicht ein und ist die Anfechtungsfrist verstrichen, dann bleibt es bei dem Beschluß, wie die Generalversammlung gemeint hat, ihn gefaßt zu haben.

b) Was die Art der Beschlußfassung angeht, so folgert die herrschende Lehre so: die Beschlußfassung geschieht durch Abstimmung, also ist Art der Beschlußfassung Art und Weise der Abstimmung. Da gibt es nun vielerlei, mündlich oder schriftlich, offen oder geheim, nur nach Zahl oder auch namentlich; aber nicht genug damit, man kann ferner unterscheiden abstimmen entweder durch lautes Ja oder durch stilles Nicken mit dem Kopf, man kann es tun, indem man vom Stuhl aufsteht oder sich damit begnügt, die Hand zu erheben; vielleicht auch, daß der eine dieses wählt, der andere jenes. Läßt über diese Dinge das Protokoll im Stich, so soll der Beschluß fehlerhaft und dabei nicht etwa nur anfechtbar sondern gleich nichtig, der Fehler unheilbar sein, JW 1912, 802[20]; Staub-Pinner § 259[6, 11]. Auch RG 75, 267 sagt zunächst: „unter Art der Beschlußfassung, die im Protokoll anzugeben ist, kann nur die Art und Weise, wie der Beschluß zustandegekommen ist, verstanden werden, d. h. in welcher Weise (ob mündlich, schriftlich, durch Handerheben oder mittels welcher sonstigen Betätigung) abgestimmt worden ist", läßt sich dann aber doch damit genügen, daß im Protokoll geschrieben stand: es wurde in namentlicher Abstimmung mit 439 000 M. dafür und mit 45 000 M. dagegen beschlossen. „Also mündlich", sagt — nicht ganz schlüssig — die Begründung und sieht darin das rettende Moment. Dagegen hat RG 105, 373 in einem Fall, wo zunächst durch das Verzeichnis festgestellt war, daß 19 813 Stimmen vertreten seien und dann zu einem Antrag, der nur mit Dreiviertelmehrheit angenommen werden konnte, die Angabe protokolliert war: die Versammlung habe den Beschluß mit allen übrigen Stimmen gegen die 4675 des X. gefaßt, die Bemängelung mit der Begründung zurückgewiesen, ein die Nichtigkeit begründender Mangel liege nicht vor, wenn nach der Gesamtheit der Beurkundungen kein Zweifel über die Ordnungsmäßigkeit des Herganges bestehen kann, als dessen Ergebnis das Protokoll den Beschluß feststellt. Es kann in der Tat nur darauf ankommen, daß der Notar — ohne Betonung alles Nebensächlichen — den Hergang so anschaulich berichtet, wie der einzelne Fall es verlangt. A. A. Staub-Pinner § 259[11]; Makower § 294 III b 4 geht auf diese Frage nicht ein. Gegen das Urteil des RG's läßt sich nur einwenden, daß es unrichtig und unnötig den Gedanken hineinwirft, daß der Verstoß gegen die Formvorschrift nicht kausal gewesen sei. Es kann sehr wohl einmal gerade auch darauf ankommen, nach welchem Modus z. B. abgestimmt worden ist. Aber doch nur dann, wenn in irgendeiner Weise ein Widerspruch laut geworden ist und der Notar erkennen muß, daß die gewählte Form der Abstimmung bedeutsam werden kann und daher im Protokoll festgehalten werden muß. Die nachträglich aufgestellte Behauptung, es sei die Abstimmung nicht ordnungsmäßig vorgenommen, genügt nicht, um den Beschluß ohne weiteres deshalb für nichtig zu erklären, weil das Protokoll den Vorgang nicht in die Einzelheiten hinein schildert. Anders Hueck, Anfechtbarkeit 53 Note 42.

c) Wichtiger als die Art und Weise der Abstimmung ist die Art und Weise, wie es sachlich zu dem Beschluß gekommen ist, wie der Antrag begründet worden ist, wie die Versammlung ihn aufgenommen hat, ob und wie er bekämpft worden ist, ob er in Kenntnis aller zur Beurteilung erforderlichen Tatsachen ergangen ist, ob nach dieser Richtung Aufklärung verlangt und gegeben worden ist. Das unentziehbare Recht des Aktionärs, an der Generalversammlung teilzunehmen, schließt den Anspruch auf erschöpfende Diskussion in diesem Sinne und insbesondere auf eigene Teilnahme an der Diskussion ein. Das ist ein Individualrecht des Aktionärs, das ihm durch Mehrheitsbeschluß nicht genommen werden kann. So hat RG 36, 24 für unzulässig den Beschluß erklärt, daß kein Aktionär mehr als 10 Minuten sollte reden dürfen, und grundsätzlich dazu angeführt: „Die Generalversammlung ist befugt, über die Handhabung der Geschäftsordnung zu entscheiden und ohne vorgängige Ankündigung dahingehende Beschlüsse zu fassen; gesetzwidrig ist aber ein solcher Beschluß, wenn er die Möglichkeit ausschließt, den Gegenstand der Tagesordnung einer sachgemäßen Erörterung zu unterziehen. Die Beschlußfassung, von der § 250 spricht, setzt voraus, daß die Möglichkeit einer Diskussion gewährt werde, in welcher auch die Minderheit zum Wort kommt, und das Stimmrecht des Aktionärs begründet auch ein Recht darauf, daß der Abstimmung eine solche Erörterung vorhergehe; die Generalversammlung kann der Diskussion gewisse Grenzen ziehen, kann Schluß der Debatte beschließen, unter Umständen auch von vornherein die Dauer der Redezeit einschränken, die Grenzen dürfen aber nicht so eng gesteckt sein, daß eine sachgemäße Erörterung unmöglich gemacht wird. Es bedarf nicht — wie das OLGericht angenommen hatte — des Kausalzusammenhanges zwischen der Beschränkung der Redezeit und dem ergangenen Beschluß; auch steht der Anfechtung nicht entgegen, daß der Anfechtende gar nicht erst den Versuch gemacht hat, mit der gewährten Zeit auszukommen." S. ferner Warn 20, 217: „Der Vorsitzende muß auf sachgemäße Erörterung des Gegenstandes bedacht sein, jeden Aktionär gehörig zum Worte kommen lassen, er muß die Minderheit vor einer Vergewaltigung durch die Mehrheit schützen, umgekehrt aber auch dafür sorgen, daß nicht eine Minderheit oder ein einzelner Aktionär Obstruktion treibt und ordnungsmäßige Erledigung der Geschäfte durch zweckloses Reden unmöglich macht; die Ansicht, daß die allgemeinen parlamentarischen Regeln beobachtet werden müssen, schwebt ebenso in der Luft, wie diese Regeln selbst". Und endlich: „es ist nicht ausgeschlossen, daß sich der Leiter der Versammlung an der Verhandlung beteiligt". S. auch RG in LZ 1920, 567[6]; LZ 1908, 468[3] (Bamberg); Holdh MS 13, 166; ferner Ritter in DJZ 1911, 642, dem aber darin nicht zugestimmt werden kann, daß unberechtigtes Versagen des Wortes Nichtigkeit des Beschlusses zur Folge habe. Vgl. zu letzterem Fürst in LZ 1912, 508 ff.

Die Frage, ob es zulässig ist, einen Punkt der Tagesordnung, welcher durch Abstimmung und Beschlußfassung erledigt ist, von neuem aufzunehmen, um eine nochmalige Abstimmung zu veranlassen, ist wohl dahin zu entscheiden, daß das nicht in der Hand des Vorsitzenden liegt, sondern davon abhängt, daß die Mehrheit — und zwar in allen Fällen die einfache Mehrheit — es verlangt oder sich damit einverstanden erklärt. Mit Recht macht aber OLG 34, 351 (Breslau) die Einschränkung, daß es nicht gilt, wenn durch die Annahme des Antrages Sonderrechte für Aktionäre entstanden sind.

d) Mit vielem Takt muß die Frage behandelt werden, wieweit der Vorstand (und Aufsichtsrat) verpflichtet ist, auf Verlangen von Aktionären in Angelegenheiten der Gesellschaft Auskunft zu erteilen. Es ist zu unterscheiden, wem der Anspruch auf Auskunft zusteht und wie weit er geht. Nach § 666 BGB würde die Generalversammlung als dominus negotii oder als dessen berufener Vertreter den Anspruch haben. Und so faßt denn auch RG 82, 183 die Rechtslage auf: „Läßt der Vorstand das Verlangen nach Auskunft unbeantwortet, so hat der Aktionär sich an die Generalversammlung zu wenden und zu beantragen, daß sie die Stellung der Frage beschließt, — wird diesem Antrage entsprochen, so tritt die Antwortpflicht aus dem Kreise der Pflichten des Anstandes und der geschäftlichen Kulanz heraus und gewinnt nunmehr den Charakter einer Rechtspflicht; wird beschlossen, die Frage nicht zu stellen, so hat sich der Aktionär in aller Regel damit zu bescheiden. Vgl. auch LZ 1920, 576[6]. Dem hat sich die Rechtsprechung in LZ 1914, 405 (Colmar); OLG 32, 113 (Celle); HansGZ 1921, Hptbl N 129 S. 263 angeschlossen, ebenso Fischer 298 unter 2. Zustimmend auch Heinitz in DJZ 1917, 198; Bondi LZ 1917, 1309; Goldschmit, Aufsichtsrat 182 ff. Dagegen — mit Recht — Staub-Pinner § 260[20]; Horrwitz in JW 1916, 887; Sontag, Die A-Gesellschaften im Kampf 38. Auch Simon, Bilanzen 19 steht im Grunde auf dem Boden des Reichsgerichts, wenn er sagt: ein Individualrecht auf weitere Aufklärung, als die Generalversammlung für erforderlich hält, ist dem einzelnen Gesellschafter nicht gegeben.

In Wahrheit beruht der Anspruch auf Auskunft nicht oder jedenfalls nicht ausschließlich auf dem Anstellungsvertrag zwischen der Gesellschaft und den Mitgliedern des Vorstandes und Aufsichtsrats. Er ist gesellschaftsrechtlicher Natur und selbstverständliches Korollar des Stimmrechts. Mit dem Recht, in Angelegenheiten der Gesellschaft zu entscheiden, ist notwendig der Anspruch darauf verbunden, die für eine sachgemäße Entscheidung erforderliche Auskunft zu erhalten. Es ist ein Individualrecht jedes einzelnen Aktionärs. S. § 250 Erl 2. Es könnte sich für den Gesetzgeber fragen, ob er aus rechtspolitischem Grund das Individualrecht abschwächen, an eine bestimmte Aktienmenge knüpfen soll. Aber ausgeschlossen ist, daß die Mehrheit das Recht haben sollte, der Minderheit das sachlich gerechtfertigte oder auch nur verständliche Verlangen nach Aufklärung zu versagen.

Die andere Frage ist, wie weit der Anspruch im einzelnen Fall geht. Beruhte er lediglich auf dem Dienstvertrag, m. a. W. handelte es sich nicht um ein Recht des einzelnen Aktionärs sondern der Gesellschaft, so hätte er einfach gar keine Grenzen. Wohl aber kann und muß dem Individualrecht gegenüber zur Geltung kommen, daß das Interesse des einzelnen zurücktreten muß vor dem Interesse der Gesellschaft. Was in der Generalversammlung gesagt wird, wird so gut wie öffentlich gesagt und es gibt Dinge, die aus triftigen und wichtigen Gründen öffentlich nicht gesagt werden können, ohne das Unternehmen zu schädigen. Daher formuliert Horrwitz 215 kurz und treffend: „Vorstand und Aufsichtsrat sind verpflichtet, jede verlangte Auskunft zu erteilen, es sei denn, daß eine solche der Gesellschaft schädlich sein würde. So jetzt auch Staub-Pinner § 260[20]. S. auch RG in Bauer 11, 222; 16, 170; RGSt 45, 213; ferner OLG 14, 351 (Hamburg); RG in Holdh 17, 147; aber auch RGSt 38, 198 (vgl. § 260 Erl 6 und Simon in Festgabe für Koch 407 ff.); eingehend OLG 32, 113 (Celle): Anders verhält es sich mit den inneren Vorgängen der Geschäftsführung, die jeder Kaufmann möglichst geheimhält und bei denen eine Pflicht zur Offenlegung für die A-Gesellschaft aus dem Inhalt des Aktionärrechts nicht ohne weiteres abzuleiten ist; unzweifelhaft kann es im wohlbegründeten Interesse der Aktionäre liegen, auch die Geschäftsführung in dem einen oder dem anderen Punkte zu prüfen; einem darauf gerichteten Interesse wird unter den Voraussetzungen des § 266 durch die Bestellung von Revisoren genügt; diese Bestimmung, neben der für ein allgemeines Auskunftsrecht auf dem Gebiete der Geschäftsführung kein Raum ist, trägt dem naheliegenden Bedenken Rechnung, daß einzelne Aktionäre, wenn sie nicht nur eine sachliche Prüfung sondern auch eine öffentliche Klarlegung der Geschäftsführung durchzusetzen vermöchten, dabei andere Interessen verfolgen könnten, als die der Gesamtheit, mit der sie vielleicht nur durch einen geringen Aktienbesitz verbunden sind. — Viel zu weitgehend sagt Goldmann § 260[5], daß die Generalversammlung das Recht habe, alle von ihr für erforderlich gehaltenen Aufklärungen zu verlangen. Einerseits hat nicht so sehr die Versammlung das Recht auf Aufklärung als vielmehr jeder Aktionär; anderseits ist objektiv zu entscheiden, ob eine verlangte Aufklärung ohne Schaden für das Unternehmen gegeben werden kann, und wenn es an dem ist, daß es nicht geschehen kann, so kann daran auch ein Mehrheitsbeschluß der Generalversammlung nichts ändern. Für die Frage, ob der Vorstand im Interesse der Gesellschaft und ihres Unternehmens berechtigt ist, eine Auskunft zu verweigern, macht es keinen Unterschied, ob der einzelne Aktionär die Auskunft verlangt oder eine gleichviel wie große Mehrheit. Nach Rosendorff, Stille Reserven S. 59 ff. muß der Vorstand schlechthin jede Auskunft geben, wenn die Mehrheit es verlangt. Vgl. auch Solmssen in BankArch 26, 47 über die weitherzige Auffassung in den Vereinigten Staaten von Nordamerika. Es kann geradezu Pflicht des Vorstandes sein, dem Beschluß der Generlaversammlung sich nicht zu fügen. Dagegen kann der Vorstand den Aufsichtsrat nicht hindern, die Auskunft zu erteilen, wenn dieser kein Bedenken trägt, und umgekehrt.

Eine Statutenbestimmung, daß der einzelne Aktionär in der Generalversammlung kein Recht auf Auskunftserteilung in geschäftlichen Angelegenheiten hat (s. Goldschmit AG § 260[22]), ist nach der hier vertretenen Auffassung nichtig.

3. Über das Verzeichnis der Teilnehmer vgl. Erl zu § 258. Die Beifügung des Verzeichnisses (und der im gleichen Absatz erwähnten Belege) muß vom Notar amtlich vorgenommen und im Protokoll beurkundet werden. Unterbleibt es, so hat das die Nichtigkeit der Beschlüsse zur Folge; Nachholung ist unwirksam, KGJ 32, 148. — Gleichwohl (vgl. FGG § 176 II) bleibt das Verzeichnis Anlage und wird nicht Teil des Protokolls. Nach Hueck, Anfechtbarkeit 56 wäre nicht erforderlich, die Beifügung im Protokoll zu vermerken, und ausdrücklich ist es im Gesetz ja auch nicht gesagt. — Da das Verzeichnis der Berechnung des Ergebnisses der Abstimmungen zugrunde gelegt wird, kann der instrumentierende Notar gar nicht umhin, es auf seine Richtigkeit zu kontrollieren. Er muß das Original des Verzeichnisses dem Protokoll beilegen. Die Beifügung einer Reinschrift statt des Originals macht das ganze Protokoll nichtig, RG 114, 202. — Die Beifügung der Belege über die Berufung der Generalversammlung kann dadurch vermieden werden, daß sie im Protokoll unter Angabe ihres Inhalts aufgeführt werden. „Unbedingt vorzuschreiben, daß die meist sehr umfangreichen Belege über die Berufung dem Protokolle beizufügen sind, empfiehlt sich nicht; es genügt vielmehr, wenn die einzelnen Belege unter Angabe ihres meist übereinstimmenden Inhalts im Protokoll selbst aufgeführt werden" D. 144. Vgl. KGJ 32, 148: „Die Feststellung, daß die Versammlung durch Bekanntmachung im Reichsanzeiger vom Soundsovielten ordnungsmäßig erfolgt sei, genügt nicht, weil damit der Inhalt der Bekanntmachung nicht mitgeteilt wird; aber wörtlich braucht der Inhalt der Bekanntmachung nicht wiedergegeben zu werden; es genügt das Wesentliche; namentlich muß ersichtlich sein, daß der Zweck der Versammlung bekanntgemacht war", KGJ 41, 137. — Daraus, daß dem Protokoll die Belege über die „ordnungsmäßige Berufung beizufügen sind, folgert

Lehmann-Ring § 259³ (ebenso Brand § 259⁵ b; Goldschmit AG § 259⁹ b), daß der Notar die Ordnungsmäßigkeit zu prüfen hat. Überzeugend ist das nicht. In dem Zusatz „ordnungsmäßig„ liegt wohl nur ein ungeschickter Pleonasmus. Soll etwa der Notar die Aufnahme des Protokolls ablehnen, wenn er Formfehler sieht?

4. a) Es ist nirgend vorgeschrieben, daß das Protokoll gleichzeitig mit Beendigung der Versammlung abgeschlossen werden muß. Es ist daher nicht ausgeschlossen, daß der Notar, bevor er das Protokoll zum Abschluß bringt, etwas nachträgt. Ist aber das Protokoll endgültig abgeschlossen worden, so darf an ihm auch der Notar selbst Änderungen nicht vornehmen. So Staub-Pinner § 259³ unter Hinweis auf RG 79, 366 gegen Josef in Holdh MS 23, 98, der sich mit Unrecht auf RG 53, 293 beruft. Dort ist vielmehr gesagt, daß der Widerspruch eines Aktionärs gegen einen Beschluß der Versammlung zwar zu Protokoll genommen werden soll, daß aber, wenn das nicht geschehen ist, die Anfechtung des Beschlusses nicht daran scheitern muß, vielmehr die Erhebung des Widerspruchs auch auf anderem Wege bewiesen werden kann.

b) Auch bei einer Universalversammlung (s. § 256 Erl 4) müssen die Vorschriften über die Beurkundung der Vorgänge eingehalten werden, KGJ 41, 137.

5. Die Vorschrift geht zurück auf die Novelle von 1884. Die Mot 121 sagen dazu: sie bezweckt, die Kenntnisnahme von der Lage der Gesellschaft für alle Beteiligte zu erleichtern und die Veränderungen, welche die Rechtslage der Gesellschaft erfahren hat, in den Registerakten ersichtlich zu machen; das Handelsregister wird durch diese Vorschrift wesentlich an Bedeutung gewinnen, indem es künftighin einen laufenden Überblick über die Vermögensverhältnisse und den Rechtszustand der Gesellschaft zu gewähren imstande ist". Die Befolgung der Vorschrift ist nötigenfalls durch Ordnungsstrafen zu erzwingen, § 14 HGB. Auch zu dem Handelsregister einer etwa bestehenden Zweigniederlassung muß eine Abschrift eingereicht werden, OLG 16, 95 (KG). Das gilt auch von inländischen Zweigniederlassungen ausländischer A-Gesellschaften. So Staub-Pinner § 201³⁶; Ritter § 259⁶ KGJ 33, 139 (KG Beschluß vom 6. 12. 06); anders LG I Berlin KGBl 1908, 58. — Mit dem Protokoll muß auch in öffentlich beglaubigter Abschrift das Teilnehmerverzeichnis und müssen ferner in öffentlich beglaubigter Abschrift gegebenenfalls die Belege der Einberufung eingereicht werden, KGJ 34, 142. — Der Registerrichter hat darauf zu achten, ob sämtliche Belege beigefügt sind. Im übrigen ist er weder verpflichtet noch berechtigt, die Urkunden auf ihren Inhalt zu prüfen, die er lediglich zu den Akten zu nehmen hat, KGJ 12, 25. Sind Beschlüsse gefaßt worden, welche zum Handelsregister anzumelden sind, so liegt diese Anmeldung noch nicht darin, daß das Protokoll eingereicht wird.

6. a) Die §§ 250 ff. handeln von der Generalversammlung und enthalten eine Anzahl von Bestimmungen über das einzuhaltende Verfahren, ohne daß überall deutlich hervortritt, welche Folgen Verstöße gegen die einzelnen Vorschriften nach sich ziehen. Daher herrscht in diesem Punkt Unsicherheit. Der fehlerhafte Beschluß kann nichtig sein oder nur anfechtbar, er kann endlich trotz des Verstoßes gültig sein. Letzteres ist bei allen Verstößen gegen Vorschriften der Fall, welche sich entweder ausdrücklich als Soll-Vorschriften kennzeichnen oder als solche verstanden werden müssen. (Der § 274 II gibt sich als Soll-Vorschrift; hinter ihr steht aber § 256 II 1 der nicht Soll-Vorschrift ist, RG 68, 233; 110, 198; KGJ 34, 136.) Im übrigen ist zu unterscheiden, ob der Mangel liegt in dem, was beschlossen worden ist, im Inhalt des Beschlusses, oder darin, wie der Beschluß zustandegekommen ist, RG 75, 243. Nur von letzterem, von den Verstößen gegen Vorschriften über das Verfahren ist an dieser Stelle zu handeln (wegen Mängel im Inhalt des Beschlusses s. Erl 1 II b zu § 271). Sie haben entweder Nichtigkeit zur Folge oder nur Anfechtbarkeit. Nichtig sind Beschlüsse, wenn es sich um ein so regelwidriges Verfahren handelt, daß man überhaupt nicht von einer Generalversammlung und dem Beschluß einer solchen sprechen kann. Es sei zuzugeben, sagt RG 89, 379 unter Hinweis auf RG 60, 409; 75, 242, daß bei Generalversammlungen so flagrante Verstöße im Verfahren möglich seien, daß das Abstimmungsergebnis nicht mehr unter den Begriff eines Beschlusses der Generalversammlung gebracht werden könne, so z. B., wenn die Versammlung überhaupt nicht oder von offensichtlich unbefugten Personen berufen sei; wenn die Umstände sich so verhielten, sei für die Anfechtungsklage des § 271 kein Raum; es treffe vielmehr die Charakterisierung des Abstimmungsergebnisses als eines Scheinbeschlusses zu und die Scheinnatur könne von jedermann jederzeit durch Klage und Einrede geltend gemacht werden. Staub-Pinner § 256,⁹ᵃ; abschwächend Makower § 271 V a 3; vgl. RG 92, 411. Nach RG 76, 171 liegt auch nur der Schein eines Beschlusses vor, wenn zwar alle Erschienenen zugestimmt haben, nach dem Statut (der Genossenschaft) aber ausnahmslos alle Genossen zustimmen mußten. Das Ergebnis mag befriedigen, die Begründung wäre wohl besser aus dem Gesichtspunkt des Sonderrechts hergeleitet. S. auch RJA 10, 259; ferner Isay, Berggesetz § 111 Note 27. Unverständlich ist denn auch, warum Nichtigkeit und nicht Anfechtbarkeit in dem Fall vorliegen soll, wo gegen die statutarische Bestimmung verstoßen wird, daß eine Mindestquote des Grundkapitals vertreten sein muß, OLG 27, 351 (KG); ebenso OLG 32, 129; RJA 14, 50 (KG); daß die Versammlung

in einem solchen Fall nicht die Bezeichnung einer Generalversammlung im Sinne des allgemeinen Sprachgebrauchs verdiene, läßt sich nicht behaupten und die Begründung, daß sie nicht eine solche im Sinn des Gesetzes sei, ist petitio principii. Dagegen auch Fischer in Ehrenbergs HH III, 1, S. 207, Anm. 7, soweit es sich um statutarische Bestimmungen handle. Gesetzliche Vorschriften dieser Art gibt es aber nicht, wenigstens keine, die es unmittelbar bestimmen. Mittelbar ergibt sich etwas dieser Art aus § 196 IV. Auch in diesem Fall führt der Verstoß nicht zur Nichtigkeit, wenn er unangefochten bleibt. S. Staub-Pinner § 273[16f].

b) Beschlüsse, welche im Sinne des Vorstehenden als solche anzuerkennen sind, sind nach feststehendem Rechtssatz (vgl. BGB § 125) nichtig, wenn sie nicht in der vorgeschriebenen Form beurkundet worden sind, sei es, daß ein richterliches oder notarielles Protokoll überhaupt nicht aufgenommen worden ist (§ 259), sei es, daß Richter oder Notar die vorgeschriebene Form nicht eingehalten haben. Wesentlich sind in dieser Beziehung Name der Urkundsperson sowie Angabe des richtigen Ortes und Tages (RG 109, 368), die Beifügung des Verzeichnisses des Aktionärs (RG 114, 202) und der Belege über die Berufung der Versammlung (oder Angabe ihres Inhalts im Protokoll) endlich die Vollziehung durch die Urkundsperson; RG 105, 373.

Damit sind die Fälle der Nichtigkeit aus Gründen eines Mangels im Verfahren erschöpft. In allen anderen Fällen kommt nur Anfechtbarkeit in Frage. Wenn das im allgemeinen anerkannt wird und doch im einzelnen vieles streitig ist, so liegt das daran, daß die Grenzlinie zwischen Scheinbeschluß und wahrem Beschluß naturgemäß unsicher ist. Wenn das Gesetz mit der Anfechtbarkeit den einzelnen Aktionär wegen des Schutzes gegen Rechtsverletzung auf den Weg der Selbsthilfe verweist, was rationell nur unter der Voraussetzung erscheint, daß jeder Aktionär Gelegenheit und Veranlassung gehabt hat, der Versammlung beizuwohnen, so tritt verständlicher Weise Zweifel da auf, wo in Folge eines Mangels im Verfahren im einzelnen Fall jene Voraussetzung nicht erfüllt war. So, wenn bei individueller Einladung der eine oder der andere Aktionär übergangen wird, wenn bei Einladung durch öffentliche Bekanntmachung nicht zweimal, wie bestimmt ist, sondern nur einmal, wenn in einem der mehreren Blätter überhaupt nicht annonciert worden ist. Viel zu weit geht Hueck, Anfechtbarkeit 35: Die Einberufung muß — wenn überhaupt noch von einer Generalversammlung soll gesprochen werden können — so erfolgen, daß normalerweise alle Aktionäre Kenntnis davon erlangen können; erfolgt sie durch Brief, so müssen die Briefe an alle bekannte Aktionäre gerichtet werden, bei öffentlicher Einladung muß die Anzeige in jeder der vorgeschriebenen Zeitungen erfolgen; wollte man anders entscheiden, so wäre es leicht möglich, daß ein Aktionär trotz aller Sorgfalt von der bevorstehenden Versammlung nichts erfährt; deshalb bilde in solchem Fall die Anfechtbarkeit keinen genügenden Schutz." Hier ist das Kriterium: Scheinbeschluß, Scheinversammlung oder nicht, vollständig aufgegeben. Schlechthin unerläßlich ist vielmehr nur die Anzeige im Reichsanzeiger. Der oft gehörte Einwand, daß gerade den die wenigsten lesen, ist hinfällig, weil die Anzeige im Reichsanzeiger die Quelle ist, aus der die Mitteilung in den Handelsteil aller einigermaßen bedeutenden Zeitungen fließt, und man kann vielmehr gerade umgekehrt behaupten, daß die Kenntnis der Meisten derer, die davon erfahren, auf diese Anzeige im Reichsanzeiger wenn auch nur mittelbar zurückgeht. — Ganz anders die Formel, welche Fischer S. 205 bei Note 18 im Anschluß an Lehmann-Ring § 271[10] aufstellt: Die Berufung muß so vorgenommen werden, daß die Möglichkeit des Zusammentritts aller Aktionäre bestand, daß also jeder sorgfältige Aktionär die, wenn auch ungehörige Abhaltung der Generalversammlung an dem betreffenden Ort und zu der betreffenden Zeit erwarten konnte; anderen Falles würde zu sagen sein, daß die Zusammenkunft überhaupt keine Generalversammlung darstellt. Das weist auf Mängel anderer Art hin. Denn der Gedanke setzt voraus, daß die Bekanntmachung jedem Aktionär zugänglich gemacht ist. Es ist an Mängel des Inhalts der Bekanntmachung gedacht. Und da will die Behauptung nach keiner Richtung recht passen. Sie schießt über das Ziel hinaus und bleibt auch wieder dahinter zurück. Geht z. B. die Bekanntmachung von einem Unberufenen aus, etwa von einem Aktionär, der nicht vom Gericht dazu ermächtigt worden ist, oder der zwar ermächtigt worden ist, aber versäumt, das mit bekannt zu machen (§ 254 III. 3), so braucht ihr Folge zu leisten niemand sich die Mühe, die Zeit und das Geld kosten zu lassen; Makower § 254 IV d (anders aber unscharf Hueck, Anfechtbarkeit 40; Lehmann-Ring 254[6]). Was da zusammenkommt, ist Scheinversammlung (RG 92, 409; 75, 242; 89, 379). Anderseits kann man der Generalversammlung die Bezeichnung als solche nicht wohl versagen, weil die persönliche Einladung einer von vielen Aktionären nicht erhalten hat oder weil bei Einberufung durch öffentliche Bekanntmachung ein Aktionär nicht durch eingeschriebenen Brief benachrichtigt worden ist, obwohl er gemäß § 257 seine Aktie bei der Gesellschaft hinterlegt hatte. Man kommt auf gleitende Bahn, wo es keinen Halt gibt, wenn man es nicht mit dem Begriff des „flagranten Verstoßes" streng nimmt. Makower § 273 II b2 dreht fast schon den Satz um: wo das Gefühl nach Beseitigung des Beschlusses drängt, ist es nur der Scheinbeschluß einer Scheinversammlung. Nicht viel anders ist es, wenn Staub-Pinner § 273[16] behauptet, es liege in Wirklichkeit gar kein Generalversammlungsbeschluß vor, wenn die Formvorschriften, insbesondere über die Protokollierung nicht gewahrt seien und wenn die erforderliche getrennte Abstimmung nach Aktiengattungen nicht stattgefunden habe. Gegen diese Verfälschung eines an sich richtigen Gesichtspunkts s. RG 89, 378. Nur wenn absichtlich Formvorschriften übertreten werden, z. B. um einen unliebsamen Aktionär von der Versammlung fern zu halten, kann nach allgemeinem Rechtsgrundsatz Nichtigkeit der gefaßten Beschlüsse in Frage kommen. Grundsätzlich anerkannt in RG 34, 113. Vgl. hierzu Horrwitz ZBH 1, 183, der auch in solchem Fall nur Anfechtbarkeit annimmt. Wie hier Nord, Die Rechte der Aktionäre S. 71 und wohl auch Staub-Pinner § 273[16]; unsicher Flechtheim in JW 1925, 572 V. — Ungenauigkeiten der Bekanntmachung sind unschädlich, wenn ein Mißverständnis ausgeschlossen ist; RG 34, 113.

c) Lehnt die Generalversammlung ab, wegen eines vorgefallenen Verstoßes sich zu vertagen, so tut sie das auf die Gefahr hin, anfechtbare Beschlüsse zu fassen; der Ablehnungsbeschluß kann nicht angefochten werden; RG 103, 9. Vgl. auch Fürst in LZ 1912, 509. —

d) Wegen Verstoßes gegen die Vorschriften über die Ausschließung vom Stimmrecht und dessen Folgen s. Erl 5 h zu § 252. — Unter Umständen kann die an und für sich begründete Ausschließung eines Aktionärs von der Teilnahme zur Anfechtbarkeit der gefaßten Beschlüsse führen, wenn es nach Lage der Sache geboten war, die Versammlung zu vertagen; RG 112, 115. Das Gericht spricht hier von Nichtigkeit, aber ohne den Ausdruck zu betonen; es war Anfechtungsklage erhoben und in der Tat lag auch nur Anfechtbarkeit vor, die zur Vernichtung führte. — Gehäufte Verstöße können, auch wenn jeder einzeln für sich betrachtet nicht gesetzwidrig (sic) ist, Beanstandung der Beschlüsse unter dem Gesichtspunkt der Sittenwidrigkeit begründen RG 107, 76.

e) Zweifelhaft ist, ob auch dann, wenn der gestellte Antrag die erforderliche Mehrheit nicht findet, also abgelehnt wird, ein anfechtbarer Beschluß vorliegt. Ohne Zweifel ist auch die Ablehnung eines Antrages ein Entschluß der Generalversammlung. S. § 251 Erl 1 b. Und wenn auch im allgemeinen von der Anfechtung einer Ablehnung deshalb keine Rede sein kann, weil mit der Beseitigung der Ablehnung nicht schon positiv der Beschluß der Annahme des Antrages gegeben ist, mithin die Anfechtung gar kein Ziel hätte, so sind doch Fälle denkbar, wo es anders liegt. Es liegt in der Natur der Sache, daß hierbei Anfechtungsgrund immer nur ein Mangel im Verfahren sein kann. Steckt aber der Fehler ausschließlich in der Berechnung des Ergebnisses der Abstimmung — sei es, daß man falsch gezählt hat, oder daß man einzelne Aktionäre zu Unrecht von der Abstimmung ausgeschlossen, zur Abstimmung zugelassen hat, oder daß man zu Unrecht qualifizierte Mehrheit oder falsch qualifizierte Mehrheit für erforderlich erklärt hat u. ä. — dann liegt gegebenen Falles — nämlich wenn der gemachte Fehler kausal gewesen ist — in der richterlichen Entscheidung, welche den Fehler anerkennt, rein logisch zugleich, die Feststellung, daß der Antrag in Wahrheit nicht abgelehnt worden ist, sondern angenommen. Mit anderen Worten, auch im Fall des fälschlich als Ablehnung proklamierten Beschlusses kann nicht etwa fristlos auf die Feststellung geklagt werden, daß der Antrag in Wahrheit angenommen sei (so Staub-Pinner § 271[1]). Vielmehr bleibt es bei „Ablehnung", wenn nicht rechtzeitig angefochten wird (s. oben Erl 2[a]), während rechtzeitige Anfechtung, wenn sie sachlich begründet ist, zu der Feststellung führt, daß die Annahme des Antrages beschlossen worden ist. So mit Recht Fürst in LZ 1912, 519; RG 107, 170. Wenn Fürst das. 520 noch allgemeiner der Anfechtung von Ablehnungen ein Ziel insofern geben will, als der Richter, der der Anfechtung stattgibt, zugleich den Vorstand verurteilen könne, die zu erneuter Abstimmung erforderliche Generalversammlung einzuberufen, so ist das aus mehr als einem Grunde abzulehnen. Der Vorstand ist im Anfechtungsprozeß nicht Partei und kann also nicht zu einer Leistung verurteilt werden, während die Partei selbst, die Gesellschaft nicht berufen ist, Generalversammlungen der Aktionäre einzuberufen. Außerdem haben der oder die Kläger, der oder die Aktionäre, keinen klagbaren Anspruch gegen den Vorstand auf Einberufung einer Generalversammlung. Die Rechte, welche sie in dieser Richtung haben, liegen in dem beschlossen, was § 254 bestimmt. — Auch in Beurteilung des Falles, daß die Generalversammlung durch anfechtbaren Beschluß den Antrag auf Genehmigung eines unter Vorbehalt dieser Genehmigung geschlossenen Rechtsgeschäfts des Vorstandes ablehnt, kann Fürst a. a. O. 519 nicht zugestimmt werden. Für das Verhältnis zum Vertragsgegner kommt es nicht so sehr darauf an, was die Generalversammlung beschließt, als vielmehr darauf, was dem Gegner als beschlossen erklärt wird. Auch der anfechtbare Beschluß der Ablehnung macht, wenn er dem Gegner erklärt wird, der Sache endgültig ein Ende. — Die mehr nur gelegentliche, jedenfalls für die Entscheidung bedeutungslose Bemerkung in RG 107, 170, die Ablehnung des Antrages, einen vom Vorstand geschlossenen Vertrag für nichtig zu erklären, ergäbe einen Beschluß positiven Inhalts, muß bestritten werden. S. hierzu auch Erl 1 b zu § 251.

f) Mängel des Verfahrens, welche an und für sich die Anfechtung des Beschlusses begründen könnten, sind unschädlich, wenn erhellt, daß sie keinen Einfluß auf das Ergebnis gehabt haben, z. B. wenn ein Aktionär zu Unrecht mitgestimmt hat, die erforderliche Mehrheit aber trotz Ausfalls dieser Stimmen noch vorhanden ist; Bolze 17, 531; 23, 583; RG in HoldhMS 6, 121; RG 65, 242; 103, 64; 104, 128; wenn die Versammlung nicht ordnungsmäßig einberufen war, JW 1897, 12[2]; siehe aber auch RG 92, 411. Beweispflichtig ist in dieser Beziehung der Anfechtungsgegner; die Gesellschaft muß beweisen, daß der Fehler nicht ursächlich geworden ist und mit dem Beweis muß es streng genommen werden RG 36, 26; 90, 208; 103, 6; 110, 197; in HoldhMS 12, 99; siehe aber auch RG 115, 350.

g) Anfechtbare Beschlüsse hat der Registerrichter einzutragen, wenn die Anfechtungsfrist unbenutzt verstrichen ist. Läuft die Frist noch, so hat er weder die Pflicht noch das Recht, Mängeln der Beschlußfassung nachzuspüren. Kommt ihm aber durch die Anmeldung nebst Anlagen der Mangel zur Kenntnis, so hat er sich nach den Umständen zu entschließen; ist in der Generalversammlung Protest erhoben, so wird er seine Entschließung bis Ablauf der Anfechtungsfrist aufschieben. Aber auch wenn nicht Protest erhoben ist, ist darum die Anfechtung noch nicht ausgeschlossen. Ist die Klage erhoben, so ist nach § 127 FGG zu verfahren; OLG 34, 348 (KG). S. auch OLG 32, 129 (KG); 34, 348 (KG).

§ 260.

Die Generalversammlung[1] beschließt[2] über die Genehmigung der Jahresbilanz[3] und die Gewinnverteilung[4] sowie über die Entlastung[5] des Vorstandes und des Aufsichtsrats.

Der Vorstand hat in den ersten drei Monaten des Geschäftsjahrs[7] für das verflossene Geschäftsjahr eine Bilanz, eine Gewinn- und Verlustrechnung sowie einen den Vermögensstand und die Verhältnisse der Gesellschaft entwickelnden Bericht dem Aufsichtsrat und mit dessen Bemerkungen der Generalversammlung vorzulegen[6]. Im Gesellschaftsvertrage kann eine andere Frist, jedoch nicht über die Dauer von sechs Monaten hinaus, bestimmt werden[8, 9].

1. Die drei hier erwähnten Gegenstände, Feststellung der Jahresbilanz und — eng damit zusammenhängend — Feststellung der Jahresdividende, endlich Entlastung des Vorstandes und des Aufsichtsrats sind kraft zwingender Vorschrift der Generalversammlung vorbehalten. Weder durch allgemeine Bestimmung des Statuts noch durch Delegation im einzelnen Fall kann die Entschließung und Entscheidung über sie einer anderen Stelle zugewiesen werden. Vgl. RG 13, 27; 32, 95; nicht so bestimmt RG in DJZ 1924, 316. Von der Bilanzfeststellung insbesondere gilt das sowohl im ganzen als auch in einzelnen Teilen. So ist es namentlich unzulässig, das Maß der Abschreibungen oder die Entscheidung über Rückstellungen der Entschließung des Aufsichtsrats zuzuweisen. Das ist freilich lebhaft bestritten. S. Goldschmit, Aufsichtsrat 254 ff. und die Nachweise bei Staub-Pinner § 260[1a]; Goldschmit AG § 260[3]. So behauptet Fischer 389, eine solche Übertragung sei weit verbreitet und zulässig, ohne für letzteres einen Beweis auch nur zu versuchen, ebenso — mit ausführlicher Begründung — Flechtheim in BankArch 16, 371 und — gegen Pinner in LZ 1917, 1207 — in LZ 1918, 9; ferner in RuW 1922, 22. S. auch S. 389. Die Begründung ist nicht überzeugend (Passow, Bilanzen II S. 5). Der Aufsichtsrat kann nicht Gewinn schaffen, wo Verlust gewesen ist. Ist aber überhaupt Gewinn gemacht, so liegt der Schwerpunkt der Entscheidung über die Höhe der Dividende in den Abschreibungen und Rückstellungen. Legt man hier die Entscheidung in die Hand des Aufsichtsrats, dann nimmt man der Generalversammlung die Entscheidung über die Gewinnverteilung. Darüber ist nicht hinwegzukommen. Allenfalls als delegierte Befugnis ließe sich eine solche Aufgabe des Aufsichtsrats denken. Aber von Delegation kann hier keine Rede sein. Darin hat F. Recht. Denn die Entscheidung einer delegierten Stelle kann jederzeit von der delegierenden umgestoßen werden und gerade das soll ja vermieden werden. Zulässig wäre eine Statutenbestimmung, wonach die Generalversammlung Abweichungen von den Vorschlägen des Aufsichtsrats nur mit qualifizierter Mehrheit beschließen kann. Aber damit ist sachlich nichts oder nichts wesentliches erreicht. Findet der Widerspruch gegen den Vorschlag des Aufsichtsrats zwar die einfache, aber nicht die qualifizierte Mehrheit, dann lehnt die einfache Mehrheit — wenn ihr überhaupt die Sache wichtig genug ist — die Genehmigung der Bilanz ab. S. Rosendorff in Holdh MS 26, 231. Es ist auf etwas wesentlich anderes abgesehen, nämlich auf eine Stelle, welche von der Mehrheit der Generalversammlung ebenso unabhängig ist wie vor allem auch von der 5%igen Minderheit des § 271 III. 2. Das Bedürfnis nach einer solchen Stelle hat ihren Grund in der nach diesseitiger Meinung unhaltbaren Doktrin, wonach der einzelne Aktionär, nach unserer positiven Vorschrift die 5%ige Minderheit gegen jede offene und stille Rücklage, möge sie auch kaufmännisch verständig oder geradezu geboten erscheinen, sich mit Erfolg wenden kann. Vgl. Erl 7 c zu § 213. Würde man diesen unrichtigen Rechtssatz aufgeben, an den sich ohnehin niemand kehrt, es sei denn das Gericht, wenn es einmal zum Prozeß kommt, so würde das Bedürfnis fortfallen, der Generalversammlung die Entscheidung aus der Hand zu nehmen. In Urteil vom 26. 1. 1898 Holdh 7, 143 hat das Reichsgericht die Statutenbestimmung unbeanstandet durchgehen lassen, daß die Rückstellungen

vom Aufsichtsrat bestimmt werden. Anders dagegen schon RG 13, 26; 32, 94. Gegen die herrschende Lehre auch Urh in JW 1924, 1092. Dagegen steht nichts im Wege und ist denn auch weitverbreitet und nur zu empfehlen, daß im Statut über Abschreibungen und Rückstellungen allgemeine Grundsätze vereinbart werden, von welchen dann die Generalversammlung nur abweichen kann, wenn niemand widerspricht, genauer, wenn die etwa Widersprechenden noch nicht 5% des Grundkapitals vertreten.

Das sind drei getrennte Beschlüsse, welche die Generalversammlung zu fassen hat. Aber die Feststellung der Dividende setzt die Feststellung der Bilanz voraus, während die Entlastung zwar nicht die Feststellung der Bilanz, wohl aber deren Vorlegung und durchgängige Prüfung voraussetzt. RG 44, 66; vgl. auch RG 34, 57.

2. a) Wie Staub-Pinner mit Recht hervorhebt, handelt es sich nicht so sehr um Genehmigung als vielmehr um die Feststellung der Jahresbilanz, weil die Generalversammlung nicht nur die Wahl hat, die vorgelegte Bilanz entweder zu billigen oder abzulehnen, vielmehr auch über die einzelnen Sätze abändernd beschließen kann. Diese Feststellung der Bilanz ist die Aufgabe, man kann auch sagen, das Recht der Generalversammlung in ihrer Funktion als das dritte Organ der Gesellschaft im Gegensatz zu Vorstand und Aufsichtsrat (S. § 235 Erl 4 a). Aber nicht läßt sich sagen, daß es ihre Pflicht sei. Die Pflicht, die Jahresbilanz aufzustellen trifft nicht die Generalversammlung, sondern die Gesellschaft, § 39 HGB. Den Vorstand trifft die Pflicht, den Entwurf der Generalversammlung vorzulegen und zur Erfüllung dieser Pflicht kann er gezwungen werden. Dagegen erscheint es ausgeschlossen, daß die Generalversammlung gezwungen werden könnte, die Bilanzfeststellung zu einem Abschluß zu bringen. Weder der Vorstand noch überhaupt jemand wäre in der Lage, hierauf zu klagen. Das ist ebenso ausgeschlossen, wie eine Klage gegen den Aufsichtsrat, daß er die Bilanz prüft und darüber berichtet, undenkbar ist. Vgl. RG 44, 145; a. A. Makower § 264 I; Hueck, Anfechtbarkeit S. 230 und die dort Zitierten. Weder besitzt die Generalversammlung die hierzu erforderliche Parteifähigkeit, noch hätte es überhaupt einen Sinn, die Generalversammlung zu einer Entschließung zu verurteilen, die ausschließlich von den Entschließungen der unter keinen Umständen zu etwas verpflichteten Aktionäre abhängt. Darin unterscheidet sich ganz wesentlich Bilanz- und Dividendenfeststellung von der Entlastung. Letztere ist ein Rechtsgeschäft der Gesellschaft gegenüber den Mitgliedern der Verwaltung, welche je nachdem entweder die Generalversammlung als Organ der Gesellschaft beschließt oder — soweit die Mitglieder von Vorstand und Aufsichtsrat zugegen sind, die Gesellschaft selbst und unmittelbar erklärt. Dagegen sind Bilanzgenehmigung und Dividendenfeststellung Rechtshandlungen, aber keine Rechtsgeschäfte, keine Willenserklärungen im Sinn des § 894 ZPO. Daher kann der Vorstand wohl — nicht gegen die Generalversammlung aber gegen die Gesellschaft — auf Entlastung klagen und damit zu einem Ziel gelangen, nicht aber auf Genehmigung seines Bilanzvorschlages. Übrigens sind ja offensichtlich die mittelbar wirkenden Impulse auch dringend genug, um jeden unmittelbaren Zwang überflüssig zu machen.

Es kann denn auch von einem klagbaren Anspruch des einzelnen Aktionärs auf Feststellung der Dividende nicht die Rede sein. Der Einfluß, welcher in dieser Richtung dem Einzelnen zur Verfügung steht, ist in dem beschlossen, was § 254 bestimmt; a. A. Fischer 391 unter 2 a; Makower § 264 I. Wie hier Brand § 260[2] d, [3] d, überhaupt die herrschende Lehre.

b) Ebensowenig wie die Genehmigung der Bilanz ist der Beschluß über die Gewinnverteilung ein Rechtsgeschäft, was hervorzuheben hier um so notwendiger ist, als der Schein erweckt werden könnte, daß das Gläubigerrecht der Aktionäre auf die Dividende gleichsam auf einem mit der Gesellschaft geschlossenen Vertrag, Anerkennungsvertrag beruhe. Das ist nicht der Fall. Allerdings entsteht dieser Anspruch durch und mit dem Beschluß. Trotzdem ist die Generalversammlung nicht gehindert, Rechenfehler und ähnliche Unrichtigkeiten nachträglich richtig zu stellen. Vgl. RG 32, 94; a. A. Simon, Bilanzen 26. In RG 11, 360 ist nicht von Korrektur der Bilanz, sondern von sachlicher Änderung die Rede. Nur kann die Gesellschaft nicht auf Grund dessen Zurückzahlung ausgezahlter Gewinnbeträge fordern, welche der Aktionär in gutem Glauben bezogen hat, § 217 Satz 2. Aber auch einen durch Irrtum, namentlich auch durch Betrug beeinflußten Bilanz- und Dividendenfestsetzungsbeschluß kann die Generalversammlung nachträglich richtigstellen. Die herrschende Lehre denkt hier an die Anfechtung nach §§ 119 ff. BGB (Staub-Pinner § 260[4]). Aber diese Vorschriften treffen den Fall nicht und ließen sich auch entsprechend nicht ohne Gewalttätigkeit auf ihn anwenden. — Willkürlich kann die genehmigte Bilanz nicht wieder abgeändert werden; RG 37, 63, aber eine nachgewiesene und ursächlich gewordene Täuschung rechtfertigt die Änderung ohne weiteres; Brand § 260[2] c. Hueck, Anfechtbarkeit 122 steht grundsätzlich auf dem hier vertretenen Standpunkt, nur dehnt er die Fälle des Rechtsgeschäfts zu weit aus; weder Wahlen gehören dazu noch der Dividendenverteilungsbeschluß.

3. a) Bilanz ist eine Aufzeichnung, in welcher die Aktiva und Passiva des Kaufmannes, hier der Aktiengesellschaft, gruppenweise in einzelnen Posten zusammengefaßt, so einander gegenübergestellt werden, wie es mit Rücksicht auf Art und Umfang des Unternehmens nach kaufmännischen Grundsätzen erforderlich ist, um Einblick in und Urteil über die Vermögenslage des Unternehmens

oder Unternehmers zu gewinnen. Eine für die A-Gesellschaft gesetzlich vorgeschriebene Ergänzung (s. Abs II) findet die Bilanz in der Gewinn- und Verlustrechnung. Während erstere das geschäftliche Ergebnis des Jahres oft überhaupt nicht, bei der A-Gesellschaft nur in einer Summe zusammengefaßt aufweist, erscheint in der Gewinn- und Verlustrechnung auseinandergelegt, woran im einzelnen und wieviel an jedem einzelnen gewonnen oder verloren ist. Gewinn und Verlust gegeneinander aufgerechnet, d. h. das Saldo der Gewinn- und Verlustrechnung stellt das Schlußergebnis dar und erscheint in der Bilanz als Gewinn auf Seite der Passiva, als Verlust auf Seite der Aktiva als letzter die Rechnung formell ausgleichender Posten, d. h. wiederum als Saldo. Auch wenn das Geschäftsjahr nur ein „Baujahr" gewesen ist, muß eine Gewinn- und Verlustrechnung aufgestellt werden; Bauer 15, 195. Beiden — Bilanz und Gewinn- und Verlustrechnung — gemein ist, daß sie nicht das Werden, sondern nur ein Sein aufweisen, den Stand des Vermögens und das Ergebnis der Geschäftsführung in dem einen bestimmten Zeitpunkt des Jahresschlusses.

Die Bilanz genehmigen bedeutet ihren Inhalt bestimmen. Unter Aufstellung der Bilanz versteht das Gesetz ihre endgültige Feststellung. Aufgabe der Verwaltung, d. h. des Vorstandes (im vorgeschriebenen Zusammenwirken mit dem Aufsichtsrat, Abs II, § 246 I. 3) ist es, die Bilanz zu entwerfen, um sie als Vorschlag der Generalversammlung zur Beschlußfassung zu unterbreiten. Diese ist nicht darauf angewiesen, den Entwurf entweder zu billigen oder zu verwerfen. Sie hat zu bestimmen, wie die Bilanz lauten soll; RG 15, 99. Das Beschlossene in der buchungstechnischen Form zu Papier zu bringen ist dann wiederum Sache der Verwaltung. Unter Umständen mag es geboten erscheinen, die neue Fassung nochmals zur Beschlußfassung der Generalversammlung zu stellen. Schlechthin nötig ist es nicht. Ist die Feststellung einer Bilanz unterblieben, so muß das so gut wie es geht, nachgeholt werden; es darf die Bilanz nicht für mehrere Jahre aufgestellt werden, Bauer 20, 174. — Die Generalversammlung beschließt mit einfacher Stimmenmehrheit. Mitglieder des Vorstandes und Aufsichtsrats, wenn sie Aktien besitzen, sind von der Abstimmung nicht ausgeschlossen. Vgl. RG 49, 146.

b) Der § 260 spricht nur von der Jahresbilanz. Daß die A-Gesellschaft bei Beginn ihres Gewerbebetriebes eine Eröffnungsbilanz aufstellen muß, ist nicht hier, sondern in § 39 I HGB vorgeschrieben:

> Jeder Kaufmann hat bei dem Beginn seines Handelsgewerbes seine Grundstücke, seine Forderungen und Schulden, den Betrag seines baren Geldes und seine sonstigen Vermögensgegenstände genau zu verzeichnen, dabei den Wert der einzelnen Vermögensgegenstände anzugeben und einen das Verhältnis des Vermögens und der Schulden darstellenden Abschluß zu machen.

Mit anderen Worten, es ist eine Inventur vorzunehmen und auf dieser als Grundlage die Bilanz aufzustellen, die Eröffnungsbilanz. Von dieser ist in § 260 nicht die Rede. Ihre Aufstellung ist Sache des Vorstandes. Genehmigung der Generalversammlung kommt nicht in Frage. Wohl aber sind die Vorschriften in § 261 auch für die Eröffnungsbilanz maßgeblich; Passow, Bilanzen I, 14; Lion, Bilanzsteuerrecht 152. — Dagegen wird die im Fall der Auflösung der Gesellschaft vorgeschriebene Liquidationseröffnungsbilanz (§ 299) von der Generalversammlung festgestellt; RJA 9, 156 (KG). — „Bei Beginn des Handelsgewerbes muß die Aufstellung erfolgen"; RGSt 29, 222. Der Beginn kann schon darin liegen, daß der Kaufmann die erste Warenbestellung aufgibt; RG in GoltdArch 39, 46; RGSt 27, 227. Die Bilanz muß in diesem Zeitpunkt nicht schon fertig vorliegen; RG a. a. O.: Das Gesetz meint nicht einen bestimmten Zeitpunkt, sondern einen Zeitabschnitt, dessen Grenzen bei billiger Berücksichtigung der konkreten Verhältnisse schon deshalb nicht allzu eng gesteckt werden dürfen, weil die Bilanzaufstellung selbst ein Geschäft ist, welches mit Vorarbeiten, Zusammenstellungen und Aufrechnungen naturgemäß einen gewissen Zeitaufwand und damit zugleich eine billige Befristung erheischt" (es handelte sich um etwa einen Monat Aufschub), RG in Recht 1913, 2540.

Ist die Aufstellung einer Eröffnungsbilanz versäumt worden, so kann der Registerrichter auf nachträgliche Aufstellung auch dann dringen, wenn inzwischen Jahre verflossen sind, OLG 7, 1 (KG); der Vorstand ist aber mit dem Einwand zu hören, daß die Aufstellung nicht mehr möglich sei.

c) Eine selbständige Eröffnungsbilanz muß auch aufgestellt werden, wenn die A-Gesellschaft gegründet wird, um ein im Gang befindliches Geschäft zu übernehmen und fortzusetzen. Es ist wohl nicht ganz richtig (vgl. Hachenburg GGmbH § 41[12]), daß in solchem Fall die Schlußbilanz des bisherigen Betriebes die Eröffnungsbilanz des neuen darstelle. Das trifft auch dann nicht zu, wenn die Schlußbilanz eine Bestandsbilanz, nicht eine Gewinnermittlungsbilanz ist. Die Gesellschaft muß vielmehr an Hand des Gesamtpreises, zu welchem das Geschäft erworben, oder des Wertes, mit welchem es in die Gesellschaft eingebracht worden ist, die „Anschaffungspreise" (§ 261, Z 23) der einzelnen Aktiven festsetzen und einstellen, die sich keineswegs ohne weiteres mit dem Betrag decken werden, mit welchem die Gegenstände beim Veräußerer zu Buch standen. Aber in großem Umfang wird allerdings jene Schlußbilanz des Veräußerers verwendbare Grundlage für die Eröffnungsbilanz des Erwerbers bieten. Schwieriger wird die Aufgabe in dem häufigen Fall, daß das im Gang befindliche Geschäft mit der Vereinbarung eingebracht wird, daß es von einem zurückliegenden Zeitpunkt an für Rechnung des Erwerbers geführt gelten solle (ähnlich liegt es, wenn die Gesellschaft den Geschäftsbetrieb begonnen hat, bevor sie in das Handelsregister eingetragen worden ist). Auch hier kann nicht ohne weiteres auf der Schlußbilanz des Vorgängers oder auf seinem letzten Jahresabschluß weitergebaut werden (wenn auch nur auf dessen Grundlage der der erwerbenden Gesellschaft zukommende Gewinn berechnet werden kann und aus steuerrechtlichen Gründen in der Regel auch berechnet werden muß). Eine selbständige Eröffnungsbilanz muß auch hier unter allen Umständen aufgestellt werden (vgl. RGSt 28, 428) und nur darüber läßt sich streiten, auf welchen Zeitpunkt sie aufzustellen ist, ob retrospektiv und mehr oder weniger künstlich auf den Zeitpunkt der Schlußbilanz des Vorgängers oder, was dem Wortlaut des Gesetzes entsprechen würde, auf die Zeit der Entstehung der Gesellschaft und des Beginnes des wirklich eigenen Betriebes. Das letztere nimmt — wohl mit Recht — die Rechtsprechung an und ist herrschende Lehre, Holdh MS 2, 219 (Jena); RGSt 29, 222; Staub-Pinner § 239[8]; Lehmann-Ring § 260[9]; anders Simon, Bilanzen 105; Hachenburg GGmbH § 41[12]. Damit ist aber noch nicht über die Frage entschieden, wie der für Rechnung der Gesellschaft vom Vorgänger (oder der für die Gesellschaft vor ihrer Entstehung) erzielte Gewinn zu behandeln ist. Selbstverständlich kommt das Ergebnis dieser Vorzeit der Gesellschaft zugute, wenn es Gewinn ist, und ist, wenn es Verlust ist, zu ihren Lasten, und zwar auf Kosten des Einkommens, wenn dieses ihn deckt, darüber hinaus auf Kosten des Kapitals (vgl. Seyffert in BankArch 14, 380). Dieses Ergebnis ist an Hand der vorausgegangenen Jahresbilanz des Vorgängers festzustellen. Als Gewinn kann es nicht verteilt werden, nicht deswegen nicht, weil es nicht Gewinn der Gesellschaft ist, wie Staub-Pinner a. a. O. sagt, oder weil es nicht „Gewinn" ist, wie Lehmann-Ring § 260[9] annimmt, sondern weil es nicht Jahresgewinn ist. Vgl. Erl 5a zu § 213. Daher dürfte, wenn man das Geschäftsjahr beibehält, das nach Ablauf des Restes des Jahres festgestellte Ergebnis, wenn es Gewinn ist, als solcher verteilbar sein. Denn es ist das Geschäftsergebnis eines vollen Jahres. Das Ergebnis des vorausgegangenen Geschäftsbetriebes wird sich übrigens verschieden auswirken, je nachdem, was im weiteren Verlauf des Jahres geschieht. Ist z. B. der Gewinn auf Ankauf neuer Anlagewerte draufgegangen, so werden die einzelnen Aktiven, da der Anschaffungspreis im Preis des Ganzen festgelegt ist und auf die einzelnen Aktiva verteilt werden muß, entsprechend billiger zu buchen sein und entsprechend ergeben sich stille Reserven, Lion, Bilanzsteuerrecht § 153. In dem Fall Holdh 2, 219 (Jena) hätte nach diesseitiger Auffassung der Verteilung des Gewinnes aus der Vergangenheit, so wie es beschlossen war, nichts entgegengestanden. A. A. Staub-Pinner § 239[8], der immer den Gewinn der Vorzeit auf „Kapitalkonto" verbucht sehen will. Ist Verlust gewesen, so kann das, soweit es nicht durch Gewinn im Rest des Jahres eingeholt wird, nicht anders als auf Kosten des Kapitalkontos gehen. Wenigstens streng genommen dürfen auch bei vorteilhaftem Kaufpreis die damit unterbewerteten Aktiven nicht aufgewertet werden. — Der Reichsfinanzhof hat sich wiederholt mit dieser Frage in einem Zusammenhang beschäftigt, wo es galt, dem Bestreben der Gesellschaften, ihren Gewinn möglichst hoch erscheinen zu lassen, entgegenzutreten. Er läßt grundsätzlich den Gewinn der Vorzeit nicht als Gewinn der Gesellschaft gelten, RFH 1, 205, 208; 2, 197; 6, 210. Die Folgerung, daß es dann Gewinn des Vorbesitzers sein muß, hat RFH 4, 113 nicht gezogen. Der zivilrechtlichen Beurteilung wird durch diese Entscheidungen nicht vorgegriffen.

4. a) Die Bilanz der A-Gesellschaft weist — als letzten Posten auf Seite der Passiven — den Reingewinn des Jahres auf. Mit der Genehmigung der Bilanz wird auch dieser Betrag festgestellt. Damit ist aber noch nicht entschieden, welche Dividende auf die einzelnen Aktien zur Verteilung kommt. Es bedarf eines Verteilungsbeschlusses. Ein Verteilungsvorschlag des Vorstands ist im Gesetz nicht vorgeschrieben, RG 101, 279. Erst mit dem Verteilungsbeschluß und durch ihn entsteht der konkrete Anspruch des Aktionärs auf Auszahlung der auf seine Aktie entfallenden Dividende. Vgl. RG 87, 383; 98, 320; OLG 36, 276. Selbstverständlich steht — allgemeines Einverständnis vorausgesetzt — nichts im Wege, falls der der Gen.-Vers. vorgelegte Bilanz-Entwurf auch einen ausdrücklichen Verteilungsvorschlag enthält, über beides durch eine Abstimmung zu beschließen. Noch weitergehend RG 15, 100: Wo im Statut die Gewinnverteilung fest geregelt ist, wird die ausdrückliche Festsetzung, daß der Gewinn zu verteilen sei, oft unterbleiben; er liegt eingeschlossen in der Bilanzfeststellung. So schon ROHG 9, 273.

Bestritten ist, ob die Generalversammlung in der Lage ist, die Dividende festzusetzen, zugleich aber zu bestimmen, daß die Auszahlung noch nicht erfolgen soll. Wo für eine solche Maßregel gerechtfertigter Anlaß gegeben erscheint, wo z. B. die Aktiven der Gesellschaft festliegen, und die zur Auszahlung der Dividende, die immer in Geld erfolgen muß, erforderlichen Mittel nicht flüssig sind, dürften Bedenken gegen einen solchen Beschluß jedenfalls dann nicht bestehen, wenn zugleich ein bestimmter späterer (spätester) Termin festgesetzt wird. A. A. Staub-Pinner § 260[5]. Vgl. RG 11, 160, wo entschieden ist, daß Dritte, welche Anspruch auf Tantieme haben, sich nach endgültiger Feststellung der Bilanz und Tantieme auf einen Aufschub der Auszahlung nicht einzulassen brauchen. — Soll ein solcher Aufschub unzulässig sein, dann muß man anerkennen, daß in einem solchen Fall die Mehrheit beschließen kann, überhaupt keine Dividende zu zahlen,. Die Ansicht, daß die Gesellschaft das nötige Geld aufnehmen könne, unterschätzt die Gefahr, welche selbst für gesunde Unternehmungen die Illiquidität in sich birgt.

Durchweg abzulehnen sind die Ausführungen in Bauer Z 26, 150: soweit der Gesellschaftsvertrag nichts anderes bestimme, dürfe der gesamte Überschuß an die Aktionäre verteilt werden, und zwar sofort oder beliebig später, auf einmal oder auf Grund mehrerer Ausschüttungsbeschlüsse; daher stünde nichts im Wege, mitten im Laufe des Geschäftsjahrs in außerordentlicher Generalversammlung die beschlossene Dividende nachträglich zu erhöhen oder auch mitten im Geschäftsjahr Gratisaktien auszugeben; denn, so wird gesagt, die Gläubiger der Gesellschaft müssen damit zufrieden sein, daß für sie das Grundkapital unberührt erhalten bleibe. Wie dieser letztere Gesichtspunkt nur bei der Gesellschaft mbH zutrifft, nicht bei der A-Gesellschaft, so ist die Folgerung für beide Gesellschaftsarten gleich verfehlt. Nicht einmal der auf das neue Jahr übertragene Gewinnvortrag steht zur Verfügung einer außerordentlichen, im Laufe des Geschäftsjahrs stattfindenden Generalversammlung. Die in der betreffenden Generalversammlung aufgeworfenen Bedenken, ob das in außerordentlicher Versammlung beschlossen werden könne, zeugten von treffender Einsicht in den rechtlichen Zusammenhang.

Durch den Verteilungsbeschluß wird das Recht des Aktionärs auf Beteiligung am Gewinn zum unentziehbaren konkreten Anspruch auf die Dividende. Das setzt aber eine dem Gesetz und dem Statut entsprechende Feststellung der Bilanz voraus. Die Generalversammlung kann, ohne daß sie damit Rechte der Aktionäre verletzt, einen in dieser Hinsicht gemachten Fehler zu verbessern, mit einfacher Mehrheit beschließen, RG 11, 163. Vgl. RG 32, 94. S. oben Erl 2 b.

b) Nicht selten findet sich im Statut die Bestimmung, daß die Dividende von der Generalversammlung festzusetzen ist. Die herrschende Lehre (s. Staub-Pinner § 260[6]; Lehmann-Ring § 213[3]; Neukamp GZ 38, 66; Brand § 262[3b]; OLG 36, 276 (Braunschweig)) sieht darin nur die ausdrückliche Hervorhebung dessen, was schon das Gesetz bestimmt. Das ist, wörtlich genommen, richtig, wird aber dem psychologischen Sachverhalt nicht gerecht. Von Gesetzes wegen hat die Generalversammlung nicht nur die Dividende, sondern vor allem auch erst einmal die Bilanz festzustellen. Es ist nicht die Absicht derer, welche eine solche Statutenbestimmung vereinbaren, diese letztere Aufgabe der Generalversammlung zu nehmen, und wenn sie daher zwar nicht dieses, wohl aber jenes ausdrücklich hervorheben, um es in die Hand der Generalversammlung zu legen, so ist doch nicht zu verkennen, daß man damit noch etwas mehr hat sagen wollen, als was im Gesetz schon steht. Dazu kommt die Tatsache, daß ganz allgemein die Ohnmacht der Mehrheit gegenüber dem Sonderrecht des einzelnen auf die streng nach dem Gesetz berechnete Dividende — so wie die Doktrin allgemein die Rechtslage auffaßt — als Übelstand empfunden wird. Das rechtfertigt, im Zweifel anzunehmen, daß durch eine Statutenbestimmung dieser Art die Macht der Generalversammlung hat erweitert werden sollen. Ebenso Makower § 213 II d; Brand § 213, 2 b[bb]; Simon, Bilanzen 7 bei Note 14; Goldmann § 213[12]. Im Falle OLG 10, 242 (Colmar) und dazu RG in JW 1905, 345[22] war offenbar der Generalversammlung freieste Hand bedungen.

5. a) An den Beschluß über die Bilanz schließt sich an oder es verbindet sich mit ihm die Entlastung des Vorstandes und des Aufsichtsrats. Beides steht in Zusammenhang miteinander. In der Vorlegung des Bilanzentwurfs nebst Bericht des Aufsichtsrats liegt zugleich diejenige Rechnungslegung, auf welche die Aktionäre Anspruch haben. Ist auch das Rechtsverhältnis der Mitglieder des Vorstandes zur A-Gesellschaft ein Dienstverhältnis welches Geschäftsbesorgung zum Gegenstand hat (§ 675 BGB), so findet doch § 666 BGB wegen der Besonderheit des Verhältnisses, nicht schlechthin, sondern nur entsprechende Anwendung, ROHG 25, 178. Soll der Vorstand wegen der Geschäftsführung des verflossenen Jahres Rechnung legen, so gäbe es hierzu keinen besseren, überhaupt kaum einen anderen Weg als die Vorlegung der geführten Handlungsbücher unter Anschluß der mündlichen Erläuterungen, wie sie auch bei ordentlicher Buchführung vielfach erforderlich werden. Dafür ist die Generalversammlung schlechthin ungeeignet. Derartiges ließe sich nur so erreichen, daß sie einzelne Persönlichkeiten delegiert, Revisoren bestellt, denen Rechnung zu legen wäre (a. A. Lehmann-Ring § 260[2], dagegen nicht, wie dort behauptet wird, Staub-Pinner § 260[20]). Und das kann nur nach Maßgabe des § 266 geschehen, wo nicht von allgemeiner Rechnungslegung, sondern nur von Prüfung der Bilanz (in geschäftsüblicher Weise durch je nach Lage des Falles mehr oder weniger umfangreiche Stichproben) und von Prüfung von Vorgängen, d. h. also bestimmten — mehr oder weniger genau umschriebenen — Teilerscheinungen der gesamten Geschäftsführung die Rede ist. Nur unter besonderen Umständen könnte die Gesellschaft, vertreten durch ihren Vorstand oder Aufsichtsrat, gegen einzelne Mitglieder oder frühere Mitglieder des Vorstands den Anspruch auf Rechnungslegung erheben. Vgl. ROHG 24, 364. Im allgemeinen vollzieht diese sich durch die dem Aufsichtsrat obliegende laufende Aufsicht über die Verwaltung und durch die Vorlegung der

Jahresbilanz in der Generalversammlung und die Auskunft, zu welcher in ihr der Vorstand verpflichtet ist. In welchem Umfang letzteres der Fall ist, darüber besteht Streit. S. hierüber Erl 2 d zu § 259.

b) Der Anspruch auf Entlastung steht den einzelnen Mitgliedern des Vorstandes und Aufsichtsrats zu und kann im Wege der Klage geltend gemacht werden, RG 89, 346; OLG 27, 350. Die Entlastung ist nicht nur das Bekenntnis einer Tatsache, wie die Quittung. Sie bedeutet die rechtsgeschäftliche Anerkennung, daß Einwendungen gegen die Geschäftsführung nicht zu erheben seien, RG 12, 77; DJZ 1904, 316[61] (KG). A. A. Hoeniger in DJZ 1922, 143, der die Bedeutung der Entlastung in einer Rechtsverwirkung erblickt. So auch Geiling in Holdh MS 1907, 220 ff. — Soll sie als Verzicht auf Ersatzansprüche wirken, so setzt das voraus, daß der Generalversammlung die erforderliche Mitteilung und Aufklärung geworden ist. Nur soweit, als das geschehen ist, wirkt die Entlastung. Es ist nicht unerläßlich, daß gerade der Ausdruck Entlastung im Beschluß gebraucht wird, RG 106, 263. Einzelheiten des regelmäßigen Geschäftsbetriebes brauchen nicht mitgeteilt zu werden, was ja auch, sollte es durchgängig geschehen, gar nicht ausführbar wäre. Dagegen dürfen, soll die Entlastung wirksam sein, außerordentliche Vorfälle, welche Anlaß geben könnten, Ersatzansprüche zu erheben, nicht unerwähnt bleiben, auch nicht — was dem gleichstehen würde — verschleiert mitgeteilt werden, RG 12, 77; 13, 51; 70, 133; JW 03, 391[26]; 05, 697[25]; LZ 08, 279[33]; 543[39]; HoldhMS 04, 132; 05, 140; Bolze 15, 126; Bauer 15, 170; RG in HoldhMS 08, 130: „Der Entlastungsbeschluß schützt insoweit, als die Generalversammlung im wesentlichen erkennen konnte, was dem Aufsichtsrat möglicherweise zur Last falle; da in der Generalversammlung Antrag auf Erhebung von Ansprüchen wegen ungenügender Überwachung des Vorstandes gestellt und darüber verhandelt worden war, enthält der bei genügender Kenntnis der Sachlage gefaßte Beschluß die Erklärung, daß gegen den Aufsichtsrat, mochte ihn auch ein Verschulden treffen, Ansprüche nicht erhoben werden sollen". S. auch RG 115, 332 a. E. Über die Bedenken des Urteils RG 18, 63, das die Gesellschaft auf die Anfechtung der Entlastung wegen Irrtums verweist (so auch Makower § 260 IV b), ist die spätere Rechtsprechung, wohl mit Recht, hinweggegangen, hat vielmehr den Gedanken, den Inhalt der Entlastungserklärung von vornherein zu beschränken, eher noch gesteigert: JW 1904, 43[13]: Der Beschluß deckt nur, was der Versammlung wirklich unterbreitet worden ist. Was die Kenntnis der Sachlage angeht, so kommt es darauf, ob die Mehrzahl der Anwesenden Kenntnis gehabt hat, nicht an. Zufällig erlangte Privatkenntnis ist nicht genügend; nur was der Generalversammlung als solcher durch die Vorlagen direkt oder indirekt zur Beschlußfassung unterbreitet wird, entscheidet über Inhalt und Umfang des Beschlusses. Selbst dann, wenn alle Aktionäre Kenntnis gehabt haben, kommt es auf dieses „private" Wissen nicht an, RG 70, 133. Auch darauf kommt nichts an, daß der Aufsichtsrat um die Dinge gewußt hat, Bolze 9, 479. Ebenso Lehmann-Ring § 260[5]; a. A. Simon, Bilanzen 21. Anders liegt es bei Bestellung eines Revisors, welchen die Generalversammlung mit Prüfung der Geschäftsführung beauftragt hat. Was diesem unterbreitet worden ist, findet mit dem anschließenden Entlastungsbeschluß endgültig Erledigung, ROH 22, 280, vgl. RG 12, 27. S. aber auch Bolze 17, 539. — Über die Entlastung entscheidet die Generalversammlung mit einfacher Mehrheit. Der einzelne Aktionär kann nicht behaupten, daß der Beschluß schon deswegen gegen § 826 BGB verstoße, weil mit ihm bewußt auf Ersatzansprüche verzichtet wird, DJZ 1913, 465, Holdh MS 23, 153. Für die Frage, ob ein solcher Verstoß gegen § 826 BGB nach Lage des Falles vorliegt, soll es nach RG 68, 314 darauf ankommen, ob die Mehrheit der Vorwurf trifft, welche Mehrheit nicht notwendig die Gesamtheit derjenigen sein müsse, welche für die Entlastung gestimmt hat. Vgl. auch LZ 1915, 1401. Richtiger dürfte sein, daß die Frage, ob eine rechtswidrige Majorisierung vorliegt, rein objektiv aus der gesamten Sachlage heraus zu entscheiden ist. — Daran, daß nach Lage des Falles unbekannt gebliebene Vorgänge durch die Entlastung nicht gedeckt werden, ändert der Umstand nichts, daß es im Interesse der Gesellschaft lag, die Vorgänge nicht bekannt werden zu lassen, RG 70, 133.

c) Die Klage auf Entlastung ist nicht Feststellungsklage sondern Klage auf Leistung, Klage auf Abgabe der betreffenden Willenserklärung. Sie setzt voraus, daß die Bilanz vorgelegt worden ist und daß ordnungsmäßig die erforderlichen Aufklärungen gegeben worden sind. Sie setzt ferner voraus, daß die Generalversammlung die Entlastung abgelehnt oder ohne Grund die Beschlußfassung überhaupt unterlassen hat. Es ist zu beachten, daß auch der Entlastungsbeschluß der Generalversammlung in der Regel zugleich Willenserklärung ist, ein den anwesenden Mitgliedern von Vorstand und Aufsichtsrat gegenüber vorgenommenes Rechtsgeschäft, auf welches die §§ 119 ff. BGB — Anfechtung wegen Irrtums arglistiger Täuschung, Drohung — unmittelbar anzuwenden sind, das übrigens aber auch als solches — also dem Geschäftsgegener gegenüber — dadurch hinfällig wird, daß der Beschluß mit Erfolg aus § 271 angefochten wird. Vgl. hierzu Makower § 266 IV c. Abzulehnen ist daher auch, was Hoeniger DJZ 1922, 146 in Anm. 2 ausführt. Die Persönlichkeit, welche die Entlastung erklärt, ist immer die Gesellschaft, nur daß sie unterschiedlich vertreten wird, im Regelfall durch die Generalversammlung, dagegen da, wo es noch einer weiteren Abgabe der Erklärung bedarf, also wenn die zu entlastenden Mitglieder nicht anwesend sind oder wenn es zum Prozeß kommt, durch den Vorstand oder sonstigen gesetzlichen Vertreter (§ 247; ZPO § 57). RG 114, 397. — Über die Tragweite der Verurteilung zur Abgabe der Entlastungserklärung s. RG 89, 396: „Spricht das Gericht für eine bestimmte Geschäftsführungszeit die Entlastung aus, so heißt dies, daß der Gesellschaft aus Anlaß jener Geschäftsführung Schadenersatzansprüche gegen den Kläger schlechthin nicht zustehen; das Urteil hat die gleiche Bedeutung wie die Zusprechung einer negativen Feststellungsklage; in Wirklichkeit ist sie eine Leistungsklage, wie die Klage auf Quittung im Falle des § 368 BGB; die Vollstreckung erfolgt nach § 894 ZPO" (Verurteilung zur Abgabe einer Willenserklärung). Sie setzt voraus, daß die Bilanz vorgelegt und ordnungsmäßig die erforderlichen (und erforderten) Aufklärungen gegeben worden sind. Die rechtskräftige Verurteilung zur Erteilung der Entlastung hat eine größere Tragweite als der gleichlautende Beschluß der Generalversammlung. Durchaus einleuchtend weist RG a. a. O. darauf hin, daß einer solchen Klage die „A-Gesellschaft" wesentlich anders gegenübersteht, als dem außergerichtlichen Antrag auf Erteilung der Entlastung die Generalversammlung. Jene ist im Besitz aller Geschäftsbücher und Geschäftspapiere und damit präsumptiv im Besitz gerade der Aufklärung, welche der Generalversammlung vorenthalten werden kann und vielleicht vorenthalten worden ist. Mit Klage in Anspruch genommen, muß die Gesellschaft, will sie nicht unterliegen, mit Formulierung und Substantiierung ihrer Ansprüche hervortreten, was keine Unbilligkeit bedeutet, wenn man streng an dem Erfordernis festhält, daß der Kläger ausreichend Rechnung gelegt und Aufklärung gegeben hat. Vgl. hierzu die Kritik Breits in JW 1917, 65[7], die hinfällig erscheint, wenn man darin dem RG folgt, daß überhaupt ein klagbarer Anspruch auf Entlastung besteht. Gegen Breit wiederum Boeters JW 1920, 699. Zur Kritik Flechtheims das. 700, ist zu sagen, daß wohl auch das RG einer Klage auf Entlastung erst stattgeben wird, nachdem die Gesellschaft oder die Generalversammlung ausreichend Gelegenheit gehabt hat, die ihr vom Gesetz gewährten Kautelen auszunützen. Der springende Punkt bleibt der erste Schritt, Zulassung des Anspruches und der Klage überhaupt und in diesem Punkt haben Verkehrsanschauung und Gesetz (§§ 248 III, 260) in gleicher Weise entschieden. — Die Klage kann auf die Geschäftsführung eines bestimmten einzelnen Geschäftsjahres beschränkt werden, OLG 27, 350. Es ist auch nicht ausgeschlossen, daß wegen bestimmter Einzelunternehmungen — ausdrücklich oder auch stillschweigend — Entlastung erteilt wird, vgl. RG 106, 262. Dagegen dürfte eine Klage auf Entlastung in dieser Vereinzelung nicht oder doch nur aus besonderer Veranlassung zulässig sein —. Gerät die Gesellschaft in Konkurs, so ist die Klage gegen den Konkursverwalter zu richten, LZ 1911, 305[4]. Dagegen kann die Anfechtung des auf die Entlastung lautenden Beschlusses nur gegen die Organe der Gesellschaft, nicht gegen den Konkursverwalter durchgeführt werden, dessen Interesse notwendig in der Richtung der Klage liegt, RG 76, 249. Über den Anspruch insbesondere der Mitglieder des Aufsichtsrats auf Entlastung s. Marcus in Holdh 1905, 40.

d) Genehmigung der Bilanz und Entlastung des Vorstandes und Aufsichtsrats sind zweierlei. In jener liegt nicht ohne weiteres auch Erteilung der Entlastung, die aber in ihr erblickt werden kann, wenn die Bilanz sowie der erstattete Bericht in keiner Weise beanstandet worden sind. Nach JW 1898, 609[40] ist das feststehende Rechtsauffassung. Beides hängt auch so eng miteinander zusammen, daß auch dann über die Entlastung wirksam Beschluß gefaßt werden kann, wenn diese in regelwidriger Weise nicht neben der Bilanzgenehmigung in der bekannt gemachten Tagesordnung erwähnt worden ist (§ 256). Doch ist beides voneinander unabhängig. Die nach Rosendorff, Stille Reserven S. 37 nicht seltene Statutenbestimmung, daß die Genehmigung der Bilanz ohne weiteres die Entlastung einschließe, ist unsinnig und ohne Bedeutung. Die Genehmigung der Bilanz kann versagt und Entlastung gleichwohl erteilt werden, wie es auch denkbar ist, daß einzelne Ansätze der Bilanz aus Gründen beanstandet werden, welche einen Vorwurf gegen die Verwaltung in keiner Weise bedeuten. Anderseits schließt die Genehmigung der Bilanz nicht Ersatzansprüche gegen die Mitglieder von Vorstand und Aufsichtsrat aus und steht daher nicht mit Verweigerung und Entlastung oder Aufschub der Entschließung darüber in Widerspruch. Vgl. RG 49, 146; HoldhMS 96, 138. So äußert denn auch nicht jeder Anfechtungsgrund gegen den Bilanzgenehmigungsbeschluß ohne weiteres seine Wirkung auf den Entlastungsbeschluß. Doch hängt beides eng zusammen, besonders wenn die Rechnungslegung durch die Bilanz als unvollständig bemängelt wird; RG 112, 26. — Wenn aber die Beschlußfassung über Genehmigung der Bilanz vertagt worden ist, muß auch die Abstimmung über die Entlastung einstweilen unterbleiben; RG 44, 66; ebensowenig darf über die Entlastung abgestimmt werden, wenn Rechnung nicht gelegt worden ist und ein Aktionär Widerspruch erhoben hat; RG 34, 57; auch nicht, wenn eine Minderheit nach § 268 gefordert hat, daß der Vorstand in Anspruch genommen wird. Vgl. Koelges in LZ 1914, 1293.

e) Die von Makower § 260 IV a aufgeworfene Frage, ob die Entlastung, um wirksam zu sein, der Annahmeerklärung (BGB § 397) bedarf, hat kaum praktische Bedeutung, weil die anwesenden Mitglieder des Vorstandes und Aufsichtsrats die Entlastungserklärung vielleicht ausdrücklich und wenn das nicht, stillschweigend akzeptieren, es sei denn, daß sie sie ausdrücklich ablehnen. Höchstens könnte in Frage kommen, ob gegenüber einem Abwesenden und wie lange noch, der Beschluß wieder zurückgenommen werden kann. Da aber die Entlastung dem Organ als solchem erklärt wird, wird der Abwesende in Entgegennahme der Entlastungserklärung durch die Anwesenden vertreten.

f) Grundsätzlich wird die Entlastung dem Organ, Vorstand und Aufsichtsrat als solchem erteilt. (Anders Makower § 260 IV d, ohne indessen hieraus die Folgerungen zu ziehen; s. § 252 V b 1.) Werden nicht gegen einzelne Mitglieder bestimmte, nur diese treffenden Vorwürfe erhoben, handelt es sich vielmehr darum, ob die Verwaltungstätigkeit überhaupt für einwandfrei erklärt werden soll, dann kann über die Entlastung des Kollegiums nur im ganzen Beschluß gefaßt werden und kein Mitglied, das zugleich Aktionär ist, hat Stimmrecht, RG 55, 76; 75, 75; 65, 243; JW 1917, 268[33]. Auf letzteres — Ausschluß vom Stimmrecht — kommt es an. Wenn man es nur allen Mitgliedern versagt, so kann über die einzelnen getrennt abgestimmt werden; HoldhMS 03, 215. Das Gesagte gilt von jedem der beiden Organe für sich, Vorstand und Aufsichtsrat. Aber wenn ganz allgemein die Gesamtverwaltung beanstandet wird und Ersatzansprüche zugleich gegen Vorstand und Aufsichtsrat zur Erwägung stehen, sind durchweg alle Mitglieder beider Organe von der Teilnahme an der Abstimmung auszuschließen. Nach LZ 1925, 722[1] (Stuttgart) wäre RG 65, 243 dahin zu verstehen, daß nichts im Wege steht, einzelne Mitglieder des Vorstandes oder Aufsichtsrats von der Entlastung auszuschließen, daß aber die Mitglieder beider Kollegien unter allen Umständen vom Stimmrecht ausgeschlossen sind. — Von der Beteiligung an der Abstimmung über die Bilanz sind die Mitglieder der Verwaltung, welche zugleich Aktionäre sind, nicht ausgeschlossen.

g) Der Beschluß, die Entlastung zu versagen oder, was dasselbe ist, die Ablehnung des Antrages auf Entlastung durch die Mehrheit (vgl. § 251 Erl 1 b) ist an und für sich, wie jeder Generalversammlungsgbeschluß der Anfechtung nach § 271 unterworfen. Aber für den Vorstand oder den Aufsichtsrat würde die Anfechtung zu keinem Ergebnis führen, die vielmehr nur durch Klage auf Entlastung zum Ziele kommen können, die auch zulässig ist, wenn die Generalversammlung ablehnt, darüber Beschluß zu fassen; RG 76, 247. Vgl. Erl 6 e zu § 259, wo ausgeführt ist, daß bei Versehen in der Berechnung des Stimmverhältnisses die Anfechtung eines ablehnenden Beschlusses zu einem positiven Ergebnis führen kann. Hier, wo in der Feststellung des Ergebnisses — auch in der irrtümlichen — zugleich die entscheidende rechtsgeschäftliche Erklärung liegt, wird man das nicht annehmen können.

6. Außer der Bilanz mit Gewinn- und Verlustrechnung hat der Vorstand einen schriftlichen Bericht vorzulegen, in welchem der Vermögensstand und die Verhältnisse der Gesellschaft entwickelt sind. Zunächst ist der Bericht dem Aufsichtsrat vorzulegen, der ihn mit seinen Bemerkungen versehen, zurückreicht. Der Vorstand handelt ordnungsmäßig, wenn er den Bericht dem Vorsitzenden des Aufsichtsrats und im Falle, daß dieser nicht zu erreichen ist, seinem Stellvertreter zugehen läßt; RG in BauersZ 18, 243. Sodann ist der Bericht mit den Bemerkungen des Aufsichtsrats der Generalversammlung zugleich mit der Bilanz vorzulegen. Der Aufsichtsrat übernimmt im Umfange der ihm zugänglichen Kenntnis der Verhältnisse nach Maßgabe seiner Bemerkungen die Mitverantwortung für die Richtigkeit des Berichts; JW 1905, 550[6]. Es genügt nicht, daß der Vorsitzende allein die Prüfung vornimmt und den Prüfungsvermerk erteilt; RG 90, 206. Unrichtige Berichterstattung ist nach § 314 I Z. 1 strafbar. Vgl. hierzu RGSt 43, 407, insbes. 419 ff.; der Angeklagte kann sich nicht darauf berufen, daß den Gesellschaftern der richtige Sachverhalt bekannt gewesen ist. S. auch RGSt 41, S. 293, 298, 300. Vorausgesetzt ist, daß die Bilanz der Wahrheit entspricht. Der Bericht soll die notwendig lakonischen Ansätze der Bilanz verständlich machen, um vom Stande der Verhältnisse anschauliche Kenntnis zu geben. Gegen eine Überspannung des Anspruches an die Berichterstattung JW 1908, 344[33]. An und für sich hat er sich nur mit den Vorkommnissen des abgelaufenen Geschäftsjahres zu befassen, es müssen aber auch nach Schluß des Geschäftsjahres inzwischen eingetretene Ereignisse mitgeteilt werden, wenn sie von erheblicher Bedeutung für die Entschließung der Generalversammlung, für Bilanzfeststellung und Gewinnverteilung, Entlastung sind. Der Bericht gilt nicht nur den Aktionären, sondern auch der Allgemeinheit. Vgl. RGSt 38, 195: Der Geschäftsbericht soll der für die Entschließungen der Generalversammlung über Entlastung, Neuwahl, Feststellung der Dividende wichtigen Vorkommnissen des Jahres gedenken; außergewöhnliche, über den Rahmen der regelmäßigen Geschäftsentwicklung hinausgehende Maßregeln des Vorstandes und Aufsichtsrats, die für die Art der Geschäftsführung von einschneidender Bedeutung sind und nicht ohne Einfluß auf die Frage der Vertrauenswürdigkeit der Gesellschaftsorgane bleiben können, bekannt geben; ebenso aber auch nach Ablauf des Geschäftsjahres eingetretener Ereignisse von gleicher Bedeutung gedenken, welche die Aussichten für das neue Geschäftsjahr offensichtlich und wesentlich beeinträchtigen müssen; unrichtig ist die Ansicht, daß der Bericht nur für die Aktionäre bestimmt sei und nur ihren Interessen diene. S. auch JW 1906, 614[49]. Ebenso RGSt 41, 297: „Der Bericht

soll den Stand der Verhältnisse klar legen, soweit er nicht schon aus der Bilanz zu ersehen ist; darunter ist nicht nur das arithmetische Verhältnis von Aktiven und Passiven zu verstehen, sondern alles, was nach vernünftigem Ermessen bei Berücksichtigung der Anschauungen des Verkehrs zur Beurteilung der gesamten Geschäftslage des Unternehmens von Bedeutung ist; diese Offenbarungspflicht soll zugleich im allgemeinen Interesse wirken und einen Schutz gegen schädliches und unlauteres Geschäftsgebaren nicht bloß den jeweiligen Aktionären, sondern der Gesellschaft überhaupt und darüber hinaus allen gegenwärtigen und künftigen Gläubigern der Gesellschaft bieten." Ferner RG in BauersZ 11, 221: „Das Gesetz will Gewähr schaffen, daß der Stand der Verhältnisse in allen wesentlichen Beziehungen richtig und zuverlässig beurteilt werden kann, nicht nur von den Aktionären, sondern auch von den Gläubigern der Gesellschaft". Zu letzterem ist zu beachten, daß nach § 265 II der Bericht mit der Bilanz zum Handelsregister einzureichen ist und dort jederzeit von Interessenten eingesehen werden kann. — So richtig das alles ist, so hilft es doch bei der Frage nicht weiter, inwiefern der Vorstand und Aufsichtsrat in der Mitteilung von Dingen zurückhaltend sein darf, die im Interesse der Gesellschaft besser verschwiegen bleiben. Mit ethischen Sentenzen ist hier nicht weiter zu kommen, wie daß die Pflicht zur Wahrheit allem anderen vorgehe. Anderseits kann auch nicht zugegeben werden, daß ein Konflikt vorliegt zwischen den Vorschriften in § 312 und § 314. Wenigstens wenn man davon ausgeht, daß nach § 312 nicht schon jede vorsätzliche, sondern nur die absichtliche, d. h. arglistige Schädigung den Tatbestand des § 312 ausmacht (vgl. Erl 2 d zu § 312), dann kann eine in den Rahmen der Berichterstattung fallende wahre Mitteilung nicht strafbar sein, mag sie der Gesellschaft auch noch so nachteilig sein. Aber aus sachlichen Gründen müssen Vorstand und Aufsichtsrat wenn nicht die Pflicht, so doch das Recht haben, wenigstens in den Fällen zu schweigen, wo das Bekanntwerden vor der breiten Öffentlichkeit — denn damit ist immer zu rechnen — der Gesellschaft erheblichen Schaden tun muß und keine Veranlassung zu der Annahme vorliegt, daß die Generalversammlung im Falle der Mitteilung entgegen der Verwaltung einschneidende Beschlüsse fassen würde. Wenn nach RGSt 38, 195 Unterschlagungen des Direktors — die inzwischen gedeckt waren — auch dann nicht hätten verschwiegen werden dürfen, wenn die Mitteilung den Zusammenbruch der Gesellschaft zur Folge gehabt hätte, so dürfte das ein übertriebener Rigorismus sein. Vgl. Ehrenberg in JherJ 51, 291 ff., insbes. 304; BauersZ 16, 170, Erl 2 d zu § 259. — Zur Frage, ob ein unzulänglicher Bericht Grund zur Anfechtung der Bilanzgenehmigung sein kann, vgl. die zutreffenden Bemerkungen Bauers in seiner Z 16, 99. — Anfechtung ist ausgeschlossen, wenn Lücken des Berichts durch mündliche Erklärungen ausreichend ergänzt worden sind, RG 115, 332 a. E.

7. In den ersten 3 Monaten nach Jahresschluß hat der Vorstand die genannten Schriftstücke der Generalversammlung vorzulegen, d. h. der Vorstand hat die betreffende Generalversammlung auf einen in dieser Frist liegenden Tag einzuberufen, muß also Bilanz und Bericht so frühzeitig fertigstellen, daß die in § 263 vorgeschriebenen Fristen eingehalten werden können. Nicht nur die Bilanz, sondern auch die Bemerkungen des Aufsichtsrats müssen so weit gefördert sein, daß Abschriften zwei Wochen vor dem Tage der Generalversammlung oder dem letzten Tage für Hinterlegung der Aktien erteilt werden können. — Die Frist kann im Statut abgekürzt, vor allem aber bis auf 6 Monate verlängert werden. Eine Frist, innerhalb welcher die Bilanz fertiggestellt sein muß, ist nicht bestimmt. Hier kommt die allgemeine Vorschrift des § 39 II. 2 HGB zur Geltung. Die Aufstellung ist innerhalb der einem ordnungsmäßigen Geschäftsgang entsprechenden Zeit zu bewirken. Hierfür ist ohne Bedeutung, wie lange die im Gesetz oder Statut bestimmte Frist für die Vorlegung der Bilanz ist, m. a. W. die Aufstellung darf nicht deshalb hinausgeschoben werden, weil diese Fristen noch reichlich Zeit lassen. — Darauf, daß es wegen schwebender Sanierungsverhandlung inopportun ist, die Generalversammlung einzuberufen, kann der Vorstand sich nicht berufen; KJA 11, 220 (KG). — Die Verpflichtung trifft die einzelnen Mitglieder des Vorstandes, nicht den Vorstand als solchen; OLG 4, 461. Anders, aber nur im Ausdruck RG 90, 208; gemeint ist der gesamte Aufsichtsrat im Gegensatz zum Vorsitzenden allein. Sie sind vom Registerrichter zur Erfüllung ihrer Verpflichtung durch Ordnungsstrafen anzuhalten (§ 319), und zwar das gegenwärtige Mitglied, gleichviel ob es während des betreffenden Geschäftsjahres oder auch nur bei Ablauf des Jahres dem Vorstand bereits angehörte, BauersZ 20, 174 (Kolmar). Das Verfahren richtet sich gegen die Mitgieder ohne Rücksicht auf eine etwa bestehende Geschäftsverteilung; RGSt 13, 241. S. aber auch RGSt 13, 360: Sind die Mitglieder des Vorstandes nach dem Gesetz auch samt und sonders verpflichtet, für ordnungsmäßige Buchführung und rechtzeitige Bilanzziehung zu sorgen, so ist doch die Möglichkeit vorhanden, daß der unordentliche Zustand der Bücher in dem Verschulden eines einzigen oder mehrerer Mitglieder seinen Grund hat, bei anderen Mitgliedern jede schuldhafte Vernachlässigung ihrer Pflichten ausgeschlossen ist." Vgl. auch RGSt 1, 49; 13, 236. — Der Verpflichtete kann nicht einwenden, daß die zur Aufstellung einer Bilanz (in der Liquidation) erforderlichen Geldmittel nicht vorhanden seien; KJA 6, 128.

8. Gegen Mitglieder des Aufsichtsrats, die verpflichtet sind, den Bericht rechtzeitig gemäß

§ 246 zu prüfen und mit ihren Bemerkungen versehen dem Vorstand zurückzureichen, findet das Ordnungsstrafverfahren nicht statt; GZ 35, 249[103]. — Dagegen kann die Gesellschaft sowohl gegen den Vorstand als auch gegebenen Falles gegen den Aufsichtsrat d. h. gegen die sämtlichen Mitglieder des Organes mit Klage vorgehen. Die Klage ist aber nur allgemein auf Aufstellung einer Bilanz zu richten; darüber wie die Bilanz im einzelnen zu lauten hat, entscheidet die Generalversammlung, dazu bedarf die Gesellschaft keiner Klageerhebung. Vgl. RG 49, 142. — Kommt gegenüber der vorgelegten Bilanz die Generalversammlung zu keinem Entschluß, so ist der Vorstand machtlos; JW 1902, 32[30]. S. oben Erl 2 a. Auch dem einzelnen Aktionär stehen keine Hilfsmittel zu Gebot. Vgl. RG in JW 1916, 409[11] und die Bedenken Hachenburgs das.; Staub-Pinner § 260[3]; a. A. Fischer in Ehrenbergs HH III 1, 292, 391. Ebensowenig dem Registerrichter OLG 3, 278 (Hamburg). Auch die in § 254 bestimmte Minderheit kann nicht mehr tun, als die Berufung einer Generalversammlung durchsetzen; eine durch Klage und Vollstreckung erzwingbare Verpflichtung der einzelnen Aktionäre, in der Generalversammlung zu erscheinen oder in ihr sich an der Abstimmung zu beteiligen, besteht nicht; RG 44, 145. Das Gesagte gilt namentlich auch von dem Anspruch der Aktionäre auf die Dividende. Auch wenn die Generalversammlung die Bilanz genehmigt hat, kann der Aktionär auf Zahlung der Dividende nicht eher klagen, als bis die Generalversammlung auch über die Verteilung des Gewinnes zu einem Beschluß gekommen ist; a. A. Lehmann-Ring § 213[4], 260[3].

9. S. Bek. v. 25. 2. 1915: Läßt sich bei einer A-Gesellschaft, Kommanditgesellschaft auf Aktien oder Gesellschaft mbH, die ihr Geschäft zu einem erheblichen Teile in oder mit dem Ausland oder den deutschen Schutzgebieten betreibt oder von deren Vermögen sich erhebliche Teile dort befinden, infolge der durch den Krieg herbeigeführten Unsicherheit über die dortigen tatsächlichen oder rechtlichen Verhältnisse der Stand des Vermögens und der Schulden, auch mit Hilfe von Schätzungen, nicht darstellen, so kann auf Antrag der Gesellschaft die Landeszentralbehörde, in deren Bezirk die Gesellschaft ihren Sitz hat, die Frist, innerhalb deren nach dem Gesetz oder dem Gesellschaftsvertrage die Bilanz aufzustellen sowie dem Aufsichtsrat, der Generalversammlung oder Gesellschafterversammlung vorzulegen sind, verlängern oder für das abgelaufene Jahr von der Verpflichtung zur Aufstellung und Vorlegung Befreiung gewähren. Die Landeszentralbehörde kann auch für die Abhaltung der im Gesellschaftsvertrag vorgesehenen ordentlichen Generalversammlung Fristverlängerung oder Befreiung gewähren. Die Entscheidung der Landeszentralbehörde ist für die Gerichte bindend.

Ferner Verordnung vom 23. 12. 1923:

Läßt sich bei einer A-Gesellschaft, Kommanditgesellschaft a. A. oder Gesellschaft mbH, deren Vermögen sich zum erheblichen Teile im besetzten Gebiet befindet, nach Lage des Falles der Stand des Vermögens und der Schulden, auch mit Hilfe von Schätzungen nicht darstellen, so kann im Fall eines dringenden Bedürfnisses auf Antrag der Gesellschaft die oberste Landesbehörde, in deren Bezirk die Gesellschaft ihren Sitz hat, die Frist, innerhalb deren nach dem Gesetz oder dem Gesellschaftsvertrag die Bilanz, die Gewinn- und Verlustrechnung und der Geschäftsbericht aufzustellen sowie dem Aufsichtsrat, der Generalversammlung oder Gesellschaftsversammlung vorzulegen ist, verlängern. Die oberste Landesbehörde kann auf Antrag auch für die Abhaltung der im Gesellschaftsvertrage vorgesehenen ordentlichen Generalversammlung oder Gesellschafterversammlung Fristverlängerung gewähren.

Die Kosten des Verfahrens trägt die Antragstellerin usw.

§ 261.

Für die Aufstellung der Bilanz[1] kommen die Vorschriften des § 40[2] mit folgenden Maßgaben[3] zur Anwendung:

1. Wertpapiere und Waren, die einen Börsen- oder Marktpreis haben, dürfen höchstens zu dem Börsen- oder Marktpreise des Zeitpunktes, für welchen die Bilanz aufgestellt wird, sofern dieser Preis jedoch den Anschaffungs- oder Herstellungspreis übersteigt, höchstens zu dem letzteren angesetzt werden[4];

2. andere Vermögensgegenstände sind höchstens zu dem Anschaffungs- oder Herstellungspreis anzusetzen[7];

3. Anlagen und sonstige Gegenstände, die nicht zur Weiterveräußerung, vielmehr dauernd zum Geschäftsbetriebe der Gesellschaft bestimmt sind[5], dürfen ohne Rücksicht auf einen geringeren Wert zu dem Anschaffungs- oder Herstellungspreis angesetzt werden, sofern ein der Abnutzung gleichkommender Betrag in

Abzug gebracht oder ein ihr entsprechender Erneuerungsfonds in Ansatz gebracht wird[6];

4. die Kosten der Errichtung und Verwaltung dürfen nicht als Aktiva in die Bilanz eingesetzt werden[8];

5. der Betrag des Grundkapitals und der Betrag eines jeden Reserve- und Erneuerungsfonds sind unter die Passiva aufzunehmen[9];

6. der aus der Vergleichung sämtlicher Aktiva und sämtlicher Passiva sich ergebende Gewinn oder Verlust muß am Schlusse der Bilanz besonders angegeben werden[10 11].

1. Die Bilanz stellt in geordneter Weise das Vermögen der Gesellschaft, wie es an einem bestimmten Tag — dem Bilanzstichtag — gewesen ist, dergestalt dar, daß — zu Gruppen zusammengefaßt — Aktiva und Passiva unter Auswerfung der ihren Wert darstellenden Geldbeträge einander gegenübergestellt werden; RGSt 44, 50. Das gilt von jeder Bilanz. Eine jede ist Vermögensbilanz. Wenn man verschiedene Arten von Bilanzen zu unterscheiden hat, so beruht das darauf, daß inhaltlich die Bilanz verschieden ausfällt, je nach dem Zweck, zu welchem sie aufgestellt wird. Der Hauptgegensatz ist der zwischen der Bestandsbilanz oder Vermögensbilanz im engeren Sinne des Ausdrucks und der Ertragsbilanz. Jene soll in absoluter Weise den Vermögensstand am Stichtage darstellen, diese den Jahresertrag durch Gegenüberstellung des Vermögens am Anfang des Jahres und am Jahresschluß, RFH 11, 253. Die Differenz soll den Ertrag aufweisen und vermag das auch dann richtig zu tun, wenn Anfang- und Endvermögensstand nicht absolut richtig aufgewiesen werden. Unrichtigkeiten in der Schätzung des Anfangsvermögens sind üblich, zulässig und unschädlich, vorausgesetzt nur, daß sie in der Rechnung durchweg beibehalten werden. Die Bestands- oder Vermögensbilanz fällt verschieden aus, je nachdem das geschäftliche Unternehmen über den Bilanzstichtag hinaus fortgesetzt werden soll und fortgesetzt worden ist oder nicht, und ersterenfalls wiederum verschieden, je nachdem, ob in der Person des Unternehmens ein Wechsel eintritt oder nicht. Der letztgenannte Fall — Beendigung des Unternehmens — ist der der Liquidationsbilanz, deren Besonderheit darin begründet ist, daß viele der Vermögensgegenstände dadurch an Wert verlieren, daß ihre bestimmungsgemäße Verwendung ein Ende nimmt. Man spricht hier von ihrem Schmelzwert, RG 80, 104 (in einem anderen Sinn spricht Lion, Bilanzsteuerrecht, von Schmelzwert nicht nur im Fall der Beendigung des Unternehmens, sondern auch im Fall seines Überganges in andere Hände). — Ganz anders sieht dagegen die Bestandsbilanz aus, wenn das Unternehmen veräußert wird, und es gilt, durch die Bilanz seinen Wert und damit Anhalt für die Preisbestimmung zu finden, oder wenn ein Gesellschafter ausscheidet und sein Anteil am Geschäft geschätzt und berechnet werden soll, oder ähnliches. Verschieden von der kommerziellen ist die Steuerbilanz (s. unten Erl 11). Auch hier unterscheidet sich die Bestands- von der Ertragsbilanz, je nachdem, ob es sich um Vermögens- oder um Einkommen-(Körperschafts-)Steuer handelt. Ohne Bedeutung für das Handelsrecht ist der mehr wirtschaftliche Begriff der Betriebsbilanz, die bestimmt ist, das Jahresergebnis des ganzen Betriebes oder auch bestimmter einzelner Zweige desselben zur Darstellung zu bringen. Eine A-Gesellschaft kann im Jahre Betriebsgewinn erzielt haben und gleichwohl mit einem Jahresverlust abschließen und umgekehrt, RG 28, 55. Ersteres z. B., wenn sie durch ein Schadenfeuer, durch Betrug, Unterschlagung, Verluste erlitten hat, vor allem auch, wenn sie mit einer Unterbilanz in das abgelaufene Jahr eingetreten ist. Letzteres, wenn sie ungünstig abgesetzt, aber außerhalb des Produktionsgebietes, z. B. durch Verkauf von Fabrikgelände als Bauland einen Gewinn gemacht oder wenn sie einen Konjunkturgewinn realisiert hat. — Unter der Betriebsbilanz, von welcher § 72 I Betriebsrätegesetz handelt, ist an und für sich nichts anderes zu verstehen, wie die Jahresabschlußbilanz. Nur wo in sehr großen Verhältnissen eine A-Gesellschaft mehrere Unternehmungen kaufmännisch selbständig nebeneinander betreibt, muß dann auch für jede der Unternehmungen eine besondere Ertragsberechnung aufgemacht werden. — Über diese Begriffe herrscht Streit, der aber nur ein Streit um die zutreffende Bezeichnung ist. So bekämpft Neukamp in HoldhMS 7, 189 die kurze und ganz zutreffende Bemerkung Simons, Bilanzen S. 93, die Bilanz der Aktienvereine sei nach gesetzlicher Vorschrift eine Vermögensbilanz wie die jedes Kaufmanns, mit lauter Behauptungen, welche Simon vermutlich gar nicht bestritten haben würde. Auch in dem, was Staub-Pinner § 261[15] gegen Simon sagt, sucht man vergebens nach sachlichen Gegensätzen und nach Gegensätzen in der praktischen Auswirkung der Differenz. Soll aber am Ausdruck gemäkelt werden, so ist die Bezeichnung Verteilungsbilanz an Stelle von Gewinnermittlungsbilanz zu beanstanden, weil Verteilungsbeschluß und Verteilung des Gewinnes auf die Aktionäre ganz außerhalb der Bilanz liegen, Makower § 261 II fragt, welches die wesentliche Aufgabe der Bilanz nach § 261 sei und kommt auf vier Möglichkeiten, Feststellung der Dividende (so Staub-

Pinner, Neukamp, RG in JW 05, 235[20] und er selbst), oder Übersicht über den Vermögensstand (so ungefähr Simon), oder beides (so Neukamp in GZ 48, 409), endlich Feststellung der Reinvermögensänderung (so Rehm §§ 9, 15, 16). Aber das ist ebenfalls Unterscheidung und damit Einteilung nach Zwecken, die gewiß nicht besser ist, als die oben wiedergegebene, welche der allgemein üblichen Terminologie folgt. Sachlich ist der Hauptgegensatz: Bestandsbilanz, die ganz selbständig dasteht und das vorhandene Vermögen so darstellt, wie es in dem gegebenen Zeitpunkt wirklich ist oder gewesen ist, und die nach gesetzlicher Vorschrift von Jahr zu Jahr aufzustellende Ertragsbilanz, welche nicht selbständig dasteht, vielmehr an die letztvoraufgegangene Bilanz anknüpfen muß und den Zweck hat, zu bestimmen, welche Quote das Reinvermögen am Stichtag der Bilanz den Ertrag des abgelaufenen Geschäftsjahrs darstellt und welche den Stamm des Vermögens, wobei es dann nicht so sehr darauf ankommt, daß die Aktiven mit ihrem wahren Wert eingestellt werden, vielmehr nicht nur erlaubt, sondern geboten ist, von dem Wert der Aktiven auszugehen, mit welchem diese in der voraufgegangenen Bilanz eingestellt waren. Man kann solche Bilanz auch als Zwischenbilanz auf einen Tag im Laufe des Geschäftsjahres aufstellen. Aber immer liegt ihr auch so der Gedanke einer bestimmten abgelaufenen Zeitstrecke zugrunde, für welche sie gemeint ist, immer ist charakteristisch die Anknüpfung an die für den Anfang dieser Zeitstrecke maßgebliche Bilanz.

2. a) Auch für die Bilanz der A-Gesellschaft gelten zunächst die allgemeinen Vorschriften der §§ 39 ff. HGB. Hinzu treten dann die Sondervorschriften des § 261. In § 39 ist u. a. gesagt: Der Kaufmann hat in der Bilanz „den Wert der einzelnen Vermögensgegenstände" anzugeben, und in § 40 lautet es, daß die sämtlichen Vermögensstücke und Schulden nach dem Wert anzusetzen sind, der ihnen in dem Zeitpunkt beizulegen ist, für welchen die Aufstellung stattfindet.

An diese Vorschriften knüpft sich die viel behandelte Frage, nach welchen Grundsätzen die für die Bilanz unerläßliche Schätzung der Vermögensbestandteile zu erfolgen hat. Es ist nötig, sich hierbei vor allem darüber Rechenschaft abzulegen, daß man in Prüfung der Frage, was in dieser Beziehung das Wünschenswerte oder das Gebotene und Richtige ist, zwei verschiedene Standpunkte einnehmen kann, die miteinander in Widerspruch stehen und zwischen denen gewählt werden muß. Das eine ist der Standpunkt des Gläubigers, der in den Aktiven seines Schuldners die Mittel erblickt, sich nötigenfalls aus ihnen bezahlt zu machen, das andere der Standpunkt des Schuldners und Geschäftsinhabers, für den das in seinen Aktiven investierte Kapital Grundlage seiner geschäftlichen Tätigkeit und seines geschäftlichen Fortkommens ist. Mit allem Nachdruck muß behauptet werden, daß die obigen gesetzlichen Vorschriften nicht ein Wort darüber enthalten, nach welchen Grundsätzen zu schätzen ist. Es mag sein (vgl. Passow, Bilanzen I 100; Fischer in Ehrenbergs HH II 504 ff.), daß die Verfasser des Handelsgesetzbuches an den Verkaufswert gedacht haben. Jedenfalls hat anfangs die Rechtsprechung sich auf jenen Standpunkt des Gläubigers gestellt und den Verkaufswert für maßgeblich erklärt (ROHG 12, 18; RG 19, 120; PrOVGSt 6, 42; 8, 86; 14, 274; s. aber auch RGSt 38, 2). Demgegenüber hat Simon, Bilanzen §§ 74 ff. darauf hingewiesen, daß der Verkaufswert (oder Verkehrswert, was praktisch wohl dasselbe ist) wohl maßgeblich sei bei den Warenvorräten, daß dagegen für die Gegenstände des stehenden Kapitals (Gebäude, Anlagen, Maschinen usw.), der Gebrauchswert, und zwar der individuelle Gebrauchswert einzusetzen sei (nach Passow a. a. O. hat Scheffler in der Vierteljahrsschrift für Volkswirtschaft 62, 1 ff. zuerst diese Unterscheidung gelehrt). S. auch RG in JW 1905, 235[20]. Der Begriff Gebrauchswert wird von Passow a. a. O. lebhaft bekämpft, und der Ausdruck mag nicht gut gewählt sein. Aber auch Simon ist wohl nicht der Meinung gewesen, daß der Kaufmann eine Maschine, die er jeden Tag für 10 000 M. kaufen kann, deshalb mit 20 000 M. in die Bilanz einsetzen darf, weil er sie so nötig hat, daß er auch 20 000 M. dafür ausgeben würde, wenn sie nicht billiger zu haben wäre. Das wichtige ist, daß Simon gesehen hat, es kommt nicht darauf an, was die Gläubiger nötigenfalls aus dem Gegenstand herausschlagen könnten, sondern was er dem Geschäftsinhaber wert ist. Daher ist es auch in der Sache gar nichts anderes, nur besser im Ausdruck, wenn Staub (6. 7. Aufl. § 40[2]) an die Stelle des Gebrauchswerts den Geschäftswert gestellt hat. Es klingt mehr wie ein Gegensatz gegen Simon, als daß es ein solcher ist, wenn er den objektiven Geschäftswert für maßgeblich erklärt, das dahin erläuternd, nicht der Verkaufswert sei damit gemeint, aber auch nicht der auf rein subjektiven Erwägungen und Eigenschaften des Geschäftsinhabers beruhende. Das kann man zugeben und doch auf der Behauptung bestehen, daß es auf den individuellen, nur vielleicht nicht Gebrauchs- sondern Geschäftswert ankomme. Nicht die Eigenschaften des Geschäftsinhabers, wohl aber die individuellen Verhältnisse des betreffenden Geschäfts fallen in das Gewicht. Nur gibt es allerdings eine durchaus objektive Grenze. Das ist der Preis, für welchen der Gegenstand jederzeit gekauft oder hergestellt werden könnte. Vgl. OVG 50,114: Für das Betriebskapital kommt der gemeine, für das Anlagekapital der Gebrauchswert in Betracht, der Wert, den der Gegenstand unter Voraussetzung dauernden Gebrauchs für das bestimmte Geschäft, dem es dient, nach der Eigenart gerade dieses Geschäfts hat; es ist ein objektiver

regelt, ihre Ergänzung in § 39 HGB fände und nicht in § 261 Z. 2, während es in Wahrheit offenbar so liegt, daß wenn nicht von der Befugnis nach Z. 3 Gebrauch gemacht wird, Anlagen nach Z. 2 eingestellt werden müssen; Makower § 261 VI c. Wird nach Z. 3 verfahren, dann kann vom Anschaffungspreis auch dann ausgegangen werden, wenn zu teuer gekauft ist; anderen Falles darf nur der allgemeine Verkehrswert eingestellt werden. — Simon a. a. O. § 86 sagt, Betriebsgegenstände nach Z. 3 seien auch solche verbrauchbaren Sachen, welche für die Herstellung von Betriebsgegenständen, also dauernd zum Betriebe bestimmt werden. Er denkt dabei aber an Holz und Steine zum Bau einer Fabrikanlage, die in Wahrheit gar nicht verbraucht werden und deshalb allerdings nach Z. 3 behandelt werden können (ebenso Lehmann-Ring § 261[11]; vgl. RG 42, 235), während „Explosionsstoffe, welche Eisenbahn-Aktiengesellschaften zu Sprengungen behufs Herstellung einer Eisenbahn benutzen", ebenso dastehen wie Kohlenvorräte u. ä. Übrigens hat die Bewertung der von Simon erwähnten Baumaterialien für einen Eigenbau insofern immer nur provisorische Bedeutung, als nach Herstellung des Baues dessen Kosten maßgeblich sind und hierzu der tatsächlich gezahlte Preis — ohne Zinsenaufschlag — gehört. Vgl. oben Erl. 4f.

b) Anlagen sind unbewegliche oder mit Grund und Boden fest verbundene bewegliche Gegenstände. Dauernd zum Geschäftsbetriebe gehörige Gegenstände können sowohl unbewegliche Sachen sein, z. B. Lagerplätze als auch bewegliche, wie Mobiliar, Geschäftsutensilien, Werkzeuge, Fuhrpark. — Unter Betriebsmaterialien kann man die verbrauchbaren Vorräte wie Heizkohle, unter Betriebsmitteln unverbrauchbare, wie Eisenbahnschienen und Schwellen verstehen. Ein sicherer Sprachgebrauch ist das aber nicht; RG 42, 233.

Die Vorschrift in Z. 3 schließt nicht aus, daß einer unvorhergesehenen, außerordentlichen und erheblichen Entwertung Rechnung getragen werden muß und dann an dem bisherigen Verfahren allmählicher Abschreibung nicht festgehalten werden darf. So mit Recht Simon, Bilanzen § 97; a. A. Makower § 261 IX b[1]. Doch kann nach einer solchen außerordentlichen Abschreibung mit der sogenannten mathematischen Methode wieder neu begonnen werden.

c) Fraglich kann erscheinen, ob Wertpapiere unter Z. 3 fallen können. Die herrschende Lehre bejaht es; OLG 41, 203, obwohl es durchaus sprachwidrig ist, von Wertpapieren unter irgend welcher Voraussetzung zu sagen, daß sie zum Geschäftsbetrieb der Gesellschaft bestimmt seien. Es soll das der Fall sein, wenn das Papier nicht zum Zweck der Weiterveräußerung erworben wird, sondern dauernd im Geschäftsvermögen liegt, um auf eine andere Weise den Geschäftszwecken zu dienen. So namentlich zur Verpfändung oder zu dem Zweck, mit den Papieren — Aktien einer andern Gesellschaft — diese zu „kontrollieren" usw.; Lion, Bilanzsteuerrecht 163, will auf alle auf die Dauer angeschafften Wertpapiere nicht § 141 RAO, sondern § 139 II das. als die Sondervorschrift anwenden (Anschaffungspreis oder nach Wahl den geringeren gemeinen Wert). Die Frage wäre müßig, wenn man zugibt, daß bei Wertpapieren von Abschreibung wegen Abnutzung keine Rede sein kann und aus diesem Grunde denn auch nicht von der Anwendung der Z. 3. Anders OLG 41, 204 (Rostock); ferner Simon § 86, der in solchen Fällen zwar auch nicht Abschreibung zulassen will, aber die Einstellung zum Erwerbspreis auch dann für zulässig erklärt, wenn die Papiere im Kurse fallen; ebenso Staub-Pinner § 261[37]; nicht so deutlich Brand § 261, 5 Cα. Übrigens will Simon die Wertpapiere nur so lange der Z. 3 unterstellen, als sie einem Verwendungszweck akut dienen, dagegen nicht, wenn sie müßig im Tresor liegen (Effekten des gesetzlichen Reservefonds); anders wiederum, wenn es sich um Erwerb von Aktien zum Zweck dauernder Beteiligung am Unternehmen der betreffenden A-Gesellschaft handelt. Vgl. ROHG 25, 308. Das führt zu einem anderen Gesichtspunkt. Vgl. hierzu den Fall RG 83, 172, wo einer A-Gesellschaft, welche sämtliche Kuxe einer Gewerkschaft bis auf einen erworben hatte, in ihre Bilanz nicht die angekauften Kuxe, sondern auseinandergelegt die Vermögensgegenstände der Gewerkschaft eingestellt und die sehr erheblichen Aufwendungen auf die Anlagen usw auf die ausgeworfenen Werte der betreffenden Aktiven draufgeschlagen hatte. Das Gericht hat das gebilligt mit einer Begründung, die nicht darüber hinweghilft, daß unter Zurückstellung aller rechtlichen Gesichtspunkte das entscheidende Gewicht auf den wirtschaftlichen Zusammenhang und Sachverhalt gelegt wird. Es handelt sich um einen Fall von Verschachtelung und um das hier immer wiederkehrende allgemeine Problem, inwiefern gegenüber dem formal-rechtlichen Tatbestand der materiell-rechtliche oder der wirtschaftliche Zusammenhang zur Geltung kommen darf und muß, und da dürfte doch, was die Bilanz und ihre Gestalt angeht, der formale Tatbestand das Entscheidende sein. Daß das Verfahren der Gesellschaft sachlich berechtigt war, ist nicht zu bezweifeln. Aber sollte die Gewerkschaft als solche bestehen bleiben, so mußte für sie eine und für die A-Gesellschaft eine andere Bilanz aufgestellt werden. Die Frage liegt nahe, wie wohl nach dem Standpunkt des Gerichts die Bilanz der Gewerkschaft hat lauten müssen. Die Unterinstanz hatte damit doch wohl recht, daß die A-Gesellschaft in ihrer Bilanz die Gewerkschaft mit den Aufwendungen hätte belasten können. Sie hätte wohl auch durch Einstellung eines transitorischen Aktivums die Aufwendungen auf eine angemessene Reihe von Jahren verteilen können.

Alles in allem liegt es nach diesseitiger Auffassung so, daß die A-Gesellschaft die in ihrem Eigentum befindlichen Wertpapiere, mögen sie auch noch so sehr im Kurse gestiegen sein, in die Jahresbilanz nur mit dem Anschaffungspreis, und wenn sie unter diesen gefallen sind, mit dem Börsenkurs einstellen darf; Zimmermann in VerhSchweizJuristenverein 1926, 93a. Anders höchstens in dem Fall, wo die Gesellschaft mit den Aktien oder Geschäftsanteilen das gesamte oder annähernd das gesamte Unternehmen der fremden Gesellschaft in Händen hat (Tochtergesellschaft) und die Wertpapiere so aktivieren mag, wie wenn sie das Unternehmen selbst besäße. Dagegen erscheint es willkürlich, dafür im Anschluß an gewisse steuerrechtliche Bestimmungen den Besitz von $^1/_5$ des gesamten Aktienkapitals für ausschlaggebend zu erklären.

Als verfehlt darf wohl die Meinung Simons, Bilanzen § 95 bezeichnet werden, wonach vom Kurswert des Wertpapiers die Kosten abzuziehen sind, welche beim Verkauf des Papieres erwachsen würden oder gar, wenn es sich um einen großen Posten handelt, der Kursabfall, der zu erwarten wäre, wenn der ganze Posten auf einmal auf den Markt geworfen würde. Das erscheint verfehlt nicht sowohl, weil es kleinlich als vielmehr weil es von dem Standpunkt eines zur Zwangsvollstreckung schreitenden Gläubigers aus gesehen ist. S. oben Erl 2a. Wie Simon auch Makower § 261 VII b[1], ferner RFH 7, 344.

d) Patente, welche die Gesellschaft kauft, sind mit dem Kaufpreis einzustellen, vorausgesetzt, daß sie diesen wert sind, und müssen in der Zeit der Schutzfrist abgeschrieben werden. Patenterwerb auf Grund eigener Erfindung und Anmeldung ist originärer, unentgeltlicher Erwerb und sollte nicht anders behandelt werden, wie jeder unentgeltliche Erwerb. (S. oben Erl 4d.) Jedenfalls ist es schief, die auf die Erfindung aufgewendeten Kosten wie den Herstellungspreis zu behandeln. Diese Kosten können sehr erheblich, aber auch verschwindend gering sein, den Wert des Patentes übersteigen und hinter ihm zurückbleiben. Im Begriff des Preises liegt das Moment der Äquivalenz, das hier vollständig fehlt. Indessen wird ganz allgemein das Gegenteil angenommen; RG in Holdh 1904, 160. Unbestimmt Staub-Pinner § 261[32]; unzulänglich Makower § 261 V b.

Nach OVGSt 12, 320 können auch Lizenzverträge vom Lizenznehmer, nach OVGSt 15, 343 allgemein Rechte aus Verträgen als Aktiva verbucht werden. Handelsrechtlich ist das abzulehnen.

e) Pfandrechte bilden keine selbständigen Aktiven neben der pfandgesicherten Forderung; RG in Recht 07, 1543, ebensowenig wie Bürgschaften. Dagegen sind Waren oder Mobilien auch dann Aktiva, wenn sie von der Gesellschaft verpfändet sind. Buchmäßig kommt der Sachverhalt dadurch auf den zutreffenden Ausdruck, daß unter den Kreditoren die pfandgesicherte Schuld der Gesellschaft erscheint. Bei umfangreichen Verpfändungen ist im Bericht der Sachverhalt mitzuteilen, wenn nicht anzuerkennende Gründe dagegen sprechen, ihn in weiteren Kreisen bekannt werden zu lassen.

Wie mit verpfändeten Sachen verhält es sich mit fiduziarisch übereigneten, wenn es sich um Sicherungsübereignung handelt. Kommissionsgut gehört — so lange das Verhältnis in der Schwebe ist — in die Bilanz des Kommittenten, nicht des Kommissionärs.

f) Fremde Gegenstände, welche bei der Gesellschaft lagern, gehören selbstverständlich nicht in ihre Bilanz; RGSt 43, 416; wohl aber ihr übereignete Waren, auch wenn sie einem Dritten, z. B. einem Lagerhaus, in Verwahrung gegeben sind. Waren, welche ihr zugesandt werden, kommen erst zur Verbuchung und damit in die Bilanz, sobald sie bei ihr eingegangen sind, auch wenn das Eigentum schon vorher übergegangen sein sollte, wie umgekehrt auch verkaufte Ware aus den Büchern verschwindet, wenn sie auf den Weg gebracht ist, gleichviel wie es mit dem Eigentumsübergang steht. Über sogen. Minus- und Pluseffekten s. Simon, Bilanzen § 44 a. E.

g) Unrichtige Bezeichnung eines Bilanzpostens kann die Anfechtung der Bilanzgenehmigung begründen, wenn sie geeignet ist, Zweifel wegen der richtigen Bewertung zu begründen, RG 83, 174 (vgl. hierzu oben unter c).

h) Eigene Aktien der Gesellschaft sind bilanzfähige Aktiva nur in der Jahresbilanz als Gewinnermittlungsbilanz. Vgl. hierzu Brodmann GGmbH § 33[2]. Hier sind sie mit dem Anschaffungspreis oder mit ihrem Verkehrswert, wenn dieser niedriger ist, einzustellen.

i) Unsicher in ihren rechtlichen Grundlagen ist die bilanzmäßige Behandlung gewisser rein ideeller Werte, welche mit einem kaufmännischen Unternehmen verbunden sein können. Ein im Gang befindliches Geschäft mit langjährigen Beziehungen, gutem Ruf, in weiten Kreisen bekannt usw., ist mehr wert als ein junges Unternehmen. Ein langjähriger Mietvertrag, ein dauerndes Bezugsrecht können wertsteigernde Momente sein (nicht minder — um auch gleich auf das Uferlose dieser Betrachtungsweise hinzudeuten, ob A. oder B. der Leiter des Unternehmens ist usw.). Solche Werte sind nicht selten — unter verschiedenen Bezeichnungen: Firma, Kundschaft (RFH 2, 118), Fasson, good will (RFH 6, 166; VerlagskontoSächsOVG 14, 95), Gegenstand des Verkehrs, besonderer Vereinbarung, der Einschätzung. Man spricht hier von immateriellen Aktiven, was aber keine gute Bezeichnung ist, weil man unter Immaterialrechten etwas anderes und durchaus Greifbares versteht, nämlich ganz bestimmte Rechte, welche absoluten Charakter haben, obwohl sie des körperlichen Substrates entbehren, wie das Urheberrecht, das Patentrecht usw. Das sind fest umschriebene Rechte, die Gegenstand landläufigen

Gegend (an dem für die Gegend maßgeblichen Handelsplatze) Ware der gleichen Art in typischer Weise ständig gehandelt wird und in der betreffenden Zeit — es muß nicht gerade der Stichtag sein — mehrfach zu annähernd gleichen Preisen gehandelt worden ist; der Durchschnittspreis ist der Marktpreis, ROHG 2, 194. Etwas ähnliches, nur genauer bestimmt, ist der Börsenpreis. Er setzt eine Börse voraus, an welcher eine amtliche Feststellung der Börsenpreise, der Kurse stattfindet. Vgl. hierzu PrOVG 34, 335. Daß gerade auch für die betreffende Ware der Preis oder der Kurs amtlich festgestellt wird, ist nicht erforderlich, RG 47, 112; JW 97, 138[25]. Die Ware (oder das Wertpapier) muß wirklich gehandelt worden sein. Eine „Geld"- oder „Brief"-Notiz, d. h. daß die Ware zu dem notierten Preise gesucht bzw. angeboten worden ist, genügt nicht, RG 34, 118. Doch dürfte hier, wo es sich nur um die Höchstgrenze handelt, auch eine Geldnotiz genügen. Im allgemeinen wird man annehmen können, daß der Markt- oder Börsenpreis auch den nach § 39 HGB maßgeblichen Wert darstellt. Der Gegenbeweis ist aber nicht ausgeschlossen, RG 12, 7; RFH 7, 344. S. dagegen Lion, Bilanzsteuerrecht § 75, wonach wenigstens bei Wertpapieren der Kurswert ein reiner Zufallswert wäre und einen völligen Gegensatz darstelle zum „gemeinen Wert". — Ist die Ware (oder das Wertpapier) billiger gekauft (mit geringerem Aufwand hergestellt, s. hierzu unten unter f), so ist dieser geringere Betrag einzustellen. Es darf also namentlich der höhere Preis nicht eingestellt werden, zu welchem die Ware verkäuflich ist. — Streitig ist die Bewertung der Ware, welche am Bilanzstichtage — dem Tag des Jahresabschlusses — bereits verkauft, aber noch nicht abgeliefert war. Indessen berechtigt nichts, sie anders als nach dem Wortlaut des Gesetzes zu bewerten, mag sie nun vorteilhaft verkauft worden sein oder unvorteilhaft. Es handelt sich immer um Gewinn oder Verlust, welcher gesellschaftsrechtlich für Rechnung des nachfolgenden Jahres geht, während die Gesellschaft bilanzrechtlich den Verlust aber nicht den Gewinn in das abgelaufene Jahr verrechnen darf (von Lion Bilanzsteuerrecht 67, 87, als Grundsatz der Imparität bezeichnet, der aber, wie gesagt, nur bilanzrechtlich gilt). So — und zwar ganz allgemein in Anwendung des § 40 — RG 43, 127. Wenn RG 80, 330 — in Beziehung auf die Gesellschaft mbH — anders und sogar noch weitergehend entschieden hat, daß schon die Absetzbarkeit an feste und sichere Kunden ausreicht, um den Verkaufspreis einzustellen, so ist das schon vom Standpunkt des GGmbH aus, wo Vorschriften wie die gegenwärtigen Z. 1 und 2 nicht bestehen, kaum zutreffend, bei der A-Gesellschaft ginge es geradezu gegen das Gesetz. A. A. auch RG in Holdh MS 08, 126; SeuffArch 69, 86 (Cassel); ferner Staub-Pinner § 261[23], Brand § 261[5]; unsicher Simon, Bilanzen § 92. Wie hier (mit anderer Begründung) Fischer, Bilanzwerte II, 49; RFH 3, 19; 10, 114. Fraglich kann nur sein, ob nicht, wenn mit Verlust verkauft worden ist, nun aber nicht nur das Verkaufte, sondern die ganze vorhandene Partie entsprechend geringer bewertet werden muß. Aber der einzelne Verkauf ist nicht immer schon ein Beweis für die Entwertung der Ware im allgemeinen. — Soll es zulässig sein, den Verkaufswert oder -preis einzustellen, so müssen doch voraussichtliche Unkosten der Ablieferung usw. abgezogen werden; JW 1910, 328; SeuffArch 69, 86 (Cassel).

c) Zu den Waren (Z. 1) zählen bei einem Fabrikbetrieb auch die Rohstoffe und die in Arbeit befindlichen unfertigen Fabrikate; RG 11, 162. Über Bewertung der letzteren herrscht Streit. Sie haben den Wert der verwendeten Materialien und wo der Arbeitsprozeß zu einem gewissen Abschluß gekommen ist (Halbfabrikat), können die aufgewendeten Kosten hinzugerechnet werden. Dabei macht es hier keinen Unterschied, ob das Halbfabrikat auch gehandelt wird und Marktpreis hat, Staub-Pinner § 261[25]. Nach Simon, Bilanzen §§ 86, 95 a. E. gilt dieser Wert nur als Höchstbetrag, der nicht eingestellt werden darf, wenn das Fertigfabrikat gemindert um den Wert der noch fehlenden Arbeit einen geringeren Betrag ergibt. Ebenso Makower § 261 VII b 2.

d) Bei Waren, welche die Gesellschaft unentgeltlich erwirbt, existiert weder ein Anschaffungs- noch ein Herstellungspreis, so daß diese der Bewertung gezogene Höchstgrenze hier in Fortfall kommt. Höchstbetrag ist der Markt- oder Börsenpreis und wenn ein solcher nicht in Frage kommt, der Geschäftswert gemäß §§ 39, 40, aber der Wert zur Zeit der Schenkung usw., nicht am Stichtage der Bilanz; Makower § 261 VI b 2; Bauer 10, 55 (Naumburg), wo nur unverständlich ist, warum der Wert einer solchen Sache nicht soll dem gesetzlichen Reservefonds zugewiesen werden dürfen.

e) Unter Anschaffungspreis ist nicht nur der als Preis vereinbarte Betrag zu verstehen. Es gehören dazu auch die angemessener Weise aufgewendeten Nebenausgaben, Steuern, Zölle, Provisionen, bei Maschinen Kosten der Montage und anderes; JW 1888, 245[11]. Dagegen nicht die unersetzt gebliebenen Kosten eines Prozesses, der wegen des Ankaufs hat geführt werden müssen. Erwirbt die Gesellschaft in der Zwangsvollstreckung ein Grundstück, indem sie in ihre Hypothek bietet, so ist der Anschaffungspreis nicht ohne weiteres der gebotene Betrag, auch nicht dieser Betrag unter Hinzurechnung des an ihrer Hypothek ausgefallenen Betrages. Vielmehr ist der Betrag, um welchen der Verkehrswert des Grundstücks hinter jener Summe zurückbleibt, für sie Verlust (sofern er nicht schon abgeschrieben war) Staub-Pinner § 261[31]. Anders Makower § 261 V b. Einzelne eingebrachte Sachen sind mit dem Nennbetrag der dafür gewährten Aktien einzustellen, der nicht höher sein darf, als die Sache wert ist (§ 184 I). A. A. Makower § 261 VI b[3]; RGSt 41, 295. Im Fall RG in BauersZ 16, 50 scheint eine solche Überteuerung stattgefunden zu haben; anderenfalles dürfte die Kritik S. 52 das. nicht nur die Gründe, sondern auch die Entscheidung selbst treffen. Bei der Gesellschaft mbH liegt es anders, wo Überbewertung von Sacheinlage vom Gesetz nicht verboten ist. Zutreffend sagt dazu OVGSt 17, 286, in solchem Falle habe die Gesellschaft das Recht und die Pflicht, in ihrer ersten Jahresbilanz den ganzen Mehrwert (als illusorisch) abzuschreiben. Steckt in dem für ein eingebrachtes Grundstück bedungenen Entgelt Gründergewinn, so darf es nur mit dem entsprechend geminderten Betrag in der Bilanz erscheinen; den überschießenden Betrag muß der Empfänger zurückzahlen (§§ 186 III, 202 I). Vgl. RG 88 428. — Die Feststellung des Anschaffungspreises kann Schwierigkeit machen bei Mengen, welche zu verschiedenen Preisen zusammengekauft sind. S. hierzu Lion, Bilanzsteuerrecht § 89.

f) Über Herstellungskosten vgl. JW 1888, 245[11]. In Rechnung zu stellen sind die Selbstkosten einschließlich etwaiger Bauzinsen, soweit diese nicht aus Betriebsgewinn gezahlt werden können, im übrigen ohne Zinsen. Dagegen können Unkosten der Finanzierung wieder berechnet werden, soweit sie sich in angemessenen Grenzen halten; Bolze 6, 643. Sehr weitgehend, aber unmittelbar auch nicht mehr praktisch (Unter-pari-Emission) ROHG 25, 317. Immer bleibt zu beachten, daß im Fall nach Z. 1 und 2 der Herstellungspreis nicht eingestellt werden darf, wenn er den Marktpreis usw. übersteigt. Anders nur, wenn nach Z. 3 verfahren werden kann und verfahren wird. Die zur Herstellung verwendeten Rohstoffe sind mit dem einzurechnen, was sie gekostet haben. Der Buchwert hat für diese Rechnung keine Bedeutung. Doch wird das allgemein nicht angenommen. Vgl. Simon, Bilanzen 290. Jedenfalls können übermäßige Abschreibungen rückgängig gemacht werden. Eher kommt in Frage, ob nicht vielmehr bei langer Lagerung, so z. B. bei den Holzvorräten einer Klavierfabrik, welche mit jedem Jahr der Lagerung wertvoller werden, Zinsen darauf zuzuschlagen sind, was zu bejahen sein dürfte.

Geteilt sind die Meinungen in der Frage, ob gestattet ist, für Rechnung Generalunkosten einen entsprechenden Aufschlag zu machen. S. hierzu die Zitate bei Staub-Pinner § 261[21]. Zweifellos sind diese Kosten ebenfalls Unkosten des Herstellers, nur daß sie sich nicht so speziell und individuell berechnen lassen. Die D. 148 meint, die Entscheidung müsse im einzelnen Fall dem verständigen Ermessen überlassen bleiben. Das gilt in weitem Maße allerdings von der Berechnung des Herstellungspreises. Aber gerade in dieser Frage gilt es nicht. Sie ist, abgesehen von der Berechnung der Höhe (s. unten), eine prinzipielle und kann nur in dem einen oder in dem andern Sinn entschieden werden. Richtig ist, daß bei käuflich erworbenen Waren usw. zu den Anschaffungspreis Generalunkosten nicht aufgeschlagen werden dürfen. Aber hier stecken ja auch in dem Kaufpreis bereits die Generalunkosten des Herstellers. Was dagegen die Kosten der Herstellung angeht, so ist das Bedenken unbegründet, daß auf diese Weise entgegen dem Verbot in Z. 4 Kosten der Verwaltung aktiviert würden. Das ist eine ganz natürliche und unverbotene Metamorphose. Werden doch auch die gezahlten Arbeitslöhne hier zu Aktiven. Auch insofern erscheint der Aufschlag geboten, als andererern Falles die betreffende Quote die übrigen Geschäftsvorfälle zu Unrecht belasten würde. Muß die Eisenbahn oder die Fabrik erst gebaut werden, so daß — vielleicht lange Zeit hindurch — der ganze Geschäftsbetrieb in der Herstellung besteht, dann gehören doch ganz gewiß auch die Generalunkosten zum Herstellungspreis. Und verpflichtet sich der Fabrikant, den Gegenstand zum Selbstkostenpreis zu liefern, dann wird man ihm im Zweifel den Aufschlag nicht versagen können; BauersZ 13, 149. — Eher läßt sich darüber streiten, wie die Grenze zwischen den zu repartierenden Betriebskosten (z. B. Abschreibungen) und den allgemeinen Verwaltungskosten läuft (z. B. Direktorgehalt). Vgl. Hachenburg in LZ 1913[1]. Zur Frage überhaupt Passow, Bilanzen II, 32 ff. — Insbesondere die Vorschrift in Z. 3 ist auf die Erfahrungen zurückzuführen, welche man an den ersten Eisenbahn-Aktien-Gesellschaften gemacht hatte, wo es ganz unmöglich war, für den Wert der Anlage einen anderen Maßstab zu finden, als die Herstellungskosten. Hier war es dann auch gerechtfertigt, die Kosten der Geldbeschaffung selbst dann einzurechnen, wenn sie übermäßig hoch waren; ROHG 25, 317.

5 a) Das Verhältnis zwischen den unter Z 1 bis 3 behandelten Gruppen ist nicht ganz deutlich und daher auch bestritten. Nach Simon, Bilanzen § 85 wäre das Verhältnis so zu bestimmen, daß Z 1 und 2 sich auf solche Gegenstände beziehen, die zur Wiederveräußerung, Ziffer 3 auf solche, die dauernd zum Geschäftsbetrieb bestimmt sind. Indessen wäre diese Einteilung nicht erschöpfend. Es gibt Gegenstände, welche weder zur Veräußerung noch dauernd zum Geschäftsbetrieb bestimmt sind, nämlich die zum Geschäftsbetrieb bestimmten Gegenstände, welche durch Verbrauch, nicht durch Gebrauch bestimmungsgemäß verwendet werden, z. B. der Koksvorrat eines Hochofens, der Ammoniak einer Eisfabrik usw. Sie würden nach Simon hier ausfallen und gemäß §§ 39, 40 HGB bewertet werden müssen. In Wahrheit dürfte Z. 2 (und § 39 I) auf sie anzuwenden sein. Es kommt also bei ihnen auf den Zeitwert an, wenn er gegen den Anschaffungspreis gesunken ist, und Abschreibungen gemäß Z. 3 kommen nicht in Frage. Der wesentliche Fehler aber ist, daß nach Simon die Vorschrift der Z. 3, die die Bilanzierung der Anlagen usw. nicht erschöpfend

regelt, ihre Ergänzung in § 39 HGB fände und nicht in § 261 Z. 2, während es in Wahrheit offenbar so liegt, daß wenn nicht von der Befugnis nach Z. 3 Gebrauch gemacht wird, Anlagen nach Z. 2 eingestellt werden müssen; Makower § 261 VI c. Wird nach Z. 3 verfahren, dann kann vom Anschaffungspreis auch dann ausgegangen werden, wenn zu teuer gekauft ist; anderen Falles darf nur der allgemeine Verkehrswert eingestellt werden. — Simon a. a. O. § 86 sagt, Betriebsgegenstände nach Z. 3 seien auch solche verbrauchbaren Sachen, welche für die Herstellung von Betriebsgegenständen, also dauernd zum Betriebe bestimmt werden. Er denkt dabei aber an Holz und Steine zum Bau einer Fabrikanlage, die in Wahrheit gar nicht verbraucht werden und deshalb allerdings nach Z. 3 behandelt werden können (ebenso Lehmann-Ring § 261[11]; vgl. RG 42, 235), während „Explosionsstoffe, welche Eisenbahn-Aktiengesellschaften zu Sprengungen behufs Herstellung einer Eisenbahn benutzen", ebenso dastehen wie Kohlenvorräte u. ä. Übrigens hat die Bewertung der von Simon erwähnten Baumaterialien für einen Eigenbau insofern immer nur provisorische Bedeutung, als nach Herstellung des Baues dessen Kosten maßgeblich sind und hierzu der tatsächlich gezahlte Preis — ohne Zinsenaufschlag — gehört. Vgl. oben Erl. 4 f.

b) Anlagen sind unbewegliche oder mit Grund und Boden fest verbundene bewegliche Gegenstände. Dauernd zum Geschäftsbetriebe gehörige Gegenstände können sowohl unbewegliche Sachen sein, z. B. Lagerplätze als auch bewegliche, wie Mobiliar, Geschäftsutensilien, Werkzeuge, Fuhrpark. — Unter Betriebsmaterialien kann man die verbrauchbaren Vorräte wie Heizkohle, unter Betriebsmitteln unverbrauchbare, wie Eisenbahnschienen und Schwellen verstehen. Ein sicherer Sprachgebrauch ist das aber nicht; RG 42, 233.

Die Vorschrift in Z. 3 schließt nicht aus, daß einer unvorhergesehenen, außerordentlichen und erheblichen Entwertung Rechnung getragen werden muß und dann an dem bisherigen Verfahren allmählicher Abschreibung nicht festgehalten werden darf. So mit Recht Simon, Bilanzen § 97; a. A. Makower § 261 IX b[1]. Doch kann nach einer solchen außerordentlichen Abschreibung mit der sogenannten mathematischen Methode wieder neu begonnen werden.

c) Fraglich kann erscheinen, ob Wertpapiere unter Z. 3 fallen können. Die herrschende Lehre bejaht es; OLG 41, 203, obwohl es durchaus sprachwidrig ist, von Wertpapieren unter irgend welcher Voraussetzung zu sagen, daß sie zum Geschäftsbetrieb der Gesellschaft bestimmt seien. Es soll das der Fall sein, wenn das Papier nicht zum Zweck der Weiterveräußerung erworben wird, sondern dauernd im Geschäftsvermögen liegt, um auf eine andere Weise den Geschäftszwecken zu dienen. So namentlich zur Verpfändung oder zu dem Zweck, mit den Papieren — Aktien einer andern Gesellschaft — diese zu „kontrollieren" usw.; Lion, Bilanzsteuerrecht 163, will auf alle auf die Dauer angeschafften Wertpapiere nicht § 141 RAO, sondern § 139 II das. als die Sondervorschrift anwenden (Anschaffungspreis oder nach Wahl den geringeren gemeinen Wert). Die Frage wäre müßig, wenn man zugibt, daß bei Wertpapieren von Abschreibung wegen Abnutzung keine Rede sein kann und aus diesem Grunde denn auch nicht von der Anwendung der Z. 3. Anders OLG 41, 204 (Rostock); ferner Simon § 86, der in solchen Fällen zwar auch nicht Abschreibung zulassen will, aber die Einstellung zum Erwerbspreis auch dann für zulässig erklärt, wenn die Papiere im Kurse fallen; ebenso Staub-Pinner § 261[37]; nicht so deutlich Brand § 261, 5 Cα. Übrigens will Simon die Wertpapiere nur so lange der Z. 3 unterstellen, als sie einem Verwendungszweck akut dienen, dagegen nicht, wenn sie müßig im Tresor liegen (Effekten des gesetzlichen Reservefonds); anders wiederum, wenn es sich um Erwerb von Aktien zum Zweck dauernder Beteiligung am Unternehmen der betreffenden A-Gesellschaft handelt. Vgl. ROHG 25, 308. Das führt zu einem anderen Gesichtspunkt. Vgl. hierzu den Fall RG 83, 172, wo einer A-Gesellschaft, welche sämtliche Kuxe einer Gewerkschaft bis auf einen erworben hatte, in ihre Bilanz nicht die angekauften Kuxe, sondern auseinandergelegt die Vermögensgegenstände der Gewerkschaft eingestellt und die sehr erheblichen Aufwendungen auf die Anlagen usw auf die ausgeworfenen Werte der betreffenden Aktiven draufgeschlagen hatte. Das Gericht hat das gebilligt mit einer Begründung, die nicht darüber hinweghilft, daß unter Zurückstellung aller rechtlichen Gesichtspunkte das entscheidende Gewicht auf den wirtschaftlichen Zusammenhang und Sachverhalt gelegt wird. Es handelt sich um einen Fall von Verschachtelung und um das hier immer wiederkehrende allgemeine Problem, inwiefern gegenüber dem formal-rechtlichen Tatbestand der materiell-rechtliche oder der wirtschaftliche Zusammenhang zur Geltung kommen darf und muß, und da dürfte doch, was die Bilanz und ihre Gestalt angeht, der formale Tatbestand das Entscheidende sein. Daß das Verfahren der Gesellschaft sachlich berechtigt war, ist nicht zu bezweifeln. Aber sollte die Gewerkschaft als solche bestehen bleiben, so mußte für sie eine und für die A-Gesellschaft eine andere Bilanz aufgestellt werden. Die Frage liegt nahe, wie wohl nach dem Standpunkt des Gerichts die Bilanz der Gewerkschaft hat lauten müssen. Die Unterinstanz hatte damit doch wohl recht, daß die A-Gesellschaft in ihrer Bilanz die Gewerkschaft mit den Aufwendungen hätte belasten können. Sie hätte wohl auch durch Einstellung eines transitorischen Aktivums die Aufwendungen auf eine angemessene Reihe von Jahren verteilen können.

Alles in allem liegt es nach diesseitiger Auffassung so, daß die A-Gesellschaft die in ihrem Eigentum befindlichen Wertpapiere, mögen sie auch noch so sehr im Kurse gestiegen sein, in die Jahresbilanz nur mit dem Anschaffungspreis, und wenn sie unter diesen gefallen sind, mit dem Börsenkurs einstellen darf; Zimmermann in VerhSchweizJuristenverein 1926, 93a. Anders höchstens in dem Fall, wo die Gesellschaft mit den Aktien oder Geschäftsanteilen das gesamte oder annähernd das gesamte Unternehmen der fremden Gesellschaft in Händen hat (Tochtergesellschaft) und die Wertpapiere so aktivieren mag, wie wenn sie das Unternehmen selbst besäße. Dagegen erscheint es willkürlich, dafür im Anschluß an gewisse steuerrechtliche Bestimmungen den Besitz von $^1/_5$ des gesamten Aktienkapitals für ausschlaggebend zu erklären.

Als verfehlt darf wohl die Meinung Simons, Bilanzen § 95 bezeichnet werden, wonach vom Kurswert des Wertpapiers die Kosten abzuziehen sind, welche beim Verkauf des Papieres erwachsen würden oder gar, wenn es sich um einen großen Posten handelt, der Kursabfall, der zu erwarten wäre, wenn der ganze Posten auf einmal auf den Markt geworfen würde. Das erscheint verfehlt nicht sowohl, weil es kleinlich als vielmehr weil es von dem Standpunkt eines zur Zwangsvollstreckung schreitenden Gläubigers aus gesehen ist. S. oben Erl 2a. Wie Simon auch Makower § 261 VII b[1], ferner RFH 7, 344.

d) Patente, welche die Gesellschaft kauft, sind mit dem Kaufpreis einzustellen, vorausgesetzt, daß sie diesen wert sind, und müssen in der Zeit der Schutzfrist abgeschrieben werden. Patenterwerb auf Grund eigener Erfindung und Anmeldung ist originärer, unentgeltlicher Erwerb und sollte nicht anders behandelt werden, wie jeder unentgeltliche Erwerb. (S. oben Erl 4d.) Jedenfalls ist es schief, die auf die Erfindung aufgewendeten Kosten wie den Herstellungspreis zu behandeln. Diese Kosten können sehr erheblich, aber auch verschwindend gering sein, den Wert des Patentes übersteigen und hinter ihm zurückbleiben. Im Begriff des Preises liegt das Moment der Äquivalenz, das hier vollständig fehlt. Indessen wird ganz allgemein das Gegenteil angenommen; RG in Holdh 1904, 160. Unbestimmt Staub-Pinner § 261[32]; unzulänglich Makower § 261 V b.

Nach OVGSt 12, 320 können auch Lizenzverträge vom Lizenznehmer, nach OVGSt 15, 343 allgemein Rechte aus Verträgen als Aktiva verbucht werden. Handelsrechtlich ist das abzulehnen.

e) Pfandrechte bilden keine selbständigen Aktiven neben der pfandgesicherten Forderung; RG in Recht 07, 1543, ebensowenig wie Bürgschaften. Dagegen sind Waren oder Mobilien auch dann Aktiva, wenn sie von der Gesellschaft verpfändet sind. Buchmäßig kommt der Sachverhalt dadurch auf den zutreffenden Ausdruck, daß unter den Kreditoren die pfandgesicherte Schuld der Gesellschaft erscheint. Bei umfangreichen Verpfändungen ist im Bericht der Sachverhalt mitzuteilen, wenn nicht anzuerkennende Gründe dagegen sprechen, ihn in weiteren Kreisen bekannt werden zu lassen.

Wie mit verpfändeten Sachen verhält es sich mit fiduziarisch übereigneten, wenn es sich um Sicherungsübereignung handelt. Kommissionsgut gehört — so lange das Verhältnis in der Schwebe ist — in die Bilanz des Kommittenten, nicht des Kommissionärs.

f) Fremde Gegenstände, welche bei der Gesellschaft lagern, gehören selbstverständlich nicht in ihre Bilanz; RGSt 43, 416; wohl aber ihr übereignete Waren, auch wenn sie einem Dritten, z. B. einem Lagerhaus, in Verwahrung gegeben sind. Waren, welche ihr zugesandt werden, kommen erst zur Verbuchung und damit in die Bilanz, sobald sie bei ihr eingegangen sind, auch wenn das Eigentum schon vorher übergegangen sein sollte, wie umgekehrt auch verkaufte Ware aus den Büchern verschwindet, wenn sie auf den Weg gebracht ist, gleichviel wie es mit dem Eigentumsübergang steht. Über sogen. Minus- und Pluseffekten s. Simon, Bilanzen § 44 a. E.

g) Unrichtige Bezeichnung eines Bilanzpostens kann die Anfechtung der Bilanzgenehnehmigung begründen, wenn sie geeignet ist, Zweifel wegen der richtigen Bewertung zu begründen, RG 83, 174 (vgl. hierzu oben unter c).

h) Eigene Aktien der Gesellschaft sind bilanzfähige Aktiva nur in der Jahresbilanz als Gewinnermittlungsbilanz. Vgl. hierzu Brodmann GGmbH § 33[2]. Hier sind sie mit dem Anschaffungspreis oder mit ihrem Verkehrswert, wenn dieser niedriger ist, einzustellen.

i) Unsicher in ihren rechtlichen Grundlagen ist die bilanzmäßige Behandlung gewisser rein ideeller Werte, welche mit einem kaufmännischen Unternehmen verbunden sein können. Ein im Gang befindliches Geschäft mit langjährigen Beziehungen, gutem Ruf, in weiten Kreisen bekannt usw., ist mehr wert als ein junges Unternehmen. Ein langjähriger Mietvertrag, ein dauerndes Bezugsrecht können wertsteigernde Momente sein (nicht minder — um auch gleich auf das Uferlose dieser Betrachtungsweise hinzudeuten, ob A. oder B. der Leiter des Unternehmens ist usw.). Solche Werte sind nicht selten — unter verschiedenen Bezeichnungen: Firma, Kundschaft (RFH 2, 118), Fasson, good will (RFH 6, 166; VerlagskonkoSächsOVG 14, 95), Gegenstand des Verkehrs, besonderer Vereinbarung, der Einschätzung. Man spricht hier von immateriellen Aktiven, was aber keine gute Bezeichnung ist, weil man unter Immaterialrechten etwas anderes und durchaus Greifbares versteht, nämlich ganz bestimmte Rechte, welche absoluten Charakter haben, obwohl sie des körperlichen Substrates entbehren, wie das Urheberrecht, das Patentrecht usw. Das sind fest umschriebene Rechte, die Gegenstand landläufigen

Verkehrs sind und in deren Bilanzfähigkeit nichts Auffälliges liegt. Bei jenen nicht recht faßbaren und doch zweifellos vorhandenen wirtschaftlichen Werten spricht man besser von Imponderabilien. Lion in JW 1921, 1577 schlägt als generelle Bezeichnung für alle diese Dinge Rentabilität vor. Bilanzfähig sind sie grundsätzlich nicht. Es wird auch keinem Kaufmann, der sein Vermögen aufzeichnet, einfallen, zu allem, was er besitzt, nun auch noch den Wert seiner Bekanntschaft in weiten Kreisen oder ähnliches als Wertstück einzuzeichnen. (Etwas anderes ist es, daß bei der Auseinandersetzung zwischen Gesellschaftern diese Werte unter Umständen in Ansatz zu bringen sind, RG 94, 106; Warn 1909, 127; OLG 19, 313 (Hamburg).) Nur bei Gesellschaften, welche zu einem starren Kapitalkonto verpflichtet sind, hat ein unabweisliches Bedürfnis dazu geführt, solche Werte als Aktivum dann in die Bilanz einzustellen, wenn die Gesellschaft sie gegen Entgelt erworben hat, JW 1901, 653[12]; RG in LZ 1915, 231[14]. Vgl. auch RG 19, 118. Denn wenn die Gesellschaft bei ihrer Gründung das Unternehmen zu einem Gesamtpreis erwirbt, bei dem „good will" oder „Rentabilität" mitgesprochen hat, und wenn nun die Gesellschaft, wie das geschehen muß, in der Bilanz das Ganze in seine Teile auflöst und diese sachgemäß bewertet, dann bleibt ein Rest, der doch auch untergebracht werden muß, will die Gesellschaft nicht mit einer Unterbilanz anfangen, die nicht gerechtfertigt wäre. Nicht selten wird das so gemacht, und merkwürdigerweise billigt das die Rechtsprechung (vgl. RFH 3, 170; 4, 203; undeutlich RG 19, 121), daß man diesen Rest durch Zuschläge auf die einzelnen Aktiven verteilt. Mit dem Gesetz steht das nicht in Einklang. So auch RFH 2, 11; Lion, Bilanzsteuerrecht 49 Note 84; Fischer in EhrenbergsHH II, 499 ff.; RG in Gruch 44, 158. Da ist es schon besser, daß man ein Aktivum einstellt, dessen Regelwidrigkeit offen zutage liegt, und darin zum Ausgleich kommt, daß man stark und schnell abschreibt. Es muß aber behauptet werden, daß gerade erst in diesem forcierten Abschreiben das Wesen der Sache zum Ausdruck kommt, in der eine Regelwidrigkeit in Wahrheit gar nicht liegt. Es handelt sich um eine Aufwendung, der ein bilanzfähiges Aktivum nicht entspricht, welche aber, wollte man sie als Aufwendung verbuchen, das Gewinn- und Verlustkonto des einen Jahres mit seinem ganzen Betrage belasten würde, während es doch eine Aufwendung ist, die dauernd ihre Früchte trägt. Nichts ist mehr gerechtfertigt, als diese Ausgabe über eine Reihe von Jahren zu verteilen, die man je nach Geschmack größer oder geringer wählen mag. Es handelt sich bei Aktiven dieser Art in Wahrheit um einen transitorischen Rechnungsposten, wie auch aus anderen Anlässen solche Aktiven oder Passiven vorkommen und zulässig sind. So allein erklärt sich die zwar nicht positiv-rechtlich aber kaufmännisch gebotene Tendenz tunlichst schneller Abschreibung, während nach der herrschenden Ansicht jedenfalls dann, wenn das Geschäft floriert, das Aktivum immer größer werden müßte. So OVGSt 13, 160 insofern, als dort (steuerrechtlich) die Zulässigkeit von Abschreibungen davon abhängig gemacht wird, daß die „Firma" an Wert verloren hat. Aus diesem Gesichtspunkt lehnt OVGSt 12, 316, 319 die Abzugsfähigkeit dieser Abschreibungen vom Gewinn überhaupt ab. Ebenso SächsOVG 5, 366. Anders OVGSt 11, 419. Von dem hier vertretenen Standpunkt aus erscheinen diese Abschreibungen nicht abzugsfähig. Lion, Bilanzsteuerrecht § 103 und in JW 1921, 1577, steht ebenfalls auf diesem Standpunkt, nimmt aber an, daß die Abschreibungen abzugsfähig seien. Zustimmend auch Fischer, Bilanzwert § 28, der aber mit Unrecht behauptet, daß Bilanzposten wie Patente, Verlagsrecht usw. dieselbe Natur hätten, oder vielmehr noch weitergehend (s. EhrenbergsHH II, 492 ff.) die Bilanzansätze für die Betriebsanlagen, Maschinen, Utensilien usw. zu transitorischen Hilfskonten umdeutet, bestimmt, die Anschaffungs- oder Herstellungskosten auf die Jahre ihrer Verwendbarkeit zu verteilen. Es muß der Wirtschaftswissenschaft überlassen bleiben, was sie mit dieser Tendenz, alle Dinge auf den abstrakten Generalnenner des Geldes zu bringen, anfangen kann, und was sie ihr wert ist. Der Jurist wird einstweilen besser tun, an der natürlichen Auffassung festzuhalten. Daß Patente usw. auch schnell abgeschrieben werden, beruht darauf, daß sie in ihrer Existenz zeitlich begrenzt sind. — In eigentümlicher Inversion erscheint das Aktivum Firma im Fall SächsOVG 7, 362, wo einem ausscheidenden Gesellschafter eine auf Rechnung des allgemeinen Geschäftswerts erhöhte Abfindungssumme hat gezahlt werden müssen. — Es kann unter Umständen auch so liegen, daß das Geschäft als Ganzes weniger wert ist, als die Gesamtheit seiner Aktiven. Über die hierzu ergangene Rechtsprechung s. Lion, Bilanzsteuerrecht § 102.

6. a) Die Vorschrift der Z. 3 spricht ganz allgemein. Ihr Inhalt ergibt aber, daß sie nur auf Gegenstände anwendbar ist, welche der Abnutzung durch Gebrauch unterliegen (bestr.), also beispielsweise nicht auf unbebaute Grundstücke, Lagerplätze, Ackerboden, Gärten. Wohl aber gehören hierher gewisse Fälle der Abnutzung durch Verbrauch, Steinbrüche und Bergwerke usw. (vgl. hierzu Passow, Bilanzen II, 167; Lion, Bilanzsteuerrecht § 118; OVGSt 14, 263 ff.; OVG 50, 168), und entsprechend wird man die Vorschrift auch anwenden, wo die Konzession zum Betrieb mit der Bedingung erteilt wird, daß nach einer bestimmten Anzahl von Jahren die Anlage an den Staat oder die Gemeinde u. ä. heimfällt, sofern hier nicht auf andere Weise — namentlich durch planmäßige Amortisation der Aktien — Vorsorge getroffen wird. — Soweit der Vorschrift der Z. 3 gemäß verfahren wird, d. h. also, wenn alljährlich die auf Grund allgemeiner

Erfahrung im voraus festgesetzte Quote abgeschrieben wird, kommt es auf den jeweiligen Grad der Ab- oder Ausnutzung nicht weiter an. Man wird vielleicht vorsichtigerweise bei günstigerem Abschluß einer erheblicheren Abnutzung Rechnung tragen und die Generalversammlung ist berechtigt, es mit einfacher Stimmenmehrheit zu beschließen. Aber eine rechtliche Verpflichtung besteht hierzu nicht. — Ebenso verhält es sich in Beziehung auf Entwertungen, welche nicht auf Abnutzung beruhen, z. B. in Beziehung auf Veraltung einer Maschine. Es ist nicht unzulässig, bei dem Maß der Abschreibung voraussehbaren künftigen Ereignissen Rechnung zu tragen, RG 91, 410. S. auch OVG 66, 205. Ist freilich eine Maschine durch eine neue Erfindung, wegen Umstellung des Betriebes usw. plötzlich unverwendbar geworden, so wird sie als solche in Inventur und Bilanz verschwinden müssen. Sie ist dann altes Eisen oder nicht viel mehr als das. Vgl. Simon, Bilanzen §§ 97, 105. Dagegen Staub-Pinner § 261[35]; Makower § 261 IX b 4. S. auch OVGSt 15, 269. Gegen das Beispiel Makowers, daß eine Straßenbahngesellschaft verpflichtet ist, nach einer Reihe von Jahren ihre Gleisanlagen (nicht den Betrieb?) der Stadt unentgeltlich zu überlassen, ist zu sagen, daß nicht ohne weiteres verständlich ist, was mit der Errichtung eines allmählich abzuschreibenden Kontos „Gebrauchsrecht" erreicht ist, solange man nicht weiß, wo das Konto in der Bilanz erscheinen und wie es funktionieren soll. Es kommt wohl auf den Inhalt des Vertrages an. Hat die Stadt nur Anspruch auf Überlassung der Anlage, gleichviel, wie sie beschaffen ist, so hat die Gesellschaft keinen Anlaß mehr als Abschreibungen a conto Zeitablauf (Amortisation) vorzunehmen. Muß sie dagegen die Anlage tadellos abliefern so hat sie alle Veranlassung, außerdem wegen der Abnutzung abzuschreiben.

b) Ist, wie üblich, die Abnutzungsquote nach einem Prozentsatz — jährlich 3, 5, 10% — bestimmt, so ist die Quote immer wieder nach dem vollen Ausgangswert zu rechnen, nicht von dem Betrag, mit welchem jeweilig der Gegenstand zu Buch steht. Dabei empfiehlt sich und ist üblich, daß in der Bilanz (vor der Linie) der Anschaffungspreis kenntlich gemacht wird. Für den Prozentsatz haben sich im Verkehr Normalsätze als üblich herausgebildet. Eine Zusammenstellung solcher findet sich in „Technik und Wirtschaft" 1910, Heft 4. Für Maschinen gilt (oder galt vor dem Kriege) der Satz von 10% allgemein als angemessen. Sind die 10 Jahre um, so ist die Maschine oft noch verwendbar. Sie steht dann, um nicht aus der Bilanz ganz zu verschwinden — allein oder in Verbindung mit anderen Maschinen — mit 1 M. zu Buch und bildet für die Gesellschaft mit ihrem Wert eine stille Reserve.

Ob man den Betrag der jährlichen Abschreibung auf der Aktivseite abzieht oder als Bewertungsposten auf Passivseite einträgt, ist einerlei. Es ist das nur ein Unterschied in der äußeren Form. Daß das Gesetz beide Arten überhaupt erwähnt, kann höchstens dazu anregen, den — übrigens ganz schiefen — Ausdruck Erneuerungsfonds auf diesen Fall des Bewertungspostens zu beschränken. Es steht auch nichts im Wege, die Wertminderung teils durch unmittelbare Abschreibung, teils durch Wertberichtigungskonto zum Ausdruck zu bringen, RFH 2, 138. — Es ist ganz etwas anderes, geschieht oft aber auch unter der Bezeichnung Erneuerungsfonds, daß Mittel für künftige Ersatzanschaffung als Reserve zurückgestellt werden. Nicht selten erscheinen auch Abschreibungen und Erneuerungsreserve ungetrennt in einem Posten. — Entgegen Fischer, Bilanzwerte I, 55, der in den Abschreibungen wegen Abnutzung Rückstellungen aus Anlaß künftiger Totalverluste erblickt, wird man daran festzuhalten haben, daß auch die dieser mathematischen Abschreibung innewohnende Idee die Abnutzung und Wertverringerung bleibt. Nur aus praktischen Gründen geht man bis zu einem gewissen Grade schematisch vor, was um so unbedenklicher ist, als exakte Wertfestsetzung von Jahr zu Jahr durch Schätzung auch nicht möglich ist.

Es ist nicht unbedingt geboten, die Abschreibungen auf Betriebsanlagen bis in das Einzelne hinein zu spezifizieren. Je nachdem, wie im Inventar und überhaupt in den Büchern die Vermögensgegenstände nach Gattungen zusammengefaßt erscheinen, pflegt auch die Abschreibung gattungs- oder gruppenweise summarisch zu erfolgen.

c) Die laufenden Reparaturen an den Betriebsanlagen gehen auf Rechnung des Betriebsaufwandes, Simon, Bilanzen 395; Fischer, Bilanzwerte I § 27. Die Kosten umfangreicher Reparaturen sind wie Kosten für Erneuerungen und Erweiterungen den Herstellungskosten oder dem Anschaffungspreis hinzuzurechnen, was Anlaß geben kann, den Betrag der jährlichen Abschreibungen entsprechend zu erhöhen. Falsch wäre es, die Kosten vom Erneuerungskonto abzuschreiben, RGSt 36, 438. Vgl. hierzu Liebmann in HoldhMS 21, 182.

d) Die Gesellschaft kann nach Z. 3 verfahren, aber sie muß es nicht. In der Bilanz, in welcher der Gegenstand zum erstenmal erscheint, kann die Gesellschaft über den Anschaffungspreis oder die Herstellungskosten auch dann nicht hinausgehen, wenn der Wert nach § 40 HGB höher ist. Es fragt sich aber, ob sie, nachdem sie einmal nach Z. 3 vorgegangen ist, in späteren Bilanzen mit Rücksicht auf einen höheren Wert des Gegenstandes Abschreibungen unterlassen kann. Bilanzrechtlich ist sie daran nicht gehindert. Gesellschaftsrechtlich kann die Mehrheit der Generalversammlung es beschließen, wenn es nach der Geschäftslage geboten erscheint oder niemand widerspricht. In gleicher Weise steht nichts entgegen, übermäßige Abschreibungen in weniger günstigen Geschäftsjahren wieder rückgängig zu machen (Verwendung stiller Reserve), Fischer, Bilanzwerte I, 76; Staub-Pinner § 261 [7]; Neukamp in GZ 48, 500. A. A. Lehmann-Ring § 261 [14]. Über RG 28, 53 und die daran anknüpfende Kontroverse zwischen Ring und Simon einerseits, Staub anderseits s. Simon, Bilanzen 412. Nach diesseitiger Auffassung gehen beide Teile fehl, weil sie nicht die nötige Unterscheidung zwischen der bilanzrechtlichen und gesellschaftsrechtlichen Seite der Sache machen. S. hierzu § 213 Erl 7 c.

e) Wechselt die Gesellschaft in der Methode und stellt sie aus irgendeinem Grunde den wirklichen Wert zur Zeit des Bilanzstichtages ein (der nur nicht über den Gestehungspreis hinausgehen darf), so kann sie von diesem veränderten Standpunkt aus von neuem beginnend wiederum nach Z. 3 verfahren, Lion § 110 a. E. Note 279. — Die Gesellschaft hat die Wahl, ob sie nach der einen oder der anderen Methode verfahren will, sie kann aber nicht einen mittleren Wert zwischen beiden in die Bilanz einstellen, OVGSt 12, 315. — Die Unterlassung von Abschreibungen ist nur dann strafbar nach § 314 [1], wenn der Gegenstand ohne Rücksicht auf seinen geringeren Wert zum Gestehungspreis eingestellt worden ist, RGSt 36, 439.

f) Erwirbt die Gesellschaft einen Vermögensgegenstand zum ständigen Gebrauch, den sie schon einmal besessen hat, so ist er an und für sich mit dem letzthin gezahlten Preis einzustellen, nicht mit dem früheren Anschaffungs- oder Herstellungspreis, es sei denn, daß es bei Veräußerung und Wiederanschaffung auf Umgehung des Gesetzes abgesehen war, die Veräußerung vielleicht juristisch ernstlich gemeint war, aber nicht wirtschaftlich.

g) Wenn die Gesellschaft einen Vermögensgegenstand nicht für Geld sondern gegen Rechte veräußert, z. B., wenn sie sich mit ihm als Einlage an der Gründung einer Gesellschaft mbH beteiligt, ist sie nicht gehalten, den Geschäftsanteil nur mit dem Betrag in die Bilanz einzustellen, mit welchem ihre Einlage bei ihr zu Buch stand, wenn der Geschäftsanteil mehr wert ist, und wenn er weniger wert ist, darf sie es nicht. A. A. Staub-Pinner § 261 [34]; Goldschmit AG § 261 [16] c. Aber warum soll sie nicht auf diesem Wege einen Buchgewinn realisieren dürfen? Vgl. RFH 16, 14.

h) Nach OVGSt 3, 395; 4, 174 (s. auch das. 10, 301 ff.); HoldhMS 1896, 134 wäre die Bewertung nach Z. 3 nur zulässig, wenn der Geschäftswert der Anlage hinter dem Buchwert nach Z. 3 zurückbleibt; ist dieser geringer, dann müsse der Geschäftswert eingesetzt werden; Marcuse in HoldhMS 27, 85 ff. Handelsrechtlich ist das sicherlich nicht richtig. Auch im Verhältnis der Gesellschafter untereinander bei der Gesellschaft mbH oder im Verhältnis der Aktionäre zueinander, des einzelnen Aktionärs zur Generalversammlung, der Minorität zur Majorität kann ohne Rücksicht nicht nur auf einen geringeren, sondern auch auf einen höheren Wert nach Z. 3 verfahren werden. Aber auch steuerrechtlich ist es abzulehnen, RFH 9, 109. Das Gesetz stellt die beiden Methoden als gleichberechtigt der Gesellschaft zur Verfügung und dem muß auch die Steuerpraxis Rechnung tragen. Vgl. Lion, Bilanzsteuerrecht § 109 zur Rechtsprechung des PrOVG über „mathematische" Abschreibung. Simon § 97. Undeutlich Staub-Pinner § 261 [35]. Ob die Gesellschaft im Laufe der Jahre mit der Methode wechseln darf, ist eine andere Frage. Bilanzrechtlich steht nichts im Wege, daß die Gesellschaft eine bis auf 30 000 M. abgeschriebene Maschine mit 100 000 M. einstellt, wenn sie soviel wert ist und soviel oder mehr gekostet hat. Sie kann dann auch wieder auf die mathematische Abschreibung zurückgreifen, muß dann aber von dem höheren Wert aus von neuem anfangen (Bilanzkontinuität!). Anders liegt es gesellschaftsrechtlich, m. a. W. es ist die Frage, ob die Minorität darauf bestehen kann, daß es nur geschieht, wenn in der Geschäfts- und Finanzlage des Unternehmens ausreichende Veranlassung dazu gegeben erscheint. Das ist nach diesseitiger Auffassung zu bejahen. S. Erl 7 c zu § 213. Steuerrechtlich endlich ist die Frage, ob die Gesellschaft in solchem Fall die Maschine mit 100 000 M. einsetzen muß, wie das Oberverwaltungsgericht mit Unrecht angenommen hatte. Lion, Bilanzsteuerrecht § 79 und jetzt EStG § 20; KörpStG § 13, wonach wegen der Körperschaftssteuer die Gesellschaft von dem Abschreibungswert heruntergehen kann, auf den geringeren gemeinen Wert und von dem gemeinen Wert auf den geringeren Abschreibungswert.

Auf übertriebene Abschreibungen braucht der Steuerfiskus sich nicht einzulassen und tut er auch nicht.

7. a) Forderungen der Gesellschaft (Debitoren) werden, wenn sie vollwertig sind, mit dem Geldbetrag eingestellt, auf den sie lauten. Allgemein wird gelehrt, daß, wenn sie noch nicht fällig und unverzinslich sind, sie um den Betrag der Zinsen bis zur Fälligkeit gemindert werden müssen (ROHG 12, 17; Simon, Bilanzen § 112). Wohl ebenso allgemein dürfte das Gegenteil in Übung sein. Das Ergebnis würde meist die Mühe der Berechnung gar nicht lohnen. Besondere Umstände können die Reduktion einer am Jahresschluß noch nicht fälligen Forderung oder Schuld auf ihren damaligen Gegenwartswert erforderlich machen. So RFH 8, 312 in Beziehung auf eine Auslandsschuld in der Inflationszeit. RFH 7, 142 hat eine Bestandsbilanz zum Gegenstand. Eine Ausnahme machen ferner Wertpapiere, welche unter Diskontierung gehandelt werden (die aber nicht unter Debitoren-, sondern auf Sachkonto gebucht werden). Wie hier Passow, Die Bilanzen I, 161 ff; Rehm 411. — Modalitäten, wie die Vereinbarung, daß der Schuldner berechtigt sein soll, mit Ansprüchen aus Lieferungen aufzurechnen, nötigen nicht,

unter den Nennbetrag hinunterzugehen, JW 08, 344[33]. — Forderungen in fremder Valuta müssen geschätzt werden; der Kurs des Stichtages ist ebensowenig maßgeblich wie jeder andere Kurs vor Fälligkeit. — Daß zweifelhafte Forderungen nach ihrem wahrscheinlichen Wert anzusetzen, uneinbringliche abzuschreiben sind, ist im Gesetz ausdrücklich bestimmt. Gedeckte Kredite sind, soweit die Sicherheit reicht, nicht zweifelhafte Forderungen. RG in Recht 07, 1543. Ob Forderungen, die bestritten werden, einzustellen sind, hängt davon ab, ob die Rechtsverfolgung sichere Aussicht auf Erfolg bietet. — Üblich und zulässig ist es, statt die einzelnen Forderungen einzuschätzen und gegebenenfalls als unsicher herunterzusetzen, in Beziehung auf alle Forderungen einen auf Erfahrung beruhenden Gesamtbetrag vermutlichen Verlustes auf Delcrederekonto als Korrekturposten in die Passivseite einzustellen, RG 22, 162. In diesem Konto, wenn es höher bemessen wird, als erforderlich, erscheint ununterscheidbar verbunden Abschreibung und Rückstellung, RFH 7, 130; 4, 136; vgl. Lion, Bilanzsteuerrecht § 117, dessen Ausführungen offenbar nur steuerrechtlich zu verstehen sind. Auf Grund eines solchen Delcrederekontos kann es denn auch gerechtfertigt sein, streitige Ansprüche ohne Rücksicht darauf, welchen Erfolg der Rechtsweg verspricht, einzustellen. — Nicht bilanzfähig sind Rechte ohne Vermögenswert, so der Anspruch der Gesellschaft, daß ein Dritter unmittelbar an die Aktionäre leistet RFH 14, 307.

Bilanzfähig sind nur bestimmte Forderungen. Mietrechte und andere Rechte auf Benutzung von Sachen, namentlich auch von Grundstücken, mögen sie auch für längere Zeit gesichert und für den Unternehmer besonders wertvoll sein, bilden kein bilanzfähiges Aktivum, RGSt 43, 407, insbes. 417

b) Im allgemeinen werden auch die Schulden (Kreditoren) ohne Rücksicht darauf, ob sie verzinslich und wann sie fällig sind, mit dem Betrag eingestellt, auf den sie lauten. Schätzung ist erforderlich bei Schulden in auswärtiger Währung, RFH 7, 142; 8, 312. Hiervon, wie von der Einstellung bestrittener Schulden gilt das in dieser Beziehung oben über Forderungen Gesagte entsprechend, RFH 4, 287. Werden Teilschuldverschreibungen, welche mit einem Aufgeld rückzahlbar sind, mit diesem vollen Betrag als Passivum eingestellt, dann geht der Verlust, der in Aussicht steht, für Rechnung des einen Jahres. Um das zu vermeiden, stellt man entweder nur den eingegangenen Betrag als Passivposten ein, den man von Jahr zu Jahr erhöht. Oder man stellt in Gestalt eines Korrektivpostens das Disagio als Aktivum ein, das dann planmäßig abzuschreiben ist. Vgl. hierzu Simon, Bilanzen § 116; Rehm, Bilanzen §§ 35 ff.; Passow, Bilanzen I, 257 ff.

c) Schwebende Verbindlichkeiten, d. h. Verbindlichkeiten aus einem noch in der Schwebe befindlichen Geschäft gehören nicht in die Bilanz, wenn es sich um einen gegenseitigen Vertrag handelt, auf welchen von beiden Seiten noch nicht geleistet worden ist, wie ja auch der Anspruch auf die Gegenleistung einstweilen unverbucht bleibt. Teilleistungen sind dagegen zu verbuchen und kommen entsprechend in die Bilanz. Ähnlich liegt es mit Wechselregreßverpflichtungen, mit Bürgschaften, wo dem in Anspruch genommenen Schuldner der Rückgriff gegen den Vormann oder den Hauptschuldner zusteht und weder einerseits die Verbindlichkeit noch anderseits der Anspruch gebucht werden (oder wenn das eine gebucht wird, auch das andere dagegen gebucht werden muß; RAO § 174 IV). So auch das Gefälligkeitsakzept. Vorausgesetzt ist dabei aber, daß der Anspruch gegen Vormann oder Akzeptanten nicht unsicher oder wertlos ist. Dagegen macht es nichts aus, daß Leistung und Gegenleistung nicht schlechthin gleichwertig sind. Der darin liegende Gewinn oder Verlust geht auf Rechnung des folgenden Jahres. Das liegt im Wesen des Jahresgewinnes (vgl. Erl 5 a zu § 213). Darin, wie er die Sache praktisch betrachten und behandeln will, hat der Kaufmann in weitem Maße freie Hand. Aber der Jurist muß mit sicheren Begriffen und festen Regeln an die Frage herantreten. Ist der Unterschied zwischen Leistung und Gegenleistung erheblich, so darf gleichwohl der in Aussicht stehende Gewinn nicht vorweggenommen werden, während bei bevorstehendem Verlust Vorsicht geboten wird, durch Einstellung eines Passivpostens (oder Dotierung eines bestehenden Reservekontos) Vorsorge zu treffen. Gesetzlich ist es nicht geboten, und wenn es geschieht, handelt es sich nicht um Einstellung einer noch nicht fälligen Schuld, sondern um Rückstellung. Anders RFH 3, 25; nicht bestimmt genug Staub-Pinner § 40[8]; den richtigen Gesichtspunkt verfehlend Makower § 40 III g; Bellardi in BankArch 12, 205. Auch Simon, Bilanzen §§ 51, 92 und in Festgabe f. Koch S. 384 betont das Grundsätzliche zu wenig und in Bilanzen § 92 sagt er geradezu, daß mit dem Abschluß eines günstigen Verkaufs der darin liegende Gewinn realisiert sei. Nicht der Abschluß des Vertrages, sondern die Erfüllung erst realisiert den Gewinn. Daß schwebende Engagements gefährlich seien und verderblich werden können, brauchte nicht erst der Zusammenbruch der Leipziger Bank aufzuzeigen. Der Vorstand mag verpflichtet sein, darüber zu berichten. Von anerkannten Regeln der kaufmännischen Buchführung muß man und darf man darum nicht abweichen. Anders RFH 3, 25. Auch Lion, Steuerbilanzrecht § 93 S. 170 nimmt an, daß bei verlustbringendem Verkauf auf Lieferung im neuen Jahr der Verlust in das abgeschlossene Geschäftsjahr falle. Er erläutert das an Fällen, wo der Verlust im Rückgang der Währung begründet ist. Aber seine Beispiele erscheinen annehmbar nur, wenn man unterstellt, daß zur Zeit der Bilanzaufstellung die Lieferung schon fällig gewesen und geschehen ist. Ist auch in diesem Augenblick das Geschäft noch in der Schwebe, dann wüßte man weder zu sagen, wie hoch der Schaden ist noch ob überhaupt Verlust und nicht vielmehr wieder Erholung des Kurses und Gewinn sein wird! So käme wenn nicht alles, so doch sehr viel darauf an, wie schnell der Kaufmann mit seinem Jahresabschluß fertig wird. Es ist durchaus etwas anderes, wenn beim Ausscheiden eines Gesellschafters aus einer offenen Handelsgesellschaft an den am Tage des Ausscheidens schwebenden Geschäften der Ausscheidende beteiligt bleibt; BGB § 740; RG 56, 16; auch ROHG 24, 72 handelt — was Fischer, Bilanzwerte II 145 nicht beachtet — von diesem Fall, nicht von der Jahresbilanz. Der Schnitt, welcher in Beziehung auf die Dividende der Schluß des Jahres in den Fluß des Geschehens macht, beruht auf einem anderen Gedanken und wirkt denn auch anders wie der Schnitt, der in der Auflösung der Gesellschaft liegt. Ebenso RG 80, 333 in Beziehung auf die A-Gesellschaft (mit Unrecht nimmt das Urteil an, daß es bei der Gesellschaft mbH anders sei, weil dort Vorschriften wie 261 Z. 1 und 2 nicht bestehen. Das Gesagte beruht gar nicht auf diesen Vorschriften; zu nachgiebig gegen schlechte Gewohnheit auch Passow, Bilanzen 280. — Die Prämienreserve der Lebensversicherung ist wirkliches Passivum mit kollektivem Gläubiger. Ebenso erscheinen die „Rückstellungen" wegen noch nicht regulierter Schadensfälle bei der Feuerversicherung usw. mit Recht unter den Kreditoren. Hier ist die Gegenleistung, die Jahresprämie, beschafft und entscheidend ist hier, in welches Jahr der Brandschaden fällt. Und überhaupt müssen bestehende Schuldverbindlichkeiten von unbestimmter Höhe, wie Verpflichtungen zu Schadensersatz, nach pflichtmäßigem Ermessen geschätzt werden. Wie so oft in der Bilanzlehre die Dinge dicht beieinander liegen und leicht ineinander übergehen, so führt auch hier leicht und oft unvermerkt übertriebene Vorsicht in der Schätzung zu Rückstellung vom Gewinn und die Grenze ist oft nicht leicht zu bestimmen. Es mag steuerrechtlich nicht zu beanstanden sein, wenn RFH 5, 96 die Ansprüche der Angestellten auf Pension im Fall der Invalidität für bilanzfähige Passiva erklärt. Zivilistisch kann es nicht anerkannt werden. Anders, wenn planmäßig Beiträge an selbständige Pensionseinrichtungen abgeführt werden.

d) Für die sogen. Garantiereserve, welche z. B. Maschinenfabriken mit Rücksicht darauf einstellen, daß sie auf längere Zeit für die gelieferten Maschinen Gewähr leisten, muß in Anspruch genommen werden, daß es sich um Rückstellung handelt. A. A. Simon, Bilanzen § 52; Passow 250; Lion § 99 ;OVGSt 14, 229, wo ausgesprochen wird, daß es sich um ein bilanzfähiges Passivum handelt, aber erst, nachdem das Werk abgenommen worden ist; ferner das. 2, 49; 17, 450; vgl. auch RG 91, 411. Auch der Kaufmann, der einen Wechsel in Zahlung nimmt und mit seinem Giro wieder in Zahlung gibt, hat zu gewärtigen, „Gewähr" leisten zu müssen, namentlich wenn er erfährt, daß der Akzeptant und Aussteller schwach sind. Und schließlich kann auch der Fabrikant, der keine Garantie geleistet hat, zuweilen bereits im voraus sehen, daß er wegen mangelhafter Lieferung in Anspruch genommen werden wird und überhaupt muß jeder Verkäufer mit dergleichen rechnen. Das alles ergibt keine bilanzfähigen Passiven, sondern Anlaß nur zu Rückstellungen.

e) Ebenso ist die sogenannte Ausbietungsgarantie, d. h. die Verpflichtung der Gesellschaft eine ihr zustehende Hypothek bei einer Zwangsvollstreckung in das Grundstück zu verteidigen, höchstens von dem Zeitpunkt an Kreditor und nicht Rückstellung, wo die Zwangsvollstreckung zur Tatsache geworden ist. Vgl. Goldschmidt in HoldhMS 22, 98. (Treffender kommt der Sachverhalt wohl bei der Einschätzung der Hypothek zur Geltung.)

f) Der auf den ersten Blick auffällige Passivposten: „Amortisierte Schuldverschreibungen" — auffällig, weil getilgte Schulden in der Bilanz verschwinden müssen — ist berechtigt, wenn die Tilgung aus dem Gewinn erfolgen soll oder erfolgt ist. Das erklärt sich auf das einfachste. Von Rechts wegen könnte man Schulden aus dem Gewinn nur zahlen, nachdem Gewinn da ist, also nachdem die Bilanz fertig und Gewinn erwiesen ist. Es ist klar, daß in dieser Bilanz die Schuldverschreibungen noch als Schulden figurieren. Man braucht aber mit der Einziehung der Obligationen nicht bis zum Schluß des Jahres und bis zu der Bilanzziehung zu warten, muß sie dann aber bei der Aufstellung der Bilanz als noch nicht getilgt behandeln. So allein erreicht man, daß wirklich aus dem Gewinn gezahlt wird oder vielmehr gezahlt worden ist. Vgl. Simon, Bilanzen § 54. Im allgemeinen ist es Frage kaufmännischen Ermessens, ob eine Verbindlichkeit aus dem Gewinn getilgt werden soll. Wenn aber vertragsmäßig bedungen ist, daß eine Schuld nur zu zahlen ist, wenn und soweit als ein Gewinn gemacht wird, dann gehört die Schuld von vornherein nicht in die Bilanz; RG 81, 18. Hierher gehört namentlich die an die Inhaber von Genußscheinen zu zahlende Vergütung, ferner die Tantieme des Vorstandes und Aufsichtsrats. Wegen Hypothekenpfandbriefe s. HypBankgesetz §§ 25, 26.

g) Die Verpflichtung der Gesellschaft, die Vorrechte von Vorzugsaktien gegen Entschädigung abzulösen, stellt ein in der Schwebe befindliches Schuldverhältnis dar, das nicht reif zur Verbuchung ist, jedenfalls nicht in die Bilanz gehört. Wird ein Vorzugsaktienentschädigungskonto als Passivposten eingestellt, so muß zugleich ein berichtigender Aktivposten gegenübergestellt werden, widrigenfalls in der Einstellung in die Bilanz Rückstellung liegt; DJZ 1922, 699 (PrOVG). — Das Delkrederekonto steht auf Passivseite, aber ist kein Passivum. Es ist entweder ein Korrekturposten und stellt schätzungsweise nach allgemeiner Erfahrung vorgenommene generelle Abschreibung auf die voll eingestellten Debitoren dar oder geht über das hiernach Gebotene hinaus und ist dann Rückstellung. S. oben unter a.

Der Pensionsanspruch eines Angestellten bildet ein bilanzfähiges Passivum, sobald die Dienstuntauglichkeit eingetreten ist. Dagegen ist die allgemeine Pensionsberechtigung Angestellter nicht bilanzfähig. In letzterem Punkt liegt es nach RFH 5, 96 (steuerrechtlich) anders. S. oben unter c.

h) Unerfüllte Verbindlichkeiten aus einseitigem Vertrag sind nicht schwebende, sondern — wenn nicht fällige — betagte oder bedingte. Ihre buchmäßige Behandlung ist verschieden. Ein Schenkungsversprechen würde unter die Kreditoren einzustellen sein, ein Darlehnsversprechen dagegen nicht. Bei der Bürgschaft ebenso wie bei der Girierung einer Tratte hat der Kaufmann freie Hand. Verbucht er die Schuld, so auch den Regreßanspruch. Das gleicht sich aus und die Bilanz bleibt dieselbe; Fischer, Bilanzwerte II 196 f. Immer aber handelt es sich für die natürliche Auffassung um Verbindlichkeiten und Rechte, die zur Verbuchung kommen, und von ihr abzuweichen, liegt kein ausreichender Grund vor; a. A. Fischer, Bilanzwerte II, 143. Auch von ihnen gilt, daß sie nur mit ihrem wirklichen Wert eingestellt werden dürfen, die Regreßansprüche mit dem vollen Betrag also nur, wenn der Schuldner nicht unsicher ist. Anders Fischer a. a. O. 198.

i) Als schwebende Verbindlichkeiten kann man auch die bedingten bezeichnen. Sie sind ebenfalls als Kreditoren nicht bilanzfähig. Wird mit Rücksicht auf die Wahrscheinlichkeit des Eintritts der Bedingung ein Betrag auf Passivseite eingestellt — gesondert oder kollektiv mit den übrigen Kreditoren — so ist das nicht Schätzung, sondern Rückstellung. Auch bedingte Ansprüche der Gesellschaft gehören nicht in die Bilanz. Eine andere Frage ist, ob bei A-Gesellschaften Engagements, aus welchen Verluste drohen, im Jahresbericht (§ 260 II) erwähnt werden müssen, was zweifellos zu bejahen ist, wenn es sich um erhebliche Dinge handelt, die nicht etwa im Interesse des Unternehmens verschwiegen bleiben müssen und verschwiegen bleiben dürfen. In einem gewissen Sinn dürfte auch die Erwähnung im Bericht viel ersprießlicher sein, als das stillschweigende Einstellen in die Bilanz, wo es leicht übersehen wird; Fischer a. a. O. 200.

k) Verbindlichkeiten der Gesellschaft, welche diese nur aus dem Jahresgewinn zu berichtigen verpflichtet ist, RG 81, 22, ebenso Genußscheine sind weder bilanzpflichtig noch bilanzfähig, letztere auch dann nicht, wenn sie ein Recht auf Beteiligung an der Liquidationsmasse gewähren; Flechtheim in BankArch 24, 414.

8. Die Vorschrift Z. 4: die Kosten der Errichtung und Verwaltung dürfen nicht als Aktiva in die Bilanz eingesetzt werden, ist ein legislativer Mißgriff. So wie die Bestimmung wörtlich lautet, ist sie selbstverständlich. Die Kosten der laufenden Verwaltung gehen über Gewinn- und Verlustrechnung und können einen Bilanzposten nicht ausmachen. Die Kosten der Errichtung gehen die Gesellschaft überhaupt nicht an und wenn die Gründer solche mit Mitteln der Gesellschaft bestreiten, so erscheint zwar in der Bilanz ein Aktivum, aber nicht diese Kosten, sondern der Anspruch gegen die Gründer auf ihre Erstattung; ROHG 20, 217. So verstanden wäre also die Vorschrift ebenso harmlos wie überflüssig. Aber die herrschende Lehre nimmt an, daß das Wort Errichtung die mißglückte Übersetzung des dem deutschen Sprachschatz längst eingebürgerten und jedermann verständlichen Ausdrucks Organisation sei, und so verstanden lautet das Verbot zu allgemein und ist es in dieser Allgemeinheit praktisch undurchführbar. Nicht selten verursachen die erste Einführung des Unternehmens, im weiteren Verlauf die Ausdehnung des Betriebes, laufend vielleicht oder mit Unterbrechungen, Propaganda und Reklame Aufwendungen von erheblicher Höhe, die, wie sie sich auf Jahre hinaus, vielleicht auch erst nach Jahren fruchtbar erweisen, so auch erst im Laufe von Jahren hereingebracht werden können, jedenfalls nach wirtschaftlichen und kaufmännischen Begriffen erst im Laufe der Jahre hineingebracht zu werden brauchen. Das bekannteste Beispiel ist die für Versicherungsunternehmungen unentbehrliche Organisation eines Netzes von über das Land verstreuten Agenturen. Im Ausland hat man längst begriffen oder vielleicht nie verkannt, daß eine Aktivierung solcher Ausgaben gerechtfertigt erscheinen kann, hat treffender diese Aktivierung ausdrücklich zugelassen, um daran das Gebot zu knüpfen, den Posten innerhalb einer bestimmten Frist — meist sind es fünf Jahre — abzuschreiben. So das ungarische HGB § 199[3], ebenso Bosnien und Herzegowina. Vgl. auch das dänische Gesetz vom 29. 9. 1917 § 263, das schweizerische OBlR § 656[1]. S. auch unser PrVUntGes § 36 I Z. 3: Die Aufsichtsbehörde kann bei der Erlaubnis zum Geschäftsbetriebe gestatten, daß die Kosten der Errichtung (also auch Errichtung) und die im ersten Geschäftsjahr entstehenden Kosten der Einrichtung auf mehrere, höchstens jedoch auf fünf Jahre verteilt werden, nur dürfen sie nicht mehr betragen als die Hälfte des Gründungsfonds und nicht mehr als den bar eingezahlten Teil desselben. Vgl. auch Reichsbank-Statut § 13[2] (Kosten der Herstellung der Banknoten). In Wahrheit gibt es zahlreiche Fälle dieser Art, wo es sich um eine ganz unverfängliche buchtechnische Operation handelt, nicht um einen Vermögensgegenstand und Aktivum in diesem Sinn, sondern um eine bilanzgerechte Aktivierung, um einen Korrektiv- oder Antizipationsposten, vielleicht besser gesagt, Distributionsposten, über dessen Zulässigkeit von Fall zu Fall nach kaufmännischen

Gesichtspunkten zu entscheiden ist. S. hierzu Passow, Bilanzen II 44 ff. In der Sache ebenso wie hier Staub-Pinner § 261[42]. — Da es bei der A-Gesellschaft auf einen produktiven Betrieb abgesehen ist, also die Kosten der Verwaltung wieder hereingebracht werden sollen und hereingebracht werden müssen, kann nicht ausbleiben, daß dieser Wandel im wirtschaftlichen Prozeß, in welchem die Ausgaben produktiv werden, irgendwie und irgendwo in den Aktiven ziffernmäßig zum Ausdruck kommt. Das verbieten hieße, die ganze Bilanztechnik und Bilanzlehre über den Haufen werfen. Und doch sieht man vielfach — so auch D 147 — in der Vorschrift der Z. 4 z. B. ein Hindernis, bei Schätzung der Herstellungskosten selbstgefertigter Waren und Anlagen usw. (Z. 1—3) wegen der allgemeinen Verwaltungskosten einen entsprechenden Aufschlag zu machen, bloß weil in diesem Fall einmal dieser sich automatisch vollziehende Vorgang der Umwandlung auffälliger in die Erscheinung tritt, gewissermaßen ausdrücklich vorgenommen wird. S. Erl 4 f.

Man muß also den Ausdruck Kosten der Verwaltung in dem Sinn verstehen, in welchem genommen die Vorschrift des Gesetzes selbstverständlich ist, die Geschäftsunkosten muß jeweils das Jahr tragen, in welchem sie erwachsen, und sie dürfen nicht anders als über Gewinn- und Verlustkonto verbucht werden. Und wenn seit 1900 nicht mehr die Aktivierung der Organisationskosten, sondern die der Kosten der Errichtung der Gesellschaft verboten ist, so heißt das, daß jede Gründerentschädigung, welche im Gesellschaftsvertrag etwa bedungen wird, im Laufe des ersten Geschäftsjahrs weggebucht werden muß und nicht über mehrere Jahre hin verteilt werden darf, während der Verteilung der oben bezeichneten Einrichtungs- oder Organisationskosten über mehrere Jahre in der bilanztechnisch dafür allein zu Gebote stehenden Form der Aktivierung ein schlechthin geltendes positives Verbot nicht mehr entgegensteht. Wie hier Makower § 261 X; vgl. aber auch das. Erl V c.

9. a) Die Vorschriften in Z. 5 und 6 stehen im engsten Zusammenhang mit einander. Daß nach Z. 5 der Betrag des Grundkapitals auf der Passivseite der Bilanz erscheint, ist verständlich, wenn man sich gegenwärtig hält, daß dieser Posten Grundkapital nicht die Vermögensgegenstände der Gesellschaft bedeutet, nicht die Sach- oder Geldeinlagen der Aktionäre, nicht die mit dem eingezahlten Geld angeschafften Sachen und die im Geschäftsbetrieb erworbenen Forderungen. Das alles sind Aktiven der Gesellschaft und gehören auf die linke Seite der Gegenüberstellung. Im Zeitpunkt der Entstehung der Gesellschaft deckt sich — alles schematisch gedacht — der Gesamtwert dieser Aktiva mit der Grundkapitalziffer und da in diesem Zeitpunkt die Gesellschaft noch keine Schulden — Passiven in diesem Sinn des Wortes — hat, so muß beim kaufmännischen Abschlusse dieser Aufstellung die Ausgleichszahl auf der rechten Seite — das Aktivsaldo — der Grundkapitalziffer gleichkommen. Dieser Saldoposten auf der Passivseite ist der Posten Grundkapital, von welchem die Z. 5 vorschreibt, daß er nie fehlen dürfe (und immer der gleiche bleiben müsse). Er fehlt auch beim Einzelkaufmann nicht, nur führt er hier die Bezeichnung Kapitalkonto. Während aber beim Einzelkaufmann im weiteren Verlauf der Dinge dieser Posten sich ändert, je nach dem Ergebnis des abgelaufenen Jahres um so viel größer wird, als das Jahr erfolgreich gewesen ist und kleiner im entgegengesetzten Fall, schreibt bei der A-Gesellschaft das Gesetz vor, daß der Posten nicht verändert werden darf, so daß und damit die auch hier notwendig eintretenden Veränderungen in einem selbständig ausgesonderten Posten erscheinen, der nunmehr die Funktion der Saldoziffer versieht und auf diese Weise zugleich zeigt, um wieviel das Vermögen im Lauf des Jahres sich vergrößert hat, m. a. W. den Gewinn. Bringt das Jahr Verlust, dann erscheint, weil der Passivposten Grundkapital nicht vermindert werden darf, die Saldoziffer auf Seite der Aktiva. Es ist ein Passivsaldo, Unterbilanz vorhanden. Im Verlauf des Geschäftsbetriebes kommt ein Drittes hinzu, die nicht als Dividende verteilten Überschüsse des voraufgehenden und der früheren Jahre, die in der Hauptsache hieraus, unter Umständen aber auch aus anderem Rechtsgrunde erworbenen Reserve- und Erneuerungskonten. Mit dieser Dreiteilung des beim Einzelkaufmann einheitlichen Kapitalkontos, das der Indikator des vorhandenen Reinvermögnes ist, in Grundkapital, Reservekonten und Gewinn (oder Verlust) wird erreicht, daß sich aus der Bilanz der Betrag ergibt, der unbeschadet des Kapitalvermögens der Gesellschaft als Ertrag und Gewinn an den Aktionär ausgezahlt werden darf, ferner daß als Gewinn nur der Betrag erscheint, welcher Gewinn des abgelaufenen Jahres ist oder — muß man hinzusetzen — nach Entschließung der Generalversammlung als solcher gelten soll. Innerhalb gewisser Grenzen läßt sich der verteilbare Gewinn willkürlich bestimmen, weil die Generalversammlung unter Umständen in der Lage ist, einerseits Rückstellungen zu beschließen, anderseits vorhandene Reservekonten ganz oder teilweise wieder aufzulösen, d. h. in der Bilanz zu streichen. Dort geht die schließliche Saldoziffer — also der verteilbare Gewinn — entsprechend zurück, hier steigt sie.

b) Man kann die Bilanz auch noch anders auffassen. So wird behauptet, die Passivseite bedeute das gesamte, am Stichtage der Bilanz im Geschäft arbeitende Kapital, nämlich sowohl das Eigenkapital (Grundkapital, Reserven, Gewinn., kurz das Kapitalkonto) als auch das Fremdkapital (Kreditoren), während die Aktivseite nachweise, wie dieses Kapital verwendet sei. Vgl. Passow, Bilanzen I 7, der als Grundschema vorschlägt, links die Vermögensbestandteile, gruppiert in I Anlagevermögen, II Betriebsvermögen, rechts: I Fremdes (Leih-)Kapital, II Eigenes Kapital. S. auch Fischer in Ehrenbergs HH II, 503. Demgegenüber ist aber hervorzuheben, daß es wohl kaum eine Bilanz gibt, die man nicht erst einer gründlichen Durchsicht unterziehen müßte, um mit der Rechnung zu einem richtigen Ergebnis zu gelangen. Ein Delkrederekonto z. B. fehlt selten wohl in einer Bilanz und müßte hier doch außer Betracht bleiben, weil es weder eigenes noch fremdes Kapital darstellt. Überhaupt gilt das von allen Ausgleichskonten auf der Passivseite. Auf Seite der Aktiven müßten alle Antizipationskonten verschwinden, weil das auf sie verwandte Betriebskapital sich auf der Passivseite nicht findet. Die Auffassung mag wirtschaftswissenschaftlich eine Bedeutung haben, für den Juristen dürfte sie, wenn nicht geradezu unrichtig, jedenfalls unfruchtbar sein.

c) Der volle Betrag des Grundkapitals ist in die Bilanz einzustellen, gleichviel ob es voll eingezahlt worden ist oder nicht. Die Meinung, daß nur der eingezahlte (oder eingeforderte?) Teilbetrag einzustellen sei, war früher weit verbreitet und vielfach in Übung. So sagt noch Behrend § 130[3], das Verfahren, den ganzen Betrag einzustellen, weiche von der Praxis der meisten Gesellschaften ab, führe zwar in der Regel zu dem gleichen Ergebnis, sei aber nicht das korrektere. Vgl. auch RGSt 26, 106. In Wahrheit ist das Gegenteil der Fall und heute findet sich diese Auffassung nur noch vereinzelt vertreten. So von Fischer in Ehrenbergs HH II 516, III 1, 266. Es ist doch wohl kein Zweifel, daß bei nicht voll gezahlten Einlagen der Anspruch auf sie ein wichtiges Aktivum im Vermögen der Gesellschaft darstellt. Wie Fischer das bestreiten kann, ist auch von seinem eigenen Standpunkt aus nicht zu verstehen. Trotz noch ausstehender Reste gilt das Mitglied als vollberechtigter Aktionär und so liegt doch auch hier ein „Überschuß der weggegebenen über die empfangene Leistung" vor in dem Sinn, wie Fischer diese Wendung versteht. Wenn man also diesen Anspruch in die Bilanz einstellt, so geschieht das nicht, um die Einstellung des ganzen Grundkapitals unter die Passiva zu korrigieren, sondern umgekehrt, weil die Einzelforderung nicht auf der Aktivseite fehlen darf, muß das Grundkapital ungekürzt gegenübergestellt werden. Wie hier auch RG 27, 10. Dabei kommt noch besonders in Betracht, daß auch diese Einlageansprüche „bonitiert" werden müssen, d. h. von ihnen abgeschrieben werden muß, wenn der Schuldner unsicher ist; Staub-Pinner § 261[44].

d) Die Regel, daß die Grundkapitalziffer unveränderlich ist, gilt nicht ohne Ausnahme. Durch Statutenänderung kann die Gesellschaft ihr Grundkapital erhöhen und herabsetzen und dem muß dann natürlich auch die Buchführung und die Bilanz folgen. Die Erhöhung des Grundkapitals bedeutet zugleich die entsprechende reale Vermehrung des Gesellschaftsvermögens. Dagegen ist die Herabsetzung des Grundkapitals eine reine Buchoperation mit ihren Folgen. Sie kann allerdings auch mit der entsprechenden Verminderung des Gesellschaftsvermögens verbunden sein, nämlich wenn sie geschieht, um Aktien in dieser Weise entgeltlich zu amortisieren. Werden dagegen Aktien aus Überschüssen oder unentgeltlich amortisiert, so hat das Herabsetzung des Grundkapitals nicht zur Folge. S. § 227 Erl 3 c und Erl 4. Nach RJA 13, 116 darf, so lange die Erhöhung des Grundkapitals noch nicht in das Handelsregister eingetragen worden ist, die erhöhte Ziffer nicht in die Bilanz eingestellt werden. Es kann einen guten Sinn haben und kommt oft vor, daß gleichzeitig Erhöhung und Herabsetzung des Grundkapitals beschlossen und ausgeführt wird. Mit der Herabsetzung wird die Unterbilanz durch entgültigen Verzicht der Aktionäre darauf, den Verlust wieder einzubringen, beseitigt und damit die Voraussetzung geschaffen, unter welcher Aussicht besteht, auf dem Wege der Erhöhung des Grundkapitals neue Aktionäre zu gewinnen und damit neues Geld hereinzubekommen. In diesem Fall muß, so lange die Herabsetzung des Grundkapitals noch nicht erfolgt ist, das ungekürzte Grundkapital mit Hinzurechnung der Erhöhung in der Bilanz geführt werden.

e) Auch Reservefonds und Erneuerungfonds bedeuten nicht spezielle in der Wirklichkeit existierende Vermögensgegenstände der Gesellschaft, sondern sind ebenso wie die Ziffer des Grundkapitals in der Bilanz reine Gedankendinge, leere Wertzahlen von bestimmter rechnerischer Funktion. Es kommt wohl vor, daß eine Gesellschaft zur Sicherung künftigen, sicheren oder unsicheren Bedürfnisses Geld oder Geldeswert gesondert aufbewahrt und auch das eine Reserve oder einen Reservefonds nennt. Die Regel bildet das nicht, weil der Kaufmann das Geld im Geschäft nicht gern und nur mit Schaden entbehrt. — Reserven oder Reservefonds im gesetzlichen Sinn des Ausdrucks besitzt die Gesellschaft schon dann, wenn ihr Geschäftskapital (d. h. Eigenkapital) die Ziffer des Grundkapitals übersteigt. Es kann das auf Vermögenszuwachs von innen heraus beruhen, indem die Gesellschaft Teile des Jahresgewinnes von der Verteilung als Dividende ausschließt, oder auf Zuwachs von außen, durch unentgeltlichen Erwerb, Agiogewinn bei Ausgabe junger Aktien, Erfindungen, welche für die Gesellschaft gemacht werden, Abfindungen und vieles andere. In letzterem Punkt abweichend Lion, Zeitgemäße Steuerfragen 73. Er zählt folgende Fälle hierher: ein Verleger veräußert eine seiner Zeitschriften, ein Fabrikant ein Verfahren, ein Fabrikant verpflichtet sich gegen Entschädigung, einen bestimmten Artikel nicht herzustellen, bestimmte Absatzgebiete zu vermeiden. Nach Lion handelt es sich überall um verteilbaren Gewinn. Vielleicht ist das nur steuerrechtlich gemeint. S. hierzu OVGSt 13, 243. Handelsrechtlich muß man auch hier wieder zwischen der bilanzrechtlichen und der gesellschaftsrechtlichen Frage unterscheiden. Bilanzrechtlich ist die Gesellschaft nicht gehindert, die Verteilung als Gewinn zu beschließen (falls nicht Unterbilanz besteht oder dadurch entsteht), aber die Mehrheit kann das wirksam nicht tun, wenn dagegen in der Generalversammlung Widerspruch erhoben wird. Werden diese Werte nicht verteilt, so müssen sie auch in den nachfolgenden Jahren auf Passivseite geführt werden, weil der Betrag vom Werte der Aktiven der Gesellschaft abgezogen werden muß, ehe man vom Gewinn des Jahres sprechen kann. — Auch hier ist die Funktion des Postens auf der Passivseite ganz anschaulich. Da alle anderen Zahlen unverändert bleiben, muß der Saldo auf der Passivseite, also der Gewinn um so kleiner erscheinen, je größer jener Passivposten ist. Der reale Vermögenszuwachs, der unentgeltlich erworbene Gegenstand, das Patent, das als Agio eingezahlte Geld, ferner die Wertpapiere, in welchen der Reservefonds „angelegt" worden ist, das alles sind Vermögensstücke und erscheinen unter den Aktiven in der Bilanz.

f) Die Reserven der Gesellschaft erscheinen in der Bilanz nicht immer in der bisher besprochenen Gestalt der „offenen Reserven". Man kann Ersparnisse weniger offen dadurch verbuchen, daß man die Ziffern der Aktivseite durch Unterbewertung herabsetzt, übermäßig abschreibt. Und wie man überhaupt Abschreibungen verbuchen kann, entweder unmittelbar bei dem auf der Aktivseite ausgeworfenen Wert des oder der betreffenden Vermögensgegenstände oder durch Einstellung des abzuschreibenden Betrages als Erneuerungsfonds auf Seite der Passiven, so kann man auch stille Reserven nicht nur durch Unterbewertung des Aktivums, sondern auch durch übermäßige Dotierung des Erneuerungsfonds auf Passivseite verbuchen, d. h. hier eben schaffen. Die normale Abschreibung bedeutet keine Reserve. Aber wenn sie in der Form der Gegenbuchung auftritt, spricht man um dieser Form willen von uneigentlichem Reservefonds. So gehen denn schon in der Form und dann auch naturgemäß in der Sache Rückstellung und Abschreibung oft ganz ununterscheidbar ineinander über.

g) In der Auseinanderlegung der einzelnen Geschäftsvorgänge und wiederum in ihrer Zusammenfassung zu Gruppen und differenten Konten hat der Kaufmann innerhalb des nach kaufmännischen Grundsätzen und nach Buchführungstechnik Gebotenen freie Hand. Aber das darf nicht zu Unklarheiten führen. Hierzu LZ 1908, 468[2] (Bamberg): Eine Übertragung von Konten auf andere, zumal, wenn sie ihrem inneren Wesen und dem Gegenstande nach verschieden sind, mit der Wirkung, daß einzelne Konten ganz verschwinden, ist als grobe Verletzung der gesetzlichen Bestimmungen zu qualifizieren; eine derartige Vermengung einzelner unter sich sachlich ganz fremder Konten in der Gewinn- und Verlustrechnung liegt vor, wenn die Konten über Agiogewinne, Baugelderprovisionen, Pfandbriefumsatzkosten, das Dubiosenkonto mit dem Kontokorrentzinsenkonto verquickt werden. — Es ist Bilanzverschleierung, wenn dergestalt stille Reserve gebildet wird, daß Rückstellungen als Kreditoren gebucht werden, LZ 1908 eod. — Extrareserve für Straßenbauanlage, Pflasterung, Entwässerung usw einer Terraingesellschaft ist nicht Rückstellung aus Gewinn, wenn der Gesamtbetrag nicht über die tatsächlich vorhandenen Verbindlichkeiten hinausgeht; für Arbeiten, an solchen Anlagen gemachte Ausgaben sind Betriebskosten, PrOVGSt 5, 36. — Nach KGJ 8, 13 kann der Registerrichter den Beschluß, einen Dispositionsfonds für den Aufsichtsrat (33% des Grundkapitals) zurückzustellen, beanstanden, weil das Gesetz einen solchen Fonds nicht kenne.

10. a) Wird nach Z. 5 verfahren, dann wird erreicht, was Z. 6 noch ausdrücklich vorschreibt. Nur muß richtig verfahren werden. Es müssen die für das abgelaufene Jahr vorgeschriebenen oder zur Beschlußfassung vorgelegten Zurückstellungen aus dem Jahresergebnis erst nach Abschluß der Buchungen vorgenommen werden, RG 46, 264 (wo richtiges mit unrichtigem vermischt erscheint; daß der Agiogewinn einkommensteuerfrei ist, beruht auf anderem Grunde, als dem dort angenommenen, und muß auch gelten, wenn die Aktien genau am Jahresschluß ausgegeben oder eingezahlt werden). Dagegen müssen die in Erl 9 e genannten Rückstellungen, durch welche ein von außen hereingekommener Kapitalzuwachs von der Verteilung ausgenommen werden soll, schon jetzt vorgenommen werden. Die Verwendung des gesetzlichen Reservefonds zur Abdeckung einer Unterbilanz kommt erst mit dem Übergang zur neuen Rechnung zur Verbuchung. Hieran tritt deutlich in die Erscheinung, daß die Entschließung über die Höhe der zur Verteilung zu bringenden Dividende außerhalb der Bilanz und nach ihr liegt. Es ist aber kein Anlaß, die Bilanz zu beanstanden, wenn der Gewinnsaldo auf die verschiedenen Bezeichnungen Dividende, Tantieme, Vortrag (auf neue Rechnung) verteilt erscheint, OLG 36, 278. — Die herrschende Lehre erblickt im Wortlaut des Gesetzes auch die Vorschrift, daß ausschließlich der auf das abgelaufene Jahr entfallende Gewinn, und dieser in einer Zahl zusammengefaßt in der Bilanz erscheinen müsse, so daß also der Gewinn- oder Verlustvortrag aus dem Vorjahre gesondert eingestellt werden müsse, andererseits der Reingewinn nicht schon den Verteilungsvorschlägen und -entschlüssen entsprechend, z. B. als Tantieme, Dividende, Vortrag auf neue Rechnung gesondert aufgeführt werden dürfe. Vgl. Passow II, 129. — Ist die A-Gesellschaft an einem fremden Unternehmen beteiligt, dessen Geschäftsjahr mit dem eigenen zusammenfällt, so erscheint der auf sie entfallende Gewinn des fremden Unternehmens für sie erst in der Bilanz des nachfolgenden Jahres, RG 112, 20.

b) Wegen Jahresbilanzen der Hypothekenbanken s. HypBkGes §§ 24 ff., der Versicherungsunternehmungen s. VAG § 55, der Notenbanken s. BankG § 8 I Z. 2.

11. Eine Frage für sich ist die nach der Steuerbilanz, insbesondere nach der Bilanz in ihrer Bedeutung für die Veranlagung zur Einkommens-, hier also zur Körperschaftssteuer. Allgemein wird behauptet, daß das Einkommen des Kaufmannes und das des Nicht-Kaufmannes sich grundsätzlich voneinander unterscheiden. Hier soll das Jahreseinkommen in der Summe der Einnahmen bestehen (abzüglich der notwendigen Aufwendungen) dort in dem Unterschied des Reinvermögens am Anfang und am Ende des Jahres. Daß dieser Unterschied in Wahrheit nicht besteht, ist oben in Erl 7 b zu § 213 ausgeführt und was die Steuerbilanz von der handelsrechtlichen Jahresbilanz unterscheidet, ist etwas anderes. Mehr und mehr hat sich auch in der Gesetzgebung die Erkenntnis Bahn gebrochen, daß es an und für sich für die Berechnung des Jahreseinkommens des Kaufmanns keine zuverlässigere Grundlage gebe, als die dem Gesetz entsprechend aufgestellte Jahresbilanz. Nur sind es zwei Momente, die dem Fiskus verbieten, diese Bilanz so hinzunehmen, wie sie lautet und nach dem Gesetz lauten darf. Das HGB tritt aus rechtspolizeilichem Grunde jeder Überbewertung des Vermögens entgegen, während es keinen Anlaß hat, Unterbewertungen zu untersagen. Umgekehrt muß der Steuerfiskus sich gegen Unterbewertung der Aktiva schützen, weil dadurch Gewinn versteckt wird (nur ausnahmsweise hatte der Krieg Verhältnisse und Steuern geschaffen, wo der Steuerfiskus Veranlassung hatte, der Tendenz zur Überbewertung entgegenzutreten). Das zweite Moment ist, daß das HGB der Gefahr vorbeugen muß, daß das Vermögen der Gesellschaft unter dem Schein von Dividende, oder wie sonst an die Gesellschafter zurückfließt, während der Steuerfiskus darauf achthaben muß, daß nicht unvermerkt Gewinn zum Kapital geschlagen wird. Das HGB begünstigt die stillen Reserven oder tritt doch jedenfalls ihnen nicht entgegen, der Steuerfiskus ist hinter ihnen her und muß es sein, wie ein Luchs. Vergl. hierzu Lion Wahre Bilanzen. Ein Beitrag zur Vereinheitlichung von Handels- und Steuer-Bilanz.

Die wichtigsten Vorschriften über die Körperschaftssteuer sind diese:

„Auf die Ermittlung des Einkommens usw. — lautet § 13 Körperschaftssteuergesetz — finden die Vorschriften des Einkommensteuergesetzes (§§ 12—17, 19—21, 25, 26—48) sinngemäße Anwendung," usw., und § 13 EStG bestimmt: „Bei Steuerpflichtigen, die Handelsbücher nach den Vorschriften des HGB zu führen verpflichtet sind . . ., ist deren Gewinn (d. h. das zu versteuernde Einkommen), der nach den Grundsätzen ordnungsmäßiger Buchführung für den Schluß des Steuerabschnitts ermittelte Überschuß des Betriebsvermögens über das Betriebsvermögen, das am Schluß des vorangegangenen Steuerabschnittes der Veranlagung zugrunde gelegen hat. Bei der Ermittlung des Gewinnes sind die Vorschriften dieses Gesetzes über

die Entnahme aus dem eigenen Betrieb (§ 12 II),
die abzugsfähigen Ausgaben (§§ 15—18) und
die Bewertung (§§ 19—21)

zu beachten." Der Steuerabschnitt ist das Geschäftsjahr der Gesellschaft (EStG § 10 I b). Entnahmen aus dem eigenen Betriebe kommen hier nicht oder kaum in Frage. Zu den abzugsfähigen Ausgaben gehören vor allem die Werbungskosten, und davon handelt EStG § 16 I. „Werbungskosten sind die zur Erwerbung, Sicherung und Erhaltung der Einkünfte gemachten Aufwendungen". Ferner § 16 II: „Aufwendungen für die Anschaffung oder Herstellung von Gegenständen, deren Verwendung oder Nutzung durch den Steuerpflichtigen sich bestimmungsgemäß auf einen längeren Zeitraum erstreckt, dürfen nicht in dem Steuerabschnitt der Anschaffung oder Herstellung voll abgezogen werden. Sie können vielmehr für einen Steuerabschnitt höchstens mit dem Betrage berücksichtigt werden, der sich bei der Verteilung auf die Gesamtdauer der Verwendung ergibt (Absetzung für Abnutzung); § 16 III: Die Absetzungen bemessen sich nach der gemein-gewöhnlichen Nutzungsdauer des Gegenstandes. Absetzungen für außergewöhnliche Abnutzung in einem Steuerabschnitt sind zulässig, bedürfen jedoch besonderen Nachweises. Die Absetzungen dürfen von keinem höheren als dem Anschaffungs- oder Herstellungspreise vorgenommen werden und sind nach Hundertsätzen zu bemessen." Für Bergwerke, Steinbrüche usw. sind Absetzungen für Substanzverringerungen in entsprechender Weise zulässig (§ 16 IV).

Was die Bewertung angeht, so ist nach § 19 EStG der gemeine Wert einzustellen und hierüber bestimmt RAO § 138 I: Der gemeine Wert wird durch den Preis bestimmt, der im gewöhnlichen Geschäftsverkehr nach der Beschaffenheit des Gegenstandes unter Berücksichtigung aller den Preis beeinflussenden Umstände bei einer Veräußerung zu erzielen wäre; ungewöhnliche oder lediglich persönliche Verhältnisse sind nicht zu berücksichtigen; § 139 I: Bei Bewertung von Vermögen, das einem Unternehmen gewidmet ist, wird in der Regel von der Voraussetzung ausgegangen, daß das Unternehmen bei der Veräußerung nicht aufgelöst, sondern weitergeführt wird (darüber, daß hier unter dem gemeinen Wert der Einkaufs- und nicht der Verkaufspreis maßgeblich ist, s. Lion, Bilanzsteuerrecht 133); § 139 II: Bei Bewertung von dauernd dem Betriebe gewidmeten Gegenständen ist der Anschaffungs- oder Herstellungspreis abzüglich angemessener Abnutzung maßgeblich unter Zulassung des Ansatzes eines niedrigeren Wertes, wenn er dem wirklichen Wert zur Zeit der Bilanzaufstellung entspricht.

Dazu bestimmt nun EStG § 19 I, 2: Bei der Ermittlung des gemeinen Wertes von Gegenständen, die nicht zum Verkauf bestimmt sind, ist nicht der bei der Veräußerung jedes Gegenstandes im einzelnen erzielbare Preis zu ermitteln, vielmehr ist davon auszugehen, daß der Gegenstand auch fernerhin zur Fortführung des Betriebes dient, dem er zur Zeit der Bewertung angehört; Abs. II: An Stelle des gemeinen Wertes kann der Steuerpflichtige den Anschaffungs- oder Herstellungspreis unter Abzug der nach § 16 II — IV (s. oben) zulässigen Absetzungen für Abnutzung und Substanzverringerung einsetzen." Der für den Schluß des Jahres angesetzte Wert ist für das anschließende Jahr als Anfangswert beizubehalten (Bilanzkontinuität): für den Schluß des Jahres kann an Stelle des Gestehungspreises der niedrigere gemeine Wert, an Stelle des gemeinen Wertes der um die zulässigen Abschreibungen gekürzte Gestehungspreis eingesetzt werden, wenn er niedriger ist (EStG § 20 I). Zu beachten ist, daß dieser Ab. II auch für die zur Weiterveräußerung bestimmten Gegenstände gilt, nur kommen bei ihnen Absetzungen nicht in Frage. Vgl. hierzu Lion, Bilanzsteuerrecht § 78.

Als abzugsfähige Sonderleistungen sind hervorzuheben (KStG § 14):

1. Beträge, die nach der Satzung ausschließlich gemeinnützigen oder mildtätigen Zwecken zugeführt werden,
2. Zuwendungen an Unterstützungs-, Wohlfahrts- und Pensionskassen des Betriebes, wenn die dauernde Verwendung für die Zwecke der Kassen gesichert ist,
3. Vergütungen jeder Art, die auf Grund der Jahresabschlüsse entweder an Mitglieder des Vorstandes, die nicht lediglich zur Bewachung oder Beaufsichtigung der Geschäftsführung bestellt sind, oder an Angestellte und Arbeiter für ihre Tätigkeit gewährt werden, soweit sie nicht schon als Werbekosten abzugsfähig sind.

Besonders wichtig ist endlich KStG § 15 Z. 3, wonach abzugsfähig sind, die Beträge, welche zur Beseitigung einer Unterbilanz verwendet werden (vorausgesetzt, daß sich auch nach der Steuerbilanz Unterbilanz ergibt).

Nicht abzugsfähig sind die Aufwendungen zur Verbesserung und Vermehrung des Vermögens, zur Geschäftsbegründung und zu Geschäftserweiterungen, zu Kapitalanlagen, zur Schuldentilgung oder zu Ersatzbeschaffungen, letztere, soweit sie über den Rahmen der Werbungskosten hinausgehen.

§ 262.

Zur Deckung eines aus der Bilanz sich ergebenden Verlustes[1] ist ein Reservefonds[2] zu bilden. In diesen ist einzustellen:

1. **von dem jährlichen Reingewinne mindestens der zwanzigste Teil so lange, als der Reservefonds den zehnten oder den im Gesellschaftsvertrage bestimmten höheren Teil des Grundkapitals nicht überschreitet[3];**
2. **der Betrag, welcher bei der Errichtung der Gesellschaft oder bei einer Erhöhung des Grundkapitals durch Ausgabe der Aktien für einen höheren als den Nennbetrag über diesen und über den Betrag der durch die Ausgabe der Aktien entstehenden Kosten hinaus erzielt wird[4];**
3. **der Betrag von Zuzahlungen, die ohne Erhöhung des Grundkapitals von Aktionären gegen Gewährung von Vorzugsrechten für ihre Aktien geleistet werden, soweit nicht eine Verwendung dieser Zahlungen zu außerordentlichen Abschreibungen oder zur Deckung außerordentlicher Verluste beschlossen wird[5].**

1. a) Der § 262 handelt von dem gesetzlichen Reservefonds, welchen jede AGesellschaft aufsammeln muß. Unter Reserven ist materielles Reinvermögen zu verstehen, das bilanzmäßig nicht im Kapitalkonto (Konto Grundkapital) und auch nicht im Gewinnsaldo erscheint. So die treffende Definition Lions, Bilanzsteuerrecht 234. Reserve ist Reinvermögen, d. h. sie besteht nicht aus bestimmten Vermögensgegenständen. Man kann zwar einen Reservefonds in bestimmten Vermögensstücken, z. B. in einer entsprechenden Anzahl von Wertpapieren, „anlegen" und zuweilen geschieht das auch. Im Begriff der Reserve liegt es aber nicht, wie es denn auch meist nicht geschieht. Auch die in § 262 vorgeschriebene Zwangsreserve braucht nicht „angelegt" zu werden. Jede Reserve ist ein Teil des vorhandenen Reinvermögens, d. h. des Wertes, um welchen die vorhandenen Vermögensbestandteile die Schulden übertragen, etwas rein Begriffliches, eine reine Rechnungsgröße, der aber materiell Existierendes zugrundeliegt und durchaus entspricht. Von Reserven im juristischen Sinn des Ausdrucks kann

man nur sprechen, wo gesetzlich vorgeschrieben ist, daß das Grundvermögen als gesonderter, immer gleicher Posten in die Bilanz einzustellen ist, wie das Grundkapital der A-Gesellschaft, das Stammkapital der Gesellschaft mbH (a. A. Lion a. a. O. 229). Der Einzelkaufmann mag wirtschaftlich in der Vorstellung leben, daß er Reserven besitzt. Rechtlich erscheinen bei ihm ursprüngliches Geschäftskapital und seine Vergrößerungen ununterschieden im Kapitalkonto. Von dem anderen der drei Bestandteile, in welche bei der A-Gesellschaft das Kapitalkonto zerfällt, von dem Gewinnsaldo, hebt die Reserve sich dadurch ab, daß sie Bestandteil des Betriebskapitals im Gegensatz zu seinem Ertrage darstellt. Nur soweit das Reinvermögen die Summe von Grundkapital und Reserven übersteigt, ist Ertrag vorhanden.

Daß bei der A-Gesellschaft die Reserven gänzlich getrennt zu buchen sind vom Grundkapital, ist unverbrüchliches, zwingendes Recht. Die typische Form ihres Erscheinens ist die Einstellung eines oder mehrerer Reservekonten auf der Passivseite der Bilanz. Hier gehen die Ausdrücke Reservekonto und Reservefonds ununterschieden nebeneinander her. Zur Vermeidung von Mißverständnissen sollte man von Reservefonds nur in dem Ausnahmefalle sprechen, wo dem Reservekonto bestimmte Vermögensgegenstände entsprechen, in denen die Reserve angelegt worden ist. Aber auch in diesem Fall heißt der entsprechende Bilanzposten besser immer nur Reservekonto. In dieser typischen Form eines ausdrücklich ausgeworfenen Bilanzpostens erscheint die Reserve als offene. Stille Reserven entstehen dadurch, daß die Gesellschaft, was ihr handelsrechtlich nicht verwehrt ist, Aktiven unter den gesetzlich vorgeschriebenen Höchstwert einstellt, namentlich in der Weise, daß sie übermäßig abschreibt, oder auch dadurch, daß sie Forderungen unterbewertet, was besonders auch in der Gestalt geschehen kann, daß ein übertrieben hohes Delkrederekonto geführt wird, oder dadurch, daß sie Schulden überbewertet (Garantiereserve). Auf diesem Wege der stillen Reserve kann denn auch — wenigstens der Form nach — der Einzelkaufmann in seine Bilanz Reserven hineinbringen. Anderseits erscheinen nicht selten auf der Passivseite Reservekonten, die das nur der Form nach sind. Das sind die Wertberichtigungskonten, deren eines im § 261 Z. 3 ausdrücklich erwähnt wird als Form der regelmäßigen Abschreibungen. Statt auf der linken Seite der Bilanz den Betrag der Abnutzung abzusetzen, stellt man ihn, was rechnerisch auf dasselbe hinausläuft, auf der rechten Seite unter der Bezeichnung von Erneuerungskonto, Delkrederekonto u. ä. ein. Das sind dann die unechten Reserven gegenüber den echten.

Etwas von diesen Reserven wesentlich unterschiedenes ist die Prämienreserve der Versicherungsunternehmungen. Es ist das derjenige Teil der vom Versicherungsnehmer zu zahlenden jährlichen Prämie, welcher nicht für das Risiko des laufenden Versicherungsabschnittes validiert und den der Versicherer daher nicht als Einnahme verbuchen und behandeln darf, sondern in bestimmten Werten, insbesondere in sicheren Wertpapieren, anlegen muß.

Wird der Reservefonds zinstragend „angelegt", so sind die Zinsen gleichwohl Geschäftsgewinne. Sollen sie dem Fonds zufließen, so muß das bestimmt werden. Das gilt auch vom gesetzlichen Reservefonds.

b) Etwas anderes als die Reservekonten sind die sogenannten Antizipations- und translatorischen Konten, welche damit zusammenhängen, daß der jährliche Geschäftsabschluß ein künstlicher, lediglich rechnungsmäßiger Einschnitt in das kontinuierliche Geschehen des Geschäftsbetriebes ist (vgl. Erl 5 a zu § 213). Für Rechnung des abgelaufenen Jahres gehen in Beziehung auf den Bücherabschluß des Jahres nur die bereits abgeschlossenen Geschäfte. Was noch schwebt, geht das folgende Jahr an. Dabei gibt es indessen Rechts- und Geschäftsverhälnisse, welche wie schwebende aussehen, es aber nicht sind. Das sind diejenigen, wo die Leistung sich kontinuierlich in der Zeit vollzieht, während die Gegenleistung nach Maß des Zeitablaufs berechnet, aber diskontinuierlich nach bestimmten Zeitabschnitten bezahlt wird. So verhält es sich namentlich in allen Fällen der Sachmiete, in vielen der Dienstmiete. Nicht immer fallen die Termine, in welchen die Miete, der Lohn fällig werden, mit dem Ende des Geschäftsjahrs zusammen. Ist seitens der Gesellschaft am 1. Oktober die Halbjahrsmiete vorausgezahlt, so ist beim Jahresabschluß am 31. Dezember das Doppelte von dem bezahlt, was bis dahin geliefert worden ist, das Vermögen der Gesellschaft erscheint um diesen Betrag für eine Leistung verringert, die erst noch erfolgen und auf Kosten des folgenden Jahres zu verrechnen ist. Man korrigiert das durch Einstellung des Betrages als ein Aktivum in die Bilanz. Umgekehrt liegt es, wenn die Miete nachträglich gezahlt wird. Dann hat die Gesellschaft am 31. Dezember den Gegenstand ein Vierteljahr lang benutzt, aber noch keine Miete gezahlt. Soll der Betrag nicht das folgende Jahr belasten, dann muß er jetzt von der Verteilung als Gewinn zurückgehalten werden, was durch Einstellung des Betrages auf der Passivseite geschieht.

c) Ebenfalls leere Bilanzzahlen, aber doch wesentlich verschieden von diesen Antizipations- oder translatorischen Konten sind gewisse Posten der Bilanz, die man als Distributions- oder Repartitionskonten bezeichnen könnte. Unter Umständen will man gewisse Einnahmen überhaupt nicht oder jedenfalls nicht auf einmal in den verteilbaren Gewinn einrechnen, man will mit gewissen Ausgaben nicht das eine Jahr, in welches sie fallen, belasten, sie vielmehr auf eine

Reihe von Jahren verteilen. Dort stellt man einen entsprechenden Betrag als Passivum ein, um den man damit den Gewinnsaldo kürzt, hier wird ein ebenso fiktives Aktivum eingestellt, wodurch die übermäßige effektive Ausschöpfung des Kassen- oder Bankkontos, welche das eine Jahr nicht tragen soll und nicht tragen kann, buchmäßig wettgemacht und der Gewinnsaldo entsprechend erhöht wird. In ersterem Fall liegt immer eine Rückstellung und insofern eine Reserve vor.

d) Reserven sind meist Gewinn, der nicht zur Verteilung gekommen ist. Aber auch da, wo das nicht der Fall ist, treten sie — wenigstens als offene — in die Erscheinung ausschließlich in der Gestalt von Passivposten der Bilanz. Und entsprechend verschwinden sie auch nicht anders. Was man Auflösung des Reservefonds, richtiger Reservekontos, seine Verwendung zu bestimmtem Zweck nennt, ist gar nichts anderes als seine Streichung in der Bilanz. Man darf mit dieser Verwendung nicht den Fall verwechseln, daß die Gesellschaft sich entschließt, die Gegenstände eines „angelegten" Reservefonds (s. oben unter a) in ihrem Betriebe zu verwenden und zu verwerten. Das darf oft nicht geschehen. Aber wenn es geschieht, kann es zu jeder Zeit des Jahres geschehen. Dagegen kann Anlegung und ebenso Verwendung oder Auflösung eines Reservekontos immer nur im Zusammenhang mit der Jahresbilanz erfolgen. S. unten Erl 2 b. Namentlich kann die Rückstellung aus Gewinn erst nach Abschluß der Bücher und der Bilanz erfolgen. Der Meinung, daß die Gesellschaft mitten im Laufe des Geschäftsjahres einen Verlust aus Reservekonto auf dem Wege decken könne, daß sie das Geschäftsjahr abbricht und damit zugleich verlegt (Staub-Pinner § 262[7]) kann nicht zugestimmt werden, soweit es sich um den gesetzlichen Reservefonds handelt. Er kann nur verwendet werden, wenn die Bilanz einen Verlust aufweist, und das kann sich immer erst nach Ablauf des Geschäftsjahrs ausweisen. Verlegt die Gesellschaft das Geschäftsjahr, so kommt Gewinnverteilung und damit auch Verwendung des Reservefonds nicht für das Rumpfjahr sondern erst mit dem Ablauf des neuen Geschäftsjahrs in Frage. Vgl. Erl 5 a zu § 213.

2. a) Der A-Gesellschaft ist kraft zwingenden Gebots vorgeschrieben, ein Reservekonto zu bilden durch Rückstellung

a) von 5% des jährlichen Reingewinns

b) des Agio im Fall, daß sie Aktien über pari ausgibt,

c) der für Einräumung von Vorzugsrechten von den Aktionären geleisteten Zahlungen (bedingt).

Die Rückstellungen unter a) können unterbleiben, sobald und solange als das Konto 10% des Grundkapitals erreicht, gleichviel, auf welcher Art von Rückstellung das beruht. Die Rückstellung unter c ist nicht erforderlich, wenn die betreffende Transaktion beschlossen wird, um für außerordentliche Abschreibungen oder zur Deckung außerordentlicher Verluste (Betriebsverluste) die Mittel zu beschaffen. — Der zehnte Teil des Grundkapitals ist vom nominellen Grundkapital zu rechnen, gleichviel, ob voll eingezahlt oder nicht. Im Gesellschaftsvertrag können weitere Reservekonten vorgesehen sein, sei es zu bestimmten Zwecken, sei es ganz allgemein ohne Angabe eines Zweckes. Schließlich kann auch die Generalversammlung von Fall zu Fall Rückstellungen beschließen. Ob und in welchem Umfang sie hierzu ein Recht hat, ist streitig. S. hierüber Erl 7 c zu § 213.

b) Der gesetzliche Reservefonds, auch Zwangsreservefonds genannt, darf — soweit er jeweilig auf den durch das Gesetz vorgeschriebenen Zurückstellungen beruht — nur verwendet werden „zur Deckung eines aus der Bilanz sich ergebenden Verlustes". Darüber, was man überhaupt unter Verwendung eines Reservefonds zu verstehen hat, herrscht in der juristischen Literatur nicht die wünschenswerte Übereinstimmung. Staub-Pinner § 262[35] wirft die Frage auf, ob eine Auflösung oder Ausschüttung nur von der ordentlichen Generalversammlung bei Genehmigung der Jahresbilanz beschlossen werden könne, oder auch im Laufe des Geschäftsjahrs, und die Antwort lautet, daß gesetzlich nichts im Wege stehe, im Laufe des Geschäftsjahrs zu einer Ausschüttung und Verteilung zu schreiten. Diese Ausdrücke sind mißverständlich. Genau gesprochen kann man ausschütten und verteilen nur wirkliche Vermögensgegenstände, etwa einen „angelegten" Reservefonds (s. oben Erl 1 a). Bei Reservekonten sollte man nur von Auflösung oder Verwendung sprechen. Selbstverständlich kann die Verwaltung im Laufe des Jahres im Vertrauen auf die „Reserven", welche die Gesellschaft besitzt, große und größte Ausgaben für Reparaturen und Neuanschaffungen machen. Aber erst am Schlusse des Jahres wird sich zeigen, ob damit die Reserven verschwunden sind oder nicht. Vielleicht ist auch mehr noch verschwunden, das halbe oder auch das ganze Grundkapital. Die Verwaltung kann auch, ehe sie zu der Ausgabe schreitet, kalkulieren und richtig kalkulieren. Aber selbst wenn sie dazu eine förmliche Zwischenbilanz aufstellt und hier nun der Form nach das tut, was man allein Verwendung oder Auflösung des Reservekontos nennen darf, wenn sie unter Einstellung des beabsichtigten Aufwandes — Minderung des Kassenbestandes oder Bankguthabens — das Reservekonto streicht und so das Ergebnis zieht, so ist auch das noch nicht eine rechtlich relevante Verwendung, auch nicht wenn sie dazu die Generalversammlung einberuft und sie es beschließen läßt.

Niemand kann die nächste ordentliche Generalversammlung hindern, mit einfacher Mehrheit anders zu beschließen. Erst die Schlußbilanz hat die Aufgabe, das Jahresergebnis zu erbringen und muß daher von dem Vermögensstand ausgehen, wie er am Anfang des Jahres gewesen ist, muß namentlich also auch den — wie Staub-Pinner sagt — ausgeschütteten und verteilten Reservefonds in voller Höhe aufweisen. Man braucht sich nur den Fall zu denken, daß nach jener „Ausschüttung" unerwarteter Weise hohe Verluste eintreten, so daß das Reservekonto selbst dann nicht mehr gedeckt wäre, wenn jene Ausschüttung oder Verwendung von Gesellschaftsgeld nicht erfolgt wäre. Oder der Geschäftsgang hat sich unerwartet günstig gestaltet und man kann unbeschadet einer ausreichenden oder mehr als ausreichenden Dividende die Reserve beibehalten. Erst jetzt, am Schluß des Jahres ist überhaupt möglich zu wissen, ob der Stand des Reinvermögens gestattet oder rätlich erscheinen läßt, das Reservekonto beizubehalten, oder ob man genötigt ist oder besser tut, es aufzulösen. Gelder verwenden kann man und muß man das ganze Jahr hindurch, Reserven zur Verfügung haben und auf sie hin disponieren kann man auch das ganze Jahr hindurch, in Gedanken oder auch auf dem Papier. In rechtlich relevanter Weise Reservekonten verwenden kann man ausschließlich nur bei Aufstellung der Schlußbilanz, genauer gesprochen, im Anschluß an sie (Simon S. 268 unter b; Lehmann-Ring § 262 Erl 7 Abs II). Das gilt von jedem Reservekonto, dem gesetzlichen so gut, wie dem freiwilligen. Es gilt auch von jeder Verwendung des Reservekontos (A. A. in bezug auf Verwendung zur Deckung eines außerordentlichen Verlustes Simon 267; aber seine eigenen Ausführungen zeigen, daß die Verbuchung der Ausgaben unmittelbar über das Reservekonto zu unzulässiger Unklarheit führt; jedenfalls ist eine solche Verbuchung rechtlich völlig unverbindlich). — Aber alles betrifft nur die Frage, wie und wann die Verwendung des Reservekontos sich vollzieht. Eine andere Frage ist, zu welchem Zweck man es verwenden kann.

c) An die Ausdrucksweise des Gesetzes: ein Reservefonds ist zur Deckung eines Bilanzverlustes zu bilden, knüpft der Streit an, ob die Gesellschaft im Falle eines solchen Verlustes nicht nur berechtigt, sondern auch verpflichtet ist, den Zwangsreservefonds in Anspruch zu nehmen. Über dem Streit der Meinungen schweben zwei Unklarheiten; Rosendorff in Holdh MS 26, 210 versteht die herrschende Lehre, gegen welche er sich wendet, dahin, daß nach § 262 die Generalversammlung verpflichtet sei, die Deckung einer Unterbilanz aus dem gesetzlichen Reservefonds auch dann vorzunehmen, wenn ein besonderer statutarischer Reservefonds oder sonstige Rücklagen zur Verfügung stehen. Und in der Tat drückt z. B. Horrwitz, Generalversammlung 378 sich so aus: Die Verwendung der gesetzlichen Fonds muß auch dann geschehen, wenn ein besonderer statutarischer Reservefonds zur Deckung des Bilanzverlustes zur Verfügung steht, und noch weitergehend Alterthum ArchBR 23, 142: werden andere als durch Gesetz oder Statut dafür bestimmte Beträge verwendet, einen Bilanzverlust zu decken, und damit der Verteilung entzogen, so wäre das ungesetzlich. Die allgemeine Ansicht dürfte das aber nicht sein. Das Gesetz drückt sich nicht gut aus. Nicht Abdeckung eines Bilanzverlustes, sondern Beseitigung einer Unterbilanz ist der Zweck des Zwangsreservefonds. So auch Staub-Pinner § 262[6]; Ritter § 262[2]; Makower § 262 I a; Brand § 262 I c; Alterthum a. a. O. 140; Neukamp GZ 38, 91. Allerdings lautet es in Mot. von 1884 S. 91: zu den Passivposten, nach deren Abzug von den Aktivposten erst der Gewinn oder Verlust des Jahres sich ergibt, gehören die Reservefonds, deren eine Gesellschaft mehrere zu verschiedenen Zwecken anlegen kann. Aber dann wird doch auch wieder gesagt: Vorausgesetzt ist also (für die Verwendung der gesetzlichen Reservefonds), daß bei Jahresschluß sich eine Unterbilanz herausstellt. Da aber Unterbilanz den Zustand bedeutet, daß das Reinvermögen nicht mehr das Grundkapital erreicht, kann von einer solchen nicht die Rede sein, solange und soweit als noch Reserven vorhanden sind, gleichviel welche Bezeichnung diese führen und zu welchem Zweck sie bestimmt worden sind; Kennerknecht, KörpStG S. 226 gegen Rosendorff, KörpStG S. 432. Man denke sich eine Gesellschaft mbH, für welche es ein Zwangsreservekonto nicht gibt; das Stammkapital betrage 1 Milion, es sei ein Reservekonto von 100 000 M. vorhanden und 2 Million Schulden. Ergeben beim Jahresabschluß die Aktiven 3 Millionen so ist Unterbilanz nicht vorhanden, oder richtiger, der Form nach besteht Unterbilanz, weil die Verwendung der Reserve erst nach Abschluß der Buchungen und der Bilanzaufstellung eintreten kann und das aus dem vorjährigen Abschluß überkommene Reservekonto also in der Bilanz nicht fehlen darf. Aber in das neue Jahr tritt die Gesellschaft nicht mit Unterbilanz ein (Staub-Pinner § 262; Lehmann-Ring § 262[7] Abs II; Makower § 262 I c, anders Neukamp a. a. O. S. 97 Note 73 a; der Streit um diese Form der Buchung ist insofern nicht müßig, als Unklarheit über den sachlichen Zusammenhang zugrunde liegt). Handelt es sich um eine A-Gesellschaft mit 1 Million Grundkapital, 100 000 M. Zwangsreserven, 100 000 M. freie Reserve, gleichviel welcher Bestimmung und welchen Namens, und 2 Millionen Schulden und ergibt die Kolonne der Aktiven 3 100 000 M., so liegt wiederum nur der Form, aber nicht der Sache nach Unterbilanz vor. Das Reinvermögen erreicht Grundkapital plus Zwangsreserve und es ist kein Grund, an dieser etwas auch nur zu kürzen. Die Gesellschaft ist nicht berechtigt, die Zwangsreserve zu verwenden und statt dessen die freie Reserve beizubehalten oder gar als Gewinn zu verteilen (a. A.

Fischer, Bilanzwerte II, 409; unverständlich Bauer 19, 148; wenn ein Bilanzverlust besteht, kann Dividende auch dann nicht verteilt werden, wenn dem Verlust Reserve in gleicher Höhe gegenübersteht, mag das Konto zum Ausgleich des Verlustes verwendet werden oder nicht). Anderen Falles wäre § 262 in erheblichem Maße illusorisch. Die Gesellschaft könnte sich durch freie Reserven freie Bahn schaffen, zwar nicht für das jeweilig abgelaufene, aber für die folgenden Jahre auf Kosten der Zwangsreserve Gewinn zu verteilen.

Denkt man sich letzteren Fall so, daß außer der Zwangsreserve von 100 000 weitere Reserven nicht bestehen, dann hat man ein Beispiel für den Punkt, um welchen es sich in der Regel bei der Erörterung dieser Frage handelt. Muß in diesem Fall der Reservefonds für das folgende Jahr gestrichen werden oder kann die Gesellschaft vorziehen, statt dessen ihn beizubehalten und mit Unterbilanz in das neue Jahr hineingehen? Der Unterschied ist namentlich darin praktisch, daß letzteren Falles erst aus dem Gewinn der Folgezeit die Unterbilanz eingeholt sein muß, ehe Dividende verteilt werden darf. Die Antwort kann nur lauten, daß unterschieden werden muß, bilanzrechtlich steht nichts entgegen, die Unterbilanz ungedeckt zu lassen, wohl aber gesellschaftsrechtlich. Die Generalversammlung kann es wirksam nur beschließen, wenn kein Aktionär widerspricht. So gegen die herrschende Lehre Lehmann-Ring § 262[7]; auch Neukamp GZ 38, 92 sagt nur, daß die Aktionäre den Anspruch darauf haben, daß die Verwendung geschieht; ferner Makower § 262 I c, der aber mit Unrecht darin eine nur nach § 271 III [2] anfechtbare übertriebene Rücklage erblickt; wo Verlust ist, kann man weder übertriebene noch überhaupt Rücklagen machen. S. auch Rosendorff, Holdh MS 26, 210, wo die verschiedenen Fragen nicht getrennt gehalten werden. So lange noch andere als die gesetzliche Reserve vorhanden ist, kann von Unterbilanz — wenigstens im Sinn des § 262 — nicht wohl die Rede sein. Nur müssen es selbstverständlich echte Reserven sein, aber gleichviel, ob ausgewiesen oder nicht. — Der gesetzliche Reservefonds darf nicht zum Ausgleich zweifelhafter Forderungen verwendet werden; RG im Recht 1916, 1601.

d) Der § 262 Z. 1 und 2 ist Zusatz des Aktiengesetzes von 1884. Die Vorschrift gilt aber auch für Aktiengesellschaften, welche damals bereits bestanden. Ges vom 18. 7. 84 § 7 I. Die Z. 3 beruht auf der Novelle von 1900.

3. a) Die im Gesetz bestimmten Quoten — 5% des Reingewinnes und 10% des Grundkapitals — können im Statut nicht herabgesetzt, wohl aber erhöht werden. Es können auch von Fall zu Fall Rückstellungen zugunsten des gesetzlichen Reservefonds beschlossen werden. Sobald auf irgend eine Weise — durch die vorgeschriebene jährliche Rückstellung, durch freiwillige Rückstellung, durch Zuführung des Agios oder der Zuzahlungen nach Z. 2 oder 3 — das gesetzliche oder statutarische Ziel erreicht oder überschritten ist, hören die im Gesetz oder Statut vorgesehenen jährlichen Zuführungen auf, um erst wieder einzusetzen, wenn durch Verwendung das Reservekonto unter jene gesetzliche oder statutarische Quote gesunken ist. Die Gesellschaft kann die im Statut bestimmte Überhöhung durch Statutenänderung wieder beseitigen und den dadurch freiwerdenden Betrag des Reservekontos anderweit verwenden. Beruhen Überschüsse über das gesetzliche oder statutarische Maß auf Generalversammlungsbeschlüssen, so können sie auch ohne Statutenänderung frei verwendet werden (durch Generalversammlungsbeschluß s. Erl 2 b); RG 28, 45. Zu beachten ist aber, daß die Höhe, in welcher der Fonds gebunden ist, nicht nur in der Summe der Quoten nach Z. 1, sondern auch in der Zuführung nach Z. 2 und denen nach Z. 3 — soweit hier überhaupt eine Zuführung stattfindet — besteht. Zu beachten ist ferner, daß wenn die gesetzliche Höhe von 10% des Grundkapitals durch freiwillige Zuführungen — sozusagen vor der Zeit — erreicht ist, diese letzteren Zuführungen nicht frei verwendbar sind. Daher zu allgemein Lehmann-Ring § 262[8] a. E. Zutreffend Neukamp GZ 38, 113 unter 3: Das gesetzliche Reservekonto kann frei verwendet werden, soweit der angesammelte Betrag 10% des Grundkapitals zuzüglich geschehener Zuführungen aus Agio und Zuschüssen der Aktionäre gemäß Z. 3 übersteigt. — Nach Simon, Bilanzen 261 hätte die Beseitigung eines statutarischen Mehr durch Statutenänderung nur für die Folgezeit Wirksamkeit. Zustimmend Lehmann-Ring § 262[8]. Das ist doch wohl nicht richtig. Durch den das Statut abändernden Beschluß wird das Reservekonto noch nicht gemindert, viel mehr nur erst freie Bahn für seine Verwendung gemacht, über welche die Generalversammlung mit einfacher Mehrheit beschließt. Es liegt also so, daß die Statutenänderung eine Wirkung für die Vergangenheit weder haben kann noch haben will. Im RG 105, 367 wird in einer ähnlichen Aufmachung die Rechtsfrage gestreift und wohl nicht ganz richtig beurteilt. Darauf, mit wie starker Majorität einem Reservekonto ein bestimmter Verwendungszweck beigelegt worden ist, kann nichts ankommen, sondern nur darauf, ob entweder die anderweite Verwendung kaufmännisch geboten erscheint oder niemand widerspricht (Erl 7 c und d zu § 213). — Die Gebundenheit des statutarischen Mehr beruht nicht auf rechtspolizeilichem Grunde. Daher kann über seine Verwendung auch ohne Statutenänderung mit einfacher Mehrheit beschlossen werden, was hier aber nur gilt, wenn niemand widerspricht. — Immer liegt die Entscheidung, wie über die Rückstellung, so auch über die Verwendung von Reserven bei der Generalversammlung. Auch letztere kann als endgültige nicht dem Vorstand oder Aufsichtsrat überlassen werden. A. A. Lehmann-Ring § 262[9]; Makower § 262 III a.

b) Die 5%, welche dem Reservekonto zuzuführen sind, sind von dem vollen Reingewinn zu berechnen, ohne Rücksicht darauf, wieviel daraus an die Aktionäre verteilt wird. Daß die Tantieme des Vorstandes und des Aufsichtsrats nicht abgezogen werden dürfen, ist jetzt durch die positiven Vorschriften der §§ 237, 248 I entschieden. Da es sich um eine Vorschrift zwingenden Rechts handelt, muß ferner angenommen werden, daß durch Rückstellungen, welche die Generalversammlung beschließt, die Quote nicht gemindert werden kann, mögen das nun statutarisch festgesetzte Rückstellungen sein oder nicht, offene oder stille Reserven. Nach Staub-Pinner § 262[10] wäre die Rückstellung abzugsfähig, wenn sie in der Form stiller Reserven ausgeführt würde. Was diese Unterscheidung rechtfertigen soll, ist nicht zu sehen. Auch offene Rückstellung ist wirksam, wenn sie unangefochten bleibt. Die Vorschrift in Z. 1 ist rechtspolizeilicher Natur und kann in ihrer Auswirkung nicht von Anfechtung oder Nicht-Anfechtung abhängen. Dagegen kommen naturgemäß Rückstellungen d. h. Passivposten, welche nur verhindern sollen, daß Kapitalzugänge wie Ertrag verrechnet und verwendet werden, auch hier in Abzug.

Fällt ein Jahr gewinnlos aus, so tritt nicht deshalb im folgenden Jahr eine kumulative Rückstellung ein.

c) Daß der aus dem voraufgegangenen Jahr übertragene Verlustvortrag den Jahresgewinn und entsprechend dann auch die 5%ige Quote mindert, wird ziemlich allgemein anerkannt. Sehr bestritten ist dagegen die Frage nach der Behandlung des Gewinnes oder des Teiles des Gewinnes, welcher auf neue Rechnung für das folgende Jahr vorgetragen wird. Klar ist wohl, daß der Abzug von diesem Betrag nur einmal gemacht werden muß. Fraglich kann nur sein, ob er schon jetzt zu geschehen hat oder erst beim nächsten Jahresabschluß (wo er möglicherweise nicht mehr vorhanden ist). Dabei tritt die Frage auf, welche rechtliche Natur der Gewinnvortrag auf neue Rechnung hat. Zweifellos handelt es sich auch hier um Rückstellung von Gewinn. Aber wenn die herrschende Lehre und ebenso das Reichsgericht (JW 1905, 145, ferner Pinner JW 1916[25]; Oertmann DJZ 1916, 159; OLG 10, 242; DJZ 1916, 354) den Gewinnvortrag deshalb für einen Reservefonds erklären, so ist es verständlich, daß der Widerspruch hiergegen nicht verstummen will (Rehm in GZ 75, 68; Horrwitz, Generalversammlung 365; Hamm in DJZ 1916, 164; DJZ 05, 871; LZ 1914, 789; unbestimmt RG in LZ 1911, 771). Denn jedenfalls würde es sich um eine Reserve besonderer Art handeln, von allen andern Reservekonten unterschieden. Es ist der Gegensatz von Vermögen und Ertrag, vom Geschäftskapital und seiner Verzinsung, der hier zur Geltung kommt. Während alle anderen Rückstellungen bedeuten, daß Ertrag zum Kapital geschlagen wird, ist das beim Gewinnvortrag nicht der Fall. Er soll Ertrag bleiben. Während alle andern Rückstellungen entweder einem schon bestehenden Reservekonto zugeführt werden oder ein neues Reservekonto bilden, wird der Gewinnvortrag unmittelbar dem Gewinn- und Verlustkonto gutgebracht. Und zwar ist es ein sachlicher Unterschied, welcher darin zur Geltung kommt. Die Gesellschaft kann zwar die übrigen Rückstellungen auch wieder verwenden, die Reservekonten wieder auflösen, aber nur, wenn entweder kein Aktionär widerspricht oder die Verwendung kaufmännisch geboten erscheint. Beim Gewinnvortrag dagegen steht umgekehrt seine Verwendung von vornherein fest und höchstens in der Form kann sie ausgeschaltet werden, daß beim nächsten Jahresabschluß abermals beschlossen wird, den nunmehrigen Gewinn einschließlich des Gewinnvortrages auf neue Rechnung vorzutragen. Wenn, wie hier angenommen wird (s. oben unter b), Rückstellungen ganz allgemein die zurückgestellten Beträge von der Beitragslast nicht befreien, muß das vom Gewinnvortrag vollends gelten. Aber auch vom entgegengesetzten Standpunkt aus führt die Sonderart dieser Rückstellung zu dem gleichen Ergebnis. Denn wie berechtigt auch immer der Entschluß sein mag, den betreffenden Betrag nicht an die Aktionäre herauszuzahlen, so kann das doch niemals zugleich Anlaß sein, innerhalb des Gesellschaftsvermögens die 5%ige Quote nicht dem Stamm des Vermögens zuschlagen. Die Folge ist, daß der nächstjährige Gewinn nur um den Gewinnvortrag gekürzt beitragspflichtig ist. Mit dem Gegensatz vom Bilanzgewinn und Betriebsgewinn (Staub-Pinner § 262[9]) hat die Frage nichts zu tun und es kann daher weder Staub-Pinner § 262[9] noch Makower § 262 II a zugestimmt werden. Wie Staub-Pinner Lehmann-Ring § 262[3]; Ritter § 262[3].

Simon, Bilanzen 27, will den Gewinnvortrag abziehen, ohne sich darüber auszusprechen, ob der Gewinnübertrag beitragspflichtig ist. Brand § 262 Erl 2 Ab erklärt wie Makower den Jahresbetriebsgewinn für beitragspflichtig, nämlich den Bilanzgewinn, abzüglich eines etwaigen Gewinnvortrages und zuzüglich eines etwaigen Verlustvortrages. Ebenso Alterthum in ArchBR 23, 123. Wenn Makower § 262 I a lehrt, daß bei einem Gewinnvortrag von 5000 und einem Jahresverlust von 20 000, mithin einem Bilanzverlust von 15 000 M. aus dem Zwangsreservefonds nicht nur der Bilanzverlust gedeckt, sondern auch 5000 M. (vorjähriger Gewinn) ausgezahlt werden könne, so zeigt das nur, wie wichtig es ist, sich über die Natur des Gewinnvortrages zu verständigen. Übrigens leidet diese Ausführung auch an einem inneren Widerspruch. Denn wenn, wie auch Makower annimmt (§ 261 XII a), der Gewinnvortrag ein freiwilliger Reservefonds ist, kann vor seiner Erschöpfung von Unterbilanz nicht die Rede sein (s. oben Erl 2 c). In seinem Beispiel dürfen nur 15 000 M. aus dem gesetzlichen Reservefonds gedeckt werden. — Mit der Behauptung, daß der Gewinnvortrag im Laufe des Geschäftsjahres (ohne die Feststellung der neuen Bilanz abzuwarten) verteilt werden darf (§ 262 I b), dürfte Makower allein dastehen. Unrichtig ist der Schluß, daß wenn der vorgetragene Gewinn aus dem Vorjahr nicht beitragspflichtig ist, der Verlustvortrag, wo ein solcher zu decken ist, nicht abgezogen werden dürfe. Nicht deshalb ist der Gewinnvortrag abzuziehen, weil er nicht Betriebsgewinn ist, auch nicht deshalb, weil er nicht Bilanzgewinn wäre, was er zweifellos ist, sondern allein deshalb, weil er schon einmal beigesteuert hat. Dabei bleibt es immer, daß nur der Bilanzgewinn beisteuert. Zweifelhaft erscheint, muß aber wohl bejaht werden, ob auch andere Reserven beitragsfrei sind, wenn sie unmittelbar zur Verstärkung der Dividende herangezogen werden.

d) Während also das Besondere des Gewinnvortrages darin besteht, daß er Gewinn bleibt, findet man zuweilen umgekehrt behauptet, daß jede Reserve aufgesammelten Gewinn bedeute, woraus dann gefolgert wird, daß die Generalversammlung über die Verwendung solcher Reservekonten frei verfügen könne, gleichviel für welchen Zweck sie ursprünglich bestimmt worden sind (Neukamp GZ 38, S. 97 ff.; Staub-Pinner § 262[35]). Aber schon tatsächlich ist das in dieser Allgemeinheit nicht richtig. Reine Kapitalsvermehrungen von außen her geben Veranlassung zu Reservekonten und sind doch nicht ersparter Gewinn (Erl 7 b zu § 213). Rechtlich ist es im ganzen Umfang nicht richtig. Ist es zutreffend — und nichts ist so allgemein anerkannt —, daß der Gewinn des Kaufmanns (oder sein Verlust) in dem Unterschied seines Vermögens am Anfang und am Ende des Jahres besteht, so ist doch klar, daß die Rückstellungen aus den vorausgegangenen Jahren dem Anfangsvermögen zugerechnet werden müssen und nicht dem Endvermögen. Nur der vorgetragene Gewinn wird dem Endvermögen zugerechnet. Die Gegner müßten, zumal da sie Bilanzkontinuität nicht gelten lassen wollen, annehmen, daß die gesamten freien Reserven der Gesellschaft von Jahr zu Jahr immer wieder der Diskretion des einzelnen Aktionärs oder der 5% Minderheit des § 271 III in die Hand gegeben seien. In Wahrheit liegt es umgekehrt. Verwendung dieser Reserven kann allerdings beschlossen werden, und zwar ohne Rücksicht auf ihre ursprüngliche Bestimmung und auch ohne Rücksicht, ob sie auf Statut beruhen oder nicht, aber nur, wenn entweder niemand widerspricht, oder diese Verwendung nach kaufmännischen Grundsätzen geboten erscheint. Dem Zwangsreservefonds gegenüber stößt die Generalversammlung dagegen auf zwingende Vorschriften des Gesetzes, deren Verletzung Nichtigkeit des Beschlusses bedingt. — Von der Verwendung eines Dividendenreservekontos kann in einem ertragslosen Jahr die Generalversammlung auch dann absehen, wenn das Reservekonto auf statutarischer Bestimmung beruht (vgl. Neukamp GZ 3876 Anm 73), es sei denn, daß zugleich im Statut über die Voraussetzung und das Maß der Verwendung eingehende Bestimmungen getroffen sind. — Die Frage, ob die Generalversammlung, nachdem sie mehrere Jahre hindurch unangefochten Rückstellungen beschlossen und so einen freien Reservefonds gesammelt hat, dessen sofortige Ausschüttung oder Verwendung zu Neuanlagen zu beschließen berechtigt sei — Neukamp a. a. O. S. 98 — stellt zwei Dinge nebeneinander, welche nicht in einem Atem entschieden werden können. Der Ausschüttung kann die Minderheit und auch jeder einzelne Aktionär wirksam widersprechen. Die Frage der Verwendung für eine Neuanlage ist eine kaufmännische Zweckmäßigkeitsfrage, deren Entscheidung durch die Generalversammlung nur unter besonderen Voraussetzungen eine Gesetzes- oder Statutenverletzung, eine Verletzung der Gesellschaftsrechte des einzelnen Aktionärs darstellen würde.

e) Ist ein Teil des Reingewinnes an Dritte abzuführen — stille Gesellschaft, partiarisches Darlehn, Abgabe für die Konzession usw. — so ist die abzugebende Quote nicht beitragspflichtig. Anders dürfte es sich mit der an Genußscheininhaber zu zahlenden Dividende verhalten, ferner mit den Beträgen, welche zur Amortisation von Aktien aus dem Gewinn verwendet werden, mit Zahlungen an Gläubiger, welche nur Anspruch auf Befriedigung aus dem Gewinn haben. Auch bei Interessengemeinschaften wird jede beteiligte A-Gesellschaft ihren Reservefonds nach Verhältnis ausschließlich ihrer Jahresgewinne zu bilden haben. Zahlungen auf Grund einer der Gesellschaft oder ihren Mitgliedern bedungenen Dividendengarantie sind auch dann nicht beitragspflichtig, wenn das Geld durch Vermittlung der Gesellschaft selbst an die Aktionäre gelangt, OLG 6, 29 (KG). Zahlungen auf Grund einer Rentabilitätsgarantie erklärt die herrschende Lehre für beitragspflichtig, Brand § 262[2] A b; Makower § 262 II a; Ritter § 262[3]. Vgl. auch GZ 56, 250 (OVG), Erl 6 c zu § 213. Beruht aber die Zwangsreserve auf dem Gedanken, daß die guten Jahre für die mageren vorsorgen sollen, so ist der Zwang nicht angebracht, wo einerseits Gewinn aus dem Betriebe nicht erzielt wird, anderseits gegen die Gefahr ungünstiger Ergebnisse auf andere Weise Vorsorge getroffen worden ist. Wenn auch die Gesellschaft den Anspruch auf das Geld hat, so ist dieser doch gerade dadurch bedingt, daß nicht Bilanzgewinn erzielt ist. Die Einnahme kann gar nicht die Natur eines Gewinnes haben. Anders läge es, wenn man die Abführung an den gesetzlichen Reservefonds als eine Abgabe zu betrachten hätte, welche die einzelnen Aktionäre von ihrer Dividende beizutragen haben.

f) Jahre, welche keinen Gewinn bringen, fallen aus. Das ist selbstverständlich. Was sollte denn auch nachgezahlt werden. Auch gewinnbringende Jahre fallen aus, solange der Betriebsgewinn erforderlich ist, Bilanzverlust aus der Vergangenheit auszugleichen. Ist es zu einer Verwendung des Reservefonds gekommen, so daß dieser unter den gesetzlichen (oder statutarischen) Mindestbetrag gesunken ist, dann muß die Zuführung aus dem Jahresgewinn wieder aufgenommen werden.

4. a) Über-pari-Emission der Aktien ist sowohl bei Gründung und bei der ersten Ausgabe der Aktien als auch bei der Erhöhung des Grundkapitals zulässig. Das Agio ist nicht Gewinn, sondern ebenso wie der Nennbetrag Beitrag zum Gesellschaftsvermögen, zum Geschäftskapital (anders die frühere Rechtsprechung des preußischen Oberverwaltungsgerichts OVG 1, 293; 4, 226; 7, 287; dagegen OVG 10, 261; RFH 12, 306; RG 32, 244; 46, 262; 50, 103; RG in Holdh 97, 185; KG das. 01, 122. Vgl. auch RG in Hans GZ 05, 251). Daher muß das Agio in die Bilanz als Passivposten eingestellt werden, weil es andernfalls als Gewinn in die Erscheinung treten würde. Die Z 2 schreibt nun vor, daß diese Reserve dem Zwangsreservekonto zugeführt werden muß, daß mithin die Gesellschaft auch sie nur verwenden kann, um eine Unterbilanz zu beseitigen. Vgl. Mot 1884 S. 91: Es rechtfertigt sich dies daraus, daß ein solcher Gewinn nicht im gewöhnlichen Geschäftslaufe erzielt ist, und deshalb nicht zur Verteilung als Dividende geeignet erscheint; auch soll verhindert werden, daß die Erhöhung des Grundkapitals lediglich in der Hand einer Koterie zur Agiotage benutzt wird." Die Ausdrucksweise ist veraltet. Heute ist man sich klar, daß es sich beim Agio um einen Beitrag des Gesellschafters zum Gesellschaftsvermögen handelt und daher nicht nur um einen nichtverteilbaren Gewinn, sondern überhaupt nicht um einen Gewinn der Gesellschaft. Auch RG 46, 204 vergreift sich im Ausdruck, wenn es sagt, daß der im Agio liegende Gewinn in dem Augenblick in den Reservefonds fließt, in welchem er erzielt, d. h. das Agio eingezahlt wird, so daß die Gesellschaft den betreffenden Passivposten am Schluß des Jahres und bei der Bilanzaufstellung schon vorfinde, woraus sich ergeben soll, daß das Agio nicht Gewinn bedeute. Das Agio fließt in dem Augenblick, in dem es eingezahlt wird, in die Gesellschaftskasse, das entsprechende Reservekonto funktioniert ganz ausschließlich in der Bilanz, allererst also in der Jahresbilanz, wenn nicht vorher schon Veranlassung gewesen ist, eine Zwischenbilanz aufzustellen. Immer wieder stößt man auf diese Inversion. Nicht deshalb ist Agio nicht Gewinn, weil es in der Bilanz als solcher nicht erscheint, sondern weil es nicht Gewinn ist, darf es auch in der Bilanz als solcher nicht erscheinen.

b) Nicht das ganze Agio muß dem Reservekonto zugeführt werden. Es können die Kosten abgezogen werden, welche der Gesellschaft durch die Ausgabe der Aktien entstehen. Nicht also die Kosten der Kapitalerhöhung und ebensowenig die Kosten der Gründung der Gesellschaft, sondern nur die Emissionskosten, die Kosten der Herstellung der Urkunden, der Zeichnung und Zuteilung, Notariats- oder Gerichtskosten, Kapitalverkehrssteuer, Provisionen (Simon, Bilanzen 276). Ersparte Provisionen dürfen nicht abgezogen werden, auch nicht wenn andere Aufwendungen an ihre Stelle getreten sind, Recht 07, 1223. Je nachdem, ob die Kosten vom Reservekonto abgezogen werden oder nicht, erhöht oder vermindert sich der Gewinnsaldo. Handelsrechtlich kann sich die Generalversammlung frei entschließen, Steuerrechtlich müssen die Kosten von der Rückstellung ausgenommen werden, weil es sich um Kosten, nicht der Erhaltung, sondern der Vermehrung des Vermögens handelt, EStG § 15 b Z. 1; KStG § 15 Z. 4; RFH 15, 210. — Unter Z. 2 fällt dem Wortlaut nach auch der nicht seltene Fall, daß die Übernehmer der Aktien sich verpflichten, außer dem Übernahmepreis zur Bestreitung der Kosten der Gründung oder dgl. einen mäßigen Betrag einzuzahlen. Müßte auch dieser Betrag dem Zwangsreservefonds zugeführt werden, dann wäre der Zweck der Sache vereitelt. Die Absicht des Gesetzgebers dürfte das nicht gewesen sein. Wohl aber ist mit Recht die Bestimmung beanstandet worden, daß 15% Aufschlag zur Bestreitung der Kosten und zum weiteren Ausbau des Unternehmens einzuzahlen seien, Holdh MS 1917, 209; Dalberg in LZ 1913, 895; Friedländer ZBH I 137.

c) Simon Bilanzen § 63 a. E. meint, die Vorschriften des § 262 oder wenigstens der Z. 2 könnten und müßten gegebenenfalls schon bei der Eröffnungsbilanz zur Durchführung gebracht werden, woraus sich dann ergäbe, daß mit dem Agio alle Organisationskosten, welche als Gründungskosten in dem Statut aufgeführt sind, abgedeckt werden könnten. Ebenso Lehmann-Ring § 262[7]. Aber wenn das überhaupt richtig wäre, müßte es von jeder Eröffnungsbilanz mit Unterbilanz gelten, gleichviel auf welchem Grunde die Unterbilanz beruht. Man kann auch nicht wohl den Passivsaldo einer Eröffnungsbilanz als „Verlust" bezeichnen, und selbst wenn man es als das gelten lassen müßte, wäre doch immer erst das Geschäftsergebnis des ersten Jahres abzuwarten, ehe man sehen kann, ob überhaupt ein Verlust auszugleichen ist, und ein wie hoher. Gegen Simon Makower § 262 I a.

Stückzinsen, welche der Übernehmer der Aktie zu zahlen hat, sind nicht Einlage und also auch nicht Agio, RG 55, 46. — Stellt die Gesellschaft den vollen Betrag des Agios in Reserve, so mindert sich entsprechend der Gewinnsaldo, was aber steuerrechtlich keinen Unterschied macht, RFH in JW 1925, 667.

d) Die Vorschrift der Z. 2 kann nicht mit Erfolg dadurch umgangen werden, daß die

Gesellschaft einer Bank oder einem Konsortium die Aktien gegen die Zusage zu pari begibt, daß der Übernehmer den Überpreis, zu dem er die Aktien in den Verkehr bringt — ganz oder teilweise — an die Gesellschaft abführt. Was die Gesellschaft so erzielt, ist Agio. RG 61, 302; Bauer 19, 148; Staub-Pinner § 267[17]; Dalberg LZ 13, 881. Anders Flechtheim, BankArch 22, 225, gegen ihn Hallier, BankArch 23, 5; anders auch Rosendorff, Organisation der Konzerne 64. Umgekehrt dürfte nur der Betrag des Agios dem Reservefonds zuzuführen sein, der an die Gesellschaft selbst zu zahlen ist, so, wenn das übernehmende Konsortium sich verpflichtet, einen Betrag an einen Pensionsverein zu zahlen (eine andere Frage ist, ob der Betrag der Kapitalverkehrssteuer unterliegt, RFH 9, 56).

Von einem versteckten Agio könnte man bei Sacheinlagen sprechen, wenn der eingebrachte Gegenstand mehr wert ist, als die dafür gewährten Aktien nach ihrem Nennbetrag. Da in solchem Fall der eingebrachte Gegenstand nur mit dem Anschaffungspreis, d. h. hier mit dem Nennbetrag der Aktien in die Bilanz eingestellt werden darf (§ 261 Z. 1—3), entsteht stille Reserve, die so lange gebunden ist, als es nicht etwa zur Veräußerung des Gegenstandes und damit zur Realisierung des Gewinnes kommt. Es ist klar, daß an diesen Fall bei Z. 2 nicht zu denken ist, Staub-Pinner § 262[18]. Vgl. RG in Holdh MS 04, 265; RG 61, 302, wo die Frage in ihrer steuerrechtlichen Bedeutung erörtert wird.

5. a) Die Gewährung von Vorzugsrechten an Aktionäre, welche Zuzahlungen zum Gesellschaftsvermögen leisten, ist als Sanierungsmaßregel in Gebrauch, als Mittel in Fällen, wo es für das notleidende Unternehmen darauf ankommt, neues Geld hereinzubekommen, die Aktionäre durch Versprechung von Vorteilen oder, was dasselbe ist, durch Androhung von Nachteilen zu bestimmen, Nachschüsse zu leisten, eine Maßregel, welche gesellschaftsrechtlich mehr als bedenklich, von der Rechtsprechung bereits zugelassen war, als die Novelle von 1900 ihr in gegenwärtiger Vorschrift auch gesetzliche Sanktion erteilte. Vgl. Erl 1 c zu § 185. Mit solchen Nachschüssen steht es, was die Bilanz angeht, ähnlich wie mit dem Agio. Sie müssen als Passivum in die Bilanz eingestellt werden, wenn sie nicht — wenigstens in den Fällen, wo keine Unterbilanz besteht — alsbald wieder als Gewinn und Dividende zur Verteilung kommen sollen. Und ebenso wie vom Agio bestimmt auch hier das Gesetz weitergehend, daß dieses Reservekonto nur zur Abdeckung einer Unterbilanz Verwendung finden darf. Aber im Gegensatz zum Agio soll hier das nicht ausnahmslos gelten. Es kann beschlossen werden, das Geld zu außerordentlichen Abschreibungen oder zur Deckung außerordentlicher Verluste zu verwenden. Soll diese Ausnahme überhaupt eine Bedeutung haben, so kann bei ihr nur an solche außerordentliche Abschreibungen oder Verluste gedacht sein, welche Unterbilanz nicht zur Folge haben, weil eine solche zu decken, der ganze Zwangsreservefonds bestimmt ist. Es ist daher petitio principii, wenn Simon, Bilanzen § 58 a. E. die ganze Vorschrift für bedeutungslos erklärt, während nach einer anderen Richtung Staub-Pinner § 262[20] zu weit geht, wenn er behauptet, auf das Außerordentliche einer Abschreibung oder eines Verlustes könne es nicht ankomen. Dabei wird vergessen, daß es sich hier um eine Finanzmaßregel handelt, welche streng genommen mit dem Wesen der A-Gesellschaft in Widerspruch steht und immer nur ein Ausnahmefall sein soll. Selbst wenn sie nur unter Umständen denkbar wäre, wo es gilt, eine Unterbilanz zu beseitigen und also eine Zuführung zum Zwangsreservefonds gar nicht erst in Frage käme, bliebe die Bedeutung, daß das Gesetz das Verfahren überhaupt für zulässig erklärt. Und wenn es die unmittelbare Verwendung an der Stelle der Zuführung zum Reservefonds auf „außerordentliche" Vorfälle beschränkt, so kann man nicht — sozusagen — statt des kleinen Fingers, welchen der Gesetzgeber reicht, die ganze Hand ergreifen und behaupten, auf das Außerordentliche komme es nicht an. In der D 145 lautet es in dieser Beziehung: Dagegen finden die in Frage stehenden Zuzahlungen der Aktionäre vielfach bei Gesellschaften statt, die zwar an sich auf günstige Jahreserträgnisse rechnen können, aber infolge vorausgegangener außerordentlicher Verluste oder wegen einer ursprünglich zu hohen Bewertung ihrer Bilanzaktiven zunächst eine entsprechende Ausgleichung vornehmen müssen, um das Unternehmen wieder auf eine gesunde Grundlage zu stellen und die tatsächlich erzielten Jahreserträgnisse ohne Umgehung des Gesetzes frei verwendbar zu machen. Also auch eine Art von Sanierung, betriebswirtschaftliche Sanierung ist es, an welche der Verfasser des Entwurfs hier gedacht hat. Gegen Staub-Pinner auch Makower § 262 II 03; Brand § 262[2] b a; Lehmann-Ring § 262[5]. Nach Makower a. a. O. könnte die Verwendung zur Deckung eines außerordentlichen Verlustes usw. auch nachträglich beschlossen werden. Aber doch macht auch M. selbst schon die Einschränkung, daß der Verlust bei Leistung der Zuzahlung schon vorhanden gewesen sein muß. Indessen ist auch so der Gedanke abzulehnen. Ist die Maßregel von der Generalversammlung ohne Angabe eines solchen außerordentlichen sofortigen Verwendungszweckes beschlossen worden, dann fließt die Zuzahlung kraft Gesetzes in den gesetzlichen Reservefonds, und teilt dessen Gebundenheit, Lehmann-Ring § 262[5]. Allerdings hat OLG 4, 473 (KG) die Eintragung eines Beschlusses in das Handelsregister in einem Fall angeordnet, wo unverkennbar ganz abstrakt die Deckung künftig denkbarer Verluste als Zweck

der Reserve bezeichnet war (es waren außer Aktionärvorrechten auch Gläubigerrechte — amortisierbare Gewinnanteile — für die Zuschüsse gewährt).

b) Die Vorschrift der Z. 3 ist ganz positiv und duldet keine analoge Anwendung, Lehmann-Ring § 262[5]. A. A. Simon a. a. O., der die Zuführung zum Zwangsreservefonds auch dann für geboten hält, wenn bei Erhöhung des Grundkapitals den Aktionären freigestellt wird, unter Zuzahlung ihre Stammaktien gegen junge Aktien umzutauschen. Noch ferner liegt die Analogie in dem Fall, daß die Gesellschaft eigene Aktien unter pari erwirbt und entsprechend das Grundkapital herabsetzt (Simon § 56 Z. 3; in diesem Fall zustimmend Staub-Pinner §§ 262[23]; 227[9]; Goldschmit AG § 262[7]; dagegen Ritter § 262[5]; Rosendorff, Organisation der Konzerne 66). Richtig ist, daß der Buchgewinn, der dabei gemacht wird, in Reserve gestellt werden muß, wenn er nicht zur Verteilung kommen soll, so daß die kurze Begründung Ritters nicht zutrifft. Aber daß es Zwangsreserve sein muß, findet sich nirgends gesagt, die Gesellschaft kann die Verteilung beschließen, wenn niemand widerspricht, und im übrigen ihre Finanzlage es zuläßt. S. § 288 Erl 2b.

c) Im Gegensatz zu Z. 2 hat das Gesetz in Z. 3 nicht ausdrücklich hervorgehoben, daß von dem eingehenden Betrage die Kosten, die etwa durch die Ausführung der Transaktion erwachsen, abgezogen werden können. Gleichwohl wird es allgemein angenommen.

§ 263.

Die im § 260 Abs 2 bezeichneten Vorlagen sind[3] mindestens während der letzten zwei Wochen vor dem Tage der Generalversammlung in dem Geschäftsraume der Gesellschaft zur Einsicht der Aktionäre auszulegen[1].

Auf Verlangen ist jedem Aktionär spätestens zwei Wochen vor dem Tage der Generalversammlung eine Abschrift der Bilanz, der Gewinn- und Verlustrechnung, der Bemerkungen des Aufsichtsrats und des Geschäftsberichts zu erteilen[2].

An die Stelle des Tages der Generalversammlung tritt, falls die Ausübung des Stimmrechts von der Hinterlegung der Aktien abhängig ist, der Tag, bis zu dessen Ablauf die Hinterlegung zu geschehen hat.

1. Der von dem Vorstand aufgestellte Bilanzentwurf einschließlich Gewinn- und Verlustrechnung, sein Bericht nebst den Bemerkungen des Aufsichtsrats sind zur Einsichtnahme durch die Aktionäre mindestens die letzten zwei Wochen vor der Generalversammlung im Geschäftsraum der Gesellschaft auszulegen. Ein etwaiger Gewinnverteilungsvorschlag braucht nicht mit ausgelegt zu werden, und wenn ein solcher mit ausgelegt worden ist, kann er nachträglich ohne Verstoß gegen § 263 noch geändert werden; RG 101, 279. Das letztere wird man auch von nachträglichen Änderungen am Bericht gelten lassen, vorausgesetzt, daß nicht besondere Umstände eine andere Beurteilung erfordern. — Zur Einsicht berechtigt ist jeder Aktionär, welcher sich als solcher ausweisen kann, bei Namenaktien also, wer in das Aktienbuch eingetragen ist, bei Inhaberaktien der Inhaber, es sei denn, daß der Inhaber sie unrechtmäßig besitzt. Verweigert der Vorstand dem Inhaber die Einsicht, so geschieht es auf die Gefahr hin, daß daraus ein Anfechtungsgrund sich ergibt. Der Einsichtnahme durch einen bevollmächtigten Stellvertreter kann der Vorstand sich nur widersetzen, wenn besondere Umstände es rechtfertigen. — „Der" Geschäftsraum ist der betreffende Raum am Sitz der Gesellschaft oder wenn dort — wie nach der herrschenden Lehre möglich ist — die Gesellschaft keinen Raum ihr Eigen nennt, am Ort der Hauptniederlassung. — Nicht ganz deutlich ist, wie die Frist berechnet werden muß. Wenn die Generalversammlung am 20. stattfinden soll, muß nach Ritter § 263[1] die Auslegung am 5. morgens beginnen. Er verweist dabei auf § 188 II BGB. Ebenso Goldschmit AG § 263[2]. Aber diese Vorschrift handelt davon, wie von einem bestimmten Zeitpunkt an nach vorwärts eine Frist zu berechnen ist. Hier liegt es umgekehrt, so daß § 188 II entsprechend anzuwenden ist. Der Tag, in welchen das maßgebliche Ereignis fällt und der deshalb nicht mitzurechnen ist, ist hier der Tag der Generalversammlung. Findet die Auslegung am Morgen des 6. statt, so haben die Schriftstücke mit Ablauf des 19. zwei Wochen lang, die letzten zwei Wochen vor der Generalversammlung, also hinreichend lange ausgelegen. Die Sonderbestimmung in § 255 Abs I Satz 2 fehlt hier. Es muß also die Bekanntmachung gemäß § 255 am 5., die Auslegung mit Beginn der Geschäftszeit am 6. spätestens erfolgen, wenn der Versammlungstag der 20. ist. Ist der Versammlungstag ein Montag, so verlängert sich die Frist und zwar gleich um zwei Tage, weil die Auslegung nicht am Sonntag beginnen kann; BGB § 193.

Nach § 319 I können die Mitglieder des Vorstands vom Registerrichter durch Androhung von Ordnungsstrafen angehalten werden, die Schriftstücke auszulegen. Allgemein wird behauptet, daß die Aktionäre (jeder einzelne Aktionär?) darauf Klage erheben könne, daß die Auslegung geschieht. Aber ganz abgesehen davon, daß naturgemäß die Generalversammlung längst stattgefunden hat, ehe es zu einer gerichtlichen Entscheidung kommen kann, handelt es sich bei dieser Auslegung auch gar nicht um eine schuldrechtliche Leistung des Vorstandes oder der Gesellschaft an die Aktionäre.

2. Jeder Aktionär hat einen Anspruch darauf, daß ihm auf Verlangen die auszulegenden Schriftstücke in Abschrift erteilt werden. Ein Zwang durch den Registerrichter findet in dieser Beziehung nicht statt und hier wäre allenfalls Raum für eine Klage und gerichtliche Verurteilung, die aber ebenfalls den Ereignissen nur nachhinken könnten. Etwas ungefüge hat die Reichstagskommission auch hier eine Mindestfrist von 2 Wochen vor dem Tage der Generalversammlung bestimmt. Was heißt das? Muß das Verlangen spätestens 2 Wochen vor dem Versammlungstage gestellt werden oder muß es so früh gestellt werden, daß die Erteilung zu dem spätesten Termin noch erfolgen kann. Oder muß, wenn es so früh gestellt wird, die Erteilung in dieser Frist noch erfolgen? Offenbar gilt die Frist nicht dem Aktionär, sondern dem Vorstand. Man wird also das letztere annehmen, nur sind die Schriftstücke auch dann noch mitzuteilen, wenn es zu einer Zeit verlangt wird, wo die Frist nicht mehr eingehalten werden kann.

Allgemein wird angenommen, daß der Vorstand einem Verlangen des Aktionärs, ihm die Sachen zu schicken (nach auswärts), nicht nachzukommen braucht. Nach diesseitiger Auffassung bedeutet ein solches Verlangen keine unbillige Zumutung an den Vorstand und kann dieser sich dessen nur weigern, wenn besondere Gründe dafür vorliegen. — Die Kosten der Abschrift muß die Gesellschaft tragen, im übrigen mag sie, wenn sie es genau nehmen will, die Papiere unfrankiert senden.

Das Verlangen der Aktionäre kann schriftlich oder mündlich gestellt werden. Was ein Verlangen durch den Fernsprecher angeht, so hat RG in Recht 1924, 463 entschieden, daß ihm jedenfalls dann nachzukommen ist, wenn auf das telephonische Verlangen durch ein Vorstandsmitglied die Erteilung der Abschriften (telephonisch) zugesagt wird. Daraus folgt noch nicht viel. Nach diesseitiger Auffassung kann der Aktionär daraus, daß ihm die Schriftstücke nicht mitgeteilt worden sind, rechtliche Folgerungen nicht herleiten, wenn er nur mündlich oder telephonisch darum ersucht hat, ohne eine entsprechende Zusage zu erhalten; A. A. Goldschmit AG § 263[3].

3. Abs I und Abs II sind zwingende und wesentliche Vorschriften über das Verfahren und ihre Nichtbeachtung begründet Anfechtbarkeit der von der Generalversammlung gefaßten Beschlüsse. S. RG 90, 206 gegen KGJ 12, 25; ferner RG 110, 194. S. auch Bolze 14, 494 d: Der Einwand, daß der Kläger selbst durch eine Denunziation die rechtzeitige Fertigstellung der Bilanz usw. verhindert hat, ist hinfällig, es hätte die Generalversammlung verlegt werden müssen. Diese Vorschriften sind aber nicht solche über die Berufung der Generalversammlung und Ankündigung der Tagesordnung im Sinne des § 271 III Satz 1. — Es genügt nicht, daß eine nur vom Vorsitzenden des Aufsichtsrats herrührende Erklärung ausgelegt wird; RG 90, 206. Die Unterlassung der Erteilung der Abschriften wird dadurch nicht geheilt, daß die Schriftstücke dem Aktionär in dem Geschäftsraum rechtzeitig vorgelegt werden. Offengelassen in RG 110, 198.

§ 264.

Die Verhandlung über die Genehmigung der Bilanz ist zu vertagen, wenn dies in der Generalversammlung mit einfacher Stimmenmehrheit beschlossen oder von einer Minderheit, deren Anteile den zehnten Teil des Grundkapitals erreichen, verlangt wird, auf Verlangen der Minderheit jedoch nur, soweit von ihr bestimmte Ansätze der Bilanz bemängelt werden[1].

Ist die Verhandlung auf Verlangen der Minderheit vertagt, so kann von dieser eine erneute Vertagung nur gefordert werden, wenn über die in der früheren Verhandlung bemängelten Ansätze der Bilanz die erforderliche Aufklärung nicht erteilt worden ist[2].

1. a) Daß die Verhandlung über die Genehmigung der Bilanz vertagt werden muß, wenn die Generalversammlung es mit einfacher Stimmenmehrheit beschließt, ist nur in dem Sinn nicht selbstverständlich, daß damit erschwerenden Bestimmungen des Gesellschaftsvertrages vorgebeugt wird. Der Schwerpunkt des § 264 liegt darin, daß die Verhandlung vertagt werden muß, wenn die bestimmte Minderheit es verlangt. Die Minderheit muß 10% des gesamten Aktienkapitals — nicht der in der Versammlung vertretenen Aktien — vertreten. Es kommt auf den Nennbetrag der Aktie an, ohne Unterschied zwischen einfachen Aktien und solchen mit mehrfachem Stimmrecht (Staub-Pinner § 264[1] a. E.). Das Verlangen der Minderheit muß auf Bemängelung bestimmter Bilanzansätze gestützt werden; Bauer 9, 222. Das bedeutet zweierlei, es müssen bestimmte Ansätze der Bilanz bezeichnet werden und es muß gesagt werden, was an ihnen oder in Beziehung auf sie noch weiterer Aufklärung bedarf. Die Bestimmung dient nicht dem Verlangen nach einer Überlegungsfrist oder nach einer vielleicht anders besetzten Generalversammlung. Daß es ausschließlich auf weitere Aufklärung ankommt, ergibt Abs II. Das heißt also, daß der Anspruch auf Vertagung mit dem Verlangen weiterer Aufklärung begründet werden muß, es heißt aber nicht, daß die Mehrheit dem Verlangen sich versagen kann mit der Begründung, daß alles aufgeklärt sei. Gerade die Entscheidung hierüber — das ist der Sinn der Vorschrift — soll nicht bei der Mehrheit liegen. Es kann auch auf die Tatsache nicht ankommen, daß die Minderheit vollständig Bescheid weiß. Es kommt vielmehr darauf an, die Gesamtheit der Aktionäre aufzuklären und gerade auch in der Generalversammlung überhaupt die Sache erschöpfend zu verhandeln. Daher ist dem Verlangen auch damit noch nicht Genüge geschehen, daß der Vorstand mehr oder weniger erschöpfend sich zur Sache äußert und dazu verhandelt wird. Gerade auch solchem neuen Vorbringen gegenüber kann das Verlangen gerechtfertigt sein, die Angelegenheit nicht sofort zur Erledigung zu bringen, und dem trägt das Gesetz generell Rechnung; JW 1906, 479[42]; a. A. Möser, Generalversammlung 71. — Nach einer anderen Richtung ist nicht ganz deutlich, was unter Bemängelung eines bestimmten Ansatzes der Bilanz zu verstehen ist. Nach RG 90, 208 liegt Bemängelung eines Bilanzpostens auch dann vor, wenn seine Einstellung in die Bilanz nicht beanstandet werden kann, in Beziehung auf ihn aber die Geschäftsführung beanstandet wird. Es kann sich dann namentlich auch darum handeln, ein Urteil darüber zu gewinnen, ob Ersatzansprüche gegen Schuldige erhoben werden sollen. Daß das über den Wortlaut der Vorschrift hinausginge, kann Staub-Pinner § 264[1] nicht zugegeben werden. Vielmehr wäre die engere Auslegung im Wortlaut des Gesetzes nur begründet, wenn es lautete: soweit von ihr bestimmte Bilanzansätze als solche bemängelt werden. Vgl. aber auch Flechtheim in JW 1917, 716[11] Fußnote; vorsichtiger Horrwitz Generalversammlung S. 339 ff. Wie hier Goldschmit AG § 264[6].

b) Über die Form, in welcher die Minderheit das Verlangen stellen muß, hat das Gesetz keine Vorschriften aufgestellt. Man wird Staub-Pinner § 264[10] zustimmen, der sagt, es genüge nicht, wenn Aktionäre, welche die erforderlichen 10% des Grundkapitals nicht vertreten, die Vertagung beantragen und dann bei der Abstimmung so viel Aktionäre für den Antrag stimmen, daß die Minderheit erreicht wird. Zustimmend Goldschmit AG § 264[5]. Nichts zeigt deutlicher als das, daß es sich nicht um ein eigentliches Minderheitsrecht, sondern um ein abgeschwächtes Individualrecht handelt (s. Erl 2 a zum § 250). Denn unter Minderheitsrecht sind die Fälle zu verstehen, in denen schon eine Minderheit genügt, daß die Entscheidung in ihrem Sinne ausfällt. Daher kann denn auch im Gesellschaftsvertrag das Individualrecht nicht weiter abgeschwächt, wohl aber stärker gestaltet, d. h. die erforderliche Quote des Grundkapitals verringert werden.

c) Entgegen dem Wortlaut des Gesetzes nimmt die herrschende Lehre an, daß trotz Vertagung der Verhandlung die Generalversammlung über Entlastung des Vorstandes und des Aufsichtsrats, über die Gewinnverteilung und schließlich sogar über die Genehmigung der Bilanz insoweit gültig Beschluß fassen kann, als diese Punkte durch die Bemängelung offensichtlich nicht betroffen werden, mit welcher das Verlangen der Vertagung begründet worden ist. So RG 44, 70: „das Gesetz erachtet es für selbstverständlich, daß die Vertagung der Verhandlung über die Genehmigung der Bilanz notwendig die Vertagung der Verhandlung, wie über die Gewinnverteilung so auch über die Entlastung der Verwaltungsorgane der Gesellschaft in sich schließt, sofern nicht etwa die Vertagung lediglich wegen einer solchen Bilanzbemängelung erfolgt, von der ohne weiteres klar ist, daß sie die Gewinnverteilung nicht beeinflußt oder die Geschäftsführung unberührt läßt". Es ist zu beachten, daß das RG nicht spricht von einer teilweisen Genehmigung der Bilanz. Ein Beschluß, die Bilanz vorbehaltlich einzelner Ansätze im übrigen zu genehmigen oder gar zunächst eine bestimmte Mindestdividende, vorbehaltlich späterer Erhöhung festzustellen, dürfte unzulässig sein, zumal man mit einem Beschluß letzterer Art in Schwierigkeiten geraten müßte, wenn Dividendenscheine ausgegeben sind.

2. Die erneute Generalversammlung muß von neuem in aller Form einberufen werden. Sind aber alle Aktionäre erschienen (alle Aktien vertreten), dann dürfte sofortige Anberaumung der Versammlung weitere Förmlichkeiten erübrigen. — Wird in der erneuten Verhandlung Aufklärung nicht erteilt, muß auf Verlangen einer Minderheit von 10% wiederum vertagt werden. „Die" Minderheit, von welcher das Gesetz in Abs II spricht, muß in der Zusammensetzung nicht die gleiche sein, welche das erste Verlangen gestellt hatte. A. A. Makower § 264 II, der nicht beachtet, daß Abs II nicht eine Erweiterung, sondern eine Einschränkung bedeutet. Wäre er nur von der identischen Minderheit zu verstehen, so würde eine anders zusammengesetzte Minderheit uneingeschränkt Vertagung fordern können. — Auch die Ansicht Makowers § 264 I, daß der einzelne Aktionär (oder eine Minderheit?) darauf klagen kann, daß Generalversammlung anberaumt und eine Bilanz genehmigt werde, dürfte ganz vereinzelt dastehen und hängt mit der unrichtigen Auffassung zusammen, daß es sich hier um Sonderrecht handle. — Nach erfolgter Aufklärung in der zweiten Versammlung kann zwar die Mehrheit wiederum Vertagung beschließen, nicht aber kann eine Minderheit sie verlangen. Die Frage, ob die Aufklärung ausreichend war, kann gerichtlich nur durch die Anfechtung der Bilanzgenehmigung zum Austrag

gebracht werden. Der Beschluß, zu vertagen oder nicht zu vertagen, unterliegt nicht selbständig der Anfechtung. RG 103, 9.

§ 265.

Nach der Genehmigung durch die Generalversammlung ist die Bilanz sowie die Gewinn- und Verlustrechnung unverzüglich durch den Vorstand in den Gesellschaftsblättern bekannt zu machen[1].

Die Bekanntmachung sowie der im § 260 bezeichnete Geschäftsbericht nebst den Bemerkungen des Aufsichtsrats ist zum Handelsregister einzureichen. Zum Handelsregister einer Zweigniederlassung findet die Einreichung nicht statt[2].

1. Aus rechtspolizeilichen Gründen, also kraft zwingenden Rechts, sind die AGesellschaften verpflichtet, ihre Jahresbilanzen in den Gesellschaftsblättern — also unter allen Umständen im Deutschen Reichsanzeiger (§ 182 III) — öffentlich bekannt zu machen. Die Gesellschaft mbH ist hierzu nur verpflichtet, wenn sie Bankgeschäfte betreibt (GGmbH § 41). Dagegen sind die eingetragenen Erwerbsgenossenschaften wiederum ausnahmslos verpflichtet, ihre Bilanzen zu veröffentlichen, und zwar innerhalb 6 Monaten nach Ablauf des Geschäftsjahres (GenG § 33). Für die AGesellschaft ist durch die Vdg vom 14. Februar 1924 (s. auch Vdg vom 20. 6. 25 RGBl I S. 88) die Ausnahme zugelassen, daß das Gericht den Vorstand auf seinen Antrag von der Verpflichtung zur Bekanntmachung befreien kann, wenn glaubhaft gemacht wird, daß die Kosten in offenbarem Mißverhältnis zur Vermögenslage der Gesellschaft stehen würden. S. unten unter 2 b. Die Bekanntmachung muß in deutscher Sprache abgefaßt sein. KG in SeuffArch 56[6]; RJA 2, 175. Gegen Tobias (HoldhMS 12, 85), der das beanstandet, ist zu erwähnen, daß es der Gesellschaft unbenommen ist, in gemischtsprachigen Gebieten, wenn ein Bedürfnis dafür besteht, die Bekanntmachung auch in der fremden Sprache zu veröffentlichen. Wie Tobias Lehmann-Ring § 265[1]. — Die Bekanntmachung muß alljährlich erfolgen. Ist in einem Jahre die Bilanzaufstellung und also auch die Bekanntmachung unterblieben, so kann das nicht in der Form nachgeholt werden, daß für zwei oder mehr Jahre Bilanz gezogen wird. Die zur Zeit im Amt befindlichen Vorstandsmitglieder müssen die Aufstellung nachträglich beschaffen, sofern nur feststeht, daß sie dazu imstande sind, LZ 1913, 566, 2 (Colmar). — Die Bekanntmachung muß unverzüglich nach Genehmigung der Bilanz erfolgen. Mit ihr so lange zu warten, bis die Anfechtungsfrist abgelaufen ist, könnte höchstens gerechtfertigt erscheinen, wenn Widerspruch erhoben worden ist, erscheint aber auch dann zwecklos, weil so lange, als bis die Anfechtungsklage durchgeführt worden ist, doch nicht gewartet werden kann. Anders die herrschende Lehre. In einem Fall, wo der Registerrichter am 12. März aufgegeben hatte, eine bereits überfällige Bekanntmachung bis 15. April nachzuholen, hat die höhere Instanz die Frist für zu kurz erklärt, OLG 36, 193 (Karlsruhe). — Die Gewinnverteilung muß nicht öffentlich bekannt gemacht werden.

Von der Eröffnungsbilanz gilt der § 265 nicht. Wohl aber ist auch im Baujahr eine Gewinn- und Verlustrechnung rechtlich möglich; ZBlfG. 8, 630, 687 (Karlsruhe).

2. a) Zum Handelsregister — und zwar nur zum Register der Hauptniederlassung (Ausnahme von § 13) — ist einzureichen die Bekanntmachung, der Bericht des Vorstandes mit den Bemerkungen des Aufsichtsrats (§ 260 II). Es sollen die jährlichen Bilanzen nebst Bericht usw. auch in der Folge jedermann zugänglich sein (§ 9 HGB). Nach dem Wortlaut des Gesetzes müßten Bericht und Erklärung des Aufsichtsrats im Original hinterlegt werden. Abschriften dürften indessen genügen, wenn sie in geeigneter Weise beglaubigt sind. Im Fall Bauer 10, 147 hat LG Elberfeld die Beglaubigung des Berichts durch ein Vorstandsmitglied, der Bemerkungen des Aufsichtsrats durch dessen Vorsitzenden für ausreichend erklärt; AA Staub-Pinner § 265[4]. Nach § 14 HGB hat der Registerrichter die Mitglieder des Vorstandes zur Einreichung dieser Schriftstücke durch Androhung von Ordnungsstrafen anzuhalten, mittelbar also auch sie anzuhalten, die genehmigte Bilanz öffentlich bekannt zu machen, schließlich also auch sie anzuhalten, dem Aufsichtsrat und der Generalversammlung eine Bilanz zur Prüfung und Genehmigung vorzulegen. Weiter reicht aber die Macht des Registerrichters nicht. So lange die Generalversammlung sich über die vorgelegte Bilanz nicht schlüssig gemacht hat, kann auch von der öffentlichen Bekanntmachung einer Bilanz keine Rede sein. Nach Staub-Pinner § 265[6] müßte dann wenigstens der Bericht des Vorstandes eingereicht werden, was Makower § 265 II b, Brand § 265[2] b, Lehmann-Ring § 265[2], Horrwitz 369 wohl mit Recht bestreiten. Wie Staub-Pinner Goldschmit AG § 205[4].

b) S. auch Verordnung vom 14. Februar 1924 (RGBl 119) § 6:

§ 6. Das Gericht kann den Vorstand einer AGesellschaft und die persönlich haftenden Gesellschafter einer Kommanditgesellschaft auf Aktien auf ihren Antrag von der Verpflichtung zur Veröffentlichung der Bilanz sowie der Gewinn- und Verlustrechnung befreien, wenn glaubhaft gemacht wird, daß die Kosten der Veröffentlichung in offenbarem Mißverhältnis zu der

Vermögenslage der Gesellschaft stehen würden. Die Befreiung ist unzulässig, wenn nach den besonderen Umständen des Falles eine Veröffentlichung geboten erscheint. . . .

Diese Vorschriften finden auf solche Gesellschaften keine Anwendung, bei denen der Gegenstand des Unternehmens im Betriebe von Bank- oder Versicherungsgeschäften besteht.

Findet eine Veröffentlichung gemäß Abs 1 nicht statt, so ist an Stelle der Bekanntmachung eine Abschrift der Bilanz sowie der Gewinn- und Verlustrechnung zum Handelsregister einzureichen. Zum Handelsregister einer Zweigniederlasung findet eine Einreichung nicht statt.

c) Unsicher ist die gerichtliche Praxis darin, wie weit der Registerrichter verpflichtet und berechtigt ist, die bekannt gemachte Bilanz zu prüfen. (Darüber, daß er darauf zu achten hat, ob die Bekanntmachung in allen Gesellschaftsblättern erfolgt ist, besteht kein Streit.) In einigen Fällen, wo es sich um die Bilanzen eingetragener Genossenschaften handelte und der Vorstand einige Zahlen in einer Art zusammengestellt hatte, die mit einer Bilanz schlechthin nichts gemein hatte, haben die Gerichte das als genügende Bekanntmachung nicht gelten lassen; KGJ 20, 60; OLG 8, 261, (KG); RJA 3, 81 (KG). Das ist in der Entscheidung nur zu billigen. Aber in der Begründung geht namentlich RJA 3, 81 zu weit. Es heißt dort, es könne als Bilanz nur anerkannt werden eine in Gestalt eines Abschlusses erfolgende Gegenüberstellung der Aktiva und Passiva, aus welcher unabhängig von den Büchern und anderen Aufklärungen eine Übersicht über das Verhältnis von Vermögen und Schulden der Genossenschaft zu gewinnen ist; wie weit die einzelnen Posten spezialisiert werden müßten, sei nach kaufmännischer Übung zu entscheiden; Geschäftsguthaben der Mitglieder und Darlehnsschulden der Genossenschaft müßten getrennt gehalten sein. Das ist zweifellos ganz richtig, nur verliert sich damit das Gericht in die Definition nicht einer Bilanz, sondern einer einwandfreien Bilanz, und so weit das Prüfungsrecht des Registerrichters auszudehnen, erscheint verfehlt. Zurückhaltender und zutreffend ist die Begründung in KGJ 20, 60. Zwischen Entscheidung und Begründung besteht Widerspruch auch in dem Beschluß KG in HoldhMS 02, 148, wo gesagt wird, es sei — abgesehen von den Punkten nach § 261 Z. 5 und 6 — Spezialisierung nur soweit erforderlich, als durch ihre Unterlassung die anerkannten Grundsätze kaufmännischer Bilanzierung verletzt würden, dann aber — ganz zutreffend — die Beanstandung einer Bilanz mißbilligt wird, obwohl sie offenbar inhaltlich kaufmännischer Anforderung nicht entsprach. Auch OLG 2, 238 (Hamburg) hätte besser getan, sich auf die Entscheidung und ihre Begründung zu beschränken, daß der Registerrichter die Bilanz nicht deshalb beanstanden kann, weil aus ihr die Abschreibungen nicht zu ersehen sind; undeutlich ist die Bemerkung, es brauche der Generalversammlung nicht dieselbe Bilanz vorgelegt zu werden, welche dem Aufsichtsrat vorgelegen hat und von diesem geprüft worden ist, denn das sei nur ein Entwurf; und wenn gesagt wird, der Richter hat zu prüfen: nicht ob dem § 261, sondern nur, ob den §§ 260 und 265 genügt ist, so geht auch das noch zu weit; in § 260 steht ungeheuer viel, während den Registerrichter — abgesehen von der Frage, ob das, was bekannt gemacht ist, überhaupt den Namen Bilanz verdient — ausschließlich berührt, ob dem § 265 genügt ist. Diese ganze Instanz soll nur dazu dienen, die öffentliche Bekanntmachung zu sichern, nicht dazu, versäumte Bemängelungen der genehmigten Bilanz nun doch noch anzubringen. So ist es keine Bilanz einer AGesellschaft (vgl. Bauers Z 9, 52), wenn Grundkapital und Reserven nicht als Passiva, wenn Gewinn oder Verlust nicht gesondert am Schluß erscheinen. Dagegen berührt es den Registerrichter durchaus nicht, wenn Organisationskosten als Aktiva aufgeführt worden sind. Auch daran kann der Registerrichter keinen Anstoß nehmen, daß der Reservefonds nicht gesondert aufgeführt ist, Rehm, Bilanzen 1. Aufl. 802. Nach der anderen Richtung zu weit geht OLG Hamburg in HolhMS 98, 193: es genügt, wenn diejenige Bilanz bekannt gemacht wird, „welche die Generalversammlung beschlossen hat". Eine „Bilanz" muß es doch wohl immer sein. — Der Registerrichter kann Bilanzen beanstanden, deren Unrichtigkeit sich aus dem Handelsregister ergeben; RJA 13, 116 (Karlsruhe). — Zur Frage, wen die Kosten einer ungerechtfertigten Beweiserhebung treffen, KGJ 29 B 10.

d) Daß anderseits sehr umfangreiche Bilanzen, um Raum und Kosten zu sparen, in gedrängter und abgekürzter Form bekannt gemacht werden, kann nicht schlechthin als unerlaubt erscheinen. Hierzu bemerkt D 146: Vielfach werden der Generalversammlung sehr umfangreiche Bilanzen vorgelegt, dann aber zum Zwecke der Veröffentlichung Kürzungen vorgenommen, indem eine Anzahl Unterposten gestrichen und nur die Hauptposten in der Bilanz belassen (richtiger wohl zu Hauptposten zusammengefaßt) werden; dieses Verfahren zu untersagen und schlechthin vorzuschreiben, daß die Bilanz unverkürzt veröffentlicht werden müsse, erscheint nicht ratsam. Die Folge könnte sein, daß, um Kosten zu sparen, auch der Generalversammlung minder umfangreiche Bilanzen vorgelegt würden; die Vorschrift wäre überaus leicht zu umgehen, indem die Zerlegung der einzelnen Bilanzposten in die erläuternden Bemerkungen des Geschäftsberichts verwiesen würde; es muß genügen, wenn der Registerrichter in der Lage ist, etwaige Bilanzveröffentlichungen, welche derart summarisch gehalten sind, daß sie überhaupt keine Übersicht über die Vermögensverhältnisse der Gesellschaft gewähren, als ungenügend zurückzuweisen und den Vorstand zu einer anderweiten Veröffentlichung anzuhalten". Das kann nur heißen, daß Kürzungen — d. h. Zusammenfassungen, nicht aber eigentliche Auslassungen, ausgenommen etwa Auslassungen von Posten „vor dem Strich" — unverboten sind, nur dürfen sie nicht so weit gehen, daß die Bilanz in der abgekürzten Form überhaupt keine Vermögensübersicht mehr gewährt; in letzterem Fall hat der Registerrichter darauf zu dringen, daß die ungekürzte oder die Bilanz weniger gekürzt veröffentlicht werde. Unter Umständen ist aber auch das Verlangen der Registerrichters gerechtfertigt, daß die Bilanz wörtlich und ohne jede Auslassung oder Änderung veröffentlicht werde. Ob im Fall HoldhMS 1897, 311 (Karlsruhe) eine so weitgehende Anforderung gerechtfertigt war, läßt sich mangels ausreichenden Berichts nicht beurteilen.

§ 266.

Die Generalversammlung kann mit einfacher Stimmenmehrheit die Bestellung von Revisoren[5] zur Prüfung der Bilanz oder zur Prüfung von Vorgängen bei der Gründung oder der Geschäftsführung beschließen[1].

Ist in der Generalversammlung ein Antrag auf Bestellung von Revisoren zur Prüfung eines Vorganges bei der Gründung oder eines nicht länger als zwei Jahre zurückliegenden Vorganges bei der Geschäftsführung abgelehnt worden, so können auf Antrag von Aktionären, deren Anteile zusammen den zehnten Teil des Grundkapitals erreichen, Revisoren durch das Gericht, in dessen Bezirke die Gesellschaft ihren Sitz hat, ernannt werden[2].

Dem Antrag ist nur stattzugeben, wenn glaubhaft gemacht wird, daß bei dem Vorgang Unredlichkeiten oder grobe Verletzungen des Gesetzes oder des Gesellschaftsvertrags stattgefunden haben[3]. Die Antragsteller haben die Aktien bis zur Entscheidung über den Antrag zu hinterlegen und glaubhaft zu machen, daß sie seit mindestens sechs Monaten, von der Generalversammlung zurückgerechnet, Besitzer der Aktien sind[3].

Vor der Ernennung sind der Vorstand und der Aufsichtsrat zu hören. Die Ernennung kann auf Verlangen von einer nach freiem Ermessen zu bestimmenden Sicherheitsleistung abhängig gemacht werden[4].

1. Mit einfacher Stimmenmehrheit kann die Generalversammlung beschließen, daß die ihr zur Genehmigung vorgelegte Bilanz durch Revisoren geprüft wird. Das ist insofern zwingendes Recht, als im Statut nicht qualifizierte Mehrheit bestimmt werden kann. Dagegen steht nichts im Wege, geschieht vielmehr tatsächlich nicht selten, daß im Statut eine solche Prüfung der Jahresbilanzen durch Revisoren als ständige Einrichtung bestimmt wird. Doch greift eine solche Einrichtung den in § 266 bestimmten Rechten der Aktionäre nicht vor; Staub-Pinner § 266[18]. — Offenbar denkt das Gesetz hier in erster Linie an den Fall, daß die Generalversammlung vor der Entschließung über die Jahresbilanz steht. Aber die Generalversammlung ist durch nichts gehindert, jederzeit auch nachträglich noch die Prüfung einer bereits genehmigten Jahresbilanz anzuordnen. —Die Generalversammlung kann ferner, ebenfalls mit einfacher Mehrheit, beschließen, daß Vorgänge bei der Gründung oder bei der Geschäftsführung durch Revisoren geprüft werden. Das kann in jeder, auch in einer außerordentlichen Generalversammlung geschehen, ohne vorheriges Ankündigen zur Tagesordnung, wenn der Antrag in Beziehung auf einen auf der Tagesordnung stehenden Vorgang gestellt wird. Darüber, ob die Mitglieder des Vorstandes und des Aufsichtsrates, wenn sie Aktien besitzen, von der Teilnahme an der Abstimmung ausgeschlossen sind, s. Erl 1 zu § 267. Wird in einem Fall der letzteren Art, Prüfung von Vorgängen der Gründung oder der Geschäftsführung, der Antrag abgelehnt, so kann die in Abs. II bestimmte Minderheit — 10% des Grundkapitals — bei Gericht die Bestellung von Revisoren beantragen, wenn es sich bei dem Antrag um konkrete bestimmte Vorgänge bei der Gründung oder bei der Geschäftsführung der letzten 2 Jahre vor der Generalversammlung handelt. Die Bestimmung über die Minderheitsquote ist nach beiden Richtungen zwingend. So mit Recht Brand § 266 3 A b; Staub-Pinner § 266[7] unter Berufung darauf, daß hier eine Klausel wie § 254 I Satz 2 fehlt. A. A. Behrend § 127a[9, 8], der für zulässig erklärt, im Statut das Auftragsrecht einer geringeren Minderheit zu verleihen. Ebenso Lehmann-Ring § 266[2], Goldschmit AG § 266[3].

2. a) Der oder die den Antrag bei Gericht stellenden Aktionäre müssen den 10. Teil des Grundkapitals vertreten. Hierbei kommt es nach jeder Richtung lediglich auf den Nennbetrag der Aktien an, nicht darauf, wieviel auf die Aktie eingezahlt worden ist (GZ 43, 325, 200, Karlsruhe), nicht darauf, ob Stammaktie oder Vorzugsaktie usw. Aber der Aktionär muß die Aktie am Tage der Generalversammlung bereits 6 Monate besessen, d. h. zu eigen besessen

haben. Waren seit der Ausgabe der Aktienurkunden 6 Monate noch nicht verstrichen, so genügt natürlich die entsprechend kürzere Besitzzeit, nur muß der Aktionär dann auch schon vor Empfangnahme der Urkunde die Aktionärrechte, und zwar, falls diese noch älteren Datums sind, die letzten 6 Monate lang besessen haben. Ohne Grund will Staub-Pinner § 266[13] das von Aktienrechten nicht gelten lassen, welche aus Anlaß einer Erhöhung des Grundkapitals geschaffen worden sind. — Die Dauer der Besitzzeit muß nicht „bewiesen" werden. Es genügt, daß sie glaubhaft gemacht wird. S. unten Erl 3 d. Gegenbeweis ist zulässig, kann aber, wenn geführt, widerlegt werden.

b) Beide Fristen — die 2 Jahre, innerhalb derer der Geschäftsvorgang liegen muß, um dessen Untersuchung es sich handelt, und die 6 Monate, während welcher der Antragsteller Aktionär gewesen sein muß, sind vom Endpunkt an rückwärts, also in entsprechender Anwendung der §§ 187, 188 II BGB zu berechnen; A. A. Lehmann-Ring § 266[4]. Der Tag, welcher danach nicht mitzählt, ist der Tag der Generalversammlung. Fand diese z. B. am 15. Oktober 1926 statt, so können Vorgänge nicht mehr beanstandet werden, welche vor dem 15. Oktober 1924 liegen, womit aber nicht gesagt ist, daß nicht ältere Vorgänge mit herangezogen werden könnten und müßten, wenn es zur Aufklärung eines jüngeren Vorganges erforderlich erscheint. Wer am Antrag bei Gericht sich beteiligen will, muß bereits den vollen 15. April 1926 Aktionär gewesen, seine Aktien also spätestens den 14. April erworben haben. Entscheidend ist der Tag der Generalversammlung, und wenn diese sich über mehrere Tage erstreckt oder vertagt wird, der Tag, an welchem in ihr der Antrag gestellt worden ist. A. A. Brand § 266[3] A a; Makower § 265 I o (Tag der Abstimmung).

c) Antrag in der Generalversammlung und Antrag vor Gericht sind zwei verschiedene Dinge. Von irgendeiner Seite, einem oder mehreren Aktionären muß in der Generalversammlung der Antrag gestellt und von dieser abgelehnt (oder ohne Grund nicht zugelassen Lehmann-Ring § 266[4]) worden sein. Am Antrag bei Gericht kann sich dann jeder Aktionär beteiligen, auch wenn er in der Generalversammlung gegen den Antrag gestimmt hat oder in ihr gar nicht gewesen ist. Schon der in der Generalversammlung gestellte und von ihr abgelehnte Antrag muß auf Prüfung bestimmter Vorgänge gerichtet gewesen sein; OLG 9, 263 (KG).

d) Zu beachten ist, daß eine allgemeine Prüfung der Bilanz (Abs I) nur durch einen Mehrheitsbeschluß angeordnet werden kann; OLG 3, 84 (KG). Ebensowenig erscheint die Voraussetzung des Abs II erfüllt, wenn die Generalversammlung den Antrag abgelehnt hat, die „gesamten Gründungsvorgänge" durch Revisoren zu prüfen; OLG 9, 263 (KG). Nach OLG 3, 84 (KG) wäre ein solcher Antrag (und Beschluß?) überhaupt unzulässig.

Das Gesetz spricht durchweg von Revisoren in der Mehrzahl. Daraus darf aber nicht gefolgert werden, daß es nicht zulässig wäre, es bei einem Revisor bewenden zu lassen. A. A. — wenn auch nicht ganz deutlich — Lehmann-Ring § 266[2] und [10].

3. a) Eine weitere materielle Voraussetzung des Antrages der Minderheit ist, daß der Verdacht einer Unredlichkeit oder einer groben Verletzung des Gesetzes oder des Statuts besteht. Es muß das glaubhaft gemacht werden. S. ZPO § 294: wer eine tatsächliche Behauptung glaubhaft zu machen hat, kann sich aller Beweismittel mit Ausnahme der Eideszuschiebung bedienen, auch zur Versicherung an Eidesstatt zugelassen werden; eine Beweisaufnahme, welche nicht sofort erfolgen kann, ist unstatthaft. Vgl. auch FGG § 15. Der angegangene Richter kann danach, bevor er entscheidet, auch Beweis erheben, aber Beweisthema sind nicht die etwa behaupteten Tatsachen selbst, sondern nur die Tatsache eines begründeten Verdachts. Es handelt sich nicht um ein Verfahren nach § 12 FGG. A. A. Brand § 266[3Bb].

b) Zuständig für das Verfahren ist nach § 145 FGG das Amtsgericht, d. h. der Registerrichter des Ortes, wo die Gesellschaft ihren Sitz hat. Gegner im Verfahren im Sinne des § 146 FGG ist die Gesellschaft, die durch den Vorstand vertreten wird, auch wenn er es ist, gegen welchen der Verdacht sich richtet, auf den der Antrag gegründet ist. Es bewendet hier aber nicht dabei, daß die Gesellschaft, d. h. der Vorstand, in der zur Vertretung erforderlichen Zusammensetzung gehört wird (§ 146 I FGG), vielmehr muß allen Mitgliedern des Vorstandes und Aufsichtsrats Gelegenheit gegeben werden, sich zu dem Antrag zu äußern, ehe darüber entschieden wird. Untunlich (§ 146 FGG) kann das höchstens dann sein und dann auch unterbleiben, wenn Mitglieder des Vorstandes oder Aufsichtsrats, die man hören könnte, überhaupt nicht vorhanden sind. Der § 146 I FGG ist hier durch die Sondervorschrift in Abs IV, 1 ausgeschaltet; Goldschmit AG § 266[10]. Gegen die Verfügung, durch welche über den Antrag entschieden wird, findet die sofortige Beschwerde statt (FGG § 146 II). Sie steht den Antragstellern zu, wenn der Antrag abgelehnt wird. Wird dem Antrag stattgegeben, so steht sie der Gesellschaft zu, welche in dieser Richtung auch dann von dem Vorstand vertreten wird, wenn sich die Tendenz des Antrages gegen diesen richtet. Gegen die Entscheidung des Beschwerdegerichts findet weitere Beschwerde nach §§ 27 ff. FGG statt.

c) Die Antragsteller müssen ihre Aktien bis zur Entscheidung über den Antrag hinterlegen. Der Zweck dieser Hinterlegung ist nicht ganz deutlich. Die Vorschrift ist ein Zusatz der

Novelle von 1884 und beruht auf einem Beschluß der Reichstagskommission, der damit begründet worden ist (Komm.-Bericht S. 18), daß es in den meisten Fällen leicht sei, an der Börse selbst eine beträchtliche Anzahl von Aktien gegen Entgelt zu leihen. Da man auch geliehene Aktien hinterlegen kann, reicht die Begründung wohl aus, das Erfordernis zu rechtfertigen, daß das seit 6 Monaten bestehende Eigentum an den Aktien glaubhaft gemacht werden muß, während die Hinterlegung auf die verhältnismäßig kurze Dauer bis zur Entscheidung über den Antrag offenbar auf anderen, unausgesprochenen Motiven beruht. Man wird annehmen dürfen, daß der Grund der Vorschrift hier derselbe ist, wie der der entsprechenden Bestimmung in § 269 II, und wird daraus folgern, daß die Aktien, wenn sie solange hinterlegt werden müssen, solange auch dann von dem Hinterleger nicht zurückgenommen werden können, wenn er sich anders besinnen sollte, daß m. a. W., wer dem Antrag sich angeschlossen hat, daran auch gebunden bleibt, bis darüber entschieden worden ist. Vgl. § 269 Erl 3. — Die Hinterlegung muß bei einer der landesgesetzlich angeordneten Hinterlegungsstellen erfolgen, EGzBGB Art. 145, so, daß der Hinterlegende die Rückgabe der Aktien verlangen kann, sobald über den Antrag der Minderheit — gleichviel wie — endgültig entschieden worden ist.

d) Die Antragsteller müssen *glaubhaft* machen, daß sie seit *mindestens* 6 *Monaten*, von der Generalversammlung zurückgerechnet, *Besitzer* der Aktien sind. S. hierüber oben Erl 2 a. Handelt es sich um Inhaberaktien, so wird der Nachweis genügen, daß der Aktionär vor mehr als 6 Monaten die Aktien erworben hat. Daß er sie seitdem ununterbrochen besessen hat, muß unterstellt werden, wenn nicht Momente vorliegen, welche dagegen sprechen. Bei Namenaktien wird notwendig aus der Glaubhaftmachung vollgültiger Beweis. Unbestreitbar handelt es sich um einen Akt von Rechtsausübung, welchen der Aktionär als solcher im Gesellschaftsverhältnis wahrnimmt. Er steht der Gesellschaft gegenüber und kann daher das Recht eines Aktionärs nach § 223 III nur geltend machen, wenn er in das Aktienbuch eingetragen ist und also seit mindestens 6 Monaten in ihm steht. Den Besitz seines Vorgängers kann er sich nur zurechnen, wenn es sich um Gesamtnachfolge handelt. A. A. *Staub-Pinner* § 266[12]; *Brand* § 266[3] Ad (bei Namenaktien genüge die Eintragung ins Aktienbuch zur Zeit des Antrages). — Ebenso kann der Eigentümer einer auf den Inhaber lautenden Aktie die Zeit des Rechts seiner Vorgänger einrechnen, wenn es sich um Gesamtrechtsnachfolge handelt.

e) Liegen die Voraussetzungen vor, nach welchen die *Minderheit* die Ernennung von Revisoren beantragen kann, dann haben die Antragsteller auch den *Anspruch* darauf, daß es geschieht. Dem Antrag ist stattzugeben. A. A. *Makower* § 266 IV d 3. Aber auch so liegt für die Entscheidung des Gerichts ein Moment des richterlichen Ermessens darin, daß ein hinreichender Verdacht einer Unredlichkeit usw. dem Gericht glaubhaft gemacht sein muß.

4. Das Gericht kann die Ernennung der Revisoren von einer *Sicherheitsleistung* der Antragsteller nur abhängig machen, wenn es *verlangt*, d. h. von dem Gegner, also von der Gesellschaft verlangt wird. Ob es einem solchen Verlangen stattgeben will, hat es nach pflichtmäßigem Ermessen zu entscheiden. Die Sicherheit wird für den Fall gestellt, daß der Gesellschaft ein Anspruch auf Schadenersatz erwächst, § 267 III 2. Etwas anderes ist es, wenn die *Revisoren wegen ihrer Vergütung* sichergestellt zu sein verlangen. Das müssen sie mit den Antragstellern oder der Gesellschaft abmachen. Die vom Gericht angeordnete Sicherheit wird nur dem Gegner, d. h. der Gesellschaft gestellt. Es handelt sich nicht um eine prozessualische Sicherheitsleistung. Die §§ 108 ff. ZPO finden nicht Anwendung. Das Gericht kann gelten lassen, daß mit den von den Antragstellern nach Abs III zu hinterlegenden Aktien zugleich Sicherheit geleistet wird; RG 37, 113.

Wegen der *Kosten* der Revision s. § 267 III.

5. Nicht ganz deutlich ist, mangels gesetzlicher Bestimmungen, die *rechtliche Stellung* der *Revisoren*. Sachlich handelt es sich — je nachdem die Revisoren Vergütung zu beanspruchen haben oder nicht — um einen Dienstvertrag, welcher eine Geschäftsbesorgung zum Gegenstande hat, oder um einen Auftrag. Ergeht ein Beschluß der Generalversammlung, so ist es Sache des Vorstandes, die Persönlichkeiten zu bestimmen, wofern nicht auch hierüber die Generalversammlung Beschluß gefaßt hat, und den Vertrag mit ihnen zu schließen. Sind die in das Auge gefaßten Personen in der Generalversammlung gegenwärtig, so kann diese unmittelbar mit ihnen den Vertrag schließen, was dadurch geschieht, daß die Gewählten sofort erklären, daß sie das Amt annehmen. Handelt es sich um den Fall der Bestellung auf Verlangen der Minderheit, so ist streitig, ob das Gericht lediglich die Revisoren zu *bezeichnen* (und dann doch wohl auch die Minderheit zur Bestellung zu ermächtigen hat; so *Brand* § 266[3Bd]; *Staub-Pinner* § 267[20]) oder ob das Gericht die Bezeichneten auch zu *bestellen* hat (so *Lehmann-Ring* § 266[10]; *Staub-Pinner* § 266[15] verbis: das Gericht hat die Revisoren nicht zu benennen, sondern zu ernennen). Es ist klar, daß die letztere Auffassung dem Wortlaut des Gesetzes besser entspricht. Man müßte dann mit *Lehmann-Ring* § 266[13] den Vorgang so konstruieren, daß das Gericht namens der Gesellschaft oder, wie *Makower* § 266 II b will, namens der Minderheit den Vertrag mit den Ernannten zum Abschluß bringt. Dann muß man aber auch — und zwar gleichviel, wie man den Zusammenhang konstruiert — die Folgerungen gelten lassen: Es müssen dem Gericht Persönlichkeiten bekannt sein oder namhaft gemacht werden, welche bereit sind, das Amt anzunehmen; diese müßten zum Verfahren hinzugezogen werden; es müßte — entgegen der herrschenden Lehre — angenommen werden, daß die in das Auge gefaßten Persönlichkeiten am Verfahren beteiligt sind, daß ihnen namentlich das Recht der Beschwerde nach § 20 FGG zusteht. Richtiger nimmt man daher wohl — entgegen dem Wortlaut des Gesetzes — an, daß der Bestellung der Revisoren durch das Gericht noch der Vertragschluß mit ihnen folgen muß. Man ist deshalb nicht genötigt anzunehmen, daß die Minderheitsaktionäre diesen Vertrag mit den Revisoren in eigenem Namen schließen (so Behrend § 127 a; Staub-Pinner § 267[2] a). In der „Bestellung" durch das Gericht liegt natürlich mehr als die Bezeichnung der Persönlichkeit, in welcher Beziehung oft genug das Gericht mehr auf die Antragsteller angewiesen sein wird als diese auf das Gericht. Es liegt darin die Ermächtigung, mit den Bestellten den Vertrag namens der Gesellschaft zu schließen. Das allein steht auch mit der Annahme in Einklang, daß es sich hierbei insofern nicht um einen einfachen, sondern um qualifizierten Dienstvertrag handelt, als durch ihn mit den Revisoren ein außerordentliches Gesellschaftsorgan geschaffen wird § 267 Erl 1a. Wenn D 148 in bezug auf die Vergütung sagt, es müsse den Antragstellern überlassen bleiben, eine entsprechende Vereinbarung mit den Revisoren zu treffen, so steht das mit dem hier Gesagten nicht in Widerspruch. Darüber, in wessen Namen dabei die Antragsteller handeln, spricht D sich nicht aus. Mit dem Gesagten steht auch nicht in Widerspruch, daß die Antragsteller zunächst auf eigene Gefahr, d. h. auf eigene Kosten handeln. Singulär ist nur, daß die Frage, wer schließlich die Kosten tragen muß, nicht objektiv davon abhängen soll, ob ihr Vorgehen objektiv oder subjektiv gerechtfertigt war, sondern in § 267 III in das Belieben der Generalversammlung gestellt wird. Verfehlt erscheint auch die Ausführung in JW 1903, 244[25]; den Antrag beim Gericht stellt die Minderheit allerdings in eigenem Namen, daraus folgt aber noch nicht, daß auch der Vertrag mit den Revisoren in ihrem Namen und für ihre Rechnung geschlossen wird. Zutreffend ist aber, daß es sich für die Minderheit um die Ausübung eines abgeschwächten Individualrechts handelt. Vgl. Erl 2 a zu § 250.

Die Revisoren haben Anspruch auf angemessene Vergütung, GZ 40, 477, 109, es sei denn, daß nach den Umständen angenommen werden muß, daß sie sich zur unentgeltlichen Übernahme des Amtes haben verstehen wollen (so lag es im Fall Bolze 18, 168). Nach GZ 47, 116, 251 (RG) hätte ein von der Generalversammlung mit der Revision beauftragter Aktionär nicht die Vermutung für sich, daß ihm der Auftrag gegen Honorar erteilt worden sei. — Der Registerrichter ist nicht berufen, die Gebühren festzusetzen, RJA 4, 144 (KG).

§ 267.

Der Vorstand hat in den Fällen des § 266 den Revisoren die Einsicht der Bücher und Schriften der Gesellschaft und die Untersuchung des Bestandes der Gesellschaftskasse sowie der Bestände an Wertpapieren und Waren zu gestatten[1].

Der Bericht über das Ergebnis der Prüfung ist von den Revisoren unverzüglich dem Handelsregister einzureichen[2] und von dem Vorstande bei der Berufung der nächsten Generalversammlung als Gegenstand der Beschlußfassung anzukündigen[3]. Zum Handelsregister einer Zweigniederlassung findet die Einreichung des Berichts nicht statt.

Im Falle des § 266 Abs 2 beschließt die Generalversammlung, ob die entstandenen Kosten von der Gesellschaft zu tragen sind[4]. Wird der Antrag auf Ernennung von Revisoren durch das Gericht zurückgewiesen oder erweist er sich nach dem Ergebnisse der Prüfung als unbegründet, so sind die Aktionäre, welchen eine bösliche Handlungsweise zur Last fällt, für einen der Gesellschaft durch den Antrag entstehenden Schaden als Gesamtschuldner haftbar[5].

1. a) Die Frage, welche Rechtsstellung die Revisoren einnehmen, ist bestritten und in der Tat wenig erklärt. Sie hängt mit der in § 266 Erl 5 behandelten Frage zusammen, von wem die Bestellung der Revisoren ausgeht. Ist das das Gericht oder ist es die antragstellende Minderheit oder ist es die Gesellschaft? Nähme man an, das Gericht bestellt die Revisoren und legt man hierauf entscheidendes Gewicht für ihre Rechtstellung, so käme man zu einer wesentlichen Verschiedenheit je nach dem, ob es sich um eine Bestellung nach Abs I oder nach Abs II—IV des § 266 handelt, was doch wohl abzulehnen ist. Welche Bedeutung der gerichtlichen „Bestellung" nach diesseitiger Auffassung zukommt, ist in Erl 5 zu § 266 ausgeführt. Handelte es sich um einen Dienstvertrag nach BGB mit der Gesellschaft, so stünden die Revisoren dem Vorstand als dem

gesetzlichen Vertreter ihres Auftraggebers gegenüber und nicht sie, die Beauftragten, hätten zu bestimmen, was ihnen der Vorstand mitzuteilen und vorzulegen hat, sondern umgekehrt der Auftraggeber hätte in der Hand, wieweit er den Beauftragten einweihen will. Wären endlich die Antragsteller (im Falle Abs II § 266) oder die Generalversammlung der Auftraggeber in diesem Vertragsverhältnis, dann könnten die Beauftragten Dritten, also auch dem Vorstand und dem Aufsichtsrat gegenüber nicht weitergehende Rechte haben als ihr Auftraggeber (§ 250) und man wäre mit ihrer Bestellung nicht weitergekommen. Und in der Tat ist auch mit dem typischen, schuldrechtlichen Auftragsverhältnis des BGB nicht zum Ziele zu kommen. Es ist klar, daß dieser Dienstvertrag ein qualifizierter Dienstvertrag, nämlich ein körperschaftsrechtlicher Vertrag ist, und Lehmann-Ring § 266[13] sagt insofern treffend: Die Revisoren sind ein außerordentliches Gesellschaftsorgan; als solches haben sie selbständige Befugnisse gegenüber dem ordentlichen Organ; die von ihnen innerhalb ihrer Zuständigkeit gemachten Wahrnehmungen müssen als Wahrnehmung der Gesellschaft (richtiger wohl der Generalversammlung oder der Aktionäre) gelten; ROHG 22, 280. Ebenso Ritter 266[5], dem nur darin nicht zugestimmt werden kann, daß sie kraft öffentlicher Dienstpflicht ein Privatgeschäft zu besorgen hätten; mindestens müßte erst einmal genauer gesagt werden, was damit gemeint ist. Sachlich besteht die Funktion der Revisoren darin, daß sie Hilfsorgane der Generalversammlung, d. h. der Gesamtheit der Aktionäre zur Wahrnehmung ihrer Rechte in Beziehung auf die Prüfung der Geschäftsführung und Geschäftsaufsicht sind. Sie stehen in einem ausgesprochenen Gegensatz zu den Verwaltungsorganen, Vorstand und Aufsichtsrat, und es ist ferner kein Grund daran zu zweifeln, daß sie der Gesellschaft nach den allgemeinen schuldrechtlichen Grundsätzen aus dem Vertragsverhältnis haften. Dabei stehen sie in gewissem Sinn auch unter der Aufsicht des Registerrichters (Abs II). Ganz abweichend Behrend § 127[9] bei Note 22, 23. — Damit dürfte denn auch die herrschende Lehre nicht auf dem richtigen Wege sein, daß die Mitglieder des Vorstandes und Aufsichtsrats soweit sie zugleich Aktionäre sind, bei dem Antrag auf Bestellung von Revisoren (§ 266 I), mitzustimmen berechtigt seien. Ganz allgemein kann man freilich auch nicht das Gegenteil behaupten. So kann ein Wechsel im Bestand des Kollegiums stattgefunden haben und die gegenwärtigen Mitglieder können unbeteiligt sein. Auch ist nicht gänzlich ausgeschlossen, daß einmal das Verlangen einer jeder persönlichen Zuspitzung baren Prüfung bestimmter Vorgänge sich geltend macht. In der Regel aber werden sich der Vorstand und meist dann auch der Aufsichtsrat in Verteidigungsstellung befinden, und es wird denn auch in der Regel von vornherein ein Anspruch der Gesellschaft gegen die Mitglieder der Verwaltung auf Schadensersatz hineinspielen und so der Antrag die Frage nach der Einleitung eines Rechtsstreits gegen sie mehr oder weniger sicher einschließen.

b) Es entspricht denn auch der Stellung der Revisoren als einer Instanz innerhalb der Organisation der Gesellschaft, daß der Vorstand verpflichtet ist, ihnen Einsicht in die Bücher und Schriften der Gesellschaft zu gewähren und Untersuchung der Bestände zu gestatten, wobei dann die Revisoren in Geltendmachung dieses Rechts nicht auf den Prozeßweg angewiesen sind, ihnen vielmehr durch die Vorschrift in § 319 ein Verwaltungszwangsverfahren zur Verfügung gestellt ist. Die Mitglieder des Vorstandes sind vom Registerrichter durch Ordnungsstrafen zur Befolgung des § 267 I anzuhalten.

c) Nach Staub-Pinner § 267[1] wäre die Verpflichtung, Einsicht in die Bücher und Schriften zu gewähren, auf das beschränkt, was auf den zu prüfenden Vorgang Bezug hat. Im Gesetz steht davon nichts und auch im Schrifttum findet sich — soweit ersichtlich — diese Auffassung nicht vertreten. Ausdrücklich das Gegenteil lehrt Goldmann § 267[2]. Man wird aber dem Gedanken zuzustimmen haben, wenn man ihm eine etwas andere Wendung gibt. Grundsätzlich steht den Revisoren das gesamte Buchungs- und Korrespondenzmaterial zur Verfügung, nur kann der Vorstand soweit die Einsicht verweigern und muß darin die Unterstützung der Registerrichters finden, als sie zur Prüfung der betreffenden Vorgänge zweifellos überflüssig ist.

2. Aus Abs II folgt zunächst, daß die Revisoren über ihre Prüfung und deren Ergebnis schriftlichen Bericht aufsetzen müssen. Sind sie sich einig, so genügt ein gemeinschaftlicher Bericht. Direkt vorgeschrieben ist, daß die Revisoren den Bericht unverzüglich dem Handelsregister einzureichen haben. Also es ist nicht so, daß der Bericht zunächst an die Gesellschaft geht und daß diese, d. h. der Vorstand verpflichtet ist, ihn dem Handelsregister einzureichen. Es ist verständlich, daß der Vorstand hiermit gar nicht befaßt sein soll. Es ist wohl selbstverständlich, daß auch die Gesellschaft auf ein Exemplar — Duplikat oder Abschrift — Anspruch hat. Aber jedenfalls soll ein Exemplar bei den Registerakten liegen. Die Vorschrift bezieht sich auf alle Fälle des § 266. Wo immer Anlaß gewesen ist zu einer solchen, immerhin auffälligen Maßregel einer außerordentlichen Revision der Bilanz, der Gründung oder der Geschäftsführung, soll das Ergebnis der Untersuchung jedermann zur Einsichtnahme zugänglich sein und dabei richtet das Gesetz seine Vorschrift hier unmittelbar an die Revisoren. Brand § 267[2] sagt, die Erstattung und Einreichung des Berichts kann durch Ordnungsstrafen nicht erzwungen werden, ebenso Staub-Pinner § 267[3]; Goldschmit AG § 267[5]. Aber das Gesetz sagt doch, daß die Revisoren

den Bericht einzureichen haben und § 14 HGB bestimmt, daß, wer verpflichtet ist, eine Einreichung von Schriftstücken zum Handelsregister vorzunehmen, hierzu vom Registergericht durch Ordnungsstrafen anzuhalten ist. Und mehr als das. Wenn anerkannt ist, daß im Fall des § 265 II der Registerrichter die bekanntgemachte Bilanz zwar inhaltlich nicht zu prüfen hat, aber doch einschreiten kann oder muß, wenn das, was bekanntgemacht worden ist, als Bilanz überhaupt nicht angesehen werden kann, so geht auch hier der Inhalt des Berichts dem Registerrichter zwar nichts an, er braucht und darf aber als den vorgeschriebenen Bericht das eingereichte Schriftstück nicht gelten lassen, wenn es gar zu dürftig ausgefallen ist. Und schließlich hat der Registerrichter auch mittelbar darauf Einfluß, daß die Prüfung nicht ungebührlich lange hingezogen wird. Wenn er nach Verlauf einer angemessenen Zeit darauf dringt, daß der Bericht eingereicht wird, so können die Revisoren sich darauf, daß der Bericht noch nicht fertig ist, nicht berufen, wenn sie die Prüfung ungebührlich verschleppt haben.

Die Einreichung des Berichts hat nur bei dem Handelsregister am Sitz der Gesellschaft zu erfolgen, Ausnahme von § 13 HGB.

3. Der Gesetzgeber hat davon abgesehen, schlechthin vorzuschreiben, daß nach Eingang des Berichts der Revisoren deswegen ohne Verzug eine Generalversammlung einzuberufen ist. Dazu können die Fälle und kann der Ausfall der Prüfung zu verschieden liegen. Der Vorstand hat gemäß § 253 II von Fall zu Fall sich zu entscheiden. Wohl aber muß der Bericht als Gegenstand der Verhandlung bei der Berufung der nächsten Generalversammlung — ordentlichen oder außerordentlichen — auf die Tagesordnung gesetzt werden. Die Mitglieder des Vorstandes können hierzu vom Registerrichter durch Ordnungsstrafen angehalten werden, § 319 I, d. h. der Registerrichter muß sie dazu anhalten, wenn es sachlich gerechtfertigt von irgend einer Seite angeregt wird. Ferner können die Aktionäre auf Grund § 254 die Einberufung einer Generalversammlung veranlassen oder, wenn eine solche bevorsteht, den Bericht auf die Tagesordnung bringen. Dagegen ist der Registerrichter nicht kompetent, die Mitglieder des Vorstandes zur Einberufung einer außerordentlichen Generalversammlung anzuhalten, weil er es im Interesse der Gesellschaft für erforderlich hält. Anders anscheinend Staub-Pinner § 267[1]. — Ist der Bericht auf die Tagesordnung gesetzt worden, so ist der Weg offen für Anträge, die sich auf den Gegenstand der Prüfung beziehen. Nur ausnahmsweise oder zufällig wird den Aktionären oder einzelnen von ihnen der Bericht vor der Generalversammlung bekannt geworden sein, während erst das Ergebnis der Prüfung die Grundlage für sachgemäße Anträge verschaffen kann. Wenn der Bericht auf der Tagesordnung steht, so heißt das nicht nur, daß er mitgeteilt werden soll, sondern vor allem auch, daß darüber, was aus ihm gefolgert werden und nach ihm geschehen soll, verhandelt und Beschluß gefaßt werden soll. Die herrschende Lehre will hiervon den Antrag, Mitglieder des Vorstandes und Aufsichtsrats verantwortlich zu machen und Ansprüche gegen sie zu erheben, ausnehmen. Dazu sei immer vorgängige Ankündigung des Antrages, meist also eine mehrmalige Generalversammlung nötig. Indessen dürfte das zu weit gehen und vielmehr das Gegenteil die Regel bilden, nämlich immer dann, wenn von vornherein die Untersuchung den Vorwurf einer schuldhaften Handlungsweise der Verwaltung oder einzelner ihrer Mitglieder zum Gegenstand hat oder auch nur unausgesprochen in sich trägt. Daher noch zu ängstlich in der Begründung Sächs Ann 23, 454. S. auch § 268 Erl 2b.

4. Ebenso wie im Fall des § 254 III erfolgt auch im gegenwärtigen Fall die Ermächtigung der Minderheit, für die Gesellschaft oder die Gesamtheit der Aktionäre zu handeln, dort durch Einberufung einer Generalversammlung, hier durch Bestellung von Revisoren, auf Grund der gesetzlichen, im wesentlichen formalen Voraussetzung. Sie enthält durchaus kein Urteil über die sachliche Berechtigung des Verlangens der Minderheit. Es ist daher in der Sache durchaus berechtigt, wenn der Gesetzgeber davon ausgeht, daß mit der Ermächtigung durch das Gericht nicht zugleich entschieden wird, daß, was im Namen der Gesellschaft geschieht, zugleich auch auf ihre Kosten gehen muß. Wie im Falle des § 254 wird auch hier die Entscheidung über diesen Punkt in die Hand der Generalversammlung gelegt, welche mit einfacher Stimmenmehrheit endgültig entscheidet, ob die Gesellschaft die Kosten tragen soll. Bis dahin bzw. ohne das haben die Antragsteller die Kosten zu tragen; JW 03, 244[25]. Nach KG in HoldhMS 12, 52 kann die Generalversammlung nur die Übernahme der Kosten auf die Gesellschaft ablehnen, nicht positiv die Kosten den Antragstellern auferlegen. A. A. Ritter § 267, der eine Haftung der Gesellschaft nach allgemeinen Rechtsgrundsätzen (z. B. aus auftragloser Geschäftsführung) annimmt, ebenso Makower § 267 III.

5. Ein schuldrechtliches Verhältnis zwischen den Aktionären der Minderheit, welche das Verfahren betreiben, und der AGesellschaft besteht nicht. Für den Schaden, welcher der Gesellschaft durch den Antrag nach § 266 II entsteht, würden daher die Antragsteller nur nach den Grundsätzen des BGB über unerlaubte Handlung haften. Statt dessen regelt hier die Sonderbestimmung des Abs III Satz 2 die Haftung. Über bösliche Handlungsweise s. Erl 6 zu § 202. Hier liegt der Tatbestand der böslichen Handlungsweise vor, wenn der Antragsteller weiß, daß Unredlichkeiten oder Verstöße gegen Gesetz oder Statut nicht vorgekommen sind, oder wenn er zur

Glaubhaftmachung wissentlich unwahre oder gänzlich aus der Luft gegriffene Behauptungen aufstellt.

§ 268.

Die Ansprüche der Gesellschaft aus der Gründung gegen die nach den §§ 202 bis 204, 208 verpflichteten Personen oder aus der Geschäftsführung gegen die Mitglieder des Vorstandes und des Aufsichtsrats müssen geltend gemacht werden[1], wenn es in der Generalversammlung mit einfacher Stimmenmehrheit beschlossen oder von einer Minderheit, deren Anteile den zehnten Teil des Grundkapitals erreichen, verlangt wird[2].

Zur Führung des Rechtsstreits kann die Generalversammlung besondere Vertreter wählen[3]. Ist die Geltendmachung des Anspruchs von der Minderheit verlangt, so können die von dieser bezeichneten Personen durch das Gericht des Sitzes der Gesellschaft als deren Vertreter zur Führung des Rechtsstreits bestellt werden[4]. Im übrigen bewendet es bei den Vorschriften des § 247; diese kommen auch dann zur Anwendung, wenn die Geltendmachung des Anspruchs von der Minderheit verlangt ist[5].

1. Die in den §§ 266, 267 einerseits und in den §§ 268—270 anderseits behandelten Dinge liegen völlig parallel zu einander und sind denn auch im wesentlichen gleich geregelt. Es sind zwei Gedanken, denen der Gesetzgeber hier die positive Gestaltung gegeben hat. Wo in der Gesellschaft Mißtrauen auftritt gegen die Vorgänge der Gründung oder der Geschäftsführung und ihre Beaufsichtigung durch den Aufsichtsrat und es gilt, im Interesse der Gesellschaft die betreffenden Vorgänge einer Prüfung zu unterziehen, zu welcher das eine Organ, die Generalversammlung, nicht befähigt, die anderen Organe nicht geeignet sind, oder wenn es gilt, im Anschluß an eine solche Prüfung oder auch ohne eine solche Ansprüche der Gesellschaft gegen die Persönlichkeiten zu erheben, welche im regelmäßigen Verlauf die Berufenen wären, das namens der Gesellschaft zu tun, da muß für ein außerordentliches Organ gesorgt sein, welches neben die ordentlichen Organe oder richtiger in dem bestimmten Umfang an ihre Stelle tritt. Das Gesetz spricht von besonderen Vertretern „zur Führung des Rechtsstreits". Gemeint ist damit, wie allgemein anerkannt wird, „zur Geltendmachung des Anspruchs"; Makower § 268 II. — Daneben tritt ganz selbständig das der Minderheit hier verliehene Recht, die Geltendmachung des Anspruchs zu verlangen. Es kann zweifelhaft sein, ob es sich hier um ein wirkliches Minderheitsrecht oder um ein abgeschwächtes Individualrecht handelt. Die Mot von 1884 S. 84 lehnen letzteren Gedanken entschieden ab, aber mit Gründen, die kaum durchschlagend sind. Dagegen spricht schon der Umstand, daß in der Generalversammlung der Antrag auf Rechtsverfolgung auch in dem Fall als abgelehnt zu betrachten ist, wo die Minderheit 10% des Grundkapitals erreicht (s. Erl 2a). Entscheidend für ein Individualrecht ist aber, daß hier nicht der Minderheit nur die Macht verliehen ist, gegen die Mehrheit den zur Entscheidung stehenden Antrag zu Fall zu bringen, sondern die Macht zu positivem Einschreiten. Damit steht in Einklang, daß in § 270 geradezu das Recht der Minderheit zu einem Sonderrecht umgestaltet ist. Ebenso Goldschmit AG § 268[3]; nicht entscheidend im Ausdruck RG 73, 80.

Über die Ansprüche der Gesellschaft gegen Gründer und Gründergenossen aus §§ 202—204, 208, Z. 4, s. Erl das.

2. a) Der Fall, daß die Mehrheit beschließt, den oder die Ansprüche geltend zu machen, bietet nichts besonderes. — Das Verlangen der Minderheit, daß es geschieht, ist hier — anders wie im Fall des § 266 — nicht davon abhängig, daß der Antrag von der Generalversammlung abgelehnt worden ist. Es kann aber nur in der Generalversammlung gestellt werden, weshalb nicht ausbleiben kann, daß der Mehrheit Gelegenheit gegeben wird, dem Verlangen zu willfahren. Aber wenn der Antrag auf Geltendmachung der Ansprüche von der Mehrheit abgelehnt worden ist, so liegt ein Verlangen der Minderheit, daß der Anspruch verfolgt werde, nicht schon darin, daß 10% des Grundkapitals oder mehr für den Antrag gestimmt hat. Der Gedanke muß selbst dann abgelehnt werden, wenn man davon ausgeht, daß es sich nicht um ein Individualrecht, sondern um ein richtiges Minderheitsrecht handelt. Treffend weist KGJ 20, 167 auf die schwerwiegenden Folgen hin, welche für das einzelne Mitglied der Minderheit aus der Erhebung der Klage drohen (Hinterlegung der Aktie, Kosten des Prozesses, Ersatz des entstandenen Schadens), und daß es zweierlei Dinge sind, mit der Mehrheit für die Klagerhebung stimmen oder gegen die Mehrheit, gewissermaßen selbsttätig, eingreifen. Anderseits muß das Verlangen nicht unbedingt ausdrücklich ausgesprochen werden. Kommt nach der Abstimmung über den Antrag zur Sprache, daß die Minderheit, welche für den Antrag gestimmt hat, ausreicht, um das Verlangen zu stellen, wird im Anschluß daran aufgefordert, geeignete Vertreter zu

bezeichnen, und werden die Vorgeschlagenen durch Akklamation bestimmt, so ist das nicht mißzuverstehen, und wer von der Minderheit sich nicht ausschließt, hat sich dem „Verlangen" angeschlossen; SächsAnn 23, 454. Der Antrag an das Gericht, einen besonderen Vertreter zu bestellen, kann von einem gemeinschaftlichen Bevollmächtigten der Minderheitsaktionäre gestellt werden; Sächs Ann. — Beschließt die Mehrheit nachträglich ebenfalls, den Anspruch geltend zu machen, so ist die Klageerhebung nicht an die Frist in § 269 I gebunden. Aber das Recht der Minderheit, die Bestellung eines besonderen Vertreters zu beantragen (§ 268 II, 2) und einem Vergleich oder Verzicht zu widersprechen (§ 270), geht ihr dadurch nicht verloren, auch dann nicht, wenn die Klage nicht innerhalb der Frist des § 269 I erhoben worden ist. Teilweis anders Makower § 268 III b. Noch weiter gehend wie hier Ritter § 268[1].

b) Hat auf Grund der Vorschriften in §§ 266, 267 eine Prüfung stattgefunden, so kann in der Generalversammlung, als deren Tagesordnung allein oder mit anderen Dingen der Bericht der Revisoren angekündigt worden ist, über den Antrag, gegen die bei dem geprüften Vorgang beteiligten Personen Ansprüche geltend zu machen, Beschluß gefaßt werden, und es kann auch die Minderheit die Rechtsverfolgung beantragen, ohne daß es einer besonderen Ankündigung bedarf; SächsAnn 23, 454. Dagegen genügt, wenn eine Prüfung nach §§ 266, 267 nicht stattgefunden hat, die Tagesordnung: „Entlastung" nicht. Nach der herrschenden Lehre bedarf das Verlangen der Minderheit nicht der Ankündigung zur Tagesordnung, wohl aber soll die Ankündigung: Geltendmachung von Gesellschaftsansprüchen aus der Gründung oder der Geschäftsführung stets unerläßlich sein; Staub-Pinner § 268[4]; Makower § 268 IIIb; Ritter § 268[1]; Brand § 268[2] b γ; Vgl. hierzu Erl 3 zu § 267.

3. a) Es gibt Fälle, wo es für die Gesellschaft unbedenklich ist, den Anspruch durch den Vorstand geltend zu machen, so, wenn es gilt, Gründer in Anspruch zu nehmen oder einzelne Mitglieder des Vorstandes, welche fortfallen können, ohne daß deshalb die Vertretungsmacht des Vorstandes fortfällt, oder Mitglieder des Aufsichtsrats, oder Mitglieder des Vorstandes, welche aus ihrer Stellung schon ausgeschieden sind; RG im Recht 1911, 224. Immer aber hat sowohl die Generalversammlung durch einfachen Mehrheitsbeschluß als auch die zehnprozentige Minderheit das Recht, zu bestimmen, daß außerordentliche Vertreter mit dem Auftrage bestellt werden, den Prozeß zu führen, die Minderheit unter der Voraussetzung, daß das Gericht auf ihr Gesuch eingeht. Prozeßpartei ist in allen Fällen die Gesellschaft; RG in Gruch 48, 627. — Der Beklagte kann sich nicht darauf berufen, daß die Gesellschaft beschlossen hat, die Klage nicht zu erheben; RG 45, 150.

b) Die Bestellung erfolgt entweder auf Grund einer Wahl durch die Generalversammlung — sei es unmittelbar durch sie, sei es durch einen von ihr rechtsgeschäftlich beauftragten Stellvertreter — oder auf Ersuchen der Minderheit durch das Gericht. Es ist nicht zweifelhaft, daß hier — anders wie im Fall § 266 II — die Bestellung des Vertreters, d. h. die Einsetzung in sein Amt unmittelbar durch das Gericht erfolgt. In Verfolg dieses muß dann auch angenommen werden, daß der in Aussicht Genommene zu dem Verfahren hinzuzuziehen ist, daß er Beteiligter ist, unter Umständen Beschwerde einlegen kann usw. (s. Erl 5 zu § 266). — Zuständig ist nach § 145 FGG das Amtsgericht, d. h. der Registerrichter am Sitz der Gesellschaft.

4. a) Wenn die Generalversammlung die Rechtsverfolgung beschließt und es entweder bei der regelmäßigen Vertretung durch den Vorstand beläßt oder nach Abs II Satz 1 besondere Vertreter wählt, so bleibt es doch dabei, daß auch in diesem Fall die Minderheit das Gericht um Bestellung eines besonderen Vertreters angehen kann. Zweifellos ist das so, wenn die Mehrheit der Generalversammlung sich zur Rechtsverfolgung erst entschlossen hat, nachdem das Verlangen der Minderheit laut geworden war. Aber es ist nicht nötig, den Satz 2 des Abs II so wörtlich zu verstehen, daß nicht auch im andern Falle der Minderheit der Schutz des Gesetzes zur Seite stünde. — Der Registerrichter ist nicht genötigt, auf den Antrag der Minderheit einzugehen, mögen auch die förmlichen Voraussetzungen erfüllt sein. Es ist allgemein anerkannt, daß er nach sachlichem Ermessen zu entscheiden hat, und gerade eine Sachgestaltung wie diese fordert so recht eine Instanz, durch welche der Konflikt nach unparteiischem Ermessen gelöst werden kann. Vgl. hierzu Wulff in LZ 1911, 195.

b) Die Vertretungsmacht des Sondervertreters erlischt nicht dadurch, daß die Gesellschaft aufgelöst wird. Vgl. RG 14, 302.

c) Die Minderheit, welche die Bestellung eines Vertreters beantragt, muß dieselbe sein, welche in der Generalversammlung das Verlangen gestellt hat (anders im Falle des § 266; die herrschende Lehre folgert das aus der verschiedenen Ausdrucksweise des Gesetzes). Es ist aber nicht nötig, daß sich alle Aktionäre, welche das Verlangen gestellt haben, dem weiteren Verfahren anschließen; nur müssen es ihrer so viel sein, daß 10% des Grundkapitals vertreten sind; OLG 6, 508 (Dresden). — Wegen der Berechnung vgl. das in Erl 2 a zu § 266 Gesagte. — Es können die von der Minderheit bezeichneten Personen zu Vertretern bestellt werden. Der Registerrichter hat also zu erwägen, ob dem Antrag stattzugeben ist. Aber dabei berührt ihn die Frage nicht, ob der Anspruch, welcher geltend gemacht werden soll, begründet ist, die beabsichtigte Klage

Aussicht auf Erfolg hat oder nicht. Für ihn handelt es sich — abgesehen von den formalen Voraussetzungen — ausschließlich darum, ob es der Sachlage entspricht, daß an die Stelle des ordentlichen Vertreters der Gesellschaft ein außerordentlicher tritt. KGJ 21, 80. Geht er auf den Antrag ein, so muß er die ihm bezeichnete Persönlichkeit bestellen. Die Prozeßvoraussetzungen nach § 269 hat er nicht zu prüfen; sie brauchen auch bei Bestellung des Ersatzvertreters noch nicht vorzuliegen; KGJ eod. — Ist die Bestellung eines besonderen Vertreters durch nicht mehr anfechtbaren Beschluß erfolgt, so haben die Gerichte die Voraussetzungen seiner Bestellung nicht zu prüfen; HansGZ 43, 326, 201 (Hamburg).

d) Daraus, daß das Gesetz von besonderen Vertretern in der Mehrzahl spricht, darf nicht geschlossen werden, daß man es nicht auch bei einem bewenden lassen kann.

5. Nicht ganz deutlich ist die Wendung im Gesetz, daß es „im übrigen" bei den Vorschriften des § 247 bewendet, die auch dann zur Anwendung kommen sollen, wenn die Geltendmachung des Anspruchs von der Minderheit verlangt wird. Danach hat in einem Rechtsstreit mit Mitgliedern des Vorstandes auch der Aufsichtsrat, gegebenen Falles er allein statt des Vorstandes die Gesellschaft zu vertreten. Das macht keine Schwierigkeit. Aber unter Abs II des § 247 kann der Aufsichtsrat, wenn es sich um die eigene Verantwortlichkeit handelt, gegen die Mitglieder des Vorstandes allein und selbst gegen den Beschluß der Generalversammlung klagen. Damit erscheint die Möglichkeit der Verdoppelung einer und derselben Klage oder der Verdoppelung der Klage aus einem und demselben Anspruch unter den gleichen Parteien gegeben. Denn auch im Falle des § 247 II klagt der Aufsichtsrat namens der Gesellschaft; Staub-Pinner § 268[7] führt aus, es seien die beiden Prozesse zu verbinden (aber es ist nicht ausgeschlossen, daß die Klagen bei verschiedenen Gerichten erhoben werden), und die Vertreter beider Arten verträten die Gesellschaft, doch so, daß die Rechtshandlungen des einen Vertreters dem anderen nicht schaden könnten. Auch Förster-Kann, ZPO § 51 Erl 4 baa III, setzt ohne weiteres voraus, daß die Klagen bei demselben Gericht schweben und meint, so, wie Staub-Pinner wolle, geht es wohl nicht, es müßten vielmehr die beiden Sondervertretungen zu einem Kollegium zusammentreten, was aber vollends willkürlich erscheint und ganz eigenartig wäre. Sachlich dürfte es so liegen, daß die selbständige Klage durch den Aufsichtsrat nach § 247 II überhaupt nur einen Sinn hat und nur zulässig ist, wenn die Gesellschaft nicht klagt. Hat sie Klage erhoben, gleichviel, ob auf Beschluß der Mehrheit oder der Minderheit, so kann der Aufsichtsrat nicht mehr klagen. Der Anspruch ist schon rechtshängig. Ist aber der Aufsichtsrat der Generalversammlung mit Erhebung der Klage zuvorgekommen, so bedarf es einer weiteren Klagerhebung nicht mehr, wie sie auch gar nicht mehr zulässig wäre. Aber es steht doch gar nichts im Wege, daß das Recht, sei es der Mehrheit, sei es der Minderheit, nach § 268 II, den Prozeß in die Hand eines außerordentlichen Vertreters zu legen, auch im Laufe des schon anhängigen Prozesses ausgeübt wird, z. B. wenn im Prozeß gegen ein Vorstandsmitglied die andern Vorstandsmitglieder die Gesellschaft vertreten und sich erst im Laufe des Prozesses Grund zu Mißtrauen gegen sie herausstellt. Es tritt also, auch wenn der Aufsichtsrat nach § 247 II die Klage erhoben hat, durch das immer noch zulässige Verfahren nach § 268 lediglich der Wechsel in der Persönlichkeit des gesetzlichen Vertreters ein. Vgl. auch D 149: es ergibt sich aus der Verweisung auf § 247, daß, wenn die Geltendmachung des Anspruchs von der Minderheit verlangt, ein Antrag auf gerichtliche Bestellung von Prozeßvertretern jedoch nicht gestellt ist, der Aufsichtsrat sich insoweit, als Ansprüche gegen Mitglieder des Vorstandes in Frage kommen, der Führung des Rechtsstreits zu unterziehen hat. Man hat also nur an Abs I des § 247 dabei gedacht.

§ 269.

Die Geltendmachung eines Anspruchs auf Verlangen der Minderheit muß binnen drei Monaten von dem Tage der Generalversammlung an erfolgen[1]. Der Klage ist das Protokoll der Generalversammlung, soweit es die Geltendmachung des Anspruchs betrifft, in öffentlich beglaubigter Abschrift beizufügen[2].

Die Minderheit hat eine den zehnten Teil des Grundkapitals der Gesellschaft erreichende Anzahl von Aktien für die Dauer des Rechtsstreits zu hinterlegen[3]; es ist glaubhaft zu machen, daß sich die Aktien seit mindestens sechs Monaten, von der Generalversammlung zurückgerechnet, im Besitze der die Minderheit bildenden Aktionäre befinden[4].

Dem Beklagten ist auf Verlangen wegen der ihm drohenden Nachteile von der Minderheit eine nach freiem Ermessen des Gerichts zu bestimmende Sicherheit zu leisten[5]. Die Vorschriften der Zivilprozeßordnung über die Festsetzung einer Frist

zur Sicherheitsleistung und über die Folgen der Versäumung der Frist finden Anwendung.

Die Minderheit ist der Gesellschaft gegenüber verpflichtet, die Kosten des Rechtsstreits zu tragen[6].

Für den Schaden, der dem Beklagten durch eine unbegründete Klage entsteht, haften ihm die Aktionäre, welchen eine bösliche Handlungsweise[7] zur Last fällt, als Gesamtschuldner[8].

1. Der § 269 handelt ausschließlich von der auf Verlangen einer Minderheit nach § 268 erhobenen Klage. Sie ist Klage nicht der Minderheit sondern der Gesellschaft; RG in Gruch 48, 627; JW 1904, 214[32]. Aber sie hat als solche etwas Spezifisches an sich. Zunächst ist wegen der mit der Erhebung für die Minderheit vorhandenen Folgen (Abs II—V) unbedingt erforderlich, daß auf seiten der klagenden Partei zugleich die Persönlichkeiten prozeßgerecht bezeichnet werden, aus denen sich die Minderheit zusammensetzt; KGJ 21, 80 (KG). Übrigens wird man entgegen der im Beschluß des Kammergerichts ausgesprochenen Auffassung annehmen müssen, daß auch beim Antrag auf Bestellung eines besonderen Vertreters und schließlich auch bei dem Verlangen in der Generalversammlung zu Protokoll die Persönlichkeiten festgestellt und bezeichnet werden müssen, aus denen sich die Minderheit zusammensetzt. Der Ausdruck Minderheit ist eine erlaubte Breviloquenz aber durchaus kein Begriff. Gemeint sind damit immer nur ganz bestimmte Personen und im Rechtsverkehr muß deutlich sein, welche Personen. Insofern ist auch SächsAnn 23, 461 zu beanstanden. — Innerhalb der 3 Monate von dem Tage der Generalversammlung an, in welchem die Minderheit das Verlangen gestellt hat, muß die Klage anhängig gemacht werden. Auch in dem Fall, daß es zunächst gilt, einen besonderen Vertreter zu bestellen, läuft keine längere Frist. Der Wortlaut des Gesetzes läßt nicht deutlich erkennen, welche Folge mit der Versäumnis der Frist und der entsprechenden Abweisung der verspätet erhobenen Klage verbunden ist. Aber der Verfasser des Entwurfs von 1884 hat sich in den Mot 85 darüber ausgesprochen und es ist kein Grund zu zweifeln, daß auch der Gesetzgeber es so gemeint hat: „Der unbenutzte Ablauf der Frist beseitigt das von der Minderheit gestellte Verlangen; er schließt natürlich nicht aus, daß, falls von neuem die Frage der Erhebung oder Beilegung des Anspruchs zur Verhandlung gelangt, die Verfolgung wieder von der Mehrheit beschlossen oder von der Minderheit verlangt werden kann. Es wird also durch Abweisung der verspäteten Klage der Gesellschaft der Anspruch nicht abgesprochen. Eine andere Frage ist, ob die Minderheit — wie die Mot anzunehmen scheinen — das Verlangen bei der nächsten Gelegenheit wiederholen kann. Mit Behrend § 113 Note 12 ist wohl anzunehmen, daß sich die Mehrheit darauf nicht einzulassen braucht (der Registerrichter entsprechend nicht einlassen darf), es sei denn, daß neue Momente aufgetreten sind, welche eine Wiederholung des Verlangens rechtfertigen können. Ebenso Staub-Pinner § 269[1]; Goldmann 269[7]; Brand § 269[2a]; Lehmann-Ring § 269[2]. A. A. Makower § 269 II b; Ritter § 269[1]. Das muß gelten, gleichviel wie sich diese neue Minderheit zusammensetzt. — Die Einhaltung der Frist hat das Prozeßgericht von Amts wegen zu beachten.

2. Der Klageschrift muß das Protokoll der betreffenden Generalversammlung (oder ein Auszug aus ihm) in beglaubigter Abschrift beigefügt werden. Auch hieraus erhellt die Meinung des Gesetzes, daß das Verlangen der Minderheit in einer Generalversammlung gestellt werden muß, daß aus dem Protokoll ersichtlich sein muß, wer das Verlangen gestellt hat, daß ferner auch in der Klage erklärt werden muß, wer die den Prozeß betreibenden Aktionäre sind, damit der Richter ersehen kann, ob die Personen zutreffend bezeichnet worden sind. Es ist nicht ausgeschlossen, daß das eine und das andere, wenn es bei Erhebung der Klage versäumt worden ist, nachgeholt wird.

3. Die Minderheit hat eine 10% des Grundkapitals erreichende Anzahl von Aktien für die Dauer des Rechtsstreits zu hinterlegen (im Fall des § 266 III hat die Hinterlegung nur bis zur Entscheidung über den Antrag auf Bestellung von Revisoren stattzufinden). Die Tragweite dieser Bestimmung ist nicht ganz deutlich. In den Mot von 1884 S. 85 wird gesagt, die Hinterlegung sei vorgeschrieben aus Gründen der Legitimation und der Verhütung von Mißbräuchen, welche hier um so mehr ins Gewicht fielen, als die Verfolgung der Ansprüche meist einen Rückgang des Kurses der Aktien zur Folge haben werde; werde die Minderheit für die Dauer des Prozesses an die Geschicke der Gesellschaft gebunden, so sei zu erwarten, daß sie nur dann von ihrem Minderheitsrechte Gebrauch machen werde, wenn die Verfolgung der Ansprüche in der Tat dem Interesse der Gesellschaft entspreche und Aussicht auf Erfolg biete. Danach ist es darauf abgesehen, den Aktionär, welcher die Rechtsverfolgung verlangt, für die Dauer des Prozesses an die Gesellschaft zu fesseln. Es soll durch die Abgabe der Aktie der Aktionär sich als Eigentümer legitimieren und es soll durch die Vorenthaltung des Besitzes der Negoziabilität der Aktie tatsächlich ein Riegel vorgeschoben werden. Darauf dürfte sich aber die Bedeutung der Vor-

schrift nicht beschränken. Makower § 269 III b meint, man werde annehmen müssen, daß jedem einzelnen Aktionär, der Mitglied der Minderheit ist, freistehe, seinerseits jederzeit das Verlangen der Rechtsverfolgung zurückzuziehen und damit die Rechtsverfolgung zu vereiteln, wenn die übrigen nicht mehr die 10% des Grundkapitals hinter sich haben. Das kann aber, wenn überhaupt, nur so lange richtig sein, als die Aktien noch nicht hinterlegt sind. Es ist wohl klar, daß das Gesetz, indem es die Hinterlegung für die Dauer des Prozesses vorschreibt, damit sagen will, daß während dieser ganzen Zeit die Aktie auch gebunden sein soll. Es soll m. a. W. der einzelne nicht nur an die Gesellschaft gebunden sein, sondern vor allem auch an sein Verlangen und an den infolgedessen eingeleiteten Prozeß. — Es ist nicht erforderlich, daß jedes Mitglied der Minderheit Aktien hinterlegt. Es genügt, daß überhaupt nur die erforderliche Anzahl von Aktien von Mitgliedern der Minderheit hinterlegt wird. Aber anderseits sind zur Hinterlegung nur solche Aktien dienlich, auf Grund deren das Verlangen gestellt worden ist; OLG 6, 508 (Dresden). — Das Kammergericht ebenda S. 511 Fußnote hat zugelassen, daß der Aktionär statt der Aktien auf Grund deren er gestimmt hatte, andere eigene Aktien hinterlegte. — Übrigens aber ist jedes Mitglied der Minderheit den übrigen und der Gesellschaft verpflichtet, seine Aktien zu hinterlegen, und kann mit Klage dazu angehalten werden. Es ergibt sich das gesellschaftsrechtlich aus dem gemeinschaftlich unternommenen Schritt. Offen gelassen in OLG 6, 508. Zweifelhaft kann nur sein, ob das auch dann noch der Fall ist, wenn die erforderlichen 10% Aktien bereits hinterlegt worden sind. Daran läßt sich aber nichts ändern, daß die Klage daran scheitern kann, daß der eine oder der andere Aktionär sich freiwillig oder unfreiwillig (Zwangsvollstreckung) außer Stand setzt, seine Aktien zu hinterlegen. Die Hinterlegung der Aktien ist eine Voraussetzung der Klagerhebung, deren Mangel das Prozeßrecht von Amts wegen zu beachten hat. Doch kann das Versäumte im Laufe des Prozesses nachgeholt werden.

4. Es muß glaubhaft gemacht werden, daß die hinterlegten Aktien seit mindestens 6 Monaten von der Generalversammlung an sich im Besitz der die Minderheit bildenden Aktionäre befinden. S. hierzu § 266 III und Erl 2 a, 3 d dazu. Die etwas kollektivistische Ausdrucksweise darf nicht mißverstanden werden. Es gilt von jedem einzelnen Aktionär, daß die Aktie, welche er hinterlegt hat oder welche als die seinige hinterlegt wurden ist, seit 6 Monaten in seinem Besitz gewesen ist. Gemeint ist ferner Eigenbesitz. Es kommt nichts darauf an, ob an der Generalversammlung der Eigentümer der Aktie persönlich teilgenommen hat oder durch einen beauftragten Stellvertreter. Dagegen können diejenigen Aktien für das Verfahren nicht verwendet werden, für welche ein Legitimationsaktionär, ein Nicht-Eigentümer wie der Eigentümer in der Generalversammlung aufgetreten ist, OLG 6, 508 (Dresden). — Auch in Beziehung auf diese Glaubhaftmachung ist die Gesellschaft und sind die Aktionäre der Minderheit gegeneinander nicht auf den guten Willen des einzelnen angewiesen, der vielmehr den anderen gegenüber verpflichtet ist, die Mittel der Glaubhaftmachung zu beschaffen, soweit er dazu imstande ist. — Erfolgt die Glaubhaftmachung nicht durchweg, so ist die Klage abzuweisen, der Prozeßrichter hat den Mangel von Amts wegen zu beachten.

5. Mit der Bestimmung, daß auf Verlangen dem Beklagten wegen der ihm drohenden Nachteile Sicherheit zu leisten ist, ist nicht bestimmt, daß die Minderheit dem Beklagten für die Nachteile haftet. Die Sicherheit muß unter allen Umständen geleistet werden. Ob die Beklagte sie in Anspruch nehmen kann, hängt davon ab, ob die Minderheit zum Ersatz der Nachteile verpflichtet ist. Und darüber bestimmt der Abs V. Nach Makower § 269 IV d soll die Sicherheit auch für den Nachteil haften, daß die Gesellschaft, wenn sie in die Kosten verurteilt wird, nicht imstande ist, dem Beklagten die Kosten zu erstatten. Ebenso anscheinend Lehmann-Ring § 269[6]. Dem wird zuzustimmen sein, doch wird der Beklagte dadurch sicherer zum Ziele kommen können, daß er in solchem Fall den Anspruch der Gesellschaft aus Abs IV pfändet. — Auch im Abs III spricht das Gesetz kollektiv von der Minderheit. Wer von den Mehreren und in welcher Höhe ein jeder von ihnen Sicherheit leisten soll, müssen sie unter sich ausmachen. Anzunehmen ist, daß sie gegeneinander dazu verpflichtet sind, und zwar ein jeder im Verhältnis seines Aktienbesitzes. Der Prozeßrichter muß dem Verlangen des Beklagten, daß die Sicherheitsleistung angeordnet werde, auch dann nachkommen, wenn er für ausgeschlossen hält, daß dem Beklagten ein Anspruch nach Abs V zusteht.

Das Gericht hat nach § 113 ZPO zu verfahren, woraus folgt, daß die Entscheidung über das Sicherheitsverlangen nur auf Grund mündlicher Verhandlung ergehen kann und, wenn es bei dem Streit der Parteien der gerichtlichen Entscheidung überhaupt bedarf, diese in Form eines Zwischenurteils ergehen muß, während die Form des Beschlusses ausreicht, wenn es beim Einverständnis der Parteien über die Verpflichtung und die Höhe der Sicherheit nur noch der Bestimmung der Frist bedarf. RG in Gruch 46, 1054. Es handelt sich nicht, wie nach dem Recht vor 1900, um eine prozeßhindernde Einrede, JW 03, 289[1].

6. Die Minderheit ist der Gesellschaft gegenüber verpflichtet, die Kosten des Rechtsstreits zu tragen, das heißt nicht etwa nur, daß sie verpflichtet ist, der Gesellschaft die Kosten, die sie hat bestreiten müssen, zu ersetzen. Vielmehr ist sie verpflichtet, sie überhaupt von dieser Ausgabe freizuhalten. Die klagende Gesellschaft kann die Aktionäre der Minderheit darauf belangen, daß sie den eingeforderten Vorschuß zahlen, RG 73, 78. Mangels einer ausdrücklichen Bestimmung (vgl. Abs V) muß angenommen werden, daß die mehreren Aktionäre nicht als Gesamtschuldner haften, sondern nach Verhältnis ihres Aktienbesitzes. So auch Staub-Pinner § 269[5]; Brand § 269 3c. A. A. Makower § 269 V. — Aktionäre, welche sich vor Erhebung der Klage von der Beteiligung losgesagt haben, haften nicht. A. A. Makower § 269 V. — Erstattung von Kosten, welche durch Verschulden der Gesellschaft entstanden sind, kann sie nicht verlangen. A. A. Ritter § 269[6]. — Der Abs IV hat nur das Verhältnis der Minderheit zur Gesellschaft zum Gegenstand; dem Staat gegenüber ist Kostenschuldner die Gesellschaft als die Prozeßpartei; RG in Gruch 48, 627; JW 1904, 215[32].

7. Für den Schaden, welcher dem Beklagten durch die Klage entsteht, würden die Mitglieder der Minderheit im Falle, daß die Klage unbegründet ist, nur nach den Grundsätzen über unerlaubte Handlung haften. Statt dessen regelt hier die Sonderbestimmung des Abs V die Haftung anders. Über bösliche Handlungsweise s. Erl 6 zu § 202. Hier ist bösliche Handlungsweise anzunehmen, wenn der Aktionär weiß, daß der Anspruch nicht begründet oder nicht zu begründen ist, oder wenn er zur Begründung des Anspruchs wider besseres Wissen unwahre Tatsachen behauptet.

8. Der Sondervertreter wird unter Umständen darauf angewiesen sein, die Bücher und Schriften der Gesellschaft einzusehen, um die Klage begründen und den Rechtsstreit durchführen zu können, und die Tendenz der Klage wird es leicht mit sich bringen, daß er hiermit bei dem Vorstand, auch wenn er nicht der Beklagte ist, oder bei den Mitgliedern des Vorstandes, gegen welche die Klage sich nicht richtet, auf Widerstand stößt. Seine Lage gleicht in dieser Beziehung der Lage der nach § 266 bestellten Revisoren. Wenn diesen nach § 319 der Arm des Registerrichters hilfreich zur Seite steht (vgl. Erl 1 b zu § 267), so ist es eine empfindliche Lücke des Gesetzes, daß hier eine gleiche Vorschrift fehlt. Daß gleichwohl der Sondervertreter nicht nur das Recht sondern auch die Pflicht hat, die zur Rechtsverfolgung notwendige Aufklärung sich zu verschaffen, welche ihm die Bücher und Schriften der Gesellschaft in Aussicht stellen, ergibt sich aus den Pflichten seines Auftrages und da er gesetzlicher Vertreter ist, hat er nicht nur Anspruch darauf, daß man ihm die Einsicht gewährt, sondern unmittelbar das Recht, sich die Einsicht zu nehmen. Zur Frage, welche Rechtsmittel ihm zur Seite stehen, wenn der Vorstand dieses sein Recht beeinträchtigt, hatte RG 83, 248 Stellung zu nehmen. S. auch HoldhMS 12, 259 (Dresden). Während das Berufungsgericht angenommen hatte, daß der Sondervertreter namens der Gesellschaft die widerstrebenden Vorstandsmitglieder persönlich verklagen müsse, hat das RG die von dem Vertreter persönlich gegen die Gesellschaft gerichtete Klage für den richtigen Weg erklärt. Nach diesseitiger Auffassung ist das praktisch unbefriedigend und rechtlich nicht zwingend. Ersteres deshalb, weil der Sondervertreter, wenn vielleicht auch das Recht, so doch jedenfalls nicht die Verpflichtung hat, mit eigener Person und eigenen Mitteln einzuspringen. Zuzumuten ist ihm das nicht und wenn er es nicht freiwillig tut, kommt die Minderheit mit ihrem gesetzlichen Recht nicht zum Ziel. Der Sondervertreter hat aber auch gar nicht das Recht zu einer solchen Klage aus eigenem Recht, wie ihm denn auch das Berufungsgericht die Aktivlegitimation zutreffend abgesprochen hat. Er soll für die Gesellschaft Prozesse führen, nicht gegen sie. Er steht zur Gesellschaft im Dienstauftragsverhältnis und wenn ein Beauftragter den Auftrag nicht ausführen kann, ohne sich Einblick in die Schriften seines Auftraggebers zu verschaffen, so kann dieser, wenn er diese Einsicht nicht gewähren will, darum doch nicht, auch im Wege der Klage nicht, dazu gezwungen werden. In diesem Punkte zutreffend LZ 1910, 575, vgl. dazu Wulff in LZ 1911, 195. Was das RG hiergegen ausführt, wirkt nicht überzeugend und vor allem würde es nicht ausreichend wirken; die Rechtslage kann auch eintreten, wenn der Vorstand die Mehrheit der Generalversammlung nicht hinter sich hat; § 268 II Satz 1. Vielmehr treten umgekehrt die Mitglieder des Vorstandes, wenn sie die Büchereinsicht verweigern, durch ihr Verhalten aus dem Rahmen ihrer Vertreterschaft heraus und sie sind es, die mit Recht persönlich in Anspruch genommen werden. Wenn einmal unter den Mitgliedern des Vorstandes ein Zwiespalt entsteht und einer von ihnen die Bücher der Gesellschaft an sich und in seine Wohnung nimmt, aber auch, wenn er sie in seinem Pult verschließt, und sie so den anderen Mitgliedern vorenthält, maßt er sich unberechtigten Besitz an. Aus Besitzdienerschaft (s. Planck-Brodmann BGB § 854 Erl 5) wird unmittelbarer Fremdbesitz, vielleicht auch Eigenbesitz, jedenfalls verbotene Eigenmacht, § 862 BGB. Das RG verkennt, daß der Sondervertreter gesetzlicher Vertreter ist. Die Folgerung, daß in dem ihm erteilten Auftrag zugleich die Ermächtigung liegen muß, der zur Durchführung seiner Aufgabe unerläßlichen Rechtsbehelfe sich zu bedienen, liegt nahe genug und ist jedenfalls der ferner liegenden und dabei wie gesagt, nicht einmal ausreichenden Konstruktion des RG vorzuziehen. Der Sondervertreter hat allerdings nur den Auftrag, den bestimmten Prozeß zu führen. Aber darum ist er nicht gehindert, wenn er in dieser seiner Tätigkeit irgendwie im Besitz gestört wird, sich namens der Gesellschaft aller Besitzschutzmittel zu bedienen, welche das Recht gewährt.

§ 270.

Bezüglich eines Anspruchs, dessen Geltendmachung die Minderheit auf Grund der Vorschrift des § 268 Abs 1 verlangt hat, ist ein Verzicht oder ein Vergleich der Gesellschaft nur dann zulässig, wenn von den die Minderheit bildenden Aktionären so viele zustimmen, daß die Aktien der übrigen nicht mehr den zehnten Teil des Grundkapitals darstellen[1].

1. Wie die Gesellschaft gegen Mitglieder ihrer Organe oder gegen Gründer einen Anspruch der in § 268 genannten Art geltend machen muß, wenn die dort bezeichnete Minderheit es verlangt, so kann sie, wenn das Verlangen gestellt worden ist, auf den Anspruch nicht verzichten — weder ganz noch zum Teil — solange die erforderliche Minderheit an ihrem Verlangen festhält. Das und noch etwas mehr bestimmt der § 270. Um ihn recht zu verstehen, muß man sich die Rechtslage klarmachen. Hat der Vorstand spontan eine solche Klage erhoben, so ist er mangels entgegenstehender Weisungen der Generalversammlung kraft seiner Befugnis zur Geschäftsführung und zur Vertretung der Gesellschaft in der Lage, auf den Anspruch ganz oder teilweise zu verzichten. Anders liegt es, wenn der Vorstand oder wenn gegen Mitglieder des Vorstandes der Aufsichtsrat (§ 247 I) oder wenn ein nach § 268 II bestellter besonderer Vertreter die Klage erhoben hat auf Beschluß der Generalversammlung. In solchem Fall würde ein jeder ohne Genehmigung der Generalversammlung erklärter Verzicht wirkungslos sein. Solange der Beschluß der Generalversammlung besteht, würde ein Verzicht des Vertreters gegen die in dem Beschluß liegende Weisung verstoßen und auch nicht durch die Vertretungsmacht des Vertreters gedeckt sein, weil es sich um ein inneres Gesellschaftsverhältnis handelt und nicht um ein mit einem Dritten eingegangenes Rechtsgeschäft. Jedenfalls ist es so, wenn gegenwärtige Mitglieder des Vorstandes oder des Aufsichtsrats die Beklagten sind. So kann ein wirksamer Verzicht nicht zustandekommen, ohne daß die Generalversammlung gefragt, d. h. also einberufen wird. So auch — mit anderer Begründung — Staub-Pinner § 270[4]. Anders Makower § 270 III, überhaupt die herrschende Lehre. Ebenso liegt es, wenn nicht die Mehrheit die Geltendmachung des Anspruchs beschlossen hat, sondern wenn die Minderheit es verlangt hat. Aber in diesem Falle genügt denn auch für den Beschluß, auf den Anspruch zu verzichten, ebenfalls nicht die Mehrheit. Es genügt aber auch nicht, daß die Minderheit, welche das Verlangen gestellt hatte, nicht mehr zusammenhält, etwa alle oder einzelne bei der Abstimmung über den Verzicht der Stimme sich enthalten oder nicht erscheinen. Der Verzicht ist vielmehr nur genehmigt, wenn von der Minderheit so viel Aktionäre ausdrücklich zustimmen, daß die verbleibende Minderheit nicht mehr den zehnten Teil des Grundkapitals vertritt, gleichviel wie groß oder wie gering im übrigen die Mehrheit ist, mit welcher die Genehmigung des Verzichts beschlossen wird.

Eine andere, rein prozeßrechtliche Frage ist die, inwiefern der Prozeßvertreter in der Lage ist, durch Erklärungen vor Gericht auf den Anspruch ganz oder teilweise wirksam zu verzichten. Gilt es, einen gerichtlichen Vergleich zu schließen, so muß das Gericht die Frage, ob die Genehmigung der Generalversammlung vorliegt, in den Fällen von Amts wegen beachten, wo die Parteierklärungen ergeben, daß der Prozeß auf Grund eines Beschlusses der Generalversammlung oder auf Verlangen der Minderheit geführt wird.

Die Zurücknahme der Klage bedeutet nicht einen Verzicht auf den geltend gemachten Anspruch, kann übrigens (in landgerichtlichen Sachen) nur von Prozeßvertretern erklärt werden und ist, von ihnen erklärt, auch dann wirksam, wenn wegen Ablaufs der dreimonatigen Frist des § 269 I nochmalige Klageerhebung ausgeschlossen ist.

Man wird den § 270 auch da anwenden, wo eine bestimmte, dem Personenbestand nach feststehende Minderheitsgruppe die Rechtsverfolgung verlangt hatte und dann die Mehrheit sie beschlossen hat.

Handelt es sich um Ansprüche aus der Gründung, so ist auf Verzichte und Vergleiche neben § 270 auch die Vorschrift in § 205 anzuwenden. Danach sind in den ersten 5 Jahren nach der Eintragung der A-Gesellschaft Verzichte und Vergleiche überhaupt ausgeschlossen, später nur zulässig, wenn — wie in § 205 ausdrücklich gesagt wird — eine Generalversammlung zustimmt und nicht eine Minderheit widerspricht, welche mindestens 20% des Grundkapitals vertritt. Wenn bei einem Grundkapital von 1 Million im Namen von genau 100 000 M. Aktien die Erhebung von Ansprüchen aus der Gründung verlangt worden ist, so kann ein Verzicht oder Vergleich nur zustande kommen, wenn erstens die 5 Jahre verstrichen sind, zweitens die Generalversammlung zustimmt, drittens mindestens ein Aktionär aus jener Minderheit zustimmt und viertens nicht eine Minderheit von 200 000 M. Aktien widerspricht. Handelt es sich um einen Vergleich im Falle der Zahlungsunfähigkeit der Beklagten zur Abwendung des Konkursverfahrens, so fällt nur die zeitliche Beschränkung fort, alles andere bleibt dasselbe. S. auch § 205 Erl 3 c.

§ 271.

Ein Beschluß der Generalversammlung kann wegen Verletzung des Gesetzes oder des Gesellschaftsvertrags[1] im Wege der Klage angefochten werden[2].

Die Klage muß binnen einem Monat erhoben werden[3].

Zur Anfechtung befugt ist jeder in der Generalversammlung erschienene Aktionär, sofern er gegen den Beschluß Widerspruch zum Protokoll erklärt hat[4], und jeder nicht erschienene Aktionär, sofern er zu der Generalversammlung unberechtigter Weise nicht zugelassen worden ist oder sofern er die Anfechtung darauf gründet, daß die Berufung der Versammlung oder die Ankündigung des Gegenstandes der Beschlußfassung nicht gehörig erfolgt sei[5]. Eine Anfechtung, die darauf gegründet wird, daß durch den Beschluß Abschreibungen oder Rücklagen über das nach dem Gesetz oder nach dem Gesellschaftsvertrage statthafte Maß hinaus angeordnet seien, ist nur zulässig, wenn die Anteile des Aktionärs oder der Aktionäre, welche die Anfechtungsklage erheben, den zwanzigsten Teil des Grundkapitals erreichen[6].

Außerdem ist der Vorstand[7] und, sofern der Beschluß eine Maßregel zum Gegenstande hat, durch deren Ausführung sich die Mitglieder des Vorstandes und des Aufsichtsrats strafbar oder den Gläubigern der Gesellschaft haftbar machen würden, jedes Mitglied des Vorstandes und des Aufsichtsrats zur Anfechtung befugt[8].

1. Die in den §§ 271—273 geregelte Anfechtungsklage ist durch die Aktiennovelle von 1884 in das Gesetzbuch eingefügt worden als der Rechtsbehelf des einzelnen Aktionärs (des Vorstandes, des Aufsichtsrats und ihrer Mitglieder) gegen rechtwidrige oder rechtswidrig zustande gekommene Beschlüsse der Generalversammlung. Die Schaffung dieses Sondermittels mit seinen erschwerenden Voraussetzungen nötigt, scharf zu unterscheiden zwischen Nichtigkeit und Anfechtbarkeit eines Beschlusses, da die Geltendmachung der Nichtigkeit an jene erschwerende Voraussetzungen nicht geknüpft ist, die Nichtigkeit sich selbst zur Geltung bringt. Die methodische Unterscheidung bietet Schwierigkeiten und ist außerordentlich bestritten.

I. Vorab gilt es, das Gebiet dieser Unterscheidung von einem bestimmten Gesichtspunkt aus auf seinen richtigen Umfang zurückzuführen und damit Fälle auszuscheiden, deren Einbeziehung Verwirrung anrichten muß. Man darf über dem Gedanken, daß in Gesellschaftsangelegenheiten die Mehrheit zu entscheiden hat, nicht die Wahrheit aus den Augen verlieren, daß ebenso wie der einzelne so auch die A-Gesellschaft als juristische Person im allgemeinen nicht die Macht hat, mit ihren Beschlüssen gestaltend in die Rechtssphäre Dritter einzugreifen. Wie der einzelne, so kann auch die Gesellschaft nicht einseitig durch ihren Beschluß feststellen, was der andere ihr zu leisten, was sie dem anderen zu leisten hat. Das gilt auch, wo dieser Dritte einer ihrer Aktionäre ist, nicht nur selbstverständlich dann, wenn dieser zu ihr noch in einem anderen Rechtsverhältnis, z. B. als Käufer, als Darlehnsgeber usw. steht, nicht nur ferner da, wo aus dem Gesellschaftsverhältnis ein konkretes Forderungsrecht erwachsen ist, wie der Anspruch, auf Auszahlung der beschlossenen Dividende, RG 17, 16; 37, 65; 87, 383; JW 1913, 689[7], der Anspruch auf die Liquidationsquote, sondern auch dann, wenn die Generalversammlung beschließt, die Aktionäre zu neuen Leistungen an die Gesellschaft zu verpflichten, bestehende Leistungspflichten zu erweitern, ohne sich hierfür auf statutarische Bestimmungen berufen zu können; RG 21, 149; 48, 102; vgl. auch RG 36, 136; 47, 146; 68, 267. Darüber herrscht im allgemeinen kein Streit, daß mit solchen Beschlüssen das Beschlossene nicht erreicht wird. Handelt es sich um eine Statutenänderung dieses Inhalts, dann hat der Registerrichter die Eintragung des Beschlusses in das Handelsregister gegebenen Falles abzulehnen; KGJ 27, 229. Aber man darf nicht deshalb von Nichtigkeit des Beschlusses sprechen. Nichtige Beschlüsse sind wirkungslos. Aber keineswegs sind alle wirkungslosen Beschlüsse nichtig. Die Beschlüsse, von denen hier die Rede ist, sind nicht wirkungslos, weil sie an Mängeln leiden, gegen das Gesetz verstoßen, sondern weil sie und soweit als sie unternehmen, in eine fremde Machtsphäre einzugreifen. Auch der Umstand, daß der Beschluß mit einem von der A-Gesellschaft geschlossenen Vertrag in Widerspruch steht, bedeutet für den Aktionär noch nicht Anfechtbarkeit und damit Nötigung zur Anfechtung; RG 83, 386. S. auch RG 85, 76: Der Anspruch des Aktionärs auf Schadensersatz gemäß § 826 BGB setzt nicht die Anfechtung des Beschlusses voraus.

Vor allem gilt das Gesagte aber auch von den Beschlüssen der Generalversammlung, insofern durch sie Sonderrechte des Aktionärs verletzt werden. Nur wird dabei der Begriff des Sonderrechts vorausgesetzt, wie er oben in Erl 2 zu § 250 bestimmt worden ist. Auch gegenüber Verletzung eines solchen Sonderrechts kann der Aktionär sich unmittelbar durch Klage oder Einrede sein Recht verschaffen und braucht den Beschluß nicht erst anzufechten; RG 36, 136; 37, 63; 68, 263;

JW 1904, 44[14]; insbesondere in Beziehung auf das Sonderrecht auf Mitgliedschaft vgl. RG 41, 97; 42, 80; 51, 91; 62, 315 (GenG). Es ist aber zu betonen, daß in allen diesen Fällen, namentlich aber, wenn es sich um Verletzung von Sonderrechten handelt, sehr wohl ein anzuerkennendes Interesse der Parteien daran bestehen kann, daß auch nur der Schein eines wirksamen Beschlusses nicht bestehen bleibt, und es ist dann zwar nicht die — an die Frist gebundene — Anfechtungsklage, wohl aber eine Klage auf Feststellung der Wirkungslosigkeit des Beschlusses gegebenen Falles zu gewähren. Es kann auch vorliegen, daß der Eingriff in das Sonderrecht, wenn ihm nicht rechtzeitig widersprochen wird, nach zwingenden gesellschaftsrechtlichen Rechtssätzen sich nicht rückgängig machen läßt. Hierher gehört das Beispiel Horrwitz' in ZBH 1, 181 einer Herabsetzung des Grundkapitals, bei der die in § 288 III vorgeschriebene Sonderabstimmung nach Aktiengattungen versäumt worden ist. S. ferner RG 79, 112. S. § 250 Erl 2 c. Hier bleibt nur Anspruch auf Schadensersatz gegen den Schuldigen, der aber in der Regel der saumselige Geschädigte selbst sein wird. In dieser Beziehung ist der Rechtsfall RG 108, 29 interessant. Es handelte sich um Verletzung des Gründerbezugsrechts nach älterem Recht (vgl. § 283 Erl 1 a); das Gericht unterscheidet, ob das Recht dem Aktionär als solchem oder rein persönlich bedungen war, und meint, daß nur im letzteren Fall Wirkungslosigkeit des Beschlusses vorliege, während im ersteren Fall der Aktionär darauf angewiesen sei, den Beschluß anzufechten. Aber im ersteren Fall ist dieses jetzt nicht mehr zulässige Bezugsrecht Sonderrecht, dem gegenüber Beschlüsse der verpflichteten Gesellschaft ebenso wirkungslos sind, wie gegenüber einem Drittgläubigerrecht des Aktionärs oder eines ganz Unbeteiligten. Aber freilich ist, wenn der mit dem Bezugsrecht unvereinbare Beschluß unangefochten bleibt und die Erhöhung des Grundkapitals in das Handelsregister eingetragen worden ist, mit dem Anspruch auf Lieferung von Aktien nichts mehr zu machen und dem Kläger bleibt nur der Anspruch auf Schadensersatz. Daher muß man hier dem Aktionär eine Feststellungsklage, wenn nicht geradezu die Anfechtungsklage gewähren zum Zweck, die Eintragung des Beschlusses in das Handelsregister zu verhindern. Auch der Antrag auf Erlaß einer einstweiligen Verfügung, die in solchen und ähnlichen Fällen zulässig sein muß, setzt voraus, daß eine Klage erhoben werden kann.

Ganz abweichend die ausführlichen, aber keineswegs klärenden Erörterungen im Urteil LZ 1917, 488[7] (München).

II. In Frage kommen hier also nur mangelhafte Beschlüsse. Sie sind entweder nichtig oder anfechtbar. Es ist zu unterscheiden nach dem, wo der Mangel steckt, ob im Inhalt des Beschlusses oder in der Art und Weise, wie er zustande gekommen ist.

a) Wegen Mängel der letzteren Art, Verstöße im Verfahren, und ihrer Bedeutung ist auf das in Erl 6 zu § 259 Gesagte zu verweisen, wo ausgeführt worden ist, daß solche Mängel nur ausnahmsweise zur Nichtigkeit des Beschlusses führen, daß im allgemeinen der Fehler, wenn er nicht überhaupt einflußlos ist, nur Anfechtbarkeit zur Folge hat.

b) Wegen seines Inhalts ist der Beschluß nichtig.

1. Wenn etwas beschlossen wird, was nach dem Gesetz nicht sein soll, BGB § 134, so wenn beschlossen würde, Aktien auszugeben, welche auf 150 M. lauten sollen, oder Interimsscheine auf den Inhaber oder Aktien ohne Stimmrecht (während Stimmrecht ohne „Aktien" Eingang gefunden hat), wenn beschlossen würde, in irgendeiner Form das Grundkapital — ganz oder teilweise — an die Aktionäre zurückzuzahlen, RG 107, 166; auch der Fall RG 21, 149 (s. insbes. S. 158 f.) würde hierher gehören; ferner (nach damaligem Stand der Rechtsprechung) der Fall KGJ 8, 15, oder ein Beschluß, welcher die Beteiligung der Betriebsratsmitglieder wider Gesetz beschränkt, RG 107, 222.

2. Wenn das Beschlossene unsittlich ist, BGB § 138 I. Doch muß man das richtig verstehen, um zu sehen, daß das ein Fall ist, der kaum einmal vorkommen wird. Man müßte sich schon Fälle ausdenken, wie den Beschluß, den Zweck des Unternehmens auf Schmuggelgeschäfte, auf Bordellbetrieb auszudehnen u. ä. Es wirkt hier störend der üble Zustand, in welchem sich die Lehre von dem unsittlichen Rechtsgeschäft befindet. So geschlossen auch der Widerspruch ist, muß darauf bestanden werden — und wenn es nicht vom Rechtsgeschäft gelten soll, so muß es unbedingt wenigstens von den Beschlüssen der Generalversammlung gelten — daß Unsittlichkeit im Sinn des § 138 I BGB nur vorliegt, wenn der Inhalt des Beschlusses so wie er lautet und ganz nur auf sich gestellt, unsittlich ist, und daß auf Beschlüsse, die in dieser Isolierung sittlich indifferent sind, der § 138 cit. auch dann nicht anwendbar ist, wenn sie aus unsittlichem Beweggrund fließen oder auf unsittliche Zwecke abzielen. Vgl. Brodmann in EhrenbergsHH IV, 2 S. 169 ff.

3. Im Gegensatz hierzu greift RG 107, 74 auf die Formel zurück, welche das Gericht sich geschaffen hat, um dem vermeintlichen Bedürfnis nach ausdehnender Auslegung des § 138 Genüge zu tun, es müsse der aus Inhalt, Beweggrund und Zweck erhellende Gesamtcharakter des Beschlusses in das Auge gefaßt werden. Ebenso Flechtheim JW 1925, 572 V. Aber damit gerät man aus dem Gebiet des § 138 in das des § 826 BGB hinein und wenn nicht überhaupt, so sind jedenfalls für die Anfechtungslehre im Aktienrecht diese beiden Gebiete streng getrennt

zu halten. Liegt es doch auch in der Lehre vom Rechtsgeschäft so, daß Verstöße gegen § 826 BGB zum Schadensersatz und zu Einwendungen mannigfacher Art führen, aber weit entfernt sind, die Nichtigkeit der dabei etwa in Frage kommenden Rechtsgeschäfte zu bedingen. Der Tatbestand des § 826 kann sich natürlich auch bei der A-Gesellschaft in ihren rechtlichen und geschäftlichen Verhältnissen zu Dritten verwirklichen und es ist möglich, daß das im einzelnen Fall auf einem Beschluß der Generalversammlung beruht und daß der Vorwurf des Unsittlichen auf diesen Beschluß zurückzuführen ist oder wenigstens, daß er auch ihn trifft. Das ist ganz etwas anderes, als wovon hier die Rede ist. Hier handelt es sich um den inneren Vorgang der Entschließung in der Gesellschaft, die nach dem gesellschaftsrechtlichen Grundsatz nach Mehrheit — einfacher oder qualifizierter — sich vollzieht. Wo alle einverstanden sind oder sich fügen, kann unsere Frage gar nicht auftauchen, die einzig dahin geht, inwiefern der einzelne — erschienene oder nicht erschienene — Aktionär oder inwiefern die überstimmte Minderheit gegenüber dem Mehrheitsbeschluß wehrlos ist. Es fragt sich, wo aus allgemeinem Rechtsgrundsatz die Grenze der Macht der Mehrheit im einzelnen Fall gezogen ist. Und an dieser Stelle ist die Formel des Reichsgerichts allerdings ganz am Platz. Es muß der aus Inhalt, Beweggrund und Zweck erhellende Gesamtcharakter des Beschlusses in das Auge gefaßt werden, um zu entscheiden, ob die Mehrheit in bewußter Weise statt das Interesse der Gesellschaft wahrzunehmen darauf ausgeht, zu eigenem Vorteil die Minderheit oder — was gar nicht so selten ist — das eigene Unternehmen selbst zu schädigen. Dann ist gegeben, daß den anderen in einer gegen die guten Sitten verstoßenden Weise vorsätzlich Schaden zugefügt werden soll, RG 107, 72, 202; 108, 43; 112, 14; JW 1916, 575[3]; 1925, 153[3]; OLG 36, 276; Sontag, Die A-Gesellschaften im Kampfe zwischen Macht und Recht S. 16 f.; Steinitzer, Ökonomische Theorie der A-Gesellschaft S. 48 ff., 66 ff. Daraus, daß diese Frage nur auftauchen kann, wo unter den Aktionären Meinungsverschiedenheit besteht, und gegenstandslos ist, wenn alle einverstanden sind (denn die Frage, welchen Charakter der Beschluß in seiner Bedeutung für Dritte etwa hat, darf, wie gesagt, hier nicht gestellt werden), ergibt sich zugleich, daß von absoluter Nichtigkeit keine Rede sein kann, sondern nur von Anfechtbarkeit, RG 115, 299. So ist der Beschluß, durch welchen die Bilanz genehmigt wird, inhaltlich sittlich indifferent. Es können wohl durch eine unrichtige Bilanz Dritte getäuscht und geschädigt werden. Im Verhältnis der Gesellschaft zu ihren Mitgliedern und ihren Organen kann immer höchstens von Anfechtung die Rede sein. Anders Rosendorff, GoldbilanzGes 2. Aufl. S. 47, wonach unzulässige Überbewertung von Aktiven Nichtigkeit, Unterbewertung bald Nichtigkeit bald Anfechtbarkeit des Genehmigungsbeschlusses zur Folge hätte. Aber so wenig man von dem Einzelkaufmann, der seine Bilanz falsch aufmacht, sagen kann, daß er eine nichtige Bilanz, oder daß er überhaupt nicht eine Bilanz gezogen habe, so wenig läßt sich das von der A-Gesellschaft sagen. Die Überbewertung ist rechtswidrig, der Genehmigungsbeschluß kann rechtsverletzend wirken, woraus dann Dritte vielleicht (§§ 823, 826 BGB) Ansprüche herleiten können. Aber nichtig ist er nicht, und wenn er nicht angefochten wird, bleibt es bei der Bilanz, wie sie lautet. — Der Beschluß, die ausgegebenen Vorzugsaktien (statutengemäß) zu 110% einzuziehen, JW 1925, 153[3], ist ethisch ganz farblos und kann nicht nach § 138 BGB nichtig sein; in Frage konnte nur kommen, ob er nach § 826 BGB anstößig und also anfechtbar war, weil er im Oktober 1923 und also in der Zeit des tiefsten Währungsverfalls gefaßt worden ist. Anders Fischer das. Fußnote (dessen Kritik nicht ganz verständlich ist; wenn die außerordentlich große Schädigung der Vorzugsaktionäre an sich noch nicht unsittlich war, dann kann sie es nicht wohl dadurch werden, daß ihnen durch ein Bezugsrecht zugleich auch ein Vorteil geboten wurde). Es ist nach dem Gesagten bedenklich, mindestens im Ausdruck zu beanstanden, wenn in RG 107, 71 gesagt wird, darüber, ob ein Beschluß im Interesse der Gesellschaft liegt, habe allein die Generalversammlung (also doch die Mehrheit) zu befinden. Richtig ist das, wenn Streit darüber besteht, ob die Maßregel aus wirtschaftlichem, kaufmännischem Gesichtspunkt sich empfiehlt oder nicht. Hier hat das Gericht nicht mitzusprechen. Ganz anders aber, wenn nicht das Interesse des Unternehmens, sondern — innerhalb dieses Interesses oder gar ihm entgegengesetzt — Interessen ausschließlich der Mehrheit gewinnsüchtig verfolgt werden.

In dieser Frage, namentlich auch in dem Punkt, ob Nichtigkeit anzunehmen ist oder Anfechtbarkeit, ist der Stand der Lehre ganz unsicher. Auch von der Rechtsprechung gilt das. So spricht RG 112, 14 von Nichtigkeit, ebenso RG 112, 115; 107, 72. Von Anfechtbarkeit dagegen RG 68, 314; 82, 186; 108, 322, wohl auch RG 105, 375; 108, 41. Oft ist freilich nicht deutlich, ob nicht von Nichtigkeit im Sinne der durchgeführten Anfechtung die Rede ist, RG 107, 202; 113, 188. Es kann nicht unternommen werden, die große Schwierigkeit der Entscheidung dieser Rechtslagen in einer einzigen und kurzen Formel zu meistern. Es ist aber von großer Bedeutung, zu sehen, daß immer, wo es aus § 826 BGB zu entscheiden gilt, nicht Nichtigkeit sondern nur Anfechtbarkeit gegeben ist.

4. Grundsätzlich sind alle Beschlüsse der Generalversammlung rechtsverletzend, welche gegen den gesellschaftsrechtlichen Satz der Gleichberechtigung aller Mitglieder verstoßen, die Gleichberechtigung aller Gesellschafter nach Verhältnis ihrer Beiträge zum Gesell-

schaftsvermögen oder wie sonst das Verhältnis vereinbart worden ist. § 250 Erl 2 c § 185 Erl 1, § 262 Erl 5. Ein Verstoß hiergegen begründet nicht Nichtigkeit, sondern Anfechtbarkeit. Es handelt sich um einen zwingenden Rechtssatz des Gesellschaftsrechts, nicht um ein Sonderrecht. Vgl. RG 38, 15 (GenG).

c) Auch Wahlen sind Beschlüsse der Generalversammlung im Sinn des § 271; RG in SeuffArch 47, 131; GZ 48, 467,[75]; ebenso die Sonderbeschlüsse verschiedener Aktiengattungen gemäß § 275 III; nicht dagegen das Verlangen der Minderheit in den Fällen der §§ 266, 268. A. A. Goldschmit AG § 171[3].

d) Nicht ausgeschlossen und nicht selten ist, daß der mit der Anfechtungsklage erhobene Vorwurf der Rechts- oder Sittenwidrigkeit nicht so sehr den angegriffenen Teil trifft, wie vielmehr den angreifenden. Vgl. hierzu Rosendorff, Organisation der Konzerne, der S. 91 ff. von einem „Zweckwandel der Minoritätsrechte" spricht. Vermag die Gesellschaft den Beweis zu erbringen, daß die Kläger den Beschluß nur anfechten, um die Gesellschaft ihren in anderer Richtung liegenden Wünschen willfährig zu machen, oder gar um Vorteile geradezu zu erpressen, dann wird mit Fug und Recht die Klage auch dann abgewiesen, wenn der Beschluß nicht frei von den geltend gemachten Mängeln ist. Denn wenn es auch dabei bleiben muß, daß der Anfechtende ein Interesse an der Beseitigung des angefochtenen Beschlusses nicht nachzuweisen braucht (s. unten Erl 2 h), so ist es doch noch etwas anderes, wenn ihm nachgewiesen wird, daß er mit der Klage ein anderes Interesse in anstößiger Weise verfolgt.

2. a) Der nichtige Beschluß einer Generalversammlung ist von vornherein wirkungslos, der anfechtbare wird wirksam, wenn er nicht in der hier vorgeschriebenen Form und Frist durch Klage angefochten wird. Die Besonderheiten der Anfechtungsklage sind, kurz zusammengestellt, folgende: Ein Aktionär, welcher an der Generalversammlung teilgenommen hatte, kann nur Klage erheben, wenn er in der Versammlung gegen den Beschluß Widerspruch erhoben hat; wer in der Versammlung nicht gegenwärtig gewesen ist, kann nur klagen, wenn er entweder rechtswidrig nicht zugelassen worden ist, oder wenn die Versammlung nicht ordnungsmäßig einberufen oder wenn der Gegenstand des Beschlusses nicht gehörig angekündigt worden war. Die Klage muß binnen einem Monat nach der Generalversammlung erhoben werden. Sie ist nicht nur dem Vorstand, sondern auch dem Aufsichtsrat zuzustellen. Auch der Vorstand kann die Klage erheben, sowie unter besonderer Voraussetzung jedes Mitglied des Vorstandes und des Aufsichtsrats.

b) Die Anfechtung kann nur im Wege der Klage erfolgen. Aber nicht einredeweise, wie sich übrigens auch daraus ergibt, daß bei einer seitens der Gesellschaft erhobenen Klage diese nur durch den Vorstand vertreten ist, während sie gegenüber der Anfechtung durch den Vorstand allein wirksam nicht vertreten wird. Aus dem letzteren Grunde ist auch Anfechtung im Wege einer Widerklage nicht angängig. A. A. Lehmann-Ring § 271[15]; Goldmann § 271[8], für den Fall, daß die Klage am Sitz der Gesellschaft erhoben ist. Ebenso ist Klage auf Feststellung der Anfechtbarkeit oder Nichtanfechtbarkeit unzulässig. Dem Aktionär kann sie nicht zustehen, weil ihm die Anfechtungsklage zu Gebot steht, der Gesellschaft nicht, weil sich innerhalb des laufenden Monates herausstellen muß, ob es zur Anfechtung kommt oder nicht. Schließlich müßte eine solche Klage auch daran scheitern, daß der Vorstand allein den Streit für die Gesellschaft nicht ausfechten kann, für Vertretung der Gesellschaft durch Vorstand und Aufsichtsrat keine gesetzliche Vorschrift besteht. Wie hier Staub-Pinner § 271[6] gegen Brand § 271[3]; Makower § 271 I b, der freilich seine Behauptung stark einschränkt und fast aufgibt, Goldmann § 271[9]. Dagegen werden die Voraussetzungen einer Feststellungsklage in der Regel gegeben sein, wenn die Nichtigkeit des Beschlossenen in Frage steht. Ausnahmsweise will Staub-Pinner § 271[8] (fristlose) Feststellungsklage in dem Fall zulassen, daß ein Antrag für abgelehnt erklärt worden war, während er bei richtiger Stimmenzählung sich als angenommen ergeben hätte. Ebenso Horrwitz, Generalversammlung 77. Vgl. hiergegen Erl 2 a zu § 259.

Die Vorschriften und Grundsätze über Erlaß einer einstweiligen Verfügung durch den Richter gelten auch für die Anfechtungsklage.

c) Legitimiert zur Klage ist der Aktionär, d. h. der Eigentümer der Aktie. Wie bei der Ausübung des Stimmrechts ist auch hier von dieser materiellen Legitimation zum Recht die formale zur Ausübung des Rechts zu unterscheiden (vgl. Erl 1 k zu § 252). Diese wird bei der Namenaktie geführt durch das Aktienbuch, bei der Inhaberaktie durch ihren Besitz. War der Aktionär in der Generalversammlung durch einen Bevollmächtigten vertreten, so erstreckt sich die Vollmacht nicht ohne weiteres auf Erhebung der Anfechtungsklage, während, wenn der Bevollmächtigte nicht als solcher, sondern wie aus eigenem Recht auftritt und Widerspruch erhebt, weder er noch der Eigentümer der Aktie Klage erheben kann, KG bei Bauer 26, 3. Dagegen liegt kein Grund vor, läßt man überhaupt die Legitimationszession zu, ihre Wirkung auf die Teilnahme an der Generalversammlung zu beschränken. Man wird annehmen müssen, daß sie der Gesellschaft gegenüber jederzeit widerruflich ist. Aber solange sie nicht widerrufen ist, ermächtigt sie den Zessionar uneingeschränkt, die Rechte als Aktionär geltend zu machen. Wenn es in RG

30, 51 lautet: Der Einwand, daß der Inhaber der Aktie nicht ihr Eigentümer sei, steht der Anfechtungsklage nicht entgegen; anders könne es sein, wenn der Tatbestand des § 318 oder eine Umgebung des § 252 III (Stimmverbot) in Frage komme, so hätte das einer Begründung bedurft. Es ist nicht zu sehen, weshalb die Legitimation durch Innehabung nicht wie überall, so auch hier solle widerlegt werden dürfen. Wie RG auch Bauer 10, 229 (Dresden). Hueck 137 deutet das Urteil dahin, es genüge nicht, den Nachweis des fehlenden Eigentums, weil die Möglichkeit einer anderweiten Befugnis zur Vertretung der Aktie bliebe. Gerade das aber ist nicht richtig. Wenn die Gesellschaft den Nachweis des Nicht-Eigentums erbringt, muß der Kläger erklären und nachweisen, woraus sonst er sein Vertretungsrecht herleitet. Anders liegt es bei der Namenaktie RG 40, 81. Ist die Umschreibung im Aktienbuch an sich in Ordnung, so kann die Gesellschaft die Legitimation des Eingetragenen nur anfechten, wenn sie darzulegen vermag, daß der Eintragene Nicht-Eigentümer und der Rechtsverfolgung durch den Eingetragenen eine gesetz- oder statutenwidrige Absicht zugrunde liegt. Vgl. Erl 2 b zu § 223.

d) Sehr bestritten ist die Frage nach der Legitimation zur Anfechtungsklage, wenn an der Aktie ein Nießbrauch besteht. Vgl. § 252 Erl 1 g. Nach diesseitiger Auffassung steht die Ausübung des Stimmrechts dem Eigentümer der Aktie zu, während der Nießbraucher berechtigt ist, an der Generalversammlung teilzunehmen, sowie gegebenenfalls Widerspruch und Anfechtungsklage zu erheben.

e) Aktien der Ehefrau, an welchen dem Ehemann die Nutznießung zusteht, berechtigen ausschließlich den letzteren zur Anfechtungsklage. Ebenso übt der Vater das Anfechtungsrecht an Aktien seiner Kinder aus, solange diese unter väterlicher Gewalt stehen, gleichviel, ob ihm auch die Nutznießung an den Aktien zusteht, Hueck 132. Vgl. Erl 1 h i zu § 252.

f) Ist die Aktie verpfändet, so ist anfechtungsberechtigt nicht der Pfandgläubiger, sondern der Eigentümer, Recht 03, 3032; LZ 08, 871[3]. A. A. Goldschmit AG § 271[14] im Fall, daß der Pfandgläubiger das Stimmrecht ausgeübt hat. Anders bei der fiduziarischen Übereignung der Aktie. Vgl. Erl 1 f zu § 252.

g) Daß der Vormund wegen der Aktien seines Mündels wie das Stimmrecht so auch das Anfechtungsrecht geltend zu machen berufen ist, ist klar. Es gilt das von jedem gesetzlichen Vertreter des Aktionärs.

Zum Reportgeschäft vgl. Erl 1 l zu § 252.

Steht die Aktie im Miteigentum mehrerer, so kommt § 225 zur Anwendung. A. A. Hueck 134, welcher § 1011 BGB entsprechend anwenden will, so daß jeder Miteigentümer selbständig zur Anfechtung legitimiert wäre, sich aber nicht darüber ausspricht, welche Quote des Grundkapitals in diesem Fall der Miteigentümer vertritt.

h) Der Kläger muß von der Generalversammlung an bis zur Beendigung des Prozesses Aktionär sein und zwar mittels derselben Aktien, richtiger mittels mindestens einer und derselben Aktie, RG 66, 135; er führt diesen Nachweis — Gegenbeweis vorbehalten — durch Vorlegung der betreffenden Aktie, da Veränderungen in der Zwischenzeit bis zur Klageerhebung und weiter nicht vermutet werden, RG in HoldhMS 1905, 302. Das Recht der Anfechtung ist kein veräußerliches Vermögensrecht, geht vielmehr unter, wenn der Aktionär seine Aktie veräußert. Anders — in Beziehung auf den Geschäftsanteil einer Gesellschaft mbH — Hachenburg GGmbH in § 45, 21; Brodmann GGmbH S. 184. Besitzt er deren mehrere, so muß er im Besitz mindestens einer verbleiben, RG 33, 94; HoldhMS 15, 241. Wohl aber geht kraft Gesamtrechtsnachfolge wie das Eigentum an der Aktie so auch das Anfechtungsrecht auf den Nachfolger über. Es war zweckmäßig, daß Art 190 a der früheren Fassung hier ebenso wie im Falle der §§ 266 III, 269 II vorschrieb, daß der Kläger seine Aktien gerichtlich zu hinterlegen habe. Vgl. RG 37, 108. Die Begründung der Änderung D 163 ist nicht ganz schlüssig; ist es zulässig, daß der Aktionär nur auf Grund einer oder eines Teiles der Aktien klagt, die er in der Generalversammlung vertreten hat, so müßte natürlich auch von der Hinterlegung diese Einschränkung gelten. — Die verklagte Gesellschaft kann dem Aktionär nicht einwenden, daß er an der Anfechtung kein Interesse habe, RG 77, 256. Auch wenn ausgesprochenermaßen die Klage nur erhoben wird, um über eine zweifelhafte Rechtsfrage Gewißheit zu erlangen, ist auf sie einzugehen. — Ist der Beschluß mit einem Mangel behaftet, so kann ihn jeder widersprechende Aktionär anfechten, auch wenn ihn der Mangel nicht betrifft, RG 40, 83. — Auch der Aktionär, welcher bei dem betreffenden Beschluß von der Ausübung des Stimmrechts von Rechts wegen ausgeschlossen war, kann ihn anfechten, JW 1897, 112[28].

i) Abzulehnen ist der Gedanke, daß der Aktionär, welcher klagt, als Vertreter, gewissermaßen als Organ der Gesellschaft handelte. So Fischer in EhrenbergsHH III 1, 207. Die Gesellschaft und ihr Organ stehen vielmehr gerade auf der anderen Seite. Er handelt durchaus in eigenem Namen und in Ausübung seines persönlichen Individualrechts, auch wenn ihn kein persönliches, sondern das allgemeine Interesse des Unternehmens und der Gesellschaft treibt. Auch der Umstand, daß die seiner Klage stattgebende Entscheidung für und gegen die übrigen Aktionäre wirkt, beruht auf ganz anderem Grunde, als auf diesem Gedanken, der überdies dazu führen müßte, daß die Rechtskraft der die Klage abweisenden Entscheidung in gleichem Umfange wirkt. S. § 273 Erl 1a. In einem anderen, ebenso unfruchtbaren Sinn läßt Lehmann, A-Gesellschaft II 399 den Aktionär in Ausübung seines individuellen Rechts die Rolle gewissermaßen eines Organs der Gesellschaft spielen.

3. Die Klage muß binnen einem Monat erhoben werden, d. h. sie muß spätestens am letzten Tage der Monatsfrist sowohl dem Vorstand als auch dem Aufsichtsrat zugestellt werden (§ 272 I), JW 1895, 602[27]; Bolze 21[564]; RG in BankArch 9, 300. Sie läuft vom Tage der Generalversammlung an; wenn diese sich über mehrere Tage zusammenhängend erstreckt hat, vom letzten Tage an, gleichviel an welchem Tage der angefochtene Beschluß gefaßt worden ist. Für die Berechnung der Frist gelten §§ 187 I, 188 II, III, 193 BGB. Sie ist keine „Notfrist" (ZPO § 223), überhaupt keine Prozeßfrist und läuft daher auch in und während der Gerichtsferien. Wiedereinsetzung in den vorigen Stand gegen ihre Versäumnis ist ausgeschlossen. Sie läuft gegenüber jedem Klageberechtigten, mag dieser in der Generalversammlung zugegen gewesen sein oder nicht, KGJ 34, 136, auch dann, wenn dieser von der Generalversammlung gar nichts gewußt hat, gar nichts hat wissen können (unter Umständen kann in solchen Fällen der Beschluß nichtig sein; s. Erl 6 a zu § 259). Die Frist ist Ausschlußfrist, und ihre Wahrung muß das Gericht von Amts wegen beachten. Sie kann auch nicht durch Parteivereinbarung verlängert werden. Auch können, wenn die Klage rechtzeitig erhoben worden ist, neue Anfechtungsgründe nach Ablauf der Frist nicht mehr nachgebracht werden. A. A. für den Fall, daß der Gegner einverstanden, Lehmann Ring § 271[16]. Berichtigung und Ergänzung des Klagvorbringens ist unbenommen, wofern nur der Klaggrund unverändert bleibt, dagegen ist die Berufung auf neue Tatsachen insofern unzulässig, als aus ihnen eine neue Gesetzes- oder Statutenverletzung sich ergibt, JW 1903, 390[22], Warn 1913, 196; RG 91, 323 b. Vgl. auch Fuld in ZAW 14, 3 ff.

4. a) Der Aktionär kann einen Beschluß nur anfechten, wenn er in der Generalversammlung gegen ihn Widerspruch zu Protokoll erklärt hat. Es kann der Widerspruch im voraus erklärt werden oder auch nachträglich; RG in SeuffArch 47[131]; OLG 40, 467[78]. In der Regel wird, wer dem Beschluß widerspricht oder widersprechen will, bei der Abstimmung dagegen stimmen. Tatsächlich kann denn auch im allgemeinen, wer für den Antrag gestimmt hat, nicht nachträglich wirksam dagegen Widerspruch erheben. Doch hat RG 22, 161 in einem Falle, wo der Aktionär zunächst für Genehmigung der Bilanz gestimmt, dann aber gegen die vorgeschlagene Festsetzung der Dividende gestimmt und hiergegen Widerspruch erklärt hatte, die Anfechtung von Ansätzen der genehmigten Bilanz für zulässig erklärt. Auch kann es, wenn im voraus Widerspruch erklärt worden ist, einen guten Sinn haben, daß der Aktionär für den Fall dem Antrag in bestimmter Form zustimmt, daß er mit der Anfechtung nicht durchdringt (wenn z. B. sein Widerspruch sich nicht auf den ganzen Inhalt des Beschlusses bezieht) und es ist Wiederholung des Widerspruchs nicht nötig. — Eine Begründung des Widerspruchs ist nicht vorgeschrieben; der widersprechende Aktionär ist deshalb bezüglich der von ihm in der Klage geltend zu machenden Anfechtungsgründe unbeschränkt und kann selbst dann, wenn er in der Generalversammlung seinen Widerspruch auf bestimmte Gründe gestützt hat, alle dem angefochtenen Beschlusse anhaftenden Mängel in der Klage geltend machen; RG 20, 141; RG in SeuffArch 47, 131; OLG 40, 467[78] (Hamburg). S. aber auch RG 82, 188. Der im voraus erklärte Widerspruch muß auch nicht nach Feststellung des Ergebnisses der Abstimmung wiederholt werden; RG eod und RG 53, 292. — Die Regel ist ferner, daß wenn ein einzelner Beschluß als gesetz- oder statutenwidrig angefochten werden soll, gerade auch gegen diesen Widerspruch erhoben wird; ein genereller Protest gegen alle zu fassenden Beschlüsse ist in solchem Falle nicht ausreichend; anders liegt es, wenn der Protest und die Anfechtung darauf gestützt sind, daß die Einberufung der Versammlung nicht gehörig erfolgt sei; dann kann neben dem allgemeinen Protest gegen die Abhaltung der Generalversammlung nicht noch ein besonderer Widerspruch gegen die einzelnen Beschlüsse verlangt werden; RG 30, 51; JW 1898, 462[12]; oder darauf, daß dem Aktionär das Stimmrecht entzogen worden ist. Vgl. RG in Holdh MS 03, 99. A. A. Goldschmit AG § 271[17]. Hat ein Aktionär gegen die Handhabung der Geschäftsordnung protestiert (Verkürzung der Redezeit), so liegt darin zugleich ausreichender Widerspruch gegen den daraufhin ergehenden Beschluß RG 36, 24. Weitergehend Hueck, Anfechtbarkeit 141, ihm zustimmend Staub-Pinner 271[10]. — Wer gegen die Zulassung des Antrages Widerspruch erhoben hat — z. B. weil er nicht genügend angekündigt war —, und sich gleichwohl an der Abstimmung — gleichviel wie — beteiligt, muß den Widerspruch wiederholen, widrigenfalls er sich der Gefahr aussetzt, daß sein Verhalten als Verzicht auf den Widerspruch ausgelegt wird.

Auch wer von der Ausübung des Stimmrechts ausgeschlossen war oder freiwillig sich der Abstimmung enthalten hat, muß Widerspruch erheben, wenn er den Beschluß anfechten will; JW 1897, 112[28]. Der Widerspruch muß jedenfalls noch vor Schluß der Generalversammlung erhoben werden. Zweifelhaft ist, ob er noch erhoben werden kann, wenn die Versammlung zu einem anderen Punkt der Tagesordnung übergegangen ist. Dagegen unverkennbar RG 22, 161. Dafür Makower § 271 V 2 γ; Goldmann 271[18]; Staub-Pinner § 271[10]; Brand 271, 5 A. c γ.

b) Der Widerspruch muß „zu Protokoll erklärt werden". Das heißt nicht, daß die Aufnahme in das Protokoll unerläßlich ist. Vgl. RG 53, 293: Daß die Beurkundung des erklärten Widerspruchs kein gesetzliches Erfordernis sei, hat die Vorinstanz zutreffend dargelegt; es ist aber auch nicht erforderlich, daß der Genosse förmlich erklärt, er erhebe seinen Widerspruch zu Protokoll oder daß er in anderer Weise die Beurkundung ausdrücklich verlangt; es genügt, daß er seine Erklärung der Generalversammlung gegenüber als Rechtsverwahrung und so deutlich abgibt, daß ein gewissenhafter Protokollführer sich kraft seines Amtes verpflichtet fühlen muß, die Erklärung in das Protokoll aufzunehmen; OLG 34, 351 (Breslau).

c) Der Widerspruch kann zurückgenommen werden und wenn das deutlich in rechtsgeschäftlicher Weise geschieht, liegt darin zugleich der Verzicht auf die Anfechtung. Es ist aber zu beachten, daß nicht schon darin die Zurücknahme des Widerspruchs liegt, daß der Aktionär die Vorteile, welche sich aus dem Beschluß für ihn ergeben, nicht zurückweist, z. B. nicht darin, daß er die beschlossene Dividende abhebt, obwohl er sie als zu hoch bemessen beanstandet. Daher bedenklich RG 33, 91. Vgl. Hueck, Anfechtung S. 153; HoldhMS 1893, 47. — Auch darauf kann nichts ankommen, daß der Widersprechende sich bei Vorverhandlungen für den Antrag erklärt hatte; GZ 43, 324[194] (Köln).

d) Wird ein Beschluß erfolgreich angefochten, so werden damit auch die weiteren Beschlüsse hinfällig, welche nach Absicht der Generalversammlung mit dem angefochtenen ein einheitliches Ganzes sind; JW 1898, 609[40]. — Hat ein Aktionär die Bilanz angefochten und ist, wenn es im folgenden Jahr wiederum zur Bilanzfeststellung kommt, die Anfechtungsklage noch in der Schwebe, so kann er, ohne seinem Anfechtungsrecht etwas zu vergeben, diese Feststellung unwidersprochen lassen. Er ist nicht einmal gehindert, für die Genehmigung der Bilanz zu stimmen, wenn er keinen Anlaß hat, etwa neu aufgetretene Mängel zu beanstanden; RG 64, 258; 98, 113; a. A. Staub-Pinner § 273[1], der gegen die Auffassung vornehmlich die Schwierigkeiten in das Feld führt, welche sich einer entsprechenden Änderung der späteren Bilanzen bieten können. (Zustimmend Horrwitz, GenVers. S. 86; Goldschmit AG § 273[3]). Diese Schwierigkeiten können allerdings erheblich sein, aber sie sind genau dieselben, mögen die späteren Bilanzen angefochten worden sein oder nicht. Denn weil die den wiederholten Protesten entsprechenden mehreren Anfechtungsprozesse unter denselben Parteien über einen und denselben Streitstoff vor demselben Gericht geführt werden müßten, so ist unausbleiblich, daß entweder — was die Regel bilden wird — die späteren Prozesse auf den ersten warten oder mit dem späteren Prozeß, wenn er etwa vorgehen sollte, der frühere erledigt ist. Übrigens ist, was die späteren Bilanzen angeht, wenn die Anfechtung der früheren Erfolg hat und somit nach maßgeblichem richterlichem Urteil feststeht, daß die spätere Bilanz von einem unrichtigen Ausgangspunkt aus aufgestellt ist, die Gesellschaft nicht nur berechtigt, sondern verpflichtet, den Fehler zu korrigieren. Vgl. Flechtheim in Festschrift für Zitelmann 31.

5. Unter bestimmten Voraussetzungen kann auch der Aktionär einen Generalversammlungsbeschluß anfechten, welcher an der Versammlung nicht teilgenommen hat. Hierher gehört aber nicht der Fall, daß die Aktien des Nicht-Erschienenen oder auch nur ein Teil seiner Aktien mit seiner Zustimmung durch Dritte, Legitimationszessionen oder bevollmächtigte Stellvertreter vertreten waren. Das Anfechtungsrecht besteht, wenn

a) der Aktionär unberechtigter Weise nicht zugelassen war. Er ist zuzulassen, wenn er sich entsprechend den gesetzlichen wie statutarischen Bestimmungen als Aktionär legitimiert hat. Nach dem Wortlaut der Vorschrift ist eine rechtswidrige Anordnung der Versammlung oder ihres Vorsitzenden Voraussetzung. Der von Makower § 271 V 3 α hervorgehobene Fall, daß der Hauseigentümer dem Aktionär das Betreten des Hauses, in welchem die Versammlung stattfindet, untersagt, unterscheidet sich in nichts von anderen ähnlichen Fällen höherer Gewalt. Dagegen gehört hierher auch der Fall, daß der Bevollmächtigte des Aktionärs zu Unrecht zurückgewiesen wird; RG 40, 84. — Hierher gehört ferner der Fall, daß ein Aktionär im Laufe der Verhandlung unberechtigter Weise genötigt wird, die Versammlung zu verlassen oder berechtigter Weise sich veranlaßt sieht, es zu tun. Auch hat das nicht nur für die nach seinem Fortgang gefaßten Beschlüsse Bedeutung, jedenfalls dann nicht, wenn man annimmt, daß noch nach Übergang zu einem anderen Punkt der Tagesordnung bis zum Schluß der Versammlung Widerspruch erhoben werden kann; a. A. Makower a. a. O.

b) wenn die Versammlung nicht gehörig einberufen war. Dabei ist anerkannt, daß unwesentliche Verstöße die Anfechtung nicht begründen; RG 34, 113. Auch wesentliche Verstöße sind unschädlich, wenn sie sich noch rechtzeitig wieder gut machen lassen und gutgemacht werden; Bolze 4[808]. Anderseits gibt es so grobe Verstöße, daß von einer Generalversammlung im Sinne des Gesetzes nicht gesprochen werden kann, in welchem Fall die gefaßten Beschlüsse ohne weiteres nichtig sind. Vgl. Erl 6 a zu § 259. Dahin würden in der Regel Verstöße gegen § 253 I gehören. Für die Anfechtung kommen namentlich die Vorschriften der §§ 255, 257 in Betracht, ferner etwa die Einberufung nach einem Ort, nach welchem zu reisen dem Aktionär nicht zugemutet werden kann.

c) wenn außerhalb der ordnungsmäßig angekündigten Tagesordnung (§§ 256, 254 II, 257) ein Beschluß gefaßt wird, kann auch der nicht erschienene Aktionär ihn anfechten. Hier gilt als nicht erschienen auch der, welcher sich freiwillig entfernt hat, bevor der betreffende Antrag zur Sprache kam; Hueck, Anfechtbarkeit 149. Unerheblich ist, ob der anfechtende Aktionär unter der Hand erfahren hatte, daß, wann und wo die Generalversammlung stattfinden solle oder daß der betreffende Antrag außerhalb der Tagesordnung gestellt werden würde. Wohl mit Recht nimmt aber Hueck, Anfechtbarkeit 149 hiervon Verstöße gegen §§ 256 Abs I Satz 2 und § 257 aus.

Auch in diesen Fällen muß die Anfechtung innerhalb eines Monats nach der Generalversammlung erfolgen; KGJ 34, 136.

6. Die Anfechtung ist erschwert, wenn sie darauf gegründet ist, daß durch den Beschluß Abschreibungen oder Rücklagen über das nach Gesetz oder Statut statthafte Maß hinaus angeordnet seien. In der Regel wird es sich also um den Bilanzgenehmigungs- und Dividendenverteilungsbeschluß handeln. Hier kann Klage nur erhoben werden, wenn der Kläger oder die mehreren, gemeinschaftlich vorgehenden Kläger zusammen mit ihrem Aktienbesitz 5% des Grundkapitals vertreten. Die Vorschrift ist Zusatz der Novelle von 1900 und beruht auf einem Beschluß der Reichstagskommission. Voraussetzung ist auch hier, daß jeder der mehreren Kläger — soweit ihrer erforderlich sind — in der Generalversammlung Widerspruch erhoben hat. Auch muß die Klage von ihnen gemeinschaftlich erhoben werden. Das wird allgemein angenommen. Immerhin dürfte die Verbindung der mehreren selbständig erhobenen Klagen gemäß § 272 II 3, dem Mangel abhelfen, zum mindesten dann, wenn die Verbindung noch innerhalb der Monatsfrist erfolgt. Aktionäre, welche in der Generalversammlung nicht erschienen waren, können sich der Klage nicht anschließen, können aber, wenn bezüglich ihrer die Voraussetzungen des Abs III Satz 2 vorliegen, wie alle Beschlüsse der Generalversammlung, so auch diesen — selbständig und gleichviel, wieviel Grundkapital sie vertreten — anfechten. So mit Recht Hueck, Anfechtbarkeit 151 gegen Horrwitz 95. Auch von diesem Fall gilt die Vorschrift, daß die mehreren Anfechtungsprozesse miteinander zu verbinden sind.

Die Vorschrift gilt von Abschreibungen und Rücklagen aller Art, offenen und versteckten, auch vom Gewinnübertrag aufs folgende Jahr; Bauer 19, 151 (Dresden); 20, 195 (München). Mit übermäßigen Abschreibungen auf gleicher Stufe stehen unrechtmäßige Minderbewertungen von Aktiven anderer Art, namentlich also auch die Minderbewertung neu einzustellender Aktiva. Noch weiter geht RG 105, 40. Natürlich ist die Tendenz dieser Anfechtungsklage, eine höhere Dividende zu erzielen, und daraus folgert das Gericht, daß jede Klage, welche hierauf abzielt, der Beschränkung der gegenwärtigen Vorschrift unterworfen sei: „Das wesentliche ist die Behauptung des Klägers, daß für die Dividende ein höherer Betrag verfügbar sei; damit ist aber nichts anderes gesagt, als daß eine Bilanz genehmigt sei, die in Höhe des nicht ausgewiesenen Betrages stille Reserven, also Rücklagen schaffe" (S. 45, zustimmend Staub-Pinner § 271[12]). Der Tatbericht ist undurchsichtig, weil die Bilanz nicht mitgeteilt wird. Aber wenn 5 000 000 M. Betriebsgewinn (aus der Zeit vor der Inflation) im Gewinn- und Verlustkonto fortgelassen sind, und gleichwohl rechnerisch die Bilanz gestimmt hat, dann muß diese doch gröblichst gefälscht gewesen sein. Das Gericht sagt, der Kläger hätte, wenn er eine andere Bilanzaufstellung erreichen wolle, sich nicht darauf beschränken dürfen, zu behaupten, der Gewinn sei zu niedrig ausgewiesen , er hätte die Bilanz selbst beanstanden müssen (oder das Zustandekommen des Genehmigungsbeschlusses, ein Punkt, der gar nicht in Frage kam); eine Handhabe hätte er sich dadurch schaffen können, daß er in der Generalversammlung auf Auskunftserteilung über einzelne Posten oder auf Nachprüfung der ganzen Bilanz hinwirkte". Aber die Bilanz hatte der Kläger mit aller Deutlichkeit beanstandet und das muß doch wohl genügen, wenn der Kläger — mag er auch nur eine Aktie besitzen — bereit und imstande ist, zu beweisen, daß ein Betriebsgewinn von 5 Millionen Mark in der Bilanz verschwunden ist. — Nach RG in LZ 1915, 1659[16] fällt die Rüge, daß ein Betrag nicht in freie Reserve, sondern zum gesetzlichen Reservefonds hätte zurückgestellt werden müssen, unter die Einschränkung des Satz 2 das. Abs II. Auch das erscheint nicht überzeugend.

Über den erforderlichen Aktienbesitz müssen die Kläger ununterbrochen von der Generalversammlung an bis zur Beendigung des Prozesses verfügen (nach Brand § 271[5] C a bis zur Erhebung der Klage). Stehen im Lauf des Prozesses einzelne Kläger von der Klage ab, so ist das nur so lange unschädlich, als die übrigen noch 5% des Grundkapitals vertreten.

Über die Frage, wie weit die Generalversammlung befugt ist, freiwillige Rückstellungen (übermäßige Abschreibungen) zu beschließen s. Erl 7 c zu § 213.

Anfechtung des Beschlusses ist auch begründet, wenn gegen Gesetz oder Statut zu wenig abgeschrieben oder zurückgestellt wird; jeder Aktionär hat ein Interesse daran und einen Rechtsanspruch darauf, daß die Abschreibungen nach den richtigen Grundsätzen erfolgen; dieses Recht hat er sowohl gegenüber zu starken Abschreibungen, weil durch sie sein Anspruch auf die Dividende geschädigt wird, als auch bei zu niederen Abschreibungen, weil dadurch der Bestand der Gesellschaft gefährdet oder beeinträchtigt und Aktienkapital zu ungerechtfertigten Dividendenzahlungen verwendet wird. In diesem Fall steht jedem einzelnen Aktionär uneingeschränkt das Recht zu, Anfechtungsklage zu erheben; RG 72, 36.

7. Außer den Aktionären ist zweitens der Vorstand befugt, gesetz- oder statutenwidrige Beschlüsse der Generalversammlung anzufechten, d. h. der Vorstand als Kollegium, nicht die einzelnen Vorstandsmitglieder. S. § 231 Erl 2b. Beschließt die Mehrheit der Mitglieder gegen eine Minderheit die Anfechtungsklage zu erheben, so müssen die überstimmten Mitglieder sich fügen. S. aber unten Erl 8. Nach außen muß der gesamte Vorstand geschlossen auftreten. Es genügt aber, daß soviel Mitglieder die Prozeßvollmacht erteilen, als die Gesellschaft vertreten können. Nach Hueck, Anfechtungsklage 156 würde genügen, daß die Mehrheit zur Klage schreitet.

Auch der Vorstand ist an die einmonatige Frist des Abs II gebunden. Dagegen ist seine Klage an die Voraussetzungen des Abs III nicht geknüpft. Auch wer unter den Mitgliedern des Vorstandes zugleich Aktionär ist, braucht nicht dem Beschluß widersprochen zu haben, er kann sogar für den Antrag gestimmt haben, er muß nicht an der Generalversammlung teilgenommen haben; HoldhMS 1893, 219 (Jena). A. A. was Mitglieder des Aufsichtsrats angeht, Goldschmit, Aufsichtsrat 279. — In ihrer ganzen Tendenz unterscheidet sich die Anfechtungsklage des Vorstandes von der des Aktionärs. Der Vorstand ist kraft seiner Stellung berufen, darauf zu achten, daß nach Gesetz und nach dem Statut verfahren wird. Für ihn kommt der Gesichtspunkt, ob eine Vergewaltigung des einzelnen oder einer Minderheit vorliegt, wenn überhaupt, doch nicht ausschließlich und nicht in erster Linie in Betracht. Er kann, unter Umständen muß er die von der Generalversammlung festgestellte Bilanz auch dann anfechten, wenn sie einstimmig und von allen Aktionären genehmigt worden ist. Der Vorstand hat überhaupt nicht die Interessen des einzelnen Aktionärs oder einer Minderheit, noch weniger die eigenen persönlichen Interessen seiner Mitglieder auf diesem Wege wahrzunehmen. So sagt RG 83, 323 — allerdings von der Klage nicht des Vorstandes, sondern eines einzelnen Vorstandsmitgliedes —: „andere als Gesellschaftsinteressen hätte der Kläger mit der Anfechtungsklage nicht verfolgen dürfen; als Dienstverpflichteter und Tantiemeberechtigter war er zur Anfechtung nicht befugt". Dagegen steht der Klage der Umstand nicht entgegen, daß mit dem Gesellschaftsinteresse persönliche Interessen der Vorstandsmitglieder Hand in Hand gehen; RG 34, 113.

Der Vorstand muß in der Zusammensetzung Klage erheben, wie diese bei der Klagezustellung ist. Treten im Lauf des Prozesses weitere Mitglieder in den Vorstand ein, so ändert das nichts an der Identität des klagenden Kollegiums. Dagegen scheiden austretende Mitglieder damit nicht auch zugleich ohne weiteres aus dem Prozeß aus. Das Kollegium ist als solches nicht parteifähig. Klagende Partei ist die Gesamtheit der Mitglieder. Sie sind notwendige Streitgenossen. Das Urteil RG 34, 111 hat die Anfechtungsklage eines, dem äußeren Tatbestand nach bereits entlassenen Liquidators zugelassen mit der Begründung, die Befugnis zur Klageerhebung könne nicht deshalb mit Erfolg beanstandet werden, weil der angefochtene Beschluß die Absetzung des Klägers und die Ernennung eines anderen Liquidators zum Gegenstande hatte, da die rechtliche Beurteilung in bezug auf die Zulässigkeit der Klage davon ausgehen müsse, daß die Anfechtung materiell begründet ist. Zustimmend Makower § 271[1] V c. Dabei wird übersehen, daß der Beschluß, den Vorstand zu entlassen, und die Entlassung zwei verschiedene Dinge sind und daß mit Vernichtung des Entlassungsbeschlusses der entlassene Vorstand nicht ohne weiteres wieder in seine Stellung eintritt; BayZRpfl, 1926 214. Das gilt auch dann, wenn Beschluß und Entlassung tatsächlich in einem und demselben Akt zusammenfallen (vgl. § 250 Erl 3 a). Der ganze Gedanke, daß der entlassene Vorstand durch Anfechtung des Beschlusses zu seinem Recht kommen könnte, ist abwegig. Seine Interessen kann der Vorstand (oder die Vorstandsmitglieder) nur durch eine Leistungsklage gegen die Gesellschaft geltend machen, was auch vollkommen ausreicht; Goldschmit AG § 271[24] und LZ 1924, 406; a. A. Staub-Pinner § 271[14].

Während der Liquidation steht dieses Anfechtungsrecht dem Liquidator zu, § 298 II RG 34, 112.

Wegen Anfechtung von Generalversammlungsbeschlüssen im Konkurse der Gesellschaft s. § 292 Erl 5 c d.

Gegenüber der Klage des Vorstandes vertritt die Gesellschaft der Aufsichtsrat § 272 I und Erl. 1 a dazu.

8. Drittens kann jedes Mitglied des Vorstandes und des Aufsichtsrats Anfechtungsklage erheben, wenn es sich um einen Beschluß handelt, durch dessen Ausführung die Vorstands- und Aufsichtsratsmitglieder sich strafrechtlich oder zivilrechtlich den Gläubigern der Gesellschaft verantwortlich machen würden. S. §§ 241 IV, 249 III, 312 ff., doch kommen nicht nur diese aktienrechtlichen, sondern überhaupt die Vorschriften des bürgerlichen und des Strafrechts in Betracht. Die Bestimmung ist ein Zusatz der Novelle von 1900 und hat praktisch bisher keine große Bedeutung erlangt. Es ist klar, daß in einem solchen Fall die Mitglieder von Vorstand und Aufsichtsrat auch ohne Anfechtung berechtigt sind, die Ausführung des Beschlusses zu ver-

weigern. Ist es in der Tat an dem, daß die Ausführung des Beschlusses die Mitglieder des ausführenden Organs haftbar macht, dann ist der Beschluß unter allen Umständen rechtswidrig und wenn nicht nichtig, anfechtbar. (Hierher gehört aber nicht der Fall, daß die Ausführung des Beschlusses einen Vertrag verletzt, welchen der Vorstand nicht hätte schließen dürfen, ohne die Generalversammlung zu fragen.) Wenn Hueck Anfechtungsklage 158 ausführt, daß Beschlüsse dieser Art nicht anfechtbar, sondern absolut nichtig seien und daß daher die Zubilligung des Anfechtungsrechts kaum erforderlich und geradezu irreführend sei, so hat er vom Standpunkt der herrschenden Lehre zur Frage des gesetzwidrigen und unsittlichen Rechtsgeschäfts (s. oben Erl 1 II b 2) Recht. In Wahrheit können Beschlüsse, deren Ausführung den Vorstand strafrechtlich oder zivilrechtlich verantwortlich machen würden, an sich ganz indifferent lauten und sind dann eben nicht nichtig, sondern höchstens anfechtbar. — Auch Klagen dieser Art müssen innerhalb eines Monats nach der Generalversammlung erhoben werden, dagegen gelten die Einschränkungen des Abs III auch hier nicht, mag auch der Kläger zugleich Aktionär sein. Wohl aber gilt § 272 auch von dieser Klage. Die Gesellschaft wird durch Vorstand und Aufsichtsrat auch dann vertreten, wenn bei Kollektivvertretung durch das Ausscheiden des Klägers der Vorstand unvollzählig wird. Anders Staub-Pinner § 272[5]. Die Klage steht dem Mitgliede nur so lange zu, als es dem Vorstand oder Aufsichtsrat angehört; dadurch daß es aus dem einen Organ in das andere übertritt, geht ihm das Klagrecht nicht verloren. Richtig ist, daß aus diesem Grunde die Gesellschaft immer der Klage dadurch ein Ende machen kann, daß sie die Bestellung des betreffenden Mitgliedes widerruft. Erfolgt die Entlassung ohne rechtfertigenden Grund, so wird die Gesellschaft dem Kläger die entstandenen Kosten zu ersetzen haben; Makower § 271 V[4] d. — Auch hier kommt nichts darauf an, ob der Kläger, wenn er zugleich Aktionär ist, für den Antrag gestimmt hat; a. A. Goldschmit, Aufsichtsrat 279.

§ 272.

Die Klage ist gegen die Gesellschaft zu richten. Die Gesellschaft wird durch den Vorstand, sofern dieser nicht selbst klagt, und durch den Aufsichtsrat vertreten[1].

Zuständig für die Klage ist ausschließlich das Landgericht, in dessen Bezirke die Gesellschaft ihren Sitz hat[2]. Die mündliche Verhandlung erfolgt nicht vor dem Ablaufe der im § 271 Abs 2 bezeichneten Frist. Mehrere Anfechtungsprozesse sind zur gleichzeitigen Verhandlung und Entscheidung zu verbinden[3].

Das Gericht kann auf Verlangen anordnen, daß der Gesellschaft wegen der ihr drohenden Nachteile von dem klagenden Aktionär Sicherheit zu leisten ist. Art und Höhe der Sicherheit bestimmt das Gericht nach freiem Ermessen. Die Vorschriften der Zivilprozeßordnung über die Festsetzung einer Frist zur Sicherheitsleistung und über die Folgen der Versäumung der Frist finden Anwendung[4].

Die Erhebung der Klage und der Termin zur mündlichen Verhandlung sind unverzüglich von dem Vorstand in den Gesellschaftsblättern bekannt zu machen[5].

1. a) In allen Anfechtungsklagen, mag Kläger ein Aktionär sein oder der Vorstand oder Mitglieder des Vorstandes oder Aufsichtsrats, ist die Gesellschaft die richtige Beklagte. Sie hat den von der Mehrheit gefaßten Beschluß als ihren zu vertreten und zu verteidigen. Daher ist unrichtig, was zuweilen behauptet wird, daß in irgend einem der drei möglichen Fälle der oder die Kläger als vom Gesetz autorisierte Vertreter der Gesellschaft fungieren. Dagegen ist die gesetzliche Vertretung der Gesellschaft hier eigenartig geregelt. Der Satz 2 des Abs I ist so zu lesen: Die Gesellschaft wird durch den Vorstand und Aufsichtsrat vertreten, durch den Aufsichtsrat allein, wenn der Vorstand der Kläger ist (vgl. § 247 I). Die Anordnung dieser Doppelvertretung hat ihren Grund in der Möglichkeit einer Voreingenommenheit des Vorstandes gegen den angefochtenen Beschluß oder gar eines arglistigen Zusammenwirkens des Klägers mit dem Vorstand. (Die Mot. zur Novelle von 1884 S. 83 beschränkte sich auf die Bemerkung, der Entwurf erachte die Einziehung des Aufsichtsrats als Beklagten (sic) im Interesse aller Aktionäre für zweckmäßig.) Die herrschende Lehre nimmt an, daß die beiden Organe hier als Kollegien fungieren. Soweit damit gesagt wird, daß ein Wechsel im Personalbestand nach Eintritt der Rechtshängigkeit der Kontinuität des Prozesses keinen Abbruch tut und §§ 246, 241 ZPO den Fall nicht treffen, ist das wohl annehmbar, wenn auch eigenartig. Weiter darf man den Gedanken aber nicht treiben. Beklagte sind nicht Vorstand und Aufsichtsrat, wie die Mot. a. a. O. sich ausdrücken, ist vielmehr die Gesellschaft und es handelt sich hier nur um eine Sonderregelung ihrer gesetzlichen Vertretung. Sie hat in diesem Fall auch nicht etwa zwei gesetzliche Vertreter, Vorstand und Aufsichtsrat, und es braucht beispielsweise hier der Vorstand nicht nur in der nach dem Statut erforderlichen Anzahl von Kollektivvertretern aufzutreten, sondern es haben sämtliche Mitglieder beider Organe die

Stellung von gesetzlichen Vertretern und müssen sämtlich mitwirken. Die Gesellschaft hat ihrer so viele, als beide Organe Mitglieder zusammengezählt besitzen. Zwar muß in dieser Anzahl notwendig sowohl der Vorstand als auch der Aufsichtsrat vertreten sein, aber wie nicht nur so viel Mitglieder jedes Organes sich der Vertretung der Gesellschaft im Prozeß unterziehen müssen, als zur rechtsgeschäftlichen Vertretung oder Beschlußfähigkeit erforderlich sind, sondern ausnahmslos alle (man denke an die Eideszuschiebung oder Eidesauflage ZPO §§ 474, 472), so genügt es anderseits, daß alle Mitglieder zugezogen sind, mag auch die Besetzung zur Zeit nach irgend einer Richtung hin nicht vollzählig sein. Nur darf, wie gesagt, nicht eines der beiden Organe gänzlich ausfallen.

Das ist freilich nichts weniger als allgemein anerkannt. Die ganze Materie ist sehr bestritten, wobei die verschiedenen Meinungen planlos gegeneinander stehen; Förster-Kann ZPO I S. 186 unter d nimmt ebenfalls an, daß nicht die Kollegien, sondern die einzelnen die gesetzlichen Vertreter sind, erklärt aber für erforderlich, daß die Kollegien in der statutarischen oder gesetzlichen Mindestzahl besetzt sind. Ebenso JW 1891, 14[37]. (Niederlegung der Stelle ist einflußlos, wenn dem Kläger erst nach Zustellung der Klage davon Mitteilung gemacht worden ist.) LZ 1912, 946[5] (Kolmar. GenG). Makower § 272 I b 2 verlegt die Vertretungsmacht mit Nachdruck in die „Behörde" und betont dann folgerichtig, daß die Gesellschaft also hier nicht einen, sondern zwei gesetzliche Vertreter habe. Weniger nachdrücklich, sachlich aber wohl ebenso Goldmann § 272[3], ferner Brand § 272[2] a b d; Staub-Pinner § 272[2]. Bei Alexander in GZ 40, 94 f. finden sich neben einander die Sätze: bei § 271 sei der Aufsichtsrat als einheitliches Organ gedacht, in welchem der Wille des einzelnen nicht in Betracht komme, und: die einzelnen Mitglieder seien daher nur Gesamtvertreter der Gesellschaft. — Es ist unerläßlich einen festen Standpunkt zu finden, von dem aus die verschiedenen Möglichkeiten zu richten sind, welche eintreten können, wenn Mitglieder des Vorstandes oder des Aufsichtsrats von dem Recht Gebrauch machen, die Anfechtungsklage zu erheben (§ 271 IV). So lange auch nur ein Mitglied des Organes vorhanden ist, das nicht Klage erhebt, ist dieses berufen, mit den Mitgliedern des anderen Organes die Vertretung zu führen. Scheiden alle Mitglieder des einen oder des anderen Organes aus, dann ist der Fall des § 57 ZPO gegeben. Auch in dem Fall, daß alle Vorstandsmitglieder klagen, ist nicht der Aufsichtsrat allein zur Vertretung befugt. Wenigstens bestimmt das Gesetz das ausdrücklich nur da, wo der Vorstand als solcher klagt. — Das auf Grund § 57 ZPO angegangene Gericht hat nicht etwa nur das Fehlende zu ergänzen. Der vom Gericht bestellte tritt vielmehr als alleiniger Vertreter an die Stelle von Vorstand und Aufsichtsrat, bis die Gesellschaft die Lücke hat ausfüllen können. Dagegen dürfte der Fall des § 29 BGB hier nicht gegeben sein, der ohnehin ausschließlich vom Vorstand handelt und den Fall im Auge hat, wo der Verein jeglicher Vertretung ermangelt, so daß kein Ausweg sich bietet, dem Mangel abzuhelfen. Auch hier sind die Meinungen sehr geteilt. Nach Staub-Pinner § 272[5] wäre ein Verfahren nach § 29 BGB immer zulässig, auch wenn es sich um Lücken im Aufsichtsrat handelt. Goldmann § 272[6] hält umgekehrt gerade den § 57 ZPO für unanwendbar. Hueck, Anfechtungsklage 165 erklärt wie hier den § 29 BGB für unanwendbar, hält aber ein Verfahren nach § 57 ZPO für erforderlich nur, wenn weder Vorstand noch Aufsichtsrat die erforderliche Mitgliedszahl aufweist; anderenfalls läge die Vertretung entweder dem einen oder dem anderen Organ ausschließlich ob. Letzteres dürfte der Absicht des Gesetzes am wenigsten entsprechen, denn das wesentliche ist, daß mit der Instruktion des Prozesses unter allen Umständen Vorstand und Aufsichtsrat befaßt sind, während unwichtig oder weniger wichtig ist, wie groß auf beiden Seiten die Anzahl der Vertreter ist. Es wäre doch auch merkwürdig, daß unbedingt der Aufsichtsrat herangezogen werden muß, aber ganz fortgelassen werden kann, wenn an dem vielgliedrigen Kollegium oder an seiner Beschlußfähigkeit oder seiner Mindestzahl auch nur einer fehlt. — Mehrfach abweichend auch Goldschmit AG § 272[3]. Wird ein Rechtsmittel als unzulässig verworfen, weil nur ein Teil der Mitglieder es eingelegt hat, so haben diese persönlich die Kosten zu tragen; vgl. RG 66, 37.

b) Die verklagte Gesellschaft kann, wie jede Prozeßpartei überhaupt, mehrere Prozeßvertreter bestellen. Aber es erscheint ausgeschlossen, daß Aufsichtsrat und Vorstand, gewissermaßen ein jeder für sich, einen Anwalt bestellt. Alle Mitglieder beider Organe müssen zu einer Einigung kommen und können dann gemeinschaftlich soviel Anwälten Vollmacht erteilen, als ihnen wünschenswert erscheint. Vgl. RG 66, 37; Horrwitz, Generalversammlung 103; Goldschmit AG § 272[5]. A. A. Makower § 272 I b 2; undeutlich Staub-Pinner § 272[6]. Nur kann die Gesellschaft nicht darauf rechnen, daß ihr die durch Bestellung mehrerer Anwälte erwachsenden Mehrkosten erstattet werden, RG 14, 0142; LZ 1913, 870[1] (Bamberg).

c) Zur Vertretung der Gesellschaft sind Vorstand und Aufsichtsrat berufen in ihrer jeweiligen Zusammensetzung. Dabei sind die Eintragungen in das Handelsregister gemäß § 15 HGB maßgeblich. S. unten unter d. Auch wenn der Beschluß angefochten werden soll, auf Grund dessen die gegenwärtigen Vorstands- oder Aufsichtsratsmitglieder angestellt worden sind, sind diese neuen Mitglieder die zur Vertretung der Gesellschaft berufenen, JW 1896, 662[22]; 1898, 120[20]. Wenn Makower a. a. O. das für den Fall nicht gelten lassen will, daß der

Beschluß inhaltlich zwingendes Recht verletzt, so trifft das selbst auf den Fall nicht zu, wo zufolge von Verletzung zwingender Rechtsvorschriften der Beschluß nichtig ist. Denn der Beschluß, das Mitglied anzustellen, und seine Anstellung selbst sind zwei verschiedene Dinge (§ Erl 7 zu § 271). Ist der Beschluß nichtig oder wirksam angefochten, so ist damit die Anstellung noch nicht aus der Welt geschafft und auch wenn sie das wäre, so bleibt es doch immer noch dabei, daß auf Grund einer als solche mangelfreien Anmeldung das Mitglied als solches in das Handelsregister eingetragen worden ist und dort steht. — Dagegen beanstandet Makower a. a. O. wohl mit Recht die Entscheidung RG 33, 92, wonach der Vorstand und Aufsichtsrat auch noch nach ihrem Ausscheiden zur Vertretung der Gesellschaft gegen die Anfechtungsklage legitimiert bleiben, wenn für die Gesellschaft keine Veranlassung vorlag, zu einer neuen Besetzung zu schreiten.

d) Darin herrscht weitgehendes Einverständnis, daß die Klage nicht einem jeden Mitglied von Vorstand und Aufsichtsrat zugestellt werden muß, daß vielmehr genügt, daß je an ein Mitglied beider Organe zugestellt wird (zu dem Urteil JW 1901, 482[1] s. unten). Auch wo ein ständiger Vorsitzender des Aufsichtsrats bestellt ist, bedarf es nicht unbedingt der Zustellung gerade an ihn. Wenn man sich hierfür auf § 171 III ZPO (Staub-Pinner § 272[14]; Brand § 272[2] b; Stein-Jonas ZPO § 174 III, 2) beruft, so reicht das allerdings nicht aus. Denn mag man nun Vorstand und Aufsichtsrat als zwei Kollektivvertreter auffassen oder die Gesamtzahl der Mitglieder als die Summe der Vertreter, immer würde nach § 171 III cit. die Zustellung dort an eines der Organe, hier an ein beliebiges Mitglied gleichviel welches Organs ausreichen, was der Absicht des Gesetzes gerade nicht entspräche. Aber innerhalb eines jeden der beiden Organe, deren Heranziehung gewährleistet sein soll, macht sich das Prinzip geltend, daß die passive Vertretungsmacht des einzelnen unbeschränkbar ist (vgl. § 232 I 3); RG 14, 143; JW 1895, 602[27]; GZ 43, 325[197] (Rostock); Bolze 5, 564; OLG 5, 277 (Dresden); Recht 1910, 2290 (Celle); DJZ 1903, 456[9] (Colmar); RG 107, 164. — Dieser Punkt ist um so wichtiger, als die Klage abgewiesen wird, wenn nicht innerhalb der Monatsfrist diese mindestens zwei Zustellungen rechtswirksam bewirkt worden sind. — Es herrscht auch darüber weitgehendes Einverständnis, daß der klagende Aktionär insofern der Gesellschaft hier als Dritter gegenübersteht, als er sich, was die Mitglieder des Vorstandes angeht, gemäß § 15 HGB auf die Eintragungen im Handelsregister berufen kann, JW 1925, 151[6] (Frankfurt) und Fischer das., der sich mit gutem Grund dafür ausspricht, daß überhaupt im Verhältnis zur Gesellschaft der Aktionär als Dritter bei Anwendung des § 15 HGB gelten müsse, vgl. auch JW 1891, 14[37]. — Es muß aber auch, was den Personalbestand des Aufsichtsrats angeht, die Gesellschaft ihre zu den Registerakten eingereichten Bekanntmachungen (§ 244) gegen sich gelten lassen; JW 1891, 14[37]; Staub-Pinner § 272[2]; Hueck, Anfechtungsklage 167; Goldmann § 272[4]; Ritter § 272[1] a. E.; Lehmann-Ring § 272[1]. A. A. Staub 6./7. Aufl. § 272[2].

e) Die Zustellung an die Mitglieder des Aufsichtsrats ist mit einer besonderen Fährlichkeit verbunden. Nach der zweifellos zutreffenden Entscheidung RG 83, 416 (s. auch HoldhMS 1897, 164 RG; OLG 27, 62 Hamburg) darf, wenn es zur Ersatzzustellung kommt, diese nicht nach § 184 I im Geschäftsraum der A-Gesellschaft vorgenommen werden. A. A. Makower § 272 I b 3; LZ 1913, 790[2] (Düsseldorf), anders wiederum RG bei Bauer 20, 247. Aber zweifelhaft bleibt die Rechtslage, wenn das Aufsichtsratsmitglied Kaufmann ist und ein eigenes Geschäftslokal besitzt. Unmittelbar anwendbar ist § 184 II ZPO nicht, Ersatzzustellung in der Wohnung ist jedenfalls zulässig. Man wird aber auch Ersatzzustellung in seinem Geschäftslokal für rechtswirksam erklären müssen. Jedenfalls ist in einem solchen Fall Zustellung nach § 182 ZPO ausgeschlossen.

f) Nach § 253 IV, 130 Z. 1 ZPO sollen die gesetzlichen Vertreter nach Namen, Stand, Wohnort in der Klagschrift angegeben werden. Hier herrscht Einverständnis, daß die gesetzlichen Vertreter nicht die beiden Kollegien, sondern durchgehend die einzelnen Mitglieder sind. Es handelt sich um eine Soll-Vorschrift. Ist die Bezeichnung unterblieben, so kann sie nachgeholt werden; JW 1913, 210[24]; Bauer 10, 229 (Dresden); OLG 5, 277; HoldhMS 97, 105. — Nach § 56 ZPO hat das Gericht den Mangel der Legitimation der gesetzlichen Vertreter von Amts wegen zu berücksichtigen. In dieser Hinsicht zieht sich durch Rechtslehre und Rechtsprechung eine Unklarheit, welcher auf den Grund gegangen werden muß. Im Fall JW 1901, 482[1] waren nicht ausnahmslos alle Mitglieder des Aufsichtsrats zur Vertretung der Gesellschaft herangezogen, was wie ein Mangel behandelt wird, der zur Abweisung der Klage führen müsse, wenn nicht etwa die fehlenden Mitglieder die Prozeßführung genehmigt haben sollten. Ebenso OLG 5, 277; ferner RG in BauersZ 20, 248. Im Fall JW 1896, 662[22] (GenG) waren von den 9 Mitgliedern des Aufsichtsrats 7 abgerufen und durch andere ersetzt. Die diesen Beschluß anfechtende Klage ist abgewiesen worden, weil sie nicht den Mitgliedern des neuen Aufsichtsrats zugestellt worden war oder wie sich das Gericht ausdrückt, Kläger habe ersichtlich nicht den neuen, sondern den alten A-Rat verklagen wollen! S. ferner JW 1913, 210[24]. Indessen sind doch die Mitglieder des Vorstandes und des Aufsichtsrats nicht die Partei. Beklagte ist ausschließlich die Gesellschaft. Der oder die Kläger kommen mit der Zustellung der Klage in Verlegenheit, wenn ausreichende gesetzliche Vertretung überhaupt nicht besteht. Aber wenn die Zustellung wirksam erfolgt ist, wenn je einem Mitglied des gegenwärtigen Vorstands und Aufsichtsrats zugestellt worden, die Klage rechtshängig geworden ist, dann muß sich der Richter wegen der Legitimation der gesetzlichen Vertreter der Beklagten an diese wenden und nicht an den Kläger, und wenn die Legitimation nicht erbracht ist, wenn sich ergibt, daß einzelne Mitglieder fehlen, und der Mangel auch nicht beseitigt werden kann, dann ist nicht die Klage abzuweisen, sondern der Beklagte im Versäumnisverfahren zu verurteilen. Im oben erwähnten Fall JW 1906, 662[22] war die Zustellung in Ordnung. Denn 2 Mitglieder des Aufsichtsrats waren die alten geblieben und es war also nicht an ein, sondern sogar an zwei Mitglieder des neuen Aufsichtsrats zugestellt worden, sodaß es nicht gerechtfertigt war, aus diesem Grunde die Klage abzuweisen. S. OLG 5, 277 a. E. (Dresden). — Es handelt sich um eine Rechtslage, wie sie auch im regelmäßigen Verfahren jeden Tag vorkommen kann. Belangt ein Gläubiger die Aktiengesellschaft, so ist der Prozeß anhängig, wenn die Klage einem Mitglied des Vorstandes zugestellt worden ist, mag dieser auch nur Kollektivvertretungsmacht haben. Dagegen muß in diesem Fall die Prozeßvollmacht von den mehreren Vorstandsmitgliedern erteilt werden und wenn das nicht geschehen und auch nicht zu erreichen ist, wird nicht der Kläger abgewiesen, sondern die Beklagte verurteilt.

Nach RG in HoldhMS 06, 312 ist, wenn in der Verhandlung für die Beklagte ein von beiden Organen (sic) bestellter Anwalt aufgetreten ist, der Mangel gemäß § 295 ZPO geheilt.

g) Die Vertretungsmacht des Vorstandes und Aufsichtsrats leidet dadurch keinen Abbruch, daß nach Fassung des Beschlusses, der angefochten wird, die Gesellschaft in Konkurs gerät; OLG 21, 389. Vgl. JW 1896, 697[29]. Nach RG 76, 248 ist zu unterscheiden, ob die Abwehr der erhobenen Klage ein Akt der Konkursverwaltung sei, der darauf gehe, das Massevermögen zu verwalten und zu verwerten. Vgl. dagegen Fürst in LZ 1912, 513; Wulff in LZ 1913, 178 ff., deren Ausführungen nicht überzeugend sind. Man wird vielmehr umgekehrt die Frage aufwerfen dürfen, ob ein Fall denkbar ist, wo die Frage, ob ein Beschluß der Generalversammlung besteht oder nicht besteht, Einfluß auf den Stand der Konkursmasse haben kann. Auch hier ist zu beachten, daß das Vermögen der Gesellschaft erst durch die Verfügungen beeinflußt wird, welche auf Grund des Beschlusses erfolgen, und daß mit der Vernichtung des Beschlusses noch nicht die Ausführungsverfügung beseitigt wird. Vgl. Erl 7 zu § 271, Erl 5 d zu § 292. — So ist denn auch der Konkursverwalter anderseits wie nicht legitimiert, so auch nicht interessiert gegen die Gesellschaft, klagend Generalversammlungsbeschlüsse anzufechten. Soweit Rechtsgeschäfte der A-Gesellschaft, z. B. Verzichte auf Ansprüche, Entlastung, die Konkursmassen schädigen, ist er auf Anfechtung nach den Vorschriften der Konkursordnung angewiesen. Die Rechtslage ist die gleiche, mag der Entlastungsbeschluß ohne Gesetzesverstoß zustande gekommen sein oder mögen die vom Gesetz zur Anfechtung Berufenen vorziehen, den vorgekommenen Verstoß nicht zu rügen. Wie immer, muß sich der Konkursverwalter auch hier mit einem Verzicht des Gemeinschuldners abfinden, wenn er nicht gemäß der KO angefochten werden kann. A. A. Wulff a. a. O. 182 f.

h) Die Klage muß die bestimmte Angabe des Grundes des erhobenen Anspruchs enthalten, es genügt also nicht die bloße, durch tatsächliche Angaben nicht erläuterte Behauptung, daß das Gesetz oder das Statut durch den angefochtenen Beschluß verletzt worden sei, sondern es muß die Klage diejenigen Tatumstände bezeichnen, aus denen der Anfechtungsgrund entnommen werden soll; Berichtigungen und Ergänzungen können auch nach Ablauf der Frist vorgebracht werden und für die Entscheidung ins Gewicht fallen, wenn der Klagegrund derselbe bleibt. Unzulässig ist dagegen, nach Ablauf der Monatsfrist die Anfechtung auf Tatumstände zu gründen, aus denen sich eine Verletzung des Gesetzes oder Statuts ganz anderer Art ergeben würde; JW 1903, 390[22]. S. auch § 271 Erl 3.

i) Da nach § 273 I[1] das den Beschluß vernichtende Urteil für und gegen alle Aktionäre wirkt, können diese sich am Rechtsstreit als Nebenintervenienten beteiligen und entweder dem Kläger oder der Beklagten beitreten; ZPO § 66; OLG 11, 33. Dem Kläger können auch die Aktionäre beitreten, welche nicht Widerspruch erhoben haben, auch die, welche für den Antrag gestimmt haben. Sie gelten nach § 69 ZPO als Streitgenossen der Partei, der sie beitreten, im Sinn des § 61 ZPO, RG 93, 31 (teilweise abw. Skonietzki ZPO § 69[3]). Nach Hueck, Anfechtungsklage 178 könnte das Gericht dem Nebenintervenienten Sicherheitsleistung auferlegen, wenn er selbständig ein Rechtsmittel einlegt (zustimmend Staub-Pinner § 272[7]; Goldschmit in LZ 1925, 672). Zunächst könnte das nur von dem Aktionär gelten, welcher dem Kläger beitritt. Es müßte aber ferner vorausgesetzt werden, daß der Nebenintervenient nach § 273 II oder aus allgemeinen Rechtsgrundsätzen der Gesellschaft für den Schaden aufzukommen hätte, welcher dieser durch die von ihm gar nicht vorgenommene Anfechtung entsteht.

2. a) Ohne Rücksicht auf den Wert des Streitgegenstandes ist das Landgericht und zwar ausschließlich das Landgericht zuständig, in dessen Bezirk die Gesellschaft ihren Sitz hat. Daraus ergibt sich, daß in allen diesen Sachen ohne Rücksicht auf den Wert des Streitgegenstandes die Revision zulässig ist; § 547[2] ZPO. Es ergibt sich ferner, daß die Parteien einen anderen Gerichtsstand nicht vereinbaren können; § 40 II ZPO. Es ergibt sich daraus nicht, daß die Parteien nicht ein schiedsgerichtliches Verfahren vereinbaren können; DJZ 1909, 1335 (Kolmar); OLG

27, 385 (Rostock); anders Bauer 17, 5; Staub-Pinner § 272[8]; nur hat ein solches Verfahren insofern keinen Zweck, als die Entscheidung für das Verhältnis der Gesellschaft zu den übrigen Aktionären ohne Bedeutung sein würde, das Verfahren überhaupt nicht zur Vernichtung des Beschlusses führen könnte. Gegen Hueck, Anfechtungsklage 164 ist zu sagen, daß durch Vergleich (ZPO § 1025) der Beschluß allerdings nicht beseitigt werden kann, wohl aber das Anfechtungsrecht des Aktionärs. — Die Verhandlung findet vor der Kammer für Handelssachen statt, wenn eine der Parteien es rechtzeitig veranlaßt; GVG §§ 95 Z. 4, 96, 98. Sind die mehreren Sachen bei verschiedenen Kammern anhängig geworden, dann hätte nach Seuffert ZPO § 147[6] das Gericht freie Hand, ob es die verbundenen Sachen vor die Zivilkammer bringen will oder vor die Kammer für Handelssachen. Nach Stein-Jonas § 147[4] müßten die Sachen an die Zivilkammer gebracht werden. Beides entspricht wohl nicht der Tendenz des Gesetzes, wonach Handelssachen an die Kammer für sie gelangen, wenn es auch nur eine der Parteien rechtzeitig verlangt. Danach zieht die vor der Kammer für Handelssachen anhängige Sache die übrigen an sich. — Die Auffassung, daß die Kammer für Handelssachen in dem Fall nicht zuständig sei, daß ausschließlich Mitglieder des Aufsichtsrats klagen, (Goldschmit AG § 272[7]), haftet wohl zu sehr am Wortlaut des Gesetzes (GVG § 95 Z. 4a); Makower § 272 II.

b) Die Schätzung des Wertes des Streitgegenstandes erfolgt nach dem Interesse, welches der Kläger an der Aufhebung hat, nicht nach dem Interesse der Gesellschaft an der Aufrechterhaltung des Beschlusses. Daran ändert auch nichts der Umstand, daß das der Klage stattgebende Urteil auch über das Rechtsverhältnis der Gesellschaft zu den übrigen Aktionären entscheidet; RG 24, 427; vgl. auch RG 48, 381. In der Regel wird dieses Interesse den Wert der Aktien des Klägers nicht übersteigen; JW 1892, 461[2]; 1924, 1181[13] (KG); Bolze 22, 689; Holdh MS 1897, 97. Schlechthin ausgeschlossen ist das aber nicht (a. A. Goldmann § 272[20]), zumal der Kläger, der mehr als eine Aktie besitzt, in der Regel frei bestimmen kann, auf Grund wie vieler seiner Aktien er klagen will, in Fällen dieser Art denn auch darüber nichts feststeht, wie viel Aktien der Kläger besitzt. S. auch Hachenburg, DJZ 1925, 109[8] (noch weniger als die Sicherheitsleistung dürfte doch wohl die Wertfestsetzung als Abschreckungsmittel zur Verwendung kommen). In Betracht kommt ferner nur das unmittelbare Interesse des Klägers an der Aufhebung des Beschlusses. In der Berufungs- und Revisionsinstanz ist entscheidend das Interesse des Berufungs- oder Revisionsklägers nach Maßgabe der dort gestellten Anträge aber mit Beschränkung auf das Interesse des Klägers als Höchstmaß. Wegen Bemessung des Streitwerts im Verfahren betr. einstweilige Verfügung s. JW 1924, 1181[13] (KG).

3. Wird derselbe Beschluß von verschiedenen Seiten angefochten, von mehreren Aktionären oder von Aktionären und dem Vorstand oder Mitgliedern des Vorstandes oder des Aufsichtsrats, so sind alle diese Klagen, welche nach Satz 1 des Abs II bei demselben Gericht anhängig sind, miteinander zu verbinden. Dabei kommt es nicht darauf an, ob die Anfechtung verschieden begründet wird. Dasselbe muß gelten, wenn verschiedene Beschlüsse angefochten werden, diese aber miteinander in unlöslicher Verbindung stehen und auch wenn letzteres nicht der Fall ist, kann das Gericht nach § 147 ZPO die Verbindung beschließen. Die mehreren Kläger sind — abgesehen von dem letzterwähnten Fall einer nicht gebotenen, aber zulässigen Verbindung — notwendige Streitgenossen gemäß § 62, auch wenn ihre Anfechtungsgründe nicht die gleichen sind; Goldmann § 272[13]; Staub-Pinner § 272[9]. A. A. Hellwig, System des Zivilprozeßrechts I 334[3] a. — Die mündliche Verhandlung soll nicht vor Ablauf der Monatsfrist des § 271 II stattfinden, weil sich erst nach Ablauf der Frist ergibt, daß nicht noch mehr Anfechtungsklagen erhoben worden sind. — Nicht nur die Verhandlung, sondern auch die Entscheidung auf die mehreren Klagen soll nur gleichzeitig erfolgen. Es steht nichts im Wege, durch Zwischenurteil nach § 303 ZPO den Anfechtungsgrund eines der mehreren Klagen zu erledigen, aber durch Teilurteil kann nicht der Anfechtungsgrund der einen Klage vor den Anfechtungsgründen der anderen vorweggenommen werden, auch nicht wenn die Entscheidung auf Abweisung der Klage lautet (Ausnahme von § 300 II ZPO). Ebenso Makower § 272 III.

4. a) Nur auf Antrag der Beklagten kann das Gericht dem Kläger oder den Klägern Sicherheitsleistung auferlegen; nur dem klagenden Aktionär, nicht dem Vorstand und nicht den Mitgliedern des Vorstandes und Aufsichtsrats, wenn diese die Kläger sind. — Das Gericht kann, aber es muß nicht dem Antrag stattgeben. Voraussetzung ist, daß der Gesellschaft daraus, daß durch die Erhebung der Klage und dadurch, daß damit die Gültigkeit des Beschlusses in Frage gestellt, gegebenen Falles die Ausführung desselben aufgeschoben wird, Nachteile drohen. Weiter gehend BauersZ 25, 8. Darüber hat sich das Gericht nach freiem Ermessen zu entscheiden. — Zu beachten ist, daß mit dieser Vorschrift darüber nichts bestimmt ist, ob der oder die Kläger der Gesellschaft den Schaden zu ersetzen verpflichtet sind. Da die Sicherheitsleistung nur einen Zweck hat, wenn eine Ersatzpflicht der Kläger in Frage kommen kann, da letztere Frage in § 273 II singulär und erschöpfend geregelt ist (s. Er. 3 zu § 273), so hat das Gericht den Antrag auf Sicherheitsleistung abzulehnen, so lange für die Annahme einer böslichen Handlungsweise gar kein Anhalt gegeben ist; JW 1924, 1192[29] (Hamburg); anders LZ 1910, 239[1] (Bamberg); OLG 8, 386 (Hamburg).

Bernicken in BankArch 24, 380 (die sämtlich von ihrem Standpunkt aus, daß der § 273 II die Haftung nicht erschöpfend regle, allerdings Recht haben). Wie hier Hueck, Anfechtungsklage 179; Brand § 272[5] d, denen aber darin widersprochen werden muß, daß diese Sicherheit auch dem Anspruch der Gesellschaft auf Erstattung der Prozeßkosten gilt. Dieser Anspruch kann immer ebenso gut entstehen wie nicht entstehen und es wäre unverständlich, welcher Raum noch dem richterlichen Ermessen bliebe, wenn man die Vorschrift so verstehen wollte; die Möglichkeit dieses Anspruchs verneinen, hieße von vornherein den Prozeß entscheiden. Wenn Staub-Pinner § 272[10] meint, daß die Vorschrift jede praktische Bedeutung verliere, wenn man annehme, daß bösliche Handlungsweise Voraussetzung der Sicherheitsleistung sei (Voraussetzung ist nicht bösliche Handlungsweise, sondern Glaubhaftmachung oder die Möglichkeit böslicher Handlungsweise), so ist das wohl richtig. Aber ebenso richtig ist, daß die Vorschrift, im Sinn der Gegenmeinung angewendet, zu einer Erschwerung der Anfechtung führt, welche in der großen Mehrzahl von Fällen nur als schikanös empfunden werden könnte. Vgl. die treffenden Ausführungen bei Horrwitz, Generalversammlung 108. Im Fall Bauer 25, 8 hat das Gericht ausgesprochenermaßen die Auflage einer Sicherheitsleistung zum Zwecke der Abschreckung gebilligt. Man sollte sich darin wenigstens einig sein, daß das ganz sicher die Absicht der Vorschrift nicht ist. Es ist auch durch nichts begründet, die Ausdrucksweise des Gesetzes, daß das Gericht die Sicherheitsleistung anordnen „könne", anders zu verstehen als daß die Anordnung im freien Ermessen des Richters liege. Das Gericht hat völlig freie Hand und dürfte nur ausnahmsweise einmal in der Lage sein, schon im Eingang des Verfahrens sich ein Urteil zu bilden. Insofern ist denn auch die Beseitigung der Vorschrift, daß es sich um eine prozeßhindernde Einrede handle, so bezeichnend. Nicht darum nur handelt es sich, daß das Verlangen der Sicherheitsleistung jeder Zeit im Laufe des Prozesses gestellt werden kann, sondern vor allem auch darum, daß die Beklagte nicht die Verhandlung zur Hauptsache um dieses Verlangens willen verweigern kann, der Richter also in der Lage ist, die Entscheidung aufzuschieben, bis er klarer sieht. Vorausgesetzt ist immer, daß nur bei böslicher Handlungsweise eine Verpflichtung zum Schadensersatzanspruch besteht. In diesem Punkt ferner abweichend Staub-Pinner § 273[11]; Makower § 272 IV d; Ritter § 273[3] b.

b) Dem Kläger ist, wenn das Gericht auf den Antrag eingeht, eine Frist zu stellen, nach deren Ablauf auf Antrag des Beklagten die Klage für zurückgenommen erklärt wird, wenn nicht bis zur Entscheidung darüber die Sicherheit geleistet wird; § 113 ZPO. Die Entscheidung erfolgt durch Zwischenurteil (RG 24, 430; JW 1902, 90[7]; 1903, 289[4]), das nicht selbständig, sondern nur mit dem Endurteil angefochten werden kann; RG 33, 43; HoldhMS 1904, 108. Art und Höhe der Sicherheit bestimmt das Gericht nach freien Ermessen. Es findet also weder §§ 232 ff. BGB, noch § 108 ZPO Anwendung. Es handelt sich auch nicht eigentlich um eine prozessualische Sicherheit (anders RG 24, 432; Stein-Jonas ZPO vor § 108), aber doch dürften Gründe der Zweckmäßigkeit überwiegend dafür sprechen, den § 109 ZPO hier anzuwenden. Ebenso Makower § 272 IV d; Hueck Anfechtbarkeit S. 181. Anders Goldschmit AG § 272[12]. Es können als Sicherungsmittel auch eigene Aktien der Beklagten nach ihrem Wert zugelassen werden (§ 226 I). Fraglich ist nur gewesen, ob die nach früherem Recht zu hinterlegenden Aktien gleichzeitig hierzu verwendet werden konnten; RG 37, 113.

5. Über Gesellschaftsblätter s. § 182 III. Der Vorstand ist nach § 319 I zur Bekanntmachung vom Registerrichter durch Androhung von Ordnungsstrafen anzuhalten. Die Bekanntmachung soll den Aktionären Gelegenheit geben, sich dem Verfahren als Mitkläger oder als Nebenintervenient anzuschließen. Verspätung der Bekanntmachung hat auf den Ablauf der einmonatigen Frist (§ 271 II) keinen Einfluß. Bekannt zu machen ist nur der erste Termin, gleichviel, ob an ihm verhandelt worden ist oder nicht. — Die Bekanntmachung muß auch erfolgen, wenn die Klage verspätet erhoben worden ist. Offen gelassen in LZ 1916, 408 (München). Doch gilt das nur, wenn deutlich Anfechtungsklage und nicht ausschließlich Nichtigkeits-Feststellungsklage erhoben wird.

§ 273.

Soweit der Beschluß durch rechtskräftiges Urteil für nichtig erklärt ist, wirkt das Urteil auch für und gegen die Aktionäre, die nicht Partei sind[1]. Das Urteil ist von dem Vorstand unverzüglich zum Handelsregister einzureichen[2]. War der Beschluß in das Handelsregister eingetragen, so ist auch das Urteil einzutragen; die Eintragung des Urteils ist in gleicher Weise wie die des Beschlusses zu veröffentlichen.

Für einen durch unbegründete Anfechtung des Beschlusses der Gesellschaft entstehenden Schaden haften ihr die Kläger, welchen eine bösliche Handlungsweise zur Last fällt, als Gesamtschuldner[3].

1. a) Das Urteil, welches der Anfechtungsklage durch Nichtigkeitserklärung des Beschlusses stattgibt, gleichviel von welcher Seite sie erhoben worden ist, von Aktionären, vom Vorstand oder von Mitgliedern des Vorstandes oder Aufsichtsrats, wirkt auch für und gegen die Aktionäre (sowie, muß man hinzusetzen, für und gegen den Vorstand und die Vorstands- und Aufsichtsratsmitglieder), die nicht Partei sind; dagegen hindert die rechtskräftige Abweisung der Klage andere Aktionäre usw. nicht, ihrerseits die Klage zu erheben; ein Satz, der bei der AGesellschaft wegen der einmonatigen Präklusivfrist ohne Bedeutung ist, wohl aber bei der Gesellschaft mbH praktisch werden kann.

Das hier Bestimmte ergibt sich aus dem Wesen der Sache und würde auch gelten müssen, wenn es nicht positiv vorgeschrieben wäre (v. Tuhr, Allgemeiner Teil I 518; a. A. Hueck, Anfechtbarkeit 195). Der Beschluß einer Generalversammlung ist ein Akt innerer Willensbildung der Gesellschaft, ein Entschluß, der rechtsgültig nur zustande kommt, wenn nach Gesetz und Statut — genauer ohne wesentliche Verstöße gegen Gesetz oder Statut — verfahren wird. Er ist je nachdem gültig oder ungültig: ein Drittes kann es gar nicht geben. Es ist undenkbar, daß innerhalb einer Gesellschaft — es gilt das nicht nur von der Korporation — ein Gesellschaftsbeschluß besteht, der nur gegenüber einem Teil der Gesellschafter gültig wäre. Damit wäre die Gesellschaft gesprengt. So, wenn man annehmen müßte, daß in einer Gesellschaft von Dreien ein Vierter aufgenommen wäre, aber nur mit Wirkung gegenüber zweien von ihnen. Oder man versuche nur einmal zu denken, daß die Bilanz einer AGesellschaft gültig sei, aber nur mit Wirkung für und gegen die Stammaktionäre, nicht für und gegen die Vorzugsaktionäre. Es ist ja auch klar, daß bei absoluter Nichtigkeit eine solche Unterscheidung von vornherein ganz ausgeschlossen ist. Und die Anfechtbarkeit ist, wenn sie mit Erfolg geltend gemacht worden ist, nunmehr auch absolute Nichtigkeit, welche nur entweder ist oder nicht ist. M. a. W.: Wenn Gesetz und Recht in vielen Fällen von absoluter Nichtigkeit absieht und die Entscheidung über die Nichtigkeit als ein Individualrecht in die Hand des einzelnen Aktionärs legt, so beruht es in dieser materiellen Rechtslage, daß der einzelne die Macht in der Hand hat, in der bestimmten Weise in die Rechtssphäre der andern Aktionäre, in ihr Verhältnis zur Gesellschaft gestaltend einzugreifen. Hat er mit der Anfechtungsklage endgültig Erfolg, dann ist die gesetzliche Voraussetzung der Nichtigkeit des Beschlusses erfüllt. Der Beschluß ist auch dann nichtig, wenn die Entscheidung unrichtig ist (daher unzutreffend Hueck, Anfechtbarkeit S. 207). Auch nach Flechtheim, Festschrift für Zitelmann, ist diese sogenannte Erstreckung der Rechtskraft nichts Positives, sondern etwas, das sich aus dem Wesen der Sache ergibt. Aber seine Ableitung ist doch zu beanstanden. Er hält die Entscheidung für allseitig maßgeblich innerhalb des Kreises der Mitglieder der Gesellschaft und ihrer Organe, weil hier die Gesellschaft nicht eigentlich die Partei sei, welche die Sache angeht, nicht das Subjekt, sondern das Objekt der Beschlußfassung, und mehr nur aus praktischen Gründen an die Stelle der wahren Partei, nämlich der Gesamtheit der nicht klagenden Aktionäre trete; nach innen stünden Körperschaft und ihre Mitglieder sich nicht gegenüber, sondern jene falle mit der sich verfassungsmäßig betätigenden Gesamtheit der Mitglieder zusammen. Dieser letzte schwerwiegende Satz — schwerwiegend, weil er das ganze Problem der juristischen Person in sich trägt — mag eine gute regulative Idee sein, zum Glied im scharfen Syllogismus, zum Baustein in einer konkreten juristischen Konstruktion taugt er nicht. Er beweist auch zuviel. Denn nach ihm müßte sich die Rechtskraft auch des die Klage abweisenden Urteils auf alle Aktionäre erstrecken, was nicht der Fall ist.

b) Sehr bestritten ist die Frage, ob diese Ausdehnung der Rechtskraftwirkung über die Prozeßparteien hinaus auch von Urteilen gilt, durch welche die absolute Nichtigkeit festgestellt wird. Dafür v. Tuhr, Allgemeiner Teil I 518; RGR z. BGB § 32^5; Hueck, Anfechtbarkeit 239. Dagegen Oertmann BGB § 32^3 c β; Planck-Knoke § 32^4 a. E.; LZ 1916, 408 (München). Im Urteil RG 85, 312 (GmbH) scheint es sich um Anfechtbarkeit gehandelt zu haben.

Es ist klar, daß das oben von der erfolgreichen Anfechtung Gesagte, wenn es überhaupt richtig ist, auch von der Nichtigkeit gelten muß. Ist auf die Klage eines Aktionärs die Nichtigkeit des Beschlusses rechtskräftig festgestellt worden, dann ist das notwendig für die Gesellschaft und ihre Mitglieder überhaupt maßgeblich. Daß das bestritten ist und sogar überwiegend abgelehnt wird, hängt offenbar damit zusammen, daß man unbesehens voraussetzt, daß jedermann gegebenen Falles gegen die Gesellschaft auf Feststellung der Nichtigkeit klagen könne. Das ist nicht der Fall. Für einen Dritten kann die Frage, ob ein Gesellschafterbeschluß nichtig ist oder wirksam, immer nur als Präjudizialpunkt von rechtlichem Interesse und von rechtlicher Bedeutung sein, nämlich nur insofern, als davon die Gestaltung seiner Rechtslage aus nichtgesellschaftsrechtlichem Verhältnis zur Gesellschaft abhängt. Mag er nun auf Leistung oder Duldung gegen die Gesellschaft klagen oder von ihr verklagt werden, so spielt die dann vielleicht nötig werdende Entscheidung über die Nichtigkeit des Beschlusses in diesem Verfahren stets nur die Rolle eines Entscheidungsgrundes und ist überhaupt nicht der Rechtskraft fähig. Und nicht anders liegt es, wenn der Dritte Veranlassung hat und berechtigt ist, statt auf Leistung auf Feststellung zu klagen. Er mag dann auf Feststellung dieses seines Rechtsverhältnisses zur Gesellschaft klagen. Zu einer Klage, deren unmittelbares Ziel die Feststellung der Nichtigkeit des Beschlusses ist, wäre er nicht legitimiert. Und daher ist denn auch dann, wenn einmal vom Gericht eine solche Klage zu Unrecht zugelassen werden sollte, für die Gesellschaft im Verhältnis zu ihren Mitgliedern die Entscheidung nicht maßgeblich. Dagegen steht dem nichts entgegen, daß die Gesellschaft einem Dritten obligatorisch so gebunden ist, wie wenn der Beschluß nichtig wäre, und einem anderen Dritten so, wie wenn er gültig wäre. Andererseits kann sehr wohl auch in einem Prozeß der Gesellschaft und einem ihrer Aktionäre die Frage nach Gültigkeit oder Nichtigkeit als Präjudizialpunkt zur Entscheidung stehen. Auch in solchem Fall würde die Entscheidung in diesem Punkt einer Rechtskraft überhaupt nicht fähig sein. Wo aber die Dinge so liegen, daß der Aktionär nicht auf Leistung klagt, wohl aber auf Feststellung der absoluten Nichtigkeit des Beschlusses klagen kann, da haben die Prozeßparteien, Aktionär auf der einen, Gesellschaft auf der anderen Seite, denknotwendig das Schicksal auch der anderen Aktionäre ebenso in der Hand, wie bei der Anfechtungsklage.

c) Was die Wirkung der rechtskräftigen Entscheidung über die Anfechtungsklage im Verhältnis der Gesellschaft zu Dritten angeht, so herrscht darüber kein Streit, daß „ex nunc" die Nichtigkeit eine absolute, jedermann gegenüber voll zur Geltung kommende ist. Auch Hueck steht auf dem Standpunkt, daß insofern niemand die Nichtigkeit der Entscheidung in Frage stellen kann, auch der nicht, der am Prozeß in keiner Weise beteiligt gewesen ist. Aber auch „ex tunc" tritt diese Wirkung ein. Für die herrschende Lehre, welche den Generalversammlungsbeschluß für ein Rechtsgeschäft hält, ist das schon durch § 142 BGB gegeben. Aber überhaupt gibt dieser § 142 das allgemeine Prinzip des Rechtsbehelfes wieder. Mit der Frage nach dem Geltungsumfang der Rechtskraft des Urteils hat das nichts zu tun. Es müßte auch gelten, wenn hier, wie bei anfechtbaren Willenserklärungen die einfache Anfechtungserklärung genügte und ein Urteil also gar nicht im Spiele wäre. Flechtheim a. a. O. läßt das nicht gelten. Mit Recht sieht er in dem Anfechtungsrecht der Aktionäre ein Gestaltungsrecht, ein solches nicht deshalb weniger, weil die einfache Erklärung nicht ausreichend, vielmehr die Erwirkung des richterlichen Ausspruchs erforderlich ist. Es ist auch richtig, daß ein solches Gestaltungsrecht nur im Kreise der „Beteiligten" gestaltend wirken kann, nur in der Rechtssphäre der Beteiligten. Aber zunächst ist der Kreis dieser Beteiligten keineswegs immer auf die Parteien des Rechtsgeschäfts beschränkt. Es gibt z. B. Gestaltungsrechte, welche die Macht gewähren, ein dingliches Recht zu vernichten. Und wie ein solches dingliches Recht, wenn es besteht, gegen jedermann wirkt, so ist an seiner Vernichtung denn auch — potentiell — jedermann, sind aktuell oft bestimmte Dritte Beteiligte. Wer eine Sache hat pfänden lassen, geht leer aus, wenn derjenige, welcher die Sache dem Schuldner übereignet hatte, die Übereignung wirksam anficht. So RG 85, 314 in Anwendung auf eine gepfändete Forderung. S. auch Hueck, Anfechtbarkeit, S. 200. Vor allem aber muß darauf bestanden werden, daß ein Beschluß der Generalversammlung im allgemeinen und mit nur ganz seltenen Ausnahmen (wohin namentlich der Fall der Entlastung — RG 112, 26 — und unter Umständen der Fall der Wahl von Mitgliedern des Vorstandes und Aufsichtsrats gehört) ein absolutes Internum ist, ohne Rechtswirkung im Verhältnis zu Dritten überhaupt. Erst wenn der Beschluß zur Ausführung kommt oder dadurch, daß er zur Ausführung kommt, erwachsen möglicherweise Rechtsverhältnisse der Gesellschaft zu Dritten oder Veränderungen eines solchen schon bestehenden Verhältnisses. Ein Kaufgeschäft, welches der Vorstand auf Grund eines Beschlusses der Generalversammlung abgeschlossen hat, wird dadurch noch nicht hinfällig, daß der Beschluß sich als nichtig erweist oder wirksam angefochten wird. Dasselbe gilt von dem Vertrag, welchen der Vorstand nach der Wahl eines neuen Vorstandsmitgliedes mit dem Gewählten schließt. Damit, daß die Wahl wirksam angefochten worden ist, wird die Anstellung nicht ohne weiteres hinfällig. Das gilt nach diesseitiger Auffassung auch in dem Falle, daß der Gewählte in der Generalversammlung anwesend ist und sofort die auf ihn gefallene Wahl annimmt. Auch hier muß man an dem Vorgang die zwei Seiten begrifflich scheiden, die interne Wahl und den Abschluß des Vertrages (s. Erl 7 zu § 271). Läßt man das nicht gelten, dann gehört dieser Fall zu den Ausnahmefällen, wo das mit dem Dritten abgeschlossene Rechtsgeschäft durch einen Beschluß der Generalversammlung gedeckt sein muß. So der Verzicht auf Ersatzansprüche gegen Gründer und Mitglieder des Vorstandes und Aufsichtsrats nach §§ 202 ff., 205, 268, 270. Dann steht und fällt mit dem Beschluß der Generalversammlung auch die anschließende Annahmeerklärung des Gewählten und damit der Anstellungsvertrag. Gegen die üblen Folgen schützt auch nicht der § 15 HGB (Staub-Pinner § 273; Hueck S. 214), wenn die Eintragung in das Handelsregister auf der Anmeldung des nur vermeintlich gewählten Vorstandes beruht. Auch der Gedanke, daß als Bevollmächtigter gilt, wen ein anderer tatsächlich als solchen schalten läßt, hilft nicht weiter. Denn er setzt als Auftraggeber eine handlungsfähige Persönlichkeit voraus und daran fehlt es eben bei der A-Gesellschaft, wenn sie nur vermeintlich einen Vorstand hat. Übrigens sieht die Sache — die man unbestrittenermaßen hinnehmen muß, wenn der Beschluß absolut nichtig ist — gefährlicher aus, als sie ist. Denn wenigstens bei der A-Gesellschaft kann sich der Fall nicht ereignen, ohne daß man bis spätestens mit Ablauf eines Monats gewarnt und also vorbereitet ist. Sodann besteht die Tätigkeit des Vorstandes nicht nur in der Vertretung der Gesellschaft, sondern vor allem in der Geschäftsführung und was da geschehen ist, läßt sich überhaupt nicht, auch nicht künstlich wieder als ungeschehen aus der Welt schaffen. Und endlich kann die Gesellschaft keinen Unterschied machen. Sie kann nicht das vom Vorstand Getane, soweit es für sie vorteilhaft ist, annehmen und das Unvorteilhafte ablehnen, und so wird ihr in den weitaus meisten Fällen gar nichts anderes übrig bleiben, als alles zu genehmigen. — Der Fall, daß der Beschluß wirksam angefochten wird, durch welchen die Generalversammlung die Veräußerung einer vinkulierten Namenaktie genehmigt hat, liegt für die herrschende Lehre ganz einfach (s. § 222 Erl 4 d). Ist die vom Vorstand abgegebene Genehmigungserklärung selbst dann wirksam, wenn ein Beschluß der Generalversammlung überhaupt nicht vorliegt, so gilt das vollends, wenn der vorliegende Beschluß nichtig ist oder vernichtet wird. Flechtheim a. a. O. S. 29 nimmt an, daß es das Recht des Veräußerers der Aktie nicht verletze, wenn bis zur rechtskräftigen Entscheidung der Anfechtungsklage statt seiner der Erwerber der Aktie zu den Generalversammlungen und Abstimmungen zugezogen wird. Im allgemeinen hat für die A-Gesellschaft dieser Punkt weniger Bedeutung als für die Gesellschaft mbH und dort wird — wenigstens allgemein gesprochen — die einstweilige Zulassung des bisherigen Gesellschafters an Stelle des neuen das weniger bedenkliche sein. Und ebenso wird man denn auch bei der A-Gesellschaft die Rechtslage jedenfalls dann zu betrachten haben, wenn es sich um ein förmliches Aktienpaket handelt. — Sind Angestellten der Gesellschaft bestimmte Beträge als Tantieme bewilligt worden, so wird durch erfolgte Anfechtung der Bilanz hieran auch dann nichts geändert, wenn die Beträge auf Grund des Reingewinns kalkuliert waren. Anders nur, wenn das Rechenexempel zum Inhalt der Verträge gemacht worden ist, ein Unterschied, welcher auch in anderen Zusammenhängen nicht selten Veranlassung zu Streit und schwieriger Entscheidung gibt. — Daß der Vergleich, welchen die Gesellschaft mit einem Emissionshaus über einen Anspruch aus § 203 schließt, hinfällig wird, wenn der Genehmigungsbeschluß (§ 205) auf Anfechtung vernichtet wird, hat nichts übertrieben Unbefriedigendes an sich. Was die Wahl eines besonderen Vertreters zur Geltendmachung von Ansprüchen gemäß § 268 angeht, so liegt kein Grund vor, die Rechtslage anders zu beurteilen wie bei der Wahl von Vorstandsmitgliedern. Übrigens haben alle diese Dinge bei der A-Gesellschaft insofern nichts Beängstigendes an sich, als sich stets binnen kürzester Frist herausstellen muß, ob Anfechtung erfolgt und mit der Vernichtung des Beschlusses gerechnet werden muß. — Gegen Flechtheim, aber mit anderer Begründung und teilweis anderem Ergebnis, Hueck, Anfechtbarkeit S. 193 ff. S. die Zusammenstellung bei Goldschmit AG § 273[4]. Daß die Übernehmer neuer Aktien die Einlage auch dann — unter Umständen — zahlen müssen, wenn der Kapitalerhöhungsbeschluß wirksam angefochten wird, ist durchaus gegen die Regel und beruht auf entsprechender Anwendung des § 311 III.

d) Soweit nach vorstehendem die Vernichtung des angefochtenen Beschlusses auch auf das Rechtsverhältnis der Gesellschaft zu Dritten gestaltend wirkt, ist im Anfechtungsprozeß der Dritte auf Antrag als Nebenintervenient zuzulassen.

e) Ausgeschlossen ist, daß die A-Gesellschaft im Wege des Vergleichs den Anfechtungsgrund anerkennt, den Beschluß aus der Welt schafft. Dagegen steht nichts im Wege, daß sie vor Gericht den „Klageanspruch" anerkennt, so daß durch Anerkenntnisurteil der Beschluß für nichtig erklärt wird. Vgl. Hachenburg GGmbH § 45[40]. Was dort als zulässiger Vergleich beschrieben wird, ist allerdings zulässig, ist aber kein Vergleich, d. h. keine Beseitigung des Beschlusses durch Vergleich.

f) Gegen die Anfechtung und Vernichtung der Bilanzgenehmigung und des Gewinnverteilungsbeschlusses sind die Aktionäre durch die positive Vorschrift des § 217 geschützt. Was sie als Gewinn in gutem Glauben bezogen haben, sind sie nicht verpflichtet, zurückzuzahlen. Der Vorstand muß nach pflichtmäßigem Ermessen sich entscheiden, ob er angesichts der Anfechtung verantworten kann, die Dividende auszuzahlen, und wenn er sich im verneinenden Sinne entscheidet, hat er das Recht, entgegen dem angefochtenen Beschluß die Auszahlung zu verschieben. Entschließt er sich für Auszahlung, so ist der Aktionär nicht schon deshalb nicht gutgläubig, weil er von der Anfechtung erfahren hat. Überhaupt ist der Vorstand verpflichtet, die Ausführung eines angefochtenen Beschlusses aufzuschieben, wenn es ohne Gefährdung des Interesses der Gesellschaft geschehen kann. Er ist verpflichtet, zur Ausführung zu schreiten, wenn die Interessen der Gesellschaft es dringend erfordern und er nach pflichtmäßigem Ermessen die Anfechtung für aussichtslos halten kann. Im übrigen muß und darf er gegeneinander abwägen, wo die größere Gefahr für die Interessen der Gesellschaft liegt, bei der Ausführung des Beschlusses oder beim Aufschub. Vgl. den Fall RG 72, 4, insbes. 8 ff.

g) Dadurch, daß eine später einberufene Versammlung auf erneuten Antrag den angefochtenen Beschluß noch einmal mangelfrei faßt oder den wegen seines Inhalts angefochtenen Beschluß entsprechend ändert (vgl. RJA 5, 64 f.), wird der Anfechtungsanspruch insofern nicht gegenstandslos, als der erneute Beschluß nicht ex tunc wirkt; Staub-Pinner § 173, 13a; Hueck, Anfechtbarkeit 189 f.

h) Es liegt in der Natur der Sache, daß in der Regel die Klage und das Urteil nur auf Beseitigung des Beschlusses, nicht zugleich auf seine Ersetzung durch den richtigen Beschluß gerichtet sein kann. Unter besonderen Umständen kann es aber auch anders sein. Wird die Genehmigung einer Bilanz um eines ganz bestimmten Postens, z. B. um einer bestimmten ungesetzlichen Rückstellung willen, mit Recht angefochten, so ergibt sich wie von selbst die dem Gesetz entsprechende Korrektur ohne weiteres und zahlenmäßig. Noch etwas anders lag es im Fall RG 64, 260, wo ein vollständiger, von einem Bücherrevisor aufgestellter Gegenentwurf als für eine dem Gesetz entsprechende Bilanz gerichtlich für maßgeblich erklärt — also, wenn man so will, der Gesellschaft oktroyiert — wurde (vgl. auch RG 76, 248; 80, 337): Es ist hier — heißt es im Urteil — auf Grund eingehender Beweisaufnahme festgestellt, welche Mindestabschreibungen vorzunehmen waren, damit die Bilanz als gesetzmäßig zu erachten war (näheres ergibt der Bericht nicht); der Beklagten war hinreichend Gelegenheit gegeben, gegenüber dem Klagantrag alle für ihren Standpunkt sprechenden Momente geltend zu machen". Was Staub-Pinner § 273[2] dagegen einwendet, ist an und für sich unanfechtbar. Aber es ist unpraktisch und nicht zwingend. Vorausgesetzt nur, daß das Gericht mit der nötigen Vorsicht und dem ganzen Verständnis für die Bedeutung seiner Entscheidung vorgeht, liegt es im Interesse nicht am wenigsten auch der Beklagten, welche andernfalls auch da genötigt wäre, den ganzen umständlichen Apparat einer Generalversammlung aufzubieten, wo es sachlich unverkennbar unnötig ist. Es heißt nicht, der Gesellschaft zu viel zumuten, daß sie, wo es sich um Bekämpfung ganz bestimmter, ohne Schwierigkeit auszumerzender Posten der Bilanz handelt, sich darauf gefaßt macht, daß sie auch unterliegen kann, und auf diese Möglichkeit hin gegebenenfalls darlegt, warum ihr mit Beschränkung der Korrektur der Bilanz auf den einen Posten nicht gedient ist. Wohl aber wird anderseits damit der Mehrheit der Aktionäre die Möglichkeit versagt, auf anderem, weniger angreifbarem Wege oder einer erlahmenden Minderheit gegenüber doch zu ihrem Ziele zu kommen. Ein umsichtiger Vorsitzender wird auf die Möglichkeit einer solchen Entscheidung hinweisen, falls nicht schon das Vorbringen des Klägers und der Klageantrag einen hinreichenden Hinweis enthalten. Im Schrifttum hat der Standpunkt des Reichsgerichts fast allgemein Billigung gefunden. S. d. Zitate bei Staub-Pinner a. a. O., ferner zustimmend Ritter § 213[4], Brand § 273[1] B a; dagegen insbes. Pinner in LZ 1907, 306, und hierzu Düringer das. 311.

i) Ist ein Gesellschafterbeschluß schlechthin nichtig, so bedarf es nicht erst einer Anfechtung. Wollen Aktionäre oder Mitglieder des Vorstandes oder Aufsichtsrats die Frage zu gerichtlicher Entscheidung bringen, so steht ihnen Feststellungsklage auf Grund § 256 ZPO zur Verfügung. Nur unter besonderen Umständen würde ein rechtliches Interesse an der Feststellung verneint werden können. Hiermit steht das Urteil LZ 1917 488 (München) nicht in Widerspruch. Denn in den Fällen der dort behandelten Art, nämlich wenn der Beschluß in ein Gläubiger- oder Sonderrecht eines Aktionärs eingreift, liegt überhaupt nicht Nichtigkeit des Beschlusses vor; S. Hueck, Anfechtbarkeit 235 Erl 1 zu § 271. Auf einem ähnlichen Mißverständnis beruht die Behauptung Fischers in Ehrenbergs HH III 1 207, daß bei Nichtigkeit wegen Verletzung des Grundsatzes der gleichmäßigen Behandlung nur dem verletzten Aktionär die Klage auf Feststellung der Nichtigkeit oder kürzer Nichtigkeitsklage zustehen soll. In Fällen dieser Art könnte es nur ganz ausnahmsweise zu Nichtigkeit statt zu Anfechtbarkeit des Beschlusses kommen, und in dem einen wie im anderen Fall ist jeder Aktionär berechtigt, Widerrechtlichkeiten gefaßter Beschlüsse entgegenzutreten, ohne ein persönliches oder geradezu ein vermögensrechtliches Interesse nachweisen zu müssen.

k) Auf die Nichtigkeitsklage beziehen sich die Vorschriften in §§ 271 und 273 nicht. Es besteht aber die Neigung, sie hier — wenigstens zu einem Teil — entsprechend anzuwenden. Dabei spricht unverkennbar ganz wesentlich mit, daß man die Fälle der absoluten Nichtigkeit ungebührlich ausdehnt (vgl. Erl 1 zu § 271, insbes. unter II b). Kläger können hier ebenfalls nur Aktionäre oder der Vorstand oder die Mitglieder des Vorstandes oder Aufsichtsrats sein. (Darüber, daß Dritte zur Klage nicht legitimiert sind, s. oben unter b.) Die Gesellschaft kann, aber sie muß nicht durch Vorstand und Aufsichtsrat vertreten sein (s. unten unter l). A. A. Hueck, Anfechtbarkeit 241, wonach die Gesellschaft auch hier stets durch beide Organe vertreten sein muß, Staub-Pinner § 273[10] b, wonach stets nur die regelmäßige Vertretung durch den Vorstand statthat. Ebenso LZ 1916, 408 (München). Auf keinen Fall kann es Schaden stiften, daß die Mitglieder des Aufsichtsrats als Vertreter sozusagen mitlaufen, was ja der scharfen Unterscheidung in den Fällen, wo die Prozeßlage es erfordert, nicht vorgreift. Darüber, daß die einmonatige Präklusivfrist nicht gilt, besteht keine Meinungsverschiedenheit. Die Zuständigkeit des Gerichts, in dessen Bezirk die Gesellschaft ihren Sitz hat, dürfte stets begründet sein, dagegen ließe sich die ausschließliche Zuständigkeit des Landgerichts ohne Rücksicht auf den Wert des Streitgegenstandes, die Notwendigkeit der Verbindung mehrerer, gleichzeitig anhängiger Prozesse nicht rechtfertigen (JW 1912, 802[20]), während man angesichts der präjudiziellen Bedeutung der Entscheidung des Prozesses für alle Aktionäre (s. oben unter b) wird annehmen müssen, daß freie Vereinbarung eines anderen als des zuständigen Gerichts sowie die Vereinbarung eines schiedsrichterlichen

Verfahrens ausgeschlossen ist. Die Bestimmung, daß die Erhebung der Klage und der erste Verhandlungstermin öffentlich bekannt zu machen sind, ist ganz positiv und hier unanwendbar. Ebenso die Bestimmung des § 272 III (Sicherheitsleistung). Wohl aber erscheint entsprechende Anwendung der Vorschrift geboten — bei der Nichtigkeit eingetragener Beschlüsse wird es ohnehin stets geboten sein —, daß das Urteil sofort nach Eintritt der Rechtskraft zum Handelsregister einzureichen ist. Weitergehend Hueck, Anfechtbarkeit 237 ff. Dagegen Staub-Pinner § 273[19]; Goldschmit in LZ 1925, 672; ferner LZ 1916, 404 (München).

l) So scharf nach allem Nichtigkeitsklage und Anfechtung sich voneinander unterscheiden, so drängt doch das praktische Bedürfnis dazu, in der prozessualen Behandlung den Unterschied nicht mehr als unbedingt notwendig zu betonen. Gerade weil die Grenze zwischen Anfechtbarkeit und absoluter Nichtigkeit mit voller Sicherheit nicht zu ziehen ist, und angesichts der Tatsache, daß diese Frage selbst unter den Juristen in Schrifttum und Rechtsprechung so wenig geklärt erscheint, den Parteien vollends unmöglich ist, sich vor Fehlgriffen, oder was dem jeweils angegangenen Gericht als solcher erscheint, zu hüten, muß der Verbindung beider Klagen in einem Verfahren zwecks alternativer Verabschiedung sowie dem Übergang von der einen zur anderen Klage denkbarst freie Bahn gemacht werden. Der Schutz der Beklagten dagegen, daß er mit neuem Prozeßstoff überfallen wird, muß gewahrt bleiben. Dagegen beschwert, wie hier die Dinge liegen, der Wechsel des rechtlichen Gesichtspunkts als solcher die Beklagte nicht ungebührlich. So mit Recht Staub-Pinner § 273[20], der geradezu annimmt, daß der Kläger auch die absolute Nichtigkeit mit der Anfechtungsklage geltend machen kann. So auch RG 107, 74 (in welchem Fall es sich nach der hier vertretenen Auffassung — s. Erl 1 II b[3] und § 271 — nicht um Nichtigkeit, sondern um Anfechtbarkeit gehandelt hat). Ist für die Nichtigkeitsklage die Mitvertretung durch den Aufsichtsrat auch nicht erforderlich, so ist sie doch unbedenklich zulässig. Die Rechtsprechung verhält sich freilich spröder. So lautet es im Urteil des RG bei Warn 6, 161: Da die Feststellungsklage nicht an die Förmlichkeiten der Anfechtungsklage gebunden ist, muß die Partei sich entscheiden, was von beidem sie will; von der Anfechtung kann nicht zur Feststellungsklage geschritten werden. Ebenso OLG 36, 276 (Braunschweig). In RG 75, 242; 89, 379, welche in diesem Zusammenhang zitiert werden, ist von diesen Dingen nicht die Rede. Wie hier JW 1925, 153[8] (Oppeln). Dagegen Fischer, Fußnote daselbst.

2. Da nach § 259 V sämtliche Beschlüsse der Generalversammlung einer AGesellschaft bei den Registerakten liegen, gehört es zur unerläßlichen Vollständigkeit der Akten, daß das einen Beschluß vernichtende Urteil ebenfalls unverzüglich nach Eintritt der Rechtskraft zum Handelsregister eingereicht wird. Nach § 14 HGB hat der Registerrichter den Vorstand nötigenfalls durch Androhung von Ordnungsstrafen zur Einreichung anzuhalten. Auch zum Handelsregister einer Zweigniederlassung ist ein Exemplar einzureichen. Die Einreichung einer beglaubigten Abschrift des Urteilstenors dürfte genügen. Der Registerrichter ist nicht gehalten, auf die Bekanntmachung gemäß § 272 IV sein Augenmerk zu haben. Ebensowenig macht ihm das Prozeßgericht Mitteilung von Klage oder Urteil. Es wird also gegebenenfalls Sache der Beteiligten sein, beim Registergericht ein Einschreiten anzuregen.

Der Registerrichter hat das eingereichte Urteil lediglich darauf einzusehen, ob der vernichtete Beschluß zur Eintragung gekommen ist. Es muß, wenn das der Fall ist, auch das Urteil eingetragen werden. Es ist daher überflüssig, daß der Kläger, welcher eine Erhöhung des Grundkapitals anficht, den Antrag stellt, die Beklagte zur Löschung der eingetragenen Kapitalserhöhung zu verurteilen; ein solcher Antrag ist abzuweisen; RG 108, 44. Eine besondere Anmeldung zur Eintragung der Nichtigkeit des Beschlusses findet nicht statt. Das Urteil muß in das Register eingetragen werden, das heißt, es muß im Register vermerkt werden, daß der betreffende Beschluß durch das zu bezeichnende Urteil vernichtet worden ist; Ritter § 273[2]; Makower § 273 I c. Diese Eintragung ist, wie jede Eintragung in das Handelsregister (§ 10 I), vom Gericht öffentlich bekannt zu machen. Hier ist noch besonders vorgeschrieben, daß sie in der gleichen Weise bekannt gemacht wird, wie der vernichtete Beschluß bekannt gemacht worden war. — Auch im Register einer Zweigniederlassung muß gegebenenfalls das Urteil eingetragen werden. Auch hier also muß der Registerrichter das eingereichte Urteil darauf prüfen und sich vergewissern, ob es in das Register der Hauptniederlassung eingetragen worden ist; § 13 II, Makower § 273 I c.

3. Erweist sich die erhobene Anfechtungsklage als unbegründet — was nach der herrschenden Lehre (s. jetzt auch Staub-Pinner § 273[8]. A. A. Brand § 273[4] a α) auch der Fall ist, wenn sie wegen Versäumnis der Präklusivfrist oder aus einem anderen formalen Grunde als unzulässig erscheint —, so hat die Gesellschaft Anspruch auf Ersatz des ihr durch Erhebung der Klage verursachten Schadens, wenn dem Kläger eine bösliche Handlungsweise zur Last fällt. Das gilt auch, wenn der Vorstand oder Mitglieder des Vorstandes oder Aufsichtsrats die Kläger sind. Immer haftet aber nur derjenige unter mehreren Klägern, welchen der Vorwurf böslicher Handlungsweise trifft. Entgegen der herrschenden Lehre (OLG 19, 329, Bamberg), ist anzunehmen, daß hier die Ersatzpflicht der Kläger erschöpfend geregelt ist. Denn einerseits ist die Bestimmung in bezug auf den äußeren Tatbestand so schrankenlos weit erfaßt, daß, wofern nur

überhaupt Anfechtungsklage erhoben wird, kein ursächlicher Zusammenhang denkbar ist, den sie nicht umfaßte. Anderseits ist in diesem weiten Rahmen das Schuldmoment auf bösliche Handlungsweise eingeschränkt, was also für jeden hier denkbaren Tatbestand gelten muß. So Lehmann-Ring § 213[12]. Zweifelhaft ist, ob auch derjenige unter der Voraussetzung böslicher Handlungsweise schadensersatzpflichtig ist, der sich dem Kläger als Nebenintervenient anschließt. An und für sich ist das zu verneinen, sicherlich auch dann, wenn der Nebenintervenient seinerseits Angriffs- oder Verteidigungsmittel geltend macht. Legt er aber selbständig Berufung oder Revision ein, so verursacht er den dadurch etwa der Gesellschaft entstehenden Schaden. Und wenn die obige Ausführung, daß gegenüber dem allgemeinen Rechtszustand hier nicht so sehr eine Verschärfung als vielmehr eine Abschwächung vorliegt, richtig ist, wird man dem Nebenintervenienten diese Sonderregelung nicht versagen dürfen. Insoweit ist Hueck 193 beizupflichten. A. A. Staub-Pinner § 273[10], der die Haftung der Nebenintervenienten ganz verneint.

Wegen des Begriffs bösliche Handlungsweise s. Erl 6 zu § 202. Hier handelt böslich, wer weiß, daß der Beschluß mangelfrei zustande gekommen ist, und ihn gleichwohl ansicht. Damit, daß die Gesellschaft durch Erhebung der Klage Schaden leidet, muß der Kläger immer rechnen. A. A. Hueck 192. Es handelt namentlich auch böslich, wer einen Mangel des im Interesse der Gesellschaft liegenden oder ihm nicht geradezu widerstrebenden Beschlusses erpresserisch ausnutzt, um die Gesellschaft zur Gewährung von Sondervorteilen zu nötigen. Vgl. OLG 36, 281 (Hamm). Aber auch in solchem Falle wird nur gehaftet, wenn die Klage abgewiesen wird. Vgl. § 272 Erl 4 a.

Vierter Titel.

Abänderungen des Gesellschaftsvertrags.

§ 274.

Eine Abänderung des Gesellschaftsvertrags kann nur durch die Generalversammlung beschlossen werden[1]. Die Vornahme von Änderungen, die nur die Fassung betreffen, kann durch Beschluß der Generalversammlung dem Aufsichtsrat übertragen werden[2].

In der nach § 256 Abs 1, 2 zu bewirkenden Ankündigung soll die beabsichtigte Änderung des Gesellschaftsvertrags nach ihrem wesentlichen Inhalt erkennbar gemacht werden[3].

1. a) Es ist selbstverständlich, daß das Statut einer A-Gesellschaft abgeändert werden kann, wenn ausnahmslos alle Aktionäre einverstanden sind und es vereinbaren. Die Frage ist aber, ob es auch durch Mehrheitsbeschluß geschehen kann, was an und für sich regelwidrig wäre. Das HGB in seiner früheren Gestalt hat darüber ausdrücklich nichts gesagt, aber hat es stillschweigend vorausgesetzt. Vgl. RG 6, 120; ferner ROHG 14, 266; 20, 43. Nach Art 214 in der Fassung der Novelle von 1870 bedurfte jeder Beschluß der Generalversammlung, welcher die Fortsetzung der Gesellschaft oder eine Abänderung der Bestimmungen des Gesellschaftsvertrages zum Gegenstand hat, zu seiner Gültigkeit der notariellen oder gerichtlichen Beurkundung; daran schloß sich in Art 215 der Vorbehalt an, daß Änderung des Gegenstandes der Unternehmung der Gesellschaft sowie Fusion der Gesellschaft mit einer anderen A-Gesellschaft nicht durch Stimmenmehrheit beschlossen werden könne, wofern es nicht im Gesellschaftsvertrag so bestimmt sei. In der Novelle von 1884 wurde die Materie etwas fester gefaßt. Die Verfasser des Gesetzes haben sich die zwei Fragen vorgelegt: sollen Statutenänderungen anders als durch die Generalversammlung vorgenommen werden können, also namentlich, wie das zuweilen bestimmt worden war, durch den Aufsichtsrat, und: soll das Gesetz für Statutenänderungen einfache Mehrheitsbeschlüsse zulassen? und es wurde bestimmt, daß ausschließlich die Generalversammlung darüber beschließen kann und daß hierzu eine Mehrheit von dreiviertel des in der Versammlung vertretenen Grundkapitals erforderlich sei, daß aber in letzterer Beziehung das Statut andere Erfordernisse aufstellen könne, erleichternde jedoch nicht, wenn Abänderung des Gegenstandes des Unternehmens oder Fusion zur Entscheidung steht. Hierbei ist es in der Novelle von 1900 geblieben. Nur ist die Fusion abgesondert und eingehender geregelt. Besonderes gilt in gleicher Weise wie schon vor 1900 von den Beschlüssen, welche Herabsetzung des Grundkapitals (und Auflösung der Gesellschaft) zum Gegenstand haben; §§ 288 I, § 292 I Z. 2.

b) Es ist zwingendes Recht einerseits, daß der Gesellschaftsvertrag geändert werden kann, daß also auch im Statut Unveränderlichkeit wirksam nicht bedungen werden kann, weder im ganzen noch in Einzelheiten, anderseits, daß es nur durch die Generalversammlung geschehen kann. Letzteres gilt von jeder, auch der unbedeutendsten Änderung; RG 44, 10; 74,

298; KGJ 5, 32; JW 1925, 1794[4] (KG); es gilt auch von dem Beschluß, nur die Fassung zu ändern (s. unten Erl 2). Nur eine scheinbare Ausnahme hiervon liegt darin, daß bei Nebenleistungsaktiengesellschaften, namentlich bei Kartellen in Form der A-Gesellschaft, wo das unabweisliche Bedürfnis nach einer gewissen Beweglichkeit und Elastizität in der Festsetzung der Leistungen und Gegenleistungen besteht, abändernde Bestimmungen nicht nur, was ja auch sonst im Statut bestimmt werden kann, durch einfache Mehrheit beschlossen, sondern auch ganz unabhängig von dem umständlichen Apparat der Generalversammlung, durch die Verwaltung, Vorstand oder Aufsichtsrat oder beide, angeordnet werden können. Nur scheinbar ist das eine Ausnahme, weil auch in solchem Falle die Grenzen oder die Maße, innerhalb deren die Änderungen sich bewegen dürfen, im Statut festgelegt sein müssen, so daß die jeweilige Festsetzung nur die Ausführung der statutarisch unveränderten Bestimmung ist. Vgl. RG 26, 133. Es hat daher der Registerrichter, bevor er eine Gesellschaft dieser Art in das Handelsregister einträgt, sein Augenmerk ganz besonders darauf zu richten, ob im Statut diese Grenzen, wenn vielleicht auch weit gesteckt, doch jedenfalls bestimmt gezogen sind. Soll die statutarische Grenze überschritten werden, so kann das nur mit Zustimmung der Aktionäre geschehen, welche davon betroffen werden (§ 276), im übrigen wird es mit einfacher Mehrheit gültig beschlossen, wenn es sich um eine einmalige Maßregel handelt, mit qualifizierter, wenn es künftig dauernd so sein, also das Statut geändert werden soll.

Das Recht der Generalversammlung, die Statuten zu ändern, kann auch nicht irgendwie eingeschränkt werden. Namentlich kann nicht die Abänderung von der Zustimmung sei es z. B. des Aufsichtsrats oder eines Dritten abhängig gemacht werden; Recht 1918, 580 (Dresden) OLG 42, 225 c (KG); 44, 237 (KG); KGJ 51, 339 (Dresden). — Unzulässig ist es, den Aufsichtsrat zu ermächtigen, die Änderungen am Statut vorzunehmen, welche die Regierung zur Bedingung der Erteilung einer erforderlichen Genehmigung macht; KGJ 15, 19.

c) Auch die in § 182 II aufgeführten Essentialien des Gesellschaftsvertrages können abgeändert werden. So die Firma (RJA 12, 37), der Sitz (RG 44, 10; RGin HoldhMS 23, 103; PosMSchr 06, 175. Es fragt sich, ob die Verwaltung ohne die Generalversammlung zu fragen, oder ohne Statutenänderung den gesamten Betrieb des Unternehmens verlegen kann, indem sie den bisherigen Sitz als gewillkürten Sitz beibehält. Man wird das verneinen müssen, wenn im Statut der Ausdruck Sitz im Sinne des natürlichen, nicht des juristischen Sitzes (s. Erl 9 a zu § 182) zu verstehen ist. — Erhöhung und Herabsetzung des Grundkapitals sind Statutenänderung. Sie sind in §§ 278—287 und 288—291 eingehend geregelt, doch gelten die allgemeinen Bestimmungen §§ 274 ff. auch für sie. — Über Abänderung des Gegenstandes des Unternehmens s. § 275 II und Erl dazu. Ist im Statut die Gesellschaft auf eine bestimmte Zeit beschränkt, so kann die Dauer durch Statutenänderung wohl abgekürzt werden (§ 292 I Z. 2), aber nicht verlängert; RG 81, 69 (Gesellschaft mbH); anders RG 6, 120; 74, 299 (in beiläufiger, wenig betonter Bemerkung); RG im Recht 08, 2498; OLG 8, 260 (Dresden); 27, 386 (Rostock); der in KGJ 34, 167 vertretene Standpunkt, daß der Verlängerungsbeschluß noch vor Ablauf der Zeit zustande kommen muß, ist vom KG JW 1925, 640[7] zunächst für den Fall aufgegeben worden, daß die Gesellschaft noch nicht tatsächlich in die Liquidation eingetreten ist, sodann allgemein von RG 118, 337 (s. § 292 Erl 3 b). — In dem Beschluß, die Gesellschaft aufzulösen § 292 I Z. 2, liegt auch nicht Statutenänderung, wenn der im Statut vereinbarte Endpunkt noch nicht gekommen war. Dagegen bedeutet ein bedingter Auflösungsbeschluß wiederum Statutenänderung, RG 65, 266 und ebenso der betagte Auflösungsbeschluß, sofern es sich nicht um einen nahe bevorstehenden Termin handelt. — Es steht überhaupt nichts im Wege, daß die Generalversammlung beschließt, daß das Statut unter einer Bedingung in bestimmter Weise geändert wird. Nur muß es eine wirkliche Bedingung sein, nicht darf damit die Änderung in den freien Willen der Verwaltung gestellt werden. Bedenklich OLG 19, 333 (Hamburg), wonach der Aufsichtsrat ermächtigt werden kann, nach Befinden den Gegenstand auf neue Versicherungszweige auszudehnen. RG 55, 68: Möglich bleibt, daß der Kapitalserhöhungsbeschluß selbst die Erhöhung innerhalb eines Minimums und Maximums beschließt, so daß die Ausführung der Erhöhung und die Eintragung der erfolgten Erhöhung dem Beschlusse entspricht, wenn die Zeichnungen auch nur das Minimum erreicht haben. Vgl. KGJ 29, 107. Ohne das kann teilweise Durchführung der Kapitalerhöhung nicht dem Aufsichtsrat überlassen bleiben, KGJ 14, 20. — Wie bedingte so sind auch betagte Änderungsbeschlüsse nicht ausgeschlossen, RJA 5, 67 (KG). Nach KGJ 19, 3 steht nichts im Wege, eine solche betagte Statutenänderung schon vor Eintritt des Zeitpunktes in das Handelsregister einzutragen. — In einer gewissen Weise ist jeder das Statut abändernde Beschluß bedingt, nämlich davon in seiner Wirksamkeit abhängig, daß er in das Handelsregister eingetragen wird, § 237 III, und in diesem Falle so gut wie im Fall einer wirklichen Bedingung steht nichts im Wege, die Ausführung des Beschlusses schon im voraus vorzubereiten, z. B. bei einer Vermehrung der Mitglieder des Vorstandes oder des Aufsichtsrates die betreffenden Persönlichkeiten zu wählen, auch den Vertrag — bedingt — mit ihnen zu schließen u. ä. Doch kann der Gewählte vor Eintragung des Beschlusses in das Handelsregister nicht in Funktion treten. Die Eintragung hat nicht rückwirkende Kraft, KGJ 28, 224; OLG 27, 370; 42, 225 d; RG im Recht 1915, 2356. ElsLothrZ. 05, 455; es konvaleszieren auch die Rechtsgeschäfte des Gewählten nicht durch die Eintragung. So wenigstens RG 24, 58. Bei Erhöhung des Grundkapitals kann gar nicht ausbleiben, daß die neuen Aktien vor Eintragung der Erhöhung wirksam gezeichnet werden. Vgl. RG 77, 155; 82, 378 (GmbH). — Änderung des im Statut benimmten Geschäftsjahrs ist Statutenänderung; OLG 42, 225[9].

Statutenänderung liegt nicht nur vor, wenn ausdrückliche Bestimmungen des Gesellschaftsvertrages aufgehoben oder verändert werden, sondern auch bei jeder Art von Ergänzung; OLG 32, 140. Selbst wenn es sich um etwas handelt, was auch ohne ausdrückliche Bestimmung gelten würde, bedarf es, um es zu einer gültigen Statutenbestimmung zu machen, der Formen der Statutenänderung. — Wird eine Bestimmung des Gesellschaftsvertrages durch eine andere ersetzt, so bedarf es nicht der ausdrücklichen Aufhebung der ersteren; LZ 07, 843. — Bei einer Neufassung des Statuts dürfen die wesentlichen Bestimmungen des ursprünglichen Gesellschaftsvertrages auch dann nicht fortgelassen werden, wenn sie aktuelle Bedeutung nicht mehr haben; RJA 15, 206; 17, 99 (bei Erhöhung des Grundkapitals muß die ursprüngliche Höhe erkennbar bleiben); unrichtig HoldhMS 1899, 233; bedenklich BankArch 22, 74 (KG GmbH), wonach bezüglich der Bestimmungen über die Sacheinlagen der Hinweis genügen soll, daß die alten Bestimmungen in Kraft geblieben sind. Werden Zusätze zum geltenden Statut beschlossen, so ist nicht erforderlich, sie förmlich in dieses einzureihen. Dagegen entspricht bei vollständiger Neufassung ein Hinweis auf die alte Fassung, die doch eben nicht mehr gelten soll, den gesetzlichen Anforderungen nicht.

Darin, daß ein Aktionär auf eine ihm im Statut bedungene Sondervergütung verzichtet, liegt nicht Statutenänderung, und der Verzicht ist wirksam, auch wenn es formlos geschieht. Vgl. JW 1917, 468[13]. Zustimmend Hachenburg, Fußnote das. Ist eine vereinbarte Bestimmung gemäß § 186 nichtig, weil sie nicht in das Statut aufgenommen ist, so kann das nur durch Statutenänderung geheilt oder nachgeholt werden; Goldmann § 274[3]; RG in HoldhMS 1904, 165; vgl. auch OLG 32, 140 (GmbH; Braunschweig); übrigens auch das nicht immer. S. § 186 Erl 1 e.

d) Wegen Anmeldung der Abänderung des Gesellschaftsvertrages zum Handelsregister s. § 277. — Es steht nichts im Wege, zugleich mit der Statutenänderung Rechtsakte vorzunehmen, deren Gültigkeit die Statutenänderung voraussetzt; sie sind dann durch die Eintragung der Änderung in das Handelsregister bedingt; OLG 42, 225 d (auch oben unter c).

e) Wird eine einzelne Maßregel in Widerspruch mit dem Statut ohne Wahrung der für Statutenänderung vorgeschriebenen Form beschlossen, so soll das nach RG 81, 368 dann wirksam sein, wenn es mit der für die Statutenänderung erforderlichen Mehrheit angenommen worden ist, auch wenn die Gesellschafter sich der Statutenwidrigkeit nicht bewußt gewesen sind. Die Entscheidung mag nicht zu beanstanden sein (es handelte sich um eine Gesellschaft mbH, und der Beschluß war einstimmig gefaßt). Die allgemeinen Erwägungen sind dagegen nicht unbedenklich, zumal es jedenfalls an einem Erfordernis, der Eintragung des Beschlusses in das Handelsregister, fehlte. Schlechthin kann man nicht sagen, daß jeder Beschluß, der mit dem Statut nicht vereinbar ist, dann wirksam zustandegekommen ist, wenn die qualifizierte Mehrheit erreicht war, Makower § 274 I c 2. — Eine nichtige Statutenänderung wird nicht dadurch geheilt, daß sie in das Handelsregister eingetragen wird; RG in HoldhMS 23, 103.

Ein etwas gefährlicher Satz findet sich in RG 68, 235 auf S. 240: es folgt aus § 274 in Zusammenhang mit § 185, daß was im ursprünglichen Gesellschaftsvertrage festgesetzt werden kann, auch der Einführung im Wege der Statutenänderung grundsätzlich zugänglich ist. Grundsätzlich besteht der gewichtige Unterschied, daß den Bestimmungen des ursprünglichen Statuts niemand, auch nicht der Besitzer einer einzigen Aktie anders unterworfen ist, als mit seiner eigenen Zustimmung. Man wird vielmehr umgekehrt sagen müssen, daß soweit ein Beschluß nichtig oder nach § 271 anfechtbar ist, daran auch dadurch nichts geändert wird, daß sein Inhalt Statutenänderung ist und sein soll.

f) Eine Statutenänderung kann auch nach Auflösung der Gesellschaft und Eröffnung der Liquidation oder des Konkurses über das Vermögen der A-Gesellschaft vorgenommen werden. Bei der Gesellschaft mbH nimmt die herrschende Lehre (mit Unrecht) an, daß es nicht möglich sei, weil nach § 69 GGmbH auf die Liquidation der Gesellschaft nur die Vorschriften über die Rechtsverhältnisse der Gesellschaft und Gesellschafter und über die Vertretung und Geschäftsführung Anwendung finden; RG 77, 155; 82, 205. Hier fällt dieser einzige, übrigens auch dort nicht zureichende Grund fort, weil § 294 II allgemeiner gefaßt ist. Nach OLG 42, 226 (München) sind Satzungsänderungen im Liquidationsstadium nur insoweit zulässig, als sie zum Zwecke der Auseinandersetzung erfolgen. Eine andere Frage ist, ob beispielsweise eine vor der Auflösung der Gesellschaft beschlossene Erhöhung des Grundkapitals nach der Auflösung durchzuführen noch im Sinne des Beschlusses und namentlich noch im Sinne der geschehenen Aktienzeichnungen liegt, was im Zweifel sicherlich zu verneinen ist. So RG in LZ 1914, 776[19], aber mit der die Frage nicht allseitig erledigenden Begründung, daß nach Eröffnung des Konkurses der Beschluß mit Rechtswirkung nicht mehr in das Handelsregister hätte eingetragen werden können. Vgl. auch ROHG 21, 337; RG 4, 67.

2. a) Die Vornahme von Änderungen, die nur die Fassung betreffen, kann durch Beschluß der Generalversammlung dem Aufsichtsrat übertragen werden. Die Vorschrift ist selbst nicht einwandfrei gefaßt und daher bestehen denn auch Zweifel und Streit. In dem Mot von 84, 114, wo ausgesprochen wird, die Änderung dürfe nicht anders als durch Beschluß der Generalversammlung geschehen, lautet es anschließend: Stehen freilich nur redaktionelle Änderungen in Frage, wie solche z. B. nicht selten vom Registerrichter vor Eintragung des Vertrages verlangt werden, so muß, wenn nicht durch Neuberufung der Generalversammlung das Inslebentreten oder Funktionieren der Gesellschaft unnötig erschwert werden soll, eine Ermächtigung der leitenden Organe zur Vornahme der Änderung gestattet sein. So beschränkt denn das Gesetz das Erfordernis des Beschlusses der Generalversammlung auf Abänderungen des Inhaltes des Gesellschaftsvertrages. Die Novelle von 1900 hat das schärfer gefaßt und dazu bemerkt D 165: Zunächst ist durch einen Zusatz klargestellt, daß es, ungeachtet der ausschließlichen Zuständigkeit der Generalversammlung zur Beschlußfassung über Statutenänderungen, statthaft sein soll, die Vornahme von Änderungen, welche nur die Fassung betreffen, durch Beschluß der Versammlung dem Aufsichtsrat zu übertragen; in manchen Fällen, wie z. B. nicht selten bei einer Erhöhung des Grundkapitals, ist es überhaupt nicht ausführbar, die endgültige Fassung des Statuts gleichzeitig mit dem Beschlusse, der die sachliche Änderung des Statuts herbeiführt, festzustellen." Man hat also an ganz bestimmte Fälle gedacht, wo das Bedürfnis sich geltend macht, die endgültige Fassung einer weniger schwerfälligen Stelle zu übertragen, und man kommt auf den Gedanken des Gesetzgebers, wenn man mit einer Einschiebung liest: „Die Vornahme von Änderungen, die nur die Fassung der beschlossenen Änderung betreffen, kann dem Aufsichtsrat übertragen werden". Der Hinweis der Mot. auf den Fall, daß der Registerrichter eine andere Fassung verlangt, paßt wenig hierher. Der Registerrichter wird sich nicht um den Stil des Statuts kümmern und soll es auch nicht, und wenn er das Statut mit Recht beanstandet, sind es sachliche Bedenken, die obwalten und deren Änderung der Zuständigkeit des Aufsichtsrats eben nicht unterliegt. — Weder durch einen Beschluß der Generalversammlung noch im Statut kann allgemein der Aufsichtsrat ermächtigt werden, nach Befinden an der Fassung des Statutes zu ändern. A. A. Staub-Pinner § 274[3]; Brand § 274[3a]; Lehmann-Ring § 274[4]; Goldmann § 274[6]; wie hier Makower § 274 II a (nur ist seine Schlußbemerkung a. a. O. nicht verständlich; die früheren Satzungsänderungen müssen längst auch in ihrer Fassung feststehen); Horrwitz, Generalversammlung 402; Goldschmit, Aufsichtsrat 250. Im Falle HoldhMS 14, 139 war die Ausmerzung der Fremdwörter aus dem Statut zutreffend von der Generalversammlung selbst unmittelbar vorgenommen.

b) Der Beschluß der Generalversammlung, dem Aufsichtsrat die Fassung zu überlassen, ist integrierender Bestandteil des Abänderungsbeschlusses selbst und bedarf derselben Mehrheit wie dieser. Es muß denn auch bei Anmeldung der Abänderung des Statuts beim Registergericht sowohl der Beschluß der Generalversammlung als auch die vom Aufsichtsrat beschlossene Fassung dem Gericht eingereicht werden. A. A. Makower § 274 II d. Ohne hinreichenden Grund will Staub-Pinner § 274[3] auf die Entschließung des Aufsichtsrats § 259 entsprechend anwenden, so daß der Aufsichtsrat zu einer gerichtlichen oder notariellen Verhandlung zusammentreten müßte. Das wird allgemein abgelehnt; Goldschmit AG § 274[5]. — In das Handelsregister wird lediglich die vom Aufsichtsrat bestimmte Fassung eingetragen. Der Richter muß aber prüfen, ob die Fassung das von der Generalversammlung Beschlossene richtig ausdrückt, und darf den Beschluß nur eintragen, wenn darüber kein Zweifel besteht. Weicht die Fassung sachlich vom Beschlossenen ab, so ist der Beschluß in der in das Handelsregister eingetragenen Fassung nichtig und kann von Amts wegen wieder gelöscht werden; Goldmann § 274[10]; JW 1925, 1794[4] (KG); KGJ 14, 22. Auch kann die Verfügung der Eintragung mit der Beschwerde angefochten werden (FGG §§ 144, 20). Entspricht dagegen die Fassung dem Beschluß, so ist die Statutenänderung mit der Eintragung in das Handelsregister in dieser Gestalt zustande gekommen. Entsteht darüber Streit, so ist er objektiv zu entscheiden. Die Generalversammlung kann die Entscheidung nicht treffen, weder mit einfacher Mehrheit (so anscheinend Staub-Pinner § 274[4]) noch mit qualifizierter. Sie kann höchstens die zustande gekommene Änderung wiederum ändern. S. auch Goldmann § 274[10]. Sie kann aber, so lange der Beschluß nicht eingetragen ist, — mit qualifizierter Mehrheit — den dem Aufsichtsrat erteilten Auftrag wieder zurücknehmen.

3. Abs. II ergänzt die in § 256 I. II gegebene Vorschrift. Er ist, wie er lautet, reine Ordnungs-, sogenannte Sollvorschrift. Aber sie hat zur Folge, daß, wenn gegen sie verstoßen wird, die Tagesordnung nicht, wie § 256 II es verlangt, ordnungsmäßig angekündigt ist, woraus sich weiter ergibt, daß ein Beschluß nicht gefaßt werden „kann". Wird gleichwohl über den Antrag abgestimmt, so ist der Beschluß anfechtbar; RG 68, 232; 110, 197; KGJ 34, 136. S. § 259 Erl 6 a.

Die Bestimmung des Abs II ist Zusatz der Novelle von 1900. Die D 165 sagt, es sei erforderlich, daß bei der Berufung der Generalversammlung der Inhalt der beabsichtigten Änderung des Gesellschaftsvertrages so deutlich und vollständig in der Ankündigung bezeichnet wird, daß jeder Aktionär daraus mit Bestimmtheit entnehmen kann, um was es sich handelt; gegenwärtig werde keineswegs immer einwandfrei verfahren und insbesondere richteten sich die Beschwerden dagegen, daß in der Bekanntmachung vielfach nur die Paragraphen aufgezählt werden, die geändert werden sollen, dagegen weder der Inhalt dieser Paragraphen noch der Inhalt der beabsichtigten Änderung angegeben werden; eine solche Ankündigung verfehle ihren Zweck, zumal keineswegs davon ausgegangen werden könne, daß alle Aktionäre sich im Besitz des Gesellschaftsstatuts befänden. — Daher unrichtig Recht 07, 3207 (Hamburg).

Es muß also der Inhalt der Bestimmung kurz angegeben werden, welche geändert werden soll, und es muß, wenn auch nur angedeutet, so doch deutlich genug erkennbar gemacht werden, in welcher Richtung die Änderung stattfinden soll. Werden nähere Angaben gemacht, so darf im Beschluß von diesen nicht wesentlich abgewichen werden. Die Ankündigung einer Kapitalserhöhung um 1 Million rechtfertigt nicht den Beschluß, das Grundkapital um 5 Millionen zu erhöhen. RG 87, 155. Nach RG 68, 235 wäre ausreichend: Änderung der Statuten betreffend die Erhöhung des Grundkapitals; betreffend die anderweite Zeichnung der Firma; betreffend die Aufhebung einer Kautionspflicht; über die Stimmabgabe in der Generalversammlung (ob die beiden letzten Beispiele gerade mustergültig sind, läßt sich bezweifeln; für den Uneingeweihten — was die meisten Aktionäre, wenigstens die meisten Kleinaktionäre zu sein pflegen — klingen die Ankündigungen nicht verständlich genug; im dort gegebenen Fall hat das Gericht die Ankündigung: Änderung der §§ 8—10 (betr. Aufstellung der Jahresbilanz und Remuneration des Aufsichtsrats) für unzulänglich erklärt; s. auch die Bedenken bei Staub-Pinner § 274[6].) In der Ankündigung: Änderung des § 1 betr. Zweck des Unternehmens (RG 110, 194), fehlt es völlig an der Angabe des Inhalts der beabsichtigten Änderung. — Unzureichend ist Änderung der Bezüge des Aufsichtsrats, auch hier fehlt die Angabe der Richtung, nach welcher geändert werden soll; OLG 38, 195 (Hamburg). S. auch OLG 11, 384; LZ 1907, 352[7]; 1908, 243. — Über Erhöhung des Grundkapitals unter Ausschluß der Bezugsrechte s. Erl 1 b zu § 256. Kommt ein ordnungsmäßig angekündigter Abänderungsantrag zur Verhandlung, so können Abweichungen (Amendements) beantragt werden, ohne angekündigt zu sein; OLG 11, 384 (Hamburg).

Eine Abänderung des Gesellschaftsvertrages kann mängelfrei nur beschlossen werden, wenn der betreffende Antrag als Gegenstand der Tagesordnung ordnungsmäßig angekündigt worden ist. Ist das geschehen, so kann ohne vorgängige Ankündigung beantragt und wirksam beschlossen werden, die Fassung der beschlossenen Änderung dem Aufsichtsrat zu übertragen. A. A. Staub-Pinner § 274[6]; Goldmann § 274[14]; undeutlich Brand 274 2 d a. E. Nach der hier vertretenen Auffassung kann letzterer Antrag überhaupt nicht selbständiger Gegenstand der Tagesordnung sein. Nimmt man aber einen solchen Fall als möglich an, dann muß selbstverständlich der Antrag ordnungsmäßig angekündigt werden.

§ 275.

In Ermangelung einer anderen Bestimmung des Gesellschaftsvertrags bedürfen die im § 274 Abs 1 bezeichneten Beschlüsse der Generalversammlung einer Mehrheit, die mindestens drei Vierteile des bei der Beschlußfassung vertretenen Grundkapitals umfaßt[1].

Für eine Abänderung des Gegenstandes des Unternehmens muß diese Mehrheit erreicht sein; der Gesellschaftsvertrag kann noch andere Erfordernisse aufstellen[2].

Soll das bisherige Verhältnis mehrerer Gattungen von Aktien mit verschiedener Berechtigung zum Nachteil einer Gattung geändert werden, so bedarf es neben dem Beschlusse der Generalversammlung eines in gesonderter Abstimmung gefaßten Beschlusses der benachteiligten Aktionäre; auf diese Beschlußfassung findet die Vorschrift des Abs 1 Anwendung[3]. Die Beschlußfassung der benachteiligten Aktionäre kann nur stattfinden, wenn sie gemäß § 256 Abs 2 ausdrücklich unter den Zwecken der Generalversammlung angekündigt worden ist[4].

1. a) Die Regel ist, daß Statutenänderung nur mit qualifizierter Mehrheit der Stimmen beschlossen werden können. Nach dem Gesetz bedarf es im allgemeinen einer Mehrheit, die mindestens dreiviertel des bei der Beschlußfassung vertretenen Grundkapitals umfaßt. Bis zu einem gewissen Grade ist das dispositives Recht. Die Anforderungen können im Statut noch gesteigert, sie können auch gemindert werden. Sie können aber nur gesteigert, und nicht gemindert werden,

wenn der Gegenstand des Unternehmens geändert (Abs II) und wenn das Grundkapital herabgesetzt werden soll (§ 288 I). Nicht hierher gehört der Fall, daß die zur Errichtung der A-Gesellschaft einberufene Generalversammlung bei Feststellung des endgültigen Statuts bestimmte Änderungen des Gründungsvertrages nur beschließen kann, wenn alle Erschienenen zustimmen; § 196 V. — Vgl. auch die Zusammenstellung der Abstimmungsvorschriften des Gesetzes in Erl 2 a zu § 251.

b) Die jetzige Fassung des Abs I beruht auf der Novelle von 1900. Während Art 215 in der Fassung der Novelle von 1884 als Erfordernis einer Mehrheit von dreiviertel des in der Generalversammlung vertretenen Grundkapitals aufstellte, lautet es jetzt: dreiviertel des bei der Beschlußfassung vertretenen Grundkapitals. Mit der Änderung hat klargestellt werden sollen, daß bei der Rechnung nur Stimmen derjenigen Aktionäre mitzählen, welche sich an der Abstimmung und soweit, als sie sich mit ihren Aktien an der Abstimmung beteiligt haben. Nicht nur die Nicht-Erschienenen, sondern auch wer von der Abstimmung ausgeschlossen war, als auch wer sich der Stimme enthalten hat, wird nach keiner Richtung mitgezählt.

Aber auch so läßt der Wortlaut der Vorschrift Zweifel übrig. Unmißverständlich ist er in dem Regelfall, daß jeder Aktionär soviel Stimmen hat, als er Aktien nach dem Nennbetrag gerechnet besitzt und in der Generalversammlung vertritt. Dann besagt die Vorschrift einfach, daß es einer Mehrheit von mindestens Dreiviertel der abgegebenen Stimmen bedarf. Aber diese Regel ist nicht ohne Ausnahme. Einerseits kann der Aktionär auf eine Höchstzahl von Stimmen beschränkt sein oder es nimmt die Zunahme der ihm zukommenden Stimmen mit zunehmendem Aktienbesitz ab (§ 252 Abs I Satz 3). Anderseits gibt es Vorzugsaktien mit mehrfachem Stimmrecht. Makower § 275 I b[2] behauptet von ersterem Fall, es bedürfe außerdem, daß Dreiviertel des bei der Beschlußfassung vertretenen Grundkapitals zustimmen müssen, der einfachen Stimmenmehrheit. Ebenso Brand § 275[2] c: es könne vorkommen, daß dreiviertel des Grundkapitals gewonnen seien, während es an der einfachen Stimmenmehrheit fehle und also der Antrag abgelehnt sei. Indessen kann man sich hierfür jedenfalls nicht auf RG 20, 140 berufen, wo allerdings ausgeführt wird: In gewissen Fällen sollen die abgegebenen Stimmen nicht bloß gezählt, sondern unter Berücksichtigung des hinter denselben stehenden Grundkapitales auch gewogen werden; die ein Stimmrecht nicht gewährenden Aktien sind unzweifelhaft bei der Berechnung des in der Generalversammlung vertretenen Grundkapitals zu berücksichtigen; dieser ein Stimmrecht nicht gewährende Teil des Grundkapitals soll gerade durch die Vorschrift geschützt werden, welche ein Gegengewicht gegen die Beschränkung des Stimmrechts auf einen Höchstbetrag von Stimmen enthält. Dieser letzte Satz hätte keinen Sinn, wenn die Bestimmung des Statutes ausdrücklich beides vorschreibt, sowohl die Mehrheit des vertretenen Grundkapitals als auch die Mehrheit der abgegebenen Stimmen. Denn damit wird das Gewicht der Kapitalbeteiligung nicht verstärkt, sondern abgeschwächt. Jedenfalls im Gesetz steht davon nichts und es wäre willkürlich, es hineinzulegen. Vielmehr liegt es unverkennbar in der Tendenz einer solchen Beschränkung der Stimmzahl gemäß § 252 I[3], den Einfluß des einzelnen Besitzers von vielen Aktien zu mäßigen, und es ist nicht einzusehen, weshalb diese Mäßigung sich nur auf die Zahl der Stimmen und nicht auch auf ihr Gewicht beziehen soll. Es kann freilich bestimmt werden, daß es so sein soll, und — darin hat das Reichsgericht natürlich Recht — es wird bestimmt, wenn beide Mehrheiten nebeneinander verlangt werden. Gerade darum aber ist es willkürlich, es aus einer Bestimmung herauszulesen, welche davon nichts enthält. Man muß auch die Kehrseite der Sache beachten. Nach der bekämpften Auffassung würde ein Großaktionär leicht imstande sein, allein jede Änderung des Statuts zu verhindern gegen den Wunsch aller anderen, also einen Einfluß ausüben, den er freilich hat, wenn es bei dem bleibt, was das Gesetz bestimmt, den ihm aber die abweichende Bestimmung im Gesellschaftsvertrag gerade nehmen will. Und tatsächlich bedeutet doch auch eine solche Bestimmung des Statuts, daß derjenige Bruchteil des Grundkapitals bei der Beschlußfassung nicht vertreten sein soll, der den Aktien entspricht, mit welchen Stimmrecht nicht verbunden ist. Wie hier Staub-Pinner § 251[4], der aber Lehmann-Ring § 275[1] wohl mißversteht, wenn er ihn für seine Auffassung in Anspruch nimmt; Goldschmit AG § 275[1]. A. A. Brand § 275[2] c. — Bleibt es also auch in diesen Fällen dabei, daß einfach nach der Zahl der abgegebenen Stimmen gerechnet wird, so gilt das gleiche nicht im Fall der Ausgabe von Aktien mit mehrfachem Stimmrecht. Denn daran, daß auch die Mehrstimmrechtsaktie nur den Bruchteil des Grundkapitals vertritt, der ihrem Nennbetrag entspricht, läßt sich nichts ändern, was ja auch nichts weniger als ein Übelstand ist. Die Ansicht Staub-Pinners § 251[4], daß diese Aktien bei der Berechnung des Grundkapitals ihrer Stimmzahl entsprechend höher bewertet werden müßten (und dementsprechend denn auch die Ziffer des Grundkapitals), hat wenig oder keine Zustimmung gefunden. S. § 251 Erl 2 c und Hueck, Vorzugsaktien 57; Frank-Fahle, Stimmrechtsaktien 49. — Darüber besteht kein Streit, daß diejenige Quote des Grundkapitals nicht vertreten ist und nicht mitgezählt wird, welche der Besitzer mehrerer Aktien nicht vertreten will, indem er nur mit einer oder mit einem Teil seiner Aktien in der Generalversammlung auftritt.

c) Daß der Gesellschaftsvertrag dadurch geändert werden kann, daß ausnahmslos alle Aktionäre sich zusammenfinden und die Veränderung vereinbaren, ist selbstverständlich und kann nicht wegbedungen werden. Daher ist denn auch eine Bestimmung, daß das Statut, im Ganzen oder in Einzelheiten unabänderlich sei, nichtig. Sie kann nicht zu der Bestimmung abgeschwächt werden, daß Zustimmung aller erforderlich sei. So mit Recht Goldmann § 275[5] gegen Staub-Pinner § 275[2]; Lehmann-Ring § 275[2]. Wie hier auch Fischer in EhrenbergsHH III 7, 317. Etwas anderes bedeutet die Bestimmung, daß der Gesellschaftsvertrag oder Einzelheiten in ihm nur einstimmig geändert werden können. Denn wenn auch hier der Widerspruch auch nur eines Aktionärs genügt, um die Änderung zu Fall zu bringen, so kommt es doch nur auf die Stimmen derjenigen an, welche in der Generalversammlung erscheinen und sich an der Abstimmung beteiligen. Aber auch diese Bestimmung ist zu beanstanden. Denn es ist zwingendes Recht, daß die Gesellschafter nicht sich und alle, welche nach ihnen kommen, auf den Grundvertrag der Korporation, wie er zur Zeit der Gründung ihnen geeignet erscheint, für alle Zeiten starr festlegen können. Der Abänderungsbeschluß wird vom Gesetz erschwert und kann im Statut noch weiter erschwert werden. Aber bei der Möglichkeit eines Mehrheitsbeschlusses muß es bleiben. Mit dem Rechtssatz, daß das Statut nicht schlechthin unabänderlich ist, ist der Rechtszustand unvereinbar, daß jede Statutenänderung scheitern muß, wenn auch nur ein Aktionär widerspricht. Sonst käme man damit nur wieder auf die Selbstverständlichkeit zurück, daß es den Aktionären gestattet ist, den Vertrag zu ändern, wenn ausnahmslos alle zusammenkommen und es vereinbaren. Zuzugeben ist nur, daß nicht in dem Erfordernis der Einstimmigkeit, wohl aber in dem der Zustimmung aller die Bedeutung liegen kann, daß mit der betreffenden Statutenbestimmung ein Sonderrecht der Aktionäre geschaffen sein soll. So RG 76, 171 (GenG); LZ 1911, 870 (München). Aber einen Sinn hat das nur bei Bestimmungen, welche ihrem Inhalt nach als ein solches Sonderrecht gemeint sein können. Das wäre beispielsweise denkbar, wenn den Aktionären das Recht auf Benutzung der Einrichtungen der Gesellschaft eingeräumt ist. Dagegen kann man nicht die Unabänderlichkeit selbst zum Inhalt eines Sonderrechts machen wollen, wie es das Reichsgericht anscheinend tut, das leider den Inhalt der Bestimmungen nicht mitteilt, um welche es sich handelte. Das wäre nichts anderes als eine dialektische Umschreibung des Satzes, dem man damit begegnen will. Anders die herrschende Lehre. Wie hier, nur mit unbegründeten Einschränkungen — Fischer in EhrenbergsHH III, S. 317; undeutlich Horrwitz, Generalversammlung S. 399.

d) Die Bestimmung im Statut, daß einfache Mehrheit entscheide, soweit nicht gesetzliche Vorschriften entgegenstehen, insbesondere dreiviertel Mehrheit erfordern, wiederholt nur, was gesetzlich gilt und kann nicht so verstanden werden, daß Statutenänderungen mit einfacher Mehrheit zu beschließen sind; DJZ 1921, 496[1].

e) Satzungsbestimmungen, welche die Erfordernisse der Statutenänderung erleichtern oder erschweren, können dem Statut auch nachträglich unter Statutenänderung eingefügt werden und zwar in den jeweils zur Zeit der Abänderung für eine solche geltenden Formen. Die Vorschrift z. B., daß bestimmte Änderungen eine Mehrheit von vierfünftel aller Stimmen erfordern, kann selbst auch nur mit dieser Mehrheit wieder beseitigt werden. Ebenso beispielsweise die Vorschrift, daß bei der Abstimmung eine bestimmte Quote des Grundkapitals vertreten sein muß; ROHG 20, 43; Makower § 275 I c; Brand § 275[2] d; Lehmann-Ring § 275[2]; auch Staub-Pinner § 275[2], der hier zwar von einem Sonderrecht der Aktionäre spricht, aber doch nur Abänderung durch dreiviertel Mehrheit ohne die weitere Qualifizierung für ausgeschlossen erklärt. — Etwas anderes ist es, daß die Generalversammlung einen gefaßten Beschluß, so lange er noch nicht ausgeführt ist, wieder aufheben kann. Das gilt auch von Statutenänderungen, so lange sie noch nicht in das Handelsregister eingetragen worden sind. In letzterem Fall ist bestritten, ob es mit einfacher Mehrheit beschlossen werden kann oder nur mit der Mehrheit, welche für die Annahme erforderlich war. Aber es handelt sich bei diesem Beschluß nicht um eine Statutenänderung, sondern vielmehr um den Beschluß, das Statut nicht zu ändern. Wie hier Makower § 278 Ia; Brand § 278[3]; Ritter § 278[4]; a. A. Staub-Pinner § 278[21].

2. Über Gegenstand des Unternehmens s. § 182 Erl 10. Was Gegenstand des Unternehmens ist, ergibt sich aus dem Statut. Ob im gegebenen Fall eine Abänderung dieses Gegenstandes vorliegt, kann im einzelnen Fall zweifelhaft sein, und muß nach Verkehrsanschauung entschieden werden. Erweiterungen der Anlagen gehören nicht dazu, auch nicht Ergänzungen durch Aufnahme beispielsweise eines durch die Entwicklung der Technik gebotenen oder nahe gelegten Nebenbetriebes. Vergrößerungen (ebenso Verkleinerungen) des Betriebes bedeuten an sich nicht Veränderung des Gegenstandes, können aber in Verbindung mit Ergänzungen vorgenannter Art sehr wohl dazu werden. S. ferner DJZ 1903, 106[3] (RG): es ist ein anderer Gegenstand des Unternehmens, wenn ein zoologischer Garten eine Ausstellungshalle errichtet; LZ 1907, 281[6]; anders, wenn eine Zuckerfabrik eine Schnitzeltrocknungsanlage errichtet. Vorübergehende Stilllegung ist nicht Veränderung des Gegenstandes. Dagegen ist es ein wesentlicher Unterschied, ob jemand selbst seine Fabrik betreibt, oder ob er sie einem anderen verpachtet. Anders RG 3,

128; Brand § 275³ b; Goldmann § 275⁷; Bolze 6, 250, 644 (wo die Pachtsumme z. T. nach dem Jahresgewinn sich richtete; vgl. GZ 40, 474[102] Stuttgart); wie hier Lehmann-Ring § 275³; Makower § 275 II b; Sachs in GZ 29, 41; Friedländer JW 1923, 213 (mit Beschränkung auf langfristige Pachtverträge). — An sich ist es zutreffend, wenn Rosendorff Konzerne 54 sagt, daß die Gültigkeit der vom Vorstand vorgenommenen Verpachtung nicht davon abhänge, ob sie mit dem Statut in Einklang steht. Aber in großen Verhältnissen, namentlich bei der Eingehung von Interessengemeinschaften, wissen beide Teile ganz genau, daß es der Statutenänderung bedarf, und wenn der pachtende Teil weiß, daß auf der Gegenseite die Generalversammlung nicht gefragt worden ist, dann weiß er auch, daß ihre Umgehung beabsichtigt ist und er auf den Vertrag in gutem Glauben sich so nicht einlassen darf. — Der Eintritt in einen Konzern schließt nicht notwendig Änderung des Gegenstandes der Gesellschaft ein und auch nicht notwendig Statutenänderung. Vgl. KartRdsch. 1925, 609 (Hamm). Der Entscheidung der Sache in der Revisionsinstanz RG. 115, 346 kann nur zugegeben werden, daß ein einzelnes Rechtsgeschäft des Vorstandes nicht deshalb außerhalb seiner Vertretungsmacht liegt, weil es über den Gegenstand der Gesellschaft hinausgeht. Etwas anderes ist, ob der Vorstand die Gesellschaft verpflichten kann, in der Folgezeit einen anderen Zweck als den statutarischen zu verfolgen. Mindestens ist anzunehmen, daß, wer mit einer A-Gesellschaft einen solchen Vertrag schließt, wissen muß, daß es dazu einer Statutenänderung bedarf. Vgl. § 235 Erl. 3 und § 213 Erl. b c.

3. a) Über Aktiengattungen s. Erl 1 zu § 185. Die Vorschrift des Abs III setzt voraus, daß verschiedene Gattungen von Aktien bereits bestehen. Sind alle Aktien gleich berechtigt, so ergibt sich aus dem zwingenden gesellschaftsrechtlichen Grundsatz der gleichmäßigen Beteiligung aller Mitglieder, daß eine Statutenänderung, durch welche ein Teil der Aktionäre vor anderen bevorzugt werden soll, nur mit Zustimmung eines jeden der dadurch berechtigten Aktionäre beschlossen werden kann. Daher zutreffend RG 41, 99: Sollen den Vorrechtsaktien nicht nur die Vorrechte genommen werden, sondern sollen sie noch hinter die Stimmaktien zurücktreten, so ist ein Mehrheitsbeschluß der Gruppe nicht ausreichend, muß vielmehr jeder einzelne zustimmen. A. A. wenn auch nicht ganz sicher Makower § 275 III a. Verkannt wird der Zusammenhang auch in Goldschmit AG § 275[14]. Dasselbe müßte grundsätzlich da, wo ein Teil der Aktionäre vor den anderen Vorzugsrechte genießt, um so mehr gelten, als es sich dann um einen Eingriff in bestehende Sonderrechte handelt. Das läßt grundsätzlich der Abs III auch gelten. Das besondere, was er bestimmt, ist, daß hier das Vorrecht der Einzelnen zu einem Sonderrecht der Gruppe gestaltet ist, innerhalb welcher über Zustimmung oder Ablehnung nicht der einzelne sondern die Gruppe nach Stimmenmehrheit zu entscheiden hat; s. § 250 Erl 2 c. „Das gleiche und gemeinschaftliche Sonderrecht innerhalb der Gattung vereinigt diese Teilnehmer der Gesellschaft zu einem besonderen Verbande, dessen Willensäußerung gleich derjenigen der gesamten Gesellschaft durch Mehrheitsbeschluß mit verbindlicher Kraft für den einzelnen abzugeben ist" (Mot. von 1884 S. 38). Es handelt sich also nicht um eine Erschwerung, sondern um eine Erleichterung von Statutenänderungen. — Es kann auch so liegen, daß wo zwei Aktiengattungen bestehen, eine Statutenänderung die eine Gattung nicht nur vor der anderen bevorzugt, sondern zugleich auch gegen sie benachteiligt, in welchem Fall jede Gattung in Sonderabstimmung die Zustimmung erteilen muß, damit die Gesamtheit in der entscheidenden Abstimmung die Statutenänderung wirksam beschließen kann. Wird zwecks Herabsetzung des Grundkapitals den Stammaktionären die Wahl gelassen, zwischen Zusammenlegung von Aktien oder Umwandlung ihrer Aktien zu Vorzugsaktien gegen Zuzahlung, so werden durch den Beschluß sowohl die Vorzugsaktien als auch die Stammaktien gegeneinander benachteiligt; KGJ 16, 21. — Sind außer den Stammaktien mehrere Gattungen von Vorzugsaktien vorhanden, welche benachteiligt werden, so muß über die Zustimmung innerhalb einer jeden Gattung Beschluß gefaßt werden. Die Ansicht Makowers § 275 III c 2, daß die mehreren Gattungen gemeinsam zu beschließen haben, wenn sie durch die beabsichtigte Statutenänderung in gleicher Weise betroffen werden, ist nach dem oben Gesagten unrichtig. Nur innerhalb der Gruppe gilt das Majoritätsprinzip und was die Gruppen zusammen bringt, ist nicht das Gemeinsame der drohenden Nachteile, sondern die eigenartige Rechtstellung der Gruppe zum Ganzen. Auch aus diesem Grunde ist es unrichtig, die Vorschrift auch da anwenden zu wollen, wo aus der Gesamtheit der Stammaktien Aktien herausgenommen und zu Vorrechtsaktien gemacht werden sollen. S. oben.

b) Wie überhaupt Sonderrechte vielfach gegenüber Veränderungen in der Konstitution der Körperschaft ungeschützt sind, welche nur mittelbar auf sie nachteilig einwirken (vgl. Erl 2 d ff. zu § 250), so hat auch die gegenwärtige Vorschrift nur solche Statutenänderungen im Auge, welche unmittelbar das bisherige Verhältnis der Aktiengattungen zu einander verändern. In der Mot. von 1884 S. 38 wird gesagt: Eine Rücksichtnahme auf die mittelbaren Fragen würde praktisch undurchführbar erscheinen; es ließe sich keine Grenze hierfür finden; jede Abschreibung eines Vermögensstückes in der Bilanz oder eine Zuschreibung zu Reservefonds usw., die Feststellung und Abnahme einer jeden Bilanz wirkt mittelbar auf die Höhe der den

Prioritätsaktien zugesicherten Vorzugsdividende; eine beabsichtigte Erweiterung des Geschäftskreises oder des Gegenstandes des Unternehmens kann für die eine Gattung von Aktien weitere Folgen haben als für eine andere; es wird dies von jeder irgend wichtigen Beschlußfassung gesagt werden können." A. A. Makower § 275 III b. Vgl. übrigens auch die ausdrücklichen Vorschriften in §§ 278 II und 288 III.

c) Die Sonderabstimmung kann der gemeinsamen allgemeinen Abstimmung zeitlich vorausgehen (anders anscheinend KGJ 16, 21) oder ihr nachfolgen. Nach dem früheren Art 215 bedurfte es einer besonderen Generalversammlung der benachteiligten Aktionäre. Das ist durch die Novelle von 1900 geändert. Die Sonderabstimmung kann in der gemeinsamen Generalversammlung vorgenommen werden. Aber es steht nichts im Wege, wenn es dort versäumt oder aus einem anderen Grunde unterlassen worden ist, es in einer „Generalversammlung" der benachteiligten Aktionäre nachzuholen, die dann ebenfalls nach allen gesetzlichen Erfordernissen einberufen werden muß.

Auf alle Fälle muß die Sonderabstimmung in aller Förmlichkeit erfolgen. Es genügt nicht, daß die benachteiligten Aktionäre sämtlich oder zum überwiegenden Teil in der allgemeinen Abstimmung für die Abänderung gestimmt haben; OLG 19, 336 (KG); KGJ 16, 20; RJA 9, 100 (KG). Für die Sonderabstimmung ist dasselbe Stimmverhältnis erforderlich wie für die Gesamtabstimmung, in der Regel also eine Mehrheit von Dreiviertel des bei der Beschlußfassung vertretenen Grundkapitals. Sind im Gesellschaftsvertrag für Statutenänderungen andere Bestimmungen getroffen, so gelten diese im Zweifel auch für die Sonderabstimmung. Aber es steht auch nichts im Wege, es wegen der Sonderabstimmung bei der gesetzlichen Vorschrift zu belassen oder umgekehrt. — Nach RG in LZ 1917, 1057 ist es, wenn nicht über alle Punkte der Tagesordnung, wie es erforderlich gewesen wäre, gesondert abgestimmt wird, unschädlich, falls klar erhellt, daß die Sonderbestimmung an dem Ergebnis nichts geändert hätte.

d) Der entscheidende Beschluß ist immer die Gesamtabstimmung. Der Sonderbeschluß ist die erforderliche, quasi-rechtsgeschäftliche Zustimmung der Betroffenen. So lange diese aussteht, ist die beschlossene Statutenänderung in der Schwebe und kommt es trotzdem zu ihrer Eintragung in das Handelsregister, so ist der Beschluß nicht etwa der Anfechtung bedürftig oder gar nichtig, sondern dem Sonderrecht der Gruppe gegenüber wirkungslos (vgl. Erl 1 unter I zu § 271); OLG 19, 337 (KG); RJA 9, 100 (KG), wo freilich unvermittelt neben einander von Anfechtbarkeit des Beschlusses gesprochen wird und davon, daß der Beschluß sich auf einen Gegenstand bezieht, über welchen die Generalversammlung als solche allein nicht befinden könne. In RG 29, 112 wird die Frage nur gestreift, nicht entschieden; Hueck, Anfechtbarkeit 97 ff. Der Fall, welchen das Gericht zu entscheiden hatte, ist ein Beispiel dafür, daß gegenüber Körperschaftsakten, welche sich nicht rückgängig machen lassen, wie Erhöhung des Grundkapitals, der durch sie in seinem Sonderrecht verletzte Aktionär auf Schadensersatzansprüche angewiesen ist. Vgl. Erl 1 zu § 271. — Deshalb muß auch, wenn die Sonderabstimmung an Mängeln leidet, welche die Anfechtung rechtfertigen, nicht der Abänderungsbeschluß, sondern der Zustimmungsbeschluß angefochten werden. Letzteres kommt namentlich auch wegen der einmonatigen Präklusivfrist nach § 271 II dann zu praktischer Bedeutung, wenn die zwei Beschlüsse an verschiedenen Tagen gefaßt werden. Hueck, Anfechtbarkeit 100 und zustimmend Goldschmit in LZ 1925, 671; Ritter § 275[4]; Makower § 271 II; Lehmann-Ring § 271[2]; Brand § 275[4] A c. Anders von dem Standpunkt aus, daß es sich zwar um zwei Abstimmungen, aber nur um einen Beschluß handelt; Staub-Pinner § 275[6] a. Von diesem Standpunkt aus müßte man ferner annehmen, daß bei nachträglicher Sonderabstimmung auch die Frist für die Anfechtung des Beschlusses der Gesamtheit, gleichviel, aus welchem Grund die Anfechtung erfolgt, erst vom Tage der Sonderabstimmung läuft, was sicher nicht für diese Auffassung spricht. Wenn auch nur einer der benachteiligten Aktionäre erscheint, kann er wirksam beschließen, zustimmend oder ablehnend. Erscheint niemand, dann kann der erforderliche Beschluß nicht zustande kommen. Das ist jetzt allgemein anerkannt. Indessen hat doch wohl Staub 6./7. Aufl § 275[4] den Sachverhalt psychologisch richtiger beurteilt, als er behauptete, daß damit die Zustimmung als erteilt anzusehen sei. Denn das ist doch den beteiligten Aktionären durch die Einberufung klar gemacht, daß es sich darum handelt, ob sie mit der Benachteiligung einverstanden sind, und daß es auf ihre Abstimmung darüber ankommt. Wer daraufhin ausbleibt, kann doch nur so verstanden werden, daß er einverstanden, jedenfalls daß er nicht dagegen ist. Wie Staub Leist, Sanierung 31.

4. Die Sonderabstimmung der benachteiligten Aktionärgruppe kann wirksam nur stattfinden, wenn sie gemäß § 256 II als Gegenstand der Tagesordnung im voraus angekündigt worden ist. Es genügt nicht, die allgemein gehaltene Ankündigung, daß eine Sonderabstimmung stattfinden wird. Es muß der Gegenstand der Tagesordnung bezeichnet sein, bei welchem sie in Frage kommt, und die Gruppe der Aktionäre, die abzustimmen hat. Ist diese Ankündigung nicht ordnungsmäßig erfolgt, so ist der Beschluß gemäß §§ 271 ff. anfechtbar; RG 80, 95. (Der Bericht ist nicht ganz deutlich, aber die Wendung, es sei der Beschluß als nichtig angefochten, läßt auf die Anfechtungsklage schließen; auch erfährt man nicht, ob die Sonderabstimmung nur nicht angekündigt war

oder auch nicht stattgefunden hatte). — Nach der hier vertretenen Auffassung hat auch in diesem Fall die Anfechtung sich gegen den Sonderbeschluß zu richten, den die Gesellschaft, vertreten durch Vorstand und Aufsichtsrat, zu verteidigen hat; der Beschluß der Vollversammlung muß damit nicht in Frage gestellt sein und wenn die benachteiligte Gruppe die Abstimmung, nunmehr mängelfrei, wiederholt, kommt die Statutenänderung zur Vollendung.

§ 276.

Eine Verpflichtung der Aktionäre zu Leistungen der im § 212 bezeichneten Art kann, sofern sie nicht in dem ursprünglichen Gesellschaftsvertrage vorgesehen ist, nur mit Zustimmung sämtlicher von der Verpflichtung betroffenen Aktionäre begründet werden[1].

1. Bei der Nebenleistungsaktiengesellschaft nach früherem Recht, der Aktienzuckerfabrik, beruhten Rechte und Verpflichtungen in Beziehung auf die neben der Kapitaleinlage vereinbarten Leistungen auf einem neben dem gesellschaftlichen Verhältnis herlaufenden schuldrechtlichen Vertrag, der nicht anders als durch gegenseitige Vereinbarung geändert werden konnte. RG 17, 3; 48, 102. Jetzt, wo nach § 212 diese Rechte und Pflichten als gesellschaftsrechtliche begründet werden können, was nur so geschehen kann, daß die darauf bezüglichen Bestimmungen in das Statut aufgenommen werden, könnte zweifelhaft erscheinen, ob nicht auch in Beziehung auf das so Vereinbarte der einzelne durch seinen Eintritt in die Gesellschaft sich dem Mehrheitswillen unterwirft, und namentlich, ob nicht die allgemeine Regel, daß das Statut nicht unabänderlich ist, auch auf diese Partie der Gesellschaftsvertrages Anwendung findet. Diesem Zweifel soll die positive Vorschrift begegnen. Wie bei der gewöhnlichen AGesellschaft der Übernehmer von Aktien sich zwar verpflichtet, die zugesagte Einlage zu zahlen, im übrigen aber vor weiteren Ansprüchen gesichert ist, so gilt das gleiche von der Nebenleistungs-A-Gesellschaft, nur daß hier neben der Kapitaleinlage noch andere wiederkehrende Leistungen bestimmter Art und Gegenleistungen vereinbart werden. Der praktische Schwerpunkt der Vorschrift liegt darin, daß sie, wie allgemein anerkannt ist, nicht nur von Neubegründung einer Verpflichtung, sondern auch von der Erweiterung bestehender Verpflichtungen gilt. Vgl. RG 47, 182 (GmbH); 47, 146 (GenG); OLG 36, 278 (Braunschweig). Darüber, daß es nicht unbedingt nötig, unter Umständen unmöglich ist, diese Leistungen im voraus mit voller, stets gleichmäßig einzuhaltender Bestimmtheit festzulegen, daß innerhalb fester Grenzen der Generalversammlung oder der Verwaltung die Bestimmung je nach den Verhältnissen wechselnd übertragen werden kann, s. Erl 2 b zu § 212; Erl 1 b zu § 274; RG 47, 181; 104, 253 (GmbH); vgl. auch RG 91, 166. Es ist nicht immer leicht zu entscheiden, ob eine solche Festsetzung noch in den statutarischen Grenzen liegt. Wo aber anzunehmen ist, daß das nicht der Fall ist, bindet die Festsetzung nur, wenn alle von der Erweiterung betroffenen Aktionäre zugestimmt haben. Hier liegt, wenn ein Beschluß der Generalversammlung in Frage steht, die Zustimmung des einzelnen schon darin, daß er sich an der Versammlung beteiligt und für den Antrag stimmt. Vgl. JW 1893, 488. Im übrigen kann die Zustimmung im voraus erklärt werden oder auch nachträglich; RG 68, 263. Auch ist keine Form für die Erklärung vorgeschrieben; RG 68, 26; selbst stillschweigend kann sie abgegeben werden; JW 1913, 647[11]; RG 90, 408 (GenG). Aber es muß dafür gesorgt sein, daß dem Registerrichter ausreichend nachgewiesen werden kann, daß ausnahmslos alle betroffenen Aktionäre zugestimmt haben. Schriftliche Erklärung dürfte hierzu unerläßlich sein; Brand § 276[2]; Lehmann-Ring § 277[1]. Öffentliche oder öffentlich beglaubigte Urkunden wird der Registerrichter nur verlangen können, wenn besondere Umstände es rechtfertigen; Ritter § 276; Makower § 276 IV b[1]. A. A. Staub-Pinner § 212[11]. — Eine Erweiterung der bestehenden Leistungspflicht liegt in der Einführung einer Konventionalstrafe; RG 47, 183; vgl. auch RG 38, 15 (wo aber aus anderem Gesichtspunkt entschieden worden ist); Lehmann-Ring § 276[1]. Die Entscheidung OLG 42, 225[e] (KG), wonach Erhöhung der Konventionalstrafe keine Erweiterung bedeute, erklärt sich wohl aus den Verhältnissen zur Zeit der Inflation (Sommer 1922). — Eine Erweiterung der Leistung liegt auch in der Minderung der Gegenleistung; RJA 4, 99 (KG). — Immer handelt es sich hier zugleich um eine Statutenänderung, so daß die für eine solche vorgeschriebene Form außerdem einzuhalten ist. — Fehlt es an der erforderlichen Zustimmung der Beteiligten, so ist der Beschluß der Generalversammlung nicht nichtig (so Ritter § 276) und auch nicht anfechtbar, sondern wirkungslos. Es ist die gleiche Rechtslage wie im Fall des § 275 III. Vgl. Erl 3 d zu § 275; RG 48, 107; 68, 267; OLG 24, 138; 36, 280 (Braunschweig). Der Registerrichter hat die Eintragung der Statutenänderung abzulehnen; RJA 4, 99 (KG). Der Beschluß, das Unternehmen über die statutarisch festgelegte Zeit hinaus fortzusetzen, fällt nicht unter gegenwärtige Bestimmung. S. Erl 2 g zu § 250; Erl 1 c zu § 274; Ritter § 276. — Die Vorschrift in § 212 I 2, daß die Verpflichtung und der Umfang der Leistungen in den Aktien oder Interimsscheinen ersichtlich gemacht werden müssen, gilt auch von den Veränderungen, welche beschlossen werden.

§ 277.

Die Abänderung des Gesellschaftsvertrags ist zur Eintragung in das Handelsregister anzumelden. Soweit sich nicht aus den nachfolgenden Vorschriften ein anderes ergibt, ist die Anmeldung durch den Vorstand zu bewirken[1].

Bei der Eintragung genügt, soweit nicht die Abänderung die im § 198 bezeichneten Angaben betrifft, die Bezugnahme auf die bei dem Gericht eingereichten Urkunden über die Abänderung. Die öffentliche Bekanntmachung findet in betreff aller Bestimmungen statt, auf welche sich die in den §§ 199, 201 vorgeschriebenen Veröffentlichungen beziehen.

Die Abänderung hat keine Wirkung, bevor sie bei dem Gericht, in dessen Bezirke die Gesellschaft ihren Sitz hat, in das Handelsregister eingetragen worden ist[2].

1. a) Jede Statutenänderung, auch wenn es sich nur um eine Änderung der Fassung handelt, muß, um rechtswirksam zu werden, zum Handelsregister angemeldet und in das Handelsregister eingetragen werden (Abs III). Nach § 12 HGB ist die Anmeldung persönlich bei dem Gericht zu bewirken oder in öffentlich beglaubigter Form einzureichen. Sie liegt dem Vorstand ob und muß von soviel Mitgliedern des Vorstandes erfolgen, wie zur Vertretung der Gesellschaft erforderlich sind (anders in den Sonderfällen nach § 280 I, 284 I, Kapitalerhöhung; §§ 289 I, 291, Kapitalherabsetzung). S. D 166: „Von einer Mitwirkung sämtlicher Vorstandsmitglieder kann abgesehen werden, weil die Anmeldung stets durch die öffentliche Urkunde über den Abänderungsbeschluß belegt sein muß." Vertretung der einzelnen Vorstandsmitglieder durch rechtsgeschäftlich bevollmächtigte Stellvertreter ist nicht ausgeschlossen, nur muß öffentlich beglaubigte Vollmacht beigebracht werden. Unzulässig ist die Anmeldung durch ein Vorstandsmitglied zusammen mit einem Prokuristen; RJA 9, 240 (Jena); OLG 22, 34 (KG). Die Anmeldung der mehreren muß nicht gemeinschaftlich und gleichzeitig erfolgen; JW 1899, 232; KGJ 28, 239. Der Vorstand ist der Gesellschaft gegenüber verpflichtet, die beschlossene Statutenänderung anzumelden. — Ein richterlicher Zwang nach § 14 HGB findet naturgemäß nicht statt, denn vor der Eintragung in das Handelsregister ist die Änderung nicht wirksam, es bleibt einstweilen bei der Verfassung der Gesellschaft, wie sie bisher bestand, und bis zur Eintragung behält die Gesellschaft freie Hand, ob es zur Änderung kommen soll. Weigert der Vorstand sich, die Änderung vorzunehmen, so hat die Gesellschaft die Wahl. Sie kann die Mitglieder des Vorstandes durch andere Persönlichkeiten ersetzen. Sie kann sie aber auch auf Beschaffung der Anmeldung verklagen. Der Vorstand hat das Recht nicht nur, sondern auch die Pflicht, die Anmeldung nichtiger Beschlüsse zu verweigern, und was anfechtbare Beschlüsse betrifft, so kann es nach Lage der Sache gerechtfertigt sein, die Anmeldung aufzuschieben, bis die Anfechtungsfrist verstrichen oder der erhobene Anfechtungsprozeß erledigt ist.

b) Mit der Anmeldung sind die Urkunden über die Abänderung einzureichen, d. h. also das Protokoll der betreffenden Generalversammlung nebst etwaiger Anlagen, ferner, wenn zugleich die Fassung der Abänderung dem Aufsichtsrat übertragen war, eine Urkunde über den betreffenden Beschluß des Aufsichtsrats. Hier genügt ein einfaches, d. h. nicht öffentlich beurkundetes Protokoll der betreffenden Sitzung des Aufsichtsrats, § 274[2b]. — Wird der Gegenstand des Unternehmens dergestalt geändert, daß es nunmehr einer staatlichen Genehmigung bedarf, so dürfte entsprechende Anwendung des § 195 II Z. 6 geboten erscheinen. Der Registerrichter darf die Änderung nicht eintragen, bevor die Genehmigungsurkunde beigebracht ist; KGJ 11, 24, anders DJZ 1910, 1415; dagegen wiederum Hachenburg in DJZ 1911, 314.

c) Der Abänderungsbeschluß muß in das Handelsregister eingetragen werden. In der Regel besteht diese Eintragung in dem Vermerk der Tatsache einer Änderung unter Hinweis auf die dem Gericht eingereichten und bei den Gerichtsakten im Original oder beglaubigter Abschrift liegenden Urkunden. Nur wenn die Änderung sich bezieht auf die Firma oder den Sitz, den Gegenstand des Unternehmens, die Höhe des Grundkapitals, die Anzahl der Vorstandsmitglieder, die Art ihrer Vertretungsmacht, die Zeitdauer der Gesellschaft, muß auch der Inhalt dieser Änderung in das Register eingetragen werden. — Die Eintragung ist öffentlich bekannt zu machen (§ 10). Die Bekanntmachung muß auch den Inhalt der Abänderung wiedergeben, wenn diese einen der in § 199 aufgezählten Punkte betrifft, anderenfalls wird nur bekannt gemacht, daß eine Abänderung stattgefunden habe; KGJ 46, 293 (KG). Die Bekanntmachung eines Hinweises darauf, daß die mit der Anmeldung eingereichten Schriftstücke bei dem Gericht eingesehen werden können (§ 199 II), ist hier nicht vorgeschrieben. Nach KGJ 19, 3 stünde nichts im Wege, eine Statutenänderung in das Handelsregister auch dann gleich einzutragen, wenn sie erst in einem späteren Zeitpunkt in Kraft treten soll.

d) Ist die Abänderung des Statuts in das Handelsregister am Sitz der Gesellschaft eingetragen worden, dann muß, wenn die Gesellschaft eine Zweigniederlassung besitzt, nach § 13 HGB die Abänderung auch zum dortigen Handelsregister angemeldet werden. Hier hat der Registerrichter der Zweigniederlassung den Vorstand durch Ordnungsstrafen zur Anmeldung anzuhalten. Von der Eintragung der Änderung gilt auch hier das in Abs II bestimmte. Bekannt gemacht wird hier dasselbe wie am Sitz der Hauptniederlassung. Ist der Abänderungsbeschluß in das Register der Hauptniederlassung eingetragen, so hat das Registergericht der Zweigniederlassung nicht mehr zu prüfen, ob er ordnungsmäßig zustande gekommen ist. KGJ 33, 121; mit Einschränkung auf konstitutiv wirkende Eintragungen KGJ 44, 137.

e) Wegen Eintragung einer Verlegung des Sitzes der Gesellschaft s. KGJ 21, 265.

2. a) In Abs III kommt der Gedanke entsprechend zum Ausdruck, welchen in Beziehung auf den ursprünglichen Gesellschaftsvertrag und die Entstehung der Gesellschaft § 200 I Satz 1 ausspricht. Die Eintragung in das Handelsregister hat hier konstitutive Wirkung (nicht erst die Bekanntmachung und nicht schon die Anmeldung). Wie überhaupt keine A-Gesellschaft in das Leben treten kann, ohne daß ihr Statut der Prüfung des Gerichts standgehalten hat, so gilt und muß dasselbe von jeder Abänderung gelten. Daher unterliegt denn auch hier die Anmeldung der Prüfung des Registerrichters in demselben Sinn und Umfang wie die Anmeldung der Gesellschaft. S. hierüber Erl 4 zu § 195. — Der Richter kann den Beschluß nur entweder eintragen oder nicht eintragen. Selbst mit Zustimmung von Vorstand und Aufsichtsrat darf er nicht die nicht beanstandeten Posten eintragen; OLG 1, 487[39]; 2, 516[31].

b) Maßgeblich ist der Gesellschaftsvertrag immer in der Gestalt, in welcher er jedem Dritten erscheinen muß, der das Handelsregister und die bei den Gerichtsakten liegenden Urkunden einsieht. — Die Abänderung hat keine Wirkung heißt, daß, solange sie nicht eingetragen worden ist, die Gesellschaft — und zwar nach innen sowohl wie nach außen — weiterlebt, wie bisher nach dem Gesellschaftsvertrag in der alten Gestalt; RG 24, 59. Nur insofern ist nach innen der Beschluß schon vor der Eintragung von rechtlicher Bedeutung, als er den Vorstand zur Anmeldung zum Handelsregister verpflichtet und als er der Anfechtung unterliegt und die Anfechtungsfrist läuft. Bis zu seiner Eintragung kann die Generalversammlung beschließen, von der Statutenänderung und also auch von der Anmeldung des Beschlusses abzusehen. Darüber, ob sie das mit einfacher Mehrheit beschließt, s. Erl 1e zu § 275.

c) Eintragung und Bekanntmachung bewirken die in § 15 II, III HGB bestimmten Folgen. Dritte müssen die Änderung gegen sich gelten lassen, es sei denn, daß sie sie weder kannten noch kennen mußten. Dagegen gilt hier nicht auch umgekehrt, daß die Gesellschaft die eingetragene Änderung allein um der Eintragung willen Dritten gegenüber gegen sich gelten lassen müsse. Das gilt höchstens von Eintragungen, die aus Anlaß der Statutenänderung, wie z. B. der Bestellung von Vorstandsmitgliedern, veranlaßt worden sind.

d) Zweifelhaft ist und nur von Fall zu Fall entscheiden läßt sich die Frage, ob und inwiefern ein gültiger Beschluß wirksam wird, wenn er unrichtig angemeldet und eingetragen worden ist oder wenn er zwar richtig angemeldet, aber unrichtig eingetragen worden ist. Jedenfalls wird der Beschluß höchstens insofern wirksam, als sich die Eintragung mit ihm deckt. Das Abweichende kann aber so beschaffen sein, daß das Übereinstimmende allein nicht bestehen kann (s. hierzu RG 85, 205; ferner RG 55, 68; 78, 361; OLG 19, 293).

Darüber, ob und inwiefern umgekehrt Mängel des Beschlusses durch seine Eintragung in das Handelsregister geheilt werden, s. Erl 4 c zu § 195.

§ 278.

Eine Erhöhung des Grundkapitals[1] durch Ausgabe neuer Aktien soll nicht vor der vollen Einzahlung des bisherigen Kapitals erfolgen[2]. Für Versicherungsgesellschaften kann im Gesellschaftsvertrag ein anderes bestimmt werden. Durch Rückstände, die auf einen verhältnismäßig unerheblichen Teil der eingeforderten Einzahlung verblieben sind, wird die Erhöhung des Grundkapitals nicht gehindert.

Sind mehrere Gattungen von Aktien mit verschiedener Berechtigung vorhanden, so bedarf es neben dem Beschlusse der Generalversammlung eines in gesonderter Abstimmung gefaßten Beschlusses der Aktionäre jeder Gattung; auf diese Beschlußfassung finden die Vorschriften des § 275 Abs 1, Abs 3 Satz 2 Anwendung[3].

Sollen die auf die Kapitalserhöhung entfallenden neuen Aktien für einen höheren als den Nennbetrag ausgegeben werden, so ist der Mindestbetrag, unter dem die Ausgabe nicht erfolgen soll, in dem Beschluß über die Erhöhung des Grundkapitals festzusetzen[4] [5].

1. a) Ein Sonderfall von Statutenänderung ist die Erhöhung des Grundkapitals. Neben den allgemeinen Vorschriften in §§ 274—277 gelten von ihm die Bestimmungen in §§ 278—287, und zwar behandelt § 278 Allgemeines; § 279 Sacheinlagen; § 280 Anmeldung und Eintragung des Beschlusses; § 281 Zeichnung der neuen Aktien; §§ 282, 283 Bezugsrecht; § 284, 285, 286 Anmeldung und Eintragung der durchgeführten Erhöhung des Grundkapitals; § 287 Verbot vorzeitiger Ausgabe und Gebundenheit von Aktien und Interimsscheinen.

b) Daran, daß die Änderung des Grundkapitals Änderung des Statuts bedeutet, kann kein Zweifel bestehen. Die Mot. von 1884 weisen auf die Möglichkeit hin, daß von vornherein im Gesellschaftsvertrag die künftige Erhöhung des Grundkapitals mit allen erforderlichen Einzelheiten vorgesehen wird, aber nur, um daran die Bemerkung zu knüpfen, daß es auch in solchem Falle, wenn der Zeitpunkt gekommen ist, eines Beschlusses der Generalversammlung nach §§ 274 ff. bedarf. Richtig ist, daß der Kapitalerhöhungsbeschluß noch nicht die Erhöhung des Grundkapitals bewirkt, auch nicht, wenn er gemäß § 280 in das Handelsregister eingetragen worden ist, daß vielmehr auch das neue Aktienkapital in rechtsverbindlicher Weise aufgebracht, die dem Registerrichter angemeldete und die damit erfolgte Erhöhung des Grundkapitals in das Handelsregister eingetragen werden muß. Aber doch ist die entscheidende, auf die Statutenänderung gerichtete Entschließung der Generalversammlung dieser Erhöhungsbeschluß und zwar auch darum nicht weniger, weil es nicht immer schon feststeht, ob es auch zur Kapitalerhöhung kommen wird, namentlich auch die Gesellschaft freie Hand behält, von ihrer Absicht wieder zurückzukommen.

c) Die Zulässigkeit, das Grundkapital auf Grund eines Mehrheitsbeschlusses zu erhöhen, war bereits unter der Herrschaft des HGB in seiner ursprünglichen Gestalt anerkannt. Gesetzliche Regelung hat die Materie erst durch die Novelle von 1884 erfahren. Die Mot. 68 weisen darauf hin, daß über die Natur der Maßregel Meinungsverschiedenheit bestehe; die einen betrachteten sie als Neugründung und erachteten auf sie die für die Gründung gegebenen Vorschriften für anwendbar, seien aber über das Maß der Anwendbarkeit, insbesondere über die Anwendbarkeit der Vorschriften über die konstituierende Generalversammlung sowie über die Sacheinlagen unter sich uneinig; während die anderen die Natur einer Neugründung bestritten und jede Anwendung der lediglich auf die Errichtung der Gesellschaft bezüglichen Vorschriften abwiesen, und nehmen dann selbst dahin Stellung: „Die im Verkehr übliche Anschauung, als ob die Neu-Emission sich als ein Verkauf neu zu konstituierender Anteilsrechte seitens der Gesellschaft darstelle, erscheint nicht korrekt; die A-Gesellschaft wird durch das bestehende Grundkapital begrenzt; eine Vermehrung des Kapitals setzt eine neue Beteiligung voraus; die zu schaffenden Anteile können nicht verkauft, sie müssen erst aufgebracht werden (s. RG 32, 248); insoweit steht die Kapitalerhöhung einer Neugründung gleich; die neuen Anteilsrechte unterliegen den für die alten Aktien geltenden Regeln; es gilt der gesetzliche Nominalbetrag; die Einlage kann bar oder durch Gegenstände erfolgen; es kann vollgezahlt oder ratenweise eingezahlt werden; Zeichner können einzelne oder alle Aktionäre oder andere Personen sein, es kann eine Begebung der jungen Aktien aus engen Gesellschaftskreisen an das große Publikum stattfinden usw.; anderseits ist die Erhöhung des Grundkapitals nicht der Gründung einer neuen Gesellschaft gleichzustellen; vielmehr ist es, auch wenn es sich um einen neuen Gegenstand des Unternehmens handelt, immer die alte Gesellschaft; es ändert sich nicht die Rechtspersönlichkeit und es bleibt ihre Organisation bestehen. Gründer kann es nicht geben; soweit überhaupt eine Art Gründung vorliegt, gründet die Gesellschaft." Zutreffend Lehmann, A-Recht II 447 f.: es handelt sich um eine teilweise Neugründung (so Nissen in GZ 19, 356), auf die grundsätzlich die Normen über die Gründung von A-Gesellschaften Anwendung zu finden haben, soweit nicht aus der Natur der Sache oder kraft positiver Norm ein anderes gilt. Vgl. auch RG 85, 314. Es sind insbesondere zwei Punkte, welche durch das Eingreifen der Gesetzgebung positiv erledigt wurden, das Verbot der Erhöhung des Grundkapitals, solange das bisherige Grundkapital noch nicht eingezahlt ist, Abs I, und die Frage, ab die Ausgabe der neuen Aktien zu einem anderen, als dem Nominalbetrag soll erfolgen dürfen, Abs III.

2. a) Das Gesetz verbietet in der Regel die Erhöhung des Grundkapitals, solange dieses noch nicht voll eingezahlt worden ist. Die Mot 1884 a. a. O. sagen dazu, schon für die Einzelwirtschaft enthalte die Erhöhung des Betriebskapitals durch fremde Kapitalien, solange eigene Mittel dazu vorhanden seien, ein Wagnis, da eine Ansammlung über den Bedarf zu gewagten Spekulationen verleite; das gelte für A-Gesellschaften in erhöhtem Maß; die Gesetzgebung dürfe solchen gewagten Spekulationen nicht dienen; so weit zu gehen, auch Aufnahme von Darlehn vor Einzahlung des ganzen Grundkapitals zu verbieten (hätte man es doch nur getan), läge kein zwingender Anlaß vor, es genüge das Verbot der Kapitalerhöhung. Damit schließt die Rechtfertigung des Verbotes, um zur Begründung der Ausnahme für Versicherungsgesellschaften überzugehen. Die ganze Ausführung trifft nicht den Kern der Sache. Denn erstens ist das bei einer Kapitalerhöhung einkommende Geld, sobald es eingekommen ist, nicht fremdes Geld, sondern eigenes, und sodann macht es, wenn es gefährlich, oder besser gesagt unwirtschaftlich ist, mehr Betriebskapital zu haben, als man nötig hat, keinen Unterschied, ob man dieses Mehr

heranzieht durch Einforderung der ausstehenden Raten oder durch neue Aktien. Der wahre Grund ist ein ganz anderer. Wenn das Gesetz zuläßt, daß die Gesellschaft vor Volleinzahlung des Grundkapitals in das Leben tritt, so findet das seine Rechtfertigung in zwei Gründen. Der eine ist, daß man dem Übernehmer von Aktien die Einzahlung dadurch erleichtern will, daß man ihm Ratenzahlung bewilligt, was eine Befristung auf einen oder mehrere nicht zu ferne, aber bestimmte Termine rechtfertigt. Oder das Unternehmen soll erst aufgebaut, Anlagen hergestellt werden usw., was eine sofortige Einzahlung der hierfür nötigen Gelder nicht erforderlich macht, und die Einforderung je nach Fortschritt des Aufbaus und Bedarf der Gelder bleibt vorbehalten. Dagegen ist es unzulässig, von vornherein das Grundkapital und damit zusammenhängend den Nennbetrag der Aktien derart zu übersetzen, daß es voraussichtlich zur Einforderung der vollen Einlage überhaupt nicht kommen wird. Man macht damit, wenn auch nicht streng juristisch, so doch im faktischen Effekt, die Vorschriften über den zulässigen Mindestbetrag der Aktien illusorisch und schafft Aktien mit Nachschußpflicht. Vgl. hierzu die Reichstagsdebatte über den Antrag, von dem Verbot des § 278 I, 1 nicht nur die Versicherungsgesellschaften, sondern auch die Klein-Aktien-Gesellschaften auszunehmen (Sitzung vom 23. 6. 84, S. 970 ff. der Protokolle). Ausdrücklich verboten ist derartiges allerdings nicht. Nur an dieser Stelle sorgt das Gesetz dafür, daß die Gesellschaft wenigstens dann, wenn sie das noch nicht eingeforderte Geld nötig hat, erst die Einlagen einfordert, ehe sie dazu schreitet, neue Gelder aufzunehmen. Das Bedenken Keyßners, A-Gesellschaft 205, es könnten durch das Verbot Unternehmungen geschädigt werden, indem sie erkennend, daß ihr Grundkapital zu niedrig sei (wohl richtiger ihr Betriebskapital), den günstigen Markt zur Ausgabe weiterer Aktien nicht benutzen dürfen, ist wohl zu weit hergeholt. S. Zimmermann in Buschs Arch 31, 278; ferner Brodmann in ZBH II 125.

b) Allgemein wird gelehrt, daß unter der vollen Einzahlung des bisherigen Kapitals als Voraussetzung einer Kapitalerhöhung auch die Einbringung der Sacheinlagen gehöre; Staub-Pinner § 278[6]; Lehmann-Ring § 278[3]; Brand 278[5]; mit leisem Widerstreben auch Makower 278 II[9]. Aber das wäre eine ausdehnende Auslegung des Gesetzes, welche obendrein die Sache nicht nur nicht für sich, sondern gegen sich hat. Es kann wohl vorkommen, daß im Zeitpunkt, wo eine Kapitalerhöhung Bedürfnis wird, Sacheinlagen noch nicht beschafft sind, sei es, daß der Vorstand die Sache nicht hat heranziehen wollen, sei es, daß es ihm nicht geglückt ist. Indessen besteht der Grund der vom Gesetz bestimmten Voraussetzung einzig darin, daß die Gesellschaft Heranziehung weiteren Kapitals — in der Regel doch Geld — nicht soll beschließen können, solange die Gesellschaft das nötige Geld von den Aktionären zu fordern hat und von ihnen bekommen kann. Diesem Bedürfnis ist nicht damit abgeholfen, daß der Vorstand die noch nicht gelieferten Sachen heranholt, es sei denn, daß er die für den Gebrauch gedachten Sachen, nachdem sie eingebracht worden sind, zu Geld macht! Es hätte keinen Sinn, der Gesellschaft die Aufnahme neuen Geldes deshalb zu versagen, weil sie noch einen Anspruch auf Gegenstände hat, welche obendrein vielleicht unverkäuflich sind oder nur mit Verlust und Schaden der Gesellschaft verkauft werden können. Auch der Verfasser der Mot. hat offensichtlich nicht entfernt an den Fall gedacht, daß eine Sacheinlage rückständig ist. Nimmt man den Fall, daß es bei der Kapitalerhöhung nicht auf Geld, sondern auf eine Sacheinlage abgesehen ist, dann muß man vollends fragen, weshalb man der Gesellschaft aus dem Grunde verwehren soll, unter Kapitalerhöhung eine Fabrik in X. zu erwerben, weil ihr einer der Gründer noch das einzubringende Haus in Y. schuldet.

c) Die Kapitalerhöhung soll nicht vor der vollen Einzahlung des bisherigen Kapitals erfolgen. Vor 1900 hieß es, sie darf nicht vorher erfolgen. Die D 167 sagt hierzu, es sei aus diesem Wortlaut gefolgert worden, daß die Zuwiderhandlung nicht nur die Nichtigkeit des Erhöhungsbeschlusses, sondern auch die Nichtigkeit der ausgegebenen jungen Aktien nach sich ziehe; das gehe zu weit, denn die Nichtigkeit der Aktien führe in erster Linie zu einer Benachteiligung der Erwerber der Aktien und der Gläubiger der Gesellschaft; um die Beobachtung der Vorschrift zu sichern, genüge, daß der Erhöhungsbeschluß nicht eingetragen werde, ohne daß der Vorstand und der Aufsichtsrat die in § 280 II vorgeschriebene Versicherung abgegeben haben, und daß unrichtige Versicherung nach § 313 I Z. 3 strafbar sei. Danach ist die Vorschrift zu einer sogenannten Soll-Vorschrift geworden, deren Verletzung nicht nur nicht Nichtigkeit der ausgegebenen Aktien, sondern auch nicht Anfechtbarkeit des Erhöhungsbeschlusses zur Folge hat. Es wäre auch nicht einzusehen, wie bei wirksamer Anfechtung, das heißt also auch wieder bei Nichtigkeit die Kapitalerhöhung die ausgegebenen Aktien sollten weiterbestehen können. A. A. Staub-Pinner § 278[6]; Ritter 278[3]. Mit dem § 274 II (Staub-Pinner § 271[3]) läßt sich gegenwärtige Bestimmung nicht in eine Linie stellen. Vgl. Erl 3 zu § 274. Wie hier Makower § 278 VI d; Lehmann-Ring § 278[3].

d) Unerläßlich ist, daß das gesamte bisherige Grundkapital eingefordert worden ist, nicht unerläßlich, daß es auch bis auf den letzten Rest eingegangen ist. Man wird vielmehr annehmen müssen, daß es — wie das Gesetz in der Fassung von 1900 ausdrücklich sagt — nicht schadet, nicht nur, wenn auf die Einforderung ein verhältnismäßig unerheblicher Teil nicht eingegangen ist, sondern auch, wenn ein erheblicher Teil nicht eingegangen ist und nicht hat eingetrieben werden können. Übrigens hatte auch die Novelle von 1884 es gar nicht anders gemeint. In der Reichstagskommission (s. Bericht S. 15) war ohne Widerspruch konstatiert worden, daß es nicht die Absicht sei, eine Erhöhung des Grundkapitals auch dann für unstatthaft zu erklären, wenn das Grundkapital gehörig eingefordert und nur etwa ein einzelner Aktionär auf seine Aktie die Vollzahlung unterlassen habe und deswegen das Kaduzierungsverfahren noch anhängig oder ohne Erfolg gewesen sei. Das muß natürlich auch gelten, wenn es nicht bei dem einen Aktionär geblieben ist. Wie RGSt 14, 37 lehrt, hätte man schon damals sich nicht mit dieser Feststellung begnügen sollen. — Es kommt auf den Stand der Einzahlungen zur Zeit der Anmeldung des Erhöhungsbeschlusses an, § 280 II.

e) Die Ausnahme zugunsten der Versicherungsgesellschaften erklärt sich daraus, daß bei ihnen wirtschaftlich das Grundkapital eine ganz andere Rolle spielt, als im allgemeinen bei Handels- und Industrieunternehmungen. Nur zum kleinsten Teil ist bei ihnen, was Grundkapital heißt, Betriebskapital. Im wesentlichen ist es vielmehr ein Garantiefonds, der, wie man bei sachgemäßer Verwaltung erwarten kann, und wie die Erfahrung bestätigt hat, kaum jemals in Anspruch genommen zu werden braucht. Freilich macht das Gesetz keinen Unterschied, während auch hier eine Kapitalerhöhung vor Volleinzahlung sachlich nur gerechtfertigt erscheint, wenn das Bedürfnis neuer Mittel auf Expansion des Unternehmens und nicht auf Schwierigkeiten finanzieller Art beruht.

Daß die Ausnahme nur gelten soll, wenn es im Statut bestimmt ist, hat wenig zu bedeuten. Denn wenn es im ursprünglichen Statut nicht steht, kann es immer durch Statutenänderung nachgefügt werden. Aber freilich muß das ausdrücklich geschehen. Es genügt nicht, daß der Kapitalerhöhungsbeschluß denselben erschwerenden Bedingungen unterliegt, wie jene Statutenänderung es tun würde, und also unter Erfüllung dieser Voraussetzungen gefaßt worden ist; Staub-Pinner § 278[7]. S. § 274 Erl 1 c.

Der Abs I bleibt außer Anwendung bei Erhöhung des Grundkapitals aus Anlaß einer Fusion nach § 305.

f) Der Erhöhungsbeschluß wird in der Regel auf den bestimmten Betrag lauten, um welchen das Grundkapital erhöht werden soll. Zu eng OLG 19, 320 (KG). Vgl. OLG 19, 372. Das hat, wenn es nicht gelingt, die gesamten Aktien unterzubringen, den Übelstand zur Folge, daß der Beschluß überhaupt nicht durchgeführt werden kann; KGJ 29, 102; OLG 10, 243; RFH 3, 47. Die Kapitalerhöhung in Höhe des gedeckten geringeren Betrages kann der Registerrichter nicht eintragen, und zwar nicht nur aus dem formalen Grunde, daß der Beschluß auf den höheren Betrag lautet; RJA 5, 168 (KG). Nicht nur ist fraglich, ob in der Generalversammlung ein Antrag auf Erhöhung um den geringeren Betrag ebenfalls die erforderliche Mehrheit gefunden hätte, sondern auch der einzelne Übernehmer von Aktien will sich, wenn der Erhöhungsbeschluß so bestimmt lautet, an der Aufbringung des neuen Kapitals eben nur in der genannten Höhe zu seinem Teil beteiligen; RG 55, 68; KGJ 14, 20; RG 85, 206. Anderseits kann der Betrag im Beschluß nicht ganz unbestimmt davon abhängig gemacht werden, für wieviel Aktien Übernehmer sich finden werden. Wohl aber kann unter Bestimmung eines Höchstbetrages von vornherein der Beschluß auf denjenigen etwaigen geringeren Betrag gerichtet sein, für welchen sich Übernehmer von Aktien finden werden; KGJ 29, 102. Im einzelnen Fall ist es Frage der Auslegung, ob der Beschluß so gemeint ist; KGJ eod.; vgl. § 281 I Z. 4. Daß in dem Kapitalerhöhungsbeschluß gleich eine Frist bestimmt werden müßte, innerhalb welcher der Betrag feststehen muß, ist nicht anzunehmen. Nach KGJ 16, 21 kann aber der Registerrichter in geeigneten Fällen die Eintragung in das Handelsregister davon abhängig machen, daß es geschieht; ebenso HoldhMS 1897, 131 (KG). — In dem Beschluß kann auch eine Höchst- und eine Mindestgrenze bestimmt werden. Dagegen würde der Beschluß, der nur eine untere Grenze festsetzt, zu unbestimmt sein. A. A. Fischer in EhrenbergsHH III 1 S. 320 f. S. auch den Fall JW 1901, 540[9], wo das schließliche Ergebnis einer kombinierten Erhöhung und Herabsetzung des Grundkapitals ganz im ungewissen war. — Die Ausführung des Beschlusses kann dem Aufsichtsrat übertragen werden; HoldhMS 14, 17: Sowohl die Ermächtigung innerhalb einer festgesetzten kurzen Zeitgrenze bestimmte Quoten (Raten der Einlage) einzuziehen, als auch auf Grund der festgelegten Bedingungen die Aktien unterzubringen, entspricht der Gewohnheit und ist rechtlich durchaus unbedenklich. Aber es kann die Kapitalerhöhung nicht unbestimmt in dem Sinn im voraus beschlossen werden, daß dem Aufsichtsrat überlassen bleibt, wann er zur Ausführung schreiten will; HoldhMS 9, 120; vgl. auch ZBlfG 5, 249; auch durch Eintragung in das Handelsregister wird der Beschluß nicht wirksam. — Wird in dem Beschluß zur „Bedingung" gemacht, daß das auf der Kapitalerhöhung einkommende Geld zu einem bestimmten Zweck nicht verwendet werden dürfe, so ist das keine wahre Bedingung und steht der Eintragung des Beschlusses in das Handelsregister nicht entgegen; BauersZ 7, 174 (Dresden).

Die Fassung des Gesellschaftsvertrages braucht nicht geändert zu werden, wenn die Erhöhung des Grundkapitals, wie sie gemäß § 284 angemeldet wird, den Sachverhalt unmißverständlich erkennen läßt.

g) Von dem Stimmverhältnis gilt hier dasselbe, wie überhaupt bei der Statutenänderung. Es kann auch für die Kapitalerhöhung (anders bei der Herabsetzung des Grundkapitals 288) das Erfordernis der Dreiviertelmehrheit bis auf die einfache Mehrheit herabgesetzt werden. — Bleibt es nach dem Erhöhungsbeschluß bei dem Bezugsrecht aller Aktionäre nach § 282, so ist deshalb kein Aktionär von der Beteiligung an der Abstimmung ausgeschlossen. Nach der Rechtsprechung des Reichsgerichts muß das auch dann gelten, wenn das Bezugsrecht ausgeschlossen und einzelnen Aktionären der Bezug von jungen Aktien zugesagt worden ist. Denn rechtlich ist eine solche Zusage nach § 283 unwirksam und nach RG 68, 241 (vgl. auch RG 107, 70) ist das für Anwendung des § 252 III auch dann entscheidend, wenn nach den Umständen der betreffende Aktionär mit voller Sicherheit darauf rechnen kann, daß die Zusage gehalten werden wird. Anders, wenn im Antrag auf Kapitalerhöhung bereits die Zusicherung des Bezuges zum Ausdruck kommt; RG 108, 326; hierzu Fischer in JW 1925, 614; Flechtheim das. 508; Brodmann GGmbH § 47[3] und oben Erl 5 b zu § 252, ferner RG 109, 80.

h) Die §§ 278 ff. gelten von jeder Erhöhung des Grundkapitals. Das Gesetz spricht von Erhöhung durch Ausgabe neuer Aktien, als wenn es auch noch andere Wege zur Erhöhung des Grundkapitals gäbe. Und in der Tat nimmt die herrschende Lehre an, daß man auch auf die Weise das Grundkapital erhöhen könne, daß man im entsprechenden Verhältnis den Nennbetrag der ausgegebenen Aktien erhöht. S. Staub-Pinner § 278[1] und die dortigen Nachweise, ferner im Sinne der herrschenden Lehre Makower § 278 V c; Brand § 278[2]; OLG 19, 333 (München); in RG 42, 1, worauf letzteres Urteil hinweist, steht davon nichts. RG 62, 365 sagt: „Das Gesetz kennt nur eine Erhöhung durch Ausgabe neuer Aktien; ob eine solche durch bloße Erhöhung des Nennwerts zulässig ist, erscheint zweifelhaft". In Wahrheit dürfte es zu verneinen sein. Außer Streit ist, daß eine Erhöhung auf diesem Wege nur insoweit ausführbar wäre, als der einzelne Aktionär den entsprechenden Betrag auf das Grundkapital einzahlt, wozu er nicht gezwungen werden kann (§ 211). Des weiteren ist nicht deutlich, wie die herrschende Lehre es meint. Soll es zulässig sein, daß jeder Aktionär nach Belieben oder nach Kräften den Betrag seiner Zuzahlung bestimmt, so daß der eine 100 der andere 150, der Dritte 1000 M. usw. zuzahlt und entsprechend nunmehr die Aktien auf 1100, 1150, 2000 M. usw. lauten? Oder sollen wenigstens ganz allgemein zwar durchgängig gleiche, im übrigen aber ganz beliebige, auf krumme Zahlen gestellte Erhöhungen zulässig sein. Oder wie soll man dieses alles verbieten, wenn es nicht überhaupt unzulässig sein soll; Horster, Erhöhung des Aktienkapitals (Diss.) 33 hält eine Erhöhung auf 1100 M. für zulässig; ob eine solche auf beispielsweise 1050,50 M. unzulässig wäre oder nur unzweckmäßig, darüber spricht auch er sich nicht aus. Sollen aber nur Zuzahlungen und Erhöhung in Höhe des Mindestbetrages einer Aktie oder eines Mehrfachen davon zulässig sein — eine Norm, nach der man bis zur Goldbilanzverordnung im Gesetz vergeblich gesucht hätte — so bestünde einerseits gar kein Bedürfnis, statt die entsprechenden jungen Aktien auszugeben, den Nennbetrag der alten Aktien zu vervielfältigen, anderseits sprächen erhebliche theoretische Bedenken dagegen. S. hierzu Heymann in JW 1925, 1984. Aktien sind nicht nur unteilbar (§ 179), sondern auch gegeneinander spröde. Wie jedes einzelne Aktienrecht seine Individualität festhält, auch wenn mehrere in einer Hand vereinigt sind, wie in solchem Fall auch niemand es für zulässig erklärt hat, daß ein solcher Eigentümer seine mehreren Aktien zu einer einheitlichen zusammenschmelzen könne mit der Summe aller als Nennbetrag, so kann das auch nicht bei der Gelegenheit geschehen, daß der Besitzer einer alten Aktie eine junge Aktie hinzu erwirbt. Daß die positive Vorschrift der Goldbilanzverordnung es für den eigenartigen und einmaligen Fall der Umstellung für zulässig erklärt, beweist nichts, weder dafür noch dagegen. Undeutlich Fischer in EhrenbergsHH III 1, 319; wenn Aktionären nachgelassen wird, durch Zuzahlung ihre Aktien in Vorzugsaktien umzuwandeln, wird weder das Grundkapital erhöht noch der Nennbetrag der Aktien verändert, wie ja auch ein höherer Nennbetrag nicht ein Vorzugsrecht ausmacht. Auch so geht es nicht, wie SeuffArch 64[97] (München) es meint: „Die Umwandlung freier Reserven in einen Teil des Grundkapitals durch Ab- und Zuschreibung in der Bilanz ist nicht zu beanstanden; die Gesellschaft wendet die Rücklagen, die sie nach Gutdünken unter die Aktionäre verteilen kann (?), den Aktionären in der Weise zu, daß sie sie als ihre Beiträge dem Grundkapital einverleibt; der so verwendete Betrag der Rücklagen ist als die Leistung auf den erhöhten Nennwert der Aktie anzusehen; da dieser Betrag nicht in barem Geld vorhanden ist, werden auf das erhöhte Grundkapital nicht Bar- sondern Sacheinlagen gemacht". Hier wird nicht einmal mehr eine Zuzahlung der Aktionäre verlangt. Es wäre das so ziemlich derselbe Weg, auf dem man zur Gratisaktie gelangt (vgl. Erl 2 c zu § 279). Zum mindesten müßte wie dort so auch hier dem einzelnen Aktionär zur Wahl gestellt werden, ob er darauf eingehen will, daß das ihm Zugedachte auf diese Weise wieder angelegt wird; es kann nicht beliebig jede freie Reserve so verwendet werden, sondern nur soweit, als rechtmäßig beschlossen wird, sie als Gewinn zu verteilen, was weiter — kaufmännisch gedacht — voraussetzt, daß auch das Geld dazu da ist. Und schließlich würde die Erhöhung des Nennbetrages der alten Aktien bei Licht besehen, für den Aktionär gar kein materielles Äquivalent für seine Leistung sein. Die ganze Prozedur könnte vorgenommen werden ohne den Nennbetrag der Aktie zu erhöhen und der Aktionär würde um nichts schlechter gestellt sein. Mit dem Grundkapital wächst sein Anteil an ihm — wenn man einmal diesen Gedanken gelten lassen will — gleichviel, ob auch der Nennbetrag wächst oder nicht. M. a. W., diese Erhöhung des Nennbetrages der Aktien spielt bei der Transaktion gar keine sachliche Rolle, und die Dinge liegen so: Entweder ist es zulässig, durch Kapitalerhöhung freie Reserven einfach dem Grundkapital zuzuschlagen, oder es ist nicht möglich, und dann kann es auch dadurch nicht möglich werden, daß man jenes Spiel mit dem Nennbetrag der Aktien treibt. Man darf auch nicht übersehen, daß es zwei verschiedene Dinge sind, ob durch Buchung freie Reserve in Grundkapital umgestellt wird, oder ob die Aktionäre die Jahresdividende, welche die Gesellschaft auszuzahlen in der Lage und verpflichtet ist, ihr belassen. Hier und nur hier erfährt das Gesellschaftsvermögen einen Zuwachs. Vgl. auch RG 96, 228. — Zulässig ist allenfalls, wenn auch ungewöhnlich, daß zwei oder mehr Aktienrechte auf einem Stück Papier beurkundet und also auch in ihm verkörpert werden. Aber auch dann behält jedes Aktienrecht seine Individualität und namentlich auch seinen Nennbetrag. Ausführbar ist, statt im gegebenen Fall eine neue Aktie auszugeben, die alte Aktie entsprechend umzustempeln. Das ist aber ganz etwas anderes. Auch spart man bei dem heutigen Stande der Gesetzgebung damit keine Steuern, sondern nur die Kosten eines Neudrucks.

3. Sind mehrere Aktiengattungen (der Zusatz: mit verschiedener Berechtigung ist Pleonasmus) vorhanden, so wird es meist, wenn nicht immer, so liegen, daß die verschiedenen Gattungen in ihrer Rechtsstellung innerhalb der Gesellschaft durch die geplante Erhöhung des Grundkapitals verschieden getroffen werden. Deshalb soll in diesen Fällen — und zwar ohne Ausnahme, gleichviel, ob im gegebenen Fall eine Gattung vor der andern bevorzugt erscheint oder nicht — nicht nur die Generalversammlung als Ganzes, sondern auch jede der beiden Gruppen oder wie viele ihrer sind, sich mit der erforderlichen Mehrheit für die Kapitalerhöhung entscheiden. Auch in solchem Falle findet § 275 I und III Satz 2 Anwendung, das heißt, für den Sonderbeschluß ist dasselbe Stimmverhältnis erforderlich, wie für den allgemeinen Kapitalerhöhungsbeschluß, und erleichternde oder erschwerende Vorschriften, welche im Statut für letzteren aufgestellt worden sind, sind im Zweifel auch für die Sonderabstimmungen maßgeblich; vgl. § 275 Erl 3 c. — Unterbleiben die Sonderabstimmungen, so ist deshalb der Kapitalerhöhungsbeschluß weder nichtig (so Staub-Pinner § 278[11]; etwas schwankend Nord, Die Rechte des Aktionärs 74) noch anfechtbar, sondern in der Schwebe. Der Registerrichter hat die Eintragung des Beschlusses abzulehnen. In dem Fall, daß es doch zu seiner Eintragung (und dann auch noch zur Eintragung der erfolgten Kapitalerhöhung) kommt, s. § 275 Erl 3 d, § 271 Erl 1 unter I. Auch RG 79, 112 spricht aus, daß es sich nicht um Nichtigkeit handelt, läßt aber unentschieden, ob es sich um Anfechtbarkeit handelt, oder ob ein Sonderrecht der Gruppe verletzt ist, was auch ohne Einhaltung der Frist in § 271 geltend gemacht werden könne. Daß Anfechtbarkeit nicht in Frage kommt, ergibt sich deutlich auch daraus, daß der Registerrichter die Eintragung auch dann unbedingt ablehnen muß, wenn die Anfechtungsfrist verstrichen und Anfechtung nicht erfolgt ist. Nichtig kann der Beschluß nicht sein, weil er gültig wird, sobald die Sonderabstimmung stattgefunden hat und zustimmend ausgefallen ist; Hueck, Anfechtbarkeit 97 f. — Diese Sonderabstimmungen müssen bei jeder geplanten Kapitalerhöhung stattfinden (und zwar müssen es immer mindestens 2 Sonderabstimmungen sein). Gleichwohl ist auch hier unerläßliche Voraussetzung gültiger Beschlüsse, daß in der angekündigten Tagesordnung darauf ausdrücklich hingewiesen worden ist.

4. a) Der Abs III handelt von der Über-pari-Emission der jungen Aktien. Man kann bezweifeln, ob der Gesetzgeber damit richtig gehandelt hat, daß er sie bei der Gründung und ersten Zusammenlegung des Gesellschaftsvermögens für zulässig erklärte (§ 184 II). Bei der nachträglichen Erhöhung des Grundkapitals ist sie unentbehrlich. Wenn die Aktien der Gesellschaft im Kurse auf 150 % gestiegen sind und dieser Börsenkurs im gegebenen Fall auch das richtige trifft, dann wäre es ein Unding, die jungen Aktien zu pari auszugeben. Denn seit der Gründung hat sich das Verhältnis der Grundkapitalziffer zum Gesellschaftsvermögen wesentlich verschoben und damit denn auch das Verhältnis des Wertes der Aktie zu ihrem Nennbetrag. Der Nennbetrag der Aktien bleibt hinter dem Wert der in ihnen verkörperten Anteile am Gesellschaftsvermögen zurück, und es ist selbstverständlich, daß nunmehr Anteilrechte zu demselben Nennbetrag nur noch gegen entsprechend erhöhte Einlage zum Gesellschaftsvermögen gewährt werden können. Mit anderen Worten, will man die Zahl der vorhandenen Aktien (Aktieneinheiten) verdoppeln, dann muß durch die Einlagen auf die jungen Aktien auch das vorhandene Gesellschaftsvermögen auf das Doppelte gebracht werden. Und wenn man soviel Kapital nicht nötig hat oder nicht bekommen kann, dann muß man nicht die Einlagen entsprechend niedriger bemessen, sondern die Anzahl der neuen Aktien. Für die Gesellschaft ist das Agio nicht Gewinn, ebensowenig wie überhaupt für sie die Einlage auf die jungen Aktien Gewinn ist, die Einlage auf die Stammaktien seinerzeit Gewinn gewesen ist. Das klingt so einfach, und doch hat es lange gedauert, bis man gelernt hat, es zu sehen. Die Funktion des Agio erschöpft sich darin, daß es im Verhältnis der alten zu den neuen Aktien die Balance herstellt. Es ist ein Faktor der Rechnung. Materiell bilden Nennbetrag und Agio die eine ungeteilte und einheitliche Einlage zum Gesellschaftsvermögen.

Dasselbe nur in der entgegengesetzten Richtung und dementsprechend modifiziert gilt von der Unter-pari-Emission, die einen guten Sinn hat, wenn das Gesellschaftsvermögen nicht gewachsen sondern kleiner geworden ist. Ihr fehlt daher allerdings jede Berechtigung im Anfangsstadium der Gesellschaft, also bei der Ausgabe der ersten Aktien. Darüber besteht heute kaum noch Streit, so lebhaft auch einstmals darum gekämpft worden ist. Dagegen ist es unnatürlich, wenn auch vielleicht nicht so nachteilig, wie vielfach behauptet wird, daß das Gesetz auch bei der Kapitalerhöhung sie verbietet. Man hat nicht richtig unterschieden. Statt Über-pari-Emission zu erlauben und Unter-pari-Emission zu verbieten, hätte man beide bei der Gründung verbieten, bei der Erhöhung des Grundkapitals zulassen sollen.

b) Aus naheliegenden Gründen ist es praktisch nicht möglich, das Agio so zu berechnen und wenn man es auch so berechnen könnte, es auf dem Aktienmarkt so zu erzielen, wie es nach dem oben unter a Gesagten seiner Aufgabe vollkommen entspräche. Oft wird man überhaupt nicht in der Lage sein, im voraus auch nur annähernd zu schätzen, was man mit Aussicht auf Erfolg fordern könnte. Das Gesetz trägt dem Bedürfnis Rechnung, in diesem Punkt der Verwaltung auch noch nach beschlossener Kapitalerhöhung freie Hand zu lassen, damit sie in der Lage ist, die Konjunktur auszunutzen. Nur soll die Entscheidung auch wieder nicht völlig in den Händen der Verwaltung liegen. Der Generalversammlung bleibt vielmehr vorbehalten zu entscheiden einmal, ob überhaupt ein Agio gefordert werden soll und zweitens wie hoch der Mindestbetrag sein soll. Das gilt in beiden Fällen sowohl wenn es bei dem Bezugsrecht der Aktionäre bleibt als auch wenn es ausgeschlossen wird. Wird Über-pari-Emission beschlossen, aber kein Limitum gesetzt, so ist der Beschluß noch unvollständig und muß ergänzt werden. Auf keinen Fall kann die Verwaltung daraus die Ermächtigung herleiten, entgegen dem Beschluß die Aktien zum Nennbetrag auszugeben. Auch wenn es beim Bezugsrecht der Aktionäre geblieben ist, haben diese nicht etwa den Anspruch auf Zuteilung zum Nennbetrag als wohlerworbenes Recht. — Ist über den Ausgabekurs im Beschluß überhaupt nichts gesagt, dann sind die Aktien zum Nennbetrag zu begeben. Lehmann-Ring § 278[10]; Makower § 278 VIII c.

Selbstverständlich kann im Beschluß der Generalversammlung das Agio auch gleich fest bestimmt werden. A. A. anscheinend Brand § 278[8].

c) Nach der herrschenden Lehre ist nicht erforderlich, daß der Ausgabekurs durchweg der gleiche ist. Nach Horrwitz, Generalversammlung 420 könnte sogar für einzelne bezugsberechtigte Aktionäre der Emissionskurs höher bestimmt werden als für andere. Letzteres kann nicht nur nicht durch die Verwaltung, sondern auch durch Beschluß der Generalversammlung nicht geschehen. Damit würde überhaupt Sinn und Zweck des Bezugsrechts über den Haufen geworfen. Unbedenklich wäre es, den Aktionären, welche das Bezugsrecht ausüben, vorteilhaftere Bedingungen zu bewilligen als Dritten. Dagegen wäre es unzulässig, den Aktionären das Bezugsrecht dadurch illusorisch zu machen, daß ihnen ein höherer Preis gemacht wird als Dritten. Überhaupt aber wird man Lehmann-Ring § 278[10], 184[3] darin zustimmen, daß die Ausgabe zu verschiedenen Beträgen sehr bedenklich ist „weil jeder, der sich im Fall der Ausgabe über den Nennbetrag beteiligen will, aus seiner Verpflichtung auf eine gleichartige der anderen Aktienanwärter schließt und danach auf einen bestimmten Gesamtüberschuß rechnet, der den Reservefonds bereichert". Dabei ist vorausgesetzt, was ja auch den Tatsachen entsprechen dürfte, daß eine (erste) Ausgabe zu verschiedenen Kursen, gewissermaßen ein Spekulieren mit der Aktie schon in statu nascendi ganz und gar unüblich ist.

d) Der Vorstand kann die gesamte Emission einem Bankhause oder einem Konsortium zu bestimmtem Kurse zuteilen und mit den Übernehmern vereinbaren, daß diese einen bei der Weiterbegebung erzielten Gewinn ganz oder teilweise an die Gesellschaft abführen. Theoretisch ist der so erzielte Gewinn nicht Agio und der Betrag brauchte nicht dem gesetzlichen Reservefonds zugeführt zu werden (§ 262 Z. 2). Materiell ist es indessen anders und der Vorstand verletzt den § 262 Z. 2, wenn er den Gewinn nicht dem gesetzlichen Reservefonds zuführt. Die ganze Transaktion ist nur unter der Voraussetzung einwandfrei, daß so verfahren wird; Bauer 19, 148. Ebenso steuerrechtlich RFH 13, 115 (hier ist entscheidend, wer als „erster Erwerber" der Aktien anzusehen ist; KapVerkSteuergesf § 6 a. S. aber auch JW 1920, 311[1] und Geiler das., ferner OLG 43, 316 (KG). S. Erl 4 d zu § 262. Anderseits ist aber die Gültigkeit eines solchen Vertrages nicht davon abhängig, daß die Generalversammlung Über-pari-Emission beschlossen hat.

e) Nach Goldmann § 278[18] setzt die Über-pari-Emission voraus, daß sie entweder im ursprünglichen Statut für zulässig erklärt ist (§ 184 II) oder daß vor oder zugleich mit dem Kapitalerhöhungsbeschluß dem Statut eine dem § 184 II entsprechende Klausel eingefügt wird. Dagegen wohl mit Recht die herrschende Lehre. Das kann aber nicht mit Staub-Pinner § 278[12] so gerechtfertigt werden, daß auch die Kapitalerhöhung nur mit der für eine solche Statutenänderung erforderlichen Mehrheit beschlossen werden könne. Denn überhaupt ist es mindestens zweifelhaft, ob ein nach dem Statut unzulässiger Beschluß gleichwohl wirksam ist, wenn er mit der für die Statutenänderung erforderlichen Mehrheit gefaßt worden ist. Vgl. Erl 1e zu § 274. Aber die Anwendung des § 184 II an dieser Stelle verbietet sich, weil die Über-pari-Emission bei der Gründung etwas ganz anderes bedeutet als bei der Kapitalerhöhung. Dort ist mit ihr die singuläre Gestaltung beabsichtigt, daß die Gesellschaft von vornherein mit einem Reservefonds und einem Reservekonto in das Leben tritt und das soll nicht geschehen dürfen, ohne daß sich alle Gründer über diesen Punkt geeinigt haben und ohne daß aus dem Statut für Dritte diese Möglichkeit ersichtlich gemacht ist. Ist schon an jener Stelle die Vorschrift ziemlich bedeutungslos (vgl. § 184 Erl 1b), so würde sie hier zu einem Formalismus werden; OLG 11, 391 (KG).

5. a) Es wird kaum vorkommen, daß die Emission junger Aktien beschlossen wird, ohne daß zugleich festgesetzt wird, von wann ab diese am Jahresgewinn teilnehmen. (Über sogen. Stückzinsen s. Erl 4c zu § 262). Geschieht es aber doch, so sind die jungen Aktien zur Teilnahme am Gewinn (pro rate temporis) berechtigt, vom Moment an, wo die erfolgte Kapitalerhöhung eingetragen worden ist (§§ 284, 287) nach Maßgabe der in diesem Zeitpunkt eingezahlten Quote; Behrend § 133[10]; Lehmann, A-Recht II, 451 Note 5. Nach Staub-Pinner § 278[13] nehmen in diesem Fall die jungen Aktien an dem vollen Jahresgewinn teil. Ebenso Goldschmit AG § 278[15]. Die Verwaltung kann in Ausführung des Beschlusses der Kapitalserhöhung diesen Anfangstermin wohl weiter hinausschieben, aber nicht zurückverlegen. Denn damit würde der gesetzliche Gewinnanspruch der alten Aktionäre beeinträchtigt.

b) Der § 183, wonach die Aktien auf den Namen zu stellen sind, sofern nicht im Statut das Gegenteil bestimmt ist, gilt an und für sich auch für die Aktien späterer Emissionen. Doch wird man, wenn die bisherigen Aktien auf den Inhaber lauten, im Zweifel anzunehmen haben, daß von den jungen Aktien dasselbe gelten soll und zwar auch dann, wenn auch im ursprünglichen Statut darüber nichts gesagt ist; Staub-Pinner § 278[17]. — Die Höhe des Nennbetrages oder der gruppenweise verschiedenen Nennbeträge der jungen Aktien, m. a. W. die Stückelung des Gesamtbetrages der Erhöhung muß nicht schon im Erhöhungsbeschluß bestimmt sein. Sie ist Sache der Ausführung, welche der Verwaltung überlassen bleiben kann. A. A. Lehmann-Ring § 278[8]. Spätestens durch Zuteilung der Aktien auf die Zeichnungen muß darüber entschieden werden.

c) Solange der Kapitalerhöhungsbeschluß noch nicht wirksam geworden ist, kann die Generalversammlung ihn wieder aufheben, und zwar mit einfacher Stimmenmehrheit. Vgl. Erl 1e zu § 275; RJA 5, 65 (KG). Erst die Anmeldung der erfolgten Kapitalerhöhung bringt die Entscheidung, die mit der Eintragung in das Handelsregister endgültig wird.

d) Laut Bekanntmachung vom 2. 11. 17 (RGBl 987; vgl. auch Bekanntmachung vom 12. 2. 20 RGBl 229) bedurfte es zur Kapitalerhöhung einer A-Gesellschaft der staatlichen Genehmigung; das ist durch Verordnung vom 9. 10. 20 (RGBl 1718) mit Wirkung vom 15. 10. 20 wieder außer Kraft gesetzt.

§ 279.

Wird auf das erhöhte Grundkapital eine Einlage gemacht, die nicht durch Barzahlung zu leisten ist oder wird auf eine Einlage eine Vergütung für Vermögensgegenstände angerechnet, welche die Gesellschaft übernimmt[1], so müssen der Gegenstand der Einlage oder der Übernahme[2], die Person, von welcher die Gesellschaft den Gegenstand erwirbt, und der Betrag der für die Einlage zu gewährenden Aktien oder die für den übernommenen Gegenstand zu gewährende Vergütung in dem Beschluß über die Erhöhung des Grundkapitals festgesetzt werden[3].

Jedes Abkommen dieser Art[4], welches nicht die vorgeschriebene Festsetzung in dem Beschlusse der Generalversammlung gefunden hat, ist der Gesellschaft gegenüber unwirksam[5]. Die Vorschriften der §§ 207, 208 bleiben unberührt[6].

1. Ebenso wie bei der Gründung der A-Gesellschaft ist bei der Erhöhung des Grundkapitals Beteiligung sowohl mit Geld- als auch mit Sacheinlagen denkbar und zulässig. Oft ist gerade der Erwerb einer Sache, eines Unternehmens, eines Geschäfts im ganzen Veranlassung und Zweck der Erhöhung des Grundkapitals. Und ebenso, wie bei der Gründung umgibt das Gesetz bei der Kapitalerhöhung die Sacheinlagen mit besonderen Vorschriften zum Schutze gegen Heimlichkeit, Verschleierung und Übervorteilung. Sachlich ist, was § 279 I vorschreibt dasselbe, was § 186 II für das Gründungsstadium bestimmt. Die wesentlichsten Punkte der Abmachungen müssen, wie dort im Gesellschaftsvertrag selbst, hier in dem Kapitalerhöhungsbeschluß vereinbart oder verlautbart werden, d. h. also der Generalversammlung zur Entscheidung unterbreitet und von dieser also ausdrücklich beschlossen werden. Dagegen ist der Umfang der Vorschrift in § 279 I

nicht derselbe wie in § 186 II. Aus einleuchtendem Grunde. Wenn § 186 auch von dem Fall gilt, daß der Gegenstand nicht von einem der künftigen Aktionäre zum Gesellschaftsvermögen eingebracht wird, sondern auch von dem Fall, daß die künftige Gesellschaft den Gegenstand entgeltlich von einem Dritten erwerben soll, so ist ein Rechtsgeschäft der letzteren Art im Zeitpunkt einer Erhöhung des Grundkapitals wie jedes Kauf- und andere Rechtsgeschäft Sache der Verwaltung, die im Rahmen der Vertretungsmacht des Vorstandes liegt und für welches der Vorstand und unter Umständen auch der Aufsichtsrat der Gesellschaft gegenüber die volle Verantwortung trägt. Dort bei der Gründung hat die Vorschrift, daß der Vertrag im Gesellschaftsvertrag verlautbart werden muß, darin ihren Grund, daß die Gesellschaft mit ihm belastet in das Leben treten soll. Dagegen hätte es keinen Sinn, einen solchen Ankauf der bestehenden Gesellschaft, gleich viel, wie erheblich er ist, von anderen Anschaffungsgeschäften der Gesellschaft deshalb zu unterscheiden, weil er mit einer Kapitalerhöhung zusammenfällt, mag das nun ein rein zeitliches Zusammentreffen sein oder auch das sachliche, daß mit den neuen Einlagen der Preis bezahlt werden soll. Dagegen ist es kennzeichnend und bedeutsam, daß im Gegensatz zu § 186 II hier ausdrücklich der Fall genannt wird, daß auf eine Einlage die Vergütung für einen Gegenstand angerechnet werden soll, welchen die Gesellschaft übernimmt. Wie in Erl 4 a zu § 186 ausgeführt worden ist, ist es nicht immer leicht zu unterscheiden, ob es sich um eine Sacheinlage handeln soll oder um eine mit Kaufvertrag und Kompensation kombinierte Geldeinlage. Für das, was § 186 II bestimmt, hat dieser Unterschied keine Bedeutung. Für beide Fälle gilt die Notwendigkeit der Aufnahme in den Gesellschaftsvertrag. Auch in § 279 würde die Hervorhebung nicht nötig sein, wenn es sich auch in dem hervorgehobenen Fall unter allen Umständen um Sacheinlage handelt. Daß der Gesetzgeber auf diesem letzteren Standpunkt nicht gestanden hat, ergibt sich eben daraus, daß er den Fall besonders nennt und damit erreicht, daß in solchem Fall auch bei der Kapitalerhöhung nicht nur die Einbringung, sondern auch der mit Geldeinlage kombinierte Kauf nicht in den Händen der Verwaltung liegt, sondern von der Generalversammlung beschlossen werden muß.

Dabei ist die aus anderen Gründen unter Umständen erforderliche Unterscheidung, ob die Parteien Sacheinlage gemeint haben oder mit Geldeinlage kombinierte Übernahme, d. h. Kauf, hier erleichtert. Nach § 281 bedarf es zur Beteiligung an der Kapitalerhöhung, anders wie bei der Gründung der Gesellschaft, durchweg der Zeichnung der Aktien, wobei der Zeichnungsschein unter anderem den Betrag, also den Geldbetrag der festgesetzten Einzahlungen enthalten muß. Man braucht nicht so weit zu gehen, jedenfalls geht die herrschende Lehre nicht so weit, deshalb anzunehmen, daß es bei der Kapitalerhöhung überhaupt nur Geldeinlagen gibt. Aber jedenfalls liegt es so, daß, wo der Zeichnungsschein nicht deutlich das Gegenteil besagt, nicht Sacheinlage, sondern Sachübernahme gemeint ist. Vgl. § 186 Erl 4 a.

2. a) Darüber, was *Gegenstand* einer *Sacheinlage* sein kann, s. Erl 5 zu § 186. Es gilt in dieser Beziehung hier im allgemeinen dasselbe, wie bei der Gründung der Gesellschaft. Ein wesentlicher Unterschied ist darin begründet, daß nunmehr die Gesellschaft bereits mehr oder weniger geraume Zeit in Leben und Verkehr steht, Forderungen erworben, Schulden kontrahiert hat. Es können sich Gläubiger der Gesellschaft mit Zeichnung von Aktien an der Kapitalerhöhung beteiligen und in Anrechnung auf ihre *Forderungen* können Aktien ihnen zugeteilt werden. Auch das schillert zwischen Sacheinlage und Geldeinlage verbunden mit Aufrechnung. Entweder ist die Meinung, daß der Gläubiger seine Forderung einbringt, was nur so gedacht werden kann, daß er seine Forderung auf die Gesellschaft überträgt, wo sie dann durch Vereinigung von Gläubiger und Schuldner in einer Person sofort untergeht, oder daß es sich um Geldeinlage handeln soll und Aufrechnung der Forderung mit der Einlageschuld. Die natürlichere und daher näherliegende Auffassung und daher die im Zweifel zu unterstellende Meinung der Parteien ist die letztgenannte. Unter Umständen kann die gegenteilige Vermutung wohl am Platze sein, so wenn die Gesellschaft notleidend ist, und der Gläubiger sich beteiligt, um seine Forderung möglichst zu retten. Vgl. RG 42, 1, wo alles auf die unkontrollierbare tatsächliche Feststellung abgestellt ist. Aber zu beanstanden ist die Ausdrucksweise, daß „als Sacheinlage die vertragsmäßige Aufrechnung zulässig" sei. Das sind vielmehr gerade die Gegensätze: Einbringung, d. h. Übertragung der Forderung und also nicht Aufrechnung, also Sacheinlage, oder aber Aufrechnung, die nicht denkbar ist, wenn nicht eine auf Geld gerichtete Einlageschuld entstanden ist, also Geldeinlage. So ist denn auch gerade das Kriterium, welches das RG anwenden will, nämlich ob die Parteien an die *Zahlung* der Einlage gedacht haben, oder nicht, ganz unverwendbar. Geld soll nach Absicht der Parteien in dem einen Fall so wenig gezahlt werden wie im anderen. Ganz dasselbe muß gegen RG 96, 228 eingewendet werden, wo es sich um einen Fall der Ausgabe nicht von Gratisaktien, sondern von Gratisgeschäftsanteilen einer Gesellschaft mbH handelt, der denselben Zweifel in sich birgt, ob es Sacheinlage des Anspruchs auf die Dividende ist oder Geldeinlage verbunden mit Aufrechnung von Forderung und Gegenforderung. Hier wiederholt sich der Gedankengang aus RG 42, 1 fast wörtlich. Aber darin ist dem Gericht unbedingt zuzustimmen, daß es sich da, wo dem Gesellschafter die Wahl gelassen ist, ob er die Dividende nehmen will oder den Geschäftsanteil, um Geldeinlage und nicht um Sacheinlage handelt. Nur liegt es so, daß jedenfalls Gratisaktien überhaupt nur in der Weise ausgegeben werden können, daß dem Aktionär diese Wahl bleibt (s. unten unter c). — Liegt Geldeinlage vor, dann ist die Einlageschuld durch die Aufrechnung nicht getilgt, wenn die Forderung gegen die Gesellschaft nicht vollwertig war. Ist es Sacheinlage, dann liegt im gleichen Fall Überbewertung vor, für welche der Vorstand und unter Umständen auch der Aufsichtsrat aufzukommen hat; §§ 241, 249.

b) Allgemein wird angenommen, daß Gegenstand einer Sacheinlage eigene Aktien der Gesellschaft selbst sein können. Das ist aber zu bestreiten. Es ist zwar richtig, daß diese Aktien Wertpapiere, Verkehrsgegenstand und Vermögensgegenstand auch in der Hand der Gesellschaft selbst sind und wieviel sie wert sind, ist eine Frage für sich. Aber darum ist es noch keineswegs dasselbe, ob eine Gesellschaft eine eigene Aktie besitzt oder die Aktie einer anderen Gesellschaft, mögen beide auch den gleichen Börsenkurs und Verkehrswert haben. Es darf nie aus den Augen verloren werden, daß die eigene Aktie der Gesellschaft, die sie selbst zu eigen besitzt, ein irrationales Rechtsgebilde darstellt, aus dessen Zulässigkeit im Recht man nicht ohne weiteres wie aus einem gesundem Rechtsverhältnis alle Schlüsse ziehen darf. Daß bei der Gründung der Gesellschaft eigene Aktien nicht Einlage sein können, wird niemand bestreiten. Das ist nicht deshalb so, weil in diesem Stadium die Aktien noch nicht existieren. Man kann auch künftige Gegenstände, namentlich auch künftige Rechte einbringen, sofern nur sicher ist, daß sie im Moment, wo die Gesellschaft entsteht, selber bereits entstanden sind oder spätestens entstehen. Der Grund ist vielmehr, daß es bei den Einlagen darauf abgesehen ist, das Gesellschaftsvermögen zusammenzubringen und daß es ein unsinniges Unternehmen wäre, das Gesellschaftsvermögen ganz oder zu einem Teil mit Anrechtsbeteiligungen an diesem Vermögen aufbringen zu wollen. Das gilt nicht nur von der ersten Aufbringung des Vermögens, sondern auch von jeder späteren Vermehrung durch gesellschaftliche Beiträge. Man darf aus einem im Grunde in sich widerspruchsvollen Gebilde nicht blindlings weiter folgern, sondern muß immer auch fragen, wohin der — in sich richtige — Schluß des weiteren führt. Sind eigene Aktien tauglicher Gegenstand für Einlagen, so kann man mit Einbringung aller bestehenden Aktien gegen Ausgabe neuer Aktien das Grundkapital verdoppeln, ohne auch nur einen Pfennig neues Geld hereinzubekommen, ein Spiel, das man beliebig oft wiederholen könnte. Das ist natürlich absurd. Das Argument, das darin liegt, kann man nicht mit der Vertröstung aus der Welt schaffen, daß so etwas kaum vorkommen wird. Es wird ganz gewiß niemals vorkommen, schon deshalb nicht, weil es nicht gelingen wird, die Aktionäre so unter einen Hut zu bringen, wie es dazu erforderlich wäre. Aber es kommt nicht auf die Möglichkeit der Tatsache an, sondern auf die Schlüssigkeit des Gedankens und da dieser zweifelhaft vorliegt, kommt es darauf an zu sehen, wo der Fehler steckt, ob erst im zweiten Schritt oder schon im ersten. Und sicherlich ist das letztere der Fall. Es liegt, wie gesagt, in dem falschen Schein, als könne man Gesellschaftsvermögen mit Anteilen an ihm zusammenbringen. Es ist vielleicht nicht so selten und ist auch zulässig, daß bei Kapitalerhöhungen alte Aktien gegen neue umgetauscht werden. Aber dabei handelt es sich immer nur um Umtausch nicht der Rechte, sondern der Urkunden. Der reine Umtausch kommt wohl nicht vor, sondern nur ein solcher in Verbindung mit anderen Leistungen. Mit rechten Dingen geht es dann nur zu, wenn sich die Erhöhung des Grundkapitals auf den Gesamtwert dieser hinzutretenden Leistungen beschränkt. Die Transaktionen sind nicht immer durchsichtig und oft vielleicht auf diesen Punkt hin nicht leicht zu prüfen. Aber an dem Grundsätzlichen kann das nichts ändern.

Man kann die Zulässigkeit auch nicht damit begründen (so Staub-Pinner § 279[1]; Lehmann-Ring § 279[2]), daß man die Einlage als Geldeinlage auffaßt, auf welche die Aktie an Zahlungs statt gegeben wird. Jedenfalls würde das die Einzahlung von mindestens 25% des Betrages in bar nicht ersparen können. Ob im übrigen der § 226 entgegensteht, hängt davon ab, welche Auslegung und Ausdehnung man dieser Vorschrift gibt (s. Erl 3 zu § 226). Jedenfalls wird man nicht behaupten können, daß es sich um einen Vorgang im regelmäßigen Geschäftsbetrieb — im Sinn der allgemeinen Verkehrsanschauung gesprochen — handelt. Der Grund, welcher entgegensteht, ist vielmehr wieder derselbe, daß man die Geldeinlageschuld nicht mit Lieferung einer Sache tilgen kann, welche wenigstens zunächst und bis auf weiteres dem Gesellschaftsvermögen nichts zufügt, was nicht schon in ihm liegt. — Über Erhöhung des Grundkapitals unter Umtausch der alten Aktien gegen neue s. auch § 185 Erl 1 g.

c) Eine eigenartige Gestalt der Erhöhung des Grundkapitals ist die Erhöhung durch Ausgabe sogenannter Gratisaktien. Den Anfang hat damit vor etwa 20 Jahren die Gasglühlicht-A-Gesellschaft gemacht, als sie in einem Jahre soviel wie ihr ganzes Grundkapital verdient hatte und statt eine so enorme Dividende zu deklarieren, vorzog, den Aktionären unter entsprechender Erhöhung des Grundkapitals statt der Dividende auf jede alte Aktie eine neue Aktie zur Verfügung zu stellen. Es ist möglich, daß die Verwaltung Verwendung für das Geld hatte, welches sie so in den Händen behielt. Die ausgesprochene Absicht war, die Dividende nicht so hoch erscheinen zu lassen. Die Generalversammlung ging darauf ein und der einzelne Aktionär hatte keine Veranlassung, unzufrieden zu sein, auch wenn er nicht in der Lage war, den Jahresgewinn statt ihn zu verbrauchen, in der neuen Aktie wieder anzulegen. Die Aktien der Gesellschaft standen im

Kurs auf z. 230 % und wenn auch infolge der starken Verwässerung, welche in der Sache lag, mit einem Kursabfall zu rechnen war, so konnte er doch mit Sicherheit darauf rechnen, daß er die Aktie, die ihm zu pari geliefert wurde, jederzeit mit großem Vorteil würde zu Geld machen können. Die Verwässerung lag darin, daß die Gesellschaft auf dem regelmäßigen Wege ebenso viel Geld hätte für weniger als die Hälfte von Aktien — etwa $^3/_7$ — hereinbringen können. — Das ist dann in der Folgezeit in mannigfachen Variationen wiederholt und nachgeahmt worden. Vgl. hierzu Rosendorff in HoldhMS 27, 16 ff., der die historische Entwicklung etwas anders schildert. Es ist nicht immer die ganze Valuta für die einzelne Aktie von der Gesellschaft übernommen (RG 108, 29) und anderseits ist es nicht immer dabei geblieben, daß man den Jahresgewinn, soweit er zugleich Betriebsgewinn war, verwendet hat; man hat auch zur Verfügung stehende Reserven mit herangezogen. Vgl. RG 96, 227. Soweit die Gesellschaft den Betrag übernimmt, sieht das Ganze aus, als sei es nichts wie eine reine Buchoperation. Gezahlt wird nichts, vielmehr wird lediglich auf der Passivseite der Bilanz der Gewinnsaldo und vielleicht auch das eine oder das andere Reservekonto fort- und der gleiche Betrag dem Kapitalkonto zugeschrieben. Aber weder hierdurch noch durch die Bezeichnung Gratisaktien darf man sich über den wahren Hergang täuschen lassen. Die Gesellschaft ist nicht in der Lage, Aktien auch nur für ein Prozent weniger als den Nennbetrag auszugeben, § 184 I, während der Aktionär denn auch den Nennbetrag damit bezahlt, daß er die Dividende nicht ausbezahlt bekommt. Vielfach wird die Sache unter Einschiebung einer Bank als Zwischenstelle durchgeführt, welche die ganze Emission mit der Zusage übernimmt, den Aktionären die Aktie zur Verfügung zu stellen. Vgl. RFH in JW 1920, 311[1]. Man bezeichnet in letzterem Fall die Aktien als echte Gratisaktien, wiewohl nicht einzusehen ist, was an den Gratisaktien in diesem Fall echter sein soll als in dem anderen. Man könnte ebenso gut oder viel mehr noch besser die Bezeichnungen umgekehrt wählen. Denn korrekt ist das Verfahren mit Einschiebung der Bank jedenfalls dann nicht, wenn wie es vielfach geschieht, die Gesellschaft selbst der Bank das zur Übernahme der Aktien erforderliche Geld zur Verfügung stellt. An irgend einer Stelle geht es dann nicht mit rechten Dingen zu. Entweder besteht der Registerrichter nicht auf die in §§ 284 III, 195 III vorgeschriebene Versicherung der Vorstandsmitglieder über die Einzahlung der ersten Rate oder die Vorstandsmitglieder geben diese Versicherung ab, ohne es verantworten zu können; RG 47, 185. Vgl. auch RGSt 24, 287; 30, 314; 53, 150; BauersZ 12, 182. So beruht dieser Gegensatz von echten und unechten Gratisaktien nur auf einem ganz äußerlichen Unterschied in der Art der finanztechnischen Ausführung der Maßregel. Unerläßlich ist, das dem einzelnen Aktionär die Wahl gelassen wird, ob er die Aktie nehmen will oder das Geld. Anders RG 96, 228 (GmbH), wonach je nach dem, ob dem Gesellschafter die Wahl gelassen wird oder nicht, Geldeinlage oder Sacheinlage vorliegen soll. Die ganze Betrachtungsweise paßt jedenfalls nicht für die A-Gesellschaft. S. auch oben. S. Literatur bei Staub-Pinner § 279[2], ferner Lehmann, BankArch 18, 263; Bernicken das. 20, 219; 21, 287; Fürnrohr ZAW 1921, 284; DSteuerZ 1921, 291; Mitteilungen der Steuerstelle des Reichsverbandes der Industrie 4, 310; 5, 107; Brodmann in ZBH II, 54.

d) Es sind vornehmlich zwei Fragen, welche in Beziehung auf die Gratisaktien erörtert werden, die aber beide auf eine und dieselbe Frage hinaus laufen, ob in der Ausgabe von Gratisaktien Jahresertrag, Gewinn liegt oder nicht. Nach dem hier gesagten unterliegt es keinem Zweifel, daß dem Aktionär mit der Gratisaktie Gewinn, Jahresgewinn, Ertrag in veränderter Gestalt, zufließt. Das ist auch dann der Fall, wenn die Gesellschaft, um Gratisaktien ausgeben zu können, freie Reserven mit heranziehen muß. Denn auch das ist nur auf dem Wege und daher nur unter der Voraussetzung ausführbar, daß diese freien Reserven zur Bestimmung der Dividende mit verwendet werden dürfen. Vgl. RG 107, 168. S. hierzu Brodmann in ZBH II 54 ff. Damit ist denn auch die eine der oben angedeuteten Fragen, ob der in der Zuteilung der Gratisaktie liegende Vorteil der Steuer auf Kapitalertrag unterliegt, entschieden. So jetzt auch RFH 11, 157. — Die andere Frage ist, wem die Gratisaktie zukommt, wenn an der Stammaktie ein Nießbrauch besteht. Auch hier ist klar, daß die neue Aktie, allgemeiner gesprochen, nicht dem Eigentümer der alten Aktie, sondern dem Eigentümer des betreffenden Dividendenscheines gebührt, daß zur Empfangnahme der neuen Aktie der Dividendenschein und nicht der Mantel der alten Aktie legitimiert, daß der Nießbraucher der Stammaktie die Gratisaktie zu Eigentum erwirbt, daß das Pfandrecht an der alten Aktie sich auf die Gratisaktie dann erstreckt, wenn ihm auch der Gewinnanspruch unterliegt. Richtig ist, daß beim Bestehen eines Nießbrauchs der Eigentümer mehr oder weniger geschädigt wird, wenn in der Ausgabe der Gratisaktien zugleich eine Verwässerung des Grundkapitals, d. h. eine Entwertung der Stammaktien liegt, was der Fall ist, wenn die Gratisaktie zu einem unter diesem Wert liegenden Kurs ausgegeben wird. Daher kann denn aber auch ein solcher Beschluß von jedem Aktionär angefochten werden. Vgl. hierzu Mirre in ZBH II S. 131 und dagegen Brodmann ebenda S. 265; Güldenstein, Das Aktienbezugsrecht S. 70 ff. — Zur Rechtslage von Bezugsrechten nach früherem Recht bei der Ausgabe von Gratisaktien s. RG 108, 29. — Darüber, ob die Ausgabe der Gratisaktie gegen Geld- oder gegen Sacheinlage erfolgt s. oben Erl 2 a.

Die Frage, ob oder unter welchen Voraussetzungen auf die Ausgabe von Gratisaktien § 279 anzuwenden ist (Rosendorff in HoldhMS 27, 13), erscheint insofern müßig, als unter allen Umständen die Transaktion bis in die Einzelheiten hinein der Generalversammlung unterbreitet und von dieser im Zusammenhang mit der Erhöhung des Grundkapitals selbst beschlossen werden muß.

3. Es genügt nicht, daß im Erhöhungsbeschluß (und weiter also im — abgeänderten — Statut) die Tatsache der Sacheinlage oder Sachübernahme erwähnt wird, es müssen vielmehr die Essentialien des Vertrages (s. Erl 4 f zu § 186) aus dem Beschluß zu ersehen sein. Ob es neben dieser Aufnahme der Einzelheiten des Vertrages in den Beschluß noch einer weiteren Beurkundung des Vertrages bedarf, ist streitig (dafür Staub-Pinner § 279[4]; Goldmann § 279[4]. Dagegen Brand § 279[4]; Lehmann-Ring § 279[2]; Horrwitz 417). Da, wie allgemein, auch von Staub-Pinner anerkannt wird, daß auch, wer Aktien gegen Sacheinlage übernimmt, nach § 281 zeichnen muß, da nach § 281 I Z. 3 die Einzelheiten der Übernahme, wie der Beschluß sie aufweisen muß, im Zeichnungsschein wiederkehren, ist nicht einzusehen, weshalb es noch einer weiteren Beurkundung bedarf. Nur in den Fällen wäre eine solche erforderlich, wo noch eingehendere Vereinbarungen getroffen sind oder wenn nach der Natur des Geschäfts es öffentlicher Beurkundung bedarf. Letztere Form wird wohl durch den Beschluß der Generalversammlung erfüllt, wenn der Vertrag mit dem anwesenden Aktionär durch diesen Beschluß schon zustande kommt. Der § 284 II Z. 2 bestimmt nicht, daß außer den in Z. 1 genannten Zeichnungsscheinen noch andere Vertragserklärungen vorhanden sein müssen, sondern daß, falls solche vorhanden sind, sie ebenfalls vorzulegen sind; Goldschmit AG § 278[3].

4. Streitig ist, ob die Vorschrift des § 186 I, wonach jeder zugunsten einzelner Aktionäre bedungene besondere Vorteil im Gesellschaftsvertrag unter Bezeichnung des Berechtigten festgesetzt werden muß, auf den Kapitalerhöhungsbeschluß entsprechend anzuwenden ist. Die Entstehungsgeschichte des § 279 erweist, daß die Verfasser der Novelle von 1900 an derartiges gar nicht gedacht haben, und aus der Natur der Sache ergibt sich kein zureichender Grund für entsprechende Anwendung. Der Vorstand kann, ohne die Generalversammlung zu fragen, auf seine Verantwortung hin solche einmaligen Sondervorteile nur gewähren oder zusagen, soweit es nach den Umständen sachlich gerechtfertigt erscheint. Von seiner Vertretungsmacht wird es stets gedeckt sein und der Gesellschaft gegenüber kann er es unter dieser Voraussetzung verantworten. Wird die Sache der Generalversammlung unterbreitet, so kann sie die Gewährung beschließen. Ein Grund, es in den Erhöhungsbeschluß aufzunehmen, besteht nicht. Sollen einem Aktionär als solchem dauernde Vorteile vor anderen bedungen werden, so kann das überhaupt nur durch Statutenänderung geschehen. Wie hier Staub-Pinner § 279 Einl.; Lehmann-Ring § 279[3]; Brand § 274, 1 c. A. A. Ritter § 279[1]; JW 1904, 182[30] (für das ältere Recht, aber auch da nicht überzeugend).

Darüber, daß § 186 III hier nicht anwendbar oder entsprechend anwendbar ist, besteht kein Streit. Vgl. § 284 II Z. 3. Daß die Kosten der Kapitalerhöhung die Gesellschaft zu tragen hat, ist hier selbstverständlich und bedarf keiner Verlautbarung im Statut.

5. a) Zu Abs II vgl. § 186 IV und Erl 6 dazu. Ist die Vereinbarung wegen der Sacheinlage nach Persönlichkeit der Aktionäre, Gegenstand und Anzahl der Aktien im Beschluß bezeichnet, so ist sie gültig mit allen auch nicht verlautbarten Einzelheiten. Doch dürfte das nur soweit gelten, als diese Einzelheiten der Generalversammlung unterbreitet worden sind. Vgl. JW 1901, 142[9]. Dagegen ist das Abkommen, wenn es im Beschluß nicht wie vorgeschrieben verlautbart ist, der Gesellschaft gegenüber unwirksam. Auch hier ist, wie im § 186 IV nicht deutlich, was damit gemeint ist. Hat dort die Bestimmung insofern Grund, als die betreffenden Abmachungen zu einer Zeit getroffen werden, wo die Gesellschaft noch nicht existiert, also mit Persönlichkeiten, welche, wenn auch vielleicht als künftige Vertreter der Gesellschaft gedacht, vorerst nur sich persönlich verpflichten (oder auch nicht verpflichten), so kommen bei den entsprechenden Vereinbarungen gelegentlich einer Kapitalerhöhung nur solche mit der schon bestehenden Gesellschaft selbst in Frage. Ein Vorbehalt zur Wahrung der Gültigkeit der Vereinbarung im Verhältnis zu Dritten war daher dort wohl am Platze, nicht aber ist er es hier, wo der eine Sache einbringende Aktionär niemandem anders gegenübersteht, als der Gesellschaft oder, was dasselbe ist, ihren gesetzlichen Vertretern. Es bliebe die Frage, ob die Vorschrift etwa bedeutet, daß auf solche Vereinbarung zwar nicht der Aktionär sich gegenüber der Gesellschaft berufen könne, wohl aber die Gesellschaft gegenüber dem Aktionäre. Aber auch das ist abzulehnen. Denn wenn die Gesellschaft den Vertrag zwar nicht gelten zu lassen braucht, wenn sie ihrerseits aber sich auf ihn berufen kann, so kann sie letzteres doch nur in dem Sinne tun, daß er nun überhaupt, also auch gegen sie gültig ist. Dieses „Gestaltungsrecht", wenn man es so nennen will, auszuüben, läge aber natürlich ganz in der Hand des Vorstandes. Und gerade davor soll doch die Gesellschaft geschützt sein.

b) Darüber, welchen Einfluß diese Unwirksamkeit des Abkommens gegenüber der Gesellschaft auf den Kapitalerhöhungsbeschluß im übrigen hat, besteht Meinungsverschiedenheit. S. Staub-Pinner § 279[3]; Lehmann-Ring § 279[2]; Brand § 279[3]; Horrwitz, Generalversammlung 417 f. — Die Folge kann wohl nur sein, daß der Aktionär sich von seiner Einlageverbindlichkeit durch Lieferung einer Sache nicht befreien kann, vielmehr den Geldbetrag zahlen muß. Denn wenn die Vereinbarung nicht im Beschluß steht, dann steht sie auch nicht gemäß § 281 Z. 3 im Zeichnungsschein, und wer so den Schein unterzeichnet, verpflichtet sich zur Einlage in bar. Nur wenn widerrechtlich im Schein, welchen der betreffende Aktionär zeichnet, die Abmachung verlautbart ist und der Aktionär in gutem Glauben ist, haftet er nicht, weder auf das Geld noch auf die Sache, seine Beteiligung an der Kapitalerhöhung fällt aus, ohne daß diese deshalb nichtig sein muß; RG 42, 1; vgl. auch RG 96, 228.

6. Findet die Kapitalerhöhung unter Einbringung von Sachen der in § 207 I näher bezeichneten Art innerhalb der ersten zwei Jahre seit der Eintragung der Gesellschaft statt — maßgeblich dürfte spätestens der Tag sein, an welchem die Kapitalerhöhung beschlossen wird (a. A. Makower § 279 IV von der hier abgelehnten Theorie aus, daß die Übernahme von Aktien kein Vertrag sei; ferner Lehmann-Ring § 278[4]: spätestens der Tag nicht des Beschlusses, sondern der Zeichnungsannahme), so muß vor der Beschlußfassung der Aufsichtsrat den Vertrag prüfen und darüber schriftlich Bericht erstatten und falls nach dem Statut im allgemeinen Kapitalerhöhungen mit einfacher Stimmenmehrheit beschlossen werden können, muß hier die Dreiviertelmehrheit erreicht sein. Ist seit Entstehung der Gesellschaft noch nicht ein Jahr verstrichen, dann müssen die Anteile der zustimmenden Mehrheit mindestens einviertel des gesamten Grundkapitals betragen. War der Erwerb der Gegenstände schon vor der Entstehung der Gesellschaft mit den Gründern vereinbart, so finden auf etwaige Ansprüche der Gesellschaft auf Schadensersatz die §§ 202, 205, 206 Anwendung. — Ist die Erhöhung des Grundkapitals beschlossen worden, um mit dem aufgenommenen Geld Anlagen usw. der in § 207 genannten Art anzuschaffen, so liegt nach der herrschenden Lehre (vgl. § 207 Erl 7), wenn es in die Zeit der ersten zwei Jahre fällt, Umgehung des § 207 II vor, und der Registerrichter ist im Recht, wenn er die Eintragung des Beschlusses ablehnt; OLG 43, 316 (KG).

§ 280.

Der Beschluß über die Erhöhung des Grundkapitals ist von sämtlichen Mitgliedern des Vorstandes und des Aufsichtsrats zur Eintragung in das Handelsregister anzumelden[1].

In der Anmeldung ist die Versicherung abzugeben, daß das bisherige Grundkapital eingezahlt ist oder, soweit die Einzahlung nicht stattgefunden hat, daß darauf weitere als die in der Anmeldung bezeichneten Beträge nicht rückständig sind[2].

1. a) Nach § 280 ist der Kapitalerhöhungsbeschluß zur Eintragung in das Handelsregister anzumelden und nach § 284 ist zum Handelsregister anzumelden die erfolgte Erhöhung des Grundkapitals (ebenso in Betreff der Kapitalherabsetzung §§ 289, 291). Diese Regelung geht zurück auf die Novelle von 1884. Vgl. D. 169: Was die Eintragung der Erhöhung des Grundkapitals in das Handelsregister betrifft, so hat das Gesetz vom 18. Juli 1884, um die verschiedenen Abschnitte, in welchem sich die Erhöhung vollzieht, schärfer hervortreten zu lassen, eine doppelte Eintragung vorgesehen, nämlich zunächst die Eintragung des Beschlusses der Generalversammlung über die Erhöhung des Grundkapitals und sodann — nach erfolgter Deckung des erhöhten Kapitales durch Zeichnung der neuen Aktien und Leistung der ersten Einzahlung auf dieselben — die Eintragung der vollzogenen Erhöhung; das Verfahren ist jedoch nicht ohne Weitläufigkeit und hat unter Umständen, insbesondere wenn die Deckung des neuen Kapitals schon zur Zeit des Erhöhungsbeschlusses vorbereitet und gesichert war, keinen eigentlichen Zweck; im Gesetz betreffend die Gesellschaft mbH ist nur einmalige Eintragung der Erhöhung des Stammkapitals vorgesehen, indem diese erst nach Deckung des erhöhten Kapitals durch Übernahme der neuen Einlagen stattfindet; man wird allerdings nicht so weit gehen können, dieses Verfahren auch für die A-Gesellschaft als das allein zulässige vorzuschreiben, da immerhin Fälle vorkommen, in denen die Gesellschaft ein begründetes Interesse daran hat, zunächst Gewißheit zu erhalten, daß in bezug auf die Eintragung des Erhöhungsbeschlusses in das Handelsregister rechtliche Bedenken nicht bestehen, und dann erst die nötigen Schritte wegen Erlangung der Zeichnungen vorzunehmen; es ist aber wenigstens die Möglichkeit zu gewähren, daß die in Frage stehenden beiden Eintragungen und die hierzu erforderlichen Anmeldungen miteinander verbunden werden; mit der Vorschrift des § 277 III, wonach die Änderung des Gesellschaftsvertrages vor der Eintragung in das Handelsregister keine Wirkung hat, steht es nicht in Widerspruch, daß gegebenen Falles an den Erhöhungsbeschluß gewisse Folgen, insbesondere die Annahme der Zeichnungen und der ersten Einzahlungen, schon vor der Eintragung geknüpft sind; denn diese Rechtshandlungen setzen nicht notwendig die vorgängige Änderung des Gesellschaftsvertrages voraus, sie geschehen vielmehr umgekehrt in der Voraussetzung des demnächstigen Eintritts der Rechtswirk-

samkeit dieser Änderung; bei der Aktienzeichnung behufs einer Erhöhung des Grundkapitals ist das Verhältnis kein anderes als bei der Aktienzeichnung behufs Errichtung der Gesellschaft." Die allgemeine Vorschrift des § 277 III, daß Statutenänderungen erst mit ihrer Eintragung in das Handelsregister rechtswirksam werden, hat auch für die Erhöhung des Grundkapitals Geltung. Die Wirkung knüpft sich aber nicht an diese erste Eintragung, sondern an die Eintragung der erfolgten Erhöhung gemäß § 284. Die gegenwärtige Anmeldung hat, wenn sie vor erfolgter Kapitalerhöhung erfolgt, also nicht gemäß § 285 bis zur Anmeldung des durchgeführten Verfahrens verschoben wird, in der Tat nur die Bedeutung, daß damit der Erhöhungsbeschluß der Prüfung des Registerrichters auf seine Rechtmäßigkeit unterbreitet wird. Auch nach Eintragung dieses Beschlusses kann die Generalversammlung mit einfacher Stimmenmehrheit beschließen, von der Statutenänderung Abstand zu nehmen. S. Erl 1 c zu § 275. — Weicht die Anmeldung und dementsprechend die Eintragung wesentlich von dem wirklich gefaßten Beschluß ab, so ist der Beschluß nicht rechtswirksam. Vgl. RG 85, 205.

b) An der Anmeldung müssen sich ausnahmslos alle Mitglieder des Vorstandes und des Aufsichtsrats beteiligen. Das ist vorgeschrieben, weil mit der Anmeldung die Versicherung abgegeben werden muß, wie es mit der Einzahlung des bisherigen Grundkapitals bestellt ist, und die Verantwortung hierfür einen jeden von ihnen treffen soll. Obwohl es also nicht die Organe als solche sind, auf die es hierbei abgesehen ist, besteht doch die herrschende Lehre darauf, daß die Versicherung aller nur genügt, wenn Vorstand und Aufsichtsrat voll, d. h. mit der statutarisch zugelassenen Mindestzahl, oder darüber hinaus besetzt sind. Wegen der von den Anmeldenden abzugebenden Versicherung ist ferner ausgeschlossen, daß einzelne sich durch Bevollmächtigte vertreten lassen; RJA 3, 124; 9, 42; KGJ 28, 237 (mit bedenklicher Einschränkung, wenigstens in der Zusammenfassung S. 228). Doch brauchen die Erklärungen nicht gleichzeitig und gemeinschaftlich abgegeben zu werden. — Die Wendung „der Beschluß ist anzumelden von usw." will sagen, daß wenn die Anmeldung erfolgt, sie von allen Mitgliedern der beiden Organe ausgehen muß. Es bedeutet also nicht, daß der Registerrichter den Vorstand zur Anmeldung anzuhalten hätte, was in § 319 II ausdrücklich gesagt wird. Dagegen sind die Mitglieder des Vorstandes und Aufsichtsrats der Gesellschaft gegenüber verpflichtet, die Anmeldung — sei es sofort, sei es später zusammen mit der Anmeldung nach § 284 — zu beschaffen. Das schreibt aber nicht § 280 vor, sondern ergibt sich aus §§ 241, 249. Die Gesellschaft kann gegen die Mitglieder darauf Klage erheben, daß sie diese ihre Verpflichtung erfüllen. — Ist aber der Beschluß in das Handelsregister am Sitze der Gesellschaft eingetragen worden, dann ist die Anmeldung zum Handelsregister der Zweigniederlassung wieder Pflicht gegen die Öffentlichkeit, auf deren Erfüllung zu dringen, Aufgabe des Registerrichters der Zweigniederlassung ist, § 286. — Zieht auch nur einer der Mitglieder vor geschehener Eintragung des Beschlusses seine Erklärung zurück, so ist die Anmeldung hinfällig. Dagegen kann die Eintragung des Beschlusses nicht deshalb abgelehnt werden, weil nach geschehener Anmeldung einer der Anmeldenden verstorben ist. S. über das Einzelne Erl 3 zu § 195.

c) Auf die Eintragung und die öffentliche Bekanntmachung (§ 10 HGB) findet § 277 II Anwendung. Der Anmeldung ist das Protokoll über die Generalversammlung, von welcher der Beschluß gefaßt worden ist, beizufügen, sofern es nicht dem Registergericht schon vorliegt. Die Einreichung auf Grund § 259 V bedeutet noch nicht die Anmeldung.

d) Über Prüfungspflicht des Registerrichters und deren Grenzen, über Beschwerde gegen seine Verfügungen s. Erl 4 zu § 195. Wie überhaupt gegen Eintragungen in das Handelsregister, so ist auch gegen die Eintragung des Erhöhungsbeschlusses eigentliche Beschwerde nicht gegeben; KGJ 41, 102; RJA 5, 172; 13, 42, 119, 220; OLG 25, 410. Ist es zur Eintragung des Beschlusses gekommen, so kann nur in dem in §§ 142, 143, 144 II FGG bestimmten besonderen Verfahren zur Löschung des Eingetragenen geschritten werden. Der Registerrichter kann den eingetragenen Beschluß von Amts wegen löschen, wenn er durch seinen Inhalt zwingende Vorschriften des Gesetzes verletzt und seine Beseitigung im öffentlichen Interesse erforderlich erscheint. Ferner kann der Beschluß gelöscht werden, wenn seine Eintragung wegen Mangels einer wesentlichen Voraussetzung unzulässig gewesen ist, und zwar auf Antrag sowohl als auch von Amts wegen. S. hierzu Brodmann GGmbH § 10². — Dagegen hat KGJ 28, 230 gegen die Ablehnung der Löschung einer Kapitalerhöhung Beschwerde des einzelnen Aktionärs zugelassen, vorausgesetzt, daß er den Beschluß der Generalversammlung widersprochen hat, ebenso KGJ 37, 153; mit Einschränkung KGJ 33, 315.

2. In der Anmeldung ist die Versicherung abzugeben, daß das bisherige Grundkapital eingezahlt ist, oder soweit Einzahlung nicht stattgefunden hat, daß darauf weitere als die in der Anmeldung bezeichneten Beträge nicht rückständig sind, m. a. W., es muß in der Anmeldung erklärt werden, daß das ganze Grundkapital bis auf die letzte Rate eingefordert worden ist und wie es mit den daraufhin erfolgten Einzahlungen steht. Jeder einzelne der Anmeldenden versichert durch seine Unterschrift, daß die Mitteilung in allen Einzelheiten den Tatsachen entspricht. Sache des Registerrichters ist es zu prüfen und zu entscheiden, ob die Rückstände verhältnismäßig unerheblich

im Sinn des § 278 I³ sind. Bei Versicherungsgesellschaften, wo Volleinzahlung des bisherigen Grundkapitals nicht Voraussetzung einer Kapitalerhöhung ist (§ 278 I²), fällt natürlich auch diese Versicherung als gegenstandslos fort; a. A. Makower § 280 III. Ebenso im Fall des § 305. — Beim Stande der herrschenden Lehre (s. Erl 2 b zu § 278) muß sich diese Versicherung auch auf die Sacheinlagen erstrecken. — Wissentlich unwahr abgegebene Erklärungen sind nach § 313 I Z. 3 strafbar. Auch machen die Mitglieder des Vorstandes wie Aufsichtsrats sich der Gesellschaft zivilrechtlich für den daraus etwa erwachsenden Schaden verantwortlich. Dritte können Ersatzansprüche daraus nicht herleiten. Die Vorschrift ist kein Schutzgesetz im Sinn des § 823 II BGB. — Die Gültigkeit der Kapitalerhöhung wird durch die Unrichtigkeit der Versicherung nicht in Frage gestellt. Vgl. RG 54, 390; DJZ 03, 33 (KG).

§ 281.

Die Zeichnung der neuen Aktien geschieht mittels Zeichnungsscheins[1]. Der Zeichnungsschein soll doppelt ausgestellt werden; er hat außer den im § 189 Abs 2 bezeichneten Angaben zu enthalten:

1. den Tag, an welchem der Beschluß über die Erhöhung des Grundkapitals gefaßt ist;

2. den Betrag, für welchen die Ausgabe der Aktien stattfindet, und den Betrag der festgesetzten Einzahlungen;

3. die im § 279 vorgesehenen Festsetzungen und, wenn mehrere Gattungen von Aktien mit verschiedener Berechtigung ausgegeben werden, den Gesamtbetrag einer jeden;

4. den Zeitpunkt, in welchem die Zeichnung unverbindlich wird, sofern nicht bis dahin die erfolgte Erhöhung des Grundkapitals in das Handelsregister eingetragen ist.

Die Vorschriften des § 189 Abs 4, 5 finden mit der Maßgabe entsprechende Anwendung, daß an die Stelle der Eintragung der Gesellschaft in das Handelsregister die Eintragung der erfolgten Erhöhung des Grundkapitals tritt[2].

1. a) Während bei der Gründung der A-Gesellschaft Übernahme von Aktien in der Gestalt von Aktienzeichnung nur im Fall der Sukzessivgründung stattfindet und dementsprechend nur bei Bareinlagen, erfolgt bei der Erhöhung des Grundkapitals die Beteiligung ausschließlich in dieser Gestalt. Auch wer Sachen einbringt, muß nach unbestritten herrschender Auffassung die Aktien, welche ihm vereinbarungsgemäß daraufhin zukommen, zeichnen. Dabei steht bei der Kapitalerhöhung dem Übernehmer von Aktien die schon existierende Gesellschaft als Vertragsgegner gegenüber, bei der Gründung die werdende Gesellschaft, d. h. die Gründer. Im übrigen ist die rechtliche Natur des Vorganges hier dieselbe wie dort, so daß das zu § 189 Gesagte im allgemeinen auch hier zutrifft (und hier vor allem praktisch wird, weil die Sukzessivgründung im Verkehr ganz zu verschwinden scheint). — Der Zeichnungsschein ist Vertragsangebot, das die Gesellschaft in Höhe der Zuteilung annimmt. Er muß die Zahl der Aktien, bei Ausgabe verschiedener Aktien Gattung und Zahl der Aktien enthalten, wobei diese Zahl die Bedeutung der obersten Grenze hat, bis zu welcher Aktien verlangt werden und ihre Übernahme offeriert wird, und jede darunter liegende Anzahl mit umfaßt. Der Abs II § 189 gilt auch hier. An die Stelle des Abs III des § 189 treten die gegenwärtigen Vorschriften unter Z. 1—4: Datum des Erhöhungsbeschlusses, Ausgabekurs (OLG 43, 316 KG) und eventuell die für die Einzahlung bestimmten Termine, die vorgeschriebenen Einzelheiten hinsichtlich aller etwaigen Sacheinlagen, endlich die Zeit, wielange der Zeichner an seine Offerte gebunden ist.

b) Die Form der Schriftlichkeit ist nicht für den Vertrag, sondern nur für diese Vertragsofferte vorgeschrieben. Der Vertrag selbst kommt durch die Zuteilung der Aktien zur Vollendung. Wird ohne Mitteilung an die Aktienzeichner die erfolgte Kapitalerhöhung zum Handelsregister angemeldet, wobei im einzelnen angegeben werden muß, wie die Aktien begeben worden sind, so ist anzunehmen, daß gemäß § 151 BGB hierdurch die entsprechenden Aktienzeichnungen in der angegebenen Höhe wirksam akzeptiert werden.

c) Ausgeschlossen ist, daß die ihr Grundkapital erhöhende A-Gesellschaft selbst Aktien zeichnet. Das wird von keiner Seite bezweifelt. Dagegen ist die Frage bestritten, ob dasselbe von der sogenannten in der heutigen Entwicklung des Verkehrs eine große Rolle spielenden Tochtergesellschaft gilt, wenn die Muttergesellschaft es ist, die ihr Grundkapital erhöht oder umgekehrt. Nach diesseitiger Auffassung ist das jedenfalls dann zu bejahen, wenn die Muttergesellschaft alle Aktien der Tochtergesellschaft besitzt. Das Reichsgericht ist einen Schritt weiter gegangen und hat in einem Fall, wo die das Kapital erhöhende Aktiengesellschaft „fast" alle Kuxe der Gewerkschaft besaß, welche einen Teil der Aktien übernommen hatte, die Kapitalerhöhung für nichtig erklärt; RG 108, 41. Es wird dort gesagt, daß darin zwar nicht unmittelbar aber doch der Sache nach ein mit § 226 II in Widerspruch stehender Erwerb eigener Aktien liege; wenn auch die Gewerkscharft äußerlich selbständige Rechtspersönlichkeit sei, so sei doch ihr Vermögen in Wahrheit Vermögen der A-Gesellschaft, so daß Zahlungen auf die Aktien in Wahrheit aus Mitteln der Gesellschaft selbst geleistet würden, woraus sich denn auch ergebe, daß einer solchen Kapitalerhöhung das wesentliche Moment fehle, daß der Gesellschaft die der Kapitalerhöhung entsprechenden neuen Aktiven zugeführt werden. Es muß Flechtheim in JW 1924, 679 Fußnote, 1925, 572, der das bekämpft (ihm zustimmend Staub-Pinner § 226[1]) zugegeben werden, daß diese Begründung nicht ungefährlich ist. Denn mag auch innerhalb der so eng verbundenen Gesellschaften alles, was sie besitzen, gleichsam gemeinschaftliches Vermögen sein, so kommen doch auch die Interessen Dritter, der Gläubiger dieser und jener Gesellschaft, die nicht identisch sind, in Frage und wenn nicht schon an und für sich, so muß doch jedenfalls um ihrer willen an der juristischen Gestaltung, welche nun einmal die Sache angenommen hat, festgehalten werden. Es ist nicht leere juristische Form, es ist — jedenfalls bis zu einem gewissen und weitgehenden Grade — materielles Recht, daß Muttergesellschaft und Tochtergesellschaft verschiedene Personen sind, die eine jede ihr Vermögen besitzt. Und doch muß hier etwas nicht in Ordnung sein. Wenn heute die Muttergesellschaft ihr Grundkapital um 500 000 M. dadurch erhöhen kann, daß die Tochtergesellschaft die Aktien zeichnet und die 500 000 M. zahlt, dann kann morgen die Tochtergesellschaft ihr Grundkapital um 500 000 M. dadurch erhöhen, daß die Muttergesellschaft die Aktien zeichnet und der Tochtergesellschaft ihre 500 000 M. zurückzahlt. Und das läßt sich beliebig wiederholen, wenn man die Kosten nicht scheut. Das Reichsgericht hat doch wohl Recht und trifft nach diesseitiger Auffassung den entscheidenden Punkt mit dem Satz, daß jede Kapitalerhöhung gegen das Gesetz verstößt, bei welchen der Gesellschaft nicht neue Aktiva im Werte der Vermehrung des Grundkapitals zugeführt werden. Der Gesetzesverstoß liegt darin, daß vermöge der vollendeten Verschachtelung erreicht wird, daß trotz äußerlicher, vollkommener Korrektheit des Verfahrens ein und derselbe Wert — ganz konkret gesprochen, ein und dasselbe bare Geld oder eine und dieselbe Schuld einer Bank — nicht, wie es sein soll, einmal, sondern zweimal und wenn man will, auch dreimal und noch öfter die Basis für das Grundkapital zunächst zweier Gesellschaften bei weiterer Steigerung aber auch einer und derselben Gesellschaft abgeben muß.. S. auch Friedländer in ZBH. 1, 137, dessen Bemerkung, daß RG. 108, 41 durch RG. 108, 322 widerlegt werde, unverständlich ist.

Man kann das auch so ausdrücken — und demgemäß behielte auch damit das Reichsgericht Recht —, daß auf diesem Wege nichts in das Vermögen der Muttergesellschaft hineinkommt, was nicht, wenn auch in anderer juristischer Struktur schon in ihm liegt, nämlich in Gestalt des Eigentums an allen Aktien der Tochtergesellschaft. Denn es ist doch die Wahrheit, daß wer alle Anteilrechte an einem Vermögen sein eigen nennt, das Vermögen besitzt, nur daß hier zwischen den Menschen und dem, was sein ist, ein zweites Ich als juristische Person eingeschoben erscheint. Im ganzen ist es aber wieder die Erscheinung, daß man, wenn man von einem irrationalen Denkgebilde, wie es die Ein-Mann-Gesellschaft ist, ausgeht, keinen Schritt weiter tun darf, ohne sich Rechenschaft abzulegen, ob nicht der innere Widerspruch offen und unerträglich hervortritt und halt gebietet. Gewiß muß man die vermögensrechtliche Selbständigkeit von Mutter- und Tochtergesellschaft anerkennen und präsumptiv auch alles das, was daraus folgt. Das wird aber dadurch nicht in Frage gestellt, daß man Ausnahmen macht, wo sie wohlbegründet erscheinen. Vgl. § 252 Erl 5e. Ist das Gesagte in dem Fall richtig, daß die Muttergesellschaft alle Aktien der Tochtergesellschaft besitzt, so geschieht niemandem Unrecht, wenn man es auch dann gelten läßt, wenn eine oder zwei Aktien an dem Besitz fehlen. Wie weit man darin gehen darf, kann nur von Fall zu Fall mit immer wieder zu bewährendem juristischem Takt entschieden werden.

2. Die Vorschriften des § 189 IV, V finden hier entsprechende Anwendung; s. § 189 Erl 6 ff. Die Bedeutung dessen ist einerseits, daß im Verhältnis des Übernehmers zur Gesellschaft Vereinbarungen, welche nicht im Zeichnungsschein verlautbart sind, obwohl sie es nach dem Gesetz hätten sein müssen, keine Wirkung haben, anderseits, daß Zeichnungsscheine (und dann auch die Übernahme der Aktie) nichtig sind, welche den gesetzlich als notwendig vorgeschriebenen Inhalt nicht haben oder Vorbehalte enthalten. Bemerkenswert ist, daß § 189 Abs V in der entsprechenden Anwendung auf den Fall der Kapitalerhöhung eine ganz andere Bedeutung hat, wie in der direkten Anwendung bei der Gründung der Gesellschaft. Dort bestimmt er nur ausdrücklich, was sich aus der Rechtslage auch ohne das ergeben würde (s. § 189 Erl 10), hier bedeutet er eine gesetzliche Beschränkung der Vertretungsmacht des gesetzlichen Vertreters der Gesellschaft oder auch, wenn man will, eine gesetzliche Formvorschrift. Mag auch der Vorstand noch so feierlich Beschränkungen bewilligt haben, so sind sie doch wirkungslos, wenn sie nicht in den

Zeichnungsschein aufgenommen worden sind. — Durch die Nichtigkeit der einen oder der anderen Aktienzeichnung wird die Kapitalerhöhung, falls sie in das Handelsregister eingetragen worden ist, nicht in Frage gestellt. Der Gesamtbetrag, um welchen das Grundkapital erhöht worden ist, bleibt derselbe, nur ist er in diesem Fall nicht voll gedeckt, was sich in dem entsprechend ungünstigeren Ausfall der Bilanz und des Jahresabschlusses geltend macht. — Von der Anfechtung des Übernahmevertrages auf Grund § 119 BGB gilt das von der absoluten Nichtigkeit Gesagte. Dagegen ist die Anfechtung wegen Arglist oder Drohung gemäß § 123 BGB nach Eintragung der erfolgten Erhöhung des Grundkapitals hier ebenso ausgeschlossen wie bei Zeichnung von Aktien gelegentlich der Gründung der Gesellschaft, vgl. Erl 4 a zu § 189. — Der Vertrag, durch welchen jemand sich einem Dritten gegenüber verpflichtet, auf das erhöhte oder zu erhöhende Grundkapital Aktien zu übernehmen, bedarf keiner Form. Dagegen kann man sich der Gesellschaft gegenüber wirksam dazu nur in der vom Gesetz vorgeschriebenen Form der Zeichnung verpflichten. Vgl. RG 50, 47. A. A. Staub-Pinner § 281[10], dessen Hinweis auf den Vorvertrag zur Gründung der Gesellschaft nicht zutrifft. Diesen Vertrag schließen Dritte unter sich, nicht mit der Gesellschaft. S. auch § 182 Erl 6 b. — Der Zeichnungsschein kann wirksam erst ausgestellt werden, nachdem der Kapitalerhöhungsbeschluß gefaßt worden ist; KGJ 19, 5 (KG). Unausgesprochen, aber deutlich genug dürfte mit der ganzen Fassung des § 281 gesagt sein, daß es sich immer um eine Massenemission in dem Sinn handelt, daß alle Zeichnungsscheine oder bei verschiedenen Aktiengattungen die gesamten Scheine je einer Gattung denselben Inhalt haben.

§ 282.

Jedem Aktionär[2] muß auf sein Verlangen ein seinem Anteil an dem bisherigen Grundkapital entsprechender Teil der neuen Aktien[3] zugeteilt werden[1], soweit nicht in dem Beschluß über die Erhöhung des Grundkapitals ein anderes bestimmt ist[6].

Der Betrag, zu welchem die neuen Aktien an die Aktionäre ausgegeben werden, ist von dem Vorstand in den Gesellschaftsblättern zu veröffentlichen[4]. In der Veröffentlichung kann eine Frist für die Ausübung des Bezugsrechts bestimmt werden; die Frist muß mindestens zwei Wochen betragen[5 7].

1. a) Jede Erhöhung des Grundkapitals durch Ausgabe neuer Aktien birgt für den einzelnen Aktionär die Gefahr in sich, daß sein Beteiligungsverhältnis an der Gesellschaft sich zu seinen Ungunsten verschiebt. Zwar steht der Vermehrung der Aktien die Vermehrung des Gesellschaftsvermögens gegenüber. Wenn eine Gesellschaft, die bei 1000 Aktien zu 1000 M. ein Grundkapital von 1 Million besitzt und dieses auf 2 Millionen M. erhöht, so bedeutet die einzelne Aktie nicht mehr $^1/_{1000}$ sondern $^1/_{2000}$ Anteil am Ganzen, aber doch nicht $^1/_{2000}$ an 1 sondern an 2 Millionen, so daß sich beides ausgleicht und der Aktionär in jeder Beziehung schadlos aus der Sache hervorgeht, vorausgesetzt indessen — und das könnte höchstens zufällig einmal eintreten — daß das Reinvermögen der Gesellschaft genau so groß ist, wie die Ziffer ihres Grundkapitals. Wäre in obigem Beispiel das Reinvermögen bei Vorhandensein von Reserven 2 Millionen wert, so würde bei einer Ausgabe der neuen Aktien für den Nennbetrag die alte Aktie statt wie bisher $^1/_{1000}$ von 2 Millionen = 2000 M. nur $^1/_{2000}$ von 3 Millionen = 1500 M. wert sein. Ohne Schaden kommen mithin die bisherigen Aktionäre nur dann davon, wenn der Ausgabepreis in demselben Verhältnis über den Nennwert der Aktie erhöht wird, in welchem das Reinvermögen der Gesellschaft den Betrag ihres Grundkapitals übersteigt. In unserem Beispiel müßte, sollen die alten Aktionäre nicht geschädigt werden, zwecks Erhöhung des Grundkapitals um 1 Million M. die Schaffung neuer Gesellschaftsanteile auf 500 beschränkt werden, m. a. W. es dürfen statt 1000 Aktien zu pari nur 500 Aktien mit einem Agio von 1000 M. ausgegeben werden. Auf dem Papier sieht das einfach aus. In Wahrheit ist es schwer, auch nur mit einiger Sicherheit den Wert des Reinvermögens der Gesellschaft richtig zu schätzen, und noch schwerer ist es für die Aktionäre die Schätzung Dritter auf ihre Richtigkeit zu kontrollieren, und es ist auch nicht ausgeblieben, daß die Erhöhung des Grundkapitals benutzt worden ist, um durch Bestimmung des Bezugspreises der neuen Aktie unter ihrem Wert die Minderheit der Aktionäre zum Vorteil der Mehrheit oder auch die ahnungslose Mehrheit zum Vorteil einzelner zu benachteiligen. Gegen die hierin liegende Gefahr der Kapitalerhöhung bildet das Bezugsrecht der Aktionäre d. h. der Anspruch eines jeden darauf, daß ihm ein seinem Aktienbesitz entsprechender Teil der neuen Aktien zugeteilt wird, ein vortreffliches, weil automatisch sicher funktionierendes Schutzmittel. Denn einerseits kommt es, was die Erhaltung der bisherigen Beteiligungsverhältnisse des Aktionärs angeht, auf richtige Bestimmung des Bezugspreises überhaupt nicht an, wenn jeder Aktionär das Bezugsrecht ausübt. Denn wie auch immer man die Anzahl der Aktien eines Aktionärs multipliziert oder dividiert, sein Verhältnis zum Ganzen bleibt immer dasselbe, wenn man allen anderen

Aktionären ihre Aktien ebenso multipliziert oder dividiert, so daß es unter dieser Voraussetzung für den Aktionär keinen Unterschied macht, wieviel Aktien auf das neu hereinkommende Kapital ausgegeben werden, oder umgekehrt ausgedrückt, wie der Ausgabepreis der neuen Aktien bestimmt wird. Und anderseits wird in dem Falle, daß der Bezugspreis nach allgemeinem Urteil, namentlich nach der Meinung der Börse zu niedrig bemessen worden ist, das Bezugsrecht für denjenigen, der nicht gewillt oder nicht in der Lage ist, die auf ihn entfallenden Aktien — eine oder mehrere — oder Aktienquote zu übernehmen, zu einem verkehrsfähigen Wertobjekt. In dem Wert, welchen der Verkehr dem Bezugsrecht beimißt, stellt sich die Differenz dar, um welche, zum Vorteil der neuen Aktie, also entsprechend zum Nachteil der alten Aktie der Begebungspreis gegenüber dem Gesellschaftsvermögen zu gering bemessen worden ist. So funktioniert das Bezugsrecht als Egalisator. Es bringt praktisch und tatsächlich die vom Gesetz vorgeschriebene Gleichmäßigkeit der Behandlung aller Mitglieder einer Gesellschaft zur Geltung. Sein Wert und Börsenpreis ist nichts, was der Aktionär von der Gesellschaft erhält und ist überhaupt nichts, was er nicht schon im Besitz seiner Aktie besäße. Es ist der Betrag in Geld, um welchen durch die Erhöhung des Grundkapitals seine Aktie tatsächlich zwar entwertet wird, aber rechtlich eben nicht entwertet werden soll, welches letztere erreicht wird nicht auf Kosten der Gesellschaft, sondern auf Kosten des Erwerbers der neuen Aktie. Zur Berechnung des Wertes des Bezugsrechts s. Theisinger in BankArch. 26, 175.

b) Nur allmählich hat man die Bedeutung des Bezugsrechts einzusehen gelernt. In seiner ursprünglichen Gestalt hat das ADHG es überhaupt nicht erwähnt, und so ist es möglich gewesen, daß nicht selten die Gründer und ersten Zeichner von Aktien — die sogenannten Primordialzeichner, ihren Aktien oder sogar sich persönlich ein immerwährendes Bezugsrecht — oft obendrein mit fester Begrenzung des Preises auf den Nennbetrag der Aktie — im Fall künftiger Kapitalerhöhungen bedungen haben. Erst durch das Gesetz von 1884 wurde dem ein Riegel vorgeschoben durch die jetzt in den § 283 II eingegangene Vorschrift. Vor dem Beschlusse über die Erhöhung des Grundkapitals zugesagte Bezugsrechte wurden damit für unwirksam erklärt, insofern nur mit halbem Erfolg, als die Gerichte auf Grund der Gesetzesmaterialien entschieden, daß das nur für die Zukunft gelte; RG 27, 1; 28, 75; 44, 247; 65, 22; JW 1897, 242; 1901, 484[7]; Bolze 13, 506; OLG 37, 2. — Die Novelle von 1900 hat die Vorschrift erweitert, freilich immer noch ohne das volle Verständnis für die wesentliche Aufgabe des Bezugsrechts. Sonst hätte in der D 169 nicht gesagt werden können, daß es in der Tat nur billig erscheine, daß wenn nach der geschäftlichen Lage des Unternehmens ein Gewinn von der Veräußerung der neuen Aktien zu erwarten sei, dieser Gewinn tunlichst allen Aktionären zugute komme. Danach hat man anscheinend im Bezugsrecht so etwas wie ein gesetzliches Vorkaufsrecht erblickt, was es ganz und gar nicht ist. Ob man bei richtiger Erkenntnis der Sache so weit gegangen wäre, die Ausschließung des Bezugsrechts gänzlich zu verbieten, ist wohl zweifelhaft. Es mag Lagen geben, wo das Interesse der Gesellschaft die Beseitigung des Bezugsrechts dringend erfordert. Aber zum mindesten hätte man, wie bei der Herabsetzung des Grundkapitals die qualifizierte Mehrheit zwingend für erforderlich erklären sollen — EG zum HGB Art 28 hat sich der Rechtsprechung angeschlossen und von § 283 I ausdrücklich bestimmt, daß auch er auf eine vor Inkrafttreten der Novelle von 1900 erteilte Zusicherung keine Anwendung finde.

Auch in dem Gutachten des Reichsfinanzhofs (RFH 4, 222; JW 1921, 491[5]), welches den Streit, ob das Bezugsrecht der Kapitalertragsteuer unterliegt, zutreffend im verneinenden Sinne entschieden hat, tritt das wahre Wesen des Bezugsrechts nicht mit voller Deutlichkeit hervor. Das Gutachten sagt nicht, daß der Wert des Bezugsrechts nur etwas sei, was der Aktionär in seiner Aktie längst besitzt; es sieht darin vielmehr in der Tat einen Gewinn, nur daß dieser nicht aus dem Vermögen der Gesellschaft komme, vielmehr daher stamme, daß die Gesellschaft darauf verzichtet, den Gewinn selbst zu erzielen. Das ist ganz schief. Für die Gesellschaft handelt es sich überhaupt nicht um irgendeinen „Gewinn", sondern um Vermehrung ihres Vermögens durch Beiträge von Gesellschaften, was für sie niemals „Gewinn" sein kann, gleichviel wie groß die Beiträge sind. Und wenn die Gesellschaft natürlich den neuen Gesellschaftern für deren Leistung auch etwas gewährt, bald mehr, bald weniger, oft auch verhältnismäßig viel, so kommt das doch nicht aus ihrem Vermögen und geht nicht auf ihre Kosten, sondern ausschließlich auf Kosten der bisherigen Gesellschafter; Brodmann in ZBH II 1 und 53; W. Stern, Der Grundsatz der gleichmäßigen Behandlung der Gesellschafter und der Ausschluß des Aktionärbezugsrechts 1925, s. ferner Dalberg in LZ 1913, 884 III; Bernicken, BankArch 20, 219; Werner DJZ 1923, 721; Horrwitz JW 1923, 917; Nußbaum das. 918; Dissertationen v. O. Nicolai, Das Aktienbezugsrecht 1918; R. Karo, Die rechtliche Natur des Aktienbezugsrechts und seine Gestaltung bei dem Bestehen eines Pfandrechts 1916; F. Güldenstein, Das Aktienbezugsrecht 1914.

Das Bezugsrecht ist nicht — wie allgemein angenommen wird — ein Sonderrecht, da es in der Hand der Generalversammlung liegt, durch Mehrheitsbeschluß es auszuschließen. Ist durch den Kapitalerhöhungsbeschluß das Bezugsrecht nicht ausgeschlossen worden, dann ist der dadurch entstandene Anspruch auf Zuteilung der Aktie ein bedingtes Gläubigerrecht, bedingt dadurch, daß die beschlossene Kapitalerhöhung zustande kommt. — Die Eigentümer von Vorrats-, Verwertungs-, Verwaltungsaktien haben an und für sich in Beziehung auf das Bezugsrecht dieselbe Rechtsstellung wie die übrigen Aktionäre. Es verstößt daher gegen den Grundsatz gleichmäßiger Verteilung und ist anfechtbar, wenn die Generalversammlung es zwar im übrigen beim Bezugsrecht belassen, den Inhabern dieser singulären Aktienart es aber nehmen wollte. Fraglich könnte erscheinen, ob im Statut bei Ausgabe solcher Aktien von vornherein bestimmt werden kann, daß ihnen das Bezugsrecht nicht zustehen soll; Flechtheim, BankArch 26, 366. Mit Staub-Pinner § 282 [2a, 4] ist anzunehmen, daß es gültig bestimmt werden kann. Der § 283 handelt nur von der Zusicherung solcher Rechte, nicht von ihrer Versagung, § 282 II kommt auch nicht in Betracht, und aus § 282 I folgt höchstens, daß es trotz der allgemeinen Bestimmung des Gesellschaftsvertrages im einzelnen Fall jedesmal auch des besonderen Beschlusses der Generalversammlung bedarf, der dann — wie gesagt — nur zulässig ist, weil er die Statutenbestimmung hinter sich hat. Die Inhaber der Spezialaktien sind dabei von der Ausübung des Stimmrechts nach § 252 III ausgeschlossen.

2. a) Das Bezugsrecht steht dem Eigentümer der Aktie zu. Es ist, sobald der Kapitalerhöhungsbeschluß gefaßt ist, nicht erst mit dessen Eintragung in das Handelsregister entstanden als konkreter, wenn auch durch das Zustandekommen der Kapitalerhöhung bedingter Anspruch, der, so lange er noch nicht der Gesellschaft gegenüber geltend gemacht worden ist, untrennbar mit der Aktie verbunden ist. Mehrere Miteigentümer müssen sich darüber verständigen, ob das Bezugsrecht ausgeübt werden soll; BGB § 744 I; der Gesellschaft gegenüber ist jeder berechtigt, das Recht auszuüben; es handelt sich um Erhaltung des Wertes der Aktie; anders RG 44, 247. Nicht anders liegt es, wenn die Aktie einer offenen Handelsgesellschaft, vgl. RG 65, 22, gehört. Gehört sie mehreren Erben, so kommt es darauf an, in wessen Händen die Verwaltung des Nachlasses liegt; JW 1899, 501[56]. Alle diese Beziehungen verlieren der Gesellschaft sowie Dritten gegenüber dadurch an Bedeutung, daß es für die Geltendmachung oder Veräußerung des Bezugsrechts darauf ankommt, wer in der Lage ist, sich als der Berechtigte zu legitimieren. S. unten unter d. — Besitzt die Gesellschaft selbst eigene Aktien, so kann sie hier ebensowenig wie bei der Gründung Aktien übernehmen; sie ist darauf angewiesen, das Bezugsrecht durch Veräußerung zu verwerten.

b) Besteht an der Aktie ein Nießbrauch, so steht das Bezugsrecht nicht dem Nießbraucher, sondern dem Eigentümer zu. Doch ist das sehr streitig. S. die Nachweise bei Staub-Pinner § 282 [11]. Es ist nach dem in Erl 1 Gesagten weit entfernt, einen Ertrag der Aktie darzustellen. Es ist vielmehr Ersatz des der Aktie, also dem Kapital bevorstehenden Verlustes und muß kraft Surrogation dem Eigentümer zufallen, aber unterworfen dem Nießbrauch. Es muß, wenn das Bezugsrecht veräußert wird, der Erlös, wenn es ausgeübt wird, ein seinem Wert entsprechender Betrag zinstragend angelegt werden. Die neue Aktie gehört dem, der sie bezieht und bezahlt.

Nicht anders liegt es bei der ehelichen Nutznießung. Nur steht hier dem Manne kraft seiner Verwaltungsbefugnis die Entscheidung zu, ob das Bezugsrecht ausgeübt oder verkauft werden soll. Vgl. Planck[4] BGB § 1081[2]. Der dort als möglich unterstellte Fall ist in Wahrheit immer gegeben. In OLG 24, 139 (KG) wird zwar auch das Bezugsrecht dem Eigentümer zugesprochen, aber doch der wohlbegründete Anspruch des Nießbrauchers auf die Zinsen des Erlöses zurückgewiesen. Bedenklich und in der Begründung undurchsichtig ist die Entscheidung, daß es bei Gratisaktien ebenso sei; ferner DJZ 1918, 407 (München): Das Bezugsrecht steht nicht dem Fideikommißbesitzer zu, sondern dem Fideikommiß; OLG 35, 22 (München). A. A. Th. Wolff LZ 1921, 697 ff.; M. Breit in LZ 1914, 368. — Etwas anders liegt es, wenn die Aktie deshalb dem Nießbrauch unterliegt, weil sie zu einem Vermögen gehört, an welchem im Ganzen ein Nießbrauch besteht. Vgl. Meili in HoldhMS 1900, 4, wo der Fall besprochen wird, daß der Ehemann seiner Frau den unbeschränkten Nießbrauch am gesamten Nachlaß hinterlassen hatte. Wenn hier die Ehefrau aus Mitteln des Nachlasses die neue Aktie bezieht, unterliegt auch diese dem Nießbrauch.

c) Ist die Aktie verpfändet, so steht das Bezugsrecht nicht dem Pfandgläubiger, sondern dem Eigentümer der Aktie zu. Das Pfandrecht erstreckt sich auch nicht auf die neue Aktie, welche der Eigentümer bezieht, wohl aber — ebenso wie der Nießbrauch — auf den Erlös aus einer Veräußerung des Bezugsrechts. — Schreitet der Pfandgläubiger zur Verwertung des Pfandes, so veräußert er die Aktie mitsamt dem Bezugsrecht. Der Erlös für letztere unterliegt ebenso wie der Kaufpreis überhaupt der Pfandhaftung. A. A. Herold in Gruch 65, 295; s. auch BankArch 22, 169. — Ist die Aktie zur Sicherheit fiduziarisch übereignet, so liegt die Entscheidung, ob die neue Aktie bezogen oder das Bezugsrecht verkauft werden soll, beim Fiduziar, der bei der schließlichen Auseinandersetzung in jedem Fall, auch wenn er das Bezugsrecht nicht verkauft, sondern ausgeübt hat, dem Gegner neben der alten Aktie den Wert des Bezugsrechts herausgeben muß, vorausgesetzt, daß er für seine Ansprüche befriedigt worden ist; auch muß er die neue Aktie herausgeben, wenn der Fiduziant ihm die Einlage erstattet; alles vorbehaltlich natürlich der im einzelnen Fall getroffenen Vereinbarungen und deren Auslegung. Gegen Herold a. a. O. ist zu sagen, daß das Bezugsrecht (als Wertquote der verpfändeten Aktie) dem Pfandgläubiger allerdings nicht zusteht, aber mit verpfändet ist. S. auch Winkler LZ 1913, 48; Treier das. 913; Breit das. 1914, 368; Hacker in Holdh MS 15, 188; OLG 35, 23; 36; 36, 283. — Wie das Bezugsrecht ohne die Aktie veräußert werden kann, so auch die Aktie unter Einbehaltung des Bezugsrecht, immer unter der Voraussetzung, daß es sich um ein bereits erwachsenes konkretes Recht handelt; es muß dann der Käufer das Recht für den Verkäufer ausüben; JW 1899, 342[22].

d) Wer das Bezugsrecht ausüben will, muß sich der Gesellschaft gegenüber als der Berechtigte ausweisen und muß ihr die Aktienurkunde zwecks Kennzeichnung, daß das Bezugsrecht ausgeübt worden ist, vorlegen. Bei Namenaktien ist nur der als Eigentümer in dem Aktienbuch Verzeichnete zur Ausübung des Bezugsrechts legitimiert, bei Inhaber-Aktien der Inhaber. Vgl. RG 63, 404. Wer das Bezugsrecht veräußert, ist dem Käufer verpflichtet, ihn in den Stand zu setzen, sich in der vorstehend genannten Weise zu legitimieren. — Über die Befugnis des Vormundes, für Aktien seines Mündels das Bezugsrecht auszuüben (BGB §§ 1806 ff., 1811, s. Ring I 78).

3. a) In dem Kapitalerhöhungsbeschluß oder in der Durchführung des Beschlusses muß wegen des Bezugsrechts das Verhältnis zwischen den alten und den neuen auf sie zu beziehenden Aktien bestimmt werden. Es kann das so geschehen, daß beide der Zahl nach gleich sind oder daß das eine ein Mehrfaches vom anderen ist. Oder es geht die Division nicht auf und bei der Verteilung der neuen auf die alten Aktien bleibt ein unverteilbarer Rest, in dessen Begebung die Gesellschaft freie Hand behält. Ist die Zahl der neuen Aktien geringer als die der alten, so entfällt erst auf je 2 oder mehr alte Aktien eine neue, und wer nicht soviel Aktien besitzt oder wer zwar mehr Aktien besitzt aber nicht gerade ein Mehrfaches der Verteilungszahl, muß wegen dieser „Spitzen" sich mit andern, die in der gleichen Lage sind, zusammentun oder ist darauf angewiesen, sein Bezugsrecht durch Veräußerung zu verwerten; RG 62, 62. Ebenso können sich Spitzen im umgekehrten Fall bilden, z. B., wenn auf je 2 alte Aktien 3 neue bezogen werden können. Der einzelne Aktionär hat Anspruch darauf, daß solcher Spitzenbildung vorgebeugt wird, soweit es ohne Beschwer der Transaktion geschehen kann, und kann einen dagegen verstoßenden Beschluß anfechten. — Die Verteilung auf die alten Aktien geschieht nach deren Nennbeträgen, gleichviel ob es sich dabei durchweg um Stammaktien handelt oder um Stamm- und Vorrechtsaktien. Es kommt auf das Verhältnis der Nennbeträge zueinander an, nicht auf ihr Verhältnis zur Ziffer des Grundkapitals, was von Bedeutung ist, wenn die Grundkapitalziffer nicht mehr von der Summe aller Nennbeträge erreicht wird.

b) Auf sein Verlangen ist dem Aktionär die neue Aktie zuzuteilen. Das Verlangen ist eine der Gesellschaft, d. h. dem Vorstand gegenüber abzugebende Willenserklärung. Nach der herrschenden Lehre wird durch diese einseitige Erklärung das Bezugsrecht als veräußerliches und vererbliches Gläubigerrecht erworben. Indessen ist das Bezugsrecht auch nach dem Verlangen ebenso von der endgültigen Durchführung der Kapitalerhöhung abhängig wie vorher, und als konkreter Anspruch ist es bereits durch den Erhöhungsbeschluß ins Leben gerufen worden. Höchstens dann, wenn bereits gemäß Abs II der Ausgabekurs bekanntgemacht worden ist, könnte man in dieser Veröffentlichung die Vertragsofferte erblicken, der gegenüber das Verlangen alsdann als Annahme den Vertragsschluß perfekt machen würde. Ohne das würde es der in dem Verlangen etwa liegenden Vertragserklärung an der erforderlichen Bestimmtheit mangeln. Man kann auch nicht sagen, daß durch das Verlangen die Gesellschaft zu irgendetwas verpflichtet würde, wozu sie nicht auch vorher schon verpflichtet war. Das einzige, was durch das Verlangen entschieden wird, ist, wer das Bezugsrecht ausübt. Auch wenn es so liegt, daß mit dem Verlangen der Vertrag zustande kommt, muß gemäß § 281 ein Zeichnungsschein ausgestellt werden (§ 284 II Z. 1) und unter allen Umständen ist dann dieser für das Vertragsverhältnis maßgeblich; Lehmann-Ring § 282[3]; Makower § 282 II b. Vgl. JW 1901, 484[7]. Nach Fischer in EhrenbergsHH III 1, 327 bei Note 28 (ebenso Staub-Pinner § 282[4]) wäre der Aktionär, der die Zuteilung verlangt hat, der Gesellschaft verpflichtet, den Zeichnungsschein auszustellen. Davon steht im Gesetz nichts und daher muß es wohl dabei bleiben, daß wie immer so auch hier die Aktienzeichnung nur gültig ist, wenn sie in der gesetzlich vorgeschriebenen Form geschieht. Die Verpflichtung, die Aktie zu nehmen, entsteht erst durch die Zeichnung des Scheines. — Der Zeichner hat einen klagbaren Anspruch auf Lieferung der Aktie. Doch führt die Klage nur solange zum Ziel, als die Gesellschaft noch über die nötige Anzahl neuer Aktien verfügt. Sind sie sämtlich begeben, so bleibt dem Kläger nur Anspruch auf Schadensersatz. Kann die Gesellschaft sich die erforderlichen Aktien wiederverschaffen, so kann der Aktionär ihre Lieferung nicht zurückweisen, was Lehmann-Ring § 182[7]; Brand § 282[5] b; Makower § 282 V b unter Hinweis auf Bolze 12, 508 behaupten, wo aber nur in Beziehung auf ein Gründerbezugsrecht nach früherem Recht (s. 283 Erl 1) entschieden ist, daß der Berechtigte keinen Anlaß hat, auf (nachträglich) ergangene Bekanntmachung die Aktien zu zeichnen.

Das Aktienrecht selbst erwirbt der das Bezugsrecht Ausübende nicht schon dadurch, daß er das Verlangen erklärt, auch nicht durch die Zuteilung der Aktie (wie Makower § 282 II c behauptet) sondern erst mit der Eintragung der erfolgten Kapitalerhöhung. Durch Veräußerung der Aktie geht mit der Aktie das Bezugsrecht auf den Erwerber über. Doch ist nicht ausgeschlossen, daß der Veräußerer es sich vorbehält; JmW 1899, 342[22].

Soweit das Bezugsrecht einer Aktie von keiner Seite ausgeübt wird, muß die neue Aktie anderweitig untergebracht werden.

4. Der Vorstand hat in den Gesellschaftsblättern (§ 182 III) den Ausgabekurs öffentlich bekanntzumachen. Er muß für alle Zeichner, Aktionäre und Dritte der gleiche sein. A. A. Lehmann-Ring § 282[5] (anders und zutreffend, nur nicht bestimmt genug § 184[3], 278[10]). — Auf den erklärten Bezugspreis darf die Gesellschaft nicht noch einen Pauschalbetrag für Unkosten, Steuern usw. aufschlagen. So in Beziehung auf das Bezugsrecht des Primordialzeichners JW 1901, 617. Ist im Kapitalerhöhungsbeschluß des Kurses keine Erwähnung getan, dann ist der Nennbetrag zugleich der Ausgabekurs. Ein geringerer Kurs kann überhaupt nicht festgestellt werden; § 184 I; § 278 III. Die Generalversammlung kann dagegen einen höheren Kurs bestimmen, und wenn sie es tut, muß der Vorstand sich daran halten; a. A. Makower § 278 VIII c 3. Mit Rücksicht darauf, daß es oft nicht tunlich ist, gleich von vornherein den Kurs festzulegen, kann die Generalversammlung den Nennbetrag oder einen höheren Betrag als den Mindestbetrag festsetzen, wobei dann der Vorstand den endgültigen Kurs unter Einhaltung des Limitum zu bestimmen hat, falls nicht die Generalversammlung damit den Aufsichtsrat oder auch den Aufsichtsrat betraut. Die Organe der Gesellschaft haben dann den Ausgabekurs nach pflichtmäßigem Ermessen zu bestimmen, während sie, wenn im Erhöhungsbeschluß überhaupt nichts über den Ausgabepreis gesagt ist, sich an den Nennbetrag der neuen Aktien halten müssen. Staub-Pinner § 282[5], nicht anders, sondern ebenso Brand § 282[3] d, unverständlich der Widerspruch Goldmanns § 282[14]. — Ausgeschlossen ist aber auch hier, daß für die das Bezugsrecht ausübenden Aktionäre ein anderer Ausgabepreis bestimmt wird wie für Dritte. Jedenfalls darf der Preis nicht höher sein. Anders die herrschende Lehre. Bestimmen Vorstand oder Aufsichtsrat allgemein den Kurs übertrieben hoch, zu verletzen sie damit nicht das Recht der Aktionäre, eher im Gegenteil. Sie gefährden damit nur die geplante Kapitalerhöhung und verletzen, wenn sie schuldhaft handeln, ihre Pflichten gegenüber der Gesellschaft. Anders anscheinend Lehmann-Ring § 278[10], 282[5].

5. Für die Ausübung des Bezugsrechts kann der Vorstand eine Frist bestimmen, deren Versäumnis nicht ohne weiteres präkludierend wirkt aber doch so, daß die Gesellschaft nach Ablauf der Frist die noch nicht verlangten Aktien anderweit begeben kann. Im Grunde kann die Gesellschaft oder der Vorstand gar nicht umhin, eine solche Frist zu bestimmen, da für das ganze Verfahren, insbesondere für den Börsenverkehr in den Bezugsrechten ein fester Stichtag unentbehrlich ist; Ritter § 282[4]. Die Frist muß zugleich mit dem Begebungskurs öffentlich bekanntgemacht werden und so bestimmt sein, daß zwischen Bekanntmachung und Endtermin mindestens 2 Wochen liegen. Anderenfalls gilt sie nicht. Wird eine Frist nicht bestimmt, dann verletzt der Vorstand den Anspruch der Aktionäre, deren Bezugsrecht er dadurch vereitelt, daß er vor Ablauf einer angemessenen Zeit Aktien anderweit begibt. Nach Staub-Pinner § 282[6] wäre 2 Wochen diese angemessene Frist.

Hat der Eigentümer seine Aktien bei einer Bank in offenem Depot niedergelegt, so ist diese verpflichtet, ihm über Bezugsrechte, welche erwachsen, Nachricht zu geben; sie ist nicht berechtigt, das Bezugsrecht zu verkaufen, solange der Eigentümer noch in der Lage ist, rechtzeitig Anweisung zu erteilen; am dritten Tage vor Ablauf der Frist darf die Bank noch nicht veräußern; ein entgegenstehender Handelsgebrauch existiert nicht; RG in BankArch 16, 429; RG 107, 392; ferner LG München in JW 1924, 1197 und dazu die treffende Kritik Goldschmits, Fußnote das. Vgl. auch JW 1899, 342[22].

6. a) Eine Bestimmung des Statuts, daß allgemein den Aktionären das Bezugsrecht nicht zustehen soll, würde nichtig sein und muß vom Registerrichter beanstandet werden. Dagegen kann von Fall zu Fall in dem Kapitalerhöhungsbeschluß das Bezugsrecht ausgeschlossen werden. Ist es im Erhöhungsbeschluß nicht geschehen, so kann es auch nicht durch einen nachfolgenden Beschluß etwa nachgeholt werden. Erhöhung des Grundkapitals mit Bezugsrecht und ohne solches sind zwei verschiedene Dinge. Wohl aber könnte die Generalversammlung zunächst beschließen, daß der Kapitalerhöhungsbeschluß nicht ausgeführt werden soll, und anschließend von neuem Erhöhung des Grundkapitals unter Ausschluß des Bezugsrechts beschließen. Der aus dem ersten Beschluß erwachsene konkrete Anspruch auf die neue Aktie ist durch das Zustandekommen der Kapitalerhöhung bedingt, während die Gesellschaft niemandem verpflichtet ist, an einem gefaßten Beschluß festzuhalten; Makower § 282 I. Zulässig ist die Bestimmung des Statuts, daß bei jeder Erhöhung des Grundkapitals den Aktionären das Recht zustehen soll, nach Verhältnis ihres Aktienbesitzes die neuen Aktien zum Nennwert zu beziehen. Doch begründet das nicht Sonderrechte und kann im Wege der Statutenänderung wieder beseitigt

werden; KGJ 51, 330. In RG 67, 108 ist nur entschieden, daß, wenn der Beschluß das Bezugsrecht nicht erwähnt, darin die stillschweigende Willenserklärung liege, daß es den Aktionären zustehen solle. Vgl. auch RFH 13, 129, auch das. S. 141. — Ist das Bezugsrecht zugunsten eines Dritten, der sämtliche Aktien übernimmt, ausgeschlossen worden, so lebt es nicht dadurch wieder auf, daß der Zeichner die Einlage nicht zahlt und nicht zahlen kann; RG in Bauer 25, 164.

b) Da der Beschluß, das Bezugsrecht auszuschließen, ein Stück des Kapitalerhöhungsbeschlusses ist, bedarf er derselben qualifizierten Stimmenmehrheit wie dieser. Das ist ganz allgemein anerkannt. Anders nur RG 68, 245, wo, ohne daß es für die Entscheidung von Bedeutung war, gesagt wird, daß einfache Mehrheit genüge (der Sachverhalt wird nicht erschöpfend berichtet aber deutlich ist, daß der Beschluß die für Statutenänderung erforderliche Mehrheit gefunden hatte).

c) Die Generalversammlung kann die Ausschließung des Bezugsrechts auch dann wirksam beschließen, wenn ein Antrag darauf nicht auf der Tagesordnung angekündigt worden ist; RG 67, 106; Holdh MS 1905, 306; RG das. 1906, 247; s. aber auch RG 107, 76. Dagegen Brodmann in ZBH II, 53; Goldschmit AG § 282[8]. — Die Ausschließung des Bezugsrechts kann nicht aus dem Grund schon angefochten werden, daß die Kapitalerhöhung sehr erheblich ist; RG 105, 375; auch nicht deshalb, weil die neuen Aktien Vorrechtsaktien sind: RG 107, 68; 68, 237; oder Verwaltungsaktien RG 108, 322. Vgl. Wassermann in BankArch 22, 187, wo weniger von der Rechtsfrage als von der Frage nach Gerechtigkeit und Billigkeit gehandelt wird.

Das Bezugsrecht kann nur allen Aktionären gegenüber entweder bestehen bleiben oder ausgeschlossen werden. Makower § 282 I. A. A. Lehmann-Ring § 282[2]; Brand § 282[3] b. Gegenüber Lehmann-Ring § 282[2] ist zu sagen, daß die Ausschließung des Bezugsrechts natürlich die Aktionäre nicht hindert, sich an der Kapitalerhöhung durch Zeichnung neuer Aktien zu beteiligen, und so kann ihnen denn auch nachdem die Kapitalerhöhung unter Ausschluß des Bezugsrechts beschlossen worden ist, die Zuteilung von Aktien gültig zugesagt werden. Das ist dann aber etwas ganz anderes als Beschränkung der Ausschließung des Bezugsrechts auf die übrigen Aktionäre. Allenfalls ließe sich eine Differenzierung zwischen mehreren Aktiengattungen denken, wobei es dann aber der Zustimmung der zurückgesetzten Gattung durch besondere Abstimmung bedürfte. Ferner verliert das Bezugsrecht seinen eigentlichen Sinn in der Anwendung auf Schutz- oder Vorrechtsaktien, so daß bei Vorhandensein solcher umgekehrt anzunehmen ist, daß für sie Bezugsrecht nur entsteht, wenn im Beschluß gesagt ist, daß es auch für sie gelten soll. Doch muß das nach dem Statut zulässig sein.

d) Die Ausschließung des Bezugsrechts muß nicht unbedingt ausdrücklich geschehen. So liegt stillschweigende Ausschließung darin, daß neben Geldeinlagen auch Sacheinlagen vorgesehen sind. Jedenfalls muß im Zweifel der Beschluß so verstanden werden. — Nach § 305 I ist im Fall der Kapitalerhöhung zum Zweck der Aufnahme einer anderen A-Gesellschaft das Bezugsrecht ausdrücklich ausgeschlossen. Da es sich in solchem Fall um Sacheinlage handelt, hätte es der Bestimmung kaum bedurft. Wird beschlossen, die Aktien derjenigen, welche einen Zuschuß einzahlen, in Vorrechtsaktien umzuwandeln, so liegt überhaupt nicht Kapitalerhöhung vor und Bezugsrecht im Sinne des § 282 kommt nicht in Frage. Wird bei Kapitalerhöhung unter Ausgabe von Vorrechtsaktien den Inhabern von Stammaktien nachgelassen, diese bei Zeichnung von jungen Aktien in Zahlung zu geben oder unter derselben Voraussetzung ihre Stammaktien in Vorzugsaktien umzuwandeln, so liegt in dem Beschluß die allgemeine Ausschließung der Aktionärbezugsrechte. Es ist schief, zum mindesten nicht zu empfehlen, den Anspruch derer, welche sich verpflichten, gegen die Gewährung der Vorzugsaktie Zuzahlungen zu leisten, ebenfalls als „Bezugsrecht" zu bezeichnen.

7. a) Die Durchführung der Transaktion ist tatsächlich nur unter Vermittlung der Banken möglich und erfordert einen Apparat, über welchen gewöhnlich die Aktiengesellschaft nicht verfügt. Aus diesem Grunde hat sich die Gepflogenheit gebildet, das Bezugsrecht der Aktionäre auch wo man es sachlich bei ihm lassen will, formell auszuschließen, um es ihnen in der Gestalt zu gewähren, daß die gesamten Aktien einer Bank oder einem Bankkonsortium zum Ausgabekurs begeben werden, welches die Verpflichtung übernimmt, den Aktionären auf Verlangen die auf ihren Aktienbesitz entfallenden Aktien zum Ausgabekurs (oder mit auch einem Aufschlag, RFH in JW 1922, 330) zu liefern. Im Zweifel liegt darin ein Vertrag zugunsten Dritter, dergestalt, daß die Aktionäre einen unmittelbaren und unentziehbaren Anspruch auf Lieferung gegen die Bank erwerben. Erster Nehmer der Aktien ist in diesen Fällen die Bank, und steuerrechtlich ist der Preis, den sie bezahlt, maßgeblich, nicht der Preis, den sie von den Aktionären erhält; RFH in JW 1920, 311[1]. Das gilt aber nur, wenn die Bank die Aktien fest und endgültig übernimmt; RFH 13, 129 und in JW 1922, 330; RG 67, 329. Fenrer gilt dabei als Bezugspreis alles, was der Gesellschaft an geldwertem Vorteil direkt oder indirekt zufließt; RG 67, 329; 76, 139 (wo freilich im Gegensatz zum Berufungsgericht im Verzicht des Primordialzeichners auf sein Bezugsrecht unrichtigerweise ein Gewinn für die Gesellschaft erblickt wird; vgl. Brodmann in ZBH II,

4). Werden unter Ausschluß des Bezugsrechts die Aktien dem Aufsichtsrat zur Verfügung gestellt, so liegt darin auch dann keine Umgehung zum Zweck der Steuerersparnis, wenn der Aufsichtsrat die Aktie an die Aktionäre nach Verhältnis ihres Aktienbesitzes verteilt, vorausgesetzt, daß sich der Aufsichtsrat hierzu nicht verpflichtet hatte; RFH in JW 1925, 294[4]. — Steuerrechtlich richtet sich die Frage, wer erster Nehmer der Aktie ist, nicht lediglich nach zivilrechtlichen Gesichtspunkten, sondern in erster Linie unter Berücksichtigung des Zweckes des Gesetzes, das den Kapitalzusammenschluß in vollem Umfang steuerlich erfassen will; RFH 13, 113; vgl. auch RFH 4, 211; 6, 155; 12, 174; RG 84, 17; Koeppel in BankArch 21, 224.

b) Wenn mehrere der Gesellschaft gegenüber die Kapitalerhöhung garantieren, so treten sie miteinander in ein Gesellschaftsverhältnis und wer für den sich weigernden dessen Quote zeichnet, hat Anspruch auf Ersatz gegen Lieferung der Aktien; RG 43, 287.

§ 283.

Eine Zusicherung von Rechten auf den Bezug neu auszugebender Aktien kann nur unter Vorbehalt des im § 282 bezeichneten Rechtes der Aktionäre erfolgen[1].

Eine Zusicherung, die vor dem Beschlusse über die Erhöhung des Grundkapitals geschieht, ist der Gesellschaft gegenüber unwirksam[2].

1. a) Bis zur Novelle von 1884 war die Zusicherung von neuen Aktien für den Fall künftiger Erhöhungen des Grundkapitals unbeschränkt zulässig und nicht selten haben sich die Gründer oder einzelne von ihnen ein solches Bezugsrecht für alle in Zukunft etwa vorkommende Erhöhungen des Grundkapitals, meist unter Festsetzung des Nennbetrages als Bezugspreis ausbedungen (Bezugsrecht des Primordialzeichners). Durch Art 215 a IV (sachlich übereinstimmend mit gegenwärtigem Abs II des § 283) wurde solchen Vereinbarungen, soweit sie vor dem jeweiligen Kapitalerhöhungsbeschluß getroffen werden, jede Rechtswirksamkeit gegenüber der Gesellschaft versagt. Seitdem kann von der Gesellschaft ein Bezugsrecht nur gleichzeitig mit dem oder nach dem Erhöhungsbeschluß wirksam zugesagt werden, wenn das gesetzliche allgemeine Bezugsrecht des Aktionärs im Erhöhungsbeschluß ausgeschlossen ist, oder wenn die Zusage vorbehaltlich dieses Bezugsrechts des Aktionärs erfolgt, in welchem Fall also der Empfänger der Zusicherung nur insoweit Anspruch auf Lieferung der Aktie hat, als nicht die Aktionäre vom gesetzlichen Bezugsrecht Gebrauch machen. Also auch eine nach beschlossener Kapitalerhöhung vom Vorstand der Gesellschaft einem Aktionär oder einem Dritten gemachte Zusicherung von jungen Aktien ist, falls das Bezugsrecht des Aktionärs nicht ausgeschlossen ist, der Gesellschaft gegenüber nur wirksam, wenn dabei die Rechte der Aktionäre vorbehalten sind. Damit ist aber nicht gesagt, daß dieser Vorbehalt unter allen Umständen ausdrücklich ausgesprochen werden muß. Immerhin müssen die Umstände mit aller Deutlichkeit ergeben, daß der Vorbehalt hat gemacht werden sollen. A. A. Goldmann § 283[4]; Brand § 283 1 d. — Werden auf das erhöhte Grundkapital Sachleistungen übernommen, so ist damit in der Regel zugleich allgemein das gesetzliche Bezugsrecht des Aktionärs ausgeschlossen, und es steht der Zusicherung eines vertragsmäßigen Bezugsrechtes von jetzt an nichts im Wege; § 282 Erl 6 d. — Das Bezugsrecht erwirbt auch derjenige für sich, welcher die Aktien für fremde Rechnung gezeichnet hat (Strohmann); JW 1901, 484[7].

b) Der § 283 handelt nur von Zusicherungen, welche namens der A-Gesellschaft erteilt werden. Hierin die Gesellschaft zu vertreten, ist Sache des Vorstandes. Ist der Aufsichtsrat mit der Aus- und Durchführung der Kapitalerhöhung beauftragt, so liegt darin zugleich die Ermächtigung, Zusicherungen dieser Art zu erteilen; Lehmann-Ring § 283; Goldmann § 283[6]. Daß auch die vom Vorstand (oder Aufsichtsrat) erteilte Zusicherung der Gesellschaft gegenüber unwirksam ist, wenn sie entgegen dem § 283 erfolgt, beruht nicht, wie Lehmann-Ring § 283[1] annimmt, auf einer gesetzlichen Beschränkung seiner Vertretungsmacht, in welchem Falle sie gültig werden würde, wenn die Generalversammlung sie genehmigt, sondern auf der Beschränkung der Vertragsfreiheit der Gesellschaft. Es ist nicht ausgeschlossen, namentlich nicht, wenn es ein Aktionär ist, welchem ein Bezug der jungen Aktien zugesagt wird, daß unmittelbar in der Generalversammlung und durch ihren Beschluß der Vertrag zustande kommt, wobei dann die Generalversammlung mit einfacher Stimmenmehrheit beschließt; a. A. Goldschmit AG § 283[3] (s. oben auch Note 5 das.). Auch für diesen Fall, wo also die Vertretungsmacht des Vorstandes gar nicht in Frage kommt, gelten die Beschränkungen des § 283. Der Aktionär, welchem das Bezugsrecht zugesichert werden soll, ist hierbei von der Ausübung des Stimmrechts ausgeschlossen; § 252 III. Zweifelhaft ist, ob der Aktionär beim Antrag, den Vorstand zur Begebung der Aktien zu ermächtigen (oder ähnlich), von der Ausübung des Stimmrechts auch dann ausgeschlossen ist, wenn seiner im Beschluß nicht Erwähnung geschieht, ihm aber (in rechtlich unwirksamer Weise) der Bezug bereits vom Vorstand zugesagt worden ist, oder wenn außer Zweifel ist, daß der Vorstand ihm und keinem anderen die Aktien zuteilen wird. S. hierüber Erl 5 b zu § 252.

c) Die Zusicherung eines Bezugsrechts unter der Bedingung, daß die Generalversammlung sie genehmigt, wird wirksam, wenn diese die Genehmigung zugleich mit der Erhöhung des Grundkapitals oder später beschließt und dabei das gesetzliche Bezugsrecht ausschließt (oder vorbehält). Dagegen ist eine unbedingte Zusicherung nichtig und kann nicht auf diese Weise konvaleszieren; RG in HoldhMS 1906, 245; Staub-Pinner § 283². — In dem Beschluß der Generalversammlung, eine Anzahl von Aktien einem Dritten zu überlassen, liegt nicht ohne weiteres, daß auch im übrigen das gesetzliche Bezugsrecht der Aktionäre ausgeschlossen sein soll. Jedenfalls aber kann auch ein solcher Beslchuß nur mit qualifizierter Mehrheit wie der Erhöhungsbeschluß selbst gefaßt werden.

d) Unwirksam „der Gesellschaft gegenüber". Da, wie allgemein anerkannt ist, die Unwirksamkeit sowohl für die Gesellschaft gilt als gegen sie, da ferner der § 283 überhaupt nur von Zusicherungen seitens der Gesellschaft handelt, da es sich endlich hier immer nur um Sein oder Nichtsein schuldrechtlicher Verhältnisse handelt, nicht um eine Verfügung und es eine relative Nichtigkeit von Schuldverhältnissen nicht gibt, handelt es sich auch hier in Wahrheit um Nichtigkeit und der Zusatz „gegenüber der Gesellschaft" ist nichtssagend. So mit Recht Makower § 283 Va.

2. a) Der Art 28 EG zum HGB bestimmt, daß die Vorschrift des § 283 I auf eine vor dem 1. Januar 1900 erteilte Zusicherung keine Anwendung findet. Als die Novelle von 1884 die vorgängige Zusicherung von Bezugsrechten untersagte, wurde die Frage streitig, ob das Verbot rückwirkende Kraft habe RG 27, 1 hat das mit einer Begründung verneint, die vielfach als unzulänglich aufgefaßt wird, indessen zutreffend erscheint. Vgl. auch RG 28, 75. Die früher anscheinend häufige Bestimmung in Gesellschaftsverträgen, durch welche den Gründern oder ersten Zeichnern von Aktien der Anspruch bedungen wurde, bei künftigen Kapitalerhöhungen einen bestimmten Bruchteil der jungen Aktien zu einem bestimmten Preis — meistens dem Nennbetrag — zu beziehen, schuf nach damaligem Recht ein unter Umständen äußerst wertvolles Recht. Wäre die Absicht des Gesetzes gewesen, in diese wohlerworbenen Rechte einzugreifen, hätte es das in irgend einer Weise zum Ausdruck bringen müssen. Aber nicht nur ist das nicht geschehen, sondern es ist bei der Beratung des Entwurfs in der Reichstagskommission allseitig das Gegenteil als die Absicht des Gesetzes bezeichnet worden. So hat denn auch des weiteren die Rechtsprechung daran festgehalten. — Das Bezugsrecht der ersten Zeichner gilt im Zweifel nur bei Erhöhung des Grundkapitals über den ürsprünglichen Betrag, entfällt dagegen, wenn und soweit es bei der Erhöhung darauf abgesehen ist, eine voraufgegangene Herabsetzung des Grundkapitals wieder wett zu machen. Das Bezugsrecht kann m. a. W. wegen der Erhöhung auf einen bestimmten Betrag nicht wiederholt geltend gemacht werden; RG 47, 24. A. A. Staub in HoldhMS 1899, 209. — Steht dem Aktionär als solchem das Bezugsrecht zu, so muß dieser im ununterbrochenen Besitz mindestens einer Aktie geblieben sein und zwar im Eigenbesitz; RG 63, 404. Das dem Gründer usw. für seine Person bedungene Bezugsrecht ist anderseits ohne Rücksicht auf Aktienbesitz veräußerlich und vererblich; RG 65, 22.

b) Das Bezugsrecht erlischt nicht schon dadurch, daß die Gesellschaft aufgelöst wird, weil denkbar ist, daß auch im Stadium der Liquidation eine Erhöhung des Grundkapitals stattfindet. Aber durch das Bezugsrecht ist die Gesellschaft nicht gehindert, vor der Zeit ihre Auflösung, eine Fusion u. dgl. (§§ 303 ff.) zu beschließen. — Ist Bezugsberechtigter eine offene Handelsgesellschaft, so erlischt das Recht nicht durch ihre Auflösung; RG 65, 21. S. aber auch RG 97, 239: Wenn einem bei Gründung der Gesellschaft tätigen und an der Aktienzeichnung beteiligten Bankhaus als solchem ohne Hinweis auf die Zeichnung und ohne Rücksicht auf etwaigen Aktienbesitz ein Bezugsrecht eingeräumt wird, so kann das nach kaufmännischer Anschauung nur dahin verstanden werden, daß das Recht dem Bankhaus zustehen soll, so lange, als es als solches besteht, daß es aber das Bestehen der Firma nicht überdauern soll. — Die Gesellschaft muß dem Berechtigten die Aktie für den vereinbarten Preis (Nennbetrag) anbieten und darf nicht eine Pauschalsumme für Stempel-, Druck-, Anfertigungskosten aufschlagen; JW 1901, 617⁴. — Das Bezugsrecht steht demjenigen zu, welcher in eigenem Namen die Aktien gezeichnet hat, mag es auch für fremde Rechnung geschehen sein; JW 1901, 485⁷.

c) Das Gründerbezugsrecht wird dadurch nicht vereitelt, daß nur Sacheinlagen bedungen werden; die Generalversammlung kann ohne Rechtsverletzung nur Kapitalserhöhungen beschließen, welche mit dem Bezugsrecht in Einklang zu bringen sind; anderenfalls kann jeder Aktionär den Beschluß auf Grund § 271 anfechten; RG 108, 29. Das Gericht nimmt an, daß wenn Bezugsberechtigter ein Aktionär als solcher ist, er auf Anfechtung des sein Recht verletzenden Beschlusses angewiesen sei, während, wenn ihm das Recht für seine Person zusteht, der Generalversammlungsbeschluß sein Recht überhaupt nicht beeinträchtigen kann. Es ist aber kein Grund zu bezweifeln, daß das Gründerbezugsrecht ein Gläubigerrecht darstellt, an welchem jeder Generalversammlungsbeschluß machtlos abprallt.

d) Dagegen wird dadurch, daß das gesetzliche allgemeine Bezugsrecht des Aktionärs im Statut ausdrücklich bedungen wird, kein Sonderrecht geschaffen. Eine solche Bestimmung kann durch Statutenänderung beseitigt werden; BauersZ 25, 8 (Dresden); Holdheim in HoldhMS 1898, 117.

§ 284.

Die erfolgte Erhöhung[1] des Grundkapitals ist von sämtlichen Mitgliedern des Vorstandes und des Aufsichtsrats zur Eintragung in das Handelsregister anzumelden[2].

Der Anmeldung sind beizufügen:

1. die Duplikate der Zeichnungsscheine und ein von den Mitgliedern des Vorstandes unterschriebenes Verzeichnis der Zeichner, welches die auf jeden entfallenen Aktien sowie die auf die letzteren geschehenen Einzahlungen angibt;

2. im Falle des § 279 die Verträge, welche den dort bezeichneten Festsetzungen zugrunde liegen oder zu ihrer Ausführung geschlossen sind;

3. eine Berechnung der für die Gesellschaft durch die Ausgabe der neuen Aktien entstehenden Kosten;

4. wenn die Erhöhung des Grundkapitals mit Rücksicht auf den Gegenstand des Unternehmens der staatlichen Genehmigung bedarf, sowie in den Fällen des § 180 Abs. 2 die Genehmigungsurkunde.

Die Vorschriften des § 195 Abs 3 finden Anwendung[3].

Die der Anmeldung beigefügten Schriftstücke werden bei dem Gericht in Urschrift oder in beglaubigter Abschrift aufbewahrt.

In die Veröffentlichung, durch welche die Eintragung bekannt gemacht wird, ist auch der Betrag, zu welchem die Aktien ausgegeben werden, aufzunehmen[4] [5].

1. Ob es zu der beschlossenen Kapitalerhöhung wirklich kommt, hängt davon ab, ob es gelingt, das neue Kapital auf-, d. h. sämtliche neu auszugebende Aktien unterzubringen. Wie die A-Gesellschaft nicht eher entstehen kann, als bis das Grundkapital aufgebracht ist, so auch nicht die Erhöhung des Grundkapitals eher, als bis alle jungen Aktien gezeichnet sind. Und wie die A-Gesellschaft alsdann erst dadurch entsteht, daß sie in das Handelsregister eingetragen wird, so gilt das gleiche von der Erhöhung des Grundkapitals und der Eintragung, daß sie erfolgt sei. Diese letzte Wendung, es müsse die „erfolgte" Erhöhung zur Eintragung in das Handelsregister angemeldet werden, hat Schwierigkeiten gemacht. Denn wenn die Kapitalerhöhung mit der auf die Anmeldung erfolgende Eintragung in das Handelsregister überhaupt erst wirksam wird, dann erscheint unverständlich, was man sich unter einer noch nicht rechtswirksamen Kapitalerhöhung denken soll, die gleichwohl schon erfolgt sein soll. Vgl. Makower § 278 II. In Wahrheit liegt gar keine Schwierigkeit vor. Es ist deutlich genug, daß das Wort erfolgt nur kurz ausdrücken will, daß alles geschehen sein muß, was Voraussetzung dafür ist, daß nunmehr die Kapitalerhöhung eingetragen werden kann und damit in Wirksamkeit tritt. Es ist, wie Staub-Pinner § 284 Einl. kurz und ziemlich treffend sagt, nachdem die Zeichnungen geschehen sind, die durchgeführte Kapitalerhöhung anzumelden usw. Ziemlich treffend, denn allerdings fehlt das eine noch, daß die gesetzliche oder statutarisch vorgeschriebene erste Rate auf die Einlage eingezahlt sein soll. Völlig zutreffend ist auch nicht, was Lehmann-Ring § 284[1] sagt: die Bestimmung des Gesellschaftsvertrages über das Grundkapital wird tatsächlich erst dadurch abgeändert, daß auf Grund des Erhöhungsbeschlusses das Zusatzkapital durch Zeichnungsverpflichtungen gedeckt ist; dagegen wird rechtlich die Abänderung nicht wirksam ohne Eintragung in das Handelsregister". Auch tatsächlich wird vor dieser Eintragung die Kapitalerhöhung nicht verwirklicht, kann vielmehr auch nach Zeichnung aller Aktien immer noch unterbleiben. — Zu spitz ist es, wenn Staub-Pinner § 284[7] daraus, daß hier nicht eigentlich ein Beschluß der Generalversammlung, sondern eine vollendete Tatsache angemeldet und eingetragen wird, die Folgerung zieht, daß § 144 FGG auf diese Eintragung nicht Anwendung findet, wonach eingetragene Beschlüsse der Generalversammlung als nichtig gelöscht werden können, oder richtiger gesagt, nur gelöscht werden können, wenn sie durch ihren Inhalt zwingende Vorschriften des Gesetzes verletzen und ihre Beseitigung im öffentlichen Interesse erforderlich erscheint. Der Kapitalerhöhungsbeschluß ist es, auf welchem auch die Eintragung der erfolgten Kapitalerhöhung beruht, die dann auch nicht erfolgen kann, wenn der Erhöhungsbeschluß nicht mehr in Kraft ist. Es handelt sich um die endgültige Eintragung des Statutenänderungsbeschlusses nach seiner Ausführung.

2. Wie die Erhöhung des Grundkapitals eine Art von Nach- oder Zusatzgründung der Gesellschaft ist (§ 278 Erl. 1 c), so entsprechen auch die Vorschriften über die Anmeldung der erfolgten Kapitalerhöhung denen über die Anmeldung der Gesellschaft in § 195.

Der für die Kapitalerhöhung grundlegende Beschluß ist bereits mit der in § 280 vorgeschriebenen Anmeldung beigebracht, sodaß der Z. 1 in § 195 II hier nichts entspricht.

Ziffer 1 § 284 entspricht der Z. 3 in § 195 II — Zeichnungsscheine sind für alle Aktien auszustellen und beizubringen, auch für diejenigen, auf welche Sachen eingebracht sind oder eingebracht werden sollen. S. Erl 1 zu § 281. Dagegen überhaupt nicht im Fall der Fusion (§ 305 I). Auch in das Verzeichnis müssen die Sacheinlagen aufgenommen werden; daß die Gegenstände bereits eingebracht sein müssen — was möglicherweise gar nicht ausführbar wäre, so unter Umständen, wenn es sich um Werkvertrag handelt —, ist nicht vorgeschrieben und braucht denn auch das Verzeichnis darüber Erklärungen nicht zu enthalten; Brand § 284[3] b; Makower § 284 II f.[1].

Ziffer 2 des § 284 entspricht der Ziffer 2 in § 195 II, Ziffer 3 etwa dem in Z. 2 § 195 II über den Gründungsaufwand gesagten.

Prüfung und Prüfungsbericht von Aufsichtsrat und Revisoren (§ 195 II Z. 5) kommen hier auch dann nicht in Frage, wenn Sachen eingebracht worden sind. Geschieht letzteres innerhalb zwei Jahren nach Entstehung der Gesellschaft, dann kommen §§ 207, 208 zur Anwendung (§ 279 II), es sind die betreffenden Verträge und der Bericht des Aufsichtsrats zum Handelsregister einzureichen, § 207 IV. Die herrschende Lehre wird auch hier annehmen (s. § 207 Erl 7), daß der Registerrichter die Eintragung der Kapitalerhöhung ablehnen kann oder muß, wenn die Sacheinlage in Ausführung einer schon vor Gründung der Gesellschaft getroffenen Vereinbarung erfolgen soll; RJA 7, 248; a. a. Goldschmit AG § 207[1]. — Im übrigen erachtet das Gesetz die Gesellschaft und die Aktionäre rechtspolizeilicher Schutzvorschriften nicht für bedürftig. Nur sollen die Kosten der Ausgabe der neuen Aktien d. h. der Kapitalerhöhung, Gerichts-, Notariatskosten, Steuern, Herstellung der Aktienurkunden, Provisionen offen gelegt (Berechnung) und der Kenntnisnahme allgemein zugänglich gemacht werden. Z. 3. Nicht die entstandenen Kosten, sondern die entstehenden, also auch die noch bevorstehenden Kosten — diese so genau wie möglich — müssen in Rechnung gestellt werden.

Ziffer 4 entspricht der Ziffer 6 in § 195 II: in den Fällen des § 180 II heißt, wenn die neuen Aktien auch wieder Kleinaktien sein sollen, die dann ebenfalls auf den Namen lauten müssen.

3. Nach Abs III finden die Vorschriften des § 195 III Anwendung, also unmittelbar. Indessen kann teilweise wohl nur entsprechende Anwendung in Frage kommen. Zwar gilt danach auch bei der Erhöhung des Grundkapitals, daß mindestens einviertel des Nennbetrages jeder Aktie sowie das etwaige Agio eingezahlt sein muß, soweit es sich um Geldeinlagen handelt, und auch hier gilt die Vorschrift — wie immer sie aufzufassen sein mag — daß es Barzahlung sein muß. Aber anders, wie bei der Gründung der Gesellschaft tritt hier die Frage auf, inwiefern hier Aufrechnung zulässig ist. Und es wäre unbegründet, die Frage zu verneinen, sofern nur der Schuld der Gesellschaft vollwertig ist. Vgl. Erl 6c zu § 195. Wenn unbedenklich die entsprechende Versicherung von den anmeldenden Vorstandsmitgliedern in dem Fall abgegeben werden kann, wo das Geld zur Stelle geschafft war und hin und her gegeben worden ist, so wäre es unverständlicher Formalismus, wollte man da, wo feststeht, daß das Geld der Gesellschaft zur Verfügung steht, darauf bestehen, daß dieses Hin- und Herschieben stattfindet. Zwar läßt sich in diesem Fall nicht versichern, daß der Betrag bar eingezahlt, wohl aber daß er im Besitz des Vorstandes gewesen und vermöge der Aufrechnung in seinem Besitz geblieben ist. Der Registerrichter hat keine Veranlassung, eine solche Versicherung zu beanstanden, wenn er keinen Grund hat, sie zu bezweifeln. Anders RGSt 53, 153; Brand § 284[2]. Der Versicherung bedarf es nicht, wenn nach Lage der Sache anzunehmen ist, daß Gegenstand der Einlage die Forderung gegen die Gesellschaft ist. Aber das ist doch nicht, wie Lehmann-Ring § 284[2] annimmt, immer der Fall, wenn Aufrechnung stattfindet.

Bei der Fusion, § 305, bleibt Abs III außer Anwendung.

Abs IV des § 195 ist hier gegenstandlos, Abs V des § 195 wird hier in Abs IV wörtlich wiederholt.

4. Zu Abs V vgl. § 199 I Z. 2. Richtiger müßte es hier wohl heißen: der Betrag, zu welchem die Aktien ausgegeben worden sind. Nach OLG 43, 275 wäre in der Anmeldung die Angabe des Betrages, zu welchem die Aktien ausgegeben werden, nicht erforderlich. Da der Registerrichter ihn bekannt machen soll, ist das doch wohl der Fall.

Die Anmeldung der erfolgten Kapitalerhöhung ist ebenso wie die Anmeldung der Gesellschaft und des Kapitalerhöhungsbeschlusses von sämtlichen Mitgliedern des Vorstandes und des Aufsichtsrats zu beschaffen. Vgl Erl 3a zu § 195. Sie alle ohne Ausnahme sollen die Verantwortung für die Anmeldung und namentlich für die in Abs III vorgeschriebene Versicherung über die Einzahlungen auf sich nehmen, so daß namentlich auch Stellvertretung gänzlich ausgeschlossen ist.

5. a) Eine dem § 198 entsprechende Vorschrift über den Inhalt der Eintragung fehlt hier. Die Eintragung einer Kapitalerhöhung kann daher sehr dürftig ausfallen. Sie kann sich darauf beschränken, daß das Grundkapital um so und soviel erhöht worden ist. Anzahl der Aktien oder des Betrages, auf welchen sie lauten, müssen selbst dann nicht eingetragen werden, wenn der Beschluß der Generalversammlung sich darüber ausläßt. Anders anscheinend Staub-Pinner § 284[5]. Die öffentliche Bekanntmachung deckt sich im allgemeinen mit der Eintragung. Hier wird nur vorgeschrieben, daß darüber hinaus der Ausgabebetrag bekannt gemacht wird. Es ist das derselbe Betrag, der im Fall des § 282 II vom Vorstand bekannt zu machen ist, der Betrag, welchen der erste Nehmer der Aktie zu zahlen hat.

b) Ein richterlicher Zwang zur Eintragung der erfolgten Kapitalerhöhung findet nicht statt, § 319 II. Trotz Eintragung des Erhöhungsbeschlusses gemäß § 280 behält die Gesellschaft freie Hand. Vorstands- und Aufsichtsratsmitglieder sind der Gesellschaft verpflichtet, die Anmeldung zu beschaffen. Aber die Zeichner der Aktien haben keinen Anspruch darauf, daß es geschieht. Der Vertrag mit ihnen ist unter der Bedingung geschlossen, daß die Kapitalerhöhung zustande kommt, was nicht der Fall ist, wenn die Mehrheit der Generalversammlung beschließt, von ihr Abstand zu nehmen.

c) Wegen der dem Registerrichter obliegenden Prüfungspflicht und deren Grenzen, Beschwerde, Löschung von Amts wegen s. Erl 4 zu § 195 und Erl 1 d zu § 280. — Ist ein Zeichnungsschein wegen seines Inhalts nichtig, so wird das von allen Scheinen gelten, weil die Scheine wörtlich übereinzustimmen pflegen. Ist das aber nicht der Fall oder ist ein Schein wegen Geschäftsunfähigkeit des Zeichners oder aus einem anderen in der Person des Zeichnenden liegenden Grunde nichtig, so hindert das nicht die Entstehung der Kapitalerhöhung, wenn diese zur Eintragung in das Handelsregister gelangt (vgl. Erl 2 zu § 281). Wohl aber kann der Registerrichter daraus Anlaß nehmen, die Eintragung zu beanstanden.

§ 285.

Die Anmeldung und Eintragung der erfolgten Erhöhung des Grundkapitals kann mit der Anmeldung und Eintragung des Beschlusses über die Erhöhung verbunden werden[1].

1. Die Vorschrift, daß zunächst sowohl der Kapitalerhöhungsbeschluß zum Handelsregister anzumelden ist und sodann die erfolgte Kapitalerhöhung, beruht auf der Novelle von 1884. Über die Gründe, welche dazu geführt haben, s. Erl 1 a zu § 280. Der § 285 bestimmt nur ausdrücklich, daß es nicht unzulässig sein soll, so wie bisher, schon vor Anmeldung des Kapitalerhöhungsbeschlusses die ganze Transaktion so weit im voraus einzuleiten und fortzuführen, daß mit der Anmeldung des Erhöhungsbeschlusses auch gleich gemeldet werden kann, daß die Erhöhung des Grundkapitals, d. h. die Zeichnung des ganzen Betrages und die Einzahlung der vorgeschriebenen Rate, erfolgt sei. Erst mit der Eintragung dieser letztgenannten Anmeldung kommt es rechtlich und tatsächlich zu der geplanten Erhebung des Grundkapitals. Erst diese Eintragung, obwohl sie nicht Eintragung eines Beschlusses der Generalversammlung ist, bewirkt die Statutenänderung.

§ 286.

Bei einem Gericht, in dessen Bezirke die Gesellschaft eine Zweigniederlassung hat, sind die in den §§ 280, 284 bezeichneten Anmeldungen zur Eintragung in das Handelsregister durch den Vorstand zu bewirken. Die Vorschrift des § 284 Abs 5 findet Anwendung; die Vorschriften des § 280 Abs 2 und des § 284 Abs 2 bis 4 bleiben außer Anwendung[1].

1. Während die Anmeldung der Gesellschaft zum Handelsregister einer Zweigniederlassung von allen Mitgliedern des Vorstandes ausgehen muß (§ 201 I), genügt bei der Kapitalerhöhung die Anmeldung durch den Vorstand, d. h. durch soviel Mitglieder als zur Vertretung der Gesellschaft erforderlich ist. Es bedarf nach § 13 II HGB des Nachweises, daß der Kapitalerhöhungsbeschluß und die Kapitalerhöhung — beides ist auch zum Register der Zweigniederlassung anzumelden — in das Register am Sitz der Gesellschaft eingetragen worden sind. Weiterer Belege bedarf es nicht. Auch nicht der in §§ 280 II, 284 III, 195 III vorgeschriebenen Versicherungen (daß das bisherige Grundkapital voll eingezahlt, daß auf die neuen Aktien die Mindestquote der Einlage und das Agio gezahlt sind); Abs 2—4 des § 284 finden keine Anwendung, wohl aber Abs 5. Es muß also in der Anmeldung angegeben werden, zu welchem Betrage die Aktien ausgegeben worden sind; a. A. Makower § 286 III; Brand § 286[3], denen zuzugeben ist, daß wenn es an der Angabe fehlt, der Richter schneller zum Ziel kommt, wenn er sich beim Register der Hauptniederlassung erkundigt. Bei der Anmeldung des Kapitalerhöhungsbeschlusses muß dieser im Original oder in öffentlich beglaubigter Abschrift beigebracht werden; Lehmann-Ring § 286.

Der Vorstand ist durch Androhung von Ordnungsstrafen zur Anmeldung nicht nur der erfolgten Kapitalerhöhung, sondern auch des voraufgegangenen Erhöhungsbeschlusses anzuhalten, nachdem die betreffende Eintragung in das Register am Sitz der Gesellschaft erfolgt ist. S. auch Erl zu § 201.

§ 287.

Bevor die erfolgte Erhöhung des Grundkapitals in das Handelsregister eingetragen ist, können Aktien und Interimsscheine auf das zu erhöhende Kapital nicht ausgegeben werden[1].

Die Anteilsrechte an dem zu erhöhenden Kapitale können vor diesem Zeitpunkte mit Wirksamkeit gegenüber der Gesellschaft nicht übertragen werden[2].

1. a) Rechtlich wirksam wird die Erhöhung des Grundkapitals erst mit ihrer Eintragung in das Handelsregister gemäß § 284. Die Eintragung wirkt konstitutiv. Das ergibt sich aus § 277 III; RG 55, 66. So schließlich auch Makower § 287 III, dessen Bedenken, soweit ersichtlich, von niemandem geteilt werden. Auch insofern entspricht der Vorgang der Kapitalerhöhung dem Vorgang der Entstehung der A-Gesellschaft, § 200 I 1. Und so bestimmt denn auch gegenwärtiger Paragraph in Beziehung auf die neuen Anteilrechte, was § 200 II über die bei der Gründung entstehenden Anteilrechte und die sie verkörpernden Urkunden vorschreibt.

b) Die vor der Eintragung in das Handelsregister ausgegebenen Aktien und Interimsscheine sind nichtig. Sie „können" vorher nicht ausgegeben werden. Vgl. D 171: Während in dem Fall der Ausgabe von Aktien usw. vor der Eintragung der Gesellschaft die Rechtsfolge der Nichtigkeit der Urkunden eintreten soll, ist für den Fall der Erhöhung des Grundkapitals in Art 215 c III das Verbot nur in der Form einer Anweisung gegeben, durch deren Übertretung die Gültigkeit der Urkunden nicht berührt wird; für eine so verschiedene Behandlung liegt indessen kein ausreichender Grund vor, da auch im Falle der Erhöhung des Grundkapitals die Erwerber der Aktien in der Lage sind zu prüfen, ob die Eintragung in das Handelsregister stattgefunden hat, und da auch hier ein dringendes Interesse besteht, die Ausgabe der Urkunden zu verhindern, solange nicht die Zulässigkeit der Kapitalserhöhung von dem Registergericht geprüft worden ist". Danach sind jetzt vorzeitig ausgegebene Aktien selbst dann nichtig, wenn der Vorstand sie im Einklang mit Beschlüssen der Generalversammlung ausgegeben hat; KGJ 28, 232. Sie werden auch dadurch nicht gültig, daß die beabsichtigte Kapitalerhöhung zustande kommt. Auch nachträgliche Genehmigung kann den Mangel jedenfalls dann nicht heilen, wenn die Urkunden das vorzeitige Datum tragen. Dagegen dürfte nichts entgegenstehen, die ausgegebenen Urkunden unter Umstempelung zu verwenden. Weitergehend Lehmann-Ring § 287[1]. Wie hier Brand § 287[2] a. — Ob nach früherem Recht auch solche Aktienurkunden gültig waren, d. h. Aktienrechte schufen, welche von Vorstandsmitgliedern betrügerischerweise angefertigt und ausgegeben worden sind, erscheint fraglich; RG 40, 147 hat es gegen Staub Art 218 b[6] bejaht. S. aber auch JW 1901, 540[9]. — Der § 794 I BGB findet auf Aktien nicht Anwendung. —

c) Strafvorschrift s. § 314 I Z. 3. — Streitig ist, ob die Vorschrift des § 209 I, 2 wonach die Ausgeber der Aktien den Besitzern schadensersatzpflichtig sind, hier entsprechende Anwendung findet. Staub-Pinner § 287[2] will nicht diese Vorschrift anwenden, welche für einen anderen Fall gegeben sei, sondern § 823 II BGB, weil der § 287 als Schutzgesetz auch für die Aktionäre anzusehen sei. Ebenso Goldschmit AG § 287[2]. Darauf kann es aber nicht ankommen, sondern nur darauf, ob die Vorschrift ein Schutzgesetz für denjenigen ist, welcher die nichtige Aktie erwirbt oder sonst irgendwie durch Vertrauen auf ihre Gültigkeit Schaden leidet. Und das läßt sich nicht behaupten. Der Inhalt der Vorschrift richtet sich vielmehr gerade im Gegenteil gegen jeden, der die Aktie erwirbt. Wollte die Vorschrift dem Schutz des Publikums dienen, müßte sie das Gegenteil bestimmen. — Die Vorschriften im gegenwärtigen Paragraphen und in § 209 stammen aus gemeinsamer Quelle, dem Art 215 c der Redaktion von 1884. Die dortigen Vorschriften haben — soweit sie hier interessieren, unverändert — übernommen werden sollen. Nur hat man sie, soweit sie sich auf nachträglich ausgegebene Aktien beziehen, abgetrennt und mit den Bestimmungen über die Kapitalerhöhung zusammengestellt. Was die Frage der Schadensersatzpflicht angeht, so gibt schon die Fassung des Art 215 c zu gleichem Zweifel Veranlassung. Auch dort ist die Ersatzpflicht ausdrücklich nur bestimmt in Abs II in bezug auf die bei der Gründung der Gesellschaft auszugebenden Aktien. Der Abs III bringt die Ausdehnung des Verbots der vorzeitigen Ausgabe von Aktien auf den Fall der Kapitalerhöhung, ohne daß gleichzeitig auch die Vorschrift wegen der Schadensersatzpflicht ausdrücklich auf diesen Fall ausgedehnt wird. Es kann kein Zweifel sein, daß das nichts Absichtliches gewesen ist, sondern nur Mangel an Umsicht in der Fassung des gesetzgeberischen Gedankens, ein Versehen, das durch entsprechende Anwendung der Vorschrift gut zu machen, sicherlich im Rahmen der der Rechtsprechung gestellten Aufgabe liegt. Und der Umstand, daß die Vorschriften jetzt voneinander getrennt an verschiedenen Stellen des Gesetzes stehen, kann daran nichts ändern. So Lehmann-Ring § 287[1]; Goldmann § 287; Brand § 287 2 c; nicht so bestimmt Makower § 287 I. Diese entsprechende Anwendung des § 209 erscheint um so mehr gerechtfertigt, als er nicht so sehr einen scharf umschriedenen Ersatzanspruch statuiert als vielmehr einen allgemeinen Leitgedanken ausspricht. Vgl. hierzu Erl 1 zu § 209.

2. Zu Abs II vgl. Erl 3 zu § 200, dessen Abs II mit gegenwärtiger Vorschrift sachlich übereinstimmt.

§ 288.

Eine Herabsetzung des Grundkapitals kann nur mit einer Mehrheit beschlossen werden, die mindestens drei Vierteile des bei der Beschlußfassung vertretenen Grundkapitals umfaßt. Der Gesellschaftsvertrag kann noch andere Erfordernisse aufstellen[1].

Durch den Beschluß muß zugleich festgesetzt werden, zu welchem Zwecke die Herabsetzung stattfindet, insbesondere, ob sie zur teilweisen Rückzahlung des Grundkapitals an die Aktionäre erfolgt, und in welcher Weise die Maßregel auszuführen ist[2].

Sind mehrere Gattungen von Aktien mit verschiedener Berechtigung vorhanden, so bedarf es neben dem Beschlusse der Generalversammlung eines in gesonderter Abstimmung gefaßten Beschlusses der Aktionäre jeder Gattung; auf diese Beschlußfassung finden die Vorschriften des Abs 1 und des § 275 Abs 3 Satz 2 Anwendung[3].

1. a) Die §§ 288—291 handeln von der Herabsetzung des Grundkapitals, § 288 von dem Herabsetzungsbeschluß, seinem Inhalt und seinem Zustandekommen, § 289 von der Anmeldung des Beschlusses zum Handelsregister und von seiner Durchführung im allgemeinen, § 290 von einer bestimmten besonderen Maßregel der Durchführung, § 291 von der Anmeldung der erfolgten Herabsetzung und ihrer Eintragung in das Handelsregister. — Ebenso wie die Erhöhung des Grundkapitals ist seine Herabsetzung Statutenänderung, auf welche §§ 274 ff. Anwendung finden, soweit nicht die Sondervorschriften in §§ 288—291 anders bestimmen.

b) Während die Erhöhung des Grundkapitals eine entsprechende Vermehrung des Gesellschaftsvermögens zur unerläßlichen Grundlage hat, so daß es sich immer zugleich und eigentlich in erster Linie um einen realen Vorgang der Vermögensvermehrung handelt, besteht die Herabsetzung des Grundkapitals an und für sich nur in einer Buchoperation, die wohl auch mit der entsprechenden Vermögensverminderung verbunden sein kann, es aber nicht sein muß, so daß es nicht zum Wesen der Sache gehört und nicht in den Begriff fällt. Das Grundkapital ist zu denken als der Betrag des Reinvermögens der Gesellschaft im Moment ihrer Entstehung und bildet so in der Eröffnungsbilanz das, was beim Einzelkaufmann das Kapitalkonto ist. Aber nach § 261 Z. 5 ist, anders wie beim Einzelkaufmann, dieser Passivposten in der Folgezeit unverändert beizubehalten, gleichviel, welches die Geschäftsergebnisse gewesen sind und wie sich das Vermögen der Gesellschaft gestaltet hat. Ist es gewachsen, so erscheint das Mehr in der Bilanz als Gewinn oder Reserve, ist es gemindert, so ist Unterbilanz vorhanden und das Passiv-Saldo auf der Aktivseite weist dessen Höhe auf. Das ist zwingendes Recht. Nun gibt es aber Geschäftslagen, wo diese Unveränderlichkeit des Grundkapitalkontos mit ihren Folgen unbequem, unersprießlich, unerträglich wird und eine Herabminderung unabweisbares Bedürfnis ist. Andererseits liegt in dieser Unveränderlichkeit des Grundkapitalpostens ein wesentlicher Schutz für die Gläubiger der Gesellschaft. Beidem trägt das Gesetz Rechnung, indem es die Verminderung für zulässig erklärt, wenn sie nach den dafür besonders gegebenen Vorschriften, die dem Schutz der Gesellschaftsgläubiger dienen, geschieht. An und für sich ist diese Herabsetzung des Grundkapitalkontos eine farblose Maßregel, ähnlich etwa dem abstrakten Rechtsgeschäft im Verhältnis zum kausalen. Man versteht sie erst, wenn man den Zweck erfährt, zu welchem sie geschieht. Die Zwecke können verschiedene sein. Aber immer handelt es sich um zweierlei. Entweder man hat zu viel Geld und man will es los werden, um es — sofort oder gelegentlich (vgl. RG 103, 367) — an die Aktionäre — alle oder einzelne — zurückzahlen zu können, oder die Gesellschaft hat zu wenig Geld, es besteht Unterbilanz und man will diese mit einem Federstrich beseitigen, statt darauf zu warten, daß sie durch Betriebsgewinne wieder eingebracht wird. Das bedeutet, daß die Gesellschafter den eingetretenen Verlust als endgültigen Kapitalverlust hinnehmen, um nicht länger auf den Bezug des mit dem verringerten Vermögen erzielten Ertrages warten zu müssen. Im erstgenannten Fall handelt es sich um allgemeine Rückzahlung bereits gezahlter Einlage (oder um Erlaß noch geschuldeter Raten) oder es ist darauf abgesehen, eine Anzahl von Aktien durch Einziehung zu beseitigen, oder endlich darauf, freie Reserven zu schaffen. Immer muß der Betrag der ausgegebenen und umlaufenden Aktien mit der neuen Ziffer des Grundkapitals in Einklang gebracht werden. So gruppieren sich um die eigentliche Herabsetzung des Grundkapitals, die nichts ist als eine Buchung, — zeitlich teils voraufgehend, teils nachfolgend — eine Reihe von Ausführungshandlungen. Und ein Drittes ist, daß die vom Gesetz getroffenen Bestimmungen zum Schutz der Gläubiger zu befolgen sind; diese müssen befriedigt oder sichergestellt werden und mit Auszahlungen an Aktionäre, die durch die Minderung des Grundkapitals zulässig werden, oder mit dem Erlaß ausstehender Raten muß bis Ablauf des Sperrjahres gewartet werden. So tritt von vornherein die Frage auf, welches denn eigentlich der Tatbestand der Herabsetzung des Grundkapitals ist. Ist er die reine Buchoperation oder gar nur die Möglichkeit der zulässigen Umbuchung oder gehören dazu die Ausführungshandlungen in Beziehung auf die ausgegebenen und umlaufenden Aktien oder endlich außer diesem auch noch die Wahrung der Gläubigerschutzbestimmungen, namentlich also auch der Ablauf des Sperrjahrs. S. hierüber Erl 1 zu § 291.

c) Zu beachten ist, daß die Herabsetzung des Grundkapitals zu dem Zwecke der Amortisation von Aktien nur ausführbar ist, wenn im Statut die Amortisation für zulässig erklärt wird; § 227 I 1 und Erl 2a dazu.

d) Nach § 274 II muß die beabsichtigte Änderung des Gesellschaftsvertrages in der Einberufung der Generalversammlung als Gegenstand der Tagesordnung nach ihrem wesentlichen Inhalt erkennbar gemacht werden. Das gilt auch hier, und auch hier kann, was wesentlich ist, nur nach Lage des einzelnen Falles entschieden werden. Jedenfalls kommt die oben unter b erwähnte abstrakte Natur der Kapitalherabsetzung zur Geltung, vermöge deren man sie nicht aus sich selbst versteht. Es muß auch die Kausa, der Zweck der Maßregel deutlich, es müssen auch gegebenenfalls die Mittel der Durchführung angekündigt werden, namentlich dann, wenn es auf Zusammenlegung von Aktien abgesehen ist und damit Aktionären Verlust des Aktienrechts überhaupt in Aussicht gestellt wird; OLG 38, 179 (Dresden). Sind mehrere Aktiengattungen vorhanden, so muß auf die erforderliche Sonderabstimmung hingewiesen werden; §§ 288 III, 275 III. Vgl. Staub-Pinner § 288[11] unter 2. Die Generalversammlung muß selbst den Beschluß fassen und zwar bis in die Einzelheiten hinein. Sie kann und muß zwar die Durchführung dem Vorstand überlassen oder auch dem Aufsichtsrat, allein oder in Verbindung mit dem Vorstand, übertragen; die Maßregel selbst muß aber in ganzer Vollständigkeit der Generalversammlung zur Entscheidung unterbreitet werden. Das für Statutenänderungen gesetzlich vorgeschriebene Stimmverhältnis kann für diesen Fall im Statut nicht abgeschwächt werden. Aber es steht nichts im Wege, die Annahme des Beschlusses noch darüber hinaus zu erschweren.

e) Nach der Goldbilanzverordnung muß das Grundkapital der A-Gesellschaft nach der Umstellung mindestens 5000 M., bei Neugründungen von A-Gesellschaften mindestens 50 000 M. betragen. Unter diese Sätze darf auch bei Herabsetzung des Grundkapitals nicht heruntergegangen werden. — Eine Neugründung liegt vor, wenn die Gesellschaft nach dem 30. Dezember 1923 (Tag, an welchem die GBV in Kraft getreten ist) in das Handelsregister eingetragen worden ist oder wenn eine bestehende A-Gesellschaft in ihren Verhältnissen, insbesondere ihrer Verfassung, der Zusammensetzung ihrer Organe sowie in der Art ihres Geschäftsbetriebes derart geändert wird, daß sie nicht mehr als eine Fortführung der bisherigen Gesellschaft angesehen werden kann. Letzteres richtet sich insbesondere auch gegen den sogenannten Mantelkauf, den Fall, daß ein Kaufmann alle Aktien einer A-Gesellschaft erwirbt, nicht um das bisherige Unternehmen der Gesellschaft fortzuführen, sondern um das eigene Unternehmen in Gestalt der A-Gesellschaft zu betreiben. S. § 180 Erl 1.

2. a) Was den Inhalt des Beschlusses angeht, so bedarf es vor allen Dingen der Angabe, zu welchem Zweck das Grundkapital herabgesetzt werden soll. Es genügt nicht, daß man sich in der Generalversammlung über den Zweck unterhält und einigt. Schon im Antrag, welcher der Generalversammlung unterbreitet wird, muß der Zweck angegeben und also auch mit der Tagesordnung öffentlich bekanntgemacht werden, wie ja auch der Zweck nicht nur die Aktionäre sondern auch Dritte, namentlich die Gesellschaftsgläubiger, interessiert; DJZ 1908, 86 (München), „Abrundung des Grundkapitals" ist unzulässiger Zweck der Herabsetzung durch Ankauf von Aktien; JurRdsch 1926, 950 (KG). Anders KGJ 34, 172 (KG). Es können auch mehrere Zwecke miteinander verbunden sein. Der oder die Zwecke müssen dann sämtlich ausdrücklich genannt sein.

b) Es muß im Beschluß der Betrag genannt sein, um welchen das Grundkapital herabgesetzt wird, was hinreichend anschaulich nur ist, wenn zugleich die Höhe des Grundkapitals im ganzen genannt wird. Es ist aber, wie bei der Erhöhung des Grundkapitals auch hier zulässig, daß zunächst nur ein Höchstbetrag der Herabsetzung beschlossen und die genauere Bestimmung des Betrages innerhalb dieser Grenze vorbehalten bleibt; HoldhMS 1897, 131; OLG 19, 335 (Braunschweig). Ist gesagt, es solle das Grundkapital auf 800 000 M. durch Rückkauf von Aktien zum Nennbetrag von 200 000 M. herabgesetzt werden, so ist damit deutlich genug gesagt, daß es sich um eine Maximalgrenze handelt; Bauer 6, 76 (Dresden). Man wird sogar zugeben müssen, daß auch der festbestimmte Betrag zwar nicht überschritten werden darf, aber nicht unbedingt eingehalten werden muß. Wie die Gesellschaft auch nach der Anmeldung des Beschlusses zum Handelsregister niemandem verpflichtet ist, ihn auszuführen, so verletzt sie auch niemandes Recht, wenn sie teilweise von der im eingetragenen Beschluß angekündigten Herabsetzung absieht. Bei Herabsetzung zum Zwecke der Beseitigung einer Unterbilanz wird ohnehin die Rechnung niemals glatt aufgehen. Erst nach Ablauf des Sperrjahrs wird sich zeigen, ob man hoch genug oder zu hoch gegriffen hat; vgl. RG 101, 199. Daß der Beschluß nichtig ist, wenn in Wahrheit eine Unterbilanz nicht bestanden hat (so Makower § 288 IV c), kann nicht angenommen werden. — Die Eintragung des Beschlusses kann nicht deshalb abgelehnt werden, weil es (bei Bestimmung eines Höchstbetrages) sich so gestalten kann, daß es schließlich zu einer Herabsetzung des Grundkapitals überhaupt nicht kommt; OLG 19, 335 (Braunschweig). Es ist aber auch zulässig, mit dem Zweck, die Unterbilanz zu beseitigen, den ferneren Zweck zu verbinden, den hierzu nicht zur Verwendung kommenden Betrag zur Rückstellung zu verwenden. Vgl. RG 103, 367. Auch bei der Herabsetzung aus Anlaß der Amortisation von Aktien läßt sich der Betrag nicht immer mit Bestimmtheit voraussehen, namentlich nicht, wenn Amortisation im Wege des Ankaufs der Aktien im Plane liegt. — Werden in letzterem Fall die Aktien über pari erworben, so darf gleichwohl das Grundkapital nur um die Summe aller Nennbeträge gekürzt werden. Der in dem Überpreis liegende Verlust muß anderweit gedeckt werden. Daß in dem Beschluß wegen des Kaufpreises dem Vorstand ein Limitum gesetzt wird, ist zu empfehlen, aber nicht notwendig. Stehen die Aktien im Kurse unter pari und werden sie insofern mit Vorteil erworben, so muß gleichwohl das Grundkapital um den vollen Nennwert gekürzt werden. Die Annahme, daß der Disagio-Gewinn zum gesetzlichen Reservefonds geschrieben werden müsse (Staub-Pinner § 288[14]; Leist, Die Sanierung 56, 73 Note 2 und HoldhMS 15, 66; Jacobson in HoldhMS 1912, 148) beruht auf freier entsprechender Anwendung des § 262 Z. 2, die nicht genügend gerechtfertigt erscheint. Jedenfalls hat doch die Generalversammlung volle Freiheit, sich zu entschließen, zu welchem Zwecke das Grundkapital gemindert werden soll, und daß die Absicht gewesen sei, daß der Gewinn nicht freie, sondern Zwangsreserve werden solle, kann nur angenommen werden, wenn es zum Ausdruck gekommen ist. Simon (Bilanzen 216 unter 3), auf den man sich beruft, sagt nur, daß der Gewinn nicht verteilbar sei und zu dem Reservefonds fließen müsse. Vom gesetzlichen Reservefonds spricht er nicht. Wie hier Goldschmit AG § 288[16]. Die Ausführungen Leists lassen die nötige Unterscheidung vermissen zwischen dem, was bilanzrechtlich und dem, was gesellschaftsrechtlich zulässig oder geboten ist. Ob der Disagiogewinn dem gesetzlichen oder überhaupt einem Reservefonds zugeführt werden muß, hängt davon ab, ob die Generalversammlung ihn nicht zur Verstärkung der Dividende verwenden darf, und nicht umgekehrt. Vgl. RG 103, 367. Bilanzrechtlich steht der Gewinnverteilung nichts entgegen (nur muß das Sperrjahr eingehalten werden), aber gesellschaftsrechtlich ist sie nur zulässig, wenn kein Aktionär widerspricht, und dieser Rechtslage wird allein dadurch genügt, daß der Disagio-Gewinn zu freier Rückstellung verbucht wird. S. § 262 Erl. 5b, § 261 Erl. 9c.

c) Im Beschluß muß gesagt sein, wie die durch die Herabsetzung des Grundkapitals bedingte Reduktion der Aktien zur Durchführung kommen soll. Die Entscheidung hierüber kann die Generalversammlung nicht aus der Hand geben. Zu weitgehend RG 26, 133. Unerläßlich ist, daß um denselben Betrag wie das Grundkapital die Summe des Nennbetrages aller Aktien herabgesetzt wird (anders wohl auch nicht Makower § 278 II c). Unerläßlich ist, daß alle Aktionäre hiervon gleichmäßig getroffen werden, sofern nicht für ungleichmäßige Behandlung ein besonderer Rechtstitel vorhanden ist oder die benachteiligten Aktionäre sich einverstanden erklären. Die Zurückführung der Summe aller Nennbeträge auf den Betrag des geminderten Grundkapitals kann durch entsprechende Herabsetzung des Nennbetrages der Aktien, Denomination, erfolgen, wobei sämtliche Aktien gleichmäßig herabgesetzt werden müssen (a. A. anscheinend Staub-Pinner § 288[8]), oder durch Zusammenlegung mehrerer Aktien zu einer (oder auch drei zu zwei usw.). Die offenbare Ungleichmäßigkeit der Behandlung derjenigen Aktionäre, welche infolge dieser letzteren Operation mit den „Spitzen" von der Beteiligung an der Gesellschaft ausgeschlossen werden, hat zunächst die tatsächliche Übung dann auch die Gesetzgebung (§ 290) aus zwingenden Gründen des praktischen Bedürfnisses hingenommen; s. Erl 1 zu § 290. Jedenfalls muß in dem der Generalversammlung unterbreiteten Antrag und dementsprechend dann auch in dem Beschluß selbst deutlich und bestimmt erklärt werden, auf welche Weise die beiden Ziffern miteinander in Einklang gebracht werden sollen. Es geht aber zu weit, wenn Lehmann-Ring § 288[7] (ebenso D 172) für erforderlich erklärt, daß auch die an sich ganz nebensächlichen Fragen, wie Umtausch und Abstempelung, Vernichtung der Aktienurkunden usw. der Generalversammlung zur Entscheidung mit qualifizierter Mehrheit unterbreitet werden müßten, oder wenn Makower § 288 IV d behauptet, die Entscheidung, ob die Aktienurkunden umgestempelt oder umgetauscht werden sollen, müsse die Generalversammlung treffen. Es ist auch, wenn Amortisation unter Ankauf der zu vernichtenden Aktien am Werke ist, das ausdrücklich zu proklamieren. Anders RG 26, 134: Die Generalversammlung hat auch die Art der Verminderung — Zusammenlegung von Aktien, Abstempelung auf einen geringeren Betrag mit oder ohne Barzahlung, Rückkauf — zu beschließen (was zweifellos richtig ist), und ebenso (was offenbar zu weit geht) die zur Durchführung erforderlichen Maßregeln, z. B. Ankauf am Markte, Minuslizitation, Bestimmung des zu bewilligenden Maximalpreises". Es muß genügen, wenn die Versammlung die Amortisation von Aktien mit Einverständnis der Eigentümer vorzunehmen beschlossen hat und es hätte keinen Zweck, den Vorstand in der Freiheit zu beschränken, beim Ankauf der Aktien alle günstigen Gelegenheiten, die sich ihm bieten, wahrzunehmen. Zulässig ist es, aber nicht notwendig. — Auf den sprachlichen Ausdruck kommt es nicht an, wenn nur der Sinn deutlich ist. Der Beschluß, der Vorstand wird ermächtigt, Aktien bis zum Nominalbetrag von 2 500 000 M. zu einem Preise von 60% zum Zwecke der Reduktion des Aktienkapitals unter Beobachtung der gesetzlichen Bestimmungen anzukaufen und demnächst zu vernichten, soll nach Leist, Sanierung 73 an einem großen Mangel juristischer Genauigkeit leiden, läßt aber in Wahrheit nichts zu wünschen übrig; das Grundkapital soll um den genannten Betrag herabgesetzt werden durch Ankauf und Einziehung von Aktien zu limitiertem Preis. Daß über das Agio nichts gesagt ist, erscheint gerade von Standpunkt Leists aus ganz bedeutungslos, der annimmt, daß es kraft Gesetzes dem gesetzlichen Reservefonds zugeschrieben werden müsse. In Wahrheit hat die Generalversammlung über die Verwendung zu beschließen, wenn im Herabsetzungsbeschluß nichts darüber bestimmt ist. Sie kann den Betrag auch als Gewinn verteilen, wenn niemand widerspricht (S. oben unter b). Nur dürfte dieser Gewinn ebenso wie der Preis für die angekauften Aktien nicht vor Ablauf des Sperrjahrs ausgezahlt werden. RG 103, 368. Insofern muß der Betrag in der in dieses Jahr fallenden Jahresbilanz zurückgestellt werden; Vgl. hierzu und über die Einziehung der Aktien in Form der Submission Leist § 36. Im Fall RG 26, 133 lautete der Beschluß sehr unbestimmt. Aber das, was das Gericht für unbeachtlich erklärt, weil es nur mündlich bedungen sein sollte, nämlich, daß der Rückkauf nicht zum Nennbetrag, sondern bestmöglich stattfinden sollte, und daß jedem Aktionär freistehen sollte, auf einen Verkauf seiner Aktien nicht einzugehen, brauchte wohl nicht im Beschlusse zu stehen, namentlich nicht das letztere, weil es selbstverständlich war. Was fehlte, war die unzweideutige Bezeichnung des Betrages, um welchen das Grundkapital herabgesetzt werden sollte.

Im Falle Holdh 1, 107 (München) war der Kapitalherabsetzungsbeschluß in sich geschlossen und deutlich, so daß seine Eintragung nicht deshalb hätte abgelehnt werden dürfen, weil ein Vertrag mit der Transaktion in engem Zusammenhang stand, welcher bedenklich erschien. Zu beanstanden war vielmehr der Beschluß, weil die Zusammenlegung für den Fall, daß nicht zugezahlt wird, nur der Hälfte aller vorhandenen Aktien angedroht, die andere Hälfte ohne weiteres zu Vorzugsaktien erklärt wurde; aber auch dieses Bedenken war dadurch erledigt, daß offenbar der Beschluß von keiner Seite angefochten worden war. Vgl. im übrigen zu dem Urteil Erl 5 a zu § 226 und Erl 1 zu § 290. Sehr entgegenkommend LZ. 1918, 1155, 5, Dresden. Was aus den alten Aktien werden soll, braucht im Beschluß nicht gesagt zu sein. Nach HoldhMS. 12, 230 genügt Kennzeichnung der in Geltung bleibenden Aktien nach laufender Nummer.

d) Wird dem Aufsichtsrat die Durchführung der Umwandlung der Aktien übertragen, so muß dabei eine Frist bestimmt werden, innerhalb welcher es geschehen sein muß; HoldhMS 1897, 129 (KG); 1892, 107; KGJ 16, 21. RG in LZ 1909, 237[2]; BauersZ 12, 53 (Dresden). — Vgl. auch RG 80, 81.

3. Sind mehrere Aktiengattungen vorhanden, so muß jede von ihnen auch noch gesondert abstimmen. Es kommt nicht darauf an, welche von ihnen oder ob eine von ihnen gegenüber anderen durch die Herabsetzung des Grundkapitals benachteiligt wird. Vgl. Erl 3 zu § 275 und Erl 3 278. Die gesonderte Abstimmung kann gültig nur stattfinden, wenn sie in der bekannt gemachten Tagesordnung angekündigt worden ist, § 275 III[2].

§ 289.

Der Beschluß über die Herabsetzung des Grundkapitals ist von sämtlichen Mitgliedern des Vorstandes zur Eintragung in das Handelsregister anzumelden[1].

Der Vorstand hat unter Hinweis auf die beschlossene Herabsetzung des Grundkapitals nach der Eintragung des Beschlusses die Gläubiger der Gesellschaft aufzufordern, ihre Ansprüche anzumelden. Die Aufforderung ist dreimal in den Gesellschaftsblättern zu veröffentlichen. Bekannte Gläubiger sind durch besondere Mitteilung zur Anmeldung aufzufordern[2].

Den Gläubigern, deren Forderungen vor der letzten öffentlichen Aufforderung begründet sind, ist Befriedigung zu gewähren oder Sicherheit zu leisten, sofern sie sich zu diesem Zwecke melden[3].

Zahlungen an die Aktionäre dürfen auf Grund der Herabsetzung des Grundkapitals erst erfolgen, nachdem seit dem Tage, an welchem die im Abs 2 vorgeschriebene öffentliche Aufforderung zum dritten Male stattgefunden hat, ein Jahr verstrichen ist und nachdem die Gläubiger, die sich gemeldet haben, befriedigt oder sichergestellt worden sind[4]. Eine durch die Herabsetzung bezweckte Befreiung der Aktionäre von

der Verpflichtung zur Leistung von Einlagen auf die Aktien tritt nicht vor dem bezeichneten Zeitpunkt in Wirksamkeit[5].

1. a) Während im allgemeinen Statutenänderungen durch den Vorstand zum Handelsregister anzumelden sind, § 277 I[2], dagegen der Beschluß, das Grundkapital zu erhöhen, durch alle Mitglieder des Vorstandes und Aufsichtsrats §§ 280 I, 284 I, muß der Beschluß das Grundkapital herabzusetzen, durch sämtliche Mitglieder des Vorstandes angemeldet werden. Die Heranziehung aller Mitglieder beider Organe bei der Kapitalerhöhung hat ihren Grund darin, daß mit der Anmeldung bestimmte Versicherungen abzugeben sind, für welche ausnahmslos alle Mitglieder beider Organe die Verantwortung übernehmen sollen. Daraus ergibt sich denn auch, daß eine Stellvertretung der einzelnen Mitglieder durch rechtsgeschäftlich bestellte Bevollmächtigte ausgeschlossen ist. Ganz folgerecht hatte der Entwurf der Novelle von 1900 bei der Kapitalherabsetzung, wo gemäß § 237 I eine solche Versicherung der Anmeldenden nicht in Frage kommt, es bei der Anmeldung durch den Vorstand, also durch soviel Mitglieder, als zur Vertretung der Gesellschaft erforderlich ist, bewenden lassen. Die endgültige Fassung der Vorschrift beruht auf einem Beschluß der Reichstagskommission, der ganz unverständlich damit begründet worden ist, es läge im allgemeinen Interesse, den Beschluß zur öffentlichen Kenntnis zu bringen. Daß der Beschluß noch vor der an die Gläubiger zu richtenden Aufforderung in das Handelsregister eingetragen sein mußte, stand schon im Entwurf. Das neue war nur, daß sich alle Vorstandsmitglieder an der Anmeldung beteiligen sollten. Wie das der inneren ratio entbehrt, so ist auch kein Grund anzunehmen, daß auch hier Stellvertretung unzulässig wäre. Dagegen hat man offenbar nur versäumt, für die Anmeldung des Beschlusses zum Handelsregister einer Zweigniederlassung eine gleiche Erleichterung zu bestimmen, wie sie für die Kapitalerhöhung in § 286 vorgesehen ist. Nach § 13 HGB wird also auch hier die Anmeldung von sämtlichen Vorstandsmitglieder zu beschaffen sein.

Im übrigen findet auf diese Anmeldnug § 277 II III Anwendung. Ebenso muß die öffentliche Bekanntmachung der Eintragung nach § 277 II erfolgen.

b) Der Vorstand kann vom Registerrichter nicht angehalten werden, den Kapitalherabsetzungsbeschluß zum Handelsregister anzumelden. Es liegt das in der Natur der Sache, weil die Gesellschaft, auch nachdem die Generalversammlung den Herabsetzungsbeschluß gefaßt hat, bis zu seiner Ausführung noch immer freie Hand behält, sich anders zu entschließen. Allerdings wird in § 319 II zwar der § 280 I und der § 284 I genannt, der § 289 I dagegen nicht. Es ist das offenbar nur ein Versehen. Der § 319 II bestimmt von einer Anzahl von Beschlüssen, deren Eintragung in das Handelsregister konstitutiv wirkt, daß ein richterlicher Zwang zur Anmeldung nicht stattfindet, und betont damit nur ausdrücklich, was sich auch ohne die Vorschrift aus dem Zusammenhang ergäbe. Es hätte entweder auch die gegenwärtige Vorschrift genannt werden müssen oder die §§ 280 I, 284 I mußten unerwähnt, richtiger noch der ganze Abs II des § 319 fortbleiben. Dagegen findet, nachdem der Beschluß in das Handelsregister am Sitz der Gesellschaft eingetragen worden ist, wegen der Anmeldung zum Handelsregister einer Zweigniederlassung das Ordnungsstrafverfahren statt; § 13 HGB.

2. Die Absätze II—IV sind die Gläubigerschutzvorschriften. Öffentliche Aufforderung der Gläubiger, sich zu melden, Befriedigung der Gläubiger oder Sicherstellung und Einhaltung des Sperrjahrs.

Die Aufforderung der Gläubiger, sich zu melden, muß stets durch öffentliche Bekanntmachung erfolgen, auch dann, wenn der Vorstand überzeugt sein kann, daß Gläubiger nicht vorhanden sind. A. A. Goldschmit AG § 289[5]. Sie kann wirksam erst ergehen, nachdem der Kapitalherabsetzungsbeschluß in das Handelsregister eingetragen worden ist, und sie muß auf die beschlossene Herabsetzung des Grundkapitals hinweisen; ROHG 20, 97. Die Aufforderung muß in jedem der mehreren Gesellschaftsblätter (§ 182 III) dreimal, d. h. an drei verschiedenen Tagen erscheinen. Bekanntmachung an einem Tage in einer Zeitung, welche täglich in drei Ausgaben erscheint, würde der Absicht des Gesetzes nicht entsprechen. A. A. Staub-Pinner § 289[3]. Außerdem müssen alle bekannten Gläubiger noch besondere Mitteilung und Aufforderung erhalten. — Bekannt sind jedenfalls alle Gläubiger, welche aus den Handelsbüchern der Gesellschaft ersichtlich sind. Aber auch an andere bekannte Gläubiger muß die Aufforderung gerichtet werden. So kann dem Vorstand wohl bekannt sein, daß jemand gegen die Gesellschaft einen Anspruch aus unerlaubter Handlung hat, worüber in der Regel die Handlungsbücher nichts ausweisen. S. aber auch RG 92, 81. Obwohl es im Gesetz nicht ausdrücklich gesagt ist, kann die besondere Mitteilung unterbleiben, wenn sie untunlich ist, namentlich also, wenn der Aufenthalt des Gläubigers nicht zu ermitteln ist. An Gläubiger, deren Ansprüche der Vorstand für offenbar unbegründet halten kann, braucht die besondere Aufforderung nicht gerichtet zu werden. Als bekannt gelten die Inhaber von Teilschuldverschreibungen, welche die Gesellschaft ausgegeben hat, wenn für sie ein gemeinsamer Vertreter bestellt worden ist (Ges vom 4. 12. 99/14. 5. 14). Dagegen hat der Vorstand nicht Veranlassung, jemanden zur Meldung aufzufordern, weil er weiß, daß er zur Zeit Eigentümer einer solchen oder überhaupt einer Schuldverschreibung der Gesellschaft auf den Inhaber ist. — Die Bekanntmachung braucht sich in ihrer Fassung nicht an den Wortlaut des Gesetzes zu halten, muß aber doch unmißverständlich erkennen lassen, was gemeint ist. Vgl. den Fall KGJ 20, 271, wo die Entscheidung mindestens auf der Grenze lag. Die Bekanntmachung richtet sich an alle, welche Gläubiger in dem Zeitpunkt noch und schon waren, als die letzte Veröffentlichung erfolgte; Goldschmit AG § 289[6] b; OLG 19, 375 (KG).

3. Es genügt nicht, daß der Gläubiger sich meldet, er muß sich zu diesem Zwecke melden, d. h. er muß Befriedigung oder Sicherstellung verlangen. Die Inhaber fälliger Forderungen sind zu befriedigen. Ist die Forderung betagt, so muß sie entweder — und zwar ohne Diskontabzug (BGB § 272) — bezahlt werden oder sichergestellt. Die Gesellschaft hat die Wahl. Der Gläubiger kann, wenn es sich beispielsweise um verzinsliches Darlehen handelt, nicht darauf bestehen, daß das Verhältnis unter Sicherstellung fortgesetzt werde, er muß sich in diesem Fall auf die Auszahlung des Geldes einlassen oder von seinem Verlangen überhaupt abstehen, wo dann alles beim alten bleibt. — Bedingte Forderungen sind sicherzustellen. — Unsicher ist die Behandlung bestrittener Forderungen. Vgl. hierzu KGJ 34, 172 und dagegen KG in Jur Rundsch 1926, 950. Auf alle Fälle sind sie zu berücksichtigen und sicherzustellen, wenn der Gläubiger mit seinem Anspruch soweit Ernst macht, daß er bereits Klage erhoben hat. Im übrigen muß es dem pflichtmäßigen Ermessen des Vorstandes anheimgestellt bleiben, ob er von dem Ungrund der Forderung hinreichend überzeugt ist, daß er Auszahlungen an Aktionäre verantworten zu können glaubt. Vgl. aber auch RJA 9, 37 (KG). — Über Ersatzforderungen, welche möglicherweise erhoben werden, s. RG 92, 80. — Gläubiger, welche sich gemeldet haben, können, wenn sie nicht befriedigt oder sichergestellt werden, der Eintragung der erfolgten Kapitalherabsetzung in das Handelsregister widersprechen; der Registerrichter muß ihrem Widerspruch Rechnung tragen. — Zweifelhaft ist, ob die Gläubiger auf Sicherstellung Klage erheben können. Ist der Anspruch fällig, so kann der Gläubiger selbstverständlich auf Erfüllung klagen, wie er auch klagen kann, wenn eine Herabsetzung des Grundkapitals nicht im Werke ist. Im übrigen ist zu beachten, daß die Rechte der Gläubiger dadurch keine Änderung erfahren, daß die Gesellschaft den Herabsetzungsbeschluß faßt. Wie betagte Forderung dadurch nicht fällig werden (ROHG 24, 248), entsteht auch kein positiver Anspruch auf Sicherstellung. Der Gedanke, welcher in § 321 BGB zu der dortigen Vorschrift geführt hat, liegt den gegenwärtigen Gläubigerschutzvorschriften durchaus fern. Die Sicherheit ist zu leisten heißt, daß ohne das der Vorstand nicht an die Aktionäre zahlen darf. Ist das überhaupt nicht seine Absicht, so hat er auch keine Veranlassung, die Gläubiger sicherzustellen. Die Frage ist von erheblicher praktischer Bedeutung. Es kann, namentlich wenn es sich um eine große Forderung handelt, die erst nach Monaten fällig wird, für das Unternehmen leicht einmal nicht nur beschwerlich, sondern geradezu verderblich werden, wenn sofort die erforderliche Sicherheit beschafft werden muß, während sicher vorauszusehen ist, daß zur Zeit der Fälligkeit die Mittel eingegangen sein werden, um die Schuld zu zahlen. Vgl. Oswalt in HoldhMS 20, 197. Staub-Pinner § 289[11] gibt letzteres zu, behauptet aber, daß der Gläubiger gleichwohl ein Klagerecht habe auf Befriedigung oder Sicherstellung nach Wahl der Gesellschaft (Anmerkung 6) oder auf Innehaltung der Vorschriften des Gesetzes, nämlich Klage auf Zahlung bzw. Sicherstellung vor Auszahlung an die Aktionäre (Anmerkung 11). Ebenso RG 73, 366, beiläufig ROHG 24, 252. Ob das nur der Fall sein soll, wenn der Vorstand Anlaß zu einer solchen Klage gibt und wie man sich, wenn es zum Urteil kommt, die Vollstreckung denken soll, wird nicht gesagt. — Dagegen wird allerdings anzunehmen sein, daß der Gläubiger, wenn auch nicht auf Befriedigung, so doch auf Sicherstellung Klage erheben kann, wenn der Vorstand rechtswidrige Auszahlungen vornimmt oder nachdem die erfolgte Herabsetzung des Grundkapitals in das Handelsregister eingetragen worden ist. — Eine einstweilige Verfügung, die dem Vorstand Auszahlungen verbietet, kann nicht ergehen, ohne daß hierzu ein besonderer Anlaß gegeben ist. — Daneben haften den Gläubigern die Mitglieder des Vorstandes und Aufsichtsrats nach § 241, insbes. Abs III 1—3, 5, § 249 III, wenn Zahlungen an die Aktionäre erfolgen. — Gegen die Aktionäre, welche Zahlungen erhalten haben, steht den Gläubigern Anspruch gemäß § 217 zu.

Nach Lehmann-Ring § 289[4] könnte ein Gläubiger, welcher sich erst nach Ablauf des Sperrjahrs meldet — also doch wohl auch ein bekannter Gläubiger, der aber jetzt erst mit dem Anspruch auf Befriedigung und Sicherstellung auftritt — Rechte aus § 289 nicht herleiten. Aber auf Befriedigung kann er unter allen Umständen klagen, wenn seine Forderung fällig ist, und was Sicherstellung angeht, so bleibt es auch ihm gegenüber doch wohl dabei, daß nachdem er seinen Anspruch geltend gemacht hat, an Aktionäre nicht gezahlt werden darf, ohne daß Sicherstellung erfolgt ist. Wie Lehmann-Ring auch Staub-Pinner § 289[7]; Goldschmit AG § 289[6]; RG 109, 387, warauf verwiesen wird, handelt von der Beendigung der Liquidation und dem Verschwinden der Gesellschaft, wo die Rechtslage nicht dieselbe ist. — Wegen der Art der Sicherheitsleistung gelten §§ 232 ff. BGB. Eine Forderung, für welche bereits genügende Sicherheit bestellt ist, bedarf selbstverständlich weiterer Sicherheitsleistung nicht.

Gegen ausländische A-Gesellschaften gilt Abs. III auch dann nicht, wenn sie im Inland eine Zweigniederlassung besitzen; RG 73, 366.

4. Erst nach Ablauf des Sperrjahrs darf eine Zahlung an die Aktionäre erfolgen, welche durch die Herabsetzung des Grundkapitals zulässig geworden ist. Das gilt sowohl von Zurückzahlung von Einlagen als auch von Auszahlung von Dividenden. Dagegen steht nichts im Wege, Dividende auszuzahlen, welche sich aus einer Bilanz ergibt, in der das Grundkapital noch mit der ursprünglichen Zahl steht. Denn solche Auszahlung erfolgt eben nicht auf Grund der Kapitalherabsetzung. Es ist auch unverboten, während des Sperrjahrs die durch die Herabsetzung des Grundkapitals notwendig werdenden Ausführungsmaßregeln vorzunehmen, z. B. Aktien, die eingezogen werden sollen oder umgestempelt oder umgetauscht, einzufordern, Aktien zum Zwecke der vorgesehenen Amortisation anzukaufen u. ä. Nur darf wiederum in letzterem Fall der Kaufpreis nicht vor Ablauf des Sperrjahres gezahlt werden; Simon, Bilanzen 216.

5. Positiv vorgeschrieben ist, daß wenn es bei der Herabsetzung des Grundkapitals auf Erlaß von Einlageschuld der Aktionäre abgesehen ist, diese ohne weiteres erlischt, aber erst nach Ablauf des Sperrjahres und Befriedigung oder Sicherstellung aller Gläubiger, welche mit dem Anspruch darauf sich gemeldet haben. Hier wird man als die Meinung des Gesetzes annehmen müssen, daß Meldungen nach Ablauf des Sperrjahres das Erlöschen des Anspruchs der Gesellschaft nicht in Frage stellen können.

Kommt Umstempelung oder Ausgabe neuer Urkunden in Frage, so steht der Auslieferung der Urkunden an den Empfangsberechtigten vor Ablauf des Sperrjahrs nichts im Wege; Geißmar in HoldhMS 1901, 59.

§ 290.

Ist zur Ausführung der Herabsetzung des Grundkapitals eine Verminderung der Zahl der Aktien durch Umtausch, Stempelung oder durch ein ähnliches Verfahren vorgesehen[1], so kann die Gesellschaft die Aktien, welche trotz erfolgter Aufforderung nicht bei ihr eingereicht sind, für kraftlos erklären[2]. Das gleiche gilt in Ansehung eingereichter Aktien, welche die zum Ersatze durch neue Aktien erforderliche Zahl nicht erreichen und der Gesellschaft nicht zur Verwertung für Rechnung der Beteiligten zur Verfügung gestellt sind.

Die Aufforderung zur Einreichung der Aktien hat die Androhung der Kraftloserklärung zu enthalten[3]. Die Kraftloserklärung kann nur erfolgen, wenn die Aufforderung nach Maßgabe des § 219 Abs 2 bekannt gemacht ist; sie geschieht mittels Bekanntmachung in den Gesellschaftsblättern.

Die an Stelle der für kraftlos erklärten Aktien auszugebenden neuen Aktien sind für Rechnung der Beteiligten durch die Gesellschaft zum Börsenpreis und in Ermangelung eines solchen durch öffentliche Versteigerung zu verkaufen. Der Erlös ist den Beteiligten auszuzahlen oder, sofern die Berechtigung zur Hinterlegung vorhanden ist, zu hinterlegen[4 5].

1. Grundsätzlich besteht das Grundkapital seiner Höhe nach in der Summe der Nennbeträge aller Aktien. Ausnahmsweise kann letztere Summe kleiner sein als die Ziffer des Grundkapitals. Das kann von Anfang an der Fall sein und dadurch kommen, daß einzelne Aktienzeichnungen nichtig sind, im Laufe der Zeit dadurch, daß ohne Herabsetzung des Grundkapitals Aktien amortisiert werden (anders aber unzutreffend, übrigens nur beiläufig RG 37, 132, s. Erl 3c zu § 227). Dagegen ist es ausgeschlossen, daß die Summe der Nennbeträge aller Aktien die Grundkapitalziffer übersteigt. Vgl. RG 38, 101; 101, 202. Wird also das Grundkapital herabgesetzt, so muß auch die Summe der Nennbeträge aller Aktien entsprechend sich ändern, so, daß entweder die Zahl der Aktien die gleiche bleibt, aber ihr Nennbetrag entsprechend herabgesetzt wird, ein Verfahren, welches nur in der Weise ausführbar ist, daß alle Aktien ohne Ausnahme diese Änderung gleichmäßig erfahren, oder es müssen Aktien verschwinden. (A. A. Makower § 290 II c[2]; s. auch § 278 II c; die Behauptung, daß durch Zusammenlegung von Aktien das Grundkapital herabgesetzt wird, welche Makower bekämpft, findet sich wohl nirgend aufgestellt, auch nicht von Rehm, Bilanzen, 1. Aufl § 119 III B 2 d.) Im innersten Kern sind das nur in der Durchführung äußerlich unterschiedene Erscheinungen eines und desselben rechtlichen Vorganges. Nur läßt sich bei der letzteren Methode die Gleichmäßigkeit nicht in dem absoluten Sinn erreichen, während die erstere Methode ihre Schranken an den Vorschriften des Gesetzes über den Nennbetrag der Aktie (§ 180) findet. Soll das Grundkapital von 1 Million um einviertel seines Betrages auf

750 000 herabgesetzt werden, dann muß von je 4 Aktien über 1000 eine verschwinden. Das erledigt sich glatt, wenn jeder Aktionär 4 Aktien oder ein mehrfaches von 4 besitzt. Es werden die Aktien im Verhältnis von 4 : 3 zusammengelegt. Damit verschwindet nichts vom Aktienrecht der Besitzer, nur findet nach Einteilung und äußerer Erscheinung eine Umgestaltung statt. Die 4 Aktienurkunden, wie sie bisher da waren, werden beseitigt und durch 3 neue ersetzt. Das kann in verschiedener Weise geschehen. Das Gesetz spricht von Umtausch, Stempelung oder einem ähnlichen Verfahren. Es können alle 4 Aktienurkunden verschwinden und 3 neue ausgegeben werden. So verfährt man in der Regel natürlich nicht, weil es unnötige Kosten verursacht. Man wird statt dessen sich damit begnügen, daß man nur eine von den vier Aktien vernichtet und die 3 anderen, nachdem man sie durch entsprechende Stempelung gekennzeichnet hat, zurückgibt. Das sind äußerliche Dinge und trifft, wie gesagt, nur die Urkunde nicht das Recht selbst; JW 1896, 6. Mit der Urkunde müssen auch die bereits ausgegebenen Dividendenscheine vernichtet werden, müssen also vom Besitzer mit eingereicht werden, um Anspruch auf Rücklieferung der neuen oder abgestempelten Aktien zu begründen.

Naturgemäß ist die Voraussetzung dieser absoluten Gleichmäßigkeit in der Zusammensetzung der Aktien kaum jemals gegeben. Fast immer werden — um bei obigem Beispiel zu bleiben — Aktionäre vorhanden sein, welche weniger als 4 Aktien oder mehr, aber nicht in einer durch 4 teilbaren Anzahl besitzen. Es werden sich somit regelmäßig die sogenannten „Spitzen" ergeben. Die Besitzer solcher Spitzen können sich so helfen, daß sie sich in der erforderlichen Anzahl zusammentun und die neuen Aktien gemeinschaftlich erwerben. Dies wird immer nur unter besonderen Umständen einmal ausführbar sein und auch dann nicht immer beliebt werden. Im allgemeinen ist in solchem Fall das Verfahren nicht durchführbar, ohne den Spitzenbesitzern Gewalt anzutun. Es bleibt nichts übrig, als die Spitzen bei der Gesellschaft einzusammeln, welche den Umtausch vornimmt und die neuen Aktien für Rechnung der Aktionäre verwertet, wozu weiter der Gesellschaft das Recht zustehen muß, die Aktien unter Präjudiz aufzubieten. Das ehemalige Reichsoberlandesgericht hat das für unzulässig erklärt; ROHG 20, 96; 25, 262 und nach gesellschaftsrechtlichen Grundsätzen ist es auch nicht zulässig. Das Lebensinteresse der in der Form von Aktiengesellschaft betriebenen Unternehmungen hat sich wie an anderen, so auch an diesem Punkt gegen das strenge Recht durchgesetzt. Zunächst die Registerrichter (HoldhMS 1892, 107 München; aber auch SächsAnn 16, 470; KGJ 16, 15; HoldhMS 6, 130, KG), dann aber auch das Reichsgericht haben die Zulässigkeit des Verfahrens schon vor dem Eingreifen der Gesetzgebung anerkannt; RG 36, 135. Ebenso derselbe Senat in RG 37, 131, ferner 38, 95, wo nur einschränkend entschieden ist, daß in solchem Fall die Gesellschaft oder der Vorstand den Aktionären nicht das Präjudiz stellen kann, daß diejenigen, welche ihre Aktien zum Umtausch nicht einreichen, ihrer Rechte gänzlich verlustig gehen. S. auch ZG 47, 123[272]. Dieser Rechtsentwicklung ist die Novelle von 1900 in § 290 gefolgt, wo der Gesellschaft das Recht verliehen wird, Aktien, welche in dem dort zugleich geregelten Verfahren nicht eingereicht und der Gesellschaft zur Verfügung gestellt werden, für kraftlos zu erklären. Nach HoldhMS 1892, 107 (München) muß die Generalversammlung im Herabsetzungsbeschluß über den Verbleib der Spitzen bestimmen. Das ist jetzt durch § 290 überholt.

Es ist nicht ohne Interesse, sich zu vergegenwärtigen, in welchem verschiedenen Sinn in der Vorschrift der Ausdruck Aktie gebraucht wird. Mit der Verminderung der Zahl der Aktien sind die Aktienurkunden gemeint. Ebenso mit dem, was für kraftlos erklärt werden soll. Das, was der Gesellschaft zur Verwertung für Rechnung der Beteiligten zur Verfügung gestellt wird, sind Urkunde und Recht zugleich. Und was der Gesellschaft eingereicht wird, ist, wenn es sich nur um den Umtausch handelt, die Urkunde allein, in den anderen Fällen wieder beides. Aber als objektiver Gegenstand gedacht, geht das Aktienrecht aus allen diesen Vorgängen ebenso unberührt hervor, wie bei der Denomination.

Wo es bei Verminderung der Aktienanzahl auf Gleichmäßigkeit der Behandlung aller Gesellschafter nicht ankommt, kann sie durch Amortisation der betreffenden Anzahl von Aktien erreicht werden. Und auf Gleichmäßigkeit wiederum kommt es nicht an, wo nach dem Statut die Amortisation von Aktien beschlossen werden kann, § 227 I, oder wo der einzelne Aktionär sich freiwillig auf die Vernichtung seines Rechts einläßt. Zu unterscheiden ist diese, als Ausführung einer Kapitalherabsetzung vorzunehmende Amortisation von der Amortisation aus Mitteln des Jahresgewinnes. Vgl. § 227 II. — Die Vorschriften des § 290 sind zwingendes Recht und enthalten das Mindestmaß dessen, was gefordert werden muß, um die Kraftloserklärung der absichtlich oder unabsichtlich nicht eingereichten Aktien zu rechtfertigen; BauersZ 7, 248 (Dresden). Unzulässig, weil gegen den Grundsatz gleichmäßiger Behandlung der Gesellschafter verstoßend, erscheint es, eine Partie der Aktien gegenüber den übrigen mit der Zusammenlegung ganz zu verschonen. Fraglich kann nur sein, ob es nicht dann zulässig ist, wenn die verschonte Partie Eigentum der Gesellschaft selbst ist. So lag es im Fall HoldhMS 1, 107 (München). Vgl. im übrigen zu diesem Urteil Erl 2 c zu § 288 und § 226 Erl. 5 a. — Es verstößt gegen die guten Sitten, wenn das Umtauschverhältnis geflissentlich zugestutzt wird, um auf dem Weg des § 290 einen unliebsamen Aktionär hinauszudrängen. A. A. RG. in HoldMS. 23, 66.

2. a) Was für kraftlos erklärt wird, ist nicht das Aktienrecht, sondern die Aktienurkunde. Das Recht der Aktionäre bleibt bestehen, nur erhält die Gesellschaft die Berechtigung, darüber durch Verkauf für Rechnung des Aktionärs zu verfügen, nachdem sie ihm, zusammen mit dem Rechte eines oder mehrerer anderer Aktionäre die neue, hinfort allein verkehrsfähige Verkörperung verliehen hat. A. A. Lehmann-Ring § 290[23], undeutlich Makower § 290 II a (die Anzahl der Anteilsrechte wird allerdings geringer). Namentlich ist die Amortisation der Aktie von der Zusammenlegung grundverschieden. Die neue Aktienurkunde ist bis zu ihrer Verwertung gemeinschaftliches Eigentum der Besitzer der Aktien, gegen welche sie umgetauscht worden ist. — Unhaltbar ist daher auch die in RG 46, 35 zum Ausdruck gekommene Auffassung, daß es sich beim Umtausch der Aktien (zum Zweck der Zusammenlegung und entsprechenden Erhöhung des Nennbetrages) um die Ausführung eines Tauschvertrages handle; steuerrechtlich mochte es sich rechtfertigen lassen, zivilrechtlich erscheint es verfehlt. Leistung gegen Gegenleistung kommt gar nicht in Frage. Das Urteil RG 18, 51 (von je 7 Aktien über 300 M. werden 6 vernichtet und die 7. auf 1000 M abgestempelt) liegt ganz auf dem Gebiet des (damaligen) Steuerrechts (Urkundenstempel). Vgl. zu dieser heute obsoleten Frage RG 45, 87; 62, 362; 70, 237; 75, 36; JW 1905, 181[31].

b) Dieses Recht des Aufgebots erstreckt sich

1. auf die Aktien, welche nicht eingereicht sind,
2. auf die Aktien, welche zwar eingereicht sind, aber vom einzelnen Aktionär in einer zum Umtausch gegen eine neue Aktie nicht ausreichende Anzahl. Das Gesetz macht hier die weitere Voraussetzung, daß der Einreichende die Aktien nicht der Gesellschaft zur Verwertung für seine Rechnung zur Verfügung gestellt hat. Ist letzteres geschehen, so bedarf es keiner Kraftloserklärung. Die Gesellschaft kann die Urkunde einfach vernichten, wenn sie gegenstandslos geworden ist. Im Zweifel ist anzunehmen, daß die Aktie mit ihrer Einreichung der Gesellschaft zur Verfügung hat gestellt werden sollen, zum Zweck der Verfügung gemäß Abs III. — Diejenigen Aktien, welche unmittelbar zwischen der Gesellschaft und dem Aktionär zum Umtausch kommen, werden mit vollzogenem Tausch wertloses Papier, also kraftlos ohne Kraftloserklärung. Davon ausgenommen sind selbstverständlich diejenigen Urkunden, welche nach Abstempelung als die neue Aktie dem Einlieferer zurückgegeben werden.

Darüber, ob die Kapitalherabsetzung unter Zusammenlegung von Aktien erfolgen soll, hat ausschließlich die Generalversammlung zu bestimmen. Aber wenn sie es bestimmt, was in dem Herabsetzungsbeschluß geschehen muß, dann ergibt sich die Befugnis des Vorstandes nach § 290 zu verfahren, aus dem Gesetz und braucht ihm nicht noch im Herabsetzungsbeschluß besonders erteilt zu werden.

c) Nach Staub-Pinner § 290[5] können von der Eintragung des Herabsetzungsbeschlusses an — vorausgesetzt, daß es sich um einen endgültig bestimmten Beschluß handelt — die Aktionärrechte aus den bisherigen Aktienurkunden nicht mehr ausgeübt werden, was vielmehr nur auf Grund der neuen Aktien geschehen könne. Vgl. auch RG in HoldhMS 04, 112. Dem kann nicht zugestimmt werden. Nur soviel ist richtig, daß der Aktionär nach Einsendung seiner Aktie rein tatsächlich die Rechte nicht mehr geltend machen kann, welche den Besitz der Aktie voraussetzen. Er kann bei Inhaberaktien über seine Aktie nicht durch Veräußerung, Verpfändung verfügen, er kann, weil die Dividendenscheine mit eingereicht werden müssen, nicht die Dividende abheben. Aber rechtlich erfährt die Kontinuität seiner Beteiligung an der Gesellschaft keine Unterbrechung. Sonst müßte z. B. ausgeschlossen sein, daß nach Eintragung des Erhöhungsbeschlusses bis zur Vollendung des Umtausches eine Generalversammlung stattfindet, was unannehmbar ist. Solange der Umtausch nicht vollendet ist, muß die Abstimmung auf Grund des bisherigen Aktienbesitzes vorgenommen werden. — Nach RG in HoldhMS 04, 111 entsteht der Anspruch auf die neuen Aktien mit der Eintragung des Herabsetzungsbeschlusses nach § 289. Jedenfalls kann ein Gläubigerrecht und namentlich ein fälliger Anspruch nicht entstehen, solange die Gesellschaft den Erhöhungsbeschluß noch zurücknehmen kann; vgl. Erl 1 zu § 291.

d) Bestritten ist die Frage, ob das in § 290 geregelte Verfahren entsprechend zulässig ist, wenn es sich nicht um Zusammenlegung von Aktien, sondern um allgemeine Herabsetzung ihres Nennwertes zum Zweck der Kapitalherabsetzung handelt, was auch nur ausführbar ist, wenn alle Aktienurkunden zur Umstellung eingereicht werden. Die herrschende Lehre verneint es. Ebenso (in einer beiläufigen Betrachtung) RG 101, 201, und richtig ist, daß der § 290 ausdrücklich nur von dem ersten Fall handelt. Aber der § 290 hat kein neues Recht geschaffen, sondern einen Rechtszustand, der sich gegen das Gesetz gebildet hatte, hingenommen und nur dem Verfahren feste Gestalt gegeben. Warum soll man den Weg, welchen das Gesetz der bedenklichen Zusammenlegung der Aktien geebnet hat, der völlig unbedenklichen und von jeher zulässig gewesenen Denomination der Aktien verlegen? Damit geschieht niemandem Unrecht, denn niemand hat ein Interesse daran, seine Aktie nicht einzureichen. Wenn eine Aktie nicht eingeht, liegt sie irgendwo vergessen oder ist verloren gegangen, existiert vielleicht nicht mehr. Es gilt hier, was RG 37, 132 in Beziehung auf die Zusammenlegung unter dem früheren Rechtszustand gesagt hat: allerdings liege in der Kraftloserklärung eine Enteignung, allein die Statthaftigkeit einer solchen sei mit der Zulassung der Zusammenlegung von selbst gegeben, da ohne sie die Maßregel nicht ausführbar sein würde. Wie hier Makower § 290 II d. — Eine andere Frage ist die von Staub-Pinner § 290 Einl aufgeworfene, ob das Verfahren auch zulässig ist, wenn die Gesellschaft beispielsweise die 20 M.-Aktien durch Zusammenlegung in 100 M.-Aktien umzuwandeln beschließt. Das ist überhaupt nur zulässig mit Zustimmung eines jeden davon betroffenen Aktionärs und von einer Einforderung, oder wenigstens von einer solchen unter dem Präjudiz der Kraftloserklärung kann aus sachlichem Grunde keine Rede sein.; OLG 44, 214 (KG). S. jetzt aber 7. Vdg zur Durchführung der Goldbilanzverordnung vom 7. Juli 1927 (RGB I 176). — Auch kann von einer Anwendung des § 290 auf den Fall, wo Aktienurkunden (und Interimsscheine) überhaupt nicht oder noch nicht ausgegeben worden sind — wie Makower a. a. O. annimmt — wohl nicht die Rede sein. Kraftloserklärung der Urkunden steht dann überhaupt nicht in Frage und für eine Präklusion auf Grund öffentlicher Aufforderung fehlt es an der Berechtigung, wo alle Aktionäre der Gesellschaft bekannt und für sie erreichbar sein müssen.

3. a) Die Kraftloserklärung kann rechtswirksam nur erfolgen, wenn sie zugleich mit der Aufforderung zur Einreichung der Aktien angedroht worden ist. Die so gestellte Aufforderung ist nach Maßgabe des § 219 II d. h. unter entsprechender Befolgung der dortigen Vorschriften öffentlich bekanntzumachen, dreimal in jedem der Gesellschaftsblätter und so, daß eine Frist zur Einreichung bestimmt ist, welche mindestens 3 Monate seit der ersten und einen Monat seit der letzten Bekanntmachung beträgt. Handelt es sich um vinkulierte Namenaktien, so genügt an Stelle der Bekanntmachungen der einmalige Erlaß besonderer Aufforderungen an die Aktionäre, wobei eine Frist von mindestens einem Monat für die Einreichung der Aktien gesetzt werden muß. Die Gesellschaft hat hier die Wahl zwischen öffentlicher Bekanntmachung und gewöhnlicher Aufforderung. Der Ablauf der Frist hat nicht ausschließende Wirkung. Aktien, welche nachträglich aber vor Bekanntmachung der Kraftloserklärung, genauer so rechtzeitig eingereicht werden, daß diese Bekanntmachung noch zurückgezogen werden kann, sind umzutauschen, nicht für kraftlos zu erklären.

b) Die Frist kann von der Generalversammlung im Beschluß festgesetzt werden, ihre Festsetzung kann aber auch dem Vorstand überlassen bleiben. Erweist sich die von der Generalversammlung bestimmte Frist als zu kurz bemessen, so steht nichts im Wege, daß der Vorstand den Schlußtermin entsprechend hinausrückt; RG 80, 81 (die Entscheidung ist nach einer anderen Richtung nicht unbedenklich); war der 28. Februar der Tag, bis zu welchem sich entschieden haben mußte, um wieviel das Grundkapital herabgesetzt werden sollte, so konnte eine spätere Einreichung von Aktien nur noch zum Zwecke der Zusammenlegung erfolgen und der Aktionär konnte dieser Zusammenlegung nicht mehr durch Zuzahlung der 400 M. begegnen; dabei läßt sich doch eine solche Frist nur so verstehen, daß sie zugleich auch für Ausübung des Wahlrechts läuft).

4. a) Die Kraftloserklärung ist eine einseitige, nicht empfangsbedürftige Willenserklärung der Gesellschaft, welche in der Form der öffentlichen Bekanntmachung in den Gesellschaftsblättern abgegeben wird. Sie muß, um vollendet zu sein, in jedem Gesellschaftsblatt einmal erschienen sein. — Sie betrifft nur die Aktienurkunde und die etwa ausgegebenen Dividendenscheine nebst Erneuerungsschein. Das Anteilrecht des Aktionärs bleibt bestehen, nur verliert der Eigentümer und Besitzer oder Inhaber der kraftlosen Urkunde die Macht über das Recht zu verfügen; JW 1896, 623; RG 101, 202. Insofern trifft die Erklärung auch dinglich Berechtigte, Nießbraucher, Pfandgläubiger, während die Gesellschaft das Recht erhält, über das Anteilrecht durch Verkauf der darüber ausgestellten neuen Aktie für Rechnung des Eigentümers zu verfügen. Es ist wohl anzunehmen, daß zur Legitimation des Aktionärs zur Entgegennahme des auf ihn entfallenden Teiles des Erlöses der Besitz der für kraftlos erklärten Urkunde in derselben Weise geeignet ist, wie er es vordem zur Ausübung der Aktionärrechte war, so daß z. B. die Gesellschaft ohne Rücksicht auf § 1281 BGB den Erlös dem Pfandgläubiger allein zahlen kann, der sich im Besitz der alten Urkunde befindet. — Auch Gewinnansprüche werden durch die Kraftloserklärung ebensowenig berührt, wie das Aktienrecht im ganzen. Alles am Recht nimmt seinen ungestörten Fortgang, nur fragt sich, für wen die konkreten Ansprüche entstehen, welche aus ihm erwachsen. Daher wäre es auch völlig verfehlt, wollte die Gesellschaft den nicht eingereichten Aktien irgendwelche Verluste am Recht selbst, Dividendenrecht, Stimmrecht androhen. Vgl. den Fall RG 38, 96. Soweit Dividende nach Kraftloserklärung festgesetzt wird, hat die Gesellschaft die Wahl, ob sie die Dividende als Zubehör zur neuen Aktie mitverwerten will oder sie dem Besitzer der alten Aktie auszahlen. Vgl. RG in HoldhMS 1904, 111; a. A. Lehmann-Ring § 290[3].

b) Der Verkauf zum Börsenkurs erfolgt freihändig. Das Gesetz spricht allgemein von Börsenpreis. Es ist also nicht erforderlich, daß eine amtliche Kursfeststellung erfolgt. Wenn ein Börsenpreis nicht besteht, muß die Aktie öffentlich versteigert werden, d. h. nach § 383 III BGB öffentliche Versteigerung durch einen zuständigen Gerichtsvollzieher oder einen öffentlich angestellten Versteigerer; (nicht durch einen Handelsmäkler, RheinArch 106, 152). — Zur Frage, an welchem Ort die Versteigerung stattzufinden hat, s. LZ 1912, 483³.

c) Die Berechtigung, den Erlös zu hinterlegen, besteht, wenn der Gläubiger in Verzug der Annahme ist oder wenn ungewiß ist, wer der Gläubiger ist (BGB § 372). Da es sich um eine Holschuld handelt, kommt der Gläubiger nach § 295 BGB durch wörtliches Angebot der Leistung in Verzug. Doch hat das wohl nur für Namenaktien Bedeutung und hier dürfte in der Regel auch Aufforderung durch öffentliche Bekanntmachung ausreichen. Bei Aktien, welche auf den Inhaber lauten, ist Hinterlegung schon deshalb zulässig, weil beim Schuldner naturgemäß Unsicherheit über die Person des Gläubigers obwaltet. Die Hinterlegung ist hier der Gesellschaft zur Pflicht gemacht. Doch wird sie unterbleiben können, nicht nur wenn der bisherige Aktionär sich meldet, sondern auch wenn und so lange als mit alsbaldiger Abhebung des Betrages zu rechnen ist. Vielfach wird behauptet, daß die Hinterlegung unter Verzicht auf Rücknahme erfolgen müsse (BGB § 376). Das ist im Gesetz nicht gesagt und daher ist nur soviel richtig, daß die Gesellschaft sich dadurch aller Verbindlichkeit erledigt, daß sie auf die Rücknahme verzichtet, ohne daß es darauf ankommt, ob auch die nach § 372 BGB erforderlichen Voraussetzungen vorgelegen haben. Die Auffassung Lehmann-Rings § 290³, daß dem Aktionär, der sich meldet, das Geld erst nach Ablauf des Sperrjahrs ausgezahlt werden dürfe, würde im Gegenteil dazu führen, daß die Gesellschaft auf die Rücknahme des Geldes gar nicht verzichten darf. Indessen ist das wohl mit Recht ganz überwiegend abgelehnt worden. Diese Auszahlung fällt nicht unter das Verbot des § 289 IV. Allerdings erhält der bisherige Aktionär mit dem Erlös der Aktie zugleich seine Einlage zurück, aber nicht auf Grund der Herabsetzung des Grundkapitals und überhaupt nicht von der Gesellschaft, die hier nicht für eigene Rechnung, vielmehr nur kommissionsweise verkauft, sondern durch Vermittlung der Gesellschaft vom Käufer der neuen Aktie. Daher wird man eher betonen müssen, daß die Gesellschaft keinen Augenblick zögern darf, mit sei es Auszahlung des Betrages, sei es Hinterlegung desselben; Staub-Pinner § 290⁷; Makower § 290 V; Brand 290⁵ d; Goldmann § 290⁹; Leist, Sanierung 85 Note 22; BauersZ 7, 249 (Dresden).

5. Oft ist einer Gesellschaft in ungünstiger Lage damit allein noch nicht gedient, daß das Grundkapital herabgesetzt wird. Es kommt vielmehr darauf an, neues Geld hereinzubekommen. Da aber die neuen Aktien nicht unter ihrem Nennbetrag ausgegeben werden dürfen (§ 184 I), dabei niemand für die neuen Aktien einer Gesellschaft, deren Aktien im Kurse mehr oder weniger tief unter pari stehen, den vollen Nennwert zahlen würde, läßt man der Erhöhung des Grundkapitals seine Herabsetzung vorauf- oder auch Hand in Hand gehen, so daß die bisherigen Aktien, soviel ihrer geblieben sind, in ihrer entsprechend geminderten Anzahl soweit aufgewertet werden, daß der Erwerb von Aktien zum pari-Kurs lohnend genug erscheint. Oft verstärkt man den Impuls noch dadurch, daß man die neuen Aktien mit Vorzugsrechten ausstattet; ROHG 25, 260, RG in HoldhMS 13, 111; das. 12, 230 (Hamburg); LZ 1918, 1155⁵ (Dresden). Es ist dabei nicht ausgeschlossen, daß Besitzer alter Aktien sich mit Zeichnung neuer Aktien an der Kapitalerhöhung beteiligen. Es kann für die Besitzer alter Aktien innerhalb gewisser Grenzen ein Anreiz auch dadurch geschaffen werden, daß bei der Herabsetzung des Grundkapitals die Aktien derjenigen, welche bei der Kapitalerhöhung junge Aktien zeichnen, weniger stark zusammengelegt werden als die Aktien der übrigen. Es kann aber auch die Herabsetzung des Grundkapitals und schließlich auch seine Erhöhung ganz verschwinden, indem die Sache ganz unter den bisherigen Aktionären bleibt und die Aktien derjenigen, welche Zuzahlungen leisten mit Vorzugsrechten ausgestattet werden. S. hierzu Erl 1 c—g zu § 185; vgl. auch RG 76, 155. So kommt es in verschiedener Weise dazu, daß den Aktionären der Umtausch ihrer Stammaktien gegen junge Vorrechtsaktien oder überhaupt gegen neue Aktien angeboten wird. In allen diesen Fällen handelt es sich bei diesem Tausch nicht um Tausch der Aktienrechte, sondern immer nur um einen Austausch der Urkunden. Eine Hingabe des alten Aktienrechts (unter gleichzeitigem Erwerb des neuen Anteilrechts) ist nur möglich unter entsprechender Herabsetzung des Grundkapitals. In keinem Fall aber handelt es sich um einen synallagmatischen Tauschvertrag, um Leistung gegen Gegenleistung, weder selbstverständlich da, wo nur die Urkunden ausgewechselt werden, noch wo das alte Recht verschwindet und ein neues erworben wird. Das ist ein kombiniertes, kein in sich einheitliches Rechtsgeschäft. Auch die Umwandlung der Stammaktie zur Vorrechtsaktie ist Erweiterung des bestehenden Rechts, keine Neuschaffung. S. auch RG 46, 35 und dazu oben Erl 2 a.

§ 291.

Die erfolgte[1] Herabsetzung des Grundkapitals[2] ist von sämtlichen Mitgliedern des Vorstandes zur Eintragung in das Handelsregister anzumelden[3].

1. Der § 291 gehört zu den Bestimmungen der Novelle von 1900 über Herabsetzung des Grundkapitals, welche die Reichstagskommission dem Entwurf eingefügt hat. Die Absicht war, entsprechend dem Verfahren bei der Kapitalerhöhung, zu erreichen, daß sofort nachdem die Herabsetzung des Grundkapitals beschlossen ist, der Beschluß der Öffentlichkeit verkündet werde, um das Publikum gewissermaßen zu wahrschauen wegen dessen, was im Werke ist. Da es aber mit dem Herabsetzungsbeschluß allein nicht getan ist, vielmehr, wenn nicht immer, so doch oft ein Ausführungsverfahren sich anschließen muß, übernahm man, ohne der Sache weiter auf den Grund zu gehen, die für die Kapitalerhöhung gegebene Vorschrift und bestimmte entsprechend dem § 284, daß auch die „erfolgte“ Herabsetzung des Grundkapitals zum Handelsregister anzumelden sei. Man hat damit einen scheinbar gar nicht zu schlichtenden Streit darüber geweckt, was denn darunter zu verstehen sei, daß die Kapitalherabsetzung „erfolgt“ ist. In Wahrheit hat man damit eine glückliche, dem Sachverhalt entsprechende Vorschrift getroffen.

Die Meinungen sind sehr geteilt. Die einen lehren, daß die Herabsetzung des Grundkapitals eines weiteren nicht bedürfe, als daß der Herabsetzungsbeschluß gefaßt und auf Anmeldung in das Handelsregister eingetragen worden ist (§ 277 III). Was weiter erforderlich sei, Aufgebot der Gläubiger, ihre Befriedigung oder Sicherstellung, Zusammenlegung der Aktien usw., seien die vorgeschriebenen oder notwendigen Durchführungshandlungen nach geschehener Statutenänderung. Am einleuchtendsten ist das noch da, wo es sich nur um die Beseitigung einer Unterbilanz handelt, und für diesen Fall hat sich auch das Reichsgericht auf diesen Standpunkt gestellt; RG 100, 199; 103, 368; in Bauers Z 10, 110. Auf dem entgegengesetzten Flügel steht Lehmann-Ring § 291[1-6], der annimmt, daß in allen Fällen die Herabsetzung erst erfolgt sei, nachdem die dazu erforderlichen weiteren Maßregeln, Zusammenlegung der Aktien, Abstempelung, Amortisation, nicht nur, sondern auch Wahrung der Gläubigerschutzbestimmungen, Aufgebot der Gläubiger, ihre Befriedigung oder Sicherstellung, Ablauf des Sperrjahres, erledigt seien. So auch ROHG 18, 426, ferner Goldmann § 291[2], mit der Einschränkung, daß der Ablauf des Sperrjahrs nur abgewartet werden müsse, wenn Auszahlungen an die Aktionäre Zweck der Kapitalherabsetzung sei. Überwiegend ist die Lehre, welche weder die Wahrung der Gläubigerschutzmaßregeln verlangt, noch die Durchführung der Aktienreduzierung, RG in Recht 1921, 866, vielmehr der erstgenannten Auffassung mit der allerdings notwendig gebotenen Einschränkung folgt, daß wo im Herabsetzungsbeschluß das Maß der Herabsetzung nicht fest bestimmt ist, dieses vielmehr noch von weiterem abhängig ist, z. B. davon, wieviel Aktionäre sich zu Zuzahlungen entschließen oder ihre Aktien zur Amortisation zur Verfügung stellen, das Ergebnis abgewartet werden muß, womit denn freilich der Tatbestand der Vollendung der Maßregel in ein Moment verlegt wird, das sich oft genug sicherer Feststellung entzieht. Makower § 278 II geht alle möglichen Auffassungen einzeln durch, verwirft sie sämtlich und kommt seinerseits schließlich auf den richtigen Gedanken, den er aber dann nicht richtig durchführt, daß die Herabsetzung des Grundkapitals in dem Zeitpunkt „erfolgt“, wo die Gesellschaft in der Lage ist, das zu erklären und es erklärt.

Es handelt sich um eine der Fragen, wo die Wirklichkeiten der Vorkommnisse im Betriebe und damit im Vermögen der Gesellschaft zugleich mit der sie durchziehenden Gedankenwelt, wie sie in Buchführung und Bilanz, Kapital- und anderen Konten sich ausdrückt, eine Rolle spielen und bei welchen man daher stets auf der Hut sein muß, bei der Überlegung über sie nicht unversehens aus der einen Kolonne in die andere zu geraten. Dort ist Leben und Wirklichkeit, hier nichts davon, rein gar nichts als Zahlen und Arithmetik. Nur im Zusammenhang mit Buchführung und Bücherabschluß haben diese Zahlen, diese Konten Sinn und Bedeutung, eine jede gerade nur die, welche ihr nach dem Recht zukommt. Es ist in dieser Beziehung mit dem Grundkapitalkonto nicht anders wie mit den Reservekonten. Am Anfang des Geschäftsjahres treten sie in die Funktion, welche ihnen das Gesetz zuschreibt, und wiederum am Schluß, immer, wenn es gilt, die Jahresrechnung abzuschließen. In der Zwischenzeit sind sie bar aller rechtlichen Funktionen. Es kommt wohl einmal auch zur Aufstellung einer Zwischenbilanz und daß an einer solchen der Kaufmann sich ein Bild von dem Stand seines Vermögens macht, sich selbst und anderen, kann rechtlich für sein oder der anderen Tun Konsequenzen nach sich ziehen. In sich selbst entbehren solche Zwischenbilanzen schlechthin jeder rechtlichen Wirkung und Bedeutung. Und da nun die Herabsetzung des Grundkapitals — darin von der Grundkapitalerhöhung grundverschieden — nichts anderes ist und nichts anderes sein kann, als eine reine Buchoperation, eine Änderung in der Zahl, der ein wirklicher Vorzug im Vermögen der Gesellschaft, eine Vermögensverminderung nicht entspricht, so kann denn auch die Herabsetzung rechtswirksam nur im Wege und im Moment des jährlichen Bücherabschlusses in die Erscheinung treten. Bei der Gesellschaft mbH liegt es in dieser Beziehung anders, weil dort die Ziffer des Stammkapitals auch die Schranke für die Zulässigkeit von Auszahlungen an die Gesellschafter bildet und daher überhaupt kontinuierlich funktioniert; Brodmann GmbH § 58[4]. Bei der A-Gesellschaft verhält es sich mit dieser Frage genau so wie z. B. mit der „Verwendung“ eines „Reservefonds“. Oft wird der Vorstand sich zu einer erheblichen Ausgabe entschließen können, weil er weiß, daß die

Gesellschaft Reserven besitzt und rechnet, diese zur Bezahlung der Anschaffungen zu „verwenden". Aber nicht das ist die Verwendung, welche vielmehr erst beim Jahresabschluß und mit ihm möglich ist. Erst dann wird sich ergeben, ob der Reservefonds noch vorhanden ist und erst dann kann diejenige Instanz gefragt werden und entscheiden, von der es überhaupt allein abhängt, die Generalversammlung. Und auch diese, selbst wenn sie, zu einer außerordentlichen Versammlung zusammenberufen, es wollte, könnte gar nicht eher entscheiden, als bis das Jahresergebnis vorliegt. Ebenso liegt es bei der Herabsetzung des Grundkapitals. Wird sie im Sommer beschlossen, so „erfolgt" sie doch erst mit dem 31. Dezember, wenn das Geschäftsjahr das Kalenderjahr ist. Dem Vorstand ist es unbenommen, eine Zwischenbilanz zu Papier zu bringen. Vielleicht mindert er auch sofort das Grundkapitalkonto um den Betrag der Herabsetzung. Das kann aber ebenso gut unterbleiben und schon daraus folgt, daß das Akte von rechtlicher Bedeutung nicht sind. Zur Geltung käme die Buchung erst beim Abschluß der Bücher und da zeigt sich denn, daß sie falsch gewesen ist.

Man nehme den Fall, daß eine Gesellschaft im Sommer beschließt, unter entsprechender Herabsetzung des Grundkapitals 10% der Aktieneinlage zurückzuzahlen. Daß dann das Geld nicht sofort und auch nicht per 31. Dezember ausgezahlt werden darf, liegt allerdings am Sperrjahr. Aber daß es bis 31. Dezember nicht ausgezahlt werden darf, liegt nicht nur am Sperrjahr und vor allem ist die Auszahlung nicht nur befristet bis Ablauf des Sperrjahres, sondern bis 31. Dezember auch bedingt, d. h. unsicher. Denn wenn im zweiten Halbjahr die Gesellschaft so viel Verluste erleidet, daß am Schlusse des Jahres das unversehrte Grundkapital in alter Höhe nicht mehr vorhanden ist, dann reicht die beschlossene Herabsetzung um 10% nicht aus, um auf die Aktien die beschlossenen 10% zurückzuzahlen. Insoweit würde die Auszahlung auf Kosten des geminderten Grundkapitals gehen und das wäre schlechthin unzulässig, auch nach Ablauf des Sperrjahres. Ferner muß in der Abschlußbilanz deswegen der ungeminderte Betrag des Grundkapitals eingestellt werden, weil es gilt, den bilanzmäßigen Jahresgewinn festzustellen. Anderenfalls erschiene der ganze Betrag der Minderung als Jahresgewinn und verteilbare Dividende. Buchtechnisch kann man dem vorbeugen, indem man den Betrag in Reserve stellt. Aber das braucht sich wiederum der Aktionär oder doch eine Minderheit von 5% des Grundkapitals nicht gefallen zu lassen. M. a. W. es entspricht allein der Rechtslage, daß man in diesen Abschluß noch den Betrag der Herabsetzung nicht umständlich erst in eine Reserve einstellt, sondern beim Konto Grundkapital beläßt. Und so kommt man denn auch mit solcher Vorwegnahme in der Buchung zu einem falschen Ergebnis, wenn mit der Herabsetzung eine Unterbilanz hat beseitigt werden sollen. War der Betrag der Herabsetzung zu hoch gegriffen — und ob er das war, zeigt sich auch erst am Schluß des Jahres — so beseitigt man mit der Herabsetzung insofern nicht Unterbilanz, sondern verteilt Grundkapital als Dividende. Man braucht nur an die Frage nach der Versteuerung solcher „Gewinne" zu denken, um zu sehen, daß die Sache nicht richtig sein kann. Das Urteil RG 101, 199 hat der Klägerin doch wohl Unrecht getan. Und im Fall RG 103, 368 ist es mit Händen zu greifen, daß die für 1909 verteilte Dividende auf Kosten des Grundkapitals gezahlt worden ist.

Es liegt mithin so, daß nach beschlossener Herabsetzung des Grundkapitals die Gesellschaft an den Jahresabschluß mit dem ungeminderten Kapitalkonto herantreten muß. Erst bei der Rückbuchung, der Übertragung der Bilanzkonten auf die Buchung für das neue Geschäftsjahr „erfolgt" die Minderung des Grundkapitalkontos um den beschlossenen Betrag. Diese Rückbuchung ist die Erklärung der Gesellschaft, welche treffend Makower gefordert und nur nicht gefunden hat. Naturgemäß verlangt auch hier der Umstand, daß unmöglich mit dem Schluß des Geschäftsjahres auch schon der Rechnungsbeschluß vorliegen kann, die entsprechende Korrektur in Gedanken. Tatsächlich erfolgt die Herabsetzung erst Monate später. Aber angesehen und verbucht wird es als mit Anfang des neuen Jahres geschehen. Das ist eine Unvollkommenheit der menschlichen Dinge, welche hingenommen werden muß und sich nicht nur an dieser Stelle geltend macht. — Will die Gesellschaft aus irgend einem Grunde durchaus erreichen, daß die Herabsetzung des Grundkapitals früher in Wirksamkeit tritt, so ist auch das möglich, aber nur so, daß sie entsprechend das Geschäftsjahr verlegt, dann aber auch am Ende des laufenden Geschäftsjahrs nicht Dividende berechnet und auszahlt, weil es ein Rumpfjahr ist.

Flechtheim in JW 1921, 576 kommt im Ergebnis ziemlich auf dasselbe hinaus, was hier behauptet wird, aber mit anderer Begründung. Er billigt die Auffassnug, daß die Herabsetzung erfolgt ist, vorausgesetzt, daß das Wieviel der Herabsetzung feststeht, mit Eintragung des Erhöhungsbeschlusses in das Handelsregister. Aber die Wirkung — Herabsetzung des Kapitalkontos — trete erst mit der nächsten Abschlußbilanz ein. Es ist nicht ohne weiteres zu sehen, was man sich unter einer Herabsetzung zu denken hat, welche erfolgt ist, (auch eingetragen ist), aber noch nicht wirkt. Flechtheim sagt an sich völlig zutreffend, daß wenn eine Gesellschaft mit 10 Millionen Grundkapital in der letztvoraufgegangenen Bilanz 3 Millionen Unterbilanz hatte, wenn sie dann ihr Grundkapital zur Beseitigung der Unterbilanz um 3 Millionen herabzusetzen beschließt, wenn das zu einer Zeit in das Handelsregister eingetragen wird, wo die Unterbilanz noch bestand, und wenn dann bis Schluß des Jahres 4 Millionen im Betriebe verdient werden, so sei zwar ein

Jahresgewinn von 4 Millionen gemacht, aber zu versteuern sei nur 1 Million, weil 3 Millionen Unterbilanz vorhanden gewesen sei. Dabei betont Fl. selbst, daß der Jahresgewinn ein einheitliches Ganzes sei. Wie will man da feststellen, daß vor Eintragung des Beschlusses in das Register gar nichts, nachher alles verdient sei, und wie ist, wenn man es feststellen kann, die Differenzierung zu rechtfertigen, wo doch der Jahresgewinn nur einheitlich berechnet werden darf. Nach diesseitiger Auffassung ist der Abschluß auf Basis des vollen Grundkapitals zu machen, was in dem Beispiel nicht nur steuerrechtlich, sondern auch handelsrechtlich einen Gewinn von 1 Million ergibt. Erst bei Übertragung auf das folgende Jahr ergeben sich 3 Millionen zur Verfügung, die aber nicht als Gewinn verteilt werden können. Denn die Bestimmung der Dividende für das abgelaufene Jahr ist fertig und erledigt. Im Fall RG 101, 199 war der Generalversammlung neben der Bilanz mit ungemindertem Kapitalkonto ein Bilanzentwurf, wie es genannt war, auf Grund des herabgesetzten Grundkapitals vorgelegt worden (vgl. auch die mit conto finto bezeichnete Nebenbilanz, von welcher Simon, Bilanzen 219 berichtet). Das war weit entfernt nur ein unmaßgeblicher Entwurf zu sein, und treffend hatte die Gesellschaft denn auch den nächstfolgenden Abschluß an diesen „Entwurf" angeknüpft. Es gibt keine Vorschrift, wonach die 3 Millionen, um auf Flechtheims Beispiel zurück zu kommen, zur gesetzlichen Reserve geschrieben werden müßten. Eine Verteilung als Gewinn für das abgelaufene Jahr kommt nicht in Frage. Im nächstfolgenden Abschluß können sie unter den Voraussetzungen als Gewinn verteilt werden, unter denen es bei freien Reserven zulässig ist. So wohl auch Flechtheim. Vor allem aber stünde auch nichts im Wege, daß die Gesellschaft auch jetzt noch beschließt, von der Herabsetzung um 3 Millionen Abstand zu nehmen. Und das ist nur denkbar, wenn die Herabsetzung des Grundkapitals noch nicht erfolgt ist.

2. a) Mit dem Gesagten hängt die Frage eng zusammen, welche die zwei im Gesetz vorgeschriebenen Eintragungen in das Handelsregister diejenige Eintragung der Statutenänderung ist, durch welche gemäß § 277 III die Rechtswirksamkeit dieser eintritt. Die herrschende Lehre muß von ihrem Standpunkt aus annehmen, daß die Herabsetzung schon vollwirksam geworden ist, ehe es zur Eintragung der erfolgten Herabsetzung gemäß § 291 kommt. Folgerecht muß sie dieser Eintragung nur deklarative Bedeutung zuschreiben; Staub-Pinner § 291². Aber sie kann auch nicht umhin, der Eintragung des Herabsetzungsbeschlusses gemäß § 289 in den Fällen die Rechtswirkung, wenigstens die unmittelbare Rechtswirkung zu versagen, wo noch nicht feststeht, wie hoch die Herabsetzung des Grundkapitals ausfallen wird. Ist der hier vertretene Standpunkt richtig, dann kann nur die mit § 291 vorgeschriebene Eintragung in das Handelsregister diejenige sein, durch welche die Statutenänderung wirksam wird, was denn auch allein mit der von niemandem bestrittenen Tatsache in Einklang steht, daß die Gesellschaft auch nach der Eintragung des Herabsetzungsbeschlusses freie Hand behält, von der beschlossenen Statutenänderung wieder abzusehen. Es geht aber mit der konstitutiven Wirkung der Eintragung der erfolgten Kapitalherabsetzung wie mit der Feststellung der Jahresbilanz. Wird auch die Statutenänderung erst mit jener Eintragung rechtswirksam, so gilt sie doch als wirksam geschehen mit Schluß des Geschäftsjahres.

b) Die Herabsetzung des Grundkapitals und die aus Anlaß ihrer erforderlich werdenden weiteren Maßregeln wie Zusammenlegung der Aktien, Einziehung von solchen, Umstempelung oder Neuausgabe, sind zwei verschiedene Dinge, die nebeneinander hergehen oder auch nacheinander. Sind diese Maßregeln noch nicht durchgeführt, wenn es zum Jahresabschluß kommt, so hindert das die Herabsetzung des Grundkapitals nicht. Aber doch nur deshalb ist es so, weil alle jene Maßregeln sich nur auf die Aktienurkunden beziehen. Die Aktienrechte stehen, was ihr quantitatives Verhältnis zu einander und zum Grundkapital angeht, hier, wo es sich um gewillkürte Abänderungen handelt, in unlösbarem Zusammenhang mit dem Grundkapital. Sie werden von dessen Herabsetzung in dem Moment getroffen, wo diese rechtswirksam erfolgt ist, tatsächlich also mit der Eintragung auf Grund § 291. Von diesem Zeitpunkt an, erst von ihm an entsprechen gegebenen Falles die noch umlaufenden Aktienurkunden nicht mehr oder nicht mehr vollständig den in ihnen verkörpert gewesenen oder verkörperten Aktienrechten. Daher findet die ordentliche Generalversammlung, namentlich die Berechtigung der Aktionäre auf Teilnahme an ihr und an den Abstimmungen noch auf der Basis des alten Rechtszustandes statt.

c) Wenn es sich um Herabsetzung des Grundkapitals zu dem Zweck handelt, Einlage teilweise zurückzuzahlen, so entsteht ein Gläubigerrecht der Aktionäre der Gesellschaft gegenüber, aber nicht ein Drittgläubigerrecht (§ 213 Erl 5 b), m. a. W. der Anspruch ist und bleibt ein Anspruch aus dem Gesellschaftsverhältnis, ein interner, die Rechte und Verbindlichkeiten der Gesellschaft gegen Dritte nicht berührender Anspruch, der im Fall des Konkurses der Gesellschaft mit den Ansprüchen der Gläubiger der Gesellschaft auch dann nicht in Konkurrenz tritt, wenn deren Forderungen nach dem in § 289 III bestimmten Zeitpunkt entstanden sind. Auch entsteht dieser Anspruch als unentziehbarer erst mit der Herabsetzung des Grundkapitals bei Feststellung der Jahresbilanz, genauer mit Eintragung der erfolgten Herabsetzung in das Handelsregister. S. oben Erl 1. Anders RG in HoldhMS 1904, 111 (mit Eintragung des Herabsetzungsbeschlusses nach § 289). Gegenüber Staub-Pinner § 291[19] ist auch hier (vgl. Erl 5 b zu § 213) darauf hinzuweisen, daß die Konkursordnung eine Rangordnung unter den Konkursgläubigern: alte Gläubiger — Aktionäre —, neue Gläubiger (also Zurückstellung der neuen Gläubiger hinter die alten!) nicht kennt.

d) Handelt es sich um Amortisation von Aktien, welche die Gesellschaft aufkauft, so darf der Kaufpreis nicht vor Ablauf des Sperrjahrs ausgezahlt werden; Simon, Bilanzen 216. Denn diese Auszahlung erfolgt auf Grund der Herabsetzung des Grundkapitals § 289 IV. Die Aktien werden mit Einlieferung Eigentum der Gesellschaft und gehen mit erfolgter Herabsetzung des Grundkapitals unter. Werden Aktien, die gemäß § 291 angefordert sind, nicht eingereicht, so hindert das nicht die Durchführung der Herabsetzung des Grundkapitals. Die in den Urkunden verkörperten Aktienrechte erleiden die der Herabsetzung entsprechende Umgestaltung, auch wenn im Zeitpunkt, wo die erfolgte Herabsetzung in das Handelsregister eingetragen wird, die Urkunde noch nicht für kraftlos erklärt worden sind. Die Urkunden sind in diesem Fall schon nichtig, ehe es zur Kraftloserklärung kommt.

3. a) Die Herabsetzung des Grundkapitals ist nach der hier vertretenen Auffassung als „erfolgt" zum Handelsregister anzumelden, sobald die Jahresbilanz genehmigt worden ist. Jedenfalls kommt es — das ist ziemlich allgemein anerkannt — nicht darauf an, ob das Sperrjahr schon abgelaufen ist oder ob Gläubiger der Gesellschaft noch nicht befriedigt oder sichergestellt worden sind; RJA 9, 27 (KG). Vgl. KGJ 1, 14; 6, 38; 9, 20; RJA 4, 212; Marcus in HolhdMS 18, 77; RG in Recht 1903, 894; JurRdsch 1926, 950. Nach der herrschenden Lehre kann die Anmeldung der erfolgten Herabsetzung stattfinden, sobald der Betrag, um welchen das Grundkapital herabgesetzt werden soll oder herabgesetzt worden ist, fest steht, und es können, wenn das gleich im Herabsetzungsbeschluß endgültig bestimmt wird, Herabsetzungsbeschluß und Herabsetzung selbst gleichzeitig zur Anmeldung kommen. Nach der hier vertretenen Auffassung ist das nur möglich, wenn die ordentliche Generalversammlung gleichzeitig mit der Genehmigung der Bilanz die Herabsetzung des Grundkapitals in der erwähnten bestimmten Weise beschließt. So scheint es im Fall HoldhMS 12, 230 (Hamburg) gelegen zu haben.

Die Anmeldung muß durch sämtliche Vorstandsmitglieder geschehen. Doch dürfte auch hier wie bei der Anmeldung des Herabsetzungsbeschlusses zulässig sein, daß ein verhindertes Mitglied durch einen Bevollmächtigten, als welcher auch ein anderes Vorstandsmitglied auftreten kann, vertreten wird. S. Erl 1 a zu § 289.

b) Nach der hier vertretenen Auffassung hat die Eintragung der erfolgten Herabsetzung des Grundkapitals konstitutive Wirkung, woraus sich weiter ergibt, daß ein Zwang des Registerrichters zur Anmeldung nicht statthaft ist. Die herrschende Lehre nimmt von ihrem Standpunkt aus in beiden Beziehungen das Gegenteil an. Handelt es sich um eine konstitutive Eintragung der Statutenänderung, so hat auch der Registerrichter die Anmeldung sachlich zu prüfen. Es muß der Kapitalherabsetzungsbeschluß eingetragen sein oder gleichzeitig angemeldet werden und es muß das Protokoll über die Generalversammlung beigebracht sein, in welcher die Herabsetzung „erfolgt" ist. Die Einhaltung der Gläubigerschutzvorschriften nachzuprüfen, ist nicht Sache des Registerrichters, überhaupt nicht Voraussetzung der Eintragung; Staub-Pinner § 291[15]. — Die erfolgte Herabsetzung ist nach ihrer Eintragung auch zum Handelsregister der Zweigniederlassungen von allen Vorstandsmitgliedern anzumelden; § 13 I HGB. Eine Vorschrift wie § 286 fehlt hier. S. § 289 Erl 1 a. Hier findet das Zwangsverfahren durch den Registerrichter statt.

Fünfter Titel.

Auflösung und Nichtigkeit der Gesellschaft[1].

§ 292.

Die Aktiengesellschaft wird aufgelöst[2]:

1. durch den Ablauf der im Gesellschaftsvertrage bestimmten Zeit[3];

2. durch Beschluß der Generalversammlung; der Beschluß bedarf einer Mehrheit, die mindestens drei Vierteile des bei der Beschlußfassung vertretenen Grundkapitals umfaßt; der Gesellschaftsvertrag kann noch andere Erfordernisse aufstellen[4];

3. durch die Eröffnung des Konkurses über das Vermögen der Gesellschaft[5].

Die Vorschriften dieses Titels kommen auch zur Anwendung, wenn die Auflösung einer Aktiengesellschaft aus anderen Gründen[6] erfolgt.

1. Der **fünfte Titel** handelt von der **Auflösung** und von der **Nichtigkeit** der A-Gesellschaft und zwar behandeln

§ 292 die allgemeinen Gründe der Auflösung,

§ 293 Anmeldung und Eintragung der Auflösung in das Handelsregister,

§§ 294—302 die Liquidation,

§§ 303—308 die Auflösung in Folge von Veräußerung des Vermögens der Gesellschaft, in verschiedenen Gestaltungen,

§ 309—311 die Nichtigkeit der Gesellschaft.

2. a) Die A-Gesellschaft wird **aufgelöst, bedeutet nicht**, daß in dem betreffenden Zeitpunkt die Gesellschaft **aufhört zu bestehen**. Es bedeutet vielmehr nur, daß sie aufhört, ihren Zweck zu verfolgen, daß sie ihr Unternehmen und ihren auf diesen gerichteten Betrieb einstellt und statt dessen die Geschäfte abwickelt (welcher Satz aber nicht auch in der Umkehrung gilt; dadurch, daß die Gesellschaft ihren Betrieb einstellt, löst sie sich noch nicht auf). Die zwischen der Gesellschaft und Dritten bestehenden **Schuldverhältnisse** erleiden **keine Änderung**, namentlich liegt nicht ohne weiteres ein Fall nach § 321 BGB vor; RG 5, 7; betagte Forderungen werden nicht fällig, RG 9, 14; die Rechte aus einer eingetragenen Schutzmarke bleiben bestehen und sind von den Liquidatoren wahrzunehmen; RG 15, 102.

Ob ein auf dauernde Anstellung gerichteter Vertrag durch die Auflösung der Gesellschaft ein Ende nimmt, ist nach Lage des Falles zu entscheiden; RG 24, 71: „Es ist nach Maßgabe des Inhalts des Vertrages in bezug auf die Art der darin festgesetzten Leistungen und ihre wirtschaftliche Bedeutung für die Beteiligten zu prüfen, ob die Leistungen und ihre Annahme wegen der durch den Eintritt in den Liquidationszustand eintretenden Veränderung entweder überhaupt oder doch in der durch den Vertrag ihm zugewiesenen Bedeutung und Zweckbestimmung unmöglich werden." Im Zweifel wird die Gesellschaft gemäß den Vorschriften des BGB auf Kündigung unter Einhaltung der gesetzlichen Frist angewiesen sein. — Wegen des Einflusses der Auflösung einer **Nebenleistungs-A-Gesellschaft** auf das Nebenleistungsverhältnis s. § 212 Erl 2 f. Die Auflösung der Gesellschaft bildet **nicht einen Arrestgrund**; wohl aber liegt ein solcher darin, daß der Liquidator Anstalten macht, das Vermögen zu verteilen, bevor die Gläubiger sichergestellt sind; ROHG 23, 150.

b) Die **juristische Persönlichkeit** mit ihrer gesamten **Organisation dauert fort**; So schon ROHG 16, 286; 19, 160, 194, ferner RG 3, 55; 41, 95, RFH in JW 1921, 1119[16]. Vgl. auch RG 92, 83; 109, 391 (GmbH); 48, 311 (Gewerkschaft); KGG 14, 240; 51, 263. Es gilt, ihre ausstehenden Forderungen einzuziehen, ihre Verbindlichkeiten zu erfüllen, und wenn auch die sich anschließende Verteilung des Reinvermögens unter die Aktionäre sachlich eine innere Gesellschafterangelegenheit ist, so findet juristisch doch auch sie zwischen der Gesellschaft — also der noch bestehenden Gesellschaft — und den Gesellschaftern statt, bedarf übrigens auch zwecks der Umsetzung des Gesellschaftsvermögens in Geld der rechtsgeschäftlichen Betätigung gegenüber Dritten. Selbst wenn nach formell beendeter Liquidation sich ergibt, daß Gesellschaftsvermögen noch vorhanden ist, ist auch das Rechtssubjekt der A-Gesellschaft wieder zur Stelle. Wer z. B. als Bürge der Gesellschaft nach beendeter Liquidation oder beendetem Konkurs in Anspruch genommen wird, kann sich nicht darauf berufen, daß die Gesellschaft erloschen sei, der Hauptschuldner und eine Hauptschuld nicht mehr existiere. Solange noch Vermögen der Gesellschaft vorhanden ist, verschwindet auch die juristische Person nicht; RG 41, 95; KGG 31, 267; 41, 138; 45, 184. So, wenn sich ergibt, daß noch Schulden vorhanden sind und die Gesellschaft gegen die Vorstands- oder Aufsichtsratsmitglieder Anspruch auf Schadenersatz in dem Fall hat, daß sie jene Schulden bezahlt; RJA 12, 218; 15, 57; 15, 212; anders RJA 14, 59; vgl. Erl zu § 302. Die Gesellschaft erlischt durch die Auflösung auch nicht im Sinne des § 1061 BGB: Steht der Nießbrauch einer juristischen Person zu, so erlischt er mit dieser, d. h. also nicht schon mit der Auflösung der Gesellschaft; vgl. RG 16, 1; ein der Gesellschaft als beschränkt persönliche Dienstbarkeit (§ 1090 BGB) bestelltes Abbaurecht geht durch Auflösung der Gesellschaft, namentlich dadurch, daß Konkurs über ihr Vermögen eröffnet wird, nicht unter; KGJ 51, 262; ZBlfG 13, 410; RG in Bauer 24, 63. Doch dürfte anzunehmen sein, daß hier mit dem formellen Schluß der Liquidation Nießbrauch und Dienstbarkeit endgültig erlöschen und auch dann nicht wieder aufleben, wenn sich einzelne Vermögensstücke, namentlich Ersatzansprüche als noch vorhanden herausstellen sollten. Anderseits ist anzunehmen, daß der Nießbrauch erlischt, wenn die Liquidation willkürlich und ungebührlich in die Länge gezogen wird. — Ein für oder gegen die Gesellschaft anhängiger **Prozeß** wird an und für sich nicht dadurch unterbrochen, daß sie aufgelöst wird (vgl. SächsArch 09, 456), und überhaupt nicht, wenn nach der Regel des § 295 I die Liquidation durch die Mitglieder des Vorstandes erfolgt; a. A. **Staub-Pinner** § 210[11]. Der Abbruch der Kontinuität liegt nicht in den rechtlichen, sondern in den wirtschaftlichen Verhältnissen. Die Person bleibt. Sie verschwindet erst mit ihrem letzten Vermögensstück (stark abweichend aber auch ganz vereinzelt RG 85, 397). — Ein richtiges Bild von dem Sachverhalt macht man sich, wenn man den Ausdruck Auflösen und Auflösung gewissermaßen nicht statisch, sondern dynamisch versteht, nicht im Sinne eines momentanen Ereignisses sondern im Sinn eines nunmehr einsetzenden fließenden, in der Zeit verlaufenden Geschehens. Die Gesellschaft wird aufgelöst heißt dann sie löst auf, sie ist damit befaßt, sich aufzulösen, was nicht mit einem Schlage geschehen kann; die Gesellschaft bisher mit ihrer produktiven Tätigkeit befaßt, bricht diese ab und macht sich an die Abwicklung der Geschäfte zur Verteilung des Vermögens; Wimpfheimer, Die Gesellschaften usw. im Stadium der Liquidation S. 95 ff. — Nur allmächlich hat sich diese Erkenntnis durchgerungen und in Einzelheiten macht sich auch heute noch die überwundene Anschauung geltend. So z. B. im § 49 II BGB (der übrigens nicht, wie Lehmann-Ring § 292[1] annimmt, für die A-Gesellschaft gilt), wo es lautet, daß der Verein bis zur Beendigung der Liquidation als fortbestehend gilt. Er gilt nicht als fortbestehend. Als Subjekt privater Vermögensrechte besteht er tatsächlich fort. So ferner in der Behauptung, daß die A-Gesellschaft, welche nach Ablauf der im Statut bestimmten Zeit in Liquidation getreten ist, nicht mehr beschließen könne, ihren Betrieb, den Gegenstand ihres Unternehmens wieder von neuem aufzunehmen, daß das vielmehr nur im Wege einer Neugründung erreicht werden könne. S. Erl 3 b und § 274 Erl 1 c. Anderseits wird man das Wiederaufleben der juristischen Person infolge von nachträglichem Hervortreten unbeachtet gebliebener Vermögensstücke als Annahme aus Notbehelf zu betrachten haben, aus welcher weitere Konsequenzen nicht gezogen werden dürfen.

c) Auch steuerrechtlich verschwindet die A-Gesellschaft nicht mit ihrer Auflösung, solange noch Vermögen, Forderungen oder auch nur Schulden vorhanden sind; RFH 3, 196; vgl. auch das. 5, 108; (GmbH). Während der Liquidation dauert die objektive und subjektive Steuerpflicht der A-Gesellschaft fort; dagegen ist für die Veranlagung zur Körperschaftssteuer in diesem Stadium kein Raum (KörpschaftsStG § 18). Vgl. RFH 10, 23 und 10, 320: „Die Gesellschaft verschwindet erst endgültig, wenn sie völlig vermögenslos geworden ist; das ist vor Ablauf des Sperrjahrs nicht der Fall; sie ist durch gesetzwidrige Handlung ihres Liquidators, der vor Ablauf des Sperrjahrs das Vermögen ausgeschüttet hat nur der verteilten Vermögensstücke verlustig gegangen; an deren Stelle sind aber ihre Ersatzansprüche gegen den Liquidator getreten; diese Ansprüche besitzt sie mindestens bis zum Ablauf des Sperrjahrs". Das wird von der Gesellschaft mbH gesagt, gilt aber, wenn es dort richtig ist, auch von der A-Gesellschaft.

3. a) Durch Ablauf der im Gesellschaftsvertrage bestimmten Zeit. In § 3 Abs II des GGmbH ist gesagt: Soll das Unternehmen auf eine gewisse Zeit beschränkt sein, so bedarf die Bestimmung der Aufnahme in den Gesellschaftsvertrag. Das ist selbstverständlich und gilt auch von der A-Gesellschaft; vgl. RG 74, 208. Daß man es hier nicht ausdrücklich gesagt hat, mag damit zusammenhängen, daß eine solche Bestimmung bei einer A-Gesellschaft etwas ganz ungewöhnliches sein würde. Erst seit dem Aufkommen der Kartelle macht sich das Bedürfnis, sich vorsichtigerweise nur auf bestimmte Zeit zu binden, auch da wohl geltend, wo man sich für das Kartell der Form der A-Gesellschaft bedient. — Ist im Gesellschaftsvertrage eine Zeit bestimmt, so muß das in das Handelsregister eingetragen werden; § 198 II (auch in das Register der Zweigniederlassung; 201 III), und wird dann auch öffentlich bekanntgemacht. — Die Bestimmung einer Zeitdauer in einem Nebenvertrag ist auch dann unwirksam, wenn auf diesen im Gesellschaftsvertrag verwiesen wird; vgl. RG 79, 418. — Wenn nach JW 1906, 740[11] eine Gesellschaft nach BGB auch dann als auf bestimmte Zeit eingegangen anzusehen ist, wenn die Befristung aus den Umständen, insbesondere aus dem Zweck und dem Ziel der Gesellschaft sich ergibt (Grundstücksverwertungsgesellschaft), so ist hier an solche Fälle nicht zu denken. Unter bestimmter Zeit ist hier kalendermäßig bestimmte Zeit zu verstehen. Auch darin, daß allen Gesellschaftern oder einzelnen von ihnen ein Kündigungsrecht eingeräumt wird, kann nicht die Bestimmung einer Zeitdauer erblickt werden. Anders RG 79, 422.

b) Mit dem Eintritt des Endtermins wird die Gesellschaft aufgelöst, ohne daß es noch einer Erklärung oder eines Beschlusses bedarf. Die Gesellschaft braucht sich dessen nicht einmal bewußt zu sein. Soll die Gesellschaft über den Termin hinaus fortgesetzt werden, so muß das nach der herrschenden Lehre beschlossen und nicht nur das, sondern auch in das Handelsregister eingetragen sein, bevor der Endtermin herangekommen ist; RJA 7, 209; 8, 199. Indessen dürfte das auf der heute überwundenen Vorstellung beruhen, daß es mit der Gesellschaft aus und vorbei sei, wenn sie aufgelöst ist. Die Persönlichkeit der Gesellschaft ist damit noch nicht verschwunden. Sie hätte ihren Betrieb einstellen sollen, vielleicht hat sie es auch getan. Warum soll sie sich nicht anders besinnen dürfen und den Betrieb wieder aufnehmen. So hat denn auch mit Recht zunächst das Kammergericht und dann auch das Reichsgericht mit der bisherigen Praxis gebrochen; JW 1925, 640[7]. RG. 18, 337. Zustimmend Hachenburg GGmbH § 60[3]. Dagegen Staub-Pinner § 307[1]. S. Erl 1 c zu § 274. — Etwas anderes ist es, ob eine solche Wiederaufnahme der Gesellschaft von der Mehrheit und von welcher beschlossen werden könne oder nur mit Zustimmung aller. S. unten unter c.

Anderseits steht die Bestimmung einer Zeitdauer dem Beschluß der Gesellschafter, die Gesellschaft vor der Zeit aufzulösen, nicht entgegen.

c) Eine andere Frage ist, ob die Bestimmung einer Zeitdauer dem Statut durch Statutenänderung nachträglich eingefügt werden kann, und ob die in dem Statut enthaltene Bestimmung durch Mehrheitsbeschluß geändert werden kann. Die erstere Frage ist unbedenklich zu bejahen, übrigens wohl auch praktisch nicht von großer Bedeutung. Was die Änderung einer geltenden Bestimmung des Statuts angeht, so ist daraus, daß nach Ziffer 2 die Generalversammlung jederzeit die Auflösung auch dann beschließen kann, wenn eine bestimmte Zeitdauer vereinbart worden ist, zu schließen, daß sie mit derselben Mehrheit den Endtermin auch vorverlegen kann. Vgl. RG 65, 266; Staub-Pinner § 292[5], dem darin beizustimmen ist, daß es sich zugleich um eine Statutenänderung handelt. A. A. Fischer in EhrenbergsHH III 1, 400 bei Note 2, mit der Begründung, der Beschluß treffe keine Norm für die fortbestehende Gesellschaft, sondern beendige sie. Soweit das überhaupt richtig ist, gilt es auch von der ursprünglichen Statutenbestimmung, Goldmann § 292[7] meint umgekehrt, es bedürfe nur der Voraussetzungen der Statutenänderung. Auch auf Brand § 292[26] beruft Fischer sich mit Unrecht. Dagegen vergreift sich der Beschluß der Mehrheit, den Endtermin hinauszuschieben oder ganz aufzugeben, an dem Sonderrecht jedes einzelnen Mitgliedes auf die Mitgliedschaft, insbesondere auf die Liquidationsquote. An sich gilt das auch von dem Beschluß der vorzeitigen Auflösung. Denn auch das greift auf das für bestimmte Zeit bedungene Recht auf Mitgliedschaft ein. Aber darüber hilft hier die positive Vorschrift des Gesetzes hinweg. Für die Verlängerung der Zeitdauer gilt das nicht; RG in Holdh 1904, 136. In Beziehung auf die Gesellschaft mbH ist denn auch anerkannt, daß die Verlängerung nur mit Zustimmung aller Gesellschafter beschlossen werden kann; RG 81, 69; OLG 8, 260 (Dresden); 33, 363 (KG); zu eng OLG 16, 122 (Hamburg); 27, 387 (Rostock) KGJ 50, 115. So hat RG 81, 69 dahin erkannt, daß bei Fortsetzung der Gesellschaft wider den Willen einzelner Gesellschafter diesen der Betrag auszuzahlen ist, welcher sich bei rechtzeitiger Auflösung als Liquidationsquote für sie ergeben hätte. Es liegt aber rechtlich bei der A-Gesellschaft ebenso wie bei der Gesellschaft mbH. Das in der Zeit vor der Novelle von 1884 ergangene Urteil RG 6, 120 hat allerdings entgegengesetzt entschieden, indessen nur, weil es in dem Beschlusse lediglich eine Statutenänderung erblickte, und auf den Punkt, daß ein Sonderrecht in Frage stand, gar nicht einging. Jedenfalls wird man bei Kartellen, überhaupt bei Nebenleistungsaktiengesellschaften und wo die Aktien nicht frei veräußerlich sind, mindestens aber überall, wo die Umstände ergeben, daß für den einzelnen die Zeitbeschränkung von entscheidender Bedeutung für seine Entschließung gewesen ist, die Verlängerung durch Mehrheitsbeschluß für unzulässig erklären müssen. S. auch JW 1904, 44,[14] und § 307. Bezeichnend ist auch, daß nach der Novelle von 1900 die konstituierende Generalversammlung die im Statut der Gründer vorgesehene Zeit nur einstimmig verlängern kann; § 196 V Satz 2.

Einseitige Aufkündigung der Gesellschaft durch den einzelnen Aktionär ist ausgeschlossen, es sei denn, daß ihm im Gesellschaftsrecht ein Recht dazu bedungen worden ist; vgl. JW 1925, 1636 (GmbH).

4. a) Die Generalversammlung kann jederzeit die Auflösung der Gesellschaft beschließen. Nur bedarf der Beschluß der im Gesetz bestimmten qualifizierten Mehrheit. Darüber, was unter einer Mehrheit, welche mindestens drei Vierteile der bei der Beschlußfassung vertretenen Grundkapitals umfaßt, zu verstehen ist, s. Erl 1 b zu § 275. Im Statut kann das nicht abgeschwächt werden; dagegen können in ihm noch weitere Erfordernisse bestimmt werden. Das bedeutet aber nur Erschwerungen des erforderlichen Stimmenverhältnisses. Unzulässig und unwirksam wäre das weitere Erfordernis, daß der Aufsichtsrat oder daß ein Dritter zustimmen müsse. Ebenso wäre unwirksam die Bestimmung, daß die Auflösung nur einstimmig beschlossen werden kann. Das hieße nur, im Wege des Statuts die zwingende Vorschrift ganz beseitigen. Von der Bestimmung, daß die Gesellschaft unauflöslich sein soll, muß das vollends gelten; s. Erl 1 c zu § 275. — Ist eine bestimmte Zeitdauer festgesetzt und soll die Gesellschaft vor deren Ablauf ein Ende nehmen, so müssen auch die Voraussetzungen des Beschlusses einer Statutenänderung vorliegen, die übrigens leichter sein werden, aber kaum jemals schwerer als das, was gegenwärtige Vorschrift bestimmt. Ob es eines förmlichen, auf Änderung des Gesellschaftsvertrages gerichteten Beschlusses bedarf, ist bestritten. Da in solchem Fall Statutenänderung und Auflösung nur gleichzeitig beschlossen werden könnten und dann auch beide gleichzeitig zum Handelsregister anzumelden wären, würde diese Verdoppelung ein reiner Formalismus sein. Nur bliebe der Unterschied bestehen, daß in dem einen Fall die Auflösung der Gesellschaft sofort eintritt, im anderen Fall erst durch Eintragung des Beschlusses in das Handelsregister.

Der Beschluß dagegen, die Gesellschaft zu einem späteren Termin, oder wenn im Statut eine bestimmte Dauer vorgesehen ist, sie vorzeitig, aber nicht sofort aufzulösen, wäre kein Auflösungsbeschluß, sondern Statutenänderung. Wohl aber kann in dem Auflösungsbeschluß ein naheliegender bestimmter Tag als der Zeitpunkt bezeichnet werden, mit welchem die Liquidation einsetzen soll.

b) Die Auflösung kann auch unter einer aufschiebenden Bedingung beschlossen werden; RG 65, 264. Sie erfolgt dann ohne weiteres mit Eintritt der Bedingung und ist auch erst dann zum Handelsregister anzumelden. Das dürfte auch in dem Fall nicht anders sein, wo in dem Beschluß eine Statutenänderung liegt.

c) Die Verlegung des Sitzes der Gesellschaft in das Ausland würde der Gesellschaft als einer deutschen Aktiengesellschaft nach HGB ein Ende machen und bedeutet daher sachlich die Auflösung der Gesellschaft. Die Generalversammlung kann sie daher nur mit der hier vorgeschriebenen Mehrheit wirksam beschließen; RG 7, 68. Dasselbe muß von jedem Beschluß gelten, welcher zwar nicht unmittelbar auf Auflösung der Gesellschaft gerichtet ist, sie aber mit sich bringt.

Der Beschluß, den Betrieb einzustellen, bedeutet nicht ohne weiteres Beschluß der Auflösung der Gesellschaft.

d) Hält man daran fest, daß die Auflösung der Gesellschaft vorerst nicht eine Personenstandsveränderung bedeutet, sondern nur die Tatsache, daß die Persönlichkeit der Gesellschaft ihren bisherigen Zweck aufgibt und statt dessen die Geschäfte abwickelt, dann ist auch kein Grund, zu zweifeln, daß die Gesellschaft rechtlich nicht gehindert ist, solange sie noch besteht, sich anders zu besinnen und den Geschäftsbetrieb und den Geschäftszweck wieder aufzunehmen. Anders (in Beziehung auf die GmbH) Ring I 243 (München). Nur müssen aus gesellschaftlichem Grunde alle Aktionäre ohne Ausnahme zustimmen. In RG 106, 68 wird (in Beziehung auf eine Gewerkschaft nach gothaischem Recht) anscheinend — der Bericht ist in diesem Punkt unvollständig — das Gegenteil als selbstverständlich unterstellt. Auf keinen Fall aber liegt es so, daß in einem solchen Fall der vermeintliche Vorstand, der für die Gesellschaft Verträge schließt, das als Vertreter einer nicht existierenden Persönlichkeit tut. Die Gewerkschaft, für welche der Vertrag geschlossen war, existierte, sie betrieb auch tatsächlich ihr Gewerbe, es war ihr das auch keineswegs gesetzlich untersagt, nur die Gewerken hatten den Anspruch darauf, daß es nicht geschehe. So, wenn nicht nach gothaischem Bergrecht, jedenfalls nach gemeinem Recht und nach dem Recht der A-Gesellschaft. S. oben Erl 3 bc.

5. a) Die Auflösung der Gesellschaft durch Eröffnung des Konkurses über ihr Vermögen hat an und für sich keine andere Bedeutung, wie jede andere Auflösung. Sie hat auch hier nicht die Beendigung der Existenz der Gesellschaft zur Folge, sondern nur die Beendigung des auf ihren Zweck gerichteten Betriebes. Die Verwertung und Aufteilung des Vermögens der Gesellschaft bedingt die Fortdauer ihrer juristischen Persönlichkeit mit ihrer Organisation, nur ist sie Gemeinschuldner geworden und hat die Macht verloren, ihr Vermögen, soweit es zur Konkursmasse gehört (§ 1 I KO), zu verwalten und darüber zu verfügen; JW 1896, 697; RG 81, 335; vgl. auch RG 77, 154; 98, 93; OLG 27, 380; ZBlfG 13, 410. Die Urteile RG 14, 419; 16, 338 bewegen sich doch wohl in Widersprüchen. Wenn das in Deutschland liegende Vermögen einer ausländischen A-Gesellschaft nicht zu ihrer Konkursmasse gehörte (KO § 237), dann ließe sich die Passivlegitimation des Konkursverwalters schwerlich rechtfertigen. — Das Konkursverfahren hat den Zweck, die Gläubiger der Gesellschaft gemeinschaftlich zu befriedigen. Bleibt nach seiner Beendigung in irgendeiner Gestalt Gesellschaftsvermögen nach, so muß sich die Liquidation anschließen, die nicht mehr Sache des Konkursverwalters ist. War sie bereits im Gange, als der Konkurs eröffnet wurde, so wird sie nunmehr fort- und zu Ende geführt.

b) Die Organe der Gesellschaft behalten ihre frühere Funktion, soweit diese nicht auf den Konkursverwalter übergeht oder durch seine Machtbefugnisse absorbiert wird; JW 1896, 679[20]; RG 81, 335. Es steht auch nichts im Wege, daß in den Mitgliedpersonen des Vorstands, Aufsichtsrats und der Generalversammlung während des Konkurses eine Änderung eintritt, welche dann auch gegebenenfalls in das Handelsregister einzutragen ist; vgl. LZ 1918, 180 (Hamburg); OLG 27, 380 (Braunschweig); SeuffArch 43 S. 207 (Hamburg). — Dagegen ist die Aufnahme neuer Gesellschaftsmitglieder, d. h. die Aufnahme auf Grund neuer Anteilrechte, m. a. W. die Erhöhung des Grundkapitals wie überhaupt nach Auflösung der Gesellschaft so auch hier ausgeschlossen, wenn der Konkurs eröffnet wird, bevor die erfolgte Kapitalerhöhung in das Handelsregister eingetragen worden ist; vgl. RG 77, 153; RG in LZ 1912, 153[36], wo es sich nicht um eine A-Gesellschaft sondern um eine Gesellschaft mbH handelt. Der dort angeführte Grund, daß nach § 69 GGmbH im Liquidationsstadium die Vorschriften über Statutenänderung nicht gelten, kann für die A-Gesellschaft nicht verwendet werden, weil es hier eine dem § 69 I cit. entsprechende Vorschrift nicht gibt. Übrigens ist auch dort dieser Grund nicht stichhaltig. Vgl. Brodmann GGmbH § 69[1]. — Der richtige Grund ist, daß eine vor Auflösung der Gesellschaft beschlossene Erhöhung des Grundkapitals nach ihrer Auflösung durchzuführen, nicht im Sinne des Beschlusses der Generalversammlung und namentlich auch nicht im Sinne der Übernahmeerklärung der neuen Mitglieder liegt; vgl. RG in LZ 1914, 776[19]; ferner ROHG 21, 337; RG 4, 67; RG in Recht 1902, 286; 1915, 2361; RJA 14, 152. — Eine Nachgründung kann gemäß § 207 noch nach Auflösung der Gesellschaft von der Generalversammlung genehmigt werden. Ist aber der Konkurs eröffnet, so steht die Entscheidung dem Konkursverwalter und der Generalversammlung zu; S. § 207 Erl 4 a.

c) Dem Vorstand liegt gegebenenfalls ob: die Beschwerde gegen den Konkurseröffnungsbeschluß (KO § 109), die Pflicht zur Auskunfterteilung (KO § 100), die Leistung des Offenbarungseides nach § 125 KO; die dem Gemeinschuldner zustehende selbständige Prüfung und nötigenfalls das Bestreiten angemeldeter Forderungen (KO § 144), die Prozeßführung hinsichtlich ihrer nach § 144 II KO, Vorschlag eines Zwangsvergleichs (KO § 173), Prozeßführung gegen Gesellschafter JW 1896, 373[21] (der Streit, ob Kläger mit Aktien an der in Konkurs geratenen A-Gesellschaft beteiligt ist, geht die Konkursmasse nichts an und wird durch die Eröffnung des Konkurses nicht unterbrochen), Anfechtung von Gesellschafterbeschlüssen auf Grund § 271 IV, Einberufung der Generalversammlung, Anmeldung zum Handelsregister usw. bleiben Sache des Vorstandes. Vgl. RG 68, 381, KGJ 48, 134; die Aktionäre können gemäß § 254 die Einberufung der Generalversammlung betreiben JW 1925, 628[1]. Es ist dafür zu sorgen, daß Vorstand und Aufsichtsrat vollständig besetzt sind SächsArch 43, 134 (Hamburg). Die Frage, wer im gegebenen Fall den Anwalt oder den Notar, welcher als Zeuge benannt ist, von der Verpflichtung zur Verschwiegenheit entbinden kann, der Vorstand oder der Konkursverwalter, ist danach zu entscheiden, ob das Beweisthema für die Konkursmasse von Bedeutung ist; JW 1905; 28[38]; DJZ 04, 128. — Der Streit darüber, ob die Gesellschaft ihre Firma zu Reklamezwecken gebrauchen darf, berührt die Konkursmasse nicht. Vgl. JW 1902, 95. Ebensowenig die Patentnichtigkeitsklage, wenn die A-Gesellschaft der Kläger ist, Patentamt in BlPM 211, 184; vgl. auch das. 10, 213; DJZ 06, 85; anders, wenn sich die Klage gegen ihr Patent richtet. — Den Offenbarungseid hat für die Gesellschaft, wenn während des Konkursverfahrens in der Person des Vorstandes ein Wechsel eintritt, das jeweilige Mitglied zu leisten; Vgl. OLG 6, 144; BadPr 1921, 37. Das Mitglied kann sich dieser Verpflichtung nicht dadurch entziehen, daß es seine Stellung aufgibt; vgl. HansGerZ Beibl 1910, N. 90. — Darauf, wer im Handelsregister als Vorstandsmitglied eingetragen ist, kommt es nicht an; vgl. OLG 24, 157 (Braunschweig); Bauer 21, 58 (Augsburg). Es ist natürlich ausgeschlossen, daß jemand zugleich Konkursverwalter und Liquidator der Gesellschaft oder Mitglied ihres Vorstandes ist, SeuffArch 66[186] (Kiel).

In allen diesen Beziehungen ist es einflußlos, daß der Konkursverwalter auf Grund § 22 KO das Dienstverhältnis mit dem Vorstandsmitglied aufkündigt, das vielmehr seiner Verpflichtung erst enthoben ist, wenn es in der Lage ist, der Gesellschaft die Stellung nach § 626 BGB zu kündigen; vgl. KGJ 48, 134; OLG 27, 380 (Braunschweig). — Die Entscheidung RG in LZ 1911, 308, wonach mit Eröffnung des Konkurses das Vertragsverhältnis zwischen der Gesellschaft und dem Liquidator ein Ende nimmt, beruht auf Auslegung des betreffenden Anstellungsvertrages.

d) Die Verwaltung des Vermögens der Gesellschaft geht dagegen ganz in die Hände des Konkursverwalters über, der in dieser Beziehung an Mitwirkung der Gesellschaftsorgane und an Beschlüsse der Generalversammlung nicht gebunden ist, selbstverständlich auch keiner Aufsicht durch den Aufsichtsrat untersteht; RG 76, 248: Ein Gebot der Generalversammlung an den Vorstand, Ersatzansprüche aus der Gründung oder aus der Geschäftsführung zu verfolgen, ist für den Konkursverwalter ebensowenig von Belang, wie die Aufhebung eines solchen Gebots; er hat nach eigenem pflichtmäßigem Ermessen zu entscheiden, ob er den Anspruch geltend machen soll oder nicht; s. § 241 IV, 249 III. Namentlich kann er auch ausstehende Einlagen einziehen, und zwar nach richtiger Ansicht ohne Rücksicht auf die dafür im Gesellschaftsvertrag oder auch anderweit festgesetzten Termine (s. Erl 6 b zu § 218), auch ohne Rücksicht darauf, ob nach dem Statut die Einforderung dem Aufsichtsrat zusteht oder an seine Genehmigung gebunden ist; RG 45, 155. Er hat nicht das Recht, Einlagen einzufordern, wenn er des Geldes zur Erledigung des Konkursverfahrens einschließlich Befriedigung der Gläubiger nicht bedarf; s. § 218 Erl 6 b. — Über Geltendmachung von Ansprüchen gemäß § 241 IV s. Erl 4 e zu § 241. — Der Aktionär kann sich auch dem Konkursverwalter gegenüber darauf berufen, daß die Gesellschaft die ihm gebührende Aktie nicht gewähren kann, weil sie anderweit darüber verfügt hat; ROHG 19, 230. Er kann auch darauf bestehen, nur gegen Lieferung der Aktienurkunde zu zahlen, wenn die Gesellschaft die Urkunde bereits ausgestellt hat; Bolze 7. 643. Dagegen kann die Konkursmasse des Aktionärs die Lieferung der Aktienurkunde nur beanspruchen, wenn sie bereit ist, die restliche Rate voll zu zahlen; RG 79, 175; s. auch § 218 Erl 6 b. — Soweit ein Aktionär der Gesellschaft gegenüber den Erwerb der Aktie anfechten kann (s. Erl 3 a zu § 213), ist nach Eröffnung des Konkurses über das Vermögen der Gesellschaft der Konkursverwalter der richtige Beklagte; RG in BauersZ 2463.

Die Veräußerung einer vinkulierten Namenaktie zu genehmigen, dürfte im allgemeinen auch nach Eröffnung des Konkurses dem nach dem Statut dazu berufenen Organe der Gesellschaft zukommen; RG 72, 291 hat die Genehmigung des Konkursverwalters für ausreichend erklärt in einem Fall, wo es sich um die Einforderung ausstehender Einlagen zur Konkursmasse handelte; Staub-Pinner § 292[12].

Gegenüber der Anfechtung von Beschlüssen der Generalversammlung aus der Zeit vor Eröffnung des Konkurses ist der Konkursverwalter zur Vertretung der Gesellschaft nur insoweit berufen, und zwar er allein (§ 272 I), als die Aufhebung des Beschlusses die Konkursmasse berühren würde; gegenüber der Anfechtung einer Entlastung kann er auch dann die Gesellschaft nicht vertreten. RG 76, 246 (anders OLG 21, 389). S. auch Fürst in LZ 1912, 513. § 272 Erl 1 g. Übrigens dürfte schwer zu sagen sein, welches Interesse der Konkursverwalter daran haben könnte, einen Beschluß der Generalversammlung anzufechten. In Verwaltung und Verwertung der Konkursmasse ist er von den Beschlüssen der Generalversammlung ganz unabhängig und soweit Verfügungen vor der Eröffnung des Konkurses auf Grund von Beschlüssen der Generalversammlung getroffen worden, Verbindlichkeiten eingegangen sind, auf Rechte verzichtet worden ist, kann für den Konkursverwalter nur Anfechtung des Rechtsgeschäfts oder der Rechtshandlung selbst wegen Gläubigerbenachteiligung in Frage kommen. Die Meinung Wulffs in LZ 1923, 182, daß der Konkursverwalter eine nach Konkursrecht unanfechtbare Schenkung durch erfolgreiche Anfechtung des mangelhaften Beschlusses hinfällig machen könne, ist wohl nicht zutreffend. Die Schenkung ist, wie jedes andere Rechtsgeschäft des Vorstandes in ihrer Wirksamkeit nicht von der Gültigkeit des Beschlusses der Generalversammlung abhängig, auf Grund dessen der Vorstand sich für befugt gehalten hat, den Schenkungsvertrag zu schließen. — Dagegen kann die Klage auf Entlastung wiederum nur gegen den Konkursverwalter gerichtet werden; RG eod. RG in LZ 1911, 305. Auch nach Beendigung des Konkurses kann der Verwalter in die Lage kommen, die Masse im Prozeß zu vertreten. Vgl. OLG 19, 231.

In dem Prozeß, welchen der Konkursverwalter für die Masse führt, können die Vorstandsmitglieder als Zeugen vernommen werden; vgl. RG in LZ 1914, 776[19].

Dem Konkursverwalter ist nicht schlechthin versagt, das Unternehmen produktiv fortzuführen. — Er ist auch nicht gehindert, den etwa noch in der Firma steckenden Wert dadurch zu nutzen, daß er das Geschäft im ganzen mit der Firma veräußert; vgl. Erl 3 b zu § 294. Da er weder Veranlassung noch auch die Berechtigung hat, für die Konkursmasse die Firma zu führen, ist hier die Rechtslage nicht dieselbe wie bei der Liquidation.

e) Wenig geklärt ist die Stellung der Mitglieder des Vorstandes zur Konkursmasse in Beziehung auf den Anstellungsvertrag. Es ist offenbar nicht richtig, wenn in SeuffArch 62, Nr. 221 in Anwendung des § 23 II KO entschieden wird, daß das ganze Anstellungsverhältnis der Vorstandsmitglieder mit Eröffnung des Konkurses erlischt. In Frage kann nur kommen, inwiefern der Konkursverwalter auf Grund § 22 KO vorgehen kann. Auf keinen Fall steht ihm das Recht zu, die Vorstandsmitglieder gänzlich zu entlassen (RG 81, 337), deren er vielmehr als der gesetzlichen Vertreter des Gemeinschuldners gar nicht entraten kann. Wohl aber muß ihm unbenommen sein, gemäß § 22 KO das Vertragsverhältnis, soweit es die Konkursmasse angeht, zu kündigen. KGJ 48, 134. Vgl. aber auch OLG 6, 500 (GenG). Unannehmbar ist die Auffassung Makowers § 292 I c[3], daß durch die Kündigung des Konkursverwalters das Vertragsverhältnis endige, aber nicht die Vertretungsmacht. Die Vertretungsmacht kann in nichts anderem ihre Grundlage haben, als in dem mit der Gesellschaft geschlossenen Vertrag. Den Vorstandsmitgliedern steht der Anspruch auf Vergütung gegen die Konkursmasse zu und zwar für die Zeit bis Eröffnung des Konkurses als Konkursforderung, von da an bis Ablauf der gesetzlichen Kündigungsfrist als Masseforderung. Vgl. RG in LZ 09, 689[9]. OLG 6, 500 (KG). Anders vermöge (bedenklicher) Vertragsauslegung RG in LZ 1911, 308[5]. Ihre Konkursforderung genießt richtiger Ansicht nach nicht den Vorrang nach § 61 Z. 1 KO; s. § 231 Erl 8. Ganz unbefriedigend ist ihre Rechtslage für die Zeit nach Ablauf der Kündigungsfrist. Ihre Tätigkeit wird dann freilich nur noch in sehr viel geringerem Umfang und nur hin und wieder noch in Anspruch genommen. Dabei ist es folgerichtig, wenn KGJ 28, B 48 entscheidet, daß Kosten, welche daraus oder dabei entstehen, die Konkursmasse nichts angehen. Die A-Gesellschaft erwirbt unter Umständen wohl einmal nach Ausdbruch des Konkurses Vermögen, das dann nicht zur Konkursmasse gehört, oder es leisten Dritte freiwillig Zuschüsse. In der Regel besitzt sie absolut nichts, worüber sie verfügen könnte, während den Vorstandsmitgliedern völlig unentgeltliche Tätigkeit, soweit diese auch nur einigermaßen Zeit und Mühe beansprucht, nicht zugemutet werden kann. Und vor unüberwindliche Schwierigkeiten kann das Konkursverfahren geraten, wenn die Mitglieder ihrerseits der Gesellschaft das Dienstverhältnis wirksam gekündigt haben. Jedenfalls insoweit, als die Tätigkeit von Vorstandsmitgliedern im Interesse der Abwicklung des Konkursverfahrens erforderlich ist, erscheint doch wohl die Konkursmasse auch verpflichtet, die dazu erforderlichen Kosten einschließlich einer angemessenen Vergütung der Vorstandsmitglieder zu zahlen. Nach RG in LZ 1911, 308[5] wäre es eine nach den Umständen zu entscheidende Tatfrage, ob mit der Eröffnung des Konkurses der Anspruch des Liquidators auf die vereinbarte Vergütung erlischt. — Noch übler ist, daß unter Umständen Vorstandsmitglieder sogar genötigt sind, Kosten aus eigener Tasche zu bezahlen. Vgl. KGJ 34 B 15, ferner auch Hirschmann in DJZ 1925, 1732 in Beziehung auf die Kosten der Liquidation, wenn überhaupt kein Vermögen vorhanden ist. Vgl. auch die wenig befriedigende Entscheidung KGJ 30, 125.

f) Die Mitglieder des Aufsichtsrats kann der Konkursverwalter ebensowenig entlassen. Er hat aber auch kein Interesse daran, ihnen das Vertragsverhältnis gegenüber der Konkursmasse zu kündigen. RG 81, 338: Berücksichtigt man, daß für den Aufsichtsrat nur noch sehr wenige Aufgaben verbleiben, so muß nicht nur der Grundsatz aufgestellt werden, daß den Mitgliedern von der Konkurseröffnung an die im Gesellschaftsvertrag festgesetzte Vergütung nicht mehr zusteht, sondern auch der Gedanke ist abzuweisen, es stünde ihnen noch ein Teil davon als angemessene Vergütung zu; die Erwartung, der Aufsichtsrat werde die noch übrig bleibenden Dienste der Gesellschaft den Umständen nach nur gegen Vergütung leisten, ist nicht begründet, sondern die umgekehrte Annahme hat ihre Berechtigung; das Interesse der Gläubiger steht allem voran; der Konkursverwalter darf davon ausgehen, daß sich auch der Aufsichtsrat dem nicht verschließt und daß nicht gerade er der notleidenden Gesellschaft gegenüber Ansprüche gemäß § 29 Nr. 2 KO erhebt." Das ist beanstandet worden (vgl. Staub-Pinner § 245[18]) und mag auch mit einer wörtlichen Anwendung der einschlägigen Vorschriften nicht vereinbar sein. Sachlich erscheint es nicht ungerechtfertigt.

g) Über das Verfahren bestimmt die Konkursordnung:

§ 207. Über das Vermögen einer A-Gesellschaft findet das Konkursverfahren außer dem Falle der **Zahlungsunfähigkeit** in dem Falle der **Überschuldung** statt.

Nach Auflösung einer A-Gesellschaft ist die Eröffnung des Verfahrens so lange zulässig, als die Verteilung des Vermögens nicht vollzogen ist.

§ 208. Zu dem Antrage auf Eröffnung des Verfahrens ist außer den Konkursgläubigern jedes Mitglied des Vorstandes und jeder Liquidator berechtigt.

Wird der Antrag nicht von allen Mitgliedern des Vorstandes oder allen Liquidatoren gestellt, so ist derselbe zuzulassen, wenn die Zahlungsunfähigkeit oder Überschuldung glaubhaft gemacht wird. Das Gericht hat die übrigen Mitglieder oder Liquidatoren nach Maßgabe des § 105 II III zu hören.

Um das zu verstehen, muß man heranziehen, was in §§ 104, 105 KO gesagt ist. Es ist zu unterscheiden, ob der Antrag auf Konkurseröffnung vom Gemeinschuldner ausgeht oder einem seiner Gläubiger. Ersteren Falles hat das Gericht den Antrag ohne weiteres zuzulassen und kann ihn, wenn die vorgeschriebene Vermögensübersicht nebst Verzeichnis der Gläubiger und Schuldner beigefügt ist, nur wegen Mangels genügender Masse abweisen. Der Antrag eines Gläubigers dagegen ist nur zuzulassen, wenn seine Forderung und die Zahlungsunfähigkeit (Überschuldung) des Gemeinschuldners glaubhaft gemacht erscheinen. Stellen bei der A-Gesellschaft alle Mitglieder des Vorstandes den Antrag, so ist der Gemeinschuldner selbst der Antragsteller und weiterer Glaubhaftmachung bedarf es nicht. Nach § 208 kann aber auch jedes Mitglied oder es kann ein Teil der Mitglieder den Antrag stellen. Dann ist entsprechend zu verfahren, wie wenn ein Gläubiger des Gemeinschuldners den Antrag gestellt hätte, und zwar gilt das auch dann, wenn soviel Mitglieder den Antrag gestellt haben, als zur Vertretung der Gesellschaft berechtigt sind. Zahlungsunfähigkeit oder Überschuldung sind glaubhaft zu machen und die übrigen Vorstandsmitglieder (oder Liquidatoren) sind zu hören (es sei denn, daß sie sich im Ausland befinden oder ihr Aufenthalt unbekannt ist, § 105 III KO), und wenn sie nicht ausnahmslos Zahlungsunfähigkeit oder Überschuldung einräumen, ist nach vorgängigen Ermittlungen zu entscheiden. — Wird der Antrag abgelehnt, so steht ausschließlich dem Antragsteller das Rechtsmittel der sofortigen Beschwerde zu Gebote. Wird dem Antrag stattgegeben, so steht die sofortige Beschwerde nur dem Gemeinschuldner zu, hier also den anderen Vorstandsmitgliedern oder Liquidatoren, so viel ihrer befugt sind, die Gesellschaft zu vertreten. Sind nur zwei Vorstandsmitglieder vorhanden und hat einer von ihnen den Antrag gestellt, so kann der andere auch dann Beschwerde einlegen, wenn Kollektivvertretung besteht. So mit Recht OLG 15, 243 (in Anwendung auf die Gesellschaft mbH). — Stellvertreter von Vorstandsmitgliedern kommen hier überall in Frage, wenn der Fall der Stellvertretung gegeben ist, also z. B. nicht, wenn der Vorstand nur aus einem Mitglied besteht und dieses den Antrag gestellt hat. Dem Aufsichtsrat oder seinen Mitgliedern, sowie den Aktionären steht Beschwerde nicht zu. — Nur wenn er Drittgläubiger ist, kann ein Aktionär das Verfahren betreiben. Der Anspruch auf die Dividende ist aber nach richtiger Ansicht zwar Gläubiger-, aber nicht Drittgläubigerrecht (s. Erl 5 b zu § 213).

Prokuristen und Handlungsbevollmächtigte der A-Gesellschaft sind zur Stellung des Antrages nicht befugt (wohl aber als Gläubiger wegen ihres Lohnanspruchs usw.).

Wegen der Verpflichtung des Vorstandes, den Antrag auf Eröffnung des Konkursverfahrens wegen Überschuldung zu stellen, s. § 240 und Erl dazu. Strafvorschrift § 315 I Z. 2.

h) Ein Konkursverfahren über das Vermögen der A-Gesellschaft ist nur denkbar, wenn diese in das Handelsregister eingetragen worden ist. Dagegen ist nicht Voraussetzung, daß sie noch besteht. Auch nach Auflösung der Gesellschaft und nachdem sie in die Liquidation eingetreten ist, überhaupt so lange noch ungeteiltes Vermögen vorhanden, so lange die Verteilung noch nicht vollzogen, d. h. vollständig beendet ist, kann das Verfahren stattfinden. — Auch die Nichtigkeit der A-Gesellschaft steht dem Konkursverfahren über ihr Vermögen nicht entgegen, mag über die Nichtigkeit gerichtlich entschieden sein oder nicht. Vgl. JW 1904, 503[35]. Auch über das Vermögen einer Einmanngesellschaft findet ein selbständiges Konkursverfahren statt; JW eod.

i) Wegen Konkurs über das Vermögen einer Versicherungs-A-Gesellschaft s. PrVUntG §§ 49—52; 61—63; 68, 69; 73 Z. 8; einer Hypothekenbank Ges vom 13. 7. 99 § 35.

6. a) Als weiterer Grund der Auflösung einer A-Gesellschaft kommt zunächst die Veräußerung des Gesellschaftsvermögens in Betracht, welche nach den verschiedenen Formen, in denen sie vorkommt, in §§ 303—308 vom HGB besonders geregelt ist, im allgemeinen in § 303, als Verstaatlichung oder Kommunalisierung in § 304, als Fusion in §§ 305, 306. Ein Grund zur Auflösung kann daraus erwachsen, daß im Gesellschaftsvertrag allen oder einzelnen Aktionären das Recht bedungen ist, die Gesellschaft zu kündigen. Unzulässig ist ein Kündigungsrecht in der Gestalt, daß der Kündigende ausscheidet und die übrigen Aktionäre der Gesellschaft ohne ihn fortsetzen.

b) Ein Auflösungsgrund liegt darin, daß aus Gründen des öffentlichen Rechts der Gesellschaft die Rechtsfähigkeit entzogen wird. Der Auffassung, daß nach Entziehung der Rechtsfähigkeit ein nicht rechtsfähiger Verein übrig bleibt (Ritter § 292[7]; Makower § 292 I f) kann nicht zugestimmt werden. In § 62 GGmbH ist bestimmt, daß die Gesellschaft mbH im Verwaltungsstreitverfahren und wo ein solches noch nicht besteht, durch gerichtliches Erkenntnis aufgelöst werden kann, wenn die Gesellschafter gesetzwidrige Beschlüsse fassen oder gesetzwidrige Handlungen der Geschäftsführer wissentlich geschehen lassen. Eine solche Bestimmung enthält das HGB nicht. Wohl aber gilt ganz allgemein für alle Vereine und daher auch für die A-Gesellschaften der § 43 BGB, der teils nicht so weit, teils weiter geht, wie der oben angeführte § 62 GGmbH; OLG 34, 349. Nach ihm kann der A-Gesellschaft die Rechtsfähigkeit entzogen werden, wenn sie durch einen gesetzwidrigen Beschluß der Generalversammlung oder durch gesetzwidriges Verhalten des Vorstandes das Gemeinwohl gefährdet; dasselbe gilt, wenn die Gesellschaft einen im Statut nicht vorgesehenen politischen, sozialpolitischen oder religiösen Zweck verfolgt. Es ist also — abgesehen von den letzterwähnten Fällen — einerseits Gefährdung des Gemeinwohls erforderlich, während anderseits darauf nichts ankommt, ob die Aktionäre um das gesetzwidrige Verhalten des Vorstandes gewußt haben. Durch diese Bestimmung dürften landesgesetzliche Vorschriften, welche die Materie betreffen, außer Kraft gesetzt sein. S. aber Art 4 PrAG zum HGB:

Eine Aktiengesellschaft sowie eine Kommanditgesellschaft auf Aktien kann aufgelöst werden, wenn sie sich rechtswidriger Handlungen oder Unterlassungen schuldig macht, durch welche das Gemeinwohl gefährdet wird.

Über die Auflösung entscheidet im Verwaltungsstreitverfahren der Bezirksausschuß in erster Instanz. Für die Erhebung der Klage ist der Regierungspräsident zuständig.

Von der Auflösung hat der Regierungspräsident dem Registerrichter Mitteilung zu machen.

Ebenso Waldeck AG zum HGB vom 11. 12. 1899. Dagegen haben § 32 der Sächsischen Verordnung vom 24. 7. 1899 und Art 4 des Hessischen AG zum HGB sich genau an den Wortlaut des § 43 I BGB gehalten. Ebenso Sachsen-MeiningenGes vom 13. 8. 1899 Art 4. Anhalt AG z. HGB Art 3. Die Badische Vdg vom 11. 1. 1899 § 12 regelt nur die Zuständigkeit. — Wegen des Verhältnisses des Art 4 PrAG zum HGB zu § 43 BGB s. Lehmann-Ring § 292[7]. — Es ist nicht bekannt geworden, daß schon einmal Veranlassung gewesen wäre, auf Grund der genannten Vorschriften gegen eine A-Gesellschaft oder eine Gesellschaft mbH vorzugehen.

c) Kein Auflösungsgrund liegt darin, daß sämtliche Aktien amortisiert werden, weil eine solche restlos einschließlich der letzten Aktie durchgeführte Vernichtung von Anteilsrechten überhaupt ein aktienrechtliches Unding ist und deshalb, wenn etwa einmal versucht, nichtig sein würde. A. A. Staub-Pinner § 292[10]; Lehmann-Ring § 292[5]; Brand § 292[2] d; Goldschmit AG § 292[27]; Hachenburg GGmbH § 60[22]. Wie hier Ritter § 292[9]. Anders liegt es nur in den Fällen, wo es sich nicht eigentlich um Amortisation der Aktien, als viel mehr um Abschreibung des Anlagekapitals unter Vorauszahlung auf die künftige Liquidationsquote handelt. In solchem Fall ist die Einziehung der letzten Aktie weder ein Grund des Unterganges der Gesellschaft noch auch notwendig Auflösungsgrund und was bis dahin zur Unterscheidung von den Aktien Genußschein hieß, ist wieder Aktie. Vgl. Erl 9 a zu § 179.

d) Die Verlegung des Sitzes der A-Gesellschaft in das Ausland ist kein besonderer Auflösungsgrund, sondern ein Unterfall des § 292 I Z. 2. Da eine durchaus nach deutschem Recht gestaltete Gesellschaft in dieser Form auch nur im Gebiet des Deutschen Reiches bestehen kann, so liegt in dem Beschluß der Verlegung in das Ausland zugleich der Beschluß, die bisherige Form der Gesellschaft aufzugeben und mit einer anderen zu vertauschen, was nach deutschem Recht wiederum nur möglich ist, durch Auflösung und Neugründung; RG 7, 68; Mamelok, Die juristische Person 232 f. Ein solcher Beschluß kann daher von der Generalversammlung gefaßt werden, aber nur mit der in § 292 Z. 2 bestimmten Mehrheit; dem einzelnen Aktionär erwächst aus ihm der Anspruch auf die Liquidationsquote, wofern sich nicht im Statut die Aktionäre verpflichtet haben, der Gesellschaft in das Ausland zu folgen; RG eod. S. 70 f. Die Gläubiger der Gesellschaft haben aber auch dann den Anspruch darauf, daß nach §§ 297, 301 verfahren wird. S. auch RG in SeuffArch 73, 229. Anders liegt es, wenn es sich um die Verlegung des Sitzes nach einem ausländischen Gebiet handelt, wo das deutsche Aktienrecht gilt, also nach einem Ort in einem der Länder, welche durch den sogenannten Friedensvertrag von Versailles von Deutschland getrennt worden sind, ohne daß seither in ihnen die dort geltenden aktienrechtlichen Bestimmungen geändert oder wesentlich geändert worden sind. Das mag im Ausland anders beurteilt werden. Jedenfalls kann von Auflösung keine Rede sein, wenn eine A-Gesellschaft von dort ihren Sitz nach Deutschland verlegt; RG 107, 94. Vgl. auch JW 1926, 1351; Ring II, 253 (KG). Höchst eigenartig ist freilich im Fall RG 107, 94 die Teilung der A-Gesellschaft in zwei Gesellschaften und die Verteilung ihres Vermögens auf die beiden. Jedenfalls wird man annehmen müssen, daß nach den Grundsätzen des internationalen Privatrechts die 3531 Stück Aktienurkunden, welche sich in Deutschland befinden, wirksam für kraftlos erklärt worden sind. Den Grundsatz, daß durch den Beschluß, den Sitz der Gesellschaft in das Ausland zu verlegen, die Gesellschaft aufgelöst wird, hat weder der Friedensvertrag noch das Gesetz vom 23. 1. 20 (RGBl 77), noch das deutsch-polnische Abkommen vom 8. 12. 1920 berührt; OLG 42, 227 a (KG). — Nach RG 88, 53 verliert eine nach gothaischem Recht gegründete Gewerkschaft durch Verlegung ihres Sitzes nach einem Platz außerhalb des Landes die Parteifähigkeit, weil die Gründung einer Gewerkschaft der bergamtlichen Genehmigung bedarf und dieser staatliche Hoheitsakt nur innerhalb der Grenzen des Staates von Wirksamkeit ist. Darüber, was aus dem Vermögen der Gewerkschaft geworden war, hat das Gericht sich nicht ausgesprochen; RG in JW 1918, 510[10] hat dagegen wiederum erkannt, daß es sich nicht um Vernichtung der Persönlichkeit, sondern nur um Auflösung handelt, und dazu Isay Fußnote das. — Vgl. dazu Quassowski in Gruchot 65, 403. Wie hier Staub-Pinner § 292[20] und [20a].

e) Durch die Einstellung des Betriebes wird die A-Gesellschaft nicht notwendig aufgelöst; RJA 14, 154; vgl. auch Recht 1914, 2132; KGJ 45, 178; OLG 33, 73; auch nicht dadurch, daß die Gesellschaft den gesamten Betrieb verpachtet, wohl aber dadurch, daß sie ihn restlos veräußert. Daher liegt eine solche Veräußerung außerhalb der gesetzlichen Vertretungsmacht des Vorstandes. Wenn ein Einzelkaufmann sein Unternehmen verpachtet und der Pächter die Firma nicht mit übernimmt und fortführt, muß der Verpächter seine Firma löschen lassen, weil er kein Handelsgewerbe mehr betreibt. Von der A-Gesellschaft kann das nicht gelten, da sie fortbesteht und nicht ohne Namen sein kann.

f) Ein Grund zur Auflösung der Gesellschaft liegt darin nicht, daß alle Aktien in einer Hand vereinigt sind. Das wird jetzt in Rechtsprechung und Rechtslehre nahezu widerspruchslos anerkannt. Über das Bedenken, daß in dem Begriff einer Gesellschaft, die nur aus einem Gesellschafter besteht, ein logischer Widerspruch liegt, hat es der Drang des Lebens und ein wirkliches oder vielleicht auch nur vermeintliches Bedürfnis des Verkehrs davongetragen. Aber mit der Zulassung der Einmanngesellschaft allein ist der Widerspruch noch nicht gelöst, der in dem Begriffe liegt und es ist nur natürlich, daß man mit der Anwendung des Rechts auf sie auf Schritt und Tritt auf Schwierigkeiten stößt. Ein anschauliches Bild hiervon gewährt die Studie von Friedländer in ZBH I, 22 ff. und 134 ff., wo auch die Rechtsprechung zusammengestellt ist. Im letzten Grund läuft alles immer wieder auf die eine Frage hinaus, inwiefern dem Umstand gegenüber, daß das Gesellschaftsvermögen der einen einzigen Persönlichkeit gehört, die juristische Struktur zur Geltung kommen muß oder zur Geltung kommen darf, wonach zwischen das Vermögen und seinen Träger die juristische Persönlichkeit der A-Gesellschaft eingeschoben steht. Es ist die zweifache Verdoppelung, einmal in der Person, welche zugleich sie selbst ist und dann auch wieder die A-Gesellschaft in ihrer Verwirklichung, sodann in der Beziehung dieser Person zu ihrem Vermögen, das ihr sowohl unmittelbar zusteht als auch selbständig daneben in der Gestalt aller Anteile an ihm, welche dem Verhältnis das unerträglich Schillernde verleiht und für ein dialektisches Spielen mit der Form die Bahn frei macht, dem gegenüber es nicht leicht ist, die Dinge sachlich auf den richtigen Boden zu stellen. Man kann in den Umrissen eine liegende Pyramide so zeichnen, daß sie dem Betrachtenden, je nachdem wie er sich einstellt, bald die Spitze zuzukehren scheint und bald die Grundfläche. Und nun soll der Jurist entscheiden, was von beidem das einzig richtige ist. Es dürfte ausgeschlossen sein, jedenfalls ist es noch nicht gelungen, ein Prinzip zu finden, aus welchem sich deduktiv in allen Fällen die Entscheidung ableiten ließe. Nur soviel läßt sich wohl allgemein vertreten, daß grundsätzlich die juristische Gestalt das entscheidende ist, welche dem Verhältnis zu geben die Beteiligten übereingekommen sind, daß das aber seine Grenze da findet, wo es im einzelnen Fall zu einem Ergebnis führt, welches angesichts des wirtschaftlichen Sachverhalts die Absicht zwingender Gesetzesvorschriften durchkreuzen würde. So läge z. B. kein Grund vor, denjenigen, welcher alle Aktien veräußert, auf Grund § 459 BGB wegen Sachmängel haften zu lassen. Vgl. RG 86, 146 und RG 100, 201. Die Entscheidung RG 98, 289 ist nach diesseitiger Auffassung zu beanstanden, nicht wegen der Vertragsauslegung, welche an und für sich ganz einleuchtend ist, sondern weil es einfach nicht ausführbar ist, daß ein und dieselbe Person an einen und denselben Käufer zugleich die Aktien verkauft und das Geschäft. Im ersten Fall ist der Sinn des Vertrags, daß die A-Gesellschaft bestehen bleibt, in letzterem Fall geht sie unter; in ersterem Fall kommt eine Sachlieferung, überhaupt ein Wechsel im Eigentum an der Sache, in letzterem eine Lieferung von Aktien gar nicht in Frage. Und wenn in ersterem Fall eine Übergabe des Geschäfts stattfindet — was nicht durchaus nötig ist, z. B. dann nicht, wenn der bisherige Vorstand in seiner Stellung verbleibt — so geschieht das infolge des Kaufvertrages, aber nicht zum Zweck seiner Erfüllung. — Gar so viel ist aber mit jenem Prinzip noch nicht gewonnen. Es kann immer nur von Fall zu Fall entschieden werden, wo dann — um mit Friedländer zu sprechen — der jeweilige Tatbestand genauester Durchleuchtung bedarf. So wohl auch Hachenburg, GGmbH § 13[1], der ganz allgemein mit dem Grundsatz von Treu und Glauben im Geschäftsverkehr helfen will. — Es geht auch nicht an, daß Mutter- und Tochtergesellschaft gegenseitig ihr Grundkapital erhöhen, ohne daß ihr Vermögen eine Vermehrung erfährt. S. § 281, Erl 15. Sie können gegenseitig ihre Aktien austauschen, wenn sie die regelrecht ausgegebenen Aktien zu eigen erworben haben. Werden diese aber erst zu diesem Zweck geschaffen, so sind das nichtige Scheinaktien usw. Friedländer, Konzernrecht 122 ff.

§ 293.

Die Auflösung der Gesellschaft ist außer dem Falle des Konkurses durch den Vorstand zur Eintragung in das Handelsregister anzumelden[1].

1. a) Wird die Gesellschaft durch Eröffnung des Konkurses über ihr Vermögen aufgelöst, so wird das von Amts wegen in das Handelsregister eingetragen. Nach § 112 KO hat der Gerichtsschreiber des Konkursgerichts beglaubigte Abschrift der Formel des Eröffnungsbeschlusses dem Handelsregister mitzuteilen. Der Registerrichter hat gemäß § 32 HGB die Konkurseröffnung in das Handelsregister einzutragen; öffentliche Bekanntmachung dieser Eintragung findet nicht statt; KGJ 34 B 12. Die Vorschriften des § 15 HGB bleiben außer Anwendung. Dritte können, auch wenn die Konkurseröffnung nicht eingetragen und nicht öffentlich bekannt gemacht wird, sich nicht darauf berufen, daß ihnen die Auflösung der Gesellschaft unbekannt gewesen sei.

b) In allen anderen Fällen muß die Auflösung der Gesellschaft zur Eintragung in das Handelsregister angemeldet werden. Aber die Eintragung hat nur deklarative Bedeutung. Die Wirkung der Auflösung ist von ihr nicht abhängig. Anders nur, wenn die Auflösung unter Statutenänderung beschlossen wird, also wenn im Statut ein bestimmter Endtermin festgesetzt worden ist und beschlossen wird, die Gesellschaft vorher aufzulösen; das setzt die Wirksamkeit der Statutenänderung und diese setzt wieder die Eintragung des Beschlusses in das Handelsregister voraus, § 277 III.

c) Die Anmeldung der Auflösung ist Sache des Vorstandes. Das sagt das Gesetz positiv und gilt daher auch dann, wenn der Vorstand im übrigen die gesetzliche Vertretung durch das Eintreten anderer Liquidatoren (§ 295 I) an diese hat abgeben müssen. Es müssen so viel Mitglieder die Anmeldung beschaffen, als zur Vertretung der Gesellschaft erforderlich ist oder erforderlich war. Der Registerrichter hat die Anmeldung, wenn sie nicht erfolgt, durch Androhung von Ordnungsstrafen zu erzwingen, es sei denn, daß es sich um Statutenänderung handelt, die anzumelden oder nicht anzumelden die Gesellschaft freie Hand behält. Der Zwang richtet sich nicht gegen die Gesellschaft, sondern gegen die einzelnen Mitglieder. Vgl. KGG 45, 178. Nach § 12 HGB müssen die Vorstandsmitglieder die Anmeldung persönlich bei Gericht bewirken oedr sie schriftlich in öffentlich beglaubigter Form (Beglaubigung der Unterschriften) einreichen. Ein weiteres ist nicht vorgeschrieben. Also namentlich auch nicht Beibringung eines urkundlichen Nachweises der Auflösung. Der Registerrichter ist aber nicht gehindert, den Nachweis zu verlangen und Ermittlungen anzustellen (§ 12 FGG), wenn er Grund zu Bedenken hat, was namentlich auch der Fall sein kann, wenn die Anmeldung nicht von allen Vorstandsmitgliedern ausgeht, oder wenn Momente dafür vorliegen, daß Streit besteht. — Die Anmeldung der Auflösung muß in gleicher Weise beim Handelsregister jeder Zweigniederlassung erfolgen. — Die Eintragung wird öffentlich bekannt gemacht; § 10 HGB. — Auf Eintragung und Nicht-Eintragung der Auflösung der Gesellschaft findet § 15 HGB Anwendung.

d) Nach Schluß der Liquidation ist das Erlöschen der Firma anzumelden § 302.

§ 294.

Nach der Auflösung der Gesellschaft findet die Liquidation[1] statt[2], sofern nicht über das Vermögen der Gesellschaft der Konkurs eröffnet ist.

Bis zur Beendigung der Liquidation kommen die Vorschriften der vorausgehenden Titel zur Anwendung, soweit sich nicht aus diesem Titel oder aus dem Zwecke der Liquidation ein anderes ergibt[3].

1. Die §§ 294—302 handeln von der Liquidation und zwar behandeln
§ 294 Allgemeines,
§§ 295, 296 die Bestellung und Abberufung von Liquidatoren,

§ 297 die Aufforderung der Gläubiger, ihre Ansprüche anzumelden,
§ 298 die Aufgaben der Liquidatoren im allgemeinen und ihre Vertretungsmacht,
§ 299 die Bilanzen in der Liquidation,
§§ 300, 301 die Vermögensverteilung,
§ 302 den Abschluß des Verfahrens.

2. a) Die Auflösung der Gesellschaft hat — außer im Falle der Eröffnung des Konkurses über das Vermögen der Gesellschaft — die Liquidation zur Folge. Übrigens ist auch das Konkursverfahren nichts anderes als Liquidation besonderer Art, nämlich Liquidation beschränkt auf den Zweck, unter Beschlagnahme des Vermögens der Gesellschaft (KO § 110) ihre Gläubiger zu befriedigen. Es ist also allgemein kraft zwingenden Rechts geltende Regel, daß nach der Auflösung Liquidation stattfindet; KGJ 18, 47; D 162. Das gilt auch dann, wenn eine Vermögensverteilung schon stattgefunden hat oder wenn alle Aktien sich in einer Hand befinden; vgl. OLG 9, 268. Ausnahmen von der Regel bestimmt das Gesetz in den §§ 304—306 (verschiedene Fälle von Auflösung der Gesellschaft durch Veräußerung ihres Vermögens im ganzen) und in § 80 Ges., betr. Gesellschaft mbH (Umwandlung einer A-Gesellschaft in eine Gesellschaft mbH).

b) Durch die Auflösung der Gesellschaft und ihren Eintritt in das Liquidationsverfahren erleiden Zweck und Ziel des geschäftlichen Betriebes völlige Umgestaltung. Die juristischen Formen, unter denen die Geschäfte nun nicht mehr fortgeführt sondern abgewickelt werden und schließlich das Reinvermögen zur Verteilung kommt, bleiben dieselben. S. Erl 2 zu § 292. Es kommt das im Gesetz zum Ausdruck in der Vorschrift, daß neben den Sondervorschriften über die Liquidation die allgemeinen atkienrechtlichen Bestimmungen insoweit gelten, als sich nicht aus dem Zweck der Liquidation ein anderes ergibt. Während das Gesetz betreffend die Gesellschaften mbH für das Liquidationsverfahren nur die Vorschriften über die Rechtsverhältnisse der Gesellschaft und der Gesellschafter und über Vertretung und Geschäftsführung für anwendbar erklärt (§ 69 GGmbH; s. auch HGB § 156), ist hier zutreffenderweise irgendeine Einschränkung dieser Art nicht gemacht worden.

Darüber, daß die A-Gesellschaft trotz ihrer Auflösung als juristische Person mit ihrer Organisation fortbesteht, s. Erl 2 b zu § 292. Die Generalversammlung bleibt nach wie vor das oberste Willensorgan der Gesellschaft. Der Aufsichtsrat bleibt in Funktion und hat die Geschäftsführung in unveränderter Weise zu überwachen. Nur werden aus den Vorstandsmitgliedern oder es treten an ihre Stelle Liquidatoren. Die Gesellschaft behält auch im Liquidationsstadium die rechtliche Eigenschaft als Kaufmann; ROHG 22, 328. Daß sie nicht Prokura erteilen kann, würde sich vielleicht schon aus dem Wesen der Liquidation ergeben, ist aber auch in § 298 IV positiv bestimmt. Was die Dienstverträge der Gesellschaft mit ihren Angestellten betrifft, so bildet im Zweifel die Veränderung des Geschäftsbetriebes keinen Rechtsgrund zur Kündigung weder für die eine noch für die andere Seite. Wohl aber kann sich aus den Umständen des einzelnen Falles ein solcher Rechtsgrund ergeben. § 292 Erl 2 a.

3. a) Die Regel ist, daß auch im Stadium der Liquidation die allgemeinen aktienrechtlichen Bestimmungen gelten, es sei denn, daß entweder in den §§ 295—302 etwas anderes bestimmt ist, oder daß die Geltung mit dem Zwecke der Liquidation in Widerspruch stünde. Im Entwurf der Novelle von 1900 war die Fassung soweit sich nicht aus dem Wesen der Liquidation ein anderes ergibt. Ohne Begründung ist im Gesetz daraus geworden: aus dem Zweck der Liquidation. Eine sachliche Änderung war damit wohl nicht beabsichtigt und eine Verbesserung ist es wohl auch nicht gewesen. Das wichtigste ist durch die Sondervorschriften der folgenden Paragraphen geregelt. Im übrigen ist vor allem zu beachten, daß einerseits mit der Einstellung des auf Erwerb gerichteten Betriebes der Anspruch der Aktionäre auf Gewinn fortfällt, so daß fortan auch kein Anlaß mehr vorliegt, Gewinnermittlungsbilanzen gemäß §§ 260—262 aufzustellen (anders KGJ 14, 238), und daß anderseits das allgemeine Recht der Aktionäre auf die Liquidationsquote mit der Auflösung der Gesellschaft und der Eröffnung der Liquidation zu einem konkreten, wenn auch vorläufig noch zu einem der Höhe nach unbestimmten Anspruch wird. Mit dem Fortfall des Anspruchs auf Gewinn und zwar auch auf den Gewinn des laufenden Jahres, wenn die Auflösung nicht mit dem Ablauf des Geschäftsjahrs zusammenfällt, fallen auch alle auf Grund der Statuten oder auf Verträgen beruhende Ansprüche auf Tantieme fort. Anders KGBl 92, 14 (KG). Wenn an dem theoretisch wohl allein berechtigten Grundsatz, daß der Anspruch auf Tantieme der Zeit nach unteilbar ist, im allgemeinen aus Billigkeitsgründen nicht festgehalten und beispielsweise einem im Laufe des Jahres ausscheidenden Aufsichtsratsmitgliede eine Quote nach Verhältnis der abgelaufenen Zeit von Rechtslehre und Rechtsprechung zugebilligt wird, so ist doch immer, wenn nicht ausdrückliche, so doch stillschweigende Voraussetzung dessen, daß überhaupt ein Jahresverdienst in die Erscheinung tritt. Wo das nicht der Fall ist, wie hier, kann auch von einer Teil-Tantieme nicht wohl die Rede sein; Makower § 294 II c 2; Brand § 244 2 d. Nur wo nach dem Sinn des Vertrages in der Tantieme zugleich die einzige Gegenleistung für die Leistungen des Angestellten liegt, wird diesem eine seiner Tätigkeit

entsprechend angemessene Vergütung zuzubilligen sein; Ritter § 294[3]; Lehmann-Ring § 295[5]. Teilweise abw. Staub-Pinner § 294 [10], [10a]; anders auch Makower § 295 I a 2.

Auch steuerrechtlich kommen nach Auflösung der Gesellschaft Jahresgewinne nicht mehr in Frage. S. Körperschaftssteuergesetz § 18:

Im Falle der Auflösung einer Erwerbsgesellschaft . . . gilt als Gewinn des letzten Steuerabschnittes der Betrag um den das zur Verteilung kommende Vermögen den Wert des Vermögens übersteigt, das am Schlusse des vorangegangenen Steuerabschnittes der Veranlagung zur Körperschaftssteuer zugrunde gelegen hat; hiervon sind abzuziehen steuerfreie Vermögenszugänge, die dem Steuerpflichtigen im Steuerabschnitt zugeflossen sind; zuzurechnen ist der Gewinn des vorangegangenen Steuerabschnitts, soweit er in dem zur Verteilung kommenden Vermögen nicht mehr enthalten ist.

b) Es liegt kein Grund vor, der Liquidationsgesellschaft allgemein die Möglichkeit zu versagen, am Statut Änderungen vorzunehmen. Es sind immer nur bestimmte Änderungen, welche sich durch Zweck und Wesen der Liquidation verbieten.

Wenn KGJ 15, 35 der Liquidationsgesellschaft versagt hat, ihren Sitz zu verlegen, weil damit zugleich der allgemeine Gerichtsstand der Gesellschaft verlegt werden würde, was in Widerspruch mit den zwingenden Vorschriften in Artt 244 a, 144 II des damaligen Rechts stünde, wonach der Gerichtsstand bis zur Beendigung der Liquidation unverändert bleibt, so gilt das auch heute noch. Denn wenn auch bei der Neufassung von 1900 der Art 144 II gestrichen worden ist, so doch nur deshalb, weil er nur sagt, was ohnehin gilt (D 107). Es ist auch nicht erfindlich, welches Interesse die Gesellschaft an solcher Änderung haben könnte, wo nach der herrschenden Lehre Sitz und Mittelpunkt der Verwaltung zwei verschiedene Dinge sind (vgl. Erl 9 a zu § 182) und daher auch ohne Sitzverlegung die Liquidationstätigkeit örtlich verlegt werden kann. A. A. Makower § 294 d 1; Brand § 294 2 c.

Den Gegenstand des Unternehmens zu ändern, kann in dem Liquidationsstadium nicht in Frage kommen.

Ihre Firma im Liquidationsstadium zu ändern ist ein unabweisbares Bedürfnis der Gesellschaft, wenn sie in der Lage ist, die Firma durch Veräußerung zugleich mit ihrem Unternehmen zu verwerten. Sie kann nicht ihre bisherige Firma zugleich abgeben und behalten. Der Zusatz „in Liquidation" oder ähnlich entbehrt anerkanntermaßen der erforderlichen Unterscheidungskraft; RG 15, 105; 29, 66 (bedenklich daher KGBl 1920, 81), ihre bisherige Firma kann sie also auch mit dem Zusatz nicht fortführen und ganz ohne Namen kann sie auch nicht sein. Die mehr nur formalen Schwierigkeiten, welche die Frage bei der Gesellschaft mbH macht (vgl. RG 85, 397; dagegen aber RG 107, 31; Flechtheim in LZ 1915, 943) bestehen hier überhaupt nicht; OLG 14, 370; RJA 13, 240.

Es ist auch kein Grund ersichtlich, weshalb im Stadium der Liquidation Erhöhung oder Herabsetzung des Grundkapitals nicht zulässig sein sollten; a. A. Makower § 294 II d 2; Ritter § 294[4]. Freilich haben RG 77, 153, RJA 14, 152 (KG) und BauersZ 11, 44 (Karlsruhe) im entgegengesetzten Sinne entschieden und RG 50, 128 hat erkannt, daß eine Genossenschaft nach Eintritt in die Liquidation neue Mitglieder nicht aufnehmen könne. Letzterem ist sicher zuzustimmen. Man wird auch vom Verein annehmen müssen, daß er nach seiner Auflösung nicht mehr neue Mitglieder aufnehmen kann. Bei dem rein kapitalistischen Aktienverein liegt es anders. Und wenn man der Gesellschaft mbH überhaupt Statutenänderung und dann aber auch Änderung des Stammkapitals versagen zu müssen meint, so beruht das ausschließlich auf der besonderen, von § 294 II abweichenden Fassung des § 69 I GGmbH. Vgl. hierzu Hachenburg GGmbH § 69[38]; Brodmann § 69[1]. Es wird so leicht nicht vorkommen, daß die Gesellschaft zur Durchführung der Liquidation einer Erhöhung des Grundkapitals bedarf und dann auch in der Lage ist, ihre neuen Aktien an den Mann zu bringen, und vollends kann Herabsetzung des Grundkapitals im Liquidationsstadium keinen vernünftigen Zweck haben; BauersZ 20, 58. Wohl aber kann eines von beiden oder beides einen guten Sinn haben, wenn man mit der Liquidation Schluß machen und das Unternehmen wieder in Angriff nehmen will. Dann könnte man allerdings auch die Reihenfolge der Beschlüsse umkehren und die Fortsetzung der Gesellschaft zuerst beschließen. Nur greifen so die Beschlüsse unmittelbar in das Gläubigerrecht der einzelnen Aktionäre auf die Liquidationsquote ein und können daher nur mit Zustimmung aller Aktionäre wirksam gefaßt werden. Vgl. RG 81, 69 und die Ausnahmen hiervon in § 307. — Etwas anderes ist es, daß ein Kapitalerhöhungsbeschluß hinfällig wird, wenn vor seiner Eintragung in das Handelsregister die Gesellschaft durch Eröffnung des Konkurses über ihr Vermögen oder auf andere Weise aufgelöst wird; RG 77, 153. Vgl. RG in LZ 1912, 153[36]. § 292 Erl 5 b.

§ 295.

Die Liquidation geschieht durch die Mitglieder des Vorstandes als Liquidatoren[1], sofern nicht durch den Gesellschaftsvertrag oder durch Beschluß der Generalversammlung andere Personen[3] dazu bestimmt werden[2].

Auf Antrag des Aufsichtsrats oder von Aktionären, deren Anteile zusammen den zwanzigsten Teil des Grundkapitals erreichen, kann aus wichtigen Gründen die Ernennung von Liquidatoren durch das Gericht erfolgen, in dessen Bezirke die Gesellschaft ihren Sitz hat[4]. Die Aktionäre haben bei Stellung des Antrags glaubhaft zu machen, daß sie seit mindestens sechs Monaten Besitzer der Aktien sind[5].

Die Abberufung von Liquidatoren kann durch das Gericht unter denselben Voraussetzungen wie die Bestellung stattfinden. Liquidatoren, die nicht vom Gericht ernannt sind, können durch die Generalversammlung auch vor dem Ablaufe des Zeitraums, für welchen sie bestellt sind, abberufen werden[6 7].

1. Mit der Auflösung der A-Gesellschaft tritt ein Wechsel in deren gesetzlicher Vertretung ein. Aus dem Vorstand wird der Liquidator, einer oder mehrere. Das ist aber nicht nur ein Wechsel in der Bezeichnung, auch nicht nur ein Wechsel im Ziel der Aufgabe, sondern ein Wechsel im Umfang der Vertretungsmacht. So die herrschende Lehre: §§ 298 I, 149. Es muß nicht zugleich ein Wechsel der Persönlichkeiten sein. Daher ist es nicht richtig, daß ein anhängiger Prozeß durch die Auflösung der Gesellschaft nach § 241 ZPO auch dann unterbrochen wird, wenn der Vorstand Liquidator wird. Es ist ganz ausgeschlossen, daß die Fortführung des anhängigen Rechtsstreites nicht zu den Aufgaben des Liquidators gehört. Nach dem Gesetz ist die Regel, daß der Vorstand ohne weiteres die Funktion des Liquidators übernimmt. Allerdings nicht der Vorstand als solcher. Durch die Mitglieder des Vorstandes, sagt das Gesetz, geschieht die Liquidation, woraus zu folgen ist, daß zwar die mehreren Mitglieder des Vorstandes als Liquidatoren wiederum ein Kollegium ganz nach Art des Vorstandes bilden, auf welches die für den Vorstand geltenden Vorschriften Anwendung finden, namentlich aber auch die gesetzlichen oder statutarischen Bestimmungen über die Form der Vertretung, Kollektivvertretung oder Einzelvertretung, daß es aber nicht darauf ankommt, daß der Vorstand im Zeitpunkt der Auflösung voll besetzt ist, es vielmehr genügt, daß soviel Mitglieder vorhanden sind, als zur Vertretung erforderlich sind; a. A. Makower § 295 I a. Ob das Vorstandsmitglied verpflichtet ist, die Stellung als Liquidator zu übernehmen, hängt von dem Inhalt des Anstellungsvertrages ab, ist aber im Zweifel zu bejahen. Anders, aber, wenn nicht überhaupt unrichtig, zu allgemein RJA 11, 109. Im Zweifel ist auch anzunehmen, daß inhaltlich, insbesondere auch in Beziehung auf das Gehalt, eine Änderung des Vertrages nicht eintritt und daß, wenn die Generalversammlung ausdrücklich beschließt, daß die Liquidation durch den Vorstand erfolgen soll, darin nicht eine Neu-Anstellung liegt, sondern nur eine Bestätigung des Bestehenden; RG 24, 70.

2. Eine andere Bestimmung kann im Gesellschaftsvertrag getroffen sein. Eine andere Bestimmung kann die Generalversammlung mit einfacher Mehrheit beschließen und zwar auch dann, wenn im Gesellschaftsvertrag ein anderes bestimmt ist, was sich daraus ergibt, daß im allgemeinen der Liquidator jederzeit durch einfachen Mehrheitsbeschluß der Generalversammlung abberufen werden kann; Staub-Pinner § 295[2]; a. A. Brand § 295 A 1; Makower § 295 I 1; Goldschmit AG § 295[1]. An und für sich gibt auch die statutarische Bestimmung der betreffenden Persönlichkeit noch nicht einen Anspruch auf die Stellung und dann auch keinen Anspruch auf Entschädigung, wenn die Generalversammlung einen anderen bestellt. — Immer liegt in der statutarischen Bestimmung nur erst die Bezeichnung der Persönlichkeit. Die Bestellung muß bei Auflösung der Gesellschaft hinzukommen.

Endlich kann auch gemäß Abs II das Gericht angegangen werden, Liquidatoren zu bestellen.

Unzulässig und unwirksam ist es im Gesellschaftsvertrag, den Aufsichtsrat und überhaupt einen Dritten mit der Bestimmung der Liquidatoren zu betrauen; RJA 4, 148; 15, 53 (KG); KGJ 49, 122; OLG 34, 348 Note (KG); 8, 235 (KG); vgl. auch RJA 12, 224 (während die Anstellung der Vorstandsmitglieder dem Aufsichtsrat übertragen werden kann). S. aber auch Bondi in Festgabe für Liebmann 285.

Darüber, wieviel Liquidatoren sein sollen, kann im Gesellschaftsvertrag bestimmt werden und was in dieser Beziehung vom Vorstand dort bestimmt ist, muß im Zweifel auch von den Liquidatoren gelten. Aber auch so hat die Generalversammlung und gegebenenfalls das Gericht freie Hand, nach Zweckmäßigkeit darüber zu entscheiden. — Daraus, daß das Gesetz durchweg von den Liquidatoren in der Mehrzahl spricht, darf nicht gefolgert werden, daß immer mehr als einer sein muß.

Der Registerrichter ist nicht befugt, die Gesellschaft durch Ordnungsstrafen anzuhalten, Liquidatoren zu bestellen. Vgl. RJA 13, 112.

3. Die Bestimmung des oder der Liquidatoren im Statut oder im Beschluß der Generalversammlung muß individuell bezeichnete Persönlichkeiten treffen. Unwirksam wäre eine

Bestimmung, wonach der jeweilige Inhaber einer bestimmten Stelle, etwa der jeweilige Bürgermeister der Stadt, Liquidator sein soll. Staub-Pinner § 295[1]. Auch können nur natürliche Personen zu Liquidatoren bestellt werden; KG im Recht 1904, 2183. Es ist abwegig, dafür einzutreten, daß juristische Personen namentlich etwa Treuhandgesellschaften die Liquidation übernehmen können. Vgl. JW 1925, 2017 (Karlsruhe). Der Hinweis darauf, daß § 312 unverkennbar voraussetze, daß die Liquidatoren strafrechtlich verantwortliche Persönlichkeiten sind, ist keineswegs so verächtlich wie die Gegner behaupten. Denn die Vorschrift ist doch nur ein Ausfluß des Gedankens, daß man mit der Strafandrohung das ganz persönliche und individuelle Pflichtbewußtsein wecken und stärken will, das zerflattert, wenn man die Verantwortlichkeit einer ineinandergreifenden Organisation der vielköpfigen, in den Händen von Vorstand und Angestellten liegenden Verwaltung einer Körperschaft auferlegt. Das ist aber nicht die Hauptsache. Die Idee der gesetzlichen Vertretung liegt darin, daß sie den Mangel der natürlichen Handlungsfähigkeit ersetzt, also ersetzt eben durch natürliche Handlungsfähigkeit. Jedenfalls im Gebiete des Privatrechts ist es ein Unding, jemanden zum gesetzlichen Vertreter zu bestellen, der nicht einmal für sich selbst Vertreter seiner Rechte sein kann. Soll aber der Vertreter des Vertreters die Rolle des gesetzlichen Vertreters des Vertretenen übernehmen, so ist die Einschiebung eines Zwischenvertreters ebenso überflüssig wie unnatürlich. Man stelle sich nur ein Kollegium von 3 Liquidatoren vor, deren jeder eine A-Gesellschaft ist, die wiederum von mindestens 2 Vorstandsmitgliedern mit Kollektivvertretungsmacht vertreten werden. Es wird das auch darum nicht richtiger, weil auf anderen Gebieten in dieser Beziehung ebenfalls gesündigt wird. Deshalb kann daraus kein Grund hergeleitet werden, daß nach RG 105, 101 die A-Gesellschaft Mitglied einer offenen Handelsgesellschaft sein kann. Der Schluß, daß sie dann auch nach § 146 HGB im Falle der Auflösung der Gesellschaft Liquidator sein kann, ist nur ein Grund mehr, gegen die Richtigkeit jener Entscheidung. Vielmehr muß die Auffassung der Gegner an ihren Konsequenzen scheitern. Bis jetzt wenigstens hat noch niemand behauptet, daß der Vorstand einer A-Gesellschaft aus so und soviel A-Gesellschaften bestehen könne. Und warum sollten denn nicht schließlich Kinder Liquidatoren, Testamentsvollstrecker, Konkursverwalter sein können? Sie haben doch auch ihren gesetzlichen Vertreter. Wie hier Haußmann, Unternehmungszusammenfassungen 116. S. 231 Erl. 4 a und § 210 Erl. 2 a.

4. a) Die Bestellung durch das Gericht kommt in zwei ganz verschiedenen Gestalten vor. S. hierzu KGJ 23, 103 insbes. 110.

Der eine Fall ist, daß über die Persönlichkeit des anzustellenden oder eines angestellten Liquidators innerhalb der Gesellschaft Meinungsverschiedenheit auftritt oder daß der Aufsichtsrat aus einem besonderen Grunde sich veranlaßt sieht, unter Übergehung der Generalversammlung durch Anrufen des Gerichts einzuschreiten. Das ist der Fall des Abs II. Dann hat zwar nicht ohne weiteres jeder Aktionär, wohl aber der eine oder mehrere zusammen, die mindestens über 5% des Grundkapitals verfügen, das Recht, das Gericht um Bestellung eines Liquidators oder eines anderen Liquidators anzugehen, wenn ein wichtiger Grund dazu vorliegt. Der Richter hat zu prüfen, ob ein wichtiger Grund anzuerkennen ist, und wenn er dazu gelangt, es zu bejahen, dann muß er dem Antrag stattgeben. Es gilt das auch, wenn es sich nur um einen von mehreren Liquidatoren handelt. Das Minderheitsrecht kann im Statut nicht beschränkt werden, d. h. die erforderliche Minderheit kann herabgesetzt, aber nicht erhöht werden. Antragsberechtigt ist der Eigentümer der Aktie, nicht der Pfandgläubiger, beim Nießbrauch der Eigentümer und der Nießbraucher. S. § 252 Erl 1 g.

Das Gesagte gilt auch, wenn der Aufsichtsrat den Antrag bei Gericht stellt, der Aufsichtsrat als solcher, nicht die Mitglieder desselben.

Auf Antrag eines Gläubigers können Liquidatoren nicht gemäß § 295 II bestellt werden; RJA 16, 84; RGBl 90, 79. S. aber unten unter e.

b) Zuständig ist das Amtsgericht am Sitz der Gesellschaft (der Registerrichter; FGG § 148; a. A. Goldschmit, Aufsichtsrat 288, s. aber FGG § 145 II). Dieses hat nach § 146 FGG den Gegner, das ist hier die Gesellschaft, zu hören, was aber untunlich ist und unterbleiben kann, wenn gesetzliche Vertreter nicht vorhanden sind. Gegen die Entscheidung des Gerichts, also auch gegen die Zurückweisung des Antrages findet sofortige Beschwerde statt; RJA 16, 72. Auch wer nicht gehört worden ist, obwohl es hätte geschehen müssen, hat nicht einfache, sondern die an die Frist des § 22 FGG gebundene sofortige Beschwerde zur Hand. Die Frist läuft auch gegen ihn von dem Zeitpunkt an, wo ihm die Verfügung des Gerichts bekannt gemacht, in der Regel also zugestellt worden ist; FGG § 16. — Der einzelne Aktionär als solcher ist nicht Beteiligter und nicht berechtigt, Beschwerde einzulegen; ebensowenig die Mitglieder des Aufsichtsrats; OLG 8, 23 c (KG); Ring II 232 (Rostock). Vgl. auch RJA 11, 30 (KG). Wohl aber steht dem als Liquidator Eingetragenen das Recht der Beschwerde zu. Die Entscheidung RJA 11, 109 (KG) ist unhaltbar.

c) Der vom Gericht zum Liquidator Bestellte kann sich frei entschließen, ob er das Amt annehmen will. Eine Verpflichtung hierzu besteht nicht und kann auch nicht rechtsgeschäftlich im voraus bedungen werden. Vgl. RJA 8, 267. Das Gericht kann die Bestellung von Bedingungen abhängig machen, kann namentlich wegen der dem Liquidator etwa erwachsenden Kosten, wegen der voraussichtlich erforderlichen Aufwendungen Zahlung eines Vorschusses fordern; RJA a. a. O. Hat der Liquidator die Bestellung angenommen, so kann er sich wegen der Unterlassung einer ihm vom Gesetz zur Pflicht gemachten Handlung (Bilanzaufstellung) nicht damit entschuldigen, daß für die Deckung der Kosten die Mittel nicht vorhanden sind; KGJ 30, 125. Die juristische Konstruktion des Vertragsschlusses zwischen der Gesellschaft und deren Bestellten ist, daß das Gericht durch den Antrag ermächtigt erscheint, den von ihm Bestimmten die Vertragsofferte im Namen der Gesellschaft zu machen, welche dieser dadurch annimmt, daß er auf die Bestellung eingeht; Staub-Pinner § 295[9]. Die Festsetzung der Vergütung hat das Gericht den Parteien zu überlassen; KGJ 27, 222. A. A. Makower § 295 II, der nicht nur das Gericht für ermächtigt hält, eine angemessene Vergütung zu vereinbaren, sondern auch die Vereinbarung einer übermäßigen Vergütung für gültige Vereinbarung der angemessenen erklärt. In ROHG 24, 222 ist erkannt, daß die Generalversammlung auch dann eine angemessene Vergütung bewilligen kann, wenn nach dem Vertrag die Dienste unentgeltlich geleistet werden mußten.

d) Über die Frage, ob ein wichtiger Grund vorliegt, liegt die Entscheidung durchaus beim Registerrichter. Namentlich auch gegenüber einem Antrag der Minderheit hat er nach freiem Ermessen zu entscheiden. Als wichtiger Grund dürfte aber immer anzuerkennen sein, daß sich für keine oder nur für eine solche Persönlichkeit eine Mehrheit findet, welche der Minderheit nicht zugemutet werden kann.

e) Der andere Fall des gerichtlichen Eingreifens ist der des § 29 BGB (§ 48 I das.). Wenn ein Liquidator nicht vorhanden ist (oder der einzige vorhandene zur Alleinvertretung nicht berechtigt ist), eine sofortige Bestellung auf anderem Wege nicht erreichbar und der Fall dringlich ist, hat auf Antrag eines Beteiligten das Amtsgericht die Bestellung vorzunehmen. Vgl. RJA 3, 25; 8, 267; 14, 59; BauersZ 15, 63. Als Beteiligte kommen hier auch die einzelnen Aktionäre, aber auch Dritte, namentlich Gläubiger der Gesellschaft in Betracht. Das Verfahren richtet sich nach den allgemeinen Vorschriften §§ 11 ff FGG. Gegen die Verfügung des Gerichts findet einfache Beschwerde statt. Die Maßregel ist immer nur als Notbehelf gedacht und die Generalversammlung ist auch nach Bestellung eines solchen provisorischen Vertreters jederzeit in der Lage, die Stelle ordnungsmäßig zu besetzen. Vgl. RJA 14, 149; 8, 210.

f) Die Rechtshandlungen des vom Gericht bestellten Liquidators sind rechtswirksam, auch wenn die Bestellung ungerechtfertigt war, es sei denn, daß sie von einem sachlich unzuständigen Gericht vorgenommen wäre; FGG § 32. Vgl. RG 102, 197.

g) Zweifelhaft erscheint, inwiefern durch eine einstweilige Verfügung nach § 940 ZPO Liquidatoren eingesetzt und abberufen werden können. Die Entsch OLG 5, 202 (Dresden) ist unrichtig. Eine Entscheidung auf Grund § 145 FGG ist niemals eine „einstweilige Verfügung" und eine einstweilige Verfügung geht immer vom Prozeßgericht, jedenfalls von der Abteilung für streitige Gerichtsbarkeit aus und niemals vom Registerrichter. RG in JW 1901, 754 hat gegen die Zulässigkeit keine Bedenken. In Wahrheit ist das Prozeßgericht nicht in der Lage, Liquidatoren zu bestellen oder abzusetzen, zumal es „einstweilige Liquidatoren oder „einstweilen" abgesetzte Liquidatoren nicht gibt. Wohl aber kann durch einstweilige Verfügung einem Liquidator, wirklichem oder angemaßtem, aufgegeben werden, bis auf weiteres nicht als solcher zu fungieren und es kann für anderweite „einstweilige" Vertretung gesorgt werden. So zutreffend Dresden in SeuffBl 72, 1109. Vgl. Recht 1905, 106. A. A. Staub-Pinner § 295[6]; Ritter § 295[4]; Makower § 246 III a 2.

5. Zu Abs II Satz 2 vgl. § 266 Abs III Satz 2. Hinterlegung der Aktie ist hier nicht vorgeschrieben — Strafvorschrift § 318.

6. a) Im allgemeinen können Liquidatoren ebenso wie die Mitglieder des Vorstandes durch Mehrheitsbeschluß der Generalversammlung jederzeit abberufen werden; KGJ 45, 178; a. A. Makower § 295 II a. Das ist zwingendes Recht. Auch die Beschränkung des Rechts auf den Fall, daß ein wichtiger Grund vorliegt, ist unzulässig und unwirksam, alles das unbeschadet etwaiger Ansprüche der Abberufenen auf die mit der Gesellschaft vereinbarte Gegenleistung. Mit anderen Worten, der Anstellungsvertrag des Liquidators begründet dessen Anspruch auf das Gehalt usw. aber keinen Anspruch darauf, daß die Gesellschaft seine Leistungen entgegennimmt. Vgl. § 231 Erl. 6 c. — Dieses Recht der Abberufung durch die Gesellschaft besteht nicht gegenüber den vom Gericht nach Abs II bestellten Liquidatoren.

b) Auch ohne die Generalversammlung anzugehen, kann der Aufsichtsrat oder die in Abs II bestimmte Minderheit von Aktionären das Gericht um Abberufung eines Liquidators angehen, wenn ein wichtiger Grund dazu vorliegt. Nach Staub-Pinner § 295[10] kann die Minderheit nur die Bestellung nicht auch die Abberufung eines Liquidators durch das Gericht betreiben. Angesichts des Wortlautes des Gesetzes ist nicht erfindlich, worauf das beruhen soll. Von dem Verfahren gilt das oben zu Erl 4 b Gesagte entsprechend. Der Liquidator ist zu hören und zur Einlegung der sofortigen Beschwerde berechtigt. Ebenso doch wohl die Gesellschaft selbst, d. h. ihr gesetzlicher Vertreter, soweit ein solcher neben dem Liquidator, um dessen Abberufung es sich handelt, vorhanden ist. Auf diesem Wege kann denn auch die Abberufung eines vom Gericht bestellten Liquidators erreicht werden. — Als wichtiger Grund finden sich anerkannt Unredlichkeit und Eigennutz, Recht 1913, 753, der Umstand, daß der Liquidator die gesamte Liquidation einem anderen, dem zugleich das ganze Vermögen der Gesellschaft veräußert war, übertragen hatte, KGJ 37, 164. Aber auch objektive Momente können entscheidend sein, Verschulden des Liquidators ist nicht unerläßlich; OLG 27, 390 Note (München). Nach Bolze 1, 1189 endet das Amt des Liquidators nicht dadurch, daß er in Konkurs gerät. Nach RG LZ 1911, 308[5] kann dem Liquidator fristlos gekündigt werden, wenn die A-Gesellschaft in Konkurs gerät, jedoch wird es wesentlich durch Auslegung des betreffenden Vertrages begründet.

7. Nach BadRpr 21, 37 kann der Liquidator — unbeschadet etwaiger Schadensersatzansprüche — sein Amt jederzeit niederlegen. Nach GmbHR 17, 344 (Hamm) kann das dem Registerrichter wirksam erklärt werden, wenn weitere Liquidatoren nicht vorhanden sind.

Dadurch, daß über das Vermögen der A-Gesellschaft in Liqu. der Konkurs eröffnet wird, endet die Funktion der Liquidatoren ebensowenig, wie bei bestehender Gesellschaft die Funktion des Vorstandes deshalb ein Ende nimmt. Eine ganz andere Frage ist, ob und von wem die Liquidatoren für ihre Tätigkeit Vergütung erhalten und in welcher Höhe. In RG in LZ 1911, 308[6] werden diese Fragen nicht genügend auseinandergehalten. Vgl. Erl 5e zu § 292.

§ 296.

Die ersten Liquidatoren[1] sind durch den Vorstand, jede Änderung in den Personen der Liquidatoren[2] ist durch die Liquidatoren zur Eintragung in das Handelsregister anzumelden. Ist bei der Bestellung der Liquidatoren eine Bestimmung über ihre Vertretungsbefugnis getroffen, so ist auch diese Bestimmung zur Eintragung anzumelden.

Der Anmeldung ist eine öffentlich beglaubigte Abschrift der Urkunden über die Bestellung oder Änderung beizufügen[3]; diese Vorschrift findet auf die Anmeldung zum Handelsregister einer Zweigniederlassung keine Anwendung.

Die Eintragung der gerichtlichen Ernennung oder Abberufung von Liquidatoren geschieht von Amts wegen[4].

Die Liquidatoren haben die Firma nebst ihrer Namensunterschrift zur Aufbewahrung bei dem Gerichte zu zeichnen[5].

1. a) Das Handelsregister soll jederzeit ergeben, wer gerichtlicher Vertreter der A-Gesellschaft ist. Dafür ist, was den Vorstand angeht, durch §§ 195 II Z. 4, 234 gesorgt. Die entsprechenden, auf die Liquidatoren bezüglichen Vorschriften bringt gegenwärtiger Paragraph.

Die Liquidatoren müssen zur Eintragung in das Handelsregister angemeldet werden. Die Eintragung wird öffentlich bekannt gemacht (§ 10 HGB). Sie hat aber nur deklaratorische Bedeutung. Die Vertretungsmacht der Liquidatoren besteht schon vor ihrer Anmeldung zum Handelsregister und vor der Eintragung; RG in HoldhMS 13, 166; 25, 43. So lange die Eintragung und ihre Bekanntmachung noch ausstehen, kann die Gesellschaft gutgläubigen Dritten gegenüber sich nicht darauf berufen, daß der Vorstand oder der frühere Liquidator nicht mehr Vertretungsmacht besessen habe, § 15 HGB. Dabei ist davon auszugehen, daß guter Glaube des Dritten nicht schon dadurch ausgeschlossen ist, daß er Kenntnis von der Auflösung der Gesellschaft gehabt hat. Aber nicht nur liegt aus diesem Grunde die Anmeldung im Interesse der Gesellschaft, sie ist ihm vielmehr öffentlich rechtlich zur Pflicht gemacht. Sie muß erfolgen und ist nötigenfalls vom Registerrichter durch Androhung von Ordnungsstrafen zu erzwingen; § 14 HGB.

b) Die ersten Liquidatoren sind durch den Vorstand anzumelden, nicht durch sämtliche Mitglieder desselben. Es genügt Anmeldung durch so viele, als zur Vertretung der Gesellschaft berechtigt sind; KGJ 29, 227. Das gilt in allen Fällen, sowohl, wenn als Liquidatoren die Mitglieder des Vorstandes eintreten und ein Wechsel in der Person der Vertreter und der Form der Vertretung (Kollektivvertretung) nicht stattfindet, als auch da, wo der bisherige Vorstand abtritt. A. A. Staub-Pinner § 296[1] a; vgl. auch Hachenburg GGmbH § 67[4]. Damit bestimmt das Gesetz etwas besonderes. Trotzdem mit der Auflösung der Gesellschaft die Vertretungsmacht des Vorstandes im allgemeinen ein Ende nimmt, wird sie in diesem einen Punkt durch positive Vorschrift aufrecht erhalten. Damit verbinden sich einige Zweifel. Nach Lehmann-Ring § 296[1]; Brand § 296[1] a; Ritter § 296[1] a; Goldschmit AG § 296 [1] (nicht ganz so sicher Makower § 296 I b) müßte, wenn im Zeitpunkt der Auflösung der Vorstand in der zur Vertretung erforderlichen Anzahl nicht besetzt ist, zunächst eine Ergänzung stattfinden. Das wäre doch wohl pedantisch und wenn man nun einmal pedantisch sein will, auch unrichtig. Denn streng genommen wäre eine aufgelöste A-Gesellschaft nicht imstande, noch Vorstandsmitglieder zu bestellen. Man wird vielmehr annehmen dürfen, daß es unter allen Umständen genügt, daß sämtliche Vorstandsmitglieder, soviel ihrer sind, anmelden, und daß, wenn ein Vorstand überhaupt nicht da ist, die Anmeldung durch die Liquidatoren geschehen kann. — Darauf, ob der Aufsichtsrat vollzählig vorhanden ist, kommt bei der Anmeldung von Liquidatoren nichts an; OLG 34, 348. — Kraft der positiven Bestimmung des Gesetzes besteht die Vertretungsmacht zur Anmeldung auch unabhängig davon, ob durch die Auflösung der Anstellungsvertrag der Vorstandsmitglieder mit der Gesellschaft ein Ende nimmt. Jedenfalls ist das Recht und die Pflicht des Registerrichters, die Vorstandsmitglieder durch Ordnungsstrafen zur Anmeldung anzuhalten, nicht von ihren Vereinbarungen mit der Gesellschaft abhängig und wenn diese öffentlich-rechtlich zur Anmeldung verpflichtet bleiben, so ist anzunehmen, daß diese Verpflichtung auch privatrechtlich gegenüber der Gesellschaft trotz Auflösung des Vertrages im übrigen bestehen bleibt. — Die Verpflichtung, Liquidatoren anzumelden, ist dadurch nicht hinfällig, daß alle Aktien sich in einer Hand befinden oder daß das Vermögen schon verteilt ist; OLG 9, 268 (Karlsruhe).

c) Mit den Personen der ersten Liquidatoren ist zugleich anzumelden, in welcher Form sie die Gesellschaft zu vertreten haben, widrigenfalls die Anmeldung und Eintragung (sowie Bekanntmachung) so zu verstehen sind, daß die Liquidatoren nur in voller Gemeinsamkeit vertreten können; §§ 232 I, 1298 II. Nach Lehmann-Ring § 296[1] ist eine Anmeldung und Eintragung in betreff der Form der Vertretung nicht erforderlich, wenn der Gesellschaftsvertrag darüber Bestimmungen enthält. Das ist wohl mit dem Wortlaut des Gesetzes in Einklang, wäre aber jedenfalls sehr unpraktisch. Auf alle Fälle muß eine solche Eintragung zulässig sein. Wie Lehmann-Ring Makower § 296a 3, dem aber darin zuzustimmen ist, daß aus dem Wortlaut des Gesetzes sich deutlich ergibt, daß bei Bestellung von Liquidatoren die Generalversammlung unabhängig von statutarischen Bestimmungen über die Form der Vertretung beschließen kann, und daß ein solcher Beschluß auch wieder geändert werden kann und dann auch angemeldet werden muß (a. a. O. Erl a 5).

2. a) Jede Veränderung in der Persönlichkeit von Liquidatoren und ferner — was ausdrücklich allerdings nicht vorgeschrieben ist (vgl. § 234 I) — jede Änderung ihrer Vertretungsbefugnis ist zum Handelsregister anzumelden, ebenfalls bei Vermeidung des Ordnungsstrafverfahrens nach § 14 HGB. Diese Anmeldung geschieht durch die Liquidatoren, so viele als zur Vertretung der Gesellschaft erforderlich sind, durch diejenigen Liquidatoren, welche sich zur Zeit der Anmeldung in dieser Stellung befinden, also — da die Änderung erst angemeldet werden kann, nachdem sie zur Tatsache geworden ist, durch die neu eingetretenen. Vgl. Staub-Pinner § 296[1] a; KGJ 14, 27; OLG 34, 348 Note (KG). Die Anmeldung kann nicht deswegen beanstandet werden, weil ein Aufsichtsrat nicht vorhanden ist; OLG 34, 348 (KG). — Der Zeitpunkt, in welchem der abtretende Liquidator ausgeschieden ist, ist nicht in das Handelsregister einzutragen; RJA 12, 217. — Haben die Liquidatoren ihr Amt niedergelegt, so sind sie nicht in der Lage, ihre Löschung beim Registerrichter zu betreiben, sie können auch nicht gegen die Gesellschaft auf Bestellung anderer Liquidatoren Klage erheben, sondern sind darauf angewiesen, gemäß § 29 BGB die Bestellung eines Vertreters durch das Gericht zu betreiben. Vgl. OLG 4, 256 (KG); SeuffArch 71, 192 (Hamburg); KGJ 23, 105.

b) Der als Liquidator Eingetragene ist Beteiligter und kann gegen die Eintragung Beschwerde einlegen. Ebenso der Gelöschte. Nicht anders KGJ 3, 29, wo vielmehr zutreffend entschieden wird, daß wer feststehender Weise als Liquidator abberufen ist, nicht mehr legitimiert erscheint, als solcher Beschwerde einzulegen.

c) Nach § 13 HGB sind die in § 296 vorgeschriebenen Anmeldungen auch zu dem Handelsregister jeder Zweigniederlassung zu beschaffen.

3. Die Anmeldung der Vorschrift, daß eine öffentlich beglaubigte Abschrift (bei der Gesellschaft mbH genügt einfache Abschrift) der Urkunden über die Bestellung oder Änderung beizufügen ist, setzt voraus, daß solche Urkunden erwachsen sind. In der Regel wird das auch der Fall sein. Im Fall des Ablebens eines Liquidators ist die Sterbeurkunde meist leicht beschafft, bei Abberufung und Bestellung durch Beschluß der Generalversammlung liegt das darüber geführte Protokoll vor (§ 259 V). Ebenso bei Veränderungen in der Vertretungsform. Kündigung, Amtsniederlegung durch einen Liquidator wird meist nicht abgehen ohne Briefwechsel. Namentlich, wenn ein Personalwechsel stattgefunden hat und der neue Liquidator die Abberufung des bisherigen anmeldet, hat der Registerrichter die grundlegenden Urkunden zu fordern und zu prüfen; KGJ 14, 27. Wo aber Schriftliches nicht vorliegt und nicht vorzuliegen braucht, entfällt die Anwendbarkeit der Vorschrift.

4. Hat das Gericht selbst einen Liquidator auf Grund § 295 II bestellt oder abberufen, so hat es auch die betreffende Eintragung von Amts wegen vorzunehmen. Einer Anmeldung bedarf es nicht. Die vorübergehende Bestellung eines Vertreters durch das Gericht auf Grund § 29 BGB ist zum Handelsregister nicht anzumelden, wie auch die Eintragung in das Register nirgend vorgeschrieben ist.

5. Nach § 234 III haben die Vorstandsmitglieder ihre Unterschrift zur Aufbewahrung bei dem Gericht zu zeichnen. Hier ist bestimmt, daß die Liquidatoren die Firma nebst ihrer Namensunterschrift zur Aufbewahrung bei dem Gericht zu zeichnen haben. Der Unterschied ist nicht wesentlich, muß aber beachtet werden. S. Erl 5 zu § 234. Die Vorschrift gilt auch von den durch das Gericht gemäß § 295 II bestellten Liquidatoren. — Die Zeichnung der Unterschrift ist nötigenfalls durch Androhung von Ordnungsstrafen vom Registerrichter zu erzwingen; § 14 HGB.

§ 297.

Die Liquidatoren haben unter Hinweis auf die Auflösung der Gesellschaft die Gläubiger der Gesellschaft aufzufordern, ihre Ansprüche anzumelden[1]. Die Aufforderung ist dreimal in den Gesellschaftsblättern zu veröffentlichen[2].

1. Die Liquidation hat zum Zweck, das Gesellschaftsvermögen nach Abwicklung der schwebenden Geschäfte und Bezahlung aller Schulden unter die Aktionäre zu verteilen. Damit verschwindet dann das Vermögen der Gesellschaft und diese selbst, so daß Gläubiger, welche übergangen worden sind, das Nachsehen haben oder jedenfalls doch die Gefahr laufen, ihren Schuldner zu verlieren (vgl. § 301 Erl 4 c). Daher schreibt das Gesetz zum Schutz gegen diese Gefahr vor in § 297, daß die Liquidatoren durch ausgiebige Bekanntmachungen unter Hinweis darauf, daß die A-Gesellschaft aufgelöst worden ist, die Gläubiger auffordern, ihre Ansprüche anzumelden, in § 301, daß die Verteilung von Vermögen an die Abktionäre erst erfolgen darf, nachdem seit dieser Bekanntmachung ein Jahr verflossen ist. Nach früherem Recht mußten außerdem die aus den Handelsbüchern ersichtlichen oder in anderer Weise bekannten Gläubiger durch besondere Erlasse aufgefordert werden, sich zu melden (HGB Art 245 III, 202). Nach der Novelle von 1900 ist eine solche besondere Aufforderung der Gläubiger wohl noch erforderlich bei der Herabsetzung des Grundkapitals (§ 289 II), hier aber ist von dem Erfordernis abgesehen, weil die bekannten Gläubiger von der Gesellschaft befriedigt werden müssen, auch wenn sie sich nicht besonders gemeldet haben (D 162). So wörtlich trifft das nun freilich nicht zu. Genau genommen paßt es nur auf Holschulden, nicht auf Bringschulden. Aber nach § 301 II darf auch nach Ablauf des Sperrjahrs Gesellschaftsvermögen nur verteilt werden, nachdem auch die Holschulden entweder bezahlt sind oder der Betrag für die Gläubiger hinterlegt worden ist.

2. a) Die Bekanntmachung muß in jedem der mehreren Gesellschaftsblätter (§ 182 II Z. 6 III) zu drei verschiedenen Malen (vgl. Erl 2 zu § 289) erfolgen. Mit Erscheinen der letzten, dieser dritten Bekanntmachung beginnt der Lauf des Sperrjahres (anders BGB § 50). — Die Bekanntmachung muß nicht unbedingt in den Worten des Gesetzes gefaßt sein; nach KGJ 20, 274 (GenG) würde genügen, wenn sie an die Gläubiger ergeht, „welche sich evtl. melden wollen". Es steht nichts im Wege, die Bekanntmachung schon vor der Eintragung der Auflösung der Gesellschaft in das Handelsregister und auch schon vor der Anmeldung zu veröffentlichen. Dagegen setzt sie die Auflösung als geschehen voraus, denn sie muß von den Liquidatoren ausgehen und diese sind zur Vertretung der Gesellschaft erst legitimiert, wenn die Auflösung Tatsache geworden ist (vgl. Erl 1 b zu § 293).

b) Unterbleibt die Bekanntmachung oder eine der mehreren erforderlichen Bekanntmachungen, so beginnt auch nicht der Lauf der Sperrfrist und die Liquidatoren haften den Aktionären für den ihnen daraus erwachsenden Schaden. Allerdings nicht nach § 241 II, der nur der Gesellschaft einen Ersatzanspruch gewährt, nicht den einzelnen Mitgliedern (Staub-Pinner § 297[4]). Aber die Liquidatoren sind nach § 300 den Aktionären verpflichtet, ihnen die auf sie entfallende Liquidationsquote zu zahlen und haften nach Schuldrecht für Verzögerungen, welche sie zu vertreten haben. Das Gesetz stempelt insofern den Anstellungsvertrag des Liquidators zum Vertrag zugunsten Dritter, der Aktionäre. Verteilen sie ohne die in § 297 vorgeschriebenen Bekanntmachungen Gesellschaftsvermögen, so haften sie den Gläubigern der Gesellschaft nach §§ 241 III Z. 5, 298 II, während die Aktionäre das zu Unrecht Empfangene gemäß § 217, also ohne Rücksicht auf guten Glauben zurückgewähren müssen. So wenigstens das Reichsgericht, s. § 301 Erl 4 c.

c) S. Verordnung vom 14. Februar 1924 (RGBl I, 119) § 27:

Im Falle der Auflösung einer Aktiengesellschaft, einer Kommanditgesellschaft auf Aktien, einer Gesellschaft mbH, einer Kolonialgesellschaft, einer Genossenschaft oder eines Versicherungsvereins a. G. kann das Gericht die Liquidatoren auf ihren Antrag von der Verpflichtung zur Bekanntmachung der Auflösung und der Aufforderung der Gläubiger zur Anmeldung ihrer Ansprüche (§ 297 HGB, § 65 II GGmbH, § 82 GenGes, § 47 PrVUG) befreien, sofern glaubhaft gemacht wird, daß die Kosten der Bekanntmachung durch das vorhandene Vermögen nach Abzug der Verbindlichkeiten nicht gedeckt werden würden. In diesem Falle beginnt der Lauf des Sperrjahres mit dem Tage, an dem die Auflösung der Gesellschaft, der Genossenschaft oder des Vereins durch das Registergericht bekannt gemacht ist.

§ 298.

Der Geschäftskreis der Liquidatoren sowie die Form, in welcher sie die Firma zu zeichnen haben, bestimmt sich nach den Vorschriften der §§ 149, 151, 153[1].

Im übrigen haben die Liquidatoren innerhalb ihres Geschäftskreises die Rechte und Pflichten des Vorstandes; sie unterliegen gleich diesem der Überwachung durch den Aufsichtsrat[2].

In Ansehung der Mitwirkung sämtlicher Liquidatoren bei Willenserklärungen für die Gesellschaft findet die Vorschrift des § 232 Abs 1 Satz 1 nur insoweit Anwendung, als nicht für die Liquidatoren im Gesellschaftsvertrag oder bei ihrer Ernennung ein Anderes bestimmt ist[3].

Eine Bestellung von Prokuristen findet nicht statt. Die Vorschriften des § 236 bleiben außer Anwendung[4].

1. a) Es lauten:

§ 149. Die Liquidatoren haben die laufenden Geschäfte zu beendigen, die Forderungen einzuziehen, das übrige Vermögen umzusetzen und die Gläubiger zu befriedigen; zur Beendigung schwebender Geschäfte können sie auch neue Geschäfte eingehen. Die Liquidatoren vertreten innerhalb ihres Geschäftskreises die Gesellschaft gerichtlich und außergerichtlich.

§ 151. Eine Beschränkung des Umfanges der Befugnisse der Liquidatoren ist Dritten gegenüber unwirksam.

§ 153. Die Liquidatoren haben ihre Unterschrift in der Weise abzugeben, daß sie der bisherigen, als Liquidationsfirma zu bezeichnenden Firma ihren Namen beifügen.

In der früheren Fassung des Gesetzes war in Art 244 a allgemein gesagt, daß auf die Liquidation der A-Gesellschaft die für die Liquidation einer offenen Handelsgesellschaft gegebenen Bestimmungen entsprechende Anwendung finden, soweit nicht etwas anderes in den besonderen auf die A-Gesellschaft bezüglichen Vorschriften bestimmt ist. Die Novelle von 1900 hat von dieser allgemeinen Verweisung Abstand genommen, um eine größere Übersichtlichkeit zu erzielen. Sie verweist auf die obigen bestimmten Paragraphen aus dem Abschnitt über die Liquidation einer offenen Handelsgesellschaft und trifft im übrigen selbständig Vorschriften. Vgl. auch BGB § 49.

b) Der § 149 umschreibt das Wesen und die Aufgaben der Liquidation. Er stimmt wörtlich überein mit § 49 BGB, dem er bei der Neufassung von 1900 entnommen ist. Bis auf einen Punkt deckt er sich auch sachlich mit § 70 GGmbH und § 88 GenG. In allen vorkommenden Fällen ist die Liquidation ihrem Wesen nach dieselbe, unterschieden von der Auseinandersetzung der Gesellschafter nach bürgerlichem Recht BGB §§ 730 ff. Sie ist ein Rechtsinstitut (Wimpfheimer, Der Gesellschaften des Handelsrechts und des bürgerlichen Rechts im Stadium der Liquidation 1 ff.). Die Aufgabe der Liquidatoren ist:

1) die laufenden Geschäfte zu beenden,
2) die Forderungen einzuziehen,
3) das übrige Vermögen in Geld umzusetzen,
4) die Gläubiger zu befriedigen.
5) die A-Gesellschaft gerichtlich und außergerichtlich zu vertreten.

Dazu kommt die Aufgabe, das verbleibende Vermögen unter die Aktionäre zu verteilen; § 300.

Die Liquidatoren müssen das alles selbst tun. Sie können sich geeigneter Hilfskräfte bedienen und Vollmachten an Dritte erteilen. Sie dürfen aber nicht einen anderen mit der Liquidation im ganzen betrauen. Eine darauf gerichtete Abmachung würde nichtig sein; RJA 10, 45 (KG). — Die oben unter 1—5 wiedergegebenen Aufgaben können in dem Grundgedanken zusammengefaßt werden, daß den Liquidatoren jede fernere werbende Geschäftstätigkeit untersagt ist. RG in LZ 1912, 153[36]. Sie sind aber dehnbar, gehen vielfach einer in die andere über und können und wollen nicht nach strengem Wortlaut angewendet werden. Der § 149 stellt mehr nur den leitenden Gesichtspunkt auf. Dem gibt auch das Gesetz selbst durch die weitere Vorschrift Ausdruck, daß zur Beendigung schwebender Geschäfte doch auch wieder neue Geschäfte eingegangen werden dürfen.

1) Laufendes Geschäft bedeutet nicht sowohl Rechtsgeschäft als vielmehr geschäftliches Beginnen, geschäftliches Unternehmen, als solches selbst schon ein Begriff ohne feste Grenzen. Und ebenso ist jene Erweiterung zu verstehen, daß neue Geschäfte — zur Beendigung schwebender — eingegangen werden können. Ein angefangener Bau, eine in Angriff genommene Reparatur, aber auch eine unaufschiebbare, eine zweckmäßigerweise sofort anzuordnende Reparatur müssen durchgeführt, vorgenommen werden können. Es kann ein Gesellschaftsvertrag mit Dritten bestehen, der sich nicht oder nicht ohne mehr oder weniger großen Schaden sofort kündigen läßt.

Es ist nicht einmal ausgeschlossen, daß der Liquidator ein Gesellschaftsverhältnis von neuem eingeht, sich an der Gründung einer Gesellschaft mbH usw beteiligt; Recht 1905, 771 (Dresden); KGJ 71, 256 (KG). Es kann geboten sein, ein laufendes Prämiengeschäft zu prolongieren. Ein zum Zweck der Aufteilung erworbenes Grundstück kann einstweilen verwaltet, bewirtschaftet werden müssen, was oft nicht ohne zahlreiche Geschäfte und Rechtsgeschäfte durchführbar ist. Es steht dem auch unter Umständen nichts im Wege, die Durchführung der Liquidation der Sachlage entsprechend länger hinauszuschieben, wie denn, abgesehen von ganz einfachen Fällen, zugleich eine Verwaltung des Gesellschaftsvermögens mit allen dadurch bedingten Geschäften eintreten muß, alles Dinge, die man doch nur sehr von ungefähr unter den Begriff der Beendigung laufender Geschäfte bringen kann; vgl. RG 72, 237. — Eine Frage für sich ist, inwiefern in der Abwicklung der Geschäfte im Gegensatz zur Versilberung und Verteilung des Vermögens steuerrechtlich noch ein Gewerbebetrieb zu befinden ist. Vgl. hierzu OVG St 4, 414.

2) und 4). Die Einziehung von Forderungen und die Befriedigung der Gläubiger erledigen sich leicht, dort, wenn der Schuldner zahlungsfähig und zahlungswillig ist, hier, wenn die Gesellschaft das nötige Geld hat. Vgl. RG 7, 108: „Der Liquidator darf an den einzelnen Gläubiger den vollen Betrag nicht zahlen, wenn er bei sorgfältiger Prüfung Grund zur Annahme hat, daß die Masse zur Befriedigung aller nicht ausreicht." Aber auch bei ausreichendem Vermögen können doch die flüssigen Mittel fehlen. Es kann kaufmännisch geboten sein, den Schuldner nicht zu drängen; es kann in Frage kommen, ob es sich empfiehlt, ihm durch Zuführung neuer Mittel über eine augenblickliche Schwierigkeit hinwegzuhelfen. So können neue Geschäfte, Aufnahme von Darlehn, Hingabe von Darlehn, Stundungen, auch Wechseltransaktionen, Prolongationen von Wechseln (vgl. ROHG 13, 223; 21, 307; RG 4, 64) u. ä. ganz noch im Rahmen der Liquidation liegen. Wenn der Liquidator eine Offerte annimmt, welche der Gesellschaft an die Hand gegeben war, so nimmt er sich nur eines im Gesellschaftsvermögen liegenden Wertes auf die natürlichste Art an; vgl. RG 44, 81. Eine Forderung der Gesellschaft muß nicht immer eingezogen werden; unter Umständen läßt sie sich ebensogut oder besser durch Veräußerung verwerten und letzteres wird geradezu gegenüber ersterem die Regel bilden, wenn die Forderung hypothekarisch gesichert ist. Es kann sich als geboten oder gerechtfertigt erweisen, auf einen Anspruch zu verzichten. Kurz, es gibt gar kein Rechtsgeschäft, von dem man abstrakt behaupten könnte, daß es in einer Liquidation nicht mit Fug und Recht vorgenommen werden dürfe.

Zu den ausstehenden Forderungen der Gesellschaft gehören auch ihre Ansprüche gegen die Aktionäre auf rückständige Einlage oder auf Nebenleistungen (§ 212). Die Einforderung der Einlage geht uneingeschränkt durch etwaige Bestimmungen des Gesellschaftsvertrages in die Hände der Liquidatoren über, die aber weiter nichts einfordern dürfen, als zum Zweck der Liquidation erforderlich ist; RG 45, 153; KGBl 27, 28. Zweifelhaft erscheint, wen in solchem Falle die Beweislast trifft. Nach JW 1899, 305[15] hätte der in Anspruch genommene Aktionär den Beweis zu führen, daß der Liquidator des Geldes nicht bedarf. Die Entscheidung handelt zwar nicht von der Liquidation, sondern vom Konkurs. Doch dürfte die Beweislastfrage in beiden Fällen die gleiche sein und vom Reichsgericht schwerlich zutreffend entschieden, wenn man bedenkt, daß es sich um Dinge handelt, von welchen der Aktionär gar keine Kenntnis hat, über welche der Liquidator dagegen sich Rechenschaft abgelegt haben muß, bevor er zur Einforderung schritt, und welches in dem erforderlichen Umfang darzulegen ihn im geringsten nicht beschwert. — An der Zustimmung anderer Organe, Generalversammlung, Aufsichtsrat ist er nicht gebunden; vgl. OLG 13, 25 (Köln). An die im Gesellschaftsvertrag etwa bestimmten Einzahlungstermine ebenfalls in dem Falle nicht, daß er des Geldes bedarf, um fällige Schulden der Gesellschaft zu bezahlen. Anderenfalls könnte er in die Lage kommen, wegen Zahlungsunfähigkeit Konkurseröffnung beantragen zu müssen, obwohl die Gesellschaft nichts weniger als überschuldet ist; Erl 6 b zu § 218. — Ob Leistungen der Gesellschafter nach § 212 bei Auflösung der Gesellschaft ein Ende nehmen, läßt sich nur nach Lage des einzelnen Falles entscheiden. Im Zweifel wird anzunehmen sein, daß sie nur für den dem verfassungsmäßigen Zweck der Gesellschaft dienenden Betrieb bestimmt sind. Jedenfalls kann auch sie der Liquidator nur insoweit in Anspruch nehmen, als er ihrer zur Durchführung der Liquidation bedarf, vgl. RG 72, 237 (GenGes). — Die bestehenden Rechtsverhältnisse erfahren durch die Auflösung der Gesellschaft keine Änderung. RG 5, 7. Betagte Forderungen werden durch sie nicht fällig. Doch können die Umstände im einzelnen Falle nach Treu und Glauben etwas anderes bedingen; RG 5, 7; 9, 14. — Nicht nur die Forderungen der Gesellschaft einzuziehen, sondern überhaupt ihre Rechte geltend zu machen, ist Aufgabe des Liquidators. Hier kommt gar nicht in Frage, ob die Wahrnehmung der Rechte der Gesellschaft mit dem Liquidationszweck in Zusammenhang steht. Es steht nichts im Wege, eine Patentanmeldung weiter zu betreiben, eine Patentnichtigkeits-Klage fortzusetzen, mag die Gesellschaft Kläger oder Beklagter sein, Marken- oder Zeichenrechte, den Schutz gegen unlauteren Wettbewerb unter Umständen bis zur Beendigung der Liquidation in Anspruch zu nehmen; RG 15, 102; BauersZ 18, 92.

3) Das übrige Vermögen ist in Geld umzusetzen. Das ist eine ganz allgemein gedachte

Anweisung, welche man falsch verstehen würde, wollte man sie auf jeden einzelnen Fall streng wörtlich anwenden, als hätte der Liquidator ohne Genehmigung der Generalversammlung keine andere Wahl, als jedes einzelne Vermögensstück durch Verkauf zu verwerten. So verstanden wäre die Vorschrift zu eng und zugleich zu weit. Denn einmal sind nicht alle Forderungen der Gesellschaft, welche der Liquidator einzuziehen hat, auf Geld gerichtet, und hat die Gesellschaft Waren zu fordern, so ist der Liquidator auch hinsichtlich ihrer auf Verwertung angewiesen, während das Gesetz nur von dem übrigen Vermögen spricht. Andererseits wird es nicht selten so liegen, daß Umsetzen in Geld kaufmännisch ganz verkehrt wäre. Eine Verwertung durch Tausch kann zweckmäßig sein; es kann sich empfehlen oder sogar als notwendig herausstellen, vorhandene Rohstoffe aufzuarbeiten, was dann wieder umschlägt in die dem Liquidator obliegende sachgemäße Verwaltung des Vermögens; es kann sich empfehlen oder geboten sein, den produktiven Betrieb einstweilen noch nicht völlig aufzugeben, womit man dann wieder in das Gebiet der werbenden Geschäftstätigkeit gelangt; OLG 11, 33 (Karlsruhe). Es ist nicht ausgeschlossen, daß der Liquidator sich mit Vermögensstücken der Gesellschaft an der Begründung einer neuen Gesellschaft beteiligt und jedenfalls kann es mit Einwilligung der Generalversammlung geschehen; KGJ 21, 257. In zweifelhaften Fällen von einiger Bedeutung mag es sich für den Liquidator empfehlen, die Generalversammlung zu fragen. Allgemein geboten kann es schon deshalb nicht sein, weil es sich meist um Einzelfälle von geringer Bedeutung handeln wird, um deren willen sich nicht lohnt, den Apparat einer einzuberufenden Generalversammlung aufzubieten. Auch darüber hat der Liquidator im allgemeinen nach pflichtmäßigem Ermessen zu entscheiden, ob die Veräußerung bestimmter Vermögensstücke im einzelnen erfolgen soll oder in Bausch und Bogen.

Zieht der Liquidator vor, die Generalversammlung zu fragen, so entscheidet diese mit einfacher Stimmenmehrheit; RG 62, 56. In dieser Beziehung ist auch heute noch von Interesse RG 3, 54. Nur in einem Fall muß kraft positiver Bestimmung die Generalversammlung gefragt werden, das ist, wenn es gilt, das gesamte Vermögen der Gesellschaft durch Veräußerung im ganzen zu verwerten und hier kann der Beschluß nur mit der in § 303 I vorgeschriebenen qualifizierten Mehrheit gefaßt werden. In dem Fall RG 14, 128 war im Vertrage vereinbart, daß der Kaufpreis — verschieden je nachdem, ob es sich um Stammaktien oder Vorrechtsaktien handelt — in bestimmter Weise unmittelbar an die Aktionäre gezahlt werden solle, wodurch die Bestimmung des Gesellschaftsvertrages über die Art der Verteilung und also über den Betrag der Liquidationsquote gegenstandslos wurde. Das Gericht hat die Anfechtung des Beschlusses zurückgewiesen, aber nur auf Grund einer (ziemlich gewagten) Auslegung des Statutes, grundsätzlich hat es das Verfahren mißbilligt. Entscheidend ist doch wohl gewesen, daß auch den Inhabern der Vorrechtsaktien ein so günstiger Preis gezahlt wurde, daß sie darüber die Schmälerung des Verhältnisses zu den Stammaktien verschmerzen konnten.

Im letzten Ergebnis wird allerdings restloses Umsetzen des Vermögens in Geld unvermeidlich sein. Das steht nicht in dem von der offenen Handelsgesellschaft handelnden § 149. Denn warum sollte der eine von den zwei Gesellschaftern sich dagegen sträuben dürfen, daß die vorhandenen Wertpapiere einem jeden von ihnen zur Hälfte zugeteilt werden? Aber der Aktionär hat allerdings den Anspruch darauf, daß ihm die Liquidationsquote in Geld zugeteilt wird. Tatsächlich ausgeschlossen ist freilich Naturalleistung auch hier nicht (z. B. im Fall RG 34, 57; ferner 62, 56), namentlich nicht, wenn die Anzahl der Aktionäre nur gering ist. Nach ZAW 14, 225 (Mannheim) wäre Voraussetzung der Naturalteilung, daß alle Aktionäre gleichmäßig teilnehmen. Nicht so streng RG 62, 56, wonach die Mehrheit der Generalversammlung die Verteilung von Wertpapieren auch in der Weise billigen kann, daß diejenigen Aktionäre, auf deren Aktienbesitz kein ganzes Stück entfällt, dafür Geld erhalten. S. auch OLG 11, 33 (Karlsruhe) (es genügt einfache Stimmenmehrheit).

c) In allen diesen Fragen steht, ebenso wie vor Auflösung der Gesellschaft der Vorstand, nach der Auflösung der Liquidator nicht über der Generalversammlung, sondern unter ihr. Das gilt von jedem Liquidator, auch von dem durch das Gericht ernannten. Er ist, sofern nicht gesetzlich Verbotenes beschlossen wird, oder seine persönliche Verantwortlichkeit Dritten gegenüber in Frage steht, gehalten, ihren Beschlüssen nachzukommen. Darüber besteht kein Streit. Daß er ebenso wie der Vorstand der Überwachung durch den Aufsichtsrat unterliegt — wiederum gleichviel, ob er von der Gesellschaft angestellt worden ist oder durch das Gericht — ist in Abs II ausdrücklich gesagt. Ungeklärt ist dagegen die Frage, wieweit innerhalb der Generalversammlung die Macht der Mehrheit gegenüber der Minderheit und dem einzelnen geht. Der Anspruch des Aktionärs auf die Liquidationsquote ist ohne Zweifel Sonderrecht (vgl. Erl 2 f zu § 250). Es entsteht dem Grunde nach mit der Auflösung der Gesellschaft, während seine Höhe von dem Ausfall der Liquidation abhängt (steuerrechtlich mag es anders liegen, vgl. RFH 9, 296). Die Rechtslage ist ähnlich, aber nicht ganz dieselbe, wie bei dem Anspruch auf die Dividende. Auch dieser entsteht dem Grunde nach im Moment, wo das Geschäftsjahr schließt, während die Höhe von der Feststellung der Bilanz abhängt. Aber während in diesem Fall das Bedingende nur Schätzung, Rechnung, Berechnung ist, kommt hier die Abwicklung, also noch ein gutes, nicht selten sehr umfangreiches Stück Geschäftstätigkeit hinzu, deren Ergebnis vom persönlichen Geschick des Liquidators und von Zufälligkeiten abhängt. Dagegen gibt es für das Sonderrecht keinen Schutz. Die Frage kann nur sein, ob nicht das Sonderrecht dahin geht, daß keine liquidationswidrigen Geschäfte vorgenommen werden. Das werbende Geschäft des Liquidators verstößt nicht gegen ein allgemeines gesetzliches Verbot, sondern gegen seine Verpflichtungen gegenüber der Gesellschaft. Die Generalversammlung ist durch keine Rechtsvorschrift gehindert, ein werbendes Geschäft, welcher Art es auch sei, zu beschließen, ein vom Liquidator abgeschlossenes zu genehmigen. Warum auch sollte, wenn die Gelegenheit sich bietet, ein vorteilhaftes Geschäft abzuschließen, diese Gelegenheit nicht wahrgenommen werden dürfen? (anders unverkennbar RG 106, 68; vgl. § 292 Erl 4 d). Eine andere Frage ist, wieweit hier die Macht der Mehrheit gegenüber dem Widerspruch einzelner geht. Aber hier wird man sagen müssen, daß der mittelbare Einfluß, den die Sache auf die schließliche Gestaltung der Liquidationsmasse ausübt, nicht ausreicht, um unter allen Umständen in einem solchen Beschluß einen Eingriff in das Sonderrecht der Aktionäre auf die Liquidationsquote zu erblicken. Vgl. § 250 Erl 2 e. Nur darf nicht geradezu an Stelle der Abwicklung Fortsetzung des Unternehmens treten; Brand § 298[1e]. A. A. anscheinend Goldmann § 298[1]; undeutlich Lehmann-Ring § 298[1]. Es liegt hier noch anders als bei der Gesellschaft mbH (vgl. Brodmann GGmbH § 78[2] a. E.), wo nach dem Grundgedanken dieser Gesellschaftsform das einzelne Mitglied den anderen und dem Ganzen persönlich näher steht, seine Beziehung zum Betrieb unmittelbarer ist und seine Sonderrechte stärker betont erscheinen.

Wesentlich abweichend KGJ 21, 256, wo in gewissem Umfang der Generalversammlung die Freiheit der Entschließung auch da versagt wird, wo der Beschluß einstimmig gefaßt wird. Es wird anerkannt, daß eine Gesellschaft mbH in Liquidation sich an der Begründung einer gleichen Gesellschaft, in welche sie einen erheblichen Teil ihres Vermögens, anscheinend die ganzen Betriebsgegenstände und Vorräte, Patente einbringt, beteiligen konnte, weil die Gesellschafter ihre Zustimmung erteilt hatten, nicht um in der neuen Form das alte Unternehmen fortzusetzen, sondern nur um in Gestalt der Geschäftsanteile den Gesellschaftern die Liquidationsquote zuzuführen. Es ist nicht zu sehen, was daraus folgen soll, wenn die Gesellschaft den Beschluß in ersterer Absicht gefaßt haben sollte. Soll etwa dann die Gründung nicht zustande kommen können oder warum sollte eine vielleicht höchst aussichtsvolle Sanierung, wenn nicht der Gesellschaft, so doch des Unternehmens nicht ausführbar sein? Offenbar liegt die Gefahr, welche das Gericht — vielleicht mit Recht — gewittert hat, auf ganz anderem Gebiet, die Gefahr, daß den Gläubigern die Aktiven der Gesellschaft entzogen würden. Dagegen müssen in solchem Fall die Anfechtungsbestimmungen helfen. Das hat mit der Liquidation als solcher nichts zu tun. Die Gefahr besteht in ganz gleicher Weise, wenn die Gesellschaft solches unternimmt, bevor sie sich auflöst. Oder sollen die Gläubiger den Anspruch darauf haben, daß ihre Befriedigung nicht durch werbende Geschäfte gefährdet wird, welche zwar vorteilhaft aber ebenso gut auch verlustbringend ausfallen können. Es ist nicht einzusehen, woher gerade denjenigen Gläubigern, welche aus der Zeit vor der Auflösung stammen, durch die Auflösung ein solcher Anspruch kommen soll, wo sie doch zu einer Zeit, wo diese Gefahr unzweifelhaft bestand, unbedenklich der Gesellschaft den Kredit gewährt haben. Zu beachten ist, daß das Gericht für den Beschluß, wo er zulässig ist, nicht Zustimmung aller Gesellschafter aber doch Einstimmigkeit fordert, freilich nur in beiläufiger Bemerkung und ohne Betonung.

d) § 149 Satz 2: Die Liquidatoren vertreten innerhalb ihres Geschäftskreises die Gesellschaft gerichtlich und außergerichtlich. Das heißt, auf die A-Gesellschaft angewendet und mit § 231 und dessen Bedeutung verglichen, daß die Liquidatoren die gesetzlichen Vertreter der A-Gesellschaft sind. Wie bis zur Auflösung die Gesellschaft gesetzlich ausschließlich durch den Vorstand vertreten wird, so nach der Auflösung durch die Liquidatoren. Aber das Gesetz fügt hier die Wendung hinzu: „innerhalb ihres Geschäftskreises". Und in § 298 II kehrt es wieder: sie haben — innerhalb ihres Geschäftskreises — die Rechte und Pflichten des Vorstandes. Sprachlich kann das nur heißen, daß die Vertretungsmacht des Liquidators auf das beschränkt ist, was er nach demselben § 149 der Gesellschaft gegenüber tun darf. Und so wird denn auch ausnahmslos die Vorschrift verstanden. Aber dieser Zusatz beruht auf der Fassung der Novelle von 1900, wo er ohne jeden Nachdruck, ohne das geringste Wort der Begründung vorgeschlagen worden war und ohne Besinnen angenommen worden ist. Dabei gerät in ihm das Gesetz mit sich selbst dermaßen in Widerspruch, daß er pro non scripto erachtet werden muß.

Ohne Handlungsfähigkeit ist die Ausübung von Vermögensrechten, ihre Geltendmachung und Verteidigung nicht möglich. Der natürliche, gesunde, erwachsene Mensch ist im gesamten Umfang seiner Vermögensrechte auch handlungsfähig. Beides deckt sich vollkommen. Wo Handlungsfähigkeit fehlt und doch Rechtsfähigkeit nicht fehlen darf, beim Kinde, dem Geisteskranken, bei der juristischen Person, muß dadurch gesorgt werden, daß vertretungsweise die Handlungsfähigkeit wiederum eines natürlichen gesunden erwachsenen Menschen aufgerufen wird. Das ist der Begriff des gesetzlichen Vertreters. Es ist nicht unbedingt erforderlich, daß diese Vertretung den gesamten Kreis der Vermögensrechte des Vertretenen erfaßt. Wenn ein Schuldner in Konkurs gerät, verliert er seine Handlungsfähigkeit an den Konkursverwalter, aber nur in bezug auf sein Vermögen, soweit es zur Konkursmasse gehört, im übrigen bleibt er wie rechts-, so auch handlungsfähig. Wenn eine A-Gesellschaft in diese Lage kommt, bei der es zwar selten der Fall sein wird, aber keineswegs undenkbar ist, daß sie nach Eröffnung des Konkurses konkursfreies Vermögen erwirbt, dann vertritt sie dort der Konkursverwalter gesetzlich, hier der Vorstand. So kann die gesetzliche Vertretung eine partielle oder sie kann getrennt und auf verschiedene Vertreter verteilt sein. Aber es ist undenkbar, daß es ein Gebiet von Vermögensrechten gibt, wo nicht auch für gesetzliche Vertretung gesorgt ist oder wenn nicht gesorgt ist, doch gesorgt werden kann. Niemand bestreitet, daß nach Absicht und zwingender Vorschrift des Gesetzes einziger gesetzlicher Vertreter der aufgelösten Gesellschaft ihr Liquidator ist. Diese Vertretungsmacht auf das liquidationsmäßige Geschäft beschränken hieße bestimmen, daß liquidationswidrige Rechtsgeschäfte rechtlich unmöglich, also wenn tatsächlich vorgenommen, nichtig sind (so RG 106, 73 nach dem gothaischen Berggesetz). Es sind nur wenige, die diese Folgerung ziehen wollen, was ja zu verstehen ist. Die meisten und die herrschende Lehre brechen mit der Konsequenz, nehmen den Widerspruch hin und lassen, was ja auch praktisch das einzig mögliche ist, das Rechtsgeschäft gelten, wenn die Generalversammlung es beschließt oder richtiger wohl, sie lassen die Beanstandung des Rechtsgeschäfts nur zu, wenn die Generalversammlung es beanstandet, es nicht beschlossen hat und nicht genehmigt. Richtig ist, daß in bestimmtem engem Umfang auch die Generalversammlung für die Gesellschaft handeln kann, so unter Umständen, wenn es gilt, ein Vorstandsmitglied anzustellen. Aber das ist eine starke Anomalie, die streng beschränkt ist auf den Rechtsverkehr der Gesellschaft mit den Mitgliedern ihrer Organe und auch hier nur, weil sie hier schlechthin unentbehrlich ist. Man kann mit Hilfe dieser Vertretung sich allerdings praktisch wohl meist über alle Schwierigkeiten hinweghelfen. An dem Prinzipiellen der Betrachtung wird damit nichts geändert und das kommt nun wiederum praktisch darin zum Ausdruck, daß die Rechtslehre gar nicht imstande ist, in der Anwendung ihres Rechtssatzes an ihm festzuhalten. Wie tief das nicht erst aus der neuen Fassung des Gesetzes, sondern aus der frühern Unvollkommenheit der Lehre von der Stellvertretung stammende Vorurteil (vgl. Brodmann GGmbH § 70[2]) wurzelt, sieht man bei Wimpfheimer, der dem Sachverhalt treffend auf den Grund geht (s. insbes. S. 135 ff.) und doch keinen Augenblick an der Richtigkeit der herrschenden Lehre zweifelt. Wenn er auf Wegen, auf denen man ihm nicht folgen kann (S. 198 ff.) zu dem Ergebnis gelangt, daß der Liquidator dem Verkehr gegenüber zu allen Geschäften legitimiert gelten muß, welche sich nicht erkennbar als nicht zu Liquidationszwecken getätigt darstellen, so dürfte sich das mit dem decken, was heute wohl als herrschende Lehre angesehen werden kann (Staub-Pinner § 149[16]; a. A. Makower § 149 IV d[3]; Brand § 149[2] b; Ritter § 149[5]), und ist auch tatsächlich richtig. Nur ist es das Gegenteil des Satzes von dem man ausgegangen ist. In der Tat ist es so. Die Vertretungsmacht des Liquidators ist unbeschränkt, aber wenn er ein liquidationswidriges Rechtsgeschäft schließt, kann nach anerkanntem, allgemeinem Rechtsgrundsatz von der Stellvertretung der Gegner sich auf diese Vertretungsmacht nicht berufen, wenn er den Sachverhalt erkannt hat oder hätte erkennen müssen, während er das Rechtsgeschäft unter allen Umständen gelten lassen muß, wenn die Gesellschaft es gelten läßt. Denn die Beschränkung der Liquidatoren auf Abwicklungsgeschäfte ist ausschließlich im Interesse der Gesellschaft bestimmt. Insofern ist die Begründung der Entscheidung RG 44, 81 schief. Der Einwand des Beklagten, daß die Annahme der Kaufofferte durch die Genossenschaft ein neues und daher liquidationswidriges Geschäft gewesen sei, hätte ohne weiteres zurückgewiesen werden können. Aber natürlich trifft auch zu, daß die Annahme einer schwebenden Offerte nichts liquidationswidriges ist. Höchst merkwürdig muß jedem Unbefangenen die Konsequenz anmuten, daß die aufgelöste Gesellschaft nicht imstande ist, auf die Einrede der Verjährung zu verzichten, weil hierzu ihr Liquidator und gesetzlicher Vertreter ausreichende Vertretungsmacht nicht besitzt; ROHG 9, 84.

e) Die Rechtslehre hat sich mit der Frage bisher mehr beschäftigt als die Rechtsprechung; ROHG 13, 223 und 21, 307 legen dem gegen die Gesellschaft klagenden Wechselgläubiger den Beweis auf, daß in der Hingabe des Wechsels durch den Liquidator ein liquidationsmäßiges Geschäft gelegen habe (vgl. auch ROHG 17, 214 ff.), während RG 4, 61 keine Veranlassung hatte, sich über die Beweislast auszusprechen, weil es den festgestellten Tatsachen entnehmen konnte (oder weil es unterstellen mußte, ganz deutlich ist in diesem Punkt der Bericht nicht), daß ein liquidationsmäßiges Geschäft in Frage stand. Die Rechtslehre vertritt überwiegend die Auffassung, daß wer sich darauf berufen will, daß das Geschäft für die Gesellschaft unverbindlich ist, den Beweis führen muß, daß es liquidationswidrig gewesen ist und der Gegner das erkannt hat oder hätte erkennen müssen. Gegenüber der Entscheidung RG 106, 72, welche in der Lehre von der Vertretung und Stellvertretung neue Wege wandelt, bleibt abzuwarten, ob Rechtslehre und Rechtsprechung ihr folgen werden.

Eine zutreffende Folgerung aus der herrschenden Lehre, aber darum auch ein weiterer Beweisgrund gegen sie ist, daß nach ihr der Liquidator im Rahmen des Liquidationsmäßigen als gesetzlicher Vertreter, darüber hinaus dagegen als rechtsgeschäftlich von der Generalversammlung beauftragter Stellvertreter handeln würde und daher die Gesellschaft für sein Verschulden wohl in ersterem Fall nach § 31 BGB aufzukommen hätte, in letzterem Fall dagegen nur, wenn sie in der Auswahl der Liquidatoren nicht mit genügender Sorgfalt verfahren ist. Vgl. Wimpfheimer S. 198 f., (der darin kaum Recht hat, daß der Liquidator, wenn er ein werbendes Geschäft abschließt, nicht in Ausführung der ihm obliegenden Verrichtungen gehandelt hat); Makower § 149 IV d[1].

f) Der § 151 ist der frühere Art 138 des Handelsgesetzbuchs in seiner ersten Gestalt, der fast unverändert geblieben ist: Eine Beschränkung des Umfangs der Geschäftsbefugnisse der Liquidatoren (Art. 137, jetzt § 149) hat gegen dritte Personen keine rechtliche Wirkung. Er sagt nur, was bei dem heutigen Stande der Lehre selbstverständlich, eigentlich denknotwendig ist. Die Bestimmung wäre am Platze, wenn es sich um eine rechtsgeschäftliche Erteilung einer Vollmacht handelte, welche von fest gegebenem, gesetzlich umschriebenem Umfang ist, wie die des Prokuristen. Der Liquidator ist gesetzlicher Vertreter der Gesellschaft, der einzige den sie hat, wenn sie aufgelöst ist, und wer sollte gegenüber Dritten denn wohl seine Vertretungsmacht einschränken (und dann wohl auch wieder ausdehnen) können, als nur wieder der Liquidator selbst. Anderseits hindert die Bestimmung nicht, das liquidationswidrige Rechtsgeschäft zu beanstanden, wenn es der Dritte mit dem Liquidator in arglistigem Zusammenwirken geschlossen hat.

g) Zu § 153 vgl. § 233 und Erl dazu.

2. Nach Abs II sind von positiven Vorschriften des Gesetzes über die Rechte und Pflichten des Vorstandes entsprechend anwendbar:

§§ 232 (nur fällt hier Kollektivvertretung durch Prokuristen fort, Abs IV), 235 I, 239, 240 II (Abs I ist gegenstandslos, weil ein „Betrieb" nicht mehr stattfindet, Jahresverlust und überhaupt Aufstellung von Gewinnberechnungsbilanzen im Sinn der genannten Vorschrift nicht mehr vorkommen; selbstverständlich ist der Liquidator nicht gehindert, aus Anlaß etwaiger Verluste bei Abwicklung der Geschäfte, bei Verwertung des Vermögens usw. die Generalversammlung einzuberufen, ebenso Lehmann-Ring § 298[4] gegen Makower § 298 I k[1]), 241, 242 (wie § 242 stillschweigend als zulässig voraussetzt, neben den ordentlichen Mitgliedern des Vorstandes Stellvertreter zu bestellen, so muß von den Liquidatoren dasselbe gelten, obwohl es nicht ausdrücklich gesagt worden ist). S. ferner § 319 I und die Strafvorschrift in §§ 312, 313 I Z. 3, 314, 315.

3. Mehrere Liquidatoren können, wenn nicht etwas anderes bestimmt ist, die Gesellschaft nur gemeinschaftlich vertreten. Es gilt in dieser Beziehung dasselbe, was § 232 vom Vorstand bestimmt, mit der Abweichung, daß bei der Bestellung diese Form der Vertretung ganz unabhängig davon geregelt werden kann, was darüber im Gesellschaftsvertrag bestimmt ist. Treten, wie es die Regel ist (§ 295 I), die Vorstandsmitglieder ohne weiteres als die Liquidatoren ein, so bleibt es, wenn nichts anderes im Statut vorgesehen ist, bei der bisherigen Vertretungsform. A. A. Lehmann-Ring § 208[2]; Staub-Pinner § 298[10]. Nur kann von einer Kollektivvertretung durch Liquidator und Prokuristen hier keine Rede sein, weil für Prokura in der Liquidation überhaupt kein Raum ist. Werden andere Liquidatoren bestellt, so muß zugleich über die Vertretungsform Bestimmung getroffen werden, widrigenfalls nur alle zusammen die Gesellschaft gültig vertreten. Lehnt in solchem Fall der eine von den zwei gewählten Liquidatoren die Wahl ab, so ist darum noch nicht der andere ermächtigt, die Gesellschaft allein zu vertreten; Ring II, 232 (Rostock). — Bestimmungen, welche in dieser Richtung der Gesellschaftsvertrag für den Vorstand enthält, gelten nicht ohne weiteres für die so bestellten Liquidatoren; Makower § 298 I b[3]. Es muß daher namentlich auch das Gericht, wenn es mehrere Liquidatoren bestellt, über die Vertretungsform bestimmen, wenn es nicht zur Gesamtvertretung durch alle kommen soll. — Die Stelle, welche die Bestimmung getroffen hat, kann sie jeder Zeit auch wieder ändern; Makower § 298 I b[1]; Lehmann-Ring § 298[2]. Wie mehrere Mitglieder des Vorstandes als Kollektivvertreter einem von ihnen Handlungsvollmacht erteilen können, so auch mehreren Liquidatoren; Recht 1900, 580.

Wegen Anmeldung zum Handelsregister und Eintragung s. § 296 I[2].

4. a) Eine Bestellung von Prokuristen findet nach Auflösung der Gesellschaft nicht statt. Der Grund hierfür dürfte nicht darin liegen, daß die Gesellschaft nach Auflösung nicht mehr ein Handelsgewerbe treibt. Denn über letzteres ließe sich doch noch streiten. Nicht nur kann auch die Abwicklung der Geschäfte zeitweilige Fortführung des Gewerbes im einzelnen oder auch im ganzen mit sich bringen, sondern auch die Abwicklung ist selbst nicht so sehr ein vollendetes Ende als vielmehr ein Ausklingen des Handelsbetriebes. Entscheidend ist wohl, daß nach Auffassung des Gesetzgebers die unbeschränkte Vollmacht des Prokuristen mit den Aufgaben der Liquidation nicht mehr vereinbar ist; ROHG 13, 224. Daraus ergibt sich dann weiter, daß eine bestehende Prokura durch die Auflösung der Gesellschaft erlischt; Staub-Pinner § 298[11]; Lehmann-Ring § 298[5]; Brand § 298[4]. Vgl. RG 72, 123; a. A. Makower § 48 I b. Das Erlöschen muß zum Handelsregister angemeldet werden (§ 53 III) und der Registerrichter hat die Liquidatoren durch Androhung von Ordnungsstrafen dazu anzuhalten (§ 14). So lange das

Erlöschen nicht eingetragen und bekannt gemacht worden ist, kann es die Gesellschaft Dritten gegenüber nicht geltend machen (§ 15 HGB). Die Auffassung, daß in dieser Beziehung die Eintragung und Bekanntmachung der Auflösung der Gesellschaft genügt (Ritter § 298[4]; Brand § 298[4]; Lehmann-Ring § 298[5]; Goldschmit AG § 298[10]), wird den tatsächlichen Verhältnissen nicht gerecht. Es ist niemandem zuzumuten, zu wissen, daß die Auflösung der Gesellschaft das Ende der Prokura zur Folge hat, zumal es selbst unter den Juristen streitig ist. Vor allem aber steht es im Widerspruch mit der Bedeutung der Registereintragung. Auf die einzelne Eintragung kann das Publikum sich auch dann verlassen, wenn sie mit einer anderen Eintragung in Widerspruch steht. Wie hier Staub-Pinner § 298[11]. Unbegründet erscheint auch die Meinung, daß die Prokura ohne weiteres durch die Auflösung der Gesellschaft sich in eine Handlungsvollmacht umwandle. Ebenso Staub-Pinner § 298[11]; Brand § 298[4]; Goldmann § 298[7]; im Grunde auch Lehmann-Ring § 298[5]; a. A. RG 72, 123; Ritter § 298[4]. — Vollmachten anderer Art müssen nicht durch die Auflösung der Gesellschaft erlöschen. Eine auf Grund § 268 II angeordnete Vertretung bleibt bestehen; RG 74, 302.

b) Wie die Prokura, so nimmt mit der Auflösung der Gesellschaft auch das die Mitglieder des Vorstandes treffende gesetzliche Konkurrenzverbot des § 236 ein Ende, gleichviel, ob die Mitglieder des Vorstandes als Liquidatoren tätig bleiben oder ausscheiden. Ob auch vertragsmäßig nach dieser Richtung bedungene Beschränkungen fortfallen, kann nur nach dem Inhalt der Vereinbarung und den Umständen des Falles entschieden werden. Vgl. ROHG 21, 144 f.

§ 299.

Die Liquidatoren haben für den Beginn der Liquidation und weiterhin für den Schluß jedes Jahres eine Bilanz aufzustellen[1]; das bisherige Geschäftsjahr der Gesellschaft kann beibehalten werden[2].

Die Vorschriften der §§ 260, 263 bis 267 mit Ausnahme derjenigen über die Gewinnverteilung finden Anwendung; die Vorschriften der §§ 261, 262 bleiben außer Anwendung[3].

1. a) Die Aktiengesetznovelle von 1884 hatte sich auf die Vorschrift beschränkt, daß bei Beginn der Liquidation von den Liquidatoren eine Bilanz aufzustellen und ohne Verzug öffentlich bekannt zu machen und zum Handelsregister einzureichen sei; Art 244 a III. Alles weitere blieb der Natur der Sache und den allgemeinen Rechtsgrundsätzen überlassen. Es hat schwerlich diesem Rechtszustand entsprochen, wenn KGJ 14, 240 erkannte, daß gleichwohl auch nach Auflösung der Gesellschaft bei längerer Dauer der Abwicklung der Geschäfte Jahresbilanzen aufzustellen seien. — Daß man bei der Liquidationseröffnungs-Bilanz die vorhandenen Sachwerte von neuem, selbständig und unter Berücksichtigung des Endes des Geschäftsbetriebes (Schmelzwert, vgl. Erl 1 und 2 a zu § 261; RG 80, 107 f.) einschätzte, war wohl zu selbstverständlich, als daß man — wenigstens in der Praxis — es anders gemacht hätte. Zweifelhaft dagegen mochte sein, ob die Eröffnungsbilanz der Generalversammlung vorgelegt und von ihr genehmigt werden mußte, ein Zweifel, den freilich auch in der neuen Fassung von 1900 das Gesetz nicht vollständig gehoben hat. Indessen war es doch wohl und ist es geboten, daß den Aktionären Gelegenheit gewährt wird, gerade auch zu dieser ersten Liquidationsbilanz mit ihren teilweise ganz neuen Werten Stellung zu nehmen und ihre Rechte wahrzunehmen, was nicht anders geschehen kann, als in einer Generalversammlung, zumal diese Liquidationseröffnungsbilanz die eigentliche Grundlage und der Ausgangspunkt für die demnächstige Rechnungslegung und Entschließung über die Entlastung der Liquidatoren bildet. — Durch die Novelle von 1900 sind eingehendere Vorschriften gegeben. Neu und ganz positiv ist die Bestimmung, daß auch während der Liquidation von Jahr zu Jahr Bilanzen aufgestellt und der Generalversammlung zur Genehmigung vorgelegt werden müssen und daß auch diesen Bilanzen in dem Liquidationsverfahren eine Gewinn- und Verlustrechnung beigefügt werden muß. Vgl. hierzu D 162 ff.: Der Entwurf schreibt neben der Eröffnungsbilanz die Aufstellung weiterer Bilanzen für den Schluß jedes Jahres vor und läßt außerdem rücksichtlich aller dieser Bilanzen die Vorschrift Anwendung finden, welche in Bezug auf die Vorlegung an die Generalversammlung und die Beschlußfassung der letzteren, auf die Bestellung von Bilanzrevisoren sowie auf die Veröffentlichung der genehmigten Bilanz und auf die Einreichung zum Handelsregister in den §§ 252, 253, 256—259 des Entwurfs (§§ 260, 263—267 des Ges) getroffen sind. Hiernach ist erforderlich, daß alljährlich eine ordentliche Generalversammlung stattfindet. Dieser ist außer der Bilanz auch ein Geschäftsbericht der Liquidatoren mit den Bemerkungen des Aufsichtsrats vorzulegen, um den Aktionären die nötigen Grundlagen für die Entscheidung über die Entlastung der Liquidatoren zu gewähren; auf der anderen Seite kommt in Betracht, daß Gewinnverteilungen nicht stattfinden, die Liquidation vielmehr in bezug auf die

Ergebnisse als einheitliche Rechnungsperiode behandelt wird; die Liquidationsbilanzen haben daher nicht den Zweck als Grundlage für Gewinnverteilung zu dienen; von der Ergänzung der Bilanz durch Aufstellung einer Gewinn- und Verlustrechnung ist allerdings nicht abzusehen (wie ursprünglich beabsichtigt war); es erscheint vielmehr zweckmäßig, daß auch nach Auflösung der Gesellschaft alljährlich eine solche Rechnung vorgelegt wird, um den Aktionären Kenntnis davon zu verschaffen, wie die im Lauf der Liquidation sich ergebenden Mehreinnahmen oder Ausfälle entstanden sind; dagegen können die in Art 185 b HGB (§ 261 der Ges) aufgestellten Grundsätze für die Liquidationsbilanzen nicht maßgebend sein, für sie genügen die allgemeinen Vorschriften des § 39 (des Entw, § 40 des Ges); eine in dieser Weise aufgestellte Bilanz kann allerdings nicht ohne weiteres als Schlußbilanz für das letzte Geschäftsjahr der Gesellschaft dienen und wenn es sich im einzelnen Fall darum handelt, einen Gewinn für dieses Jahr festzustellen, so werden die mit Rücksicht auf die Vorschriften des § 261 etwa notwendigen Abweichungen von der Eröffnungsbilanz in einer besonderen Bilanz ersichtlich gemacht werden müssen."

In einer Beziehung treffen die Ausführungen der Denkschrift nicht den Kern der Sache, wenn sie sagen, daß für die Liquidationsbilanzen an Stelle des § 261 die allgemeinen Vorschriften des § 40 (richtiger wäre gewesen, auf den § 39 hinzuweisen; vgl. Erl 2 a und 2 b zu § 261) treten. Den wesentlichsten Unterschied trifft das gerade nicht, daß bei der Schätzung der Vermögensgegenstände, vornehmlich der Anlagen und dauernd zum Geschäftsbetrieb bestimmten oder vielmehr bestimmt gewesenen Gegenstände nicht der Gebrauchswert, sondern der sogenannte Schmelzwert (s. Erl 1 zu § 261) maßgeblich ist. Der § 40 handelt nur von dem Zeitpunkt, auf welchen die Abschätzung vorzunehmen ist, und § 39 läßt die Frage offen, nach welchen verschiedenen Grundsätzen je nach dem Zweck die Bilanz bei der Schätzung ausgegangen werden muß. Vgl. hierzu Makower § 299 V b I. Als einzusetzender Wert kommt auch für die Liquidationsbilanzen der Gebrauchs- bzw. Veräußerungswert (§ 40 HGB) in Betracht; nur wird für sehr wenig Gegenstände noch der Gebrauchswert, vielmehr für fast alle der Veräußerungswert einzusetzen sein, da fast alle, auch die bisherigen Betriebsgegenstände, nunmehr zur Veräußerung bestimmt sind; der Gebrauchswert darf nur eingesetzt werden für die voraussichtlich noch innerhalb der Liquidationszeit aufzubrauchenden Gegenstände; im übrigen ist zu berücksichtigen, welcher Erlös sich bei der im Einzelfall in Aussicht genommenen Veräußerungsart vermutlich ergeben wird.

b) Unerläßliche Grundlage auch der Liquidationseröffnungsbilanz ist die Aufnahme einer Inventur. Die ganze Bilanz ist im Grunde nichts anderes als eine Inventur. Daher kommen denn auch die verschiedenen Reservekonten in Fortfall und an die Stelle des unveränderlichen Grundkapitalkontos tritt das mehr oder weniger erheblich wechselnde allgemeine Kapitalkonto. Es ist dem Liquidator unbenommen, wie er überhaupt schon wegen des unerläßlichen Gewinn- und Verlustkontos die doppelte Buchführung beibehalten muß, es auf dem Papier bei dem Grundkapitalkonto und dem Reservekonto oder -konten zu belassen. Es ist das eine reine Formfrage, von rechtlicher Tragweite würde die Buchung nicht sein. Wenn Staub-Pinner § 299[8] meint, die Aufstellung eines Gewinn- und Verlustkontos setze notwendig voraus, daß das Aktienkapital und die Reservefonds in den Passiven fortgeführt werden, so kann dem nicht zugestimmt werden. Das Gewinn- und Verlustkonto wird aufweisen einerseits, was die Verwaltung des abgelaufenen Jahres gekostet hat, anderseits was etwa getätigte werbende Geschäfte eingebracht haben und was an der Versilberung von Vermögensgegenständen gegenüber der Einschätzung in der Eröffnungsbilanz sei es gewonnen, sei es verloren worden ist. Es muß das in der Bilanz hervortreten und deshalb müssen in ihr nun nicht etwa das Grundkapitalkonto und die Reservekonten erscheinen, es ist nur erforderlich, daß von dem Kapitalkonto des letztvoraufgegangenen Jahres ausgegangen wird, so daß in Gestalt eines aktiven oder passiven Saldos die Übertragung aus dem Gewinn- und Verlustkonto die Bilanz abschließt. Vgl. (etwas abweichend, aber in der Sache übereinstimmend) Lion in LZ 1915, 1627 ff.; Lehmann-Ring § 299[5]; Simon, Bilanzen 447. Daher ist, was Makower § 299 V d sagt, es könne der Betrag des Grundkapitals dem Gewinn- und Verlustkonto zugeschrieben werden (besser schreibt man wohl umgekehrt Gewinn- und Verlustkonto dem Kapitalkonto zu), nur richtig, wenn man dabei an die Rückbuchung aus der Bilanz denkt.

2. a) Die Eröffnungsbilanz ist für den Beginn der Liquidation aufzustellen. Damit ist gesagt, daß der Stichtag der Bilanzaufstellung der Tag der Auflösung der Gesellschaft ist. Wie jede Bilanz, so kann auch die Liquidationseröffnungsbilanz nur retrospektiv aufgestellt werden. Da nach § 299 der § 260, also auch der 2. Abs des § 260 entsprechend anzuwenden ist, haben die Liquidatoren die Pflicht, innerhalb der ersten 3 Monate nach der Auflösung der Gesellschaft die Bilanz nebst den vorgeschriebenen Berichten und Bemerkungen der Generalversammlung vorzulegen; Staub-Pinner § 299[8]; Makower § 299 I a; a. A. Brand § 299[2] b. — Nach RGSt 45, 238 haben das Unterlassen der Bilanzaufstellung auch diejenigen Liquidatoren zu verantworten, welche vor Ablauf der dafür zur Verfügung stehenden Zeit ausgeschieden sind.

b) Der Zeitpunkt der Auflösung der Gesellschaft kann mit dem Ablauf des Geschäftsjahres zusammentreffen oder in das laufende Geschäftsjahr fallen. In beiden Fällen muß die Liquidationseröffnungsbilanz auf den Tag der Auflösung der Gesellschaft festgestellt werden. Dabei kann das bisherige Geschäftsjahr auch während der Liquidation beibehalten werden. Es muß dann, wenn die Auflösung in das laufende Geschäftsjahr gefallen ist, die nächste Bilanz bereits nach Ablauf des Restes des Geschäftsjahres aufgestellt werden. Im übrigen ist aber auch in dem Stadium der Liquidation die Jahresperiode als zulässiges Maximum festzuhalten (Staub-Pinner § 299[5]; Lehmann-Ring § 299[3]; Makower § 289 III b[3]; Ritter § 299[2]), nicht dagegen als das gebotene Minimum. Sie hat hier, wo Gewinn als Höchstmaß zulässiger Auszahlung an die Aktionäre nicht mehr in Frage kommt, auch nicht mehr die materiellrechtliche Bedeutung wie bei bestehender Gesellschaft (vgl. Erl 5a zu § 213). Daher steht nichts im Wege, daß der Liquidator eine kürzere Periode wählt. Vgl. Makower § 299 III. Er könnte, wenn die Generalversammlung nicht widerspricht, Semesterbilanzen aufstellen und er kann, wenn das einmal geschehen ist, vor dem Gesetz nun wieder ein volles Jahr bis zur Aufstellung der nächsten Bilanz verstreichen lassen. So liegt es nach den Vorschriften des Gesetzes. Praktisch wird man natürlich an Jahresperioden und an Regelmäßigkeit festhalten.

c) Die Eröffnungsbilanz muß auf den Stichtag aufgestellt werden, mag auch vor kurzem erst der Abschluß der Jahresrechnung stattgefunden haben; RGSt 45, 238; Bauer 20, 176. Eine andere Frage ist, inwiefern es neben der Aufstellung der Liquidationseröffnungsbilanz nach einer nach § 261 aufzustellenden Gewinnermittlungsbilanz bedarf. Praktisch dürfte eine solche doppelte Bilanzierung kaum jemals zu vermeiden sein; a. A. Brand § 299[2] d; Lehmann-Ring § 299[2]. Fällt die Auflösung der Gesellschaft mit dem Schluß des Geschäftsjahres zusammen, so ändert das nichts an der zwingenden Vorschrift des Gesetzes, daß wie stets, so auch dieses Mal für das abgelaufene Jahr die mit der Bilanz des Vorjahres korrespondierende Bilanz aufgestellt werden muß; a. A. Makower § 299 I b (in Widerspruch mit § 299 IV c). Sie ist auch tatsächlich unentbehrlich, um den Jahresgewinn zu bestimmen (s. unten). Wenn dagegen die Auflösung in das laufende Geschäftsjahr fällt, kommt Dividende für den abgelaufenen Teil der letzteren nicht in Frage. Auch nicht Körperschaftssteuer (KörpStG § 18). Dagegen werden meistens wegen des in der Zeit bis zur Auflösung der Gesellschaft etwa erzielten Gewinnes Tantiemeansprüche bestehen und daher einen Bücherabschluß erforderlich machen. Ohne es zu begründen, behauptet Staub-Pinner § 299[1], daß für das abgelaufene Jahr Dividendenverteilung auch dann nicht stattfinde, wenn die Auflösung der Gesellschaft in dem anschließenden Jahr, aber noch vor der ordentlichen Generalversammlung und Bilanzfeststellung eintrete. Ebenso Lehmann-Ring § 299[2], ebenfalls ohne Begründung, Makower § 299 I b IV c mit einer Begründung, welche nur auf den Gewinn für das laufende Teiljahr paßt. S. auch KörpStG § 18; der „letzte Steuerabschnitt erstreckt sich vom Beginn des Geschäftsjahres, das im Augenblick der Eröffnung der Liquidation läuft bis zur Beendigung der Liquidation, ohne Unterschied, ob bei Eröffnung der Liquidation die Bilanz für das verflossene Jahr schon aufgestellt und genehmigt worden war oder nicht".

3. a) Der § 260, welcher vorschreibt, daß die Bilanz der Generalversammlung zur Genehmigung vorzulegen ist und der § 265, wonach die Jahresbilanzen öffentlich bekannt gemacht werden müssen, handeln nicht von der Eröffnungsbilanz der Gesellschaft. War es nach früherem Recht zweifelhaft, ob im Gegensatz dazu die Liquidationseröffnungsbilanz von der Generalversammlung genehmigt und öffentlich bekannt gemacht werden mußte, so ist auch in der jetzigen Fassung das Gesetz über diese Frage hinweggeglitten. Es ist schon oben in Erl 1 b hervorgehoben, daß und weshalb gerade diese Bilanz bedeutsam ist und namentlich auch im Liquidationsstadium die folgenden Jahresbilanzen an Wichtigkeit weit überragt. Auch die D. spricht an der oben angezogenen Stelle von schlechthin allen Liquidationsbilanzen. Ist aber im Liquidationsstadium der § 260 auf die Eröffnungsbilanz anzuwenden, dann muß von § 265 (Bekanntmachung der Bilanz) dasselbe gelten. Vgl. hierzu Staub-Pinner § 299[3]; ferner RJA 9, 156 (KG); Makower § 299 IV; a. A. BauersZ 20, 176; 15, 127. — Ist, bevor es zur Vorlegung der Eröffnungsbilanz gekommen ist, über das Vermögen der Gesellschaft das Konkursverfahren eröffnet worden so ist die Bilanz lediglich dem Registerrichter einzureichen; LZ 1908, 710[3] (Dresden).

b) Nach § 319 I sind die Liquidatoren zur Befolgung der in § 299 enthaltenen Vorschriften vom Registerrichter durch Ordnungsstrafen anzuhalten. Gemeint sind damit die in § 299 angezogenen Bestimmungen, von denen in demselben § 319 dasselbe in Beziehung auf die Mitglieder des Vorstandes vorgeschrieben wird, nämlich die §§ 260 II, 263 I, 267 I, II. Die Nötigung zu der in § 265 vorgeschriebenen Bekanntmachung ergibt sich daraus, daß ein Exemplar der Bekanntmachung zum Handelsregister eingereicht werden muß, und das nach § 14 HGB vom Registerrichter erzwungen werden kann. Nach KGJ 30, 127 kann der Liquidator sich der Verpflichtung zur Bilanzaufstellung nicht mit der Begründung entziehen, daß die dazu erforderlichen Mittel nicht vorhanden sind. Er ist persönlich verpflichtet, die Bilanz aufzustellen und darauf angewiesen, sich wegen seiner Unkosten an die Gesellschaft zu halten. S. Erl 5e zu § 292.

c) S. auch Verordnung vom 14. Februar 1924 (RGBl 119) § 6; oben § 265 Erl 2 b, der zweifellos auch für die Liquidationsbilanzen gilt.

§ 300.

Das nach der Berichtigung der Schulden verbleibende Vermögen der Gesellschaft[2] wird unter die Aktionäre verteilt[1].

Die Verteilung erfolgt nach dem Verhältnisse der Aktienbeträge, sofern nicht mehrere Gattungen von Aktien mit verschiedener Berechtigung vorhanden sind[3].

Sind die Einzahlungen nicht auf alle Aktien in demselben Verhältnisse geleistet, so werden die auf das Grundkapital geleisteten Einzahlungen erstattet und ein Überschuß nach dem Verhältnisse der Aktienbeträge verteilt. Reicht das vorhandene Vermögen zur Erstattung der Einzahlungen nicht aus, so haben die Aktionäre den Verlust nach dem Verhältnisse der Aktienbeträge zu tragen; die noch ausstehenden Einzahlungen sind, soweit es hierzu erforderlich ist, einzuziehen[4].

1. Die Verteilung der nach Abzug aller Schulden verbleibenden Vermögensmasse darf nach § 301 erst erfolgen, nachdem seit der in § 297 vorgeschriebenen öffentlichen Aufforderung der Gläubiger, ihre Ansprüche anzumelden, ein Jahr verstrichen ist. Sie bildet den Akt, durch welchen die Liquidation zum Abschluß kommt, und geschieht durch die Liquidatoren. Auch bei der offenen Handelsgesellschaft erfolgt diese Verteilung des Vermögens unter die Gesellschafter nach § 155 durch die Liquidatoren. Doch ist hier das Rechtsverhältnis nicht dasselbe. Vgl. die Entscheidung RG 47, 17, die für aktienrechtliche Verhältnisse nicht zu verwerten ist. Bei der offenen Handelsgesellschaft liegt lediglich die tatsächliche Dienstleistung der Verteilung den Liquidatoren ob. Irgend eine sachliche Entscheidung haben sie weder maßgeblich zu treffen, noch rechtlich zu vertreten. Nach § 155 III haben die Gesellschafter Meinungsverschiedenheiten über die Verteilung unter einander außergerichtlich oder gerichtlich auszutragen. Bei der A-Gesellschaft dagegen verteilen die Liquidatoren die Masse als gesetzliche Vertreter der Gesellschaft. Hier steht der einzelne Aktionär, wenn er mit der Verteilung, welche der Liquidator angeordnet hat, nicht zufrieden ist, nicht den übrigen Aktionären gegenüber, auch nicht dem Liquidator, sondern der von diesem vertretenen Gesellschaft. Materiell berührt ein solcher Streit freilich nicht die Gesellschaft, sondern ausschließlich die Gesellschafter. Die Verteilungsmasse ist gegebene Größe, an der nichts zu ändern ist. Was auch immer der unzufriedene Aktionär zu fordern haben mag, erzielt er notwendig ausschließlich auf Kosten der anderen Aktionäre. Daraus ergibt sich, daß — ohne daß es wie im Fall des § 273 ausdrücklich gesagt ist — die Rechtskraft des im Prozeß gegen die Gesellschaft in Liquidation ergehenden Urteils sich auf alle Aktionäre erstreckt. Anders liegt es — wenigstens nach dem Wortlaut des § 49 BGB — beim Verein und anders wiederum bei der Gesellschaft mbH. Vgl. hierzu RG 59, 58 und Brodmann GGmbH § 72[2].

2. Verteilt wird das Vermögen, welches übrig bleibt, nachdem sämtliche Schulden berichtigt oder die Gläubiger durch Hinterlegung des geschuldeten Betrages sichergestellt worden sind. Eine andere Sicherstellung kommt kaum in Frage, weil mit allen Rechtsverhältnissen der Gesellschaft ein Ende gemacht werden soll. Es gehören hierher nicht nur die bilanzfähigen Passiven (Kreditoren), sondern unter Umständen auch solche zuweilen vorkommende Verplichtungen, welche bei bestehender Gesellschaft nur geltend gemacht werden können, wenn die Gesellschaft in der Lage ist, sie aus dem Gewinn zu bezahlen. So werden wohl der Gesellschaft unter einer solchen Bedingung Darlehen gewährt. Namentlich aber können hier Genußscheine in Frage kommen. Auch diese Schulden sind nunmehr und vorweg zu berichtigen, sofern nicht etwas anderes vereinbart ist. Dabei dürfen die Liquidatoren die sich meldenden Gläubiger nur dann voll befriedigen, wenn sie bei Anwendung der ihnen obliegenden Sorgfalt annehmen können, daß die Masse zur Befriedigung aller Gläubiger ausreicht; RG 7, 105. War das der Fall und stellt sich gleichwohl heraus, daß das Vermögen nicht alle Schulden deckt, so gehen die letzten Gläubiger leer aus. Ein Anspruch auf Ausgleich gegen die voll Befriedigten erscheint nicht begründet. Dagegen haben sie gegen die Liquidatoren Anspruch auf Ersatz, wenn diese bei Anwendung der erforderlichen Sorgfalt hätten voraussehen müssen, was kommen würde.

3. a) Die Verteilung erfolgt nach dem Verhältnis der Nennbeträge der Aktien. Das ist zwingendes Recht, es sei denn, daß mehrere Gattungen von Aktien mit verschiedenen Berechtigungen vorhanden sind. Es kommen A-Gesellschaften vor, welche das nur der Form nach sind, in der Sache nicht auf Erwerb, sondern auf Fürsorge oder irgend einen andern gemeinnützigen Zweck gerichtet. Oder es wird als Entgelt für verliehene Konzession vereinbart, daß nach einer Reihe von Jahren das Vermögen der Gesellschaft oder ihre Anlagen an den Staat oder die Gemeinde fallen. So kann wohl die Vorschrift des § 300 I ganz wegbedungen werden; RG 7, 70. Dagegen kann nicht bedungen werden, daß ein Teil der Aktien an der Verteilung des Vermögens nicht teilnehmen soll (a. A. Lehmann-Ring § 300[1], anscheinend auch Makower § 300 II b[1]). Es kann nur bestimmt werden, daß gewisse Aktien bei der Verteilung vor andern

gewisse Vorrechte haben sollen. Dabei gehen vielfach Vorteile und Nachteile nebeneinander her. So können Vorrechtsaktien mit dem Anspruch ausgestattet sein, daß sie bei unzulänglicher Masse vorweg befriedigt werden, und dem steht dann oft ausgleichend gegenüber, daß aber auf sie nicht mehr als der Nennbetrag oder auch der Nennbetrag zuzüglich eines bestimmten Agios entfällt; RG 68, 239. Vgl. Erl 1 b zu § 185. Die Bestimmung des Gesellschaftsvertrages, daß eine Gattung von Aktien bei der Gewinnverteilung bevorzugt sein soll, gilt nicht ohne weiteres auch von der Vermögensverteilung; RG 33, 16 (und umgekehrt, darf man hinzusetzen).

b) Das Recht auf die Liquidationsquote ist Sonderrecht der Aktionäre. Der Anspruch der Aktionäre, zu welchem dieses allgemeine Beteiligungsrecht durch die Auflösung der Gesellschaft wird, ist Gläubigerrecht. Darüber, daß diese Rechte gegen unmittelbare Abänderung durch Gesellschafterbeschluß gefeit sind, nicht aber gegen an und für sich rechtmäßige Beschlüsse, welche es mittelbar beeinflussen s. Erl 1 c zu § 298. Gegen Lehmann-Ring § 300[1] ist zu sagen, daß der Gesellschaftsvertrag in seiner ursprünglichen Gestalt wohl bestimmen kann, daß nach Auflösung der Gesellschaft das Vermögen nicht an die Aktionäre kommen soll. Durch Statutenänderung ließe sich das nur mit Zustimmung aller Aktionäre einführen.

Die rechtliche Natur des Anspruchs auf die fällige Liquidationsquote ist nicht ganz deutlich. S. hierzu RJH 9, 295. Man wird aber doch daran festzuhalten haben, daß es sich der juristischen Struktur nach um einen schuldrechtlichen Anspruch aus dem Gesellschaftsverhältnis handelt, um ein Gläubigerrecht, nicht Drittgläubigerrecht (Staub-Pinner § 300[13]; s. Erl 5 b zu § 213), gegen die Gesellschaft gerichtet. Aber inhaltlich kann er seinen Charakter als Anspruch auf Teilung der Liquidationsmasse nicht verleugnen; ROHG 17, 46 spricht denn auch von dem Recht der Aktionäre, auf Teilung des Vermögens zu klagen. Es ist zu beachten, daß die Gesellschaft, wenn sie unterliegt, keine anderen Mittel, die Kosten des Prozesses zu tragen, besitzt, als eben die Liquidationssumme und also zu dem dem Anspruch des klagenden Aktionärs entsprechenden Bruchteil die entsprechende Quote von dem Betrag, auf dessen Zahlung der Aktionär klagt. Und mit Recht nimmt RJH a. a. O. an, daß in den Liquidationsbilanzen die Ansprüche der Aktionäre keine Passiven sind, auch nicht in der allerletzten. Anspruch auf Verzugschaden ist jedenfalls dann ausgeschlossen, wenn alle Aktionäre sich in der gleichen Lage befinden und daher der Schadensersatz doch wieder nur auf ihre Kosten geleistet werden würde. Man kann nicht deshalb dem Aktionär die Klage auf Zahlung schlechthin versagen und ihn nicht ausschließlich auf die Feststellungsklage für den Fall verweisen, daß ein Interesse an alsbaldiger Feststellung besteht; RG 33, 16. Namentlich wird man gegebenen Falles Klagen darauf, daß verfügbare Masse auf Abschlag verteilt wird, zulassen. Zu weit geht ROHG 3, 336 mit dem Ausspruch, daß der Aktionär klagen kann, sobald sich herausgestellt hat, daß ein Vermögensüberschuß vorhanden ist. So allgemein ist das nicht der Fall; a. A. Makower § 300 II b[3]. — Gegen den schuldigen Liquidator persönlich steht der Ersatzanspruch auch wieder nur der Gesellschaft, nicht dem einzelnen Aktionär zu. — Übergeht der Liquidator bei der Verteilung einen Aktionär ganz oder teilweise, so daß für seine Befriedigung die Masse nicht mehr ausreicht, so erwächst für den Benachteiligten der Anspruch gegen den Liquidator persönlich aus § 241 III, Z. 5 IV; Staub-Pinner § 300[14]. Auch läßt sich aus § 217 ein Anspruch der übergangenen Aktionäre gegen die dadurch bevorzugten Aktionäre ableiten. Denn der Anspruch des Übergangenen stellt eine Verbindlichkeit der Gesellschaft dar, für welche die Bevorzugten insoweit haften, als sie gesetzwidrig Zahlung empfangen haben.

c) Die Gesellschaft ist die Liquidationsquote auszuzahlen nur gegen Vorlegung der Aktie schuldig. Denn auch der Anspruch auf diese ist in der Aktie verkörpert und die Aktie ist Wertpapier, d. h. das Wesen des Rechts besteht darin, daß es nur unter Vorlegung des Papiers ausgeübt werden kann. Das gilt auch, wenn es sich um Namenaktien handelt. Nur muß hier zur Legitimation des Aktionärs die Eintragung in das Aktienbuch hinzukommen. Der Liquidator mag im Vertrauen auf diese Eintragung das Geld auszahlen. Aber er kann auf Vorlegung der Aktie bestehen und wird um so mehr — hier wie überall — dazu Veranlassung haben, als die Auszahlung auf der Aktie kenntlich gemacht werden muß; RG in LZ 1914, 174[5]. Daher ist auch bei Namenaktien die Schuld der Gesellschaft nicht Bring-, sondern Holschuld. — Im Gesetz ist darüber nichts bestimmt, es ergibt sich aber aus den Verhältnissen, daß der Liquidator durch geeignete Bekanntmachung den Aktionären mitteilen muß, daß der Anspruch fällig ist; Lehmann-Ring § 300[3]; Makower § 300 II c[1]. Allgemein wird angenommen, daß die Aktie trotz Auszahlung der auf sie entfallenden Quote dem Aktionär verbleiben bzw. zurückgegeben werden müsse; Staub-Pinner § 300[12]; Lehmann-Ring § 300[3]; Makower § 300 II c[3]; Brand § 300, 2 c. Das ist mindestens im höchsten Grade unpraktisch, weil es allerlei Unfug und Schaden durch die im Verkehr verbleibenden wertlosen Urkunden zur Folge haben kann. Gesetzliche Bestimmungen, die es rechtfertigen könnten, bestehen nicht. Man begründet es ausschließlich damit, daß im Fall einer Nachliquidation der Aktionär sich wieder müsse legitimieren können. Wenn hierauf ein Aktionär Wert legt, läßt sich dem dadurch leicht abhelfen, daß er sich von dem Liquidator eine Bestätigung über Ablieferung der Aktie geben läßt.

d) Gläubiger des Anspruchs ist der Eigentümer der Aktie, auch dann, wenn an dieser ein Nießbrauch oder ein Pfandrecht besteht. Bei Inhaberaktien ist zum Empfang des Geldes legitimiert, wer die Urkunde vorlegt.

e) Der Anspruch auf die Liquidationsquote verjährt, wenn es sich um Namenaktien handelt nach §§ 195, 198 BGB, bei Inhaberaktien nach § 801 BGB. Es kann zweifelhaft sein, ob es sich in letzterem Fall um unmittelbare oder um entsprechende Anwendung der Gesetzesvorschrift handelt. Jedenfalls wird ziemlich allgemein anerkannt, daß es so ist; Lehmann-Ring § 300[4]; Makower § 300 II d; a. A. Goldmann § 300[2]; Brand § 300[2] a; Goldschmit AG § 300[3]. Wegen der hinterlegten Beträge s. § 382 BGB. Es steht nichts im Wege im Statut (auch durch Statutenänderung RG 7, 32; a. A. Staub-Pinner § 300[5]; Brand § 300[2] a) eine Ausschlußfrist zu bestimmen. Wenn das nicht geschehen ist, kann weder die Generalversammlung die Bestimmung einer solchen Frist beschließen noch der Liquidator eine solche Frist wirksam setzen.

Im Gesellschaftsvertrag kann die Verjährungsfrist abgekürzt werden; BGB §§ 225, 801 III. Auch durch Statutenänderung kann eine solche Bestimmung nachgefügt werden; Lehmann-Ring § 300[4]; a. A. Ritter § 300[1]; Goldmann § 300[2]. Es liegt darin keine Verletzung des Sonderrechts, wie auch in der gesetzlichen Einführung kürzerer Verjährungsfristen kein Eingriff in wohlerworbene Rechte zu finden ist. Es darf nur die Verjährungsfrist nicht schon begonnen haben zu laufen. Auf den Beginn der Liquidation, wie Lehmann-Ring annimmt, kann es nicht ankommen.

4. a) Für die Liquidationsquote, welche auf die einzelne Aktie entfällt, ist der Nennbetrag bestimmend, ohne Rücksicht darauf, ob die Aktie voll eingezahlt ist oder nicht. An und für sich könnte auch nach Verhältnis der geschehenen Einzahlungen verteilt werden; ROHG in BankArch 34, 372. So der Entwurf der Novelle von 1900; Makower und Simon, Beiträge 49. Aber das wäre unrichtig, weil sich das Verhältnis, in welchem das einzelne Anteilrecht am Ganzen beteiligt ist, wie überhaupt, so auch in Beziehung auf die Verteilung des Vermögens, nach dem Nennbetrag der Aktie richtet. So schon RG 33, 16. Dagegen muß der Umstand, daß die Einzahlungen nicht auf alle Aktien gleichmäßig geleistet worden sind, bei Berechnung der Quote in Rechnung gestellt werden. Das hat nach der in Abs III hierfür gegebenen Vorschrift so zu erfolgen: Zu dem vorhandenen Vermögen ist die Summe der rückständigen Einlage hinzuzuzählen. Übersteigt die Summe die Grundkapitalziffer, so ist der Überschuß gewissermaßen Gewinn und auf alle Aktien nach Verhältnis der Nennbeträge zu verteilen; auf jede Aktie ist das Eingezahlte und außerdem der auf sie entfallende Gewinn zu zahlen. Deckt sich die Summe mit dem Grundkapital, so kann auf jede Aktie das Eingezahlte zurückgezahlt werden. Bleibt sie hinter dem Grundkapital zurück, so ist die Differenz Verlust, der wiederum rechnungsmäßig auf die Aktie verteilt wird, und das Eingezahlte wird zurückgezahlt, gekürzt um diesen Verlust. Soweit der auf die einzelne Aktie entfallende Verlust den Betrag der Einzahlung übersteigt, muß der Betrag dieser Differenz auf die Einlage noch eingezahlt werden. Es kommt also nicht darauf an, wieviel auf die Aktien eingefordert worden ist, sondern darauf, wieviel, und zwar einzeln bei jeder Aktie auf sie eingezahlt oder nicht eingezahlt worden ist. — Ganz genau ist es nicht, zu sagen, daß maßgeblich sei das Verhältnis des Nennbetrages der Aktie zum Grundkapital. Es können ohne Minderung des Grundkapitals Aktien fortgefallen sein, so durch Amortisation aus dem Gewinn, durch Nichtigkeit der Übernahmeerklärung u. a. Das Verhältnis zum Grundkapital ist nur insofern maßgeblich, als dieses gleich ist der Summe der Nennbeträge aller beteiligten Aktien. Auch die Aktien, welche etwa die Gesellschaft selbst erworben hat, fallen bei der Verteilung aus; Brodmann GmbH § 33[2]. Anders Hachenburg GGmbH § 33[15] im Fall, daß es sich um Vorrechtsaktien handelt. Aber gerade dieser Fall spricht gegen Hachenburg. Es würden alsdann an der auf die eigenen Aktien entfallenden Quote die übrigen Vorrechtsaktien abermals ihr Vorrecht geltend machen können, was eben unberechtigt ist, wenn man den Anspruch der Gesellschaft auf eine Quote ihres eigenen Vermögens für ein Unding erklären muß. Über die theoretische Schwierigkeit, daß die Gegner vor einer Rechenaufgabe ohne Ende stehen, hilft Hachenburg sich mit einem Sprung hinweg. Warum braucht bei der Verteilung der auf die eigenen Aktien entfallende Quote die Gesellschaft nun auf einmal nicht mehr berücksichtigt zu werden? Es liegt auch in dieser Auffassung ein innerer Widerspruch. Daß in der Liquidationseröffnungsbilanz der Gesellschaft mbH der eigene Geschäftsanteil kein Aktivum bildet, nimmt auch Hachenburg an. Das ist aber doch nur richtig, weil in diesem Zeitpunkt und Zusammenhang der Geschäftsanteil keinen Wert mehr hat. Wenn aber die Liquidationsquote auf ihn fällt, hat er Wert, unter Umständen sehr erheblichen. Und um der Sache auf den letzten Grund zu gehen. Die Verteilung des Reinvermögens auf die Gesellschafter erfolgt, weil die Gesellschaft verschwinden soll und damit sie verschwinden kann. Wie kann sie aber verschwinden, wenn eine Quote des Vermögens doch wieder auf sie fällt.

Das bei einer Über-pari-Emission gezahlte Agio bleibt bei der Berechnung außer Betracht. Von Nebenleistungen gemäß § 212 gilt dasselbe. Was in diesen Richtungen bei der Auflösung noch rückständig ist, muß noch geleistet werden, sei es in bar oder durch Verrechnung mit der Liquidationsquote.

Ausfälle, welche dadurch entstehen, daß ein nach vorstehendem zu Einzahlungen noch verpflichteter Aktionär zahlungsunfähig ist, sind auf alle andere Aktien nach Verhältnis des Nennbetrages zu verteilen.

b) Das Gesetz spricht von den auf die Aktien geleisteten und nicht geleisteten Einzahlungen. Das sind Leistungen auf Geldeinlage. Gleichwohl soll die Vorschrift auf den Fall entsprechend Anwendung finden, daß eine Sacheinlage nicht oder nicht vollständig geleistet ist. So Lehmann-Ring § 300[6],; Makower § 300 III b. Das erscheint willkürlich und es besteht auch gar kein Bedürfnis dazu. Der Sacheinleger hat das Fehlende zwecks Verwertung zu liefern oder den Wert zu ersetzen. Im übrigen nimmt er, wie jeder andere Sacheinleger auch an der Verteilung in derselben Weise teil wie die anderen Aktionäre. Der Sacheinleger erhält nicht etwa die eingebrachte Sache zurück, sondern Geld. Ist die Sache nur quoad usum geliefert, so ist der Anspruch auf ihre Rückgabe regelrechtes Drittgläubigerrecht.

c) Unsicher ist die Rechtslehre darin, wie in diesen Fällen die Beweislast liegt. Es ist verständlich, wenn die Rechtsprechung und Rechtslehre vom Liquidator, der rückständige Einlagen einfordert, um Schulden der Gesellschaft zu bezahlen, keine nähere Rechtfertigung verlangt, daß er das Geld nötig hat. S. § 298 Erl 1 b. Aber ebenso liegt in der Natur der Sache, daß er Einzahlungen zum Zweck des hier in Rede stehenden Ausgleichs der Liquidationsquote nur anfordern kann auf Grund einer entsprechenden Aufstellung der Rechnung; a. A. Lehmann-Ring § 300[8]; Makower § 300 IV a 2.

§ 301.

Die Verteilung des Vermögens darf[1] nur erfolgen, wenn seit dem Tage, an welchem die im § 297 vorgeschriebene öffentliche Aufforderung an die Gläubiger zum dritten Male stattgefunden hat, ein Jahr verstrichen ist[4].

Meldet sich ein bekannter Gläubiger nicht, so ist der geschuldete Betrag, wenn die Berechtigung zur Hinterlegung vorhanden ist, für den Gläubiger zu hinterlegen[3].

Ist die Berichtigung einer Verbindlichkeit zur Zeit nicht ausführbar oder ist eine Verbindlichkeit streitig, so darf die Verteilung des Vermögens nur erfolgen, wenn dem Gläubiger Sicherheit geleistet ist[2].

1. a) Der § 301 handelt im besonderen von den Maßregeln des Gesetzes zum Schutz der Gläubiger der Gesellschaft, der Abs I vom Sperrjahr, die Abs II und III von dem Verhältnis zu den Gläubigern, deren Anspruch aus irgendeinem Grunde zurzeit nicht erfüllt werden kann. Die letzteren Vorschriften sind weder gut geordnet noch auch nur vollständig und geben zu Zweifeln Anlaß. Das Wichtigste steht in § 300 I, wo vorgeschrieben ist, daß das Vermögen nicht eher an die Aktionäre herausgegeben werden darf, als alle Schulden berichtigt sind. Die Abs II und III des § 301 sind nur eine notwendige Ergänzung für die Fälle, wo eine sofortige Erfüllung einer Verbindlichkeit nicht in Frage kommt.

Das Rechtsverhältnis der Gesellschaft zu ihren Gläubigern erleidet durch ihre Auflösung im allgemeinen keine Veränderung; RG 9, 14. Gegenseitige Verträge bleiben gegenseitig zu erfüllen, die Schulden sind zu bezahlen, wie sie fällig werden, bedingte Verpflichtungen bleiben bedingt, betagte betagt. Nach § 297 sind die Gläubiger aufzufordern, ihre Ansprüche anzumelden. Es geht das alle Gläubiger an, nicht nur die, welche nur zu fordern haben, sondern auch die, welche eine Gegenleistung schulden. Die Aufforderung erfolgt durch öffentliche Bekanntmachung. Besondere Aufforderung an die bekannten Gläubiger ist früher vorgeschrieben gewesen (Artt 245 III, 202 HGB), braucht aber seit der Novelle von 1900 nicht mehr zu erfolgen. Diese öffentliche Aufforderung ist eine rein nur zum allgemeinen Schutz der Gläubiger gedachte Maßregel. Eine das Rechtsverhältnis der Gesellschaft zu dem einzelnen Gläubigern gestaltende Wirkung hat sie nicht. Sie ändert nichts daran, daß die Gesellschaft verpflichtet ist, Bringschulden bei eintretender Fälligkeit spontan zu zahlen. Und daß Holschulden nur zu bezahlen sind, wenn der Gläubiger bei Fälligkeit sich meldet, beruht nicht auf dieser öffentlichen Aufforderung, sich zu melden. Aus § 301 Abs II geht deutlich hervor, daß nach Auffassung des Gesetzgebers selbst die öffentliche Aufforderung nicht geeignet ist, den Gläubiger in Annahmeverzug zu versetzen. S. unten Erl 3 a. Vgl. Planck-Knoke BGB § 52 Erl 1 b (nach dem BGB liegt es wesentlich anders, weil nach § 50 II die bekannten Gläubiger durch besondere Mitteilung, die nur als rechtsgeschäftliche Willenserklärung aufgefaßt werden kann, aufzufordern sind).

b) Die Gesellschaft, d. h. der Liquidator muß die Gläubiger befriedigen so, wie die Verbindlichkeiten fällig werden. Bei Bringschulden muß er die Leistung tatsächlich anbieten, bei Holschulden wörtlich (§§ 294, 295 BGB). Kommt dann der Gläubiger in Verzug der Annahme, dann kann nach § 372 BGB der Liquidator das Geschuldete hinterlegen, wenn es Geld, Wertpapiere oder Kostbarkeiten sind, sonst den Erlös nach vorgängiger Versteigerung gemäß § 383 BGB. Der Liquidator ist nach § 372 BGB berechtigt zu hinterlegen, aber keineswegs verpflichtet. Nur darf er nichts an die Aktionäre verteilen, auch nach Ablauf des Sperrjahrs nicht, solange nicht in den gegebenen Fällen die Hinterlegung erfolgt ist. Die Hinterlegung ist für ihn Bedingung oder Voraussetzung seines weiteren Vorgehens, aber nicht Schuldverbindlichkeit; ROHG 23, 151. Dabei ist sie Surrogat der im allgemeinen in § 300 I zur Bedingung gemachten Erfüllung der Verbindlichkeit, was sie nur sein kann, wenn der Liquidator bei der Hinterlegung auf Rücknahme verzichtet; § 378 BGB. A. A. Lehmann-Ring § 301[3], wie hier Goldmann § 301[5].

Der Liquidator hat die Schulden so zu zahlen, wie sie fällig werden. Kann er sehen, daß das vorhandene Vermögen nicht ausreicht, um alle Gläubiger zu befriedigen, so darf er nicht zahlen, auch nicht Abschlagszahlungen leisten, es sei denn, daß der oder die Gläubiger einverstanden sind. Auf keinen Fall steht ihm eine konkursmäßige Verteilung der Masse auf die Gläubiger zu. Vielmehr muß er in solchen Fall der Sache weiter nachgehen, genaue Feststellungen treffen und die Eröffnung des Konkurses beantragen, wenn diese Überschuldung ergeben; §§ 298 II; 240 II; 315 I Z. 2. Verfehlt er hierin etwas, so haftet er nach §§ 298 II; 241 III Z. 5 den benachteiligten Gläubigern für den ihnen daraus entstehenden Schaden. Die weitergehende Entscheidung RG 7, 105 stammt aus der Zeit vor der Novelle von 1884. Inzwischen ist die Rechtslage dadurch geändert, daß in § 241 IV genau bestimmt ist, in welchen Fällen der Vorstand oder Liquidator von den Gläubigern der Gesellschaft schuldrechtlich unmittelbar in Anspruch genommen werden kann. Auf diese Fälle ist jetzt die Haftung beschränkt. Anders nur, wenn der Tatbestand einer nach §§ 823 ff. BGB verpflichtenden unerlaubten Handlung vorliegt; RG 36, 27.

Ansprüche, welche Aktionären als Drittgläubigern zustehen, so z. B. der Anspruch auf den Preis für der Gesellschaft käuflich gelieferte Ware, auf Rückgabe geliehenen Geldes, sind zu befriedigen oder sicherzustellen wie die Ansprüche aller anderen Gläubiger. Dagegen gehören richtiger Ansicht nach Ansprüche an dem aktienrechtlichen Gesellschaftsverhältnis, namentlich der Anspruch auf die noch nicht abgehobene Dividende nicht hierher; Vgl. § 213 Erl 5 b.

2. a) Es ist zu beachten, daß von allem bisher Gesagten nichts in § 301 steht. In Abs III kommt der § 301 auf die besonderen Fälle, daß die Berichtigung einer Verbindlichkeit nicht ausführbar, oder daß eine Verbindlichkeit streitig ist. Zur Zeit nicht ausführbar ist die Berichtigung vor allem, wenn die Verbindlichkeit bedingt, auch wenn sie befristet ist. Ferner gehört der Fall hierher, daß die Verbindlichkeit zwar fällig ist, aber die Gesellschaft die Leistung nur gegen eine Gegenleistung des Gläubigers schuldet. Hier muß der Liquidator dem Gläubiger Sicherheit leisten, wenn er zu einer Verteilung von Vermögen an die Aktionäre schreiten will. Bei streitigen Verpflichtungen gilt das schlechthin, wenn der Rechtsstreit schon anhängig gemacht ist. Anderenfalls muß der Liquidator nach pflichtmäßigem Ermessen verfahren. Er ist nicht unbedingt verpflichtet, jedem an ihn herantretenden Anspruch, mag er auch noch so unbegründet erscheinen, durch Sicherstellung Genüge zu tun oder seinetwegen die Verteilung des Vermögens noch länger aufzuschieben. Aber der Liquidator läuft Gefahr, nach §§ 298 II; 241 III Z. 5 auf Ersatz in Anspruch genommen zu werden, wenn ihn bei der Beurteilung der Sachlage ein Verschulden trifft; Staub-Pinner § 301[4]; Lehmann-Ring § 301[4]. Nach Makower § 301 I c handelt der Liquidator immer auf eigene Gefahr, wenn er eine bestrittene Forderung unbeachtet läßt, weil er sie für unbegründet hält. Darüber ließe sich reden. Aber unverständlich ist, wenn Makower hier doch wieder den Fall ausschließen will, wo der Anspruch aus Schikane erhoben wird. In solchem Fall muß sich der Anspruch als unbegründet oder als unzulässig erweisen und dann kann schon aus diesem Grunde von Schadensersatzanspruch keine Rede sein. Wenn überhaupt, so handelt der Liquidator auch einem Anspruch gegenüber, den er für schikanös hält, auf eigene Gefahr.

b) Die Sicherheit muß nach § 282 BGB geleistet werden; RG 72, 20. Nur wenn sie ausreichend ist, ist sie geeignet, die Verteilung von Vermögen an Aktionäre zu rechtfertigen. Besteht Streit darüber, so muß den Parteien die Möglichkeit gegeben sein, die richterliche Entscheidung anzurufen. Auch hierbei ist zu beachten, daß der Liquidator dem Gläubiger nicht schuldrechtlich zur Sicherheitsleistung verpflichtet ist (s. oben Erl 1 b). Es kann der Gläubiger nicht auf Leistung klagen, weder überhaupt auf Sicherheitsleistung noch auch auf Ergänzung einer unzulänglichen. Das muß auch — entgegen der herrschenden Lehre — angenommen werden, wenn die anfänglich ausreichende Sicherheit unzureichend wird; BGB § 240. Es kann immer nur eine Feststellungsklage in Frage kommen. Besteht bereits Sicherheit, so bedarf es einer weiteren Sicherheitsleistung nicht, wenn die bestehende ausreichend ist. Doch gilt das nicht, wenn die Sicherheit in einer Bürgschaft besteht, mag sie auch gut sein; hier wird immer der betreffende Geldbetrag sichergestellt werden müssen, sei es wegen der Haupt- oder wegen der Regreßschuld an den Bürgen. Anders höchstens wenn der Bürge auf Sicherheitsleistung verzichtet und dem

Gläubiger genügt. — Bei Auflösung einer Lebensversicherungsgesellschaft bildet wegen der Ansprüche der Versicherten die Prämienreserve nicht eine Sicherheit, wie § 232 BGB sie im Auge hat; RG 22, 16.

Wohl aber kann der Antrag des Gläubigers, durch einstweilige Verfügung dem Liquidator aufzugeben, vor Verteilung des Vermögens Sicherheit zu leisten oder besser vor Sicherheitsleistung Vermögen nicht zu verteilen, gerechtfertigt sein; ROHG 23, 150. Oder auch eine Klage darauf, die Verteilung ohne Sicherheitsleistung zu unterlassen; ROHG 24, 251. Auch wird man dem Gläubiger, wenn der Liquidator zur Verteilung geschritten ist, eine Klage auf Sicherheitsleistung oder auf sofortige Erfüllung nicht versagen; vgl. RG 72, 21; GZ 22, 393 (Wien).

Ist die Verbindlichkeit fällig und liegen die Voraussetzungen des § 372 BGB vor, so kann der Liquidator statt Sicherheit zu leisten, dadurch erfüllen, daß er den Geldbetrag unter Verzicht auf Rücknahme hinterlegt.

3. a) Alles bisher Gesagte setzt voraus, daß der Gläubiger und die Schuld dem Liquidator bekannt sind. Dagegen liegt kein Grund vor, bei Anwendung auch nur einer dieser Sätze einen Unterschied danach zu machen, ob der Gläubiger sich auf die in § 297 vorgeschriebene öffentliche Aufforderung gemeldet hat oder nicht. So ist es denn nicht leicht, zu sagen, was der Gesetzgeber sich bei dem Abs II gedacht hat, der besonders für den Fall, daß der Gläubiger sich nicht meldet, bestimmt, daß der geschuldete Betrag zu hinterlegen ist, wenn dazu die Berechtigung vorliegt. Denn das ist gar nichts Besonderes. Auch wenn der Gläubiger sich gemeldet hat, kann der Liquidator nur hinterlegen statt zu zahlen, wenn die Berechtigung dazu vorhanden ist und kann er nicht nur, sondern muß er hinterlegen, wenn er an die Aktionäre Vermögen verteilen will. Dadurch läßt sich denn auch die herrschende Lehre verleiten, in der Vorschrift des Abs II etwas zu suchen, was sicherlich nicht darin steht. Nach Staub-Pinner § 301[6]; Brand § 301 2 b a a; Goldmann § 301[5] (undeutlich Makower § 301 I[e]) wäre in diesem Abs II vorgeschrieben, daß wo nach den allgemeinen Bestimmungen des BGB der Liquidator berechtigt wäre, den geschuldeten Gegenstand zu hinterlegen, ihn gegenüber dem Gläubiger, der sich nicht meldet, die Verpflichtung treffe, es zu tun, Verpflichtung in dem Sinne, daß der Gläubiger den Anspruch darauf hat, daß es geschieht; Staub-Pinner, der die Vorschrift für ganz natürlich erklärt, weil die Gesellschaft ihre Organisation auflöst und wissen müsse, wo sie mit dem Betrage bleiben soll, trifft den Punkt nicht, auf den es ankommt. Selbstverständlich kann in solchem Fall der Liquidator hinterlegen und in Verlegenheit, wohin mit dem Geld, braucht er nicht zu kommen. Die Frage ist, ob er es unterlassen kann, wenn er vorzieht, die Verteilung von Vermögen an die Aktionäre aufzuschieben. Der Wortlaut des Gesetzes entscheidet nichts. Das „ist zu hinterlegen" kann ebensogut eine für die Verteilung von Vermögen unerläßliche Voraussetzung bedeuten wie eine schuldrechtliche Verbindlichkeit. Dagegen wäre es geradezu unsinnig, gegenüber einem Gläubiger, welcher sich nicht meldet, dem Liquidator weitergehende Verpflichtungen aufzuerlegen, wie gegenüber dem sich meldenden. Alle, welche sich gemeldet haben, müssen sich (solange ihr Anspruch nicht fällig ist) darein finden, wenn der Liquidator statt Sicherheit zu leisten oder zu hinterlegen, die Verteilung von Vermögen verschiebt. Aber wer sich nicht gemeldet hat, soll den Anspruch darauf haben, daß der ihm geschuldete Betrag hinterlegt wird! Und wenn der geschuldete Gegenstand z. B. ein Pferd oder eine Maschine oder ähnliches wäre und der Liquidator hätte nicht verkauft und den Erlös hinterlegt, und der Gegenstand ginge durch Zufall verloren, dann hätte der Gläubiger Ersatzanspruch, weil er sich nicht gemeldet hatte; Lehmann-Ring, Brand, Makower a. a. O. suchen dem mit der Annahme zu entgehen, daß von den Gläubigern, die sich gemeldet haben, ebenfalls gelten müsse, daß aus dem Recht zur Hinterlegung die Pflicht, es zu tun, werde. Aber davon steht im Gesetz rein gar nichts und wo bliebe denn auch das Besondere, das der Abs II doch gerade nur von dem Gläubiger bestimmt, der sich nicht meldet?

Die Vorschrift ist dem § 52 BGB nachgebildet, dessen Vorbild wiederum der Art 202 des ADHB gewesen ist, wo es allgemeiner, aber darum auch unmißverständlicher gelautet hat: die aus den Handelsbüchern ersichtlichen oder in anderer Weise bekannten Gläubiger sind durch besonderen Erlaß aufzufordern, sich zu melden; unterlassen sie dies, so ist der Betrag ihrer Forderungen gerichtlich zu hinterlegen. Es ist nicht ersichtlich, daß die Gesetzgeber erst des BGB und dann wieder der Novelle von 1900 etwas anderes als das hätten bestimmen wollen. Namentlich fehlt jede Andeutung, als hätte man hier aus der Voraussetzung eine schuldrechtliche Verbndlichkeit machen wollen. Es ist natürlich nicht ausgeschlossen, daß der eine oder der andere der Mitarbeiter sich dieses Unterschiedes und Gegensatzes nicht oder nicht immer klar bewußt gewesen ist. Wohl aber ist ausgeschlossen, daß man das Besondere, das man vom Gläubiger bestimmen wollte, der sich nicht meldet, hierin gesehen hätte. Man hat ausdrücklich hervorheben wollen, daß auch dem Gläubiger gegenüber, der sich nicht meldet, der Liquidator die Schuld nicht einfach ignorieren darf, dabei aber nicht genötigt sein soll, ihm nachzulaufen. Der Fehler war nur das Neue, was man der ursprünglichen Fassung der Vorschrift, ohne genügend nachzudenken, hinzufügen zu müssen glaubte, indem man die Hinterlegung an die Voraussetzung knüpfte, daß in den Verhältnissen noch eine weitere besondere Berechtigung zur Hinterlegung — wofür nur die §§ 372 ff. BGB in Betracht kommen können — begründet sein müsse. Damit verfiel man in eine Selbstverständlichkeit und machte nun den Fehler, sie auf den Fall zu beschränken, daß der Gläubiger sich nicht meldet, während es, wenn er sich meldet, natürlich auch gilt. Denn wenigstens für den Fall, daß bei der Hinterlegung des Betrages auf Rücknahme verzichtet wird, gilt die Hinterlegung als Erfüllung. Es bliebe also der nicht gerade erschütternde Satz, daß im Fall, daß der Gläubiger sich nicht meldet, der Liquidator bei Hinterlegung des Geldes auf dessen Rücknahme nicht zu verzichten braucht, der aber nach der herrschenden Lehre auch dann gelten soll, wenn der Gläubiger sich gemeldet hat. S. oben Erl 1 b. Die Hauptsache ist, daß wir uns von dem verfehlten Zusatz, es müßten für diese Hinterlegung die Voraussetzungen des § 372 BGB gegeben sein, frei machen. Wenn ein Gläubiger sich nicht meldet, so ist der Liquidator in der Lage, den geschuldeten Betrag auch dann ohne weiteres zu hinterlegen, wenn es sich um eine Bringschuld handelt.

Allgemein wird anerkannt, daß der Abs II auch von dem Fall gilt, daß der Liquidator aus Ungewißheit über die Person des Gläubigers die Verbindlichkeit nicht oder nicht mit Sicherheit erfüllen kann. Es kommt nicht sowohl darauf an, ob dem Liquidator der Gläubiger bekannt ist, als vielmehr darauf, ob die Schuld es ist.

b) Der Liquidator kann nur diejenigen Gläubiger berücksichtigen, von denen er weiß. Ihm muß der Gläubiger bekannt sein. Dazu genügt nicht, daß jemand vor Jahren mit einem unbestimmten Schadensersatzanspruch an die Gesellschaft herangetreten ist; RG 92, 79. Bekannt sind dagegen nicht nur alle Gläubiger, welche sich aus den Handlungsbüchern ergeben. Nicht alle Vertrags- und überhaupt Schuldverhältnisse der Gesellschaft ergeben sich aus ihnen. Im allgemeinen erfolgen Buchungen vielmehr erst, wenn es zu Verfügungen kommt. Dabei ist der Liquidator auch auf die übrigen Papiere, namentlich die Korrespondenz und schließlich, wenn er neu eingetreten ist, auf Auskunft des früheren gesetzlichen Vertreters und der Angestellten, des Aufsichtsrats angewiesen. Aber er ist auch wieder nicht verpflichtet, die gesamten Schriftstücke der Gesellschaft, die Korrespondenz aus der vergangenen Zeit danach zu durchforschen, ob Ansprüche erhoben worden sind und bestehen, von denen die Bücher nichts ergeben. — Bekannt ist schließlich auch jeder, der sich als Gläubiger meldet. Ob der Liquidator dem sich Meldenden Glauben schenkt oder seinen Anspruch bestreitet, ist eine andere Frage. Unerheblich ist auch, ob der Anspruch der Höhe nach bekannt ist oder auch nur schon feststeht.

4. a) Auch wenn alle Gläubiger ausnahmslos befriedigt sind und auch mit Sicherheit darauf gerechnet werden kann, daß weitere Gläubiger sich nicht melden werden, darf Vermögen an die Aktionäre erst verteilt werden, nachdem das Sperrjahr abgelaufen ist. Der Lauf der Frist beginnt mit dem Tage der letzten der in § 297 vorgeschriebenen Bekanntmachungen. Der folgende Tag ist der erste Tag der Frist; BGB § 187 I. Vorgeschrieben sind 3 Bekanntmachungen in jedem Gesellschaftsblatt. Werden mehr Bekanntmachungen beliebt, so kommen diese nicht in Betracht. — Auszahlungen an oder Übertragung von Vermögensgegenständen auf die Aktionäre (Naturalteilung), welche gegen das Gesetz verstoßen, also welche vor Ablauf des Sperrjahrs erfolgen oder zwar nach dessen Ablauf, aber vor Befriedigung oder Sicherstellung aller Gläubiger, sind nicht deshalb nichtig. Das Rechtsgeschäft ist gültig, auch die Verfügung. Vgl. RG 92, 70; Warn 1912, 271; OLG 24, 160; 27, 389. Das gilt auch von dem Fall, daß der Liquidator Grundstücke der Gesellschaft an Aktionäre aufläßt. Eine andere Frage ist, ob der Grundbuchrichter Auflassungen vor Ablauf der Sperrfrist beanstanden kann und beanstanden muß. Ersteres wird, da es sich um ein vom Gesetz mißbilligtes Geschäft handelt, zu bejahen sein, letzteres unter der Voraussetzung, daß der Richter die Sachlage erkennen mußte. Das Verbot trifft auch verschleierte Auszahlungen, wie Beleihung der Aktien durch die Gesellschaft, Gewährung von ungedeckten Darlehen, wenn sie zur Umgehung des Verbots erfolgt, z. B. der ausdrücklichen oder stillschweigenden Vereinbarung, daß mit der Liquidationsquote aufgerechnet werden soll. Der Ankauf eigener Aktien durch die Gesellschaft ist nicht verschleierte, sondern offene Zurückzahlung der Einlage. Auch die käufliche Überlassung des ganzen Unternehmens an die Aktionäre oder an den einzigen Aktionär bei Stundung des Kaufpreises dürfte unzulässige Umgehung des Gesetzes sein; a. A. R. Fischer JW 1921, 1119[16]. — Verwertet der Liquidator Vermögensgegenstände in der Form, daß er durch Vertrag zugunsten Dritter die Gegenleistung den Aktionären nach Verhältnis ihres Aktienbesitzes ausbedingt, wie es namentlich bei Veräußerung des Vermögens der Gesellschaft im ganzen vorkommt, dann darf die Gegenleistung nur unter Einhaltung der Gläubigerschutzvorschriften erfolgen, also vor allem auch erst nach Ablauf des Sperrjahrs. Anders RG 77, 274, wo im Fall einer Fusion entschieden ist, daß dem Umtausch der Aktien vor Ablauf des Sperrjahrs nichts entgegenstehe, obendrein in einem Fall, der hätte auch aus sachlichen Gründen stutzig machen müssen. Richtig ist nur, daß ein solcher Umtausch nicht nichtig ist. — Abschlagszahlungen sind vor Ablauf des Sperrjahrs und vor voller Befriedigung oder Sicherstellung aller Gläubiger ebenfalls unzulässig und erfolgen auf Gefahr des Liquidators. Man wird die Worte des Gesetzes so zu verstehen haben, daß alle Gläubiger befriedigt oder sichergestellt sein müssen, nicht nur diejenigen, welche Gläubiger bereits waren, als die Gesellschaft aufgelöst wurde und an die Gläubiger die Aufforderung erging, ihre Ansprüche anzumelden. Aber es ist nicht geboten, das auf die Spitze zu treiben. Aus rein technischen Gründen muß dem Liquidator gestattet sein, unter Einbehaltung eines die etwa noch entstehenden Kosten deckenden Betrages das Vermögen der Hauptsache nach zu verteilen. In diesem beschränkten Umfang liegt genügende Sicherstellung der Gläubiger darin, daß der Liquidator den Betrag zurückbehält.

b) Die Frage, ob aus einer gegen die Vorschriften der §§ 300, 301 erfolgten Verteilung von Vermögen an Aktionäre *auf Erstattung der Beträge gehaftet* wird, wer Erstattung schuldet und wem sie geschuldet wird, hängt zunächst davon ab, ob der Liquidator durch die Zahlung sich außer Stand gesetzt hat, alle Gläubiger der Gesellschaft zu befriedigen. Nur in diesem Fall besteht eine Erstattungspflicht. Ausschließlich deshalb, weil zu früh verteilt worden ist, kann die Gesellschaft das Gezahlte nicht zurückfordern (BGB § 813). Sind aber Gläubiger benachteiligt, so haftet der Liquidator aus §§ 298 II, 241 III Z. 5 der Gesellschaft und nach § 241 IV außerdem den benachteiligten Gläubigern. Es haftet ferner der Aktionär, welcher ungerechtfertigt Zahlung erhalten hat, ohne Rücksicht darauf, ob er guten Glaubens gewesen ist, der Gesellschaft aus ungerechtfertigter Bereicherung und aus § 217 dem benachteiligten Gläubiger bis zum Betrage der empfangenen Zahlung. Verfällt die liquidierende Gesellschaft in *Konkurs*, so macht die Ansprüche der Gläubiger der Konkursverwalter geltend. — Mehrere Liquidatoren haften als Gesamtschuldner, ein jeder von ihnen aber nur, wenn auch in seiner Person der Haftungsgrund, Vorsatz (Handeln auf eigene Gefahr) oder Fahrlässigkeit, gegeben ist. — Neben den Liquidatoren haften unter Umständen nach §§ 298 II, 249 III die Mitglieder des Aufsichtsrats. — Ein Gläubiger kann aber wegen des Ausfalles Ersatz nur beanspruchen, wenn der Ausfall *auf dem Verstoß beruht*. Meldet sich ein unbekannt gebliebener Gläubiger erst nach Ablauf des Sperrjahrs, dann kann er nicht deswegen Ersatz verlangen, weil schon vor Ablauf des Sperrjahrs das Vermögen verteilt worden ist, wenigstens dann nicht, wenn angenommen werden muß, daß das Vermögen auch bei Abwarten des Sperrjahres zu der Zeit, wo er sich meldete, schon verteilt gewesen wäre.

c) Die Sperrfrist ist an und für sich *nicht Präklusivfrist*. Gläubiger, welche sich nach ihrem Ablauf melden, müssen darum nicht weniger berücksichtigt werden, ihr Anspruch besteht nach wie vor. Auch durch den Gesellschaftsvertrag kann der Versäumnis der Frist ausschließende Wirkung nicht beigelegt werden; JW 86, 119[26]. Ist aber, bevor sie sich meldeten, das Vermögen ohne Verstoß gegen die gesetzlichen Vorschriften an die Aktionäre verteilt worden, so ist mit ihrem Vermögen auch die juristische Person verschwunden und aus diesem Grunde haben die Gläubiger, die nicht bekannt waren und sich nicht gemeldet haben, das Nachsehen; RJA 12, 218 (München). Anders liegt es, wenn sich nachträglich nicht nur Schulden, die noch nicht berichtigt sind, herausstellen, sondern auch Vermögensstücke, welche noch nicht verteilt worden sind. Und daher liegt es auch anders, wenn die Verteilung unter Verstoß gegen die gesetzlichen Vorschriften erfolgt ist. Denn dann ist noch Gesellschaftsvermögen in Gestalt der Ersatzansprüche auf Grund §§ 241, 249, 217 vorhanden und nur vermeintlich war die juristische Person und damit der Schuldner verschwunden; *Lehmann-Ring* § 301[2] (s. aber auch § 302[6]); *Staub-Pinner* § 301[2][12], 302[16]; *Ritter* § 301[1]; *Brand* § 301[1] c; *Goldmann* § 301[2][3]; offenbar auch *Makower*, vgl. § 302 VI a[2]. Im Gegensatz hierzu hat das Reichsgericht in zwei Urteilen, Entsch 92, 82 und 109, 391 erkannt, daß der unbekannt gebliebene und bei der Liquidation nicht berücksichtigte Gläubiger seines Anspruchs gegen die Gesellschaft nicht verlustig gehe, weil auch *bei rechtmäßiger Verteilung* des Vermögens der Gesellschaft *noch ein Anspruch*, also Vermögen zustehe, zwar nicht ein Schadensersatzanspruch gegen Liquidator und Aufsichtsrat, wohl aber ein Anspruch aus ungerechtfertigter Bereicherung gegen die Aktionäre. Die Begründung ist nicht überzeugend. Sie bewegt sich im Kreise. Denn das ist ja gerade die Frage, ob der Gesellschaft ein Anspruch aus ungerechtfertigter Bereicherung gegen die Aktionäre zusteht, weil das davon wiederum abhängt, ob nicht bekannt gewordene Gläubiger noch einen Anspruch gegen die Gesellschaft haben. Die Gesellschaft will ja und soll auch nichts mehr haben. Das Vermögen soll glatt aufgehen und wenn es das tut, ist auf ihre Kosten niemand bereichert. Vgl. RG 28, 358, insbes. 362. Es ist ein richtiger, aber rein strafrechtlicher Gesichtspunkt, wenn RGSt 14, 404 zu einem Fall eigennütziger Verwendung von Geldern der Liquidationsmasse sagt, der Begriff der Untreue, des Handelns zum Nachteil der *Gesellschaft* werde dadurch nicht ausgeschlossen, daß das veruntreute Geld doch nicht an die Gesellschaft, sondern entweder an die Gläubiger oder an die Gesellschafter hätte gezahlt werden müssen. Also auf diesem Wege kommt man nicht weiter und nach einem anderen Beweisgrund sucht man in den Urteilen vergebens. Wenn die gesetzlichen Vorschriften darauf abzielen, zu verhüten, daß das Vermögen der Gesellschaft und die Persönlichkeit eines Schuldners verschwindet, bevor alle Gläubiger befriedigt sind, so ist doch unverkennbar die Absicht des Gesetzes, daß dieses Verschwinden allerdings stattfinden soll, wenn ohne Verstoß gegen die Schutzvorschriften verfahren wird. Liegt schon an sich dieser Gedanke näher als sein Gegenteil, so kommt hinzu, daß der Gesetzgeber nicht wohl von einem anderen Gedanken als diesem ausgegangen sein kann, als er die Verjährung der hier in Betracht kommenden Ansprüche regelte. Wenn ihm — aus verständlichen Gründen — geboten erschien, die Ersatzansprüche aus Verstoß gegen die Schutzvorschriften sowohl gegen die Liquidatoren und Mitglieder des Aufsichtsrats als auch gegen die Aktionäre der kürzeren fünfjährigen Verjährung auszusetzen (§§ 217 III, 241 V, 249 IV), dann wäre es sinnlos gewesen, es gegenüber rechtmäßiger Verteilung des Vermögens dabei zu belassen, daß die Aktionäre 30 Jahre lang gewärtig sein müssen, wieder herauszugeben, was sie bekommen haben, weil der Liquidator nach dem Gesetz schuldig war, es ihnen zu zahlen. Man muß auch bedenken, daß es sich nicht um eine Auseinandersetzung der Gesellschafter unter einander handelt. Das Verfahren ist so geregelt, daß als Parteien sich gegenüberstehen die A-Gesellschaft auf der einen Seite und auf der anderen Seite jedesmal der betreffende einzelne Aktionär. Wenn man zugeben muß, daß der Liquidator, als er die Quote an den Aktionär zahlte, nur das leistete, worauf nach dem Gesetz der Aktionär einen Anspruch hatte, so kann nicht gut in dieser Zahlung eine ungerechtfertigte Bereicherung liegen; Staub-Pinner § 217[8 20]. Wie das Reichsgericht Labes in LZ 1914, 742. Ganz verfehlt ist die Auffassung, daß die Aktionäre für die Schuld der Gesellschaft auf Grund § 419 BGB haften. Die Verteilung des Vermögens auf die Aktionäre ist das Gegenteil von Gesamtrechtsnachfolge im Sinn des § 419, nicht deshalb nur, weil, wie Oberwinter in Gruch 53, 772 hervorhebt, hier der Erwerb nicht durch Vertrag erfolgt (ebenso Hellwig, Verträge auf Leistung an Dritte 393) sondern vor allem, weil nicht die Gesamtheit der Aktionäre gemeinsam das ganze Vermögen übernimmt, sondern jeder für sich einen bestimmten Geldbetrag erhält; RG 71, 379.

§ 302.

Ist die Liquidation beendigt[1] und die Schlußrechnung gelegt,[2] so haben die Liquidatoren das Erlöschen der Gesellschaftsfirma zur Eintragung in das Handelsregister anzumelden[3].

Die Bücher und Papiere der Gesellschaft sind an einem von dem Gerichte des Sitzes der Gesellschaft zu bestimmenden sicheren Orte zur Aufbewahrung auf die Dauer von zehn Jahren zu hinterlegen[4].

Die Aktionäre und die Gläubiger können zur Einsicht der Bücher und Papiere von dem Gericht ermächtigt werden[5].

Stellt sich nachträglich noch weiteres der Verteilung unterliegendes Vermögen heraus, so hat auf Antrag eines Beteiligten das Gericht des Sitzes der Gesellschaft die bisherigen Liquidatoren erneut zu bestellen oder andere Liquidatoren zu berufen[6].

1. Die Liquidation ist beendet, wenn nach Befriedigung und Sicherstellung der Gläubiger das Gesellschaftsvermögen an die Aktionäre verteilt worden ist. Außerdem muß das Sperrjahr verstrichen sein, mag auch rechtswidriger Weise das Vermögen schon vorher verteilt worden sein; RFH in JW 1921, 1119[16]; mehr will wohl auch RFH JW 1923, 635[21] nicht sagen, so daß Hachenburgs Einwand dagegen nicht begründet erscheint. Ohne Bedeutung ist der Umstand, daß möglicherweise sich nachträglich noch unbekannt gebliebene Gläubiger melden, unbekannt gewesene Vermögensgegenstände sich vorfinden. Ohne Bedeutung ist aber auch, daß bekanntes Vermögen bestimmter Art noch vorhanden ist, dessen Verbleib noch in der Schwebe ist. So wenn Schulden der Gesellschaft nicht haben gezahlt werden können, sondern nur sichergestellt sind; wenn Geld hinterlegt worden ist, kann es auch dann, wenn der Liquidator auf Rücknahme verzichtet hat, gemäß § 382 der Gesellschaft verbleiben; es mag nötig gewesen sein, wegen der Kosten des Verfahrens einen Betrag zurückzubehalten, über den einstweilen noch nicht verfügt werden kann, und wenn sich niemand findet, der bereit ist, die Bücher und Papiere der Gesellschaft unentgeltlich aufzubewahren, dann müssen auf Jahre hinaus die dafür nötigen Gelder irgendwo zurückgelegt bleiben. Nur mit entsprechendem Vorbehalt kann man daher sagen, daß die Liquidation beendet, die Persönlichkeit der A-Gesellschaft vergangen ist, wenn über ihr Vermögen durch Bezahlung der Schulden und Verteilung des übrigen unter die Aktionäre verfügt worden ist. A. A. Goldmann § 301[1]; Brand § 302[1] a unter Berufung auf RG 3, 55; 15, 103, die für diese Frage nichts besagen; Ritter § 302[1]. Meist wird es sich bei dem Zurückbehaltenen um Beträge handeln, welche im Verhältnis zur Anzahl der Aktien zu geringfügig sind, um im Fall ihres Zurückfließens auf die Aktien verteilt zu werden, und es dürfte sich empfehlen, daß vor Beendigung der Liquidation die Generalversammlung für den Eintritt solcher Fälle anderweit Verfügung trifft. Anzunehmen ist aber, daß unbekannt gebliebene Gläubiger, welche nachträglich auftreten, auf solche zurückgestellten Beträge insoweit Anspruch nicht erheben können, als sie für den Zweck verwendet werden müssen, für welchen sie bestimmt worden sind. Wird in diesen Dingen von meist untergeordneter

Bedeutung wirklich noch einmal die Vertretung der Gesellschaft nötig, dann muß nach Abs IV verfahren werden.

So lange ein Prozeß für oder gegen die Gesellschaft anhängig ist, ist die Liquidation nicht beendet; LZ 1914, 785[2]; RG 77, 273. Das gleiche gilt, wenn und so lange als die Entlastung der Liquidatoren verweigert wird; Ritter § 302[2]. Zweifellos gehört auch die Verteilung an die Aktionäre noch zur Liquidation (so auch Makower § 302 I, anders das. III b a. E.) Erl 1 zu § 300. Die Schlußrechnung kann vor Beendigung gelegt werden, zumal der Liquidator gut tun wird, mit der Verteilung zu warten, bis die Schlußrechnung genehmigt ist. Aber die Liquidation endet erst mit der Verteilung und daran kann auch ein entgegenstehender Beschluß der Generalversammlung nichts ändern; RG 41, 93.

2. Nach allgemeinen Rechtsgrundsätzen, insbesondere nach §§ 666, 675 BGB muß der Liquidator Schlußrechnung legen, wie er seinerseits Anspruch auf Entlastung hat. Über Genehmigung der Schlußrechnung und Erteilung der Entlastung beschließt die hierfür einzuberufende Generalversammlung mit einfacher Stimmenmehrheit. Von der Verpflichtung, Rechnung zu legen, können die Liquidatoren durch den Beschluß der Generalversammlung gegen den Widerspruch auch nur eines Aktionärs nicht befreit werden; RG 34, 57. Der Beschluß, dem Liquidator welcher Schlußrechnung nicht gelegt hat, Entlastung zu erteilen, würde nach §§ 271 ff. anfechtbar sein. Die Schlußrechnung muß von allen Liquidatoren gelegt werden, wenn es verlangt wird. Wenn aber die von einem gelegte Rechnung für genügend befunden wird, so steht der Entlastung aller nichts entgegen. Es ist nicht erforderlich, daß die Schlußrechnung sich auf die gesamte Abwicklung der Geschäfte erstreckt. Wenn die vorgeschriebenen Jahresbilanzen aufgestellt und von der Generalversammlung genehmigt worden sind, kann von der letzten dieser Bilanzen ausgegangen werden. — Es dürfte alsdann nicht nur nicht ausgeschlossen, sondern durchaus sachgemäß sein, daß auch diese Schlußrechnung in Gestalt einer von der voraufgegangenen Bilanz ausgehenden Schlußbilanz aufgemacht wird, deren Kapitalkonto den Betrag aufweist, welcher unter die Aktionäre schon verteilt worden ist oder verteilt werden soll. So sagt auch RG a. a. O., es müsse die Schlußrechnung den Stand des Vermögens durch eine ordnungsmäßige Bilanz erweisen. Allerdings kann die Generalversammlung Ergänzungen fordern, nicht sowohl in Gestalt einer Gewinn- und Verlustrechnung, welche auch nur wieder zahlenmäßige Endergebnisse enthalten würde, als vielmehr in Gestalt von Aufklärung des Verbleibens von Abgängen im einzelnen; Simon, Bilanzen § 121. Das ist aber etwas, was die Schlußbilanz oder Schlußrechnung mit allen Rechnungsaufstellungen gemein hat. A. A. Lehmann-Ring § 302[1]; Makower § 302 II a b; Ritter § 302[2]; Brand § 302[1] b. S. aber auch Lion, Bilanzsteuerrecht 274 Note; auch handelsrechtlich ist nicht gesagt, daß die Schlußbilanz das nicht zu sein braucht, was Lion eine materielle Schlußbilanz nennt.

Über Schlußrechnung und Entlastung muß die Generalversammlung selbst beschließen. Delegation ist wie immer auch hier ausgeschlossen; a. A. Marcus in HoldhMS 1902, 124.

Am wenigsten leuchtet die Folgerung der Gegner ein, daß die Generalversammlung zwar nach § 260 jede Jahresrechnung der Liquidation zu genehmigen, dagegen die Schlußrechnung nur zur Kenntnis zu nehmen habe.

Der Aktionär hat keinen Anspruch auf Rechnungslegung; Bolze 1[1140]. S. aber auch ROHG 3, 336.

3. a) Nach § 31 II HGB ist, wenn eine Firma erlischt, die Veränderung zur Eintragung in das Handelsregister anzumelden. Die Eintragung wird nach § 10 HGB öffentlich bekannt gemacht. Hier ist vorgeschrieben nicht eigentlich, wann die Firma erlischt, wohl aber, daß die Anmeldung des Erlöschens zu erfolgen hat nach Beendigung der Liquidation und nachdem die Schlußrechnung gelegt ist, also nicht vorher, aber nachher alsbald. Offenbar wird dabei unterstellt, daß mit Beendigung der Liquidation die juristische Person — vorbehaltlich eines vielleicht notwendig werdenden Wiederauflebens zu einem juristisch-konstruktiven Dasein — untergeht, womit dann auch ihr Recht auf ihren Namen und dieser selbst verschwindet (vorausgesetzt, daß nicht das Recht auf die Firma in zulässiger Weise auf einen anderen übertragen ist; OLG 9, 24 6(KG). Auch in dieser Beziehung tritt die oben Erl 1 erörterte Frage auf, ob streng daran festzuhalten ist, daß das Vermögen, soweit es bekannt ist, bis auf den letzten kleinsten Betrag, sei es ausgegeben, sei es verteilt sein muß. Damit würde sich die Beendigung der Liquidation und das Erlöschen der Firma leicht sehr lange, bei Hinterlegung von Geld im Hinblick auf § 382 BGB unter Umständen 30 Jahre lang hinziehen. Das ist doch wohl aus praktischen Gründen unannehmbar. Jedenfalls wird die Firma erlöschen müssen. Muß sich die Gesellschaft unter Umständen doch auch in dem Fall ohne ihre alte Firma behelfen, daß noch Vermögen zum Vorschein kommt. — Nach Art 245 IV der früheren Fassung mußten die Liquidatoren die Beendigung der Liquidation in den Gesellschaftsblättern bekannt machen. Das hat die Novelle von 1900 fallen lassen. Nach KGJ 3, 24 und 5, 34 ist es geradezu unzulässig, die Beendigung der Liquidation und das Erlöschen der Vertretungsmacht der Liquidatoren in das Handelsregister einzutragen; der Registerrichter würde gar nicht imstande sein zu prüfen, ob nicht doch noch Vermögen vorhanden ist oder noch zum Vorschein

kommen würde. Der letztere Gesichtspunkt kann wohl nicht durchschlagend sein, aber richtig ist, daß in das Handelsregister nur eingetragen werden darf, was nach ausdrücklicher Vorschrift eingetragen werden soll. Was die Beendigung der Vertretungsmacht angeht, so hatten obige Entscheidungen des KG noch nicht die Vorschrift des § 302 IV vor sich. S. auch die unten zitierten Entscheidungen OLG 9, 262; 33, 7. — Ob die Liquidation beendet ist, entscheidet sich nach objektiven Momenten, dem gegenüber der Beschluß der Generalversammlung, wodurch die Liquidation als beendet erklärt wird, und auch die entsprechende Eintragung in das Handelsregister ohne Bedeutung sind; RG 41, 93.

b) Die Anmeldung geschieht durch soviel Liquidatoren, als zur Vertretung der Gesellschaft berechtigt sind. Der Registerrichter hat die Liquidatoren durch Androhung von Ordnungsstrafen dazu anzuhalten. Ist auch auf diesem Wege die Löschung nicht zu erreichen, so kann sie von Amts wegen erfolgen; HGB § 31 II, FGG § 141. Auch zu dem Handelsregister einer Zweigniederlassung muß die Anmeldung gemäß § 13 erfolgen. Der Registerrichter ist nicht gehalten die Anmeldung auf ihre Richtigkeit zu prüfen; vgl. KGJ 22, 107. Doch wird er darauf zu bestehen haben, obwohl es im Gesetz nicht vorgesehen ist, daß ihm das Protokoll der Generalversammlung vorgelegt wird, in welchem die Rechnungslegung stattgefunden hat und genehmigt worden ist; Lehmann-Ring § 302[2]. Ist das Protokoll gemäß § 259 V schon eingereicht, so genügt Bezugnahme darauf; Brand § 302 2 d; Goldmann § 302[3]. Stoßen ihm Bedenken auf, so muß er bis zu deren Erledigung die Anmeldung beanstanden. Was insbesondere den Ablauf des Sperrjahrs angeht, so wird ihm, wenn der Ablauf nicht abgewartet worden ist, das in der Regel gar nicht entgehen können und oft nicht entgehen dürfen. Denn jedenfalls hat er die Eintragung der Auflösung gemäß § 293 vor sich, seit welcher mindestens ein Jahr verflossen sein muß. S. KGJ 28, 51 (der Registerrichter hat keinen Anlaß, die Anmeldung deshalb zu beanstanden, weil in der vor Jahren ergangenen öffentlichen Bekanntmachung die Gläubiger nicht aufgefordert waren, sich zu melden). Vgl. auch RFH 5, 116. S. auch Staub-Pinner § 302[4]. Vor Beendigung der Liquidation darf die Firma nicht gelöscht werden; der Registerrichter muß auf der Erklärung bestehen, daß die Liquidation beendet sei; vgl. OLG 9, 262 (Hamburg) 33, 7 (Dresden). Anders KGJ 5, 36.

Mit der Beendigung der Liquidation erlischt auch die Vertretungsmacht der Liquidatoren. Nach § 296 I müßte auch das zur Eintragung in das Handelsregister angemeldet werden. Indessen liegt es hinreichend deutlich bereits darin ausgedrückt, daß die Firma nicht mehr besteht, und jedenfalls bedarf es keiner besonderen Anmeldung neben der des Erlöschens der Firma; OLG 19, 376 (KG, wo das Erlöschen der Firma und Erlöschen der Gesellschaft wie gleichbedeutend behandelt werden).

Bis zur Beendigung der Liquidation, d. h. bis zur restlosen Verteilung der Liquidationsmasse, RFH in JW 1921, 1119 und auf alle Fälle bis zum Ablauf des Sperrjahrs besteht die subjektive und objektive Steuerpflicht der Gesellschaft, wenn auch für Veranlagung zur Körperschaftssteuer kein Raum mehr ist; RFH in JW 1923, 635[21] und Hachenburg Fußnote das.; Lion, Bilanzsteuerrecht 278 ff.

Zu dem Fall, daß in der Liquidation das Geschäft der Gesellschaft mit der Firma veräußert wird; s. Erl 3 b zu § 294; RJA 13, 240 (KG).

4. Nach § 44 HGB ist der Kaufmann verpflichtet, seine Handelsbücher 10 Jahre lang, seit dem Tage der letzten Eintragung, ebenso die Handelsbriefe, Inventuren und Bilanzen aufzubewahren, welche Verpflichtung auch nach Auflösung seines Handelsgeschäfts fortdauert. Das gilt nach § 6 HGB auch von der A-Gesellschaft, die aber nach Beendigung der Liquidation verschwindet. Deshalb tritt hier ergänzend die Vorschrift des gegenwärtigen Paragraphen ein. Es muß Bestimmung getroffen werden, wie und wo die Bücher und Papiere aufbewahrt werden sollen. Es muß wie Abs II sagt, der Ort, wie § 74 GGmbH treffender sagt, der Dritte bestimmt werden, wo die Papiere aufbewahrt und zur Einsicht bereitgehalten werden sollen. Es muß beides bestimmt werden, die Persönlichkeit des Verwahrers und der Ort der Verwahrung und der Ort muß ein sicherer sein; vgl. auch § 157 II HGB. Darüber kann die Gesellschaft selbst eigenmächtig nicht bestimmen. Es muß der Registerrichter am Ort des Sitzes der Gesellschaft um die Bestimmung angegangen werden (FGG § 145), wodurch zugleich erreicht wird, daß jeder Beteiligte ohne weiteres erfahren kann, wo die Papiere liegen. — Die für die Aufbewahrung etwa aufzuwendenden Kosten müssen der Liquidationsmasse entnommen werden. Der Registerrichter darf seine Entscheidung nicht davon abhängig machen, daß der Antragsteller die Kosten übernimmt, RJA 10, 39, wohl aber davon, daß die Gesellschaft eine Persönlichkeit bezeichnen kann, welche bereit ist, die Aufbewahrung zu übernehmen. Der Registerrichter hat die Liquidatoren durch Androhung von Ordnungsstrafen anzuhalten, daß sie diese Hinterlegung veranlassen; § 319 I.

Darüber, wie die zehnjährige Frist zu berechnen ist, besteht Streit. Nach Lehmann-Ring § 302[3] seien gemeint 10 Jahre von der Hinterlegung an; ebenso Staub-Pinner § 302[9]; Brand § 302[3] e; Goldmann § 302[4]. Indessen hat doch offenbar in Abs II nur das in der erfoderlichen Weise ergänzt werden sollen, was nach § 44 HGB auch für die A-Gesellschaft gilt. Danach muß jedes Buch nach der letzten Eintragung, jeder Brief nach seinem Datum, genauer vielleicht nach dem Datum seines Einganges, das dann aber ersichtlich sein muß, 10 Jahre lang aufgehoben werden.

Die Vorschrift ist nur anwendbar, wenn nicht in anderer Weise gültig über die Bücher usw. verfügt wird, d. h. sie gilt nicht, wenn und soweit als bei einer Veräußerung des ganzen Geschäfts auch zugleich die Handelsbücher auf den Erwerber des Geschäfts übertragen werden; das ist hier nicht anders, wie nach § 44 HGB, wenn der Einzelkaufmann sein Geschäft auf einen Dritten überträgt; OLG 11, 400. Die Verpflichtung zur Aufbewahrung der Bücher trifft dann den Erwerber des Geschäfts.

5. Die Aktionäre und die Gläubiger der Gesellschaft sind nicht ohne weiteres berechtigt, die in der vorgeschriebenen Weise niedergelegten Bücher und Papiere einzusehen, wohl aber haben sie ein Recht darauf, wenn der Registerrichter (FGG § 145) sie dazu ermächtigt hat. Unter den Aktionären sind diejenigen zu verstehen, welche es bei Auflösung der Gesellschaft gewesen sind; Makower § 302 V a; Ritter 302[5]. A. A. Staub-Pinner § 302[11]; Brand § 302[4] a; Goldmann § 302[7]. Nach Lehmann-Ring § 302[4] zählen dabin nicht nur die Rechtsvorgänger, sondern auch die Rechtsnachfolger des letzten Aktionärs, wobei undeutlich ist, was unter Rechtsnachfolger eines Aktionärs, der nicht mehr Aktionär ist, zu verstehen ist. Allenfalls könnte Gesamtrechtsnachfolge in Frage kommen. Selbständige Abtretung des Rechts auf Büchereinsicht ist nicht möglich; vgl. JW 02, 397[31]; RJA 6, 124 (KG). Dagegen müssen unter Gläubigern der Gesellschaft alle verstanden werden, welche das einmal gewesen sind; enger Ritter § 302[5]. Daß die Forderung noch besteht, ist offenbar nicht Voraussetzung. Es kommt auch nicht darauf an, ob der Gläubiger in der Liquidation als solcher bekannt gewesen ist oder nicht.

Der Registerrichter hat nach pflichtmäßigem Ermessen zu entscheiden, ob nach Lage der Sache das Verlangen, die Papiere einzusehen, gerechtfertigt erscheint, vgl. FGG § 34. Dabei muß genügen, daß der Antragsteller glaubhaft macht, daß er Aktionär oder Gläubiger der Gesellschaft gewesen ist. — Abschriften aus den Papieren können nicht verlangt werden, auch nicht, wenn der Antragsteller sich zur Zahlung der Kosten bereit erklärt. Aber es steht nichts entgegen, daß der Ermächtigte sich Notizen macht (vgl. KGJ 7, 99), daß er einen Sachverständigen zuzieht (vgl. RG 25, 88; JW 07, 523[32]; RJA 6, 124 [KG]; Bolze 5, 278; 22, 508), daß er einen Bevollmächtigten mit der Einsicht betraut, wofern nicht gegen dessen Persönlichkeit begründete Einwände erhoben werden; JW 96, 303[25]. Entsteht hierüber Streit, so hat nicht der Registerrichter, sondern der Prozeßrichter zu entscheiden. Ersterer hat überhaupt gegenüber dem Verwahrer der Papiere keine Machtbefugnis. Er hat nur die Ermächtigung zu erteilen, welche dem Ermächtigten den Anspruch auf die Büchereinsicht verschafft, auf Grund dessen er gegen den Verwahrer, wenn er Schwierigkeiten macht, im Wege der Klage vorgehen muß; a. A. Delius in GZ 46, 68. Ohne diese Ermächtigung darf der Verwahrer niemandem außer dem Vertreter der Gesellschaft oder demjenigen, der auf Grund §§ 809 ff. BGB ein Recht zur Einsicht hat, die Einsicht gestatten. — Hält man in Preußen die Artt 15, 17 PrFGG für anwendbar, so würde dem Registerrichter die Befugnis zustehen, die Befolgung seiner Anordnung gegenüber dem Verwahrer durch Ordnungsstrafen und schließlich sogar durch Anwendung von Gewalt zu erzwingen. Das ist aber abzulehnen; RJA 14, 57 (KG). Denn Art 15 und ebenso Art 17 setzen eine Verfügung des Richters voraus, deren Durchführung es gilt. Hier ist aber der Richter eben nicht zu einer Verfügung, sondern nur zu der Ermächtigung berufen; Ritter § 302[5]; a. A. Lehmann-Ring § 302[4]; Staub-Pinner § 302[14].

Nach § 146 FGG ist der Gegner des Antragstellers zu hören. Das ist in erster Linie der Aufbewahrer der Bücher, sodann die A-Gesellschaft, wenn sie etwa wieder aufgelebt ist oder infolge des Auftretens der Antragsteller als Gläubiger wieder auflebt.

Das Gesagte gilt, wenn es zur Hinterlegung der Bücher und Papiere nach Abs II kommt. Gehen mit der Veräußerung des Geschäfts die Bücher in andere Hände über, so sind die Interessenten auf den Anspruch auf Vorlegung nach § 810 BGB angewiesen; RG 43, 133.

6. a) Stellt sich nach Beendigung der Liquidation durch Auskehrung des Vermögens an Gläubiger und Gesellschafter heraus, daß noch Gesellschaftsvermögen vorhanden ist, so lebt die Liquidation zu einem mehr oder weniger kurzen Verfahren noch einmal wieder auf. Das gilt ganz allgemein, nicht nur von der A-Gesellschaft, sondern auch von der Gesellschaft mbH und der eingetragenen Genossenschaft; RG 3, 54; 15, 102; 41, 95; KGJ 31, 267; 41, 138; 45, 184; OLG 14, 369. Gesellschaftsvermögen bedeutet hier aktives Vermögen, verwertbare Sachen, Rechte, Ansprüche. Der Umstand, daß noch unbezahlte Schulden bestehen, so, wenn der Liquidator ein Grundstück verkauft hat, und nach Beendigung der Liquidation der Käufer Mängel entdeckt, wegen deren er Anspruch auf Ersatz hat (Josef in LZ 1914, 657[1] und HoldhMS 23, 175), bietet keinen Anlaß, die Liquidation wieder aufzunehmen. Das ist allgemein anerkannt. Fraglich kann erscheinen, ob Vermögen in diesem Sinne vorhanden ist, wenn

ein Gläubiger hervortritt und der Gesellschaft für den Fall, daß dessen Anspruch besteht, ein Anspruch auf Ersatz gegen den Liquidator oder auf Rückzahlung von Geld gegen die Aktionäre oder einzelne von ihnen zusteht. Das ist in RJA 14, 59 (KG) verneint worden, dagegen in RJA 12, 218 (München); 15, 57 (KG); 15, 212 (KG); OLG 38, 193 (KG); RG 92, 83/84; 109, 391/92 und von der herrschenden Lehre bejaht. Die letzteren Entscheidungen stehen nicht gerade auf starken Füßen. Die Konstruktion schwebt ganz in der Luft. Sie bewegt sich im Kreise. Die Forderung des Gläubigers besteht nur noch, wenn die Gesellschaft noch besteht. Sonst ist sie durch Fortfall des Schuldners untergegangen. Ob die Gesellschaft noch besteht, hängt davon ab, ob sie noch einen Anspruch gegen Mitglieder ihrer Organe oder gegen Aktionäre hat, was aber wiederum nur der Fall ist, wenn jene Forderung des Gläubigers besteht. Ohne das ist die Gesellschaft nicht geschädigt und niemand wird auf den Gedanken kommen, irgendetwas an der geschehenen Verteilung zu ändern; Josef in HoldhMS 25, 100. Dabei kann, wenigstens was die A-Gesellschaft angeht, der Gläubiger auf kürzerem Wege sicherer zum Ziel gelangen. Ihm haften nach § 217 die Aktionäre, nach §§ 241 IV; 298 II und 249 III die Mitglieder des Aufsichtsrats und die Liquidatoren unmittelbar, wenn sie überhaupt haften. Aber auch vom Standpunkt der herrschenden Lehre muß der Ersatzanspruch der Gesellschaft nicht nur bestehen, sondern er darf auch nicht gänzlich wertlos sein; RJA 12, 218 (München); es darf die Rechtsverfolgung der Gesellschaft nicht aussichtslos sein; RJA 15, 214 (KG). S. aber auch RJA 17, 101 (KG, es genügt substantiierte Darlegung des Ersatzanspruchs; unentschieden JW 06, 40; ganz abweichend aber unrichtig RJA 16, 94 (KG). — Läßt man gelten, daß mit der Beendigung der Liquidation nicht gewartet zu werden braucht, bis über den Verbleib der zur Sicherstellung von Gläubigern hinterlegten oder zur Bestreitung der letzten Kosten zurückbehaltenen Gelder endgültig entschieden ist (vgl. oben Erl 1), so kann auch das Freiwerden solcher Gelder einen hierher gehörigen Fall bilden.

b) Im allgemeinen ist anerkannt, daß in diesen Fällen mit der juristischen Person auch ihre Organisation wieder ins Leben tritt. Mitglieder des Aufsichtsrats und Liquidatoren können verstorben sein oder kommen aus einem anderen Grunde nicht mehr in Frage, in welchem Fall dann für Ersatz gesorgt werden muß, soweit es nach Gesetz oder Statut erforderlich ist. Damit steht der Abs IV in einem gewissen Widerspruch, der voraussetzt, daß es in dem dort hervorgehobenen Fall an Liquidatoren fehlt und es der erneuten Bestellung solcher bedürfe. Die Vorschrift beruht auf einem erst in dritter Lesung in dem Plenum des Reichstages gestellten Antrag, der von der tatsächlich nicht richtigen Voraussetzung ausgeht, daß, wenn es in dem betreffenden Fall an einem Vertreter fehlt, keine Möglichkeit bestehe, gegen die Gesellschaft vorzugehen, es sei denn auf Grund § 57 ZPO, der aber nur Anwendung finde, wenn Gefahr im Verzuge sei (nach Staub-Pinner § 302[17] käme auch § 57 cit nicht zur Anwendung, weil keine Partei vorhanden sei, wogegen zu sagen ist, daß § 302 IV ebensogut eine Partei voraussetzt, wie § 57 ZPO und § 29 BGB). Dabei war der damals schon mit dem BGB in Aussicht genommene § 29 das. übersehen. Der Antrag war auch insofern nicht gut gefaßt, als er von der Verteilung unterliegendem Vermögen spricht, während es doch, wie in der Verhandlung ausdrücklich gesagt worden ist, gerade darauf ankam, für die Gläubiger des Vermögens habhaft zu werden. Auch Josef in HoldhMS 23, 176 spricht sich gegen die Vorschrift aus, als sei sie überflüssig. Immerhin ist der Antrag Gesetz geworden, und daher liegt es so, daß die Liquidatoren zwar auch nach Beendigung der Liquidation nicht schlechthin ausscheiden, vielmehr berufen sind, noch ausstehende Kosten zu bezahlen, über hinterlegte Gelder die nötigen Verfügungen zu treffen, wenn sie frei werden usw., daß sie aber zur Vertretung der Gesellschaft nicht berufen sind, und von neuem als Liquidatoren vom Gericht bestellt werden müssen — dieselben oder andere —, wenn sich weiteres Vermögen nachträglich herausstellt. A. A. Staub-Pinner § 302[21], wonach die ganze Organisation zerstört wäre und wiederhergestellt werden müßte. Nach der ausdehnenden Auslegung in KGJ 41, 138 ist die Vorschrift nicht nur anwendbar, wenn sich noch weiteres Vermögen herausstellt, sondern immer wenn überhaupt noch Vermögen vorhanden ist. — Bestritten ist, ob in das Handelsregister einzutragen ist, daß die Liquidation wieder eröffnet sei. S. Staub-Pinner § 302[20]. Jedenfalls ist die Bestellung der Liquidatoren einzutragen und öffentlich bekanntzumachen, und zwar von Amts wegen, § 295 III; Lehmann-Ring § 295[5]. Damit dürfte genügend zum Ausdruck kommen, daß die Liquidation wieder im Gange ist. Vgl. hierzu Wimpfheimer 115 Anm 119. Sie wird nicht ganz von neuem aufgenommen. Sie wird von dem Punkt an, wo sie aufgehört hatte, fortgesetzt und über das, was zu diesem Zweck geschieht, ist schließlich wiederum einer Generalversammlung Schlußrechnung zu legen; Staub-Pinner § 302[21]. — Es handelt sich hier nicht etwa, wie Josef in LZ 1914, 657[1] annimmt, um Berichtigung der Löschung der Firma auf Grund § 142 FGG. Die Meinung, daß die Firma wieder einzutragen sei (Ritter § 302[6]; Makower § 302 VI b 3), entbehrt der Begründung.

c) Die Bestellung durch das Gericht erfolgt nur auf Antrag eines Beteiligten. Als solcher ist jeder Aktionär, sind ferner die Liquidatoren und die Mitglieder des Aufsichtsrats und schließlich auch jeder unbezahlt gebliebene Gläubiger der Gesellschaft anzusehen. Zuständig ist der Registerrichter FGG § 145, der nach § 146 FGG zu verfahren hat. Was die

Frage angeht, ob sich unverteiltes Vermögen herausgestellt hat, so genügt nicht die Behauptung. Wenn insbesondere behauptet wird, daß der Gesellschaft noch Ersatzansprüche zustehen, so müssen die begründenden Tatsachen angegeben und nötigenfalls unter Anstellung von Ermittlungen nach § 12 FGG festgestellt werden; RJA 12, 218 (München); 15, 212 (KG); 17, 107 (KG). Gegen die Entscheidung des Registerrichters findet Beschwerde nach § 20 FGG statt; wird der Antrag zurückgewiesen, so steht die Beschwerde nur dem Antragsteller zu; wird ihm stattgegeben, jedem, dessen Recht durch die Verfügung beeinträchtigt wird; das trifft nicht zu auf solche Gläubiger der Gesellschaft, welche befriedigt worden sind, RJA 10, 255 (KG); 12, 218 (München); 16, 95 (KG), wohl aber auf Gläubiger, welche noch zu fordern haben, auch wenn sie nicht die Antragsteller sind, ferner auf den zum Liquidator Bestellten; RJA 14, 59 (KG). Nach RJA 12, 218 (München) kann in dem Verfahren zur erneuten Bestellung eines Liquidators der frühere Liquidator die Gesellschaft vertreten, was praktisch zu begrüßen wäre, sich aber angesichts der in Abs IV beliebten Regelung kaum aufrecht erhalten läßt; vgl. hierzu Josef in LZ 1914, 657[1]; in HoldhMS 23, 175; Marcus in HoldhMS 23 143 (dem darin widersprochen werden muß, daß der frühere Liquidator einen Anspruch darauf hätte, wieder bestellt zu werden).

Der Registerrichter darf seine Entscheidung nicht davon abhängig machen, daß der Antragsteller einen Kostenvorschuß zur Bildung einer Liquidationsmasse zahlt; RJA 15, 212 (KG).

d) War die Gesellschaft nicht in Liquidation getreten, sondern in Konkurs geraten, so wird gegebenenfalls nicht die Liquidation, sondern das Konkursverfahren wieder aufgenommen; Staub-Pinner § 302[24]. Erst wenn der Konkursverwalter die Wiederaufnahme ablehnt, sind Liquidatoren in der Lage, sich der Sache anzunehmen.

§ 303.

Eine Verwertung des Gesellschaftsvermögens[1] durch Veräußerung des Vermögens im ganzen[2] ist nur auf Grund eines Beschlusses der Generalversammlung zulässig. Der Beschluß bedarf einer Mehrheit, die mindestens drei Vierteile des bei der Beschlußfassung vertretenen Grundkapitals umfaßt; der Gesellschaftsvertrag kann noch andere Erfordernisse aufstellen[3].

Der Beschluß hat die Auflösung der Gesellschaft zur Folge, sofern diese nicht bereits aufgelöst war[4].

Die Vorschriften der §§ 294 bis 302 kommen mit der Maßgabe zur Anwendung, daß die Liquidatoren zu denjenigen Geschäften und Rechtshandlungen befugt sind, welche die Ausführung der beschlossenen Maßregel mit sich bringt[5]. Die Ausantwortung des Vermögens an den Übernehmer darf nur unter Beobachtung der für die Verteilung unter die Aktionäre nach den §§ 297, 301 geltenden Vorschriften stattfinden[6].

1. Besondere Vorschriften gelten für den Fall, daß die Gesellschaft beschließt, sich dadurch aufzulösen, daß sie ihr Vermögen im ganzen auf einen anderen überträgt. Der Erwerber kann eine natürliche oder eine juristische Person sein. Es können Erwerber auch mehrere natürliche Personen sein, nur müssen diese irgendwie gesellschaftlich miteinander verbunden sein und so den Vertrag schließen. Die Regel ist, daß auch in diesen Fällen der Auflösung eine Liquidation stattfindet (§ 303). Aber es besteht das Bedürfnis, daß in diesen Fällen das Vermögen aus der einen Hand in die andere übergeht, ohne daß der auf Erwerb gerichtete Betrieb eine Störung oder Unterbrechung erfährt, und das bedingt Abweichungen von den allgemeinen Vorschriften über die Liquidation. Das Sperrjahr muß zum Schutze der Gläubiger auch hier beobachtet werden und erfährt sogar noch eine Erweiterung seiner Bedeutung. Vor Ablauf des Jahres darf nicht nur an Aktionäre nichts verteilt, sondern es darf auch das veräußerte Vermögen dem Erwerber nicht überantwortet werden. Anderseits fällt die Beschränkung der Liquidatoren auf Abwicklungsgeschäfte fort, die vielmehr — vorbehaltlich besonderer Vereinbarungen zwischen der Gesellschaft und dem Erwerber — darauf bedacht sein müssen, das Geschäft bis zur Ablieferung an den Erwerber in der bisherigen auf Erzielung von Gewinn gerichteten Weise fortzuführen. In zwei Fällen ist auch in dieser Gestalt eine Liquidation nicht unbedingt erforderlich. Wenn der Erwerber das Reich, ein Bundesstaat, ein Kommunalverband ist, kann beschlossen und vereinbart werden, daß die Liquidation unterbleiben soll; § 304. Und das gleiche gilt bei der Fusion, d. h. wenn der Erwerber eine Aktiengesellschaft ist und ihre Gegenleistung darin besteht, daß sie die Aktionäre der zur Auflösung kommenden Gesellschaft als eigene Mitglieder aufnimmt; § 306. Der § 305 endlich trifft für diesen Fall der Fusion — gleichviel ob der Fortfall der Liquidation

vereinbart ist oder nicht — Vorschriften für die dadurch bedingte Erhöhung des Grundkapitals der aufnehmenden A-Gesellschaft.

Die §§ 303—306 sind an die Stelle des Art 247 der früheren Fassung des Gesetzes getreten, welcher nur den Fall der Fusion (Art 215 IV) geregelt hatte.

2. a) Voraussetzung der in § 303 abweichend geregelten Art der Liquidation ist, daß das Vermögen im ganzen, d. h. das Vermögen als Ganzes veräußert ist. Gemeint ist das Vermögen mit Aktiven und Passiven. Werden die Verbindlichkeiten von der Übertragung ausgeschlossen, so handelt es sich um den Regelfall der Umsetzung des Vermögens in Geld, wovon §§ 298 I, 149 handeln, der Versilberung der Aktiven durch Verkauf in Bausch und Bogen. Soll der Geschäftsbetrieb als erwerbender unverändert fortgesetzt werden, so müssen die Verbindlichkeiten mit übernommen werden. Anders RG 71, 377; RFH 12, 91; Brand § 303[2] c bb. Richtig ist nur, daß auch bei der Veräußerung des ganzen Vermögens unter Ausschluß der Schulden der Übernehmer gleichwohl noch § 419 BGB den Gläubigern mit den übernommenen Vermögensstücken haftet, so daß die Vereinbarung, daß die Schulden von der Übernahme ausgeschlossen seien, nur im Verhältnis zwischen Erwerber und Veräußerer von Bedeutung ist. — Dagegen ist nicht ausgeschlossen, daß das eine oder andere bestimmte Vermögensstück, eine einzelne bestimmt bezeichnete Verbindlichkeit der Veräußerung ausgenommen wird, vorausgesetzt, daß es sich dabei um Dinge von verhältnismäßig geringer Bedeutung handelt. Vgl. RG 24, 261; 69, 289; JW 1919, 822[4]; a. A. Makower § 303 I c.

Was die Gegenleistung angeht, so haben die Parteien in der Bestimmung freie Hand. Abgesehen von dem besonderen Fall der Fusion wird es sich in der Regel um Geld oder (Verstaatlichung) um Schuldverschreibungen handeln. — Das Gesetz spricht von Verwertung des Gesellschaftsvermögens durch Veräußerung des Vermögens im ganzen. Das ist keineswegs Pleonasmus im Ausdruck wie Lehmann-Ring § 303[2], Makower § 303 I b behaupten. Auch Verschenkung würde Veräußerung sein, aber keineswegs Verwertung. Übrigens aber will selbstverständlich die Wendung nicht einem in dieser Richtung denkbaren Mißverständnis vorbeugen, sondern nur den Gegensatz herausheben, Veräußerung des Vermögens im ganzen und Veräußerung im einzelnen. Es kommt also nicht immer Verkauf, wohl aber nur entgeltliche Veräußerung in Frage, worunter sowohl das obligatorische wie das Verfügungsgeschäft verstanden werden kann; anders anscheinend Makower a. a. O.

b) Wichtiger ist, daß es nicht ausgeschlossen ist, den Anspruch auf die Gegenleistung unmittelbar den Aktionären zu bedingen. Es wird das dann in der Regel ein Vertrag zugunsten Dritter in dem Sinn sein, daß die Aktionäre ein unmittelbares und unentziehbares Recht auf die Leistung erwerben; BadRspr 1904, 197[96] a. Es ist aber zu beachten, daß die Mehrheit einen solchen Vertrag wirksam nur beschließen kann, wenn er im Einklang steht mit der gesetzlichen und statutarischen Bestimmung über die Verteilung des Vermögens unter die Aktionäre. Denn in der Gegenleistung des Erwerbers besteht das in Geld umgesetzte Reinvermögen der Gesellschaft. Anders aber bedenklich RG 14, 128 mit der Begründung, daß solche statutarische Bestimmungen (über Prioritätsaktien) unter Umständen auch so verstanden werden könnten, daß sie sich nur auf den Fall der typischen Auflösung und Liquidation beziehen. Vgl. auch Makower § 203 II b[1]. Daher müssen auch die Liquidatoren in einem solchen Fall bei eigener Verantwortlichkeit darauf halten, daß die Gegenleistung nicht vor Befolgung aller Schutzvorschriften, namentlich also auch nicht vor Ablauf des Sperrjahrs an die Aktionäre gezahlt wird. Zahlt der Erwerber unter Verstoß gegen die in dieser Richtung getroffenen Vereinbarungen, so befreit ihn die Zahlung nicht gegenüber der Gesellschaft. Abweichend RFH 12, 92, wonach steuerrechtlich von dem Moment an, wo der Vertrag zugunsten der Aktionäre wirksam geschlossen ist, die A-Gesellschaft kein Vermögen mehr besäße.

c) Der Grund der Auflösung der Gesellschaft liegt nicht etwa darin, daß die Gesellschaft nicht mehr Vermögen besitzt, vielmehr darin, daß das Vermögen gänzliche Umgestaltung erfährt. Daher sind die Ausführungen Friedländers Konzernrecht, 86 f. zu beanstanden.

3. Der Vertrag mit dem Erwerber muß nach § 311 BGB gerichtlich oder notariell abgeschlossen werden. Ihn namens der Gesellschaft zu schließen, ist Sache des Vorstandes oder gegebenen Falles des Liquidators. Doch ist in diesem Punkt die Vertretungsmacht gesetzlich beschränkt. Der gesetzliche Vertreter kann den Vertrag wirksam nur auf Grund eines Beschlusses der Generalversammlung schließen. Auf Grund eines solchen Beschlusses geschlossen erscheint der Vertrag aber auch, wenn und sobald als die Generalversammlung nachträglich den gerichtlich oder notariell vollzogenen Vertrag genehmigt. Unter dieser Genehmigung ist aber nicht eine dem Erwerber oder dem gesetzlichen Vertreter gegenüber abzugebende Willenserklärung der Gesellschaft oder der Generalversammlung zu verstehen. Der Vertrag ist wirksam, sobald die Generalversammlung beschlossen hat, ihn zu billigen; Lehmann-Ring § 303[3]; Ullmann, Veräußerung des Vermögens 16 ff. A. A. RFH 12, 88, wo die — handelsrechtlich jedenfalls nicht zutreffende — Folgerung gezogen wird, daß die Gesellschaft bei nachträglicher Zustimmung zum Vertrag schon vom Datum des Vertrages an aufgelöst sei; Plotke in HoldhMS 10, 249. Dagegen ist der Ver-

trag nur dann auf Grund des Beschlusses abgeschlossen, wenn er seinem Inhalt nach der Generalversammlung vorgelegen hat. Jedenfalls über alle wesentlichen Bestandteile, d. h. nicht nur über die juristischen Essentialien, sondern auch über Nebenbestimmungen, welche wirtschaftlich auch nur einigermaßen von Bedeutung sind, zu entscheiden, muß die Generalversammlung Gelegenheit gehabt haben. Zu lässig RJA 7, 192 (KG). Eine Delegation der Entschließung an andere Stellen ist ausgeschlossen. Nur die Fassung des Vertrages und die Vereinbarung von Dingen von untergeordneter Bedeutung können dem Vorstand oder auch dem Vorstand in Gemeinschaft mit dem Aufsichtsrat usw. überlassen bleiben, was auch stillschweigend geschehen kann; RJA 6, 192; RFH 12, 86.

Der Beschluß der Generalversammlung kann nur mit der im Gesetz bestimmten qualifizierten Mehrheit gefaßt werden, d. h. einer Mehrheit von mindestens dreiviertel des bei der Beschlußfassung vertretenen, d. h. des an der Abstimmung sich beteiligenden Grundkapitals. Vgl. hierzu Erl 1 b zu § 275. Im Gesellschaftsvertrage können nicht Erleichterungen, wohl aber weitere Erschwerungen des Zustandekommens des Beschlusses bestimmt werden. — Der Beschluß bedeutet nicht eine Statutenänderung und ist nicht in das Handelsregister einzutragen; OLG 43, 317 (KG); anders nur, wenn die Gesellschaft auf bestimmte Zeit eingegangen war und die Veräußerung vor Ablauf der Zeit beschlossen wird.

4. Während der Beschluß der Generalversammlung, den Betrieb einzustellen, noch nicht die Auflösung der Gesellschaft bedeutet, hat der Beschluß, das Vermögen im ganzen zu veräußern, oder eine vom Vorstand vorgenommene Veräußerung zu billigen oder den Vorstand mit der Veräußerung zu beauftragen, von selbst die Auflösung der Gesellschaft zur Folge. Es kommt nicht darauf an, ob der Verkauf schon abgeschlossen worden ist oder noch nicht, auch im letzteren Falle nicht darauf, ob er demnächst zustande kommt oder nicht. Auch in diesem letzteren Falle bleibt es bei der Auflösung, mag diese auch gar nicht ausdrücklich beschlossen worden sein. Doch kann die Generalversammlung gemäß § 307 I. III die Fortsetzung der Gesellschaft beschließen. — Es ist wohl anzunehmen, daß der Gesetzgeber den Fall des § 303 so gedacht hat, daß die Gegenleistung des Erwerbers in Geld besteht, welches entweder der Gesellschaft zu zahlen ist, die es unter die Aktionäre verteilt, oder unmittelbar an die Aktionäre nach Verhältnis ihres Aktienbesitzes gezahlt wird. So aber, wie das Gesetz lautet, ist das nicht entscheidend. Vielmehr wird die Gesellschaft durch die Veräußerung des ganzen Vermögens auch dann aufgelöst, wenn es in der Absicht geschieht, den erzielten Preis nicht zu verteilen, sondern wiederum — in veränderter Weise — gewerblich anzulegen und also einen anderen Betrieb der Gesellschaft zu unternehmen. Es steht nichts im Wege, den Beschluß als bedingten zu fassen, bedingt dadurch, daß der Vertrag zwischen dem Erwerber und dem Vorstand der Gesellschaft zustande kommt, wie auch anderseits der Vorstand den Vertrag unter der Bedingung schließen kann, daß die Generalversammlung ihn genehmigt (Makower § 303 II b[2]; 305 II). Insbesondere bei der Fusion nach § 306 empfiehlt es sich, die Genehmigung unter der Bedingung zu beschließen, daß auf der anderen Seite die entsprechende Kapitalserhöhung zustande kommt; Ritter § 303[1]. — Eine andere Frage ist, ob die Gesellschaft sich bedingt oder betagt verpflichten kann, ihr Vermögen (in dem Bestand, den es dann haben wird) zu übertragen. Das muß mit Rücksicht auf § 310 BGB verneint werden. Der Versuch Geilers, Gesellschaftliche Organisationsformen S. 63 Note 29 und Rosendorffs Organisation der Konzerne 56 f., das Gegenteil zu begründen, dürfte mit Staub-Pinner § 303[15] als mißglückt zu bezeichnen sein; Goldschmit AG § 303[4].

Der Vorstand hat gemäß § 293 die Auflösung der Gesellschaft zum Handelsregister anzumelden, während der Veräußerungsbeschluß nicht anzumelden ist (OLG 43, 317 (KG); anders Staub-Pinner § 305[15]); an Stelle des Vorstandes treten alsdann Liquidatoren in Tätigkeit, welche zum Handelsregister anzumelden sind (§ 296) und die Gläubiger aufzufordern haben, ihre Ansprüche anzumelden (§ 297).

5. Ist die Veräußerung des Vermögens zustande gekommen, so haben die Liquidatoren die Gläubiger der Gesellschaft für Rechnung des Erwerbers zu befriedigen oder sicherzustellen. Im übrigen haben sie das Unternehmen, vorbehaltlich besonderer Vereinbarungen mit dem Erwerber, unverändert fortzuführen, das sie erst nach Ablauf des Sperrjahres dem Erwerber liefern dürfen (D 165). Sie sind nunmehr zu denjenigen Geschäften und Rechtshandlungen befugt, welche die Ausführung der beschlossenen Maßregel mit sich bringt, was nach der Absicht dieses Geschäfts nur bedeuten kann, daß sie wieder ganz die Stellung des Vorstandes bei bestehender Gesellschaft einnehmen. Anders Staub-Pinner § 303[14]. Unzutreffend ist die — nur beiläufige — Ausführung in RG 77, 271 f., zwischen den Fällen der Fusion mit Liquidation und ohne Liquidation (§§ 305 und 306) bestehe der Unterschied, daß dort die Verwaltung der Zwischenzeit Liquidationsverwaltung gemäß §§ 149, 298 HGB sei, während hier die beiden Vermögensmassen gleichförmig nach den für das produktive Stadium geltenden Grundsätzen behandelt würden. Der Gegensatz ist nicht Liquidationsverwaltung gemäß §§ 149, 298, sondern Liquidationsverwaltung gemäß § 303 III und werbender Geschäftsbetrieb. In Wahrheit ist das aber überhaupt nicht Gegensatz. Der Geschäftsbetrieb geht auf Rechnung des Erwerbers weiter,

während für die Liquidatoren in bezug auf die Liquidationsmasse, das ist die Gegenleistung, einstweilen nichts zu tun ist, als gänzlich die Hände davon zu lassen, es sei denn, daß der Erwerber den Preis im voraus zahlt. — Es steht übrigens nichts im Wege, daß schon während des Sperrjahrs der Erwerber in der Stellung eines Beauftragten der Liquidatoren und daher unter deren Aufsicht nicht minder wie unter fernerer Aufsicht des Aufsichtsrats der aufgelösten Gesellschaft die Geschäftsführung übernimmt. Es kann das, wenn der Erwerber eine physische Person ist, auch in der Form geschehen, daß dieser zum Liquidator bestellt wird. Ein Recht darauf kann der Erwerber sich mit bindender Kraft nicht ausbedingen (§ 295 III). Es ist dann ganz besonders Aufgabe der Liquidatoren und namentlich des Aufsichtsrats, darauf zu achten, daß das Vermögen der Gesellschaft von dem des Erwerbers streng gesondert gehalten wird. Dagegen wäre es unzulässig, daß der Erwerber das Geschäft als Pächter betreibt. A. A. Makower § 303 II d 2; Ritter § 303[3] a. E. Es würde nicht allzu lange dauern, bis der größte Teil der Waren und der Forderungen Eigentum und eigene Rechte des Pächters und nicht, wie es sein soll, der Gesellschaft wäre. Ganz unvermeidlich müßte ein guter Teil des Vermögens hinüberfließen in die Hände des Erwerbers, was nach Abs III nicht sein soll. Nach Ablauf des Sperrjahres und Befriedigung und Sicherstellung der Gläubiger — auch derjenigen, welche erst nach Eintritt der Liquidation Gläubiger geworden sind — kann und muß das Vermögen dem Erwerber übertragen werden, was nicht in Bausch und Bogen geschehen kann, sondern nur je nachdem, um was es sich handelt, durch Zession, Tradition und Auflassung; DJZ 1905, 80 (Kolmar); RG 62, 73; JW 1906, 46[30].

Der Erwerber mag den Preis schon vor Ablauf des Sperrjahres zahlen, wenn er ihn an die Gesellschaft zu zahlen hat und zahlt. In einer Zahlung an die Aktionäre würde ebenso wie in einer Verteilung des an die A-Gesellschaft gezahlten Preises unter die Aktionäre eine vor Ablauf des Sperrjahres usw. unzulässige Vermögensverteilung liegen; DJZ 1905, 80 (Kolmar). In ersterem Punkt a. A. Lehmann-Ring § 303[5] a. E.

6. a) Liefern die Liquidatoren Vermögensstücke dem Erwerber — ganz oder zum Teil — vor Ablauf des Sperrjahrs und Befriedigung oder Sicherstellung der Gläubiger an den Erwerber aus, so haften sie und ferner die Mitglieder des Aufsichtsrats, wenn sie ein Verschulden trifft, den Gläubigern der Gesellschaft ebenso, wie wenn sie Vermögen an die Aktionäre verteilt hätten. Mit Lehmann-Ring § 303[7] ist anzunehmen, daß hier die §§ 241 III[a] Z. 5, 249 entsprechend anzuwenden sind; Ritter § 303[3]; Staub-Pinner § 303[13]; Brand § 303, 4 c. Dasselbe muß von der Haftung der Aktionäre aus § 217 in dem Fall gelten, wo der Erwerber den Preis unmittelbar an sie zahlt; a. A. Makower § 303 III d 3. Auch ist die Übereignung der einzelnen Vermögensgegenstände in diesem Fall dem Gläubiger gegenüber unwirksam; BGB § 135 I. Kommt die Veräußerung des Vermögens im ganzen wider Erwarten nicht zustande, dann muß die Liquidation in der üblichen, gewöhnlichen Weise zu Ende geführt werden, es sei denn, daß die Generalversammlung die Fortsetzung der Gesellschaft beschließt, § 307.

b) War in dem Moment, wo die Generalversammlung den Beschluß faßte, das Vermögen im ganzen zu veräußern, die Gesellschaft bereits aufgelöst und in Liquidation getreten, dann findet alles weitere auf Grund und in Fortsetzung des bereits im Gange befindlichen Liquidationsverfahrens statt, nur sachlich mit anderem Ziel gemäß Abs III. Namentlich läuft auch nicht die Sperrfrist von neuem.

c) Der Erwerber haftet den Gläubigern der Gesellschaft

1. auf Grund § 419 BGB; die Haftung ist auf die ihm übereigneten Vermögensgegenstände beschränkt und kommt praktisch erst von dem Zeitpunkt an zur Geltung, wo ihm die veräußerten Gegenstände übertragen werden; vgl. ZPO § 786; RG 71, 377; Staub-Pinner § 303[16]; Brand § 303 2 d; die Haftung kann nicht vertraglich ausgeschlossen oder beschränkt werden § 419 III BGB.
2. auf Grund § 25 I HGB, welche Haftung aber erst eintritt von dem Zeitpunkt an, von welchem der Erwerber das Geschäft übernimmt und unter der bisherigen Firma fortführt. Die Firma wird dadurch keine andere, daß die Bezeichnung Aktiengesellschaft fortgelassen wird. Auch das darf erst nach Ablauf des Sperrjahrs usw. geschehen; Staub-Pinner § 303[13].
3. auf Grund § 25 III HGB, ebenfalls erst mit Eintritt des besonderen Verpflichtungsgrundes, insbesondere nach dem der Erwerber die Übernahme der Verbindlichkeiten in handelsüblicher Weise bekannt gemacht hat. Wie der Erwerber vor Ablauf des Sperrjahrs nicht das Geschäft in eigenem Namen führen darf, so auch nicht die Firma; Makower § 303 II d2.

§ 304.

Wird das Vermögen einer Aktiengesellschaft als Ganzes von dem Reiche, einem Bundesstaat oder einem inländischen Kommunalverband übernommen[1], so kann zugleich vereinbart werden, daß die Liquidation unterbleiben soll[2].

Die im § 303 Abs. 1 vorgesehene Zustimmung der Generalversammlung ist auch für eine solche Vereinbarung erforderlich.

Der Vorstand hat den Beschluß der Generalversammlung zugleich mit der Auflösung der Gesellschaft zur Eintragung in das Handelsregister anzumelden[3]; der Anmeldung ist der mit dem Übernehmer abgeschlossene Vertrag in Urschrift oder in öffentlich beglaubigter Abschrift beizufügen.

Der Beschluß hat keine Wirkung, bevor die Eintragung bei dem Gericht, in dessen Bezirke sich der Sitz der Gesellschaft befindet, stattgefunden hat.

Mit der Eintragung des Beschlusses gilt der Übergang des Vermögens der Gesellschaft einschließlich der Schulden als erfolgt; die Firma der Gesellschaft erlischt[4].

1. Ist in dem Falle, daß die Gesellschaft dadurch zur Auflösung kommt, daß sie ihr Vermögen im ganzen veräußert (§ 303), der Erwerber das Reich, ein Bundesstaat (jetzt Land) oder ein inländischer Kommunalverband, so tritt für die Gläubiger der Gesellschaft an die Stelle ihres bisherigen Schuldners ein — wie das Gesetz annimmt — schlechthin zahlungsfähiger Schuldner, und es kann zwischen der Gesellschaft und dem Erwerber vereinbart werden, daß die Liquidation unterbleiben soll, d. h. vor allem, daß es der Einhaltung der für die Gläubiger gegebenen Schutzvorschriften nicht bedarf, weil vom Gesetz zugleich dafür gesorgt ist, daß dann in vollem Umfang der Erwerber für die Verbindlichkeiten der Gesellschaft haftet. Der Ausdruck Verstaatlichung deckt sich nicht vollständig mit dieser Transaktion, weil nicht nur Staaten sondern auch Gemeinden als Erwerber in Frage kommen, andererseits Verstaatlichung auch dann vorliegt, wenn zwischen der Gesellschaft und dem Staat das Fortfallen der Liquidation nicht vereinbart wird. Der Erwerber mag sich unter Umständen davor scheuen, schlechthin alle Verbindlichkeiten der Gesellschaft auf sich zu nehmen. Zwar haftet er auch nach § 419 BGB für die Verbindlichkeiten der Gesellschaft, aber doch nur beschränkt und er ist bei Einhaltung der gesetzlichen Schutzvorschriften sicher, überhaupt nicht mehr in Anspruch genommen zu werden. — Unter Kommunalverbänden sind die ländlichen Gemeinden, die Städte, Kreise und Provinzen zu verstehen. Keinen Unterschied macht es, ob der Erwerber das Unternehmen selbständig fortführt oder in Verbindung mit einer ihrer schon bestehenden Anstalten; OLG 32, 114 (KG). Ausgeschlossen sind dagegen die sogenannten gemischtwirtschaftlichen Betriebe.

2. a) Die Verstaatlichung ist ein Unterfall des § 303, dessen Vorschriften auch hier anzuwenden sind, soweit nicht § 304 anderes bestimmt. Ebenso, wie die Veräußerung des Vermögens im ganzen, liegt auch die Vereinbarung, daß Liquidation nicht stattfinden solle, im Machtbereich des Vorstandes (oder Liquidators) nur unter der Voraussetzung, daß die Generalversammlung ihre Zustimmung erteilt hat oder nachträglich erteilt. Der Beschluß bedarf der in § 303 oder darüber hinaus im Statut vorgeschriebenen Mehrheit. Das Statut könnte allerdings in letzterer Beziehung differenzieren. Aber wenn es das nicht tut, gilt das allgemein Bestimmte auch für den Fall der Verstaatlichung. Die Ausschließung der Liquidation braucht im Vertrag nicht mit ausdrücklichen Worten bedungen zu werden; RG 77, 270; OLG 42, 216 Note d.

b) Wenn das Gesetz sagt, es könne der Ausschluß der Liquidation „zugleich" vereinbart werden, so hat es den typischen Fall im Auge, daß in einem und demselben Vertrage die Veräußerung des Vermögens und der Ausschluß der Liquidation bedungen wird, wie ja auch der Veräußerer sowohl als der Erwerber ein erhebliches, vielleicht ausschlaggebendes Interesse daran haben kann, ob das eine mit oder ohne das andere vereinbart wird. Aber es ist doch nicht unbedingt erforderlich, daß es zu gleicher Zeit zu beiden Vereinbarungen kommt. Es ist nicht ausgeschlossen, daß die Vereinbarung, es solle keine Liquidation stattfinden, nachgeholt wird. Das ist auch dann noch möglich, wenn mit der Liquidation bereits begonnen worden ist. Das wird allgemein anerkannt und daraus wird dann ferner geschlossen, daß die nachträgliche Vereinbarung, daß Liquidation nicht stattfinden solle, formlos getroffen werden könne, so daß schriftliche, aber nicht gerichtliche oder notarielle Beurkundung nur deshalb unerläßlich wäre, weil nach Abs III der Anmeldung des Beschlusses der Generalversammlung der mit dem Übernehmer abgeschlossene Vertrag beigefügt werden müsse.

Es ist indes zu beachten, daß es sich um zwei toto genere verschiedene Verträge handelt, je nachdem, ob die Liquidation stattfinden soll oder nicht. In ersterem Fall ist die Veräußerung des Vermögens ein rein schuldrechtlicher Vertrag, in welchem Veräußerer und Erwerber sich zur künftigen Leistung nnd Gegenleistung verpflichten, der kausale Vertrag, während in letzterem Fall ein Verfügungsgeschäft vorliegt, nicht weniger darum eine Verfügung, weil nicht schon der Vertrag, sondern erst die Eintragung des Beschlusses der Generalversammlung die Verfügung, nämlich die vereinbarte Universalnachfolge (Abs V) wirksam macht. Es ist der Vertrag ähnlich eine Verfügung, wie die Auflassung eine solche ist, wo auch die Wirkung erst mit der Eintragung des Überganges des Eigentums in das Grundbuch eintritt. Ähnlich, nicht ganz ebenso, weil hier, aber nicht dort die Vollendung des Geschäfts immer noch in den Händen der Parteien liegt. Daß das Verfügungsgeschäft obligatorische Verpflichtungen begründet, ist nichts besonderes; RG 67, 201; das gilt z. B. auch vom Handkauf gegen bar. Vgl. auch RG in Recht 08, 609. So erhält der Veräußerungsvertrag mit der nachträglichen Ausschließung der Liquidation nicht einen Zusatz, sondern — auch wenn die sämtlichen Abmachungen gegenständlich unverändert bleiben — nach Sinn und Bedeutung eine Umgestaltung. Es hieße dem Gesetzgeber vorwerfen, daß er das verkannt habe, wenn man annimmt, es entspreche seiner Meinung, diese Vereinbarung könne ganz formlos geschlossen werden, nur um des Ausweises vor dem Registerrichter willen müsse sie zu Papier gebracht werden. Im Gesetz steht es auch nicht. Das Gesetz spricht nur davon, daß die Liquidation ausgeschlossen werden könne zugleich mit der Veräußerung, und wenn das geschieht, muß es natürlich in der für diesen Vertrag vorgeschriebenen Form geschehen. Es muß bei der nachträglichen Vereinbarung der vorher geschlossene Veräußerungsvertrag nicht wörtlich wiederholt werden. Eine Bezugnahme genügt. Aber wenn mit dem nachträglichen Vertrag der frühere in seiner rechtlichen Bedeutung die oben dargelegte Umänderung erfährt, dann ist sicher, daß der die Verstaatlichung begründende Vertrag überhaupt erst und ausschließlich diese spätere Vereinbarung ist. Und das ist denn doch wohl der Vertrag, von welchem das Gesetz verlangt, daß er gerichtlich oder notariell geschlossen wird.

c) Aus diesem Grunde ist auch nicht zu billigen, wenn die herrschende Lehre annimmt, daß der Vorstand nur den Beschluß, daß die Liquidation unterbleiben soll, anzumelden habe, nicht aber den Beschluß betreffend die Veräußerung des Vermögens an den Staat usw. Richtig ist, daß wenn die Liquidation nicht ausgeschlossen ist, nur die Auflösung der Gesellschaft angemeldet werden muß, nichts darüber dagegen, wie das Vermögen verwertet wird. Aber daraus folgt nicht, daß das auch im entgegengesetzten Fall gilt. Von dem Fall, von dem allein das Gesetz ausdrücklich redet, sagt es vielmehr ganz deutlich das Gegenteil. Denn es spricht eben nur von dem Fall, daß nur ein Vertrag, die Ausschließungsklausel enthaltend, geschlossen worden ist, daß er der Zustimmung der Generalversammlung bedarf und daß dieser Beschluß angemeldet werden muß. Es kann ja auch nicht anders sein. Es handelt sich um einen Beschluß von erheblicher Tragweite, dessen Eintragung obendrein rechtserzeugende Wirkung hat. Da muß der Registerrichter in den Stand gesetzt werden, im vollen Umfang die Grundlagen der Rechtsgestaltung nachzuprüfen. Vgl. OLG 22, 31 (München). Begnügt man sich bei nachträglicher Ausschließung der Liquidation mit einer Bezugnahme auf den Veräußerungsvertrag, dann ist der Vertrag und der Beschluß in dieser Gestalt als ein referens sine relato keine ausreichende Grundlage. Der Registerrichter muß darauf bestehen, daß ihm auch der Veräußerungsvertrag vorgelegt wird. (In diesem Punkt ebenso Lehmann-Ring § 304³; Ritter § 304³; Staub-Pinner § 304⁵; Brand § 304² c dd; Makower § 304 V f.; im übrigen hat das hier Gesagte die herrschende Lehre gegen sich.) Den diesen genehmigenden Beschluß der Generalversammlung wird er bei ordnungsmäßigem Verfahren (§ 259 V) bereits bei den Akten haben, und wenn in das Protokoll der Generalversammlung der Veräußerungsvertrag wörtlich oder auch nur inhaltlich aufgenommen ist, bedarf es allerdings der Vorlegung des Vertrages selbst nicht. Der Vertrag, von welchem Abs III spricht, ist in diesen Fällen der spätere, die Liquidation ausschließende Vertrag. — Die Anmeldung muß vom Vorstand ausgehen, d. h. von soviel Mitgliedern, als zur Vertretung der Gesellschaft erforderlich ist. Der Gesellschaft gegenüber ist der Vorstand und dem Erwerber gegenüber ist die Gesellschaft verpflichtet, die Eintragung, ohne welche der Vertrag nicht die gewollte Wirkung erzielt (Abs IV), zu betreiben. Dagegen hat die Öffentlichkeit kein Interesse daran, daß sie nicht unterbleibt. Ein Zwang durch den Registerrichter findet hier, wie bei allen konstitutiven Eintragungen nicht statt; § 319 II. Auch zu dem Register einer Zweigniederlassung muß angemeldet werden, sobald der Beschluß in das Handelsregister der Hauptniederlassung eingetragen worden ist, und hier findet das Zwangsverfahren nach § 14 statt. Bestritten ist, von wem diese letztere Anmeldung ausgehen muß. Streng genommen existiert von der Eintragung in das Handelsregister des Sitzes der Gesellschaft an die Gesellschaft nicht mehr und auch nicht für sie ein Vorstand. Es handelt sich aber um eine die Mitglieder des Vorstandes persönlich treffende Verbindlichkeit, die sehr wohl die Zeit ihrer Anstellung überdauern kann. Es ist das auch nicht die einzige Angelegenheit, wegen deren unter Umständen doch noch ein schwaches Nachleben der Gesellschaft angenommen werden muß (s. unten Erl 4 a). Nach Staub-Pinner § 304⁵ müßte der Erwerber die Anmeldung beschaffen; unsicher Makower § 304 V b; wie hier Lehmann-Ring § 304³; Brand § 304² c bb. War, als der Beschluß gefaßt wurde, die Gesellschaft bereits aufgelöst, so sind nach § 298 II die Liquidatoren diejenigen, welche den Beschluß anzumelden haben. Wegen Anmeldung und Eintragung der Körperschaft, welche das Vermögen erwirbt (§ 36 HGB) s. Ring I, 184.

3. Nicht gerade glücklich ist die Wendung, daß der Beschluß der Generalversammlung angemeldet werden müsse „zugleich mit der Auflösung der Gesellschaft". Wird die Veräußerung des Vermögens im ganzen beschlossen (§ 303), so muß ohne Verzug die darin liegende Auflösung angemeldet werden; die Auflösung selbst ist wirksam auch ohne Anmeldung und Eintragung. Wird dagegen zugleich in zulässiger Weise die Ausschließung der Liquidation beschlossen, so hat das die Auflösung der Gesellschaft nicht zur Folge. Erst mit der Eintragung des Beschlusses tritt diese ein (Abs IV). Das gilt schlechthin und nicht nur — wie Lehmann-Ring § 304[7] annimmt —, wenn die Vertragsparteien es so wollen. Was sie wollen, haben die Parteien wortdeutlich damit erklärt, daß sie die Liquidation ausschließen, nämlich Gesamtnachfolge in das Vermögen der Gesellschaft und ihr sofortiges gänzliches Verschwinden, und das tritt erst ein mit der Eintragung in das Handelsregister. Anderseits beruht diese Auflösung unmittelbar auf dem Gesetz. Ein dahingehender Beschluß braucht gar nicht gefaßt zu werden. Nicht zugleich mit der Auflösung wird daher der Beschluß der Generalversammlung angemeldet, sondern durch Anmeldung dieses Beschlusses kommt sinngemäß zugleich die Auflösung der Gesellschaft zur Anmeldung. Man kann daher das Gesetz nur dahin verstehen, daß wenn die Veräußerung des Vermögens im ganzen und Ausschluß der Liquidation beschlossen wird, der Vorstand nicht zunächst nur die Auflösung anmelden soll, um erst später den Beschluß anzumelden. — Nach OLG 32, 120 wäre nicht unbestritten, ob bei der Veräußerung des Vermögens im ganzen ohne Liquidation der Veräußerungsbeschluß in das Handelsregister eingetragen werden müsse. Indessen kann wohl nach dem Wortlaut des Gesetzes daran kein Zweifel sein.

4. a) Absatz IV und V stehen in engstem Zusammenhang mit einander. Mit der Eintragung des Beschlusses (s. oben Erl 2) in das Handelsregister erlangt dieser rechtliche Wirksamkeit. Allgemein wird das so verstanden, daß das ganze Rechtsgeschäft erst dadurch vollendet und in diesem Sinn wirksam werde, daß der Beschluß in das Handelsregister eingetragen wird. Indessen beruht das offenbar darauf, daß man nicht zwischen kausalem und Verfügungsgeschäft genügend unterscheidet. Wenn der Vertrag zwischen dem Reich und der A-Gesellschaft in der vorgeschriebenen notariellen oder gerichtlichen Form abgeschlossen und von der Generalversammlung genehmigt worden ist, dann ist kein Grund ersichtlich, warum nicht beide Teile an ihn schuldrechtlich gebunden sein sollten. Die Wirkung, von welcher Abs IV handelt, ist die Verwirklichung der in dem Rechtsgeschäft liegenden Verfügung über das Vermögen, die überdies zugleich ein körperschaftsrechtlicher Akt ist, von dem an und für sich schon verständlich ist, daß es zu seiner Verwirklichung der Eintragung in das Handelsregister bedarf. Auch hier muß wieder betont werden, daß es mit dem Wesen eines solchen Aktes durchaus nicht unvereinbar ist, daß er in seinem Schoß rein schuldrechtliche und bindende Verträge birgt. S. § 189 Erl 1 b. Die Wirkung der Eintragung besteht also darin, daß das Vermögen der Gesellschaft mit allen Aktiven und Passiven auf den Erwerber übergeht, daß die Gesellschaft nicht allmählich, sondern auf einmal zerfällt und verschwindet, die Firma erlischt, vorausgesetzt, daß sie nicht mit veräußert ist und das Recht an ihr mit dem Vermögen auf den Erwerber übergeht. Der Gesetzgeber drückt sich aus, mit der Eintragung des Beschlusses „gelte" der Übergang des Vermögens als erfolgt, als wenn er sich scheute anzuerkennen, daß wirkliche Gesamtnachfolge Gegenstand eines Rechtsgeschäfts unter Lebenden sein könne. Jedenfalls ist es nur ein Fehlgriff im Ausdruck. Es kann nichts anderes gemeint sein, als wirkliche, allseitig gültige Gesamtnachfolge. Denn anderenfalls könnte das Gesetz im Falle der liquidationslosen Fusion von dem auf die erwerbende Gesellschaft übergegangenen Vermögen in § 306 nicht sagen, daß es — während der Dauer der tatsächlichen Trennung — als Vermögen der aufgelösten Gesellschaft „gelte". Für einen von beiden — Veräußerer oder Erwerber — muß es doch Vermögen sein und nicht nur gelten. — Dagegen wird man annehmen müssen, daß diejenigen einzelnen Gegenstände, Sachen oder Rechte, sowie diejenigen Schulden nicht übergehen, welche im Vertrage ausgenommen worden sind, was aber, soweit Schulden in Betracht kommen, daran nichts ändert, daß der Erwerber auf Grund § 419 BGB gleichwohl, wenn auch beschränkt, für sie aufzukommen hat (während die nicht ausgenommenen Schulden kraft Gesamtrechtsnachfolge unbeschränkt auf den Staat übergehen). Das führt auf die Frage, was aus diesen Vermögensgegenständen wird, wenn nach dem Gesetz die Gesellschaft verschwunden ist. Und bedeutsamer tritt dieselbe Frage auf, wenn in dem Veräußerungsvertrag die Gesellschaft die Gegenleistung des Erwerbers nicht den Aktionären, sondern sich selbst ausbedungen hat. Denn es liegt in der Natur der Sache, daß der Erwerber nicht geneigt sein wird vorzuleisten und Leistung Zug um Zug würde die Schwierigkeit ebensowenig vermeiden wie Leistung nach Vorleistung. Es wird sich empfehlen und bildet wohl auch die Regel, daß sich die Gesellschaft diese Gegenleistung, auf die Aktien verteilt, zugunsten der Aktionäre versprechen läßt und daß sie, werden einzelne Vermögensstücke ausgenommen, im voraus über diese verfügt. Aber daß es geschehen muß, läßt sich dem Gesetz nicht entnehmen, und wo anders verfahren wird, kann nicht ausbleiben, daß trotz der Ausschließung der Liquidation der letzte Akt einer solchen, die Verteilung des Vermögens, d. h. nunmehr der Gegenleistung unter die Aktionäre, stattfindet. Es muß also die Wendung „daß die Liquidation unterbleiben solle" cum grano salis verstanden werden. In Erl 2 c wurde schon der Standpunkt vertreten, daß in dem Erlöschen der Gesellschaft durch die Eintragung des Beschlusses in das Handelsregister am Sitze der Gesellschaft kein Grund liege, die Mitglieder des Vorstandes oder die Liquidatoren der Verbindlichkeit zu entheben, den Beschluß bei dem Handelsregister der Zweigniederlassung anzumelden.

Hier zeigt sich die Möglichkeit eines bedeutsameren Restes von Dasein der Gesellschaft, welcher das Eintreten des bisherigen gesetzlichen Vertreters unentbehrlich macht.

b) Der Übergang aller einzelnen Vermögensgegenstände wie der Schulden vollzieht sich kraft Gesetzes, es bedarf hierzu keiner Übergabe der beweglichen Sachen (wenn auch selbstverständlich in Erfüllung des Vertrages der Besitz übertragen werden muß; § 857 BGB trifft diesen Fall nicht), keine Zession der Forderungen, keiner Auflassung der Grundstücke. Diese müssen im Grundbuch umgeschrieben werden, was sich als „Berichtigung" des Grundbuchs darstellt; GBO § 22; KGJ 11, 129; 32, 204; 46, 190). Es ist unschädlich, wenn in dem Antrag auf Richtigstellung des Grundbuchs der Ausdruck Auflassung gebraucht wird; HoldhMS 1900, 227 (Köln); der Antrag kann nur von dem Erwerber des Vermögens gestellt werden; OLG 11, 35 (KG).

Anhängige Prozesse erleiden Unterbrechung gemäß den hier entsprechend anzuwendenden Vorschriften über das Ableben der Partei § 239 ZPO, RG 56, 331; in BauersZ 18, 252. Es ist aber nicht ausgeschlossen, daß in dem Veräußerungsvertrag gerade das im Streit befangene Rechtsverhältnis von dem Übergang auf den Erwerber ausgenommen wird. Das wäre wiederum ein Fall, wo die Gesellschaft als Rechtssubjekt nicht zu entbehren ist. S. oben unter a. Der Übernehmer erreicht aber mit der Ausschließung des Rechtsverhältnisses insofern doch nichts, als er nach § 419 BGB doch auch für die etwa bestehende Schuld der Gesellschaft, wenn auch beschränkt haftet. — War für oder gegen die Gesellschaft schon vollstreckbare Entscheidung ergangen, so kommt § 727 ZPO zur Anwendung.

c) Daß das Erlöschen der Firma anzumelden ist (§ 302), gilt auch hier. Die Meinung, daß das Erlöschen von Amts wegen einzutragen sei (Lehmann-Ring § 304[4]), ist abzulehnen. Nicht nur fehlt es dafür an der formalen Voraussetzung einer gesetzlichen Bestimmung, sondern auch sachlich wäre es nicht unbedenklich, die Firma zu löschen, ohne die Beteiligten gehört zu haben, weil es nicht ausgeschlossen ist, daß dem Erwerber auch das Recht auf die Firma übertragen worden ist, und dann also nicht erlischt. S. § 36 HGB. Auch hier bleibt noch ein Rest von Tätigkeit für den Vorstand. Nötigenfalls hat der Registerrichter auf Grund § 14 HGB einzuschreiten. Erst nach Erschöpfung dieses Mittels ist auf Grund § 31 II HGB von Amts wegen vorzugehen; Brand § 304[3] b; Goldmann § 304[6]. Nach Makower § 304 IV d[4] bedürfte es weder der Anmeldung noch einer besonderen Eintragung.

§ 305.

Wird das Vermögen einer Aktiengesellschaft als Ganzes an eine andere Aktiengesellschaft oder an eine Kommanditgesellschaft auf Aktien gegen Gewährung von Aktien der übernehmenden Gesellschaft übertragen, so bleiben bei der Erhöhung des Grundkapitals der übernehmenden Gesellschaft die Vorschriften des § 278 Abs. 1, des § 280 Abs. 2, der §§ 281, 282, des § 283 Abs. 1 sowie des § 284 Abs. 2 Nr. 1 und Abs. 3 außer Anwendung[1].

Der Anmeldung der erfolgten Erhöhung des Grundkapitals zum Handelsregister ist der von der Generalversammlung der aufgelösten Gesellschaft genehmigte Vertrag über die Vermögensübertragung in Urschrift oder in öffentlich beglaubigter Abschrift beizufügen[2].

Auf den Umtausch der Aktien der aufgelösten Gesellschaft finden die Vorschriften des § 290 Anwendung[3] [4].

1. a) Die §§ 305 und 306 regeln die Fusion zweier A-Gesellschaften oder einer A-Gesellschaft und einer Kommanditgesellschaft auf Aktien. Wenn man diesen Ausdruck Fusion in seiner Wortbedeutung versteht, so kommt man auf das, was man sich auch wirtschaftlich unter dem Vorgang denkt, nämlich daß zwei Aktiengesellschaften dergestalt zusammenfließen, daß ihre beiden Vermögen zu einem einheitlichen Vermögen werden, an welchem die Aktionäre beider bisherigen A-Gesellschaften als gemeinsame Aktionäre der so zustande gekommenen neuen Gesellschaft beteiligt sind, der einzelne so, wie es einerseits seiner Beteiligung an der bisherigen Gesellschaft, anderseits dem Verhältnis des Vermögens seiner bisherigen Gesellschaft zum Gesamtvermögen beider Gesellschaften entspricht. So ist indessen der Vorgang rechtlich unmöglich. Das Gesetz hat ihn anders gestaltet; Makower § 305 Ia. Es kann nicht aus den beiden Gesellschaften eine dritte neue Gesellschaft entstehen. Wo immer zwei Gesellschaften mit dem Plan, sich zusammenzutun, umgehen, muß eine von ihnen, die bestehen bleibt, die andere, welche sich zu diesem Zweck oder aus diesem Anlaß auflöst, in sich aufnehmen, in objektiver und in subjektiver Richtung. Sie erwirbt das Vermögen der aufzulösenden Gesellschaft und ihre Aktionäre nehmen deren Aktionäre in ihren Kreis auf. So wird die Fusion ein Fall des in § 303 geregelten Rechtsgeschäfts. Die auf-

zulösende Gesellschaft verwertet ihr Gesellschaftsvermögen durch dessen Veräußerung im ganzen, ausgezeichnet dadurch, daß der Gegenwert, den sie erhält, in der Aufnahme ihrer Mitglieder in die Reihe der Mitglieder der erwerbenden A-Gesellschaft besteht. So findet denn auch auf die Fusion der § 303 mit den aus den Vorschriften in § 305 sich ergebenden Besonderheiten Anwendung. In § 306 wird sodann besonderes für einen Sonderfall der Fusion bestimmt, der aber praktisch eher gerade der Hauptfall ist. Es ist zugelassen, daß bei der Fusion ebenso wie bei der Veräußerung des Vermögens der A-Gesellschaft an den Staat, vereinbart wird, die Liquidation auszuschließen, was hier aber — im Gegensatz zur Verstaatlichung — gewisse Schutzvorschriften bedingt, die den Inhalt des § 306 bilden.

Die Anwendung des § 305 setzt voraus, daß es sich beiderseits um deutsche A-Gesellschaften handelt; OLG 14, 35 (München). Dem Grundbuchrichter wird die ausländische A-Gesellschaft durch den Fusionsvertrag mit einer inländischen nicht als deren Gesamtrechtsnachfolger nachgewiesen; KGJ 21, 294.

b) Der Vorgang der Fusion, wie der § 305 sie im Auge hat und das Gesetz sie in §§ 303, 305, 306 regelt, besteht darin, daß die aufzulösende Gesellschaft ihr Vermögen dergestalt in die aufnehmende einbringt, daß letztere unter der entsprechenden Erhöhung ihres Grundkapitals den Mitgliedern der aufzulösenden Gesellschaft die entsprechenden Aktienrechte verleiht, d. h. ihnen die jungen Aktien begibt. Es ist eine eigentümliche Doppelrolle, welche hierbei die aufzulösende Gesellschaft spielt, im eigenen Namen und zugleich im Namen oder doch für Rechnung und im Interesse ihrer Aktionäre. Aber abgesehen von dieser Eigentümlichkeit liegt gar nichts anderes vor als der typische Fall der Erhöhung des Grundkapitals, bei welcher ausschließlich Sacheinlage vorgesehen ist. Wie nichts entgegensteht, daß mehrere gemeinschaftlich eine Sache oder eine Sachgesamtheit einbringen, während ein jeder für sich dagegen die vereinbarte entsprechende Anzahl von Aktien empfängt, so bringt hier — juristisch zweifellos durchaus nur in eigenem Namen handelnd — die aufzulösende Gesellschaft die Gesamtheit ihres Vermögens ein, um entweder sich selbst oder aber ihren Aktionären dafür die entsprechenden jungen Aktien zu bedingen. Was § 305 in Abs I und Abs II bestimmt, betrifft nur die Vorgänge dieser Erhöhung des Grundkapitals auf Seiten der aufnehmenden Gesellschaft und besagt genau besehen kaum etwas, was sich aus dem geschilderten Wesen der Sache nicht auch ohne ausdrückliche Vorschrift ergeben würde.

1. Unbenommen soll der aufnehmenden Gesellschaft sein, zu der für die Fusion erforderlichen Erhöhung ihres Grundkapitals auch dann zu schreiten, wenn ihr bisheriges Grundkapital noch nicht voll eingefordert und voll eingezahlt ist. Das Verbot des § 278 I Satz 1 hat — vgl. Brodmann ZBH II¹ — seinen Grund in dem Gedanken, daß eine A-Gesellschaft, welche ihr Grundkapital noch nicht voll eingefordert hat und weiterer Geldmittel bedarf, zunächst die Einlagen einziehen soll, ehe sie zur Erhöhung des Grundkapitals und Ausgabe neuer Aktien schreitet. Da es ein Unding ist, die Gesellschaft auch in dem Fall auf die Einziehung der ausstehenden Einlagen zu verweisen, wo es sich um Sacheinlage handelt und sie irgendwelcher Geldmittel gar nicht bedarf, hätte von dem Verbot des § 278 I¹ überhaupt der Fall ausgenommen werden sollen, daß es bei der Kapitalerhöhung ausschließlich auf Sacheinlagen abgesehen ist, und damit wäre denn auch die Fusion getroffen, wo auch nur Sacheinlage in Frage kommt. Das Gesetz hat aber die Ausnahme auf diesen Fall beschränkt, in welchem ja auch das Unrichtige des Verbots besonders deutlich in die Augen springt.

2. Die nach 280 II abzugebende Versicherung, daß das bisherige Grundkapital eingezahlt ist usw., fällt hier, wo Einzahlungen nicht stattfinden, selbstverständlich fort.

3. Die Zeichnung der jungen Aktien § 281, welche bei der regelmäßigen Kapitalerhöhung auch für Sacheinlagen vorgeschrieben ist, bildet schon dort mehr nur eine Förmlichkeit und wäre gegenüber dem Erfordernis, daß im formgerechten Fusionsvertrag alle Einzelheiten festgelegt sein müssen, vollends zwecklos.

4. Daß von einem Bezugsrecht der Aktionäre der aufnehmenden Gesellschaft auf die jungen Aktien (§ 282) keine Rede sein kann, ergibt der Fusionsvertrag, der nur zustande kommt, wenn die Generalversammlung die Kapitalerhöhung nach Maßgabe dieses Vertrages beschließt.

5. Daher hätte auch die Geltung des § 283 I hier nicht ausgeschlossen zu werden brauchen. Der Fusionsvertrag enthält allerdings die Zusicherung des Bezuges der neu auszugebenden Aktien. Bindend für die Gesellschaft kommt er aber erst dadurch zustande, daß die Kapitalerhöhung als erfolgt in das Handelsregister eingetragen wird, und in dieser Zeit ist auch schon das Bezugsrecht, von welchem § 282 handelt, rechtswirksam ausgeschlossen. — Von den vertragsmäßig festgelegten, aus früherer Zeit stammenden und daher noch gültigen Bezugsrechten wird man annehmen können, daß sie sich auf Kapitalerhöhung zum Zweck einer Fusion nicht erstrecken; Staub-Pinner § 305¹³. S. aber auch § 283 Erl 2c.

6. Endlich sind auch die Vorschriften hier ohne weiteres gegenstandslos, daß der Anmeldung der erfolgten Kapitalerhöhung Duplikate der Zeichnungsscheine beigefügt werden müssen; § 284 II Z. 1 und daß die Anmeldenden versichern müssen, daß die vorgeschriebenen Einzahlungen

erfolgt seien; §§ 284 III, 195 III. Es kommen hier weder Zeichnungsscheine noch Geldeinlagen und ihre Einzahlung in Frage.

S. auch Rosendorff Stimmrechtsfragen bei der Fusion in ZBH. II 209 ff.

c) Der Fusionsvertrag bedarf auf Seiten der aufzulösenden Gesellschaft nach § 303 I des Beschlusses der Generalversammlung. Für die aufnehmende Gesellschaft besteht eine solche Vorschrift nicht. Indessen gilt auch hier insofern nichts anderes, als es sich bei der Erhöhung des Grundkapitals um Sacheinlagen handelt. Nach § 279 muß daher der Gegenstand der Einlage, die Person, von welcher die Gesellschaft den Gegenstand erwirbt, und der Betrag, der für die Einlage zu gewährenden Aktie in den Kapitalerhöhungsbeschluß aufgenommen werden. Der Schwerpunkt der Transaktion liegt in der Vereinbarung der für die Einlage zu gewährenden Vergütung, das heißt hier die Verständigung über das Verhältnis, in welchem die neuen Aktionäre an der Gesellschaft beteiligt sein, d. h. in welchem Verhältnis sie an Stelle ihrer Aktien solche der aufnehmenden Gesellschaft erhalten sollen, das Umtauschverhältnis. Die Entscheidung hierüber auf Seiten der aufnehmenden Gesellschaft ist damit zwingend der Generalversammlung vorbehalten, welche darüber mit der für Statutenänderungen erforderlichen Mehrheit bebeschließt.

Was dieses Umtauschverhältnis angeht, so ist — schematisch angesehen — der zugrunde liegende Gedanke dieser: Es kommt darauf an, wie groß beiderseits das Reinvermögen ist. Es muß, soll gerecht verfahren werden, die Gesamtsumme der Nennbeträge der neuen Aktien zum Reinvermögen der aufzulösenden Gesellschaft in demselben Verhältnis stehen, wie das „Grundkapital" der aufnehmenden Gesellschaft zum Wert ihres Reinvermögens. Ist bei einem Grundkapital der letzteren von 1 Million M. das Reinvermögen 2 Millionen M. groß, das Reinvermögen der aufzulösenden Gesellschaft bei 1 Million Grundkapital 500 000 M. groß, dann muß die Gesamtsumme der Nennbeträge der neuen Aktien 250 000 M. betragen. Diese Summe gilt es in Aktien zu zerlegen und man hat darin ganz freie Hand. Es kommt nicht darauf an, auf welchen Betrag die alten Aktien der aufnehmenden Gesellschaft lauten. Es macht im Ergebnis keinen Unterschied, ob man 2500 junge Aktien zu je 100 M. oder 250 zu je 1000 M. ausgibt — gleichviel, auf welche Beträge die alten Aktien der aufnehmenden Gesellschaft lauten, und man kann daher so stückeln, daß tunlichst Spitzen vermieden werden, d. h. in Hand eines Aktionärs ein Aktienbesitz, der zum Austausch gegen eine neue Aktie nicht ausreicht. Der einzelne Aktionär der aufzulösenden Gesellschaft hat den Anspruch darauf, daß so gestückelt wird, und jedenfalls dann kann er den Beschluß anfechten, wenn die Mehrheit gröblich dagegen verstößt.

d) Da in obigem Beispiel die aufnehmende Gesellschaft für 250 000 M. Kapitalerhöhung eine Vermögensvermehrung von 500 000 M. erzielt, liegt Über-pari-Emission von 100% vor und neben dem Grundkapital ist der gesetzliche Reservefonds um 250 000 M. zu erhöhen. S. BadRspr 1904, 197[ee] b; HoldhMS 13, 265[17]; 17, 71. Gegen RG in BankArch 4, 60 und 5, 59 wäre nur zu sagen, daß nicht nur steuerrechtlich sondern auch handelsrechtlich Über-pari-Emission vorliegt. Es zeigt sich, daß in dem Beispiel gar nicht anders verfahren werden konnte, als daß die besser gestellte Gesellschaft die Rolle der aufnehmenden, die andere die der auflösenden Gesellschaft übernahm. Beim umgekehrten Verfahren hätte die Gesamtsumme des Nennbetrags der neuen Aktien 4 Millionen betragen müssen, während die Einlage nur 2 Millionen wert war. Das wäre also unzulässige Unter-pari-Emission. Es ist danach Fusion zweier Gesellschaften ausgeschlossen, wenn beide Unterbilanz haben und nicht mindestens eine vorerst durch Sanierung, etwa durch Herabsetzung des Grundkapitals die Unterbilanz beseitigte.

Das ist das Grundschema, an dessen Richtigkeit dadurch nichts geändert wird, daß in der Wirklichkeit eine Fülle von unsicheren Schätzungen, Willkürlichkeiten und vor allem auch Agentien der Spekulation, Optimismus oder Skepsis, in die Rechnung hineinspielen, wovon dann schließlich abhängt, ob und wie man zu einer Einigung kommt. Es heißt hier für alle Beteiligten recht sehr die Augen offen halten. Denn gesetzt einmal, es spielten arglistige Täuschung dabei eine Rolle, so ist, ehe das erkannt wird und die Folgerungen daraus gezogen werden können, auch schon eine der beiden Parteien, die betrogene oder die betrügende verschwunden. — Vgl. Ullmann, Die Veräußerung des Vermögens einer A-Gesellschaft, der S. 58 ff. Staub-Pinner § 305[13] darin mit Recht widerspricht, daß in dem Kapitalerhöhungsbeschluß gemäß § 278 III der Mindestbetrag angegeben sein müsse, zu welchem die Aktien ausgegeben werden sollen. In dieser Richtung müssen vielmehr ganz feste endgültige Vereinbarungen vorliegen und der Entscheidung der Generalversammlung unterbreitet werden. Aber darin hat doch wohl Staub-Pinner recht, daß die Angabe des Umtauschverhältnisses genügt. Ob und inwiefern Über-pari-Emission vorliegt, wird man, in der Regel wenigstens, am Börsenkurs der Aktien ohne weiteres ersehen können. Besser freilich werden im Vertrag und dann auch im Kapitalerhöhungsbeschluß die der Feststellung des Umtauschverhältnisses zugrundeliegenden Werte angegeben.

f) Von der aufzulösenden Gesellschaft gilt auch bei der Fusion nach § 305 lediglich der § 303. Es findet die Liquidation in der Form statt, daß die Liquidatoren den auf Erwerb gerichteten Betrieb, so wie es vereinbart worden ist, fortsetzen dabei aber die Gläubiger der Gesellschaft durch öffentliche Bekanntmachung auffordern, sich zu melden, die Gläubiger befriedigen oder sicherstellen und erst, nachdem das geschehen und das Sperrjahr abgelaufen ist, das Vermögen an die aufnehmende Gesellschaft ausliefern, durch Tradition, Zession, Auflassung (nach KGG 46, 195 soll der Grundbuchrichter Grundstücke umschreiben dürfen, es sei denn, daß er Kenntnis davon hat, daß die Gläubiger mit der Umschreibung nicht einverstanden sind). Ob die Liquidatoren die Aktien der aufnehmenden Gesellschaft entgegennehmen und auf die Aktionäre der aufgelösten Gesellschaft zu verteilen haben (§ 290) oder ob das unmittelbar zwischen diesen und der aufnehmenden Gesellschaft erledigt wird, hängt von dem Vertrag ab. Jedenfalls aber darf auch das erst nach Ablauf des Sperrjahrs usw. geschehen. Die Vorstandsmitglieder oder Liquidatoren machen sich verantwortlich, wenn sie unterlassen, im Fusionsvertrag das in dieser Beziehung Erforderliche zu vereinbaren. Im allgemeinen wird man freilich auch dann, wenn darüber nichts gesagt ist, annehmen können, daß die Parteien in Kenntnis des geltenden Rechts gar nichts anderes gewollt haben. — Die Mitglieder der aufgelösten Gesellschaft werden zu Aktionären der aufnehmenden Gesellschaft nicht erst durch den Umtausch der Aktien, sondern mit der Eintragung der erfolgten Kapitalerhöhung der aufnehmenden Gesellschaft in das Handelsregister (str.). Es ist hier nicht anders wie in allen Fällen, wo bei Kapitalerhöhungen Aktien gegen Sacheinlagen gewährt werden. S. Erl 6e zu § 195 und unten Erl 2 b.

2. a) Der Kapitalerhöhungsbeschluß der aufnehmenden Gesellschaft (§ 280 I) muß zur Eintragung in das Handelsregister angemeldet werden. Doch entscheidet diese Eintragung noch nicht endgültig. Sie bewirkt höchstens, daß, wenn der Fusionsvertrag schon formgerecht geschlossen ist oder nunmehr formgerecht geschlossen wird, die Gesellschaft schuldrechtlich gebunden ist. Aber auch das kaum. Denn jede Übernahme von Aktien, gleichviel, ob es sich um Geld- oder um Sacheinlage handelt, steht unter der condicio juris, daß die beabsichtigte Kapitalerhöhung zustande kommt. Und das geschieht erst durch die Eintragung der erfolgten Kapitalerhöhung (§ 284), von welcher hier Abs II handelt. Wie überhaupt im Fall des § 284, so ist auch hier nicht Aufgabe des Registerrichters, auf die Anmeldung durch Androhung von Ordnungsstrafen zu dringen. Unterläßt der Vorstand die Anmeldung im Einverständnis mit der Generalversammlung, so bleibt nur für die aufgelöste Gesellschaft der Weg der Klage. Erst wenn die Eintragung im Handelregister am Sitz der Gesellschaft erfolgt ist, muß die Anmeldung zum Handelsregister der Zweigniederlassung geschehen; §§ 319 II, 13 HGB. — Wie hier Makower § 305 III a, der aber juristisch unzutreffend konstruiert. Ob die Zusicherung des Bezugsrechts auf die Aktien nicht schon in dem Kapitalerhöhungsbeschluß (§ 280) wirksam erfolgen könne, ist ja gerade die Frage, um welche der Streit sich dreht, und dem § 279 ist schon gedient, wenn man in der Lage ist, bereits in den Kapitalerhöhungsbeschluß die erforderlichen Einzelheiten des Vertrages aufzunehmen (womit freilich hier, wo es sich um die eine große Sacheinlage handelt, auch schon gleich die Kapitalerhöhung als erfolgt angemeldet werden könnte). Es ist auch gar kein Grund, zu bezweifeln, daß hier (anders im Fall nach § 306) die aufzulösende Gesellschaft an den Vertrag schon gebunden sein kann, ehe es zu der hier in Rede stehenden Anmeldung kommt. Oder vielmehr, sie muß es sein, soll anders der Registerrichter auf die Anmeldung eintragen, daß die Kapitalerhöhung erfolgt ist. Dagegen ist bekanntlich nicht erforderlich, daß in diesem Zeitpunkt die Sacheinlage schon beschafft ist. Im vorliegenden Fall ist es wegen des Sperrjahrs sogar verboten. Wie hier Lehmann-Ring § 305[7].

b) Die Eintragung im Handelsregister, daß die Erhöhung des Grundkapitals erfolgt sei, ist, soweit es sich um Sacheinlage handelt, nicht davon abhängig, daß die Einlage beschafft ist. Wohl aber muß dem Registerrichter der Nachweis erbracht werden, daß sie in vertraglich bindender Weise zugesagt ist. So ist in § 284 II Z. 2 vorgeschrieben, daß die betreffenden Verträge der Anmeldung beizufügen sind. Und so wird hier selbständig bestimmt, daß der von der Generalversammlung der aufgelösten Gesellschaft genehmigte Vertrag über die Vermögensübertragung — und zwar in Urschrift oder in öffentlich beglaubigter Abschrift — beizufügen ist. Damit wird insbesondere betont, daß der Richter darauf zu dringen hat, daß ihm auch der Nachweis erbracht wird, daß die Generalversammlung der aufgelösten Gesellschaft dem Vertrag zugestimmt hat. Haben beide Gesellschaften ihren Sitz in demselben Bezirk, so wird der Richter in der Regel das Protokoll über die betreffende Generalversammlung und damit den authentischen Nachweis bereits in Händen haben.

3. a) Was den zur Durchführung der Fusion erforderlichen Umtausch der Aktien angeht, so muß die hier naheliegende Vorstellung ferngehalten werden, als handle es sich dabei um den Austausch der in den Urkunden verkörperten Anteilrechte. — Allerdings, die Aktionäre der aufzulösenden Gesellschaft sollen Mitglieder der aufnehmenden werden. Aber nichts liegt dem Rechtsgeschäft ferner, als die Absicht, der aufnehmenden Gesellschaft Anteilrechte an der aufzulösenden zu gewähren. Deren Vermögen will und soll sie erwerben, nicht ihre Aktien. Die dem Urteil RG 77, 269 zugrunde liegende Auffassung des Rechtsvorganges kann nicht die richtige sein. In keinem Stadium der Fusion kommt ein Austausch von Aktienrecht gegen Aktienrecht

in Frage. Handelt es sich um die typische Fusion, d. h. Fusion mit der entsprechenden Kapitalerhöhung der aufnehmenden Gesellschaft, dann läßt sich der Moment, mit welchem die Mitglieder der aufzulösenden Gesellschaft Aktionäre der aufnehmenden werden, eindeutig und sicher bestimmen. Es ist der Zeitpunkt, wo die Kapitalerhöhung als erfolgt in das Handelsregister eingetragen wird. — So ist es mit jeder Sacheinlage und es ist kein Grund, weshalb es mit dieser Sacheinlage anders sein sollte. Daran ändert auch nichts, daß oft und in einzelnen oder in allen Beziehungen die neuen Aktionäre aus formalen Gründen in diesem Zeitpunkt noch nicht in der Lage sind, ihre Rechte aus der Mitgliedschaft auszuüben. Anderseits hören die Aktionäre keineswegs mit diesem selben Zeitpunkt auf, Mitglieder der aufzulösenden oder aufgelösten Gesellschaft zu sein, woran auch wieder der Umstand nichts ändert, daß sie vielleicht in einzelnen oder in allen Beziehungen aus formalen Gründen — nämlich weil sie die Aktienurkunden zum Umtausch eingereicht haben und nicht mehr besitzen — ihre Rechte aus der Mitgliedschaft nicht ausüben können. Mit der Auflösung der Gesellschaft verschwindet nicht ihre Organisation, nicht ihr gesetzlicher Vertreter und Aufsichtsrat, nicht ihre Generalversammlung, nicht ihre Aktionäre. Das alles bleibt, bis die Liquidation beendet ist. Es ist nichts unerhörtes, vielmehr ganz natürlich, daß die Aktionäre auf solche Weise zeitweilig Mitglieder beider Gesellschaften sind. Es ist nicht ausgeschlossen, daß auch nach Auflösung der Gesellschaft ein Aktionär sein Aktienrecht auf einen anderen überträgt, was dann bei Inhaberaktien durch Übergabe der Urkunde geschieht. Aber wegen der Fusion hat er gar keine Veranlassung dazu, es zu tun, am wenigsten es gerade der übernehmenden Gesellschaft gegenüber zu tun. Denn damit begibt er sich, soviel an ihm liegt, hilflos in das Lager der Vertragsgegner. Einstweilen steht noch nicht fest, ob alle Interessen wirklich schon ausgeglichen sind und nicht vielleicht doch noch ein Rechtsstreit nötig werden wird. Würde aber auch nur die Mehrzahl der Aktionäre ihre Rechte auf die aufnehmende Gesellschaft übertragen, dann hätte diese freies Spiel. Es ist nicht zu bestreiten, daß der eine oder der andere oder daß alle Aktionäre es gleichwohl tun können. Aber daß das — wie RG a. a. O. annimmt — bei dem Umtausch der Aktien der Sinn des Geschäfts wäre, kann nicht richtig sein. So kann und darf die Aufforderung der aufnehmenden Gesellschaft, die Aktien zum Umtausch einzureichen (§ 290), nicht verstanden werden. Es handelt sich nur um Umtausch der Urkunden, der für den Erwerb des Anteilrechts keine Bedeutung hat, und mit der Einlieferung der Aktien der aufzulösenden Gesellschaft ist diese ein Stück Papier und weiter nichts; RG in HoldhMS 1904, 265.

b) Zu Abs III s. § 290 und Erl dazu. Die Ausdehnung des § 290 auf gegenwärtigen Fall war unerläßlich, weil in dem damit sanktionierten Verfahren ein Eingriff in die Sonderrechte der Aktionäre auf die Mitgliedschaft liegt, welcher anderenfalls nicht von der Mehrheit der Generalversammlung wirksam beschlossen werden könnte. — Es sind die Aktionäre der aufgelösten Gesellschaft durch öffentliche Bekanntmachung in den Gesellschaftsblättern zur Einreichung ihrer Aktien unter der Androhung aufzufordern, daß die nicht eingehenden Aktien für kraftlos erklärt werden. Das Umtauschverhältnis muß im Fusionsvertrag sowie in dem Auflösungs- und Veräußerungsbeschluß bestimmt festgestellt sein; OLG 22, 31 (München). Bei vinkulierten Namensaktien kann die öffentliche Bekanntmachung unterbleiben, wenn die Eigentümer persönlich aufgefordert werden. Die nicht eingehenden Aktien werden für kraftlos erklärt. Für die Spitzen, welche der Gesellschaft zur Verfügung gestellt sind, werden die neuen Aktien in entsprechender Anzahl ausgestellt und für Rechnung der Spitzeneigentümer verkauft. Welche der beiden Gesellschaften das zu besorgen hat, bestimmt das Gesetz nicht. Tritt die aufgelöste Gesellschaft in Liquidation, so verteilt die Aufgabe sich auf beide Gesellschaften. Solange die aufzunehmende Gesellschaft noch besteht, müssen Einforderung der Aktien und Kraftloserklärung von dieser ausgehen, während die neuen Aktien auszugeben — und dann wohl auch sie für Rechnung des Aktionärs zu verwerten — die aufzunehmende Gesellschaft allein in der Lage ist. Es dürfte aber nichts entgegenstehen, daß die aufgelöste Gesellschaft die aufnehmende auch mit dem Geschäft im übrigen betraut.

Findet Liquidation nicht statt (§ 306), so kann ohnehin die Angelegenheit ganz nur durch die aufnehmende Gesellschaft besorgt werden.

4. Es ist nicht ganz leicht, sich von dem Vorgang der Fusion in ihren Etappen ein anschauliches Bild zu machen, zumal den Parteien in weitem Maß freie Hand in der Reihenfolge, die sie einhalten wollen, gelassen ist. Dabei ist manches bestritten. Man kann nur erwägen, welche Reihenfolge die zweckmäßigste ist. Am weitesten in das einzelne geht hier der Vorschlag Brands § 305[4] (vgl. auch — mehrfach abweichend — Ullmann, Fusion 62 ff.).:

a) Zunächst wird der Veräußerungsvertrag geschlossen, wozu bemerkt werden muß, daß es zweckmäßig ist, ihn zunächst nur in Form der Punktation so abzuschließen, wie die beiderseitigen Vorstände glauben, die Zustimmung der Generalversammlung zu finden.

b) sodann beschließt die Generalversammlung der aufzulösenden Gesellschaft die Genehmigung des Vertrages; sie macht zweckmäßig ihre Zustimmung von der Eintragung des Kapitalerhöhungsbeschlusses der übernehmenden Gesellschaft abhängig, oder wartet, bis dieser Beschluß gefaßt und angemeldet ist, c und d) wozu bemerkt werden muß, daß mit ihrem

Beschluß, wenn er unbedingt gefaßt wird, die Gesellschaft endgültig (vorbehaltlich § 307) aufgelöst ist; diese Wirkung ist nicht davon abhängig, daß der Beschluß eingetragen wird; §§ 303 II, 293).

c) Die übernehmende Gesellschaft beschließt die Erhöhung des Grundkapitals (und zwar in Gestalt der Einbringung des Vermögens der aufzulösenden Gesellschaft als Einlage auf die neuen Aktien).

d) Der Erhöhungsbeschluß wird angemeldet und in das Handelsregister eingetragen.

Nunmehr wird, wenn es nicht schon geschehen ist, der Vertrag gerichtlich oder notariell beurkundet. Das kann auch so gemacht werden, daß der Vorstand der einen Gesellschaft in der Generalversammlung (b und c) zum notariellen Protokoll der anderen Gesellschaft den Vertrag anbietet, der Vorstand der anderen Gesellschaft in deren Generalversammlung ihn in derselben Weise anzunehmen erklärt (vgl. Plotke in HoldhMS 10, 249).

e) Die Auflösung der übertragenden Gesellschaft und die Liquidatoren werden angemeldet.

f) Ihre Gläubiger werden zur Anmeldung ihrer Ansprüche aufgefordert, befriedigt, sichergestellt; der Ablauf der Sperrfrist wird abgewartet.

g) Das nach Befriedigung der Gläubiger verbliebene Vermögen wird der übernehmenden Gesellschaft übertragen.

h) Die Aktien werden umgetauscht.

i) Die erfolgte Erhöhung des Grundkapitals der übernehmenden Gesellschaft ist anzumelden (und wird erst durch die darauf erfolgende Eintragung wirksam). So Brand; in Wahrheit muß Nr. i vor Nr. h erfolgen; vor Eintragung der Kapitalerhöhung dürfen Aktien nicht ausgegeben werden, § 287 I und überhaupt kann die Kapitalerhöhung als erfolgt eingetragen werden, sobald der Fusionsvertrag geschlossen und von der Generalversammlung der aufzulösenden Gesellschaft genehmigt worden ist.

k) Das Erlöschen der Firma der aufgelösten Gesellschaft ist anzumelden.

Läßt sich alles genügend vorbereiten, so steht auch hier nichts im Wege, daß gemäß § 285 die Anmeldungen zu d, e, i miteinander verbunden werden, vorausgesetzt, daß beide Gesellschaften im Bezirk desselben Gerichts ihren Sitz haben. Die abweichende Ansicht Ullmanns, Fusion 57 und 62 f. beruht auf der vielfach vertretenen Annahme, daß der Übernahmevertrag wegen der darin enthaltenen Zusicherung von Aktien nach § 283 II frühestens wirksam werde durch Eintragung des Kapitalerhöhungsbeschlusses (§ 280) und daß wiederum die Kapitalerhöhung als erfolgt erst angemeldet werden könne (§ 284), wenn der Fusionsvertrag, der die Zusicherung der Aktien enthält, wirksam abgeschlossen sei. Das letztere ist zweifellos richtig. Aber wenn § 283 bestimmt, daß sich die Gesellschaft vor Eintragung des Kapitalerhöhungsbeschlusses (§ 280) nicht zur Lieferung neu auszugebender Aktien wirksam verpflichten kann, so hindert das im geringsten nicht, daß der Übernehmer von Aktien sich der Gesellschaft zur Übernahme der Aktien schon früher verpflichten kann. Das Gesetz läßt ausdrücklich zu, daß der Kapitalerhöhungsbeschluß mit der erfolgten Kapitalerhöhung gleichzeitig angemeldet werden kann; § 285. Und doch setzt diese Anmeldung voraus, daß alle Aktien begeben sind; es müssen die Zeichner der Aktien nicht nur verpflichtet sein, die Aktien zu übernehmen, sie müssen sogar, soweit es sich um Geldeinlagen handelt, einen Teil des Geldes schon eingezahlt haben.

§ 306.

Ist im Falle des § 305 vereinbart, daß eine Liquidation des Vermögens der aufgelösten Gesellschaft nicht stattfinden soll, so finden die Vorschriften des § 304 entsprechende Anwendung; außerdem gelten die folgenden besonderen Vorschriften[1].

Das Vermögen der aufgelösten Gesellschaft ist durch die übernehmende Gesellschaft getrennt zu verwalten[2].

Der bisherige Gerichtsstand der aufgelösten Gesellschaft bleibt bis zur Vereinigung der Vermögen der beiden Gesellschaften bestehen[3].

Bis zu demselben Zeitpunkte gilt im Verhältnisse der Gläubiger der aufgelösten Gesellschaft zu der übernehmenden Gesellschaft und deren übrigen Gläubigern das übernommene Vermögen noch als Vermögen der aufgelösten Gesellschaft[4].

Die Vereinigung der beiden Vermögen darf erst erfolgen, nachdem die Gläubiger der aufgelösten Gesellschaft von der anderen Gesellschaft nach Maßgabe des § 297 zur Anmeldung ihrer Forderungen aufgefordert worden sind, und nur unter Beobachtung der nach § 301 für die Verteilung des Vermögens unter die Aktionäre geltenden Vorschriften[5].

Die Mitglieder des Vorstandes und des Aufsichtsrats der übernehmenden Gesellschaft sind den Gläubigern der aufgelösten Gesellschaft für die Ausführung der getrennten Verwaltung als Gesamtschuldner verantwortlich, die Mitglieder des Aufsichtsrats jedoch nur, soweit eine Vereinigung der Vermögen beider Gesellschaften mit ihrem Wissen und ohne ihr Einschreiten erfolgt[6 7].

1. a) Ebenso wie bei der Verstaatlichung einer A-Gesellschaft können bei der Fusion zweier Gesellschaften die Parteien vereinbaren, daß eine Liquidation des Vermögens der aufgelösten Gesellschaft nicht stattfinden soll. Dadurch kann die Kontinuität des Betriebes in denkbar vollkommenster Weise erreicht werden. Es geht dann, ebenso wie bei der Verstaatlichung, sofort das gesamte Vermögen kraft Gesamtrechtsnachfolge auf die aufnehmende Gesellschaft über, aber allerdings gegenüber der Verstaatlichung mit der Belastung, daß bis zur Erfüllung der für die Liquidation geltenden Gläubigerschutzvorschriften das Vermögen der aufgelösten Gesellschaft gesondert verwaltet werden muß.

Es handelt sich um einen Unterfall des § 305 und damit weiter des § 303. Allgemein gilt das zu diesen Paragraphen Gesagte auch hier. — In der Praxis überwiegt die liquidationslose Fusion bei weitem. Nach einer die Jahre 1910—1919 umfassenden Statistik sind in dieser Zeit vorgekommen 9 Fusionen mit Liquidation und 228 unter Ausschluß der Liquidation. — Die Durchführung in ihren einzelnen Stadien ist im allgemeinen dieselbe wie in Erl 4 zu § 305 dargestellt worden ist. Nur tritt hier die Besonderheit auf, daß der Beschluß der aufzulösenden Gesellschaft, ihr Vermögen auf die aufnehmende unter Ausschluß der Liquidation zu übertragen, in das Handelsregister eingetragen werden muß und erst durch diese Eintragung rechtswirksam wird (§ 304 III, IV). Die Frage ist, wie dieser Akt in den Hergang einzufügen ist. Es ist das streitig. Nach Staub-Pinner § 306[6] stünde nichts im Wege, die Auflösung unter Ausschließung der Liquidation ohne Rücksicht darauf einzutragen, ob die Generalversammlung der aufnehmenden Gesellschaft bereits die entsprechende Kapitalerhöhung beschlossen hat, das Gesetz in § 304 III verlange nur, daß der mit dem Übernehmer geschlossene Vertrag vorzulegen sei, dieser Vertrag könne auf Seiten der übernehmenden Gesellschaft durch den Vorstand geschlossen werden, Zustimmung der Generalversammlung sei nicht erforderlich. Das ist doch wohl nicht annehmbar. Die Eintragung der Auflösung der Gesellschaft in dieser Gestalt (ohne Liquidation) ist in dem ganzen Vorgang das markanteste Moment. Mit ihr tritt die Gesamtnachfolge in das Vermögen ein. So steht es im Gesetz und an dieser Bestimmung kann doch wohl am wenigsten gerüttelt werden. Diese Wirkung beruht auf der Entscheidung des Registerrichters, dessen Eintragung hier konstitutive Bedeutung hat. Es ist klar, daß der Richter hier streng zu prüfen hat, ob alle Voraussetzungen einer solchen Rechtsgestaltung vorliegen, und ebenso klar ist, daß er die Eintragung nicht vornehmen darf, so lange die die Rechtsnachfolge begründenden Vereinbarungen nicht bindend zustande gekommen sind. Und das sind sie nicht, so lange der Kapitalerhöhungsbeschluß nicht durch seine Eintragung in das Handelsregister wirksam geworden ist. Der Form nach kann der Vorstand der übernehmenden Gesellschaft den Übernehmervertrag ohne Zustimmung seiner Generalversammlung schließen. Aber es handelt sich um eine Sacheinlage auf das zu erhöhende Grundkapital und wie jeder Vertrag, durch welchen Aktien übernommen werden, nur zum Ziele führt, wenn es zu der in Aussicht genommenen Kapitalerhöhung kommt (condicio juris), so auch der gegenwärtige. Aus entsprechender Anwendung des § 304 III ergibt sich, daß die Eintragung des Kapitalerhöhungsbeschlusses nachgewiesen werden muß. Denn selbstverständlich hat die Vorschrift nicht nur irgend einen zu Papier gebrachten Vertragswortlaut im Auge, sondern die Urkunde oder Urkunden, welche dem Richter den authentischen Nachweis erbringen, daß der Vertrag wirklich, d. h. beiderseits bindend geschlossen ist. — Es fragt sich nur, ob nicht vielmehr noch ein Schritt weiter gegangen und die Eintragung des Auflösungsbeschlusses noch weiter hinausgeschoben werden muß, bis es zur Eintragung der erfolgten Kapitalerhöhung auf Seiten der aufnehmenden Gesellschaft gekommen ist; § 284; Lehmann-Ring § 306[3] sagt hierzu, daß nicht etwa für die Anmeldung des Auflösungsbeschlusses die Eintragung der erfolgten Erhöhung des Grundkapitals der übernehmenden Gesellschaft nachgewiesen werden müsse, sei selbstverständlich; denn vor Eintritt der Rechtswirksamkeit der Vereinbarungen, wozu auch die Eintragung des Beschlusses über die Liquidationsausschließung gehöre, könne die Erhöhung des Grundkapitals nicht „erfolgt" sein. Indessen ist das nicht nur nicht selbstverständlich, sondern — wenigstens in der Begründung — unrichtig. Es handelt sich ausschließlich um Sacheinlage und in solchem Falle ist zur Eintragung, daß die Kapitalerhöhung erfolgt und also rechtswirksam zustande gekommen ist, nicht erforderlich, daß die Sacheinlage bereits beschafft worden sei. Es genügt die Verpflichtung der Sacheinleger, sie zu beschaffen. Es genügt die schuldrechtliche Verbindlichkeit, die Sache zu liefern. Und da besteht kein ausreichender Grund, weshalb nicht im Fall des § 306 (Ausschließung der Liquidation) diese schuldrechtliche Verbindlichkeit der aufzulösenden Gesellschaft ebenso wie im Fall einer Fusion nach § 305 schon mit dem Moment eintreten soll, wo sie den gemäß § 303 geschlossenen Veräußerungsvertrag genehmigt. Das ist das Moment, welches bei der gewöhnlichen Kapitalerhöhung durch Sacheinlage der Ausstellung der Zeichnungsscheine (§ 281) entspricht, welche doch auch ausreichende Grundlage für die Eintragung bildet, daß die Erhöhung des Grundkapitals erfolgt ist. Das muß nicht an der Vorschrift scheitern, daß in diesem Fall nach § 304 III, IV der Auflösungsbeschluß zum Handelsregister anzumelden ist und vor seiner Eintragung keine Wirkung hat. Diese Bestimmung gilt dem Schutz der Gesellschaftsgläubiger D. 166. Sie gilt dem körperschaftlichen Akt der Verfügung über das Gesellschaftsvermögen. Es ist nicht erforderlich, sie von dem kausalen Verpflichtungsgeschäft zu verstehen. Bei der Wirkung, welche der Beschluß erst durch die Eintragung in das Handelsregister haben soll, ist an die absolute Wirkung zu denken, auf die es bei dem Beschluß abgesehen ist, vor allem an das, worauf es dem Gesetzgeber ankam, an die Universalrechtsnachfolge und dann auch notwendig damit zusammenhängend an die Auflösung der Gesellschaft. Dagegen ist kein Grund zu ersehen, weshalb gegenüber dem nach allen Seiten hin perfekten, von allen erdenklichen Instanzen geprüften und gebilligten, in aller Form abgeschlossenen Vertrag die schuldrechtliche Bindung noch weiter sollte hinausgeschoben werden, warum in diesem Fall so, wo doch sonst immer der ihr Grundkapital erhöhenden Gesellschaft das letzte Wort gelassen ist. Hinzu kommt, daß hier an die Eintragung des Auflösungsbeschlusses eine Rechtswirkung geknüpft ist, welche sich, wenn sie einmal eingetreten ist, gar nicht wieder rückgängig machen läßt. Die aufnehmende Gesellschaft könnte wohl die einzelnen Vermögensgegenstände, soweit sie noch vorhanden sind, zurückgewähren und gegebenen Falles auch in Geld Ersatz leisten. Aber daß sie Schuldner der Schulden der anderen Gesellschaft geworden ist, dabei muß es bleiben. Es ist bare Willkür und jedenfalls gewaltsamer, als es die hier vertretene Auslegung des Gesetzes ist, wenn die Gegner diese an die Eintragung des Erhöhungsbeschlusses geknüpfte Wirkung der Gesamtrechtsnachfolge nun nicht an diese Eintragung, sondern an die erst nach ihr stattfindenden Eintragung der erfolgten Kapitalerhöhung knüpfen wollen. So Ullmann, Veräußerung des Vermögens einer A-Gesellschaft 68 ff.; Lehmann-Ring § 306[4]; Brand § 306[5] a; Goldmann § 306[6]; v. Ziegler in HoldhMS 1909, 167; KGJ 32, 204. Aus RG 31, 17 und 67, 197, auf welche man sich in diesem Zusammenhang beruft, ergibt sich für die vorliegende Frage nichts. Dagegen steht auch RFH 13, 206 auf diesem Standpunkt aus dem unrichtigen Grund, daß die Verschmelzung zweier Aktiengesellschaften ein einheitlicher Vorgang sei und das Vermögen der aufzunehmenden Gesellschaft zu dem gleichen Zeitpunkt auf die aufnehmende übergehen müsse, in welchem die Aktionäre der ersteren Aktionäre der letzteren würden. Der Sacheinleger wird Aktionär, gleichviel, ob er den einzubringenden Gegenstand schon geliefert hat oder noch nicht. Makower § 206 III b[1] widerspricht der Aufschiebung der Rechtsnachfolge bis zur Eintragung der erfolgten Kapitalerhöhung, sagt aber nicht, was sein und werden soll, wenn es zu letzterer nicht kommt.

b) Wegen der hier für entsprechend anwendbar erklärten Bestimmungen in § 304 f. die Erl das. In Wahrheit sind diese Vorschriften, wenn nicht ausschließlich, so doch fast ausschließlich unmittelbar und nicht nur entsprechend anwendbar. Es ist die in § 303 I vorgesehene Zustimmung der Generalversammlung der aufzulösenden Gesellschaft auch hier erforderlich. Namentlich gilt auch hier, daß der Beschluß auch gefaßt werden kann, wenn die Gesellschaft schon aus einem anderen Grunde aufgelöst ist, ferner daß der Liquidationsausschluß auch noch nachträglich beschlossen und vereinbart werden kann und daß es in solchem Fall sich nicht um eine äußerliche Zutat, sondern um innere Umgestaltung des Vereinbarten im ganzen handelt. Alles, was in Abs III des § 304 über die Anmeldung des Beschlusses und die Auflösung der Gesellschaft gesagt ist, gilt auch hier. Der mit dem Übernehmer abgeschlossene und die Anmeldung in Urschrift oder in beglaubigter Abschrift beizufügende Vertrag ist hier der Vertrag mit der übernehmenden A-Gesellschaft, der in dem Regelfall, daß die Fusion auf Grund einer Erhöhung des Grundkapitals stattfindet, ein bindender Vertrag erst ist, wenn der Kapitalerhöhungsbeschluß in das Handelsregister eingetragen worden ist. Liegt dieser Beschluß dem Registerrichter nicht bereits vor (§ 259 V), was jedenfalls dann nicht der Fall ist, wenn die beiden Gesellschaften ihren Sitz in verschiedenen Gerichtsbezirken haben, dann muß das Protokoll der betreffenden Generalversammlung beigefügt werden. Die Eintragung des angemeldeten Beschlusses hat auch hier konstitutive Bedeutung, ganz wie im Fall der Verstaatlichung nach § 304 IV und nur vom Abs V des § 304 wird allgemein behauptet, er sei in der Tat nur entsprechend anwendbar, der Übergang des Vermögens auf die übernehmende Gesellschaft und das Erlöschen der Firma trete nicht schon jetzt ein, sondern erst mit und durch die Eintragung der erfolgten Kapitalerhöhung auf Seiten der Übernehmerin. S. dagegen unter a. Ausgeschlossen ist, daß die Vorstände der beiden Gesellschaften ermächtigt werden, den Zeitpunkt zu bestimmen, in welchem die Vereinigung stattfinden soll; das haben sie kraft Gesetzes nur insofern in der Hand, als von ihnen abhängt, wann die betreffenden Beschlüsse zum Handelsregister angemeldet werden; RG in LZ 1909, 543[1].

Steht der aufzulösenden Gesellschaft ein Nießbrauch zu, so geht dieser nicht auf die aufnehmende Gesellschaft über, sondern erlischt BGB § 1061; KGJ 51, 262. Dagegen Josef in HoldhMS 28, 183 mit dem Hinweis, daß wenn es sich um einen Nießbrauch zu Sicherungszwecken handle, das Ergebnis unbefriedigend sei. Aber die positive Vorschrift des Gesetzes geht nun einmal dahin und der Sicherungsnießbrauch verdient auch sachlich keine Begünstigung. Vgl. Planck BGB Vorbem. 5 vor § 1030. — War der aufgelösten Gesellschaft von ihrem Schuldner eine Höchstbetragssicherungshypothek bestellt, so kann im Grundbuch vermerkt werden, daß die Hypothek auch für Forderungen der aufnehmenden Gesellschaft aus der Fortsetzung der Geschäftsverbindung mit dem Schuldner haftet; KGJ 28, 146. Mangels anderweiter Vereinbarungen tritt die aufnehmende Gesellschaft in die Dienstverträge ein, welche die aufgelöste mit den Vorstandsmitgliedern und ihren Angestellten geschlossen hat; RG 28, 363. Nach RG 81, 153 gilt das nicht von den Mitgliedern des Aufsichtsrats — Über Versicherungsverträge bei der Fusion zweier Versicherungsgesellschaften s. RG 60, 57; in Gruch 53, 702; SeuffBl 74, 352. Auch Verpflichtungen zu Nebenleistungen (§ 212) bleiben unverändert bestehen. Bei der Fusion einer A-Gesellschaft, welche einem Kartell angehört mit einer kartellfreien A-Gesellschaft, ist zu unterscheiden, ob das Syndikatsmitglied den Außenseiter in sich aufnimmt, oder der Außenseiter das Syndikatsmitglied. In ersterem Fall liegt eine Erweiterung der Anlagen der Syndikatsmitglieder vor und im Zweifel ist anzunehmen, daß dem entsprechend auch die Verpflichtungen der Mitglieder, übrigens auch seine Rechte sich erweitern. In letzterem Fall bleibt im Zweifel die übernehmende Gesellschaft mit ihren bisherigen Anlagen außerhalb des Kartells. RG 89, 356, ebenso wieder RG 108, 24. Zustimmend Friedländer Konzernrecht S. 99 f. Nach Flechtheim JW 1917, 469 soll die aufnehmende Gesellschaft mit einer kartellierten Gesellschaft eine Fusion nicht eingehen können, ohne selbst mit seinen sämtlichen Werken in das Kartell einzutreten. Aber einerseits muß Fl. doch auch wieder gewisse Ausnahmen zulassen. Anderseits bleibt die Frage offen, ob das Kartell den Eintritt des neuen Mitgliedes und unter welchen Bedingungen es ihn zulassen will und zulassen muß. Nach Kipp in JW 1926, 1809 wäre der von RG gebilligte Zustand nur so lange gerechtfertigt, als die in § 306 vorgeschriebene Trennung der beiden Vermögen aufrecht erhalten bleibt. Das leuchtet noch weniger ein. S. auch Blum in ZBH II, 323 ff. Man wird unter Festhaltung des Standpunkts des Reichsgerichts als dem grundsätzlichen Entscheidung von Fall zu Fall zu treffen haben. — Wie mit Kartellrechten und Kartellverpflichtungen liegt es mit einem der aufgelösten A-Gesellschaft obliegenden Konkurrenzverbot; JW 1926, 1809.

2. Unter der Trennung der Verwaltung der Vermögen beider Gesellschaften, von der Abs II spricht, ist die rein tatsächliche Handhabung der Vermögensverwaltung zu verstehen. Von der eigentümlichen rechtlichen Trennung, welche trotz der vollendeten Gesamtrechtsnachfolge, einstweilen fortdauert, handeln die Abs III—V. Wie die tatsächliche Trennung im einzelnen durchgeführt wird, liegt im Ermessen des Vorstandes der aufnehmenden Gesellschaft unter Aufsicht ihres Aufsichtsrats. Räumliche Veränderungen sind unverboten,. Unerläßlich ist gesonderte Buchführung, gesonderte Kasse und überhaupt, nicht nur was das Geld angeht, sondern durchweg Sonderung der Ein- wie Ausgänge dort und hier. Ferner Sonderung der geschäftlichen Verfügungen. Es ist unzulässig, Grundstücke, Waren, Hypotheken im Vermögen der aufgelösten Gesellschaft für Schulden der Verwaltung des anderen Vermögens zu verpfänden, gleichviel ob allein für solche oder zugleich auch für solche, welche das andere Sondervermögen angeben; RG 84, 242. Es muß, wenn das Geschäftsjahr abgelaufen ist, für jedes Vermögen gesondert die Bilanz aufgestellt und der Gewinn festgestellt werden, doch darf, solange das zum Schutz der Gläubiger der aufgelösten Gesellschaft Vorgeschriebene nicht erfüllt ist, der Gewinn aus dem Vermögen der aufgelösten Gesellschaft nicht verteilt werden, wenigstens nicht an die Aktionäre. Tantiemen auszuzahlen, dürfte gestattet sein. Auch steht der Auszahlung von Gewinn an die Aktionäre nichts entgegen, wenn nach Erfüllung aller Schutzvorschriften die Trennung der Verwaltung beibehalten wird. Das Geschäfsjahr bleibt das der aufnehmenden Gesellschaft. Doch darf darum, was das Vermögen der aufgelösten Gesellschaft angeht, dieses nicht länger als ein Jahr ohne Abschluß bleiben und es steht bei getrennter Verwaltung nichts entgegen, so lange diese dauert, auch das abweichende Geschäftsjahr beizubehalten. — Das Gebot, die Sondervermögen getrennt zu verwalten, ist kein Grund, die Umschreibung der Grundstücke abzulehnen; KGJ 46, 190 (KG): Wollte man die Berichtigung bis zum Ablauf des Sperrjahrs nicht zulassen, so würde es so lange an einem legitimierten Gläubiger der Grundstücksrechte fehlen und das würde zu außerordentlich unerwünschten Ergebnissen führen können; die getrennte Vermögensverwaltung ist dadurch nicht gehindert.

Daran, daß die Gesellschaft den Gläubigern der aufgelösten Gesellschaft unbeschränkt mit ihrem gesamten Vermögen haftet, ändert die Trennung der Verwaltung nichts.

3. Der bisherige Gerichtsstand der aufgelösten Gesellschaft bleibt bestehen, das heißt, die aufnehmende Gesellschaft muß am bisherigen Gerichtsstand der aufgelösten Recht nehmen, soweit es sich um Ansprüche in Beziehung auf das Sondervermögen handelt. Die Prozeßpartei ist aber die aufnehmende Gesellschaft und daher kann der Gegner nach seiner Wahl sie auch beim Gericht ihres Sitzes belangen; a. A. Makower § 306 III c[2].

4. a) Die Vorschrift, daß bis zur Erfüllung aller Gläubigerschutzvorschriften — Befriedigung,

Sicherstellung der Gläubiger, Ablauf des Sperrjahrs — das übernommene Vermögen nicht mit dem eigenen Vermögen vermischt werden darf und getrennt verwaltet werden soll, dient dem Schutz der Gläubiger der aufgelösten Gesellschaft gegen die Gefahr der Zahlungsunfähigkeit ihres neuen — nunmehr alleinigen — Schuldners und eines Zugriffs ihrer Gläubiger. Das geschieht auf dem Wege, daß das Gesetz die Fiktion vorschreibt, daß so lange als die getrennte Verwaltung tatsächlich durchgeführt wird, die aufgelöste Gesellschaft als Subjekt ihres Vermögens noch existiert. In Wahrheit ist die aufnehmende Gesellschaft das Rechtssubjekt beider Vermögensmassen, aber im Verhältnis der Gläubiger der aufgelösten Gesellschaft zur aufnehmenden Gesellschaft und ihrer übrigen Gläubiger liegt es rechtlich so, als beständen die beiden Gesellschaften noch nebeneinander. Der D. (168) sagt dazu: „Es soll bis zur Vereinigung der beiden Vermögen im Verhältnis der Gläubiger der aufgelösten Gesellschaft zu der übernehmenden Gesellschaft und deren sonstigen Gläubiger das übernommene Vermögen noch immer als Vermögen der aufgelösten Gesellschaft gelten; eine Regelung in diesem Sinne verdient den Vorzug vor der Einräumung eines Konkursvorrechts, denn ein solches, auf einen Teil des Vermögens der übernehmenden Gesellschaft beschränktes Vorrecht würde mit den Grundsätzen der Konkursordnung nicht im Einklang stehen und den Gläubigern überdies keinen Schutz gegen Zwangsvollstreckungen außerhalb des Konkursverfahrens bieten; die im Entwurf vorgesehene Regelung ermöglicht gegebenen Falles auch die Eröffnung eines besonderen Konkurses über das Vermögen der aufgelösten Gesellschaft nach Maßgabe des § 207 II KO; was die Frage betrifft, ob das Recht der Gläubiger der aufgelösten Gesellschaft gegenüber allen sonstigen Gläubigern der übernehmenden Gesellschaft oder nur gegenüber denjenigen anerkannt werden soll, deren Forderungen bereits vor der Vereinigung beider Gesellschaften begründet waren, so entscheidet der Entwurf diese Frage im ersteren Sinne; denn auch die Forderungen, welche nach dem gedachten Zeitpunkt entstanden sind, würden für die Gläubiger der aufgelösten Gesellschaft außer Betracht geblieben sein, wenn die Liquidation stattgefunden hätte."

b) Damit hat das Gesetz diese getrennte Verwaltung der neuen Vermögensmasse als Sondervermögen zu einem Rechtsinstitut ganz eigener Art gemacht. Die Fiktion ist danach streng auf das zu beschränken, wofür sie aufgestellt ist. Sie kommt nur zur Geltung, wenn einer der „sonstigen" Gläubiger gegen das Sondervermögen mit Zwangsvollstreckung vorgeht oder wenn Konkurs eröffnet wird. Kommt es zur Zwangsvollstreckung, so können die Gläubiger der aufgelösten Gesellchsaft, zu mehreren zusammen oder auch jeder einzelne, dem widersprechen, gleichviel, ob seine Forderung fällig ist oder nicht. Es ist bestritten, ob es sich um einen Widerspruch nach § 771 ZPO handelt oder nach § 805 ZPO. Offen gelassen in RG 84, 248; ebenso Gruchot 59, 513. Aber es handelt sich nicht um einen Widerspruch auf Grund eines Pfand- oder Vorzugsrechts, wie § 805 cit. es im Auge hat; a. A. Staub 6./7. Aufl. § 306[16]. Ist z. B. eine dem Betriebe unentbehrliche Maschine gepfändet, so ist den Gläubigern der aufgelösten Gesellschaft nicht damit gedient, daß sie aus dem Erlös vorzugsweise befriedigt werden. Vielleicht haben sie noch gar nichts zu fordern und brauchen wegen der künftigen Bezahlung nicht besorgt zu sein. Ihr Interesse ist, daß die Maschine dem Betrieb erhalten bleibt. Das verkennt Jaeger KO §§ 207, 208, Erl 21. Man braucht sich ja auch nur an die Fiktion zu halten. Es ist so, als hätte der Gläubiger einen Gegenstand gepfändet, welcher nicht seinem Schuldner, sondern einem Dritten gehört. — Den Widerspruch aus § 771 ZPO hat der Vorstand der Gesellschaft geltend zu machen, der freilich zugleich Vertreter des Schuldners ist, gegen den die Pfändung sich richtet. Es ist das ein Akt, der ihm obliegenden Trennung der beiden Vermögensmassen und die Mitglieder des Vorstandes sowohl als auch des Aufsichtsrats machen sich persönlich nach Abs VI verantwortlich, wenn hierin etwas versehen wird. A. A. Ullmann, Veräußerung 79, der S. 82 auch den Gläubigern das Recht zuspricht, die Aussonderung zu betreiben. Ebenso Makower § 306 III c[3].

c) Die D. hebt ausdrücklich hervor, daß die Fiktion nicht nur den Gläubigern gegenüber gilt, welche das schon zur Zeit der Fusion gewesen sind. Sie spricht sich aber nicht darüber aus, wie auf der anderen Seite der Kreis der Gläubiger zu bestimmen ist, zu deren Gunsten die Fiktion gilt. Sollen das nur die Gläubiger der aufgelösten Gesellschaft sein, welche es bereits im Zeitpunkt der Fusion waren, oder vielmehr muß es nicht an dem sein, weil mit der Fusion die Gesellschaft verschwindet und neue Gläubiger dieser Gesellschaft überhaupt nicht mehr in Frage kommen? Es bedarf nur einer kurzen Überlegung um zu sehen, daß es so nicht sein kann. Das Sondervermögen gilt als das einer in Liquidation befindlichen Gesellschaft. Aber der volle, auf Erwerb gerichtete Betrieb wird fortgesetzt, das ganze Vermögen befindet sich im Fluß; allermaßen gilt Surrogation; RG 87, 439 und Tag für Tag gehen alte Gläubiger und neue kommen. Es ist nicht wohl denkbar, daß alle diese Gläubiger sich nicht sollen in gleichen Rechten mit den älteren Gläubigern an das Vermögen halten können, für welches sie geliefert haben, nicht an den Gegenstand, für welchen ihnen die Gesellschaft den Preis schuldig geblieben ist. Wie das Vermögen der Gesellschaft als Ganzes sich in zwei Sondervermögen scheidet, so auch die dazu gehörenden Gläubiger in zwei Gruppen. Die Gläubiger der aufgelösten Gesellschaft, von denen die Vorschrift spricht, sind eben die Gläubiger der Schuldnerin, die nicht mehr existiert, aber fingiert werden soll. Sie haben, soweit sie neue Gläubiger sind, keinen Anspruch darauf, daß an der Trennung der Verwaltung festgehalten wird. Aber so lange das geschieht, stehen sie mit den alten Gläubigern zu gleichen Rechten.

d) Wird das Vermögen der aufgelösten Gesellschaft zahlungsunfähig oder überschuldet, so ist das kein Grund, den Antrag auf Eröffnung des Konkurses zu stellen. Denn Schuldner ist die übernehmende Gesellschaft und es kommt darauf an, wie ihre Vermögensverhältnisse im ganzen sind. Sie darf nicht ihr altes Vermögen aus dem neuen speisen. Wohl aber darf sie umgekehrt die nötigen Mittel aus dem alten Vermögen dem neuen zuführen. Und sie darf das nicht nur, sondern sie muß es. Anders Staub-Pinner § 306[19]; Makower § 306 III c 3; Jäger, Konkurs-O § 207, 208[21]; anscheinend auch RG in LZ 1902, 454[7], überhaupt die herrschende Lehre, an Hand einer zweifelhaften Analogie. Den Gläubigern der aufgelösten Gesellschaft haftet — und zwar unbeschränkt und nicht nur subsidiarisch — die aufnehmende Gesellschaft; Ullmann, Fusion 83. Allerdings liegt es ähnlich mit dem Verhältnis der Gläubiger einer offenen Handelsgesellschaft zu dieser und ihren Mitgliedern und hier findet ein solcher Sonderkonkurs über das Gesellschaftsvermögen allein statt, wenigstens im Falle der Zahlungsunfähigkeit. Aber das beruht auf der positiven Vorschrift des § 209 KO, und an einer solchen fehlt es hier. — Es kann ferner vielleicht ein Sonderkonkurs über das bisherige Vermögen der aufnehmenden Gesellschaft allein stattfinden; jedenfalls können zwei Sonderkonkurse nebeneinander her gehen über beide Sondervermögen; Warn 8 Nr. 27; RG 87, 435. Aber über das neue Vermögen allein kann der Konkurs nicht eröffnet werden. Erweist sich das alte Vermögen als überschuldet, wobei aber die Gläubiger des anderen Vermögens nicht in Rechnung kommen, soweit sie durch jenes Vermögen gedeckt erscheinen, so ist auf Antrag der Konkurs zu eröffnen. Das läßt sich aber vermeiden, wenn das neue Vermögen entsprechend zahlungsfähig ist, aber doch nur, wenn die Mitglieder des Vorstandes oder Aufsichtsrats bereit sind, die Verantwortlichkeit zu übernehmen, entweder die strafrechtliche nach § 315 I Z. 2, wenn sie unter Beibehaltung der strengen Trennung der Verwaltung den Betrieb fortsetzen, oder die zivilrechtliche nach § 306 VI, wenn sie aus dem neuen Vermögen dem alten Mittel zuführen und damit die Zahlungsunfähigkeit oder Überschuldung beseitigen. Ob es so ist, hängt allerdings davon ab, ob die Gläubiger der aufgelösten Gesellschaft im Konkurse der aufnehmenden Gesellschaft auf Grund der gegenwärtigen Vorschrift ein Aussonderungsrecht nach § 43 KO haben oder ein Absonderungsrecht nach § 47 das. Letzterenfalls würden die Vermögensgegenstände des neuen Vermögens durchaus zu der einen einheitlichen Konkursmasse gehören, nur daß an ihnen den Gläubigern der aufgelösten Gesellschaft das Recht auf vorzugsweise Befriedigung zustände. Auch diese Frage ist in RG 84, 248 zwar aufgeworfen, aber nicht entschieden worden. Aber auch hier hilft die Fiktion über alle Zweifel hinweg. Es ist rechtlich so, als gehöre das ganze Vermögen der aufgelösten Gesellschaft noch einem Dritten. Die Konkursgläubiger können, solange die Trennung der Verwaltung mit Recht besteht, dieses Vermögen auch dann nicht in Anspruch nehmen, wenn die Aktiva die Schulden übersteigen; a. A. auch hier Jäger KO §§ 207, 208 Erl 21. — Findet Konkursverfahren über beide Sondervermögen statt, dann nehmen die Gläubiger der aufgelösten Gesellschaft in beiden Verfahren mit dem vollen Betrage ihres Anspruchs nach § 68 KO, nicht mit dem Ausfall nach § 64 KO teil; a. A. Makower § 306 III c 3 a. E. Das ist allermaßen auch sachlich gerechtfertigt, weil die Gesellschaft die unbeschränkte Haftung für die fremde Schuld übernommen hat.

Wird nur über das bisherige Vermögen der aufnehmenden Gesellschaft das Konkursverfahren eröffnet, was, wenn überhaupt, nur so lange möglich ist, als die Verpflichtung zur getrennten Verwaltung noch besteht, so muß der Vorstand wegen des Vermögens der aufgelösten Gesellschaft zur Liquidation schreiten, die Gläubiger befriedigen und nach Erledigung der Gläubigerschutzvorschriften den Überschuß an die Konkursmasse abführen; Makower § 306 III 63. Wird über das Vermögen der aufnehmenden Gesellschaft schlechthin der Konkurs eröffnet, so ergreift der Konkurs auch das Sondervermögen; die Verpflichtung, die Vermögenssumme getrennt zu verwalten, geht auf den Konkursverwalter über; JW 1913, 334[21], wo die Frage, ob auch das Sondervermögen in Konkurs befindlich ist, offen gelassen und doch angenommen wird, daß seine Verwaltung auf Grund § 6 KO auf den Konkursverwalter übergeht (im übrigen ist der Bericht unzureichend). Auch RG bei Warn 8[27] geht der Frage, ob Aus- oder Absonderung, aus dem Wege.

e) Wenn die Gesellschaft Gegenstände des neuen Vermögens für Verbindlichkeiten des alten verpfändet oder fiduziarisch veräußert, so ist die Verfügung auch dann dem Erwerber gegenüber rechtswirksam, wenn dieser den Sachverhalt kennt und also insofern nicht in gutem Glauben ist. Denn die Gesellschaft ist in Wahrheit die Eigentümerin und der § 306 IV kann nicht als gesetzliches Veräußerungsverbot im Sinn des § 135 BGB angesehen werden; RG 84, 246. Wohl aber kann darin eine zum Nachteil der Gläubiger des Sondervermögens vorgenommene Rechtshandlung liegen, die unter Umständen dem Erwerber gegenüber angefochten werden kann; RG 84, 242, wo zugleich anerkannt ist, daß hier der Erwerber nicht in gutem Glauben ist, wenn er weiß, daß es ein Gegenstand des Sondervermögens ist, der für das alte Vermögen verwertet wird, und daß das Sperrjahr noch nicht abgelaufen ist.

f) Wenn der Vorstand einen Gegenstand des übernommenen Vermögens veräußert und den Erlös zu Zwecken des alten Vermögens verwendet, so ist die Veräußerung deshalb nicht unwirksam, an und für sich auch dann noch nicht, wenn der Erwerber den Sachverhalt kennt. Es kann auch nicht gefordert werden, daß aus dem alten Vermögen das Geld dem Sondervermögen erstattet wird. Der Vorstand mag das tun und damit die Sache wieder gut machen. Ein Anspruch darauf besteht nicht, schon deshalb nicht, weil niemand da ist, der ihn geltend machen könnte. Vgl. RG 84, 250: die Fiktion des Fortbestandes der aufgelösten Gesellschaft gilt nicht zugunsten dieser selbst, sondern nur zugunsten ihrer Gläubiger. Diese haben unmittelbar Rechte an den einzelnen Vermögensgegenständen ihrer Schuldner nicht. Sie haben nur ihren persönlichen Anspruch gegen die Gesellschaft, ihren Ersatzanspruch gegen die Mitglieder des Vorstandes und Aufsichtsrats und gegen den dritten Erwerber kann ihrerseits ein Anspruch nur in Frage kommen, wenn sie in der Lage sind, die Veräußerung auf Grund des Anfechtungsgesetzes als in fraudem creditorum geschehen anzufechten. Kommt es zum Konkurs über das übernommene Vermögen, so liegt diese Anfechtung dem Konkursverwalter ob; RG 84, 251. — Bleibt der Käufer des Gegenstandes in einem solchen Fall den Kaufpreis schuldig, so gehört kraft Surrogation der Anspruch auf ihn auch dann zum Vermögen der aufgelösten Gesellschaft, wenn er zugunsten des alten Vermögens oder ungetrennt zugunsten des Gesamtvermögens verbucht wird; RG 87, 495. Ebenso hängt umgekehrt die Frage, ob eine angeschaffte Sache zum Sondervermögen gehört, unabhängig von den Absichten des Vorstandes davon ab, ob sie mit Mitteln des Sondervermögens angeschafft worden ist. Wird das streitig, so liegt, wenn die Trennung der Verwaltung nicht durchgeführt ist, die Beweislast der Gesellschaft ob; RG 87, 440. Mit Forderungen des Sondervermögens können nicht Verbindlichkeiten der aufnehmenden Gesellschaft von dieser aufgerechnet werden; RG in Gruch 57, 1033. Zu dem Fall, daß ein von der aufgelösten Gesellschaft überkommenes Kontokorrentverhältnis ungetrennt fortgeführt wird, s. RG 87, 435. Im Gegensatz zum Wortlaut des Gesetzes und anders, wie vorstehend hat RG in Warn 8[27] erkannt, daß das Sonderrecht der Gläubiger der aufgenommenen Gesellschaft an und für sich und namentlich daher gegenüber der aufnehmenden Gesellschaft selbst auch dann noch fortbesteht, wenn die getrennte Verwaltung nicht eingehalten ist.

5. Die für den Fall der Liquidation gegebenen Gläubigerschutzvorschriften gelten auch bei der Fusion ohne Liquidation. Nur tritt an die Stelle des Verbotes, Vermögen an die Aktionäre zu verteilen, hier das Verbot, das Vermögen mit dem Vermögen der aufnehmenden Gesellschaft zu vereinigen. Der Vorstand der aufnehmenden Gesellschaft hat unter Hinweis auf die Auflösung der aufgenommenen Gesellschaft — also nachdem Auflösungs- und Kapitalerhöhungsbeschluß in das Handelsregister eingetragen worden sind — die Gläubiger der aufgelösten Gesellschaft gemäß § 297 aufzufordern, ihre Ansprüche anzumelden, wodurch zugleich der Lauf des Sperrjahres in Gang gesetzt wird. Die Gläubiger sind gemäß § 301 zu befriedigen — durch Leistung oder Hinterlegung — oder sicherzustellen. Das bezieht sich aber nur auf die Gläubiger aus der Zeit vor der Auflösung der Gesellschaft. Ist das geschehen, dann kann nach Ablauf des Sperrjahres mit der Trennung der beiden Vermögen ein Ende gemacht werden. Es kann aber auch bei der Trennung der Verwaltung bleiben und so lange als das geschieht, bleibt es auch bei der in Abs IV bestimmten Wirkung, was allerdings nur für die nach der Auflösung der Gesellschaft hinzugekommenen Gläubiger (s. oben Erl 4 b) Bedeutung hat, weil die früheren Gläubiger befriedigt oder sichergestellt sein müssen. Es verbleibt auch bei dem früheren Gerichtsstand der aufgelösten Gesellschaft nach Abs III. Doch hat das einen guten Sinn nur, wenn man es auf Streitigkeiten mit solchen Gläubigern der Gesellschaft beschränkt, welche noch aus der Zeit vor ihrer Auflösung stammen.

6. a) Wie im Falle der Liquidation die Liquidatoren den Gläubigern der Gesellschaft unmittelbar dafür aufzukommen haben, daß vor Ablauf des Sperrjahrs usw. nicht Vermögen an die Aktionäre verteilt wird (§§ 298 II, 241 III Z. 5 IV), so trifft hier die Mitglieder des Vorstandes und, in dem hier näher bestimmten Umfang die Mitglieder des Aufsichtsrats (vgl. § 249 III) den Gläubigern der aufgelösten Gesellschaft gegenüber die gleiche persönliche Verantwortlichkeit. Vgl. Erl 4 zu § 241 und Erl zu § 249. Es kommt für diese Haftung nicht darauf an, daß allgemein die Trennung der Verwaltung nicht eingehalten ist. Vielmehr muß der Vorstand für jedes einzelne Rechtsgeschäft aufkommen, das die Grenze nicht einhält und zwar zum Nachteil des übernommenen Vermögens nicht einhält, mag auch sonst die Trennung streng aufrechterhalten worden sein. Ein solches vereinzeltes Rechtsgeschäft ist auch dann rechtswidrig, wenn das Vermögen groß genug ist, um allen Gläubigern ausreichende Sicherheit zu gewähren. Aber für den einzelnen Gläubiger, welcher die Mitglieder des Vorstandes verantwortlich macht, handelt es sich nur um Ersatz dafür, daß er von der Gesellschaft Befriedigung nicht erhalten kann, es handelt sich nur um subsidiäre Haftung; a. A. Makower § 306 III 5 (der auch annimmt, daß nicht nur die Vorstandsmitglieder sondern auf Grund § 31 BGB die Gesellschaft selbst haftet, was, wenn es richtig wäre, auch im Fall des § 241 Abs III gelten müßte, d. h. es müßte der Ersatzanspruch der Gesellschaft wieder aufleben). Zweifelhaft kann sein, ob es sich

nur um Ersatzhaftung oder um Schadensersatz handelt. Die herrschende Lehre dürfte auf letzterem Standpunkt stehen. Wer annimmt, daß die entsprechende Haftung aus § 241 III nur Ersatzhaftung ist (vgl. Erl 3 b zu § 241), wird das auch hier annehmen müssen.

b) Nach § 241 V und § 249 IV verjähren die dort bestimmten Ersatzansprüche in 5 Jahren. Daß hier eine entsprechende Abkürzung der Verjährungsfrist nicht bestimmt worden ist, beruht offenbar nur auf Unachtsamkeit, was aber nicht hindert, daß es hier bei der ordentlichen Verjährungsfrist von 30 Jahren verbleibt. Die Annahme Ritters § 306[10], daß es sich um Haftung aus unerlaubter Handlung handle und daher die Ersatzansprüche nach § 852 BGB in 3 Jahren verjähren, ist unhaltbar.

c) Die aufzulösende Gesellschaft überträgt ihr Vermögen auf die aufnehmende gegen Gewährung von Aktien der letzteren. Da sie mit ihrer Auflösung zugleich verschwindet, ist es natürlich, daß sie den Anspruch auf die Aktien nicht für sich, sondern unmittelbar für ihre Mitglieder sich ausbedingt. Selbst dann, wenn im Vertrage die Gesellschaft selbst als die Gläubigerin bezeichnet wird, ist es nach OLG 22, 31 (München) so zu verstehen; BadRspr 1904, 197.

7. a) Es ist nicht immer leicht, das Verhältnis zu bestimmen, in welchem die Aktionäre der aufzulösenden Gesellschaft an der aufnehmenden künftig beteiligt sein sollen, das Umtauschverhältnis (s. Erl 1 c zu § 305). Denn einerseits stehen für die einzelne Aktie nur runde Summen als Nennbetrag zur Verfügung, allgemein früher mindestens 1000, jetzt mindestens 100 M., andererseits muß, soweit es irgend geht, der Ausfall vereinzelter Aktien vermieden werden. Es steht eigentlich nur eine sehr kleine Anzahl größter Brüche zur Verfügung, $\frac{1}{2}$ — $\frac{1}{4}$ mag noch gehen, $\frac{1}{5}$ ist kaum noch erträglich. Dabei kommt dann aber der eine oder der andere Teil unvermeidlich in der Rechnung zu kurz, was irgendwie ausgeglichen werden muß. Es gibt verschiedene Mittel. Man kann den Ausfall durch zeitweilige Bevorzugung bei den kommenden Gewinnverteilungen decken. Man kann durch Ausschüttung von Reserven, durch eine mäßige Verwässerung die Aktien der aufnehmenden Gesellschaft ohne Schädigung der Aktionäre entsprechend entwerten. Vgl. Schmalenbach, Finanzierungen, 3. Aufl. S. 127 ff. und dazu Sommerfeld in ZHW 11; HPr 1924, 150. Das bequemste Mittel sind Zuzahlungen, welche die Aktionäre der aufzulösenden Gesellschaft entweder leisten müssen oder empfangen. Das erstere ist unbedenklich (HoldhMS 13, 265), aber aus verständlichen Gründen wenig oder gar nicht in Übung. Die Aktien kann man schließlich für kraftlos erklären, wenn der Aktionär sich nicht meldet. Aber ob man damit oder auch auf andere Weise die Zuzahlung einbringt, ist zweifelhaft. Daß umgekehrt die Aktionäre Zuzahlungen von der aufnehmenden Gesellschaft erhalten, lehnt die herrschende Lehre als mit dem Wesen der Fusion unvereinbar ab (Goldschmit AG § 305[9] und die dortigen Nachweise), während die Praxis der Registergerichte es offenbar in großem Umfang hat durchgehen läßt; anders OLG 22, 31 (München). Für diese Praxis haben sich Hachenburg in LZ 1911, 646 ff. und Junck das. 1924, 489 ausgesprochen. S. dagegen Brodmann in ZBH II, 124. Grundsätzlich ist die herrschende Lehre im Recht. Mit der gesetzlichen Definition der Fusion steht es in Widerspruch, weil der Sacheinleger, wenn er sich neben den Aktien Geldzahlungen ausbedingt, in Wahrheit nicht die Sache im ganzen einbringt, sondern nur die entsprechende Quote. Mit dem Wesen der Fusion ist es unvereinbar, weil das kennzeichnende Moment der Fusion, das, was alle Besonderheiten dieser Form der Auflösung einer A-Gesellschaft rechtfertigt, gerade darin liegt, daß die beiden Gesellschaftsvermögen ohne Substanzverlust zusammenfließen. So liegt es grundsätzlich. Gleichwohl wäre es pedantisch, deshalb jede, auch die geringste Zuzahlung zu verbieten. Daß hier ein dringendes praktisches Bedürfnis obwaltet, kann wohl nicht bestritten werden. Und wenn man beachtet, daß es sich auch hier lediglich um den Schutz der Gläubiger handelt, um den Schutz dagegen, daß Gesellschaftsvermögen zu ihrem Schaden an die Aktionäre abfließt, dann dürfte es ganz unbedenklich sein, Zuzahlungen zu gestatten, wenn sie unentbehrlich sind, ein erträgliches Umtauschverhältnis zu ermöglichen und der Gesamtbetrag der Zuzahlungen im Verhältnis zum Werte der beiden Gesellschaftsvermögen zusammen genommen so geringfügig ist, daß eine in das Gewicht fallende Beeinträchtigung der Gläubiger der Gesellschaften gänzlich ausgeschlossen erscheint. — Ganz aus dem Rahmen der Fusion fällt es heraus, wenn den Aktionären die Wahl gelassen wird, entweder die Aktie zu nehmen oder einen Geldbetrag (oder eine Schuldverschreibung). Nach RG 9, 19 ist die Sache aber in Ordnung, wenn alle Aktionäre ohne Ausnahme sich entschließen, die Aktie zu nehmen. Ebenso ROHG 14, 363. Vgl. Fischer in EhrenbergsHH III 1 S. 416. — Der Umweg, von welchem Ullmann, Veräußerung des Vermögens einer A-Gesellschaft S. 40 berichtet und den er für unbedenklich und zweckmäßig erklärt, ist mit dem Gesetz nicht vereinbar. Wenn die aufzulösende Gesellschaft vorweg einem Dritten Vermögensgegenstände gegen die Verpflichtung liefert, dafür demnächst an ihre Aktionäre den zum Ausgleich erforderlichen Betrag zu zahlen, so liegt darin eine mittelbare, aber darum nicht weniger verbotene Auszahlung von Gesellschaftsvermögen an die Gesellschafter; § 213.

b) Dasselbe, was die aufnehmende A-Gesellschaft mit der Erhöhung ihres Grundkapitals bezweckt, läßt sich ohne diese Kapitalerhöhung erreichen, wenn die Gesellschaft die erforderliche Anzahl eigener Aktien selbst besitzt. Sie kann dann diese Aktien zum Umtausch gegen die Aktien der aufzulösenden Gesellschaft verwenden. Das Ergebnis, das Ziel ist dasselbe, der Weg dazu ist ein anderer. Er unterscheidet sich — was nicht genug beachtet wird — juristisch durchaus von der Fusion, sofern man darunter das in §§ 305, 306 geregelte Rechtsgeschäft versteht. Es ist noch nicht allzu lange her, daß das Reichsgericht mit gründlichen Erörterungen nachweisen mußte, was uns heute ganz geläufig ist, nämlich daß es ein grundverschiedenes Rechtsgeschäft ist, ob jemand sich bei Gründung einer A-Gesellschaft oder bei einer Erhöhung ihres Grundkapitals mit Übernahme einer Aktie beteiligt, oder ob er eine bereits begebene Aktie der Gesellschaft von dieser kauft; RG 31, 20. Mit demselben Unterschied hat man es hier zu tun. Es ist etwas wesentlich verschiedenes, ob eine A-Gesellschaft ihr Vermögen gelegentlich der Erhöhung des Grundkapitals einer anderen A-Gesellschaft in diese einbringt, oder ob sie durch Vertrag auf Leistung gegen Gegenleistung ihr Vermögen im ganzen an eine andere A-Gesellschaft gegen Entgelt veräußert (§ 303). Und zwar besteht der Unterschied auch dann, wenn als die Gegenleistung Aktien, hier bereits ausgegebene Aktien der erwerbenden Gesellschaft selbst bedungen werden, die auf irgend einem Wege in ihr Eigentum gelangt sind, mag darin nun eine Hingabe an Zahlungsstatt oder auch ein richtiger Tauschvertrag liegen. Das ist ein Unterschied von keineswegs geringer Tragweite. Diesen Vertrag kann der Vorstand der aufnehmenden Gesellschaft wirksam schließen, ohne die Generalversammlung gefragt zu haben. Anders KGJ 38, 230; aber aufgegeben in KGJ 46, 190. Oft wird es sich um Vorratsaktien handeln. Aber auch dann wird ihre Hingabe an die Aktionäre der aufzulösenden Gesellschaft für die aufnehmende Gesellschaft eine Hingabe von Vermögenswerten sein. Und vollends gilt letzteres, wenn es sich um regelrechte Aktien handelt, welche für die aufnehmende Gesellschaft in dem Moment, wo sie sie hergibt, ihren vollen Verkehrswert bedeuten. Es geht hier also mit nichten ohne Substanzverlust am Vermögen der aufnehmenden Gesellschaft ab (s. oben unter a), wie es ein wesentliches Moment der Fusion ist. Zwar gehen auch hier die Aktien nur an die neu aufzunehmenden Mitglieder, um an die Stelle ihrer alten Aktien zu treten. Aber der Unterschied ist, daß hier die Aktien auf Kosten des Gesellschaftsvermögens gegeben werden, bei der Fusion dagegen ausschließlich auf Kosten der Aktionäre. Wesentlich ist auch, wenigstens vom Standpunkt der herrschenden Lehre aus (s. Erl 3 zu § 213), daß die Übernahme der Aktien gegenüber der Gesellschaft nicht wegen Irrtums, Täuschung usw. angefochten werden kann, wohl aber der entgeltliche Erwerb schon ausgegebener Aktien. Selbstverständlich ist diese Art von Fusion nicht unerlaubt. Aber es muß als unrichtig bezeichnet werden, daß es bei ihr zulässig sein soll, die Liquidation auszuschließen. Ein Rechtsgeschäft nach §§ 305, 306 liegt nicht vor, wenn auch nur ein Teil der zum Umtausch zu verwendenden Aktien aus einer früheren Emission stammt, und es ist klar, daß in einem solchen Fall der in den Vorschriften über die Liquidation einer aufgelösten Gesellschaft liegende Schutz nicht fortfallen darf. Wie hier Fischer in EhrenbergsHH III, 7, S. 417 f. Bezeichnend dafür, in welche Schwierigkeiten die herrschende Lehre gerät, ist der Aufsatz von Schmitt in ZBH II 24, der zu dem Ergebnis gelangt, daß in diesem Falle die nach § 304 IV eintretende Gesamtrechtsnachfolge nicht wohl mit der Eintragung des Liquidationsausschlusses in das Handelsregister eintreten könne, wenn zu dieser Zeit die Aktien noch nicht umgetauscht sind, möglicherweise sogar noch nicht feststehe, ob es der aufnehmenden Gesellschaft gelingen wird, die nötige Anzahl eigener Aktien aufzubringen! Schmitt verkennt das Wesen der Fusion, indem er sie für einen gegenseitigen Vertrag auf Leistung gegen Gegenleistung erklärt. Aber der hier in Rede stehende Vertrag ist allerdings ein solcher auf Leistung gegen Gegenleistung. Da aber hier die Gegenleistung in einer kraft Gesetzes sich vollziehenden Gesamtrechtsnachfolge bestehen soll, so ist verständlich, daß es nicht leicht ist zu bestimmen, wann und wie diese Gegenleistung sich vollzieht. Nach Schmitt wäre es der Moment, in welchem die Leistung der aufnehmenden Gesellschaft sich vollendet, vorausgesetzt, daß der Auflösungsbeschluß schon eingetragen ist.

Der Umstand, daß die aufnehmende A-Gesellschaft selbst Aktien der aufzulösenden besitzt, steht einer regelrechten Fusion mit oder ohne nachfolgende Liquidation nicht im Wege. Unter der Voraussetzung, daß die Kapitalerhöhung um den entsprechenden Betrag beschränkt wird, können diese Aktien vernichtet werden. Bestritten ist die Rechtslage, wenn die aufnehmende Gesellschaft alle Aktien der aufzulösenden Gesellschaft besitzt; JW 1906, 46, 60. Es ist festzuhalten, daß die letztere nicht formlos verschwinden kann. Die Muttergesellschaft kann nicht einfach die Aktien der Tochtergesellschaft vernichten. Es muß formale Auflösung und Liquidation, wie das Gesetz es vorschreibt, auch hier geschehen. Die Frage ist, ob nicht Fusion, mit oder ohne Liquidation gerade hier, wo sie sachlich eigentlich schon vorliegt, ausgeschlossen ist. Aber wenn auch daran festgehalten werden muß, daß im allgemeinen die Muttergesellschaft bei einer Kapitalerhöhung der Tochtergesellschaft sich nicht durch Übernahme von Aktien beteiligen kann (§ 281 Erl 1 c), so wird man doch hier, wo es sich überhaupt nur um die unvermeidliche Einhaltung der Formen handelt, eine Ausnahme machen dürfen. Vgl. v. Ziegler in HoldhMS 1909, S. 63, dem aber nicht zugegeben werden kann, daß darin eine Verwässerung oder eine Art von Verwässerung liegt, daß die aufnehmende Gesellschaft die Aktien nicht vernichtet, sondern gegen eigene umtauscht. Darin liegt hier ebensowenig eine Verwässerung, wie in der Kapitalerhöhung überhaupt. Die Wirkung ist vielmehr nur, daß so viel mehr als Grundkapital festgelegt wird. Gegen v. Ziegler Ullmann, Die Veräußerung 45ff.

c) Zur Fusion von Hypothekenbanken s. Pinner in BankArch. 26, 332.

§ 307.

Ist eine Aktiengesellschaft zum Zwecke der Veräußerung ihres Vermögens im ganzen oder zum Zwecke der Umwandlung in eine andere Gesellschaft aufgelöst worden, so kann, wenn der beabsichtigte Zweck nicht erreicht wird, die Generalversammlung die Fortsetzung der Gesellschaft beschließen[1].

Das gleiche gilt in dem Falle, daß die Gesellschaft durch die Eröffnung des Konkurses aufgelöst, der Konkurs aber nach Abschluß eines Zwangsvergleichs aufgehoben oder auf Antrag des Gemeinschuldners eingestellt worden ist[2].

Die Fortsetzung der Gesellschaft ist von dem Vorstande zur Eintragung in das Handelsregister anzumelden[3].

1. a) Es ist herrschende Lehre und wurde bis vor kurzem auch in der Rechtsprechung einhellig angenommen, daß die Auflösung einer A-Gesellschaft (oder Gesellschaft mbH.) nicht rückgängig gemacht werden könne, so daß, wenn sich nach Eintritt der Gesellschaft in die Liquidation die Wiederaufnahme des Zweckes der Gesellschaft und des werbenden Geschäftsbetriebes als wünschenswert erweist, sich das nur auf dem umständlichen und kostspieligen Weg der Neugründung erreichen lasse. Zur Begründung dieser Auffassung beruft man sich auch auf gegenwärtigen § 307. Daraus, daß hier in den beiden hervorgehobenen Fällen der mißglückten Fusion und des nicht zu Ende durchgeführten Konkursverfahrens die Wiederaufnahme des Geschäftsbetriebes ausdrücklich für zulässig erklärt wird, soll folgen, daß das eine Ausnahme an der Regel sei. Indessen besteht in Wahrheit kein durchschlagender Grund, der zwar aufgelösten aber noch existierenden Gesellschaft (§ 292 Erl. 3 b) die Wiederaufnahme des Geschäftsbetriebes zu verwehren. Das ist jetzt auch, zunächst in beschränktem Maß vom KG (JW. 1925, 640[7]), sodann schlechthin vom RG (RG 118 337) anerkannt worden, und die Vorschriften des § 307 erklären sich diesem Rechtszustand gegenüber auf das natürlichste. Der Wiederaufnahme des Betriebes steht das für die Gesellschaft mbH unter Umständen beschwerliche, für die A-Gesellschaft kaum zu überwindende Hindernis entgegen, daß mit der Auflösung der Gesellschaft der Anspruch der Gesellschafter auf die Liquidationsquote zum konkreten Sonderrecht wird, so daß der Regel nach nur mit Zustimmung Aller zum werbenden Geschäftsbetrieb wieder übergegangen werden kann. Allerdings also bestimmt § 307 Ausnahme von der Regel. Aber diese Ausnahme besteht darin, daß in den genannten Fällen ein Mehrheitsbeschluß der Generalversammlung genügt. Die Vorschrift des Abs. II ist außerdem deshalb nötig, weil die Wiederaufnahme des Betriebes der Gesellschaft nur gestattet sein kann, wenn die Auflösung auf ihrem Statut oder auf freiem Entschluß beruht, nicht dagegen wenn sie zwangsweise erfolgt ist. Die Auflösung durch den Konkurs wird man selbst dann nicht als freiwillige bezeichnen können, wenn die Gesellschaft selbst das Verfahren beantragt hat. Auch insofern ist der Abs. II eine Ausnahmebestimmung.

b) Die Ausnahmefälle (s. oben) sind:

1. wenn die Gesellschaft sich aufgelöst hat, um ihr Vermögen im ganzen zu veräußern oder um sich in eine andere Gesellschaft umzuwandeln, und der Zweck nicht erreicht wird,
2. wenn die Gesellschaft durch Eröffnung des Konkurses über ihr Vermögen aufgelöst worden ist und der Konkurs entweder durch Zwangsvergleich geendet hat oder auf Antrag des Gemeinschuldners, das heißt also mit Zustimmung aller Gläubiger eingestellt worden ist.

Indem das Gesetz sagt, daß die Generalversammlung in diesen Fällen die Fortsetzung der Gesellschaft beschließen kann, wird entschieden, einmal, daß es hierzu eines Beschlusses der Generalversammlung bedarf, und sodann, daß die Generalversammlung darüber — trotz des Anspruchs des Einzelnen auf die Liquidationsquote, der ein Sonderrecht ist; vgl. OLG 16, 122 (Hamburg); s. aber auch JW 1904, 44[14] — durch Mehrheitsbeschluß, und zwar wenn im Statut nicht etwas anderes bestimmt ist, mit einfacher Stimmenmehrheit entscheidet. Eine Statutenänderung liegt in dem Beschluß nicht. Auch dann nicht, wenn im Statut die Dauer der Gesellschaft auf bestimmte Zeit festgelegt war. Denn das ist durch die Auflösung der Gesellschaft vor der Zeit bereits hinfällig geworden. A. A. Staub-Pinner § 307[7]. Wegen der generellen Verschiedenheit des Verhältnisses der Gesellschafter zueinander und zur Gesellschaft bei der Gesellschaft mbH liegt es dort in diesem Punkt wesentlich anders. Vgl. Brodmann GGmbH § 60[6]; anders auch hier Hachenburg GGmbH § 63[22].

c) Der § 307 gilt von jeder Art von Umwandlung, namentlich auch von der Umwandlung einer A-Gesellschaft in eine Gesellschaft mbH, GGmbH § 80.

d) Die erste Ausnahme, Auflösung der Gesellschaft zum Zweck der Veräußerung des Vermögens im ganzen umfaßt alle Fälle nach §§ 303—306, die Veräußerung des ganzen Vermögens gegen Entgelt (§ 303), die Verstaatlichung (§ 304), die Fusion mit und ohne Liquidation (§§ 305, 306). Ob der Fall bei der Verstaatlichung und bei der Fusion ohne Liquidation praktisch werden kann, hängt davon ab, was man unter der im Gesetz aufgestellten Bedingung versteht: wenn der beabsichtigte Zweck nicht erreicht wird. Nach Lehmann-Ring § 307[2] müßte feststehen, daß der Zweck unerreichbar ist. Ist dem so, dann kämen Verstaatlichung ohne Liquidation und Fusion ohne Liquidation hier nicht in Frage. Denn bei ihnen tritt die Auflösung der Gesellschaft überhaupt erst in dem Moment ein, wo der Zweck erreicht wird. Auch nach Makower § 307 II b[1] wäre der Fortsetzungsbeschluß nach § 307 nur zulässig, wenn feststeht, daß der Zweck nicht erreicht werden kann (ebenso Brand § 307[2] I b). Und ebenso liest man bei Staub-Pinner § 307[3], der Beschluß sei nicht zulässig, wenn der beabsichtigte Zweck erreicht „wird", das heiße, nicht mehr erreicht werden kann. Aber das legt doch mehr in den Satz hinein, als die Worte genau genommen sagen, und auch sachlich ist es befriedigender, wenn Staub-Pinner § 307[4] sich dahin zusammenfaßt: man wird im allgemeinen sagen können, daß, wenn aus irgend welchem Grunde die Veräußerung des Vermögens hinfällig wird oder wenn aus wirtschaftlichen oder sonstigen Gründen die Parteien die Aufhebung des Veräußerungsvertrages vereinbaren, die Fortsetzung beschlossen werden kann. Ob und wie lange noch nach dem vollständigen Abschluß des Fusions- oder Verstaatlichungsvertrages die Parteien übereinstimmend wieder zurücktreten können, ist eine Frage für sich. Aber soweit als es möglich ist, ist kein Grund, der Gesellschaft den Mehrheitsbeschluß zu versagen, ihr Unternehmen wie bisher nunmehr wieder als eigenes fortzusetzen. Namentlich dürfte dem auch nicht entgegenstehen, daß die Gesamtrechtsnachfolge nur durch Rückübertragungen im einzelnen rückgängig gemacht werden kann.

Die Fortsetzung der Gesellschaft ist vom Standpunkt der herrschenden Lehre aus (s. Erl 1 a) unzulässig, wenn sie bereits aufgelöst war, als die Veräußerung des Vermögens im ganzen in Frage kam.

An eine Frist ist der Beschluß, die Gesellschaft fortzusetzen, nicht geknüpft. Er ist zulässig, solange die Liquidation noch nicht beendet ist, mindestens aber solange es noch nicht zur Verteilung von Gesellschaftsvermögen an die Aktionäre gekommen ist, oder wenn es zwar zur Verteilung von Gesellschaftsvermögen schon gekommen, das Fortgegebene aber wieder zum Gesellschaftsvermögen zurückgewährt ist. So Hachenburg GGmbH § 60[3].

2. a) Durch die Eröffnung des Konkurses über das Vermögen der Gesellschaft wird diese aufgelöst. Ist das Konkursverfahren durchgeführt, so schließt sich erforderlichen Falles eine Liquidation an. Es kann Vermögen nachgeblieben sein, welches unter die Aktionäre, nötigenfalls nach Umsetzung in Geld, zu verteilen ist; es können Ersatzansprüche der Gesellschaft gegen Vorstandsmitglieder usw. geltend zu machen, schwebende Prozesse zu Ende zu führen sein. Vgl. OLG 28, 365. Das alles ist — anders als im Falle, daß nachträglich zur Konkursmasse gehörige Vermögensstücke ermittelt werden, § 166 II KO; OLG 40, 191 (Dresden) — nicht Sache des Konkursverwalters, sondern des — nötigenfalls zu bestellenden — Liquidators. Das gilt auch, wenn das Konkursverfahren nach Abschluß eines Zwangsvergleichs aufgehoben oder wenn es — unter Zustimmung aller Konkursgläubiger — auf Antrag der Gesellschaft eingestellt wird (§§ 190, 202 KO). Hier bestimmt das Gesetz, daß in diesen beiden Fällen — Fälle, in welchen generell davon ausgegangen werden kann, daß noch Vermögen vorhanden ist — die Generalversammlung beschließen kann, statt zu liquidieren, die Gesellschaft fortzusetzen. (Vgl. § 144 HGB; § 60 I Z. 4 GGmbH.) Es muß das nicht unmittelbar im Anschluß an die Einstellung des Konkursverfahrens geschehen, kann aber, wenn inzwischen ein Liquidator eingetreten ist und gehandelt hat, nur unbeschadet der Gültigkeit seiner Rechtsgeschäfte geschehen. Es setzt voraus, daß die Gesellschaft nicht bereits aufgelöst war, als der Konkurs über das Vermögen eröffnet wurde. So wenigstens der Wortlaut des Gesetzes. Es ist wohl anzunehmen, daß die Generalversammlung einen solchen Beschluß nur fassen wird, wenn genügend Gesellschaftsvermögen noch vorhanden ist oder neue Mittel zu erwarten sind. Es geht aber zu weit, wenn KG in Recht 07, 3375 annimmt, daß in Ermangelung von Gesellschaftsvermögen der Beschluß nichtig sei. Das Gesetz gestattet die Fortsetzung der Gesellschaft ohne jeden Vorbehalt in bezug auf die finanzielle Lage, in welcher nunmehr die Gesellschaft wieder in den Verkehr einzutreten unternimmt. Trotzdem liegt eine Schwierigkeit in dem § 240 II. Die Gesellschaft darf nicht überschuldet sein, soll sich der Vorstand nicht ersatzpflichtig und strafbar machen.

b) Mit dem Beschluß der Generalversammlung, die Gesellschaft fortzusetzen, kann eine Herabsetzung des Grundkapitals oder auch eine Erhöhung oder beides zugleich verbunden sein; unter Umständen kann die Fortsetzung der Gesellschaft davon abhängen, daß auf diese Weise neues Kapital hereinkommt. Es steht nichts im Wege, daß beide Beschlüsse gleichzeitig gefaßt werden, was freilich bei einer Erhöhung des Grundkapitals nur geschehen kann, wenn die neuen

Aktien vorher übernommen worden sind. Das Bedenken, daß darin liquidationswidrige Geschäfte liegen würden (RG in LZ 1912, 153[36]), schlägt doch wohl nicht durch. Liquidationswidrige Geschäfte sind nicht nichtig und mit Zustimmung der Generalversammlung geschlossen, voll rechtswirksam.

3. a) Die Fortsetzung der Gesellschaft ist von dem Vorstand, d. h. von soviel Mitgliedern als zur Vertretung der Gesellschaft erforderlich sind, zur Eintragung in das Handelsregister anzumelden. Nötigenfalls hat der Registerrichter durch Androhung von Ordnungsstrafen darauf zu dringen, daß es geschieht. Da es sich um die Wahrung von Vorschriften rechtspolizeilicher Natur handelt, hat der Registerrichter die Zulässigkeit des Beschlusses zu prüfen; a. A. Brand § 307[3] c. Der Beschluß selbst ist ihm auf Grund § 259 V einzureichen. Ebenso werden ihm im Falle der mißglückten Verstaatlichung oder Fusion die betreffenden Beschlüsse und Verträge bereits zur Hand sein. Er wird aber auch den Nachweis verlangen, daß die etwa schon geschlossenen Verträge rückgängig gemacht sind. Unter Umständen dürfte geboten sein, den Vertragsgegner zu hören (FGG § 12). Übrigens aber hat die Eintragung nicht konstitutive Bedeutung und wenn der Fortsetzungsbeschluß der gesetzlichen Voraussetzungen ermangelt, erlangt er auch durch die Eintragung der Fortsetzung nicht Wirksamkeit.

b) Wie jeder Beschluß der Generalversammlung ist auch dieser anfechtbar, wenn er unter Verstoß gegen Vorschriften des Gesetzes oder des Gesellschaftsvertrages zustande kommt.

§ 308.

Ist die Firma einer Aktiengesellschaft durch den Übergang ihres Vermögens auf eine andere Gesellschaft oder juristische Person ohne vorgängige Liquidation erloschen[2], so ist eine Anfechtung des den Übergang betreffenden Beschlusses der Generalversammlung gegen die Rechtsnachfolgerin der aufgelösten Gesellschaft zu richten[1].

1. a) Die Fusion beruht auf dem zwischen der aufnehmenden und der aufzunehmenden Gesellschaft abgeschlossenen Vertrag und dieser Vertrag wiederum beruht auf den betreffenden Beschlüssen der Generalversammlung der beiden Gesellschaften, dort auf den Kapitalerhöhungsbeschluß, hier auf dem die Veräußerung des Vermögens im ganzen genehmigenden Beschluß, auf letzterem Beschluß allein, wenn die Fusion ohne Kapitalerhöhung zustande kommt, was hier als unechte Fusion bezeichnet werden soll, während die Fusion unter Ausschluß der Liquidation besser mit Staub-Pinner § 306 Einl als die eigentliche Fusion im Gegensatz zur Fusion unter Liquidation (§§ 303, 305) als der uneigentlichen bezeichnet wird; anders Flechtheim (ZBH I, 48). Wenn diese Beschlüsse der beiden Gesellschaften oder der einen von ihnen mangelfrei zustande gekommen sind, ist alles in Ordnung. Es drängt sich aber die Frage auf, was aus der Fusion wird, wenn die Beschlüsse oder einer von ihnen anfechtbar sind und angefochten werden. Denn es kann keinem Zweifel unterliegen, daß diese Beschlüsse nicht darum weniger der Anfechtung unterliegen, weil die erfolgreiche Anfechtung zu großen Schwierigkeiten führen kann. Allenfalls könnte in Frage kommen, ob nicht in dem Fall des § 306 (liquidationslose Fusion) die Anfechtung ohne weiteres dadurch unmöglich wird, daß mit der Eintragung des Auflösungsbeschlusses der aufzunehmenden Gesellschaft in das Handelsregister (§§ 306 I, 304 III—V) diese Gesellschaft verschwindet. Aber gerade für diesen Fall trifft der §§ 308 Fürsorge, indem er für ihn bestimmt, daß die Anfechtungsklage gegen die aufnehmende Gesellschaft als die Rechtsnachfolgerin der aufgelösten Gesellschaft zu richten ist. Das ist positive Sonderbestimmung. Denn es ist klar, daß die Rechtsposition der aufzulösenden Gesellschaft als die Verteidigerin der von ihrer Generalversammlung gefaßten Beschlüsse kein Vermögensrecht ist, welches von der hier stattfindenden Gesamtrechtsnachfolge mit ergriffen würde. Anders RG 115, 381, wonach auch die Nichtigkeit oder Anfechtbarkeit voraufgegangener Beschlüsse der aufgelösten Gesellschaft gegen die übernehmende geltend gemacht werden kann.

b) Bei der Frage nach der Anfechtbarkeit der Fusion, sei es unmittelbar des Fusionsvertrages, sei es der der Fusion zugrunde liegenden Gesellschaftsbeschlüsse, stößt man vermöge der Verschiedenheit möglicher Fälle auf eine Fülle von Kombinationen, welche verwirrend wirkt, wenn man nicht der Sache in schematisch-systematischer Übersicht nachgeht. Voran geht die Unterscheidung, ob es sich um die interne Anfechtung eines Generalversammlungsbeschlusses in der einen oder der anderen der beiden Gesellschaften auf Grund §§ 271 ff. handelt, oder um die Anfechtung des zwischen den beiden Gesellschaften geschlossenen Fusionsvertrages, wobei vornehmlich die Anfechtung wegen arglistiger Täuschung in Frage kommt.

A. Anfechtung von Beschlüssen der Generalversammlung.

I. Fusion unter Erhöhung des Grundkapitals der aufnehmenden Gesellschaft.

a) Anfechtung des Fusionsbeschlusses der aufzunehmenden Gesellschaft, § 303.

1. Fusion mit Liquidation § 305. Die Vernichtung des Beschlusses entzieht dem Fusionsvertrag den Boden. Der Vertrag ist gerichtet auf Sacheinlage zum Zweck der Erhöhung des Grundkapitals der aufnehmenden Gesellschaft. Die Kapitalerhöhung erweist sich als nichtig. Aber ebenso wie bei der Nichtigkeit des Gründungsvertrages die Gesellschaft nicht schlechthin für ein Nichts gilt, vielmehr die Nichtigkeitsklage nur zur Auflösung und Liquidation der Gesellschaft führt (s. Erl 1a zu § 311), so gilt von der Kapitalerhöhung entsprechend dasselbe (vgl. RG 85, 314); sie ist nicht als von Anfang an nichtig anzusehen, muß aber, wie die nichtige Gesellschaft liquidieren muß, rückgängig gemacht werden, was unschwer auf dem dafür gebotenen Weg sich erreichen läßt, daß unter entsprechender Herabsetzung des Grundkapitals die ausgegebenen Aktien entgeltlich amortisiert werden. Vgl. hierzu Flechtheim in Festschrift für Zitelmann 26, der auf anderem Wege, genau besehen, dazu gelangt, daß die Anfechtung zu einem praktischen Ergebnis nicht führt. Denn da die aufzulösende Gesellschaft offenbar nur als Liquidationsgesellschaft wieder auflebt, besteht die Liquidation darin, daß die Aktien der aufnehmenden Gesellschaft, welche die Liquidationsgesellschaft von ihren Aktionären einzieht, auf diese wieder verteilt werden.

2. Fusion ohne Liquidation § 306. Hier ist die eigentliche Beklagte verschwunden; der § 308 macht der aufnehmenden Gesellschaft zur Pflicht, den Beschluß und damit den Fusionsvertrag zu verteidigen; infolgedessen liegt es im übrigen hier ebenso wie im Fall unter 1.

b) Innerhalb der aufnehmenden Gesellschaft wird der Kapitalerhöhungsbeschluß angefochten. Auch das entzieht, wenn es erfolgreich geschieht, dem Fusionsvertrag den Boden; es macht hier keinen Unterschied, ob ein Fall nach § 305 oder nach § 306 vorliegt und auch im übrigen ist hier die Wirkung, daß die Kapitalerhöhung nicht schlechthin ausfällt, sondern rückgängig gemacht werden muß, wie im Falle a.

II. Fusion ohne Kapitalerhöhung. Es kommt nur Anfechtung des Fusionsbeschlusses der aufzunehmenden Gesellschaft in Frage:

1. der Fall des § 305:

Es handelt sich um entgeltlichen Erwerb von Aktien der aufnehmenden Gesellschaft durch einen gegenseitigen, synallagmatischen Vertrag mit dieser, welcher durch die Gültigkeit des angefochtenen Beschlusses bedingt war. Er ist hinfällig geworden und die aufgelöste, in Liquidation befindliche Gesellschaft, oder vielleicht auch nicht aufgelöste, jedenfalls noch existierende Gesellschaft kann ihre Leistung, d. h. ihr Vermögen, soweit es schon geliefert ist, sonst die Verpflichtung zur Lieferung kondizieren.

2. Der Fall des § 306. Hier ist mit der Anfechtung nichts zu erreichen. Dem Ankauf der Aktien der aufnehmenden Gesellschaft ist zwar der Boden entzogen. Aber mit dem Rechtssubjekt, welchem die daraus sich ergebende Kondiktion zustehen würde, ist auch die Kondiktion selbst verschwunden. Hier würde Flechtheim (s. unten) mit entsprechender Anwendung des § 302 IV helfen; es würde die aufgelöste Gesellschaft wegen dieses Anspruchs wieder ins Leben treten.

B. Anfechtung des Fusionsvertrages.

I. Fusion unter Erhöhung des Grundkapitals der aufnehmenden Gesellschaft

a) auf seiten der aufgelösten Gesellschaft fühlt man sich betrogen.

1. § 305: die Sacheinlage ist unanfechtbar; auch Ansprüche auf Schadensersatz gegen die aufnehmende Gesellschaft bestehen nicht (Erl 3a zu § 213).

Wohl aber kann die Gesellschaft in Liquidation die des Betruges schuldigen Mitglieder des Vorstandes und Aufsichtsrats der aufnehmenden Gesellschaft in Anspruch nehmen, ebenso ihre eigene Verwaltung, wenn sie und soweit als sie fahrlässig gehandelt hat.

2. § 306: Hier ist die geschädigte Gesellschaft und damit dann auch ihr Anspruch auf Schadensersatz verschwunden, RG 115, 384; Flechtheim in ZBH I, 45ff. schlägt vor, den § 302 IV entsprechend anzuwenden und zur Erhaltung des Ersatzanspruchs Fortdauer der Gesellschaft anzunehmen. In der Tat erscheint es nicht geboten, mit der in §§ 304 V, 306 I angeordneten Gesamtrechtsnachfolge so unerschütterlichen Ernst aus reinem Dogmatismus zu machen. Auch Staub-Pinner § 308[39] ist geneigt, Flechtheim zuzustimmen; ebenso Goldschmit AG § 308[3]. Dagegen kann Flechtheim darin nicht beigetreten werden, daß die aufgelöste Gesellschaft zwar nicht den Sacheinlagevertrag anfechten kann, wohl aber die Ausschließung der Liquidation. Die beiden Dinge lassen sich nicht trennen (s. Erl 2b zu § 304). Das Gesetz sagt zwar, daß mit dem (wirksam gewordenen) Liquidationsausschließungsbeschluß die Gesamtrechtsnachfolge eintrete. Virtuell liegt es umgekehrt; die Gesamtrechtsnachfolge ist es, welche die Notwendigkeit nicht nur, sondern auch die Möglichkeit einer Liquidation ausschließt. Soll die Ausschließung der Liquidation beseitigt werden, so muß auch die Gesamtrechtsnachfolge, d. h. die Sacheinlage rückgängig gemacht werden, was eben ausgeschlossen ist.

b) Die aufnehmende Gesellschaft glaubt sich betrogen:

1. § 305: Auch sie kann die geschehene Kapitalerhöhung nicht rückgängig machen, sie ist auf den Anspruch auf Ersatz des Schadens angewiesen, welcher in dem Minderwert der Sacheinlage

für sie liegt. Das kann aber zu nichts führen, denn sie besitzt bereits das ganze Vermögen der aufgelösten Gesellschaft oder hat ohnehin schon den Anspruch darauf. Es ist auch zu beachten, daß den Schaden überhaupt nicht die Gesellschaft erleidet, sondern ausschließlich ihre Aktionäre, während anderseits ein Ersatz des Schadens nicht nur diesen, sondern auch den Aktionären der aufgelösten Gesellschaft, die jetzt Aktionäre der aufnehmenden sind, zugute käme. Der richtige Ausgleich wäre, das Beteiligungsverhältnis der alten und der neuen Aktionäre entsprechend zu ändern. Doch führt, soweit ersichtlich, nach geltendem Recht und de lege lata kein Weg dahin. Es bleibt für die Gesellschaft nur der Anspruch aus §§ 823 II, 826 BGB gegen die schuldigen Mitglieder von Vorstand und Aufsichtsrat der aufgelösten Gesellschaft.

2. Im Fall des § 306 gilt das Gesagte um so mehr, als hier die Persönlichkeit des Schuldners verschwunden ist.

II. Fusion ohne Kapitalerhöhung:

a) die aufgelöste Gesellschaft ist die Betrogene.

1. § 305. Die liquidierende Gesellschaft kann den Aktienerwerb nach Auffassung der herrschenden Lehre unbeschränkt anfechten und hat Anspruch auf Schadensersatz, nach diesseitiger Auffassung ist beides ausgeschlossen und die Gesellschaft in Liquidation hat gegen die schuldigen Personen nur den Anspruch aus §§ 823 II, 826 BGB. S. Erl 3 zu § 213.

2. § 306: Die Gesellschaft als Gläubiger ist verschwunden, es sei denn, daß man mit Flechtheim den § 302 IV entsprechend anwendet. Dagegen dürfte unbedenklich anzunehmen sein, daß hier ihre einstigen Mitglieder aus § 823 II, jedenfalls aus § 826 BGB gegen die schuldigen Personen Anspruch auf Schadensersatz haben.

b) Die aufnehmende Gesellschaft ist die Betrogene. Hier ist die Rechtslage der aufnehmenden Gesellschaft dieselbe wie die unter a geschilderte der aufgelösten Gesellschaft, wenn diese betrogen ist, mag die Liquidation ausgeschlossen sein oder nicht.

2. a) Der Registerrichter hat keine Veranlassung, die Eintragung des angemeldeten Auflösungsbeschlusses oder die angemeldete Erhöhung des Grundkapitals zu beanstanden, wenn die Anfechtungsfrist verstrichen ist, ohne daß Anfechtung erfolgt ist; ist Anfechtung erfolgt, darf er den Beschluß nur eintragen, wenn glaubhaft gemacht ist, daß ein anzuerkennendes und erhebliches Interesse an alsbaldiger Eintragung besteht. Anderseits kann durch einstweilige Verfügung des Prozeßrichters angeordnet werden, daß die Eintragung bis auf weiteres unterbleibt.

b) Auf die Anfechtungsklage finden die Vorschriften der §§ 271 ff. Anwendung. Sie ist sowohl dem Vorstand als auch dem Aufsichtsrat der aufnehmenden Gesellschaft zuzustellen. Zuständig ist ausschließlich das Landgericht am Sitz dieser Gesellschaft. Der § 306 III (Gerichtsstand) dürfte nur auf Klagen anwendbar sein, welche das Vermögen der aufgelösten Gesellschaft betreffen. Auch § 273 findet Anwendung, was namentlich auch von Abs II das. gelten dürfte. Handelt es sich um Verstaatlichung, so richtet sich die Vertretung des Beklagten und die Zuständigkeit des Gerichts nach der Verfassung der betreffenden Körperschaft.

c) Der § 308 findet nicht nur auf die eigentliche Anfechtungsklage sondern auch auf die Nichtigkeitsklage sinngemäß Anwendung; RG 25, 241.

d) Der Wortlaut des Gesetzes paßt auch auf die Umwandlung einer A-Gesellschaft in eine andere Gesellschaftsform, namentlich auf die Umwandlung in eine Gesellschaft mbH. nach §§ 80 GGmbH.

§ 309.

Enthält der Gesellschaftsvertrag nicht die nach § 182 Abs. 2 wesentlichen Bestimmungen oder ist eine dieser Bestimmungen nichtig, so kann jeder Gesellschafter und jedes Mitglied des Vorstandes und des Aufsichtsrats im Wege der Klage beantragen, daß die Gesellschaft für nichtig erklärt werde[1]. Die Vorschriften der §§ 272, 273 finden entsprechende Anwendung[2].

1. a) Die §§ 309—311 sind Zusatz der Novelle von 1900 und handeln von der Nichtigkeit der A-Gesellschaft. Insbesondere der § 309 verleiht den Aktionären, wie auch den Mitgliedern des Vorstandes und des Aufsichtsrats das Recht, darauf zu klagen, daß die Gesellschaft für nichtig erklärt werde, wenn einer der in § 182 II erwähnten, notwendigen Bestandteile des Gesellschaftsvertrages ganz fehlt oder zwar nicht fehlt, aber nichtig ist. Über die Bedeutung und Tragweite dieser Bestimmungen wird lebhaft gestritten. Eine weitverbreitete Ansicht geht dahin, daß hier die Nichtigkeit der A-Gesellschaft erschöpfend geregelt sei, dergestalt, daß weitere Gründe der Nichtigkeit, d. h. andere Gründe, welche nach den allgemeinen Rechtsgrundsätzen die Nichtigkeit des Gesellschaftsvertrages und der Gesellschaft zur Folge haben würden, für die A-Gesellschaft nicht gelten. Der Standpunkt der Denkschrift ist das jedenfalls nicht. Es heißt dort (S. 170): Daß eine A-Gesellschaft trotz ihrer Eintragung in das Handelsregister nicht besteht, wenn die

wesentlichen Bestimmungen fehlen oder ungültig sind, gilt schon jetzt als zweifellos; anderseits wird überwiegend angenommen, daß sonstige Mängel des Gründungsherganges im allgemeinen nicht genügen, die Gültigkeit der eingetragenen Gesellschaft in Frage zu stellen ... auf diesen Standpunkt, welcher dem praktischen Bedürfnis und dem Interesse aller Beteiligten am meisten entspricht, stellt sich auch der Entwurf; die Vorschriften über die Nichtigkeit beziehen sich nur auf den Fall, daß Mängel in betreff der wesentlichen Bestimmungen des Gesellschaftsvertrages vorliegen. Das geltende Recht gewährt kein Mittel, um in einem solchen Fall die Nichtigkeit in einer für alle Beteiligten bindenden Weise festzustellen und die in das Handelsregister eingetragene Gesellschaft wieder aus dem Register zu entfernen; der Entwurf füllt diese Lücke durch die Vorschriften des § 309 aus, wonach sowohl jedem Gesellschafter als auch jedem Mitglied des Vorstandes und des Aufsichtsrats das Recht zustehen soll, im Wege der Klage zu beantragen, daß die Gesellschaft für nichtig erklärt werde ... Das Urteil, durch welches die Gesellschaft für nichtig erklärt wird, hat nur deklaratorische Bedeutung; der Standpunkt des Entwurfs ist nicht etwa der, daß die Gesellschaft bis dahin als A-Gesellschaft zu Recht bestünde, diese Auffassung wird schon durch die Natur der Mängel, welche die Nichtigkeit begründen, ausgeschlossen; hieraus folgt insbesondere, daß die Mitglieder sich jederzeit auf die Nichtigkeit berufen, also auch die Leistung von Einlagen zum Betriebe des Unternehmens verweigern und die Beschlüsse der Generalversammlung als unverbindlich behandeln können, ohne an die Vorschriften der §§ 271, 272 über die Anfechtung von Generalversammlungsbeschlüssen gebunden zu sein.

Entsprechend lautet es denn auch in der Denkschrift zum Entw der FGG S. 74: Nur aus den im Gesetz ausdrücklich für wesentlich erklärten Mängeln kann eine Nichtigkeitsklage überhaupt erhoben werden; sonstige Verstöße, welche bei der Errichtung der Gesellschaft vorgekommen sind, genügen nicht, um die Gültigkeit der eingetragenen Gesellschaft nachträglich in Frage zu stellen.

b) Diese Ausführungen sind insofern auffallend, als sie ergeben, daß ihr Verfasser sich über die Bedeutung dessen, was zu gleicher Zeit in § 311 bestimmt worden ist, nicht klar gewesen ist (s. Erl 1a zu § 311). Aber dies bezeugen sie doch ganz deutlich, daß man weit entfernt gewesen ist, mit dem § 309 in so bedeutsamer Weise in die allgemeinen Bestimmungen über die Nichtigkeit von Rechtsgeschäften, insbesondere von Gesellschaftsverträgen, einzugreifen. Wäre es wirklich an dem, daß — wie die D. sagt — der § 309 weiter nichts will, als ohne jeden Eingriff in das geltende Recht den genannten Persönlichkeiten ein Verfahrensmittel an die Hand zu geben, um einen allerseits maßgeblichen richterlichen Ausspruch über die Nichtigkeit der Gesellschaft zu erzielen, die aber niemand gehindert ist, auch ohne eine solche Klage geltend zu machen, dann wäre die Frage, ob sich das auf alle Nichtigkeitsmöglichkeiten beziehen soll oder nicht, von untergeordneter Bedeutung.

In Wahrheit besteht ein erhebliches Interesse an dieser Frage deshalb, weil die bedeutsamen materiellen Bestimmungen in § 311 II. III unverkennbar sich so, wie sie lauten, nur auf die in § 309 genannten Fälle beziehen. Wenn die Denkschrift zwischen Mängeln des Gründungsherganges und den in der Vorschrift genannten Mängeln im Inhalt des vereinbarten Gesellschaftsvertrages unterscheidet und von ersteren behauptet, daß sie im allgemeinen nicht genügen, um die Gültigkeit der in das Handelsregister eingetragenen Gesellschaft nachträglich in Frage zu stellen, so ist nicht ausgeschlossen, vielmehr ziemlich durchsichtig, daß der Verfasser gemeint hat, mit dieser Zweiteilung alle denkbaren Fälle von Nichtigkeit erfaßt zu haben. In Wahrheit wäre das ein Irrtum gewesen. Es gibt noch ein Drittes. Neben den Mängeln im Inhalt des Vertrages kommen die allgemeinen schuldrechtlichen Voraussetzungen jedes gültigen Vertragsabschlusses in Frage, Handlungsfähigkeit, Geschäftsfähigkeit, Stellvertretung, Konsens oder Dissens, Form des Vertragsschlusses. Es wäre, wie gesagt, nicht von erheblicher Bedeutung, wenn wegen Mängel in letzterem Gebiet die in § 309 bestimmte Klage nicht gegeben wäre, was ja nicht ausschließen soll, daß der Mangel auf andere Weise geltend gemacht wird. Aber sehr einschneidend wäre es, wenn — und das wären die zwei Alternativen, von denen jede gleich unannehmbar erscheint — entweder Mängel der letztgenannten Art nach der Eintragung der Gesellschaft in das Handelsregister nicht mehr geltend gemacht werden könnten, oder aber, wenn sie geltend gemacht werden könnten, nicht auf Grund §§ 309 ff. und daher namentlich nicht mit der in § 311 II. III bestimmten Wirkung, Vorschriften mit welchen der Gesetzgeber dem hat vorbeugen wollen, daß eine vermeintlich gültig zustande gekommene A-Gesellschaft mehr oder weniger lange Zeit im Verkehr sich betätigt hat und dann doch alles, was geschehen ist und tatsächlich sich gar nicht wieder einrenken läßt, nichtig sein soll. Nach diesseitiger Auffassung liegt es so. Ohne Zweifel ist in § 309 bestimmt, daß wegen eines Mangels im Gründungsvorgang die Gültigkeit der eingetragenen Gesellschaft nicht in Frage gestellt werden kann, ferner, daß — s. unten — wegen Mängel im Inhalt der Vereinbarungen dasselbe gilt, es sei denn, es handle sich um eine der in § 309 aufgezählten Nichtigkeiten. Insofern will die Vorschrift ausschließlich sein; dagegen ist es nicht möglich, aus dem § 309 herauszulesen — weder aus dem Wortlaut noch aus seiner Entstehungsgeschichte —, daß Mängel in den allgemeinen Voraussetzungen jedes Vertragsschlusses durch die Eintragung der Gesellschaft in das Handelsregister geheilt würden. Es kann gar nicht die Meinung gewesen sein, daß durch die Eintragung eine A-Gesellschaft rechtswirksam entsteht, wenn alle Gründer geschäftsunfähig gewesen sind. An diese Fälle hat man nicht gedacht und daraus ergibt sich unschwer folgendes. Das bei weitem wichtigste an dieser Gesetzgebung sind Abs II und III des § 311 (s. Erl 1 zu § 311). Es ist das der gegen jede Regel aber aus praktischer Vernunft unternommene und sicherlich nur zu billigende Schritt, bei der korporativen Handelsgesellschaft, sobald sie durch ihre Eintragung in das Handelsregister vor der Öffentlichkeit durch behördlichen Akt legitimiert erscheint, die Nichtigkeit (ex tunc) zur Anfechtbarkeit und Auflösung (ex nunc) umzustempeln. Dieser Gedanke ist unabhängig davon, auf welchem Grunde die Nichtigkeit beruht. Soll er überhaupt gelten, so ist kein Anlaß zu unterscheiden, und wir sind nicht genötigt, bestimmte Fälle von Nichtigkeit davon auszunehmen, weil der Gesetzgeber aus einem erkennbaren Irrtum heraus der Vorschrift zu engen Ausdruck verliehen hat.

Lehmann-Ring § 309[3] steht auf dem Standpunkt, daß § 309 die Nichtigkeitsgründe erschöpfend aufzählt. Aber er sieht sich doch genötigt, Ausnahmen anzuerkennen, die er nur zum Teil mit Recht als nur scheinbare Ausnahmen bezeichnet. Dahin soll der Fall gehören, daß der Gesellschaftsvertrag nicht der Vertrag einer A-Gesellschaft ist. Daran ist soviel richtig, daß eine offene Handelsgesellschaft noch nicht dadurch zu einer A-Gesellschaft wird, daß sie sich so nennt und es erreicht, so eingetragen zu werden. Dagegen wäre nicht richtig, daß, wenn in dem Vertrag alle Punkte des § 182 II geregelt sind und außerdem bestimmt ist, daß die Gesellschafter für die Schulden der Gesellschaft persönlich haften, die A-Gesellschaft nichtig wäre. Die letztere Bestimmung ist allerdings nichtig. Aber das stellt den Gesellschaftsvertrag im übrigen nicht in Frage (s. unten), Staub-Pinner § 309[3]; s. aber auch Makower § 309 III b 1; Brand § 309 2 c a a. — Gegen den Gedanken einer Konversion der A-Gesellschaft s. auch RG 21, 158. Ist beispielsweise bei der Eintragung der A-Gesellschaft übersehen worden, daß nach dem Gesellschaftsvertrag die Aktien unter pari ausgegeben werden sollen, so ist wiederum die Gesellschaft darum nicht nichtig, vielmehr nur jene Bestimmung und die Aktien müssen voll eingezahlt werden. — Eine weitere „scheinbare“ Ausnahme soll vorliegen wenn nicht eine Mehrheit von Personen den Vertrag geschlossen hat. Das ist der Fall eines Mangels in den allgemeinen Voraussetzungen des gültigen Rechtsgeschäfts. Daß zum Abschluß eines Vertrages mindestens 2 Personen gehören, ist ein ganz allgemeiner Rechtssatz, dem auch der § 309 gewiß nicht hat Abbruch tun wollen. Das wäre also eine Ausnahme und durchaus keine scheinbare. — Wesentlich davon verschieden ist der Mangel, daß nicht 5 sondern nur 4 Gründer den Vertrag geschlossen haben. Hier wird der Kommentar unsicher. Er hält die Fünfzahl nicht für unerläßlich, gibt aber zu, daß man auch sagen könne, der Abschluß eines Aktiengesellschaftsvertrages sei nach geltendem Gesetz nur unter mindestens 5 Personen „denkbar“. Das letztere ist nicht richtig. Wenn bei fünf Gründern die Beteiligung des einen oder des anderen von ihnen nichtig ist, dann ist deshalb der ganze Vertrag noch keineswegs hinfällig. Bei der Gesellschaft mbH muß man in der entsprechenden Lage unterscheiden, wie erheblich die Beteiligung des Gesellschafters ist, dessen Beitritt ausfällt. Vgl. Brodmann GGmbH § 75 Erl 1. S. auch ROHG 20, 279. Von der A-Gesellschaft, welche ihrer Struktur nach auf fungible Massenbeteiligung angelegt ist, nimmt — sicherlich mit Recht — die herrschende Lehre an, daß Nichtigkeit der Beteiligung einzelner unschädlich ist; ROHG 7, 241; 20, 278; RG 5, 77; RJA 3, 16 (KG) (nach OLG 23, 377 (KG) ist eine Erhöhung des Grundkapitals auch dann nicht nichtig, wenn sie ausschließlich auf der nichtigen Einbringung einer Sache beruht). Es bleibt der entstandenen Gesellschaft zu erwägen, ob sie mit dem dadurch geminderten Gesellschaftsvermögen das Unternehmen gleichwohl in Angriff nehmen will. Und sie hätte keinen Anlaß, davor zurückzuschrecken, wenn z. B. bei einem Grundkapital von 100 000 M. von den fünf Gründern vier mit zusammen 4000 M. Einlage wegen Nichtigkeit ihrer Beteiligung ausfielen. Vgl. den Tatbericht in RG 26, 69. Es gehört also nicht zum Wesen der A-Gesellschaft, daß mindestens fünf sie gründen. Es handelt sich auch nicht um eine allgemein-schuldrechtliche Voraussetzung des Zustandekommens eines Vertrages. Vielmehr ist der § 182 I, 1 eine positiv-formale Vorschrift von rechtspolitischem Charakter. Es wird nicht leicht vorkommen, daß der Registerrichter sich verzählt oder zu zählen vergißt. Aber wenn es vorkommt, so handelt es sich um einen Verstoß gegen die Vorschriften über den Gründungshergang, der Anlaß hätte geben sollen, die Eintragung der Gesellschaft zu beanstanden, die eingetragene Gesellschaft aber nicht in Frage stellt. S. den Fall in OLG 43, 292 (KG), wo das Gericht unnötigerweise etwas gewaltsam abgeholfen hat. Makower § 309 III b 2; a. A. Goldmann § 309[4].

Staub-Pinner § 309[2] steht im anderen Lager. Er läßt noch andere Nichtigkeitsgründe neben § 309 gelten und er nennt (§ 309[3]) folgende Beispiele: Die Gesellschaft ist gegründet: a) von 3 Personen, b) nicht in gerichtlicher oder notarieller Form, c) es hat bei Sukzessivgründung konstituierende Generalversammlung nicht stattgefunden, d) die Anmeldung zum Handelsregister ist von Unberechtigten ausgegangen. Hier gehen ganz verschiedene Dinge durcheinander. Der Fall d gehört nicht in diesen Zusammenhang. Rechtsgültige Eintragung des Registerrichters ist immer vorausgesetzt (Lehmann-Ring § 309[4]) S. unten unter d. Der Mangel c gehört in das Gebiet der

Mängel im Gründungshergang, und ist in demselben Sinne unschädlich, wie z. B. das Fehlen eines Gründerberichts; Brand § 309² c, cc; Bondi GZ 78, 104. Sind die Beschlüsse der konstituierenden Generalversammlung anfechtbar, so handelt es sich ebenfalls um einen solchen Mangel; Goldmann § 197 c. A. A. Makower § 309 III b 2, der sich mit Unrecht auf RG 18, 71 beruft, wo nur nebenbei die Möglichkeit einer Anfechtung wegen Betruges angedeutet wird, welche seitdem die Rechtsprechung abgelehnt hat. — Vom Fall a ist oben schon gesprochen. Das größte praktische Interesse knüpft sich an die Frage unter b. Es wird nicht leicht unbeachtet bleiben, wenn der Gesellschaftsvertrag nicht gerichtlich oder notariell beurkundet worden ist. Dagegen liegt der Fall nicht fern, daß das aufgenommene Protokoll wegen eines wesentlichen Formmangels nichtig ist, und hier könnte allerdings die Frage brennend werden, ob wegen eines solchen Verstoßes alles, was — vielleicht Jahre lang — geschehen und jetzt in bestem Zuge ist, nichtig sein soll. Die Rechtsprechung ist unsicher; RG 26, 72 hat über den Formmangel hinweggesehen (in einem Fall, wo die Entscheidung nach dem jetzigen Recht dieser Begründung nicht bedurft hätte); anders dagegen RG 54, 418; vgl. auch RG 102, 21; ferner RJA 1, 117 (KG); ThürBl 50, 202 (Jena); DNotZ 1925, 59 c; RG in LZ 1911, 119[31]; RGSt. 43, 410. Das Reichsgericht ist in dem oben angezogenen Urteil RG 54, 418 in Anwendung auf den Mangel der notariellen Form bei Gründung einer Gesellschaft mbH zu dem oben diesseits dargelegten Ergebnis gelangt, aber auf einem anderen Wege. Das Gericht meint, wenn schon die Nichtigkeit einer einzelnen der in § 309 genannten Bestimmungen die Nichtigkeit der Gesellschaft zur Folge haben soll, so müsse das erst recht gelten, wenn alle Bestimmungen des Vertrages nichtig seien, und das seien sie, wenn der Vertrag nicht in der vom Gesetz vorgeschriebenen Form geschlossen worden ist. Die Art, wie hier der Unterschied zwischen Mängeln im Inhalt der Vereinbarungen und Mängeln in den allgemeinen rechtlichen Voraussetzungen des Abschlusses eines Vertrages verwischt wird, kann kaum gebilligt werden. Indessen der Weg mag richtig sein oder nicht, das Wichtige ist das Ziel, und wenn die Begründung des Reichsgerichts überhaupt zu billigen ist, so trifft sie auch alle anderen hier denkbaren Gründe der Nichtigkeit. Das Urteil RGSt 43, 407 steht mit RG 54, 418 nicht in Widerspruch wie Smoschewer JW 1911, 315 behauptet; Seligsohn DJZ 1913, 1131.

c) Mit größerer Sicherheit kann man etwas anderes aus dem § 309 herauslesen, was unausgesprochen in ihm liegt. Er handelt von Mängeln des Vertragsinhaltes und wenn er dabei das, was er bestimmt, auf Mängel in den in § 182 II aufgeführten wesentlichen Punkten des Vertragsinhalts beschränkt, so ergibt sich, daß Nichtigkeit anderer Vertragsbestimmungen die Nichtigkeit der Gesellschaft nicht zur Folge haben soll. Nach § 139 BGB ist das ganze Rechtsgeschäft nichtig, wenn ein Teil davon nichtig ist, es sei denn, daß auch ohne diesen Teil das Rechtsgeschäft vorgenommen worden wäre. Diese Vorschrift ist hier durch die Sondervorschrift des § 309 gänzlich ausgeschaltet. Ist eine Nebenbestimmung des Gesellschaftsvertrages im Sinne des § 309 nichtig, so hat das die Nichtigkeit des ganzen Vertrages und der Gesellschaft auch dann nicht zur Folge, wenn die Parteien nachweisbar gerade auch auf diese Nebenbestimmung entscheidendes Gewicht gelegt haben; RG 114, 80 und die dort angezogenen Entscheidungen; JW 1908, 310[22]; 1916, 745[10]; RG in HoldhMS 1914, 104; a. A. Makower § 309 III b 1; Bondi in GZ 78, 106. Die Frage, ob die Gründung hinfällig ist, wenn die Zeichnung einer oder mehrerer Aktien nichtig ist, ist kein Fall des § 139 BGB. Ebensowenig gehört hierher die Bestimmung des Statuts, es sollen 100 Aktien in Höhe von 1000 M. und 100 in Höhe von 50 M. ausgegeben werden (Bondi GZ 77, 452). Die ganze Bestimmung ist nichtig und daher nach §§ 182 II Z. 3, 309 der ganze Vertrag. Ebenso liegt es, wenn bestimmt würde, daß die Gesellschaft zwei Sitze haben soll.

d) Die Anwendung der §§ 309 ff. setzt voraus, daß die Gesellschaft in das Handelsregister eingetragen worden ist. So wird mit Recht das Gesetz allgemein verstanden, wenn dieses selbst es auch nicht ausdrücklich sagt. Indem es diese Nichtigkeitsklage statuiert und zugleich bestimmt, daß sie nach Art der Anfechtung von Beschlüssen der Generalversammlung anzustellen und durchzuführen ist, legt es der Gesellschaft auf alle Fälle, auch für den Fall, daß sie nichtig sein sollte, soviel Existenz vor dem Rechte zu, daß sie sich selbst vor den Gerichten verteidigen kann. Das setzt aber voraus, daß sie zum Handelsregister angemeldet und dort eingetragen worden ist, und daß diese Eintragung nicht an Mängeln leiden darf, kraft deren die Gesellschaft durch sie auch dann nicht entstanden wäre, wenn der Gesellschaftsvertrag vollwirksam wäre; RJA 5, 176 (KG); DNotZ 1925, 59 c. Mängel des Verfahrens vor dem Registerrichter kommen für die Vorschrift des § 309 überhaupt nicht in Betracht. So mit Recht Lehmann-Ring § 309⁴. Anders Makower § 309 III b 3. Seine Ausführungen stehen dort nicht an der richtigen Stelle. Sie gehören nach § 195, § 198 etwa, sind aber auch sachlich zu beanstanden. Wenn fremde Leute die A-Gesellschaft anmelden, kommt sie nicht zur Entstehung. Wenn aber (außer den Gründern) alle Mitglieder des Vorstandes und Aufsichtsrats sich an der Anmeldung beteiligen, kommt sie auch dann zur Entstehung, wenn deren Bestellung nur vermeintlich rechtsgültig gewesen ist. Wenn einzelne von den Mitgliedern oder den Gründern fehlen, muß der

Registerrichter die Anmeldung beanstanden. Aber wenn er die Gesellschaft einträgt, kommt sie zustande. Die Vorschrift, daß alle Genannten sich an der Anmeldung beteiligen müssen, beruht nicht auf der Idee, daß jeder einzelne von ihnen das Recht haben soll, die Eintragung zu hindern. Sie will vielmehr, daß keiner von ihnen sich der Verantwortlichkeit entzieht.

e) In § 142 FGG lautet es:

> Ist eine Eintragung in das Handelsregister bewirkt, obgleich sie wegen Mangels einer wesentlichen Voraussetzung unzulässig war, so kann das Registergericht sie von Amtswegen löschen usw.

und in § 144 das.:

> Eine in das Handelsregister eingetragene Aktiengesellschaft oder Kommanditgesellschaft auf Aktien kann gemäß den Vorschriften der §§ 142, 143 als nichtig gelöscht werden, wenn die Voraussetzungen vorliegen, unter denen nach den §§ 309, 310 HGB die Nichtigkeitsklage erhoben werden kann usw.

Also, es braucht der Registerrichter im Falle einer Nichtigkeit nach § 309 nicht abzuwarten, daß die Nichtigkeitsklage erhoben wird, oder daß Beteiligte den Antrag stellen, die Gesellschaft als nichtig zu löschen. Er kann das von Amts wegen tun (nach Anhörung der Beteiligten usw. § 142 II, III). Er muß es nicht tun, aber er kann es. Und er soll es nur, wenn er nach pflichtmäßigem Ermessen es für erforderlich hält (was ausdrücklich im Gesetz nicht steht). — Die Frage, in welchem Verhältnis der § 144 zum § 142 steht, ist unsicher. Aber dieses Verhältnis kann nicht wohl ein anderes sein, als daß er den § 142 einschränkt. Man liest ihn richtig, wenn man in das: „kann als nichtig gelöscht werden, wenn . . ." ein „nur" einschiebt; KGJ 37, 156 (nur scheinbar anders KGJ 27, 235, wo es sich um eine Berichtigung, nicht um eine Löschung der Gesellschaft handelt); weitergehend dagegen KGJ 28, 230; abweichend auch OLG 23, 377 (KG); BauersZ 19, 112. Das ist indessen nur angängig, wenn man die ganze Vorschrift des § 144 auf Löschungen beschränkt, welche von Amts wegen erfolgen. Denn ein Gesellschaftsvertrag kann auch aus anderen Gründen als den dort, d. h. in § 309 HGB angeführten nichtig sein und muß dann selbstverständlich auch gelöscht werden können, aber eben nur auf Antrag RG 85, 314. Den Gedanken, auf diese auf Antrag vorzunehmenden Löschungen den § 18 FGG (Erachtet das Gericht eine von ihm erlassene Verfügung nachträglich für ungerechtfertigt, so ist es berechtigt, sie zu ändern usw.) anzuwenden, hat die Praxis — offenbar mit Recht — abgelehnt, die in diesen Fällen nach § 142 verfährt, aber hier, wo die Vorschrift ausdrücklich nur von Löschungen von Amts wegen spricht, über dieses Moment hinwegsieht; KGJ 28, 231, um es in § 144, wo seiner nur durch Bezugnahme mittelbare Erwähnung geschieht, zu betonen; KGJ 28, 60 u. 230; 31, 153; 33, 141; 37, 53 u. 200, 41, 158. Im Ergebnis ist das nur zu billigen, weil dadurch in diesen Fällen das in § 142 II, III geregelte kontradiktorische Verfahren gewahrt bleibt (s. unten). Die ganze Unebenheit hat darin ihren Grund, daß man bei Abfassung des Gesetzes von der irrtümlichen Auffassung ausging, es könne außer den Fällen des § 309 eine Nichtigkeit der Gesellschaft nach ihrer Eintragung in das Handelsregister nicht mehr in Frage kommen. So lautet es bezeichnenderweise im Kommissionsbericht der Novelle von 1900: Mit der in § 309 enthaltenen Bestimmung ist das Gebiet der Nichtigkeit umgrenzt; darüber hinaus, „also" wegen sonstiger Mängel des Gründungsherganges, kann eine Nichtigkeitsklage nicht erhoben werden".

Will der Registerrichter die Gesellschaft auf Grund § 144 I FGG als nichtig löschen, so hat er nach § 142 II FGG die Beteiligten hiervon zu benachrichtigen und ihnen zugleich eine angemessene Frist zur Geltendmachung eines Widerspruchs zu bestimmen. Die Frist muß nach § 144 III mindestens 3 Monate betragen. Als Beteiligte gelten nicht die Aktionäre, auch nicht deswegen etwa, weil jeder einzelne Aktionär das Recht hat, auf Nichtigkeit der Gesellschaft zu klagen; OLG 24, 162 (KG). Wird die Frist zu kurz bemessen, so ist das unschädlich, wenn innerhalb dieser Frist ohne Beanstandung derselben Widerspruch erhoben wird oder wenn die Entscheidung erst nach 3 Monaten getroffen wird; OLG das.

f) Die nach § 182 II wesentlichen Bestimmungen sind (s. hierzu Goldschmit in HoldhMS 1900, 178):

1. Die Firma. Die Bestimmung der Firma ist nicht deshalb nichtig, weil durch ihre Führung Rechte Dritter verletzt werden (HGB § 37 II; UnlWG § 16), wohl aber dann, wenn ihre Fassung den für diese geltenden Vorschriften widerspricht (§§ 20, 22, 30 HGB); ZBlfG 3, 629, oder wenn sie gegen die öffentliche Ordnung verstößt (Firmenwahrheit); RJA 10, 13; ZBlfG 3, 629. Aus einem Verstoß gegen § 18 II HGB kann man wohl die Verpflichtung der Gesellschaft herleiten, eine andere Firma zu wählen, nicht aber die Nichtigkeit der Firma. Dazu lautet die Vorschrift in der Umgrenzung des Tatbestandes nicht bestimmt genug; anders RJA 10, 13 (KG). — Die Bestimmung des Sitzes kann nichtig sein, weil der gewählte Ort im Ausland liegt, weil es zwei Orte des Namens gibt und sich nicht feststellen läßt, welcher von ihnen gemeint ist.

Mängel dieser Art können durch nachträglichen Beschluß der Generalversammlung geheilt werden; § 310.

2. Gegenstand des Unternehmens. Die Bestimmung ist nichtig, wenn der genannte Gegenstand nur vorgeschoben ist, um den wahren Zweck der Gesellschaft zu verhüllen; OLG 9, 371; 24, 133, oder wenn die getroffene Bestimmung überhaupt nicht der wahren Meinung der Parteien entspricht, vgl. RundschGmbH 1914, 347, vor allem aber dann, wenn der Gegenstand des Unternehmens dieses schlechthin zu einem verbotenen macht; dagegen gehört nicht hierher der Fall, daß das Unternehmen der behördlichen Konzession bedarf und diese verweigert worden ist; das hat nicht die Nichtigkeit des Vertrages und der Gesellschaft zur Folge, sondern nötigt sie, den Betrieb zu unterlassen, und entweder einen anderen Zweck zu wählen (§ 310) oder zu liquidieren. Nach allgemeinen Grundsätzen ist die Bezeichnung des Gegenstandes nichtig, wenn sie zu unbestimmt lautet. Vgl. Erl 10 zu § 182; s. aber auch JW 1916, 745[10]; RG in Holdh 25, 90: die allgemeine Bezeichnung des Gegenstandes kann durch die gewählte Firma die erforderliche Ergänzung finden.

Der Mangel in der Bestimmung des Gegenstandes kann durch nachträglichen Beschluß der Generalversammlung geheilt werden § 310.

3. Höhe des Grundkapitals und der einzelnen Aktien. Die in dieser Beziehung getroffenen Bestimmungen müssen mit den Vorschriften in § 180 und seinen Ergänzungen in Einklang stehen. Es muß, sowohl was das Grundkapital als auch was den Nennbetrag der Aktien angeht, die untere Grenze eingehalten sein, es muß die Summe aller Aktien nach Nennbetrag dem Grundkapital gleich sein. Es müssen diese Zahlen nicht alle ausdrücklich genannt sein, es genügt, wenn sich die eine aus den anderen sicher ergibt, RJA 9, 185. Darauf kommt selbstverständlich nichts an, ob bei der Anmeldung der Gesellschaft zum Handelsregister die vorgeschriebenen Einzahlungen auf die Aktion erfolgt waren, ob die vorgeschriebenen Versicherungen abgegeben worden, ob die abgegebenen wahr gewesen sind (§ 195 III); RG 82, 289; GZ 47, 105, 212 (Karlsruhe). Die Gesellschaft muß nicht deshalb nichtig sein, weil die Zeichnung oder die Übernahme eines Teiles der Aktien nichtig ist; nicht deshalb, weil das auf die übernommenen Aktien einzubringende Patent nicht besteht; OLG 19, 371; RG 86, 211; anders wenn wegen Unmöglichkeit der Sacheinlage die Erreichung des Gesellschaftszweckes unmöglich ist; RG in ZAktW 23, 10. Die Vereinbarung, daß ein Teil der Geldeinlagen durch die bei der Gründung der Gesellschaft geleisteten Dienste abgegolten sein soll, macht nicht den ganzen Vertrag nichtig; RG in LZ 1914, 1369[4]. Kein Nichtigkeitsgrund liegt darin, daß eine Nachgründung nach § 207 von Anfang an beabsichtigt war; OLG 43, 303 (KG).

Die hier erwähnten Mängel können nicht durch nachträglichen Beschluß der Generalversammlung geheilt werden.

4. Die Art der Bestellung und Zusammensetzung des Vorstandes. Vgl. §§ 190 III, 231 II III. Darüber, wer die Mitglieder des Vorstandes zu bestimmen und zu bestellen hat, schreibt das Gesetz nichts vor. Um so unerläßlicher ist, daß es in dem Gesellschaftsvertrag geschieht. Es versteht sich nicht von selbst, daß der Aufsichtsrat hierzu berufen ist. — Über die Bestellung des Aufsichtsrats braucht der Gesellschaftsvertrag Bestimmungen nicht zu enthalten. Es gilt dann das Gesetz, § 243. Fehlt der Aufsichtsrat, so kann nicht deshalb nach § 309 auf Nichtigkeit geklagt werden; RG 48, 46.

Der Mangel kann durch nachträglichen Beschluß der Generalversammlung geheilt werden (§ 310). Übrigens aber bedeutet das Fehlen einer solchen Bestimmung nicht, daß die Wahl und Bestellung einer oder mehrerer Vorstandsmitglieder durch die Generalversammlung nichtig wäre.

5. Die Form, in welcher die Berufung der Generalversammlung der Aktionäre geschieht, und

6. Die Form, in der die von der Gesellschaft ausgehenden Bekanntmachungen erfolgen. Vgl. hierzu §§ 182 III, 255. Die letztere Bestimmung ist deswegen unerläßlich, weil die öffentliche Bekanntmachung in größtem Umfang der einzige Weg ist, auf welchem die A-Gesellschaft mit ihren Mitgliedern in rechtsgeschäftlichen Verkehr treten kann.

Beide Mängel lassen sich durch nachträglichen Beschluß der Generalversammlung heilen. Es ist nicht so, daß beim Mangel einer Bestimmung über die öffentlichen Bekanntmachungen auf Grund § 182 III überhaupt oder einstweilen Bekanntmachung im Reichsanzeiger ausreicht. Vgl. § 310, insbes. Satz 2.

2. Die entsprechende Anwendung der §§ 272, 273 ergibt, daß die Nichtigkeitsklage gegen die Gesellschaft zu richten ist, obwohl diese angeblich nichtig ist und rechtlich nicht existiert; die Gesellschaft wird durch Vorstand und Aufsichtsrat vertreten; die Klage ist ohne Rücksicht auf den Wert des Streitgegenstandes bei dem Landgericht zu erheben und ausschließlich zuständig ist das Landgericht, in dessen Bezirk die Gesellschaft ihren Sitz hat (mag die Bestimmung des Sitzes auch gerade das sein, woraus die Nichtigkeit der Gesellschaft gefolgert wird). Schwierigkeit könnte hier der Fall bereiten, daß der bestimmte Sitz im Ausland liegt; es wird dann das Landgericht zuständig sein, in dessen Bezirk das Registergericht gehört, wo die Gesellschaft in das Handelsregister eingetragen worden ist. Wird von mehreren Seiten Nichtigkeitsklage erhoben, so sind, so weit das noch ausführbar ist, die mehreren Klagen miteinander zu verbinden, auf Verlangen

kann das Gericht anordnen, daß der Kläger der Gesellschaft wegen der ihr drohenden Nachteile Sicherheit leistet. Kläger, welchen bösliche Handlungsweise zur Last fällt, haften der Gesellschaft auf Schadensersatz, wenn sich die Klage als unbegründet erweist. Wird der Klage stattgegeben, so wirkt das Urteil für und gegen alle Aktionäre; das auf Nichtigkeit lautende rechtskräftige Urteil ist vom Vorstand unverzüglich zum Handelsregister einzureichen, in das Register einzutragen und die Eintragung öffentlich bekannt zu machen. Unverzüglich nach Erhebung der Klage hat der Vorstand die Klageerhebung mit dem Verhandlungstermin in den Gesellschaftsblättern bekannt zu machen. Erfolgen nach der ersten Klage noch weitere Klagen, welche mit dieser verbunden werden können, so dürfte weitere Bekanntmachung überflüssig sein. An eine Frist (§ 271) ist die Klageerhebung nicht gebunden; schon deswegen nicht, weil die Nichtigkeit auch durch Einrede geltend gemacht werden kann, so wenigstens RG 114, 79. S. § 311 Erl 1.

§ 310.

Ein Mangel, der die Bestimmungen über die Firma oder den Sitz der Gesellschaft, den Gegenstand des Unternehmens, die Bestellung oder Zusammensetzung des Vorstandes, die Form der Bekanntmachungen der Gesellschaft oder die Form der Berufung der Generalversammlung betrifft[1], kann durch einen den Vorschriften dieses Gesetzbuchs über eine Änderung des Gesellschaftsvertrags entsprechenden Beschluß der Generalversammlung geheilt werden[2]. Die Berufung der Generalversammlung erfolgt, wenn der Mangel die Bestimmungen über die Form der Berufung betrifft, durch Einrückung in diejenigen Blätter, welche für die Bekanntmachungen der Eintragungen in das Handelsregister des Sitzes der Gesellschaft bestimmt sind[3].

1. Unheilbar nichtig ist der Gesellschaftsvertrag und trotz ihrer Eintragung in das Handelsregister die Gesellschaft, wenn die Bestimmung des Vertrages über die Höhe des Grundkapitals und der einzelnen Aktien fehlt oder nichtig ist. In allen anderen in § 309 genannten Fällen kann der Mangel durch nachträglichen Beschluß der Generalversammlung geheilt werden. Während bei Gründung der A-Gesellschaft in der konstituierenden Generalversammlung (§ 196) Änderungen des vereinbarten Vertrages in den in § 182 II Z. 1—4 aufgeführten Punkten nur einstimmig, im übrigen nur mit doppelt qualifizierter Mehrheit beschlossen werden können, genügt hier in allen Fällen, die nach Gesetz und dem (nichtigen!) Statut für Statutenänderungen vorgeschriebene Mehrheit, § 275 I II. Auch die Einberufung und die Abhaltung der Generalversammlung, Tagesordnung, Fristen, Legitimierung der erschienenen Mitglieder, alles ist zu erledigen nach den Bestimmungen des Vertrages, dessen Heilung es gilt. Handelt es sich um einen Mangel in den Bestimmungen über die Form der Berufung der Generalversammlung, so muß die Berufung durch Bekanntmachung oder Bekanntmachungen in den Blättern erfolgen, in welchen das Registergericht des Sitzes der Gesellschaft seine Eintragungen in das Handelsregister veröffentlicht (§ 10 HGB). Es handelt sich bei dieser Bestimmung nur um den Ersatz oder die Wahl der Publikationsorgane, so daß sie auch Anwendung findet, wenn die Form der Einberufung der Generalversammlung nur deshalb mangelhaft bestimmt ist, weil die Form der dafür vorgesehenen öffentlichen Bekanntmachung nicht einwandfrei ist (§ 182 II Z. 6). In den Publikaktionsorganen des Gerichts ist im übrigen nach den im Statut einwandfrei bestimmten Formen einzuberufen.

2. Der Beschluß der Generalversammlung muß zum Handelsregister gemäß § 277 angemeldet werden. Zwang hierzu findet nicht statt, es sei denn, es handelte sich um die Anmeldung zum Register einer Zweigniederlassung, nachdem der Beschluß in das Handelsregister des Sitzes der Gesellschaft eingetragen worden ist. Betrifft die Änderung die Firma oder den Sitz oder den Gegenstand des Unternehmens, so muß sie inhaltlich in das Register eingetragen werden, in anderen Fällen ist im Register auf den Beschluß zu verweisen. Die Eintragung ist öffentlich bekannt zu machen. Vgl. §§ 277, 198 I, 199 I Z. 1. Der Beschluß unterliegt der Anfechtung gemäß §§ 271 ff.

3. Der Beschluß wird, wie jeder die Statuten abändernde Beschluß erst durch seine Eintragung in das Handelsregister wirksam; § 277 III; a. A. H. Bondi in GZ 77, 479. Die Frage, wie der Beschluß wirkt, hängt damit zusammen, wie mit Rücksicht auf die Vorschriften der § 311 die Nichtigkeit, von welcher §§ 309—311 handeln, rechtlich zu verstehen ist. Nach der hier vertretenen Auffassung handelt es sich in Wahrheit nicht um Nichtigkeit, sondern um eine besondere Art von Anfechtbarkeit (s. Erl 1 a zu § 311). Wird der Grund der Anfechtbarkeit auf dem vom Gesetz zugelassenen Weg durch Abänderung des Statuts beseitigt, so erweist sich die Gesellschaft als von Anfang an rechtsbeständig, und die neue Bestimmung gilt erst seit ihrer Eintragung in das Handelsregister. Da die Auflösung der Gesellschaft wegen Nichtigkeit erst mit dem Moment eintritt, wo-

diese — sei es auf Grund eines Gerichtsurteils, sei es von Amts wegen nach § 144 FGG — in das Handelsregister eingetragen worden ist, so kann denn auch die Heilung geschehen, so lange als es zu dieser Eintragung noch nicht gekommen ist. Dabei ist zu beachten, daß auch die Heilung erst in dem Moment geschieht, wo der Beschluß der Generalversammlung in das Handelsregister eingetragen wird. Ebenso Brand § 310, 2c; Hachenburg GGmbH § 76[8]. Nach Staub-Pinner § 310[3] wäre der Zeitpunkt entscheidend, wo das Urteil rechtskräftig wird. Ebenso Lehmann-Ring § 310[3]; Josef in GZ 84, 70. Ergeht das Urteil, nachdem der heilende Beschluß eingetragen worden ist und wird es rechtskräftig, dann ist es unrichtig, aber maßgeblich (s. Hachenburg a. a. O. Anm 9). Ist das Urteil vor Eintragung des heilenden Beschlusses gesprochen, aber nach ihr rechtskräftig geworden, so scheitert die Vollstreckung an der Vollstreckungsgegenklage; ZPO § 767. Die Frage, ob und wie lange die Zeichner von Aktien an die Zeichnung gebunden sind (§ 189 III Z. 4), hängt davon ab, wie man die Bedeutung der materiell rechtlichen Vorschriften in § 311 II III auffaßt. Ist das in Erl 1 a zu § 311 Gesagte richtig, dann ist die Frage durch die Gründung der Gesellschaft und ihre Eintragung in das Handelsregister erledigt. Dann sind und bleiben die Zeichner als Aktionäre gebunden (§ 311 III), mag es zur Deklaration der Nichtigkeit der Gesellschaft kommen oder zur Heilung der Nichtigkeit. — Voraussetzung für alles ist, daß der Beschluß sich durchaus auf die Nachbesserung des Mangels beschränkt und es im übrigen bei dem Gesellschaftsvertrag, wie er geschlossen war, verbleibt; Warn 8, 21.

§ 311.

Ist die Nichtigkeit einer Gesellschaft in das Handelsregister eingetragen, so finden zum Zwecke der Abwickelung ihrer Verhältnisse die für den Fall der Auflösung geltenden Vorschriften entsprechende Anwendung[1].

Die Wirksamkeit der im Namen der Gesellschaft mit Dritten vorgenommenen Rechtsgeschäfte wird durch die Nichtigkeit nicht berührt[2].

Die Gesellschafter haben die versprochenen Einzahlungen zu leisten, soweit es zur Erfüllung der eingegangenen Verbindlichkeiten erforderlich ist[3].

1. a) Es fragt sich, was die Nichtigkeit einer in das Handelsregister eingetragenen und meist dann auch längere oder kürzere Zeit im Geschäftsverkehr als gültig aufgetretenen A-Gesellschaft bedeutet und wie sie sich auswirkt. Was in dieser Beziehung das Gesetz bestimmt, kommt in § 311 nicht unmittelbar zum Ausdruck. Es werden vielmehr in seinen drei Absätzen Folgerungen daraus nach drei Richtungen positiv bestimmt: es tritt mit der Eintragung der Nichtigkeit die Gesellschaft in die Liquidation ein; die im Namen der Gesellschaft mit Dritten vorgenommenen Rechtsgeschäfte sind und bleiben wirksam; die Aktionäre sind und bleiben schuldig, die versprochenen Einzahlungen zu leisten, soweit es zur Bezahlung der Gläubiger der Gesellschaft nötig ist (ganz wie im Fall, wenn eine gültige A-Gesellschaft sich auflöst). Hinzusetzen muß man, daß das verbleibende Reinvermögen unter die Aktionäre verteilt wird (oder wo soll es bleiben?).

Das ist ganz eigenartig. Wenn die D. 171 hierzu sagt, das Nichtigkeitsurteil habe nur deklaratorische Bedeutung; der Standpunkt des Entwurfs sei nicht etwa der, daß die Gesellschaft bis dahin als A-Gesellschaft zu Recht bestände, was schon durch die Natur der Mängel ausgeschlossen werde; hieraus folge insbesondere, daß die Mitglieder sich jederzeit auf die Nichtigkeit berufen, also auch die Leistung von Einlagen zum Betriebe des Unternehmens verweigern und die Beschlüsse der Generalversammlung (abgesehen von den in § 310 vorgesehenen Ergänzungsbeschlüssen) als unverbindlich behandeln könnten, ohne sie erst anfechten zu müssen, so ist das mit dem, was das Gesetz bestimmt, unvereinbar und zeigt nur, daß der Verfasser der Denkschrift sich über den zentralen Gedanken, dessen Ausflüsse die drei Absätze des § 311 sind, nicht Rechenschaft abgelegt hat.

Wenn auf Grund des Nichtigkeitsurteils im Handelsregister nicht die Gesellschaft gelöscht (anders freilich der Wortlaut in § 144 FGG), vielmehr ihre Nichtigkeit eingetragen wird, wenn mit dieser Eintragung in das Handelsregister die nichtige Gesellschaft in das Stadium der Liquidation tritt (Abs I), wenn einerseits durch die Nichtigkeit der Gesellschaft die Wirksamkeit ihrer mit Dritten eingegangenen Rechtsgeschäfte nicht berührt wird (Abs II), wenn anderseits die Gesellschafter — in der Beschränkung, welche die Liquidation mit sich bringt — verpflichtet sind, die versprochenen Einlagen zu leisten (Abs III), so zeigt eine kurze Überlegung, daß das alles gar nicht durchführbar ist, wenn man nicht annimmt, daß überhaupt der ganze tatsächlich durchgeführte Geschäftsbetrieb der Gesellschaft, so wie er im gegebenen Fall stattgefunden hat, noch rechtlich Bestand hat. Es ist ein Vermögen da, das Gegenstand einer Liquidation, also auch einer Persönlichkeit, der es gehört, ist. Es sind Dritte vorhanden, die von der Gesellschaft zu fordern haben und solche, die ihr schulden. Die Gesellschafter sind ihr die Einzahlungen — wie stets nach Eintritt der Liquidation beschränkt — schuldig; was bezahlt ist, bleibt bezahlt und was noch nicht bezahlt ist, ist und bleibt rückständig. Das alles läßt sich gar nicht anders feststellen und erfassen — feststellen und erfassen nach dem Stande der Dinge zur Zeit des Eintritts der Liquidation —, als daß man den tatsächlichen Vorgängen — in Anerkennung zugleich ihrer Rechtsbeständigkeit — rückwärts nachgeht, wie sie sich vom Zeitpunkt der Entstehung der vermeintlichen Gesellschaft bis zur Eintragung ihrer Nichtigkeit abgespielt haben. Mag auch, namentlich in Fällen, wo man die Nichtigkeit erst spät erkannt hat, das meiste von allem Geschehenen abgetan und bedeutungslos geworden sein, es bleibt eben abgetan und es ist kein Anlaß und keine Möglichkeit, daran zu rütteln, auch rechtlich keine Möglichkeit. Es besteht ununterbrochen Kontinuität und nirgends ist eine Stelle, von der man sagen könnte, daß an ihr sie abbräche. Alle Sachen, Maschinen, Vorräte, Waren, gehören in die Liquidationsmasse, gleichviel wie lange die Zeit zurückliegt, wo die Gesellschaft sie erworben hat; ihr Bankguthaben ist ein unbezweifelbares Aktivum und ist doch bedingt durch Gültigkeit restlos aller Posten, hin bis zur ersten Buchung. Es tritt auch die nicht zu bezweifelnde Rechtspersönlichkeit der Liquidationsgesellschaft nicht erst mit dem Zeitpunkt in das Leben, wo die Gesellschaft aufgelöst wird. Es hat seit der Begründung keinen Zeitpunkt gegeben, wo diese nichtige Gesellschaft nicht parteifähig, nicht rechtsfähig gewesen wäre; RG 59, 325; RGSt 43, 413 f.: was von einer für nichtig erklärten Gesellschaft gilt, gilt umsomehr von einer solchen, bei der die Nichtigkeit noch nicht erklärt ist, sondern die Nichtigkeitserklärung nur beantragt werden könnte. — Es kann daher auch kein berechtigter Zweifel aufkommen, daß ihr inneres Gesellschaftsleben funktioniert hat, wenn auch mit dem Todeskeim behaftet, doch vom positiven Gesetz für bis zu Ende gesund erklärt. Es wäre — entgegen der Annahme der Denkschrift — mit dem Gesetz nicht vereinbar, die Beschlüsse der Gesellschaft und überhaupt ihrer Organe, Einziehung, Kaduzierung von Aktien, Einforderung von Einlagen, Erhebung von Ersatzansprüchen gegen Vorstandsmitglieder, Genehmigung der Übertragung von Aktien irgendwie zu beanstanden. Die Einzahlung der Aktie ist derjenige schuldig, welcher zur Zeit, wo die Einforderung erfolgt, im Aktienbuch als Eigentümer eingetragen steht. Der Gesellschaft gegenüber kann der Erwerber der Aktie ihre Nichtigkeit nicht geltend machen. Andererseits besteht auch der Anspruch der Aktionäre nicht nur selbstverständlich auf die Liquidationsquote, sondern auch auf einen etwaigen Jahresgewinn aus der Zeit vor der Eintragung der Nichtigkeit der Gesellschaft, alles nach Maßgabe des nichtigen Gesellschaftsvertrages, einschließlich selbst derjenigen Bestimmungen, welche etwa der Grund der Nichtigkeit sind; RG 83, 264. Selbstverständlich kann eine solche Gesellschaft auch in Konkurs geraten, ohne daß es zu einem Nichtigkeitsurteil kommt; RG in SeuffArch 60, 216 und JW 04, 503[35]. In dieser Beziehung treffen die Vorstandsmitglieder dieselben Verpflichtungen, wie wenn die Gesellschaft gültig bestände; JW 05, 765[24]; RG im Recht 05, 23[9]. Und überhaupt sind diese Mitglieder des Vorstandes und ferner die Mitglieder des Aufsichtsrats Dritte im Sinne des Abs II oder waren es jedenfalls, als sie bestellt wurden, und die Gültigkeit ihrer Anstellung wird ebenfalls durch die Nichtigkeit der Gesellschaft nicht berührt. Wie sie über die ganze Zeit Anspruch hatten auf ihr Gehalt, so waren sie verpflichtet, alles zu leisten, was sie mit Annahme der Stellung versprochen haben; RGSt 43, 415 f.

Kurz, die ganze Nichtigkeit kommt überhaupt nicht etwa nur zur Erkenntnis, sondern auch zur rechtlichen Geltung erst mit der Eintragung der Nichtigkeitserklärung in das Handelsregister. Oder vielmehr in Wahrheit auch dann noch nicht, vielmehr dann erst recht nicht. Denn nun besteht, vom Gesetz ausdrücklich legitimiert, die Gesellschaft, wenn auch nur als Liquidationsgesellschaft, voll zu Recht. Die Liquidatoren sind zu allem befugt, was zur Abwicklung der Verhältnisse geboten ist; das bringt zahlreiche Rechtsgeschäfte mit den Gesellschaftern und mit Dritten mit sich, die namens dieser Gesellschaft geschlossen werden und für und gegen sie wirksam sind. Mit anderen Worten, diese Nichtigkeit ist gar keine Nichtigkeit, weder Nichtigkeit von Anfang an, noch vor allem auch Nichtigkeit ex nunc, vom Augenblick der Nichtigkeitserklärung oder der Eintragung dieser in das Handelsregister an. Von diesem Augenblick an, wie gesagt, vollends nicht. Es handelt sich in der Tat um gar nichts anderes als um eine Auflösung der Gesellschaft aus dem Grunde eines der in § 309 angegebenen Mängel, welche an sich zur Nichtigkeit führen würden. Grützmann, ArchzivPr. 1924, 52.

Nach dem Gesagten ist es unhaltbar, wenn die Denkschrift sagt, daß dem Aktionär die Beschlüsse der Generalversammlung als nichtige Beschlüsse nichts angingen. Die Generalversammlung funktioniert ebenso, wie die übrigen Organe der Gesellschaft. Die positiven Bestimmungen des § 311 setzen das, wie gezeigt, zwingend voraus. Es kann daher auch keineswegs der Aktionär die Nichtigkeit je nach Gelegenheit im Wege der Einrede geltend machen. Praktisch könnte das — abgesehen von Nebenleistungs-A-Gesellschaften — nur werden gegen den Anspruch auf die Einlage, wo dann der Aktionär unweigerlich zahlen muß, wenn der Vorstand das Geld nötig hat, um Schulden zu bezahlen und es könnte nur in Frage kommen, ob der Aktionär einwenden kann, der Vorstand habe das Geld — oder die Sache — nicht nötig, um die Verbindlichkeiten der Gesellschaft zu erfüllen. Selbstverständlich hat er diesen Einwand, sobald die Gesellschaft in Liquidation getreten ist. Das und nicht mehr sagt der Abs III. Vorher steht ihm dieser Einwand nicht zu, wie es ja auch keinem Zweifel unterliegen kann, daß der Aktionär, welcher mit der Einlage im Rückstand ist, diese auch nach Eintritt der Liquidation nicht immer nur insoweit zu bezahlen hat, als es zur Erfüllung der Verbindlichkeiten der Gesellschaft erforderlich ist, sondern unter Umständen auch insoweit als es zum Ausgleich bei der Verteilung der Liquidationsmassen erforderlich wird § 300 III. Es kann dann auch der nichtigen Gesellschaft in keinem Stadium mangelnde Parteifähigkeit eingewendet werden. So treffend Benjamin in DJZ 1909, 1262.

Staub-Pinner § 309[12] unterscheidet zwischen dem Verhältnis nach außen und nach innen. Im Verhältnis zu Dritten bestehe die Gesellschaft, aber sie bestehe nicht zu Recht, nämlich nicht nach innen. Das läßt sich gar nicht durchführen. Daß die Aktionäre die Einlage bezahlen müssen, steht allerdings ausdrücklich im Gesetz. Aber sie haben doch nicht nur Pflichten, sondern vor allem auch Rechte. Wie sollte es da mit der Dividende stehen, wenn es zum Jahresabschluß kommt, ehe die Nichtigkeit erkannt und zum Austrag gebracht worden ist. Der Vorstand, sagt der Kommentar, könne sich nach außen betätigen, nach innen dürfe er nicht einmal tätig sein. Er hätte also die volle Vertretungsmacht, aber der Gesellschaft gegenüber wäre er weder zur Sorgfalt noch überhaupt zu etwas verpflichtet. Das halbe Grundkapital kann verloren sein, die wichtigsten Ereignisse können zu einer Entscheidung drängen und der Vorstand wäre nicht nur nicht verpflichtet, eine Generalversammlung einzuberufen, er dürfte es nicht einmal. Oder man nehme den Fall, der Vorstand hätte auf Beschluß der Generalversammlung ein Geschäft geschlossen, das sich als verlustbringend erweist. Sollte er sich da nicht auf diesen Beschluß berufen dürfen?

Auch Lehmann-Ring § 311[2, 3] glaubt der eigentümlichen Rechtsgestaltung durch die Unterscheidung zwischen Außen- und Innenverhältnis Herr zu werden. Er zweifelt nicht, daß bis zum Eintritt in die Liquidation die nichtige Gesellschaft durch Rechtsgeschäfte mit Dritten Rechte erwirbt und Verpflichtungen übernimmt, hält aber für vereinbar damit, daß sie erst durch Eintragung ihrer Nichtigkeit rechtsbeständig und prozeßfähig wird; er folgt ganz den Worten der Denkschrift. Ebenso H. Bondi in GZ 78, 118ff., obwohl er S. 121 ganz treffend die so aufgefaßte Vorschrift in Parallele mit dem Fall stellt, daß ein Gesetz vorschreiben würde: Kinder aus nichtiger Ehe sind unehelich; wird aber die Ehe für nichtig erklärt, so bekommen sie die Stellung ehelicher Kinder! Mit der Denkschrift auch Makower § 311 III 3, der eine Verpflichtung der Aktionäre, die Einlage einzuzahlen, nur von der Eintragung der Nichtigkeit an gelten lassen will; würde er vorher in Anspruch genommen, so könne er die Zahlung weigern und so die Gesellschaftsbehörden antreiben, daß sie die Heilung oder die Nichtigkeitseintragung (§ 144 FGG) veranlassen.

Wie hier RGSt 43, 413; RG in SeuffArch 60, 216; R. Goldschmit in HoldhMS 1900, 182; Simonis, Die Nichtigkeitserklärung einer AG 26f. und gegen Goldschmit S. 31 Fußnote; Grützmann in ArchzivPr 1924, 52ff. insbes. 58; anders RG. 114, 79.

b) Unverständlich ist, wie man vom Standpunkt der Denkschrift und der herrschenden Lehre aus behaupten kann, daß die Eintragung der Nichtigkeit der Gesellschaft in das Handelsregister nicht rechtserzeugende sondern nur deklaratorische Bedeutung habe (so mit D. Brand § 311[2] a). Ist es nicht eine Rechtswirkung der Eintragung und eine recht bedeutende, wenn durch sie eine juristische Person entsteht, mag das auch nur sein, um in aller Form vergehen zu können? Aber überhaupt hat die Eintragung allerdings konstitutive Wirkung, aber nur in dem verhältnismäßig untergeordneten Punkt, daß mit ihr die Gesellschaft aufgelöst wird und in das Stadium der Liquidation eintritt. Es ist das wohl der einzige Fall, wo eine rechtsgestaltende Eintragung in das Handelsregister durch Androhung von Ordnungsstrafe seitens des Richters erzwungen werden kann (§§ 309, 273), und wo eine solche Eintragung von Amts wegen erfolgen kann; FGG § 144.

Nach dem Gesagten kann der D. darin nicht zugestimmt werden, daß der einzelne Aktionär, auch ohne daß es zur Nichtigkeitsklage und zur Eintragung der Nichtigkeit in das Handelsregister gekommen ist, im Wege der Einrede die Nichtigkeit der Gesellschaft geltend machen könne. Wie die D. RG 64, 193; 114, 79. Positiv ist es nicht bestimmt und aus dem, was positiv bestimmt ist, ergibt sich das Gegenteil. Nur soviel wird zuzugeben sein, daß es auch da, wo der Richter nicht auf Grund § 144 FGG von Amts wegen einschreitet, es nicht unbedingt einer Klage bedarf, daß vielmehr, wenn die Nichtigkeit erkannt wird, der Vorstand nicht nur die Befugnis, sondern auch die Pflicht hat, die Generalversammlung zu berufen, die dann in der Lage ist, die Auflösung der nichtigen Gesellschaft mit derselben Wirkung zu beschließen, die ein auf Nichtigkeit lautendes rechtskräftiges Urteil haben würde.

2. Der gesetzlichen Regelung gegenüber, wie sie hier verstanden wird, ist klar, daß Rechtsgeschäfte, welche die Gesellschaft bis zu ihrer Nichtigkeitserklärung abgeschlossen hat, auch dann wirksam sind, wenn der Dritte die Tatsachen kannte, auf welchen die Nichtigkeit beruht. Daß § 15 I HGB hier keine Anwendung findet, bezweifelt niemand (Fälle der Kollusion aus allgemeinen Gründen immer ausgeschlossen). Streit besteht nur wegen der Zeit zwischen der Nichtigkeitserklärung und ihrer Eintragung in das Handelsregister. Hätte der

Gesetzgeber die Wirkung an die Nichtigkeitserklärung geknüpft und nicht an ihre Eintragung in das Handelsregister, wäre also in diesem Punkt die Materie in Übereinstimmung mit der Auflösung der Gesellschaft aus anderen Gründen geregelt worden, dann könnte allerdings § 151 HGB in Frage kommen, jedoch nur in Anwendung auf die Unterscheidung zwischen liquidationsmäßigen Geschäften und liquidationswidrigen. Man kann aber das Gesetz nicht wohl anders verstehen, als daß erst mit der Eintragung der Nichtigkeit die Gesellschaft in das Liquidationsstadium tritt, so daß auf die vor der Eintragung getätigten Rechtsgeschäfte unterschiedlos — Fälle der Kollusion auch hier ausgenommen — Abs. II und III Anwendung finden, nur ist selbstverständlich der Vorstand gegenüber der Gesellschaft verpflichtet, der Tatsache der Nichtigkeitserklärung, überhaupt der Tatsache der Nichtigkeit, sobald er sie erkannt hat, allermaßen Rechnung zu tragen. — Abzulehnen ist der Gedanke (Simonis a. a. O. 33), daß mit der Rechtskraft des auf Nichtigkeit der Gesellschaft lautenden Urteils ein Vorstadium der Liquidation eintrete, eine Zeit, in welcher bis zur Eintragung der Nichtigkeit in das Handelsregister, die Gesellschaft nunmehr vollständig nichtig und dabei doch noch nicht Liquidationsgesellschaft wäre. Die Regelung der Materie ist ganz positiver Natur, und wenn das Gesetz die Anwendung der Vorschriften über die Liquidation nicht an das Urteil sondern an seine Eintragung in das Handelsregister knüpft, so bestimmt es eben, daß die Wirkung des Urteils erst mit seiner Eintragung in das Handelsregister eintritt, ebenso wie im Verfahren auf Grund § 144 FGG die Wirkung nicht schon damit eintritt, daß der erhobene Widerspruch rechtskräftig zurückgewiesen ist, sondern erst mit der Löschung der Gesellschaft als nichtig.

Im allgemeinen setzt die Haftung eines Gesellschafters der nichtigen Gesellschaft gegenüber voraus, daß seine Übernahme der Aktie in sich gültig vereinbart ist, m. a. W. sie tritt nicht ein, wenn sie auch in dem Fall nicht bestünde, daß die Gesellschaft nicht nichtig wäre. Nach RG 83, 266 (GmbH) kann der Gesellschafter sich aber auf die Nichtigkeit seiner Übernahme der Aktie dann nicht berufen, wenn diese Nichtigkeit gerade der Grund ist, weshalb die Gesellschaft nichtig ist.

Eine Haftung der Vorstandsmitglieder Dritten gegenüber auf Grund § 179 BGB kann schon deshalb nicht in Frage kommen, weil die Rechtsgeschäfte mit Dritten wirksam sind, ist aber auch von vornherein ausgeschlossen, weil die tatsächlich die Stellung einnehmenden Mitglieder des Vorstandes die volle Vertretungsmacht besitzen.

3. a) Bei der Gesellschaft mbH ist die Materie vom Gesetz ebenso geregelt wie hier. Der § 77 GGmbH lautet mit dem gegenwärtigen § 311 wörtlich überein. Es ist bemerkenswert, daß der österreichische Gesetzgeber, als er sein Gesetz dem deutschen nachbildete, in diesem Punkt kein Bedenken getragen hat, einfach Farbe zu bekennen. Der § 87 des österr. Ges. lautet: „Die Auflösung einer Gesellschaft mbH ist auf Antrag der Finanzprokuratur durch Beschluß des Handelsgerichts ihres Sitzes auszusprechen, wenn der Gesellschaftsvertrag der notariellen Beurkundung entbehrt, wenn er nicht die nach § 4 (entspricht dem § 3 I unseres GGmbH, dem § 182 II Z. 1—3 HGB) notwendigen Bestimmungen enthält, oder wenn eine dieser Bestimmungen den Vorschriften dieses Gesetzes widerspricht". Dabei läßt — nebenbei bemerkt — das österr. Gesetz Heilung in allen Fällen zu.

b) Wie der die Gesellschaft begründende Gesellschaftsvertrag, so kann auch die sie erweiternde Erhöhung des Grundkapitals dadurch nichtig sein oder nichtig werden, daß der ihr zugrunde liegende Beschluß der Generalversammlung nichtig ist. Vgl. hierzu RG 85, 314 f.: Die Erhöhung des Stammkapitals (einer Gesellschaft mbH) ist ein nach Inhalt und Wesen der Gründung ähnlicher Vorgang; denn durch sie wird der durch die Gründung und Eintragung geschaffene rechtliche Bestand der Gesellschaft erweitert; die Erweiterung ist auch mit ähnlichen Sicherheiten umgeben, wie die Gründung und erlangt ebenso wie diese erst durch die Eintragung in das Handelsregister rechtliche Wirkung; es ist daher berechtigt, die für die Gründung gegebenen Vorschriften da, wo das Gesetz Lücken zeigt, auf die Erhöhung des Kapitals entsprechend anzuwenden. S. auch RJA 1, 116; 5, 176. In dem der Entscheidung zugrunde liegenden Fall kam es nur auf die entsprechende Anwendung des § 77 III GGmbH an, der dem § 311 III HGB entspricht. Die Tragweite der Entscheidung geht aber weiter. Man kann mit der entsprechenden Anwendung nicht auf halbem Wege stehen bleiben. Wie dort die Gesellschaft im ganzen ein Ende machen und liquidieren muß, so muß hier die Erweiterung, d. h. die Kapitalerhöhung in den entsprechenden, dem Schutz der Gläubiger dienenden Formen rückgängig gemacht und unter Amortisation der ausgegebenen Aktien das Grundkapital wieder auf den ursprünglichen Betrag herabgesetzt werden. Die Gesellschaft ist zu dem Verfahren verpflichtet, d. h. der Vorstand muß es einleiten und durchführen, ohne daß es eines Beschlusses der Generalversammlung bedarf.

Sechster Titel.

Strafvorschriften.

§ 312.[1]

Mitglieder des Vorstandes oder des Aufsichtsrats oder Liquidatoren werden, wenn sie absichtlich zum Nachteile der Gesellschaft handeln[2], mit Gefängnis und zugleich mit Geldstrafe bis zu zwanzigtausend Mark bestraft.

Zugleich kann auf Verlust der bürgerlichen Ehrenrechte erkannt werden.

Sind mildernde Umstände vorhanden, so kann ausschließlich auf die Geldstrafe erkannt werden.

1. In den §§ 312—318 werden eine Anzahl von Verfehlungen im Gebiet des Aktienrechts mit öffentlicher Strafe bedroht. In den meisten Fällen richtet sich die Strafdrohung gegen die Mitglieder des Vorstandes und des Aufsichtsrats sowie die Liquidatoren. Die Fälle sind kurz zusammengestellt durch:

§ 312 bedroht die Genannten mit Strafe, wenn sie absichtlich zum Nachteil der Gesellschaft handeln,

§ 313 bedroht mit Strafe unwahre Angaben, welche zu dem Zweck gemacht werden, die Eintragung der A-Gesellschaft oder die Eintragung einer Erhöhung des Grundkapitals in das Handelsregister zu erreichen, sowie ferner unwahre Angaben in Prospekten nach § 203,

§ 314 bedroht unter Z. 1 Unwahrhaftigkeit in den der Gesellschaft schriftlich oder mündlich erstatteten Berichten, unter Z. 2—5 eine Reihe von Verstößen gegen die Vorschriften über die Ausgabe der Aktien und Interimsscheine und über den Inhalt der auszugebenden Aktien und Interimsscheine,

§ 315 betrifft die Unterlassung einer ordnungsmäßigen oder überhaupt einer Bestellung des Aufsichtsrats, Unterlassung des vorgeschriebenen Antrages auf Eröffnung des Konkursverfahrens,

§ 316 belegt mit Strafe unrichtige Bescheinigungen über die Hinterlegung von Aktien zwecks Legitimation zur Teilnahme an der Generalversammlung, sowie Fälschung solcher Bescheinigungen, endlich Benutzung der falschen oder gefälschten Bescheinigung,

§ 317 Stimmenkauf,

§ 318 Unbefugte Benutzung fremder Aktien zur Ausübung des Stimmrechts.

Die allgemeinen Vorschriften des Strafgesetzbuches finden auch hier Anwendung. Täter und Mittäter können in den Fällen der §§ 312—316 (mit Ausnahme § 313 I Z. 2) nur Mitglieder des Vorstandes des Aufsichtsrats oder Liquidatoren sein, wohl aber können Dritte sich als Gehilfen strafbar machen, RGSt 24, 290. — Versuch ist in keinem dieser Fälle strafbar (StGB § 43 Abs II).

Wegen der in §§ 312 ff. angedrohten Geldstrafen vgl. die Verordnung über Vermögensstrafen und Bußen vom 6. 2. 24 (RGBl I 44); insbes. zu § 27 StGB § 27 a:

Bei einem Verbrechen, oder Vergehen, das auf Gewinnsucht beruht, kann die Geldstrafe auf 100 000 RM. erhöht und auf eine solche Geldstrafe neben Freiheitsstrafe auch in denjenigen Fällen erkannt werden, in denen das Gesetz eine Geldstrafe nicht androht.

§ 27 b. Ist für ein Vergehen oder eine Übertretung, für die an sich eine Geldstrafe überhaupt nicht oder nur neben Freiheitsstrafe zulässig ist, Freiheitsstrafe von weniger als drei Monaten verwirkt, so ist an Stelle der Freiheitsstrafe auf Geldstrafe zu erkennen, wenn der Strafzweck durch eine Geldstrafe erreicht werden kann.

2. a) Der § 312 ist das Delikt der Untreue des gemeinen Strafrechts, begangen durch ein Mitglied des Vorstandes usw. Der Tatbestand ist im übrigen der gleiche wie der des § 266 StGB; es handelt sich um Gesetzeskonkurrenz, Idealkonkurrenz ist ausgeschlossen; RG 37, 25; JW 04, 246[3]. Dagegen ist hier die Strafandrohung schwerer. Neben der Gefängnisstrafe — also Gefängnis bis zu fünf Jahren — muß auf Geldstrafe bis 20 000 M. erkannt werden, während nach § 266 StGB nur dann, wenn die Untreue begangen wird, um dem Täter oder einem anderen einen Vermögensvorteil zu verschaffen, neben der Gefängnisstrafe Geldstrafe bis 3000 M. nicht geboten, aber zulässig ist. — Bei mehreren Zuwiderhandlungen gegen §§ 312 und 313 ist mangels Einheit des verletzten Rechtsguts die Annahme eines fortgesetzten Deliktes ausgeschlossen; § 312 schützt die Gesellschaft gegen Benachteiligung durch ihre Organe, § 313 das Publikum gegen Ausbeutung bei Gründungen; JW 04, 246[3]. Nach JW 1925, 992[46] kann der Tatbestand des § 312 mit Diebstahl und Unterschlagung zum Nachteil der Gesellschaft begrifflich zusammentreffen.

Als Täter kommen nur die Mitglieder des Vorstandes, des Aufsichtsrats, oder Liquidatoren in Betracht, aber nicht nur die ordentlichen, sondern auch die stellvertretenden Mitglieder; LZ

1914, 398[17]. Es genügt, daß der Täter die Stelle tatsächlich wahrgenommen hat, mag auch wegen Mängel der Bestellung die Anstellung nichtig gewesen sein. Ebenso kann gegen die Gesellschaft auch dann das Delikt begangen werden, wenn diese nichtig ist. Vgl. RGSt 16, 269: „Die Strafvorschrift (im dortigen Fall § 244 KO) richtet sich gegen alle, welche die rechtliche Stellung eines Vorstandsmitgliedes tatsächlich einnehmen, und enthält nicht die geringste Andeutung dafür, daß etwa ein Mangel in der Wahl oder in der rechtlichen Qualifikation des Mitgliedes als Strafausschließungsgrund gelten soll; sie bezieht sich auf alle, welche durch Wahl zu der betreffenden Stellung gekommen und mit der Verwaltung der Stelle betraut worden sind, auch wenn ihnen die volle rechtliche Qualifikation mangelt." Vgl. auch RGSt 29, 384; 43, 413. — Der Tatbestand wird dadurch nicht ausgeschlossen, daß der Täter nicht als Vorstandsmitglied, sondern gegenüber anderen Vorstandsmitgliedern wie ein Dritter der Gesellschaft gegenüber ein ihr Schaden bringendes Rechtsgeschäft tätigt. Vgl. RGSt 26, 136; in JW 1925, 992[16]. Dagegen „handelt" das Vorstandsmitglied nicht dadurch zum Nachteile der Gesellschaft, daß es seinen Verpflichtungen ihr gegenüber nicht nachkommt. Vgl. RGSt 11, 413; 36, 69. — Ist ein Vorstandsmitglied usw. zugleich Aktionär, so darf er in seinen Handlungen seinem Aktionärinteresse nur insofern nachgehen, als dieses mit dem Interesse der Gesellschaft gleichgerichtet ist; a. A. Rehm in DJZ 04, 957; Goldschmit Aufsichtsrat § 246, Erl 28 S. 192.

Auch der Umstand, daß der Täter zur Zeit der Tat schon aus der Stellung ausgeschieden war, schließt die Strafbarkeit insofern nicht aus, als auch nach Beendigung des Dienstverhältnisses Verpflichtungen bestehen können; RGSt 17, 241. Vgl. auch RGSt 14, 184 (Handeln als Bevollmächtigter nach Widerruf der Vollmacht). — Anderseits erfordert der Tatbestand nicht, daß die Gesellschaft bereits in das Handelsregister eingetragen war; JW 02, 307[12].

Nicht hierher gehören diejenigen, welche aus besonderer Veranlassung (§ 268 II, § 29 BGB, § 57 ZPO) zu gesetzlichen Vertretern ernannt werden, ferner nicht Handlungsbevollmächtigte und Prokuristen. Ihnen allen gegenüber kann nur § 266 StGB in Frage kommen.

b) Das Gesetz verlangt ein „Handeln" zum Nachteil der Gesellschaft. Die Frage, inwiefern durch Unterlassung ein Kommissivdelikt begangen werden kann, oder anders ausgedrückt, inwiefern ein Unterlassen ursächlich wirken kann, bietet bei einem Tatbestand wie dem gegenwärtigen da, wo eine rechtlich begründete Verpflichtung zum Handeln besteht, keine Schwierigkeit. Wenn ein Vorstandsmitglied usw. vorsätzlich die Dinge laufen läßt, obwohl es der Gesellschaft gegenüber verpflichtet wäre, einzugreifen, macht es sich des Vergehens schuldig, wenn es geschieht, um der Gesellschaft Schaden zuzufügen. — Man wird im allgemeinen den Vorstand nicht für Dinge verantwortlich machen, welche mit Wissen oder jedenfalls welche auf Veranlassung der Generalversammlung geschehen. Zu allgemein Rehm in DJZ 04, 958. Namentlich kann nicht angenommen werden, daß das Mitglied absichtlich zum Nachteil der Gesellschaft handelt, wenn es auf Verlangen der Generalversammlung Dinge mitteilt, die besser verschwiegen blieben; a. A. Goldschmit, Aufsichtsrat S. 197. Anderseits kann aber ein Handeln zum Nachteil der Gesellschaft darin liegen, daß die Generalversammlung durch Irreführung zu Entschlüssen verleitet wird, so namentlich auch durch unrichtige Bilanz verleitet wird, die Verteilung von Gewinn zu beschließen, der nicht gemacht worden ist; vgl. RGSt 23, 97; 49, 364. — Der Vorstand kann sich nicht damit entschuldigen, daß er im Auftrag des Aufsichtsrats gehandelt hat; RG 7, 280. — Zur Frage, ob der Vorstand den Aktionären der Minderheit haftet, wenn er einen rechtswidrigen Beschluß der Mehrheit veranlaßt oder ausführt (Mißbrauch der Konzerngewalt) s. Haußman Unternehmenszusammenfassungen 92.

Ein Vorstandsmitglied kann durch verschiedene selbständige Handlungen der Gesellschaft absichtlich Schaden zufügen; da es sich nicht um ein sogenanntes Kollektivdelikt handelt, wird durch die Feststellung, daß in einem bestimmten Fall nicht zum Nachteil der Gesellschaft gehandelt ist, nicht entschieden, daß es überhaupt nicht geschehen ist; RGSt 27, 39.

c) Der Nachteil muß das Vermögen der Gesellschaft treffen und muß eingetreten sein; RGSt 27, 39. Nicht nur Verminderung des vorhandenen Vermögens (damnum emergens), sondern auch die Vereitelung eines Gewinnes kann den Tatbestand des Deliktes bilden (lucrum cessans). In letzterem Fall würde an und für sich nicht soviel darauf ankommen, in wie sicherer Aussicht der Gewinn gestanden hat. Aber allerdings muß sich feststellen lassen, daß die Gelegenheit nicht wahrgenommen worden ist, um der Gesellschaft den Gewinn vorzuenthalten und daß anderenfalls der Gewinn wirklich gemacht worden wäre. S. aber auch RGSt 23, 56 f.; 26, 241. — Ein Schaden für die Gesellschaft liegt namentlich auch darin, daß auf Grund falscher Bilanz Gewinn verteilt wird, der gar nicht gemacht ist; JW 1903, 326[10]: daß der Nachteil ein dauernder sei, ist nicht nötig und die Beschädigung des Gesellschaftsvermögens wird nicht dadurch ungeschehen gemacht, daß sie bei nachfolgender Kapitalerhöhung durch ein auf die neuen Aktien erzieltes Agio vollen Ausgleich gefunden hat. (Die Schutzbehauptung des Angeklagten war unverkennbar erfunden; unterstellt man sie als wahr, dann wird zweifelhaft, ob die Tat absichtlich zum Nachteil der Gesellschaft begangen worden ist). — Bei gegenseitigen Rechtsgeschäften bedarf es zur Feststellung eines Nachteiles der Abwägung von Leistung und Gegenleistung gegeneinander; beim Darlehn liegt Benachteiligung nicht vor, wenn die Forderung gut ist; es genügt, daß der Schuldner zahlungsfähig ist; gleichviel, ob er auch zahlungswillig ist; anders nur unter besonderen Umständen; LZ 1919, 388[26]. — Ein Nachteil kann darin liegen, daß Rechte der Gesellschaft zwar nicht verloren gehen, aber nicht wahrgenommen werden; RGSt 19, 83; vgl. auch RGSt 36, 69. Ein Vorstandsmitglied handelt zum Nachteil der Gesellschaft, wenn es sein Grundstück, welches es sich verpflichtet hatte, einzulegen, verpfändet; RGSt 36, 69, wenn es Geld der Gesellschaft für sich verwendet. Vgl. RGSt 1, 275; 2, 155. Eine Schädigung der Gesellschaft liegt immer darin, daß ihr Geldbeträge vorenthalten werden, mag sie sich auch in Vermögensverfall befinden, so daß das Geld nicht so sehr ihr als vielmehr ihren Gläubigern entzogen worden ist; RGSt 14, 404. — Nachteil bedeutet nicht unbedingt, daß das Vermögen bereits geschädigt ist. Es liegt in diesem Punkt hier noch anders wie gegenüber dem Tatbestand des Betruges. Vgl. RG 9, 168: es gibt allerdings Fälle, „wo die Gefährdung eines bestehenden oder zu erwartenden konkreten Vermögensrechtes zugleich eine Verschlechterung des gegenwärtigen Vermögensstandes in sich faßt, wie beispielsweise in dem Fall des Erwerbes einer in Folge der Unsicherheit des Schuldners gefährdeten Forderung, während nach den gemachten Vorspiegelungen der Erwerb einer sichern Forderung erwartet werden konnte. Das ist ganz auf den Fall des Betruges zugeschnitten, wie überhaupt die zum Betrug ergangene Rechtsprechung nur mit Vorsicht auf den gegenwärtigen Fall entsprechend übertragen werden darf. S. auch RG in JW 1925, 992[46] und die zutreffende Bemerkung Silberschmidt in Fußnote das. S. auch RG in LZ 1919, 388[20]. — Dagegen kommt ein anderer Gesichtspunkt zutreffend zur Geltung in RG in Recht 1924, 889 (GenGes): In einer verspäteten Buchung und in einer Kreditüberschreitung kann ein absichtliches Handeln zum Nachteil der Genossenschaft gefunden werden (zutreffend wenn arglistiges Handeln vorliegt, s. folgenden Erl); als eine schon gegenwärtig schädigende Gefährdung kann das angesehen werden, wenn dadurch die Genossenschaft tatsächlich gehindert wird, ihre Ansprüche geltend zu machen und ihr Interesse zu wahren. — Der Umstand, daß die Gesellschaft nichtig ist, schließt den Tatbestand des § 312 nicht aus; RGSt 43, 413.

d) Es genügt nicht, daß zum Nachteil der Gesellschaft gehandelt worden ist, es muß absichtlich zu ihrem Nachteil geschehen sein. Auch in diesem Punkt deckt sich — wenigstens dem Wortlaut nach — der Tatbestand des § 312 mit dem des § 266 StGB. Aber begreift schon die letztgenannte Vorschrift einen Mischtatbestand, der gesetzliche Vertreter und Stellvertreter der verschiedensten Art zusammenfaßt, Vertreter, deren Aufgaben in Beziehung zu dem ihnen anvertrauten Vermögen sehr verschieden sein können, hauptsächlich aber wohl darauf gerichtet sind, einen vorhandenen Vermögensstamm in seinem Bestande zu erhalten, in einzelnen Fällen auch die aus ihm fließenden Erträgnisse zu verwalten, so handelt es sich hier im Gegensatz dazu um eine gewerbliche Verwertung des Vermögens, die auf Gewinn durch Geschäftsbetrieb angewiesen, nicht umhin kann, die mit solchem Betrieb verbundene Gefahr eines Ausbleibens des erwarteten Gewinnes und eines Umschlagens des Ausganges in Verlust in den Kauf zu nehmen. Wegen dieses Unterschiedes darf in der Frage, was unter absichtlicher Schädigung zu verstehen ist, nicht auf die inbezug auf § 266 StGB ergangene Rechtsprechung zurückgegriffen werden. Nicht gegenüber allen der in § 266 Z. 1 aufgezählten Persönlichkeiten, wohl aber z. B. gegenüber Vormündern, Kuratoren, Sequestern mag es gerechtfertigt sein von einer strafbaren absichtlichen Schädigung schon zu sprechen, wenn der Täter sich gesagt hat, es müsse daraus Schaden entstehen oder es werde höchst wahrscheinlich Schaden entstehen, und doch gehandelt hat (dolus eventualis). Allenfalls ließe sich unter gewissen Vorbehalten noch die Stellung eines Liquidators ähnlich denken. Die Mitglieder des Vorstandes einer A-Gesellschaft würden ihre Aufgabe schlecht erfüllen, wollten sie vorsichtig darauf bestehen, niemals etwas zu tun, was ebenso gut wie zum Vorteil, auch zum Nachteil des Unternehmens ausschlagen könnte. — Zum Tatbestand des Delikts gehört nicht, daß der Täter gehandelt hat, um sich oder einem anderen Vorteil zu verschaffen. Aber anderseits genügt nicht das Bewußtsein, daß die Gesellschaft schaden leiden werde. Das Gesetz verlangt nun einmal Absicht und begnügt sich nicht bei Vorsatz; a. A. RG in LZ 1919, 650[17]; RGSt 26, 137. Es ist nicht erforderlich, daß der Schaden der Gesellschaft der Zweck der Handlung gewesen ist. Aber da der Mensch nichts tut, ohne Motiv, da reine Bosheit nur unterstellt werden darf, wenn der Beweis dafür erbracht ist, kann von einer absichtlichen Schädigung der Gesellschaft nur die Rede sein, wenn die Tat begangen wird entweder aus Gewinnsucht oder aus feindlichem Affekt, Rache, Neid oder dgl.; LZ 1917, 823[9] (Hamburg). So ist in Fällen wie RG in BauersZ 25, 145 ganz deutlich, daß entscheidend der Umstand ist, daß der Vorstand das Geld sich selbst, nicht einem Dritten geliehen, also aus Eigennutz gehandelt hat; RGSt 33, 4. Anders RGSt 49, 364, wo die Verurteilung vielleicht nicht ungerechtfertigt war, aber die Begründung nicht befriedigt. Anders auch (zu §§ 146, 147 GenG) RG in LZ 1916, 1479[24]. Mit Wendungen, wie in RGSt 7, 280 (ebenso RGSt 26, 136): hat der Täter sich den nachteiligen Erfolg als möglich vorgestellt, so kann dieser ihm als Vorsatz angerechnet werden, falls sein Wille auf diesen Erfolg wenigstens eventuell gerichtet war, ist nichts gesagt. (Im Verhältnis des Vormundes zum Mündel RGSt 1, 173 und vollends beim Tatbestand des Betruges RGSt 1, 329 liegt die Frage ganz anders). Auch RGSt

53, 194 bewegt sich ganz in den hergebrachten Wendungen, während die dort gebilligte Verurteilung daraus sich rechtfertigt, daß der Angeklagte mit den Mitteln der Bank nicht für diese, sondern für sich spekuliert hat. Wer das tut, gefährdet schon dadurch das Vermögen der Bank und schon darin liegt ein Nachteil, wie das Gesetz ihn verlangt. Unentgeltliche Verfügungen zu wohltätigen und ähnlichen Zwecken bedeuten ein Handeln zum Nachteil der Gesellschaft nicht schon deshalb, weil der Vorstand sie nicht hätte treffen dürfen, ohne die Generalversammlung zu fragen. So zutreffend BauersZ 7, 217. — Der Vorstand macht sich nicht schon dadurch strafbar, daß er vorsätzlich seine Befugnisse überschreitet (§ 235), mag auch, was er so tut, zum Schaden der Gesellschaft ausschlagen. Vgl. Staub-Pinner § 312[8] und [8a].

§ 313.

Mit Gefängnis und zugleich mit Geldstrafe bis zu zwanzigtausend Mark werden bestraft[1]:

1. Gründer oder Mitglieder des Vorstandes oder des Aufsichtsrats, die zum Zwecke der Eintragung der Gesellschaft in das Handelsregister in Ansehung der Zeichnung oder Einzahlung des Grundkapitals, des Betrags, zu welchem die Aktien ausgegeben werden, oder der im § 186 vorgesehenen Festsetzungen wissentlich falsche Angaben machen[2];

2. diejenigen, welche in Ansehung der vorerwähnten Tatsachen wissentlich falsche Angaben in einer im § 203 bezeichneten Ankündigung von Aktien machen[4];

3. Mitglieder des Vorstandes oder des Aufsichtsrats, die zum Zwecke der Eintragung einer Erhöhung des Grundkapitals in das Handelsregister in Ansehung der Einzahlung des bisherigen oder der Zeichnung oder Einzahlung des erhöhten Kapitals oder in Ansehung des Betrags, zu welchem die Aktien ausgegeben werden, oder in Ansehung der im § 279 bezeichneten Festsetzungen wissentlich falsche Angaben machen[3].

Zugleich kann auf Verlust der bürgerlichen Ehrenrechte erkannt werden.

Sind mildernde Umstände vorhanden, so tritt ausschließlich die Geldstrafe ein.

1. In § 313 werden in bestimmten Richtungen unwahre Angaben unter öffentliche Strafe gestellt. In den 3 Ziffern des I. Abs werden die in Frage kommenden Tatbestände gewissermaßen chronologisch gruppiert, Z. 1 und 2 handeln von Vorgängen bei der Gründung der Gesellschaft, Z. 3 von solchen gelegentlich einer Erhöhung des Grundkapitals einer bereits bestehenden Gesellschaft. Sachlich ist die Gruppierung anschaulicher, wenn man Z. 1 und 3 zusammenstellt. In beiden Fällen handelt es sich um Angaben, welche die zur Anmeldung beim Handelsregister berufenen Persönlichkeiten machen zum Zweck der Eintragung der Gesellschaft (Z. 1) oder einer Erhöhung des Grundkapitals der eingetragenen Gesellschaft (Z. 3), während Z. 2 allgemein den Verstoß gegen den die sogenannte Prospekthaftung regelnden § 203 auch mit öffentlicher Strafe bedroht, sofern die Angaben des Prospektes wissentlich falsch sind.

2. a) Falsche Angaben zum Zweck der Eintragung der neu gegründeten Gesellschaft sind strafbar, wenn sie betreffen:

a) die Zeichnung des Grundkapitals. S. hierzu § 195 II Z. 3.

b) die Einzahlung des Grundkapitals. S. hierzu § 195 III; es muß erklärt werden, daß auf jede Aktie — soweit es sich nicht um Sacheinlage handelt, der eingeforderte Betrag bar eingezahlt und im Besitz des Vorstandes ist.

c) den Ausgabekurs der Aktie. S. § 195 III; es muß angegeben werden der Betrag, zu welchem die Aktien ausgegeben werden (sowie der darauf bar eingezahlte Betrag, s. oben unter b).

d) die etwaigen Festsetzungen gemäß § 186, d. h.
 1. Sondervorteile für einzelne Aktionäre, Abs I des § 186.
 2. Sacheinlagen und Sachübernahmen Abs II.
 3. Gründeraufwand und Gründerlohn.

Hier kommen in Betracht die nach § 195 II Z. 2 vorzulegenden Verträge, der zu Z. 2 (Sacheinlagen) nach § 191 vorgeschriebene Gründerbericht und allgemein der in § 192 II vorgeschriebene Prüfungsbericht, endlich eintretenden Falles die Bescheinigung, daß die in § 193 III vorgeschriebene Einreichung bei der Handelskammer erfolgt ist; § 195 II Z. 5.

Entsprechendes gilt von der Erhöhung des Grundkapitals (Abs. I Z. 3). Wegen der Zeichnung der neuen Aktien und der Einzahlung auf sie vgl. § 284 II[1]; der Ausgabepreis ergibt sich aus den Zeichnungsscheinen, § 281 I Z. 2; wegen etwaiger Sacheinlagen gilt entsprechend das gleiche wie bei der Gründung der Gesellschaft, nur fallen hier Gründerbericht und Prüfungsbericht fort; hinzu kommt die Erklärung darüber, ob das bisherige Grundkapital eingezahlt oder wie viel darauf eingezahlt ist.

b) Als Täter kommen im Fall der Z. 1 nur in Betracht die Gründer und die Mitglieder des Vorstandes und des Aufsichtsrats, d. h. sämtliche Personen, welche sich nach § 195 I an der Anmeldung beteiligen müssen; RG im Recht 1915, 762. Auch stellvertretende Mitglieder des Vorstandes, wo solche existieren, gehören dazu; RG in LZ 1914, 398[17]. Wohl aber können Dritte sich der Beihilfe schuldig machen. So wenigstens RGSt 24, 290. — Es ist zu beachten, daß der Tatbestand des Deliktes nicht die Anmeldung zum Handelsregister ist. Das Gesetz sagt allgemeiner, es müsse die Angabe gemacht sein „zum Zwecke der Eintragung"; RGSt 30, 318. Es genügt jede unwahre Angabe, die gemacht ist, um bei der Anmeldung dem Registerrichter zwecks Prüfung unterbreitet zu werden, so denn auch die Angaben im Gründerbericht; RGSt 18, 111, sodaß z. B. ein Gründer durch Unwahrheiten im Gründerbericht oder ein Mitglied des Vorstandes oder Aufsichtsrats durch Unwahrheiten im Prüfungsbericht sich auch dann strafbar macht, wenn er sich zufällig an der Anmeldung nicht beteiligt hat. Wer sich an einer Anmeldung beteiligt, ohne dazu verpflichtet zu sein, kann nicht bestraft werden. Vgl. RGSt 40, 191; RG im Recht 1915, 2632. Wohl aber sind Vorstandsmitglieder usw. auch dann strafbar, wenn ihre Wahl oder ihr Anstellungsvertrag auf einen Mangel beruht, nichtig oder anfechtbar ist. Auch hier gilt das in dieser Beziehung zu § 312 Erl 2a Bemerkte. — Gehört eine juristische Person zu den Gründern so ist der Registerrichter im Recht, wenn er darauf besteht, daß sämtliche gesetzliche (§ 182 Erl 3 b) Vertreter sich am Gründerbericht und an der Anmeldung beteiligen und die Verantwortung dafür übernehmen; KGJ 41, 128. Strafbar sind aber nur diejenigen, welche tatsächlich den Gründerbericht, den Prüfungsbericht, die Anmeldung mit unterschrieben haben. — Das Gesetz verlangt die persönliche Beteiligung der Genannten, um sie alle ohne Ausnahme persönlich verantwortlich zu machen. Daher ist rechtsgeschäftliche Stellvertretung unzulässig. Läßt der Registerrichter einen Bevollmächtigten verkehrter Weise zu, so kann auf einen solchen das Strafgesetz nicht angewendet werden und ebensowenig auf den Vollmachtgeber, es sei denn, daß er sich an Unwahrheiten im eingereichten Gründer- oder Prüfungsbericht beteiligt hat. — Der Gründer kann sich nicht damit exkulpieren, daß er nur als Strohmann aufgetreten sei. Denn Gründer ist auch derjenige, welcher sich an der Gründung für fremde Rechnung beteiligt, wofern er nur nach außen in eigenem Namen auftritt. Hat aber, was zulässig ist, ein Gründer bei den Gründungsverhandlungen sich durch einen (offenen) Stellvertreter beteiligt, so ist gleichwohl er selbst es, welcher am Gründerbericht und an der Anmeldung sich beteiligt und die Verantwortung dafür zu übernehmen hat.

c) Es müssen falsche Angaben gemacht sein. Das kann direkt und indirekt geschehen. Indem der Anmeldung der Gründungsvertrag, die verschiedenen Berichte usw. beigefügt werden, übernehmen die Anmeldenden die Verantwortung für alle in diesen Urkunden enthaltenen Angaben über die in Z. 1 hervorgehobenen Punkte. In diesem Umfang müssen auch diejenigen Angaben, welche nach dem Gesetz nicht erforderlich gewesen wären, auf Wahrheit beruhen; RGSt 43, 323; JW 1911, 251[38]. — Die Anmeldenden sind auch für das verantwortlich, was an Tatsachen im Prüfungsbericht als feststehend vorausgesetzt wird, während die Unwahrheit ihnen bekannt ist. — Allgemein anerkannt ist, daß unter Umständen auch im Verschweigen von Tatsachen der Tatbestand einer falschen Angabe liegen kann. Heimliche Vorbehalte, überhaupt Nebenabreden, insbesondere formlose Nebenabreden sind zwar im Verhältnis zur Gesellschaft nichtig. Das ändert aber nichts daran, daß in der Vorlegung und Beifügung eines Vertrages eine falsche Angabe deshalb liegt, weil die Beteiligten sich darin einig sind, daß der Vertrag überhaupt nicht oder in dieser Gestalt nicht durchgeführt werden soll; RGSt 40, 286; 18, 106. Bei einer betrügerischen Überbewertung einer Sacheinlage liegt Unwahrheit in dem Verschweigen des wahren Wertes. Vgl. RGSt 49, 340; RG in LZ 1914, 950[16]. Nach R. Fischer in Gruch 64, 663 wäre auch strafbar das Verschweigen der Absicht, daß eine Nachgründung nach § 207 HGB beabsichtigt sei. Doch läßt sich das kaum rechtfertigen, weil wie Fischer selbst anerkennt, auch eine vorbeabsichtigte Nachgründung nicht unerlaubt ist; s. § 207 Erl 7. Dagegen ist die Versicherung, daß die Einlagen bar eingezahlt seien, wissentlich falsch abgegeben, wenn der Anmeldende weiß, daß es sich um eine Scheinzahlung gehandelt hat; RG in LZ 1916, 617[24]. Nach RGSt 24, 290 ist in solchem Fall derjenige als Gehilfe strafbar, welcher mitgewirkt hat, die Scheinzahlung auszuführen.

d) Die Angaben müssen wissentlich falsch sein, Fahrlässigkeit begründet nicht Strafbarkeit, auch nicht dolus eventualis. Aber in Beziehung auf diejenigen Tatsachen, von welchen nach der Anmeldung anzunehmen ist, daß der Anmeldende aus eigener Wissenschaft Kenntnis von ihnen hat, sind unwahre Angaben auch dann wissentlich falsch gemacht, wenn der Anmeldende nicht gewußt hat, ob sie wahr sind. — Es handelt sich um ein Kollektivdelikt. Hinsichtlich einer und derselben Anmeldung liegt immer nur ein Delikt vor, mag der Angeschuldigte auch mehrere unwahre Angaben und diese zu verschiedenen Zeiten gemacht haben.

e) Der Versuch ist nicht strafbar. Aber die Tat ist bereits vollendet mit der Einreichung der Anmeldung nebst der betreffenden Urkunde bei Gericht; RGSt 37, 27; 24, 290; JW 04, 246[3]. Es kommt darauf nicht an, wann der Registerrichter von dem Eingang Kenntnis und wie er von ihr Kenntnis genommen hat; RGSt 43, 323; RG in DJZ 9, 995[60]. Daher wird Strafbarkeit auch dadurch nicht beseitigt, daß der Täter nach jenem Zeitpunkt die Angabe berichtigt, auch dadurch nicht, daß der Richter die Eintragung ablehnt; RGSt 43, 323, 430, schließlich auch dadurch nicht, daß die Anmeldung noch unfertig ist, weil fehlende urkundliche Unterlagen noch nachgebracht werden sollen; JW 04, 246[3]. Durch die Eintragung der Gesellschaft in das Handelsregister entsteht die A-Gesellschaft. Diese Wirkung tritt ganz unabhängig davon ein, ob die zum Zwecke der Eintragung gemachten Angaben auf Wahrheit beruhen oder nicht. Die Eintragung ist denn auch nicht dazu bestimmt, die Wahrheit der zu ihrem Zweck gemachten Angaben zu beweisen, so daß in der Eintragung auf Grund unrichtiger Angaben nicht der Tatbestand der intellektuellen Urkundenfälschung liegt; RG in DJZ 04, 603.

f) Darüber, was unter barer Einzahlung des eingeforderten Betrages und was darunter zu verstehen ist, daß der Betrag im Besitz des Vorstandes ist s. Erl 6 zu § 195. — Die Einzahlungen auf das Grundkapital müssen so angegeben werden, wie sie in Wahrheit erfolgt sind, auch wenn mehr als das gesetzliche Minimum eingezahlt worden ist; RGSt 43, 323. Auf keinen Fall dürfen Mehreinzahlungen auf eine Aktie auf Fehlbeträge an einer anderen Aktie verrechnet werden; RGSt 33, 252; in GoltdArch 48, 304; in LZ 1914, 950[16]. — Darüber, ob einzubringende; Sachen eingebracht worden sind, bedarf es keiner Angabe. Das fällt ganz aus dem Rahmen der Strafvorschrift heraus, so daß unwahre Angaben hierüber nicht strafbar sind. A. A. RGSt 38, 129 (GmbH). S. § 195 Erl 6e. Dagegen kann der über die Sacheinlage abgeschlossene und einzureichende Vertrag nur so verstanden werden, daß die bedungene Gegenleistung äquivalent ist. Findet bewußte und erhebliche Überbewertung statt, so liegt unwahre Angabe vor, wenn das verschwiegen wird. Vgl. RG 49, 340 (handelt von der Gesellschaft mbH, wo die Worte des Gesetzes anders lauten). — Ein Irrtum darüber, was unter barer Zahlung zu verstehen ist, schützt nicht vor Strafe. Vgl. RGSt 32, 84; 36, 185; 43, 187; ein Satz, der gegenüber einem so wenig bestimmten Begriff und einer im Grunde so verfehlt gefaßten Bestimmung nur mit Vorsicht angewendet werden darf. — Es ist wohl nicht zutreffend, wenn in dem Fall RGSt 24, 287 das Gericht so entscheidendes Gewicht darauf legt, daß die Erklärung gemäß § 195 III sich auch darauf erstrecken muß, daß sich das Geld im Besitz des Vorstandes befinde. Anders bei der Gesellschaft mbH LZ 1916, 617[24] (vgl. hierzu Brodmann GGmbH § 8[4]). Ist eine so handgreifliche Scheinzahlung geleistet worden, wie in dem dortigen Fall, dann ist die Erklärung, daß „die Einlage bar eingezahlt worden sei", eine Lüge (s. auch Staub-Pinner § 313[1]). S. auch oben unter c. Auch die Begründung RGSt 43, 184 hat wenig befriedigendes, weil unverkennbar der Richter sich vor der entscheidenden Feststellung scheut, daß es sich um eine Scheinzahlung gehandelt hat; unmöglich kann angesichts der heutigen Verkehrsverhältnisse die Tatsache, daß der Vorstand das eingezahlte Geld bei einer zuverlässigen Bank einzahlt, wo es zu seiner täglichen Verfügung steht, die Erklärung des Vorstandes hindern, daß er im Besitz des Geldes sei. S. auch RG in LZ 1914, 933[24]; DJZ 1914, 171; RGSt 30, 313. Auch die Begründung JW 1912, 951[45] befriedigt nicht: Die freie Verfügung über das eingezahlte Geld muß sich im körperlichen — mittelbaren oder unmittelbaren — Besitz äußern; Überweisung auf das Konto reicht nicht aus; unerheblich ist, daß sich aus den Anlagen der Anmeldung die Einzahlung auf Depositenkonto ergab; unwahr waren die Angaben, weil der Angeklagte unwiderruflichen Auftrag erteilt hatte, das Geld für ein von der Gesellschaft zu erwerbendes Grundstück an den Bauunternehmer demnächst zu vergüten mit der Abrede, erst nach Umschreibung des Grundstücks die Vergütung auszuführen; es bestand immer die Gefahr, daß die Bank sich an letztere Weisung nicht halten würde (!).

3. Von der Anmeldung einer Erhöhung des Grundkapitals und den zum Zweck ihrer Eintragung in das Handelsregister zu machenden und gemachten Angaben gilt entsprechend dasselbe wie von der Anmeldung der Gesellschaft selbst. Nur kommen hier als Anmeldende und damit als Täter ausschließlich die Mitglieder des Vorstandes und des Aufsichtsrats in Betracht, nicht auch Gründer, auch nicht die Liquidatoren, obwohl es nicht schlechthin ausgeschlossen ist, im Stadium der Liquidation das Grundkapital zu erhöhen. Offenbar hat der Gesetzgeber an diese Möglichkeit nicht gedacht und es handelt sich ja auch nur um eine Lücke im Gesetz, die zu ertragen ist. In Fortfall kommt auch der Gründerbericht und in der Regel auch bei Sacheinlagen der Prüfungsbericht des Aufsichtsrats und etwaiger Revisoren (§ 193 II). Nur wenn die Kapitalerhöhung auf Grund von Sacheinlagen innerhalb der ersten zwei Jahre nach Eintragung der Gesellschaft stattfindet, ist auch ein Prüfungsbericht des Aufsichtsrats beizubringen (§§ 207, 279 II). Auch hier werden durch Einreichung der gemäß § 279 gefaßten Beschlüsse unwahre Angaben gemacht, wenn Nebenabreden abweichenden Inhalts verschwiegen werden. — Hinzu kommt hier, die Angabe, daß das bisherige Grundkapital voll eingezahlt worden ist, oder wieviel daran noch fehlt. Nicht darauf, ob es voll eingefordert ist, kommt es an, sondern darauf, ob es voll eingezahlt ist; RGSt 14, 37. Diese Angaben sind bereits zum Zweck der Eintragung

des Erhöhungsbeschlusses zu machen und zwar auch dann schon wahrheitsgemäß; Lehmann-Ring § 313[4].

4. Zu Z. 2 vgl. § 203 und Erl dazu. Zu der dort bestimmten zivilrechtlichen Verantwortlichkeit tritt die strafrechtliche hinzu. Als Täter kommen namentlich die Inhaber und Vertreter der Emissionshäuser in Frage, doch kann rechtlich jedermann sich verantwortlich machen. Daß die Ankündigung vor der Eintragung der Gesellschaft in das Handelsregister oder in den ersten zwei Jahren nach ihr erfolgt sein muß, gilt auch hier. Die Tat ist vollendet mit dem Erscheinen der Zeitung, dem Anschlag der Plakate, der Versendung der Prospekte usw. Daß jemand getäuscht worden ist, braucht nicht festgestellt zu werden. Der Täter muß nicht der sein, von welchem die falschen Angaben ausgehen. Auch derjenige ist strafbar, der einen dritten Gutgläubigen zur Veröffentlichung des Prospektes veranlaßt. Vgl. BörsenGes § 38 II.

Zivilrechtlich haftet der Ankündigende schon, wenn er fahrlässig handelt, während er strafrechtlich nur verantwortlich ist, wenn er weiß, daß seine Angaben falsch sind.

S. auch BörsenGes § 88.

§ 314.

Mitglieder des Vorstandes oder des Aufsichtsrats oder Liquidatoren werden mit Gefängnis bis zu einem Jahre und zugleich mit Geldstrafe bis zu zwanzigtausend Mark bestraft, wenn sie wissentlich

1. in ihren Darstellungen, in ihren Übersichten über den Vermögensstand der Gesellschaft oder in den in der Generalversammlung gehaltenen Vorträgen den Stand der Verhältnisse der Gesellschaft unwahr darstellen oder verschleiern[1];

2. auf Namen lautende Aktien, in denen die im § 179 Abs. 4 vorgeschriebene Angabe nicht enthalten ist, oder auf den Inhaber lautende Aktien ausgeben, bevor darauf der Nennbetrag oder, falls der Ausgabepreis höher ist, dieser Betrag voll geleistet ist;

3. Aktien oder Interimsscheine ausgeben, bevor die Gesellschaft oder im Falle einer Erhöhung des Grundkapitals die erfolgte Erhöhung in das Handelsregister eingetragen ist;

4. außer den Fällen des § 180 Abs. 2, 3 Aktien oder Interimsscheine ausgeben, die auf einen geringeren Betrag als eintausend Mark gestellt sind;

5. in den Fällen des § 180 Abs. 2, 3 Aktien oder Interimsscheine ausgeben, in denen die im § 180 Abs. 4 vorgeschriebenen Angaben nicht enthalten sind[2].

Im Falle der Nr. 1 kann zugleich auf Verlust der bürgerlichen Ehrenrechte erkannt werden.

Sind mildernde Umstände vorhanden, so tritt ausschließlich die Geldstrafe ein.

1. a) Die Mitglieder des Vorstandes, des Aufsichtsrats, die Liquidatoren machen sich strafbar, wenn sie den Stand der Verhältnisse der Gesellschaft unwahr darstellen oder verschleiern, vorausgesetzt, daß es geschieht in ihren Darstellungen, in ihren Übersichten über den Vermögensstand des Gesellschaftsvermögens, in ihren Vorträgen in der Generalversammlung. Also nicht in Darstellungen, sondern in ihren Darstellungen, ihren Übersichten, ihren Vorträgen. Damit kommt zum Ausdruck, daß nicht jede beliebige Äußerung eines Vorstandsmitgliedes usw. hierher gehört, mündliche oder schriftliche. Es muß sich um eine Erklärung handeln, welche von dem Mitgliede in Ausübung dieser seiner Funktion abgegeben wird, und abgesehen von den Vorträgen in der Generalversammlung, immer wohl um schriftliche Erklärungen. Als Täter, Mittäter, Anstifter kommen nur die genannten Personen in Frage. Dagegen können Dritte als Gehilfen sich strafbar machen, so derjenige, welcher dem Vorstand ein zum Schein ausgestelltes Wechselakzept gibt, das als Aktivum in der Bilanz erscheint; GoltdArch 57, 219. — Das Delikt ist vollendet mit der Abgabe der Erklärung. Gleichgültig ist, ob jemand getäuscht worden ist, auch, ob jemand schon Kenntnis von der Erklärung genommen hat. Es ist auch unerheblich, daß alle Aktionäre den wahren Sachverhalt kennen, jedenfalls dann, wenn es sich um den Jahresbericht und die Bilanz handelt, welche nach Vorschrift des Gesetzes der Öffentlichkeit zu unterbreiten sind (§ 265). — Auch Berichte des Vorstandes an den Aufsichtsrat gehören hierher; RGSt 5, 146

b) Nicht ausschließlich aber vornehmlich kommt hier in Frage die Jahresbilanz, der Jahresbericht (§ 260) und die in der Generalversammlung sich etwa anschließenden Verträge, worunter man nicht nur zusammenhängende Ausführungen sondern alle in der Generalversammlung abgegebene Erklärungen, namentlich auch längere oder kürzere Antworten auf Fragen wird zu verstehen haben; RGSt 45, 211 (GenGes). Auch Tatsachen aus der Zeit nach Abschluß des Geschäftsjahres sind mitzuteilen, wenn sich aus ihnen die Unrichtigkeit eines Bilanzpostens ergibt; RG in JW 1906, 416[49]. — Die Bilanz muß wahr sein, was man wohl kurz dahin erläutern darf, daß sie keine groben Unrichtigkeiten enthalten darf, RGSt 14, 82: Durch Vorlegung einer unwahren Bilanz wird objektiv eine unwahre Darlegung des Vermögensstandes gegeben. So dürfen zwar nach § 261 Z. 3 Anlagen usw. unter der dort genannten Voraussetzung mit einem höheren als dem wahren Wert eingestellt werden, aber es darf sich nicht um eine bewußte und gewollte Überbewertung handeln; RGSt 41, 294; 36, 437; wird in zulässiger Weise der höhere Wert eingestellt, so ist es nach RGSt 36, 437 strafbar, wenn die in § 261 Z. 3 bestimmten Abschreibungen nicht vorgenommen werden. — Zweifelhafte Forderungen dürfen nicht mit dem Betrag eingestellt werden, auf welchen sie lauten, wenn ihr Wert erheblich dahinter zurücksteht; RGSt 14, 82. Vgl. das. 37, 434; auch RG in LZ 1916, 1479[24] (GenGes). — Ausgefallene Hypothekenforderungen müssen weggeschrieben werden; BauersZ 11, 219. — Es darf eine Kaufpreisforderung nicht mit ihrem Nennbetrag eingestellt werden, wenn mit dem Käufer vereinbart ist, daß er den Preis nach und nach durch Werklieferungen berichtigen kann; BauersZ 15, 12 (Dresden); (es handelte sich um eine Forderung von 60 000 M.). — Sind Grundstücke der Gesellschaft mit Hypotheken beschwert, so muß das erkenntlich gemacht sein; RGSt 43, 417. — Wechsel, die nur zum Schein akzeptiert sind, dürfen nicht als Aktiven gebucht werden; GoltdArch 57, 219. Dasselbe wird man von Gefälligkeitsakzepten sagen müssen, sofern nicht ein entsprechender Gegenposten gebucht wird. — Wegen Unterbewertungen s. § 261 Erl 2.

c) Wenn das Gesetz die Mitglieder des Vorstandes usw. mit Strafe bedroht, wenn sie in ihren Darstellungen — namentlich also auch in dem mit der Jahresbilanz nach § 260 II vorzulegenden Bericht und in ihren in der Generalversammlung abgegebenen Erklärungen nicht die Wahrheit sagen, so ist damit noch nicht darüber entschieden, inwieweit sie verpflichtet sind, überhaupt Mitteilungen zu machen. Man mißversteht wohl den § 314 I Z. 1, wenn man annimmt, daß er für diese Frage sedes materiae sei. Eine positive Vorschrift hierüber existiert überhaupt nicht und man ist auf allgemeine Rechtssätze und die Natur der Sache angewiesen, im einzelnen Fall zu entscheiden; anders RGSt 49, 363. Ist nicht zu verkennen, daß es, wenn nicht in allen, so doch in den meisten und namentlich in größeren Unternehmungen Geschäftsgeheimnisse gibt, die das mit Recht sind, d. h. Dinge, die Dritten nicht ohne Gefahr einer erheblichen Schädigung des Unternehmens mitgeteilt werden können, so sind die in A-Gesellschaften vertretenen wirtschaftlichen Interessen so erhebliche, daß gerade diesen Unternehmungen am wenigsten von Rechts wegen zugemutet werden darf, spontan rückhaltlos alles offenzulegen, was die Aktionäre interessieren könnte, oder auf Fragen jedes Aktionärs, von dem man nicht weiß, ob sein Interesse mit dem der Gesellschaft gleichgerichtet ist, offen und unzweideutig Antwort zu erteilen. Man wird bei Anwendung des § 314 Z. 1 immer sein Augenmerk darauf zu richten haben, daß wie jedes Delikt auch dieses — wenn es auch nicht ausdrücklich hervorgehoben ist — Rechtswidrigkeit fordert und sich auch da, wo die Wahrheit verschleiert worden ist, und selbst da, wo die Unwahrheit gesagt worden ist, noch fragt, ob das rechtswidrig gewesen ist oder nicht vielmehr durch die Umstände gerechtfertigt; Mittelstaedt DJZ 1902, 520; anders von Gordon das. 380; RGSt 38, 195 hatte in der Sache gewiß Recht, geht aber in den allgemeinen Sätzen der Begründung zu weit. Wenn die Unterschlagungen eines Vorstandsmitgliedes gedeckt worden sind, bedarf es einer Mitteilung doch wohl nicht, es sei denn das Mitglied noch nicht entlassen; Ehrenberg in JhrJ 51, 291. Vgl. Erl 6 zu § 260.

Wo aber ein Anlaß, die Dinge als Geschäftsgeheimnis zu wahren, nicht anerkannt werden kann, kommt es nicht darauf an, ob geradezu Unwahres gesagt wird oder die Wahrheit verschleiert. Vgl. RGSt 37, 434: Im allgemeinen läßt sich sagen, daß Verschleierung diejenige Art der Darstellung ist, welche die wahre Tatsache undeutlich oder unkenntlich macht dergestalt, daß dadurch eine unrichtige Beurteilung der Sachlage veranlaßt wird, eine Darstellung, welche ohne positive Unwahrheit z. B. durch Zahlengruppierungen und Unklarheiten ein täuschendes Gesamtbild gibt; oder durch Vermischung von Konten die nichts miteinander gemein haben; LZ 1908, 68[2] (Bamberg). Vgl. auch RGSt 14, 82 (GenGes). Ferner RG in LZ 1915, 984[52] Auch bei zahlenmäßig richtigem Schlußergebnis der Bilanz können durch unwahre Angaben bei Bezeichnung oder Ansätzen von Einzelposten wesentlich falsche Darstellungen über den Vermögensstand gegeben und die Verhältnisse verschleiert werden; es mag dahingestellt bleiben, ob jemand, der alle Tatsachen, auf welche er sein Urteil gründet, offen bekanntgibt und die seinem Urteil entgegenstehenden Verhältnisse nicht verschweigt, dadurch schon eine falsche Darstellung oder Verschleierung begehen kann, daß er seinen Angaben einen falschen Schluß aus ihnen folgen läßt; wird festgestellt, daß der Angeklagte unter Hinweis auf das ziffernmäßig günstige Ergebnis der Bilanz unter Verschweigen der Tatsachen, welche zu dem Schluß führten, daß das Ergebnis in Wahrheit ungünstig war, wissentlich unwahr das Ergebnis als in jeder Beziehung günstig dargestellt habe, so enthält das nicht nur eine Schlußfolgerung, sondern die unwahre Behauptung, daß entgegenstehende Tatsachen nicht bekannt seien; ein solches Urteil kann eine Bilanzverschleierung enthalten und Bestandteil einer Bilanzfälschung sein. S. auch RGSt 21, 172. — Hierher gehören auch die Berichte, welche der Vorstand dem Aufsichtsrat zu erstatten hat; RGSt 49, 240 (GenGes).

d) An und für sich kann auch in einer reinen Unterlassung der strafbare Tatbestand liegen; RG in BauersZ 11, 221: Die Offenbarungspflicht ist schon verletzt, wenn die Verpflichteten die zur Beurteilung des Standes der Verhältnisse erforderlichen tatsächlichen und rechtlichen Angaben in den Bilanzen oder den sonstigen gesetzlich in Betracht kommenden Mitteilungen wissentlich unterlassen. — Ein reines Unterlassen, das zum Tatbestand der Mittäterschaft ausreicht, ist es, wenn die unwahren oder verschleierten Angaben eines der Mitglieder von Vorstand oder Aufsichtsrats die anderen Mitglieder wissentlich und vorsätzlich unwidersprochen lassen; JW 1905, 550[6] (GenGes); RGSt 49, 240 (GenGes). Anders — aber nicht überzeugend — RGSt 45, 211. Ein Kommissivdelikt durch Omission ist — unabhängig von seinem Erfolg — stets denkbar, wenn eine Pflicht zum Handeln besteht, wenigstens immer dann, wenn diese Pflicht auch unter strafrechtlicher Sanktion steht (der wahre Grund ist wohl der ungeschriebene gewesen, daß die Angeklagten rustici waren).

e) Der Umstand, daß die A-Gesellschaft nichtig ist, steht der Bestrafung aus § 314 Z. 1 nicht entgegen; RGSt 43, 413. Wohl aber setzt die Vorschrift voraus, daß es zur Eintragung der A-Gesellschaft in das Handelsregister gekommen ist. — Im Verhältnis zu § 314 Z. 1 ist der Tatbestand des § 826 BGB der weitere und eine Verpflichtung zum Schadensersatz kann auch bestehen, wenn der Tatbestand des § 314 nicht gegeben erscheint, JW 1908, 149[23].

f) Der Zweck des § 314 I Z. 1 geht dahin, Gewähr zu schaffen, daß der Stand der Verhältnisse richtig und zuverlässig beurteilt werden kann, nicht nur von den Gesellschaftern sondern auch von den Gläubigern und überhaupt von den Dritten, welche zu der Gesellschaft in rechtliche Beziehung treten. Daher ist die Vorschrift ein dem Schutz Dritter bezweckendes Gesetz im Sinne des § 823 II BGB; RG 81, 271.

2. In Z. 2—5 sind Zuwiderhandlungen von Mitgliedern des Vorstandes, des Aufsichtsrats, von Liquidatoren gegen folgende Vorschriften unter öffentliche Strafe gestellt.

1. Es dürfen vor Volleinzahlung Inhaberaktien überhaupt nicht, Namenaktien nur so ausgegeben werden, daß auf der Urkunde der Betrag der geleisteten Einzahlungen zu ersehen ist, vor allem also zu ersehen ist, wie viel noch nicht eingezahlt ist.
2. Es dürfen Aktien und Interimsscheine erst ausgegeben werden, wenn die Gesellschaft oder wenn die betreffende Erhöhung des Grundkapitals in das Handelsregister eingetragen worden ist.
3. Es dürfen — abgesehen von den Ausnahmefällen in § 180 II, III — nicht Aktien oder Interimsscheine unter 1000 — jetzt unter 100 — M. ausgegeben werden.
4. a) werden von einem gemeinnützigen oder vom Staat usw. garantierten Unternehmen Kleinaktien ausgegeben (§ 180 II), so muß die staatliche Genehmigung in der Aktie erwähnt sein.
   b) Werden vinkulierte Namenaktien ausgegeben, die auf weniger als 1000 (jetzt 100) M. lauten (s. § 180 Erl 5), so muß in der Aktienurkunde gesagt sein, daß die Aktie nur mit Zustimmung des Aufsichtsrats und der Generalversammlung und nur mittels einer die Person des Erwerbers bezeichnenden, gerichtlich oder notariell beglaubigten Erklärung übertragen werden kann.

Durchweg ist Voraussetzung der Strafbarkeit, daß die Tat vorsätzlich begangen ist (anders z. T. nach dem Recht vor 1900; RGSt 30, 354). Aber Irrtum über den Inhalt der Strafnorm schützt nicht vor Strafe: „Ein klares Verständnis für die rechtlichen Voraussetzungen und Wirkungen von Interimsscheinen oder das Bewußtsein, daß die ausgegebenen Urkunden zutreffend als Interimsscheine zu bezeichnen seien, ist für die Wissentlichkeit im Sinne des Gesetzes nicht erforderlich; der Begriff der Interimsscheine gehört nicht bloß dem Handels- oder Aktienrecht, sondern zugleich im Umfang des § 314 I Nr. 3—5 HGB dem Strafrecht an und Unkenntnis oder irrige Auslegung des Strafgesetzes kommt grundsätzlich für die Schuldfrage nicht in Betracht, RG in GoltdArch 55, 319.

§ 315.

Mit Gefängnis bis zu drei Monaten und zugleich mit Geldstrafe bis zu fünftausend Mark werden bestraft[1]:

1. die Mitglieder des Vorstandes oder die Liquidatoren sowie die Mitglieder des Aufsichtsrats, wenn länger als drei Monate die Gesellschaft ohne Aufsichtsrat geblieben ist oder in dem letzteren die zur Beschlußfähigkeit erforderliche Zahl von Mitgliedern gefehlt hat[2];

2. die Mitglieder des Vorstandes oder die Liquidatoren, wenn entgegen den Vorschriften des § 240 Abs. 2 und des § 298 Abs. 2 der Antrag auf Eröffnung des Konkursverfahrens unterblieben ist[3].

Sind mildernde Umstände vorhanden, so tritt ausschließlich die Geldstrafe ein[4]. Straflos bleibt derjenige, bezüglich dessen festgestellt wird, daß die Bestellung oder Ergänzung des Aufsichtsrats oder der Eröffnungsantrag ohne sein Verschulden unterblieben ist[5].

1. Im § 315 sind zwei Tatbestände zusammengefaßt und unter Strafe gestellt, welche sachlich nichts miteinander gemein haben. Die Mitglieder des Vorstandes und des Aufsichtsrats, gegebenenfalls die Liquidatoren sind dafür verantwortlich, daß ein Aufsichtsrat vorhanden und der vorhandene ausreichend besetzt ist. Sie machen sich strafbar, wenn das nicht der Fall und dem Mangel nicht innerhalb drei Monaten abgeholfen ist. Tritt Zahlungsunfähigkeit der Gesellschaft ein oder Überschuldung (§ 240 II), so ist die Eröffnung des Konkurses zu beantragen; unterbleibt es, so sind die Mitglieder des Vorstandes, gegebenenfalls die Liquidatoren straffällig. — Ist die Gesellschaft in das Handelsregister eingetragen, was überhaupt Voraussetzung der Strafvorschrift ist, so gilt diese auch dann, wenn die Gesellschaft nichtig ist; RGSt 5, 161.

2. Was den unter Z. 1 bestimmten Tatbestand angeht, so ist die Rechtslage klar, wenn 3 Monate lang überhaupt kein Aufsichtsratsmitglied vorhanden ist. Dagegen ist zweifelhaft, was darunter zu verstehen ist, daß die zur Beschlußfassung erforderliche Zahl von Mitgliedern gefehlt hat. Das ist nur deutlich, wenn im Statut festgesetzt ist, nicht nur wie stark der Aufsichtsrat besetzt sein soll, sondern auch wieviel Mitglieder mindestens mitwirken müssen, um gültige Beschlüsse zu fassen (so im Fall SächsAnn 8, 502). Vgl. hierzu Erl 3 zu § 246. Denn auch im Gesetz steht nur, daß der Aufsichtsrat mit mindestens drei Mitgliedern besetzt sein muß und wenn im Statut darüber überhaupt nichts bestimmt ist oder nur wiederum eine Bestimmung über die Gesamtzahl — sei es als Mindest- oder als Höchstzahl — darin steht, dann ist die Rechtslage die, daß zwar zur Beschlußfassung alle vorhandenen Mitglieder hinzugezogen werden müssen, daß aber, wenn alle eingeladen worden sind, gültige Beschlüsse auch dann gefaßt werden können, wenn nicht alle erscheinen und daher schließlich auch dann, wenn nur einer erscheint. So verstanden würde es in zahlreichen, vermutlich den meisten Fällen genügen, wenn überhaupt nur ein Mitglied des Aufsichtsrats vorhanden ist. So kann es nicht gemeint sein. Durch die Novelle von 1870 ist die frühere Fassung, wo es einfach hieß: die erforderliche Zahl von Mitgliedern, durch die Einschaltung der Worte „zur Beschlußfähigkeit" geändert worden, weil ohne das die Wendung auf die volle, im Statut bestimmte Anzahl gedeutet werden müsse, während es nicht erforderlich erscheine, bei jedem Abgang eines Mitgliedes zu einer Ersatzbestellung zu nötigen. Offenbar ist also gemeint, daß jedenfalls die gesetzliche Mindestzahl oder die höhere, im Statut bestimmte Zahl vorhanden sein muß, wenn diese letztere Zahl als Mindestzahl zu verstehen ist, daß es aber, wenn die statutarische Zahl so nicht zu verstehen ist, nichts ausmacht, wenn in dieser vollen Anzahl der Aufsichtsrat nicht besetzt ist; a. A. Lehmann-Ring § 315[1], wonach die statutarische Ziffer besetzt sein muß, wenn über Beschlußfähigkeit nichts bestimmt ist; ebenso Staub-Pinner § 315[1, 2]. Wenn Makower § 315 I b sagt, es sei die Anzahl gemeint, welche erforderlich ist, damit der Aufsichtsrat als Behörde handeln könne, so ist nicht deutlich, was man sich unter diesem Handeln als Behörde zu denken hat. In der Sache dürfte seine Meinung auf dasselbe hinauslaufen, was die Vorgenannten lehren. Nach Ritter § 315[2] wäre die Vorschrift so zu lesen, als wären die Worte „zur Beschlußfähigkeit" nicht vorhanden. S. auch ROHG 14, 311. — Die Schwierigkeit, Personen zu finden, welche bereit sind, die Stellung anzunehmen, entschuldigt jedenfalls dann nicht, wenn gar keine Versuche gemacht sind; RG in JurRdsch 1926, 1002. — Der Tatbestand der Z. 1 liegt nicht vor, wenn und soweit als stellvertretende Mitglieder vorhanden sind, ferner nicht, wenn Mitglieder ohne ausgeschieden zu sein, auf längere oder kürzere Zeit gehindert sind sich zu betätigen. — Zweifelhaft erscheint, wie die Lage zu beurteilen ist, wenn der Aufsichtsrat in „beschlußfähiger" Anzahl tatsächlich besetzt, die Wahl aller oder einzelner aber mangelhaft und ungültig ist. Doch dürfte der Tatbestand des § 315 Z. 1 nicht gegeben sein, solange der tatsächliche Zustand für rechtmäßig gehalten wird, mag der Irrtum auch auf Fahrlässigkeit beruhen.

Dem Registerrichter steht nicht zu, durch Anordnung von Ordnungsstrafen die ordnungsmäßige Besetzung des Aufsichtsrats zu erzwingen; SächsAnn 8, 503.

3. Über die Verpflichtung der Mitglieder des Vorstandes, den Antrag auf Eröffnung des Konkurses zu stellen s. Erl 1 zu § 240. — Die Mitglieder des Aufsichtsrats trifft hier keine Verantwortung, jedenfalls keine strafrechtliche. — Wer von den Mitgliedern des Vorstandes oder von den Liquidatoren den Antrag stellt, ist gleichgültig. Wenn er von keiner Seite gestellt wird, sind alle strafrechtlich verantwortlich. In der Bestimmung der Z. 2 wird der gesamte Inhalt des § 240 II in das Strafgesetz aufgenommen; ein Irrtum aus Unkenntnis der Vorschrift

des § 240 II ist ein Irrtum über die Strafbarkeit und entschuldigt nicht; RGSt 51, 24. — Nach Auflösung der Gesellschaft trifft die Verpflichtung aus § 240 II den Liquidator, nicht den Vorstand; RGSt 25, 86. — Es kommt bei der Frage, ob ein Verstoß gegen § 240 II vorliegt, nicht rein formal darauf an, ob die Bilanz mit einem Überschuldung darstellenden Passivsaldo abschließt oder nicht, sondern auf den Sachverhalt selbst, darauf, wie die Bilanz buchtechnisch richtig hätte lauten müssen. Auf eine Bilanz, welche offenbare Unrichtigkeiten enthält, z. B. unrichtige Forderungen, kann sich der Vorstand zu seiner Entschuldigung nicht berufen; RGSt 44, 49. Dagegen kann er sich damit entschuldigen, daß der Passivsaldo auf Schätzung von Aktiven zurückzuführen ist, welches nach den für diese Bilanz maßgeblichen Grundsätzen hätte höher ausfallen dürfen; RGSt 46, 101. Etwas anderes ist es, wenn spätere Erfahrung lehrt, daß einzelne Posten unrichtig gewesen sind, wenn beispielsweise sich herausstellt, daß eine eingestellte Schuld der Gesellschaft in Wahrheit nicht bestanden hat; RGSt 51, 21. — Die Unterlassung des Antrages wird nicht dadurch entschuldigt, daß er von anderer Seite gestellt und daraufhin das Konkursverfahren eröffnet wird; RG in GoltdArch 52, 255; JW 05, 551. War aber der Antrag von dritter Seite bereits gestellt, als sich für den Vorstand herausstellte, daß er gemäß § 240 II verfahren müsse, so braucht dieser nicht auch seinerseits den Antrag zu stellen, wofern nur das Verfahren eröffnet worden ist. S. auch § 240 Erl 1 b. — Nach § 208 KO kann den Antrag jedes Mitglied des Vorstandes, gegebenenfalls jeder Liquidator stellen und wenn er nicht von allen Mitgliedern oder Liquidatoren gestellt wird, so ist der Antrag zuzulassen, wenn die Zahlungsunfähigkeit oder die Überschuldung glaubhaft gemacht wird; das Gericht hat die übrigen Mitglieder oder Liquidatoren zu hören und wenn diese die Zahlungsunfähigkeit oder Überschuldung nicht einräumen, die erforderlichen Ermittlungen anzuordnen. Es ist wohl nicht richtig, daß in solchem Fall diese übrigen Mitglieder sich nach § 315 Z. 2 strafbar machen, wenn sie der Eröffnung des Verfahrens grundlos und dabei vorsätzlich oder fahrlässig widersprechen. So Stenglein, Nebengesetze 4. Aufl. 947 Note 4. Durch den Antrag auch nur eines der Mitglieder ist der Vorschrift des § 240 II genügt; die Entscheidung ist damit dem Gericht unterbreitet; was nunmehr damit geschieht, daß die anderen Mitglieder widersprechen, ist ein ganz anderer Tatbestand als der in § 315 Z. 1 umschriebene. Ganz anders liegt es, wenn der Antrag von dritter Seite gestellt worden ist und der auf Grund des § 105 II gehörte Vorstand widerspricht. Aber auch dann ist die Straftat nicht dieser Widerspruch, sondern die Unterlassung eigenen Antrages. — Der Antrag muß ohne Verzug gestellt werden und darf namentlich nicht aufgeschoben werden, um in Verhandlungen zum Zweck einer Sanierung einzutreten oder mit solchen Verhandlungen fortzufahren (s. Erl 1 b zu § 240 und gegen Überspannung der Forderung, daß der Antrag ohne Verzug zu stellen ist Staub-Pinner § 315[3]). Überhaupt können Moratorien eine Überschuldung nicht beseitigen. Bedingte und betagte Forderungen Dritter sind nicht anders einzustellen, wie wenn sie unbedingt oder fällig wären. — Auch die Zustimmung der Gläubiger rechtfertigt nicht eine Unterlassung oder einen Aufschub des Antrages.

Wird der Antrag auf Konkurseröffnung gestellt, alsbald aber wieder zurückgenommen, so ist es, als wenn überhaupt noch kein Antrag gestellt worden wäre, und die Verpflichtung aus § 240 II besteht nach wie vor; RGSt 44, 52. — Wiederholte Bestrafung ist möglich, wenn auch nach eingetretener Verurteilung der Antrag auf Konkurseröffnung nicht gestellt wird; RGSt 47, 154.

Der Verpflichtung aus § 240 II kommt der Vorstand auch dadurch nach, daß er bei dem zuständigen Konkursgericht den Antrag auf Eröffnung eines gerichtlichen Vergleichsverfahrens stellt. Ges. vom 5. Juli 1927 (RGBl I, 139). S. § 240 Erl 1 i. — Die Verordnung über die Geschäftsaufsicht zur Abwendung des Konkurses vom 14. Dezember 1916 (RGBl S. 1363) nebst Änderungen, ist seit 1. Oktober 1927 nicht mehr in Kraft.

4. Es handelt sich in beiden Fällen — Z. 1 und Z. 2 — um ein Unterlassungsdelikt. Das Gesetz macht in Z. 1 jedem einzelnen Mitglied des Vorstandes und des Aufsichtsrats und jedem einzelnen Liquidator zur Pflicht, selbständig zu tun, was an ihm liegt, damit es zur ordnungsmäßigen Bestellung und Besetzung des Aufsichtsrats kommt. Keiner kann sich auf das berufen, was die anderen getan oder beschlossen haben und straffrei ist nur, wer alle ihnen zu Gebote stehenden Mittel erschöpft hat. Einfacher noch liegt es im Fall unter Z. 2, wo jeder einzelne das Recht hat, selbständig den Antrag auf Eröffnung des Konkurses zu stellen. — Strafbar ist sowohl vorsätzliche wie auch fahrlässige Unterlassung; und wenn der Angeschuldigte die betreffenden gesetzlichen Vorschriften nicht gekannt hat, so wird schon das in der Regel auf Fahrlässigkeit beruhen; RGSt 5, 163; JW 1905, 551[7].

5. Durch die Vorschrift in Abs III wird nicht eigentlich dem Angeklagten eine Beweislast auferlegt. Aber doch liegt es so, daß wegen Mangels eines Verschuldens — Vorsatz oder Fahrlässigkeit — Freisprechung nur eintritt, wenn das Gericht in der Lage ist, positiv festzustellen, daß Verschulden nicht vorliegt. Einer ausdrücklichen Hervorhebung, daß er nicht in dieser Lage ist, bedarf es in der Urteilsbegründung nicht, wenn nicht besondere Momente für Schuldlosigkeit geltend gemacht waren; RG in GoltdArch 60, 91. — Mit dem Vergehen gegen § 315 Z. 2 können andere Konkursverbrechen oder Konkursvergehen zusammentreffen, aber nicht in Tateinheit; RG das.

§ 316.

Wer über die Hinterlegung von Aktien oder Interimsscheinen Bescheinigungen, die zum Nachweise des Stimmrechts in einer Generalversammlung dienen sollen, wissentlich falsch ausstellt oder verfälscht oder von einer solchen Bescheinigung, wissend, daß sie falsch oder verfälscht ist, zur Ausübung des Stimmrechts Gebrauch macht, wird mit Gefängnis bis zu einem Jahre und zugleich mit Geldstrafe bis zu zehntausend Mark bestraft. Daneben kann auf Verlust der bürgerlichen Ehrenrechte erkannt werden. Sind mildernde Umstände vorhanden, so tritt ausschließlich die Geldstrafe ein[1].

1. a) Der Tatbestand des § 316 hat den Fall im Auge, daß im Statut der Gesellschaft die Ausübung des Stimmrechts von der Hinterlegung der Aktie abhängig gemacht ist (§ 255 II, setzt das aber nicht voraus. Bestraft wird, wer Bescheinigungen über eine solche Hinterlegung falsch ausstellt, wer die ausgestellte echte Bescheinigung verfälscht, endlich wer eine solche gefälschte oder verfälschte Bescheinigung wissentlich „zur Ausübung des Stimmrechts" gebraucht. Während also die Urkundenfälschung nach gemeinem Strafrecht sich erst dadurch vollendet, daß von der Urkunde Gebrauch gemacht wird, ist hier schon mit der Fälschung das Delikt vollendet. Daraus ergibt sich, daß Täter der Fälschung jedermann sein kann, nicht nur derjenige, welcher die Absicht hat, auf Grund der Bescheinigung an der Generalversammlung und den Abstimmungen teilzunehmen. Zwischen §§ 267, 270 StGB einerseits und § 316 HGB andererseits besteht Gesetzeskonkurrenz. Auf den Tatbestand ist immer nur § 316 anwendbar; a. A. Ritter § 316[3]. Dagegen liegt intellektuelle Urkundenfälschung nach § 271 StGB vor, wenn ein Notar die Bescheinigung ausgestellt hat (vgl. § 255 II Satz 2), den der Täter durch Täuschung verleitet, überhaupt vorsätzlich veranlaßt hat, etwas unrichtiges zu bescheinigen.

b) Bestritten ist, was darunter zu verstehen ist, daß von der Bescheinigung Gebrauch gemacht ist, „zur Ausübung des Stimmrechts". Nach Staub-Pinner § 316[1] (ebenso Brand § 316[3] b; Makower § 316 III c[1]) muß die Stimmabgabe „hinzutreten", was doch nun heißen kann, daß das Delikt, sofern es nur in dem Gebrauchen der Urkunde nicht auch in der Fälschung selbst liegt, erst vollendet ist, wenn der Täter seine Stimme abgegeben hat. Zweifelhaft wäre dann, ob das Delikt auch dadurch begangen wird, daß der Täter erklärt, daß er sich der Stimme enthalte. Unsicher wäre auch die Rechtslage, wenn er sich, ohne sich zu äußern der Stimmabgabe enthält. Doch dürfte in dieser Auffassung eine zu wörtliche Auslegung des Gesetzes liegen, die nicht in der Absicht des Gesetzgebers gelegen hat, zumal damit die Vollendung des Deliktes auf einen Vorgang verlegt wird, bei dem nach allgemeiner Gepflogenheit irgend ein Nachweis, eine Legitimation durch eine Bescheinigung gerade nicht oder nicht mehr verlangt wird. Es kann dahingestellt bleiben, ob man überhaupt unterscheiden kann zwischen der Berechtigung an der Generalversammlung teilzunehmen und der Berechtigung, sich in seiner Eigenschaft als Aktionär an der Abstimmung zu beteiligen (s. Erl 3 b zu § 255). Da es jedenfalls allgemein üblich ist, den Nachweis der Legitimation durch die Bescheinigung schon vor der Abstimmung zu fordern, sei es durch vorgängige Einsendung der Bescheinigung oder durch Vorzeigung beim Betreten des Saales oder bei Beginn der Verhandlungen, muß in der diesen Formen entsprechenden Benutzung der Bescheinigung der Tatbestand des Deliktes erblickt werden. Auch derjenige, welcher nachweisbar gar nicht die Absicht hat, an einer Abstimmung sich zu beteiligen, erwirbt durch diese Benutzung der Bescheinigung die Legitimation zur Ausübung des Stimmrechts, weiß das auch und macht sich daher des Deliktes schuldig. Die wörtliche Auslegung führt zu sehr unbefriedigenden Ergebnissen. Nach Makower III c[1] wäre auch der Gebraucher einer falschen Bescheinigung, durch dessen Gegenwart erst die nach dem Statut für Beschlüsse erforderliche Mindestzahl von den Anwesenden erreicht wird, straflos, wenn er sich der Abstimmung enthält! — Strafbar macht sich auch, wer einen Vertreter schickt, der sich als solcher und seinen Auftraggeber durch die falsche Bescheinigung als Aktionär legitimiert, mag der Vertreter auch in gutem Glauben handeln. Ferner auch, wer wissend die falsche Bescheinigung weiter gibt, damit der Empfänger, als Strohmann auftretend, sich mit ihr legitimiert. — Der Tatbestand des Deliktes liegt nicht vor, wenn jemand nach Vorlegung einer echten Bescheinigung sich dadurch Zutritt verschafft, daß er sich für den durch die Bescheinigung Legitimierten ausgibt. Wohl aber liegt darin intellektuell Urkundenfälschung, wenn im notariellen Protokoll die Erschienenen mit Namen und damit dann auch die Betrüger mit falschem Namen aufgeführt werden. Auch wenn das nicht geschieht, kann auf andere Weise eine falsche Beurkundung herauskommen. So wenn die Aktienbezeichnung gefälscht ist und das Protokoll scheinbar beweist, daß für Aktien abgestimmt worden ist, die in Wahrheit nicht vertreten waren.

§ 317.

Wer sich besondere Vorteile dafür gewähren oder versprechen läßt, daß er bei einer Abstimmung in der Generalversammlung in einem gewissen Sinne stimme oder an der Abstimmung in der Generalversammlung nicht Teil nehme, wird mit Geldstrafe bis zu dreitausend Mark oder mit Gefängnis bis zu einem Jahre bestraft[1].

Die gleiche Strafe trifft denjenigen, welcher besondere Vorteile dafür gewährt oder verspricht, daß jemand bei einer Abstimmung in der Generalversammlung in einem gewissen Sinne stimme oder an der Abstimmung in der Generalversammlung nicht Teil nehme.

1. a) In § 317 wird der Begriff des Stimmkaufs und Stimmverkaufs definiert. Der Abs I ist dem § 243 KO nachgebildet. Kürzer und vielleicht ebensogut wenn nicht noch besser drückt § 109 StGB sich aus: wer eine Wahlstimme kauft oder verkauft. Vgl. die Wendungen in RG in BauersZ 21, 54. In seinem Charakter ähnelt das Delikt der Bestechung StGB §§ 331 ff. Was die Ausübung des Stimmrechts durch die Aktionäre angeht, so ist schon zweifelhaft, ob man auch nur von einer moralischen Verpflichtung der Aktionäre, sich bei seiner Abstimmung von den Interessen der Gesellschaft leiten zu lassen, sprechen kann. Jedenfalls besteht der Gesellschaft gegenüber keine Rechtspflicht dazu. Ihr ist der Aktionär darüber, wie er stimmt, keine Rechenschaft schuldig, wie er denn auch ihr gegenüber in dieser Richtung keinerlei Verbindlichkeit rechtswirksam übernehmen kann. A. A. Staub-Pinner § 317[3], der aber auch annimmt, daß es für das Ergebnis der Abstimmung nicht darauf ankommt, wie der Aktionär versprochen hat zu stimmen, sondern darauf, wie er stimmt. Dagegen steht dem nichts entgegen, daß der Aktionär einem andern Aktionär oder einem Dritten gegenüber sich zu einer Abstimmung oder allgemeiner überhaupt zur Abstimmung in bestimmter Richtung verpflichtet, nicht in dem Sinn, daß er dadurch gehindert wäre, in der Generalversammlung gleichwohl nach eigener freier Entschließung abzustimmen, RG 107, 70; 112, 279, wohl aber in dem Sinn, daß er den Vertrag verletzt und den Vertragsgegner dafür aufzukommen hat, wenn er gegen die Verabredung seine Stimme abgibt. Vgl. RG 88, 319 und § 252 Erl 1 d und 4 b. A. A. Hachenburg GGmbH. § 45, Erl 44. Ein solcher Vertrag ist auch nicht deswegen zu beanstanden, weil der Aktionär ihn um eines Vorteils willen schließt, den er damit erreichen will. Namentlich schließen Aktionäre miteinander rechtswirksam solche Verträge, um sich gegenseitig dadurch Beschlüsse der Generalversammlung zu sichern, die in ihrem Interesse liegen, gleichwohl, ob dieses Interesse zugleich das allgemeine Interesse der Gesellschaft ist oder nicht. Wohl kann um seines Inhalts willen ein Beschluß, der auf solche Weise zustande kommt, zu beanstanden sein, weil in ihm eine wider die guten Sitten verstoßende Vergewaltigung der Minderheit liegt. Aber das ist eine Frage für sich, deren Entscheidung ganz unabhängig davon ist, ob die Mehrheit auf ihren Beschluß sich frei zusammengefunden hat oder in Gestalt einer gegenseitigen vorgängigen Verabredung.

Ist mithin eine solche Vereinbarung noch nicht darum zu beanstanden, weil sie um eines Vorteils willen — sei es des Aktionärs oder des Vertragsgegners — getroffen wird, so liegt es anders und die Tat wird zum strafbaren Stimmkauf, wenn es geschieht für einen Vorteil. Das ist damit gesagt, wenn das Gesetz das Tatbestandsmerkmal aufstellt, daß der Aktionär sich „besondere" Vorteile gewähren oder versprechen läßt. Das Delikt liegt nur vor, wenn der Sinn der Vereinbarung der ist, daß der Aktionär dafür, daß er in dem bestimmten Sinn abstimmt, vom Vertragsgegner — mittelbar oder unmittelbar — in Gestalt eines Vorteiles eine Gegenleistung erhalten soll. Wieder etwas anderes ist es und kann unter Umständen eine Sittenwidrigkeit oder eine Umgehung von Gesetzesvorschriften bedeuten, daß der Eigentümer der Aktie, ohne sich Vorteile zu bedingen, sich einem Dritten schlechthin und für alle Zeit verpflichtet, nach dessen Weisungen abzustimmen. So in Anwendung auf die GmbH RG 69, 134. — Dagegen macht es keinen Unterschied, ob der Stimmverkäufer sich selbst oder zugunsten eines Dritten diesem die Gegenleistung bedingt; a. A. Makower § 317 I a. — Als Täter im Sinn des Abs I kommt zunächst nur der wirklich zur Teilnahme an der Abstimmung berechtigte Aktionär in Betracht. Wer als bevollmächtigter Stellvertreter des Aktionärs in der Generalversammlung erscheint, ist diesem verpflichtet, dem ihm erteilten Auftrag entsprechend zu stimmen, und kann selbstverständlich sich auch Vergütung für seine Mühewaltung ausbedingen, wogegen auch in solchem Fall der Aktionär sich des Vergehens gegen § 317 schuldig macht, wenn er sich dafür, was er seinem Stellvertreter abzustimmen aufgibt, bezahlen läßt. Ähnlich liegt es mit dem Vertreter des Aktionärs, der in eigenem Namen aber für Rechnung seines Auftraggebers in der Generalversammlung auftritt, dem fiduziarischen Eigentümer, dem Leih-Aktionär. Anders in letzterem Fall, wenn der Verleiher der Aktie sich dafür eine Vergütung bedingt; § 318, RG 38, 258. — Ganz abweichend beurteilt diese Verhältnisse Makower § 317 II a; dagegen aber Lehmann-Ring § 317[1]; wie hier Brand § 317[2] a. Man wird ferner annehmen müssen, daß alle diese stellvertretenden Nicht-

Aktionäre das Delikt begehen, wenn sie sich von dritter Seite dafür bezahlen oder Bezahlung versprechen lassen, daß sie in bestimmtem Sinn abstimmen, gleichviel, ob das zugleich auch der Sinn ist, in welchem sie ohnehin Auftrag hatten zu stimmen; Staub-Pinner § 317[5-7]. — Wer endlich überhaupt nicht in der Lage ist, zur Teilnahme an einer Abstimmung zu gelangen und das auch nicht beabsichtigt, begeht nicht ein Delikt nach § 317, vielleicht dagegen einen Betrug oder Betrugsversuch, wenn er sich für eine bestimmte Abstimmung Vorteile gewähren oder versprechen läßt.

b) Das Gesetz spricht ganz allgemein von besonderen Vorteilen, verlangt aber nicht Vermögensvorteile. Praktisch dürften andere als solche kaum in Frage kommen. Jedenfalls müssen es immer konkrete und bestimmte Dinge sein, die gewährt oder in Aussicht gestellt werden. Die Aussicht auf allgemeine Begünstigung, auf Zuneigung oder Gunst reichen zum Tatbestand nicht aus. Vgl. den Fall RGSt 17, 296, wo mit Recht der Tatbestand des Stimmkaufs nach § 109 StGB nur angenommen worden ist, weil neben der allgemeinen Protektion der ganz bestimmte Vermögensvorteil eines Beitrages zur Hausreparatur in Aussicht gestellt war. A. A. Staub-Pinner § 317[3]. Die Zusage, dem Abstimmenden die Unkosten seiner Beteiligung an der Generalversammlung zu erstatten, bedeutet nicht einen Vorteil im Sinne des § 317; anders RGSt 11 218. — Im Fall OLG 24, 142 (KG) lag der besondere Vorteil darin, daß der Dritte dem Aktionär versprach, ihm einen größeren Posten Aktien, die minderwertig und fast unverkäuflich waren, nahezu zum Nennwert abzunehmen; für bedeutungslos hat das Gericht den Umstand erklärt, daß der Aktionär sich verpflichtet hatte, die Aktien unter bestimmter Voraussetzung dem Käufer zum gleichen Preis wieder abzunehmen. Bedenklich LZ 1919, 612[10] (Bamberg), wo der Käufer von Aktien sich verpflichtet hatte, demnächst in bestimmter Weise abzustimmen, und der besondere Vorteil darin gesucht und gefunden wurde, daß der Verkäufer dem Käufer garantiert hatte, daß ihm aus dem Kauf kein Verlust erwachse; das Gericht versteht unter besonderem Vorteil jeden Vorteil, der sich nicht unmittelbar aus der Abstimmung selbst ergibt, der nicht einen, sei es der Gesellschaft, sei es allen Aktionären erwachsenden Nutzen darstellt. Aber völlig zutreffend ist der umgekehrte Satz, daß „besonderer Vorteil" jedenfalls nicht der Vorteil ist, welcher dem Aktionär als Mitglied der Gesellschaft unmittelbar aus dem Beschluß der Generalversammlung sich ergibt, auf den es abgesehen ist. Wenn es erlaubt ist, eine Aktie mit der bestimmten Weisung, wie damit gestimmt werden soll, zu verleihen, dann kann doch ein solcher Verkauf der Aktie, wenn der Preis dem Wert entspricht, nicht strafbar sein (Flechtheim in JW 1925, 570) und vollends kann in der Sicherung vor einem aus dem Geschäft selbst möglicherweise erwachsenden Verlust kein „besonderer Vorteil" im Sinn, wie die Worte hier gemeint sind, liegen. Ganz anders lag es im Falle OLG 6, 501 (Kolmar), wo ein Gesellschafter sein freies Stimmrecht verkauft hatte, indem er sich eine Sicherheit für seinen Geschäftsanteil (den er bereits besaß) hat zusagen lassen, auf die er nach seiner eigenen Auffassung von der Geschäftslage der Gesellschaft keinen Anspruch hatte. — Zu unbestimmt auch Makower § 317 I c[2]; zu weitgehend Lehmann-Ring § 317[3]; zutreffend wird von RG in BauersZ 21, 277 entschieden, daß ein Stimmkauf darin noch nicht liegt, daß der Geschäftsführer einer Gesellschaft mbH bei seiner Anstellung sich verpflichtet, für bestimmte vorausgesehene Maßregeln zu stimmen; auffällig ist in der Begründung nur die Betonung, daß nichts dafür vorliege, daß der Geschäftsführer gegen seine bessere Einsicht gestimmt habe; darauf kann doch hier nichts ankommen. — Beide Teile, sowohl der Aktionär, welcher seine Stimme verkauft als auch der andere Teil, welcher ihm dafür besondere Vorteile gewährt oder verspricht, sind strafbar. Der Abs II, wo letzteres bestimmt ist, ist Zusatz der Novelle von 1900, der die Frage, die früher streitig gewesen ist, entscheidet. Es muß zwischen beiden Teilen zu einem Einverständnis gekommen sein. RGSt 6, 196: es ist eine erkennbare Willenseinigung, insofern ein ausdrücklich erklärtes oder aus schlüssigen Handlungen zu entnehmendes (vertragsmäßiges) Abkommen erforderlich; auf eine bestimmte zivilistische Obligationsform kommt es nicht an. Das wird in Anwendung des § 109 StGB über den Stimmkauf gesagt, paßt aber vollständig auch auf gegenwärtiges Delikt. — Zweifelhaft ist, ob es auch im Fall des Abs II zu einer Willensübereinstimmung gekommen sein muß. Die herrschende Lehre nimmt es an. Dagegen, soweit es sich um ein Versprechen handelt Makower § 317 I b. Indessen liegt darin doch wohl nur ein (strafloser) Versuch.

Darauf, wie der Aktionär abgestimmt haben würde oder ob er der Versammlung und der Abstimmung auch dann fern geblieben wäre, wenn ihm die Vorteile nicht geboten worden wären, kommt nichts an; Staub-Pinner § 317[5].

c) Der Vertrag, den der Aktionär mit dem Stimmkäufer schließt, ist nichtig. Es findet weder Klage auf Zahlung des versprochenen Vorteils noch Klage auf Rückgewähr des gewährten (§ 817 BGB) statt, letztere auch dann nicht, wenn der Aktionär gegen sein Versprechen abstimmt; RG 25, 258. Vgl. auch RGSt 6, 196; OLG 6, 503 (Kolmar) 24, 142 (KG). — Der Beschluß der Generalversammlung, der auf Grund einer gekauften Stimme zustande gekommen ist, ist nicht darum nichtig, aber anfechtbar; JW 1925, 153 (LG Oppeln).

§ 318.

Wer die Aktien eines anderen, zu dessen Vertretung er nicht befugt ist, ohne dessen Einwilligung zur Ausübung des Stimmrechts in der Generalversammlung oder zur Ausübung eines der in den §§ 254, 264, 266, 268, 271, 295, 309 bezeichneten Rechte benutzt, wird mit einer Geldstrafe von zehn bis dreißig Mark für jede der Aktien, jedoch nicht unter eintausend Mark, bestraft[1]. Die gleiche Strafe trifft denjenigen, welcher Aktien eines anderen gegen Entgelt leiht und für diese eines der vorbezeichneten Rechte ausübt, sowie denjenigen, welcher hierzu durch Verleihung der Aktien wissentlich mitwirkt[2].

1. Der § 318 umfaßt zwei verschiedene Tatbestände, die unbefugte Benutzung fremder Aktien zur Ausübung des Stimmrechts usw. und die entgeltliche Leihe und Verleihung von Aktien zum Zweck der Ausübung des Stimmrechts. Im ersten Fall ist vornehmlich — aber nicht ausschließlich — an Aktien zu denken, welche auf den Inhaber lauten. Hier ist jedermann, welcher unmittelbarer Besitzer der Aktie ist, in der Lage, durch Vorlegung der Aktie sich der Gesellschaft und Generalversammlung gegenüber zur Teilnahme an der Abstimmung und überhaupt zur Geltendmachung aller Aktionärrechte in der Generalversammlung zu legitimieren. Auf welchem Rechtsverhältnis und ob überhaupt auf einem Rechtsverhältnis der unmittelbare Besitz des Täters beruht, ist ohne Bedeutung. Praktisch ist vor allem der Fall bedeutsam, daß die Aktie verpfändet oder auch ohne Verpfändung hinterlegt, namentlich einer Bank in Verwahrung gegeben ist. S. Erl 1 f zu § 252. Der Pfandgläubiger, die Bank usw. dürfen solche Aktien zur Ausübung des Stimmrechts nur benutzen, wenn sie der Aktionär dazu ermächtigt hat. Darüber, ob das gültig auch in der Form geschehen kann, daß die Banken sich das Recht dazu in einer der zahlreichen Klauseln ihrer Geschäftsbedingungen im voraus und ganz allgemein ausbedingen und der Kunde das unterschreibt, s. Erl 1 m zu § 252. Allgemein abgelehnt wird der Gedanke Makowers § 318 III c, wonach in der Ausübung des Stimmrechts eine Verfügung über die Aktie zu eigenem Nutzen liegt im Sinne des Bankdepotgesetzes § 2. S. dagegen Simon in Festgabe für Wilke 279 ff., insbesondere 286 ff. Handelt es sich um Aktien, welche auf den Namen lauten, so ist der Gesellschaft gegenüber zur Ausübung des Stimmrechts nur der berechtigt, der im Aktienbuch als Eigentümer der Aktie verzeichnet steht. Gleichwohl macht auch er sich des Vergehens gegen § 318 schuldig, wenn er in Wahrheit der Eigentümer nicht ist und auch von diesem nicht ermächtigt worden ist, die formale Legitimation auszunutzen. Das wird man annehmen müssen, obwohl der Wortlaut der Vorschrift den Fall genau genommen nicht trifft, der mit dem Ausdruck Aktie die Urkunde bezeichnet, während der eingetragene Eigentümer einer auf den Namen lautenden Aktie zu seiner Legitimation der Aktienurkunde nicht bedarf.

Einer weiteren ausdehnenden Auslegung wird sich der § 318, obwohl er Strafgesetz ist, in dem Fall unterwerfen müssen, wo nicht Aktien, sondern nur erst Interimscheine ausgegeben worden sind.

Strafbar ist nicht die unbefugte Benutzung der Aktie zur Legitimation überhaupt, insbesondere zur Legitimation für die Teilnahme an der Generalversammlung. Der Täter muß das Stimmrecht ausüben oder in einem der anderen in § 318 aufgezählten Fälle das Recht aus der Aktie geltend machen: das Verlangen der Einberufung einer Generalversammlung § 254, das Verlangen einer Vertagung der ordentlichen Generalversammlung § 264, der Antrag auf Bestellung von Revisoren zur Prüfung der Gründung oder der Geschäftsführung § 266, das Verlangen, daß Ansprüche der Gesellschaft aus der Gründung und Geschäftsführung geltend gemacht werden § 268, die Anfechtung von Generalversammlungsbeschlüssen § 271, der Antrag auf gerichtliche Ernennung von Liquidatoren § 295, die Klage auf Nichtigkeitserklärung der Gesellschaft § 309.

Ist die Aktie ohne Einwilligung des Eigentümers benutzt worden, so ist das Delikt vollendet und die Strafbarkeit wird dadurch nicht ausgeschlossen, daß der Eigentümer nachträglich das Geschehene genehmigt.

Wer mehrere Aktien benutzt oder wer die Aktie zum Zweck mehrerer Abstimmungen benutzt, begeht nur eine strafbare Handlung, wenn es in einer und derselben Generalversammlung geschieht. Man wird dasselbe auch annehmen müssen, wenn in derselben Versammlung die Aktie auch zur Ausübung eines oder des anderen der oben aufgezählten Aktionärrechte unbefugt verwendet wird. Geschieht letzteres aber außerhalb der Generalversammlung oder fallen die mehreren Benutzungen auf verschiedene Versammlungen, dann wird nur unter besonderen Umständen eine einheitliche fortgesetzte Handlung angenommen werden können.

Strafbar ist nur die vorsätzliche Tat. Ein Irrtum des Täters, daß er zur Ausübung des Aktionärrechts befugt sei, schließt die Strafbarkeit aus, wenn es sich um einen Irrtum über seine zivil- oder handelsrechtliche Befugnis, für den Eigentümer so aufzutreten, handelt.

2. Wie der Stimmkauf — Kauf und Verkauf der Stimme — strafbar ist, so auch Miete und Vermietung der Stimme, d. h. Miete und Vermietung der Aktie und ihrer Benutzung zur Ausübung des Stimmrechts oder eines der anderen in § 318 aufgezählten Rechte, Miete, nicht Pacht, wie Makower § 318 IV a behauptet; es ist immer nur auf die Benutzung der Aktie, nicht auf den Bezug der Dividende abgesehen. Das Gesetz drückt sich etwas anders aus, indem es sich dem lässigen Sprachgebrauch des Lebens anpaßt. Es spricht von der Leihe und der Verleihung der Aktie gegen Entgelt, was genau genommen, eine contradictio in adjecto ist (BGB § 598). Es spricht nicht, wie § 317, der vom Stammkauf handelt, von besonderen Vorteilen, welche gewährt oder versprochen werden müssen, um den Tatbestand zu erfüllen, sondern einfach von Entgelt. Es ist nicht verboten und wird vielfach geübt, daß ein Aktionär seine Aktien verleiht, damit der Entleiher an Hand ihrer als Aktionär auftritt und an der Generalversammlung und den Abstimmungen teil nimmt. Nur darf es nicht gegen Entgelt geschehen. Kann gegenüber der Bestimmung des § 317 zweifelhaft sein, ob unter den besonderen Vorteilen auch andere als vermögensrechtliche Vorteile zu verstehen sind (§ 317 Erl 1 b), so ist hier gegenüber dem Ausdruck Entgelt kein Zweifel daran möglich, daß zwar jedes, auch ein geringfügiges Entgelt ausreicht, aber immer vorausgesetzt, daß es eine vermögensrechtliche Leistung ist; Lehmann-Ring § 318[6]; RG 38, 259. Auch hier sind beide Teile strafbar, Entleiher und Verleiher. Aber nur die vorsätzliche Tat ist strafbar. Es muß zur Ausübung eines der Rechte gekommen sein und der Verleiher ist nur strafbar, wenn er gewußt hat, daß es der Entleiher auf die Ausübung solcher Rechte abgesehen hat. — Eine strafbare Leihe kann auch darin liegen, daß die Parteien zum Schein einen Kauf unter Verpflichtung künftigen Rückkaufs vereinbaren; RG 38, 258.

Der Tatbestand der strafbaren Handlung wird nicht dadurch ausgeschlossen, daß die eingetragene Gesellschaft nichtig ist.

§ 319.

Die Mitglieder des Vorstandes oder die Liquidatoren sind zur Befolgung der im § 240 Abs. 1, im § 246 Abs. 1, im § 260 Abs. 2, im § 263 Abs. 1, im § 267 Abs. 1, 2, im § 272 Abs. 4, im § 299 und im § 302 Abs. 2 enthaltenen Vorschriften von dem im § 195 bezeichneten Gerichte durch Ordnungsstrafen anzuhalten. Die Höhe der Strafen bestimmt sich nach § 14 Satz 2[1].

In Betreff der im § 195 Abs. 1, im § 277 Abs. 1, im § 280 Abs. 1, im § 284 Abs. 1, im § 304 Abs. 3 sowie im § 305 Abs. 2 vorgesehenen Anmeldungen zum Handelsregister findet, soweit es sich um die Anmeldungen zum Handelsregister des Sitzes der Gesellschaft handelt, eine Verhängung von Ordnungsstrafen nach § 14 nicht statt[2 3].

1. In Abs I des § 319 wird dem Registerrichter die Befugnis verliehen und die Verpflichtung auferlegt, in einer Reihe von Fällen die gesetzlichen Vertreter der Gesellschaft, d. h. so lange als die Gesellschaft besteht, die Mitglieder des Vorstandes, nach ihrer Auflösung die Liquidatoren durch Androhung von Ordnungsstrafen zur Befolgung der gesetzlichen Vorschriften anzuhalten. Es liegt darin eine Ergänzung des § 14 HGB, wonach ganz allgemein der Registerrichter die Vertreter der Gesellschaft durch Androhung von Ordnungsstrafen anzuhalten hat, die ihnen obliegenden Anmeldungen und Einreichungen zum Handelsregister zu beschaffen. In Abs I des § 319 handelt es sich um andere Dinge, nämlich um eine Reihe von Obliegenheiten der inneren Verwaltung, der Geschäftsführung, im einzelnen um:

1. Einberufung einer Generalversammlung bei Verlust des halben Grundkapitals § 240 I.
2. Erteilung von Auskunft und Aufklärung, Gewährung der Einsicht in die Bücher auf Verlangen des Aufsichtsrats § 246 I.
3. Vorlegung der Jahresbilanz § 260 II; vgl. RJA 6, 130 (KG); eine sachliche Prüfung der Bilanz ist nicht Aufgabe des Registerrichters; HoldhMS 7, 193 (Hamburg).
4. Auslegung der Bilanz usw. vor der Generalversammlung § 263 I.
5. Gewährung der Einsicht in die Bücher und die Bestände auf Verlangen der Revisoren und Ansetzung des Prüfungsberichts auf die nächste Tagesordnung § 267 I II.
6. Die Bekanntmachung, daß eine Anfechtungsklage erhoben ist § 272 IV.
7. Die in § 299 aufgeführten Obliegenheiten der Liquidatoren. (Vgl. hierzu Makower § 319 II d, der darauf hinweist, daß wegen § 263 II gegen den Vorstand ein Zwangsverfahren nicht vorgesehen ist.)
8. Die Unterbringung der Bücher und Papiere der Gesellschaft nach Beendigung der Liquidation gemäß § 302 II.

Zuständig ist das Registergericht am Sitz der Gesellschaft. S. FGG § 132:

Sobald das Registergericht von einem sein Einschreiten nach den §§ 14, 319 und dem § 325 Nr. 9 HGB rechtfertigenden Sachverhalte glaubhafte Kenntnis erhält, hat es dem Beteiligten unter Androhung einer Ordnungsstrafe aufzugeben, innerhalb einer bestimmten Frist seiner gesetzlichen Verpflichtung nachzukommen oder die Unterlassung mittels Einspruchs gegen die Verfügung zu rechtfertigen.

Die Beschwerde gegen diese Verfügung ist unzulässig.

Wegen des weiteren Verfahrens s. §§ 133—139 FGG. Lehnt der Registerrichter ab, einzuschreiten, so dürfte darin eine Verfügung zu befinden sein, gegen welche jedem Beschwerde zusteht, dessen Recht dadurch beeinträchtigt wird; FGG § 20. Dahin dürfte in den oben aufgezählten Fällen unter 1, 3 und 4 jeder Aktionär zu rechnen sein. — Gegen Androhung und Festsetzung einer Ordnungsstrafe stehen nur dem Betroffenen selbst, namentlich nicht der Gesellschaft, Rechtsmittel zu; ZRpflB 3, 111. — Der Gedanke, in gegebenen Fällen § 319[1] auch auf Mitglieder des Aufsichtsrats entsprechend anzuwenden (Marcus in KJZ 1912, 455) ist — wohl mit Recht — allgemein abgelehnt; Josef in HoldhMS 21, 150; KGJ 42, 167.

2. In Abs II werden eine Anzahl von Ausnahmen von der allgemeinen Vorschrift des § 14 HGB bestimmt, Fälle, in denen ein Zwang des Registerrichters zur Beschaffung der Anmeldung nicht stattfinden soll, obwohl die Eintragung in das Handelsregister vorgeschrieben ist. Genau genommen sind es nur scheinbar Ausnahmen von § 14. Denn in allen diesen Fällen handelt es sich um Eintragungen, welche konstitutive Wirkung haben und die Anmeldung zur Eintragung ist nicht so sehr aus rechtspolizeilichem Gesichtspunkt der Gesellschaft zur Pflicht gemacht — insofern ist die Ausdrucksweise des Gesetzes unscharf — es ist vielmehr nur die Wirksamkeit der betreffenden Maßregel von der Eintragung abhängig gemacht. Es liegt in der Natur der Sache, daß in allen diesen Fällen die Gesellschaft bis zur Eintragung freie Hand hat, darüber zu bestimmen, ob das Beschlossene in Wirksamkeit treten soll, und insofern bestimmt der Abs II eigentlich nichts, was nicht auch ohne das gelten würde. — Die Fälle sind: Die Anmeldung der Gesellschaft selbst § 195, die Anmeldung einer Statutenänderung § 277 I, des Grundkapitalerhöhungsbeschlusses § 280 I, die Anmeldung der erfolgten Kapitalerhöhung § 284 I, die Anmeldung eines Verstaatlichungsbeschlusses § 304 III, die Anmeldung des Kapitalerhöhungsbeschlusses der aufnehmenden Gesellschaft bei einer Fusion § 305 II. — Auch die Beschlüsse gemäß § 289 I (Kapitalherabsetzung und § 310 Heilung einer nichtigen Gesellschaft durch Berichtigung oder Erzeugung des Gesellschaftsvertrages) gehören hierher. Sie werden durch die Anziehung des § 277 I mit betroffen.

3. Eine allgemeine Überwachungspflicht gegenüber Mitgliedern des Vorstandes und Liquidatoren steht dem Registerrichter nicht zu. Vgl. OLG 35, 249, Nr. 108, 250 Nr. 110; 40, 475 Nr. 105. Er hat nicht das Recht, auf Antrag des Aufsichtsrats die Liquidatoren zu veranlassen, ihre Tätigkeit zu fördern oder ihr Amt niederzulegen; RJA 6, 128 (KG). — Über nichtige Verfügungen des Registerrichters und Rechtsmittel gegen sie RJA 12, 35 (KG) und dazu Josef in LZ 1913 593 ff.: Nichtig ist die Verfügung, wenn sie sich als Ausübung einer vermeintlichen Befugnis darstellt, welche der Staat selbst sich nicht beilegt, oder wenn Voraussetzungen fehlen, welche nach der erkennbaren Absicht des Gesetzes unerläßlich sind (Bestellung von Liquidatoren ohne Antrag), oder wenn sie von einem sachlich unzuständigen Gericht ausgeht. Aber auch in diesen Fällen ist der Betroffene auf die regelmäßigen Rechtsbehelfe FGG §§ 132, 134, 139 angewiesen.

Register.

(Die Zahlen verweisen auf die Seiten.)

H

S

T

W

Z

Nachweis wichtiger Gesetzesausgaben

mit und ohne Erläuterungen, größere und kleinere Kommentare, Lehrbücher, Sammelwerke, Entscheidungs-Sammlungen, Zeitschriften

Zusammengestellt vom Verlage Walter de Gruyter & Co., Berlin
Herbst 1929

Inhaltsübersicht

I. Allgemeine Sammelwerke

Rechtsgeschichte, Rechtsphilosophie

Handwörterbuch der Rechtswissenschaft. Unter Mitberatung von Reichsgerichtspräsident Dr. E. Bumke, L. Busch, Oberreichsanwalt Dr. L. Ebermayer, Geh. Justizrat Professor Dr. Fr. Endemann, Geh. Justizrat Professor Dr. E. Heymann, Senatspräsident am Reichsgericht Dr. O. Strecker, Präsident des Bayrischen Obersten Landesgerichts Staatsrat Dr. K. v. Unzner herausgegeben von Dr. jur. Fritz **Stier-Somlo**, o. Professor an der Universität Köln, und Dr. jur. Alexander **Elster**, Berlin. 6 Bände. Lexikon-Oktav. 1926/29. In Halbleder geb. 304.—

„Es zeigt sich doch jetzt immer mehr, daß Ihr Handwörterbuch ein ganz großer Wurf war. Wie ich höre, wird es auch in der Praxis in steigendem Maße benutzt.“
Professor Dr. Nipperdey, Köln.

Hedemann, J. W., Einführung in die Rechtswissenschaft. Zweite, erweiterte und umgestaltete Auflage. Oktav. XXII, 566 Seiten. 1927. 14.—, geb. 16.—

(Lehrbücher und Grundrisse der Rechtswissenschaft Bd. IX.)

„. . . Das Buch Hedemanns, welches die Aufgabe einer Einführung am reichsten und umfassendsten auffaßt und löst . . .“ *Juristische Wochenschrift.*

Sternberg, Theodor, Einführung in die Rechtswissenschaft.

I. Teil: Methoden- und Quellenlehre. Zweite, neugestaltete Auflage. Verbesserter Neudruck. 190 Seiten. 1927. Geb. 1.50

(Sammlung Göschen Bd. 169.)

II. Teil: Das Rechtssystem. Erste Hälfte: Grundbegriffe und Privatrecht. Zweite, vermehrte Auflage. 133 Seiten. 1922. Geb. 1.50

(Sammlung Göschen Bd. 170.)

Eine in ihrer Knappheit ganz ausgezeichnete Darstellung der juristischen Begriffe und Probleme.

Schröder, R., und von Künßberg, E., Lehrbuch der deutschen Rechtsgeschichte. Sechste, verbesserte Auflage. Groß-Oktav. Mit einer Abbildung im Text, fünf Tafeln und einem Bildnis. 1124 Seiten. 1922. 26.—, in Halbleder geb. 30.—

Dieses bekannte Lehrbuch hat sich seit langen Jahren bestens bewährt.

Fehr, Hans, Deutsche Rechtsgeschichte. Zweite, verbesserte und ergänzte Auflage. Oktav. 416 Seiten. 1925. 13.—, geb. 14.50

(Lehrbücher und Grundrisse der Rechtswissenschaft Bd. X.)

Das Buch gibt eine plastische Darstellung der deutschen Rechtsgeschichte, die eine Anhäufung von Stoff ausdrücklich vermeidet, vielmehr das Schwergewicht auf eine mehr ideengeschichtliche Behandlung des Gegenstandes legt.

Schröder, Richard, und **Glitsch**, Heinrich, **Deutsche Rechtsgeschichte.** Zweite Auflage. Neudruck.

I. Bis zum Ende des Mittelalters. 160 Seiten. 1929. Geb. 1.50
(Sammlung Göschen Bd. 621.)

II. Die Neuzeit. 90 Seiten. 1929. Geb. 1.50
(Sammlung Göschen Bd. 664.)

Eine gemeinverständliche kurze Darstellung der deutschen Rechtsgeschichte.

Giese, Friedrich, **Preußische Rechtsgeschichte.** Übersicht über die Rechtsentwicklung der preußischen Monarchie und ihrer Landesteile. Ein Lehrbuch für Studierende. Groß-Oktav. 256 Seiten. 1920. 5.—, geb. 6.50

„Das Buch ist nicht ein, sondern das (bisher fehlende) Lehrbuch der preußischen Rechtsgeschichte.“ Dr. Karl Strupp im „Verwaltungsarchiv“.

von Mayr, Robert, **Römische Rechtsgeschichte.** I. Buch. Die Zeit des Volksrechtes. 1. Hälfte: Das öffentliche Recht. 150 Seiten. 1912. Geb. 1.50
(Sammlung Göschen Bd. 577.)

2. Hälfte: Das Privatrecht. 117 Seiten. 1912. Geb. 1.50
(Sammlung Göschen Bd. 578.)

II. Buch: Die Zeit des Amts- und Verkehrsrechtes. 1. Hälfte: Das öffentliche Recht. 158 Seiten. 1912. Geb. 1.50
(Sammlung Göschen Bd. 645.)

2. Hälfte: Das Privatrecht I. 122 Seiten. 1913. Geb. 1.50
(Sammlung Göschen Bd. 646.)

Das Privatrecht II. 150 Seiten. 1913. Geb. 1.50
(Sammlung Göschen Bd. 647.)

III. Buch. Die Zeit des Reichs- und Volksrechtes. 111 Seiten. 1913. Geb. 1.50
(Sammlung Göschen Bd. 648.)

IV. Buch: Die Zeit der Orientalisierung des römischen Rechtes. 155 Seiten. 1913. Geb. 1.50
(Sammlung Göschen Bd. 697.)

Stammler, Rudolf, **Lehrbuch der Rechtsphilosophie.** Dritte, vermehrte Auflage. Groß-Oktav. XVI, 396 Seiten. 1928. 13.—, geb. 15.—

„... Ein Werk aus einem Gusse, ein herbes Werk von größter wissenschaftlicher Strenge, eine Schule, durch die jeder gehen muß, der mit den rechtsphilosophischen Problemen der Gegenwart ringt.“ Schweizerische Juristenzeitung.

Stammler, Rudolf, **Rechts- und Staatstheorien der Neuzeit.** Leitsätze zu Vorlesungen. Zweite, vermehrte und verbesserte Auflage. Oktav. IV, 116 Seiten. 1925. 3.50, geb. 4.50

Ein unentbehrlicher Führer durch die Rechts- und Staatstheorien der Neuzeit.

Stammler, Rudolf, **Wirtschaft und Recht** nach der materialistischen Geschichtsauffassung. Eine sozialphilosophische Untersuchung. Fünfte, durch einen Nachtrag ergänzte Auflage. Oktav. VIII, 704 Seiten. 1924. 14.—, geb. 16.—

„Das Werk Stammlers darf den Ruhm in Anspruch nehmen, unter allen Büchern, die in der letzten Zeit auf dem hier in Betracht kommenden Gebiet erschienen sind, die stärkste Wirkung hervorgebracht zu haben. Zu einer ernsten Auseinandersetzung mit Stammler sah sich jeder genötigt, der von dem sich beständig steigernden Interesse für die Grundfragen der Jurisprudenz, der Nationalökonomie und der Geschichtswissenschaft erfüllt war." Historische Zeitschrift.

Friedrichs, Karl, **Der Allgemeine Teil des Rechts.** Eine Darstellung der gemeinsamen Lehren des öffentlichen und des privaten Rechts. Groß-Oktav. X, 306 Seiten. 1927. 12.—, geb. 13.50

„Eine solche Arbeit fehlte bisher in der juristischen Literatur. Friedrichs ist der bedeutendste Vertreter dieser Lehre. Er ist wie kein anderer berufen, eine grundlegende Arbeit über dieses Gebiet zu schreiben."
Mitteilungen des Preuß. Richtervereins.

Maas, Georg, und **Magnus,** Julius, **Abkürzungsverzeichnis der Rechtssprache.** Abkürzungen der Bezeichnungen von Rechtsquellen, Behörden, Entscheidungen usw. des deutschen und österreichischen Rechts. Oktav. IV, 140 Seiten. 1929. 4.—

„Bis jetzt fehlte eine Zusammenstellung, die in zuverlässiger Weise die gebräuchlichsten Abkürzungen wiedergab. Diese Lücke füllt das neue Buch in glücklicher Weise aus." Der junge Rechtsgelehrte.

Endemann, Friedrich, **Grundriß des römischen Privatrechts.** Oktav. X, 256 und 30 Seiten. 1925. 9.—, geb. 10.50

(Lehrbücher und Grundrisse der Rechtswissenschaft Bd. XII.)

„. . . ein nach jeder Richtung hochstehendes Werk."
Der junge Rechtsgelehrte.

Stammler, Rudolf, **Aufgaben aus dem römischen Recht.** Der „Institutionenübungen für Anfänger" vierte Auflage. Oktav. IV, 92 Seiten. 1919. Mit Figuren im Text. Geb. 5.—

Zum selbständigen Einarbeiten in das System des römischen Privatrechts.

II. Bürgerliches Recht

1. Bürgerliches Gesetzbuch

Lehmann, Heinrich, **Allgemeiner Teil des Bürgerlichen Gesetzbuches.** Dritte, vermehrte und verbesserte Auflage (9. bis 12. Tausend). Oktav. XIV, 439 Seiten. 1928. 12.—, geb. 13.50

(Lehrbücher und Grundrisse der Rechtswissenschaft Bd. I.)

„Es liegt ein großer pädagogischer Wert in diesem Buch. Es wird sich unter den Studenten rasch großer Beliebtheit erfreuen." Das Recht.

Leonhard, R., Der Allgemeine Teil des Bürgerlichen Gesetzbuches in seinem Einflusse auf die Fortentwicklung der Rechtswissenschaft. Groß-Oktav. XVI, 537 Seiten. 1900. 10.—

(Recht des Bürgerlichen Gesetzbuches in Einzeldarstellungen Nr. X.)

Die Sammlung „Recht des Bürgerlichen Gesetzbuches" umfaßt systematische Darstellungen des BGB. aus der Feder erster Juristen der Wissenschaft und Praxis.

Oertmann, Paul, Allgemeiner Teil des Bürgerlichen Gesetzbuches.

I. Einleitung. Lehre von den Personen und von den Sachen. Dritte, verbesserte Auflage. 136 Seiten. 1926. Geb. 1.50
(Sammlung Göschen Bd. 447.)

II. Erwerb und Verlust, Geltendmachung und Schutz der Rechte. Dritte, verbesserte Auflage. 147 Seiten. 1928. Geb. 1.50
(Sammlung Göschen Bd. 448.)

Nach der die Vorgeschichte des BGB. und einzelne für seine Bedeutung und Anwendung wichtige Hauptfragen behandelnden Einleitung bespricht der Verfasser die Lehre von den Personen und von den Sachen. Er verarbeitet den Inhalt der einzelnen Gesetzesparagraphen wissenschaftlich und erörtert dabei auch mehrfach Fragen, die im BGB. selbst nicht geregelt, höchstens gestreift werden.

Plancks Kommentar zum Bürgerlichen Gesetzbuch nebst Einführungsgesetz. Bisher herausgegeben von E. Strohal. Bearbeitet von E. Brodmann, L. Busch, J. Ebbecke, F. Flad, M. Greiff, K. Gunkel, P. Knoke, M. Landois, A. Lobe, Fr. Oegg, H. Siber, O. Strecker, K. von Unzner. Vierte, völlig neubearbeitete Auflage. Lexikon-Oktav.

Bisher sind erschienen:

I. Band: Allgemeiner Teil. 606 Seiten. 1913. 15.—, geb. 17.—

II. Band, 1. Hälfte: Recht der Schuldverhältnisse. (Allgemeiner Teil.) 640 Seiten. 1914. 15.—, geb. 17.—

II. Band, 2. Hälfte: Recht der Schuldverhältnisse. (Besonderer Teil.) 1296 Seiten. 1928. 49.—, geb. 52.—

III. Band: Sachenrecht. 1464 Seiten. 1920. 30.—, geb. 33.—

IV. Band: Familienrecht. 1. Hälfte §§ 1297—1588. 701 Seiten. 1928. 26.—, geb. 28.—

V. Band: Erbrecht.
Erste Lieferung: §§ 1922—1984. 192 Seiten. 1924. 6.—
Zweite Lieferung: §§ 1985—2063. 160 Seiten. 1926. 7.—

„Für jeden Praktiker, der tiefer in den Rechtsstoff eindringen muß, um die zur Entscheidung stehende Frage zu prüfen, ist Plancks Kommentar immer ein zuverlässiger Ratgeber und seine Erläuterung und Meinung von hohem Wert und Gewicht, stets sorgfältiger Beachtung wert."

Zentralblatt für freiwillige Gerichtsbarkeit.

Das Bürgerliche Gesetzbuch mit besonderer Berücksichtigung der Rechtsprechung des Reichsgerichts. Erläutert von Dr. Busch, Erler,

Dr. Lobe, Michaelis, Oegg, Schliewen und Seyffarth, Reichsgerichtsräten und Senatspräsidenten am Reichsgericht. Sechste, neubearbeitete Auflage. 5 Bände. §§ 1—2385. Lexikon-Oktav. 3182 Seiten. 1928. 125.—, in Halbleder geb. 150.— I. Band: Allgemeiner Teil. Recht der Schuldverhältnisse I. (Allgemeiner Teil.) / II. Band: Recht der Schuldverhältnisse II. (Einzelne Schuldverhältnisse.) / III. Band: Sachenrecht. / IV. Band: Familienrecht. / V. Band: Erbrecht. Alphabetisches Sachverzeichnis. Das Werk wird nur komplett abgegeben.

„Der Zivilpraxis ist wieder ihr wichtiges Hilfsmittel nach dem neuesten Stande in die Hand gegeben, welches wie kein Buch zuvor fördernd und erklärend auf die gesamte Gerichtstätigkeit eingewirkt hat. Gerade die knappe, klare Form der Rechtssätze, die Vollständigkeit der oberstrichterlichen Rechtsprechung, die objektive Darstellung hat dem Kommentar zur „glossa ordinaria" des BGB. gemacht, dessen Benutzung zur sachgemäßen Bearbeitung fast jeder Rechtssache gehört." Juristische Wochenschrift.

Achilles-Greiff, Bürgerliches Gesetzbuch nebst Einführungsgesetz. In Verbindung mit André, Meyer, Strecker, v. Unzner. Zwölfte, vermehrte und verbesserte Auflage, mit Erläuterungen der Verordnung über das Erbbaurecht, des Gesetzes über die religiöse Kindererziehung und des Gesetzes für Jugendwohlfahrt. Groß-Oktav. XVI, 1247 Seiten. 1927. Geb. 24.—

(Guttentagsche Sammlung Deutscher Reichsgesetze Bd. 38/39.)

„Das ausgezeichnete Buch, das einer weiteren Empfehlung kaum bedarf, wird seine führende Stellung unter den Handausgaben ohne Zweifel behaupten." Juristische Rundschau.

Bürgerliches Gesetzbuch nebst Einführungsgesetz. Vom 18. August 1896 mit Berücksichtigung der bis zum 1. Januar 1928 ergangenen Abänderungen. Textausgabe mit ausführlichem Sachregister. Sechzehnte Auflage. (61. bis 66. Tausend). Taschenformat. 758 Seiten. 1928. Geb. 5.—

(Guttentagsche Sammlung von Textausgaben ohne Anmerkungen mit Sachregister.)

Die vorliegende Ausgabe zeichnet sich durch Vollständtgkeit und besondere Ausführlichkeit des Sachregisters aus.

Siméon, P., Preußisches Ausführungsgesetz zum Bürgerlichen Gesetzbuch. Dritte Aufl. Taschenformat. 199 Seiten. 1914. Geb. 2.20

(Guttentagsche Sammlung Preußischer Gesetze Bd. 23.)

„Die Ausgabe beschränkt sich nach ihrer Einleitung darauf, die einzelnen Vorschriften des Ausführungsgesetzes in sich zu erläutern und ihren Zusammenhang mit dem neuen Reichsrecht wie dem früheren Landesrecht kurz klarzulegen. Das Werkchen wird sich zahlreiche Freunde erwerben." Zeitschrift für Deutsche Justizsekretäre.

v. Schwerin, Cl., Frhr., Grundzüge des deutschen Privatrechts. Zweite Auflage. Oktav. XII, 342 Seiten. 1928. 9.50, geb. 11.—

(Lehrbücher und Grundrisse der Rechtswissenschaft Bd. XIII.)

„Was dem Studenten not tut, ist ein kurzgefaßtes Handbuch. ... Ein ausgezeichnetes Hilfsmittel dieser Art ist das vorliegende Buch.“
Zeitschrift für Rechtspflege in Bayern.

Wegner, Arthur, **Jugendrecht.** Ein Lehrbuch zur Einführung. Oktav. IX, 219 Seiten. 1929. 6.—, geb. 7.50

„Ein gleichartiges und gleichwertiges Werk über das Jugendgericht gibt es noch nicht.“ Breslauer Zeitung.

Schuldverhältnisse insbesondere

Hedemann, Justus Wilh., **Schuldrecht des Bürgerlichen Gesetzbuches.** Oktav. Zweite Auflage in Bearbeitung.
(Lehrbücher und Grundrisse der Rechtswissenschaft Bd. II.)

„Die Schrift bietet die beste mir bekannte Einführung in das schwierige Recht der Schuldverhältnisse.“ Staats- und Selbstverwaltung.

Oertmann, Paul, **Schuldrecht.** (BGB. II.)
I. Allgemeine Lehren. Dritte, verbesserte Auflage. 142 Seiten. 1927. Geb. 1.50
(Sammlung Göschen Bd. 323.)
II. Die einzelnen Schuldverhältnisse. Dritte, verbesserte Auflage. 159 Seiten. 1929. Geb. 1.50
(Sammlung Göschen Bd. 324.)

„In knapper Form und gemeinverständlicher Ausdrucksweise ist ein vorzüglicher Überblick über den Stoff gegeben.“ Leipz. Zeitschrift f. deutsches Recht.

Meyer, Georg, **Das Recht der Beschlagnahme von Lohn- und Gehaltsforderungen.** Sechste Auflage. Taschenformat. 1927. Mit Nachtrag 1928. Geb. 4.50
(Guttentagsche Sammlung Deutscher Reichsgesetze Bd. 55.)

„Das Buch enthält einen Kommentar zum Lohnbeschlagnahmegesetz, der durch Gründlichkeit und Zuverlässigkeit ausgezeichnet ist. Als Anhang ist ihm eine übersichtliche Darstellung des Verfahrens der Beschlagnahme von Lohn- und Dienstbezügen beigegeben sowie eine sehr brauchbare Zusammenstellung von Behörden, denen bei der Pfändung der Dienstbezüge von Beamten als Drittschuldnern der Pfändungsbeschluß zuzustellen ist.“ Berliner Tageblatt.

Seligsohn, Franz, **Haftpflichtgesetz.** Groß-Oktav. 349 Seiten. 1920. 8.—, geb. 9.50

„Das reiche Material hat der Verfasser mit logischer Schärfe und in knapper Form bearbeitet und damit ein mustergültiges Werk geschaffen, das für die meist veralteten Kommentare zum Reichshaftpflichtgesetz einen wertvollen Ersatz bietet.“
Blätter für Rechtspflege im Bezirk des Kammergerichts.

Krieg, O., **Mietrecht und Wohnungsmangelgesetzgebung** im Reiche, in Preußen und in Berlin, einschließlich Hauszinssteuer, Kostenwesen und Rechtsentscheiden des Kammergerichts und des Obersten Landesgerichts. Zusammengestellt und mit ausführlichem Schlagwortregister versehen. Vierte Auflage. Taschenformat. XII, 594 Seiten. 1928. Geb. 10.—

(Guttentagsche Sammlung Deutscher Reichsgesetze Bd. 156.)

„Eine solche Ausgabe zu besitzen, ist wertvoll. Eine angenehme Zugabe sind die Rechtsentscheide des Kammergerichts. Diese Ausgabe verdient schon wegen ihrer Vollständigkeit besondere Beachtung. Ein vortreffliches Sachregister ist beigegeben."
Juristische Wochenschrift.

Stölzle, Hans, Viehkauf nach Bürgerlichem Gesetzbuch und ausländischem Recht. Verordnung, betreffend die Hauptmängel und Gewährfristen beim Viehhandel. Von Eugen Fröhner. Sechste, vermehrte und wesentlich verbesserte Auflage. Taschenformat. 699 Seiten. 1926. Geb. 15.—

(Guttentagsche Sammlung Deutscher Reichsgesetze Bd. 50.)

„Die neue Auflage erfüllt alle Erwartungen, die an sie geknüpft wurden. Unseres Wissens genießt der Spezialkommentar von Stölzle auch in Richterkreisen ein sehr großes Ansehen. Bei der Lektüre der vielen Gerichtsentscheidungen, die uns aus unsern Mitgliederkreisen zugestellt werden, mußten wir immer wieder die Beobachtung machen, daß eine große Anzahl von Gerichten in den Urteilsgründen auf die Ansicht von Stölzle Bezug nahm. Wer täglich über Viehkaufsfragen Auskunft geben muß, stellt mit hoher Befriedigung fest, daß der ‚Stölzle' alle Fragen dieser schwierigen Materie in klarer und erschöpfender Weise behandelt."
Allgemeine Viehhandelszeitung.

Hoffmann, J., Abzahlungsgeschäfte. Vierte Auflage, besorgt von K.-A. Crisolli. Taschenformat. Im Druck.

(Guttentagsche Sammlung Deutscher Reichsgesetze Bd. 34.)

„Jeder, der mit Abzahlungsgeschäften zu tun hat, kann sich bestens aus dem Büchlein informieren. Der Kommentar ermöglicht es auch dem Laien, sich mit allen einschlägigen Fragen vertraut zu machen. Die Bearbeitung stellt sich als durchaus sachgemäß und praktisch verwendbar dar." *Berliner Intelligenz-Blatt.*

Harnier, Ed., Sicherung der Bauforderungen. Dritte Auflage. Taschenformat. 122 Seiten. 1912. Geb. 1.50

(Guttentagsche Sammlung Deutscher Reichsgesetze Bd. 93.)

„Die vorliegende Neubearbeitung der kleinen Ausgabe des äußerst schwierigen Gesetzes findet einen weiterstreckten Interessenkreis. Nach einer äußerst klaren Einleitung, in der die langwierige Geschichte und der verwickelte Inhalt des Gesetzes in kurzen Zügen, aber mit kräftigen Strichen geschildert wird, werden seine Bestimmungen an der Hand der Gesetzesmaterialien und auf dem Boden des geltenden Rechts, unter Herstellung des Zusammenhanges mit ihm, in knappen Anmerkungen erläutert." *Mitteilungen der Handelskammer Breslau.*

Göppert, H., Gesetz, betreffend die gemeinsamen Rechte der Besitzer von Schuldverschreibungen. Zweite Auflage, bearbeitet von E. Trendelenburg. Taschenformat. 156 Seiten. 1915. Geb. 1.50

(Guttentagsche Sammlung Deutscher Reichsgesetze Bd. 52.)

Dungs, H., Sechs Haager Abkommen über internationales Privatrecht. Taschenformat. 116 Seiten. 1910. Geb. 1.50

(Guttentagsche Sammlung Deutscher Reichsgesetze Bd. 98.)

„Die diesen Abkommen vom Verfasser beigefügten Erläuterungen sind kurz und klar gefaßt und entsprechen den allgemeingültigen Anschauungen. Der Kommentar von Dungs kann allen Gerichten, Staatsanwaltschaften und diplomatischen Behörden nur angelegentlichst empfohlen werden."
Juristisches Literaturblatt.

Bogeng, G., Die Haager Abkommen über das internationale Privatrecht. Taschenformat. 173 Seiten. 1908. Geb. 2.—
(Guttentagsche Sammlung Deutscher Reichsgesetze Bd. 90.)

Sachenrecht insbesondere

Hedemann, Justus Wilh., **Sachenrecht des Bürgerlichen Gesetzbuches.** Oktav. XXXII, 507 Seiten. 1924. 12.—, geb. 13.50
(Lehrbücher und Grundrisse der Rechtswissenschaft Bd. III.)

„Ein trotz seiner Kürze ausgezeichnetes und inhaltreiches Lehrbuch, nicht nur für die Studierenden, sondern auch für ältere Juristen. Hervorzuheben ist der systematische Aufbau. Die Arbeit ist wissenschaftlich tiefgründig und doch gemeinverständlich geschrieben; auf jeder Seite bietet sie reiche Anregung rechtlicher und wirtschaftlicher Natur und wird allen Fragen der Neuzeit in vollstem Umfange gerecht." Zeitschrift des Deutschen Notarvereins.

Kretschmar, F., Sachenrecht.
I. Allgemeine Lehren. Besitz und Eigentum. Zweite, verbesserte Auflage. 142 Seiten. 1922. Geb. 1.50
(Sammlung Göschen Bd. 480.)
II. Begrenzte Rechte. 144 Seiten. 1923. Geb. 1.50
(Sammlung Göschen Bd. 481.)

Diese Bändchen bieten die Grundzüge des Sachenrechts in gedrängter und klarer Form.

Lenzen, Georg, **Das deutsche Pfandleihrecht.** Kommentar zum preußischen Pfandleihgesetz unter Berücksichtigung der außerpreußischen Gesetze. Oktav. XXVI, 266 Seiten. 1929. Geb. 20.—

„Diese zusammenfassende Darstellung ist die erste ihrer Art und sehr verdienstlich. Das Buch regt zu allerhand Fragen an." Juristische Wochenschrift.

Günther, Hermann, **Erbbaurecht.** Taschenformat. 167 Seiten. 1919. Geb. 2.—
(Guttentagsche Sammlung Deutscher Reichsgesetze Bd. 135.)

„Günther ist ausführlich, ohne weitschweifig zu sein; ausgezeichnete Vorbemerkungen geben vorzügliche Übersicht und wahren den Zusammenhang. Überall ist der bisherige Rechtszustand, der ja für absehbare Zeit seine Bedeutung behält, mit in das Bereich der Betrachtungen gezogen. Der Praxis wird das Werk von hervorragendem Nutzen sein." Beiträge zur Erläuterung des deutschen Rechts.

Arnheim, Hugo, **Grundbuchordnung.** Kommentar zur Grundbuchordnung für das Deutsche Reich nebst den für Preußen erlassenen Ausführungsbestimmungen. Zweite, völlig neubearbeitete Auflage. Lexikon-Oktav. 959 Seiten. 1913. 15.—

„Der Band weist außerordentliche Gründlichkeit, Klarheit und Übersichtlichkeit der Darstellung sowie Selbständigkeit des Urteils gegenüber der Literatur und der Rechtsprechung auf. Man kann wohl sagen, daß kaum eine Frage auftauchen wird, die nicht wenigstens berührt wäre; die bisher zutage getretenen Fragen aber sind sämtlich in der eingehendsten Weise erörtert."

Zentralblatt für freiwillige Gerichtsbarkeit.

Fischer, Otto, und **Fischer**, Norbert, **Grundbuchordnung für das Deutsche Reich** nebst den preußischen Ausführungsbestimmungen. Neunte, durchgearbeitete und ergänzte Auflage. Taschenformat. 322 Seiten. 1927. Geb. 5.—

(Guttentagsche Sammlung Deutscher Reichsgesetze Bd. 42.)

„Eine der äußerlich kleinen, inhaltlich vortrefflichen alteingeführten Handausgaben der Guttentagschen Sammlung, bei der schon die Auflagenziffer für die Brauchbarkeit in der Praxis spricht. Nach wie vor ist das vorliegende Buch ein vortrefflicher Wegweiser und Berater für den, der sich über die wichtigsten von Theorie und Praxis entwickelten Auslegungssätze kurz unterrichten will."

Juristische Wochenschrift.

Nicks, Gerhard, **Die Grundbuchpraxis.** Ein Handbuch für den täglichen Gebrauch in Grundbuchsachen. Achte Auflage. Groß-Oktav. XII, 412 Seiten. 1929. 12.—, geb. 14.—

„Das Buch soll ein kurzes Handbuch für den täglichen Gebrauch des Grundbuchrichters und anderer mit dem Grundbuchrechte befaßter Personen sein. Dieser Zweck ist in ausgezeichneter Weise erreicht. Als einen besonderen Vorzug sehe ich es an, daß die Ausführungen und Ratschläge des Verfassers überall dem Bestreben erwachsen sind, in dem Grundbuche nicht eine öde Aneinanderreihung langweiliger Vermerke, sondern ein lebendiges Ganzes zu erblicken."

Deutsche Juristenzeitung.

Friedlaender, Martin, **Hypothekenbeschaffung für Wohn- und Geschäftshäuser.** Handbuch für die Praxis der Grundstückswirtschaft. Groß-Oktav. VIII, 151 Seiten. 1929. 6.—, geb. 7.50

„Das Buch gibt einen außerordentlich praktischen Überblick über alle Fragen der Hypothekenbeschaffung. Die anschauliche Art der Zergliederung und die gründliche Darlegung des Statuts sichern dem Buch eine weite Verbreitung."

Deutsche Sparkassen-Zeitung.

Familienrecht, Erbrecht

Lehmann, Heinrich, **Familienrecht** des Bürgerlichen Gesetzbuches einschließlich Jugendfürsorgerecht. Oktav. XII, 352 Seiten. 1926. 11.—, geb. 12.50

(Lehrbücher und Grundrisse der Rechtswissenschaft Bd. IV.)

„Die Schilderung Lehmanns ist überall anregend und fesselnd. Das Werk kann allen Rechtsstudenten und Referendaren zur Anschaffung dringend empfohlen werden." *Der junge Rechtsgelehrte.*

Titze, Heinrich, **Familienrecht.** (BGB. IV.) 169 Seiten. Neudruck. 1924. Geb. 1.50

(Sammlung Göschen Bd. 305.)

Endemann, Fr., Erbrecht. Oktav. XII, 166 Seiten. 1923. 3.—, geb. 4.50
(Lehrbücher und Grundrisse der Rechtswissenschaft Bd. V.)

„Dieser Leitfaden behandelt den spröden Stoff des schwierigen Erbrechts in meisterhafter, fesselnder Darstellung.“
Zeitschrift des Bundes Deutscher Justizamtmänner.

Blume, Wilh. von, Erbrecht. (BGB. V.)
I. Einleitung. Die Grundlagen des Erbrechts. 75 Seiten. 1913. Geb. 1.50
(Sammlung Göschen Bd. 659.)
II. Die Nachlaßbeteiligten. Mit 23 Figuren. 131 Seiten. 1913. Geb. 1.50
(Sammlung Göschen Bd. 660.)

Riesenfeld, S., Die Erbenhaftung nach dem Bürgerlichen Gesetzbuch. Groß-Oktav. 2 Bände. 1916. 15.—, geb. 18.—
I. Band: Die Grundsätze der Haftung. XII, 461 Seiten.
II. Band: Das Inventar und die Mittel der Haftungsbeschränkung. VIII, 455 Seiten.

„Ein hervorragendes Werk, das in allen Teilen die vollständige Beherrschung des schwierigen Stoffes erkennen läßt und sich dabei durch klare und gemeinverständliche Darstellung auszeichnet.“ *Sächsisches Archiv für Rechtspflege.*

Aufwertung

Michaelis, Richard, Das Aufwertungsrecht nach den Aufwertungsgesetzen und nach allgemeinem bürgerlichem Rechte. Kommentar zu den Gesetzen vom 16. Juli 1925 über die Aufwertung von Hypotheken und anderen Ansprüchen und über die Ablösung öffentlicher Anleihen sowie systematische Darstellung des Aufwertungsrechts außerhalb dieser Gesetze. Zweite, gänzlich umgearbeitete Auflage des Kommentars zur Dritten Steuernotverordnung vom 14. Februar 1924 (Aufwertung). Mit einer Fristentabelle von H. Hoormann. Groß-Oktav. X, 516 Seiten. 1926. Mit Nachtrag 1927. Geb. 16.—
(de Gruyterſche Sammlung Deutscher Gesetze. Handkommentare.)

„Es handelt sich bei dem vorliegenden Werk um ein ganz erstklassiges, die gesamte Rechtslehre und Rechtsprechung lückenlos verarbeitendes Hauptwerk, das sich für jeden Aufwertungsinteressenten als unentbehrlich erweisen wird. Das Buch ist begreiflicherweise auf das Vielfache des früheren Umfangs angewachsen, geht dafür aber auch keiner der zahllosen Streitfragen aus dem Wege, sondern beantwortet sie mit größter wissenschaftlicher Vertiefung und in dem steten Bestreben einer praktischen Lösung nach den Grundsätzen der Billigkeit.“
Deutsche Allgemeine Zeitung.

Berliner, Ludwig, und Pfaffenberger, Ernst, Aufwertung von Versicherungsansprüchen mit Durchführungsbestimmungen.
I. Teil. Oktav. 235 Seiten. 1925. Geb. 6.50
(Guttentagsche Sammlung Deutscher Reichsgesetze Bd. 164.)

II. Teil: Sach- und Transportversicherung; Unfall- und Haftpflichtversicherung. Oktav. 112 Seiten. 1926. Mit Nachtrag. Geb. 3.50
(Guttentagsche Sammlung Deutscher Reichsgesetze Bd. 164 a.)

„Ein bedeutsamer Kommentar, der sowohl dem Versicherungstechniker wie dem Juristen eine Fülle von Aufklärung und Anregung bietet. Das Werk ist als eine wohlgelungene systematische Darstellung des gesamten versicherungsrechtlichen Aufwertungsgebiets anzusprechen. Alles in allem: eine wissenschaftlich und praktisch gleichermaßen auf der Höhe stehende Leistung, bei der sich Versicherungstechniker und Jurist mit Erfolg die Hand gereicht haben!"
Neumanns Zeitschrift für Versicherungswesen.

2. Handelsrecht

v. Gierke, Jul., Handelsrecht und Schiffahrtsrecht. Dritte, umgearbeitete Auflage. Oktav. Im Druck.
(Lehrbücher und Grundrisse der Rechtswissenschaft Bd. VI.)

„. . . ein außerordentlich hochstehendes, immer den neuesten Stand der Lehre und der Rechtsprechung widerspiegelndes Lehrbuch des Handelsrechts im weitesten Sinn." *Der junge Rechtsgelehrte.*

Lehmann, K., und Hoeniger, H., Lehrbuch des Handelsrechts. Dritte Auflage. Erster Halbband, enthaltend die Lehre vom Handelsstand und von den Handelsgesellschaften. Groß-Oktav. 432 Seiten. 1921. 10.—

Ein großangelegtes Lehrbuch des Handels- und Schiffahrtsrechts.

Lehmann, K., und Hoeniger, H., Deutsches Handelsrecht.
I. Einleitung. Der Kaufmann und seine Hilfspersonen. Offene Handelsgesellschaft, Kommandit- und stille Gesellschaft. 117 Seiten. 1921. Geb. 1.50
(Sammlung Göschen Bd. 457.)
II. Aktiengesellschaften, Gesellschaften mit beschränkter Haftung, eingetragene Genossenschaften. Handelsgeschäft, 126 Seiten. 1924. Geb. 1.50
(Sammlung Göschen Bd. 458.)

Eine gemeinverständliche Darstellung in gedrängter Form.

Hein, Joh., Die Zusammenhänge zwischen Steuerrecht und Handelsrecht und ihre Entwicklung, untersucht an dem Gewinn und an der Bewertung. Eine bilanzrechtliche und bilanzkritische Darstellung mit praktischen Beispielen. Groß-Oktav. X, 280 Seiten. 1928. 10.—, geb. 12.—

„Das Buch führt in klarer Gestaltung in die Probleme des Bilanzrechts ein. Eine übersichtliche Gliederung ermöglicht dem Kaufmann wie dem Juristen eine schnelle und doch gründliche Einführung in das ihn interessierende Gebiet. Ein eingehendes Sachregister leistet dabei gute Hilfe. Darüber hinaus stellt das Buch eine wesentliche Förderung für die dringend notwendige wissenschaftliche Behandlung des Steuerbilanzrechts und seiner Zusammenhänge mit den verwandten Rechtsmaterien dar." *Zeitschrift für Handelsrecht.*

Veröffentlichungen der Vereinigung der Handelsrechtslehrer deutscher Hochschulen.

Bericht über die erste Tagung der Vereinigung in Berlin am 7. und 8. März 1927 (Senatssaal der Universität). Mit Beiträgen von **Ernst Heymann, Hans Wüstendörfer, Otto Schreiber** und **Arthur Nußbaum.** Oktav. 65 Seiten. 1928. 5.—

Das Handelsrecht zeigt heute unter den privatrechtlichen Materien die meisten wissenschaftlichen und gesetzgeberischen Probleme und entwickelt am meisten Initiative. Unter diesen Verhältnissen werden sich die Veröffentlichungen der Vereinigung der Handelsrechtslehrer deutscher Hochschulen als besonders fruchtbar und förderlich erweisen.

Staubs Kommentar zum Handelsgesetzbuch. Zwölfte und dreizehnte Auflage. Bearbeitet von Heinrich Koenige, Albert Pinner, Felix Bondi. Vier Bände und ein Registerband. Groß-Oktav. 4000 Seiten. 1927.
Zusammen 157.—, in Halbleder 183.60

„Der Staubsche Kommentar ist das klassische Hilfswerk zum Deutschen Handelsgesetzbuch und für die Beurteilung der zahlreichen schwierigen Fragen dieses Gesetzes maßgebend geworden; es stellt ein unentbehrliches Mittel zur Erfassung und zur Anwendung des Gesetzes dar." Frankfurter Zeitung.

Mosse, Albert, und **Heymann,** Ernst, **Handelsgesetzbuch** (ohne Seerecht). Mit den ergänzenden Vorschriften des Bürgerlichen Gesetzbuchs und einem Anhang, enthaltend das Einführungsgesetz, das Depotgesetz, die Bestimmungen über Börsentermin- und Differenzgeschäfte u. a. Nebst Erläuterungen. Im Anschluß an die Textausgabe von F. Litthauer. Siebzehnte Auflage. Unter Mitwirkung von Karl August Crisolli. Oktav. VIII, 693 Seiten. 1926.
Geb. 14.—
(Guttentagsche Sammlung Deutscher Reichsgesetze Bd. 4.)

„Die Litthauer-Mossesche Ausgabe des Handelsgesetzbuches hat bei allen Praktikern seit langem den wohlbegründeten Ruf größter Zuverlässigkeit und übersichtlicher Anordnung, die mit möglichster Knappheit des Ausdrucks gepaart sind. Das Buch ist ein zuverlässiger Führer durch das immer schwieriger werdende Gebiet des Handelsrechts." Vossische Zeitung.

Handelsgesetzbuch nebst Einführungsgesetz und Seerecht. Elfte Auflage. 381 Seiten. 1924. Geb. 2.60
(Guttentagsche Sammlung von Textausgaben ohne Anmerkungen.)

Die handliche Ausgabe enthält den genauen Gesetzestext mit einem das Zurechtfinden sehr erleichternden Sachregister.

Baum, G., **Das vertragliche Wettbewerbsverbot** (Konkurrenzklausel). Nebst Kommentar zum Gesetze vom 10. Juni 1914. Taschenformat. XII, 231 Seiten. 1914. Geb. 3.—
(Guttentagsche Sammlung Deutscher Reichsgesetze Bd. 115.)

Gesellschaften

Brodmann, Erich, **Aktienrecht.** Kommentar. Groß-Oktav. XII, 580 Seiten. 1928. 28.—, geb. 30.—
(Gewerbe- und Industrie-Kommentar Bd. IV.)

„Mit unvergleichlichem Geschick hat der Verfasser Großartiges geleistet — Brodmann ist Trumpf!" *Zeitschrift für Aktiengesellschaften.*

Solmssen, Georg, **Probleme des Aktienrechts** unter besonderer Berücksichtigung ihrer Entwicklung in den Vereinigten Staaten von Amerika. Zweite Auflage. Oktav. I, 127 Seiten. 1928. 2.50

„Sämtliche Momente, die bei der Prüfung der Frage, ob und inwieweit das geltende deutsche Aktienrecht änderungsbedürftig ist, haben eine eingehende und umfassende Erörterung gefunden. Allen, die sich mit dieser recht heiklen Frage befassen, kann die Anschaffung des Werkes wärmstens empfohlen werden." *Badische Wirtschafts-Zeitung.*

Hachenburg, Max, **Kommentar zum Gesetz, betr. die Gesellschaften mit beschränkter Haftung.** (Früher **Staub-Hachenburg.**) Fünfte Auflage unter Mitarbeit von Fritz Bing und Walter Schmidt. 2 Bände. 43.—, geb. 47.—
I. Band: §§ 1—34. Groß-Oktav. VI, 527 Seiten. 1926.
II. Band: §§ 35—84. Groß-Oktav. II, 452 Seiten. 1927.

„Was Hachenburg in seinen Neubearbeitungen aus diesem Buche gemacht hat, ist erstaunlich. Sein reiches juristisches Wissen, sein überlegener und kritischer Verstand, seine vorzügliche Gestaltungskraft und seine nur wenigen Juristen eigene vielseitige Auslegungskunst haben etwas Großes, Unvergleichliches geschaffen. Man findet selten ein literarisches Werk, in welchem Rechtsgelehrsamkeit und praktisches Können vereint einem Spezialgesetz so zugute kamen wie hier." *Zeitschrift für Aktiengesellschaften.*

Brodmann, Erich, **Gesetz, betr. die Gesellschaften mit beschränkter Haftung.** Kommentar. Groß-Oktav. VIII, 315 Seiten. 1924.
(Gewerbe- und Industrie-Kommentar Bd. I.) 16.—, geb. 18.—

„Übersichtliche, klare Anordnung der Erläuterungen, tiefes Eindringen in die Einzelheiten des Gesetzes unter steter Berücksichtigung des Wirtschaftslebens, erschöpfende Wiedergabe der Rechtsprechung, namentlich des Reichsgerichts, sind die besonderen Vorzüge des Werkes, das damit ebenbürtig neben die anderen Reichsgerichtskommentare tritt und mit ihnen unentbehrliches Rüstzeug für Richter und Anwälte werden wird." *Badische Rechtspraxis.*

Parisius, Ludolf, und **Crüger,** Hans, **Das Reichsgesetz, betr. die Gesellschaften mit beschränkter Haftung.** Textausgabe mit Anmerkungen und Sachregister. Achtzehnte Auflage, bearbeitet von Adolf Crecelius und Fritz Citron. Taschenformat. 244 Seiten. 1929. Geb. 3.50
(Guttentagsche Sammlung Deutscher Reichsgesetze Bd. 32.)

„Die äußerst sachkundig erläuterte Ausgabe des Gesetzes, betreffend die Gesellschaften mit beschränkter Haftung, wird von den interessierten Kreisen freudig begrüßt werden. Wir können das Bändchen der bekannten Guttentagschen Sammlung bestens empfehlen." *Badische Wirtschafts-Zeitung.*

Klumpp, Hermann, **Beiträge zur Rechtsstellung der Geschäftsführer einer G. m. b. H. nach deutschem und französischem Recht.** Oktav. XVI, 180 Seiten. 1928. 6.—

Im G.m.b.H.-Recht hat die Stellung des Geschäftsführers besondere Bedeutung. Die vorliegende Arbeit, die unter Auswertung der umfangreichen Literatur eine eingehende Untersuchung dieser so wichtigen Frage nach deutschem und französischem Recht darstellt, wird in juristischen und geschäftlichen Kreisen Interesse finden.

Starke, Arthur, **Offene Handelsgesellschaften, Kommanditgesellschaften und stille Gesellschaften** von der Errichtung bis zur Auflösung. Nebst Vertrags- und Anmeldeformularen und mit Berücksichtigung des Steuerrechts. Oktav. XIV, 167 Seiten. 1928. 5.—

Eine systematische Darstellung für Studium und Praxis.

Wechselordnung und Scheckrecht

Staubs Kommentar zur Wechselordnung. Fortgesetzt von J. Stranz und M. Stranz. Zwölfte Auflage, bearbeitet von M. Stranz und Martin Stranz. Groß-Oktav. 432 Seiten. 1929. 16.—, geb. 18.—

„Zwei Namen klingen ans Ohr, die der deutschen Juristenwelt unvergeßlich sind, Hermann Staub und Josef Stranz. Was soll man mehr sagen? Staub-Stranz ist der Kommentar zur Wechselordnung. Auch die jüngste Auflage des Kommentars gibt einen echten Staub-Stranz. Weiterer Kommentar dazu ist überflüssig." Juristische Wochenschrift.

Stranz, J., und **Stranz,** M., **Wechselordnung** vom 3. Juni 1908. Kommentar. Zwölfte Auflage von M. und M. Stranz. Taschenformat. VIII, 396 Seiten. 1923. Mit Nachtrag 1926. Geb. 3.50
(Guttentagsche Sammlung Deutscher Reichsgesetze Bd. 5.)

„Die neue Ausgabe der Wechselordnung mit ihrem äußerst nützlichen, guten Kommentar ist sehr zu empfehlen. Erfreulicherweise enthält das Bändchen auch die Bestimmungen der Zivilprozeßordnung über Urkunden- und Wechselprozesse im Anhang." Badische Wirtschaftszeitung.

Wechselordnung in der Fassung der Bekanntmachung vom 3. Juni 1908 (RGBl. S. 326ff.). Mit einem Anhang, enthaltend den Wechselprozeß und Nebengesetze. Textausgabe mit Einleitung und Sachregister. Taschenformat. 102 Seiten. 1928. Geb. 1.50
(Guttentagsche Sammlung von Textausgaben ohne Anmerkungen.)

Vorteilhafte Anordnung, ein zuverlässiges Sachregister, das das Gesetz erschließt, Handlichkeit und sauberer Druck zeichnen auch die neue Auflage der Wechselordnung aus, deren Einleitung den letzten Stand dieser Materie erfaßt und deren Anhang „Nebengesetze" bis auf die letzte Zeit ergänzt ist.

Michaelis, Richard, **Scheckgesetz** mit allen einschlägigen Nebengesetzen, den ausländischen Gesetzen und dem Deutschen Postscheckgesetz mit Postscheckordnung. Kommentar. Groß-Oktav. VII, 339 Seiten. 1927. 16.—, geb. 18.—
(Gewerbe- und Industrie-Kommentar Bd. II.)

„Die vielen umfangreichen, den einzelnen Bestimmungen des Scheckgesetzes angefügten Bemerkungen behandeln die schwierige Materie in so tiefgründiger Weise, daß man in allen sich ergebenden Zweifelsfragen einer erschöpfenden Aufklärung gewiß sein darf. Es darf ferner nicht unerwähnt bleiben, daß das Buch nicht nur für den Gebrauch für den Juristen überaus geeignet erscheint, sondern auch infolge seiner klaren und allgemeinverständlichen Ausdrucksweise ein wertvolles Hilfsmittel für die Kreise des Gewerbes und der Industrie darstellt. Wir glauben deshalb nicht fehlzugehen, wenn wir dem ausgezeichneten Werke großen Erfolg voraussagen." *Blätter für Genossenschaftswesen.*

Schiffahrtsrecht

Schaps, Georg, Das deutsche Seerecht nebst Erläuterungen zu den seerechtlichen Nebengesetzen. Nach dem Tode des Verfassers fertiggestellt von Max Mittelstein und Julius Sebba. Zweite, vollständig umgearbeitete Auflage.

I. Band. (Handelsgesetzbuch: Viertes Buch.) Groß-Oktav. In Vorbereitung.

II. Band. (Seerechtliche Nebengesetze. Bearbeitet von J. Sebba.) Im Druck.

„Die alte, auf der Staubschen Kommentierungsmethode beruhende Auflage erfreute sich mit Recht schon großen Ansehens. In diesen bewährten Bahnen leistet die zweite Auflage an Vollständigkeit, Übersichtlichkeit und Genauigkeit das Höchste, was Wissenschaft und Praxis nur wünschen können."
Juristische Wochenschrift.

Brandis, Otto, Das deutsche Seerecht (mit Ausschluß des Seeversicherungsrechts.) I. Allgem. Lehren: Personen und Sachen des Seerechts. 130 Seiten. 1908. II. Die einzelnen seerechtlichen Schuldverhältnisse: Verträge des Seerechts und außervertragliche Haftung. 156 Seiten. 1908. Geb. 1.50
(Sammlung Göschen Bd. 386/87.)

Knitschky, W. E., Die Seegesetzgebung. Fünfte Auflage, bearbeitet von O. Rudorff. XXIV, 1024 Seiten. 1913. Vergriffen.
(Guttentagsche Sammlung Deutscher Reichsgesetze Bd. 19.)

Sieveking, Gustav, Das deutsche Seeversicherungsrecht. Kommentar zum zehnten Abschnitt des vierten Buches des Handelsgesetzbuches. Lexikon-Oktav. 218 Seiten. 1912. 5.—, geb. 6.80

„Der Kommentar ruht auf einer vortrefflichen Grundlage und zeigt sich auch in seinem Inhalte dieser Grundlage durchaus würdig. Er ersetzt ein Lehrbuch und kann daher auch zur Einführung in das Seeversicherungsrecht empfohlen werden."
Leipziger Zeitschrift für deutsches Recht.

Ritter, Carl, Das Recht der Seeversicherung. Ein Kommentar zu den Allgemeinen Deutschen Seeversicherungsbedingungen. Groß-Oktav. 2 Bände. 1494 Seiten. 1924. Geb. 100.—
(Friederichsen, de Gruyter & Co., m. b. H., Hamburg.)

Allgemeine Deutsche Seeversicherungs-Bedingungen. Im Jahre 1919 herausgegeben von den deutschen Seeversicherern nach Beratung mit

deutschen Handelskammern und Fachverbänden unter Vorsitz der Handelskammer Hamburg. 16.—20. Tausend. 50 Seiten. 1925. 2.—
(Friederichsen, de Gruyter & Co., m. b. H., Hamburg.)

General Rules of Marine. Insurance 1919 adopted by the German Underwriters. Authorind Translation by Dr. Alfred Sieveking, larger in Hamburg. 64 Seiten. 1920. 3.—
(Friederichsen, de Gruyter & Co., m. b. H., Hamburg.)

Materialien zu den Allgemeinen Deutschen Seeversicherungs-Bedingungen. Im Auftrag der vereinigten Handelskammern herausgegeben von Prof. Dr. E. Bruck. Groß-Oktav. 2 Bände. 678 Seiten. 1920. 10.—
(Friederichsen, de Gruyter & Co., m. b. H., Hamburg.)

Makower, H., Gesetze, betreffend die privatrechtlichen Verhältnisse der Binnenschiffahrt und der Flößerei. Nach den Materialien erläutert. Sechste, vermehrte Auflage, bearbeitet von E. Loewe. Taschenformat. 458 Seiten. 1923. Geb. 4.—
(Guttentagsche Sammlung Deutscher Reichsgesetze Bd. 36.)

„Das vorzüglich bearbeitete Buch dürfte mit seinen klaren und verständlichen Erläuterungen für jeden, der in irgendeiner Weise mit der Binnenschiffahrt und der Flößerei zu tun hat, ein nie versagender Ratgeber sein.“ Schiffbau.

Sebba, Jul., Seewasserstraßenordnung. (Polizeiverordnung zur Regelung des Verkehrs auf den deutschen Seewasserstraßen vom 31. März 1927.) Taschenformat. 493 Seiten. 1928. Geb. 8.50
(Guttentagsche Sammlung Deutscher Reichsgesetze Nr. 171.)

Die vorliegende Ausgabe ist für die an dem neuen Gesetz interessierten beiden Fachgruppen, die der Nautiker und der Juristen, von gleich großer Bedeutung. Diese Verbindung zweier Kenntnisgebiete gibt dem vorliegenden Kommentar seine besondere Note und seinen großen Wert für sämtliche interessierten Kreise.

Bene, F., Der Begriff des Versicherungsfalles in der Seeversicherung. (Hamburger Rechtsstudien, herausgegeben von Mitgliedern der Rechts- und Staatswissenschaftlichen Fakultät der Hamburgischen Universität, Heft 1.) Groß-Oktav. 75 Seiten. 1928. 4.50
(Friederichsen, de Gruyter & Co., m. b. H., Hamburg.)

Elkan, H. H., Die Bedeutung des Interesses für die Veräußerung der versicherten Sache. (Hamburger Rechtsstudien, herausgegeben von Mitgliedern der Rechts- und Staatswissenschaftlichen Fakultät der Hamburgischen Universität, Heft 2.) Oktav. 58 Seiten. 1928. 4.—
(Friederichsen, de Gruyter & Co., m. b. H., Hamburg.)

Genossenschaften

Parisius, Ludolf, **Crüger**, Hans, **Crecelius**, Adolf, und **Citron**, Fritz, **Reichsgesetz, betreffend die Erwerbs- und Wirtschaftsgenossenschaften.** Kommentar zum praktischen Gebrauch für Juristen und Genossenschaften. Elfte, neubearbeitete Auflage. Groß-Oktav. XV, 598 Seiten. 1928. 28.—, geb. 30.—

„Crüger beherrscht wie kein anderer Theorie und Praxis des Genossenschaftswesens, auch nach der wissenschaftlichen Seite hin." Juristische Wochenschrift.

Parisius, Ludolf, und Crüger, Hans, Das Reichsgesetz, betreffend die Erwerbs- und Wirtschaftsgenossenschaften. Textausgabe mit Anmerkungen und Sachregister. Neunzehnte, neubearbeitete Auflage von Hans Crüger, Adolf Crecelius und Fritz Citron. Taschenformat. 299 Seiten. 1928. Geb. 4.—

(Guttentagsche Sammlung Deutscher Reichsgesetze Bd. 29.)

„Der Ruf der Verfasser als ausgezeichnete Kenner dieses schwierigen Rechtsgebietes und nicht weniger die vielen Vorzüge ihres Werkes, in dem auf möglichst beschränktem Raum unter stetem Eingehen auf Rechtsprechung und Literatur das Recht der Genossenschaften musterhaft erläutert wird, haben es zu der verbreitetsten Ausgabe des Gesetzes gemacht, zu der wohl jeder Jurist greift, wenn er sich schnell über eine Frage aus diesem Gebiet unterrichten will."

Kölnische Zeitung.

Verschiedenes

Schreiber, Otto, Handelsrechtliche Nebengesetze. Taschenformat. VIII, 1002 Seiten. 1926. Geb. 14.—

(Guttentagsche Sammlung Deutscher Reichsgesetze Bd. 162.)

„Die Sammlung ist ein unentbehrliches Hilfsmittel für den Praktiker. Die Zusammenstellung ist sehr zuverlässig; auch das Sachregister von Kleffel verdient volle Anerkennung. Druck und Ausstattung des Buches sind ausgezeichnet."

Zentralblatt für Handelsrecht.

Staffel, W., Verordnung gegen Mißbrauch wirtschaftlicher Machtstellungen vom 2. November 1923. Kommentar. Oktav. 108 Seiten. 1927. Geb. 3.50

(Guttentagsche Sammlung Deutscher Reichsgesetze Bd. 167.)

„Die für das Wirtschaftsrecht so wichtige Kartellverordnung findet hier eine eingehende Kommentierung aus der Feder eines in diese Fragen tief eingedrungenen Mitgliedes des höchsten Gerichtshofs. Die Erläuterungen werden daher um so unentbehrlicher für die wirtschaftliche Praxis auf diesem Gebiete sein."

Industrie- und Handelszeitung.

Lusensky, F., Gesetz über die Handelskammern. Zweite Auflage. Taschenformat. 278 Seiten. 1909. Vergriffen.

(Guttentagsche Sammlung Preußischer Gesetze Bd. 21.)

„Das Buch ist ein vortrefflicher Berater aller derer, die in der Handelskammerorganisation sind oder zu ihr in Beziehung stehen. Der erste Teil gibt einen geschichtlichen Überblick über die Entwicklung der preußischen Handelskammern, Entstehungsgeschichte und Inhalt des Handelskammergesetzes. Den zweiten Teil bildet der Kommentar zum Gesetze, in dem der Verfasser die einzelnen Bestimmungen in ihrer Bedeutung und praktischen Tragweite eingehend erörtert und daneben auch auf andere für das Handelskammerwesen wichtige gesetzliche Materien eingeht. Das Buch kann warm empfohlen werden."

Zeitschrift für Polizei- und Verwaltungsbeamte.

Bank und Börse

Koch, R., und Schacht, Hjalmar, Die Reichsgesetzgebung über das Münz- und Notenbankwesen. Textausgabe mit Anmerkungen und Sachregister. Siebente, völlig neubearbeitete Auflage. Taschenformat. XVIII, 617 Seiten. 1925. Geb. 14.—

(Guttentagsche Sammlung Deutscher Reichsgesetze Bd. 26.)

„Dieser Kommentar zeichnet sich durch Vollständigkeit und Reichhaltigkeit des gesetzgeberischen und sonstigen Materials, durch Bestimmtheit und Klarheit der Erläuterungen aus und bietet außerdem in der Einleitung einen vortrefflichen Überblick über die Entwicklung des deutschen Noten- und Geldwesens während der letzten Jahrzehnte.“ Monatsschrift für Handelsrecht und Bankwesen.

Nußbaum, Arthur, Bank- und Börsenrecht. Eine Sammlung von Gesetzen und Geschäftsbedingungen. Taschenformat. XII, 622 Seiten. 1927. Geb. 11.—

(Guttentagsche Sammlung Deutscher Reichsgesetze Bd. 169.)

Die vorliegende Sammlung der verstreuten bank- und börsenrechtlichen Vorschriften fehlte bisher in der kaufmännischen und juristischen Bankpraxis ebenso wie im handelsrechtlichen und betriebswirtschaftlichen Unterricht. Ihr Erscheinen wurde daher vielseitig begrüßt. Die Sammlung berücksichtigt auch die dem freien Verkehr entstammenden Rechtsbildungen.

Kommentar zum Börsengesetz. Im Auftrage des Centralverbandes des Deutschen Bank- und Bankiersgewerbes (E. V.) bearbeitet von H. Rehm, H. Trumpler, Heinrich Dove, Ernst Neukamp, R. Schmidt-Ernsthausen, James Breit. Mit einem Vorwort von J. Rießer. Lexikon-Oktav. VIII, 464 Seiten. 1909. 12.—, geb. 13.50

„Einen so guten Kommentar zum Börsengesetze hat es noch nie gegeben. Wer sich darein vertieft, wird reiche Belehrung daraus schöpfen über das Börsenwesen im allgemeinen und über seine Rechtsübung und Rechtsprechung im besonderen.“ Sächsisches Archiv für Rechtspflege.

Hemptenmacher, Th., Börsengesetz. Dritte Auflage von O. Meyer. Taschenformat. XXIII, 373 Seiten. 1915. Geb. 3.50

(Guttentagsche Sammlung Deutscher Reichsgesetze Bd. 41.)

„Das Bändchen bringt neben einem kurzen Überblick und einem vorteilhaft erweiterten Anhang das Börsengesetz nebst Ausführungsbestimmungen. Die einzelnen Paragraphen sind sehr ausgiebig und in gemeinverständlicher Weise kommentiert. Alles in allem schließt sich auch dieses Bändchen wieder den übrigen Textausgaben der wegen ihrer unbedingten und erschöpfenden Sachlichkeit bekannten Guttentagschen Sammlung Deutscher Reichsgesetze würdig an.“ Bayrische Handelszeitung.

Lusensky, F., Gesetz, betreffend die Pflichten der Kaufleute bei Aufbewahrung fremder Wertpapiere (Depotgesetz). Dritte Auflage. Taschenformat. 113 Seiten. 1916. Mit Nachtrag 1925.

(Guttentagsche Sammlung Deutscher Reichsgesetze Bd. 40.) Vergriffen.

„Die beste Bearbeitung des sogenannten Depotgesetzes. Zeitschrift für Aktiengesellschaften.

Frohner, G., Aktiensonderdepot und Legitimationsübertragung. (Hamburger Rechtsstudien, herausgegeben von Mitgliedern der Rechts- und Staatswissenschaftlichen Fakultät der Hamburgischen Universität, Heft 3.) Groß-Oktav. VII, 114 Seiten. 1929. 7.—
(Friederichsen, de Gruyter & Co., m. b. H., Hamburg.)

Schwerin, Frh. Cl. von, Recht der Wertpapiere (einschließlich Wechsel- und Scheckverkehr). Oktav. X, 234 Seiten. 1924. 7.—, geb. 8.50
(Lehrbücher und Grundrisse der Rechtswissenschaft Bd. 7.)

„Das Buch löst seine Aufgabe, den Studierenden eine Einführung in die Materie des Wertpapierrechts zu geben, ausgezeichnet, vor allem deshalb, weil es eine gute theoretische Fundierung mit einer dem Lehrzweck entsprechenden Darstellung des praktischen Rechts und der Rechtstatsachen verbindet."
Deutsche Juristenzeitung.

Bank-Archiv. Zeitschrift für Bank- und Börsenwesen. Unter Mitwirkung von hervorragenden Fachmännern herausgegeben von Geh. Justizrat Prof. Dr. Rießer, Berlin. Schriftleitung: Rechtsanwalt Otto Bernstein, geschäftsführendes Mitglied des Centralverbands des Deutschen Bank- und Bankiergewerbes. Quart. Jährlich 24 Nummern. XXVIII. Jahrgang. 1929/30. Pro Halbjahr 12.—

„Ein von sachverständigen Mitarbeitern unterstütztes Organ, das in der glücklichen Vermischung von wissenschaftlichen Aufsätzen mit Mitteilungen aus der bankmännischen und gerichtlichen Praxis einen Berater von exzeptionellem Werte bildet." *Frankfurter Zeitung.*

Zeitgemäße Bankrechtsfragen. Festgabe der Rechtsabteilung der Disconto-Gesellschaft zum 70. Geburtstage des Herrn Dr. jur. Arthur Salomonsohn. Quart. 126 Seiten. 1929.
8.—, geb. 10.—

Inhalt: Zwingende Vorschriften im Aktienrecht. Von Dr. jur. Walter Hartmann. — Londoner Vorkriegsdepots. Von Rechtsanwalt Dr. jur. Hans-Alfons Simon. — Zweitstellige Pfand- und Sicherungsrechte. Von Rechtsanwalt Wilhelm Schütz. — Dotations-Konten (Pfändung und Aufwertung). Von Rechtsanwalt Erich Kraetke. — Das Avis als Verpflichtungsgrund. Von Rechtsanwalt Curt Paechter. — Wirtschaftliche Bedeutung und steuerliche Auswirkung des Steuermilderungsgesetzes bei Betriebszusammenschlüssen. Von Regierungsrat a. D. Dr. Hans Paschke. — Kreditsicherung durch Begründung von Miteigentum. Von Rechtsanwalt Dr. jur. Günther Schirdewahn. — Schutz des Geschäftsverkehrs gegen unbekannte Verfügungsbeschränkungen. Von Gerichtsassessor Dr. jur. Hans-Herbert Wimmer.

Verhandlungen des VII. allgemeinen Deutschen Bankiertages. Köln 9.—11. September 1928 auf Grund stenographischer Berichte. Groß-Oktav. 436 Seiten. 10.—

III. Grenzgebiete des Bürgerlichen Rechts

1. Privat- und Sozialversicherung

Koenige, Heinrich, und **Petersen, A., Gesetz über die privaten Versicherungsunternehmungen** vom 12. Mai 1901. Textausgabe mit Anmerkungen und Sachregister. Dritte, umgearbeitete Auflage. Taschenformat. 856 Seiten. 1927. Geb. 20.—
(Guttentagsche Sammlung Deutscher Reichsgesetze Bd. 62.)

„Der Verfasser hat es meisterhaft verstanden, reiche Literatur und Judikatur zu dem wichtigen Grundgesetz der Privatversicherung mit seiner eigenen selbständigen Auffassung von der Bedeutung der Gesetzesbestimmungen in Verbindung zu bringen. Für Theorie und Praxis der Privatversicherung wird das Werk dadurch zu einem unentbehrlichen Hilfsmittel." Deutsche Versicherten-Zeitung.

Bruck, E., Reichsgesetz über den Versicherungsvertrag nebst dem zugehörigen Einführungsgesetz vom 30. Mai 1908. Sechste, vollkommen neubearbeitete Auflage. Taschenformat. 708 Seiten. 1929. Geb. 14.—
(Guttentagsche Sammlung Deutscher Reichsgesetze Bd. 83.)

„Die Vorzüge, welche die früheren Auflagen schon zeigten, die Fülle des Gebotenen, die Beherrschung des Stoffes, die anschauliche und doch knappe Sprache, und dies alles in dem engen Rahmen einer Textausgabe, kleinen Handausgabe mit Anmerkungen, sind auch dieser Auflage in hohem Maße eigen."
Mitteilungen für die öffentlichen Feuerversicherungs-Anstalten.

Moldenhauer, Paul, Das Versicherungswesen.

I. Allgemeine Versicherungslehre. Vierte Auflage. 152 Seiten. 1925. Geb. 1.50
(Sammlung Göschen Bd. 262.)

II. Die einzelnen Versicherungszweige. Zweite Auflage. 130 Seiten. 1923. Geb. 1.50
(Sammlung Göschen Bd. 636.)

„Das Buch ist für jeden, der sich mit dem Versicherungswesen und seinen Zweigen vertraut machen will, auch für den Versicherungsmann als Einführung in die eine oder die andere Materie, die nicht zu seinem unmittelbaren Arbeitsgebiet gehört, ein trefflicher Führer, da es über die technische, wirtschaftliche und organisatorische Grundlage der behandelten Zweige gründlich informiert."
Versicherungspost.

Veröffentlichungen des Reichs-Aufsichtsamts für Privatversicherung. Groß-Oktav. Jahrg. 1—2, je 2.50. Jahrg. 3—16, je 6.—. Jahrg. 17—21, je 7.50. Jahrg. 22, 15.—. Jahrg. 23, 18.—. Jahrg. 24, 21.—. Jahrg. 25, 50.—. Jahrg. 26, 51.50.— Jahrg. 27, Heft 1—3, 28.—. Jahrg. 28, Heft 1, 6.—.

Versicherungsstatistik für 1902 über die unter Reichsaufsicht stehenden Unternehmungen. Herausgegeben vom Reichsaufsichtsamt für Privatversicherung. Lexikon-Oktav. LXXVII, 384 Seiten. 1905. 10.—

— für 1903 bis 1917. Je Jahrgang 10.—

Berliner, Ludwig, und **Pfaffenberger,** Ernst, **Aufwertung von Versicherungsansprüchen** mit Durchführungsbestimmungen.
I. Teil. Oktav. 235 Seiten. 1926. Mit Nachtrag. Geb. 6.50
(Guttentagsche Sammlung Deutscher Reichsgesetze Bd. 164.)
II. Teil: Sach- und Transportversicherung; Unfall- und Haftpflichtversicherung. Oktav. 112 Seiten. 1926. Geb. 3.50
(Guttentagsche Sammlung Deutscher Reichsgesetze Bd. 164a.)

„Das Werk ist ein bedeutsamer Kommentar, durch den die gesetzlichen Bestimmungen von der juristischen und versicherungstechnischen Seite aus eingehend erläutert werden. In seinem straffen, systematischen Aufbau, der Geschlossenheit der Darstellung muß man das Buch als ein Standardwerk für das gesamte versicherungsrechtliche Aufwertungsgebiet bezeichnen.
Quellenangaben, sorgfältige Zitierungen, Stichwortverzeichnis erhöhen den praktischen Wert und machen es zum unentbehrlichen Ratgeber in allen interessierten Kreisen." *Versicherungs-Post, Berlin.*

Lippmann, Karl, **Die Reichsversicherungsordnung** in der Fassung der Bekanntmachung vom 15. Dezember 1924 und des Gesetzes über das Reichsschiedsamt vom 22. Januar 1925 nebst dem Einführungsgesetze, den wichtigsten Ausführungsvorschriften, den ergänzenden Gesetzen und Verordnungen sowie den Verordnungen über das Verfahren. Oktav. XV, 589 Seiten. 1925. Geb. 11.—
(Guttentagsche Sammlung Deutscher Reichsgesetze Bd. 161.)

Ergänzungsband, enthaltend den vollständigen Wortlaut der neuen Fassung des Unfallversicherungsgesetzes sowie die Ergänzungen der übrigen Bücher der RVO. Oktav. 224 Seiten. 1926. Geb. 4.—
(Guttentagsche Sammlung Deutscher Reichsgesetze Bd. 161a.)

Zweiter Ergänzungsband, enthaltend weitere Änderungen und Ergänzungen durch die in der Zeit von Anfang 1926 bis Mitte 1928 erlassenen Gesetze und Verordnungen. Zweite, vermehrte Ausgabe, Stand vom 1. Juli 1928. Oktav. 71 Seiten. 1928. —.80
(Guttentagsche Sammlung Deutscher Reichsgesetze Bd. 161b.)

„Das Buch dürfte sich in der Bibliothek eines jeden finden, der sich mit der Reichsversicherungsordnung befaßt. Es gehört zu den praktisch wertvollsten."
Deutsche Allgemeine Zeitung.

Reuß, Max, und **Hense,** Fritz. **Das Reichsknappschaftsgesetz** vom 1. Juli 1926 nebst Einführungsgesetz. 2. Aufl. Taschenformat. XVI, 640 Seiten. 1926. Geb. 12.—
(Guttentagsche Sammlung Deutscher Reichsgesetze Bd. 155.)

„Zur rechten Zeit erscheint die Erläuterung des Reichsknappschaftsgesetzes aus der Feder zweier Männer, die schon seit Jahren im Verwaltungs- und Aufsichtsdienste des Knappschaftswesens tätig sind und bei der Verabschiedung des Gesetzes mit in erster Linie gestanden haben. Die Herausgabe des Gesetzes aus ihrer Feder bedarf daher keiner besonderen Empfehlung. Das Buch kann allen, die auf dem Gebiete des Knappschaftswesens tätig sind, aufs wärmste empfohlen werden."
Zeitschrift für Bergrecht.

Angestelltenversicherungsgesetz vom 28. Mai 1924. Zweite Auflage. Taschenformat. 143 Seiten. 1927. Mit Nachtrag. Geb. 2.50
(Guttentagsche Sammlung Deutscher Reichsgesetze. Textausgaben ohne Anmerkungen.)
Diese neue Ausgabe entspricht der neuesten Fassung des Gesetzes unter Berücksichtigung der letzten Änderungen und Verordnungen. Das beigefügte Sachregister erleichtert das rasche Zurechtfinden in den einzelnen Bestimmungen des Gesetzes.

Manes, Alfred, **Sozialversicherung.** 7. ergänzte Aufl. 1928. Kl.-Oktav. 139 Seiten. Geb. 1.50
(Sammlung Göschen Bd. 267.)
„Es gibt keine andere Darstellung der geltenden Sozialversicherung, die in solch erfreulicher Kürze und Sachlichkeit durch die annähernd 2400 Paragraphen führt." Hanseatische Rechts- und Gerichts-Zeitschrift.

Schmeißer, Herbert, **Handbuch der Arbeitslosenversicherung.** Mit einer Einführung und Erläuterungen. Taschenformat. 2. Aufl. Im Druck.
(Guttentagsche Sammlung Deutscher Reichsgesetze Bd. 165.)
„Das Buch gibt in kurzer, aber ausreichender Form eine Darstellung des gesamten Rechtsstoffes der Erwerbslosenfürsorge unter Anpassung an die praktischen Bedürfnisse. Das Buch, das als Handbuch bezeichnet wird, ist allen Arbeitsnachweisen, Kommunalbehörden, Parlamentariern, Gewerkschaften und Angestelltenverbänden zu empfehlen, zumal es sich um Vorschriften handelt, die in politischer, volkswirtschaftlicher und finanzieller Hinsicht zur Zeit weit schwerwiegender sind als die sonstiger sozialer Gesetze."
Kommunalpolitische Blätter.

2. Arbeitsrecht

Depéne, Hans, **Das Arbeitsgerichtsgesetz.** Taschenformat. 180 Seiten. 1927. Geb. 3.60
(Guttentagsche Sammlung Deutscher Reichsgesetze Bd. 168.)
„Die neue Materie des Arbeitsgerichtsgesetzes erfordert in erhöhtem Maße das Interesse des Unternehmers. Zur Einarbeitung ist das vorliegende Buch besonders brauchbar, weil es sich nicht um einen Kommentar mit vielen Details handelt, sondern um eine Textausgabe mit einer ausführlichen, von einem hervorragenden Sachkenner verfaßten Einleitung. Daß die entsprechenden Bestimmungen anderer einschlägiger Gesetze gleich mit abgedruckt sind, ist ein großer Vorteil."
Wirtschaftliche Rundschau.

Entscheidungen des Reichsarbeitsgerichts. Herausgegeben von den Mitgliedern des Reichsarbeitsgerichts. Oktav.
Band I. 1928. 6.50, geb. 8.—
Band II. 1928/29. 6.50, geb. 8.—
Band III. 1929. 6.50, geb. 8.—
Die neue Sammlung gibt in der Art der beiden bekannten bisherigen Reihen der Entscheidungen des Reichsgerichts, herausgegeben von den Mitgliedern des Reichsgerichts, die amtliche Auswahl der zur Veröffentlichung bestimmten Entscheidungen des Reichsarbeitsgerichts.

Günther, Adolf, und **Schneider**, Richard, **Arbeiterschutz und Arbeitsrecht.** Zweite Auflage. Taschenformat.

I. Teil: **Arbeitszeitschutz.** Das Arbeitszeitnotgesetz und die übrige arbeitszeitrechtliche Gesetzgebung des Reichs seit dem 9. November 1918. 386 Seiten. 1927. Geb. 7.50

„Die Arbeit ist der 1. Auflage gegenüber ein völlig neues Buch. Der Kommentar umfaßt die gesamte arbeitszeitrechtliche Gesetzgebung von der Staatsumwälzung bis zur Gegenwart, und zwar nicht nur die allgemeinen Bestimmungen, sondern auch die für einzelne Gewerbezweige und Einzelbetriebe erlassenen Verordnungen. Auch die internationale Regelung des Arbeitszeitschutzes findet Berücksichtigung. Das Buch ist ein Führer durch das weite und unübersichtliche Gebiet der arbeitszeitrechtlichen Gesetzgebung. Ein ausführliches Sachregister soll die praktische Benutzung erleichtern." Die Wirtschafts-Genossenschaft.

II. Teil: Gesetz über die **Beschäftigung Schwerbeschädigter** nebst den einschlägigen gesetzlichen Bestimmungen. 404 Seiten. 1928. Geb. 8.—
(Guttentagsche Sammlung Deutscher Reichsgesetze Bd. 138a/138c.)

„Die umfassende Rechtsprechung und die angehende wissenschaftliche Bearbeitung, die das Gesetz erfahren hat, beweisen seine hohe wirtschafts- und sozialpolitische Bedeutung. Das Buch stellt somit nicht nur beim Studium des Gesetzes ein wertvolles Hilfsmittel dar, sondern ist auch für den Handgebrauch des Arbeitsrechtspraktikers unentbehrlich." Berliner Wohlfahrtsblatt.

IV. Teil: **Betriebsstillegungsverordnung.** 240 Seiten. 1929. Geb. 6.50
(Guttentagsche Sammlung Deutscher Reichsgesetze. Bd. 138d.)

Tilly, Dr. Helmuth Tczerclas von, **Internationales Arbeitsrecht.** Unter besonderer Berücksichtigung der Internationalen Arbeitsorganisation. 120 Seiten. 1924. Geb. 1.50
(Sammlung Göschen Bd. 882.)

Es ist das erste Werk, das in klarer, kurzer und allen leicht verständlicher Weise das gesamte grundlegende Tatsachenmaterial — und zwar nur dieses — auf dem umfassenden Gebiete des internationalen Arbeiterschutzes von dessen ersten Anfängen bis in die neueste Zeit bietet.

3. Gewerberecht

Hiller, Fr., und **Luppe, H., Gewerbeordnung für das Deutsche Reich nebst Kinderschutzgesetz und Hausarbeitsgesetz** sowie den für das Reich und Preußen erlassenen Ausführungsbestimmungen. Einundzwanzigste, veränderte Auflage. (143. bis 148. Tausend.) Taschenformat. 931 Seiten. 1928. Mit Nachtrag vom 11. Febr. 1929. Geb. 11.—
(Guttentagsche Sammlung Deutscher Reichsgesetze Bd. 6.)

„Ein Wort der Empfehlung für dieses Buch zu sagen, erübrigt sich. Hervorgehoben sei, daß diese Auflage alle Vorzüge der früheren Auflagen in sich schließt. Die zahlreichen neuen Gesetze sind erschöpfend berücksichtigt." Zeitschrift des Deutschen Notarvereins.

Brassert, H., Allgemeines Berggesetz für die preußischen Staaten mit Kommentar. Zweite Auflage, bearbeitet von Hans Gottschalk. Groß-Oktav. XXIX, 1291 Seiten. 1914. 27.—, geb. 30.—

Sonnenfeld, Hugo, **Die reichsrechtlichen Bestimmungen, betreffend den Handel mit Drogen und Giften.** Dritte, veränderte Auflage. Taschenformat. 435 Seiten. 1926. Geb. 12.—
(Guttentagsche Sammlung Deutscher Reichsgesetze Bd. 64.)

„Die Arbeit gehört einem Spezialgebiet an, mit dem nicht jeder Jurist zu tun hat. Wird er einmal genötigt, sich auf dieses Gebiet zu begeben, so ist er um so dankbarer für eine Arbeit, die sofort den Eindruck größter Sachkunde und vollständiger Materialsammlung macht, und deren Führung man sich unbedenklich anvertrauen kann." Vossische Zeitung.

Lebbin, Georg, **Nahrungsmittelgesetze** mit Erläuterungen. Zweite, stark vermehrte Auflage in zwei Bänden.
I. Band: Das Lebensmittelgesetz vom 5. Juli 1927 mit Nebengesetzen (Margarine, Fleisch, Milch, Süßstoff, Essigsäure usw.). Erläutert von G. Lebbin und R. Gießner. Taschenformat. XVI, 419 Seiten. 1928. Geb. 8.50
II. Band: Getränkegesetze und Getränkesteuergesetze (Wein, Bier, Branntwein, Mineralwasser). Unter Mitarbeit von Rechtsanwalt Dr. Kniebe. Taschenformat. XII, 400 Seiten. 1926. Geb. 10.—
(Guttentagsche Sammlung Deutscher Reichsgesetze Bd. 54b.)

„Das Werk, in der bekannten und bewährten Aufmachung der Gesetzessammlung gearbeitet, ist für unsere Leser und überhaupt die ganze Fachwelt der Getränkeindustrie unentbehrlich, muß doch jedermann mit den einschlägigen Gesetzesbestimmungen sich soweit wie irgend möglich vertraut machen, wenn er nicht in Nachteile geraten will. Die Anschaffung des Buches kann bestens empfohlen werden." Branntweinmonopol.

Voß, Werner, **Die reichs- und landesrechtlichen Bestimmungen auf dem Gebiete des Gesundheitswesens.** Taschenformat. 608 Seiten. 1929. Geb. 11.–
(Guttentagsche Sammlung Deutscher Reichsgesetze Bd. 172.)

Der vorliegende Band ist eine auf die Praxis abgestimmte Sammlung der Gesetze, Verordnungen und Bestimmungen auf dem Gebiete des Gesundheitswesens, wie sie in dieser Vollständigkeit noch nicht besteht. Dadurch erst ist ein zuverlässiger und rascher Überblick über die einschlägigen weitverstreuten Bestimmungen usw. gewährleistet. Die bei der Guttentagschen Sammlung bewährte Übersichtlichkeit der Anordnung, die Erläuterungen und Verweisungen aus der Feder eines Fachmannes und die Handlichkeit des Formats sowie die Vielseitigkeit der Auswahl sichern auch diesem Bande einen weiten Benutzerkreis.

4. Geistig-gewerblicher Rechtsschutz

Pietzcker, Eduard, **Patentgesetz und Gebrauchsmusterschutzgesetz.** Kommentar unter Berücksichtigung der vorgeschlagenen und weiter beantragten Abänderungen des Patentgesetzes. Erster Halbband: §§ 1—12 PatG. Groß-Oktav. 427 Seiten. 1929. 26.—, geb. 28.—
(Gewerbe- und Industrie-Kommentar Bd. V, 1.)

„Dies Werk erfüllt die Anforderungen an einen mit wissenschaftlichem Geiste erfüllten Kommentar in bewundernswerter Weise. Es ist die sorglich zur Reife gebrachte Frucht reicher Erfahrung, und ich glaube nicht zuviel zu sagen, wenn ich ihm nachrühme, daß er mit dem ersten Augenblick seines Erscheinens sich seinen Platz in der ersten Reihe der gesamten Kommentarliteratur gesichert hat.

Es ist nicht nur ein Genuß, diese klare Sprache zu lesen, der geschlossenen Entwicklung der sachlichen Darstellung zu folgen, es ist vor allem eine Freude, die wissenschaftliche Gründlichkeit und den gedanklichen Reichtum dieser Arbeit in sich aufzunehmen.

Die überall zutage tretende geistige Leistung macht Pietzckers Kommentar für jeden, der sich mit diesem Rechtsgebiet zu beschäftigen hat, zum unentbehrlichen Rüstzeug." Markenschutz und Wettbewerb.

Seligsohn, Arnold, **Patentgesetz und Gesetz, betr. den Schutz von Gebrauchsmustern.** Siebente Auflage. Oktav. 1929. In Bearbeitung.

„Die Vorzüge des Buches sind bekannt. Klare, leichtfaßliche Sprache, wissenschaftliche Vertiefung, dabei starke Betonung der Praxis, lückenlose Behandlung aller Probleme sind die Vorzüge, die den Seligsohnschen Kommentar zum unentbehrlichen Rüstzeug jedes im gewerblichen Rechtsschutz Tätigen gemacht haben." Mitteilungen vom Verband Deutscher Patentanwälte.

Lutter, R., **Patentgesetz.** Nebst Ausführungsbestimmungen, völkerrechtlichen Verträgen und Patentanwaltsgesetz, unter eingehender Berücksichtigung der Rechtsprechung des Reichsgerichts und der Praxis des Reichspatentamts. Neunte Auflage. Taschenformat. XV, 467 Seiten. 1928. Geb. 10.—

(Guttentagsche Sammlung Deutscher Reichsgesetze Bd. 22.)

„Der jetzige Verfasser hat einen völlig neuen Kommentar geschaffen, der in seiner Knappheit und Sparsamkeit dem ursprünglichen Zweck gerecht wird, aber an wissenschaftlicher Durcharbeitung und Gründlichkeit die vorangegangenen Auflagen weit überragt. Die jetzt vorliegende Auflage zeichnet sich durch Reichhaltigkeit, Genauigkeit und Klarheit aus." Gewerblicher Rechtsschutz und Urheberrecht.

Elster, Alexander, **Urheber- und Erfinder-, Warenzeichen- und Wettbewerbsrecht.** (Gewerblicher Rechtsschutz.) Zweite, stark erweiterte und völlig umgearbeitete Auflage. Mit Abdruck der Gesetzestexte. Oktav. XII, 611 Seiten. 1928. 18.—, geb. 19.50

(Lehrbücher und Grundrisse der Rechtswissenschaft Bd. VIII.)

„Seit Kohler und Osterrieth endlich wieder das lang entbehrte Lehrbuch. Hier unternimmt ein wahrhaft selbständiger und ideenreicher Kopf den Versuch, eine wirkliche Synthese zu schaffen." Juristische Rundschau.

Neuberg, J., **Der internationale gewerbliche Rechtsschutz.** 2. Auflage. 128 Seiten. 1923. Geb. 1.50

(Sammlung Göschen Bd. 271.)

Neuberg, Johannes, **Gesetz, betr. das Urheberrecht an Mustern und Modellen,** und Gesetz, betr. den Schutz von Gebrauchsmustern, nebst den zu beiden Gesetzen ergangenen Ausführungsverordnungen und abgeschlossenen internationalen Verträgen. Textausgabe mit Einleitung, Anmerkungen und Sachregister. Taschenformat. 192 Seiten. 1911. Geb. 2.40

(Guttentagsche Sammlung Deutscher Reichsgesetze Bd. 102.)

„Die Anmerkungen sind kurz, klar, treffend, mit Nachweisungen aus der Judikatur und aus der Literatur versehen. Sie ermöglichen auch dem mit der Materie nicht vertrauten Praktiker eine schnelle Orientierung über den Stand der Frage." Zeitschrift für das gesamte Handelsrecht.

Daude, Paul, Die Reichsgesetze über das Urheberrecht an Werken der Literatur und der Tonkunst und das Verlagsrecht vom 19. Juni 1901 in der Fassung des Gesetzes vom 22. Mai 1910 zur Ausführung der revidierten Berner Übereinkunft. Oktav. VIII, 293 Seiten. 1910. 6.—

„Der Zusammenhang der erläuterten Gesetze mit dem Strafgesetzbuch, dem Bürgerlichen Gesetzbuch und anderen Gesetzen ist in leichtverständlicher Weise praktisch dargestellt. Literatur und Rechtsprechung sind angemessen berücksichtigt. Dem praktischen Juristen, dem Buchhändler und dem Autor wird es gleichermaßen vorzügliche Dienste leisten." Deutsche Literatur-Zeitung.

Lindemann, O., Gesetz, betr. das Urheberrecht an Werken der Literatur und der Tonkunst. Vierte Auflage. Taschenformat. 171 Seiten. 1921. Geb. 1.80

(Guttentagsche Sammlung Deutscher Reichsgesetze Bd. 60.)

„Die vorliegende Arbeit ist nicht bloß eine Gesetzesausgabe, sondern mit ihren sachgemäßen, gründlichen, sorgfältig gearbeiteten, wenn auch kurzen Erläuterungen zu den einzelnen Paragraphen ein wertvoller Kommentar des Gesetzes. Das Werk sei jedermann auf das beste empfohlen." Juristische Wochenschrift.

Fuld, Ludwig, Gesetz, betr. das Urheberrecht an Werken der bildenden Künste und der Photographie. Zweite Auflage. Taschenformat. 192 Seiten. 1925. Geb. 6.—

(Guttentagsche Sammlung Deutscher Reichsgesetze Bd. 81.)

„Der zwar kleine, aber inhaltreiche und daher sehr beliebte Kommentar von Fuld erscheint in zweiter, völlig neubearbeiteter Auflage. Überall ist dem Stande der heutigen Rechtsprechung und wissenschaftlichen Auffassungen Rechnung getragen. In einem Anhang sind die einschlägigen internationalen Übereinkommen abgedruckt. Alle Interessenten werden mit Freuden die neue Auflage begrüßen." Danziger Juristische Monatsschrift.

Heinitz, Ernst, und Marwitz, Bruno, Das Reichsgesetz über das Verlagsrecht. Textausgabe mit Einleitung, Anmerkungen und Sachregister. Dritte Auflage. Taschenformat. 136 Seiten. 1922. Geb. 1.60

(Guttentagsche Sammlung Deutscher Reichsgesetze Bd. 61.)

„Dieser kurze Kommentar ist durch seine knappen, das Wichtige klar vortragenden Darlegungen dazu berufen, eine Lücke auszufüllen, die sich für den Praktiker des Verlagsrechts seit Jahren ergab. Man darf deshalb das Erscheinen dieser neuen Auflage aus der Feder des Spezialisten des Verlagsrechts mit größter Freude begrüßen." Börsenblatt für den Deutschen Buchhandel.

Elster, A., Das deutsche Urheber- und Verlagsrecht. 128 Seiten. 1923. Geb. 1.50

(Sammlung Göschen Bd. 863.)

„Erstaunlich ist, wie Elster diese beiden so viel umstrittenen Gesetze auf so engem Raum in vortrefflicher Weise zur Darstellung gebracht hat." Deutscher Journalistenspiegel.

Heymann, E., Die zeitliche Begrenzung des Urheberrechts. Oktav. 74 Seiten. 1927. 5.—

(Sitzungsberichte der Preußischen Akademie der Wissenschaften zu Berlin.)

Elster, A., Das deutsche Erfinderrecht. (Patent- und Musterschutzrecht). 118 Seiten. 1924. Geb. 1.50

(Sammlung Göschen Bd. 891.)

„Die Aufgabe, einen Überblick über das deutsche Erfinderrecht zu geben, ist im Rahmen der kurzen Erörterungen mit viel Geschick gelöst. Deshalb wird das Büchlein auch bei allen Gruppen der am Patentrecht interessierten Personen seine Freunde finden." Gewerblicher Rechtsschutz und Urheberrecht.

Seligsohn, Jul., Geheimnis und Erfindungsbesitz. Groß-Oktav. 147 Seiten. 1921. 3.—

Reininger, G., Der Schutz des Urheberrechts im deutschen Rundfunk. Oktav. 88 Seiten. 1929. 4.—

Die vorliegende Arbeit untersucht die Wirkungen der technischen Neuerungen im Rundfunk hauptsächlich auf das deutsche Urheberrecht und erörtert die Möglichkeiten einer Änderung oder Ergänzung der Gesetzgebung zum Schutz der Urheber. Sie untersucht die Theorien, die für die Beurteilung des Urheberrechtsschutzes im Rundfunk aufgestellt worden sind, und prüft an Hand dieser Theorien die Rechtslage nach den neuesten Erfindungen.

Wolff, F., und **Crisolli, K.-A., Das Recht der Reklame.** Lexikon-Oktav. 424 Seiten. 20.—, geb. 22.—

Mit diesem Buch ist erstmalig eine systematische erläuternde Zusammenstellung der hauptsächlichsten Bestimmungen gegeben, die von Reklame handeln, bzw. mit Reklame in irgendeinem Zusammenhang stehen. In der Praxis macht sich das Fehlen einer solchen Bearbeitung sehr bemerkbar, da die Reklame in der Gesetzgebung kein in sich abgeschlossenes Gebiet bildet, sondern ihre gesetzlichen Grundlagen in den mannigfachen Bestimmungen des privaten und öffentlichen Rechts findet. Die Verfasser haben die einschlägige Rechtsprechung und Literatur bis in die neueste Zeit berücksichtigt.

Pinner-Elster, Gesetz gegen den unlauteren Wettbewerb. Achte, sehr vermehrte und umgestaltete Auflage. Taschenformat. 254 Seiten. 1927. Geb. 5.—

(Guttentagsche Sammlung Deutscher Reichsgesetze Bd. 37.)

„Das Buch ist mehr als eine bloße ‚Textausgabe mit Anmerkungen', nämlich ein richtiger Kommentar, und wird in der Praxis ausgezeichnete Dienste tun." Senatspräsident am Reichsgericht Dr. Lobe, Leipzig, i. d. Jurist. Wochenschrift.

Wassermann, Martin, **Der unlautere Wettbewerb** nach deutschem Recht. I. Generalklausel, Reklameauswüchse, Ausverkaufswesen, Angestelltenbestechung. 160 Seiten. 1911. II. Kreditschädigung, Firmen- und Namenmißbrauch, Verrat von Geheimnissen, Ausländerschutz. 151 Seiten. 1911. Geb. je 1.50

(Sammlung Göschen Bd. 339 u. 535.)

Born, A., Reichspreßgesetz vom 7. Mai 1874 nebst den einschlägigen Bestimmungen der Reichsverfassung, des Reichsstrafgesetzbuches, der Gewerbeordnung usw. Mit Kommentar und Sachregister. Dritte Auflage. Taschenformat. 176 Seiten. 1924. Geb. 4.—

(Guttentagsche Sammlung Deutscher Reichsgesetze Bd. 53.)

„Das Werk bringt eine sehr reichhaltige Kommentierung des Stoffes, die um so wertvoller ist, als den Entscheidungen der Wortlaut der Urteilsbegründungen beigefügt ist. Ein weiterer Vorteil des Buches ist darin zu erblicken, daß sämtliche einschlägigen Bestimmungen der das Pressewesen berührenden Gesetze aufgeführt, eingehend besprochen und in Beziehung zueinander gebracht worden sind. Als Nachschlagewerk in Zweifelsfällen wird das Buch von großem Nutzen sein."
Ministerialblatt für die preußische innere Verwaltung.

Hagens, Alfred, **Warenzeichenrecht.** Kommentar. Groß-Oktav. VIII, 408 Seiten. 1927. 22.—, geb. 24.—
(Gewerbe- und Industrie-Kommentar Bd. III.)

„Eine ausführliche Darstellung, die zeigt, daß der Verfasser das gesamte Fachschrifttum und die reichhaltige Rechtsprechung restlos beherrscht. Ich habe gefunden, daß nicht ein einziger Fall von Bedeutung fehlt.
Was aber dem Werke eine erhöhte Bedeutung verschaffen dürfte, ist die auf Erfahrungen einer langen richterlichen Laufbahn beruhende, kritische Würdigung, die keineswegs immer eine Übereinstimmung mit dem höchsten Gerichtshof bekundet." *Markenschutz und Wettbewerb.*

Seligsohn, Arnold, **Gesetz zum Schutz der Warenbezeichnungen.** Dritte Auflage, bearbeitet in Gemeinschaft mit Martin Seligsohn in Berlin. Groß-Oktav. IV, 416 Seiten. 1925. 15.—, geb. 16.50

„Der Kommentar zeigt alle Vorzüge des in der Wissenschaft und Praxis des gewerblichen Rechtsschutzes gleich ausgezeichneten Juristen: volle theoretische und praktische Beherrschung des Stoffes, klare Darstellungsgabe, sorgsame Behandlung und treffsicheres Urteil." *Badische Rechtspraxis.*

Freund, G. S., **Magnus,** Julius, und **Jüngel,** Friedrich, **Das deutsche Warenzeichenrecht.** Sechste, neubearbeitete Auflage. Teil I: Die internationalen Verträge. VI, 247 Seiten. Mit 4 Tafeln. 1924. Geb. 9.—
(Guttentagsche Sammlung Deutscher Reichsgesetze Bd. 87a.)

„Das ganze Werk mit seiner Fülle von Gesetzen, Verordnungen, Verträgen, Bekanntmachungen bildet eine Quellensammlung für das internationale deutsche Zeichenrecht, ohne die man fortan nicht mehr auskommen kann."
Gewerblicher Rechtsschutz und Urheberrecht.

IV. Zivilprozeß

Fischer, Otto, **Lehrbuch des deutschen Zivilprozeß- und Konkursrechts.** Groß-Oktav. XII, 488 Seiten. 1918. 8.—, geb. 10.—

Kisch, Wilh., **Deutsches Zivilprozeßrecht.**

I. Band. Vierte, verbesserte Auflage. 115 Seiten. 1929. Geb. 1.50
(Sammlung Göschen Bd. 428).

II. Band. Vierte, verbesserte Auflage. 168 Seiten. 1929. Geb. 1.50
(Sammlung Göschen Bd. 429).

III. Band. Vierte, verbesserte Auflage. 148 Seiten. 1929. Geb. 1.50
(Sammlung Göschen Bd. 430.)

Diese Auflage wird jedem, der sich auf gemeinverständliche Weise über unser geltendes Zivilgerichtswesen unterrichten will, gute Dienste leisten, und kann namentlich den Studierenden des Rechts als Einführung bestens empfohlen werden.

Sydow, R., Busch, L., und **Krantz, W., Zivilprozeßordnung und Gerichtsverfassungsgesetz.** Neunzehnte Auflage. Groß-Oktav. VIII, 1335 Seiten. 1926. Geb. 25.—
(de Gruytersche Sammlung Deutscher Gesetze. Handkommentare.)

„Der Wert des Werkes ist längst anerkannt. Es gibt wohl keinen Praktiker, der sich seiner nicht mit besonderer Vorliebe bedient. Vollständigkeit, Übersichtlichkeit, Zuverlässigkeit und Ausführlichkeit der Erläuterungen sind auch diesmal dem allgemein beliebten Buche als seine hervorstechendsten Vorzüge treugeblieben. Für die Praxis ist es unentbehrlich."
Zeitschrift des Bundes Deutscher Justizamtmänner.

Zivilprozeßordnung mit Gerichtsverfassungsgesetz und Einführungsgesetzen in der Fassung der Bekanntmachung vom 13. Mai 1924 mit den bis 1. April 1929 ergangenen Abänderungen. Textausgabe mit Sachregister. Taschenformat. 440 Seiten. 1929. Geb. 3.50
(Guttentagsche Sammlung von Textausgaben ohne Anmerkungen.)

Die handliche Ausgabe enthält den genauen Gesetzestext mit einem das Zurechtfinden sehr erleichternden Sachregister.

Sydow, R., Busch, L., und **Krantz, W., Gerichtsverfassungsgesetz** mit Einführungsgesetz. Unter besonderer Berücksichtigung der Entscheidungen des Reichsgerichts. Zehnte Auflage. Taschenformat. 347 Seiten. 1925. Geb. 6.—
(Guttentagsche Sammlung Deutscher Reichsgesetze Bd. 14.)

„Das Buch bedarf keiner Empfehlung, es empfiehlt sich selbst durch die Fülle dessen, was es bietet. Gesetzgebung und Rechtsprechung sind bis in die neueste Zeit berücksichtigt." *Leipziger Zeitschrift für Deutsches Recht.*

Nausnitz, Julius, Gebührenordnung für Notare vom 28. Oktober 1922 (GS. 404) nebst den einschlägigen Vorschriften des Preußischen Gerichtskostengesetzes vom 28. Oktober 1922 (GS. 363), beide in der Fassung der Gesetze vom 12. April 1923 (GS. 107), 18. Dezember 1923 (GS. 556) und der Verordnung vom 28. Juni 1924 (GS. 573). Sechste, umgearbeitete Auflage. Oktav. 158 Seiten. 1925. Geb. 7.—
(Guttentagsche Sammlung Preußischer Gesetze Bd. 4.)

„Die Aufgabe, einen kurzgefaßten, aber möglichst vollständigen Handkommentar für den täglichen Gebrauch des Praktikers zu schaffen, hat der Verfasser glänzend gelöst. Mit einer bewundernswerten Kürze und Schärfe entscheidet er nicht nur Streitfragen, sondern behandelt auch die im täglichen Leben vorkommenden Fälle vollständig. Der in seiner äußeren Form sehr handlich und gut ausgestaltete Kommentar kann den Herren Kollegen nur auf das wärmste empfohlen werden. Er wird ihnen sehr bald ein unentbehrlicher, weil nie versagender Ratgeber werden, der ihnen ihre Berufsarbeit sehr erleichtern wird." *Juristische Wochenschrift.*

Sydow, R., Busch, L., und **Krieg, O., Die Deutsche Gebührenordnung für Rechtsanwälte, das Gesetz, betreffend die Erstattung von Rechtsanwaltsgebühren in Armensachen und die Preußische Landesgebührenordnung mit Erläuterungen.** Auf der Grundlage der Sydow-Busch'schen Textausgabe mit Anmerkungen in dreizehnter Auflage unter Mitaufnahme des Gesetzes über die Erstattung in Armensachen neubearbeitet. Taschenformat. 496 Seiten. 1929. Geb. 9.—

(Guttentagsche Sammlung Deutscher Reichsgesetze Bd. 17.)

„Die Erläuterung der Gebührenordnung bietet besonders Wertvolles. Sie steht schon lange unter den Anmerkungsausgaben mit an erster Stelle. Und das mit Recht.“
Zeitschrift des Bundes Deutscher Justizamtmänner.

Sydow, R., Busch, L., und **Krieg, O., Deutsches Gerichtskostengesetz nebst Gebührenordnung** für Gerichtsvollzieher und für Zeugen und Sachverständige in den neuesten Fassungen. Auf der Grundlage der Sydow-Buschschen Textausgabe mit Anmerkungen neubearbeitet in elfter Auflage. Taschenformat. XI, 433 Seiten. 1928. Geb. 7.50

(Guttentagsche Sammlung Deutscher Reichsgesetze Bd. 15.)

„Die neue Auflage bietet unter gründlicher Berücksichigung der gesamten einschlägigen Rechtsprechung eine zeitgemäße, übersichtliche und erschöpfende Erläuterung des Gesetzes. Für den täglichen Gebrauch in der Praxis erscheint diese Textausgabe mit Anmerkungen als unentbehrlich.“
Dr. Natter in der „Württembergischen Zeitschrift für Rechtspflege“.

Lindemann, Otto, Preußisches Gerichtskostengesetz (neueste Fassung). Nach dem Tode des früheren Herausgebers P. Siméon erläutert. Achte, völlig umgearbeitete Auflage. Taschenformat. 439 Seiten. 1928. Geb. 8.—

(Guttentagsche Sammlung Preußischer Gesetze Bd. 17.)

„Die vorliegende, nunmehr achte Auflage dieser bekannten Ausgabe des Preußischen Gerichtskostengesetzes ist entsprechend den bedeutsamen Änderungen der letzten Jahre völlig umgearbeitet. Die gesamte Rechtsprechung wurde eingehend berücksichtigt, so daß hier eine Erläuterung vorliegt, die Zuverlässigkeit und Vollständigkeit in sich verbindet.“ Mitteilungen des Preußischen Richtervereins.

Freiwillige Gerichtsbarkeit

Jastrow, Hermann, und **Günther, Hermann, Die Gesetze des Reiches und Preußens über die freiwillige Gerichtsbarkeit.** Textausgabe mit Einleitung, Anmerkungen und Sachregister. Siebente, vermehrte Auflage. Taschenformat. 548 Seiten. 1928. Geb. 9.—

(Guttentagsche Sammlung Deutscher Reichsgesetze Bd. 46.)

„Die Anmerkungen unterrichten in zuverlässiger Weise über die wichtigste Rechtsprechung des Reichsgerichts und der deutschen Oberlandesgerichte auf dem Gebiete der freiwilligen Gerichtsbarkeit. Ein ausführliches Sachregister erhöht die Brauchbarkeit des bewährten Buches, das auch in der neuen Auflage seinen Zweck auf das beste erfüllen wird.“ Juristische Wochenschrift.

Szkolny, Felix, und **Kober,** Leopold, **Das Notariatrecht,** unter besonderer Berücksichtigung des materiellen Rechts und des Steuer- und Stempelrechts erläutert. Oktav. 236 Seiten. 1926. Geb. 8.50

(Guttentagsche Sammlung Deutscher Reichsgesetze Bd. 163.)

„Die Darlegung des materiellen Rechts, soweit es in der täglichen Anwendung den Notar hauptsächlich beschäftigt. Es wird die Beurkundung einzelner Rechtsgeschäfte und anderer Rechtsvorgänge behandelt. Die Ausführungen verwerten die neueste Lehre und Rechtsprechung eingehend, die Darstellung ist leicht faßlich und klar, einzelne Muster vervollkommnen das anschauliche Bild."
Zeitschrift des Deutschen Notarvereins.

Szkolny, Felix, **Die Belehrungspflicht des Notars.** Oktav. 52 Seiten. 1927. 2.—

„Ein trotz seines geringen Umfanges sehr nützliches Buch, für das wir dem Verfasser Dank wissen müssen. Jedem Notar wird die Benutzung des Szkolnyschen Buches die Ausübung seines Amtes wesentlich erleichtern. Es ist zu begrüßen, daß die Beschäftigung mit dem Notariatsrecht zunimmt, und es besteht die Hoffnung, daß dies eine günstige Einwirkung auf die Handhabung des Notariats nicht verfehlen wird." *Zeitschrift des Deutschen Notarvereins.*

Konkursordnung und Zwangsvollstreckung

Jaeger, Ernst, **Kommentar zur Konkursordnung** und den Einführungsgesetzen. Mit einem Anhang, enthaltend das Anfechtungsgesetz, die Vergleichsordnung, Auszüge aus den Kostengesetzen, Ausführungsgesetze und Geschäftsordnungen. Sechste und siebente, neubearbeitete Auflage. Groß-Oktav. Der Umfang des Gesamtwerkes umfaßt etwa 100 Bogen. Die Ausgabe erfolgt in Lieferungen. Gesamtpreis etwa 80.—

Erster Band. Erste Lieferung (§§ 1—16). 296 Seiten. 1928. 16.—

Erster Band. Zweite Lieferung (§§ 17—27). Seite 297—472. 1929. 10.—

„Das Jaegersche Werk ist ohne Zweifel der beste von den mehreren guten Kommentaren zur Konkursordnung, die wir besitzen. Die Rechtsanwendung wird von ihm kaum jemals im Stiche gelassen werden, und auch die Rechtslehre wird ihm mannigfache Förderung zu verdanken haben. Das Werk ist mit erschöpfender Gründlichkeit gearbeitet, eine Unsumme auch fernerliegender literarischer Erscheinungen ist von dem Verfasser herangezogen und verwertet worden."
Zeitschrift für Deutschen Zivilprozeß.

Sydow, R., **Busch,** L., und **Krieg,** O., **Konkursordnung** und Anfechtungsgesetz mit Erläuterungen. Auf der Grundlage der Sydow-Busch'schen Textausgabe mit Anmerkungen in fünfzehnter Auflage unter Mitaufnahme der Vergleichsordnung neubearbeitet. Taschenformat. 816 Seiten. 1929. Geb. 12.—

(Guttentagsche Sammlung Deutscher Reichsgesetze Nr. 13.)

„Die Erläuterungsbücher von Sydow-Busch sind als Kommentare mittleren Umfanges seit vielen Jahren in der Juristenwelt rühmlichst bekannt."
Juristische Rundschau.

Gesetz über den Vergleich zur Abwendung des Konkurses (Vergleichsordnung) vom 5. Juli 1927. 54 Seiten. 1927. —.80
Dient zur Ergänzung der KO. von Sydow-Busch-Krieg, wird aber auch einzeln abgegeben.

Klien, G., Verordnung über die Geschäftsaufsicht zur Abwendung des Konkurses vom 14. Dezember 1916. Mit systematischer Einleitung von Ernst Jaeger. Taschenformat. 126 Seiten. 1917. Mit Nachtrag. 1924. Geb. 3.—
(Guttentagsche Sammlung Deutscher Reichsgesetze Bd. 127.)

Fischer, K., und Schäfer, L., Die Gesetzgebung, betr. die Zwangsvollstreckung in das unbewegliche Vermögen im Reiche und in Preußen. Bearbeitet von J. Krech und O. Fischer. Zweite Auflage. Lexikon-Oktav. XVI, 728 Seiten. 1910. 15.—, geb. 18.—

„Unter den zahlreichen Bearbeitungen des Zwangsvollstreckungsgesetzes ist der Kommentar von Fischer und Schäfer wohl der wissenschaftlich bedeutendste. Überall sind die Erläuterungen systematisch, manchmal geradezu lehrbuchartig aufgebaut, die leitenden Gedanken treten trotz der Fülle der behandelten Einzelfragen klar und deutlich hervor.“ Zeitschrift für Rechtspflege in Bayern.

Krech, J., und Fischer, O., Die Gesetzgebung, betr. die Zwangsvollstreckung in das unbewegliche Vermögen im Reiche und in Preußen. Textausgabe mit Einleitung, Anmerkungen und Sachregister. Zehnte Auflage, bearbeitet von O. Fischer. Taschenformat. 266 Seiten. 1929. Geb. 5.—
(Guttentagsche Sammlung Deutscher Reichsgesetze Bd. 43.)

„Einer besonderen Empfehlung dieser handlichen Ausgabe, deren Hauptteil das Gesetz über die Zwangsversteigerung und Zwangsverwaltung bildet, bedarf es nicht. Gesetzgebung, Rechtsprechung und Rechtslehre sind bis zur Gegenwart berücksichtigt.“ Sächsisches Archiv für Rechtspflege.

Samter, M. K., Handbuch zum Verfahren der Zwangsversteigerung und Zwangsverwaltung nach dem Reichsgesetz vom 24. März 1897 (Fassung vom 20. Mai 1898). Zweite Auflage, vermehrt durch einen Nachtrag und ein Selbstexaminatorium. VIII, 400 Seiten. 1912. 5.—

Im ersten Teil dieses Handbuches sind, seinem Einführungszweck entsprechend, die allgemeinen und materiellrechtlichen Grundlagen des Verfahrens kurz dargestellt, deren Aneignung jüngeren Juristen besonders schwer fällt. Im zweiten Teil ist das Verfahren in organischer Plastik zur Darstellung gelangt, um auch älteren Juristen, in strepitu fori, eine leichte und doch voll ausreichende Übersicht der in Betracht kommenden Vorschriften und Rechtsgrundsätze zu gewähren.

Kretzschmar, F., Die Zwangsversteigerung und die Zwangsverwaltung. 110 Seiten. 1911. Geb. 1.50
(Sammlung Göschen Bd. 523.)

V. Strafrecht und Strafprozeß

Strafgesetzbuch

Ebermayer, Ludwig, **Lobe,** Adolf und **Rosenberg,** Werner, **Das Reichsstrafgesetzbuch,** Leipziger Kommentar mit besonderer Berücksichtigung der Rechtsprechung des Reichsgerichts. Vierte vermehrte und verbesserte Auflage. Lexikon-Oktav. X, 1282 Seiten. 1929. 56.—, in Halbleder geb. 63.—

„Der Kommentar ist in der Praxis unentbehrlich durch seine große Prägnanz und Zuverlässigkeit und bringt auch dem Theoretiker eine ungewöhnliche Fülle von Belehrung und Anregung."
Zeitschrift für die gesamte Strafrechtswissenschaft.

Kohlrausch, Eduard, **Strafgesetzbuch für das Deutsche Reich mit Nebengesetzen.** Textausgabe mit Anmerkungen und Sachregister. Achtundzwanzigste Auflage. Taschenformat. XII, 589, *52 Seiten. 1928. Geb. 8.—
(Guttentagsche Sammlung Deutscher Reichsgesetze Bd. 2.)

„Schon die hohe Auflagenziffer beweist das Bedürfnis der Praxis für eine Ausgabe wie die vorliegende. Es ist in der Tat ein Buch, an Hand dessen eine schnelle und zuverlässige Orientierung über die wichtigsten Auslegungsfragen möglich ist. Der Kern der Dinge wird klar herausgestellt. Wichtige Reichsgerichtsentscheidungen werden als Beleg oder als Beispiel angeschlossen. Die neue Auflage ist überall auf den gegenwärtigen Stand der Rechtsprechung gebracht. So dient das Buch in gleicher Weise dem Studierenden zur Einführung in eine Lektüre des Gesetzes wie dem Praktiker zur schnellen Auffindung einer Entscheidung."
Rechtsanwalt Dr. Max Alsberg in der „Juristischen Wochenschrift".

Liszt, Fr. v., **Lehrbuch des deutschen Strafrechts.** Fünfundzwanzigste, vollkommen durchgearbeitete und zum Teil umgestaltete Auflage, besorgt von Dr. E. Schmidt, Professor an der Universität Breslau. Groß-Oktav. XXXIV, 976 Seiten. 1927. 27.50, geb. 30.—

„Das Lisztsche Lehrbuch wird auch in dieser neuen Bearbeitung seinen ersten Platz und seinen Weltruf sich bewahren."
Zeitschrift des Deutschen Notarvereins.

Gerland, H. B., **Das deutsche Reichsstrafrecht.** Oktav. 600 Seiten. 1922. 10.—, geb. 11.50
(Lehrbücher und Grundrisse der Rechtswissenschaft Bd. XVI.)

„Durch knappe, geradezu klassische Kürze zeigende Darstellung gelang es Gerland auf engem Raume eine ungeheure Fülle des Stoffes zu bieten und auf jede Frage Antwort zu geben." *Juristische Wochenschrift.*

Zeitschrift für die gesamte Strafrechtswissenschaft. Gegründet von **Fr. von Liszt** und **A. Dochow.** Unter ständiger Mitarbeiterschaft hervorragender Fachmänner herausgegeben von Dr. K. von Lilienthal, Professor in Heidelberg, Dr. Ed. Kohlrausch, Professor

in Berlin, und Dr. W. Gleispach, Professor in Wien. Der Jahrgang besteht aus 8—9 Heften. Quart.
Bd. 1—43. 1881—1922. Je 15.—. Bd. 44. 1922. 25.—. Bd. 45. 1924. 21.—. Bd. 46—49. 1925—1929. Je 30.—.

Sammlung außerdeutscher Strafgesetzbücher in deutscher Übersetzung Herausgegeben von den Schriftleitungen der Zeitschrift für die gesamte Strafrechtswissenschaft und der Mitteilungen der Internationalen Kriminalistischen Vereinigung.
Nr. 1—43. 1881—1914. Preise auf Anfrage.

Nr. 44:

Japanische Strafgesetze. I. Schwurgerichtsordnung vom 18. April 1923 und strafrechtliche Nebengesetze. Übersetzt von Hyoichiro Kusano, Reichsgerichtsrat in Tokio, Tadao Sugiura, Oberlandesgerichtsrat in Sapporo, und Dr. jur. Fritz Bartelt in Berlin. II. Strafvollzugsgesetz vom 28. März 1908 nebst Ausführungsverordnung vom 16. Juni 1908. Übersetzt von Dr. jur. Toshita Tokiwa, Gerichtsassessor in Tokio, und Dr. jur. Werner Gentz, Justizrat beim Strafvollzugsamt in Kiel. Oktav. 55 Seiten. 1927. 3.—

Nr. 45:

Die Auslieferungsgesetze Norwegens, Schwedens und Finnlands. Mit einer systematischen Darstellung der Grundzüge des nordischen Auslieferungsrechts im Hinblick auf den Erlaß eines deutschen Auslieferungsgesetzes. Von Dr. jur. Ernst Wolgast, Privatdozent in Königsberg i. Pr. Groß-Oktav. VIII, 487 Seiten. 1928. 20.—

Nr. 46:

Das Türkische Strafgesetzbuch vom 1. März 1926. Gesetz Nr. 765. (Türkisches Gesetzblatt Nr. 320 vom 13. März 1926.) Das Ausführungsgesetz zum Türkischen Strafgesetzbuch vom 26. April 1926. Deutsche Übersetzung von Dr. jur. Kurt Ziemke. Oktav. 138 Seiten. 1927. 5.—

Nr. 47:

Entwurf eines griechischen Strafgesetzbuches. Übersetzt und eingeleitet von Demetrius G. Venturas, Rechtsanwalt in Korfu, Griechenland. Oktav. 123 Seiten. 1928. 7.—

Nr. 48:

Italienischer Vorentwurf zu einem neuen Strafgesetzbuch. (Progetto di un nuovo codice penale.) In deutscher Übersetzung von Dr. K. Bunge, Landgerichtsrat in Berlin. Oktav. XXXII, 224 Seiten. 1928. 10.—

Nebengesetze

Lindemann, Otto, **Sammlung der wichtigsten preußischen Strafgesetze.** Zweite Auflage. Taschenformat. 372 Seiten. 1912. Geb. 3.50

(Guttentagsche Sammlung Preußischer Gesetze Bd. 34.)

„Die durch mehrere wichtige Gesetze erweiterte zweite Auflage dieses unentbehrlichen Ergänzungsbandes zu den in Einzelausgaben erschienenen Preußischen Gesetzen ist durch die Wiedergabe der noch geltenden vereinzelten alten Strafvorschriften nebst trefflich unterrichtenden Vorbemerkungen und Erläuterungen für die Strafverfolgungsbehörden und den Strafrichter besonders wertvoll. Nur mittels einer solchen ausgezeichneten Sammlung ist es diesen möglich, auch die zerstreuten Gebiete des Strafrechts völlig zu beherrschen." Deutsche Juristenzeitung.

Kirchner, Rudolf, **Gesetz über den Verkehr mit Kraftfahrzeugen.** Vierte Auflage. In Vorbereitung.

(Guttentagsche Sammlung Deutscher Reichsgesetze Bd. 92.)

„Der Verfasser bietet ein sehr wertvolles Hilfsmittel für Anwendung und Auslegung des wichtigen Gesetzes. Der Schwerpunkt seiner Erläuterungen liegt natürlich in dem Abschnitt über die Haftpflicht; dieser ist denn auch mit besonderer und sehr anerkennenswerter Gründlichkeit bearbeitet; namentlich ist die Rechtsprechung sorgfältig berücksichtigt." Leipziger Zeitschrift für deutsches Recht.

Lindemann, Otto, **Polizeiverordnungen in Preußen.** Zweite Auflage. Taschenformat. 189 Seiten. 1912. Geb. 2.50

(Guttentagsche Sammlung Preußischer Gesetze Bd. 36.)

Abhandlungen des Kriminalistischen Instituts an der Universität Berlin. Herausgegeben von Dr. **Franz von Liszt,** o. Professor der Rechte. Sonderverzeichnis kostenlos.

Vierte Folge. I. Band.

Heft 1:

Dannenberg, Herbert, **Liberalismus und Strafrecht im 19. Jahrhundert unter Zugrundelegung der Lehren Karl Georg von Waechters.** Oktav. IV, 66 Seiten. 1925. 3.—

Heft 2:

Tarnowski, Dr. Hans, **Die systematische Bedeutung der adäquaten Kausalitätstheorie für den Aufbau des Verbrechensbegriffs.** Oktav. X, 340 Seiten. 1927. 18.—

Heindl, Robert, **System und Praxis der Daktyloskopie** und der sonstigen technischen Methoden der Kriminalpolizei. Dritte, neubearbeitete und vermehrte Auflage. 900 Abbildungen im Text und 21 Bildertafeln. 780 Seiten. Groß-Oktav. 1927. 36.—, geb. 40.—

„Ein Werk, mit dem wohl für geraume Zeit die Literatur dieses Gebiets ihren krönenden Abschluß gefunden haben dürfte. — Es darf erwartet werden, daß jeder Richter, Rechtsanwalt und Verteidiger sich dieses vorzüglichen Werkes bedient." Deutsche Juristenzeitung.

Kleine kriminalistische Bücherei.

Band 1:

Schneickert, Hans, Die strafrechtlichen Aufgaben der Polizei. Für den Polizeiunterricht und die Polizeipraxis. Taschenformat. 182 Seiten. 1921. 2.—

„Das Werk stellt ein brauchbares Hilfsmittel für Unterricht und Praxis dar, dessen Benutzung noch durch ein eingehendes Sachregister erleichtert wird.“ Ministerialblatt für die preußische Verwaltung.

Band 2:

Philipp, Lothar, Beobachtungs- und Ermittlungspraxis im Polizei- und Detektivdienst. Taschenformat. 180 Seiten. 1923. 2.—

„Solch ein Buch kann nur jemand schreiben, der selbst Erfahrung auf diesem Gebiet hat. Alles in allem: ein Buch, für den Fachmann lesenswert, für den Anfänger ein guter Leitfaden, für den Laien interessant.“ Zeitschrift für gerichtliche Schriftvergleichung.

Band 3:

Manteuffel, H. v., Falschspieler. Formen und Technik des Spielbetruges, nebst einem Anhange: Der Spielprofessor und sein angeblich sicheres System beim Spiele gegen eine öffentliche Roulettebank. Taschenformat. 90 Seiten. 1923. 2.—

Gerade heutzutage, wo die Spielleidenschaft so weite Kreise zieht, ist es von besonderem Reiz, diese klare, flüssige und lehrreiche Darstellung zu verfolgen.

Band 4:

Schneickert, Hans, Kriminalistische Spurensicherung. Sammlung dienstlicher Anweisungen und sachverständiger Ratschläge für den Dienstgebrauch und für Polizeischulen. Zweite, vermehrte und verbesserte Auflage. Taschenformat. 96 Seiten. Mit 2 Abbildungen. 1925. Geb. 3.—

„Alle Einzelheiten werden hervorgehoben und als möglicherweise wichtige Beweismomente in einem vielarmigen System zusammengefaßt. In der Durchführung seiner Aufgabe hat der Verfasser tatsächlich alles berücksichtigt, was füs das Beweisverfahren von Bedeutung ist und sein könnte.“ Archiv für Kriminologie.

Band 5:

Rehfeldt, P., Gerichtsärztliche Tatbestandsfeststellungen im Dienste der Polizei. Ein Leitfaden für Polizei- und Kriminalbeamte. Taschenformat. 133 Seiten. 1927. Geb. 3.50

„Die Bearbeitung gibt eine geschlossene, einheitliche Behandlung des Stoffgebietes durch einen Arzt, wie sie anderweitig in der kriminalistischen Literatur nicht vorhanden ist.“ Deutsches Polizeiarchiv.

Strafprozeßordnung

Kohlrausch, Eduard, Strafprozeßordnung und Gerichtsverfassungsgesetz mit Nebengesetzen. Einundzwanzigste Auflage. Taschenformat. XI, 526 Seiten. 1927. Geb. 7.50

(Guttentagsche Sammlung Deutscher Reichsgesetze Bd. 12.)

„Das Buch ist nicht nur für den Praktiker, der sich rasch unterrichten will, sondern auch für den Studierenden, zumal wenn ihm die wirtschaftlichen Verhältnisse die Anschaffung umfangreicher Kommentare nicht ermöglichen, von größtem Wert." Oberreichsanwalt Dr. Ebermayer in der „Juristischen Wochenschrift".

Feisenberger, Albert, Strafprozeßordnung und Gerichtsverfassungsgesetz. Handkommentar. Groß-Oktav. IX, 517 Seiten. 1926. Mit Nachtrag 1927. Geb. 17.—
(de Gruytersche Sammlung Deutscher Gesetze. Handkommentare.)

„Der vorliegende Handkommentar ist eine glänzende Arbeit, die bald in der Hand jedes Strafrichters und Rechtsanwalts sein wird. Er hält die Mitte zwischen Textausgabe und den umfangreichen Kommentaren. Geradezu vorbildlich ist er für den Umfang der Heranziehung der Rechtsprechung. Alles Wesentliche ist berücksichtigt." Danziger Juristische Monatsschrift.

Beling, E., Deutsches Reichsstrafprozeßrecht mit Einschluß des Strafgerichtsverfassungsrechts. Oktav. XIV, 568 Seiten. 1928. 15.—, geb. 16.50
(Lehrbücher und Grundrisse der Rechtswissenschaft Bd. XVII.)

Die Eigenart des vorliegenden Lehrbuches des Reichsstrafprozeßrechts ist, daß es dem Verständnis der Gesetzestexte vorarbeiten und zu ihnen hinführen will. Gerade das, was nicht im Gesetz steht, ist die Hauptsache; die Gesetzesparagraphen sind Ziel, nicht Ausgangspunkt. Insbesondere aber stellt der Verfasser die Regelungsinhalte des geltenden Rechts in die heutige rechtspolitische Gedankenwelt hinein und gibt ein auch äußerlich scharf hervortretendes System, das den Lernenden befähigt, die Fülle der Einzelheiten unter allgemeinen Ordnungsgesichtspunkten zusammenzusetzen.

Rosenfeld, E. H., Deutsches Strafprozeßrecht. 2 Bände. 128 und 148 Seiten. 1926. Geb. je 1.50
(Sammlung Göschen Bd. 938/939.)

„Eine wissenschaftlich hochstehende, auf einen knappen Raum zusammengedrängte, klar und originell geschriebene Einführung in den deutschen Strafprozeß." Schweizer. Zeitschrift für Strafrecht.

Löwe, F., und **Rosenberg,** Werner, **Die Strafprozeßordnung für das Deutsche Reich** vom 22. März 1924 nebst dem Gerichtsverfassungsgesetz. Kommentar. Achtzehnte, neubearbeitete Auflage. Lexikon-Oktav. 1332 Seiten. 1929. 44.—, in Halbleder geb. 50.—

„Der Löwesche Kommentar hat sich in Wissenschaft und Rechtsprechung eine so hervorragende Stellung erworben, daß er zum unentbehrlichen Ratgeber für Theoretiker und Praktiker geworden ist. Der Kommentar steht auf strafprozessualem Gebiet nach wie vor an erster Stelle und ist ein Meisterwerk in der Kunst einer klaren, übersichtlichen und erschöpfenden Darstellung dieses außerordentlich spröden Stoffes." Zeitschrift des Deutschen Notarvereins.

Feisenberger, Albert, Strafprozeßordnung und Gerichtsverfassungsgesetz, in alter und neuer Fassung synoptisch gegenübergestellt. Mit ausführlichem Sachregister. Taschenformat. 265 Seiten. 1924. Mit Nachtrag. 1927. Geb. 4.50
(Guttentagsche Sammlung Deutscher Reichsgesetze Bd. 158.)

„Die Ausgabe ist für die Praxis auf längere Zeit unentbehrlich. Die synoptische Darstellung erleichtert die Arbeit und schützt vor Gedächtnisfehlern." Juristische Wochenschrift.

VI. Öffentliches Recht

1. Staats- und Völkerrecht

Fischbach, O. G., Allgemeine Staatslehre. Zweite Auflage. 136 Seiten. 1928. Geb. 1.50

(Sammlung Göschen Bd. 358.)

„Das Buch darf einer breiten Öffentlichkeit als ausgezeichnete Einführung, den Fachgenossen aber, jung und alt, als Musterbeispiel wissenschaftlichen Bemühens um die denkbar beste Leistung anempfohlen werden, wie man ihm heute nicht allzu häufig mehr begegnet.“ Reichsverwaltungsblatt.

Fischbach, O. G., Allgemeines Staatsrecht.

I. Teil. 139 Seiten. 1923. Geb. 1.50

(Sammlung Göschen Bd. 415.)

II. Teil. 151 Seiten. 1923. Geb. 1.50

(Sammlung Göschen Bd. 416.)

Diese Bearbeitung bringt nicht bloß einen leicht faßlichen gemeinverständlichen Überblick über alle Zweige des Staatsrechtes, sondern auch in den einzelnen Partien viele gründliche wissenschaftliche Erörterungen der einschlagenden Probleme und kritischen Beleuchtung der verschiedenen Rechtsansichten.

Stier-Somlo, Fritz, Deutsches Reichs- und Landesstaatsrecht I. Oktav. XVI, 726 Seiten. 1924. 16.50, geb. 18.—

(Lehrbücher und Grundrisse der Rechtswissenschaft Bd. XVIII.)

„... Von den zurzeit vorhandenen größeren Lehrbüchern des Reichsstaatsrechts das geeignetste.“ Juristische Wochenschrift.

Stier-Somlo, Fritz, Reichsstaatsrecht. I. Grundbegriffe des Staatsrechts. Verfassungsgeschichte vom Ende des 18. Jahrhunderts bis zur Reichsverfassung vom 11. August 1919. 108 Seiten. 1927. Geb. 1.50

(Sammlung Göschen Bd. 967.)

II. Das geltende Reichsstaatsrecht. 114 Seiten. 1927. Geb. 1.50

(Sammlung Göschen Bd. 968.)

Stier-Somlo, Fritz, Preußisches Staatsrecht. Zweite Auflage. 136 Seiten. 1927. Geb. 1.50

(Sammlung Göschen Bd. 298.)

„Es ist eine Kunst, die nur ein so über der Sache Stehender, wie es der Verfasser auf diesem Gebiete ist, voll meistert, auf so engem Raum und trotzdem auf streng wissenschaftlicher Grundlage und unter Berücksichtigung des neuesten Standes der Forschung die so schwierige Materie darzustellen. Auch für den Juristen ist es eine Freude, die flüssige und interessante Darstellung, die in knappsten Zügen und doch vollständig sowohl die Entwicklung als auch den heutigen Rechtszustand des Staatsrechts umreißt, zu lesen Und deswegen werden die drei schmalen Bändchen nicht allein als wünschenswertes Orientierungsmittel für den Laien und den angehenden Juristen zu begrüßen sein, sondern auch dem im praktischen Berufsleben stehenden Juristen Anregung und Belehrung bieten.“ Juristische Wochenschrift.

Arndt, Adolf, Die neue Verfassung des Deutschen Reiches. Dritte Auflage. Taschenformat. 1927. 8.—

(Guttentagsche Sammlung Deutscher Reichsgesetze Bd. 137.)

„In knappen, jedoch sehr eingehenden und namentlich durch stete Hinweise auf die einschlägige Literatur wertvollen Anmerkungen erläutert der hervorragende Staatsrechtslehrer die einzelnen Artikel der Reichsverfassung. Für alle, die sich auf dem schwierigen Gebiet der Reichsverfassung orientieren wollen, liegt hier ein vorzügliches Nachschlagewerk von gediegener Wissenschaftlichkeit vor."

Staats- und Selbstverwaltung.

Stier-Somlo, Fritz, Kommentar zur Verfassung des Freistaates Preußen. Groß-Oktav. 319 Seiten. 1921. Geb. 3.—

„Die Darstellung ist flüssig und knapp und ist als treffliche Orientierung über das neue Verfassungswerk, eine Orientierung, die ihre notwendige Ergänzung in dem vorzüglichen Kommentar Stier-Somlos findet, sehr zu empfehlen."

Zeitschrift für öffentliches Recht.

Arndt, Adolf, Die Verfassung des Freistaats Preußen vom 30. November 1920. Mit Einleitung, vollständigem Kommentar, Landeswahlgesetz und Sachregister. Taschenformat. 158 Seiten. 1921. Geb. 2.—

(Guttentagsche Sammlung Preußischer Gesetze Bd. 1.)

„Die Einleitung ist eine vortreffliche staatsrechtliche Abhandlung, die unte Berücksichtigung und Verwertung der einschlägigen Literatur in die Entstehungs geschichte und in dic Bedeutung der Verfassungsurkunde einführt. Die Erläuterungen sind recht vollständig und enthalten in knapper Darstellung alles zur Auslegung Wesentliche. Zu den verschiedenen verfassungsrechtlichen Fragen nimmt der Verfasser in geschickter Weise Stellung. Der Kommentar wird denjenigen, die sich mit den einzelnen Bestimmungen der Verfassung vertraut machen wollen, ein willkommener Ratgeber sein."

Zeitschrift für Polizei- und Verwaltungsbeamte.

Veröffentlichungen der Vereinigung deutscher Staatsrechtslehrer.

Heft 1: Der deutsche Föderalismus. Oktav. 1924. 5.—

Heft 2: Der Schutz des öffentlichen Rechts. Oktav. 1925. 12.—

Heft 3: Die Gleichheit vor dem Gesetz. Der Einfluß des Steuerrechts auf die Begriffsbildung des öffentlichen Rechts. Oktav. 1927. 7.—

Heft 4: Das Recht der freien Meinungsäußerung. — Der Begriff des Gesetzes in der Reichsverfassung. Oktav. 1928. 10.—

Heft 5: Wesen und Entwicklung der Staatsgerichtsbarkeit. — Überprüfung von Verwaltungsakten durch die ordentlichen Gerichte. Oktav. 1929. 12.—

Sehling, Emil, Kirchenrecht. Zweite Auflage.

I. Teil. Einleitung. Quellen, Verfassung und Verwaltung der katholischen Kirche. Anhang: Die griechisch-orthodoxe Kirche. 119 Seiten. 1922. Geb. 1.50

(Sammlung Göschen Bd. 377.)

II. Teil: Das evangelische Kirchenrecht. Die Stellung des Staates zur Kirche und das Verhältnis der Religionsgesellschaften zueinander. 87 Seiten. 1927. Geb. 1.50
(Sammlung Göschen Bd. 954.)

Edler v. Hoffmann, H., Deutsches Kolonialrecht. 150 Seiten. 1907. Geb. 1.50
(Sammlung Göschen Bd. 318.)

Neier, Otto, Sozialisierungsgesetze. Taschenformat. 214 Seiten. 1920. Geb. 2.20
(Guttentagsche Sammlung Deutscher Reichsgesetze Bd. 141.)
„Das Werk stellt die erste zusammenfassende kommentarische Darstellung der Sozialisierungsgesetzgebung dar und ist für alle Interessenten unentbehrlich.“
Zentralblatt der Reichsversicherung.

Delius, H., Die Beamtenhaftpflichtgesetze des Reiches und der Länder. Vierte, vermehrte und vollkommen neubearbeitete Auflage. Taschenformat. 384 Seiten. 1929. Geb. 10.—
(Guttentagsche Sammlung Deutscher Reichsgesetze Bd. 94.)

Hohenstein, Adolf, und **Goldbaum,** Wenzel, **Reichsschädengesetze.** Textausgabe mit Anmerkungen. Oktav. 360 Seiten. 1922. Geb. 4.—
(Guttentagsche Sammlung Deutscher Reichsgesetze Bd. 150.)
Im ganzen ist das vorliegende Werk nicht nur ein wertvolles Hilfsmittel für den Fachmann, sondern ist besonders jedem Geschädigten zu empfehlen, der sich über seine Ansprüche orientieren will.“ *Auslandswarte.*

Wörterbuch des Völkerrechts und der Diplomatie. Begonnen von Professor Dr. **Julius Hatschek †.** Fortgesetzt und herausgegeben von Dr. **Karl Strupp,** Professor an der Universität Frankfurt a. M., Associé de l'institut de droit international, membre de l'Academie Diplomatique Internationale. Lexikon-Oktav.
Band I: Aachen—Lynchfall. VI, 860 Seiten. 1924. 35.—, in Halbleder geb. 40.—
Band II: Maas—Utschiali. 779 Seiten. 1925. 35.—, in Halbleder geb. 40.—
Band III (Schluß): Vasallenstaaten—Zwangsverschickung. Ferner Anhang: Abessinien—Weltgerichtshof; Sachverzeichnis und Mitarbeiterregister. II, 1316 Seiten. 1929. 62.—, in Halbleder geb. 67.—
„Der Vorsprung, den entsprechende Werke in französischem Sprachgewande bisher hatten, ist nunmehr in Deutschland eingeholt. Die Form der alphabetischen Zergliederung des Stoffes ermöglicht eine breitere Behandlung der Einzelfälle, die im internationalen Rechtsleben nicht selten von größerer Bedeutung als vorzeitig aufgestellte Abstraktionen sind.“ *Zeitschrift für Völkerrecht.*

Anzilotti, Lehrbuch des Völkerrechts. Übersetzt und herausgegeben vom Institut für ausländisches öffentliches Recht und Völkerrecht, Berlin. Groß-Oktav. 444 Seiten. 1929. 19.—, geb. 20.—

Mit der Herausgabe der Übersetzung dieses Lehrbuches des berühmten Völkerrechtlers ist das Institut für ausländisches öffentliches Recht und Völkerrecht einem in Deutschland außerordentlich fühlbaren Bedürfnis entgegengekommen. Das Buch ist nicht schlechthin eine Übersetzung der italienischen Originalausgabe, sondern berücksichtigt auch die gesamte Rechtsprechung und Literatur der letzten Zeit und stellt somit das zur Zeit modernste Lehrbuch des Völkerrechts überhaupt dar.

Niemeyer, Theodor, Völkerrecht. 168 Seiten. 1925. Geb. 1.50
(Sammlung Göschen Bd. 865.)

Dieses Bändchen gibt in gedrängter Form eine vollständige Übersicht über das Völkerrecht.

Beiträge zum ausländischen öffentlichen Recht und Völkerrecht. Herausgegeben im Auftrage des Instituts für ausländisches öffentliches Recht und Völkerrecht in Berlin in Gemeinschaft mit Friedrich Glum, Ludwig Kaas, Rudolf Smend, Heinrich Triepel von **Viktor Bruns.** Groß-Oktav.

Eine Sammlung einschlägiger wissenschaftlicher Abhandlungen, Materialsammlungen, Übersetzungen besonders wertvoller ausländischer Werke u. a.

Heft 1:

Staatsrecht und Politik. Rede beim Antritt des Rektorats der Friedrich-Wilhelms-Universität zu Berlin am 15. Oktober 1926. Von Heinrich **Triepel.** 40 Seiten. 1927. 2.—

Heft 2:

Volksentscheid und Volksbegehren. Ein Beitrag zur Auslegung der Weimarer Verfassung und zur Lehre von der unmittelbaren Demokratie. Von Dr. Carl **Schmitt,** o. ö. Professor der Rechte an der Universität Bonn. 54 Seiten. 1927. 2.60

Heft 3:

Der Aufbau des britischen Reiches. (Der Verhandlungsbericht der Reichskonferenz von 1926.) Eingeleitet und herausgegeben von Gerichtsassessor Dr. K. **Heck,** Referent am Institut für ausländisches öffentliches Recht und Völkerrecht. 152 Seiten. 1927. 6.—

Heft 4:

Die Souveränität. Ein Beitrag zur Theorie des Staats- und Völkerrechts. Von Dr. H. **Heller,** Privatdozent und Referent am Institut für ausländisches öffentliches Recht und Völkerrecht. 177 Seiten. 1927 8.50

Heft 5:

Die Missionsfreiheit nach den Bestimmungen des geltenden Völkerrechts. Von Dr. Theodor **Grentrup,** S. V. D. 112 Seiten. 1928 5.50

Heft 6:

Das Minoritätenproblem und seine Literatur. Kritische Einführung in die Quellen und die Literatur der europäischen Nationalitätenfrage der Nachkriegszeit, unter besonderer Berücksichtigung des völkerrechtlichen Minderheitenschutzes.

Allgemeiner Teil. Von Jakob **Robinson**, Rechtsanwalt in Kaunas (Litauen). 265 Seiten. 1928. 9.—

Heft 7:

Der Reichssparkommissar. Von Dr. Karl **Bilfinger,** o. ö. Professor der Rechte an der Universität Halle. 68 Seiten. 1928. 3.60

Heft 8:

Die völkerrechtliche Stellung der fremden Truppen im Saargebiet. Von Dr. jur. J. M. **Bumiller,** Referent am Institut für ausländisches öffentliches Recht und Völkerrecht, Berlin. 156 Seiten. 1928. 9.—

Heft 9:

Das Recht des Ausnahmezustands im Auslande (Frankreich, Belgien, Niederlande, Italien, England, Irland). Bearbeitet im Institut für ausländisches öffentliches Recht und Völkerrecht. 296 Seiten. 1928. 14.—

Heft 10:

Die Beziehungen zwischen dem Parlament und den Gerichten in England. Eine rechtsvergleichende Studie. Von Heinrich B. **Gerland.** 137 Seiten. 1928. 8.—

Heft 11:

Zu den Problemen des fascistischen Verfassungsrechts. Akademische Antrittsvorlesung. Von Dr. Gerhard **Leibholz,** Privatdozent an der Universität Berlin, Referent am Institut für ausländisches öffentliches Recht und Völkerrecht. 112 Seiten. 1928. 5.—

Heft 12:

Der deutsche und der französische Reichswirtschaftsrat. Ein Beitrag zu dem Problem der Repräsentation der Wirtschaft im Staat. Von Dr. Friedrich **Glum,** Privatdozent an der Universität Berlin, Wissenschaftliches Mitglied des Instituts für ausländisches öffentliches Recht und Völkerrecht. 188 Seiten. 1929. 9.—

Heft 13:

Das Wesen der Repräsentation unter besonderer Berücksichtigung des Repräsentativsystems. Ein Beitrag zur allgemeinen Staats- und Verfassungslehre. Von Dr. Gerhard **Leibholz,** Privatdozent an der Universität Berlin, Referent am Institut für ausländisches öffentliches Recht und Völkerrecht. Groß-Oktav. 214 Seiten. 1929. 14.—

Zeitschrift für ausländisches öffentliches Recht und Völkerrecht. Im Auftrage des Instituts für ausländisches öffentliches Recht und Völkerrecht herausgegeben von Dr. Viktor **Bruns**, Professor an der Universität Berlin, Leiter des Instituts.

Band I. Im Druck.

Diese neue Zeitschrift enthält wissenschaftliche Abhandlungen aus dem Gebiete des Völkerrechts und des ausländischen Staats- und Verwaltungsrechts von deutschen und ausländischen Mitarbeitern. Der Materialteil wird aus denselben Gebieten in systematischer Anordnung Urkunden im Wortlaut und kurz dokumentierte Berichte bringen.

Kraus, H., Internationale Schiedssprechung. Eine Sammlung der für das Deutsche Reich verbindlichen Verträge und Vertragsbestimmungen, die sich auf internationale Gerichtsbarkeit, Schiedsgerichtsbarkeit sowie Vergleichsverfahren beziehen, nebst den dazugehörigen deutschen Regierungsdenkschriften. Taschenformat. XXXVI, 348 Seiten. 1929. (Guttentagsche Sammlung Deutscher Reichsgesetze Bd. 174.) Geb. 10.—

Die vorliegende Sammlung ist eine systematische Zusammenstellung derjenigen Staatsverträge und Vertragsbestimmungen, die sich auf die friedliche Erledigung internationaler Streitigkeiten im juristisch geordneten Verfahren beziehen, soweit Deutschland daran beteiligt ist. Diese Zusammenstellung reicht vom Schiedsabkommen der Haager Friedenskonferenz von 1899 bzw. 1907 über die Locarnoverträge zum sog. Kellogpakt. Besonderer Wert wurde auf den Abdruck der Bemerkungen der deutschen Regierung zu fast allen diesen Verträgen gelegt.

Strupp, Karl, **Das Werk von Locarno.** Eine völkerrechtlich-politische Studie. Oktav. 180 Seiten. 1926. 10.—

„Die lückenlose Mitteilung aller für das Verständnis und die Auslegung wichtiger Urkunden macht das aktuelle Buch zu einem außerordentlich wertvollen Mittel der Erkenntnis des Inhalts und der Tragweite dieser grundlegenden Staatsverträge.“ D. A. Z.

Deutschland unter dem Dawes-Plan. Entstehung, Rechtsgrundlagen, wirtschaftliche Wirkungen der Reparationslasten. Von Professor Max **Sering**, Universität Berlin. Oktav. VIII, 237 Seiten. 1928. 10.—

Der weithin bekannte Volks- und Weltwirtschaftler nahm im Auftrage der Reichsregierung als Sachverständiger an der Weltwirtschaftskonferenz zu Genf teil und ist ganz besonders berufen, die Entstehungsgeschichte, die Rechtsgrundlagen, die volks- und weltwirtschaftlichen Auswirkungen des Dawes-Abkommens nach jeder Richtung hin zu untersuchen und darzustellen. Nachdem sich die Reparationen auch in der Form der Daweszahlungen als schwerstes Hindernis der normalen Entwicklung der deutschen Volkswirtschaft und somit auch für den Wiederaufbau der Weltwirtschaft überhaupt herausgestellt haben und eine Revision des Dawes-Abkommens immer dringlicher wird, ist eine Untersuchung dieses Problems nach einem nunmehrigen Stande von ganz besonderer Wichtigkeit.

2. Verwaltungsrecht

Reichsrecht

Blume, E., und Weirauch, W., Die Eisenbahn-Verkehrsordnung vom 16. Mai 1928 mit Allgemeinen Ausführungsbestimmungen sowie dem Internationalen Übereinkommen über den Eisenbahnfrachtverkehr vom 30. Mai 1925 und dem Internationalen Übereinkommen über den Eisenbahn-Personen- und Gepäckverkehr vom 12. Juni 1925. Textausgabe mit Anmerkungen. Vierte Auflage. Taschenformat. X, 482 Seiten. 1928. Geb. 9.—
(Guttentagsche Sammlung Deutscher Reichsgesetze Bd. 91.)

„Wir besitzen hier einen neuen, die tatsächlichen Verhältnisse bis zur Gegenwart berücksichtigenden Kommentar und damit ein treffliches Hilfsbuch für alle, die sich mit dem Eisenbahnverkehrsrecht theoretisch und praktisch zu beschäftigen haben. Der Kommentar wird besonders auch den Gerichten und den Anwälten gute Dienste leisten, da die Ausführungsbestimmungen zur Eisenbahnverkehrsordnung, die vollständig abgedruckt werden, sonst nur in den Tarifen veröffentlicht werden, die in den Kreisen der Juristen weniger bekannt sind. Allen, die es angeht, kann daher die Anschaffung der neuen Auflage dringend empfohlen werden."
Juristische Wochenschrift.

Fischer, O., und Staedler, E., Die deutsche Post- und Telegraphengesetzgebung. Teil I: Postrecht (mit Ausschluß des internationalen Rechts). Siebente Auflage. 47*, 586 Seiten. 1929. Geb. 15.—
(Guttentagsche Sammlung Deutscher Reichsgesetze Bd. 7.)

Mit der vorliegenden Neuauflage dieser lange Zeit vergriffen gewesenen Ausgabe wird dem Wunsche zahlreicher Interessenkreise entsprochen: Die neue Bearbeitung ist gegenüber der letzten Auflage wesentlich vermehrt und in allen Teilen neugestaltet. Sie enthält die Quellen des Postrechts, wobei die Postordnung in ihrer letzten Fassung (vom Januar 1929) erscheint.

Dem Ganzen wurde erstmalig eine Systematik des geltenden Postrechts vorangestellt; die Gesetzestexte wurden sorgfältig erläutert, Rechtsprechung und die einschlägige Literatur bis auf die letzte Zeit berücksichtigt.

Sebba, Julius, Seewasserstraßenordnung. (Polizeiverordnung zur Regelung des Verkehrs auf den deutschen Seewasserstraßen vom 31. März 1927.) Taschenformat. 493 Seiten. 1928. Geb. 8.50
(Guttentagsche Sammlung Deutscher Reichsgesetze Bd. 171.)

„Es bedarf hierbei wohl nicht der besonderen Hervorhebung, daß die Kommentierungsmethode des rühmlichst bekannten Neu-Herausgebers von Schaps-Seerecht auch in dem vorliegenden Werke eine knappe und doch gründliche geworden ist."
Verkehrsrechtliche Praxis.

Busse, Rudolf, Luftrecht einschließlich Luftverkehrsgesetz und Pariser Luftverkehrsabkommen. Taschenformat. XVIII, 448 Seiten. 1928. Geb. 10.—
(Guttentagsche Sammlung Deutscher Reichsgesetze Bd. 170.)

Das vorliegende Buch sucht in einem nationalen und internationalen Teil einen klaren Überblick über das gesamte Luftrecht zu geben; der neueste Stand der Rechtsprechung ist hierbei berücksichtigt. Den erläuterten Gesetzesabkommenstexten ist eine systematische Einführung in das gesamte Luftrecht mit seinen vielseitigen Rechtsdisziplinen vorausgeschickt.

Zeitschrift für das gesamte Luftrecht (ZLR.). Herausgegeben von Dr. jur. Otto **Schreiber**, o. Professor an der Universität in Königsberg i. Pr., Geh. Regierungsrat, Leiter des Instituts für Luftrecht. Erscheint in Bänden zu je vier Heften.

Band I 1926/28 50.—, geb. 55.—

Band II, Heft 1 10.—

„Organisation und Inhalt der Zeitschrift machen einen vorzüglichen Eindruck. Im Interesse ihres hohen sachlichen Zieles sind ihr weite Verbreitung und bester Erfolg zu wünschen.“ Weltwirtschaftliches Archiv.

Volkmann, Kurt, **Die Straßenverkehrsordnungen** nebst den einschlägigen Nebenbestimmungen. Taschenformat. 312 Seiten. 1929. Geb. 7.—

(Guttentagsche Sammlung Deutscher Reichsgesetze Bd. 175.)

Die vorliegende neue Zusammenstellung der für den Straßenverkehr in Stadt und Land geltenden Bestimmungen hat sich aus der Eigenart des Verkehrs notwendig gemacht. Die Erläuterung stützt sich auf die Musterordnung des Reichsverkehrsministeriums, der bis auf ganz geringfügige Änderungen alle Landesverordnungen engstens nachgebildet sind. Ferner enthält sie die Verordnung über den Kraftfahrzeugverkehr, die Berliner Straßenordnung, die Grundzüge betreffend den Radfahrverkehr, die entsprechenden preußischen Runderlasse sowie die österreichische Straßenpolizeiverordnung. Rechtsprechung und Literatur sind berücksichtigt.

Kirchner, Rudolf, **Gesetz über den Verkehr mit Kraftfahrzeugen** vom 3. Mai 1909. Vierte, völlig neubearbeitete Auflage. In Vorbereitung.

(Guttentagsche Sammlung Deutscher Reichsgesetze Bd. 92.)

„Der Verfasser hat sich mit der nicht unschwierigen Materie auf das beste vertraut gemacht und seine Kenntnisse mit großer Gewandtheit in logischen, klaren und ausführlichen Erläuterungen zum Gesetze verwertet.“ Zeitschrift für Polizei- und Verwaltungsbeamte.

Aumer, Georg, **Der Kraftfahrzeugverkehr.** Richtlinien für Polizeibeamte und Kraftfahrer. Mit 79 Abbildungen und Figuren. Zweite Auflage. Taschenformat. 208 Seiten. 1928. Geb. 4.50

„Ein kleines, aber nicht nur für jeden Polizeibeamten, sondern für jeden bei einem Kraftfahrzeugunfall — sei es nur als Zeugen — Beteiligten interessantes Kapitel über Hinweise auf Feststellungen bei Unglücksfällen und eine Übersicht über den Kraftfahrzeugbestand schließen die interessante Schrift, die — wenn sie sich auch ihrem Zweck entsprechend von juristischen Erörterungen fernhält — doch auch dem Juristen eine Fülle rechtstatsächlichen Materials, das gerade auf diesem Gebiete besonders wichtig ist, bietet.“ Juristische Wochenschrift.

Holzapfel, W., **Die Siedlungsgesetzgebung** im Reich und in Preußen. 347 Seiten. 1920. Geb. 3.—

(Guttentagsche Sammlung Deutscher Reichsgesetze Bd. 140.)

„Die zur Ausführung jener Gesetze bestimmten Behörden und auch die literarische Forschung wird dem Verfasser für seine mühevolle Arbeit Anerkennung zollen.“ *Archiv für öffentliches Recht.*

Behrend, Ernst, und **Stranz-Hurwitz**, Helene, **Sammlung von Wohlfahrtsgesetzen** des Deutschen Reichs und Preußens nebst den allgemeinen Wohlfahrtsgesetzen von Sachsen, Thüringen, Hamburg, Mecklenburg-Schwerin und -Strelitz, Oldenburg, Lippe und Lübeck.

Teil I: Taschenformat. 560 Seiten. 1923. Geb. 5.—

Teil II: Nebst Ausführungsgesetzen sämtlicher Länder zum Reichsjugendwohlfahrtsgesetz. Taschenformat. XVI, 551 Seiten. 1925. Geb. 9.—

Teil I und II zus. 12.—

(Guttentagsche Sammlung Deutscher Reichsgesetze Bd. 152 und 152a.)

„Die kurzen, alles Wesentliche zusammenfassenden Einleitungen zu den einzelnen Gesetzen sind mit außerordentlicher Sachkunde und Klarheit geschrieben; sie genügen zusammen mit den Literaturangaben völlig für den Praktiker, um die Gesetzestexte richtig handhaben zu können. Das Werk ist für alle in der Wohlfahrtspflege Arbeitenden unentbehrlich und sehr praktisch.“
Nachrichtendienst des Deutschen Vereins für öffentliche Fürsorge.

Wegner, Arthur, **Jugendrecht.** Ein Lehrbuch zur Einführung. Oktav. IX, 219 Seiten. 1929. 6.—, geb. 7.50

„Ein gleichartiges und gleichwertiges Werk über das Jugendrecht gibt es noch nicht.“ *Breslauer Zeitung.*

Drewes, Paul, und **Sandré**, Emil, **Das Reichsgesetz für Jugendwohlfahrt** vom 9. Juli 1922 und **Jugendgerichtsgesetz** vom 16. Februar 1923 nebst Nebengesetzen. Zweite Auflage. Taschenformat. XVI, 496 Seiten. 1928. Geb. 11.—

(Guttentagsche Sammlung Deutscher Reichsgesetze Bd. 154.)

„Eine sehr handliche Gesetzesausgabe. Sie bietet in ausführlichen geschichtlichen und rechtlichen Vorbemerkungen und Einleitungen wertvolles Material zur Einführung in den Willen und Geist beider Gesetze und gibt in knappen, aber ausreichenden Erläuterungsbemerkungen zu den einzelnen Bestimmungen dem Praktiker die erforderlichen Unterlagen zur richtigen Anwendung. Das Werk dürfte sich in der Praxis bald beliebt machen.“
Blätter für öffentliche Fürsorge.

Sandré, Emil, **Verordnung über die Fürsorgepflicht.** Vom 14. Februar 1924. Mit Einschluß der für die Durchführung dieser Verordnung in Frage kommenden reichs- und landesgesetzlichen Bestimmungen. Taschenformat. 342 Seiten. 1925. Geb. 6.—

(Guttentagsche Sammlung Deutscher Reichsgesetze Bd. 160.)

„Die Zusammenstellung der bis in die jüngste Zeit ergangenen gesetzlichen Bestimmungen, die in Beziehung zur Fürsorgepflichtverordnung stehen, gibt der

Sandrésschen Arbeit ihre besondere Bedeutung. Die Anmerkungen sind zahlreich und zeichnen sich durch einen feinen, klaren Stil aus. Das Buch ist übersichtlich geordnet und leicht zu handhaben." Schleswig-Holsteinische Wohlfahrtsblätter.

Szczesny, Viktor, **Das Lichtspielgesetz** vom 12. Mai 1920 mit der Ausführungsverordnung, Einleitung, Gebührenordnung und Sachregister. Taschenformat. 106 Seiten. 1920. Geb. 1.50
(Guttentagsche Sammlung Deutscher Reichsgesetze Bd. 147.)

„Das neue Lichtspielgesetz hat hier eine ausführliche Kommentierung gefunden. Das Buch kann bei der gründlichen Behandlung des Stoffes als ein geeignetes Hilfsmittel für die Praxis bezeichnet werden."
Preußische Gemeinde-Zeitung.

Wündisch, Ernst, **Das Gesetz über Schußwaffen und Munition** vom 12. April 1928 (RGBl. I S. 143) nebst der Ausführungsverordnung der Reichsregierung vom 13. Juli 1928 (RGBl. I S. 198) und dem Preußischen Erlaß zur Durchführung des Gesetzes vom 7. September 1928 (MBliV. S. 925). Taschenformat. 139 Seiten. 1928. Geb. 5.—
(Guttentagsche Sammlung Deutscher Reichsgesetze Bd. 173.)

Durch das neue Gesetz über Schußwaffen und Munition vom 12. April 1928 sind auf diesem für die Öffentlichkeit so wichtigen Gebiet neue Rechtsverhältnisse geschaffen worden, für die die Praxis exakte Erläuterungen wünscht. Eine solche Erläuterung stellt das vorliegende Buch dar, das, von einem auf diesem Gebiet besonders erfahrenen Sachkenner bearbeitet, eine absolut zuverlässige Darstellung der neuen Bestimmungen enthält. Außer dem Gesetzestext sind die für die Praxis wichtigen Ausführungsbestimmungen des Reiches und Preußens abgedruckt. Auf Übersichtlichkeit, Leichtverständlichkeit und Vollständigkeit der Erläuterungen, die die Hauptvorzüge der Guttentagschen Sammlung sind, wurde auch bei diesem Gesetze Wert gelegt.

Fraustädter, W., und **Kreutzberger**, M., **Das deutsche Ausländerrecht.** Die Bestimmungen des Reichsrechts und preußischen Landesrechts. Textausgabe mit Erläuterungen und Sachregister. Taschenformat. 396 Seiten. 1927. Geb. 9.—
(Guttentagsche Sammlung Deutscher Reichsgesetze Bd. 166.)

„Eine höchst begrüßenswerte Veranstaltung, aus dem Bedürfnis der Praxis hervorgegangen und mit vollendetem Sachverständnis unternommen. Sowohl die Vollständigkeit der mannigfach verstreuten gesetzlichen Bestimmungen als deren Anordnung, Registrierung und Erläuterung durch Ausführungsbestimmungen, Gerichtsentscheidungen, Verwaltungspraxis ist vortrefflich."
Niemeyers Zeitschrift für internationales Recht.

Voß, Werner, Die reichs- und landesrechtlichen Bestimmungen auf dem Gebiete des **Gesundheitswesens.** Zusammengestellt und mit Anmerkungen versehen. Taschenformat. 608 Seiten. 1929. Geb. 11.—
(Guttentagsche Sammlung Deutscher Reichsgesetze Bd. 172.)

„Der Band enthält eine Sammlung der Gesetze, Verordnungen und Bestimmungen auf dem Gebiete des Gesundheitswesens, wie sie in dieser Vollständigkeit sonst nicht besteht. Dadurch erst ist ein zuverlässiger und rascher Überblick

über die einschlägigen weit verstreuten Bestimmungen gewährleistet. Übersichtlichkeit der Anordnung, die Erläuterungen und Verweisungen und die Handlichkeit des Formats sichern dem Buch einen weiten Benutzerkreis."
Württ. Zeitschr. f. Rechtspflege.

Hippel, W. von, Reichsviehseuchengesetz vom 26. Juni 1909 nebst Ausführungsvorschriften und dem preußischen Ausführungsgesetz. Zweite Auflage. Taschenformat. 486 Seiten. 1913. Geb. 4.—
(Guttentagsche Sammlung Deutscher Reichsgesetze Bd. 103.)

Boxberger, L. von, Vogelschutzgesetz vom 30. Mai 1908 nebst den das Flugwild betreffenden Bestimmungen der Preußischen Jagdordnung. Taschenformat. 57 Seiten. 1909. Geb. 1.—
(Guttentagsche Sammlung Deutscher Reichsgesetze Bd. 89.)

Landesrecht

Bitter, von, Handwörterbuch der Preußischen Verwaltung. Dritte, vollständig umgearbeitete Auflage. Unter Mitwirkung zahlreicher hoher Reichs- und preußischer Staatsbeamten herausgegeben von Dr. Bill Drews, Staatsminister a. D., Präsident des Pr. Oberverwaltungsgerichts, und Dr. Franz Hoffmann, Wirklicher Geheimer Oberregierungsrat, Berlin. Lexikon-Oktav. 1928. 120.—, geb. 132.—
Erster Band, 1. Halbband: Abbaugerechtigkeiten—Fleisch- und Viehagenten. 552 Seiten.
2. Halbband: Fleischvergiftung—Kyffhäuserbund. Seite 553 bis 1134 und IX Seiten.
Zweiter Band: Lackfabriken—Zwischenkredit. VII, 1220 Seiten.
(Im Verlage der Firmen: Walter de Gruyter & Co., Berlin; Carl Heymanns Verlag, Berlin; Roßberg'sche Verlagsbuchhandlung, Leipzig.)
Das zentrale Werk der Praxis des Verwaltungsrechts.

Reichelt, H., Verwaltungsgesetzbuch für Preußen. Systematische Zusammenstellung der wichtigsten Verwaltungsgesetze und Verordnungen für Praxis und Unterrichtszwecke. Lexikon-Oktav. VII, 1302 Seiten. 1914. Geb. 7.60
„Das Buch ist sehr wertvoll, dem Praktiker unentbehrlich und leistet demjenigen, der sich auf eine Prüfung vorbereitet, vorzügliche Dienste. Allen Verwaltungsbehörden wird das Buch warm empfohlen."
Preußische Verwaltungs- und Finanz-Zeitung.

Friedrichs, K., Die Gesetzgebung über die allgemeine Landesverwaltung und Zuständigkeit der Verwaltungs- und Verwaltungsgerichtsbehörden. Dritte, durchgesehene Auflage. Taschenformat. XXIII, 295 Seiten. 1927. Geb. 5.—
(Guttentagsche Sammlung Preußischer Gesetze Bd. 42.)
„Der Wert dieser Arbeit liegt darin, daß er eine erschöpfende und klare Übersicht über das tatsächlich geltende Verwaltungsrecht bringt. Das Werk ist ein vorzügliches und nie versagendes Hilfsmittel." *Gesetz und Recht.*

Pfafferoth, Carl, **Preußische Beamtengesetzgebung.** Fünfte Auflage. XIV, 280 Seiten. 1916. Geb. 2.40
(Guttentagsche Sammlung Preußischer Gesetze Bd. 2.)

Dultzig, Eugen von, **Das preußische Disziplinargesetz für die nichtrichterlichen Beamten.** Taschenformat. XIV, 364 Seiten. 1914. Geb. 4.20
(Guttentagsche Sammlung Preußischer Gesetze Bd. 51.)

„Der Verfasser kennt das Disziplinarrecht aus eigener Tätigkeit und aus langer Erfahrung. Diese hat er zu einem praktischen Nachschlagebuch für alle praktischen Fragen des Disziplinarrechts ausgestaltet. Bei tunlichster Kürze sind doch recht erschöpfende, klare und anschauliche Erläuterungen entstanden, die das Verständnis und die Anwendung des Disziplinarrechts in zweckmäßiger Weise erleichtern. Das Büchlein verdient volle Beachtung.“
Zeitschrift für Polizei- und Verwaltungsbeamte.

Hagemann, Rudolf, **Hinterlegungsordnung** vom 21. April 1913. Taschenformat. 175 Seiten. 1914. Geb. 2.20
(Guttentagsche Sammlung Preußischer Gesetze Bd. 53.)

„Das in der vorteilhaft bekannten Guttentagschen Sammlung erschienene Buch darf als ein Hilfsmittel zu dem nicht immer ganz einfachen Verständnis der neuen Hinterlegungsvorschriften bestens empfohlen werden; es ist klar, übersichtlich und ausführlich.“ Zentralblatt für freiwillige Gerichtsbarkeit.

Aschrott, P. F., **Gesetz über die Fürsorgeerziehung Minderjähriger.** Vom 2. Juli 1900. Nebst Ausführungsanweisungen. Dritte Auflage. Taschenformat. 374 Seiten. 1917. Geb. 2.80
(Guttentagsche Sammlung Preußischer Gesetze Bd. 28.)

„Das Buch gewährt nicht nur einen klaren Einblick in die gegenwärtige Gestaltung der Fürsorgeerziehung in Preußen, sondern es gibt auch über die Zweifelsfragen, welche bei der Auslegung des technisch ziemlich unvollkommenen Fürsorgeerziehungsgesetzes in besonders reicher Fülle auftauchen, durchweg eine erschöpfende und zutreffende Auskunft.“ Das Recht.

Marcks, A., **Gesetz, betr. die Unterhaltung der öffentlichen Volksschulen.** Taschenformat. 194 Seiten. 1906. Geb. 1.80
(Guttentagsche Sammlung Preußischer Gesetze Bd. 39.)

„Das handliche Büchlein wird, von sachkundiger Seite herrührend und praktisch angelegt, Verwaltungsbeamten, Schulvorständen, Lehrern beim Gebrauch gute Dienste leisten.“ Schulblatt der Provinz Brandenburg.

Ledermann, W., und **Brühl,** L., **Die Städteordnung für die sechs östlichen Provinzen Preußens.** Zweite Auflage. Taschenformat. 593 Seiten. 1913. Geb. 6.—
(Guttentagsche Sammlung Preußischer Gesetze Bd. 32.)

„Der Ledermann-Brühlsche Kommentar zur Städteordnung, eine hervorragende Arbeit des leider so früh verstorbenen Mannes und seines Mitarbeiters, ist von der Kritik und der Praxis so einmütig günstig aufgenommen worden, daß er auch in seiner zweiten durch Gesetzgebung, Literatur und Rechtsprechung der letzten zehn Jahre bereicherten Ausgabe keiner weiteren Empfehlung bedarf.“
Kommunale Praxis.

Wölbling, P., Bildung der neuen Stadtgemeinde Berlin. Zweite Auflage. Taschenformat. 114 Seiten. 1920. Geb. 1.40

(Guttentagsche Sammlung Preußischer Gesetze Bd. 59.)

„Einem Gesetz, daß als eine Ergänzung der Städteordnung abgefaßt ist, hat der Verfasser lebendigen Gedankeninhalt verliehen. Auf die Verknüpfung des Neuen mit der Städteordnung und ihrer engeren Gestaltung wird im einzelnen mit umfassender Sorgfalt hingewiesen.

Die Ebenmäßigkeit mit den Kommentaren anderer Gesetze der Guttentagschen Sammlung, die unter weniger leidenschaftlichen Kämpfen zur Entstehung gelangten, erringt der Verfasser durch seine strenge Sachlichkeit. Damit muß seinem Werk die Beachtung bei der Durchführung des Gesetzes und bleibender Wert gesichert erscheinen." Soziale Praxis.

Holzapfel, W., Umlegungsordnung. Taschenformat. 144 Seiten. 1921. 1.80

(Guttentagsche Sammlung Preußischer Gesetze Bd. 60.)

„Holzapfel, der hervorragende Kenner der Auseinandersetzungsgesetze, erläutert die Vorschriften der Umlegungsordnung in seiner scharfsinnigen Art in durchaus erschöpfender Weise und gibt in diesen Erläuterungen ein außerordentlich anschauliches Bild von der Umlegung der Grundstücke. Das Buch ist auch für Laien leicht und gut verständlich und kann jedem, der für die Umlegung Interesse hat, zur Benutzung angelegentlich empfohlen werden."

Preußisches Verwaltungsblatt.

Holzapfel, W., Gesetz über Landeskulturbehörden. Taschenformat. 176 Seiten. 1919. Geb. 2.—

(Guttentagsche Sammlung Preußischer Gesetze Bd. 57.)

„Der Titel gibt den Inhalt des Werkchens vollständig an, hinzuzufügen ist aber, daß die Erläuterung, die umfangreich und eingehend ist und der praktischen Handhabung des Gesetzes Schritt für Schritt folgt, aus der Feder eines Mannes herrührt, der durch seine sachliche Qualifikation als gründlicher Kenner der Materie für eine zuverlässige Führung die größte Gewähr bietet. Dankenswert ist die Gründlichkeit der im bescheidenen Rahmen geleisteten Arbeit."

Verwaltungs-Archiv.

Meyer, O., Gesetz, betr. die Anlegung und Veränderung von Straßen und Plätzen in Städten und ländlichen Ortschaften. Taschenformat. 211 Seiten. 1913. 3.—

(Guttentagsche Sammlung Preußischer Gesetze Bd. 50.)

Friedrichs, R., Strauß-Torney, Hugo von und **Saß,** Carl, **Gesetz, betr. Anlegung und Veränderung von Straßen und Plätzen** in Städten und ländlichen Ortschaften. (Straßen- und Baufluchtengesetz.) Kommentar. Groß-Oktav. 211 Seiten. 1920.

8.—, geb. 9.50

„Das Werk zeigt eine Reichhaltigkeit und Vollständigkeit, die sonst wenigen Kommentaren eigen ist, und übertrifft hierin noch weit die früheren Auflagen. Besonders erwähnenswert ist die geschickte Anordnung der Erläuterungen und das praktische Inhaltsverzeichnis."

Wochenschrift des Architektenvereins zu Berlin.

Heine, H., Die preußischen Baupolizeigesetze nebst den sonstigen einschlägigen Reichs- und Landesgesetzen. Taschenformat. 404 Seiten. 1928. Geb. 8.—

(Guttentagsche Sammlung Preußischer Gesetze Bd. 64.)

Diesem Band ist die Aufgabe gestellt, die in erster Linie in Betracht kommenden Gesetze und sonstigen Vorschriften und die im Zusammenhang hiermit entstehenden Rechtsfragen in übersichtlicher Weise zusammenzufassen und zu erörtern. Die Rechtsprechung des Oberverwaltungsgerichts und anderer Gerichte ist hierbei berücksichtigt worden.

Goldschmidt, O., Gesetze gegen die Verunstaltung landschaftlich hervorragender Gegenden mit Ausführungsanweisungen. Taschenformat. 152 Seiten. 1912. Geb. 2.40

(Guttentagsche Sammlung Preußischer Gesetze Bd. 49.)

„Der Kommentar, der sich durch seine klare und prägnante Ausdrucksweise auszeichnet, läßt eine gründliche Durcharbeitung des Stoffes erkennen und bietet eine sachgemäße, sorgfältige und erschöpfende Erläuterung der einzelnen gesetzlichen Bestimmungen. Er wird als ein durch Vollständigkeit und Zuverlässigkeit ausgezeichnetes Hilfsmittel jedem Freunde des Heimatschutzes ein willkommener Ratgeber sein." Jahrbuch des Verwaltungsrechts.

Wulff, G., und **Herold, F., Wassergesetz** vom 7. April 1913. Mit Einleitung, Erläuterungen und Sachregister. Zweite, umgearbeitete Auflage von G. Wulff. Taschenformat. XVI, 665 Seiten. 1928. Geb. 12.—

(Guttentagsche Sammlung Preußischer Gesetze Bd. 52.)

Diese zweite Auflage des Preußischen Wassergesetzes soll noch mehr als die erste mit ihren Anmerkungen und dem ausführlichen Sachregister als Wegweiser durch die teils schwierigen und verwickelten Fragen dieser Materie dienen und den Juristen über die einschlägige Rechtsprechung und das Schrifttum überall in ihrem neuesten Stande unterrichten. Mit seiner Reichweite, Gründlichkeit und treffsicheren Kürze bildet dieser Kommentar ein Meisterstück.

Lohmann, W., Gesetz, betr. die Feuerbestattung. Taschenformat. 79 Seiten. 1912. Geb. 1.50

(Guttentagsche Sammlung Preußischer Gesetze Bd. 47.)

„Der Verfasser, der als Mitglied der Kommission des Abgeordnetenhauses an dem Zustandekommen des Gesetzes hervorragend beteiligt war, konnte als zuständiger Bearbeiter des Gesetzes in erster Linie gelten. Der kleine Kommentar ist besonderer Aufmerksamkeit sicher." Jahrbuch des Verwaltungsrechts.

Holtgreven, A., und **Wolff, Th., Das Wildschadengesetz** vom 11. Juli 1891. Kommentar. Vierte, vermehrte und verbesserte Auflage. Oktav. VIII, 216 Seiten. 1902. 4.—

„Dieses Werkchen verfolgt einen doppelten Zweck. Dasselbe will einerseits die juristisch zweifelhaften Punkte des Wildschadengesetzes wissenschaftlich erörtern und klarstellen und andererseits allen denjenigen, welche bei der Handhabung dieses Gesetzes in irgendeiner Weise, sei es als Private, Beamte, Grundbesitzer oder als Jagdberechtigte, beteiligt sind, ein praktischer Berater sein." Allgemeine Forst- und Jagdzeitung.

Born, A., Das preußische Fischereigesetz vom 11. Mai 1916 in der geltenden Fassung. Taschenformat. 428 Seiten. 1928. Geb. 7.50

(Guttentagsche Sammlung Preußischer Gesetze Nr. 62.)

Die Ausgabe bietet eine bis jetzt fehlende neue Darstellung des Fischereigesetzes, in der vor allem die neue Rechtsprechung eingehend verwertet ist. Außer dem Fischereigesetz, das eine ausführliche Erläuterung gefunden hat, sind die wichtigen Ausführungsverordnungen und im Anhang die einschlägigen Bestimmungen anderer für die Anwendung des Fischereigesetzes in Frage kommenden Gesetze berücksichtigt.

Born, A., Die preußischen Jagdgesetze in ihrer geltenden Fassung. Mit Erläuterungen versehen. Taschenformat. 433 Seiten. 1928. Geb. 8.—

(Guttentagsche Sammlung Preußischer Gesetze Nr. 63.)

Von einem erfahrenen Sachkenner bearbeitet, bietet die vorliegende Ausgabe eine eingehende Darstellung und Erläuterung der Gesetzgebung auf dem Gebiete des Jagdrechts. Außer der Jagdordnung sind die Ausführungsanweisungen, die in Frage kommenden Bestimmungen des Strafgesetzbuches, das Landesverwaltungsgesetz, das Gesetz über den Waffengebrauch der Forst- und Jagdbeamten, das Stempelsteuergesetz, die Verwaltungsgebührenordnung, die Preußische Pachtschutzordnung und das Reichsvogelschutzgesetz berücksichtigt.

Kunze, F., Das Jagdscheingesetz. Zweite Auflage. Taschenformat. 157 Seiten. 1899. Geb. 2.—

(Guttentagsche Sammlung Preußischer Gesetze Bd. 19.)

„Die eingehenden Anmerkungen und die im Titel hervorgehobenen Beigaben machen den kleinen Kommentar zu einem vortrefflichen, in der Praxis schwer entbehrlichen Hilfsmittel zur Auslegung des Gesetzes.“
Zeitschrift für die gesamte Strafrechtswissenschaft.

Caro, H., Gesetz, betr. Austritt aus der Landeskirche, vom 14. Mai 1873. Taschenformat. 190 Seiten. 1911. Geb. 2.40

(Guttentagsche Sammlung Preußischer Gesetze Bd. 46.)

„Ein sehr praktisches Buch, das in den Anmerkungen zum Wortlaut des Gesetzes eine reiche Fülle von Material bietet für alle möglichen Fragen, die mit Aus- und Übertritt zusammenhängen. Das genau gearbeitete Inhaltsverzeichnis ermöglicht bei gelegentlicher Benutzung ein leichtes Auffinden des Nötigen.“
Deutsch-Protestantische Bücherschau.

Kollenscher, M., Rechtsverhältnisse der Juden in Preußen. Taschenformat. VIII, 199 Seiten. 1910. 2.40

(Guttentagsche Sammlung Preußischer Gesetze Bd. 45.)

„Es fehlte bisher eine zusammenfassende, erschöpfende Darstellung der in den verschiedensten Quellen zerstreuten zahlreichen Judengesetze und Verordnungen, und es ist ein großes Verdienst des Verfassers, uns diese in klarer, übersichtlicher Form und Anordnung gegeben zu haben. Jede Synagogengemeinde und jeder, der sich mit jüdischen Angelegenheiten beschäftigt, müßte dieses Buch besitzen.“
Jüdische Rundschau.

3. Steuerrecht

Nieberl, A., Reichsabgabenordnung vom 13. Dezember 1919 nebst Einführungsverordnung vom 18. Dezember 1919 und Übergangsverordnung vom 11. Oktober 1921. Textausgabe mit Anmerkungen und ausführlichem Sachregister. Zweite, neubearbeitete Auflage. Taschenformat. 1927. Geb. 12.—

(Guttentagsche Sammlung Deutscher Reichsgesetze Bd. 143.)

„Dieses Werk will auf Grund der Ergebnisse der Praxis der praktischen Anwendung der RAbgO. dienen und auch für den Nichtjuristen verständlich sein. Daß dieser Zweck erreicht wird, dürfte dem Verfasser nicht bestritten werden. Die Darstellung ist leicht verständlich und klar. Das Sachregister ist gründlich bearbeitet. Jedenfalls wird das Buch, das einen mit der praktischen Handhabung der RAbgO. vertrauten Verfasser erkennen läßt, nicht nur den Steuerbeamten, sondern auch dem rechtsuchenden Publikum und seinen Beratern ein willkommener guter Führer auf diesem Gebiet sein.“ Juristische Wochenschrift.

Michaelis, Richard, **Die Dritte Steuernotverordnung** vom 14. Februar 1924. Mit besonders ausführlicher Berücksichtigung der Vorschriften über die Aufwertung und die öffentlichen Anleihen. Taschenformat. VIII, 388 Seiten. 1924. Geb. 7.—

(Guttentagsche Sammlung Deutscher Reichsgesetze Bd. 157.)

„Ganz besonders zu rühmen ist der Kommentar von Michaelis, der dank seiner eingehenden und gründlichen Bearbeitungsweise erheblichen Einfluß auf die Praxis gewonnen hat.“ Juristische Wochenschrift.

Hollaender, Adolf, **Einkommensteuergesetz und Körperschaftsteuergesetz** nebst den zugehörigen Aus- und Durchführungsbestimmungen, Verordnungen und Erlassen. Taschenformat. XXXIX, 697 Seiten. 1926. Mit Nachtrag. 1928. Geb. 24.—

(Guttentagsche Sammlung Deutscher Reichsgesetze Bd. 151.)

„Das auf die Bedürfnisse der Praxis abgestellte und ihnen gerecht werdende Buch wird jedem gute Dienste leisten, der sich handelnd oder leitend auf dem äußerst unsicheren, ohne Hilfsmittel überhaupt nicht begehbaren Boden der heutigen Einkommensteuer zurechtfinden muß.“ Juristische Rundschau.

Pick, Reichsbewertungsgesetz. Textausgabe mit Anmerkungen. In Bearbeitung.

Wrzeszinski, Richard, und **Simon,** H. Veit, **Vermögensteuergesetz und Reichsbewertungsgesetz.** Kommentar. In Bearbeitung.

Schachian, Herbert, **Erbschaftsteuergesetz,** Fassung vom 22. August 1925, mit Anmerkungen. Vierte Auflage. Oktav. 65 Seiten. 1926. 2.50

„Das Buch enthält in der Form des Kommentars eine vollständige Darstellung des Erbschaftssteuerrechts und der zugrunde liegenden bürgerlich-rechtlichen Vorschriften des Erbrechts. Als

wissenschaftliche und praktische Leistung steht der klar und scharf geschriebene Kommentar in vorderster Reihe unter seinen Rivalen; er ist als Wegweiser ganz besonders zu empfehlen."
Juristische Wochenschrift.

Hoffmann, A., Die preußischen Erbschaftsteuergesetze. Taschenformat. 561 Seiten. 1905. 3.—
(Guttentagsche Sammlung Preußischer Gesetze Bd. 20.)

Lindemann, Otto, Umsatzsteuergesetz (neueste Fassung) mit Ausführungsbestimmungen. Vierte, vermehrte und verbesserte Auflage. Taschenformat. 518 Seiten. 1926. Geb. 10.—
(Guttentagsche Sammlung Deutscher Reichsgesetze Bd. 132.)

„Es handelt sich um einen ausführlichen, gediegenen und klar abgefaßten Kommentar, der den weiteren Vorzug besitzt, auf dem laufenden zu sein. Das Werk kann allen Interessenten nur warm empfohlen werden." *Industrie- und Handels-Zeitung.*

Meyer, E. H., Gesetzgebung über Steuer- und Kapitalflucht. Zweite Auflage. Taschenformat. 129 Seiten. 1921. Geb. 1.60
(Guttentagsche Sammlung Deutscher Reichsgesetze Bd. 145.)

„Das Büchlein enthält den Text der einschlagenden vier Gesetze samt den vier Verordnungen gegen die Kapitalabwanderung bzw. Kapitalflucht, eine kurze Übersicht über den Inhalt der Gesetze und sehr knapp gehaltene Anmerkungen. Sein Wert liegt in der handlichen Zusammenfassung der einschlagenden Vorschriften." *Juristische Wochenschrift.*

Lindemann, Otto, Grunderwerbsteuergesetz (neueste Fassung) mit den Ausführungsbestimmungen. Zweite, völlig umgearbeitete Auflage. Taschenformat. 186 Seiten. 1926. Mit Nachtrag 1927. Geb. 4.—
(Guttentagsche Sammlung Deutscher Reichsgesetze Bd. 139.)

„Das Buch wird manchem in den mannigfachen Streitfragen des in der Praxis sehr einschneidenden Gesetzes ein willkommener Ratgeber sein. Die Erläuterungen zeichnen sich durch Klarheit und Gemeinverständlichkeit im besten Sinne aus." *Württembergische Industrie.*

Hagelberg, E., und **Krämer, L., Grunderwerbsteuergesetz** vom 12. September 1919 (RGBl. S. 1617) in der Fassung des Gesetzes vom 11. März 1927 (RGBl. I S. 72) nebst Einleitung, Sachregister und Ausführungsbestimmungen und der einschlägigen Vorschriften des Finanzausgleichs-Steuermilderungsgesetzes und Steuerstrafrechts. Für die Praxis erläutert. Zweite völlig umgearbeitete und erweiterte Auflage. 1928. Groß-Oktav. 355 Seiten. Geb. 15.—

„Die verhältnismäßige Kürze ihrer Erläuterungen bei großer Vollständigkeit ist zu rühmen. Das Buch ist nicht nur für den Juristen, sondern auch für den gebildeten Laien, namentlich Grundstücksmakler und Hausbesitzer, von großem, praktischen Wert." *Zeitschrift d. Deutsch. Notarvereins.*

Hoepker, Heinrich, **Die Industriebelastungsgesetze** vom 30. August 1924 nebst den Durchführungsbestimmungen zum Gesetz über die Industriebelastung. Taschenformat. XV, 200 Seiten. 1925. Mit Nachträgen. Geb. 4.—

(Guttentagsche Sammlung Deutscher Reichsgesetze Bd. 159.)

„Die Anmerkungen sind erschöpfend und führen den Leser mit Geschick in die schwierige und neue Materie ein. Rechtsanwälte sowie Kaufleute, für welche die Industriebelastung in Frage kommt, werden das mit einem guten Sachregister ausgestattete Werk mit gleichem Nutzen gebrauchen!" *Industrie- und Handels-Zeitung.*

Eiffler, Kurt, **Staatliche Verwaltungsgebühren.** Gesetz über staatliche Verwaltungsgebühren vom 29. September 1923 nebst Gebührenordnungen und Ausführungsbestimmungen. Taschenformat. 192 Seiten. Mit Nachtrag. 1925. Geb. 6.—

(Guttentagsche Sammlung Preußischer Gesetze Bd. 61.)

„Das Buch, gut gegliedert und reichlich mit Erläuterungen und Anmerkungen versehen, ist ein ausgezeichnetes Hilfsmittel für alle, die mit Verwaltungsgebühren zu tun haben." *Kommunales Echo.*

Loeck, P., und **Eiffler,** K., **Preußisches Stempelsteuergesetz** mit den gesamten Ausführungsbestimmungen. Unter besonderer Berücksichtigung der Entscheidungen der Verwaltungsbehörden und der Gerichte herausgegeben. Zehnte, neubearbeitete Auflage. Taschenformat. 476 Seiten. 1928. Geb. 13.—

(Guttentagsche Sammlung Preußischer Gesetze Bd. 18.)

„Die zahlreichen Auflagen zeugen für die Güte und praktische Brauchbarkeit des Buches, das durch den von Eiffler hinzugefügten Anhang auf den gegenwärtigen Rechtsstand gebracht ist." *Finanz-Ministerialblatt.*

Lebbin, Georg, **Nahrungsmittelgesetze** mit Erläuterungen. Zweite, stark vermehrte Auflage in zwei Bänden.

Zweiter Band: **Getränkegesetze und Getränkesteuergesetze** (Wein, Bier, Branntwein, Mineralwasser). Unter Mitarbeit von Rechtsanwalt Dr. Kniebe. Taschenformat. XII, 400 Seiten. 1926. Geb. 10.—

(Guttentagsche Sammlung Deutscher Reichsgesetze Bd. 54b.)

„Die wichtigsten Gesetze sind eingehend kommentiert und durch die einschlägigen Verordnungen, Ausführungsbestimmungen, Erlasse, Entscheidungen oberster Gerichte und nicht zuletzt die internationalen Abkommen so vollständig ergänzt, daß die Sammlung als unentbehrliches Hilfsmittel, wie es in dieser Art bislang noch fehlte, für den Sachbearbeiter bei Behörden und Verbänden sowohl als auch für den Kaufmann der Branche zu begrüßen ist." *Württembergische Wirtschafts-Zeitschrift.*

Windisch, Friedrich, **Das Tabaksteuergesetz** vom 12. September 1919 nebst den Ausführungsbestimmungen vom 26. Februar 1920. Taschenformat. 286 Seiten. 1920. Mit Nachtrag 1925. Geb. 4.—

(Guttentagsche Sammlung Deutscher Reichsgesetze Bd. 146.)

„Endlich ein Kommentar zum Tabaksteuergesetz! Die Ausgabe kommt den Wünschen der Praxis nach einer erschöpfenden Darstellung des neuen Gesetzes in umfassender Weise entgegen. Außer den Behörden und Beamten, in deren Hand die Durchführung des Gesetzes gelegt ist, bildet das Buch auch für die Steuerzahler eine ausgezeichnete Informationsquelle für alle Fragen, die in der Praxis vorkommen. Die zahlreichen ausführenden Verordnungen sind abgedruckt.“

Deutsche Tabak-Zeitung.

VII. Entscheidungs-Sammlungen und Zeitschriften.

Entscheidungen des Reichsarbeitsgerichts. Herausgegeben von den Mitgliedern des Reichsarbeitsgerichts. Oktav.

Band I. 1928 . . . . 6.50, geb. 8.—
Band II. 1928/29 . . . . 6.50, geb. 8.—
Band III. 1929 . . . . 6.50, geb. 8.—

Entscheidungen des Reichsgerichts. Herausgegeben von den Mitgliedern des Gerichtshofes und der Reichsanwaltschaft. Oktav. (Zwei Sammlungen:)

1. **Entscheidungen in Zivilsachen.** (Werden in Heften im Umfange von etwa 5 bis 6 Bogen sowie in vollständigen Bänden, geheftet und gebunden, ausgegeben. Jährlich 4 Bände.) 1.—121. Band.
Je 6.50, geb. 8.—

2. **Entscheidungen in Strafsachen.** (Werden in Heften im Umfange von 5 bis 6 Bogen sowie in vollständigen Bänden, geheftet und gebunden, ausgegeben. Jährlich 1 Band.) 1.—62. Band.
Je 6.50, geb. 8.—

Zeitschrift für die gesamte Strafrechtswissenschaft. Gegründet von Fr. von **Liszt** und A. **Dochow.** Unter ständiger Mitarbeiterschaft hervorragender Fachmänner herausgegeben von Dr. K. von **Lilienthal,** Professor in Heidelberg, Dr. Ed. **Kohlrausch,** Professor in Berlin, und Dr. W. **Gleispach,** Professor in Wien. Der Jahrgang besteht aus 8—9 Heften. Quart.

Bd. 1—43. 1881—1922. Je 15.—. Bd. 44. 1922. 25.—. Bd. 45. 1924. 21.—. Bd. 46—49. 1925—1929. Je 30.—.

Die nunmehr im 50. Jahrgang erscheinende Zeitschrift betrachtet die Mitarbeit an der Fortentwicklung des deutschen Strafrechts als ihre vornehmste Aufgabe und nimmt zu allen strafrechtlichen Fragen eingehend Stellung. In dem „Literaturbericht“ wird laufend über alle wichtigen Erscheinungen auf dem Gebiete der Strafrechtsliteratur referiert.

Juristische Rundschau. Herausgegeben von Otto **Lindemann,** Ministerialdirektor, Geh. Oberjustizrat, Berlin, Dr. Friedrich **Flad,** Ge-

natspräsident beim Reichsgericht, Leipzig, Fritz **Hartung**, Ministerialrat im Preußischen Justizministerium, Berlin, und

Höchstrichterliche Rechtsprechung. Herausgegeben von Eugen **Friedrichs**, Oberlandesgerichtsrat, Naumburg a. d. S., Dr. Albert **Feisenberger**, Reichsanwalt, Leipzig, Benno **Mugdan**, Kammergerichtsrat i. R., Geh. Justizrat, Berlin. — Erscheint am 1. und 15. jeden Monats.

4. Jahrgang. 1928. Vierteljährlich 7.50, Einzelheft 1.50. Beilage „Höchstrichterliche Rechtsprechung" einzeln vierteljährlich 5.—

„Die Juristische Rundschau hat sich immer mehr zu einer führenden juristischen Zeitschrift entwickelt. Die ständige Benutzung dieser Zeitschrift wird und muß allen Kollegen des Kammergerichts dringend empfohlen werden."
Zeitschrift der Anwaltskammer.

Judicium. Vierteljahresschrift für die gesamte Zivilrechtspflege. Unter ständiger Mitarbeit von J. Goldschmidt (Berlin), H. Lehmann (Köln), R. Pollak (Wien), L. Rosenberg (Gießen), H. Walsmann (Rostock) herausgegeben von W. **Kisch** (München), H. **Lucas** (Berlin), A. **Mendelssohn-Bartholdy** (Hamburg), M. **Pagenstecher** (Hamburg), J. D. **Sauerländer** (München), H. **Sperl** (Wien), E. **Volkmar** (Berlin). Organ der Vereinigung Deutscher Zivilprozeßrechtslehrer. Vierteljährlich erscheint 1 Heft. Der Jahrgang beginnt am 15. November. 1. Jahrgang 1928/29. 24.—

(Friederichsen, de Gruyter & Co., m. b. H., Hamburg 36.)

Zeitschrift für ausländisches und internationales Privatrecht. Herausgegeben in Gemeinschaft mit Ernst **Heymann**, Heinrich **Titze**, Martin **Wolff**, ordentliche Professoren an der Universität Berlin, wissenschaftliche Berater des Instituts, Max **Pagenstecher**, o. Professor an der Universität Hamburg, Franz **Schlegelberger**, Ministerialdirektor im Reichsjustizministerium, Honorarprofessor an der Universität Berlin, von Ernst **Rabel**, o. Professor an der Universität Berlin, Direktor des Instituts. Jährlich 6 Hefte im Umfang von etwa 65 Bogen. Preis des zweiten Jahrganges 50.—

„Wer sich für Rechtsvergleichung und internationales Privatrecht interessiert, feiert einen Festtag beim Erscheinen einer neuen Zeitschrift auf dem Gebiete, das für den Bereich deutscher Rechtswissenschaft noch immer als zu wenig bearbeitet gelten muß. Das Organ tritt dem äußeren Formate und der Ausstattung nach glänzend auf und des ersten Heftes Inhalt verspricht auch den Glanz des inneren Formates und der Qualität." *Zentralblatt für die juristische Praxis.*

Zeitschrift für ausländisches öffentliches Recht und Völkerrecht. Im Auftrage des Instituts für ausländisches öffentliches Recht und Völkerrecht herausgegeben von Dr. Viktor **Bruns**, Professor an der Universität Berlin, Leiter des Instituts.
Band I im Druck.

Zeitschrift für Bergrecht. Bis zu seinem Tode herausgegeben von dem Wirkl. Geh. Rat, Berghauptmann a. D. Dr. jur. H. **Brassert.** Redigiert und herausgegeben von den rechtskundigen Ministerialräten der Bergabteilung des Preußischen Ministeriums für Handel und Gewerbe. Jährlich 1 Band von mehreren Heften. Die Hefte erscheinen in zwangloser Folge. Jahrgang 69. 1928/29. 20.—

Die führende Zeitschrift auf diesem Gebiete, die die gesamte Berggesetzgebung des In- und Auslandes verzeichnet und laufend über die Entscheidungen der höchsten Gerichtshöfe berichtet. In zahlreichen Abhandlungen aus der Feder erster Fachleute wird zu allen Fragen des Bergrechts Stellung genommen.

Zeitschrift für das gesamte Luftrecht (ZLR.). Herausgegeben von Dr. jur. Otto **Schreiber,** o. Professor an der Universität in Königsberg i. Pr., Geh. Regierungsrat, Leiter des Instituts für Luftrecht. Erscheint in Bänden zu je 4 Heften.

Band I. 1926/28 50.—, geb. 55.—
Band II, Heft 1 10.—

„Der erste Band beweist nachdrücklich die Existenzberechtigung der bedeutenden Zeitschrift.“ Zeitschrift für ausländisches und internationales Privatrecht.

Bank-Archiv. Zeitschrift für Bank- und Börsenwesen. Unter Mitwirkung von hervorragenden Fachmännern herausgegeben von Geh. Justizrat Prof. Dr. **Rießer,** Berlin. Schriftleitung: Rechtsanwalt Otto **Bernstein,** geschäftsführendes Mitglied des Centralverbandes des Deutschen Bank- und Bankiergewerbes. Quart. Jährlich 24 Nummern. XXVIII. Jahrgang. 1928/29. Pro Halbjahr 12.—

Wo finde ich alle wichtigen Entscheidungen der letzten Zeit? Handweiser für die Gerichts- und Anwaltspraxis. Oktav-Querformat. Neue Folge. Halbjährlich 3 Hefte. Je Vierteljahr 1.—

Kolibri 360 GmbH
Ferdinand-Jühlke-Straße 7
99095 Erfurt, Deutschland
produktsicherheit@kolibri360.de